FLORA

Publisher	Gordon Cheers
Associate publisher	Margaret Olds
Art director	Stan Lamond
Project manager	Kate Etherington
Contributors	David Austin, David Banks, Cathy Wilkinson Barash, Matthew Biggs, Don Blaxell, David Bond, Peter Brownless, Geoff Bryant, Kate Bryant, Cole Burrell, Derek Butcher, Jerry Coleby-Williams, Ian Connor, Penny Dunn, Lorraine Flanigan, Jim Folsom, Richard Francis, Jo Ann Gardner, William Grant, Ken Grapes, Sarah Guest, Keith Hammett, Patricia Hanbidge, Ian Hay, Terry Hewitt, Geoff Hodge, Mark Kane, Ruth Kiew, Melanie Kinsey, Isobyl la Croix, Todd Lasseigne, Tony Lord, David Mabberley, Lawrie Metcalf, Valda Paddison, Helene Pizzi, Lee Reich, Martyn Rix, Tony Rodd, Bruce Rutherford, Stephen Ryan, Donald Schnell, Patrick Seymour, Julie Silk, Geoff Stebbings, Wendy Thomas, David Tomlinson, John Trager, R. G. Turner Jr., Marion Tyree, Rachel Vogan, Scott Williams
Hardiness zone maps	John Frith
Illustrations	Spike Wademan
Managing editors	Janet Parker, Margaret Malone
Editors	Loretta Barnard, Annette Carter, Lynn Cole, Dannielle Doggett, Fiona Doig, Alan Edwards, Janet Healey, Carol Jacobson, Erin King, Scott Lumsden, Heather McNamara, Joy Misrachi, Rob Paratore, Anne Savage, Judith Simpson, Julie Stanton, Marie-Louise Taylor, Michael Wall
Picture research	Gordon Cheers
Photo library	Alan Edwards
Cover design	Stan Lamond
Designer	Joy Eckermann
Picture sizing	Kathy Lamond, Suzanne Potma
Typesetting	Dee Rogers
Index	Loretta Barnard, Scott Lumsden, Heather McNamara, Jan Watson
Production	Bernard Roberts
Publishing assistant	Erin King
Foreign rights	Sarah Minns
Photographers	James Young, David Banks, Chris Bell, Rob Blakers, Lorraine Blyth, Greg Bourke, Ken Brass, Geoff Bryant, Derek Butcher, Claver Carroll, Anna Cheifetz, Leigh Clapp, David Austin Roses, Grant Dixon, Heather Donovan, e-garden Ltd, Bruce Elder, Katie Fallows, Stuart Owen Fox, Richard Francis, Robert Gibson, William Grant, Denise Greig, Barry Griffith, Barry Grossman, Gil Hanly, Ivy Hansen, Dennis Harding, Jack Hobbs, Neil Holmes, Paul Huntley, Richard I'Anson, Ionas Kaltenbach, David Keith Jones, Willie Kempen, Colin Kerr, Robert M. Knight, Carol Knoll, Albert Kuhnigk, Mike Langford, Gary Lewis, Geoff Longford, Stirling Macoboy, John McCann, David McGonigal, Richard McKenna, Ron Moon, Eberhard Morell, Barry Myers-Rice, Steve Newall, Connall Oosterbroek, Larry Pitt, Craig Potton, Janet Price, Geof Prigge, Nick Rains, Christo Reid, Howard Rice, Jamie Robertson, Tony Rodd, Rolf-Ulrich Roesler, Luke Saffigna, Don Skirrow, Raoul Slater, Peter Solness, Ken Stepnell, Warren Steptoe, Oliver Strewe, J. Peter Thoeming, David Titmuss, Wayne Turville, Georg Uebelhart, Sharyn Vanderhorst, Kim Westerskov, Murray White, Vic Widman, Brent Wilson, Geoff Woods, Grant Young

Photos and illustrations from the Global Photo Library
© Global Book Publishing Pty Ltd 2003
Text © Global Book Publishing Pty Ltd 2003

Printed in Hong Kong by Sing Cheong Printing Co. Ltd
Film separation Pica Digital Pte Ltd, Singapore

第1巻

ⅰ：*Malus* 'Red Sentinel'（リンゴ 'レッド　センチネル'）

ⅱ～ⅲ：*Magnolia* 'Betty'（モクレン 'ベティー'）

ⅴ：針葉樹と凍ったクモの巣

ⅵ～ⅶ：色と香りを楽しむ庭園

ⅷ～ⅸ：*Galanthus nivalis*（スノードロップ）

ⅻ～ⅹⅲ：庭園に奥行きを与える樹木

64～65：*Aster novi-belgii*（ユウゼンギク栽培品種）

212～213：*Banksia ericifolia*（ヒースバンクシア）

274～275：*Camellia reticulata* 'Dali Cha'（トウツバキ 'ダリ　チャ'）

462～463：*Dahlia* 'Tout a Toi'（ダリア 'トゥータ　トワ'）

520～521：*Echinacea purpurea*（ムラサキバレンギク）

594～595：*Fritillaria imperialis*（ヨウラクユリ）

620～621：*Gaillardia*（テンニンギク属）

664～665：*Helianthus annuus*（ヒマワリ）

724～725：*Iris* 'Marie Cailler'（アイリス 'マリー　カイエ'）

762～763：*Kalmia latifolia* 'Ostbo Red'（アメリカシャクナゲ 'オスボ　レッド'）

第2巻

ⅰ：*Bellis perennis* Pomponette Series（ポンポネット・シリーズ）

ⅱ～ⅲ：*Leucospermum*（レウコスペルムム属）

ⅴ：*Lantana*（ランタナ属）

ⅵ～ⅶ：*Cotinus coggygria* 'Pupuretus'（'ププレトゥス'）

784～785：*Lilium* 'Barbaresco'（ユリ 'バルバレスコ'）

846～847：*Moraea villosa*

910～911：*Narcissus* 'Palmares'（スイセン 'パルマレス'）

940～941：*Oenothera*（マツヨイグサ属）

968～969：*Paphiopedilum*（パフィオペディルム属とカエル）

1120～1121：*Rosa* 'Cathedral'（バラ 'カテドラル'）

1290～1291：*Sarracenia* × *exornata*

1394～1395：*Telopea speciosissima*（テロペア栽培品種）

1446～1447：*Vanda* 'Pat Delight'（バンダ 'パット　ディライト'）

1480～1481：*Zinnia elegans* 'Oklahoma Pink'（ヒャクニチソウ 'オクラホマ　ピンク'）

目次

第1巻

本書の使いかた 10
世界の植物 12
日本の園芸文化〜伝統と現在 14
ハーディネスゾーン 20
植物の学名 46
植物地理学、発見と分類 50
植物の分類 52

Abelia 〜 Aztekium 66
(ツクバネウツギ属)〜(アステキウム属)

Babiana 〜 Bystropogon 214
(ホザキアヤメ属)〜(ビュストロポゴン属)

Caccinia 〜 Cytisus 276
(カッシニア属)〜(エニシダ属)

Daboecia 〜 Dypsis 464
(ダボエキア属)〜(デュプシス属)

Ebenus 〜 Exochorda 522
(エベヌス属)〜(ヤナギザクラ属)

Fabiana 〜 Furcraea 596
(ファビアナ属)〜(フルクラエア属)

Gahnia 〜 Gypsophila 622
(クロガヤ属)〜(カスミソウ属)

Haberlea 〜 Hystrix 666
(ハベルレア属)〜(アズマガヤ属)

Iberis 〜 Ixora 726
(イベリス属)〜(サンタンカ属)

Jaborosa 〜 Kunzea 764
(ヤボロサ属)〜(クンゼア属)

第2巻

Lablab 〜 Lythrum 786
(コウシュンフジマメ属)〜(ミソハギ属)

Maackia 〜 Myrtus 848
(イヌエンジュ属)〜(ギンバイカ属)

Nageia 〜 Nyssa 912
(ナゲイア属)〜(ヌマミズキ属)

Oberonia 〜 Ozothamnus 942
(ヨウラクラン属)〜(オゾタムヌス属)

× *Pacherocactus 〜 Pyrus* 970
(パケロカクトゥス属)〜(ナシ属)

Quercus 〜 Ruttya 1122
(コナラ属)〜(ラトッヤ属)

Sabal 〜 Syzygium 1292
(クマデヤシ属)〜(フトモモ属)

Tabebuia 〜 Typha 1396
(タベブイア属)〜(ガマ属)

Uebelmannia 〜 × Vuylstekeara 1448
(ウエベルマンニア属)〜(ヴイルステケアラ属)

Wachendorfia 〜 Zygophyllum 1480
(ワケンドルフィア属)〜(ズゴフュッルム属)

図解:葉の種類 1500
図解:花の種類 1502
図解:果実の種類 1504
用語解説 1505
索 引 1518

Laburnum alpinum

Lablab purpureus

茹でれば食用になる。'**ダークネス**'は、濃紫色の花、黒色の種子。'**デイライド**'は白色の花、白色の種子。'**ギガンテウス**'は、大形種で白色の花が咲く。
ゾーン：9〜12

+LABURNOCYTISUS
（+ラブルノキティスス属）
キングサリ属とエニシダ属の人工交雑属で、+は接ぎ木雑種の印である。この特殊な植物は、1825年頃、フランスのM・ジャンルイ・アダム・ナーセリーで作出された。アダムは紫色の花が咲く*Cytisus purpureus*を、ラブルヌム属の一般的な種である*Laburnum anagyroides*に接ぎ木して、長い枝に紫色の花の咲く種を作り出そうとした。ほとんどが計画通りの結果を得たが、1本だけが中間の形の葉と茶色がかった花をつけた。アダムはこれを繁殖させ、両方の親の特徴を兼ね備えた植物を作りあげた。アダムの功績を讃えて、彼の名前が種名につけられている。

〈栽培〉
栽培方法はラブルヌム属と同様である。冷涼な気候で、降雨量が一定していることが望ましい。中程度に肥沃で水はけのよい土壌が必要。種子は播く24時間前に温水につけておくと発芽しやすい。

+LABURNOCYTISUS ADAMII
☀ ❄ ↔4.5m ↕8m
変異の多い高木で、キングサリに似た黄色の花をつける枝と紫の花をつける枝がある。また、褪せたベージュ色になる場合もある。短い総状花序につく。葉は3出葉で、暗緑色。小葉は長さ約5cm。蝶形花が晩春につく。
ゾーン：5〜9

LABURNUM
（キングサリ属）
マメ科ソラマメ亜科の2種の植物で、ヒトツバエニシダ属の近縁である。ヨーロッパ中部および南部に原生する。葉は3出葉で、互生につく。春と初夏に、黄色の蝶形花が長く垂れ下がる総状花序につく。全草、とくに種子に毒がある。

〈栽培〉
寒冷気候で、一年中降雨量が一定していることが好ましい。中程度の肥沃な水はけのよい土壌が適する。幼木の間は、混んだ若枝を剪定する必要があるが、それ以外にはほとんど剪定しなくてもよい。大型庭園では、アーチ仕立てにするのが一般的である。種子は播く24時間前に温水につけておくと発芽しやすい。霜の当たらない場所に植える。

Laburnum alpinum
ラブルヌム・アルピヌム
英　名：SCOTCH LABURNUM
☀ ❄ ↔8m ↕8m
山岳地帯原産の横張り性小高木。小葉は表面が光沢のある濃緑色、裏は薄緑色で毛がある。黄色の総状花序が真夏につく。莢は扁平で、滑らか、光沢がある。'**ペンドゥルム**'は、成長の緩徐な品種で、下垂性の枝を持つ。'**ピラミダレ**'は、枝が上向きにつく。
ゾーン：3〜9

Laburnum anagyroides
一般名：キングサリ
英　名：COMMON LABURNUM, GOLDEN CHAIN TREE
☀ ❄ ↔8m ↕8m
小高木。葉は褪せた緑色〜灰緑色、楕円形、長さ8cmで裏は毛で覆われる。晩春から初夏に、鮮黄色の下垂性の総状花序が枝に沿って密生する。'**ペンデュルム**'は、枝が細く、枝垂れる。
ゾーン：3〜9

LABLAB
（コウシュンフジマメ属）
マメ科ソラマメ亜科の単型属。アフリカ原産だが、昔からインド、東南アジア、エジプトおよびスーダンで野菜として栽培されている。ほぼ全草に毒性があり、取り扱いには注意を必要とする。莢と種子は煮沸してからであれば食用にできる。短命な多年性つる植物で、冷涼地帯では半耐寒性の一年草として扱われる。葉は三角形の小葉3枚からなる。さまざまな色の蝶形花が夏中つき、花のあとに食用の豆果ができる。

〈栽培〉
水はけのよい、霜の当たらない日向で育てる。春に実生で殖やす。

Lablab purpureus
ラブラブ・プルプレウス
異　名：*Dolichos lablab*, *Lablab niger*
英　名：BANNER BEAN, BLACK BEAN, EGYPTIAN BEAN, HYACINTH BEAN, INDIAN BEAN
☀ ✿ ↔1.5〜3m ↕3.5〜6m
熱帯アフリカ原産のつる性多年草。茎は紫がかる。葉は互生につき、3枚の広楕円形の小葉からなる。白、ピンクまたは紫色、芳香のある長い蝶形花がつく。莢は扁平、湾曲し、えび茶または紫がかる。ほぼ全草に毒がある。莢と種子は

Laburnum anagyroides

Labrnum anagyroides '**ペンドゥルム**'

Laburnum×*waterei* 'ヴォッシイ'

Laburnum×*watereri*
ラブルヌム×ワテレリ

英　名：GOLDEN CHAIN TREE、LABURNUM

☼ ❄ ↔8m ↕8m

*L. alpinum*と*L. anagyroides*の交雑種で、*L. alpinum*に似るが、葉と莢はより毛が多い。黄色の花が密な総状花序につく。もっともよく知られるクローンは'ヴォッシイ'★で、親と同じ習性を持つが、より長い総状花序がつき、優美である。
ゾーン：3～9

LACHENALIA
(ラケナリア属)

英　名：CAPE COWSLIP

ヒアシンス科に属する南アフリカ原産の球根植物で、110種のほとんどがケープ州西部に見られる。主に冬から春に咲き、変異の多い葉と花色で有名である。葉は球根から直接伸びるが、大きさが異なる。形も披針形、心臓形、イネに似た狭長、色は緑色、光沢のある緑色、斑入り、斑なしなどがある。花色も多く、円筒形または鐘形、6弁花で、外花被3枚は多肉の椀形、内花被3枚は異なる色で、突出する。

〈栽培〉
霜に弱い以外は育てやすい。日向の腐植質の多い土壌に植える。生育期には、潅水と施肥を行ない、花後は乾燥させる。コンテナ栽培に向く。分球か定着した株を分けて殖やす。

Lachenalia aloides ★
ラケナリア・アロイデス

☼/☽ ❄ ↔20cm ↕30cm

球根1個から幅広、緑～青緑色、茶褐色の斑点のある2枚の葉がでる。花は円筒形～じょうご形、やや下垂し、黄緑～黄橙色で冬から夏にかけてつく。多くの品種があり、交雑に広く使われる。*L. a.* var. *aurea*(ラケナリア・アロイデス・アウレア)は、金色の花に緑色の模様があり、'ネルソニイ'は、紫色の斑点が多くつく。*L. a.* 'ペアルソニイ'は、赤茶色の斑点が葉の表面にある。ゾーン：9～10

Lachenalia bulbifera

☼/☽ ❄ ↔15～20cm ↕20～30cm

えび茶色の斑点で覆われた1～2枚の葉が球根から出る。ときに縁に沿ってむかごを形成する。強健な茎を持つ。先端は緑色、赤橙色、円筒形の花が冬から春につく。旺盛に増殖する。
ゾーン：9～10

Lachenalia contaminata

英　名：WILD HYACINTH

☼ ❄ ↔20～25cm ↕15～25cm

球根1個に10枚ほどの細長い葉がまとまってつく。クリーム色、鐘形、先端は対照的なえび茶色の小花が夏につく。蕾の先端はエメラルドグリーン。
ゾーン：9～10

Lachenalia Hybrid Cultivars
(ラケナリア交雑品種)

☼/☽ ❄ ↔30～40cm ↕30cm

最近のラケナリアの栽培品種は、頑丈な短い茎と気候に耐性のある花に重きが置かれている。原種や昔の栽培品種よりも葉が分厚く、密生し、強健である。オランダで作出された最近の品種には、以下のものがある。'ロマウド'は、模様が多く、幅広の長い葉、淡黄色の花が短い茎につく。'ロニナ'は、同色だが、花は間隔を置いてつき、葉と茎にえび茶色の斑点がある。
ゾーン：9～10

ラケナリア、HC、'ロマウド'

ラケナリア、HC、'ロニナ'

LACTUCA
(アキノノゲシ属)

英　名：LETTUCE

北半球に見られるキク科の一年草または多年草で、約75種あり、種によって全縁、裂葉、深裂、または膨らみのある葉がロゼットを形成する。葉の縁は全縁、波状、鋸歯、またはひだがある。葉色は緑～茶色または赤色。ふつう、白、黄、青の小花がまとまって長い茎につく。種子は小形で白、灰色または黒色。刺のある種もある。*L. sativa* (レタス)だけが広く栽培され、葉が食用になる。茎が食用になる栽培品種もある。乳液には催眠性がある。

〈栽培〉
肥沃な水はけのよい土壌の日向を好む。生育期に乾燥させると結実期に入ってしまうので注意する。寒冷気候が発芽に必要である。播種は通年行なうことができる。

Lachenalia aloides var. *aurea*

Lactuca sativa

一般名：チシャ、レタス
英　名：COMMON LETTUCE
☼ ❄ ↔10〜30cm ↕10〜30cm

この種は、栽培用としてのみ知られているが、古代から地中海地方に原生している刺のある野生種で、現代では雑種として扱われる*L. serriola*から派生したと考えられる。さまざまな変種があり、葉形、大きさ、色が異なり、魅力的な葉のつく種もある。ほとんどが生食できるが、調理にも向く。苦みが出ないように、促成栽培する。*L. s.* var. *augustana*（クキレタス）(syn. *L. s.* var. *asparagina*)はアスパラガスレタスとして、中国産はチャイニーズレタスとして知られる。ほかの種よりも大形で、径8cmの太い茎が生食または調理して食用になる。葉はふつう緑色だが、赤色品種もある。*L. s.* '**アッティコ**'は、矮性、緑色のタチチシャ(コス型)で、直立全縁の葉を持ち、抽薹、葉先焼け、べと病に耐性がある。'**オーストラリアン イエロー リーフ**'は、昔からある変種で、光沢のある黄緑色、ゆるいひだのあるルースリーフ型の軟らかい葉がつく。抽薹性は緩徐。'**バブルズ**'★は、イギリスで繁殖された。小形、緑色、膨らみのある葉は、甘みがあり、非常に硬く巻く。'**コカルデ**'★(アロウヘッドレタス)は、オークに似た赤色の葉で、大形の矢尻形の葉がつき、先端は赤みを帯び、軟らかい。'**コス ヴェルディ**'は、ぱりぱりした甘みのあるタチチシャで、全縁、緑色の葉が上向きに開いてつく。'**コスミック**'は、タチチシャ。'**クリスプ ミント**'は、まとまりよく長い葉が巻くタチチシャ。'**フォーチュン**'は、バターヘッド型で中程度の硬い巻きになり、緑色の葉は急速に成長する。'**グランパ アドマイアーズ**'は、古くからあるバターヘッド型で、薄緑色に青銅色と赤色のにじむ葉が緩やかに巻く。抽薹性は緩徐。'**グリーン コーラル**'は、成長の速いルースリーフ型で、滑らかな緑色の葉には非常にひだが多い。'**グリーン ミグノネッテ**'はソフトリーフ、小形で膨らみがあり、味がよい。耐性がある。'**グリーン オーク リーフ**'は、魅力的なレタスで、オークに似た深裂の葉がつき、成長が速い。'**アイスバーグ**'★は、1930年代に長距離の移動に耐えられるようにアメリカ合衆国で繁殖された。大形、重いハーティングレタスで、外側にぱりぱりした葉がつき、中に芯がある。'**イタリアン オーク リーフ**'は、中形、緑色、上向きのイタリアスタイルで、非常に強健、耐病性がある。'**ケンドー**'は、タチチシャの交雑種で、かりかりした硬い芯があり、緑色に赤みがかった葉を持つ。芯は黄色で非常に甘い。'**リトル ジェム**'★ (syns '**シュガーコス**', '**サクリン**')は、半コス型、小形、暗緑色の縮れた葉が硬く巻き、甘みがある。'**ムスケテア**'は、大形、クリスプヘッド型で明緑色の葉、べと病に耐性がある。'**オーク リーフ**'は、1770年代にフランスで最初に登録された。主に、緑色、暗緑色、茶色。ルースリーフ型の変種で、深裂があり、カシの葉に似ることから名づけられた。'**パープル オーク リーフ**'は、緑色、紫がかる。'**オーク リーフ**'は、耐暑性、耐寒性がある。'**レッド コーラル**'は、魅力的なルースリーフ型の変種で、非常にひだの多い赤い葉がつく。'**レッド ミグノネッテ**'は、バターヘッド型、小形で赤色と緑色のヘッドがつく。'**レッド オーク リーフ**'は、緑色、赤みがかる。'**オーク リーフ**'、'**レッド セイルズ**'は、ルースリーフ型、赤銅色の縮れた葉がつく。抽薹性は緩徐。'**レッド サラダ ボウル**'★は、から派生した赤色、ルーフリーフ型の変種で、細長い裂のある葉。'**ロマニー**'は、半コス型で幅広く、暗緑色、上向きに葉がつく。歯ごたえのある芯があり、味がよい。葉先焼けとべと病に耐性がある。'**サンセッド**'は、大形、赤色のバターヘッド型。全縁の葉がつき、寒冷気候でよく育つ。'**ヴァルドール**'は、無加温の温室または戸外で冬に育てる。秋播きして、春に収穫する。ボトリチス菌に耐性がある。
ゾーン：6〜11

Lactuca sativa 'Attico'

L. sativa 'Australiana Gialla'

Lactuca sativa 'Cocarde'

Lactuca sativa 'Cos Verdi'

Lactuca sativa 'Cosmic'

Lactuca sativa 'Bubbles'

Lactuca sativa 'Crisp Mint'

Lactuca sativa 'Fortune'

Lactuca sativa 'Grandpa Admires'

Lactuca sativa 'Green Coral'

L. sativa 'Green Mignonette'

Lactuca sativa 'Green Oak Leaf'

Lactuca sativa 'Italian Oak Leaf'

Lactuca sativa 'Kendo'

Lactuca sativa 'Little Gem'

Lactuca sativa 'ムスケテア'

Lactuca sativa 'パープル オーク リーフ'

Lactuca sativa 'レッド コーラル'

Lactuca sativa 'レッド ミグノネッテ'

Lactuca sativa 'レッド セイルズ'

Lactuca sativa 'レッド サラダ ボウル'

Lactuca sativa 'ロマニー'

Lactuca sativa 'サンセット'

Lactuca sativa 'ヴァルドール'

Lactuca sativa var. *augustana*

Lactuca watsoniana

Laelia Canariensis

Laelia anceps

Lactuca watsoniana

英　名：ALFACINHA

☼　♌　↔30〜60cm　↕30〜60cm

アゾレス諸島、カナリア諸島およびマデイラ諸島の草地に原生する野生種。大形の楕円形、緑色の葉に目立つ白色の脈がある。白い小花を長い穂状につける。

ゾーン：9〜11

LAELIA
（ラエリア属）

ラン科に属し、熱帯アメリカに原生する約60種の色鮮やかな複茎ランで、栽培が容易で非常に美しく目立つ。カトレヤ属の近縁で、一般的には岩生だが多くの着生種がある。8個の花粉塊があることからカトレヤとは異なる（カトレヤは4個）。多くのカトレアと比べて、一般的に小形で、偽鱗茎1個に1枚の葉または2枚つく。近縁属であるブラッサボラ、ブロートニア、カトレヤ、エピデエルム、ソボロニティスなどとの人工交雑に用いられる。

〈栽培〉

ほとんどが日のよく当たる、温暖多湿な環境を必要とする。夏に旺盛に生育し、寒冷で乾燥した冬には休眠する。栽培品種は水はけを非常によくする必要があり、目の粗いバーク主体の倍地を用いてポット栽培する。開花鉢は室内で楽しむことができる。株分けで殖やす。

Laelia anceps ★

☼/◐　⚥　↔20〜90cm

↕20〜120cm

メキシコ原産。秋から冬咲きで、極度に変異が多い。径12cmの星形の大きな花が5個ほど長い花序につき、100cm以上になることもある。花色は白色からピンク系、濃紫色まである。唇弁もさまざまな組み合わせがあり、白、黄、オレンジ、紫など。アルビノ、バイカラー、スプラッシュなどの栽培品種もある。*L. a.* var. *veitchiana*（ラエリア・アンケプス・ウエイチアナ）'フォート カロリン'は、白色の花に薄紫の唇弁があり、秋と冬に咲く。*L. a.* 'チェンバレンズ'は、紫色、100cmの非常に長い花序が秋から冬につく。

ゾーン：10〜12

Laelia Canariensis

☼/◐　⚥　↔20〜60cm

↕20〜100cm

*L. anceps*と*L. harpophylla*の一代交雑種で人気がある。花色は薄紫〜オレンジおよび黄色系で冬と春に咲く。

ゾーン：10〜12

Laelia anceps 'Chamberlain's'

L. anceps var. *veitchiana* 'フォート カロリン'

Laelia crispa

Laelia flava

Laelia tenebrosa
☀/☽ ☂ ↔20〜90cm ↕20〜80cm
ブラジル原産。近縁種の*L. purpurata*と似た成長習性を持つ。大形の夏咲き種で、径15cmの花が3個つく。花弁と萼片は茶褐色。唇弁は白色で濃い紫色の脈がある。
ゾーン：10〜12

Laelia crispa
☀/☽ ☂ ↔20〜90cm ↕20〜60cm
ブラジル原産。成長習性はカトレヤに似ている。晩夏に、径12cm、白色の花が7個ほど直立の花茎につく。唇弁は目立つ紫色で、縁は波状、黄色の模様がある。
ゾーン：10〜12

Laelia flava
☀/☽ ☂ ↔10〜40cm ↕20〜80cm
ブラジル原産。小形の岩生植物で、長い直立の花茎に明黄色の花がつく。花は径5cm、無葉の茎に頂生する。
ゾーン：10〜12

Laelia milleri
☀ ☂ ↔10〜40cm ↕20〜70cm
ブラジル原産。小形の着生種だが、長い花穂に、径6cm、赤橙〜暗赤色の花が8個つく。晩春から夏に咲く。
ゾーン：10〜12

Laelia pumila
☽ ☂ ↔10〜40cm ↕10〜20cm
ブラジル原産。小形の着生種。夏に、ピンク〜暗紫色、径9cmの一重咲きの花が新梢につく。アルビノ(白)、薄紫色の品種がある。ほかのラエリアよりも日陰を好み、コルクのスラブや木生シダで育てる。
ゾーン：10〜12

Laelia purpurata
☀/☽ ☂ ↔20〜90cm ↕20〜90cm
ブラジルの国花で、「ラエリアの女王」と呼ばれている。径20cm、5個ほどの花が成長した偽鱗茎からつく。丈は高い。ピンク、紫、薄紫系のさまざまな色と組み合わせがある。フレアのあるじょうご形の唇弁も花弁と同系色で、網目のあるもの、無地のものがある。アルビノ、セミアルバ、スプラッシュ、バイカラー品種もある。多くの変種があり、色が全て異なる。人気のある品種は以下の2種。*L. p.* var. *carnea*★は白色に淡いピンクの唇弁。*L. p.* var. *werkhauseri*は、白色、暗青紫色の唇弁、芳香がある。
ゾーン：10〜12

Laelia milleri

Laelia purpurata var. carnea

Laelia tenebrosa

×*LAELIOCATTLEYA*
(×ラエリオカトレヤ属)

ラン科のラエリア属とカトレヤ属の人工属間交雑種群。偽鱗茎に1～2枚の葉がつき、強健な植物である。より大形の花がつく品種が切花用に栽培されている。

〈栽培〉
冬に温暖な気候を好むが、休眠期で乾燥状態であれば、短期間の寒冷気候にも耐える。日光を好み、水はけのよさと目の粗いバーク主体の倍地を必要とする。健康な株は白い根を伸ばし、長命で分岐が多い。株分けで殖やす。

×*Laeliocattleya* Hybrids
(×ラエリオカトレヤ ハイブリッド)
☼/☀ ✥ ↔10～75cm ↕10～90cm

2属の希少品種をかけ合わせたもので、さまざまな大きさ、形、色を持つ。黒、明青色以外のほとんど全ての色がある。花径は5～10cm。**C. G. ローブリング**は、一代交雑種で100年以上も前にブルーリップ品種である*Cattleya gaskellidnd*と*Laelia purpurata*を交配して作られた。**エドガー ヴァン ベル 'エドウィン アーサー ハウザーマン'**は、明るいピンク～紫の花で、強い香りがある。**ミニ パープル'ベッテ'★**は、小形の*Laelia pumila*と*Cattleya walkeriana*の一代交雑種でピンクパープルの花がつき、人気がある。**マートル ジョンソン**は、細かい斑点のある花弁で、唇弁と同じ色が花弁にも現われる。**ピンク フェイヴァリット**は、*Laelia milleri*と*Cattleya walkeriana*の美しい一代交雑種。**トロピカル ポイント'チータ'**は、*Cattleya intermedia*の交雑種で、原種の斑点を持つ。

ゾーン：10～12

×ラエリオカトレヤ、ハイブリッド、カンハミアナ'コエルレア'

×ラエリオカトレヤ、ハイブリッド、(×*L*.ブルー リボン×カトレヤ'ペニー クロダ')

×ラエリオカトレヤ、ハイブリッド、C.G. ローブリング

×ラエリオカトレヤ、ハイブリッド、(カトレヤ チョコレート ドロップ××ラエリオカトレヤ ヤラパ)

×ラエリオカトレヤ、ハイブリッド、(×'デュブレアナ'コエルレア' ×*Laelia purpurata* var. *werkhaliseri*)◎

×ラエリオカトレヤ、ハイブリッド、エドガー ヴァン ベル'エドウィン アーサー ハウザーマン'

×ラエリオカトレヤ、ハイブリッド、ローレン・オコ'クリスティ'

×ラエリオカトレヤ、ハイブリッド、ミニ パープル'ベッテ'

×ラエリオカトレヤ、ハイブリッド、、マートル ジョンソン

×ラエリオカトレヤ、ハイブリッド、ピンク フェリヴァリット'ジョリー'

×ラエリオカトレヤ、ハイブリッド、ピンク パーフューム

×ラエリオカトレヤ、ハイブリッド、(カトレヤ ビッティアナ レオポルディ××ラエリオカトレヤ インテグロッサ)

×*Laeliocattleya*, Hybrid, Orange Embers

×ラエリオカトレヤ、ハイブリッド、サリエリ

×ラエリオカトレヤ、ハイブリッド、'ロイアル エンペラー ウェイド'

×ラエリオカトレヤ、ハイブリッド、トロピカル ポインター'チータ'

×*Laeliocattleya*, Hybrid, Kanai Spiders

LAGAROSTROBOS
（ラガロストロボス属）

オーストラリアのタスマニア州原産で、マキ科に属する常緑針葉樹の単型属。ニュージーランド原産の1種が含まれていたが、現在はモノド属に分類されている。木目の細かい淡い色の硬い材を持ち、ボートや家具の原材料として高く評価されているが、現在ではほとんど手に入らない。成長は非常に緩徐で、年輪の幅は1mm以下のことが多い。樹齢2,000年と見積もられる樹木もある。薄茶〜銀灰色の樹皮は剥離するが、樹幹は滑らかである。葉はイトスギに似た鱗片葉がつくが、イトスギのように対生ではなく、らせん状につく。花粉嚢と毬果は別々の木につく。毬果は小形で目立たない。

〈栽培〉
主に枝が枝垂れることから栽培される。寒冷だが無霜、多湿、降雨の多い気候を好む。深い水はけのよい、腐植質の多い土壌がよい。成長すると日向に耐性があるが、幼木のあいだは夏の直射日光を避ける。実生か半熟枝挿しで殖やす。

Lagarostrobos franklinii
異　名：*Dacrydium franklinii*
英　名：HUON PINE
↔8m ↕30m

オーストラリアのタスマニア州西部原産だが、野生種は稀少である。成長は非常に緩徐で、おおまかに円錐形をしており、栽培品種は非常に小形である。枝は美しく枝垂れ、暗緑色の小さな鱗片葉で覆われる。
ゾーン：8〜9

LAGENARIA
（ユウガオ属）
英　名：GOURD

ウリ科に属する一年生または多年生のつる植物で6種ある。熱帯地方原産で、巻きひげを使ってよじ登る。葉は心臓形または3〜5裂する。甘い香りがあり、白色、鐘形の雌雄異花が単生または総状花序につく。果実は0.9mほどの長さで、形は異なるが、棍棒形が多い。若い果実が食用になる種もあるが、苦みがあり、主にカレーの味つけに使う。熟した果実（ヒョウタン）は、果肉を洗い流して乾かし、調理器具や楽器として用いる。

*Lagarostrobos franklinii*の自生種、オーストラリア、タスマニア州ワンダラー・リバー

Lagenaria siceraria

Lagenaria siceraria
異　名：*Lagenaria leucantha, L. vulgaris*
英　名：BOTTLE GOURD, CROOKNECK GOURD, TRUMPET GOURD, WHITE-FLOWERED GOURD
↔3〜6m ↕3〜9m

巻きひげでよじ登る一年草で、広く栽培される。葉は褪せた緑色、有毛、楕円形〜心臓形、鋸歯縁。白色、じょうご形の花が夏に単生する。果実は形がさまざまあり、黄緑色、食用でき、8〜90cmになる。
ゾーン：10〜12

〈栽培〉
強健なつる植物で、開けた日向であれば、ほとんどの土壌に適応する。高いトレリスや支柱を立て、果実が地面につかないようにする。晩春の温暖な時期か、雨季の初めに実生繁殖する。

LAGERSTROEMIA
（サルスベリ属）
英　名：CRAPE MYRTLE

南アジア、東アジア、およびオーストラリア北部に原生するミソハギ科の常緑または落葉性の小〜大高木で、53種ある。剥離する美しい樹皮と、変異の多い単葉が対生につき、多くの種は秋に紅葉する。夏に、縮緬状の花弁を持つ花が円錐花序につき、花色はピンク、紫、白色。こうした理由から、庭園植栽に多く用いられる人気のある植物である。果実はさく果。材木は、橋、家具、鉄道の枕木に用いられる。

〈栽培〉
ふつうは栽培が容易で、広い土壌に適応する。水はけのよい日向でもっともよく育ち、弱い降霜には耐性がある。実生か、夏に半熟枝挿し、または初冬に熟枝挿しで殖やす。べと病に弱いが、最近の品種は耐病性がある。

Lagerstroemia floribunda
↔4.5m ↕12m

ミャンマー、タイ南部、およびマレー半島原産。樹皮は灰色。樹冠は広がる。葉は幅広、やや光沢がある。紫がかったピンク、径5cmの花が小枝にまばらにつく。
ゾーン：11〜12

Lagerstroemia indica
一般名：サルスベリ
英　名：CRAPE MYRTLE
↔6m ↕6m

日本および中国原産。茎が分岐し、大きく横張りする落葉高木で、成長すると散開性になる。頂部は平らで、葉つきが少なくなる。樹皮は滑らかでピンクがかった灰色に斑点がある。葉は小形、暗緑色、秋には紅葉する。白、ピンク、紫、または深紅色、縮緬状の花弁が長さ20cmの円錐花序につく。栽培品種については別項を参照。
ゾーン：7〜11

Lagerstroemia speciosa
異　名：*Lagerstroemia flos-reginae*
英　名：PRIDE OF INDIA, QUEEN CRAPE MYRTLE
↔9m ↕9〜15m

インドおよび中国からオーストラリア原産。滑らかな灰黄色の美しい樹皮に斑点のある落葉高木。葉は暗緑色、光沢があり、裏は褪せた緑色で秋には茶褐色になる。夏から秋に、白、薄紫、紫、またはピンクの花がつく。
ゾーン：10〜12

Lagerstroemia speciosa

Lagerstroemia floribunda

Lagerstroemia indica

Lagerstroemia tomentosa

❀ ✣ ↔6〜9m ↕12〜23m

熱帯アジア原産。上向きに樹幹が分岐する落葉高木。楕円形〜剣形の緑色の葉。白色または紫色の大きな円錐花序が枝先につく。

ゾーン：11〜12

Lagerstroemia Hybrid Cultivars
（サルスベリ交雑品種）

英 名：CRAPE MYRTLE

❀ ❄ ↔2.4〜8m ↕4.5〜8m

過去数十年にアメリカ合衆国メリーランド州の米国国立樹木園が、*L. indica*と日本原産の*L. faurei*の交雑種シリーズを発表してきた。前者の花のサイズと後者の耐寒性、べと病耐性、樹皮色を組み合わせた品種である。栽培品種名はネイティブアメリカンにちなんでいる。'**ナチェズ**'は高さ8m、茶色の樹皮にクリーム色の斑点があり、白色の花が咲く。'**タスカロラ**'は、成長が速く、高さ8m、暗い淡紅色の花。オーストラリア原産の古い交雑種群は、*L. indica*×*L. speciosa*と*L. indica*の戻し交配で作られたものである。薄紫色の小花が上向きの大きな円錐花序につく。

ゾーン：7〜11

Lagrestroemia、HC、'ナチェズ'

Lagerstroemia tomentosa

Lagunaria patersonia

LAGUNARIA
（ラグナリア属）

アオイ科の単型属で、オーストラリア東沿岸沖のノーフォーク島、ロード・ハウ島、およびクィーンズランド州沿岸の一部に原生する。属名は16世紀の医師で植物学者のAndres de Lagunaにちなんでつけられた。常緑の高木で15m以上にもなるが、原生地によって異なる品種があり、主に単葉で、互生につく葉の軟毛の量が異なる。花はハイビスカスに似て、目立つ筒状の雄ずいを持つ。果実は革質のさく果。公園や街路の植栽に向き、潮風に耐性があるため、海岸の植栽にも用いられる。

〈栽培〉
暖温または亜熱帯の水はけのよい肥沃な土壌でもっともよく育つ。剪定はほとんど必要がない。春に実生で殖やす。温暖多湿な環境で容易に発芽する。

Lagunaria patersonia
ラグナリア・パテルソニア

異 名：*Hibiscus patersonius*

英 名：NORFOLK ISLAND HIBISCUS, WHITE OAK

❀ ✣ ↔4.5m ↕8〜15m

オーストラリア、ニューサウスウェールズの第2代総督William Patersonにちなんでつけられた。ローズ〜紫桃色の花に金色の葯があり、夏に葉腋上部に単生する。種子は腎臓形で鋭い細毛で覆われ、この毛に触れると皮膚がかゆくなる。'**ロイアル パープル**'は、光沢のある緑色の葉、深紅色の花がつく。

ゾーン：10〜11

Lamarckia aurea

Lamarckia aurea

異 名：*Chrysurus cynosuroides*

英 名：GOLDEN TOP

❀ ❄ ↔15〜25cm ↕25〜30cm

滑らかで軟らかい、扁平な細い葉身を持つ美しい一年草。羽毛状、成長すると紫がかる黄色の花が5個ずつ片面の円錐花序につく。

ゾーン：7〜10

LAMBERTIA
（ランベルティア属）

ヤマモガシ科に属するオーストラリア原産の植物で、10種からなる。9種が西オーストラリア南西部、1種はニューサウスウェールズ州東部原産。全種が直立の小〜大低木で、たまに小高木になる。葉は、輪生または対生につき、先端は刺状に尖る。花は赤、オレンジ、黄色で、狭円筒形。ふつう、7個からなる花序を形成し、種によっては色鮮やかな苞葉で包まれている。ほとんどの種が蜜を産生し、野生の鳥や昆虫を集める。木質の果実は2つに裂開し、それぞれ翼のある種子を含む。

〈栽培〉
水はけのよい日向またはやや日陰を必要とし、適度に耐霜性がある。収穫して乾燥させた果実から取り出した種子で殖やす。果実は数年、生枝に残る。挿し木でもよく根づくが、種子は2週間ほどで容易に発芽する。

*Lambertia formosa*の自生種、オーストラリア、ニューサウスウェールズ州ブルーマウンテン

LAMARCKIA
（ラマルッキア属）

英 名：GOLDEN TOP

イネ科の単型属で地中海地方および中東原産だが、ほかの地域にも帰化している。茎は直立または半匍匐性、葉は扁平、紐のように細長い。光沢のある黄金色に紫を帯びた小穂が片側に羽毛のように分厚くつき、長楕円形の円錐花序を形成する。

〈栽培〉
ほとんどの土壌タイプに適応性がある。実生で殖やす。雑草化しやすいので植える場所に注意する。

Lambertia multiflora

Lambertia formosa

英 名：HONEYFLOWER, MOUNTAIN DEVIL

❀ ❄ ↔2m ↕2m

オーストラリアのシドニーおよびニューサウスウェールズ州のブルーマウンテン近郊に原生する。葉は長さ6cm、輪生、表面は緑色、裏面は薄緑色、有毛。春から夏に、7個の赤い円形の小花が苞葉に包まれて茎頂につく。嘴があり、角張った、長さ18mmの果実が長期間残る。

ゾーン：8〜10

Lambertia multiflora

英 名：HONEYSUCKLE

❀ ❄ ↔1.2m ↕1.5m

西オーストラリア州パースの北部と南部に原生する。小低木で2種ある。北部種はピンク〜薄赤色の花、南部種は黄色の花がつく。葉は細長い。ふつう7個、最大19個の長さ35mmの小花がつく。嘴のある滑らかな果実がつく。

ゾーン：8〜10

Lamium maculatum 'ピンク ピューター'

Lamium maculatum

Lamium maculatum cultivar

Lamium maculatum 'アン グリーナウェイ'

LAMIUM
(オドリコソウ属)

英　名：DEAD-NETTLE

シソ科の基準属。50種の丈の低い一年草および多年草で、根茎や匍匐茎で広がる。ヨーロッパ、北アフリカおよび温暖アジアに自生するが、ほかの地域にも帰化し、雑草として扱われる。デッドネトルとして知られ、対生、鋸歯縁、先鋭の心臓形の葉がネトル（イラクサ）に似ているが刺はない。春に、黄、ピンク、白色、葉のついた頭花が、茎頂近くに輪生する。薬草として用いられ、葉はサラダ野菜として食用になる。

〈栽培〉
非常に耐寒性があり、多湿、腐植質の多い、水はけのよい半日陰または日陰で容易に育つ。斑入り品種が一般的で、葉色を保つためには日光に当てる必要がある。挿し木または株分けでいつでも殖やせる。

Lamium galeobdolon
異　名：*Galeobdolon luteum*、*Lamiastrum galeobdolon*
一般名：ツルオドリコソウ
英　名：YELLOW ARCHANGEL

☼/◐ ❄ ↔120cm ↕20～40cm

ユーラシア原産。強健、つる性の常緑に近い多年草。葉は細く、暗緑色、楕円形〜三角形、長さ5cm、深い鋸歯がある。夏に、長さ18mm、黄色の小花10個が花序を作る。'ハーマンズ プライド'★は、細い葉に銀色の筋と斑点がある。'シルバー エンジェル'は、低く横張りになるが、茎の基部は直立する。葉には銀色の斑が入る。
ゾーン：6〜10

Lamium garganicum
☼/◐ ❄ ↔120cm ↕20～40cm

ヨーロッパ、西アジア、および北アフリカ原産。マット状に広がる常緑に近いつる性多年草。葉は幅広く、褪せた緑色、鋸歯縁、三角形、長さ8cm。花序は長さ25mm以上、紫がかったピンク〜赤色で、8個の花序がまばらにつく。夏に咲く。
ゾーン：6〜10

Lamium maculatum
ラミウム・マクラトゥム

☼/◐ ❄ ↔60～150cm ↕15～50cm

ヨーロッパ、西アジア、および北アフリカ原産。横張り性、マウンド状または這い性の、常緑に近い多年草。茎は長く、広がりながら根を張る。葉は有毛、鋸歯縁、先鋭の楕円形〜三角形、白い模様があり、長さ8cm。夏に、ピンクがかった赤〜紫色の8個の花序が、まばらにつく。

Lamium sandrasicum

多くの栽培品種がある。'アルブム'は、銀色の斑点のある葉、白色の花。'アン グリーナウェイ'は、三色の葉、黄緑の地に暗緑色の縁取り、銀色の中斑のある葉。薄紫色の花。'アウレゥム'は、黄緑の葉に白の中斑。ピンクの花。'ビーコン シルバー'は、銀色の葉に緑色の細い縁取りがある。ピンク〜紫系の花。'ピンク ナンシー'は、銀色の葉に緑色の縁取り。薄桃色の花。'ピンク ピューター'は、緑色の葉に銀灰色が重なる。濃いピンクの花。'ホワイト ナンシー'は、銀色の葉に緑色の細い縁取り。白色の花がつく。
ゾーン：4〜10

Lamium orvala
☼/◐ ❄ ↔100cm ↕100cm

ヨーロッパ南部から中部原産。葉つきの多い多年草。葉は鋸歯縁、先鋭の楕円形、長さ15cm。ピンクがかった赤〜紫色の18mmの小花が数個ついた頭花が夏につく。
ゾーン：6〜10

Lamium sandrasicum
☼/◐ ❄ ↔30cm ↕10cm

西アジアの山岳地方に原生する。小形のつる性多年草で、深い鋸歯のある心臓形の小葉がつく。茎と葉は日があたると赤みがかる。花は赤い斑点のある薄桃色で、長さ25mm、夏に短い茎の基部につく。
ゾーン：4〜9

LAMPRANTHUS
(マツバギク属)

ツルナ科に属する155種ほどの植物で、ナミビア南部から南アフリカ共和国の東ケープ州に原生する。オーストラリア原産種も1種ある。つる性だが、ときに直立の低木になる。多肉の葉は線形〜棍棒形、三角形の裂になる場合もある。花は一般的に大形で、赤色系、夏の長期間おびただしくつき、夏の植栽や暖温地帯のコンテナ栽培に役立つ。数種は耐霜性があり、雨風の当たらない場所であれば通年栽培できる。以前は本属に分類されていたが、のちにオスクラリア属に再分類された種もある。

〈栽培〉
日向を好み、水はけのよいやせ地でじゅうぶん育つ。茎の挿し木で容易に殖え、通年どの時期でも根づく。

Lampranthus aurantiacus ★
ランプラントゥス・アウランティアクス
異　名：*Mesembryanthemum aurantiacum*
英　名：ICEPLANT

☼ ✤ ↔20～45cm ↕30～60cm

多肉の多年草で、直立の茎が成長すると匍匐性になる。葉は青緑色、先端が尖り、ざらついた表面に斑点がある。デイジーに似た明黄色またはオレンジ色の花が晩春におびただしくつく。'サンマン'は黄金色の花がつく。
ゾーン：9〜11

Lampranthus aurantiacus 'サンマン'

Lampranthus aurantiacus

Lampranthus glaucus

Lampranthus filicaulis

異　名：*Mesembryanthemum filicaule*
英　名：TRAILING ICEPLANT
☼ ❄ ↔ 45〜90cm ↕30〜60cm

多肉の多年草。脆弱で繊細な匍匐性のつるを持つ。葉は密生し、先鋭、湾曲、長さ約25mm。赤色系の花が長い茎につく。
ゾーン：8〜11

Lampranthus glaucus

英　名：NOON FLOWER
☼ ❄ ↔ 30〜60cm ↕30〜60cm

丈の低い多肉の多年草で、まばらに斑点があり扁平、三角形、灰緑色、長さ25mmの葉がつく。淡黄色のデイジーに似た花が晩春につき、乾果がなる。
ゾーン：9〜11

Lampranthus productus

英　名：PURPLE ICE PLANT
☼ ❄ ↔ 30〜60cm ↕30〜60cm

分枝の多い多肉の多年草で、長さ35mm、細かい斑点で覆われた細い葉がつく。3〜5個の薄いローズピンク、径25mmの花がつく。
ゾーン：9〜11

Lampranthus roseus

異　名：*Mesembryanthemurn spectabile*
英　名：ICE PLANT
☼ ❄ ↔ 50〜75cm ↕15〜50cm

短命、直立の多肉多年生の低木。一年草として栽培される場合もある。細い枝、湾曲した細い葉がつく。ローズピンク〜藤色のデイジーに似た花がつき、コショウに似た匂いがある。春の半ばから初夏までつく。
ゾーン：9〜11

Lampranthus spectabilis

ランプラントゥス・スペクタビリス
異　名：*Mesembryanthemum spectabile*
英　名：ICE PLANT
☼ ❄ ↔ 50〜75cm ↕15〜50cm

匍匐性、多肉の多年草。茎が分岐し、盛り上がるように広がる習性がある。多肉、明緑〜灰緑色の葉は湾曲し、先端は帯赤色。舟弁があり、三角の裂に分かれる。径5〜8cmの光沢のあるピンク〜藤色のデイジーに似た花が春から夏につく。'トレスコ　アプリコッド'は、黄橙色の花。'トレスコ　ブリリアンド'は深紅色の花。'トレスコ　レッド'は、鮮やかな赤色の花がつく。
ゾーン：9〜10

LANTANA

（ランタナ属）

クマツヅラ科に属する常緑低木で約150種あり、主に熱帯アメリカに見られる。よじ登り性の、刺のある茎に対生につく単葉は両面に粗毛がある。小形の花がまとまって分厚い扁平または球形の花序を作り、中心から蕾がつく。

〈栽培〉

ランタナは過酷な環境に耐性があるが、軽い肥沃な水はけのよい土壌でもっともよく育つ。花は日向の霜の当たらない場所でよくつく。海岸の植栽に向くが、潮風から保護する必要がある。幼木のあいだは株姿を保つために定期的に切り戻すが、成長後はほとんど剪定の必要はない。春に実生または半熟枝挿しで殖やす。芽挿しは、通年行なうことができる。

Lantana camara

一般名：シチヘンゲ
英　名：LANTANA
☼ ❄ ↔ 2.4〜9m ↕1.2〜3.5m

西インド諸島および中央アメリカ原産。常緑低木。花は黄白色、黄色、オレンジおよびピンク〜赤茶色まであり、頭花は二色咲きになり、成長すると変色する。野生種はとくに帰化しやすく、オーストラリアを含む温暖気候帯では有害な雑草として扱われる地域もある。不稔性または不稔性に近い品種もある。*L. c.* var. *crocea*は、黄金〜オレンジ色の花。*L. c.* 'チェルシー　ジェム'は、主に深紅色だが、オレンジ色の品種もある。'オレンジ　カーペッド'は、匍匐性、オレンジ色の花。'パトリオット　ダヴ　ウイングス'は、枝垂れ型、薄黄色の花がすぐに白色になる。'パトリオット　レインボー'は、幅、高さ共に40cmの小形で濃いピンクがかった赤〜黄白色の二色咲き。'スコラス　オルテンブルグ'は、多色咲きで黄〜オレンジまたはピンク。'ワリエガタ'（syn.'レモン　スワール'）は、薄緑白色の縁のある葉、黄色の花がつく。
ゾーン：9〜12

Lantana montevidensis

ランタナ・モンテウィデンシス
異　名：*Lantana sellowiana*
英　名：TRAILING LANTANA
☼ ❄ ↔ 3m ↕0.9m

南アメリカの中東部原産。常緑、匍匐性の低木。葉は暗緑色、楕円形〜披針形、粗い鋸歯がある。ピンクがかった薄紫色、径25mm、花喉は帯明黄色、やや芳香のある花が冬を含め通年つく。'アルバ'は、白色の花のつく栽培品種で、アメリカで人気がある。
ゾーン：9〜11

LAPAGERIA

（ラパゲリア属）
一般名：ツバキカズラ

チリ原産の常緑つる性木本の単型属である。サルトリイバラ科と同族であるツバキカズラ科に属する。茎がよじ登るため、支柱が必要である。支柱がない場合は、地面を匍匐する。大形、楕円形、暗緑色の葉は分厚く、革質で葉の側面に目立つうねがある。下垂性、鐘形の大きな花がつき、幅広い蝋質の外花被3枚が、内花被3枚に重なる。自生地では主にローズピンクだが、栽培品種は深紅〜ピンクおよび黄白色まで、さまざまある。黄色品種もあることが報告されている。

〈栽培〉

霜に弱く、夏は直射日光の当たらない場所に植えることが必要だが、冷涼な土壌でよく根を張り、枝は日光の方に伸びて花がつく。水はけのよい、広い肥沃な中性の土壌に植える。春に実生で殖やす。播種から開花まで7年かかり、花色は苗木と異なる。温室で育てることもできる。

Lantana montevidensis

Lantana camara 'パトリオット　ダヴ　ウィング'

Lantana camara var. *crocea*

Lantana camara

Lantana camara
'オレンジ　カーペッド'

Lantana camara
'パトリオット　レインボー'

Lantana camara
'スコラス　オルテンブルグ'

Lantana camara 'ワリエガタ'

Lapageria rosea

一般名：ラパジュリア・ロセア
英　名：CHILEAN BELLFLOWER, COPIHUE
☀/☽ ☂ ↔0.9～3m ↕5m

チリの国花。長さ12cmの葉が、滑らかなロープのような細い茎につく。ローズレッド、長さ10～15cmの大きな花が夏から秋につく。'**アンゴル**'（正しくは'オンゴル'）は、とくに大形のサーモンピンクの花がつく。'**ナッシュ　コード**'は、薄いシェルピンクの花に暗赤色の縞がある。
ゾーン：8～9

LAPIDARIA
（ラピダリア属）

ナミビア南部および隣接する南アフリカ共和国の一部に原生する単型属で、ハマミズナ科に属する。ディンテラントゥス属、シュワンテシア属の近縁である。小形で枝が短く、茶灰色のロゼットを形成する。茎は非常に短く、成長すると分岐し、マット状になる。1本の枝に基部でつながった6～8枚の葉がつき、表面は扁平、裏は丸みを帯びる。花は柄につき、花弁は黄色い。

〈栽培〉
栽培方法はリトプスと同じである。古い胴体は数年萎れることはなく、新しい胴体が出ると2つに割れるように広がっていく。

Lapidaria margaretae

異　名：*Dinteranthus margaretae*、*Mesembryanthemum margaretae*
英　名：KAROO ROSE
☀ ☂ ↔15～30cm ↕8～10cm

ナミビア原産。多肉の多年草で、マット状に広がる。小形の葉は2枚ずつつき、滑らかで石のように分厚く、三角形、基部でつながる。白っぽい灰緑色。秋から冬に、6～7個の雄ずいのある黄金色のデイジーに似た花をつける。
ゾーン：9～11

*Larix laricina*の自生種、カナダ、オンタリオ州

LARIX
（カラマツ属）

マツ科に属する落葉針葉樹の大属。ヨーロッパの北部、アジアの大部分、シベリアからミャンマー北部の山地、および北アメリカ北部にまで見られる。春に若葉の出るのがもっとも早い樹木で、長枝、短枝ともに葉をつける。夏に熟す球果が短枝に上向きでつき、長期間保つ。成長すると、枝が優美に枝垂れる。葉は針形、ふつう鮮やかな緑色で、夏に青緑色がかることがあり、秋には黄白～褪せた金色になる。強健で重みのある貴重な木材を産生する種もある。

〈栽培〉
ほとんどの土壌に適応性があるが、1～2種を除いて多湿な土壌は避けた方がよい。全種で、日光がじゅうぶん当たることが必要である。自然でも栽培でも種間交雑が容易である。実生で簡単に殖える。

Larix decidua

異　名：*Larix europaea*
一般名：ヨーロッパカラマツ
英　名：EUROPEAN LARCH
☀ ❄ ↔3.5～6m ↕50m

ヨーロッパ中部および東部原産で、1600年頃イギリスに導入された。円錐形の樹冠が成長と共に横に広がる。水平に伸びる枝と上向きに伸びる枝がある。樹皮は滑らかで灰色、古い樹幹には割れ目があり、粗くうねがある。葉はみずみずしい淡緑色。熟した球果は黄色みを帯びる。'**コーリー**'は、矮性、横張りの高木。'**ペンデュラ**'は、大きく枝垂れる習性があり、1.8～2.4mの台木に接ぎ木される。
ゾーン：2～8

Larix kaempferi 'ステイッフ　ウィーピング'

Larix kaempferi

異　名：*Larix leptolepis*
一般名：カラマツ
英　名：JAPANESE LARCH
☀ ❄ ↔4.5～6m ↕30m

日本によく見られる。大気汚染に耐性があるが、あまり植栽されない。長い枝が低く波打ちながら成長し、上部の枝は上向きに伸びる。鱗片状の茶褐色の樹皮を持つ。'**ペンデュラ**'★と'**スティッフ　ウィーピング**'は枝が枝垂れる。
ゾーン：4～9

Larix laricina

一般名：アメリカカラマツ
英　名：AMERICAN LARCH, EASTERN LARCH, TAMARACK LARCH
☀ ❄ ↔4.5～6m ↕18m

北アメリカ北部のほとんどの地域に見られる。ミズゴケ湿地や沼地に生育する。樹冠は広く、ねじれて輪になる枝を持つ。樹皮はピンクがかった茶～赤茶色、細かく剥離するが、裂け目はない。葉は短く、軟らかい針葉が秋に黄変する。
ゾーン：2～8

Lapageria rosea 'アンゴル'

Lapidaria margaretae

Larix decidua、ニュージーランド

Larix decidua 'ペンドゥラ'

Larix lyallii

☀ ❄ ↔1.8〜4.5m ↑12m

北アメリカ西部原産。小〜中高木で、細毛の密生する新芽がつき、灰緑色の四角い葉がつく。枝は毛に分厚く覆われ、樹皮は細かい皺があり、鱗片状。L. occidentalisの亜高山品種として分類される場合がある。
ゾーン：2〜8

Larix × marschlinsii
ラリクス×マルシュリンシイ

異 名：Larix × eurolepsis
英 名：DUNKELD LARCH, HYBRID LARCH
☀ ❄ ↔6m ↑27m

L. deciduaとL. kaempferiの交雑種。両親の中間の習性を持つが、黄色の蝋質の花がつき、円錐形の球果のつくところが異なる。葉は長細く、灰緑色、長さ35mm。'ヴァリッド ディレクションズ'は枝が枝垂れる。
ゾーン：2〜9

Larix occidentalis

一般名：セイヨウカラマツ
英 名：WESTERN LARCH
☀ ❄ ↔4.5m ↑55m

北アメリカ原産。樹皮は紫灰色、深く広い裂け目がある。樹冠は広がり気味の狭円錐形。葉は両面とも明緑色。夏に藤色の球果がつき、熟すとオレンジ色と黄色の苞葉が赤茶色になる。
ゾーン：3〜9

Larix sibirica

Larix sibirica

異 名：Larix russica
一般名：シベリアカラマツ
英 名：SIBERIAN LARCH
☀ ❄ ↔4.5m ↑30m

ロシア東部（シベリア）、モンゴル、および中国四川省原産。美しい赤茶色の樹皮を持ち、成長すると皺が寄る。枝は先端を上向きにして垂れ下がり、積雪を防ぐ。葉は非常に細く、春は淡い明緑色、秋に金色になる。小形、鱗片状の球果がつく。
ゾーン：1〜8

LARREA
（ラッレア属）

英 名：CREOSATE BUSH

ハマビシ科に属する常緑低木で5種あり、南アメリカからアメリカ合衆国南西部原産。吸枝のあるつながった茎に、長さ18mmの対生の複葉がつく。花は5個の不揃いな萼片と鉤爪があり、花弁は楕円形で黄色。丸い果実は細かい軟毛で覆われる。葉から出るニスのような分泌物は、乾く前にはクレオソートに似た匂いがある。毒を発するため、近隣の植物の成長を阻害する。不快な匂いがあるが、現地住民のあいだでは薬として用いられる。
〈栽培〉
全種が水はけのよい日のよく当たる場所を好む。実生繁殖する。

Larix lyalliiの自生木、カナダ、ブリティッシュコロンビア州、ヨホ国立公園

Larrea tridentata

異 名：Larrea divaricata
英 名：COVILLE, CREOSOTE BUSH
☀ ❄ ↔1.8〜3m ↑1.8〜3.5m

アメリカ合衆国南西部からメキシコ北部に見られる。成長緩徐な芳香のある低木で、はびこりやすい。暗灰〜黒色の樹皮がある。葉は複葉、樹脂を含み、暗緑〜黄緑色、楕円形〜披針形で2〜3枚の小葉からなる。径12mm、光沢のある黄色の花が春と秋に咲く。
ゾーン：7〜10

LASIOPETALUM
（ラシオペタルム属）

アオギリ科の35種の植物で、オーストラリアのみに原生する。大きさの異なる低木で、荒地や森林、低地から中高地のさまざまな土壌に生育する。特徴は茎、葉、花など全草に茶色の毛があることである。葉は単葉で、表面は緑色または灰緑色で裏は毛で覆われる。花は茎頂または葉腋に頭花または房でつく。花弁は小さく、白、クリーム、ピンクなどの色のある萼片のほうが目立つ。果実は3つの小室を持つさく果で、黒い種子が1個ずつ含まれる。
〈栽培〉
水はけのよい砂質の土壌で育てる。果実は萼片のなごりの中に包まれ、熟すとすぐに落下するため、手に入りにくい。挿し木で殖やすほうがよい。

Lasiopetalum macrophyllum

英 名：SHRUBBY RUSTY FETALS
☀ ❄ ↔1.5m ↑3.5m

習性が異なり、沿岸の自生地では匍匐性になり、森林では直立する。葉は灰緑色、幅広の披針形で表面は毛が多い。花は赤茶色の毛で覆われ、春から夏に咲く。
ゾーン：9〜11

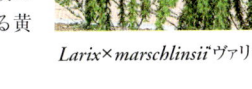
Larix × marschlinsii 'ヴァリッド ディレクションズ'

LASTHENIA
（ラステニア属）

北アメリカの太平洋岸に原生するキク科に属する16種の一年草および多年草で、1種はチリ中部に原生する。自生地は過酷な砂漠地、塩分を含んだ平地や草地である。葉は対生、単葉または裂葉で、表面は滑らか、ときに有毛。長い茎の先端に目立つ頭花がつく。舌状花と筒状花の両方が金色で、舌状花は幅広い円形、大きなドーム状の筒状花のまわりにきれいな円を描く。
〈栽培〉
耐霜性と耐干性があり、幅広い土壌タイプと植え付け場所に適応性がある。実生で殖やす。

Lasthenia glabrata

英 名：GOLDF ELDS
☀ ❄ ↔22.5〜45cm ↑45〜60cm

アメリカ合衆国カリフォルニア州原産。直立性の多年草。葉は細く鋸歯縁があり、多肉、長さ5〜15cm。夏に、金色またはレモンイエローの舌状花が径35mmの頭花を作る。
ゾーン：7〜10

Lasthenia glabrata

Larrea tridentata

Lasiopetalum macrophyllum

Lathyrus odoratus 'オール バット ブルー'

Lathyrus odoratus 'アニー グッド'

Lathyrus odoratus 'アニバーサリー'

Lathyrus odoratus 'アプリコット クィーン'

LATANIA
（ラタニア属）

一般名：ベニウチワヤシ

マダガスカルの東部にあるマスカリン諸島に固有のヤシ科植物で、3種がある。かつては諸島の乾燥地帯の沿岸部に多く見られたが、現在は開墾により稀少になっている。1つの島に1種ずつ原生する。長い単茎のヤシで、大きな扇形の葉状体を持つ。雌雄の花は別々の木につき、ふつう雨季に咲く。見かけは3種とも似ているが、葉の色が異なる。

〈栽培〉

幼木は成長が速いが、水はけのよい土壌の霜の当たらない日向に植える必要がある。取り播きで殖やすが、発芽には4カ月かかる。栽培用に種子が入手可能で、2種または3種が近くに生育している環境では交雑の可能性がある。

Latania loddigesii ★
英　名：BLUE LATAN PALM

☼　♠　↔3.5m　↕8m

マスカリン諸島の中央にあるモーリシャス島原産。白い粉で覆われた成葉は、毛で覆われた白い基部を持つ。葉状体は4.5m以上になる。長さ1.8mの花序が夏につく。雌雄の花は同じ大きさ。果実は丸く多肉で、熟すと緑がかった茶色になる。
ゾーン：10〜12

Latania verschaffeltii ★
英　名：YELLOW LATAN PALM

☼　♠　↔4.5m　↕10m

ロドリゲス島のみに原生する。分厚い白色の毛で覆われた基部と茎を持つ。葉は緑色で粉はふかない。葉柄と葉脈は明黄〜オレンジ色。ゾーン：10〜12

LATHYRUS
（レンリソウ属）

一般名：スイートピー

英　名：SWEET PEA、VETCHLING、WILD PEA

マメ科ソラマメ亜科に属し、よく知られるスイートピーだけではなく、はるかに多い110種の一年草および多年草がある。ユーラシア、北アメリカ、南アメリカ温帯、東アフリカの山岳地帯に見られ、多くがつる性だが、低く横張りする種や株立ちになる種がある。つる性種は、羽状複葉の先端の葉先にある巻きひげで支えながら伸びる。熱帯のスイートピーは花色が多く、単生または上部葉腋に総状花序につく。

〈栽培〉

非つる性の多年草は半日陰に耐性があるが、ほかの種は、べと病やボトリチス菌の繁殖を避けるため、日向の風通しのよい場所で栽培する。湿気のある水はけのよい土壌に、つるを支えるための支柱やワイアーを立てる。一年草は初夏、または秋から冬の温暖な時期に実生で殖やす。多年草は休眠期に株分けで殖やす。

Lathyrus aureus
☼/◐　❄　↔100cm　↕60〜90cm

バルカン半島原産。葉つきの多い多年草。葉は12枚の小葉からなり、長さ25〜50cm。晩春から夏に、オレンジがかる黄金色の花が総状花序につく。
ゾーン：6〜10

Lathyrus cyaneus
☼　❄　↔60〜100cm　↕30cm

コーカサス地方原産。低く横張りする多年草。角ばった茎に2〜6対の小葉からなる暗緑色、長さ8cmの葉がつく。晩春から初夏に、濃い青紫色の花が15個ほどの総状花序につく。ゾーン：6〜9

Lathyrus grandiflorus
英　名：EVERLASTING PEA、TWO-FLOWERED PEA

☼　❄　↔2m　↕2m

シシリー島からバルカン半島南部に原生する。つる性多年草。角ばった茎。葉の先端に巻きひげがあり、長さ5cmの小葉が対になってつく。夏に、径30mm、紫とピンクの花が4個ほどつく。
ゾーン：6〜10

Lathyrus latifolius
一般名：宿根スイートピー

英　名：PERENNIAL PEA

☼　❄　↔2m　↕3m

ヨーロッパ中部と南部に見られる。つる性多年草。わずかに角張った茎。葉は先端に巻髭があり、長さ15cmの小葉が対につく。夏に、径30mm、紫、ピンクまたは白色の花が総状花序につく。'**アルブス**'（syn.'スノー ホワイト'）は、純白の花。'**ピンク ビューティ**'は、ピンクと赤色の花。'**ホワイト パール**'は、白色の花が長くつく。ゾーン：5〜9

Lathyrus laxiflorus
☼/◐　❄　↔40〜60cm　↕30cm

ヨーロッパ南東部原産。低く、やや横張りになる多年草。長さ40mm、披針形の小葉が対につく。径18mm、中心が白い紫色の花が夏に咲く。
ゾーン：7〜9

Lathyrus odoratus
一般名：スイートピー

英　名：SWEET PEA

☼　❄　↔100cm　↕2.4m

イタリアおよび地中海地方原産。芳香性の強い一年生つる植物。角ばった、やや有毛の茎、青緑色の小葉が対につき、長さ5cm。野生種は、夏に紫と藤色の花を3個ほど総状花序につける。園芸品種はさまざまな花色があり、花つきも多い。ゾーン：9以上の地帯では秋に、それ以外の寒冷地では春に実生繁殖する。'**アラン ウィリアムズ**'は、黄茶色がかったピンクと白。'**アニー グッド**'はピンク系。'**アニバーサリー**'★は、白にピンクの縁。'**ビジュー ミックス**'は、高さわずか30cm、多色。'**ブライアン クロー**'は、オレンジと白。'**チャーリーズ エンジェル**'は、青と薄紫。'**クリーム サウスボーン**'は薄いクリーム。'**エクリプス**'は、濃

Latania verschaffeltii

Lathyrus cyaneus

Lathyrus grandiflorus

Latania loddigesii

い紫。'**イヴニング グロー**'は、明るいピンクオレンジ。'**ファイアーバード**'は、赤橙色。'**ジル ウォルトン**'はクリームと薄いピンクに濃色の縁。'**ライラック リップル**'は、白と薄紫。'**ミッドナイト**'は、濃い赤紫。'**ノエル サットン**'は濃い青色。'**シー ウルフ**'は、紫色。'**スペンサー ミックス**'は、昔からある人気品種で、大形の花がつくミックスカラー系。'**テレサ モリーン**'は、紫と淡紅色。縁は紫がかる。'**ウィルトシャー リップル**'は、茶赤色と白。'**ウィナー**'は橙赤色の花がつく。芳香があり一重咲きの小形栽培品種が、**Heirloom**（エアルーム）として知られている。'**ブランチ フェリー**'は、ピンクと白の二色咲き。'**クパニ**'は、小形、芳香が強い。紫と赤の花が咲き、1699年から知られている。'**オールド スパイス ミックス**'は、芳香が強く、二色咲きや縞入りなど多色。'**ペインテッド レディ**'は、ごく薄いピンクと濃い深紅色。

ゾーン：8〜11

Lathyrus odoratus'ブライアン クロー'

Lathyrus odoratus'ブリジッド エリザベス'

Lathyrus odoratus'チャーリーズ エンジェル'

Lathyrus odoratus 'クリーム サウスボーン'

Lathyrus odoratus'ドットコム'

Lathyrus odoratus'エクリプス'

Lathyrus odoratus'エテル グレース'

Lathyrus odoratus'ファイアーバード'

Lathyrus odoratus'ハニー ピンク'

Lathyrus odoratus'ジル'

Lathyrus odoratus'ジリー' ★

Lathyrus odoratus'カレン レーヴ'

Lathyrus odoratus 'ライラック リップル'

Lathyrus odoratus'リスベス'

Lathyrus odoratus'リン ディヴィ'

Lathyrus odoratus'ミッドナイト'

Lathyrus odoratus 'モリー リルストーン'

Lathyrus odoratus'アワー ハリー'

Lathyrus odoratus'クィーン マザー'

Lathyrus odoratus 'リチャード アンド ジュディ'

Lathyrus odoratus'サリー アン'

Lathyrus odoratus'サラ ケネディ'

Lathyrus odoratus'シー ウルフ'

Lathyrus pubescens
☼ ❄ ↔2m ↕3m

チリおよびアルゼンチン原産。常緑に近いつる性種で有毛の茎を持つ。葉の先端に巻髭があり、小葉1～2対からなり、夏に、長さ8cm、径25mm、薄紫～青紫色の花を16個ほどつける。
ゾーン：9～10

Lathyrus sativus
英名：DOGTOOTH PEA、INDIAN PEA
☼ ❄ ↔100cm ↕100cm

ヨーロッパおよび北アフリカ原産。つる性一年草。飼料用、また以前は豆を収穫するために栽培されていたが、豆は継続的に大量摂取すると、徐々に運動ニューロン疾患を引き起こす。角張った茎を持ち、葉は細い小葉1～2対からなり、長さ15cm。長い茎につく花は、径25mm、薄青色、ピンクまたは白色。夏に咲く。
ゾーン：8～10

Lathyrus splendens
英名：PRIDE OF CALIFORNIA
☼ ❄ ↔0.9～2m ↕2～3m

メキシコのバハ・カリフォルニアの山地に原生する。株立ちで、ときにつる性の常緑多年草になる。葉は巻髭があり、小葉10枚からなり、長さ8cmになる。径40mmの紫～藤色の花が12個ほど総状花序につく。
ゾーン：8～10

Lathyrus vernus
ラティルス・ウェルヌス
英名：SPRING VETCH
☼ ❄ ↔60～100cm ↕30～60cm

ヨーロッパ原産。半常緑の多年草。角張った茎を持ち、小葉1～2対からなり、長さ10cmになる。早春に、径18mmの花が15個ほどの総状花序につき、色は最初赤紫、成長すると青緑色になる。'**アルボロセウス**'は、ピンクと白の花。'**ロセネルフェ**'は、高さ30cm、薄いピンクの花。
ゾーン：4～9

LAURUS
（ゲッケイジュ属）
英名：LAUREL

クスノキ科の常緑高木および低木で2種からなり、1種は地中海地方、もう1種はカナリア諸島およびアゾレス諸島に見られる。植物学者は後期氷河期以前にヨーロッパのほぼ全域を被っていた「温帯降雨林」の遺物であると考えている。葉は革質、濃緑色、芳香があり、春に、小形の黄色の花が枝に沿ってつく。

〈栽培〉
栽培種としては、*L. nobilis* がもっとも一般的である。非常に適応性があり、生垣、トピアリー、標本植物またはコンテナ栽培に適し、海岸の環境に耐性がある。冷温帯～温帯では、日の当たる壁に面して植えるともっともよく育つ。肥沃な水はけのよい土壌の日向で育てる。夏に、徒長した枝を切り揃え、株姿を整える。秋に実生か、秋に半熟枝挿しで殖やす。

Laurus azorica
英名：CANARY LAUREL
☼ ❄ ↔6m ↕9～18m

カナリア諸島とアゾレス諸島原産。新葉は紫茶色、有毛、つぶすと芳香がある。葉は光沢のある暗緑色で芳香がある。小形の羽毛に似た黄色の花、黒色、卵形の果実がつく。
ゾーン：9～11

Laurus nobilis
一般名：ゲッケイジュ
英名：BAY LAUREL、BAY TREE、SWEET BAY、TRUE LAUREL
☼ ❄ ↔1.8～4.5m ↕3～15m

地中海地方原産で、多湿な岩の多い谷間に生育する。分岐の多い小高木または低木。葉は光沢のある暗緑色、やや波状縁。黄色の小花、卵形の果実がつく。葉は食用のハーブとして非常に人気がある。'**アウレア**'は、黄色の葉がつく。
ゾーン：8～11

Lathyrus vernus

Lathyrus vernus 'ローゼンエルフ'

LAVANDULA
（ラワンデュラ属）
一般名：ラベンダー
英名：LAVENDER

シソ科に属する28種の常緑、芳香性の低木または亜低木で、セージやローズマリーも含まれる。主に地中海地方に原生し、数種は西アジア、カナリア諸島およびケープヴェルデ諸島にも見られる。自生地は、乾燥したむき出しの岩の多い地域である。細い葉は、ふつう灰緑色、鋸歯縁があり、羽状複葉になる種もある。紫色の小花が穂につき、色の濃さや香りの強さは異なる。栽培品種は3種類に分けられる。耐寒性のある**Spica**（スピカ）（イングリッシュラベンダー）は、全縁の葉が基部からつき、長細い花穂がつく。やや耐寒性の劣る**Stoechas**（ストエカス）は、花穂の先端に有色の苞葉が飛び出るようにつく。もう1種は非耐寒性の**Pterostoechas**（プテロストエカス）で、羽状複葉がつく。スピカ種は葉と花に芳香があり、蒸留して精油を抽出し、香水、バス・トイレ用品、空気清浄剤に広く使われている。

〈栽培〉
ラベンダーは高温乾燥地、コンテナ栽培、生垣や芳香を放ってもよい場所の植栽に非常に向く。水はけのよい、適度に肥沃な土壌を必要とする。耐寒性種は開花後剪定する。全ての種が、春に実生または挿し芽、あるいは秋に半熟枝挿しで殖やすことができる。

Laurus nobilis

Lavandula × allardii
英名：HYBRID LAVENDER
☼ ❄ ↔0.9m ↕0.9m

L. dentuta と *L. latifolia* の交雑種と思われる。生育旺盛。葉は灰色、やや幅広、鈍鋸歯がある。夏に、暗紫色の長細い花穂が、葉よりもかなり上につく。
ゾーン：8～11

Lathyrus odoratus 'ウィナー'

Lathyrus odoratus 'スペンサー　ミクスト'

Lathyrus odoratus 'トム　コーディ'

Lathyrus odoratus 'シルヴィア　ムーア'

Lathyrus odoratus 'ウィルトシャー　リップル'

Lavandula angutifolia 'フォルゲイト'

Lavandula angutifolia 'ビーチウッド ブルー'

Lavandula angutifolia 'ヒドコート'

Lavandula angutifolia 'インペリアル ジェム'

Lavandula angutifolia 'ロイアル パープル'

Lavandula angutifolia 'ロッドン ブルー'

Lavandula angutifolia 'マルタ ロデリック'

Lavandula angutifolia 'プリンセス ブルー'

Lavandula angutifolia 'ムンステッド'

Lavandula angustifolia ★

異　名：*Lavandula officinalis*、*L. spica*、*L. vera*
一般名：イングリッシュラベンダー
英　名：ENGLISH LAVENDER

↔1.2m ↕0.6〜0.9m

地中海地方原産のスピカ種。葉つきの多い低木で、灰色、やや有毛の細い葉がつく。芳香のある濃紫色の花穂が初夏につく。この種は高温多湿地では生育しない。'アルバ'は白色の花。'ビーチウッド ブルー'は、丈が低く短茎、青い花がつく。'フォルゲイド'は、中背、淡灰緑色の葉に明青色の花。'ヒドコート'は、紫色の花穂が密につく。'インペリアル ジェム'は、細い灰色の葉、濃紫色の花。'ロッドン ブルー'は、高さ50cm、明るい銀灰色の葉。濃青紫の花。'マルタ ロデリック'は、小形で盛り上がる習性がある。緑灰色の葉。明るい薄紫色の花。'ムンステッド'★は、矮性の変種。紫の縁がある。'プリンセス ブルー'は、緑色の葉、薄紫色の花。'ロセア'は、ピンクの花穂。'ロイアル パープル'は、背の高い灰色の細い葉、濃紫色の花がつく。
ゾーン：5〜10

Lavandula angustifolia、フランス、プロヴァンス地方

Lavandula dentata

一般名：フリンジドラベンダー
英　名：TOOTHED LAVENDER

↔1.5m ↕0.9〜1.5m

地中海地方、マデイラ諸島、およびケープヴェルデ諸島原産のストエカス種。葉は細く灰緑色、粗い鋸歯がある。茎はやや有毛。薄紫色の花穂が長い茎の先につく。*L. d.* var. *candicans*は、より灰色で軟毛が多く、濃紫色の花がつく。*L. d.* 'プロウマンズ ブルー'は、薄紫色の30cmの花穂が長い茎につき、生垣仕立てに向き、花は入浴に用いる。
ゾーン：9〜11

Lavandula × *intermedia*

一般名：ラバンディンラベンダー

↔0.9m ↕0.9m

*L. angustifolia*と*L. latifolia*の交雑種は、この名前で知られている。特徴は2種の中間で、花色は*L. angustifolia*よりも淡い。切花や精油生産用に頻繁に栽培される。'グレイ ヘッジ'は、美しい銀灰色の葉。紫の花。生垣によく使われる。'グロッソ'★は、精油生産用にもっとも一般的に栽培される。細い葉、暗紫色の長い茎を持つ。'プロヴァンス'★は、アメリカで人気のある魅力的な栽培品種。'シール'は、強健、花つきがよい。薄紫色の花穂がつく。
ゾーン：7〜10

Lavandula dentata

Lavandula angutifolia 'プロウマンズ ブルー'

Lavandula×intermedia 'プロヴァンス'

Lavandula × intermedia

Lavandula lanata
一般名：ウーリーラベンダー
英　名：WOOLLY LAVENDER
☀ ❄ ↔0.9m ↕0.9m
スペイン南部の山地に原生する。葉はほかのスピカ種と異なり、幅広で灰白色の軟毛で覆われる。夏に、紫色の花穂が葉よりもかなり上につく。多湿を嫌う。
ゾーン：7〜10

Lavandula latifiolia
一般名：スパイクラベンダー
英　名：SPIKE LAVENDER
☀ ❄ ↔1.2m ↕0.9m
地中海地方西部原産。*L. angustifolia*に似るが、より幅広の灰緑色の葉、紫色の花穂が長い茎につき、花穂は3分岐する。*L. angustifolia*よりも遅く、晩夏に開花する。
ゾーン：7〜10

Lavandula multifida
☀ ❄ ↔0.9m ↕0.9m
南ヨーロッパおよび北アフリカ原産のプテロストエカス種。シダのような羽状裂葉を持つ。花穂は淡紫色で、分岐した長く茎に夏につく。ラベンダー独特の香りはない。
ゾーン：7〜10

Lavandula pinnata

Lavandula pinnata
一般名：レースラベンダー
英　名：CANARY ISLAND LAVENDER
☀ ❄ ↔0.9m ↕0.9m
カナリア諸島原産。プテロストエカス種で、細かい短毛で薄く覆われる。葉は緑〜灰色、羽状裂葉で、裂片は幅広い。淡紫色の花穂は、ふつう3分岐し、夏につく。'シドニー'は、*L. pinnata*を親とする交雑種と思われ、温暖な気候では花つきがよく、濃紫色の花穂が晩冬に始まり、ほぼ通年つく。
ゾーン：9〜11

Lavandula stoechas
一般名：フレンチラベンダー
英　名：FRENCH LAVENDER、ITALIAN LAVENDER、SPANISH LAVENDER
☀ ❄ ↔60cm ↕60cm
地中海地方原産。変異が多い。葉は細く灰緑色。夏に濃紫色の膨らんだ花穂がつき、先端に花弁に似た、目立つ苞葉がある。*L. s.* 'アルバ'は、褪せた白色の花穂。'エイヴォンヴュー'は成長が速く、高さ60〜80cm、不稔性の苞葉は長くピンク色。稔性の苞葉は紫で緑色の中心脈がある。'ヘルムスデイル'は、高さ60〜80cm、不稔性のピンク色の長い苞葉があり、赤紫の小花がつく。'キュー

レッド'は、長さ25cm、ピンク色の花。'マヨール'は、非常に濃い紫色の花穂が多くつく。'マーシュウッド'は、やや大形で高さ0.9m、大きな膨らみのある紫の花穂がつき、非常に長い薄紫の苞葉がある。'オットー クアスド'は、アメリカで人気がある。'リーガル スプレンデュア'は、濃紫の花。薄紫の苞葉。'ウィロー ベール'は、波状縁、皺のある紫の変わった苞葉がある。
ゾーン：8〜11

Lavandula viridis
英　名：GREEN LAVENDER
☀ ❄ ↔75cm ↕90cm
ポルトガル、スペインおよびマデイラ諸島原産のストエカス種。芳香があり、緑色の葉がつく。茎は細毛で覆われる。ふつう緑白色の花穂が夏につく。
ゾーン：8〜11

Lavandula stoechas 'エイヴォンヴュー'

Lavandula stoechas 'ヘルムスデイル'

Lavandula stoechas 'キュー　レッド'

LAVATERA
（ラワテラ属）
英　名：TREE MALLOW

アオイ科に属する25種の常緑または落葉一年草、二年草、多年草、および茎が軟材の低木がある。地中海地方からヒマラヤ山地北西部、アジアの一部、オーストラリア、アメリカのカリフォルニア州、メキシコのバハ・カリフォルニアに見られる。葉はふつう、掌状に裂があり、かすかに有毛、ほとんどの種でハイビスカスに似た花がつき、花柱が突き出る。花色は白〜ピンクがかった紫色まである。本属はアオイ属の近縁で、最近の植物学研究では何種かはアオイ属に分類したほうがよいとされている。ここではラワテラ属に分類しているが、異名としてアオイ属を掲載した。

〈栽培〉
夏のあいだ、花をおびただしくつける低木種はミックスボーダーに向く。日向の水はけのよい土壌で栽培する。肥料が多すぎる土壌は葉が多くなり、花つきが悪くなる。徒長を防ぐために開花後は剪定する。非常に短命。春または初夏に緑枝挿しをすると容易に根づき、低木種はこの繁殖方法が一般的に用いられる。

Lavandula stoechas 'リーガル　スプレンデュア'

Lavandula stoechas 'ウィロー　ベール'

Lavatera cachemiriana

Lavatera × clementii 'Barnsley'

Lavatera × clementii 'Bredon Springs'

Lavatera × clementii 'Rosea'

Lavatera trimestris
英　名：ANNUAL MALLOW、REGAL MALLOW、ROSE MALLOW、ROYAL MALLOW
☼ ❄ ↔ 45〜90cm ↕ 60〜120cm
地中海地方原産。株立ちの生育旺盛な一年草。支柱を立てる必要はない。光沢のある椀形の花がつく。'**ルビー　レギス**'は、高さ60cm、淡い赤色の花がつく。'**シルバー　カップ**'は、高さ60cm、ピンクの花がつく。
ゾーン：8〜10

Lavatera trimestris 'Ruby Regis'

Lavatera cachemiriana
英　名：TREE MALLOW
☼/◐ ❄ ↔ 60cm ↕ 2m
半常緑の多年生低木。しなやかな茎、明緑色、キヅタ形の葉がつく。光沢のある、混じりけのないピンク色の花が真夏から初秋につく。ほとんどの土壌に耐性がある。
ゾーン：6〜10

Lavatera assurgentiflora
異　名：*Malva assurgentiflora*
英　名：CALIFORNIA TREE MALLOW、MALVA ROSE
☼ ✥ ↔ 1.8〜3.5m ↕ 3〜6m
アメリカ合衆国カリフォルニア州沖の諸島に原生し、本土に帰化している。ねじれた灰色の幹を持つ落葉高木。葉は幅広、裂葉、粗い鋸歯縁がある。濃い脈のある赤紫の花が夏に咲く。潮風に耐性がある。ゾーン：9〜11

Lavatera maritima
異　名：*Lavatera bicolol*、*Lavatera maritima*
英　名：SEA MALLOW
☼ ❄ ↔ 1.2m ↕ 1.8m
地中海地方西部原産。常緑低木。葉は淡緑色。薄いピンクに紫の中心脈があり、濃色の筒状の雄ずいを持つ魅力的な花が春につく。
ゾーン：8〜11

Lavatera olbia
英　名：TREE LAVATERA、TREE MALLOW
☼ ❄ ↔ 1.5m ↕ 1.8m
地中海地方西部原産。原種の *L. olbia* はめったに栽培されない。この名前で売られているのは、ふつう *L. thuringiaca* である。常緑低木。刺のある茎、有毛で裂葉、赤紫の花がつく。
ゾーン：8〜10

Lavatera thuringiaca

Lavatera olbia

LAWSONIA
(シコウカ属)

一般名：ヘナ

ミソハギ科の単型属で、サルスベリ属の近縁である。常緑高木または低木で、習性には変異が多い。北アメリカおよびアジア南西部に原生し、アメリカ大陸の熱帯地方に帰化している。葉は乾燥させ、挽いてヘナと呼ばれる粉にする。ヘナは薬草として用いられたり、ヒンズー教徒の女性が手足に模様を描くのに用いられたりする。ヘナの粉は皮膚につけると染みになるが、無害で数週間残る。また、髪の毛や布を染めるのにも使われる。

〈栽培〉
無霜地帯の水はけのよい日向で育てる必要がある。春に実生か春に採穂した緑枝挿しで殖やす。熟枝挿しは晩秋から冬に採穂する。温室で栽培する場合は、ローム質の適度に肥沃な土壌で、月1回施肥を行なう。冬の休眠期は灌水を控える。

Lawsonia inermis
一般名：シコウカ
英名：HENNA, MIGNONETTE TREE
↔2～3.5m ↑3～6m

常緑低木または小高木。刺があり枝つきは多くない。葉は楕円形～披針形、緑色、全縁で先鋭。芳香のあるピンク、白または赤色の小花が大きな円錐花序につく。花弁は皺があり、夏に咲く。温暖気候の国では、よい観賞用低木になる。
ゾーン：10～12

LECYTHIS
(レキティス属)

サガリバナ科に属する50種弱の落葉または常緑の小～大低木および低木で、熱帯アメリカに見られる。もっとも目立つ特徴は、巨大な果実で、大形のメロンほどの大きさで、非常に重い。果肉を除いて乾燥させた果実は、現地住民の間ではサルを捕獲する罠に使われる。レキティスの葉は鋸歯縁または全縁で、光沢があり、革質。花は観賞用になる種もあり、枝先に房でつく。属名はギリシャ語で油壺を意味する*lechtyos*から来ており、果実の形を指している。

〈栽培〉
高温多湿の熱帯雨林気候を必要とする。温暖地帯帯では、ローム土壌を主体にした砂質の土壌を用い、加温した温室で育てる。実生か半熟枝挿しにして、霧吹きをする。

Lecythis ollaria
英名：MONKEY-POT TREE
↔10m ↑24m

常緑の大高木。葉は単葉で革質、光沢があり、明緑色。目立つ薄紫色の花と、長さ30cm、球形または壺形の硬い木質の果実がつき、非常に重い。種子はきわめて有毒。
ゾーン：11～12

LEDEBOURIA
(レデボウリア属)
英名：AFRICAN SQUILL

ヒアシンス科に属する約30種の球根多年草で、サハラ以南のアフリカ、マダガスカル、およびインドに原生する。葉は基部からつき、縞か斑点のある赤色または緑色、ときに灰色がかる。花序は単純な総状花序で、目立たない苞葉があり、枝の先端につく。花は小～超小形で、6枚の外花被は紫または緑色がかり、反曲する。

〈栽培〉
主に色どりのよい葉がつくために栽培される。サボテンや多肉植物との寄せ植えに向くため、多肉植物の専門業者が販売していることが多い。温帯では無加温の温室で、適度に肥沃なコンポストを用いて栽培する。

Ledebouria cooperi
異名：*Scilla adlamii*、*S. cooperi*
一般名：シマツルボ
↔5～8cm ↑5～10cm

南アメリカ原産。半常緑の球根植物。葉は夏につき、多肉、長さ25cm、緑色で紫色の縞が平行に入る。真夏から晩夏に濃いパープルピンクの小花が穂につく。
ゾーン：8～11

Ledebouria socialis ★
異名：*Scilla socialis*、*S. violacea*
↔5～8cm ↑5～10cm

南アフリカ原産。常緑で球根が露出する。葉は幅広、長さ10cm、濃緑色の斑点のある灰色、裏は紫色。緑色、鐘形の小穂が下垂して、ピンク色の茎に、葉よりもかなり上につく。
ゾーン：8～12

LEIOPHYLLUM
(レイオフィルム属)

ツツジ科の単型属で、矮性常緑低木。イワツツジにやや似る。アメリカ合衆国東部に原生し、箱型の小さな葉がつき、春咲きの星形の小花が目的で栽培される。

〈栽培〉
本属は石灰質を嫌い、腐植質の多い土壌で朝日が当たる雨風の当たらない場所、またはやや日陰で育てる。ロックガーデンに適する。実生か半熟枝挿しで殖やす。

Lecythis ollaria

Ledebouria cooperi

Layia platyglossa

Ledebouria socialis

Leiophyllum buxifolium ★
英　名：SAND MYRTLE

☀ ❄ ↔55cm ↕5〜30cm

丈の低い、または匍匐性の低木。葉は非常に小形で革質、暗緑色で秋に褐色に変わる。晩春から初夏に白または薄いピンクの星形の花が、大きな房で枝先につく。

ゾーン：5〜9

LEITNERIA
（レイトネリア属）

アメリカ合衆国南東部原産で、落葉小高木または吸枝を生じる低木で、1種のみがある。湿地に生育するが、野生種は絶滅に瀕している。枝は最初、軟毛があるが、のちに分厚い樹皮で覆われる。葉は互生または単葉、広披針形で密生する。花は雌雄異株で、重なる苞葉の間に短い尾状花序につく。果実は先鋭の核果で、薄い乾燥果肉がある。

〈栽培〉
非常に軽い材で、昔から引網魚用平底船に使われる。多湿で腐植質の多い、石灰を含まない土壌を必要とする。実生か吸枝で殖やす。

Leitneria floridana
英　名：FLORIDA CORKWOOD

☀ ❄ ↔4.5m ↕4.5〜6m

吸枝を多く生じる低木または小高木で、横張りの樹冠を持つ。新梢は有毛で、成長と共に灰色になり、分厚い樹皮を作る。葉は細く先鋭、最初は有毛。裏は灰色で毛が残る。春に、直立の尾状花序が葉の出る前につく。

ゾーン：5〜10

LENS
（レンズマメ属）
英　名：LENTIL

マメ科ソラマメ亜科に属する4種の一年草で、エンドウやカラスノエンドウの近縁である。地中海地方、西アジア、およびアフリカに原生する。葉は羽状複葉で、先端の小葉は巻髭または短い剛毛に変性している。白色のエンドウに似た小花が葉腋につく。果実は小形で扁平な豆果（莢）で、円形の扁平な種子を含み、両面に突起がある。Lensは、昔から本属を表わすのに使われてきたラテン語名で、種子の形が似ていることからレンズの語源となった。栽培種であるL. ervoidesは、もっとも古くから知られる豆作物で、地中海地方東部の遺跡から、およそ9,000年前の種子が発見されている。レンズマメは現代でもインド北部やアフリカの一部では重要な農作物として栽培されている。また、高品質のタンパク質を含むため、栄養主義者の食事に多く用いられる。

〈栽培〉
夏に高温乾燥で、冬または春に降雨の多い地域、あるいは長い乾季のある高原地帯の、窒素を含まない砂質土壌でもっともよく育つが、ほとんどの開けた水はけのよい土地に耐性がある。気候によって、早春から晩春に種子を播く。花葉が枯れたら、夏に収穫する。種子は莢または乾燥した全草を脱穀して取り出す。

Lens culinaris
異　名：*Ervum lens*、*Lens ervoides*、*L. esculenta*、*L. nigricans*
一般名：レンズマメ

☀ ❄ ↔60cm ↕30〜45cm

多くの栽培種がL. ervoidesおよびL. nigricansの名前で売られてきたが、現在はトルコに原生すると思われる本種1種にまとめられている。直立〜匍匐性の一年草である。葉は羽状複葉で、ふつう、長さ18mm、細い小葉6対からなる。柄のある花が1〜3個、春につく。莢は18mm以下、1〜2個の種子を含む。

ゾーン：7〜11

LEONOTIS
（レオノティス属）

シソ科に属する軟材の一年生、多年生、および常緑または半落葉性の亜低木で、15種からなる。広く分布する1種を除き、野生ではアフリカの熱帯地方および南部に見られる。明緑色の葉が、角張った直立の茎に対生につき、晩夏から冬に2唇弁の細い花が多数、茎のまわりに輪生する。

〈栽培〉
温暖気候の植物で、降霜地帯ではカバーを施して栽培する。適度に肥沃な土壌の日向に植え、生育期にはじゅうぶんに灌水する。やや有毛の茎を春に切り戻す。実生か、春に緑色枝挿しで殖やす。

Leitneria floridana

Leonotis nepetifolia

Leonotis nepetifolia

☀ ❄ ↔20〜30cm ↕0.9〜1.2m

インドおよびアフリカ原産で、北アメリカの一部に帰化している。直立性の一年草。長さ12cmの裂葉、オレンジ色、湾曲した花が冬につく。

ゾーン：8〜11

LEONTOPODIUM
（ウスユキソウ属）

ロックガーデンによく用いられる植物で、キク科に属する。属名はラテン語で「ライオンの足」を意味する。耐寒性の多年生草本の約60種からなる。ほとんどが東および中央アジアの山地に原生するが、1種はヨーロッパに見られる。軟毛に覆われた灰緑色の葉が基部から、または互生につき、頭花は小形で白色。野生では、こうした羽冠のある草本は高山の牧草地、小石の多い斜面、岩の間などに生育する。

〈栽培〉
水はけのよい砂利質または砂質土壌の日向で育てる必要がある。夏または冬に多湿な気候には適さず、冷涼な気候を好む。実生で殖やす。

Leonotis leonurum 'アルバ'

Leonotis leonurum 'ハリスミス　ホワイト'

Lepidozamia hopei

Lepidozamia peroffskyana

Leontopodium alpinum
一般名：エーデルワイス
英 名：EDELWEISS
☀ ❄ ↔ 10～22cm ↕15cm
アルプス山脈、カルパチア山脈、およびピレネー山脈に生育する唯一のヨーロッパ原産種。匍匐性の短命な多年草。葉は銀灰色で、長さ5～8cm。星形、白色で、黄色の中央小花が長い花弁状の苞葉に包まれている。初夏に咲く。
ゾーン：4～8

LEONURUS
（メハジキ属）
シソ科に属する3種だけの多年草。ヨーロッパの広い地域、および温帯アジアに見られ、生垣のまわりや森林地帯の縁などの、砂利質またはアルカリ性土壌に生育する。葉は対生につき、裂または鋸歯がある。唇弁が2枚ある円筒形の花はピンク色または白色で、茎にまばらな輪生につき、先端に硬さが異なる刺のある鐘形の萼片から出る。L. cardiaca は、中世から薬用に栽培されていた。属名は、本草が心臓病の治療に用いられていたことから、また、英名は出産の痛みを緩和し、婦人病の治療薬に用いられていたことからつけられた。
〈栽培〉
どのような土壌でも容易に育つ。実生または株分けで殖やす。

Leonurus cardiaca
一般名：ヨウシュメハジキ
英 名：MOTHERWORT
☀ ❄ ↔ 30cm ↕60～90cm
ヨーロッパ大陸原産で、イギリスおよびアメリカ合衆国の一部に帰化している。基部からつく葉は掌状裂葉で、鋸歯縁のある裂片5～7枚からなる。茎につく葉は3裂で細長い。夏に、刺のある萼片を持つピンクがかった白色の花が、葉つきの多い花茎に輪生する。
ゾーン：3～10

LEPECHINIA
（レペキニア属）
シソ科に属し、匍匐性～直立性の、やや木質の茎を持つ多年草で、約55種あり、主にメキシコ、中央アメリカ、および南アメリカ西部原産。4種はアメリカのカリフォルニア州に、1種はハワイ州に見られる。ほとんどが、山岳地帯の草地から岩山に育つ。強い芳香があり、毛で覆われた葉は大形で美しい。サルビアに似た花が穂につき、主に紫と藤色で非常に長い期間つく。無霜地帯では通年開花する。
〈栽培〉
水はけのよい、非常に乾燥した土地の日向を必要とする。降霜のある気候では、温度を高くした温室で冬越しさせる。自己播種で発芽して殖える。または夏に挿し木で殖やす。

Lepechinia fragrans
英 名：CHANNEL ISLAND SAGE、FRAGRANT PITCHER SAGE
☀ ❄ ↔ 0.9～1.2m ↕0.9～1.2m
アメリカ合衆国、カリフォルニア州南部のチャンネル諸島および隣接する本土に原生する。海岸の丘陵の低木林に生育するが、野生種は稀少である。常緑の多年生低木。葉は大形、矢尻形で、触ると芳香がある。淡いピンクパープルの花が、春から夏に咲き、蝶を引きつける。
ゾーン：7～10

LEPIDOZAMIA
（レピドザミア属）
ザミア科に属し、現存するのは2種しかない。ほかの2種は化石として残っているものが知られているのみである。オーストラリア東部に原生し、多雨林や、海岸沿いの多雨林に近い環境で生育する。ほとんどが分枝のない大形の植物で、強健、直立、円錐形の幹に葉柄痕が残る。長い葉状体は、美しい裂葉である。新しい葉状体が旺盛につく。雌雄異花。円筒形の雄性の球果は、緑色、らせん状に開いて花粉を放つ。より大形で膨らみのある雌性の球果は、最初は緑色で、成長すると茶色になり、赤色の種子を含む。どちらもソテツ目につく球果の中ではもっとも大きい。
〈栽培〉
戸外では、水はけのよい土壌の半日陰または直射日光の当たらない場所で育てる。日に当てすぎると葉状体の色が褪せてくる。室内では、温度の高い場所に置く。実生で殖やすが、発芽に1～2年かかる。

Lepidozamia hopei
英 名：WUNU
☀/☁ ❄ ↔ 2.4～4.5m ↕6～21m
クィーンズランド州北東部の多雨林に原生し、ソテツ科の中でもっとも大きいと思われる。ヤシに似た滑らかで薄黄茶色の直立の幹を持ち、分岐しない。葉状体は湾曲し、切れ込む。小葉は非常に光沢のある暗緑色、幅25mm。雄性球果は長さ45cm、雌性は60cm。
ゾーン：10～12

Lepidozamia peroffskyana
英 名：SCALY ZAMIA
☀ ❄ ↔ 3～4.5m ↕2.4～6m
ニューサウスウェールズ州北東部からクィーンズランド南東部に見られる。幹は粗く、葉柄痕が菱形に残る。葉状体は暗緑色、光沢がある。裂片は幅12mm。雄性の球果は長さ75cm、雌性は90cm。
ゾーン：10～12

LEPTINELLA
（レプティネラ属）
オーストラレーシアおよび南アメリカ南部に原生するキク科の植物で、約30種ある。主に多年生だが、まれに一年生になり、株立ち、または匍匐性でグラウンドカバーになる。コツラ属の近縁で、この名前で栽培されている種がある。葉は小形、群生し、単葉または複葉である。ボタンのような小さな頭花がつくが、キク科に見られるような舌状花はなく、色は白、黄、または黒色。
〈栽培〉
ロックガーデンに用いられる。カーペット状になり、球根植物の上や敷石の間に植えるのに非常に向く。湿気のある土壌の日向、またはやや日陰を好む。ふつう株分けで殖やすが、実生繁殖も可能である。

Leontopodium alpinum

Lepechinia fragrans

Leptinella dioica

Leptodactylon californicum

Leptinella atrata
異　名：*Cotula atrata*
☼ ❄ ↔20cm ↕15cm
オーストラリアおよび南アメリカ原産。マット状に群生する多年生の地被植物。繊細な、灰緑色、楕円形のシダに似た葉から花茎が伸びて、黒色の頭花をつける。
ゾーン：8～9

Leptinella dioica
☼/☽ ❄ ↔100cm ↕5cm
ニュージーランド原産。匍匐性の地被植物で、多肉、楕円形、暗緑色の葉が対生につく。長さ5cmの短い花茎が夏につく。
ゾーン：8～9

LEPTODACTYLON
（レプトダクティロン属）
ハナシノブ科に属する基部が木質の亜低木、低木または多年草で、ブリティッシュ・コロンビア州からカリフォルニア州までの北アメリカ西部に原生し、12種からなる。自生地は森林地帯および低木地帯である。丈は低いか、高くても100cm以上にはならない。細い葉は対生または互生につき、裂葉、または掌状に切れ込みがあり、先端が硬く尖る。クリーム、ピンク、または薄紫色のハナシノブに似た花が茎頂に群生し、晩冬から夏にかけて咲く。

〈栽培〉
軽い肥沃な、非常に水はけのよい土壌の日向、またはコンテナで栽培する。根が乱れるのを嫌うため、移植をしても定着しにくい。実生または挿し木で殖やす。

Leptodactylon californicum
英　名：PRICKLY PHLOX
☼ ❄ ↔60cm ↕60cm
アメリカ合衆国カリフォルニア州原産。直立性、分枝の多い低木。葉は小形で細く、5～9の裂片からなり、棘のある幼葉が葉腋につく。晩夏から冬に、星形、ハナシノブに似た濃淡のピンクの花が株を覆うようにつく。
ゾーン：7～10

LEPTOPTERIS
（レプトプテリス属）
ゼンマイ科に属する7種の成長緩徐な美しい水生シダで、オーストラリア、ニューギニア、ニュージーランドおよび太平洋西側の諸島に原生する。直立性の根茎が成長すると、短い繊維質の幹になり、光沢のある暗緑色で湾曲する長い裂状葉をつける。葉裏の葉脈に沿って、茶色で球形の胞子嚢が無数にある。

〈栽培〉
栽培に必要な条件はさまざまあるが、栽培種は長命である。日陰を好み、常に多湿な気候で、水分を含む腐植質の多い用土または水はけのよい土壌で育てる。高温になる日は頻繁に霧吹きを行なう。胞子または株分けで殖やす。

Leptopteris superba
異　名：*Todea superba*
英　名：DOUBLE CRAPE FERN, PRINCE OF WALES FEATHERS
☼ ❄ ↔75～90cm ↕75～90cm
ニュージーランド原産。多湿な日の当たらない森林に原生するシダ。直立性の根茎は、高さ0.9mにもなる。楕円形の葉状体が、短い茎に長さ1.2m、幅25mの籠状の葉冠をなすが、下部の裂葉は小さい。
ゾーン：9～10

LEPTOSPERMUM
（ネズモドキ属）
フトモモ科に属する約80種の常緑低木または小高木で、小形で細い葉がつき、つぶすとレモンの香りがする。ほとんどがオーストラリア原産で、1種は東南アジアに見られる。まとめてティートリーとして知られる。1770年にオーストラリアに上陸したジェームズ・クックの一団や初期の入植者たちが、茶の代わりに用いていた。花は小形で、開くと幅広い蜜腺があり、花弁は5枚で白または帯桃色。ときに赤色もある。小形で木質のさく果が長期間つく。切花としても用いられる。

〈栽培〉
温帯では美しい垣根になり、ときたまの弱い降霜には耐性がある。水はけのよい土壌の日向にもっとも適性がある。種によっては多湿の日陰でも育つ。春に緩効性の肥料を少量施すとよい。開花後は株姿を保つために定期的に剪定する。実生か夏に採穂した挿し木で殖やす。栽培品種は植物の特徴を保つために挿し木で殖やす。

Leptospermum brachyandrum
☼ ❄ ↔2.4m ↕3.5～6m
オーストラリアのクィーンズランド州東部およびニューサウスウェールズ州北東部原産の大低木または枝垂れ気味の小高木。光沢のある薄茶色の樹皮が剥離し、新しい樹皮は滑らかで灰色またはピンクがかる。葉は細く、晩春から夏に白色の花がつく。湿気のある水はけのよい土壌で育てる。断続的な大雨には耐性がある。ゾーン：9～11

Leptospermum grandiflorum
☼ ❄ ↔3m ↕4.5m
オーストラリア、タスマニア州に原生する。小形でシルク質、淡灰緑色の葉がつく。夏から秋に、枝に沿って白色の花が群生する。大幅な剪定に反応する。理想的な日除けまたは目隠しになる。
ゾーン：8～9

Leptospermum javanicum
☼ ❄ ↔1.5～3m ↕2.4～8m
東南アジア、インドネシアおよびフィリピンの高山地帯に原生する。丈の高い高木または小高木で、ねじれるように伸びる。葉は長さ30mm、新葉はシルク質、ときにピンクがかる。白色の花が上部葉腋につき、通年散発的に開花する。
ゾーン：9～12

Leptospermum javanicum

Leptospermum brachyandrum

Leptopteris superba

Leptospermum juniperinum
英 名：PRICKLY TEA-TREE
↔ 1.2m ↕ 1.8m
オーストラリア南東部原産。魅力的な直立性の低木で、枝垂れ気味の枝、小形で細い先鋭の葉がつく。白色、芳香のある小花が春から夏につく。多湿な土壌にも耐えるが、水はけのよい日向をより好む。
ゾーン：9〜11

Leptospermum lanigerum

Leptospermum liversidgei

*Leptospermum recurvum*の自生種、ボルネオ島、キナバル山

Leptospermum laevigatum
レプトスペルムム・ラエウィガトゥム
英 名：COAST TEA-TREE
↔ 3〜4.5m ↕ 3〜6m
オーストラリアの東岸に広く分布する。丈が高く、葉つきの多い低木または小高木で、樹皮が細かく剥離する。葉は小形、灰緑色、先端が丸い。目立つ白色の花が春につく。成長が速く、風雨にさらされる海岸の環境に耐える。帰化しやすく、南アフリカでは雑草と考えられている。'レエヴェシイ'は、小形品種で葉が密生し、アメリカ合衆国に生育する。
ゾーン：9〜11

Leptospermum lanigerum
英 名：WOOLLY TEA-TREE
↔ 3m ↕ 3.5m
オーストラリア南東部原産。稀少種の低木。新葉は軟毛で覆われ、灰緑〜栗緑色で長楕円形。白色、ときに帯桃色の花が、春から夏に群生する。湿地〜水辺の土壌に耐性がある。
ゾーン：8〜10

Leptospermum liversidgei
↔ 2m ↕ 3.5m
オーストラリア東岸の亜熱帯地方原産。直立性の低木。レモンの香りがあり、明緑色、細い小さな葉がつく。光沢のある白色の目立つ花が、夏につく。湿気のある水はけのよい土壌でよく育ち、断続的な大雨に耐性がある。ゾーン：9〜11

Leptospermum macrocarpum
異 名：*Leptospermum lanigerum* var. *macrocarplim*
英 名：LARGE-FRUITED TEA-TREE
↔ 1.8m ↕ 1.8m
オーストラリア、ニューサウスウェールズ州シドニー市の郊外にあるブルーマウンテンに原生する。葉は楕円形、長さ25mm。径30mmの比較的大形で白色、薄黄色、ピンクまたは赤い円形の花弁が蜜で光る。中心は蝋質で緑色。
ゾーン：9〜11

Leptospermum myrsinoides
↔ 1.8m ↕ 3m
オーストラリア南部に広く分布し、砂質または沼地の土壌に生育する小低木。葉は小形、灰緑色、湾曲する。新葉はシルク質の毛で覆われる。白色、ときにピンク色の花が密生する。
ゾーン：8〜10

Leptospermum nitidum
↔ 1.8m ↕ 2.4m
オーストラリア、タスマニア州の多湿な荒地に原生する。丸い低木。小形で、光沢のある葉が密生する。新葉はシルク質の毛があり、茶褐色。白色の小花が夏に群生する。乾燥する時期には多めに水を与えることが必要。
ゾーン：8〜10

Leptospermum novae-angliae
英 名：NEW ENGLAND TEA-TREE
↔ 2.4m ↕ 2.4m
オーストラリア、ニューサウスウェールズ州北部に原生する。葉つきの多い横張り性低木。葉は細く先鋭。春に白色の小花がつく。目隠しや風除けに用いられる。
ゾーン：8〜11

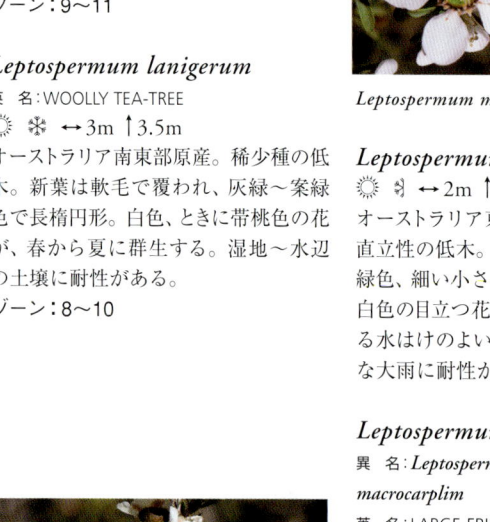
Leptospermum myrsinoides

Leptospermum novae-angliae

Leptospermum petersonii

Leptosperlnum petersonii
一般名：レモンティートリー
英 名：LEMON-SCENTED TEA-TREE
↔ 3m ↕ 6m
オーストラリア東岸に見られる。低木または小高木で、やや枝が枝垂れる。街路樹として人気がある。葉は狭披針形。つぶすとレモンの香りがする。夏に白色の小花がつく。乾燥時期には水を多めにやる。
ゾーン：9〜11

Leptospermum polygalifolium
レプトスペルムム・ポリガリフォリウム
異 名：*Leptospermum avescens*
英 名：TANTOON TEA-TREE、YELLOW TEA-TREE
↔ 1.8m ↕ 1.8m
オーストラリア東部に見られる稀少種。株立ちの丸い低木または小高木で、高さ6m。葉は細く、芳香がある。新葉は、茶褐色。晩春から初夏に白色の小花が群生する。ほとんどの土壌に適応するが、乾燥時期には水を多めに与える。数多くの魅力的な栽培品種がある。'カードウェル'は、美しい枝垂れ型の小低木。高さ1.8m。'パシフィック ビューティ'は、高さ0.9m、幅1.8mほどになる。'ピンク キャスケード'は、'パシフィック ビューティ'を親とする半匍匐性の低木で、高さ60cm、枝は長さ1.5mで枝垂れる。2種類のピンク色の花が春と秋に群生する。
ゾーン：8〜12

Leptospermum recurvum
↔ 1.5〜4.5m ↕ 1.5〜18m
東マレーシア、サバ州のキナバル山に原生する稀少種。標高の高い場所では、優占種となる。小形の葉がつくが、黒い縁が折り返しになり、裏はシルク質。上部葉腋に白色の小花が群生する。
ゾーン：10〜12

Leptospermum scoparium 'ビッグ レッド'

Leptospermum scoparium 'ヘレン ストライビング'

Leptospermum scoparium 'キウィ'

Leptospermum scoparium 'Ray Williams'

Leptospermum scoparium 'ナヌム ケア'

Leptospermum scoparium 'ピンク キャスケード'

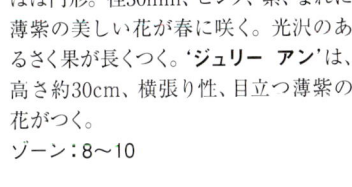

Leptospermum rotundifolium
レプトスペルムム・ロトゥンディフォリウム

異　名：*Leptospermum scoparium* var. *rotundifolium*
英　名：ROUND-LEAFED TEA-TREE
☀ ❄ ↔3m ↑1.8m

オーストラリア南東部原産。葉は暗緑色、ほぼ円形。径30mm、ピンク、紫、まれに薄紫の美しい花が春に咲く。光沢のあるさく果が長くつく。'ジュリー アン'は、高さ約30cm、横張り性、目立つ薄紫の花がつく。
ゾーン：8～10

Leptospermum rupestre

異　名：*Leptospermum scoparium* var. *prostratum*
☀ ❄ ↔0.9m ↑0.3～1.5m

オーストラリアのタスマニア州に原生する。岩の多い崖に生える面白い低木で、大きな岩の間から茎を伸ばし、隙間に押し込まれるように生えているのが見られる。小形の楕円形の葉がつく。夏に白色の小花が群生する。高山地帯のロックガーデンに向く。
ゾーン：8～10

Leptospermum scoparium
レプトスペルムム・スコパリウム

英　名：MANUKA TEA-TREE
☀ ❄ ↔1.8m ↑1.8m

ニュージーランド、タスマニア、およびオーストラリア南東部の一角に原生する。小形で刺のある葉がつく。花は径30mm、春から夏に白色の目立つ花がつく。成長が速く、開花後は整枝が必要。多くの園芸種がある。'アップル ブロッサム'は、ピンクがかった白色の花。'オータム グローリー'は、濃いピンク、一重咲き。'ビッグ レッド'は、鮮赤色の花が株を覆う。'バーガンディ クィーン'は、濃赤色、二重咲き。'ゲイエティ ガール'は、中心が濃色、ピンクで半八重咲き。新葉は赤みがかる。'ヘレン ストライビング'はピンクの花がつき、アメリカで人気がある。'キウィ'は、矮性、一重の明赤色の花が、晩春から初夏に咲く。'ランベティィ'は、大形、中心が濃色、一重咲きのピンクの花。'ナヌム ケア'は、光沢のあるピンク。'ピンク キャスケード'★は、枝が枝垂れ、ピンクがかった白色の花。'ピンク パール'は、ピンクの花で、アメリカで人気がある。'レイ ウィリアムズ'は、白色にピンクの縞がある。'レッド ダマスク'は、暗緑～赤茶色の葉、八重の深紅色の花がつく。'ルビー グロー'は、濃紫がかった赤色、半八重咲きの花がつく。
ゾーン：8～10

Leptospermum spectabile

英　名：BLOOD-RED TEA-TREE
☀ ❄ ↔1.8m ↑3m

オーストラリア、ニューサウスウェールズ州シドニー市近郊のコロ川流域に見られる稀少な低木。細い先鋭の葉。径25mmの目立つ花が晩春に咲き、蜜で光る非常に大形の花托のまわりに濃赤色の小さな花弁がつく。
ゾーン：8～11

Leptospermum squarrosum

異　名：*Leptospermum persiciflorum*
英　名：PEACH-FLOWERED TEA-TREE
☀ ❄ ↔1.5m ↑1.8m

オーストラリア南東部原産で、シドニー近郊のやせた砂質土壌に生育する。直立性、枝つきの少ない低木。小形、暗緑色、先鋭の葉。秋に、白～明るいピンクの大きな花が太い旧枝につく。水はけのよい土壌を必要とする。
ゾーン：8～11

LESCHENAULTIA
（レスケナウルティア属）

異　名：*Lechenaultia*
一般名：ハツコイソウ

クサトベラ科に属するオーストラリア原産の植物で、約26種あり、ほとんどが西オーストラリア州南西部に生育し、3種がオーストラリア中部、2種が北部、1種がニューギニアに見られる。本属には亜低木と低木があり、葉はふつう小形で非常に細い。花は小さく一重だが、光沢があり、非常に濃い色をしている。5弁花は基部でつながり、滑らかな中央脈があり、縁は大きく皺が寄る。掌状に広がる種と円筒形になる種がある。

〈栽培〉
水はけが完璧な、軽い砂利質の土壌でもっともよく育つ。冬のあいだ、寒冷で土壌が湿っている場所では育たない。軽い降霜には耐性があり、土壌が乾燥していれば寒冷な気候であっても冬越しできる。日向をより好み、生育期にはたまに灌水する。開花後に若干整枝する以外は、剪定の必要はない。実生か、花のついていない半熟枝で挿し木する。

Leptospermum spectabile

Leptospermum rotundifolium / *Leptospermum squarrosum*

Leschenaultia biloba

Leschenaultia formosa, bicolored form

Leschenaultia macrantha

Leschenaultia biloba

☼ ❄ ↔60cm ↕60cm

もっともよく知られる種で、西オーストラリア州のパースに見られ、褪せた灰緑色の葉がまばらにつく。冬に青紫色の花がおびただしくつく。薄青色および白色の品種もある。
ゾーン：10〜11

Leschenaultia formosa

☼ ❄ ↔60cm ↕30cm

西オーストラリア南部原産。*L. biloba*に似るが、葉はやや大形。晩冬に鮮赤色、ときにオレンジ色がかる花が、株を覆うようにつく。
ゾーン：9〜11

Leschenaultla macrantha

英　名：WREATH LESCHENAULTA

☼ ❄ ↔30〜60cm ↕5〜10cm

西オーストラリア原産。匍匐性で、灰緑色の多肉の葉が丸くマット状になる。春に、株を取り巻くように赤みがかったクリーム色の大きな花がリースのようにつく。
ゾーン：9〜11

LESPEDEZA

(ハギ属)

マメ科ソラマメ亜科に属し、多くの食用マメを含む。約40種の匍匐性一年草、多年草、および低木があり、東アジア、熱帯アジア、オーストラリア、およびアメリカ合衆国東部に原生する。葉は3出葉で、花は小形だが、長い総状花序につく。

〈栽培〉

深さのある水はけのよい、肥沃な土壌の日向で育てる。冷涼地帯では保温性のある壁で保護する。春に枯れ枝を取り除き、株を活性化するために大きく切り戻す。実生か、半熟枝挿しで殖やす。

Lespedeza bicolor

一般名：ヤマハギ
英　名：EZO-YAMA-HAGI

☼ ❄ ↔1.8m ↕3m

日本および東アジア原産。半つる性の低木。葉はクローバーに似ており、表は鮮緑色、裏は薄緑色。晩夏に、ピンクがかった紫色の蝶形花が緩やかな総状花序につく。
ゾーン：5〜10

Lespedeza japonica

一般名：シラハギ

☼ ❄ ↔1.5〜3m ↕0.9〜2.4m

日本原産。直立の半常緑または落葉低木で、枝は長く枝垂れる。楕円形の小葉からなる複葉。秋に純白の花が下垂性の総状花序につき、長く先の尖る萼片がある。ゾーン：4〜9

Lespedeza thunbergii

一般名：ミヤギノハギ
英　名：THUNBERG BUSH CLOVER, MIYAGINO-HAGI

☼ ❄ ↔1.5〜3m ↕0.9〜2.4m

日本および中国原産。直立性、半常緑または落葉低木。長くしなやかな枝が大きく広がり、交差し合う。噴水のように広がる習性がある。青緑色の複葉は、先鋭の3枚の小葉からなる。晩夏から秋に、赤紫の花冠を持つ花が総状花序に密生し、下垂する。'**アルバ**'は、白色の花。'**アルビフロラ**'は、小形の小葉からなり、紫の模様のある白色の小花がつく。'**エド　シンドリ**'は、ピンクと白の花。'**ジブラルタル**'は、光沢のある薄紫がかったピンクの花がつく。
ゾーン：4〜9

LEUCADENDRON

(ギンヨウジュ属)

一般名：レウカデンドロン、リューカデンドロン

ヤマモガシ科に属し、約80種の常緑低木または小高木からなる。3種を除いて、南アフリカ共和国の西ケープ州から東ケープ州西部に原生する。3種は離れたクワズルナタール州に見られる。花は雌雄別々の株につき、分厚い花序を持つ。雌花は、やや木質の鱗片に覆われ、雄花は緩やかな円錐形の花序につく。両方とも色鮮やかな長い苞葉が頭花を包んでおり、1個の花のように見える。花保ちが長いため、切花として需要が高い。葉は単葉で革質、輪生する。ほとんどの種が虫媒花だが、風媒花もある。円錐形の果実に種子が含まれ、秋に熟す。

〈栽培〉

ほとんどの種が完璧な水はけを必要とし、腐植質の豊富な酸性の玄武岩を含む土壌、または窒素を含まない砂質のローム土壌をより好む。霜に当たらない通気のよい広い場所の日向が適する。秋に実生、または挿し木、あるいは接ぎ木か芽つぎ法で殖やす。

Leucadendron argenteum

一般名：ギンヨウジュ
英　名：SILVER TREE

☼ ❄ ↔1.8〜6m ↕1.8〜6m

野生では稀少種で、南アフリカ共和国のテーブルマウンテンの崖地に見られる。美しい高木で、幹に枝が輪生し、滑らかな灰色の樹皮には水平に葉痕がある。葉は披針形、長さ15cm、銀色でシルクのような光沢がある。雌性の花序は円錐形、ピンクがかった銀で夏につく。銀色の球果を結ぶ。
ゾーン：9〜10

Leucadendron comosum

英　名：YELLOWBUSH

☼ ❄ ↔1.5m ↕1.8m

南アフリカ共和国西ケープ州の山岳地帯の南部に見られる。常緑低木。葉は、雄株では針葉〜線形、雌株ではより長く、黄緑色で下部は濃くなる。薄緑色または黄色の苞葉のある暗赤色の花序が、春中つく。扁平な種子が長くつく。
ゾーン：8〜10

Lespedeza thunbergii 'ジブラルタル'

Leucadendron argenteum

Lespedeza japonica

Leucadendron galpinii

Leucadendron discolor

から春につく。球果は長く残る。切花として人気がある。
ゾーン：8～10

Leucadendron galpinii
☼ ❄ ↔1.2m ↕3m
西ケープ州沿岸の低地に原生する。低木で、線形、灰緑色、ねじれのある葉がつく。花序は春につき、光沢のある灰色で、丸みを帯びた円錐形、不快な匂いがある。果実は長く残る。
ゾーン：8～10

Leucadendron nobile
英名：KAROO CONEBUSH
☼ ❄ ↔1.5m ↕1.8～3m
東ケープ州の南西にある山地に原生する。長い明緑色の針葉がつき、針葉樹に似る。花序の基部を苞葉が取り巻き、雌株は中央に長い円錐形の花をつけるが、雄株の花は25mmにも満たない。
ゾーン：9～10

Leucadendron coniferum
☼ ❄ ↔1.2m ↕1.8m
分枝の多い丸い低木。披針形、常緑の葉がつく。春に黄色の苞葉のある小形で円筒形の頭花がつき、やがて赤みを帯びた球果になる。沿岸の環境とアルカリ性土壌に耐性がある。頭花は切花として人気がある。
ゾーン：8～10

Leucadendron discolor
☼ ❄ ↔1.8m ↕1.8m
南アフリカ共和国のテーブルマウンテンの砂岩土壌に原生する。直立の低木で、葉は幅広、楕円形、灰緑色。花序は春につき、雄花は黄色の苞葉があり、明赤色に変わる。雌花は淡緑色のままである。水はけのよい土壌を必要とする。切花として重用される。
ゾーン：8～10

Leucadendron eucalyptifoolium
☼ ❄ ↔2.4m ↕6m
ユーカリに似た葉を持つ低木。長細い明緑色の葉で、目立つねじれがある。苞葉は明黄色に変化する。芳香があり、冬

Leucadendron eucalyptifoolium、雄株

Leucadendron eucalyptifoolium、雌株

Leucadendron nobile

Leucadendron comosum

Leucadendron coniferum

Leucadendron salicifolium

☼ ❄ ↔1.8m ↑3m

強健な常緑低木で、自生地は潮位から高地までの、湿気のある川岸の酸性土壌である。葉は緑色、滑らかで細く、先鋭でねじれがある。冬から初春に薄黄緑色の苞葉のある頭花がつく。切花として非常に人気がある。
ゾーン：8〜10

Leucadendron sessile

☼ ❄ ↔0.9m ↑1.5m

南アフリカ共和国のケープタウン東部の山地に原生する。重い粘土質土壌に耐性がある。常に水分を必要とし、自生地では海霧に依存している。葉は緑色、楕円形、滑らか。黄色の苞葉のある花序が冬につき、成長すると赤みを帯びる。
ゾーン：8〜10

Leucadendron tinctum

☼ ❄ ↔1.2m ↑1.2m

南アフリカ共和国、西ケープ州によく見られる。小低木。葉は長楕円形、先端は丸く、茎に直接つく。冬にピンクがかった苞葉のある、目立つ花序がつく。頭花には芳香がある。
ゾーン：8〜10

Leucadendron Hybrid Cultivars
（レウカデンドロン交雑品種）

☼ ❄ ↔1.2〜2.4m ↑1.2〜2.4m

多くの交雑種が開発されており、小形の株、目立つ大きな苞葉、面白い葉が特徴である。'**クラウドバンク ジェニー**'（syn. '**クラウドバンク　ジニー**'）は、雄性、*L. gandogeri*と*L. discolor*の交雑種。クリーム色の苞葉がオレンジ色の頭花を取り巻く。'**デュエット**'は、*L. stelligerum*の交雑種と思われ、赤い縁のある黄色の苞葉が黄色の頭花をとりまく。'**ピサ**'は、*L. floridum*の交雑種で、銀色の毛に覆われた黄色の苞葉が銀緑色の花序を取り巻く。'**サファリ　サンセッド★**は、強健で立派な低木で、鮮赤色の苞葉と色どりのよい若葉がつく。'**シルヴァン　レッド**'は、'Safari Sunset'に似るが、やや脆弱で、苞葉は細い。'**サンダンス**'は、オーストラリア原産の交雑種で、明黄〜金色の苞葉がつく。'**スーパースター**'は、しなやかな茎を持つ低木で、小形、赤と黄の苞葉のある花序が冬につく。
ゾーン：9〜11

LEUCAENA
（ギンネム属）

マメ科ネムノキ亜科に属する20種ほどの常緑高木および低木で、自生地はアメリカ合衆国テキサス州の南部、メキシコから南米のペルーにまで及ぶ。種によっては熱帯および亜熱帯地方に帰化している。全種が羽毛質の葉を持ち、綿毛のような白い球形の花がつく。葉は2回羽状複葉で、多くの小形の葉片と大形の葉片数枚からなる。暗緑色の莢が枝から垂れ下がるようにつく。

〈栽培〉

成長が速く、幅広いタイプの土壌に適応する。手入れは最小限でよい。剪定や切り戻しに反応し、素早く新芽をつける。熱帯や亜熱帯地方で、目隠しや日除けとして、あるいは飼料や馬草として広く用いられる。冷温帯では温室で育てる。実生繁殖は、播種する前に24時間温水につけておく。または半熟枝挿しで殖やす。

Leucadendron salicifolium

Leucadendron sessile

Leucadendron tinctum

レウカデンドロン、HC、'スーパースター'

レウカデンドロン、HC、'サンダンス'

レウカデンドロン、HC、'クラウドバンク　ジェニー'

レウカデンドロン、HC、'ピサ'

レウカデンドロン、HC、'シルヴァン　レッド'

レウカデンドロン、HC、'デュエット'

Leucaena leucocephala
英　名：LEAD TREE、WHITE POPINAC
☀ ✿ ↔4.5m ↕9m

強健で、成長の速い常緑高木で、熱帯地方で帰化種が多く見られる。灰緑色、2回羽状複葉。若い茎は濃い茶褐色。春に、黄白色の綿毛のような球形の花が短い茎につく。暗茶色、幅広、扁平な莢が群生して垂れ下がる。
ゾーン：10〜12

Leucaena retusa
英　名：GOLDENBALL LEADTREE、LEMONBALL、LITTLE-LEAF LEAD TREE、WAHOO TREE
☀ ❄ ↔4.5〜8m ↕3.5〜8m

アメリカ合衆国テキサス州とメキシコ北部原産。常緑低木または小高木。茶色の樹皮が剥離する。8〜16枚の緑色の小葉からなる複葉がつき、それぞれ4〜8裂に分かれる。春から秋に、明黄色の雄ずいが丸く葉腋につく。扁平な茶色の莢がなる。
ゾーン：7〜11

LEUCANTHEMUM
（レウカンテムム属）

ヨーロッパおよびアジア北部に原生するキク科の植物で、属名は、ギリシャ語の*leukos*（白色）から来ており、白に赤い斑点のある花がつく。33種の一年草および多年草からなり、ほとんどが白色の舌状花を持ち、金色の筒状花のまわりをとりまく。キク属に含まれていたが、現在は植物学者がより細かく分類している。濃緑色の大形の葉が群生し、ふつう鋸歯縁があり、線形〜へら形。花は、種によって春から秋にかけてつく。園芸品種は、球形の筒状花を持つものを含め、さまざまな色がある。とくに、*L.×superbum*の交雑種の中にはLuther Burbankによって開発されたものが多い。

〈栽培〉
湿気があり、水はけのよい土壌の日向で育てる。施肥と灌水によって葉つきが多くなるが、花つきは必ずしもよくならない。丈の高い種は支柱を立てる。原種は実生で、栽培品種、交雑種は株分けか、基部の挿し木で殖やす。

Leuchtenbergia principis

Leucanthemum × superbum

Leucanthemum × superbum
異　名：*Chrysanthemum maximum* of gardens, *C. superbum*
一般名：シャスターデイジー
英　名：SHASTA DASY
☀/☁ ❄ ↔100cm ↕120cm

*L. maximum*と*L. lacustre*の園芸交雑種で、1990年頃、カリフォルニアの繁殖家Luther Burbankによって初めて作出され、同地北部の雪に覆われたシャスタ山にちなんで、Burbankが命名した。直立の花茎が、基部につく暗緑色、鋸歯縁、へら形、長さ20cmの葉群から多く立ち上がる。頭花は単生、径10cm、舌状花は白色、筒状花は金色。多くの栽培品種がある。'アグライア'★は、半八重咲き、白色。'ベッキーズ シャスタ'は、高さ0.9〜1.2m、大形、一重咲き、白色の花が春から夏につく。'コブハムズ ゴールド'は、黄白色、八重咲き。'エスター リード'は、羽毛状で半八重咲き。'ホレイス リード'は、高さ50cm、羽毛状で八重咲き。初めて八重咲き種を開発したイギリスの繁殖家にちなむ。'マルコーニ'は、非常に大形、八重咲き、白色の花。'シルバー プリンセス'は、高さ30〜38cm、一重咲き、白色の花が春から秋につく。'スノー レディ'は、高さ30〜34cm、一重咲き、白色の花が春から秋につく。'スノーキャップ'は、高さ30〜38cm、大形、白色、一重咲きの花。'トーマス キリン'は、高さ0.9m、黄色の筒状花、白色、半八重咲きの花。'ウィラル スプリーム'は、筒状花がアネモネに似た白色の花。
ゾーン：5〜10

Leucanthemum vulgare
異　名：*Chrysanthemum leucanthemum*
一般名：フランスギク
英　名：OX-EYE DASY
☀/☁ ❄ ↔60cm ↕100cm

ヨーロッパおよびアジア北部原産。鋸歯縁、ときに羽状裂、長さ10cmの葉が基部に群生する多年草。花茎はときに分岐し、小葉がつく。頭花は径25〜80mm、舌状花は白色、筒状花は黄色で、夏に咲く。ゾーン：3〜9

*Leucanthemum vulgare*の自生種、フランス、プロヴァンス地方

Leucanthemum × superbum 'アグライア'

Leucanthemum × superbum 'スノーキャップ'

LEUCHTENBERGIA
（レウクテンベルギア属）

メキシコのチワワ砂漠に原生するサボテン科の単型属で、ナポレオンの継息子the Duke of Leuchtenbergにちなんでつけられた。リュウゼツランに似た長い葉状の疣と長い紙質の刺がある。大形の花は昼間に開花し、夜には閉じ、数日間残る。サボテンに見られる稜はない。自生地では稀少で、*Agave lichuguilla*やユッカの群生地、またはその周辺に生育するため見分けにくい。野生種の不法な濫獲によって、数が減少している。

〈栽培〉
この単型属は、ふつう種から育てる。非常に水はけのよいミネラル質の土壌を必要とし、冬は完全に乾燥させ、春と秋に控えめに水を与える。生育期にも多く与える必要はない。

Leuchtenbergia principis
英　名：AGAVE CACTUS, PRISM CACTUS
☀ ✿ ↔20〜30cm ↕50〜65cm

球形〜円筒形で、長い主根がある。薄い三角形の疣で覆われる。黄〜灰色、紙質で、細く扁平、ねじれた刺が疣の先端にあり、長さ15cmとサボテンの中ではもっとも長い。大形、芳香性、光沢のある黄色のじょうご形の花がつく。莢は緑〜黄色で、卵形。
ゾーン：9〜11

Leucanthemum × superbum 'トーマス キリン'

LEUCOCORYNE
（レウココリネ属）

一般名：リューココリーネ

ネギ科球根植物の小属で、チリに原生する。約12種からなり、つぶすとニンニク臭のする種もあり、ネギ科の特徴が明確である。球根には暗茶色の膜がある。葉は細く、冬に垂れるようにつく。目立つ散形花序の花が目的で栽培される。色は白、青、または紫色で、匂いがある。切花にしても長もちし、フラワーアレンジメントに適する。

〈栽培〉
温暖気候では、砂質の肥沃な土壌の水はけのよい場所を選んで、深さ10cmのところに球根を植える。降霜地帯では通気のよい温室で育てるとよい。実生繁殖（花がつくまでに数年かかる）、または秋に鉢を移し替えるときに小さく分球して殖やす。

Leucocoryne ixioides

Leucocoryne ixioides
レウココリネ・イクシデス
英　名：GLORY OF THE SUN
☼ ❆ ↔ 8〜10cm ↕40〜45cm
チリ原産。細いイネに似た葉がつく。開いた星形、明青色、中心が白色、径18mmの花が、春に葉が枯れたあとに12個ほどつく。
ゾーン：9〜10

LEUCOGENES
（レウコゲネス属）
英　名：NEW ZEALAND EDELWEISS
ニュージーランドの高山に原生するキク科の小属で、マット状またはマウンド状になる3〜4種の高山植物である。全種が小石または岩の多い土壌に生育する。濃い銀色の葉と黄色で、羊毛のような白色の苞葉に包まれた小さな頭花に価値がある。愛好家によってコンテナ栽培され、高山植物の展示会に出品されることが多い。

〈栽培〉
全種が水はけがよく、湿気のあるロックガーデンに適する。直射日光の当たらない日向、または冬に雨の多い地域では、過剰な湿気から保護するためにポットに植えて高山植物用のハウスで育てる。挿し木、または種子が入手できれば実生繁殖する。

Leucogenes leontopodium
異　名：*Raoulia leontopodium*
英　名：NORTH ISLAND EDELWEISS
☼/☀ ❆ ↔ 10〜15cm
↕10〜15cm
英名はノースアイランドエーデルワイスだが、ニュージーランド両島に見られる。披針形、銀色、長さ18mmの葉が、緩やかな小山状になる。小形、黄色の頭花は、羊毛のような苞葉に包まれる。
ゾーン：7〜9

LEUCOJUM
（レイコジュム属）
一般名：スノーフレークス
英　名：SNOWFLAKES
中東および北アフリカに原生するヒガンバナ科の球根植物属で、20種からなる。近縁のスノードロップよりも温暖な気候に適する。外見はスノードロップに似るが、長さが均等な白色の花弁が6枚あり、細い茎の先端に下垂してつく。スノードロップは、3枚の花弁が長く、3枚が短い。線形の葉が開花の前か後につくが、毒性があると言われる。属名は白色を意味するギリシャ語の*leukos*と、スミレを意味する*ion*から来ている（芳香があることを指す）。

〈栽培〉
ほとんど手入れの必要がない。花が終わったあと、分球で殖やすか、熟した種子を播いて殖やす。

Leucojum aestivale
異　名：*Leucojurn aestivum*
一般名：スノーフレーク
英　名：SUMMER SNOWFLAKE
☼/☀ ❆ ↔30cm ↕45〜55cm
ヨーロッパ中部および南部の多湿な森林に原生する。強健で紐状の葉がつく。繊細な花が茎に1〜5個つき、白色に緑色の模様があり、ときに芳香がある。冬に多湿、夏に乾燥する気候では、冬に開花する。夏に冷涼多湿な気候では夏に開花する。生育期には多湿な気候と肥沃な土壌を必要とする。'**グラヴェティ ジャイアンド**'★は、強健、適応性があり、高さ75cmになる。
ゾーン：6〜9

Leucojum autumnale
一般名：アキザキスノーフレーク
英　名：AUTUMN SNOWFLAKE
☼ ❆ ↔5cm ↕15〜25cm
ヨーロッパ西部およびアフリカ北西部原産。紐状の葉がつく。花は小形で繊細、芳香があり、白色の鐘形。茎に数個ずつつき、ときに薄くピンクがかり、黄色の葯がある。晩夏から初秋に咲く。
ゾーン：6〜9

Leucojum vernum
英　名：SPRING SNOWFLAKE
☼ ❆ ↔30cm ↕30〜75cm
ヨーロッパ中部高地の日陰の多い丘陵や森林に見られ、同様の環境に広く帰化している。花は春に咲き、大形、フレアのある鐘形、径30mm、白色で、緑色または黄色の模様があり、直立した茎に単生する。球根は深く植える。
ゾーン：5〜8

LEUCOPHYLLUM
（レウコフィルム属）
アメリカ合衆国南西部およびメキシコ原産で、ゴマノハグサ科に属する。横に広がる魅力的な常緑低木で、約12種からなる。葉は薄緑〜灰白色、短い白色の毛に覆われフェルト状。薄紫〜紫色、鐘形〜じょうご形の目立つ花が、夏に葉腋に単生する。果実はさく果。

〈栽培〉
成長の緩徐な低木で、乾燥気候の砂質およびやせた土壌に見られる。水はけがよければどのような土壌でも育ち、潮風に耐性がある。灰白色の葉と銀色がかった茎が目的で栽培される。ほとんど手入れの必要がない。暖かい、雨風の当たらない日向をより好む。−12℃以下でも生き延びるが、花つきをよくするためには、より高い温度が必要。冷涼地帯では温室で育てる。大幅な剪定に耐える。実生か半熟枝挿しで殖やす。

Leucophyllum langmaniae
レウコフィルム・ラングマニアエ
英　名：MONTEREY CENIZO、RIO BRAVO SAGE
☼ ❆ ↔1.2〜1.8m ↕0.9〜1.5m
メキシコおよびアメリカ合衆国テキサス州北東部原産。葉つきの多い常緑低木。葉は明緑色、へら形、波状縁。淡い紫〜青紫色の花が夏から秋につく。'**リオ ブラボー**'は、花つきが非常に多い。
ゾーン：8〜10

LEUCOPHYTA
（レウコフィタ属）
一般名：クッションブッシュ
オーストラリア南部の沿岸に原生する常緑低木で、キク科の単型属である。*Satolina chamaecyparissus*（サントリナ）に似ており、鱗片に覆われたしなやかな茎が大きく盛り上がるように伸び、銀灰色の葉がつく。夏と秋に、白〜黄白色の丸い頭花がつくが、舌状花はなく、蕾は銀色がかる。

〈栽培〉
海岸に生育する植物で、潮風に耐性があり、園芸に用いても適応性があり、剪定して低いボーダーや生垣に仕立てることができる。暗色の葉の多い庭のアクセントになる。高温多湿を嫌い、日向で通気のよい場所を好む。軽く、水はけのよい土壌で育てる。強健で、干ばつに耐性があるが、短命で中心から順次枯れていく。大幅な剪定をしても活性化しない。通年、枝先を切り戻すと、株姿が整い強健になる。半熟枝挿しで殖やす。

Leucophyta brownii

Leucojum aestivum

Leucophyllum langmaniae 'リオ ブラボー'

Leucopogon lanceolatus

Leucopogon setiger

Leucopogon suaveolens

Leucophyta brownii
異　名：*Calocephalus brownii*
一般名：クッションブッシュ
英　名：CUSHION BUSH
☀ ❄ ↔0.9m ↕0.9m
明るい銀色の葉がドーム状に入り組んで伸びる。花序は、黄色で径12mm、あまり目立たない。西オーストラリア種は、12mmの長い葉がつく。
ゾーン：9〜11

LEUCOPOGON
(レウコポゴン属)
オーストラリア、ニュージーランド、およびマレー半島に原生するエパクリア科の常緑低木および小高木で、約150種ある。小形で細い葉が重なり合い、春から夏にかけて、白〜黄白色、円筒形〜鐘形の花がつき、花弁は反曲し、内面は分厚く毛で覆われる。小形の核果を結び、オレンジ色または赤みがかる。広く定義されているスティペリア属に含める植物学者もいるが、スティペリア属は、ふつう大形の花がつくオーストラリア原産の低木に限られる。

〈栽培〉
いくぶん霜に弱い種もあるが、ほとんどが、湿気のある腐植質の多い水はけのよい土壌で容易に育つ。定着すると、短期間の干ばつに耐性がある。日向で育てると、小形の株になり、軽い剪定や切り戻しを行なうとよい。剪定を怠ると、徒長する。実生繁殖は、積層法または長時間種子を水に漬けておく必要がある。取り木、または半熟枝挿しでも殖やせる。

Leucopogon lanceolatus
英　名：LANCE-LEAFED BEARD HEATH
☀ ❄ ↔1.2m ↕3m
タスマニア州を含むオーストラリア南部に見られる。葉は細い披針形で、長さ5cm。春に、白色の短い花穂が枝の先端および葉腋につき、花のあとに赤色の核果を結ぶ。
ゾーン：9〜11

Leucopogon setiger
☀ ❄ ↔0.9m ↕1.2m
オーストラリア、ニューサウスウェールズ州のシドニー市近郊の砂利質土壌に見られる。小形の低木で、葉つきが多く丸い株姿になる。葉は細く先端が針のように尖る。純白、鐘形の花が半下垂し、毛で覆われた花弁が反曲する。晩冬から春に葉腋に1〜2個がつく。
ゾーン：8〜10

Leucopogon suaveolens
英　名：MOUNTAIN HEATH
☀ ❄ ↔1.8m ↕10〜75cm
ニュージーランドの亜高山および高山地帯に見られる。匍匐性または上向きに広がる低木。葉は細く、ブロンズがかった緑色、長さ6mm、葉裏は細い白色の脈のある青緑色。クリーム色の小花が春につく。白、ピンク、または赤色の液果を結ぶ。
ゾーン：7〜9

LEUCOSPERMUM
(レウコスペルムム属)
一般名：ピンクッション
ヤマモガシ科のほかの多くの植物と異なり、ピンクッションとして知られる本属は花に魅力があり、長い花柱が集まって針山のような丸い花序を作る。およそ50種あり、全てが常緑の低木で、5種ほどが南アフリカ共和国東部、1種がジンバブウェに見られる以外は西ケープ州の細長い沿岸部に生育する。多くが小低木で、春におびただしく花をつける。分厚い葉は先端がもっとも幅広く、粗い鋸歯縁がある。

〈栽培〉
水はけのよい、開けた日向を必要とする。耐霜性のある種もある。全種が乾燥した低湿度の夏を好む。冬に降雨のあることが理想的である。切花にする以外は、剪定の必要はない。実生か挿し木、栽培品種は接ぎ木で殖やす。

Leucospermum bolusii
英　名：BOLUS PINCUSHION, GORDON'S BAY PINCUSHION
☀ ❄ ↔1.5〜1.8m ↕1.5〜1.8m
強健な直立、分枝のある茎を持つ常緑低木。葉は緑がかった灰色、剣形〜楕円形で、先端に刻み目がある。春に、径10cm、黄〜黄橙色の針山に似た花がつく。
ゾーン：8〜10

Leucospermum cordifolium ★
異　名：*Leucospermum nutans*
一般名：ピンクッション
英　名：NODDING PINCUSHION
☀ ❄ ↔1.8m ↕1.8m
葉つきの少ない低木で、人気がある。栽培品種には匍匐性のものもある。春に灰緑色の葉から、黄橙、ピンク、オレンジ、または赤色の花がつき、長もちするため、庭園植栽や切花に重用される。粘土質の土壌に耐える。幼木は霜に弱い。'アウロラ'は、黄橙色の花。'ファイアーダンス'は、深紅色の花。'アフリカンレッド'は、*L. cordifoium*の交雑種で、目立つ赤色の縞があり、黄色の花柱を持つ。
ゾーン：8〜10

Leucospermum cordifolium 'ファイアー ダンス'

Leucospermum cordifolium 'アウロラ'

Leucospermum cordifolium

Leucospermum bolusii

Leucospermum patersonii
☼ ❉ ↔1.8m ↕3.5m
沿岸部の石灰質土壌に見られる。大低木または小高木。葉は暗緑色、深裂があり、先端が赤い。明るいオレンジ色の花に深紅色の花柱があり、春から初夏につく。アルカリ性土壌に耐性があるが、水はけのよいことが不可欠。
ゾーン：8〜10

Leucospermum prostratum
☼ ❉ ↔3.5m ↕10cm
匍匐性のグラウンドカバーで、酸性度の高いやせた砂質ローム土壌を好む。長く地を這う茎が、地下のヒドロ根から伸びる。芳香のある明黄色の小さな丸い花序が冬につき、初夏には成熟して暗いオレンジ色の変わる。
ゾーン：8〜10

Leucospermum tottum
レウコスペルムム・トットゥム
英名：FIREWHEEL PINCUSHION
☼ ❉ ↔1.5m ↕1.5m
葉つきの多い常緑低木。葉は細い楕円形で、灰緑色、細毛で覆われる。深紅色の丸い頭花にクリーム色の花柱があり、春から夏につく。水はけのよい砂利質の土壌を好む。何種類かの栽培品種があり、開花期が真夏まで続く品種もある。'スカーレット リボン'は、L. tottumとL. glabrumとの交雑種で、高さ1.5m、深紅色に白く粉をふいたような花が晩春につく。
ゾーン：8〜10

Leucospermum
一般名：レウコスペルムム 'ヴェルドファイアー'
☼ ❉ ↔1.5m ↕1.5m
*L. glabrum*の交雑種。黄橙色の花が、成熟すると深紅色になる。明るいオレンジ色の花柱があり、春の半ばから夏につく。
ゾーン：8〜10

LEUCOTHOE
(レウコトエ属)
主に東アジアおよびアメリカ合衆国に見られ、ツツジ科に属する。6種の常緑および落葉低木からなる。現在はアガリスタ属に分類された種も多く、中央および南アメリカ、アフリカ、マダガスカルに生育し、1種がアメリカ合衆国に見られる。革質の単葉がつき、暗緑色で鋸歯縁がある。斑入り葉のつく種もある。落葉種は、秋に紅葉する。花は、小形の鐘形〜壺形、クリーム〜ピンク。春から夏に総状花序または円錐花序につき、非常に目立つ。

〈栽培〉
ほとんどの種が真夏は日陰を好み、開けた水はけのよい、冷涼、湿気のある腐植質の多い土壌を好む。軽く整枝する以外は、剪定の必要はない。実生繁殖では、ふつう発芽に時間がかかるため、高取り法または半熟枝挿しがよく用いられる。吸枝を産生する種は、吸枝で殖やす。

Leucothoe racemosa

Leucothoe fontanesiana

Leucothoe davisiae

Leucothoe fontanesiana 'レインボー'

Leucothoe davisiae
英名：SIERRA LAUREL
☽ ❉ ↔1.5m ↕0.3〜1.8m
アメリカ合衆国カリフォルニア州のシエラ・ネヴァダ原産。常緑で大きさにばらつきがある。葉の表面は光沢のある緑色、粗い鋸歯縁。スズランに似た白色の小花が、上向き、長さ10cmの総状花序で頂生する。
ゾーン：5〜10

Leucothoe fontanesiana
異名：*Leucothoe catesbaei, L. walteri*
一般名：アメリカイワナンテン
英名：SWTCH IVY
☽ ❉ ↔2m ↕1.8m
アメリカ合衆国南東部原産。常緑低木で、茎が枝垂れる。葉は長く尖り、長さ10cm、表面は光沢があり、鋸歯縁、若葉は赤みがかる。春に、スズランに似た白色の花が短い総状花序につく。'レインボー'★(syn.'ジラーズ レインボー')は、緑、クリーム、ピンク色の斑が入る。
ゾーン：5〜10

Leucothoe racemosa
英名：FETTER BUSH, SWEET BELLS
☼ ❉ ↔1.5m ↕1〜2.4m
アメリカ合衆国東部原産。落葉低木。葉は長さ6cm、細かい鋸歯がある。秋には黄色、オレンジ色、深紅色になる。白〜クリーム色の花が春から夏につく。
ゾーン：5〜9

LEVISTICUM
(レウィスティクム属)
セリ科に属し、丈の高い直立性の多年草で、三角形の複葉にセロリの匂いがある。葉がサラダに用いられ、種子は香辛料になる。夏に、セリ科に共通する黄緑色の小花からなる平たい頭花がつく。*Apium graveoleres* var. *dulce*(セロリ)は、より軟らかく、食用としてより多く用いられる。

〈栽培〉
肥沃な、湿気があるが水はけのよい土壌の日向を好む。春に取り播きまたは株分けで殖やす。

Levisticum officinale
英名：LOVAGE, LOVE PARSLEY
☼/☽ ❉ ↔100cm ↕2m
地中海地方原産。散形花序をつける多年草。暗緑色、革質、光沢のある葉がつきニンジンに似るが、より幅広い。花茎は太く空洞。黄色の花がつく。
ゾーン：3〜10

Leucospermum patersonii

レウコスペルムム 'ヴェルドファイアー'

Leucospermum prostratum

Leucospermum tottum 'Scarlet Ribbon'

LEWISIA
（レウィシア属）

英名：BITTER ROOT

1806〜1807年のルイスとクラークの探検で有名な、北アメリカの探検家メリウェザー・ルイス（1774〜1809年）にちなんでつけられた。19種の、やや多肉、常緑および落葉性の亜高山多年草で、スベリヒユ科に属する。ロッキー山脈、ニューメキシコからカナダに見られ、ふつう基部に線形、披針形またはへら形の多肉な葉がロゼットを形成する。春の半ばから初夏にかけて、多くの花弁を持つ星形の花が、しなやかな短茎の先端に単生または群生する。黄、黄橙、およびピンク色が大半を占める。

〈栽培〉
ほとんどの種が主根を深く伸ばし、砂利質で水はけのよい、生育期に湿気のある乾燥土壌をより好む。日向または半日陰に植え、根腐れを防ぐために地際を砂利で覆う。落葉種は実生繁殖のみ、常緑種は株分けで殖やす。

Lewisia brachycalyx
☼/◐ ✻ ↔20cm ↕20cm
アメリカ合衆国ユタ州からニューメキシコ州原産。落葉種は、長さ8cm、幅広の披針形の葉が基部にロゼットを形成する。花は径が約5cm、9枚ほどの白〜薄いピンクの花弁に濃いピンクの脈がある。
ゾーン：5〜9

Lewisia columbiana
☼/◐ ✻ ↔20cm ↕30cm
北アメリカのロッキー山脈西側に見られる。常緑種は長さ25〜100cm、多肉、細い葉が基部に密生する。11枚ほどの花弁を持つ花は白〜深紅色で、ピンクの脈がある。
ゾーン：5〜9

Lewisia congdonii
☼/◐ ✻ ↔30〜50cm ↕40〜60cm
カリフォルニア原産の落葉種。長さ5〜20cm、幅広い帯状の、やや多肉な葉が基部につく。高い花茎には、径12〜25mm、薄いピンクの花弁が7枚ほどある花が、緩やかな円錐花序につく。
ゾーン：7〜9

Lewisia cotyledon
レウィシア・コティレドン
☼/◐ ✻ ↔20cm ↕15〜30cm
アメリカ合衆国カリフォルニア州とオレゴン州の州境に見られる。常緑、へら形、長さ10cmの葉が緩やかなロゼット状につき、青緑および（または）ピンクがかり、縁は波状で、鋸歯縁はあまり見られない。花弁は多くて7〜10枚で、花径40mm。パープルピンクで、ときに白または黄色。栽培品種には多くの花色がある。**Sunset Group**（サンセット グループ）は、黄、オレンジ、ピンクおよび赤色などがある。'ホワイト・スプレンドール'は、暗緑色の葉、純白の花がつく。
ゾーン：5〜9

Lewisia longipetala
レウィシア・ロンギペタラ
☼/◐ ✻ ↔25cm ↕15〜30cm
カリフォルニア原産の常緑種。多肉、赤い縁のある、長さ12cmの細い葉がロゼットを形成する。パープルピンク、径5cm、花弁9枚の花がつく。'リトル プラム'は、暗色の脈のある明るいピンクの花に薄色の脈がある。ゾーン：4〜9

Lewisia 'Pinkie'
一般名：レウィシア 'ピンキー'
☼/◐ ✻ ↔20cm ↕15〜20cm
L. cotyledonとL. longipetalaの常緑交雑種。小形のL. cotyledonに似ているが、やや細い葉がつく。幅広いアプリコットピンクの花、中心は濃いピンク色。
ゾーン：5〜9

Leycesteria formosa

Leycesteria formosa

Lewisia rediviva
英名：BITTERROOT
☼/◐ ✻ ↔20cm ↕10cm
北アメリカ西部の亜高山および高山に広く見られる。落葉種で、長さ5cmの細い葉が基部に分厚く束生する。花は径5cm以上、花弁6枚ほど、ピンク〜紫色または白色。
ゾーン：4〜9

Lewisia tweedyi
☼/◐ ✻ ↔20cm ↕20cm
アメリカ合衆国ワシントン州とカナダのブリティッシュ・コロンビア州原産。常緑、長さ8cm、紫がかった幅広い披針形の葉が小さくかたまりでつく。淡いピンクまたは黄色、7〜12枚の花弁のある花がつく。
ゾーン：5〜9

LEYCESTERIA
（レイケステリア属）

中国西部およびヒマラヤ山脈、さらに西のパキスタンまで分布するスイカズラ科の6種の落葉または半常緑低木。円筒形の小花が長期間つき、非常に目立つ色の苞葉がある。軟らかい液果は熟すのが非常に速く、花と時期を同じくする。茎が分岐し、適切な気候では雑草化しやすい。

〈栽培〉
適度に肥沃な土壌の日向または半日陰で育てるが、苞葉と果実は日向で育てるほうが色つきがよい。冷涼地帯では、非耐寒性種は温室で冬越しさせる。秋に実生繁殖または夏に半熟枝を挿し木する。

Leycesteria crocothyrsos ★
☼ ✤ ↔1.8m ↕1.8m
インドのアッサム地方およびミャンマー北部原産。枝が枝垂れる。葉は緑色で、先鋭。葉裏はやや有毛で葉脈が網の目に伸びる。春から夏に黄色の花が総状花序に頂生する。黄緑色の小形の液果がつく。
ゾーン：9〜11

Leycesteria formosa
英名：HIMALAYAN HONEYSUCKLE
☼ ✻ ↔1.8m ↕1.8m
ヒマラヤ山脈および中国西部原産。葉は長く暗緑色、基部がやや心臓形、全縁またはやや鋸歯縁。葉裏は薄緑で、有毛。夏から秋に、紫の苞葉がある白色の花穂が下垂する。果実は熟すと濃藤〜黒色になる。オーストラリア、ニュージーランドの湿地帯で雑草化している。
ゾーン：7〜10

Lewisia columbiana

Lewisia cultivar

Lewisia tweedyi

Lewisia congdonii

Lewisia cotyledon f. *alba*

Lewisia cotyledon 'ホワイト スプレンデュア'

Liatris spicata 'カリレプシス パープル'

Liatris pycnostachya

Liatris spicata 'コボールド'

Liatris spicata 'フロリスタン'

LEYMUS
（レイムス属）

温帯北部に原生するが、1種は遠くアルゼンチンに見られる。イネ科の40種の根茎を持つ多年草からなり、広がりやすく、ときに帰化しやすい。ほとんどが以前はエゾムギ属に分類されていた。自生地は幅広いが、おおむね乾燥した土壌の日向で育つ。葉は硬く、灰青色。夏咲きの花が長い茎に直立の穂状につく。

〈栽培〉
ほとんどの種が潮風に耐性があり、砂質の荒地でも定着する。自生地以外では雑草化している。日向の水はけのよい土壌で育て、生育を制御する。冬には切り戻し、春に株分けで殖やす。

Leymus arenarius
レイムス・アレナリウス

異　名：*Elymus drenarius*
英　名：EUROPEAN DUNE GRASS、LYME GRASS、SEA LYME GRASS
☀ ❄ ↔0.9～2m ↕30～38cm
ヨーロッパ原産。非常に強健で、根茎が横に広がる。長さ60cm、銀色の葉が弧を描くように伸びる。夏に、白色の直立した花穂がつき、成長するとクリーム色になる。'ファインドホーン'は、より小形で丈の低い選抜品種。ゾーン：6～10

Leymus arenarius

LIATRIS
（リアトリス属）

英　名：BLAZING STAR、GAYFEATHER、SNAKE ROOT

北アメリカに原生し、球茎か、変性した扁平な根で成長する。キク科に属し、35種の多年草からなり、夏に色鮮やかな花をつける。成長が非常に速い。線形～披針形、ときに有毛の単葉が群生し、茎は高さ60～150cmになり、デイジーとは異なるパープルピンクの花が、茎頂に刷毛状の穂を作る。ネイティブアメリカンは根を薬用にしていた。また初期の入植者はイガを追い払うのに乾燥根を用いていた。

〈栽培〉
耐寒性には差があるが、ほぼ全種に耐霜性がある。野生種は川べりに見られるが、湿気のある腐植質の多い、水はけのよい土壌の日向で育てることができる。葉群が隠れるようにボーダーの後部に植え、長い茎を生かして花を目立たせる。株分けか実生で殖やす。

Liatris aspera

英　名：ROUGH BLAZING STAR
☀/◐ ❄ ↔30～50cm ↕100cm
北アメリカ東部のほぼ全域に見られる。葉は細く、長さ15cm。20個ほどの紫色の花が真夏から秋に穂を作る。
ゾーン：5～10

Liatris pycnostachya
一般名：ヒメキリンギク

英　名：BUTTON SNAKE ROOT
☀/◐ ❄ ↔25～45cm ↕150cm
アメリカ合衆国南東部原産。上向きに伸びる。葉は細く、ときに有毛、長さ10cm。真夏から秋に、紫赤色の花が分厚く密生し、穂は長さ30cmになる。'アレキサンダー'は、暗緑色の葉、紫色の花がつく。
ゾーン：3～10

Liatris scariosa
一般名：マツガサギク

☀/◐ ❄ ↔20～30cm ↕80cm
アメリカ合衆国南東部原産。小形で、ほかの種よりも幅広い葉が多くつく。葉は長さ15cm、幅5cm。真夏から秋に紫色の花が穂状に密生する。まばらにつく変種もある。
ゾーン：3～9

Liatris spicata ★
一般名：キリンギク

英　名：BLAZING STAR、BUTTON SNAKE ROOT、GAYFEATHER
☀/◐ ❄ ↔25～45cm ↕150cm
アメリカ合衆国東部のほぼ全域に見られる。直立する。葉は細く、ときに線形、長さ20cm。真夏に、長さ60cm、紫赤色の花穂が分厚くつく。'カリエプシス パープル'は高さ60cm、暗紫色の花。'フロリスタン'は、高さ80cm、濃紫色の花。'フロリスタン ホワイト'は、高さ80cm、白色の花。'コボールド'（syn.'ゴブリン'）は、パープルピンクの花が密生する。
ゾーン：3～10

LIBERTIA
（リベルティア属）

アヤメ科の根茎を持つ9種の多年草で、南半球に見られる。匍匐性またはマウンド状に伸びる習性があり、開花期が長い。オーストラリア東部、ニュージーランド、ニューギニア、および南アメリカのアンデス山脈に生育する。帯状の葉が、まばら～分厚く群生する。花は、ふつう白色、形状はアイリスに似ており、直立の茎に頂生する。花は葉に隠れて見えにくい。

〈栽培〉
大半が干ばつと不毛な土壌に耐性があるが、温暖気候では、軽い施肥に目立って反応する。適切な気候では雑草化しやすいが、適度に強健で道路脇の植栽に用いられる種もある。春に株分けか実生で殖やす。

Libertia caerulescens
☀/◐ ❅ ↔30cm ↕60cm
チリ原産。群生する習性のある多年草で、葉は細く帯状、革質で青緑色。薄青色の花穂が晩春につく。
ゾーン：9～10

Libertia formosa

英　名：SHOWY LIBERTIA、SNOWY MERMAID
☀ ❅ ↔60cm ↕45～90cm
チリ原産。群生する多年草。暗緑色の葉は、細い帯状で、革質。晩春に、白色または薄黄色の花が長い穂につく。
ゾーン：9～10

Libertia formosa

Libertia grandiflora
英　名：MIKOIKOI、NEW ZEALAND IRIS、TUKAUKI
☼ ↔60cm ↕75cm

ニュージーランド原産の群生する多年草。葉は緑〜黄緑色、細く革質。分厚い白色の花穂が春につき、あとに魅力的な黄色い洋ナシ形の莢ができる。
ゾーン：8〜11

Libertia ixioides
英　名：MIKOIKOI、NEW ZEALAND IRIS、TUKAUKI
☼ ❄ ↔60cm ↕20〜30cm

ニュージーランド原産。群生する多年草。葉は緑〜茶橙色、細く革質。白色の花穂が晩春につく。
ゾーン：8〜11

Libertia peregrinans
☼/☼ ❄ ↔50cm ↕38〜70cm

ニュージーランド原産。葉に目立つ脈があり、寒冷気候では茶橙色になる。黄色の葯のある白色の花が春につく。水はけのよい土壌が必要。
ゾーン：8〜10

LIBOCEDRUS
（ショウナンボク属）

ヒノキ科に属する6種の針葉樹で、ニューカレドニア、ニュージーランドおよび南アメリカ南西部の森林に見られる。2種はニューギニアに見られ、ときにパプアケドルス属に含められる。ヒノキに似た魅力的な高木で、明緑色の葉は、成葉と幼葉が明確に分かれる。樹皮は縦に細く剥離し、非常に小形の雌雄の球果が同じ株につく。木目が真っ直ぐなので、鉛筆によく用いられる。

〈栽培〉
ニュージーランドと南アメリカ種は、軽い降霜のある気候の戸外で育つが、その他の種は温室栽培が必要である。戸外では標本植物に適し、何年も樹姿が変わらない。適度に深さのある開墾された土壌で、幼木は日陰で育る。乾燥期には頻繁に灌水する。繁殖はふつう実生で行ない、取り播きがもっともよい。挿し木は根づきにくい。

Libocedrus bidwillii
英　名：PAHAUTEA
☼ ❄ ↔3m ↕21m

ニュージーランド原産。栽培種では成長が緩徐で、10年後でも高さ1.8〜3.5mにしかならない。細い直立の樹姿を持つ。成体の末端枝は暗緑色、圧縮されている。葉は鱗片葉で、幼木は葉つきが少ない。
ゾーン：8〜10

Libocedrus plumosa ★
英　名：KAWAKA
☼ ❄ ↔3m ↕12m

ニュージーランド原産。ピラミッド状の樹姿を持ち、何年も同じ形を保つ。栽培種は成長緩徐で、10年後でも約2.4mにしかならない。末端枝は圧縮されて扁平で、軟らかい革のように見える。葉は濃緑色、鱗片葉。幼木はコンテナ栽培に向く。
ゾーン：8〜11

LIGULARIA
（メタカラコウ属）

ユーラシア温帯に原生するキク科多年草で、本属に分類されていた数種が別属に再分類されたが、いまだ125種ほどある。強健な植物で、長い花茎を持ち、春に幅広、腎臓形〜心臓形の葉が基部につく。夏と秋に、種によって黄〜オレンジ色の大きな花が広く分岐した円錐花序つくものから、数多くの小花が穂状の総状花序につくものまである。

〈栽培〉
ほとんどの種が非常に寒さに強い。肥沃で腐植質の多い、深さのある土壌の日向または半日陰で育て、通年乾燥させないようにする。花と葉が終わったあと、切り戻す。休眠期に株分けまたは実生で殖やす。

Ligularia dentata
一般名：マルバダケブキ
☼/☼ ❄ ↔100〜150cm ↕75〜150cm

中国および日本原産。強健な多年草で、群生し、葉が目立つ。葉は、円形〜腎臓形、深い鋸歯があり、裏は有毛、赤みがかり、幅40cm。真っ直ぐに伸びる花茎に、金色〜オレンジ色、径10cmの花が、多数分枝してつく。'デズデモーナ'は、赤紫の葉、オレンジ色の花が高さ120cmの花茎につく。
ゾーン：4〜10

*Libocedrus plulnosa*の自生種、ニュージーランド

Ligularia przewalskii
英　名：SHAVALSKI'S LIGULARIA
☼/☼ ❄ ↔100〜120cm ↕2m

中国北部原産の強健な多年草。葉は掌状裂葉で、鋸歯縁、基部につき、長さ、幅とも30cm。茎は暗紫赤色。クモの脚のような花弁の金色の花が、細い穂状につく。
ゾーン：4〜9

Ligularia stenocephala
一般名：メタカラコウ
☼/☼ ❄ ↔80〜100cm ↕150cm

日本、中国および台湾原産。葉は心臓形〜三角形、鋸歯縁、長さ、幅ともに30cmで、基部につく。茎は濃紫赤色。濃黄色、径5cmの頭花がつく。'ザ　ロケッド'は、暗い黒緑色の茎に、対照的な明黄色の頭花が数多くつく。
ゾーン：5〜10

Ligularia Hybrid Cultivars
（メタカラコウ交雑品種）
☼/☼ ❄ ↔80〜150cm ↕0.9〜2m

花と葉の両方を目的に作られた交雑種で、大胆な造形が特徴である。とくに池の縁や川辺など、湿気のある半日陰に植えるのに最適である。'グレギノッグ　ゴールド'は、粗い鋸歯縁のある緑色の葉とオレンジ色の円錐形の花穂がつく。'ヴェィエンシュテファン'は、濃金色、大形の頭花がつく。'ゼプター'は、ほかの種よりもやや短いが、金色の頭花がより密生する。
ゾーン：5〜9

Ligularia dentata

Ligularia przewalskii

Ligularia, Hybrid Cultivar, 'The Rocket'

Ligustrum lucidum 'エクセルスム スペルブム'

Ligustrum ovalifolium 'アウレウム'

Ligustrum sinense 'ムルティフロルム'

Ligustrum lucidum
一般名：トウネズミモチ
英 名：BROAD-LEAFED PRIVET、LOSSY PRIVET、WAXLEAF PRIVET
☼ ❄ ↔9m ↕9m
中国原産。大形常緑低木または小高木。葉は長さ15cm、長く尖り艶があり、暗緑色。秋に白色の花が円錐花序につく。'**エクセルスム スペルブム**'は、薄緑色の葉に黄色の縁がある。'**トリコロール**'は、細い暗緑色の葉で、灰緑色のはっきりした脈と薄い黄白色の縁取りがある。
ゾーン：7〜11

Ligustrum obtusifolium
一般名：イボタノキ
☼ ❄ ↔3m ↕3m
日本原産。強健な落葉低木で、暗緑色、長楕円形の葉がつき、秋に紅葉する。晩夏に、光沢のある白色の花が下垂性の円錐花序につく。丸い黒色の果実を結ぶ。*L. obtuslfolium* var. *regelianum*は、高さ1.5m、葉はやや小形で丸みを帯びる。
ゾーン：3〜10

Ligustrum ovalifolium
一般名：オオバイボタ
英 名：CALIFORNIA PRIVET、OVAL-LEAFED PRIVET
☼ ❄ ↔3.5m ↕3.5m
生垣用に栽培される。葉は光沢のある暗緑色、極寒気候では落葉する。真夏に白色の花がつく。'**アルゲンテウム**'は、葉に黄白色の縁がある。'**アウレウム**'は、金色で緑色の中斑と、幅広い黄色の縁があるか、全体が黄色い。
ゾーン：5〜10

Ligustrum quihoui
一般名：クロイゲイボタ
☼ ❄ ↔2.4m ↕2.4m
中国原産。花つきが多く、円形の常緑低木。枝が枝垂れる。晩夏から初秋に、白色の花が長さ0.6mの円錐花序につく。
ゾーン：5〜10

Ligustrum sinense
リグストルム・シネンセ
英 名：CHINESE PRIVET、SMALL-LEAFED PRIVET
☼ ❄ ↔3.5m ↕3.5m
中国原産。大形で横に広がる落葉低木。葉は薄緑色、披針形。夏に白色の花が長いスプレー状につく。'**ムルティフロル**

Ligustrum japonicum 'ロトゥンディフォリウム'

LIGUSTRUM
（イボタノキ属）
英 名：PRIVET
モクセイ科に属する落葉および常緑の高木と低木で、約50種あり、ヒマラヤ山脈とアジア東部原産、1種はヨーロッパと北アフリカに見られる。全種の葉が単葉、対生につき、鋸歯縁がある。芳香のある白色の花が枝または茎の先端に円錐花序につき、あとに小形で青黒い核果を結ぶ。より温暖な気候では種子が多数産生され、鳥が好んで集まる。その結果、数種は自生地を侵略して雑草化している。*L. japonicum*と*L. ovalifolium*は、アメリカとニュージーランドでは雑草として扱われる。*L. lucidum*と*L. sinense*は、オーストラリア東部で有害な雑草である。有色の葉を持つ変種は、雑草化の危険が少ないが、原種に戻りやすい。

〈栽培〉
土壌や日光への曝露に影響を受けない。熟した種子を取り播きし、変種は晩春から夏に緑枝挿しで殖やす。

Ligustrum japonicum
一般名：ネズミモチ
英 名：JAPANESE PRIVET
☼ ❄ ↔2.4m ↕3m
日本および朝鮮半島原産。小形で非常に葉つきの多い常緑低木。葉はツバキに似て艶があり、暗緑色。白色の花が晩夏から初秋に大きく円錐花序につく。目隠しや生垣に適する。'**ロトゥンディフォリウム**'は、成長緩徐で、高さ1.8m。径35mmの円形の葉がつく。
ゾーン：5〜10

Ligustrum obtusifolium

Lilium henrici

Lilium nepalense

Lilium amabile

Lilium × burbankii

LILIUM
（ユリ属）
英　名：LILY

5,000年以上も栽培されてきたユリは、文句なく美しい。約100種の球根植物で、温帯北部に広く分布する。ユリ科の基準属で、直立する茎は葉つきが多く、中が空洞で、花後は枯死して球根に戻る。球根は多くの多肉な細い鱗片が重なるようにつき、外膜はない。葉は短く、ふつう線形〜披針形。花は茎頂につき、単生、散形、または円錐花序につく。鐘形、じょうご形、または杯形で、強く反曲する萼片があり、「マルタゴン」（トルコ帽形）と呼ばれる形態を作る。花色は青色を除く、ほぼ全色あり、斑点や縞のあることが多い。ユリ科の他属と共通して、食用性が多い。ユリは、同草枕のグループに分けられる。本属は、主に9つのグループに分かれ、原種と交雑種の両方が含まれる。

〈栽培〉
ユリは少なくても半日以上、太陽の当たる場所でよく開花する。湿気があり、腐植質の多い、肥沃な水はけのよい土壌を必要とする。乾燥したまま球根を貯蔵しないこと。湿ったおが屑か、紙を細かく裂いたもので包んでおく。分球、剥がした鱗片、または葉腋につく、むかごで殖やす。

Lilium amabile
☼/◐ ❋ ↔30cm ↕90cm
朝鮮半島原産。長さ10cmの細い葉がまばらにつく。トルコ帽形の、赤または暗いオレンジ色に紫色の斑点のある、径8cmの花が5個ほどかたまってつく。不快な匂いがあり、夏に咲く。
ゾーン：5〜9

Lilium × burbankii
☼ ❋ ↔30〜45cm ↕0.9〜2m
*L. parddlinum*と*L. parryi*の交雑品種。芳香のある花が水平につき、そり返った黄色の花弁に茶色の斑点があり、先端が赤い。夏から初秋に咲く。
ゾーン：5〜9

Lilium lancifolium

Lilium candidum
一般名：マドンナリリー
英　名：MADONNA LILY、WHITE LILY
☼ ❋ ↔30〜45cm ↕0.9〜2m
地中海地方（レバノン、イスラエル、トルコ、ギリシャ）原産。聖母マリア像が抱えているのがこの花である。茎に、純白、じょうご形、先端のそり返った花弁を持つ20個の花がつき、芳香が強く、夏から初秋に咲く。ほとんどのユリと異なり、アルカリ性土壌や石灰岩を好む。
ゾーン：6〜9

Lilium columbianum
英　名：COLUMBIA LILY、COLUMBIA TIGER LILY、OREGON LILY
☼ ❋ ↔30〜45cm ↕2〜2.4m
北アメリカ西部原産。披針形の葉が茎の上部に輪生する。花弁は強くそり返るトルコ帽形で、黄〜赤橙色に、えび茶色の斑点があり、径8cm、夏から初秋に咲く。
ゾーン：5〜9

Lilium davidii
☼ ❋ ↔30〜45cm ↕0.9〜1.5m
中国西部原産。若干ストロンを形成する。葉はまばらにつき、長さ10cm。無香性、トルコ帽形、径8cm、朱赤色に黒色の斑点のある花が、うなだれるようにつく。夏から初秋に咲く。
ゾーン：5〜9

Lilium formosanum
一般名：タカサゴユリ、タイワンユリ
☼ ❋ ↔30〜45cm ↕0.9〜2m
台湾原産。丈の高い優美なユリで、葉はまばらにつき、夏から初秋に最大10個ほどの花が1本の茎につくが、ふつうはそれより少ない。花はじょうご形、水平につき、長さ10cm、強い芳香があり、白色で、外側に紫色の筋がある。*L. f.* var. *priceii*は矮性、茎に1〜2個つく。
ゾーン：5〜11

Lilium henrici
異　名：*Nomocharis henrici*
☼ ❋ ↔30〜45cm ↕80〜90cm
チリ原産。葉が茎の上部にまでつき、7個の花がつく稀少種。花は平たく、下向きにつき、径10cm、そり返り気味の花弁は、ピンクがかった白色、中心が暗紫色。
ゾーン：5〜9

Lilium henryi
☼ ❋ ↔30〜45cm ↕2〜3m
中国原産。茎に20個ほどの花がつき、重みで傾きがちになる。葉は比較的幅広で、茎の上部にまでつく。そり返ったトルコ帽形の花は、オレンジ色に黒色の斑点がある。
ゾーン：5〜9

Lilium lancifolium
異　名：*Lilium tigrinum*
一般名：オニユリ
英　名：DEVIL LILY、KENTAN、TIGER LILY
☼ ❋ ↔30〜45cm ↕0.9〜1.2m
中国、日本および韓国原産。よく知られた耐寒性のユリで、古代の交雑種と思われる。長さ20cmの葉が分散し、葉腋に黒色のむかごができる。トルコ帽形の花は、径20cm、オレンジ色に大きな暗紫色の斑点がある。夏から初秋に咲く。
ゾーン：4〜10

Lilium longiflorum
一般名：テッポウユリ
英　名：EASTER LILY
☼ ❋ ↔30〜45cm ↕90〜100cm
日本および台湾原産。強健種。長さ18cm、光沢のある葉が分散する。花はじょうご形、長さ18cm、白色に緑色の中央脈があり、芳香が強く、水平につく。夏から初秋に咲く。
ゾーン：5〜11

Lilium martagon
一般名：マルタゴンリリー
英　名：MARTAGON、TURK'S CAP
☼ ❋ ↔30〜45cm ↕0.9〜2.4m
ヨーロッパ北西部からモンゴル原産。トルコ帽の形をした典型的な花形を持つ。葉は幅広、輪生する。茎に、径5cm、褪せたピンク色に暗色の斑点があり、不快な匂いにある花が、最大50個ほどつくが、ふつうは、それより少ない。*L. m.* var. *album*は、純白の花がつく。*L. m.* var. *cattaniae*は、濃いワインレッドの花で、斑点はない。
ゾーン：4〜9

Lilium nepalense ★
☼ ❋ ↔30〜45cm ↕70〜100cm
ヒマラヤ山脈原産。稀少種。葉は長さ15cmで、分散する。下垂性、フレアのあるじょうご形、長さ15cm、緑白色に紫色の大きな花喉を持つ花が、夏から初秋につく。
ゾーン：5〜9

ユリ、HC、1. アジアティック、'エロス'

ユリ、HC、1. アジアティック、'ミンストレル'

ユリ、HC、1. アジアティック、'アヴィニョン'

ユリ、HC、1. アジアティック、'コネチカット キング'

ユリ、HC、1. アジアティック、'ハップ ホランド'

ユリ、HC、1. アジアティック、'ハー グレース'

ユリ、HC、1. アジアティック、'カサ ロサ'

Lilium philippinense

☀ ❄ ↔ 30〜45cm ↕ 40〜100cm

フィリピン原産。濃緑色、長さ15cmの葉が分散してつく。じょうご形、長さ25cm、白色で外側に緑と赤が脈のある、非常に芳香性の高い花が最大6個つく。夏から初秋に咲く。ゾーン：9〜10

Lilium pumilum ★

異 名：*Lilium tenutfolium*
一般名：イトハユリ
英 名：CORAL LILY

☀ ❄ ↔ 30〜45cm ↕ 38〜45cm

ロシア、モンゴル、中国、および北朝鮮原産。細い葉がまばらにつく。トルコ帽形、径5cm、明るい深紅色、斑点のない、芳香のある花が最大30個、夏から初秋に咲く。'イエロー バンティング'は、黄色の花がつく。
ゾーン：5〜9

Lilium pyrenaicum

☀ ❄ ↔ 30〜45cm ↕ 80〜100cm

ピレネー山脈原産。細い葉が分散する。トルコ帽形、径5cm、明黄色、黒色の斑点があり、不快な匂いのある花が、最大12個つく。夏から初秋に咲く。
ゾーン：3〜9

Lilium regale

一般名：リーガルリリー
英 名：REGAL LILY

☀ ❄ ↔ 30〜45cm ↕ 1.5〜2m

中国原産。長さ12cmの葉が分散する。フレアのあるじょうご形、長さ15cmの花が最大20個、水平につく。内側は白色、外側は紫がかる。夏から初秋に咲く。
ゾーン：5〜9

Lilium speciosum

一般名：カノコユリ

☀ ❄ ↔ 30〜45cm ↕ 0.9〜1.5m

中国、日本、および台湾原産。長さ18cmの葉が分散する。トルコ帽形、径18cm、薄いピンクで、中心は濃いピンク、同色の斑点がある花が、7個ほどつく。夏から初秋に咲く。*L. s.* var. *album*は、紫色の茎、暗い深紅色の花で、縁が白色。
ゾーン：6〜9

Lilium Hybrid Cultivars

（ユリ交雑品種）

☀/☁ ❄ ↔ 30〜60cm ↕ 75cm〜2m

ほとんどの園芸用または切花用のユリは交雑品種で、ほぼ全品種が多くの原種を何代にも渡って交雑してきたものである。英国王立園芸協会保管のインターナショナル・リリー・レジスターによる交雑品種の分類を以下に記す。
ゾーン：5〜9

1. ASIATIC HYBRIDS（アジアティック ハイブリッド）

L. dmabile、*L. bidblferum*、*L. cernuum*、*L. concolor*、*L. davidii*、*L. lancifiolium*、*L. leichtlinii*、*L. maculatum*、*L. × hollandicum*、*L. pumilum*に由来し、1個から数個の大きなじょうご形の花がつき、花色と模様は非常に多岐に渡る。アジアティックの名前があるが、オリエンタル ハイブリッドと原生地は重複し、厳密にはアジア原産とは言えない。アジアティック ハイブリッドは花の形態によってさらに3つのカテゴリーに分けられる。1a：上向き 1b：外向き 1c：下垂。人気のある品種には、以下のものがある。'アラスカ'は、高さ120cm、白色の花。'アヴィニョン'は、高さ90cm、赤とオレンジ色の花。'キャンティ'は、高さ80cm、ピンク色の花。'コネチカット キング'は、高さ90cm、黄色の花。'コート ダジュール'は、高さ70cm、ピンク色の花。'ドリームランド'は、高さ90cm、黄色の花。'モンテ ネグロ'は、高さ90cm、オレンジ〜暗赤色の花。'モントルー'は、高さ120cm、ピンク色の花。'ナヴォナ'は、高さ120cm、白色で、中心が緑色の花。'ポリアンナ'は、高さ120cm以上、黄色の花。'ヴィヴァルディ'は、高さ105cm、ピンク色の花がつく。

2. TURK'S-CAP OR MARTAGON（マルタゴン ハイブリッド）

*L. martagan*と*L. hansonii*の交雑種、またはどちらかを親に持つ交雑種。小〜中形の下垂する花が多数集まってつく。この品種の中では、**Backhouse Hybrid**（バックハウス ハイブリッド）として知られる多色の選抜品種群がもっとも広く栽培されている。

3. L. CANDIDUM HYBRIDS（カンディデュム ハイブリッド）

L. cafididum、*L. chalcedonicum*と数多くの近縁種の交雑種を指すが、*L. martagon*は除く。一般的に丈が高く、暗色の茎を持ち、芳香があり、白〜クリーム色、じょうご形の花がつく。

ユリ、HC、2. マルタゴン、バックハウス ハイブリッド

Lilium philippinense

Lilium pyrenaicum

Lilium regale

 ユリ、HC、1. アジアテッィク、'モンテ ネグロ'
 ユリ、HC、1. アジアテッィク、'モントルー'
 ユリ、HC、1.アジアテッィク、'ナヴォナ'
 *Lilium*, Hybrid Cultivar, 1. Asiatic cultivar
 ユリ、HC、1. アジアテッィク、'ヴィヴァルディ'

 ユリ、HC、7. オリエンタル、'アライアンス'
 ユリ、HC、7. オリエンタル、'アスカリ'
 ユリ、HC、7. オリエンタル、'バルバレスコ'
 ユリ、HC、7. オリエンタル、'ブラッタ クイ'
 ユリ、HC、7. オリエンタル、'カルトーシュ'

 ユリ、HC、7. オリエンタル、'コンパス'
 ユリ、HC、7. オリエンタル、'エスペラント'
 ユリ、HC、7. オリエンタル、'アカプルコ'
 ユリ、HC、7. オリエンタル、'キャンディス'
 ユリ、HC、7. オリエンタル、'インペリアル デイ'

 ユリ、HC、7. オリエンタル、'インプレッシヴ'
 ユリ、HC、7. オリエンタル、'エクスプレッション'
 *L.*, HC, 7. Oriental cultivar
 ユリ、HC、7. オリエンタル、'スカピーノ'
 ユリ、HC、7. オリエンタル、'サーモン クラシック'

4. AMERICAN SPECIES HYBRIDS
（アメリカ種 ハイブリッド）

L. canadense、*L. maritimum*、*L. columblanum*および*L. gmyi*のようなアメリカ原産種間の交雑種。変異が多く、面白みがある。ベリンガム ハイブリッドに代表される茶色の斑点のある赤、オレンジ、赤および黄色の花を持つ品種がもっともよく知られる。

5. L. LONGIFLORUM AND L. FORMOSANUM HYBRIDS
ロンギフロルム ハイブリッド）

*L. longiflorum*と*L. formosanum*の交雑種で、緑がかる白色、トランペット形の大きな花がつく。

6. TRUMPET-SHAPED AND AURELIAN LILIES
（トランペット ハイブリッド）

*L. henryi*と近縁種の交雑種で、第7群を構成する品種は含まれない。花形によって細分化される。6a：トランペット形 6b：杯形 6c：扁平で先端が反曲する 6d：強く反曲する。人気のある品種には、以下のものがある。'**ブラック ドラゴン**'は、高さ150cm、暗紫赤色で、内側が白色。'**ピンク パーフェクション**'は、高さ150cmで非常に大形、芳香性、暗深紅色の花がつく。

7. ORIENTAL HYBRIDS
（オリエンタル ハイブリッド）

L. speciosum、*L. japanicum*、*L. rubellum*の交雑種。これら3原種と*L. henryi*との種間交雑種も含むが、トランペット ハイブリッドは除く。4つの亜群に分かれる。7a：トランペット形 7b：杯形 7c：扁平 7d：強く反曲する。人気のある品種には以下のものがある。'**アカプルコ**'は、高さ90cm、藤色の花。'**アライアンス**'は、高さ120cm、ピンクの花に暗色の中央脈があり、薄い色の縁がある。'**カルトーシュ**'は、高さ120cm、赤みがかるピンク、暗色の中央脈に薄色の縁がある。'**カサ ブランカ**'は、高さ135cm、白色の花。'**エクスプレッション**'★は、高さ90cm、白色の花。'**ミュスカデ**'は、高さ70cm、白みがかる薄ピンク色で、赤い斑点がある。'**ペサロ**'は、高さ90cm、濃ピンク色、中心が薄色。'**シベリア**'は、高さ120cm、純白の花。'**シシ**'は、高さ90cm、ピンク色の花。'**ソルボンヌ**'は、高さ120cm、濃いピンク色に薄色の縁がある。'**スター ゲイザー**'は、高さ90cm、ピンク色に赤い細かい斑点と薄色の縁がある。'**ウッドリフス メモリー**'は、高さ90cm、紫がかるピンクの花に黄色の中央脈がある。

ユリ、HC、4.アメリカ種、ベリンガム ハイブリッド

ユリ、HC、7.オリエンタル、'シシ'

ユリ、HC、7.オリエンタル、'ソルボンヌ'

ユリ、HC、7.オリエンタル、'スター ゲイザー'

ユリ、HC、7.オリエンタル、'ホワイト マウンテン'

ユリ、HC、7.オリエンタル、'ウッドリフ メモリー'

ユリ、HC、8.その他、LA'ヴィーナー ブルット'

ユリ、HC、8.その他、'バージニア'

ユリ、HC、8.その他、'カリフォルニア'

ユリ、HC、8.その他、LA'グロッシー ウィングス'

ユリ、HC、8.その他、LA'ロイアル ファンタジー'

ユリ、HC、8.その他、LA'ロイアル リバー'

ユリ、HC、8.その他、'サーモン クィーン'

ユリ、HC、8.その他、LA'ロイアル サンセット'

8. OTHER HYBRIDS
(その他の交雑品種)

他で分類されない雑多な栽培品種で、'バージニア'は、高さ60～90cm、白色の花で、中心が緑色。LA ハイブリッドは、1990年に登場したL. longiflorumとアジアティック ハイブリッドの交雑種で、以下の品種がある。'グロッシー ウィングス'は、高さ90cm、サーモンピンクの花。'ロイアル ファンタジー'は、高さ90cm、黄白色、芳香がある。'ロイアル サンセット'は、高さ75cm、オレンジ色に深紅色の細かい斑点がある。'ヴィーナー ブルット'★は、高さ75cm、朱赤色で、切花用によく栽培される。

9. Species (原種)
野生に見られる原種には、多くの亜種と変種が含まれる。本書では別項で個別に紹介している。

LIMONIUM
(リモニウム属)

一般名：スターチス
英 名：SEA LAVENDER, STATICE

イソマツ科に属する約150種の夏咲き一年草、多年草および小低木で、世界中に広く分布するが、ヨーロッパ南部と北アフリカに集中して見られる。属名はギリシャ語のleimon(牧草)に由来し、多くの種が海岸の牧草地に自生することを指す。ほとんどが丈高く、ロゼット状の葉が群生して盛り上がる。葉の大きさはさまざまで、披針形～へら形。花は小さいが目立ち、葉のつかない分岐した、しなやかな茎に沿ってつく。色は白色、クリーム、薄紫～紫色。スターチスの名前で販売され、ドライフラワーによく用いられる。

〈栽培〉
多くの種が霜に弱い。海岸の環境に耐え、雨風の当たらない日向で、湿気はあるが水はけのよい土壌を好む。結実すると短命になるため、切花にしない場合は花を取り除く。種によって、実生、根挿し、または株分けで殖やす。

Limonium bellidifolium
異 名：Statice caspia
一般名：宿根スターチス
☼/☼ ❄ ↔30cm ↕30cm
イギリス東部の沿岸部から地中海地方および黒海にまで分布する。夏咲きの多年草、円形～へら形、長さ5cmの葉が群生し、基部は木質になる。薄紫色の小花が短い穂状につく。
ゾーン：8～10

Limonium bourgeaui
☼ ❄ ↔30cm ↕40cm
カナリア諸島の1島であるランサロテ島に見られる。多年草で、楕円形～菱形、長さ8cm、先鋭、幅広い葉が群生し、基部が木質になる。葉の基部は細かい裂がある。幼木の茎と花茎は有毛。紫と白色の花が茎に沿って、晩春につく。
ゾーン：7～10

Limonium brassicifolium
☼/☼ ❄ ↔30cm ↕40cm
カナリア諸島原産。木質の根茎を持つ多年草で、長さ10～30cm、翼のある茎に、幅広、先鋭、楕円形の葉がつく。紫色の萼片と白色の花冠を持つ花が単生する花茎が多く集まり、円錐花序を作る。
ゾーン：9～11

Limonium carthaginense
☼/☼ ❄ ↔30cm ↕30cm
スペイン南東部原産で、非常に岩の多い土壌に見られる。常緑の多年草で、小形、明緑色の葉が群生する。花は薄紫～ピンク色で、まばらにつく。土壌に含まれる亜鉛などの金属に耐性がある。
ゾーン：7～10

Limonium perezii
一般名：リモニウム・ペレジー
☼/☼ ❄ ↔50cm ↕70cm
カナリア諸島原産。亜低木で、幅広い楕円形、長さ15cmの葉がつく。花は濃紫色の萼片があり、黄白～白色の花冠を持ち、大きな頭花を作る。
ゾーン：9～11

Limonium platyphyllum

異　名：*Limonium latefolium*

☼ ❄ ↔60cm ↕80cm

ヨーロッパ南東部から中部に見られる。強健な夏咲きの多年草。葉は細いへら形～楕円形。まばらに毛があり、長さ25cm、ときに60cmにまでなる。薄紫色の花が、丸い膨らんだ円錐花序につく。
ゾーン：5～10

Limonium sinuatum

異　名：*Statice sinuata*

一般名：スターチス

☼/☼ ❄ ↔40cm ↕40cm

地中海地方原産。夏咲きの多年草だが、短命なため一年草として扱われる。全草に軟毛がある。葉は羽状裂があり、披針形、長さ2.5～10cm。花茎には翼があり、紙質の花が、短くまとまった穂状に多数つく。野生種は薄紫、ピンク、または白色。栽培品種には多数の花色がある。侵略性がある。'アート シェイズ'は、パステルカラー。**California Series（カリフォルニア シリーズ）**は、明色で、ほぼ全色ある。中でも'フォーエバー ゴールド'は、濃い黄金色に花がつく。
ゾーン：9～11

LINARIA
（ウンラン属）

英　名：SPURRED SNAPDRAGON、TOADFLAX

ゴマノハグサ科に属する約150種の一年草および多年草で、ヨーロッパ（主に地中海地方）とアジア温帯に見られる。以前本属に分類されていた北アメリカ原産種は、現在ヌッタラントゥス属に含まれる。ウンランはスナップドラゴンの近縁で、より小形だがよく似た花がつく。栽培が容易だが、高温気候では花がつかなくなる。個々の花は小さいが、群生させると見栄えがよい。属名は、葉が似ていることから、ギリシャ語の*linon*（アサ）に由来する。

Linaria maroccana cultivar

〈栽培〉
水はけのよい土壌の日向、または半日陰で育てる。多年草は秋に地際まで切り詰める。一年草と多年草は実生繁殖する。多年草は株分けと挿し木でも殖やせる。晩秋か早春に（雪解け前でもよい）戸外または屋内で種を播く。約2週間で発芽し、8週間後には花がつき始める。一年草は、自己播種も行なう。

Linaria maroccana

一般名：ヒメキンギョソウ

英　名：ANNUAL TOADFLAX、BUNNY RABBITS、MOROCCO TOADFLAX

☼ ❄ ↔15～30cm ↕20～25cm

モロッコ原産。アメリカ合衆国北東部に自生する一年草。イネに似た細い葉が互生につく。光沢のある小形のスナップドラゴンのような花がつき、色は白、黄、ピンク、赤、暗青色、紫などで、初夏に咲く。'フェアリー ブーケ'は、薄紫、紫、およびピンク～深紅色。'ファンタジー ブルー'は、矮性品種で小さく育つ。温暖気候では通年成長する。'ソーザン ライツ'は、スミレに似た香りがあり、ピンク、赤、黄、紫の宝石のような二色花がつく。**Soda Pop Series（ソーダ ポップ シリーズ）**は、ピンクがかった赤、青、ピンクの花がつく。
ゾーン：9～11

Limonium bourgeaui

Limonium perezii

Limonium brassicifolium

Limonium sinuatum

Linaria purpurea

一般名：宿根リナリア

英　名：PURPLE TOADFLAX

☼ ❄ ↔15～30cm ↕50～90cm

南ヨーロッパ原産。細長い、葉つきの多い多年草。葉は灰緑色で細長い。明青紫色の花に白色の縞があり、真夏から初秋につく。'キャノン ウェンド'は、丈が高く、灰緑色の葉と薄桃色の花がつく。
ゾーン：5～10

Linaria triornithophora

英　名：THREE BIRDS FLYING

☼ ❄ ↔60cm ↕90cm

スペインとポルトガル原産。多年草。灰緑色の葉は食べると毒がある。薄紫色の花に黄色の距があり、長い花茎に3個ずつかたまる。長い距は下向きにつき、鳥の尾のように見える。晩春から晩夏に咲く。
ゾーン：7～10

Lindera obtusiloba

LINDERA
（クロモジ属）

クスノキ科に属する約80種の落葉および常緑性高木または低木。全種が北アメリカを除く東アジア原産。散開性があり、芳香のある葉が互生につき、全縁または裂がある。落葉種は秋に紅葉する。春に、星形の黄色い花が葉腋につき、そのあと液果に似た果実が房でなる。北アメリカ種の葉は、お茶に用いられる。

〈栽培〉
森林や自然庭園に向き、幼木は日陰で育てる。全種が移植しても定着し、やや酸性のふつうの土壌で育つ。定着した株は手入れがほとんど必要ないが、見栄えが悪くなったら剪定する。取り播きで殖やすが、種子を貯蔵する場合は乾燥させないようにする。それ以外では夏に挿し木、または高取り法で殖やす。

Lindera obtusiloba

一般名：ダンコウバイ

☼ ❄ ↔8m ↕9m

東アジア原産。枝は灰色がかった黄色で、ときに紫がかる。芳香のある葉が秋に淡い金色になる。黄緑色、星形の小花を前年枝に散形花序につける。早春の、葉がつく前に開花する。果実は光沢のある暗赤～黒色。
ゾーン：6～9

LINDHEIMERA
（リンドヘイメラ属）

キク科の単型属で、アメリカ合衆国南西部に原生する一年草。葉は暗緑色、互生につき、深裂がある。下部の葉は有柄、上部の葉は対生につき、長円形〜剣形、全縁で苞葉に似ており、有毛、うねのある茎につく。頂茎に頭花が緩やかにつき、色は黄〜クリーム色、星形の舌状花と黄色の筒状花を持ち、晩春に開花する。

〈栽培〉
肥沃な水はけのよい土壌の日向に植える。早春に、株分けまたは実生で殖やす。

Lindheimera texana
英　名：STAR DAISY、TEXAS STAR、YELLOW STAR

☼ ❆ ↔10〜30cm ↕10〜60cm
テキサス原産。成長の速い直立の一年草で、茎は直立、うねがあり、有毛で分岐する。葉は暗緑色、長円形、先鋭で、鋸歯縁がある。黄〜クリーム色の舌状花と黄色の筒状花を持つ頭花が緩やかに頂生する。晩春に咲く。
ゾーン：7〜10

LINUM
（アマ属）

一般名：フラックス
英　名：FLAX

アマ科の基準属で、約180種の一年草、二年草、多年草および亜低木があり、非耐霜種と耐寒性種がある。中でも *L. usitatissum* は、繊維と種子油が重用される。温帯または亜熱帯地方に広く分布するが、主に北半球に見られる。繊細だが、栽培は容易である。茎は直立、分岐し、灰緑色の細い単葉がつく。杯形〜じょうご形の5弁花、分枝した一日花が茎頂に群生する。色は変異が多いが、ほとんどが青か黄色。まれに赤、ピンク、白色があり、夏中、夥しい数をつける。

〈栽培〉
花つきをよくするためには、水はけのよい肥沃な土壌の日向で育てる。寒冷気候では霜や雪の当たらない場所を選ぶ。一年草と多年草は実生で容易に育てる。有名な変種は挿し木で殖やす。多年草は秋か早春に移植する。一年草は初秋または春に播種する。芽が出たら間引きする。

Linum doerfleri
☼ ❆ ↔15〜30cm ↕8cm
ギリシャのクレタ島に原生する。マット状になる小形の多年草。葉は小さく、長円形、先鋭、褪せた緑色。春に、明黄色、星形の花が上部葉腋に単生する。ロックガーデンに向く。
ゾーン：8〜10

Linum Gemmell's Hybrid
一般名：アマ ジェメルズ ハイブリッド
☼ ❆ ↔20cm ↕15cm
短茎で、黄金色の花がつき、ボーダーの前段やロックガーデンにもっともよく植えられる。
ゾーン：6〜9

Linum grandiflorum
リヌム・グランディフロルム
英　名：FLOWERING FLAX
☼ ❆ ↔30cm ↕38〜45cm
アルジェリア原産の一年草。細長い茎、先鋭、薄緑色の細い葉がつく。鮮やかなローズピンク〜紫色、皿形、径35mmの花が初夏から晩夏につく。'ブライト アイズ'は、高さ38cm、白色、径5cm、えんじ色の目のある花がつく。'ルブルム'は、高さ30cm、鮮赤色の花がつく。
ゾーン：7〜10

Lindheimera texana

Linum doerfleri

Linum narbonense
リヌム・ナルボネンセ
☼ ❆ ↔30〜45cm ↕30〜60cm
南ヨーロッパ原産。多年草。葉は灰緑色で細い。濃い青色、杯形、白色の目のある花が晩春から秋につく。冬には枯れるが、温暖な気候では常緑になる。'ヘヴンリー ブルー'は、より小形、群青色の花がつく。
ゾーン：5〜9

Linum perenne
英　名：PERENNIAL BLUE FLAX
☼ ❆ ↔30cm ↕30〜45cm
ヨーロッパ原産。強健だが短命の多年草。初夏から晩夏に、スカイブルー、径25mmの花が多数つく。種子から容易に栽培できる。自己播種を盛んに行なう。
ゾーン：4〜9

LIPARIS
（スズムシソウ属）

ラン科の複茎性ランで、世界に広く分布し、約250種がある。ほとんどが陸生である。熱帯では着生になる。多湿な川べりなどの日陰に多く見られる。着生種は多雨林の縁で、コケで覆われた枝や木の幹に生育する。花は黄緑系で、さまざまな色調がある。対照的な明るいオレンジ色や赤色の唇弁を持つ種もある。

〈栽培〉
自生地に近い環境であれば、栽培でも成長が速い。湿気を保ち、風通しのよい日陰で育てる必要がある。ほとんどが軟らかい葉を持ち、直射日光に当てると葉焼けする。匍匐性種はコルクや木生シダのスラブで育ち、ほかの種は水はけのよいバーク主体の倍地を用いると小形のポットで容易に育つ。株分けで殖やす。

Liparis reflexa

Linum grandiflorum 'ルブルム'

Liparis viridiflora

Liparis reflexa
☼ ❅ ↔10〜90cm ↕10〜30cm
オーストラリア原産の岩生種で、長さ12mm、細く切れ込みのある黄緑色の花穂が直立〜下垂し、濡れた犬のような匂いが微かにする。秋と冬に咲く。
ゾーン：10〜11

Liparis viridiflora
☼ ❅ ↔10〜90cm ↕10〜40cm
東南アジア原産。黄〜緑色、長さ6mmの小花が100個以上つき、長い穂になる。非常に不快な匂いがあり、秋から春に咲く。さまざまな土壌で容易に育つ。
ゾーン：10〜12

LIQUIDAMBAR
（フウ属）

英　名：SWEET GUM

マンサク科に属する4種の丈の高い落葉高木からなり、北および中央アメリカ、東アジアおよびトルコに見られる。属名は、冬の新芽から抽出される安息香という樹脂を指す。樹木は、魅力的な円錐形または円形の樹姿を持ち、カエデに似た羽状裂葉がつくが、対生ではなく枝に輪生する。秋に鮮やかに紅葉し、オレンジ、赤、紫がかる。春咲きの花は、緑色がかり、目立たない小形の球形をなすが、あとにつく茶色の果序には刺があり、鑑賞に向く。*L. styraciflua* は、紅葉の美しさで選抜された数多くの栽培品種がある。

〈栽培〉
本属は、大高木で、成長に広い場所を必要とする。移植を嫌うため、植付け場所は慎重に選ぶ。肥沃で多湿な土壌に深く植える。秋に実生繁殖か、夏に採穂された半熟枝挿し、または高取り法で殖やす。

Liquidambar orientalis

Liquidambar formosana
一般名：フウ
英　名：CHINESE LIQUIDAMBAR, FORMOSAN GUM
☀ ❄ ↔9m ↕18m

中国東部、中部、南部、北ベトナム、ラオスおよび朝鮮半島の山地に見られる。樹幹は真っ直ぐで、樹皮は灰白色、成長すると裂け目ができる。葉は幅広、3裂、鋸歯縁で、裏面に軟毛がある。目立たない黄緑色の花と、刺のある果実がなる。
ゾーン：7〜11

Liquidambar orientalis
英　名：ORIENTAL SWEET GUM, TURKISH LIQUIDAMBAR
☀ ❄ ↔4.5m ↕8m

トルコ南西部原産。樹冠は広い。樹皮は分厚く、茶橙色、細片に割れる。葉は5裂、ほかの種よりも小形で、秋にオレンジ色になる。
ゾーン：8〜11

Liquidambar styraciflua
一般名：モミジバフウ
英　名：LIQUIDAMBAR, SWEET GUM
☀ ❄ ↔10m ↕21m

アメリカ合衆国東部原産で、メキシコ南部、中央アメリカの高地に散布する。フウ属の中ではもっとも一般的に栽培される。樹皮は暗灰茶色、深く皺が寄る。葉は大形、5〜7裂で先鋭、秋にオレンジ、

Liquidambar formosana

L. styraciflua 'ゴールデン　トレジャー'

赤、紫色など、鮮やかに紅葉する。紅葉による選抜品種には以下のものがある。'**バーガンディ**'は、深紅色。'**フェスティバル**'は、黄、桃、ピンク。'**レーン　ロバーツ**'は、暗藤色。'**パロ　アルド**'は、オレンジと赤色。'**ウォープレスドン**'は、オレンジ、黄、紫色。ほかの栽培品種には以下のものがある。'**アウレア**'は、黄色の縞がある。'**ゴールデン　トレジャー**'は、黄色の外斑がある。'**ガムボール**'は、矮性、円形の樹姿。'**ロタンディロバ**'★は、丸い裂のある葉がつく。'**ワリエガタ**'は、黄色の外斑がある。
ゾーン：5〜11

Liquidambar styraciflua

LIRIODENDRON
（ユリノキ属）

モクレン科に属し、北アメリカ原産の1種のみが存在すると思われていたが、1875年に2種目が中国で発見された。両種とも非常に丈が高く、成長の速い落葉樹で、真っ直ぐな長い樹幹を持ち、3裂の葉が秋に半透明な黄色に変わる。緑色がかる鐘形の花は、花弁の基部にオレンジ色の模様がある。チューリップの花にやや似るため、チューリップトリーと呼ばれる。花後にさく果を結ぶ。両種の交雑種が栽培されている。

〈栽培〉
肥沃な土壌でよく育ち、寒冷地では日陰の乾燥した風の当たらない場所に植える。単幹に育てるために幼木は整枝を必要とする。霜の当たらない場所に播種して殖やす。栽培品種は、早春に1〜2年の若い台木に芽接ぎをする。

Liriodendron chinense
一般名：シナユリノキ
英　名：CHINESE TULIP TREE
☀ ❄ ↔10m ↕24m

中国、台湾、および北ベトナムの山地に広く分布する。欧米ではあまり栽培されていない。円錐形の成長の速い高木。葉は暗緑色、ほかの種よりも滑らかである。カップ形の花がつき、外側が緑色、内側に黄緑色の脈がある。春に咲く。
ゾーン：8〜10

Liriodendron chinense

Liriodendron tulipifera、春

Liriodendron tulipifera、冬

Liriope muscari 'モンロー ホワイト'

Liriope spicata、ボーダーの前段

Liriodendron tulipifera

一般名：ユリノキ
英　名：NORTH AMERICAN TULIP TREE, TULIP TREE

☼ ❄ ↔12m ↕30m

アメリカ合衆国ミシシッピー川の東部原産で、湾岸諸国からセント・ローレンス川流域および五大湖周辺にまで見られる。葉は非常に大きい。黄緑色で基部に黄橙色の模様のある花が単生する。'アウレオマルギナトゥム'は、黄色の外斑のある葉がつく。'ファスティギアトゥム'★は、直立性、円錐形の樹姿。他種の半分ほどの高さにしか成長しない。
ゾーン：4〜10

LIRIOPE
（ヤブラン属）

英　名：LILY TURF

スズラン科の小属で、5〜6種の常緑または半常緑、半耐寒性の多年草からなり、ジャノヒゲ属の近縁である。東アジアの森林地帯の酸性土壌に見られる。強健でマット状になり、手がかからない。植え付け後すぐに分厚いひげ根を張り巡らせ、栄養を蓄えた多肉の塊茎を産生する種もある。*Liriope spicata*は、ボーダーの前段に植えるのに向く。イネに似た線形の葉が弧を描くように群生する。目立つ花がブドウ状の鈍頭の穂状につき、夏遅くまで咲き、あとに黒色の液果に似た種子ができる。

〈栽培〉
温暖気候では日陰で育てる。寒冷気候では、やや日当たりで育てる。株分けか砂質の用土に取り播きして殖やす。

Liriope muscari

一般名：ヤブラン

☼/☽ ❄ ↔45cm ↕30cm

中国、台湾、および日本原産。森林植物で、耐干性があり、強健、頑丈な常緑、横に広がりグラウンドカバーになる。葉はイネのように細く、暗緑色でマット状になる。晩秋に、分厚いビーズのような金属質の光沢のある濃紫色の花が、鈍頭の穂状につく。'クリスマス ツリー'は、大形品種、光沢のある花がつく。'ジョン バーチ'は、大きな花が丈の高い穂につく。葉は幅広、黄緑の脈が中央にある。'マジェスティック'は、高さ40cm、細い葉、紫色の花がつく。'モンロー ホワイド'は、白色の花が多数つき、日陰で育てる。'ワリエガタ'は、葉に黄色の大きな外斑がある。ゾーン：4〜10

Liriope spicata

一般名：コヤブラン

☼/☽ ❄ ↔45cm ↕25cm

中国およびヴェトナム原産。耐干性のある常緑のグラウンドカバー。葉は光沢があり、暗色、分厚くマット状になる。薄紫色の花が晩春につく。'シルバー ドラゴン'は、小形、高さ20cm、細い暗色の葉に銀色の脈があり、薄紫色の花がつく。ゾーン：5〜10

LITCHI
（レイシ属）

ムクロジ科に属し、中国および東南アジアに原生する1種のみからなる常緑高木。葉は羽状複葉、最大8枚の小葉からなる。目立たない緑白色の花が上部葉腋に大きな円錐花序をなす。球形の果実には大きな種子が含まれ、薄い硬膜の中に食用になる、多汁、半透明の白色の仮種皮がある。

〈栽培〉
自生地と同様に育てるためには、温暖多湿の気候で降雨が多く、花つきを促すための乾燥期があることが必要で、その後、温暖多湿であれば受粉が確実になる。高温で乾燥した風はどの時期においても有害である。深さのある多湿な土壌で、定期的に灌水し、風と寒さから保護すると生育がよい。収穫時に、結実しない花序を取り除く。果実が明赤色に熟したらすぐに収穫する。高取り法か接ぎ木で殖やす。

Litchi chinensis

一般名：レイシ、ライチー
英　名：LYCHEE

☼ ☽ ↔4.5m ↕12m

横張り性高木で、暗緑色の葉が分厚い樹冠を作り、地際まで達する。花は長い円錐花序で、枝先につき、雌雄が同じ花序につく。果実は丸く、径35mm、熟すと赤色になる。ゾーン：10〜11

Litchi chinensis

LITHOCARPUS
（マテバシイ属）

ブナ科の常緑高木で、約300種からなり、東アジア、東南アジア、およびニューギニアの山地の崖に生育する。1種がアメリカ合衆国西部に見られる。革質の葉が輪生するが、新枝の先端に向かって密生し、全縁または鋸歯縁がある。小花が枝先に硬い尾状花序を作り、雌花は花序の基部に、雄花は上部につく。ドングリは2年目につく。コナラとは違い、雄花は下垂せずに直立し、ドングリは穂に密生する。

〈栽培〉
ほとんどの種が寒冷多湿の気候を好む。適度に肥沃な酸性〜中性土壌の日向または半日陰で育てる。寒冷地では、乾燥した冷たい風が当たらない場所に植える。秋に播種して殖やす。

Lithocarpus densiflorus

一般名：タンオーク
英　名：TANBARK OAK

☼ ❄ ↔12m ↕30m

アメリカ合衆国カリフォルニア州北部およびオレゴン州南部原産。開けた場所では小形になる。樹皮は分厚く、皺があり、赤茶色。新芽は羊毛のような白色、葉は硬く、革質、鋸歯縁、目立つ葉脈があり、裏面に赤茶色の毛があり、成長すると鉛色を帯びる。卵形のドングリがつく。*L. d.* var. *echinoides*は、高さ3m、葉は他種よりも鋸歯が少なく小形。
ゾーン：7〜9

Lithocarpus densiflorus var. *echinoides*

LITHODORA
(リトドラ属)

ムラサキ科に属する7種の丈の高い有毛の低木または亜低木で、ヨーロッパ西部および南部、北アフリカ、小アジアに原生する。濃い暗緑色の単葉は、長さ25mm、ゾーンのほとんどの気候で常緑になるが、霜による葉焼けを起こすことがある。晩春から初夏に、鮮青色または紫色の小花が株を覆うようにつく。丈は低く、グラウンドカバー、ロックガーデン、ボーダーの前段に適する。

〈栽培〉
水はけのよい酸性土壌の日向から半日陰で育て、日陰では徒長する。春に実生繁殖か真夏から晩夏に芽挿しで殖やす。

Lithodora diffusa
異 名：*Lithospermum diffusum*
一般名：ミヤマホタルカズラ

☼/☼ ❄ ↔60〜90cm ↕15〜30cm

フランス、スペイン、およびポルトガル原産。匍匐性で緑色、線形の葉と青色の花が春の半ばから初夏に咲く。成長すると中心部には、葉と花がつかなくなる。'グレース ワード'は、低く這う品種で、明青色の花がつく。'ヘヴンリー ブルー' ★は、花弁の縁が白い。'スター'は、純白の縁があり、星形の花がつく。
ゾーン：7〜9

Lithodora oleifolia
☼ ❄ ↔60〜90cm ↕15〜30cm

ピレネー山脈東部原産。暗緑色の葉、薄青〜紫がかった花がつく。石灰質土壌に耐性がある。
ゾーン：7〜9

LITHOPS
(リトプス属)
英 名：LIVING STONES

アフリカ南部の乾燥地帯に見られる極度に多肉な植物で、ハマミズナ科に属する。土壌に埋まるように生育する小形植物で、単生または繰り返し分岐する茎を持つ。通年、茎には葉が2枚しかつかず、融合して円錐形になり、扁平またはドーム形の先端に線、斑点または半透明の「窓」があり、小石のように見せかけて、動物の捕食から身を守る。直射日光が強く当たる地域では、シュウ酸カルシウムの保護膜を持つ。1個(まれに2個)に見える黄色または白色の花が、新葉の茎頂の裂け目につく。片方または両方の葉の葉腋に新芽ができる。新葉は古葉から水を吸い上げ、古葉は枯死して膜として残る。葉色と模様に変異が多く、ほぼ全ての原種、変種、交雑種が栽培されている。

〈栽培〉
肥料の少ない水はけのよい、どのような用土でも育ち、砂質または砂利質の用土でもっともよく育つ。冬は乾燥させる。夏から初秋の生育期(開花期)に、古葉が両方とも完全に枯死したら、たまに灌水する。根が広がるため、大形のポットに植え、温暖地帯でも覆いをかけて育てるとよい。自生地では頂面だけが地表に出るが、栽培では土からかなり出るように植えてもよい。種子から育てるのが最適だが、株分けでも殖やせる。

Lithops aucampiae
一般名：日輪玉

☼ ❄ ↔15cm ↕12〜50mm

南アフリカ共和国原産。群生する。大きさの異なる多肉な赤茶色の葉が対につき、幅5cm、頭頂が平たく、暗色の模様があり、暗緑色、半透明の窓がある。黄色の花が初夏につき、日が当たると開花する。有名な変異種が数多くある。*L. a.* 'ベティズ ベリル'は、頭頂が黄緑色、深緑色のパネルがあり、白色の花がつく。'ストームズ スノーキャップ'は、薄い黄土〜砂茶色の頭頂に暗茶色の模様があり、白色の花がつく。
ゾーン：9〜11

Lithops bromfieldii
一般名：柘榴玉

☼ ❄ ↔15〜20cm ↕20〜35mm

南アフリカ共和国原産。希少種で、小石に似ており、群生する。多肉、卵形、茶色の葉がつき、胴体は径5〜10cm、頂点はやや凹凸があり、腎臓形、暗緑色の窓があり、赤い斑点と縞がある。中心を横切る裂け目がある。晩夏から初秋に黄色の花がつく。多くの変異種が確認されている。*L. b.* var. *insularis* (リトプス・ブロムフィエルディイ・インスラリス)は、頂面にくぼみがあり、大形、青緑色の斑点が緩やかな網目につく。'スルフレア'は、褪せた黄褐色で、頂面に灰緑色の模様がある。
ゾーン：9〜11

Lithops karasmontana
☼ ❄ ↔10〜20cm ↕2〜3cm

ナミビア原産。非常に変異が多い。茶〜黄茶色の葉、頭頂は凹凸があり、突起部は茶色、皺がある。楕円形〜心臓形の頂面、暗茶色の頂面に細い線模様がある。胴体は径25〜35mm。白色の花が晩夏から初秋につく。*L. k.* subsp. *bella* (琥珀玉)は、灰〜淡黄色の胴体、くぼみのある頂面、褪せた深緑色の模様がある。*L. k.* var. *lericheana* (朱弦玉)は、淡黄色の胴体、径12〜18mm、円形、ピンクがかる頂面、深緑色の模様がある。*L. k.* var. *tischeri* (花紋玉)は、径18〜25mm、腎臓形の頂面、深緑〜こげ茶色の頂面を持つ。
ゾーン：9〜11

Lithops lesliei
リトプス・レスリエイ

☼ ❄ ↔10〜20cm ↕3〜5cm

南アフリカ共和国原産。卵形、径10cm以上で、群生する。分厚い灰緑〜淡黄色、または薄茶紫色の葉が径20〜45mmの胴体を形成する。薄赤茶色の頂面に暗茶色のまだら模様がある。黄色の花が夏から初秋に咲く。変異性がある。亜種と変種は多く、以下のようなものがある。*L. l.* '白花紫勲'は、裂のある頂面が淡黄色、深緑色の模様があり、白色の花が咲く。'アルビニカ'は、薄金色、褪せた深緑色の細かい模様があり、白色の花が咲く。'ストームズ アルビニゴールド'は、'Albinica'に似ており、黄色の花が咲く。
ゾーン：9〜11

Lithops marmorata
一般名：繭形玉

☼ ❄ ↔10〜15cm ↕18〜30mm

南アフリカ共和国原産。群生する。大きさの異なる葉が対になり、多肉、灰緑色、頂面に凹凸があり、暗緑色の模様がある。胴体は径25〜30mm、頂面は細い腎臓形、半透明の灰色または灰緑色、ぎざぎざの縁がある。白色の花が夏から初秋に咲く。*L. m.* var. *elisae*は、淡色またはベージュの胴体、頂面に網目状の模様がある。
ゾーン：9〜11

Lithodora diffusa 'Star'

Lithodora oleifolia

Lithops aucampiae

L. b. var. *insularis* 'スルフレア'

Lithops karasmontana species

Lithops lesliei

Lithops marmorata

Lithops meyeri

Lithops olivacea

Lithops optica 'Rubra'

Lithops otzeniana

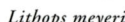
Lithops pseudotruncatella

Lithops meyeri
一般名：菊水玉
☀ ❄ ↔8～15cm ↕18～30mm
南アフリカ共和国原産。皺のある薄灰色の胴体は径18～30mm、細い腎臓形、半透明、暗色の頂面を持つ。黄色で、中心が白い花が咲く。
ゾーン：9～11

Lithops olivacea
一般名：オリーブ玉
☀ ❄ ↔10～20cm ↕18mm～8cm
南アフリカ共和国原産。卵形、群生し、径15cm以上。薄灰色またはベージュ～暗い深緑色の葉が対でつく。頂面は凹凸があり、腎臓形、半透明、深緑色の窓がある。黄色で、中心が黄色の花が晩夏から秋に咲く。
ゾーン：9～11

Lithops optica
一般名：大内玉
☀ ❄ ↔5～8cm ↕18～30mm
ナミビア原産。小石の形をしている。蕾は赤みがかる。赤みを帯びた白色の花が咲く。灰緑～紫灰色の葉が対でつき、大きな豆のような胴体を形成する。中央に裂け目があり、腎臓形～楕円形の頂面に青緑色、半透明の窓がある。
'**紅大内玉**' (syns L.o. subsp. rubra, L. rubra,) は、褪せた真紅色、裂があり、頂面は暗色、模様はない。
ゾーン：9～11

Lithops otzeniana
一般名：大津絵
☀ ❄ ↔10～20cm ↕18～30mm
南アフリカ共和国原産。径15cm、群生する。灰色がかる深緑色の葉、凹凸があり、半透明の窓を持つ。縁は薄色で、小石形、胴体に裂け目がある。黄色で中心が白色の花が晩夏から初秋に咲く。
'**アクアマリン**' は、灰緑色の胴体、暗青緑色の頂面を持つ。
ゾーン：9～11

Lithops pseudotruncatella
一般名：曲玉
☀ ❄ ↔8～15cm ↕18～30mm
ナミビア原産。変異の卵形で、径10cm、群生する。多肉の薄灰色または青～薄紫色の葉が対につき、凹凸の頂面に暗色の模様がある。黄色の花が夏から初秋に咲く。*L. p.* subsp. *archerae*は、腎臓形、薄灰色の頂面、中心は暗色、縁に赤い点と線が入る。*L. p.* subsp. *dendritic*は、灰色、放射状に細かい模様がある。*L. p.* subsp. *groendrayensis*は、薄灰色の胴体、楕円形～腎臓形、中心は灰青色、細かい赤色の点がまばらに入る。*L. p.* var. *elisabethae*は、灰色、暗灰色の模様がある。明赤色の線模様がある。*L. p.* var. *pulmonuncula*は、大きさの異なる灰色の葉が対になり、暗緑色と赤色の模様がある。*L. p.* var. *riehmerae* (白蝋石) は、灰白色にコケに似た深緑色の模様がある。
ゾーン：9～11

Lithops schwantesii

Lithops schwantesii
☀ ❄ ↔8～15cm ↕18～30mm
ナミビア原産。非常に珍しい卵形種で、径10cm。暗灰色または褪せた淡黄色の葉、頂面は平坦または凹凸があり、暗赤色または青色の線状または点状のくぼみがある。楕円形～腎臓形の胴体、深緑がかる灰色の頂面に茶色の線模様がある。黄色の花が晩夏から初秋に咲く。*L. s.* subsp. *gebseri*は灰～黄褐色、赤茶色の網目がある。*L. s.* subsp. *steineckeana*は灰白色、半円形の頂面、灰緑色の斑点がある。*L. s.* subsp. *terricolor*は、淡黄～黄褐色、長円形～腎臓形、深緑色または淡緑色の斑点があり、黄色の花が咲く。ときに中心が白色になる。*L. s.* var. *urikosensis*は、淡黄褐色、深い裂け目があり、赤褐色の線模様がある。
ゾーン：9～11

LIVISTONA
（ビロウ属）
ヤシ科の中～大形のヤシで、約30種ある。オーストラリア熱帯および亜熱帯地方、東南アジアの湿地や森林、渓谷など広い地域に見られる。長い葉柄に大きな扇形の葉状体がつき、硬い刺がある。冬または春に、クリーム～黄色の花が葉の間につき、長い穂状で分枝する。果実は球形～卵形、青黒く、油脂を含む果肉の中に1個の種子がある。

〈栽培〉
美しいヤシで、街路樹や庭園の標本植物に向く。寒冷地では、深いポットに植え、中温の温室で育てる。もっとも栽培しやすいヤシのひとつで、水はけのよい中性～酸性の肥沃な土壌を好むが、さまざまな土壌に適応する。幼木の間は日陰で育てる。春または夏に実生繁殖で殖やす。

Livistona asustralis、左側のヤシの木

Livistona decipiens

Livistona australis ★
英　名：CABBAGE PALM、
CABBAGE TREE PALM
☀ ⚘ ↔ 4.5m ↕24m

オーストラリア東部の多湿な沿岸部の低地に見られる。広く栽培されるヤシで、光沢のある扇形の葉状体が大きな樹冠を作り、葉痕がある灰〜茶緑色の幹を持つ。晩冬に黄〜クリーム色の花が群生する。褪せた黒紫色の球形の果実がなる。
ゾーン：9〜11

Livistona decipiens
英　名：RIBBON FAN PALM、
WEEPING CABBAGE PALM
☀ ⚘ ↔ 2.4m ↕15m

クィーンズランド州熱帯および亜熱帯の沿岸部に見られる。丈の高い、魅力的なヤシで、葉痕のある茶色の幹が、成長すると灰色になる。光沢のある緑色の大きな葉状体は、深裂があり、放射状に広がり、リボンのように垂れ下がる。葉柄には硬い刺がある。ごく小さい黄色の花が春につく。果実は、球形で熟すと光沢のある黒色になる。
ゾーン：10〜12

Livistona rotundifolia

Livistona humilis
英　色：SAND PALM
☀ ⚘ ↔ 0.9〜2m ↕2.4〜6m

オーストラリア、ノーザンテリトリーの極北に見られる。暗茶〜黒色の細い樹幹を持つ。葉状体は小形、光沢のある緑色、裏面は薄色で、まばらな樹冠になる。黄色の花が、夏から秋に群生する。光沢のある黒紫色の果実。大形種は移植できない。
ゾーン：11〜12.

Livistona mariae
英　名：CENTRAL AUSTRALIAN CABBAGE
PALM、RED-LEAFED PALM
☀ ⚘ ↔ 3m ↕15〜18m

オーストラリア中部の乾燥性内陸部のパーム・バレーに見られる。薄〜濃緑色の幹。光沢のある灰緑色、扇形の葉状体が丸い樹冠を作る。クリーム〜黄緑色の花が咲く。果実は暗茶〜黒色。
ゾーン：9〜11

Livistona rotundifolia ★
一般名：ヒメヤシ
英　名：FOOTSTOOL PALM
☀ ⚘ ↔ 4.5m ↕24m

インドネシア東部、ボルネオ、およびフィ

*Livistona nitida*の自生種、オーストラリア、クィーンズランド州、カルナヴォン国立公園

Livistona manueueri
英　色：CAPEYORK FAN PALM、
DWARF FAN PALM
☀ ⚘ ↔ 3m ↕3〜6m

オーストラリア北東の熱帯地方およびニューギニア原産。非常に成長緩徐。幹は繊維質、茶色の葉痕で覆われる。丸みを帯びた扇形の硬い葉状体は、表面が暗緑色、裏面が灰緑色。黄色の小花が群生し、あとに青黒い果実がなる。
ゾーン：11〜12

Livistona nitida
英　名：DAWSON RIVER FAN PALM
☀ ⚘ ↔ 4.5m ↕18m

オーストラリア、クィーンズランド州南東部の限定された地域の川辺や沿岸部から内陸の砂利質の渓谷に見られる。*L. australis*より深裂が長細く、葉状体と非常に光沢のある黒色の果実から、最近区別されるようになった。繁殖力旺盛。
ゾーン：9〜12

リピン原産。幼木には光沢のある丸みを帯びた扇形の大きな葉状体がつくことから「足載せ台」を意味する英名がある。平滑、灰色、細い樹幹、中程度の大きさの樹冠を持つ。黄色の花がつく。深紅色の果実が熟すと黒くなる。
ゾーン：11〜12

Livistona victoriae
英　名：VICTORIA RIVER FAN PALM
☀ ⚘ ↔ 3m ↕12m

オーストラリア北西部のヴィクトリア川およびオード川の合流地点で野生種が確認されている。砂利質の渓谷に非常に多い。青灰色の硬い葉状体が小形の樹冠を作る美しいヤシ。秋にクリーム色の短い円錐花序がつく。冬に黒色の果実がなる。
ゾーン：10〜12

LOBELIA
（ミゾカクシ属）

一般名：ロベリア

ボーダーの縁などで小高く盛り上がる一年草がよく知られているが、本属は大形で変異に富み、広く分布する。キキョウ科の一年草、二年草、低木で、東アフリカ原産の巨大種も含めて350種以上ある。夏に、青、白、ピンク色の花が多数つく一年草のほかに、多年草の栽培品種があり、主にアメリカ大陸原産である。ほとんどが単葉を基部に群生させ、葉の間から直立の花茎が伸び、5裂の大きな円筒形の花が穂状につき、下の3裂は大きい。ネイティヴアメリカンは、薬草として本草を用いていた。18世紀のチェロキー族は、梅毒の特効薬として用いていたと言われる。

〈栽培〉

必要条件は種によって異なるが、湿気のある水はけのよい土壌の日向を好む。丈の高い種は支柱を立てる。一年草は春に実生繁殖、多年草は株分けか熟枝挿しで殖やす。

*Livistona humilis*の自生種、
オーストラリア、ノーザンテリトリー

*Livistona mariae*の自生種、オーストラリア、ノーザンテリトリー、フィンク・ゴージ国立公園

*Livistona victoriae*の自生種、オーストラリア

Lobelia tupa

Lobelia cardinalis

Lobelia × *gerardii* 'タニア'

Lobelia aberdarica

Lobelia erinus

Lobelia aberdarica
☼ ◐ ↔3m ↕2.4m
ケニヤとウガンダの火山性中央山塊の高地に原生する。高木状で狭円錐形。葉は細く、長さ38cm、非常に美しい頭花の下に密生する。花序は、上向き、先の尖る、長さ1.8mの円錐花序につき、青～白色の花が多数つく。ゾーン：9～11

Lobelia cardinalis
一般名：ベニバナサワギキョウ
英　名：CARDINAL FLOWER
☼/◐ ❄ ↔30～40cm ↕90cm
北アメリカ原産の短命な多年草で、直立する茎が群生する。葉は赤みがかり、細く先鋭の長円形～披針形、長さ10cm。夏から秋に、径25mm、明赤色の花が長い穂につく。ゾーン：6～9

Lobelia erinus
一般名：ルリチョウチョウ
英　名：BEDDING LOBELIA, EDGING LOBELIA
☼/◐ ↔30～40cm ↕20cm
南アフリカ共和国原産。小形で開花期の長い多年草だが、ふつう一年草として扱われる。分厚く盛り上がる習性がある。細い茎、小形、紫がかる暗緑色の、ほぼ長円形、鋸歯縁の葉がつく。中心が薄色の、青、藤色、紫の小花が多数つく。栽培品種は大きさと習性がさまざまに異なる。**Cascade Series**（カスケード シリーズ）は、ハンギングバスケット向き。'キャサリン マラード'は、濃青色の八重咲きの花が群生する。'ミセス クリブラン'は、暗青色の花が群生する。**Palace Series**（パレス シリーズ）は、矮性、花つきが多く、ボーダーやポットに向く。'ペリウィンクル ブルー'は、這い性、明青色の花。**Regatta Series**（レガッタ シリーズ）は、這い性、ミックスカラー。
ゾーン：8～11

Lobelia × *gerardii*
一般名：ロベリア×ジェラーディー
☼/◐ ❄ ↔50～60cm ↕150cm
*L. cardinalis*と*L. siphilitica*の園芸交雑種。強健な多年草で、直立する茎が群生し、先鋭の長円形～楕円形、長さ15cmの葉が基部に密生する。花序は大きく、白色の模様のあるピンク、またはすみれ～紫色の花がつく。'タニア'は、赤みがかる葉、濃い深紅色の花がつく。'ヴェドラリエンシス'は、赤みがかる葉、紫の花がつく。ゾーン：7～10

Lobelia laxiflora
英　名：TORCH LOBELIA
☼/◐ ❄ ↔1.2m ↕0.9m
アメリカ合衆国アリゾナ州南部、メキシコ高地からコロンビア原産で、オークやマツの林に見られる。変種は低木になる。葉は先鋭の披針形。花は長い柄につき、深紅色、先端が黄色の円筒形で夏に咲く。ゾーン：9～11

Lobelia richardsonii
一般名：ロベリア・リチャードソニー
☼/◐ ↔60～90cm ↕15cm
原産地不明。*L. erinus*の品種のひとつと思われる。*L. ricardii*として売られているものも同種と思われる。這い性の多年草で、しなやかな茎を持ち、紫がかる小形の葉が、明青色の花が春から秋に咲く。一年草として栽培される。'ロイアル ジュエル'は、シードミックスで青、藤色、紫赤色がある。ゾーン：10～11

Lobelia siphilitica
一般名：オオロベリアソウ
英　名：BLUE CARDINAL FLOWER
☼/◐ ❄ ↔40cm ↕60cm
アメリカ合衆国東部原産。葉つきの多い多年草で、基部に葉が密生する。葉は先鋭の長円形～披針形、鋸歯縁、長さ10cm。濃青色、径25mmの花が長い穂につき、夏から秋に咲く。
ゾーン：5～9

Lobelia telekii
英　名：GIANT LOBELIA
☼ ❄ ↔90cm ↕1.5～2.4m
東アフリカの山地に見られる巨大ロベリアのひとつで、標高300～400mのケニヤ山の、樹木が生えない岩の多い崖地にセネシオと共に生える。長さ30～40cm、先鋭の細い緑色の葉が基部にロゼット状に密生する。成長数年後に、円筒形、長さ1.8mの花序が下垂し、無数の紫色の花は刺のある苞葉に隠れるようにつく。ほとんど栽培されていない。ゾーン：8～9

Lobelia tupa
☼ ❄ ↔0.9m ↕1.8m
チリ原産。沿岸の砂質の丘陵で生育する。薄いフェルト状、灰緑色の美しい葉がつく。夏から秋に、深紅色または赤茶色の花が茎頂に穂でつく。
ゾーン：8～10

Lobelia Hybrid Cultivars
(ロベリア交雑品種)
☼/◐ ❄ ↔40～50cm ↕120cm
ほとんどの交雑品種が、北アメリカ原産の*L. cardinalis*、*L. fulgens*および*L. siphilitica*に由来する。細い披針形、長さ15cm、赤みがかる暗緑色の葉が基部につき、葉つきの多い直立茎が群生する。薄紫または赤色の花が初夏に咲く。'ビーズ フレーム'は、青銅色の葉、赤色の花がつく。'チェリー ライプ'は、暗緑色の葉がつく。(コンプリメント シリーズ)は、青または赤色の花が咲く栽培品種。'ファン スカーレッド'は、緑色の葉、紫赤色の花。'クィーン ヴィクトリア'★は、濃赤色の葉と茎、明赤色の花。'ロシアン プリンセス'は、赤みがかる葉、紫色の花が咲く。
ゾーン：3～10

Lobelia laxiflora

*Lobelia telekii*の自生種、ケニヤ

LOBULARIA
（ロブラリア属）

英 名：ALYSSUM, BEDDING ALYSSUM

アブラナ科の5種の一年草および多年草で、温帯北部に見られる。線形〜披針形、ときに銀色の細毛がある単葉が小さく群生する。甘い香りのある小花が温暖な季節につき、丸い頭花を作る。園芸品種は白、淡黄緑、黄橙、藤色、紫色がある。

〈栽培〉
耐寒性があり、水はけのよい軽い土壌の日向で容易に育つ。花つきをよくするために灌水を行なうが、乾燥気味にすると、株がまとまり中央から分かれにくくなる。実生繁殖が一般的。自己播種も盛んに行なう。

Lomandra banksii

*Lomandra longiflolia*の自生種、オーストラリア、ニューサウスウェールズ州ウォッシュプール国立公園

Lobularia maritima
一般名：ニワナズナ、スイートアリッサム
英 名：BEDDINIG ALYSSUM

☼ ❄ ↔20〜40cm ↕25cm

温帯北部に広く分布する。一年草または短命な多年草。長さ25mm、褪せた緑色の細い葉が小さく群生する。小花が大きな丸い花序を作る。原種の花は白〜クリーム色。園芸品種は、大きさと花色で数種に分かれる。'カーペット オブ スノー'は、高さ10cm、純白の花。(イースター ボネット シリーズ)は、白とピンクの花が小さく群生する。'スノー クリスタル'は、高さ20〜25cm、人形、白色の花が咲く。

ゾーン：7〜10

LOLIUM
（ドクムギ属）

英 名：RYEGRASS

イネ科の一年草および多年草で約8種あり、ユーラシアおよびアフリカ北部の温帯に見られる。平滑、直立またはやや匍匐性の根茎があり、細く扁平または折れ曲がった帯状の葉が円筒形の葉鞘につく。分岐のない花穂に、扁平な小穂が2列でつく。ふつう、主軸に強く押しつけられており、5〜9個の小花がつき黄色い葯がある。ドクムギは牧草や飼い葉に重用され、芝生に用いられる種があるいっぽうで有害な雑草になる種もある。非常に細かい花粉を大量に落とすため、芝生は短く刈り込む。

〈栽培〉
ほとんどの土壌に適応し、開けた日向で育つが、芝生種はある程度の日陰に耐える。弱い降霜のある地域では、芝生に用いると冬場も緑を楽しめる。実生繁殖する。

Lolium multiflorum
一般名：ネズミムギ
英 名：ANNUAL RYEGRASS

☼ ❄ ↔25〜30cm ↕60〜90cm

ひげ根を張りめぐらす一年草。茎は赤みがかる。葉は明緑色、平滑、先端が鋭く尖り、中央脈が目立ち、縁はやや粗い。頭花は5〜39の小穂からなり、茎に沿ってつく。

ゾーン：6〜9

Lolium perenne
一般名：ホソムギ
英 名：ENGLISH RYEGRASS, PERENNIAL RYEGRASS

☼ ❄ ↔25〜45cm ↕15〜60cm

ユーラシアおよび北アフリカの温帯原産。一年草で芝生や飼い葉として広く分布する。'ダービー'は、早咲き、芝生用。'ロレッタ'は、長命で強健。薄緑色、芝生用。'マンハッタン'は、暗緑色、目が細かく、サッカー場などに用いられる。'ペンファイン'は、目の細かい、分厚い芝生になる。'ヨークタウン'は、丈が低く、暗緑色、目の細かい分厚い芝生になる。

ゾーン：5〜10

LOMANDRA
（ロマンドラ属）

英 名：MAT-RUSHES

ススキノキ科の約50種からなる属で、数種を除いてオーストラリアで確認されている。常緑、群生するイグサに似た多年草または亜低木で、葉の奥に小花が穂状または円錐花序につく。花は乳白〜明黄色で、花序はあまり目立たない。土壌の固定化に用いられ、トカゲのような小動物が棲む。

〈栽培〉
かつては野草研究用に栽培されていただけだが、現在は耐干性があることから、オーストラリアでは道路際の植栽に用いられる（主にL. longlfolia）。枯葉が積み重なるように残るため、頻繁に地際まで刈り込むか、不都合がなければそのままにしておく。取り播きで殖やすか、定着した株を分けて殖やす。

Lomandra banksii
英 名：CLUMPING MAT-RUSH, MAY RUSH

☼ ↔0.6〜1.2m ↕0.9〜1.5m

オーストラリア北東部、ニューギニアおよびニューカレドニア原産。分岐する地上茎は珍しく、長さ30cm、幅12mmの帯状の硬い葉が2列で広がり、古い葉の基部が残る。クリーム色の目立たない花がつく。

ゾーン：10〜12

Lomandra longiflolia
英 名：BASKET GRASS, SPINY HEADED MAT RUSH

☼ ❄ ↔75〜90cm ↕50〜100cm

オーストラリア東部原産。スゲに似た多年草で、大きな茂みになる。葉は硬く、扁平、先端に斑点がいくつかある。刺があり淡黄色の苞葉を持つ、芳香のある黄白色の小花が大きな房になり、春から初夏に細い円錐花序につく。観賞用および土壌の固定化に広く栽培される。

ゾーン：8〜12

Lobunaria maritima、イースター ボネット シリーズ'イースター ボネット ラベンダー'

Lobunaria maritima、イースター ボネット シリーズ'イースター ボネット ディープ ローズ'

Lobularia maritima

Lobunaria maritima、イースター ボネット シリーズ、ミックス

Lobunaria maritima'スノー クリスタル'

Lomatia ferruginea

Lomatia ilicifolia

Lomatia polymorpha

Lomatium bradshawii

LOMATIA
（ロマティア属）

ヤマモガシ科に属し、12種からなる。9種はオーストラリア東部、3種は南アメリカに見られる。全種が低木または小高木で、数種は多雨林で18mにも達する。葉は全縁〜鋸歯縁、深裂のあるものまで、変異が多い。白、クリーム、黄、まれにピンクの小花が葉腋または枝先につく。果実は革質、2翼ある。

〈栽培〉
多湿な霜に当たらない日陰を必要とする種と、いくぶん耐乾性と耐霜性のある種がある。一般的に水はけのよい酸性土壌でよく育つ。取り播きか真夏に挿し木で殖やす。軟らかすぎない若い枝を用いる。

Lomatia ferruginea
☼ ❄ ↔4.5m ↕9m

アルゼンチンとチリの多雨林に見られる。常緑高木で、裂のある暗緑色、シダに似た葉が、茶色のフェルト質の茎につく。赤および黄色の花が葉腋に群生する。19世紀の半ばからイギリスの温暖な地方で栽培されている。
ゾーン：9〜10

Lomatia ilicifolia
英　名：HOLLY LEAFED LOMATIA
☼ ❄ ↔1.5m ↕1.8〜4.5m

オーストラリア、ニューサウスウェールズ州原産。葉つきの多い低木で、山火事のあとでも、木質の根茎から新芽が出る。ヒイラギに似た鋸歯縁があることから目につきやすい。夏にクリーム色の花が多数つく。ゾーン：9〜10

Lomatia polymorpha
☼ ❄ ↔1.5m ↕1.8〜3.5m

オーストラリア、タスマニア州に原生し、多雨林や亜高地に見られる。葉は細く、暗緑〜黄緑色、長さ10cm。クリーム色の花が晩春に比較的大きな頭花を作る。
ゾーン：8〜10

LOMATIUM
（ロマティウム属）

セリ科のニンジンに似た多年草で、約75種あり、北アメリカ中部、西部および南部に原生する。分厚い塊根を土壌深くに産生し、葉柄のある深く切れ込んだ葉が基部につく。黄〜赤、または紫色の花が、葉のつかない単茎に大きな複合散形花序につく。果実は、小形、乾燥、扁平、芳香があり、同科に共通する特徴を持つ。ネイティヴアメリカンが、生または乾燥させて食用にしていた。若葉と果実も食用できる。

〈栽培〉
あまり栽培されないが、水はけのよい、あまり肥沃でない土壌の日向で問題なく育つ。サトウニンジンと同様に扱う。実生繁殖する。

Lomatium bradshawii
英　名：BRADSHAW'S LOMATIUM
☼ ❄ ↔15〜30cm ↕25〜50cm

アメリカ合衆国オレゴン州のウィラメット渓谷で確認されている。現在は稀少である。直立性の多年草で、大きな塊根を産生し、葉は糸のように細く切れ込む。緑色の苞葉のある黄色の花が、春に複合散形花序につく。果実は、小形、外側の縁は分厚いコルク状。
ゾーン：7〜9

LONCHOCARPUS
（ロンコカルプス属）

マメ科マメ亜科に属する約150種の、落葉または常緑高木とつる植物である。主に熱帯アメリカ、アフリカ、オーストラリアに見られる。ニセアカシアに似るが、果実は異なる。互生、小葉の数が不揃いな羽状の優美な葉がつき、やや芳香がある、白、ピンクまたは紫色のマメの花がつく。果実は、扁平、裂開する。殺虫剤の原料として商業栽培される種もある。

〈栽培〉
優美な葉と芳香性の目立つ花がつくために、熱帯および亜熱帯で栽培される。一般的に霜に弱い。成形は、-4℃ほどの低温でも耐性がある。温帯では大型温室で栽培する。野生では湿地から乾燥した平原まで、広い範囲の自生地で育つが、栽培するときは乾いた土壌の日向で育てる。実生繁殖する。

Lonchocarpus violaceus
☼ ✽ ↔3m ↕8m

西インド諸島原産。小高木で、3〜5対の小葉からなる暗緑色の羽状複葉がつく。芳香のある総状花序が上向きにつき、花冠は外側が白色、内側は薄紫またはピンク色。果実は披針形、長さ5cm。
ゾーン：10〜12

LONICERA
（スイカズラ属）
英　名：HONEYSUCKLE

スイカズラ科に属し、まとまりのない二流のつる植物と考えられているが、適切な場所ではもっとも栽培が容易で、育てがいがある。北半球の広い地域に分布するが、主に暖温ユーラシアに見られる。約180種あり、よじ登り植物、グラウンドカバー、低木で、常緑および落葉性、ほとんどに耐寒性がある。全縁の葉が対生につき、やや革質。花は非常に芳香性が高く、大きさは異なるが、おおむね円筒形、基部につく。花弁は先端で5裂して2唇弁となり、上部の4枚は融合し、下部の唇弁は1枚からなる。果実は、観賞価値のある液果で、鳥が好んで食べ、やや有色の苞葉に似た萼片に包まれている。

〈栽培〉
スイカズラは強健な適応性のある植物で、ほとんどの環境に耐えるが、肥沃な腐植質の多い、水はけのよい土壌の日向から半日陰でよく育つ。種子から育てることができるが、取り木または半熟枝挿しで容易に殖やせる。栽培品種と交雑種は挿し木で殖やす。

Lonicera × brownii
一般名：ハニーサックルブロウニー
英　名：SCARLET TRUMPET HONEYSUCKLE
☼ ✽ ↔2.4m ↕3m

落葉または半常緑の園芸品種で、*L. sempervirens*と*L. hirsuta*の交雑種。青緑色の葉が対生につき、*L. sempervirens*に似る。オレンジ〜赤色の芳香のない花が、晩春から初夏に輪生する。'ドロップモア　スカーレッド'は、強健、大形の葉がつく。長い円筒形の赤い花が真夏から秋に咲く。
ゾーン：5〜9

Lonchocarpus violaceus

Lonicera × brownii 'ドロップモア スカーレット'

Lonicera etrusca 'スペルバ'

Lonicera japonica
一般名：スイカズラ
英　名：HALL'S HONEYSUCKLE、
JAPANESE HONEYSUCKLE
☼/◐ ❄ ↔8m ↕8〜9m
日本、朝鮮半島および中国原産。強健、常緑（寒冷地では半常緑）のつる植物。葉は長楕円形、暗緑色、両面がやや有毛。芳香のある白〜薄黄色の花が初夏から晩秋に咲き、あとに黒色の果実がなる。アメリカ合衆国南東部、オーストラリア、ニュージーランドでは、有害な雑草である。'ハリアナ'は、長円形、明緑色の葉、芳香の強い花が純白から黄色に変わる。
ゾーン：4〜11

Lonicera maackii
☼ ❄ ↔4.5m ↕4.5m
東アジアに原生する。落葉低木で、長さ8cmの葉、紫色の茎を持つ。春から夏に、芳香のある白色の花がつき、成長すると黄色になる。小形の暗赤〜黒色の果実がなる。ゾーン：2〜9

Lonicera nitida
異　名：*Lonicera ligustrina*
subsp. *yunnanensis*
一般名：ボックスハニーサックル
英　名：BOX HONEYSUCKLE
☼ ❄ ↔3m ↕3.5m
中国の中部および南西部原産。広く栽培される常緑低木。葉は小形、暗緑色、冬には紫がかる。春にクリーム色の小花が咲くが、気候帯によっては見られないことがある。黒紫色の果実がなる。葉が密生し、剪定によく反応する。生垣、トピアリー、ボーダーに用いられる。
ゾーン：7〜10

Lonicera chaetocarpa

Lonicera caprifolium
一般名：ハニーサックル
英　名：ITALIAN HONEYSUCKLE
☼ ❄ ↔3m ↕6m
ヨーロッパと西アジア原産。つる植物と考えられているが、グラウンドカバーとして用いることもできる。長円形の葉が対につく。長さ5cm、芳香性の高いピンクがかる黄白色の花が輪生する。赤橙色の果実がなる。
ゾーン：5〜9

Lonicera chaetocarpa
☼ ❄ ↔1.8m ↕1.8m
中国原産。落葉低木。新茎と葉裏に刺があり、クリーム色、長い円筒形の花が単生または対につく。赤みがかる萼片に支えられて赤い果実がなる。
ゾーン：5〜9

Lonicera etrusca
ロロニケラ・エトルスカ
☼ ❄ ↔3m ↕3.5m
地中海地方原産。不規則に広がる常緑低木またはつる植物。明緑色または青緑色、対の葉が融合し、葉裏は有毛。芳香のある赤みがかるクリーム色の花は、成長すると黄色になり、初夏から秋に枝先につく。'スペルバ'は新葉が赤く、花を多数円錐花序につけ、開花するとクリーム色になる。成長すると黄橙色になる。
ゾーン：7〜10

Lonicera fragrantissima
英　名：WINTER HONEYSUCKLE
☼ ❄ ↔2.4m ↕1.8m
中国原産。芳香のある常緑または落葉低木。葉は褪せた緑色。芳香が強く、小形、クリーム色の花が、枝垂れた枝に沿って葉腋につく。冬から春に咲く。
ゾーン：5〜9

Lonicera × heckrottii
一般名：ハニーサックルヘクロッティ
☼ ❄ ↔1.8m ↕4.5m
*L. sempervirens*と*L. americana*の交雑種と思われる。巻きつき性の落葉つる植物で、長楕円形〜楕円形、幼葉は紫色、成長すると青緑になる葉が対につく。花喉が黄色のピンク色の花が、晩春から夏に輪生する。赤色の果実がなる。'ゴールド フレーム'は、暗緑色の葉、内側が明黄色で紫赤色の花がつく。
ゾーン：5〜9

Lonicera involucrata
英　名：TWINBERRY
☼ ❄ ↔0.9m ↕0.9m
メキシコからアメリカ合衆国西部を経てカナダ南部にまで見られる。落葉低木で、赤紫の苞片に支えられた濃紫色の果実が目的で栽培される。葉は長さ12cm。春に、短い円筒形、黄〜赤色の花が対につく。
ゾーン：4〜10

Lonicera × italica
☼/◐ ❄ ↔1.5〜3m ↕3m
ピンク、黄緑、クリーム色の斑入りの葉がつく常緑のつる植物。芳香があり、赤紫、円筒形の花が、春の半ばから真夏につく。ゾーン：5〜9

Lonicera maackii

Lonicera korolkowii
ロニケラ・コロルコウィイ
☼ ❄ ↔3.5m ↕3m
中央アジア、アフガニスタンおよびパキスタンの山地に見られる。落葉低木で、小形の葉がつく。薄桃色の花が夏に咲く。あとに鮮やかな赤色の果実がなる。'フロリバンダ'は卵形の葉、白色の花がつく。ゾーン：5〜9

Lonicera ledebourii
☼ ❄ ↔2.4m ↕1.8m
アメリカ合衆国西部原産。落葉低木で、*L. involucrata*に似る。葉裏がフェルト状の細長い葉がつく。黄橙色の花が夏に咲く。心臓形の苞葉があり、黒色の果実が熟すと赤みがかる。
ゾーン：6〜10

Lonicera × heckrottii 'ゴールド フレーム'

Lonicera nitida

Lonicera japonica

Lonicera korolkowii 'フロリバンダ'

Lonicera periclymenum
一般名：ニオイニンドウ
英名：WOODBINE
☼ ❄ ↔2.4m ↕3.5m
ユーラシア原産。巻きつき性、またはよじ登り性の落葉または半常緑の低木。幼葉は細毛があり、成葉では平滑、光沢がある。内側が黄白色、ピンクがかった赤色の芳香のある花が、夏に3〜5個ずつ輪生する。赤色の果実がなる。侵略性がある。'セロティナ'は、細い葉のつく栽培品種で、外側が紫色の花から赤色の果実がなる。
ゾーン：4〜10

Lonicera pileata
ロニケラ・ピレアタ
☼ ❄ ↔2.4m ↕0.6m
中国原産。常緑または落葉低木。匍匐性になることが多く、まとまった株になる。長さ30mm、暗緑色、菱形の葉がつく。非常に小形でクリーム色の花が対につく。'モス グリーン'は、丈が低く、明緑色の葉がつく。
ゾーン：5〜9

Lonicera pileata 'Moss Green'

Lonicera × purpusii

Lonicera × purpusii
ロニケラ×プルプシイ
☼ ❄ ↔2.4m ↕3m
冬咲きの *L. fragrantissima* と *L. sturdishii* の交雑種で、直立性の半常緑低木。冬〜早春に、芳香のある黄白色の花が2〜4個ずつつく。'ウィンター ビューティ'は、芳香が強く、赤い果実がなる。
ゾーン：6〜9

Lonicera ruprechtiana
☼ ❄ ↔2.4m ↕1.8〜3m
アジア北東部原産。落葉低木で、6mほどに伸びることがある。新茎は有毛。葉は先鋭、卵形、長さ10cm。春から夏に、長さ18mm、白色の花が対につき、成長すると黄色になる。半透明の赤色の果実がなる。
ゾーン：6〜9

Lonicera sempervirens
一般名：ツキヌキニンドウ
英名：TRUMPET HONEYSUCKLE
☼◐ ❄ ↔3m ↕3〜6m
アメリカ合衆国東部および南部原産。落葉性のつる植物で、青緑色の葉がつく。赤橙色、らっぱ形、中心が黄色い花が前年枝の先端につく。'スペルバ'は、赤橙〜深紅色、円筒形の花がつく。'ブランシェ サンドマン'は、半常緑のつる植物、濃い赤橙色、円筒形の花が春から夏に咲く。
ゾーン：4〜10

Lonicera ruprechtiana

Lopezia coronata

Lonicera syringantha
☼ ❄ ↔2m ↕3m
中国およびチベット原産。直立の茎を持つ落葉低木で、優美に枝垂れる。葉は明青色がかる。薄紫色、芳香のある小花が、春から夏に咲く。赤色の果実がなる。
ゾーン：4〜9

Lonicera tatarica
英名：TATARIAN HONEYSUCKLE
☼ ❄ ↔2m ↕3m
中央アジアおよびロシア南部原産。落葉低木。多くの交雑種の親で、広範囲の栽培品種がある。裏面が青灰色の葉がつく。白色およびピンク色の花が、春から夏に咲く。薄いオレンジ〜赤色の果実がなる。
ゾーン：3〜9

Lonicera × tellmanniana
英名：REDGOLD HONEYSUCKLE、TELLMANN HONEYSUCKLE
☼/◐ ❄ ↔1.5m ↕2〜6m
落葉性の強健なつる植物で、赤みがかった金色の目立つ花が晩春から夏に咲く。
ゾーン：6〜9

LOPEZIA
(ロペジア属)
アカバナ科に属する木質の一年草および多年草で、約20種あり、メキシコおよび中央アメリカに見られる。鋸歯縁の単葉が対生または互生につき、小形の面白い花が、葉つきの多い茎の先に総状花序につく。上部に細い2弁がつき、下部の2弁はより大きいが基部は鉤爪状になる。上下で色の異なることがある。4弁とも上向き、扇形につく。果実は、小形のさく果。

〈栽培〉
複雑な構造の美しい花が目的で栽培されることが多い。軽い水はけのよい土壌の日向に植える。水を与えすぎないように注意する。実生繁殖する。

Lopezia coronata
英名：MOSQUITO FLOWER
☼ ❄ ↔25〜50cm ↕20〜45cm
メキシコ平原の北部に見られる。葉つきの多い、直立または不規則に広がる一年草または多年草。葉は小形、暗緑色、長円形〜剣形。春から夏に、赤〜ピンク色、白色の小花が、葉つきの多い茎に総状花序につく。

LOPHOMYRTUS
(ロフォミルトゥス属)
フトモモ科に属するニュージーランド原産の植物で、フトモモの近縁である。常緑小高木または低木で、2種からなり、主に葉に面白みがあることから栽培されるが、成長すると斑または縞のある美しい樹皮ができる。原種は旺盛に交雑する。多くの有名な栽培品種があり、*L. × ralphii* として知られる。

Lonicera sempervirens

Lonicera tatarica

〈栽培〉
葉色をよくするためには、適度に肥沃で水はけのよい土壌の日向で育てる。冷温帯では、暖かい、雨風の当たらない場所で育て、冬には霜除けをする。生垣用は密な株になるように剪定する。小高木も単幹を維持するために剪定する。原種は春に播種して殖やすが、ふつうは秋に挿し木で殖やす。

Lophomyrtus bullata ★
英名：RAMARAMA
☼ ❄ ↔2.4m ↕2.4〜3.5m
小高木。葉は小形、長円形、深い緑色で、表面に皺がある。日に当たると青紫色がかる。綿毛のようなクリーム色の花が夏に咲く。暗藤色の果実がなる。
ゾーン：9〜10

Lophomyrtus × ralphii
ロフォミルトゥス×ラルフィイ
☼ ❄ ↔1.5m ↕1.8m
L. bullatu と *L. obcordata* の交雑種で、両親の中間の特徴を持つ。葉は *L. bullatu* よりも丸く、皺が少ない。開花期はより長い。'グロリオサ' (syn. *L. × ralphii* 'ワリエガタ') は、小形、薄緑色、円形、クリーム色と淡いピンクの斑入り葉がつく。'インディアン チーフ'は、暗い赤茶色の葉で、冬には色みが深くなる。'キャスリン'は、赤紫、光沢があり、長円型、表面に皺のある葉がつく。'ピクシー'は、ロックガーデン向き、高さ30cm、小形、青緑色の葉がつく。幼葉は茶紫色。
ゾーン：9〜11

LOPHOPHORA
(ペヨーテ)

英　名：PEYOTE

メキシコおよびアメリカ合衆国テキサス州南部原産。サボテン科に属する2種のサボテンで、小形で刺がなく、丈は低く、押しつぶした球形の胴体と分厚い塊根を持つ。昔からネイティヴアメリカンが宗教や治療の儀式に用いていたことで知られている。薬理学的、植物学的、園芸学的調査の結果、幻覚作用のあるメスカリンを含むことがわかっている。属名はギリシャ語の*lophos*（頂上）と*phoreus*（運搬人）に由来し、刺座と気根に生える白毛を指す。

〈栽培〉
肥沃な水はけのよい土壌で容易に育つ。実生、株分け、1～2週間乾燥させた挿し木で殖やせる。冬は灌水を控える。

Lophophora diffusa
一般名：スイカンギョク

☼ ☽ ↔5～12cm ↕18～80mm

メキシコ原産。ふつう単生、ときに小さく群生する。茎が目立って軟らかく、黄緑色、つぶした球形、稜はほとんどない。鐘形、黄色がかった白色、ときにピンクがかる花が夏に咲く。裂開果は円筒形。
ゾーン：9～11

Lophophora williamsii
一般名：ウバダマ

英　名：DEVIL'S ROOT, DUMPLING CACTUS, MESCAL BUTTON, PEYOTE, WHITE MULE

☼ ☽ ↔80～100cm ↕18～60mm

アメリカ合衆国テキサス州チワワ砂漠およびメキシコ湾の北原産。広く分布する変種で、俗名は幻覚作用があることを表わす。単生だが、マット状になることがある。茎は硬く、灰緑色、5～15の明確な稜がある。ピンク、薄ピンク、ときに赤色の花が夏に咲く。
ゾーン：9～11

Lophostemon confertus

Loropetalum chinense

LOPHOSTEMON
(ロフォステモン属)

ユーカリノキ属のような貴重な植物を含むフトモモ科に属する常緑高木で、6種あり、オーストラリアおよびニューギニアに原生する。葉は輪生し、末端枝に向かって密生する。5個の羽毛状の目立つ葯があり、白色、5弁の花が上部葉腋に短い集散花序につく。果実は木質のさく果で、ユーカリの実に似るが、近縁ではない。

〈栽培〉
温帯では、街路樹や公園の植栽に人気がある。肥沃な水はけのよい土壌に植える必要がある。ごく軽い降霜のある地域では、暖かい雨風の当たらない場所であれば戸外でも生育する。冷温帯では温室で育てる。春または秋に実生繁殖する。斑入りの栽培品種は挿し木か接ぎ木で殖やす。

Lophostemon confertus
異　名：*Tristania conferta*

英　名：BRUSH BOX

☼ ↔9m ↕40m

オーストラリアのクィーンズランド州東海岸およびニューサウスウェールズ州北東部に原生する。葉が密生する高木で、ピンクがかった茶色の剥離樹皮を持つ。径25mm、羽毛のような葯が多数ある、白色の花が夏に咲く。非常に丈夫な、貴重な材木を産生する。
ゾーン：10～12

LOROPETALUM
(トキワマンサク属)

ヒマラヤ山脈、中国、日本原産の常緑、ドーム形の低木または小高木で、現在はマンサク科の単型属とされるが、植物学者によってさらに多くの種の同定が進められている。目立つ花がつき、水平に伸びる枝が垣根や盆栽に仕立てやすいことから栽培される。葉は対生につき、単葉、全縁。ねじれた帯状の花弁が4枚ある小花が葉腋に3～6個ずつかたまる。小形の堅実に似たさく果がつき、種子を2個含む。

〈栽培〉
手のかからない植物で、肥沃な腐植質の多い、水はけのよい土壌の日向でもっともよく育ち、枝を大きく広げる。前年枝に花がつくため、剪定は花後に行なうと、株姿が整う。夏に採穂した挿し木で殖やす。

Loropetalum chinense 'プラム　デライト'

Loropetalum chinense
一般名：トキワマンサク

英　名：FRINGE FLOWER

☼ ❄ ↔2.4m ↕1.8～4.5m

葉つきの多い低木。葉は小形で褪せた緑色、長円形。やや芳香があり、薄いクリーム色、リボン状の花が春に咲く。*L. c.* f. *rubrum*（ベニバナトキワマンサク）は、目立つ青緑の葉がつき、世界中の園芸家に人気があり、'バーガンディ'として売られていることがある。*L. c.* '**プラム デライト**'は、紫赤色の葉と花。'**シズリング ピンク**'は、赤い葉が春につき、明桃色の花が咲く。
ゾーン：8～11

Lophomyrtus bullata

Lophomyrtus × ralphii

Lophophora williamsii

LOTUS
（ミヤコグサ属）

マメ科ソラマメ亜科に属する約150種の一年草、多年草および落葉と常緑の亜低木。開けた草原や岩地に見られ、世界中に広く分布する。数種を除いて北半球の温帯原産。葉は小形の羽状裂葉、4〜5の小葉からなり、ときに毛が密生する。白〜黄色、ピンクまたは赤色など、多色のマメの花が、葉腋に単生または群生する。カナリア諸島とマデイラ諸島には大形で黄色と赤色の花のつく種が見られ、鳥によって受粉が媒介される。ボーダー植栽に人気があり、這い性のものはハンギングバスケットやポット栽培に向く。

〈栽培〉
ほとんどが水はけのよい土壌の日向を好む。実生繁殖または挿し木で殖やす。

Lotus berthelotii
ロトゥス・ベルテロッティ

英　名：CORAL GEM, PARROT'S BEAK, PELICAN'S BEAK

☼　✤　↔0.9〜1.8m　↕20cm

カナリア諸島原産。人気のある這い性の常緑亜低木。銀灰色、針形の葉がつく。黄橙〜赤色、長さ35mmの花が春から夏に咲く。

ゾーン：10〜11

Lotus formosissimus
英　名：BICOLORED LOTUS, COAST LOTUS, SEASIDE BIRD'S FOOT

☼　✤　↔45〜90cm　↕20〜50cm

アメリカ合衆国カリフォルニア州の海岸に原生する。不規則に広がる、分岐の多い茎を持つ多年草。葉は緑色と羽状裂がある。花は美しい扇形につき、上の花弁は幅広く、金色、下の花弁（翼と舟弁）は白、ピンク、紫色で、春に咲く。湿気のある土壌を好む。

ゾーン：9〜11

Lotus maculatus
異　名：*Heinekenia maculata*
ロトゥス・マクラッツス

英　名：FIRE VINE

☼　✤　↔0.9〜1.8m　↕20cm

カナリア諸島原産。這い性の多年草で、ハンギングバスケットやポット栽培に適する。真緑色の針形の小葉がつく。先端が黄色、赤橙色の花が春から夏に咲く。'アマゾン　サンセット'は開花期が長く、銀色の葉と濃赤色の花がつく。'ゴールド　フラッシュ'は、赤橙色の花。'ニュー　ゴールド　フラッシュ'は、'ゴールド　フラッシュ'の改良品種で赤橙色の花が多数つく。

ゾーン：10〜11

Lotus maculatus 'Gold Flash'

Lotus formosissimus

LUCULIA
（ルクリア属）

アカネ科の5種の落葉性低木および小高木で、ヒマラヤ山脈高地の森林地帯、インド北部から中国西部に見られる。魅力的な葉と芳香のある美しい花が鑑賞用になり、光沢のあるピンク、赤、白色の花が細い円筒形につき、開花すると5〜6裂の円形になる。果実はさく果で2室あり、扁平な種子を含む。厳密には落葉性だが、古い葉が落下するのと同時に新しい葉がつくため、ほぼ常時葉がついている。

〈栽培〉
弱い降霜には耐性がある。夏はあまり高温にならない気候を好み、適度に肥沃で湿気があるが水はけのよい、腐植質を多く含む土壌でよく育つ。風除けになる樹木が必要だが、根が込み合うのを嫌う。半日陰または日向に植える。春から秋には適度に灌水し、定期的に施肥を行なう。花後の枝を切り戻す。降霜地帯では無加温の温室で育てる。春に実生繁殖、または夏に半熟枝挿しで殖やす。

Luculia grandifolia
☼/☽　↔2m　↕3.5〜6m

ブータンの高地の森林地帯に原生する。葉は大形、暗緑色、楕円形〜卵形、葉脈、葉柄、葉縁が藤色で目立つ。円筒形、純白で芳香の強い花が、16〜20個ほど夏に群生する。

ゾーン：9〜10

Luculia gratissima
☼/☽　↔3〜4.5m　↕3〜6m

ヒマラヤ山脈原産。花つきの多い大低木または小高木。葉は卵形〜長楕円形、または披針形で暗緑色。秋から冬の半ばに、芳香があり、細い円筒形、ローズピンクの花が見事な球形につく。卵形の果実がなる。

ゾーン：9〜10

Luculia grandifolia

Luculia gratissima

LUDISIA
（ルディシア属）

一般名：シュスラン
英　名：JEWEL ORCHID

ラン科の複茎性地生ランで、1種しかないが、東南アジアの熱帯に広く分布する。這い性で多汁の茎を持ち、多肉の葉が小さくロゼット状につく。ロゼットの中央から立ち上がる茎に、小形の花がつく。主に葉が目的で栽培される数少ないランのひとつである。

〈栽培〉
這い性があるため、浅いトレイかバスケットで育てる。常に成長するため、通年高温多湿の気候を好む。通気をよくして、葉の色むらを避ける。直射日光が当たると多肉な葉と根茎が焼けるため、日陰で育てる。株分けで殖やす。

Ludisia discolor
異　名：*Haemaria discolor*
一般名：ホンコンシュスラン

☼　✤　↔10〜60cm　↕10〜40cm

変異の多い葉色と模様を持つ。暗緑〜暗紫茶色の葉に、金〜赤茶色の目立つ葉脈がある。葉の表面はベルベット状。秋から冬に直立する茎の先端に、珍しい純白の花がつく。

ゾーン：11〜12

LUDWIGIA
（チョウジタデ属）

異　名：*Jussiaea*

アカバナ科に属する約75種の草本または木本で、水中または水辺に生育する多年生植物である。北および南半球の熱帯気候の湿地や沼地に広く分布する。葉は単葉。目立たない花が葉腋に単生、または枝先に群生する。白色または黄色で、萼は長い筒状、4〜5枚の萼片からなり、花弁は4枚で、横に広がる（無花弁の場合もある）。

〈栽培〉
浅い水辺の酸性土壌で、直射日光の当たらない場所で育てる。挿し木または株分けで殖やす。

Ludisia discolor

Ludwigia peruviana

Ludwigia peruviana

一般名：ルドウィキア・ペルヴィアナ
英　名：COMMON PRIMROSE WILLOW、EVENING PRIMROSE、PERUVIAN PRIMROSE WILLOW

☀ ❊ ↔50cm～2.4m
↕50cm～2.4m

アメリカ合衆国南東部から南アメリカに原生する。多年草低木で、水辺で呼吸根を伸ばして生育し、水面に浮かぶマットのように群生する。葉は細毛があり、長円型、目立つ葉脈があり、寒冷気候では落葉する。明黄色、鉤爪があり、円形の花弁を持つ花が、春から秋に咲く。赤茶色の萼片が、裂開果ができたあとでも付着して星形に残る。
ゾーン：7～10

Lupinus arboreus

Lupinus arboreus var. *eximius*

LUMA
（ルマ属）

アルゼンチンとチリに見られる4種の、葉つきの多い丸い株姿の常緑低木および高木である。フトモモ科に属し、小形の芳香のある葉と、中心に雄ずいがかたまる白色の4弁花がつき、フトモモに非常に近い。花は春と初夏に咲き、あとに暗色の果実がなる。樹皮には面白い特徴があり、種によっては剥離し、表皮は温かみのある茶色で、裏面は白～ピンク色になる。

〈栽培〉
全種が、温暖な気候、適度な降雨のある環境で容易に栽培できる。湿気のある水はけのよい土壌の、日向またはやや日陰を好む。株姿はまとまっているが、整枝を行なったほうがよい。株が古くなって徒長してきたら、2～3シーズンに渡って大きく切り戻して、活性化させる。実生繁殖または緑枝挿しで殖やす。

Luma apiculata ★
異　名：*Myrtus apiculata*、*M. luma*
英　名：PALO COLORADO、TEMU

☀/◐ ❆ ↔6m ↕6m

大低木または小高木で、ときに9m以上になる。樹皮は剥離し、温かみのある茶色。葉は深緑色で、光沢がある。150個以上の雄ずいを持つ白色の小花が春から夏に咲く。暗藤色の小形の果実がなる。
ゾーン：9～10

LUNARIA
（ゴウダソウ属）

一般名：ルナリア

3種の二年草と多年草で、アブラナ科に属する。鉢植えや切花に適するが、やや侵略性があり、雑草化しやすい。銀色の扁平な裂開果が目的で栽培され、ドライフラワーに用いられる。属名は、ラテン語で「月」を意味する*luna*に由来し、裂開果の形を指す。

〈栽培〉
肥沃な湿気のある、水はけのよい軽い土壌の日向で育てる。多年草は実生繁殖、または秋か春に株分けで殖やす。二年草と一年草は春に実生繁殖する。自己播種を旺盛に行なう。

Lunaria annua
一般名：ゴウダソウ、オオバンソウ
英　名：HONESTY、MONEY PLANT、MONEYWORT、SILVER DOLLAR

☀/◐ ❊ ↔30cm ↕75cm

南ヨーロッパ原産。葉は明緑色、互生、心臓形、粗い鋸歯縁。ローズがかった深紅色、白色またはすみれ色の4弁花が、春または初夏に咲く。あとに円形で半透明の銀色の膜で覆われた裂開果がつく。*L. a.* var. *albiflora*は白色の花。*L. a.* 'ワリエガタ'は、変異の深紅色の花がつく。
ゾーン：8～10

Lunaria rediviva

☀/◐ ❊ ↔60cm ↕90～105cm

ヨーロッパ原産。茎が有毛の多年草で、一年草よりもやや小形の花と裂開果をつけるが、薄い藤色の花には甘い香りがある。
ゾーン：8～10

LUPINUS
（ルピヌス属）

一般名：ルピナス
英　名：LUPIN、LUPINE

マメ科ソラマメ亜科に属する約200種の一年草、多年草および常緑低木で、南北アメリカ、南ヨーロッパおよび北アフリカの乾燥地帯に原生する。鑑賞に向く花が円錐花序または総状花序で頂生する。葉は掌状に切れ込み、5～15枚の小葉からなり、茎は細かい軟毛で覆われる。多くが窒素固定や飼料用などに栽培され、種によっては食用に加工される。

〈栽培〉
一般的に不毛な乾燥した土壌に耐えるが、適度に肥沃な水はけのよい日向でよく育つ。実生繁殖または挿し木で殖やす。根が乱されるのを嫌うため、幼苗は小さいうちに定植する。

Lupinus albifrons
英　名：SILVER BUSH LUPINE、SILVER LUPINE

☀ ❊ ↔1.5m ↕1.5m

アメリカ合衆国カリフォルニア州原産。丸い常緑低木で、茎と葉は艶のある銀毛で覆われ、全体が美しい銀色に見える。青～えび茶または薄紫色の総状花序が春から夏につく。
ゾーン：8～11

Lupinus arboreus
英　名：TREE LUPIN、YELLOW BUSH LUPINE

☀ ❊ ↔1.2～2.4m ↕0.9～2m

アメリカ合衆国カリフォルニア州の中部沿岸に原生し、海岸によく見られる。葉つきの多い常緑低木。葉は灰緑色、表面は滑らかで裏面は羊毛のような毛がある。春から夏に、明黄色、ときに青か薄紫色の花が、緩やかな総状花序につく。*L. a.* var. *eximius*は、茎と葉に毛が多く、黄色と青色の花が咲く。
ゾーン：8～10

Luma apiculata

Lunaria annua

Lunaria rediviva

Lupinus succulentus の裂開果

Lupinus succulentus

ルピナス、HC 'アン グレッグ'

ルピナス、HC 'アプリコット スパイア'

ルピナス、HC 'ビショップス ティップル'

ルピナス、HC、ニュージーランド、マウント・クック国立公園

ルピナス、HC 'ブルー ムーン'

ルピナス、HC 'キャンディ フロス'

ルピナス、HC 'チェルシー ペンショナー'

ルピナス、HC 'ドリー ミクスチャー'

ルピナス、HC 'エスメルダー'

ルピナス、HC 'リトル ユージニー'

ルピナス、HC 'パゴダ プリンス'

Lupinus chamissonis

☀ ⇔ 1.2〜3m ↕ 0.6〜2m

アメリカ合衆国カリフォルニア州の沿岸に原生し、なだらかな砂丘に見られる。マウンド状になる低木。葉は灰〜青緑色、ときに厚く毛に覆われる。長さ10cm、青色の花が春の半ばから真夏にかけて咲く。潮風や干ばつに耐える。
ゾーン：9〜10

Lupinus perennis

英 名：BLUEBONNETS、BLUE LUPINE、SUNDIAL LUPINE、WILD LUPINE

☀/☀ ❄ ⇔ 30cm ↕ 30〜60cm

アメリカ合衆国東部および中部のメイン州からフロリダ州、西部のミネソタ州にも見られる。明青紫色の花穂のつく多年草で、晩春に開花する。裂開果は1mほどの距離に種子を飛ばす。熟した種子には毒性がある。
ゾーン：4〜9

Lupinus polyphyllus

英 名：BLUE-POD LUPINE

☀ ❄ ⇔ 50〜100cm ↕ 60〜150cm

ブリティッシュコロンビア州からカリフォルニア州までの北アメリカ西部山岳地帯の湿地に見られる。分厚い根茎を持つ多年草で、ラッセル・ルピナスの交配親である。葉は大形、基部につき、葉柄は長く、小葉17枚からなり、長さ15cm。非常に美しい花が先鋭の穂状につき、ふつう青色で、赤、紫、ピンク色も多い。
ゾーン：5〜9

Lupinus succulentus

英 名：ARROYO LUPINE、FOOTHILL LUPINE、HOLLOWLEAF ANNUAL LUPINE

☀ ❄ ⇔ 30〜90cm ↕ 45〜90cm

アメリカ合衆国カリフォルニア州およびメキシコのバハ・カリフォルニア原産。荒地によく見られる。晩冬から晩春に開花する一年草で、明青紫色の花がつく。芳香があり、干ばつに耐える。野草の寄せ植えに向く。ゾーン：8〜11

Lupinus texensis

一般名：ルピナス・テキセンシス
英 名：TEXAS BLUE BONNET

☀ ❄ ⇔ 30cm ↕ 30〜60cm

アメリカ合衆国テキサス州原産で、州花になっている。耐干性のある一年草で、早春から晩春に暗青色および白色の花が咲く。水はけのよい土壌に植える必要がある。
ゾーン：7〜10

Lupinus Hybrid Cultivars

(ルピナス交雑品種)

☀ ❄ ⇔ 0.6〜1.5m ↕ 0.6〜1.2m

1890年代に初めて交雑された多年草だが、もっとも人気があるのは1911年と1937年にGeorge Russellが作出した交雑種である。ラッセル・ルピナスとして知られ、後年の交雑種の基礎を作った。これ以降に開発された品種もラッセル・ルピナスと呼ばれることがあり、帰化しやすい。**Band of Nobles Series** (バンド オブ ノーブル シリーズ)は、青、紫、濃赤色など、さまざまな色があるが、'ザ ペイジ' は濃桃色、'ノーブル メイデン' は薄いクリーム色、'ザ ガバナー' は青と白、'ザ シャテリーヌ' は淡桃色と白の二色花である。ほかの交雑品種には、以下のものがある。'ビショップス ティップル' は高さ120cm、赤紫と薄紫色の花にアイボリーの斑点。'ブルー ムーン' は、高さ45cm、遅咲き、藤青色の細い花穂が長くつく。'キャンディ フロス' は、高さ60cm、繊細な赤みがかったピンクと白色が成長すると濃ピンクになる。'シャンデリア' は、高さ90〜100cm、黄色の花が初夏に咲く。**Gallery Series** (ギャラリー シリーズ)は、小形で、高さ50cm、赤、青、またはピンクの蝶形花が10〜12個の穂につき、晩春か初夏に咲く。'マイ キャッスル' は、高さ75〜90cm、明茶赤色の花。'パゴダ プリン

ス'は、高さ90〜120cm、早咲き、薄紫、紫および白の花がつく。'**レッド アロー**'は、高さ90cm、明赤色の花に黄色の斑点があり、成長すると暗藤色になる。'**テラコッタ**'は、高さ90〜120cm、早咲き、赤茶色の鐘形の大きな花がつく。
ゾーン：3〜9

LYCASTE
（リカステ属）

ラン科の落葉複茎性ランで、メキシコからペルーの沿岸部および山地に原生する。45種が確認されている。寒冷〜温暖な気候で育つ着生または地生ランで、大きな偽鱗茎と、ひだのある薄い大形の葉を持つ。中央アメリカ原産種（とくに黄花品種で芳香性が高い）の多くは、前年葉が落ちると鋭い刺が残る。開花期は長く、春と夏に直立の茎に単生し、偽鱗茎の基部から新芽と共に出る。ほとんどの種で萼片が大きく開き、花弁を押し上げて唇弁に接触する。*L.* Koolena★、*L.* Macama、*L.* Shoalhavenなど、寒冷な気候を好む*L. skinneri*に由来する美しい交雑種が多く存在する。

〈栽培〉
生育期は根が乾燥しないように、ポット栽培でもっともよく育つ。水はけのよいバーク主体の用土を用い、ピートモスなど保水性のある倍地を加える。生育の活発な時期には施肥と灌水を多めにする。夏は葉焼けを防ぐため、直射日光に当てないようにする。冬に休眠したら、灌水は数日おきに行ない、乾燥気味にする。霜除けを施す。株分けで殖やす。

Lycaste bradeorum
リカステ・ブラデオルム
☀/☁ ✣ ↔20〜60cm ↕10〜30cm
中央アメリカ原産。非常に花つきが多く、無葉の偽鱗茎の基部から数多く単生する。芳香があり、径6cm、黄緑色の萼、明黄橙色の花弁と唇弁を持つ。
ゾーン：10〜12

Lycaste skinneri
☀ ✣ ↔20〜60cm ↕10〜60cm
グアテマラ（白花品種は国花）、ホンデュラスおよびエルサルバドル原産で、非常に需要が多く、貴重な着生ランである。大形、濃淡ピンク、径12cmの花が最大6個ずつ群生し、冬から早春に咲く。
ゾーン：9〜11

Lycaste tricolor
一般名：リカステ・トリコロル
☀ ✣ ↔20〜60cm ↕10〜40cm
コスタリカおよびパナマ原産。花つきが多く、色は白〜ピンク色までである。花はやや下向きにつき、径6cm、冬から春に咲く。
ゾーン：11〜12

Lycaste Hybrids
（リカステ ハイブリッド）
☀ ✣ ↔20〜60cm ↕10〜60cm
雑種強勢があり、栽培容易で原種よりも花つきが多い。**アルバネンシス**は、*L. lasioglossa*と*L. macrophylla*の一代交雑種。**インシューティアナ**は、1世紀以上も前に作られた*L. cruenta*と*L. skinneri*の一代交雑種。**クーリナ**★は、品評会用および繁殖用の人気交雑種で、遺伝子構造に*L. skinneri*が高い割合で含まれている。**レオ**は、*L. macrobulbon*、*L. macrophylla*、*L. skinneri*の3種の交雑種である。
ゾーン：10〜12

ルピナス、HC
'ポーラー プリンセス'

ルピナス、HC
'クィーン オブ ハーツ'

ルピナス、HC'レッド アロー'

ルピナス、HC
'ロザリンド ウッドフィールド'

ルピナス、HC'ストーム'

ルピナス、HC'サンセット'

ルピナス、HC'テラコッタ'

ルピナス、HC'トゥループ ザ カラー'

リカステ、HC'レオ'

Lycaste bradeorum

リカステ・トリコロル

リカステ、HCアルバネンシス

リカステ、HCインシューティアナ

リカステ、HCクーリナ

LYCHNIS
（センノウ属）
英　名：CAMPION, CATCHFLY

ランプを意味するギリシャ語の*lychnis*または*lukhnis*に由来する。ナデシコ科に属する二年草および多年草からなる本属は、鮮やかな花序がつくことから紀元前3世紀にテオフラストゥスによって命名された。マンテマ属に非常に近く、明確な区別がつけられるかどうか疑問視されている（区別できない場合は、マンテマ属が優先する）温帯北部に見られ、非常に変異が多く、葉群が大きなかたまりを作り、葉色は銀灰色である。花は単純な5弁花で、明色、花序をなし、ふつう、葉群よりもかなり上につくため花の色が目立つ。

〈栽培〉
ほとんどの種に耐寒性があり、湿気のある水はけのよい土壌の、日向または半日陰で容易に育つ。銀色のL. coronariaは、非常に乾燥を好むが、その他の種は定期的に灌水が必要である。花がら摘みを頻繁に行なうと、継続的に花をつける。生態によって実生繁殖または基部から採穂した挿し木、または株分けで殖やす。

Lychnis × arkwrightii
リクニス×アルクウリグティイ

☼/◐　❄　↔40〜60cm ↕30〜75cm

L. × *haageana*とL. *chlcedonica*の園芸交雑種。ときに短命な多年草。明緑〜暗緑色、刺のある葉がつく。夏に、鮮やかな色の小形の花序が葉群よりも上につく。もっとも有名な品種は、'ウェスウィウス'で、高さ45cm、暗緑〜紫色の葉と、大形で目立つ黄橙色の花がつく。
ゾーン：6〜10

Lychnis × arkwrightii 'ウェスウィウス'

Lychnis chalcedonica
英　名：MALTESE CROSS

☼/◐　❄　↔30〜40cm ↕50cm

直立、刺のあるユーラシア原産の多年草で、大形、長円形の葉が基部に群生し、花茎に小葉がつく。夏に、50個ほどの明赤色の小頭花がつく。ほかの色と形態の栽培品種がある。
ゾーン：4〜10

Lychnis coronaria
一般名：スイセンノウ
英　名：DUSTY MILLER, ROSE CAMPION

☼/◐　❄　↔50〜100cm ↕40〜80cm

ヨーロッパ南東部原産。横に広がり、マウンド状になる。二年草または短命な多年草。茎と葉は銀灰色の毛で分厚く覆われる。葉は披針形、長さ約8cmだが、より小形のことも多い。ピンク、赤紫の小頭花がつく。'アルバ'は、白色の花。'アトロサングイネア'は、非常に葉つきが少なく、濃赤色の花。'オクラタ'★は、中心が赤い白色の花がつく。
ゾーン：4〜10

Lychnis flos-cuculi
一般名：カッコウセンノウ
英　名：RAGGED ROBIN

☼/◐　❄　↔40cm ↕75cm

ユーラシア原産で、刺のある多年草。広披針形〜へら形の葉が基部につき、上部の葉はほぼ線形。薄紫、2裂した細い花弁の花序が夏につく。
ゾーン：6〜9

Lychnis flos-jovis

☼/◐　❄　↔40cm ↕80cm

ヨーロッパ原産。直立の多年生高山植物で、茎と葉は白毛で覆われる。葉は披針形〜へら形、基部では広く、上部では狭くなる。明赤色、2裂、ときに完全に分離した花弁を持つ小花序が夏につく。
ゾーン：5〜9

Lychnis viscaria

Lychnis viscaria
リクニス・ウィスカリア
英　名：GERMAN CATCHFLY, VISCARIA

☼/◐　❄　↔40cm ↕60cm

ヨーロッパからシベリア原産。直立した多年草で、茎と葉には剛毛があり、葉基部は粘着性がある。葉は楕円形〜披針形。花穂は細く、藤〜紫赤色の花が夏に咲く。L. v. subsp. *atropurpurea*は、濃紫色の花。L. v. 'フロレ プレノ'（syn. 'スプレンデンス プレノ'）は、明赤色の八重咲き。'スプレンデンス'は、薄〜濃桃色、一重咲きの花がつく。
ゾーン：4〜10

LYCIUM
（クコ属）

ナス科の落葉および常緑性で、約100種からなる。世界中の温帯、亜熱帯、熱帯に生育する刺の多い低木である。葉は互生または群生する。花はじょうご形か円筒形で、白、緑または紫がかり、葉腋につく。主に多肉で明赤色の実がたわわにつき、秋から冬の始めまで、色どりがよいことから栽培される。数種は帰化して有害な雑草になっている。

〈栽培〉
耐霜性種から非耐霜性種まであり、適度に肥沃で水はけのよい土壌の日向でよく育つ。潮風に耐性があり、海岸沿いの庭園に適する。垣根仕立て、または壁に這わせる。冬または早春に剪定して株姿を整える。全種が秋に実生で容易に殖やせる。熟枝挿しは冬に、緑枝挿しは夏に行なう。

Lycium ferocissimum
英　名：AFRICAN BOX-THORN

☼　↔3m ↕4.5m

アフリカ原産。枝がからまるように伸び、多肉で緑色の葉が刺の付け根に群生する。花は中央が赤みの紫色、縁に向かって薄赤紫〜白色になり、通年開花する。橙赤色の液果がつく。地域によっては厄介な雑草である。
ゾーン：9〜11

Lycium ferocissimum

LYCOPERSICON
（トマト属）

ナス科に属する7種の芳香のある草本で、一年草と短命な多年草があり、南アメリカ西部とガラパゴス諸島に自生する。トマト属と、種の多い大属であるナス属との違いはごくわずかで、最近の研究では、両属を統合することも可能だということが植物学的に証明されている。直立または不規則に伸びる茎を持ち、粘着質の毛に覆われ、深裂のある葉がつく。開いた星形、黄色の短い総状花序と5裂の萼片が葉腋につく。果実は多肉の液果で2室以上あり、多くの種子を含む。もっともよく知られる種は食用のL. *esculentum*で、多数の変種があり、果実の大きさはブドウ大から重さ1.8kgの巨大なものまである。

〈栽培〉
温暖な生育期が長く続く地域では、肥沃な水はけのよい土壌の、開けた日向に植える。冷涼地帯では遅霜から苗を保護する必要がある。丈の高くなる種は支柱を立て、腋芽を摘んで成長を制約する。実生で殖やすが、変種はより強健な台木に接ぎ木して強勢する。

Lychnis coronaria 'アルバ'

Lycopersicon esculentum

Lycopersicon esculentum
'アブラハム リンカーン'

Lycopersicon esculentum
'ビッグ ビーフ'

トマト、HC、'アーリー ガール'

Lycopersicon esculentum
'シェリーズ スイート イタリアン'

Lycopersicon esculentum
'プラム ダンディ'

Lycopersicon esculentum
'ジュリエット'

トマト、HC、'サンゴールド'

トマト、HC、'ブラック プラム'

トマト、HC、'グリーン ゼブラ'

Lycopersicon esculentum 'イエロー ペア'

Lycopersicon esculentum

異　名：*Lycopersicon lycopersicum*、*Solanum lycopersicum*

一般名：トマト

英　名：LOVE APPLE、POMODORO、TOMATO

☀ ♦ ↔30～60cm ↕0.6～2.4m

南アメリカ西部原産。多年草だが、一年生の農作物として栽培される。茎は直立またはよじ登り性で、有毛。葉は深く切れ込み、真緑色、最大9裂する。12個ほどの開いた星形の花が総状花序につく。*L. e.* var. *cerasiforme*（リコペルシコン・エスクレントゥム・ケラシフォルメ）は、ペルー原産のチェリートマトの原種で、この種から栽培品種が育成され、径12～18mmの小形の赤い果実がなる。最近の栽培品種は多肉、丸みのある円錐形または長円形、径15cmの、赤色、ときに黄、オレンジまたは帯黒色の果実がなる。'アブラハム リンカーン'は巨大な果実が最大9個つく。'アランカ'は、強健、7～9個の小形の果実が房状につく。'ビッグ ビーフ'は、大形、成長緩徐な品種で、果実は重さ450g。'ブラック ロシアン'は、中形、暗赤褐色の果実。'コストルト ディ マルマンデ'は、中～大形、赤色の果実で、うねがある。'ガーデナーズ デライド'★は、6～12個の非常に甘い明赤色のチェリートマトがつく。'ゴールド ナゲット'は、小形品種で、非常に甘い黄色または黄金色のやや細長い小形の果実がなる。'ゴリアテ'は、実つきの多い中形品種で、赤色の果実がなる。'ジュリエット'は、大形、ブドウ大の果実。'メキシコ ミジェット'は、実つきが多く、チェリー大の赤いサラダ用のトマトを産生する。'マネーメイカー'★は、早生、実つきが多く、中サイズの果実がなる。'モーゲイジ リフター'は、巨大な赤いビーフテーキ・トマトの変種で、重さ1.1～1.8kg。'プラム ダンディ'は、卵形、明赤色の小形の果実。'レッド ロビン'は、小形、レッドチェリー・タイプ。'シェリルズ スイート イタリアン'は、大形、分厚く、先鋭の果実。ソースやペーストに適する。'ストゥーピス'は、実つきが多く、寒冷気候に適する。'スイート クラスター'は、滑らかな光沢のある果実で、熟すと暗赤色になる。'イエロー ペア'★は、実つきが多く、小形、黄色、甘く、多汁の洋ナシ形の果実がなる。

Lycopersicon Hybrid Cultivars

（トマト交雑品種）

☀ ♦ ↔30～60cm ↕0.6～2.4m

数種の交雑種だが、主に*L. peruvianum*と*L. esculentum*を交配させたもので、さまざまな面白い色と味の果実が産生されている。交雑種は成長習性と気候条件が異なる。'ブラック プラム'は、中背、暗赤褐色、先端が緑色の細長い果実がなる。'カルメロ'は、習性が不定で、70日で成熟する。'カスピアン ピンク'は、非常に大形品種で、ピンク色、ビーフステーキ・タイプの大形の果実がなる。'アーリー ガール'は、大形品種で、明赤色、中サイズの果実が房につく。'グリーン ゼブラ'は、あんず大、穏やかな甘さで、黄緑色の果実に暗緑色の縞がある。'ジョリー'は、暗桃色、先端が尖る大きなチェリータイプの果実が9～14個つく。'ソーザン イクスポージャー'は、ピンク～赤色、大形の果実がつき、旬の短い寒冷地帯に適する。'サンゴールド'★は、赤橙色、チェリー大で非常に甘い。

ゾーン：9～12

LYCOPODIELLA

（リコポディエラ属）

ヒカゲノカズラ科に属する約40種のシダ類で、広く分布するが、主にアメリカの熱帯および亜熱帯、数種は温帯に見られる。定義の曖昧なヒカゲノカズラ属に含める専門家もいる。ふつう、酸性の沼地で大形のヒカゲノカズラの中に混じって見られ、顕花植物が進化する以前、ヒカゲノカズラが高木状であった時代の植生を垣間見ることができる。茎は長く、匍匐性だが、枝は直立し、短く軟らかい針葉がつき、矮性の針葉樹を思わせる。下垂性の枝先または茎に沿って円錐形に配置された短い葉の基部に胞子嚢が小さい袋状につく。

〈栽培〉

移植が難しく、栽培には適応しない。栽培する場合は、腐植質の多い肥沃な土壌に植え、高温になる季節は湿気を切らさないようにする。直射日光の当たらない明るい場所が適する。胞子で殖やすことが可能。株分けによる定着は難しい。

Lycopodiella cernua

異　名：*Lycopodium cernuum*

英　名：NODDING CLUBMOSS、STAGHORN CLUBMOSS

☀/☼ ♦ ↔0.9～1.8m ↕30～75cm

世界中の熱帯および亜熱帯に分布する。長く伸びる根茎が崖や土手から垂れ下がるのがよく見られる。小形の針葉樹に似た直立の茎に、反曲する枝が段につき、薄緑～金色がかる緑色のシダ状の葉を持つ。クリーム～ベージュ色の胞子嚢が枝先につく。

ゾーン：9～12

Lycopodiella cernua

LYCOPODIUM
(ヒカゲノカズラ属)
英名：CLUBMOSS

世界のほとんどの地域に見られる、約40種からなるヒカゲノカズラ科の基準属である。葉がコケに似るが、より大形で分枝が多くシダ類として扱われてきたが近縁ではなく、シダよりも古代種で石炭紀、二畳紀には高木状であった。現在は、ヒカゲノカズラは常緑多年草で、匍匐性の地下茎から気生の枝または熱帯種では不規則に広がる長い茎を伸ばす。葉は小形で茎を覆うようにつき、ときに2列になる。球果に似た器官に多数の小さな胞子嚢が含まれ、枝の先端につく。ヒカゲノカズラ属は約400種あったが、現在は多くが別属のフペルジア属（熱帯着生種を含む）とリコポディエラ属に分割されている。

〈栽培〉
定着と維持が極めて難しく、めったに栽培されない（フペルジア属の着生シダ類は広く栽培される）。砂利質、酸性で、常に保湿性のある土壌が適し、多湿な日陰で管理する。株分けで殖やす。

Lycopodium clavatum
一般名：ヒカゲノカズラ
英名：GROUND PINE, RUNNING PINE
☀ ❄ ↔40～50cm ↕20～25cm
温帯および熱帯高地に広く分布する。長く這う茎、長さ4mmの小形で細い針葉が茎に沿って密生する。
ゾーン：2～9

Lycopodium deuterodensum
英名：BUSHY CLUBMOSS, TREE CLUBMOSS
☀ ❄ ↔20～60cm ↕20～60cm
オーストラリア東部、太平洋南西部およびニュージーランド原産。気生の枝を持つシダに似た植物で、小形の針葉樹に似る。分岐する長い根茎から出る直立の茎も分岐する。胞子嚢が枝先につき、葉は小形、重なるように密生する。
ゾーン：7～10

Lycopodium thyoides
異名：*Lycopodium complanatum* var. *validum*
☀ ❄ ↔45～90cm ↕15～45cm
メキシコ南部の高地および中央、南アメリカ原産。直立の地上茎が長い地下茎から立ち上がる。枝は2種類あり、不稔性の枝は横に広がり、繰り返し分岐する。稔性の枝は直立、細茎を分岐し、4～8個の長く平たい胞子嚢穂をつける。
ゾーン：9～10

LYCORIS
(ヒガンバナ属)
英名：SPIDER LILY

南アフリカ原産のネリネ属の近縁で、日本や中国の田畑の縁によく見られ、ネリネに非常に似る。ヒガンバナ科に属する約18種の球根多年草で、晩夏から初秋に開花する前は休眠する。強く反曲する花弁を持ち、クモの脚に似た花は美しく、真っ直ぐな茎の先端に散形花序につく。線形の葉が花後に球根の基部から現われ、冬のあいだ残る。霜と雨によって痛みやすい。属名はローマ時代の武将マルクス・アントニウスの愛人で美しい女優の名前にちなむ。

〈栽培〉
夏に乾燥する地域の水はけのよい肥沃な土壌でもっともよく育つ。ポット栽培の場合、数年間は移植しない。晩春から真夏までは灌水を控える。

Lycoris aurea
一般名：ショウキンラン
英名：GOLDEN SPIDER LILY, HURICANE LILY
☀ ❄ ↔45cm ↕45～60cm
中国と日本の石灰質の土壌に見られる。花は黄金色、先端で反曲し、やや波状縁の花弁を持ち、茎の先端に密生する。
ゾーン：7～10

LYGODIUM
(カニクサ属)
英名：CLIMBING FERN

カニクサ科の約40種のつる性シダで、世界中の熱帯に分布する。匍匐性、分岐のある根茎を持ち、ほかのシダと違って葉状体の茎が成長し続け、先端に小葉が対につく。葉状体は相当な長さになり、支柱になるものに巻きつきながら伸びる。熱帯地方では、ロープ、網、籠などを作るのに使われる。

〈栽培〉
非常に霜に弱く、熱帯以外では戸外での栽培は難しい。湿度の高い温室の半日陰で、ポット栽培やハンギングバスケットに植えて栽培される。新しい葉状体が出る前に株分けして殖やす。定着すると節から根を伸ばす。胞子の取り播きでも殖やせるが、非常に発芽が難しく、あまり試されない。

Lygodium microphyllum
英名：CLIMBING MAIDENHAIR, SNAKE FERN
☀ ⚲ ↔30～90cm ↕3～5m
熱帯アフリカおよびアジアからオーストラリア北部に広く分布する。アメリアのフロリダ州では有害な雑草である。匍匐性の長い根茎を持ち、大きなコロニーを形成する。真緑～黄緑色、長さ6cmの小葉からなる。
ゾーン：10～12

Lycopodium deuterodensum

Lycopodium thyoides

Lycopodium clavatum

Lycoris aurea

LYSICHITON
(ミズバショウ属)
英名：SKUNK CABBAGE

サトイモ科に属する2種が北アジアおよび北アメリカ西部の湿地に生育する。根茎を持つ多年生草本で、大形のへら形の葉がつき、その後、ほぼ無茎のアルムに似た黄色または白色の花が咲く。夏に緑色の皮を持つ果実が穂状につく。英名は、つぶした葉に麝香に似た匂いがあることを指すが、かなり誇張されている。

〈栽培〉
寒冷気候の湿地または水辺で、腐植質の多い土壌の日向または半日陰に植える。定着して花をつけるまでに数年かかる。熟した種子を取り播きする。株分けも可能だが、生育環境と根茎が深く埋まっていることを考えると、作業は非常に困難である。

*Lygodium microphyllum*の自生種、ニューカレドニア

Lysichiton americanus
英 名：YELLOW SKUNK CABBAGE
☀/☀ ❄ ↔1.2～1.5m ↕0.9～1.2m
北アメリカ西部原産。2種のうちの、より大形になる種で、湿地や沼地に生育する。明黄色、長さ40cm、スパティフラムに似た花が早春につき、あとに丈の高い、明緑色、へら形の葉がつく。
ゾーン：6～10

LYSIMACHIA
（オカトラノオ属）
英 名：LOOSESTRIFE
サクラソウ科に属する約150種の多年草および亜低木で、ヨーロッパとアジアの多くの地域、北アメリカと南アフリカ共和国にも見られる。数種は低く横張りするが、ほとんどが群生する多年草で、狭披針形の葉と小形の5弁花が直立の穂につき、色は白または紫ピンクで、初夏から秋に咲く。

〈栽培〉
池の縁や小川の土手など多湿な土壌を好む種と、岩質の土壌で育つ種があるが、ほとんどが、湿気のある水はけのよい園芸用土の日向または半日陰をより好む。種によって、株分けまたは基部から採穂した挿し木、あるいは取り木で殖やす。

Lysimachia ciliata
一般名：リキマシア・キリアタ
☀ ❄ ↔50cm ↕100cm
北アメリカ原産。直立の茎を持ち、披針形、長さ15cmの葉が輪生する。夏に、黄色の花が上部葉腋に単生または対生する。'プルプレア'は、濃藤色の葉がつく。
ゾーン：4～10

Lysimachia clethroides
一般名：オカトラノオ
英 名：GOOSENECK LOOSESTRIFE
☀ ❄ ↔60cm ↕100cm
中国および日本原産。直立の多年草で、長さ12cm、披針形、細毛のある細い葉がつく。夏の間、小形の白色の頭花が茎頂にうなだれるようにつく。
ゾーン：4～9

Lysimachia congestiflora
一般名：リキマシア・コンゲスティフロラ
☀ ❄ ↔20～40cm ↕15cm
東アジア温帯原産。多年草で、暗緑色、ときに赤みがかり、先鋭、長円形の葉が盛り上がるようにつき、晩春に黄金色の花が頂生する。'アウトバック サンセット'は、黄緑色の葉に濃色の中斑がある。
ゾーン：7～10

Lysimachia ephemerum
☀ ❄ ↔40～60cm ↕100cm
ヨーロッパ南西部原産。直立の多年草。狭披針形、灰緑～青緑色、長さ15cmの葉が対生する。白色の小花が茎頂に穂でつき、最初湾曲するが、次第に直立する。
ゾーン：7～10

Lysimachia nummularia
一般名：リキマシア・ヌンムラリア
英 名：CREEPING JENNY, MONEYWORT
☀/☀ ❄ ↔60～100cm ↕5～10cm
ヨーロッパ原産の低い横張り性、ときにマウンド状になる多年草。葉は薄く、波状縁、径25mmの円形。夏に、葉腋に明黄色の花が単生、ときに対生する。帰化しやすい。'アウレア'は、明黄緑～黄金色の葉がつく。
ゾーン：4～10

Lysimachia punctata
一般名：リキマシア・プンクタタ
☀ ❄ ↔40～60cm ↕100cm
ユーラシア原産の直立多年草。有毛で先端が細く尖る、長さ8cm、披針形の葉が対生および（または）輪生する。明黄色、径12mmの花が茎頂に穂でつく。'アレキサンダー'は、クリーム色の縁のある美しい葉がつく。
ゾーン：5～10

Lysichiton americanus

Lysimachia congestiflora 'Outback Sunset'

Lysimachia nummularia 'Aurea'

LYTHRUM
（ミソハギ属）
約35種からなる本属は、ミソハギ科に属する。主に多年生草本だが、一年草と小形のハーブも含む。耐寒性多年草のうち2種が、非常に適応性のある栽培品種を作り出すのに用いられ、日向以外のどのような環境でも生育する（エゾミソハギの栽培上の注意を参照）。花は小形で星形、総状花序につく。切花やボーダー植栽に向く。属名はギリシャ語の*lythran*（血液）に由来し、花の色を指す。

〈栽培〉
秋か早春に通常の園芸用土に植え、日向または半日陰で育てる。理想的な環境は湿地の半日陰である。秋に切り戻す。秋か春に根分けで殖やす。有名な栽培品種は、実生繁殖では殖やさない。

Lythrum salicaria
一般名：エゾミソハギ
英 名：PURPLE LOOSESTRIFE, STRIPED LOOSESTRIFE
☀/☀ ❄ ↔60cm ↕60～150cm
温帯ユーラシア、アフリカおよびオーストラリア原産だが、北アメリカにも広く帰化し、雑草化している。真緑色の葉がつく。藤色の花が22～30cmの長い穂につき、初夏から初秋に開花する。侵襲性があり、地域によっては栽培が禁止されている。本種と*L. virgatum*は取り扱い上注意が必要である。'ブラッシュ'は花弁が大きく、薄ピンクがかる。'フォイアーケアツェ'（syn.'ファイアーキャンドル'）は、丈が高く、ボーダーの背面向きで、ローズレッドの花。'ロバート'は、チェリーピンクの花がつく。
ゾーン：3～10

Lythrum virgatum
リトルム・ウィルガトゥム
英 名：PURPLE LOOSESTRIFE
☀ ❄ ↔45cm ↕60～90cm
東ヨーロッパおよび北アジア原産。エゾミソハギよりも細く、より狭い葉がつく。'ローズ クィーン'は、ローズピンク色の花。'ザ ロケット'は、濃いローズピンクの花が咲く。
ゾーン：3～10

Lythrum salicaria

Lythrum salicaria 'ロバート'

Lysimachia p. 'アレキサンダー'

M

Macadamia integrifolia

Maackia amurensis

Maackia amurensis subsp. *buergeri*

MAACKIA
（イヌエンジュ属）

東アジア原産でマメ科ソラマメ亜科に属し、落葉性の高木、低木が8種ある。7～13の小葉からなる羽状に分裂した魅力的な葉を持つ。ふつうはクリーム色がかった小花が葉の上に短く上向きの総状花序をなす。本属は耐寒性があり成長が遅く、垣根や標本の植林に適している。特徴のある葉と晩夏に開花する花は秋に色を添える。かなり幼木期から花をつける。

〈栽培〉
日当たりがよく、肥沃で水はけのよい土壌がもっともよいが、幅広い土質での生育に耐える。植え替えは比較的容易である。過剰に剪定してはいけない。秋に実生で殖やす。

Maackia amurensis
英　名：AMUR MAACKIA
☼ ❄ ↔9m ↕18m
中国原産の低木または高木。枝を多数に分岐する習性があり、樹皮は銅色を帯びた茶色。羽状の葉は濃緑色で長さ20cm。上向きの密集した総状花序なす薄い青みがかった白い花を晩夏につける。*M. a.* subsp. *buergeri* ★は、綿毛のある葉がつく。
ゾーン：4～10

MAKADEMIA
（マカダミア属）

ヤマモガシ科に属する常緑の多雨林高木8種からなり、うち7種はオーストラリア東海岸、1種はインドネシア、スラウェシ島原産。降霜しない温暖な気候で観賞用の小高木に育ち、葉は大きく光沢があり、乳白色、または薄いピンク色の長く下垂し分岐した花をつける。自家受粉し、丸く硬い殻に覆われた堅果は晩夏から秋に熟して落果する。マカダミアナッツは古くからオーストラリア先住民の食料源で、2種はオーストラリア、アメリカ合衆国のハワイ州、カリフォルニア州や世界のその他の地域で商業栽培されている。

〈栽培〉
日当たりのよい、または部分日陰の水はけがよく腐植土を多く含む土壌で栽培する。乾燥期にはじゅうぶんな水を必要とする。実生で殖やすが、結実には少なくとも6年以上が必要。繁殖には接ぎ木や芽接ぎが一般的である。

Macadamia integrifolia
英　名：SMOOTH-SHELLED MACADAMIA NUT
☼/☼ ❄ ↔6m ↕15m
オーストラリア、クィーンズランド州南部原産の世界的に有名な堅果をつける高木。光沢のある長楕円形の葉が3枚輪生につく。葉の縁はわずかに波形。冬から春にかけて、乳白色からピンク色の花が長く下垂した総状花序をなす。硬い殻に入った乳白色の実は食用となる。
ゾーン：9～11

Macadamia tetraphylla
英　名：BOPPLE NUT、MACADAMIA NUT、QUEENSLAND NUT
☼/☼ ❄ ↔6m ↕12m
オーストラリア東海岸の亜熱帯多雨林原産。濃緑色で刺の多い縁歯の長楕円形の葉が輪生する。冬から春にかけて、白色またはピンク色がかった花が長く下垂する総状花序をなす。実は丸く堅い。甘みがあり、食用となるこの堅果は商業栽培されている。
ゾーン：9～11

MACAERANTHERA
（マカエランテラ属）

アメリカ合衆国北西部原産のキク科の植物で、一年草、二年草、多年草が26種ある。茎は強健な主根から生える。先端が剛毛質で、刺のある鋸歯縁の葉が互生する。頭花は単生または群生する。青紫色や紫色の舌状花と、黄色や赤色、茶色の筒状花がデイジーに似た複総状花序や集散花序をなす。果実は針毛のある下位痩果。ギリシャ語の「剣」を意味する*machaira*と、茎が分岐する性質から*anthera*（葯）が名前の語源となった。

〈栽培〉
花壇植えや切花用が理想。日当たりのよい場所で砂質土または砂利質土を好む。水はけがよいが保湿性のある用土を使用する。秋または早春に実生で殖やす。

Machaerathera tanacetifolia
異　名：*Aster tanacetifolius*
英　名：PRAIRIE ASTER、TAHOKA DAISY、TANSYLEAF ASTER
☼ ❄ ↔20～38cm ↕30～50cm
アメリカ合衆国西部原産の一年草。直立性あるいは匍匐性。無毛のものとわずかに有毛のものがある。小さい葉が密集し、葉には深い切れ込みがある。花頭はピンク色がかった紫色から青紫色の舌状花で筒状花は鮮黄色。晩春から初秋まで咲く。
ゾーン：2～9

MACKAYA
（マクカヤ属）

キツネノマゴ科の植物で1種しかない。同科には有名な多年草のハマアザミも含まれる。南アフリカ原産で、主に小川の土手沿いなど森林の下生えに育つ常緑低木。葉は濃い深緑色で葉縁は丸みのある波状で、年中葉を出す。花は花弁が広く開いた筒状で、ふつうは藤色。春から秋にかけて枝の先に咲く。

〈栽培〉
日当たりのよい場所、または覆いのある半日陰の場所で、湿り気のある水はけのよい土で育てる。春に実生または半熟枝の挿し木で殖やす。

Mackaya bella ★
☼/☼ ❄ ↔1.2m ↕2.4m
南アフリカ原産の低木。樹齢と共に広がる性質に変化する。葉は光沢のある濃緑色で葉縁は波形。筒状の花はフレアのある花弁5枚からなり、色は淡い藤色で濃藤色の筋が入る。春から秋に枝の先端に緩やかな穂状花序をつける。
ゾーン：9～11

MACLEANIA
（マクレアニア属）

約40種の常緑低木で、原産は中央アメリカと南アメリカ熱帯地域。ツツジ科に属する。膨らんだ茎の一部が地下茎となるものが多く、そこから細長い枝がアーチ状に伸びる。葉は単純な楕円形で若葉はふつう赤みがかっている。つぼ形または円筒形の小さな花が下垂した総状花序をなし、花が終わると目立たない石果がつく。降霜しない冷涼地帯での植え込みには非常に優れた植物で、また、大きなハンギングバスケットで育てアーチ状に枝を伸ばす特性を最大に見せることも可能である。

〈栽培〉
熱帯が原産のため、耐霜性はないが、種の多くは中程度の標高で育ち、適度に冷涼な湿り気のある土壌を好む。部分日陰で育てる。土は肥料を少なめにし、じゅうぶんな腐葉土を与える。花後に、まばらに葉がついた茎や伸びすぎた茎は切り戻す。実生、挿し木または取り木で殖やす。

Macleania insignis
☼ ⚘ ↔1.2m ↕1.5～1.8m
メキシコ南部から中央アメリカに見られる低木。約10cmの楕円形の葉が下垂した枝につく。花はオレンジ色から橙赤色、花喉に細かい毛があり、葉の欠刻に斜めに3～10個が短い総状花序をなす。夏に開花。
ゾーン：11～12

Macleania pentaptera
異　名：*Anthopterus ericae*、*Macleania sleumeriana*
☼ ❄ ↔90cm ↕1.8m
コロンビア、パナマ、エクアドル共和国原産の常緑低木。雲霧林に育つ。長いつる性枝に、心臓形で革質の葉が巻きついている。下部がオレンジ色、上部が緑色の筒状花が枝の先端に群生し、夏に開花する。
ゾーン：9～10

Mackaya bella

Maclura tricuspidata

Maclura pomifera

Macropiper excelsum

Macropiper excelsum 'Variegatum'

MACLEAYA
（タケニグサ属）
英　名：PLUME POPPY

ケシ科に属し耐寒性の多年草が2種あり、ボッコニアの名称で販売される場合もある。強健で魅力的なこの植物は帰化しやすく、密な茂みを形成し、地下の吸枝で広がる。波状縁で、深い欠刻があり、心臓形、灰～オリーブグリーン色、長さ15cm～20cmの葉がつく。小さな花が大きい羽毛状の円錐花序をなし、長さ30cmになる。ロンドン・リンネ協会の前会長、Alexander Macleayにちなんで名づけられた。

〈栽培〉
秋または早春に、雨風の当たらない日当たりのよい場所のローム質の土に深く植える。秋には花がらを摘み、茎を切り落とす。肥沃な土壌は侵略種の習性を助長させる。秋または早春に種や根分けで殖やす。自家播種する。

Macleaya cordata
異　名：*Bocconia cordata*
一般名：タケニグサ、チャンパギク
英　名：PLUME POPPY、TREE CELANDINE
☼ ❄ ↔90cm ↕2.4m

中国から日本に分布するプルーム・ポピー。茎の下方に深く欠刻した大きな葉がつく。葉の表面は灰緑色で裏面は灰白色。パールホワイトまたはピンク色の小花が長さ90cmの羽状の花序をなし、夏に開花する。ゾーン：3～10

Macleaya microcarpa
マクレアヤ・ミクロカルパ
異　名：*Bocconia microcarpa*
☼ ❄ ↔90cm ↕2.4m

中国中央部原産のプルーム・ポピー。*M. cordata*と似る。葉は灰緑色からオリーブ色で裏面は白色、綿毛がある。花の外側はピンク色で内側はブロンズ色、秋に開花する。ときに帰化しやすい。'コーラル プルーム'の花は濃いピンク色。'ケルウェイズ コーラル プルーム'の花は目立つ濃い黄褐色からサンゴ色。
ゾーン：3～10

MACLURA
（ハリグワ属）

刺のある枝、染料になる花、面白い果実で知られる。クワ科に属し、常緑性または落葉性の低木、高木、つる性植物が12種ある。温帯から熱帯に育つ。雌雄異株。葉はふつう単純な先鋭の卵形で、裏に綿毛があるものもある。雄花も雌花も黄色から緑色がかり色は似ているが、雌花の房の方が大きい。果実は球状で黄色やオレンジ色に熟す。

〈栽培〉
耐霜性のものと耐乾性のものがある。日当たりのよい場所や部分日陰の湿り気のある、水はけのよい土壌であればほとんどは容易に育つ。日当たりのよい場所では果実がつきやすく、日陰では葉が成長するので、雄株はやや日陰に、雌株は日当たりのよい場所に植える。落果後、冬に剪定するが、冬霜で傷みそうな場合は春まで剪定を待つ。夏に実生、または半熟枝の挿し木で殖やす。あるいは、冬に熟枝の挿し木で殖やす。

Maclura pomifera
一般名：アメリカハリグワ
英　名：OSAGE ORANGE
☼/◐ ❄ ↔9m ↕15m

アメリカ合衆国、アーカンソー州からテキサス州の乾燥地帯に見られる落葉高木。長さ5～15cmの光沢のある葉は秋に鮮黄色に色づく。目立たない緑色の花が初夏に開花する。果実は光沢があり、表面にしわがある。
ゾーン：6～10

Maclura tricuspidata
異　名：*Cudrania tricuspidata*
一般名：ハリグワ
☼ ❄ ↔4.5m ↕8m

中国中央部と朝鮮半島原産の刺のある落葉小高木。葉は光沢のある緑色。小さい球形の緑色の花が夏に密生する。丸く赤い実は食用になる。葉はクワの木と類似し、蚕の餌の代用にもなる。
ゾーン：7～10

MACROPIPER
（マクロピペル属）

コショウ科に属し、常緑の低木と小高木が約9種ある。ニュージーランド、ニューギニアおよび南太平洋諸島で見られ、低地の森林で育つ。つぶすと胡椒の香りがする大きな葉が互生する。小さな雄花と雌花は別々に上向きの穂状に群生し、異株の場合もある。栽培品種は観賞用となる葉や色鮮やかな蝋質の果実をつけることから栽培される。

〈栽培〉
冷温帯では温室での栽培が必要であるが、暖温帯では明るい日陰で適度に肥沃な水はけのよい土壌に植えること。実生または半熟枝の挿し木で殖やす。

Macropiper excelsum
マクロピペル・エクスケルスム
英　名：KAWAKAWA, PEPPER TREE
☼ ❄ ↔2m ↕2m

ニュージーランド海岸沿いの森林、雑木林原産の枝が密集する低木。葉は円形で心臓形に近く、芳香性、葉脈は浮き上がる。小さく黄色い花が年中咲く。花の後、鮮やかなオレンジ色の実が上向きの穂状の房になる。'ワリエガトゥム'の葉は深緑色で薄黄色の模様がある。
ゾーン：1？～11

MACROZAMIA
（マクロザミア属）

ソテツ科に属し、約38種がある。オーストラリア亜熱帯、暖温帯に見られる。多くはユーカリ樹林や森林地帯のやせた土壌に育つ。数種は茎を分岐することなくヤシ科植物のように地上に大きな樹幹を形成し、他種は樹幹を地下に形成する。濃緑～青緑色の細かく分かれた羽状葉がらせん状につき、他の多くのソテツ類ほどは尖っていない。雌雄異株。大きな赤色またはオレンジ色の実はオーストラリア先住民族の伝統食であった。この実は生で食べると毒があるため、調理には注意が必要で、水に浸してから叩き潰したものを焼く。地下茎に毒を持つ種も多い。

〈栽培〉
水はけのよい、砂質土壌がもっともよい。*M. moorei*や*M. riedlei*のような大形品種は日当たりのよい場所を好み、一方、小形品種は日陰でよく育つ。成長期には定期的に水を与える。種子が熟したら直ちに播いて殖やす。

Macrozamia communis ★
英　名：BURRAWANG
☼ ❄ ↔2m ↕0.9～1.8m

オーストラリア、ニューサウスウェールズ州原産のソテツ。幹はほとんど地下にある。葉の長さは1.8mで、小葉は厚く、くすんだ緑色。雌種子は夏に熟すと鮮赤色で肉質の外皮を持つ。
ゾーン：9～11

Macleania pentaptera

Macleaya microcarpa

Macrozamia fawcettii ★

☀ ❄ ↔ 1.5m ↕ 1.5m

オーストラリア、ニューサウスウェールズ州原産。地下樹幹の長さは約30cm。若葉は光沢のある薄緑色からブロンズ色で次第に濃緑色になる。細い小葉が50〜120枚つき、春から夏には独特のねじれた、乱雑な外観となる。
ゾーン：9〜11

Macrozamia lucida ★

☀ ❄ ↔ 1.2〜1.8m ↕ 1.2〜1.8m

オーストラリア、クィーンズランド州沿岸の温暖な森林地帯原産のソテツ。地下樹幹の長さは約40cm。葉は光沢のある濃緑色、細かく分かれ50〜100枚の細い小葉からなる。雌株には夏に卵形〜たる形の球果がつく。
ゾーン：9〜11

Macrozamia miquelii

☀ ❄ ↔ 2.4m ↕ 2.4m

オーストラリア、クィーンズランド州原産のソテツ。太い樹幹が立ち上がり、100枚にも及ぶ小葉からなる濃緑色の多数の葉が樹冠をなす。雄株の球果は円筒形でふつうは曲がっている。雌株の球果は円筒形またはたる形で夏につく。
ゾーン：9〜11

Macrozamia moorei ★

英　名：GIANT BURRAWANG, ZAMIA PALM

☀ ❄ ↔ 2m ↕ 8m

オーストラリア、クィーンズランド州中部とニューサウスウェールズ州北東部原産の高木状のソテツ。くすんだ深緑〜灰緑色の葉が丸い樹冠を形成し、葉は成長すると、うねのように隆起する。雌株には円筒形〜たる形の非常に大きな球果が夏につく。
ゾーン：9〜11

Macrozamia riedlei

英　名：BURRAWANG, ZAMIA PALM

☀ ❄ ↔ 2m ↕ 3〜3.5m

西オーストラリア南西部に見られる。地下樹幹が約30cm地上に伸び出るか、または太い地上樹幹を持つ。光沢があり鮮緑色から深緑色の葉は、わずかに隆起しているか平坦で、葉柄に刺はない。雌株は夏に球果をつける。
ゾーン：9〜11

Macrozamia spiralis

☀ ❄ ↔ 0.9〜1.8m ↕ 0.9〜1.8m

オーストラリア、ニューサウスウェールズ州原産のソテツ。地下樹幹は短い。葉は濃緑色で40〜120枚の細い小葉が直立または広がって茎に巻きつき、らせん状に見える。雄株の球果は円筒形。雌株は夏に卵形の球果をつける。
ゾーン：9〜11

MAGNOLIA

（モクレン属）

アジアから北アメリカにかけて自生する。モクレン科に属し、約100種からなり、栽培品種は数知れない。常緑性のものと落葉性のものがあるが、いずれも花は素朴で香りのあるものが多い。大部分は甲虫類により受粉する。多くは葉が出る前の裸枝に花をつけ、このシンプルさが世界中の園芸家を魅了する理由である。果実の多くは、色鮮やかな種子をつけたピンク色や赤色の球果状の目立つ塊をなし、細い花糸の先に釣り下がる場合もあり、さらに魅力を加える。

〈栽培〉
石灰質でも耐える種はあるが、多くは腐植質に富み、肥沃な水はけのよい酸性土がよい。一般的に成長は速く、多肉質の地表根は栽培の際に傷みやすい。そのため、手を加えないでおくことがもっともよい。風や遅霜が大きな花を傷めることもある。明るい日陰が一般的に理想。夏の挿し木や秋の実生で殖やす。接ぎ木は冬に行なうこと。

*Macrozamia communis*の自生種、オーストラリア、ニューサウスウェールズ州

Magnolia acuminata

英　名：CUCUMBER TREE

☀ ❄ ↔ 9m ↕ 30m

北アメリカ東部原産の落葉高木で、樹齢と共に広く伸びる。葉は大きな楕円形、裏面は青緑色でふつうは有毛。花は金属質の緑〜黄緑色で花弁は上向き、夏に開花する。未熟の実はキュウリに似ている。
ゾーン：4〜9

Magnolia amoena

☀ ❄ ↔ 12m ↕ 10〜12m

中国原産の落葉高木、*M. denudata*と*M. cylindrica*に似る。葉は緑色で互生。香りのある白い花は淡桃色を帯び、花弁は9枚、径5㎝、で、夏に開花する。
ゾーン：6〜11

Magnolia ashei

英　名：ASHE MAGNOLIA

☀ ❄ ↔ 6m ↕ 9m

アメリカ合衆国フロリダ州北西部の多湿な森林に見られる落葉高木。大きな楕円形、淡青緑色の葉は裏面に細毛があり、若枝の先端に束状につく。花は白く、香りがあり、大きな杯状で、内側は紫色を帯びる。春に葉と同時に開花する。
ゾーン：7〜10

Magnolia campbellii

マグノリア・カンプベリイ

英　名：CAMPBELL'S MAGNOLIA, PINK TULIP TREE

☀ ❄ ↔ 9m ↕ 30m

中国南西部からネパール東部のヒマラヤ森林地帯原産の高木。葉は大きな楕円形で、若葉はブロンズ色、裏面は薄色。非常に大きくかすかな香りのある花は、薄〜濃桃色で、晩冬から初春に葉が出る前に開花する。実生は開花まで30年かかる。接ぎ木では5年かかる。台木には*M.* × *soulangeana*を使う。*M. c.* subsp. *mollicomata*（マグノリア・カンプベリイ・モリコマタ）は、幼木の頃から花をつけ、徐々に花は大輪になる。'ラ

Macrozamia moorei

Macrozamia riedlei

ナース'はより耐寒性があり、シクラメンのような紫色の非常に大きな花をつける。*M. c.*'チャールズ ラッフィル'の蕾は深いローズピンク色で開花すると外側が桃紫色で内側は白みを帯びた桃紫色になる。'ダージリン'の花は濃い桃紫色。
ゾーン：7〜9

Magnolia cordata

英　名：YELLOW CUCUMBER TREE

☀ ❄ ↔ 4.5m ↕ 8m

アメリカ合衆国南東部原産の落葉性の低木または丸みのある小高木。葉は長楕円形〜楕円形、裏面は淡い青緑色でふつうは花と同時に出る。夏に淡い鮮黄色から黄緑色の花が開花し、初秋にも再開花する。*M. acuminata* var. *subcordata*として知られる場合もある。
ゾーン：6〜8

Magnolia dawsoniana

☀ ❄ ↔ 8m ↕ 12m

中国、新疆ウイグル地区山岳森林原産の落葉性の高木または低木。葉は濃緑色で裏面は薄色。かすかに香る花は内側が白く外側は薄桃色で、次第に褪色する。早春に葉が出る前に開花する。
ゾーン：6〜9

Magnolia acuminata

Magnolia amoena

Magnolia delavayi

☼/◐ ❄ ↔9m ↕10m

中国、雲南省南部原産。大きな濃緑色の葉をもつ常緑高木で、葉の裏面は灰緑色。乳白色の大きな花は香りがあり、短命。晩夏の夜間に開花する。
ゾーン：8〜10

Magnolia denudata

一般名：ハクモクレン
英　名：JADE ORCHID, LILY TREE, YULAN
☼/◐ ❄ ↔9m ↕9m

中国中央部原産の落葉性の高木または低木で、その美しさで愛好されている。葉は互生し、裏面は緑色。花は白く、香りがあり、杯形、「純粋」の象徴、夏、葉が出る前の裸木に開花する。非常に美しいモクレンで、植えつけ後3年以内に開花する。ゾーン：6〜9

Magnolia fraseri

英　名：EAR-LEAFED MAGNOLIA, FRASER'S MONGOLIA
◐ ❄ ↔9m ↕12m

アメリカ合衆国南東部原産の落葉高木で枝が大きく広がる。ブロンズ色の若葉は次第に薄緑色になる。花は香りがあり、花瓶形から皿形に変形していく。乳白色で外側の花弁は緑色を帯びる。晩春から初夏に開花。
ゾーン：6〜9

Magnolia grandiflora

一般名：タイサンボク
英　名：BULL BAY, GREAT LAUREL MAGNOLIA, SOUTHERN MAGNOLIA
◐ ❄ ↔10m ↕10m

アメリカ合衆国フロリダ州中部からノースカロライナ州、西はテキサス州原産の常緑高木。葉は硬く、革質で深い光沢のある緑色、裏面は錆色で軟毛がある。初夏に乳白色、皿形、香りがある大きな花が開花する。果実は木質。'エクスマウス'の葉は光沢のある緑色で、裏面は錆色をしたフェルト状。初期には非常に大きな香りのする花をつける。'フェルギニア'は直立で密集する性質がある。葉

Magnolia denudata

Magnolia hodgsonii

の裏面は赤色、フェルト状。'ゴリアテ'は真夏に非常に大きな球形の花を多数つける。'リトル ジェム'の葉は小さめで、若木の頃には小ぶりの花を咲かせる。
ゾーン：6〜9

Magnolia hodgsonii

異　名：Talauma hodgsoii
☼ ❄ ↔10〜12m ↕10〜12m

ヒマラヤ山脈原産。縁がわずかに波状で、非常に大きく、硬い楕円形の葉がつく。蕾は濃紫色で、開花すると帯桃色のベージュ色になる。花は径18cm、果物のような香りがあり、春に開花する。
ゾーン：6〜10

Magnolia hypoleuca

一般名：ホオノキ
英　名：JAPANEASE BIG-LEAFED MAGNOLIA, WHITE-BARK MAGNOLIA
☼ ❄ ↔9m ↕30m

日本の多湿な山岳森林原産の落葉高木。葉は薄緑色の蝋質で、裏面は軟毛があり、青緑色、葉柄は紫がかる。杯形の花は香りがあり、乳白色で、外側はピンク色に染まる。夏に開花する。赤い実が塊状になる。
ゾーン：6〜9

Magnolia × kewensis

☼ ❄ ↔8m ↕12m

*M. kobus*と*M. salicifolia*との交雑種。落葉性の大低木または小高木があり、真緑色の葉は長さ12cm。花は杯形、香りがあり、白色で径12cm、春に葉が出る前につく。
ゾーン：6〜11

Magnolia campbellii subsp. *mollicomata*

Magnolia grandiflora

Magnolia kobus

Magnolia grandiflora

Magnolia kobus

一般名：コブシ
英　名：KOBUS MAGNOLIA
☼/◐ ❄ ↔9m ↕12m

日本と朝鮮半島原産。楕円形の葉は濃緑色で滑らか、裏面は薄色。かすかに香りがある乳白色の花は下部にピンク色の縞がある。花は葉が出る前の早春につく。*M.* × *loebeneri*および*M. stellata*は、以前は本種の品種と考えられていた。*M. k.* × *borealis*はより繁殖力旺盛で、葉は大きく、まばらに花がつく。
ゾーン：4〜8

Magnolia liliiflora

異　名：*Magnolia quinquepeta*
一般名：モクレン、シモクレン（紫木蓮）
英　名：LILLY-FLOWERED MAGNOLIA
☼ ❄ ↔4.5m ↕3m

中国中央部原産で落葉性の小高木または大低木で、ほかの種に比べて小さい。完全耐寒性。葉は濃緑色で裏面は薄色で有毛。花は紫桃色で蝋質、杯形、ユリに似る。幅は約8cmで春から夏に葉と同時につく。'ニグラ'の花はワインパープル色で内側は薄紫色。
ゾーン：6〜11

Magnolia × loebueri

マグノリア×ロエブネリ
☼ ❄ ↔6m ↕9m

変異の多い*M. kobus*と*M. stellata*の交雑品種。花つきの多い落葉性の高木または低木で、幅広い土壌で育つ。葉は細く濃緑色で、長楕円形。花は大きく、白色で多くは下部がピンク色。春から夏に開花する。'レオナルド メッセル'は広がる習性があり、濃い赤紫色の蕾を冬につける。花弁は細くピンク色で内側は白色。'メリル' ★は魅力的な白色の花をつける。
ゾーン：4〜8

Magnolia liliiflora、'ニグラ'、夏

Magnolia liliiflora 'ニグラ'、春

Magnolia liliiflora 'ニグラ'、冬

Magnolia macrophylla

英　名：BIGLEAF MAGNOLIA、
UMBRELLA TREE

☀ ❄ ↔9m ↕15m

アメリカ合衆国南東部の多湿な森林地帯原産の落葉高木。大きな楕円形の葉は薄く、淡青緑色で裏面は有毛。初夏から真夏に杯形のクリームイエローの花を咲かせる。丸いピンク色の果実が房でつく。
ゾーン：4〜8

Magnolia officinalis

英　名：MEDICINAL MAGNOLIA

☀ ❄ ↔8m ↕18m

落葉高木。原産地の中国森林地帯では絶滅したとされるが、薬用に栽培されている。葉は楕円形で縁は波状。乳白色の花は杯形で香りがあり、晩春から初夏に咲く。果実は桃赤色で、種子は深紅色。*M. o.* var. *bioaba*はわずかに刻み目のある葉を多数つける。
ゾーン：6〜9

Magnolia × proctoriana

☀ ❄ ↔4.5m ↕6m

アメリカ合衆国マサチューセッツ州アーノルド樹木園が作出した*M. salicifolia*と*M. stellata*の交雑種。小高木でピラミッド形になる習性を持つ。葉は小形で細く、表面は淡緑色。花は白色で下部はピンク色、香りがあり、花弁は広がる。早春に開花する。
ゾーン：6〜9

Magnolia pyramidata

英　名：PYRAMID MAGNOLIA

☀ ❄ ↔8m ↕9m

アメリカ合衆国南東部沿岸の平野に見られる希少種の落葉高木。多くは幹が分岐する。葉はひし形でブロンズ色、次第に薄色になる。春に香りのあるクリーム色の花をつける。*M. fraseri*の亜種とする専門家もいる。
ゾーン：7〜9

Magnolia×loebueri'レオナルド　メッセル'

Magnolia×loebueri'レオナルド　メッセル'

Magnolia salicifolia

Magnolia salicifolia

英　名：WILLOW-LEAFED MAGNOLIA

☀ ❄ ↔6m ↕12m

日本の山地のカシやブナの林を流れる川の土手沿いに自生する、低木または落葉性の高木。細く、ヤナギに似た薄緑色の葉で裏面は灰緑色。葉や樹皮や木部に傷をつけるとレモンまたはアニスの香りがする。花は白色で香りがあり、春に葉が出る前に開花する。'**ワダズ　メモリー**'は香りのある白色の花が咲く。
ゾーン：6〜9

Magnolia sargentiana

☀ ❄ ↔8m ↕18m

中国原産の落葉高木。もっとも美しいマグノリアのひとつとされる。葉は深緑色で光沢があり、裏面は灰色がかっている。花は紫色がかったピンク色から白色で、春に開花する。*M. s.* var. *robusta*はより大形で、低木性のものが多く、開花は早い。*M. dawsoniana*の一品種とされる場合もある。
ゾーン：7〜9

Magnolia × loebneri 'Merrill'

Magnolia sieboldii

一般名：オオヤマレンゲ
英　名：OYAMA MAGNOLIA、
SIEBOLD'S MAGNOLIA

☀ ❄ ↔8m ↕6m

日本、朝鮮半島、中国南部が原産の大形で枝を広げる落葉低木。栽培種は小形。葉の裏面は白いフェルト状。晩春から晩夏に、純白色で香りのある下向きの花が次々に咲く。果実は小さくピンク色がかっている。*M. s.* subsp. *sinensis*は、幅広い楕円形の葉で裏面はフェルト状。白色で杯形の下垂する花は強いレモンの香りがし、晩春に葉が出ると同時に開花する。果実は大きく、ピンク色。
ゾーン：6〜9

Magnolia × proctoriana

Magnolia macrophylla

Magnolia × loebneri

Magnolia sieboldii

Magnolia×thompsoniana 'ピクチャー'

Magnolia × thompsoniana

☀ ❄ ↔6m ↕9m

1808年にロンドンのトンプソン・ナーセリーで作出された、枝を大きく広げる落葉低木。*M. tripetala*と*M. virginiana*の交雑品種。葉は大きく、光沢のある緑色。葉は*M. virginiana*よりも大きく、初冬まで落葉しない。花は大輪で香りがあり、乳白色。夏に開花する。
ゾーン：6〜9

Magnolia tripetala

英 名：UMBRELLA MAGNOLIA

☀ ❄ ↔10m ↕12m

アメリカ合衆国東部の湿潤な山岳地帯原産で、横に広がる落葉高木。葉の表面は暗緑色、裏面は灰緑色でフェルト状。芳香性の、クリーム色で花弁の細長い花が晩春から初夏に開花する。果実は藤色。ゾーン：5〜8

Magnolia × veitchii

英 名：VEITCH'S MAGNOLIA

☀ ❄ ↔4.5m ↕30m

交雑栽培品種の落葉高木。*M. denudata*と*M. campbellii*の交雑種で強健。ブロンズパープル色の葉が暗緑色に変わる。花は上向きで壺型、香りがあり、白色で下部のみがピンク色。春の半ばに葉が出る前に開花する。
ゾーン：6〜9

Magnolia virginiana

一般名：ヒメタイサンボク

英 名：SWAMP LAUREL, SWEET BAY

☀ ❄ ↔6m ↕9m

アメリカ合衆国沿岸の沼沢地に見られる、順応性のある高木または密に枝が繁る低木。常緑性または落葉性。光沢のある葉は裏面が銀色。濃いレモンの香りのするクリーム色または白色の杯形の花が、晩夏に開花する。
ゾーン：6〜9

Magnolia wilsonii

英 名：WILSON'S MAGNOLIA

☀ ❄ ↔6m ↕6m

中国西部原産の枝を広げる落葉低木。細長く、楕円形の葉は暗緑色で、裏面は薄色でフェルト質。白色、芳香性の皿形の花が春から初夏に下垂して開花する。
ゾーン：6〜9

Magnolia Hybrid Cultivars
（モクレン交雑品種）

☀ ❄ ↔6〜9m ↕6〜12m

*M. × soulangeana*の交雑の成功以来、繁殖家は、より大きく、より色鮮やかなモクレンの作出に力を注いできた。アメリカのDe Vos & Kosar's Eight Little GirlsやGresham、およびニュージーランドのJury Familyによって作出された品種が有名である。これらの交雑種には次のものがある。'**アン**'は下部が濃いピンク色で先端に向かって淡いピンク色になる。'**アポロ**'の蕾はローズピンク色で春にローズレッド色の花が咲く。'**ベティー**'の花弁は濃いローズ色。'**チャールズ コーテス**'は香りのある乳白色の花を春につける。'**エリザベス**'は晩春に淡

Magnolia × soulangeana

Magnolia×thompsoniana 'バーガンディ'

Magnolia × soulangeana

一般名：ソコベニハクモクレン

英 名：SAUCER MAGNOLIA, TULIP MAGNOLIA

☀ ❄ ↔6m ↕6m

*M. denudata*と*M. liliiflora*の交雑種。落葉性、下部が分岐する高木または大低木。葉は短く、楕円形、暗緑色で光沢がある。花は直立し、白色からローズピンク色で下部は濃色。春から夏に開花する。花は若木でも葉が出る前につく。'**アレクサンドリナ**'は大輪の花が直立し、内側は白色、外側はローズパープル色を帯び濃色の筋が入る。'**ブロッゾニイ**'は非常に大きく、細長い白色の花で、ピンクパープル色の筋が下部に入る。'**バーガンディ**'はパープルピンク色の花。'**レンネイ**'は球形の花で、非常にくぼんだ肉厚の花弁は外側がマゼンタパープル色で内側は乳白色。'**レンネイ アルバ**'は象牙色。'**ピクチャー**'の花は濃いえび茶色から藤色で花弁の先にいくほど色が薄くなり白色になる。'**ルスティカ ルブラ**'は小さな球状の花で花弁の外側は濃いローズピンク色、内側は桃白色に褪色する。
ゾーン：4〜9

Magnolia sprengeri

英 名：SPRENGER'S MAGNOLIA

☀ ❄ ↔8m ↕12m

中国原産で落葉性の枝を広げる高木。葉は暗緑色で楕円形、幼葉の裏面はフェルト状。花は大輪で香りがあり、淡いピンク色から濃いピンク色の花が春に葉が出る前に開花する。*M. s. var. diva*の花は白色。
ゾーン：7〜9

Magnolia stellata

一般名：シデコブシ

英 名：STAR MAGNOLIA

☀ ❄ ↔3m ↕4.5m

日本の本州の高地に見られる、丸い落葉低木。葉は暗緑色で楕円形。曲線状に屈曲した細長い花弁の香りのあるアイボリーの花が晩冬、葉が出る前に群生する。栽培品種の*M. kobus*の亜種としても知られる。'**クリサンテミフロラ**'は八重咲きで花弁は白色、裏面はピンク色を帯びる。'**ピンク スター**'は白色に近い薄桃色の花。'**ロセア**'の花弁は裏面が薄桃色。'**ロイヤル スター**'は花が多く、八重咲きで純白色。'**ウォーターリリー**'★は大輪の花が他品種より多くつく。花弁は薄桃色。
ゾーン：5〜9

Magnolia stellata 'ピンク スター'

莢をつける*Magnolia virginiana*

Magnolia × thompsoniana

Magnolia stellata 'ロイヤル スター'

黄色で芳香性の花をつけ、葉は濃緑色。'フリーマン'は濃緑色で革質の光沢がある葉で、夏には芳香性の白色の花が咲く。'ギャラクシー'の花は薄桃色で内面は乳白色。直立する、中形から大形でチューリップ形の花が早春の葉が出る前に開花する。'ジョージ ヘンリー カーン'は小形で、細長い花弁の白色から薄桃色の花で花弁の裏面は藤色。'ゴールド スター'の花は黄色。'ヘヴン セント'はGresham hybrid（グレシャム ハイブリッド）の1種でSvelte Brunettes（スヴェルト ブルネット）として知られている。みごとに花つきが多く、芳香性の細長く濃ピンク色の杯形をした花が早春に咲く。'イオランテ'は非常に大形の花。Jury hybrid（ジュリー ハイブリッド）。'ジェーン'は濃ピンク色の花でより濃色の筋がある。早春に開花する。'ジュディー'の花は小形で、芳香性のものもある。'マンチュ ファン'はベルベット質のクリーム色の花。'No.4'の花はピンク色で先端に向かって白色になる。花弁は直立し、先端は反り返る。'ピンク アルバ スペルバ'は濃ピンク色の杯形の花が春に開花。'ピンキー'の花弁の裏面はピンク色で表面は白色。'ランディー'の裏面は非常に濃ピンク色。三角形の低木または小高木。'リッキ'は薄桃色の花で裏面はより濃色。花弁は非常に直立する。'ルージュド アラバスター'はローズピンク色を帯びたクリーム色の花。'ロイヤル クラウン'の花は濃赤色から紫色で内面は白色。外側の花弁が反り返り王冠のようになる。春に開花。'スーザン'は薄桃色の花で中心近くは濃くなる。わずかにうねがある。'ヴァルカン'はシクラメンピンク色の花。'イエロー ランタン'の花は黄色。

ゾーン：6～9

MAHONIA
（ヒイラギナンテン属）

ホーリー・グレープとしてよく知られている。メギ科に属し、常緑低木が約70種ある。アジアと北アメリカに見られ、中央アメリカにまで広がる種もある。葉は多くの場合、非常に刺が多く、比較的大きな小葉が3出複葉や羽状複葉をなす場合がある。葉は成長過程で幾度か変色しながら互生または輪生する。多くは、春から初冬にかけて、小枝に芳香性の黄色い小花がつく。果実はふつう、暗藍色の食用となる液果で、ブドウのように白い粉をふく。ヒイラギナンテンをメギとは別属にしておくか否かということを植物学者たちは長い間論議し続けていた。英国やヨーロッパの植物学者の多くは、それぞれを別属とし、一方、北アメリカ

モクレン、HC、'ランディー'

モクレン、HC、'スーザン'

モクレン、HC、'リッキ'

モクレン、HC、'ピンキー'

モクレン、HC、'アン'

モクレン、HC、'ベティー'

モクレン、HC、'エリザベス'

モクレン、HC、'フリーマン'

モクレン、HC、'ジョージ ヘンリー カーン'

モクレン、HC、'ゴールド スター'

モクレン、HC、'ヘヴン セント'

モクレン、HC、'イオランテ'

モクレン、HC、'ジェーン'

モクレン、HC、'ジュディー'

モクレン、HC、'No.4'

モクレン、HC、'ルージュド アラバスター'

モクレン、HC、'ピンク アルバ スペルバ'

モクレン、HC、'ロイヤル クラウン'

モクレン、HC、'イエロー ランタン'

Mahonia aquifolium

Mahonia aquifolium 'グリーン リップル'

Mahonia aquifolium 'コンパクタ'

の有力学派はこれらを二分する特徴は明らかではなく、全種を広くメギ属と定義すべきだとしている。最近の研究では後者の分類を裏づけるものもあるが、ここでは広範囲にわたる調査が実施されるまでヒイラギナンテン属とする。

〈栽培〉
ヒイラギナンテン属の耐性は様々である。もっとも一般的に育てられる種は温帯域植物で中程度の霜から、強い霜にも耐える。一方、熱帯アジア種の幾種かは弱い霜にしか耐えられない。湿気を帯び、水はけがよく、腐植土を多く含む肥沃な土壌を好む。真夏の日光を避けること。剪定はほとんど必要ない。挿し木または、定着した株の根元にできる根つきの吸枝で殖やす。

Mahonia aquifolium
一般名：ヒイラギメギ
英　名：OREGON HOLLY GRAPE
☀ ❄ ↔ 2.4m ↕1.8m

北アメリカ西部原産の低木で吸枝があり、群生する。刺のある、ヒイラギに似た5～13枚の小葉が羽状複葉をなし、夏は濃緑色で、冬には濃い赤みを帯びる。晩冬に黄色から黄金色の花が直立の総状花序をなす。果実は暗紫色。'**コンパクタ**'は非常に小さく丸い、黄色の花をつける。'**グリーン リップル**'の葉は緑色で波状。
ゾーン：5～10

Mahonia dictyota
異　名：*Berberis aquifolium* var. *dictyota*、*B. dictyota*
英　名：CALIFORNIA BARBERRY、CHALK-LEAF BERBEIS
☀ ❄ ↔ 0.6～1.2m ↕1.8m

アメリカ合衆国南西部原産の常緑低木。光沢のある楕円形の小葉が3枚重ねになり、小葉は両側に最高4カ所の刺のある歯状突起をもつ鋸歯縁。晩春に紺色の花が総状花序をなす。
ゾーン：7～10

Mahonia eutriphylla
☀ ❋ ↔ 0.9m ↕1.5m

メキシコ原産の低木。3出複葉の葉は、2枚の外側の小葉には両側に5つの刺があり、茎の先には小ぶりの小葉がつく。晩春に黄色い花が小さく総状花序をなす。果実は光沢のある暗藍色。
ゾーン：9～11

Mahonia fortunei
一般名：ホソバヒイラギナンテン
☀ ❄ ↔ 0.9m ↕2m

中国原産の低木で、葉に特徴がある。全長約25cmの葉は、暗緑色で長さ10cmの小葉からなる。裏面は薄色。幼葉はブロンズ色で、刺はなく鋸歯縁。秋に鮮黄色の花が短い総状花序をなす。
ゾーン：7～10

Mahonia fremontii
英　名：DESERT MAHONIA
☀ ❄ ↔ 2m ↕3.5m

アメリカ合衆国南西部とメキシコが原産の耐乾性低木。枝が広がる習性がある。葉は薄緑色で、最良の状態では、より白みがかる。小葉は3～7の刺のある歯状突起をもつ。夏には薄黄色の花が群生する。果実は濃い黄色から赤色。
ゾーン：8～11

Mahonia
一般名：ヒイラギナンテン
'ゴールデン アバンダンス'
☀ ❋ ↔ 0.9m ↕1.8～2.4m

*M. aquifolium*の栽培品種とされることが多いが、おそらく交雑種である。光沢のあるヒイラギに似た葉が密生する。夏に鮮やかな黄金色の花が大きな塊となる。果実は青紫色。
ゾーン：6～9

Mahonia gracilis
'Golden Abundance'
異　名：*Berberis gracilista*
☀ ❋ ↔ 0.9～1.5m ↕2m

分枝は少なく、吸枝を多く出すメキシコ原産の常緑低木。細い茎には、艶のある、薄緑色の、刺のある歯状突起をもつ楕円形の小葉が、ふつう重なるようにつく。晩冬に黄金色の花が直立の総状花序をなす。ゾーン：7～10

Mahonia haematocarpa
異　名：*Berberis haematocarpa*
☀ ❋ ↔ 1.8m ↕3.5m

アメリカ合衆国南西部原産の低木。茎が強く直立する。葉は青灰色で、小葉の両側の4カ所に刺のある歯状突起をもつ。晩春に6個の薄黄色の花がかたまりになる。果実は濃赤色から藤色。
ゾーン：8～10

Mahonia japonica
一般名：ヒイラギナンテン
☀ ❋ ↔ 3m ↕1.8m

横に広がる低木で、日本原産であるが、中国や台湾でも栽培されている。長い革質の葉には、刺のある暗緑色の小葉が19枚つく。芳香性の鮮黄色の花が、直立またはアーチ状の総状花序をなし、晩冬に咲く。果実は小さく、暗藍色。**Bealei Group**（ベアレイ グループ）は直立性の低木で、中国西部原産。小葉は濃いオリーブ色で、香りのある薄黄色の花が晩冬に咲く。
ゾーン：6～10

Mahonia gracilis、果実

Mahonia haematocarpa

Mahonia dictyota、果実

Mahonia fortunei

Mahonia fremontii

Mahonia×media'アーサー メンジース'の実

Mahonia × media

Mahonia pinnata subsp. *insularis*

Mahonia nevinii

Mahonia lomariifolia
☀ ❄ ↔2.4m ↕3m

ミャンマーおよび中国西部が原産の低木。茎は直立し、ブロンズ色で、成長すると暗緑色になる刺のある小葉が20～40枚ついた葉が輪生する。芳香性の黄色い花が秋から春に直立の穂状花序をなす。果実は青紫色。ゾーン：7～10

Mahonia lomariifolia

23枚つく。晩冬に黄色い花が20cmの総状花序に密集する。果実は暗藍色。ゾーン：6～9

Mahonia nevinii ★
☀ ❄ ↔1.8m ↕2.4m

アメリカ合衆国カリフォルニア州原産の低木。葉は灰色がかった青緑色で、3～7枚の細く尖った小葉がつく。小葉には両側に6カ所の刺状突起があり、裏面は白色に近い。春に淡黄色の花が小さく、隙間をあけた総状花序をなす。果実は小さく、えんじ色。ゾーン：8～10

Mahonia pinnata
英名：CALIFORNIAN HOLLY GRAPE
☀ ❄ ↔1.8m ↕2.4m

アメリカ合衆国カリフォルニア州原産。*M. aquifolium*によく似た低木。葉は光沢のない真緑色で、13個の刺が両側にある小葉が5～9枚つく。冬に赤くなり、裏面は紫色を帯びる。薄黄色の花が晩冬に塊になる。果実は暗藍色。*M. p.* subsp. *insularis*は鮮黄色の花が茎近くで球形をなす。ゾーン：7～10

Mahonia×media
一般名：ヒイラギナンテン
☀ ❄ ↔3.5m ↕4.5m

*M. japonica*と*M. lomariifolia*の交雑種。強健な直立性の植物で、立派な葉は冬に赤くなる。夏に黄色の花が直立の総状花序をなす。'アーサー メンジース'は目立つ鮮黄色の花が穂状花序をなす。'バックランド'は芳香性の花が長いアーチ状の総状花序をなす。'チャリティー'は大木で冬に開花する。'ウィンター サン'は秋に水平の総状花序をなす。ゾーン：7～10

Mahonia nervosa
英名：LONGLEAF MAHONIA
☀ ❄ ↔90cm ↕90cm

北アメリカ北西部原産の吸枝をもつ低木。葉は全長約60cm。革質で灰緑色、裏面は黄色がかった、鋸歯縁の小葉が11～

Mahonia repens
マホニア・レペンス
英名：CREEPING MAHONIA
☀ ❄ ↔90cm ↕45cm

北アメリカ北西部原産の吸枝をもつ低木。青緑色の葉は冬に赤くなり、全長約25cm。非常に尖った刺のある小葉が5枚つく。濃い黄色で芳香性の花が春に8cmの総状花序をなす。果実は暗藍色。'デンバー ストレイン'の葉は暗緑色。ゾーン：6～9

Mahonia trifolia
☀ ❄ ↔90cm ↕50cm

メキシコの低木。濃い色の葉は灰色がかったものが多く、3枚以内の小葉がつき、冬に赤くなる場合がある。黄金色の花が春に小形の総状花序をなす。果実は暗藍色。ゾーン：8～10

Mahonia trifolia

Mahonia repens

Mahonia pumila
☀ ❄ ↔90cm ↕50cm

アメリカ合衆国西部原産の吸枝をもつ低木。刺のある小葉が5～7枚ついた葉は全長約15cm。新葉は薄い藤色で、成長すると灰緑色になる。わずかに青色がかった黄色の花が、春に小形の総状花序をなす。ゾーン：7～10

Mahonia pumila

Mahonia repens'デンバー ストレイン'

Maianthemum gigas, in the wild, Costa Rica

Maianthemum racemosum

Mahonia × *wagneri*
マホニア×ワグネリ

☀ ❄ ↔90cm ↕45cm

*M. pinnata*と*M. aquifolium*の交雑品種。葉は刺があり、深緑色から青緑色。黄色い花が晩春に開花する。'モセリ'の葉は暗緑色で新葉の頃はブロンズ色。魅力的な暗藍色の果実をつける。'ウンドゥラタ'の新葉はブロンズ色。光沢のある、縁が波型の葉は夏に深緑色で、冬にブロンズ色になる。薄黄色の花が群生する。
ゾーン：7～10

MAIANTHEMUM
（マイズルソウ属）

スズラン科に属する約5種の多年草である。ほとんどが温帯北部に見られ、数種は極北に原生する。匍匐性の地下茎を持ち、群生、また種によっては大きなコロニーを形成する。春に、白色の小花が茎頂に大きな円錐花序を作る。ユキザサとして知られる種も含まれると思われ、本属についてはいまだ研究が行なわれている。
〈栽培〉
全種が腐植質の多い保湿性のある土壌の、日向または落葉低木や高木の下の半日陰で育つ。休眠中の株分けで殖やすか、種子が熟したらすぐに取り播きする。

Maianthemum bifolium
一般名：ヒメマイズルソウ
英　名：FALSE LILY-OF-THE-VALLEY、MAY LILY

☀ ❄ ↔100～120cm ↕12～15cm

横張り性の多年草で、西ヨーロッパから日本にまで見られる。直立する分岐しない茎に、心臓形、長さ8cmの葉が2枚つく。春に、小花が細い穂につく。*M. b.* subsp. *kamtschaticum*（syn. *M. dilatum*）は、より丈が高く、茎は高さ35cm。葉は長さ20cmになる。
ゾーン：3～10

Maianthemum canadense
異　名：*Unlfoliutn canadense*
英　名：TWO-LEAFED SOLOMON'S SEAL

☀ ❄ ↔90～100cm ↕18～20cm

カナダおよびアメリカ合衆国北部に原生する森林植物。葉は長円形、茎に1～3対ずつつき、長さ10cm。春に、白色、芳香のある小花が、長さ5cmの穂につく。
ゾーン：1～7

Maianthemum gigas
異　名：*Smilacina gigas*

☀ ❄ ↔70～90cm ↕15～20cm

根茎を持つ多年草で、北半球温帯に原生する。直立の茎、幅広、光沢のある葉がつく。春に、緑白色の花が細い花茎の先端に総状花序につく。緑色がかる紫色の液果がなる。
ゾーン：7～10

Maianthemum racemosum
異　名：*Smilacina racemosa*
英　名：FALSE SOLOMON'S SEAL、FALSE SPIKENARD

☀/❄ ↔60～70cm ↕80～90cm

北アメリカからメキシコに見られる群生する多年草。葉は目立つ葉脈があり、長さ15cm。春に、薄いクリーム色の小花が羽毛状の円錐花序を作る。明赤色の液果がつき、ときに暗紫色の斑点がある。
ゾーン：4～10

MAIHUENIA
（マイフエニア属）

サボテン科に属する2種のマット状になる植物で、南アメリカ南部に原生する。地を這うように伸びる性質が特徴的で、度重なる降霜に耐え、葉が長期間つく。茎は球形～短円筒形、深緑色で、成長すると茶色がかる。多肉の小葉が長期間つく。緑色の葉と気根に細毛がある。白～黄色の花が茎頂に単生する。橙茶色の裂開果は、球形～楕円形で、多肉の苞がある。
〈栽培〉
適度に肥沃で水はけのよい土壌で容易に育つ。実生繁殖または1～2週間乾燥させた挿し木で殖やす。冬は休眠させる。

Maihuenia poeppigii
一般名：笛吹

☀ ❄ ↔100cm ↕10cm

チリおよびアルゼンチン原産のマット状になるサボテン。長い多肉の塊根があり、茎は分岐し、棍棒形である。先鋭の円筒形、光沢のある緑色の葉が無数につく。中央に硬い刺があり、2個の周辺花に表面に対して扁平につく。夏に黄色の花が咲く。裂開果は楕円形～棍棒形。
ゾーン：5～10

MAIHUENIOPSIS
（マイフエニオプシス属）

サボテン科に属する18種のサボテンで、ボリビア、ペルー、チリおよびアルゼンチンに見られるが、あまり知られていない。オプンティア属の近縁で、以前はブナ属に分類されていた。ふつう、不明瞭な分岐のある円形～長円形の茎が、硬いマット状またはクッション状になる。塊根と有毛の気根がある。葉はつくが、すぐに落下する。緑色または黄色がかる裂開果は多肉で、ときに刺があり、熟しても裂開しない。属名は「似ている」を意味するギリシャ語の*opsis*に由来し、マイフエニア属に似ているが、近縁ではない。
〈栽培〉
肥沃な水はけのよい土壌で容易に育つ。実生繁殖または株分け、あるいは1～2週間乾燥させた茎を挿し木して殖やす。冬は休眠させる。

Maihueniopsis glomerata
異　名：*Opuntia glomerata*、*Tephrocactus glomeratus*

☀ ❄ ↔50cm ↕2.5～5cm

アルゼンチン原産の矮性種で、収集家に人気がある。長円形の結節と、薄い扁平な刺が1～2本ある。夏に薄黄色の花が咲く。刺のない緑色の裂開果が黄色になる。
ゾーン：7～10

Maihueniopsis ovata
異　名：*Opuntia ovata*、*Tephrocactus ovatus*、*T. russellii*

☀ ❄ ↔1.5～2m ↕15cm

アルゼンチンおよびチリ原産。非常に小形のクッション状になり、大形の塊根を持つ。茎は最初脆弱だが、成長すると頑丈になり、暗緑色が薄い黄緑色になる。花は濃い黄色で、茶色がかった苞があり、夏に咲く。裂開果は球形～長円形、黄色で、汁が多く食用になる。
ゾーン：8～10

Maihueniopsis ovata

MALAXIS
(ヤチラン属)

ラン科の複茎性地生ランで、広く分布するが、約300種のほとんどが熱帯アジアに原生する。葉は薄く、ひだがあり、真緑色で、ふつう落葉する。花は小形で、緑～オレンジ色、または紫色。本属については研究が進んでおらず、多くの類似性のない種が含まれており、新属に再分類されることが考えられる。花は植物学的に重要性があるだけである。

〈栽培〉
あまり栽培されない。通年、とくに生育期には温暖多湿の気候を必要とする。保湿性のある、水はけのよい培地に植える。株分けで殖やす。

Malaxis taurina
☀ ⚘ ↔20cm ↕10～40cm
ニューカレドニア原産。偽鱗茎に、ひだのある紫がかる緑色の4枚の葉がつく。夏に、16個の緑色の小花が上向きにつく。
ゾーン：11～12

MALCOLMIA
(マルコルミア属)

英　名：MAHON STOCK、MALCOLM STOCK、VIRGINIA STOCK

アブラナ科の約35種の一年草および多年草で、ヨーロッパ南西部からアフガニスタンに見られる。主に小山状になる植物で、葉形は変異に富み、細毛があり、鋸歯縁になることが多い。紫がかる赤色の、芳香のある4弁花が、平たい総状花序につく。

Mallotus japonicus

Malcolmia maritima

Malaxis taurina

〈栽培〉
耐寒性は異なるが、ほとんどが温暖な気候でよく育つ。水はけのよい、保湿性のある土壌の日向に植える。水または肥料をやり過ぎると花つきが悪くなるので注意する。一年草は実生繁殖、多年草は熟枝挿しで殖やす。

Malcolmia maritima
英　名：VIRGINIA STOCK
☀ ❄ ↔30cm ↕35cm
ギリシャおよびアルバニア原産。直立する茎を持つ一年草。葉は有毛、長さ5cm、楕円形、全縁または鋸歯縁。春から夏に、径25mm、芳香のあるピンクがかる紫色の花が総状花序につく。
ゾーン：8～11

MALEPHORA
(マレフォラ属)

南アフリカ共和国とナミビアに原生する15種の直立または匍匐性の多肉植物で、ハマミズナ科に属する。軟らかい多肉の青緑色の葉が対につき、基部で融合する。断面は、三角形。短い茎に単生または数個のデイジーに似た花がつき、腋生または頂生。ふつう晩夏から冬にかけて咲く。

〈栽培〉
開けた日の当たる場所であれば、ほとんどの土壌に適応する。夏は定期的に灌水し、冬は控える。挿し木か、春および夏に実生繁殖する。自己播種も盛んに行なう。

Malephora crocea
異　名：*Hylnenocyclus crocea*、*Mesembryanthemum croceum*、*M. insititium*、*M. insititium*
一般名：宝華
英　名：CARPETWEED、COPPERY MESEMBRYANTHEMUM、ICEPLANT
☀ ❄ ↔20～30cm ↕15～20cm
這い性、多肉の多年草で、南アフリカ共和国原産。頑丈で多肉のねじれた茎と、多肉、青みがかる小形の葉がつく。花は内側が黄金色、外側は赤く、光沢があり、通年散発的に咲くが、春には花つきが多い。黄色とオレンジ色の品種もある。*M. c.* var. *purpureocrocea*は、明赤色の花がつく。ゾーン：7～11

MALLOTUS
(アメリカガシワ属)

トウダイグサ科に属する約140種の高木、低木およびつる植物からなり、熱帯インド、アジア、インドネシア、ニューギニア、オーストラリア、フィジー、アフリカおよびマダガスカルに見られる。葉は大形で、対生または互生につき、表面は光沢のある緑色、裏は薄緑色で毛がある。葉の基部付近から目立つ葉脈が主脈の両側に走り、主脈が3本あるように見える。葉腋の花茎の先に小花がつくか、または他の花序につき、雌雄異株である。3室のさく果がなる。

〈栽培〉
材木を産する種以外は、一般的には栽培されていない。繁殖力の衰えが速いので、取り播き、または挿し木で殖やす。

Mallotus japonicus
一般名：アメリカガシワ
☀ ❄ ↔2m ↕6m
落葉低木または小高木で、日本、台湾、中国東部の二次林や森林に見られる。葉は互生につき、広卵形、長さ30cm、微細な毛がある。夏に、枝の先端に長さ30cmの花穂がつき、分厚く毛で覆われる。
ゾーン：8～10

Mallotus philippensis

Malephora crocea

Malephora crocea

Malephora crocea

Mallotus philippensis
一般名：クスノハガシワ
英　名：RED KAMALA
☀ ❄ ↔4.5m ↕12m
熱帯アジアとオーストラリアのニューサウスウェールズ州南部から北東部にかけて見られる。葉は長円形または広披針形、全縁、暗緑色で目立つ葉脈がある。花は雌雄とも茶色で、冬から春に咲く。3室のさく果がなる。
ゾーン：9～11

MALPIGHIA
(マルピギア属)

熱帯アメリカおよびカリブ諸島原産で、45種の常緑低木および高木からなるキントラノオ科の規準属である。円形～披針形、全縁または深い鋸歯縁、ときに有毛の葉が対生につく。長い柄のある花弁と中央に葯がかたまるのが特徴である。単生または散房花序につき、あとに明色の小さい核果がなる。

〈栽培〉
本属は熱帯植物で、霜または長引く寒さには耐性がないが、適度に肥沃で水はけのよい土壌に植え、ときおり施肥と乾燥期に灌水を行なえば、栽培は難しくはない。ほとんどの種で大きく切り戻すと、葉つきがよくなる。実生または挿し木で殖やす。

Malpighia coccigera
一般名：ヒイラギトラノオ
英　名：BARBADOS HOLLY、MINIATURE HOLLY、SINGAPORE HOLLY
☀ ❄ ↔75cm ↕75cm
西インド諸島原産の小低木。光沢のある暗緑色、長さ25mm、深裂があり、ヒイラギに似た葉がつく。夏に、ピンク～藤色の花で覆われる。赤い核果がつく。
ゾーン：10～12

Malus × adstringens 'ホパ'

Malus × adstringens 'トランスケデンス'

Malus × adstringens 'ピンク ビューティ'

Malus × adstringens 'パトリシア'

Malus × adstringens 'ラディアント'

Malus × atrosanguinea

Malus × arnoldiana

Malpighia glabra
一般名：アセロラ
英　名：ACEROLA, BARBADOS CHERRY
☀ ❄ ↔1.2m ↕3m
アメリカ合衆国テキサス州南部、カリブ諸島、中央アメリカおよび南アメリカ原産の低木。全縁、光沢のある、長さ10cmの葉がつく。濃いピンクまたは赤色の花が夏に咲く。あとに小形で丸い赤色の食用果実を結ぶ。
ゾーン：9〜12

MALUS
（リンゴ属）
英　名：APPLE, CRABAPPLE
熱帯の高地に原生し、シベリアや中国北部の過酷な気候帯にも見られる。約30種のリンゴと野生リンゴからなる大属で、観賞および果実が栽培目的になる、バラ科に属する落葉性の小〜中高木である。ほぼ全種に軟らかい緑葉がつく。果実は梨果だが、全てが食用とは限らず、苦みの強いものもある。栽培品種のリンゴはもっとも広く栽培される食用果実のひとつである。カイドウの原種と栽培品種も多く、観賞用樹木として評価される。

〈栽培〉
リンゴ属は冷温帯〜温帯で生育する。リンゴも野生のリンゴも春に花が咲くが、リンゴの栽培品種は結実に受粉の媒介が必要である。リンゴは、冬場に丁寧に剪定する必要があるが、野生のリンゴは多くが観賞用で、手入れが少なくてすむ。広範囲の台木に接ぎ木で殖やすことができ、矮性品種も作りだすことができる。

Malus × adstringens
マルス×アドストリンゲンス
☀ ❄ ↔6〜12m ↕8〜12m
横張り性の大高木で、M. baccatuとM. pumilaの交雑種である。葉は裏に軟毛がある。花はピンクがかり、短い柄につく。果実は赤、黄、緑色。リンゴの病気ほとんどに罹りやすく、黒星病、錆菌類、葉枯病の害を受けることがよくある。'ホパ'は、さまざまな色調のピンクの花がつく。'パトリシア'は、濃ピンクに黄色の葯がある。'ピンク ビューティ'は、ほぼ白色、裏がピンクの花弁を持つ。'ラディアント'は、濃ピンクの花に白い斑点がある。'トランセンデンド'は、濃ピンクがかった赤色の蕾が開くと白色になる。
ゾーン：4〜9

Malus × arnoldiana
☀ ❄ ↔4.5m ↕2.4m
ともにアジア原産のM. baccataとM. floribundaの交雑種である。大低木で、茎が湾曲し、裂葉がつく。濃桃〜赤色の蕾、開くと白色の花が4〜6個、輪生する。小形の黄緑色の果実がなる。
ゾーン：4〜9

Malus × atrosanguinea
☀ ❄ ↔6m ↕6m
M. hallianaとM. sieboldiiの交雑種で、横張り性の低木または小高木である。長さ5cm、蝋質の裂葉がつく。紫赤色の小花が夏に咲く。赤色または赤い縞のある黄、径12mm以下の果実がなる。
ゾーン：4〜9

Malus baccata
マルス・バッカタ
英　名：SIBERIAN CRABAPPLE
☀ ❄ ↔12m ↕12m
シベリア原産の丸みのある直立高木。蕾はピンクがかり、開くと白色になり、芳香がある。果実は赤色、ときに黄色で細い茎につく。ほとんどの病害に耐性があり、現代の栽培品種計画には不可欠である。M. b. var. mandshurica（エゾノコリンゴ）は、日本と中国北部原産で、浅い裂があり、裏は最初有毛の葉がつき、白色の花が単生する。明赤色の果実がなる。'ミッドウェスト'は、葉と花が非常に早くつく。花色は薄いクリーム色。M. b. 'ジャッキイ'は、横張り性、強健な枝がつく。'スプリング スノー'は、白色の花が下垂する。
ゾーン：2〜9

Malpighia glabra

Malpighia coccigera

Malus baccata var. *mandshurica*

Malus coronaria var. *dasycalyx* 'シャルロッタエ'

Malus florentina

Malus baccata 'ジャッキイ'

Malus baccata 'スプリング スノー'

Malus coronaria
英　名：AMERICAN CRABAPPLE、AMER CAN SWEET CRABAPPLE
☀ ❄ ↔9m ↕9m
アメリカ合衆国東部原産の大形で、枝を大きく伸ばす高木。蕾は暗いピンク、開くと薄いピンク～白を帯びるピンクおよびサーモンピンクの芳香のある花がつく。緑色の果実がなるが、味はよくない。黒星病とさび病に罹りやすい。*M. c.* var. *angustifolia*は、高さ9m、樹幹は短く、枝が横張りする。芳香性の高いローズ色の花が咲く。病害に感受性がある。*M. c.* var. *dasycalyx*（マルス・コロナリア・ダシカリクス）は、五大湖原産で、葉は裏が薄色、羊毛質の萼がある。'シャルロッタエ'は、黄橙～濃ピンク色の蕾、開くと薄桃色の半八重～八重咲きの花がつく。
ゾーン：4～9

Malus florentina
英　名：BALKAN CRABAPPLE、ITALIAN CRABAPPLE
☀ ❄ ↔3m ↕6m
イタリアおよびバルカン半島原産で、直立性の小高木で、枝を横に広げる。暗緑色、裂のある卵形の葉がつく。白色の花が晩春に群生する。黄色の小形の果実が熟すと赤くなる。あまり栽培されない。
ゾーン：6～9

Malus floribunda
一般名：カイドウズミ
英　名：JAPANESE FLOWERING CRABAPPLE
☀ ❄ ↔6m ↕3.5m
日本原産の美しい野生リンゴ。葉は緑色、裂があり、先鋭。蕾は暗桃～赤色、晩春に単生し、開くと薄桃色または白っぽくなる。果実は黄色および赤色で、径12mm。うどん粉病に罹りやすい。古くから栽培されている。
ゾーン：4～9

Malus × gloriosa
マルス×グロリオサ
☀ ❄ ↔2～3m ↕3m
M. pumila'ニーツィウェツケアナ'と*M.×scheideckeri*の栽培交雑種。深い鋸歯のある葉は、幼体では赤みがかる。紫赤色、径35mmの花が咲く。径12mm、黄色の果実が春につく。'エコノミラト エクターマイヤー'は、ブロンズ色の葉が下垂し、明るいピンクレッドの花と赤茶色の果実がなる。
ゾーン：4～9

Malus halliana
一般名：ハナカイドウ
☀ ❄ ↔3m ↕4.5m
中国原産の散開性の小高木。長楕円形、紫がかる暗緑色の葉がつく。赤色の花柄がある。花は明るいローズ色、晩春に咲き、下垂する。果実は紫がかり、成熟が遅い。耐病性がある。*M. h.* var. *spontanea*は、より丈が低く、小形で白色の花と緑黄色の果実がなる。*M. h.* 'パークマンイ'は、ブロンズがかった緑色の光沢のある葉、ローズ色の蕾が赤色の長い花柄に群生する。花は八重または半八重咲きで鮮やかなピンク色。果実は赤～藤色。ゾーン：4～9

Malus × gloriosa

'エコノミラト エクターマイヤー'

Malus floribunda、春

Malus floribunda、夏

Malus floribunda、秋

Malus floribunda、冬

Malus × *hartwigii* 'Katherine'

Malus halliana var. *spontanea*

Malus×*hartwigii*
マルス×ハルトウィギイ

☀ ❄ ↔1.8m ↕3.5m

*M. baccata*と*M. halliana*の栽培雑種。低木または小高木で、暗茶色の直立茎を持つ。全縁、先鋭、長円形の葉は、長さ8cm。春咲き、半八重、径35mm、濃ピンク色が褪せて白色になる。小形の赤茶色の果実がなる。'**キャスリン**'は、大形、八重咲き、白色の蕾が開くとピンク色になる。赤みがかった黄色の果実がなる。
ゾーン：4〜9

Malus hupehensis
一般名：ツクシカイドウ
英　名：HUPEH CRABAPPLE, TEA CRABAPPLE

☀ ❄ ↔8m ↕4.5m

中国およびインド原産の野生のリンゴで、葉つきのまばらな横に広がる高木になる。枝は真っ直ぐで、上向きに伸びる。葉は暗緑色、幼葉は紫がかる。春咲きで、ピンク色の蕾が、開くと一重で芳香のある白色の花になる。緑黄色、やや赤みのある果実がなる。耐病性がある。
ゾーン：4〜10

Malus ioensis
マルス・イオエンシス
英　名：IOWA CRABAPPLE, PRAIRIE CRABAPPLE

☀ ❄ ↔6m ↕6m

アメリカ合衆国中西部原産の美しい野生のリンゴである。葉は暗緑色、深い裂があり、裏は黄みがかる緑色。花はピンクがかった白色で、芳香があり、春に咲く。果実は光沢のある緑色。病気に罹りやすく、数種類の耐病性品種が開発されている。'**プレナ**'は、八重咲き、ピンク色の花。'**プレーリファイアー**'★は、暗いピンク色の蕾と花がつく。ゾーン：2〜9

Malus kansuensis

☀ ❄ ↔3.5m ↕4.5m

低木が多いが、高木になることがある。中国北西部原産。新芽は赤茶色、3〜5裂の葉がつく。花は白色、径12mmで、4〜10個のかたまりでつく。小形で黄〜紫赤色、表面の粗い果実がなる。
ゾーン：5〜9

Malus×*micromalus*
一般名：ミカイドウ、ナガサキリンゴ

☀ ❄ ↔4.5m ↕4.5m

日本原産の小高木で、*M. baccata*と*M. spectabilis*の自然交雑種。暗茶色の茎、蝋質、鋸歯縁の先鋭の葉がつく。春に、ピンク色の花が3〜5個のかたまりでつく。黄色で、やや先端の尖る、径12mmの果実がなる。
ゾーン：4〜9

Malus prunifolia
一般名：ヒメリンゴ、イヌリンゴ
英　名：PEAR-LEAFED CRABAPPLE

☀ ❄ ↔8m ↕8m

アジアの北東部に数品種が見られる。果実の大きさ、形、色は異なる。小高木で、春咲きで、ピンクがかる蕾が開くと白色の一重咲きの花になる。花後に黄色または赤色の果実を結ぶ。'**ファスティギアタ**'は、晩春に白色の花がおびただしくつく。病気に罹りやすい。
ゾーン：3〜9

Malus ioensis

Malus ioensis 'Prairifire'

Malus kansuensis

Malus hupehensis

Malus × *micromalus*

Malus halliana

Malus prunifolia 'Fastigiata'

Malus pumila

異　名：*Malus × domestica*、*Pyrus malus*
一般名：リンゴ
英　名：APPLE、CRABAPPLE、ORCHARD APPLE
☼ ❄ ↔6m ↕15m

食用リンゴの起源は定かではないが、最近の植物学研究によって、この謎が実質的に解明され、学名の修正が行なわれた。以前は、リンゴは古代の交雑種が起源と考えられており、野生種と区別するためこれを *M. × domestica* としていた。しかし、現在DNA分析などにより、野生種は *M. pumila* 1種が関与しているだけであることが証明されている。また、中央アジアでの現地調査で、野生種にも広範囲の変種があり、もっとも古くから知られている栽培品種とほぼ同じ果実を産生する種があることもわかっている。*M. pumila* の野生種は、中国西部から中央アジアを通ってヨーロッパにも見られる。幼葉、花柄、萼片は有毛だが、量が異なる。一般的に、ピンク色の蕾が開くとピンクがかった白色になる。果実は、径5cm以上。多くの病気や害虫の被害を受けやすい。*M. p.* ‘ニーツィウェツケアナ’は、交配親としてもっともよく用いられ、幼葉、蕾、花、果実、樹皮、枝の全てが紫赤色をしている。食用リンゴは、交雑種が何千とあり、200年以上人気を保っている種もある。生食用と調理用があり、リンゴ酒やジュースにのみ適する種も多い。リンゴは結実に別品種の受粉樹を必要とすることが多い。‘ブラムレイズ シードリング’は、晩生、赤色の果実、調理用。‘コックシーズ オレンジ ピッピン’は、小形、甘みが強く、オレンジ〜赤色の果実。‘ふじ’★は、白色の果肉を持つ赤色の果実で、黄色の模様がある。‘ガラ’は、味がよく、腐りにくい。黄色の模様のある赤色の果実。‘ゴールデン デリシャス’は、白色の果肉、赤色の模様のある黄金色。‘ハニー クリスプ’は、多汁、黄色の模様のある赤色の果実。耐寒性がある。‘ジェイムズ グリーヴ’は、黄色の果肉、赤色の果実。酸味が強い。‘レッド デリシャス’は、濃赤〜黒赤色、甘みが強いが、腐りやすい。‘パシフィック ローズ’は、最近商品化された品種で、専売特許権が保護されている。

ゾーン：3〜9

Malus pumila ‘アッシュミーズ カーネル’

Malus pumila ‘アリントン ピッピン’

Malus pumila ‘ホフステッター’

Malus pumila ‘ブラムレイズ シードリング’

Malus pumila ‘シャーロット’

Malus pumila ‘スカーレット オハラ’

Malus pumila ‘コクシーズ オレンジ ピッピン’

Malus pumila ‘ディスカバリー’

Malus pumila ‘イソップス スピツェンバーグ’

Malus pumila ‘ふじ’

Malus pumila ‘ジョージ ケイヴ’

Malus pumila ‘ゴールドラッシュ’

Malus pumila ‘グラニー スミス’★

Malus pumila ‘ハニー クリスプ’

Malus pumila ‘ホーンゾーラアブル’

Malus pumila ‘ハウゲイト ワンダー’

Malus pumila ‘ジョナゴールド’

Malus pumila ‘カーディナルビー’

Malus pumila 'スタークスパー コンパクト マック'

Malus pumila 'シェイクスピア'

Malus pumila 'リバティ'

Malus pumila 'ロボ'

Malus pumila 'マコン'

Malus pumila '陸奥'

Malus pumila 'ピンク パール'

Malus pumila 'レッド フジ'

Malus pumila 'レヴェレンド W ウィルク'

Malus pumila 'ローズマリー ロゼット'

Malus pumila 'スカーレット ガラ'

Malus pumila '千秋'

Malus pumila 'スピゴールド'

Malus pumila 'スタークスパー'

Malus pumila 'タルハイマー'

Malus pumila 'タスカン'

Malus pumila 'イエロー ベルフラワー'

Malus pumila 'ライニッシャー クルムスティール'

Malus pumila 'ウィンター バナナ'

Malus × purpurea 栽培品種、春

Malus × purpurea、栽培品種、秋

Malus × purpurea、栽培品種、冬

Malus × purpurea 'アルデンハメンシス'

Malus × purpurea 'レモイネイ'

Malus × purpurea

Malus × purpurea
マルス×プルプレア

☀ ❄ ↔8m ↕6m

非常に開花が早い。*M. × atrosanguinea* と *M. pumila* 'ニーツィウェツケアナ' の交雑種。濃緑色の葉と暗色の花が晩春につき、薄いモーヴ色に褪色する。'アルデンハメンシス' は、1シーズンに最高3回開花する。葉は赤緑〜赤茶緑色、蕾は明るいえんじ色、一重と半八重があり、ピンクがかった赤色の花。'エレイイ' は、濃藤色の葉、紫〜赤色の花。葉の病気に罹りやすい。'レモイネイ' は、赤色の花がつく人気品種である。
ゾーン：4〜9

Malus × robusta
マルス×ロブスタ

☀ ❄ ↔3.5m ↕6m

葉が密生する円錐形の大低木または小高木で、*M. baccata × M. prunifolia* の交雑種。明緑色、長さ10cmの波状縁の葉がつく。花は白〜ピンク、春に3〜8個のかたまりでつく。長い柄に黄〜赤色の果実がなる。'エレクタ' は、白色でピンクの縁のある花が咲く。ゾーン：3〜9

Malus sargentii
マルス・サルゲンティイ

英 名：SARGENT'S CRABAPPLE
☀ ❄ ↔4.5m ↕1.8m

非常に小形で分枝が多い。葉は幅広の長円形、先鋭、分厚く、明緑色、裂があり、鋸歯縁。花は白色、一重、芳香があり、春に咲く。深紅〜紫色の花のあとに小形の果実がなる。耐病性がある。隔年開花する。'ロセア' は、濃い赤ピンク色の蕾、白色の花、暗赤色の果実がなる。
ゾーン：4〜9

Malus × scheideckeri
マルス×シャイデケリ

☀ ❄ ↔2.4m ↕4.5m

成長緩徐な直立の小高木で、*M. floribunda* と *M. prunifolia* の交雑種。粗い鋸歯縁の葉がつく。花は褪せたローズピンクで、半八重咲き、晩春に枝に大きなかたまりでつく。果実はややうねがあり、黄橙色。剪定に耐える。'エクツェレンツ ティエル' は、薄桃〜白色の花。'レッド ジェイド' は、赤い果実が垂れるようにつく。
ゾーン：4〜9

Malus × scheideckeri

Malus × robusta 'Erecta'

Malus sargentii

Malus × scheideckeri 'エクツェレンツ ティエル'

Malus × scheideckeri 'レッド ジェイド'

Malus sieboldii

リンゴ、HC、'アダムス'

Malus sieboldii
一般名：ズミ
☼ ❄ ↔3m ↕4.5m
成長緩徐な小〜中形の丸い高木で、日本原産。裂葉または単葉がつく。蕾は赤〜えんじ色、開くと一重の白色の花が春に咲く。果実は非常に小さく、赤色。耐病性がある。M. s. var. *arborescens*は、大形の葉、白色の花、赤みがかる果実がなる。
ゾーン：4〜9

Malus spectabilis
一般名：ベニカイドウ
英名：CHINESE FLOWERING CRABAPPLE
☼ ❄ ↔6m ↕8m
中国原産の古代種で、花が見事に咲くが、現在野生では知られていない。蕾は濃いローズレッド、赤みがかった、半八重〜八重、または一重の花が春に咲く。果実は黄がかる。'リウェルシイ'は、もっとも大形の八重咲き、ピンク色の花がつく。
ゾーン：4〜9

Malus sylvestris
一般名：マルス・シルウェストリス
英名：COMMON CRAB APPLE、WILD CRAB APPLE
☼ ❄ ↔3m ↕9m
ヨーロッパ原産。小高木で葉の密生する丸い樹冠、暗色の樹皮を持つ。枝に刺がある。花は白またはピンク、花後に酸味の強い黄緑色または赤みがかる果実がなる。ゾーン：3〜9

Malus transitoria
英名：TIBETAN CRABAPPLE
☼ ❄ ↔9m ↕8m
中国原産の美しい標本高木。深裂のある緑色の葉は、春にピンク色の蕾がつき、一重の白色の花になる。小形の茶色みの果実がなる。秋に黄変する。黒星病に非常に罹りやすい。
ゾーン：5〜10

Malus tschonoskii
一般名：オオウラジロノキ
☼ ❄ ↔6m ↕12m
日本原産で、野生のリンゴの中ではもっとも大形種のひとつである。幹は強健で直立する。紅葉が美しい。緑色の葉が紫、オレンジ、赤茶、黄およびえんじ色に変わる。花はピンクがかる白色で、春に咲く。果実は非常に小形。リンゴの病気ほとんどに罹りやすい。
ゾーン：6〜10

Malus × *zumi*
一般名：ズミ
☼ ❄ ↔3m ↕4.5m
有毛の茎を持つ小高木で、円錐形になる。*M. baccata* var. *mandshurica*と*M. sieboldii*の自然交雑種で日本原産。葉は先細り〜先鋭、波状〜鋸歯縁がある。春、ピンク色の蕾が、径30mmの白色の花になる。*M.* × *zumi* var. *calocarpa*は、横張り性、小形の花。踵につく葉は全縁、そのほかの葉には裂がある。
ゾーン：5〜9

Malus × *zumi* のエスパリエ（果樹柵）

Malus sieboldii var. *arborescens*

Malus × *zumi* var. *calocarpa*

Malus Hybrid Cultivars
（リンゴ交雑品種）

☀ ❆ ↔1.5〜8m ↕3〜12m

多くの野生リンゴの栽培品種が、主にアメリカ合衆国で育成されている。ほとんどが花を目的に栽培されるが、観賞用果実や、生食またはジャムに利用される大形果実がなるものもある。もっとも多く使われる交配親は、*M. pumila* 'ニーツィウェツケアナ' で、1900年以前に中央アジアで発見された、赤い花と紫赤色の新葉のつく高木を祖先に持つ。優秀品種には以下のものがある。'**アダムス**' は高さ6m、赤みのピンク色の花、赤色の果実がなる。'**アディロンダック**' は、高さ3.5m、暗えんじ色の蕾が大きく開き、ピンクを帯びた白色になる。果実は橙赤色。'**アルメイ**' は、濃赤桃色の花、小形の果実。'**ビヴァリー**' は、高さ6m、白色、一重の花、赤色の果実。'**ブランディワイン**' は、高さ8m、ピンクを帯びた白色の花、橙黄色の果実。'**チルコ**' は、一重、紫ピンク色の花、鮮紅〜深紅の果実。'**クリスマス ホーリー**' ★は、高さ4.5m、円形、横張り性小高木。蕾は明赤色、一重、白色の花、ヒイラギの実に似た小形、赤色の果実が群生する。'**ドルゴ**' は、白色の花、紫赤色の果実が早生する。'**フィエスタ**' は、高さ4.5m、枝が枝垂れる。えんじ色の蕾が一重の白色の花になり、カスケード状につく。果実は赤茶〜橙金色。'**ゴールデン ホーネット**' は、小形、直立、下垂性、一重の白色の花、薄黄緑色の果実がなる。'**ゴージャス**' は、小形のドーム形、ピンク色の蕾、一重の白色の花、えんじ〜橙赤色の果実。'**ハーヴェスト ゴールド**' は、直立、一重、白色の花、金色の果実。耐病性がある。'**ジョン ダウニー**' は、ピンクの蕾、一重、白色の花。大形、オレンジに赤みを帯びた果実。耐病性がある。'**マドンナ**' は、高さ6m、小形直立高木。白色の蕾、大形、二重、茶赤色の小形果実。'**メアリー ポッター**' は、高さ6m、暗色の葉、明桃色の花、暗色の蕾が暗赤色の花になる。暗赤〜紫赤色の果実。'**ナラガンセット**' は、高さ3.5m、広い樹冠、蕾はえんじ色、一重、白色の花にピンクを帯びる。光沢のある鮮紅色の果実が群生する。'**ピンク パーフェクション**' は、不稔性交雑種で、ピンクと白の二色

リンゴ、HC、'アルメイ'

リンゴ、HC、'バーガンディ'

リンゴ、HC、'アロー'

リンゴ、HC、'ビヴァリー'

リンゴ、HC、'ボブ ホワイト'

リンゴ、HC、'アン E'

リンゴ、HC、'コールアウェイ'

リンゴ、HC、'コールアウェイ'

リンゴ、HC、'カウチン'

リンゴ、HC、'クリムゾン ブリリアント'

リンゴ、HC、'ディヴィッド'

リンゴ、HC、'ドルゴ'

リンゴ、HC、'ジラールズ ウィーピング ドワーフ'

リンゴ、HC、'ゴールドフィンチ'

リンゴ、HC、'ゴージャス'

リンゴ、HC、'ハーヴェスト ゴールド'

リンゴ、HC、'ヘンリエッタ クロスビー'

リンゴ、HC、'インディアン サマー'

リンゴ、HC、'ジョンソンズ ウォルターズ'

リンゴ、HC、'メアリー ポッター'

リンゴ、HC、'オーミストン レイ'

リンゴ、HC、'マカミキ'、春

リンゴ、HC、'マカミキ'、夏

リンゴ、HC、'マカミキ'、冬

リンゴ、HC、'マカミキ'

リンゴ、HC、'ピンク パーフェクション'

リンゴ、HC、'プロフュージョン'

リンゴ、HC、'レッド ジュエル'

リンゴ、HC、'レッド ピーコック'

リンゴ、HC、'レッド センティネル'

リンゴ、HC、'ピンク プリンセス'

リンゴ、HC、'スノードリフト'

リンゴ、HC、'スノードリフト'

リンゴ、HC、'ストラスモア'

リンゴ、HC、'トゥレシ'

リンゴ、HC、'ホワイト エンジェル'

リンゴ、HC、'スパークラー'

リンゴ、HC、'ピンク サテン'

リンゴ、HC、'ロイアル ルビー'

リンゴ、HC、'スパークラー'、冬

リンゴ、HC、'スパークラー'、夏

花。'**プロフュージョン**'は、高さ6m、直立、広く横に広がる。葉は紫～赤茶色、蕾は濃赤～紫桃色、濃いローズピンクの花、えび茶～濃赤色の果実がなる。'**レッド センティネル**'は、早咲き、白色の花、赤色の果実。'**ロイアルティ**'は、高さ4.5m、赤みがかる葉、紫赤色の花と果実。'**ホワイト エンジェル**'（syn.'イングリス'）は、白色の花、ピンク色の蕾、赤色、小形の果実。'**ホワイト カスケード**'は、高さ4.5m、美しく枝垂れる。一重、白色の花、緑黄色の果実。耐病性がある。'**ウィンター ゴールド**'は、高さ6m、壺形、えんじ色の蕾、一重、白色の花。明るい淡黄色の果実がなる。
ゾーン：4～9

Malus, Hybrid Cultivar, 'Sparkler', in spring

Malva moschata 'アルバ'

Malva sylvestris 'プリムレー ブルー'

MALVA
（ゼニアオイ属）
英　名：MALVA, MALLOW, MUSK MALLOW
近縁のタチアオイに似ており、アオイ科に属する。ヨーロッパ、北アフリカ、アジアに原生する栽培容易な植物である。少なくとも30種の一年草、二年草、およびタチアオイに似た短命な多年草があるが、より葉つきが多く、葉が小形である。花は5弁花で、単生、白、ピンク、青、紫色がある。
〈栽培〉
草本または一年草ボーダーに植える。水はけのよい土壌の半日陰に耐える。花がらを摘むと、二番花がつきやすくなる。秋には地際まで切り詰める。挿し木または春に実生で殖やす。自己播種も行なう。

Malva alcea
☀ ❄ ↔60cm ↕100cm
南ヨーロッパ原産の多年草で、アメリカ合衆国に帰化している。深裂のある薄緑色、鋸歯縁の葉がつく。モーヴピンクの花が、真夏から秋の盛りまで咲き続ける。
ゾーン：3〜10

Malva moschata
一般名：ジャコウアオイ
英　名：MUSK MALLOW
☀ ❄ ↔45cm ↕100cm
ヨーロッパ原産の多年草。細かい切れ込みのある真緑色の細い葉がつき、こすったり潰したりすると麝香の香りがする。皿形のローズピンクの花が夏に咲く。'**アルバ**'は、白色、葉つきが多く、分枝する。'**ロセア**'は、光沢のあるピンク色の花がつく。
ゾーン：3〜10

Malva sylvestris
一般名：ゼニアオイ、コモンマロウ
英　名：CHEESES, COMMON MALLOW HIGH MALLOW
☀ ❄ ↔2〜8m ↕0.9m
ヨーロッパ原産の二年草または多年草。葉は緑色、互生、長さ10cm。花はローズパープル、濃色の筋があり、夏から初秋または初霜の頃まで咲く。'**プリムレー ブルー**'は、青紫色の花に濃青色の筋がある。
ゾーン：3〜9

MALVAVISCUS
（ヒメブッソウゲ属）
中央および南アメリカに見られるアオイ科の常緑低木で、3種ある。幅広、有毛の葉には切れ込みがある。変わった形の花が、葉腋に単生または茎頂に小さく群生する。明橙赤色で、ふつうは上向きにつく。長い花弁は巻き込まれ、完全に開くことはなく、中心からハイビスカスに似た長い筒状の雄ずいが突き出る。小形で、赤い液果がつく。
〈栽培〉
非常に軽微な降霜には耐えるが、高温になる亜熱帯〜熱帯で育てるのが理想的である。湿気があり、腐植質が多く、水はけのよい土壌の日向または半日陰で育てる。枝は枯死する性質があり、幼虫の害に合いやすいため、必要があれば剪定、間伐、刈り込みなどを行なう。実生または熟枝挿しで殖やす。

Malvaviscus arboreus
一般名：ウナズキヒメフヨウ
英　名：TURK'S CAP, WAX MALLOW
☀ ❄ ↔3m ↕3.5〜4.5m
アメリカ合衆国テキサス州南部およびフロリダ州からペルーおよびブラジルに見られる低木。卵形〜心臓形、ベルベット質の葉は、3裂する。夏、長い茎に濃赤色の花が上向きまたはやや傾いてつく。*M. a.* var. *drummondii*は、鮮やかな赤橙色、ハイビスカスに似た花が晩夏から秋につき、巻かれた花弁は完全には開かない。
ゾーン：8〜12

Malvaviscus penduliflorus
異　名：*Malvaviscus arboreus* var. *penduliflorus*
英　名：CARDINAL'S HAT, SLEEPING HIBISCUS
☀ ❄ ↔3m ↕3.5〜4.5m
メキシコ原産の低木で、より一般的に栽培される*M. arboreus*に似るが、葉毛は少ない。花は、赤色、大形、上向きではなく下垂し、晩夏につく。
ゾーン：11〜12

MAMMILLARIA
（マミラリア属）
英　名：PINCUSHION CACTUS
サボテン科に属し、アメリカ合衆国南西部、メキシコ、中央アメリカ、および南アメリカ北部に原生する、丈の低い半球形、球形または円筒形のサボテンで、150種以上ある。頂点付近につく、白、クリーム〜ピンク、赤、ときに黄、紫または緑色などの円形の花が目的で栽培される。刺のある、緑色、球形〜円錐形の茎は小塊茎と呼ばれる稜で覆われ、アキシールとして知られる疣状の開口部があり、ここから硬い刺が立ち上がる。子株を殖やして、群生する。長円形か球形の液果に似た裂開果が、疣の間につく。
〈栽培〉
ほとんどの水はけのよい土壌の、開けた日向に適応する。冬は乾燥気味にしておく。ほとんどの種が株分け、または春か夏に実生で繁殖する。

Mammillaria albicoma
一般名：淡雪丸
☀ ❄ ↔3〜12cm ↕5〜6cm
中央メキシコの北東部に見られる群生するサボテン。茎の疣腋に髪の毛に似た粗毛がある。直立、先端が暗色、最大4本の白色の中刺、白色の側刺がある。クリーム色の花が春に咲く。
ゾーン：9〜11

Mammillaria angelensis
異　名：*Chilita angelensis*、*Ebnerella angelensis*
一般名：天使
☀ ❄ ↔3〜4cm ↕15〜25cm
メキシコ原産、子吹きは緩徐な円筒形のサボテン。ピンクがかる蕾が開くとクリーム色の花になり、暗色の中筋がある。晩冬、ときに晩夏に咲く。
ゾーン：9〜11

Mammillaria blossfeldiana
一般名：風流丸
☀ ❄ ↔3〜5cm ↕8〜10cm
メキシコ、バハ・カリフォルニア原産の単生または群生するサボテン。暗緑色、球形〜短円筒形の茎を持つ。疣腋には綿毛がまばらにあり、粗毛はない。中刺は暗色、側刺は薄黄色、先端が暗色。花はピンクがかった白色でローズ色の縞があり、夏に咲く。ゾーン：9〜11

Mammillaria angelensis

Malvaviscus arboreus

Malvaviscus penduliflorus

Mammillaria 869

Mammillaria bocensis

Mammillaria compressa

Mammillaria bocasana

Mammillaria bocasana ★
一般名：高砂
英 名：POWDER-PUFF CACTUS
☼ ❄ ↔30～60cm ↕10～20cm
群生する多年生のサボテンで、メキシコ中部原産。球形の茎は分厚く刺で覆われる。疣腋には粗毛がないか、綿毛または細かい粗毛がある。中刺は赤または茶色、側刺は白色。花は乳白色またはローズピンクで、春から夏に咲く。赤色の裂開果がつく。
ゾーン：9～11

Mammillaria bocensis
一般名：新婦人
☼ ❄ ↔10cm ↕8～15cm
メキシコ北西部原産の単生または群生するサボテン。球形～短い円筒形の茎で、疣腋に粗毛はない。赤茶色の中刺、側刺は、先端が暗色、白～赤色。緑色または薄桃色の花に茶色の縞があり、夏に咲く。ゾーン：9～11

Mammillaria candida ★
一般名：雪白丸
☼ ❄ ↔15cm ↕10～15cm
メキシコ原産の成長緩徐な群生するサボテン。球形～太い円筒形、緑色の茎に円筒形の稜がある。疣腋は白色の綿毛があり、中刺は白色。クリーム～ローズピンクの花には紫赤色の柱頭があり、春に咲く。ゾーン：9～11

Mammillaria canelensis
一般名：唐金丸
☼ ❄ ↔8～10cm ↕15～20cm
メキシコ原産のサボテン。球形の茎が単生する。疣腋に綿毛と粗毛がある。直立または弯曲する黄～橙茶色の中刺が2～4本、白色の細かい側刺が22～25本ある。ピンク～赤色、または黄色の花が夏に咲く。
ゾーン：9～11

Mammillaria carmenae
一般名：マミラリア・カルメナエ
☼ ❄ ↔5～8cm ↕5～8cm
メキシコ中東部原産の群生するサボテン。球形～卵形の茎には中刺はなく、100本以上の側刺がある。ピンクまたはクリーム色がかる白色の花は黄色の柱頭を持ち、春に咲く。'ジュエル'は、濃桃色または白色の2色がある。
ゾーン：9～11

Mammillaria carnea
一般名：火焔丸
☼ ❄ ↔9～20cm ↕7.5～9cm
メキシコ南部原産の群生、ときに単生するサボテン。球形の茎に四角い稜があり、先端は赤茶色、疣腋に綿毛があり、粗毛はない。ピンクがかる茶色、先端が黒い刺が4本ある。鮮やかなピンク色の花が春に咲く。
ゾーン：9～11

Mammillaria carnea

Mammillaria compressa ★
一般名：白竜丸
☼ ❄ ↔15cm ↕4～6cm
メキシコ中部原産の群生するサボテン。扁球形の茎に、膨らんだ三角の稜がある。疣腋に綿毛と粗毛がある。白～薄赤色、先端が濃色で、長さの不揃いな4～6本の刺がある。えんじ色がかったピンクの花が春に咲く。
ゾーン：9～11

Mammillaria crucigera
一般名：白稜丸
☼ ❄ ↔3～5cm ↕10～15cm
メキシコ南部原産の単生または分岐するサボテン。円筒形～棍棒形の茎で、白色の綿毛が疣腋にある。黄～茶色の硬い中刺、蝋質、白色の側刺がある。紫色の花には同色の柱頭があり、夏に咲く。
ゾーン：9～11

Mammillaria carmenae 'ジュエル'

Mammillaria carmenae 'ジュエル'

Mammillaria canelensis

Mammillaria elongata ★
一般名：金手毬
英　名：LACE CACTUS
☼ ❄ ↔20〜30cm ↕10〜15cm
メキシコ中部原産の群生する多年生サボテン。長い円柱形の茎に最大3本の黄〜茶色の中刺があり、14〜25本の黄色の側刺がある。薄黄色、ときにピンクがかる花が、春から夏に咲く。頻繁に株を殖やす。ゾーン：9〜11

Mammillaria geminispina ★
一般名：白神丸
☼ ❄ ↔15〜50cm ↕15〜25cm
メキシコ中部原産の、マウンド状に群生する多年生サボテン。球形〜円筒形の茎で、稜は綿毛と短い粗毛がある。中刺は白色、先端は暗色、側刺は白色。濃ピンク〜赤色の花が春から秋にかけて咲く。'クレスド'は、稜に灰緑色の綿毛がある。ゾーン：9〜11

Mammillaria karwinskiana

Mammillaria elongata

Mammillaria haageana

Mammillaria haageana
一般名：日月
☼ ❄ ↔5〜10cm ↕10〜15cm
中央メキシコ南東部原産の単生サボテン。小形の疣が密につき、綿毛で覆われる疣腋には粗毛がある。中刺は茶色、側刺は白色。小形、暗紫色がかるピンクの花が春に咲く。ゾーン：9〜11

Mammillaria hahniana ★
一般名：玉翁
英　名：OLD LADY CACTUS, OLDWOMAN CACTUS
☼ ❄ ↔20〜30cm ↕15〜25cm
メキシコ原産の単生または群生するサボテン。球形〜円筒形。三角形〜円錐形の稜が無数にある。長い白色の粗毛がある。白色の中刺は先端が茶色。側刺は白色、髪の毛に似る。暗紫色がかるピンクの花が春に咲く。球形、赤色の果実がつく。ゾーン：9〜11

Mammillaria herrerae
一般名：白鷺
☼ ❄ ↔18〜30mm ↕18〜30mm
メキシコ原産の単生または群生するサボテン。球形〜円筒形の茎は小さい稜で覆われる。中刺はなく、粗毛に似た薄色の側刺が60〜100本ある。薄紫がかるピンク〜白色の花に緑色の柱頭があり、春に咲く。ゾーン：9〜11

Mammillaria hertrichiana
マンミラリア・ヘルトリキアナ
☼ ❄ ↔15〜45cm ↕15〜45cm
メキシコ原産の群生サボテンで、ドーム形、径12cmの茎を持つ。暗桃〜白色の花に濃色の中央脈があり、晩冬に咲く。'スペルバ'は、灰緑色、粗毛が多く、ドーム形。ゾーン：9〜11

Mammillaria karwinskiana
異　名：*Mammillaria multiseta*
一般名：荒涼丸
☼ ❄ ↔10〜15cm ↕10〜15cm
メキシコ南部原産の単生サボテンで、子株を殖やして成長する。扁球形〜短円筒形の茎。円錐形の稜の間に粗毛、赤茶色の刺がある。薄黄色の花の外側に赤い縞があり、春または秋に咲く。ゾーン：9〜11

Mammillaria hertrichiana 'スペルバ'

Mammillaria karwinskiana

Mammillaria klissingiana

Mammillaria laui var. *rubens*

Mammillaria klissingiana
一般名：翁玉
☼ ❄ ↔6〜10cm ↕10〜15cm
メキシコ原産の単生または群生するサボテン。球形〜棍棒形の茎を持つ。疣腋には白色の粗毛があり、中刺は白色、先端が暗色、側刺はほぼ白色。ピンクの花が夏に咲く。ゾーン：9〜11

Mammillaria laui
☼ ❄ ↔3.5〜5cm ↕2.5〜3.5cm
メキシコ東部から中部原産の群生するサボテン。おおまかに球形、円筒形の疣は刺に覆われる。中刺は多いか全くなく、粗毛に似た白色の側刺を60本ほど持つ。紫がかるピンクの花に白色の染みがあり、春に咲く。*M. l.* var. *rubens*は、深紅色の花で、光沢があり、中心が黄色い。ゾーン：9〜11

Mammillaria longimamma
異　名：*Dolichothele longimamma*
一般名：金星
◐ ✤ ↔8〜12cm ↕8〜12cm
メキシコ中部原産の、成長緩徐な単生または群生する多年生サボテン。巨大な稜があり、長楕円形〜円筒形に分かれる。刺は薄茶、黄、白色。夏に、明黄色の花が茎のまわりの疣腋から出て咲く。ゾーン：11〜12

Mammillaria geminispina 'クレスト'

Mammillaria longimamma

Mammillaria magnifica ★
☼ ❄ ↔5〜10cm ↑30〜40cm
メキシコ南中部原産の群生するサボテン。円筒形の茎にピラミッド形または円錐形の稜があり、疣腋は丸く、粗毛がある。鮮黄茶色、鉤爪のある中刺、白色または黄色の側刺がある。ピンクがかった赤色の花が、春に咲く。
ゾーン：ゾーン：9〜11

Mammillaria magnimamma ★
一般名：夢幻城（ムゲンジョウ）
☼ ❄ ↔45〜60cm ↑25〜30cm
メキシコ中部原産の多年生サボテン。変異が多く、ほとんどが群生し、マウンド状になる。暗緑色、ピラミッド状〜円錐形の、角張った稜が目立ち、疣腋には綿毛がある。湾曲した白色の刺。薄黄〜濃い紫桃色の花が、春から晩夏にかけて咲く。
ゾーン：9〜11

Mammillaria marksiana
一般名：金洋丸（キンヨウマル）
☼ ❄ ↔5〜12cm ↑6〜15cm
メキシコ北西部原産の多年生サボテン。最初は単生、やがて群生する。球形の茎の頂点に綿毛がある。黄金色または茶色の刺。黄色の花が夏に咲く。
ゾーン：9〜11

Mammillaria mazatlanensis
一般名：緋縅（ヒオドシ）
☼ ❄ ↔18〜40mm ↑10〜15cm
メキシコ北西部原産の群生するサボテン。狭円筒形の茎、短円錐形の稜、疣腋

Mammillaria muehlenpfordtii

Mammillaria parkinsonii

Mammillaria magnimamma

は裸出するか、数本の短い粗毛がある。中刺は赤茶色、ときに鉤爪がある。側刺は白色。えんじ色の花には緑色の柱頭があり、夏に咲く。
ゾーン：9〜11

Mammillaria melanocentra
一般名：紫丘丸（シザマル）
☼ ❄ ↔10〜15cm ↑8〜12cm
メキシコ北部原産の単生する多年生サボテン。扁球形、青緑色の茎に、大形、ピラミッド形の稜があり、疣腋には最初綿毛がある。太い黒色の中刺、不揃いな側刺があり、幼形では黒色。暗いピンク色の花が春に咲く。
ゾーン：9〜11

Mammillaria microhelia
一般名：朝霞（アサガ）
☼ ❄ ↔30〜40cm ↑15〜20cm
メキシコ中部原産の単生または群生するサボテン。円筒形の茎に短い円錐形の稜があり、疣腋は裸出する。暗赤茶色の中刺、無数の黄色い側刺がある。乳白色、または紫色の花が春に咲く。
ゾーン：9〜11

Mammillaria moelleriana
一般名：紫冠丸（シコウマル）
☼ ❄ ↔8〜10cm ↑15〜30cm
メキシコ中部原産の単生サボテン。球形〜やや円筒形の茎に、卵形の稜があり、疣腋は裸出する。中刺は茶黄〜濃赤茶色、側刺は黄〜白色。薄桃色に暗色の縞のある花が春に咲く。
ゾーン：9〜11

Mammillaria mystax
一般名：貴宝丸（キホウマル）
☼ ❄ ↔8〜10cm ↑10〜15cm
メキシコ南部原産の単生、のちに群生するサボテン。球形〜円筒形の茎にピラミッド形の稜があり、疣腋に粗毛がある。中刺は紫茶色、のちに灰色になり、ゆがみがある。
ゾーン：9〜11

Mammillaria marksiana

Mammillaria melanocentra

Mammillaria muehlenpfordtii
一般名：明耀丸（メイヨウマル）
☼ ❄ ↔10〜15cm ↑10〜15cm
メキシコ中部原産のサボテン。成長すると子吹きし、それぞれ扁球形の頭を持つ。円錐形の稜があり、疣腋には細かい粗毛がある。中刺は黄色、先端が茶色。側刺は半透明な白色。ピンク〜紫色の花が夏に咲く。
ゾーン：9〜11

Mammillaria mystax

Mammillaria picta

Mammillaria parkinsonii ★
一般名：短刺白王丸（タンシハクオウマル）
☼ ❄ ↔8〜15cm ↑10〜15cm
メキシコ中部原産のサボテン。単生、のちに群生する。ピラミッド形の稜がある。疣腋は綿毛と粗毛があり、中刺は白色または赤茶色、頂部では非常に短い。側刺は白色。花は春に咲き、乳白色で茶色またはピンクがかる。
ゾーン：9〜11

Mammillaria pennispinosa
一般名：陽光（ヨウコウ）
☼ ✝ ↔3.5〜5cm ↑3.5〜5cm
メキシコ北部原産の、ふつう単生する多年生サボテン。ほぼ球形の茎に円筒形の稜があり、疣腋は、最初綿毛がある。中刺は茶赤色、基部が黄色い。側刺は細く灰白色。クリーム〜ピンク色の羽毛状の花に濃色の中筋があり、早春に、茎のまわりに丸くつく。
ゾーン：11〜12

Mammillaria picta
一般名：鳩巣丸（ハトスマル）
☼ ❄ ↔2.5〜5cm ↑2.5〜5cm
メキシコ中部および北東部原産の単生するサボテン。球形〜卵形の茎は、のちに稜ができる。稜は円筒形、疣腋には細かい粗毛がある。髪の毛に似た刺があり、中刺は側刺より濃色。薄緑がかる白色の花が春に咲く。
ゾーン：9〜11

Mammillaria prolifera

Mammillaria sonorensis

Mammillaria spinosissima

Mammillaria plumosa

Mammillaria plumosa ★
一般名：白星
☼ ❄ ↔6〜40cm ↕10〜15cm
メキシコ北東部原産の群生する多年生サボテンで、マウンド状になる。球形、緑色の茎は、白色、羽毛状の刺で覆われる。円筒形の稜があり、疣腋に綿毛がある。小形、乳白色で、茶桃色がかる花が冬に咲く。
ゾーン：9〜11

Mammillaria prolifera
一般名：松霞
英　名：STRAWBERRY CACTUS
☼ ❄ ↔20〜30cm ↕6〜10cm
メキシコ北東部、アメリカ合衆国南西部および西インド諸島原産の多年生サボテン。大きなかたまりになり、疣腋はほぼ裸出する。直立の中刺は白〜赤茶色。細い側刺は白色。乳白色、円筒形の花が咲き、ピンクがかるか、茶色の縞があり、春から夏に咲く。イチゴに似た味の赤い液果がつく。
ゾーン：9〜11

Mammillaria rhodante
一般名：朝日丸
☼ ❄ ↔30〜60cm ↕30〜60cm
メキシコ中部原産の多年生サボテン。ふつう単生だが、ときに匍匐枝が出る。球形〜円筒形の茎は成長すると分枝する。中刺は赤茶色、側刺は半透明の白〜薄黄色。花は紫赤色で、晩夏に咲く。
ゾーン：9〜11

Mammillaria tayloriorum

Mammillaria sonorensis
異　名：*Mammillaria craigii*
☼ ❄ ↔5〜8cm ↕10〜15cm
メキシコ北西部原産の単生サボテン。中刺は赤茶色、側刺は乳白色、先端は茶色。花は濃ピンク色、深緑色の花柱と柱頭があり、春に咲く。
ゾーン：9〜11

Mammillaria spinosissima ★
一般名：錨猩々丸
☼ ❄ ↔6〜8cm ↕10〜15cm
メキシコ中部原産のサボテン。単生、のちに群生する。円筒形の茎に、長円形〜円錐形の稜があり、疣腋には綿毛がややある。中刺は赤茶色または薄黄色。側刺は粗毛状で、白色に近い。紫桃色の花が春に咲く。
ゾーン：9〜11

Mammillaria standleyi
一般名：富鶴丸
☼ ❄ ↔8〜12cm ↕8〜10cm
メキシコ北西部原産のサボテン。単生または直立、ときに群生する。扁球形の茎に薄青緑のずんぐりした稜がある。疣腋は綿毛と粗毛がある。中刺は白色、先端が赤茶色、側刺は白色。紫桃色の花が春に咲く。
ゾーン：9〜11

Mammillaria supertextra
一般名：雪笛丸
☼ ❄ ↔5〜8cm ↕10〜15cm
メキシコ南部原産のサボテン。単生、ほぼ球形〜円筒形の茎に、円錐形、小形の稜が密生し、疣腋は綿毛がある。中刺は白色、ときに先端が黒色、側刺は白色。濃赤色またはピンク色の小花が春に咲く。
ゾーン：9〜11

Mammillaria tayloriorum
☼ ❄ ↔6〜8cm ↕8〜15cm
メキシコ中部原産のサボテン。球形の茎が大きな塊になり、白色の刺で分厚く覆われる。ピンク色の花が輪生し、春に咲く。
ゾーン：9〜11

Mammillaria winterae
一般名：大疣丸
☼ ❄ ↔20〜30cm ↕20〜30cm
メキシコ北東部原産のサボテン。単生、扁球形の茎に四角形の稜があり、疣腋は綿毛で分厚く覆われる。花は夏に咲き、外側が薄黄色、赤茶色の中筋があり、内側の花被片は白色に近く、淡黄色の縞がある。
ゾーン：9〜11

Mammillaria winterae

Mammillaria standleyi

Mandevilla×amabilis 'アリス デュ ポン'

Mandevilla sanderi 'スカーレット ピンパーネル'

Mandevilla boliviensis

MANDEVILLA
（チリソケイ属）
キョウチクトウ科に属し、中南米に原生する根茎性多年草、亜低木、およびつる植物で、約120種からなる。葉は大形、暗緑色、楕円形〜披針形、先端がとくに細長い。大きならっぱ形の花が、単生または総状花序につき、ときに芳香があり、温暖な季節を通して咲き続ける。花色は白〜クリーム、さまざまな色調のピンクがある。強健で美しいつる性種がよく栽培される。

〈栽培〉
耐霜性があるのは数種しかなく、全種が温暖〜高温気候で、日当たりのよさと湿気のある、腐植質の多い水はけのよい土壌を好む。必要があれば整枝する。切ると乳液が出て、皮膚にかゆみを引き起こす。施肥を行なうと葉色がよくなるが、徒長しやすい。夏に半熟の茎か、枝の挿し木で殖やす。

Mandevilla × amabilis
マンデウィラ×アマビリス

☀/☽ ╪ ↔4.5m ↕4.5m

強健なつる性種で、原種は不明（*M. splendens*の交雑種と思われる）。太い葉脈があり、革質、長さ10〜20cmの葉。花喉が黄色で、中心が暗色、ピンク色の花が春に咲く。'**アリス デュ ポン**'は、*M. amabilis*と*M. splendens*（syn. *M. × amoena*）の戻し交雑種で、青々した葉と濃桃色の大きな花がつく。
ゾーン：11〜12

Mandevilla boliviensis
マンデウィラ・ボリウィエンシス

英 名：WHITE DIPLADENIA

☀/☽ ╪ ↔3m ↕4.5m

ボリビアおよびエクアドル原産のよじ登り植物。幅広、光沢のある楕円形の葉は、先端が細く尖り、長さ10cm。花は、白色、長さ5cm、中心が黄金色をしている。1花序に最大7個の花がつき、夏に咲く。
ゾーン：11〜12

Mandevilla laxa
英 名：CHILEAN JASMINE

☀ ╪ ↔5m ↕4.5m

強健な半常緑から落葉性のつる植物で、アルゼンチン原産。楕円形の葉は先端が細く、淡緑〜ブロンズ色、軟毛があり、ときに裏が紫がかり、長さ8cm。白色、径5cmの花に、夜香性の強い芳香がある。晩春から夏に咲く。
ゾーン：9〜11

Mandevilla sanderi
マンデウィラ・サンデリ

☀/☽ ╪ ↔5m ↕5m

強健なブラジル原産のつる植物。光沢のある、平滑、革質、長さ8cmの葉がつく。春に、濃い桃黄色の花喉を持つ、径5cmの花が、1花序に最大5個つく。'**スカーレット ピンパーネル**'は、非常に濃いピンク〜赤色の花がつく。
ゾーン：11〜12

MANDRAGORA
（マンドラゴラ属）
一般名：マンドレイク
英 名：MANDRAKE

ナス科に属し、無茎で、ロゼットを形成する多年草で、6種ある。花は葉に囲まれて群生する。あとに多肉の丸い液果を結ぶ。地中海地方の乾燥地およびヒマラヤ山脈に原生し、昔から魔力があると思われていた。人間の胴体に似た長い根茎は、性欲を増進すると思われている。マンドレイクを掘り起こすと狂って叫び出すと考えられていたため、犬の尾に本草を結びつけて掘らせていた。

〈栽培〉
水はけはよいが、保湿性のある土壌の日向がもっとも適する。取り播き、または冬に根挿しで殖やす。移植を嫌う。

Mandragora officinarum
一般名：マンドラゴラ、マンドレイク
英 名：DEVIL'S APPLES, LOVE APPLES, MANDRAKE

☀ ✻ ↔20〜25cm ↕12〜15cm

多年生草本。葉はしわが多く、暗緑色、披針形、長さ30cmで、ロゼット状につく。春に、紫の染みのある緑白色の花が上向きに群生する。有毒の黄色の液果がつく。ゾーン：5〜10

MANGIFERA
（マンゴー属）
マンゴーとしてよく知られる*M. indica*の果実は、熱帯地方で広く食用に栽培されている。ウルシ科に属し、約40〜60種があり、インドの熱帯雨林、東南アジアおよびソロモン諸島に原生する。革質、鋸歯縁の単葉は、幼葉では赤みがかる。小形の両性花と雄性花が、円錐花序で同じ株につく。果実は大形、多肉の核果で、垂れ下がり、扁平、繊維質の種子を含む。熱帯および暖温帯の諸国では、美しい葉と果実を目的に栽培される。材木が床材や茶箱に使われる種もある。樹液と植物部位が皮膚炎を起こすことがある。

〈栽培〉
高温無霜気候の、深い水はけのよい土壌がもっとも適し、定期的に施肥を行なう。高温で乾燥した季節がないと結実しない。果実生産には、開花期に降雨が少ない地域を選ぶ必要がある。実生または接ぎ木で殖やす。

Mandevilla laxa

Mandevilla laxa、春

Mandevilla laxa、夏

Mangifera indica
一般名：マンゴー
英　名：MANGO
☀ ⇄ ↔8m ↕24m

東南アジア、とくにミャンマーとインド東部原産。幼葉は赤く、成長すると光沢のある暗緑色になる。黄色または赤みがかる花が大きな円錐花序につく。不規則な卵形、多肉の核果がつく。交互結実で、一般的に2～4年ごとに実つきが多くなる。'カンペッシュ'は、濃黄色、淡紅色がかる果実がつく。'エドワード'は、中～大形、非常に味がよい。'ケンジントン ブライド'（syn.'プライド オブ ボーウェン'）は、オーストラリアの栽培品種で、実生繁殖される。優良な果実を産生する。
ゾーン：11～12

MANIHOT
（イモノキ属）
トウダイグサ科に属する約100種の高木、低木および草本で、中南米の熱帯および高温帯～温帯に原生する。葉は掌状裂葉で、小葉は披針形、色は灰緑～明緑色まである。規則的な葉脈がある。食用の根が目的で栽培される。雌雄同株。*M. esculenta*は、根に青酸配糖体を含み、食用にする前に抽出する必要がある。青酸配糖体を取り除けば、タピオカとして貴重な食糧になる。*M. esculenta*からはキャソリープという有毒の樹液が抽出され、樹やアルコール飲料などの原料になる。樹木はチップや合板に利用される。

〈栽培〉
高温多湿のあとに乾燥した季節のある気候でもっともよく育つ。水はけがよければ、不毛な土壌でも生育する。温室では強い日差しによる葉焼けに注意する。砂利質のロームに熟枝挿しして殖やす。

Manihot esculenta
一般名：キャッサバ、タピオカ
英　名：BITTER CASSAVA, MANIOC
☀ ❂ ↔0.9m ↕3.5m

中南米原産の低木で、茎は粗毛があり、根茎を産生する。3～7枚の円形または披針形の小葉からなる掌状裂葉がつく。果実は六角形で細い翼がある。重要な食料源になる。'ワリエガタ'は、明緑色の葉に黄色の斑が葉脈に沿って入る。
ゾーン：9～11

MANILKARA
（マニルカラ属）
アカテツ科に属する常緑高木で、約70種あり、熱帯に広く分布する。大形の薄い紙のような単葉がつく。花は葉腋に、単生または群生する。花後に多肉の液果がつくが、種子は数個しか含まない。樹脂を産生する種もあり、商品に使われる。

〈栽培〉
熱帯植物だが、気候の好みはやや異なる。乾燥期のある熱帯原産の種もあるが、ほとんどが年間を通して高温、多雨多湿を好む。水はけがよく、腐植質の多い肥沃な土壌の半日陰または日陰で育て、株姿を整えるために軽く剪定する。実生または挿し木で殖やすが、用土に挿す前に切り口から出る樹脂を乾燥させておく。

Manilkara zapota
一般名：サポジラ
英　名：SAPODLLA
☀ ❂ ↔6m ↕30m

メキシコからコスタリカにかけて商業用に栽培される果樹。長さ15cmの単葉がつく。白い小花が春に咲く。粗い表皮を持つ、卵形、長さ8cm、金茶色の果実がつく。材木はチコサポーテとして知られる。
ゾーン：10～12

Mangifera indica 'カンペッシュ'

Mangifera indica

MARANTA
（マランタ属）
英　名：PRAYER PLANT

クズウコン科に属し、中南米および西インド諸島に原生する32種ほどの熱帯性の常緑多年草からなる。葉は、日中は楕円形の葉が平らに広がり、夜は手を組んだ形に閉じる。葉には面白い斑点と脈がある。白色、小形で、2唇弁の花がつくが、目立たない。熱帯以外の気候では、室内で観葉植物として育てるのに向く。

〈栽培〉
室内植物として日当たりがよく、暖かい湿気のある場所、または直射日光の当たらない温室で育てる。用土は水の溜まらない排水のよいものを使う。熱帯では高木の下に植えると、優良なグラウンドカバーになる。株分けか、春にボトムヒートを用いて、基部から採穂した挿し木で殖やす。

Maranta arundinacea
一般名：クズウコン
英　名：ARROWROOT, OBEDIENCE PLANT
☀ ⇄ ↔60～100cm ↕1.2～1.8m

西インド諸島および中米原産の多年草。直立、多肉の脆弱な茎が分岐する。平滑、長楕円形～披針形、先鋭、長さ25cmの葉がつく。春につく花序は細長く、白色の小花がまばらにつき、分岐する。
ゾーン：11～12

Manihot esculenta 'ワリエガタ'

Manilkara zapota

Maranta leuconeura
マランタ・レウコネウラ

英 名：PRAYER PLANT、RABBIT TRACKS、TEN COMMANDMENTS

☼ ⇵ ↔25～30cm ↕25～30cm

ブラジル原産の多年草。ほぼ匍匐性、根茎が横に広がる。葉は幅広、暗緑色、長円形、部分的に灰色またはえび茶色。表面は銀、赤または紫色、裏は灰緑色またはえび茶色で、夜になると上向きに湾曲する。白色または紫色で、紫の斑点のある花穂が春から夏に単生する。*M. l.* var. *kerchoveana*は、灰緑色の葉で、紫茶～暗黄緑色の斑点が主脈の両側にある。*M. l.* 'エリトゥロネウラ'（syn.'エリトゥロフィラ'）は、ベルベット状、黒緑色の葉に赤い葉脈がある。黄緑の中斑がある。'トリコロール'は、大形、長円形、赤い葉脈が太く入り、主脈の両脇に暗緑色の斑点がある。

ゾーン：10～11

Maranta leuconeura 'トリコロール'

MARATTIA
（リュウビンタイモドキ属）

世界中の熱帯に広く分布するリュウビンタイモドキ科の基準属で、60種の大形常緑シダ類からなる。多肉の大きな根茎から太い多汁多肉の丸い茎が立ち上がり、2～3枚の小葉と光沢のある長い裂片からなる目の粗い大形の葉身がつく。茎には食用のでんぷんを含む。

〈栽培〉

肥沃な湿気のある土壌の日陰で育て、霜や風から保護することが必要である。胞子で殖やす。

Marattia salicina

英 名：HORSESHOE FERN、KING FERN、PARA、POTATO FERN

☼ ⇵ ↔3m ↕1.5～1.8m

熱帯オーストラリアおよびポリネシア原産の常緑シダ。食用になる分厚い根茎を持ち、成長緩徐な太い根が出る。暗緑色、羽状複葉、長さ3.5mで、湾曲する葉状体が、暗色、直立、先が尖り、基部が膨らんだ茎につく。

ゾーン：11～12

MARGYRICARPUS
（マルギリカルプス属）

バラ科の単型属で、*M. pinnatus*は、高さ60cmになる横張り性の常緑低木である。チリ側のアンデス山脈に原生し、分枝が多く、絡み合った茎に明緑色の針葉に似た葉がつく。花は小形で目立たないが、非常に美しい果実がつき、人目を惹く。

〈栽培〉

弱い降雪に耐性があり、ほとんどの水はけのよい土壌の日向または半日陰でよく育つが、長期間の降雨には被害を受けやすい。株立ちにするには切り戻しや整枝を行ない、土手や壁に這わせる場合には放置しておく。実生または挿し木、取り木で殖やす。

Margyricarpus pinnatus

英 名：PEARL FRUIT

☼ ❄ ↔50cm ↕60cm

チリ原産の横張り性低木。葉は密に輪生し、羽状複葉で、針葉に似た小葉からなる。花は小形、緑色、春から夏に咲く。明白色の果実はやや紫がかる。

ゾーン：7～11

Margyricarpus pinnatus

Marattia salicina

Markhamia lutea

MARKHAMIA
（マルカミア属）

ノウゼンカズラ科に属する12～15種の常緑高木で、熱帯アフリカおよびアジアに原生する。葉は大形、羽状複葉、ふつう楕円形～披針形、数枚の大形裂片からなる。ノウゼンカズラ科によく見られる、らっぱ形～鐘形の花が目立つ総状花序に茎頂する。

〈栽培〉

葉も花も美しい植物である。高温多湿気候が適し、繁殖力が旺盛で、広い場所に植えるとよく育つ。耐霜性または長く続く寒さには耐性がなく、ほぼ通年いくぶん多湿な環境を必要とする。湿気のある腐植質の多い、水はけのよい土壌の日向または半日陰に植える。実生または挿し木で殖やす。

Markhamia lutea

☼/☽ ⇵ ↔6m ↕9m

熱帯アフリカ原産の大低木または小高木。葉は長さ30～50cm、大きさの異なる7～13枚の小葉からなる。花は黄色で、花喉に赤色の模様があり、春に咲く。長さ45cmの細い裂開果がつく。材木として小規模に国内利用されている。

ゾーン：11～12

Markhamia obtusifolia

☼/☽ ⇵ ↔6m ↕9m

熱帯アフリカ原産の高木または低木。葉は長さ15cm。花は長さ5～10cm、黄、赤茶色の模様が花喉にあり、春に咲く。

ゾーン：11～12

Markhamia obtusifolia

MARRUBIUM
（ニガハッカ属）

英 名：HOREHOUND

アジア、地中海地方および北アフリカ原産で、羊毛質の灰色の葉がつく40種の多年草である。シソ科に属し、ふつう円形で強い香りのある葉がつく。茎は四角く、2唇弁のピンク～藤色の花が、葉間に見られる。薬草として用いられてきた種もある。帰化しやすい。

〈栽培〉

日光を好む多年草で、耐干性があり、乾燥した夏のある気候でよく育つ。冬ごとに大きく切り戻して葉つきをよくする。株分けまたは春の実生で殖やすが、発芽にはむらがある。

Marrubium incanum
異名：Marrubium candidissimum
☀ ❄ ↔60cm ↕50cm
イタリアおよびバルカン半島原産の多年草。茎と葉は、分厚く羊毛質の毛で覆われる。葉は灰緑色、波状縁、円形。夏に、薄藤〜ほぼ白色の花が大きなかたまりでつく。
ゾーン：6〜10

Marrubium vulgare
一般名：ホアハウンド
英名：COMMON HOREHOUND, WHITE HOREHOUND
☀ ❄ ↔50cm ↕50cm
ヨーロッパ南部、北アフリカ、カナリア諸島、およびアジア原産。葉は円形、羊毛質、灰色。2唇弁の小花が夏に咲く。庭園植栽には見栄えが劣り、原生地以外では雑草化する。やや鑑賞向きの斑入り葉品種もある。
ゾーン：3〜10

MARSILEA
（デンジソウ属）
英名：NARDOO' PEPPERWORT, WATER CLOVER
オーストラリア、ヨーロッパ、アジアおよびアメリカ合衆国東部に原生する魅力的な水生植物である。デンジソウ科に属する約65種の水生シダの仲間で、葉はクローバーの形をしており、水面に浮かぶ。オーストラリアのアボリジニーは、でんぷん質を含む胞子嚢果を掘り起こして食用にしていた。

〈栽培〉
無霜気候の深さ1.5mの水中で育てる。雑草化しやすい。池底の泥土に植えるか、コンテナ栽培にする。寒冷な時期に株分けで殖やす。

Marsilea drummondii
英名：COMMON NARDOO
☀ ❄ ↔2m ↕15〜30cm
オーストラリア原産の水生植物で、本土全域に見られる。根茎が横に大きく広がり、茎は細長い。薄緑〜真緑色、長さ40mmのクローバーに似た4枚葉がつく。
ゾーン：9〜11

Marsilea mutica ★
英名：BANDED NARDOO, NARDOO, WATER CLOVER
☀ ❄ ↔0.9〜1.8m ↕30〜90cm
オーストラリア北部および南アジアに見られる多年生シダ類で、浅い水辺に浮く。茎は脆弱で、細長く、横に広がる。光沢のある薄黄緑色の葉状体は、楔形に4裂し、茶色または薄緑色の斑入りで、高さ90cmの茎につく。
ゾーン：9〜11

Marrubium incanum

MASDEVALLIA
（マスデワリア属）
英名：FLAG ORCHID
中南米原産で、ラン科に属し、約500種がある。通年気候が変わらない山地の雲霧林に見られる。偽鱗茎はなく、多肉の単葉を群生させ、根と葉に水分を蓄えている。原種は異なる時期に開花するが、ピークは冬と春である。花形、大きさ、色は、非常に異なり、ほとんどが単生、大形種は数個の花をつける。萼片は先端に長短の尾があり、白色の花弁と唇弁はふつう小形である。多くの交雑種があり、原種より成長力が旺盛である。

〈栽培〉
小形のポットやミズゴケを倍地として好む。通年、低温多湿気候、湿気のある直射日光の当たらない場所で、根づまり気味の状態にしておく。乾燥しなければ、バークとパーライトを混ぜた用土でも育つ。株分けで殖やす。

Masdevallia coccinea ★
☀ ❄ ↔20cm ↕10〜50cm
コロンビア原産のランで、夏の花の盛りには見ごたえがある。春に、大形、円形、径12cmの花が、丈の高い無葉の茎につく。花色は変異が多く、赤、紫、ピンク、黄、白色などがある。
ゾーン：9〜11

Masdevallia infracta
一般名：マスデワリア インフラクタ
☀ ❄ ↔20cm ↕10〜30cm
ブラジル原産の中形のラン。径5cm、黄、オレンジ、藤色の花が最大4個つく。翌年、同じ花茎から開花することがある。
ゾーン：11〜12

Masdevallia coccinea

Marrubium vulgare

Marsilea drummondii

Masdevallia ova-avis
☀ ❄ ↔10〜20cm ↕10〜30cm
エクアドル原産の花つきの多いラン。径35mm、淡桃黄色に暗いえび茶色の斑点のある花が、最大8個が下垂気味につく。春に同時に開花する。萼片の尾は明黄色。
ゾーン：9〜11

Masdevallia tovarensis
☀ ❄ ↔30cm ↕30cm
ベネズエラ原産のランで、美しい白色の花が咲く。春に、径8cm、長命な花が最大4個まとまってつく。翌年、同じ花茎から再開花することがある。ほかの種よりも高温に耐性がある。
ゾーン：11〜12

Masdevallia veitchiana ★
一般名：マスデワリア・ビーチアナ
☀ ❄ ↔30cm ↕60cm
ペルー原産のランで、壮麗な大輪の花が咲く。マチュピチュのアステカ・シティに見られたことが知られている。径12cmのオレンジ色の花には、明紫色の粒状鱗があり、日光が当たると半透明の光沢がある。春から夏に開花する。葉よりも花茎のほうが長い。
ゾーン：9〜11

Masdevallia veitchiana

Masdevallia ova-avis

マスデワリア、ハイブリッド、アンゲリタ

マスデワリア、ハイブリッド、カリスマ

マスデワリア、ハイブリッド、マルグエライト

Masdevallia Hybrids
（マスデワリア ハイブリッド）

☼ ❄ ↔10〜30cm ↕10〜60cm

多くの交雑種が作出され、マスデワリアへの関心も高まってきた。交雑強勢があり、多くは1年に数回花をつける。人気のある品種には以下のものがある。**アンゲリタ**は、*M. sanctae-inesae*、*M. strobelii*および*M. veitchiana*の3種交雑種で、中心が黄金色。**カリスマ**は、*M. coccinea*と縞のある*M. yungasensis*の交雑種で、薄桃に深紅色の縞がある。**コッパーウィング**は、*M. veitchiana*と小形の*M. decumana*の交雑種で、濃黄色に赤茶色の斑点がある。**マチュ ピチュ**は、大形花の*M. ayabacana*と*M. coccinea*の交雑種で、美しい深紅色。*Magdalene*×*Marguerite*は、交雑種間のハイブリッドで、濃赤色、中心はやや褪色する。**マルグエライト**は、*M. infracta*と*M. veitchiana*の交雑種で、赤茶色の斑点がある。**プリンス チャーミング**は、ずんぐりした*M. angulata*と*M. veitchiana*の交雑種で、真紅色の帯があり、中心は濃い赤色。**ローズマリー**は、*M. coccinea*とピンクの斑点のある*M. glandulosa*の交雑種で、ローズピンクの花、中心はオレンジ色。**ウィンター ブラッシュ**は、*M.*エンジェルフロスト（*M. veitchiana*×*M. strobelii*）と斑点のある*M. chaparesis*の交雑種で、金橙色に濃赤色の模様がある。

ゾーン：9〜11

マスデワリア、ハイブリッド、ローズマリー

MATRICARIA
（シカギク属）

キク科に属する5種の一年草である。ヨーロッパとアジアの温帯全域に見られ、直立、分岐する葉つきの多い茎に、互生、細かい裂のある、薄〜明緑色の葉がつく。葉には芳香がある。花つきは多く、単生または群生し、黄色でボタン形、または白色に黄色の筒状花のあるデイジーに似た花がつく。*M. recutita*は、胃腸障害や発熱、痛みなど、さまざまな症状に効く薬草として用いられる。芳香と薬草としての性質は、ローマンカモミールに似ているが、より苦みがあり、質が劣ると考えられている。

〈栽培〉

水はけのよい日向で容易に育つ。晩夏に、栽培場所に播種する。

Matricaria recutita

異　名：*Matricaria chamomilla*
一般名：ジャーマンカモミール
英　名：GERMAN CHAMOMILE, SWEET FALSE CHAMOMILE, WILD CHAMOMILE

☼ ❄ ↔15〜50cm ↕15〜50cm

ヨーロッパおよび西アジアに原生する葉つきの多い一年草。葉は細かい羽状裂葉で、芳香があり、デイジーに似た花がつき、舌状花は下向きに曲がり、夏から秋に開花する。

ゾーン：4〜10

マスデワリア、ハイブリッド、コッパーウィング

マスデワリア、ハイブリッド、マチュ ピチュ

マスデワリア、ハイブリッド、マグダレン×マルグエライト

マスデワリア、ハイブリッド、プリンス チャーミング

MATTEUCCIA
（クサソテツ属）

ウラボシ科に属し、北アメリカ、ヨーロッパ、アジア原産の3種の耐寒性落葉シダを含む。葉状体は、丈高く、薄緑色、互生の小葉からなる。優美な植物で、湾曲する習性があり、水辺でもっともよく育つ。栽培は容易だが、地下茎は侵略性がある。

〈栽培〉

秋から春に、石灰質がなく腐葉を含む土壌のやや日陰で、常に湿気のある場所に植える。最低でも120cmずつ離して植えると、よく育つ。秋か冬に、根茎を分けて殖やす。

Matteuccia struthiopteris

一般名：クサソテツ
英　名：OSTRICH FERN, SHUTTLECOCK FERN

☼ ❄ ↔45〜75cm ↕90〜150cm

北アメリカ、東アジアおよびヨーロッパ原産のシダ。葉状体は群生し、革質、薄緑色で、湾曲する。暗茶色の胞子葉は、夏から晩冬にかけて株の中心から出て、通年持続する。

ゾーン：3〜10

マスデワリア、ハイブリッド、ウィンター ブラッシュ

Matteuccia struthiopteris

Matthiola incana、シンデレラ シリーズ、'シンデレラ ホワイト'

Matthiola incana、シンデレラ シリーズ、'シンデレラ ラベンダー'

Matthiola incana、ビンテージ シリーズ、'ビンテージ ライラック'

Matthiola incana、シンデレラ シリーズ、'シンデレラ ローズ'

Matthiola incana、シンデレラ シリーズ、'ビンテージ バーガンディ'

Matthiola incana ビンテージ シリーズ、'ビンテージ ラベンダー'

MATTHIOLA
（アラセイトウ属）
一般名：ストック
英　名：GILLYFLOWER, STOCK

アブラナ科に属する55種のユーラシア温帯原産の一年草、多年草および亜低木である。灰緑色、ときに鋸歯縁のある単葉がつく。花は4弁あり、夜香性、直立で分岐する茎に上向きにつく。さまざまな形と色の花を持つ園芸品種が数多くある。香りがよいことで有名なストックは、かつては薬草として栽培されていた。属名はイタリアの植物学者 Pierandrea Mattioli にちなんでつけられたが、「彼はストックを'愛と欲望の問題'のためだけに栽培した」と評された。これは、薬草としての効果が香りに関係することを示唆している。

〈栽培〉
湿気のある水はけのよい土壌の日向に植える。石灰を軽く施すと効果がある。丈の高いタイプは、強風が当たらないように保護するか支柱で支える。ほとんどが実生で殖やし、春と夏に継続的に花を咲かせたい場合は連続して種子を播く。

Matthiola incana
一般名：ストック
英　名：BROMPTON STOCK
☼/☽ ❄ ↔30cm ↕80cm

ヨーロッパ南部および西部原産の二年草で、基部が木質化する。葉は楕円形、灰緑色、有毛、長さ5cm。直立の花穂は、芳香があり、紫、ピンクまたは白色で、夏に咲く。長い裂開果がつく。'アニュア'は、1シーズンで成長し、開花する。**Cinderella Series**（シンデレラ シリーズ）は、単茎、ほとんどの色がある。**Lady Series**（レディ シリーズ）は、二年草、分枝し、大きな花穂がつき、花色多く、八重咲き。**Vintage Series**（ビンテージ シリーズ）は、高さ15～20cm、分枝し、花色多く、八重咲き。
ゾーン：8～11

Matthiola longipetala
英　名：NIGHT-SCENTED STOCK
☼/☽ ❄ ↔25cm ↕50cm

ギリシャおよび中東からクリミア半島原産の夏咲き一年草。長さ8cmの細い葉がつき、鋸歯縁または羽状裂がある。径25mm、夜香性、乳白色またはピンク色の花が夏に咲く。角のある裂開果がつく。*M. l.* subsp. *bicornis* は、ふつう八重咲き。
ゾーン：8～11

MATUCANA
（マツカナ属）

南アフリカ共和国に原生する球形～短円筒形のサボテン科の植物で、17種以上ある。単生または低く群生し、ときに高さ50cmのクッション状になる。稜の数は異なるが、ふつう幅広く、短い疣がある。刺の大きさと数は極端に異なる。花は昼開性、左右非対称、頂部近くにつき、じょうご形～細い筒状のじょうご形、明赤色、オレンジ、ピンクまたは黄色。属名は基準種の *M. haynei* が発見されたペルーのマツカナという町にちなんでつけられた。

〈栽培〉
肥沃な水はけのよい土壌で容易に育つ。冬は休眠させる。実生か株分け、または1～2週間乾燥させた挿し木で殖やす。

Matucana aurieflora
☼ ❄ ↔12cm ↕12cm

ペルー原産種。単生、光沢のある暗緑色、11～17個の稜に短い疣がある。刺は暗赤茶色、先端が黄色。側刺は8～14本あり、櫛形、刺座の両側から出る。花はオレンジがかった黄色で、夏に咲き、幅広のじょうご形、左右対称。裂開果は長円形、暗紫色。ゾーン：10～11

Matucana formosa ★
☼ ❄ ↔15cm ↕10～15cm

ペルー原産のサボテン。球形、灰緑色、地際で子吹きする。わずかに疣のある稜を持つ。刺は暗茶色、成長すると灰色になり、硬く、直立～やや湾曲する。花は明赤色、花筒はやや反曲し、夏に咲く。裂開果は長円形、緑～赤色。
ゾーン：10～11

Matucana haynei
☼ ❄ ↔20cm ↕30cm

ペルー原産の非常に変異の多いサボテン。刺は白～薄茶色、成長すると灰色になる。赤、サーモン、紫赤色の、ほぼ左右非対称の花が夏に咲く。裂開果は球形、赤緑色。*M. h.* subsp. *haynei* は、少なくとも30本の刺がある。*M. h.* subsp. *herzogiana* は、高さ10cm以下、刺はほとんどない。*M. h.* subsp. *histrix* は、4本の明確な中刺と無数の側刺がある。*M. h.* subsp. *myriacantha* は、高さ8cm以下、10本の中刺と25本の側刺がある。ゾーン：9～11

Matucana haynei

Matucana aurieflora

Matucana formosa

Maytenus boaria

MAXILLARIA
（マクシラリア属）

ラン科の複合属で、中南米原産の、約600種の着生または岩生複茎性ランからなる。植物習性、花形、大きさ、色はさまざまである。単生の花が偽鱗茎の基部から立ち上がり、花弁は萼片よりも小さい。偽鱗茎の頂部に1〜3枚の葉がつく。可能性としてはじゅうぶんあるにも関わらず、このような大属にしては、人工交雑種がほとんど作られていないのは驚きである。リカステ属の近縁である。

〈栽培〉
生育条件は異なるが、栽培されているほとんどの種が寒冷〜中間気候で育ち、多湿で日当たりのよい環境を好む。目の粗いバーク主体の用土を用いたポット栽培で容易に育つ。とくに矮性種は木生シダのスラブやコルクでもよく育つ。株分けで殖やす。

Maxillaria biolleyi
☀ ❄ ↔50cm ↕90cm
コスタリカ原産の珍しいランで、丈が高く、葉つきが多い。直立する習性がある。葉は暗緑色、狭披針形。春に、白〜薄桃色、径18mmの花が上部葉腋に多数つく。
ゾーン：10〜12

Maxillaria cognauxiana
☀ ✢ ↔20cm ↕60cm
ブラジル原産の矮性種で、群生し、分枝する。細長い、暗黄緑色の葉がつく。光沢のある濃い藤色、径30mm、椀形の長命な花が、春から夏に咲く。
ゾーン：11〜12

Maxillaria fractiflexa
☀ ❄ ↔20cm ↕10〜60cm
コロンビア原産のランで大形の花がつく。丈高い、真緑色の細長い葉がつく。花は径15cm、暗黄〜茶色の細い萼片がある。クリーム色の花弁はねじれる。夏に開花する。
ゾーン：9〜11

Maxillaria nigrescens
☀ ❄ ↔10〜20cm ↕10〜60cm
コロンビアおよびベネズエラ原産のラン。葉は真緑色、気温が高すぎると斑点ができる。径cm、クモに似た厚みのある濃赤茶色の花が春から夏に咲く。
ゾーン：3〜11

Maxillaria porphyrostele
一般名：マクシラリア・ポルフィロステレ
☀/☼ ❄ ↔10〜20cm ↕10〜60cm
ブラジル原産の耐寒性種。丸い偽鱗茎を持ち、2枚の帯状の葉がつく。明黄色、径5cmの花は長命で、早春に大きく開く。黄色の唇弁には基部の近くに赤茶色の模様がある。
ゾーン：9〜12

Maxillaria variabilis ★
一般名：マクシラリア・バリアビリス
☀/☼ ❄ ↔10〜20cm ↕10〜60cm
メキシコからパナマに見られ、変異が多い。直立する。古い品種では分枝するものもある。葉は緑色、帯のように長い。花は黄、オレンジ、茶、赤〜暗い赤紫色まであり、春から夏に開花する。
ゾーン：9〜12

MAYTENUS
（ハリツルマサキ属）

ニシキギ科に属する200種以上の植物で、南ヨーロッパ、アフリカ、インド、東南アジア、中南米およびオーストラリアに原生する。高木、低木およびつる性低木で、常緑、根茎を持つものもある。葉は単葉、全縁または鋸歯縁。白色、小形の花には雌雄があり、雌雄同株または異株である。革質または木質の果実は、5室のさく果で、ときに肉厚、種子は部分的または全体的に厚い仮種皮に包まれている。抽出物が薬として用いられていた種もある。

〈栽培〉
変異が多く、耐霜性はそれぞれ異なる。全種が水はけのよい土壌の日向で育てる必要がある。実生または挿し木で殖やす。種子は生育力を失いやすいので、できるだけ収穫後すぐに播く。

Maytenus boaria ★
英名：MAITEN, MAYTEN
☀ ❄ ↔9m ↕21m
チリの森林地帯に原生する高木または大低木。枝は上向きまたは下向きにつき、光沢のある暗緑色、細かい鋸歯がある。春に、雌雄別々に緑色がかる小花がつく。果実は3〜5室あり、橙赤色、仮種皮は赤色。
ゾーン：8〜11

Maytenus magellanica
☀ ❄ ↔3.5m ↕6m
チリ南部の南極海沿岸およびアルゼンチン西部に原生する高木または低木。薄緑色、長円形〜披針形、裂のある葉が互生につく。赤みがかる小花が春に咲く。さく果には多肉の仮種皮がある。栽培はされていない。
ゾーン：8〜9

MAZUS
（サギゴケ属）

ゴマノハグサ科に属する30種の地被植物またはマット状になる多年草で、アジア、オーストラリアおよびニュージーランドに見られる。葉色は真緑〜明緑色、茶色および赤茶色まである。匍匐性の茎が地面を抱え込むように伸び、茎に沿って発根する。多湿な日陰によく見られ、岩間を這い進む。春に、マット状の葉群の上に長細い円筒形の花がつく。花色は、紫系と青系、および薄紫、白、および黄色まである。品種によっては花喉に薄紫〜藤色の斑点、または白と黄色の模様がある。

〈栽培〉
水はけがよく、多孔性の開けた土壌の日向を好む。夏か秋に採穂した半熟枝挿しで殖やす。

Maxillaria variabilis

Maxillaria fractiflexa

Maxillaria biolleyi

Maxillaria cogniauxiana

Mazus radicans
異　名：*Mimulus rudicans*
☼ ❄ ↔30cm ↕5cm
ニュージーランド原産の多年草。円形、赤茶色、長さ3～5cmの葉が、足を踏み込めないほど密生し、マット状になる。春から夏に花が咲き、白色に薄紫の筋があり、径3.5～5cm。
ゾーン：7～9

Mazus reptans
☼ ❄ ↔50cm ↕5cm
ヒマラヤ山脈原産で、真緑色、光沢のある葉が茎を覆うようにつく。花は紫青色、径18mm、中心に暗色の斑点があり、春から夏に咲く。
ゾーン：7～9

Meconopsis cambrica var. *aurantiaca*

Meconopsis betonicifolia

Meconopsis grandis

MECONOPSIS
（メコノプシス属）
一般名：ヒマラヤンブルーポピー
1種を除いて、主にヒマラヤ地方に原生する。ケシ科に属する40種以上の一年草、二年草および多年草で、開花後に枯れる種もある。青花種が有名だが、黄、ピンク、赤色の古典的な花も多い。下部の葉は円形、粗毛、羽状裂または深い鋸歯縁があり、まとまったマウンド状になる。花は短い茎に単生または長い茎に群生し、春または夏に開花する。

〈栽培〉
ほとんどの種が冷温帯の、降雨の多い森林地帯でもっともよく育つ。湿気があり、腐植質が多く、水はけのよい深い土壌の、雨風の当たらない半日陰に植える。春と初夏には灌水をじゅうぶん行なう。実生で殖やす。

Meconopsis betonicifolia
一般名：メコノプシス・ベトニキフォリア
英　名：BLUE POPPY
◐/☼ ❄ ↔20～50cm ↕0.9m～1.8m
中国側のヒマラヤ山脈に原生する多年草で、短命なことが多い。茎と葉に金茶色の粗毛がある。長楕円形、浅い鋸歯縁、長さ30cmの葉がつく。春から初夏に、径5cm、明青色の大きく開いた花が最大6個つく。*M. b.* var. *alba*は、白色の花がつく。
ゾーン：7～9

Meconopsis cambrica
一般名：メコノプシス・カンブリカ
英　名：WELSH POPPY
☼ ❄ ↔20～40cm ↕30～60cm
ヨーロッパ西部原産の多年草。長さ20cm、真緑色のシダに似た葉が小群を作る。晩春から夏に、有毛の茎に明黄色、径5cmの花が単生する。自己播種を盛んに行なう。*M. c.* var. *aurantiaca*はオレンジ色の花がつく。
ゾーン：6～10

Meconopsis grandis
一般名：メコノプシス・グランディス
☼ ❄ ↔40～60cm ↕1.2m
ヒマラヤ山脈原産の多年草。葉と茎には赤茶色の毛がある。下部につく葉は長さ30cm、長楕円形、裂または粗い鋸歯がある。春から初夏に、長い茎に暗青～紫青色の花が3個以上群生する。
ゾーン：5～9

Meconopsis horridula
☼ ❄ ↔40cm ↕80cm
ヒマラヤ山脈原産の短命な多年草。葉と茎に粗毛が多い。葉は楕円形、灰緑色、長さ25cm。夏に、青～薄紫または白色の花が、長い茎の上部葉腋に単生または対生する。
ゾーン：6～9

Meconopsis horridula

Meconopsis betonicifolia var. *alba*

Mazus reptans

Meconopsis napaulensis
異　名：*Meconopsis wallichii*
一般名：メコノプシス・ナパウレンシス
英　名：SATIN POPPY
◐/☼ ❄ ↔50～80cm ↕1.8～2.4m
強健な直立する多年草で、ネパール中部から中国南西部にかけて見られる。茎と葉は、金茶色の細毛で覆われる。葉は深い羽状裂があり、主脈近くまで切れ込む。春から夏に、赤または紫色、まれに青または白色の花がうなずき気味につく。
ゾーン：8～10

Meconopsis punicea
◐/☼ ❄ ↔50～70cm ↕60～75cm
中国側のヒマラヤ山脈原産の多年草。広披針形、長さ35cm以上の葉がつく。花茎は有毛、明色、長さ10cm近い花が、春から夏に単生する。
ゾーン：7～10

Meconopsis × sheldonii
☼ ❄ ↔40～60cm ↕1.2m
*M. betonicifolia*と*M. grandis*の交雑栽培品種で、色がよく、栽培も容易である。有毛、卵形、長さ15～25cmの葉がつく。花茎にも葉があり、春から夏に、径30mmの青い花が上部葉腋につく。
ゾーン：6～9

Meconopsis napaulensis

MEDICAGO
（ウマゴヤシ属）

約56種の一年草、多年草および低木で、マメ科ソラマメ亜科に属し、とくに*M. sativa*（アルファルファ）は重要な家畜飼料になる。原種はヨーロッパ、アフリカおよびアジアの広い地域に見られる。成長習性は、大幅に異なるが、全種がクローバーに似た葉がつき、やや有毛の葉と茎がつく種もある。花はふつう黄色で豆果は湾曲またはねじれて、刺がある。

〈栽培〉
低木種は、水はけのよい適度に肥沃な土壌で育つ。日向に植える。冷涼地帯では、保温性のある壁で保護する。魅力的な観賞用植物であると共に、深く根を張り、土壌の固定化に役立つ。実生または夏に採穂した軟材か半熟枝挿しで殖やす。

Medicago sativa
一般名：アルファルファ、ムラサキウマゴヤシ
英　名：ALFALFA, LUCERNE, PURPLE MEDICK
↔80〜100cm ↕80〜100cm
ユーラシア原産の多年生草本で、世界中に帰化している。葉は長円形から細長い小葉3枚からなり、先端に鋸歯があり、短い茎につく。春から秋に、青〜紫色の蝶形花が大きな総状花序をなす。発芽種子は食用になる。
ゾーン：4〜8

MEDINILLA
（メディニラ属）

ノボタン科に属する150種以上の常緑低木およびつる植物で、着生種を含み、アフリカ、東南アジア、太平洋諸島に原生する。大形の葉、色どりのよい苞葉、白、ローズ、シェルピンクの花が円錐花序または集散花序につき、観賞用に栽培され、標本植物に非常に向く。つる性種は、フレームまたはパーゴラ仕立てにすると見ごたえがある。

〈栽培〉
高温多湿地帯では、肥沃な水はけのよい土壌の半陰で育つ。冷涼地帯では、ローム質の土に砂利と腐葉土を加え、コンテナ植えにして温室で栽培する。温室で栽培する場合は、夏の直射日光が当たらないようにする。生育期は、灌水および施肥をじゅうぶん行ない、日に数度霧吹きする。冬および冷涼な季節には、灌水を控え、萎れさせないようにする。半熟枝を、川砂を加えた挿し木用土に挿して殖やす。

Medinilla magnifica
一般名：メディニラ・マグニフィカ
↔0.9m ↕0.9〜1.8m
フィリピン原産の強健な着生種。茎には、うねまたは翼がある。葉は革質、大形、暗緑色、目立つ薄色の脈がある。花は長命で、ピンク〜赤色、下向きの円錐花序につき、基部に苞葉がある。春から夏に開花する。
ゾーン：1〜12

MEDIOCALCAR
（メディオカルカル属）
英　名：CHERRY ORCHID

冷涼〜中間の気候で育つラン科の小属で、ニューギニア高地や太平洋諸島の一部に自生する。約20種が知られている。成長習性は異なるが、花はよく似ており、成熟な新葉の間に、光沢のある球形の花序が単生または対生につく。珍しい球形の花形からチェリーオーキッドと呼ばれる。ほとんどの種が秋から早春に開花する。

〈栽培〉
小形種はピートモスを用いた浅いポットでよく育つ。大形種は、木生シダのラフトに植え、培地を乾燥させないようにする。高温乾燥気候に弱く、晴天が続くときは湿気を切らさず、日陰に移す。株分けで殖やす。

Mediocalcar decoratum

Mediocalcar bifolium
一般名：メディオカルカ・ビフォリウム
↔10〜30cm ↕8〜25cm
ニューギニア原産。直立性。2枚葉がつき、分枝し、群生する。径12mm、明橙色の小花の先端は純白で、切れ込みがある。
ゾーン：7〜10

Mediocalcar decoratum ★
↔10〜60cm ↕5〜15cm
ニューギニア原産のつる性種。偽鱗茎はごく小さく、緑〜紫がかる多肉の葉3〜4枚が先端につく。明橙色の小花の先端は黄色で裂片に分かれる。秋から冬に開花する。
ゾーン：7〜10

MEEHANIA
（ラショウモンカズラ属）
英　名：JAPANESE DEAD NETTLE

シソ科に属するアジアおよび北アメリカ原産の6種のつる性の多年草である。深い切れ込みのある花筒を持つ鐘形の花が、まばらに群生する。花色はクリーム〜赤および紫色で、葉に似た苞葉に包まれる。萼は鐘形である。

〈栽培〉
湿気のある肥沃な土壌の寒冷な日陰を好む。春に実生繁殖、または春から夏に株分けで殖やす。

Mediocalcar bifolium

Meehania fargesii
↔20〜40cm ↕10〜20cm
中国西部原産の有毛のつる性種。茎は腺毛で覆われる。葉は三角形〜心臓形、不規則な鋸歯がある。青、紫赤または赤色の花に紫色の縞があり、春に咲く。
ゾーン：7〜10

Medinilla magnifica

Meehania fargesii

Megaskepasma erythrochlamys

MEGASKEPASMA
(メガスケパスマ属)

キツネノゴマ科に属するベネズエラ原産の常緑低木で、1種しかない。青々した葉がつき、花は色と形の両面で、見ごたえがある。通年、開花する。本草は、暖地の庭園には欠かせない植物である。大型温室用としてもよく用いられる。

〈栽培〉
温暖で、土に湿気があり、多湿な気候でよく育つ。適切な気候で、腐植質の多い土壌に植えて、定期的に施肥を行なうと、非常に豪華な花のつく熱帯植物を楽しむことができる。茎は軟らかく、冷涼地帯では雨風の当たらない壁に這わせて垣根仕立てにすることができる。実生または半熟枝挿しで殖やす。

Megaskepasma erythrochlamys
一般名：メガスケパスマ・エリスロクラミス
英　名：BRAZILIAN RED CLOAK
☼ ❋ ↔1.2m ↕3m

ベネズエラ原産の常緑低木。葉脈が多く、光沢のある真緑色の葉がつく。30cmの丈高い直立の赤色の茎に、白または薄桃色、赤い苞葉に包まれた、目立つ頭花が葉群の上につく。春から夏に開花する。ゾーン：10〜12

MELALEUCA
(メラレウカ属)

フトモモ科に属するオーストラリア原産の常緑低木および高木で、約220種ある。ときにペーパーバークと呼ばれ、鑑賞価値の高い、乳白色または薄茶色の紙質の樹皮を持ち、層状に剥離する。蜜の豊富な刷毛状の花がつき、無数の雄ずいが束になる。白、黄、オレンジ、ピンク、赤、紫色など、多数の花色がある。木質、小形のさく果が円筒形の穂状またはかたまりでつき、長期間残る。

〈栽培〉
水はけのよい酸性土壌の日向または半日陰で容易に育つ。成長が速く、公害に強く、潮風、やせ地にもある程度耐性がある。日向であれば、弱い降霜にも耐える。強い霜に耐える種もある。低木種は、花後に剪定すると新芽がつきやすくなり、生垣や目隠しに用いることができる。実生または挿し木で殖やす。

Melaleuca acerosa
☼ ❋ ↔1.5m ↕1.5m

西オーストラリア州原産の丸い低木。灰緑色、針形、先端の軟らかい葉がつく。芳香のある黄色の花が大きな球形の頭花をなす。春から初夏に開花する。適度に水はけのよい場所で育つ。ゾーン：9〜11

Melaleuca alternifolia
一般名：ティートリー
英　名：TEA-TREE
☼ ❋ ↔3m ↕8m

オーストラリア東部の亜熱帯に見られる大低木または小高木。オフホワイトの紙質の樹皮を持ち、細く軟らかい緑色の葉がつく。晩春に、無数の白色の花が緩やかな穂状につく。湿気があり水はけのよい土壌でもっともよく育つ。精油が採れるため、商業的に栽培されている。ゾーン：9〜11

Melaleuca armillaris
英　名：BRACELET HONEY MYRTLE
☼ ❋ ↔3.5m ↕8m

オーストラリア南東部の沿岸に見られる大低木または小高木。暗緑色、細い葉を持つ樹冠が横に広がる。白色の花が小さな筒状につき、晩春から夏に開花する。ゾーン：9〜11

Melaleuca bracteata
一般名：ブラック ティートリー
英　名：BLACK TEA-TREE、RIVER TEA-TREE
☼ ❋ ↔6m ↕9m

オーストラリア中央部熱帯の川岸に見られる変異の多い低木または小高木。線形、明緑色の軟らかい葉がつく。春に、光沢のある乳白色の頭花が、頂生または短い穂状につく。低木種には以下のものがある。'ゴールデン ジェム'は、高さ1.8m、濃黄金色の色どりのよい葉が早春につく。'レボリューション ゴールド'は、幼体では茎が赤みがかり、金色の葉が密につき、直立性、高さ3.5mになる。'レボリューション グリーン'は、高さ3m、明緑色の細い葉がつく。ゾーン：9〜12

Melaleuca brongniartii
☼ ❋ ↔0.9〜2.4m ↕0.6〜1.5m

ニューカレドニア原産の低木。川辺の岩地に見られる。ねじれた単幹、紙質の樹皮を持つ。樹冠は丸く、先鋭、細く分厚い葉がロゼット状に群生する。夏に、乳白色の小さな頭花がつく。頭花の間から新芽が出る。ゾーン：10〜12

Melaleuca armillaris

Melaleuca brongniartii

Melaleuca bracteata

Melaleuca acerosa, in the wild, Torndirrup National Park, Western Australia

Melaleuca calothamnoides

*Melaleuca cuticularis*の自生種、西オーストラリア州、ウォルポール

Melaleuca calothamnoides
☀ ❄ ↔0.9m ↕3m
西オーストラリア州原産の分枝の多い魅力的な低木。細い線形の葉が密につく。晩春に、緑、薄橙または赤色の花穂が、旧枝から出る短い側枝につく。水はけのよい土壌を好む。定期的に剪定し、株姿を整える。
ゾーン：9〜11

Melaleuca capitata
☀ ❄ ↔1.8m ↕1.8m
オーストラリア南東部原産の分枝の多い低木。暗緑色、先鋭の細い葉がつく。花は薄黄色で、晩春から夏に、枝の先に大きな頭花をなす。株姿がまとまるように軽く剪定する。
ゾーン：8〜11

Melaleuca cardiophylla
英　名：TANGLING MELALEUCA
☀ ❄ ↔2.2m ↕2.4m
西オーストラリア州沿岸部に原生する分枝の多い直立低木。短い茎を包むように卵形〜心臓形の葉がつく。春から夏に、乳白色の目立つ花が旧枝から出て広がった穂花をなす。まとまった株姿にするために定期的に剪定する。
ゾーン：9〜11

Melaleuca cuticularis
英　名：SALTWATER PAPERBARK
☀ ❄ ↔3m ↕6m
西オーストラリア州南部の湿地帯に見られる小高木。ときに、下部の枝は水没する。枝にねじれがあり、横張りする。光沢のある白色、紙質の樹皮を持つ。芳香のある乳白色の花が、春に小さな頭花をなす。短期間の乾燥した気候には耐性がある。
ゾーン：9〜11

Melaleuca elliptica

Melaleuca decussata
☀/☼ ❄ ↔2m ↕3.5m
オーストラリア南東部原産の大低木。青緑色、線形の葉は対生につく。晩春に、藤色の花が、長さ25mmの穂状につき、夏遅くまで咲き続ける。栽培種として人気がある。
ゾーン：8〜11

Melaleuca diosmifolia
☀ ❄ ↔1.8m ↕3m
西オーストラリア原産の分枝の多い低木。卵形の葉が密に輪生する。地際から枝が出る。晩春から夏に、黄緑色の花が、枝先に長楕円形、長さ5cmの穂を作る。長期間の乾燥した気候に耐える。定期的に剪定して、株姿を整える。
ゾーン：9〜11

Melaleuca ericifolia
英　名：SWAMP PAPERBARK
☀ ❄ ↔4.5m ↕8m
オーストラリア南東部沿岸部に原生する葉つきの多い低木または小高木。灰色、紙質の樹皮、暗緑色、線形の葉がつく。晩春から夏に、芳香のある乳白色の花が、枝先に大きな穂を作る。茂みを形成する。湿地によく見られる。
ゾーン：8〜11

Melaleuca decussata

Melaleuca capitata

Melaleuca erubescens
異　名：*Melaleuca diosmatifolia*
☀ ❄ ↔3m ↕1.8m
オーストラリア東部に原生する横張り性の丈低い低木で、分枝が多い。暗緑色、線形の芳香のある葉がつく。幼葉は緑色。晩春から夏に、薄藤色の花が側枝に大きな穂を作る。
ゾーン：9〜11

Melaleuca erubescens

Melaleuca ericifolia

Melaleuca fulgens
英　名：SCARLET HONEY MYRTLE
☼ ❄ ↔1.8m ↕3m
西オーストラリアの半乾燥地帯に見られる直立低木。細い線形の葉、赤、オレンジ、濃桃色の花穂が春から夏に旧枝につく。耐干性が強く。花色が多く、園芸品種として人気がある。*M. f.* subsp. *steedmanii* は、倒卵形の扁平な葉がつく。
ゾーン：8～11

Melaleuca gibbosa
英　名：SLENDER HONEY MYRTLE
☼ ❄ ↔1.8m ↕1.8m
オーストラリア南東部に広く分布し、湿地帯に生育する。細くしなやかな枝に卵形、対生の葉が密生する。春から夏に、藤桃色の花が側枝に短い穂を作る。湿気を切らさず、定期的に剪定する。
ゾーン：8～11

Melaleuca huegelii
英　名：CHENILLE HONEY MYRTLE
☼ ☀ ↔2m ↕2.4m
西オーストラリア州沿岸部に見られる直立または横張りの低木。ごく小形の葉が輪生する。白色、細い円筒形、長さ8cmの花が晩春から真夏に咲く。潮風の当たる地域では目隠しや風除けとして重用される。
ゾーン：9～11

Melaleuca hypericifolia
英　名：HILLOCK BUSH
☼ ☀ ↔4.5m ↕4.5m
オーストラリア南東部原産の丈高い、横張り性の低木。やや枝が枝垂れ、楕円形の葉が対生につく。晩春から真夏に、目立つ橙赤色の花が、長さ5cmの円筒形の穂につく。潮風に耐性がある。
ゾーン：9～11

Melaleuca incana
英　名：GRAY HONEY MYRTLE
☼ ❄ ↔3m ↕3m
西オーストラリア州南西部原産の葉つきの多い枝垂れ型の低木で、湿地に生育する。灰緑色、線形、軟毛があり、油腺が突出した葉がつく。早春から真夏に、乳白色の花が長円形の穂状で枝先につく。
ゾーン：8～11

Melaleuca lateritia

Melaleuca huegelii

Melaleuca fulgens

Melaleuca megacephala

Melaleuca lateritia
英　名：ROBIN REDBREAST BUSH
☼ ☀ ↔0.9m ↕1.8m
西オーストラリア州原産の茎の分岐する低木。枝は枝垂れる。薄緑色、線形、つぶすと芳香のある葉がつく。橙赤色、長さ8cmの花が春から夏に、それ以外の時期にも散発的に開花する。株姿を整えるために定期的に剪定する。
ゾーン：9～11

Melaleuca leucadendra
英　名：CAJEPUT, WEEPING PAPERBARK
☼ ☀ ↔9m ↕27m
オーストラリア北部熱帯地方原産の横張り性の高木で、枝と葉が下垂する。白～茶色、紙質の樹皮を持つ。薄い、湾曲した披針形の葉がつく。蜜の豊富な乳白色の花穂が秋から冬につく。沼地を好む。
ゾーン：10～12

Melaleuca linariifolia
メラレウカ・リナリィフォリア
英　名：FLAX-LEAFED PAPERBARK, SNOW IN SUMMER
☼ ❄ ↔3m ↕6m
オーストラリア東部の湿地やクリークの川床に見られる低木。乳白色、紙質の樹皮を持つ。樹冠は横張りし、淡い暗緑色の葉がつく。初夏に、乳白色の小花が長さ35mmの穂状に多数つく。'スノーストーム'★は、高さ1.5m、花つきが非常に多い。
ゾーン：8～11

Melaleuca megacephala
☼ ❄ ↔3.5m ↕3m
西オーストラリア州原産の低木で、ほぼ円形、長さ25mm、暗緑色の葉がつく。春に、薄黄色、球形の目立つ花が枝先につく。夏に多湿にならない暖温地帯に適する。
ゾーン：8～11

Melaleuca nesophila
英　名：SHOWY HONEY MYRTLE
☼ ☀ ↔1.8m ↕3m
西オーストラリア州の南部沿岸の砂漠に見られる低木。革質、長円形、長さ35mmの葉がつく。藤紫色、円筒形、長さ30mmの花が、春から初夏に枝先につく。温暖な海岸庭園に向く。
ゾーン：9～11

Melaleuca linariifolia

Melaleuca nesophila

Melaleuca nodosa
英　名：BALL HONEY MYRTLE
☼ ❄ ↔2.4m ↕3.5m
オーストラリア東部沿岸原産の、葉つきの多い低木または高木。暗緑色の葉がつく。晩春から夏に、薄黄色、球形の花が枝先または葉腋に多数つく。乾燥期には、適度に灌水を行なう。雨風の当たらない海岸庭園に向く。
ゾーン：8～11

Melaleuca pulchella
☼ ❄ ↔1.8m ↕1.8m
西オーストラリア州南部沿岸の荒地に見られる横張り性の低木。長円形の小葉が密生する。ふつう藤桃色で、鉤爪状の雄ずいを持つ花が、晩春から夏に咲く。
ゾーン：8～11

Melaleuca quinquenervia
一般名：カユプテ
英　名：BROAD-LEAFED PAPERBARK
☼ ☀ ↔6m ↕9～15m
オーストラリア東部、ニューギニア、ニューカレドニアの沿岸の湿地に見られる。乳白色、紙質の分厚い樹皮を持つ。革質、披針形の葉。晩春に、蜜の豊富な乳白色の花穂が枝先または葉腋につく。水はけの悪い土壌に向く。
ゾーン：10～12

*Melaleuca quinquenervia*の自生木、ニューカレドニア、イルデパン

Melaleuca radula

Melaleuca squarrosa

Melaleuca thymifolia

Melaleuca thymifolia 'White Lace'

Melaleuca viridiflora

Melaleuca radula
英　名：GRACEFUL HONEY MYRTLE
↔1.8m ↕1.8m
西オーストラリア州原産の横張り性、葉つきの少ない低木。葉は細い線形で、脂腺が突出する。冬から春に、ピンク〜紫色の緩やかな花穂が、前年枝につく。
ゾーン：8〜11

Melaleuca rhaphiophylla
英　名：SWAMP PAPERBARK
↔1.8〜3m ↕3〜6m
西オーストラリア州原産の常緑高木。直立の樹幹と白色、紙質の樹皮を持つ。円錐形の針葉が互生につき、垂れ下がる。春から初夏に、クリーム色、長楕円形または円筒形の刷毛状の花穂が頂生する。木質、小形のさく果がつく。
ゾーン：9〜11

Melaleuca spathulata
↔90cm ↕90cm
西オーストラリア州南西部の砂漠に見られる低木。倒卵形の小葉がつく。藤紫色の花が、長さ25mmの球形の頭花をなし、春から初夏に頂生する。花後に裸枝を剪定する。
ゾーン：8〜11

Melaleuca squamea
↔0.9m ↕1.8m
オーストラリア原産の直立低木。枝がやや枝垂れ、長円形、先鋭の軟らかい葉がつく。白、藤色または紫色の花が、小さな球形の頭花をなし、晩冬から春に頂生する。湿気があり、水はけのよい土壌に向く。ゾーン：8〜11

Melaleuca squarrosa
英　名：SCENTED PAPERBARK
↔4.5m ↕12m
オーストラリア南東部原産の低木または小高木。茶色のコルク質または紙質の樹皮を持つ。広卵形、暗緑色の葉がつく。光沢のある乳白色、芳香のある円筒形の頭花が、春から夏に頂生する。水はけの悪い土壌でよく育つ。
ゾーン：8〜11

Melaleuca styphelioides
英　名：PRICKLY PAPERBARK
↔6m ↕15m
オーストラリア東部原産で、沿岸の湿地帯に見られる。卵形、ややねじれた、長さ25mmの葉がつき、先端は先鋭でねじれる。夏に、光沢のある白色の花が、緩やかな刷毛状の穂につく。
ゾーン：8〜11

Melaleuca thymifolia
メラレウカ・テミフォリア
英　名：THYME HONEY MYRTLE
↔90cm ↕90cm
オーストラリア東部の湿地に見られる横張り性、芳香のある小低木。枝は細長く、狭楕円形の小葉がつく。藤紫色、襞のある鉤爪状の花が、長さ35mmの不揃いな穂状で、前年枝につく。通年開花する。'コットン　キャンディ'は、藤色の花。'ホワイト　レース'は、白色、鉤爪状の花がつく。ゾーン：8〜11

Melaleuca uncinata
英　名：BROOM HONEY MYRTLE
↔3m ↕3m
直立、茎の分枝する低木で、オーストラリア南部の内陸乾燥地帯に広く分布する。灰色、紙質の樹皮を持つ。針形、長さ5cm、先端の折れ曲がった葉がつく。薄黄色、小さな球形の花が、冬から春につく。ゾーン：8〜11

Melaleuca viridiflora
一般名：ニアウリ
英　名：BROAD-LEAFED PAPERBARK
↔4.5m ↕9m
枝が横張り、または枝垂れる、葉つきの多い高木で、オーストラリア北部熱帯の湿地または降雨の多い季節のある地帯に見られる。葉は広楕円形、長さ20cm。晩春から初秋にかけて、黄緑色の花が大きな円筒形の穂につく。赤花品種もある。
ゾーン：10〜12

Melaleuca wilsonii
↔1.5m ↕1.2m
オーストラリア南東部原産の葉つきの多い横張り性低木。先鋭の細い葉がつき、つぶすとレモンに似た香りがある。ピンクまたは藤色の花が、晩春に前年枝につく。葉つきを多くするためには軽く剪定する。
ゾーン：8〜11

MELAMPODIUM
（メランポディウム属）
キク科の37種の一年草または多年草で、北アメリカおよびメキシコの温暖地帯に原生する。狭長〜長円形の鋸歯縁または全縁の葉と、デイジーに似た白〜薄黄色の舌状花と黄色の筒状花がつく。
〈栽培〉
本草は、湿気のある水はけのよい土壌の日向に向く。冬場は灌水を控える。実生で殖やす。

Melampodium leucanthum
英　名：BLACKFOOT DAISY
↔60cm ↕60cm
メキシコからアメリカ合衆国コロラド州にかけて見られる、マウンド状になる短命な多年草。葉は全縁または6裂に切れ込む。頭花は蜜に似た香りがあり、白〜クリーム色の舌状花を持つ。春から秋に開花する。
ゾーン：4〜11

Melampodium paludosum
メランポディウム・パルドスム
英　名：BUTTER DAISY、
GOLD MEDALLION FLOWER
↔90cm ↕60cm
メキシコ原産の一年草。濃緑色の長楕円形の葉が、紫がかった緑色の茎につく。黄色のデイジーに似た花が単生し、中心は濃色、晩春から初秋に開花する。適切な条件では自己播種する。'ショウスター'は、黄金色のデイジーに似た花が咲く。ゾーン：11〜12

MELASPHAERULA
（メラスフェルラ属）
英　名：FAIRY BELLS
南アフリカ原産の、アヤメ科に属する球茎植物の単型属で、岩陰の湿った場所に生育する。繊細な植物で、薄緑色、ごく薄く短い葉が小扇形につき、先に黄色の小花がまばらな円錐花序をなす。
〈栽培〉
水はけのよい土壌の日向を好む。夏と秋は乾燥させる。適切な気候では自己播種で殖える。株分けも可能。

Melampodium paludosum 'Showstar'

Melampodium leucanthum

Melia azedarach

Melianthus major

Melasphaerula ramosa
異　名：*Melasphaerula graminea*
☼ ❄ ↔ 36cm ↕ 50cm
南アフリカ共和国ケープ州南西部原産の美しい球茎植物。狭長、薄緑色、長さ25cmの葉がつく。12mmほどの小形の球茎と細い花茎を持つ。春に、径18mm、薄黄色の花がうなだれ気味につき、花弁の先端に茶色の筋がある。
ゾーン：8〜10

MELASTOMA
(ノボタン属)
熱帯および亜熱帯に生育するノボタン科の約70種の低木である。ティボウキナ属の近縁で、主に東アジアに見られる。目立つ葉脈のある美しい葉がつき、表面に粗毛、裏面に軟毛がある。葉は長楕円形〜披針形、全縁、種によって大きさは異なる。小形の頭花が枝に頂生し、ふつうピンク〜薄紫色で、5弁、ときに芳香を放ち、2個の小包葉と粗毛のある萼片から現われる。花後に目立たない小形の果実を結ぶ。

〈栽培〉
霜に弱く、温暖な気候を好み、適度に肥沃な湿気のある腐植質の多い、水はけのよい土壌の日向、または半日陰でもっともよく育つ。花後、または春の冷涼な時期に、冬枯れした枝を剪定する。夏に半熟枝挿しで殖やす。

Melastoma malabathricum
一般名：マルバノボタン
英　名：INDIAN RHODODENDRON
☼ ✤ ↔ 1.5m ↕ 1.8〜2.4m
インドおよび東南アジア原産で、赤い果実が薬用になる。鱗片状の枝に3〜5本の葉脈のある広披針形の葉がつく。藤〜紫色の5個ほどの花が、ほぼ通年つく。
ゾーン：10〜12

MELIA
(センダン属)
センダン科の3種からなる小属で、東南アジア、オーストラレーシア、熱帯アフリカに原生し、原生地によって多くの異なる品種がある。全種が落葉性の高木または大低木で、互生、1回羽状または2回羽状複葉を持ち、目立つ花が長い円錐花序につく。成長が速く、乾燥地帯を含む広範囲の土壌と気候に適応するため重用されるが、最高品質の標本植物は、肥沃な沖積土に見られる。

Melastoma malabathricum

〈栽培〉
本種は、水はけのよさを必要とする。強い降霜があると落葉するが、持続的な被害を受けることはない。初期に競合する枝を切り除く以外は、剪定の必要はない。春に実生で殖やす。

Melia azederach
一般名：センダン
英　名：PERSIAN LILAC、WHITE CEDAR
☼ ❄ ↔ 8m ↕ 9m
アジア南西部から中国、日本を経て、南のオーストラリアにまで見られる成長の速い高木。変異に富む。多くの異なる族が確認されている。先鋭、真緑色の葉を持ち、薄紫色の芳香のある円錐花序が夏につく。黄色の丸いビーズのような果実が房で長期間つく。動物や子どもが食べると毒性があるが、鳥には無害である。
ゾーン：8〜12

MELIANTHUS
(メリアントゥス属)
メリアントゥス科に属する6種の細長い低木で、南アフリカ共和国に見られるが、*M. major*はインドに帰化している。直立の総状花序につく小花は、多量の蜜を産生する。繁殖力旺盛で、多年草として扱われることが多く、枝を大きく切り戻すと、競合するのを防ぐことができる。

〈栽培〉
耐霜性はなく、水はけのよい保湿性のある土壌の日向、または半日陰でよく育つ。春に実生繁殖、春または夏の軟材挿し、または春に吸枝で殖やす。

Melianthus major
英　名：HONEY FLOWER
☼/◐ ❄ ↔ 0.9m ↕ 1.8〜3m
南アフリカ共和国の丘陵の草地に見られる低木。長さ50cm、羽状複葉の大きな美しい葉がつき、鋸歯縁、灰緑色、長円形の小葉17枚からなる。赤茶色、円筒形の総状花序が、春から真夏につく。現地では薬草として用いられる。侵略性がある。
ゾーン：8〜11

MELICA
(コメガヤ属)
英　名：MELIC
本属は約70種からなり、イネ科に属する。オーストラリア以外の暖温地帯に原生する。冷涼な季節に成長し、夏に半休眠状態になる。葉はほとんど目立たず、春に開花する乳白色の花が目的で栽培される。オーナメンタルグラスとしては、早くから出回る。

〈栽培〉
耐霜性があり、水はけがよく保湿性のある土壌の、日向または半日陰で育てる。冬、新芽が出る前に切り戻す。夏に実生、または成長した株を分けて殖やす。

Melica altissima
一般名：メリカ・アルテッシマ
英　名：SIBERIAN MELIC、SIBERIAN MELICK
☼ ❄ ↔ 80cm ↕ 150cm
ヨーロッパ東部およびシベリア原産で、草丈が高い。緑色、軟らかい帯状の葉が長くつく。長さ25cm、白色、羽毛状の扁平な花穂が初夏につく。ドライフラワーとして用いられる。'**アトロプルプレア**'は、藤桃色の頭花を持つ。
ゾーン：5〜10

Melica altissima

Melica macra

Melicope elleryana

Melicope ternata 'ワラン'

Melica macra
☼ ❄ ↔60cm ↕60cm
アルゼンチン原産の常緑草。明緑色、先鋭、質感の粗い葉が大群生する。乳白色、紙質の花が、初夏から冬にかけて咲く。
ゾーン：5〜10

MELICOPE
（アワダン属）
ミカン科に属する本属は、インド、東南アジア、インドネシア、ニューギニア、オーストラリア、ニュージーランド、およびハワイ原産の約150種の高木および低木からなる。小葉1〜3枚からなる複葉に油腺が斑点をなす。花は小形で、白〜ピンク、短い花序を葉腋につける。果実は、4〜5室あり、光沢のある硬膜で包まれた種子を各1個含む。
〈栽培〉
水はけのよい、湿気のある土壌を好み、大幅な剪定に耐える。繁殖は取り播きで行なうが、硬膜に発芽抑止成分が含まれるため、発芽期間は一定しない。最近開発された燻煙法を用いると、発芽しやすくなる。種によっては、挿し木での繁殖が成功している。

Melicope elleryana
英　名：PINK-FLOWERED CORKWOOD,
PINK-FLOWERED DOUGHWOOD
☼ ❊ ↔12m ↕21m
オーストラリア熱帯の多雨林に見られる小〜中高木。葉は対生、3出葉、暗緑色の小葉からなる。桃藤色の花が、晩夏から秋に咲く。1〜4室の果実がなる。
ゾーン：10〜12

Melicope ternata
メリコペ・テルナタ
英　名：WHARANGI
☼ ❄ ↔3m ↕6m
分枝の多い大低木または小高木で、ニュージーランド南島北部の沿岸に見られる。芳香のある3出葉を持つ。黄緑色の小頭花が夏につく。葉が鑑賞に向く。'ワラン'は、波状縁、小形、緑色の葉を持つ。
ゾーン：7〜11

MELICYTUS
（メリキトゥス属）
スミレ科の小属で、12種の常緑高木または低木からなる。楕円形〜披針形の葉がつき、ニュージーランドおよび太平洋諸島に自生する。雌雄異株で、雌株は液果を豊富につける。
〈栽培〉
適度に肥沃な水はけのよい土壌に生育する。冷涼地帯では、ビニールハウスか、温室で育てる。結実には、雌雄両株を植える必要がある。必要であれば整枝する。春に実生、または秋に熟枝挿しで殖やす。

Melicytus ramiflorus
英　名：MAHOE, WHITEYWOOD
☼ ❄ ↔2m ↕4.5m
オーストラリアのノーフォーク島、トンガ、フィジーおよびニュージーランドに見られる。灰白色の樹皮は、地衣類で覆われる。先鋭の長円形、明緑色、裂葉ができる。芳香のあるクリーム色の花が、春から夏に咲く。雌株には紫黒色の液果が房でなる。
ゾーン：3〜11

MELINIS
（メリニス属）
本属は12種の一年生および多年生の草本があり、イネ科に属する。大半がアフリカ南部の熱帯およびマダガスカルに原生する。1種は南アフリカ共和国の熱帯および西インド諸島に見られる。開けた草地、サバンナの森林および荒地に生育する。葉と茎に芳香があり、葉身は狭長、ときに細毛がある。花は、小穂につき、緩やかな円錐花序をなす。
〈栽培〉
熱帯原産で、帰化しやすい。土壌を選ばず、温暖および熱帯気候の日向またはやや日陰でよく育つ。一年草は実生、多年草は実生または株分けで殖やす。

Melinis minutiflora
英　名：MOLASSES GRASS
☼ ❊ ↔30cm ↕1.2〜1.8m
アフリカ原産の横張り性多年生草本で、雑草化する。緩やかに束生する。緑〜紫色、または赤茶色の葉に粘質の毛があり、強い芳香性の精油を含む。薄桃または紫色の小花穂が秋につく。
ゾーン：9〜12

Melinis repens
異　名：*Rhynchelytrum repens*
英　名：BLANKETGRASS, NATAL REDTOP
☼ ❊ ↔0.6m ↕9〜1.2m
南アフリカ共和国原産。太平洋諸島に帰化している。多年生草本で、青緑色の葉がつく。夏に、長さ15cm、シルク質の毛のある円錐花序が、紫色からシルバーピンクに変わる。ゾーン：9〜12

MELIOSMA
（アワブキ属）
アメリカおよびアジアの熱帯地方で見つかった植物だが、アジア原産種が暖温帯に広く帰化している。アワブキ科に属し、25種ほどの落葉または常緑高木および低木からなる。葉は変異が多く、単葉または羽状複葉、小形または大形。個々の花は小さいが、大きなピラミッド状の円錐花序をなし、芳香を放つ。減衰した外側の花は、不稔性である。花後に明色、小形の核果を結ぶ。
〈栽培〉
種によって耐寒性は異なるが、度重なる強い降霜には耐性がない。適度に湿気のある気候の、やや肥沃な土壌の日向または半日向を好む。必要であれば、春に剪定する。実生で殖やす。

Melicytus ramiflorus

Melinis minutiflora

Melinis repens

Meliosma dilleniifolia
☀/☽ ♦ ↔6m ↕15m
変異の多い落葉低木または高木で、ヒマラヤ山脈から中国、日本に見られる。葉は真緑色、裏面は有毛。夏に、上向き、白色の円錐花序がつく。小形の黒色の果実がなる。
ゾーン：9～11

MELISSA
（メリッサ属）
英　名：BALM
シソ科の耐寒性属で、ヨーロッパおよび中央アジア原産の3種の多年草からなる。小形の心臓形の葉をつぶすと、レモンに似た香りがする。夏に、白色または黄色の花がつくが、あまり目立たない。葉は煎じてハーブティにしたり、刻んでサラダやスープに用いたりする。本草は蜜を豊富に産生し、蜂を引きつけることから、「蜂」を意味するギリシャ語から属名がつけられた。
〈栽培〉
ボーダーの前段、道端の植栽、ハーブガーデンやコンテナ栽培に向く。湿気のある、水はけのよい土壌の日向または半日向に植える。冬に降雨が多いと根腐れする。自己播種を行なう。春に、実生または挿し木、あるいは根の株分けで殖やす。

Melissa officinalis

Melissa officinalis 'アウレア'

Melissa officinalis
一般名：レモンバーム
英　名：BEE BALM、LEMON BALM
☀/☽ ❄ ↔45cm ↕60～90cm
ヨーロッパ原産のハーブ。緑色、長円形、鋸歯縁の葉が対生につく。夏から初秋に、白色、円筒形の目立たない花がつく。'アウレア'は、緑色の葉に金色の斑点がある。ゾーン：5～9

MELOCACTUS
（メロカクトゥス属）
英　名：MELON CACTUS
本属はサボテン科に属し、熱帯アメリカ、とくにブラジル東部、アマゾン盆地、ペルー、ベネズエラ、カリブ諸島および中米に原生する31種からなる。分岐しない（傷つけると分岐する）サボテンで、茎は球形～円筒形で、目立つ稜がある。花座は常に一定しており、綿毛と粗毛がある。赤～ピンク色、小円筒形の花がつき、綿毛で覆われる。果実は、赤、ピンク、白色、多汁な液果で、棍棒形をしている。
〈栽培〉
無機質を多く含む酸性のサボテン用土を用い、低湿度の環境の日向で育てる。冷涼地帯では加温温室で育てる。冬は、株が萎まない程度に灌水する。ブラジル原産種とキューバ原産の*M. matanzanus*が一般的に栽培されている。その他の種は、冬に高温になる環境が必要である。実生で殖やす。

Melocactus azureus ★
☀ ✈ ↔15～20cm ↕12～45cm
ブラジルの石灰質土壌に見られる。球形～円筒形、暗緑～灰緑色、ときに小形の花がつき、9～10個の稜がある。刺は黒～赤色、のちに灰色になり、側刺は7～11本ある。夏に、太い花茎にピンク色の花がつき、赤みがかる粗毛、茶色または白色の綿毛がある。裂開果は白～薄桃色。ゾーン：11～12

Melocactus bahiensis
☀ ✈ ↔10～12cm ↕10～20cm
ブラジル東部原産のサボテン。形は変異に富み、球形～扁球形、薄～暗緑色の胴体に8～14個の稜がある。刺は、灰色をまぶした茶、赤、黄色。夏に、太短い有毛の花茎にピンク色の花がつく。ゾーン：9～11

Melocactus curvispinus
異　名：*Melocactus guitartii*、*M. maxonii*、*M. ruestii*
☀ ↔8～30cm ↕5～30cm
メキシコ、中央アメリカ、カリブ諸島、ペルー、コロンビア、ベネズエラに見られる変異の多いサボテン。胴体は扁球形～短円筒形、薄～暗緑色、軟らかい花がつく。直立の中刺が1～4本、ときに1本もない。側刺は6～11本。夏に、ピンク～えんじ色および深紅色の花がつき、太短い有毛の茎に光沢のある赤茶色の粗毛がある。裂開果は棍棒形。
ゾーン：11～12

Melocactus matanzanus ★
異　名：*Melocactus actinacanthus*
一般名：朱雲
英　名：DWARF TURK'S CAP CACTUS
☀ ✈ ↔8cm ↕8cm
ペルー北部原産の球形サボテン。薄緑色の胴体に8～9個の稜がある。刺は茶がかる白色または灰色。夏に、太い花茎につくピンク色の花は正午に開花し、太い赤色の粗毛と白色の綿毛がある。裂開果はピンク～薄紫桃色。
ゾーン：11～12

MENISPERMUM
（コウモリカズラ属）
英　名：MOONSEED
ツヅラフジ科に属する2種のつる性木本で、アメリカ合衆国北東部および東アジアに原生する。ふつう葉が目的で栽培される。葉は円形、平滑、カエデに似る。夏に黄色の小花が咲き、秋にブドウに似た黒色の果実がなるが、非常に有毒なので食用にはできない。乾燥させた根茎は薬草として用いられる。
〈栽培〉
適度に肥沃な土壌の日向、または半日陰で育てる。夏には灌水をじゅうぶん行なう。実生または熟枝挿しで殖やす。

Melocactus bahiensis

Menispermum canadense
英　名：COMMON MOONSEED、YELLOW PARILLA
☀/☽ ❄ ↔2m ↕3～4.5m
カナダのケベック州およびマニトバ州からアメリカ合衆国ジョージア州およびアーカンソー州に見られる。長さ10～25cm、暗緑色の大形の葉が互生につく。夏に、緑黄色の花が咲き、あとに黒色の果実がなる。裂開果は半月形。
ゾーン：4～8

MENTHA
（ハッカ属）
シソ科に属する芳香性の高いハーブで、25種からなる。ヨーロッパ、アフリカおよびアジア原産で、多湿土壌地帯や湿地の辺縁に見られる。浅く根を張る植物で、容易に生育する。上向きに枝が伸び、最小5cmほどから最大1.5mにまで達し、大きな茂みを作る。地下茎が長く伸びる。花は茎頂に群生または穂状につき、花径は、6mm～10cmと幅広く異なる。葉には芳香がある。多くの種がハーブティや料理に用いられ、薬草にもなる。精油を目的に商業栽培される種もある。原種は、環境または変異差によって常緑または落葉性になる。
〈栽培〉
本草は、開けた肥沃な保湿性のある土壌の、日向または半日陰であれば生育する。通年、根茎の株分けで殖やし、数週間で発根する。種子は春に撒く。

Mentha aquatica
一般名：ウォーターミント
英　名：WATER MINT
☀ ❄ ↔0.9〜2m ↑0.9m

ユーラシア温帯の水中または水辺に生育する。紫色、直立の茎に、強い芳香があり、暗緑色、鋸歯縁の葉がつく。夏に紫色の小花が咲く。
ゾーン：7〜9

Mentha × gracilis
メンタ×グラキリス
☀ ❄ ↔90cm ↑30cm

ユーラシア温帯原産の丈低い地被性ハーブ。暗緑色、円形、しわのある葉がつく。夏から秋に円筒形、薄紫色の花が咲く。ややショウガに似たハッカの味がする。'ワリエガタ'は、黄色の筋のある葉がつく。
ゾーン：7〜9

Mentha longifolia
異　名：*Mentha incana*、*M. sylvestris*
一般名：ハッカ
英　名：HORSE MINT
☀ ❄ ↔0.9〜1.8m ↑1.2m

ヨーロッパおよび西アジア原産の丈高い這い性種。有毛、灰緑色の長い葉がつき、かび臭い匂いが強くする。薄紫〜白色の花が夏に咲く。
ゾーン：6〜9

Mentha × piperita
一般名：ペパーミント
英　名：PEPPERMINT
☀ ❄ ↔90cm ↑60〜90cm

ヨーロッパ原産の成長の速い直立性ハーブ。紫色の茎、暗緑色、披針形、鋸歯縁のある長い葉がつき、濃いハッカ味と芳香がある。藤桃色の花が夏に咲く。種子は不稔性。*M. × p.* f. *citrata*（レモンミント）は、円鋸歯があり、紫がかる葉は、ブロンズ色に変わる。薄紫色の花。強いレモンに似た香りと味があり、フル

ーツサラダに用いられる。侵略性がある。ポット栽培でもっともよく育つ。'チョコレード'★は、暗茶色の葉にチョコレートの香りと味があり、ハーブティに用いられる。*M. × p.*'ワリエガタ'は、クリームイエローの斑入り葉がつく。
ゾーン：3〜9

Mentha spicata var. *crispa*

Mentha pulegium
一般名：ペニーロイアルミント
英　名：PENNYROYAL
☀/☁ ❄ ↔50cm ↑20〜30cm

ヨーロッパ南西部、中央部、および地中海地方からイランに原生する、カーペット状に広がる芳香のあるハーブ。暗緑色、ときに灰色の小葉が、茎に水平につく。夏から秋に、薄紫色の花が、葉の上に輪生する。オイルはイエバエの駆除に用いられる。
ゾーン：7〜9

Mentha requienii
異　名：*Mentha corsica*
一般名：ニルシカミント
英　名：CORSICAN MINT
☀/☁ ❄ ↔70cm ↑1.8cm

フランスおよびイタリア原産のハーブで、カーペット状に広がる。小葉が這い性の茎に密生する。葉は暗緑色だが、強い日照下では薄緑色になり、こすると強い芳香がある。夏に薄藤色の小形の頭花がつく。
ゾーン：7〜10

Mentha suavolens 'ワリエガタ'

Mentha spicata
一般名：スペアミント
英　名：SPEARMINT
☀ ❄ ↔0.9〜1.8m ↑1.2m

ヨーロッパ原産のハーブ。真緑色、狭長、先鋭、鋸縁の葉がつく。這い性の根茎を持つ。花は薄藤色、ピンクまたは白色で、夏に咲く。'クリスパ'は、披針形、暗緑色の葉がつき、縁は赤色。極寒気候でも耐え、草丈は高い。薄桃紫色の花が咲く。
ゾーン：3〜10

Mentha suaveolens
一般名：アップルミント
英　名：APPLE MINT、WOOLLY MINT
☀ ❄ ↔90cm ↑90cm

ヨーロッパ南西部原産のハーブ。円形、薄緑色、有毛の葉がつく。リンゴに似た香りがある。白〜ピンク色の花が夏に咲く。'ワリエガタ'（syn. *M. rotundlfolia* var. *variegata*）は、灰緑色の葉に乳白色の筋が入る。フルーツの甘い香りがある。
ゾーン：6〜9

Mentha × villosa
英　名：BOWLES MINT
☀ ❄ ↔1.5m ↑0.9m

マウンド状に広がる。円形、明緑色の葉に細毛がある。夏に、ピンク色、円筒形の大きな花穂がつく。
ゾーン：5〜8

Mentha suaveolens

MENYANTHES
（ミツガシワ属）

ヨーロッパおよびアジアに原生する、ミツガシワ科の単型属で、水辺に生育する多年草である。葉と芳香のある花が目的で栽培され、楕円形〜長円形、やや鋸歯縁の小葉からなる複葉がつく。這い性、やがて直立する太い根茎から発根し、鞘に包まれた茎が立ち上がる。10〜20個の短命な花が、上向きの総状花序につく。花は、しわの多い5弁花で帯桃色の白色。

〈栽培〉
開けた浅い水辺の日向を好む。花がらと枯れた葉を摘んで、草姿を整える。春に実生または株分けで殖やす。

Mentha × piperita f. *citrata*

Mentha × piperita

Menyanthes trifoliata
英 名：BOG BEAN, BUCK BEAN, MARSH TREFOIL
☼ ❄ ↔20〜30cm ↕25〜40cm
ヨーロッパ原産。平滑、暗緑色、楕円形〜長円形、やや鋸歯縁の小葉からなる複葉が、鞘で包まれた茎につく。夏に、短命、ひだのある白色の花が、上向きの総状花序につく。
ゾーン：3〜9

MERTENSIA
(ハマベンケイソウ属)
本属は、西ヨーロッパ、アジア、北アメリカに見られ、ムラサキ科に属する。約40種の耐寒性多年草からなるが、4〜5種が栽培されているのみである。葉は、ふつう披針形で有毛。ほとんどの種が比較的小形で、春に、円筒形または鐘形、青色の円錐花序を茎頂につける。野草庭園やロックガーデンに用いられる種もある。
〈栽培〉
早春に日向または半日陰に植える。本草は、湿気のある水はけのよい、腐植質の多い土壌を好む。実生または花後の株分けで殖やす。

Menyanthes trifoliata

Mertensia sibirica
英 名：SIBERIAN BLUEBELLS
☼ ❄ ↔30cm ↕30〜45cm
東アジア、中国北部およびシベリア原産の多年草。薄緑色の葉が長い茎につく。暗青紫色、じょうご形の花が、春から初夏に咲く。
ゾーン：3〜7

Mertensia simplicissima
異 名：*Mertensia asiatica*
一般名：ハマベンケイソウ
英 名：OYSTER PLANT
☼ ❄ ↔45cm ↕15cm
日本および朝鮮半島原産の多年草。長く匍匐する茎に、銀灰色、多肉の葉がつく。空色の花が、春から初秋にかけて咲く。水はけのよい土壌に植える。
ゾーン：5〜9

Mertensia virginica
異 名：*Mertensia pulmonaroides*
一般名：バージニア・ブルーベルズ
英 名：BLUEBELLS, COWSLIP, ROANOKE BELLS, VIRGINIA BLUEBELLS
☼ ❄ ↔30〜60cm ↕30〜60cm
北アメリカ原産の多年草。長円形、灰緑色、長さ20cmの葉がつく。青紫色の下垂する花が、春に群生する。花後に葉が枯れるので、ほかの多年生のあいだに植える。
ゾーン：3〜9

MERYTA
(メリタ属)
太平洋諸島原産の約30種のウコギ科に属する常緑低木および小高木で、南はニュージーランド北島にまで見られる。青々した大きな葉で名高い。ニュージーランド原産のM. sinclairiiは、もっとも広く栽培されている。太い葉脈があり、やや光沢のある、非常に大形の楕円形の葉がつく。種によっては幼葉と成葉が異なり、幼葉はより細長い。目立たない緑色の花が、雌雄異株につき、花後に黒色、小形の果実をなす。幹は分岐するが、単幹に仕立てることができる。
〈栽培〉
ほぼ全種が霜に弱いが、ニュージーランド原産種は、定着すると弱い霜に耐性がある。肥沃な水はけのよい、腐植質に富む土壌の日向から日陰に植える。耐干性はなく、夏には水を切らさないようにする。栽培品種は実生で殖やし、類型を崩さないように殖やす必要がある。

Meryta sinclairii

Meryta latifolia
英 名：BROAD-LEAFED MERYTA
☼ ↔1.2m ↕4.5m
オーストラリア、ノーフォーク島に原生する単幹の低木または小高木。葉は長さ30cm、非常に目立つ葉脈があり、枝先に密生する。花は雌雄とも枝先に房状で群生する。
ゾーン：11〜12

Meryta sinclairii
英 名：PUKA, PUKANUI
☼/☼ ↔3.5m ↕6m
ニュージーランド、スリーキングズ諸島およびヘン・アンド・チキン諸島に見られる小高木。目立つ葉脈のある、大形、光沢のある長円形の葉がつく。晩春に、帯緑色の雌雄の花は別々に円錐花序につく。ブラックベリーに似た果実をつける。温室栽培する。
ゾーン：10〜11

Meryta latifolia

MESEMBRYANTHEMUM
(メセンブリアンテムム属)
ツルナ科に属する40〜50種の匍匐性、多肉の一年草および二年草で、南アフリカ共和国およびナミビアに原生する。全草が微細な腺毛で覆われる。円筒形または扁平なロゼット状の多肉の茎を持ち、形の異なる多肉の葉が基部から立ち上がる。デイジーに似た光沢のある花が、単生または群生し、白、オレンジ、赤、または藤色など多彩な色がある。
〈栽培〉
水はけのよい、非常に弱い砂質土壌の日向を必要とする。春に実生、または挿し木で殖やす。

Mesembryanthemum crystallinum
一般名：アイスプラント
☼ ↔30〜60cm ↕10〜20cm
南アフリカ共和国およびナミビア原産の匍匐性一年草または二年草。茎が横張りする。葉は分厚く、ときに多肉、長円形〜へら形、波状縁を持つ。乳白色のデイジーに似た花が、夏の日照下で開花する。侵略性がある。
ゾーン：9〜11

Mesembryanthemum crystallinum

Mesembryanthemum guerichianum

Mesembryanthemum guerichianum
☀ ❄ ↔20～45cm ↕5～10cm

南アフリカ共和国およびナミビア原産の非常に多肉な一年草。分厚い円筒形の茎を持つ。下2層の葉は長円形で、対生につき、上部の葉よりも大きい。白または緑～黄白色、およびピンク色の花が、夏に咲く。
ゾーン：9～11

Mesembryanthemum nodiflorum
☀ ❄ ↔90cm ↕15～20cm

南アフリカ共和国原産の一年草または二年草で、ほかの地域で広く栽培されている。非常に肉が厚い。葉は厚く、狭長、灰緑色で、裏面はやや有毛、大形の腺毛で覆われる。夏に白色の花が咲き、あとに帯赤色の果実がなる。
ゾーン：9～11

MESPILUS
（セイヨウカリン属）

本属はバラ科に属し、1種のみからなる。落葉高木で、南ヨーロッパおよびアジア南西部全域の山岳森林地帯や低木林に生育する。白色、ときに帯桃色の大形の花が単生し、紅葉が美しいことから観賞用樹木に向く。果実はリンゴ酸を含むため、霜の終わった頃に腐る手前まで熟して、糖度が増してから食用に収穫するが、最近は果樹としてはあまり栽培されない。古くは、アッシリアやバビロニアで栽培され、ローマ人によって英国に持ち込まれたことが知られている。

〈栽培〉
保湿性の高い土壌の、強風の当たらない場所でよく育つ。秋に実生、または晩夏に芽接ぎで殖やす。サンザシの台木に接ぎ木して、交雑種を作出することもできる。

Mesua ferrea

Mespilus germanica
一般名：セイヨウカリン
英名：MEDLAR
☀ ❄ ↔8m ↕6m

ヨーロッパ原産の大低木または小高木。自生種には枝に刺があるが、栽培品種にはふつう刺はない。葉は長楕円形～披針形、鋸歯縁、褪緑色、裏はフェルト状、秋に赤および黄色に変わる。花はリンゴの花に似ており、春に多数つく。多肉、茶色の丸い果実がなり、熟しきるまでは渋みが強くて食用できない。'ブレダ ジャイアント'は、アップルシナモンの味がする。'ダッチ'は、観賞に向く。'ラージ ラシアン'は、帯桃色の大形の花。樹冠が横張りし、大形の葉と果実がつく。'ノッティンガム'は、奥深い良味。'ロイアル'は、中形の果実。'ストーンレス'は、種子のない栽培品種で、果実は非常に小さい。ゾーン：4～9

MESUA
（テッサイノキ属）

オトギリソウ科に属する3種の常緑高木で、マレーシアのインド洋沿岸地域およびオーストラリアに見られる。目立つ葉脈があり、小腺毛で覆われた、狭長、革質の葉がつく。花は、単生または対生し、大形、芳香があり、4弁あり、雄ずいが束状で中心に突き出る。木質、茶色の果実がつき、中心にやや圧縮された種子を含む。*M. lepidota*の果実は、テングザルの食餌の一部として重要である。

〈栽培〉
熱帯で容易に栽培できる。高温乾燥気候よりも高温多湿を好む。湿気を含み、水はけがよく、腐植質に富む土壌を必要とする。定期的に施肥を行なうと、葉色がよくなり、大きな花が咲く。まとまりのある茂みをなすが、単幹に仕立てるためには、若干の剪定が必要である。実生で殖やし、種子は播く前に水に漬けておく。または半熟枝挿しで殖やす。

Mesua ferrea
一般名：セイロンテツボク
英名：IRONWOOD
☀ ↔6m ↕12m

スリランカの国樹で、インドからマレーシア、オーストラリア北部に原生する。明赤色の幼葉は、成長すると光沢のある暗緑色になり、裏は青みがかる。春に芳香のある花が咲き、茶色の果実がつく。葉は、つぶして糊状にし、薬用される。
ゾーン：11～12

Mespilus germanica

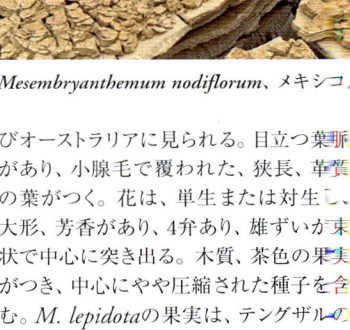

Mesembryanthemum nodiflorum、メキシコ、バハ・カリフォルニア

METASEQUOIA
（アケボノスギ属）

ヒノキ科の単型属で、化石だけが残り、絶滅したと考えられていたが中国で自生木が発見された。1941年、中国の植物学者が湖北省と四川省の村落を訪れて水杉（スイサ）として知られる落葉樹を発見し、化石と同種であることがわかった。1947年に種子が採取され、ハーバード大学内のアーノルド樹木園に譲渡された。同園を通じて、現在は世界中に分布している。1948年、学名が決定され、中国内外で観賞用樹木として人気を得るようになった。樹皮は赤茶色、成長すると濃色になる。葉は緑色、扁平で、秋には赤茶色になる。

〈栽培〉
成長が速く、とくに湿気のある水はけのよい土壌でよく育つ。耐寒性があり、公害にも比較的強い。冷涼地帯の大型庭園や公園の観賞用樹木と考えられている。実生で殖やす。

Metasequoia glyptostroboides

Metrosideros carminea

Metrosideros excelsa

*Metrosideros umbellata*の自生種、ニュージーランド、オークランド島

Metasequoia glyptostroboides ★
一般名：アケボノスギ
英　名：DAWN REDWOOD
☼ ❄ ↔6m ↕21m
中国原産の強健、成長の速い落葉針葉樹。シナモン色の樹皮。扁平、線形、カラマツ色の葉が短い末端枝につく。秋に帯黄褐色のピンクおよび黄金色に変わる。暗茶色の球果が長い柄に垂れ下がる。野生種は大形になる。
ゾーン：5〜10

METROSIDEROS
（メトロシデロス属）
フトモモ科に属し、ユーカリやグァバの近縁である。南アフリカ共和国、太平洋諸島、オーストラリアおよびニュージーランドに見られる。本属は、50種の常緑低木、高木およびつる性木本からなり、革質の単葉に芳香がある。花は無数の雄ずいがつき、丸い刷毛に似る。色は、赤、ピンクまたは白色。

〈栽培〉
温暖地帯に適するが、適度に肥沃な、水はけのよい土壌であれば、どこでも育つ。*M. excelsa*は、とくに肥料の少ない乾燥した土壌の、樹木の少ない海岸沿いで育つ。生垣や風除けに仕立てることができる。冷涼地帯では、ポットに植えて温室で冬越しさせ、夏に戸外に出す。春に実生、または夏に挿し木で殖やす。

Metrosideros carminea ★
メトロシデロス・カルミネア
英　名：AKAKURA
☼ ❄ ↔0.9〜3m ↕12m
ニュージーランド原産の稀少なつる植物で、気根でよじ登る。暗緑色、円形の小形の葉がつく。明赤色の花が、春につく。成形から挿し木すると、横張り性の小低木になる。'カルーセル' ★は、葉に黄色の外斑がある。'フェリス ウィール' は、小花を密生させる。
ゾーン：9〜11

Metrosideros excelsus ★
メトロシデロス・エクスケルスス
英　名：NEW ZEALAND CHRISTMAS TREE, POHUTUKAWA
☼ ❄ ↔8m ↕4.5〜15m
ニュージーランドの海岸に見られる低木。長円形、分厚い革質の葉がつき、表面は暗緑色、裏面は灰色でベルベット質。深紅色の刷毛状の花が、初夏に咲く。幼木は霜に弱い。'ファイアー マウンテン' は、帯橙色の深紅色の花がつく。
ゾーン：9〜11

Metrosideros kermadecensis
メトロシデロス・ケルマデケンシス
英　名：KERMADEC POHUTUKAWA
☼ ❄ ↔4.5m ↕6m
ニュージーランド、ケルマディク諸島原産。*M. excelsus*に似るが、より小形の葉と花がつく。通年、散発的に開花する。'ワリエガトゥス' は、灰緑色、黄白色の広い外斑がある。
ゾーン：9〜11

Metrosideros nervulosa
英　名：LORD HOWE MOUNTAIN ROSE
☼ ❄ ↔1.5m ↕8m
オーストラリア、ロード・ハウ島原産の低木または小高木。栽培種は成長緩徐である。分厚い、ほぼ円形の葉がつく。濃赤色の花が、晩春から夏に群生する。
ゾーン：9〜11

Metrosideros polymorpha
英　名：OHI'A LEHUA
☼ ✶ ↔6m ↕6〜15m
変異に富む低い匍匐性の低木または高木で、ハワイ諸島に原生する。溶岩流の流れたあとに最初に芽を出す樹木である。樹皮は粗い裂け目がある。長円形〜円形、裏がフェルト状の葉がつく。刷毛状、赤〜サーモン、ピンク、黄色の花が、春から夏に咲く。
ゾーン：11〜12

Metrosideros robusta
英　名：NORTHERN RATA, RATA
☼ ❄ ↔8m ↕6m
ニュージーランド北島および南島北部に見られる高木。成長緩徐。最初、着生

Metrosideros nervulosa

Metrosideros polymorpha

Metrosideros robusta

Metroxylon salomonense

Michelia champaca

する。葉は分厚く、革質。夏に、赤色の刷毛状の花がつく。開花までに数年かかる。
ゾーン：8〜11

Metrosideros umbellata
英　名：SOUTHERN RATA
↔3.5m ↕3〜6m
ニュージーランド南島西部沿岸の、降雨の多い高地に原生する。*M. robustu*に似るが、小形で、着生ではない。披針形に近い革質の葉がつく。夏に赤色の花が咲く。非常に成長緩徐で、開花までに数十年を要する。
ゾーン：8〜11

METROXYLON
（サゴヤシ属）
インドネシア、ニューギニア、ソロモン諸島、サモア、バヌアツ、フィジーおよびカロリン諸島に原生する5種のヤシ科植物で、全種が大形で、単生または群生する。主に湿地に生育する。葉状体は大形、革質、花序は大形で分岐し、雄花と両性花の両方をつける。現地では、屋根を葺くのに用いられる。
〈栽培〉
降雨が多く、通年高温の熱帯気候にのみ適する。土壌は肥沃であればよい。実生で殖やす（発芽に12カ月以上かかる）。群生種は、果序をつける幹が枯死したあとに産生される吸枝で殖やすことができる。

Metroxylon sagu ★
一般名：サゴヤシ
英　名：SAGO PALM
↔8m ↕21m
ニューギニアおよびインドネシア東部原産の群生種。春に、大形の花序が、葉状体の上に頂生し、両性花をつける。球形、茶色の果実がなる。果実が落下すると幹は枯死し、吸枝ができる。サゴ（でんぷん）の原料になる。
ゾーン：11〜12

Metroxylon salomonense
↔9m ↕18m
ソロモン諸島からニューギニア東部およびバヌアツに見られるヤシ。灰茶色の太い単幹を持つ。葉状体は枝垂れる。高さ3.5mの巨大な花序をなし、夏に花穂が垂れ下がる。鱗片に覆われた果実が熟すと、幹は枯死する。
ゾーン：11〜12

MEUM
（メウム属）
英　名：BALDMONEY、BEARWORT、SPIGNEL
セリ科の単型属で、ヨーロッパ温帯の草地や石灰質の岩地に見られる多年草である。濃緑色、芳香があり、細かく切れ込む小葉からなる羽状複葉が群生する。夏に、白〜帯桃色の花がセリに似た散形花序につく。根と葉が食用でき、辛い味がする。
〈栽培〉
肥沃な保湿性のある土壌の日向で育ち、ボーダーの前段に植える。日当たりのよい野草庭園に向く。実生または株分けで殖やす。

Meum athamanticum
↔30〜45cm ↕45〜60cm
ヨーロッパ原産の多年草。真緑色、美しい羽状複葉がつく。夏に、白色、ときに紫色を帯びた小花が散形花序につく。
ゾーン：6〜9

MICHELIA
（オガタマノキ属）
モクレン科に属する約45種の常緑高木および低木で、アジア熱帯および亜熱帯に原生する。全種に単葉がつき、夜、甘い香りを放つ花が葉腋に単生する。属名は、18世紀初頭のイタリア人植物学者Pietro Antonio Micheleにちなむ。精油が抽出され、香水、化粧品、医薬品に用いられる種や、材木として商業用になる種がある。
〈栽培〉
適度に肥沃で、水はけのよい石灰質土壌の、強風の当たらない日向でもっともよく育つ。耐霜性はあまりない。競合する枝を取り除く以外に剪定の必要はない。高温多湿な時期に種子の取り播きで殖やす。

Michelia champaca
一般名：キンコウボク（金香木）
英　名：CHAMPACA
↔3m ↕30m
ヒマラヤ山脈東部の山麓に見られる直立常緑高木で、栽培種では小形になる。葉は明緑色、表面は光沢があり、裏は褪緑色。真夏から秋の半ばに、杯形、濃黄白色、非常に甘い香りのある花がつく。果実は、薄黄緑色に茶色の斑点がある。
ゾーン：10〜11

Michelia doltsopa
ミケリア・ドルトソパ
↔6m ↕9m
ほぼ常緑の高木で、中国西部およびヒマラヤ山脈東部に原生する。暗緑色の葉が垂れ下がる。晩冬から春に、杯形、白〜濃黄白色、基部の緑色がかる花がつき、非常に甘い香りがする。果実は小形で、薄緑色に赤みがかる。'シルバークラウド' ★は、白色の花がおびただしくつく。
ゾーン：9〜11

Michelia figo
一般名：カラタネオガタマ
英　名：BANANA SHRUB、PORT-WINE MAGNOLIA
↔3m ↕4.5m
中国南西部原産の中〜大低木。暗緑色、光沢のある小葉がつく。春から夏に、紫茶色の小花が咲く。バナナ、洋ナシ、ビンテージ・ポートワインなどに似た香りがあるとされる。
ゾーン：9〜11

Michelia maudiae
↔6m ↕6〜10m
中国原産の常緑高木。長さ15cm、光沢のある分厚い大きな葉がつく。杯形、白色、ときに帯桃色、芳香のある大きな花が、晩冬から春に多数つく。
ゾーン：10〜11

Michelia yunnanensis
一般名：ウンナンオガタマノキ
↔2m ↕4.5m
中国原産の成長緩徐な低木および小高木。幼葉と蕾は茶色の細毛で覆われる。葉の大きさと形には変異が多い。花は黄白色、やや芳香があり、晩冬から春に咲く。コンテナ栽培に向く。
ゾーン：10〜11

Michelia yunnanensis

Michelia doltsopa

*Microcdchrys tetragona*の自生種、オーストラリア、タスマニア州

Microbiota decussata

MICRANTHOCEREUS
(ミクラントケレウス属)

ブラジル中部および東部原産の9種のサボテンで、アロヤドア属の近縁である。低木から丈高い円筒形になり、直立、基部から分枝する種としない種がある。茎は円筒形、稜があり、太い刺を持つ。花座を持つ分厚い茎は、連続または不連続で、頂部だけ突き出るか、土中に埋没し、綿毛と粗毛がある。花は群生し、色は多く、円筒形、昼または夜に開花し、長さは5cm以下。裂開果は小形で多肉。

〈栽培〉
肥沃な、水はけのよい土壌で容易に栽培できる。実生または1～2週間乾燥させた挿し木で殖やす。冬は休眠させる。

Micranthocereus auriazureus
☼ ❄ ↔30～50cm ↕1.2m

ブラジル原産のサボテン。茎は円筒形、灰青色、基部から分岐する。刺座は大きく突出し、縁は黄色、成長すると灰色になる。刺は無数にあり、暗橙黄色、成長すると薄黄色になり、側刺と中刺は似ている。夏に、夜開性の紫桃～橙桃色の花が、綿毛で覆われた不明瞭な花茎につく。
ゾーン：9～11

Micranthocereus purpureus
異 名：*Austrocephalocereus purpureus*
☼ ❄ ↔12cm ↕3m

ブラジル原産のサボテン。茎は円筒形で、ふつう分岐しない。刺座は白色の綿毛で覆われ、ほぼ融合する。刺は茶色、ガラスの針のような側刺がある。花はピンク～白色、灰白色の綿毛、赤茶色の粗毛があり、夏に咲く。裂開果は赤色、球形、短円筒形、棍棒形などがある。
ゾーン：9～11

MICROBIOTA
(ウスリュウヒバ属)
英 名：RUSSIAN CYPRESS、SIBERIAN CARPET CYPRESS

ヒノキ科に属する針葉樹属で、1種からなる。樹木限界線以上のシベリア南東部の山岳地帯によく見られる。高さ60cmほどの小低木で、幅1.5mほどに広がる。雌雄の花序は別々の個体につく。

〈栽培〉
温暖地帯の湿気のある土壌での栽培に、非常に適応力がある。実生または夏に採穂した半熟枝挿しで殖やす。

Microbiota decussata ★
一般名：ウスリュウヒバ
英 名：RUSSIAN CYPRESS
☼ ❄ ↔1.5m ↕0.6m

シベリア原産の小高木。扁平な短い枝に、小鱗片状、ほぼ三角形の葉が重なるようにつく。夏に、短枝の先に雌雄の球果がつく。雌性の球果は卵形。葉は冬にはブロンズ色になる。
ゾーン：3～9

MICROCACHRYS
(ミクロカクリス属)

マキ科の単型属で、オーストラリア、タスマニア州中央部、西部および南西部に見られ、標高900mの高地湿原で、樹木の少ない山頂付近に生育する。本枝と末端枝が混みあって伸びる低木。小鱗片葉が対生につき、マキによく似る。雌雄の球果は小形で、雌果は20個以上の種子を含み、マキ科植物としては珍しい。

〈栽培〉
本種は幅広い気候で栽培できるが、水はけがよく、保湿性のある土壌の日向またはやや日陰でよく育つ。耐霜性があり、短期間の降雪にも耐えるが、気温0℃以下が長く続くと枯死することがある。実生で殖やすが、播種の前に種子を数週間4℃の環境で保管する必要がある。軟材挿しは容易には根づかない。

Microcachrys tetragona
英 名：CREEPING PINE
☼ ❄ ↔90cm ↕30cm

匍匐して横に広がる矮性低木。葉は薄緑色、非常に分厚く、対生だが重なってつく。雌雄の球果が別々の個体につく。雄果は卵形、非常に小形で、雌果はより大きく、球形、夏に熟すと赤色になる。
ゾーン：8～9

MICROLEPIA
(フモトシダ属)

40～50種の落葉、半常緑または常緑、岩生または地生のシダで、コバノイシカグマ科に属し、熱帯および亜熱帯に広く見られる。匍匐性、粗毛のある地下根茎を持ち、太い根が出現し、葉状体が根茎に沿って間隔をあけてつく。葉状体は直立または枝垂れ気味に短い柄につき、葉身は裂ける。葉質は薄く、やや有毛で、裂片には鋸歯がある。

〈栽培〉
ハンギングバスケットやコンテナ栽培に向き、湿気のある土壌の日陰または半日陰を好む。枯れた葉を摘んで株姿を整える。春に株分け、または夏に胞子で殖やす。

Microlepia speluncae
一般名：オオイシカグマ
☼ ✢ ↔1.8m ↕1～1.8m

中国南部原産の熱帯の地生シダ。根茎が分岐し、横に広がる。通年、ざらざらした葉柄に、非常に大形、紙質の羽状裂葉がつく。裂片は、三角～剣形。
ゾーン：11～12

Microlepia strigosa
一般名：イシカグマ
☼ ✢ ↔60cm ↕90cm

熱帯アジア原産の常緑シダ。根茎が匍匐する。粗毛のある柄に、長さ80cm、不規則な広披針形、羽状の葉状体がつく。裂片は長さ20cmで、鋸歯がある。
ゾーン：11～12

MICROSORUM
(ミクロソルム属)
異 名：*Microsorium*

熱帯および亜熱帯アフリカ、アジア、オーストラリアおよびポリネシア原産の40～50種の着生シダで、ウラボシ科に属する。根茎は地表を這うかまたはよじ登り、平滑または鱗片と根で覆われる。葉状体は有柄、単葉または裂葉で、根茎から立ち上がる。属名はギリシャ語で「小さい」を意味する*mikros*と「小山」を意味する*soros*から来ており、本属によく見られる散在する胞子嚢を指している。

〈栽培〉
湿気のある、水はけのよい土壌または繊維質の用土で、日向または半日陰を好む。春以降、根茎の株分けまたは胞子で殖やす。

Microsorum grossum
異 名：*Microsorium grossum*
☼ ✢ ↔60～90cm ↕60～90cm

オーストラリア東部およびポリネシア原産の中形の着生シダ。熱帯ではグラウンドカバーとして広く用いられる。長く匍匐する根茎を持つ。夏、深裂、革質、三角形の葉状体が短い葉柄につく。裂片の主脈に沿って胞子嚢がある。
ゾーン：11～12

Microsorum grossum

Microlepia strigosa

Microsorum punctatum

Microsorum lucidum
異　名：*Microsorium lucidum*
☀　✦　↔1.8m ↕1.2～1.8m
インド、中国南西部および東南アジア原産の中～大形シダ。緑色、多肉の匍匐性根茎を持つ。暗緑色、長楕円形、長さ90cmの羽状の葉状体が、短い葉柄につく。
ゾーン：11～12

Microsorum punctatum
異　名：*Microsorium punctatum*、*Polypodium polycarpon*
英　名：CLIMBING BIRD'S NEST FERN
☀　✦　↔1.5m ↕100cm
熱帯アフリカ、アジア、オーストラリアおよびポリネシア原産の着生シダ。分厚く地を覆う。木質～多肉質、鱗片で覆われた茶色の根茎を持つ。夏に、剣形、淡～濃緑色、平滑、分厚く長い葉状体がつく。胞子嚢が点在する。
ゾーン：11～12

MILIUM
（イブキヌカボ属）
英　名：MILLET
イネ科の6種の一年草および多年草で、全種が群生し、扁平な湾曲する葉を持ち、夏に小花がまばらな穂状つく。北アメリカ、アジア、ヨーロッパの温暖地域の森林に見られるが、観賞価値はほとんどない。
〈栽培〉
湿気のある腐植質の多い土壌の半日陰で育てる。株分けまたは実生で殖やすが、自己播種も行なう。

Microsorum lucidum

Milium effiusum
一般名：イブキヌカボ
英　名：WOOD MILLET
◐　☀　↔25～30cm ↕25～30cm
ヨーロッパ原産のグラスで、種子が狩猟鳥の餌となるために森林に植えられる。淡緑色、長さ30cmの葉が湾曲する。極小の花が、夏にまばらな穂状につく。'アウレウム'は、金色の葉を持つ園芸品種で、実生繁殖で純種を保つ。
ゾーン：6～10

MILLETTIA
（ミレッティア属）
アフリカおよび南アジア原産の熱帯高木、低木およびつる植物で、約90種ある。マメ科ソラマメ亜科に属する。複葉が互生につき、小葉1枚は茎頂につく。目立つ膨らみがあり、葉柄が茎とつながる。花は、大きな穂または円錐花序をなし、ピンク、藤色、赤、その他さまざまな色がある。果実は大きく、マメの莢に似ており、中心から裂開して種子を落とす。
〈栽培〉
成長が遅く、肥沃な湿気のある土壌と夏にじゅうぶんな灌水が必要である。実生のみで殖やすが、種子は新鮮でなければならない。播種の前に一晩温水に漬けておく。

Millettia grandis
英　名：SOUTHAFRICAN IRONWOOD
☀　❄　↔9m ↕12m
南アフリカ共和国東部沿岸の低地に見られる低木。6～7対の長楕円形の小葉からなる複葉がつき、裏面にシルク質の毛がある。夏に、紫色の蝶形花が、茎頂に直立の穂でつく。大形、木質、扁平な裂開果がつく。
ゾーン：9～11

×*M.*'モーリアー　ベイ'×*Miltassia* 'サン　パウロ'

×MILTASSIA
（×ミルタッシア属）
ラン科のミルトイド属とブラシア属の属間交配種で、耐寒性がある。クモの枝のような複茎を持ち、ブラシアに似た花序をつけるが、冷涼と高温の両方に耐性があり、毎年花をつける。幅広い気候で育ち、開花期も長い。芳香があり、鉢植えの花として人気がある。
〈栽培〉
バーク主体の倍地でよく育つが、大形種はハンギングバスケットに植えたほうが見栄えがよい。無霜地帯では、樹皮の剥離しない樹木に植え付けてもよい。強健で、栽培しがいがあり、大形標本植物として育てるともっとも花つきがよい。ほとんどが春と夏に開花し、通年、日当たりのよい多湿な環境を好む。株分けで殖やす。

×*Miltassia* 'Charles M.Fitch'
一般名：×ミルタッシア　チャールズ　M．フィッチ
◐/◑　↔60cm ↕80cm
*Brassia verrucosa*と*Miltonia spectabilis*の交雑種で、栽培容易で人気がある。真緑色、帯状の葉がつく。夏に、薄～暗桃色、星形の花がつき、暗色の斑点がある。
ゾーン：9～11

×*Miltassia* 'Mourier Bay'
×*Miltassia* 'San Paulo'
一般名：×ミルタッシア　モーリアー　ベイ
×ミルタッシア　サン　パウロ
◐/◑　↔60cm ↕80cm
ミルトニア属とブラシア属2種との未登録交配種。薄緑色、帯状の葉がつく。緑黄白色の花にオレンジ色の斑点があり、夏に咲く。
ゾーン：9～11

Millettia grandis

××*Miltassia*チャールズ　M．フィッチ

MILTONIA
(ミルトニア属)

複茎を持つラン。ラン科に属し、約10種の着生種があり、ほとんどがブラジルに原生する。色の多彩な目立つ花がつき、成長が速く標本植物の大きさにすぐ育つ。ミルトニア属は近縁のブラッシア属と交配され、×ミルタッシア属が作出され、オンキディウム属との交配で×ミルトニディウム属が作出されている。しかし、ミルトニア属が交配親であると書かれている交配種でも、非常に近縁のミルトニオプシス属を親とする場合が多い。

〈栽培〉
根は浅く張るため、大型スラブやコルク板、木生シダ、または浅いラン鉢に植える。多湿であれば、夏の強い日照と高温に耐える。冬は乾燥冷涼気候で休眠することが必要。毎年、開花し、花つきをよくするためには生育期に定期的に施肥を行なう。しかし、あまり手をかけないほうがよく育つ。株分けで殖やす。

Miltonia clowesii
一般名:ミルトニア・クロウェシイ
☀ ↔20〜60cm ↕20〜70cm
ブラジル原産の美しいランで、夏から秋に、径8cm、黄茶色、星形の花を8個ほどつけ、花弁にはえび茶色の縞と斑点がある。唇弁は白色、基部に紫のマークがある。
ゾーン:10〜12

Miltonia flavescens
一般名:ミルトニア・フラウェスケンス
☀/☼ ↔20〜90cm ↕20〜50cm
ブラジル原産の強健なラン。中〜高温を好む。薄黄白色、径8cm、クモの肢に似た狭長の花弁の花が12個ほどつく。
ゾーン:10〜12

Miltonia regnellii
一般名:ミルトニア・レグネリイ
☀ ↔20〜60cm ↕20〜60cm
ブラジル原産の美しいラン。夏、白色、対照的なピンク〜藤色の唇弁があり、径6cmの花が、湾曲する花茎に5個ほどつく。純白種もある。
ゾーン:10〜12

Miltonia clowesii

Miltonia regnellii

ミルトニア'サンディズ コーヴ'

×ミルトニディウム ププケア サンセット'H & R'

Miltonia spectabilis
一般名:ミルトニア・スペクタビリス
☀ ↔20〜60cm ↕20〜40cm
ブラジル原産の変異の多いラン。春に、径8cmの花が単生または対生する。典型品種は、白色の花弁と萼片、幅広、二色の唇弁を持つ。ピンクおよび紫色品種、まれにアルビノの栽培品種もある。*M. s.* var. *moreliana*は、非常に濃い黒紫色。
ゾーン:10〜12

Miltonia 'Sandy's Cove'
一般名:ミルトニア'サンディズ コーヴ'
☀ ↔20〜60cm ↕20〜60cm
変わった色の組み合わせを持つ交配種で、祖先に5種を持つ。金茶色の萼片、対照的な黒紫色の唇弁を持つ花が春に咲く。
ゾーン:10〜12

×MILTONIDIUM
(×ミルトニディウム属)

ラン科に属する、ミルトニア属とオンキディウム属の属間交配種である。小形の複茎性ランで、冷涼と高温の両方に耐え、毎年花をつける。幅広い環境で生育でき、開花期が長く、花に芳香があることから鉢植え花として人気がある。オンキディウム属には、多様な個体があり、無数の交配種の作出が可能である。ほとんどの種が、色どりのよい花を春と夏につけ、通年日当たりのよい多湿な環境を好む。

〈栽培〉
バークを用いたポット栽培でよく育ち、やや根づまりを好む。無霜地帯では、樹皮の剥離しない樹木に植え付けてもよい。とくに強健で、栽培しがいがあり、標本植物として栽培するともっとも花つきがよい。

×*Miltonidium* Bartley Schwarz 'Highland'
一般名:×ミルトニディウム バートレイ シュワルツ'ハイランド'
☀/☼ ↔20〜60cm ↕20〜90cm
*Oncidium leucochilum*の特徴が強く出る交配種。見事な濃い藤色に白色の唇弁があり、夏に咲く。
ゾーン:10〜12

×*Miltonidium* バートレイ シュワルツ'ハイランド'

×*Miltonidium* Pupukea Sunset 'H & R'
一般名:×ミルトニディウム ププケア サンセット'H & R'
☀/☼ ↔20〜60cm ↕20〜90cm
三色花の*Miltonia warscewiczjj*と小形で黄金色の*Oncidium cheirophorum*の交配種で、人気がある。赤茶色に、赤と黄色の唇弁がある。
ゾーン:10〜12

MILTONIOPSIS
(ミルトニオプシス属)
英 名:PANSY ORCHID

ラン科に属し、6種の複茎性ランがあり、主にコロンビアとエクアドル原産である。かつてはミルトニア属に含まれていたが、ミルトニオプシス属は植物学的にはオドントグロッスム属に近い。花形とマークの色が面白いことから、多くの交配種が作出され、パンジーオーキッドとして知られている。葉は薄く、脆弱である。葉色は青緑色、形は狭長である。花色は多彩で、大形、水平につく。花の全体が日焼けしやすく、傷つきやすい。

〈栽培〉
本属が好む気候帯は狭く、冬は10℃以上、夏は26℃以下の環境が必要である。葉つきをよくするには、多湿な日陰で育てる。換気がよくないと花に染みができやすい。交配種は交雑強勢があるため、原種よりも育てやすい。株分けで殖やす。

ミルトニオプシス、ハイブリッド、ビールズ ストロベリー ジョイ

ミルトニオプシス、ハイブリッド、キュート'ロデオ'

ミルトニオプシス、ハイブリッド、'ヘッラレクサンドル'

ミルトニオプシス、ハイブリッド、ハドソン ベイ

ミルトニオプシス、ハイブリッド、ジーン カールソン

ミルトニオプシス、ハイブリッド、レッド ナイト

ミルトニオプシス、ハイブリッド、ルージュ'カリフォルニア プラム'

ミルトニオプシス、ハイブリッド、ゾロ'イエロー デライト'

Miltoniopsis phalaenopsis

☼ ⟷38cm ↑30cm

コロンビア原産のラン で、標高1,200～1,500mの高地に見られる。イネに似た葉を持ち、群生する。径6cm、明白色の花を5個ほどつける。目立つ幅広い唇弁は、白色で、基部が黄色で、明紫色のマークが滝のように流れるのが特徴的で、ハイブリッドにも受け継がれる。
ゾーン：11～12

Miltoniopsis phalaenopsis

Miltoniopsis vexillaria

☼ ⟷20～60cm ↑20～40cm

コロンビアとペルー原産のラン。径10cm、ごく薄いピンク～濃いローズ色の花が8個ほどつく花茎が直立または枝垂れる。ミルトニオプシス ハイブリッドの親としてよく用いられる。
ゾーン：11～12

Miltoniopsis Hybrids

（ミルトニオプシス ハイブリッド）

☼ ⟷80cm ↑50cm

ミルトニオプシスのハイブリッドは花と模様の色が多彩で、白、ピンク系、紫系、赤系、黄系の色があり、突出する唇弁には対照的な色のマークがある。多くの品種に芳香がある。**ビールズ ストロベリー ジョイ**は、ローズピンクの花に濃赤色のマークがある。**キュート'ロデオ'**は、白色の縁のある花弁に濃深紅色のマーク。**ハドソン ベイ**は、白色にローズピンクがかる。**ジーン カールソン**は、ショッキングピンクの花。**レッド ナイト**は、はっきりした色のピンクと紫色の花。**ロバート ストラウス**は、乳白色の花の中心に赤～オレンジ色のマークがある。**ルージュ'カリフォルニア プラム'**は、2色の濃紫色に白色の縁がある。**ゾロ'イエロー デライト'**は、薄黄色に橙赤色のマークがある。
ゾーン：11～12

ミルトニオプシス、ハイブリッド、ロバート ストラウス

MIMETES

（ミメテス属）

南アフリカ共和国に見られる、数多くのヤマモガシ科植物属のひとつである。11～12種の常緑低木からなり、絶滅危惧種もある。属名はギリシャ語で「模倣」を意味する*mimetes*から来ており、ほかの植物に似ていることを表わす。ふつう、シルク質の毛で覆われた単葉が茎近くにつき、色は明色、葉腋付近につく小形の花房を覆い隠す。通年、有色の専片がつくが、春にもっとも数が多くなる。

〈栽培〉

ほかのヤマモガシ科植物と同様、良い水はけのよい土壌で、風通しのよい日向でもっともよく育つ。ときおりの弱い霜には耐えるが、多雨冷涼な気候が長引くのを嫌い、根腐れやかび病を起こすことがある。必要があれば整枝する。切花にしても色は変わらない。種子が熟したら取り播きするか、晩夏～秋に半熟枝挿しで殖やす。

Mimetes cucullatus ★

英 名：ROOISTOMPIE

☼ ❊ ⟷1.5m ↑1.5m

南アフリカ共和国西ケープ州原産の低木。長さ8cm、黄緑色の葉がつく。夏に、白色の花が葉間につく。葉は紅葉する。長期間花色が変わらないので、切花として人気がある。
ゾーン：8～11

*Mimetea cucullata*の自生種、南アフリカ共和国、西ケープ州

 ミムラス、HC、'ローター カイザー'
 ミムラス、HC、'ハイランド ピンク'
 ミムラス、HC、'ハイランド パーク'
 ミムラス、HC、'マリブ レッド'

Mimulus lewisii
英　名：GREAT PURPLE MONKEY FLOWER
☀ ❄ ↔20〜60cm ↕30〜90cm
アラスカ州からカリフォルニア州に見られる、有毛、腺のある多年草。長円形〜楕円形の葉に、細かい鋸歯がある。深紅色または白色の円筒形の花が、太い茎につく。花喉に2本の黄色い折れ襞とえび茶色の斑点がある。夏に開花する。
ゾーン：3〜9

ミムラス、HC、'パック'

Mimulus luteus
英　名：MONKEY MUSK、
YELLOW MONKEY FLOWER
☀ ❄ ↔60〜80cm ↕30〜40cm
チリ原産の強健な横張り性の多年草で、ほかの多湿地帯に帰化する。葉は長さ30mm。黄色、円筒形、長さ5cmの花が春から秋にかけて咲く。'ワリエガトゥス'は、斑入り葉がつき、成長力は原種より弱い。
ゾーン：7〜10

Mimosa pudica

Mimulus cardinalis

Mimulus bifidus
☀ ❄ ↔30〜100cm ↕30〜100cm
アメリカ合衆国カリフォルニア州原産の低木で、分枝多く、粘着質の毛で覆われる。細かい鋸歯のある槍形の葉がつく。黄色、鐘形、径6cmの花が、春から夏に咲く。
ゾーン：7〜9

Mimulus ringens
英　名：ALLEGHENY MONKEY FLOWER
☀ ❄ ↔1.2〜1.5m ↕0.9〜1.2m
北アメリカおよびヨーロッパ原産の多年草。平滑、四角形、細い翼のある茎を持つ。葉は狭長、緑色。紫青色、円筒形の花に、ときに白またはピンクの花喉があり、直立の茎につく。夏に開花する。
ゾーン：3〜9

MIMOSA
（オジギソウ属）
アカシア属の近縁で、マメ科ネムノキ亜科に属し、約480種のつる植物、低木および高木からなる。ほとんどが中南米およびアメリカ合衆国南部、アジアおよびアフリカの森林から乾燥サバンナに生育する。2回羽状複葉を持ち、茎に刺がある。花は小形で、白、ピンク、薄紫色で、長い雄ずいと4〜5枚の花弁を持つ。刺のある扁平な果実は、熟すと裂開する。種によっては侵略性がある。
〈栽培〉
水はけのよい、肥沃な土壌の霜の当たらない日向でもっともよく育つ。実生で殖やす場合は、種子を温水に漬けておく。軟枝挿しでも殖やせる。

Mimosa pudica
一般名：オジギソウ
英　名：SENSITIVE PLANT
☀ ❄ ↔90cm ↕90cm
熱帯アメリカ原産で、一年草として扱われる。茎は分岐し、刺がある。夜になると、睡眠運動を行なう。小葉は、触ると折りたたまれ、葉柄は下垂する。薄桃〜薄紫色の花が夏に咲く。地域によっては雑草と見なされる。
ゾーン：10〜12

MIMULUS
（ミムラス属）
英　名：MONKEY FLOWER、MUSK
一年草および多年草としてよく知られるが、ゴマノハグサ科に属するアメリカ原産の植物属で、約180種の中には低木も含まれる。強健、直立性で、茎は細毛と粘着質の腺で覆われる。花は葉腋につき、短円筒形、花喉に広いフレアがある。一年草と多年草には、鮮明で対照的な色の模様があるが、低木種では、この特徴があまり見られない。
〈栽培〉
温暖な気候に適し、水はけのよい、夏に保湿性のある土壌の日向で容易に育つ。成長が速く、定期的に切り戻さないと株姿が乱れやすい。短命なことが多い。実生または半熟枝挿しで殖やす。

Mimulus aurantiacus
一般名：ミムラス・アウランティアクス
英　名：BUSH MONKEY FLOWER
☀ ❄ ↔0.9m ↕1.2m
アメリカ合衆国オレゴン州南部からカリフォルニア州にかけての西部に見られる直立低木。狭長、明〜暗緑色の葉がつき、縁は切れ込む。茎と葉は粘膜で覆われる。花はじょうご形、黄、金、オレンジ色で、春から夏に咲く。
ゾーン：8〜10

Mimulus cardinalis
英　名：SCARLET NONKEY FLOWER
☀/☀ ❄ ↔60〜70cm ↕80〜90cm
北アメリカ南部に見られる強健な多年草で、群生する。茎が地面につくと発根する。葉は長さ12cm。深紅色、円筒形の花が夏に腋生する。
ゾーン：6〜10

Mimulus guttatus
異　名：*Mimulus langsdorfii*
一般名：ミゾホウズキ
英　名：COMMON LARGE MONKEY FLOWER、GAP MOUTH
☀ ❄ ↔90cm ↕90cm
アラスカからメキシコにまで見られる一年草または多年草で、多分枝、マット状になる。円形、鋸歯またはやや裂のある真緑色の葉がつく。明黄色、円筒形、有毛の花がつく。毛の生えたうねに沿って赤〜茶色の斑点がある。
ゾーン：4〜8

Mimulus Hybrid Cultivars
（ミムラス交雑品種）
☀ ❄ ↔30〜80cm ↕20〜90cm
ミムラスの交雑品種は、強健、成長力が強く、鮮やかな色が多彩にある。人気品種には以下のものがある。'ハイランドパーク'は、杏〜朱赤色まである。'ハイランド ピンク'は、深紅色、裏面は薄赤色。'マリブ レッド'は、濃赤色の大形の花。'パック'は、鮮黄色。'ローター カイザー'は、濃赤色、らっぱ形の大形の花がつく。
ゾーン：3〜9

Mimulus bifidus

Mimulus guttatus

Mimusops zeyheri

Mimusops obovata

MIMUSOPS
(ミムソプス属)

アカテツ科に属し、熱帯アフリカ、マダガスカル、マスカリン諸島、セイシェル島、インドネシアおよびマレーシアに原生する41種からなる。全種が常緑高木または低木で、全草に乳樹脂が含まれる。葉は単葉で互生につく。花は2〜4個、葉腋に単生または群生する。比較的大形の果実がつき、多肉、革質で、硬膜で包まれた扁平な種子を数個含む。

〈栽培〉
ほとんどの種は無霜地帯の肥沃な土壌で栽培し、乾燥期には水をじゅうぶん与える。実生で殖やすが、種子のまわりの果肉を取り除き、新鮮なうちに播種する。2〜3週間で発芽する。

Mimusops obovata
英 名：RED MILKWOOD
☼ ❄ ↔4.5m ↕21m
南アフリカ共和国およびモザンビーク南部沿岸の奥深い森林に見られる常緑高木。光沢のある暗緑色の葉は、甘い香りがある。春に、星形、黄白色の花が群生する。明橙〜赤色、多肉、卵形、食用の果実がつき、ジャムやワインに用いられる。
ゾーン：9〜11

Mimusops zeyheri
英 名：TRANSVAAL RED MILKWOOD
☼ ❄ ↔3.5m ↕15m
アンゴラ、ジンバブエから南アフリカ共和国に至る高温地帯に見られる大低木〜中高木。葉は分厚く革質、光沢のある緑色、裏面は薄緑色。花は白色で葉腋につき、晩春から初秋に咲く。卵形、多肉の果実がつく。
ゾーン：9〜11

MINUARTIA
(タカネツメクサ属)
英 名：SANDWORT

ナデシコ科に属し、約100種の一年草および多年草がある。多年草の多くはマット状になり、非常に小形である。北半球の暖温帯および北極地方に広く分布する。狭長の葉と、5弁の平たい花を持ち、草姿がまとまりよく、ロックガーデンに向く種もある。

〈栽培〉
湿気のある、肥沃な水はけのよい土壌の広い日向を必要とする。春に実生または晩夏に挿し木で殖やす。

Minuartia stellata
異 名：Alsine parnassica, A. stellata
☼ ❄ →45cm ↕50mm
地中海地方東部の草地に見られ、クッション状になる。平滑、先鋭の短い葉がつく。夏に、白色、径6cmの細長い花がつき、5枚の花弁は部分的に開く。
ゾーン：4〜9

MIRABILIS
(オシロイバナ属)

オシロイバナ科の一年草および塊茎を持つ多年草で、約50種あり、北米および中南米に原生する。全縁の単葉が対生につき、花冠の下につく萼片と融合する。花は、芳香があり、短命で、明色系のさまざまな色がある。

〈栽培〉
肥沃な湿気のある日向に植える。降霜地帯でに、塊茎を掘りあげて保管する。一年草に栽培する場所に播種する。塊茎性多年草は株分けで殖やす。

Mirabilis jalapa
一般名：オシロイバナ
英 名：FOUR O'CLOCK FLOWER、MARVEL OF PERU
☼ ❄ ↔50〜60cm ↕50〜60cm
アメリカ大陸の熱帯および亜熱帯に広く分布する。広く栽培され、帰化しているため、正確な原産地は不明である。多年草で、茂みをなす。塊茎と葉は長さ10cm。フレアのあるらっぱ形、径5cm、主に深紅色、ときに黄、赤、白色の短命な花に香がある。夏に開花する。
ゾーン：8〜11

MIRBELIA
(ミルベリア属)

マメ科ソラマメ亜科の25種で、オーストラリア原産。全種が低木だが、大きさに異なり、全縁の単葉が対生または輪生する。ときに裂葉がつき、刺がある。花色は2つのグループに分かれ、黄橙色系と紫色系がある。マメの莢に似た小形の果実がつき、2個の種子を含む。自生地は、海岸に近い開けた森林からヒースの生い茂る低木林で、ときに内陸の半乾燥地帯にも見られる。

〈栽培〉
酸性、砂質の水はけのよい土壌で、半日陰または日陰で育てる。実生または挿し木で殖やす。1つの個体で果実の成熟段階がいくつかあり、種子は容易に収穫できる。発芽を促進させるには、温水に漬けておくか、燻煙してから灌水する前処理法が効果的である。

Mirbelia dilatata
英 名：HOLLY-LEAFED MIRBELIA
☼ ❄ ↔2.4m ↕3.5m
オーストラリア南部原産の大低木。葉は暗緑色、三角形、3〜7の刺状の裂がある。春から夏に、藤色の蝶形花が茎頂につく。裂開果は卵形。
ゾーン：8〜9

MISCANTHUS
(ススキ属)

アフリカから東アジアに見られるイネ科植物属で、約20種からなる。緑色、銀色、白色、および雑色の落葉または常緑の葉が群生し、見ごたえがある。一般的に茅(カヤ)と呼ばれ、円形の直立する茎から葉が枝垂れるようにつき、上向きの株を作る。晩夏から秋に、花が長い穂に多数つき、冬まで残ることがある。乾燥しやすく、数カ月形態を保つため、ドライフラワーとしてよく用いられる。秋には、オレンジ、赤、黄または紫色に変わる。

〈栽培〉
本属は、日当りのよい湿気のある広い場所を好む。野草庭園の主役として、また日除けとしても用いられる。秋に株を小分けするか、霜の終わった頃にコンテナに播種して殖やす。発芽は緩慢なので、株分けのほうがよい。

Miscanthus floridulus
一般名：トキワススキ
英 名：AMUR SILVERGRASS
☼ ❄ ↔1.5m ↕2.4m
東南アジア原産で、草丈が高い。落葉または常緑。真緑色の葉に黒色の中央脈があり、枝垂れるようにつく。秋に銀色の花穂をなす。
ゾーン：6〜9

Minuartia stellata

Mirbelia dilatata

Miscanthus floridulus

Miscanthus sinensis 'グラシリムス'（イトススキ）

Miscanthus sinensis 'モーニング ライト'（フイリイトススキ）

Miscanthus sinensis 'ワリエガトゥス'（シマススキ）

Miscanthus sinensis 'ストリクトゥス'（タカノハススキ）

Miscanthus sinensis 'ヤク ジマ'（ヤクシマススキ）

Miscanthus sinensis var. *condensatus*

Miscanthus transmorrisonensis

Miscanthus oligostachyus
一般名：カリヤスモドキ
英　名：SMALL JAPANESE SILVER GRASS
☀ ❄ ↔80cm ↕100cm
日本および中国原産の小形の草本。葉は上向きに群生し、茎は丸い。乳白色の、目立つ花が秋につく。冷涼地帯にもっとも向く。
ゾーン：5〜9

Miscanthus sacchariflorus
一般名：オギ
英　名：SILVER BANNER GRASS
☀ ❄ ↔1.5m ↕1.5m
朝鮮半島、日本および中国原産の落葉、匍匐性草本。長い緑色の葉が直立の茎から垂れ下がる。秋に橙茶色になる。秋から冬に、銀色の小花が小さい束状につく。
ゾーン：5〜9

Miscanthus sinensis
一般名：ススキ
英　名：EULALIA、JAPANESE SILVER GRASS
☀ ❄ ↔1.2m ↕4.5m
日本および中国原産の草丈の高い草本で、群生する。青緑色の葉が、秋には橙赤〜黄色に変わる。風除けに向く。秋に、シルバーピンク〜藤色の花穂がつく。*M. s.* var. *condensatus*（ハチジョウススキ）は、より草丈が高く、幅広い葉の中央に黄白色の縞が入る。'カバレット'は、幅広いリボンのような葉に乳白色の縞があり、帯桃色の花が秋につく。'コスモポリタン'は、*M. s.* 'ワリエガトゥス'の改良品種で、茎と葉は幅広で、直立し、枝垂れない。秋に、花穂が葉のすぐ上につく。*M. s.* 'グラシリムス'（イトススキ）★は、上向きに群生し、狭長、銀色の葉、明橙色の花が秋につく。'クライン ジルバースピン'は、繊細な銀色の葉、クモの肢のような花が秋につく。'モーニング ライト'（フイリイトススキ）は、狭長、緑色の薄い葉、赤みがかったブロンズ色の花がつくが、褪色して黄白色になる。'ストリクトゥス'（タカノハススキ）は、硬い直立の葉と茎に金色の帯があり、ブロンズ色の花が秋につくが、褪色して黄白色になる。'ワリエガトゥス'（シマススキ）は、緑と白の縞のある葉が緩やかに垂れてつく。'ヤク ジマ'（ヤクシマススキ）は、繊細な薄い葉がまとまってつき、赤銅色の花がつく。'ゼブリヌス'（ヤハズススキ）は、薄黄色に白色の縞のある長い葉が垂れ下がり、秋に、ピンクがかったブロンズ色の花が葉群の上につく。
ゾーン：5〜9

Miscanthus transmorrisonensis
英　名：EVERGREEN MISCANTHUS、FORMOSA MAIDEN GRASS
☀ ❄ ↔90cm ↕100cm
台湾原産の草本。マウンド状に地面を覆う。光沢のある緑色の薄い、狭長の葉が、やや枝垂れるようにつく。晩夏から秋に、赤銅色の花が葉の上に垂れ下がる。
ゾーン：7〜10

MITCHELLA
（ツルアリドウシ属）
英　名：PARTRIDGE BERRY
アカネ科に属する2種の常緑草本で這い性がありマウンド状になる。1種が北アメリカ、もう1種が日本と韓国に原生する。野生では、やや砂質の樹木の多い丘陵に生育する。暗緑色の葉は光沢があり、広長円形。夏に、白またはピンクがかる小花が対生する。円筒形の花は、花弁が切れ込み、フレアがある。花筒の奥はベルベット質である。あまり目立たないが心地よい芳香を放つ。豆ほどの大きさの液果がつき、深紅色で、目立つ斑点があり、食用になるが、あまり味はない。果実は、長期間つく。北米種は、ネイティヴアメリカンによって薬草として現在も用いられている。

〈栽培〉
肥沃な、酸性〜中性土壌の日陰またはロックガーデンでグラウンドカバーとして育てる。茎を挿し木すると発根する。または実生で殖やす。

Mitchella repens
☀ ❄ ↔60cm ↕8cm
北アメリカ原産の茎を這わせながら伸びる多年草。茎に沿って発根する。小形、円形の葉に白色の脈がある。帯桃白色の小花が夏に咲く。果実は深紅色。
ゾーン：3〜9

MITELLA
（チャルメルソウ属）
英　名：BISHOP'S CAP、MITREWORT
北アメリカおよびアジア北東部原産の小形の常緑多年草で、約20種あり、群生する。葉は円形、有毛で、夏に、葉群の上に緑色がかった小花が穂状につく。美しい植物だが、あまり目立たない。

〈栽培〉
湿気のある腐植質の多い日陰で育つ。株分けまたは実生で殖やすが、自己播種も行なう。

Mitella breweri
☀ ❄ ↔15cm ↕10〜15cm
北アメリカ原産の小形植物。円形、やや裂のある、径10cmの葉がつく。夏に、緑色の小花が葉の間につく。
ゾーン：5〜9

MITROPHYLLUM
（ミルトフィルム属）
ハマミズナ科に属する約6種の多肉低木で、茎が分岐する。南アフリカ共和国原産。円筒形、狭長、多肉の葉がつき、部分的に融合して1本の長い円錐形になる。または完全に融合して、葉鞘に抱合されるか、二分されて花茎に対生する。デイジーに似た花が、短い花茎につき、花弁は光沢があり、白〜赤桃色。生育期は晩夏から秋までと短い。

〈栽培〉
非常に水はけのよい、開けた日向を必要とする。生育期以外は、乾燥させる。実生で殖やす。

Mitella breweri

Mitrophyllum grande

Molinia caerulea 'ワリエガタ' (フイリカリヤス)

Molinia caerulea 'ムーアヘクス'

Mitrophyllum grande
☼ ❄ ↔8〜15cm ↕15〜30cm
南アフリカ共和国原産の多肉小低木。高さ10cm、太い円筒形の茎が分岐する。デイジーに似た、光沢のある白色、径5cmの花が、夏に、高さ30cmの茎につく。
ゾーン：8〜10

MOLINIA
（モリニア属）
英　名：MOOR GRASS
ユーラシア温帯に見られる2種の落葉多年草で、束生する。イネ科に属し、湿地の草地に生育する。硬い、直立の葉がつき、秋には対照的な色に変わる。花穂は長く、晩春から秋に、葉群よりかなり上につく。'自浄する'珍しい植物である。ふつう、落葉草本では葉が枯れても翌シーズンまで落ちないが、本属は、冬に植物が枯死すると、離れ落ちる。そのため、春に新芽の出るまでの冬のあいだ、すっきりした草姿をしている。

〈栽培〉
多湿な広い場所を好み、日向または日陰で育つ。実生または春に株分けで殖やす。株分けのほうが、成長が速く失敗がない。実生繁殖では純種が保てないことがあり、発芽も非常に遅い。

Molinia caerulea
一般名：ヨウシュヌマガヤ
英　名：MOOR GRASS, PURPLE MOOR GRASS
☼/◐ ❄ ↔40cm ↕40cm
ユーラシア原産の多年草。細い剣形の葉が、枝垂れ気味につく。夏に、紫色の花穂が葉群より上につく。*M. c.* subsp. *arundinacea*は、薄灰緑色の葉が垂れてつき、晩夏につく紫〜茶色の優美な花穂は、褪色して鮮黄色になる。湿地や沼地を好む。*M. c.* 'ワリエガタ'（フイリカリヤス）★は、真緑色の葉に乳白〜白色の斑入り。夏に、茶色の花穂が上向きにつく。定着に時間がかかる。'ムーアヘクス'は、薄緑色の葉、まとまりのある株になる。紫色の小形の花穂がつく。
ゾーン：5〜9

MOLTKIA
（モルトキア属）
ムラサキ科に属する6種の多年草で、種によっては温暖地帯で低木状になる。イタリアからギリシャおよび西アジアに見られ、有毛、暗緑色の葉を持つ。ムラサキ属の近縁で、同属に含められていたが、現在は改訂されている。ムラサキ属は、より直立する。横張り性はあまりなく、近縁属よりも大形の葉を持つ。夏に、藤色、青、ときに黄色、円筒形の5弁花が集散花序につく。

〈栽培〉
日当たりを好み、定着すると中程度の降霜と干ばつに耐性がある。腐葉土を加えて保湿性を高めた砂利質の水はけのよい用土でよく育つ。石灰質にも耐性がある。冬が終わったら、軽く剪定して草姿を整えるが、あまり長命ではない。実生、取り木、挿し木で殖やす。

Moltkia × intermedia
☼ ❄ ↔40〜50cm ↕20〜25cm
ヨーロッパおよびアジアに原生する多年草で、横に広がる。粗毛のある、長さ15cmの葉がつく。紺色、円筒形、径18mmほどの花が、夏に咲く。
ゾーン　5〜8

Moltkia petraea
☼ ❄ ↔38cm ↕38cm
バルカン半島からギリシャ中部の、水はけのよい丘陵に見られる。長さ5cm、白い粗毛のある細い茎に、狭披針形の葉がつく。晩春に、すみれ〜青色、長さ12mmの小花がつく。
ゾーン：6〜9

MONANTHES
（モナンテス属）
ベンケイソウ科に属する。北アメリカとカナリア諸島に見られ、12種の多肉草本または一年生および多年生の低木からなり、束生する。全縁の分厚い多肉の葉が先端で大きなロゼットを形成する。基部で融合する6〜8個の萼片を持つ小花からなる花序は分岐し、花弁は狭長で6〜8枚からなる。夏に開花する。

〈栽培〉
肥沃な、砂質の水はけのよい土壌と、雨風と直射日光の当たらない明るい場所を必要とする。夏には灌水するが、冬は休眠させる。春に実生、春または夏に挿し木、あるいは株分けで殖やす。

Monanthes polyphylla
☼ ❄ ↔10cm ↕10〜15cm
カナリア諸島に見られる、丈の低い、分厚い葉を持つ小形の多年草。短い多肉の茎に、多肉、円筒形、帯青色の葉がつき、先端に毛がある。春に、白色の毛に覆われた1〜4個の赤色の花が、かたまって頂生する。
ゾーン：9〜11

MONARDA
（ヤグルマハッカ属）
一般名：ベルガモット
英　名：BEE BALM, BERGAMOT, HORSEMINT
属名は、スペインの植物学者で、フィリップ「世の典医でもあったNicholas Monardes（1493〜1588年）にちなむ。Monardesは長い航海の間に採取した植物について記録を残した。本属はシソ科に属し、北米および中米に原生する16種の一年草および多年草からなる。大きな株をなし、冬は完全に枯れるが、春には角張った太い茎に、帯赤色、有毛、切れ込みのある葉を数多くつける。夏には、それぞれの茎頂に、葉に似た苞を背面に持つ、円筒形の花が数個ずつつく。英名のビーバームは、夏の晴れた日に、絶え間なく蜂が訪れることから来ている。

〈栽培〉
非常に寒さに強く、湿気のある、水はけのよい土壌の日向であれば、栽培容易である。晩夏に、うどん粉病に罹りやすいので風通しをよくすること。休眠期に株分け、または基部から採取した挿し木で殖やす。

Monarda didyma ★
一般名：スカーレットベルガモット
英　名：BEE BALM, OSWEGO TEA
☼/◐ ❄ ↔60〜100cm ↕0.9〜1.2m
カナダおよびアメリカ合衆国原産の多年草。細かい軟毛があり、長さ15cm、切れ込みのある紫赤色の葉をつけ、径6cm、赤系の花が夏に咲く。'ケンブリッジ スカーレット'は、明赤色、花つきが多い。'マホガニー'は、紫赤色の花つき、赤茶色の苞は長く残る。
ゾーン：4〜9

Monanthes polyphylla

Monarda didyma

Moltkia petraea

Monarda fistulosa ★
一般名：ワイルドベルガモット
☼/☽ ❄ ↔60〜100cm
↕0.9〜1.2m
カナダからメキシコにかけて見られる多年草。M. didymaに非常に似る。葉は全縁、長さは10cm以下。花は薄紫〜ピンク色で、夏に咲く。
ゾーン：4〜9

Monarda punctata
☼/☽ ❄ ↔40〜60cm
↕60〜100cm
アメリカ合衆国およびメキシコ北部原産の一年草、二年草および短命な多年草。茎と葉に軟毛がある。葉は披針形、長さ10cm、ときに切れ込む。花序は小形、薄黄〜ピンク色、緑黄白色または紫がかる苞があり、夏に咲く。
ゾーン：6〜10

Monarda Hybrid Cultivars
(ベルガモット交雑品種)
☼/☽ ❄ ↔50〜80cm
↕50〜150cm
もっとも広く栽培されるM. didymaとM. fistulosaは、交配が頻繁に行なわれており、優良な栽培品種が作出されている。'ビューティ オブ コブハム'は、高さ130cm、薄紫桃色の花。'ケンブリッジ スカーレッド'★は、大形、鮮赤色の花。'クロフトウェイ ピンク'は、高さ100cm、ショッキングピンクの花。'ルビー グロー'は、高さ60cm、明赤色の花、帯赤色の葉がつく。'スコーピオン'は、高さ100cm、紫桃色の花、帯紫赤色の葉がつく。'ビンテージ ワイン'は、高さ70cm、濃紫赤色の花がつく。
ゾーン：4〜9

MONARDELLA
(モナルデラ属)
シソ科に属する19種の一年草および多年草で、匍匐茎を持つ。北アメリカ西部に原生し、乾燥した岩場の崖に生育する。全縁または鋸歯縁の小葉がつき、強いハッカの匂いを放つ。葉は、灰緑色、多少有毛。赤、ピンクまたは紫色、円筒形、2唇弁の小花が丸い花序をなし、夏と秋に頂生する。ネイティヴアメリカンがハーブティや薬草として用いる種もある。
〈栽培〉
砂質、水はけのよい土壌の日向で育つ。多年草は冬に寒冷多湿な土壌を嫌うため、無加温の温室で育てる。一年草は実生、多年草は株分けまたは挿し木で殖やす。

Monardella macrantha
☼ ⬒ ↔20cm ↕15cm
アメリカ合衆国カリフォルニア州に原生する匍匐性の亜低木。有毛の茎、小葉を持つ。深紅〜黄色の小花には紫色の葯があり、球形の花序をなす。
ゾーン：9〜11

Monardella odoratissima
一般名：マウンテンペニーロイアル
☼ ❄ ↔30〜60cm ↕10〜60cm
アメリカ合衆国西部に原生する変異の多い多年草で、茎の基部が木質化し、匍匐する。広長円形、灰緑色の小葉がつき、つぶすとミントの匂いがする。薄〜濃桃色、径5cmの花序が、夏から秋に咲く。
ゾーン：8〜11

Monardella odoratissima

MONOPSIS
(モノプシス属)
アフリカの熱帯、中央部および南部に原生する18種の小形の一年草および多年草で、キキョウ科に属する。葉は切れ込みがあり、小形。細い花茎に花が単一で腋生する。花冠には唇弁があり、萼筒は水平に突き出て、裂に分かれて広がる。
〈栽培〉
湿気があり、水はけのよい土壌の、開けた日向を好む。株分けまたは通年、挿し木で殖やせる。

Monopsis lutea
英　名：GOLDEN LOBELIA
☼ ⬒ ↔10〜12cm ↕8〜10cm
南アフリカ共和国原産の草丈の低い常緑多年草。茎は長く這い、0.9mほどになる。光沢のある裂葉が互生につく。夏から秋に、黄色の花が咲く。垂れ下がる習性があり、ハンギングバスケットに向く。
ゾーン：9〜11

MONSTERA
(モンステラ属)
英　名：FRUIT SALAD PLANT、SWISS CHEESE PLANT、WINDOW LEAF
中南米に原生する、22種の熱帯の着生またはよじ登り植物で、サトイモ科に属する。美しい葉がつき、熱帯以外では室内または温室植物として栽培される。熱帯では、樹木の幹を成長させるために用いられる。葉には大きな穴があり、非常に異様な姿が英名の由来になっている。M. deliciosaは、フルーツサラダプラントと呼ばれ、食用果実をなす。
〈栽培〉
湿気のある、霜のかからない半日陰の暖かい場所で育てる。土壌は水はけがよく、腐植質に富むようにする。つる性種は支柱を立てる。収穫した種子をボトムヒートで温める。

Monstera adansonii
☼ ⬈ ↔0.9〜1.8m ↕6〜8m
南アメリカ北部原産のつる性種。長円形、長さ90cmの葉に、片側または両側に不規則な長楕円形の穴がある。葉は通年つく。
ゾーン：11〜12

Monopsis lutea

Monstera adansonii

Monstera deliciosa
英　名：FRUIT SALAD PLANT、MEXICAN BREADFRUIT、SWISS CHEESE PLANT
☼ ⬈ ↔2.4〜6m ↕10〜15m
メキシコ南部からパナマに見られる大形のつる性種で、見ごたえがある。気根が長く伸びる。長さ90cmの巨大な葉に、不規則な穴があり、縁は切れる。適切な環境では、白いアルムに似た花がつく。長さ25cm、球形の食用果実がなる。
ゾーン：11〜12

Monarda fistulosa

ベルガモット、HC、'ケンブリッジ スカーレッド'

ベルガモット、HC、'ルビー グロー'

ベルガモット、HC、'ビンテージ ワイン'

MONTANOA
(ミヤマヨメナ属)

熱帯アメリカに原生するキク科植物属で、約20種のつる植物および低木がある。直立、低木状になる多年草で、短い枝と四角い茎を持つ。掌状葉は大形で、細毛で覆われる。花はダリアに似ており、白色に黄色の中心があり、夏から秋に群生する。赤茶色の種子が花後につき、紙のような手触りを持つ。栽培上は、巨大多年草として扱われ、1シーズンに高さ7m以上に達することもある。

〈栽培〉
葉と花を目的に栽培される。霜に弱く、肥沃な水はけのよい暖かい日向を必要とする。花後は茎が硬く太くなり、剪定が難しい。実生または根挿しで殖やす。

Moraea alticola

Moraea polystachya

Moraea ramosissima

Moraea spathulata

Moraea villosa

Montanoa bipinnatifida
英名：MEXICAN TREE DAISY
☼ ↔2m ↕3〜6m

メキシコ南部原産の常緑低木で、ときに高木に近くなる。葉は深く切れ込み、粗毛のある、成長の速い硬い茎につく。デイジーに似た白色の花が秋に単生する。風除けに向く。
ゾーン：10〜12

Montanoa mollissima
☼ ↔0.9m ↕1.8m

メキシコ原産のデイジーに似た植物で、低木になる。葉は深く切れ込む。幼葉では緑色、有毛、成葉は光沢のある緑色になる。白色、デイジーに似た花が秋に群生する。
ゾーン：10〜12

MORAEA
(モラエア属)

アヤメ科に属し、約120種からなるが、数種のみが栽培される。球茎を持つ多年草で、落葉葉性または半落葉性、エチオピアから南アフリカ共和国に至るサハラ以南のアフリカ原産で、多湿な草原に見られる。アイリスに似た短命な花が群生し、春から初夏にかけて継続的に開花する。

〈栽培〉
庭園で栽培する場合は、水はけの非常によい土壌に植え、夏には乾燥させて休眠期を与えることが不可欠である。この条件が満たされれば、野生種よりも耐霜性がある。冬の多雨には非常に強い。夏咲き種は、春に播種し、冬に成長する種は秋に播種する。

Moraea alticola
☼ ❄ ↔8cm ↕75cm

南アフリカ共和国クワズール・ナタル州原産の多年草。葉は線形で茎は分岐する。花は芳香性で、黄色に茶色のマークがあり、夏に咲く。高温乾燥気候でよく育つ。ゾーン：10〜11

Moraea aristata
英名：PEACOCK IRIS
☼ ↔8cm ↕38〜40cm

南アフリカ共和国、ケープ・タウンに見られる多年草で、野生ではほぼ絶滅している。葉は有毛。花は単生し、灰青色がかった白色で、同心の三日月形に青、緑、紫、黒色の目が入る。晩夏から長く咲き続ける。
ゾーン：9〜11

Moraea polystachya
☼/◐ ↔8cm ↕80cm

ナミビアからボツワナに原生する多年草。葉は線形、ほぼ水平につき、茎は分岐する。花は短命で、すみれ色の花弁に黄色のマークがあり、縁は白色、初秋から冬にかけて長く開花する。栽培環境が悪いと、数年間休眠する。
ゾーン：9〜11

Moraea ramosissima
☼ ↔10cm ↕60〜120cm

南アフリカ共和国原産の多年草。狭長、線形の葉が分岐の多い茎につく。暗色の目のある黄色の花が、春から夏に咲く。
ゾーン：9〜11

Moraea spathulata
☼ ↔10cm ↕50〜60cm

スワジランド、ジンバブエ、モザンビークおよび南アフリカ共和国マプマランガ州原産の常緑多年草。葉は乱雑に数多くつく。暗色のネクターガイドのある黄色の花が、分岐する茎につき、朝開いて夕方には閉じる。開花期は異なるが、ふつう夏に咲く。
ゾーン：9〜11

Moraea villosa
英名：PEACOCKERS
☼ ❄ ↔12cm ↕30〜60cm

南アフリカ共和国西ケープ州原産の多年草。地際の葉には、うねがある。花は平たく、径8cm、白〜オレンジ、または青色で、3弁のそれぞれの基部に、暗青色の大きな円形の斑点がある。晩冬から早春に咲く。野生種は稀少である。
ゾーン：8〜10

Montanoa bipinnatifida

Montanoa mollissima

Morus alba 'ペンドゥラ'、春

Morus alba 'ペンドゥラ'、冬

Morus indica

Morus nigra

MORINA
(モリナ属)

マツムシソウ科の4種の常緑多年草で、刺のある葉を持つ。ヨーロッパおよびアジア原産。葉は、主に地際から出る。葉間から伸びる直立の茎に湾曲した円筒形、刺のある緑色の苞葉に支えられた花が輪生する。

〈栽培〉
水はけのよい湿気のある日向に植え、冬には雨に当たらないようにする。根が混まないように小形のコンテナに個別に播種するか、冬に根挿しで殖やす。

Morina longifolia
一般名:モリナ
英　名:WHORLFLOWER
☼ ❄ ↔25～30cm ↕80～90cm
ヒマラヤ山脈に見られる多年草で、ロゼットを形成する。葉は長さ25cm、刺状の縁がある。直立の花茎に、湾曲した円筒形、径30mmの花がつき、白色で、成長するとピンク色になる。春から夏に咲く。
ゾーン:6～9

MORISIA
(モリシア属)

アブラナ科の単型属。コルシカ島およびサルディニア島沿岸の、乾燥した砂質の草原に見られる小形のハーブで、ロゼットを形成する。シダに似た狭長の小葉がつく。黄金色の小形の4弁花が、短い直立の茎につき、春と初夏に咲く。

〈栽培〉
やせた砂利質の、水はけの非常によい土壌を必要とする。小形植物で、生育環境が特殊なため、トラフやポット、できれば無加温の温室で栽培する。肥沃な土壌と寒冷な冬をとくに嫌う。実生または根挿しで殖やす。

Morisia monanthos
異　名:*Morisia hypogaea*
☼ ❄ ↔15cm ↕25mm
コルシカ島原産の多年生ハーブ。光沢のある明緑色、粗い鋸歯縁の葉が、扁平な、きれいなロゼットを形成する。径12mm、星形、黄金色の花が、春から初夏に咲く。'フレッド　ヘミングウェイ'は、より大形の花がつく。ゾーン:7～9

MORUS
(クワ属)
英　名:MULBERRY

クワ科に属する落葉高木および低木で、約12種ある。ほとんどがアジア、数種が北アメリカと中央アメリカに見られる。葉は互生につき、ふつう心臓形、縁は切れ込む。目立たない雌雄の花が、別々の尾状花序につき、ラズベリーに似た果実がなる。*M. nigra*は果実が食用になり、*M. alba*は葉が蚕の餌になることから長く栽培されてきた。

〈栽培〉
適度に肥沃な、水はけのよい土壌であれば、どこでも育つ。樹液が出るため、剪定は冬に最低限にとどめる。春または秋に挿し木で殖やすが、長さ1.5mほどの幹の挿し木は地中50cmまで挿す。

Morus alba
一般名:クワ
英　名:WHITE MULBERRY
☼ ❄ ↔9m ↕9～15m
中国原産の高木で、古くから栽培されている。葉は広長円形で、基部は心臓形、2～3裂し、粗い鋸歯がある。蚕の餌になる。初夏に、帯緑色の雌雄の花が、別々の花序につく。果実は白色から薄桃色、やがて赤色に変わる。'ブンゲアナ'は、明緑色の葉が多数つく。'ペンドゥラ'は、枝垂れ品種。'ウェノサ'は、真緑色の葉に葉脈が多数ある。
ゾーン:4～10

Morus indica
異　名:*Morus acidosa*、*M. australis*、*M. japonica*
一般名:インドグワ
英　名:MULBERRY
☼ ❄ ↔5m ↕5～8m
東アジア原産の落葉高木および低木。成葉は、心臓形～長円形、緑色、鋸歯縁、深裂で、粗い触感を持つが、幼葉は平滑。夏に、目立たない帯緑色の尾状花序が垂れ下がる。濃赤色の甘い果実がなり、食用になる。
ゾーン:4～6

Morus nigra
一般名:クロミグワ
英　名:BLACK MULBERRY
☼ ❄ ↔12m ↕15m
アジア中央部または南西部原産の落葉高木。樹冠は大きく広がり、幹は比較的短く、樹齢と共に節ができる。葉は、広長円形～心臓形、裏面は粗毛がある。帯緑色の花が、春に咲く。甘い多汁の果実がつき、熟すと紫黒色になる。
ゾーン:5～10

Morus rubra
一般名:アカミグワ
英　名:RED MULBERRY
☼ ❄ ↔12m ↕15m
アメリカ合衆国東部およびカナダ南東部に原生する落葉高木で、あまり栽培されない。やや心臓形の葉は、ときに裂があり、裏面は非常に軟毛が多く、粗い手触りで、鋸歯縁を持つ。
ゾーン:5～10

MUEHLENBECKIA
(ミューレンベッキア属)
英　名:WIRE VINE

タデ科に属する15種の常緑または半落葉亜低木および低木で、巻きつき性、よじ登り性またはマウンド状になる。英名のワイヤーバインは、本属の習性をよく表わす。南アメリカ、オーストラリア、ニュージーランドおよびニューギニアの丘陵地帯から高山に見られる。強い風に曝される環境によく適応し、葉は密生した茎の間に隠れる。非常に小形の花が腋生または頂生する。三角形の堅果に似た果実が、多肉の萼片の中につく。

〈栽培〉
軽～中程度の降霜に耐えるが、大陸性気候には適さない。本属の最大の特徴は、地面を覆うように生育することと耐風性である。水はけのよい土壌の日向に植え、夏は水を絶やさないようにする。秋に実生または取り木で殖やすと純種に近くなる。あるいは冬に挿し木で殖やす。

Morisia monanthos 'フレッド　ヘミングウェイ'

Morina longifolia

Musa acuminata

Musa coccinea

Muehlenbeckia astonii
☼ ❄ ↔0.6m ↕0.9～2.4m

ニュージーランド原産で、野生では稀少種である。枝が込み合い、小形の葉がつく。春に小花が群生する。光沢のあるクリーム色の極小の果実がつく。
ゾーン：8～10

Muehlenbeckia complexa
英 名：MAIDENHAIR VINE, MATTRESS VINE, NECKLACE VINE, WIRE VINE
☼ ❄ ↔3m ↕1.5～4.5m

ニュージーランド原産のよじ登り植物で、分枝が非常に多い。暗紫色の細い茎。半落葉性のブロンズグリーンの小葉がつく。白色の小花が春に咲く。白色の果実に黒色の種子が1個含まれる。
ゾーン：8～10

MUKDENIA
（イワヤツデ属）
異 名：*Aceriphyllum*

ユキノシタ科に属する2種で、中国北部と北西部、および朝鮮半島に原生する。カエデに似た魅力的な葉がつき、春に、無葉の花茎に白色、鐘形の小花が咲く多年草で、群生する。

〈栽培〉
水はけのよい、湿気のある冷涼な土壌を必要とする。乾燥した腐植質の多い土壌を嫌う。熟したらすぐに播種するか、晩冬の新芽の出る前に株分けで殖やす。

Musa ornata

Mukdenia rossii
一般名：イワヤツデ
☼ ❄ ↔45cm ↕35cm

韓国および中国北東部原産の多年草で、群生する。カエデに似た、長さ15cm、5～9裂の葉がつく。白色、径5mmの花が、葉群の上に短い円錐花序につく。春に開花する。
ゾーン：3～9

MURRAYA
（ゲッキツ属）

ミカン科に属する小属で、カンキツ属の近縁であり、東南アジアからオーストラリアに見られる4種がある。暗緑色の羽状複葉のつく低木および高木で、芳香のある白色の花が大きな円錐花序につく。球形～卵形の小さな液果がなる。

〈栽培〉
水はけのよい土壌に植えてマルチングを施し、生育期は灌水と施肥をじゅうぶんに行なう。日向～半日陰に耐え、温暖な無霜気候でもっともよく育つ。草姿を整え、葉つきと花つきをよくするために剪定する。実生または株分けで殖やす。

Murraya paniculata
一般名：ゲッキツ
英 名：COSMETIC BARK, JASMINE ORANGE, ORANGE JESSAMINE
☼ ❄ ↔3m ↕3m

東南アジアからオーストラリアに見られる魅力的な低木。多分枝で、丸い株姿になる。成長すると光沢のある暗緑色になる、薄緑色の羽状複葉がつく。ミカンの花に似た、白色、甘い香りのする花が春に咲く。オレンジ～赤色の果実がなる。生垣や目隠しに人気がある。
ゾーン：10～12

MUSA
（バショウ属）
英 名：BANANA

アジアからオーストラリアに原生する40種の吸枝を生じる常緑多年草で、バショウ科に属する。葉は大きなへら形で全縁。花は枝先につき、下垂または直立する。雌花または両性花が基部近くにつき、雄花は先端近くにつく。果実は細長く、湾曲するか、ずんぐりした球形に近いソーセージ形、または円筒形である。

〈栽培〉
明るい森林または森林の縁に見られ、肥沃な腐植質の多い日向でよく育つ。強風が当たると新葉が裂けるので、風の当たらない場所に植える。降霜のある暖温地帯では、ロームを主体にしたコンポストに植え、温室で育てる。生育期には灌水と施肥を定期的に行なう。吸枝の株分け、または春に実生で殖やす。

Musa acuminata
異 名：*Musa cavendishii*
一般名：ムサ・アクミナータ
英 名：BANANA
☼ ↔2.4m ↕3.5～6m

東南アジアおよびオーストラリアクィーンズランド州北部原産で、吸枝を生じる多年草。へら形、真緑～灰緑色の葉がつく。夏に、洋ナシ形、黄白～クリーム色の花が下垂する。黄色の果実が食用になる。'ドワーフ カヴェンディッシュ'（三尺バナナ）（syn. 'バスライ'）は、原種より小形で、黄色の花が咲き、茶色の苞がある。
ゾーン：10～12

Musa coccinea
異 名：*Musa uranoscopus of gardens*
一般名：ヒメバショウ
☼ ❄ ↔1.5m ↕0.9～1.5m

インドネシア原産。光沢のある赤緑色の偽茎を持つ。葉は光沢があり、長円型～長楕円形。直立の花序は、光沢があり、多肉。桃赤～濃赤色の苞葉を持ち、先端は黄緑色。春に開花する。果実は長楕円形～円筒形、藤色またはピンクがかった緑色。熟すと橙黄色になり、食用できる。
ゾーン：10～12

Musa ornata
一般名：ムサ・オルナータ
英 名：FLOWERING BANANA
☼ ↔1.8m ↕1.8～3m

ミャンマーからバングラデシュに原生する観賞用の多年草で、吸枝を生じる。緑色、長さ1.8m、蝋質の葉がつく。花序はオレンジ～黄色、薄紫色の苞があり、夏に開花する。黄色またはピンク色の果実がなる。
ゾーン：11～12

Murraya paniculata

Muehlenbeckia astonii

Mukdenia rossii

Muscari latifolium

Muscari almeniacum
'ヴァレリー フィニス'

Muscari aucheri

Muscari macrocarpum

Muscari almeniacum 'ブルー スパイク'

Musa × paradisiaca
一般名：バナナ
異　名：*Musa sapientum*
英　名：BANANA, PLANTAIN
☀ ♦ ↔2.4m ↕3m

*M. acuminata*と*M. balbisiana*の種間交雑種。調理用および生食用バナナを含む。葉は大形、緑色、長楕円形。果実は黄色、果肉は白色、種がなく、夏につく。成熟を促進し、保護のために果実に袋を被せる。
ゾーン：10〜12

Musa velutina
一般名：ピンクバナナ
英　名：VELVET BANANA
☀ ♦ ↔0.9m ↕1.5m

インド北東部原産で、根茎を持つ。暗緑色の葉は、裏面が薄色、赤色の中央脈がある。赤色の苞葉、白色または黄色の花が春に咲く。ピンク色の艶のある果実がつき、熟すと裂開する。
ゾーン：9〜12

MUSCARI
(ムスカリ属)
英　名：GRAPE HYACINTH

ヒアシンス科に属する約30種の球根植物で、春に咲く。地中海地方の盆地およびアジア南西部に原生する。森林庭園や花壇の縁取りに広く用いられる。花は春咲きで、小形、逆向きの鉢形、真っ直ぐな茎に下向きに群生する。下部の小花から順に開花する。葉つきは多く、乱雑になる。

〈栽培〉
春に骨粉を肥料として与える。株が殖えたら休眠期に株分けし、同じ場所に植え付ける場合は、新しい土を加える。休眠期の分球または種子の取り播きで殖やす。

Muscari armeniacum
異　名：*Mtiscari szovitsianum*
一般名：ムスカリ・アルメニアクム
☀ ❄ ↔5cm ↕20cm

球根多年草。葉は披針形、真緑色、強風などで倒れやすい。夏に、分厚い総状花序がつき、明青色、すぼまった花口は白色を帯び、非常に香りがよい。'カンタブ'は、強健、薄青色の花が短い花茎につく。'ヴァレリー フィニス'★は、薄紫色の花が、らせん状につき、目立つ。暗緑色、半直立の葉がつき、*M. neglectum*に、より近い。
ゾーン：6〜9

Muscari aucheri
異　名：*Muscari tubetgeniauum*
☀ ❄ ↔5cm ↕10〜15cm

トルコ原産の球根多年草。葉は狭長のさじ形、真緑色。花は、密な総状花序につく。初夏に、明青色、すぼまった白色の花口を持つ花がつく。上部の小花は薄色で、不稔性である。冬に日光に当てる必要がある。
ゾーン：6〜9

Muscari azureum
異　名：*Hyacinthella azurea*
一般名：ムスカリ・アズレウム
☀ ❄ ↔5cm ↕10〜15cm

トルコ東部の球根多年草。葉は披針形、灰緑色。初夏に、明青色、濃色の縞があり、鐘形の花がつき、花口は開く。冬に日光に当てる。
ゾーン：6〜9

Muscari botryoides
一般名：ルリムスカリ
☀ ❄ ↔5cm ↕10〜15cm

ヨーロッパ中央部および南東部原産の球根多年草。葉は真緑色、狭長のさじ形、半直立する。花は球形、明青色、花口はすぼまり、白色。初夏に咲く。冬に日光に当てる。'アルブム'は、芳香のある白色の花が、細い総状花序につく。
ゾーン：6〜9

Muscari latifolium
一般名：ムスカリ・ラティフォリウム
☀ ❄ ↔5cm ↕20cm

アジア南西部原産の球根多年草。葉は真緑色、披針形。花は長い壺形で、紫黒色、花口はすぼまる。総状花序の上部は、薄色で不稔性。初夏に咲く。
ゾーン：6〜9

Muscari macrocarpum
☀ ❄ ↔10cm ↕10〜15cm

アジア原産の球根多年草。水はけのよい土壌と、乾燥した夏を必要とする。葉は直立、線形、灰緑色。春、茶紫色の蕾が開くと、筒形、黄緑色の花になる。強い香りがある。
ゾーン：7〜10

MUSSAENDA
(コンロンカ属)

アフリカおよびアジアの熱帯に原生する、100種の常緑亜低木、低木および草本で、ときにつる性になる。アカネ科に属する。先鋭、長楕円形の葉が対生または3枚の輪生につく。小形、円筒形の花が、通年、円錐花序または房につくが、価値はあまりなく、大きな萼片のほうが色鮮やかで、対照をなして目を引く。

〈栽培〉
暖温地帯では、熱帯温室に植える。直射日光を必要とし、生育期は灌水をじゅうぶんに行なう。高温地帯では戸外で、肥沃な水はけのよい土壌の日向または半日陰で育つ。種子を春播きするか、夏に半熟枝挿しで殖やす。

Mussaenda erythrophylla
一般名：ヒゴロモコンロンカ
英　名：ASHANT BLOOD
☀ ✿ ↔1.5m ↕3m

熱帯アフリカ原産の常緑低木。直立またはつる性、やや有毛の帯赤色の茎。春に、クリーム〜ピンクおよび赤色の大きな円錐花序がつき、やや下垂する。鮮紅色の萼片がある。'フラミンゴ'は、明桃色の萼片がある。'ピンク ダンサー'は、サーモンピンクの萼片がある。
ゾーン：11〜12

Mussaenda glabra
☀ ✿ ↔2m ↕3m

熱帯アジアに原生する常緑低木。直立または枝が広く横張りする。葉は分厚く光沢がある。春に、オレンジ〜赤色の花が多数房につき、白色の大きな萼片を持つ。
ゾーン：10〜12

Musa × paradisiaca

Musa velutina

Myoporum bateae

Myoporum montanum

Myoporum insulare

Myoporum laetum
英　名：NGAIO
☼ ✤ ↔3m ↕4.5〜9m
ニュージーランド原産の大低木または小高木で、風雨に曝される土地に見られる。緑色、多肉、披針形〜長楕円形または卵形、先端が粘着質の葉がつく。白色、鐘形の花に紫色の斑点があり、散形花序につく。果実はえび茶色。耐風性がある。
ゾーン：9〜11

Myoporum floribundum

MYOPORUM
(ハマジンチョウ属)
ハマジンチョウ科に属する約30種からなり、ほとんどがオーストラリア原産で、ほかにはモーリシャス島、マレーシア、ニュージーランド、ハワイ諸島に見られる。小〜中形の低木で、ときに高木、グラウンドカバーになる種も少数あり、形の異なる革質または多肉の葉がつき、栄養部に樹脂を含む。小形、いくぶん鐘形、白色、ときに帯桃色の花が、枝に沿って群生または単生する。小形、多肉の果実がつき、鳥の餌になる。多くの種が半乾燥および暖温地帯原産で、耐乾性があり、造園に用いられる。
〈栽培〉
ほとんどの種に適応力があるが、水はけのよい土壌の日向または半日陰を必要とする。アレカリ性土壌、中〜高度の降霜および長期間の乾燥に耐える。株姿を整えるために軽く剪定する。取り播き、挿し木で殖やす。グラウンドカバー種は茎の取り木で殖やす。

Myoporum bateae
☼ ✤ →3m ↕4.5m
オーストラリア、ニューサウスウェールズ州南部沿岸の多湿な渓谷に見られる。葉は暗緑色、裏面は薄緑色で、細かい鋸歯縁がある。夏に、薄紫〜紫色の小花が腋生する。果実は多肉である。
ゾーン：3〜9

Myoporum floribundum
英　名：WEEPING BOOBIALLA
☼ ✤ ↔2.4m ↕3m
オーストラリア、ニューサウスウェールズ州およびヴィクトリア州原産。美しく樹冠が広がり、枝が枝垂れる。葉は狭長、暗緑色、つぶすと芳香がある。白色、まれに藤色の甘い香りのする花が群生して穂のように見える。冬から夏にかけて開花する。枝先を剪定して株姿を整える。
ゾーン：9〜11

Myoporum insulare
英　名：BOOBIALLA, COMMON BOOBIALLA
☼ ✤ ↔6m ↕0.9〜8m
ニューサウスウェールズ州、ヴィクトリア州、南オーストラリア州および西オーストラリア州原産の低木または小高木。多肉の厚い葉と横に広がる枝を持つ。白色の花に紫色の斑点があり、冬から春に咲く。非常に適応性がある。
ゾーン：9〜11

Myoporum montanum
英　名：WATER BUSH, WESTERN BOOBIALLA
☼ ✤ ↔3m ↕8m
変異が多く、適応性のある高木で、オーストラリアの内陸に見られる。枝が横張りし、葉は楕円形〜披針形、緑色で、幼葉は粘着質。白色の花に紫色の斑点がある。冬から夏にかけて開花する。球形の果実がつく。
ゾーン：9〜11

Myoporum platycarpum
英　名：FALSE SANDALWOOD, SUGARWOOD
☼ ✤ ↔3.5m ↕9m
クィーンズランド州、ヴィクトリア州、南オーストラリア州および西オーストラリア州原産の低木または小高木。幼葉は粘着質、深い裂け目のある暗灰色の樹皮を持つ。披針形、濃緑色の薄い葉がつく。白色、甘い香りのする花が、冬から夏にかけて咲く。
ゾーン：9〜11

Mussaenda Hybrid Cultivars
(コンロンカ交雑品種)
☼ ✤ ↔1.5〜2m ↕3m
コンロンカの交雑品種には*M. philippica*の学名が当てられてきたが、*M. erythrophylla*と*M. frondosa*の種間交雑種を起源とすると思われる。全品種が、カラフルな大形の萼片を持つ。'アウロラエ'は、白色の萼片が下垂する。'クィーン シルキット'は、サーモンピンクの萼片を持つ。
ゾーン：11〜12

MUTISIA
(ムティシア属)
一重咲きのダリアまたは大形のデイジーに似た花がつく、南アメリカ原産の常緑低木およびつる植物で、キク科に属し、60種からなる。単葉または羽状複葉が互生につき、ときに縁が切れ込み、裏面は有毛、つる性種は先端に巻き髭がある。花はデイジーに似ているが、比較的大きく、常に径5cmはあり、10cm以上になることも多い。花色は、赤やピンクなどの明色。枯れると茶色の果序ができる。
〈栽培〉
ほとんどの種が、弱い降霜に耐性があり、水はけがよければ土壌を選ばない。1日または半日以上太陽の当たる場所を好む。花後に整枝する。残念ながら繁殖が難しく、あまり栽培されない理由となっている。ごく新鮮な種子を用いれば、成功する可能性は高い。

Mutisia ilicifolia
☼ ✤ ↔0.9〜1.8m ↕3m
チリ原産の低木状のつる植物。刺状の鋸歯縁のある、長さ6cm、基部が心臓形の葉がつき、先端に巻き髭がある。頭状花は薄桃色、8枚の舌状花からなり、径35mm。夏に開花する。
ゾーン：8〜10

*Myoporum platycarpum*の自生木、南オーストラリア州

Myoporum laetum

Mussaenda erythrophylla

Mussaenda、HC、'クィーン シルキット'

MYOSOTIDIUM
(ミオソティディウム属)

ニュージーランド東部沿岸沖のチャタム諸島に原生する。本属には1種があり、亜南極諸島のメガハーブの生育地としてはチャタム諸島が最北にあたる。ムラサキ科に属する。非常に大形、革質、光沢のある葉がルバーブに似た花茎につく。春と初夏に、円形、5弁、明青〜紫青色の花が葉間につく。野生では稀少な、魅力のある植物で、草食動物に食べられないように孤立した窪地に生育する。

〈栽培〉
極端な寒さや暑さのない冷涼気候を好む。湿気のある、腐植質の多い、水はけのよい土壌の半日陰または日陰に植える。葉色をよくし、丈夫な花序を作るためには、灌水と施肥をじゅうぶん行なう。アブラムシに注意する。定着した株は馴化させたほうがよいので、株分けより実生で殖やす。

Myosotidium hortensla
英　名：CHATHAM ISLANDS FORGET-ME-NOT
☼/☀ ❄ ↔60〜100cm ↕30〜40cm

常緑多年草で、見ごたえのある群落をなす。長い茎を持ち、太い葉脈の走る暗緑色、心臓形〜腎臓形、長さ30cmの葉がつく。花茎は直立し、初夏に、中心が青色、白色の花が大きな花序を作る。ゾーン：8〜10

Myosotis alpestris

Myosotis alpestris 'アルバ'

Myosotis sylvatica 'Music'

MYOSOTIS
(ワスレナグサ属)
英　名：FORGET-ME-NOT

ムラサキ科に属する約50種の一年草、二年草および多年草で、ヨーロッパ、アジア、北アメリカおよび南アメリカに見られる。ほとんどの種が小形で群生し、披針形、灰色がかった有毛の単葉をつける。5弁の花は、小形だが美しく、分岐のある短い茎に群生する。春と初夏に開花し、一般的に白、クリーム、ピンク、さまざまな色調の青、および藤色である。ワスレナグサの名前にはいくつかの伝説があり、そのひとつは、恋人のためにこの花を摘んでいた若者が川に落ち、溺れながら「わたしを忘れないで」と叫んだと言われる。

〈栽培〉
夏季に湿気のある土壌であれば、日向でも日陰でも容易に育つ。高山種は砂利質で、水はけのよい土壌でよく育つが、それ以外の種は土壌を選ばない。多年草は、晩冬に丁寧に株分けして殖やすが、ほかは実生で殖やす。自己播種も行なう。

Myosotis alpestris
一般名：ワスレナグサ
☼ ❄ ↔40cm ↕30cm

ユーラシア温帯および北アメリカ原産の多年草で、開花期が長い。横伸りしながらマウンド状になる。明緑色、先鋭の長円形〜披針形、長さ8cmの単葉がつく。春に、明〜暗青色の小花が茎に沿ってつく。'アルバ'は、白色の栽培品種。ゾーン：3〜9

Myosotis scorpioides
一般名：ワスレナグサ
☼ ❄ ↔40〜100cm ↕15〜45cm

ヨーロッパ原産の多年草で、根茎で広がる。明緑色、長さ10cmの葉が乱雑に群生してマウンド状になる。薄〜明青色、中心は白、クリームまたは薄桃色の花が夏に咲く。ゾーン：3〜9

Myosotis sylvatica
一般名：エゾムラサキ
英　名：BEDDING FORGET-ME-NOT
☼ ❄ ↔20〜40cm ↕15〜40cm

ヨーロッパおよびアジア原産で、二年草または短命な多年草だが、一年草として扱われることが多い。明緑色、長さ10cmの葉がつく。夏に、薄色の中心を持つ青色またはピンク色、径6mmの小花が、まばらな穂につく。栽培品種とシリーズには以下のものがある。'ブルーボール'は、非常にまとまりのよい株になり、大きな濃青色の花がつく。'ミュージック'は、まとまりよく濃青色の花。'ロイアル　ブルー　インプルーヴド'は、丈高く、濃青色の花が多数つく。'スプリング　シンフォニー　ブルー'は、早咲き、明青色の花。Victoria Series (ヴィクトリアシリーズ) は、まとまりよく、青、ピンク、白色の花が咲く。ゾーン：5〜10

MYRICA
(ヤマモモ属)

温帯北部を中心として広く分布する。ヤマモモ科に属し、35種の常緑または落葉低木あるいは小高木からなる。短い茎に単葉がつき、雌雄異花。雄花は短い尾状花序につき、雌花は円錐花序につく。卵形または球形の核果がなり、芳香のある蠟質の膜で覆われる。

〈栽培〉
耐寒性は種によって異なるが、適切な気候では栽培は難しくなく、水はけのよい、アルカリ性の強くない土壌か、長期間乾燥することのない土壌であれば、じゅうぶん育つ。日向または半日陰に植え、日向では灌水をじゅうぶん行ない、必要であれば剪定する。実生、取り木、または夏から秋に半熟枝挿しで殖やす。

Myosotis sylvatica

Myosotis scorpioides
(重複項目省略なし)

Myrica gale
一般名：ヤマモモ
英　名：BOG MYRTLE, SWEET GALE
☼/☀ ❄ ↔1.2m ↕0.9〜1.8m

ヨーロッパ、日本、北アメリカと広い地域に分布する落葉低木。葉は径2.5〜6cm、鋸歯縁。夏に淡黄色の果実が穂状に群生する。湿地でよく育つ。ゾーン：3〜9

MYRIOCARPA
(ミリオカルパ属)

中央アメリカから南アメリカの亜熱帯に見られ、イラクサ科の約15種の常緑低木および高木からなる。見た目では区別がつきにくい。イラクサ科の近縁属は世界中に広く分布するが、本属はイモムシの主要な餌になり、野生種が完全な葉形を保つことは少ない。葉には芳香があり、やや有毛、鋸歯縁を持ち、長さ30cmほど。花は単性で、葉腋に総状花序をなし、色は白〜緑色がかったクリーム色である。

〈栽培〉
本属は熱帯植物で、高温無霜で、通年多湿の気候を必要とする。腐植質に富む、やや酸性の水はけのよい土壌を必要とし、日向または半日陰で育てる。成長が速いので、切り戻して成長を制限し、株姿を整える。実生または半熟枝挿しで殖やす。

Myriocarpa longipes

☀ ✿ ↔60〜90cm ↕60〜90cm

中央アメリカ原産の、軟らかい茎を持つ小高木。熱帯林の再生に用いられる。葉は大形、ピンク色の葉脈がある。クリーム〜薄緑色の花が夏に咲く。葉はつぶすと芳香がある。蝶の幼虫の重要な餌になる。

ゾーン：11〜12

MYRIOPHYLLUM
（フサモ属）

英　名：MILFOIL, WATER MILFOIL

本属は45種の落葉または常緑多年草、ときに一年草からなる沈水性または抽水性植物で、アリノトウグサ科に属する。ほとんどが南半球に生育する。細長い茎が広がりながら発根して、水面に立ち上がる。水上につく葉は、輪生または互生、全縁またはやや鋸歯縁。沈水する葉は輪生で、細かく切れ込む。短い柄または無柄の赤緑色の小花を茎頂につけ、萼片は4枚か、または全くない。花弁は2枚または4枚、あるいは全くない。雄ずいは4個または8個。

〈栽培〉
澄んだ流れの緩やかな水中の、水面ぎりぎりに植える。茎の挿し木、または春と夏に株分けで殖やす。

Myriophyllum aquaticum
異　名：*Myriophyllum proserpinacoides*
一般名：オオフサモ
英　名：DIAMOND MILFOIL, PARROT FEATHER

☀ ♨ ↔1.5〜4.5m ↕0.9〜1.8m

落葉または常緑多年草で、部分的または完全に沈水する。南アメリカ、オーストラリア、ニュージーランドおよびジャワ島に原生する。帰化しやすい。明黄緑色または青緑色、裂のある葉が輪生する。秋に赤みがかる。

ゾーン：9〜11

Myrtus communis 'キトリフォリウム'

Myrtus communis

Myrtillocactus cochal

MYRRHIS
（ミッリス属）

英　名：SWEET CICELY

ヨーロッパ原産の芳香のある多年草で1種があり、セリ科に属する。繊細な、シダに似た明緑色の葉が春から秋にかけてつき、純白の平らな花序が夏につく。甘い香りのする葉と草姿の美しさで栽培される。

〈栽培〉
開けた日向に植える。実生で殖やす。大量の種子を自己播種し、雑草化する。

Myrrhis odorata
英　名：GARDEN MYRRH, SWEET CICELY

☀ ❄ ↔1.2〜1.5m ↕1.5〜2m

ヨーロッパ原産の多年生草本で、群生す。シダに似た長さ45cmの薄い葉が空洞の茎につき、アニスの実に似た香りがする。夏に、白色の小花が平たい花序につく。種子はうねがあり、暗茶色。

ゾーン：5〜10

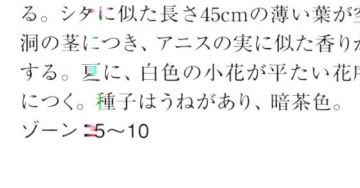
Myrtus communis var. *italica*

MYRTILLOCACTUS
（ミリティロカクトゥス属）

グアテマラおよびメキシコ原産の高木状になるサボテン科のサボテンで、4種ある。分岐の多いサボテンで、自生地ではほかの植物の上にそびえるように伸びる。属名は、ギリシャ語でマートルを意味する*myrtus*から来ており、マートルに似た果実をつけることを指す。鐘形の小花がつき、サボテンには珍しく1個の刺座から最高9個の花が出る。裂開果または果実は小形、球形で、食用になり、生食用または乾燥果実として中央アメリカで広く用いられる。

〈栽培〉
肥沃な水はけのよい土壌で容易に育つ。実生または1〜2週間乾燥させた挿し木で殖やす。冬は休眠させる。

Myrtillocactus cochal

☀ ♨ ↔3〜4.5m ↕4.5〜5m

メキシコのソノラ砂漠の辺縁に見られるサボテン。分岐が多く、高木状になる。単幹、青緑色の分枝には5〜6個の稜がある。中刺はあるものと、ないものがあり、側刺は黒〜灰色、5〜6本ある。花は薄緑〜白色、春に咲く。果実は赤色、球形で食用になる。

ゾーン：9〜11

Myrtillocactus geometrizans ★
一般名：竜神木（リュウジンボク）
英　名：BILBERRY CACTUS, GARAMBULLA CACTUS, PADRE NUESTRO

☀ ✿ ↔3〜4.5m ↕4.5m

メキシコ原産で、燭台に似た分枝のあるサボテン。太い幹があり、下部に数本の分枝がある。上部の枝は、5〜6個の平滑、丸い稜が結合して棍棒形になる。中刺は1本で、短剣形、黒色。茶〜黒色の側刺が5〜9本ある。春に、緑〜白色の小花がつく。果実はブドウに似ており、紫色、食用になる。

ゾーン：11〜12

Myriocarpa longipes

Myrrhis odorata cultivar

MYRTUS
（ギンバイカ属）

本属は、ギンバイカ科の大属であったが、南半球原産種がラボミルトゥス属、ルナ属、ユニ属などの別属に再分類されて、現在は地中海地方原産の2種のみが残る。常緑の小低木で、暗緑色の単葉が対生につき、白色、芳香のある小花が夏につく。

〈栽培〉
温暖地帯の、適度に肥沃な水はけのよい土壌に植える。ふつう、自然に丸い株姿になるが、晩冬に枝先を軽く剪定すると葉つきがよくなり、株がまとまる。乾燥した寒風の当たらない場所を好む。春から初冬にかけて、半熟枝挿しで殖やせる。

Myrtus communis
一般名：ギンバイカ、マートル
英　名：COMMON MYRTLE, TRUE MYRTLE

☀ ❄ ↔3m ↕3m

地中海地方原産の低木で、トピアリーによく用いられる。葉の表面は暗緑色、裏面は薄緑色で、つぶすと芳香がある。春に、上部葉腋に白色、裏側が帯赤桃色の花が単生し、無数の雄ずいが突き出る。長円形の液果がつく。*M. c.* var. *italica*は、直立する習性がある。*M. c.* 'キトリフォリウム' は、クリーム色の花。'コンパクタ' は矮性品種。'ワリエガタ' は、黄色の外斑のある葉がつく。

ゾーン：8〜11

N

Nageia minor の自生木、ニューカレドニア、マドレーヌ滝

Nageia nagi

NAGEIA
（ナゲイア属）

マキ科の針葉樹属、ナゲイア属は6種から成り、インド、中国、日本の南部、タイ、マレー半島、フィリピン諸島、インドネシア、ニューギニア、および世界中ほぼすべての熱帯雨林に分布する。針葉樹で唯一、葉幅がある槍形で、葉脈が多数ある葉を持つ常緑樹。1つの種を除く、雌雄別々の木に花序をつける。

〈栽培〉
Nageia nagi だけが栽培種。水はけのよい土壌と、乾季には水を必要とする。霜には非常に弱い。種子と挿し穂から繁殖。

Nageia minor
異　名：*Podocarpus minor*、*Retrophyllum minor*
☀ ❄ ↔2m ↕3m
ニューカレドニア原産の低木で成長は遅い。樹皮はきめ粗く、こげ茶～灰色。主だった若枝には小さな針状の葉がつくが、側枝のほうは葉が大きめになる。晩秋に花粉を作る雄花序が、ひとつ、あるいは群生する。
ゾーン：9～11

Nageia nagi
異　名：*Podocarpus nagi*
一般名：ナギ
英　名：NAGI、BROADLEAF PINE
☀ ❄ ↔4.5m ↕21m
日本、中国、台湾に分布。樹皮は滑らかでこげ茶色だが、樹齢とともに灰色になる。ほぼ水平に枝を伸ばす。葉は卵形か、長円形で、光沢のある濃い緑色、葉裏は白っぽく、多くの葉脈が平行に走る。雄花序は単生か群生。雌花序（球果）は単生で、青味を帯びた緑、球形を成し、晩秋に熟す。
ゾーン：8～10

×NAKAMOTOARA
（×ナカモトアラ属）

ラン科のアスコケントルム属、フウラン属、バンダ属の3属間交雑の単茎性種からなる。×アスコケンダ属（アスコケントルム属×バンダ属）と矮小性の日本のフウラン属のかけあわせから大半の交雑種が生まれた。この着生植物は、直立して成長し、革紐状で溝のある葉が左右2列に付く。大きめの株は基部で分岐し、非常に太い紐状の根を多数張る。花序は葉の付け根にあたる茎から出る。ふつう春から夏にかけて開花するが、熱帯地方では大きな株は一年中花をつける。フウラン属の影響で、×ナカモトアラ属は著しく矮小化し、冷涼な条件に耐性のある交雑種となった。

〈栽培〉
この植物はバークを詰めた木製バスケットでの栽培に最適で、湿気を好み、温暖な環境と高い光レベルがあれば、色彩豊かで目立つ花が長く咲く。太い根が鉢やバスケットからはみだしがちだが、この傾向は奨励するべきである。根は空気が妨げられずに循環し、水やりのあとはすみやかに乾くことを必要とするから。株分けで繁殖。

×Nakamotoara Rainbow Gem
一般名：×ナカモトアラ レインボウ ジェム
☀◐ ✱ ↔10～30cm ↕10～30cm
Neofinetia falcata と×アスコケンダ属フランボーとの交雑でできたすばらしい品種。後代では、いくらか色の変異が認められる。'ピンク スター' は濃緑色の革紐状の葉に、鮮やかなピンク色で赤を帯びた花をつける。'ホワイト レディ' は濃緑色の葉に白い花が対照をなす。
ゾーン：11～12

× *Nakamotoara* Rainbow Gem 'Pink Star'

× *Nakamotoara* Rainbow Gem 'White Lady'

Nanodes mathewsii

Nanodes medusae

NANDINA
（ナンテン属）

英　名：HEAVENLY BAMBOO、
SACRED BAMBOO

1属1種の、小型の常緑低木。英名はバンブー（竹）であるが、メギ科に属す。色彩豊かな緑の葉と、秋につける鮮やかな赤い実が魅力で栽培される。ふつうナンテンは雌雄どちらかの単性植物だが、雌雄同花の栽培品種も現在では入手可能。

〈栽培〉
湿って水はけのよい肥えた土壌であれば容易に育つ。日当たりのよいところに植えれば、葉色はさらに濃くなる。最高の実を収穫するには、花粉交雑を確実にするため群生させること。夏に徒長枝を根元まで切りもどしてもよい。種子を発芽させるのはむずかしいので、夏に切った刺し穂から繁殖させる。

Nandina domestica
一般名：ナンテン（南天）
英　名：HEAVENLY BAMBOO
☀ ❄ ↔1.2m ↕2m

インドから日本にかけて分布。杖状の茎が直立する。葉は2回あるいは3回羽状で、柔らかく槍形でピンク色を帯びた赤を呈し、しだいに緑が濃くなり光沢が出る。冬には黄色や赤、紫色を帯びる。夏に、クリーム色の小さな花が咲く。実は赤く目立つ。主な栽培品種は、'フィラメントサ'、細い緑の葉で葉縁が黄色。'ファイアパワー'は矮小種の低木で、黄緑色の葉が冬期にピンクやクリーム色に変わる。'ガルフ ストリーム'は小型で、葉は薄赤から深紅に色づく。'ハーバー ドワーフ'は小型のグラウンドカバーで、温暖で雨の多い地域でははびこりがちである。'ナナ'（syn.'ピグミー'）、丸みを帯びた矮性の低木で、葉は一年中、紫、深紅、オレンジ、鮮紅色を呈し、冬にはさらに濃くなる。'ナナ プルプレア'、他の種に比べて葉が短く、秋には葉色が目を引く'リッチモンド'、花粉交雑に別の木を必要とすることなく鮮やかな赤い実をたわわに実らせる。'ウッズ ドワーフ'、成長しても低い。冬季に赤い葉。
ゾーン：7〜10

NANODES
（ナノデス属）

明らかな複茎性を呈する3つの種からなる小さな属（以前は多様なラン科のエピデンドルム属に含まれていた）。ラン科で、中央アメリカと南アメリカ原産。多肉質の葉は左右2列につき、長持ちする光沢のある花はたいていひとつだが、稀に2つのこともあり、その年伸びた茎につく仏炎苞から出る。

〈栽培〉
このランの栽培は人気がある。だが、それぞれの種によって栽培の必要条件がまったく異なる。共通して必要なのは、湿気と空気の循環が十分なこと。株分けで繁殖。

Nanodes mathewsii
異　名：*Epidendrum porpax*、*Neolehmannia porpax*
☀/☀ ✤ ↔10〜60cm
↕3.5〜10cm

メキシコからペルーにかけて分布。非常に盛んに栽培されている種。丈夫で、匍匐性で、枝分かれし、2、3の色彩型がある。艶やかな紫の唇弁を持ち緑の甲虫に似た花をつける。花弁および萼片が紫と緑の品種もある。温暖な条件を満たしていれば、浅い皿や、大きなコルクや木生シダのヘゴ板の上でよく育つ。
ゾーン：11〜12

Nanodes medusae
☀ ❄ ↔10〜40cm ↕10〜30cm

エクアドル、アンデス山脈の山岳地帯原産の珍しい種。茎は株立ちし、基部がねじれた、多肉質で青みをおびた緑の葉をつける。大きく蝋質で、緑〜えび茶色の花には縁に深裂の入った唇弁があり、春に咲く。冷涼で、日陰の、湿気のある環境を好むので、ミズゴケの入った鉢やバスケットに植える。
ゾーン：8〜11

Nandina domestica 'Woods Dwarf'

Nandina domestica 'Gulf Stream'

Nandina domestica 'Nana Purpurea'

Nandina domestica 'Harbor Dwarf'

Nandina domestica

NARCISSUS
(スイセン属)

英　名：DAFFODIL, JONQUIL

ヒガンバナ科スイセン属には約50の種があるが、そのほとんどはヨーロッパと北アメリカ～日本とオーストラリアに自生する、春咲きの球根植物である。葉はイネ科植物状～革紐状まで。花はふつう杯形、あるいはラッパ形をした特徴的な副花冠を備え、その後ろに6枚の花弁がつく。園芸品種は豊富で、さまざまな色や花の型があり、花の形状に従い分類される。スイセン交雑品種の項目で挙げるように12群に分かれる。10群に属する野生種は、最初に別の項目を立て挙げておいた。属名はギリシア神話に因む。若きナルキッソスがエコーの愛をはねつけたとき、エコーは女神アフロディーテに復讐を請い、アフロディーテはナルキッソスが池に映った自分の姿に恋をするようにしむけた。の姿から離れることができなくなったナルキッソスはやがて衰弱し、花に姿を変えた。

〈栽培〉
スイセンはおおむね耐寒性、適応性に富み、ボーダー花壇でも、鉢栽培でも、芝生に植えても育つ。成長期には日なた／半日陰を好むので、落葉樹の下などが適する。水はけが大事。葉が枯れるまでは水やりをじゅうぶんにする。繁殖は、定着し株立ちしたものを分ける。

Narcissus bulbocodium
英　名：HOOP-PETTICOAT, DAFFODIL
☀ ❄ ↔30cm ↕10～15cm

フランス、ポルトガル、スペインに分布。細い緑の葉は、他のスイセン属よりも丸みを帯びる。ラッパ形に広がった副花冠は鮮やかな黄色～柔らかいレモン色、花弁も同色だが細く、ごく小さい。早春に咲く。N. b. var. conspicuusは、濃い黄色い大輪の花をつける品種。10群。ゾーン：6～10

Narcissus cyclamineus
☀/◐ ❄ ↔30cm ↕15～20cm

ポルトガル北東部からスペインにかけて分布。華奢な小型種は、交雑によく使われるが、野生状態では絶滅が危ぶまれている。葉は深緑色で革紐状。鮮やかな黄色の花には、長い細いラッパ状副花冠があり、花弁がすぐ後ろに反り返る。早春に開花。10群。ゾーン：6～9

Narcissus jonquilla
一般名：キズイセン
英　名：JONQUIL
☀/◐ ❄ ↔20cm ↕45cm

ポルトガル、スペインの原生種。幅の狭い葉がひとつの球根から2～4本出る。細い花柄、小さな鮮やかな黄色の花はたいてい花径が3cm以内で、小さなカップ状の副花冠がある。強い芳香を持つことが多い。早春に開花。切り花は長く持つ。10群。ゾーン：4～9

Narcissus bulbocodium var. *conspicuus*　　*Narcissus obesus*

Narcissus bulbocodium

Narcissus tazetta

Narcissus minor
☀/◐ ❄ ↔10cm ↕20cm

フランスとスペイン北部原生。丈が低く、直立し、葉色は灰緑～青緑で、しばしば溝が目立つ。1つの球根につき3、4枚の葉。細い花軸に、直径40mmまでの大きな杯状の鮮やかな黄色の花をひとつ、早春につける。副花冠はたいてい縁がフリル状。10群。ゾーン：4～9。

Narcissus obesus
異　名：Narcissus bulbocodium subsp. obesus
☀ ❄ ↔30cm ↕18～20cm

ポルトガル原生のフープペティコート型（一重で大きく広がった副花冠を持つ型）のスイセン。葉は地面にほとんど貼りつく。早春に、長さ2.5cmまでの大きな黄色のラッパ状副花冠をつける。10群。ゾーン：6～10

Narcissus × odorus
ナルキッスス×オドルス
☀ ❄ ↔30cm ↕35～40cm

南ヨーロッパ原生種。キズイセンとラッパズイセンとの自然交雑品種で、芳香があり、明緑色のアーチ形の葉を持つ。早春、1つの茎に1～2の鮮やかな黄色の花をつける。ラッパ状副花冠は短く、花弁が広がっている。'ログロスス'はより頑健で、茎に4つまで花がつく。10群。ゾーン：6～9

Narcissus poeticus
一般名：クチベニスイセン
英　名：PHEASANT'S EYE NARCISSUS, POET'S NARSSISUS
☀ ❄ ↔30cm ↕30～50cm

イタリア、フランス、スイスに原生。直立して伸びる緑の葉は、白い粉を多少ふく。花の直径は7cmほど。単性で、白い平たい花弁、小さなカップ状の副花冠は黄色で縁が赤く、中央は緑色。春遅くに咲く。10群。ゾーン：4～9

Narcissus × odorus 'Rugulosus'

Narcissus pseudonarcissus
一般名：ラッパズイセン
英　名：LENT LILY, WILD DAFFODIL
☀ ❄ ↔30cm ↕20～35cm

ヨーロッパ原生の普及種で、ワーズワースが詠ったスイセンでもある。葉は細く、緑色で直立して伸びる。下を向く黄色い花は径7cm、細いラッパ状副花冠で、花弁がねじれる。早春に開花。10群。ゾーン：4～10

Narcissus rupicola
☀ ❄ ↔30cm ↕12～15cm

スペイン、ポルトガル原生の優美な小型スイセン。灰緑色の葉は直立する。芳香の強い黄色い花は直径3cmほど、副花冠に浅い欠刻が入る。花は単性で早春に咲く。10群。ゾーン：6～9

Narcissus tazetta
一般名：フサザキスイセン
英　名：BUNCH-FLOWERED NARCISSUS, JONQUIL, POLYANTHUS NARCISSUS
☀ ❄ ↔30cm ↕15～50cm

地中海地方に分布、さまざまな種があり、多くの土地に帰化している。真緑色を呈し直立する葉はねじれる。甘い香りの花は直径4cmほど、白い花弁と、浅い黄色いカップ状の副花冠があり、冬の終わりに房なりに咲く。N. t. subsp. lacticolor (syn. N. canaliculatus)は、出生不明の矮小種、花弁は白く、副花冠はオレンジ色。スイセン属の中でおそらく最も早くから知られていた種で、多くの栽培品種の親である。10群。ゾーン：7～10

Narcissus triandrus
英　名：ANGEL'S TEARS
☀/◐ ❄ ↔30cm ↕12～25cm

スペイン、ポルトガル原生の優美で小さな種。葉は緑で、革紐状、しばしば葉先がカールする。クリーム色の花は直径6cm、開いたカップ状の副花冠とそり返った花弁を持ち、早春に開花。10群。ゾーン：4～9

Narcissus Hybrid Cultivars
（スイセン交雑品種）

スイセンは交雑が容易で、植物品種改良家に人気がある。広く使われている王立園芸協会の分類システムは、数多い栽培品種や交雑種を、花の型や出生をもとに12群に分けている。

1群：ラッパ咲き（トランペット）

☼/☽ ❄ ↔30cm ↕30〜40cm

大杯の花が茎にひとつずつ咲く。副花冠（カップ）が、少なくとも花被片（花弁）の長さと同じでなくてはならない。1群に含まれる交雑種。'**アトラクション**'、クリームがかった白の花被片に鮮やかな黄色の副花冠。'**シクロープ**'、鮮やかな黄色の花で副花冠が幅広い。'**ダッチ マスター**'、全体が明るい黄色。'**ゴールド メダル**'、鮮やかな黄色の花、花期が遅い。'**ハニーバード**'、緑を帯びた黄色の花被片に白色〜クリーム色の副花冠。'**キング アルフレッド**'、このグループの典型、明るい山吹色の花。'**ラスベガス**'、薄いクリーム色の花被片に鮮やかな黄色の副花冠。'**マウント フッド**'、白色〜クリーム色の花で、草丈が高い。'**スペルバインダー**' ★、花は優しい黄色〜鮮やかな黄色、中心は色が薄い。'**スタンダード バリュー**'、優しい山吹色の花で、短い茎の先につく。'**アンサ**

スイセン、HC、1群：ラッパ咲き、'キング アルフレッド'、アメリカ合衆国、ワシントンD.C.、マウントバーノン

Narcissus, HC, 1. Trumpet, 'King Alfred'

Narcissus, HC, 1. Trumpet, 'Attraction'

Narcissus, HC, 1. Trumpet, 'Dutch Master'

Narcissus, HC, 1. Trumpet, 'Gold Medal'

Narcissus, HC, 1. Trumpet, 'Honeybird'

Narcissus, HC, 1. Trumpet, 'Spellbinder'

Narcissus, Hybrid Cultivar, 1. Trumpet, 'Standard Value'

Narcissus, HC, 1. Trumpet, 'W. P. Milner'

Narcissus, Hybrid Cultivar, 2. Large-Cupped, 'Fortune's Bowl'

ーパサブル'、濃い山吹色の花、草丈高く、非常に開花が早い。'W. P. ミルナー'、上品な品種で、開花時にはレモンイエローの花が、しだいに白くなる。ゾーン：5～10

2群：大杯咲き（ラージカップ）
☼/◐ ❄ ↔30cm ↕30～35cm
2群のスイセンはラッパ咲きと同じく1茎1花だが、副花冠がより小さく、花被片の長さの3分の1から同長までとなる。2群で人気のある品種。'アバロン'、花被片は白く、副花冠はもっと濃い色。'アンバーゲイド'は濃い黄色の花被片に、オレンジ色の副花冠。'ベルリン'、黄色の花被片、黄色い副花冠には鮮やかなオレンジの縁取り、副花冠は波打つ。'ブライミー'、淡い緑がかった黄色の花被片にごく薄い黄色の副花冠。'キャメロッド'★、すべて黄色。'セイロン'、黄色い花被片にオレンジ色の副花冠。'チリ ベル'、白い花被片に濃いピンクの副花冠。'コキーユ'、アイボリー色の花被片、オレンジがかったピンク色の副花冠は縁になるほど濃い色になる。'フォーチュンズ ボール'、黄色い花被片に、山吹色の副花冠。'フレイグラント ブリーズ'、クリーム色の花被片に黄色い副花冠、芳香性。'ゴールデン オーラ'、鮮やかな黄色の花被片に黄色い副花冠。'アイス フォリーズ'、白い花被片に白っぽい黄色の副花冠。'ジャスト ソウ'、白に近いクリーム色の花被片、ピンクがかった副花冠は縁の色が濃い。'モダン アート'、鮮やかな黄色の花被片に襞の多いオレンジ色の副花冠。'パッショナル'、濃いクリーム色の花被片に、アイボリー色の副花冠。'クエーサー'、縮れた白い花被片に濃い朱色とピンクの副花冠。'レッドヒル'、白い花被片に朱色の副花冠。'セイント パトリックス デイ'、すべて黄色。'サロメ'★、白い花被片に黄色の副花冠。'ウッドランド'、アイボリー色の花被片に、濃いクリーム色にわずかに緑の混じる副花冠。'ザンパッティ'、非常に大きな花で、クリーム色の花被片に黄色とオレンジゴールドの副花冠。ゾーン：5～10

Narcissus, Hybrid Cultivar, 2. Large-Cupped, 'Abalone'

Narcissus, Hybrid Cultivar, 2. Large-Cupped, 'Ambergate'

Narcissus, Hybrid Cultivar, 2. Large-Cupped, 'Berlin'

Narcissus, Hybrid Cultivar, 2. Large-Cupped, 'Blimey'

Narcissus, HC、2群：大杯咲き、'カボション'

Narcissus, HC、2群：大杯咲き、'チャールズ スタート'

Narcissus, Hybrid Cultivar, 2. Large-Cupped, 'Coquille'

Narcissus, Hybrid Cultivar, 2. Large-Cupped, 'Camelot'

Narcissus, Hybrid Cultivar, 2. Large-Cupped, 'Chilli Belle'

スイセン、HC、2群：大杯咲き、'ダンシング パートナー'

スイセン、HC、2群：大杯咲き、'デコイ'

スイセン、HC、2群：大杯咲き、'ディセプション'

スイセン、HC、2群：大杯咲き、'フライング ソーサー'

N., HC, 2. Large-Cupped, 'Fragrant Breeze'

スイセン、HC、2群：大杯咲き、'ゲイリー クラッド'

スイセン、HC、2群：大杯咲き、'ゴールデン オーラ'

スイセン、HC、2群：大杯咲き、'ハロライト'

スイセン、HC、2群：大杯咲き、'ロリータ'

スイセン、HC、2群：大杯咲き、'モダン アート'

スイセン、HC、2群：大杯咲き、'ムーンダ'

スイセン、HC、2群：大杯咲き、'マチルダ'

スイセン、HC、2群：大杯咲き、'ピンク フリルズ'

スイセン、HC、2群：大杯咲き、'クエーサー'

スイセン、HC、2群：大杯咲き、'レインボウ'

スイセン、HC、2群：大杯咲き、'ピナフォール'

スイセン、HC、2群：大杯咲き、'ピンク レース'

スイセン、HC、2群：大杯咲き、'ロージー ワンダー'

スイセン、HC、2群：大杯咲き、'セイント パトリックス デイ'

スイセン、HC、2群：大杯咲き、'ウッドグリーン'

スイセン、HC、2群：大杯咲き、'ワージントン'

Narcissus HC、2群：大杯咲き、'ザンパッティ'

スイセン、HC、2群：大杯咲き、'シナジー'

スイセン、HC、2群：大杯咲き、'サロメ'

スイセン、HC、2群：大杯咲き、'ジャスト ソウ'

スイセン、HC、2群：大杯咲き、'レッドヒル'

スイセン、HC、3群：小杯咲き、'バレット ブラウニング'

スイセン、HC、3群：小杯咲き、'エミネント'

スイセン、HC、3群：小杯咲き、'ラフ アリーマ'

スイセン、HC、3群：小杯咲き、'レッド エンバー'

スイセン、HC、3群：小杯咲き、'ヴァージャー'

スイセン、HC、3群：小杯咲き、'アモール'

スイセン、HC、3群：小杯咲き、'エンタープライズ'

スイセン、HC、3群：小杯咲き、'ジョン ベイン'

スイセン、HC、3群：小杯咲き、'ペリメーター'

3群：小杯咲き(スモールカップ)
☀/◐ ✳ ↔30cm ↕30〜35cm

小杯咲きは、1茎1花で、副花冠の長さが花被片の長さの3分の1に満たないもの。この群に入る交雑品種。'**アモール**'★の花被片は白、副花冠は優しいオレンジ色。'**バレット ブラウニング**'、花被片は白、副花冠はオレンジ色。'**ラフ アリーマ**'、花被片は白、緑がかった黄色の副花冠は縁が濃い色。'**レッド エンバー**'、花被片は濃い黄色、朱色の副花冠。'**ヴァージャー**'、花被片は白、山吹色の副花冠は縁が赤い。
ゾーン：5〜10

4群：八重咲き(ダブル)
☀/◐ ✳ ↔30cm ↕25〜35cm

1茎に複数の花がつくこともある。副花冠か花被片のいずれか、あるいは両方が、八重になる。人気のある八重咲き種を挙げる。'**ブライダル クラウン**'、完全八重の花は、白と薄い黄色。'**カンディーダ**'、完全八重、クリーム色と薄い黄色。'**チアフルネス**'、完全八重、クリームがかった白色、中心部は黄色。'**フラワー ドリフド**'、クリーム色の花被片、朱色と黄色の八重の副花冠。'**ゲイ カイボ**'、完全八重、白い花被片、中心はイエローオレンジ。'**マディソン**'、白い八重の花被片、山吹色の副花冠。'**マンリー**'、完全八重の花は白色と鮮やかな黄色。'**ピンク パラダイス**'、白い花被片、ピンクの八重の副花冠。'**サー ウィンストン チャーチル**'、白い花被片、クリーム色と黄色の八重の副花冠。'**タヒチ**'、八重の花被片、副花冠は黄色とオレンジに分かれる。'**ホワイト ライオン**'、完全八重で薄黄色。'**イエロー チアフルネス**'、黄色い花で、中央の八重の花弁にいくぶんオレンジ色が入る。ゾーン：5〜10

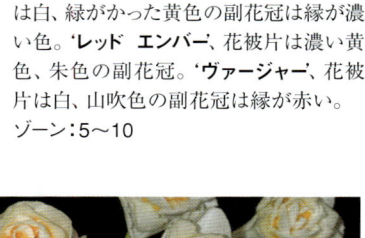

スイセン、HC、4群：八重咲き、'ゲイ カイボ'

スイセン、HC、4群：八重咲き、'チアフルネス'

スイセン、HC、4群：八重咲き、'グァッシュ'

スイセン、HC、4群：八重咲き、'フラワー ドリフト'

スイセン、HC、4群：八重咲き、'カンディーダ'

スイセン、HC、4群：八重咲き、'ゲイ ソング'

スイセン、HC、4群：八重咲き、'デルナッショー'

スイセン、HC、4群：八重咲き、'マンリー'

スイセン、HC、4群：八重咲き、'フェスティブ'

スイセン、HC、4群：八重咲き、'ピンク パラダイス'

スイセン、HC、4群：八重咲き、'サー ウィンストン チャーチル' | スイセン、HC、4群：八重咲き、'シベリアン ピンク' | スイセン、HC、4群：八重咲き、'タヒチ' | スイセン、HC、4群：八重咲き、'ユニーク' | スイセン、HC、4群：八重咲き、'イエロー チアフルネス'

スイセン、HC、4群：八重咲き、'ポルカ' | スイセン、HC、4群：八重咲き、'ホワイト ライオン' | スイセン、HC、4群：八重咲き、'テキサス'

5群：トリアンドルス
☼/☽ ❄ ↔20cm ↕15～25cm
このグループは*N. triandrus*の形質を受け継いでいることがはっきりわかる。たいてい1茎に2、3の花を下垂してつける。花被片部分はそり返る。'**ハウエラ**'、5つまでの薄い黄色の花が下垂する。'**ラップウィング**'、白い花被片に黄色い副花冠。'**タリア**'★、花全体が白～クリーム色。
ゾーン：5～10

6群：キクラミネウス
☼/☽ ❄ ↔20cm ↕20～30cm
*N. Cyclamineus*を親にもつ交雑種で、ふつう1茎1花、花被片部分が大きくそり返り、ほとんど茎につきそうなことも多い。人気交雑種には、'**ダブ ウィングス**'、優しい黄色の花被片に、濃い黄色の副花冠。'**フェブラリー ゴールド**'、すべて黄色。'**ジャック スナイプ**'、クリーム色の花被片、黄色い副花冠。'**ジェットファイア**'、山吹色の花被片、オレンジ色の副花冠。
ゾーン：5～10

スイセン、HC、5群：トリアンドルス、'ハウエラ'

スイセン、HC、5群：トリアンドルス、'ラップウィング' | スイセン、HC、5群：トリアンドルス、'タリア' | スイセン、HC、5群：トリアンドルス、'ホワイト マーブル'

スイセン、HC、6群：キクラミネウス、'フェブラリー ゴールド' | スイセン、HC、6群：キクラミネウス、'ジャック スナイプ'

スイセン、HC、7群：キズイセン、'ベル ソング'

スイセン、HC、7群：キズイセン、'クエイル'

スイセン、HC、7群：キズイセン、'トレヴィシアン'

スイセン、HC、7群：キズイセン、'イントリーグ'

7群：キズイセン
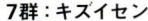 ↔30cm ↕30～45cm
このグループは、小さくて香りのよい花が1～3、時にはそれ以上茎頂につく点、花被片部分が星状に並ぶ点など*N. Jonquilla*の形質が明らかに出ている。人気のある交雑種には、'**ベル ソング**'、花被片はクリーム色～薄黄色、副花冠はピンク。'**クエイル**'、すべて濃い山吹色。'**スージー**'、黄色い花被片で副花冠はオレンジ色。'**トレヴィシアン**'、濃い黄色の花被片で副花冠はさらに濃い色。
ゾーン：5～10

スイセン、HC、8群：房咲き、'チニータ'

スイセン、HC、8群：房咲き、'ファルコネット'

スイセン、HC、8群：房咲き、'ゼラニウム'

スイセン、HC、8群：房咲き、'ゴールデン ドーン'

スイセン、HC、8群：房咲き、'ジョーナ メルヴェイユ'

スイセン、HC、8群：房咲き、'ローランス コステル'

8群：房咲き
↔45cm ↕30～45cm
3～20の小さくて、しばしば芳香の強い花が頑丈な茎頂に群がって咲く、*N. tazetta*の交雑種。香りの花束やコサージュ用に人気がある。中でも人気の品種は、'**アバランシュ**'、白い花被片、黄色い副花冠。'**ゼラニウム**'、白い花被片、オレンジがかった山吹色の副花冠。'**ゴールデン ドーン**'、黄色い花被片に山吹色の副花冠：'**ミーノウ**'、優しい黄色の花被片、副花冠は色が濃い。'**ジバ**'、白い花被片にクリーム色～薄黄色の副花冠。
ゾーン：5～10

スイセン、HC、8群：房咲き、'ミーノウ'

スイセン、HC、8群：房咲き、'シルバー チャイムズ'

スイセン、HC、8群：房咲き、'ジバ'

9群：口紅咲き
↔25cm ↕30～45cm
*N. poeticus*のグループに属する交雑種。特徴としては、たいてい1茎1花で、縁が赤い小さな円盤状の副花冠がある。口紅咲き種には次のものが含まれる。'**アクタエア**'★、平たい白い花弁、小さな杯状の副花冠（ラッパ）は、鮮やかな黄色で縁が赤い。'**カンタービレ**'、白い花被片、黄緑色の副花冠は縁が赤い。'**フィーリンドル**'、白い花被片、黄色い副花冠は縁が赤で中央が緑色。
ゾーン：5～10

スイセン、HC、9群：口紅咲き、'カンタービレ'

スイセン、HC、8群：房咲き、'アスパシア'

スイセン、HC、9群：口紅咲き、'アクタエア'

スイセン、HC、9群：口紅咲き、'フィーリンドル'

スイセン、HC、11群：
スプリットコロナ、'アルティコル'

スイセン、HC、11群：スプリットコロナ、
'チェンジング カラーズ'

スイセン、HC、11群：
スプリットコロナ、'エガール'

スイセン、HC、11群：
スプリットコロナ、'モンドラゴン'

スイセン、HC、11群：
スプリットコロナ、'パルマレス'

スイセン、HC、11群：
スプリットコロナ、'ロサド'

スイセン、HC、11群：
スプリットコロナ、'サヴァラン'

スイセン、HC、11群：
スプリットコロナ、'トリルーン'

スイセン、HC、11群：
スプリットコロナ、'ヴァルドローム'

スイセン、HC、11群：
スプリットコロナ、'ソルベ'

10群：野生種
個々の種の項目を参照。

11群：スプリットコロナ
☼/☽ ✽ ↔30cm ↕30〜35cm
副花冠部分が癒合している多くのスイセンと違い、スプリットコロナ（裂けた副花冠という意味）の品種は、ふつう副花冠の長さの半分以上が裂けている。このグループで人気のあるスイセンは、'**アルティコル**'、白い花被片に、薄いくすんだピンク色の八重の副花冠。'**エガール**' 白い花被片に優しい黄色の副花冠。'**パルマレス**'、クリーム色の花冠に、薄いピンクの副花冠。'**サヴァラン**'、白い花被片に濃い山吹色〜オレンジ色の副花冠。
ゾーン：5〜10

12群：その他
☼/☽ ✽ ↔15〜30cm ↕15〜40cm
12群には他のどの区分にあてはまらないスイセンの栽培品種が入る。たとえば'**ジャンブリー**'は、1茎に花が3つまでつく。花は鮮やかな黄色。
ゾーン：5〜10

NASSELLA
（ナッセラ属）
イネ科の本属には100以上の種があり、ほとんどが多年生だが、まれに一年生のこ

ともある。南北アメリカに分布し、叢生するイネ科植物。小さな茂みをつくり、葉は革紐状だが、非常に細く長いので、多くの種が一般にニードルグラスと呼ばれる。花柄は、分岐の有無にかかわらず、小さくて細い剣の形の膜質苞が円錐花序の下に持つ。円錐花序は多くの小穂から成り、小穂それぞれにひとつの小花がつく。

〈栽培〉
日なたで、排水が最良の土壌を好む。多くの種が本来の生息地圏外でひどくはびこるようになったことを考えると、植えるときには注意が必要である。種子から繁殖させる。

Nassella cernua
異　名：*Stipa cernua*
英　名：NODDING NEEDLEGRASS
☼ ♦ ↔15〜25cm ↕30〜100cm
アメリカ合衆国、カリフォルニア州〜メキシコ北西部に分布する多年生植物。葉は硬く、滑らかで、細長く、革紐状。春〜初夏に、5節以上の花柄がつき、しばしば上方の節から分岐する。苞葉が円錐花序を包む。ゾーン：9〜11

Nassella tenuissima
英　名：FINE-LEAFED NASSELLA
☼ ♦ ↔15〜25cm ↕50〜60cm
アメリカ合衆国南部とメキシコ北部に分布する多年生植物。葉は幅狭で、丸まっており、硬い。花柄の下の節から下は有毛。春〜初夏、乾燥した苞葉と小花からなる円錐花序をつける。
ゾーン：9〜11

Nassella trichotoma
英　名：SERRATED TUSSOCK
☼ ♦ ↔15〜25cm ↕30〜60cm
南アメリカ原生の多年生植物。葉は硬く、細く、ざらざらしていて、丸まっており、革紐状。花柄には2〜4の有毛の節がある。春に、剣形の苞葉がまばらな小花の円錐花序の下につく。オーストラリアとニュージーランド、アメリカ合衆国の一部で有害な雑草とされている。
ゾーン：9〜11

Nassella trichotoma

Nassella tenuissima

Neillia thibetica

Nectaroscordum siculum subsp. bulgaricum

Nectaroscordum siculum

Navia arida
☀ ⚘ ↔30cm ↕5cm
コロンビア原生種。平たい星形の植物。緑の細長い三角形の葉は端に刺がある。開花時に、中心部の葉は黄色や赤に変わる。花序は丸く、ロゼット葉の中央に隠れ、おもに黄色で花弁の先が赤い。夏に開花。
ゾーン：11〜12

NAVIA
（ナヴィア属）
ベネズエラおよびその近隣諸国で、ギヤナ高地のテプイ（テーブルマウンテンのこと）の頂に自生。鮮やかな色をした70以上の種を抱えるナヴィア属はパイナップル科に属す。小型〜中型で、ふつう地面にはりつき、細い革帯状の葉が開いたロゼットを形成する。花序はふつうロゼット葉の中心に位置し、開花時に葉は色を変える。花弁は黄色〜白色。
〈栽培〉
栽培はむずかしいが、標高の低いところに自生する種では、うまく順応するものもあり、連続して種子から栽培することで広い範囲の気候条件に適応するようになる。パイナップル科の植物は、冷涼〜温帯の地域では屋内、温室内、コンサバトリー内のいずれかで、熱帯地方では直射日光や大雨を避け屋外で育てるのがよい。寄せ植えにする時は水やりは渇き気味に。過度の肥料は必要ない。種子とオフセット（吸芽）から繁殖させる。

NECTAROSCORDUM
（ネクタロスコルドゥム属）
ユリ科、南ヨーロッパ、西アジア、イランに原生。球根を形成する多年生植物3種からなる。ユリ科に入ったので、観賞用のオニオンと共通の名前を持つことになった。つぶすと紛うことのないニンニク臭がする。線形の葉には深い溝が走り、基部を葉鞘が包む。晩春〜初夏につける花は、その微妙な色あいと慎ましやかに頭を下げたようすで目を楽しませる。
〈栽培〉
水はけのよい軽い土壌で、日なたか半日陰で育てること。繁殖は種子から。

Nectaroscordum siculum
一般名：アリウムシクルム
☀/☀ ❄ ↔10cm ↕100cm
フランスやイタリアの石灰質の地方に自生する。少しひょろ長い姿形になる。基部から出る線形の葉は、中央脈が飛び出し深いV字形になる。ゆったりと飛び散るような散形花序をなす花は鐘形で、クリーム色がかった緑色で、付け根が赤紫に染まる。莢は装飾的で直立する。順応性があり広がるので、条件によっては侵略種となる。
N. s. subsp. *bulgaricum*はオフホワイトの花で、緑がかった紫の色を帯びる。
ゾーン：5〜9

NEILLIA
（ネイリア属）
バラ科に属し、シモツケ属と近縁な落葉性低木10種からなる。アジアで、東ヒマラヤからマレー山脈の西側にかけて分布。アーチ状の低木で、葉脈が目立つ葉は3裂片に分かれ、秋には黄色に色づく。冬には、ジグザグ模様の小枝が作る魅力的な姿が露わになる。小さい鐘形の花からなる円錐花序、または総状花序を、春か夏につける。
〈栽培〉
広く栽培されてはいないが、この低木は土が乾ききらなければ、日なたでも部分的な日陰でも栽培は容易。花後、古い茎を地表面まで切り戻し、新たな成長とアーチ形の維持に努める。繁殖は種子から、夏には挿し木で、秋に取った吸枝からも殖やせる。

Neillia sinensis ★
☀ ❄ ↔2m ↕3m
中国の中央部に自生。落葉低木で、まっすぐ上に伸びる。小さい分枝は滑らかで茶色、樹皮は剥離する。葉には浅い欠刻が入り、鋸歯縁。若葉は紫がかったブロンズ色。白色〜薄いピンク色の鐘形の花は、茎頂に短い総状花序を作り、春〜夏に開花。
ゾーン：6〜10

Neillia thibetica
異　名：*Neillia longiracemosa*
☀ ❄ ↔1.8m ↕1.8m
中国西部に自生。直立性の落葉低木。小さい分枝は細かい綿毛に覆われる。鋸歯縁の葉は葉脈が目立ち、葉裏は綿毛に覆われる。15cmほどの長さのほっそりした総状花序に薄いピンクの鐘形の花をほぼ夏の間中咲かせる。
ゾーン：6〜10

NELUMBO
（ハス属）
スイレン科、水生の多年生植物2種からなる。北アメリカ東部に自生する種と、アジア一帯とオーストラリアで見られる種がある。長い柄を持ち傘に似た丸い葉は、たいてい水上に出る。芳香のある目立つ花も長い柄を持ち、90cmを超える高さになることも多く、ピンクや黄色や白のさまざまな色合いを呈する。花後に装飾的な果序ができる。柄も根茎も種子も食用になる。種子は数百年にわたり生きられる。
〈栽培〉
暖かい亜熱帯の気候では、戸外の池で育つ。冷涼〜温帯の地域では、浅い水中か桶に植える。根茎をバスケットか、重い、養分の多い土壌に植える。根茎を分けるか、種子から繁殖させる。

Nelumbo lutea
異　名：*Nelumbium luteum*
一般名：キバナハス
英　名：AMERICAN LOTUS, WATER CHINQUAPIN, YANQUAPIN
☀ ❄ ↔2m ↕2m
北アメリカ東部に自生。丸い青みがかった緑の葉は直径60cmになる。白っぽい黄色の花は幅25cmになり、夏に咲く。てっぺんが平らな果序は小さな穴が開いており、シャワーヘッドそっくりである。
ゾーン：4〜9

Neillia sinensis

Nelumbo nucifera 'Sharon'

Nelumbo nucifera 'Carolina Queen'

Nelumbo nucifera

Nelumbo nucifera 'Momo Botan'

Nelumbo nucifera 'Mrs Perry D. Slocum'

Nelumbo nucifera
一般名：ハス
異　名：*Nelumbium nelumbo*
英　名：SACRED LOTUS
☼ ↔2m ↕2m
イラン～日本、およびオーストラリアに分布。刺だらけの茎につく青みがかった緑の葉は縁が波打つ。夏季に咲くピンク、あるいは白の花は芳香が強く、径30cmにもなる。てっぺんが平たい果序をつける。'**キャロライナ クイーン**'、大きなピンク色の花は根元が白い。'**モモボタン**'、濃いピンク～ばら色がかった赤色の花をつける小型種。'**ミセス スローカム**'、濃いピンク色の花は次第にクリームイエローに変わる。'**シャロン**'、大きな八重の花はピンク～赤色。'**スペシオスム**'、薄ピンク色の花をつける。
ゾーン：9～12

NEMATANTHUS
（ネマタントゥス属）
着生性でつる性、または這い性の亜低木約30種ほどからなる。イワタバコ科。茎はしばしば木質化し、節から根を出す。葉は対生で、先の尖った卵形、葉裏が紫色を帯びることもある。筒形の花が房状に固まり1～8輪咲くが、袋状に閉じていることもある。花色は黄色、オレンジ色、紫色で、しばしば裂片に他の色が混じる。
〈栽培〉
温帯地域では、明るい遮光した光の中で、水はけのよい鉢用混合土に植え、屋内で育てる。成長期には水と肥料を定期的に与え、用土にじゅうぶんな湿り気を保つこと。熱帯地方では、風雨にさらされない半日陰の場所に直植えする。繁殖は、葉挿しと播種、株分けから。

Nematanthus gregarius
一般名：ヒポシルタ
☼ ꝏ ↔45～80cm ↕45～80cm
南アメリカの東部に自生する下垂型で半よじ登り性の亜低木。葉は、小さく、艶があり、いくぶん肉厚。袋状の花は、直径25mm、鮮やかなオレンジ色で、裂片に紫がかった筋が入る。
ゾーン：11～12

NEMESIA
（ネメシア属）
南アフリカ特有の属で、ゴマノハグサ科。65種ほどの一年生、多年生植物、亜低木からなる。線形、あるいは槍形の葉は鋸歯縁で、こんもりとドーム状に茂る。短い茎に群生する花は、しばしば対照的な色あいの下裂片が目立つ。一年生のものは、主に*N. strumosa*と*N. versicolor*から派生し、鮮やかな色が多数揃うので、短期の花壇用植物として人気がある。多年生のものに、それほど色彩豊かではないが、穏やかな香りがするものも多く、ボーダー花壇や、ロックガーデン、鉢に最適である。
〈栽培〉
日当たりのよい場所で、軽くて水はけのよい用土を用い、水分を切らさずに育てる。コンパクトに保つには切り戻しが必要。花を絶やさないためには、一年生の種子を間断なく蒔く。多年生のものは、軽い霜にも耐え、花のついていない茎を挿すと育つ。晩秋か晩春に種子から繁殖させる。

Nemesia caerulea
一般名：宿根ネメシア
☼/☼ ❋ ↔40～60cm ↕40～60cm
南アフリカ原生で基部が木質化する多年生植物。鮮やかな緑色で、細い槍形の葉は細かい鋸歯縁のことが多い。夏に咲く、ピンク～薄紫色の小さな花の花頂中心部は黄色い。'**ハバード**'、スミレ色の花で中央に黄色い目。
ゾーン：8～10

Nemesia denticulata
一般名：ウンランモドキ
☼/☼ ❋ ↔40～50cm ↕20～30cm
南アフリカ種。多年生植物で、茎はかなりもろく、明るい緑の葉がこんもりとドーム状に茂る。晩春から夏にかけて香りのよい藤色～くすんだピンクの色合いの花を咲かせる。'**コンフェッティ**'、濃いバラ色の香りのよい花。
ゾーン：8～10

Nemesia strumosa
一般名：ネメシア
☼/☼ ꝏ ↔20～40cm ↕15～50cm
南アフリカ原生の成長の早い、小山状に茂る一年生植物。下のほうの葉は長さ8cmほどになり、鮮やかな緑色を呈し、鋸歯縁である。上のほうの葉は小さめ。夏に多数の小花が集まり頂生する。花色はオレンジ色がかった黄色やアプリコット色など温かみのある色合いが多いが、時には紫色や白色のこともある。'**ブルー ジェム**'高さ20cm、鮮やかな青色の花。'**KLM**'印象的な小型植物で、上花弁がダークブルー、下花弁が白という2色の花をつける。**Sachet Series**（サシェ シリーズ）コンパクトでたわわに花をつけるサシェ シリーズは花色が単色で売られ、しばしば芳香を持つ。
ゾーン：9～11

Nemesia denticulata

Nemesia caerulea Bluebird/'Hubbird'

Nemesia caerulea

Nemesia, Hybrid Cultivar, 'Fleurie Blue'

Nemesia, Hybrid Cultivar, 'Fragrant Cloud'

Nemesia, Hybrid Cultivar, 'Innocence'

ネメシア、HC、マリタナ シリーズ、'マリタナ シュガー ガール'

Nemesia, Hybrid Cultivar, 'Sundrops'

ネメシア、HC、'バニラ サシェ'

Nemesia, Hybrid Cultivar, Sachet Series, 'Blueberry Sachet'

Nemesia　Hybrid Cultivars
一般名：ネメシア交雑品種

☀/☼ ❋ ↔20〜40cm ↕15〜40cm

*N. strumosa*と*N. versicolor*との間の多くの交雑種は、新しい実生の系統で、多様な色の花を早く咲かせる小型の植物を得るために作られた。短命だが、春から晩夏にかけて次々と種子を蒔けばよい。'**フルーリー ブルー**'、低く広がり、鮮やかな青い花をつける。'**フレイグラント クラウド**'、高さ45cmほどになり、芳香のある薄ピンクと白の花をつける。'**イノセンス**'、真っ白い花には小さな黄色い花喉がある。**Maritana Series**（マリタナ シリーズ）は低く広がり、バイカラーのものも含め多様な色彩の花を多くつける。'**サンドロップス**'、コンパクトでこんもりと茂るタイプで、暖かい色合いが数色混じる花をつける。
ゾーン：11〜12

NEMOPHILA
（ルリカラクサ属）

ハゼリソウ科のこの属には一年生植物が11種ある。北アメリカ西部に自生。しなやかな茎に羽状複葉がつき、シダ状の葉をこんもり茂らせる。晩春〜夏、葉腋に単生する、花弁5枚の小花が葉の茂みを覆う。華々しくはないが、上品で、色がおもしろく、青と白のさまざまな色合いと模様の花がつく。名前はギリシア語の *nemos*（林間の空き地）と *phileo*（愛する）に由来し、日陰を好みそうだが、たいていは日なたか半日陰が適する。

〈栽培〉
細いボーダー花壇や、水辺、ハンギングバスケット、ウィンドウボックスにうってつけで、半下垂する習性が有利に働く。湿った、排水のよい土壌が必要。種子から殖やす。発芽後の苗は植え替えを嫌うので、栽培場所に蒔くのが一番よい。

Nemophila maculata
英　名：FIVE SPOT

☀ ❋ ↔30〜50cm ↕20〜30cm

アメリカ合衆国、カリフォルニア州中部に自生する一年生の種。最初は上に伸びるが、それから広がる。柔らかい緑の羽状複葉には7つまでの裂片に分かれる。夏に咲く白い花は、花弁の先端部分に紫の斑点が入る。
ゾーン：7〜11

Nemophila menziesii
一般名：ルリカラクサ
英　名：BABY BLUE-EYES

☀ ❋ ↔30〜50cm ↕10〜15cm

アメリカ合衆国、カリフォルニア州に分布する低く広がる一年生植物。シダ葉状の薄緑色の葉は、11までの裂片に分かれる。中心が白い真っ青な小花（時には白一色のこともある）を多数、夏に咲かせる。*N.m.* subsp. *atromaria*は黒紫の斑点の入った白い花をつける。*N.m.* '**オクラタ**' は中心が黒紫で薄い青色の花。'**ペニーブラック**'、非常に濃い黒紫色の花で、縁が白い。
ゾーン：7〜11

NEOBUXBAUMIA
（ネオブクスバウミア属）

サボテン科で、非常に大きい種8つからなる。メキシコの東部と南部に自生し、アメリカ合衆国、南アリゾナから隣接するメキシコのソノーラまで分布範囲が広がる、よく知られる巨大な弁慶柱*Carnegiea gigantea*と近縁関係にある。ネオブクスバウミア属には分岐しないものもあり、筒状〜高木状を呈し、中には頑丈な幹を形成する種もある。どの種にも多くの稜がある。2、3の種は高さ15mにもなる。刺は硬いことも、しなやかなこともある。花は比較的小さく、鐘形〜じょうご形、色は白色〜ピンク色、外側が小瘤や小さな鱗片に覆われることもあるが、むき出しのことも、剛毛だけのこともある。莢は楕円形で刺で覆われる。

〈栽培〉
肥沃で水はけのよい土壌なら容易に育つ。幼苗の頃は霜をふせぎ、秋の中頃から初春にかけては乾燥を保つ。繁殖は種子、または1、2週間乾かしした切片を挿し木で殖やす。冬期には休眠させる。

Neobuxbaumia polylopha ★
一般名：大鳳竜（ダイホウリュウ）

☀ ✂ ↕50cm ↔12m

メキシコ中央部に自生する。単生で、色は黄緑色〜薄緑、10〜30の細い稜がある。刺は時にはないことも、弾力に富むこともある。色は茶色を帯びる〜黄色で、歳月とともに灰色になる。花はえび茶色で、高さ2mより上から先端までの幹に不規則につき、群生することが多い。花の外側を多くの小瘤や鱗片が覆う。莢は紫色を帯び、鱗片状で、綿毛と剛毛がつく。
ゾーン：10〜12

NEOCALLITROPSIS
（ネオカッリトロプシス属）

ヒノキ科で、1属1種。ニューカレドニア南部で発見された常緑針葉樹1種だけの属。小さな木だが、ナンヨウスギ属に似るが、ヒノキ科なのでたいへんに樹脂が多い。香りのよい木材は、天然の防腐効果を持つが、そのため乱伐され、今では自生木は珍しい。

〈栽培〉
たいていは暖かい亜熱帯気候に分布するが、霜が降りない暖温帯の庭にも育ち、日なたか午前中は日陰の場所で、湿った、腐葉土に富む、水はけのよい土壌を好む。剪定可能で、傷んだ葉を取り除くため時には必要だが、木が完全休眠中、切り口からひどく「樹液が出る」ようなときには剪定に注意が必要。栽培に適するのに、あまり庭で見かけない。繁殖は種子と挿し木から。

Nemophila maculata

Nemophila menziesii 'Pennie Black'

Neofinetia falcata

Neocallitropsis pancheri
☼/☽ ↔3m ↕9m
ニューカレドニア原生種。樹冠が円錐形になり、重い枝には輪生の葉が密に茂る。若い木につく葉は鎌形だが、成木では線形になる。雄性花序も雌性花序も小さく、目立たない。雌性球果の寿命は長い。種子には小さな翼がある。
ゾーン：11〜12

NEOFINETIA
（フウラン属）
ラン科。日本と韓国に自生し、変異性の種がひとつしかない。矮小性で単茎性のフウラン属は、アングレクム属と明らかに近縁である。フウランは、直立して育つ着床植物で、小さく、薄い、革紐状の溝の入った葉を、左右二列につける。株が古くなると基部で分かれることもあり、たいてい非常に太い、紐のような根を多数つける。葉の付け根の茎から花序が出る。
〈栽培〉
フウランは冷涼で湿気の多い条件から中程の成育条件を好む。大きい植物は、コルクのプラークの上でもよく育つ。また素焼き鉢で、水はけのよい砂利やバーク中心の混合土を使った栽培にも適している。繁殖は株分けで。

Neofinetia falcata
一般名：フウラン
☼/☽ ❄ ↔8〜25cm ↕8〜20cm
日本と韓国に自生する変異性の種で、日本では尊い植物とされてきた。夏に、小型の見栄えのしない株に、長さ5cmほどの距を持つ芳香性の白い花が8つほど小さく群がって咲く。斑入りの葉の品種は珍重される。
ゾーン：9〜11

NEOLITSEA
（シロダモ属）
クスノキ科。東アジア、インドネシア、ニューギニア、オーストラリアの熱帯雨林に生える100種からなる。シロダモ属は、高木あるいは低木で、特徴として、葉は単葉、全縁、互生あるいは群生し、2、3の葉脈が浮き出て、微小な油点がある。雌雄の花が別々の木に、葉腋から群生する。花は小さく、どちらかというと見劣りするが、そのあと堅果に似た実をつける。
〈栽培〉
石灰の多い土壌ではうまく育たない。強風の当たらない日当たりのよい場所で、水はけのよい有機分の多い土壌に、実生苗を植えるとよい。この種子は短命なので、繁殖は新しい種子からすること。

Neolitsea sericea ★
一般名：シロダモ
☼ ❄ ↔4.5m ↕6m
韓国、日本、中国、台湾ならどこの樹林地でも見られる常緑樹。葉には芳香があり、形は長楕円、くすんだ緑色を呈し革紐状、3本の主葉脈が走り、葉裏は白味を帯びる。若葉の頃は黄褐色の絹に似た毛が密生する。秋に卵形の赤い果実がなる。
ゾーン：9〜11

Neolitsea sericea

NEOLLOYDIA
（ネオロイディア属）
サボテン科に属し、14の種がある。小型で、単性のサボテンだが、ふつう群生し、アメリカ合衆国のテキサス州、中央メキシコの北部に分布する。茎は短く、円筒形、黄緑色を呈し先端が白い毛で覆われることが多い。稜はあまり発達していないか、欠落する。円錐形の小瘤が目立つ。表面に開いた刺座は凹み、その基部から花が出る。花はじょうご状、真紅色で、外部の切片はむき出し。莢は球形で、緑を帯びた茶色で瑞々しいが、古くなるとかさかさになる。
〈栽培〉
肥えた水はけのよい土壌でよく育つ。繁殖は、播種か株分け、あるいは切ってから1、2週間乾かした後挿し木で。冬には休眠させる。

Neolloydia conoidea
一般名：大輪丸（タイリンマル）
☼ ❄ ↔50〜80cm ↕5〜25cm
アメリカ合衆国テキサス州、および北メキシコのほとんど全域に分布する。南限はケレタロ。茎は黄緑色。刺の形状にさまざまだが、たいていは中刺が1、側刺が15〜16。夏、濃いマゼンタ色の花が咲く。
ゾーン：9〜11

NEOMARICA
（ネオマリカ属）
アヤメ科で、耐寒性がなく、根茎を持つ多年生植物15種からなる。熱帯アメリカや西アフリカが原生地。密生する葉は、まっすぐに伸び、剣状で、しっかりとした葉脈、主脈が走り、全体が扇形に広がる。夏に、高く伸びた茎がアヤメに似た平らな花をつけるが、花期は短い。外側の花弁のほうが大きく、水平に広がる。内側の三枚の花弁は直立し、そり返る。花に芳香のある種もあり、対照的な色で模様が入ることも多い。
〈栽培〉
栽培に適する暖かさであれば、水はけのよい土壌で、日当たりのよい場所に外植えする。温帯地域では、肥沃で水はけのよい混合土で、明るい遮光した光か直射日光を採り入れ、温室で育てる。株分けか播種で殖やす。

Neomarica caerulea
異名：*Marica caerulea*
一般名：カエルレア
☼ ❄ ↔30cm ↕60〜90cm
ブラジル原生の、根茎を持つ多年生植物。葉はミッドグリーンで剣形、まっすぐ伸びる。夏、高い茎につく花は大きさが8〜10cm、外側花弁が薄い青色〜ライラック色、内側花弁は濃い青色で、黄色や白や茶色の脈が走る。花は1日しかもたないが、次々と咲き続ける。
ゾーン：11〜12

Neomarica gracilis
☼ ❄ ↔25cm ↕60cm
メキシコとブラジルに分布する。根茎を持つ多年生植物。花は6cmほどの大きさで、外側花弁が白色、内側花弁は青みを帯び、赤と白の模様が入る。夏咲き。
ゾーン：10〜12

Neomarica caerulea

*Neocallitropsis pancheri*の自生木、ニューカレドニア、マドレーヌ川の滝

NEOREGELIA
（ネオレゲリア属）

パイナップル科、非常に多様な種があり、小型の円筒形の植物から、大型で平たい円形の植物まである。葉はたいてい帯形で、ロゼットを作る。葉色は多彩で、緑色、銀光沢のある緑色、紫色を帯びたり、縞模様が入ったり、斑入りだったり、白やクリーム色や赤の筋が入っていたり、多くの色が混じっていたり、赤く染まることすらある。中央の葉が何枚か赤色や赤味を帯びた青色に染まる種もあれば、白くなる種もある。花茎は短く、丸い花頂につく花数は100個までで、ふつうロゼット葉の中心に位置する。70以上の種があり、3つのグループに分かれる。1番目のグループは東コロンビアとペルーに原生し、育てにくいのであまり栽培されない。2番目のグループは、ブラジル南東部が原生地で、5〜10cmの長い花弁を持つが、自生種が珍しいため普及していない。3番目のグループもブラジル南東部に原生し、普及していて育てるのが容易。熱帯地方から暖温帯ではとりわけ育てやすい。この3番目のグループから、本属に列なる3000近くの交雑種が生まれた。

〈栽培〉
冷温帯では、屋内またはコンサバトリーか温室で育てる。暖温帯、亜熱帯、熱帯では、直射日光や過度の雨を避け、屋外で育てる。鉢の混合土が乾いたら水をやる。葉のロゼットに溜まる水をきれいに保つこと。この植物はあまり肥料を必要としない。繁殖はオフセット（吸芽）から。

Neoregelia ampullacea
☀ ⚘ ↔10cm ↕20cm

ブラジル、リオデジャネイロ市周辺に分布。短いランナーを伸ばし群生する品種がいくつかある。葉は緑〜赤色で、帯状、縁に非常に短い刺があり、さまざまな黒っぽい縞や斑が入る。葉の根元は締まり筒状を作るが、中ほどから外側に広がる。花茎は短い。花頂は丸く、つく花数は10まで、夏咲き。花弁は青。
ゾーン：11〜12

Neoregelia carolinae
☀ ⚘ ↔60cm ↕30cm

ブラジル、リオデジャネイロの原生種。20枚ほどの帯状の緑の葉には、縁に2、3の小さな刺があり、広がるロゼットを作る。花茎は短い。花頂は丸く、つく花は50までで、花期は長い。開花する前に中央部の葉が赤くなる。N. c. f. tricolorは斑入りの品種。
ゾーン：11〜12

Neoregelia concentrica
☀ ⚘ ↔80cm ↕30cm

ブラジル原生種。葉は帯状で、緑に多様な紫の斑や、いびつな縞が入る。葉縁には大きな黒い歯状突起があり、広がるロゼットを形成する。中央部の葉は開花の直前に紫色に変わり、何週間もその色を保つ。花茎は短い。花頂は丸く、花は100まで。夏に咲く。花弁は青みを帯びる。
ゾーン：11〜12

Neoregelia marmorata
☀ ⚘ ↔100cm ↕50cm

ブラジルの原生種。帯状の葉は緑で、多くの紫色を帯びた点や飛沫模様があり、裏は反対の色になる。葉の縁には、中ぐらいの刺があり、開いた扇の形のロゼットを作る。花茎は短い。花頂は丸く、花は40までつく。夏咲き。花弁は白色。
ゾーン：11〜12

Neoregelia olens
ネオレゲリア・オレンス

☀ ⚘ ↔20cm ↕15cm

リオデジャネイロ原生。平たい葉は、先に行くにつれ細くなり鋭く尖る。葉色は緑色〜黄を帯びた緑で、多くの赤い点や飛沫模様が散り、とりわけ先端のほうで顕著である。葉は基部で筒形のロゼットを作るが、すぐに大きく広がる。中央の葉の下方が、開花時に赤く変わる。花茎は短く、花頂は丸く、花数は10ほど。開花は夏。花弁は青みを帯びる。'マリー'と'ヴァルカン'という品種名でも知られている。
ゾーン：11〜12

Neoregelia Hybrid Cultivars
一般名：ネオレゲリア交雑品種

☀ ⚘ ↔10〜100cm ↕15〜50cm

ほとんどが、オーストラリア、ブラジル、アメリカ合衆国で生み出された。どれも、暖かい地域のほうが育てやすい。'アメイジング グレース'、薄い黄緑色のロゼットは直立し、日照が十分なら開花期に株全体が赤く色づく。'バービー ドール'、葉は薄い緑で、先が赤い。'ビーフ ステーキ'、堂々とした、左右対称に重なり合う、葉幅の広いロゼット葉。'ブラッシング ブライド'、開花時に、中央が赤くなる。'ボビー ダズラー'、濃い赤の葉は幅広で、黄緑色の斑点がたくさん入る。'チャーム'、鮮やかなワインレッドの葉には、細かな黄緑色の点が散る。種子から育てた偽物は点が大きい。'チリ ベルデ'、開花時には中央が濃い赤になる。'チリポ'、中心部が濃い赤紫で上塗りされたようになる。'デビー'、花は隠れ気味。内側の葉は最初ほとんど垂直に立つ。'エンプレス'、帯状の葉は緑とピンク。'ファイアーボール'、人目に触れぬように開花する。花弁は青。'ジョージズ プリンス'、薄いライラック色の葉。'ガスパッチョ'、幅広の赤い葉に黄緑色の模様が入る。'グリーン アップル'、アップルグリーンの葉。'ランバーツ プライド'、葉に赤からオレンジレッドの縞。'マノア ビューティ'、葉に黄緑色の独特の斑点が散る。'メダリオン'、内側の葉が密集して鮮やかな赤いトサカを作る。'メイエンドルフィイ'、開花時に中心が赤くなる。'ミッドナイト'、中央の葉は、ほとんど黒に近い濃いバーガンディ色。'オンス オブ パープル'、濁った緑の葉に小さな紫の点が散る。'ペインテッド デザート'、黄緑色の左右対称のロゼット葉で、日照が強いと、成長につれもっと色が増す。'パッション'、きれいな黄緑色の葉に、ライラックピンクの部分が強い対比をなす。'パーフェクション'、イエロークリーム色の葉の中央部はさまざま。'レッド オブ リオ'、赤褐色の葉に小さな緑の模様が不規則に入る。'ロセラ'、開花時に、葉の緑の部分が赤に変わる。'スポッツ アンド ドッツ'、濃い赤の点や斑や波線が入る。'タケムラ グランデ'、緑色を帯びた暗紫色。'ワルカン'、さまざまな紫の斑点と歪んだ筋が入る。
ゾーン：11〜12

Neoregelia, Hybrid Cultivar, 'Manoa Beauty'

Neoregelia, Hybrid Cultivar, 'Midnight'

Neoregelia, HC, 'Painted Desert'

Neoregelia, HC, 'Takemura Grande'

Neoregelia Hybrid Cultivars

Neoregelia, Hybrid Cultivar, 'Empress'

Nepenthes bellii × *ventricosa*

Nepenthes albomarginata 'Penang'

×NEOSTYLIS
（×ネオスティリス属）

ともにラン科に属するフウラン属とリンコスティリス属との人為的、単茎性の交雑種。ブラジル原生の、この着生植物は直立して成長し、帯状で溝のある葉が左右二列に並ぶ。大きめの株は、基部で分岐し、多数の密集した紐状の根を蓄える。花序は、葉の付け根の茎から出る。開花はふつう春と夏だが、熱帯では大きな株は一年中花をつける。フウラン属の影響でかなり小型になり、さらに寒い気候に耐えられるようになった。

〈栽培〉
バークを入れた木のバスケット栽培に最適で、湿気のある中庸から暖かい気候、そして強い光の照度を好み、色彩豊かで目立つ花は長く咲く。太い根が鉢やバスケットからしばしばはみ出すが、この傾向は促すべきである。根は空気の循環が遮られないことを要求し、水遣りのあとですみやかに乾かさなくてはならないから。

× *Neostylis*
一般名：×ネオスティリス ルー スニアリー
☼/◐ ￤ ↔10〜30cm ↕10〜40cm

*Neofinetia falcata*と*Rhynchostylis coelestis*との雑種第一代。葉はミッドグリーンで紐状。花は白色からピンク色、さらに薄い青色までいろいろで、非常に花期が長い。香りがよい。
ゾーン：11〜12

NEPENTHES
（ウツボカズラ属）
英 名：MONKEY CUPS, TROPICAL PITCHER PLANTS

肉食植物の中でも注目すべき属で、オーストラリア、マダガスカル、アジア南東部全域に分布。この属だけでウツボカズラ科を作る。全部で70以上の種があり、高地種と低地種の2グループに大きく分かれる。高地種は海抜1000m以上のところ、夜が涼しく季節の温度変化があまりない場所に分布する。低地種は夜間の気温が15℃を下回らない暖かい気候のところに分布する。ウツボカズラはよじ登り植物で、熱帯雨林のキャノピーの中まで登っていく。ウツボカズラには補虫嚢が2種類ある。下方のは丸い袋状で、上方のはより長く、細くなる。ひとつの株の花は、すべて雌花か、すべて雄花かで、小さく、直立する花茎に何十とつく。餌食は、鮮やかな色と、嚢の縁周囲の甘い花蜜に惹きよせられる。中に入ると、つるつる滑る側面を消化液の中まで落ち、溺れる。ウツボカズラの餌食となるのは、たいてい小さな昆虫だが、小さな鳥やネズミが補虫嚢の中で見つかることさえある。大型種の補虫嚢の場合、料理用に使われることもしばしばである。

〈栽培〉
低地種は、熱帯地方、亜熱帯地方では屋外で育てられる。日中の温度が20〜25℃あれば、夜間の気温が短い期間なら10℃まで下がっても耐えられ種が多い。さらに涼しい地域では、加温した温室やコンサバトリーの中で育てるのがよい。熱帯地方ではバークチップのような隙間の多い用土を用いるが、亜熱帯や温帯で、ピートとスコリアを同量で混ぜた用土を使う。水やりは上からにし、鉢皿から給水させない。ほとんどの種が半日陰と多湿を好む。春と夏には、月に一回、葉面補給で肥料を与える。高地種は夜間の気温が8℃まで下がるのを好む。茎挿しで殖える。ミズゴケに植え、定期的に霧を吹く。

Nepenthes alata
一般名：ヒョウタンウツボカズラ
英 名：WINGED NEPENTHES
☼/◐ ￤ ↔50cm ↕4.5m

フィリピン諸島、マレーシア、スマトラ島に自生、高地にも低地にも分布。茎は平伏することも、よじ登ることもできる。細長い緑の葉は長さ25cmにもなる。円筒形の補虫嚢は、基部が膨れ、日陰では緑色、日なたではピンク色を帯びる。下方の補虫嚢は長さ10cmで、縁毛のある翼が2つある。上方の補虫嚢は25cmになり、2つの翼が目立つ。斑点のある品種もある。
ゾーン：11〜12

Nepenthes albomarginata
ネペンテス・アルボマルギナタ
一般名：MONKEY'S RICE POT
☼/◐ ￤ ↔50cm ↕2m

ボルネオ島、マレーシア、スマトラ島に分布する低地種。細いつると、緑色〜赤色で長さが25cmになる葉を持つ。補虫嚢は緑〜濃い赤色で、縁の下部に白い「カラー（襟）」がある。下方の補虫嚢は円筒形で、基部が広い卵形。上方の補虫嚢は円筒形。'ペナング'にはたいてい赤い斑点が入る。
ゾーン：9〜12

Nepenthes ampullaria
一般名：ツボウツボカズラ
☼/◐ ￤ ↔50cm ↕6m

マレーシアのボルネオ島、ニューギニア、シンガポール、スマトラ島に分布。低地性のつる植物で、つるは木質化し、葉は長さ25cmになる。下方の補虫嚢は地表近く、高さ8cmぐらいのところにつき、2つある翼には縁毛が密生し、蓋の裏に大きな距がある。上方には補虫嚢はめったにつかない。淡水性の蟹、*Geosesarma malayanum*、が時々補虫嚢の中に住む。
ゾーン：11〜12

Nepenthes belli
☼ ￤ ↔25cm ↕3m

小型のつる性の低地種で、フィリピン原生。一番大型になる種の1つ、*N. merrilliana*と一緒に生えているのがしばしば観察されている。細いつる、下方の補虫嚢は8cm×2.5cm、たいてい緑色で蓋と縁が赤く、縁毛がびっしり生える。上方の補虫嚢はめったにつけない。*N. b.* × *ventricosa*の補虫嚢はさらに赤い。
ゾーン：11〜12

Nepenthes burbidgeae
英 名：PAINTED PITCHER PLANT
☼ ￤ ↔40cm ↕12m

ボルネオ原生の高地性、美しいよじ登り性の種。下方の補虫嚢はアイボリーかクリーム色で、バーガンディ色の斑点が入り、縁にバーガンディ色の縞模様がある。上方の補虫嚢はじょうご形で、薄い緑色に紫色からバーガンディ色の斑点が入る。
ゾーン：11〜12

N. ampullaria、野生種、ボルネオ

Nepenthes alata

N. burrbidgeae、野生種、ボルネオ

× *Neostylis* Lou Sneary

*Nepenthes lowii*の野生種、ボルネオ島、キナバル山

Nepenthes densiflora

*Nepenthes edwardsiana*の野生種、ボルネオ島、キナバル山

*Nepenthes gracilis*の野生種、ボルネオ島、サラワク州、バコ国立公園

Nepenthes densiflora
☀ ❄ ↔50cm ↑3m

スマトラ原生の高地性の種。20cm×6cmになる下方の補虫嚢は、明るい赤色、縁毛が少しある翼が2つある。上方の補虫嚢は黄色で、縁は赤と黄色の縞模様である。ゾーン：8～12

Nepenthes edwardsiana
☀/☀ ✝ ↔1.8m ↑3.5m

ボルネオ原生で、高度が中間～高い地域で苔むした森林に育つ、つる植物。補虫嚢は変化に富み、長さ45cm×幅15cmまで、イエローグリーン～赤味がかった茶色。縁は濃い赤で、はっきり畝がつく。ゾーン：11～12

Nepenthes fusca
☀ ✝ ↔35cm ↑10m

ボルネオの高地に自生。低いところにつく円筒形の補虫嚢は長さ15cmまで育ち、縁毛を持つ翼が2つあり、ふつう紫色に緑の斑点が入る。上方の補虫嚢も同じぐらいの大きさだが、じょうご形で、緑色に紫色の斑点がある。ゾーン：11～12

Nepenthes gracilis ★
☀ ✝ ↔40cm ↑2m

マレーシアのボルネオ島、スマトラ島、スラウェシ島原生の、よくある低地種。下方の補虫嚢は高さが5cm、縁毛のある翼が2つ、円筒形だが底のほうが少し太くなる。上方の補虫嚢は高さ15cm。補虫嚢はふつう薄い緑だが、赤い斑点が入ることも、まったく赤になることもある。ゾーン：11～12

Nepenthes gracillima
☀ ✝ ↔50cm ↑5m

マレーシア原生の高地性の種。下方の補虫嚢は円筒形だが、ときどき底から3分の1くらいで膨らむこともある。上方の補虫嚢は長さ22cmまで育つ。補虫嚢の色はふつう緑～黒紫色。ゾーン：11～12

Nepenthes hirsuta
☀ ✝ ↔40cm ↑2m

ボルネオ島の低地に分布する種。下方の補虫嚢は高さ15cmまで育ち、円筒形だが縁に近づくと細くなる。緑色で赤茶色の模様があり、毛で覆われている。上方の補虫嚢は高さ12cmほどになる。ゾーン：11～12

Nepenthes khasiana ★
☀ ❄ ↔50cm ↑90cm

インド、アッサム地方のカーシ丘陵だけで見られるよじ登り性の高地種。補虫嚢は円筒形で、底近くですこしふくらむ。下方の補虫嚢は高さ18cmになり、緑色に赤い模様が入り、縁毛のある翼が2つつく。上方の補虫嚢は高さ20cmまで、翼の代わりにかすかに畝が刻まれる。涼しい日中と夜間の温度に耐性がある。ゾーン：8～12

Nepenthes lowii
一般名：シビンウツボカズラ
☀ ✝ ↔65cm ↑8m

ボルネオ島原生の変わった高地種。下方の補虫嚢は円筒形で、2本の畝が目立つ。上方の補虫嚢は腰がくびれ内側が濃い赤色、外側が緑から赤色。蓋は直立し、内側を剛毛が覆う。ゾーン：11～12

Nepenthes maxima
☀ ❄ ↔75cm ↑3m

ボルネオ島、ニューギニア、インドネシアのマラク島、スラウェシ島で見られる美しい、多様な高地種。よじ登り茎は三角で、低い位置の補虫嚢は高さ20cmまで育ち、2つの翼が目立つ。上方の補虫嚢はほとんどが円筒形だが、わずかにじょうご形のこともある。色は黄緑色から白にバーガンディ色の斑点があるもの、紫色に白い斑点のあるものまでいろいろである。*N. m.* × *mixta* 15～20cmの補虫嚢は15～20cm、非常に育てやすい。ゾーン：8～12

Nepenthes mirabilis
☀ ❄ ↔40cm ↑8m

分布範囲が一番広く、中国南からオーストラリアまで自生する。下方の補虫嚢は円筒形で、底のほうが少し膨れ、縁毛を伴う翼が2つある。上方の補虫嚢は円筒形で、畝が目立つ。補虫嚢は緑色から赤茶色まで。*N. ampullaria*と*N. gracilis*の近くで、両者の交雑種と一緒に見られる。ゾーン：8～12

Nepenthes rafflesiana
☀ ✝ ↔100cm ↑4.5m

素晴らしい高地種で、ボルネオ島、ニューギニア、シンガポール、スマトラ島に分布。下方の補虫嚢は底が広く、縁に近づくと狭くなり、2本の翼が目立っている。緑色に、赤からバーガンディ色の斑点があり、時にはほとんど全部バーガンディ色になることもある。上方の補虫嚢はじょうご形で、クリーム色から緑色で、赤い点が入る。ゾーン：11～12

Nepenthes rajah
☀ ✝ ↔100cm ↑2m

ボルネオ島原生の堂々とした高地種。*N. rajah*はウツボカズラ属の「王様」である。よじ登るよりも、ふつうはつるで這う。下方の補虫嚢は楕円形で、高さが35cmまで、色はバーガンディ色から紫色、開口部が大きいが、さらに大きな蓋がある。上方の補虫嚢も同じだが、形はじょうご形になる。補虫嚢で小さなネズミが溺れているのが見つかったこともある。ゾーン：11～12

*Nepenthes rajah*の野生種、ボルネオ島、キナバル山

Nepenthes maxima × *mixta*

Nepenthes rafflesiana

Nepenthes ramispina
☀ ✱ ↔50cm ↑5m

マレーシア原生の高地種で、以前はN. gracillimaに分類されていたが、現在は別の種だと考えられている。美しいほっそりとした補虫嚢は高さ8cmまで大きくなり、内側は白色〜緑色、外側は緑色〜目の醒めるような紫を帯びた黒。光が強ければ補虫嚢の色は濃くなる。ゾーン：11〜12

Nepenthes reinwardtiana
☀ ✱ ↔40cm ↑21m

マレーシア領ボルネオ島、スマトラ島に自生する低地性、よじ登り種。下方の補虫嚢は円筒形だが、下3分の1が少し膨らんでいて、縁毛のない翼が2つある。上方の補虫嚢も同じだが、翼はない。品種が2つある：緑と薄い赤。区別するには、補虫嚢の内側にあるよく目立つ2つの薄い黄色の点を目印に区別する。ゾーン：11〜12

Nepenthes × rokko × sanguinea
☀ ✱ ↔65cm ↑5m

ボルネオ島に自生する頑健な高地性交雑種。下方の補虫嚢は高さ20cmまでに育ち、緑色に赤い斑点が入り、縁が鮮やかな赤色を呈する。上方の補虫嚢は高さ25cmになり、じょうご形で、緑色に赤い点が散る。ゾーン：11〜12

Nepenthes sanguinea ★
☀ ✱ ↔75cm ↑6m

マレーシアに自生する高地種。下方の補虫嚢は円筒形で底近くが膨らみ、高さ30cmぐらいまで育ち、縁毛のある翼が2つある。上方の補虫嚢も同様だが、突起した畝が2つある。補虫嚢は赤味を帯びることが多い。緑色の品種と赤い斑点をもつ緑の品種もある。ゾーン：11〜12

Nepenthes spathulata
☀ ✱ ↔50cm ↑2m

スマトラ島南部に自生する美しい高地種。下方の補虫嚢は緑色で、大きな鮮やかな赤の縁があり、わずかに縁毛のある翼が2つある。上方の補虫嚢はもっと細く全体が緑色をしている。N. s. × maximeの補虫嚢は赤い点がある。ゾーン：11〜12

Nepenthes tentaculata
☀ ✱ ↔50cm ↑2m

小型で、つる性の高地種で、ボルネオ島とスラウェシ島に自生。下方の補虫嚢はクリーム色から緑色で、バーガンディ色の斑点が入り、口に向かうにつれつぼまってくる。しっかりと縁毛がある翼が二列に走る。上方の補虫嚢はバーガンディ色から紫色で、突起のある畝がある。蓋を太い剛毛が覆う。ゾーン：11〜12

Nepenthes thorelii
☀ ✱ ↔30cm ↑2m

カンボジア、タイ、ベトナムに自生する低地種。細いつるでよじ登る。円筒形の補虫嚢は底に向かって少し膨らみ、緑色から完全な赤へと変化する。栽培が容易な種。N. t. × alataの補虫嚢は高さ20cmほどに育つ。N. t. × rafflesiana × mizuhoのには、ふつう縁に縞がある。ゾーン：11〜12

Nepenthes tobaica
☀ ✱ ↔30cm ↑5m

スマトラ島に自生する小型の高地種。ネペンテス属の中でも成長の早い種。上方、下方ともに補虫嚢は、高さ5cm〜10cmまで育つ。下方の補虫嚢には縁毛の目立つ翼があり、上方の補虫嚢には突起のある畝がある。補虫嚢は薄い緑色で、赤い点があり、時にはほとんど全部が赤かったり、たまには全部緑色のこともある。N. t. × lowiiの補虫嚢の蓋はたいていかなりまっすぐ立っている。N. t. × veitchiiには赤い斑点があり、内側がピンクと緑色である。ゾーン：11〜12

Nepenthes truncata
☀ ✱ ↔100cm ↑4.5m

フィリピンに自生する大きくて見事な低地種。この種の補虫嚢は、ネペンテス属の中でも最大の部類になる。下方の補虫嚢はほとんど地に伏す状態で、円筒形をしている。上方の補虫嚢は長さ40cmにもなる。縁は波状にうねり、時には緑と赤の縞になる。外側はたいてい緑で、内側は赤と紫の模様がある。栽培しやすい植物。N. t. × veitchiiは高地種には珍しく補虫嚢に顕著な翼がある。ゾーン：11〜12

Nepenthes tentaculata、野生種、ボルネオ島キナバル山

Nepenthes ramispina、野生種、ボルネオ島、ウルカリ山

Nepenthes spathulata × maxima

Nepenthes thorelii × alata

Nepenthes tobaica × lowii

Nepenthes sanguinea、野生種、ボルネオ島

Nepenthes thorelii

Nepenthes thorelii × rafflesiana × mizuho

Nepenthes truncata × veitchii

Nepenthes × ventrata
☀ ❄ ↔40cm ↑2m
*N. ventrata × N. alata*の自然交雑種。大きさや色にかなりな変異が見られる。補虫嚢はたいてい円筒形で、下方3分の1で少し膨れる。緑1色か、ほとんどブロンズ色〜赤色まで、その間に多くの色変異がある。頑健で、育てやすい植物。
ゾーン：8〜12

Nepenthes ventricosa ★
☀ ❄ ↔40cm ↑2m
フィリピン原生の美しい高地種。補虫嚢は砂時計形で、翼や畝がない。色は黄色から緑色で、しばしば上半分が赤く、赤い縁がある。*N. v. × mikei*の緑色の補虫嚢には赤い斑点が入る。
ゾーン：8〜12

Nepenthes villosa
☀ ✲ ↔50cm ↑1.8m
ボルネオ島、キナバル山に分布する高地種。下方の補虫嚢は15×10cmまで育つ。上方の補虫嚢は20×12cm。両方とも楕円形で、茶色い毛が密に生え、黄色、赤、オレンジ色に美しく色づく。非常に尖った歯が生えた縁がこの植物を際立たせている。
ゾーン：11〜12

NEPETA
（イヌハッカ属）
英 名：CATMINT、CATNIP
シソ科に属し、主に温帯のユーラシアと北アメリカ大陸の、芳香を持つ多年生植物250種ほどからなる。栽培で名が挙がるのは、2、3の種と広く栽培されている交雑種1種だけである。花壇の縁取りや大きな花壇を区切るのに植えられ、くすんだ緑の葉や、薄青紫〜紫の頭状花が作り出す滲むような効果が重宝される。イヌハッカ属はたいてい丈低く広がる植物で、小さな鋸歯葉を持つ。夏には小花からなるまっすぐな穂状花序の下に葉が隠れる。ハーブサラダや薬用に使われることもある。ネプタという名前の由来ははっきりしないが、エトルリアのNepeteという都市の名前から来ているのかもしれない。

〈栽培〉
日なたで、軽い水はけのよい土壌に植える。コンパクトに保つため春に切り戻し、たっぷりと水やりをする。繁殖は種子や花のついていない茎の挿し穂から。

Nepeta camphorata
☀/☼ ❄ ↔60cm ↑45cm
ギリシア原生の非常に芳香の強い種。いくぶんべとつき、鋸歯縁で、先の尖った楕円形の葉は、長さが25mmほどになる。葉や茎はつぶすと樟脳（カンフォール）の香りがする。花序と花序の間はかなり離れる。紫の斑のある白い小花を夏に咲かせる。
ゾーン：8〜10

Nepeta cataria
一般名：イヌハッカ
英 名：CATMINT、CATNIP
☀/☼ ❄ ↔100cm ↑100cm
叢生し、直立する種で、ヨーロッパでは広く自生する。緑の葉を綿毛が覆う。間隔を空けて、白い花に藤色の点の入った穂状花序を、夏につける。'シトリオドラ'は、つぶすと茎と葉がレモンの香りを出す。
ゾーン：3〜10

Nepeta clarkei
英 名：HIMALAYAN CATMINT
☀/☼ ❄ ↔60cm ↑60〜90cm
ヒマラヤ原生種。葉は薄い緑色〜銀色で、基部が広く、鋸歯縁、槍形、基部には輪生で、花柄には対生でつく。白い下裂片を持つ、青紫の花が長いまっすぐな穂状花序を作る。夏咲き。
ゾーン：6〜10

Nepeta × faassenii ★
一般名：キャットミント
☀/☼ ❄ ↔100cm ↑60cm
*N. racemosa × N. nepetella*の交雑種で、しばしば不規則に広がる。葉はくすんだ緑〜シルバーグレー、鋸歯縁、槍形〜先細りの楕円形。夏に、ラベンダー色〜青紫の花が穂状につき、長く咲く。'シックス ヒルズ ジャイアント'、灰色の葉にラベンダー色の花が大きくスプレー咲きで広がる。'スペルバ'は広がる習性がある。灰色の葉に青紫の花。'ウォーカーズ ロー'にはよじ登る習性があり、ラベンダーブルーの花をつける。
ゾーン：3〜10

Nepeta grandiflora
ネペタ・グランディフロラ
☀/☼ ❄ ↔60cm ↑60cm
東ヨーロッパ原生の叢生の種。葉は鋸歯縁で、綿毛があり、付け根が広く先が尖った楕円形。夏にラベンダーブルーの花が穂状につく。'ブラムディーン'の花序はコンパクト。'ドーン トゥ ダスク'灰緑色の葉に藤色の花。
ゾーン：3〜10

Nepeta nervosa
一般名：ラベンダーキャットニップ
☀/☼ ❄ ↔80cm ↑50cm
カシミール地方の原生種。最初はまっすぐ上に伸び、その後広がる。幅狭の槍形の葉は縁が鋸歯状のことも、滑らかなこともある。春から夏、青紫の穂状花序が密生して直立する。稀に黄花の品種が出る。
ゾーン：5〜10

Nepeta racemosa
☀/☼ ❄ ↔60cm ↑30m
コーカサス地方からイラン北部が原生。茎が分岐し広がる。にこ毛のある先の

Nepenthes × ventrata

*Nepenthes villosa*の野生種、ボルネオ島、キナバツ山

Nepenthes ventricosa

Nepenthes ventricosa × mikei

Nepeta cataria 'Citriodora'

Nepeta racemosa 'Six Hills Giant'

Nepeta racemosa

Nepeta nervosa

尖った楕円形の葉。春から夏に咲くバイオレット・ブルーの花にもにこ毛がある。めったに栽培されておらず、この種とされる植物はたいてい N. × faassenii を親に持つものである。ゾーン：4〜10

Nepeta sibirica
☼/☼ ❄ ↔100cm ↕100cm
成長が早く低木状になるシベリア自生種。葉には薄く毛が生え、鋸歯縁、暗緑色。密集して花をつけるが、それぞれの花序は離れている。春から夏にかけ、青から優しい紫色の花を咲かせる。
ゾーン：3〜9

Nepeta tuberosa
☼/☼ ❄ ↔50cm ↕80cm
ポルトガルからシシリーにかけての沿岸地方に分布する叢生する根茎種。先の尖った楕円状の葉は長さ8cmになり、細かな毛が生えているものからにこ毛が密生するものまで。夏に咲く、小さな穂状の薄紫の花は、付け根でピンクからパープルレッドの苞に包まれる。
ゾーン：8〜10

NEPHROLEPIS
（タマシダ属）
アジア、アフリカ、中央アメリカ、西インド諸島といった多くの熱帯地方に自生する。ツルシダ科に属し、およそ40種ある。陸生、あるいは着生で、短い根茎を持ち、ふつう針金状のランナーを伸ばす。長くて先細りの葉状体（フロンド）には小葉が、数はまちまちだが、対生でつく。葉は直立することもアーチ状になることも、垂れ下がることもある。すぐに群生しがちで、温暖な国では有害な雑草に指定されている種もある。

Nerine bowdenii

Nerine masoniorum

Nepeta tuberosa

〈栽培〉
このシダは冷温帯では屋内植物として人気がある。屋内では遮光した明るい陽射しと、湿った空気を必要とする。温帯では手間要らずで、半日陰、あるいは日なたで、土壌に適度な湿り気があれば栽培は容易だが、はびこりがちである。株分け、あるいは胞子で繁殖する。

Nephrolepis cordifolia
一般名：タマシダ
英　名：ERECT SWORD FERN、LADDER FERN
☼ ❄ ↔30〜120cm ↕30〜120cm
アジアとオーストラリアに分布する。葉は直立するか、アーチ状になり、黄色を帯びた緑〜暗緑色。先が尖ってない、幅の狭い、革状の小葉は長さ35mmぐらいまで。'ダフィイ'（Duff's sword fern）は葉が密生し、しばしば分岐し、丸みを帯びた小葉がぎっしり生える。'キンバリークイーン'、姿形よく育ち、他の種よりも日差しに強い。'プルモサ'、小葉の縁に浅い欠刻が入る。
ゾーン：10〜12

Nephrolepis exaltata
一般名：セイヨウタマシダ
☼ ❄ ↔90cm ↕90cm
ポリネシア、アフリカ、メキシコ、西インド諸島、アメリカ合衆国フロリダに分布する。房状になるシダで、長いアーチ状の薄い黄緑色の葉で、小葉の縁は縮る。'ボストニエンシス'（Boston fern）、幅広い、槍形の葉は薄い黄緑色で、成長しきると垂れ下がる。'ボストニエンシス アウレア'（golden Boston fern）は黄緑色から金色。'キルドシイ'耐寒性のある屋内植物で、幅のある薄緑色の葉がお互いに重なりあう。'ヒリイ'、成長が早く、葉は二重羽状で、環境によく順応する。'ミニ ラフル'、小型種。幅のある三角形の葉は、レースそっくりである。
ゾーン：10〜12

Nerine sarniensis

Nephrolepis cordifolia

Nephrolepis falcata
英　名：MACHO FERN、WEEPING SWORD FERN
☼ ❄ ↔1.5m ↕2.4m
スリランカ、モルディブ諸島、ミャンマー、アジアの南東部に分布する。艶のある暗緑色の長い葉はアーチ状か、下垂する。革状の小葉は先のほうで分岐する。葉身の両面には黒い鱗片が散る。
ゾーン：9〜12

NERINE
（ネリネ属）
英　名：GUERNSEY LILY、SPIDER LILY
ヒガンバナ科に属し、アフリカ南部に自生、秋に花を咲かせる。30種ほどあり、その球根はしばしばホンアマリリス属の球根の小型版といってもよい。葉はイネ科植物に似たものから革紐状まで、常緑かあるいは夏季に落葉する。上を向いた花茎が、長い筒のあるじょうご形の花が多数つく花頭を支える。それぞれの花には、大きく波立ち、そり返る、細長い花弁が6枚つく。鮮やかなピンクとオレンジ赤が主な花の色で、白い品種が普及している。ギリシア神話の海の精ネーレウスにちなんで名づけられた。

〈栽培〉
中程度の霜には耐性があるが、土が凍る場所では、覆いの下に動かせる鉢で育てる。日なた、半日陰に球根の首が露出するように植える。ネリネ属は、軽く、砂がまざった水はけのよい土壌を好むが、鉢植土は余分に与える。休眠期には乾き気味に。繁殖は株分け、オフセット、種子から。自然に混種し、自家播種する。

N. s. var. *curvifolia* f. *fothergillii* 'Major'

Nephrolepis exaltata

Nerine bowdenii
ネリネ・ボウデニイ
☼ ❄ ↔30cm ↕40〜45cm
周知の南アフリカの種。葉は薄緑から暗緑色で、光沢がある。鮮やかなピンクの花は端が波打ち、7つまでが房を作り、秋に咲く。葉は初冬に、花が終わった頃出てくる。'ピンク トライアンフ'、濃いピンクの花。
ゾーン：8〜11

Nerine flexuosa
ネリネ・フレクスオサ
☼/☼ ❄ ↔15cm ↕40〜45cm
南アメリカ原生で、たいてい常緑の種。葉は光沢のある緑で、長さ30cmまでになる。花弁の端が波打つピンクの花は、20輪ほどで房になる。秋に開花。'アルバ'、広く栽培されている白い品種、花の端が波打つ。
ゾーン：8〜11

Nerine masoniorum
☼/☼ ❄ ↔5cm ↕25〜30cm
南アフリカ、ケープ地方東部に原生する優美な小型種。細い、イネ科植物のような葉は常緑のことも多い。優しいピンク色の花は直径18mmぐらい、細長い波打つ花弁をつける。秋に開花。
ゾーン：8〜11

Nerine sarniensis
英　名：GUERNSEY LILY
☼ ❄ ↔15cm ↕40〜45cm
南アフリカの種。直立する葉は鮮やかな緑色で、長さ30cm。花弁の端が波打ち、花柱が目立つ鮮やかなオレンジレッドの花が

Nerium oleander 'Album'

Nerium oleander 'Docteur Golfin'

Nerium oleander 'Petite Salmon'

Nerium oleander 'Splendens'

Nerium oleander 'Splendens Giganteum Variegatum'

Nerium oleander

20輪ほど集まり頭状花序w作る。秋に開花。*N. s* var. *curvifoiia* f. *fothergillii*（ネリネ・サルニエンシス・クルウィフォリア・フォテルギリイ）'**マヨル**'は大きめで、濃いオレンジレッドの花をつける。ゾーン：9〜11

Nerine undulata

異　名：*Nerine crispa*
一般名：ヒメヒガンバナ
☀ ✤ ↔ 15cm ↕ 40〜45cm

南アフリカの東ケープ地方に原生。葉は細く、鮮やかな緑色を呈する。花は直径5cmほどになり、12まで集まり頭状花を作る。ピンク色の細長い花弁は縁が波打つ。秋に開花。ゾーン：9〜11

NERIUM

（キョウチクトウ属）
英　名：OLEANDER

キョウチクトウ科に属し、1属1種。北アフリカ、中東、北インド、中国南部に分布。花期が長い常緑樹で、低木、あるいは小高木をなす。葉は単葉で、全縁、幅が狭い。花色は黄色、白色、ピンク色、濃いオレンジ色。花弁が癒合し、細長い筒形となるが、先端で円盤状、あるいは浅い杯状に開く。茎頂に集まってつく。塩分を含んだ風にも、乾いた砂質の土壌にも耐性がある。侵略種になりうる。

〈栽培〉
湿地以外ならほとんどどんな土地でも育つが、日照を好む。風雨を避けられる場所であれば、軽い霜にも耐える。密生しがちなので、花の咲くシュートを摘み、3年毎ごとに、冬によく根を張った木を剪定する。たいへん毒性が強いので、剪定の時には保護服を着て、刈り込んだ枝の処分には注意する（焼いてはいけない）。秋に半熟枝を取って挿すか、あるいは春に播種で繁殖させる。

Nerium oleander

一般名：セイヨウキョウチクトウ、キョウチクトウ
☀ ✤ ↔ 2.4m ↕ 3m

常緑の低木。基部から多くのシュートが出てまっすぐ上に伸びる。葉は上のほうが濃緑色を呈し、下になるほど色が薄くなる。春遅く〜初秋、時には初冬まで、花をつける。栽培品種は一重、あるいは八重の花を多数つけ、花色は広範囲にわたる。八重の栽培品種は、花弁が縮れ、外端が波打つ。'**アルバム**'は一重の白い花をつける。'**カサブランカ**'の花は褪せたピンク色でほとんど白色。'**デルフィーン**'の花は、一重で濃い紫を帯びた赤。'**ドクター　ゴルフィン**'、一重で、藤色に染まるチェリーレッド色の花。'**プチット　ピンク**'は矮性の栽培品種で、薄いピンク色の花をつける。'**プチット　サモン**'、矮性品種で、サーモンピンクの花。'**スプレンデンス**'、濃いローズピンクの八重の花。'**スプレンデンス　ギガンテウム　ワリエガトゥム**'の葉縁は乳白色。ゾーン：8〜11

NEVIUSIA

（ネウィウシア属）

ヤマブキと近縁な本属は、バラ科の落葉性の低木で1属1種。原生地のアメリカ合衆国、アラバマ州では絶滅が懸念される。枝が根を下ろすことで幅を広げる。白い花には花弁がなく、雄ずいが多数突き出している。

〈栽培〉
境栽や森林地の縁に向いている。適度に肥えた土壌に植え、日照り続きのときにはたっぷり水を与える。花が終わったら、古くて枯れた木質部は基部から切り落とす。繁殖は播種、挿し木、株分け、いずれでも。

Neviusia alabamensis

英　名：ALABAMA SNOW WREATH
☀/☼ ✤ ↔ 1.5m ↕ 1.5m

アメリカ合衆国南部に自生。吸枝を出し、複数の茎を立て、大きく広がる低木。葉は鋸歯縁で、葉裏は軟毛に覆われる。春に白い雄ずいが集まり、綿毛のように見える花を咲かせる。
ゾーン：5〜9

NICANDRA

（オオセンナリ属）

ナス科で、1属1種。ペルー原生、高く成長する一年生植物。尖った卵形の葉は15cmほどで、不規則な欠刻が入るか、鋸歯縁である。開いた鐘形の花が夏と秋に咲く。あとになる実は緑のホオズキに似た萼の中に封じ込められる。

〈栽培〉
日なたの肥えた水はけのよい土壌に植える。繁殖は種子からで、霜の危険がなくなってから栽培する場所に蒔く。あるいは早めに草の下に蒔く。

Nicandra physalodes

一般名：オオセンナリ、センナリホオズキ
英　名：APPLE OF PERU, SHOO FLY
☀ ✤ ↔ 30〜60cm ↕ 30〜120cm

南アメリカ原生。頑健で、よく分岐する一年生植物。葉は濃緑色で、卵形、鋸歯縁。花は紫、青、藤色で、中心が白い。完全に開く時間は毎日ほんのわずかである。蝿を寄せつけないと言われることから英名がついた。'**スプラッシュ　オブ　クリーム**'、葉にクリーム色の斑が入る。ゾーン：8〜11

NICOTIANA

（タバコ属）
英　名：TOBACCO

タバコ葉のルーツとして有名な本属はナス科の仲間。65種以上を抱えるが、大多数は一年生あるいは多年生植物で、ほとんどは熱帯アメリカと亜熱帯アメリカ原生だが、オーストラリアや南太平洋原生のものも数種ある。低木となる習性をもつ種もあるが、木質部が柔らかく、短年生である。葉は通常非常に大きく、細かい毛に覆われ、触るとべとつき、つぶすと芳香がする。花は筒形か鐘形で、

Nicandra physalodes

Neviusia alabamensis

Nidularium fulgens

Nidularium rutilans

白、あるいはパステル調の緑色、薄い黄色、ピンク、あるいは優しい赤色のことが多い。芳香性の場合、たいていその香りは夜放出される。

〈栽培〉
タバコ種はたいてい霜への耐性は弱い。温暖で湿った気候で、夏に降雨量が豊富で、日なたか半日陰の場所が最適。土壌は水はけがよく、適度に肥えていればよい。春に種子を蒔いて殖やすが、挿し木で育つものもある。

Nicotiana alata
異 名：*Nicotiana affinis*
一般名：ジャスミンタバコ、宿根タバコ
英 名：FLOWERING TOBACCO, JASMINE TOBACCO
☼/☼ ✽ ↔ 30cm ↕ 60〜90cm
南アメリカ原生。茎が粘着性の多年生植物だが一年で枯れることも多い。大きな楕円形の葉をもつ。細長い筒形で、緑を帯びた白い花は先端になるにつれ広がり星形になる。夏に開花。
ゾーン：8〜10

Nicotiana glauca
一般名：キダチタバコ
英 名：MUSTARD TREE, TREE TOBACCO
☼/☼ ✽ ↔ 1.8m ↕ 1.8〜3.5m
ボリビア南部とアルゼンチン北部の原生。大きな青緑色の葉をもつ。クリーム色から黄緑色の筒形の花は、長さ5cmほど。晩夏から秋にかけて開花。アメリカ合衆国の比較的温暖な地域には帰化している。オーストラリアでは、ウィルスが商業用タバコ畑に入る危険を最小限に抑えるため、この植物の栽培には制限を設けるところもある。
ゾーン：8〜10

Nicotiana langsdorffii
☼ ✽ ↔ 38cm ↕ 1.5m
ブラジル原生。直立し草丈が高くなる一年生植物。葉は濃緑色で、葉脈が深く走り、卵形。黄緑色の筒形の花からなる小枝のような花穂を大量につける。開花は夏。
ゾーン：8〜11

Nicotiana × *sanderae*
一般名：ハナタバコ
☼/☼ ✽ ↔ 25cm ↕ 38〜60cm
N. alata と *N. forgetiana* とのあいだの園芸交雑種。叢生で、有毛の葉を持つ一年生植物。わずかに縮れ、波打つ葉は、濃緑色。花は芳香性で、先端が広がる筒形で、花色は赤、紫、白、一日中開く。**Domino Series**（ドミノ シリーズ）は、コンパクトで、サーモンピンクのようなくすんだ色合いの花が上向きにつく。'ライム グリーン'は鮮やかな黄緑色の花。**Nikki Series**（ニッキ シリーズ）、開花期が長く、花色は赤、ピンク、黄色、白。**Saratoga Series**（サラトガ シリーズ）、大きさは同じだが、花色はさまざまな色合いの赤、ピンク、白、緑がかった黄色が混ざる。
ゾーン：7〜10

Nicotiana sylvestris
☼/☼ ✽ ↔ 45〜60cm ↕ 0.9〜1.5m
アルゼンチン原生。頑健な一年生植物で、葉が非常に大きくべたべたする。丈高くなる茎の先に円錐花序がつき、長くて白い花がぶら下がるように咲く。芳香が強い。夏に開花。
ゾーン：3〜11

Nicotiana tabacum
一般名：タバコ
英 名：TOBACCO
☼/☼ ✽ ↔ 45〜60cm ↕ 0.9〜1.5cm
南アメリカ原生。かなりありふれた一年生あるいは二年生植物で、鑑賞用の庭園で大きな葉が目的で植えられることも、商業的にタバコ目的で栽培されることもある。夏咲きの花は、小さく、微香性、緑がかった白〜ピンクがかった赤の色合いで、鐘形。'ワリエガタ'の装飾的な葉にはクリーム色の斑が大量に入る。花はピンク色を帯びる。
ゾーン：8〜11

NIDULARIUM
（ウラベニアナナス属）
ブラジル南東部に自生。パイナップル科。45種と35交雑種を抱える。ネオレゲリア属と非常に近縁な中型のこの植物は日陰を好む。葉は細かい鋸歯縁で、革帯状、おおむね緑色で、濃緑色の斑点があることが多く、どちらかの面が紫を帯びることもある。葉は水が溜められるような開いたロゼットを作る。花茎は短いものから、ロゼット葉に溜まった水面からわずかに出るくらいまで、さまざま。花序は球形で中心があり、平たい花が集まり、大きくて硬く平らな苞葉が包む。苞葉はふつう赤色で、緑色を帯びることもある。それぞれの花序には多数の花が集まる。花弁は白、赤、青のいずれかだが、大きく開くことはない。

〈栽培〉
花の咲いている間は屋内で育てる。あるいは冷温帯なら温室やコンサバトリー内で。暖温帯、亜熱帯、熱帯なら、屋外で日よけを施す。鉢植えの混合土が乾いたら水をやる。過剰に肥料を施さない。オフセット（吸芽）から繁殖させる。

Nidularium fulgens
☼ ✹ ↔ 80cm ↕ 30cm
ブラジルのリオデジャネイロ原生。葉は緑色で濃緑色の斑が入り、葉縁に長さ5mmほどの鋸歯がある。大きなじょうご形のロゼットを作る。花序は丸く、10ほどの平たい花が群生し、鮮やかな赤色〜オレンジ色の大きな苞葉が、強い歯状突起をつけ、大きく広がる。春から夏にかけて開花。花弁は青で、縁が白い。
ゾーン：11〜12

Nidularium innocentii
一般名：ウラベニアナナス
☼ ✹ ↔ 90cm ↕ 35cm
ブラジル南東部原生。葉は緑色、あるいは裏側が紫がかったワイン色で、縁に小さな鋸歯があり、密集したじょうご形のロゼットを作る。花序は丸く、平たい花が9個まで集まり、大きくて幅の広い苞葉は緑色で赤いものから、すべて赤いものまである。春から夏にかけて開花。花弁は緑色を帯びる。色の変異のある品種がいくつかある。
ゾーン：11〜12

Nidularium procerum
☼ ✹ ↔ 100cm ↕ 40cm
ブラジル原生。葉は緑色か赤味がかった紫色で、細かい鋸歯縁。じょうご形のロゼットを作る。花序は丸く、10ほどの平たい花が集まり、大きなこわばった苞葉はふつう基部が緑で、先に向かうにつれ赤くなる。春から夏にかけて開花。花弁は青で、へりがいくぶん白い。
ゾーン：11〜12

Nidularium rutilans
☼ ✹ ↔ 80cm ↕ 30cm
ブラジルのリオデジャネイロ原生。葉は緑で、濃緑色の点が散り、縁は鋸歯状。葉が密集して平たいロゼットを作る。花序は丸く、10ほどの平たい花と大きく、丸く、赤い苞葉からなる。苞葉には藤色、あるいはもっと濃い色の斑点が入ることもある。春から夏にかけて開花。花弁は赤色。現在、*N. regelioides* もこの種に含む。
ゾーン：11〜12

Nidularium Hybrid Cultivars
一般名：ウラベニアナナス交雑品種
☼ ✹ ↔ 50〜100cm ↕ 30〜50cm
ウラベニアナナス属の交雑種は、多様な色の変異があり世話が容易なので、庭に非常によく植えられる。たいていは亜熱帯の庭を好む。'マドンナ'の白い苞葉は、開花時に鮮やかな赤に変わる。花

Nicotiana × *sanderae*、サラトガ シリーズ、'サラトガ ミックス'

Nicotiana sylvestris

Nicotiana × *sanderae* Nikki Series

Nicotiana tabacum

Nigella sativa

Nolana humifusa

Nolana paradoxa

Nigella damascena 'Miss Jekyll'

弁は白。'ミランダ'は'マドンナ'の変異品種。'ラル'のロゼットはアップルグリーン色で、白っぽいピンク色の花がつく。'ルビー リー'の葉は、緑色か、緑と赤色か、または赤色の葉に縦方向に何本もの線が入る。
ゾーン：10〜12

NIEREMBERGIA
（アマモドキ属）
英　名：CUPFLOWER
ナス科の本属は、一年生、多年生植物、および亜低木23種からなる。南アメリカ原生で、湿った日当たりのよいところに育つ。茎は細く、小さく細長い葉を持ち、匍匐することも、横に広がることも、直立して育つこともある。美しい花は開くと上を向き、色合いは青色、紫色、あるいは白色で、花喉が黄色いものが多い。夏から秋まで、長期間花を咲かせる。
〈栽培〉
日当たりがよく、風雨が遮られる場所で、砂の混じりの水分を保持する土壌に植える。寒冷な気候では、鉢植えにするか、一年生植物として育てる。最初の年には種子から植える。どの種も種子から繁殖でき、多年生の場合は株分けや挿し木からも殖やせる。

Nierembergia caerulea
ニーレンゲルギア・カエルレア
異　名：*Nierembergia hippomanica*
☀ ↔20cm ↕20cm
アルゼンチン原生。小型で、直立し、密

に分岐する多年生植物だが、一年生植物として栽培されることが多い。葉は細く先が尖っている。夏、黄色い花喉を持つラベンダー色の花が多数つく。'パープル ローブ'は花喉が黄色く、濃いめの紫色の花。
ゾーン：9〜11

Nierembergia repens
異　名：*Nierembergia rivularis*
一般名：ギンバイソウ
☀ ↔45cm ↕5cm
南アメリカ原生。低く広がる多年生植物で、葉は匙形。先広がりの白い花は幅25mmほどで、付け根が黄色かピンク色に染まる。夏に開花。
ゾーン：9〜11

NIGELLA
（ニゲラ属）
英　名：FENNEL FLOWER、LOVE-IN-A-MIST、WILD FENNEL
キンポウゲ科で、地中海地方及び西アジアに自生する本属には一年生植物がおよそ15種ある。育てやすく、叢生、繊細な緑の葉が特徴。花色は、スカイブルーと、混色で、白色、青色、ピンク色、藤色、バラ色がかった赤色が混じったものがある。ニゲラの花は大量に咲くので切り花に向く。ドライフラワーのアレンジには装飾的な種子の莢や葉も使われる。
〈栽培〉
日なた、あるいは半日陰で、水はけのよい土壌なら土質を選ばない。燐分の多めの肥料を月に一度施す。花期を長くするには枯れた花がらを摘むこと。繁殖はニゲラの種子は植え替えを嫌うので、植える場所に直接種子を蒔く。自家播種をする。

Nigella damascena
一般名：クロタネソウ、ニゲラ
英　名：LOVE-IN-A-MIST
☀ ❄ ↔25cm ↕50cm
ヨーロッパ種。鮮やかな緑で、細く切り込まれた葉は、多少フェンネルに似てい

る。ふわふわした花は、青やピンクや白。時期をずらせて次々蒔くと夏中花が楽しめる。'ミス ジーキル'、半八重で、スカイブルーの花。
ゾーン：8〜10

Nigella sativa
一般名：ブラッククミン
英　名：BLACK CUMIN、BLACK SEED、NUTMEG FLOWER、ROMAN CORIANDER
☀ ❄ ↔22〜30cm ↕45〜60cm
地中海地方に自生。葉は短く、細く、ミッドグリーン色。繊細な白、あるいは薄い青の花が夏に咲く。中東ではスパイスとして料理に使われる、香りのよい種子が目当てで栽培される。マホメッドはこの種子を「死以外ならあらゆるものに効果がある」と言った。
ゾーン：7〜10

NOLANA
（ノラナ属）
英　名：CHILEAN BELLFLOWER
ノラナ科で、18ほどの種がある。南アメリカ原生の多年生植物だが、北半球では一年生として扱われる。耐暑性のある、不規則に広がる植物。葉は匙形。目立つ筒状の青や紫の花は、白い花喉を持ち、5つの裂片に分かれる。晴れだと花が開くが、曇りだと閉じたままである。縁取りとして魅力的で、ハンギングバスケットに入れても美しい。原生地では、海岸地方でよく見られる。
〈栽培〉
日照りには耐性があり、日なたならどんな砂地でも育つ。繁殖は種子からで、春に栽培したい場所に直播きする。

Nolana humifusa
英　名：SNOWBIRD
☀ ✿ ↔30cm ↕10〜15cm
ペルー原生のきわめて珍しい種。葉はミッドグリーンで、卵形。夏、長い匍匐性の茎に小さな鐘形の、薄い青色の花

を咲かせる。
ゾーン：11〜12

Nolana paradoxa
ノラナ・パラドクサ
☀ ✿ ↔30cm ↕10〜15cm
チリ原生。匍匐性植物で、ロックガーデンやハンギングバスケットに向いている。ミッドグリーンで卵形の葉は先が尖っている。大きな青紫の花は、花喉が薄い黄色か白。夏に開花。'ブルー バード'は青い花に、白い花喉。
ゾーン：11〜12

NOLINA
（ノリナ属）
リューゼツラン科で、ユッカに近縁の24種ほどの常緑多年生植物からなる。アメリカ合衆国南部、メキシコ、グアテマラが原生。非常に乾燥した気候に適応し、基部は厚いコルク状の樹皮に包まれ、ほとんどが円錐形、球形、あるいは徳利形に膨らむようになった。長くて幅の狭い葉は折れにくく、強靱。ふつう成熟しきった植物しか花をつけない。花は非常に小さく、色はクリームがかった白色、密生して高い円錐花序を作る。ノリナ属に含まれていた種で、トックリラン属に入れられた種も多い。
〈栽培〉
ほとんどの種はある程度の耐霜性がある。温暖で乾燥した気候なら戸外で育てる。気候が冷涼な地域では、温室内で水はけのよい混合土に植える。繁殖は播種から、またはオフセットから。

Nolana humifusa

Nierembergia caerulea 'Purple Robe'

Nierembergia repens

*Nolina parryi*の自生種、メキシコ

Nolina bigelovii
英　名：BEARGRASS, SACAHUISTA, SAWGRASS
☼ ❄ ↔ 0.9〜1.5m ↕ 0.9〜1.8m
アメリカ合衆国南西部、およびメキシコに原生。成長が遅く、ロゼット状に広がる葉は、硬く幅狭い葉で、先端がちぎれ繊維になる。やがて分岐した幹を形成する。花を咲かせる円錐花序は3mまで高くなる。夏、クリーム色がかった白い小花が多数つく。
ゾーン：8〜11

Nolina microcarpa
英　名：BEARGRASS, SACAHUISTA, SAWGRASS
☼ ❄ ↔ 1.2m ↕ 1.5m
アメリカ合衆国南西部とメキシコに分布する。茎のない種で、葉縁に細かい鋸歯を持つイネ科の植物に似た葉がたわみ、密集した房を作る。円錐花序は2mの高さになる。夏に薄いクリーム色の小花を多数つける。
ゾーン：6〜10

Nolina parryi
英　名：PARRY'S BEARGRASS
☼ ❄ ↔ 1.5m ↕ 1.5m
成長の遅い種。アメリカ合衆国南西部とメキシコに分布。成長するとやがて太い茎を形成し、茎頂で幅の狭い葉がロゼットを作る。*N. bigelovii*と非常に似ているが、葉縁の鋸歯が細かく、ちぎれて繊維にならない。夏に長い花柄の先に細かい白い花が咲く。
ゾーン：8〜11

NOMOCHARIS
（ノモカリス属）
ユリ科に属し、ユリ属に非常に近縁した7種からなる。中国西部からチベット全域とミャンマーを抜け、インド北部にまで分布。容易にはがれる鱗片と茎に

Nothofagus alessandrii

Nomocharis aperta

輪生する葉からなる鱗茎を持つ。花は平たく鉢状に開き、ふつう1茎に1〜9花、一番上に位置する葉の葉腋につく。たいてい斑点があり、中には非常に斑点の多いものもある。

〈栽培〉
常に湿っている（だが湿潤はだめ）腐食質の多い土壌で、風雨を遮った場所で、冷涼で、湿気の多い環境が必要。繁殖は種子ならだが、花をつける大きさの鱗茎を犠牲にするなら、鱗片も使える。適った気候のコレクターに薦めたい。

Nomocharis aperta
☼/☀ ❄ ↔ 25cm ↕ 35〜80cm
中国西部が原生。葉は薄緑色で卵形。濃い紫の斑点のある薄いピンクの花が下垂して6つまでつく。初夏に咲く。
ゾーン：6〜9

NOTHOFAGUS
（ナンキョクブナ属）
英　名：SOUTHERN BEECH
およそ35種が、温暖な南アメリカ、ニュージーランド、ニューギニア、ニューギニア、ニューカレドニア、タスマニア島を含むオーストラリア南東部に自生する。ブナ科に属し、すべて常緑性あるいは落葉性の森林樹。まっすぐな幹と軽いレース状の葉を持つ。自生地では、高度が上がるにつれ、だんだんに成長が遅くなり、葉もまばらになる。葉は濃緑色だが、時には赤いこともあり、たいてい鋸歯縁で、ふつう概ね同一平面上に並ぶ。小さい花が咲いた後、小堅果状の果実ができる。木材は粒子が細かく、高級家具向きだと評価されている。

〈栽培〉
適度に肥えていて、水はけのよい酸性土を好み、潮風を防ぐ風よけを必要とする。根付くまで、水やりは定期的に。秋に新しい種子から繁殖させるか、夏に熟枝を挿し木するか、あるいは取り木で殖やす。

Nothofagus cunninghamii

Nothofagus alessandrii
英　名：RUIL
☼ ↔ 9m ↕ 27m
チリ原生。高い落葉性の樹木で、自生していることは珍しい。大きな卵形の葉は、鋭い鋸歯縁で、それぞれの鋸歯まで走る葉脈が目立つ。小さな実が7つ集まり房になるのが、この種にしかない特徴。
ゾーン：8〜10

Nothofagus antarctica
一般名：アンタークティクビーチ
英　名：ANTARCTIC BEECH, NIRRE
☼ ❄ ↔ 6m ↕ 12m
チリ原生。成長の早い落葉樹で、ねじれた幹と大枝とで上品な間隙のある枝ぶりをつくる習性がある。葉は小さく、濃緑色で光沢があり、丸形〜心臓形、不規則な鋸歯縁があり、秋には黄変する。
ゾーン：8〜9

Nothofagus betuloides
英　名：COIGUE DE MAGELLANES
チリとアルゼンチンに原生。葉を密生させる常緑樹。小さな卵形〜丸形の葉が、小枝に密に並ぶ。葉は光沢のある濃緑色で、鋸歯縁、先は尖っていない。若いシュートに粘着性があり、軟毛に覆われる。
ゾーン：8〜9

Nothofagus cunninghamii
英　名：MYRTLE BEECH, TASMANIAN BEECH
☼ ❄ ↔ 2.4〜9m ↕ 1.5〜30m
オーストラリアのタスマニア州とビクトリア州の冷温帯の森で見られる。常緑で、幹がまっすぐな高木で、成長習性はさまざま。濃緑色の樹冠を作る、小さく光沢があり鋸歯縁の葉は、扇状のシダ状葉。若い葉は、赤味を帯びた色調。玄武岩質の土壌が最適。
ゾーン：8〜9

Nothofagus dombeyi
英　名：COIGUE
☼ ❄ ↔ 8m ↕ 15m
チリ、アルゼンチン原生の成長の早い常緑性の高木だが、非常に冷涼な気候では落葉する。まばらに枝を張る習性。葉は卵形〜丸形、あるいは幅広のくさび形。葉表は光沢のある濃緑色で、縁に不揃いの鋸歯がある。
ゾーン：8〜9

Nothofagus fusca
一般名：アカブナ
英　名：NEW ZEALAND RED BEECH, RED BEECH
☼ ❄ ↔ 8m ↕ 30m
ニュージーランド原生で、巨木になりうるが、植栽では小さめ。樹皮は錆色がかったこげ茶色〜ほとんど黒色、ひびが走り、古木ではあちこち剥がれ落ちる。粗い鋸歯縁の葉は、冬、落葉前に、若木では鮮やかな赤色に変わるが、古い木では緑のままである。
ゾーン：8〜9

Nothofagus gunnii
英　名：GUNN'S BEECH, TANGLEFOOT BEECH
☼ ❄ ↔ 1.8m ↕ 3m
オーストラリア、タスマニア州の高地に分布する、落葉性で、成長が遅く、ときには這うように育つこともある低木。丸みがかった葉は、丸い鋸歯縁で葉脈が目立つ。*N. pumilio*と近縁。
ゾーン：8〜9

*Nothofagus gunnii*の自生木、オーストラリア、タスマニア州

*Nothofagus fusca*の自生木、ニュージーランド、オタゴ

*Nothofagus menziesii*の自生木、ニュージーランド

*Nothofagus moorei*の自生木、オーストラリア、ニューサウスウェールズ州

*Nothofagus pumilio*の自生木、アルゼンチン、アンデス

Nothofagus solanderi var. *cliffortioides*の自生木、ニュージーランド

Nothofagus menziesii
一般名：シルバービーチ
英　名：NEW ZEALAND SILVER BEECH
☼ ❄ ↔9m ↕18m
ニュージーランドに自生。常緑性高木で、巨木になる。特徴的な灰色の樹皮は、水平に帯が入り、剥落する。密生した濃緑色の葉は、小さく、卵形〜丸形、粗い鋸歯縁。春に出る若葉は薄緑色。ドーム状に枝を広げる優美な高木だが植栽では小さめになる。
ゾーン：8〜9

Nothofagus moorei
一般名：ナンキョクブナ
英　名：ANTARCTIC BEECH, AUSTRALIAN BEECH
☼ ❄ ↔6m ↕21m
オーストラリア、ニューサウスウェールズ州北部とクイーンズランド州南部の山岳地域に自生する。高い常緑樹で、頑健な幹と、密生した濃緑色の樹冠を持つ。幹は傾いたり、ねじれたりすることが多い。古い赤味がかった葉が、しばしば葉群の中に混じる。
ゾーン：8〜10

Nothofagus obliqua
英　名：ROBLE BEECH
☼ ❄ ↔9m ↕30m
チリとアルゼンチン原生。優美で、成長が早い落葉性高木。赤味を帯びた灰色の樹皮にはひびが走る。向かいあって並ぶ、幅広の卵形の葉は、滑らかで、不規則な鋸歯縁がある。葉表は濃緑色で、葉裏は色が薄い。木材として有用。
ゾーン：8〜10

Nothofagus pumilio
英　名：DWARF CHILEAN BEECH, LENGA
☼ ❄ ↔9m ↕21m
アルゼンチンとチリに自生。高度が高く風雨にさらされる場所では、低木状になる。全縁の卵形の葉は、わずかに光沢があり、裏面は色が薄く、丸みを帯びた鋸歯縁まで走る葉脈が浮き出る。秋の葉色が魅力的。成長の早い落葉樹で、木材として有用。
ゾーン：8〜9

Nothofagus solanderi
英　名：BLACK BEECH, MOUNTAIN BEECH, NEW ZEALAND BEECH
☼ ❄ ↔8m ↕18m
ニュージーランドの丘陵、山岳地帯に自生。常緑性の高木で、特徴的な黒い樹皮を持つ。光沢のある葉は、赤茶を帯びた緑色で、小型で楕円形。葉裏は色が薄く、扇状に広がる小枝につく。春に赤茶色の小花が密集して咲く。木材は建築全般に重用される。*N. s.* var. *cliffortioides*の卵形の葉は先端がさらに鋭く尖る。
ゾーン：8〜9

NUPHAR
（コウホネ属）
スイレン科。およそ25種の水生の多年生草本からなる。スペイン、南イタリア、地中海沿岸を含む北半球の温帯地域に自生する。コウホネは流れがないか、緩やかな水中に育ち、大きな卵形〜丸形の葉を持つ。葉は水に浮かぶものも、沈むものも、水面より飛び出しているものもある。水面から突き出る小さめの花は黄色い萼片が目立ち、黄色い花弁はそれより小さい。
〈栽培〉
肥えた混合土を入れたバスケットに根茎を植える。バスケットなら、しだいに深さに慣らしながら水中に沈めることができる。流れのない水の中で、日に当てて育てる。とはいえ、コウホネはスイレン属の種よりも、日陰や流水に耐性はある。条件が合うと、侵略種になりうる。繁殖は播種、あるいは株分けで。

Nuphar lutea
一般名：セイヨウコウホネ
英　名：YELLOW WATERLILY
☼/◐ ❄ ↔0.9〜2.4m ↕8〜38cm
北半球の温帯地域には広く分布している。侵略植物で、幅広い卵形、あるいは丸形の葉は、水に浮かぶか、突き出ていて、革質で光沢がある。小さな球形の、鮮やかな黄色の花を夏に咲かせる。花が咲くと特徴的な匂いを出す。
ゾーン：4〜9

Nuphar polysepala
☼/◐ ❄ ↔0.9〜2.4m ↕8〜38cm
北アメリカ原生。幅広の心臓形の濁った緑色の葉は、ふつう水に浮かぶ。夏に、蝋質の、黄色がかった緑色で、球形の花をつける。花の内部は茶色がかった紫色を帯びることが多い。
ゾーン：4〜9

NUXIA
（ヌクシア属）
フジウツギ科に属し、常緑性の高木、低木、およそ15種からなる。アラビア半島から熱帯アフリカまで、南アフリカ、マダガスカル島、マスカリン諸島に分布。葉は対生、あるいは3枚の輪生でつく。葉には変異があり、全縁のことも、鋸歯縁のことも、有毛のことも、革質のこともあるが、たいてい葉裏は有毛である。花はたいてい白色で、茎頂で円錐花序を作る。花後、微小な種子を含む小さなさく果が2つ繋がったようなさく果からできている。
〈栽培〉
成長が早く、ふつう霜の降りない地域で観賞用の緑陰樹として植栽され、湿った土壌なら、日なたでも、半日陰でもよく育つ。繁殖は半熟枝の切片から。種子からの発芽は難しい。

Nuxia floribunda
英　名：FOREST WILD ELDER, KITE TREE
☼ ❆ ↔3m ↕8m
熱帯アフリカと南アフリカに自生する、低木、あるいは高木。成長習性はさまざま。楕円形の葉は、全縁、波縁、鋸歯縁のいずれか。人目を引く、芳香のあるオフホワイトの花が、大きな房を作り、秋から春にかけて咲く。
ゾーン：9〜11

Nuphar polysepala

Nuxia floribunda

Nuytsia floribunda

NUYTSIA
（ヌイトシア属）

1属1種でヤドリギ科に属する。ヤドリギ科で高木にまで成長する2、3種のうちのひとつ。西オーストラリアに自生し、根を他の植物に密着させ、そこから栄養分を取る。濃緑色の葉群れは、夏に咲く山吹色の見事な花にほとんど覆われ隠れてしまう。

〈栽培〉
この寄生種は周りに生える他の植物の根から栄養を得ているので、幼苗は他種の植物（イネ科の草が望ましい）の苗か、あるいは株と一緒に植えなくてはならない。シバムギを宿主に使ってある程度の成功を収めた。水はけのよい、砂地の土壌が成長には必要だが、この木は生長がきわめて遅いこともあるので、花をつけるには長い年月がかかることもある。霜にやられても、被害のない幹や根茎からまた萌芽する。繁殖は種子から。種子は3〜10週間で発芽する。

Nuytsia floribunda
英　名：WESTERN AUSTRALIAN CHRISTMAS TREE
☀ ❄ ↔4.5m ↕8m
オーストラリア南西部に自生。幹と枝は、ざらざらしておりもろい。葉は細長くオリーブグリーン色で、厚い。夏、芳香がある山吹色の小花が、茎頂に群生する。果実は長さ18mmで、3枚の翼がある。
ゾーン：8〜10

NYMANIA
（ニマニア属）

南アフリカの熱い乾燥した地域に自生する。センダン科で、1属1種。丸みを帯びた低木か、小高木で、魅力的な赤い花と装飾的な萼が高く評価される。

〈栽培〉
霜に弱く、温暖な気候と、日なたで肥えた水はけのよい土壌が必要。冷涼な地域では温室で栽培されることが多い。鉢植えの木には、成長する季節には適度な水やりが必要。冬の間は湿り気を絶やさない程度に。繁殖は春に播種、あるいは夏に挿し木する。

*Nymania capensis*の萼

Nymania capensis
英　名：CHINESE LANTERN
☀ ❄ ↔1.5m ↕3m
南アフリカのケープ地方に自生。分岐が多い常緑性の低木、あるいは小高木。細長い葉が密生する。晩冬〜初夏、4花弁のピンクがかった赤い小花をつける。種子を含む萼は、大きくて、紙のように薄く、膨らむ
ゾーン：11〜12

NYMPHAEA
（スイレン属）

スイレン科のスイレン属の分布は多岐にわたり、世界中ほとんどすべての地域の池に育つ。水生の多年生植物およそ50種からなり、耐寒性と熱帯性の2つのグループに分かれる。葉は幅広の楕円形か円形で、付け根で2つの裂片に分かれる。魅力的な花には、あらゆる色が揃い、星形か碗形を呈し、花弁の先は尖っていることも丸いこともある。葉の上に花茎を出すか、水面すれすれに花がある。芳香のある種も、夜に咲く種もある。

〈栽培〉
耐寒性のスイレンは温帯の気候では池でずっと動かさずに栽培するのに向いている。熱帯性のスイレンは夏の水温が18〜21℃、冬の水温は10℃ある必要がある。肥えた混合土を入れたバスケットに根茎を植え、水深は植物の大きさによって変える。流れのない水中で、日なたで育てる。混み合うと花が小さくなり、葉が水の上に出るようになる。繁殖は根茎を分ける。

Nymphaea alba
一般名：ホワイトウォーターリリー
英　名：EUROPEAN WHITE LILY
☀ ❄ ↔0.9〜3m ↕8〜38cm
温帯のニューラシア大陸とアフリカ北部に分布する。丸い葉は、幅30cm、若葉は赤く、しだいに濃緑色になる。水面に浮く白い花は幅20cmほど、夏の日中に開花。
ゾーン：5〜9

Nymphaea caerulea
ニンファエア・カエルレア
異　名：*Nymphaea capensis*
英　名：CAPE BLUE WATERLILY
☀ ❄ ↔0.9〜3.5m ↕8〜38cm
アフリカ南部と東部に原生。丸形で、へりが波打つ葉は幅40cmほどになる。芳香のある青い花は、直径20cmほど、葉よりかなり上に位置し日中開く。春〜夏咲き。'**コロラタ**'（syn. *N. colorata*）の小さめの葉は裂片が重なり合い、花も小さめで、藤色〜青色。
ゾーン：10〜12

Nymphaea × *daubenyana*
☀ ❄ ↔0.9〜1.8m ↕8〜38cm
交雑による園芸栽培品種。小さくて芳香のある、薄い青色の花を、水面よりかなり上でつける。葉と茎の葉腋に新しい芽をつける。春〜夏、日中に開花。
ゾーン：11〜12

Nymphaea gigantea
英　名：AUSTRALIAN WATERLILY
☀ ❄ ↔0.9〜3.5m ↕8〜38cm
オーストラリアとニューギニアの熱帯地方に原生。大きな葉は、直径60cmぐらいまで育つこともよくある。昼咲きの花は、幅30cmほど、色合いはスカイブルー〜青紫、黄色い雄ずいが目立つ。春から夏にかけて開花。
ゾーン：11〜12

Nymphaea lotus
一般名：ロータス
英　名：EGYPTIAN WATERLILY、LOTUS、WHITE LILY
☀ ❄ ↔0.9〜3.5m ↕8〜38cm
エジプトと熱帯・南東アフリカに原生。大きく、丸い、へりが波打つ葉は幅50cmほど。径25cmになる花は、白くて芳香があり、ふつうは夜咲き、翌日の正午ごろ閉じる。開花は春〜夏。
ゾーン：11〜12

Nymphaea mexicana
英　名：YELLOW WATERLILY
☀ ❄ ↔0.9〜3.5m ↕8〜38cm
アメリカ合衆国南部とメキシコに自生。丈夫な植物で、楕円〜円形の緑色の葉には紫色を帯びた茶色の斑点が散る。かすかな芳香を持つ花は、薄黄色から鮮やかな黄色まで。開花は春〜夏。
ゾーン：10〜12

Nymphaea odorata
一般名：ニオイヒツジグサ
英　名：FRAGRANT WATERLILY、POND LILY
☀ ❄ ↔0.9〜2.4m ↕8〜38cm
アメリカ合衆国東部に自生。丸い濁った緑色の葉は、幅25cmほど。芳香のある白い花は、夏、日中に開く。'**スルフレア グランディフロラ**'は、斑入りの葉と、大きな星形で鮮やかな黄色の花をつける。'**ウィリアム B. ショー**'、大きなクリーム色がかったピンクの花が咲く。
ゾーン：3〜10

Nymphaea alba

Nymphaea caerulea 'Colorata'

Nymphaea × *daubenyana*

Nymphaea gigantea

Nymphaea stellata

Nymphaea tetragona 'アルバ'

スイレン、HC、熱帯性昼咲き、'バグダッド'

Nymphaea stellata

☀ ⚘ ↔0.9～3.5m ↕8～38cm

アジアの南部と南東部に自生。鮮やかな緑色の丸形、あるいは楕円形の葉は、幅15cmほどになる。直径12cmほどの花は日中に開き、青色～ピンク色、あるいは白色。春～夏に開花。
ゾーン：11～12

Nymphaea tetragona

異 名：*Nymphaea pygmaea*
一般名：ヒツジグサ
英 名：PYGMY WATERLILY

☀ ❄ ↔30～120cm ↕8～38cm

ヨーロッパ、アジア、日本の全域で見られる。小さな卵形の濃緑色の葉は、裏面が濁った赤色を呈す。わずかに芳香がある花は、直径5cmほどで白色、黄色い雄ずいがある。夏咲き。'アルバ'の小さい葉は裏面が紫色で、花は白い。'ヘルウォラ'の葉は斑入りで、鮮やかな黄色の花にオレンジ色の雄ずい。
ゾーン：3～9

Nymphaea tuberosa

☀ ❄ ↔0.9～2.4m ↕8～38cm

アメリカ合衆国北東部に自生。頑健な植物で、丸い葉はしばしば直径38cmにもなる。純白の花は幅22cmほどになり、夏、日中に開花。
ゾーン：3～9

Nymphaea Hybrid Cultivars

（スイレン交雑品種）

スイレンの交雑品種は、耐寒性のものと、熱帯性のものに分かれ、熱帯性の交雑品種はさらに昼咲きと夜咲きのものに分かれる。

HARDY HYBRIDS

（耐寒性の交雑種）

☀ ❄ ↔0.9～2.4m ↕8～38cm

この交雑種は比較的冷涼な気候に適している。昼咲きの花はふつう水面近くで咲き、青色系以外のあらゆる色合いが揃う。花色が日数ともに劇的に変わる「色変わり」もある。'シャーリーン ストローン'は香りのよい、黄色い花を水面の上に咲かせる。'チャーリーズ チョイス'、色変わりで、アプリコットイエローの花がほとんど赤になる。'コロラド'、サーモンピンクの花は中心に近づくほど濃くなる。'ファイアー クレスト'、香りのよい明るいピンクの花は赤い雄ずいを持つ。'グラッドストネアナ'、大きな白い花に金色の雄ずい。'ゴネール'、大きな純白の花。'ジェイムズ ブライドン'、大杯咲きで、鮮やかな赤色の芳香性の花。'ピンク センセーション'、濃いピンクの花が水面の上に出る。'テキサス ドーン'、大きな黄色い花。'ウィリアム ファルコナー'、血のように赤い花に黄色い雄ずい。マルリアケア系と呼ばれる交雑種は、19世紀中頃、フランスのJoseph Marliac（ジョセフ・マルリアック）によって創りだされた。彼が開発した耐寒性の交雑種の多くは今でも非常に人気がある。たとえば'マルリアケア アルビダ'は白い花。'マルリアケア カルネア'は優しいピンク色の花で、雄ずいは黄色。'マルリアケア クロマテラ'、優しい黄色の花。'マルリアケア イグネア'、深紅色。
ゾーン：3～10

TROPICAL DAY-BLOOMING HYBRIDS

（熱帯性昼咲きの交雑種）

☀ ⚘ ↔0.9～3.5m ↕8～38cm

この交雑種は水温21℃以上を必要とする。幅38cmにもなる花をつける種もある。ブルー系を含め、あらゆる色合いが揃う。花はふつう葉より上に出る。'イブリン ランディグ'、強烈なピンク色の花。'ジェネラル パーシング'、濃いピンク色の芳香のある花が直径30cmにもなる。'マーガレット ランディグ'、濃い青紫色の香りのよい花。'マリオン ストローン'、星形で白い、芳香のある花。'ミセス ジョージ H. プリング'、香りのよい白い、星形の花は直径25cmまでになる。'パメラ'星形のスカイブルーの花。'パナマ パシフィック'、濃い暗紫色の花で雄ずいは黄色。'ピンク プラター'、優しいピンク色の開いた花。
ゾーン：11～12

TROPICAL NIGHT-BLOOMING HYBRIDS

（熱帯性夜咲きの交雑種）

☀ ⚘ ↔0.9～3.5m ↕8～38cm

このグループは水温21℃以上を必要とする。花は夕暮れ頃に開き、翌日の昼までには花弁を閉じる。花色は、たいてい赤、ピンク、白の色合いである。'エミリー グラント ハッチングス'、の花は濃いピンク色を帯びた赤色で、杯咲き、

スイレン、HC、耐寒性、'アン エメット'

スイレン、HC、耐寒性、'シャルル ドゥ ムルビル'

スイレン、HC、耐寒性、'コロラド'

スイレン、HC、耐寒性、'コンケラー'

スイレン、HC、耐寒性、'エリシアナ'

スイレン、HC、耐寒性、'エスカルブークル'

スイレン、HC、耐寒性、'ゴールデン ファシネーション'

スイレン、HC、耐寒性、'レイデッカー ロセア プロリフェラ'

スイレン、HC、耐寒性、'マルリアケア カルネア'

スイレン、HC、耐寒性、'マルリアケア クロマテラ'

スイレン、HC、耐寒性、'マルリアケア グロリオサ'

スイレン、HC、耐寒性、'ペリーズ ファイア オパール'

スイレン、HC、耐寒性、'ピンク グレープフルーツ'

スイレン、HC、耐寒性、'ルネ ジェラール'

スイレン、HC、耐寒性、'テキサス ドーン'

スイレンHC、熱帯性昼咲き、'キーライム'

スイレンHC、熱帯性昼咲き、'イサモラダ'

スイレンHC、熱帯性昼咲き、'マーガレット ランディグ'

スイレンHC、熱帯性昼咲き、'マリオン ストロー'

スイレンHC、熱帯性昼咲き、'セントルイス'

スイレンHC、熱帯性昼咲き、'スター オブ ザンジバル'

スイレンHC、熱帯性昼咲き、'スワニー ブルー ミスト'

スイレンHC、熱帯性昼咲き、'ティナ'

スイレンHC、熱帯性夜咲き、'トルーディ スローカム'

スイレンHC、熱帯性夜咲き、'ウッズ ブルー ゴッデス'

自生する*Nymphoides crenata*、オーストラリア、クイーンズランド州、ボロン

Nyssa sinensis

Nyssa sylvatica

Nyssa sylvatica 'Wisley Bonfire'

花幅は30cmにもなる。'**ミセス ジョージ ヒッチコック**'、大きな明るいピンク色の花にオレンジ色の雄ずい。'**レッド フレア**'、星形の鮮やかな赤色の花は香りがよい。'**ロサ デュ ノーチェ**'、中心が黄色いピンクの花。'**サー ギャラハッド**'、星形の白い花は雄ずいが黄色い。'**ストゥルテワンティイ**'、光沢のあるピンク色で芳香のある花。'**トルーディ スローカム**'、大きな平たい白い花には黄色い雄ずいがある
ゾーン：11〜12

NYMPHOIDES
（アサザ属）
ミツガシワ科アサザ属は水生多年生草本約20種からなる。世界中いたるところに分布する。水面に浮かぶ葉は、付け根が心臓形で、全体は卵形〜円形。茎先につく5弁の星状の黄色、あるいは白色の花は、水面すれすれで咲く。
〈栽培〉
はびこってしまう種が多く、小さな池には向かない。根茎を肥えた混合土に植え、日なたの流れのない水中で栽培する。繁殖は播種か、株分けで。

Nymphoides crenata
英　名：WAVY MARSHWORT
☼ ❄ ↔ 1.8m ↕ 0.6〜1.5m
オーストラリアの種で内陸部の平原に広く分布。流れがないか、緩やかな、深さ1.5mまでの水中に育ち、泥が干上がっても生き残る。浮き葉は、幅12cmほど、浅い波形の鋸歯縁。花は黄色で、直径35mmほど、花弁は縮れ、散形花序に多数の花がつく。春〜秋に開花。
ゾーン：9〜11

Nymphoides peltata
一般名：アサザ
英　名：YELLOW FLOATING HEART
☼ ❄ ↔ 0.9〜2.4m ↕ 30cm
温帯のユーラシア大陸に原生し、北アメリカで帰化している。小さく、斑入りで、心臓形の浮き葉。鮮やかな黄色で、星形、縮れた花弁を持つ花は夏に咲く
ゾーン：6〜10

NYSSA
（ヌマミズキ属）
北アメリカとアジアの東部と南東部が原生の落葉高木を5種ほど含むだけの小さな属。ミズキ科に属する。どの種も秋の葉色の見事さで知られている。優しい緑色、薄い黄色、山吹色〜オレンジ色、それに茶色と、さまざまな葉色が揃う。たいていの種は小川や湖や沼の縁にある湿地に生え、乾いた土地でうまく育つことは稀。葉は単葉で、花は目立たなく、果実は小さくて青みを帯びる。木が確実に水を得られるところを好むことから、ギリシア神話の水の精の名前にちなんでNYSSAと名づけられた。
〈栽培〉
この植物は、日なたか半日陰で、水はけがよく、湿って肥えた土壌を好む。初期に競合する頂枝を切る以外は、あまり刈り込む必要はない。繁殖は、秋に熟するとすぐに採った種子から。乾いてしまう前に、すぐに蒔くこと。盛夏に半熟枝を挿し木してもよい。

Nyssa aquatica
英　名：COTTON GUM, TUPELO GUM, WATER TUPELO
☼ ❄ ↔ 4.5m ↕ 15m
アメリカ合衆国南東部が原生だが、自生木も、植栽されている木も珍しい。幹は直立し、樹冠はドーム形。葉は円形〜長円形で、葉裏はにこ毛に覆われ、鋸歯縁。花は緑がかった白色で、葉腋に群生する。夏咲き。果実は濃い藤色。
ゾーン：5〜10

Nyssa sinensis
英　名：CHINESE TUPELO
☼ ❄ ↔ 9m ↕ 12m
中国原生の稀種。美しい小高木か、大型の低木で、まばらに枝を伸ばす。葉は細長い楕円形で、長さ15cmほど、若葉は赤い。秋に赤と黄色のほぼすべての色合いに紅葉する。
ゾーン：7〜10

Nyssa sylvatica ★
一般名：ヌマミズキ
英　名：BLACK GUM, BLACK TUPELO, SOUR GUM, TUPELO
☼ ❄ ↔ 9m ↕ 15m
北アメリカ、カナダからメキシコ湾までに分布。落葉性の高木で、見事な水平に伸びた枝を持つ。葉は全縁、光沢のある濃緑色で、葉裏は色が薄い。秋にオレンジ色、緋色、紫がかった赤のさまざまな色合いに紅葉する。小さな青味を帯びた黒い実をつける。湿潤な沼地の環境に生息する。'**シェフィールド パーク**'の葉は標準種よりも2、3週間早く色づく。'**ウィズリー ボンファイアー**'、素晴らしい秋の紅葉がシンメトリーの形を作る
ゾーン：3〜10

*Oberonia gracilis*の野生種、ニューギニア

OBERONIA
(ヨウラクラン属)

ラン科、複茎性着生ラン300種以上からなる。アフリカから東南アジアを経て太平洋諸島にまで分布する。花が大変小さく、花が咲いていないときはよく似ているため、ほとんど研究が進んでいない種である。2列生でつく多肉の葉は概して幅が広く、平たく、先端が尖る。現在伸びている主茎から花が咲くのは一度きりで、先端の二枚の葉の間に花がつき、花序のほうが植物全体よりも長いことがしばしばある。群生し、花をつけていなくとも魅力的な種が多い。属名は妖精王オベロンにちなんで名づけられた。

〈栽培〉
これら野生種のランはランの専門家のコレクションでしか見られない。年間を通じ暖かく、湿った、日陰の環境を必要とし、湿気を保つ木性シダやコルクのヘゴ板の上で、根鉢(ルートボール)をミズゴケで覆ってやるとよく育つ。ヨウラクランは、根がかなりの通気を要求するため鉢で育つのは稀である。

Oberonia gracilis
☀ ╪ ↔10～20cm ↕10～40cm
ニューギニア原生。垂れ下がる習性を持つ。革紐状の明るい緑色の葉。花序には100までの丸形で、小さな、黄褐色～茶色の花がつく。
ゾーン：10～12

OBREGONIA
(オブレゴニア属)

サボテン科。1属1種のこの小型サボテンは、メキシコのタマウリパス州周辺地域の石灰岩からなる土壌に生える。属名は、メキシコの元大統領、Alvaro Obregon(1880～1928)にちなんでつけられた。興味をそそる姿形、希少性、そしてこの植物の緩やかな成長速度などすべてがあいまって、魅力を増大させている。そのため、生息環境が非常に限られているにもかかわらず収集熱に油を注ぐ結果となった。現在はワシントン条約(絶滅の恐れのある野生動植物の種の国際取引に関する条約：CITES)の附属書Iに記載されている。

〈栽培〉
水はけがよく無機元素と適量の石灰を混ぜこんだ土壌なら容易に育つ。子吹かず、種子からのみ育つ。盛夏にはいくらか遮光してやるとよい。冬は休眠する。

Obregonia denegrii
一般名：帝冠
☀ ╪ ↔2.5～25cm ↕5～10cm
メキシコ、タマウリパス州ハウマベ渓谷の石灰石土壌に自生する。単生で扁平の円盤状の植物。地表の上にはかろうじて成長する程度で、長く厚いカブの根のような主根を持つ。短い三角形の小結節が、らせん状に並び、結節の下側は竜骨状に下部中央が張り出す。小結節の先につく細いもろい刺は、年月とともに消失する。淡黄色でじょうご形の小花をつける。果実はこん棒形で茶色を帯びた白色を呈する。
ゾーン：9～11

OCHAGAVIA
(オカガウィア属)

パイナップル科、チリ原生の4種からなる。水を溜めない密生したロゼットを作る。葉数はたいへん多く、細長い葉は硬く、葉縁には多数の鋸歯がある。無茎の球状の花序は50までの花をつけ、ロゼット葉の中心に沈み、鮮やかな赤い苞に包まれる。花弁は主に赤のさまざまな色合いを呈する。最も内側の葉は、基部が赤みがかっていることがある。開花を促進するには冬の気温が0℃前後まで下がる必要がある。

〈栽培〉
オカガウィアは、冷温帯の地域では温室での鉢栽培を、冷温帯～暖温帯の地域では戸外での栽培を推奨する。鉢土が乾いたら水をやる。肥料を与え過ぎない。繁殖は主にオフセットから。

Ochagavia carnea
☀ ❄ ↔80cm ↕50cm
チリ原生の種。直径50cmになる密生したロゼットが群生する。葉は緑色で硬く、強い鋸歯縁。ピンク色の花弁の花を50までつける花序は、大きなピンク色のかさかさした苞葉に包まれる。冬咲き。
ゾーン：8～10

Ochagavia elegans
☀ ╪ ↔30cm ↕40cm
ロビンソン・クルーソーで有名なファン・フェルナンデス諸島に自生する。群生植物で、鋸歯縁で硬い緑の葉が作る、密集したロゼットが集まる。冬、花序は小さな赤い苞葉に囲まれ、40までの紫色を帯びた赤い花をつける。
ゾーン：9～11

OCHNA
(オクナ属)

オクナ科、約80種の落葉性と常緑性の高木、低木からなり、そのすべてがアジア、アフリカに分布する。全種とも葉は単葉、互生で歯牙縁である。花は単体、あるいは群生でつき、5～10の花弁を持つが、開花後すぐに散る。結実すると、5枚の萼片と花床が膨らみ鮮やかに色づき、多肉質で、1つの種子を含む小果実を3つ以上つけ、熟すと色のコントラストが目立つ。

〈栽培〉
これらの種はわずかに耐霜性があるだけである。そのため初め数年は霜から守る覆いが必要だが、それ以外の熱帯、亜熱帯地域では、日なた、あるいは半日陰で、水はけのよい土壌なら栽培可能。繁殖は種子か挿し木から。

Ochna kirkii
☀ ╪ ↔2m ↕3m
あまり知られていない種。モザンビークの水辺に自生。葉は厚く革質で、長楕円～楕円形、付け根は心臓形、縁に歯牙がある。春になると茎頂に黄色い花を群生させる。萼は鮮やかな赤。
ゾーン：10～11

Ochna natalitia
英 名：YELLOW IPOMOEA
☀ ╪ ↔2m ↕4.5m
南アフリカのクワズルー・ナタール州原生の低木、あるいは小高木。艶のある楕円形の葉の若葉はブロンズ色。春から夏にかけて香りのよい、優しい黄色～鮮やかな黄色の花をつける。多肉質の赤い萼がつく。黒い小果実がなる。
ゾーン：10～12

Ochna kirkii、小果実

Ochagavia carnea

Ochagavia elegans

Ochna natalitia

Ochna pulchra

Ochna serrulata

Ochna pulchra
英　名：PEELING PLANE
☼ ♂ ↔3m ↕8m
南アフリカの開けた樹林地に自生する小高木。薄い灰色の樹皮は剥がれ落ちる。葉は楕円形～卵形で、淡緑色～黄色がかった緑色。春に香りがよく、薄い黄色～緑がかった黄色の花をつける。赤みがかった多肉の萼と、黒い腎臓形の小果実をつける。
ゾーン：9～10

Ochna serrulata
一般名：ミッキーマウスツリー
英　名：CARNIVAL BUSH, MICKEY MOUSE PLANT
☼ ♂ ↔2m ↕3.5m
南アフリカ東部に自生する小高木。樹皮は滑らかで茶色い。葉は楕円形、艶のある濃緑色で、鋸歯縁、裏面は色が薄い。春～初夏、香りのよい黄色い花をつける。多肉質の萼は鮮やかな赤で、小果実は球状で熟すと黒くなる。環境を破壊しかねない雑草とされている。
ゾーン：9～11

OCIMUM
（メボウキ属）
英　名：BASIL

熱帯および亜熱帯のアフリカ、アジアに原生する一年生、多年生植物合わせて35種から成り、芳香のある葉はよく知られている。シソ科に属し、ふつう直立し叢生する。分岐しながら成長すること、細長い卵形から楕円形の葉が、特徴的である。葉は薄緑～濃緑色、さらに暗赤色や紫色まで多岐にわたる。夏、小さな筒状の花が輪生して短い穂状花序を作る。花色は白～クリーム色を帯びた緑色までさまざま。葉は多くの料理に香りづけとして使われる。これらのハーブは多くの人に好まれるようになり、しばしば夏のハーブと言われる。メボウキはおそらく最初インドで栽培されたのであろう。インドではメボウキは聖なるものとされ、ヴィシュヌ神やクリシュナ神に献上される。

〈栽培〉
メボウキの中には育てにくい種もある。これらの種を育てるには湿っていて水はけのよい土と、暖かく日当たりのよい場所を必要とし、霜や冷気に弱い。定期的に切り戻すことで、叢生が促される。一年生の種は夏に種子から、多年生の種は茎片の挿し木から繁殖させる。

Ocimum basilicum
一般名：バジル、スイートバジル
英　名：BASIL, SWEET BASIL
☼ ✂ ↔30cm ↕30～60cm
熱帯、亜熱帯のアジアに分布する。まっすぐに直立する茎が叢生する一年生植物。卵形でミッドグリーンの葉は、わずかに葉縁に鋸歯が入ることもあり、葉表は起毛していることが多い。葉は多くの料理に香りづけに使われる。夏、短い穂状花序に輪生で乳白色の花がつく。侵略種になりうるので、鉢植えで育てるのがよい。播種は慎重にすること。*O. b. var. minimum*（ブッシュバジル）★ (Greek Bush Basil) は、小さく引き締まった葉が小型に凝縮された株につき、夏に短い白い花をつける。香りがよい。*O. b.* 'ダーク オパール' (purple leaf basil) の濃い赤紫の葉は縮れていることもあり、薄いクリーム色がかった緑色の茎に薄ピンク色の花がつく。'フィーノ ヴェルデ コンパット' (Italian basil) は小型で、小さなミッドグリーンの葉を持つ。'レモン スイート ダニー' の葉は先が尖り薄緑色でレモンの香りがするが、脆弱な植物。'ミニ パープル' の株は矮性で引き締まっている。濃い紫色の葉の中には緑を帯びる葉もある。'ナポリターノ' は大きく縮れたレタスのような葉を持つ。'パープル ラフルズ' は強い芳香があり、葉は大きく、紫色を帯び、艶があり、鋸歯縁。★'レッド ルービン' は、'ダーク オパール' からの選抜品種で、より均質で小型、夏に葉は豊かな赤紫色をより長く保つ。'ラフルズ' ★ の緑の葉は端が巻き上がり縮れている。'シャム クイーン'

Ocimum basilicum 'Lemon Sweet Danny'

Ocimum basilicum 'Purple Ruffles'

Ocimum basilicum

Ocimum basilicum 'Dark Opal'

Ocimum basilicum var. *minimum*

O. b. 'Fino Verde Compatto'

Ocimum basilicum、'ジェノバ'

Ocimum basilicum 'Red Rubin'

Ocimum basilicum、'グリーク ミニ'

Ocimum basilicum、'ホーリー'

Ocimum basilicum、'ミネット'

Ocimum basilicum 'Napolitano'

Ocimum basilicum 'オスミン'

Ocimum basilicum 'Ruffles'

Ocimum basilicum 'Siam Queen'

Ocimum basilicum 'スイート ダニ'

Ocimum basilicum 'バレンティーノ'

は叢生で、コンパクトな植物で、細長く芳香のある葉とバラ色がかった紫色の花をつける。葉の収量がよいため料理素材として人気がある。カンゾウの香りがする。
ゾーン：10〜12

Ocimum tenuiflorum
異　名：*Ocimum sanctum*
一般名：カミメボウキ
英　名：HOLY BASIL
☼ ⌘ ↔60cm ↑90cm
高くなり、分岐する落葉性の低木で、インドとマレーシアに分布する。細く直立して成長する。ミッドグリーンの葉にはわずかに毛があり、紫色を帯びた茎の毛ははっきり見える。芳香が強く、刺激性の香りがする。薄ピンク〜紫色の花には黄色い雄ずいがある。夏咲き。
ゾーン：9〜10

×*ODONTIODA*
(×オドンティオダ属)
ラン科、複茎性のオドントグロッスム属とコクリオダ属との2属間ハイブリッドで冷涼なところで育つ。南アメリカ原生の*Cochlioda noezliana*は、鮮やかな赤色をその子孫となる多くのハイブリッドに与えた。しかしそのハイブリッドが何度も他のオドントグロッスム属と戻し交雑を繰り返した結果、コクリオダ属の影響がほとんど認められない場合もある。
〈栽培〉
半日陰で、冷涼で湿潤な湿気の多い場所を好み、鉢植えでよく育つ。パーライトとともに、ミズゴケや細かいバークの混合土を用いるとよい。水やりはじゅうぶんに。繁殖は株分けから。

×*Odontioda* Hybrids
一般名：×オドンティオダ ハイブリッド
☼ ⌘ ↔20〜60cm ↑20〜90cm
×オドンティオダ　ハイブリッドの多くは冬と春に咲き、花の大きさは5〜12cmほど。**Avranches**（アブランシュ）★、×オドンティオダの白い花の品種から開発されたアルビノのハイブリッド。**Durham River**（ダラム　リバー）、オドントグロッスム属の親からその形を、コクリオダ属からは鮮やかな色を引き継いでいる。**Heatonensis** × *Odontoglossum* **Starlight**（ヒートネンシス×オドントグロッスム　スターライト）、未登録のハイブリッドで、*O. cirrhosum*からクモのような形を引き継いでいる。**La Fosse**（ラ フォス）、えび茶色、白、黄色という、たいへん稀な色の組み合わせ。
ゾーン：9〜10

×*ODONTOBRASSIA*
(×オドントブラシア属)
冷涼なところから温暖なところで育つ、2属間ハイブリッドのランで、複茎性のオドントグロッスム属とブラシア属との交雑種。ラン科。ブラシア属から引き継いだクモの形の花を持ち、より暑さ寒さに耐性があり、毎年確実に花をつける。育つ条件の幅も広く、花も長く持ち、鉢植え花として人気が高い。
〈栽培〉
バークを主とした培地の鉢植えでよく育ち、成長が盛んな時期には頻繁な水やりと肥料を要求する。いつでも花は咲くが、暖かい季節のほうが頻繁に花をつける。直射日光を避けた、明るい湿った環境に向き、年中水分を必要とするが、

× *Odontobrassia* Kenneth Biven 'Santa Barbara'

冬にはしだいに水やりの回数を控える。繁殖は株分けから。

×*Odontobrassia* Kenneth Biven 'Santa Barbara'
一般名：×オドントブラシア ケネス ビブン 'サンタ バーバラ'
☼ ⌁ ↔20〜70cm ↑20〜100cm
濃いチョコレート色で幅12cmの大きな花は先が黄色を帯び、白い唇弁をもつ。*Odontoglossum cariniferum*と*Brassia arcuigera*との雑種第一代。
ゾーン：10〜12

×*ODONTOCIDIUM*
(×オドントキディウム属)
ラン科のオドントグロッスム属とオンキディウム属との2属間ハイブリッドで耐性がある。オドントグロッスム属より暑さに

×オドンティオダ ハイブリッド、(Nichirei Sunrise× Ingmar)（ニチレイ サンライズ×イングマール）

× *Odontioda* Hybrid, Heatonensis × *Odontoglossum* Starlight

×オドンティオダ ハイブリッド、Ruby Eyesルビー アイズ

×オドンティオダ ハイブリッド、Bugle Boyビューグル ボーイ

× *Odontioda*, Hybrid, Avranches

× *Odontioda*, Hybrid, La Fosse

× *Odontioda*, H, Durham River

×オドンティオダ ハイブリッド、Sheila Handsシーラ ハンズ

×オドントキディウム ハイブリッド、Artur Elleアルチュール エル

× *Odontocidium*, Hybrid, Bittersweet 'Sophie'

×オドントキディウム ハイブリッド、Golden Tridentゴールデン トライデント

× *Odontocidium*, Hybrid, Tropic Tiger

×オドントキディウム ハイブリッド、タイガーサン'ナゲット'

× *Odontocidium*, Hybrid, Dorothy Wisnom 'Golden Gate'

× *Odontocidium*, Hybrid, Mayfair 'Golden Gate'

× *Odontocidium*, Hybrid, Bittersweet 'Toffee'

×オドントキディウム ハイブリッド、Hansueli Islerハンスェリ イスラー

強い、この複茎性のハイブリッドは、直射日光を遮った湿潤な環境に置いてやれば、ある程度の気温の幅のもとで育ちうる。開花期間は長く、花の鉢植えとして人気が上がりつつある。

〈栽培〉
×オドントキディウムは鉢植えでよく育つが、じゅうぶんな水やりが必要。水ゴケか、パーライトを含む細かいバークの混合土を用いること。半日陰で育てる。繁殖は株分けから。

× *Odontocidium* Hybrids
一般名：×オドントキディウム ハイブリッド
☀ ♨ ↔20～60cm ↕20～90cm

×オドントキディウム ハイブリッドは、高い穂状花序に驚くほど多くの中型の花をつける。その多くが冬と春に開花する。ビタースイート'ソフィー'には人気があり、さまざまなハイブリッドがある。ビタースイート'トフィー'はこのグレックスのもう1つの例。ドロシー ウィズノム'ゴールデン ゲート'★は最上の×オドントキディウムで、祖先に、*Odontoglossum crispum*、*Oncidim leucochilum*、*Oncidium tigrinum*など多くの血統が混じっている。メイフェアー'ゴールデン ゲート'は大きく均整のとれた、鮮やかな黄色～山吹色の花をつける。**Tropic Tiger**（トロピック タイガー）は7つの異なる種のランの系統を引いており、濃いえび茶色の斑で覆われた緑の花は、濃い赤色の唇弁と対照をなす。ゾーン：9～11

ODONTOGLOSSUM
（オドントグロッスム属）

ラン科の本属は、南アメリカの山岳地帯に自生する約60種の冷涼な気候で育つランからなり、オンキディウム属やミルトニオプシス属と近縁関係にある。その多くが、長短さまざまの穂状花序をつけ、大輪で人目を惹く黄色と茶色の花を咲かせる。花の形はクモに似たものが多い。白色とピンク色の花で、花弁の幅が広めで丸形の花という印象を与える種が観賞用として人気を集めてきた。オドントグロッスム属にも、さらに近縁の属との組み合わせに、多くのハイブリッドがある。人気のあるものに、×コルマナラ属（×ミルトニア属×オンキディウム属）、×オドンティオダ属（×コクリオダ属）、オドントキディウム属（×オンキディウム属）などがある。

〈栽培〉
鉢植えで育つが、じゅうぶんな水やりが必要。水ゴケか、細かいバークにパーライトを5：1の割合で加えた混合土を用いる。半日陰の冷涼な栽培条件で育つ。繁殖は株分けから。

Odontoglossum crispum
一般名：レースオーキッド
☀ ♨ ↔10～40cm ↕12～80cm

コロンビア原生、オドントグロッスム属のまさに女王である。大きくゆったりと開いた、直径8cmほどの花を12以上もつけることが可能。花弁は幅が広く、縁には丸みを帯びた鋸歯か、細かい鋸歯が並ぶこともある。花色は輝く白色～薄いバラ色と多岐にわたり、赤や紫の点や斑が散る。ゾーン：9～10

Odontoglossum wyattianum
☀ ♨ ↔10～30cm ↕12～60cm

ペルーとエクアドルの高度2,000mあたりにある雲霧林に分布する。褐色で径8cmの花を8つまでつけ、その唇弁は対照をなす2色の紫色を呈す。*O. harryanum*と近縁関係にある。ゾーン：9～11

Odontoglossum Hybrids
一般名：オドントグロッスム ハイブリッド
☀ ♨ ↔20～60cm ↕20～90cm

多くが冬と春に開花し、3.5～12cmの大きさの花をつける。**Augres×*nobile*** （アウグレス×ノビレ）は未登録のハイブリッドで、白い花と、対照的な黄色に深いピンクの縁取りの入った唇弁を持つ。**Holiday Gold×Geyser Gold**（ホリデー ゴールド×ガイザー ゴールド）は、山吹色の交雑種。**Illustre**（イリュストル）は赤茶色に白の斑紋。**La Hougue Bie**（ラ ホグ ビー）は特徴的な黄色と白と褐色の斑を持つ。**Margarete Holm**（マーガレット ホルム）には白、黄色、えび茶色の模様。ミモザ'オダ マーセット'はベルベットのような質感で、鮮やかな暗紫色の花を咲かせる。ゾーン：9～10

Odontoglossum wyattianum

Odontoglossum, Hybrid, Mimosa 'Oda Marcet'

Odontoglossum, Hybrid, Illustre

O., H, (Holiday Gold × Geyser Gold)

O., Hybrid, (Augres × *nobile*)

O., Hybrid, La Hougue Bie

O., Hybrid, Margarete Holm

× Odontonia Susan Bogdanow

× Odontonia Bartley Schwarz

ODONTONEMA
（ベニツツバナ属）
アメリカの熱帯地域に原生するベニツツバナ属は、キツネノマゴ科で、常緑多年生草本や低木、あわせて約25種からなる。単葉で、艶のある緑色で全縁の葉が二列対生でつく。蝋質で覆われ、2枚の唇弁か5つの欠刻のある筒型の赤色、黄色、白色の花を、上向きの茎頂穂状花序、もしくは、いくつかの種では、下向きでスプレー状につける。花が目当てで栽培される。
〈栽培〉
霜に弱い温暖気候の植物で、肥えた土と、常時水やりが必要。風を遮った場所で、直射日光、あるいは明るく遮光された光のある、水はけのよい所を好む。成長部の先端を摘み取ることで、きちんと叢生を保てる。繁殖は挿し木から。

Odontonema callistachyum
異　名：Odontonema strictum
一般名：ベニツツバナ
英　名：FIRESPIKE
☀ ⚘ ↔65cm ↕1.8m
中央アメリカ原生の常緑性低木。直立して成長し、光沢のある葉は縁が波打ち、長円形、先端が尖る。蝋質で、深紅色の目立つ花序が、ほぼ一年を通して枝先につく。大きなコンサバトリーでのコンテナ栽培に最適。
ゾーン：10〜12

Odontonema schomburgkianum
☀ ⚘ ↔60cm ↕1.8m
コロンビア原生、直立しまばらに枝をつける低木。薄緑の葉は槍形〜長円形で長さ20cmほどになる。春に、蝋質で深紅色〜緋色の花が長さ0.9m程の下垂した細長い総状花序につく。
ゾーン：10〜12

Odontonema tubiforme
☀/☼ ⚘ ↔0.9〜1.5m ↕0.9〜1.5m
硬く直立する低木で、中央アメリカ原生。幅広の卵形で、艶があり、深い葉脈の走る緑の葉を持つ。一年中、細長く鮮やかな赤色の筒状の花が、密集した総状花序につく。
ゾーン：10〜12

× ODONTONIA
（×オドントニア属）
本属は、ラン科のオドントグロッスム属とミルトニア属との2属間ハイブリッド。この複茎性のハイブリッドは12輪までの中程度の大きさの花をつけた総状花序をつけることが多い。オドントグロッスムより暑さに強く、直射日光を遮り湿気のある環境を保てば、幅広い気温下で育つ。開花期間が長く、ときには1年に1度以上花をつける。たいてい春に花をつける。
〈栽培〉
ミズゴケか、細かいバークに10％のパーライトを加えた混合土を用い、鉢植えで育てる。年中じゅうぶんな水を必要とし、半日陰の場所を好む。繁殖は株分けで。

Odontonema callistachyum

Oemleria cerasiformis

× Odontonia Bartley Schwarz
一般名：オドントニア　バートレイ　シュワルツ
☀ ⚘ ↔20〜60cm ↕20〜90cm
10輪までの暗紫色の花をつけた直立する総状花序をつける。花径は5cmほど、唇弁の大部分は対照的な純白を呈する。
ゾーン：9〜11

× Odontonia Susan Bogdanow
一般名：オドントニア　スーザン　ボグダナウ
☀ ⚘ ↔20〜60cm ↕20〜90cm
花径9cmほどになる大きな花をつけるハイブリッド。ピンク色を帯びたクリーム色の花は、暗い紫色〜赤色の斑点で覆われる。ゾーン：9〜11

OEMLERIA
（オエムレリア属）
1属1種で、バラ科に属する、サクラ属に近い落葉性の低木。北アメリカ大陸の西海岸の湿気のある森林地帯に分布。細くまっすぐな枝に、長円形で艶のある緑色の葉がつく。葉裏は薄緑色で綿毛がある。白い雄性花と雌性花は別々の木に咲く。
〈栽培〉
林地に植栽や日陰のボーダーに最適。日陰になる場所で、じゅうぶん湿り気のある土だとよく育つ。

Oemleria cerasiformis ★
異　名：Osmaronia cerasiformis
英　名：OREGON PLUM, OSO BERRY
☀ ❄ ↔3.5m ↕2.4m
カナダのブリティッシュコロンビア州〜アメリカ合衆国のカリフォルニア州にかけて、北アメリカ大陸の西海岸沿いに分布する。吸枝を伸ばす低木で、滑らかな灰色の茎を持つ。春の若葉はたいへん瑞々しくみえる。春に優美な白い花が下垂した総状花序につき、アーモンドを想わせる香りがする。雌性の木になるプラムに似た果実は熟すと紫色になる。
ゾーン：6〜10

OENANTHE
（セリ属）
30種の多年生草本を抱え、セリ科に属す。北半球と南アフリカのじめじめした場所に自生する。葉はたいてい羽状で小さな小葉に分かれ、小さな白い花が散形花序につく、セリ科の基準属。中にはたいへん毒性の強い種もある一方、逆に *O. javanica* などは、アジアでは野菜として栽培されている。
〈栽培〉
ワイルドガーデンで自然にまかせ増やすのに最適。日なたでも日陰でも、湿気のある肥えた土壌でよく育つ。繁殖は挿し木、播種、株分けから。

Oenanthe javanica
異　名：Oenanthe japonica
一般名：セリ
英　名：WATER CELERY, WATER DROPWORT
☀/☼ ⚘ ↔30〜40cm ↕30〜40cm
インド〜日本、東南アジアにまで分布する。沼地のような土地で育つ。全裂する葉はセロリの葉に似る。夏に白い小花の散形花序をつける。アジアでは葉野

Odontonema schomburgkianum

Odontonema tubiforme, in the wild, Costa Rica

Oenothera 'Crown Imperial'

Oenothera 'Lemon Sunset'

薬として栽培されている。'**フラミンゴ**'は、緑色、クリーム色、ピンク色などの葉を持つ変種。
ゾーン：9〜12

OENOTHERA
（マツヨイグサ属）
英　名：EVENING PRIMROSE

アカバナ科。南北アメリカ大陸の温帯地域に分布する一年生、二年生、多年生植物合わせて120種以上を含む。主根を持ち、まっすぐ上に伸びる習性の種もあれば、ひげ根を持ちどちらかというと広がる習性の種もある。ホメオパシー療法の薬として使用されるほかに、マツヨイグサ属は主に、夏に咲く短命だが愛らしい花が目的で栽培される。花は杯形で4枚の花弁を持ち、花色は主に黄色、ときにはピンク色を呈す。英名の由来は、黄色い花色と、多くの種が夕方か夜に開花し、翌朝以降まで持たないこともあることからきている。花後に細長いさく果をつける。

〈栽培〉
大半は非常に耐寒性があり、この丈夫で適応能力が高い種は日なたと、軽い砂まじりの水はけのよい土壌を好む。夏に水をやるとより丈夫に育つが、必要なら日照りにも耐える。ひげ根を持つ種は休眠期に株分けでき、持たない種は播種か、基部を挿し木して殖やす。

Oenothera acaulis
一般名：ツキミタンポポ、チャボツキミソウ
☀ ❄ ↔40〜60cm ↕15cm
チリ原生の二年生、あるいは多年生植物。しばしば赤みを帯びる茎は叢生して広がる。不規則に欠刻のある羽状複葉。花径8cmの夏に咲く白い花は、時とともに薄ピンク色になる。ゾーン：5〜10

Oenothera biennis
一般名：メマツヨイグサ
英　名：COMMON EVENING PRIMROSE
☀ ❄ ↔40〜50cm ↕1.5m
北アメリカ東部に原生する一年生、あるいは二年生植物。基部にあるロゼット葉は幅広で槍形、浅い鋸歯縁。直立する花茎は、夏〜秋にかけて、赤みを帯びた芽から幅25mm、鮮やかな黄色の花を数多くつける。花色はだんだん濃くなる。
ゾーン：4〜9

Oenothera caespitosa
英　名：FRAGRANT EVENING PRIMROSE、WHITE EVENING PRIMROSE
☀ ❄ ↔60cm ↕10〜25cm
アメリカ合衆国西部に自生する、草丈低く、叢生で、こんもり茂る多年生植物。まばらなロゼットを作る葉は、さまざまな大きさで、細長い槍形〜へら形、浅い歯牙縁で、縁が波打つ。芳香のある白い花は幅6cmほど、夏咲き。
ゾーン：4〜9

Oenothera 'Crown Imperial'
一般名：マツヨイグサ'クラウン インペリアル'
❄ ↔30cm ↕40〜50cm
交配親不詳の交雑種。鮮やかな緑色で槍形の根出葉が茂みを作る。花茎は直立し、鮮やかな黄色で、花径が30mm以上になる花が集まり、バイモ属に似た花序を形成する。
ゾーン：7〜10

Oenothera elata
☀ ❄ ↔30cm ↕100cm
北アメリカ原生の多年生植物。基部のロゼットを作るのは、灰緑色で槍形の葉。花茎は直立する。夏、幅5cmほどの鮮やかな黄色の花が多数集まり花序を形成する。*O. e.* subsp. *hookeri*は、草丈が低めで、薄い黄色の花をつける。医学的に有望な抽出物のため、広く研究されている。
ゾーン：7〜10

Oenothera fruticosa
一般名：キダチマツヨイグサ
☀ ❄ ↔30〜40cm ↕50〜80cm
北アメリカ大陸東部に分布する二年生、あるいは多年生植物だが、短命なこともある。10cm以上の長さになる葉は槍形で、中央脈と軸はたいてい赤みを帯びる。夏に山吹色の花序をつける。*O. f.* subsp. *glauca*の幅広の青緑色の葉に、若葉のころは赤みを帯びる。*O. f.* '**フィアフェルケリ**'（syns '**フォイアーヴェルケリ**'、'**ファイアーワークス**'）、葉は赤紫色に色づき、花は鮮やかな黄色を呈する。
ゾーン：4〜9

Oenothera glazioviana
一般名：オオマツヨイグサ
英　名：LARGE-FLOWERED EVENING PRIMROSE
☀/◐ ❄ ↔40〜60cm ↕0.9〜1.5m
直立する二年生植物。ヨーロッパ原生で、おそらく持ち込まれた種の間で自然交雑した自己永続可能な種であろう。基部でロゼットを作る葉には細かい毛が生え、幅広の槍形をしている。夏に赤い萼片のある鮮やかな黄色の花が集まり花序を形成する。広がるので、一般に雑草と考えられている。
ゾーン：3〜10

Oenothera 'Lemon Sunset'
一般名：マツヨイグサ'レモン サンセット'
☀ ❄ ↔40〜80cm ↕100cm
直立する、多年生の交雑種だが親は不詳。小さい濃緑色の葉が集まりこんもとした茂みを作る。茎は赤い。花は芳香があり、花径は10cmほど、薄黄色で時とともに濃いピンク色か赤色に変わる。夏咲き。
ゾーン：5〜9

Oenothera macrocarpa
英　名：MISSOURI PRIMROSE、OZARK SUNDROPS
☀ ❄ ↔40〜80cm ↕20〜40cm
アメリカ合衆国、南部中央部に分布し、横に広がり、ときにこんもりと叢生する多年生植物。茎は最初直立し、のちに不規則に広がる。少し起毛した葉は長さ8cmほど。鮮やかな黄色の花は径10cmほどで、夏咲き。
ゾーン：5〜9

Oenothera perennis
一般名：ヒメマツヨイグサ
英　名：SUNDROPS
☀ ❄ ↔40〜80cm ↕20〜50cm
不規則に伸び広がり、しばしば一部直立する多年生植物で、北アメリカの東部に自生する。丈夫な茎は、ときには分岐することもある。葉は細長く、まばらに毛が生え、不規則な歯牙縁のことも多い。夏に鮮やかな黄色い花がまばらに集まって咲く。
ゾーン：5〜9

Oenothera speciosa
一般名：ヒルザキツキミソウ
英　名：WHITE EVENING PRIMROSE
☀ ❄ ↔30〜60cm ↕30〜60cm
アメリカ合衆国南西部とメキシコに自生する多年生植物。直立し、こんもりした茂みを作る。幅広の槍形の葉は、たいてい不規則な歯牙縁で、ときに欠刻のあることもあり、ロゼットを形成する。夏〜初秋に咲く花は、開くときには白いがしだいに濃いピンク色になる。'**アルバ**'は、白い花をつける。'**ロセア**'は、薄いピンクの花。'**シスキュー**'は薄ピンク〜藤色の花を持つ。
ゾーン：5〜10

Oenothera versicolor
☀ ❄ ↔40cm ↕60cm
自生する地域は不明。おそらく園芸栽培品種。直立する多年生植物。茎は赤みを帯びる。葉は細い楕円形でしだいに細くなり先端が尖り、鋸歯縁。鮮やかなオレンジ色の花が茎頂につき、花序を作り、しだいに赤に変化する。夏咲き。
ゾーン：6〜10

Oenothera speciosa 'Alba'

Oenothera speciosa 'Siskiyou'

Oldenburgia grandis

Olea capensis

Olea europaea

OLDENBURGIA
(オルデンブルギア属)

南アフリカの西ケープ州と東ケープ州に自生する、低木と矮性の多年生植物、あわせて4種を含む小さな属でキク科に属す。目にする栽培種は、たいてい *O. grandis* で、まばらなドーム状に枝を張る太い低木で、頑健な枝の先につく大きな葉は、綿毛を帯び、全縁でパドル形、長さ25cmになり、群生する。綿毛に包まれた花のつぼみも枝先に群生する。

〈栽培〉
霜のない気候なら、水はけのよい〜痩せた砂交じりの土壌で、日なたか暑いところで育つ。もっと冷涼な地域では、日照がじゅうぶんな加湿しない温室で育てる。成熟すると、うまく育てたオルデンブルギアは、大きなロックガーデンや低木のボーダーに、本当に見栄えがするものになる。繁殖は種子からだが、発芽はむずかしく、半熟枝の挿し木からでも殖やすのはむずかしい。

Oldenburgia grandis
異 名：*Oldenburgia arbuscula*
※ ☀ ↔2〜3m ↕2〜3m
大型の間の透いた低木で、南アフリカ原生。パドル型の葉は、若葉のときは両面とも白く起毛しており、後に葉表は濃緑色になる。大きく白い花のつぼみは、開くと直径10cmになり、紫色のアザミに似た花を咲かせる。夏咲き。
ゾーン：10〜11

OLEA
(オリーブ属)

英 名：OLIVE

本属はモクセイ科に属し、世界中（両アメリカ大陸を除く）の暖温帯に分布する常緑性の低木、および高木、あわせて20種ほどからなる。樹齢とともに、枝は見事に節くれだち、ねじれる。葉は、たいてい単葉で細長い楕円形、表は深緑色、裏は緑がかった白色である。大量の花が円錐花序につく。花後、よく知られる多肉質の石果をつけるが、中には固い種、すなわち核を含む。

〈栽培〉
オリーブの耐寒性はさまざまであるが、どの種もあまり霜に強くはない。とりわけ若木のうちは弱い。果実目的で栽培するなら、四季がはっきり分かれている必要がある。じゅうぶんな日光と、比較的穏やかな冬、そして暑い夏としだいに移り変わる秋のもとで育った木では、開花、実り、そして熟成、ともに最高となる。たいていの土壌で育ち、一度根付くと日照りにもたいへん強い。肥沃で水はけのよい土壌なら、大量の収穫が見込める。繁殖は播種、かかと挿し、吸枝から。

Olea capensis
英 名：BLACK IRONWOOD
※ ☀ ↔4.5m ↕15m
南アフリカ原生種。艶のある深緑色の葉。春に白い花が咲く。小さな黒い果実は、適切な処置をすれば食べられるが、めったに用いられない。心材は非常に硬いので、食器や道具やハンドルを作るのに使われることもある。
ゾーン：9〜11

Olea europaea
一般名：オリーブ
英 名：COMMON OLIVE
※ ❄ ↔6m ↕6〜9m
古代から栽培されている常緑性の高木で、地中海地域原生。樹齢を重ねるにつれ、枝は節くれだち、樹皮はひび割れる。葉は革質で、裏は銀色。たいへん長命である。木から採ったばかりの果実は食べられず、処理が必要。*O. e.* subsp. *cuspidata* (syns *O. africana*、*O. cuspidata*, *O. e.* subsp. *africana*) は高さ8mになり、緑陰樹によいが、たいへん簡単に自家播種し、侵略種となりうる。葉は銀色を帯びず、豆粒大の丸い果実をつける。*O. e.* 'マンザニロ' ★は、革質の葉で、可食の黒い果実をつける。'ミッション' は、丈夫で耐寒性のある栽培品種。
ゾーン：8〜10

OLEARIA
(オレアリア属)

異 名：*Pachystegia*

本属は、常緑性低木と小高木あわせて約180種を含み、キク科に属す。その多くがオーストラリア原生だが、ニュージーランド、ニューギニア、ロードハウ島原生もある。葉は芳香があるものもあり、大きさも多岐にわたるが、たいてい革質で、葉裏を灰色、白色、あるいは淡黄褐色の細く柔らかい毛が覆う。キク科特有の花は、花色が白色〜ピンク色、青色、紫色。あまりに豊富に花をつけるため葉が埋もれてしまう。

〈栽培〉
ほとんどの種は、水はけがよく、適度に肥えた土壌で、日なたか半日陰で育つ。冷温帯では、多くは−5℃を下回るような耐寒性を期待できないので、覆いで保護する必要がある。叢生の習性を維持するには、開花後、剪定すること。生垣や防風林に最適で、海岸沿いの条件を含め、強風に強い。繁殖は種子からか、夏と秋に取った半熟枝の挿し木から。

Olearia albida
英 名：DAISY BUSH、TANGURU
※ ❄ ↔2m ↕3m
ニュージーランド北島の沿岸山林に自生する丈夫な種。直立する低木、あるいは小高木で、葉は長楕円形、葉裏は白い毛で覆われる。夏から秋にかけて、大きな円錐花序に白いデイジーに似た花をつける。
ゾーン：8〜10

Olearia avicenniifolia
英 名：AKEAKE
※ ❄ ↔3.5m ↕3m
ニュージーランドの南島に自生する。常緑性低木で、広がる習性を持ち、枝は角ばっている。葉は幅広の槍形で、厚く、裏面は綿毛があり白色。秋に、白く芳香のあるデイジーに似た花が房でつく。
ゾーン：8〜10

Olearia cheesemanii
※ ❄ ↔2m ↕3.5m
ニュージーランド原生で、川岸に育つ。たいへん多花な低木。*O. arborescens* に似るが、葉は槍形。春から夏にかけて大きな円錐花序に白いデイジー似の花をつける。
ゾーン：8〜11

Olearia albida

Olea europaea subsp. *cuspidata*

Olearia myrsinoides

Olearia paniculata

Olearia nummulariifolia

Olearia frostii
☼ ❄ ↔ 90cm ↕ 60cm

小低木で、オーストラリア、ビクトリア州の高山地帯に自生する。若枝と小さな長楕円形の葉は細かな毛で覆われる。デイジーに似た白色か藤色の花は、それぞれの花径が30mmほど、枝の先端近くにつく。夏咲き。
ゾーン：8〜10

Olearia furfuracea
☼ ❄ ↔ 2m ↕ 2.4〜4.5m

ニュージーランドの北島に自生する。よく分岐する低木か、小高木。葉は、濃緑色で長楕円形、葉裏は淡黄色の毛を帯び、縁が波打つ。夏になると、大きな花房に小さな白いデイジーに似た花が群生する。
ゾーン：8〜11

Olearia ilicifolia
英 名：MOUNTAIN HOLLY
☼ ❄ ↔ 2m ↕ 2m

不規則に広がる低木で、ニュージーランド原生。葉は槍形で、刺のある鋸歯縁は、ヒイラギを思い起こさせる。夏、白いデイジーに似た花を房なりに豊富につける。
ゾーン：8〜10

Olearia insignis
異 名：*Pachystegia insignis*
英 名：MARLBOROUGH ROCK DAISY
☼ ❄ ↔ 0.9〜2m ↕ 0.9〜2m

ニュージーランド原生の、不規則に広がる低木。枝と、革質で卵形の葉の裏面は、白か茶色の綿毛で覆われる。大輪の、輝くように白いデイジー似の花は、中心部が黄色。フェルトに包まれたドラムスティックの先のような部分から咲く。夏に開花。
ゾーン：9〜11

Olearia lacunosa
☼ ❄ ↔ 2.4m ↕ 1.5〜3.5m

よく分岐する低木。ニュージーランド原生で、森林や低木地に育つ。葉は細長く、濃緑色で、葉表にはしわが寄り、葉裏は赤茶色の毛で覆われる。春から夏にかけて、白いデイジーに似た花が円錐花序を作る。
ゾーン：8〜10

Olearia macrodonta
☼ ❄ ↔ 2m ↕ 2m

ニュージーランド原生の種で、*O. ilicifolia* に似る。葉幅がより広く、葉色は灰色がかった緑色、鋸歯縁で、潰すと麝香のような香りがする。夏に白いデイジー似の花が集まり大きくて丸い花房を作る。
ゾーン：8〜11

Olearia paniculata

Olearia myrsinoides
英 名：BLUSH DAISY BUSH
☼ ❄ ↔ 1.5m ↕ 1.5m

低く不規則に広がる低木で、ニューサウスウェールズ州からタスマニア州にかけて、オーストラリア東部に自生する。葉は濃緑色で長楕円形、細かい鋸歯縁で葉裏は灰色を帯びる。茎頂で円錐花序につく香りのよい花は、2〜4枚の白い舌状花弁と、中心に藤色〜薄黄色の筒状花を持つ。
ゾーン：8〜11

Olearia nummulariifolia
☼ ❄ ↔ 1.5m ↕ 1.5m

ニュージーランド原生、亜高山種特有の、密に小枝をつける低木。小型で、密集するさじ形の葉は、表が黄色がかった緑、裏は淡黄褐色の毛で覆われる。春〜夏、葉に次いで、小さな乳白色か薄黄色のデイジーに似た花をつける。
ゾーン：8〜10

Olearia odorata
☼ ❄ ↔ 2m ↕ 3.5m

ニュージーランド原生、常緑性の低木で、針金状の茎を持つ。葉は小さく、鮮やかな緑色、パドル形で、葉裏は銀灰色である。香りの強い、花径6mmほどの薄い灰色をした花が花序を作る。夏咲きで、特に、曇って湿気の多い日中や夕方に気がつくことが多い。
ゾーン：8〜10

Olearia paniculata
英 名：AKIRAHO
☼ ❄ ↔ 2m ↕ 2〜3.5m

ニュージーランド原生の、低木、あるいは小高木。樹皮はきめが荒く、溝がある。卵形の葉は表が明るい緑色、裏は白か淡黄褐色の毛を帯び、葉縁が波打つ。大変小さく、香りがよい乳白色の花が、秋に群生する。生垣や防風林によく用いられる。雨の多い環境には強くない。
ゾーン：8〜11

Olearia insignis

Olearia macrodonta

Olearia furfuracea

Olearia ×oleesemanii

Olearia phlogopappa

Olearia phlogopappa 'Blue Gem'

Olearia phlogopappa 'Comber's Mauve'

Olearia phlogopappa 'Rosea'

Olearia phlogopappa var. *subrepanda*

Olearia × scilloniensis

Olearia solanderi

Olinia emarginata

Olearia phlogopappa
オレアリア・フロゴパッパ

英　名：DUSTY DAYSY BUSH

☀ ❄ ↔2m ↕2.4m

特に花を豊富につける種で、ニューサウスウェールズ州からタスマニア州にかけての東オーストラリアに原生する。さまざまな種があるが、葉は細長い長楕円形で、葉表は濃緑色〜青みを帯びた緑色、葉裏は白か灰色の毛で覆われる。茎頂につく花房を作る、目立つデイジーに似た花は、白色、ピンク色、藤色、あるいは青色で、春に咲く。*O. p.* var. *subrepanda*は亜高山帯性の丈の低い低木で、一般に高さは0.9mまで、葉は長さ12mmしかない。花色を得るため、多くの選択品種が作られてきた。たとえば、*O. p.* 'ブルー ジェム'、'コーマーズ モーブ' ★、'ロセア'などである。

ゾーン：8〜10

Olearia × scilloniensis
☀ ❄ ↔2.4m ↕3m

あるイギリスのガーデンで生まれた。親は*O. phlogopappa*と*O. stellulata*だと考えられている。よく分岐する低木。葉は濃緑色で縁が波打ち、裏面は白っぽい。春に白いデイジー形の花でできた円錐花序を豊富につける。

ゾーン：8〜10

Olearia solanderi
☀ ❄ ↔2.4m ↕3.5m

ニュージーランド沿岸に生える低木。角張った硬い枝を、少し粘着性のある黄色を帯びた毛が覆う。小さく、細長く、濃緑色の葉の裏面には白か黄色の毛が生える。小さい乳白色のデイジーに似た花は香りがよく、枝に沿ってつく。夏〜秋咲き。

ゾーン：8〜11

Olearia stellulata
異　名：*Olearia lirata*

英　名：SNOW DAISY BUSH

☀ ❄ ↔3m ↕3m

オーストラリア東部の森林にはよくある種。先の尖った卵形の葉は、しばしば鋸歯縁で、裏面を灰色がかった毛が覆い、潰すと少し香りがする。茎頂の花房につくデイジーに似た花は普通は白色、たまに藤色やピンク色もある。夏に開花。

ゾーン：8〜11

Olearia traversii
英　名：CHATHAM ISLAND AKEAKE

☀ ❄ ↔3m ↕4.5m

ニュージーランド、チャタム諸島原生の低木、あるいは小高木。樹皮は魅力的で、白っぽい色をし、深い溝がある。幅広の卵形の葉は、表が艶のある濃緑色、裏は白い毛で覆われる。夏に咲く花は目立たない。魅力的な葉のため生垣として植栽され、特に沿岸地帯で使われる。

ゾーン：8〜11

OLINIA
（オリニア属）

フトモモ科に近縁のオリニア科に唯一の属であり、東アフリカと南アフリカに自生する8種を抱えるだけである。常緑性の高木あるいは低木で、葉は単葉、全縁、革質で、対生である。花はピンクか白色で、分かれた細長い花弁と萼片を持つが、ふたつはお互いよく似ていることが多い。果実は小さく、赤みを帯び、液果に似た石果。夏に咲く小さな花のためよりも、緑陰樹として、あるいは魅力的で色とりどりの果実を求めて植栽される。

〈栽培〉
適度に肥え、じゅうぶんな水分を保持しつつも水はけがよい土壌で、日なたに植える。水はけがよければ、土壌が痩せていても耐えられる。繁殖は種子から、ただし、発芽が遅くむずかしい。挿し木は簡単には根付かない。

Olinia emarginata
英　名：MOUNTAIN HARD PEAR, TRANSVAAL HARD PEAR

☀ ❄ ↔3〜9m ↕3〜15m

南アフリカ原生の常緑性低木、あるいは高木。茂った枝の作る天蓋は密で、大きく広がる。濃緑色で艶のある葉は対生でつき、葉裏は薄緑色。夏に小さなピン

Oncidium cebolleta

クの花が群生する。秋に艶のある暗赤色の果実をつける。
ゾーン：8〜11

OLNEYA
（オルネヤ属）

本属は一属一種で、マメ科のソラマメ亜科に属す。北アメリカ南西部の乾燥地帯に原生する高木が唯一の種。常緑性の高木で、短幹で、しばしば多茎、大きく広がる樹冠を持つ。厳しい寒さや日照りのときには落葉する。野生では、春の雨に続き蝶形花が群生した直後に、若葉が出る。種子は炒ると食べられる。本属は19世紀のアメリカの植物学者、Stephan Olneyにちなんで名付けられた。

〈栽培〉
この小高木は、日なたの、たいへん水はけのよい土壌が最適である。繁殖は種子から。

Olneya tesota
英　名：DESERT IRONWOOD
☀ ❄ ↔3.5〜8m ↕4.5〜9m
アメリカ合衆国南西部と、メキシコ北部に自生する。広がった林冠をもつ高木。葉は灰色がかった緑色で羽状全裂葉、長さは5cmほど。春にピンク色〜明るい紫色をした蝶形花の花房をつける。
ゾーン：8〜10

OMPHALODES
（ルリソウ属）

英　名：NAVELSEED、NAVELWORT
本属は一年生、二年生、多年生あわせておよそ28種からなり、ムラサキ科に属す。ヨーロッパ、北アフリカ、アジア、メキシコに分布し、日陰の岩場や断崖、湿った樹林地、あるいは川のほとりのようなところに自生している。葉は、心臓形から槍形までさまざまで、少し起毛していることもある。春か初夏に、青色や白色の、ワスレナグサに似た小花を茎頂に群生させる。英名、学名ともに名前の由来は種皮が見たところ臍に似ているところから来ている。

〈栽培〉
冷涼で、半日陰の環境と、水分を保持し含みながら水はけがよく、有機質を多く含んだ土壌を好む。草丈が低い種は、ロックガーデン、あるいはグラウンドカバーに最適で、高く育つ種は、ボーダー花壇に栽培できる。全ての種は、春に種子から繁殖させる。多年生植物は秋に株分けからの繁殖も可能だが、根を触られるのを嫌うので、注意が必要である。

Omphalodes cappadocica
一般名：オンファロデス
英　名：NAVELWORT
☀ ❄ ↔30〜45cm ↕20cm
トルコ原生。多年生植物で、心臓形の葉が低く群生する。小さく青いワスレナグサに似た花を、初夏から盛夏にかけて咲かせる。'チェリー　イングラム'、草丈が高めの頑健な種。花色は濃いめの青。'スターリー　アイズ'、薄い色の花弁中央に濃い青色の線が入り、星のように見える。
ゾーン：6〜9

Omphalodes linifolia
一般名：シロウメソウ
英　名：VENUS' NAVELWORT
☀ ❄ ↔15〜25cm ↕30〜45cm
西ヨーロッパ原生。細長く、灰色がかった緑の葉を持つ一年生植物。夏になると、わずかに芳香のある白いスプレー咲きの花を豊富につける。同属の他の種と異なり、日なたで育てること。
ゾーン：6〜9

Omphalodes verna
一般名：ハナルリソウ
英　名：BLUE-EYED MARY、CREEPING FORGET-ME-NOT
☀ ❄ ↔60cm ↕15cm
ヨーロッパ原生。草丈の低い多年生植物で、グラウンドカバーに適す。茎が長く伸び、匍匐し、発根する。先の尖った卵形〜心臓形の葉をつける。中央が白い、青色のワスレナグサに似た花を春につける。
ゾーン：6〜9

ONCIDIUM
（オンキディウム属）

英　名：DANCING LADY ORCHID
熱帯アメリカ原生の複茎性のランからなる大きな属で、650種以上の多様な種を含み、ラン科に属す。一般にオンキディウムは、長い分岐する花序に黄色と茶色の花をつけ、花盛りのときは、特に目を引く。多くの種で、唇弁がもっとも顕著な特徴をなす。多種多様な本属の多くの種が、4枚までの葉を先端につける特徴的な偽鱗茎を持つ。花序はふつう、最近熟したばかりの若い茎の葉腋から出る。偽鱗茎から開花するのは一度だけである。

〈栽培〉
ほとんどの種が、台に固定して栽培される。そうすることで根系の発達が妨げられず、水やり後もすばやく乾く。小型種の中には、鉢植えで栽培されるものもある。栽培上の必要条件はさまざまだで、主にその種の自生地と、高度による。大半は、中間の栽培環境を好む。繁殖は株分けから。

Oncidium cebolleta
異　名：*Oncidium longifolium*
☀ ✂ ↔10〜40cm ↕20〜120cm
西インドと中央アメリカ原生の熱帯種。「ネズミの尻尾」型のオンキディウムのひとつ。長くて先細りの円筒形の葉が「ネズミの尻尾」に似る。偽鱗茎は小さい。山吹色やと茶色の花を30輪までスプレー状につける。花は直径35mmほどで夏に開花する。
ゾーン：11〜12

Oncidium crispum
☀/☀ ✂ ↔10〜40cm ↕20〜70cm
ブラジル原生。分岐する花序につく花はたいてい茶色で、直径8cmほど、黄色の斑点があるものもある。夏咲き。
ゾーン：10〜12

Omphalodes cappadocica

Omphalodes cappadocica 'Cherry Ingram'

Omphalodes cappadocica 'Starry Eyes'

Oncidium croesus

Oncidium sphacelatum

Oncidium Sweet Sugar

Oncidium croesus ★
☀ ⚘ ↔10〜30cm ↕10〜20cm
ブラジル原生。小型で株立ちする種。春、穂状花序に、艶のある茶色と黄色で、直径30mmほどの花5輪までつける。
ゾーン：10〜12

Oncidium flexuosum
☀/◐ ⚘ ↔20〜90cm
↕20〜150cm
よく知られ、広く栽培されている、南アメリカ原生種。偽鱗茎の間にできる長い根茎でよじ登る習性がある。よじ登れるよう、長いコルクや木生シダに固定してやる必要がある。長い、分岐する穂状花序に大量の花をつける。真夏に咲く、直径13cmほどの花は鮮やかな黄色で、長持ちする。
ゾーン：10〜12

Oncidium ornithorhynchum
◐ ❄ ↔10〜60cm ↕15〜90cm
中央アメリカ原生。多数分岐し、下垂する穂状花序につく花は、花もちがよく、ピンクと紫色。花径25mmほどで、チョコレートの香りがし、冬に開花する。冷涼な気候で育つ種。
ゾーン：9〜11

Oncidium Sharry Baby 'Sweet Fragrance'
一般名：オンキディウム シャリー ベイビー 'スイート フレイグランス'
☀/◐ ⚘ ↔20〜90cm
↕20〜120cm
花の鉢植え業界で使われる中でも、最も人気のある種のひとつ。一年に何度も花を咲かせることが可能。垂直に分岐する穂状花序に、赤みがかったピンク色、茶色、白の混ざった、径35mmほどの花をつける。芳香が強く、チョコレートのような香りがする。ゾーン：10〜12

Oncidium sphacelatum
☀/◐ ⚘ ↔20〜90cm
↕20〜150cm
中央アメリカ原生の丈夫な種で、栽培ではさまざまな気候に適応できる。花序は長く、分岐し、直立するものからアーチ形まで、花色は典型的な茶色と黄色で、花径30mm、春に開花する。非常に耐寒性があり、確実に育つ種。
ゾーン：10〜12

Oncidium Sweet Sugar
一般名：オンキディウム スイート シュガー
☀/◐ ⚘ ↔20〜90cm
↕20〜120cm
湿度が高ければ、高温でも育つ。分岐した長い花序につく花は、鮮やかな黄色、花径5cmで、唇弁と花被片のてっぺんに、黄褐色の斑が入る。
ゾーン：10〜12

Oncidium varicosum
英 名：DANCING LADY ORCHID
☀/◐ ⚘ ↔10〜40cm ↕12〜80cm
ブラジル原生。直角に分岐する花序には、70輪まで花がつく。長く咲き続け、花径は5cmほど、小さな花弁と萼片は黄色に茶色の斑が入る。唇弁には顕著な特徴があり、リップは大きく平たく、丸く、鮮やかな黄色で、花全体を席巻する。この種は「異様に膨らんだ」型のオンキディウムのハイブリッドの中で主要なものである。
ゾーン：10〜12

ONCOBA
(オンコバ属)
熱帯アフリカ、および南アフリカ原生の低木と小高木あわせて39種からなる。イイギリ科に属す。常緑性の葉は革質のことも薄いこともあり、互生でつく。刺を持つ種もある。芳香のある花は花期が長く、赤色、白色、あるいはオレンジ色。広がった花弁に、雄ずいが突出する。

〈栽培〉
冷温帯では、温室植物だが、温暖で霜のない気候であれば、戸外で育ち、刺のある種は侵入を阻む生垣として効果的である。日なたの水はけのよい肥えた土壌で育つ。繁殖は種子から。

Oncoba spinosa
英 名：SNUFF BOX TREE
☀ ⚘ ↔1.8m ↕1.8〜3m
東および南アフリカと、アラビア半島南部に分布する刺のある低木。葉は細長く鋸歯縁。芳香のある白い花には黄色い雄ずいが固まってつく。花が古くなると落ちるところは、ツバキに似ている。丸い果実は、硬く光沢がある茶色の外皮に包まれる。アフリカでは、かぎタバコ入れや、ガラガラを作るのに用いられる。
ゾーン：9〜12

ONOCLEA
(コウヤワラビ属)
英 名：BEAD FERN、SENSITIVE FERN
オシダ科に属す落葉性のシダ1種だけからなる。北アメリカの東部や、東アジアの、じめじめした草地や森林地に分布。葉は薄緑色で、開くときにはブロンズピンクをしていることが多く、不稔性の葉と稔性の葉では、見かけが異なる。sensitive fernという英名は、不稔性の葉の小葉が、寒いときには互いに重なりあうことに由来する。bead fernのほうは、稔性の葉の小葉が、ビーズのようであるとこころから来ている。

〈栽培〉
半日陰の湿った土壌で育つ。水辺や森林地の庭に適する。環境が合うと侵入種になりうる。繁殖は株分けか胞子から。

Onclea sensibilis
一般名：コウヤワラビ
◐/☀ ❄ ↔60cm ↕90cm
北アメリカ東部と東アジアに自生する。不規則に広がるシダで、三角形、羽状の不稔性の葉は長さ90cmになる。稔性の葉は長さ60cmまでで、細長く、ビーズ状の小葉を持ち、冬を越せる。
ゾーン：4〜9

ONOPORDUM
(オオヒレアザミ属)
キク科に属し、地中海地域、西アジア、および東アジアに分布する約40種のアザミからなる。灰色の葉を持ち、ときにはとんでもない大きなになり、白いクモの巣に覆われたような葉群れを始末に負えない刺が守っている。二年生植物で、二年目になると燭台のような、刺だらけでクモの巣状の茎に、紫色のアザミの花をつけ、その後、風によって遠く広く散っていく典型的な、羽のついた種子をつける。

〈栽培〉
水はけがよく、日なたならどこでも育つ。繁殖は種子からで、栽培する場所に種子を蒔くのが一番よい。自生地の環境から出ると侵略種になりうるので、場所を選ぶのには注意が必要。実を結ぶ時期に近づくと、見た目が悪くなるので取り除く。次の世代のためには、2〜3の種子を残せばよい。

Onopordum acanthium
一般名：ゴロツキアザミ
英 名：COTTON THISTLE、SCOTCH THISTLE
☀ ❄ ↔1.8m〜2m ↕2.4〜3m
南ヨーロッパから中央アジアに分布。印象的な二年生植物で、最初は大きく、刺があり、起毛した葉がロゼットを作る。二年目になると、分岐する刺だらけで灰色の茎を伸ばし、夏にはその先端に、険しい刺に包まれた、紫色のアザミの花をつける。白い花の品種が育つこともある。
ゾーン：6〜10

Oncoba spinosa

Onopordum acaulon

Onosma alborosea

Ophiopogon planiscapus 'Nigrescens'

Onopordum acaulon
英　名：STEMLESS THISTLE
☼ ❄ ↔30〜45cm ↕15cm
スペイン、アフリカ北西部に原生。あちこちで雑草と考えられているこの一年草は、白い、起毛した、刺のある葉で低く茎のないロゼットを作る。白色か紫色の花が、夏になると、ロゼットの中心にある黄色い蕾から咲く。
ゾーン：7〜10

Onopordum nervosum
異　名：*Onopordum arabicum*
英　名：COTTON THISTLE
☼ ❄ ↔75cm ↕2.4m
スペインおよびポルトガル原生。粗野で丈夫な二年草で、迷惑な雑草になりうる。刺のある茎につく葉は、長く、刺があり、灰色を帯び、葉脈が浮き出ており、葉裏は起毛している。バラ色がかった紫色の花序は、直径5cmほどで、夏咲き。
ゾーン：8〜10

ONOSMA
（オノスマ属）
ムラサキ科に属し、地中海地方、アジア原生の、半常緑の二年草、多年草およそ150種からなる。ヒレハリソウ属と近縁で、粗毛があり、しばしば基部が木質化する。密集して房をなす葉はたいてい、長楕円形で、程度の差はあるが、綿毛か剛毛を帯びる。筒形〜鐘形の花は、房になって下垂し、その多くが黄色、青色、あるいはピンク色である。

〈栽培〉
日なたの水はけのよい場所で最もよく育つ。雨の多い夏が苦手で、起毛した葉は、濡れていると腐りやすい。ロックガーデンや土手沿いに植えるのに最適。繁殖は種子か株分けから。

Onosma alborosea
☼ ❄ ↔15〜30cm ↕15〜30cm
叢生する多年生植物で、アジア南西部に原生する。葉は短く、長楕円形で、灰色がかった緑色で、起毛している。夏に、鐘形で長命の小花が房から下垂して咲く。花色は乳白色で、次第にピンクがかった紫になる。
ゾーン：7〜9

OPHIOPOGON
（ジャノヒゲ属）
英　名：MONDO GRASS
日本原生の常緑の多年生植物4種からなる小さな属で、ユリ科に属する。イネ科植物に似た葉が叢生し、夏、小さなユリに似た白色から紫色の花を咲かせ、やがて青い液果をつける。葉が目的で栽培され、グラウンドカバーや縁取り用として人気がある。

〈栽培〉
日なたか半日陰で、湿ってかつ水はけのよい場所に植える。全ての種が、短期間なら耐霜性があるが、冷涼な気候では、花壇かコンテナ植物として扱うのがよい。繁殖は種子か株分けから。

Ophiopogon japonicus
一般名：ジャノヒゲ、リュウノヒゲ
☼/◐ ❄ ↔45cm ↕30cm
日本原生。グラウンドカバーとして人気が高い。非常に細い、濃緑色のカーブした葉がマット状に密集する。夏、白〜薄い紅藤色の花が、短い茎につく。'キョウト　ドワーフ'は葉がぎっしりと叢生し、高さ5〜10cmまで育つ。'ナナ'は少し高めで12〜15cmまで成長する。
ゾーン：7〜10

Ophiopogon planiscapus
一般名：オオバジャノヒゲ
☼/◐ ❄ ↔45cm ↕30〜45cm
日本原生で、*O.japonicus*に似るが、より一般に栽培されている。'黒竜'(syns 'アラビクス'、'ブラック　ドラゴン'、'エボニー　ナイト')は、黒いジャノヒゲとしてよく知られている。低めに育ち、黒紫色の葉を持つ。
ゾーン：6〜10

OPLOPANAX
（オプロパナクス科）
チョウセンニンジンに近縁で、ウコギ科に属し、刺があり、落葉性で、半平伏性、あるいは直立性の低木2種からなり、北半球の温帯地域に自生する。黄褐色の樹皮は細く硬い刺状突起で覆われる。緑の葉は、深く欠刻が入る。晩春から真夏にかけて見られる円錐花序は、白色か緑がかった白色で、花後、赤く平たい液果をつけるが食べられない。

〈栽培〉
たいへん湿潤な日陰の、酸性の土壌で育つ。繁殖は種子から（発芽に18カ月かかることもある）、あるいは吸枝や根を挿して。取り木も繁殖手段として有効。剪定は細心の注意を払って行うこと。

Opolopanax horridus
英　名：DEVIL'S CLUB
☼/◐ ❄ ↔1.5m ↕0.9〜3m
アメリカ合衆国、ミシガン州からオレゴン州、およびアラスカ州南東部に分布。刺のある枝のついた、落葉性の低木。葉はカエデに似る。晩春から初夏にかけてピラミッド状に白い花を群生させる。液果は光沢のある赤色。
ゾーン：4〜9

OPUNTIA
（ウチワサボテン属）
サボテン科、180種以上からなり、カーダ南部から南アメリカの最南端地域まで、ほぼアメリカ両大陸全域、さらに西インド諸島、ガラパゴス諸島にも分布する。高地から温帯地域、さらに熱帯の低地まで幅広く自生する。茎節は非常に多様性がある。花は、杯形かじょうご形で、春か夏に見られ、花後刺のある卵形の果実がなる。侵略種となりうる種もある。多くの種が、折れて肌に炎症を起こせる針毛を持つ。

〈栽培〉
ウチワサボテンは、根の生育が阻まれるのを嫌う。戸外で栽培されるものは、砂質で腐植質が豊富で、適度に肥えた水はけのよい土壌でよく育つ。耐霜性の種は、多すぎる冬の雨から保護する必要があり、暑い夏、日なたでは、直射日光を遮り、草の下で育てる。春から夏にかけては定期的に肥料をやり、冬の間は水やりを減らすか、やめる。繁殖は春に、前もって水に浸けておいた種子を播くか、茎節を発根させる。

Opuntia aciculata
異　名：*Opuntia lindheimeri*
英　名：CHENILLE PRICKLY PEAR
☼ ⚘ ↔90〜150cm ↕90〜150cm
低木状の種で、アメリカ合衆国南西部と、メキシコ北西部に自生する。平たい長楕円形〜丸い茎節には、黄色がかった茶色の刺や剛毛が、何本か固まって点在する。春から夏に、黄色か赤の花をつける。
ゾーン：9〜11

Opuntia aoracantha
異　名：*Opuntia bispinosa*、*Tephrocactus aoracanthus*
☼ ⚘ ↔30〜60cm ↕30〜60cm
アルゼンチン原生。小型種で、地表で分岐していることが多い。楕円形の茎節は長さ10cmほど、灰色がかった青色〜くすんだ黄緑色で、赤い剛毛と黄色い刺がある。春から夏に白色から黄色、あるいはピンクがかった花をつける。
ゾーン：9〜11

Opuntia aciculata

Opuntia anacantha

自生する *Opuntia littoralis*、メキシコ、バハ カリフォルニア州、エンセナーダ

Opuntia littoralis var. *vaseyi*

Opuntia basilaris

Opuntia ficus-indica

Opuntia basilaris ★
英 名：BEAVER TAIL CACTUS
☼ ☀ ↔1.2m ↕0.6～0.9m
多年生のサボテンで、アメリカ合衆国南西部と、メキシコ北西部に自生する原生。長楕円形～丸形の多肉質の茎は、青みがかった灰色で、しばしば薄い赤に染まり、赤らんだ剛毛が固まって点在する。紫色を帯びた赤い花が夏に咲く。
ゾーン：9～11

Opuntia cochenillifera
異 名：*Nopalea cochenillifera*
英 名：COCHINEAL CACTUS
☼ ☀ ↔2.4m ↕3.5m
高木状の種で、メキシコ原生。幹は直径20cmになる。平たい卵形の茎節は、刺の無いことも多く、長さは25cmほど。鮮やかな赤い花に、雄ずいが突き出し、春から夏に咲く。ゾーン：9～11

Opuntia ficus-indica
異 名：*Opuntia engelmannii*、*O. vulgaris*
一般名：大型宝剣、無花果団扇
英 名：INDIAN FIG, INDIAN FIG PEAR
☼ ☀ ↔4.5m ↕4.5m
メキシコ原生で、世界の温暖な地域で果実を得るために栽培され、多くの地域でその地に帰化している。茎節は、緑色か青みがかった緑色で、平たく、長楕円か丸形、刺座には1、2本の刺がある。黄色い花が晩春から初夏にかけて咲く。果実は紫色、卵形で可食。
ゾーン：9～11

Opuntia humifusa
一般名：円武扇
英 名：PRICKLY PEAR CACTUS
☼ ❄ ↔90cm ↕20～30cm
北アメリカ大陸の東部原生。群生して広がる、多肉質で、くすんだ緑色の葉は、わずかに刺のある節からなる。黄色く、花弁が縮れた花が初夏に咲く。果実は暗赤色で、食べられない。
ゾーン：5～10

Opuntia littoralis
☼ ☀ ↔30～120cm ↕30～60cm
アメリカ合衆国南西部と、メキシコ北西部に自生する。横に広がる低木。平たい長楕円形～ほぼ丸形の茎節には、黄色を帯びた剛毛と、茶色の刺が固まって点在する。花は黄色で、中央が赤く、春から夏に咲く。赤い果実をつける。*O. l.* var. *vaseyi*は、サーモンピンクの花をつける。
ゾーン：9～11

Opuntia macrocentra
異 名：*Opuntia violacea* var. *macrocentra*
英 名：BLACK-SPINE PRICKLY PEAR
☼ ☀ ↔1.2m ↕1.2m
アメリカ合衆国の南西部とメキシコ北部に自生する。横に広がる低木。平たく、円形に近い、紫がかった灰色の茎節は、長く黒い刺で覆われる。花は鮮やかな黄色で、付け根は赤く、春から夏に咲く。
ゾーン：9～11

Opuntia microdasys ★
一般名：金烏帽子、金小判
☼ ❄ ↔45～60cm ↕45～60cm
中央、および北メキシコに原生。茂みを形成する低木。長楕円形で、平たく、緑色の茎節は、長さ15cmになり、黄色い剛毛が固まり、密に点在する。黄色い花は、しばしば赤みを帯び、春から夏に咲く。'白桃扇'は茎節の緑色がより濃く、白い剛毛を持つ。
ゾーン：8～11

Opuntia phaeacantha
英 名：PURPLE-FRUITED PRICKLY PEAR
☼ ☀ ↔120cm ↕30～90cm
不規則に広がる低木で、アメリカ合衆国南西部とメキシコの一円に分布する。茎節は平たい。険しい6cmの刺が房状になり、茎節表面と端に散る。鮮やかな黄色の花は、しばしば内側が赤みを帯び、春か、次の雨季に咲く。赤紫色で、洋ナシ形の果実をつける。
ゾーン：9～11

Opuntia polyacantha
一般名：修羅団扇
英 名：PLAINS PRICKLY PEAR, STARVATION PRICKLY PEAR
☼ ❄ ↔120cm ↕30cm
地面を埋めるように広がるサボテンで、メキシコ北部からカナダに分布する。茎節は平たく丸い。長さ5cmほどの青緑色の刺が5～10本固まる。花は、黄色から黄緑色で、春～夏に咲く。水気が少なく、かなり刺のある、長さ25mmほどの果実をつける。
ゾーン：3～10

Opuntia stenopetala
異 名：*Opuntia marnieriana*
英 名：TUNA COLORADA
☼ ☀ ↔2.4m ↕1.2m
メキシコ原生。低く広がる低木。平たい長楕円形で、灰色がかった緑色の茎節につく、突き出た赤茶色の刺は、次第に灰色になる。オレンジがかった赤色の花が、春から夏に咲く。
ゾーン：9～11

Opuntia macrocentra

Opuntia stenopetala

Opuntia phaeacantha

Oreocereus celsianus

Oreocereus leucotrichus

Oreocereus doelzianus

Opuntia stricta
一般名：刺無団扇
英　名：PRICKLY PEAR
☼ ❄ ↔1.5m ↕1.8m

アメリカ合衆国南東部からベネズエラ北部に自生し、さまざまな国に帰化している。直立性か匍匐性の低木。青緑色で、長楕円から円筒形の茎節は、ほとんど刺がなく、湾曲して平たい。ときには、茎には刺が無いこともある。夏に黄色い花が咲き、果実は丸く、紫色。
ゾーン：9～12

Opuntia strigil
☼ ❄ ↔1.2～2m ↕60～100cm

アメリカ合衆国南西部とメキシコ北部に原生。直立するか、不規則に広がる低木。平たく長楕円形の茎節には、赤茶色の剛毛と刺が、固まって点在する。春から夏に乳白色の花をつける。
ゾーン：9～11

Opuntia tomentosa
英　名：VELVET PRICKLY PEAR
☼ ❄ ↔3m ↕4.5m

メキシコ原生で、小高木型に育つ。茎節は平たい。刺無しのこともある。オレンジ色の花は、赤いすじが広がる花弁を持ち、春から夏に咲く。果実は卵形で赤い。
ゾーン：9～12

OREOCEREUS
（オレオケレウス属）

ペルー南部、チリ北部、ボリビア南部、アルゼンチン北部の、標高3,000m以上のアンデス山脈に自生する9種の魅力的な円柱形のサボテンからなる。サボテン科の本属は、山を意味するギリシャ語の*oreo*に由来し、的確に名付けられている。全種が、低い低木状のサボテンで、円柱形の茎が、基部からまばらに分枝する。高さは2～3mで、めったに幹を作らない。稜には瘤があるか、刺座の間に欠刻があり、しばしば長く白い毛と丈夫で密生した刺を持つ。花は昼間開花し、非対称で、筒形からじょうご形、花色は赤色～紫色か、オレンジ色系。花の筒は、真っ直ぐか、やや湾曲し、鱗片と多少の毛で覆われる。果実は多肉質のものと乾いたものがあり、たいてい基部からはじけて開く。今では、モラウェッチア属の全種と、ボルジカクタス属の数種がオレオケレウス属に分類されている。

〈栽培〉
肥えて、水はけのよい土壌で容易に育つ。繁殖は種子からか、1、2週間乾燥させた挿し木から。冬は休眠する。

Oreocereus celsianus ★
異　名：*Borzicactus celsianus*、*B. fossulatus*、*Oreocereus maximus*、*O. neocelsianus*
一般名：ライオン錦
英　名：OLD MAN OF THE ANDES
☼ ❄ ↔100cm ↕2m

ボリビア南部、ペルー南部、アルゼンチン北部に自生する。茎は円柱形で直立し、直径8～12cm、10～25の丸いいぼだらけの稜を持つ。基部から分枝する茎は、白い毛と険しい刺で覆われる。刺座は大きく、羊毛と毛で白い。刺は黄色～赤茶色で、中刺は1～4本、側刺は7～9本。夏、紫がかったピンク色の花が、茎の先端につく。果実は球形で、鱗片があり、緑色だが熟すと黄色になる。
ゾーン：8～10

Oreocereus doelzianus
異　名：*Morawetzia doelzianus*
☼ ❄ ↔100cm ↕100cm

ペルー中央部に原生する。オリーブグリーンの円柱形の茎は、直径6～8cmで、基部でたくさん分枝する。険しいいぼ状の稜はいぼが大量についた10～11個の稜には、厚くフェルト状のものに覆われた刺座がある。刺は黄色～赤茶色で、中刺は4本、側刺は10～20本。頂端にある花座は長く白い羊毛状の毛と、黄色い剛毛で覆われる。花は紫がかった赤で、非対称、夏に咲く。ゾーン：8～10

Oreocereus leucotrichus
異　名：*Borzicactus hendriksenianus*、*B. leucotrichus*、*Oreocereus hendriksenianus*
☼ ❄ ↔100cm ↕0.9～2m

ペルー中央部～チリ北部に分布。円柱形の幹を持つサボテンで、基部から群生し直立する茎は、直径6～12cmで、10～15の低いいぼだらけの稜をつける。突き出た刺座からは、黒～白の毛が多数生える。刺は硬く、さまざまな色合いの黄色、オレンジ、暗赤色で、中刺は1～4本、側刺は5～10本。赤い花は非対称で、茎の先端につき、夏に咲く。果実は球形～短い円柱形で、色は赤みがかった黄色～黄色がかった緑色。
ゾーン：8～10

Opuntia tomentosa

Opuntia strigil

Opuntia tomentosa、オーストラリア

Oreocereus trollii
一般名：白雲錦
☀ ❄ ↔80cm ↕50cm

ボリビア南部〜アルゼンチン北部に自生する。茎は短い円柱形で、幅6〜8cm、基部から分枝し、薄緑色、頑丈で、密生する白い毛にすっかり覆われている。この毛は、いぼだらけの15〜20の稜もほぼ隠している。赤色、黄色、茶色の刺は、中刺は3〜5本、側刺は10〜15本。スミレ色〜赤色の花を夏につける。果実は球形。*O. t.* var. *crassineus*は、茎がわずかに長め。
ゾーン：8〜10

OREOPANAX
（オレオパナクス属）
100あまりの常緑性低木、高木からなり、ウコギ科に属する。数多くの種が、まったく異なる2種類の葉をつけることで知られている。メキシコより南方に分布する。ほとんどの種が大きな掌状葉をつけるが、花をつける茎にはもっと単純な葉をつける。花は白色〜クリーム色を帯びた緑色で、通常、晩夏〜秋に、大きく見事な花序を形成する。その後、液果に似た果実をつけるが、果実は冬になっても残る。

〈栽培〉
もともとは熱帯性のものが多いが、多くの種が、自然にかなり高度のある場所に生えるようになり、軽い霜には耐性がある。深く、肥えて、水はけがよく、腐植質を豊富に含んだ土壌と、夏のじゅうぶんな水分と、暑い夏の日差しから遮られた場所を好む。春に刈り込みが可能で、地表まで切り戻しても、すぐに枝を伸ばす。吸枝を伸ばす種もある。繁殖は種子か半熟枝の挿し木から。

Oreopanax xalapensis
英名：BRAZIL
☀ ✤ ↔6m ↕18m

メキシコ〜パナマに分布する。常緑性の高木で、分枝する習性がある。長い茎につく掌状葉は、5〜10枚の小葉に分かれ、光沢があり細長く、長さ30cm。単葉、3葉の時期を経て、成熟した葉となる。花は白色〜クリーム色がかった緑色で、ほとんど年中咲く。果実は熟すと深い赤みを帯びた紫色になる。
ゾーン：10〜12

ORIGANUM
（ハナハッカ属）
地中海地域から東アジアに分布し、主に多年生植物の属として知られる。多年生植物の中にはよく知られたキッチンハーブもある。シソ科に属する。ハナハッカ属は、温暖な気候では叢生する、数種の亜低木も含むが、これらはおおむね短命である。芳香のある葉を茎につけるが、しばしばその茎が四角なのが認められる。花は穂状花序につくが、たいてい人目を引く苞に包まれる。花色は鮮やかでバラ色の色合いのものが多い。

〈栽培〉
ほとんどの種が、日なたで、軽くて水はけのよい土壌なら、たいへん容易に育つ。刈り込んで形を整えることができ、冬の後、傷んだ茎を取り除く必要がある。耐寒性は種により異なるが、ほとんどが多少の霜に耐えうる。低木状の種の繁殖は種子から、小さな半熟枝の挿し木で、あるいは取り木から。

Origanum amanum
☀ ❄ ↔15cm ↕5〜10cm

地中海地域東部とトルコに自生する。成長が遅く、地表を埋め尽くすように広がる植物。淡い緑色で心臓形の葉を持つ。筒形のローズピンクの花は輪生の穂状花序につき、晩夏〜秋に咲く。
ゾーン：8〜10

Origanum libanoticum

Origanum majorana

Oreocereus trollii

Origanum dictamnus
英名：DITTANY OF CRETE
☀ ❄ ↔20〜30cm ↕20〜30cm

小型で、たいへん愛らしい、クレタ島原生の常緑低木。起毛した白い葉は、二列対生。夏、ピンクの花が下垂する花序を作り、大きなピンクの苞に包まれる。加温しない温室にうってつけの植物。
ゾーン：7〜10

Origanum × hybridum
オリガヌム×ヒブリドゥム
☀ ✤ ↔30cm ↕20cm

*O. dictamnus*と*O. sipyleum*の間の交雑種。葉は、綿毛で覆われ、灰色がかった緑色で卵形。晩夏〜秋、房になって下垂する苞にピンクの花がつく。'サンタ クルズ'、ピンク色〜紫色の花が葉群れの上につく。
ゾーン：9〜11

Origanum laevigatum
オリガヌム・ラエウィガトゥム
☀ ❄ ↔45〜60cm ↕30〜60cm

トルコ原生。吸枝を出す根茎を持つ直立する植物。小さな卵形の葉がたくさんつく。筒形で紫色の花が、多数分枝する軽やかな茎につく。開花は春から秋にかけて。'ヘレンハウゼン'は、未熟なとき、葉とシュートが紫に色づく。薄い紅藤色の花をつける。
ゾーン：8〜10

Origanum × hybridum 'Santa Cruz'

Oreocereus trollii var. *crassineus*

Oreopanax xalapensis

Origanum libanoticum
☀ ❄ ↔45〜60cm ↕60cm

レバノン原生。直立する多年生植物で、小さい卵形の葉をつける。ピンクの花をつけた軽やかな穂状花序が下垂し、濃いピンク色の苞をつける。
ゾーン：8〜10

Origanum majorana
異名：*Majorana hortensis*
一般名：マジョラム、スイートマジョラム
英名：KNOTTED MARJORAM、SWEET MARJORAM
☀ ❄ ↔45cm ↕60cm

地中海地域原生で、ヨーロッパ広域に帰化している。灰色がかった緑色の葉が目的で栽培され、その葉は、多くの料理で香りづけに使われる。茎は土に触れたところがすぐに根付く。花序には、晩夏〜秋にかけて、小さな白色〜ピンク色の花がつく。ゾーン：7〜10

Origanum onites
オリガヌム・オニテス
英名：POT MARJORAM
☀ ❄ ↔60cm ↕60cm

小山を作るように叢生するキッチンハーブで、地中海地域原生。柔軟で強い茎に、たいへん香りのよい、鮮やかな緑色〜灰緑色の葉をつけ、極細の毛を帯びる。真夏になると、花序に小さく、落ちついたピンク色をした、タイムに似た花をつける。'アウレウム'は、鮮やかな黄色の葉で、観賞用としては他の種よりも人気がある。
ゾーン：8〜10

O. vulgare 'Thumble's Variety'

Origanum vulgare var. *humile*

Origanum vulgare 'Aureum'

Origanum vulgare 'Dr Ietswaart'

Origanum vulgare 'Gold Tip'

Origanum vulgare 'Polyphant'

Origanum vulgare

Origanum, Hybrid Cultivar, 'Betty Rollins'

Origanum, Hybrid Cultivar, 'Kent Beauty'

Origanum rotundifolium
一般名：オレガノ ロタンディフォリウム
☼ ❄ ↔30cm ↕30cm
トルコとコーカサス地方に分布する。根茎から広がる亜低木。小さく丸く、青みがかった灰色の葉をつける。白からピンクの花が、下垂し、重なり合い、紫がかったピンクを帯びた、緑の苞に包まれる。夏〜秋に咲く。ゾーン：8〜10

Origanum scabrum
☼ ❄ ↔30〜45cm ↕30〜45cm
ギリシャ南部の山岳地帯に自生する。根茎のある多年草で、小さい卵形〜心臓形の葉を持つ。夏、ピンク色の小花が、目立つ、紫がかったピンク色で、重なり合う苞に包まれる。
ゾーン：8〜10

Origanum vulgare
一般名：ハナハッカ、ワイルドマジョラム
英 名：COMMON MARJORAM, OREGANO, WILD MARJORAM
☼ ❄ ↔30cm ↕30〜45cm
ヨーロッパ〜アジアに分布する変異種。キッチンハーブとして人気があり、葉はたいへん香りがよく、マジョラムより強く、刺激的な風味がする。濃緑色で、卵形〜丸形。ピンク色、紫色、白色の小花が夏〜秋にかけて咲く。*O. v.* var. *humile*（クリーピング オレガノ）は、小型で地を這うように育ち、濃緑色の葉をつける。*O. v.* 'アウレウム'（ゴールデンオレガノ）は、小さい金色の葉を持つ。'ドクター イェツワート'は、低く育ち、金色の葉を持つ。'ゴールド チップ'は、先端が黄色い葉を持つ。'ポリファント'（syn.'ホワイト アニバーサリー'）の葉は乳白色で縁取られる。'サンプルズ バラエティー'は、大きな黄色がかった緑の葉を持つ。
ゾーン：5〜9

Origanum Hybrid Cultivars
一般名：ハナハッカ交雑品種
☼ ❄ ↔30〜60cm ↕10〜30cm
貝殻に似たピンク色〜赤色の苞を持ち、丸い花戸を目当てに栽培されるものもあれば、花は見劣りするが、香りのよい葉が目当てで栽培されるものもある。'バーバラ テンゲイ'は、小さく丸く、青みがかった萼で、花は最初は緑色、次第に紅色がかったピンク色になる。'ベティ ローリンズ'は、濃緑色の葉が密生し、夏には小さいピンクの花をつける。'ケント ビューティー'は、小さく丸い葉で、小さなピンクの花が、下垂し、重なり合う、ピンク色〜緑色の苞に囲まれる。'ノートン ゴールド'は、春につく芳香のある鮮やかな金色の葉は、後に緑がかった金色に変わる。花はピンクがかった紫色。
ゾーン 6〜9

ORIXA
（コクサギ属）
ミカン科、一属一種で、中国、朝鮮半島、および日本の山岳地帯に自生する。濃緑色、互生、長さ12cmの葉をもつ、落葉性の低木からなる。雄性、雌性花は、春、葉があらわれると同時に同じ木につく。4つの裂片のある、茶色い果実は、直径約18mm。日本では生垣に使われる。
〈栽培〉
完全なな耐霜性がある。水はけがよく、肥えた土壌の、開けた日なたの地で最もよく育つ。乾燥にも耐えうる。晩冬か初春に軽く剪定し、形を整える。繁殖は春に種子からか、夏に挿し木から。

Orixa japonica ★
一般名：コクサギ
☼ ❄ ↔3.5m ↕2.4m
横に大きく広がる低木で、中国、朝鮮半島、日本の山岳地帯に自生する。魅力的な濃緑色で、芳香のある葉は、秋には薄黄色に変わる。花は小さく、花弁は4枚、杯形で緑がかった色、春に咲く。雌性花は単独で、雄性花は長さ30mmまでの小さい円錐花序につく。
ゾーン：5〜9

ORNITHOGALUM
（オルニトガルム属）
英 名：CHINCHERINCHEE, STAR OF BETHLEHAM
ヒヤシンス科、南アフリカ、地中海地域に自生する球根植物約80種からなる。イネ科の草状〜革紐状の葉には、中央脈が浮き出ることもある。すぐに大きく群生し、侵略種になりうる可能性もわずかにある。春か夏、直立する円錐形の穂状花序に、白〜クリーム色の花をつける。花は控えめに香ることもあり、三輪ずつ輪生でつき、たいてい星形か杯形、花弁は6枚。学名の*ornis*はギリシャ語で「鳥」、*gala*は「ミルク」を意味し、花が開ききると、白い鳥に似ることからきている。
〈栽培〉
ほとんどのヨーロッパ種は、多少耐霜性がある。南アフリカ種は、冬、加温してやる必要がある。日なたの開けた場所、

Orixa japonica

Ornithogalum montanum

Ornithogalum dubium

Ornithogalum narbonense

Ornithogalum arabicum

軽い水はけのよい土壌に植える。開花期にはじゅうぶんな水が必要だが、その後は乾かす。丈の短い品種はロックガーデンにむく。丈の高いものはボーダー花壇によい。急速に繁殖する種がほとんど。繁殖は株分けか、播種から。自然播種もありうる。

Ornithogalum arabicum ★
一般名：クロホシオオアマナ
☼/☼ ❄ ↔60～120cm ↕40～75cm
地中海地域に自生する。どっしりした手触りの葉は、長さ60cm。花茎は長さ80cmで、春から初夏に、20輪までの芳香のある白～クリーム色の花と、目につく黒い子房をつける。
ゾーン：9～10

Ornithogalum dubium ★
☼/☼ ❄ ↔30～50cm ↕20～30cm
南アフリカ原生。毛に縁取られ、槍形の葉は、長さ10cmほど。冬から春にかけて、長さ30cmの茎の先に、オレンジ色、赤色、黄色、あるいは白色の小さな花を群生させる。
ゾーン：8～10

Ornithogalum longibracteatum
英 名：FALSE SEA ONION, SEA ONION
☼/☼ ❄ ↔50～120cm
↕60～120cm
南アフリカのケープ地方に原生。革紐状、薄い緑色の葉は、長さ60cm。花茎は高さ100cm以上になり、初夏に咲く花は小さく、白色に緑の筋が入り、大半が苞に囲まれる。
ゾーン：9～10

Ornithogalum montanum
☼/☼ ❄ ↔40～60cm ↕40～60cm
ユーラシア大陸に自生する。細長く薄緑色の葉は、長さ15cm。花茎は高さ60cmほど。春～初夏にかけて、中央に細い緑色の筋のある白い花を、下垂してたくさんつける。
ゾーン：6～9

Ornithogalum narbonense
☼/☼ ❄ ↔60～120cm
↕60～90cm
地中海地域～イラン北部に分布。非常に細長い葉は、長さ80cmになる。花茎は高さ90cmで、春、中央に細い緑の筋が走る白い小花がたくさん集まり花序を作る。
ゾーン：7～10

Ornithogalum nuntans
☼/☼ ❄ ↔40～75cm ↕40～60cm
ユーラシア大陸原生種。まばらな革紐状の葉は、長さ40cm。春、半透明で、緑色の筋が入る白い花が、下向きで高さ60cmの茎につく。
ゾーン：6～9

Ornithogalum umbellatum
一般名：オオアマナ、オーニソガラム
英 名：STAR OF BETHLEHEM
☼/☼ ❄ ↔50～80cm ↕50
ヨーロッパ、地中海周辺に分布する多年生植物。非常に細長い葉は、長さ30cmになり、白っぽい中央脈を持つ。春、緑色の筋の入った白色の小花が集まりゆったりとした花序を作る。
ゾーン：5～10

ORONTIUM
（オロンティウム属）
英 名：GOLDEN CLUB
サトイモ科の本属には、水生多年草が1種あるのみ。北アメリカ大陸原生で、小川、浅い湖、池に分布する。長楕円形の葉は、水面に浮くか直立する。長く白い柄についた細長く黄色い肉穂花序が、小さな緑の仏炎苞から出る。開花すると、苞はしおれて落ちる。
〈栽培〉
大きな桶（タブ）で栽培するか、深さ10～45cmの水中に植え、水辺を飾る植物として用いる。肥えた混合土を使い、日なたで育てる。繁殖は、株分けか種子から。

Orontium aquaticum
英 名：GOLDEN CLUB
☼ ❄ ↔45～60cm ↕30～45cm
アメリカ合衆国東部に自生する。水生の多年生植物で、葉は革質で長楕円形、長さ30cm、金属的な光沢のある濃緑色。直立する白い花茎は長さ60cm、細長く黄色い肉穂花序がつく。夏咲き。
ゾーン：7～10

OROYA
（オロヤ属）
サボテン科。ペルーのアンデス山脈に自生する、小さな樽形のサボテン2種からなる。学名はペルーのリマ近くの町ラ・オロヤに由来する。両種は、大きさ、刺や花の色に関して変異性に富む。たいてい単生で、偏平球形～短い円柱形をした幹と、太い主根を持つ。稜は多数あり、険しい刺をつける。刺は細長い刺座の両側に、櫛状に並ぶ。果実はこん棒形。
〈栽培〉
水はけのよい土壌で容易に育つ。本属は単生なので、たいてい種子から育てる。冬は休眠する。

Oroya peruviana
異 名：*Oroya neoperuviana*, *O. subocculta*
☼ ❄ ↔10～15cm ↕5～20cm
ペルー中央部、標高3,000～4,000mのオロヤ～クスコに自生する。ふつう単生だが、自生する地域によりかなり変異がある。茎は深みと光沢のある緑色で、いぼがはっきり認められる陵が15～30ある。刺座は白く細長い。刺は黄色がかった茶色～赤みがかった茶色で、中刺が1～3、側刺が15～25あり、刺座の両側に櫛状に並ぶ。花は、ピンクを帯びた赤色で、中心はクリーム色か白色、夏に開花する。果実はこん棒形で、赤茶色。
ゾーン：8～11

ORPHIUM
（オルフィウム属）
学名はギリシャ神話の登場人物オルフェウスに由来する。本属は1属1種で、南アフリカ南西部の海岸地域に自生し、リンドウ科に属する。軟材の小型低木で、花を目的に栽培される。花は、光沢のあるピンク色～藤色で、皿形、花径は5cmほど、夏に枝の先端に咲く。
〈栽培〉
わずかに耐霜性があり、乾期に定期的に水やりをすれば、水はけのよい土壌で日なたで育つ。春に先端を刈り込むことで、小さく密集する習性をうながす。繁殖は晩夏に挿し木から。

Orothamnus zeyheri

Oroya peruviana

Orphium frutescens
英 名：STICKY FLOWER
☼ ⬍ ↔45cm ↕60cm

南アフリカ南西部の沿岸地帯に自生する。小型の常緑性低木。やや多肉質で薄緑色の抱茎葉は、長さ5cmほど。少し粘着性のある、5弁に分かれた光沢のある花は夏咲き。厳しくなければ沿岸の風雨に耐えうる。
ゾーン：9〜11

ORTHOPHITUM
（オルトフィトゥム属）

パイナップル科に属し、主にブラジル東部の乾燥地帯にある限られた地域だけ群生する30種からなる。この観賞植物は、地上か岩上に育ち、茎があるものも、ないものもある。茎のない種はロゼットの中心に花茎のない花序を埋もれさせる。あるいは長い花茎のある花序をつける。長い花茎を持つ種では、花が終わった後の花序にオフセットがつくこともある。葉は、滑らかなことも、軟毛で覆われることもあるが、いずれも葉縁には険しい歯状突起が並び、水を貯めない開いたロゼットを形成する。栽培に人気のある種もいくつかある。色彩豊かな葉を持つ多くの栽培種が、改発されてきた。

〈栽培〉
冷温帯では温室かコンサバトリーでの屋内で栽培する。熱帯および亜熱帯地域では連続した直射日光を遮る。暖温帯、亜熱帯、熱帯地方では極度の雨を避ける。鉢が乾いたら水をやる。肥料をやりすぎてはいけない。繁殖は主にオフセットから。

Orthosiphon aristatus

Orthophytum gurkenii
☼ ⬍ ↔25cm ↕40cm

ブラジル東部原生。開いたロゼットを群生させる。葉には歯状突起があり、紫がかった茶色〜緑色で、不規則なクリーム色の波打つ横縞模様が入る。花茎は直立し、細長い円柱形をした花序は、さらに花が6〜10ついた5つまでの球形の側枝に分かれる。花後にオフセットをつける。苞葉は分岐した下側の葉に似る。自生しているのは稀で、よく栽培されている。
ゾーン：9〜10

Orthophytum navioides
☼ ⬍ ↔100cm ↕10cm

ブラジル東部に自生する。密集する平たいロゼットが大きく群生する。非常に細長い緑色の葉には、細かい歯状突起がある。球状の花序がロゼットの中心に位置し、10までの白い花弁の花をつける。開花期はほぼ植物全体が赤く染まる。ネオレゲリア属と交雑させ、さらに丈夫な×*Neophytum*が作られている。
ゾーン：9〜10

Orthophytum vagans
オルトフィトゥム・ワガンス
☼ ⬍ ↔10cm ↕30cm

長い茎を持つ、ブラジル原生種。ロゼットを群生させる。葉は緑色で葉縁に歯状突起がある。球形の花序には白い花弁の花がつき、細長く、赤い、刺で覆われた葉苞に囲まれる。開花時に、植物全体が赤く変わることもある。'ワリエガタ'の葉は斑入り。
ゾーン：9〜10

Orthophytum Hybrid Cultivars
一般名：オルトフィトゥム交雑品種
☼ ⬍ ↔10cm ↕25cm

*O.gurkenii*と*O.navioides*などの種から作られた、このそれほどの数はない最近の交雑品種は、葉の色や感触、花序の葉苞を求めて改良されてきた。'ブレイズ'の葉はしだいに細くなり先が尖り、硬く、鮮やかで艶のある赤色で、刺の間隔が狭く、中央の花序に白い花弁の花をつける。'カッパー ペニー'はひょろ長い茎に、螺旋状に葉をつけ、黄色に銅色〜赤銅色で、強い光の下では色が濃くなり、中心部の葉は開花時に鮮やかな赤色になる。'アイアン オール'長いアーチ状の葉は、褪せたオレンジ色から先端になるにつれて薄い茶色が混ざり、花序は緑色と茶色の2色になる。'スター ライツ'は、光がよく当たると、葉が赤褐色になり、銀色の斑点が散る。
ゾーン：9〜10

ORTHOSIPHON
（オルトシフォン属）

アフリカ、オーストラリア、およびポリネシアの一部の熱帯地域に分布するおよそ40種からなる。シソ科に属す。たいていが軟材の低木で、二列対生、単葉の葉は、全縁か鋸歯縁。長い突き出た雄ずいのある、細長い筒状の花が、春から夏にかけて、長期間穂状花序に輪生につく。

〈栽培〉
霜に弱く、風雨にさされされない日なたか日陰で、湿って適度に肥えた水はけのよい土壌を好む。叢生させるには、成長しすぎた部分を定期的に刈り込む。特に花後は必要。繁殖は種子か挿し木から。

Orthosiphon aristatus
一般名：ネコノヒゲ
英 名：CAT'S MOUSTACHE, CAT'S WHISKERS
☼ ⬍ ↔90cm ↕90cm

軟材性の低木で、オーストラリア北東部に自生し、しばしば小川の近くに生えている。濃緑色で卵形の葉は、粗い鋸歯縁。長いおしべのある、白や薄い藤色の花が輪生で、春から夏にかけて、頂生の総状花序につく。
ゾーン：10〜12

ORTHROSANTHUS
（オルトロサントゥス属）
英 名：MORNING FLAG, MORNING IRIS

アヤメ科に属す、熱帯アメリカ、オーストラリアに自生し、砂質で水はけのよい土壌に育つ根茎のある多年生植物7種からなる。細長いイネに似た葉が群生し、花茎を出し、さまざまな青色をした6弁の花をつける。個々の花は短命だが、連続して咲き続け、長期間花が見られる。

〈栽培〉
温暖な気候では、軽く水はけのよい土壌で、日なたか半日陰で育つ。冷温帯では、繊維質の用土を使い温室で育てる。水は控えめに与えること。繁殖は播種か、株分けから。

Orthrosanthus chimboracensis
☼/☼ ⬍ ↔30cm ↕35〜60cm

根茎を持つ多年生植物で、メキシコ、ペルーに自生する。葉縁に細かい鋸歯があり、いくぶんざらざらした縁の葉が群生する。まばらに分岐する花茎に、夏、直径40mmほどのラベンダーブルーの花が咲く。
ゾーン：9〜11

Orthophytum vagans 'Variegata'

Orphium frutescens

Orthophytum gurkenii

ORYCHOPHRAGMUS
(オオアラセイトウ属)

一年生か二年生植物2種からなり、アブラナ科に属す。葉は薄く、竪琴の形をし、羽状で鋸歯縁。単生の4弁の花はスミレ色で、春に群生する。

〈栽培〉
日なたの、肥えて水はけのよい土壌でボーダー花壇に植えるとよい。繁殖は種子から。

Orychophragmus violaceus
一般名：ムラサキハナナ、ショカツサイ
☼ ↔30cm ↕50cm
中国原生で、現地では葉が野菜として食べられている。緑の葉にはさまざまな変異がある。春、葉の茂みの上に紫の花房をつける。ゾーン：9～11

ORYZA
(イネ属)

イネ科、重要な食用穀物である米を含む一年生、多年生草19種からなる。熱帯アジアやアフリカの湿地や沼沢地に自生する。花茎に、扁平な小穂花序が集まった円錐花序をつける。熟したO. sativaの種子は米として収穫され、世界総人口の半分以上の主食となっている。

〈栽培〉
通常栽培されているO. sativaは、気候や土壌の質に適応するように多くの栽培品種が改良され、その多くが一年草として育てられる。常に水気を含んだ土壌が必要で、穀物として栽培するときは、収穫期には排水できる灌漑施設で育てられるのがふつうである。日なたで、池端の観賞植物としてや、池の縁に鉢植えで沈めて栽培されることもある。

Oryza sativa
一般名：イネ
英名：RICE
☼ ↔60～90cm ↕0.9～1.8m
東南アジアに原生。湿地に生える一年草で、長く先細りの葉と、うなだれる円錐花序をつける。種子は古代から米として収穫されてきた。多数ある栽培品種のほとんどが、(インド型)か(日本型)に属する。インド型のほうが、熱帯性で、葉は長めで薄い緑色、穀粒も長めとなる。日本型は、北方の気候で栽培され、葉は短めで濃緑色、穀粒も短くなる。'シガロン'は、日本で生まれた栽培品種。ゾーン：9～12

OSBECKIA
(ヒメノボタン属)

ノボタン科に属し、草本と常緑性低木あわせて60種からなる。主にアジアに自生するが、少数はアフリカ、オーストラリアにも自生する。ティボウキナ属と近縁でよく似ており、やや起毛した葉茎に、単葉で二列対生、葉脈の浮き出た葉を3～7枚つける。目立つ5弁の花は、単生でつくか、あるいは茎頂の散開した花序につく。

〈栽培〉
亜熱帯、熱帯の気候では、日なたに育つ。乾季にはじゅうぶん水をやる。より冷涼な気候では、温室かコンサバトリーで栽培するが、猛暑の日差しを避け、じゅうぶん水をやること。花後、剪定することで叢生する習性を維持する。繁殖は湿った環境下で、砂混じりの土を使い、半熟枝を挿し木する。

Osbeckia australiana

Osbeckia kewensis

Osbeckia australiana
☼ ✣ ↔0.9m ↕1.8m
オーストラリア原生の低木。やや柔らかい茎を、長く、細い、槍形の葉が包む。花はたいてい単生で、鮮やかなマゼンタピンクを呈する。枝の先端につく。夏に開花。ゾーン：10～12

Osbeckia kewensis
☼ ❈ ↔90cm ↕90cm
最近確認された種で、インド原生。小低木で、横に広がる習性を持つ。葉は厚く、いくぶん革質、葉脈が浮き出る。大きく見栄えのする花は紅紫色で、黄色い雄ずいが突き出る。夏咲き。ゾーン：9～12

Osbeckia rubicunda
一般名：セイロンヒメノボタン
☼ ↔60cm ↕90cm
直立する低木で、スリランカ原生。先の尖った長楕円形の葉を持つ。濃い紫色の花は直径5cmで、黄色い雄ずいが突き出る。単生、あるいは群生する。夏に開花。ゾーン：9～12

OSMANTHUS
(モクセイ属)

成長の遅い、常緑性低木と小高木約15種からなり、モクセイ科に属す。アメリカ合衆国南部、アジア、太平洋諸島に分布する。全種が単葉で二列対生の葉を持ち、葉縁に刺のある種もある。白か黄色の小花を咲かせる。しばしばジャスミンやクチナシを思わせる強い香りを持つ。花後、丸い濃い青色の果実をつける。魅力的な葉と花をつけるため、観賞植物として尊重される。

〈栽培〉
モクセイ属は適度に肥えた水はけのよい土壌と、日なたを要求し、冷涼で湿った気候を好む。繁殖は、夏か冬に取った半熟枝の挿し木から。

Osmanthus × burkwoodii ★
☼ ❈ ↔3m ↕3m
O. delavayiとO. decorusの交雑種。弾力があり密に茂る低木。葉は艶のある濃緑色で、革質で細かな鋸歯縁。花は白くたいへん香りがよく、豊富に花をつける。晩春に咲く。ゾーン：6～9

Osmanthus decorus
☼ ❈ ↔3.5m ↕3m
アジア西部に自生し、半円形になる低木。葉は細長く、革質、艶のある緑色で、葉裏は白っぽい。純白の小花が、固まって春に咲く。紫がかった黒色の果実はプラムに似る。ゾーン：7～9

Osmanthus delavayi
☼ ❈ ↔2.4m ↕2.4m
成長の遅い低木で、中国西部に自生する。しなやかなアーチ状の枝を伸ばす。葉は全縁で、表は濃緑色、裏は薄緑色。白い花には強い芳香があり、ときには腋生のものもあるが、たいていは茎頂に5～6個固まって咲く。晩冬～春咲き。果実は紫がかった黒色。ゾーン：7～9

Oryza sativa, Japonica Group

Oryza sativa, Japonica Group, 'Cigalon'

Orychophragmus violaceus

Oryza sativa

Osmanthus × fortunei

一般名：ヒイラギモクセイ

☼ ❄ ↔3m ↕3m

O. fragransとO. heterophyllusとの交雑種で、小型のがっちりした低木となる。葉は大きく、表には葉脈が浮き出て、鋭い鋸歯縁をしている。成熟した木では全縁の葉もある。秋に、芳香のある白い小花をつける。'サン ホセ'はクリーム色〜オレンジ色の花をつける。
ゾーン：7〜11

Osmanthus fragrans

一般名：ギンモクセイ

英 名：FRAGRANT OLIVE, SWEET OLIVE, SWEET OSMANTHUS

☼ ❄ ↔6m ↕6m

常緑性で、中国、日本に自生する。通常は3mまでに留めるように刈り込む。葉表は滑らかな濃緑色で、裏は色が薄い。筒状の花は純白で、たいへん香りがよく、晩冬〜真夏に咲く。中国では何世紀も前から香りのするお茶に使われてきた。O. f. f. aurantiacus（キンモクセイ）は、葉が全縁で、オレンジ色の花をつける。
ゾーン：7〜11

Osmanthus × burkwoodii

Osmanthus delavayi

Osmanthus heterophyllus

一般名：ヒイラギ

英 名：HOLLY OSMANTHUS

☼ ❄ ↔3.5m ↕3.5m

常緑性の低木か小高木で、台湾と日本の本州に分布。葉は対生でつき、滑らか艶のある濃緑色である。芳香があり、純白の小花が、秋から初冬にかけて群生する。'アウレオマルギナトゥス'の葉は、薄黄色で縁どられ、広く斑が入る。'アウレウス'は葉縁が黄色。'ゴシキ'は、クリーム色と赤茶色の斑入りの葉をつける。'プルプレウス'は深いパープルグリーンの葉をつける。'ワリエガトゥス'の葉は乳白色で不規則に縁どられたり、斑点があり、薄めの色がしばしば中央部まで広がる。
ゾーン：7〜11

OSMUNDA

（ゼンマイ属）

ゼンマイ科、草丈が高く多年生で、落葉性か常緑性の、群生するシダ10種ほどからなる。湿った森林や、陰になる道端に生える。東アジア、北南アメリカの温帯および熱帯に自生する。この深く根を下ろすシダは魅力的なうえ頑健で適応性がある。秋になると緑色の葉は、優しい黄金色に変わる。繊維質に富んだ根は、着生植物やランを育てる際の培地に使用され、栄養が豊富。展開前の若芽は春に摘み取られ、山菜として、料理される。

〈栽培〉

湿った土壌の半日陰のところや、水際で栽培する。春によく肥えた堆肥を追肥し、枯れた葉を取り除く。繁殖は秋に株分けするか、熟した胞子を蒔く。株分け後、回復するまでにしばらくかかる。

Osmanthus heterophyllus 'Aureus'

Osmunda claytoniana

一般名：オニゼンマイ

英 名：INTERRUPTED FERRN

☼ ❄ ↔60〜90cm ↕40〜100cm

北アメリカ東部に自生する。落葉性だが、葉は長さ60〜120cmになる。茎の横断面は丸く、けばだった房を伴うこともある。葉の真ん中にある、胞子をつける小葉が枯れると、スペースや間が空くため、interrupted fern という英名がついた。
ゾーン：3〜9

Osmanthus heterophyllus

Osmanthus heterophyllus 'Aureomarginatus'

Osmanthus heterophyllus 'Variegatus'

Osmunda regalis

Osteomeles anthyllidifolia

Osmunda regalis
オスムンダ・レガリス

英 名：LOCUST FERN, ROYAL FERN

☼ / ☀ ❄ ↔90cm ↕60～150cm

北アメリカ、南アメリカ、ヨーロッパ、アジアに自生する。大きな複葉は、アメリカサイカチに似る。幅広い卵形〜長楕円形で、鮮やかな緑色のシダ葉が、春になると、密集して丸い茂みを作り、銅色〜赤銅色の渦巻き状の若芽を出す。'プルプラスケンス'の赤色〜紫色を帯びた葉は、初夏になると緑に変わる。'クリスタタ'の革質の葉は緑色だが、成長するにつれて豊かな金茶色になる。
ゾーン：3〜10

OSTEOMELES
（テンノウメ属）

バラ科に属し、コトネアステル属と近縁の常緑性低木3種からなる。中国〜ハワイに分布。葉は、小さな羽状に並ぶ小葉が多数集まってでき、夏になると、白い小花をつけた見栄えのする花房を茎頂につける。

〈栽培〉
肥えて水はけのよい土壌で、日なたで栽培する。霜が続く地域では、保温壁で保護するか、コンテナで栽培する。繁殖は種子からか、半熟枝の挿し木から。

Osteomeles anthyllidifolia
一般名：テンノウメ

☼ ❄ ↔60cm ↕60cm

ハワイを含む、北太平洋諸島に自生する。丈低くはびこる低木だが、たまに直立する低木が高さ3mにもなることもある。茎はアーチ状。小さく、光沢があり、濃緑色の小葉は、裏が起毛している。花は小さく白く、夏、茎頂にまばらな花房をなす。液果は熟すとピンク色になる。
ゾーン：9〜12

Osteomeles schweriniae

☼ ❄ ↔3m ↕3m

中国南西部に自生する。叢生する低木で、優美なアーチ状の枝をつける。小型の小葉は、灰色を帯び、綿毛で覆われる。雄ずいが突き出た白い花は、直径18mmほど。夏に密生して咲く。小さい濃い赤色の液果は、熟すと青みがかった黒色になる。ゾーン：8〜10

Osteospermum jucundum

OSTEOSPERMUM
（オステオスペルムム属）

キク科に属し、主にアフリカ南部に自生する、およそ70種の一年生、多年生植物と、亜低木からなる。暖かい時期中、温暖な地域では年中、地面を絨毯のように覆いつくす花が評価されている。たいてい草丈は低く、茎葉が横に広がるか、小山状に盛り上がる。葉は単葉で粗い鋸歯縁、長円形〜へら形である。花は大きく、目を惹く舌状花は主にピンク色、紫色、あるいは白色。中心花は、珍しいパープルブルーで金色の葯と対照をなす。学名は、ギリシャ語osteonは「骨（核）」を、spermaは「種子」を意味し、固い種に由来する。

〈栽培〉
大半は軽い霜にしか耐えられず、温暖地帯のほうがよく育つ。海岸沿いに植えるのに最適。軽く水はけのよい土壌で、日なたを好む。水をやりすぎると、不規則に広がってしまう。コンパクトに保つには切り戻し、枯れた花を摘み取ること。繁殖は、一年生種は種子から、多年生種は茎先を挿し木する。

Osteospermum ecklonis

☼ ❄ ↔50～100cm ↕50～100cm

南アフリカ原生の低木か亜低木。細長く起毛した、槍形の葉は、不規則な鋸歯縁のことが多い。舌状花は白く、裏は濃い青紫色。中心花は青い。ほぼ通年咲き。
ゾーン：8〜11

Osteospermum fruticosum

☼ ❄ ↔50～100cm ↕30～60cm

最初は直立し、次に横に広がる、南アフリカ原生の多年生植物。基部は木質。葉は幅広で、不規則な鋸歯縁、槍形〜へら形。舌状花は白く、裏はパープルピンク。中心花は、濁った藤色。年中咲く。
ゾーン：9〜11

Osteospermum jucundum
オステオスペルムム・ユクンドゥム

異 名：*Osteospermum barberae* of gardens

☼ ❄ ↔50～80cm ↕30～50cm

横に広がるか、こんもりと盛り上がる、南アフリカの多年生植物。細長い、槍形の葉は不規則な鋸歯縁。花序は直径10cm以上になり、舌状花はモーブピンク〜紫色。中心花は黒紫色で、晩春〜秋に咲く。*O. j.* subsp. *compactum*（オステオスペルムム・ユクンドゥム・コンパクトゥム）は、高地品種、コンパクトに育ち、多くの小花をつける。'パープル マウンテン'★は、パープルピンクの舌状花を咲かせる。*O. j.* 'ブラックソーン シードリング'の舌状花もパープルピンク。
ゾーン：8〜10

Osteospermum Hybrid Cultivar
一般名：オステオスペルムム交雑品種

☼ ❄ ↔40～60cm ↕20～30cm

オステオスペルムムは容易に交雑し、特に栽培下では交雑することが多く、新しい品種が続々と紹介されている。特に人気のあるものを以下に記す。'バターミルク'は、暖かい淡黄褐色の花弁で、裏は濃い色を呈す。'ホプリーズ'は、ピンクの花。'ピンク ワールズ'★、ピンクの舌状

自生するオステオスペルムム属の種（オレンジ色の花）とルリヒナギク属の種（青い花々）、南アフリカ、リリーフォンテイン

O., HC, Peach Symphony

O., HC, Petite Series, 'Pixie'

オステオスペルムム、HC、'シーサイド'

Osteospermum, HC, 'Stardust'

O., HC, Sunny Series, 'Dark Gustaf'

Osteospermum, Hybrid Cultivar, Sunny Gustaf/'Gustaf'

オステオスペルムム、HC、ナシンガ シリーズ、'ナシンガ ハイ サイド'

オステオスペルムム、HC、ナシンガ シリーズ、'ナシンガ パープル'

オステオスペルムム、HC、ナシンガ シリーズ、'ナシンガ ワイルド サイド'

オステオスペルムム、HC、シンフォニー シリーズ、'オレンジ シンフォニー'

オステオスペルムム、HC、シンフォニー シリーズ、&'オレンジ シンフォニー'と'オレンジ クリーム シンフォニー'

花は縮れており、裏は濃い色。'ピクシー'は、濃緑色の葉に、優しいピンク色の花。'シルバー スパークラー'、クリーム色の斑入りの葉に、白い花。'スターダスド'、は濃いピンク色の花。'サニー グスタフ'は大きな白い花をつける。'ウィートウッド'は白い花に中心部が青い。'ワーリギグ'は、灰緑色の葉に、黒ずんだ灰緑色の花で、舌状花は強く縮れる。実生の系統もある：**Nasinga Series**（ナシンガ シリーズ）にはさまざまな色合いがあり、縮れた舌状花を咲かせるものもある。**Simphony Series**（シンフォニー シリーズ）は、主に鮮やかな暖色が揃う。
ゾーン：9〜11

OSTRYA
（アサダ属）
英 名：HOP HORNBEAM

カバノキ科、ベツルス属とクマシデ属に近縁の落葉性高木10種を含む。北半球温帯地域一帯の開けた樹林地に分布している。葉は互生で、葉脈が浮き出て、鋸歯縁で、しばしば起毛している。雄性の尾状花序は、クマシデ属の花に似る。同じ木につく雌性の花は、カラハナソウ属に似た苞が重なり合う尾状花序をつける。

〈栽培〉
成長の遅い本属のような高木は、あまり植栽されない。水はけのよい肥えた土壌を好み、日なた、日陰どちらでも育ち、よい標本木となる。繁殖は春に新しい種子から、鉢に播き霜から守る。乾燥させた種子は、休眠から覚ますため、層積貯蔵すること。さらに冷涼な時期には*Carpinus betulus*の根茎に接ぎ木する。

Ostrya carpinifolia
英 名：HOP HORNBEAM
☀ ❄ ↔21m ↕21m
ヨーロッパ南部、トルコに自生する。シュートは細かな毛で覆われる。緑の葉は先が尖り、葉縁は二重に鋸歯があり、秋に金色〜薄黄色に変わる。雌性は群生し、最初はきなり色で、秋になると茶色に変わる。
ゾーン：6〜9

Ostrya virginiana ★
一般名：アメリカアサダ
英 名：EASTERN HOP HORNBEAM、IRONWOOD
☀ ❄ ↔10m ↕15m
北アメリカ東部に自生する。樹皮は濃い茶色。葉の表は濃緑色、裏は色が薄く、槍形で、重鋸歯縁。黄色い雄性の尾状花序が春につく。群がって実る雌性の果実は最初は白く、熟すにつれ茶色になる。
ゾーン：4〜9

Ostrya carpinifolia

Ostrya virginiana

OTACANTHUS
(オタカントゥス属)

ブラジル原生、軟材の常緑性低木4種からなる小さな属で、ゴマノハグサ科に属す。ゴマノハグサ科の多くの属と同じく、単葉で全縁の葉を二列互生につける。霜に弱く温暖な地帯で、キンギョソウに似た穂状花序を目当てに栽培される。

〈栽培〉
暖かく風雨を遮った場所で、日なたか半日陰のもと、腐植質に富み水はけのよい土壌を必要とする。叢生を促すには、春に先端を切り戻す。繁殖は、半熟枝の挿し木から。

Otacanthus caeruleus 'Little Boy Blue'

Otacanthus caeruleus
一般名：ブルーキャッツアイ
☀/◐ ✱ ↔50cm ↕90cm
ブラジルに自生する直立する軟材の低木。鮮やかな緑の葉は槍形で、粗い触感。バイオレットブルーの筒状の花は、2枚の平たい花弁からなり、花径25mm、ほぼ年中咲く。'リトル ボーイ ブルー'は、魅力的な栽培品種。
ゾーン：10～12

OTATEA
(オタテア属)

中央アメリカに原生、イネ科に属し、2種の低木状のタケからなる。細いアーチ状の茎を密に覆う葉は、長く薄く優しい緑色で、茎の先端あたりに固まり、羽毛かポンポンのように見える。むき出しの部分の茎は、二年目になるとこげ茶色～黒色に変わる。走出枝を出して広がるが、侵略種ではなく、広がりを阻むのも容易である。

〈栽培〉
タケには珍しく、オタテアの種は育ちにくく、かなりまばらな群生になってしまうことが多い。軽い霜には耐性があるし、一度根付くとある程度の日照りにも耐えられるが、オタテアは夏に水分がある温暖な環境を好み、肥えて、腐植質に富む土壌と、日なたか半日陰で、最もよく育つ。コンテナ栽培に最適で、池の周辺でもよく育つ。最も一般的な繁殖は株分け。

Otatea acuminata
☀ ✱ ↔6m ↕8m
メキシコ～ニカラグアに自生するタケ。非常に細い、吸枝を出さない茎が大きな藪を作る。茎は、特にそよ風を受けると、優美にしなる。細長い葉は長さ15cm、葉鞘が落ちると、葉の節の下から、特有の白い粉があらわれる。*O. a.* subsp. *aztecorum*（メキシカン ウィーピング バンブー）には直径35mmの稈があるが、大量の長く細い葉で隠れほとんど見えない。
ゾーン：10～12

OTHONNA
(オトンナ属)

キク科に属し、本属に含まれる約150種の多年草および小低木は、木質～肉厚や多肉、直立する～不規則に広がるなど、さまざまな成長習性を持つ。多くは南アフリカの乾地性地域に自生する。葉は、全縁のものから、全裂、切れ込みが入る、鋸歯縁まで多岐にわたり、革質か肉厚となる。デイジー似の花は黄色。

〈栽培〉
冷温帯では、温室で、適度に肥えた砂混じりの配合土で栽培する。成長期は水は控えめにする。温暖地帯では、戸外の日なたで、水はけが完璧な土壌で栽培する。繁殖は種子または挿し木から。

othonna arborescens
☀ ✱ ↔90cm ↕90cm
南アフリカに分布する。多肉質の低木で、ジグザグの茎に肉厚で長楕円の、長さ5cmの葉がつく。夏に、黄色いデイジーに似た花が、たいていは1つ、茎の先端につく。
ゾーン：9～11

Otatea acuminata subsp. *aztecorum*

Othonna capensis
一般名：黄花新月
英 名：LITTLE PICKLES
☀ ✱ ↔30～45cm ↕8～15cm
南アフリカ原生。丈低く育ち、地を覆うようにマット状に広がる多肉植物。肉厚で円柱状の葉は、長さ25mmほどでゼリービーンズに似る。夏、小さな黄色いデイジー似の花が、葉群れの上に出る細い茎につく。ハンギングバスケットに向く。
ゾーン：9～11

Othonna euphorbioides
一般名：黒鬼城
☀ ✱ ↔90cm ↕90cm
南アフリカ原生。非常に多肉質の低木で、トウダイグサ属のいくつかの種に似る。直立する茎に、小さく、肉厚で舌形の葉をつける。黄色いデイジーを思わせる花が、夏になると単独か、小さな花房で咲く。
ゾーン：9～11

OTTELIA
(オテリア属)

トチカガミ科に属す。熱帯の水の温かい地域に原生する、一年生、あるいは多年生植物21種からなる。葉は、若葉と成葉とで異なり、卵形～丸い、部分的～完全に沈水する。花弁が3枚の花は、白色かピンク色か、紫色のさまざまな色調。見栄えがするが短命で、仏炎苞のような苞のすぐ上につく。

〈栽培〉
冷涼な地帯では、屋内水槽で、光の照度と水温を高くして栽培する。温暖な気候では、日なたの温かい水なら池で育つ。繁殖は全種とも種子か株分けから。

Ottelia ovalifolia
☀/◐ ✱ ↔90～120cm ↕30～90cm
オーストラリアとニューカレドニアに分布する、一年生、あるいは多年生の水生植物。沈水葉は革紐状。浮水葉は卵形で、濃緑色～ブロンズ色。夏から秋にかけてクリーム色～白色の花が仏炎苞のすぐ上で咲く。仏炎苞は若いときは革質で光沢がある。
ゾーン：9～11

OURISIA
(オウリシア属)

南アメリカ、ニュージーランド、オーストラリアのタスマニアの高山地帯に分布する25種からなり、ゴマノハグサ科に属す。本属の多年生植物と亜低木は、普通は川の堤沿いのような湿った場所に生息する。低くマット状に地を覆うように育つ。葉はたいてい、小さく革質で、卵形～心臓形、鮮やかな緑色か濃緑色で、起毛したり艶のあるものもある。筒状の花は、5つの広がる裂片に分かれ、たいてい内側が起毛している。花は小さな総状花序を作るか、群生し、夏、高さ10～50cmの茎に咲く。花の色は白色がほとんどだが、紫色、ピンク色、赤色のこともある。

〈栽培〉
ロックガーデンや加温しない温室などで、まだらに影のある場所で、水分を保持しつつ非常に水はけのよい土壌で栽培する。乾燥させる風を遮り、冷涼で湿った空気が必要。繁殖は全種とも播種か株分けから。

Othonna capensis

Ottelia ovalifolia

Oxalis articulata

Ourisia macrophylla
☀ ❄ ↔15cm ↕30cm
ニュージーランドに自生する。多年生植物で、多少変異性があり、濃緑色で革質の葉は長さ15cmほど。夏になると、筒状の花が、茎頂に輪生でつく。花色は白色で、黄色い花喉を持つ。
ゾーン：6～9

OXALIS
（カタバミ属）
カタバミ科に属し、世界全域に分布し、約500種からなる大きな属である。ほとんどが鱗茎植物だが、常緑性で地を覆う多年生植物、多肉植物、低木も含む。多くの種が、夜になると閉じるクローバー形の葉を持つ。花芽は傘のように巻いており、開くと、鉢か杯形の5弁花になる。日の当たる間しか咲かない種もある。カタバミ属の中には、世界中で一番嫌われている雑草が含まれるが、同時に垂涎の的ながら、育てるがむずかしいコレクター向きの植物も多いので、注意深く選ぶことを勧める。

〈栽培〉
冬に成長する鱗茎植物は、ほとんど霜の降りない日なたで、夏は乾燥した場所を好む。常緑性で、樹林地で夏に成長する種は、日陰と湿った土壌を好む。多肉質で低木状の品種は、霜のない気候でない限り、温室植物として栽培する。繁殖は、採取したばかりの種子を蒔くか、鱗茎や多年生植物は株分け、低木状の種は挿し木で。

Oxalis acetosella
一般名：コミヤマカタバミ
英　名：CUCKDO BREAD, WOOD SORREL
☀/☀ ❄ ↔45～90cm ↕5～10cm
匍匐性で多年生のグラウンドカバーで、北アメリカ、アジア、ヨーロッパに分布する。葉はクローバー形。夏に咲く白い花には紫色の脈が走る。*O. a.* var. *subpurpurascens*は、ローズピンクの花に紫色の脈目が走る。
ゾーン：3～10

Oxalis adenophylla
☀/☀ ❄ ↔12～15cm ↕8～10cm
愛らしい群生する種で、チリとアルゼンチンに跨るアンデス山脈に自生し、繊維質の鱗茎を持つ。ロックガーデンに最適。灰緑色の葉は、22までの小葉からなる。花はピンク色、たまに藤色もあり、紫色の脈目が走り、晩春に咲く。
ゾーン：5～9

Oxalis adenophylla, dark form

Oxalis articulata
一般名：イモカタバミ
☀ ❄ ↔30～40cm ↕30～40cm
パラグアイに自生する、半木質で、塊茎を持つ多年生植物。葉は直径25mmほどの3枚の小葉に分かれる。鮮やかなモーブピンクの花は、直径18mmほど。夏になると、葉のかなり上に花をつける。
ゾーン：8～10

Oxalis bowiei
異　名：*Oxalis purpurata* var. *bowiei*
一般名：ハナカタバミ
☀ ❄ ↔15～20cm ↕20～25cm
夏に成長する種で、南アフリカに自生する。葉は3枚の小葉からなり、それぞれ直径25mm。花は鮮やかなピンクで、径35mm以上、葉のかなり上に多数の花をつける。
ゾーン：8～11

Oxalis enneaphylla
オクザリス・エンネアフィラ
英　名：SCURVY GRASS
☀/☀ ❄ ↔10～15cm ↕6～8cm
フォークランド諸島と、パタゴニアに自生する。分枝し、ゆっくり広がる、鱗片に覆われる根茎を持つ植物。20枚までの、灰

Oxalis hirta

緑色でひだのある小葉からなり、うねっているように見える。白色～ピンク色の花は、直径25mmほど、春～夏に咲く。'ロセア'は濃いピンク色の花をつける。
ゾーン：6～9

Oxalis hirta
一般名：キダチカタバミ
☀ ❄ ↔10～15cm ↕25～30cm
叢生する鱗茎種で、南アフリカに自生する。茎は直立し葉が茂る。小葉は長く細く、3枚ずつ並ぶが、典型的なクローバーの形とは異なる。花は藤色からサーモンピンク、鮮やかなピンク色までであり、秋に咲く。
ゾーン：8～10

Oxalis 'Ione Hecker' ★
一般名：カタバミ'イオーネ ヘッカー'
☀/☀ ❄ ↔8～10cm ↕6～8cm
南アメリカ原生の二つの種、*O. enneaphylla*と*O. laciniata*との交雑種である小さな根茎植物。葉は細かく全裂する。灰緑色の小葉は、ごく小さく、半ば重なり合う。花径30mmと大輪で、バイオレットブルーに紫色の脈目の走る花は、夏咲き。
ゾーン：6～9

Oxalis, 'Ione Hecker'

Oxalis enneaphylla

Ozothamnus adnatus

Oxalis oregana

Oxalis triangularis

Oxalis oregana
英　名：RED WOOD SORREL
☼ ❄ ↔100cm ↕18〜20cm
匍匐する多年生植物で、北アメリカ西部の森林地に分布する。葉は3枚のミッドグリーンの小葉からなる。花はピンク色から紅藤色まで、ときに白色もあり、直径25mmほど。春〜秋に咲く。
ゾーン：7〜10

Oxalis purpurea
☼ ❄ ↔30〜60cm ↕8〜10cm
変異性があり、非常に広がる多年生の鱗茎植物で、南アフリカ原生。葉は緑色で灰色を帯びていたり、紫色のことさえあり、3枚の小葉に分かれる。花は直径5cmほど、冬咲き、白、黄色、ピンク、藤色、あるいは紫色。多くの選抜種が入手可能。
ゾーン：8〜10

Oxalis rubra
☼/☼ ❄ ↔25〜30cm ↕38〜40cm
塊茎があり夏に成長する多年生植物で、ブラジルとアルゼンチンが原生。葉は3枚の小葉からなり、緑色に茶色の模様が入る。花は直径18mm、色は白か紅藤色、ピンク、あるいは赤色で、夏に咲く。
ゾーン：9〜11

Oxalis triangularis
☼ ❄ ↔30〜50cm ↕20〜25cm
夏に成長する、南アメリカ原生種。分枝し、鱗片のある根茎を持つ。葉は3枚の三角形の小葉からなり、夜には閉じる。葉は深い紫色にスミレ色がかかる。少し下向きで、優しいピンク色の花は、暖かい季節の間中咲く。*O. t.* subsp. *papilionaceae* (syn. *O. regnellii*)は、鮮やかな緑色の三角形の葉を持ち、純白の花を咲かせる。
ゾーン：8〜11

Oxalis tuberosa
英　名：NEW ZEALAND YAM, OCA
☼ ❄ ↔15〜20cm ↕25〜30cm
塊茎があり、夏に成長する多年生植物で、コロンビア原生。こぶ状につく赤色、黄色、白色の塊茎は食べられる。茎は直立し、しばしば赤く、葉1枚は3枚の小葉からなる。野生のものは小さい黄色の花を夏につけるが、栽培された品種の多くは花をつけない。
ゾーン：7〜11

Oxalis versicolor
一般名：シボリカタバミ
英　名：BARBER'S POLE OXALIS, CANDY-CANE OXALIS
☼ ❄ ↔20〜25cm ↕8〜10cm
可愛らしい、冬に生長する鱗茎植物で、アフリカ南部に原生する。整然と群生す

Oxydendrum arboreum

Oxalis triangularis subsp. *papilionacea*

る細かな葉は、3枚の細長い小葉からなる。花は純白で、花弁の外側は深いピンクで縁どられ、晩冬に咲く。花が閉じているときは、巻いた花弁が床屋の看板のように見える。
ゾーン：9〜10

Oxalis vulcanicola
☼ ❄ ↔30〜50cm ↕30〜50cm
叢生する小さな低木で、中央アメリカに原生する。茎は多肉質で赤みを帯びる。厚い緑の葉は、3枚の小葉からなり、赤らんでいることもある。鮮やかな黄色の小花に、細い赤の脈目が走る。夏〜秋に咲く。
ゾーン：9〜11

OXYDENDRUM
（オキシデンドルム属）
落葉性の低木か小高木が1種だけあり、北アメリカに原生する。ツツジ科に属す。茎が複数立つこともあるが、ほっそりとした幹を亀裂の入ったくすんだ赤の樹皮が覆う。秋になると、白い小花が咲き、葉は、落ちる前に鮮やかに変わる。
〈栽培〉
標本樹として、あるいは開けた樹林地で育てるのに最適。日なたで育てると、花のつきがよく、秋の紅葉も濃くなる。湿っていながら水はけのよい酸性の土が必要である。成長が遅く、根付くのに時間がかかる。繁殖は秋か春に種子から。あるいは夏に緑枝を挿し木する。

Oxydendrum arboreum ★
一般名：スズランノキ
英　名：SORREL TREE, SOURWOOD
☼ ❄ ↔3m ↕1.8〜3m
アメリカ合衆国の東部で、樹林地や川の堤に自生する。先の尖った光沢のある葉は、細かい鋸歯縁で、秋には、鮮やかな色合いの赤色、紫色、黄色に紅葉する。秋に、小さく壺形で、芳香のある白い花が、枝先の細く広がる総状花序につく。
ゾーン：5〜9

OZOTHAMNUS
（オゾタムヌス属）
キク科に属し、オーストラリア、ニュージーランド、ニューカレドニアに分布する50種からなる。多くは低木だが、草本も数種ある。複合花序は、小さなデイジーに似た花序が多数集まって作られ、それぞれの花序に2〜3の雌性花がつく。色は白色〜黄色、そして濃いピンク色までで、そのあいだのさまざまな色合いが揃う。ほとんどの種が、ある程度毛を帯び、数

Oxalis vulcanicola

Ozothamnus obcordatus

Ozothamnus diosmifolius

色、裏は密な白い毛で覆われる。葉は互いに重なり、茎にぴったりとつく。夏、黄色～白みを帯びた花が、茎頂にひとつだけつく花序を作る。
ゾーン：7～9

Ozothamnus diosmifolius
異　名：*Helichrysum diosmifolium*
一般名：ライスフラワー
英　名：PILL FLOWER、RICE FLOWER、WHITE DOG WOOD
☼ ❀ ↔2m ↕4.5m
直立して育つ低木で、ふつうはオーストラリアのクイーンズランド州中央部～ニューサウスウェールズ州南東部に自生する。濃緑色の薄い葉は、裏が毛で覆われる。小さな花序につくごく小さな個々の花は、直径6mmほど。この花序が何百も茎頂に群生する。花色は白色～ピンク色～赤色のさまざまな色合いで、春から夏にかけて咲く。切り花として出荷するため広く栽培されている。
ゾーン：9～11

Ozothamnus ledifolius
異　名：*Helichrysum ledifolium*
英　名：KEROSENE BUSH
☼ ❄ ↔1.5m ↕1.5m

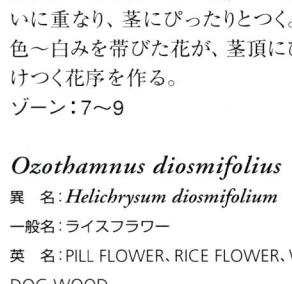

オーストラリアのタスマニアにある、標高750m以上の山岳地帯に分布が限定される。粘着性のある黄色い若い茎は、非常に毛が多い。細長く、起毛し、芳香のある葉をつける。夏になると、小さな白と黄色の花序が茎頂に群生する。叢生を保つため、花後に剪定する。
ゾーン：7～9

Ozothamnus obcordatus
異　名：*Helichrysum obcordatum*
英　名：GRAY EVERLASTING
☼ ❄ ↔1.5m ↕1.5m
オーストラリア東部、クイーンズランド州～タスマニア州に自生する叢生の低木。心臓形の葉は、「心臓」の先端で茎につながる。ごく小さく、艶のある灰緑色の葉は、裏が起毛する。春、茎頂に密生する花序には、山吹色の花序がつく。2つの亜種があり、北側に育つ集団は大きめの葉をつける。
ゾーン：8～10

種は目立つほど長い軟毛を帯びる。
〈栽培〉
中性～酸性の、水はけのよい土壌が最高の結果を生む。多くの種が、日なたよりありあ程度の日陰を好む。長い間乾期が続く場合は余分に水をやる必要がある。ほとんどの種が、高度の高いところに原生し、雪に長期間覆われるのに慣れているので、耐霜性がある。繁殖は採取したばかりの種子からか、挿し木から。高地種の種子は、播種する前に、数週間、冷蔵庫で層積貯蔵する必要がある。

Ozothamnus adnatus
異　名：*Hlichrysum adnatum*
☼ ❄ ↔1.8m ↕3.5m
オーストラリア、ニューサウスウェールズ州南東部と、ビクトリア州東部に自生する低木。濃緑色の線形の葉は、裏が起毛し、毛を帯びた茎にぴったりとつく。白みを帯びた花序は、密生する茎頂の花序につき、晩夏～初秋に咲く。開花を促すには軽く剪定してやる必要がある。
ゾーン：8～10

Ozothamnus coralloides
☼ ❄ ↔60cm ↕60cm
ニュージーランドの南島に自生する。コンパクトな低木で、枝が混み合う。小さく厚い、三角形の葉は、表は艶のある緑

Ozothamnus rosmarinifolius

Ozothamnus rosmarinifolius
異　名：*Helichrysum rosmarinifolium*
一般名：ライスフラワー
☼/❄ ↔1.8m ↕3m
オーストラリアのタスマニア州、ビクトリア州、そしてニューサウスウェールズ州の南部に自生する低木。茎は毛で覆われ、幹は白色を帯びる。細長く、軟毛のある葉は、葉裏にも白い毛が密生する。白色～ピンク色の花序が春～夏に咲く。
ゾーン：8～10

Ozothamnus selago
異　名：*Helichrysum selago*
☼ ❄ ↔30cm ↕38cm
ニュージーランド南島の、岩の裂け目に自生する。ごく小さく、厚い三角形の葉が、茎にぴったりとつき、表は艶のある緑色、裏は白い毛が密生する。夏になると、茎頂に黄色～白色の花序をつける。
ゾーン：7～9

Ozothamnus selago、自生種、ニュージーランド

P

Pachira aquatica

× *Pacherocactus orcuttii*

× PACHEROCACTUS
(× パケロカクトゥス属)
サボテン科、メキシコ原生の珍しい自然交雑種。著名なコレクターCharles Orcuttが1886年に発見。何十年も、この植物は*Pachycereus orcuttii*として知られてきた。だが研究の結果、実際には*Pachycereus pringlei*と*Bergerocactus emoryi*が親であると判明した。British Cactus and Succulent Societyの会長Gordon Rowleyが1982年にこの植物を新たに命名した。
〈栽培〉
めったに手に入らないが、肥えた水はけのよい土壌であれば、栽培は容易。種子からも育てられるが、ふつう繁殖は2、3週間乾かした切片を挿し木する。冬には休眠する。

× *Pacherocactus orcuttii*
異 名：*Pachycereus orcuttii*
☀ ❄ ↔6～10cm ↕2m
低木状のメキシコ原生種。短い茎に黄緑色の枝が30までつく。毎年、成長した最後の部分で枝の成長はとまる。刺は中刺が5～10、側刺が20以上。花はじょうご形で、薄い黄色。萼には鱗片がある。多くの小さい刺座があり、そこに白い羊毛と刺が位置する。果実にも羊毛がびっしりつき刺がある。
ゾーン：9～11

PACHIRA
(パキラ属)
熱帯アメリカ原生。常緑性、および落葉性高木およそ20種を抱え、パンヤ科に属す。欠刻が入り形のよい掌状葉や、根元で癒合した雄ずいの集まりが房のように見える大輪の見栄えのする花が魅力で、観賞用として栽培される。花期は非常に短く、種によっては、花の時期に密生して茂る葉の中に隠れる。木質のさく果には、腎臓形の種子が多数、多肉質の果肉に埋もれている。
〈栽培〉
霜に弱い。温暖な気候と、日なた、水はけのよい湿った環境が必要。繁殖は種子から、あるいは秋に採った挿し木から。

Pachira aquatica
一般名：パキラ
英 名：SHAVING BRUSH TREE
☀ ❄ ↔3m ↕6m
メキシコと南アメリカ北部に自生する常緑高木。大きな複葉は5～9の小葉に分かれる。花は大きく、クリームがかった白色か緑がかった白で、雄ずいの先が赤い。夏に開花。さく果は茶色く、果実は炒ると食べられる。湿気のある熱帯の環境に耐える。ゾーン：10～12

PACHYCEREUS
(パキケレウス属)
サボテン科、大型で高木状になるサボテン9種からなる。9種ともメキシコに分布するが、中にはアメリカ合衆国南部に迷い込んだ種もある。直立して育ち、基部でも、主茎の上の部分でも分岐する。低木のほうに近い種では、分岐しない茎がいくつか株立ちすることもある。茎には鋭角の稜があり、稜に沿った刺座が目立つ。夜咲きの花は、たいてい白色か、さまざまな色合いのピンク色を呈し、筒状、長さ5～8cm、葯が突き出る。
〈栽培〉
サボテン全般に言えることだが、土壌は砂質で水はけがよいこと、少なくとも半日は日が当たることが必要。たまの軽い霜には耐性のある種も存在するが、ふつうサボテンは温暖な気候の植物である。夏の湿り気は喜ぶが、夏に湿潤な環境にすると腐る。種子から殖やすが、栽培品種の中には接ぎ木で殖やすものもある。

Pachycereus marginatus ★
一般名：白雲閣
英 名：MEXICAN FENCE POST CACTUS
☀ ❄ ↔8～20cm ↕3～5m
メキシコ原生。頑丈で、直立する柱状の枝はフェンスとして使われる。三角形に近い稜が4～7あり、そこに細長い白色～灰色の刺座があると、この種だと分かる。刺は黄色から灰色、中刺が1～3本、側刺が5～9本出ている。花はじょうご形で赤色からピンク色。果実は球形で、刺と羊毛がつくが、これは外れる。
ゾーン：10～12

Pachycereus pringlei
一般名：武倫柱
英 名：CARDON
☀ ❄ ↔60cm ↕10m
メキシコ原生。高木状で、幹は直径60cmまで太くなる。枝は青緑色から黄緑色に変わり、10～15の深い稜ができる。中刺が1～3、側刺が7～10、白っぽいものから灰色まで。花を咲かせる稜には羊毛がフェルト状にからまった大きな刺座ができ、じょうご形か鐘形の白い花を咲かせる。鱗片に覆われる萼には茶色い毛が多数ある。球形の果実は、黄色がかった茶色の羊毛がフェルト状にからみ、剛毛で覆われる。
ゾーン：10～12

Pachycereus schottii
パキケレウス・スコッティイ
異 名：*Lophocereus schottii*
英 名：GARAMBUYO, SENITA, SINITA
☀ ❄ ↔5～10cm ↕0.9～3m
アメリカ合衆国とメキシコに分布。高木状～低木状のサボテンで、黄緑色の枝が100ぐらいまで出る。花が咲く茎の上部に剛毛状の灰色の刺が敷物のようにできることで識別できる。刺の長さは5～100cmで、細い灰色の中刺が1～3、こ

*Pachycereus pringlei*の自生種、メキシコ、バハカリフォルニア、カタヴィーナ砂漠

Pachycereus marginatus

Pachycereus schottii

Pachycereus schottii 'Monstrosus'

Pachypodium densiflorum

Pachypodium horombense

Pachypodium lamerei

れも灰色の側刺が3～15。花は夜咲きで、じょうご形、白～ピンク色。果実は球形で赤く、果肉も赤い。'モンストロスス' (syn. *Lophocereus schottii* f. *monstrosus*)は刺が皆無ではっきりとした稜もない。枝は不規則で凹凸がある。
ゾーン：10～12

PACHYCORMUS
(パキコルムス属)
ウルシ科で、一属一種。メキシコ北西部の半砂漠地帯に自生する本属は、「砂漠庭園」でしばしば使われる。小さな杯状の花がたくさん集まって咲く様子が愛でられる。成長の遅い、落葉性の多肉植物で、その幹や茎はしばしばひどく膨れる。
〈栽培〉
霜に弱い。日なたと非常に水はけのよい土壌を要求する植物。成長期には適切な水遣りをし、葉の落ちる休眠シーズンには湿り気を絶やさない。春に種子から繁殖。

Pachycormus discolor
一般名：エレファントツリー
英 名：BAJA ELEPHANT TREE
☀ ✈ ↔ 0.9m ↕ 3.5m
よく分岐する多肉植物で、その幹は厚さ45cmにもなる。明るい緑色の羽状複葉で、小葉は楕円形、わずかに歯牙縁。夏、茎頂の総状花序にピンクとクリーム色の杯状の花がかたまって咲く。
ゾーン：10～12

PACHYPHRAGMA
(パキフラグマ属)
アブラナ科で、1種だけの単型属。トルコ北東部からコーカサス地方にかけて分布する。丸い葉の多年生植物で、春に穂状花序の純白の小花をつける。成長シーズンの間ずっと葉は美しい。パキフラグマ属はグンバイナズナ属と近縁で、おそらくはっきりとは分かれてはいない。
〈栽培〉
腐植質が豊富で、湿り気を逃さない土壌で、少し陰になる場所だと、パキフラグマは魅力的で、雑草を抑制する、成長緩徐なグラウンドカバーになる。繁殖は秋に種子を蒔くか、晩春に基部の茎を挿す。

Pachyphragma macrophyllum
異 名 *Cardamine asarifolia*、 *Thlaspi macrophyllum*
☀ ❄ ↔ 70～90cm ↕ 30～40cm
森林に生える草本状の多年生植物で、大きく、丸い濃い緑色の葉は幅10cmまでになる。まばらな穂状花序に直径18mmまでの純白の花が咲く。晩春に開花。
ゾーン：7～9

PACHYPHYTUM
(パキフィトゥム属)
ベンケイソウ科、小型のメキシコの多肉植物12からなる。名前は、このおびただしく分岐する植物をさすギリシア語、*pachys* (厚い)と*phyton* (植物)に由来する。たいていの種は、はっきりとロゼット葉とわかる形で成長し、葉を密生させ、しばしばその仕上げに粉をふく。パキフィトゥム属は、エチェウェリア属と非常に近く、栽培では多くの属間交雑種がある。
〈栽培〉
肥えた水はけのよい土壌で育つ。繁殖は、古い植物を株分けするか、切って数日乾かした茎を挿し木する。あるいは種まき用土に置いた葉から増やす。暖かい時期なら数週間で、切った茎や葉から根が出て、新しいシュートが出る。種子から育ててもよい。冬にはしばらく水遣りを控えるとよい。

Pachyphytum compactum ★
☀/☁ ❄ ↔ 40cm ↕ 30cm
メキシコ原生。基部から茎が分岐し、きっちり詰まったロゼット葉をつける。葉短い円筒形で、濃緑色から灰白、長さ18～30mm、先細でとがり、先端下が竜骨状に三角になる。花序は高さ40cmで、多数の先が緑色をした鐘形の、長さ8mmほどの花がつく。
ゾーン：8～11

PACHYPODIUM
(パキポディウム属)
キョウチクトウ科、マダガスカルと南アフリカに自生する17種からなる。サボテンに似た落葉性の多肉植物で、非常に刺の多い主軸を持ち、ふつう枝は数が少ない。大きさはまちまちで、最大の種は8mにもなる。葉は全縁で、茎や枝の二側部分から出る。南アフリカ原生の4種は、より冷涼な気温にも耐えられるが、ほとんどの種では冬の気温が最低10℃は必要である。
〈栽培〉
日なたと最大限に排水がよい肥えた土壌を要求する。コンテナで栽培するのなら、休眠期には水やりをしないこと。成長するシーズンには、窒素が少ない肥料を月に1度与える。繁殖は育苗箱に入れた鉢に種子を蒔くか、晩春に茎先を取り挿し木する。

Pachypodium baronii
一般名：パキポディウム バロニイ
☀ ❄ ↔ 0.9m ↕ 3m
マダガスカル北部に原生。高木状の多肉植物で、刺だらけの軸部に刺のある枝がつく。楕円形の灰緑色の葉は先端で細くなる。夏、高盆状の鮮やかな赤い花をつける。*P. b.* var. *windsori*は丈が低めで、花の中央が白い。
ゾーン：9～11

Pachypodium densiflorum
一般名：パキポディウム デンシフロルム
☀ ✈ ↔ 100cm ↕ 50cm
マダガスカルの南部に原生。太い枝をもつ、結節だらけの多肉植物。小枝には12mm長さの対の刺がある。鮮やかな黄色の花が花序ごとに1～10つく。果実には2つの角のある裂片がつき、濃赤色に覆われる。
ゾーン：11～12

Pachypodium geayi
一般名：亜阿相界、パキポディウム ゲアイイ
☀ ✈ ↔ 1.5m ↕ 8m
マダガスカル原生の、枝付き燭台の形をした多肉性高木。葉巻、あるいは瓶形の幹は径80cmほどで、最初に花が咲いた後分岐する。小枝には18mmまでの刺が3つずつある。葉は長さ45cmまで、幅狭で、たいてい有毛。花は黄色～内側が白まで、芳香あり。
ゾーン：11～12

Pachypodium horombense
一般名：パキポディウム ホロンベンセ
☀ ❄ ↔ 70cm ↕ 60cm
マダガスカル原生。多肉性の亜低木で、直径30cmにもなる幹には灰緑色の樹皮がある。小枝には対になった12mmほどの刺。葉は長さ8cm、裏面が灰色。花は鮮やかな黄色で、1つの花序に4～11つく。
ゾーン：10～12

Pachypodium lamerei ★
一般名：パキポディウム ラメレイ
☀ ❄ ↔ 1.8m ↕ 6m
マダガスカルの南部と南西部に分布。高木状の多肉植物で、太い、刺だらけの茎を持ち、歳とともに頂で分岐する。光沢のある濃緑色の葉が固まって頂生する。芳香のあるインドソケイに似た花が夏に咲く。二つ折りのバナナのような形の果実がなる。
ゾーン：9～11

Pachyphragma macrophyllum

自生する*Pachycormus discolor*、メキシコ、バハカリフォルニア、バイア・デ・ロスアンヘレス

Pachypodium namaquanum
一般名：光堂
↔30cm ↕5m

南アフリカのナミビアとケープ地方に自生。サボテンに似ており、ふつうは分岐しない多肉植物。しだいに先細りになる幹の上方は3本ずつ生える長さ8cmまでの刺に覆われる。幹の先端につく葉は有毛で、長さ15cmほど。花は赤だが、ときに外側が黄色、3～10集まり花序をなす。自生種は厳格に保護されている。
ゾーン：9～11

Pachypodium rosulatum
一般名：象牙宮
↔0.9m ↕1.5m

マダガスカル原生。刺だらけの茎に太い分岐した枝をつける、変異に富んだ多肉植物。新しい葉は最初は毛があるが、しだいに滑らかになり艶が出て、楕円形になり、砂糖をまぶしたような緑色を呈する。夏、わずかに筒状部分のある黄色い花を咲かせる。
ゾーン：9～11

Pachypodium rutenbergianum
一般名：鬼に金棒
↔4.5m ↕12m

マダガスカル原生。枝つき燭台に似た多肉植物。葉巻形、あるいは瓶形の幹は直径100cmほどになる。小枝に2本ずつつく刺は長さ18mmほど。葉は長さ45cmほどで、無毛。白い花の後に、2浅裂の茶色の実ができる。樹皮は織物を作るのに使われる。
ゾーン：10～12

Pachypodium succulentum
一般名：天馬空
↔60cm ↕2m

南アフリカに自生。半地下塊茎をつける筒形の幹と、2本1組の25mmほどの刺がある小枝を持つ多肉質の低木。葉は長さ18cm。白い花に、ピンクか赤の線が走る。1～9輪集まり花序を作り、花の後には2浅裂の果実（ときに片側が未発達のことがある）がなる。果実は薄い灰色で、濃赤色で上塗りされる。
ゾーン：10～12

PACHYRHIZUS
（クズイモ属）
英名：YAM BEAN

長くてどっしりした筒状根を持つ、巻きつき型つる草本を6種ほど抱える。マメ科のソラマメ亜科に属し、熱帯南アメリカからメキシコに分布し、アメリカ合衆国のフロリダでは帰化している。大きな複葉には、歯牙縁のある小葉が3枚あり、蝶形花が密集して長さ20cmほどの総状花序をなすが、花色は緑、青、紫、白、藤色のいずれか。花期は春で、その後、平たい果実が群生する。食用になる根のため、東アジア、中央アメリカで広く栽培されている種もあるが、この植物で毒のない唯一の部分がこの根である。

〈栽培〉
温暖で、乾燥した、日のよく当たる地域では、30cmほど離して、砂質の用土に種子を蒔く。根の成長をよくするには花を摘み、初霜が降りる前に収穫する。つるに支柱が必要なこともある。種子から繁殖させる。

Pachyrhizus erosus
一般名：クズイモ
英名：JICAMA, MEXICAN POTATO, MEXICAN TURNIP, YAM BEAN
↔0.9～1.8m ↕3～6m

中央アメリカの、草質の巻きつき型つる植物。食用になる、でんぷん質を含んだ筒形の根は長さ2.4m、重さ23kg以上になる。複葉で、3枚の歯牙縁を持つ小葉に分かれる。花はパープルバイオレット～白色。緑色で平たい、豆果に似た果実ができる。根は生でも、火を通しても食べられる。ゾーン：10～11

PACHYSANDRA
（フッキソウ属）

本属は、ふつうタカトウダイ属とされているが、実はツゲ科に属し、北アメリカや東アジア原生の丈の低い低木、あるいは這う習性の多年生植物5種からなる。気候によって、落葉性の種もあれば、半常緑、常緑のこともある。陰になる場所のグラウンドカバーに使われ、根付くのが遅いとはいえ、一度根を下ろすと強い。地下のランナーで広がり、木の根の上でも成長できるという利点がある。コンパクトに成長し、茎の先に輪生でつく揃った葉の茂みが魅力的。花はめだたないが、香りはよく、春に咲く。属名はギリシア語のpachys（太い）と、andros（人間）から来ていて、太い雄ずいのことを指す。

〈栽培〉
この植物に理想的な環境に必要なのは、日陰と、湿った少し酸性の用土で、有機質がすき込まれていること。育てる場所に日が当たりすぎると、葉が日焼けで黄色くなり、成長が悪くなる。繁殖は、株分けか夏に挿し木で。

Pachysandra procumbens
英名：ALLEGHENY PACHYSANDRA, ALLEGHENY SPURGE
↔30～45cm ↕15～30cm

アメリカ合衆国、ケンタッキー州東部からフロリダ州とルイジアナ州にかけて自生。比較的冷涼な地域では落葉性、それ以外の地域では半常緑か常緑性。葉は濁った緑色で、灰色を帯び、茶色や灰色の斑点が入ることもある。白またはピンクがかった白の小花が咲く。
ゾーン：5～9

Pachysandra terminalis
一般名：フッキソウ
英名：JAPANESE PACHYSANDRA, JAPANESE SPURGE
↔45cm ↕20～30cm

日本原生種。葉は光沢のある濃緑色で、縁にわずかに歯牙がある。花は小さく、白色。日が当たらなくても、木の根があっても生き延びる。'グリーン スパイク'は普及している栽培品種。'ワリエガタ'は緑と灰緑色の葉にクリームがかった白の斑が入る。ゾーン：5～10

Pachypodium namaquanum, in the wild, Karoo, South Africa

Pachypodium rosulatum

Pachypodium rutenbergianum

Pachysandra terminalis

Pachysandra terminalis

Pachysandra terminalis 'Green Spike'

PACHYSTACHYS
（ベニサンゴバナ属）

常緑の多年生植物と低木12種からなる、キツネノマゴ科の仲間で、熱帯アメリカが原生。キツネノマゴ属の植物と近縁で、目を引く頂生の花穂も似ている。筒状の花は2つの唇弁に分かれ、大きな苞葉がかぶさる。対生の葉はきわめて大きく、葉脈が浮き出ているため、表面に皺がある。

〈栽培〉
冷涼な気候では、屋内か温室の植物だが、温暖で湿気のある地域では戸外で育つ。半日陰の場所で、肥えて湿っているが、水はけのよい土壌に植える。繁殖は夏に緑枝を採って挿し木するのが最良。

Pachystachys coccinea
一般名：ベニサンゴバナ
英　名：CARDINAL'S GUARD
☼ ↕ ↔0.6m ↕2m
低木で、南アメリカ大陸北部に自生、西インド諸島に帰化している。卵形の葉は長さ20cmまで。大きな緑の苞を持つ鮮やかな赤い花が茎頂で穂序をなす。ほとんど一年中開花。
ゾーン：10〜12

Pachystachys lutea
一般名：ウコンサンゴ
英　名：GOLDEN CANDLES
☼ ↕ ↔50cm ↕90cm
ペルーが原生。ベニサンゴバナと比べると葉長が短く、幅も狭い。花期は長く、白い筒状の花を支える目立つ山吹色の苞葉が茎頂で花穂を作る。
ゾーン：10〜12

PAEONIA
（ボタン属）

英　名：PEONY

ボタン科に属し、30近くの種からなる。属名はギリシア神話で神に仕える医師であったパエオンに因んでいる。北半球の温和な地域に自生する多年生の草木がほとんど。木立ちボタンとして知られている低木、亜低木もあり、頑丈な木質の茎に、鮮やかな色の花を咲かせ、非常に装飾的な葉をつける。

〈栽培〉
玄武岩質の深層の肥えた土壌が最適で、毎年有機分を大量に補給する。夏季、土を乾燥させないこと。強風と照りつける日差し、および初春の霜から保護することが肝要である。剪定は、終わった花頭を摘み、枯れているか、不適当なシュートを刈るだけにすること。時間がかかり困難だが種子からの繁殖は可能。草本性のボタンでは株分けで殖やし、木立ちボタンの場合は頂端部の接ぎ木で、接いだ部分を用土の中に8cmほど埋める。

Paeonia anomala
☼ ✻ ↔60cm ↕50cm
西モンゴルからシベリア、ロシアのステップに分布する。細かく2回3出複葉に分かれた濃緑色の葉には主葉脈の上に細かい毛が生え、裏は青みを帯びた緑色。葉は秋にはオレンジ色になる。*P. a.* var. *intermedia* は心皮に軟毛がある点が異なる。
ゾーン：5〜9

Paeonia brownii
☼ ✻ ↔50cm ↕45cm
アメリカ合衆国の西部の高地砂漠や山岳地に自生する。小さなえび茶色と緑色の花は完全に開くことがなく、初夏に、濃緑色で深い全裂葉の上に出てつく。この種は極端に乾燥した夏にも順応し、花期の後は休眠する。
ゾーン：7〜9

Paeonia californica
☼ ✻ ↔50cm ↕38〜75cm
アメリカ合衆国南部の低い高地からカリフォルニア中央部までに分布。*P. brownii* よりも小さめで、葉の分かれ方も少ない。小さな紫の花が初春に咲き、夏の乾燥が夏の乾燥が始まるとともに、休眠する。
ゾーン：7〜9

Paeonia cambessedesii
英　名：MAJORCAN PEONY
☼ ✻ ↔60cm ↕60cm
スペインのバレアレス諸島原生。革状で、卵形の葉には紫色に染まった葉脈が走り、縁は波打つ。茎は赤みを帯びる。花は単生で深いばら色〜マゼンタ色、さらに濃い色の脈が走る。春咲き。冬には覆いが必要。
ゾーン：8〜9

Paeonia × *chamaeleon*
☼ ✻ ↔50cm ↕50cm
ジョージア州の山地に分布する、*P. mlokosewitschii* と *P. caucasica* との自然交雑種。卵形の小葉は青みがかった緑色。花は色変異があり、ピンク〜クリームイエロー。晩春に咲く。
ゾーン：6〜9

Paeonia delavayi
英　名：MAROON TREE PEONY
☼/☼ ✻ ↔1.5m ↕2m
中国西部の原生種。落葉性で、吸枝を出して広がる低木。大きな濃緑色の葉は、深い欠刻が入り、裏面は青みを帯びた緑色。皿形の花は濃赤色で、葯は深い金色。春咲き。豆果に似た果実には、色づいた萼片がつく。*P. d.* var. *lutea* (syn. *P. lutea*) の花はレモンイエローで単生。春中頃に開花。*P. d.* var. *ludlowii* (syn. *P. l.* var. *ludlowii*) は *P. d.* var. *lutea* より大きめで、葉の欠刻が少ない。花径12cmほどの開放型の花が初春に豊富に咲く。
ゾーン：6〜9

Paeonia anomala var. *intermedia*

Paeonia californica

Paeonia delavayi var. *lutea*

Paeonia cambessedesii

Paeonia × *chamaeleon*

Pachystachys lutea

Pachystachys lutea

Paeonia lactiflora 'Carrara'

P. lactiflora cultivar

Paeonia lactiflora 'Globe of Light'

Paeonia lactiflora 'Haku-Gah'

Paeonia lactiflora 'Heirloom'

Paeonia lactiflora 'Helen'

Paeonia lactiflora 'White Cap'

Paeonia lactiflora cultivar

Paeonia lactiflora 'Requiem'

Paeonia lactiflora cultivar

Paeonia × *lemoinei* 'Souvenir de Maxime Cornu'

Paeonia lactiflora
異　名：*Paeonia albiflora*
一般名：シャクヤク（芍薬）
英　名：CHINESE PEONY

☼　❄　↔60cm　↕60cm

シベリア地方、チベット地方、モンゴルの奥地、中国のステップや低木地帯に自生する。茎は直立し、欠刻があり、先の尖った葉は秋には見事に色づく。花径10cmまでの香りのよい白い花が茎に2つ以上つく。初夏から盛夏に咲く。何千という栽培品種と交雑種の親。水はけのよい土壌なら栽培は容易。−30℃までの冬の気温に耐性がある。栽培品種はたいてい丈高で、100cmまでになる。'ア　ラ　モード'の花は香りがよい白花で、輝く花弁の縁は鋸歯が入り、1茎に花は4つまでで、開花は春の盛り。'エンジェル　チークス'は八重のピンクの花。'バリントン　ベル'の外側の花弁は深紅色、ピンクか深い赤に金色の縁がある花弁に似た仮雄ずい（幅狭の内側花弁）があり、非常に花つきがよい。'ボール　オブ　ビューティ'の大きなローズピンク色の丸い外側花弁に、クリーム色の仮雄ずいがかたまってつく。初夏〜盛夏。'キャラーラ'、高い外側花弁、白い仮雄ずいがマッス状に。'コーラ　スタッブス'、高い薄ライラック色の外側花弁、クリーム色と薄ピンク色の花弁状の仮雄ずい。'ドーン　ピンク'、大きな一重のピンクの花が晩春に咲く。'ドゥシェス　ドゥ　ヌムール'、甘い香りのする八重のクリーム色の花は、中央部に寄るにつれ薄黄色に色づく。'グローブ　オブ　ライド'、花弁の縁はほとんど白で、中央寄りは鮮やかなピンクになる。初夏に多数の花をつける。'ハクガ'は白い花。'エアルーム'★、薄いピンク色の完全八重。'ヘレン'、一重のピンクの古い栽培品種。'ケルウェイズ　スプリーム'、晩春〜盛夏に、香りのよい、一重か半八重の淡いピンクの花が咲く。非常に花つきがよい。'ローラ　デザード'の花は強いバラの香りのする、八重の薄ピンク色の花で花弁の端になるにつれて白くなる。晩春。'ミス　アメリカ'、非常に美しくて香りもよい、大輪、半八重の純白の花は、真ん中が淡くクリーム色がかった黄色になる。'ムーンストーン'、大輪で、淡いピンクがだんだんに白くなる。'ネリー　シェイラー'、赤い花。'ペパーミント'、八重の花は開花時には淡いピンクで、しだいに白くなる。中心にクリーム色がさし、外側の花弁に赤い筋が入る。初夏に咲く。'ピロー　トーク'、完全八重で、外側の花弁はローズピンク、薄い黄色の雄ずいがピンクの中心部を取り巻く。晩春咲き。'ピンク　レモネード'、アネモネ咲きか八重の花で、花色はピンクか黄色。'ピンク　プリンセス'（syn.'ピンク　ドーン'）、かなり縮れた花弁で、外縁は薄ピンク、中央部では白くなる。'ライネ　ヴィルヘルミン'、完全八重で、香りがよい、ローズピンクの花の中央には洋紅色のきれいな模様がある。非常に花つきがよい。初夏咲き。'レクイエム'、スパイシーな香り、一重の赤みがかった淡いクリーム色の花は、多くの花をつける。晩春。'サラ　バーンハード'、完全八重、芳香があり、大きなローズピンクの花は外端になるにつれて色が淡くなる。'ソルベ'、完全八重、ローズピンクの外側花弁が、ピンク色の中心部を取り囲む細かく縮れたクリーム色の花弁の輪を包む。'ホワイト　キャップ'、芳香のある、バーガンディ色の外側花弁が、クリーム色の縮れた内側花弁を囲む。初夏〜盛夏に咲く。'ホワイト　ウィングス'、香りがよい、紫の筋のある蕾が開くと純白の一重の花になる。盛夏に咲く。
ゾーン：6〜9

Paeonia × lemoinei
パエオニア×レモイネイ

☼/◐　❄　↔1.8m　↕1.8m

*P. lutea*と*P. suffruticosa*との異種交配に端を発する栽培品種のグループ。*P. lutea*の強い黄色い色合いを受け継ぐが、たいてい中心に赤みがさすか、いくつかの色が混ざってオレンジのさまざまな色合いを呈する。'ローマン　チャイルド'は半八重の黄色い花だが、花弁の付け根には濃赤色の斑が入る。ゾーン：6〜9

Paeonia × *lemoinei* 'Roman Child'

Paeonia mascula subsp. *arietina*

Paeonia officinalis 'Rosea Plena'

Paeonia mascula subsp. *russoi*

Paeonia mascula
バエオニア・マスクラ
英　名：MALE PEONY
☼ ❄ ↔60cm ↕60〜90cm
南ヨーロッパの森林に自生する変異の多い種。大きな株はどんどん広がる。濃緑色の卵形の葉は、裏が青みがかった緑色。一重の花は、径12cm、濃いローズレッドかピンク色がふつうだが、ときにはマゼンタや白色のこともある。春中頃〜晩春に咲く。秋の彩りもよい。昔は薬として用いられた。*P. m.* subsp. *arietina*はトルコと東ヨーロッパに分布。葉は2回3出複葉、細い楕円形で、薄緑か濃緑色、裏は青みがかった緑色、赤かピンクの一重の花をつける。'**マザー オブ パール**'、大きな薄ピンク色の一重の花。'**ソーザーン グローリー**'、一重の洋紅色の花。'**パープル エンペラー**'、一重のマゼンタ色の花。'**ロージー ジェム**'、一重でローズピンクの花。*P. m.* subsp. *russii*は丈が低め、地中海沿岸の島々やギリシアの中央部に自生する。ミッドグリーンの卵形の小葉は裏が紫色、茎も紫色を帯びる。花は一重で、濃いピンク色、春の盛りに咲く。ゾーン：8〜9

Paeonia mlokosewitschii ★
英　名：CAUCASIAN PEONY、MOLLY THE WITCH
☼ ❄ ↔100cm ↕100cm
もっとも有名なボタンのひとつ。コーカサス地方の日当たりのよい丘の斜面やオークの森林に自生する。卵形の葉は、表が青みがかった緑で、裏は色が薄い。秋の彩りによい。鉢形の花は、明るい輝くような黄色。晩春に咲く。ゾーン：6〜9

Paeonia mollis
☼ ❄ ↔45cm ↕45cm
ロシアで発生したと考えられている矮性のボタン。青緑色の葉には深い欠刻が入る。晩春に、直径8cmまでの赤か白の小さい花が、非常に短い茎につく。ゾーン：6〜9

Paeonia obovata
一般名：ベニバナヤマシャクヤク
☼ ❄ ↔60cm ↕60cm
シベリア、中国、日本、朝鮮半島の山林や低木林に自生。下方の葉は2回3出複葉で倒卵形の小葉に分かれる。開花後、小葉は大きくなる。一重で、直径6cmのローズパープルの花は春中頃〜初夏に開花。*P. o.* var *alba*は白い花を咲かせる。ゾーン：7〜9

Paeonia officinalis
一般名：セイヨウシャクヤク
英　名：FEMALE PEONY
☼ ❄ ↔60cm ↕38〜60cm
ヨーロッパ原生種。ボタン属の中でも一番有名な本種は、古代から薬用目的で栽培されてきた。下方の葉は濃緑色で、2回3出複葉、深裂が入り細くなる。一重の花は、径12cmほど、マゼンタ色〜濃い赤。'**ロセア プレナ**'、八重で、明るいピンクの花。'**ルブラ**'、古い栽培品種、一重で濃い赤の花。'**ルブラ プレナ**'(syn.'メモリアル デイ')は非常に丈夫で、濃い赤の

Paeonia mollis

八重の花をつける。ゾーン：8〜9

Paeonia peregrina
バエオニア・ペレグリナ
英　名：RED PEONY OF CONSTANTINOPLE
☼/◐ ❄ ↔50cm ↕50cm
バルカン諸国からトルコにかけて分布。葉は艶のある濃緑色の2回3出複葉で、18までの小葉片に分かれ、秋には黄色に変わる。非常に美しい深い赤の杯形の一重の花は、径12cmほど。春の盛り〜晩春に咲く。'**ファイアー キング**'の輝く花弁は真紅。'**オットー フロベール**'は朱赤色。'**サンビーム**'、オレンジレッドの花。ゾーン：8〜9

Paeonia rhodia
☼ ❄ ↔38cm ↕38cm
ギリシアのロードス島に自生する種。ロードス島では、イトスギの森林や岩だらけの斜面に自生する。濃緑色の葉は、全裂葉で、29もの小葉片に分かれることもある。一重の白い花が早春に咲く。自生地では、乾燥した夏になり始め、*P. rhodia*は絶滅しかけている。ゾーン：8〜9

Paeonia rockii
異　名：*Paeonia suffruticosa* 'Joseph Rock'
（ボタン'ジョセフ ロック'）
一般名：シハンボタン（紫斑牡丹）
英　名：ROCKS VARIETY
☼ ❄ ↔0.9m ↕2m
中国、四川省北部、甘粛省南部、青海省に自生。捜し求められた木立ちボタンで、木質化した茎と、粗い鋸歯縁で2回羽状複葉の鮮やかな緑色の葉を持つ。一重の白い花は、花弁に切れ込みがあり、中央の深い紫の班が特徴的。'**フェンヘ**'はピンク色の花。ゾーン：7〜10

Paeonia peregrina

Paeonia rockii 'Fen He'

Paeonia tenuifolia

Paeonia veitchii

Paeonia wittmanniana

Paeonia wittmanniana var. *nudicarpa*

Paeonia suffruticosa
一般名：ボタン(牡丹)
英　名：MOUTAN, TREE PEONY
☀/☀ ❆ ↔2m ↕2m

中国北西部から西へ、ブータンまで分布。直立し、分岐の多い低木で、滑らかなミッドグリーンの葉はさまざまに切れ込みが入り、小葉片に分かれ、裏は青みがかった緑を呈す。大輪で、ときには八重の花は、白色、ピンク色、黄色、赤色で、単生、花弁には溝が走り、縁が波打つ。春半ばに咲く。栽培品種は花色に、赤、ピンク、白、紫のさまざまな色合いが揃い、付け根近くに紫がかった斑が入る。わずかに芳香がする種もある。'**五大州**'は白い花で半八重。'**比良雪**'、大輪の半八重の白い花。'**ルイーズ ムシュレ**'、薄いピンクの花をつける。'**マウンテン トレジャー**'、白い花、花弁の基部に紫がかった斑。'**新天地**'、黄色い花。'**イエロー ヘブン**'も黄色い花。'**ゼノビア**'豊かなマゼンタ色の花々。
ゾーン：4〜9

Paeonia tenuifolia
一般名：イトハシャクヤク
☀ ❆ ↔50〜70cm ↕50〜70cm

ヨーロッパ南部からコーカサス地方にかけて分布する優美な草本種。葉には細かい全裂が入る。花は、径8cmほど、一重で、血のように赤い花には黄色い雄ずいがある。春咲き。'**プレナ**'は完全八重の赤い選抜品種。
ゾーン：8〜9

Paeonia veitchii
☀ ❆ ↔50cm ↕60cm

中国中央部が原生で、亜高山性の草原や低木林に自生する。ロックガーデンに最適の種。葉色はブロンズグリーン、深く全裂し、秋に色づく。わずかに懸垂する一重の花は、深いローズピンクで、1茎に2つ以上の花をつける。開花は初夏。
ゾーン：8〜9

Paeonia wittmanniana
☀ ❆ ↔80cm ↕100cm

イラン北部、トルコ、アゼルバイジャン、グルジアに分布し、高山の峡谷や岩山の斜面に自生する。大きく幅広の卵形の葉は若葉のころは赤茶色で、成熟するにつれ光沢のある濃緑色になる。*P. wittmanniana*の花は、一重で鉢形、色はクリーム色〜薄い黄色で、晩春に咲く。*P. w.* var. *nudicarpa* (syn. *P. steveniana*) は心皮が無毛なところで区別する。
ゾーン：7〜9

Paeonia suffruticosa 'Mountain Treasure'

Paeonia suffruticosa 'Hiro-no-yuki'

Paeonia suffruticosa 'Louise Mouchelet'

Paeonia suffruticosa '白鴎獅子'

Paeonia suffruticosa

P. suffruticosa 'Shin-Shium-Ryo'

P. suffruticosa 'Yellow Heaven'

Paeonia suffruticosa 'Zenobia'

Paeonia Hybrid Cultivars

一般名：ボタン交雑品種

☀ ❄ ↔70〜90cm ↕70〜90cm

草本状ボタンの品種改良は、18世紀の半ばに中国から*P. lactiflora*が導入され、さまざまな改良の中でも芳香を持たせ、八重の花ができるようになったことで、急激な飛躍をとげた。数ある交雑種の中で最良のものをいくつか挙げる。'**アメリカ**'、大輪で一重の、芳香のある真紅の花。'**アヴァン ギャルド**'、一重で、薄いピンクに濃い色の脈目。'**バックアイ ベル**'、珍しい半八重で非常に濃い赤色の花、花弁にかなり皺がある。'**ビルマ ルビー**'、*P. lactiflora*と*P. peregrina*との交雑種で、一重の赤い花をつけ、品種改良には欠かせぬ栽培品種。'**コーラル チャーム**'、大輪の半八重で、コーラルピーチ色の花を春に多数つける。'**アーリー ウインドフラワー**'、*P. emodi*と*P. veitchii*との交雑種で、小さな一重で白い花を初春につける。'**フェアリー プリンセス**'、一重の赤い花を、春中頃につける。'**フレイム**'、春中頃に一重で、オレンジ色を帯びた鮮やかな赤の花。'**ゴーギャン**'、初春に咲く大輪、一重、長持ちのする黄色い花は、中心が赤。'**白王獅子**'(syns '**キング オブ ホワイト ライオン**'、'**ホワイト テイルド ライオン**')、日本の木立ちボタン、八重の白い花は、中心に向かうにつれ紫色を帯びる。'**オナー**'、一重の濃いピンクの花。'**ポーラ フェイ**'、半八重、鮮やかなピンクの香りのよい花は中心が白を帯びる。'**ピンク ハワイアン コーラル**'、芳香のある、半八重、小ぶりのコーラルピンクの花は外側の花弁に白い筋が入る。春咲き。'**プレーリー ムーン**'、非常に美しい、一重〜半八重で薄黄色の花が初春に咲く。'**レッド チャーム**'、*P. lactiflora*と*P. officinalis* '**ルブラ プレナ**'との交雑種。完全八重、濃い赤の縮れた花弁の花が初春に咲く。'**サーモン サプライズ**'、一重のサーモンピンクの花。'**サンクトゥス**'、*P. lactiflora*と*P. officinalis*との交雑種。一重の白い花。'**スカーレット オハラ**'、*P. lactiflora*と*P. officinalis*の交雑種で、初春に一重の鮮やかな赤い花をつける。'**スープニール ドゥ マキシム コルニュ**'(syns '**金閣**'、'**スープニール ドゥ プロフェサー マキシム コルニュ**')、*P. lemoinei*の栽培品種で、大輪、完全八重の黄色い花は中心が優しいオレンジ色に染まり、縁は赤い。'**ベスビアン**'、小ぶりに成長、紫がかった濃い濃赤色のほとんど黒い花、細く全裂した葉、秋の彩りが美しい。

ゾーン：6〜9

Paeonia, Hybrid Cultivar, 'Flame'

Paeonia, Hybrid Cultivar, 'Paula Fay'

Paeonia, Hybrid Cultivar, 'Sanctus'

Paeonia, Hybrid Cultivar, 'Honor'

Paeonia, Hybrid Cultivar, 'Red Charm'

Paeonia, Hybrid Cultivar, 'Vesuvian'

Paeonia, Hybrid Cultivar, 'Burma Ruby'

Paeonia, Hybrid Cultivar, 'Buckeye Belle'

Pandanus tectorius（背後の木）、オーストラリア、クイーンズランド州、ヌーサ岬

Pandanus tectorius 'Variegatus'

PALIURUS
（ハマナツメ属）

クロウメモドキ科、南ヨーロッパと東アジアに分布する、常緑性、落葉性の小高木、あるいは低木8種からなる。茎は対になったいくつもの刺に守られ、葉は互生。黄色がかった緑色の小花が咲いた後、膜状の翼のついた平たい丸い果実ができる。

〈栽培〉
温暖な日当たりのよい場所で、肥えて水はけのよい土壌に植える。種によっては、生垣に使える。冬には古い枝を刈り、混み合うのを防ぐ。繁殖は種子からか、夏に採った緑枝を挿す。

Paliurus spina-christi
一般名：トゲハマナツメ
英　名：CHRIST'S THORN
☀ ❄ ↔ 2.4m ↕ 3〜8m
スペインから中央アジアにかけて分布。低木か小高木で細くて、はびこる。茎が湾曲し、多くの刺が対で、1つはまっすぐ、もう一本は曲がってつく。黄色がかった緑の花は小さく固まって咲く。春〜夏に開花。
ゾーン：8〜10

PANAX
（トチバニンジン属）
英　名：GINSENG

ウコギ科、かつてはアジア、および北アメリカ東部の筒状根を持つ多年生植物を抱える大きな属だったが、多くの種がタイワンモミジ属に分類され、今ではわずか5種に減った。非常に重い根茎を持つ種がほとんどで、直立した茎に、3〜7の小葉に分かれた掌状葉が輪生でつく。白い小花が茎の先端に群生した後、黄色、赤色、あるいは黒色に近い石果がなる。一番有名な種 *P. Ginseng* の根は漢方薬人参の原料で、アジアでは無数の使用方法がある。

〈栽培〉
トチバニンジン属は、たいてい非常に耐寒性に優れているが、うまく育つには長い温暖な夏を必要とする。腐食質が多く、湿り気がありながら水はけのよい土壌で、午後の一番暑い日差しが当たらず、冷たい風を遮る場所に植える。成長期間には水と肥料をしっかり与える。繁殖は晩冬に株分けするか、種子から育てる。

Panax Ginseng
異　名：*Panax* 'Schinseng'（パナクス'シンセング'）
一般名：ヤクヨウニンジン、
英　名：GINSEN、NIN-SIN
☀ ❄ ↔ 20〜30cm ↕ 15〜20cm
朝鮮半島と中国北東部に自生する多年生の薬用植物。ニンジンの形をした分岐する香気のある根茎は、漢方医学で重用されている。複合葉で、楕円〜卵形で細かい鋸歯縁の小葉5片からなる。小さい、緑色を帯びた白い花が夏に咲く。赤い液果に似た果実をつける。
ゾーン：4〜8

PANDANUS
（パンダヌス属）

タコノキ科、常緑性のタコノキおよそ700種からなる。東アフリカ、マダガスカル、インド、マレー半島、太平洋信託統治諸島、オーストラリア北部と、さまざまな自生地に分布する。たいていは高木状で、支柱根に支えられた幹を持つ。茎はふつう分岐し、先端から長い革紐状で、葉脈が平行に走る葉が群がって出る。雌花と雄花が別々の木で密生した花穂につく。パイナップルに似た、木質や多肉質の果実は、火を通せば食べられるものが多い。果実の色は黄色、ピンク色、赤色のいずれか。動物や潮の流れによって運ばれる。地元の先住民の共同体では、葉や根を使いバスケット、マット、ロープ、魚網などを編む。

〈栽培〉
日なたと、温暖で湿った環境、湿りけがありながら水はけがよい土壌を必要とする。繁殖は播種からで、蒔く前に24時間水につけておく。オフセット、根を出している吸枝、嵐で折れた枝からも殖える。

Pandanus aquaticus
☀ ✈ ↔ 3m ↕ 6m
オーストラリア北部の半乾燥地帯や季節ごとの周期的乾燥地帯で、水の流れに沿って分布する。枝先に、イネ科の草のような葉が群生する。花弁のない花からなる肉穂に、果実が密集して球形を作る。果実は熟すと柔らかくなる。
ゾーン：11〜12

Pandanus odoratissimus
一般名：アダン
英　名：BREADFRUIT、HALA SCREW PINE、PANDANG
☀ ✈ ↔ 3m ↕ 6m
インド洋、太平洋の大半の熱帯性海岸地帯で自生する。分岐の多い茎は、基部では支柱根になる。先の尖った葉は、縁に鋭い刺があり、先端が垂れ下がっている。雌花は食用になる黄色い苞葉に包まれる。果実は黄色、赤色、あるいは薄い緑色。植物学者の中には *P. tectorius* と分かれていないと言う意見もある。
ゾーン：11〜12

Pandanus pygmaeus
☀ ✈ ↔ 45〜60cm ↕ 45〜60cm
マダガスカルに自生する広がる低木。茎は基部から分岐し、支持根が上部から伸びる。長い幅狭の葉は、裏面が青みがかった緑色、縁に細い茶色の刺がある。葉は、茎が螺旋を描いて成長するため螺旋形に並ぶ。単生の花には花弁がない。雌性体には円錐状の果実がなる。
ゾーン：11〜12

Pandanus tectorius
パンダヌス・テクトリウス
英　名：BEACH SCREW PINE、PANDANG
☀ ✈ ↔ 3m ↕ 8m
タヒチ島と西太平洋諸島に分布。強い支柱根に支えられ、侵略種になりうる植物。葉縁には刺があり、葉裏には中央脈が走る。雄性花は甘い香りを放つ。装飾的なオレンジ色の果実をつける。昔から葉は、編んで細工物や屋根葺きに使われてきた。'ワリエガトゥス'の葉には黄色い縞模様が入る。
ゾーン：11〜12

Pandanus aquaticus の自生木、オーストラリア、ノーザンテリトリー、マタランカ温泉

Pandanus odoratissimus の自生木、アメリカ合衆国、ハワイ州、カウアイ島

Pandanus utilis

Pandanus utilis
英　名：COMMON SCREW PINE
☀ ✢ ↔4.5m ↕12～18m
よく分岐するマダガスカル原生の高木。硬い、青緑色の葉は螺旋を描いて並び、赤い刺がある。気根が木の支えの一助になる。花序に、細かい乳白色の花がかたまってつく。丸い集合果実は、完熟すれば食べられる木質の石果からなる。
ゾーン：10～12

PANDOREA
(パンドレア属)
ノウゼンカズラ科で、6つの種と数種の栽培品種からなる小さな属。昔はツリガネカズラ属とヒメノウゼンカズラ属に分類されていた。木質で常緑性のよじ登り植物で、花と葉が目的で栽培される。オーストラリア、ニューカレドニア、マレーシア、そしてニューギニアに分布、海抜3,000mまでのところに育つ。小葉はふつう緑色で光沢があり、巻きひげでよじ登る。花は5花弁で筒状、芳香があり、花色は白色、クリーム色、淡黄褐色、あるいはピンクが多い。パーゴラ、アーチ、トレリスに最適。属名は、ギリシアの伝説、パンドラの箱の話に因んでいて、果実が箱に似ているところから来ている。

〈栽培〉
温暖な気候に向く植物であるから、湿り気のある、水はけのよい土壌で日なたに植えるのが一番よい。花の後で刈り込む。繁殖は播種、挿し木、あるいは取り木で。

Pandorea jasminoides
異　名：*Bignonia jasminoides*、*Tecoma jasminoides*
一般名：ソケイノウゼン、ナンテンソケイ
英　名：BOWER-OF-BEAUTY、BOWER PLANT
☀ ❀ ↔2.4m～4.5m ↕5m
頑健な巻きつき型のつる植物で、光沢のある鮮やかな緑色の小葉を持つ。鮮やかなピンク色の花喉を持つ白い花が、春～夏、大きな円錐花序に大量に咲く。肥えた湿った土壌を好む。'アルバ'、純白の花が咲く品種。'カリスマ'、黄色い斑入りの品種。ピンクの花の花喉は真紅。'レ

Pandorea pandorana

ディ　ダイ'（syn.'スノー　クイーン）、白い花に、クリーム色がかった黄色～オレンジイエローの花喉。'ロセア'、ピンクの花に濃いピンクの花喉。'ロセア　スペルバ'、ピンクの花、花喉には紫色の斑点が散る。
ゾーン：9～11

Pandorea pandorana
パンドレア・パンドラナ
異　名：*Bignonia pandorana*、*Pandorea doratoxylon*、*P. oxleyii*、*Tecoma australis*
英　名：WONGA WONGA VINE
☀ ❀ ↔3～6m ↕6m
丈夫な巻きつき型つる植物で、長いしなやかな茎を持つ。光沢のある鮮やかな緑色の小葉。晩冬に多数つく花は小さく、筒状、花色はふつう白、クリーム色、淡黄褐色、薄ピンク、えび茶色で、紫の斑点が入ることが多い。'ゴールデン　シャワーズ'（syn.'ゴールデン　レイン'）、銅色の蕾が開くとゴールデンイエローの花。
ゾーン：9～11

PANICUM
(キビ属)
英　名：CRAB GRASS、PANIC GRASS
イネ科の植物470種を抱える大きな属。一年生も、多年生もあり、常緑性も、落葉性も、熱帯原生のものも、北アメリカやヨーロッパ原生のものもある。キビ科の中で、装飾的であると見なされているものは数種であるが、軽やかなふんわりとした風貌が賞賛されている。飼料作物として重んじられているものもある。

Panicum virgatum 'Heavy Metal'

〈栽培〉
庭に使えそうな種はすべて、肥沃で水はけがよく、湿った土壌で、日の当たる場所を好む。多年生の植物は初春に株分けで、一年生のものは春に播種で殖やす。

Panicum miliaceum
一般名：キビ
英　名：BROOM CORN MILLET、HOG MILLET、MILLET
☀ ❄ ↔20～25cm ↕90～100cm
ヨーロッパとアジアに分布する一年生の種。鳥の餌となる種子を取るために栽培されることが多い。この植物はじゅうぶんに観賞用になり、夏には上向きのアーチを描く鮮やかな緑色の葉が茂り、柔らかいふわふわした花序がスプレー状につく。茶色の葉と花序を持つ品種も栽培される。
ゾーン：5～9

Panicum virgatum
パニクム・ウィルガトゥム
英　名：SWITCH GRASS
☀ ❄ ↔70～80cm ↕90～100cm
叢生する良質のイネ科植物で、カナダから中央アメリカに分布する。明るい緑色の細い葉は長さ60cmほどになる。開放性の、しだれる羽毛のような円錐花序には、紫色～緑色の細かい花がつき、秋に熟すと藁色になる。'ヘビー　メタル'、直立する青～灰色の葉に、ピンクの花序。'ウォリアー'、枯れるにつれ葉色が赤～茶色に変わる草丈高い品種。
ゾーン：5～10

Panicum virgatum 'Warrior'

Panicum virgatum

PAPAVER
(ケシ属)
英　名：POPPY
簡単に見分けられ、広く普及している、一年生、多年生の植物50種ほどからなり、Papaveraceaeという科名もこの属から来ている。今日ではケシと言えば、戦没者記念日を連想するが、最初にうなだれたケシの蕾を瀕死の兵士に結びつけたのは、紀元前9世紀のギリシアの詩人、ホメロスだった。基部から出るロゼットは、細かく浅裂が入り、しばしば有毛の葉から成り、そこから花茎が唐突に立ち上がり、たいていは1つずつ、稀に2、3の蕾をつける。たいていクレープ紙のような花弁が4枚周りを囲む中心に子房があり、そこから円盤状の柱頭が突き出る。花色は赤がよくあるが、花色の幅は大きい。

〈栽培〉
たいていの種は非常に耐寒性があり、軽くて湿り気があり、水はけのよい土壌で、日当たりのよい場所を好む。繁殖は、多年生のケシの栽培品種は根挿しで、それ以外は播種で。

Papaver alpinum
一般名：ミヤマヒナゲシ、タカネヒナゲシ
英　名：ALPINE POPPY
☀/◐ ❄ ↔20～40cm ↕25cm
南ヨーロッパの山岳地帯原生の、多様な夏咲きの多年生植物。おそらく近縁の種が多数集まっているのだろう。細く全裂になった、綿毛を帯びる灰緑～青緑色の葉は基部でロゼットを作る。花色はオレンジ、黄色、白色で、単生でつく。
ゾーン：5～9

Papaver alpinum

Papaver nudicaule

Papaver orientale 'マーカス ペリー'

Papaver orientale 'Mrs Perry'

Papaver orientale 'スプレンディッシマム'

Papaver orientale, Goliath Group, 'Beauty of Livermere'

Papaver anomalum

☼/☽ ❄ ↔20〜30cm ↕40cm

中国原生の夏咲きの多年生植物で、長さ10cmほどの青緑色の羽状複葉が叢生する。細く硬い茎にはオレンジブラウンの毛がある。単生で、花弁が幅狭のオレンジ色の花は、径35mmほど。
ゾーン：7〜10

Papaver atlanticum
パパウェル・アトランティクム

☼/☽ ❄ ↔20〜30cm ↕45cm

モロッコ原生の夏咲きの多年生植物。幅広で、有毛、槍形の葉は、粗い歯牙縁か、浅裂が入る。花はふつう単生だが、ときには茎が分岐しスプレー咲きになる。花色は薄いオレンジ色〜赤色。'フロレ プレノ'、オレンジ色の八重の花が太い茎につく。
ゾーン：6〜10

Papaver bracteatum

☼ ❄ ↔40〜90cm ↕80〜100cm

コーカサス地方からアジア西部に分布する夏咲き多年生植物。灰緑色〜薄緑色の羽状裂の根出葉が群生する。鮮やかな赤色の花にはえび茶色の斑点が入り、白い毛の生えた茎につく。
ゾーン：5〜10

Papaver commutatum
パパウェル・コンムタトゥム

☼/☽ ❄ ↔40cm ↕40cm

西アジア原生の夏咲き一年生植物。長さ15cmになる葉は、ときに浅く切れ込みが入る。花は赤色で黒い斑が付け根に入る。'レディ バード'わずかに丈が高めで、鮮やかな赤色の花には黒い飛沫模様がふんだんに散る。
ゾーン：8〜10

Papaver × hybridum
英　名：ROUGH POPPY

☼/☽ ❄ ↔15〜25cm ↕20〜50cm

自然にできた交雑種。ヨーロッパ原生の一年生植物。葉は、長さ10cmほどで、細かく全裂した羽状複葉。鮮やかな赤色の花には、花弁の付け根に紫の斑がある。
ゾーン：6〜9

Papaver nudicaule
パパウェル・ヌディカウレ

異　名：*Papaver croceum*, *Papaver miyabeanum*
英　名：ARCTIC POPPY, ICELAND POPPY

☼/☽ ❄ ↔20〜30cm ↕30〜40cm

亜北極原生の多年生植物。春〜夏に開花。一年生植物として扱われることが多い。羽状複葉の葉は、薄い青緑色が多く、しばしば有毛。単生で、花茎の長い花は径8cmほど、多くの色がある。野生の品種はたいてい白色、黄色、オレンジ色のいずれか。*P. n.* var. *croceum*は、オレンジ色〜オレンジレッドの花。*P. n.* 'パチーノ'、太い茎に鮮やかな黄色い花がつく。混色の実生系統には次のようなものがある。**Meadhome's Strain**（ミードホーム ストレイン）明るい暖色が揃う。**Artist Mixed**（アーチスト ミックス）柔らかいパステル調の色揃え。
ゾーン：2〜9

Papaver orientale
一般名：オニゲシ、オリエンタル ポピー
英　名：ORIENTAL POPPY

☼/☽ ❄ ↔30〜50cm
↕60〜100cm

西アジア原生の夏咲き多年生植物。葉長25cm、剛毛の生えた、青緑の羽状複葉はがっしりとした茂みを作る。花茎の下半分には葉が多数つくのがふつう。花は単生で、径10cmほど、花色は赤色、オレンジ色、ピンク色のいずれかで濃い色の斑が入ることも多い。多くの栽培品種がある。'ブラック アンド ホワイド'、大きな白い花で中心部が黒い。'セドリック モリス'★、葉に毛が密生し、優しいピンク色の花には黒ずんだ斑が入る。(ゴリアテ グループ)は丈夫で、鮮やかな花色に中心部が黒っぽい大きな花を咲かせる。その中の'ビューティ オブ リバーミア'は濃い赤の花に黒い小さな斑点が散る。'ミセス ペリー'、大輪のサーモンピンクの花に黒っぽい斑点がある。'プリンセス ビクトリア ルイーズ'、

Papaver nudicaule 'Meadhome's Strain'

Papaver nudicaule 'Pacino'

Papaver nudicaule

Papaver commutatum

Papaver orientale 'オレンジエード メゾン'

髪のあるアプリコットピンクの花には黒っぽい斑点がある。
ゾーン：3〜9

Papaver rhaeticum
☼/☼ ✽ ↔15cm ↕10cm
ピレネー山脈に自生する夏咲きの高山性多年生植物。小さくコンパクトな植物で、長さ8cmほどになる、綿毛の生えた羽状複葉は、基部で房状になる。花径35mmほどの黄色かオレンジ色の花が単生する。
ゾーン：5〜9

Papaver rhoeas
一般名：ヒナゲシ、グビジンソウ
英　名：CORN POPPY, FIELD POPPY, FLANDERS POPPY
☼/☼ ✽ ↔30〜40cm
↕90〜120cm
旧世界の温帯地域に自生する、頑健で、耐寒性のある、夏咲きの一年生植物。羽状複葉は長さ15cm程度。剛毛のある花茎に、径8cmほど、鮮紅色で、ときには付け根に黒い斑がある花を単生でつける。混色の系統には、'マザー オブ パール'、珍しいパステル調の藤色、ピンク、赤、灰色の色合いで、わずかに色が混じりあうことも多い。(シャーリー ミックス)、さまざまな色合いが揃う一重か八重の花。
ゾーン：5〜9

Papaver rupifragum
☼/☼ ✽ ↔20〜30cm ↕45cm
スペイン原生の多年生植物。細かく全裂した、綿毛のある、長さ10cmほどの羽状複葉が房状に叢生する。単生でつく花は径8cmほど、花色は、くすんだような薄い赤茶色で、晩春〜夏に咲く。
ゾーン：7〜10

Papaver somniferum
一般名：ケシ
英　名：OPIUM POPPY
☼ ✽ ↔30〜60cm ↕0.9〜1.2m
ヨーロッパの南東部と西アジアに自生する頑健な夏咲きの一年草。葉は薄い青緑色で、きめ粗く、深い鋸歯縁。花茎は強靭で、葉が多い。花は径10cm、花色は白色、藤色、紫色で、ときに付け根に黒っぽい斑が入る。目立つ果実がアヘンの原料となる。*P. s.* var. *paeoniflorum*

Paphiopedilum bellatulum

は濃い青緑の葉と、えび茶色のボタンに似た八重の花を咲かせる。*P. s.* 'Hen & Chickens' 'ヘン&チキンズ'はラベンダー一色の花、大きな果実をさらに小さな果実がとり囲む。'ホワイト クラウド' 草丈が高く、白い八重の花をつける。
ゾーン：7〜10

PAPHIOPEDILUM
(パフィオペディルム属)
英　名：SLIPPER ORCHID
ラン科のパフィオペディルム属は、変異が明らかな唇弁、すなわち「袋」ゆえに、園芸界で高く評価されてきた。世界中で栽培され、80ほどある多様な種から無数の交雑品種が作り出されてきた。栽培地域は、インドから東へ中国南を横切ってフィリピンへ、南東アジアを抜けてマレーシアからニューギニア、ソロモン諸島に及ぶ。新種が今なお発見され、とりわけ人里離れたボルネオや中国の熱帯雨林の中で見つかることが多い。非常に変異性に富んでいる。地表性のものもあれば、林床で枯葉の中から成長するもの、石灰岩の断崖を好む岩性植物もある。いっぽう、着生植物も多く、熱帯雨林の大きな枝の分かれ目に付き、不自由なく育つ。ほとんどの種が、単生で花をつけるが、中には12以上もの花を一時につける種もある。直射日光は射さないが、極めて明るい場所に自生する。多様な色や形がある花は、そのままそっとしておけば、優に一カ月は咲いている。無地で緑色の革紐状の葉をもつものが多いが、特有の斑入りの葉をもつ種もある。花がない時期でも魅力がある。パフィオペディルムはふつう、非常に高湿度の環境で育つ。偽鱗茎はないが、多肉質の葉や太い有毛の根構造に水を貯める。属名は、キプロス島、パポ

スにあったアフロディーテ(ビーナス)神殿と、サンダルを意味するギリシア語 *pedilon* からつけられた。フランス人はパフィオペディルムを *sabots de Venus* (ビーナスの木靴)と呼ぶ。

〈栽培〉
鉢で、水はけのよい、バーク中心の用土を使い栽培するのが一番よい。根のまわりで水や空気の流れがさまたげられないよう、根がゆったり収まる大きさの鉢を選ぶ。わずかに隠れる程度に株を植え、根が用土からはみだしてくるにまかせ、新しい根が露出したら乾かし、それ以上伸びないようにする。比較的暖かい月は日陰におき、湿り気を絶やさず、頻繁に葉に霧を吹く。多く花をつける種は、冬、昼と夜の気温がかなり下がることに加え、乾かし気味での休眠を必要とするものが多い。冷涼、中間、温暖、それぞれの気候で育つ種がある。栽培条件はそれぞれのルーツ、自生地、特定の種では高度などに左右される。繁殖は株分けで。

Paphiopedilum barbatum
☼ ⚹ ↔15〜40cm ↕15〜30cm
マレー半島に分布する。葉は隙間なくぴったりとつく。単生の花は径8cm、白緑の地に明瞭な紫の縦線が入り、赤く染まる。花期は春〜夏。この種は *P. callosum* と近縁な関係にある。
ゾーン：10〜12

Paphiopedilum species

Paphiopedilum glaucophyllum

Paphiopedilum barbatum

Paphiopedilum bellatulum
☼ ⚹ ↔20〜30cm ↕6〜15cm
タイとミャンマーに原生。夏咲きのこの種は、大輪の白い花にかなり大きな濃いえび茶色の斑点が入った花をつける。短い花茎が伸び、蝋質で密生する葉の上に、単生で8cmほどの花を咲かせる。
ゾーン：10〜12

Paphiopedilum exul
☼/☼ ⚹ ↔20〜40cm ↕10〜30cm
タイ原生の小型、夏咲きの熱帯種。硬い無地の緑の葉に、単生で径6cmの緑と白の花、背萼片の付け根にはくっきりとえび茶色の斑点が浮かぶ。*P. insigne* と近縁である。
ゾーン：11〜12

Paphiopedilum glaucophyllum
☼ ⚹ ↔20〜50cm ↕10〜60cm
ジャワ島原生。長い花穂を持ち次々と開花する。花色は緑色、ピンク色、白色で径8cm、無地の青みがかった緑色の葉をつける。通年咲きが可能。
ゾーン：10〜12

Papaver rhaeticum

Papaver rupifragum

Paphiopedilum gratrixianum

Paphiopedilum hainanense

Paphiopedilum haynaldianum

Paphiopedilum insigne

Paphiopedilum henryanum

Paphiopedilum niveum

Paphiopedilum hirsutissimum
☀ ❄ ↔ 20〜40cm ↕ 10〜40m
インドからインドネシアに自生。冬〜春咲きの種で、花茎は有毛。花色は緑色、茶色、紫色で、径15cm、花にも毛が密生する。
ゾーン：9〜11

Paphiopedilum insigne ★
☀ ❄ ↔ 20〜30cm ↕ 10〜40cm
ネパールと北インドに分布。よく栽培されている、変異性がある冬咲き種。艶のある茶色を帯びた黄色の径12cmほどの花には、赤茶色の斑点が多数散る。冷涼な気候で育つ種で、容易に見本通りに育つ。
ゾーン：9〜11

Paphiopedilum lowii
☀ ❄ ↔ 30〜60cm ↕ 20〜100cm
マレー半島、ボルネオ島、インドネシアに分布。多花性の変異種で、*P. haynaldianum*に似ているが、背萼片に斑点がない。直径15cmの花は緑色、白色、濃い紫色で、茎先に6輪まで咲く。春〜夏に開花。
ゾーン：10〜12

Paphiopedilum mastersianum
☀ ❄ ↔ 20〜30cm ↕ 10〜50cm
インドネシア東部のアンボンに自生。密に重なり合った葉を持つ種で、夏に単生の花を咲かせる。花径は10cm、非常に光沢があり、基調は黄褐色、背萼片はオリーブグリーンで縁が純白である。
ゾーン：11〜12

Paphiopedilum moquettianum
☀ ❄ ↔ 20〜60cm ↕ 10〜70cm
ジャワ島原生の種。長い穂状花序に、緑色、ピンク色、そして白色の径8cmほどの花が連なってつく。葉は緑色の無地。一年中開花可能。*P. glaucophyllum*と近縁。
ゾーン：10〜12

Paphiopedilum niveum
☀ ❄ ↔ 10〜20cm ↕ 10〜30cm
タイ原生の種。野生では、海面近くの石灰岩の崖に夏咲く。花弁幅が広く、花径は8cmほど、白地にえび茶色の点が多数散る。葉は密に重なる。
ゾーン：11〜12

Paphiopedilum philippinense
☀ ❄ ↔ 20〜40cm ↕ 20〜60cm
フィリピン諸島とボルネオ島北部に自生。多花性で葉は緑色、直径10cmの花を5輪まで夏につける。白い背萼片にえび茶色の縦線が走り、花弁は赤みを帯びた茶色で、細長く、しばしばねじれる。唇弁は辛子色。
ゾーン：10〜12

Paphiopedilum moquetteanum

Paphiopedilum haynaldianum
☀ ❄ ↔ 30〜60cm ↕ 10〜80cm
フィリピン原生。多花性の春・夏咲き種。葉は無地、緑色で革紐状。直径12cmの花が5つまで同時に咲き、緑、白、藤色に、濃い赤色の斑点が入る。
ゾーン：10〜12

Paphiopedilum henryanum
☀ ❄ ↔ 20〜30cm ↕ 10〜40cm
中国、ベトナム原生の、美しい、独特の春咲き種。無地の緑の葉に、単生で、径6cmのカラフルな花がつく。背萼片は緑色でえび茶色の斑点が目立ち、花弁は茶色を帯びた紫色、唇弁は鮮やかな濃いピンク。ゾーン：10〜12

Paphiopedilum gratrixianum
☀ ❄ ↔ 20〜40cm ↕ 10〜40cm
ベトナム、ラオス原生。花は単生、径8cm、目立って艶のある茶色の地にえび茶色の斑点がいくつか散り、背萼片には白い縁がある。冬咲き。
ゾーン：9〜12

Paphiopedilum hainanense
☀ ❄ ↔ 20〜30cm ↕ 15〜50cm
中国の海南島原生の種で、葉は隙間なく重なり、径8cmの花を単生でつける。花は緑色と薄い紫色が基調で、晩冬〜春に咲く。植物学者の中にはこの種は近縁の*P. appletonianum*に入れるべきだと唱えるものもいる。
ゾーン：10〜12

Paphiopedilum mastersianum

Paphiopedilum hirsutissimum

Paphiopedilum villosum

Paphiopedilum rothschildianum

Paphiopedilum primulinum
☀ ⚥ ↔20〜40cm ↕10〜60cm
スマトラ島原生の種。一年中開花。長い穂状花序に、明るいカナリアイエローの径8cmの花が連なってつく。背萼片は緑色を帯びる。ゾーン：10〜12

Paphiopedilum philippinense

Paphiopedilum rothschildianum
☀ ⚥ ↔20〜80cm ↕20〜90cm
（ボルネオ島北部の）サバ州に自生。豪華な、春〜夏咲きの種で、直立する花穂に褐色の縦線が走る花を5輪までつける。それぞれの花の花弁は横に張り出し、幅30cmにもなる。*P. rothschildianum*はパフィオペディルム属でも一番印象的で立派な種で、キナバル山の固有種。現地ではしばしば、多数群生している。ゾーン：10〜12

Paphiopedilum spicerianum
☀ ⚥ ↔20〜30cm ↕10〜40cm
インド原生で、秋咲き。オリーブグリーンの波打つ花弁、ブロンズ色の袋（唇弁）、幅の広い背萼片は白色で基部が緑色、中央に細い紫色の線が入る。花径は8cm。ゾーン：9〜11

Paphiopedilum victoria-regina
☀ ⚥ ↔20〜60cm ↕10〜70cm
スマトラ島に自生する。長い花穂に緑色、えび茶色、ピンク色の花径8cmの花を連なってつける。一年を通じて開花が可能。以前は*P. chamberlainianum*として栽培されていた。ゾーン：10〜12

Paphiopedilum villosum
☀ ⚥ ↔20〜30cm ↕10〜40cm
インドからインドシナ半島に自生。広く栽培される。艶のある花は、径12cmで、赤茶色で上塗りされる。背萼片は緑色で、こげ茶色の模様が基部に入る。花弁は2色で、上半分は赤みがかった茶色、下半分は黄色を帯びた緑色。冬〜春に開花。ゾーン：9〜11

Paphiopedilum spicerianum

Paphiopedilum primulinum

Paphiopedilum victoria-regina

Paphiopedilum Hybrids
（パフィオペディルム　ハイブリッド）
☀ ❄ ↔10〜20cm ↕10〜60cm
可能な組み合わせは何百とあるが、交雑種には3つの基本スタイルがあり、その3つが1世紀以上にわたってラン愛好家の間で人気を保っている。1番目の「モーディアエ(Maudiae)型ハイブリッド」（*P. Maudiae*(モーディアエ)は、*P. callosum*と*P. lawrenceanum*との間の古くからあるハイブリッド）は、密に重なり合う濃淡2色の葉に、幅広の白い背萼片に縦線が目立つ花が単生でつく。モーディアエ型の中でも、「アルビノ(albino)」ハイブリッドは背萼片に緑色の縦線が走り、花弁も袋も緑色である。「コロラトゥム(coloratum)」ハイブリッドも緑色だが、縦線が紫である。一方、「ビニコロール(vinicolors)」ハイブリッドは、花色は深い赤紫色で、縦線はほとんど黒色

である。2番目の「多花性ハイブリッド」を栽培するのが流行になると、より大きな花をつける豪華な種が次々と人気を集めた。その中には、P. rothschildianum、P. philippinense、P. stonei、それに再発見されてからはP. sanderianumも加わった。3番目のグループは、「複合ハイブリッド」である。大きく、丸い、単生の花をつけるこのグループは、ラン展でよく見る。皮肉なことに、1世紀以上にわたって開発されてきたというのに、系図にあがるのは一握りの種だけである。たいてい多世代にわたる交雑種で、P. insigne、P. spicerianum、P. villosumの割合が多く、P. bellatulum、P. charlesworthii、P. druryi、P. exul、P. niveumの影響が少しある。どうやら、この品種改良が企てられていたとき、今日望ましいとされている種の多くは、知られていなかったらしい。パフィオペディルム ハイブリッドからいくつか選んでみた。ほとんどが異種間ハイブリッドである。**Booth's Sand Lady**（ブースズ サンド レディ）、多花性のハイブリッド。**Delophyllum**（デロフィルム）、P. delenatiiとP. glaucophyllumのハイブリッド。**Gael**（ゲイル）、アルビノ・モーディアエ型のハイブリッド。**Gold Dollar**（ゴールド ドラー）、黄色い花をつける種P. armeniacumとP. primulinumとの交雑種。**Honey**（ハニー）、P. philippinenseとP. primulinumとのハイブリッド。**Lebaudyanum**（レバウディアヌム）、多花性の種P. haynaldianumとP. philippinenseとのハイブリッド。**Madame Martinet**（マダム マルチネ）、P. delenatiiとP. callosumとのハイブリッド。**Mitylene**（ミティレネ）、はアルビノ・モーディアエ型のハイブリッド。**Onyx**（オニクス）、アルビノ・モーディアエ型 ハイブリッド。**Oriental Enchantment**（オリエンタル エンチャントメント）、アルビノ・モーディアエ型ハイブリッドで、鮮やかな緑色の縦線が入る白い花。**Pathfinder Norm**（パスフィ

Paphiopedilum, Hybrid, Pathfinder Norm

Paphiopedilum, Hybrid, Madame Martinet

P., Hybrid, Booth's Sand Lady

パフィオペディルム、ハイブリッド、Darlingダーリング

P., Hybrid, Delophyllum

パフィオペディルム、ハイブリッド、Faire-Maudフェール-モード

Paphiopedilum, Hybrid, Gael / *P.,* Hybrid, Gold Dollar / *Paphiopedilum,* Hybrid, Honey

パフィオペディルム、ハイブリッド、Junoジュノー

P., Hybrid, Lebaudyanum

Paphiopedilum, Hybrid, Mitylene

パフィオペディルム、ハイブリッド、Morganiaeモルガニアエ

Paphiopedilum, Hybrid, Onyx

Paphiopedilum, Hybrid, Oriental Enchantment

パフィオペディルム、ハイブリッド ピノキオ'イエロー'

Paphiopedilum, Hybrid, Pinocchio

P., Hybrid, Red Fusion

Paphiopedilum, Hybrid, Rolfei

Paphiopedilum, Hybrid, Yospur

Paphiopedilum, Hybrid, Saint Swithin

Paphiopedilum, Hybrid, Sioux

パフィオペデルム、ハイブリッド、Song of Love ソング オブ ラブ

ンダー ノーム）、複合型、あるいはラン展型ハイブリッド。**Pinocchio**（ピノキオ）、*P. primulinum*と*P. glaucophyllum*とのハイブリッド。**Red Fusion**（レッド フュージョン）、ピニコロール・モーディアエ型ハイブリッドで、濃い赤紫色の花をつける。**Rolfei**（ロルフェイ）、*P. bellatulum*と*P. rothschildianum*とのハイブリッド。**Saint Swithin**（セント スウィジン）、*P. philippinense*と*P. rothschildianum*とのハイブリッドで、大輪の花が咲く。**Sioux**（シュー）、複合型、あるいはラン展型。**Yospur**（ヨスプール）、丸い白い花の上に紫色の細かい点が散る。
ゾーン：9〜11

PARADISEA
（パラディセア属）

英 名：PARADISE LILY、ST BRUNO'S LILY
ツルボラン科に属し、ヨーロッパの森林や高山の牧草地に自生する2種からなる。短い地下塊根を持つ多年生植物で、葉は革紐状の根出葉、夏に白いラッパ形の香りのよい花を花茎につける。切花に最適。
〈栽培〉
湿ってはいるが、水はけのよい、腐食質に富んだ土壌で、日なたか半日陰を好む。繁殖は新しい種子を蒔くか、休眠期に株分けする。

Paradisea liliastrum
パラディセア リリアストルム
☀/◐ ❄ ↔25〜30cm ↕40〜60cm
群生する多年生植物で、幅狭で灰緑色の、イネ科植物に似た長さ25cmほどの葉を付け、その中からわずかにうなだれた上向きの花穂が出る。芳香のある白いラッパ形の長さ9cmほどの花が咲く。'マヨル'はラッパが大きめ。
ゾーン：7〜9

PARAHEBE
（パラヘベ属）

最近修正され、ゴマノハグサ科に属し、3種ほどを抱える。大半の種がニュージーランドに自生、オーストラリアやニューギニアに自生する種が2〜3種。低く広がる植物は、せいぜい亜低木ぐらい、歳月とともに木質の枝を2、3伸ばすこともある。しなやかな針金状の茎に付く葉は小さく濃緑色で、楕円形、鋸歯縁を持つことが多い。丸い小花からなる総状花序は、たいてい白色、ピンク色、藤色のいずれかで、対照的な色の脈が走る。晩春から夏に咲く。
〈栽培〉
ロックガーデン、桶（タブ）栽培にうってつけで、矮性低木の中でも、パラヘベは湿った、水はけのよい土壌で適度に日の当たる場所であれば、容易に栽培できる。中程度の霜には耐性があるが、日照りには耐性がなく、葉がまばらになったり、だらしなくなる。必要なら、花が咲いたあと切り戻す。繁殖は播種、高取り法（自然になることも多い）、あるいは夏と秋に切り取った枝の切片を挿す。

Parahebe × *bidwillii*
☀ ❄ ↔15cm ↕10cm
ニュージーランドに自生。*P. decora*と*P. lyallii*との交雑種。密生する亜低木で、ごく小さな、濃緑色の革質の葉と、小さな皿形で赤みを帯びた白い花を夏につける。
ゾーン：6〜11

Parahebe catarractae
パラヘベ・カタラクタエ
☀ ❄ ↔60cm ↕30cm
ニュージーランドに自生。もっとも広く栽培されている大き目の種。鋸歯縁で槍形の葉、赤紫色に染まる茎は広がるときに根を下ろすことが多い。白地にピンク色の脈が走る花。薄い青色、ピンク色、藤色の花の品種がある。中でも**'フォーリング スカイズ'**が普及している。
ゾーン：8〜10

Parahebe lyallii
☀ ❄ ↔45cm ↕20cm
ニュージーランド原生で、白色〜薄ピンク色の花をつける種で、細い茎を密に茂らせ小山状になる。葉は鋸歯縁で、長さ12mmまで。スプレー咲きの花は、夏、葉の茂みよりもかなり上に出て咲く。
ゾーン：8〜10

Paradisea liliastrum

Parahebe catarractae 'Falling Skies'

Parahebe catarractae

Paris polyphylla

Paraserianthes lophantha

Pardoglossum cheirifolium

PARAQUILEGIA
（パラクイレギア属）

キンポウゲ科。ヒマラヤ山脈と中央アジア、北アジアに原生し、高山の草原や岩山の割れ目に自生しているのが観察される4～6種からなる。小型で、房状になる植物で、オダマキ属の小型版のようで、仮雄ずいのない点がヒメウズ属と異なる。

〈栽培〉
湿った、水はけのよい土壌を必要とする。夏の冷涼さ、冬の乾燥を要求するので、ふつうは無加温の温室かスクリーンガーデンで栽培される。繁殖は播種で。全種とも栽培されるのは非常に稀で、むずかしい。

Paraquilegia anemonoides
異　名：*Isopyrum grandiflorum*, *Paraquilegia grandiflora*
☀ ❄ ↔15cm ↕18cm

マニアのための植物。繊細な種。青みがかった緑色で、裂片に分かれた葉がきれいな築山状になる。下垂した、杯状の、距を欠く花が葉群の上に突き出た細い茎先につく。2つの品種があり、ひとつはヒマラヤ山脈西に分布し、白い小花をつける。もうひとつはヒマラヤ山脈東に分布し、ライラック色の大きめの花をつける。
ゾーン：5～9

PARASERIANTHES
（パラセリアンテス属）

マメ科、ネムノキ亜科に属し、インドネシア～熱帯性オーストラリア、ソロモン諸島に自生する4種からなり、以前はネムノキ属に入っていた。*P. moluccana*は、13カ月で10m以上伸びたという木の世界最速の成長記録を保持する。本属の低木、あるいは高木は低地の熱帯雨林や他の植生の湿潤な地域に分布する。インドネシア原生の*P. lophantha*は、オーストラリアや南アフリカでは雑草となっている。

〈栽培〉
繁殖は播種から。この亜科の植物には珍しく、下処理がなくても容易に発芽する。水はけのよい酸性土壌で、日なたであれば、成長は早い。

Paraserianthes lophantha
英　名：CAPE LEEUWIN WATTLE
☀ ↔3m ↕8m

インドネシア原生、オーストラリアに帰化している。成長の早い小高木で、葉は2回羽状複葉で、多くの小葉がつく。春に咲くクリーム色の小花は、目立たない花弁に、長い雄ずいが飛び出す。長い、平たい、茶色がかった豆果には黒い種が多数含まれる。侵略種となりうる。南アフリカとオーストラリアの一部で雑草だと見なされている。
ゾーン：9～10

PARDOGLOSSOM
（パルドグロッソム属）

ムラサキ科に属し、以前はソレナントゥス属とオオルリソウ属に分類されていた二年生草本と多年生植物6種からなる。温帯ゾーン北部、主としてユーラシア大陸に分布し、茎と葉にふつうはシルバーグリーンの毛が密生していることが特徴。花は小さいが、青色や、紫色、ピンク色といった色合いが葉によく映える。白花はそれほど映えない。派手な植物ではないが、育てやすく、よく環境に順応する。

〈栽培〉
冬が厳しくない温帯地方では、ほとんど耐性がある。軽い、砂混じりの、水はけのよい土壌で、水分保持のため腐食質を少し加え、日当たりのよい場所なら育つ。多年生の種を育てるには、二年草のように、株分けするか、基部を挿し木してもよいが、播種からが一番多い。

Pardoglossom cheirifolium
異　名：*Cynoglossum cheirifolium*
☀/☀ ❄ ↔30～40cm ↕30～40cm

夏咲きの南ヨーロッパ原生の二年草。茎は直立する。幅狭で銀白色のへら形～槍形の葉は長さが5cm以上。茎先にパープルレッドの花が12まで集まり、径6mmほどの花序を作り、しだいに花色が青紫色に変化する。
ゾーン：7～10

PARIETARIA
（ヒカゲミズ属）
英　名：PELLITORY, STICKY WEED

広く分布してるイラクサ科の草本植物、および小型低木で、温暖地方と熱帯地方が原生。葉は互生で、全縁。花は葉腋に群生し、同じ植物で雄性花のことも、雌性花のことも、両性花のこともある。果実は小さいかぎ状で、粘着性の毛が覆う。*P. officinalis*は以前は薬用に栽培されていた。種によっては、本来の自生地以外では雑草となる可能性がある。

〈栽培〉
半日陰、あるいは部分的～完全日なたで、湿潤に保てる土壌を好む。繁殖は播種、あるいは挿し木から。

Parietaria judaica
異　名：*Parietaria diffusa*
英　名：SPREADING PELLITORY
☀ ❄ ↔35～50cm ↕35～50cm

地中海地方原生の多年生植物で、不規則に広がる、もろい、赤みがかった茎を持つ。葉は卵形、葉裏の葉脈上に毛がある。夏、目立たない緑の花が葉腋に群生する。
ゾーン：5～10

PARIS
（ツクバネソウ属）

エンレイソウ科で、ヨーロッパの森林～中央アジアの中央部に分布する多年生の根茎植物20種からなる。極端に成長の遅い根茎から、茎が立ち上がる。輪生の葉が、先端につく珍しい花を囲む。花は夏に咲き、花弁はクモに似た形、あるいは槍形で、緑のさまざまな色合いのことが多い。

〈栽培〉
湿っているが湿潤とまでいかない、腐食質に富んだ土壌で、冷涼な場所で育つ。繁殖は播種から。発芽するのに2年以上かかるかもしれない。あるいは、休眠期に古い株を分ける。

Paris polyphylla
異　名：*Daiswa polyphylla*
☀/☀ ❄ ↔20～30cm ↕90～100cm

ヒマラヤ山脈～ミャンマー、タイに分布する成長の遅い多年生植物。直立する茎先に長さ18cmになる葉が12枚までつく。花には、8枚までの細長い緑の萼片と糸状の黄色い花弁、それに紫の子房がつく。他花受粉すれば、赤い種子を含む大きな緑の果実を作る。*P. p.* var. *yunnanensis alba*は白い細糸状の花弁を持つ。ゾーン：6～9

Parietaria judaica

Parodia alacriportana subsp. *buenekeri*

Paris quadrifolia
英　名：HERB PARIS
☼/☾ ❄ ↔25〜30cm ↕20〜40cm
ヨーロッパと東アジアに分布する成長の遅い多年草。直立する茎の上に6cmほどの長さの葉が4〜6枚つく。花は4枚のミッドグリーン色の萼片と幅狭の白い花弁からできており、その後ブルーブラックのさく果がなる。
ゾーン：6〜9

PARKIA
（パルキア属）
アジア、アフリカ、マダガスカル、そして南北両アメリカに分布し、マメ科のネムノキ亜科に属する、熱帯性の高木30種からなる。小さい、赤色、赤みがかった茶色、黄色、または白色の花は、密集して花序を作り、まっすぐ上を向くか、下垂する。花は一晩しか持たない。アジア種は花序が下向き、アメリカ種では上を向くのは、受粉するコウモリの習性を反映したもので、アメリカのコウモリは下を向く。葉は2回羽状複葉で、多くの細かい小葉がつく。果実は長く伸び、平たく、いくぶん円筒形、やや扁平の種子が粉をふったような果肉の中に埋もれる。
〈栽培〉
繁殖は播種から。新しい種子は、蒔く前に熱湯につけるか、種子処理を施すこと。成長するのは早く、霜にはあまり耐性がないので、熱帯と温暖な亜熱帯だけに向く。適当な降水があるか、乾燥した時期には余分に水やりをするうえで、水はけのよい、有機質の土壌で育てる。

Parkia speciosa
一般名：ネジレフサマメノキ
英　名：PETAI
☼ ✦ ↔8〜15m ↕45m
マレー半島の低地の熱帯雨林に大木が自生する。葉は2回羽状複葉で、対生の小葉が10〜20対つく。クリームがかった白い花が密に集まった花序を夏につける。大きな緑色の豆果は、熟すと黒色に変わる。食用になる。若い莢、葉、花茎は生で食べられる。
ゾーン：11〜12

PARKINSONIA
（パルキンソニア属）
異　名：*Cercidum*
マメ科、ソラマメ亜科に属する、常緑性、または落葉性の低木、高木が合わせて12種。北アメリカの温暖で乾燥した地域に分布する。細長い葉と、黄色い蝶形花が総状花序をなす。果実は平たい豆果で、多くの種子を含む。
〈栽培〉
パルキンソニア属の各種は、肥えて湿った、水はけのよい土壌で、風を遮った半日陰の場所を好む。播種で繁殖するが、発芽を成功させるためには、種子の表皮に傷をつける。

Parkinsonia aculeata
英　名：JERUSALEM THORN, PALO VERDE
☼/☾ ❄ ↔6m ↕9m
アメリカ合衆国南西部とメキシコで、一時的にできる川床に分布し、多くの国で帰化している。刺の多い低木、あるいは高木は、枝が垂れ下がり、対でつく羽状複葉は25対の小葉に分かれる。春に黄色い花が房咲きになる。豆果は細長い。
ゾーン：9〜11

Parkinsonia florida
英　名：PALO VERDE
☼ ❄ ↔3m ↕8m
アメリカ合衆国南西部に自生する落葉性の高木。葉群は垂れ下がる。一年のほとんどは葉がなく、春に出る葉はすぐに落ちる。径18mmほどの黄色い花が春に咲く。豆果は長さ8cm。
ゾーン：9〜11

Parkinsonia praecox
英　名：PALO BREA
☼ ❄ ↔5〜9m ↕6〜9m
アメリカ合衆国南西部に自生する刺だらけの落葉性高木。青緑色の羽状複葉の小葉は丸い。じょうご形の黄色い花がまばらにスプレー状に咲く。夏咲き。乾燥した地域に向く愛らしい小さな日陰樹である。
ゾーン：9〜11

PARMENTIERA
（パルメンティエラ属）
メキシコ、中央アメリカに自生、常緑性で、しばしば刺を持つ低木、高木10種たらずからなる小さな属。ノウゼンカズラ科。幹か古めの枝から、鐘形、あるいはじょうご形の白色、または緑色を帯びた花が単生か、小さな房状でつく。対生複葉は3枚の小葉からなる。線形、あるいは細い円筒形の多肉質の果実はロウソクに似ている。少なくとも、1種、*edulis*はよく食べられる実をつける。
〈栽培〉
霜には弱い。熱帯、亜熱帯の庭で栽培されることが多いが、肥えて、湿っているが水はけのよい土壌で、日なたが最適である。繁殖は播種、あるいは半熟枝を夏に挿す。

Parmentiera aculeata
異　名：*Parmentiera edulis*
英　名：GUAJILOTE
☼ ✦ ↔3m ↕9m
中央アメリカ原生の刺だらけの高木で樹幹が大きく、小葉は長さ5cm。緑色がかった黄色のじょうご形の花は、長さ6cm。黄色を帯びた緑色のキュウリ形果実は、生でも、加熱しても、漬物にしても食べられる。ゾーン：10〜12

Parmentiera cereifera
一般名：ロウソクノキ
英　名：CANDLE TREE
☼ ✦ ↔3m ↕6m
パナマに原生。小高木で、枝が地表近くから出る。楕円形〜ほぼダイヤモンド形の小葉は長さ5cm。蝋質で、緑を帯びた白色の筒状の花は、長さ3cmほど。緑がかった黄色の果実はロウソクに似ている。ゾーン：10〜12

PARODIA
（パロディア属）
カクタス科、多肉性多年生植物50種あまりからなり、南アメリカ、ブラジル南部〜アルゼンチン南西部までに分布する。単生のことも、群生のこともあり、形状も小型で球形から高さ0.9mにもなる柱サボテンまでさまざま。茎はふつう小さく緑色で、球形、あるいは円筒形、陵に小瘤が並ぶが、しばしば陵は茎の回りに螺旋を描く。黄色〜赤色の多数の花弁を持つ花は、短いじょうご形で、毛や剛毛のある筒や細長い鱗片に覆われ、茎先の回りの刺座に毛と剛毛と一緒につく。春〜秋に咲く。
〈栽培〉
完全日なた、あるいは半日陰で、非常に水はけのよい土壌で、夏には定期的に水をやり、冬には少なめにするのを好む。繁殖は、春か夏には種子から、夏には挿し木かオフセットを株分けする。

Parodia alacriportana
☼ ✦ ↔6〜8m ↕8〜12m
南ブラジル原生の11種からなる。単生、あるいは群生する。茎は球形〜細長で、小瘤のついた垂直の陵が1〜30。硬い、白色、茶色、あるいはオレンジ色の刺は年月とともに灰色になる。茎頂には房を作り刺がつく。中刺は4〜6で、中の1本はかぎ状、側刺は14〜20。春に山吹色の花が咲く。*P. a* subsp. *buenekeri*（syn. *P. buenekeri*）は中刺の数が少ない。
ゾーン：9〜11

Parmentiera cereifera

Parkinsonia aculeata

Parkia speciosa

Parodia buiningii
異　名：*Notocactus buiningii*
一般名：白獅子丸
☼ ⇄ ↔10〜12cm ↕6〜8cm
ブラジル南部とウルグアイ北部に分布。薄い緑色、球形で、ときに扁平な茎には、16ほどのまっすぐで、細い、尖った陵があり、刀身のような小瘤がつく。3〜4のまっすぐで硬く、薄い黄色の中刺は基部がこげ茶色、側刺は2〜3で小さめ。夏に黄色い花が咲く。
ゾーン：9〜11

Parodia chrysacanthion
異　名：*Echinocactus chrysacanthion*、*Malacocarpus chrysacanthion*
英　名：GOLDEN POWDER PUFF
☼ ⇄ ↔3〜10cm ↕3〜4cm
アルゼンチン北部原生で、成長が遅く、単生、球形〜柱状の種。扁平な球形〜球形の茎は、先端に房状に綿毛がつき、刺が直立する。小瘤が螺旋状に並ぶ。30〜40のまっすぐな、山吹色、あるいはもっと薄い色の刺がつく。黄色い花が晩冬〜晩春に開花。
ゾーン：9〜11

Parodia comarapana
☼ ⇄ ↔8cm ↕5〜8cm
ボリビア中央部に自生する。単生、あるいは群生する。茎には12〜21のまっすぐ、あるいは螺旋状の陵があり、周期的に小瘤と刺がつく。中刺は、4〜8でまっすぐ、白〜薄黄色で先が茶色。側刺は18〜35で薄黄色。春〜夏に黄色〜オレンジ色の花が咲く。
ゾーン：9〜11

Parodia concinna
異　名：*Notocactus tabularis*
☼ ⇄ ↔8〜10cm ↕3〜10cm
ブラジル南部とウルグアイに自生する。ふつうは単生。扁平な球形の茎は成熟するにつれ長くなる。15〜30の低い陵がある。茶色、赤みを帯びた茶色、あるいは部分的に白色〜薄い黄色の刺は、剛毛状で、湾曲するかねじれている。中刺は4〜6、あるいはそれ以上、側刺は短く9〜25で、茎に近くつく。春にレモンイエローの花が咲く。
ゾーン：9〜11

Parodia erinacea
異　名：*Notocactus acuatus*、*N. erinaceus*、*N. tetracanthus*、*Wigginsia erinacea*
☼ ⇄ ↔6〜30cm ↕6〜30cm
ブラジル南部、ウルグアイ、アルゼンチン北部に分布。単生の茎は、球形、あるいは短い筒形。古めのサボテンでは、先端に大量に羊毛に似た毛がつき、尖った陵が12〜30できる。若いサボテンでは羊毛状の毛が少なく、刺が多くなる。光沢のある黄色い花が夏に咲く。
ゾーン：9〜10

Parodia haselbergii ★
異　名：*Brasilicactus haselbergii*、*Notocactus haselbergii*
☼ ⇄ ↔4〜15cm ↕4〜15cm
ブラジル南部原生。単生で、頂上がへこんだ球形の茎は年月とともに歪んでくる。30〜60か、おそらくそれ以上の陵には小瘤がつき、25〜60のまっすぐで、白色か、わずかに黄色い刺が茎を覆う。鮮やかな橙赤色、ときに橙黄色の花が冬〜春に咲く。*P. h* var. *stellatus*には黄色い刺がある。
ゾーン：9〜11

Parodia horstii
異　名：*Notocactus horstii*、*Notocactus muegelianus*、*Notocactus purpureus*
☼ ⇄ ↔10〜15cm ↕20〜30cm
ブラジル南部に原生。単生、あるいはゆっくり群生になる。球形〜細長い球形の緑色の茎は年月とともに基部からコルク化する。12〜19の明瞭な陵には低い小瘤がつく。中刺は1〜6、針状で、黄色〜茶色、まっすぐか、カーブしてるか、あるいはねじれている。側刺は10〜15、細く、白色〜薄茶色。黄色がかったオレンジ色、あるいは紫色の花が夏〜秋に、ときには春に咲くこともある。
ゾーン：9〜11

Parodia leninghausii ★
異　名：*Eriocactus leninghausii*、*Notocactus leninghausii*
英　名：GOLDEN BALL CACTUS
一般名：金晃丸

Parodia magnifica

Parodia microsperma

☼ ⇄ ↔8〜10cm ↕8〜60cm
ブラジル南部に原生する。単生、あるいは群生することもある。分岐し、年月を重ねるとともに柱状になる。先端が斜めの円筒形の茎には、30〜35のまっすぐな陵がある。中刺は3〜4、まっすぐ、あるいはカーブし、黄色か薄茶色。側刺は15〜20、あるいはそれ以上。レモンイエローの花が夏に咲くが、成熟したときだけ。
ゾーン：9〜11

Parodia magnifica ★
異　名：*Eriocactus magnificus*、*Notocactus magnificus*
☼ ⇄ ↔8〜15cm ↕8〜30cm
ブラジル南部が原生。単生だが、ときに群生する。青緑色の球形〜細長い球形の茎。まっすぐで先の尖った陵が11〜15つく。刺は山吹色。硫黄色の花が晩春〜夏に咲く。
ゾーン：9〜11

Parodia mammulosa
異　名：*Notocactus mammulosus*
☼ ⇄ ↔5〜12cm ↕5〜25cm
ブラジル南部とウルグアイに分布。単生で、茎は非常に黒ずみ、球形〜細長い球形。茎には13〜21の明瞭な垂直の陵があり、大きな尖った小瘤がつく。中刺は2〜4、硬く、まっすぐで、頑丈な、白、灰色、あるいは薄茶色、中刺の一本は本当に平たい。側刺は6〜25、オフホワイト〜薄茶色。花は黄色。
ゾーン：9〜10

Parodia microsperma
異　名：*Hickenia microsperma*、*Microspermia microsperma*、*Parodia webberiana*
☼ ⇄ ↔5〜10cm ↕5〜20cm
アルゼンチン北部とボリビアが原生の種。ふつうは単生だが、まれにオフセットを出すこともある。平たい球形の茎は、ときには細長い球形になる。陵は15〜21、螺旋形に小瘤がつく。中刺は3〜4、赤色、茶色、あるいはもっと黒ずんだ色。中刺の一番下の刺はかぎ状になる。側刺は7〜20、剛毛状で、白色。黄色〜赤色の花が春〜夏に開花。*P. m* var. *rigidispina*はもっと頑丈な刺を持つ。
ゾーン：9〜11

Parodia comarapana

Parodia concinna

Parodia haselbergii

Parodia buiningii

Parodia horstii

Parodia nivosa

異　名：*Parodia faustiana*、*P. uhligiana*
☀ ♃ ↔5〜8cm ↕8〜15cm
アルゼンチン北部原生。単生で、球形〜円筒形の茎を持ち、螺旋形に小瘤がつく。中刺は4本、まっすぐ、剛毛状で、白い。側刺は細めで18ほど。鮮やかな赤い花を春に咲かせる。
ゾーン：9〜11

Parodia ottonis

異　名：*Notocactus acutus*、*N. ottonis*
☀ ♃ ↔3〜15cm ↕3〜15cm
ブラジル南部、ウルグアイ、アルゼンチン北東部、パラグアイ南部に分布する種。球形で、単生だが、のちに群生する。球形の程度、茎の色などさまざまだが、基部では細くなる。陵は6〜15、丸いものも、尖っているものもある。刺は、髪の毛のようで、まっすぐだったり、曲がっていたり、ねじれていたりする。中刺は1〜6、茶色か黄色。側刺は4〜15、オフホワイト、黄色、あるいは茶色。夏に黄色の、ときには赤みがかったオレンジ色の花を咲かせる。
ゾーン：9〜11

Parodia rutilans

☀ ♃ ↔3.5〜5cm ↕3.5〜10cm
ウルグアイ北部に自生する。単生、濃緑色で球形〜細長い茎には、18〜24の垂直、あるいは螺旋状の陵がある。2本の硬く、まっすぐな、赤茶色の中刺。14〜16の、白っぽい針状の側刺は先端の色が濃くなる。夏咲きで、優しいピンク色の花は中央が黄色。
ゾーン：9〜11

Parodia saint-pieana

☀ ♃ ↔5〜6cm ↕5〜6cm
アルゼンチン北部が原生の、群生する球形のサボテン。鮮やかな黄色の花。
ゾーン：9〜11

Parodia schumanniana

異　名：*Eriocactus ampliocostatus*、
E. grossei、*Notocactus schumannianus*
パラグアイ南部とアルゼンチン北部に自生する、大型で、ふつうは単生のサボテン。緑色で、球形〜柱状の茎。陵は21〜48、まっすぐで尖っているが、若いサボテンでは数が少ない。剛毛状、まっすぐか、わずかに曲がる刺は、山吹色、茶色、あるいは赤茶色で、しだいに灰色になる。中刺が3〜4、側刺が4前後。レモン色〜黄色の花を夏につける。*P. s*

Parrotia persica、冬

subsp. *claviceps* (syn. *P. claviceps*) はそれほど高くはならない。
ゾーン：9〜11

Parodia scopa ★

異　名：*Notocactus scopa*、*N. soldtianus*
英　名：SILVER BALL CACTUS
ブラジル南部、ウルグアイ、アルゼンチン北部に自生する。柱状で、単生、あるいは群生する。濃緑色の球形〜円筒形の茎は、たいてい刺に包まれる。低い陵は25〜40で、細かい小瘤がつく。中刺は3〜4、茶色、赤、あるいは白。側刺は35〜40で、さらに細く、白か薄い黄色。夏、鮮やかな黄色の花を茎の先端回りに輪状に咲かせる。
ゾーン：9〜11

PARROTIA

(パロティア属)
マンサク科で、1属1種。イラン北部とロシアに自生する。ロシアでは、カスピ海の南部、南西部に分布。19世紀初め中東を旅行した、ドイツのプラントコレクター、Dr F. W. Parrotに因んで名づけられた。美しい葉の色、とりわけ春と秋の色、が目当てで植栽される。冷涼な気候では、葉色が鮮やかなので、街路に植えるのに有益な小高木であり、公園や庭園に非常に適した種がある。
《栽培》
適度に肥沃で、水はけのよい土壌であれば、適している。チョーク土壌でも大丈夫。日なたにさらされるのが望ましい。繁殖はふつう播種で、サク果から放たれる直前に収穫し、直ちに蒔くこと。発芽するまでに、長ければ18カ月かかる。夏に取った緑枝がときに使われる。

Parrotia persica、秋

Parrotia persica、春

Parrotia persica、夏

Parrotia persica

パロティア ペルシカ
英　名：IRON TREE, PERSIAN IRONWOOD, PERSIAN PARROTIA, PERSIAN WITCH HAZEL
☀ ✳ ↔6m ↕8〜12m
小型の落葉性の高木。短い幹には剥落性の樹皮。葉は単葉で互生、革質で浅い鋸歯縁で、レタスのような薄い緑色。秋には、真紅、赤、オレンジ、黄色のさまざまな色合いが揃い圧巻である。鮮やかな赤色の雄ずいと緑色の萼を持つ花は、晩秋〜春、こげ茶色の有毛の鱗片でできた苞葉に包まれる。'ペンドゥラ' ★の枝は垂れ下がり、ゆっくり成長してドーム型にこんもりと葉を茂らせる。
ゾーン：5〜9

Parodia saint-pieana

Parodia schumanniana subsp. *claviceps*

PARROTIOPSIS
（パロティオプシス属）

マンサク科、高さ6mになる落葉性の小高木1種だけの単型属。ヒマラヤ山脈に自生、若いシュートは有毛で、鋸歯縁、卵形〜丸形の葉は長さ8cm。直径5cmになる大きな花序は、黄色い雄ずいが密に集まったものを大きな白い花弁状の苞葉が包んでいる。果実は卵形で2裂するさく果。

〈栽培〉
中ぐらいの霜には耐性がる。この見事な高木は、風を遮られた日なたを要求し、肥えて、湿っているが、水はけのよい土壌でよく育つ。夏に挿し木か、秋に播種で繁殖することができる。

Parrotiopsis jacquemontiana
☼ ❄ ↔4.5m ↕6m

わずかに鋸歯縁の卵形の葉は秋に黄色い色合いに変わる。春〜初夏、魅力的な乳白色と黄色の花序を長期間咲かせる。
ゾーン：5〜9

Passiflora alata

Passiflora caerulea

PARTHENOCISSUS
（ツタ属）

英　名：BOSTON IVY、VIRGINIA CREEPER

ブドウ科、落葉性で、巻きひげを作るよじ登り植物で、東アジアと北アメリカに分布する。魅力的な葉と、壁を覆うのに理想的な自己纏着（てんちゃく）性がほとんどの種に備わっているため栽培される。葉はカエデの葉に似ており、小葉に全裂、散る前に鮮やかな色に変わるものが多い。花は小さくて緑色、小さな黒い果実同様、鑑賞する価値はない。

〈栽培〉
日なたでも半日陰でも、ある程度肥沃な土壌なら育つ。繁殖は、挿し木ならほとんどいつでも、あるいは根を出した取り木で。種子からも育つ。

Parthenocissus henryana
一般名：ヘンリーツタ
英　名：CHINESE VIRGINIA CREEPER、SILVER VEIN CREEPER
☼/☀ ❄ ↔6m ↕9〜10m

中国原生で、軽い自己纏着（てんちゃく）性があり、5枚に分かれた小葉は長さ12cm、表は緑色、裏はわずかに紫色を帯び、日陰で育てると葉脈が白くなる。日なただと葉脈は消える。秋に葉は鮮やかな赤に変わり、白い葉脈が浮かぶ。
ゾーン：7〜10

Parthenocissus inserta
☼ ❄ ↔9m ↕9〜10m

北アメリカ原生の種で、葉は全裂し、長さ12cmほどの5枚の小葉に分かれ、散る前には劇的に色を変える。本来バージニアツタと称される *P. quinquefolia* と違うのは、吸盤がなく巻きひげを持つ点と、少し葉が厚い点。
ゾーン：3〜10

PASSIFLORA
（トケイソウ属）

英　名：PASSIONFLOWER、PASSIONFRUIT

属しているトケイソウ科の基準属であり、500あまりの種は、たいてい常緑性、巻きひげよじ登り性のつる植物で、熱帯アメリカ原生である。だが中には、低木種も2、3あり、分布範囲もアジアや太平洋諸島にまで広がっている。花と果実が目当てで栽培されることが多いが、旺盛な生命力のおかげで、目障りなものを隠すために優れた植物となった。花は珍しい構造をしており、筒状の萼、5枚の目立つ萼片、ふつう5枚の花弁、葯を取り巻く副花冠、伸びた真ん中の筒につく3本の花柱からなる。英名はこの花の構造からイエズス会の伝道士たちが十字架上のキリストの受難（passion）を連想したことから来ている。学名はそれをラテン語に訳しただけである。

〈栽培〉
ほとんどの種が霜に弱く、温暖な気候で、日なたか半日なたで、深くて湿っている、有機質に富んだ水はけのよい土壌を好む。肥料と水遣りはたっぷりと。春に刈り込み、霜にやられた葉は除く。播種か挿し木で、あるいは取り木で繁殖することができる。

Parthenocissus tricuspidata 'Veitchii'

Parthenocissus quinquefolia
異　名：*Vitis quinquefolia*
一般名：バージニアツタ、アメリカヅタ
英　名：VIRGINIA CREEPER
☼ ❄ ↔9m ↕12〜15m

早く成長し、自己纏着（てんちゃく）性のあるつる植物で、巻きひげに吸盤がある。長さ12cmになる5枚の小葉は、散る前に鮮やかな真紅に変わる。*P. q.* var. *engelmannii* の葉は更に小さい。
ゾーン：3〜10

Parthenocissus tricuspidata
一般名：ツタ、アマヅラ
英　名：BOSTON IVY、JAPANESE CREEPER
☼ ❄ ↔6m ↕15〜21m

中国、日本、朝鮮半島に分布する、強い自己纏着（てんちゃく）性を持つ種。カエデ形の葉は長さ20cm、ふつう3枚に浅裂するが、若木ではたいてい3枚に全裂する。葉はたいてい瓦のように、一枚の上に別の一枚が重なりあいながら、支えになるものの頂上まで続く。散る前に鮮やかな色に変わる。**'Veitchii'** '**ウェイチイ**' ★少し小さめの葉は散る前に濃い紫色に変わる。
ゾーン：4〜10

Parthenocissus quinquefolia

Passiflora alata
一般名：ブラジルトケイソウ
☼/☀ ✈ ↔2.4〜6m ↕6m

アマゾン流域のブラジル、ペルーが原生の丈夫なつる植物。4陵形の茎に、単葉で、先鋭の卵形の葉がつく。葉はときに細かい鋸歯縁のこともあり、長さ15cm。夏咲きの花は、芳香があり、径12cm、濃い赤の花弁、紫と白の縞模様の花糸がある。卵形〜ナシ形の黄色い果実は長さ10cmほど。
ゾーン：10〜12

Passiflora × *belotii*
異　名：*Passiflora* × *alato-caerulea*
☼/☀ ❆ ↔1.8〜4.5m ↕4.5m

P. alata と *P. caerulea* との夏〜秋咲きのガーデンハイブリッド。浅い陵のある茎に、全縁で3浅裂の葉がつく。径10cmの花はモーブブルーと白い花弁に、放射状に広がる紫と白の縞模様の花糸が、黄緑色の中心部を囲む。
ゾーン：9〜11

Passiflora caerulea
一般名：トケイソウ
英　名：BLUE PASSIONFLOWER
☼/☀ ❄ ↔1.8〜4.5m ↕9m

ブラジル、アルゼンチン原生の夏〜秋咲き種。繰り返される霜にも耐性があるが、冷涼なところでは一部落葉する。幅広の掌状葉には3〜9の浅裂が入り、鋸歯縁のことが多い。直径10cm以上にもなる花には、乳白色の上にモーブブルーを塗り重ねた花弁、緑がかった中心部の周りに紫と白の縞模様の花糸が多数放射状につく。'**コンスタンス エリオット**' は乳白色の花。
ゾーン：7〜10

Passiflora citrina
☼/☼ ✣ ↔4.5m ↕4.5m
比較的最近になって発見された種で、ホンジュラスとグアテマラに自生する。単葉の葉には、綿毛があり、葉脈が深く、濃緑色、楕円形～2浅裂、長さは10cmまで。黄緑～鮮やかな黄色の花に、径35mmほどで、1年中咲く。
ゾーン：10～12

Passiflora coccinea
一般名：ベニバナトケイソウ
英　名：RED GRANADILLA、RED PASSIONFLOWER
☼/☼ ✣ ↔3.5～9m ↕3.5m
熱帯南アメリカに自生する丈夫な夏咲きのつる植物。濃緑色、きめが粗く、鋸歯縁で楕円形の葉は、長さが15cmになる。長い筒状の花は、径12cm、鮮やかな赤に濃い色の花糸が薄いピンク～白色の中心部を囲む。果実は黄色～オレンジ色で、ときに斑が入り、長さ5cmほど。
ゾーン：10～12

Passiflora edulis
一般名：クダモノトケイソウ、パッションフルーツ
英　名：GRANADILLA、PASSIONFRUIT、PURPLE GRANADILLA
☼/☼ ✣ ↔2.4～4.5m ↕4.5m
ブラジル原生の強健な夏咲きつる植物。光沢のある、3浅裂の葉は長さが10cmになる。白い花には、白と紫の縞模様の花糸がつく。卵形の食用果実は長さ8cmほどになり、熟すと黒ずんだ紫になり皺がよる。P. e. f. flavicarpaは山吹色の果実をつける。この2品種間の雑種を挙げる。'レイシー'と'パープル　ゴールド'★は大きな薄紫の果実をつける。'フレドリック'は果実が赤い。P. edulis 'エッジヒル'は大きな黒ずんだ紫色の果実をつける。'カフナ'の果実は薄紫色。'レッド　ローバー'は大きな赤い果実をつける。
ゾーン：10～12

Passiflora foetida
英　名：LOVE-IN-A-MIST、RUNNING POP
☼/☼ ✣ ↔0.9～1.8m ↕1.8～3m
熱帯南アメリカとカリブ海上諸島原生の夏～秋咲きのつる植物。軽い質感の濃緑色の葉は、3～5浅裂で、長さ8cmほどになる。同じくらいの大きさのモーブピンクの花には長い白っぽい色の花糸がある。剛毛の生えた黄色～赤の果実が花後できる。熱帯地域では侵略種とな

ることもある。
ゾーン：10～12

Passiflora incarnata
一般名：チャボトケイソウ
英　名：MAY APPLE、MAY POPS、WILD PASSIONFLOWER
☼/☼ ✣ ↔1.8～4.5m ↕1.8m
アメリカ合州国東部が原生の丈夫なつる植物。温和な地域では常緑、冷涼な環境だと地上部は枯れるが、夏になるとまた成長し、4.5mにまでなる。葉は3浅裂で、長さも幅も15cm、鋸歯縁で、葉裏は青緑色。ラベンダー色と白の花は径8cmで、その後に卵形の長さ5cmほどの果実ができる。
ゾーン：6～10

Passiflora manicata
英　名：RED PASSIONFLOWER
☼/☼ ✣ ↔2.4～4.5m ↕3m
コロンビアとペルーに分布する。葉は鋸歯縁、3浅裂、長さ8cmほど、幅のほうがわずかに広い。葉裏を綿毛が覆う。花にに薄緑色の萼片があり、花弁は鮮やかな赤色、モーブブルーと白の縞模様の花糸がつく。緑色の卵形の果実は長さが5cmまで。ゾーン：9～11

Passiflora racemosa

Passiflora amethystina

Passiflora mollissima
英　名：BANANA PASSIONFRUIT、CURUBA
☼/☼ ✣ ↔2.4～4.5m ↕4.5m
南アメリカ北部原生の非常に頑健な夏～秋咲きのつる植物。葉は長さ10cmまで、3浅裂、綿毛で覆われる、鋸歯縁がふつう。長い筒状のミッドピンクの花、花糸は小さな突起に変化している。食用になる黄色い卵形の果実は長さ8cmほど。
ゾーン：9～11

Passiflora quadrangularis
一般名：オナガミクダモノトケイソウ
英　名：GIANT GRANADILLA
☼/☼ ✣ ↔3～6m ↕15m
熱帯南アメリカ原生の非常に頑健なつる植物。先鋭の卵形葉は、濃緑色で、革質、長さ20cmになる。花は濃いグリーンピンクで、青色、白色、パープルレッドが縞模様になった、ねじれた花糸が多くつき、花径は12cm。食用になる、鮮やかな黄色の卵形の果実は長さ30cmになる。
ゾーン：10～12

Passiflora racemosa
一般名：ホサキトケイソウ
英　名：RED PASSIONFLOWER
☼/☼ ✣ ↔1.8～4.5m ↕4.5m
ブラジル原生種で、葉は先鋭の卵形3浅裂、長さ、幅ともに10cm。花は鮮やかな赤色、まれに白色、径10cmほど。短い白い花糸をつけ、集まって総状花序を作り、ぶら下がる。
ゾーン：10～12

Passiflora incarnata

Passiflora reflexiflora

Passiflora reflexiflora
☼/☼ ✣ ↔1.2～2.4m ↕1.8～3m
エクアドルに自生する非常に独特な種。葉は3浅裂で、中央の裂片が長く、2枚の小さな裂片が中央脈に直角に交わる。長い筒状のマゼンタ色の花は、花弁が強く反り返り、花糸は非常に小さい。
ゾーン：10～12

Passiflora × violacea
☼/☼ ✣ ↔0.9～1.8m ↕3m
ボリビア中央部からアルゼンチン北部にかけて分布する種。秋咲きで、葉は3浅裂、長さは12cmほど。花は径10cmまで、濃いバイオレットピンクで、白い花糸が放射状に広がる。
ゾーン：9～11

Passiflora vitifolia
☼/☼ ✣ ↔1.8～4.5m ↕4.5m
南アメリカ中央部から北部に分布する春～夏咲きの種。葉はブドウに似て、光沢があり3浅裂、鋸歯縁、長さ、幅ともに15cmほど、しばしば赤く染まる。花は、径10cmまで、強く反り返った、幅狭の鮮やかな赤い花弁と、短い白い花糸がある。花後に小さい黄色～赤色の果実がなる。
ゾーン：10～12

Passiflora citrina

Passiflora foetida、蕾

Paullinia cupana、コスタリカ、トゥリアルバ火山

Passiflora Hybrid Cultivars
一般名：トケイソウ交雑品種

☼/☼ ❄ ↔1.8～4.5m ↕1.8～3.5m

トケイソウの交雑品種は多いが、耐寒性を増すために *P. caerulea* をもとに作り出されたものが多い。だが霜に弱い交雑種もいくつかトロピカルガーデン専用に作られた。'**アメシスト**'の葉は3浅裂で幅10cm、青い花は花糸がと中央部が青紫色。'**ブルーバード**'、青い花。'**コーラルシー**'、珊瑚色の花。'**デビー**'、3浅裂の葉、藤色から赤紫色の花、紫と白の縞模様のある多数の花糸。'**インセンス**'、5浅裂の葉、香りのよい濃い紫色の花には細い縮れた花糸が多数つく。'**ニュー インセンス**'、'インセンス'が *P. cincinnata* と戻し交配をしたもの。生命力に優れ、病気に耐性があるという点で、もとの交雑品種より望ましい。'**サンバースト**'、大きな先鋭卵形の葉、花はカンフォール臭のするゴールデンオレンジ色。

ゾーン：8～12

PASTINACA
（アメリカボウフウ属）

英 名：PARSNIP

セリ科、ユーラシア大陸に分布する二年生、多年生の草本。中でも、*P. sativa* は食用のため栽培される。単葉、あるいは全裂葉で、ときには深裂の入る小片もある。花は3～30、黄色か赤のデイジーに似たごく小さな花で、萼片はなく黄色い卵形の花弁が内側にカーブし、集まって複合散形花序を作る。果実は平たく、楕円形で、縁が隆起する。

〈栽培〉
日なたで、深い、肥えた土壌に植える。春に種子を40～45cm離し何列かに蒔く。秋に根を掘りあげ、貯蔵する、あるいは春まで地中に置いておく。繁殖は、播種で。

Pastinaca sativa
一般名：アメリカボウフウ

英 名：PARSNIP

☼ ❄ ↔45～65cm ↕0.9～1.5m

ヨーロッパ、西アジア原生の、香りの強い、細かい毛のある二年草。角があるか円筒形か、中が詰まっているかすかすかの茎には、溝がある。太い、白い、食用になる根茎。根出葉はおおむね単葉だが、残りは全裂し、5～10の卵形で丸まった、鋸歯縁の裂片に分かれる。夏に、緑色を帯びた黄色で、デイジーに似た花が集まり、総状花序を作る。

ゾーン：4～8

PATRINIA
（オミナエシ属）

オミナエシ科、二年草15種からなり、温帯アジアや北ヨーロッパに分布し、山岳地域の湿気のある岩の裂け目に生える。茎は直立し、葉は全裂するか、深裂し、根出葉は全縁葉。直径10cmになる円錐花序は、黄色や白色の小花が集まってできる。小花には、非常に短い（4～6mm）筒状の副冠や、5枚の外に広がる花弁がつき、初夏～晩夏に咲く。果実は痩果。*P. scabiosifolia* の乾燥させた根は漢方で利尿剤として重んじられる。

〈栽培〉
湿った、日陰の場所には有用である。湿り気を絶やさないようにした痩せた土壌で、半日陰よりも、完全な日陰を好む。繁殖は春に播種から、あるいは春と秋に株分けで。

Patrinia scabiosifolia
一般名：オミナエシ

英 名：SCABIOUS PATRINIA, VALERIAN

☼/☼ ❄ ↔45～60cm ↕0.9～1.8m

温帯東アジア原生の多年草。盛り上がった中央の葉群からあまり葉のない茎が伸びる。葉は全裂で、深い鋸歯縁、楕円形～卵形、その後茎頂に黄色い花が円錐花序でつき、夏、長い間咲く。

ゾーン：5～8

Patrinia triloba
異 名：*Patrinia palmata*

一般名：コキンレイカ、ハクサンオミナエシ

☼ ↔30～45cm ↕30～60cm

日本原生種。節と花柄に毛がある。心臓形の掌状葉。上方の葉は粗い鋸歯縁。赤みがかった茎に、ゆったりと3分岐する円錐花序をつけ、香りのよい、山吹色の杯状の花を咲かせる。花期は晩春～初夏。

ゾーン：5～8

PAULLINIA
（ガラナ属）

英 名：BRAZILIAN COCOA, GUARANA BREAD, UABANO, UARANZEIRO

ムクロジ科、180種のつる性低木からなる。ほとんどはアメリカ合衆国南部とメキシコからアルゼンチンやブラジルにかけてに分布する。葉は互生で複葉、葉腋に不規則な花が集まる総状花序をつける。果実は多肉質のさく果。属名は18世紀の医療植物学者 C. F. Paullini に因む。種子はカフェインを含んでおり、南アメリカに住むグアラニー族は、香りのよい飲み物としてだけでなく、伝統的な興奮剤や催淫剤として使うガラナ飲料を作るため、*P. sorbilis* の種子をしばしば単独で、あるいは *P. cupana* の種子と混ぜて使う。

〈栽培〉
半日なた、あるいは日陰の、肥えて、湿り気のある、水はけのよい土壌と、高い湿度で、風雨にさらされない場所を好む。繁殖は初春に挿し木から、あるいは取り木か接ぎ木から。

Paullinia cupana
一般名：ガラナ

英 名：FRUITS OF YOUTH, GUARANA

☼/☼ ❄ ↔3～6m ↕1.8～3m

ベネズエラとブラジルの多雨林に自生するつる植物。葉は5枚の小葉に全裂、黄色い小さな花をつける。果実はクリに似て、黄色を帯びた～赤色、直径18～25mm、目に似た黒と白の種子が2～3含まれる。

ゾーン：11～12

PAULOWNIA
（キリ属）

ゴマノハグサ科、中国、台湾原生の6種からなる。全種、落葉高木で、美しい葉を持つ。若木の頃には、葉が非常に大きく、春に大きな円錐花序をつける種もある。キリは中国では、3000年以上にわたり、強くて軽い木材や、魅力的な花が目的で栽培されてきた。樹皮、木材、葉、花、そして果実、すべてが薬用になる。その成長速度が極端に速いことも、特徴である。

Passiflora, Hybrid Cultivar, 'Debby'

Passiflora, Hybrid Cultivar, 'New Incense'

Passiflora, Hybrid Cultivar, 'Coral Sea'

Passiflora, Hybrid Cultivar, 'Bluebird'

〈栽培〉
キリはある程度肥えていて、水はけがよく、夏に適当な水分があるとよく育つ。風雨から保護することは重要である。とりわけ若葉のころには、大きな葉が容易に傷んでしまう。きわめて耐寒性があるとはいえ、休眠中の花芽は遅い霜で傷んでしまう。若木は時々、単一の幹の頑健な成長を促すため、2～3の基部の芽まで刈り戻すことがある。繁殖は種子から、あるいは根挿しで。

Paulownia fortunei
一般名：シナギリ
英　名：POWTON、
WHITE-FLOWERED PAULOWNIA
☼ ❄ ↔12m ↕18m
中国の揚子江の三角州地帯に主に分布する。高い高木で、幹がまっすぐ、樹幹が丸い。花は葉が出る前に咲き、茎頂に10cmほどの長さの円錐花序を上向きにつける。花色は白色～クリーム色、藤色、優しいすみれ色。
ゾーン：6～10

Paulownia × taiwaniana
異　名：*Paulownia australis*
☼ ❄ ↔6m ↕3.5～8m
台湾原生の落葉性の高木。*P. kawakamii* と *P. fortunei* との自然交雑種。枝を伸ばし、丸い樹冠を作る。葉は卵形～心臓形、粘着性のある細かい毛の生えた葉は先が尖る。長さ5～8cm、紫色の筒状～鐘形の花冠を持つ花が密集し、上向きの円錐形の花序を作る。花序の高さは80cmになる。花後、晩夏～秋、卵形のさく果をつける。ゾーン：7～10

Paulownia tomentosa
一般名：キリ
英　名：EMPRESS TREE、HAIRY PAULOWNIA、PRINCESS TREE
☼ ❄ ↔9m ↕15m
中国北部、中央部、朝鮮半島に自生。中型の高木で、大きく樹冠を広げる。ピン

Paulownia tomentosa

クを帯びたライラック色の花が茎頂に上向きの円錐花序を作り、ひとつの円錐花序には花が50～60集まる。心臓形の葉には綿毛があり、薄い緑色だが成熟すると濃緑色になり、秋には黄茶色に変わる。'リラキナ'、ライラックパープルの花、外側は綿毛、内側は薄いレモン色。'サファイア　ドラゴン'、クリームがかった黄褐色の花が群生し、人目を引く。
ゾーン：5～10

PAVETTA
（パウェッタ属）
アカネ科、常緑の低木、小高木、約400種からなる。熱帯と亜熱帯、とりわけアフリカとアジアに普及している。葉は互生か、ときには輪生で、大きさ、形はさまざま、微小な点が散る。花は、香りのよいことが多く、茎頂に散形花序を作り、癒合した苞葉から出る。筒状の花はどれも、4～5の広がる裂片に分かれ、長い突き出た花柱は未熟だとねじれている。果実は多肉質の黒い液果で、エンドウマメぐらいの大きさ。

Paulownia tomentosa 'Sapphire Dragon'

〈栽培〉
たいていの種が霜に敏感だが、中には大きなコンテナでうまく育つものもあり、冷涼な地域では温室植物として使われる。日なたで、水はけがよく、有機質に富んだ用土を好む。乾燥した時期が続くようなときには、余分に水遣りすると、利が大きい。若いうちに、叢生習性を助けるために剪定する。繁殖は播種、あるいは半熟枝の挿し木で。

Pavetta lanceolata
パウェッタ　ランケオラタ
英　名：FOREST BRIDE'S BUSH
☼ ↔2m ↕1.5m
南アフリカ原生の低木。蝋質の花弁で、非常に強い芳香を持つ白い花が房咲きする。花期は夏。秋には黒い液果が密集となる。良質の、低い、コンパクトな生垣となる。'ブライズ　ブッシュ'は人気のある栽培種。
ゾーン：10～11

PAVONIA
（パヴォニア属）
熱帯と亜熱帯、とりわけ南北両アメリカ大陸に分布。アオイ科の本属は、約150種の多年生の亜低木、低木からなる。栽培が容易で、美しい花を咲かせる植物で、熱帯では庭によく植えられ、それ以

Paulownia tomentosa 'Lilacina'

外のところでは屋内植物、温室植物として栽培される。鋸歯縁、あるいは歯牙縁の葉は単葉か、浅裂があるか。花は単生で、葉腋につくことが多いが、茎頂に群生したり、円錐花序を作ることもある。花色は多様で、形状が変わっており、花弁がめくれ、ハイビスカスのような中央ずい柱を露わにする。乾くと2分裂するさく果が花後できる。

〈栽培〉
全種が霜には敏感で、たいていが長い冷涼な環境には耐性がない。コンテナ栽培には適応する。湿った、水はけのよい土壌で、日なたか半日陰に植え、葉が傷みやすいので、強い風をさえぎるようにしてやる。繁殖は播種からか、半熟枝の先を挿し木する。

Pavetta lanceolata

Pavetta lanceolata 'Bride's Bush'

Pavonia × gledhillii
バウオニア×グレドヒリイ

↔0.9m ↑1.5m

ブラジル原生の種*P. makoyana*と*P. multiflora*との交雑種。直立する低木で、葉は濃緑色、槍形、鋸歯縁。花は鮮やかなピンク色で中央のずい柱は灰青色、葉腋に、枝先につく。ほぼ通年開花する。'**ロセア**' 濃いピンク色の花。
ゾーン：10〜12

Pavonia hastata
一般名：ヤノネボンテンカ、タカサゴフヨウ

↔60cm ↑90cm

熱帯性南アメリカに自生し、アメリカ合衆国南東部に帰化している。亜低木か低木で、霜により地表まで刈られても、また芽や枝を伸ばす。槍形の葉は鋸歯縁。花はたいてい赤色だが、白色で付け根に赤い点のある花もある。
ゾーン：9〜12

Pavonia multiflora

↔1.2m ↑1.8m

ブラジル原生の低木。葉は長さ25cm、全縁か歯牙縁。鮮やかな赤色で、直径8cmの花には青い萼がある。定期的に枝先を刈り、花つきをよくする。
ゾーン：11〜12

PAXISTIMA
（パキスティマ属）

ニシキギ科。背丈の低い、観賞用の常緑低木で、北アメリカ原生の2種からなる。四角いコルク質の茎に付く葉は、対性で革質、ときに鋸歯縁。花はごく小さく、4弁の緑がかった白色、あるいは赤みを帯びた白色。春と夏に、単生でつくか、あるいは葉腋に群生し、そのあとに小さい2片に裂けるさく果をつける。

〈栽培〉

霜に完全耐性がある。腐食質に富み、湿り気があり、水はけのよい土壌で、日なた、あるいは半日陰に植える。整ったコンパクトな姿にするには、時折刈り込むこと。繁殖は、晩夏に、播種、取り木、あるいは半熟枝を挿す。

Paxistima canbyi
英 名：CLIFF GREEN, MOUNTAIN-LOVER, PACHISTIMA

↔90cm ↑38cm

枝から不定根を出し広がる低木。小さい、艶のある、線形で常緑の葉は、濃緑色の縁が後ろに丸まる。春〜夏、緑がかった白色の花が小さく群生する。ロックガーデンのグラウンドカバーに最適。
ゾーン：3〜8

PECLUMA
（ペクルマ属）

ウラボシ科、熱帯アメリカ原生で、以前はウラボシ属に入っていた25種ほどのシダからなる。苔むした高木の幹につく着床植物が多く、稀に岩や林床につくこともある。塊根はすぐに匍匐し、気根を出してしがみつき、分岐はしない。葉状体は幅狭で、「魚の骨」型、多数の幅狭の小葉に分かれるが、基部では幅が広くなる。中央脈の片側にある小葉は、もう一方の小葉と交互に出る。胞子体は小さくて、円形、茶色、葉の裏面に無数につき、各小葉に沿って2列に整然と並ぶ。

〈栽培〉

遮光された光のもと、雨や風から保護される湿度の高い環境を要求し、成長は遅めである。熱帯、あるいは温暖な亜熱帯以外では、温室に保護する必要がある。シダ用ファイバーやバークのヘゴ板に植え付けるか、ラン用の堆肥でバスケットに植えるのが最上だろう。胞子から繁殖。

Pecluma pectinata
異 名：*Polypodium pectinatum*

↔30〜90cm ↑30〜90cm

中央アメリカと南アメリカの北部の山岳多雨林に広く分布し、木の幹や岩の上を這う。葉状体は長くて、幅が狭い。熱帯以外で栽培されると、たいてい小さいままである。
ゾーン：11〜12

PEDILANTHUS
（ペディラントゥス属）

トウダイグサ科、中央アメリカ、南アメリカ、西インド諸島の比較的乾燥した地域に分布する、群生する多肉質の低木、あるいは小高木14種からなる。トウダイグサ属と近縁で、同じく摂取すると有害な乳状の樹液を含む。葉は薄緑色か、色変異があり、多肉質、太い中央脈が走り、鳥の嘴のような形の色鮮やかな苞葉に包まれた緑がかった白い花をつける。

〈栽培〉

温暖な気候で、とりわけ水はけのよい土壌で、半日陰を好む。ほとんどの種が乾燥期が続くのには耐えられる。繁殖は挿し木か播種で。

Pedilanthus tithymaloides ★
一般名：ダイギンリュウ
英 名：DEVILS BACKBONE

↔0.6m ↑1.8m

西インド諸島と、アメリカ合衆国南部に自生する種。常緑、あるいは落葉性の多肉質の低木。肉質で上に伸びる茎は、節ごとにジグザグに曲がる。ミッドグリーンで、舟形の葉は小さくて、赤みがかった緑色。夏咲きの筒状の花には赤い苞葉がある。'**ワリエガトゥス**'、普及種。緑の葉に白と赤の斑入り。
ゾーン：9〜12

Pavonia × gledhillii

Pavonia × gledhillii 'Rosea'

PEDIOCACTUS
（ペディオカクトゥス属）

サボテン科。8種の希少な、矮性で、球形〜短円筒形のサボテンからなり、アメリカ合衆国ではもっとも絶滅が危ぶまれているサボテンである。属名はギリシア語の*pedion*（平原）から来ており、アメリカのグレートプレーンズ（ロッキー山脈東の大草原地帯）を指している。単生〜群生。刺は、数も、色も、方向も、種により変異があるが、たいてい非常に密に生えているので、濃緑色のサボテンの輪郭がぼやけるほどである。中刺は薄い灰色か白、四方に広がり、まっすぐのもの、曲がっているもの、針状、剛毛状、あるいはコルク状などいろいろ。側刺は赤みがかった白色、まっすぐか、曲がっているか、ときには櫛形のこともある。花は鐘形、黄色〜紫色〜白色。果実は球形、緑がかった色が茶色に変わる。

〈栽培〉

ほとんどの種が自生地以外では戸外で栽培するのはむずかしく、水はけのよい無機化合物が添加された土壌、注意深い水遣り、一日、年間ともに、大きく気温差があることが必要である。繁殖は播種から。発芽を助けるのに氷点下の気温を必要とする種もある。冬と、夏の暑い時期には休眠させる。

Pediocactus simpsonii
一般名：月華玉

↔3〜15cm ↑2.5〜15cm

広く普及している、変異性の、単生〜群生する種。卵形〜へこんだ球形の茎の上に50までの花序がつく。密生する刺は、まっすぐ広がり、中刺は4〜10、赤〜黒を帯びた茶色、側刺は15〜30、白。花は白、ピンク、マゼンタ色、あるいは黄色。果実は球形で、緑がかった茶色。
ゾーン：7〜11

Pavonia hastata

Pedilanthus tithymaloides 'Variegatus'

PELARGONIUM
（テンジクアオイ属）
英　名：STORKSBILL

フウロソウ科の本属に含まれる、一年生植物、多年生植物、亜低木のほとんどは南アフリカの原生で、数種はアフリカのその他の地域、オーストラリア、中東が原生である。葉にはさまざまな変異があるが、ふつう薄緑色を呈し、丸形か、掌形で、人目を惹く裂片には細かな毛と黒っぽい斑点がある。葉が多肉質な種もある。花は一重で、5弁構造、しばしば集合花および（または）鮮やかな色で、華々しい効果をあげる。*Pelargonium*の由来は、ギリシア語の*pelargos*（コウノトリ）から来ていて、果実の形を指している。

〈栽培〉
軽い霜にだけ耐性があるが、テンジクアオイ属は、冬の寒い地域では一年生植物として扱われる。たいていの種は、水はけのよい軽い土壌で、日なたに植える。根付いてしまえば、日照りにも耐性がある。沿岸性の条件に理想的。繁殖は、一年生の種は播種で、多年生や低木は挿し木から。

Pelargonium abrotanifolium
英　名：SOUTHERNWOOD GERANIUM
↔60cm ↕50cm

株立ちする南アフリカ生の亜低木。細かく全裂し、香気を持つ灰緑色の葉は幅25mmほど。花径12mmあまりの花は、5花までかたまって咲き、白かピンク色。春〜夏に咲く。
ゾーン：9〜11

Pelargonium australe
↔50cm ↕30cm

タスマニアを含むオーストラリア南東部に分布する、春〜夏咲きの多年生植物。侵略種になりうる。葉には綿毛があり、丸形、5〜7裂片に分かれ、幅10cmになる。黒っぽい脈が走る薄ピンクか白の花は径12mmをあまりで、5〜10かたまって咲く。
ゾーン：9〜10

Pelargonium betulinum
英　名：BIRCH-LEAF GERANIUM
↔40〜80cm ↕30〜60cm

不規則に広がる、基部が木質で、晩春に花をつける南アフリカ原生の亜低木。青緑色の葉は鋸歯縁で、赤く色づくこともあり、幅30mmほどになる。黒っぽい脈が入るピンクあるいは紫色の（稀に白色のこともある）花は径25mm、3〜4かたまって咲く。下方の花のほうが花幅が狭い。
ゾーン：9〜11

Pelargonium bowkeri
↔50〜100cm ↕30〜40cm

南アフリカ原生の、冬に休眠する塊茎種で、ときに塊茎が露出する。最初の根出葉は単葉で、円形、鋸歯縁。その後の葉は、羽状で、アスパラガスの葉を思わせるように非常に細く全裂する。花はクリーム色がかったピンク色で、二枚の「普通の」上弁と多くの糸状に細かく分かれた下弁がつく。春、葉が出る前に花がつく。
ゾーン：9〜10

Pelargonium cordifolium ★
↔100cm ↕100cm

南アフリカ原生の、春〜夏に開花する亜低木で、茎と葉は有毛。葉幅は5cm以上、3〜5裂片に分かれ、鋸歯縁、葉裏は色が薄い。紫色の30mm幅の花が8個までで花序を成し、上方の花弁は広く、下方の花弁は線形。
ゾーン：9〜11

Pelargonium cortusifolium
↔30〜40cm ↕20〜50cm

（アフリカ ナミビア共和国が原生。寒冷時、日照り時には休眠する種。灰緑色の葉は銀色に光るにこ毛で覆われ、おおよそ心臓形、浅い切れ込みが入り、葉幅は35mmまで。花茎が長い紫〜ピンク色の小花が11まで集まった花序を夏につける。
ゾーン：10〜11

Pelargonium crispum
ペラルゴニウム・クリスプム
英　名：LEMON-SCENTED GERANIUM
↔90cm ↕75cm

南アフリカ原生の香気のある低木。小さい、3裂片に分かれる葉は、縁が縮れる。径18mmほどのピンクの花には濃い色の模様が入る。葉は潰すと強いレモンの香りを出す。*P. crispum*は小さな香りのある葉を持つ多くの栽培品種の親である。'マヨル'は葉が大きめ。'ミノル'、葉が小さく、直立する習性'ピーチ クリーム'、かすかに桃の香りのするピンクの花'ワリエガトゥム'、葉縁がクリーム色。
ゾーン：9〜11

テンジクアオイ属の自生種、南アフリカ、タンクワ・カルー国立公園

Pelargonium crithmifolium
英　名：SAMPHIRE-LEAFED GERANIUM
↔30〜50cm ↕50cm

夏〜秋に開花する南アフリカとナミビア原生の種で、太い多肉質の茎と、長さ15cmまでの厚くて柔らかい灰緑色の羽状複葉を持つ。赤味がかった斑点のある星形の白〜薄ピンク色の、径12mm以上の花が8つまで集まり花序を作る。
ゾーン：10〜11

Pelargonium echinatum
英　名：CACTUS GERANIUM、SWEETHEART GERANIUM
↔50cm ↕50cm

塊茎を持ち、夏に休眠し、春に花をつける低木で、南アフリカ西部が原生。直立する多肉質の茎にある葉の付け根には刺があり、葉を基部で群生させる。葉は長さ5cmまで、短命、の尖った卵形で裏面に綿毛がある。白か紫色の星形で、付け根に濃い紫色の斑点が入る花を8つまでの集め花序を作る。
ゾーン：10〜11

Pelargonium endlicherianum
↔20〜40cm ↕25〜35cm

夏咲きの根茎植物で、トルコ原生種の多年生植物。葉はほとんど根出葉で、有毛、丸形、幅5cm以上、浅い欠刻が5つ入る。上弁が大きく、下弁が非常に小さいか欠落する明るいマゼンタ色の花が5〜10集まった花序をつける。
ゾーン：9〜10

Pelargonium ferulaceum
↔30〜60cm ↕30〜50cm

夏〜秋咲きの常緑性塊根植物で、南アフリカ原生の亜低木。太い多肉質の茎と薄緑色、長さ4cmまでの羽状複葉を持つ。赤い模様の入った小さな白い花が花序をつくる。
ゾーン：10〜11

Pelargonium fruticosum
↔40〜50cm ↕30〜40cm

低く広がり、こんもり茂る秋咲きの多年生植物で、綿毛のはえた鮮やかな緑色の葉は全裂し、短い線形の切片に分かれる。星形で、赤い花茎をもつ花は、白〜ピンク色で、付け根に赤い模様が入ることもある。
ゾーン：9〜11

Pelargonium crithmifolium

Pelargonium fruticosum

Pelargonium fulgidum
☼ ◐ ↔50〜80cm ↕70cm
春〜初夏に咲く、基部が木質化した南アフリカ原生の亜低木。侵略種になりうる。茎は多肉質で、銀色の毛の生えた羽状複葉は長さ4cmほど。径18mm程度の鮮やかな赤い花を集め花序を作る。
ゾーン：9〜11

Pelargonium graveolens
一般名：ニオイテンジクアオイ、ローズゼラニウム
英　名：ROSE-SCENTED GERANIUM
☼ ◐ ↔65cm ↕1.2m
南アフリカ原生のこの低木は、おそらく交雑種であろう。茎は直立。丸い、深く全裂した葉は潰すとバラ香水の強い香りを放つ。葉と若い茎には細かな毛が生える。紫色の脈が走るピンクの小花の集合花を夏につける。'レディ プリマス'は小型種で、葉縁がクリーム色の葉は香気を持ち、装飾花によく用いられる。
ゾーン：9〜11

Pelargonium incrassatum
一般名：エンゼルスティック
☼ ◐ ↔30cm ↕30cm
夏に休眠する塊根植物で、春咲きの多年生植物。南アフリカの西ケープ地方に分布する。長い茎を持つ、銀色の毛の生えた羽状複葉は長さ5cmあまり、基部でロゼットを作る。がっしりした茎には、濃い藤色〜ピンク色の花が10〜20、(稀に40になることもある)集まって花序を作る。花幅は18mmだが、下弁はずっと小さい。
ゾーン：9〜11

Pelargonium fulgidum

Pelargonium triste

Pelargonium, Hybrid Cultivar, Ivy-leafed, 'Barbe Bleu'

Pelargonium odoratissimum
一般名：シロバナニオイテンジクアオイ、アップルゼラニウム
英　名：APPLE GERANIUM
☼/◐ ◐ ↔60cm ↕30cm
低く広がる、春〜夏咲きの多年生植物で、南アフリカ原生。リンゴの香りのする葉は、丸く、薄緑色、鋸歯縁、幅35mmほどになる。分岐する花茎に、幅18mmを超える鮮やかな赤色の花を10まで集める。
ゾーン：9〜11

Pelargonium peltatum
一般名：アイビーゼラニウム、ツタバゼラニウム
英　名：IVY-LEAFED GERANIUM
☼ ◐ ↔2.4m ↕2.4m
不規則に広がり、はびこる、匍匐性の多年生植物で、とぎれることなく花をつけ、木質化した茎を持つ。多肉質の丸い葉は、三角形の裂片5枚に分かれ、帯状の模様がしばしば入る。9花までで花序を作り、花茎は短い。花や葉の色や形がさまざまに変異した多くの交雑種がある。'バルブ ブリュ'濃い紫色の八重の花はしだいに濃い赤色に変わる。'クロケッタ'、かすかに葉脈が見える葉、白い花には赤い模様がある。'エフカ'は葉縁が白く、鮮やかな赤の花。'ムッツェル'、葉は灰緑色で白い斑が入り、花は鮮やかな赤色。
ゾーン：9〜11

Pelargonium, HC, Ivy-leafed, 'Crocketta'

Pelargonium, HC, Ivy-leafed, Lilac Mini Cascade/'Lilamica'

Pelargonium quercetorum
☼ ❄ ↔30cm ↕40cm
夏〜秋咲きの多年生植物で、トルコやイラク北部に分布する。丸形で、5〜9の浅裂が入った、幅5cmあまりになるミッドグリーンの葉は、基部で小さな株を作る。細くて硬い花茎が直立し、濃いピンクの花をつける。
ゾーン：6〜10

Pelargonium quercifolium
一般名：アーモンド ゼラニウム
英　名：ALMOND GERANIUM, OAK-LEAF GERANIUM
☼ ◐ ↔60〜80cm ↕0.9〜1.5m
直立する、春〜夏咲きの南アフリカ原生の亜低木。毛の生えた、芳香のある葉には、深い切れ込みが入り、しばしば鋸歯縁。葉色はオリーブグリーンで、中央部の色が濃くなる。紫〜ピンクの花が集まり、12mm幅の小さな花序を成す。
ゾーン：9〜11

Pelargonium rodneyanum
英　名：MAGENTA STORKSBILL
☼ ◐ ↔30〜50cm ↕20〜30cm
広がり性、夏に休眠する、春咲きの塊根を持つ多年生植物で、オーストラリアに原生する。濃緑色で、細長い心臓形の葉は、長さ10cm、縁に切り込みが入る。細くて硬い短い茎が、鮮やかなピンクの小花が25ほど集まる花序を支える。
ゾーン：9〜11

Pelargonium sidoides
☼ ❄ ↔30〜50cm ↕30〜50cm
塊根を持つ、南アフリカ原生の多年生植物。長い茎につく、ビロードのような質感で浅裂の入った、長さ5cmになる心臓形の葉は、ロゼットを作る。一年中花が咲く。不規則に広がる細く硬い茎には濃い紫〜赤色の花がまばらに枝咲きする。
ゾーン：8〜11

Pelargonium, HC, Ivy-leafed, 'Evka'

Pelargonium, HC, Ivy-leafed, Red Mini Cascade/'Rotemica'

Pelargonium suburbanum
☼ ◐ ↔30〜60cm ↕15〜20cm
冬〜夏咲きの、南アフリカ原生の亜低木で、不規則に広がる。深く切れ込みの入った薄緑色の小さな葉をつけ、マゼンタ色の(稀には白い)大きな花が、短い茎先に、葉群れのすぐ上に、咲く。上弁は大きく、下弁は小さくて幅も狭い。
ゾーン：9〜11

Pelargonium tomentosum
一般名：ペパーミント ゼラニウム
春〜夏咲きの南アフリカ原生の多年生植物で、株を作って低く広がる。葉はペパーミントの香りを持ち、3〜5の浅裂が入り、幅8cm足らずの丸形でビロードのような質感。花茎は直立し、幅12mmほどの白い花が15ほど集まった花序をつける。上弁には紫色の模様が入り、下弁は細長い。
ゾーン：9〜11

Pelargonium triste
☼ ◐ ↔60〜100cm ↕50cm
根茎を持つ、春咲きの多年生植物で、南アフリカのケープ地方が原生、最初に栽培された種の1つ。葉は、細かく全裂し、有毛で、ニンジン葉に似ている。芳香のある、マスタードイエローの花は幅12mmほど、パープルブラウンの模様が入り、5〜20集まり花序を成す。
ゾーン：9〜11

Pelargonium Hybrid Cultivars
一般名：テンジクアオイ交雑種
☼ ◐ ↔20〜100cm ↕15〜75cm
テンジクアオイ属の種は異種交配が頻繁である。この植物が栽培されるようになるとすぐ、最初の交雑種が現れた。この最初の交雑の親種は絶滅して久しいが、その資質は、多くの交雑種のグループに引き継がれている。たいてい大きな目立つ花をつける小型種である。

Angel Hybrids（エンジェル ハイブリッド）：リーガル ハイブリッドと似ているが、背丈がせいぜい30cmまでのものが多く、八重の花はつけない。
'ブラック ナイト'、高さ40cm、花の中心部は白っぽく、上弁と下弁は濃い赤紫色で、細い薄ピンクの線が入る。'キャプテン スターライト'、高さ25cm、上弁は赤紫色、下弁はピンクを帯びた白。'クァントック マジョリー'、高さ30cm、上弁は赤紫色、下弁は非常に薄いピンク色。

'クァントック マティ'高さ40cm、上弁は濃い紫 下弁はピンクを帯びた白。'クァントック リタ'、高さ25cm、上弁はえび茶色、下弁はピンクを帯びた白。'クァントック スター'、高さ30cm、上下弁ともに濃い赤で、薄いピンクが広く縁取る。'スパニッシュ エンジェル'、高さ30cm、上弁は赤紫色で縁が藤色、下弁は藤色にえび茶色の斑や脈が入る。'チップ トップ デュエット'、高さ30cm、上弁はえび茶色、下弁はラベンダー色。

Dwarf Hybrids（ドワーフ ハイブリッド）：葉や姿形はゾーナル ハイブリッドに似ているが、花はリーガル ハイブリッドに似る。この小型種の花は完全八重が多く、そこがリーガル ハイブリッドと大きく違う。花は雨で傷みやすいので、鉢やウィンドウボックスで育てるのが最適である。'ベリル リード'、高さ15cm、花はピンクで濃い色の斑が入る。'ブラックンウッド'、高さ20cm、サーモンピンクの八重の花。'ブレンダ'、ミッドピンク○

テンジクアオイ、HC、'コットナム ハーモニー'

Pelargonium, Hybrid Cultivar, Angel, 'Captain Starlight'

テンジクアオイ、HC、'ザ カルム'

テンジクアオイ、HC、'コットナム チャーム'

テンジクアオイ、HC、'モリー'

Pelargonium, Hybrid Cultivar, Angel, 'Quantock Marjorie'

テンジクアオイ、HC、'オールドベリー デュエット'

Pelargonium, Hybrid Cultivar, Angel, 'Quantock Marty'

Pelargonium, Hybrid Cultivar, Angel, 'Quantock Rita'

Pelargonium, Hybrid Cultivar, Angel, 'Quantock Star'

テンジクアオイ、HC、'サフォーク エメラルド'

テンジクアオイ、HC、'サフォーク ガーネット'

Pelargonium, Hybrid Cultivar, Angel, 'Tip Top Duet'

Pelargonium, Hybrid Cultivar, Dwarf, 'Brackenwood'

Pelargonium, Hybrid Cultivar, Dwarf, 'Little Alice'

Pelargonium, Hybrid Cultivar, Dwarf, 'Orion'

Pelargonium, Hybrid Cultivar, Dwarf, 'Redondo'

テンジクアオイ、HC、'サンダウン'

Pelargonium, Hybrid Cultivar, Dwarf, 'Brookside Flamenco'

P., HC, Regal, 'Beryl Reid'

テンジクアオイ、HC、リーガル、栽培品種

花に赤い斑入り。'ブルックサイド フランメンコ'、高さ15cm、鮮やかなピンクの八重の花。'ホープ バレー'、高さ20cm、ゴールデンイエローの葉、濃いサーモンピンクの八重の花。'リトル アリス'、高さ15cm、濃緑色斑い濃いサーモンピンクの花。'オリオン'、高さ20cm、オレンジレッドの八重の花。'レドンド'、高さ20cm、大きな赤い八重の花。

Regal Hybrids（リーガル ハイブリッド）：Martha Washington Hybrids（マーサ・ワシントン ハイブリッド）という名でも知られている。高さはほぼ50cm、とはいえ、30cmまでの矮性種から1.2m以上の低木まで、大きさはいろいろある。花は大きく、常緑性のツツジを思い出させる。一重も八重もあり、色と模様に非常に幅がある。'アスカム フリンジド アズテック'、波打つ白い花には赤い脈が走る。'オーストラリアン ミステリー'、上弁は端を切り落としたようで、マゼンタ色の花弁に明るめの色の脈が走る。下弁は白にマゼンタ色の脈と斑が入る。'バート ピアーズ'、大きな、波打つピンクの花に赤い脈が走る。'ボシャム'、上弁はピンクに濃い赤紫色の斑点とマゼンタ色の脈が走る。'チェリー オーチャード'、鮮やかな赤い花の中央部は色が薄め、上弁に濃い赤の脈が走る。'ドリス ハンコック'、鮮やかな明るいパープルピンクの花。'アイリーン ポストル'鮮やかなミッドピンクの花に、上弁に赤紫色の斑点が入る。'ハーバー ライツ'、鮮やかなピンクの花に、ピンクの縁と、濃い色の斑点が入り、薄い赤の上弁。'ジョン モーフ'、ミッドピンクを帯びた白に、上弁には赤い斑点。'キモノ'、ラベンダーピンクの花には、白い花喉、濃いマゼンタ色の脈が走る。'ララ スーザン'、一重で、薄いピンクの縁の赤紫色の上弁、白に近い下弁には小さな赤紫色の斑点が入る。'ラベンダー センセイション'、ラベンダーピンクの花の上弁には赤紫色の斑点。'ロード ビュート'、単生でつく花は一重、珍しい色合いで、濃いえび茶色の花には、細い鮮やかなピンクの縁取り。'レンブランド'★、紫にモーブピンクの縁。'リムファイアー'、黒〜赤の花に、赤〜ピンクの縁。'ロスマロイ'、鮮やかなピンクで、上弁に薄い赤の斑が、下弁には点が散る。'スプリングフィールド ブラック'、濃い紫色の花に、中央の色は薄め。'スーパー スポット オン ボナンザ'、白に鮮やかなオレンジレッドの点が散り、扇形に分割される。'バージニア ルイーズ'、薄ピンクの花には濃い目のピンクの斑入り。

テンジクアオイ、HC、'アルドウィック'

テンジクアオイ、HC、'アン ホイステッド'

P., Hybrid Cultivar, Regal, 'Askham Fringed Aztec'

P., HC, Regal, 'Australian Mystery'

P., HC, Regal, 'Bert Pearce'

P., HC, Regal, 'Bosham'

テンジクアオイ、HC、'ブラウンズ バタフライ'

テンジクアオイ、HC、'バーガンディ'

P., HC, Regal, 'Black Night'

テンジクアオイ、HC、センティッドリーフ、'アードウィック　シナモン'

テンジクアオイ、HC、センティッドリーフ、'アトミック　スノーフレイク'

テンジクアオイ、HC、センティッドリーフ、'ボディーズ　ペパーミント'

Pelargonium, Hybrid Cultivar, Scented-leafed, 'Camphor Rose'

テンジクアオイ、HC、センティッドリーフ、'コップソーン'

テンジクアオイ、HC、センティッドリーフ、'フレイグランス'

テンジクアオイ、HC、センティッドリーフ、'フレイグランス　ワリエガトゥム'

テンジクアオイ、HC、センティッドリーフ、'フリンジド　アプル'

P., Hybrid Cultivar, Scented-leafed cultivar

テンジクアオイ、HC、センティッドリーフ、'ジョイ　ルシール'

テンジクアオイ、HC、センティッドリーフ、'ブランズウィック'

テンジクアオイ、HC、センティッドリーフ、'ジェムストーン'

Pelargonium, Hybrid Cultivar, Scented-leafed, 'Lara Starshine'

P., HC, Scented-leafed, 'Lara Ballerina'

テンジクアオイ、HC、センティッドリーフ、'リリアン　ボッティンガー'

Scented-leafed Hybrids（センティッドリーフ　ハイブリッド）：葉に含まれる香気が目的で栽培されるが、花もまた非常に美しい。'**カンフォール　ローズ**'、ハッカのような樟脳の香り、ラベンダー色の小花。'**ララ　バレリーナ**'、強い柑橘系の香り、白〜ピンクの花に赤紫色が混ざる。'**ララ　スターシャイン**'、穏やかな柑橘系の香り、濃いピンクがかった赤の小花が多数咲く。

Unique Hybrids（ユニーク　ハイブリッド）：基部が木質化した多年生植物で、大半が*P. fulgidum*を親に持ち、大きな羽状複葉にその特徴が出ている。葉には香気があり、花は大きい。'**ボレロ**'、目の覚めるようなピンクの花は中心が色濃く、一重。'**ミステリー**'、赤い花の中心部はより濃い色。'**スカーレット　ユニーク**'、鮮烈な赤い花、葉は香気がありビロード状。'**シュラブランド　ペット**'（syn. 'Shrubuland Rose'　シュラブランド　ロ

テンジクアオイ、HC、センティッドリーフ、'オルガ シップストーン'

テンジクアオイ、HC、センティッドリーフ、'ピンク カプリコーン'

テンジクアオイ、HC、センティッドリーフ、'ローズ'

テンジクアオイ、HC、センティッドリーフ、'ショッテシャム ペット'

テンジクアオイ、HC、センティッドリーフ、'ビレッジ ヒル オーク'

テンジクアオイ、HC、センティッドリーフ、'オーセット'

テンジクアオイ、HC、センティッドリーフ、'スイート ミモザ'

P., Hybrid Cultivar, Unique, 'Bolero'

P., Hybrid Cultivar, Unique, 'Mystery'

P., Hybrid Cultivar, Unique, 'Scarlet Unique'

P., Hybrid Cultivar, Unique, 'Shrubland Pet'

ーズ')、矮性品種、花弁はローズレッド、花弁の端になるにつれ色が濃くなる。

Zonal Hybrids（ゾーナル ハイブリッド）：主に*P. inquinans*×*P. zonale*を親に持ち、現在は多くが*P. ×hortorum*に分類されている。低く叢生する習性を持ち、茎は多肉質。葉は薄緑色、丸形～腎臓形、浅裂が入り、濃い色の帯状の模様が入り、葉幅は10cmほど。鮮やかな色の花が集まり、幅25mmほどの花序を作り、葉の茂みのすぐ上に、直立する花茎の先に咲く。温暖な時期はずっと、霜の降りない地域では一年中花をつける。多くの交雑品種と実生系統がある。'ドリー パードン'、三色の葉色をし、赤と緑にクリームがかった白の縁。花は赤で一重。'ミルデン'、矮性になる習性を持ち、白い一重の花には赤い飛沫模様がある。'ピンク シャンパーニュ'、矮性種、緑と金色の葉、鮮やかなピンクの八重の花。'レタズ クリスタル'、斑入りの

P., Hybrid Cultivar, Zonal, 'Milden'

P., Hybrid Cultivar, Zonal, 'Retah's Crystal'

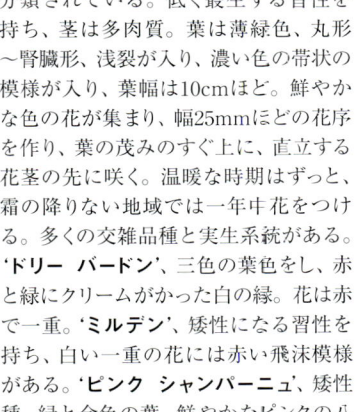

Pelargonium, Hybrid Cultivar, Scented-leafed, 'Pink Champagne'

1002 Pelargonium

テンジクアオイ、HC、ゾーナル、'オズナ 2'

テンジクアオイ、HC、ゾーナル、'ベルシャンドン'

テンジクアオイ、HC、ゾーナル、ディアボロ／'フィスクリッド'

テンジクアオイ、HC、ゾーナル、'アンティック オレンジ'

テンジクアオイ、HC、ゾーナル、'アンティック ピンク'

テンジクアオイ、HC、ゾーナル、'アンティック サーモン'

テンジクアオイ、HC、ゾーナル、'バード ダンサー'

テンジクアオイ、HC、ゾーナル、'キャセイ'

テンジクアオイ、HC、ゾーナル、'コリン ティレイ'

テンジクアオイ、HC、ゾーナル、'グランダッド マック'

テンジクアオイ、HC、ゾーナル、'ジャナ 2'

テンジクアオイ、HC、ゾーナル、'ローラ パーマー'

テンジクアオイ、HC、ゾーナル、'メロチェリー'

葉、大きな優しいピンクの花。星形の品種は、花弁の先が尖り、葉の切れ込みがより鋭くなる。'**アンズブルック ゲミニ**'、葉の中央部が濃い赤茶色。'**バード ダンサー**'、非常に濃い色の葉、足を広げたクモのようなサーモンピンクの一重の花。'**グランダッド マック**'、濃色の葉、オレンジピンクの八重の花。'**ローラ パーマー**'、矮性の成長習性、濃い色の葉、ミッドピンクの一重の花。'**ミセス パット**'、金茶色の葉の中央部は色が濃い、サーモンピンクの一重の花。'**パゴダ**'、葉にはくっきりと模様が入る。薄ピンクの八重の花。'**レッド カクタス**'、緑の葉、星形の鮮やかな赤い花は、花弁が長い。'**バンクーバー センテニアル**'、赤い葉の縁は薄緑色、鮮やかなマゼンタ色の小さな花は一重。
ゾーン：9〜11

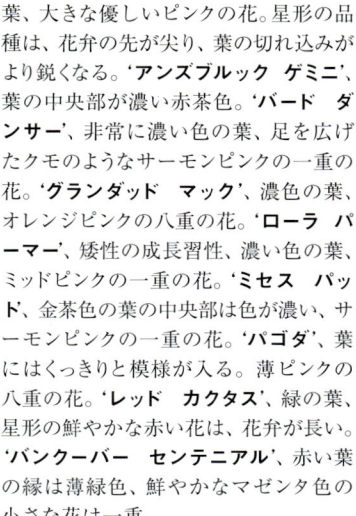

テンジクアオイ、HC、ゾーナル、'ゲミニ'

テンジクアオイ、HC、ゾーナル、'メロウダ'

テンジクアオイ、HC、ゾーナル、'ミセス パット'

テンジクアオイ、HC、ゾーナル、'メロディ'

テンジクアオイ、HC、ゾーナル、'パゴダ'

テンジクアオイ、HC、ゾーナル、'ロッキー マウンテン スカーレット'　　テンジクアオイ、HC、ゾーナル、'ステラ ミニ'　　テンジクアオイ、HC、ゾーナル、'バンクーバー センテニアル'

テンジクアオイ、HC、ゾーナル、'ペルレンケッテ オレンジ'　　テンジクアオイ、HC、ゾーナル、'ペルレンケッテ サビーネ'　　テンジクアオイ、HC、ゾーナル、'ペルレンケッテ スカーレット'　　テンジクアオイ、HC、ゾーナル、'サッナ'

テンジクアオイ、HC、ゾーナル、'ローブ'　　テンジクアオイ、HC、ゾーナル、'ローズ クリスタル'　　テンジクアオイ、HC、ゾーナル、'ショッキング ピンク'　　テンジクアオイ、HC、ゾーナル、'ウィスピー'

テンジクアオイ、HC、ゾーナル、'レッド カクタス'　　テンジクアオイ、HC、ゾーナル、'スカイズ オブ イタリー'

PELECYPHORA
(ペレキフォラ属)

サボテン科、メキシコ原生の希少矮性種2種から成り、両種ともにワシントン条約の付属書IIに記載されている。その小ささと刺座と小瘤の形状から長くコレクターの間で人気がある。属名はギリシア語のpelekys(手斧)とphoreus(持つ人)から来ていて、P. aselliformisにつく小瘤の形を指す。単生、あるいは群生、地表低く育ち、長い主根を持つ。植物体は緑〜黄緑色で、明確な稜はなく、小瘤だけが螺旋状に並ぶ。刺は白っぽく、非常に小さい。花はじょうご形で、マゼンタ色、先端につく。花序は緑がかった茶色で球形。

〈栽培〉
両種とも水はけがよく、無機質分の多い土壌を必要とする。水をやりすぎないこと。繁殖は播種から。冬と夏の酷暑には休眠させる。

Pelecyphora aselliformis
一般名:精巧丸
英 名:HATCHET CACTUS、WOODLOUSE CACTUS
↔18〜50mm ↕18〜40mm
精巧な小型サボテンで、ごく小さな手斧、あるいはワラジムシに似た形状の小瘤がつく。過剰な収集と、自生地の破壊により大きな絶滅の危機に瀕している。刺は40〜60、伸ばした小瘤の縁に沿って極小の櫛のように並ぶ。花は径18〜25mm。
ゾーン:8〜11

Pelecyphora aselliformis

Pelecyphora strobiliformis
一般名:銀牡丹
英 名:PINECONE CACTUS
小さな松かさに似た形状の小型の希少種。竜骨が張り出したような形の小瘤は長さ6〜12mm、サボテン本体に密着している。刺は7〜14本、いくぶん櫛の形に似る、弾力性あり、長さ5mm。マゼンタ色の花。
ゾーン:8〜11

PELLAEA
(ペラエア属)
英 名:CLIFF BRAKE
ホウライシダ科、小型〜中型の岩生シダ80種からなる。熱帯〜暖温帯地域に主に分布し、根茎は匍匐性か、短い。葉状体は全裂し、黒っぽい、あるいは黒い茎につき、小さな幅広の小葉と、葉縁に群生し並ぶ胞子体がある。属名は、いくつかの種の青みがかった灰色の葉に因み、ギリシア語pellos(黒ずんだ)から来ている。

〈栽培〉
ペラエアは肥えて、水はけのよい、わずかにアルカリ性の土壌で、半日陰、あるいは完全な日陰で、風雨にさらされず、湿度の高い場所を好む。繁殖は胞子から、あるいは株分けで。

Pellaea falcata
異 名:Platyloma falcatum
英 名:AUSTRALIAN CLIFF BRAKE、SICKLE FERN
↔15〜22cm ↕15〜22cm
小型で変異性の陸生シダ。本来は温帯〜亜熱帯地域、インド〜オーストラリアとニュージーランドに分布する。太い匍匐性の根茎と、細くて硬くこげ茶色で、長さ5〜15cmの茎を持つ。若い茎はこげ茶色の鱗片に覆われる、魚の骨状の、輝く、革質の葉状体は、長さ45cm、長さ5cmの剣形の小葉に分かれ、表は濁った濃緑色、裏は茶色を帯びる。
ゾーン:7〜8

Pellaea falcata

Pellaea rotundifolia
一般名:ボタンファーン
英 名:ROUNDLEAF FERN
↔38〜45cm ↕30〜45cm
ニュージーランド、オーストラリア原生の、匍匐性の丈夫な根茎を持つシダ。かろうじて楕円形の葉状体は濁った濃緑色で、長さ15〜30cm、その小葉は細い楕円形〜ほとんど円形で、細かい鋸歯縁、茎の15cmまでの高さにつく。茎は錆色の鱗片に覆われる。
ゾーン:10〜12

PELTANDRA
(ペルタンドラ属)
英 名:ARROW ARUM
サトイモ科、水生で、根茎を持つ多年生草本3種からなる。北アメリカ東部の沼沢地に自生し、その観賞用の葉が目的で栽培される。長い、葉鞘に包まれた葉柄に単葉で矢じり形の葉がつき、ごく小さな単性花が、穂状花序を成し、葉柄と同じか葉柄より長い柄につく。縁が重なり波打つ仏炎苞が花序を包む。果実は液果。

〈栽培〉
湿り気のある酸性土壌で、日なた、あるいは半日なたで、水辺近くか、30cmまでの水中に植える。繁殖は春に株分けするか、播種から。蒔く前に種子を層積貯蔵しておくこと。

Peltandra virginica
英 名:GREEN ARROW ARUM、TUCKAHOE
↔30〜90cm ↕30〜90cm
アメリカ合衆国東部と南東部の沼沢地に自生。大きく、艶のある、濃緑色の、長さ30〜90cmの葉は、春に、長さ45〜90cmの多肉質の柄に群生する。ほとんど開かない黄色を帯びた緑色の仏炎苞は、長さ20cm、白か黄色で縁取られ、直立する白みを帯びた緑色の花穂を包む。晩夏〜秋、緑の液果を花後につける。
ゾーン:5〜7

Peltophorum africanum

Peltophorum pterocarpum, Thailand

PETLOPHORUM
(ペルトフォルム属)

マメ科、ジャケツイバラ亜科に属する常緑性、あるいは落葉性の高木8種からなる。アフリカの熱帯サバンナと沿岸の森林、アジア、南北両アメリカ、オーストラリア北部に分布する。材木を取るために収穫される種もあり、観賞用に広く植栽されている種もある。艶のある、緑の葉は、2回羽状複葉で、長さ45cmになり、最終の(それ以上分けられない)小葉は長さ12mmで、15対つく。茎頂につく目を引く円錐花序は、長さ60cm、花弁の縁が縮れた、香りのよい黄色の花を多数つける。茶色の莢には5、6個の種子が入る。

〈栽培〉
マメ科に多いのだが、繁殖に使う種子を熱湯につけておくとか、種子の皮を傷つけておくとか、下処理が必要である。本属の植物は熱帯にしか適さない。若木は、最初植え付けられたときにはいくぶん雨風をよけてやる必要があるが、一度根付くと、日なたと水はけのよい湿った土壌が必要。

Peltophorum africanum
↔6m ↕12m
熱帯アフリカ、南アフリカ南部〜北部、およびナミビアに自生する半落葉性の普及種。葉は2回羽状複葉で、7対の小葉、20対の最終小葉に分かれる。夏に鮮やかな黄色い花をつける。こげ茶色の、扁平な革質の豆果がなる。
ゾーン:11〜12

Peltophorum pterocarpum
一般名:コウエンボク
英 名:YELLOW FLAME TREE
↔9m ↕15m
熱帯インド、アジアの南東部、マレー諸島、ニューギニア、そしてオーストラリアの「トップ エンド」(ノーザンテリトリーの北部を指す)に分布。中型の高木で、枝を広げ、葉は2回羽状複葉で、最終小葉は10〜20対。夏、茎頂の円錐花序に、多数の香りのよい黄色い花をつける。扁平で茶色の、革質の豆果。
ゾーン:11〜12

PENIOCEREUSU
（ペニオケレウス属）

アメリカ合衆国南西部、メキシコ北部、中央アメリカ原生。サボテン科に属する18種から成り、低木状の匍匐性、あるいはよじ登り性の植物で、根が太いか、塊根状になる。以前はクルルマンニア属、ネオエワンシア属、ニクトケレウス属、ウィルコクシア属に入っていた種も含む。細い、雑草のように見えがちな茎は、高さ4.5mほどになり、枝皮に綿毛があったり、ビロード状であったりする種もある。茎には必ず陵があるが、小瘤はめったにない。刺はしばしば目立ち、たいていは形や大きさでさえ目立るのだが、ときには茎に平たくつくものもある。大きくて、しばしば白色を呈する花の心皮を包む組織（pericarpel）には刺がつき、昼咲きのことも、夜咲きのこともある。花はたいていは側面につくが、茎頂につくこともある。果実は球形〜ナシ形で赤く、刺があるが抜け落ちる。

〈栽培〉
肥えた、水はけのよい土壌で育つ。繁殖は播種からか、切ってから1、2週間乾かした茎を挿す。地下茎を腐らせないように、冬には休眠させる。

Peniocereus greggii
英 名：ARIZONA QUEEN OF THE NIGHT, SWEET POTATO CACTUS

☼/◐ ❄ ↔50cm ↑3m

アメリカ合衆国南西部とメキシコに原生する。低木状になるサボテンで、直径12〜18mmの茎はたまにしか分岐しない。大きな白い夜咲きの花は、長さ15〜20cmになり、直径60cmにもなる大きな塊茎根から出る茎につく。果実は赤くて卵形。
ゾーン：8〜11

PENNISETUM
（チカラシバ属）

イネ科、群生、あるいは密生する、根茎を持つか、あるいは匍匐枝を伸ばす、一年生か多年生の草本80種ほどからなる。熱帯と亜熱帯、およびユーラシア、アフリカ、オーストラリア大陸の暖温帯に分布。丸くて、中空で、傾伏性〜房状で直

Pennisetum villosum

Pennisetum setaceum 'Burgundy Giant'

立性の茎には、中が詰まった膨れた節がある。互生で幅狭の革紐状の平たい葉が基部中央からも、茎からも出る。円筒形か日形で、羽根に似た、花穂状の花序が茎の先端か葉腋につき、剣形〜楕円形の小穂を4つまでつける。微細な両性花には、雄ずいが3つと、柱頭が2つあり、晩夏〜秋に開花する。果実は痩果に似た穀粒。観賞用や、食用作物として栽培される種もある。属名はラテン語の *penna*（羽根）と *seta*（剛毛）から来ていて、この植物の持つ羽根に似た剛毛を指す。

〈栽培〉
湿った、水はけのよい土壌で、日なたか明るい日陰を好む。原種の繁殖は播種から、交雑種は春に株分けで。

Pennisetum alopecuroides ★
異 名：*Pennisetum japonicum*
一般名：チカラシバ
英 名：CHINESE PENNISETUM, FOUNTAIN GRASS, SWAMP FOX-TAIL GRASS

☼/◐ ❄ ↔45〜60cm ↑1.2〜1.5m

群生し、直立する多年草。東アジアからオーストラリアの北西部まで分布。単生で基部につく、黄色がかった緑〜濃い紫の花序は、筒状〜わずかに楕円形。長さ20cm、紫を帯びた葯と長い剛毛のある小穂をつける。葉は長さ60cm、きめ粗い触感。'カシアン'、高さ1.2m、葉と対照的な薄茶色のエノコログサ形の花序をつけ、秋には赤みを帯びた金色に変わる。'ハメルン'、群生し、高さ50cmほどになり、秋に黄褐色の花序と金色の葉をつける。'リトル バニー'、非常にコンパクトな品種で、高さ45cm、花序は白っぽい緑。'モウドリー'、濃い紫〜黒の花序、輝く濃緑色の葉は秋に山吹色に変わり、ついでベージュになる。
ゾーン：5〜9

Pennisetum flaccidum

Pennisetum setaceum 'Atrosanguineum'

Pennisetum setaceum

Pennisetum setaceum 栽培種

Pennisetum flaccidum
英 名：FLACCID GRASS, KIKUYU GRASS

草丈が高くなり、広がる多年草で、アジアの大変の地域に自生する。紫の茎につく、弧を描く、細い有毛で紫色の毛状毛しだいに茶色になる。細い灰色がかった緑の葉。鉛筆のような紫の花を多数、長い間咲くが、時間とともに黄褐色になる。
ゾーン：7〜9

Pennisetum orientale
一般名：エダウチチカラシバ
英 名：ORIENTAL FOUNTAIN GRASS, TAIL TAILS

☼ ❄ ↔0.9〜1.2m ↑1.5〜1.8m

根茎を持つ多年草で、アジアの中央部、南西部〜インド北西部に原生。直立して伸び、少しきめの粗い、長さ10cmほどの緑の葉がアーチ状になり株を作る。まばらな有毛の花序は長さ15cmぐらい、2〜5のピンクがかった小穂からなる。
ゾーン：8〜10

Pennisetum setaceum
一般名：ファウンテングラス
英 名：FOUNTAIN GRASS

☼ ❄ ↔60〜90cm ↑0.9〜1.5m

熱帯アフリカ、アジアの南西部、アラビア半島に分布する群生する多年草だが、冷涼な気候では一年草となる。細い茎が直立し、非常に細長い、きめの粗い、こわばった葉は、長さ20〜65cmほど。羽状の花序は、直立するか、傾かかで、長さ30cmほど、ピンク〜紫を帯び、1〜3の紫がかった小穂を含む。花期は夏。'アトロサンギネウム'、バーガンディ色の葉、柔らかい赤を帯びた紫色でうなだれるような紫の羽根状花は夏に咲く。'バーガンディ ジャイアンド'、幅25mmの広いバーガンディ色の葉。長さ1.2mの花柄は夏には鮮やかな緑色だが秋には金茶色に変わる。
ゾーン：9〜10

Pennisetum villosum ★
異 名：*Pennisetum longistylum*
英 名：FEATHERTOP

☼ ❄ ↔45〜60cm ↑0.5〜1.2m

ゆっくり広がる多年草で、冷涼な気候では一年草として栽培される。熱帯アフリカ北東部に分布。まばらに群生し、葉の茂みを広げる。葉鞘があり、葉身は青みを帯びた緑で、長さは5〜40cm。単生で、コンパクトな羽毛のある、円筒形〜ほぼ球形の花穂は、長さ5〜12cm、長い羽状の剛毛と、黄褐色〜紫色の小穂がある。本種は自然播種が多く、侵略種となりうる。
ゾーン：8〜10

Penstemon eatonii

Penstemon azureus

PENSTEMON
（ペンステモン属）

アラスカからグアテマラに自生、冷温帯のアジアにもはぐれものが1種。ゴマノハグサ科の多年生植物、亜低木およそ250種からなる。地表に密生するものもあれば、低木もある。だがほとんどの品種は、群生か単生、線形〜槍形の葉を互生につける。夏、上向きの茎頂にジギタリスを思い出させる穂状花序をつける。花は筒状〜鐘形で、上方に2裂片、下方の大きめの3裂片を持つ。先住アメリカ人は本属のうち数種を薬用に用い、主に痛みを和らげるためと血止めに使っていた。

〈栽培〉
いくつかの種と栽培種は霜に弱いので、耐性のある交雑種を作り出そうと最近研究がなされてきた。冷涼な冬の地域のガーデナーはこういう種を探すべきである。日なた、あるいは半日なたで、湿った水はけのよい土壌に植える。高山性種と、南西種は砂混じりの土壌を好むが、他の種は腐食質を加えた土壌を好む。繁殖は株分けか、花をつけていない茎を挿し木して殖やす。種子から育ててもよい種もある。

Penstemon alamosensis
英　名：ALAMO BEARDTONGUE
☼/◐ ❄ ↔30cm ↕70cm
アメリカ合衆国、ニューメキシコ州と、テキサスの州境あたりの山中に分布する、夏咲きの多年生植物。先鋭で、銀色〜ブルーグレー、槍形の葉は長さ8cmほどになる。細くて硬い茎には繊毛の生えた、鮮やかな赤で、12〜25mm長さの花が集まった細長い頭状花序がつく。
ゾーン：8〜10

Penstemon ambiguus
☼/◐ ❄ ↔40〜50cm ↕60cm
アメリカ合衆国西部と南西部と近接するメキシコ領の高山地域に分布する、低木状の夏〜秋咲きの多年生植物。非常に幅の狭い、細かい鋸歯縁の葉は長さ5cmほど。長さ12〜25cmの開いた円錐花序につくピンクの花はしだいに白くなる。
ゾーン：3〜9

Penstemon angustifolius
☼/◐ ❄ ↔30〜40cm ↕30cm
アメリカ合衆国中央部、サウスダコタ州〜コロラド州に分布する夏咲きの多年生植物。房を成して生え、長さ8cmほどの肉質で、幅狭の、槍形の葉がこんもりした山を作る。細くて硬い茎には、12〜18mm長さのピンクの花が小さな頭状花序を成してつく。ピンクはしだいに中青色に変わる。
ゾーン：3〜9

Penstemon azureus
☼/◐ ❄ ↔20〜30cm ↕30〜50cm
アメリカ合衆国、カリフォルニア州原生で、晩夏に咲く多年生植物で、長さ5cm以上になる青緑色の細長い槍形の葉をつける。細い茎が、細い青紫色〜鮮やかな青で、長さ30mmほどの花が作る小さな花序を支える。
ゾーン：8〜10

Penstemon barbatus
一般名：ヤナギチョウジ
英　名：BEARDLIP, CORAL PENSTEMON
☼/◐ ❄ ↔30〜50cm ↕100cm
アメリカ合衆国、コロラド州、アリゾナ州、ニューメキシコ州に自生する、頑健で、しっかりした茎を持つ夏咲きの多年生植物。幅狭の槍形の葉は、長さ8cmほど。花は長さ35mm、上方の裂片のほうが長く、ピンク〜赤。頭状花序を成す。'コキネウス'、鮮やかな赤の花。'エルフィン ピンク'、高さ35cmほど、濃いピンクの花。'ローズ エルフ'、高さ35cm、濃いピンクの花。'スクーリーズ イエロー'草丈60cm、鮮やかな黄色の花。
ゾーン：3〜9

Penstemon campanulatus
一般名：ツリガネヤナギ
☼/◐ ❄ ↔20〜30cm ↕30〜60cm
メキシコとグアテマラの山地に自生する、晩春〜初夏咲きの多年生植物。葉幅は狭く、鋸歯縁、槍形、長さ8cmほどになる。じょうご〜鐘形の、濃いピンク〜紫の長さ25mmの花が、長い花序を作る。
ゾーン：9〜10

Penstemon cardwellii
☼/◐ ❄ ↔50cm ↕20cm
アメリカ合衆国、ワシントンとオレゴン州に位置する低い沿岸地域に分布する多年生植物で、低く群生し、短い直立する茎に長さ25mm、青緑色、ヘラ形の葉をつける。花は鮮やかな紫で、長さ35mmにもなる、草丈に比べると花が大きい。
ゾーン：8〜10

Penstemon centranthifolius
英　名：SCARLET BUGLER
☼/◐ ❄ ↔30〜50cm ↕1.2m
メキシコのバハ・カリフォルニアと、アメリカ合衆国のカリフォルニア原生の晩春〜初夏咲きの多年生植物。茎が直立し、青緑色で、槍形〜ヘラ形の、長さ10cmの葉をつける。細長い筒状、長さ30mmの鮮やかな赤い花が花序を作り、ときどき分岐する。
ゾーン：9〜11

Penstemon davidsonii
☼/◐ ❄ ↔50〜60cm ↕10cm
アメリカ合衆国西部原生。草丈低く、広がる、夏咲きの多年生植物。長さ12mmの楕円系の葉をつけた細い茎が密生し、地表を覆う。長さ2.5cmほどの鮮やかなピンクの花がつく短い花序が点在する。
ゾーン：6〜9

Penstemon digitalis
一般名：シロツリガネヤナギ
英　名：FOXGLOVE BEARDTONGUE
☼/◐ ❄ ↔30〜60cm ↕1.5m
アメリカ合衆国中央部に分布する夏咲きの多年生植物。がっしりと直立する茎は、紫色を帯びた、艶のある、長さ10〜15cmの青緑色の葉に包まれる。茎先10〜30cmは、長さ30mmほどの紫〜ピンクを帯びた白い花がつく円錐花序となる。'ハスカー レッド'、葉が、とりわけ新しく出た頃には、濃い赤紫色をしている。
ゾーン：3〜9

Penstemon eatonii
英　名：EATON'S FIRECRACKER
☼/◐ ❄ ↔20〜40cm ↕60cm
アメリカ合衆国西部に自生する晩夏咲きの多年生植物。群生し、直立する茎丈はかなり短いが、長さ15cm以上になる大きな槍形の葉が根元から出る。上から出る葉はもっと小さい。長さ25mmの鮮やかな赤い花が集まり、小さな分岐する頭状花序を作る。
ゾーン：4〜9

Penstemon fruticosus
英　名：SHRUBBY PENSTEMON
☼/◐ ❄ ↔50cm ↕40cm
アメリカ合衆国西部に自生する春〜夏咲きの多年生植物。群生して藪のようになるが、茎はほとんど直立する。長さ5cmの槍形の葉には、時おり細かい歯牙縁がある。長さ18mmのラベンダー色〜紫の花が花序を作る。
ゾーン：4〜9

Penstemon grandiflorus
ペンステモン・グランディフロルス
英　名：LARGE BEARDTONGUE
☼/◐ ❄ ↔30〜50cm ↕100cm
ノースダコタ州からテキサス州までのアメリカ合衆国中央部に分布。夏咲きの多年生植物で、長さ2.5〜10cm、革質で、丸い青緑色の葉をつける。花序の長さは30cmまで、長さ35mmのラベンダー色〜薄い青の花がつく。'プレーリー スノー'、草丈60cm、白い花を豊富に咲かせる栽培種。
ゾーン：3〜9

Penstemon digitalis 'Husker Red'

Penstemon parryi

Penstemon procerus var. *tolmiei*

Penstemon strictus

Penstemon procerus
英　名：SMALL-FLOWERED PENSTEMON
☼/☀ ❄ ↔30～40cm ↕15～40cm
北アメリカの北西部原生の群生する夏咲き多年生植物。細い茎に、幅広で濃緑色の槍形、長さ5cmほどの葉がつく。短く分岐する総状花序には、長さ12mmで、中心が白い、ラベンダーブルーとパープルピンクの花がつく。*P. procerus* var. *tolmiei*は草丈10cm、鮮やかなラベンダーブルーの花が咲く。
ゾーン：3～9

Penstemon spectabilis
☼/☀ ❄ ↔40～50cm ↕80～120cm
アメリカ合衆国、カリフォルニア州とメキシコのバハカリフォルニア北部地方に自生する、しっかり直立する初夏咲きの多年生植物。粗い鋸歯縁で、緑～青緑の先鋭の卵形～槍形の葉は、長さ10cm、茎を一部、あるいは全部包み込む。短く分岐する頭状花序を付け、そこに細い、中心が白の、薄紫の長さ30mm以上になる花が集まる。
ゾーン：7～10

Penstemon strictus
英　名：STIFF BEARDTONGUE
☼/☀ ❄ ↔30～40cm ↕80cm
アメリカ合衆国南西部の山地に自生する、群生する夏咲きの多年生植物。長い茎をつけるヘラ形の根から出る葉は、長さ8cm以上、上方の葉は線形～槍形。大きな裂片のある、長さ30mmの、スミレ色～紫青色の花が咲く。
ゾーン：3～9

Penstemon pinifolius

Penstemon heterophyllus
ペンステモン・ヘテロフィルス
英　名：FOOTHILLS PENSTEMON
☼/☀ ❄ ↔20～30cm ↕30～50cm
カリフォルニア原生、夏咲きの叢生する種。葉幅は狭く、濃緑色～青緑色、長さ5cm。長さ30mmのラベンダーピンク色～鮮やかな青の花が集まった花序はかなり短い。'ブルー　ベッダー'★、コンパクトな鮮やかな青い花をつける。'ヘブンリー　ブルー'、濃いモーブブルー～青の花。
ゾーン：8～10

Penstemon hirsutus
一般名：フウリンイワブクロ
☼/☀ ❄ ↔20～30cm ↕40～80cm
北アメリカ東部に分布する、群生する晩夏咲きの多年生植物。茎は直立し、鋸歯縁で、槍形、長さ5～10cmの葉がつき、葉の上面には綿毛がある。花は、少し下垂気味で、長さ25mm、紫で裂片の縁が白い。'ピグマエウス'、草丈15cm、紫の花をつける栽培種。
ゾーン：3～9

Penstemon isophyllus
☼/☀ ❄ ↔100cm ↕70cm
春咲きのメキシコ原生の多年生植物。紫色を帯びた茎は最初広がるが、それから直立する。葉は革質、槍形で、端が少し丸まる。葉長は35mm。花序には、5裂片で、白い毛がある、長さ35mmの赤い花がつく。
ゾーン：9～11

Penstemon laevis
英　名：SOUTHWESTERN BEARDTONGUE
☼/☀ ❄ ↔40cm ↕50cm
北アメリカ西部に自生する夏咲きの多年生植物。槍形で、長さ5～8cmの葉、かなり間隔を空け、膨らんだ大きな裂片を持つ長さ25mmの藤色の花が、花穂を作る。
ゾーン：5～9

Penstemon newberryi
英　名：MOUNTAIN PRIDE
☼/☀ ❄ ↔50～80cm ↕15～30cm
アメリカ合衆国、カリフォルニア州からネバダ州に分布。広がり地表を覆う、夏咲きの多年生植物。細かい鋸歯があり、先鋭の卵形の葉は長さが25mmほど。短く直立する茎に、細長い筒状の、長さが30mmになるピンクがかった赤の花が咲く。
ゾーン：3～10

Penstemon palmeri
英　名：SCENTED PENSTEMON
☼/☀ ❄ ↔40～60cm ↕80～140cm
アメリカ合衆国西部生の直立する夏咲き種。先鋭で、卵形の葉の長さは15cm、鋸歯の先に刺がある。大きくて目立つ、香りのよい花序を作るのは、長さ30mmまでの膨らんだ白い花、濃いピンク～赤の模様が入り、その色を帯びる。
ゾーン：5～9

Penstemon parryi
☼/☀ ❄ ↔40～60cm ↕30～60cm
アメリカ合衆国、アリゾナ州の南部原生、直立する、短茎で、春咲きの多年生植物。幅広で、青緑色、槍形～ヘラ形の葉は、長さ8cmになる。じょうご形をした、長さ18mmのマゼンタ色の花からなる総状花序は、分岐の間隔が短い。
ゾーン：8～10

Penstemon pinifolius
ペンステモン・ピニフォリウス
☼/☀ ❄ ↔40～60cm ↕40cm
アメリカ合衆国、アリゾナ州とニューメキシコ州、その近隣のメキシコに自生する木質基部を持つ、夏咲きの多年生植物。非常に細い糸状の葉と、鮮やかな赤色で、長さ25mmほどの花がつく。'メルセア　イエロー'、草丈20cm、鮮やかな黄色の花をつける栽培種。
ゾーン：8～10

Penstemon newberryi

Penstemon laevis

Penstemon heterophyllus

Penstemon superbus

☀/☽ ❄ ↔50〜80cm ↕1.5〜1.8m
頑健で、直立する、夏咲きのメキシコ原生の多年生植物。青緑色の、革質、先鋭の卵形の葉は、15cmの長さ、茎を全部、あるいは部分的に包むこともある。短く分岐した頭状花序には、大きな裂片を多数持つ、長さ35mmになる鮮やかな赤の花が輪生でつく。
ゾーン：9〜11

Penstemon venustus

英名：LOVELY PENSTEMON
☀/☽ ❄ ↔40〜80cm ↕40〜80cm
アメリカ合衆国、ワシントンD.C.とオレゴン州からアイダホ州までに分布する、晩春〜初夏咲きの亜低木。葉は細かい鋸歯縁で、槍形、長さが10cm以上になる。長さ30mmの円錐花序には、房毛のついた裂片を持つ菫色〜紫色の花が集まる。
ゾーン：5〜9

Penstemon virens

☀/☽ ❄ ↔40〜80cm ↕20〜40cm
アメリカ合衆国、コロラド州に自生する、地面を覆う夏咲きの多年生種。細かい鋸歯縁か、あるいは全縁の葉は、長さ10cm。裂片が大きく、長さ12mmのバイオレットブルーと紫色の花が集まり、長さ8〜15cmの総状花序を作る。
ゾーン：4〜9

Penstemon watsonii

☀/☽ ❄ ↔30〜40cm ↕30〜60cm
アメリカ合衆国、コロラド、ユタ、ネバダ各州の山岳部に自生する、群生する夏咲きの多年生植物。先の尖った葉は卵形〜槍形で、長さ25〜50cm、細かい鋸歯縁のこともある。花序は小さく分岐し、紫色の花にはよく白い模様が入り、じょうご形、長さは12mmを少し超えるくらい。
ゾーン：3〜9

Penstemon Hybrid Cultivars

一般名：ペンステモン交雑品種
☀/☽ ❄ ↔20〜40cm
↕60〜120cm
以前は、*P.×gloxinioides*という項目でくくられていた。ここに挙げた交雑種は、複雑な血統を持っているのだが、年月とともに不詳となってしまった。とはいえ、*P. hartwegii*と*P. cobaea*が大きな影響を与えたと思われる。最近の交雑種は、大きな花、コンパクトになる習性、鮮やかな色、そして霜に対する耐性を大きな目標に据えて栽培され、多年生植物のボーダーでもっとも信頼できる植物の1つとなった。‘**アリス ヒンドリー**’、高さ1.2m、藤色の花は中央が白。‘**アンデルケン アン フリードリッヒ ハーン**’（syn. ‘ガーネット’）、高さ30cmの花、最初は色が薄いがしだいに赤紫色に変わる。‘**アプル ブロッサム**’、高さ30cm、小さい、先がピンクに染まった白い花。‘**バーガンディ**’、高さ1.2m、濃い赤紫色の花。‘**チェスター**

Penstemon virens

Penstemon watsonii

Penstemon venustus

Penstemon, Hybrid Cultivar, 'Countess of Dalkeith'

ペンステモン、HC、‘ジーン グレイス’

Penstemon, Hybrid Cultivar, 'Maurice Gibbs'

ペンステモン、HC、‘パープル パッション’

Penstemon, Hybrid Cultivar, 'Raven'

Penstemon, Hybrid Cultivar, 'Rich Ruby'

Penstemon, Hybrid Cultivar, 'Shoenholzeri'

Penstemon, Hybrid Cultivar, 'Stapleford Gem'

ペンステモン、HC、‘ジョージ ホーム’

ペンステモン、HC、‘スワン レイク’

P., HC, 'Andenken an Friedrich Hahn'

Penstemon, HC, 'Hidcote'

Penstemon, HC, 'Peace'

スカーレット'★、高さ80cm、鮮やかな赤の花に、さらに濃い色の花喉には縞模様がある。'カウンテス オブ ダルキーズ'、高さ90cm、白い花喉に濃い紫の花。'ヒューウェル ピンク ベッダー'、高さ80cm、灰緑色の葉、赤みがかったピンクの花。'ヒドコート ピンク'、高さ90cm、濃いピンクの花の花喉はさらに濃い色の模様がある。'モーリス ギブズ'、高さ90cm、赤紫色に花喉が白。'ミドルトン ジェム'、高さ75cm、鮮やかなピンクの混ざる赤い花に花喉は白。'オスプレイ'、高さ90cm、大きな裂片のピンクの花に白い花喉。'ピース'、細い、ピンクと白の花。'ペニングトン ジェム'、高さ90cm、濃いピンクと白に赤い模様の入った花喉。'レイブン'、高さ90cm、赤紫色に白い花喉。'リッチルビー'、高さ90cm、赤紫色にさらに濃色の花喉。'ショーンホルツェリ'☆(syn.'ファイアーバード')、高さ90cm、濃い赤。'ステイプルフォード ジェム'、90cm、紫と薄紫の濃淡。'ホワイト ベッダー'高さ70cm、1930年代の実生の血統で、コンパクトになる習性と、白い花。ときには蕾がピンクのこともある。
ゾーン：6〜10

PENTACHONDRA
(ペンタコンドラ属)
エパクリス属、オーストラリア、ニュージーランドの亜高山と高山地域が原生の、小型で、広がりがち、あるいは平伏性の低木3〜5種からなる。葉は互生、ふつう茎に密生し、無数の筒状の小花が朝顔形に開いた花弁を持つ。花後、赤い液果をつけ、液果は熟すと2つに割れる。

〈栽培〉
ペンタコンドラは成長が遅く、湿り気はあるが排水のよい砂混じりの酸性の土壌を必要とする。ロックガーデンに植えるのが最適。繁殖は発根した切片からが容易。種子は発芽させるのがむずかしく、挿し木はつくのに時間がかかるから。

Pentachondra pumila
☼ ❄ ↔0cm ↕15cm
地表面を埋める低木。ちいさくて、ぎっしり詰まる葉は赤く色づくことも多い。ごく小さな、白い星形の花は、内側が有毛で、春〜夏に咲く。赤い液果は熟すのに1年かかるので、花と一緒になる。
ゾーン：8〜9

PENTAS
(ペンタス属)
アカネ科で、アラビア、アフリカ、マダガスカルの熱帯地方原生の30〜40あまりの種からなる。主として2年生、多年生植物だが、低木も2、3種混じる。葉は長さ8〜20cmで、卵形〜槍形、小花が集まり茎頂に目立つ花序をつける。花色はピンク、白、白、藤色、赤のあらゆる色合いが揃う。花が咲いたら取り除くようにすると、花期が長くなる。花が終わると、乾いた果実ができる。

〈栽培〉
全種が霜にも、長い寒い気候にも弱く、耐性がない。熱帯や亜熱帯では屋外で栽培する。他の場所では室内、あるいは温室植物として扱う。日照りにも耐性がなく、活発に成長したり、花を咲かせている間は水分を多量に必要とする。湿った、肥沃な、腐食質が豊かで、水はけのよい土壌で、コンパクトに育てるため、茎の先で摘心する。繁殖は種子からか、あるいは発根が早い半熟枝の挿し木で。

Pentas lanceolata
一般名 クササンタンカ
英 名 STAR CLUSTER
☼ ↕ ↔0.9m ↕1.8m
イエメン〜熱帯東アフリカに分布するが、栽培すると小型になる。ビロード質の葉は濃緑色。夏につける、大きな花序は、白からピンク、マゼンタ、ラベンダーブルーまでさまざまな色合いが揃う。'ニュー ルック レッド'★は緋色の花が咲く。ニュー ルック ローズ'は濃いピンクの花。(バタフライ シリーズ)に入る品種。'バタフライ ブラッシュ'、'バタフライ チェリー レッド'、'バタフライ ライト ラベンダー'。
ゾーン：10〜12

PEPEROMIA
(ペペロミア属)
英 名 RADIATOR PLANT
コショウ科で、大部分は多肉質の草本1,000種ほどからなる。ほとんどが南アメリカ原生だが、アフリカ原生のものも17種あり観葉植物として評価されている。肉質の葉はたいてい長い柄につき、細かい両性花が密に集まり直立する細い花穂を作る。花色はふつう白っぽいクリーム色で、たいてい晩夏に開花する。

〈栽培〉
温暖な気候だと、グラウンドカバーとしても、木の幹につく着生植物としても育つ。それ以外の場所では、鉢植えかハンギングバスケットで育てる。軽い、水はけのよい混合土、着生種には土の入っていない用土がよい。ナメクジやカタツムリから保護する。繁殖は株分けか、茎片、茎先、葉の挿し木で。

Peperomia argyreia
異 名 Peperomia sandersii
一般名 シマアオイソウ、スイカペペロミア
英 名 WATERMELON BEGONIA, WATERMELON PEPPER
☼/☼ ❄ ↔15〜22cm ↕15〜30cm
南アメリカ北部〜ブラジルに分布する常緑性、多肉質、多年生植物。葉は厚く、皺があり、幅広の心臓形で濃緑色、中が窪み、先が尖り、付け根が丸い。葉表は銀灰色で、濃緑色の縞が走り、スイカの皮に似ている。葉長は12cmで、赤い葉柄がつく。白い花穂は、細かな黄色を帯びた白い花に包まれる。'エメラルド リップル'、皺のある濃緑色の葉、緑がかった白の花穂がピンクがかった柄につく。'リトル ファンタジー'、矮性種。'シルバー リップル'、目立つ深い皺、あるいは畝がある心臓形の葉が密生する。葉幅は5〜8cm、緑〜赤までさまざまな色が揃い、斑入りもあり、隆起部が白くなっていることが多い。'トリコロル'(syn.'ワリエガタ')小さな葉を広い白い縁が囲む。
ゾーン：9〜12

Peperomia caperata
一般名：チヂミバシマアオイソウ、チヂミバペペロミア
☼/☼ ❄ ↔15〜25cm ↕15〜25cm
ブラジル原生。叢生する多年生植物で、ピンクがかった茎に、心臓形、濃緑色、深い葉脈の走る葉がつく。
ゾーン：10〜12

Peperomia caperata

Pentachondra pumila

Pentas lanceolata 'New Look Red'

Pentas lanceolata 'Butterfly Blush'

Pentas lanceolata 'New Look Rose'

P. lanceolata 'Butterfly Light Lavender'

Pentas lanceolata 'Butterfly Cherry Red'

Pereskia grandifolia, Jardín Botánico Lankester, Costa Rica

Peperomia orba

Peperomia obtusifolia
ペペロミア・オブトゥッシフォリア

英 名：AMERICAN RUBBER PLANT、BABY RUBBER PLANT、PEPPER-FACE

☀ ❄ ↔15〜20cm ↕15〜20cm

直立する、あるいは不規則に広がる多年生植物。メキシコ〜南アメリカ北部と西インド諸島が原生。長さ15cmの茎は、節のところで根を出す。互生で、肉厚、楕円形〜卵形の葉は、長さ10cmになり、先が丸く、基部が楔形、葉柄は四角い。**'ゴールデン ゲイド'**、葉に黄色い斑。**'ワリエガタ'**、薄緑色の葉は、斑が入り、他の種より先が尖り、縁近くでクリーム色の模様が入る。**'ホワイト クラウド'**、青みがかった緑に黄色い模様。
ゾーン：10〜12

Peperomia orba
☀ ❄ ↔10〜15cm ↕10〜15cm

叢生、直立する多年生植物。革質で有毛の葉は、卵形〜楕円形で、濁った緑に赤い点がそばかすのように散る。葉先が尖り基部は丸い。葉柄は有毛、赤みを帯びる。
ゾーン：9〜11

Peperomia clusiifolia
一般名：フチベニバペペロニア

☀/☀ ❄ ↔15〜25cm ↕15〜25cm

西インド諸島、南アメリカ北部の一部に分布する、直立する半多肉質の、多年生植物。卵形〜楕円形の葉には腺がある。葉長8cmほど、先は尖るか、あるいは丸く、基部に向かうにつれ細くなる。ミッドグリーンか、紫色を帯び、縁はえび茶色が入り、主脈は赤みを帯び、葉柄は濃い赤色。**'ワリエガタ'**、薄緑色の葉は、端のほうにクリーム色の斑が入り、さらに葉縁が赤い。
ゾーン：9〜11

Peperomia fraseri
英 名：FLOWERING PEPPER

☀ ❄ ↔30〜40cm ↕30〜40cm

コロンビア、エクアドルに自生する直立する多年生植物。広い卵形〜ほとんど円形の葉は、長さ35mm、先が尖り、付け根は心臓形。葉脈の上が紫に色づく。葉裏は薄緑色に、葉脈は鮮やかな赤〜ピンク、しだいに濁った赤〜ピンクになる。葉柄には細かい毛がつく。白い、芳香のある、モクセイソウに似た花を咲かせる。
ゾーン：9〜11

Peperomia griseoargentea
一般名：ギンバシマアオイソウ、

英 名：IVY-LEAF PEPPER、PLATINUM PEPPER、SILVER-LEAF PEPPER

☀ ❄ ↔15〜20cm ↕15〜20cm

ブラジル原生の直立する多年生植物。革質で、長さ35mm、先端が尖り、基部が丸い。表面は灰色がかった緑で裏面は色が薄く、葉脈が深く凹んでいて、葉柄は薄緑〜ピンク色。
ゾーン：9〜11

PERESKIA
（ペレスキア属）

本属は、サボテン科でも珍しい種が集る。高木、低木、木質化したよじ登り植物16種には、葉が存在するからだ。メキシコ南部と中央、および南アメリカが原生地。茎や葉は特に多肉質ではないが、刺は無数にある。塊根を持つ種もある。群生、あるいは単生の花は、赤、ピンク、白。

〈栽培〉
かなり寒さに弱い植物なので、冷涼な気候では温室栽培が必要となる。温暖な気候では戸外で、軽い水はけのよい土壌で育てられる。湿度が高いのは嫌うし、冬場は乾燥させる必要がある。繁殖は挿し木から。

Pereskia aculeata ★
一般名：モクキリン

英 名：BARBADOS GOOSEBERRY、LEMON VINE

☀ ❄ ↔1.8〜4.5m ↕8〜9m

熱帯アメリカ原生の木質化するよじ登り性植物で、太い、杖状の主茎を持つ。剣形、楕円形、あるいは卵形の葉は、長さ8〜12cm、葉の先から2〜3の刺が出る。花径25〜30cmほどの芳香性の白い花、あるいはピンクがかった花が多数集まる円錐花序を秋につける。*P. aculeata* var. *rubescens* (syn. *P. rubescens*)、葉に赤の斑入り。
ゾーン：9〜12

Pereskia grandifolia
一般名：サクラキリン

☀ ❄ ↔0.9m ↕2〜4.5m

ブラジル原生。低木か小高木。薄い、幅広の槍形の葉と、茶色がかった黒の刺がある。花はピンク〜紫がかったピンクで、春〜秋に群生する。
ゾーン：9〜11

Peperomia obtusifolia

Peperomia obtusifolia 'Variegata'

Peperomia fraseri

Peperomia obtusifolia 'Golden Gate'

Peperomia obtusifolia 'White Cloud'

PERICALLIS
(ペリカリス属)
英名:CINERARIA

キク科、多年生植物と低木14種からなる。ほとんどがカナリー諸島の原生で、主に染め分けの花をつける交雑種で有名である。葉は柔らかく、剛毛か軟毛が生える。花を単生でつける種もあるが、栽培種は大きなキク科特有の頭状花序をつける。野生での花色はピンク〜紫が多いが、交雑種ではさまざまな色が広く揃う。名前はギリシア語 peri (回り)と、kallos (美)という言葉から来ていて、目に立つ輪状の頭花の舌状花を指している。

〈栽培〉
温帯気候を好む。冷涼な地域では、夏咲きの一年草として扱うか、冬咲きの室内植物として遇する。夏には日陰を好むが、冬にはもっと光が必要になる。腐食質に富んだ、涼しい、湿って水はけのよい土壌に植える。ふつう、繁殖は播種からだが、低木状のものは挿し木から育つ。

Pericallis × *hybrida*
一般名:サイネリア、シネラリア
英名:CINERARIA
☼/☀ ❄ ↔40〜100cm ↕40〜80cm

主に、*P. lanata* と *P. cruenta* を親としてできた多年生の交雑種で、小型でこんもり茂るものから、大きめで、もっとまばらに、低木様になるものまである。人気のあるコンパクトなタイプには、綿毛のある、角張った心臓形で、鋸歯縁の葉をつけ、ときには葉裏が紫を帯びる。さまざまな色の頭花が、群生し、密生することも多い。
ゾーン:9〜11

Pericallis × *hybrida*

Pericallis lanata
☼ ❄ ↔100cm ↕100cm

茎と葉に密に絹毛〜羊毛状の毛が生えている亜低木。葉先がほぼ尖った卵形〜心臓形、はっきりと7つまで浅裂し、不規則な鋸歯縁。頭花は単生、あるいは小さく群生し、香りがよく、舌状花はスミレ色で、中央の円盤花は紫色。
ゾーン:9〜11

PERILLA
(シソ属)

シソ科、6種の一年草からなる。本来にアジアのインド〜日本に分布。ぎっしり花が詰まった花穂と、突出部が5つある鐘形の萼、萼よりも短い5浅裂の入った筒状花冠を持つ。対生葉には斑が入ったり、色が差すことが多く、東洋の料理では数種の葉を使う。果実は種子を1つ含む小堅果である。

〈栽培〉
苗を30cmほど離して、肥えた水はけのよい土壌に、日なた〜軽く日陰の場所に植える。戸外の暖かい土に種子を蒔く。種子は発芽するのに光を必要とする。自然播種するので、侵略しないように摘花する。

Perilla frutescens
一般名:エゴマ
英名:BEEFSTEAK PLANT, CHINESE BASIL, WILD SESAM
☼/☀ ❄ ↔45〜60cm ↕60〜100cm

直立する、細かい毛のある一年生植物で、バジルに似ている。ヒマラヤ山脈と東アジアに自生する種。晩夏〜秋、長さ10cmまでの花穂を成し、径4mmほどの白、ピンク、赤みがかった小花をつける。緑、茶、あるいは紫の斑が入った葉は、皺がよっていることが多く、幅の広い卵形で、顕著な鋸歯縁で先が尖る。葉長は3.5〜12cm、シナモンに似た香りがする。

P. frutescens var. *crispa* (シソ) (syn. *P. frutescens* var. *nankinensis*) は魅力的な植物で、赤茶色、あるいは濃い紫がかった茶色の葉はとりわけ縮れている。
ゾーン:8〜11

Perilla frutescens var. *crispa*

PEROVSKIA
(ペロフスキア属)

シソ科に属する7種からなる。中央アジアとヒマラヤ山脈が原生の落葉性の亜低木と多年生植物。細く全裂している灰色がかった葉や、晩夏〜秋に咲く青い小花の作る大きな枝模様が目的で栽培される。

〈栽培〉
耐性のあるこの植物は、日当たりと水はけがよい場所と、毎冬、しっかり刈り込むことぐらいしか要求しない。繁殖は緑枝か半熟枝の挿し木で。

Perovskia atriplicifolia
一般名:ロシアンセージ
英名:RUSSIAN SAGE
☼ ❄ ↔45〜90cm ↕75〜150cm

群生する落葉性の多年生植物で、イラン、アフガニスタン、パキスタン西部が原生。茎は直立する。若い茎は草質で、横断面が四角だが、歳月を経た茎は灰色がかった白になり、基部のほうから木質になる。剣形で、灰色がかった緑、粗い鋸歯縁で浅裂のある葉は、長さ5〜6cm、潰すとつんと刺激がある。細長い花穂は長さ30cmほど、小さい筒状のソフトブルー〜ラベンダー色の花を、晩夏につける。
ゾーン:5〜9

Perovskia Hybrid Cultivars
一般名:ペロフスキア交雑品種
☼ ❄ ↔45〜90cm ↕60〜120cm

P. atriplicifoia と *P. abrotanoides* との交雑種だと考えられている。'ブルー ヘイズ'、葉にはほとんど浅裂がない。'ブルー ミスト'、薄い青の花で、季節早めに咲く。'ブルー スパイア'★、濃いスミレ色の花が大きな円錐花序に、葉には深裂が入る。'フィリグレン'、細く全裂した、シダのような葉。'リトル スパイア'、頑健で、コンパクトな草姿。'ロンガン' 直立して、コンパクトにまとまる。
ゾーン:5〜9

Perovskia atriplicifolia, HC, 'Blue Spire'

Perovskia atriplicifolia

Perovskia atriplicifolia, HC, 'Longan'

PERSEA
（アボカド属）

クスノキ科、主として亜熱帯、および熱帯アメリカと東南アジアが原生の常緑低木、あるいは高木、およそ200種からなる。アボカド属は葉脈が目立つ互生の葉を持ち、緑がかった小花が集まった円錐花序を葉腋につける。果実はただ1つの大きな核（石）を含む。核は大きいことも、小さいこともあり、形がナシ形のことも、丸いこともあるが、黄色を帯びた緑の果肉は滑らかで脂肪分が多い。一番よく知られている種はアボカド（*P. americana*）で、その高カロリーの果実を採るため、何世紀も栽培されてきた。

〈栽培〉
風雨にさらされず、日当たりのいい場所で、水はけのよい腐葉質に富む土壌が一番適している。成長シーズンには適度に水をやる。根付いたら、刈り込まないことが大事だが、不用な下方の枝は最初の数年のうちに取り除くこと。繁殖は播種からか、あるいは挿し木から。果実がなるまでに、7年かかることもある。果実目当ての品種には、接ぎ木した苗を薦める。

Persea americana
一般名：アボカド、ワニナシ
英　名：ALLIGATOR PEAR, AVOCADO
☼ ☀ ↔9m ↕18m

中央アメリカと西インド諸島が原生。成長の早い常緑高木。接ぎ木した木は小さめになる。革質の楕円形の葉、黄色がかった緑の花が円錐花序でつく。大きな濃緑色の果実は、ナシ形か丸い。'ハース'、皮が太い変異種。
ゾーン：9～11

Persea borbonia
英　名：RED BAY PERSEA
☼ ☀ ↔8m ↕12m

北アメリカ南部の沼沢地に自生し、観賞用の緑陰樹としてよく栽培されている。槍形の緑青色の葉、小花の集まった円錐花序、紺青色の果実は直径12mmほど。
ゾーン：9～11

Persea lingue
☼ ❄ ↔15m ↕30m

チリ原生の魅力的な森林高木。密に繁茂する、丸い樹冠を作る。光沢のある緑で、葉脈が目立つ、楕円形の葉。赤みを帯びた小花、小さい、黒みがかった紫の卵形をした果実。良質の木材は、寄せ木に、ドア、窓枠、階段にと重用されている。
ゾーン：5～9

PERSICARIA
（イヌタデ属）
英　名：KNOTWEED

タデ科、50～80種を抱える大きい属で世界中に分布するが、いくらか混乱している。この科の多くの種は、以前ポリゴノム属、ビストルタ属、トワラ属、ミズヒキ属、またはアコノゴノン属のもとに分類されており、今なおそう分類されていることも多い。一年生植物もあるが、ほとんどの栽培品種はつる性の多年生植物で、ときには亜低木のこともある。理想的な成長条件のもとでは、生い茂る種もある。たいていは魅力的な葉群が目的で栽培されるが、小花を集めた、上向きだったり、垂れ下がったりする花穂が目的で栽培することもある。花はふつうピンクだが、だんだんに赤に変わる。

〈栽培〉
たいていの種が、湿り気がある～湿った土壌で、日なた～半日陰を好む。繁殖は株分けか、春に緑枝を挿し木にする。

Persicaria affinis
ペルシカリア・アフィニス
異　名：*Bistorta affinis*、*Polygonum affine*
☼ ❄ ↔50～60cm ↕20～25cm

ヒマラヤ地方原生の常緑、つる性多年生植物。茎は直立し、長さ15cmほどの葉をつける。冬に霜が降りがちな地域では葉は赤茶色に変わる。晩夏にごく小さなピンクの花をぎっしりつけた上向きの花穂をつける。'ダージリン レッド'、葉が大きめで、花は咲きはじめにはピンクで、赤に変わる。'スペルバ'、頑健な品種。小さなピンクの花が集まった大きな花穂をつけるが、やがて赤に変わり、それから茶色になる。
ゾーン：3～10

Persicaria amplexicaulis
ペルシカリア・アンプレクシカウリス
異　名：*Bistorta amplexicaulis*、*Polygonum amplexicaule*
英　名：KNOTWEED MOUNTAIN FLEECE
☼ ❄ ↔0.9～1.2m ↕0.9～1.2m

ヒマラヤ地方原生の直立する多年生植物。大きくて、密生し生い茂り、ゆっくりと広がっていく、木質化した根茎からなる藪木立ちを作る。茎を抱きこむ葉は、濃緑色、先鋭の卵形～剣形、長さ8～25cm、付け根は心臓形、葉裏に綿毛があり、葉柄は長い。密生する、瓶洗いに似た直立する花穂は、長さ8～15cm、ごく小さなローズレッド～紫か白の花を、初夏～初秋と非常に長い間咲かせる。'ファイアーテイル'、成長しても低いまま、鮮やかな緋色の花をつける。
ゾーン：4～7

Persea americana, *Persea americana* 'Haas' (inset)

Persicaria bistorta
異　名：*Polygonum bistorta*
一般名：イブキトラノオ
英　名：BISTORT, EASTER LEDGES, SNAKEWEED
☼ ❄ ↔15～75cm ↕15～75cm

北ヨーロッパとアジアの北部と西部に分布する多年生植物。太い根茎と、縮れた三角形、卵形、あるいは楕円形の葉を持つ。葉長は10～20cm、先が丸く、基部が平たい。角ばった葉柄につく。夏、筒状の花穂に、白、あるいはローズピンクの花を密につける。イギリスの一部では、血液をきれいにする野菜として食用にされ、湖水地方では「ヤービー（Yarby）」（ハーブプディング）として知られる、伝統的なイースターの料理である。'スペルバ'（syn. 'スペルブム'）、ピンクがかった赤い花が密生する花穂をつける。
ゾーン：3～7

Persicaria bistortoides
異　名：*Polygonum bistortoides*
☼ ❄ ↔20～50cm ↕20～50cm
英　名：AMERICAN BISTORT, SMART WEED

アメリカ合衆国北西部の湿潤な亜高山性の草原に自生する多年草。剣形～楕円形の葉は、長さ10～25cm、陵のある葉柄につき、中央基部から出る。葉のない花柄も中央基部から出る。白～ピンクがかった白の5弁の小花が、夏に茎頂の密生した総状花序につく。
ゾーン：3～5

Persicaria campanulata
ペルシカリア・カンパヌラタ
異　名：*Polygonum campanulatum*
英　名：LESSER KNOTWEED
☼ ❄ ↔0.9～1.5m ↕0.6～1.2m

ヒマラヤ地方原生のつる性、落葉性の多年生植物。茎は分岐し、わずかに毛がある。短い葉柄につく葉は、色はピンクがかった茶色、卵形か楕円形、長さ3.5～12cm、表面には杉綾模様が刻まれ、裏面は白い軟毛でフェルト状である。芳香のある、ピンクがかった赤か白の花を集めた、下垂する、まばらに分岐した、穂状の花序を、夏～初秋につける。*P. c.* var. *lichiangense*、灰色がかった白い

Persicaria bistorta 'Superba'

Persicaria campanulata

Persicaria bistorta

葉、白い花。'**アルバム**'、自由に広がる習性、白い花。'**ローゼンロッド**'（syn.'ロセウム'）、直立する習性、濃いローズ色の花。'**サウスクーム ホワイト**'、白い花。
ゾーン：5〜9

Persicaria capitata
異　名：*Polygonum capitatum*
一般名：ヒメツルソバ
英　名：KNOTWEED
☼ ❄ ↔15〜30cm ↕8〜15cm
ヒマラヤ原生の、広がって成長する多年生植物。夏〜秋咲きの、ピンク〜赤の花が密生する花序は、柄があり、垂れ下がる。銀灰色を帯びる緑の心臓形〜卵形の葉は、長さ25〜50mmで、紫がかったえび茶色のV字形の縞が入り組む。葉がつくのは、有毛で腺があり、根を出してよじ登る、長さ25〜50mmほどになる茎。冷涼な気候では、一年草として扱うのが最適。温暖な地域では侵略種となりかねない。'**マジック カーペット**'成長の早い、コンパクトなつる性種。草丈は10cmほど。
ゾーン：5〜9

Persicaria microcephala
ペルシカリア・ミクロケファラ
☼/◐ ❄ ↔1.5〜2m
↕100〜120cm
中国に自生する、広がって成長し、散開する習性のある、草本種。緑色の槍先形の葉は、長さ18cmほど、赤茶色と灰青色の模様が入る。夏〜秋、先端にごく小さな白い花がまばらな花序を成す。'**レッド ドラゴン**'、バーガンディレッドの葉に灰青色とチョコーレート色の模様が入り見栄えがする。
ゾーン：5〜10

Persicaria odorata
異　名：*Polygonum odoratum*
英　名：VIETNAMESE CORIANDER、VIETNAMESE MINT
☼ ✱ ↔15〜45cm ↕15〜45cm
広がって成長し群生する、熱帯性の多年生植物で、冷涼な気候では一年生植物として育てる。直立する茎には節があり、倒れると根付く。夏〜秋にピンクの花を咲かせる。薬用として、強い香りを持つコリアンダーに似た香草として料理用に生で使われる。
ゾーン：8〜10

Persicaria virginiana

Persicaria orientalis
異　名：*Polygonum orientale*
一般名：オオケタデ、オオベニタデ
英　名：KISS-ME-OVER-THE-GARDEN-GATE、ORIENTAL PERSICARY、PRINCE'S FEATHER
☼ ❄ ↔38〜45cm ↕90〜150cm
アジア東部と南東部、オーストラリア北部に分布し、北アメリカに帰化している丈夫な一年生植物。瑞々しい、卵形でブロンズグリーンの葉は、長さ10〜20cm、細い軟毛があり、がっしりした分岐する茎につく。暗に似たローズパープル、ピンク、あるいは白の花が密集する、たくさんの枝に分かれた穂状花序が下垂する。晩夏〜初秋、霜が降りるまで長く咲く。自家播種をする。
ゾーン：8〜10

Persicaria tenuicaulis
異　名：*Bistorta tenuicaulis*、*Polygonum tenuicaule*
一般名：ハルトラノオ
☼ ❄ ↔20〜40cm ↕10〜25cm
日本原生、ゆっくり成長し地表を覆う、落葉性、あるいは半常緑の多年生植物。晩春〜夏、短い密生した花穂には、小さい鐘形の、香りのよい白い花がつく。三角形、卵形、または楕円形の薄緑色、あるいは濃緑色の葉は、長さ3〜8cmで、中心にある長い這うように広がる根茎から成長するわずかに陵のある葉柄につく。
ゾーン：4〜6

Persicaria vacciniifolia
異　名：*Polygonum vacciniifolium*
☼ ❄ ↔50〜90cm ↕15〜18cm
ヒマラヤ原生、つる性で、わずかに木質化する、落葉性のグランドカバー。葉は長さ25mm、散る前に魅力的な色に変わることが多い。晩夏に、長さ8cmまでの小さな花穂に、ごく小さなピンクの花をつける。ゾーン：7〜10

Persicaria virginiana 'Painter's Palette'

Persicaria odorata

P. microcephala 'Red Dragon'

Persicaria virginiana
ペルシカリア・ウィルギニアナ
異　名：*Polygonum virginianum*
☼ ◐ ❄ ↔80〜150cm
↕60〜120cm
ヒマラヤ地方から日本、そしてアメリカ合衆国北東部にも分布する、こんもりと茂る習性の大型の多年生植物。葉は卵形で、長さ15cmになり、先が細くなり、綿毛〜剛毛が生え、黒っぽい色の模様が入る。晩夏に、細長い花穂に、ピンク色を帯びた、緑がかった白い細かな花をつける。'**ペインターズ パレッド**'、クリーム色と黄色、緑色、赤茶色の斑点が組み合わさった入り組んだ斑入りの葉。
ゾーン：5〜9

Persicaria tenuicaulis

Persicaria vivipara
異　名：*Bistorta vivipara*、*Polygonum viviparum*
一般名：ムカゴトラノオ
英　名：ALPINE BISTORT、SERPENT GRASS
☼ ❄ ↔5〜30cm ↕5〜30cm
温帯地方から、北極圏まで、北半球に広く分布する、群生する多年生種。直立する茎は太い球根状の根茎から出る。葉は細長く、濃緑色で、剣形、長さは2.5〜10cm。葉の縁は巻かれ、下方の葉には長い柄がある。茎頂に細い、長さ2.5〜10cmの花穂ができ、白か薄いピンクで先端が濃い赤の花が多数つく。夏、下方の花は紫がかった茶色のむかごに代わる。
ゾーン：2〜4

Persicaria vivipara, in winter

Persicaria vivipara, in spring

Persicaria vivipara, in summer

Persoonia chamaepitys

Persoonia linearis

Persoonia mollis

PERSOONIA
（ペルソオニア属）
オーストリア原生で、ときに小高木も混じるが、常緑性低木、約90種からなる。ヤマモガシ科。学名は、18世紀のドイツの植物学、菌学の研究家Christian Hendrik Persoonの名に由来する。非常に魅力的な葉で、鮮やかな緑色、全縁、ほとんど葉柄がなく群生する。小さな筒状の黄色い花は、開花すると4枚の裂片が巻き上がる。花後に多肉質の黄色、あるいは緑色の果実ができ、大きな房でたわわに実ることもある。この実は一般にgeebung（ジーバング）と呼ばれ、ダールック・アボリジニの言葉でいくつかの種類の食用果実を意味する*jibbong*が変化したものである。

〈栽培〉
最適なのは、日なたか半日陰、軽い酸性の土壌、非常に水はけがよいところである。剪定や定期的な刈り込みにはよく反応する。繁殖は熱処理をした種子からか、若枝の先を挿す（これは非常につきにくい）。

Persoonia chamaepitys
☼ ⇔90cm ↕20cm
オーストラリア南部に原生。平伏性のつる性植物で、小枝には毛がある。明るい緑色の針状の葉をつけ、晩春〜夏、枝先に香りのよい黄色の花が短い房を成し群生する。ロックガーデン、コンテナ植えによい。
ゾーン：9〜11

Persoonia linearis
英 名：NARROW-LEAF GEEBUNG
☼ ⇔3m ↕4.5m
直立する、不定形の低木で、オーストラリア南東部に広く分布する。細長い、軽く先が尖った葉。夏、枝先に、短い花柄の黄色い花をつける。
ゾーン：9〜11

Persoonia mollis
英 名：GEEBUNG
☼ ⇔3m ↕3m
オーストラリア東部原生。柔らかで、有毛、薄緑色の葉は、若葉のうちは、艶のある赤褐色を呈する。夏、小さな山吹色の花が葉腋につく。砂混じりの土壌を好む。
ゾーン：9〜11

Persoonia oxycoccoides
☼ ❄ ⇔45cm ↕90cm
オーストラリア東部の原生種で、傾伏性か、低く広がる低木。小さな卵形の葉は縁が反り返る。派手な黄色の花が、細く、しばしばうなだれた花柄に1つだけつく。夏咲き。
ゾーン：8〜110

Persoonia pinifolia
英 名：PINELEAF GEEBUNG
☼ ⇔3m ↕3〜4.5m
オーストラリア東部原生。直立する低木だが、小枝は少し垂れ下がり、葉は柔らかで松葉に似る。夏〜秋、枝先の葉腋に山吹色の花をつける。小さな、薄緑色の、多肉質の果実がなる。
ゾーン：9〜11

PESCATOREA
（ペスカトレア属）
ラン科に属し、中央アメリカと南アメリカ、コスタリカ〜コロンビアに分布する合軸性の着生植物おおそ15種からなる。扇形になる成長習性があり、葉は非常に薄くて幅狭。株の根元あたりの葉腋に単生で花がつく。多くの種の実生苗が手に入るようになり、人気が増してきた。

〈栽培〉
ペスカトレア属の種は、湿潤で、日陰、一年を通じて中程の気候条件を必要とし、休眠はしない。直射日光は柔らかな葉を焼いてしまう。水を貯める偽茎を持たないので、常に湿っていることが必要となる。細い葉の回りには、定期的に、新鮮な空気が流れていることが大事である。大輪で、カラフルで、方向性の花はとりわけ魅力的で、春と夏に、葉腋から単生で出る。

Pescatorea cerina
☼ ⚘ ⇔20〜40cm ↕10〜40cm
パナマとコスタリカが原生。非常に香りのよい、乳白色〜薄いレモン色の長さ8cm、ゆったり広い裂片を持つ花を、つける。唇弁は黄色で、細い、濃い赤の縦線が入る。
ゾーン：10〜12

Pescatorea lehmannii
☼ ⚘ ⇔20〜40cm ↕10〜50cm
コロンビアとエクアドルが原生。長さ10cmの白い花に、花弁と萼片にえび茶色の縦線が入る。クローン栽培で、ほとんどむらのない紫になるものも出てきた。唇弁は濃い紫色で、クリーム色の剛毛がある。
ゾーン：10〜12

Persoonia linearis

PETASITES
（フキ属）
英 名：BUTTERBUR, SWEET COLTSFOOT
ヨーロッパ、アジア、北アメリカに分布する、多年草15種からなる。全種の葉が腎臓形で、上向きの茎につく。春、葉が出てくる前に、小花が集まり房状に群生するか、花穂を作るが、ときによい香りのするものもある。じめじめした山中の草原とか、森の中の沼地や湿地に自生する。じめじめした場所なら、よいグラウンドカバーになるし、プールサイドに植えるのにもよいが、中には侵略種となるものもある。日本では、薬味を作るのに使われる種がある。

〈栽培〉
腐食質に富んだ、湿った土壌で、風雨にさらされない場所で、午前の光が入るか日陰の場所に植える。繁殖は休眠期に株分けから。

Petasites albus
英 名：WHITE BUTTERBUR
☼/☀ ❄ ⇔0.9m〜2m ↕30〜40cm
ヨーロッパの北部と中央部、西アジアに分布する。葉の直径は40cm。黄色〜白色の花は、径12mmで、上向きに枝咲きする。晩冬に咲く。
ゾーン：5〜10

Petasites frigidus
☼/☀ ❄ ⇔90〜100cm
↕15〜25cm
北ヨーロッパ原生の種。心臓形の葉は、鋸歯縁で、少し浅裂の入ることもある。花はまばらな花穂を成し、イエローホワイトか、赤みを帯びる。
ゾーン：5〜10

Petasites albus

Pescatorea cerina

Pescatorea lehmannii

Petrea arborea

Petasites hybridus
英名:BUTTERBUR
☀ ❄ ↔60～90cm ↕60～90cm
ヨーロッパ一帯、およびアジアと北アメリカの一部に分布する多年生の低木。じめじめした森林の中や、川や流れの近くにある湿地に生える。多くの病気の治療薬として、伝染病や熱病にまで使われた。大きい、綿毛の生えた、掌形で、粗い鋸歯縁の葉が出る前に、まず直立する茎が太い根茎から出る。花は2形状。雌ずいだけのものと、キク科の花に見られる円盤花で、白～薄黄色、ときにピンクや紫を帯びる花冠を持つもので、その両方で花序を作る。果実は筒形で、剛毛があり、5～10の陵がある。
ゾーン:4～6

Petasites japonicus
一般名:フキ、フキノトウ
☀/☀ ❄ ↔3～5m ↕100～120cm
中国、日本、朝鮮に分布する。高さ100cm以上になる茎につく、巨大な、腎臓形の葉は直径80cmまで大きくなる。*P. j.* var. *giganteus*(アキタブキ)はさらに葉が大きい変種。'錦蕗'は'ワリエガタ'と呼ばれることもあり、黄色の斑が入る系統を指す。
ゾーン:5～10

PETREA
(ヤモメカズラ属)
英名:BLUE BIRD VINE
クマツヅラ科、木質茎、巻きつき型のつる性低木、あるいは小高木30種からなる。原生地は熱帯アメリカとメキシコ。葉は単葉、対生、革質。青、紫、スミレ色、あるいは白色の花がつく長い総状花序は、枝先の葉腋から出る。細長い、鐘形の筒状花冠は朝顔形に開く丸い5裂片に分かれ、4本の雄ずいを持つ。果実は石果。
〈栽培〉
日なたの、肥えた水はけのよい土壌に植え、成長期でないときも水やりは定期的にする。支柱が必要かもしれない。春に伸びてきた芽が混みすぎていたらすいてやり、汁を吸う害虫から守る。繁殖は夏、半熟枝を挿し木するか、播種で。

Petrea arborea
ペトレア・アーボレア
英名:BLUE PETREA TREE PETREA
☀ ✦ ↔3～3.5m ↕6～8m
よじ登る習性のある常緑低木、あるいは小高木。南アメリカ北部と西インド諸島に分布。細い灰色の枝は小孔で覆われる。長さ15cmほどの、薄い質感で有円形をした、灰色がかった緑の葉が2改ずつ、葉柄なしに、あるいはごく短い葉柄につく。青い頭状花序は、上向きのこともあれば、下向きのこともあり、細い毛があり、長さ5～15cm。'ブロードウェイ'は花が白い。
ゾーン:10～12

Petrea volubilis
一般名:ムラサキツクバネカズラ
英名:PURPLE WREATH、QUEENS WREATH、SANDPAPER VINE
☀ ↔6m ↕6～18m
常緑の木質つる性植物、あるいは低木で、小孔で覆われた、薄い茶色～灰白色の枝を絡み合わせる。中央アメリカと西インド諸島が原生。ざらざらした質感の葉は、長さ20cmほど、濃緑色、長楕円形か楕円形、裏は薄緑になる。二向き、あるいは下向きの筒状の花序は、長さが30cmほどになる。花にはライラック色の萼と、筒より長い烈片があり、藍色～アメシスト色の花冠に毛が密生した管がある。花が終わると、ヘリコプターのルーターのように回転しながら、地面に落ちる。'アルビフロラ'は、白い花。
ゾーン:10～12

PETROPHILE
(ペトロフィレ属)
ヤマモガシ科に属する本属50種はオーストラリア特有のもので、大半は西オーストラリアの南西部に分布している。小型～中型の非常に装飾的な低木で、葉には多くの変異があり、きちんと姿形がまとまる成長習性がある。人目を引く花と小型の松ぼっくりのような円錐果をつける。赤みを帯びた新芽が彩りを添える種もある。花も、葉も、円錐果も、すべて室内装飾になる。
〈栽培〉
たまの軽い降霜なら、ほとんどの種が耐えられる。日なたで、軽い水はけのよい、酸性の土壌に植える。若木のうちに枝先を刈り込むと、形が整う。繁殖は茎を挿し木するか、播種から。

Petrophile linearis
☀ ✦ ↔90cm ↕75cm
オーストラリア西部が原生。小型の低木で、横に広がるか、あるいは上に伸びる習性がある。葉は平たいが、かなり厚く、カーブしている。晩冬～春、葉腋、あるいは枝先に、灰色がかったピンク～藤色の羊毛状の花が集まり花序を作る。冬に降雨のある地域を好む。長い乾期には耐えられる。
ゾーン:9～11

Petrophile sessilis
☀ ✦ ↔1.2m ↕3m
オーストラリア東部が原生。散会状に枝をつけ上に伸びる低木。円筒形の葉は硬いちくちくする切片に全裂する。乳白色の花は卵形の花序を作る。花期は春～初夏だが、それ以外にも散発的に咲く。装飾的な円錐果をつける。
ゾーン:9～11

PETRORHAGIA
(イヌコモチナデシコ属)
ナデシコ科に属する直立する一年生、あるいは多年生の草本25～30種からなる。ユーラシア大陸の温帯地方、なかでも地中海沿岸地方の東部から南アジアにかけて分布。主根から伸び、葉は基部で、3本の葉脈が際立つ、細長い、剣状の葉身に包まれる。茎頂に花序をつけ、そこに2、3～5、6の花をつける。花には苞葉と、5枚の癒合した滑らかな萼片か、あるいは細かい毛のある萼片、それに円筒形の花序が突き出る。5枚の丸い、ときに浅裂の入る花弁がある。果実あh卵形のさく果で、4室に分かれ、黒みがかった茶色～黒色の種子を多数含む。岩の裂け目で育つ種もあり、属名に反映している。ギリシア語*petro*は「岩」を、*rhagas*は「裂け目」を指す。

〈栽培〉
ロックガーデンや堤に、日なたか半日陰で、水はけのよい砂混じりの土壌に植える。繁殖は春か秋に、播種で(条件が合えば自然に種を蒔く)、あるいは春に株分けする。

Petrorhagia saxifraga
異名:*Kohlrauschia saxifraga*、*Tunica saxifraga*
一般名:ハリナデシコ
英名:COAT FLOWER、SAXIFRAGE PINK
☀ ❄ ↔30～60cm ↕10～40cm
トルコとヨーロッパ南部と中央部に分布する、もつれたように茂る多年生植物。房で生え、茎をまっすぐ伸ばす。細長い葉は、畝があり、全縁で、先が尖る。杯状の花が繊細で隙間のある、集散花序をなす。花には、短いかぎ爪があり、薄いピンク色、あるいは白の花弁に濃い色の脈が走る。夏に開花。'アルバ'は白い花。'アルバ プレナ'、八重の白花。'レディ メアリー'は高さ8cmほど、柔らかなピンク色の八重の花。'プレニフロラ ロセア'、低く広がる品種、ピンク色の八重の花をつける。'ロセア'、薄いピンク色の花。'ロゼッド'、コンパクト種、ピンク色の八重の花。
ゾーン:4～6

Petasites hybridus

Petrophile sessilis

PETROSELINUM
（オランダゼリ属）

セリ科に属し、ユーラシア大陸の温帯地方に自生する主根を有する一年、あるいは二年生植物3種からなる。上に伸びるか、横に広がり、茎を分岐させ、葉は全裂する。複合葉の葉身は幅広の楕円形、三角形、あるいは卵形で、小葉は歯牙縁か浅裂が入り、しばしば極度に縮れている。晩夏〜秋、複散形花序の緑がかった黄色か、赤みがかった小花をつけ、その後、平たい、畝模様のある、卵形の種子ができる。オランダゼリは広く栽培されているキッチンハーブだが、雑草になりかねない。葉、根、種子ともに、多くの医学的使い道がある。属名は古代ギリシアの植物学者ディオスコリデスが名づけ、ギリシア語の*petros*（岩）と*selinon*（セロリ）という言葉に由来する。

〈栽培〉
早春、最後の霜の後〜秋、湿った水はけのよいガーデン用土に、開けた日当たりのよい場所を選んで、15〜20cm離し列にして蒔く。弱らせないために、頻繁に切り戻す。株が2年経ったら、植え直したほうがいいが、こぼれ種で生えるかもしれない。生えなければ、発芽を促すため、蒔く前に種子をぬるま湯に浸してから播種。

Petroselinum crispum
一般名：オランダゼリ、パセリ
異　名：*Petroselinum hortense*、*Petroselinum sativum*
英　名：CURLY PARSLEY、PARSLEY
☼ ❄ ↔22〜90cm ↕30〜90cm

ヨーロッパと西アジアが原生の二年草。茎は上に伸びるか、広がる。葉に食用、薬用用途があるため広く栽培されている。濃緑色〜明るい緑色、芳香があり食用になる葉は、たいてい三角形で、深く全裂し、切片に鋸歯があるか、深い切り込みがある卵形、ときに平たいこともあるが、たいていは縮れている。緑がかった黄色の小花が多数茎先に散形花序を作るが、普通は葉の上に出る。ガー

Petroselinum crispum

デンパセリには多くの栽培品種と変種があり、成長習性も、葉の形状も、香りの強さもさまざまである。'アフロ'、高く上に伸びる品種。濃緑色の葉は軽く縮れる。'チャンピオン モス カールド'、縮れた、細かい全裂葉は濃緑色。'クライヴィ'、形の整った、小型種。'ダーキー'、寒さに非常に強い品種。縮れがつよく非常に濃い緑色。'フォレスト グリーン'、香りの強い変種。'イタリアン プレイン リーフ'、縮れがなく、平たい、深い欠刻がある濃緑色の葉。'クラウサ'、三重に縮れた葉。'ニュー ダーク グリーン'、非常にコンパクトな耐性品種、エメラルドグリーンの葉。'パラマウント'、耐性のある頑健な種。密生した、非常に濃い緑の縮れた葉が、くっつくように生える。*Petroselinum crispum* var. *neapolitanum*（イタリアンパセリ）、平たい、縮れていない葉。
Petroselinum crispum var. *tuberosum*（Hamburg parsley、Turnip-rooted parsley）、ぶ厚い多肉質の根が食用になる。ゾーン：7〜9

PETUNIA
（ペチュニア属）

*Petunia×hybrida*に分類されている、一年生、多年生の華やかな交雑種が知られている。ナス科で、熱帯南アメリカが原生、一年草、多年草、低木あわせて35種ほどからなる。タバコ属と近縁で、属名は「タバコ」を表すインディオのトゥピ族の言葉*petun*から来ている。柔らかい、丸い葉と5弁が癒合した大きなじょうご形の花を持ち、低く広がる種が多

Petroselinum crispum 'Krausa'

い。栽培品種はほぼすべての色が揃うが、香りに欠ける種もある。

〈栽培〉
湿った、腐葉質に富んだ、水はけのよい土壌に植える。花は、水しぶきと雨に弱いが、新しいタイプは丈夫である。種子から育てるのが大半。かなり確実に多年生とわかるものは、挿し木でよくつく。

Petunia axillaris
英　名：LARGE WHITE PETUNIA
☼/☀ ❄ ↔40〜60cm ↕30〜50cm

アルゼンチン、ウルグアイ、ブラジル南部に自生する一年生植物。粘着性のある、短毛の生えた薄い葉は、先が丸くなる。円錐形の、白、あるいはクリームイエローの花は、長さも幅も5cmほどで、夜香る。夏咲き。ゾーン：10〜12

Petunia×hybrida
一般名：ペチュニア、ツクバネアサガオ
☼/☀ ❄ ↔20〜100cm ↕10〜40cm

ガーデンハイブリッドで、大半は*P. axillaris*と*P. integrifolia*の交配から生まれた。普通は低く広がる、短命の多年生植物で、一年生植物として扱われ、種子から育てる。種子は混色して系統で売り出されることが多い。'カラーウェイ

Petroselinum crispum 'Forest Green'

ブ'は無性生殖で遺伝子操作された他とは異なる栽培品種である。*Petunia×hybrida*品種はいくつかに分類されることもある。グランディフロラ（大輪種）、ミリフロラ（小輪種、コンパクト型）、マルチフロラ（多花種、広がり型）である。人気のあるシリーズを挙げておく。（カーペット シリーズ）、こんもりした茂みを作り、多くの花色がある。（セレブリティ シリーズ）、コンパクトで、たわわに花が咲く。いくつか色が混合。（ダディ シリーズ）、大輪で、ピンクと紫のさまざまな色合いが揃う。反対色の脈目が入る。（ファンタジー シリーズ）非常にコンパクト、小花が多数つくのでプランターによい。（ジャイアント ビクトリアス シリーズ）

ペチュニア、セレブリティ シリーズ、'セレブリティ ブルー アイス'

ペチュニア、'サマー サン'

Phacelia 1017

ペチュニア, ファンタジー シリーズ, 'ファンタジー ピンク モーン'

ペチュニア, マルコポーロ シリーズ, 'マルコポーロ アドベンチュラ'

ペチュニア, レモン シリーズ, 'Lemon Candy'

ペチュニア, パッショネイト シリーズ栽培種

ペチュニア, スーパーカスケイド シリーズ, 'スーパーカスケイド ブルー'

ペチュニア, ファンタジー シリーズ 'ファンタジー ブルー'

ペチュニア, ストーム シリーズ 'Storm Lavendar' 'ストーム ラベンダー'

ペチュニア, サフィニア シリーズ, 'サフィニア ピンク'

ペチュニア, ウェイブ シリーズ, 'ミスティ ライラック ウェイブ'

ペチュニア, ウェイブ シリーズ, 'パープル ウェイブ'

ペチュニア, セレブリティ シリーズ, 'セレブリティ バーガンディ'

ペチュニア, ミラージュ シリーズ 'ミラージュ レッド'

ペチュニア, カウントダウン シリーズ, 'カウントダウン ネイビー ブルー'

ペチュニア, ストーム シリーズ, 'ストーム ピンク モーン'

ペチュニア, サフィニア シリーズ, サフィニア ブルー ベイン／'サンソロス'

ペチュニア, ウェイブ シリーズ, 'ピンク ウェイブ'

花はすべて八重で、バイカラーやピコチー(花弁の先が別色)も含め、多くの色が揃う。(**マルコポーロ シリーズ**)、八重の花、花色はピンク、藤色、紫が主流。(**ミラージュ シリーズ**)大輪の一重の花、主に薄い色に驚くような反対色の脈目が入る。(**スーパーカスケイド シリーズ**)コンパクトながらしだれる習性、花色が揃う。(**サフィニア シリーズ**)おもに紫、ピンク、青色が揃う。(**ウェイブ シリーズ**)こんもりとドーム型に茂る。大輪の花は多くの色が揃う。ゾーン：9〜10

Petunia integrifolia

☼/◐ ✻ ↔40〜60cm ↕30〜50cm
アルゼンチン原生の、一年生、あるいは短命の多年生植物。べたべたする、軟毛のあり、楕円形は葉。葉柄とほぼ長さが等しい。長い筒状のスミレ色の花は、内部がパープルピンクで、幅5cmほど、夏咲き。ゾーン：8〜10

PHACELIA
(フケリア属)

英名：SCORPION WEED

ハゼリソウ科で、南北アメリカ大陸が原生の、腺があり、有毛の、一年生、二年生、あるいは多年生草本、150種ほどからなる。太い主根から育つ。葉は互生、全裂葉か、全縁葉。白〜紫色の花が密生した花序を、茎頂につける。花には、細長い5枚の萼と、浅裂の入った花弁のついた鐘形の花冠がある。花冠は開いたものから、広がるものまで。果実は楕円形か、球形のさく果で、1〜多数の、あばた状か畝のある茶色がかった種子を含む。属名はギリシア語の*phakelos*(群れ)から来ていて、密生した花序に由来する。この植物の持つ剛毛は、ひどい皮膚炎を引き起こすし、種によっては侵略種、雑草になりかねない。

〈栽培〉
繁殖は、一年生でも二年生でも、春に播種から。日なたで、肥えた水はけのよい土壌で、栽培する場所に蒔く。高くなる種には支柱が必要かもしれない。多年生の種は株分けでも殖やせる。

Petunia integrifolia

*Phaius tankervilleae*野生種、ニューギニア

Phacelia ixodes

Phacelia campanularia
異　名：*Phacelia minor* var. *campanularia*
一般名：ファセリア カンパヌラリア
英　名：CALIFORNIA BLUEBELL、DESERT BLUEBELL、WILD CANTERBURY BELL
☼ ❄ ↔15〜60cm ↕15〜60cm
アメリカ合衆国、カリフォルニア州南部の砂地、砂利混じりの乾燥地帯、砂漠地帯に自生する一年草。単生で、短毛があり、直立する茎。葉は硬くて、毛があり、楕円形〜卵形、鋸歯縁。ダークブルーの鐘形の花がまばらに群れ咲く。花冠は筒状〜広い鐘形で、直径が35mmほど、白い斑点が散る。初春に咲く。萼片にも毛があり、腺質。卵形で、繊毛のある、鉤状に曲がった果実には40〜80の穴だらけの種子が入る。
ゾーン：7〜10

Phacelia ixodes
☼ ❄ ↔20〜60cm ↕20〜60cm
アメリカ合衆国、カリフォルニア州と、メキシコのバハカリフォルニアに分布する9種の一年生植物からなる。腺質で、密に茂り、毛を帯びている。茎は直立し、まばらに分岐する。春に、卵形の萼片と、白〜ローズ色の鐘形の花冠を持つ花をつける。長円形の果実は10〜18の茶色を帯びた畝のある種子を含む。
ゾーン：6〜9

Phacelia tanacetifolia
一般名：ハゼリソウ
英　名：FIDDLENECK
☼ ❄ ↔10〜60cm ↕15〜150cm
アメリカ合衆国、カリフォルニア州〜メキシコ、中央アメリカにかけて分布する程よく早く成長する一年生植物。全体が剛毛に包まれ、茎は、直立し、まばらに分岐する。葉は複葉で、卵形〜楕円形、鋸歯縁か、浅裂が入る。花には、青色、ライラック色、あるいは藤色の大きな鐘形の花冠があり、春に咲く。卵形の果実は1〜2の畝のある種子を含む。
ゾーン：7〜10

Phacelia campanularia

PHAEDRANASSA
（ファエドラナッサ属）
英　名：QUEEN LILY

ヒガンバナ科、球根を持つ多年生植物9種からなる。エクアドルからコロンビアの南部地方にかけて、南アメリカのアンデス地方の乾燥した不毛の地に自生する。冬には休眠し、細長い〜幅広い長円形の葉が、花が咲いた後、葉柄につく。下向きの散形花序を作る花は、細長い筒形、あるいはじょうご形〜円筒形で細い裂片が広がる。

〈栽培〉
日なたか半日陰で、超えた水はけのよい土壌を好む。冬の水やりは控え、夏の間は、カリウム分の多い肥料を与える。繁殖は種子から、あるいは春にオフセットを挿す。

Phaedranassa dubia ★
☼ ❄ ↔30〜45cm ↕30〜45cm
ペルー領のアンデス地方に自生。変わった柄のある葉、蝋質で、筒形、紫色〜赤みがかったピンク色の花は、長さ5cmほど、先端が緑色、春〜夏、45cm以上になる茎の先に咲く。
ゾーン：6〜8

PHAIUS
（ガンゼキラン属）
英　名：SWAMP ORCHID

ラン科に属し、はっきり区別できる、常緑の陸生種50種からなる。アフリカ、マダガスカル、インド、および東南アジアから太平洋諸島一帯に分布する。偽鱗茎を群生させ、大きな襞のある、幅広いが薄い葉をつける。春と夏に、人目を引くカラフルな花を高い穂状花序につける。

〈栽培〉
ふつう、中庸〜温暖な気候を好み、深い鉢に、松のバーク、砂、ピートモスなどを配合した水はけのよい素材で植える必要がある。湿り気があるのを好むので、夏期、活発な成長段階にある間は、鉢を5cmほどの高さまで水を入れた受け皿につけておくのがよい。冬、半分休眠状態にあるときには、それほど水は必要ない。繁殖は株分けから。

Phaius tankervilleae
一般名：カクチョウラン
☼/☽ ✣ ↔20〜90cm
↕30〜120cm
東南アジア、オーストラリア、太平洋諸島に分布。一番よく栽培されている種で、本来の分布範囲から遠く離れた熱帯の国で帰化している。20輪までつく花は長さ12cmほど、内側が黄褐色、白いラッパ状の唇弁には紫色の模様がある。
ゾーン：10〜12

PHALAENOPSIS
（ファラエノプシス属）
英　名：MOTH ORCHID

ラン科、ファラエノプシス属の花は花屋に人気があり、よく結婚式に使われる。東南アジアの熱帯多雨林一帯で、60ほどの種が自生する。着生性の単軸ランで、革質の葉を2、3枚しかつけない。葉は濃緑色のことが多いが、魅力的な格子模様のある葉をつける種もある。

〈栽培〉
ファラエノプシスは、原種も交雑種も、温暖で、湿度の高い、じめじめした条件が必要で、かなり日陰で成長し花を咲か

Phacelia tanacetifolia

Phaedranassa dubia

Phalaenopsis schilleriana

Phalaenopsis amabilis

せる。たいてい、バーク中心の素材を使い鉢植えで育てるが、温室内であれば木質シダやコルクの長いヘゴ板で、多くの種がよく育つ。花のついた鉢植えとして、市場に出され、園芸界では一番荘厳な花の1つとされている。さらに、室内で育てるには最適のランだと言ってもよい。育ってもコンパクトであり、育つ光の条件に幅があるうえ、人間にとっても快適な温暖な範囲を好むからである。穂状花序は、花が枯れ茶色になってから切り落とす。茎が緑色の間は、花柄の(株と最初の花の間にある)休眠している目に沿って、もっと花が出てくる可能性があるから。大半のファラエノプシスの原種とハイブリッドは、年中咲くことが可能だが、花期のピークは春と夏になる。

Phalaenopsis amabilis ★
一般名：マニラコチョウラン
☀ ￣ ↔20〜50cm ↕30〜90cm
インドネシア、ボルネオ、フィリピンに分布。長い、弧を描く、分岐した小枝に径8cmほど、大輪で平たい純白の花をつける。オーストラリア北東部とニューギニアに分布する、白花種、*P. rosenstromii*が近縁な関係である。
ゾーン：11〜12

Phalaenopsis aphrodite subsp. formosana
☀ ￣ ↔20〜40cm ↕30〜90cm
台湾とその沖合いのいくつかの島にだけ分布する固有種。よく似た*P. aphrodite*はフィリピン諸島にしか分布しない。形のよいクリーム色〜白色の、径6cmほどの花を咲かせる。*P. amabilis*の花より小さく、唇弁の構造が異なり、葉がこちらのほうが短く、幅広い。
ゾーン：11〜12

Phalaenopsis equestris
一般名：ヒメコチョウラン
☀ ￣ ↔12〜30cm ↕10〜30cm
フィリピンと台湾が原生。小さな花をつける普及種で、花茎は弧を描いて伸び、分岐して、径30mmほどの、ピンク〜ローズパープルの花を多数つける。
ゾーン：11〜12

Phalaenopsis aphrodite subsp. *formosana*

Phalaenopsis equestris

Phalaenopsis lueddemanniana
☀ ￣ ↔15〜40cm ↕10〜40cm
フィリピン原生で、かなり変異した種。緑がかった白の花は、径35mmほど、紫色の同心の縞模様が描かれ、そのため花全体がピンクのように見える。古い花序はしばしば小苗をつけるが、根が出てきたら、移すことができる。
ゾーン：11〜12

Phalaenopsis parishii
☀ ￣ ↔10〜20cm ↕10〜20cm
インドから台湾に分布。コンパクトに成長する、小型の花をつける種で、乾燥した冬には葉を落とす。短い花茎が分岐し、径18mmほどの白い花をつける。唇弁は対照的な鮮やかなワイン色を呈す。
ゾーン：11〜12

Phalaenopsis pulcherrima
異名：*Doritis pulcherrima*
☀/☁ ￣ ↔12〜30cm ↕10〜90cm
東南アジア原生の、陸生、岩生種。花序は直立し、夏、直径25mmの花を20ほどもつける。花色は薄いピンクから濃い紫までいろいろ。珍しいのには、しろ、紫、飛沫模様が唇弁にあるものも。
ゾーン：11〜12

Phalaenopsis schilleriana
☀ ￣ ↔20〜50cm ↕30〜90cm
フィリピン原生。薄いピンク〜濃いローズ色の種で、分岐した花序に10cmほどの大きな花を多数つける。緑と銀色の斑入りの目立つ葉も持つ。
ゾーン：11〜12

Phalaenopsis lueddemanniana

Phalaenopsis parishii

Phalaenopsis Hybrids

一般名：ファラエノプシス ハイブリッド
☀ ☂ ↔12〜60cm ↕20〜90cm

多数のファラエノプシス ハイブリッドが作られ、栽培ランでも一番商業的に重要な属であるのは確かだ。毎年、世界中で何万という花が売られ、増加しつつある花鉢売買に商品を提供する。白いファラエノプシス ハイブリッド（コチョウラン）は、たいていP. amabilisに由来するのだが、いまだにもっとも人気のある花であるし、結婚披露宴によく使われる。コチョウランに含まれる品種**Cottonwood**コットンウッド、**Oregon Delight**（オレゴン ディライト）、**Snow City**（スノー シティ）、**Taisuco Adian** タイスコアディアンなど。以前は*Doritaenopsis*という属名で知られていたよく似たハイブリッドがあったのだが、現在はすべてファラエノプシス属にまとめられている。古典的な白とピンクの基本的交雑種以外に、色にいくらか変化がある。バイカラーの交雑種には次のような品種がある。**Brother Pico Sweetheart**（ブラザー ピコ スイートハート）、**City Girl**（シティ ガール）、**Livingstons Gem**（リビングストンズ ジェム）、**Luchia Lip**（ルシア リップ）、**Quevedo**（ケベド）。ピンクと紫の交雑種。**Brother Juno**（ブラザー ジュノー）、**Brother Pico Vallezac**（ブラザー ピコ バレザック）、**Cosmic Star**（コスミック スター）、**Ho's Amaglad**（ホス アマグラッド）、**Hwafeng Redqueen**（ホワフェン レッドクイーン）、**Little Kiss**（リトル キス）、**Night Shine**（ナイト

Phalaenopsis, Hybrid, Antique Gold

Phalaenopsis, Hybrid, Brother Pico Vallezac

Phalaenopsis, Hybrid, Coral Harbor

Phalaenopsis, Hybrid, Livingston's Gem

P., Hybrid, Brother Cefiro

ファラエノプシス ハイブリッド、アルテミス

P., H, Brother Golden Potential

P., Hybrid, Brother Juno

ファラエノプシス ハイブリッド、ブラザー リトル スポッティ

Phalaenopsis, Hybrid, Brother Golden Wish

P., Hybrid, Brother Pico Pink

P., H, Brother Pico Sweetheart

P., Hybrid, Brother Showpiece

Phalaenopsis, Hybrid, Chancellor

Phalaenopsis, Hybrid, City Girl

P., Hybrid, Cosmic Star

P., Hybrid, Cottonwood

P., Hybrid, Formosa Mini

Phalaenopsis, Hybrid, Hakugin

P., Hybrid, Hsinying Facia | *P.*, Hybrid, Hwafeng Redqueen | *Phalaenopsis*, Hybrid, Little Gis | *Phalaenopsis*, Hybrid, Luchia Lip | *P.*, Hybrid, Minho Stripes

P., Hybrid, Night Shine | *P.*, Hybrid, Oregon Delight | *Phalaenopsis*, Hybrid, Queer Beer | *Phalaenopsis*, Hybrid, Quevedo | *P.*, Hybrid, Sand Stone

Phalaenopsis, Hybrid, Snow City | *P.*, Hybrid, Sogo Firework | *P.*, Hybrid, Sogo Yukidian | *P.*, Hybrid, Sonoma Spots | *P.*, Hybrid, Striped Eagle

Phalaenopsis, Hybrid, Taida Sunset | *Phalaenopsis*, Hybrid, Taisuco Adian | *Phalaenopsis*, Hybrid, Taisuco Firebird | *Phalaenopsis.*, Hybrid, Taisuco Pixie | *Phalaenopsis*, Hybrid, (Timothy Christopher × *pulcherrima*)

Phalaenopsis, Hybrid, Ho's Amaglad

Phalaenopsis, Hybrid, Pumpkin Patch

Phalaenopsis, Hybrid, Quilted Beauty

シャイン)、**Queen Beer**（クイーン ビア)、**Sogo Firework**（ソゴ ファイアーワーク)、**Sogo Yukidian**（ソゴ ユキディアン)、**Sonoma Spots**（ソノマ スポーツ)、**Taisuco Pixie**（タイスコ ピクシー)、**Timothy Christopher** × *pulcherrima*（ティモシー クリストファー×プルケリマ)。キャンディストライプ（無地に明るい1色だけの縞模様）のタイプ。**Brother Pico Pink**（ブラザー ピコ ピンク)、**Brother Showpiece**（ブラザー ショーピース)、**Formosa Mini**（フォルモサ・ミニ)、**Hsinying Facia**（シンイン フェイシャ)、**Minho Stripes**（ミンホー ストライプス)、**Quilted Beauty**（キルッティド ビューティ)、**Striped Eagle**（ストライプト イーグル)。黄色〜ブロンズ色の交雑種。**Antique Gold**（アンティック ゴールド)、**Brother Cefiro** ブラザー セフィーロ、**Brother Golden Potential**（ブラザー ゴールデン ポテンシャル)、

Phalaris arundinacea 'Picta'

Phaseolus coccineus 'Painted Lady'

Brother Golden Wish（ブラザー ゴールデン ウィッシュ）、Coral Harbor（コーラル ハーバー）、Hakugin（ハクギン）、Pumpkin Patch（パンプキン パッチ）、Sand Stone（サンド ストーン）、Taida Sunset（タイダ サンセット）。最近になって、小型で、かなり珍しい色、あるいは鮮やかな色の種を使い、新しい交雑種が作られことが多くなってきており、新しい形、大きさ、色の組み合わせが可能になった。
ゾーン：11～12

PHALARIS
（クサヨシ属）
英　名：CANARY GRASS、GARDENER'S GARTERS、RIBBON GRASS
イネ科に属し、叢生する一年生植物と匍匐性の多年生植物15種からなる。北アメリカ、アジア、ヨーロッパと広い範囲に自生する。ふつう庭で栽培されるのは、多年生の種だけで、それも変種に限られる。*P. canariensis* は、一年生の種で、鳥の餌用に長年栽培されてきたが、今では多くの場所で困った雑草だと見なされている。

Phaseolus coccineus 'Painted Lady'

〈栽培〉
クサヨシ属は水はけのよい～湿った土壌で、日なた～半日陰の場所で、容易に育ち、雑草化しうる。繁殖は一年草は種子から、多年草は株分けで。

Phalaris arundinacea
一般名：クサヨシ
英　名：GARDENER'S GARTERS、REED CANARY GRASS, RIBBON GRASS
☼/☽ ❄ ↔2～3m ↕1.2～1.5m
ヨーロッパ、アジア、南アフリカ、北アメリカに分布する耐寒性のある多年生植物。しなやかに弧を描く葉は長さ35cm、直立する茎につく。茎頂には、柔らかく、綿毛を帯びた花序がつく。最初は薄緑色だが、熟すると黄褐色に変わる。ふつう栽培されるのは、次に挙げる変種1種だけ。'ピクタ'の葉には白い縞がくっきり入る。
ゾーン：4～11

Phalaris canariensis
一般名：カナリークサヨシ、カナリーグラス
英　名：CANARY GRASS
☼ ❄ ↔22～45cm ↕45～180cm
叢生するか、根茎を持つ一年草で、地中海地方が原生だが、現在は北アメリカ各地に帰化している。広く鳥の餌として使われる、長さ4mmほどの輝く藁色の種子を採るため栽培される。葉は緑色、長さ15cmほど、開いた膜状の葉鞘がある。花穂には毛があり、卵形～楕円形、長さ35mmほど、夏～秋にたいてい直立する茎につく。ゾーン：6～10

Phalaris canariensis

PHASEOLUS
（インゲンマメ属）
英　名：BEAN
マメ科、ソラマメ亜科に属する一年生、あるいは多年生植物で、大半はつる性草本20種からなる。食用作物として広く栽培されている多くの種と同じく、アメリカ大陸が原生である。ほとんどの種が全裂葉で、3枚の全縁、あるいは浅裂の入った小葉から成り、葉腋から出る鎌形の蕾は、ずっと残る苞葉をつけた蝶形花をまばらに咲かせる総合花序となる。果実は、長楕円形の莢で、平たいことが多く、卵形か平たい種子をいくつか含む。
〈栽培〉
多年生の種が、一年生として栽培されることが多く、霜のない間に播種から収穫まで行われる。腐葉質に富んだ、水はけのよい土壌で、日なたに植え、つる性の種には支柱を立ててやる。成長期には水をたっぷり与え、秋か春に種子から繁殖する。

Phaseolus acutifolius
ファセオルス・アクティフォリウス
英　名：DESERT BEAN、PAVI TEXAS BEAN、WILD TEPARY BEAN
☼ ❄ ↔30～60cm ↕45～100cm
旱魃に強い、巻きつき型、あるいは広がり型の一年草で、アメリカ合衆国南西部とメキシコに自生する。複葉で、細長い先鋭卵形、あるいは剣形で長さ6cmほどの小葉3～5枚に分かれる。非常に短い花柄に、白、黄色、あるいは薄紫色の花を2、3つける。長円形の莢は短く、わずかに毛があり、緑色だが乾くと薄いわら色になる。ふつう莢に2～10入る種子は、たいてい平たくて、黄褐色、小さなライマメに似ている。栽培されている変種は低木タイプで、生のマメよりも乾かして使われるのに向いている。*P. acutifolius* var. *latifolius*（テパリービーン）、叢生、あるいはつる性の植物で、*P. acutifolius* よりも小葉は大きめで、果実は小さめ。'ゴールデン'は、非常に多果結実する品種で、種子が黄色い。'ミトラ ブラック'の黒い種子はスープに最適で、二期作。'ソノラン ブラウン'早く成熟する品種で、旱魃や暑さに強い。茶色の種子。
ゾーン：8～11

Phaseolus coccineus
一般名：ハナササゲ、ハナマメ
英　名：DUTCH CASE-KNIFE BEAN、SCARLET RUNNER BEAN
☼ ❄ ↔60cm ↕1.2～1.8m
高くなる、巻きつき型の多年生つる植物で、熱帯アメリカに分布する。一年生植物として栽培される。複葉で、長さ12cmほどの幅広の卵形～心臓形の小葉に分かれる。鮮やかな赤色の花を多数つけた、長い総状花序を春につける。長さ30cmほどの莢には、25mmぐらいの赤い斑の入った黒い種子が入る。*Phaseolus coccineus* var. *albonanus* は、叢生の品種で、種子は白い。*Phaseolus coccineus* var. *rubronanus* は直立する品種で、赤い花をつける。*Phaseolus coccineus* 'アルブス'は、白い種子と花。'ペインテッド レディ'★、赤と白の花。
ゾーン：8～10

Phaseolus lunatus
異　名：*Phaseolus limensis*
一般名：アオイマメ、ライマメ
英　名：LIMA BEAN
☼ ❄ ↔22～30cm ↕60～90cm
巻きつき型か、直立型の多年生植物で、

Phaseolus lunatus 'Kate May Giant'

Phaseolus lunatus 'King of the Garden'

Phellodendron amurense

熱帯南アメリカが原生。一年生の食用作物として広く栽培されている。長い柄に、卵形〜三角形、長さ10cmほどの小葉を持つ複葉がつき、長さ20cmほどの花序には、黄色を帯びた緑色、白、そしてライラック色の花がつく。長さ10cmの莢は、小さな、赤みを帯びた茶色で、腎臓形の種子が入り、冬〜春にミッドグリーン。*Phaseolus lunatus* var. *lunonanus*は、非つる性の叢生品種。*Phaseolus lunatus* var. *salicis*の葉は細長い槍形。*Phaseolus lunatus* 'ケイト メイ ジャイアンド'と'キング オブ ザ ガーデン'は、優れた作物品種。
ゾーン：8〜10

Phaseolus vulgaris
一般名：インゲン
英　名：FRENCH BEAN, HARICOT, KIDNEY BEAN, STRING BEAN
☀ ✧ ↔15〜22cm ↕0.9〜3m
熱帯アメリカ原生の直立性、あるいは巻きつき性の一年生植物。葉は複葉で、長さ10cmほどの卵形、あるいは丸形の小葉に分かれる。径18mmの花冠を持つ、白、ピンク、または紫色の花が6つまで、総状花序を成す。春に咲く。果実は平たいか、ほとんど円筒形の莢で、長さ50cm、長円形か球形の、赤、茶色、黒、白、mたは斑入りの種子を含む。実がなるのは夏。*P. vulgaris* var. *humilis*は、成長しても低く、非巻きつき型。*P. vulgaris* 'フェラーリ'、'ゴールドマリー'、'パープル スペックルド'などが人気のある栽培種。
ゾーン：8〜11

PHEBALIUM
（フェバリウム属）
主としてオーストラリアに原生し、ミカン科の常緑低木と小高木およそ40種からなり、その中には、生垣や風よけとして植えられる種もいくつか混じる。葉はたいてい細長く、形状は多様で、香りがよい。花は小さく白色〜クリームイエロー、雄ずいが集まってつき、香りのよいこともある。葉腋から出て、春〜初夏に咲くことが多い。目立たない果実がその後できる。

Phebalium nudum
英　名：MAIRĒHAU
☀ ✧ ↔0.9〜2m ↕0.9〜2m
ニュージーランドの北部に自生する。叢生の低木で、細長い革質の、潰すと香気がたつ葉をつける。星状の香りのよい白い小花に、春〜夏に群生する。
ゾーン：9〜11

Phebalium squamulosum
英　名：SCALY PHEBALIUM
☀ ✧ ↔0.9〜3.5m ↕0.9〜3m
オーストラリア東部に原生する小型〜中型サイズの低木。鮮やかな緑色の葉は葉色の薄い裏側に、鱗片状の腺が目立つ。クリーム色〜黄色の花が春に咲く。
ゾーン：9〜11

〈栽培〉
耐性は種により異なるが、度々の厳しい降霜や旱魃に耐えられる種はない。とはいえ、一度根付くと、大半の種は乾燥した条件をきわめてうまく切り抜ける。湿って、水はけのよい、かなり小石の混じる土壌で、日なたか部分的日陰が一番成長する。定期的に刈り込み、枝先を摘むと、コンパクトにまとまる。繁殖はたいていは挿し木から、戸外に熟枝を挿しても、室内で半熟枝に霧をふいてもよい。種子からも育つ。

Phaseolus vulgaris 'Ferrari'

Phaseolus vulgaris 'Goldmarie'

Phaseolus vulgaris 'Purple Speckled'

Phebalium nudum

PHELLODENDRON
（キハダ属）
温暖な東アジア原生の落葉性の高木10種からなる。驚くことに、本属はミカン科に分類されている。香気のある葉とコルク状の樹皮が有名だが、葉は大きな羽状複葉で、幅広、光沢のある小葉に分かれることも多い。花は小さく、花色は黄緑、円錐花序を作り、花後に小さい、黒い、多肉質の実がなる。だが秋の葉は、しばしば鮮やかな黄色を呈し、年によっては素晴らしい眺めとなる。

〈栽培〉
ほとんどの種が、季節に差のある気候が必要で、冷涼な冬はきちんと休眠させるのに重要である。他方、暑い夏や厳しい日差しは容易に乗り越えることができる。とはいえ、葉は強い風で簡単に傷められてしまう。日なたに場所を定めれば、とにかく水はけのよい土壌で、生き延びるようだ。繁殖は種子からでも、挿し木、取り木、接ぎ木どれでも大丈夫。

*Phebalium squamulosum*の自生木、オーストラリア、ニューサウスウェールズ州、ピリガ・ステイト・フォレスト

Phellodendron lavallei

Phellodendron chinense

Phellodendron sachalinense

Phellodendron amurense ★
一般名：キハダ
英　名：AMUR CORK TREE
☼ ❄ ↔12m ↕15m
中国北部に分布。コルク状の薄い葉色の樹皮。葉には強い香気があり、幅広の小葉9～13枚に分かれる。葉表は、光沢のある濃緑色で、裏は青緑色、秋には黄色くなる。初夏に円錐花序をつける。葉群の上に、房になった果実がまっすぐ出る。
ゾーン：3～9

Phellodendron chinense
一般名：シナキハダ
☼ ❄ ↔10m ↕9m
中国の中央部に原生。樹皮は薄く、灰茶色を呈し、若い幹は錆色のフェルト様のものに包まれる。葉は黄緑色で、葉裏は薄い色で、毛を帯びる。
ゾーン：5～9

Phellodendron lavallei
☼ ❄ ↔10m ↕9m
日本、本州に自生。樹皮は厚いコルク状で、若いシュートは錆色の皮に包まれる。葉の長さは38cmほどで、薄緑色で先の尖った小葉5～13に分かれ、葉裏を細かい毛が覆う。花は初夏から咲く。
ゾーン：6～9

Phellodendron sachalinense
☼ ❄ ↔10m ↕8m
朝鮮半島、サハリン（ロシアと日本の間に位置する島）、中国西部に分布。樹皮は薄く、浅く溝が刻まれ、こげ茶色。ンがさ20～30cmのミッドグリーンの葉が密生した樹冠を広げる。秋の色合いが素晴らしい。緑陰樹に最適。
ゾーン：3～9

PHILADELPHUS
（バイカウツギ属）
英　名：MOCK ORANGE
アジサイ科に含まれ、中央アメリカ、北アメリカ、コーカサス地方、ヒマラヤ地方、東アジアの温暖な地域に自生する、主に落葉性の低木60あまりの種からなる。たいてい樹皮が剥がれる。鑑賞目的で栽培されることが多いが、香りのよい八重や一重の花が目的で栽培されることもある。森林地や低木の植え込みにおける見本低木である。
〈栽培〉
日なた、半日陰、あるいは落葉性の透いた森林地で、適度に肥えた水はけのよい土壌でよく育つが、花つきは日なたのほうがよい。鉢植えにするのなら、ロームが基本の混合土が一番よい。定期的な追肥と水遣りは成長期全般に必要である。繁殖は夏に切り取った緑枝か、秋と冬に取った熟枝を挿し木する。

Philadelphus coronarius
一般名：バイカウツギ
英　名：SWEET MOCK ORANGE, SYRINGA
☼ ❄ ↔2.4m ↕3m
南ヨーロッパと西アジアに自生する。落葉性の直立する低木で、樹皮が剥がれる。卵形の葉には不規則に浅い鋸歯が入り、主脈の上に綿毛が生える。非常に香りのよい、ほとんど白に近い花が初夏に咲き、短い枝先に総状花序を成す。'**アウレウス**'★はコンパクトに成長、金色の葉はしだいにライムグリーンに変わり、香りのよい花は半日陰が最適。'**ボールズバラエティ**'の葉は縁が白い。'**ワリエガトゥス**'の葉は太い白縁に囲まれる。
ゾーン：5～9

Philadelphus delavayi
☼ ❄ ↔2.4m ↕3m
中国西部とミャンマーの北部に分布。落葉性の直立する低木。葉は細長い卵形で、鋸歯縁、先端が尖る。花をつけないシュートにつく葉のほうが大きめで、葉裏には密生した毛がびっしりつく。初夏に、芳香のある、白い皿形の花がそれぞれの総状花序に9ずつつく。
ゾーン：6～9

Philadelphus incanus
☼ ❄ ↔1.8m ↕3.5m
中国の湖北省、山西省に分布する直立する低木。若枝には毛があるが、年月とともになくなる。葉は卵形～楕円形、花をつけないシュートでは大きめ。晩夏に、総状花序に11までの白い花がつく。
ゾーン：5～9

Philadelphus inodorus
一般名：セイヨウバイカウツギ
☼ ❄ ↔1.2m ↕3m
アメリカ合衆国東部に分布。弧を描く低木で、二年目になると樹皮が剥がれる。葉は、大きさ、形状、表面と裏面それぞれにつく毛の量などに変異が見られ、わずかに鋸歯縁があるか、全縁である。夏、数個の白い花が集散花序を成す。
ゾーン：5～9

Philadelphus lewisii
英　名：INDIAN ARROWWOOD, LEWIS MOCK ORANGE, LEWIS SYRINGA
☼ ❄ ↔3m ↕3m
アメリカ合衆国アイダホ州の州花。北アメリカ西部に自生するアーチ状の低木。葉は薄緑色、卵形、ときに細かい鋸歯縁。初夏に、総状花序に穏やかな香りの花を5～11つける。
ゾーン：5～9

Philadelphus mexicanus
英　名：MEXICAN MOCK ORANGE
☼ ❄ ↔2.4m ↕4.5m
グアテマラとメキシコに分布。常緑のつる性低木。枝は垂れ下がり、目下生育中の枝には剛毛があり、卵形の葉には鋸歯縁があることが多い。夏、バラの香りのするレモンホワイトの花が、しばしば単生で咲く。
ゾーン：9～10

Philadelphus coronarius

Philadelphus coronarius 'Aureus'

Philadelphus inodorus

Philadelphus mexicanus

Philadelphus subcanus var. *magdalenae*

Philadelphus, Hybrid Cultivar, 'Rosace'

Philadelphus, HC, 'Schneesturm'

Philadelphus, HC, 'Manteau d'Hermine'

Philadelphus microphyllus
☼ ❄ ↔0.9m ↕0.9m

アメリカ合衆国南西部に自生。直立する落葉性低木。樹皮は二年目に剥げ落ち、新しく出てきた枝はフェルト状のもので覆われる。葉は小さく、光沢のあるミッドグリーン、全縁。盛夏の初めに、十字形で、香りのよい、白い花を咲かせる。
ゾーン：6〜9

Philadelphus pubescens
英名：MOCK ORANGE, SYRINGA
☼ ❄ ↔2m ↕4.5m

アメリカ合衆国南東部に分布する。先鋭の卵形の葉は、葉裏に剛毛と綿毛がある。白い花が5〜11で総状花序をつくる。初夏に咲く。
ゾーン：6〜9

Philadelphus subcanus
☼ ❄ ↔2.4m ↕6m

中国の南西部に分布する低木。直立する習性、成熟した枝のみ樹皮が剥がれる。花を咲かせる枝につく葉は細かい鋸歯縁、花をつけない枝の葉は深い鋸歯縁。杯状に近い形状をした香りのよい白い花が総状花序を作り、初夏に咲く。*Philadelphus subcanus* var. *magdalenae*は、背丈が低めで、葉と花も小さめ。
ゾーン：6〜9

Philadelphus Hybrid Cultivars
一般名：バイカウツギ交雑品種
☼ ❄ ↔1.8m ↕1.5m

初期の交雑品種は、ほとんどがフランス人の品種改良家、Pierre Lemoineが作り出したもので、*P. coronarius* と *P. microphyllus* を交配し、*P.* × *lemoinei* に分類されることが多い。*P. inodorus* と *P. insignis* の影響下で、*P.* × *cymosus* と *P.* × *polyanthus* という名の新しい交雑種が生み出された。初期の交雑種と *P. coulteri* との交雑種は *P.* × *purpureo-maculatus* という名でまとめられる。最後に、*P.* × *virginalis* という新しいグループが現れ、その中で *P. pubescens* が影響を見せた。'アバランシュ'、Lemoine の生み出した初期の交雑種で、1.8mまで直立して成長し、香りのよい白い花をつける。'ヒュークラーク'、後にできたイギリス交雑種で、高さと幅が2.4m、大きくて香りのよい杯状で、中央がピンクに染まる一重の白花をつける。初夏〜盛夏に開花。'ベル エトワール' *P.* × *purpureo-maculatus* の交雑種、花の中央に赤紫の模様がまだらに入り、パイナップルのような甘い香りがする。'ブール ダルジャン'、*P.* × *polyanthus* の交雑種。高さ1.5mまでのコンパクトで少しアーチになる低木、夏に八重か半八重の花をつける。'ブケ ブラン'、*P.* × *cymosus* の交雑種。半八重の花をつける。'バックリーズ クイル'、1.8mまで直立して伸びる低木、香りのよい八重の花を盛夏の初めにつける。花には長い羽根のような花弁が30までつく。'ダム ブランシュ'、Lemoineの交雑種、クリーム色の半八重の花が咲く。'フィンブリアトゥス' Lemoineの交雑種、花弁の縁が細かく切れている。'グレイシャー' *P.* × *virginalis* の交雑種、高さ1.5mまで、横に広がる、コンパクトな低木。盛夏に香りのよい八重の白い花を咲かせる。'イノセンス'、Lemoine交雑種、高さ3mほどになり、葉は黄色、一重か八重の白い花を夏につける。'マントデルミン'、Lemoineの交雑種、高さに75cmほど。夏に赤かピンクの蕾をつけ、クリーム色の八重の花が咲く。*P.* × *virginalis* タイプに含まれる品種。'ミネソタ スノーフレイク'、八重の白い花。'ナッチェス' 一重の花。'ローゼイス'、*P.* × *cymosus* の交雑種、半八重の花。'シュネーシュトルム'、*P.* × *virginalis* の交雑種、純白の八重の花。'シビル'、*P.* × *purpureo-maculatus* の交雑種、高さ、1.2mまで一重の白い花の中央に紫の斑点が入る。'バージナル'（*P.* × *virginalis*のグループに最初から入っていた）、香りのよい八重の白い花がまばらな頭状花序を作る。
ゾーン：5〜9

PHILLYREA
（フィリレア属）

モクセイ科。常緑低木、小高木4種からなる。地中海地方のマデイラや、アジア南西部に自生し、モクセイ属と非常に近縁。葉が小さめの種は、優美に羽根のような葉をまとった姿になる。

〈栽培〉
土だけの土壌を好むが、湿っているが、水はけのよい土壌がよい。乾燥には耐性がある。頻繁に剪定されるのは平気なので生垣に向いている。繁殖は挿し木から。

Phillyrea angustifolia
☼ ❄ ↔3m ↕3m

南ヨーロッパと北アフリカに自生。コンパクトな丸い低木。葉は細長く、全縁で、披針形、濃緑色。初夏に、葉腋に乳白色の小花を群生させる。沿岸地方には有用な低木である。
ゾーン：7〜10

Phillyrea latifolia
☼ ❄ ↔8m ↕8m

南ヨーロッパとトルコに自生。小さな光沢のある濃緑色の葉をつける。濁った白の花が晩春に咲く。小さなブルーブラックの液果がなる。
ゾーン：7〜10

PHILODENDRON
（フィロデンドロン属）

サトイモ科に属し、およそ500種からなる。ほとんどが熱帯アメリカと西インド諸島に分布。主に、気根を持つ着生のよじ登り性、あるいは巻きつき性のつる植物からなる、中には常緑低木と小高木も含む。大きくて、光沢のある葉は、全縁のことも、さまざまな浅裂が入ることも、

Phillyrea angustifolia

Phillyrea latifolia

羽状に全裂することもある。花は目立たず、花弁がない。穂状花序をなす。毒のある部位があり、樹液に触ると、皮膚に炎症をおこすことがある。適当な種を選べば、温暖な気候で、熱帯の雰囲気をかもしだし魅力的な風景が作れる。室内植物として使われる種が多い。

〈栽培〉
フィロデンドロンは熱帯と亜熱帯が一番向いていて、湿った、水はけのよい、腐食質に富んだ土壌で、成長期にはたっぷりの水を要求する。低い照度に耐性のある種が多く、木漏れ日の中で育てるとよい。繁殖は種子から、挿し木で、あるいは取り木で。

Philodendron bipinnatifidum
異　名：*Philodendron selloum*
一般名：セローム
英　名：TREE PHILODENDRON
☀/◐ ↔3m ↕3m
ブラジルの南東部に自生。大型高木に似た低木で、がっしりした気根がある。光沢のある濃緑色の葉は実に見事で、長さ0.9mにもなり、深裂や浅裂が入り、幅広の卵形で、地面付近ではいくぶん矢形に近くなる。花色は白か緑がかった白色。

Philodendron bipinnatifidum

Philodendron domesticum
異　名：*Philodendron hastatum*
英　名：ELEPHANT EAR PHILODENDRON, EMERALD DUKE PHILODENDRON
☀◐ ↔0.6～0.9m ↕1.8～3m
南アメリカ北部に自生する、成長の遅い常緑つる植物で、基部が木質化する。光沢のある、きめの粗い、鮮やかな緑の葉は矢じり形～心臓形で、長さが30～60cm、ワックスを塗ったような、基部から出る目立つ切片は太い葉柄につく。白か緑の花は仏炎苞に包まれる。
ゾーン：10～12

Philodendron erubescens
一般名：サトイモカズラ、アカインベ
英　名：BLUSHING PHILODENDRON, RED-LEAF PHILODENDRON
☀/◐ ↔0.9～2.4m ↕1.8～3m
コロンビア原生。直立し、よじ登る、基部が木質化するつる性植物。光沢のある濃緑色の葉は赤褐色を上塗りしたようで、卵形～三角形、長さ25cmほど、長い赤い柄につく。長さ15cmの濃い紫の花が仏炎苞に包まれる。
ゾーン：10～12

Philodendron hederaceum
異　名：*Philodendron scandens*
☀◐ ↔0.6～1.8m ↕3～4.5m
メキシコ、西インド諸島、南アメリカ北部の大部分に分布する、緑の木登り性のつる植物。赤みがかった緑の若葉と、卵形～心臓形の革質で濃緑色の成葉がある。成葉は長さ10～40cm、葉裏は紫を帯びるか紫色、長い葉柄につき、5～6対の葉脈が浮き出している。高い薄緑色の花柄に穂状花序が、上向きか、下向きに単生でつく。仏炎苞はときに赤紫に染まるが、ふつうは緑色で、その筒の内側が赤みを帯びるものから紫色まである。花後に緑がかった白の液果がなる。
ゾーン：10～12

Philodendron radiatum

自生する*Philodendron hederaceum*、コスタリカ

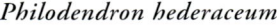

P. aureum var. *areolatum* 'Mandanum'

自生する*Philodendron radiatum*、コスタリカ

Philodendron radiatum
異　名：*Philodendron dubium*
☀◐ ↔2m ↕1.8～2.4m
メキシコからコロンビアにかけて分布する着生植物、あるいは不規則に広がるつる植物で、陸生のものは稀。太い茎は半透明か、オレンジ色で、水分が多くてべとつく樹液を含む。目立つ葉痕と膨れた節間が茎を特徴のあるものにしている。葉は革質で、濃緑色、葉鞘に包まれ、三角形～卵形、浅裂が入り、長さ30～100cm。微細な花がびっしりついたクリーミーホワイトの花穂を葉腋に1～4つける。花穂を包む仏炎苞は、高い花柄に上向きでつき、黄色を帯びた緑色、半光沢があり、外側には紫の点が散り、内側にはピンク～鈍赤か赤茶の点が散る。液果は長円形で白色、粘着性がありわずかに透ける。
ゾーン：9～12

PHLEBODIUM
（フレボディウム属）
ウラボシ科に属する常緑、あるいは半常緑のシダ4種からなる。熱帯アメリカ原生で、太い多肉質の匍匐性の根茎は錆色～金色の鱗片に包まれる。全縁で、卵形、全裂した葉は、質感が革質か紙状で、茎節につく。属名は「葉脈がいっぱい」という意味のギリシア語*phlebodes*から来ていて、たくさんに分岐した葉脈に由来する。

〈栽培〉
肥えた、水はけのよい、湿った土壌で、半日陰～日陰を好み、定期的な水やりと霜よけが必要。鉢か、ハンギングバスケットでの栽培が適しており、胞子からか、株分けで殖やす

Phlebodium aureum
異　名：*Polypodium aureum*
一般名：ダイオウウラボシ
英　名：HARE'S FOOT FERN, RABBITS FOOT FERN
☀ ↔60～90cm ↕60～90cm
広範囲に広がり変異も多い常緑の着生

シダで、メキシコや西インド諸島など熱帯、亜熱帯地域のヤシの幹や高木の大枝に自生する。太い、匍匐性の根茎は山吹色の毛を帯びる。深裂の入った葉は、卵形〜三角形で、長さが100cmになる。大きな細長い革紐形の小葉は灰色がかった緑や銀色がかった緑色〜大量に粉をふいたように見える青緑色までさまざまで、波縁になっていることも多い。葉は寒い気候では紫色になる。金属的な灰青色の葉で、縁が顕著にうねっていたり、波形になっていたりする栽培品種がいくつかある。*Phlebodium aureum* **var. *areolatum*（フレボディウム・アムレウム・アレオラトゥム）**は直立する全縁の革質の葉。'**マンダイアヌム**'は小葉がカーブし、波打つ。'**マイイ**'小葉が、波うち縮れる。ゾーン：10〜12

PHLEUM
（アワガエリ属）
英　名：MARSH REED
イネ科、一年草、多年草およそ15種からなる。両半球の温帯地方に自生する。茎が直立し、平たい葉の縁はざらざらしている。葉は中央基部からも、茎からも出る。茎先につく花は、扁平な穂を集めた円筒形〜ほとんど球形の円錐花序を作り、春と夏に咲く。属名はギリシア語 *phleos*（沼地のアシ）から来ている。
〈栽培〉
砂混じりの水はけのよい土壌で、開けた日当たりのよい場所を好む。繁殖は播種から。

Phleum pratense
一般名：チモシー
英　名：HERDS GRASS、TIMOTHY GRASS
☼ ❄ ↔ 0.6〜1.5m ↑ 0.6〜1.5m
ヨーロッパ、アフリカ北西部、アジア北部に自生する。北アメリカに帰化している。牧草と干し草のため広く栽培されている。ざらざらした、広がる葉は、黄色を帯びた緑で、長さ3.5〜30cm、茂みの中央から生える。一緒に基部が膨らんだ花茎も出る。花茎は単生〜まばらに群生し、直立し、滑らか。円筒形の花序は緑〜雲色を帯びるが、しだいに黄褐色に色づける。小穂には粗い剛毛のある顎がある。晩春〜初夏に咲く。ゾーン：5〜9

Phleum pratense アメリカ合衆国、モンタナ州、グレイシャー国立公園、セントメアリー湖

PHLOMIS
（フロミス属）
イラクサ科の低く成長する低木、亜低木、草本、約100種からなる。ヨーロッパとアジア一帯に、地中海地域から中国まで、広く分布している。大半はフェルト状の葉と、茎に沿って輪生でつく筒状の花を有する。花弁には唇弁が2つあり、上側の唇弁が下側に覆いかぶさる。花色は黄色、クリーム色、ピンク色、藤色、あるいは紫色。

〈栽培〉
たいていの種は、霜にはきわめて耐性があり、雨の後でもフェルト状の葉が素早く乾くように日当たりのよい露出した場所に植えるのが一番よい。日照りにも強く、それゆえ夏に過剰に水を与えられるのをたいてい嫌う。繁殖は播種から、あるいは花をつけないシュートの先を挿す。

Phlomis cashmeriana
☼ ❄ ↔ 90cm ↑ 90cm
びっしりと軟毛を帯びた茎を持つ丈夫な植物で、カシミール地方とヒマラヤ地方西部に自生する。細長い卵形の葉には軟毛があり、葉裏は白い。夏、薄いライラック色の花が密生して輪生する。ゾーン：8〜11

Phlomis chrysophylla
☼ ❄ ↔ 0.9m ↑ 1.2m
小型の常緑の亜低木で、レバノンに自生する。茎は直立し、分岐する。幅広の卵形の葉は、若葉のときは金色の軟毛を帯び、成熟するにつれ黄色がかった灰色に色あせる。夏、鮮やかな山吹色の花が葉腋に輪生でつく。
ゾーン：7〜10

Phlomis 'Edward Bowles'
一般名：フロミス'エドワード ボールズ'
☼ ❄ ↔ 90cm ↑ 90cm
丈夫な交雑種の亜低木。先が尖った卵形の葉は、長さ15cmまで大きくなり、表面に皺がある。緑がかった黄色の花が夏に咲く。ゾーン：7〜11

Phlomis fruticosa
一般名：エルサレムセージ
英　名：JERUSALEM SAGE
☼ ❄ ↔ 75cm ↑ 75cm
地中海地方原生。葉は緑色でフェルト状。鮮やかな黄色の花が夏に咲く。沿岸地方の気候条件に耐性がある。半分の大きさになるまで、しっかり切り戻すこと。'**イエロー**'豊かな黄色の花。
ゾーン：7〜10

Phlomis italica
☼ ❄ ↔ 30cm ↑ 30cm
バレアレス諸島（地中海西部の群島）に自生する亜低木。葉は細い長円形で白い軟毛がある。夏〜秋、ピンク色か薄いライラック色の花を、輪生で6花、じゅうぶん間隔をあけてつける。灰色がかった白い萼を持つ。ゾーン：8〜11

Phlomis fruticosa

Phlomis 'Edward Bowles'

Phlomis lycia

Phlomis russeliana

Phlomis purpurea

Phlomis lanata ★

☼ ❋ ↔50cm ↕50cm

ギリシアのクレタ島に自生。金色の毛の生えた茎を持つ小型の低木。小さな長円形の葉と花萼には軟毛がびっしりつく。オレンジイエローの花が2～10、輪生でつく。夏咲き。ゾーン：8～11

Phlomis lychnitis

英　名：LAMPWICK PLANT

☼ ❋ ↔70cm ↕70cm

ヨーロッパ南西部に自生する亜低木。どの部分も白い軟毛を帯びる。細い長円の葉は長さ5～10cm。黄色い花が4～10、輪生でつく。夏咲き。
ゾーン：8～11

Phlomis lycia

☼ ↔0.9m ↕0.9～1.5m

トルコ原生。小型の低木で、浅い鋸歯縁で灰色のフェルト状の葉を持つ。黄色い花が6～12輪生でつく。穂状花序ごとに1～2の輪生花がある。花序をつける茎は、若いときには綿毛で覆われる。
ゾーン：9～10

Phlomis lanata

Phlomis purpurea

☼ ❋ ↔60cm ↕60cm

スペインとポルトガルに原生。茎は軟毛を帯びる。細長い、皺だらけの革質で、灰色がかった葉は、裏側がびっしり毛を帯びる。綿毛を帯びた紫～ピンク色の花が夏に輪生でつく。
ゾーン：8～11

Phlomis russeliana

一般名：ラージ エルサレムセージ

☼ ❋ ↔60cm ↕90cm

自生するのはシリアの西部という狭い範囲だが、栽培では普及している。小型の低木で、長い茎につく心臓形の葉は細かい毛で覆われ、とりわけ葉裏で顕著である。薄い黄色のフードを被ったような花を、夏につける。長い湿潤な気候のもとでは生き延びない。
ゾーン：7～9

Phlomis samia

☼ ❋ ↔60～90cm ↕60～90cm

北アフリカ、ギリシア、バルカン半島諸国に自生する。群生する多年生植物で、その葉は、毛を帯び、先の尖った卵形で、長さ20cmほど。薄いクリームがかったピンクの花を、10～20輪性でつける。
ゾーン：7～10

Phlomis tuberosa

☼ ❋ ↔90cm ↕90cm

塊根を持つ、落葉性の多年生植物で、中央ヨーロッパ～中央アジアに分布する。薄く毛が生え、先の尖った卵形の葉は、長さが25cmになる。夏、紫色～ピンク色の花が輪生でつき、茎先になるにつれ花が混み合う。ゾーン：6～10

Phlomis viscosa

☼ ❋ ↔0.9～1.2m ↕0.9～1.2m

アジア南西部とトルコに自生する。よく分岐する低木で、ときには多年生植物 *P. russeliana* と混同され、*P. russeliana* が *P. viscosa* と呼ばれていたりする。有毛の葉は長さが15cmになる。夏、12～20の黄色い花を輪生でつける。
ゾーン：8～11

PHLOX
（フロクス属）

ハナシノブ科で、一年生、多年生植物67種からなる、北アメリカの属。どの種も同じような小さな鐘形で、長く先の広がった筒のある花を集めた茎頂花序を持つが、成長習性は著しく異なる。一年草は小さくこんもりとした茂みを作ることが多い。地面に寄りそうロック・フロクスは葉がごく小さい。匍匐性の品種は茎が長く、ハンギングバスケットに向く。ボーダー・フロクスの種は直立して叢生し、しばしば葉が多い。*Phlox*とは、「炎」を意味するギリシア語で、一年草、ロック、ボーダー、どのタイプにしても、まばゆいほどの色を鮮やかに燃え立たせるフロクスには非常に適切な形容辞と言える。

〈栽培〉

全種が水はけのよい、湿った土壌を好む。一年草とロック・フロクスは日なたが必要で、ボーダーと匍匐性の種は半日陰がよい。ボーダー・フロクスは季節はずれのうどんこ病を防ぐために通風をよくする必要がある。繁殖は播種か、株分けか、挿し木から。

Phlox adsurgens

英　名：WOODLAND PHLOX

☼/◐ ❋ ↔30～50cm ↕10～15cm

アメリカ合衆国西部原生。広がるタイプの多年生植物で、茎先が部分的に直立することもある。卵形の葉は長さ12～25cm。径25mmのピンク～紫の花がまばらにつき頭状花を成す。晩春～夏、開花。
ゾーン：6～10

Phlox bifida

英　名：SAND PHLOX

☼/◐ ❋ ↔30～40cm ↕10～20cm

アメリカ合衆国中央部原生の房状に生える多年生植物。かなりまばらに軟毛のある葉は、楕円形～ほぼ線形。垂れ下がる軟毛を帯びた、甘い香りのする、星形で白色～ラベンダー色の花は、花弁に切れ込みがあり、春～夏に開花する。
ゾーン：6～10

Phlox carolina

フロクス・カロリナ

英　名：THICKLEAF PHLOX

☼/◐ ❋ ↔40～60cm ↕1.2m

アメリカ合衆国の東半分に自生する直立し、群生する多年生植物。葉は革質、光沢があり、細長い槍形だが、ときに線形。春～初夏、径25mmほどのピンク～紫色の花が集まり、大きな目立つ花序を成す。'ビル ベイカー'、高さ18cmと、コンパ

Phlomis italica

Phlomis viscosa

Phlox paniculata

Phlox paniculata 'Prospero'

Phlox paniculata 'Eva Cullum'

Phlox paniculata 'Tenor'

クトな姿に、大きなピンクの花。
ゾーン：5～10

Phlox divaricata
英　名：BLUE PHLOX, WILD SWEET WILLIAM
☼/☼　❄　↔60～100cm
↕30～45cm
北アメリカ原生の、広がり、低く群生する多年生植物。細く強靭な茎、先の尖った卵形～細い槍形の葉。春、径40mmほどの、ラベンダーピンク、藤色、あるいは白の花が小さな頭状花を作る。***Phlox divaricata* subsp. *laphamii*（フロクス・ディワリカタ　ラファミイ）は栽培種では一番よく知られている。'チャタフーチー' ★、高さ15cm、ラベンダー色の花で中心が赤い。
ゾーン：4～9

Phlox douglasii
一般名：ウメザキシバザクラ
☼/☼　❄　↔30～50cm ↕5～15cm
アメリカ合衆国北西部原生の多年生植物。たいていは地表を覆うように広がるのだが、ときには茎先が少し上がることもある。細かい綿毛がある茎に、非常に細長い、毛が縁取る葉がつく。人目を引く、ぎっしりと詰まった花序を作る花は、主に濃いピンク、赤、藤色、紫で、春～初夏に咲く。'ブースマンズ　バラエティ'は草丈8cm、ラベンダー色の花は、中心が濃色。'クラッカージャック'、均整のとれたコンパクトな草姿に成長し、マゼンタ色の花をつける。'ケリーズ　アイ'、薄いピンクの花で、中心が紫色。'レッド　アドミラル'10cm高さまでドーム状に盛り上がり、真紅の花をつける。'ロセア'ピンクの花。
ゾーン：5～10

Phlox drummondii
一般名：キキョウナデシコ
☼/☼　❄　↔20～40cm ↕15～40cm
テキサス州原生の一年草だが、今では広く根付いて野草となっている。直立し、ときには匍匐する茎に、先の尖った卵形～細長い槍形の葉がつく。夏、花序を作る小花は、鮮やかなラベンダー色～赤紫色、花弁に切れ込みの入ることが多い。混色した種子の系統に入るもの。**Beauty Series**（ビューティ　シリーズ）、黄色を含め多くの色が入る。**Brilliancy Series**（ブリリアンシー　シリーズ）、色幅が広い。**Buttons and Bows Series**（ボタン　アンド　ボウ　シリーズ）、鮮やかな色が主流、対照色の目があることが多い。**Phlox of Sheep Series**（フロクス　オブ　シープ　シリーズ）、中央が淡黄色で黄色、生色、アプリコット色を含むパステルカラー。**Tapestry Series**（タペストリー　シリーズ）、幅広いパステルカラーが揃う花色と対照的な色の目（花の中心部）がある。香りがよい。
ゾーン：6～10

Phlox maculata
フロクス・マクラタ
英　名：MEADOW PHLOX, WILD SWEET WILLIAM
☼/☼　❄　↔40cm ↕70cm
アメリカ合衆国東部原生の直立し、根茎

Phlox drummondii

を持つ多年生植物。厚い、光沢のある、濃緑色の葉は、たいてい先の尖った卵形で、ときに線形。ピンク、紫、あるいは白の花が密集した花序を夏につける。花は、中心部が紫を帯びることが多い。'アルファ'、香りのよいラベンダーピンクの花。'オメガ'、芳香のある白い花は中心部が紫色。
ゾーン：5～10

Phlox nana
フロクス・ナナ
英　名：SANTA FE PHLOX
☼/☼　❄　↔30～50cm ↕15～25cm
アメリカ合衆国南西部原生の、小型で、叢生し、こんもり茂る多年生植物。葉は非常に細長い槍形。長い筒状の花は単生か、小さな群生する。花径は18mmほど、花色はピンクと紫の色合いが揃う。晩春～夏に開花。'メアリー　マズリン'中心が黄色の目立つ赤い花。
ゾーン：8～10

Phlox nivalis
英　名：TRAILING PHLOX
☼/☼　❄　↔30～60cm ↕10～30cm
アメリカ合衆国南東部原生の低木。たいてい広がりながら成長するが、ときには部分的に立ち上がることもある。葉は槍形。軟毛のある花序は春咲き、3～6の花がつく。花はピンクか白色、花弁に切れ込みの入ることが多い。
ゾーン：6～10

Phlox paniculata
一般名：クサキョウチクトウ、オイランソウ
英　名：BORDER PHLOX, SUMMER PHLOX
☼/☼　❄　↔40～100cm
↕60～120cm
アメリカ合衆国東部に自生する丈夫な多年草で、直立する茎が密生する。先の尖った卵形～槍形の葉はしばしば鋸歯縁で、ときに軟毛がある。大きな丸い花序は、ふつうピンク、ラベンダー色、紫色。夏に開花。'ブリガディアー'、暗色の葉群、アプリコットピンクの花。'エウロパ'、甘い香りの白い花は中心が赤い。'エバカラム'、暗いピンクの花、中心部は濃いピンク。'イーブンタイド'藤色～青の花。'フジヤマ' ★、白い花。'ル　マーディ'、青紫色の花。'マザー　オブ　パール'、薄い銀色がかったピンクの花。'プロスペロ'、ラベンダー色～薄紫の花。'スターファイアー'、濃い赤の花。'テノール'、緋色の花。'ホワイト　アドミラル'、純白の花。'ウィンザー'、白い花がラベンダーブルーに覆われる。ゾーン：4～10

Phlox divaricata subsp. *laphamii* 'Chattahoochee'

Phlox douglasii 'Crackerjack'

Phlox douglasii 'Rosea'

Phlox carolina 'Bill Baker'

Phlox pilosa
英 名：PRAIRIE PHLOX
☼/☼ ✽ ↔30～50cm ↕60cm
テキサス州原生の群生する多年生植物。葉は線形～槍形。春、幅広の花弁を持つピンク～紫、白の花が集まり、大きな花序を作る。
ゾーン：5～10

Phlox × procumbens
☼/☼ ✽ ↔30～80cm ↕10～20cm
栽培交雑種。広がる習性だが、ときには部分的に立ち上がり、幅広の槍形の葉を茂らせる。盛夏から、花径18mmほどのパープルピンクの花が散開する花序をたくさんつける。
ゾーン：4～9

Phlox stolonifera
一般名：ツルハナシノブ
☼/☼ ✽ ↔50～100cm ↕15～25cm
アメリカ合衆国南東部に自生する、こんもり茂る多年生植物。地下のランナーで広がる。幅広で、先の尖る卵形の葉。春、花径25mmほどのスミレ色～紫の花を6つほどで散開する花序を作る。'ブルー リッジ'、光沢のある葉、明るいミッドブルーの花。ゾーン：4～9

Phlox subulata 'Emerald Blue'

Phlox subulata
一般名：シバザクラ
英 名：MOSS PHLOX, MOUNTAIN PHLOX
☼/☼ ✽ ↔30～50cm ↕5～10cm
匍匐し、地上を覆う多年生植物で、アメリカ合衆国東部が原生。葉は、小さく、細長く、先が尖っている。花序には2、3しか花がないが、密生する。花はたいていピンク～ラベンダー色か白。しばしば花弁に欠刻が入る。春から初夏に咲く。'ボニータ'、光沢のある葉、鮮やかなピンクの花。'エメラルド ブルー'、コンパクトな習性、鮮やかな緑の葉、ミッドブルーの花。'エメラルド ピンク'、コンパクトな習性で、鮮やかなみどりの葉、ビビッドピンクの花。'レイト レッド'、赤紫色の花。'マクダニエルズ クッション'、鮮やかなピンクの花。'スカーレット フレイム'、非常にコンパクトにまとまる。濃い赤紫色の花。
ゾーン：3～9

Phlox subulata 'G. F. ウィルソン'

PHOENIX
（ナツメヤシ属）
ヤシ科、主に熱帯、亜熱帯アフリカ、マダガスカル、ギリシアのクレタ島、カナリア諸島、アジアに分布する17種からなる。単生、あるいは群生する羽状複葉を持つヤシ。雄性木と雌性木が分かれている。葉は長い羽状複葉で、それぞれの葉で下方の小葉は小さくなり硬い鋭い刺に変わる。3弁の黄色いことが多い小花が円錐花序を作り、その後できる果実は、1つの種子を含み、黄色、オレンジ色、緑色、茶色、あるいは赤色～黒色。風景に彩りを添えるため、街路樹として、あるいはコンテナ植物として広く栽培される。ナツメやパーム糖を産出する種もある。

〈栽培〉
ほとんどの種が日なたで比較的痩せた乾燥した土壌でも、水はけがよければ、じゅうぶん適応でき、育ちうるが、水分が多くて生産的な土壌ならもっとよい結果が出る。繁殖は播種からか、吸枝を出す変異種なら吸枝から。古い葉はていねいに除くこと。

Phoenix canariensis ★
一般名：フェニックス、カナリーヤシ
英 名：CANARY ISLAND, DATE PALM
☼ ♂ ↔9m ↕21m
カナリー諸島原生。樹冠を広げ、太い幹は古い葉の葉痕に覆われる。弧を描く大きな緑の葉は長さ6mにもあり、基部は鋭い刺が生える。クリーム色～黄色

Phlox subulata 'Late Red'

の花が垂れ下がる円形花序につき、オレンジ色の果実がたくさんなる。巨大になり多数の種子をつけうる。種子の処分は慎重に。
ゾーン：9～11

Phoenix dactylifera
一般名：ナツメヤシ
☼ ♂ ↔9m ↕21m
少なく見ても5,000年は栽培されてきた普及種。優美に広がる樹冠、灰緑色の羽状複葉、下方の小葉は退化して刺になる。甘い食用の果実は暑くて乾いた気候でしかできない。沿岸地方に最適の植物。商業ベースで開発された変種は素晴らしい果実をつける。
ゾーン：9～12

Phoenix loureiroi
英 名：DWARF DATE
☼ ♂ ↔3.5m ↕1.8～4.5m
インドから中国南部に分布する小型ヤシで、通常群生する。硬い緑の葉を作る小葉は中央脈にそって高さをずらせて並ぶ。クリーム色の花が円錐花序を成す。長円形の果実は熟すと濃い紫色になる。
ゾーン：10～12

Phoenix roebelenii ★
一般名：シンノウヤシ
英 名：DWARF DATE PALM
☼ ♂ ↔2.4m ↕3m
ラオス原生で広く普及している優美で、小型のヤシ。単生のきめの粗い幹は古い葉柄の痕で覆われる。魅力的な、弓状の濃緑色の羽状複葉。小葉の裏面は銀色で、下方の小葉は退化して鋭い刺になる。クリーム色の円錐花序には、小さい卵形の黒い食べられる果実がなる。
ゾーン：10～12

Phoenix canariensis

Phoenix reclinata, in the wild, near St Lucia, South Africa

Phoenix dactylifera, in the wild, Grand Erg, Algeria

Phoenix loureiroi

Phoenix rupicola

Phoenix rupicola
一般名：イワソテツジュロ
英　名：CLIFF DATE PALM
☼ ↔4.5m ↕8m

インドが原生。小型〜中型のヤシで、幹は細く単生。弓状の羽状複葉は長さ3m。鮮やかな緑色の小葉は、同じ平面につく。黄色い花からなる円錐花序、果実は輝く黄色〜赤みを帯びる。
ゾーン：10〜12

PHORMIUM
（フォルミウム属）
英　名：FLAX LILY, NEW ZEALAND FLAX

フォルミウム科、大型の常緑多年生植物2種だけから成り、分布はニュージーランドだけに限定されている。葉は長くて繊維質。夏に大きな枝つき燭台状に上向きにカーブした花をつけ、その花が鳥には非常に魅力的な花蜜を滴らせる。艶のある装飾的な果実が花後にできる。葉は昔からロープを作るのに使われ、乾燥させた種子はよく飾りに使われる。

〈栽培〉
日当たりのいい場所で、水分を逃がさない土壌に植える。霜の降りる気候では冬には囲いをしてやる。繁殖は種子から、あるいは初春に色づいた葉か子苗を株分けする。

Phormium tenax, Purpureum Group

Phormium tenax（前景）自生種、ニュージーランド

Phormium cookianum
異　名：*Phormium colensoi*
英　名：NEW ZEALAND MOUNTAIN FLAX
☼ ✽ ↔2〜2.4m ↕2〜2.2m

長さ1.5mの葉は弧を描き、厚い花弁を持つ黄緑色の花は、カーブして垂れ下がる艶のある茶色の果実に代わる。*P. c* subsp. *hookeri*（フォルミウム・コオキアヌム　フケリ）'クリーム ディライド'は葉の縁あたりに細いクリームイエローの縞が入り、さらに中に太めの縞が入る。'トリコロル'は古いクローンで、その葉にはクリームイエローの不規則な縞があり、赤い細い縁取りがある。
ゾーン：8〜11

Phormium tenax
一般名：ニューサイラン、マオラン
英　名：NEW ZEALAND FLAX, NEW ZEALAND HEMP
☼ ✽ ↔2〜3m ↕3〜4.5m

大型で印象的な種で、上を向いた葉は長さ3mにもなり、自生の品種ではたいてい灰緑色をしている。直立する花は、蝋質で赤い色のラッパ形、花後上向きの黒い果実になる。'プルプレウム'は濃緑色の葉を持つ。
ゾーン：8〜10

Phormium Hybrid Cultivars
一般名：フォルミウム交雑品種
☼ ✽ ↔0.3〜1.8m ↕0.3〜1.8m

フォルミウム属の2種は、野生でも、栽培でも、容易に交雑する。矮性種から背の高いものまで、枝垂れ葉か、直立する葉か、さまざまな色の斑入りのものなど、入手可能な栽培種の数は多い。クリーム色と緑色の縞が入る栽培種には、'テュエッド'（0.9m）、'トリコロル'（1.2m）、'イエロー ウェイブ'（0.9m）がある。ピンク、赤、茶色の色合いの斑入りの栽培品種には、'レインボー メイドン'（syn. Maori Maiden　マオリ メイドン）と'サンダウナー'があり、両方とも直立する品種。'イブニング グロー'と'ピンク パンサー'は両方とも垂れ下がる品種。濃い紫色〜黒い葉を持つ栽培品種には、'ブロンズ ベビー'と矮性種の'トム サム'、'ブラック プリンス'と'ダーク ディライド'は草丈高めの垂れ下がる品種。
ゾーン：8〜11

PHOTINIA
（フォティニア属）

バラ科に属する常緑性、落葉性の低木と高木およそ60種からなる。大半がヒマラヤ地方〜日本とインドネシアのスマトラ島に自生する。葉はしばしば驚くような色を呈し、とりわけ春に著しい。花は5弁の小花で普通は白い。平たく密集した円錐花序をシュートに沿って、あるいはその先につける。果実は小さなナシ状果で、ふつうは赤い。常緑種は、その驚くような葉色が魅力で栽培され、生垣に人気もある。落葉種は常緑種より花がつきやすく、秋に葉が魅力的な色を呈する。

〈栽培〉
ほとんどの種がかなり適応性があり、排水のよいことが要となる。最高の結果を得るには、水はけのよい肥えた土壌で、日当たりのよい場所に植えること。密に茂らせるため剪定する。とりわけ生垣の場合は大事。繁殖は播種か挿し木から。

Photinia davidiana

Phormium cookianum 自生種、ニュージーランド、ホークスベイ、テ・マタ山の山頂

Photinia beauverdiana

Photinia beauverdiana
☼ ✽ ↔6m ↕9m

中国西部に自生する落葉性で、広がる高木。細い長円形〜槍形の濃緑色の葉は、細かい鋸歯縁で、朱色に変わる。秋、新しい枝はパープルブラウンを呈する。晩春、小さな白い花が群生する円錐花序が出る。果実は朱色で卵形。
ゾーン：6〜9

Photinia davidiana
異　名：*Stransvaesia davidiana*
☼ ✽ ↔6m ↕8m

大型の常緑低木、あるいは小高木。葉は革質で楕円形〜逆さ槍形、濃緑色。古い葉は秋に赤に変わることもある。夏、白い小花が集まる円錐花序がつく。小さな赤い下垂する果実がなり、いつまでも落ちない。
ゾーン：7〜10

Photinia × fraseri
フォティニア×フラセリ
英　名：FRASER PHOTINIA
☼ ✽ ↔4.5m ↕4.5m

P. glabra と *P. serratifolia* との交雑種で、

Photinia villosa

Photinia × fraseri 'Red Robin'

*Photinia pionophulla*の果実

Photinia × fraseri

アメリカ合衆国アラバマ州のフレイザー農園で作り出された。大型の低木で、茎が多く、革質で濃緑色の葉は細かい鋸歯縁、新しい葉はブロンズ〜鮮やかな赤。春、白い小花が円錐花序を作る。'レッド ロビン'★はニュージーランドで作られたコンパクトな栽培品種で新しく伸びた部分が赤に輝く。'ロブスタ'は新しく育った部分が鮮やかな赤を呈するため広く栽培される。何度も刈り込むことでさらに赤くなる。
ゾーン：8〜10

Photinia glabra
一般名：カナメモチ
英　名：JAPANESE PHOTINIA
☼ ❄ ↔ 3.5m ↕ 4.5m
日本原生。細いドーム状の樹冠を持つ小高木。鮮やかな赤色の新葉は成熟すると緑色になる。夏、白い小花が群生して円錐花序を作る。小さな多肉質のあかい石果が熟すにつれ黒くなり、冬中ついている。'ルーベンス'、冷涼な気候で、生垣に人気がある。
ゾーン：7〜10

Photinia prionophylla
☼ ❄ ↔ 1.5m ↕ 1.8〜2.4m
中国の常緑低木で、上向きにまっすぐ分岐する習性がある。長さ25〜80cmの葉は革質、濃緑色、鋭い鋸歯縁があり、葉裏は白っぽい。夏、花径8cmの白〜クリーム色の花が上向きに群生する。
ゾーン：9〜10

Photinia prunifolia
☼ ❄ ↔ 3.5m ↕ 4.5m
ベトナム原生。*P. glabra*（カナメモチ）に似ているが、葉裏には無数の黒点が散る。花は*P. glabra*よりいくぶん大きい。
ゾーン：7〜10

Photinia serratifolia
異　名：*Photinia serrulata*
一般名：オオカナメモチ
英　名：CHINESE HAWTHORN
☼ ❄ ↔ 8m ↕ 9m
中国原生。小高木、葉は革質で楕円形で鋸歯縁。若葉は赤褐色だが、やがて濃緑色になる。春、白い小花が集まり円錐花序をなす。多くの赤い果実がなる。
ゾーン：7〜10

Photinia villosa
異　名：*Pourthiaea villosa*
一般名：カマツカ
英　名：Oriental Photinia
❄ ↔ 4.5m ↕ 4.5m
中国、朝鮮半島、日本に自生。落葉性の高木か大型の低木で、花瓶形が多い。若いシュートが軟毛を帯びることもある。楕円形〜倒卵形の濃緑色の葉は鋭い鋸歯縁で、若葉のころは赤茶色、秋には黄色、オレンジ色、赤に変わる。春、白い小花が小さな円錐花序を作る。果実は赤い。
ゾーン：4〜9

PHRAGMIPEDIUM
（フラグミペディウム属）
英　名：SOUTH AMERICAN SLIPPER ORCHID
ラン科、中央アメリカ、南アメリカ原生の20種からなる。複茎性ランで、葉は無地の緑色、多花性で、ふつう次々と花を咲かせる。とりわけ頑健な種では分岐した花穂をつけるものもある。このランはラン栽培家にはよく知られている。1980年代、鮮やかな赤い種*P. besseae*の発見により、このランの人気は劇的に増加した。この新種は多くの魅力的なオレンジ色と赤色の交雑種を生み出すのに使われた。たいていは暖かい季節に花を咲かすが、非常に花つきのよいランは一年中花をつける。

〈栽培〉
近縁なパフィオペディラム属のところで挙げたような条件が必要であるが、光のレベルはさらに強く、頻繁な水やりを要求する。バークを中心とする培地に洗ったマメ大の小石とパーライトを混ぜる。栽培家の中には水ゴケだけを使う者もいる。鉢（深いプラスチックの鉢を好む）に植えた植物を浅い5cmまで水の入った受け皿につける方法がかなりの成功を収めた。繁殖は株分けから。

Phragmipedium besseae
☼ ⚥ ↔ 20〜40cm ↕ 20〜50cm
コロンビア、エクアドル、ペルーが原生。花径6cmのオレンジ色〜鮮やかな赤色の花は大きく分裂している。珍しい黄花の品種もある。ゾーン：10〜12

Phragmipedium caudatum
☼ ⚥ ↔ 30〜60cm ↕ 20〜90cm
中央アメリカと南アメリカの西部に自生。本属の中でも一番大きな花をつける種で、黄緑色〜茶色の花を4輪までつけ、その長く垂れ下がる萼片は長さが60cmまでになるが、幅はたったの12mmにしかならない。ゾーン：11〜12

Phragmipedium longifolium
☼ ⚥ ↔ 30〜60cm ↕ 20〜90cm
コスタリカ〜エクアドルに分布。変異のある種だが、たいてい花径15cmほど、緑色の花の細長く伸びた花弁に赤茶色の模様が入る。
ゾーン：11〜12

Phragmipedium Hybrids
一般名：フラグミペディウム　ハイブリッド
☼ ⚥ ↔ 20〜60cm ↕ 20〜90cm
フラグミペディウム属のハイブリッドに寄せる関心はこのところ急増してきている。2つの型が注目される。*P. caudatum*と*P. longifolium*に由来する長い萼片を持つ型と、*P. schlimii*と*P. besseae*に由来するピンク色と赤色の型である。次に挙げる交雑種はすべて祖先に赤い*P. besseae*をもち、花径5〜10cmの花を6つまでつけることができる。'ドン ウィンバー'★は、*P.* 'エリック ヤング'と*P. besseae*との交雑種。'エリック ヤング'は、*P. besseae*と*P. longifolium*との交雑種。'サージェント エリック'は、*P.*と緑を帯びた茶色のブラジル原生の種*P. sargentianum*との交雑種。
ゾーン：10〜12

PHRAGMITES
（ヨシ属）
英　名：REED
イネ科のヨシ属を構成する3〜4属は、熱帯性、温帯性気候の沼沢地や湿った地域に広く分布する。太い根茎やランナーを持ち、密生する。葉は幅広のことも細いことも、平たいことも折れていることもあるが、たいてい落葉性で、開いた葉鞘

Phragmipedium longifolium

Phragmipedium, Hybrid, Don Wimber

Phragmipedium, Hybrid, Sergeant Eric

Phragmipedium, Hybrid, Eric Young

Phygelius × rectus 'African Queen'

Phygelius × rectus 'Moonraker'

Phygelius × rectus 'Salmon Leap'

Phygelius aequalis

P. aequalis 'Trewidden Pink'

を持ち、1〜10の花をつけた小穂が、柔らかい毛か羽毛のある大きな茎頂円錐花序を、高い直立した頑丈な茎先に作る。属名はギリシア語 *phragma*（フェンス、あるいは目隠し）からで、垣根に育つ植物のことを指す。

〈栽培〉
日なたで、池や流れの遅い水辺の湿潤な土壌を好む。繁殖は播種からか、株分けで。

Phragmites australis
異　名：*Phragmites communis*
一般名：ヨシ、アシ
英　名：CARRIZO COMMON REED、FEATHER GRASS
☀ ❄ ↔70〜100cm ↕1.8〜3m

広く分布する多年草で、湿った岸辺に沿って、あるいは1〜2mの水中にある太い塊根から成長する。硬いまっすぐな茎は高さ4.5mになる。アーチ状の細長い平たい革紐状の葉には、長さ20〜60cmの葉身があり、細くなりながら長い葉先につながる。葉縁はぎざぎざで滑らかな葉鞘を持つ。羽毛のある長さ45〜75cmの花序は、上向きか垂れ下がるかで、茶色〜紫色に染まる。小穂は高さ3mの茎につく。夏〜秋に咲く。'**ルブラ**'の花序は赤みを帯びる。'**ワリエガトゥス**'の葉には鮮やかな黄色の縞があり、しだいに褪せて白になる。
ゾーン：4〜6

PHUOPSIS
（フオプシス属）
アカネ科のこの属にはコーカサス地方原生のマット状に広がる細かい毛の生えた多年生植物1種しかない。細長い剣形の葉が輪生につき、ごく小さい5弁のピンクの花が群生する。

〈栽培〉
ロックガーデンや堤に向く。*Phuopsis* は日なた、あるいは半日陰で湿った水はけのよい土壌を好む。繁殖は春に株分けするか、夏に半熟茎を挿すか、あるいは春に播種。

Phuopsis stylosa
異　名：*Crucianella stylosa*
一般名：ハナクルマソウ
英　名：CROSSWORT
☀ ❄ ↔20cm〜30cm ↕20cm〜30cm

低く成長する草本で、強靭な地表を這う茎がマット状に広がる茂みを形成する。きめの粗い、濃緑〜灰緑の小さな葉が輪生でつく。晩春〜初夏、茎先に小さなピンクの花が集まり丸い花序を作る。'**プルプレア**' syn. '**ルブラ**'）、紫がかった赤の花をつける。
ゾーン：7〜8

PHYGELIUS
（フィゲリウス属）
ゴマノハグサ科、南アフリカ原生の常緑の亜低木からなる。2種しか含まれないのだが、そのふたつが多くの交雑種を生み出してきた。冬、気温が零下に下がるところでは、草本の多年生植物として育てられることが多い。柔らかい緑の葉が、直立する茎につき、フクシアに似た、暖かい色合いの下垂する筒状の花を晩夏のあいだ中ずっと咲かせる。宿根草として栽培されると、吸枝を出し、匍匐する根茎は魅力的な直径0.9mほどの茂みを形成する。

〈栽培〉
肥えて、湿りけのある、腐葉質に富んだ土壌があれば、温暖な気候なら午前中日が当たる場所で育つが、冷涼な気候だと霜の被害を最小にするために保護壁で守るか、同様に暖かい場所が必要となる。多肉質の植物で、乾燥は嫌うので、夏のあいだは水やりをしっかりする。繁殖は夏に取った枝を挿す。

Phygelius aequalis
フィゲリウス・アエクアリス
☀ ❄ ↔0.9m ↕0.9m

吸枝を出す低木、あるいは冷涼な気候では草本の多年生植物。茎は直立する。柔らかい鮮やかな緑色の葉と濁ったピンクの筒状の花をつける。'**トレウィデン ピンク**'はピンクがかったクリーム色の花。'**イエロー トランペット**'親種よりも葉や花が大きく密に株立ちして育つ。
ゾーン：8〜10

Phygelius capensis ★
一般名：ケープフクシア
英　名：CAPE FIGWORT、CAPE FUCHSIA
☀ ❄ ↔50cm ↕1.8m

よく茂る、吸枝を伸ばす低木。柔らかな緑の葉は、槍形。独特の後ろに反り返るような裂片を持つオレンジ色の筒状の花は群生する。
ゾーン：8〜10

Phygelius × rectus
フィロゲリウス×レクトゥス
☀ ❄ ↔1.2m ↕1.2m

P. aequalis と *P. capensis* を交雑させた栽培品種。コンパクトな吸枝で増える低木。濃緑色の葉、直立する茎。下垂する筒状の花が群生する。'**アフリカン クイーン**'、薄い赤の花。'**ムーンレイカー**'、クリームイエローの花。'**サーモン リー**

Phragmites australis 'Variegatus'

Phragmites australis

Phygelius aequalis 'Yellow Trumpet'

プ'、深裂の入るオレンジ色の花。
ゾーン：8〜10

PHYLA
（フィラ属）
英　名：FROGFRUIT

クマツヅラ科、匍匐性か、マット状に広がる多年生草本15種からなり、暖温帯〜亜熱帯の中央アメリカと南アメリカに分布する。ランナーを持つ茎から枝が出て、這うように広がったり、直立したりする。軟毛のある葉は互生か、群生。葉腋から単生か、対で、小花が多数ついた花序がつく。小花には卵形〜楔形の苞葉と、2〜4の歯状突起のある平たい膜質の萼があり、まっすぐ、あるいはわずかに曲がった花冠筒には2〜4の浅裂が入る。

〈栽培〉
たいていは塩分に耐性があり、グラウンドカバーに向く。日なたか半日陰で湿っているが水はけのよい土壌で育つ。繁殖は春か秋に株分けから。

Phyla nodiflora
一般名：ヒメイワダレソウ
英　名：CAPEWEED MATGRASS、TURKEY TANGLE
☼ ❄ ↔0.9m〜1.8m ↕3〜15cm

丈夫で塩に強い多年生草本。葉は長円〜ヘラ形で、緑色か灰色がかった緑色、長さ8cmほどで、先のほうは鋸歯縁、細かい軟毛を帯びた茎につく。長さ25mmほどの花序に、わずかに軟毛がある花を集める。花は緑か紫色の小葉苞と、白、赤みを帯びるか、ライラック色の花冠と、黄色い中心部を持つ。春〜夏に開花。
ゾーン：9〜10

PHYLICA
（フィリカ属）

クロウメモドキ科で、主に南アフリカ原生のおよそ150種の常緑低木からなる。2、3種は、花が切り花で長く持つことから、温帯地方の庭で栽培されている。葉は濃緑色で、裏は薄色、たいてい銀色の絹毛状のものに覆われている。本当の花は花弁がないか、花弁が細い糸状であることが多く、ふつう大きな羽状の萼に囲まれるか、白い羊毛状の毛に包まれる。

〈栽培〉
軽い、砂混じりの、水はけのよい、わずかに酸性の土壌で日なたに植える。湿度の高いのには耐性があるが、長く雨が続くと葉が傷む。沿岸性の気候が向いている。腐葉質と水を増すと、葉が生き生きするが、徒長し、花つきが悪くなる。終わった花を除いて刈り込み、全体を整える。繁殖は播種からか、あるいは花をつけていない茎から半熟枝を挿し木する。

Phylica buxifolia
英　名：BOX HARD-LEAF
☼ ❄ ↔3m ↕3m

Phyla nodiflora

× Phylliopsis, Hybrid Cultivar, 'Sugar Plum'

Phylica buxifolia 南アフリカ、ハロルド・ポーター国立植物公園

Phylica plumosa

南アフリカのケープタウン近くの岩山だけに自生する。枝はゆったり伸び、小枝や新しく伸びた部分は薄茶色の軟毛に包まれる。葉はツゲに似ている。春、ごく小さな白い花が密集して小さな花序を作る。短命なことが多い。
ゾーン：9〜10

Phylica plumosa
異　名：Phylica pubescens
英　名：FLANNEL FLOWER
☼ ❄ ↔0.9m ↕0.9m〜1.8m

南アフリカの低木。淡黄褐色で毛のある苞葉が小さな白い花を包む。木全体が細い毛でびっしり覆われ、濃緑色の葉群が間から見える。初冬に花序が成熟する。切り花は長くもつ。
ゾーン：9〜11

PHYLLANTHUS
（コミカンソウ属）

トウダイグサ科、熱帯、亜熱帯地方に分布する、常緑性、あるいは落葉性の草本、低木、高木およそ600種からなる。葉は全縁で、葉柄は短いか、欠如し、しばしば羽状の葉脈があり、互生か螺旋状に出る。春〜夏、小さな花弁のない花が、単生か群生で葉腋から出る。花後、種子を2つ含む小さな果実ができる。

〈栽培〉
温暖な気候と、日なた、腐葉質に富んだ水はけのよい土壌、そして乾燥する気候ではたっぷりの水が必要である。沿岸の気候ならよく育つ。繁殖は種子からか、硬い枝先を挿し木する。

Phyllanthus acidus、果実

Phyllocladus glaucus

Phyllanthus acidus
一般名：アメダマノキ、ナンヨウユカン
英　名：OTAHEITE GOOSEBERRY、STAR GOOSEBERRY
☼ ✤ ↔3m ↕9m

南アジアに自生。長さ8cmの卵形の葉が左右2列につく、成長の早い高木。春、小さな赤い花が葉のような枝にそって咲く。薄い緑を帯びた黄色の食べられる果実は、インドでは砂糖煮やピクルスに使われる。ゾーン：11〜12

×PHYLLIOPSIS
（×フィリオプシス属）

本属は交雑種からなる属で、ツツジ科のツガザクラ属とカルミオプシス属を交雑させた栽培品種である小型の常緑低木からなる。輝く茶色の樹皮を持ち、小さい、光沢のある濃緑色で、先の丸い長円形〜卵形の葉をつけ、短い赤い花柄に長く伸びた総状花序をつける。それぞれの花には、5つのわずかに毛のある萼片と、赤みを帯びた紫色で鐘形の、5裂片に分かれる花弁がある。春咲き。

〈栽培〉
半日陰と、ピートを含んだ酸性の土壌を好む。コンパクトな姿を保つには花が終わったら切り戻す。繁殖は半熟枝を晩夏に挿し木する。

×Phylliopsis Hybrid Cultivars
一般名：フィリオプシス交雑品種
☼ ❄ ↔20〜30cm ↕30cm

小型の低木はコンテナやロックガーデンに向く。'コッペリア'は杯状の大きなピ

ンクがかったライラック色の花をつける。'ピノキオ'はコンパクトな姿形。'シュガー プラム'はキャンディピンクの花。
ゾーン：3〜9

PHYLLOCLADUS
（フィロクラドゥス属）
英 名：CELERY PINE

フィロクラドゥス科、針葉樹の高木、低木5〜6種からなる。フィリピン諸島とマレー半島〜ニュージーランドとオーストラリアのタスマニア島に分布。「葉」は伸びた茎が平たくなったもので、葉状枝(茎)と呼ばれ、オランダミツバ(セロリ)の葉に似ているところから英名がついた。雄性と雌性の花序は同じ木につくこともあれば、別々の場合もある。

〈栽培〉
湿った、水はけのよい土壌で、日なたか半日陰に植え、乾燥期には水やりをする。繁殖は種子からか、秋に取った半熟枝から。挿し木はつきにくい。

Phyllocladus glaucus
英 名：TOA TOA
↔3〜4.5m ↕10〜15m

ニュージーランド原生の種で、大きな灰緑色の複合の葉状枝を輪生につけ、幹から上方へと輪生に出る太い枝を放射状に広げる。果実をつける部分は松かさに似ている。自生種でも稀少な種。
ゾーン：10〜11

Phyllocladus hypophyllus
↔6m ↕30m

フィリピン、インドネシア、ニューギニアに自生。螺旋状に並ぶ葉状枝は濃緑色〜黄緑色。おおよそ卵形で、縁には浅い鋸歯か、欠刻がある。尾状花序に似た花序は、黄色から熟すと赤かピンクに変わる。
ゾーン：10〜11

Phyllocladus trichomanoides
英 名：NEW ZEALAND CELERY-TOP PINE、TANEKAHA
↔6m ↕21m

ニュージーランド原生で、他の種よりも成長が早いが、栽培されると小さめになる。樹形は円錐形、枝は左右対称で輪生、魅力的な茶色のまだらの樹皮。明るい緑の革質の葉状枝は小さなオランダミツバの葉に似ている。ゾーン：9〜11

PHYLLODOCE
（ツガザクラ属）

ツツジ科、エリカに似た常緑低木5種からなる。北半球の北極帯と高山地帯、北アメリカ西部、東に自生する。葉は混み合い、互生、線形で細かい鋸歯縁。春、鐘形で、下向きの花が、枝先に総状花序、あるいは散形花序で咲く。夏が涼しい地域ではロックガーデンに最適である。

〈栽培〉
霜には強く、湿った酸性のピートの混じる土壌で、半日陰の場所が一番よく育つ。夏に乾かさない。根を涼しく保つためにマルチングをする。コンパクトに保つには花後、剪定する。繁殖は種子からか、春に取り木、あるいは晩春に挿し木する。

Phyllodoce aleutica
一般名：アオノツガザクラ
↔2 ↕25cm

東アジアからアラスカまで分布。小型で、マット状に広がる低木で、ミッドグリーンの葉に、葉裏には黄色がかった毛と白い線がある。晩春〜初夏、薄い黄緑色の壺形の小花は、下向き、枝先に群生する。
ゾーン：2〜8

Phyllodoce caerulea
一般名：エゾノツガザクラ
↔30cm ↕20cm

アジア、ヨーロッパ、アメリカ合衆国の高山地帯に分布。小型の直立型、あるいは広がり型の低木で、エリカに似た細かい葉は長さ12mmほど。鐘形の紫色の花は晩春〜夏に単生、あるいは散形花序で咲く。ゾーン：2〜8

Phyllodoce × intermedia
フィロドケ×インテルメディア
↔30cm ↕25cm

*P. empetriformis*と*P. aleutica* var. *glanduliflora*の自然交雑種で、北アメリカの西海岸に自生する。低く広がる低木で、艶のある濃緑色の細かい鋸歯縁の葉を持つ。壺形のローズピンクの花が小さく集まって、春に咲く。'ドルモンディイ'は、木丈は低く、紫色の花をつける。
ゾーン：3〜

Phyllodoce × intermedia 'Drummondii'

PHYLLOSTACHYS
（マダケ属）

イネ科、長い根茎を持つタケの属の中では最大で、かつ一番知られているのがマダケ属で、ヒマラヤ地方東部から日本までの範囲に自生する50種以上があるが、中国に自生する種が多い。サイズに中型〜高いものまで。地中深くを走る根茎から広く間隔を置いて稈を出すので、条件が整えば、急速に広がる。稈の節間は、平たいか、あるいは片側に浅い溝が刻まれ、下方の節はそれぞれ2本だに側生枝を伸ばすが、3番目の小さな枝を出すこともある。葉はそれほど特徴がなく、花はめったに咲かず、地味である。シュートが食べられる種もあるし、アジアでは多くの種が建材や、家具や、釣竿、傘の柄などに使われる。

〈栽培〉
観賞用ではあるが、侵略的に広がる。非常に霜に強い種もあり、寒さの限界近くで育つとかなりコンパクトにまとまるが、暖かい気候では勢いよく広がる。コンクリートや、鋼鉄や、プラスチックの仕切りを土中、60cmほどの深さに設けるか、マダケの植わっている斜面の端に深い溝を掘ることで、広がるのを抑えることができる。夏にじゅうぶんな水分を得られるかぎり、土質は選ばない。長い根茎を掘り上げ、稈の基部がいくつかついた状態で、春に植え、じゅうぶんな水を与えれば、容易に繁殖する。

Phyllostachys aurea
一般名：ゴサンチク、ホテイチク
英 名：FISHPOLE BAMBOO、GOLDEN BAMBOO
↔6〜12m ↕8m

中国の南東部に自生。竹稈は滑らかなオリーブグリーン〜まさに黄色まで日光の当たり具合による。比較的強靭な稈は太さ25〜40mmになるが、ふつうは多くの小さめの稈が混じり、密に群生した竹やぶをつくる。稈の基部には、しばしば曲がった節が混み合う。用途の広い種で、乾燥した大気にも耐性があり、目隠しに最適で、光さえ適正であれば室内でも使える。刈り込んでいれば小型にとどめられる。'ホロクリサ'（オウゴンホテイチク）の稈は、鮮やかな黄色で、日なただと最初の季節には束の間赤色に変わる。'フラベスケンス インウェルサ'（ギンメイホテイチク）、暗緑色の稈は鮮やかな黄色の溝と対照をなす。'コイ'（キンメイホテイチク）は金色の稈に、緑の溝が目立つ。
ゾーン：7〜11

Phyllostachys aureosulcata
一般名：オウソウチク
英 名：CROOKSTEM BAMBOO、YELLOW GROOVE BAMBOO
↔8〜15m ↕8m

中国北東部原生の根を広げる丈夫な種。栽培種のくすんだ緑色の稈には広い黄色い溝がある。さわるとわずかにざらざらしており、下方の節間がジグザグを描くこともある。暖かい気候ではまっすぐ上に伸び、冷涼な地域ではたわみがち。風に強く、屋根や容器をつくるのに理想的である。'アウレオカウリス'（キカンキョウチク）若い稈は硫黄色で、太陽に当たると紅く染まる。古い稈は濃い黄色になる。'ハルビン'はキカンキョウチクに似ているが、節間に細い緑の縞が走る。反対に緑の節間に細い黄色の縞が走る'ハルビン インウェルサ'と一緒に植えると素晴らしい。'スペクタビリス'の明るい山吹色の稈には緑の溝がある。
ゾーン：6〜11

Phyllostachys aureosulcata

Phyllocladus hypophyllus

Phyllostachys nigra

Phyllostachys nigra

Phyllostachys flexuosa

Phyllostachys bambusoides
一般名：マダケ
英　名：JAPANESE TIMBER BAMBOO
☀ ❄ ↔6～18m ↕12～21m

最大の建材用のタケのひとつで、直径15cmにもなる、太くまっすぐで、強い桿のため建築用に重宝されている。中国原生だが、日本で長く栽培されてきた。似てはいるが、P. vivaxに比べると成熟するのが遅く、シュートを出すのも後になる。観賞用の栽培種は、たいてい8mまでである。たとえば、'オールゴールド'は濃い金色の竹稈。'キャスティヨン'(キンメイチク)は'オールゴールド'に似ているが、溝が緑で、葉にアプリコット色の斑が強く入る。'キャスティヨン　インウェルサ'(ギンメイチク)は'キャスティヨン'の反対で、葉にでたらめに斑が入る。'カワダナ'の緑の桿にはわずかに白い縞が入り、葉にも細い白縞が入る。木漏れ日が必要。'リチャード　ハウブリック'の葉にはアプリコット色の縞がある。'マルリアック'(シボチク)、節間に皺がある。
ゾーン：7～11

Phyllostachys dulcis
英　名：SWEETSHOOT BAMBOO
☀ ❄ ↔9～18m ↕8～12m

自生種の出現場所が不詳の丈夫なタケ。比較的冷涼な地域でもしっかり根を広げる。鮮やかな緑の桿は光を求めてアーチを描いて伸び、直径8cmまで成長する。節間が詰まり、節が傾いた顔の上にとび出るように、骸骨のように見える。新しいシュートは非常に甘いところから、英名がついた。
ゾーン：7～10

Phyllostachys edulis
一般名：モウソウチク
異　名：P. heterocycla P. pubescens
英　名：MAO ZHU, MOSO, MOUSOU CHIKU
☀ ↔9～30m ↕12～22m

日本原生だと考えられてきたが、中国で長く栽培されてきた。シュートが食用になる一番大事なタケで、大量に缶詰にされている。建材用のタケとしても重用される。桿は直径18cmまで大きくなるが、8～10cmが一番役に立つ。若いときは毛が密生し、薄いくすんだ緑色だが、しだいに濃い黄色になる。長い枝と細い葉がヤシのような趣を与える。'バイカラー(キンメイモウソウチク)'は金色の桿と緑の溝がある。'ゴールド　ストライプ'は6mにしかならず、桿と葉に金色の縞が入る。'ヘテロキクラ'(キッコウチク)、小さめの種で、下のほうの節間の節が斜めになるため、ゆがむ。'スプリング　ビューティ'、小型で繊細な細い白い縞が入った色合いは春に目立つ。'ホワイト　ストライプ'　'ゴールド　ストライプ'に似ているが、縞が白い。
ゾーン：6～10

Phyllostachys flexuosa
一般名：ジグザグバンブー
英　名：ZIG-ZAG BAMBOO
☀ ❄ ↔3～6m ↕2.4～4.5m

優美なアーチを描く、空中にそびえる濃緑色の茎は、伸びるのが速い。葉は濃緑色で、日なたでは金色になる。空中高くそびえる茎は年月とともにほとんど黒くなる。節のところは粉をふいて白く見えるかもしれない。
ゾーン：6～10

Phyllostachys nigra ★
一般名：クロチク
英　名：BLACK BAMBOO
☀ ❄ ↔6～15m ↕8～15m

中国原生だが、長く日本で栽培されてきた。原種はふつう栽培されている品種ほど黒くない。新しい桿は緑だが、すぐに茶色の斑ができ、しだいに桿を黒く染める。日なただと変色過程が速くなる。おそらくタケの中で一番人気のある種だろう。木立ち性のタケの中でもその色が際立つ。'ボリー'、'ヘノン'に似ているが、雲のような茶色い模様が出る。'ヘノン'は桿が多い目で、日陰では青灰色、日なたでは金緑色を呈する。'メグロチク'もヘノンに似るが、溝がしだいにこげ茶色になる。
ゾーン：7～10

Phyllostachys vivax
フィロスタキス・ウィワクス
英　名：ELEGANT BAMBOO, VIVAX BAMBOO
☀ ❄ ↔6～18m ↕9～18m

中国東部原生。P. bambusoidesに似ているが、寒さにさらに耐性があり、根付くのが速い。桿は直径10cmほどになるが、桿壁は薄く、風の害を受けやすく、建材としては質が悪いとされる。'アウレオカウリス'は光沢のある薄い黄色の桿に、不規則に緑の縞が入る。'フアングウェンズウ'緑の桿と黄色の溝。'フアングウェンズウ　インウェルサ'、'フアングウェンズウ'の逆で、黄色い桿に緑の溝。
ゾーン：6～10

PHYMOSIA
(フィモシア属)

アオイ科に属する、小さな亜熱帯属。メキシコ、グアテマラ、西インド諸島に自生する観賞用の常緑低木、あるいは小高木8種からなる。葉は幅広で、掌状に浅裂が入り、歯牙縁か鋸歯縁である。可愛い花が魅力で栽培される。赤、ピンク、藤色のさまざまな色合いで、5つの花弁が重なりあう鐘形の花が群生する。

〈栽培〉
霜の降りない暖地では、半日陰で、非常に水はけのよい土壌に植える。水はたっぷり必要であり、とりわけ成長期にはほしがる。株立ちを助けるためには、剪定する。冷涼な気候では、中程か暖め気味の温室で育てる。繁殖は挿し木か、播種で。

Phymosia umbellata
☀ ◐ ↔2m ↕6m

メキシコ原生。高低木か小高木。フヨウに似ている。大きな、浅い歯牙縁の葉には浅裂が入り、長さ20cmほどになる。赤い花は、長さ35mmほど、小さくかたまって咲く。
ゾーン：10～12

PHYSALIS
(ホオズキ属)
英　名：GROUND CHERRY, HUSK TOMATO

ナス科に属し、直立型、叢生型、広がり型の一年生、あるいは根茎を持つ多年生の草本、80種ほどからなる。広く分布し、とりわけ南北両アメリカには普及しているが、ユーラシア大陸とオーストラリア大陸の温帯地方にも分布する。葉は互生で、単葉か全裂葉、ときにはほぼ対生のこともあり、2枚か3枚集まることもあり、直立する、あるいはくねっている茎から出る。茎は基部が木質化することもある。下向きで、単生のことが多い花は、葉腋から出る短い花茎につくが、花径がないこともある。青、黄色、あるいは白の花冠は、幅広の鐘形～開ききる。5裂片に分かれた鐘形の萼片は、膨み紙の袋のようになる。萼に包まれる果実は、球形で、2室、緑か、黄色か、あるいはオレンジ色を帯びていて、多くの球形～腎臓形の種子を含む。萼は晩夏～秋に果実が熟すと裂ける。未熟な果実は人間や家畜にとって毒になりうるが、食用になる種もあり、砂糖づけにしたり、漬物にしたり、メキシコのサルサ料理に使ったりする。大きく膨れる萼片のことを指すギリシア語physa（膨らみ）から名前がついた。

〈栽培〉
秋か早春に種子を蒔き、肥えた水はけのよい土壌で、暖かい、日あたりのよい、露出した場所か、半日陰の場所に一年生の種の実生苗を植える。多年生の種は根茎を株分けするか、春に枝先を挿し木する。

Physalis alkekengi
フィサリス・アルケケンギイ
英　名：ALKEKENGI, BLADDER CHERRY, CHINESE LANTERN, WINTER CHERRY
☀ ❄ ↔30～60cm ↕30～60cm

長い匍匐性の地下根茎から成長する多年生植物。ヨーロッパの中央部と南部、西アジア～日本に自生する。直立し、葉をたくさんつける茎は腺質で、毛が密生する。ミッドグリーンの三角形～卵形の葉は長さ5cmほど。目立たない下向きの花がつき、萼片は直径5cmにもなり、果実を包む。花冠は黄色～クリーム色。液果は赤～紅で晩夏になる。'ギガンテア'(syn.'モンストロサ')は大きくなり、果実も大きい。
ゾーン：4～6

Phymosia umbellata

Physalis philadelphica

Physalis ixocarpa

一般名：オオブドウホオズキ

英　名：MEXICAN GROUNDCHERRY、STRAWBERRY TOMATO、TOMATILLO

☼ ❄ ↔0.9〜1.2m ↕0.9〜1.2m

メキシコとアメリカ合衆国南部が原生の一年生草本で、料理用香辛料として栽培されている。おそらく*P. philadelphica*と別の種ではないと思われる。全縁か、鋸歯縁の、剣形〜卵形の葉は長さ8cmほど。鉢形〜鐘形で、黄色い花冠、茶色か紫の中心点が5つ。青か黄色の葯はねじれている。熟すと、べたべたする黄色〜紫色の液果はほとんど萼片をうめつくすほどになる。萼片は黄色で紫の脈が走る。**Indian Strain**（インディアン ストレイン）は魅力的な栽培種。

ゾーン：8〜10

Physalis peruviana

異　名：*Physalis edulis*

一般名：ブドウホオズキ

英　名：CAPE GOOSEBERRY、GOLDEN BERRY、TEPAREE

☼ ❄ ↔0.6〜0.9m ↕0.6〜1.8m

ペルーとチリ原生の草本性の広がり型の多年生植物。枝には陵があり、広がり、しばしば紫を帯びる。葉はたいてい互生で、不規則な歯牙縁があり、ビロード状、先が尖り、ミッドグリーンで、心臓形〜卵形、長さが6〜15cm。目立たない花は鐘形で、黄色、濃い紫色〜茶色の模様が入り、夏に咲く。パープルグリーンで、毛の生えた、先が5つに分かれる萼片が、果実を包む淡黄褐色の莢を作る。艶のある、滑らかな肌の果実は径18mmほど、多汁質の果肉は多数の黄色を帯びた種子を含む。果実は生で食べるか、シチューにしたり、缶詰にしたり、ジャムやソースや砂糖漬けに使われる。ペルーでは装身具として身につける。コロンビアでは利尿剤や喘息を抑えるのに使われる。南アフリカでは湿布や浣腸として使用される。

ゾーン：8〜10

Physalis philadelphica

フィサリス・フィラデルフィカ

異　名：*Physalis subglabrata*

英　名：JAMBERRY、PURPLE GROUND CHERRY、TOMATILLO

☼ ❄ ↔45〜60cm ↕60〜100cm

メキシコ原生。食用作物として広く栽培される。葉は全縁、あるいは歯牙縁、卵形〜幅広の剣形で長さ3.5〜10cm。花

P. philadelphica 'Purple de Milpa'

につく緑の萼片には黄色の脈が走り、5cmにまで広がり、黄色〜紫色の食べられる液果を包む。開いた黄色の花冠は紫がかった茶色の模様が入る。'プープル ドゥ ミルパ'は小型で、紫のすっぱい果実がなる。

ゾーン：7〜11

PHYSOCARPUS

（テマリシモツケ属）

英　名：NINEBARK

バラ科、北アメリカと温帯北東アジアに分布する、落葉生の低木10種は、目立つ花序をつけ、夏、ときには秋にも、魅力的になる葉と、剥がれ落ちる樹皮を持つ。ラズベリー、あるいはブラックベリーに似た、葉脈があまり目立たず浅裂の入る葉をつける種が多い。花は白色か薄いピンク色、小さく集まり平たい花序を作る。膨らんだ果実には3〜5の裂片がつき、晩夏に熟す。

〈栽培〉

肥えて水はけがよく、夏中湿り気の絶えない土壌で、日なたに植えるのが最適。気むずかしくは無いが、石灰分を嫌う。日照りにさらされた葉は乾燥して茶色になる。茎がからみあう。花が終わったら、茎を透かし、残りの成長した部分を切り戻す。繁殖は種子から、半熟枝の挿し木で。

Physocarpus amurensis

一般名：テマリシモツケ

☼ ❄ ↔2m ↕3m

朝鮮半島と中国が原生。葉は3〜5の尖った裂片に分かれ、鋸歯縁、葉表は濃緑色、葉裏はほとんど白で細かい毛がある。花は白、ピンクを帯びた縞が入り、幅5cmの散状花序を作り、晩春〜初夏に咲く。

ゾーン：5〜9

Physocarpus amurensis

Physocarpus capitatus

☼ ❄ ↔2.4m ↕3m

北アメリカの西部に自生する直立型の低木。葉裏はフェルトに覆われ、長さ8cmほど、深裂が入る。細かなクリーム色の花が集まった大きな丸い散状花序は見事である。

ゾーン：6〜10

Physocarpus monogynus

英　名：MOUNTAIN NINEBARK

☼ ❄ ↔1.2m ↕1.2m

アメリカ合衆国に自生。広がり型の大木で、弓状に伸びる茎がからみあう。歯牙縁で、丸い葉は長さ5cmにない、3〜5の裂片に分かれる。春〜夏、小さな白い花が集まり、幅5cmほどの平たい花序を作る。

ゾーン：5〜9

Physocarpus opulifolius

一般名：アメリカシモツケ

英　名：COMMON NINEBARK、NINEBARK

☼ ❄ ↔4.5m ↕3m

北アメリカ大陸の中央部、東部に自生する。テマリシモツケ属の中でも一番大きく広がる種。葉はたいてい3裂片に分かれ、薄緑色、歯牙縁。散状花序を作る花はたいてい白だが、ピンク色を帯びることも、全体がピンクのこともある。春〜初夏に咲く。*P. o.* var. *intermedius*（syn. *P. intermedius*）は、高さ1.5mほどのコンパクトな樹形。わずかに小さめの葉と、さらに密生する花序をつける。*P. o.* 'ダーツ ゴールド'★は低くまとまり、金色の葉をつけ、白い花はピンク色を帯びる。'ディアボロ'はバーガンディ色の葉。'ルテウス'の新しく伸びた部分は金

Physocarpus opulifolius 'Nanus'

Physocarpus opulifolius var. *intermedius*

Physocarpus capitatus

Physocarpus opulifolius

Physocarpus opulifolius 'Diabolo'

Physocarpus opulifolius 'Dart's Gold'

PHYSOSTEGIA
(ハナトラノオ属)
英 名：FALSE DRAGON HEAD, OBEDIENT PLANT

シソ科に属する北アメリカ原生の属で、直立性の多年生植物2種からなり、うち1種は広く栽培されている。分岐しない茎を群生させる。葉は単葉、濃緑色、鋸歯縁、細長い楕円形〜槍形。夏〜秋、5裂片に分かれる筒形〜鐘形の花を多数花序につける。花色は主にピンク色と紫色で、ほとんどの茎先に咲く。英名で「従順な植物」と呼ばれるのは、花をねじるとそのままとどまるから。

〈栽培〉
耐寒性があり、湿った水はけのよい土壌で、日なた、あるいは半日陰で容易に育つ。根茎で広がるので、侵略種となりやすいが、茂みがときおり全滅してしまうことを考えれば、問題を起こすことは少ないだろう。繁殖は株分けで。

Physostegia virginiana
一般名：ハナトラノオ、カクトラノオ、
英 名：OBEDIENT PLANT
☼/☀ ❄ ↔ 30〜50cm ↕ 80〜120cm

アメリカ合衆国東部に分布する丈夫な多年生植物で、直立する茎が群生し、細長い、鋸歯縁の槍形の葉をつける。夏〜秋、長さ20cmほどの長い円錐形の穂状花序に、長さ30mmのにこ毛で覆われた、パープルピンクの筒状花をつける。'アルバ'は白い花。'ローズ クイーン'はピンクの花。'ロセア'は大きなピンクの花。'サマー スノー'は白い花。'ワリエガタ'は灰緑色の葉に白い縁取り。'ビビッド'は明るい赤紫の花。
ゾーン：5〜10

PHYTEUMA
(シデシャジン属)
英 名：HORNED RAMPION

キキョウ科の多年草、40種ばかりを集めた属でヨーロッパとアジアに分布。互生する単葉は、茎の基部より生え、茎先に穂状花序、または花序をつける。花には萼片があり、角に似た蕾が開くと、細長い5裂片に分かれた花冠を広げる。果実はさく果である。

〈栽培〉
ロックガーデン栽培なら、どんな土でも向いている。繁殖は秋に播種、あるいは春に株分け。

Phyteuma spicatum
英 名：SPIKED RAMPION
☼ ❄ ↔ 80〜120cm ↕ 80〜120cm

直立型の多年生草本で、ヨーロッパの南部が原生。卵形〜心臓形の鋸歯縁の葉。密生した、丸形〜円筒形の花序には、萼片とカーブした白〜クリーム色、あるいは濃い青の花冠がつく。夏咲き。*P. s.* subsp. *spicatum*は白〜薄い黄色がかった緑色の花に、黄色〜黄色がかった茶色の花柱がある。*P. s.* subsp. *coeruleum*の青みを帯びた花の柱頭は黄色がかった茶色〜青。
ゾーン：6〜8

PHYTOLACCA
(ヤマゴボウ属)

温暖地帯、暖温帯、亜熱帯地帯に分布する。ヤマゴボウ科に属し、多年生低木、および落葉性、常緑性低木と高木、35種からなる。ほとんどが直立型で、葉は単葉、大型の葉は秋に目のさめるような色になることが多い。花には花弁がなく、花色はクリーム色〜ベージュ色。総状花序を作る。花後目立たない液果をつけるが、多くの種では液果は有毒。

〈栽培〉
霜に対する耐性や日照りへの弱さはさまざまだが、ほとんどの種が湿って、適度に肥えた水はけのよい土壌なら日なたでも半日陰でも容易に育つ。剪定はいつでもよいが、花や果実のつきにも、秋の紅葉にも影響しないので、冬が最適だろう。繁殖は種子から、根の出ている吸枝から、あるいは成長期に取った挿し木から。

Phytolacca americana
一般名：ヨウシュヤマゴボウ
英 名：POKE, POKEBERRY, POKEWEED
☼ ❄ ↔ 0.9m ↕ 3.5m

北アメリカ、中央アメリカ原生。厳冬地では草本になりうる。若い茎は赤紫、葉も秋には赤紫とピンクの色調を呈する。クリーム色とピンクの小花が集まり総状花序を作る。房状の液果が熟すにつれ赤やパープルブラックに変わる。
ゾーン：4〜10

Phytolacca dioica
一般名：オンブノキ
英 名：BELLA SOMBRA TREE, OMBU
☼ ❄ ↔ 9m ↕ 15m

南アメリカ原生。大きく枝を広げる常緑性高木で、多くの茎が合わさる幹には出っ張った部分ができる。葉は革質、長さは10cm、紫の中央脈が走る。白い小花が集まった総状花序をつけ、金色の液果は熟すと黒くなる。
ゾーン：10〜11

Phytolacca americana

Physostegia virginiana 'Rose Queen'

Phytolacca dioica

Physostegia virginiana 'Alba'

Physostegia virginiana 'Rosea'

P. virginiana 'Summer Snow'

P. virginiana 'Variegata'

Phyteuma spicatum

Picea abies

Picea abies 'Humilis'

Picea abies 'Pendula'

Picea abies 'Cranstonii'

Picea abies 'Cranstonii'

Picea abies 'Clanbrassiliana'

Picea abies 'Little Gem'

Picea abies 'Nidiformis'

Picea abies 'Procumbens'

Picea abies 'Pumila'

Picea abies 'Reflexa'

Picea abies 'Tabuliformis'

トウヒ属各種、アメリカ合衆国、アラスカ州、テナリ・ハイウェイ

Picea alcoquiena

Picea alcoquiana

PICEA
（トウヒ属）
英 名：SPRUCE

マツ科、樹脂の多い常緑針葉樹の本属は、およそ45種と多くの栽培品種からなる。北半球の冷涼な地域か高地に自生する。ほとんどは大型で左右に均整のとれた高木で、山岳地の深層の、肥えた、酸性で、水はけのよい土壌を好む。短い、宿存する、釘に似た若枝に、緑、青、銀色、灰色の針状の葉をつける。大きな球果は熟しても落ちない。

〈栽培〉
成長の遅い種もあるが、すべての種が風に強く、樹高が高くなる高木は大きな庭や公園で、格好の風よけになる。土壌や気候なら許容範囲は広いが、温和な地域と汚染された大気は嫌う。小さめの栽培品は盆栽栽培に向いている。繁殖は播種から、あるいは栽培品種なら堅い枝を挿し木するか、取り木で。

Picea abies
一般名：ヨーロッパトウヒ
☀ ❄ ↔6m ↕60m
英 名：COMMON SPRUCE、NORWAY SPRUCE

スカンジナビア諸国南部とヨーロッパの一部に自生。円柱状になる成長習性。成長は遅く、日陰では小さめになる。太い赤みがかった茶色の樹皮、枝を横に広げ、濃緑色で四角形の葉をつける。長さ20cmの淡茶色の球果は最初は直立するが、やがて下垂する。多くの観賞用の栽培品種もある。'クランブラッシリアナ'は成長が非常に遅い矮性厳選種。樹高1.5mで幅2.4mにも広げる。葉は濃緑色。'クランストニイ'はまばらに不規則に枝を広げる品種。'クプレッシナ'、広円錐に成長する。樹高18m。'エキニフォルミス'、成長の遅い矮性種。葉は細長く刺がある。'グレゴリアナ'、丸形になる矮性種で、径75cmほどになる。'フミリス'、成長が遅く、コンパクトにまとまる矮性種で、樹高は45cm以下。'リトルジェム'、非常に成長が遅く、てっぺんが平らになる矮性種。'マクスウェリイ'、短い太い枝に長さが30cm、明るい緑の葉、ロックガーデンやボーダーによい。'ニディフォルミス'（bird's nest spruce）、枝が外側に伸びるため、真ん中がへこんだ小鳥の巣のような形になる。春、若枝は明るい緑色で、直径1.5mまでに成長する。'ペンデュラ'、枝がしだれる。'プロクンベンス'、成長の遅い、てっぺんが平らで、横に広がる低木で、何層にもなった枝を3mまで広げる。他には、'プミラ'、'ニディダリウス'、'グラシリス'、'レペンス'などがある。'レフレクサ'は幅3.5mまでマット状に広がる。若い枝は最初は上方を向いていて、しだいに本来の習性通りに下垂する。'タブリフォルミス'は水平に平伏して枝を伸ばす。
ゾーン：3〜8

Picea alcoquiana
異 名：*Picea bicolor*
一般名：マツハダ
英 名：ALCOCK'S SPRUCE
☀ ❄ ↔6m ↕24m

日本原生の常緑針葉樹。広い角錐状になる。枝は水平に伸びる。硬い針状の葉には白い縞がくっきり出る。円筒形の球果は若いころは紫がかったピンク色で、熟すと茶色になる。湿った土壌ときれいな大気を好む。
ゾーン：5〜9

Picea engelmannii 自生種、アメリカ合衆国、コロラド州、アスペン付近

Picea glauca 'Densata'

P. glauca var. *albertiana* 'Conica'

Picea glauca 'Rainbow's End'

Picea glauca. var. *albertiana* 'Alberta Globe'

Picea glauca 'Echiniformis'

Picea glauca

Picea glauca

Picea asperata
一般名：ドイツトウヒ
英　名：DRAGON SPRUCE
☀ ❄ ↔6m ↕30m
常緑針葉樹で、中国西部に自生する。樹皮は灰色がかった赤色で、剥がれ落ちて薄片になる。若い輝く黄色の枝が、年月とともに青緑色にある。硬くて刺のある葉が若枝の回りにつく。灰色の下垂する球果はだんだん赤茶色になる。
ゾーン：4〜8

Picea brachytyla
英　名：SARGENT SPRUCE
☀ ❄ ↔6m ↕21m
ヒマラヤ地方原生。常緑の針葉樹で、円錐形になるが、開けた場所ではもっと丸みを帯びる。枝を水平に広げ、枝先は上を向く。平たい、短い黄緑色の、密生した葉の裏面は、縞のように粉をふく。下垂する円筒形の球果は紫色を帯びるが、熟すと濁った茶色になる。
ゾーン：8〜10

Picea breweriana
一般名：ブリュワートウヒ
英　名：BREWER'S SPRUCE WEEPING SPRUCE
☀ ❄ ↔4.5m ↕36m
北アメリカ原生。水平に枝を伸ばす輪生の枝から、「吹流し」と呼ばれる、先の丸い平らな青緑色の葉を下垂する。木が混み合っているとしばしば細くなる。競争よりも自由を好む。
ゾーン：2〜8

Picea engelmannii
一般名：エンゲルマントウヒ、アリゾナトウヒ
英　名：ENGELMANN SPRUCE
☀ ❄ ↔4.5m ↕45m
北アメリカ原生の常緑樹で、密に繁った円柱形〜ミラミッド形になる。葉先が尖り、角は4つ、色は灰青色。下垂する円筒形の球果は紫を帯びた緑色。ゾーン：1〜8

Picea glauca
一般名：カナダトウヒ
英　名：DWARF ALBERTA SPRUCE, WHITE SPRUCE
☀ ❄ ↔3.5〜6m ↕24m
成長の遅い常緑針葉樹で、カナダが原生。製紙業のため商業ベースで栽培されてきた。春に出る明るい緑色の若枝は、4陵があり、香りがよく、針状の葉が下垂する枝につく。球果は小さくて細長い。*P. g* var. *albertiana*（ピセア・グラウカ・アルベルティアナ）'アルバータ グローブ'、こんもり繁る針葉樹で、高さ3.5mになる。'コニカ'★は成長遅く、完璧に円錐形になる。細い青緑色の葉は年月とともに色が濃くなり、灰緑色になる。最良の矮性針葉樹と広く見なされている。高さは1.8mにしかならない。*P. g.* 'アルバータ ブルー'、青緑色の葉。'デンサタ' 成長が遅い品種。青緑色の針状の葉。'エキニフォルミス' と 'ナナ' はともに矮性品種。'レインボウズ エンド' は円錐形になる。新梢部分が金色で魅力的。
ゾーン：1〜8

Picea jezoensis
一般名：エゾマツ
英　名：YEZO SPRUCE
☀ ❄ ↔8m ↕36m
日本と北東アジア原生。上を向いた枝先が地面をかすめる。灰色の樹皮は年月とともに裂け目ができ薄層となり剥がれる。平たい濃緑色の葉は、裏は粉を帯びる。小さな球果は真紅だが、熟すと濃い茶色になる。ゾーン：8〜10

Picea koyamae
一般名：ヤツガタケトウヒ
☀ ❄ ↔6m ↕24m
東アジアの温帯〜冷温帯地方に自生する。森林を形成するトウヒで、灰色の樹皮は剥離する。灰緑色〜ブルーグリーンの葉が密生する。球果は長さ8cmほど、緑だが熟すと茶色になる。
ゾーン：5〜9

Picea koyamae

Picea asperata

Picea likiangensis
一般名：レイコウトウヒ
英　名：LIJIANG SPRUCE
☼ ❆ ↔6m ↕30cm

中国の四川省原生。変異のある常緑針葉樹で、がっしりしたまっすぐな幹、樹皮は厚く、深い溝が入る。鋭く尖った葉は重なり合う。下のほうでは、短めで上方より広い葉が2列につく。若い球果はふつうスミレ色を呈する。ゾーン：7～10

Picea mariana
一般名：マリアナトウヒ
英　名：AMERICAN BLACK SPRUCE
☼ ❆ ↔3m ↕18m

アメリカ合衆国原生。角錐形の常緑針葉樹。葉は枝に輪生につき、細長く、青緑色で、先が丸い。小さな宿存性のパープルブラウンの球果。毛が密生したシュートが特徴。'ドゥメティイ'、葉がより幅広になる。'ナナ'より丸くなる矮性品種。ゾーン：1～8

Picea meyeri
英　名：MEYER SPRUCE
☼ ❆ ↔1.2～5m ↕3～12m

中国北西部原産の常緑樹。紫がかった灰色の樹皮は、薄い塊で剥がれ落ちる。上向きの枝。青か、青みがかった緑の葉は長さ30mm。薄茶色の球果には丸い縞の入った鱗片がつく。ゾーン：4～7

Picea obovata
一般名：シベリアトウヒ
英　名：SIBERIAN SPRUCE
☼ ❆ ↔6m ↕60m

*P. abies*に似ている。四陵の葉は濃緑色で、先が丸く、白っぽい線が両面に入る。下垂する、円筒形の輝く茶色の球果をつける。春にピンクがかった尾状花序をつける。若い枝は細い赤茶色の毛を帯びている。ゾーン：1～8

Picea omorika
一般名：オモリカトウヒ
英　名：DWARF SERBIAN SPRUCE、SERBIAN SPRUCE
☼ ❆ ↔6m ↕30m

ボスニア共和国とセルビア共和国に自生。優美な常緑樹で、細長い角錐形になる。成長は速い。下垂する枝は端だけ上を向く。平らで、先の丸い、針状の、明るい緑色の葉は裏面が灰色がかっている。'ナナ'丸形～円錐形の矮性種。ゾーン：4～9

Picea orientalis
一般名：コーカサストウヒ
英　名：CAUCASIAN SPRUCE
☼ ❆ ↔6m ↕30m

コーカサス地方とトルコの風雨を防げる場所に自生。直立して育ち、角錐形、成長が遅い常緑針葉樹。下垂する枝は地面にまで届く。短い、光沢のある緑の葉。春にレンガ色の尾状花序をつける。'アウレオスピカタ'は枝が上向きにカーブする。'コネチカット ターンパイク'、樹高が低く、葉群が密な栽培品種。ゾーン：3～9

Picea pungens
一般名：コロラドトウヒ
英　名：COLORADO BLUE SPRUCE
☼ ❆ ↔6m ↕30m

常緑で、角錐形になる針葉樹で、アメリ

Picea mariana 'Nana'

Picea orientalis 'Connecticut Turnpike'

Picea orientalis

Picea pungens

Picea pungens 'Moerheimii'

Picea pungens 'トゥーム'

Picea pungens Glauca Group

Picea pungens 'Compacta'

Picea omorika 'Nana'

Picea omorika

カ合衆国の西海岸に自生。灰色の樹皮。水平に伸びる枝は、硬くて鋭い、針状の、青緑の葉をつける。'コンパクタ'の葉は銀緑色。'グラウカ'、鉄紺色の葉を持つ品種。標準種よりも成長が遅い。日照りには強い。'グラウカ コンパクタ'、銀青色の葉。他にも青い葉を持つ栽培品種がある。たとえば'グロボサ'、'ホプシイ'、'コステル'、'モヘミイ'などは緑色の芝生と素晴らしい対照をなす。ふつうは接ぎ木で殖やすが、青い葉をつける栽培品種の実生苗も、ときおり手に入る。
ゾーン：2～10

Picea purpurea
英　名：PURPLE-CONED SPRUCE
☼ ❄ ↔6m ↑30m
ふつうP. likiangensisの1品種だと見なされているが、葉が短めで、より混み合う。密に毛で覆われる新梢。球果は小さく、若いころにはスミレ色を呈する。
ゾーン：7～10

Picea rubens
一般名：アカトウヒ
英　名：AMERICAN RED SPRUCE
☼ ❄ ↔6m ↑21m
北アメリカ、しばしば高度の高いところに自生する。枝は細く、赤茶色の樹皮は鱗のように剥落する。若草色の葉は、上方の若枝では、ねじれ、密生する。短い円筒形の球果は紫がかった緑色だが、熟すと光沢のある茶色になる。ゾーン：4～8

Picea sitchensis
一般名：シトカトウヒ
英　名：ALASKA SPRUCE、SITKA SPRUCE
☼ ❄ ↔8m ↑30m
北アメリカの西海岸に分布。幅広の円錐形の常緑針葉樹で、建材として広く植えられている。細長い、硬い葉は、表が緑色、裏が銀色で、先が尖る。クリスマスツリーとして好まれる。
ゾーン：4～8

Picea smithiana
異　名：Picea morinda
一般名：ヒマラヤトウヒ
英　名：WEST HIMALAYAN SPRUCE
☼ ❄ ↔6m ↑23m
優美な、角錐形の常緑針葉樹で、インド北部が原生。水平に枝を伸ばし、葉群が滝のように落ちる。先が細い針状の、濃緑色の葉が枝を囲む。下垂する、輝く茶紫色の球果をつける。非常に鑑賞に適する。
ゾーン：6～8

Picea spinulosa
英　名：EAST HIMALAYAN SPRUCE、SIKKIM SPRUCE
☼ ❄ ↔8m ↑60m
ヒマラヤ地方原生。常緑の針葉樹で、樹皮は鱗片で覆われる。枝は下垂し、混み合う、不規則に重なり合う平たい葉は、先が尖り表は濃緑色、裏には2本の白っぽい縞が走る。球果は緑色で、円筒形、熟すと光沢のある茶色になる。
ゾーン：4～8

Picea wilsonii
英　名：WILSON'S SPRUCE
☼ ❄ ↔4.5m ↑12m
中国原生の常緑の針葉樹。水平に枝を伸ばす。長い黒っぽい光沢のある、先の尖った葉が密に繁る。若枝は滑らかで、白みを帯び光沢があるが、年月とともに茶色に変わり溝ができる。
ゾーン：6～10

PICRASMA
（ニガキ属）
ニガキ科、落葉性の高木8種からなり、中国、南東アジア一帯～西インド諸島と熱帯アメリカに自生する。枝先に互生でつく羽状複葉は混み合い、ごく小さな鉢形の花を集めたまばらな円錐花序が葉腋につく。花後、液果に似た果実がなる。
〈栽培〉
日なた、あるいは半日陰で、水はけのよい土壌に、冷たい、乾燥を誘う風を遮蔽し、植える。鮮やかな秋の葉色を余さず楽しむには、開けた場所が最適。繁殖は種子から。

Picrasma quassioides

Picrasma quassioides
一般名：ニガキ
英　名：PICRASMA AILANTHOIDES
☼ ❄ ↔8m ↑8m
北アジアが原生。直立型で、樹冠が大きく、落葉性の高木。羽状複葉の葉、対生、鋸歯縁の小葉、晩秋に黄色～濃いオレンジ色に変わる。夏、小さな薄緑色の花をまばらな房状につける。
ゾーン：3～9

PIERIS
（アセビ属）
ツツジ科、主にヒマラヤ地方の亜熱帯と温帯地域が原生。広く栽培され、著しく交配され、一番よく知られている7種は、よく庭に植えられ、温帯の気候の庭向きの常緑低木として人気がある。だがアセビ属は、アメリカ合衆国の東部地域や西インド諸島原生のつる植物や、低木に似た種も含む。典型例を述べると、葉は単葉で、尖った楕円形、しばしば鋸歯縁。花は鐘形、下を向いていて、円錐花序につく。たいてい春咲きで、香りのあることもある。
〈栽培〉
ツツジ科の仲間にたいてい共通するのだが、アセビは冷涼で、湿った、水はけのよい、腐葉質に富んだ土壌を好む。日なただとさらに花つきがよくなる。軽く遮光すると、緑が生き生きする。大がかりな剪定はめったに必要としない。というのもアセビはそのままでも整った姿をしていから、軽い剪定と切り戻しだけでじゅうぶんである。繁殖は半熟枝を挿し木するか、取り木する。

Pieris 'Forest Flame'

Pieris floribunda
一般名：アメリカアセビ
英　名：FETTER BUSH
☼ ❄ ↔2m ↑1.8m
アメリカ合衆国南東部原生。尖った鋸歯縁の葉は長さ8cm、花は白で、長さ6mm、春、目立つ円錐花序につく。アメリカアセビの花序は、アジアの種の花序とは違っている。アジアのほうが硬く、さらに直立する。ゾーン：5～9

Picea sitchensis自生木、アメリカ合衆国、アラスカ州、パクソン付近

Picea purpurea

Picea spinulosa

Picea smithiana

Pieris japonica

Pieris japonica 'Bert Chandler'

Pieris japonica、'ファイアー クレスト'

Pieris japonica 'Karenoma'

Pieris japonica 'Little Heath'

Pieris japonica 'Mountain Fire'

Pieris japonica 'Purity'

Pieris japonica 'スカーレット オハラ'

Pieris japonica 'Robinswood'

Pieris japonica、'スケルツォ'

Pieris formosa var. *forrestii*

Pieris japonica 'バレー ファイアー'

Pieris japonica 'Valley Valentine'

Pieris japonica 'Variegata'

（背後に）*Pieris formosa* var. *forrestii*、春

Pieris 'Forest Flame'
一般名：アセビ 'フォレスト フレイム'
☼ ❄ ↔1.8m ↕3.5m
P. formosa（ピエリス・フォルモサ）'ウエイクハースト'と *P. japonica* との自然交雑種。強く直立する低木で、切り戻

Pieris japonica 'Whitecaps'

すことでコンパクトさを維持できる。春に白い花を円錐花序でつける。若葉は明るい赤色で、ピンクに変わり、それからクリーム色に、そのあと緑色、さらに濃緑色にと変わる。
ゾーン：6〜9

Pieris formosa
ピエリス・フォルモサ
☼ ❄ ↔2m ↕3m
ヒマラヤ地方に自生する。葉はわずかに光沢があり、細かな鋸歯縁。円錐花序はたいてい上向きだが、ともすれば下垂気味。花色は白、ときにピンク色を帯びる。*P. formosa* var. *forrestii* は新芽の部分が鮮やかな赤色で、香りのよい白い花が下垂する円錐花序につく。*P. f.* 'ウェイクハースト' の葉はしだいに赤からピンクへ、さらに緑へと変わる。
ゾーン：6〜10

Pieris japonica
異名：*Pieris taiwanensis*
一般名：アセビ
英名：JAPANESE PIERIS, LILY-OF-THE-VALLEY BUSH
☼ ❄ ↔2.4m ↕2.4〜3m
この種には現在、日本、台湾、中国東部に分布する *P. taiwanensis* も含まれる。鋸歯縁で、若葉はピンク色〜ブロンズ色

やがて濃緑色になる。総状花序の花は直立するか下垂する。ふつう花色は白で、春咲き。'バート チャンドラー'、薄いピンクの新芽はやがて黄色に変わり、それから緑になる。'クリスマス チアー'、早くに白とピンクの花をつける。'カレノマ'、赤茶色の新芽。'リトル ヒース'、矮性種、葉に白い縁取り。'マウンテン ファイアー'★、若葉は赤みを帯びる。'ピュリティ'、白い花。'ロビンズウッド'、緑の葉に黄緑色の縁取り、新芽は鮮やかな赤。'バレー バレンタイン'、赤紫の花、蕾は真紅。'ワリエガタ'、クリーム色と緑の葉、若葉はピンク色を帯びる。'ホワイトキャプス' は白い花。
ゾーン：6〜10

Pieris phillyreifolia
☼ ❄ ↔0.9m ↕0.9m
アメリカ合衆国東部に自生する変わった種。野生ではつる植物のように育つ。栽培では小型の低木となる。葉は小さく、細かい毛で覆われる。冬〜春、白い小

花を集めた総状花序を葉腋につける。
ゾーン：7〜10

PILEA
(ミズ属)

600種ほどの匍匐型、広がり型、あるいは直立型の一年生、多年生草本からなり、ときには基部が木質化するものもある。イラクサ科に属し、オーストラリアを除き、世界中の熱帯地方に分布する。葉はたいてい対生だが、しばしば不揃いで、全縁か鋸歯縁、炭酸カルシウムの結晶体（鐘乳体）で覆われ、それがオパール色に光る斑となる。葉腋から単生で花序がつくか、あるいはまばらな円錐花序が出るが、個々の花は微細な白みがかった緑の花で、やがてピンクがかった茶色になる。果実は痩果。属名はラテン語のpileus（帽子）から来ていて、花の形を指している。

〈栽培〉
活発に成長している間は、水分を多量に要求する。湿り気があり、水はけのよい土壌で、直射日光と風を遮ってやる。コンパクトに株立ちさせて育てたいのなら、茎先の蕾を摘み取る。多年生の種は茎挿しで、あるいは春か夏に株分けする。一年生の種は春か秋に播種。

Pilea involucrata
ピレア・インウォルクラタ
英　名：FRIENDSHIP PLANT, PANAMICA
↔15〜30cm ↕10〜45cm
常緑性、叢生、有毛で、枝垂れ型〜直立型の草本。中央アメリカと南アメリカの熱帯地域に自生。枝の長さは20〜30cm。毛があり、卵形で、鋸歯縁の葉は長さ6cm、ブロンズ色、赤色、銀色の模様が

Pilosella aurantiaca

Pimelea ferruginea 'Bonne Petite'

入る。小さなピンク色か赤色の花が夏に咲く。'ムーン バレー'、キルトの針目のようなでこぼこがあり、波形の縁飾りがある卵形の葉はブロンズ色に色づき、幅広の銀色の縞が中央に走り、縁に銀色の点が散る。'ノーフォーク'、コンパクトに密生する。葉は幅広の卵形、黒〜濃緑色、銀色の縞が盛り上がる。
ゾーン：10〜12

Pilea peperomioides
↔15〜50cm ↕15〜50cm
西インド諸島原生の直立型草本。茎は滑らかで長い。多肉質で、楕円形〜ほぼ円形、薄緑色の葉には葉脈が目立つ。長さも幅も6cm。葉柄は長さ6cm。ペペロミアの葉に似ている。夏に花をつけるが、目立たない。
ゾーン：10〜12

PILEOSTEGIA
(シマユキカズラ属)

アジサイ科、つる性か、平伏性の常緑性低木4種からなる。東アジアに分布し、気根の支えられて育つ。光沢のある濃緑色の葉、晩夏〜初秋、雄ずいの目立つ花を密生させる大きな花序をつける。

〈栽培〉
湿った、重い、粘土質の土壌で、日なたで、あるいは半日陰で、風の来ないところを好む。繁殖は挿し木から。

Pileostegia viburnoides
一般名：シマユキカズラ
↔3m ↕6〜9m
インド、台湾、中国原生の、木質で自己纏着型のつる植物。革質で、皺があり、細長い楕円形〜剣形、濁った濃い緑色の葉は長さが45cmになる。白色かクリーム色の花が円錐花序に密集して咲く。
ゾーン：7〜9

PILOSELLA
(ピロセラ属)

根茎を持ち、有毛の多年生の草本18種からなる。キク科で、温帯ユーラシア大陸とアフリカの北西部に自生する。膨

Pimelea ligustrina

れたランナーがついた茎が数本〜多数、ロゼットを形成し、根出葉をつける。葉は全縁かわずかに鋸歯縁で、卵形か浅裂葉。夏、傘形の花序を、ひとつ、あるいは複数つける。

〈栽培〉
水はけのよい、肥えた土壌と日なたを好み、そして暑い天候が長く続くのを好む。お互いに支えあえるように、15cm離して植える。繁殖は晩冬か早春にに発芽させた種子から。晩春に植え替える。

Pilosella aurantiaca
↔40〜50cm ↕50〜70cm
ヨーロッパに自生する多年生の草本。薄緑色、卵形〜楕円形、長さ20cmの有毛の葉。幅25mmほどの花序を2〜25つける。オレンジ色〜朱色の小花が集まり、長さ65cmほどの花柄の先につく。花序は長い黒っぽい色の毛に包まれる。侵略種になりうる。ゾーン：3〜5

PILOSOCEREUS
(ピロソケレウス属)

サボテン科、低木、あるいは高木に似た45種ほどからなる。アメリカ合衆国フロリダ州から中央アメリカとカリブ海諸国を抜け、熱帯南アメリカに自生。がっしりした陵のある幹は、年月とともに深い溝が刻まれ、しばしば木質化する刺座がある。刺は群生し、中には長さ8cmになるものもある。花は夜咲き、並外れて毛だらけの刺座から伸びる。花は筒状〜鐘形、白色かパステル調の色が多く、1日しか持たない。果実は多肉質で、緑色〜紫色。

〈栽培〉
この種の大型サボテンは日なたか半日陰でよく成長する。日照りには強いが、成長期、開花期の定期的な水やりを喜ぶ。軽い水はけのよい土壌で、少し腐葉質を足す。軽い霜なら耐性のある種もあるが、ほとんどは温和な霜のない地域が一番よく育つ。大きな高木状の種は刈り込んでもよい。繁殖は播種、あるいは若い茎を挿す。土に挿す前に、切り口を乾燥させておく。

Pilosocereus leucocephalus
異　名：*Cephalocereus maxonii*、*Cephalocereus palmeri*、*Cephalocereus sartorianus*
一般名：翁獅子 (オキナジシ)
英　名：OLD MAN CACTUS, OLD MAN OF MEXICO
↔2〜3m ↕2〜5m

Pimelea linifolia

メキシコ、グアテマラ、ホンジュラスに分布。高木状のサボテンで、下のほうで分岐する。茎は直立し、緑色〜青みを帯び、7〜12の陵がある。刺は茶色がかり、年月とともに灰色になる。中刺1、側刺8〜12。茎の上方にある花をつける刺座に白い羊毛状の毛を作る。花はじょうご形〜鐘形で、ピンク色〜白色。果実は緑色〜紫色。
ゾーン：8〜11

PIMELEA
(ピメレア属)

ジンチョウゲ科、およそ100種からなる。オーストラリア原生の常緑の低木、亜低木で、春咲きの花が見事なので重用されている。英名でライスフラワーと呼ばれる種などは切り花に最適。木の大きさはさまざま。花色もひとつの種の中で、白〜濃いピンク色までいろいろ揃う。黄色や紫色の花をつける種もある。枝先につく星形の花は、目立つ花序に先が開いて反り返る筒状の花がつき、目立つ色の萼片が花序を囲むこともある。果実は小さく、果皮が乾燥しているものも、多肉質のものもあり、種子をひとつだけ含む。

〈栽培〉
水はけのよい有機質養分を加えた酸性土壌で、日なたか半日陰を好む。風や塩分の多い大気には耐性があるが、霜が多いのは嫌う。定期的に軽く刈り込むとよい。総じて短命である。繁殖は晩春〜夏に枝先を挿し木するか、手に入るのなら種子から。発芽には手間取るかもしれない。

Pimelea ferruginea
一般名：コメバナ、ライスフラワー
英　名：ROSY RICE FLOWER
↔0.9m ↕0.9m
オーストラリア西部ではよく見かける種。塩分を含む大気に耐性がある。葉は卵形、光沢のある緑色、先が尖り、茎に沿って並ぶ。ピンク色の開いた筒状の花が、枝先につく。花期は春で、それ以外にも断続的に咲く。'ボン プチッド'、ピンク色の花が溢れんばかりに咲く。
ゾーン：8〜10

Pimelea ligustrina
英 名：TALL RICE FLOWER
↔1.2m ↑1.5m
オーストラリア南部の高山地帯に自生。薄緑色の葉は全縁。枝先に白い花がつき、緑色の萼片には縁に絹毛があり、葯はオレンジ色、全体でピンクッションのような花序を作る。春咲き。蛾や蝶を惹きつける。
ゾーン：8〜10

Pimelea linifolia
英 名：SLENDER RICE FLOWER
↔0.6m ↑0.9m
オーストラリア南部に自生する常緑性低木。葉は小さく、柔らかく、細長い卵形。白い花には、有毛のオレンジ色の葯、幅広の花弁に似た萼片があり、集まって丸い花序を作る。花期は早春だが、その他にも断続的に咲く。ゾーン：8〜10

Pimelea nivea
英 名：WHITE COTTON BUSH
↔0.9m ↑1.8m
オーストラリア、タスマニア島原生の常緑性低木で、ときに散開する。星形の花は白色、たまにピンクのこともある。大きな花序を作り、夏に咲く。白い毛が、小さな丸形〜卵形の光沢のある濃緑色の葉を除いて、木全体を覆う。ゾーン：8〜9

Pimelea physodes
英 名：QUALUP BELLS
↔0.6m ↑0.9m
オーストラリア西部に自生。小さな下垂する花が、大きな赤い萼片に包まれる。切花として人気がある。スターリング山脈の厳しい珪酸質の土壌に育つ。本来の自生地以外での栽培はむずかしい。
ゾーン：9〜10

Pimelea prostrata
英 名：NEW ZEALAND DAPHNE
↔90cm ↑15cm
ニュージーランドに自生。常緑で、傾伏型の低木で、葉が密に茂る。葉はごく小さく、青灰色。細く強靭な茎に沿い4列に並ぶ。小さな白い花を夏につける。果実は白い小さな液果。盛り土に植えると溢れんばかりに広がり効果的。
ゾーン：8〜10

Pimelea nivea

PIMPINELLA
（ミツバグサ属）
セリ科、ユーラシア大陸と北アフリカの温帯地方に自生する。茎を分岐させる一年生、多年生の草本150種からなる。葉は単葉のことも、全裂し3小葉に分かれることもある。夏、小さな白か黄色の花が複散形花序を作る。花後、卵形の果実がなる。P. anisum（アニス）は、薬用、香料に使用されるためによく栽培されている。
〈栽培〉
軽い土壌〜粘土の湿潤なアルカリ性の土壌まで、開けた日当たりのよい場所なら育つ。繁殖は種子から。

Pimpinella anisum
一般名：アニス
英 名：ANISE、ANISEED
↔30〜50cm ↑50〜60cm
一年生、芳香のある、繊毛を帯びる草本で、ヨーロッパ南部、中央部、南部、地中海東部、シリアとエジプトに分布する。独特の香りを持つ種子が目的で栽培されている。茎につく葉は、丸形か卵形、葉は細く切り込まれ、細長い3小葉に分かれる。地面近くには、直葉で、幅が広め、卵形、鋸歯縁かわずかに浅裂の入る葉がつく。真夏、細い茎先にヒナギクに似た黄色、あるいは白色の花が7〜15集まり傘形になる。重い穂で茎が大きく揺れる。
ゾーン：4〜8

Pinellia cordata

Pimelea physodes

PINANGA
（ピナンガ属）
ヤシ科、120種を抱える大きな属で、中国、東南アジア、フィリピン、インドネシア、ニューギニアの湿った日陰になる森林の中で、下層植物として生えている。高さはさまざまで、複数の幹を持つ種もある。葉の形状もさまざまで、分かれていないものから羽状のものまで、小葉も2、3枚〜多数。雄性花と雌性花が同じ花序につき、花序を支える花柄は鮮やかな色をしていることが多く、たいてい赤みを帯び、膨れている。果実も鮮やかな色が多い。
〈栽培〉
どの種も、日陰で、大量の水分と高湿度を要求する。湿度が低すぎないなら、ほとんどが室内植物に向く。庭植えにすると、中性の水はけのよい土壌になじむ種が多い。ほとんどの種で、新しい種子は容易に発芽する。群生する種は2つ以上の新しい株に分けられる。

Pinanga kuhlii ★
一般名：ピナンガヤシ
↔3m ↑8m
インドネシアのジャワ島、スマトラ島に自生するが、広く栽培されている。滑らかな茎を複数立てる。葉はすべて幹に沿って（幹の先からだけではない）出ており、6〜8対の幅広の小葉に分かれる。花序にはクリーム色〜ピンク色の花がつく。濃い赤を帯びた卵形の果実がなる。
ゾーン：11〜12

PINELLIA
（ハンゲ属）
ウラシマソウ科。中国、朝鮮半島、日本の樹林地域に分布する。夏に成長する塊根を持つ多年生植物で、美しい葉と、ふつう緑色で長い弓状の肉穂花序とそれをわずかに覆う仏炎苞がある変わった花をつける。
〈栽培〉
水分を保持する土壌で、半日陰になる場所に植える。繁殖は熟すると同時に種子を蒔くか、休眠期に塊根を分ける。種によっては茎と葉が接する場所に小さな小鱗茎をつけるものもある。

Pinellia cordata
一般名：ニオイハンゲ
↔10〜15cm ↑10〜15cm
中国原生。濃緑色の槍先形の葉表には白い、葉裏には紫色の模様が入る。茎が葉と接する箇所に小鱗茎が1つだけできる。花は葉と同じ高さにつき、全体が緑色。
ゾーン：6〜10

PINGUICULA
（ムシトリスミレ属）
タヌキモ科、肉食植物75種以上からなる変化に富む属で、北アメリカのじめじめした熱帯や温帯と自生地はいろいろである。南アメリカではもっと乾燥した環境を好み、着生植物のこともある。ほとんどが多年生植物で、繊維質の根を持

Pimelea prostrata

Pinanga kuhlii

Pinus aristata, in the wild, Mount Washington, Great Basin National Park, Nevada, USA

Pinus albicaulis

Pinus albicaulis 'Nana'

Pinus armandii

Pinguicula moranensis

Pinguicula emarginata × *P. vulgaris*

ち、非常に薄い緑〜明るい緑の葉はロゼットを形成する。美しい花が葉のない茎につく。種によっては、硬い越冬用の芽（冬芽）をつけるものもある。葉を覆う微細な毛が粘液を出す。虫がこの液に捕まると、別のタイプの腺が虫を分解するための消化酵素を出す。葉は昔から牛乳を凝固させるのに、家畜の乳腺の痛みを和らげるのに使用されている。

〈栽培〉
熱帯種は砂とピートとパーライトを同量ずつ混ぜた用土で、遮光された光を好む。春と夏には湿り気を絶やさぬように、そして多肉質の、肉食でない葉が作られる冬には、しっかり湿潤にまで保つ。春と夏には、毎週、薄めの液体肥料を葉面補給させる。温帯地方では暖かい温室で育てるか、日当たりのよい窓辺に置く。繁殖は冬葉を挿し木する。温帯種はピートと砂かバーミキュライトを同量ずつの混合土と、遮光した光を好む。鉢植えなら、春と夏 こは鉢底から給水させる。冬芽のついた植物はかなり乾かし気味にする。繁殖は葉挿しで。冬に一回り大きい鉢に植え替える。

Pinguicula emarginata
☼/◐ ❄ ↔10cm ↕35mm
メキシコ原生の美しい種。じめじめした砂がちの土壌に分布。卵形で緑色の葉は長さ5cm。きれいな18mmほどの花は白色〜スミレ色で、スミレ色〜紫色の脈が走る。*P. e.* × *P. vulgaris*は紫色かスミレ色の花に白い点が散る。
ゾーン：8〜11

Pinguicula moranensis ★
異 名：*Pinguicola caudata*
☼ ❄ ↔25cm ↕5cm
メキシコ原生。じめじめした、苔むした土壌で、遮光された場所に育つ。卵形の緑色の葉は長さ12cmほど、かすかに縁がカーブし、ピンクに染まることもある。花は径5cmほど、ラベンダー色かピンク色。ときにピンク色と白色の花もあり、白一色のこともある。ゾーン：8〜11

Pinguicula vulgaris ★
英 名：COMMON BUTTERWORT
☼/◐ ❄ ↔12cm ↕5cm
ヨーロッパや北アメリカの岩がちの山岳地帯に自生し、開けた草地か沼地に生える。葉は黄色〜緑色、縁に沿って内側に湾曲する。15cmほどの茎にスミレに似た花を単生でつける。しばしば、肉食植物の*Darlingtonia californica*と*Drosera intermedia*の近くに育つ。
ゾーン：2〜7

PINUS
（マツ属）
英 名：PINE
マツ科、ヨーロッパ、アジア、北アフリカ、北アメリカ、中央アメリカ、そしてメキシコ一帯に分布する針葉樹、およそ110種からなる非常に変異のある属。熱帯の赤道上の森林から北極圏の際の厳寒の地まで、さまざまな気候と条件の中で育つ。ほとんどが大型の高木で、低木は2種だけである。葉は針状で、きわめて小さく、せいぜい長さ4〜5cm。ふつう3本か5本の束になり、8本以上ということはない。球果は形状も色も大きさもいろいろである。マツ属には、世界でもっとも大事な材木用樹木が何種か含まれる。

〈栽培〉
ほとんどが寒さにも長い乾燥期にも耐えられるし、耐性のある土壌の幅も広いが、日なたは絶対に必要。盆栽に人気のある種もある。繁殖は原種は種子から、栽培品種は接ぎ木で。

Pinus albicaulis
一般名：アメリカシロゴヨウ
英 名：WHITEBARK PINE
☼ ❄ ↔6m ↕9m
カナダ南西部とアメリカ合衆国北東部の山岳地帯に自生する。常緑の高木で、自生木のほうが大きい。樹皮は滑らかで、白く、年月とともに灰色に変わり、剥がれる。斜上しながら枝を広げる。短い黄緑色の針葉。球果は小さく宿存する。矮性の栽培品種に、'**フリック**'、'**ナナ**'、'**ソーブルズ ドワーフ**'がある。
ゾーン：4〜8

Pinus aristata
一般名：イガゴヨウ
英 名：ROCKY MOUNTAIN BRISTLECONE PINE
☼ ❄ ↔4.5m ↕4.5m
アメリカ合衆国の山岳地で、亜高山性の西部に分布する小高木。成長が遅く、形状は不規則で、短い、樹脂が点々とついた、長さ5cmの葉が密生して樹冠を作る。球果にはもろい刺状突起がある。およそ樹齢2,500年になる木もある。
ゾーン：4〜7

Pinus armandii
一般名：タカネゴヨウ
英 名：CHINESE WHITE PINE、DAVID'S PINE
☼ ❄ ↔6m ↕18m
中国の中央部、西部、日本の南部、台湾に分布する大高木。水平方向に枝を大きく伸ばす。緑の葉は長さ15cm。黄褐色の球果は卵形で、下垂する。
ゾーン：5〜7

Pinus attenuata
英 名：KNOBCONE PINE
☼ ❄ ↔6m ↕15m
アメリカ合衆国、オレゴン州とカリフォルニア州の岩がちの山岳地域に本来は自生する。中型の高木で、樹冠は細く尖り、水平〜斜上気味に枝を伸ばす。緑色の葉は3葉で束になる。大きな木質の球果は何十年も木についたまま開かないこともある。
ゾーン：7〜10

Pinus ayacahuite
英 名：MEXICAN WHITE PINE
☼ ❄ ↔6m ↕27m
中央アメリカ原生の高木。樹形は、円錐形か長円形だが、古くなると、だんだん不規則な形状になる。緑の葉は、青みが

Pinus bungeana

Pinus brutia

Pinus cembra
一般名：ヨーロッパハイマツ
英　名：AROLLA PINE、SWISS STONE PINE
☼ ❄ ↔4.5m ↑9m
ヨーロッパ中央部に分布。樹形は細い円錐形〜ほぼ円柱形。地面すれすれから分岐し成長する。濃緑色でねじれた、硬い8cmほどの針葉が密に集まり葉群となる。非常に古い木だと球果は小さい。'クロロカルパ'は人気のある栽培種。
ゾーン：4〜7

Pinus cembroides
一般名：メキシカンストーンパイン
英　名：MEXICAN NUT PINE、PINYON
☼ ❄ ↔4.5m ↑8m
メキシコとアメリカ合衆国南部に自生する小高木。丸い樹冠、短い灰緑色の葉。薄い黄色〜艶のある茶色で、左右相称の長円形の球果。重要な食料源でもある。食用になる堅果はたんぱく質に富む。'ピニャ ネバダ ゴールド'は魅力的な栽培種。
ゾーン：7〜8

Pinus contorta
一般名：ロッジポールマツ
英　名：LODGEPOLE PINE、SHORE PINE
☼ ❄ ↔8m ↑23m
北アメリカ西部、アラスカ〜メキシコに自生する樹高のある高木。成長習性はいろいろだが、概して高く、まっすぐ、円錐状に育つ。硬い、濃緑色の針葉が密生する。小さい左右相称形の、オレンジブラウンの球果がつく。
ゾーン：5〜9

Pinus coulteri
一般名：オオミマツ
英　名：BIG-CONE PINE、COULTER PINE
☼ ❄ ↔9m ↑30m
アメリカ合衆国、カリフォルニア州の乾燥した山岳地帯の斜面に自生する。成長が速く堂々とした針葉樹になる。長い、硬い、帯白の緑色の針葉は、3本葉。巨大な、刺のある、茶色の球果。風、日照りだけでなくどんな土壌にも耐性がある。
ゾーン：8〜10

Pinus densiflora
一般名：アカマツ
英　名：JAPANESE RED PINE
☼ ❄ ↔6m ↑21m
日本、朝鮮半島、中国に自生する、まっすぐな高木。まばらで、不規則な形状の樹冠。緑の葉は長さ12cm、枝の先に房になってつく。樹皮は赤みがかった茶色。球果は濁った茶色。'ペンドゥラ'（シダレアカマツ）は丈夫で、半傾伏性。'ウンブラクリフェラ'（タギョウショウ）は非常に成長が遅く、傘のような形状になる。
ゾーン：4〜9

Pinus durangensis
英　名：DURANGO PINE
☼ ❄ ↔8m ↑40m
メキシコ原生の種。樹冠は円錐か丸形。針葉6本が束生する唯一のマツ。針葉は灰緑色で、長さ20cmほど。赤茶色の球果は長円形〜円錐形で、鋭い刺がある。
ゾーン：8〜11

Pinus bungeana

かり、長さ8cm。全長30cmの円筒形の球果は樹脂を多量に含み、秋に落ちる。
ゾーン：8〜11

Pinus balfouriana
英　名：FOXTAIL PINE
☼ ❄ ↔6m ↑15m
カリフォルニア州の山岳地に分布。自生木は非常に稀。硬い25mmほどの針葉が、5葉ずつ集まり密生し、わずかに上にカーブした円錐形に近い樹形を作る。茶色い球果は下垂し、対称形、成熟するのに2年かかる。
ゾーン：7〜9

Pinus banksiana
一般名：バンクスマツ
英　名：JACK PINE
☼ ❄ ↔6m ↑18m
カナダ南部、アメリカ合衆国北東部に自生する。まっすぐな高木で、輪郭は不整形。短くてねじれた葉は対でつく。薄茶色の球果はわずかにカーブする。バンクスマツは、パルプ材、電柱、鉄道の枕木用に栽培され、収穫される。さらに土地の復興のため、クリスマスツリーの商業取引のために植えられる。ゾーン：2〜8

Pinus brutia
異　名：*Pinus halepensis* var. *brutia*
英　名：TURKISH PINE
☼ ❄ ↔6m ↑18m
地中海東部に分布する樹冠がまばらな高木。葉は鮮やかな緑色で、長さ15cm、かなり硬い。小さい球果は水平につくか、直立し、熟すと赤茶色に輝く。
ゾーン：8〜10

Pinus canariensis

Pinus bungeana
一般名：シロマツ、ハッコウノマツ
英　名：LACEBARK PINE
☼ ❄ ↔6m ↑18m
中国北西部原生の多幹の高木。栽培されているのは稀。硬い葉は潰すとテレピン油の香りがする。球果は小さくて卵形。灰緑色の剥落する樹皮は白と茶色の斑になる。ゾーン：5〜9

Pinus canariensis
一般名：カナリーマツ
英　名：CANARY ISLAND PINE
☼ ❄ ↔8m ↑40m
カナリー諸島が原生。まっすぐで中実の主幹。密生した長円形の樹冠を作る15〜30cmの針葉は、垂れ下がりがち。魅力的な赤みがかった茶色の樹皮。輝く、茶色の球果。ゾーン：8〜11

Pinus cembroides 'Pina Nevada Gold'

Pinus densiflora

Pinus densiflora 'Pendula'

*Pinus contorta*の自生木、アメリカ合衆国、ワイオミング州、ヘイドン峡谷を流れるイエローストーン川

Pinus edulis
英　名：NUT PINE、ROCKY MOUNTAIN PINYON
☼ ❄ ↔6m ↕8m
アメリカ合衆国南西部とメキシコの乾燥した山の斜面に自生する。丸い樹冠を持つ小高木。葉は短く、硬く、青緑色。球果は小型で、左右相応、果実は食べられる。
ゾーン：5～9

Pinus elliottii
英　名：SLASH PINE
☼ ❄ ↔8m ↕30m
アメリカ合衆国南東部に分布。まっすぐな頂枝、下方の枝はかなり下に付くことも多い。葉は長さ20cmほど。球果はキャラメル色を呈し、樹脂は細い切片になり剥離する。この種は材木として重要で、丈夫で重い木材が重用される。
ゾーン：7～11

Pinus engelmannii
英　名：APACHE PINE、ENGELMANN PINE
☼ ❄ ↔6m ↕30m
メキシコ、アメリカ合衆国南西部が原生の高くなる高木で、山岳地に分布することが多い。樹冠はまばらで丸く、葉は長さ38cm。球果は非対称で、4個、または2個が集まってつく。ゾーン：8～10

Pinus flexilis
一般名：フレキシマツ
英　名：LIMBER PINE
☼ ❄ ↔6m ↕12m
北アメリカ西部原生の小型～中型の高木。若木のころは樹形は密生した円錐形だが、年月とともに横に広がる。短い濃緑色の針葉、黄茶色の球果を持つ。中には樹齢1,600年を越す木もある。
ゾーン：4～7

Pinus glabra
英　名：SPRUCE PINE
☼ ❄ ↔6m ↕30m
アメリカ合衆国南東部、ことに沿岸の草原に分布する。濃灰色の樹皮は初めはほぼ滑らかだが、樹齢とともにきめが粗くなる。細長い散開状の樹冠、葉は中型。小さな赤みがかった茶色の球果は数年間木についたままのこともある。日陰でも大丈夫。ゾーン：9～11

Pinus halepensis
一般名：アレッポマツ
英　名：ALEPPO PINE
☼ ❄ ↔6m ↕18m
枝が低く、頂端が平たい、地中海地方原生の高木。葉は長さ10cm、カーブし、ねじれていることが多い。中型の球果は何年も宿存する。オーストラリア、南アフリカ、ニュージーランドの各地に帰化している。
ゾーン：8～11

Pinus hartwegii
異　名：*Pinus montezumae* var. *hartwegii*
☼ ❄ ↔8m ↕30m
ドーム状の樹冠を持つ、メキシコ、グアテマラ、エルサルバドル原生の高くなる高木。長さ15cmで、濃緑色。球果のかたちはさまざまで、熟すと茶色～黒紫色になる。ゾーン：8～11

Pinus heldreichii
ピヌス・ヘルドレイキイ
英　名：BOSNIAN PINE
☼ ❄ ↔6m ↕18m
バルカン半島西方～ギリシアに分布する。ときには低木状になる高木。輪郭不整形で、隙間多く育つ。葉は硬く、鋭い。球果は、2、3、あるいは4群生し、熟すと開裂する。*Pinus heldreichii* var. *leucodermis*（ピヌス・ヘルドレイキイ・レウコデルミス）は観賞用に使われる。'コンパクト　ジェム'は、矮性の栽培品種で、針葉は濃緑色。*P. h.* 'スミドティ'はコンパクトな矮性種、葉は明緑色。
ゾーン：6～9

Pinus hwangshanensis
☼ ❄ ↔6m ↕24m
中国東部に自生する高木で、非常に*P. thunbergii*に似ている。2本1組の明緑色の針葉は、長さ5～8cm。球果は長さ5cmほど。
ゾーン：7～10

Pinus jeffreyi
一般名：ジェフリーマツ
英　名：JEFFREY PINE
☼ ❄ ↔8m ↕60m
北アメリカの西部、アメリカ合衆国のオレゴン州～メキシコのバハカリフォルニアに分布。まっすぐな幹を持つ高木で、輪郭は不整形。大きな赤茶色の球果、針葉の長さは20cm。
ゾーン：6～9

Pinus koraiensis
一般名：チョウセンゴヨウ
英　名：KOREAN PINE
☼ ❄ ↔6m ↕27m
中国南東部、北朝鮮、日本の本州に分布。若木のころは輪郭は細い円錐形だが、樹齢を増すごとに丸くなる。栽培されると小さめになる。粗い、青みがかった針葉は長さ10cmほど。あまり広く栽培されていない。
ゾーン：3～9

Pinus lambertiana
一般名：ナガミマツ、サトウマツ
英　名：SUGAR PINE
☼ ❄ ↔6m ↕45m
アメリカ合衆国、オレゴン州の中央部～メキシコ、バハカリフォルニアに原生する。極めて高くなる高木で、65mの高さになった例もある。細い不整形な樹冠。針葉は硬く、鋭く、青みを帯びる。長い柄につく全長50cmの球果は下垂する。木材として貴重な種。
ゾーン：7～9

Pinus leiophylla
英　名：SMOOTH-LEAF PINE
☼ ❄ ↔4.5m ↕18m
アメリカ合衆国、アリゾナ州南東部とニューメキシコ州南西部、メキシコに自生する。小型～中型の高木で、不整形な細い樹冠を持つ。灰緑色の針葉。卵形の球果が短い柄に対でつく。切り株から芽吹く。
ゾーン：7～10

Pinus edulis、アメリカ合衆国、ユタ州、チェッカーボード・メサ

Pinus engelmannii

Pinus hartwegii

*Pinus jeffreyi*自生木、メキシコ、バハカリフォルニア

*Pinus flexilis*自生木、アメリカ合衆国、ワイオミング州、イエローストーン国立公園

P. halepensis, in the wild, Majorca, Spain

Pinus hwangshanensis

Pinus mugo

Pinus mugo 'Paul's Dwarf'

Pinus mugo Pumilio Group

Pinus mugo 'Green Candles'

Pinus longaeva
英　名：ANCIENT PINE、GREAT BASIN BRISTLECONE PINE
☼ ❋ ↔4.5m ↑18m
アメリカ合衆国西部の乾燥した亜高山の山頂に自生する。小さな硬い葉、中型の球果。厳しい生育環境のため、しばしば非対称形になるか、ときには部分的に枯れることもある。ゾーン：5～8

Pinus lumholtzii
英　名：LUMHOLTZ PINE
☼ ❋ ↔6m ↑21m
メキシコ西部と北西部の山岳地に分布する。水平に枝を伸ばし、まばらな樹冠を作る。明るい緑色の葉は長く、30cmにもなり、まっすぐ下に垂れ下がる。茶色の球果は、左右対称の長円形で、下垂する。ゾーン：8～10

Pinus merkusii
英　名：SUMATRAN PINE
☼ ❋ ↔6m ↑45m
インドネシア、スマトラ島とフィリピン諸島の赤道南に自生する唯一の種。円錐形～丸形の樹冠、硬い針葉は長さ20cm。球果がひとつ、または対でつく。幹に傷をつけテルペンチンを採取する。ゾーン：9～12

Pinus monophylla
英　名：SINGLE-LEAF PINYON
ピヌス・モノフィラ
☼ ❋ ↔4.5m ↑9m
アメリカ合衆国ネバダ州、アリゾナ州、カリフォルニア州とメキシコのバハカリフォルニアの半乾燥気候の土地に自生する。複数幹で、葉は灰緑色、長さは5cmで、硬く、カーブし、1本だけでつく。小さい球果が食用になる果実をつける。

'グラウカ'は葉が青みを帯びる。ゾーン：6～9

Pinus montezumae
英　名：MONTEZUMA PINE、ROUGH-BARKED MEXICAN PINE
☼ ❋ ↔8m ↑30m
メキシコ南部とグアテマラ原生の大型高木。若木のころは密生した円錐形の輪郭を取るが、年月とともに下方の枝を広げ、垂れさがる。葉は湾曲するか、下垂する。球果は長円形～円錐形で、薄茶色、小さな脱落性の刺状突起がある。ゾーン：9～11

Pinus monticola
一般名：アメリカゴヨウマツ
英　名：WESTERN WHITE PINE
☼ ❋ ↔6m ↑30m
北アメリカの北西部、カナダ～アメリカ合衆国、カリフォルニア州とモンタナ州の東方に生育する。大型高木で、細長い樹冠と、中実でまっすぐな主幹を持つ。球果は細長い円筒形。材木として価値がある。ゾーン：4～9

Pinus mugo
一般名：モンタナマツ
英　名：DWARF MOUNTAIN PINE、MUGO PINE、SWISS MOUNTAIN PINE
☼ ❋ ↔5m ↑8m
中央ヨーロッパの山岳地帯原生。小高木だが、しばしば低木状になり、風にさらされながら成長する。長い、明るい緑色の針葉が対でつく。球果は小さく、こげ茶色。盆栽素材、コンテナ植え、ロックガーデンに人気がある。さまざまな土壌に耐性のある品種が多い。*Pinus mugo* var. *pumilio*に、低く成長する品種で、冷涼で雨量の多い地域では侵略種になりうる。*P. m.* 'グリーン　キャンドルズ'は葉が密生する低木。'ハニーコム'は非常にコンパクトな丸い品種。葉が黄色みを帯びる。'ポールズ　ドワーフ'と'スローマウンド'はともに針葉が非常に小さい。'タンネンバウム'まっすぐ対称に伸びる品種で、先の尖った頂枝を持つ。'ティーニイ'、魅力的な矮性品種。ゾーン：2～9

Pinus muricata
英　名：BISHOP PINE
☼ ❋ ↔5m ↑9m
アメリカ合衆国西部とメキシコ、バハカリフォルニアとセドロス島に分布するが、自生木はかなり稀。小高木で、まばらな丸形の樹冠は樹齢を重ねるとてっぺんが平たくなる。針葉は緑色だが、北方に位置すると青みを帯びる。光沢のある赤茶色の球果は何十年も木についたままになる。ゾーン：8～10

Pinus nigra
一般名：ヨーロッパクロマツ
英　名：AUSTRIAN PINE、BLACK PINE、CORSICAN PINE
☼ ❋ ↔8m ↑36m
ヨーロッパ南部に本来は自生する、変異しやすい種。まっすぐな主幹は銀灰色。硬い針葉は長さ15cmで、球果は薄茶色で光沢がある。大事な木材用高木で、ニュージーランドとアメリカ合衆国の各所に帰化している。'ホルニブルッキアナ'は矮性の栽培品種で、コンパクトなこんもりとした樹形を作る。ゾーン：4～9

Pinus oaxacana
☼ ❋ ↔6m ↑24～30m
メキシコ南東部～ホンジュラスの山岳地帯に分布する。美しいマツで、30cmにもなる長い、柔らかい緑の針葉が5葉で束生し、垂れ下がる。球果はこげ茶色で卵形。ゾーン：9～11

Pinus occidentalis
☼ ❋ ↔8m ↑30m
ハイチとドミニカ共和国に自生する高くなる高木。3分の2の高さまで枝がないことも珍しくない。枝先につくたわまない葉は密生した房状になる。球果は長円形、対称形、鱗片には短い刺がある。ゾーン：9～12

Pinus montezumae

Pinus nigra

Pinus palustris

Pinus leiophylla

P. pseudostrobus var. *oaxacana*

Pinus parviflora

Pinus peuce 'Compacta'

Pinus pinaster

Pinus pumila

Pinus ponderosa自生木、アメリカ合衆国、カリフォルニア州、ヨセミテ国立公園

Pinus oocarpa
英　名：OCOTE PINE
☼ ❄ ↔6m ↕21m
中央アメリカ、メキシコ、ガテマラ、ホンジュラス、ニカラグアに自生する。硬い、先の揃っていない葉が密生し丸い樹冠を作る。黄色がかった長円形～丸形の球果は、木に宿存し、長い乾期の後種子を放出する。ゾーン：9～11

Pinus parviflora
一般名：ゴヨウマツ
英　名：JAPANESE WHITE PINE
☼ ❄ ↔6m ↕24m
日本原生。丸い樹冠は密に茂り、栽培では樹高が標準の半分になる。硬い、曲がった青緑色の葉。球果は、赤茶色で、長円形～円筒形。成長は遅い。盆栽種として人気がある。'アドコックス ドワーフ'は小型で成長が遅く、75cmにしかならない。ゾーン：4～9

Pinus patula
一般名：パツラマツ
英　名：MEXICAN PINE, WEEPING PINE
☼ ❄ ↔9m ↕15m
メキシコの山岳地帯に自生する。広い円錐形になるがっしりした幹を持つ針葉樹で、水平に枝を伸ばし、細い葉群が垂れ下がる。長い薄緑色の針葉は3葉で束生する。茶色で、カーブした円錐形の球果は2～5で群生する。ゾーン：8～10

Pinus peuce
一般名：マケドニアマツ
英　名：MACEDONIAN PINE
☼ ❄ ↔8m ↕36m
バルカン半島に自生する。大型の高木で、細い円錐形の樹冠を持ち、枝が地面近くまで来る。若木の樹皮は銀灰色。灰色がかった緑色で、非常に細い葉。長さ20cmの球果は細長く、下垂する。'コンパクタ'は、コンパクトな密生した葉群。ゾーン：5～9

Pinus pinaster
一般名：カイガンショウ、オニマツ
英　名：CLUSTER PINE, MARTIME PINE
☼ ❄ ↔9m ↕30m
地中海に自生し、世界中の松脂の主な供給源。長くて硬い、輝く銀緑色の針葉は対でつく。灰色の薄層の間に濃い赤茶色の亀裂の入った樹皮は観賞に値する。オレンジブラウンの球果。沿岸性の条件を好む。ゾーン：7～10

Pinus pinea
一般名：イタリアカサマツ
英　名：ROMAN PINE, STONE PINE, UMBRELLA PINE
☼ ❄ ↔6m ↕24m
南ヨーロッパとトルコに原生する。てっぺんが平らな針葉樹で、赤みを帯びた灰色の樹皮に亀裂が入る。針葉は明るい緑色で、対でつく。丸い樹冠は樹脂が多く、艶があり、茶色い。食べられる種子は「松の実」として知られている。

Pinus ponderosa
一般名：ポンデローザマツ
英　名：PONDEROSA PINE, WESTERN YELLOW PINE
☼ ❄ ↔6m ↕40m
北アメリカ西部原生種。中実のまっすぐな幹、薄い黄色の樹皮には亀裂が入る。刺のある茶色尾球果は、15cmほど。硬い尖った葉は25cmほどになる。木材として利用される。ゾーン：3～9

Pinus pumila
一般名：ハイマツ
英　名：DWARF SIBERIAN PINE, JAPANESE STONE PINE
☼ ❄ ↔3m ↕3m
アジア北東の厳寒の地域に自生する。矮性で、這い性の低木となることも多い。光沢のある、ねじれた針葉は密生する。長さ5cmの長円形の球果は、若いころは色が濃く、熟してくると黄茶色になる。ゾーン：5～9

Pinus radiata
異　名：Pinus insignis
一般名：モンテレーマツ
英　名：MONTEREY PINE, RADIATA PINE
☼ ❄ ↔8m ↕30m
アメリカ合衆国、カリフォルニア州中央部と、メキシコ沿岸のグアダルーペ島とセドロス島に自生する。高くなる高木toで、幹はまっすぐ、不整形、まばらな樹冠。長さ15cmの葉は6葉で束生する。球果は非対称な円錐形、長さは12cm。木材用高木として非常に重要である。ゾーン：8～10

Pinus resinosa
英　名：RED PINE
☼ ❄ ↔6m ↕30m
アメリカ合衆国の北東部と、カナダの南東部に分布する。赤みがかった茶色の樹皮。鋭い、尖った、長さ12cmの針葉。対称的な長円形～円錐形の球果は長さが5cm。幹はまっすぐで、樹冠は細長い長円形。木材にする。ゾーン：2～8

Pinus rigida
一般名：リギダマツ
英　名：NORTHERN PITCH PINE
☼ ❄ ↔6m ↕30m

Pinus rigida自生木、アメリカ合衆国、ケープコッド

アメリカ合衆国北東部とカナダの南東部に自生。栽培だと標準木よりも小さくなる。複幹で、輪郭は不整形、てっぺんは平たい。硬い葉が広がる。球果はカーブし、薄い茶色で、長さ8cm、群生する。火事の後は、幹と基部から若枝が出る。ゾーン：4～8

Pinus roxburghii
一般名：ヒマラヤマツ
英　名：CHIR PINE, HIMALAYAN, LONG-LEAF PINE
☼ ❄ ↔4.5m ↕30m
ヒマラヤ山脈ふもとの丘陵地帯に原生の広い樹冠を持つ高木。灰色と薄茶色がまだらになる樹皮。鋭く尖った葉は下垂する。長さ20cmの球果は薄茶色。ネパールでは、松脂を医療目的で使う。ゾーン：6～11

Pinus sabiniana
英　名：DIGGER PINE, GRAY PINE
☼ ❄ ↔6m ↕21m
日照りに強い、アメリカ合衆国カリフォルニア州の原生種で、不整形のまばらな樹冠を持つ。幹は分岐し、かなりの高さまで枝がつかないことがある。灰緑色の葉が垂れ下がる。釘が出ているような球果は食べられる種子をつける。ゾーン：7～11

Pinus serotina
英　名：POND PINE
☼ ❄ ↔10m ↕21m
アメリカ合衆国南東部、アラバマ州～ニュージャージー州の沼地や痩せた湿地に自生する。まっすぐな葉がまばたな樹冠を作る。球果は薄茶色で、対称形、ほ

Pinus resinosa自生木、アメリカ合衆国、ミネソタ州

Pinus strobus 'Fastigiata'

Pinus strobus 'Pendula'

Pinus strobus 'Prostrata'

Pinus strobus, in the wild, Algonquin National Park, Ontario, Canada

ほ丸形で小さな刺がある。切り株から苗が出る。ゾーン：3〜9

Pinus strobus
一般名：ストローブマツ
英　名：EASTERN WHITE PINE、WHITE PINE
☼ ❄ ↔6m ↕50m

カナダ南東部、アメリカ合衆国北東部原生。高くなる高木で、まっすぐな幹を持ち、水平に伸びた枝が不整形な樹冠を作る。葉は青緑色で下垂する。左右対称の球果。材木用として有用。'バンザイ ナナ'、明るい緑の葉。'ファスティギアタ'の枝は上向きにカーブする。'ホルスフォルド'、コンパクトに成長、濃い緑の葉。'ナナ'は矮性品種。'ペンドゥラ'は枝垂れる。'プロストラタ'は丈低く広がる。'ラディアタ'、矮性品種、薄緑の葉。ゾーン：3〜9

Pinus sylvestris
一般名：ヨーロッパアカマツ
英　名：SCOTCH PINE、SCOTS PINE
☼ ❄ ↔6m ↕30m

Pinus strobus 'Pendula'

Pinus strobus 'Horsford'

Pinus strobus 'Banzai Nana'

ヨーロッパと北アジア各地に自生。丸い樹冠を持つ高木で、幹はまっすぐ、栽培では小さめになる。青緑の対の葉。灰緑色の左右対称の球果は長さ6cm。材木。クリスマスツリーとして重用される。*P. s.* var. *lapponica*、葉と球果が小さめ。*P. s.* 'var. mongolica'の葉は10cmまで。*P. s.* 'アルゲンテア'（syn. 'エドウィン ヒリアー'）、銀青色の葉。'ファスティギアタ'は細く直立する習性で、高さ8mほどに。'モセリ'は矮性品種、針葉は黄色みを帯びる。'サクサティリス'は成長しても低く、濃緑色の葉。'トロプシィ'、葉群が魅力的。'ワテレリ'、青みがかった葉は、成長が遅いがやがて3.5〜4.5mにまでなり、冷涼で雨量の多い地域では侵略種となりうる。ゾーン：2〜9

Pinus tabuliformis
一般名：チュウゴクアカマツ、ユショウ
英　名：CHINESE RED PINE
☼ ❄ ↔6m ↕24m

中国中央部と北部の温帯の山地帯に自生。広い樹冠は樹齢とともにてっぺんが平たくなる。枝先に針葉が群生する。黄褐色で長円形の左右対称の球果には小さな刺がある。ゾーン：5〜10

Pinus thunbergii
一般名：クロマツ
英　名：JAPANESE BLACK PINE
☼ ❄ ↔6m ↕40m

日本と朝鮮半島に原生の高くなる高木。輪郭は不整形で、単一の幹はカーブすることが多い。濃緑色の葉が密生し、小さな長円形の球果をつける。盆栽と日本庭園に人気がある。栽培品種には、'マジェスティック ビューティ'と魅力的な'ツカサ'があり、両品種ともコンパクトで、耐性がある。ゾーン：5〜9

Pinus virginiana
一般名：バージニアマツ
英　名：SCRUB PINE、VIRGINIA PINE
☼ ❄ ↔6m ↕15m

Pinus tabuliformis

Pinus taeda
一般名：テーダマツ
英　名：LOBLOLLY PINE
☼ ❄ ↔8m ↕30m

もっとも重要な木材用の高木で、アメリカ合衆国南東部に原生。密に繁った長円形の樹冠、まっすぐな幹、下半分の幹には枝がない。ねじれた明緑色の葉、長円形〜円錐形の球果は長さ10cm。ゾーン：7〜11

Pinus wallichiana

Pinus taeda

アメリカ合衆国東部に自生。葉は2束生、赤茶色で長円形〜円錐形で対称形の球果。自生状態で変異の出やすい種だが、樹冠がまばらで、ねじれることが多い。葉を円錐形に密生させる若木は、農園で栽培されクリスマスツリー用に販売される。ゾーン：4〜9

Pinus sylvestris 'Saxatilis'

Pinus sylvestris, in the wild, Scotland

Pinus sylvestris var. *lapponica*

Piper nigrum

Piper aduncum

Pinus wallichiana
一般名：ヒマラヤゴヨウ
英　名：BHUTAN PINE、BLUE PINE、HIMALAYAN PINE
☀ ❄ ↔6m ↕45m
円錐形の樹冠を持つ非常に高くなる高木で、ヒマラヤ山脈に自生する。青緑色の葉は長さ20cmになり、しばしば弓なりになるか、垂れ下がる。球果は非常に長く、細長い円筒形で、枝先よりぶら下がる。
ゾーン：6～9

Pinus yunnanensis
一般名：ウンナンショウ
英　名：YUNNAN PINE
☀ ❄ ↔9m ↕15m
中国南西部の温帯の山地帯に自生。円錐形の輪郭は樹齢を増すと平たくなる。葉は下垂し、細く、長さ30cmほど。球果は薄茶色～赤茶色、長円形～卵形。3葉で束生。
ゾーン：8～10

Piptanthus nepalensis

PIPER
（コショウ属）

コショウ科コショウ属は約2,000種からなる大きな属で、低木、高木もあるが大半は木質茎のつる性植物で、熱帯地方に広く分布する。葉は全縁、互生でつき、葉脈が目立ち、芳香性であることが多い。ごく小さな花が葉腋に穂状、あるいは総状に密生し、やがて単一種子の果実となる。P. nigrum（コショウ）は世界中で調味料として使われている、黒コショウ、および白コショウのもとになる。

〈栽培〉
コショウ属の植物は霜に弱い。暖温帯では観賞用の室内植物になるが、つる性のものは支柱が必要である。屋内では多湿で明るい場所が適する。屋外では日当たりのよい場所、もしくは半日陰を好み、湿気があり、肥沃で水はけのよい土壌で保護された場所が必要となる。繁殖は種子、半熟枝の穂し木、あるいは株分けで。

Piper aduncum
英　名：COW'S FOOT、FALSE KAVA、FALSE MATICO、JOINTWOOD、SPIKED PEPPER
☀ ✱ ↔2.4～5m ↕5～8m
多数の枝を広げる低木や亜高木で、中央アメリカ、南アメリカ北部原生。幹の直径は10cm以上になる。直立の枝は滑らかな灰色の樹皮に覆われ、ひものようにしなやかな穂状花序が茎から生じる。葉は対生、もしくは互生で楕円形、長さ25cmほどで、先端は細く尖る。果実は、小さく黒い種を持つ液果。どの部分も胡椒の味と香りがする。草木は芳香性の刺激剤として種々の用途で医薬的に用いられる。淋病・白帯下・痔疾・出血の防止や、潰瘍除去などに使用。
ゾーン：10～12

Piper betle
一般名：キンマ
英　名：BETEL、BETEL PEPPER、PAN
☀ ✱ ↔1.2～2.4m ↕3～5m
インドからマレーシアにかけて自生する、細い常緑のつる性植物。からみつく丸い茎から不定根を生じる。葉は全縁で、楕円形～心臓形、長さ15cm、先が尖り付け根は丸みを帯びる。緑色の花を集め大きな穂状花序を作り、やがて多肉質の赤い固まりに包まれた液果をなす。アジア南部一帯では、キンマの葉でビンロウの実を包み、刺激剤として噛む習慣がある。また、お茶や強壮剤として熱湯を注いで飲むこともある。
ゾーン：10～12

Piper nigrum
一般名：コショウ
英　名：BLACK OR WHITE PEPPER、COMMON PEPPER、MADAGASCAR PEPPER、PEPPER PLANT
☀ ✱ ↔3.5m ↕3～8m
インドからミャンマーにかけて自生する、多年生のつる性植物。木質の茎は丸く滑らかで、分岐する。全縁でしだいに先が細くなる、楕円形～心臓形の葉は、全長8cmで、付け根が丸く、先鋭。小さな淡いクリーム色がかった緑の花が穂状花序を作り、やがて暗赤色の石果をなす。これが熟すと市販の黒コショウ、あるいは白コショウのもとになる。
ゾーン：10～12

PIPTANTHUS
（ピプタントゥス属）

ピプタントゥス属の2種は低木か亜高木で、アジア西部に自生する。マメ科のソラマメ亜科に属し、3枚複葉で、春から初夏にかけて黄色い小粒の花が総状花序をなすため、キングサリ属に似る。茎は空洞で、基部にはふつう葉がない。花後、莢がなる。

〈栽培〉
名目上は常緑樹であり、ある程度の霜には耐性があるものの、長い寒冷期には葉の大半を落とす。夏の間湿り気を保てる水はけのよい土壌では容易に成長し、日当たりのよい場所、あるいは半日陰を好む。花後の軽い剪定によりさらに葉が生い茂る。再び芽を出すのが遅くなるため、むき出しになるほど刈り込むのは避ける。完全に再活性させるには、2～3シーズン伸ばしたままにするとよい。繁殖は種子、もしくは半熟枝の挿し木による。

Piptanthus nepalensis
異　名：*Piptanthus laburnifolius*
☀ ❄ ↔1.8m ↕2.4m
ヒマラヤ山脈で見られる。小葉は全長15cm。若葉は細いにこ毛で覆われる。夏、主たる開花期の後も、時おり鮮やかな黄色い花を咲かせる。
ゾーン：8～10

PIPTURUS
（ヌノマオ属）

ヌノマオ属は約30種からから成り、イラクサ科に含まれる。1～2種は半つる性植物もあるが、低木・亜高木としてレユニオン諸島、モーリシャス諸島～インドネシア、マレーシア、オーストラリア、ポリネシアの熱帯地方に自生する。樹皮で布や糸を作る地域もある。葉は互生で表面には5～6本の葉脈が浮き出る。花は小さく、ごくわずかで、雄性花と雌性花は別の木にできる。果実も小さく、葉腋に群生する。

〈栽培〉
温暖な気候を好む。繁殖は採ったばかりの種子や、挿し木による。

Pipturus argenteus
英　名：NATIVE MULBERRY
☀ ✱ ↔3.5m ↕4.5m
オーストラリアのクイーンズランド州北東部からニューサウスウェールズ州北部で見られる。若木は銀色の毛で覆われる。葉は幅の広い槍形で先端が長く、鋸歯縁。夏（雨期）には小さな花が房状に生じる。冬（乾期）には、多肉で食用に適する白い果実をつける。
ゾーン：9～11

PISONIA
（ウドノキ属）

ウドノキ属は高木、低木、つる性植物から成り、オシロイバナ科に含まれる。広く世界中の熱帯地方に分布するが、種の大半はアメリカに自生する。P. grandisはインド洋および太平洋上のほとんどの島に分布し、サンゴ礁に密生して茂みをなす。全縁で、対生、互生、輪生のものがある。花

Pipturus argenteus

Pistacia chinensis

Pistia stratiotes

Pistacia lentiscus

PISTACIA
(カイノキ属)

ウルシ科に属するカイノキ属は抱える種が少なく、地中海地方、東アジア、東南アジア、中央アメリカ、アメリカ合衆国南部に自生するおよそ9種からなる。大部分は複葉をもつ落葉樹、ふつうは羽状複葉で、最後に一対の小葉に分かれ、円錐花序は小さな花弁の花となる。花後、雌性の木にはコショウの実に似た果実がなる。雄性の木は別にある。オイルや食用の種子が価値のある種もあるが、それ以外は、紅葉が色彩に富む観賞用の木となる。種の大半が雨の少ない、暖温帯に自生する。

〈栽培〉
ほとんどの種目かなり改良されており、日当たりのよい場所で、水はけがよい、ある程度肥沃な土壌で育つ。繁殖は種子、挿し木、芽接ぎ、接ぎ木による。

Pistacia chinensis
一般名：カイノキ
英　名：CHINESE PISTACHIO
☼ ❄ ↔4.5m ↕8～15m
中国、台湾原産の落葉樹。たいてい羽状複葉で、10～12枚の硬い、濃緑色の小葉からなり、秋にはオレンジ色や赤や黄色に色を変える。夏には、目立たない赤みを帯びた花の円錐花序を作る。果実は小さく青みを帯びる。街路樹や緑陰樹として普及している。
ゾーン：7～10

Pistacia lentiscus
一般名：マスティクス
英　名：LENTISCO, MASTIC TREE
☼ ❄ ↔3.5m ↕3.5m
地中海地方に自生。芳香性の高木、あるいは低木。葉は羽状複葉で、光沢があり硬い2～7対の濃緑色の小葉からなり、茎頂に1対の小葉がある。春には小さな花が円錐花序を作る。果実は小さくて黒い。
ゾーン：8～11

Pistacia terebinthus
一般名：テレビンノキ
英　名：CYPRUS TURPENTINE, TEREBINTH TREE
☼ ❄ ↔5m ↕8m
落葉性の、大きな低木、あるいは高木。カナリア諸島、ポルトガル～トルコ、および北アフリカに自生。葉は羽状で、12枚のやや光沢のある、芳香性の緑色の小葉からなる。春から初夏にかけて円錐花序をつける。果実は赤紫色。
ゾーン：9～10

Pistacia texana
英　名：AMERICAN PISTACHIO, LENTISCO
☼ ❄ ↔5m ↕9m
アメリカ合衆国南部とメキシコに自生。幹の下方の低い部分から枝を広げる。葉は羽状で10～22の小葉からなり、末端の葉ほど小さくなる。雌性木には軟らかい、濃茶色の果実がなる。
ゾーン：8～12

PISTIA
(ピスティア属)

英　名：SHELLFLOWER, WATER LETTUCE
サトイモ科に属するピステア属は、水生の常緑草本1種のみからなる。アフリカのビクトリア湖とナイル川で発見されたが、今では熱帯全域に広く分布する。羽状の根と、水に浮くロゼットを広げる。このロゼットは、幅の広い楔形で畝のある青緑色の葉が、レタスのような配列で並んでできている。属名はギリシア語で「水」を表す*pistos*から来ている。

〈栽培〉
ピステア属は温暖地帯の水槽、および池でよく育つ。日中は直射日光を避け、風雨にさらされない日当たりのよい場所で栽培。繁殖は夏、株分けで。

Pistia stratiotes
一般名：ボタンウキクサ
☼ ❄ ↔10～15cm ↕10～15cm
水生の草本。卵形～有毛で円形、明るい緑色、全長20cmの葉がロゼットを作り、撥水性のある細かい毛を帯びる。花弁を欠く小さな花の周囲を葉に似た仏炎苞が取り囲む。ゾーン：9～11

Pisonia grandis

左段続き

は単性、もしくは両性具有で、葉腋、あるいは茎頂に花序を作る。果実はさまざまな形をしているが全て粘着性を持ち、昆虫や小動物をだます。種々の鳥が羽に果実をつけてばらまくことになる。

〈栽培〉
繁殖には採取したばかりの種子を蒔く。挿し木も可。栽培品種の葉の色数はわずかであるが、純粋種を残すためにはそのほうがよい。

Pisonia grandis
一般名：トゲミウドノキ
英　名：BIRDLIME TREE
☼ ✱ ↔6m ↕24m
折れやすい枝を広げる針葉樹で、インド洋および太平洋上の島々に自生する。葉は楕円形で薄緑色。夏から秋にかけて、小さな緑がかった白い花が茎頂花序でつく。果実には粘着性の毛が隙間なく生える。栽培は稀。ゾーン：11～12

Pisonia umbellifera
一般名：サラダノキ
英　名：BIRDLIME TREE
☼ ❄ ↔4.5m ↕24m
レユニオン諸島やモーリシャス諸島～アジア、オーストラリア、ニュージーランド一帯に広く普及している種。葉は楕円形で、濃緑色、光沢があり、枝の先までびっしりと茂る。冬から春にかけて、小さく香りのよい白っぽい花が葉腋、あるいは茎頂に生じる。果実は細長く、粘着性がある。'ワリエガタ'（オオサクボク）は、黄色と緑色の葉。
ゾーン：9～10

Pisonia umbellifera 'Variegata'

PISUM
(エンドウ属)

マメ科のソラマメ亜科に属し、低木性、つる性、2種の一年生の草本からなる。地中海地方原生。深裂葉は4～6枚の対生の小葉からなり、葉状の円形の托葉と、先端がまきひげ状になった主軸を伴う。蝶形花が、単独、あるいは2～3まとまって葉腋から生ずる。果実は扁平な横長の莢で、種子をほとんど含まないものも、多数含むものもある。エンドウは1属1種であるが、先史時代から栽培植物として知られている。pisumという語は「マメ」を表すラテン語である。

〈栽培〉
冷涼な季節の植物であり、比較的温暖な気候では秋から冬にかけて、冷涼な気候では夏から秋にかけて栽培する。霜が降りそうな時期の開花、結実は避ける。エンドウは日当たりのよい場所の、よく肥えて水はけのよい土壌を好む。栽培する場所に種子をまく。植えてから3～5カ月で果実の収穫が可能。つる性植物は支柱が必要となる。

Pisum sativum ★
一般名：エンドウ
英 名：FIELD PEA, GARDEN PEA, SUGAR PEA
☼ ❄ ↔0.6m ↕1.5～1.8m

一年生で、ヨーロッパ南部原生。3枚のほぼ円形～長円形の小葉からなる複葉。小葉は長さ8cm、全縁や鋸歯縁がある。1～3集まり咲く花は直径35mm、白地に濃い赤紫の模様がある。細長い莢は15cm長さで、3～10個の種子が入っている。*Pisum sativum* var. *arvense*（アカエンドウ）は托葉に赤い点があり、歪んだ種子にも斑点がある。*Pisum sativum* var. *macrocarpa* の莢は平らで幅広く、食用になる。
ゾーン：7～9

PITCAIRNIA
(ピトカイルニア属)

350以上の種を含むピトカイルニア属は、パイナップル科の中でも中心をなす属の1つである。アメリカの熱帯地方の中でも多湿な地域に広く分布するが、1種だけは西アフリカのギニアに原生。栽培品種として一般的なものは、ほとんどない。種によって大きさはまちまちで、大半は地中で成長するが、岩の上に育つものもあり、また、稀に木の上で育つものもある。葉は一般的に細い草のようだが幅広いものもあり、鋸歯縁のものや、上向きに開いたロゼットを作るものもある。種によっては葉が草のようで短く、刺だらけのものもある。目立つ赤色や黄色、白やスミレ色の花序が長く細い茎から生じ、葉群の上で咲く。果実は乾果でさく果である。

〈栽培〉
冷温帯では温室、もしくはコンサバトリーでの栽培を薦める。暖かい地域では戸外で栽培し、連続的な直射日光から保護する。鉢の土が乾いたら、水を与える。特別な肥料は必要ない。繁殖は種子かオフセットで。

Pitcairnia atro-rubens
☼ ❄ ↔20cm ↕80cm

メキシコからコロンビアにかけて自生。わずかに小さな歯状突起があり、ひものような緑色の葉からなるロゼットは直立し、開いており、群生する。花茎も直立する。円筒形の花序には、先端にむかって螺旋を描きながら直立する鮮やかな赤の苞葉と、直立する長くて白っぽい花弁がつく。
ゾーン：10～12

Pitcairnia halophila
☼ ❄ ↔15cm ↕70cm

コスタリカ原生で、満潮時の潮の位置よりわずかに上に生育する。直立の開いたロゼットが群生する。葉は緑色で、長さは不定、細く、全縁か、もしくは非常に短くて多数の歯状突起を持つ。花茎は細く、円筒形の花序は30cmになる。花は黄色。
ゾーン：10～12

Pitcairnia heterophylla
☼ ❄ ↔12cm ↕20cm

メキシコからベネズエラ、ペルーにかけて自生。大きな球根を持つ小さな植物で、群生する。葉は細くて、茶色で、刺が多い。球根の成熟に応じ、葉のロゼットの中心から、短い花茎や、第二の葉が生じる。この葉は大変細く緑色で全縁、全長70cmになる。球形の花序には、赤みを帯びた花が10個までつく。赤、オレンジ、白の花弁を持つ。
ゾーン：10～12

PITHECELLOBIUM
(キンキジュ属)

マメ科のネムノキ亜科に属し、刺のある低木や高木、約20種からなる。アメリカの亜熱帯および熱帯地域に原生。深く裂けた二回羽状複葉で、目立つ雄ずいのある小花が多数で円錐花序を作る。

〈栽培〉
美しい葉と、蜜の豊富な花を目的に栽培される。温帯では温室で育てる。暖かい地域では、手ごろな価格の園芸用土でも戸外で育てられる。繁殖は種子、もしくは春夏の挿し木による。

Pithecellobium flexicaule
英 名：TEXAS EBONY
☼ ❄ ↔6m ↕4.5～9m

メキシコ北部およびアメリカ合衆国南東部原生。乾燥に強い常緑樹で、しなやかな枝には刺があり、濃緑色の葉で覆われている。葉は3～6対の小葉からなる。夏には香りのよい、クリームイエローのアカシアに似た花を咲かせる。果実は全長15cm。
ゾーン：9～11

Pithecellobium mexicanum
英 名：MEXICAN EBONY
☼ ❄ ↔9m ↕6～15m

小さく円形で落葉性の、高木、あるいは低木。メキシコ北西部原生。茎と幹は無数の小さな湾曲した刺のある、灰色の樹皮に覆われ、枝は枝垂れる。灰緑色の複葉が対で、小枝の小節から出る。花はまばらで、春に明るい黄色のパフボール状の花が咲く。果実は緑色の豆果で、全長8cm、熟すと茶色になる。
ゾーン：10～11

Pittosporum crassifolium

PITTOSPORUM
(トベラ属)

トベラ科、常緑性の高木、低木約200種からなる。アフリカや、アジア南部および東部、オーストラリア、ニュージーランド、およびアメリカ合衆国ハワイ諸島に見られる。葉は普通光沢があり、互生、あるいは輪生。5弁の小さな花は杯状か反り返って、単生、もしくは群生し、よい香りのものもある。種子が入っているさく果は粘着性の外層に覆われる。防風林や生垣、ボーダーやコンテナ栽培に向く種もある。整形式庭園用に剪定し、葉を茂らせることも可能。

〈栽培〉
大半の種は日当たりのいい場所、もしくは半日陰の、水はけのよい土壌で育つ。冷温帯では日光をさえぎらない塀で保護するか、コンサバトリーか温室で栽培する必要がある。繁殖は不規則に芽を出す種子から、あるいは夏や秋に採取した半熟枝の挿し木で。栽培品種は挿し木のみ。

Pittosporum bicolor
英 名：BANYALLA
☼ ❄ ↔3m ↕2.4～12m

タスマニア島、およびオーストラリア南東部に原生。直立する叢生の低木や亜高木。槍形～細い長円形の硬い葉は光沢のある濃緑色で、葉裏はフエルト状になる。春に咲く小さな黄色い花は、暗赤色の模様があり、よい香りがする。果実は灰色がかったさく果。
ゾーン：8～11

Pittosporum colensoi
☼ ❄ ↔2.4m ↕10m

ニュージーランド原生で、クロバトベラに似ている。がっしりした黒っぽい枝。長円形の葉は、硬く、光沢のある濃緑色で、全縁。初夏に咲く小さな暗赤色の花の花弁は反り返る。ゾーン：9～11

Pittosporum crassifolium
一般名：キャロ
英 名：KARO
☼ ❄ ↔2.4m ↕3～6m

ニュージーランド原生で、沿岸の条件にも耐えうる丈夫な種。濃緑色の葉は厚く硬く、葉裏は白い毛を帯びる。花は小さく、暗赤色で、夕方には大変よい香りがする。果実はにこ毛で覆われており、光沢のある黒い種子。
ゾーン：9～11

Pithecellobium flexicaule

*Pitcairnia halophila*の自生木。コスタリカ、ケポス、マヌエルアントニオ国立公園

Pittosporum dallii

Pittosporum tenuifolium

Pittosporum tenuifolium 'Tom Thumb'

Pittosporum dallii
☀ ❄ ↔3m ↕3～5m
ニュージーランド南島の北西部原生の珍しい種。成長の遅い低木、あるいは亜高木。濃緑色の葉は硬く、鋸歯縁。夏には甘い香りのする小さく白い花が群生する。
ゾーン：8～11

Pittosporum eugenioides
一般名：レモンウッド
英　名：LEMONWOOD, TARATA
☀ ❄ ↔3.5m ↕12m
ニュージーランド原生で、栽培品種はやや小ぶり。光沢のある、明るい緑色の葉は楕円形で、淡い色の中央脈がくっきり

Pittosporum napaulense

Pittosporum eugenioides

と目立つ。鋸歯縁で、押しつぶすとレモンのような香りを放つ。春から夏にかけて咲く小花は、クリーミーイエローで甘い香りがする。生垣や標本植物としても人気がある。'ワリエガトゥム'の葉は、滑らかな縁にふぞろいな模様がある。
ゾーン：8～11

Pittosporum 'Garnettii'
(ピットスポルム 'ガルネッティ')
☀ ❄ ↔2m ↕2～3m
*P. tenuifolium*と*P. ralphii*の交雑種。楕円形の生気色の葉にはところどころピンク色の斑点もあり、美しい。春には単生の濃紫色の花が枝に沿って咲く。
ゾーン：8～11

Pittosporum nepaulense
☀ ❄ ↔2m ↕6m
インド北部、ネパール、ブータンに分布。低木か亜高木で、這うように広がるものもある。葉は硬く、先の尖った楕円形で、枝の先端近くに群生する。晩春から夏にかけて咲く小さな黄色い花は、香りのよい円錐花序を作る。
ゾーン：8～11

Pittosporum 'Garnettii'

Pittosporum tobira

Pittosporum obcordatum
☀ ❄ ↔0.9m ↕3.5m
ニュージーランド原生。二股に分かれて枝を出す習性の、めずらしい種。興味深い標本植物となる。灰茶色の枝は絡み合いながら密生し、小さな円形の葉をつけ、その葉が根元から木を覆い隠す。夏に非常に小さい淡黄色の花が枝にそって咲く。
ゾーン：8～11

Pittosporum ralphii
ピットスポルム ラルフィイ
☀ ❄ ↔2.4m ↕6m
ニュージーランド原生でキャロに大変よく似るが、キャロほど沿岸の強風に耐性はない。楕円形の葉もキャロより細長く、フェルト状に毛が密生しない。春から初夏にかけて、小さい暗赤色の花が咲く。さく果もキャロより小ぶりで木質でない。'ワリエガトゥム'の葉は灰緑色に広く不規則な模様が入り、葉縁は乳白色。
ゾーン：8～11

Pittosporum revolutum
英　名：YELLOW PITTOSPORUM
☀ ❄ ↔2m ↕2～3m
オーストラリア東部および南東部の森林が原生。若い枝は密に錆茶色の毛を帯びる。先の尖った楕円形の葉は、縁がすこし反り、表面は光沢のある濃緑色、裏面は薄い茶色い毛を帯びている。春には香りのよい黄色い花が咲く。
ゾーン：8～11

Pittosporum tobira 'Nanum'

Pittosporum tenuifolium
一般名：クロバトベラ
英　名：KOHUHU
☀ ❄ ↔4.5m ↕4.5～6m
ニュージーランド原生の多様な種で、ふつうは大きな低木である。葉は細く、やや硬く、長円形で、縁が波打つ。小さな花は花弁が反り返り、暗赤色で、春咲き、強烈な甘い香りがする。さく果は熟すと黒に変わる。'デボラ'、灰緑色の葉で、滑らかな縁はピンク色に彩られる。'イーリア カイトリー'(syn.'サンバースト')、円形の葉で、中央に黄色い斑点がある。'アイリーン パターソン'、成長の遅い種類で、白っぽい葉に、薄緑色の斑点がある。'ジェームス スターリン'、黒っぽい赤の小枝に銀緑色の葉。'ライムライト'、淡緑色と濃緑色の二色の葉。'マージョリー シャノン'、アメリカ合衆国で人気の栽培品種。'トム サム'、普通より小さい品種で、葉は年数を経ると濃紫色になる。'ワリエガトゥム'、全縁の緑色の葉。'ウォーナム ゴールド'、薄緑色の葉は淡黄色と金色に変わる。
ゾーン：8～11

Pittosporum tobira
一般名：トベラ
英　名：JAPANESE PITTOSPORUM, TOBIRA
☀ ❄ ↔2m ↕6m
中国および日本原生で、直立し叢生する低木。硬い長円形の葉は、光沢のある濃緑色で、縁が丸まる。春から初夏にかけてオレンジの香りのする花が咲くが、生成り色をした朝顔形の花弁は、しだいにレモンのような黄色になる。'ナ

Pittosporum umbellatum

Pittosporum undulatum

Pittosporum undulatum
一般名：シマトベラ
英　名：SWEET PITTOSPORUM、VICTORIAN BOX
☀ ❄ ↔6m ↕4.5～12m

オーストラリア東部に自生する丈夫な種。葉は光沢のある濃緑色で、先の尖った楕円形、波縁。春には頂生花序に甘い香りの生成り色の花が咲く。オレンジ色がかった茶色のさく果。本来の自生地である森の外では雑草になる。
ゾーン：9～11

'ヌム'、明るい緑色の葉。'ワリエガトゥム'、沿岸性の気候に耐性がある。葉は不規則な模様があり、白い縁をしている。'ウィーラーズ ドワーフ'、高さ約60cmのコンパクトな小型種。
ゾーン：9～11

Pittosporum umbellatum
☀ ❄ ↔2.4m ↕3～4.5m

この叢生する高木はニュージーランド北島の東部地域に分布する。葉は硬く楕円形、光沢のある濃緑色で、黒っぽい分枝から出る。春には、ピンク色がかった赤の、香りのよい花が、密生した頂生花序をなし、人目をひく。
ゾーン：9～11

Pityrogramma calomelanos
異　名：*Gymnogramma calomelanos*
一般名：ギンシダ
英　名：SILVER FERN
☀ ⚊ ↔80cm ↕80cm

密生する常緑のシダで、アメリカ熱帯地域に原生するが、今では熱帯地方全域に広く分布している。全裂した薄い葉は楕円形〜三角形で、全長60cm。下側が銀白の粉をまぶしたように見える茎は、丈が長く濃紫色。先の尖った小葉に深裂が入り、全長18cm、欠刻の入った細長い三角の切片に分かれる。
ゾーン：10～11

Pityrogramma triangularis
異　名：*Gymnogramma triangularis*
英　名：CALIFORNIAN GOLD FERN、GOLDBACK FERN、GOLDENBACK FERN
☀ ⚊ ↔10～50cm ↕10～50cm

小さな半常緑のシダで、北アメリカのカリフォルニアからアラスカにかけての岩の斜面や裂け目に自生する。葉は全裂し、概して三角形〜五角形で、色は濃緑もあれば標準的な緑色もある。葉長は18cm、細長い小葉は円形の切片に分かれ、硬い濃茶色の茎につく。茎の長さは葉の約2倍で、下側は白や黄色やオレンジ色の粉をまぶしたように見える。葉は水が不足すると丸まり、雨が降ると回復する。
ゾーン：10～11

PLAGIANTHUS
（プラギアントゥス属）
英　名：RIBBONWOOD

アオイ科に属し、ニュージーランド原生の2種からなる。1種は落葉性なので、ニュージーランドの植物相では珍しい。もう1種は大きく分岐する種で、密にからまりあう茎の中に大部分の葉がある。ニュージーランドの植物としては一般的であるが、他の場所では珍しい。綿毛で覆われた灰色の樹皮は、剥がすとリボンのような一片になるため、リボンウッドとして知られている。葉は普通で、ずいぶん数が少ないこともある。夏咲きの花は、小花が集まり目立つ花序をなす。雄性花と雌性花は別々の花序につく。

〈栽培〉
内陸地方の厳しい霜にこそ耐えられないものの、丈夫で順応性のある植物である。ほとんどの土壌条件で育ち、強風にさらされても持ちこたえる。しっかりと剪定できる。繁殖は種子か半熟枝の挿し木による。

Plagianthus regius
異　名：*Plagianthus betulinus*
一般名：マウンテン リボンウッド
英　名：RIBBONWOOD
☀ ❄ ↔3m ↕15m

若木の間は分岐する性質を持つ。葉は槍形で柔かい黄緑色、波縁。花はたくさんつける。個々の花は小さいが、まとまった緑を帯びた白い花序は目立つ。
ゾーン：8～10

PLANTAGO
（オオバコ属）
英　名：PLANTAIN

オオバコ科、少なくとも200の種からなる。大半はロゼットを形成する多年生植物。園芸家にはどちらかと言えば、芝地の頑固な雑草として知られている。それでも、高山種を含め、葉の美しい種もあり、小さくて地味な緑色の花の穂状花序に限られる属であるが、人の関心をひく花を咲かせるものもある。

〈栽培〉
観賞用の種は日当たりのよい場所で、肥沃な土壌で育てる。繁殖は種子によるが、当然自家播種することもある。

Plantago coronopus
一般名：セリバオオバコ
英　名：BUCK'S-HORN PLANTAIN、CUT-LEAFED PLANTAIN
☀ ❄ ↔30cm ↕30cm

ヨーロッパ種で、雑草にはなっても、観賞的な価値は低い。緑色の葉は深裂し、地面に張り付くように生える。葉の上に小さな緑の穂状花序を生じる。
ゾーン：6～10

PITYROGRAMMA
（ギンシダ属）
英　名：GOLD AND SILVER FERNS

ホウライシダ科、約40種の常緑、半常緑の陸生シダ類からなる。アフリカとアメリカの熱帯地域に分布する。這い性か、よじ登り性の根茎を持つ。葉は房状、線形〜三角形、全裂した葉状体で、裏面は金や銀の粉をまぶしたように見える。黒っぽい、光沢のあるしなやかな茎につく。属名はギリシア語でもみがらやふすまを表す*pityron*と、葉の上の粉を指す*gramma*から来ている。

〈栽培〉
ギンシダ属はハンギングバスケットに植え、半日陰で、水はけのよい、腐植質に富んだ用土に植えるとよい。繁殖は夏に胞子から。

Plantago coronopus

Plagianthus regius

Platanus × hispanica

Plantago nivalis
☀ ❄ ↔8cm ↕18〜25mm
スペインに自生する小さな高山種。細く柔らかな銀色の葉は全長12mmで、その上に、夏には茶緑色の花が小さな花序を作る。
ゾーン：6〜10

PLATANUS
（スズカケノキ属）
英　名：PLAN TREE
スズカケノキ科、約8種からなる。ユーラシア大陸、北アメリカ、メキシコの暖温に帯原生。落葉樹で、春に目立たない花をつける。垂れ下がった茎に球形の果実がなる。葉は大きく、互生で、掌状葉、地味である。樹皮は装飾的で、剥離してまだらになる。大きな緑陰樹として有用であり、街路樹として広く利用されている。多くの種は限られた土壌や大気汚染にも耐性があり、温暖地帯と冷涼地帯の両方でよく育つ。
〈栽培〉
街路樹として、決して最適とはいえない条件のさまざまな場所で見られるように、種の大半は順応性が高い。しかし、日当たりのよい場所の、奥行きのある豊富な沖積土に加え、流れの絶えない小川のように一貫した水源があれば、最もよく育つ。剪定は必須ではないが、単一の幹にしたければ、早期の剪定が望ましい。繁殖は種子、挿し木、取り木による。

Platanus × hispanica
異　名：*Platanus × acerifolia*, *P. × hybrid*
一般名：モミジバスズカケノキ
英　名：LONDON PLANE
☀ ❄ ↔18m ↕30m
*P. occidentalis*と*P. orientalis*の交雑種だと考えられており、曲線的なピラミッドに似た形をしている。葉は灰色や薄茶色、もしくはむらのある明るい緑色で、ふつうは5裂片からなる。果実は小さい。熱や乾燥、汚染にも強い。'**ピラミダリス**'は直立した栽培品種で、ザラザラした樹皮。葉の裂片は3、やや鋸歯縁のことが多い。
ゾーン：4〜9

Platanus occidentalis
一般名：アメリカスズカケノキ、セイヨウボタンノキ
英　名：AMERICAN PLANE, BUTTON-BALL, BUTTONWOOD, SYCAMORE
☀ ❄ ↔2m ↕45m
アメリカ合衆国およびカナダに分布。背の高い落葉樹で、広く開けた樹冠部を持ち、枝を伸ばす。剥がれてまだらになる樹皮が魅力的。葉は明るい緑色で3〜5の浅裂が入る。小堅果が単生、もしくは対でぶら下がる。木材は家具やパルプに使われる。
ゾーン：4〜9

Platanus orientalis
一般名：スズカケノキ
英　名：ORIENTAL PLANE
☀ ❄ ↔2m ↕30m
ヨーロッパ南東部からアジア西部に自生する、大きくて、枝を広げる落葉樹。巨大な幹は茶色や灰色、緑がかった白などまだらな樹皮に覆われる。葉は濃緑色で、掌状葉。早春に目立たない花が咲く。果実は球形で、2〜6で房をなす。*P. o.* var. *insularis*は明るい緑色の葉を持ち、鋸歯縁の裂片。果実は毛を帯びる。
ゾーン：5〜9

Platanus racemosa
一般名：カリフォルニアスズカケノキ
英　名：ALISO, CALIFORNIA PLANE, CALIFORNIA SYCAMORE, WESTERN SYCAMORE
☀ ❄ ↔3m ↕30m
アメリカ合衆国カリフォルニア南部とメキシコに自生する落葉樹で、大きくて、力強い成長を見せる。葉は濃緑色で3〜5の深い裂片が入り、裏面はにこ毛を帯びる。果実は2〜7個で房になり、密生してぶら下がるようになる。熟すと茶色になる。
ゾーン：7〜10

PLATYCARYA
（ノグルミ属）
クルミ科に属し、中国、朝鮮半島、日本、ベトナムに自生する。2〜3の落葉性の大きな低木や亜高木を含み、秋に黄色く葉色を変える。優美な羽状の葉を特徴とする。晩春や初夏には、雄性花と雌性花が同じ木に別々に生じる。雄性花は枝分かれしたペンダント状の黄緑色の尾状花序につき、雌性花は単生の尾状花序、果実が熟すと円錐形になる。
〈栽培〉
霜には完全に耐性があり、この属の植物は、日当たりがよいか、もしくは半日陰の保護された場所で、湿ってよく肥えた水はけのよい土壌を好む。繁殖は種子か取り木による。

Platanus orientalis var. *insularis*

Platanus occidentalis

Platanus racemosa

Platycarya strobilacea
一般名：ノグルミ
☀ ❄ ↔10m ↕15m
中国原生の落葉樹。羽状の葉は全長30cm、7〜15対の鋸歯縁の小葉からなる。夏には小さな黄緑色の花が咲く。秋から冬にかけて円錐形の果実が生じる。樹皮からは黒い染料ができる。
ゾーン：5〜9

Platycarya strobilacea

Platycladus orientalis 'Aurea Nana'

Platycladus orientalis 'Balaton'

茎がなく長円形、茶色がかっており、葉長は45cm、密生して主じ、2つの革紐状の裂片に分かれる。稔性の葉は、直立して広がり、長さ70cm、3つのねじれた、三角～線形の裂片に分かれる。どちらの葉も、葉裏の細く白い毛のため、銀色に見える。
ゾーン：9～11

PLATYCLADUS
（コノテガシワ属）

ヒノキ科に属するこの属は、時にネズコ属に入れられていたが、今では別のものと考えられている。1種のみからなるが、常緑の針葉樹で、かすかに香る葉の、スプレー状に分岐して広がる、平たい小枝が特徴である。朝鮮半島、中国、イラン北東部に分布。まれにアジア東部以外でも典型的な形のものが見られるが、正確には多くの栽培品種のうちの1つである。こうした栽培品種は概してより曲線的で低く枝がつき、非常に装飾的で信頼できる。多くは生垣に適している。矮性の変種はロックガーデンやコンテナ、低い植え込みにぴったりである。

〈栽培〉
完全に霜に耐性のあるこの属は、強風から保護された日当たりのよい場所の、湿った、水はけのよい土壌で育てる。春に軽く剪定する。繁殖は種子か挿し木による。

Platycladus orientalis
異　名：*Thuja orientalis*
一般名：コノテガシワ
英　名：CHINESE ARBOR-VITAE
☀ ❄ ↔ 4.5m ↕ 12m

円錐形の小高木で、枝は上向きにカーブする。小さく、緑色の鱗片状の葉が、平たく垂直な小枝に生じる。雌性球果はやわらかく卵形で、熟すと銀色のつややかな光沢を見せる。★'アウレア ナナ'の葉は密生し、楕円形、高さ0.9m。淡黄色の葉は、秋から冬にかけて色濃い緑色になる。'バラトン'柔らかな薄緑色の葉。'エレガンティシマ'は小ぶりな円錐形の低木で、高さ4.5m、黄金色の葉は、冬にはズロンズ色になる。'メルデンシス'は小さい丸のある低木で、高さ0.9m、柔かい青緑色の葉は、冬には紫色に変わる。'ロセダリス'は高さ1.5m、細く柔らかな葉は春には明るい黄色だが、夏になると青緑色に変わり、冬には紫色になる。
ゾーン：6～11

PLATYCODON
（キキョウ属）
英　名：BALOON FLOWER、CHINESE BELLFLOWER

キキョウ科、唯一の種は丈夫な多年草で、日本、および中国各地付近に分布する。特有の檜形で鋸歯縁の葉が茂みを形成する。花は、大きく風船のように膨らんだ芽から咲き、杯形や鐘形になる。色は白、ピンク、青で、5つの幅広い裂片に分かれる。八重咲きで小ぶりな形状が一般的である。キキョウ属の根は中国では伝統的に薬として用いられ、腫瘍に対する変異変異誘発効果が研究されている。

〈栽培〉
多年草ははっきりとした季節の変化がある気候に適する。日当たりのよい場所、もしくは半日陰の、湿って腐植質を多く含む、水はけのよい土壌に植える。定着に時間はかかるが、長命で丈夫である。種子から育つが、栽培品種は株分けで繁殖する。

Platycladus orientalis

PLATYCERIUM
（ビカクシダ属）
異　名：*Alcicornium*
英　名：ANTELOPE EARS、ELKHORN FERN、STAGHORN FERN

ウラボシ科に属するビカクシダ属は、およそ18種の常緑性の着生シダ類から成り、熱帯地域一帯に広く分布する。葉に隠れた短い根茎は、通常支えとなる高木に巻きつく。幅広く平らな、重なり合う不稔性の葉は、全長1.8m、茎はなく、老樹では茶色く薄くなる。稔性の葉は直立のものや、垂れ下がったものがあり、繰り返し分岐する。不稔の葉の基部の茎から成長し、裏面には胞子を持つ。属名はギリシア語で「広い」を意味する *platys* と、「角」を表す *keras* からなる。これは稔性の葉の分岐する性質を指している。

〈栽培〉
ビカクシダ属は普通木の幹に、あるいは木の一部にからみついて成長する。温暖多湿で半日陰の場所が適し、繊維質の泥炭を多く含む、水はけのよい堆肥を好む。繁殖は春か夏に吸枝の株分け、もしくは夏か初秋に胞子により。

Platycerium bifurcatum
一般名：ビカクシダ、コウモリラン
英　名：COMMON STAGHORN FERN、ELKHORN FERN
☀ ❄ ↔ 70～100cm ↕ 70～100cm

アジア南東部、ポリネシア、オーストラリア北部原生。不稔の葉は灰緑色で直立し、円形、波形の浅い欠刻があり、薄く、茎はない。葉長は60cm。稔性の葉は垂れ下がり、全裂し、葉長は90cm、切片は革紐状になる。**P. b. majus** は大ぶりで緑が濃く、硬い品種である。
ゾーン：8～10

Platycerium veitchii
英　名：SILVER ELKHORN FERN
☀ ❄ ↔ 80cm ↕ 150cm

オーストラリア北部に自生。不稔の葉は

Platycerium veitchii

Plectranthus argentatus

Platycodon grandiflorus
一般名：キキョウ
英　名：BALLOON FLOWER, CHINESE BELLFLOWER
☼/☼ ❄ ↔60cm ↕70cm

幅の広い槍形で鋸歯縁の葉が、直立した茎や不規則に伸びた茎の周囲に輪生に生じる。夏には青、紫、白、ピンクの鐘形の花が膨らんだ芽から咲く。'アポイ'の背丈は低く、大きな濃いラベンダー色の花を咲かせる。'フジ ブルー'★は直立する性質で、花は大きく、青色。'フジ ホワイド'は純白の花。'パルムターシャーレ'（syn.'マザー オブ パール'）は大きな薄桃色の花。'センチメンタル ブルー'、小さく育つ性質で、花は大きく、藤色。
ゾーン：4〜9

PLATYLOBIUM
（プラティロビウム属）

マメ科のソラマメ亜科に属する4種からなるオーストラリアの属。クイーンズランド州南部の降雨量の多い地域や、ニューサウスウェールズ州からビクトリア州、タスマニア州、サウスオーストラリア州にかけて自生する。この自生地はむき出しの森林や山林、荒野、雑木林などの水はけのよい酸性土壌である。属の全てが匍匐性、もしくは不規則に伸びる小ぶりな低木で、木質塊茎を持つ。この木質塊茎は火事で植物が死滅しても再生できるようにするものだ。葉は地味で裂片があり対生である（1種のみ互生）。小粒な花は黄色やオレンジ色で、花のいろいろな場所に別の色の模様がある。花はやがて数個の種子を含む、幅広の平たい莢となる。

〈栽培〉
繁殖は種子によるが、播種前に種皮処理や温水処理などの下処理をすることで長期間生育が可能である。若い木は日当たりのよい場所、もしくは半日陰の、水はけのよい土壌で、じゅうぶんに水を与えるとよく育つ。挿し木での繁殖が成功する種もある。

Platylobium obtusangulum
英　名：COMMON FLAT PEA
☼ ❄ ↔90cm ↕90cm

サウスオーストラリア州南東部、ビクトリア州南部、タスマニア州北部および東部に自生する。小ぶりな低木で、細い茎がたくさんある。葉はおおむね矢じり形で、3つの尖った裂片に分かれる。春から夏にかけて生じる黄色やオレンジ色の小粒な花には、茶色や赤、ピンクの斑点がある。萼にも茶色の毛がある。
ゾーン：8〜5

PLATYSTEMON
（プラティステモン属）
英　名：CALIFORNIAN POPPY, CREAMCUPS

ケシ科に属する単型の属で、かなり変化に富んだ一年生の草本を含む。アメリカ合衆国西部原産で、むき出しの草地に成育し、火事の後に発生することも多い。直立もしくは横広がりに伸び、葉は細長い楕円形で長8cm。美しい花には6枚の花弁と目立つ雄ずいがある。花の色は淡黄色や黄色、もしくは2色を組み合わせたものだが、花弁は淡黄色で、基部

Platylobium obtusangulum

や先端に黄色の斑点がある。夏に、短い毛のはえた茎から1つずつ咲く。

〈栽培〉
日当たりのよい場所の水はけのよい土壌で、花壇の前方に栽培する。繁殖は花を咲かせる場所に種子を蒔いて行なうが、発芽したら約10cm間隔に間引く。

Platystemon californicus
☼ ❄ ↔10cm ↕30cm

アメリカ合衆国のカリフォルニア州およびアリゾナ州に自生。一年生で、葉は毛のはえた灰緑色。薄い黄色、もしくは淡黄色の6弁の花は、個々には短命であるが、夏に大量に咲く。ゾーン：8〜10

PLECTRANTHUS
（プレクトラントゥス属）

プレクトラントゥス属は、200種以上の一年草や多年草、低木からなる大きな属である。多肉、または半多肉の草本で、シソ科に属する。アフリカ、アジア、オーストラリア、および太平洋の島々に自生。葉が常緑で美しいことや、栽培が容易なため、庭や鉢、もしくは必要なところでは温室のハンギングバスケットの標本植物として栽培される。個々の管状の花は通常見栄えがしないが、穂状花序として群生した花の様子は魅惑的である。

〈栽培〉
この属の霜のかからない植物の大半は、温暖地帯のやや日陰の場所のグラウンドカバーとしてや、鉢植えやバスケットの手入れしやすい標本植物として栽培できる。その他の低木の大きさのものは、雨風のあたらない暖かな場所で栽培する。肥沃な土壌、または鉢植え用土のどちらも適する。生育期にはじゅうぶんに水を与える。非常に成長が速く、多肉の茎は剪定も容易で、繁殖にも利用できる。

Plectranthus ambiguus
英　名：LARGE-FLOWERED PLECTRANTHUS
☼ ❄ ↔40cm ↕70cm

成長の遅い、常緑の多年草。グラウンドカバーやコンテナ、バスケット植えに適し、根は地面に接触すると手当たり次第に根を下ろす。葉はよい香りで緑色、有毛。春には直立する茎頂花序に小さく、非常に細い藤色や濃紫色の花を咲かせる。
ゾーン：9〜10

Plectranthus argentatus
☼ ❄ ↔90cm ↕90cm

オーストラリア原生の横広がりの低木。葉は銀緑色で柔らかなフエルト状、かすかに毛がある。じめじめした日陰でも育つ、数少ない銀葉の植物。薄紫の花が枝の先端に咲く。定期的に先端を剪定することで、茂みを保つ。
ゾーン：10〜11

Plectranthus ambiguus

Platycodon grandiflorus 'Apoyama'

Platycodon grandiflorus 'Fuji Blue'

Platycodon grandiflorus

Plectranthus ciliatus

☀ ♨ ↔10cm ↕5～10cm

南アフリカ東部原生の、あちこちにはびこる草本、もしくは低木。つる性の茎は紫色の毛を帯び、走出枝を広げる。光沢があり、有毛の葉は対生で、全長12cm、下側は紫色で点々と腺があり、とくに葉脈の上に多い。総状花序に似た花序は全長30cm、時に基部近くに短い枝がある。秋から冬にかけて咲く小さな花には白い花筒があり、上位の唇弁には2つの裂片が、下位の唇弁の内側には紫色の点がある。果実は濃茶色の小堅果。
ゾーン：9～11

Plectranthus ecklonii

☀ ♨ ↔0.9m ↕1.5m

南アフリカ原生。葉の多い低木で、緑色の先細りの葉には葉脈が目立つ。秋には、薄いライラック色の花がぎっしりと詰まった、直立する房をつける。
ゾーン：9～11

Plectranthus forsteri

プレクトラントゥス・フォルステリ

☀ ♨ ↔3m ↕0.9～2.4m

オーストラリア東部、太平洋諸島近くに自生する、芳香性の多年草で、不規則に広がる。茎は毛が多く、不規則に伸び、長さ100cm。葉は鋸歯縁、楕円形で、毛がある。6～10の小さな薄緑色や緑色、藤色の花が、輪生の総状花序を作る。'マルギナトゥス'（syn.'ワリエガトゥス'）は小さな白い花で、葉には淡黄色の斑がある。
ゾーン：8～10

Plectranthus madagascariensis

一般名：ミントリーフ
英　名：MADAGASCAR SPUR FLOWER

☀ ♨ ↔45cm ↕10～15cm

モザンビークやマダガスカル、南アフリカに自生する、不規則に伸びる常緑で多年生の地被植物。毛の多い茎は長さ100cmで、地面に接触すると手当たり次第に根を下ろす。葉はやや多肉で、楕円形や円形に近いものがあり、鋸歯縁、緑色もしくは斑入りで、全長5cm、よい香りがする。花は単生、もしくは枝分かれして咲くが、長さ12cm、白や藤色、紫色などに点々と赤い腺がある。'ヴァリニゲイティッド ミントリーフ'（syn. *P. coleoides* 'ワリエガトゥス'）は香りのよい、斑入りの葉。
ゾーン：10～11

Plectranthus oertendahlii

☀ ✦ ↔90cm ↕20～30cm

南アフリカに自生。常緑でやや多肉、あちこちに枝を出す多年草。茎は不規則に伸びて、そこここに根を下ろす腺状の長いもので、毛が多い。花は一年を通して不定期に咲き、単生で、もしくは総状花序が枝分かれして3つの集散花序となる。白や薄い藤色の管状の花。葉は半多肉で楕円形や円形に近いものもあり、紫色で、毛が多く、縁取りがある。葉の全長は35mm、上の面には白い葉脈が、下の面には赤緑色の葉脈がある。
ゾーン：10～11

Plectranthus verticillatus

一般名：スウェーデンアイビー
英　名：SWEDISH IVY

☀ ♨ ↔30cm ↕30cm

東南アジア、スワジランド、モザンビークに自生する多肉で不規則に伸びる多年草。葉は鋸歯縁で楕円形や円形、全長35mm。茎はつるつるしたものや、やや毛のあるものがあり、長さ100cm以上になる。頭部は単生、もしくは対になった集散花序で、1～3の白や薄い藤色に紫の点がある花、柄はない。
ゾーン：9～11

PLEIOBLASTUS
（メダケ属）

イネ科に属し、約20種の、主に日本や中国に自生する丈の低い匍匐性の竹からなる。葉は槍形。長年美しい斑入りのクローンが選び出されてきたが、正当な分類がされていないため、いまだ種として栽培されている。

〈栽培〉
日当たりのよい場所、もしくは半日陰の、水はけはよいが湿って肥えた土壌を好む。斑入りのクローンに色を保つのに日光を必要とする。大半は毎春地面近くまで選定するとよい。繁殖は春に株分けで行なう。

Pleioblastus pygmaeus

異　名：*Arundinaria pygmaeus*
一般名：オロシマササ
英　名：DWARF FERN-LEAFED BAMBOO, KE-OROSHIMA-CHIKU, PYGMY BAMBOO

☼/☀ ✻ ↔150cm ~40cm

Pleione formosana

Pleione formosana 'Clare'

小型の、吸枝を出す種で、長い間日本で栽培されているが、原生地は不確かである。葉は全長40mm、緑色で、通常かすかに綿毛を帯びている。*P. p.* var. *distichus*（オロシマチク）はもっと草丈が高く、100cmほどになり、葉は全長6cm。
ゾーン：6～10

Pleioblastus variegatus

異　名：*Arundinaria fortunei*, *A. variegata*
一般名：チゴザサ
英　名：CHIGO-ZASA, DWARF WHITE-STRIPED BAMBOO

☀ ✻ ↔100～150cm ↕70～100cm

日本に自生する直立の種。茎も直立し、全長15cm、はっきりとした白い縞がある。日本で長く栽培されており、明らかに、今のところ未確認の緑色の葉の種から精選されたものである。
ゾーン：5～10

PLEIONE
（プレイオネ属）

ラン科、セロジネ属に近縁。約20種からなる小さい属で、大半は亜高山性の、球根から生じるランである。プレイオネ属は広範囲のさまざまな山が自生地で、ネパールから中国にかけての高地で見られる。陸生、あるいは着生植物として、苔で覆われた大枝や、倒れて腐った丸太などに育ち、初春に単生、あるいは対で、目を惹くカトレアに似た花を咲かせる。

〈栽培〉
プレイオネ属は冷涼地帯での栽培は容易であるが、毎年よく肥えた水はけのよい陸生植物用土に植え変えるとなおよい。偽鱗茎は浅い根の構造を持つため、いくつかまとめて、ずんぐりした鉢や皿、盆などに植えるとよい。（「埋める」のではないことに注意。）健康な植物なら新たに二つの株となるものを生じ、古くなった偽鱗茎はしぼんで枯れる。植物が活発に成長する春から初秋にかけては、鉢土を湿らせておく。冬の数ヵ月間は、涼しさと乾燥を保つことが必要である。繁殖は晩冬に休止状態の偽鱗茎の株分けで行なう。

Plectranthus oertendahlii

Plectranthus ciliata

Plectranthus neochilus

Plectranthus ecklonii

Pleione formosana
一般名：タイリントキソウ
☼ ❄ ↔40cm ↕40cm

中国と台湾に自生する、プレイオネ属の中で一番丈夫な種である。花は長さ10cmで、さまざまな色調のピンク色になり、多くの名前がついた栽培品種がある。また、'クレア'のような純白の花のものもある。ギザギザに裂けた唇弁の基部は白と黄色で、赤茶色の斑点がある。*P. bulbocodioides*と同種と見なす植物学者もいる。ゾーン：8〜10

Pleione Hybrids
一般名：プレイオネ ハイブリッド
☼ ❄ ↔20〜40cm ↕20〜40cm

*P. formosana*を基礎に用いた、他のピンクや紫の花の種との交雑種は多数ある。もちろん、さらに栽培の困難な中国原生の黄色い花の種との交雑種もある。**Shantung**（シャンタン）は *P. formosana*と *P. Confusa*（*P. albiflora*×*P. forrestii*）の交雑種で、花はピーチ色とクリーム色の色合い〜薄いピンクまで。これは黄色い花の *P. forrestii*の影響である。**Soufriere**（スーフリエール）の花は薄いピンクで、赤茶色と黄色の斑点のある唇弁には白い縁毛がある。**Tolima**（トリマ）はタイリントキソウと *P. speciosa*の交雑種で、花は紫。**Tongariro**（トンガリロ）は *P. versailles*と *P. speciosa*の交雑種で、花は紫。**Versailles**（ベルサイユ）は *P. formosana*と *P. limprichtii*の交雑種で、丈夫で、ピンクや紫の花色がある。ゾーン：8〜10

PLEIOSPILOS
（プレイオスピロス属）

ツルナ科に属し、「石割り草」と称されることも多い、4種の多肉植物からなる。アフリカ南部のリトル・カルー地域原生。属名は、ギリシア語で「いっぱいの」を表すpleioと、「点」を表すdotsから来ており、この属の植物の表皮にある、濃緑色の点を示している。小さくこぢんまりしており、単生の場合もあるが大半は各枝に1〜4対の葉がつく。葉は紫がかった茶色で、石岩のようで基部にまとまり、幾分丸みを帯びる。花は大きく、黄色や赤みの強いオレンジ色、中には白もあり、短い茎を生じる。果実には9〜15の仕切りがあり、濡れると仕切りが開く。

〈栽培〉
肥えた、水はけのよい土壌で栽培する。繁殖は種子、もしくは1〜2週間乾かした茎の挿し木、または老樹の株分けによる。冬期は休ませる。

Pleiospilos bolusii
一般名：鳳卵
☼ ❄ ↔6cm ↕6cm

南アフリカのケープ地域東部、および西部原生。単生のものや3つに枝分かれしたものがある。フード状の葉は表面は平らで、裏面は丸い竜骨状。花は平たいじょうご形をしており、長さ5cm。果実は扁平な球状で、12に分かれる。ゾーン：8〜11

Pleurophyllum crineferum

Pleurophyllum speciosum

Pleiospilos nelii ★
一般名：帝玉
☼ ❄ ↔4〜6cm ↕5〜6cm

南アフリカのケープ地域東部、および西部原生。玉状の葉で、容易に見分けがつく。葉は全長18〜30mm、表面は平らで、裏面には竜骨はない。花は平たいじょうご形で、サーモンピンクや黄色、まれに白がある。果実は、平たい球状で、11に分かれる。ゾーン：8〜11

PLEUROPHYLLUM
（プレウロフィルム属）

キク科に属し、3種の多年草からなる。ニュージーランドの南の亜南極圏の島々が原生。こうした島々は冷涼で風も強く、なおかつ雨も多いが、荒れ果てた自生地にもかかわらず大きく育つため、「巨大草本」と言われることも多い、目立つ植物である。葉に全長100cm、花茎は2mにもなる。デイジー状の花は通常紫系の色、または白である。3種のうち2種の舌状花は目立たない。夏にごく短い期間だけ咲く。

〈栽培〉
こうした植物は、低温で日光量が少なくても、肥えた酸性の土壌で育つように進化してきた。栽培で、このような条件を満たして保持することは難しいため、めったにこの属は見られない。繁殖は種子による。

Pleurophyllum crineferum
☼/☾ ❄ ↔0.9〜1.2m ↕0.9〜2m

オークランド諸島およびキャンベル諸島原生。葉は楕円形で、全長100cm。表面はわずかに裂片があり、裏面は白い綿毛を帯びている。長い茎に、目立たない舌状花を持つ紫がかった茶色の頭状花がつく。ゾーン：7〜9

Pleurophyllum speciosum
☼/☾ ❄ ↔60cm ↕90cm

オークランド諸島およびキャンベル諸島原生。葉は幅広い楕円形で、全長60cm、厚く、明るい緑色で、深裂する。中心が紫色の、白〜ピンクの大きな花が支えにつく。ゾーン：7〜9

プレイオネ ハイブリッド、Britanniaブリタニア

プレイオネ ハイブリッド、El picoエル ピコ

Pleione, Hybrid, Tongariro

プレイオネ ハイブリッド、Alishanアリシャン

Pleione, Hybrid, Shantung

Pleione, Hybrid, Tolima

Pleione, Hybrid, Soufrière

プレイオネ ハイブリッド、Zeus Weinsteinゼウス ワインシュタイン

Pleione, Hybrid, Versailles

PLEUROTHALLIS
（プレウロタリス属）

ラン科プレウロタリス属は1000種以上からなる大きな属で、アメリカの熱帯地域に自生する。大半が山地にある熱帯雨林の着生植物であるが、岩の上や陸地など吹きさらしの場所で育つ種もたくさんある。陸生のものは概して、厚い苔の中に生じる。多くの場合、単葉が細く平らな茎につくが、この茎は偽鱗茎がないため、ramicaulと呼ばれる。花は仏炎苞や葉の基部の葉鞘から単独で生じるものと、花序として生じるものがある。それぞれの種の花だけをとっても、色や形、大きさは多岐にわたる。株は小型のものから、0.9m以上にもなる種まである。大半が冷涼な場所で育つが、低地に自生する種には暖かい場所での栽培が必要な例もある。こうした種は、収集品の中でも植物学上より珍しい種の栽培への挑戦を楽しむ、野生種のラン愛好家にとっては、興味深い。

〈栽培〉
プレウロタリス属の植物にとって栽培上必要なものは、同科のマスデワリア属と似ているが、より幅広い温度や、強い光度に耐性がある。やや根詰まり気味の状態を好むため、小さめの植木鉢がよい。湿った状態を保って日陰に置き、一年を通して多湿な環境に置くが、直射日光は避ける。大半はミズゴケの中や細かい樹皮の混合物の中で生育するが、匍匐性の数種には木性シダの上が適するものもある。繁殖は根の株分けによる。

Pleurothallis grobyi
☀ ♁ ↔6～30cm ↕3.5～15cm

中央アメリカ、西インド諸島、ブラジル、ペルーに自生する。ありふれてはいるが、変異に富んだ種。小さな、緑色や黄色がかったオレンジ色の花にはえび茶色の縞があり、小ぶりでまばらな穂状花序を作るが、完全に開くことはあまりない。コンパクトな葉群が魅力的。
ゾーン：9～11

Pleurothallis schiedei
☀ ♁ ↔3.5～15cm ↕3.5～15cm

メキシコとグアテマラで見られる。やや風変わりで小型の種は、丈の短いきれいな穂状花序を持つ。花は小さく、数は最大5つ。緑がかった黄色のものや、オレンジがかった茶色のもの、濃いえび茶色のものがあり、萼片の上にはより濃い色の斑点がある。萼片の縁から垂れている白い花糸が独特であり、わずかな微風にも揺れる。
ゾーン：9～11

Pleurothallis tuerckheimii
☀ ✤ ↔10～50cm ↕20～50cm

中央アメリカの頑健な種。夏には、約25mmの赤茶色の花20個ほどからなる、長い花序が生じる。
ゾーン：10～11

Plumbago auriculata

PLUMBAGO
一般名：プルンバゴ属
英　名：LEADWORT

プルンバゴ属はイソマツ科に属する。約15種の一年草や多年草、低木から成り、熱帯及び亜熱帯地方に広く分布する。単葉で、葉の色は薄緑色やミッドグリーン色、ややまばらに葉がつき、剪定しないと小枝だらけになる。プルンバゴ属の主な魅力は、暖かい季節の間中咲く花である。丈の短い総状花序につくのは非常に細い筒状の花で、先端は比較的大きな5つの裂片に分かれる。花は白、またはピンクや青の様々な色あいが揃う。

〈栽培〉
やや大ぶりの低木性の種は、壁によりかかって成長した場合、つる性植物のように這わせることもできる。小ぶりな種はコンテナで栽培するとよい。プルンバゴ属は湿度を保ち、水はけをよくすれば、それほど土壌にこだわる必要はない。晩冬に剪定し、夏に密生した茂みを間引いたり、霜にやられた木部を取り除いたりする。日当たりのよい場所に植え、繁殖は種子から、半熟枝の挿し木から、もしくは取り木から。

Plumbago auriculata
異　名：*Plumbago capensis*
一般名：ルリマツリ
英　名：CAPE LEADWORT, PLUMBAGO
☀ ♁ ↔2m ↕4.5m

南アフリカ原生。丈夫でよく育つ低木で、長く、弓形に曲がる茎を持つ。暖かい季節中、薄青色の花がたくさん生じる。'アルバ'は白い花を咲かせる。'エスカペイド・ブルー'は淡い青色の花。'ロイヤル・ケープ'★は濃い目の青色の花が咲く。
ゾーン：9～11

Plumbago auriculata 'Escapade Blue'

Plumbago indica
異　名：*Plumbago capensis*
一般名：アカマツリ
英　名：CAPE LEADWORT, PLUMBAGO
☀ ✤ ↔0.9m ↕1.5m

東南アジア原生の低木や亜低木で、不規則に広がる。熱帯地方や亜熱帯地方の庭園ではよく見られる。濃いピンクや薄紅色、赤紫色などの花からなる穂状花序が、断続的に時期をずらして咲く。
ゾーン：10～12

PLUMERIA
（プルメリア属）

キョウチクトウ科、アメリカ熱帯地域原生の約8種からなる小さな属。ほとんどが落葉性、あるいは半常緑の低木および亜高木である。葉は単葉で全縁、枝先に向かって互生で、もしくはらせん状につく。枝は多肉で、有毒な乳白色の樹液を持つ。成長すると香りのよい花を生じる。5つの花弁はプロペラ上に並び、基部で合わさって細い花筒へと続く。花は枝の先端で房になって咲く。

〈栽培〉
温暖多湿な地域では、日当たりのよい場所で強い寒風から保護すれば、栽培は容易である。冷涼な地域では、水はけのよい適地に肥えた土で温暖に保ち、霜がつかないようにする必要がある。繁殖は枝くらいの大きさの茎の挿し木から。植物が発育休止中の、晩冬に採取した茎が望ましい。栽培地に挿すまでは、切り口は密閉しておく。

Plumeria cubensis
☀ ✤ ↔3m ↕8m

カリブ諸島原生の、常緑性の亜高木。葉は長楕円形で濃緑色、全長15cm。丸い花弁を広げる、白く光沢のある花は直径8cm、中心部は黄色く、強烈な香りを放つ。
ゾーン：10～12

Plumeria obtusa
一般名：シンガポール プルメリア
☀ ✤ ↔3.5m ↕8m

バハマ諸島および大アンティル諸島原生。熱帯では常緑。葉先は曲線的、もしくは丸くなっている。香りのよい花は白で、中心は黄色く、車輪のスポークのように花弁を放射状に広げる。'シンガポール・ホワイト'★、特に美しい白い花の栽培種。
ゾーン：10～12

Plumeria obtusa 'Singapore White'

Plumeria obtusa

Plumeria rubra 'Bridal White'

Plumeria rubra 'Celandine'

Plumeria rubra 'Dark Red'

Plumeria rubra 'Rosy Dawn'

Plumeria rubra 'Starlight'

Poa chaixii

Poa cita

Plumeria rubra var. *acutifolia*

Plumeria rubra ★
ブルメリア・ルブラ

英 名：FRANGIPANI
↔4.5m ↑8m

中央アメリカ、メキシコ、およびベネズエラ原生。ありふれた落葉樹で、枝を広げ幅の広い円形の樹姿を成す。葉は大きく、濃緑色で光沢がある。夏から秋にかけて、香りの強い、じょうご状の花を生じるが、色は多様。*P. r.* var. *acutifolia* は広く栽培されている。中心が黄色く、幅広の花弁の白い花は、円錐花序を成す。*P. r.* 'ブライダル ホワイド' は小型の低木で、ほのかに香る花は幅8cm、白や乳白色で小さな中心は黄色。長い葉は濃緑色で、縁は赤い。'セランダイン' の花はゴールデン・イエロー。'ダーク レッド' はよく目立つ鮮やかな赤い花をつける。'ロージー ドーン' はややピンク色がかった黄色の花。'スターライト' は幅10cmほどになる大きな白い花で、中心はあんず色や黄色。
ゾーン：10〜12

POA
（ナガハグサ属）

英 名：BLUE GRASS, MEADOWGRASS, SPEAR GRASS

イネ科、約500の種からなる。大半は多年生だが一年生のものもあり、茎は細いものもがっしりしたものもある。冷温帯地域に自生する。細いひも状の葉の葉身は平たいものや、折れ曲がったもの、丸くなったものがあり、葉脈ででこぼこともりあがっている。直立の茎は高さ0.3〜1.2mで、頂上に花序が生じる。花序は、長いもの巣のような毛が房状にはえた小穂花序が2〜6集まった円錐花序であるが、隙間があったり、びっしり詰まっていたりする。枝から垂れ下がるものも、まっすぐそばに生じるものもある。属名はギリシア語で「草」を表すpoaからきている。

〈栽培〉

ナガハグサ属の草はたいていの土壌に適応し、覆われない日当たりのよい場所を好む。繁殖は種子か株分けによる。

Poa annua
一般名：スズメノカタビラ

英 名：ANNUAL BLUEGRASS, ANNUAL MEADOW GRASS, DWARF MEADOW GRASS
↔5〜30cm ↑22〜30cm

ヨーロッパと北アメリカに自生する、一年生もしくは二年生草本。滑らかな茎は、直立もしくは斜向性で、高さは30cmほどになる。柔らかく平たい葉は、明るい緑色や黄緑色、全長10cm。円錐花序を成し、ふわりと広がってピラミッド形になる。花序の長さは5〜10cmで、上半分にだけ毛のはえた小穂状花序がある。冬と春に生じるが、水分量が多ければ連続的にも生じる。ゾーン：6〜8

Poa chaixii
英 名：BROAD-LEAFED MEADOW GRASS, FOREST BLUEGRASS
↔30〜60cm ↑90〜120cm

ユーラシア大陸温帯地域と南西アジアに自生する多年生草本。葉は明るい緑色で葉身に平らなものや折れ曲がったものがあり、全長5cm。淡黄色の花の円錐花序は円形や長楕円形で隙間があり、長さ25cm。春から夏に生じる。
ゾーン：3〜5

Poa cita
英 名：SILVER TUSSOCK
↔22〜30cm ↑30〜100cm

ニュージーランド原生の多年生草本。葉はびっしりと折り重なる密生した茂みを成し、硬く、先端は鋭く、色は茶緑や銀緑。上側は滑らかで、縁に沿って毛がはえている。黄土色で光沢のある葉鞘の縁はざらざらしている。柔らかい薄緑色の花序は葉の上にはつかない。隙間のある、細く、ザラザラした円錐花序から成り、らせん状の枝を持つ。
ゾーン：7〜9

Poa pratensis
一般名：ナガハグサ、ケンタッキーブルーグラス

英 名：JUNE GRASS, KENTUCKY BLUEGRASS, MEADOW GRASS
↔30〜60cm ↑60〜90cm

ゆるく房を成す多年生草本で、北アフリカと中央ヨーロッパ原生。長く頑丈な根茎から生じ、芝生や、牧草地の草として広く栽培されている。ふわりと広がってピラミッド形を成す円錐花序は、長さ20cm、春から初夏にかけて生じ、淡黄色の小穂状花序をつけ広がる小枝を伴う。この小穂状花序は片側に垂れ下がることが多い。葉は平ら、あるいは折れ曲がっており、なめらかなものやざらざらしたものがある。葉の全長は15cm以上で、開いた葉鞘を持つ。
ゾーン：3〜6

PODALYRIA
一般名：ポダリリア属

マメ科のソラマメ亜科に属し、南アフリカ原生の約25種の常緑の低木および高木からなる。綿毛で覆われた葉群や成長の早さ、きれいな小粒の花で有名である。この花は通常ピンク系や藤色系の色調である。葉は単葉で全縁、楕円形で、細い毛を帯び銀色や薄い金色に輝く様は美しい。花は単生、もしくは対になって葉腋に生じる。葉と同様に毛を帯びた芽から咲き、ほのかに香る。

〈栽培〉

ポダリリア属は砂を多く含んだ水はけのよい土壌と、日当たりのよい場所を好む。一旦定着すると乾燥にも強く、海岸沿いの場所でもすくすく育つ。花後の軽い剪定で、小型に保つことができる。繁殖は種子、半熟枝の挿し木、または取り木による。

Podalyria calyptrata
英 名：SWEET PEA BUSH
↔3.5m ↑3.5m

大きな低木、もしくは亜高木。葉は濃緑色で、短く細い毛を帯び、銀色に輝く。花は薄いピンクや薄紫色で、幅30mm、春から初夏にかけて生じる。
ゾーン：9〜10

Podalyria calyptrata

Podocarpus macrophyllus

Podocarpus grayae

Podocarpus elongatus

Podocarpus henkelii

Podocarpus latifolius

PODOCARPUS
（マキ属）

マキ科に属し、南半球の暖温帯や、アジア東部の熱帯、日本などに広く分布する。約100種の常緑の高木および低木からなる。葉は単葉でらせん状や互生でつき、平たく細いものが多い。通常雌雄異株である。雌性花は丸い、石果のような果実となり、多肉質の赤、または紫色の花床につく。大半の種は造園用植物として有用で、温暖な地域では、街路、公園、ゴルフコース、広い庭園などで、標本植物や植え込み、生垣として利用できる。建築用木材として価値のある種もある。

〈栽培〉
マキ属の大半の種は、日当たりのよい場所の水はけのよい土壌で、冷たい強風から保護してやるとよい。一旦定着すれば長い乾期にも耐える。繁殖は種子（できれば乾燥させていないもの）、もしくは挿し木による。

Podocarpus elatus
英名：BROWN PINE, PLUM PINE
☀ ❄ ↔6m ↕15m
オーストラリアのクイーンズランド州、ニューサウスウエールズ州原生。樹高が高めの低木、もしくは高木。葉は濃緑色で硬く、長楕円形や線形のものがある。緑がかった果実は単独でなる。特に盆栽や生垣に適した種。
ゾーン：9〜12

Podocarpus elongatus
英名：BREEDE RIVER YELLOWWOOD, CAPE YELLOWWOOD
☀ ❄ ↔6m ↕12m
南アフリカ原生。丸みのある樹姿の低木もしくは高木。薄い樹皮は灰緑色や濃灰色。緑色の葉は、上側は青みを帯び、上側下側ともに気孔が点在する。果実は膨れた緋色の柄に生じる。
ゾーン：9〜12

Podocarpus grayae
☀ ❄ ↔3.5m ↕6m
オーストラリアのクイーンズランド州ケープヨーク半島の熱帯雨林に自生する高めの低木。葉は互生、細く濃緑色で垂れ下がる。初夏に、雄性の球果はまとまって、雌性の球果は単独で生じる。単一の種子が赤い多肉の柄になる。
ゾーン：9〜11

Podocarpus hallii
英名：HALL'S TOTARA
☀ ❄ ↔8m ↕21m
ニュージーランドの南島およびスチュアート島原生。薄くもろい樹皮が、大きな薄い面になって剥がれる。線形や卵形の緑色の葉が、成熟した高木にらせん状につく。多肉質の上に堅果がなり、通常赤い柄がつく。ゾーン：8〜11

Podocarpus henkelii
英名：FALCATE YELLOWWOOD
☀ ❄ ↔6m ↕30m
アフリカ南東部原生の、密生して枝を出す高木。樹皮は灰色やカーキ色で、光沢のある濃緑色の葉が垂れ下がる。成熟葉の中央部は幅広く、両端は細くなる。小さな青緑色の太くなった柄に、光沢のあるオリーブグリーンの種子がつく。
ゾーン：9〜12

Podocarpus latifolius
英名：YELLOWWOOD
☀ ❄ ↔4.5m ↕27m
大きな常緑の高木、もしくは低木で、スーダン南方から南アフリカ共和国ナタール州クワズルにかけてのアフリカに自生。滑らかな濃灰色の樹皮が細長く剥がれる。葉は硬く濃緑色で、細い楕円形、全長3〜10cmで、上側は青みを帯びている。雌雄の球果は松かさに似ており、雌性の球果がやがて小さく多肉で、紫がかった赤色をした、液果のような果実になる。南アフリカ共和国を代表する木。
ゾーン：10〜11

Podocarpus lawrencei
英名：MOUNTAIN PLUM PINE
☀ ❄ ↔1.2m ↕3.5m
小型のものから、樹高が高めの低木まで、多岐にわたる種。葉は線形で濃緑色、上側は青みをおび、下側は色が薄い。緑色がかった種子が、大きくなった赤桃色の多肉の柄にできる。丈の低い変種はグラウンド・カバーとしても利用できる。
ゾーン：7〜10

Podocarpus macrophyllus
一般名：イヌマキ
英名：KUSAMAKI, LOHAN PINE
☀ ❄ ↔6m ↕18m
中国および日本原生。外側の枝は垂れ下がる。葉は濃緑色で硬く、線形か槍形で、裏は青緑色。多肉の赤紫色の柄に果実を生じる。'マキ'（ラカンマキ）はより小型で葉も小さい。
ゾーン：7〜11

Podocarpus nivalis
英名：ALPINE TOTARA
☀ ❄ ↔1.8m ↕3m
ニュージーランド原生。地上を這うものが大半だが、樹高が低めの低木もある。葉は線形や長楕円形で、中央脈が厚くなり、縁は薄くなっている。太くなった赤い多肉の柄に、堅果のような種子が生じる。地面を這う変種は、グラウンドカバーに適している。
ゾーン：7〜10

Podocarpus salignus
英名：WILLOW PODOCARP
☀ ❄ ↔8m ↕21m
チリ原生。柳のような葉を持つ優美な高木。ピラミッド形になる習性があり、枝はやや下垂する。葉は青緑色。赤茶色の繊維質の樹皮が、細く剥がれ落ちる。多肉で、赤やスミレ色の大きくなった柄に、緑色の種子ができる。
ゾーン：8〜9

Podocarpus nivalis

Podocarpus salignus

Podocarpus totara

Podocarpus totara
ポドカルプス・トタラ

英　名：TOTARA
☼ ❄ ↔8m ↕24m

寿命の長い、ニュージーランド原生の高木。密で丸い樹冠、立派な幹で、材木は高い値がつき、フナクイムシに対する防虫効果がある。線形、革状で、暗緑色の葉をもつ。赤みがかった多肉質の茎の末端に、ひとつの種子がつく。'アウレウス'は、高さ3mまで成長し、細長い円錐形で黄色の葉がつく。
ゾーン：9〜11

PODOPHYLLUM
（ミヤオソウ属）

英　名：MAY APPLE

メギ科に属す7種の多年生ハーブを抱え、北アメリカ東部からアジア東部、ヒマラヤに原生する。太い根茎から育つ。大きく、掌状で、欠刻のある葉が、長い葉柄につく。花は、部分的に重なり合い、ひだ襟かパラソルに似て、6〜9枚の花弁をもち、単独、あるいはいくつか集まって、高さ40cmになる直立した茎の先につく。果実は大きく、多肉質で、卵形の液果。ネイティブアメリカンは、*P. peltatum*の根茎からエキスを作り、腸の寄生虫を処置したり、我々の緩下剤とする。

〈栽培〉
ミヤオソウ属のほとんどは、日陰で、しばしば湿地や沼地を好む。繁殖は株分けか、種子から。

Podophyllum difforme
☼ ❄ ↔50cm ↕20cm

中国西部原生。葉は5〜8の欠刻があり、シクラメンに似たマーブル模様や、中央にはクリーム色とパープルブラウンの模様があり、成長するにつれ明るい緑に変わる。1つの房に5つまでつく花は、暗い赤紫か、まれにピンク色で、その後プラムににた果実をつける。
ゾーン：7〜10

Podophyllum difforme

Podophyllum hexandrum
一般名：ヒマラヤハッカクレン
英　名：HIMALAYAN MAY APPLE
☼ ❄ ↔30cm ↕40cm

中国西部とヒマラヤ原生。葉は直径25cmで、3〜5の欠刻があり、しばしば赤みがかった青銅色を帯びる。単生で、直立の茎頂につく花は、葉が成熟する前にあらわれ、6枚の白〜ローズピンクの花弁を持ち、春に咲く。赤い果実が後につく。
ゾーン：4〜8

Podophyllum peltatum
一般名：メイアップル
英　名：AMERICAN MANDRAKE, DEVIL'S APPLE, HOG APPLE, INDIAN APPLE, MAY APPLE
☼ ❄ ↔30cm ↕60cm

アメリカ合衆国東部の南〜テキサスにかけての高木林地原生。単葉、丸形の葉が、分岐した茎に単生でつき、1本の茎には葉が2枚しかつかない。葉幅は30cm、3〜7の欠刻があり、裏は細かい毛で覆われる。花茎には2〜3枚の葉がつくことも、葉がないこともあり、単生で下向き、芳香のある花は、白か紅色がかったピンクで、先は鋸歯状の花弁からなり、春に咲く。果実は単生の液果で緑がかった黄色、たまに赤色もあり、多肉質な果肉を含む。晩夏に熟す果実は、毒性のない唯一の箇所である。
ゾーン：4〜9

PODRANEA
（ポドラネア属）

巻きつき型のつる性低木2種からなり、ノウゼンカズラ科に属す。南アフリカ原生で、キツネノテブクロに似た花を目当てに栽培される。複葉を持ち、茎頂にはピラミッド形の花序をつける。果実は長いさく果で、翼のある種子が入る。ポドラネア属は、近縁する属*Pandorea*の文字を組み考えたアナグラムである。

〈栽培〉
完全な日なたで、多少肥えた水はけのよい土壌で育つ。苗には支えが必要。繁殖は、夏に半熟枝の挿し木をするか、春に播種から。

Podranea ricasoliana
異　名：*Pandorea ryceiP. ricasolianaTecoma ricasoliana*
一般名：ピンクウゼンカズラ
英　名：PINK TRUMPET VINE
☼ ↔6m ↕3.5〜6m

速く成長するつる性の低木に、細く、からみつく茎に、5〜11の全縁で緑の小葉からなる複葉が群生する。まばらな花序につく花は、薄いピンクで芳香があり、じょうご形で直径5cmほど、赤い縞模様があり、春〜秋にかけて咲く。
ゾーン：10〜11

POLEMONIUM
（ハナシノブ属）

英　名：JACOB'S LADDER, SKY PILOT

ハナシノブ科に属し、25種の、直立型、あるいは広がり型の根茎を持つ一年生草本か、ときには短命の多年生草本も含む。温帯〜寒帯の、アメリカ、ヨーロッパ、アジアに自生する。単葉か、全裂した小葉からなる羽状複葉を持ち、葉柄はあるものも無いものもある。5裂片に分かれる、筒状、鐘形、あるいはじょうご形の花は、青、紫を帯びる色、白、あるいは黄色で、集まって花序を作り、葉腋、あるいは不規則に広がるか直立する茎の先につく。卵形〜球形の果実は、各室に、3〜10個の茶色、あるいは黒の種子を含む。

〈栽培〉
日なたか半日陰で、肥えて水はけのよい湿り気のあるローム質の土壌でよく育つ。繁殖は秋か早春の株分け、あるいは秋か冬の播種から。

Polemonium boreale
異　名：*Polemonium macranthum, P. nudipedum, P. richardsonii*
英　名：ARCTIC POLEMONIUM, NOTHERN JACOB'S LADDER
☼ ❄ ↔8〜30cm ↕8〜30cm

直立する、有毛か腺質の多年生で、アジア中央の岩の裂け目や岩の斜面に自生する。直立の茎と葉は、たいてい中央基部から生え、13〜23枚の卵形の小葉からなる。茎頂には鐘形の花序がつき、色は青、紫、あるいは白で直径12mm、夏に咲く。
ゾーン：3〜8

Polemonium caeruleum
ポレモニウム・カエルレウム
英　名：CHARITY, GREEK VALERIAN, JACOB'S LADDER
☼ ❄ ↔30〜50cm ↕30〜90cm

有毛、あるいは腺質の多年生で、ヨーロッパ北部と中央、アジア北部原生。葉は40cmで11〜27枚の剣形〜長楕円形の小葉からなり、中央基部から生える。まばらな花序に、青、たまに白の幅広い鐘形で、卵形の裂片に分かれる花冠がつき、春〜夏に咲く。*P. c.* subsp. *caeruleum*の花序は多くの青い花が集まり、おしべは花冠を越えて伸び広がる。*P. c.*'ブリーズダンジュー'★は驚くほど変異した品種。
ゾーン：2〜4

Podranea ricasoliana

Polemonium boreale

Polemonium caeruleum Brise d'Anjou/'Blanjou'

Plemonium carneum
一般名：モモイロハナシノブ

↔10～60cm ↕10～60cm

群生し、密に毛で覆われる直立の多年生で、カリフォルニア～オレゴンにかけてのアメリカ合衆国西部に原生。直立か不規則に広がり、中が空洞で角張った茎と、5～21枚、長円～卵形で緑の小葉からなる葉を持つ。まばらな花房につく3～7個の花は、鐘形で、ライラック色、ピンク、黄色の花冠で、長さ12～25mm。初夏に短い葉柄につき、果実が後に続く。ゾーン：4～6

Polemonium pulcherrimum
英 名：SHOWY POLEMONIUM, WESTERN SKY PILOT

↔50～60cm ↕50～60cm

丈夫で、直立し、群生する落葉性の多年生植物で、北アメリカ北東部の、湿った～乾いた、しばしば岩がちの斜面に、分岐する細い根茎から生える。4～10本の、不規則に広がるか直立する茎が立ち、それぞれ柔らかい毛で覆われる。葉は中央基部から出て、小葉は9～37枚、鮮やかな緑色、卵形で細かい毛で覆われる。密に腺がある花房には、鐘形で青、紫、あるいは白の花冠がある花が、内側が黄色い2枚の葉に似た苞に包まれ、長さ25mmのほどの柄につく。晩春～夏咲き。ゾーン：4～7

Polemonium reptans
ポレモニウム・レプタンス

英 名：ABCESS ROOT, CREEPING JAVOB'S LADDER, GREEK VALERIAN

↔30～70cm ↕20～70cm

直立型か広がり型の多年生植物で、アメリカ合衆国東部に原生する。根は多肉質で、茎は多くは直立し、滑らかで、中が空洞、分枝し、草質で緑がかっており、ときに赤みを帯び、小さな株から生える。葉は長さ20cm以上で、7～19枚の長楕円～卵形、くすんだ緑の小葉に分かれ、裏は銀色がかった灰色。まばらな円錐花序に下垂した花の苞が春～初夏にかけてつく。密に腺がある鐘形の萼と、滑らかでライラック色～薄い青色のじょうご形の花冠を伴う。根は、伝統的に、ネイティブアメリカンが気管支炎から蛇の咬み傷まで、あらゆる病や傷に用いてきた。'ブルー パール'は、高さ25cmまで育ち、青い花をつける。ゾーン：4～7

Polemonium viscosum
英 名：SKUNK POLEMONIUM, SKY PILOT, STICKY POLEMONIUM

↔40cm ↕40cm

多年生で、北アメリカ北西部原生。直立する、角張った、中が空洞の茎を持つ。葉には密に腺があり、長さ20cmで、多くの小さく、欠刻した小葉を伴い、たいていは中央基部から生える。下垂する青～紫の花が密生する花序には、筒状～じょうご形の花冠がある。晩春～夏にかけて咲く。ゾーン：3～5

POLIANITHES
(ゲッカコウ属)

メキシコ原生でリュウゼツラン科に属し、丈夫な根茎を持つ13種の多年生からなる。線形～槍形、時に革紐状の根出葉が群生し、そこから出る直立する花茎には、何対かのたいへん香りがよく、蝋質で、背部に葉状の苞がある花がつく。よく栽培される花はP. tuberosaで、香水や花生業のために栽培され、切り花も長持ちする。16世紀にヨーロッパからもたらされたP. tuberosaが、現地の部族民により栽培され、野生種は知られていない。

〈栽培〉

温暖な気候だと最もよく育つ。夏の開花期には戸外で咲くが、屋内でいつでも咲かせることができる。日なたの、風や雨の防げる場所で、肥えて、湿った腐植質に富んだ、水はけのよい土壌で育てる。多年生だが、花が咲くのは一度のみである。繁殖は枯れた株を捨てる前に、最も丈夫なサイドシュートをとっておくか、種子から。

Polianthes tuberosa
一般名：ゲッカコウ

英 名：TUBEROSA

↔50cm ↕120cm

メキシコ原生の多年生植物で、細長い革紐状の緑～灰緑色の葉が基部で群生する。直立する花茎につく花は、芳香があり、じょうご形、ワックス質、白色で長さ5cm、6枚の広いひだのある裂片を伴う。夏～秋に咲く。'ザ パール'は、強い香りがあり、白く八重の花を咲かせる。ゾーン：9～10

POLYALTHIA
(ポリアリティア属)

約100種の低木、高木からなる、バンレイシ科に属す。熱帯地域一帯に広がり、主に東南アジア、何種かはオーストラリアに自生する。大きく艶のある葉には細かい油点があり、つぶすと芳香が放たれる。開くと星形の花は、6～8枚の花弁があり、単独か花房で、古い葉のない木につく。その後多肉で液果に似た果実の見事な房を作る。

〈栽培〉

全ての種が、温暖で霜のない環境が必要。湿って腐植質の豊かな、水はけのよい土壌と、日なたか半日陰を好む。乾燥した期間には、たくさん水をやる。繁殖は採りたての種子か挿し木から。

Polyalthia longifolia
一般名：マストツリー

英 名：INDIAN WILLOW

↔0.9～3m ↕15m

スリランカ原生。低く分枝する円柱に似た木で、アジアの熱帯地域の道路や公園の木として広く植えられている。下垂する、鮮やかな緑色で長楕円形の葉をつける。小さく緑がかった黄色の花が、夏になると葉腋近くの房につく。ゾーン：11～12

POLYGALA
(ヒメハギ属)

ヒメハギ科、高木を除きほぼ全形態500種を網羅し、たいへん広く分布する。葉は小さく線形のものから大きく卵形のものまで幅広いが、全て単葉で全縁。分かれた羽と竜骨弁のある蝶形花には、たいていヒメハギ属特有の羽状の房を伴う。花は花房か総状花序につき、幅広い色があり、主に紫とピンク。小さな豆果が後にできる。

〈栽培〉

耐霜性に関してはさまざまだが、多くの種が、軽く水はけのよい土壌と、日なたか半日陰を好む。ヨーロッパとアメリカの山岳地帯原生の種は、鉢やトラフに理想的。低木性の種は形を整えるために刈り込むか剪定する。春が剪定後に最も早く回復する最適の時期である。繁殖は種子、取り木か挿し木から。

Polygala calcarea
ポリガラ・カルカレア

↔10～15cm ↕2.5～3cm

常緑性、たまに直立する多年生低木で、イングランド南部を含むヨーロッパ西部に分布。ランナーのある茎の末端が、小さく、くさび～卵形の葉のロゼットにつき、より小さく細長い葉が茎につく。直立の花茎は長さ20cm、6～20の花からなる緩い総状花序を伴う。花は通常、薄いか暗い青色、ときに白色で、晩春～初夏に咲く。'リレッド'は鮮やかな青い花をつける。ゾーン：5～7

Polemonium reptans

Polemonium reptans 'Blue Pearl'

Polianthes tuberosa

Polyalthia longifolia

Polygala calcarea 'Lillet'

Polygala chamaebuxus
一般名：ヤマミルテ
☼ ❄ ↔38cm ↑5〜15cm
小さく、広がる小低木で、ヨーロッパ中央の山岳地帯に原生。細長く、長円形、革状で艶のある葉を持つ。白い翼と黄色い竜骨弁のある蝶形花をつける。トラフ、山小屋、水はけのよいロックガーデンに人気がある。*P. c.* var. *grandiflora*（トキワヒメハギ）は紫の翼のある花をつける。
ゾーン：6〜9

Polygala × dalmaisiana
☼ ❀ ↔0.9m ↑0.9〜3m
常緑性の低木で、*P. oppositifolia*と*P. myrtifolia*のガーデンハイブリッド。たまに刈り込むことで、均斉がとれ、コンパクトになる。葉はミッドグリーンで長さ25mm。赤紫〜薄紫の花が、ほぼ一年中咲く。
ゾーン：9〜11

Polygala mytrifolia
☼ ❀ ↔0.9〜1.8m ↑1.8m
南アフリカ原生の常緑性低木。長円〜長楕円形、ミッドグリーンの葉は、成長して冬になると紫色を帯びる。ほぼ一年中、紫〜ピンク色の花を集めた小さな薄色の花房をつける。コンパクトに保つために刈り込むこと。
ゾーン：9〜11

Polygala virgata
英 名：CAPE PURPLE BROOM
☼ ❀ ↔1.5m ↑0.9〜1.8m
南アフリカ原生の、落葉性か半常緑性低木（小高木に育ちうる）。単葉。紫〜ピンクの花が、長さ15cmの総状花序につく。小さな果実がなる。はびこりやすく、沿岸の環境に適す。
ゾーン：9〜11

Polygala dalmaisiana

Polygala myrtifolia

Polylepis tomentella、野生種、ペルー

POLYGONATUM
（アマドコロ属）
英 名：SOLOMON'S SEAL

ドイツスズラン科に属し、北半球の温帯に分布する約50種を抱える。多くが育てやすい多年生草本で、かなり丈夫。草丈が高めの種は、優美なアーチ形の茎、魅力的な葉、頂端の葉腋から出る小さな下垂した花房につく繊細な花を持つ。小さなブルーブラックの液果が、しばしば花の後にできる。ロックガーデンに最適な小さな品種もある。地下の根茎からゆっくりと成長して広がる。林地の庭園に、ギボウシ、ヘリボー、野生のジンジャー、アスチルベ属の植物とともに植えられる。
〈栽培〉
日陰か半日陰、豊かで湿った泥炭質の土壌で育つ。繁殖は種子からか、春か秋に採った茎の株分けから。晩秋に茎を地面の近くまで切り戻す。一年に一度腐葉土とともにマルチを施す。

Polygonatum carhifolium
☼ ❄ ↔60cm ↑2m
中国原生。輪生する長く薄い葉は、先が少し巻き上がる。細長く、筒状、ピンク〜紫の花で、ときに先端で色が異なる。晩春〜初夏にかけて咲く。秋に赤い液果をつける。ゾーン：6〜9

Polygala virgata

Polygonatum cirrhifolium

Polylepis species

Polygonatum hookeri
☼ ❄ ↔30cm ↑5〜10cm
中国西部の四川省、チベット原生。ロックガーデン向きの小さな種。ミッドグリーンの卵形の葉をつける。先が巻き上がり、星形で紅藤色〜ピンクの花は春の中頃、葉とともに出る。
ゾーン 6〜8

Polygonatum × hybridum
異 名：*Polygonatum multiflorum* of gardens
☽/☼ ❄ ↔30〜60cm ↑90cm
白く、先端が緑で鐘形の花が、晩春〜初夏にかけてアーチ形の茎に下垂する。卵形で緑色の葉は、秋になるとバターのような黄色に変わる。どのような土壌でも育ちうる。日差しから根を守ること。
ゾーン 3〜9

Polygonatum odoratum
異 名：*Polygonatum officinale*
一般名：ナルコラン
英 名：ANGULAR SOLOMON'S SEAL
☼ ❄ ↔60cm ↑90cm
ヨーロッパ、イラン北部、シベリア、日本に自生する。林地で、石灰石の間に育つ。花は春の中頃〜初夏に咲く。'フロレ プレノ'★は魅力的な八重の花を咲かせる。'ワリエガトゥム'は葉の縁と先端が白い。
ゾーン 3〜9

POLYLEPIS
（ポリレピス属）
南アメリカのアンデス山系に自生するおよそ20種からなり、バラ科に属す。世界で最も標高の高い森林、高度4,000m以上の場所に生え森林を作っている中にポリレピス属の数種が入っている。本来の生息地では、腐食を防ぐ力が特に有用で、何種かの鳥にとっては生命維持に不可欠である。樹高は0.9〜6m。薄片状に剥がれる樹皮、小さな灰色を帯びる緑の葉、花弁のない小さな花をもち、花後乾いた小さく果をつける。
〈栽培〉
栽培はほとんどされない。豊富な雨を伴う冷涼で湿った環境を好むが、枯れるまでのほとんどを雲の中で過ごす植

Polylepis tomentella、野生種、ボリビア

物なら当然だろう。冷たく湿った、砂交じりの土壌に、水分保持のため、さらに腐植土を加える。低地の庭では、暑い日差しを避けた日陰や、乾いた風を遮るものが必要。繁殖は種子から。

Polylepis tomentella
英 名：QUENOA
☼ ❄ ↔4.5m ↑6m
標高3600mのアンデス山脈斜面にある、低木森林に分布する魅力的な種。低く分枝し、太く節くれだった枝の樹皮は、赤茶色で紙のように薄い。密生する、くすんだ緑の葉は、軟毛で覆われる。薪にするため伐採され、絶滅の危機に瀕している。
ゾーン：7〜9

POLYPODIUM
（エゾデンダ属）
英 名：POLYPODY
ウラボシ科、北半球温帯地域に自生する、落葉性、半常緑性、常緑性、および着生、岩生、陸生のシダ約75種からなる。茎のついた、単葉か全裂葉で、葉脈の裏面に黄色い胞子体をつけ、地を這い鱗片を持つ根茎から成長する。葉は枯れて夏に散るが、秋の雨とともに新しい葉があらわれる。本属の学名*polys*はギリシャ

Polypodium californicum

Polypodium scouleri

Polypodium triseriale

語で、「多い」を、*pous*は、「足」を意味し、多く分枝する根茎に由来する。
〈栽培〉
本属は繊維質で水はけがよく、かつ水を保持する豊富な粘土や砂利を含む土壌、特に冬は半日陰を好む。繁殖は、晩夏に胞子からか、春に根茎か群生の株分けから。

Polypodium californicum
英　名：CALIFORNIA POLYPODY
☀ ❄ ↔50cm ↕100cm
夏に落葉し、地を這う多年生のシダで、アメリカ合衆国、カリフォルニアの湿った岩の裂け目に自生する。アーチ形で、深く裂開した長円形～三角形の葉は、長さ30cm、幅15cmで、高さ20cmの藁色の茎につく。
ゾーン：7～10

Polypodium cambricum
ポリポディウム・カンブリクム
異　名：*Polypodium australe*
英　名：SOUTHERN POLYPODY, WELSH POLYPODY
☀ ❄ ↔20～50cm ↕20～50cm
多年生のシダで、ヨーロッパ原生。幅広で柔らかく、全裂する三角形～長楕円形の葉は、長さ12～50cm、高さ20cmになる茶色の茎につく。'カンブリクム'の羽状の葉は、縁が不規則に分裂、長さ30～40cm。'グランディセプス フォックス'は、小葉と大きな葉の先端にとさかを持つ。'ワイルハリス'の高く、革状で細長い葉は、長さ30～40cmで、縁が深く不規則に分裂して小葉に分かれる。
ゾーン：4～6

Polypodium glycyrrhiza
異　名：*Polypodium vulgare* var. *occidentale*
英　名：LICORICE FERN
☀ ❄ ↔30～60cm ↕30～60cm
着生ツタ、群生し夏に落葉するシダで、北アメリカの西海岸にある、苔むした丸太や岩に生息する。英名は、カンゾウの香りのする根茎に由来する。アメリカ先住民は薬用や食物の味付けに使っていた。根茎は地中浅いところにあり、分岐し、黄色がかった緑色で丸みがあり、太さは6mmほど。薄い触感で、剣形～長円形、薄緑色の葉状体は、長さ35cm。尖った先端に切り込みのある葉小片のオフセットが10～20対、藁色の茎につく。
ゾーン：6～9

Polypodium scouleri
英　名：COAST POLYPODY, LEATHERY POLYPODY
☀ ❄ ↔90cm ↕38cm
常緑性のシダで、ブリティッシュコロンビア～カリフォルニアにかけて、北アメリカの西海岸原生。堅く厚い触感で、艶があり革状、卵形～三角形で深緑の葉状体は長さ40cmで、14対までの細長く広がる、全縁か鋸歯縁の切片を伴い、高さ10cmの滑らかな茎につく。
ゾーン：8～10

Polypodium triseriale
英　名：ANGLE-VEIN FERN
☀ ❄ ↔40～60cm ↕40～60cm
中央アメリカの西インド諸島、南アメリカの北部原生。草質か革質の全裂する葉状体は、長さ60cm。光沢がある藁色～赤みがかった茶色で、長さ35cmの茎につく、細長い革紐状の小葉は、広がる。
ゾーン：9～10

Polypodium vulgare
一般名：オオエゾデンダ
英　名：ADDER'S FERN, COMMON POLYPODY, GOLDEN MAIDENHAIR, WALL FERN
☀ ❄ ↔25～30cm ↕25～30cm
常緑性のシダで、北アメリカ、ヨーロッパ、東アジアを通して広く分布し、ロックガーデンに適する。銅茶色の鱗片が覆う、地を這い、傷痕のある茶色がかった根茎から、シダが育つ。アーチ形か直立、滑らかで薄い触感、剣形～卵形、革状で矢筈模様の葉は、長さ30cmまでになり、藁色の茎にくっつくように繋がるが、葉切片を水平に、あるいは広がるように伸ばす。
ゾーン：3～5

POLYSCIAS
（タイワンモミジ属）
本属は約150種の常緑性低木、大高木からなる。ウコギ科。アフリカ、東南アジア、オーストラリア、太平洋諸島の熱帯および亜熱帯に分布する。互生でつく葉は羽状～三回羽状で、枝先に向かってらせん状に並ぶ傾向がある。たいへん小さく、緑がかった白～紫がかった白の花は、茎頂に総状花序でつき、非常に豊富に咲くことが多い。果実は丸いか、少し扁平な液果で、熟すと紫がかった黒になる。数種は、その魅力的な葉と、戸外での鉢栽培の適性を目当てに栽培される。
〈栽培〉
ほとんどの種が、温暖な気候～熱帯気候にしか適さず、水はけのよい酸性の土壌、日なたか半日陰を好む。乾期が続く間は水を補充してやる。繁殖は採りたての種子から、あるいは基部の吸枝の株分けから。

Polyscias elegans
英　名：CELERY WOOD
☀ ❄ ↔4.5m ↕30m
オーストラリア東部とニューギニアに原生し、真っ直ぐな幹を持つ。二回羽状複葉の葉は、艶のある暗緑色の小葉からなり、セロリに似た香りがする。秋～冬にかけて、小さな紫がかった花が、茎頂の円錐花序に豊富につく。果実は紫がかった黒色。
ゾーン：9～12

Polyscias filicifolia
一般名：キレハアラリア
英　名：FERN-LEAF ARALIA
☀ ↔1.2m ↕4.5m
太平洋諸島原生。直立の低木で、若木のときは多少アーチ形。深く全裂する葉は、小さく、鮮やかな緑で鋸歯縁の多数の小葉に分かれ、紫色の葉脈が際立つ。小さな星形の花が夏に咲く。コンパクトに保つため、日頃から先端を剪定する。
ゾーン：11～12

Polyscias guilfoylei
一般名：オオバアラリア
英　名：GERANIUM ARALIA
☀ ↔2.4m ↕6m
マレー半島東部、オーストラリア、ポリネシア原生。まばらに分枝する低木。羽状複葉は、幅広の卵形～ほぼ菱形で、鋸歯縁、白く縁どられた小葉からなる。夏になると黄色がかった緑の花が、大きな円錐花序をなす散形花序につく。
ゾーン：11～12

Polyscias elegans、中央

Polyscias sambucifolia

Polyscias sambucifolia
英 名：ELDERBERRY PANAX
☀ ⁓ ↔2.4m ↕4.5m
多く分枝する低木で、オーストラリア原生。葉は変異性がある。羽状～二回羽状で、10対の、深く裂開するか、全縁の小葉からなる。少数の、クリーム色～鮮やかな緑の花を、晩春～夏にかけて、大きく枝咲きさせる。果実は熟すと、鋼鉄を思わせる青色～えび茶色になる。
ゾーン：9～12

POLYSTACHYA
(ポリスタキア属)
ラン科に属す大きな属で、主にアフリカに原生、数種は他の熱帯地域に原生する。たいていが小型で群生し偽鱗茎を持つ。興味深いことに、倒立しない野生種の花が、成熟していない新しい葉の間から出る、直立した花序につく。開花時は唇弁が一番目立つ。色も幅広く、主に黄色やオレンジ色の色合いである。

〈栽培〉
多くの種が、温暖な時期に成長期を迎え、冬は休眠期に入る。この時期は水やりを減らす。本属は中庸な環境で栽培するデンドロビューム属で推奨したのと同様な環境で育つ。繁殖は株分けから。

Polystachya bella
☀ ✿ ↔10～30cm ↕10～30cm
ケニア原生で、暖かい場所で育てる種。夏に開花する花序は、ときに分枝し、鮮やかなオレンジイエローで25mmほどの花をつける。花は次第に暗い色になる。
ゾーン：11～12

Polystachya johnstonii
☀ ✿ ↔5～15cm ↕4～10cm
アフリカ南東部のマラウィに原生する。小さく育つ、変異のある春咲き種。緑がかった花は長さ18mmで、紫色で染まり、ピンクの唇弁と好対照をなす。
ゾーン：11～12

Polystachya johnstonii

POLYSTICHUM
(イノデ属)
英 名：HOLLY FERN、SWORD FERN
175以上の常緑性、半常緑性、あるいは落葉性の陸生シダを含み、世界中に広く分布する。オシダ科に属し、丈夫で木質、密に鱗片をつけ、直立か不規則に広がる根茎から成長する。房になり、薄い質感～革状の葉は、細長い鋸歯縁、先細りした基部のある小葉3枚までからなる。裏には青い胞子体があり、葉柄で密に鱗片のある茎につく。本属の学名*polys*はギリシャ語で、「多い」を、*stichos*は、「列やファイル」を意味し、規則正しく並ぶ胞子体に由来する。

〈栽培〉
半日陰や、湿って水はけがよく、有機物を豊富に含んだ土壌を好む。繁殖は春に株分けから、あるいは夏に胞子を播く。

Polystichum acrostichoides
英 名：CHRISTMAS FERN、DAGGER FERN
☀ ✿ ↔45～60cm ↕45～60cm
常緑性のシダで、北アメリカの林地の斜面に分布。英名の1つは、葉の切片がクリスマスの靴下に似ているところから。コンパクトで、ときに分枝する根茎は、茶色がかったオレンジ色の鱗片に覆われ、長いひげ根を持つ。細長い剣形の葉は、長さ20～75cmで、片側につき20～35枚ある小葉は、細かい鋸歯縁で暗緑色、裏面は毛に覆われた鱗片があり、中央脈も密に鱗片で覆われる。アメリカ先住民は、根茎から茶をつくり、悪寒、熱、肺炎の治療や、嘔吐を誘うのに用いていた。
ゾーン：3～9

Polystichum aculeatum
ポリスティクム・アクンアトゥム
英 名：HARD SHIELD FERN、PRICKY SHIELD FERN
☀ ✿ ↔45～60cm ↕45～60cm
変異性の常緑、半常緑性のシダで、ヨーロッパ原生。硬く剣形、革状の葉は、長さ30～90cmで、片側につき50までの鋸歯縁の小葉を持つ。春、黄色がかった緑の葉は成熟するにつれ暗い艶のある緑になり、短く茶色い茎につく。*P. a.* var. *densum*に、密に多数の葉をつける。*P. a.* 'プルケリムム'は、先が尖り、繊細な暗緑色の葉をつける。
ゾーン：4～8

Polystichum andersoni
英 名：ALASKAN HOLLY FERN、ANDERSON'S HOLLY FERN、ANDERSON'S SWORD FERN
☀ ✿ ↔60～75cm ↕60～75cm
常緑性のシダで、北アメリカ北西部に原生する。葉は剣形～長楕円形、長さ40～90cm、細長い三角形で深い鋸歯縁の小葉を多数つける。
ゾーン：4～8

Polystichum braunii
異 名：*Aspidium braunii*
一般名：ホソノデ
英 名：BRAUN'S SWORD FERN、EASTERN HOLLY FERN、SHIELD FERN
☀ ✿ ↔60～90cm ↕60～90cm
半常緑性のシダで、北アメリカの湿った林地、ユーラシア温帯に分布する。暗緑色で艶があり、柔らかく、長楕円形～剣形、2回羽状複葉は、片側につき30～40の小葉を伴い、卵形～三角形、細かい鋸歯縁で多々毛の生えた切片が、太い茎につく。葉柄、中央脈、葉の裏は、明るい茶色の鱗片で覆われ、裏面に数少なく小さな胞子体を伴う。
ゾーン：4～8

Polystichum californicum
異 名：*Aspidium californicum*
英 名：CALIFORNIAN SHIELD FERN
☀ ✿ ↔50～75cm ↕50～75cm
カリフォルニア～ブリティッシュコロンビアにかけて、北アメリカ西部の林地、川岸、岩がちで開けた斜面に分布する。*P. munitum*と*P. dudleyi*との間で自然にできた交雑種。剣形の葉は長さ20～75cmで、数多くの小葉からなり、茶色い茎につく。
ゾーン：7～9

Polystichum dudleyi
☀ ✿ ↔50～75cm ↕50～75cm
アメリカ合衆国、カリフォルニアの湿った森林に分布するシダ。長楕円形、細長い卵形、あるいは剣形の葉は、長さ25～75cmで、鋸歯縁の小葉からなる。
ゾーン：7～9

Polystichum falcinellum
☀ ✿ ↔45～60cm ↕45～60cm
常緑性のシダで、北アメリカ東部、マデイラの北大西洋諸島に分布する。茎は艶のある茶色の鱗片に覆われる、剣形で革状の葉は、長さ30～150cmになり、鋸歯縁の葉を数多くつける。
ゾーン：5～10

Polystichum falcinellum

Polystichum braunii

Polystichum aculeatum

Polystichum munitum
異 名：*Aspidium munitum*
英 名：GIANT HOLLY FERN、WESTERN SWORD FERN
☼ ❄ ↔90〜120cm ↕90〜120cm
北アメリカおよび中央アメリカ西部、アメリカ合衆国カリフォルニア〜メキシコにかけて、樹木が茂った山腹に分布する常緑性のシダ。硬く直立するアーチ形、線形、あるいは剣形、革状で暗緑色の葉は、直立し不規則に広がる根茎から成長し、樹冠を形成する。葉は長さ50〜120cmで、片側につき40枚までの鋭い鋸歯縁の小葉をつけ、裏には、大きな円形でオレンジ色の胞子体がある。
ゾーン：4〜9

Polystichum polyblepharon
英 名：HOLLY FERN、TASSEL FERN
☼ ❄ ↔120cm ↕120cm
常緑性か半常緑性のシダで、朝鮮半島、日本に自生。細長い長楕円形〜卵形、深緑で少し光沢がある葉は、通常広がる。葉は白い鱗片をつけると、だらんと垂れ下がり裏を向くか、房状になる。葉長は30〜80cm、小葉は長楕円形〜卵形、部分的に重なる。葉は下側が鱗片で密に覆われ、丈夫な茶色い茎につく。
ゾーン：5〜9

Polystichum setiferum
ポリスティクム・セティフェルム
英 名：SOFT SHIELD FERN
☼ ❄ ↔45〜60cm ↕45〜60cm
常緑性か半常緑性のシダで、ヨーロッパの南部、西部、中央部に自生する。軟らかい、剣形の葉は、長さ30〜120cmで、片側につき40枚までの小葉を伴い、薄いオレンジ〜茶色の鱗片で覆われた茎につく。葉の中央脈に、鱗茎をつける。'クリスタトゥム'はとさかがあり、暗緑色で縮れた葉をつける。'ディウィシロブム'★の大きく明るい緑の葉は、たいへん縮れる。'ディウィシロブム デンスム'は繊細な外観のシダ。Divisilobum Group（ディウィシロブム グループ）'ヘレンハウゼン'は、先の尖った小葉からなる、革状で暗緑色の葉を持つ。Plumosodivisilobum Group（プルモソディウィシロブム グループ）は、コンパクトで柔らかい葉を持つ。'プルモスム デンスム'は少々小さめで、縮れたレースのような葉をつける。'プルケリム ベウィス'は葉の先端に細長いとさかを持つ。Rotundatum Group（ロトゥンダトゥム グループ）'ロトゥンダトゥム'は、丸みのある小葉からなる葉をつける。'ワケレイアヌム'は小葉が中央脈を渡って交差する模様を作る、細長い葉をつける。
ゾーン：5〜9

Polystichum × setigerum
異 名：*Polystichum alaskense*
英 名：ALASKAN HOLLY FERN
☼ ❄ ↔45〜60cm ↕45〜60cm
常緑性のシダで、*P. braunii*と*P. munitum*の間で自然にできた交雑種。アラスカ〜ブリティッシュコロンビアにかけての北アメリカ西部に自生。先が尖り、菱形の葉は、長さ25〜90cmで、深裂した剣形の小葉からなり、薄茶色の茎につく。
ゾーン：3〜8

Polystichum polyblepharon

Polystichum tsussimense
異 名：*Aspidium tsus-simense*
英 名：KOREAN ROCK FERN、TSU-SHIMA HOLLY FERN
☼ ❄ ↔30〜40cm ↕15〜45cm
群生する常緑性か、半常緑性のシダで、アジア北東部原生。薄く、やや先細りで、幅広の剣形〜卵形のくすんだ緑の葉には、特有の黒い葉脈があり、長さは20〜40cm。卵形で、細かい鋸歯縁の小葉は、黒〜茶色の鱗片で覆われ、薄緑〜藁色の茎につく。
ゾーン：6〜9

Polystichum vestitum
英 名：PRICKY SHIELD FERN、PUNIU
☼ ❄ ↔30〜90cm ↕30〜90cm
きめが粗く、刺があり、暗緑色のシダで、南大西洋地域、ニュージーランド、そしてオーストラリアのタスマニアに分布する。長楕円形〜剣形の葉は、長さ30〜75cmで、暗い色の鱗片で覆われた丈夫な茎につき、長楕円形〜剣形の小葉からなる。ゾーン：7〜10

POMADERRIS
（ポマデリス属）
クロウメモドキ科、55種の小高木、低木からなり、アジア、オーストラリア、ニュージーランドに分布する。葉はいずれも互生単葉で、葉裏には銀光沢の毛がある。茎頂花序に白色あるいは黄色の小さな花をつける。花後は小さな乾果が実り、成熟すると3分裂する。自生地はさまざまで、多様な土壌に生える。通常は酸性土壌を好み、海抜0mから高山地帯までの比較的降水量の多い地域の矮小低木林、低木林、森林、植林地帯に生育する。

〈栽培〉
ほとんどの種は水はけのよい酸性土壌と半日陰を好む。繁殖は番種と挿し木がよい。種子は必ず新しいものを選び、種皮処理もしくは短期間熱湯に浸すなどの事前処理が必要。木質化する前の、2、3カ月経った側生枝が挿し木として一番よい成果をあげる。

Polystichum setiferum, Rotundatum Group

P. setiferum, Divisilobum Group, 'Divisilobum Densum'

P. setiferum, Divisilobum Group, 'Herrenhausen'

Polystichum setiferum

Polystichum setiferum, Divisilobum Group

Pomaderris eriocephala

Pomaderris lanigera

POPULUS
（ハコヤナギ属）
英　名：ASPEN, POPLAR

ヤナギ科、ポプラやアスペンなどおよそ35種からなる。北半球の温帯地域全般に広く分布。多くのハコヤナギ属の木は三角形の葉を持つが、葉の形状、大きさ、表面組織はさまざまである。尾状花序で下垂する極小の花は、葉が出現する前に咲く。花後に小さなさく果が実り、内部には綿花に似た綿毛を有することが多い。雄性、雌性の尾状花序は、通常別々の木につく。

〈栽培〉
日当たりと、水はけのよい深層の湿った土壌を好む。短命で、朽ち果てるまで60年を超えることはほとんどない。根の成長が極めて旺盛で、大量に給水するため、周囲の配水管や舗装道路にしばしば悪影響を及ぼす。刈り込み剪定が必要。冬に熟枝を挿し木して殖やす。

Pomaderris apetala
☀ ❄ ↔6m ↑15m
オーストラリアのビクトリア州およびタスマニア州、ニュージーランド原生の低木および小高木。亜種は2種類。*P. a.* subsp. *apentala*は湿気の多い森林に生息する高木、*P. a.* subsp. *maritima*は小ぶりで低木の沿岸特有の品種。若いシュートや短枝は灰色がかった毛で覆われる。葉は暗緑色の楕円形で、葉縁は鋸歯状。葉裏には灰色がかった綿毛がある。夏に花序に淡黄色の花を咲かせる。
ゾーン：8〜9

Pomaderris elliptica
☀ ❄ ↔2.4m ↑4.5m
オーストラリア、ビクトリア州およびタスマニア州に原生。亜種は2種類。*P. e.* subsp. *elliptica*は湿度の高い森林に、より広範囲に分布する。*P. e.* subsp. *diemenica*はまばらな森林群落のより限られた地域に分布する。どちらもよく似た習性だが、花の大きさや毛の長さが異なる。中低木には毛が極度に密生した若い側枝がつくが、葉裏にはほとんど毛がない。春には極小の花弁からなる小さな黄色の花が咲く。
ゾーン：8〜9

Pomaderris eriocephala
☀ ❄ ↔3m ↑3m
オーストラリアのニューサウスウェールズ州北東部からビクトリア州東部にかけて自生する。若いシュートと短枝は錆色の毛を帯びる。暗緑色の葉は楕円形で、表は白っぽい毛を、裏は錆色の毛を持つ。春には球形の花序に乳白色の小さな花が密生して咲く。
ゾーン：8〜9

Pomaderris lanigera
英　名：WOOLLY POMADERRIS
☀ ❄ ↔3m ↑3m
オーストラリアの東部およびクィーンズランド州中央部からビクトリア州にかけて、乾燥地帯に自生。木全体が赤錆色の毛を帯び、卵形もしくは楕円形の葉は両面が緑色で毛が生える。晩冬から春にかけて、黄色の小花が茎頂に群生する。
ゾーン：8〜10

PONTEDERIA
（ポンテデリア属）
英　名：PICKEREL WEED, WAMPEE

ミズアオイ科、5種類の多年生水生植物、および水辺の植物からなる。南北アメリカ東部地域からカリブ海上諸島にかけて分布する。直立あるいは匍匐性の茎は分枝から伸び、しばしば沈水根茎となる。全縁、剣形の暗緑色の葉が長い葉柄につく。小さな筒状の花が穂状花序を成す。花色に青が多く、3裂片からなる。一番大きな裂片には黄色い斑点がある。属名は18世紀のイタリア人植物学者Guilio Pontederaにちなむ。

〈栽培〉
日当たりのよい池や湿地庭園に植える。水深は20〜30cmが最適。繁殖は春に株分けか種子によって行う。

Pontederia cordata
一般名：ナガバミズアオイ
英　名：PICKEREL RUSH, PICKREL WEED, WAMPEE
☀ ❄ ↔70cm ↑120cm
大半がアメリカ合衆国東部およびカリブ海上諸島に自生する落葉性、多年生の水辺の植物。長さ25mm〜15cmの、密生した円錐形の穂状花序をつける。花は青色または白色、直径18mm。茎は直立し、35cmの高さにまでなる。
ゾーン：2〜5

Pontederia cordata

ハコヤナギ属の自生木。アメリカ、ユタ州、ザイオン国立公園

Populus × canescens、夏

Populus alba

Populus × canescens、'アウレア'

Populus × canescens、秋

Populus × canescens、冬

Populus × canescens、春

Populus alba
一般名：ウラジロハコヤナギ
英　名：BOLLEANA POPLAR、SILVER POPLAR、WHITE POPLAR
☀ ❄ ↔12m ↑24m
ヨーロッパ、北アフリカから中央アジアにかけて自生し、非常によく育つ。雑草のようにはびこる可能性がある。若い茎や葉は柔らかい白毛を帯び、葉の表は年々濃い緑色に変化する。葉は幅広の卵形で、縁に粗い鋸歯がある。栽培品種のなかには、白亜色の'ニベア'、枝が垂れた'ペンドゥラ'、枝が直立した'ラケット'（syn.'ロケット'）がある。ゾーン：3〜10

Populus balsamifera
一般名：バルサムポプラ
英　名：BALSAM POPLAR、TACAMAHAC
☀ ❄ ↔8m ↑24m
北アメリカ北部およびロシア原生。芳香性樹脂が特徴。樹脂は若い小枝、蕾、新しい葉を覆い、青銅の色合いを与えるが、しだいに消え、下部は光沢のあるミッドグリーンになる。葉はほぼ卵形。ゾーン：3〜8

Populus × canadensis
一般名：カロライナポプラ
英　名：CANADIAN POPLAR、CAROLINA POPLAR、HYBRID POPLAR
☀ ❄ ↔10m ↑24m
*Populus deltoides*と*P. nigra*の交雑種。葉は卵形もしくは三角形でまばらな鋸歯があり、葉柄は赤色。'アウレア'は新枝が黄金色。'エウゲネイ'は高い円柱状に成長する習性があり、新枝はブロンズ色。'ロブスタ'は葉が密生し、強く上方に円柱状に成長する習性がある。'セロティナ'、円錐果をつける雄性木は、葉が出るのが遅い。ゾーン：4〜9

Populus × canescens
英　名：GRAY POPLAR、TOWER POPLAR
☀ ❄ ↔12m ↑30m
*P. alba*と*P. tremula*の自然交雑種。丸い樹冠部は、鋸歯縁があり、葉裏がフェルト状の大きな三角形もしくは楕円形の葉からなる。樹皮は傷跡や裂け目のようにみえる。ゾーン：4〜9

Populus deltoides
一般名：アメリカクロヤマナラシ
英　名：COTTONWOOD、EASTERN COTTNWOOD
☀ ❄ ↔18m ↑30m
北アメリカ東部原生。葉は三角形で粗い鋸歯縁。蕾、新しいシュート、葉はバルサムの香りの樹脂で覆われる。ゾーン：2〜10

Populus fremontii
一般名：フレモントコットンウッド
英　名：ALAMILLO、FREMONT COTTNWOOD、WESTERN COTTONWOOD
☀ ❄ ↔12m ↑30m
北アメリカ西部原生。幹は太い。黄緑色の丸い花序。葉は幅の広い三角形で、先端に向かって細くなり、鋸歯がある。雌株からは綿毛のような大量の種子が自然に落下する。ゾーン：7〜10

Populus × generosa
☀ ❄ ↔9m ↔30m
アメリカ合衆国西部に自生する*P. deltoides*と*P. trichocarpa*の自然交雑種。若い小枝、葉芽、新しい葉は黄褐色の樹脂に覆われている。葉は粗い三角形で、細かい鋸歯縁を持つ。ゾーン：6〜10

Populus grandidentata
一般名：オオバヤマナラシ
英　名：BIGTOOTH ASPEN
☀ ❄ ↔9m ↑18m
北アメリカ東部原生。古い短枝につく葉は極めて鋭い鋸歯を持つが、比較的若い長枝につく葉はより卵形に近い形をしている。短い枝群が細くて丸い樹冠部を形成している。ゾーン：3〜9

Populus heterophylla
英　名：BLACK COTTONWOOD、SWAMP POPLAR
☀ ❄ ↔8m ↑15〜24m
アメリカ合衆国東部原生。短い枝群が細くて丸い樹冠部を形成し、蕾や若い葉は樹脂に覆われている。葉は卵形で鋸歯縁がある。雌株は綿毛を帯びた種子を大量に自然落下させる。ゾーン：4〜9

Populus lasiocarpa
一般名：ケミノヤマナラシ
英　名：CHINESE NECKLACK POPLAR
☀ ❄ ↔10m ↑15〜24m
中国南西部原生。丸い樹冠部。若い茎は主に毛を帯びている。光沢のある灰緑色の葉は大変大きく、長さが15〜30cmになる。形は心臓形で、葉裏に毛がある。ゾーン：5〜10

Populus lasiocarpa

*Populus fremontii*自生木、アメリカ、ユタ州、グランドキャニオン

Populus nigra、冬

Populus nigra、春

Populus nigra、夏

Populus nigra、秋

Populus tremuloides

Populus nigra

*Populus trichocarpa*の自生木、アメリカ合衆国、モンタナ州、グレイシャー国立公園

Populus maximowiczii
一般名：ドロノキ
異　名：*Populus koreana*
英　名：DORONOKI, JAPANESE POPLAR
☀ ❄ ↔9m ↕30m
日本、朝鮮半島および中国内の朝鮮半島との隣接地域に自生する。灰色の樹皮は深く割れている。楕円形の葉の先端は鋭く尖り、捻れており、表面にいくぶん皺がある。若い小枝は赤く、毛で覆われている。色は表面が濃緑色で、裏面は淡緑色。ゾーン：4～9

Populus nigra
一般名：クロポプラ
英　名：BLACK POPLAR, THEVES POPLAR
☀ ❄ ↔18m ↕30m
ヨーロッパ、北アフリカ、西アジア原生。樹冠部は半円形。幹は太く、灰色の樹皮は深く割れ、節や瘤も多い。葉は三角形あるいは菱形で、秋には鮮やかな黄色に変色する。'イタリカ'（セイヨウハコヤナギ、ポプラ）は幅広い円柱状に30mの高さにまで成長する。若い小枝はオレンジ色で、秋にはより濃くなる。'ロンバルディ　ゴールド'は葉が夏から秋にかけて鮮やかな黄金色になる。
ゾーン：2～10

Populus simonii
一般名：テリハドロ
☀ ❄ ↔8m ↕24～30m
中国北西部原生。樹冠部は狭く、枝先が垂れ下がっている。若い小枝と葉柄が赤い。葉は鮮やかな緑色で、長さが10cmを超えるものもある。'ペンドゥラ'は枝が枝垂れている。
ゾーン：2～9

Populus tremula
一般名：ヨーロッパヤマナラシ
英　名：ASPEN, EUROPEAN ASPEN, QUAKING ASPEN, SWEDISH ASPEN
☀ ❄ ↔10m ↕15m
ヨーロッパ北西部から南は北アフリカ、東はシベリアまで分布。樹皮には長く深い裂け目がある。葉は灰緑色で細かい毛があり、微風で葉が揺れる。秋には黄色、オレンジ色、赤色に変色するが、葉裏はやや色が薄い。
ゾーン：2～9

Populus tremuloides ★
一般名：アメリカヤマナラシ
英　名：AMERICAN ASPEN, QUAKING ASPEN, TREMBLING ASPEN
☀ ❄ ↔9m ↕15m
北アメリカに自生する木。微風で葉が揺れる。細くまっすぐに伸びる。樹皮は黄灰色。幅広の葉にはのこぎり状の鋸歯縁がある。表は光沢のある濃い緑色で葉裏は淡い青緑色。秋には黄色に変色する。
ゾーン：1～9

POPULUS trichocarpa
一般名：ブラックコットンウッド
英　名：BLACK COTTNWOOD
☀ ❄ ↔10m ↕24～36m
北米西部に自生する木。濃灰色の樹皮には細長い筋があり、枝はもろい。葉は丈夫でしなやか。浅い鋸歯縁、表面は光沢のある濃い緑色で、裏面はほぼ白に近い薄い茶色。秋になると黄色に変色する。雌株は「綿毛」のような大量の種子を自然落下させる。'フリッツ　ポーリー'は雄性の栽培品種。
ゾーン：7～10

Populus yunnanensis
英 名：YUNNAN POPLAR
↔12m ↑15〜24m

中国南西部原生で、早く育つ防風林として植栽されることもある。葉は明るい緑色で、槍型、あるいは三角形をしている。葉脈と葉柄は赤い。若い葉と小枝もまた赤みがかっており、冬、落葉後には色彩に富む。ポプラの葉さび病に抵抗力がある。
ゾーン：5〜10

PORTEA
(ポルテア属)

パイナップル科、すべてブラジル東部の州に自生する8種からなる。花序が華やかなため、植物園で好んで栽培される種もある。中型から大型の植物で、鋸歯縁のある緑色の帯状の葉が開いたロゼットを形成する。花序は分岐し、ときには1.5mの高さになり個々の花が細い茎につく。花弁は通常、青紫色だが赤色のものある。

〈栽培〉
冷温帯では温室あるいはコンサバトリーで栽培する方がよい。暖温帯、亜熱帯、および熱帯では、屋外で栽培する場合、連続的な直射日光や豪雨から保護する必要がある。鉢用混合土が乾いたら水をやればよく、過度な水やりは必要ない。繁殖は主に基部から生じる小さなシュートを使う。

Portea Petropolitana
↔0.9m ↑2m

ブラジル中東部原生。鋸歯縁のある長い帯状の緑色の葉がロゼットを形成する。花茎は80cmまで、多数分岐するピラミッド状の花序は1.2mの高さまで伸びる。それぞれの花柄の先には赤く縁取られた紫色の花が散開して集まり、それぞれの花柄の下を長く赤い苞葉が包む。さらに長い花柄をもつ *P. p.* var. *extensa* は目の覚めるような花を咲かせる。
ゾーン：9〜10

PORTULACA
(スベリヒユ属)
英 名：PURSLANE

スベリヒユ科、温暖な地域におよそ40種が存在する。大半は多肉植物で、通常は塊根を持つ。葉は平たいか円筒形で、対生、あるいは螺旋状につく。普通は葉腋に毛がある。ただしオーストラリア原生の種（subgenus *Portulacella* スベリヒユ亜属）にはこの特徴はない。花は単性、あるいは花序を作り、上部の葉によって形成される輪生の苞葉に包まれる。オーストラリア原生の種には花柄がない。2つの萼片と通常5弁の花は、ピンク、紫色、あるいは黄色、直射日光が射すと開き、日陰になると閉まる。雄ずいは8本以上。果実は円錐形のさく果。先端が裂開して多くの小さな種子を放出する。さまざまな種があるが見分けるのはむずかしい。観賞用や食用になる種もある。

〈栽培〉
半日陰で、水はけのよい土壌なら、種子から簡単に育つ。

Portulaca grandiflora
一般名：マツバボタン
異 名：*Portulaca pilosa* subsp. *grandiflora*
英 名：ELEVEN〜O'CLOCK、GARDEN PORTULACA、MOSS ROSE、ROSE MOSS、SUN PLANT
↔15〜30cm ↑15〜30cm

成長が遅い一年性植物。ブラジル、アルゼンチン、ウルグアイ原生。平伏性の茎とよじ登り生の茎が混在し30cmまで伸びる。小枝は赤みがかっている。互生葉序。多肉質、槍形、円筒形の淡緑色の葉が密生する。花は一重もしくは八重。淡紅色、赤色、紫色、ラベンダー色、黄色、白色があり、たまにストライプ模様のものもある。日光を浴びているときだけ花が開く。'サンダンス' はほぼ全日、半八重の花を開花させる。その他の栽培品種、'ダブルミックス'、'マルガリータ ロジータ'、**Sundial Series**（サンダイアル シリーズ）、'トゥッティ フルッティ ミックス'。
ゾーン：8〜10

Portea petropolitana

Portulaca oleracea
一般名：スベリヒユ
異 名：*Portulaca retusa*
英 名：COMMON PURSLANE、PUSSLEY
↔50cm ↑100cm

柔らかい、平伏性、多肉質の一年草。インド原生と推定されるが、現在はあらゆる場所に広く順応している。数本、あるいは多数の赤茶色の茎が直立し広がる。葉は互生か対生。多肉質の単葉は平たく、へら形、あるいは卵形。花は鮮やかな黄色で、2枚の萼片と4〜6枚の花弁がある。春〜秋、葉腋あるいは茎の先端から単生、もしくは2〜5個の花をつける花序をなす。さく果は暗褐色や黒色でそらまめ形の種子を大量に内包する。
ゾーン：7〜10

Portulaca grandiflora、サンダイアル シリーズ、'サンダイアル タンジェリン'

Portulaca grandiflora、サンダイアル シリーズ、'サンダイアル フーシャ'

Portulaca grandiflora、'トゥッティ フルッティ ミックス'

Portulaca grandiflora、'マルガリータ ロージータ'

Portulaca grandiflora、サンダイアル シリーズ、'サンダイアル ゴールド'

Portulaca grandiflora、サンダイアル シリーズ、'サンダイアル ピーチ'

Portulaca grandiflora 'ダブル ミックス'

PORTULACARIA
（ポルトゥラカリア属）

スベリヒユ科、南アフリカに原生し、常緑でよく分岐し、多肉質な観賞用植物1種のみ。枝を水平に伸ばすことが多く、ねじれ、若木のころからこの植物を一見の価値にあるものにしている。葉の長さは25mmまで、丸形、表面は滑らかで光沢のある緑色。薄いピンクの花房は、ふつう晩春より咲き始め、その後3裂のピンク色の果実（栽培品種では滅多に見られない）が実る。

〈栽培〉
ほとんど霜に当たらない温暖な地域の庭、とりわけ沿岸地帯、が栽培に適する。この多肉低木にとって最適なのは乾燥地域で、水はけのよい盛り土をした花壇か大型のコンテナーで栽培するのがよい。軽い砂混じりの土壌を好み、日当たりのよい場所、あるいは半日陰を選ぶ。高木に似た姿を強調するには、枝をまばらにするのが効果的。あるいは軽く枝を間引けば、こざっぱりとする。繁殖は夏に播種、あるいは挿し木で。

Portulacaria afra
一般名：イチョウギ
英　名：CHINESE JADE PLANT、ELEPHANT BUSH、ELEPHANT'S FOOD、SPEKBOOM
☼／◐　✤　↔1.5m ↕3m
光沢のある、明るい緑色の葉群をもつ魅力的な低木。濃い紫茶色の枝との色の対照が美しい。小さなピンク色の花をたくさん咲かせる。
ゾーン：9〜11

POSOQUERIA
（ポソキリア属）

アカネ科、常緑低木または高木約12種からなる。熱帯アメリカ、および西インド諸島原生。霜に弱い。白色または赤色の並はずれて長い管状の花を咲かせる。花は魅力的で大変よい香りがする。通常は大量に花がつき、春の間ずっと咲き続ける。それぞれ花弁が5枚の裂片となり広がり、枝先に大きな房を作る。光沢のある大きな葉は全縁で、対生。プラムほどの大きさの多肉質で黄色い液果は中に数個の種子を持つ。

〈栽培〉
腐植質に富んだ、水はけのよい土壌で、日なたか半日陰で風雨にさらされない場所がよい。繁殖は半熟枝の挿し木を晩夏におこなう。

Potentilla cinerea

Posqueria latifolia
英　名：BRAZILIAN OAK
☼　✤　↔4.5m ↕1.8〜6m
メキシコから中アメリカおよび西インド諸島にかけて自生する、叢生する、常緑の低木または小高木。葉は光沢のある緑色で、葉脈が目立つ。強い芳香のある筒状の真白な花が、密生した茎頂花序を成し、春に咲く。
ゾーン：10〜12

POTAMOGETON
（ヒルムシロ属）

英　名：PONDWEED
ヒルムシロ科ヒルムシロ属は水生の多年生植物、約90種類からなる。北半球のほとんどの温帯地域に広く分布する。沈水葉と浮水葉がある葉は、単葉、楕円形、平たくて緑色、革質、互生で、円筒形、あるいは扁平な直立した茎につく。下部の節から根が生えるが、通常は水中に根を張る一本の、ないしは枝別れした根茎から根が生える。目立たない花をつけた多肉質で円筒形の花穂が、水面の上下で花柄にできる。また、小さな球状の冬芽、無柄で卵形の水に浮く実もつく。名前はその水生の習性により、ギリシャ語のPotamos（川）とgeiton（隣人）に由来する。

〈栽培〉
日なたの水中や池での栽培が適する。繁殖は春と夏に、茎挿し、株分け、あるいは球状の冬芽を移植する。

Potamogeton perfoliatus
一般名：ヒロハエビモ
英　名：CLASPING LEAF PONDWEED、PERFOLIATE PONDWEED、REDHEAD GRASS
☼　✤　↔5m ↕5cm
ヨーロッパ、北アメリカ北部の淡水に自生する水草。分岐し茎が密生する。葉は光沢のある濃緑色。葉柄は無い。楕円形または心臓形の沈水葉。草丈は10cm以下。葉の付け根も心臓形。夏に小さな緑色の穂状花序をつける。
ゾーン：3〜10

POTENTILLA
（キジムシロ属）

バラ科キジムシロ属は北半球に自生する植物約500種からなる大きな属。大半が多年生草本だが、低木種はことに観賞植物として珍重される。非常に耐性があり、日なたか半日陰で、どんな土壌でも、枯れることがない。花は小さな一重咲きのバラに似ており、春から夏中、長期間花を咲かせる。秋まで花を咲かす種もある。

〈栽培〉
よく肥えた水はけのよい土壌を好む。栽培品種には、オレンジ色、赤色、ピンク色の花を咲かせる種もあるが、強い直射日光に当たると色が薄くなる。日中の暑い時間に日陰になるような場所を選ぶとよい。通常、繁殖は秋には種子から、夏に半挿し木でおこなう。

Portulacaria afra

Potentilla alba
英　名：WHITE CINQUEFOIL
☼　✤　↔25cm ↕25cm
中央、南部、東部ヨーロッパ原生。草丈が低く、横に広がり、密生する、活力ある多年草。25mmほどの一重の白い花が分岐した花茎に5つつく。春〜夏に咲く。下方の濃緑色の葉は最長6cmで、5枚の細長い小葉がつく掌形、先のほうは鋸歯がある。茎につく葉は小さめで、単葉か、あるいはいくつかの小葉に全裂し、初めは銀色に輝く絹毛が生える。
ゾーン：3〜9

Potentilla atrosanguinea
一般名：ベニバナキジムシロ
異　名：Potentilla argyrophylla var. atrosanguinea、P. leucochroa
英　名：RED CINQUEFOIL
☼　✤　↔90cm ↕90cm
ヒマラヤおよび中国西部の草原地帯や雑木林に自生し、茂みを作る多年草。茎が分岐するが、分かれるのは2、3にすぎず、長円形〜卵形の、鋸歯縁のある光沢のある3枚の小葉からなる半常緑性の葉がこんもりとドーム状の茂みを作る。小葉は8cmほどになり、葉裏には白い毛が生える。葉茎は長い。深紅〜赤みを帯びた紫色、オレンジ色、あるいは黄色の花がまばらに集まる。花の直径は3cmほど、たいてい黒っぽい「目」があり、細い花柄につく。夏の終わりから秋の初めにかけて咲く。
ゾーン：3〜9

Posqueria latifolia

Potamogeton perfoliatus

Potentilla aurea
異　名：Potentilla chrysocraspeda、P. halleri、P. ternata
☼　✤　↔30cm ↕30cm
ヨーロッパのアルプス山脈やピレネー山脈の草原地帯および雑木林に自生する。こんもりと絨毯のように広がる多年草で木質の基部をもつ。掌状の葉は5枚の楕円形の小葉からなり、小葉には縁と葉脈に沿って銀色の毛が生える。先端に歯状突起がある。中央基部から伸び、茎には小さな葉がつく。春から夏にかけて、中央が濃いオレンジ色の黄金色の花がまばらに集まって咲く。
ゾーン：3〜9

Potentilla cinerea
異　名：Potentilla arenaria、「P. subacaulis」、P. tommasiniana
☼　✤　↔10cm ↕5〜10cm
ヨーロッパの中央部、東部、南部の温帯地方の、乾燥して石の多い草原地帯に自生し、茂みを作る矮性多年草5種からなる。不規則に広がる茎は細い灰色の毛にびっしりと覆われ、地面と接触するところに根を張る。複葉は3枚から5枚の細長く、鋸歯縁のある灰色がかった緑色の小葉からなり、長さは25mm。夏、6個までの直径25mmほどの淡い黄色の花が集まって咲く。
ゾーン：3〜9

Potentilla fruticosa 'Ochraleuca'

Potentilla fruticosa、'アボッツウッド シルバー'

Potentilla fruticosa、'ビーシー'

Potentilla fruticosa、'アボッツウッド'

Potentilla fruticosa、'ダーツ ゴールドディガー'

Potentilla fruticosa 'Daydawn'

Potentilla fruticosa、'エリザベス'

Potentilla fruticosa、'ゴールドスター'

Potentilla fruticosa、'ホプリーズ・オレンジ'

Potentilla fruticosa、'リトル ジョーカー'

Potentilla fruticosa、'ロングエーカー バラエティ'／'ブリンク'

Potentilla fruticosa 'Primrose Beauty'

Potentilla fruticosa Princess/'Blink'

Potentilla fruticosa、'レッド エース'

Potentilla fruticosa、'スノーフレイク'

Potentilla fruticosa、'パルウィフォリア'

Potentilla fruticosa var. *dahurica*

Potentilla glandulosa

Potentilla megalantha

Potentilla fruticosa
ポテンティラ・フルティコサ

英　名：CINQUEFOIL, POTENTILLA, SHRUBBY CINQUEFOIL

☼ ❄ ↔1.5m ↕1.5m

北半球に広く分布する。夏から秋にかけて鮮やかな黄色の花を咲かせる密生した低木。5～枚の小葉が掌状に並んだ小さな葉をつける。*P. f.* var. *dahurica* は草丈が50cmにもなり、白色、ときに黄色の円盤状の花を咲かせる。*P. f.* 'デイドーン'の花はピンクがかった黄色。'キャサリン ダイクス'はレモンイエローの花。'オクラレウカ'はレモン色に近い白色の花。'プリムローズ ビューティ'は濃い淡黄色の花。'タンジェリン'★はオレンジ色の花。
ゾーン：3～9

Potentilla glandulosa
異　名：*Drymocallis glandulosa*
英　名：STICKY CINQUEFOIL

☼ ❄ ↔60cm ↕60cm

北アメリカ西部原生の叢生の多年草。まばらに分岐した木質の基部より、直立し、広がる、腺質の茎を出し、成長する。丸形～卵形の葉は全裂し、5～7枚の綿毛のある鋸歯縁の小葉に分かれる。葉は中央基部から出る。薄黄色か深紅の魅力的な花が、まばらで葉の多い集散花序をなす。花は、直径12mm～18mm、春～夏に咲く。花後、金色～赤みがかった茶色の実をつける。実の表面は滑らかなものと畝のあるものがある。
ゾーン：6～10

Potentilla megalantha
一般名：チシマキンバイ
異　名：*Potentilla fragiformis*

☼ ❄ ↔20～30cm ↕20～30cm

日本、シベリア、北アメリカツンドラ地帯に自生する。木立をつくり、柔らかい毛を持つ房状の多年草。受け皿状の濃く明るい黄色い単生の花を夏から秋にかけて咲かせる。柔らかい掌状の葉は基部が太い。葉幅は8cm。3枚の幅の広い楕円形の小葉から成り、縁は波状形。葉の裏面には細かい毛が生えている。ゾーン：5～9

× *Potinara*, Hybrid, Afternoon Delight 'Magnificent'

× *Potinara*, Hybrid, Atomic Fireball

× *Potinara*, Hybrid, Little Toshi 'Gold Country'

× *Potinara*, Hybrid, Netrasiri Starbright

× *Potinara*, Hybrid, Super Nova

Potentilla nepalensis
ポテンティラ・ネパレンシス
英 名：CINQUEFOIL
☼ ❄ ↔30〜60cm ↕30〜60cm
栽培が簡単で花つきがよい叢生の多年草で、ヒマラヤ西部の草原地帯や雑木林に自生する。本数の多い紫色の茎は、細く、直立し、葉が多く、分岐する。楕円形で粗い鋸歯縁の掌状の葉は苺の葉に似ており、長さ38cm、高い葉柄について中央基部から出る。夏に、長い花茎が分岐し、5枚の花弁を持つピンク、紫がかった赤、あるいは深紅の花をつけ円錐花序をなす。'ミス ウィルモット' ★（syn.'ウィルモッティアエ'）は花つきのよい、矮小品種で、花の中央が濃いピンクで脈が入る。
ゾーン：5〜8

Potentilla neumanniana
ポテンティラ・ネウマニアナ
異 名：*Potentilla crantzii*、*P. tabernaemontani*, *P. verna*
英 名：SPRING CINQUEFOIL
☼ ❄ ↔15〜30cm ↕8〜10cm
北部、西部、中央ヨーロッパの温帯地方原生、不規則に伸びる木質茎を持つ、常緑の多年草で、マット状に広がる。走出枝により、急速に広がり、密生して地面を覆う。スパイシーな香りのする常緑の葉は苺の葉の形に似ており、掌状で光沢がある。通常は5枚、時に3枚の小葉に分かれ、毛のほうは鋸歯縁、長さは35mmほどになる。春には5枚の花弁をもった、バターの色に似た黄色の花が12までつき、小さな房を形成する。花柄は葉腋から伸びている。'ナナ'（syn. *P. verna* 'ナナ'）に鮮やかな緑色の葉と金色の花をつけ、草丈は8cmまで。
ゾーン：5〜8

Potentilla nitida
ポテンティラ・ニティダ
☼ ❄ ↔2〜40cm ↕5〜10cm
ヨーロッパアルプスの岩場に自生する銀鼠色の多年草。綿毛を帯び、房状になり密生し、一面絨毯を敷き詰めたようになる。葉は銀色で絹のように滑らかな長方形〜槍形、長さ12mmほどの3小葉からなる複葉で、3つの先端に歯状突起がある。夏咲きの、白、あるいは濃いピンクの花は、直径が25mmあまり、茎先に単生、あるいは対になってつく。'ルブラ'はピンクあるいはローズピンクの花が大量に咲く。
ゾーン：3〜8

Potentilla recta
一般名：オオヘビイチゴ
英 名：SULPHUR CINQUEFOIL
☼ ❄ ↔50〜75cm ↕50〜75cm
ヨーロッパアルプスに原生。毛を帯び、叢生の多年草。大きな主根から、もしくは短い分岐した幹から、まばらに分岐する、細い、ロード状の茎が長さ45cmまで伸びる。茎は腺毛を帯びる。掌状の緑色の葉に、わずかに毛を帯び、5〜7枚の楕円形〜槍形、鋸歯縁の小葉に分かれる。小葉の長さは35mm。夏には黄色の花が多数群生し、その後、茶色で、脈が顕著な実になる。'マカントラ'（syn. 'Warrenii' 'ワレニイ'）は明るい黄色の花がまばらな房を作り咲く。
ゾーン：2〜4

Potentilla × *tonguei*
☼ ❄ ↔30〜50cm ↕15〜25cm
栽培品種由来のこの多年草は、*P. anglica* と *P. nepalensis* もしくは *P. nevadensis* の間に生じた交雑種。茎に無秩序に広がり、発根しない。複葉は、細長い楕円形で粗い鋸歯をもつ3枚から5枚の小葉からなる。夏にアプリコット色の花冠と羊皮色の目をもつ花を咲かせる。
ゾーン：3〜5

×*POTINARA*
（×ポティナラ属）
ラン科、ポティナラ属は遺伝子構造に4種類のランの属を抱える。複茎性のブラッサボラ属、カトレヤ属、ラエリア属、ソフロニティス属の組み合わせである。ソフロレリオカトレヤ属に似ているが、ブラッサボラ属の特徴が色濃く反映されている点が異なる。一般的に、花も親よりもわずかに大きくなる。

〈栽培〉
半日陰あるいは日当たりのよい場所を好むが、直射日光に当たると葉焼けを起こす。水はけが妨げられないように、粗いバークを中心とした培地を使い鉢で育てるのがよい。健康に育つと、白くて太い根を広くはり、根は長くもち、よく分岐する。冬の夜には加温する必要があるが、より冷涼な冬の気温にも、休眠期間中乾かしてやると、短い期間なら耐えられる。花は長く咲き、どれも花期には室内で楽しめる。繁殖は花が枯れたあと、株分けで行う。

×*Potinara* Hybrids
一般名：ポティナラ ハイブリッド
☼ ✿ ↔20〜60cm ↕20〜60cm
この魅力的な交雑種の花色の範囲はかなり広いが、鮮やかな黄色や赤色が主流である。たいていは1年に1度以上花を咲かせることができる。とはいえ、花期は春が多い。**Afternoon Delight**（アフターヌーン ディライト）'マグニフィセンド'は濃いオレンジの花を咲かせる。**Atomic Fireball**（アトミック ファイアーボール）は濃淡のない赤色の花を咲かせる。花幅は10cm。**Burana Beauty**（ブラナ ビューティ）★は独特の黄色と赤の2色の飛沫模様が入った花弁を持つ交雑種で、唇弁にも花弁と同じような模様が入る。**Little Toshi**（リトル トシ）'ゴールド カントリー'は径8cmのきれいな黄色の花に、対照的な深紅の唇弁を持つ。**Netrasiri Starbright**（ネトラシリ スターブライト）は薄いオレンジ色〜赤色までさまざまな花色。**Super Nova**（スーパー ノバ）はきれいな円形をした、形のよい花をつける。大きさは9cm。山吹色の花弁、唇弁に赤い模様が入る。
ゾーン：10〜12

× *Potinara*, Hybrid, Burana Beauty

Potentilla nepalensis cultivar

Potentilla nitida 'Rubra'

Potentilla neumanniana 'Nana'

Potentilla × *tonguei*

POUTERIA
(ボウテリア属)

アカテツ科、常緑の高木からなる属。アジア、オーストラリア、南米の熱帯、亜熱帯地域に分布する。乳白色の樹液が採取できる。互生でつく薄い、もしくはしなやかな観賞用の葉をもつ。小さな管状の花は緑か白〜黄色で、枝に沿って咲き、花後、食用になる果実がなることが多い。果実、種子、木材は現地の人によく利用され、いくつかの種に一般名がたくさんあることでも、その利用され方が多岐に渡ることがわかる。

〈栽培〉
魅力的な標本植物。食用果実のなる種は、暖かい亜熱帯地域の外では温室栽培が必要だが、実際に実がなる可能性は低い。土壌の性質を選ばず生育するが、水はけがよいこと、水をやり過ぎないことが大切である。繁殖はふつうは種子からだが、実のなる種では接ぎ木からのものもある。

Pouteria cainito
一般名：アビウ
異　名：*Lucuma caimito*、*Pouteria caimito*
英　名：ABIU

☼ ☨ ↔4.5m ↕10m
南アメリカ原生。長さ10〜20cmの楕円形の葉をもつ。花は緑白色。楕円形で光沢のある淡黄色の食用果実が成り、甘い果肉は通常、生食されるか、シャーベットやアイスクリームに使われる。ゾーン：10〜11

Pouteria campechiana
異　名：*Lucuma campechiana L. nervosa*
一般名：カニステル、クダモノタマゴ
英　名：CANISTEL, EGGFRUIT, SAPOTE BORRACHO

☼ ☨ ↔8m ↕18m
中央アメリカのメキシコからパナマにかけて分布する。薄い葉が螺旋状に並ぶ。花は緑白色で小さい。黄色〜緑がかった茶色の実は長さ8cmになる。オレンジがかった黄色の果肉は食べることができ、甘い。ゾーン：10〜11

Pouteria sapote
ボウテリア・サポタ
異　名：*Calocarpum mammosum*、*C. sapota*、*Pouteria mammosa*
英　名：MAMEY SAPOTE, MARMALADE PLUM, SAPOTE

☼ ☨ ↔6m ↕12m
中央アメリカおよび南アメリカ北部原生。幅広の楕円形の葉と、白みがかった小さな花が枝先のほうに群生する。花後に大きな卵形の果実が成り、甘い食用果肉はオレンジ系ピンクのさまざまな色合いを呈す。実がなるまでに1、2年かかる。'マガナ'の実は重量が2.75kgにまでなる。ゾーン：10〜11

PRATIA
(プラティア属)

キキョウ科プラティア属は約20種類の常緑多年草からなる。ほとんどが匍匐性で地面を覆う。オーストラリア、ニュージーランド、アフリカ、南アメリカに分布し、根を張る細いつる性の茎を伸ばす。ロックガーデンに最適。小さくて細長い葉はふつう、長さが12mmに満たない。単生で、星状の小花を多数つけ、その後、赤色〜青を帯びた黒色の実がなる。名前は19世紀のフランス人海軍将校、Prat-Bernonに因む。

〈栽培〉
日陰、あるいは半日陰で、水はけのよい湿った土壌を好む。繁殖は株分けか、春および秋に播種、または晩夏に挿し木をする。

Pratia angulata
異　名：*Lobelia angulata*
一般名：プラティア、エクポソウ

☼ ❄ ↔90cm ↕6〜50cm
ニュージーランド原生のカーペット状に広がる多年草。赤みがかった茎は30cmほど伸びる。粗い鋸歯縁で、互生の、ブロンズ色か濃緑色の葉は、多肉質でほぼ円形をしている。夏に咲く花幅12mm程度の白い花には、ほとんど花茎がなく、不規則に間隔のあいた5枚の花弁に紫色の脈が走る。果実は大きな球体で、紫を帯びた赤〜青を帯びた黒の液果で、秋に実る。ゾーン：7〜9

Pratia pedunculata
プラティナ・ペドゥンクラタ

☼ ❄ ↔0.6〜1.5m ↕6〜12mm
南オーストラリア原生。絨毯を敷き詰めるように広がる。小さな葉は楕円形あるいは円形で鋸歯はほとんどない。薄青色の小さな花は幅が8mm程度で、葉より長い花茎につく。春から初夏にかけて咲く。侵略種となる可能性がある。'カウンティ パーク'には青色の花が咲く。ゾーン：7〜9

Pratia physaloides
異　名：*Colensoa physaloides*
英　名：KORU

☼ ❄ ↔0.9m ↕0.9〜1.5m
ニュージーランド原生のしなやかな低木。この種だけが属するコレンソア属に分類されることもある。濃緑色の葉には葉脈が目立ち、鋸歯縁。夏にダークブルーの筒状の花が咲き、花後にダークブルーの液果が実る。ゾーン：8〜11

Pratia pedunculata 'County Park'

Primula alpicola

PRIMULA
(サクラソウ属)

英　名：COWSLIP, POLYANTHUS, PRIMROSE

同じ名前のサクラソウ科に属し、主に北半球に広く分布する多年草。名前の由来は「春」を意味するイタリア語 *primavera*（プリマベーラ）から来ており、プリムローズに代表されるように、春咲きの森の植物であることが理由である。プリムラ属の大半は、くっきりと葉脈が出る葉が、基部でロゼットを形成し、そこから花茎が伸びる。一重咲きの種もあるが、たいていは大きな茎頂花序を1つ作るか、複数の形のよい輪生花をつける。*P. veris*をはじめ、さまざまな種が医薬品として利用されており、収れん剤や効き目の穏やかな鎮痛剤になることが知られている。

〈栽培〉
ほとんどの種が森林地帯の庭の木漏れ日と、湿った水はけのよい腐植質に富んだ土壌を好む。いわゆる湿地性プリムローズはじめじめした環境を好み、小川沿いに野生化することも多い。繁殖は種子を蒔くか、休眠中に茂った株を分ける。

Primula alpicola

☼/☼ ❄ ↔25〜40cm ↕40〜90cm
ヒマラヤ原生。まさに湿地性のプリムローズで、湿った泥炭土壌を好む。葉は鋸歯縁のある楕円形。花は、白色、黄色、藤色、紫色で、花幅は25mm、白粉に覆われる茎頂につく。晩春〜初夏に咲く。*P. a.* var. *luna*には淡黄色の花が咲く。ゾーン：6〜9

Primula amoena
異　名：*Primula elatior* subsp. *meyeri*

☼/☼ ❄ ↔30cm ↕20cm
コーカサス原生。楕円形〜ヘラ形の葉は、赤みを帯びることが多く、葉裏には綿毛がある。ラベンダー色〜紫色の、径13〜25cmの花が、10まで集まり花序を作り早春に咲く。ゾーン：5〜9

Pouteria cainito

Pouteria sapota

Primula auricula 'Alicia'

Primula auricula、'ベアトリーチェ'

Primula auricula、'ブラッドフォード シティ'

Primula auricula 'Butterwick'

Primula auricula、'コーヒー'

Primula auricula 'Dales Red'

Primula auricula、'ハフナー'

Primula auricula、'ジェーン'

P. auricula 'Jeannie Telford'

Primula auricula 'Lavender Lady'

Primula auricula 'Rowena'

Primula auricula、'ジー ミスト'

Primula auricula 'Sirius'

P. auricula 'Spring Meadows'

Primula auricula 'Trouble'

Primula auricula 'Hawkwood'

Primula auricula 'Lucy Locket'

Primula auricula、'グェン ベイカー'

Primula auricula、'ペガサス'

Primula auricula
プリムラ・アウリクラ

一般名：プリムラ オーリキュラ、アツバサクラソウ
◐/◯ ❄ ↔15～40cm ↕10～20cm
南ヨーロッパの山岳地帯原生の春咲き花。葉や茎は白粉に覆われているように見え、叢生する。明るい緑色の葉は肉質で厚く、丸形～幅広い槍形で、通常は鋸歯がある。15cmの高さの花茎上につく平たい花序には、2、3～多数の、径15～25mmの花が集まる。花は、野生種では、黄色かパープルレッドがほとんどで、中央が黄色、ときに白い縞模様が入る。非常に多くの栽培品種がある。'アリシア'は濃いパープルレッドで幅広く薄めの色の縁取りがある。'ベアトリーチェ'は花弁が紫色で藤色の縁取り、中央はクリーム色。'バタウィック'は花弁が赤茶色で中央は山吹色。'C. W. ニーダム'は花弁が濃い青紫色で中心が黄緑色。'デイルズ レッド'、赤い花弁は白粉に厚く覆われ、白い縞、中心は黄色。'ホークウッド'は花弁が赤色で中心円と縁が白色。中央は黄色。'ジーニー テルフォード'、花弁がパープルレッドで、縁が藤色。中央はクリーム色。'ラベンダー レディ'、薄紫色で中心が白色。'ルーシー ロケット'、花弁が黄褐色で中心がクリーム色。'ロウェナ'、花弁がえび茶色で縁がラベンダー色。中心は黄色で白い霜。'シリウス'、紫がかった赤色の斑紋が入るコーヒー色の花弁で中央が黄色。'スプリング メドウ'、花弁がクリーム色で中心が黄色。縁は薄緑色。'トラブル'、ピンクがかったベージュの八重の花。
ゾーン：3～9

Primula auriculata
◐/◯ ❄ ↔20～60cm ↕20～60cm
トルコおよびコーカサス地方南部の山岳地帯原生。槍形の鋸歯葉がロゼットを成し、春、越冬した葉芽から素早く伸びる。直立した花茎にバチ状の花頭がつき、20個もの花が咲く。花弁はパープルピンクで中央は青緑色。
ゾーン：5～9

Primula baileyana
◐/◯ ❄ ↔30cm ↕15cm
ヒマラヤ自生の上品な春咲き種。小さな丸形の鋸歯縁の葉は、葉裏と葉茎に白粉がある。花序には3～5個の、中心が白色で薄紫色の花が咲く。花幅は約25mm。
ゾーン：7～9

Primula beesiana
◐/◯ ❄ ↔50cm ↕80cm
中国西部のヒマラヤ山脈地域に自生する。果序が成熟すると鋸歯のある細い葉が伸びてくる。夏には枝つき燭台に似た形の花序に最大8個の花が輪生する。花弁は濃いピンクで中心は黄色。
ゾーン：5～9

Primula auriculata

Primula auricula、'ビバーチェ'

Primula denticulata

Primula boveana

Primula bulleyana

Primula capitata

Primula florindae, Keillour Group

Primula boveana
☽/☀ ❄ ↔20cm ↕20cm
エジプトの山岳地方原生。薄緑色のへら形の葉には粗い鋸歯縁があり、葉裏と花茎は白粉に覆われる。花は明るい黄色で萼が際だっている。小ぶりな花序の真下に苞葉がある。春に咲く。
ゾーン：6～9

Primula bulleyana
☽/☀ ❄ ↔30～70cm ↕60cm
中国南西部原生。葉には鋸歯があり、基部に向かってしだいに細くなる。花茎には春から初夏にかけて最大7個まで山吹色～オレンジ色の花が輪生する。
ゾーン：6～9

Primula Candelabra Hybrids
一般名：サクラソウ カンデラブラ交雑種
☽/☀ ❄ ↔30～50cm ↕60～90cm
*P. bulleyana*と*P. beesiana*間の多くの交雑種は、しばしば*P. Å-bulleesiana*として分類される。葉は親種に近似する。背の高い直立した花茎に数個の花が輪生するが、不捻花が多い。栽培品種にはさまざまな色があり、例えば、'**インウェレウェ**'★明るい赤オレンジ色で不捻花。また混色の花を咲かせる実生の系統もある。たとえば、**Sunset Shades**（サンセット シェード）など。
ゾーン：6～9

Primula capitata
☽/☀ ❄ ↔30～45cm ↕25～38cm
ヒマラヤ地方に自生する。葉茎や葉裏に白粉を吹く。葉には粗い鋸歯がある。花茎は丈夫で直立しているが、花序はいくぶん平らで、スミレ色～紫色の小花多数からなる。晩春～初夏に咲く。
ゾーン：5～9

Primula × chunglenta
☽/☀ ❄ ↔30～50cm ↕60cm
1929年に育成された*P. chunglenta*と*P. pulverulenta*との栽培交雑種。葉はへら形。晩春になると、枝つき燭台形の花茎にピンクがかった赤の花を輪生する。
ゾーン：6～9

Primula denticulata
一般名：プリムラ デンティクラタ、タマサキサクラソウ
英 名：DRUMSTICK PRIMULA
☽/☀ ❄ ↔25～45cm ↕20～30cm
アフガニスタンからミャンマーにかけての山岳地帯に自生する。円錐形の花芽のまま越冬し、春には若葉と同時、あるいは葉が伸びた後に、藤色～パープレレッド色の花からなる丸い花序をつける。白い花はめったに見られない。花茎と鋸歯葉の裏に白い綿毛が生える。
ゾーン：5～9

Primula elatior
一般名：セイタカセイヨウサクラソウ
英 名：OXLIP
☽/☀ ❄ ↔15～40cm ↕15～30cm
ユーラシア大陸に分布する多年草で叢生する。背の高い茎に円形および楕円形の鋸歯のある葉がつき、葉裏にはしばしば綿毛がある。比較的強靭な花茎には淡黄色の花が花序をつくる。春から初夏にかけて咲く。
ゾーン：5～9

Primula farinosa
一般名：セイヨウユキワリコザクラ
☽/☀ ❄ ↔30cm ↕20cm
スコットランド～太平洋沿岸北西部に分布する。明るい緑色の葉はへら形で波状縁をもつ。短い花茎に通常は数個、ときに多くの花からなる花序がつく。春には刻み目のある花弁からなる鮮やかなピンクの星形の花を咲かせる。
ゾーン：4～9

Primula flaccida
☽/☀ ❄ ↔40cm ↕40cm
中国原生の夏咲き花。葉には鋸歯縁があり、裏は白粉を吹く。花茎や円錐花序にもまた白粉がある。花幅25mm、スミレ色～紫色のじょうご形の花は下向きに咲く。
ゾーン：6～9

Primula florindae
☽/☀ ❄ ↔20～40cm ↕90cm
チベット原生。長い葉茎に、幅広、先鋭鋸歯縁の、楕円形の葉がつく。丈のある丈夫な花茎に40個もの芳香性の黄色の花がまばらな花序を作り、晩春～初夏に花を咲かせる。数種類の交雑種とおぼしきグループがある。例えば**Kaillour Group**（カイルー グループ）はさまざまな色調のオレンジ色、赤色、黄色の花をつける。
ゾーン：6～9

Primula forrestii
☽/☀ ❄ ↔30～45cm ↕40～60cm
中国原生。木質で、ときに枝状になる根茎をもつ。長命なロゼットを作る、粗い鋸歯縁があり、長い葉柄についた楕円形の葉は、表表には赤い毛があり、葉裏は粉を葺いたように白い。花茎には25個までの山吹色の花がつき、その下には苞葉がある。
ゾーン：6～9

Primula frondosa
☽/☀ ❄ ↔15～25c ↕15cm
バルカン諸国に自生する小型種。茎と葉は厚く白粉に覆われている。葉はへら形で粗い鋸歯縁がある。長さは10cm。花茎の長さは12cm。春には花幅12mmのピンクがかった藤色の花が咲く。
ゾーン：5～9

Primula forrestii

Primula kisoana

Primula kisoana 'Alba'

Primula marginata 'Linda Pope'

Primula palinuri

Primula halleri
☼/☀ ❄ ↔10〜15cm ↑20cm
ヨーロッパ南部の山岳地帯に自生する。明るい緑色の葉が数個のロゼットを形成する。たまに黄色の粉がふいているような葉もある。春にはしなやかな花茎に数個の長い管状花が咲く。深紅色。ゾーン：5〜9

Primula japonica
一般名：クリンソウ
☼/☀ ❄ ↔30〜60cm ↑45cm
日本原生種で、叢生。幅広で粗い鋸歯があるへら形の葉を持つ。長さは25cmになる。晩春から初夏にかけて、高く伸びた花茎の上部に最高6段までの散形花序がつく。色の種類は白、ピンク、深紅、赤があり、花幅は18mm。'ポストフォード ホワイト'は白い花で中心にピンクの目がある。'バレー レッド'は明るいピンクがかった赤色の花を咲かせる。ゾーン：5〜9

Primula juliae
一般名：ミヤマサクラソウ
☼/☀ ❄ ↔15〜25cm ↑5cm
コーカサス地方原生。ときおり花が葉より先に出現する。鋸歯縁のある丸みを帯びた葉がかすかに赤みを帯びた葉茎につく。群葉から顔を出すように咲く花は単頂花序。藤色あるいは赤紫色で中心にひときわ目立つ黄色の目をもつ。春に咲く。ゾーン：5〜9

Primula × kewensis
一般名：プリムラ×ケウェンシス
☼/☀ ❄ ↔30〜45cm ↑30cm
おそらく *P. floribunda* と *P. verticillata* の交雑種であると思われる。薄く粉のふいた、鋸歯縁のあるへら形の葉を持つ。春には芳香性のある黄色の花からなるま

ばらな散形花序が花茎につく。花幅は18mm。ゾーン：9〜10

Primula kisoana
一般名：カッコソウ
☼/☀ ❄ ↔20〜45cm ↑20cm
日本原生。綿毛の生えた、裂片と鋸歯縁のある、丸みを帯びた葉は、長さが15cmになる。もっと小さいものもある。花茎には最高6個のピンク〜藤色の花がつく。花幅は25mmで春に咲く。'アルバ'は白い花を咲かせる。ゾーン：6〜10

Primula latifolia
☼/☀ ❄ ↔38cm ↑20cm
ヨーロッパアルプスに自生する。へら形の濃い緑色の葉は多肉質で、細かい毛が生え、主に先端部分に鋸歯がある。花茎には最高20個の芳香性のある紫色の花が花序をなし、晩春〜初夏に花を咲かす。ゾーン：5〜9

Primula malacoides
一般名：オトメザクラ
☼/☀ ❄ ↔40cm ↑30cm
中国原生の冬咲き花。大半が短命なため、一年生に分類される。綿毛の生えた、丸みを帯びた葉は長い葉柄につき、裂片と粗い鋸歯縁がある。花茎は多く、最大20個のラベンダー色の花が花序をなす。栽培品種には、ピンク、ラベンダー、紫、白などさまざまな色がある。ゾーン：8〜10

Primula marginata
ブリムラ・マルギナタ
☼/☀ ❄ ↔10〜25cm ↑12cm
フランスとイタリアの国境地域にあるコティエンヌ山脈に自生する。粗い鋸歯のある丈夫なへら形の葉は、縁に粉がふいている。春には短い花茎の先に最大20個のじょうご型の花が花序をなす。色はラベンダー〜青紫色。'リンダ ポープ'（おそらく *P. allionii* との交雑種）は葉が白粉に厚く覆われ、中心が白い藤色の花が咲く。ゾーン：7〜9

Primula obconica
一般名：プリムラ オブコニカ、トキワザクラ
英名：GERMAN PRIMROSE、POISON PRIMROSE
☼/☀ ❄ ↔20〜40cm ↑20cm
中国南部原生の多年草。幅広い楕円形の葉には細かい綿毛が生えており、しば

しば接触性皮膚炎を引きおこす。冬に最大15個のラベンダーあるいは紫色の花からなるまばらな花序をつける。花弁には刻み目がある。多色系の品種には'リブレ ミックス'も含まれ、杏色、ピンク、藤色、紫色、白色が混ざった大きな花を咲かす。ゾーン：9〜10

Primula palinuri
☼/☀ ❄ ↔15〜30cm ↑15〜20cm
イタリア原生。驚異的な耐寒性をもつ。細かい毛が生え、不定形の鋸歯をもつ全長5〜20cmのへら形の葉。春には白粉に覆われた花序に最高25個の黄色の花が咲く。花幅は25mm。ゾーン：5〜9

Primula latifolia

Primula japonica 'Valley Red'　　*Primula japonica* cultivar

Primula juliae

Primula japonica

Primula polyneura

☼/☀ ❄ ↔15〜45cm ↕20〜25cm

中国西部原生。匍匐枝によって広がる。丸みを帯びた大きな明るい緑色の葉には裂片があり、深い鋸歯もある。晩春から初夏にかけて、1本の花茎ごとにピンクあるいは赤紫色の花が数個〜大量につく。花弁には刻み目がある。
ゾーン：5〜9

Primula prolifera

☼/☀ ❄ ↔40〜50cm ↕70〜90cm

亜熱帯アジアのアッサム州〜南東部の山岳地帯に自生する。葉の長さは30cm以上になり、鋸歯縁がある。高く伸びた花茎の先に、芳香のある明るい黄色の花が最高6個までつく散形花序ができる。
ゾーン：7〜10

Primula, Pruhonicensis Hybrid, 'Ken Dearman'

Primula Pruhonicensis Hybrids

プリムラ・プルホニケンシス ハイブリッド

一般名：プリムラ ポリアンサ、プリムラ ジュリアン
英　名：POLYANTHUS

園芸種と野生種の交雑種からなる多様な品種群。*P. elatior*と*P. juliae*と*P. veris*と*P. vulgaris*の掛け合わせも含まれる。'**ワンダ**'（花色は赤紫色）のような長命でロックガーデン向きの小型種から、大きく豪華な交雑種のポリアンサス（通常は複色の実生苗の品種。**Crescendo**（クレッシェンド）、**Kaleidoscope**（カーレイドスコープ）、**Pacific Giants**（パシフィック ジャイアンツ）、**Rainbow**（レインボー）の各シリーズなど）まである。これらはしばしば一年草に分類される。また、一重咲きの交雑種や、バラの蕾のような八重のローズバッドタイプ（「八重咲きプリムローズ」）、二つの花が重なるようにくっついているように見える半八重のホースインホースタイプや、明るい色の縁取りがある茶色がかった黒色の花に「金色」あるいは「銀色の」縞がはいった品種もこの名前で呼ばれる。人気のある一重咲きの品種には、淡い黄色の花をもつ'**ドロシー**'、ブロンズグリーンの葉と赤い花柄や萼片のついた白い花をもつ'**グイネヴィア**'（syn.'ガリアード　グイネヴィア'）、ピンクがかったラベンダーブルーの'**アイリス　メインウェアリング**'、濃い赤紫色の'**オールド　ポート**'、濃緑色の葉と真っ白な花をもつ'**シェニーキッセン**'、極めて黒っぽい葉と濃いベルベットレッドの花をもつ'**ベルベット　ムーン**'がある。八重咲きのプリムローズには、濃い赤色の'**エイプリル　ローズ**'、'**ボナコール　パープル**'のように主に花色によって名付けられた品種群の**Bon Accord Series**（ボナコール シリーズ）、黄色がかったアプリコットピンクの花と濃いピンク色の蕾をもつ'**ケンディアマン**'、ラベンダーピンクの花をもつ'**クェーカーズ　ボンネット**'、鮮やかな黄色〜金色の花をもつ'**サンシャイン　スージー**'がある。ゾーン：7〜9

Primula × pubescens

プリムラ×ブベスケンス

☼/☀ ❄ ↔25cm ↕15cm

*P. auricula*と*P. hirsuta*の交雑種。葉はしばしば白粉に覆われ、鋸歯があるが通常は極めて丸い形をしている。葉の長さは10cm。花は幅が25mm以上あり、短い花柄に小さな花序をなす。濃い青色を除き、多様な色調の花がある。'**ブースマンズ　バラエティ**'（異名、'カルメン'）は中心が白い、濃い深紅色の花をもつ。'**ハーロー　カー**'は大きな乳白色の花をもつ。'**ウォーフデイル　バターカップ**'はやや緑がかった黄色の花をもつ。
ゾーン：5〜9

Primula pulverulenta

プリムラ・プルウェルレンタ

☼/☀ ❄ ↔50cm ↕90cm

中国原生。葉には粗い鋸歯があり、長さは30cmに達する。高く伸びる花茎は

Primula polyneura

Primula pulverulenta

Primula prolifera

P., Pruhonicensis Hybrid, 'Iris Mainwaring'

P., Pruhonicensis Hybrid, 'Dorothy'

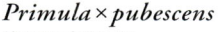

Primula, Pruhonicensis Hybrid, 'Old Port'

Primula, PH, 'April Rose'

P., Pruhonicensis Hybrid, 'Wanda'

Primula, PH, 'Schneekissen'

Primula, PH, 'Sunshine Susie'

Primula, PH, 'Velvet Moon'

Primula rosea

Primula rosea 'Grandiflora'

Primula verticillata

枝つき燭台の形に似ており、中心が濃い赤色の赤紫色の花が数段にわたって散形花序をなす。花は幅が最大25mmとなり晩春〜夏に咲く。**Bartley Strain**（バートリー ストレイン）は全体がピンクで中心が濃いタイプがふつうだが、変異種も手に入る。ゾーン：6〜9

Primula rosea
一般名：ヒマラヤサクラソウ

☽/☀ ❄ ↔15〜38cm ↕10〜15cm

ヒマラヤ山脈北西部原生。葉が出る前、あるいは葉が完全に開く前に、燃えるような濃いピンクの花が咲く。鋸歯縁をもつ葉は生長が遅く、しばしば未熟なうちにブロンズ色に変色する。最高12個の花からなる花序は春咲き。花弁の先端に切れ込みがある。'**グランディフロラ**'は15cm以上もある花茎の先に大きな花をつける。ゾーン：6〜9

Primula scotica

☽/☀ ❄ ↔10〜15cm ↕3〜10cm

スコットランド北部に自生する。葉はへら形で、長さ5cmにもなる。鋸歯縁のものも、全縁のものある。葉裏の白粉は厚いが、他の部分の白粉は薄い。花序は中心が黄色で花弁がパープルピンクの小さな花から成り、花期は長い。ゾーン：4〜8

Primula sieboldii
一般名：サクラソウ

☽/☀ ❄ ↔30〜60cm ↕30cm

日本とその近辺のアジア大陸の温帯地方に原生する。葉は極めて粗い鋸歯縁で、付け根に切れこみのある心臓形。花色には白、ピンク、紫があり、葉の高さのすぐ上に小さな頭状花が顔をのぞかせる。晩春〜夏に咲く。'**ブラッシュ ピンク**'★はわずかにアプリコット色がかった鮮やかなピンクの花。'**クロス オブ ミスト**'は淡いラベンダー色の花。'**ミカド**'は濃いパープルピンクの花。ゾーン：5〜9

Primula sieboldii 'Cloth of Mist'

Primula sieboldii 栽培品種

Primula sieboldii 'Blush Pink'

Primula sieboldii 'Mikado'

Primula sikkimensis

☀/☽ ❄ ↔25〜60cm ↕30〜90cm

ネパールおよび中国領内のヒマラヤ山脈西部に自生する。濃い緑色の葉には鋸歯縁もしくは歯牙縁がある。部分的に花の向きが懸垂形になっている。白〜黄色のじょうご形の花は直立した頑丈な茎の先に花序をなす。晩春〜初夏に咲く。ゾーン：6〜9

Primula sinensis
一般名：チュウカザクラ
英　名：POISON PRIMROSE

☀/☽ ❄ ↔25〜40cm ↕15cm

中国原生。綿毛の生えた円形の葉は長い葉茎から出現するが、顕著な切れこみと鋸歯をもつ。接触性皮膚炎を引き起こす場合がある。短い花茎に花序は通常一つしかつかないが、ときに輪生する。花は常にピンク色で中心が黄色。冬〜春に咲く。ゾーン：8〜10

Primula veris subsp. *macrocalyx*

Primula veris subsp. *columnae*

Primula veris

Primula veris
一般名：キバナノクリンザクラ
英　名：COWSLIP

☽/☀ ❄ ↔40cm ↕30cm

ユーラシア大陸原生。葉は全縁〜粗い鋸歯縁で、長さは30cm。葉裏に綿毛が生えているものもある。花茎には綿毛があり、先端には最高16個の芳香性のある黄色の花が花序をなす。晩春〜初夏に咲く。*P. v.* subsp. *columnae*の葉は先端が尖った楕円形で葉裏には白い綿毛がある。*P. v.* subsp. *macrocalyx*は毛の生えた大きな萼片、大き目の花、丸い葉。ゾーン：5〜9

Primula verticillata
英　名：ABYSSINIAN PRIMROSE

☀/☽ ❄ ↔50cm ↕60cm

アフリカ北東部とアラビア半島の山岳地

Prinsepia uniflora

Prinsepia sinensis

帯に自生。鋸歯縁のある槍形の葉裏は帯粉する。春に、芳香性のある長い筒状の鮮やかな黄色の花が、葉を伴い、茎先に咲く。ゾーン：9〜10

Primula vialii
☼/☀ ❄ ↔15〜40cm ↕20〜40cm

中国西部原生。綿毛の生えた、細い葉には鋸歯縁があり、長さは10〜30cm。丈夫な花茎の先端に、パープルピンクの小さな花からなる円柱状の花序が咲く。てっぺんは赤い蕾が折り重なるように並び、円錐形の帽子を被っているように見える。夏咲き。ゾーン：7〜10

Primula vulgaris
一般名：イングリッシュプリムローズ
英 名：ENGLISH PRIMROSE, PRIMROSE
☼/☀ ❄ ↔15〜40cm ↕10〜15cm

ヨーロッパ産の品種。鋸歯縁で、鋸歯が粗いものもある。葉裏はしばしば綿毛に淡く覆われる。細い花茎の先に、芳香性のある淡い黄色の花が地面近くで咲く。春咲き。花幅は30mm。さまざまに交配がなされている。*P. v.* subsp. *sibthorpii* にとても小ぶりで、明るい藤色に近いピンクの花。*P. v.* 'エイプリル ローズ' は渓紅の花。'ブラウエ アウスレーゼ' (syn. 'ブルー セレクション' はラベンダーブルーの花。ゾーン：6〜9

PRINSEPIA
(プリンセピア属)

バラ科プリンセピア属は中国北部、台湾、ヒマラヤ山脈に自生し、刺のある落葉性低木、約4種からなる。観賞用に適する光沢のある葉、アーチ状の魅力的な枝、芳香性のある黄色〜白色の可愛らしい花が特徴。密生する鮮やかな緑色の葉には全縁か、まばらな鋸歯縁で、茎に沿って互生する。チェリーに似た下垂する食用果実は最初は黄色で、熟すと濃い赤色〜紫色になる。

〈栽培〉
霜耐性あり。生育には水はけの良い、適度に肥えた湿り気のある土壌が最適で、日当たりのよい場所〜半日陰を好む。生育が旺盛なので、刺のある枝が邪魔にならないように必ずスペースを取って植える。繁殖は種子もしくは挿し木で。

Prinsepia sinensis ★
英 名：CHERRY PRINSEPIA
☼ ❄ ↔1.8m ↕1.8m

中国北部原生。旺盛に広がる、やや散開する低木。槍形の葉は鮮やかな緑色で、長さは8cm。芳香性のある鮮やかな黄色の花には5枚の花弁があり、春になると花茎全体に沿って咲く。チェリーに似た赤い食用果実がなる。
ゾーン：5〜9

Prinsepia uniflora
☼ ❄ ↔1.8m ↕1.2m

中国北西部原生。枝ぶりがアーチ状になる低木。鋭い刺をもつ。濃い緑色の細い楕円形の葉は長さが6cmになる。初夏〜夏に、芳香性のある白い花が茎に沿って咲く。チェリーに似た赤い〜紫がかった黒色の果実が実る。
ゾーン：5〜9

Prinsepia utilis
☼ ❄ ↔2.4m ↕3m

中国西部原生の非常に刺の大きな低木。その長さは5cmにもなる。槍形の葉は長さがほぼ4cm。秋に乳白色の芳香性のある花が咲く。翌年、紫色の楕円形の果実が熟す。ゾーン：5〜9

PRITCHARDIA
(フトエクマデヤシ属)

太平洋信託統治諸島に自生する約25種の熱帯掌状葉ヤシからなる。大型で平たい立派な葉状体は中央脈のほぼほぼ半分あたりまで裂けており、きれいに整ったプリーツのように見える。21mの高さまで伸びることもある。滑らかで細い円柱状の幹には溝が輪状にいくつも入る。通常は夏に、乳白色〜オレンジ色の鐘型の小さな花を、樹冠の基部に穂状花序もしくは複総状花序で咲かせる。花後に濃い茶色〜黒色の小さな実がなる。

〈栽培〉
霜に弱い。生育には温暖で湿潤な気候が必要で、腐食質を加えた水はけの良い土壌と日当たりの良い場所を好む。若木の間は日中の太陽から保護するために何らかの対策が必要。繁殖は種子で行なう。

Pritchardia gaudichaudii
☼ ✦ ↔1.8〜3m ↕6〜9m

ハワイ諸島原生。海辺の環境に適応し、群生して自生する。大きく硬い襞の付いた葉状体は明るい緑色で、幅が0.9mになる。若木の間は白い軟毛を帯びている。光沢のある球状の実がなる。
ゾーン：11〜12

Pritchardia hillebrandii
英 名：LELO PALM, LOULOU
☼ ✦ ↔3.5〜6m ↕4.5〜8m

単生で刺のないハワイ諸島原生の掌状葉ヤシ。青みがかった緑色の扇型のフロンドは蝋質の外層に覆われた多くの硬い小葉から成り、裏に軟毛が密生する青みがかった緑色の葉茎に支えられている。青みがかった黒色の艶やかな球体の果実が実る。
ゾーン：10〜12

Primula vulgaris 'Quaker's Bonnet'

Primula vulgaris

Primula vialii

Prosopis glandulosa var. *torreyana*

Pritchardia pacifica ★
一般名：フィジーフトデクマデヤシ
英　名：FIJI FAN PALM
☀ ⇄ ↔4.5m ↕9m
トンガ原生と推定される掌状葉ヤシ。非常に幅広で、青々とした、葉柄の長い、ひだのよったフロンドをつける扇葉ヤシ。葉群の上は密生し、雨を外側に流す。
ゾーン：11〜12

Pritchardia thurstonii
☀ ⇄ ↔3.5m ↕8m
フィジー諸島の一つの島で大きな集団をなして自生する。ひだのある掌状葉を持つ、幹の細いヤシ。長さ2.4mの花序は葉の下まで長く下垂し、先端に黄色の花が咲く。濃い赤色の球状の実がなる。
ゾーン：11〜12

PROSOPIS
（プロソピス属）
マメ科プロソピス属は熱帯アフリカや熱帯アジアと南北アメリカの比較的温暖な乾燥地帯に自生する低木および高木およそ40種からなる属で、アカシアと非常に近接で、マメ科ミモザ亜科に属す。刺のある枝とオリーブグリーンの小さな小葉が多数対になる2回羽状複葉をもつ。芳香性があり、花蜜が豊富な、緑がかった白色〜鈍い黄色の花が葉腋につき、穂状にも似た尾状花序をなす。淡い黄色の細長い、豆に似た莢は貴重な食料源になる。莢と若いシュートも、降雨量が極めて少ない暑い気候では家畜類の餌として貴重である。芳香のある木材は、かすかに甘い燻煙を出すので、バーベキューや食べ物の薫製に使用される。

〈栽培〉
生長が早く丈夫な植物なので、温暖な乾燥気候であれば、栽培は容易である。深層の水はけの良い土壌と日なたを好む。ほとんどの種は軽い霜にしか耐性がないが、日照りには極めて強い。乾燥地域では日陰を提供してくれる。繁殖は種子からか、半熟枝の挿し木で行なう。

Prosopis glandulosa
英　名：HONEY MESQUITE
☀ ❄ ↔8m ↕9m
アメリカ合衆国南部およびメキシコ北部に自生する、大型の落葉低木〜小高木。刺のある茎と2回羽状複葉をもつ。春〜夏に、綿毛を帯びた、花蜜が豊富な黄色の花が総状花序をなす。莢は淡い黄色で細長い。栽培禁止植物に指定している国もある。*P. g.* var. *torreyana* (syn. *P. julifera* var. *torreyana*) は低めで、葉も短い。
ゾーン：8〜1

Prosopis pubescens
異　名：*Strombocarpa odorata*, *S. pubescens*
英　名：CREOSOTE BUSH SCRUB, SCREW-BEAN, SCREWBEAN MESQUITE, TORNILLO
☀ ❄ ↔5m ↕5〜9m
アメリカ合衆国南西部およびメキシコ北西部に自生する落葉低木〜高木。幹が捻れていることが多い。枝は細い刺に覆われている。樹冠は羽毛状の明るい緑色の葉が密生する。葉には長さ12mmの楕円形〜卵円形の羽状小葉が5〜9対つく。花穂に似た総状花序は長さが8cmあり、薄毛を帯びたクリーム色〜黄色の小さな花からなる。花弁は癒合している。花序は夏〜秋。きつくコイル状に巻かれた、独特の形の黄色の果実は繊毛を帯び、内部には楕円形〜卵形の種子がある。食糧や珈琲の代用品として使用される。
ゾーン：6〜9

Prosopis velutina
異　名：*P. glandulosa* subsp. *velutina*
英　名：VELVET MESQUITE
☀ ❄ ↔4.5〜12m ↕4.5〜12m
アメリカ合衆国南西部およびメキシコ北西部に自生する大型の低木〜中型の高木。樹皮は滑らかで濃い茶色。枝は刺に覆われ、ビロードのような光沢がある。細く、艶のある緑色の複葉には2〜3枚の小葉があり、またそれぞれに、表面が細かい毛を帯びたさらに小さな小葉が15〜20対つく。淡い黄色〜イエローグリーンの小さな花からなる房は、晩春〜初夏に出現する。秋に再び出現することもある。茶色の細い花序は、真夏〜晩夏にかけて熟す。
ゾーン：8〜11

PROSTANTHERA
（プロスタンテラ属）
シソ科、オーストラリア原生の常緑低木およそ100種からなる。シソ科にはミント、セージ、バジル、ローズマリーのような地中海料理に使うよく知られたハーブもある。大半が対生葉序の大変香しい葉をもつ。葉柄は角張る。春〜夏に大量に花が咲く。通常、花の色は青色、藤色、紫色で、たまに白色や赤色もある。黄色はほとんど見られない。花は筒状だが不整形。通常は2枚の唇弁と3枚の裂片から成り、花茎の上部を取り囲むように群生することが多い。庭で栽培する場合は短命だが、かなりの小型種でも極めて早く生長するし、花つきも良い。

〈栽培〉
温暖な気候、水はけが極めて良い土壌、風よけのある場所なら十分繁茂する。多くの種が半日陰を好むため、葉がまばらな木の下に植えるとよい。早い段階と花後すぐに先端を剪定し、株立ちしコンパクトに育ち、気に入る姿形を保つようにする。繁殖は夏に切り取った半熟枝の先端を挿しなおす。

Prostanthera aspalathoides
英　名：SCARLET MINT BUSH
☀ ❄ ↔60cm ↕90cm
オーストラリア南東部の比較的乾燥した地域に自生する小型で腺質な低木。強い芳香がある。葉は小さく、線形〜円筒形。花は単生、花色は濃いピンク、真紅、あるいは黄色。春咲き。
ゾーン：9〜11

Prostanthera calycina
英　名：RED MINT BUSH
☀／◐ ❄ ↔30cm ↕60cm
オーストラリア南部に自生する小さな低木。香りの良い、明るい緑色の葉をもつ。形は卵形〜ほぼ円形。大きなオレンジ色〜赤色の花が葉腋につく。春咲き。
ゾーン：9〜10

Prostanthera aspalathoides

Pritchardia thurstonii

Pritchardia hillebrandii

Prostanthera cuneata
英 名：ALPINE MINT BUSH
☼/☽ ❄ ↔1.5m ↕0.9m
オーストラリア南東部原生。密生した、非常に芳香を放つ低木。茎に沿ってつく厚い卵形の葉には、脂腺が点々とある。花喉に紫色の斑点がある白色か薄い藤色の大きな花が、夏、木全体を覆う。
ゾーン：8〜9

Prostanthera howelliae
☼ ❄ ↔1.5m ↕0.9m
オーストラリア東部に自生する、低い、横に広がる低木。香気のある、腺質で、濃緑色の葉は、細長い卵形で、長さ

Prostanthera cuneata

Prostanthera lasianthos

12mmほど。春、葉腋につく藤色、または紫色の溢れんばかりにつく小花には、花喉に黒っぽい点が散る。
ゾーン：9〜11

Prostanthera incana
☼ ❄ ↔1.8m ↕1.8m
直立型で、ほどほどに密生する、有毛の低木で、オーストラリア南東部の沿岸近辺に自生する。ビロード状の卵形の葉は、浅い鋸歯縁で、潰すとわずかに香気が上る。春〜夏、紫色〜ライラック色の花が短い総状花序につく。ゾーン：9〜11

Prostanthera incisa
英 名：CUT-LEAFED MINT BUSH
☼ ❄ ↔2m ↕2.4m
オーストラリア東部の沿岸地方に自生。強い香りを持つ、直立型で枝がまばらな低木。卵形で、鋸歯縁の葉。春、葉腋から短い房が出て藤色の花がたくさん咲く。
ゾーン：9〜11

Prostanthera ovalifolia

Prostanthera lasianthos ★
英 名：VICTORIAN CHRISTMAS BUSH
☼ ❄ ↔3.5m ↕4.5m
オーストラリア南東部の高低木か、小高木。鋸歯縁で、槍形の葉は長さ12cm。目立つ白〜薄い藤色の花が分岐した枝先に多数つく。花の花喉には紫とオレンジ色の点が散る。夏咲き。ゾーン：8〜10

Prostanthera magnifica
英 名：MAGNIFICENT MINT BUSH, SPLENDID MINT BUSH
☼ ❄ ↔1.2m ↕1.8m
オーストラリア西部の半乾燥地域に自生。非常に観賞に値する直立型の低木。革質で、楕円形の葉は長さ30mm。目立つ薄い藤色、あるいはピンクの花は葉のついた花穂花序に似た形で群生する。晩冬〜初夏咲き。ゾーン：9〜11

Prostanthera nivea
英 名：SNOWY MINT BUSH
☼/☽ ❄ ↔2m ↕3.5m
直立型で、叢生の低木、オーストラリア東部に自生。枝は軟毛におおわ柄、細長い卵形の葉は、長さ35mm。春、花喉に黄色い点が散る白〜薄い藤色の花が多

Prostanthera ovalifolia 'Variegata'

数咲く。ゾーン：9〜11

Prostanthera ovalifolia
一般名：ホソバミントブッシュ
英 名：PURPLE MINT BUSH
☼ ❄ ↔1.8m ↕1.8m
オーストラリア東部に自生する低木。香りのよい卵形の葉は長さが35mmほど。春、濃い色の点が花喉に散る、紫色か藤色の花がたくさん咲く。'**ワリエガタ**'葉に黄色の縁取りが入る。
ゾーン：9〜11

Prostanthera
一般名：プロスタンテラ'プーリンダ バレリーナ'
☼ ❄ ↔1.5m ↕1.5m
直立型の交雑種で、芳香性の葉は細長

Prostanthera incisa

Prostanthera magnifica

Prostanthera 'Poorinda Ballerina'

く、長さ5cmほど、濃緑色で、革質、オリーブ色を帯びる。藤色の斑点が散る白い花が春～初夏に咲く。ゾーン：9～10

Prostanthera rotundifolia
一般名：ミントブッシュ
☼ ❄ ↔2.4m ↕3m
オーストラリア東部に自生する高い芳香のある低木。卵形～ほぼ円形まで変異のある葉は、全縁で、先が丸い。春、ライラック色～紫色（ときにはピンク色を帯びることもある）の花は葉腋か、分岐した枝先に溢れんばかりにつく。
ゾーン：9～11

Prostanthera walteri
英　名：BLOTCHY MINT BUSH
☼ ❄ ↔1.2m ↕0.9m
オーストラリア南東部の高山地帯と亜高山地帯に自生する広がり型の低木。細く硬い茎。卵形の葉は長さ30mm。青みがかった緑色の花には紫の筋が入り、葉腋につく。夏咲き。
ゾーン：8～9

PROTEA
（プロテア属）
属名は、古代ギリシアの神話の海神で、自由に自分の姿を変えられるプロテウスに因む。ヤマモガシ科、プロテア属には100あまりの常緑高木と低木からなるが、すべて南アフリカの原生種である。円錐に似た頭状花に両性花をつけ、色の

ついた葉状の苞葉が付け根にある。切り花での美しさともちのよさで、フローリストの間で重宝られている。秋～晩春に咲く花が多い。

〈栽培〉
一度根付くと、手間はかからない。かなり特有の要求があり、開けた日当たりのよい場所で、水はけが非常によいこと、砂利が多いか、砂がちか、玄武岩質のロームで、たいていは酸性質を、冬に雨が集中する気候である。リンの多い肥料には耐性がない。あまり不規則に広がらないようにこまめに花を摘み取ること。繁殖は種子から、挿し木から、あるいは接ぎ木から。雑品種はたいてい挿し木で成長する。いったん根付けば軽い霜は平気。夏にマルチングするのが望ましいが、土の表面を耕すのを嫌う。空気の循環をよくしてやれば、菌類による病気も減る。

Protea aristata
英　名：CHRISTMAS PROTEA, PINE SUGAR BUSH
☼ ❄ ↔1.5m ↕1.5m
南アフリカのケープ地方の山の斜面に自生する丸い低木。葉はマツに似ていて、平たく、線形で、黒い尖った先端が反り返る。夏咲きの、杯状で艶のある頭状花は、ピンクレッドで濃い真紅の苞葉を伴う。ゾーン：8～10

Protea aurea
☼ ❄ ↔3m ↕3m
常緑で、広がりがちな低木。幼木のころは、葉は柔らかく銀色だが、年月とともに革質になる。葉は卵形。秋～冬に咲く花はクリーム色、ピンク色、あるいは赤色。花期以外でも、ところどころに花をつける。ゾーン：8～10

Protea caffra
☼ ❄ ↔3m ↕4.5m
南アフリカ原産の常緑低木か、節だらけの高木で、線形～楕円形で、灰緑色の葉をつける。扁平なゴブレット形の頭状花には、ピンク色、クリーム色、または赤色の苞葉がつく。春～初夏咲き。
ゾーン：8～10

Protea compacta
英　名：PRINCE PROTEA, RIVER PROTEA
☼ ❄ ↔2m ↕2.4m
南アフリカ、ケープ地方の南海岸に自生。

直立型で、不規則に広がる低木で川質で青緑色の葉には縁にオレンジ色が入る。長い、尖った蕾。花はローズピンク色、赤い苞葉を白い絹毛が縁取る。秋～冬に咲く。切り花として人気がある。
ゾーン：8～10

Protea convexa
☼ ❄ ↔0.5～2m ↕25cm
珍しい常緑低木。乾燥した状況なら、水平方向に伸びる枝の葉が密に茂り、マット状になる。大きく、青灰色の「キャベツのような」蕾。蝋質の花。放出された樹脂で、枝はほとんど上塗りされたように見える。春、ピンク色で鉢形の頭状花に、緑がかったピンク色の苞葉がつく。
ゾーン：8～10

Protea cynaroides ★
一般名：キングプロテア
英　名：GIANT PROTEA, KING PROTEA
常緑の低木で、剪定によくこたえる。卵形で先が丸い、革質の葉。幅広の鉢形の花には白い絹毛があり、尖ったピンク色の苞葉がつく。花期は盛夏～初夏。世界中の草花栽培者が捜し求める種。
ゾーン：8～10

Protea eximia, in the wild, Little Karoo region, southern Africa

Protea caffra

Protea eximia
異　名：*Protea latifolia*
英　名：DUCHESS PROTEA, RAY-FLOWERED PROTEA
☼ ❄ ↔3m ↕3m
南アフリカケープ地方原生の常緑の直立型低木。葉は灰緑色で、幅広の卵形～心臓形。ピンク色～濃い真紅の大きな花は、中央部が濃い赤。常時咲くが、冬にどっと咲く。ゾーン：8～10

Protea aristata

Protea cynaroides

Protea aurea

Protea magnifica

Protea longifolia

る。定期的に剪定することで、整った形を保てる。ゾーン：8〜10

Protea mundii
☼ ❄ ↔2.4m ↕4.5〜9m
南アフリカ、ケープ地方原生。常緑性の低木か、細い高木。たいていピンクの花が咲き、細長いつぼみが、晩夏〜真冬にかけてつくが、最盛期は秋。葉は魅力的な青緑である。定期的に剪定することで丈夫になる。ゾーン：8〜10

Protea nana
英 名：MOUNTAIN ROSE
☼ ❄ ↔0.9m ↕0.9m
直立、常緑性の低木で、南アフリカ、ケープ地方原生。葉は針状で、花は小さく杯形、深く濃い紫がかった色で、初冬〜晩春にかけて咲く。土壌から伝染する菌病の影響を受けやすい種である。ゾーン：8〜10

Protea neriifolia
プロテア・ネリイフォリア
英 名：BLUE SUGARBUSH, OLEANDER-LEAFED PROTEA, PINK MINK
☼ ❄ ↔2m ↕2m
南アフリカ、ケープ地方の南沿岸原生。直立、常緑性の低木。葉はセイヨウキョウチクトウに似る。長く、けばだった花序の色は、白や、ピンク〜真紅と多岐にわたり、羽毛状の黒い「ひげ」が、苞葉につく。秋〜春咲き。'ホワイト ブラウ'

Protea nana

Protea lacticolor

Protea gaguedi
英 名：SUGARBUSH
☼ ☀ ↔2.4m ↕3m
半落葉性のプロテアで、ある程度、標高が高くてもよく分布する。中央アジアほぼ一帯で自生する。密に群生する葉は、柔らかな芳香があり、銀白の花は、ほのかにピンクを帯びる。ゾーン：9〜10

Protea grandiceps
一般名：ピンクミンク
英 名：PEACH PROTEA, PRINCESS PROTEA, RED SUGARBUSH
☼ ❄ ↔1.5m ↕1.5m
常緑性のプロテアで、南アフリカ、ケー

プ地方原生。暗いパープルブラックの花は、白い縁どりのある苞に囲まれ晩秋から初夏に咲き、最盛期は冬。人気のある切花である。葉に隠れて見えないこともある。ゾーン：8〜10

Protea longifolia
英 名：SIR LOWRY'S PASS PROTEA
☼ ❄ ↔1.5m ↕2m
南アフリカ原生の、常緑性で、長く細い葉を持つ。人目を引く花は、白色でけばだち、中央は尖って黒く、周りを囲む苞葉は、先が尖りクリーム色〜ピンク色。夏を除いて年中咲き、最盛期は冬。ゾーン：8〜10

Protea magnifica
一般名：クイーンプロテア
英 名：BEARDED PROTEA, QUEEN PROTEA
☼ ❄ ↔1.5m ↕1.5m
南アフリカのケープ地方原生。変異のある常緑性低木。花はクリーム色〜ピンクか赤と多岐にわたり、中央部は白か黒の毛で覆われ、苞葉も白い毛で縁どられる。プロテアの中で最も美しいものの1つと思われる。葉は革状で、卵形、灰緑色。大きく明るいピーチピンクの苞葉は、赤みがかった紫の毛で縁どられ、白い雄ずいがある。晩冬〜初夏に開花。ゾーン：8〜10

Protea holosericea
☼ ❄ ↔1.2m ↕2m
常緑性の低木で、南アフリカ、ケープ地方原生。大きく、顕著なクリーム色の花に、黒で縁どられた苞葉を持つ。定期的に剪定することで、よい形が保てる。切花に最適。ゾーン：8〜10

Protea lacticolopr
☼ ❄ ↔2m ↕2〜4.5m
常緑性の低木か、細長い高木で、南アフリカ、ケープ地方原生。青緑の葉は、硬く厚い。細長く生えるつぼみが開いて咲く花は、クリーム色で、黄みをおびたピンクの苞を持ち、開花は秋〜初冬にかけて。ゾーン：8〜10

Protea lepidocarpodendron
英 名：BLACK PROTEA
☼ ❄ ↔1.5m ↕3m
直立の常緑性低木で、南アフリカ、ケー

*Protea gaguedi*野生種、Iosiolo展望台、マララル・マウンテン、ケニア

Protea neriifolia

Protea neriifolia 'White Brow'

は、明るい真紅の花をつける。
ゾーン：8〜10

Protea nitida
☼ ❄ ↔3.5m ↕4.5m
砂、砂利を含み、岩が多い、南アフリカの山の斜面原生。常緑性の高木で、ふしくれだつ習性があり、老木は、ずっと高くなる。葉は長楕円形で、明るい緑〜青緑。皿形の花序は、白かピンクを帯び、年中通して断続的に開花する。
ゾーン：8〜10

Protea obtusifolia
☼ ❄ ↔4m ↕2.4m
常緑性の低木で、南アフリカ、ケープ地方原生。ゴブレット形の花は、暗赤色、クリーム色、あるいは白。蝋質で光沢のある苞葉を持ち、秋〜冬に咲く。沿岸の風に耐性がある。ゾーン：8〜10

protea ptens
英 名：GROUND ROSE
☼ ❄ ↔0.9m ↕15cm
這性のグラウンドカバーで、南アフリカ、ケープ地方原生。葉は線形で細長い。茎の先にに、鐘形で毛が生え、白い花序がつき、光沢のある赤い苞に囲まれる。冬〜早春にかけて開花する。
ゾーン：8〜10

Protea repens
英 名：HONEY PROTEA、SUGARBUSH
☼ ❄ ↔2m ↕2.4m
南アフリカ、南ケープ地方の、沿岸山岳地帯の斜面に分布。隙間の多い直立型の低木。花蜜が豊富で、花色は緑がかった白〜薄いピンク、あるいは濃い紫がかった赤。先端が白か黄色がかったピンク、見かけが蝋質の苞葉を伴い、早秋〜冬に咲く。ゾーン：8〜10

Protea roupelliae
☼ ❄ ↔4.5m ↕6m
南アフリカ東部原生。常緑性で直立の高木。長楕円形の葉は、光沢のある緑〜絹のような銀色がかった色とさまざまである。ピンク色で、ゴブレット形の花序が晩夏〜秋に咲く。ゾーン：8〜10

Protea rubropilosa
☼ ❄ ↔3.5m ↕8m
南アフリカ北部原生。常緑性で、冬の豊富な降雨量と頻繁な霧雨により育つ。白い花序は、暗く、深みのある赤い苞に囲まれ、短く赤い毛で、外面が覆われ、春に咲く。果実は枯れた後も残り、一年にわたって種子を残す。ゾーン：8〜10

Protea scolymocephala
英 名：GREEN BUTTON PROTEA、GREEN PROTEA、MINI PROTEA
☼ ❄ ↔0.9m ↕0.9m
南アフリカ、ケープ地方の山岳地帯西部原生。小さな常緑性の低木で、不規則な刺を持つ。小さな花は幅約35mm、黄色がかった緑か赤色で、先端がピンクの苞を伴い、初冬〜春に咲く。ゾーン：8〜10

Protea speciosa
英 名：BROWN-BEARDED SUGARBUSH
☼ ❄ ↔0.9m ↕0.9m
南アフリカ、ケープ地方西部に分布。複茎の低木で、bearded sugarbushes（ひげのある低木プロテア）として一般に知られるグループに属す。花序はピンクか、クリーム色で、夏〜秋に咲く。灰緑の葉は

Protea scolymocephala

Protea roupelliae

Protea repens

Protea, Hybrid Cultivar, 'Pink Ice'

Protea speciosa

Protea, Hybrid Cultivar, 'Pink Mink'

Protea, Hybrid Cultivar, 'Silvertips'

Protea, Hybrid Cultivar, 'Satin Mink'

通常、長楕円形。本種は現在、絶滅危惧種に分類されている。ゾーン：9〜10

Protea stokoei

☼ ❆ ↔0.9m ↕1.5m

コンパクトにゆっくり成長する常緑性の低木で、南アフリカ、ケープ地方原生。大きな革状の葉には、特有の赤い縁どりがある。大きなピンクの花は、薄茶色で、先端が羽状の苞葉があり、冬から春に咲く。栽培では育てるのが難しく、腐植質に富んだ酸性土壌で、非常に水はけのよいことが必要。ゾーン：9〜10

Protea venusta

☼ ❆ ↔2.4m ↕75cm

低く育ち、常緑性、耐寒性の低木で、雪に覆われることもある高度1800m以上の場所に分布する。葉は卵形で青緑。夏〜秋にかけて上向きに咲く、小さな白い花序は、先端がピンクで丸みをおびた苞葉に包まれる。ゾーン：8〜10

Protea Hybrid Cultivars

一般名：プロテア交雑品種

☼ ❆ ↔3m ↕1.5〜2.4m

プロテアは園芸家の間で人気が高く、彼らの好みが栽培品種のセレクションに影響を及ぼしてきた。最も広く用いられる親は*P. neriifolia*である。'クラークス レッド'は高さ約2m。卵形で白粉をふく葉を持ち、人気のある切花で、細長い深紅の蕾をつけ、鮮やかな赤い花を真夏に咲かせる。'フロステッド ファイア'、鮮やかなローズレッドの花、蝋質で白い縁の苞葉を持ち、晩秋〜晩冬に咲く。'ピンク アイス'★、世界で最も人気の高い切り花の1つ。鮮やかなピンクの花は、銀のような白い縁どりのある苞葉を伴い、霜がついたような効果をあげる。'ピンク ミンク'、深いピンク色がかった赤い苞葉で、先端は黒い。'サテン ミンク'、ピンク色の苞葉で、先端は黒。'シルバーチップス'、深い赤みをおびた苞葉には、先端に向かい豊富な銀白の毛が生える。ゾーン：8〜10

PRUMNOPITYS

（プルムノピティス属）

約8種類の常緑高木からなるこの属は、以前はマキ属に分類されていたが、今はマキ科の一つの属として独立した。見事な大木に成長するが、植栽すると低木状になることが多い。主に南アメリカ、東南アジア、ニュージーランド、ニューカレドニア、オーストラリア東部に分布し、建築材として大量に使用されている。葉は濃緑色。多肉質の果実は、赤、黄、もしくはブルーブラック。

〈栽培〉

栽培するときは、全種が日なた、日陰いずれでも、水はけがよければ生育可能。生垣用植物としても、屋内植物としても優れている。繁殖は種子からか、晩夏もしくは初秋にかかと挿しをする。

Prumnopitys amara

異　名：*Sundacarpis amara*

❆ ↔15m ↕45m

オーストラリアのクイーンズランド州、ニュージーランド、インドネシア、フィリピンと近海の島々に原生する幹のまっすぐな常緑高木。若葉は細長く先端が尖っている。成葉は、表面が光沢のある濃緑色で、裏面が表面よりも淡い緑色。果実は初め赤みがかっているが、やがて暗紫色になる。ゾーン：8〜10

Prumnopitys andina

異　名：*Podocarpus andinus*

一般名：アンデスイチイマキ

英　名：PLUM-FRUITED YEW

☼ ❆ ↔6m ↕18m

チリ南部のアンデス山脈高度地帯が原生の常緑高木。樹皮は暗褐色で、栽培すると、低木状で枝が円を描くように伸びる。葉は螺旋状に並び、表面が明緑色、裏面は表面より淡い緑色で、イチイに似る。果実は丸く多肉質で、黄色がかった色をしている。ゾーン：8〜10

Prumnopitys ferruginea

異　名：*Podocarpus ferrugineus*

英　名：MIRO

☼ ❆ ↔4.5m ↕24m

ニュージーランドのサウス・アイランドに自生する常緑高木。葉は暗緑色、樹皮は黒褐色で独特の刻み目がある。木材として利用される。多肉果は明赤色で、表面に

Prumnopitys andina

Prumnopitys ferruginea

蝋状の果粉があり、鳥は食べても平気だが、人には有毒。ゾーン：8〜10

Prumnopitys ladei

異　名：*Podocarpus ladei*
英　名：BLACK PINE
☼ ⚇ ↔4.5m ↕6m

オーストラリア、クィーンズランド北東部の一部の山地に原生する生長の遅い高木。樹皮は平滑で赤褐色、紙のような薄片になってはがれる。葉はシダに似ており、長さは短いが、線形で先端は鈍形、光沢のあるミッドグリーン。果実は単生で球形、紫色。ゾーン：9〜11

PRUNELLA

（ウツボグサ属）

異　名：*Bruella*
英　名：HEAL ALL、SELF-HEAL

シソ科ウツボグサ属は7種の半常緑性の多年生草木からなる。地面を覆うように広がって繁り、やがて花茎が立ち上がる。温帯ユーラシア、北アフリカ、北アメリカの原生。茎は稜があり短毛を有し地面を這い、ときに下側の節から発根する。葉は対生し、葉身は一般に全縁で、基部、もしくは茎からのびた柄の先につく。筒形から鐘形の花が4〜6、密に輪生した小穂状花序が頂生する。花の色は青みがかったスミレ色、もしくは紫がかった赤色。2枚の唇弁からなる花冠は頭巾状で直立し、下部は3裂片になる。太く短い花柄は葉に似た苞片に包まれる。果実は卵形の小堅果。

Prumnopitys ladei

〈栽培〉

日なたでも、日陰でも、水はけのよい土壌であれば、乾燥〜湿った場所でよく育つ。そのためロック ガーデンや日照の悪い場所に適している。繁殖させるには、種から育てるか、春に株分けをする。

Prunella grandiflora

一般名：タイリンウツボグサ
英　名：BIGFLOWER、LARGE SELF-HEAL、SELF-HEAL
☼ ❄ ↔30〜50cm ↕30〜60cm

ヨーロッパ原生のマットを形成する草木。茎は木質で分岐している。茎を覆う小さな葉は、楕円から剣形をしており、波型の葉縁がある。花はオフホワイト、淡青色、ときに紫色で、濃紫色の唇弁をもち、夏に華やかな頭状花をつける。'ラブリネス' ★は、淡いライラック色の花を咲かす。'ピンク ラブリネス'は、ピンク色の花を咲かす。ゾーン：4〜9

Prunella laciniata

☼ ❄ ↔22〜30cm ↕22〜30cm

ヨーロッパの南西部と中央部が原生地。浅裂もしくは深裂した葉は、長さ8cmほどで、細かい毛にびっしりと覆われている。春から夏にかけて、黄を帯びた白色や、ときにローズピンクまたは紫色の、長さ18mmの花を穂状花序につける。ゾーン：6〜9

Prunella vulgaris

一般名：セイヨウウツボグサ
異　名：*Prunella incisa*
英　名：HEAL ALL、SELF-HEAL
☼ ❄ ↔40〜60cm ↕40〜60cm

ヨーロッパ原生。葉は長さ5〜10cmの楕円形で、縁に粗鋸歯がある。花は濃青色か、紫を帯びた赤色、あるいは白色

で、茎の頂部で穂状花序になる。花の上唇はわずかに有毛で、萼は暗緑色から紫がかった色をしている。花期は晩夏から初秋。*P. v.* var. *lanceolata*（syn. *P. v.* var. *atropurpurea*）は紫がかった葉をしている。ゾーン：3〜5

PRUNUS

（サクラ属）

英　名：CHERRY、CHERRY PLUM

バラ科、サクラ属は広く栽培されているが、自然では北半球の温帯とアフリカの山岳地に広く分布している。食用石果（サクランボ、プラム、アンズ、モモ、ネクタリン）と、また観賞用の花が有名。大半が落葉低木類と高木類。花は花弁が5枚、単一でつくかあるいは集まってつき、白色から濃紅色まで多彩な色を誇る。果実は肉厚で、種子が1個しかない。葉は一般に楕円形で先が尖り、縁は鋸歯状になっていることが多い。また、ときに秋に鮮やかに紅葉する。

〈栽培〉

耐寒性は種によって異なるが、ほとんどが果実や花のために適度な冬季の寒さを必要とする。風よけ対策が重要。大部分の種が、冷たく湿り気があり、水はけのよい肥沃で腐植分を豊富に含んだ土壌を好む。果実栽培用の種では、正しい剪定技術が重要。繁殖は種子から、果実栽培種は接ぎ木をし、観賞用種は

接ぎ木、場合によっては挿し木をすることもある。

Prunus africana

英　名：AFRICAN CHERRY、RED STINKWOOD
☼ ⚇ ↔8〜10m ↕30m

アフリカの広い地域で山岳地域に自生する常緑高木。花は白色、果実は小さく赤色をしている。ピジウムという名前の坑前立腺炎薬を製造するために、樹皮は商業目的で採取されている。現在、過剰伐採による絶滅に瀕している。ゾーン：9〜11

Prunus americana

一般名：アメリカスモモ
英　名：AMERICAN PLUM、AMERICAN RED PLUM、GOOSE PLUM、HOG PLUM、WILD PLUM
☼ ❄ ↔3.5m ↕8m

北アメリカの東部と中央部の原生。枝は棘があり、樹皮は暗褐色で剥がれやすい。葉は長さ10cm以内で、花は白色。果実は小さく、外皮は赤色から濃青紫色、果肉は肉厚で黄色い。ゾーン：3〜9

Prunus × amygdalo-persica

プルヌス×アミグダロ ペルシカ
英　名：FLOWERING ALMOND
☼ ↔6m ↕6m

*P. dulcis*と*P. persica*の交雑種。観賞用

Prunella grandiflora 'Pink Loveliness'

Prunella laciniata

Prunella grandiflora 'Loveliness'

Prunus africana

としてきわめて優れた種。果実は非食用で緑色。'ポラルディイ'はこの種の典型とみなされ、葉が出現する前、晩冬に大きな明るいピンク色の花をつける。ゾーン：4〜9

Prunus armeniaca
一般名：ホンアンズ
英　名：APRICOT
☼ ❄ ↔4.5m ↕8m

上部が平たい樹形をもつ高木。樹皮は赤褐色で、葉は大きく、縁に細かい鋸歯がある。果実を実らせるには、冬の寒さと夏の暑さが必要。花は白色または薄紅色で、葉に先だって咲くが、晩霜の被害をうけやすい。果実はゴールデン・オレンジ色。*P. a.* var. *ansu*（アンズ）は、この栽培種で、日本、朝鮮半島、中国とシベリアの沿岸地域で栽培されている。葉はより幅広く、果実の核はしわや畝が多い。ゾーン：5〜10

Prunus avium
一般名：オウトウ、セイヨウミザクラ（西洋実桜）
英　名：GEAN, MAZZARD, SWEET CHERRY
☼ ❄ ↔6m ↕15m

食用サクランボの主要な親種。ユーラシ

Prunus americana

Prunus armeniaca var. *ansu*

ア大陸原生の落葉性の高木。葉は縁が鋸歯状。花は白色、集まって小さな房をいくつも作り、新しい葉が出る前に開く。果実は紫に近い赤色。'アスプレニフォリア'は、深い切れ込みのある葉を持つ。'キャバリエ'は、食用種のサクラで、中型から大型の大変甘い黒い果実をつける。'プレナ'（syn. 'マルチプレックス'）は、樹皮がはがれやすい。葉は秋に橙赤色に紅葉し、八重咲きの白い花をつける。ゾーン：3〜9

Prunus × blireana
ブルヌス×ブリレアナ
英　名：DOUBLE PINK, FLOWERING PLUM
☼ ❄ ↔4.5m ↕4.5m

*P. cerasifera*の栽培品種と、八重咲き種の*P. mume*の交雑種。落葉小高木で、枝先が垂れ下がり、新しい側枝はブロンズ色。明るいピンク色の大きな八重の花をたくさん咲かせる。'モセリ'は、小ぶ

Prunus avium 'Cavalier'

Prunus campanulata

Prunus × blireana

りの花をつける栽培品種で、少し丈が高く、葉の色は赤味を帯びている。ゾーン：5〜10

Prunus campanulata
一般名：カンヒザクラ（寒緋桜）、カンザクラ（緋寒桜）
英　名：TAIWAN CHERRY
☼ ❄ ↔8m ↕9m

台湾と日本南部原生の落葉高木。葉は大きく、縁が二重鋸歯になっており、秋に紅葉する。花は濃いチェリーピンク、数個が集まって垂れ下がる。葉は花の後にでる。果実は小さく、黒に近い紫色。花は冬、温暖地帯で開く。ゾーン：7〜10

Prunus caroliniana
英　名：CAROLINA LAUREL-CHERRY, WILD ORANGE
☼ ❄ ↔6m ↕12m

アメリカ合衆国南部に分布する常緑高木。葉は長楕円形で光沢があり、葉縁には鋸歯も切れ込みもない。クリーム色の花が密に集まって総状花序につく。花期は春。つややかな黒い小さな果実。生垣や実用的な植栽に利用される。ゾーン：7〜11

Prunus cerasifera
一般名：ミロバランスモモ
英　名：CHERRY PLUM, FLOWERING PLUM, MYROBALAN
☼ ❄ ↔9m ↕9m

ユーラシア原生で、多くの栽培品種がある。落葉性の大低木または小高木。ブロンズ色を帯びた葉はかなり小さく、裏面は脈が走り有毛。花は白色、果実の色は黄色から赤色。*P. c.* subsp. *P. divaricata*は、散開性の習性をもち、果実はより小さく、黄色い花をつける。*P. c.* 'ヘッセイ'は、低木状になり、明緑色の葉と純白の花をつける。'リンドサヤエ'は、若葉が赤っぽいが、生長すると緑色に変わる。花は淡いピンク色。'ニ

Prunus cerasifera

Prunus cerasifera 'Pissardii'

Prunus cerasifera subsp. *divaricata*

ューポード'は、低木状の習性で、葉はブロンズ色、花は小さくて白色から淡桃色。'ニグラ'は、濃黒紫色の葉をしている。'ペンドゥラ'は、枝が垂下する習性を持つ。'ピッサルディイ'は、葉の色が赤色から紫色へ変わる。花は蕾の時はピンク色だが開花すると白色になる。'サンダークラウド'は、丈の高い栽培品種で、葉は濃いブロンズ色、花はピンク色。ゾーン：4〜10

Prunus cerasus
一般名：スミノミザクラ
英　名：SOUR CHERRY
☼ ❄ ↔4.5m ↑6m
ヨーロッパ南東部からインドにかけて分布。落葉性の大低木もしくは小高木。葉は小さいが濃緑色で光沢があり、縁に細かい鋸歯がある。春に、長い柄をもつ白い小花がいくつか散形花序につく。果実はオウトウに似ている。ゾーン：3〜9

Prunus × cistena
英　名：PURPLE-LEAFED SAND CHERRY、RED-LEAF PLUM
☼ ❄ ↔1.8m ↑2.4m
P. cerasifera 'アトロプルプルレア'と *P. pumila*の交雑種。生長の遅い低木。葉は光沢があり、ブロンズ色を帯び、縁に鋸歯がある。花は白色で、濃い紫紅色の小さな果実を結ぶ。ゾーン：3〜9

Prunus cyclamina
英　名：CYCLAMEN CHERRY
☼ ❄ ↔6m ↑9m
中国中央部原生。葉は長さ8cm、先端は細まって急に尖り、縁は粗い鋸歯状で、葉脈がたくさん走っている。花は長い柄があり、4花ずつまとまってつき、色は濃いローズピンク、花びらの端はぎざぎざになっている。花期は春。小さな赤い果実。ゾーン：6〜9

Prunus davidiana
一般名：ノモモ
英　名：DAVID'S PEACH
☼ ❄ ↔9m ↑9m
中国産の落葉高木。若枝はしなやかで、垂直にのびる。葉は暗緑色でとても小さく、先に向かって細まった形をし、浅い鋸歯縁がある。花は白あるいは薄桃色で、花期は晩冬から春。果実は黄色、表面は軟毛を帯び、食べられる。ゾーン：4〜9

Prunus cyclamina

Prunus × cistena

Prunus × domestica 'Bühlerfrühwetsch'

Prunus × domestica 'Hauszwetsch'

Prunus × domestica 'Mount Royal'

Prunus cerasifera 'Lindsayae'

Prunus × domestica
一般名：セイヨウスモモ、ヨーロッパスモモ
英　名：EUROPEAN PLUM、PLUM
☼ ❄ ↔4.5m ↑9m
古代から栽培されている一般的なスモモで、おそらく *P. spinosa*と *P. cerasifera* subsp. *divaricata*の交雑種と推定される。葉は長さ10cmほどになり、花は白色。果実は柔らかい多肉質で、外果皮は黄色または赤色。'アンジェリーナ　バーデッド'（syn.'アンジェリーナ'）は、季節の初期に果実をつける。外果皮は明赤色だが、果肉は黄色。'ビューラーフリューヴェッチュ'は、ドイツで作られた栽培品種で、外果皮は紫色。'コウズ　ゴールデン　ドロップ'は、季節の中期に果実をつけ、外果皮は黄色く、果肉も黄色。'グリーンゲイジ'は、季節の中頃、外果皮は黄緑色で、果肉も黄色い果実。自家受精をすることが多い。'ハウスツヴェッシュ'と'マウント　ロイヤル'は、外果皮が紫色。'プレジデント'は、季節の中期から晩期、紫がかった青色の外果皮で、果肉の黄色い大きな果実をつける。
ゾーン：5〜9

Prunus dulcis

Prunus japonica

Prunus dulcis
一般名：アーモンド、ヘントウ（扁桃）
英　名：ALMOND
☼ ❄ ↔4.5m ↕6〜9m
地中海沿岸東部と北アフリカに原生する落葉高木。葉は長さ12cmの細長い形で、縁に細かい鋸歯がある。花は大きく、白色から濃いピンク色。核内の仁は食べられる。'アルバ プレナ'は、八重で白い花。☆'マクロカルパ'は、薄いピンク色の大きな花。

☆'ロセオプレナ'は、八重のピンク色の花。ゾーン：7〜10

Prunus fasciculata
英　名：DESERT ALMOND
☼ ❄ ↔2m ↕1.8〜3m
アメリカ合衆国南西部の乾燥地域に原生する落葉低木で、中央の幹から密に分枝する。葉は小さく、花は白い小花で、春に数個がまとまって咲く。果実は長さ12mm、褐色で柔毛を帯びている。ゾーン：7〜10

Prunus fruticosa
英　名：GROUND CHERRY, STEPPE CHERRY
☼ ❄ ↔2.4m ↕1.2m
吸枝をだす落葉低木で、ヨーロッパ中央部からシベリアに分布。葉は長さ5cmほど、光沢のある濃緑色。花は白色で、端が襞状になっている。3〜4個の花を散形につける。果実は暗赤色で、サクランボに似ており、食べられる。ゾーン：4〜9

Prunus glandulosa
一般名：ニワザクラ、ヒトエノニワザクラ
英　名：DWARF FLOWERING ALMOND
☼ ❄ ↔1.5m ↕1.5m
中国と日本が原生の美しい落葉低木。密に分枝する。葉は細く、縁は細かい鋸歯状。春に濃いピンク色から赤色の花が木を覆いつくす。果実は暗赤色。花後に根元近くまで刈り込み、丈夫な成長を促し翌年も多くの花をつけるようにする。'アルバ プレナ'は、白い八重の花。'シネンシス'は、葉が大きく、桃色の八重の花をつける。ゾーン：4〜9

Prunus grayana
一般名：ウワミズザクラ、コンゴウザクラ
英　名：JAPANESE BIRD CHERRY
☼ ❄ ↔6m ↕9m
日本原生の落葉高木。葉は長さ8cm、短柄で、縁には剛毛状の鋸歯がある。花はかなり小さく白色、数個のまとまりが華やかな総状花序をなす。果実は小さく黒色。ゾーン：6〜10

Prunus hortulana
英　名：HORTULAN PLUM
☼ ❄ ↔4.5m ↕6〜9m
アメリカ合衆国中央部原生の落葉高木。葉はわずかに光沢のある黄緑色、細軟毛があって、鋸歯縁。枝は暗褐色、樹皮ははがれやすい。花は白色、2〜5個が散形につく。果実は赤色から黄色で、食べられる。ゾーン：6〜9

Prunus ilicifolia
英　名：HOLLY-LEAFED CHERRY, ISLAY
☼ ↔6m ↕8m
カリフォルニア原生の密に枝をだす常緑低木か小高木。葉は革質で光沢があり緑色、モチノキの葉に似た棘状の鋸歯がある。花は乳白色、たくさん集まって総状花序をなす。果実は赤色、黄色のこともある。ゾーン：9〜11

Prunus incisa
一般名：マメザクラ、フジザクラ
英　名：FUJI CHERRY
☼ ❄ ↔4.5m ↕4.5〜6m
日本原生の落葉小高木。花は白色から淡いピンク色、花弁の先に深い切れ込みがあって、春に葉が出る前につく。葉は縁に鋭い鋸歯があり、秋に燃えるような黄色、オレンジ色、赤色に変わる。果実は小さく、黒紫色。ゾーン：6〜9

Prunus japonica
一般名：ニワウメ
英　名：ORIENTAL BUSH CHERRY
☼ ❄ ↔0.9〜1.8m ↕1.5m
中国から朝鮮半島、日本に原生する、疎らに枝をだす落葉低木。葉は鋭い鋸歯縁。春に、白色から淡桃色の小花を数個まとまってつける。サクランボに似た小さな赤い果実をつける。ゾーン：4〜9

Prunus laurocerasus
一般名：セイヨウバクチノキ
英　名：CHERRY LAUREL, LAUREL CHERRY
☼ ❄ ↔9m ↕6m
ユーラシア原生の常緑低木または小高木で、生垣によく用いられる。葉は光沢があり深緑色。春に、乳白色の小さな花が総状花序をなす。花の後に小さな黒い果実がつく。晩春あるいは初夏に、大きく刈り込みをする。'エトナ'は、細かい鋸歯縁をもつ光沢のある葉。'ザベリアナ'は、生長が遅く、丈は0.9mまでしか伸びないが、横の広がりはもっと大きくなる。葉は細長く淡緑色。ゾーン：7〜10

Prunus lusitanica
一般名：ポルトガルリンボク
英　名：PORTUGAL LAUREL, PORTUGUESE LAUREL
☼ ❄ ↔9m ↕6m
P. laurocerasusに一見類似した、光沢の

Prunus laurocerasus 'Etna'

Prunus grayana

Prunus laurocerasus

Prunus lusitanica

Prunus maximowiczii

い。☆'ベニチドリ'は芳香があり、八重咲きの濃い桃色の花をつける。'ドーン'は芳香があり、八重咲きの明るいピンク色の大きな花が遅咲き。'ゲイシャ'は、半八重咲きのくすんだピンク色の花が大変早く開花する。'ペンドゥラ'は、枝が垂下する小木で、早春に一重咲きの薄いピンク色の花をつける。ゾーン：6〜10

Prunus munsoniana
英　名：WILD GOOSE PLUM
↔6m ↕8m
アメリカ合衆国中央部原生の落葉高木。若い茎は赤色。光沢のある深緑色の葉は、細かい鋸歯縁になっている。春に白い花が小さな花房を作って咲く。果実は明赤色、食べられるが苦い。ゾーン：6〜9

Prunus mume 'Geisha'

Prunus maritima
一般名：ビーチプラム
英　名：BEACH PLUM、SAND PLUM
↔2m ↕1.8m
アメリカ合衆国東部原生の落葉低木。葉は暗緑色で、裏面の色は少し薄い。黒っぽい色の樹皮。春に白い花が一対ずつ、あるいは小さな花房を作って咲く。果実は食用で、紫や赤あるいは黄色。'イーストハム'は、大きな果実をつける。'ハンコック'は、早生。ゾーン：3〜9

Prunus maximowiczii
一般名：ミヤマザクラ
英　名：MIYAMA CHERRY
↔6m ↕6m
日本、朝鮮半島、中国の一部を原生とする落葉高木。小さな鋭い鋸歯縁のある葉。春に、乳白色の花は直立した総状花序をなす。ゾーン：4〜9

Prunus mume
一般名：ウメ
英　名：JAPANESE APRICOT、MEI
↔8m ↕6〜9m
日本南部原生の早咲きの落葉高木。樹冠が丸く、葉は長さが10cmほどになる。花は径が25mm以上で、ほのかな芳香があり、くすんだローズピンク。果実は黄色

Prunus padus
一般名：エゾノウワミズザクラ
英　名：BIRD CHERRY、EUROPEAN BIRD CHERRY、MAYDAY TREE
↔8m ↕9〜15m
ヨーロッパから日本に分布する、枝先が垂下する習性をもつ落葉高木（ただし栽培すると野生種より背丈が低くなることが多い）。春に多数の白い花が総状花序につ

ある濃緑色の大きな葉をもつ常緑低木。イベリア半島原生。花はクリーム色で総状花序をなし、*P. laurocerasus*よりあとに咲く。果実は濃紫色から黒に近い色合い。*P. l.* subsp. *azorica*は、アゾレス島原生種で、低木状で高さが3.5mを越えることは珍しい。葉は小さく、総状花序も短い。
ゾーン：7〜10

Prunus maackii ★
一般名：ウラボシザクラ
英　名：AMUR CHOKE CHERRY、MANCHURIAN CHERRY
↔8m ↕15m
朝鮮半島と隣接する中国の地域で原生。栽培すると野生種より小型になる。春にクリーム色の小花の総状花序が現れる。葉の色は紫がかっており、樹皮は明るい橙赤色ではがれやすい。
ゾーン：2〜9

Prunus mandshurica
一般名：マンシュウアンズ
英　名：MANCHURIAN APRICOT
↔8m ↕4.5〜6m
中国北東部と朝鮮半島原生。開帳性の樹形の丸い小高木。春、葉が現れる前に、美しい一重の薄桃色の花をつける。葉は緑色だが、秋に黄色から赤っぽい色に変わる。秋に黄色の丸い果実をつける。ゾーン：3〜9

Prunus maackii

Prunus padus

Prunus pumila var. *depressa*

Prunus persica, Peach Group, 'Jerseyglo'

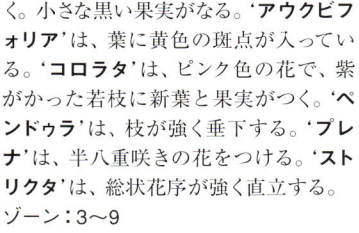

Prunus persica, Peach Group, 'Cresthaven'

Prunus persica

Prunus persica, Peach Group, 'Texstar'

く。小さな黒い果実がなる。'アウクビフォリア'は、葉に黄色の斑点が入っている。'コロラタ'は、ピンク色の花で、紫がかった若枝に新葉と果実がつく。'ペンドゥラ'は、枝が強く垂下する。'プレナ'は、半八重咲きの花をつける。'ストリクタ'は、総状花序が強く直立する。
ゾーン：3～9

Prunus pensylvanica
一般名：アカザクラ
英　名：PIN CHERRY、RED CHERRY
☼ ❆ ↔ 9m ↕ 9m
北アメリカ原生の落葉高木。葉は長さ10cmたらずで、縁に目立つ鋸歯がある。花は径が約12mm、春に最大で8個集まった房をつける。小さな赤い果実。
ゾーン：2～9

Prunus persica
異　名：*Amygdalus persica*
一般名：モモ
英　名：PEACH
☼ ❆ ↔ 1.8～6m ↕ 2.4～6m
原生地は中国であると信じられている。落葉高木で葉の長さは10cm～15cm、花は白色またはピンク色。

Peach Group（モモ グループ）：離核性のよい栽培品種と、離核性の悪い栽培品種に分かれる。果肉は黄色あるいは白色で、早生、中正、晩生に分かれる。'クレストヘイブン'と'ジャージーグロ'は、晩生で黄色の種離れのよいモモ。'テキスター'は、早生から中正で、半良離核性の黄色いモモ。
Nectarine Group（ネクタリン グループ）：'アンダーホーン'は、晩期に大変甘い大きな実をつける。
Ornamental Group（鑑賞用グループ）：鑑賞用花用の栽培種。大部分の花が八重咲きで白またはピンクから赤色、なかには違う色の斑点入りのものもある。'クララ メイアー'は、八重咲きの濃い桃色の花を密に坂巣。
ゾーン：5～10

Prunus pseudocerasus
一般名：カラミザクラ、シナノミザクラ
英　名：JAPANESE CHERRY TREE
☼ ❆ ↔ 4.5m ↕ 8m
中国原生。花は直径約25mm、白色で芳香がある。食用の赤い果実。
ゾーン：6～8

Prunus pumila
一般名：スナザクラ
英　名：SAND CHERRY
☼ ❆ ↔ 75cm ↕ 75cm
アメリカ合衆国北東部原生の耐寒性のある小低木で、ときに平伏性がある。葉は長さ35mm、先端付近が鋸歯縁になっていて、表面は灰緑色で裏面は青みを帯びた色合い。春に白い花が房状に現れる。小さな暗赤色の果実は食用。*P. p.* var. *depressa*は、平伏性があり、細い葉の裏面は青みがかった白色をしている。
ゾーン：2～9

Prunus rufa
英　名：HIMALAYAN CHERRY
☼ ❆ ↔ 4.5m ↕ 6m
ヒマラヤ山脈の低地地帯に分布する落葉高木。若いシュートは錆色の細かく柔らかい毛が密生している。春に赤い萼

がついた白あるいは桃色の花を咲かす。
小さな赤い果実。ゾーン：8～10

Prunus salicifolia
英　名：CAPULIN, MEXICAN BIRD CHERRY
☀ ❄ ↔6m ↕9m
メキシコからペルーの山中に分布する
耐寒性のある落葉高木。葉は長さ8cm
で、鋸歯縁を持つ。白い小花が疎らに
集まって総状花序をなす。果実はサクラ
ンボに似ており、赤くて甘い。
ゾーン：6～10

Prunus salicina
一般名：スモモ、ハタンキョウ
英　名：JAPANESE PLUM
☀ ❄ ↔8m ↕9m
日本および中国原生の落葉高木。新し
いシュートは赤く、瑞々しく茂った暗緑
色の葉には鈍い鋸歯状の葉縁がある。
春に白い花が一対、あるいは小さな花
房になって咲く。果実は黄色から赤色
で、径5～8cm、食用ではあるがとても
苦いことがある。'メスレー'は、樹高も横
幅も8mくらいに生長し、果皮は紫色で、
果肉の黄色い大きな果実をつける。'レ
ッド　ハード'は、若木の頃から大量に実
をつける小高木で、保存のきく大きな赤
い果実をつける。ゾーン：6～10

Prunus salicina, フランス、ラングドックールシヨン地方

Prunus salicina 'Methley'

Prunus sargentii

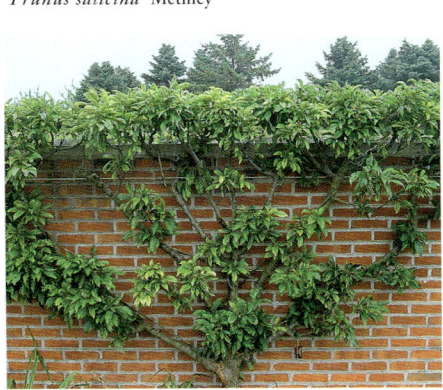

Prunus salicina 'Red Heart'

Prunus, Sato-zakura Group, 'Alborosea'

サクラ、サトザクラ グループ、'関山'、秋

サクラ、サトザクラ グループ、'関山'、冬

サクラ、サトザクラ グループ、'関山'、春

サクラ、サトザクラ グループ、'関山'、夏

Prunus serotina

Prunus, Sato-zakura Group, 'Kiku-shidare'

Prunus sargentii
一般名：オオヤマザクラ、エゾヤマザクラ
英 名：SERGEANT CHERRY
↔10m ↑15m
日本に原生する高木で、栽培すると野生種より小さくなる。葉の長さは10cmで、葉縁は鋸歯状で赤い。襞状の花弁で、濃紅色の大きな花が花房になる。小さな赤いサクランボ。ゾーン：4〜9

Prunus Sato-zakura Group
（サトザクラ グループ）
一般名：サトザクラ（里桜）
英 名：JAPANESE FLOWERING CHERRY
↔9m ↑6〜12m

主にP. serrulataに起源を持つと考えられる交雑種からなる、早春から仲春の花のために栽培される観賞用花木の大グループ。'**アルボロセア**'、白からピンク色の八重咲きの花をつける。'**関山**'（sy.'セキヤマ'）、若木の時は強くまっすぐに生長し、八重咲きの濃桃色の花が房状につき、葉は秋に鮮やかに紅葉する。'**菊枝垂**'（syn.'チールズ ウィーピング チェリー'）は、垂れた枝に八重咲きの桃色の花をつける。'**奥都**'（syn.'シミズサクラ'）、上部が平たい樹形の高木で、蕾はピンク色だが八重咲きの白い大輪の花になる。'**白妙**'（syn.'マウントフジ'）、一重または半八重の大きな白

Prunus, Sato-zakura Group, 'Okumiyako'

Prunus, Sato-zakura Group, 'Shirotae'

Prunus serrulata 'Pink Cloud'

Prunus serrulata

い花が密集して咲き、葉は秋に金色になる。'鬱金'、半八重咲きの淡黄緑色の花を咲かせる。ゾーン：5〜9

Prunus scopulorum
☀ ❄ ↔3.5m ↕12m
中国原生で強い直立性をもつ高木。春に芳香の強い淡桃色を帯びた白い花が房になって咲く。果実は赤く小さい。
ゾーン：6〜9

Prunus serotina
一般名：アメリカクロミザクラ
英　名：BLACK CHERRY, CAPULIN, RUM CHERRY
☀ ❄ ↔9m ↕30m
北アメリカ原生の落葉高木。葉は長さ8cm以上、細かい鋸歯縁があり、光沢のある濃緑色で、裏面は表面より色が淡い。春に白い花が長い総状花序を作って垂下する。果実は小さくて黒に近い赤色。
ゾーン：3〜9

Prunus serrulata
一般名：カスミザクラ
英　名：JAPANESE FLOWERING CHERRY, ORIENTAL CHERRY
☀ ❄ ↔4.5m ↕3.5m
中国原生の落葉小高木。葉は10cmを少し超える。春に径30mmほどの白い花が咲く。果実は黒く小さい。'ピンク クラウド'は、ピンク色の花を咲かせる。
ゾーン：5〜9

Prunus spinosa
一般名：スピノサスモモ
英　名：BLACKTHORN, SLOE
☀ ❄ ↔4.5m ↕6m
鋭い棘に覆われた落葉低木か高木。ユーラシアと北アメリカ原生。白い小花と、プルーンに似た黒い果実をつける。古代から生垣に使われた記録が残っている。
ゾーン：4〜10

Prunus subcordata
英　名：OREGON PLUM, PACIFIC PLUM
☀ ❄ ↔3m ↕4.5m
北アメリカ西部に原生の落葉低木で、高さが8mに達することもある。葉は小さくて縁が鋸歯状、樹皮は灰褐色で鱗状になっており、鱗のようにはがれる。花は白色で径18mm、春に小さな花房をつける。果実は紫赤色あるいは黄色。
ゾーン：7〜10

Prunus × subhirtella
一般名：コヒガンザクラ
英　名：SPRING CHERRY
☀ ❄ ↔8m ↕15m
日本原生の落葉大高木で横に大きく広がるが、栽培されたものは野生種より小さい。葉は長さ8cmほどで、鋸歯縁がある。葉に先だって白あるいはピンク色の花がつく。果実は小さく紫黒色。'アウトゥムナリス'は、早い時期に花を咲かす。'ペンドゥラ'は、寿命が長く、枝垂れる。'ペンドゥラ ロセア'は、桃色の花が枝垂れた枝につく。'ステラタ'は、星形をした一重咲きの桃色の花が房のように咲く。
ゾーン：5〜9

Prunus tomentosa

Prunus × subhirtella 'Pendula Rosea'

Prunus × subhirtella 'Pendula'

Pseudogynoxys chenopodioides

Prunus triloba 'Multiplex'

Prunus tenella
英　名：DWARF RUSSIAN ALMOND
☀ ❄ ↔1.5m ↕1.5m
ユーラシア原生の落葉低木。ボケ属と混同されやすいが、本種のほうが葉は大きく、鈍い黄色をした果実は小さい。濃い桃色がかった赤色の花を咲かす。
ゾーン：2～9

Prunus tomentosa
一般名：ユスラウメ
英　名：DOWNY CHERRY, MANCHU CHERRY, NANKING CHERRY
☀ ❄ ↔2.4m ↕2.4m
ヒマラヤ山脈原生の落葉低木。若い茎には綿毛が密生している。葉はしわが寄り、長さ5～6cm、濃い緑色で、裏面には細毛が密生している。花は径25mm、白色あるいは淡紅色で、単生かあるいは一対でつく。果実は赤色で有毛。
ゾーン：2～8

Prunus triloba
一般名：オヒョウモモ
英　名：DWARF FLOWERING ALMOND, FLOWERING PLUM, ROSE TREE OF CHINA
☀ ❄ ↔3.5m ↕3.5m
中国原生。半八重あるいは完全八重の薄桃色の花が、葉芽が出る前あるいは葉芽と同時につく。葉は長さ6cm、3裂片であることが多い。果実は赤く果皮に綿毛がある。果実はあてにならないが、数年後には見事なものができる可能性はある。'**マルチプレックス**'は、淡いピンク色の花をつける。
ゾーン：5～9

Prunus virginiana
一般名：チョークチェリー
英　名：COMMON CHOKE CHERRY, CHOKE CHERRY
☀ ❄ ↔3.5m ↕3.5m
北アメリカ原生の落葉大低木もしくは小高木。葉は長さ8cm。春に白い小花を総状花序につける。
ゾーン：2～9

Prunus×yedoensis
一般名：ソメイヨシノ
英　名：TOKYO CHERRY, YOSHINO CHERRY
☀ ❄ ↔9m ↕12m
*P.×subhirella*と*P. speciosa*の交雑種。直立性の高木で樹冠が横に広がっている。葉は濃緑色で鋸歯縁があり、秋に鮮やかなオレンジ色や赤色に紅葉する。春によい香りのする白い花を総状花序につける。果実は小さく黒い。'**枝垂吉野**'（シダレヨシノ）は、★枝垂れた枝に純白の花を豊富につける。
ゾーン：5～9

PSEUDERANTHEMUM
（ルリハナガサモドキ属）
キツネノマゴ科ルリハナガサモドキ属は、約60種類の常緑の多年草、低木もしくは亜低木からなる。熱帯地域に原生。葉脈の目立つ魅力的な葉と、赤やモーブの斑点が一部、もしくは全面に散っている可憐な白い花のために、植栽されることが多い。

〈栽培〉
温暖地帯の庭向きで、霜に弱い種は水はけがよく有機分を与えた土壌で、保護された半日陰の場所が必要である。熱帯地域以外の土地では、温室あるいはコンサバトリーの植物としてもっともよく生育する。生育旺盛の時には、ガラス越しの明るい光と、定期的に灌水と施肥を行なう。幼木の頃から剪定を行なって、枝を茂らせる習性を強めてやること。また、ひょろ長くなってきた時は、春に強く切り戻すこと。半熟枝挿し、あるいは株分けで繁殖させる。

Prunus triloba 'Multiplex'

Pseuderanthemum atropurpureum
一般名：シソバニセエランセマム
◐ ❋ ↔0.9m ↕1.2m
ポリネシア原生の直立性常緑低木。葉は先の尖った卵型で、濃紫色、葉脈に沿ってピンク色あるいは緑色の線が走り、人目を引く。夏、中央に紫色の斑点が入った筒型の白い花が、密に集まって茎頂に穂状花序を作る。ゾーン：11～12

Pseuderanthemum reticulatum
一般名：プセウデランテムム・レティクラタ
◐ ❋ ↔0.9m ↕0.9m
バヌアツ原生の叢生の常緑低木。茎は黄金色、葉は明緑色の卵形で、波状の葉縁を持ち、表面にクリーム色がかった黄色い線が網状に走っている。花は白色で喉にチェリーレッドの斑紋がある。夏、茎頂に大きな円錐花序を作る。'**アンデルソニイ**'は、葉に黄色い斑紋がある。
ゾーン：11～12

PSEUDOGYNOXYS
（プセウドギノクシス属）
この属は多年性つる植物もしくは低木13種からなり、キク科にふくまれる。南アメリカの熱帯に原生。葉は互生し、花の色は濃いオレンジ色から淡いオレンジ色、あるいは濃い赤色から淡い赤色。ヒナギクに似た花が単生、あるいは放射状の花序または房を作る。

〈栽培〉
プセウドギノクシスに属する種は、湿り気があって適度に肥沃な水はけのよい土壌の日当たりのよい場所を好む。生育が活発でない時は、灌水は控えめに。種から繁殖させる。

Prunus × yedoensis 'Shidare-yoshino'

Pseuderanthemum reticulatum 'Andersonii'

Pseudogynoxys chenopodioides

異　名：*Senecio confuses*
一般名：メキシコサワギク、メキシコタイキンギク
英　名：MEXICAN FLAMEVINE、ORANGEGLOW VINE

☼ ❄ ↔3m ↕3.5m～5m

適度に叢生する常緑のつる植物で、メキシコからホンジュラス、コロンビアに原生する。この種は蝶やミツバチ、ハチドリを惹きつける、鮮やかなオレンジ色の花のために栽培されている。葉は互生し、滑らかで厚く、幅の狭い卵形、鋸歯縁をもつ。色は明緑色、長さは最大でも8cm程度。花は香りがよく、明るいオレンジ色からやがて赤色になる。主として夏に、放射状の頭状花を枝の先端や葉腋につける。ゾーン：9～11

PSEUDOLARIX
（イヌカラマツ属）

マツ科イヌカラマツ属の唯一の種は、カラマツに似た中国東部原生の落葉針葉樹である。しかし、こちらの方が本物のカラマツよりも大きくて革紐に似た葉をしている。若葉は鮮緑色だが、季節最初の厳しい霜にあたって落葉する前に、燃えたつような黄色、オレンジ、赤褐色に変わる。

〈栽培〉
かなり厳しい霜にも耐えられるが、若木は早い寒波や遅い寒波で被害を受けるかもしれない。肥沃で腐植分に富み水はけのよい深い土壌で、全日光あるいは半日陰になる場所に植える。あまりに日照が少ないと、秋に色づきが悪くなる。元来、直立性のある円錐樹形の木なので、かるく形を作ったり整えたりする場合を除いて、ほとんど剪定する必要はない。種子から繁殖させる。

Pseudolarix amabilis

一般名：イヌカラマツ
英　名：GOLDEN LARCH

☼ ❄ ↔8m ↕30m

直立性の針葉樹。樹皮は赤みの強い赤褐色で深いひび割れがある。長さ5cm足らずの葉は短い側枝に輪生。雌球果は紫色を帯び、長さ8cm程度で、種子を落とした後も枝に残る。'ナナ'★は、高さ0.9mの開張性の矮性栽培品種。
ゾーン：6～9

PSEUDOPANAX
（プセウドパナクス属）

異　名：*Neopanax*, *Nothopanax*

ウコギ科プセウドパナクス属は約20種の常緑性の低木あるいは小高木からなる。大部分がニュージーランドに原生し、残りはチリ、タスマニア、オーストラリアに原生する。鑑賞上の興味深い群葉を持ち、幼形から成木になる間に著しく変身をとげる種もある。葉は単葉あるいは掌状複葉、鋸歯縁をもつものもある。緑色を帯びた小さな雄花あるいは雌花が大きな房状につくが、ときに雌雄異株のこともある。花後、しばしば黒い小さな果実がなる。

〈栽培〉
その魅力的な群葉のために、また*P. crassifolius*のような種ではその奇抜な形のために、栽培される。この属にふくまれる種は、肥沃で排水のよい土壌なら、日なたでも半日陰でも関係なく生長する。ほとんどの種は軽い霜ぐらいには耐えられるが、冷涼な地域ではあたたかく保護された場所か、温室やコンサバトリーで栽培するほうがよい。繁殖は種子からか、あるいは夏に半熟枝挿しを行なう。

Pseudopanax lessonii 'Gold Splash'

Pseudopanax arboreus
英　名：FIVE-FINGER

☼ ❄ ↔4.5m ↕3～6m

原生地ニュージーランドではいたるところで見かける丸い樹形の木。葉は革質で5～7枚の小葉からなる掌状複葉、色は光沢のある濃い緑色で、縁に鋸歯がある。冬に、小さな花をつける。雌株に紫色がかった液果がつく。
ゾーン：9～11

Pseudopanax crassifolius
英　名：HOROEKA、LANCEWOOD

☼ ❄ ↔2m ↕3.5～15m

幼形は単一幹で、垂れ下がった革質の葉は、浅い鋸歯縁があり、幅はわずか18mm。葉の中央脈は濃緑色からブロンズ色やオレンジがかった色。10年すれば丸い樹形の木に進化し、茎は太くなり、枝がでて、葉は短くなる。
ゾーン：9～11

Pseudopanax ferox
英　名：TOOTHED LANCEWOOD

☼ ❄ ↔2m ↕4.5m

ニュージーランド原生。*P. crassifolius*と非常によく似ており、幼苗と成株では明らかに形が違う。その印象的な若木の形のために栽培される。葉は革質で幅が狭く、長さ50cmにもなり、縁に大きな粗い鋸歯がある。葉の色はブロンズがかった暗緑色、中央脈は橙赤色。
ゾーン：9～11

Pseudopanax laetus

☼ ❄ ↔3m ↕1.5～4.5m

ニュージーランドの北島原生で小さな茂みを作る小高木。*P. arboreus*と似ているが、葉はこちらの方が大きくて、長さは30cmほどある。もっと革質が強く、縁には紫がかった線がある。紫がかった小さな液果がつく。
ゾーン：10～11

Pseudopanax lessonii
プセウドパナクス・レッソニイ
英　名：HOUPARA

☼ ❄ ↔2m ↕3.5m

ニュージーランドの北島原生の群葉が魅力的な低木。葉は厚く暗緑色で光沢があり、幅広の長楕円形の小葉を3～5枚持ち、先端近くはそれほど鋭くない鋸歯状になっている。'シリル　ワトソン'は、生長が遅く、こんもりと茂り、同じ株に2つの葉形が見られる。ひとつは粗い鋸歯縁の幅広で短い3～5個の裂片のある葉で、もうひとつは浅い鋸歯縁のある単葉。葉はとてもぶ厚く、革質で光沢があり、新緑色。'ゴールド　スプラッシュ'は、葉が暗緑色で、葉脈と中央脈に沿って明黄色の斑紋がある。
ゾーン：9～11

Pseudolarix amabilis

Pseudopanax crassifolius

Pseudopanax ferox

Pseudorhipsalis lankesteri。(赤い斑点のある革紐状の茎)。コスタリカ、カルタゴ近く、ランカスター植物園

Pseudophoenix lediniana

Pseudophoenix sargentii

PSEUDOPHOENIX
(ニセダイオウヤシ属)

英 名：CHERRY PALM

ヤシ科ニセダイオウヤシ属は単幹のヤシ4種からなり、西インド諸島原生。多くの場合、膨らんだ幹と、目立つ膨らんだ葉鞘、羽状複葉のまばらな樹冠を持つ。同じ花序上に雄雌それぞれの花がつき、続いて2裂片または3裂片の石果が1個できる。この属の学名は、ギリシア語で「偽の」を意味する'pseudo'と、「ナツメヤシ」を意味する'phoenix'からきている。

〈栽培〉

日当たりがよく、排水のよい土壌ならたいていの場所に適応し、少しくらいなら世話をしないで放っておいても大丈夫。播種によって繁殖させるが、種子の生育能力は最大で2年間。

Pseudophoenix lediniana
英 名：PAL、PALMIS MARON

☼ ↔5m ↑15〜23m

ハイチ原生の魅力的なヤシ。くっきりと環状紋がついた円柱状の幹は、中央部のあたりがわずかに膨らんでいる。葉は光沢があり、暗緑色で、細かく分裂している。花はたくさん分枝した幅広の房で現れ、花後に赤い果実がなる。
ゾーン：10〜11

Pseudophoenix sargentii
英 名：BUCCANEER PALM、FLORIDA CHERRY PALM、SARGENT'S PALM

☼ ↔2.4〜3.5m ↑3〜8m

生長の遅いヤシで、幹は細長くて先細りし、樹冠から長く弓形な葉が疎らにでている。葉には規則的に尖った小葉が並んでいるが、小葉は表面が暗緑色、裏面が灰色か銀色っぽい色をしている。総状についた黄色い花の後、チェリーレッドからオレンジ-スカーレット色をした西洋ナシ形の果実の房が直立して密生する。*P. s* subsp. *saonae*は、本種より重くて大きい果実をつけ、花頭は直立というよりむしろ垂下している。
ゾーン：10〜11

Pseudophoenix vinifera
英 名：BUCCANEER PALM、CACHEO、KATIE、WINE PALM

☼ ↔3〜5m ↑9〜23m

常緑のヤシで、最大23mの高さまで生長する幹は太く隆起し、樹冠部のすぐ下で細くなっている。樹冠部から弓形にのびた羽状複葉には暗緑色の小葉がある。総状に集まった花は、幹の近くまでまっすぐ垂れ下がる。花後には、朱色の大きな果実のついた房がつく。果実は成熟すると薄い蝋膜で覆われる。
ゾーン：10〜11

PSEUDORHIPSALIS
(プセウドリプサリス属)

サボテン科プセウドリプサリス属は6種の低木状の着生植物からなる。中央アメリカとカリブ海地域に原生するが、1種は南アメリカに広く分布している。この属は分類学者にとってまだまだ大きな課題であり、リプサリス属に近いと考える学者も今もいる。それでこういう学名がついている。茎節には棘がなく最初は丸いがあとで偏平になり、縁に切れ込みのはいった葉に似てくる。花は昼咲きで短く、じょうご形あるいは高盆状で、白あるいは淡黄色をし、長さは35mm以下。果実は球形から卵形、白色で多くの場合薄く紫色がかっており、長さは12mm以下。

〈栽培〉

排水のよい肥沃な土壌で栽培すること。茎を切って1〜2週間水分を抜いた後挿し木をするか、種から繁殖させる。冬には休ませること。

Pseudorhipsalis lankesteri
☼/☼ ↔20〜50cm ↑100ÜB

コスタリカ原生。垂れ下がる主茎は、長さ65cmまで、丸い、偏平になり、葉の形をとる。3列下に二次茎ができ、それも丸い、扁平になり、先端は槍形になる。花は単生し、クリーム色で、碗形。果実は深紅色からピンク色。
ゾーン：10〜12

Pseudorhipsalis ramulosa
☼/☼ ↔60cm ↑2m

中央アメリカと南アメリカに原生する低木状の植物で、根元で分枝する。主茎は基部が丸く、それから先は偏平で葉に似た形になる。二次茎は4〜5列で生じ、基は丸いだが、先端は偏平になる。再び分枝することも多く、槍形から直線形で、淡赤色が緑色に変わる。花は単生し、碗形で、色はピンクあるいは緑色がかったクリーム色。果実は卵形で、白から淡いピンク色。
ゾーン：10〜12

PSEUDOSASA
(ヤダケ属)

イネ科ヤダケ属には6種のタケがあり、中国、日本、朝鮮半島に原生。茂みを形成する種、または地を這う種があり、矮小種から大変高くのびる種まで多様である。侵略性を持つものもあり、広がりを防止する必要がある。茎(桿)は木性で直立し、葉は槍形で通常は無毛。

〈栽培〉

全日光でも半日陰でも、湿った肥沃な土壌ならよく生育する。早春の株分けによって繁殖させる。

Pseudophoenix vinifera

Pseudowintera colorata

Pseudosasa japonica
一般名：ヤダケ
英　名：ARROW BAMBOO, METAKE
☀/☽ ❄ ↔4.5m ↕5〜6m
強く地を這う種で、直立する棹を持つ。棹は緑色からやがてベージュに変わる。2年目から小枝ができる。葉の長さは35cm以下、中央脈は薄い黄色、裏面は灰色がかっている。
ゾーン：6〜10

PSEUDOTSUGA
（トガサワラ属）
英　名：DOUGLAS FIR
マツ科トガサワラ属をなす6〜8種の針葉樹は、すべて北アメリカ、メキシコ、台湾、日本、中国に原生する常緑森林樹である。主要な木材用の木で、電信柱、鉄道の枕木、合板、木材パルプに使用され、また精油オレゴンバルサムも得られる。原生地にあっては樹高90㎝に達するものもあるが、栽培したものでは珍しい。他の種よりも針葉が落ちにくいため、葉と球果はクリスマスの飾りによく用いられる。葉は線形で、シュートに対して放射状につく。雌球果は先端の3裂した苞鱗が種鱗の間から突き出る。雄球果は円柱状で、雌球果より小さい。
〈栽培〉
耐寒性が強く寒冷地帯を好む。全日光でも排水のよい土地なら育つ。春に播種で繁殖させるか、あるいは晩冬に栽培品種を接ぎ木する。

Pseudotsuga menziesii
異　名：*Pseudotsuga douglasii, P. taxifolia*
一般名：アメリカトガサワラ、ダグラスモミ
英　名：DOUGLAS FIR
☀ ❄ ↔4.5〜9m ↕24〜45m
北アメリカは、カナダのブリティッシュ・コロンビア州からアメリカ合衆国カリフォルニア州に原生。生長がはやく長寿である。樹皮はコルク質の板状で、年とともに深い裂溝が広がる。葉は幅が狭く、表面は暗青緑色で、裏面に2本の白線がある。春の幼葉の色はアップル・グリーン。雌球果が成木につく。*P. m* var. *glauca*は、葉が淡い青緑色で、本種より球果も小さい。*P. m.*‘デンサ’と‘フレットケリ’は、矮小品種。
ゾーン：4〜9

Pseudotsuga sinensis
一般名：シナトガサワラ
英　名：CHINESE DOUGLAS FIR
☀ ❄ ↔3〜8m ↕36m
中国中南部原生で、栽培するとはるかに小さくなる。葉は光沢があり、表面が緑色で裏面が灰色、葉縁は裏に曲がっている。球果は卵形から円錐形で、薄い紫から紫がかった褐色。
ゾーン：7〜9

Pseudotsuga wilsoniana
一般名：タイワントガサワラ
英　名：TAIWAN DOUGLAS FIR
☀ ❄ ↔3〜8m ↕36m
台湾原生の高木で、栽培だとせいぜい低木ほどの大きさになる。葉は細くて長さは18〜25mm。球果は*P. sinensis*と同じ。
ゾーン：8〜9

Pseudotsuga menziesii ‘Densa’

Pseudotsuga menziesii ‘Fletcheri’

PSEUDOWINTERA
（プセウドウィンテラ属）
シキミモドキ科にふくまれるニュージーランド原生のこの属には、3種の常緑高木と低木がある。その魅力的な群葉のために栽培される。葉は革質で互生し、特異な色をしている。葉をつぶすと刺激的な芳香と辛さがあるところから、胡椒木という一般名が生まれた。目立たないクリーム色の花の後に、大きな黒い液果がつく。
〈栽培〉
温暖な地域に最適なので、排水はよいが湿り気のある肥沃な土壌で、日なたあるいは少し日陰に植えるとよい。冷涼な地域なら温室かコンサバトリーで生育可能。もっとも広く栽培されている種の*P. colorata*は、全日光で育てると色がより濃くなるだろう。きわめて生長の遅い植物なので、数年間刈り込む必要はないだろう。種子から、あるいは秋に半熟枝を挿し繁殖させる。

Pseudowintera colorata
英　名：HOROPITO, PEPPER TREE
☀ ☽ ❄ ↔1.5m ↕2m
色鮮やかな低木。新しいシュートは鮮赤色。黄色っぽい緑色の葉にはさまざまな濃淡の赤い斑紋や斑点があり、裏面は青みがかった灰色をしている。葉はとりわけ刺激的な芳香がする。
ゾーン：9〜11

Pseudowintera traversii
☀ ❄ ↔90cm ↕90cm
ニュージーランドの南島原生で、密に分枝する低木。生長が遅い。密に集まった長楕円形の葉は、表面は黄緑色で、裏面は青緑色をしている。葉は他の種ほど芳香がない。
ゾーン：9〜11

*Pseudotsuga menziesii*の自生木。アメリカ、ユタ州キャニオン国立公園

PSIDIUM
（プシディウム属）

フトモモ科にふくまれるこの熱帯アメリカ原生の属には、約100種の常緑低木か高木があり、それらは装飾的な食用果実のために栽培されている。ほとんど地面近くから自由に分枝しており、葉は対生し厚くて葉脈が目立つ。花弁が5枚の白い花には多数の雄ずいがあって、大きなユーカリノキの花のようだ。果実は球形もしくは西洋ナシ形の液果で、熟すと赤もしくは黄色になる。生食もできるし、ジュース、ゼリー、ジャムに加工される。

〈栽培〉
この属の植物は温暖から暑い気候で、排水はよいが湿り気のある土壌を必要とする。強風からの保護と、夏季の定期的な灌水も忘れてはならない。樹形を整えるために、また果実が実った後小さくまとまった姿を維持するために剪定を行なう。種子から、挿し木から、あるいは取り木か接ぎ木によって繁殖させる。

Psidium cattleianum
一般名：テリハバンジロウ、イチゴグアバ
英　名：CHERRY GUAVA, STRAWBERRY GUAVA
☼ ♂ ↔2.4m ↕6m

Psychopsis krameriana

Psidium guajava

常緑の叢性の低木で、樹皮は赤い。葉は楕円形で光沢のある緑色。直径25mmくらいの白い花が単生する。小さな丸い液果は、果肉が暗赤色で、ビタミンCを豊富にふくみ、ジャムやゼリーに加工されることが多い。
ゾーン：9〜11

Psidium guajava
一般名：グアバ、バンジロウ
英　名：GUAVA
☼ ♂ ↔4.5m ↕9m
広く栽培されている熱帯果樹。樹皮は肝褐色で鱗状。葉は明緑色から暗緑色で卵形、葉脈が目立ち、裏面に軟毛がある。春に大きな白い花が咲く。食用の果実は西洋ナシ形で、ピンク色をしており大変香りのよい果肉はジャムやゼリーに加工される。
ゾーン：10〜12

PSORALEA
（ブソラレア属）

この属はマメ科ソラマメ亜科にふくまれ、約150種の多年草および常緑低木からなる。南北アメリカと北アフリカに主に分布。葉は細いことが多いもののまれに鱗形で、単葉、三出複葉、あるいは羽状複葉のこともあり、綿毛もしくは有毛の場合が多い。花は白、青、紫からピンク、ときに黄色の蝶形花で、総状花序をなしてさまざまな時に現れる。花後には目立たない褐色の莢がつく。

〈栽培〉
耐寒性は種によってまちまちだが、たいていのものはちょっとした寒気ぐらいなら耐えられる。かなり乱雑に拡がって生長するものが多いので、花後に刈り込みを行なえば小さく保っておける。砂が多く、それでいて十分な湿り気があって排水のよい土壌を好む。全日光で育てると一番よく花をつけるだろう。繁殖は播種か、半熟枝挿しで行なう。

Psoralea pinnata
英　名：AFRICAN SCURF-PEA, BLUE PEA BUSH
☼ ♂ ↔2m ↕1.8〜3m
PSORALEAの中でもっとも広く栽培されている種。南アメリカ原生の低木。葉は深緑色、細い小葉が5〜11枚あって、細かい毛を帯びていることが多い。花は菫色から明青色で白い翼があり、晩春から夏にかけて、総状に咲く。
ゾーン：9〜11

PSYCHOPSIS
（プシコプシス属）

ラン科にふくまれるこの小属は、南アメリカの熱帯地域と西インド諸島原生の印象的で独特なラン約4種からなる。以前はオンシディウム属と一緒に扱われていた。丸形で偏平な偽鱗茎があり、葉は単葉で革質、幅広の葉身には碁盤目模様があり直立している。花は大きくでことなく蝶に似ており単生する。花序は長く偏平であることが多い。花は同じ穂状花序から数カ月にわたって出る。背萼片は1枚で大変細くて主に褐色、花弁は数枚あり、側萼片は背萼片より幅が広く、黄色と褐色の縞模様がある。唇弁は幅が広く平坦で、色は褐色、中央に白っぽい黄色の斑紋がある。花の最盛期は夏。

〈栽培〉
素焼きやプラスティック製の小さな鉢に入れて、バークをベースにした粗めの培養土で育てるか、あるいは垂直や水平にしたコルクもしくは木生シダの厚板に着生させて育てる。大型種は小さな木製の籠に入れて育てることもできる。十分に水分が切れてから次の灌水をする必要があるので、排水が妨げられないようにせねばならない。明光から強光を好み、熱帯以外はどの地域でも温室栽培が最適である。年間を通して湿度の高い温暖な状態を求め、気温が12℃以下に下がるのを嫌う。株分けによって繁殖させる。

Psoralea pinnata

Psoralea pinnata

Psychopsis krameriana
☼/☾ ♀ ↔12〜60cm ↕20〜90cm
中南米の熱帯地域原生。長さ12cmになる大きな花が、丈の高い円柱状の花序にいくつか単生する。花は褐色と黄色。
ゾーン：11〜12

Psychopsis Mendenhall
☼/☾ ♀ ↔12〜60cm ↕20〜90cm
このたくましい交雑種はP. Butterfly（P. papilio×P. sanderae）をP. papilioへ戻し交雑してできた種。黄色と褐色の花は最大20cmの高さになる。
ゾーン：11〜12

Psychopsis papilio
英　名：BUTTERFLY ORCHID
☼/☾ ♀ ↔12〜60cm ↕20〜90cm
花は大きく、長さ15cm以内、丈の高い偏平な花序に単生する。花は褐色と黄色。Psychopsis krameriana は近縁種。
ゾーン：11〜12

PSYCHOTRIA
（ボチョウジ属）

アカネ科ボチョウジ属は800〜1,500種を有し、顕花植物では最大級の属である。着生性に適応した数種類をのぞいて、すべてが高木もしくは低木。全大陸の熱帯

地域と、アフリカ、オーストラリア、南アメリカの亜熱帯地方まで広く分布する。この属の主な特徴は、単葉で対生した葉の基部に2枚の托葉があること。花は小さく、花弁は筒型で、頂生もしくは腋生する。花の後に、球形あるいは卵形で多肉質の果実がつく。多くの種がアルカロイドやその他の化学物質を含み、ニューカレドニア産のある種は、葉に蓄積するニッケルの最大濃度が乾燥重量の4.7パーセントであることが知られている。

〈栽培〉
栽培されている種がごく少ないため、大多数の種の繁殖方法はほとんど分かっていない。これまでに一部の種で種子からと、挿し木からの繁殖が成功している。

Psychotria capensis
英 名：WILD COFFEE
☼ ↔ 2.4m ↕ 8m
南アフリカの東海岸原生の低木もしくは小高木。葉は卵形から楕円形、革質で光沢があり、色は緑色。春から夏に、クリーム色がかった黄色の小さな花が、集散花序をなす。果実は卵形。
ゾーン：9〜10

PSYLLIOSTACHYS
（プシリオスタキス属）
英 名：STATICE
イソマツ科にふくまれるこの属は、6種の一年草と多年草からなる。原生地はシリアからイラン・中央アジアにかけての地域と、黒海沿岸地域。切り花やドライフラワー用に栽培されることが多い。葉は切れ込みのある縁あるいは全縁で、一般に中央の根元からのびる。花茎の先端に、2〜4個の花がついた小穂状花序が集まって、細長い花柄の先に円錐花序を作る。花は筒状で、5裂片のある萼と、5裂片のあるじょうご形の小さな花冠を持つ。

〈栽培〉
スターチスは沿海地域に適しており、全日光で水はけのよい肥沃な土壌に育つ。一年草は早春にガラス板の下に蒔いた種子から繁殖させる。多年草は春に軟枝挿しで繁殖させることもできる。

Psylliostachys spicata
異 名：*Limonium spicatum*
☼ ❄ ↔ 10〜20cm ↕ 10〜40cm
クリミア半島、コーカサス地方、イランに原生する一年草。葉は光沢があり緑色で、長さは5〜15cm、長楕円形から剣形をしており、中央脈に細かい毛。頂生小穂状の花には花柄があり、より短い側生穂状の花には花柄がない。花は春に咲く。萼は畝状で腺があり有毛。花冠は小さくて淡紅色。ゾーン：7〜9

Psylliostachys suworowii
異 名：*Limonium suworowii*
☼ ❄ ↔ 10〜20cm ↕ 10〜40cm
生長の遅い、分枝する直立性の一年草で、中央アジア、イラン、アフガニスタン北部が原生。葉は光沢のある緑色で、長楕円形から剣形、長さは5〜15cm。頂生小穂状花序は長さ9cmほどで、花柄には細かい毛がはえている。側生の小穂状花序は短くて花柄がない。花には、畝状で腺のある有毛の萼と、淡紅色から紫の小さな花冠がある。
ゾーン：7〜10

PTELEA
（ホップノキ属）
ホップノキ属に11種の落葉性低木もしくは小高木からなり、北アメリカと中央アメリカに原生する。一見オレンジというよりもライラックに似ており、セイヨウカジカエデに似た種子をつけるけれども、ホップノキ属はミカン属の近縁種でミカン科にふくまれる。それは葉に芳香性の油分をだす腺があることで明らかだ。葉はたいてい三出複葉で、中央の突き出した小葉を挟んで両側に1つずつ小さめの小葉が並んでいる。秋に鮮やかに黄葉することが多い。花は白色から淡緑色で、小さいが芳香があり、房になって顕著な集散花序をなす。最初に花が現れるのは春もしくは初夏で、それから後も散発的に現れる。花に続いて、2個の種子を持つ小さな有翼果実がなるが、ホップの種子と少し似ている。

〈栽培〉
アメリカ合衆国南部とメキシコ北部に原生する種は、寒さに少し弱い。それ以外は、大部分の種に順応性があり、水はけのよい土壌なら日なたでも半日陰でも楽に育てられる。夏の暑さが厳しい地域では、西日を避けて日陰を作ってやるとよい。繁殖方法は種子から、取り木もしくは接ぎ木から。

Ptelea angustifolia
英 名：WESTERN HOP TREE
☼ ❄ ↔ 3.5m ↕ 3.5m
メキシコ北部とアメリカ合衆国南部に分布する低木。若葉と新しい茎に細かい毛がある。葉は成熟すると無毛になるのが普通で、裏面は青緑色。花は初夏に開く。果実は球形で、かなり縮んだ翼がある。ゾーン：8〜10

Ptelea trifoliata
一般：ホップノキ
英 名：COMMON HOP TREE
☼ ❄ ↔ 3.5m ↕ 8m
アメリカ合衆国東部と中央部原生。葉はミッドグリーンで、3小葉からなり、表面はやや光沢があるが裏面は薄めの緑色、縁にはわずかに鋸歯がある。初夏に淡緑色の花が開く。翼果は直径25mmくらい。'**アウレア**'は、黄緑色の葉。☆'**グラウカ**'は、青緑色の葉。
ゾーン：5〜10

PTERIDIUM
（ワラビ属）
英 名：BRACKEN, BRAKE
コバノイシカグマ科ワラビ属は、極寒地帯と乾燥地帯を除いて世界中に分布している。種の数について植物学者の意見は分かれている。いくつかの変種に分類されているけれども、ワラビ属の全植物は変異の幅が非常に狭いので、*P. aquilinum*1種しか認められないと主張する学者もいれば、ほとんどの種が地理的に重なりあわないきわめて遠く離れた場所に分布しているとして、数多くの種を認める学者もいる。葉は堅く三角形で、羽状に分岐し、地中深くにある根茎から生じる。根茎は地中を横に広がり、枝分かれを繰り返して、1つの株は直径15mかあるいはそれ以上の範囲まで根茎をのばす。胞子は葉裂片の少し裏に巻いた葉縁沿いを走る帯の中にできるが、植物は根茎によって非常に効果的に広がっていくので、胞子から繁殖することは珍しいようだ。葉は秋に霜枯れして、春に新しい葉を出す。その攻撃的な繁殖ぶりと除去の難しさのせいで、ワラビは雑草とみなされることが多い。牧畜を営む者に嫌われるのは、ワラビが牧草地を覆い尽くし、家畜に有毒であるためだ。しかし、ワラビも健全な自然の生態系の一部であって、鳥や他の野生生物には隠れ場所となる。狩猟採集社会の中には、でんぷん質の多い根茎を食べるところもある。

〈栽培〉
意図的に栽培が試みられたことはほとんどなく、普通はワラビを管理することの方が求められる。多くの除草剤に対して耐性がある。草地から除去する一番有効な方法は、頻繁に刈り取ることだ。そうすることによって最終的にワラビの蓄えている養分を枯渇させるしかない。

Ptelea trifoliata

Psychotria capensis

Psychopsis Mendenhall

Pteridium esculentumの自生種、ニューカレドニア、ブロニー峠

Pteridium aquilinum

一般名：ワラビ

☼/◐ ❄ ↔9〜18m ↕0.6〜2.4m

ヨーロッパ、アジア、アフリカ、温帯の北アメリカによく見られるシダ。程度の差はあるが葉の裏面は有毛で、若い時はそれがより顕著である。葉は二回羽状複葉で、羽片は規則正しく間隔をあけて並び、均等に先が細くなる。次の小羽片はかなり規則的に深く切れ込んでいる。*P. a.* var. *latiusculum*は北アメリカ東部原生の品種で、*P. a.* var. *pubescens*は北アメリカ西部に広く分布する。

ゾーン：3〜10

Pteridium esculentum

異 名：*Pteridium aquilinum* var. *esculentum*

☼/◐ ❄ ↔18m ↕3m

オーストラリア、ニュージーランド、南太平洋の一部の島々でよく目にするシダ。葉はいささか不規則に全裂し、小羽片は厚質だが幅が狭く、若い時を除いて無毛。

ゾーン：8〜11

Pteridium revolutum

異 名：*Pteridium aquilinum* var. *wightianum*

☼/◐ ❄ ↔9〜18m ↕0.6〜1.5m

熱帯アジアからオーストラリア東部にかけて、主に高地に分布する。葉は不規則に全裂し、魚の骨に似た長い羽片になり、小羽片の裏面は毛でびっしりと覆われ、表面は中央脈に沿って毛が生える。

ゾーン：9〜11

PTERIS

（イノモトソウ属）

英 名：BRAKE, DISH FERN, TABLE FERN

イノモトソウ科イノモトソウ属は、半常緑性もしくは常緑性の陸生シダ約300種からなり、熱帯と亜熱帯地域に自生。根茎は直立するか、あるいは横に這い、鱗片もしくは毛を帯びる。溝のある直立した細長い茎から、落葉性の全裂したシダ葉がアーチ状にのびる。胞子体は葉縁に沿って走る髪の毛のような組織の中を運ばれる。*Pteris* はギリシア語で「シダ」を意味するが、鳥の羽根のような葉のことを指している。

〈栽培〉

種によって、日なた、あるいは日陰で、湿り気のあるピートを含んだ土壌で生育する。春に株分け、あるいは夏に胞子を播いて繁殖させる。

Pteris argyraea

英 名：SILVER BRAKE

☼ ❄ ↔50〜100cm ↕0.9〜1.8m

熱帯原生の常緑性のシダ。根茎は直立するか、あるいは短く横走して、もろい褐色の鱗片に覆われる。葉は緑色で、中央に銀白色の太い線が入る。羽片は幅の狭い長楕円形で、長さは15〜30cm。

ゾーン：10〜12

Pteris biaurita

☼ ❄ ↔50〜150cm ↕70〜150cm

熱帯原生の常緑性のシダ。直立した茎に、三角形のアップルグリーンの葉がつく。*P. argyraea*と非常によく似ているが、羽片に白い模様はない。

ゾーン：10〜11

Pteris cretica

一般名：オオバノイノモトソウ

英 名：CRETAN BRAKE, RIBBON FERN

☼ ❄ ↔30〜50cm ↕30〜50cm

旧世界の熱帯地域に原生する、常緑性もしくは半常緑性のシダ。直立するか、あるいは短く横に這う細長い根茎から成長する。葉身は卵形ないし球形で、長さは30cmほど、1〜5対の羽片が細長い淡黄色の羽軸につく。羽片は幅が狭く単葉あるいは指に似た形に分岐しており、色はオリーブグリーン、長さは10〜20cm。'アルボリネアタ' ★は、幅広の羽片に太い白斑が一本入っている。'メイイ' は、高さは最大でも30cmしかなく、葉の先端に冠毛がある。'ウィロソニイ' は、明緑色の葉に冠毛があるせいで扇のように見える。

ゾーン：10〜12

Pteris dentata

英 名：TOOTHED BRAKE

☼ ❄ ↔50〜100cm ↕50〜100cm

アフリカの熱帯と亜熱帯に原生。葉は三角形から卵形で明緑色、長さは50〜100cmで、歯牙縁のある裂片に数多く深裂している。裂片は中央脈に沿って内側に折れている。

ゾーン：10〜12

Pteris ensiformis

一般名：ホコシダ、アオイノモトソウ

異 名：*Pteris crenata*

英 名：SWORD BRAKE

☼ ❄ ↔20〜30cm ↕20〜30cm

ヒマラヤ山脈から日本、フィリピン、ポリネシア、熱帯オーストラリアにかけて分布する細長いシダ。葉は暗緑色、長さは15〜30cmで、わずかに分岐した頂羽片と4〜5対の側羽片からなり、側羽片はさらに2〜6個の裂片に分かれる。裂片は卵形で歯牙縁があり、中央脈の周囲は灰色味を帯びた白色である。'アルグタ' は、高さ50cmくらい、暗緑色の葉は銀白色の中斑入り。

ゾーン：10〜12

Pteris tremula

英 名：AUSTRALIAN BRACKEN OR BRAKE, SHAKING BRAKE, TENDER BRAKE

☼ ❄ ↔60〜100cm ↕60〜100cm

常緑性のシダで、ニュージーランド、オーストラリア、フィジーに原生。根茎は太く褐色で鱗片葉があり、塊を作って短く横に這う。その根茎からワラビに似た形の葉が密に叢生する。葉は卵形で明緑色から黄緑色、長さは30〜90cm、羽片は細くて歯牙縁は波打つようになっている。

ゾーン：8〜10

Pteris tricolor

英 名：PAINTED BRAKE

☼ ❄ ↔0.9m ↕1.5m

常緑性のシダ。葉は幅が広く大変光沢があって三角形、指に似た形の長い羽片に深裂している。群葉は色鮮やかな赤色で現れ、老成すると黄味がかった赤色あるいはブロンズに変わり、最後は暗緑色になる。茎は暗赤褐色。

ゾーン：10〜11

Pteris umbrosa

英 名：JUNGLE BRAKE

☼ ❄ ↔70〜100cm ↕70〜100cm

常緑性のシダで、根茎からのびて原生地のオーストラリアでは風雨にさらされない場所に密生して群落を作る。根茎は鱗片葉があり太く褐色で横に這う。葉は直立し暗緑色で、長さは30〜50cm。羽片は細かい歯牙縁があり幅狭、片側に6〜9個の側羽片がつく。

ゾーン：10〜11

Pteris vittata

一般名：モエジマシダ

☼ ❄ ↔30〜50cm ↕30〜50cm

湿った岩場に生息する常緑性のシダで、ヨーロッパ、アフリカ、アジア、オーストラリアの熱帯地域と温帯地域に分布。太くて短く横に這う根茎からのびるので、コンテナ栽培に適している。葉はミッドグリーンから暗めの緑色、光沢があり、葉身は長くて楕円形で、長さは20〜100cm。羽片は幅が狭く、滑らかもしくは褐色の鱗片に覆われている。

ゾーン：9〜11

PTEROCARPUS

（シタン属）

シタン属はマメ科ソラマメ亜科にふくまれ、約20種の熱帯の高木もしくはつる性の木本からなる。それらは家具や楽器などに使われる高級木材として評価が高い。熱帯および亜熱帯の地域で、魅力的な緑陰を作り強い日差しを防いでくれる木として広く植栽されているが、それはこの属が横に広がった優美な樹冠部と大きな羽状複葉を持ち、しかも一般に乾季に落葉するためである。新葉が出る直前あるいは新葉が出るのと同時

Pterocarpus fraxinifolia

Pterocarpus indicus

に、芳香のある黄色からオレンジ色の蝶形花が総状花序をなしてつく。花後に偏平で球形の果実ができるが、果実の端は突出して羊皮紙に似た翼になることが多い。

〈栽培〉
この属の植物には温暖で霜のない気候が必要。日光に十分当たる場所で、排水のよい湿った土壌に植える。繁殖は播種か、挿し木で行なう。

Pterocarpus indicus
一般名：インドシタン
英　名：BURMESE ROSEWOOD
☼ ⇌ ↔10m ↑24m
インドからフィリピンにいたる熱帯アジアに分布。横に広く枝を伸ばす高木で、葉は羽状複葉、小葉は長さが10cmくらいになる。春に芳香のある黄色い花が多数美しく枝先につく。木材はバラの香りがする。
ゾーン：11〜12

PTEROCARYA
（サワグルミ属）
クルミ科サワグルミ属には10種の落葉高木があり、カフカス地方から東アジアと東南アジアの温帯地方にかけて分布している。これらが一般にウイングナットとして知られているのは、中に種子が1個だけ入った果実の小さな堅い殻の両側に1枚ずつ翼がついているためだ。印象としてはセイヨウカジカエデの有翼の果実と似通っているけれども、実はペルシャクルミの方とより近い関係にある。葉は羽状複葉で、とても大きくなることがあり、時には長さが10cmにもなる小葉が20枚以上つく。秋に紅葉することはほとんどない。春に、小さな緑色の花が開花して苞を散らした長い尾状花序となるが、やがてそれは有翼の小さな堅果の尾状果穂に発達し、熟するにつれ褐色に変わる。

〈栽培〉
大部分の種が非常に厳しい霜にも耐える力を持っており、十分に日光の当たる場所で、適度に肥沃で湿り気があり排水のよい土壌であればどこでもよく育つ。種子や吸枝から繁殖させるか、あるいは挿し木を行なう。

Pterocarya fraxinifolia
一般名：コーカサスサワグルミ
英　名：CAUCASIAN WINGNUT
☼ ❄ ↔18m ↑24m
カフカス地方からイラク北部にかけて分布。樹皮は深い皺があり色は黒っぽい。葉は長さが38cm以下、小葉は最大で11〜21枚。黄緑色の尾状花序をなす。
ゾーン：7〜9

Pterocarya × rehderiana
一般名：レーダーサワグルミ
☼ ❄ ↔18m ↑15〜30m
1908年にニューヨークにあるアーノルド樹木園で作り出された、*P. fraxinifolia*と*P. stenoptera*との交雑種。頑健で成長が早い。葉は長さ25cmで、小葉の数は最大でも21枚。春に尾状花序が長く垂れ下がる。
ゾーン：6〜9

Pterocarya rhoifolia
一般名：サワグルミ
英　名：JAPANESE WINGNUT
☼ ❄ ↔18m ↑21〜30m
日本原生の高木。葉は長さ10cmの小葉が最大で21枚つく。若い茎と小葉に綿毛があるが、時とともになくなる。
ゾーン：6〜9

Pterocarya stenoptera
☼ ❄ ↔12m ↑21m
中国原生の種で、特徴は最大で23枚の小葉がついた、長さ38cmほどの葉。新葉には綿毛がある。若い小枝は細い黄褐色の綿毛を帯びる。尾状花序は葉より長くなることが多い。*P. s.* var. *brevifolia*は、小葉の数が少なく、葉の長さも短い。
ゾーン：7〜9

PTEROCELTIS
（プテロケルティス属）
ニレ科プテロケルティス属には、中国北部と中部に原生するただ1種しかない。成長の遅い落葉高木で、優美にアーチ状にのびる習性と、明緑色の群葉、翼のある緑色の果実が好まれているが、木材としてもチークやオーク同様に堅くて耐久性がある。

〈栽培〉
霜に対する耐性は十分あるので、湿り気はあるが水はけのよい肥沃な土壌で、日当たりがよく保護された場所なら最もよく育つ。繁殖は播種、もしくは挿し木か、さもなければ接ぎ木によって行なう。

Pteroceltis tatarinowii
☼ ❄ ↔9m ↑9m
樹冠部は横に広く枝を張り出し、樹皮は白っぽい灰色ではがれやすい。葉は明緑色、卵形から槍形で、細かい鋸歯縁がある。花は小さくて目立たず、緑色で、雌花と雄花があり、春に開花する。果実は球形の翼果で、直径25mmほど。
ゾーン：5〜9

PTEROCEPHALUS
（プテロケファルス属）
この属はマツムシソウ科に入り、25種以上のコンパクトな一年草または多年草と小低木からなる。原生地は地中海沿岸地域からアジア東部。その刺状の花序と羽毛のような果序が目あてで栽培され、ロックガーデンに向く。夏に、平たい円盤状の花序が長い花柄の先につくが、花序は幅の狭い苞葉に囲まれている。一

Pterocarya × rehderiana

Pterocarya stenoptera var. *brevifolia*

Pterocarya stenoptera

番外側の花には2枚の唇弁があり、中央部の花よりも大きい。
〈栽培〉
日当たりがよく、水はけのよい土壌に植えること。冬にじめじめする場所は避ける。繁殖には夏に軟枝挿し、もしくは半熟枝挿しをする方法、秋に新しい種子を播く方法、あるいは春に株分けをする方法もある。この植物は自家播種しやすい。

Pterocephalus dumetorum
異　名：Pterocephalus canus
☀ ❄ ↔8～10cm ↑8～10cm
トルコのアナトリア高原とイランの乾いた岩の裂け目に自生する。葉は長楕円形から楕円形、全縁で細かい毛がある。黄色い花が集まった花序は、直径が最低でも25mmあり、夏に咲く。
ゾーン：4～6

Pterocephalus perennis
異　名：Pterocephalus bellidifolius、
P. involucratus, P. parnassi
☀ ❄ ↔10～20cm ↑5～10cm
クッション状に群生する半常緑多年草で、ギリシアとアルバニアの高山性～亜高山性気候地域の草地や岩場に生育する。葉は単葉で、楕円形、細かい毛がある。色は灰色がかった緑色で、皺があり、卵形から長楕円形、長さは35mm。夏に、紫がかったピンク色の筒型の花が密に集まって大きな花序を作り、花後、羽毛のような果序に変わる。ゾーン：4～8

PTEROSPERMUM
一般名：シマウラジロノキ属
アオギリ科、熱帯アジア原生の高木と低木およそ25種からなる。その魅力的な葉と香りのよい花と緑陰を目当てに植栽される。花は夜間に開くことが多い。果実は5室に分かれた大きな木質のさく果で、褐色の毛を帯び、裂開しておびただしい数の翼のある種子を放出する。木材はチークやオークに似る。
〈栽培〉
霜に弱いので、温暖地帯で育てる必要がある。十分な日光と湿り気はあるが粒になりやすい土壌を好む。繁殖は播種、取り木、あるいは半熟枝挿しによって行なう。

Pterospermum acerifolium
一般名：モミジハウラジロノキ
英　名：MAPLE-LEAF BAYUR
☀ ✿ ↔9m ↑36m
インドとインドネシアに原生する半落葉高木。栽培すると野生種より小型になる。葉は明緑色で、ほぼ丸形、長さは30cm以下で、裏面には白っぽい綿毛が生える。蕾はフェルトのような質感で暗褐色をしているが、夜に開花するとラッパ形のクリーム色の花が現れる。
ゾーン：10～12

Pterospermum acerifolium

PTEROSTYLIS
（プテロスティリス属）
英　名：GREENHOOD ORCHID
ラン科、「グリーンフード」という名で知られる、温帯性、落葉性の陸生ラン。大多数の種がオーストラリアに存在するが、ニュージーランド、ニューカレドニア、ニューギニア原生の代表種もある。ほとんどの種が緑色の地に赤褐色を一面に散らした花と、透明な「光窓」を持ち、普通なら限られた暗い地域を避ける受粉媒介者を欺く。背萼片と側花弁が重なりあい頭巾を作る。唇弁は敏感で可動性があり素早く運動することが可能で、しかも受粉媒介者になってくれそうな虫をおびき寄せる重要な役割を果たす。ほとんどの種がロゼット葉の中心から、細い花茎を伸ばして花を1つだけつける。
〈栽培〉
群落を作る種は栽培するのも、花を咲かせるのも、繁殖させるのも比較的簡単である。秋から春にかけての成長期には、雨が多く湿潤で冷涼な環境が必要。プテロスティリスは、ピートモスと粗砂が高い割合で含まれた水はけのよい陸生ラン用の培養土で育てるのが一番よい。夏は休眠期で直径12mm程度の丸くて白い塊茎に戻るので、その間は水を与えないように注意する。毎年植え替えを行い、休眠中の塊茎を土壌の表面から5cm下に植える。

Pterostylis curta
☀ ❄ ↔3.5～8cm ↑3.5～30cm
オーストラリア原生。花は暗緑色と黄緑色で、幅が35mm。唇弁は明るい褐色で、わずかにねじれるのが特徴である。早春に開花する。
ゾーン：8～11

PTEROSTYRAX
（アサガラ属）
エゴノキ科、3種の落葉低木もしくは高木からなる。東アジア原生。葉は互生し、鋸歯縁を持つ。長くて隙間のある円錐花序に小花を数多くつける。

Pterostylis curta

〈栽培〉
この属は成長が早いので、深くて肥沃で酸性の土壌で、日なたあるいは半日陰の保護された場所を与える。花が咲いた後、樹形を整えるために刈り込む。播種あるいは半熟枝挿しで繁殖させる。

Pterostyrax corymbosa
一般名：アサガラ
☀ ❄ ↔6m ↑12m
日本に原生する開張性の低木もしくは高木。葉は暗緑色で、棘状の歯牙縁を持つ。花は小さく鐘形で白色、芳香があり、春に円錐花序をなして下垂する。
ゾーン：6～10

Pterostyrax hispida ★
一般名：オオバアサガラ
英　名：EPAULETTE TREE
☀ ❄ ↔6m ↑8m
日本と中国に原生する。葉は大きく、細かい鋸歯縁がある。花は芳香があり乳白色で、夏に長さ20cmほどの円錐花序を作る。果実は小さく緑色、剛毛を帯びる。ゾーン：6～10

PTILOTUS
（プティロトゥス属）
英　名：MULLA MULLA
ヒユ科に含まれるこの属は、約100種の一年生、あるいは多年生の草本と低木からなる。オーストラリア内陸部の乾燥地域に分布。花には膜質の苞葉がついており、密に集まり毛羽立った穂状花序を作るが、外側の部分は5つの切片に分かれる筒形になっている。
〈栽培〉
屋外の日当たりのよい場所で、排水のよい堆肥を加えた、比較的乾燥した砂の多い土壌を好む。繁殖は挿し木、あるいは春に播種するが、発芽は難しいかもしれない。

Pterocephalus perennis

Ptilotus exaltatus

英　名：PINK MULLA MULLA、TALL PUSSY-TAILS

↔100cm ↑100cm

叢生する頑強な直立の一年生草本、もしくは多年生草本で、オーストラリア大陸に原生する。葉は長楕円形から剣形、長さは8cmたらずで、青味を帯びた緑色をし、肉厚で波状にうね、尖った先端は赤く色づく。花はライラック色からピンク色で時には白色のこともあり、冬から夏にかけて長さ15cm足らずの羽毛のような円錐形の穂状花序を作る。コンテナでの栽培に適している。
ゾーン：7〜9

Ptilotus manglesii

英　名：PINK MULLA MULLA

↔22〜30cm ↑22〜30cm

オーストラリア西部に原生する多年生草本または一年生草本で、匍匐もしくはよじ登る習性を持つ。葉は卵形から細長い形で、先端は丸形、あるいは鋭形、ロゼットを形成する。下側の葉は長さが8cm足らず。茎は地を這って伸び、夏にピンク色からスミレ色や紫色の花が、長さ10cmほどの円形もしくは卵形をした綿毛状の穂状花序をつける。
ゾーン：7〜9

Ptilotus obovatus

↔30〜60cm ↑30〜60cm

広がって叢生する多年生草本、あるいは亜低木で、オーストラリア大陸の乾燥地域に原生する。樹冠部はこぢんまりとしており、葉は有毛で丸形、銀灰色。春に、ピンク色と灰色をした花が、羽毛のような直立する穂状花序をつける。
ゾーン：7〜9

PTYCHOSPERMA
（ヤハズヤシ属）

ヤシ科、30種の単生もしくは叢生の、羽状複葉を持つヤシからなる。オーストラリア、ニューギニア、ソロモン諸島、ミクロネシアに原生。幹は細長く、樹皮は平滑で環紋があり、特徴的な葉鞘を持つ。葉は優美に曲がって深裂し、小葉は細長く尖った形で、先端は鋸歯縁もしくは全縁になっている。花は3個ずつかたまって螺旋状につく。果実は小さく卵形か長楕円形で、場合によってはかぎ状に曲がっていることもあり、中には皺のある種子がただ1つ入っている。この属の名前は、ギリシア語のptychos（皺がある）とsperma（種子）からきている。

〈栽培〉
この属のヤシには高温と湿度が必要で、若木の時は日陰におき、湿り気があって水はけがよく堆肥を与えた土壌で育てる。繁殖は種子から行なうが、発芽には6〜12週間を要する。

Ptychosperma elegans ★

一般名：ダイオウヤハズヤシ

英　名：ALEXANDER PALM、SEAFORTHIA PALM、SOLITAIRE PALM

↔3〜3.5m ↑3.5〜15m

成長の早いヤシで、オーストラリア北部に分布。幹は単幹で灰色、長い毛を帯びた緑色の葉鞘がある。葉の数は比較的少ない。葉はアーチ状にのびて、長さ2.4mくらい、明緑色。小葉は長さが60cmほどで規則的に並び、先端に歯牙、あるいは欠刻がつく。葉は葉鞘の下から現れる長い茎の先につく。花は芳香があり、緑がかった白色、分岐する大きな穂状花序を作るが、花後やがて大きな穂状果序に変わる。果実は装飾的で明るい赤色をし、球形から卵形、液果に似る。ゾーン：10〜11

Ptychosperma macarthurii ★

一般名：シュロチクヤシ、コモチケンチャヤシ

異　名：Actinophlaeus macarthurii, Kentia macarthurii

英　名：MACARTHUR PALM

↔2.5〜3.5m ↑4.5〜8m

密に叢生する常緑ヤシ。ニューギニアとオーストラリア北部に原生し、熱帯の庭園でよく目にする種。幹は灰色、葉鞘は緑色で長い毛を帯びている。樹幹部は小さい。葉は暗緑色で長さは1.8m足らず、アーチ状に伸びる。小葉は幅広で、先端は歯牙状、規則正しく並んでいる。花は黄色味を帯びた色で、葉鞘の下から現れた茎に、分岐する花序をつける。花の後は明るい赤色の果実が長い房になって垂れ下がる。
ゾーン：10〜11

PUERARIA
（クズ属）

クズ属は約20種の草本性もしくは木質性の巻きつき型つる植物からなり、マメ科、ソラマメ亜科に含まれる。東南アジアと日本に原生する。葉は複葉で3枚の小葉からなり、蝶形花が長い花序を作り葉腋から出るか、あるいは枝の先端から総状花序となってつく。花後、細くて扁平な果実が付く。根が煎じ薬として使われる種もある。この属名は、19世紀のスイスの植物学者Marc Nicolas Puerariaにちなんでつけられた。

〈栽培〉
クズ属は、十分に日が当たり、湿り気のある排水のよい土壌の場所を好む。播種または挿し木、あるいは根を株分けして繁殖させる。侵略種となる可能性もある。

Pueraria lobata

異　名：Pueraria montana var. lobata

一般名：クズ

英　名：JAPANESE ARROWROOT, KUDZU VINE、THE VINE THAT ATE THE SOUTH

↔9〜30m ↑9〜18m

成長の早い半木質性のつる植物で、中国と日本に原生する。塊根は多肉質で、茎には非常に毛が密生する。葉は互生し、細かい毛が生え、卵形から菱形をした2〜3枚の小葉からなる。秋に、花を

Ptilotus exaltatusの自生種、オーストラリア南部、グレートビクトリア砂漠

Ptilotus obovatus

Pterostyrax hispida

Pterostyrax corymbosa

Ptychosperma macarthurii

Pueraria lobata、アメリカ合衆国、ミシシッピ州

沢山つけた、長さ25cmほどの直立する総状花序が葉腋につく。花は紫色で直径18mm足らず、最も大きい花弁に黄色い斑点が1つあるのが特徴。果実は細かい毛を帯びた扁平な花序で、中には数個の種子が入る。
ゾーン：5〜11

PULMONARIA
（ヒメムラサキ属）
英 名：LUNGWORT

ムラサキ科に含まれるこの属は、ユーラシア大陸原生の多年草14種からなる。春の兆しが現れるやたちまち成長を始め、そのまったく魅力のない英名とは裏腹に、樹林地、多年草のボーダー花壇、ロックガーデンの植栽には欠かせない存在となっている。葉は単葉で茎が長く、槍形、白い斑点の入っていることもあり、相当の大きさに成長することもある。最初に咲く花は歓迎されるものの貧弱で、春が深まり暖かくなるにつれ、だんだん大きな花序をつけるようになる。花は小さくて花弁が5枚。青色が普通だが、白やピンク色もよく目にする。"wort"という言葉は、薬用に用いられる植物によくつけられる言葉である。

〈栽培〉
ヒメムラサキ属は耐寒性が非常に強く、四季のはっきりしている温帯気候の土地を必要とする。日当たりのよい場所でも成長できるが、腐植質に富み、湿り気はあるが排水のよい土壌で、少し日陰になった場所がもっともよく成長する。株分け、あるいは基部を茎挿しするか、種子から繁殖させる。

Pulmonaria angustifolia
一般名：ヒメムラサキ
英 名：BLUE COWSLIP, BLUE LUNGWORT
☽/☀ ❄ ↔ 40〜100cm ↕20〜40cm

ヨーロッパ原生種。葉が十分に広がる前に花が出ることが多い。葉は先の尖った卵形で長さは30cmくらい、斑点はなく、マット状に広がる。春、明るい青い花が花序を作る。*P. a.* subsp. *azurea*は、花の色が濃青色で紫色の色合いはまったく入らない。*P. a* 'Beth_s Pink' 'ベス ピンク'は、斑点のある幅の広い葉と、モーブピンク色の花を持つ。
ゾーン：3〜9

Pulmonaria longifolia
一般名：ナローリーブド ラングワート
☽/☀ ❄ ↔ 120cm ↕40cm

ヨーロッパ原生種。葉は暗緑色、長さ50cm程度で幅が狭く、白い斑点が入っていることが多く、群生する。晩冬から晩春に、藤色から紫青色の花がぎっしり集まって花序をつける。*P. l.* subsp. *cevennensis*は小さめで、銀白色の斑点のある葉とバイオレットブルーの花をつける。*P. l.* 'バートラム アンダーソン'は葉が特に細く、白い斑点が沢山入っており、花は紫がかった青をしている。
ゾーン：6〜9

Pulmonaria mollis
☽/☀ ❄ ↔ 100cm ↕40cm

ヨーロッパ原生種。葉には綿毛があり、普通は斑点がなく、葉長は50cm程度。花はスミレ色から紫青色で、開花期は早

Pulmonaria angustifolia

P. longifolia subsp. *cevennensis*

Pulmonaria officinalis cultivar

春から夏。ピンク色、あるいは白色の花を咲かせる栽培品種もいくつかある。
ゾーン：6〜9

Pulmonaria officinalis
一般名：ハイムラサキ
英 名：JERUSALEM SAGE
☽/☀ ❄ ↔ 40〜60cm ↕30cm

ヨーロッパ原生の多年草で、春も深まり葉が十分に展開する頃まで花が咲き続けるのが普通。葉は先の尖った楕円形で、白い斑点があり、長さは約15cm。花は藤色〜青色もしくは紫赤色と色が多彩で、茎頂に密に固まり房を作る。'ブルー ミスト'と'ホワイト ウイングス'は人気の高い栽培品種。
ゾーン：6〜9

Pulmonaria rubra
プルモナリア・ルブラ
☽/☀ ❄ ↔ 50〜100cm ↕30〜45cm

ヨーロッパ原生種。葉は白、あるいは銀灰色の斑点が入っていることが多い。花

Pulmonaria mollis

Pulmonaria longifolia 'Bertram Anderson'

Pulmonaria rubra 'Bowles' Red'

Pulmonaria rubra 'David Ward'

Pulmonaria officinalis 'Blue Mist'

は小さく明るい赤色で、ときには藤色がかった色をしていることもある。春から初夏にかけて、直立することの多い花茎の先に花が群生し頭状花をつける。'ボールズ レッド'は、白い斑点の入った葉とレッドピンクの花。'デビッド ウォード'は、乳白色の縁どりのある葉と、レッドピンクの花を持つ。ゾーン：6～9

Pulmonaria saccharata
一般名：ベツレヘム セージ
英　名：JERUSALEM SAGE

☀/☀ ❄ ↔40～80cm ↕30～40cm

イタリア北部原生種で、葉が十分に展開したあと花が咲く。春の葉は小さく、槍形で斑点があるが、夏の葉はそれより大きい。花は白色、または藤色～紫色、あるいは紫赤色の濃淡。'アルゲンテア'は銀斑のある葉とモーブブルーの花を持つ。(この種から他の栽培品種が生まれており、それらはまとめて**Argentea Group**（アルゲンテア グループ）と呼ばれている)'ドーラ ビールフェルド'、白もしくは明緑色の斑点入りの葉とモーブブルーの花。'ジャネット フィスク'、葉に銀色の斑点と大理石模様があり、花は蕾の頃は赤色だが開花すると紫色に変わる。'レパード'、白い斑点のある葉と紫がかったピンク色の花。'ミセス ムーン'は白い斑点の入った葉と、赤みを帯びた藤色の花。'シシングハースト ホワイト'、白い斑点の入った大きな葉と白い花を春の早い時期からつける。ゾーン：3～9

Pulmonaria vallarsae

☀/☀ ❄ ↔50～100cm
↕30～45cm

イタリア北部原生種。葉は細かい毛を帯び、白い斑点もしくは斑入りであることが多く、群生する。最初の花は新しい葉とともに現れ、蕾の時は赤い色をしているが開花すると紫色に変わる。花は早春から初夏にかけて咲く。ゾーン：6～9

Pulmonaria Hybrid Cultivars
一般名：ヒメムラサキ交雑品種

☀/☀ ❄ ↔40～100cm
↕20～40cm

ヒメムラサキ属は野生種でも栽培種でも自由に交雑するので、広く栽培されている交雑品種には親種がはっきりしないものも多い。現代の栽培品種には人目を引く斑入りの葉をつけ、花茎の短いものが多い。'ベネディクション'は銀色の斑点入りの葉とモーブブルーの花。'ブルー パール'、小さな丸い葉と明るい青の花。'ハイ コントラスト'、葉は銀灰色で緑色の不規則な縁どりがあり、花は濃いピンク色から時とともに紫青色に変わる。'ルイス パーマー'、白斑入りの葉と紫青色の花を持つ。'マージェリー フィッシュ★'、葉が銀色の斑入りで、花の色はピンク色から時とともに青色に変わる。'パープル ヘイズ'、白い斑点入りの葉と紫色の花。'ロイ デビッドソン'は長い葉に銀色の斑点が入り、花は明るい青。'シルバー ストリーマーズ'、波立った縁のある銀灰色の大きな葉と、時とともにピンク色の濃さが増していく花を持つ。'スモーキー ブルー'、白い斑点入りの濃緑色の葉と、紫がかった青の花。'トレビ ファウンテン'、銀色の斑点入りの葉と、濃い青の花のついた枝を大きく広げる。ゾーン：6～9

Pulmonaria saccharata

Pulmonaria saccharata 'Dora Bielefeld'

Pulmonaria, Hybrid Cultivar, 'Beth's Pink'

Pulmonaria, Hybrid Cultivar, 'Benediction'

Pulmonaria vallarsae 栽培品種

Pulmonaria saccharata 'Janet Fisk'

Pulmonaria saccharata 'Leopard'

Pulmonaria saccharata 'Mrs Moon'

Pulmonaria, Hybrid Cultivar, 'High Contrast'

Pulmonaria, Hybrid Cultivar, 'Lewis Palmer'

Pulmonaria, Hybrid Cultivar, 'Margery Fish'

ヒメムラサキHC、'メアリ モットラム'

ヒメムラサキHC、'レジナルド ケイ'

ヒメムラサキHC、'シルバー ミスト'

Pulmonaria, HC, 'Roy Davidson'

Pulmonaria, HC, 'Silver Streamers'

Pulmonaria, HC, 'Smoky Blue'

Pulmonaria, HC, 'Trevi Fountain'

PULSATILLA
（オキナグサ属）
英名：PASQUE FLOWER

オキナグサ属はユーラシアと北アメリカに原生し、早春に一斉に成長を始める。キンポウゲ科にふくまれ、アネモネ属と近縁関係にある。茂みを作る葉は、シダのような三回羽状複葉で、ほとんどの種が細かい毛にびっしりと覆われる。花は花茎が長く、杯形もしくは鐘形の大変優美な形で、花色は変化に富む。花は単生、花弁は5～8枚、黄金色の雄ずいが目だって突出する。*Pasque*とは古いフランス語の言葉で「復活祭」という意味で、この植物が花を咲かせるのが一般に復活祭の頃であることを意味している。正式な学名になぜ「攻撃する」という意味のラテン語*pulso*が使われているのかは明らかでないが、下向きだった蕾が開花すると上向きに転じることを表しているのかもしれない。

〈栽培〉
四季のある温帯性の気候を必要とする。樹林地の環境でも十分育つが、最もよく育つのはロックガーデンで、日なた、あるいは半日陰の場所で、水はけはよいが湿り気のある腐植質に富んだ砂の多い土壌に植えるとよい。休眠期に株分けするか、あるいは播種で繁殖させる。

Pulsatilla albana
☼/☼ ❄ ↔20cm ↕20cm

コーカサス山脈の高山草原とトルコ北東部に原生。葉は緑色で細かく切れ込んだ羽状複葉。茎と蕾は毛で覆われ、蕾に開花すると鐘形の黄色い花になって下垂するのが特徴。ゾーン：5～9

Pulsatilla alpina ★
一般名：アルプスオキナグサ、イエローアネモネ
英名：ALPINE PASQUE FLOWER
☼/☼ ❄ ↔40cm ↕45cm

ヨーロッパ中央部の山地からロシア西部に分布。葉は小さく、シダの葉に似た形で、ブロンズ色を帯びた暗緑色をしていることが多い。大きく開いた明るい黄色の花は直径が5cm以上ある。
ゾーン：5～9

Pulsatilla caucasica
☼/☼ ❄ ↔40cm ↕30cm

コーカサス地方とトルコ北東部が原生地。葉は細かく切れ込みの入った羽状複葉。花は明るい黄色で直径は5cm程度。株全体が毛で覆われているが、目立った銀色ではない。ゾーン：5～9

Pulsatilla halleri
☼/☼ ❄ ↔30cm ↕25cm

ヨーロッパ中央部と南東部の山地に自生。銀色の絹毛が密生する。細かく全裂した羽状複葉が出るずっと前に、花が咲くことが多い。花は直立し、上向きに咲くのが普通で、花色はスミレ色からラベンダー青。ゾーン：5～9

Pulsatilla koreana
☼/☼ ❄ ↔40cm ↕30cm

日本、朝鮮半島、隣接する中国の一部地域、シベリアに分布する亜高山性種。全体に毛が密生しており、葉は非常に細かく全裂する。濃紫色の花は季節の遅い時期に咲く。ゾーン：4～9

Pulsatilla montana
一般名：マウンテン ラングワート
☼/☼ ❄ ↔20～38cm ↕20～45cm

スイスからブルガリアに分布。葉は綿毛を帯び、非常に細かく全裂する。花は直径40mm足らず、鐘形で下向きに咲く。花色はスミレ色から青紫色。花茎は短いが、種子が成熟するにつれ伸長する。
ゾーン：6～9

Pulsatilla caucasica

Pulsatilla koreana

Pulsatilla montana

Pulsatilla patens

Pulsatilla pratensis subsp. *bohemica*

Pulsatilla vulgaris

Pulsatilla patens
英　名：EASTERN PASQUE FLOWER
☼/☽ ❉ ↔20〜30cm ↕15〜25cm
ヨーロッパ北部からシベリア、アラスカ、アメリカ合衆国に原生する。葉はわずかに毛が生えきめ粗く、葉の全裂は大半の銀色の種ほど細かくない。花は非常に咲くのが遅く、花色は紫色の濃淡が普通だが、黄色を帯びていることもあるし、まれに白色のこともある。茎は絹毛を帯びている。ゾーン：4〜9

Pulsatilla pratensis
☼/☽ ❉ ↔40cm ↕30cm
ヨーロッパの大部分に分布。全体に銀色の絹毛が密生。葉は非常に細かく分裂している。花は幅の狭い鐘形で下垂し、直径は40mmほど。花色は藤色から濃紫色。*P. p* subsp. *bohemica*は、花が小さくてとても濃い紫色をしている。ゾーン：5〜9

Pulsatilla vulgaris
一般名：セイヨウオキナグサ
英　名：PASQUE FLOWER
☼/☽ ❉ ↔20〜40cm ↕20〜38cm
グレートブリテン島からヨーロッパを通りウクライナまで分布。全体が細かく銀色の絹毛で覆われている。葉は大変細かく全裂した羽状複葉。花は花茎につき、鐘形でふつう上向きに開き、直径は5〜8cm。花色は藤色から紫色。'アルバ'は白い花。'ルブラ'は赤い花。'パパゲーノ'（syn. *P. v.* subsp. *grandis* 'Papageno' 'パパゲーノ'）は混色の品種で、花色は多彩でアプリコットや黒紫色もある。ゾーン：5〜9

Pulsatilla vulgaris 'Alba'

Pulsatilla vulgaris 'Papageno'

Pulsatilla vulgaris 'Rubra'

PULTENAEA
（プルテナエ属）
マメ科ソラマメ亜科のこの属は100種からなり、そのすべてがオーストラリアの固有種で東部の全州に分布し、サウス・オーストラリア州とウエスト・オーストラリア州にも数種が分布する。匍匐性の小低木から直立性の高低木まで成長習性は変化に富み、葉の形も多様なら生息環境もさまざまである。蝶形花は黄色もしくは黄色に赤い斑点のついたものがある。果実は丸い豆果で、中には数個の種子が入る。

〈栽培〉
種子で繁殖させるが、湯に浸す、あるいは傷をつけるなどの硬実処理を前もって施しておく。栽培品種は、排水に優れた酸性から中性の土壌と、半日陰もしくは全日光を必要とする。マルチの使用が効果的であるようだ。

Pultenaea cunninghamii
☼ ❉ ↔1.2m ↕0.9m
葉が下垂する小低木で、オーストラリア大陸の東部の州に自生する。葉は灰緑色で、ほぼ丸型、3枚ずつ輪生し、中央葉脈の先端が鋭い棘になる。花は黄橙色で、赤い斑点がある。花期は晩春から夏。ゾーン：8〜9

Pultenaea pedunculata
プルテナエア・ペドゥンクラタ
英　名：MATTED PEA BUSH
☼ ❉ ↔1.2m ↕10cm
タスマニアを含む、オーストラリア南東部に分布する。地表面を這う茎は、マット状に密に広がり地面を覆う。葉は小さな楕円形で輪生する。春に黄色〜オレンジ色の蝶形花が咲く。栽培品種には、明るい黄色の花をつける'プヤロング　ゴールド'と、濃いピンク色とクリーム色の花をつける'プヤロング　ピンク'がある。ゾーン：9〜10

Pultenaea cunninghamii

Pultenaea pedunculata

Pultenaea scabra

Pultenaea stipularis

PUNICA
(ザクロ属)

ザクロ科ザクロ属には2種しかない。両種とも落葉小高木の果樹で、地中海地域、北アフリカ、イラン、アフガニスタンに原生する。葉は単葉で槍形、花は深紅色、果実は赤みを帯びた黄色でリンゴに似た形をしている。耐寒性に非常に優れ、かなり低い気温はもとより湿度が低く気温の高い日が続いても平気だが、果実が熟すには乾燥した暑い夏が必要である。

〈栽培〉
通気性のよい粗目の土壌ならよく生育し、さらに有機質に富んだ土壌であれば申し分ない。当年にのびた枝葉を晩冬に軽く切り戻してやると、密に葉を茂らせる習性を維持することができる。春に播種、もしくは春～秋に軟枝挿しか半熟枝挿しで繁殖させる。

Punica granatum
一般名：ザクロ
☀ ❄ ↔ 4.5m ↕ 8m

横に広いドーム状の樹冠部を持つ小高木。側生のシュートには棘がある。幅の広い槍形の葉は対生し、春は赤っぽい色だが、やがて明緑色になり、秋には黄色に変わる。花は5～8枚の明るい深紅色の花弁と数多くの雄ずいを持ち、晩春～晩夏に咲く。橙赤色の果実にはゼリーに似た深紅色の果肉がある。'ナナ'は矮性変種で、高さは0.9mかそれ以下。'ナナ プレナ'、'ナナ'の変種で観賞用の八重咲き型。'ノチ シバリ'、人気の高い北アメリカ産の栽培品種。'ワンダフル'は八重咲き型で、その果実はワイン風味があると言われている。
ゾーン：8～11

PURSHIA
(プルシア属)

この属はバラ科にふくまれ、北アメリカ西部に原生する2種の低木または小高木からなる。葉は灰緑色で、3～5個の裂片に分かれ、葉縁はわずかに鋸歯状か、もしくは下側に巻きこまれている。花は小さく、花弁が5枚ある筒形で、花色は白から明るい黄色、前の季節に成長した枝の先端に付く。原生地は温暖だが乾燥した気候の土地、あるいははっきりした乾季のある土地である。

〈栽培〉
耐霜性は中程度だが、冬に湿っぽい土壌を嫌う。温暖で保護された場所で水はけのよい土壌に植えること。繁殖は播種、または取り木。

Purshia tridentata
英名：ANTELOPE BUSH
☀ ❄ ↔ 1.8m ↕ 3m

アメリカ合衆国南部に原生。直立性の低木で、末端枝を横に広く伸ばす。葉は楔形で、光沢のある緑色、長さは25mmほど、裏面は剛毛があり白みを帯びる。花にクリーム色がかった黄色で、径は12mmほど、花期は春～夏。
ゾーン：5～11

PUSCHKINIA
(プスクキニア属)

ヒアシンス科にふくまれるこの属は、シラー属と近縁で、トルコに原生するただ1種からなる。革紐状の葉は基部が筒状の根生葉。花は白または淡い色で縞があり、細長い茎に房状につく。

〈栽培〉
球根は落葉低木の下の半日陰で水はけのよい土壌に植えること。秋に8cmの深さに等間隔で植える。数年間はそのままにしておく方がよい。花のつきが悪くなってきたら、葉が熟した後球根を掘り出す。小さな球根は夏に暑すぎたり乾燥しすぎたりしないように冷涼な場所を必要とする。分球によって繁殖可能。

Puschkinia scilloides ★
英名：STRIPED SQUILL
☀/◐ ❄ ↔ 8cm ↕ 5～10cm

緑色の葉が2本根際から生じ、茎も1本根際から出て、6枚の花弁がある鐘形の花をつける。花は香りよく、白色から淡青色で、各花弁の中央には濃青色の筋が入る。*P. s.* var. *libanotica*は、本種より少し小型の花をつける。
ゾーン：4～8

PUYA
(プヤ属)

パイナップル科プヤ属は、主として南アメリカのアンデス山脈に原生する、200種以上の陸生種からなる。その大半が他のパイナップル科の属より冷涼な環境を好む。幹を形成する大型の種が多いので、個人の庭園で見かけることは少ないが、亜熱帯地域の植物園ではよく目にする。花の高さが10mにまで達する種もあれば、最小の種では花は高さ8cmにしかならない。ロゼットを形成する葉は緑色で幅狭の三角形をしており、一般に葉縁に大きな棘がいくつもつく。花序は円柱形もしくはピラミッド形で多数分岐し、一般に大きくてひときわ目を引く花をつける。

〈栽培〉
冷温帯地域では、温室やコンサバトリーでの栽培を勧めるが、そうでなければ屋外で栽培する。乾き気味に保てば温暖な地域に適応する種もある。水やりは鉢の土が乾いてからにする。肥料をよけいに与えれば遅い成長を早めることができるかもしれない。繁殖は種子からが一般的。ほとんどの種がオフセットを出すが、たいてい非常に根づきにくい。

Puya berteroniana
☀ ❄ ↔ 2m ↕ 4.5m

チリ中央部に原生。樹齢とともに幹を形成する。葉は緑色で、幅の狭い三角形、葉縁には鋭い歯牙があり、ロゼットを密に形成する。花茎は太く、高さは3mほど。花序は高さ100cmで幅50cm。側枝は最大で100本つき、それぞれに青緑色の大型の花が約15個つく。枝の上部には花はつかない。ゾーン：7～9

Puya chilensis
☀ ❄ ↔ 2m ↕ 4.5m

チリ中央部に原生。樹齢とともに幹を形成する。葉は緑色で、幅の狭い三角形、葉縁には鋭い歯牙があり、ロゼットを密に形成する。花茎は太く、直立し高さ3.5mほどになる。花序は高さ100cmを超え、側枝は最大で100本つき、それぞ

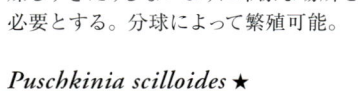

Pultenaea tuberculata, in the wild, Brisbane Water NP, New South Wales, Australia

*Pultenaea villosa*の平伏品種。

Puschkinia scilloides

Puschkinia scilloides var. *libanotica*

Punica granatum、(盆栽)

れに黄色い花が12個までつく。枝の上部には花はつかない。ゾーン：7～9

Puya venusta
☼ ❄ ↔50cm ↕100cm
チリの沿岸地帯に原生し、よく分岐して繁る。葉は灰緑色、幅の狭い三角形で、葉縁には歯牙があり、密生してロゼットを形成する。花茎は太く、明るい赤色。花序は赤みを帯び、マツの球果に似た形をし、枝先につく。花の色は濃いスミレ色。ゾーン：8～9

PYCNANTHEMUM
(アワモリハッカ属)
異　名：*Koellia*
英　名：AMERICAN MOUNTAIN MIST
シソ科、21種の無毛、あるいは有毛の多年生草本からなる。北アメリカ東部に原生する。直立した茎は単生、あるいは分岐し、葉柄は短く、葉は対生で全縁、ミントの香りがする。花柄の先に花が群生し、単一、あるいは分岐した花序をつける。通常、花には葉に似た苞が1対と、花冠筒が拡大してできた2枚の唇弁がある。花期は夏～秋。花後に無毛もしくは細かい毛を帯びた果実がなる。学名は、ギリシア語の*pyknos*（密生した）と*anthos*（花）からきており、この植物が花を密に集まってつけることを表している。紅茶の風味づけに使われることもある。

〈栽培〉
屋外の日当たりのよい場所を好み、たいていの土壌状態に適応する。繁殖は播種か挿し木で。

Pycnanthemum virginianum
異　名：*Pycnanthemum lanceolatum*
一般名：バージニア マウンテンミスト
英　名：WILD HYSSOP
☼ ❄ ↔100cm ↕100cm
直立し、硬く数多く分岐する草本。分岐した茎は短く、葉が多い。葉は線形から幅狭の剣形、鋸歯縁、先端が尖り、長さは6cm足らず。よい香りのするピンク色から白色の花が、夏の中期から後期に

上部の偏平な花序を作る。押しつぶすと、どの部分からも強いミントに似た芳香がする。ゾーン：3～7

PYCNOSTACHYS
(ピクノスタキス属)
シソ科、アフリカ南部の熱帯に原生する40種ほどの多年草、あるいは軟材の低木からなる。栽培の目的は、2枚の唇弁を持つ濃青色の花が、茎頂に密に集まってつける穂状花序にある。茎は四角く、葉は対生または輪生し、押しつぶすとミントのような芳香がすることが多い。

〈栽培〉
温暖で霜のおりない気候の地域である必要があり、湿り気はあるが水はけのよい肥沃な土壌で日なたの場所が栽培には最適である。冷涼な地域では温室またはコンサバトリーで栽培し、成長期には水をたっぷり与える。繁殖は播種、あるいは挿し木。

Pycnostachys reticulata
☼ ✿ ↔45cm ↕100cm
南アフリカとマダガスカルに原生する多年草。晩夏～秋にかけて、白と紫色の花が、魔女の帽子に似た穂状花序を長い花茎に数多くつける。
ゾーン：9～12

Pycnostachys urticifolia
☼ ✿ ↔1.2m ↕2.4m
軟材の低木で、分岐した直立する茎を持つ。葉は卵形で長さは12cm、歯牙縁。花は筒状で、深青色から紫色、密に集まって茎頂に長さ10cm程度の穂状花序を作る。花期は夏から秋。
ゾーン：9～12

PYRACANTHA
(トキワサンザシ属)
英　名：FIRETHORN
バラ科トキワサンザシ属には9種あり、ほとんどが棘のある低木で、アジア東部とヨーロッパ南東部に分布している。葉は単葉で、縁は歯牙状であることが多い。花は白色で枝先に散房花序を作る。

花後に、赤やオレンジ、あるいは黄色の果実がたわわに実り、冬も残る。ほとんどの種が冷涼で湿気のある地域で最もよく成長するので、庭の景観作りの植え込みに有用な低木であり、垣根仕立ての見本に使われたり、生垣に使われたりする。トキワサンザシ属は好適地で帰化する。

〈栽培〉
非常に適応性に優れた低木が多く、遮るもののない日光にさらされた場所にも耐えられる。植栽には水はけがよく肥沃な土壌が最適。剪定は絶対に必要というわけではないが、大きさを調節する一助にはなるだろう。生垣は早春から夏の中頃までに剪定できる。火傷病、瘡痂病、立ち枯れ病に注意すること。繁殖は播種、あるいは挿し木によって行なう。

Pyracantha angustifolia
一般名：タチバナモドキ、ホソバトキワサンザシ
英　名：NARROW-LEAFED FIRETHORN, ORANGE FIRETHORN
☼ ❄ ↔3.5m ↕3.5m
中国南西部に原生する、刺だらけで叢生する低木で、枝を水平方向に伸ばす。葉は光沢のある暗緑色で、裏面は灰色で毛が生える。花は小さく白色で、夏の中頃に散房花序にぎっしりつく。黄色から濃いオレンジ色の液果がなる
ゾーン：7～10

Pyracantha coccinea

Pyracantha angustifolia

Pycnostachys urticifolia

Pycnostachys reticulata

Pyracantha coccinea
一般名：トキワサンザシ
英　名：EUROPEAN FIRETHORN, SCARLET FIRETHORN
☼ ❄ ↔4.5m ↕4.5m
ヨーロッパ南部、トルコ、コーカサス地方原生の密に叢生する低木。葉は光沢があり濃緑色で、卵形から槍形、鋸歯縁があり、新葉はにこ毛で覆われる。小さくて白い花が咲く。にこ毛の生えた柄に魅力的な真紅の液果をつける。'ラランディ' ★は生育旺盛で、高さは最大で6mに達し、光沢のある明るい橙赤色の液果をつける。
ゾーン：5～9

Puya berteroniana

Puya venusta

Pyracantha, Hybrid Cultivar, 'Watereri'

Pyracantha, Hybrid Cultivar, 'Mohave'

Pyracantha, Hybrid Cultivar, 'Shawnee'

Pyracantha crenulata

Pyracantha crenulata
一般名：ヒマラヤトキワサンザシ、インドトキワサンザシ
英　名：HIMALAYAN FIRETHORN
☼ ✻ ↔3.5m ↕4.5m
ヒマラヤ山脈南側の丘陵地帯に原生する有棘の低木もしくは小高木。新しいシュートは錆色でにこ毛を帯びる。葉は光沢があり暗緑色で鋸歯縁。白い小花が30個ほど集まり散状花序をなす。液果は暗赤色。ゾーン：7〜10

Pyracantha koidzumii
一般名：タイトウカマツカ、タイトウサンザシ
英　名：Taiwan firethorn
☼ ✻ ↔3.5m ↕3.5〜4.5m
台湾原生種で数多く枝をだす種。若い茎は赤みを帯びにこ毛があるが、年がたつにつれ毛は落ち紫がかった色に変わる。葉の表面は濃緑色で光沢があり、裏面はそれに比べて白っぽい。夏に白い小花が散房花序をなす。果実は液果で色は変化に富み、オレンジ橙赤色のこ ともある。ゾーン：7〜10

Pyracantha rogersiana
ピラカンタ・ロゲルシアナ
英　名：ROGERS FIRETHORN
☼ ✻ ↔3.5m ↕3.5m
中国原生の低木。樹齢とともに横に広がり築山形になる。葉は光沢があるミッドグリーンで、長さは35mm足らず。春に白い小花が散房花序をなし開くが、二年目の枝につくことが多い。液果は黄色から橙赤色。'フラバ'は、黄色い液果をつける。ゾーン：8〜10

Pyracantha Hybrid Cultivars
一般名：ピラカンタ交雑品種
☼ ✻ ↔1.8〜3m ↕1.5〜3m
開張性の低木類でよい生垣になり、低木の植え込みにも適している。'ゴールデン チャーマー'はアーチ状に茂る生育旺盛な低木。枝は長く、葉は光沢のある緑色で細かい鋸歯縁があり、果実は球形で橙赤色。'ゴールデン ドーム'、アーチ状に枝をのばしてこんもり茂る。夏に白い花を咲かせ、濃黄色の小さな果実をつける。'ハーレクイン'は斑入りの品種で、葉は魅力的なピンク色に染まり、葉縁はクリーム色。'モハベ'は大きさとしては中型の密に茂る低木で、葉は濃緑色、果実は鮮やかな橙赤色。'オレンジ チャーマー'、刈り込んで0.9〜2.4mの高さから支柱なしで立つ低木に仕立てることができる。橙赤色の液果は長く残る。'オレンジ グロー'、生育旺盛な密

Pyracantha rogersiana

に茂る低木で、鮮やかな橙赤色の果実は冬中残る。'ショーニー'は有棘の低木で、密に分岐し根際で横に広く拡がる。白い花を大量に咲かせ、黄色から明るいオレンジ色の果実を大量につける。'スパークラー'は寒さに少し弱い斑入りの品種で、葉は人目を引く白斑があるが、秋になるとピンク色を帯びてくる。'ワテレリ'、コンパクトだが生育旺盛な低木で、夏には白い花に覆われる。果実は明赤色。ゾーン：5〜9

PYROSTEGIA
（カエンカズラ属）
ノウゼンカズラ科、4種の常緑性つる植物からなる。茎は木質で、巻きひげを使ってよじ登るタイプの植物で、原生地は熱帯アメリカ。その見栄えのする花のために栽培されている。枝は歪曲し、葉は複葉で、卵形の小葉が2枚、ときには3枚からなり、頂小葉は巻きひげになるが、なっていないこともある。花は枝の先端に房になって咲く。花冠は筒状で反り返り、雄ずいが突出する。この属名は「火」を意味するギリシア語のpyrと、「屋根」を意味するギリシア語のstegeからできており、その花の形と鮮やかな赤橙色の花色を表している。
〈栽培〉
十分に日が当たり、水はけがよく肥沃な土壌で最もよく成長する。支柱が必要。夏に半熟枝挿しによって繁殖させる。

Pyrostegia venusta
一般名：カエンカズラ
異　名：*Pyrostegia ignea*
英　名：FLAME VINE, GOLDEN SHOWER, ORANGE TRUMPET CREEPER, TANGO POI
☼ ⌇ ↔6m ↕6〜9m
成長が早く活発に枝を出すつる植物。原

Pyrostegia venusta

生地はブラジル、パラグアイ、ボリビア、アルゼンチン北東部。小葉は無毛で、紙質もしくは革質、長さは10cm程度、先端は尖らない。秋から春にオレンジ色の花が茎の頂部に房になって咲く。ゾーン：8〜10

PYRROSIA
（ヒトツバ属）
英　名：FELT FERN
ウラボシ科、岩上に着生する種もしくは地生する種のシダ約100種からなる。アジア、アフリカ、オーストラリアの熱帯地域に分布する。このシダの根茎は匍匐して枝分かれし、葉は通常単葉で全縁、革質で厚く、密な毛で覆われ、鱗片があるが、やがて滑らかになり、葉裏はフェルト状である。葉に茎がつくことも、つかないこともあり、ときに胞子葉が栄養葉より長くなる。
〈栽培〉
泥炭を多く含む肥沃な土壌で、湿り気のある風雨にさらされない、日陰の場所を好む。繁殖は株分けか胞子から行う。

Pyrrosia confluens
英　名：ROBBER FERN
☼ ✻ ↔25〜35cm ↕25〜35cm
熱帯オーストラリア原生。根茎は長く横に這い、たくさん分岐する。栄養葉は狭卵形。胞子葉は細い楕円形で、長さは5〜18cmあり、中央脈が目立つ。葉は茎から出て、長さは5cm程度。ゾーン：9〜12

Pyrrosia lingua
一般名：ヒトツバ
英　名：JAPANESE FELT FERN, TONGUE FERN
☼ ✻ ↔15cm ↕8〜15cm
中国、台湾、日本に原生。長く匍匐する根茎からのびる。葉は剣形から卵形、長さは30cm程度、先端は狭鋭形で、基部は楔形になっている。いずれの葉も長さ5cm足らずの茎につく。'シシャ'（syn.'クリスタタ'）は、葉の先端が二又に分かれて、羽飾りがついているように見える。ゾーン：8〜12

Pyrrosia confluens

Pyrus calleryana 'Bradford'

Pyrrosia eleagnifolia

PYRUS
（ナシ属）

英　名：PEAR

バラ科ナシ属はヨーロッパとアジアに広く分布し、リンゴ属と近縁関係にある。ナシ属は約20種の小型から中型の落葉高木からなる。中には棘を持ち、葉は単葉で、秋に葉色が黄色や赤色に変わる種もある。大部分が白い花をつけ、花の後に果実が実る。食用の果実もあるが、大きさや形は多種多様である。観賞用の種は深く根をはるので耐乾性にすぐれ、大気汚染にもそれなりの耐性を持つ。果実栽培用の種は花粉交雑させなければ実がつかない。

〈栽培〉

ナシ属は適度に肥えた土壌ならばたいていの場所で生育するだろうが、もっともよく生育するのは冷温帯の土地である。観賞用には剪定はほとんど必要ないが、若木の段階で形を整えてよい形の木にしたい場合に剪定する。新鮮な種子をすぐ播種して繁殖させることができるけれども、クローン種の繁殖には原形とまったく同じものになるように接ぎ木を行なう。

Pyrus amygdaliformis
英　名：ALMOND-LEAFED PEAR

☼ ❄ ↔3.5m ↕6m

地中海の北部と東部の沿岸地方に原生する大低木もしくは小高木。枝に棘のあるものもある。葉は幅が狭く、細かい鋸歯縁、あるいは全縁で、最初は銀色を呈するが成熟してくると灰緑色に変わる。果実は小さく球形で、色は黄褐色。*P. a.*

Pyrus calleryana 'Bradford'

var. *cuneifolia*は標準種より幅の狭い楔形の葉をしている。ゾーン：5～9

Pyrus betulifolia
一般名：ホクシマメナシ、マンシュウマメナシ

英　名：BIRCH-LEAF

☼ ❄ ↔4.5m ↕9m

中国北部原生のほっそりした小低木。葉は卵形もしくは円形で、先端は斬尖形、鋭い鋸歯縁がある。若葉の時は灰緑色だが、成葉は表面が光沢のある緑色になる。小さくて暗褐色の果実をつける。ゾーン：5～9

Pyrus bretschneideri
一般名：チュウゴクナシ

☼ ❄ ↔8m ↕50m

中国北部原生の落葉高木で、樹形は横幅の広いピラミッド形。葉は細長い卵形で、光沢があり、暗緑色、長さは10cm程度、鋸歯縁がある。春によい香りのする白い花が沢山咲く。小さな黄褐色の果実の房ができてくるが、果肉は白色をしている。ゾーン：3～9

Pyrus calleryana
一般名：マメナシ、イヌナシ

英　名：CALLERY PEAR

☼ ❄ ↔12m ↕12m

中国南東部、朝鮮半島、日本、台湾に分布する、有棘の枝を持つ観賞用高木。葉は光沢のある緑色で、晩秋に紅葉する。花は白色で、嫌な臭いがする。果実は小さく、表面は痘痕状で褐色、細長い茎の先につく。'ブラッドフォード'、棘のない栽培品種で、秋は葉色が暗赤色になり、春には花を沢山つける。'チャンティクリア'／グレンズ フォーム★は、秋に葉が鮮やかな深紅になり、本種とよく似るが、樹形の横幅がより狭い。
ゾーン：5～10

Pyrus amygdaliformis var. *cuneifolia*

Pyrus betulifolia

Pyrus calleryana

Pyrus communis 'Beurré d'Anjou'

Pyrus communis 'ブーレ アルディ'

Pyrus communis 'ソーン'

Pyrus communis 'Conference'

Pyrus communis

Pyrus communis 'Cascade'

Pyrus communis 'Williams' Bon Chrétien'

Pyrus communis 'Doyenné du Comice'

Pyrus communis
一般名：セイヨウナシ（西洋梨）
英　名：CALLERY PEAR, COMMON PEAR, GARDEN PEAR
☀ ❄ ↔6m ↕15m

中型の高木。葉は光沢のある緑色で、円形もしくは卵形。春に棘のある枝を白い花が覆いつくす。大きな果実は食用で甘い香りがする。数千年前から栽培されており、1000種以上の有名な栽培品種が生まれている。'**ブーレ ダンジュ**'は、大変歴史の古いフランス産の栽培品種で、果実をつける時期は遅いが、実に皮目が滑らかで緑色、膨らんだ部分の皮の色は少し、もしくは完全に赤く、果肉は甘くて果汁が多い。'**カスケード**'は、果実を沢山つける種で、果実はほぼ球形、外皮は明赤色に少し黄色が混じる。白い果肉は甘くて果汁が多い。'**クラップス フェイバリット リーブリング**'は、果実は小さいが、大変果汁が多くて美味しい。'**カンファレンス**'は首の長い大型のナシで、外皮は褐色に黄緑色が混じり、果実は果汁が多くて甘く、少しピンク色を帯びる。'**ドワイエンヌ デュ コミス**'★（syn. 'コミス'）は、古くからあるフランス産のナシで、多くの変種がある。果実は皮目が滑らかで熟すと淡緑色になり、果肉はクリーム色で甘くて果汁も多く、大変香りがよい。'**ゲラーツ バターバイン**'は、黄緑色の果実で、膨らんだ部分の皮はブロンズオレンジ色。'**レッド バーレッド**'は明るい赤色の果実。'**ウィリアムズ ボン クレティアン**'（syn. 'バートレット'）は、果実は明緑色で膨らんだ部分が少し赤く、熟すと黄色っぽくなる。大変果汁が多く甘味が強い。
ゾーン：2〜9

Pyrus kawakamii
英　名：EVERGREEN PEAR
☀ ❄ ↔9m ↕9m

日本原生の常緑低木もしくは小高木で、枝に棘がある。魅力的な葉は緑色で光沢があり、楕円形で長さは10cm程度。晩冬に白い花が小さな房状に咲く。果実は小さくて球形。ゾーン：8〜10

Pyrus salicifolia

Pyrus pyrifolia 'Hosui'

Pyrus pyrifolia 'Shinko'

Pyrus nivalis
一般名：ユキナシ
英　名：snow pear
↔6m ↕9m
ヨーロッパ南部原生の小低木で、枝は棘がなく上向きにのびる。春に白い花が総状花序をなして咲く時、若葉もともに開く。葉は全縁で長円形もしくは卵形。花は小さく円形で黄緑色。小さな庭園向けの木。ゾーン：5〜9

Pyrus pashia
英　名：HIMALAYAN PEAR
↔8m ↕12m
ヒマラヤ山脈と中国西部原生の丸い樹冠を作る小高木。葉は細かい鋸歯縁で、3裂していることもある。花は蕾の時はピンク色だが、開花すると白色になり赤い葯がでる。果実は球形で、褐色に薄い褐色の斑点がある。ゾーン：5〜9

Pyrus pyraster
英　名：WILD PEAR
↔9m ↕9m
ヨーロッパ中央部と南西部に原生する開張性の高木。枝や側枝に棘がある。葉は薄く楕円形、長さは5cm程度。春、香りのよい白い小花が咲く。房をなしてつく果実は、小さな洋ナシ形で熟すと褐色の斑点がでる。ゾーン：4〜9

Pyrus pyrifolia
一般名：ニホンナシ、ヤマナシ
英　名：CHINA PEAR, SAND PEAR
↔9m ↕15m
中国と日本に原生する。葉は長楕円形で鋸歯縁、秋にはオレンジ色とブロンズ色の濃淡になる。小さな白い花は、葉が出る直前、あるいは葉と同時に現れる。果実は小さくて硬く褐色。'長十郎'（チョウジュウロウ）はずんぐりした形で、赤褐色で斑点が密に入っている。'豊水'（ホウスイ）は黄褐色の果実。'二十世紀'（ニジッセイキ）★は黄緑色の果実。'新興'（シンコウ）、中型で均整取れた球形の果実をつける。果皮の色はブロンズ色で、果肉はさくさくし、香りよく甘味も強いが、じゃりじゃりと粗い舌触りがする。ゾーン：4〜9

Pyrus salicifolia
一般名：ヤナギバナシ
英　名：SILVER PEAR, WILLOW-LEAFED PEAR
↔4.5m ↕8m
コーカサス地方原生の小高木で、枝は細長く優美に下垂する。葉は細長く柳の葉に似ており、若葉の頃は銀色で、成熟するにつれ表面は灰緑色になり光沢がでてくる。花は乳白色。果実は小さくナシ形で褐色。'ペンドゥラ'は、小型で枝は十分に下垂する。'シルバー　カスケード'は葉が銀灰色。ゾーン：4〜9

Pyrus ussuriensis
一般名：ホクシヤマナシ
英　名：MONGOLIAN PEAR, USSURIAN PEAR
↔6m ↕15m
中国北東部、朝鮮半島、日本北部に分布。ときに街路樹に使われる。葉は卵形もしくは円形、棘状の鋸歯縁を持ち、色は黄緑色だが秋に紅葉して深紅〜ブロンズ色になる。早春に白い花が散房花序をなして咲く。果実は緑色がかった褐色で、秋から冬に熟す。
ゾーン：4〜9

Pyrus salicifolia 'Silver Cascade'

Pyrus salicifolia 'Pendula'

Pyrus ussuriensis

コナラ属の自生木、アメリカ、ユタ州、ザイオン国立公園

Quercus acutissima

Quercus alba

QUERCUS
（コナラ属）

英 名：OAK

ブナ科コナラ属は常緑性および落葉性の植物ほぼ600種から成る。大半は高木であるがわずかながら低木もあり、北半球全域に広く分布。見事な大樹になるものが多く、寿命も長い。木材は造船、高級家具、鏡板などに使われてきた。果実（堅果）の一部は殻斗に覆われている。どの種も単葉であり、粗いもしくは細かい鋸歯縁となる場合が多く、秋季には鮮紅色や黄褐色に変色する。早春、同株の尾状花序に雄花と雌花が別々につく。

〈栽培〉

コナラ属は沖積谷の土壌でよく育つが、地中海性の数種はやせた乾燥土壌でも生育する。冷湿な条件を好むものが多い。直立樹形を得るためには、早期の剪定が必要となる場合もある。夏季もしくは秋季に成熟種子を播種すると、すみやかに発芽する。晩冬もしくは早春に栽培品種と不実種の交雑種を接木することが多い。

Quercus acutissima

一般名：クヌギ

英 名：JAPANESE CHESTNUT OAK, JAPANESE OAK

☼ ❄ ↔12m ↕24m

日本、朝鮮半島、中国、ヒマラヤ原産。落葉高木。樹皮は暗灰色をしており、縦方向に不規則なひび割れがある。葉はクリの葉に似て細長く、光沢のある緑色で剛毛状の鋸歯縁となる。冬季まで落葉しない。楕円形をした堅果の半分は殻斗に覆われる。ゾーン：5〜10

Quercus agrifolia

一般名：カリフォルニアライブオーク

英 名：CALIFORNIA LIVE OAK, COAST LIVE OAK

☼ ❄ ↔10m ↕12m

アメリカ合衆国カリフォルニア州、メキシコに自生する常緑高木。高低木となって地上近くから枝を出す場合もある。樹皮はなめらかな暗色であり、老樹では粗くなる。葉は楕円形もしくは円形をしており、表面は粗い。鋸歯縁となり、裏面はなめらか。堅果の半分は殻斗に覆われる。ゾーン：8〜10

Quercus alba

一般名：ホワイトオーク

英 名：AMERICAN WHITE OAK, STAVE OAK, WHITE OAK

☼ ❄ ↔30m ↕30m

カナダ南東部およびアメリカ合衆国東部に自生する落葉性の大高木。単幹性の巨木となってよく分枝し、繁茂した樹葉は天蓋状となる。樹皮は暗灰色。葉は楕円形で不規則な切れ込みがあり、若葉は薄緑色であるが秋季には深紅色となる。堅果の殻斗は浅く鱗片状。ゾーン：3〜9

Quercus bicolor

Quercus bicolor

英 名：SWAMP WHITE OAK

☼ ❄ ↔12m ↕24m

カナダ南東部およびアメリカ合衆国東部に自生する。成長すると太幹となって斜上枝が繁茂する。樹皮は薄灰色であり、肥厚した暗灰色の縦線がある。葉は卵形をしており、浅い切れ込みがある。表面は光沢のある緑色、裏面は灰色でフェルト状。堅果は房状。ゾーン：4〜10

Quercus brantii

☼ ❄ ↔6m ↕9m

トルコ東部からイラン南西部にかけての全域に自生する。半常緑性もしくは落葉性の低木であり、乾燥に強い。葉は全長5〜10cmであり、細かな鋸歯状突起がある。裏面は綿毛状となる。やや大型の堅果は房状、2年型。ゾーン：7〜10

Quercus canariensis

一般名：アルジェリアオーク

英 名：ALGERIAN OAK, CANARY OAK, MIRBECK'S OAK

☼ ❄ ↔12m ↕24m

北アフリカ、ポルトガル南部、スペインに自生する半落葉性高木。成長は速やかである。葉は大きくて卵形ないし楕円形をしており、浅い切れ込みがある。表面は光沢のある暗緑色であるが、裏面では薄くなる。堅果は半球状。粘土質もしくは石灰質の土壌でも栽培が可能。ゾーン：7〜10

Quercus agrifolia

Quercus brantii

Quercus canariensis

Quercus cerris 'Laciniata'

Quercus castaneifolia
一般名：チェストナットリーフドオーク
英　名：CHESTNUT-LEAFED OAK
☼ ❄ ↔18m ↕30m
コーカサス、イラン、アルジェリアに自生。天蓋状に枝を広げる落葉樹。葉は長楕円形もしくは狭い卵形をしており、両端に向って先細りとなる。縁には粗い小突起がある。葉の表面は光沢のある暗緑色、裏面には灰色がかった綿毛がある。堅果は濃い茶色。'**グリーン スパイア**'は円柱状に生育し、コンパクトな姿形をとる。
ゾーン：6～10

Quercus cerris
一般名：トルコナラ
英　名：TURKEY OAK
☼ ❄ ↔23m ↕30m
ヨーロッパ南部および中東に自生する大型で成長の速い落葉樹。稚樹の樹冠は狭いが成長に伴って広がっていく。樹皮はくすんだ灰色をしており、粗い亀裂がある。葉は卵形もしくは楕円形。両端は浅く切れ込んでおり、粗い小突起がある。無柄の堅果はコケのような殻斗に覆われている。'**アルゲンテオワリエガタ**'（syn. '**ワリエガタ**'）の葉は両縁部が鮮やかな黄白となる。'**ラキニアタ**'の葉には細長い切れ込みがある。ゾーン：7～10

Quercus crassifolia

Quercus chrysolepis
英　名：CANYON LIVE OAK, MAUL OAK
☼ ❄ ↔9m ↕21m
アメリカ合衆国南西部およびメキシコ原産。多様性に富み、成長の遅い常緑高木もしくは大型低木。樹冠は大きく広がる。やや厚い樹皮はなめらかで赤みがかった灰褐色。葉は長円形もしくは卵形。鋸歯縁と綿毛を持つ。堅果はほぼ無柄。ゾーン：7～10

Quercus coccinea
一般名：ベニガシワ
英　名：SCARLET OAK
☼ ❄ ↔12m ↕21m
アメリカ合衆国東部および中部原産。広がった枝を持つ落葉樹。葉は長楕円形もしくは楕円形をしており、表面は光沢のある暗緑色、裏面は淡緑色。秋には一部の葉が暗赤色に変色し、後に樹冠部全体が色づく。堅果は浅い殻斗に覆われている。'**スプレンデンス**'の葉は大きく、秋に紅葉しやすい。ゾーン：2～9

Quercus crassifolia
☼ ❄ ↔10～15m ↕15～21m
メキシコ中央部原産の落葉樹。若い葉は切れ込みがなくビロード状であるが、成熟すると肉厚となって周縁部がわずかに後方に反る。堅果は1年型で3分の1が殻斗に覆われる。ゾーン：8～10

Quercus × *deamii*
☼ ❄ ↔12m ↕18～36m
親種にあたる*Quercus macrocarpa*および*Quercus muehlenbergii*が混生するアメリカ合衆国インディアナ州に見られる自然交雑種。落葉樹。葉の全長は10cm。7ないし9の切れ込みがある。裏面は帯毛。堅果には殻斗がある。
ゾーン：4～9

Quercus dentata
一般名：カシワ
英　名：DAIMYO OAK
☼ ❄ ↔9m ↕15m
日本、朝鮮半島、中国原産の落葉樹。短く曲がりくねった幹から水平方向に枝が伸びる。大型の葉は*Quercus robur*の葉と似ており、全長38cm、幅20cm。冬季には大部分の葉が褐色に変じて枝に残る。卵形の堅果のほぼ半分が鱗片状の殻斗に覆われる。ゾーン：7～9

Quercus douglassi
一般名：ブルーオーク
英　名：BLUE OAK
☼ ❄ ↔6m ↕21m
アメリカ合衆国カリフォルニア州原産。大型の落葉低木もしくは中型樹木。樹冠は円形となる。薄い樹皮は灰色で鱗状。葉は青みを帯びており、周縁部には切れ込みがある。毛で覆われた浅い殻斗に円錐型をした小さな堅果が入る。
ゾーン：6～11

Quercus ellipsoidalis
一般名：ジャックオーク
英　名：NORTHERN PIN OAK
☼ ❄ ↔12m ↕21m
アメリカ合衆国中央部および南部原産の落葉樹。横に広がる姿形となる。葉には深い切れ込みがあり、秋には深い赤紫色となる。*Q. palustris*に似るが、堅果は長円形。ゾーン：5～10

Quercus ellipsoidalis

Quercus × *deamii*

Quercus coccinea

Quercus gambelii、黄金色になった野生種、アメリカ、コロラド州、アスペン

Quercus falcata var. *pagodifolia*

Quercus ilex

Quercus imbricaria

Quercus falcata
英　名：SOUTHERN RED OAK、SPANISH OAK
☼ ❄ ↔10m ↕24m
アメリカ合衆国南部原産の落葉樹。厚い樹皮は黒色に近く、深い溝がある。葉は卵形をしており、3箇所の浅い切れ込みもしくは5〜7箇所の深い切れ込みを持つ。表面は暗緑色、裏面は淡い灰緑色となり毛で覆われる。堅果はほぼ無柄。
Q. f. var. *pagodifolia*の樹皮はなめらかであるが、成熟するにつれて鱗片状となる。葉も大きい。ゾーン：8〜10

Quercus frainetto
一般名：ハンガリアンオーク
英　名：FRANETTO、HUNGARIAN OAK
☼ ❄ ↔18m ↕30m
イタリア南部、バルカン半島、ハンガリー原産。成長の早い落葉大型高木。幅のある天蓋状となる。淡灰色の樹皮には亀裂が密に入る。葉は卵形で深い切れ込みがある。卵形の堅果の半分が殻斗に覆われる。'ハンガリアン　クラウン'は直立する。ゾーン：7〜10

Quercus gambelii
英　名：GAMBEL OAK、ROCKY MOUNTAIN WHITE OAK
☼ ❄ ↔8m ↕9m
アメリカ中西部原産の落葉樹。厳冬地にも自生する低木。地下のランナーによって広がり、小ぶりな株立ちとなる。葉の両縁には3ないし6箇所の深い切れ込みがあり、裏面は細毛を帯びる。堅果は卵形。
ゾーン：4〜9

Quercus garryana
一般名：オレゴンオーク
英　名：OREGON OAK、OREGON WHITE OAK
☼ ❄ ↔4.5m ↕4.5m
アメリカ合衆国西部原産の落葉樹。短くて頑丈な幹を持ち、太い枝が広がって天蓋状となる。葉は長楕円形をしており、深い切れ込みがある。表面は光沢のある暗緑色、裏面は淡緑色となってわずかに帯毛。堅果は無柄もしくはほとんど無柄。ゾーン：5〜10

Quercus glandulifera
☼ ❄ ↔8m ↕10m
中国、朝鮮半島、日本の原産。成長の遅い落葉樹でドーム状の樹冠を作る。葉形は変異に富み、長楕円形に近い倒卵形ないし広被針形。鋸歯縁の先端部が尖る。表面は明るい黄緑色、裏面は灰白。堅果は単生もしくは小さな房状となる。
ゾーン：7〜9

Quercus glauca
異　名：*Quercus mysinifolia*
一般名：アラカシ
☼ ❄ ↔4.5m ↕15m
日本、台湾、中国、ヒマラヤ地方の原産。常緑高木もしくは低木。太い枝に多くの葉をつける。樹皮は硬くて亀裂が入る。葉は楕円形ないし卵形の長楕円形で鋸歯縁となる。若葉では赤茶色であるが、後に表面は光沢のある緑色、裏面は緑青色となる。堅果は卵形をしており殻斗に覆われている。
ゾーン：7〜10

Quercus glandulifera

Quercus × heterophylla
英　名：BARTRAM'S OAK
☼ ❄ ↔12m ↕24m
*Q. phellos*と*Q. rubra*の交雑種。枝が横に広がり、開けた樹冠を持つ落葉樹。なめらかな樹皮は暗灰色で、細かい亀裂が入る。葉は長楕円形もしくは長円形。周縁部はなめらかもしくは尖った鋸歯縁となる。堅果は浅い殻斗に覆われている。
ゾーン：5〜10

Quercus × hispanica
クェルクス×ヒスパニカ
英　名：SPANISH OAK
☼ ❄ ↔8m ↕30m
*Quercus suber*と*Q. cerris*の自然交雑種。変異に富み、ほぼ常緑となる場合もある。厚い樹皮には亀裂が入る。葉は暗緑色で切れ込みがある。堅果は長楕円形ないし卵形。石灰土壌に耐性がある。よく見かける'ルコムベアナ'は1762年ころにイギリスで作出され、*Q. cerris*とよく似た高木。淡灰色の樹皮に浅い亀裂が入り、長い葉を持つ。ゾーン：6〜10

Quercus ilex
一般名：セイヨウヒイラギガシ
英　名：HOLLY OAK、HOLM OAK
☼/☼ ❄ ↔18m ↕21m
ヨーロッパ南部およびアフリカ北部に自生。広い天蓋状の樹冠を持つ常緑高木。枝は地上に近接する。樹皮は褐色ないし黒色。葉は革質で光沢があり、葉縁部はなめらかもしくは鋸歯縁。表面は暗緑色、裏面には灰色がかった綿毛がある。先の尖った堅果は、縦溝のある鱗片が幾重にも並んだ殻斗に覆われている。
ゾーン：7〜11

Quercus imbricaria
英　名：SHINGLE OAK
☼ ❄ ↔12m ↕21m
アメリカ合衆国東部の原産。広い天蓋状の樹冠を持つ落葉樹。灰色の樹皮には皺や小隆起があり、成熟すると紫がかったピンクになる。葉は長楕円形もしくは細長い楕円形。表面はなめらかで光沢のある暗緑色をしており、秋には色が薄

Quercus frainetto 'Hungarian Crown'

Quercus macrocarpa

Quercus macranthera

Quercus laurifolia
一般名：ローレルオーク
英　名：LAUREL OAK
☼ ❄ ↔18m ↑18m
アメリカ合衆国東部原産。中型の半常緑性高木。密に繁った円形樹形となる。黒色に近い樹皮は厚く、深い縦筋が入る。葉は光沢のある緑色をしており、長楕円形もしくは卵形。葉縁部はなめらかであるが、時に浅い切れ込みがある。堅果は無柄もしくはほとんど無柄。
ゾーン：6〜11

Quercus × *leana*
☼ ❄ ↔10m ↑18m
*Quercus imbricaria*と*Q. velutina*の自然交雑種。落葉樹。*Q. imbricarina*と似るが、葉が3裂すること、堅果がやや大きいことで区別される。ゾーン：5〜9

Quercus libani
英　名：LEBANON OAK
☼ ❄ ↔8m ↑8m
レバノンおよびシリア原産。優雅な樹形を持つ落葉性小高木。枝は細い。樹皮は暗灰色ないし黒色。長楕円形ないし被針形の葉が晩秋まで枝に残る。表面は光沢のある緑色をしており、葉縁には剛毛状の鋸歯がある。堅果は短くて幅の広い柄につく。ゾーン：7〜10

くなる。堅果は短い柄につく。初期の開拓者らはこの樹木で屋根を葺いた。
ゾーン：6〜10

Quercus infectoria
☼ ❄ ↔3m ↑3m
ギリシアおよびトルコ原産。半常緑性低木もしくは亜高木。灰色の樹皮は鱗片状となり、深い亀裂が入る。帯白した葉は棘状の鋸歯縁となり、なめらかもしくはほぼなめらか。堅果は浅い殻斗に覆われている。ゾーン：7〜10

Quercus kelloggii
英　名：CALIFORNIA BLACK OAK
☼ ❄ ↔12m ↑18〜27m
アメリカ合衆国カリフォルニア州およびオレゴン州原産。中型ないし大型の落葉樹。大きくて切れ目のある円形樹冠を形成する。樹皮は厚く、亀裂によって幅の広い隆起が生じる。葉には深い切れ込みがあり、先端が剛毛状となった鋸歯を持つ。表面は光沢のある黄緑色、裏面は淡色となって帯毛することが多い。堅果は短柄につく。ゾーン：7〜10

Quercus lyrata
英　名：OVERCUP OAK
☼ ❄ ↔9m ↑18m
アメリカ合衆国南東部原産の落葉高木。開けた樹冠と太く曲がった枝を持つ。葉は長楕円形ないし卵形。深くて不規則な切れ込みがある。葉の表面は暗緑色、裏面は淡色。裏面はなめらか、もしくは白い綿毛で覆われる。堅果は無柄もしくはほとんど無柄。ゾーン：8〜10

Quercus macranthera
一般名：コーカサスオーク
英　名：CAUCASIAN OAK, PERSIAN OAK
☼ ❄ ↔12m ↑27m
コーカサス地方およびイラン北部原産。成長の速い高木。成木は落葉する。樹皮は紫がかった灰色。大型の葉は幅広の卵形をしており、深い切れ込みがある。側枝、冬芽、葉の裏面は淡灰色の綿毛を帯びる。堅果は鱗片状の殻斗に覆われる。ゾーン：6〜10

Quercus macrocarpa
一般名：バーオーク
英　名：BURR OAK, MOSSYCUP OAK
☼ ❄ ↔12m ↑36m
カナダのノバ・スコシア州からアメリカ合衆国のテキサス州にかけての北米大陸北東部および中央部に自生する大型落葉高木。太い幹と広がった枝を持つ。灰褐色をした粗い樹皮は隆起して鱗片状となる。葉は卵形で顕著な切れ込みがある。若い枝と葉の裏面は淡色の綿毛で覆われている。大きな堅果を覆う殻斗には後反した長い鱗片がある。ゾーン：4〜9

Quercus lyrata

Quercus marilandica
一般名：ブラックジャックオーク
英　名：BLACKJACK OAK
☼ ❄ ↔10m ↑6〜15m
アメリカ合衆国南東部のほぼ全域に自生。樹林地帯原産の落葉樹。樹皮は暗色で粗い。幅広で光沢のある葉は、先端部近くに切れ込みを持つ。裏面は赤茶色の毛がある。卵形の堅果は単生もしくは双生し、ほぼ半分が鱗片状の殻斗に覆われている。
ゾーン：5〜9

Quercus mongolica
一般名：モンゴリナラ
英　名：MONGOLIAN OAK
☼ ❄ ↔12m ↑30m
日本、朝鮮半島、中国北部、モンゴル、シベリア東部原産。太くなめらかな枝を持つ落葉高木。短くて長円形ないし長楕円形の葉には深い切れ込みがあり、枝先に房状につく。堅果は卵形。
ゾーン：4〜9

Quercus marilandica

Quercus × *leana*

Quercus infectoria

Quercus kelloggii

Quercus nigraの自生木、アメリカ、バージニア州、シェナンドア国立公園

Quercus palustris

Quercus muehlenbergii
英 名：CHINQUAPIN OAK、YELLOW CHESTNUT OAK、YELLOW OAK
↔12m ↕30m

アメリカ合衆国中央部および南部に自生する落葉高木。灰色がかった樹皮には縦方向の亀裂がある。葉は長楕円形ないし被針形をしており、粗い鋸歯縁となる。表面は黄緑色、裏面は淡色。秋には鮮やかな赤もしくは緋色に変色する。堅果のほぼ半分は鱗片状の殻斗に覆われる。ゾーン：5～9

Quercus nigra
一般名：ウォーターオーク
英 名：WATER OAK
↔12m ↕15m

アメリカ合衆国南部原産。ドーム状に成長する落葉樹。樹皮は暗灰色で鱗状に隆起する。葉は細い柄につき、卵形。周縁部の切れ込みはさまざまな形をとる。光沢のある暗緑色で冬季まで宿存。堅果は浅い殻斗に覆われている。ゾーン：6～10

Quercus palustris
一般名：ピンオーク
英 名：PIN OAK、SWAMP OAK
↔18m ↕30m

カナダ南東部およびアメリカ合衆国東部原産。密に葉を茂らせる落葉性の巨木。細い枝の末端部は下垂する。銀灰色の樹皮は加齢にともなって紫がかった灰色となる。葉には深い切れ込みがあり、光沢のある緑色。秋季には真紅色となり、冬季まで宿存。堅果は浅くて毛のある殻斗に覆われている。ゾーン：3～10

Quercus petraea
異 名：Quercus sessilis
一般名：セシルオーク
英 名：DURMAST OAK、SESSILE OAK
↔23m ↕45m

ヨーロッパ中部および南東部の自生種。円蓋状に広がる落葉性高木。Quercus roburに似るが堅果は無柄で枝は直立する傾向がある。樹皮は灰色で深い亀裂が入る。葉は大きく、裏面に綿毛を持つことが多い。海岸部でも生育できる。'コルムナ'は直立してコンパクトな樹形となる。'ロンギフォリア'は非常に長い葉を持つ。ゾーン：5～9

Quercus phellos
一般名：ウィローオーク
英 名：WILLOW OAK、WILLOW-LEAFED OAK
↔12m ↕30m

大きく成長する落葉性高木。枝は細い。アメリカ合衆国東部原産。なめらかな樹皮には加齢にともなって亀裂が生じる。葉は細くてヤナギに似る。表面は光沢ある緑色をしており、秋季には黄色ないしオレンジがかった色調となる。小さな堅果は浅い殻斗に覆われている。石灰質を含まない土壌で栽培する必要がある。ゾーン：5～10

Quercus pontica
英 名：ARMENIAN OAK、PONTINE OAK
↔4.5m ↕6m

アルメニアおよびコーカサス地方原産の低木もしくは亜高木。葉は大きくて長楕円形もしくは卵形。はっきりとした葉脈と鋸歯縁を持つ。柄と中肋は黄色。秋季には葉全体が鮮紅色となる。卵形の堅

Quercus pontica

Quercus pubescens

Quercus petraea 'Longifolia'

Quercus robur

Quercus robur subsp. *pedunculiflora*

Quercus robur f. *fastigiata*

果は浅くて灰色の殻斗に覆われている。
ゾーン：6〜10

Quercus prinus
英　名：BASKET OAK、
SWAMP CHESTNUT OAK
☼　❄　↔18m　↕30m
カナダ南東部およびアメリカ合衆国東部原産。落葉樹。地表近くで株割れし、枝を広げることも多い。樹皮は暗赤褐色ないし黒色で深い亀裂を持つ。葉は卵形ないし長楕円形。表面は光沢のある黄緑色、裏面は淡色となって細毛を帯びる。秋季には濃い黄色となる。堅果は毛のある殻斗に半分ほど覆われる。
ゾーン：3〜9

Quercus pubescens
一般名：ホワイトオーク
英　名：DOWNY OAK
☼　❄　↔10m　↕18m
ヨーロッパ南部原産の落葉樹。低木様になる場合もある。側枝は毛で覆われている。暗灰色の樹皮には深くて細かい亀裂が入る。葉は長楕円形ないし卵形。葉の周縁部は波状となって深い切れ込みがあり、毛を帯びる。堅果は卵形。
ゾーン：8〜10

Quercus robur
一般名：オウシュウナラ、ヨーロッパミズナラ
英　名：COMMON OAK、ENGLISH OAK、PEDUNCULATE OAK
☼　❄　↔21m　↕30m
ヨーロッパ、西アジア、北アフリカ原産。長寿を保って巨木となる落葉樹。樹皮は淡灰色で縦方向に短い亀裂が密に入る。葉には浅い切れ込みがある。堅果は長柄を持ち、浅い殻斗に覆われている。冷涼地域では侵入種となる場合もある。*Q. r.* subsp. *pedunculiflora*はギリシア、トルコ、コーカサス原産。葉の切れ込みが少なくなり、裏面は青みがかった色となる。*Q. r.* f. *fastigiata*は円柱状に成長。*Q. r.* '**コンコルディア**'はゴールデンオークとも呼ばれ、葉が黄金色となる。'**ペンドゥラ**'では枝が下垂する。
ゾーン：3〜10

Quercus rubra
異　名：*Quercus borealis*
一般名：アカガシワ、アカブナ
英　名：NORTHERN RED OAK、RED OAK
☼　❄　↔21m　↕30m
カナダ東部からアメリカ合衆国テキサス州にかけて自生する落葉樹。枝は水平方向に伸張し、上方では横に広がる。なめらかな樹皮は銀灰色であるが、加齢にともなって灰褐色となることもある。葉は大きく、長楕円形ないし卵形で切れ込みがある。成長した木では落葉に先立って葉色が順次、赤、赤褐色、黄色、茶色に変化する。短い柄の先につく濃赤褐色の堅果に浅い殻斗に覆われている。'**シュレフェルディイ**'では葉の切れ込みが深くなって重複する。
ゾーン：3〜9

Quercus rugosa
英　名：NETLEAF OAK
☼　❄　↔9m　↕9m

Quercus × *runcinata*

Quercus shumardii var. *schneckii*

北米大陸南部から中米の山岳地帯にかけて自生する常緑樹。薄片状の樹皮がコルクのようになる。丸い葉は太い葉脈を持ち、周縁部には浅い切れ込みがある。表面は暗緑色、裏面では淡色となる。堅果は小さい。ゾーン：8〜11

Quercus × *runcinata*
英　名：BOTTOM OAK
☼　❄　↔9m　↕15〜24m
アメリカ合衆国東部に自生する落葉樹。*Quercus imbricaria*と*Q. rubra*の自然交雑種。葉には長い柄があり、3ないし4個の鎌状になった切れ込みがある。裏面は赤茶色の細毛で薄く覆われている。卵形の堅果は小さな殻斗に覆われている。
ゾーン：5〜9

Quercus sadleriana
英　名：DEER OAK
☼　❄　↔2m　↕2m
アメリカ合衆国カリフォルニア州のシスキュー山脈に自生する稀少種。成長の遅い小型低木。鱗片状になった芽をつける。顕著な葉脈と鋸歯縁。1年型。
ゾーン：7〜9

Quercus rubra

Quercus suber

Quercus shumardii

英名：SHUMARD OAK
↔12m ↑30m

アメリカ合衆国中央部のプレーリー地帯原産。大きく成長する落葉樹で広大な天蓋を形成する。樹皮は厚くて溝状のくぼみを生じる。葉は5ないし7個の切れ込みを持ち鋸歯縁となる。表面は暗緑色、裏面は淡色。秋季には赤もしくは黄褐色となる。堅果は厚くて浅い殻斗に覆われている。*Q. shumardii* var. *shneckii*の樹皮はなめらかであり、葉の切れ込みもそれほど深くならない。ゾーン：5〜9

Quercus suber

一般名：コルクガシ
英名：CORK OAK
↔21m ↑21m

ヨーロッパ南西部および北アフリカ原産。幹は短い。横に広がる常緑樹。厚い樹皮がコルクとして商品化されている。葉は革質。粗い鋸歯縁となる。表面は光沢のある緑色、裏面は灰緑色でフェルト状となる。卵形の堅果は鱗片状の殻斗に覆われている。ゾーン：8〜10

Quercus texana

Quercus texana

異名：*Quercus buckleyi*
英名：SPANISH OAK
↔15〜21m ↑15〜21m

アメリカ合衆国テキサス州からオクラホマ州にかけて自生する。広大な天蓋を形成する落葉樹。下部枝が地表近くに到達することもある。全長12cmとなる葉には2ないし3対の切れ込みが生じ、成熟葉は黄緑色となる。堅果は隔年結実し、基部のみが殻斗に覆われる。ゾーン：7〜10

Quercus tomentella

英名：ISLAND OAK
↔8m ↑9m

アメリカ合衆国カリフォルニア州沖にあるチャンネル諸島原産の常緑樹。頂部は散開する。葉は広い槍形となり、鋸歯縁。若葉は綿毛を帯びる。小型の樹にしては大きな堅果をつける。ゾーン：8〜11

Quercus × turneri

クェルクス×トゥルネリ
↔15m ↑15m

常緑樹 *Q. ilex* と落葉樹 *Q. robur* の珍しい交雑種のひとつ。半常緑もしくは常緑性。横に広がった樹形となる。革質の葉には切れ込みがある。堅果の半分は殻斗に覆われている。'プシュードトゥルネリ'は細い葉に切れ込みが入る。ゾーン：7〜10

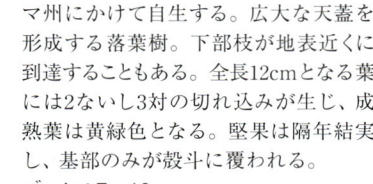
Quercus tomentella

Quercus × turneri

Quercus wislizeni

Quercus velutina

一般名：クロガシワ
英名：BLACK OAK, YELLOW BARK OAK
↔23m ↑30m

アメリカ合衆国中部および南部原産。落葉性の巨木。なめらかな樹皮は暗灰色で加齢にともなって亀裂を生じる。大きな葉には深い切れ込みがあり、表面は光沢のある暗緑色、裏面には綿毛を持つ。堅果の半分は鱗片状の殻斗に覆われる。ゾーン：3〜9

Quercus virginiana

一般名：ライブオーク
英名：LIVE OAK
↔10m ↑21m

アメリカ合衆国南東部、メキシコ、キューバ原産。横に広がる常緑樹。樹皮は茶色がかった灰色で亀裂を生じる。側枝は細毛を帯びる。葉は楕円形ないし長楕円形。革質で周縁部はなめらかであり、表面は光沢のある暗緑色、裏面には灰色ないし白みを帯びた毛がある。堅果は単生もしくは房状となる。船舶や柱に用いられる。
ゾーン：7〜11

Quercus wislizeni

英名：INTERIOR LIVE OAK
↔10m ↑24m

メキシコ、アメリカ合衆国カリフォルニア州原産。常緑性の大型低木もしくは丸みのある高木に成長する。厚い樹皮はほぼ黒色に近く、深い溝を生じる。隆起部分は鱗状となる。葉はヒイラギに似て楕円形ないし長楕円形。細い鋸歯状突起を持つ。1年型。秋に堅果が熟する。
ゾーン：8〜10

*Quercus virginiana*の野生種、アメリカ、ノースカロライナ州、ケープ・ハッテラス

Quercus virginiana。*Tillandsia usneoides*が着生した状態、アメリカ、ルイジアナ州フォンテンブルー国立公園

QUESNELIA
（ケスネリア属）

パイナップル科ケスネリア属には16種が含まれる。ブラジル南東部の固有種であり、2グループに大別できる。1グループは群生し、直立した長い茎の頂に頭状花状になる鮮赤色の苞葉をつける。もう1つのグループは群生せず、ビルベルギア属に似た形状の花をつけるが、花弁は傾斜せず均等に配置される。葉は緑色で帯状となる。周縁部には鋸歯が認められ、広がったロゼットを形成する。花弁は赤、青、黄色。

〈栽培〉
冷温帯地域では温室内での栽培に適している。より温暖な地域では、直射日光や過度の雨を避ければ屋外でも栽培できる。土壌が乾いたら灌水を行う。一般的に言って、特別な施肥は必要ではない。繁殖は側匐枝による。

Quesnelia liboniana
☀ ✥ ↔10cm ↕80cm

ブラジルのリオ・デ・ジャネイロ地方原産。小型の根茎に側匐枝を形成する。葉数は少なく緑色をしており帯状となる。周縁部にまばらな鋸歯状突起を持つ。筒状となり、すみやかに開裂する。花茎は細い。花序は短い円柱形となり、8個程度の赤い花が分散してつく。花弁は青色。
ゾーン：9〜12

Quesnelia marmorata
一般名：ケスネリア・マルモラタ
☀ ✥ ↔10cm ↕60cm

ブラジル中東部原産。葉数は少なく、堅くて帯状となる。暗緑色もしくは褐色の不規則なまだら模様が入り、鋸歯縁となる。堅くしまった筒状となり、頂上で開裂する。管葉から出る花はピラミッド状に散開し、上方にいくにしたがって小さくなる。下部にある大きな赤い苞葉は下垂する場合が多い。花は紫色、花弁は青色。ゾーン：10〜12

QUILLAJA
（キラッヤ属）

バラ科キラッヤ属は南米原産の常緑性の低木もしくは高木。同属に含まれる植物は約3種。葉は革質で光沢があり、鮮やかな緑色。開花は春。花には白い毛があり、3ないし個が房状になる。果実は5個の革質になった袋果から成り、星の形に開裂する。樹皮が石鹸や医薬品の原料となる種もある。

〈栽培〉
栽培には温暖な気候、保湿性と排水にすぐれた肥沃な土壌が必要。部分的な日よけのある場所で栽培する。繁殖は播種もしくは挿し木による。

Quillaja saponaria
英名：SOAPBARK TREE
☀ ❄ ↔4.5〜8m ↕15〜18m

ペルーおよびチリ原産の常緑高木。長楕円形の葉は短い柄につき、光沢がある。中心部が紫色をした白い花が春に開花する。厚い樹皮は濃い色をしており、サポニンと呼ばれるグルコシドを含む。これは水につけると泡を出すため、地元では石鹸代わりに使われる。
ゾーン：8〜10

QUISQUALIS
（シクンシ属）

シクンシ科に属し、熱帯アフリカおよび東南アジア原産の16種が含まれる。常緑性の木本性植物。湿度の高い地域に分布し、垂直もしくは水平方向に匐旬しながら成長する。管状の花は5弁に裂け、壁やアーチにはわせることができる。葉は単葉。対生が一般的。

〈栽培〉
熱帯地域では排水がよくて湿りけがあり、肥えすぎない土壌が栽培に適している。栄養分が多すぎると花つきが悪くなる。温帯ないし冷帯では暖房設備のある温室が必要となる。この場合の最低気温は13℃である。日射を好むが日中の日差しは避けなくてはならない。繁殖は一般的に挿し木もしくは取り木による。

Quisqualis indica
一般名：シクンシ
英名：RANGOON CREEPER
☀/❄ ↔8m ↕10m

東南アジアの山地部からニューギニア一帯の原産。よく繁茂する常緑性のはい昇り植物。最初は低木状。葉は全長18cmでなめらかな周縁部をしており、顕著な葉脈を持つ。夏から秋にかけて芳香性の筒状花をつける。最初は白であるが、3日以内にピンクから鮮やかな赤色へと変化する。開花期は夏から秋。
ゾーン：10〜12

RADERMACHERA
（ライキルマケラ属）◎

ノウゼンカズラ科に属する本属には、ほぼ15種類が含まれる。大部分は高木ないし低木であり、熱帯の東南アジア原産。複葉は二回羽状もしくは三回羽状。管状花は芳香を放つ場合が多い。花色はオレンジ、黄緑ないし黄色、ピンク、白などの多岐にわたっており、ゆるやかな円錐花序となる。花は枝の先端につくことが多い。カプセル状の果実には両端に翼を持った扁平な種子が入っている。温暖な無降霜地域に分布するが、冷涼地域で鉢花として栽培できる種もある。原産地では材木として利用されるものもある。

〈栽培〉
大部分の種類は適応力が高いが、排水のよい肥沃な土壌に植え付け、日向ないし半日陰で栽培するとよい結果が得られる。強風を避ける必要があり、成長期には適当な灌水を行う。低木としての姿形を保つには、開花後に切り詰める。繁殖は播種もしくは空中取り木による。

Radermachera sinica
一般名：ステレオスペルマム
英名：ASIAN BELL
☀ ✥ ↔4.5m ↕9m

東南アジア原産の低木もしくは亜高木。光沢のある暗緑色の葉は二回羽状となる。卵形ないし槍型をした8枚の小葉を持つ。花は芳香を放ち、濃黄色もしくは白。春から夏にかけての夜間に開花する。冷涼な地域では、室内観葉植物として人気がある。ゾーン：10〜12

RAFFLESIA
（ラフレシア属）

巨大な花を持つことで有名な寄生植物。ほぼ15種類が含まれる。*R. arnoldii*は世界最大の花をつける。悪臭を放つ花は直径100cmに達する。ラフレシア属はラフレシア科に属し、マレーシア、ボルネオ、スマトラ、フィリピンに分布する。ラフレシア属はジャングル内の地面で成長するブドウカズラ類に寄生して、宿主の内部まで繊維を伸ばす。目に見えるのは花の部分のみである。ラフレシアという名は、シンガポールにイギリス植民地を築いたサー・トーマス・スタンフォード・ラッフルズにちなむ。危機に瀕している種が多く、すでに絶滅したものもあるとみなされている。

野生の*Rafflesia arnoldii*（開花前）、ボルネオ、キナバル山

野生の*Rafflesia arnoldii*、ボルネオ、キナバル山

Radermachera sinica

Quisqualis indica

Quillaja saponaria

Ranunculus acris 'Flore Pleno'

Ranunculus amplexicaulis

Ramonda myconi 'Rosea'

Ramonda myconi

〈栽培〉
ラフレシアは完全寄生という特殊な特徴を持っているため、成功した栽培例はない。

Rafflesia arnoldii
一般名：ラフレシア・アルノルディイ
☀ ⚲ ↔100cm ↕60cm
世界で最大、最重の花を持つ。重さは7kgに達し、スマトラとボルネオの熱帯雨林に分布。ピンクと白のスポットを持つ暗赤色をした肉厚の5枚花弁が、穴のある円盤状になった中心部を取り巻いている。つぼみが出現してから開花までに10カ月を要することも。花が開くのは数日間のみ。果実は幅15cmに達し、数千個の微細な種子を包含する。種子の拡散法は不明。ゾーン：11～12

RAMONDA
(ラモンダ属)
イワタバコ科に属するラモンダ属には3種が含まれる。ロゼットを形成する常緑性の高山植物。美麗な花をつけ、スペイン北東部からバルカン半島一帯にかけての山岳部に分布。葉は鮮やかな緑色で顕著な葉脈がある。開花期は晩春から初夏。花は葉よりもかなり高い位置で開花し、4ないし5弁花となる。花姿はやや扁平で、色は白、ピンク、ラベンダー、紫青色など。

〈栽培〉
冷涼ないし寒冷な気候に適応しており、冬季の湿度を嫌うため、無加温の温室で栽培するもしくは石積みの壁面に植栽するのがよい。種子からの繁殖は非常に困難なため、株分けが一般的である。晩夏に葉挿しすると成功率が向上する。

Ramonda myconi
ラモンダ・ミコニ
異 名：*Ramonda pyrenaica*
✦ ❄ ↔18～20cm ↕10～12cm
ロゼットを形成する可憐な多年草。スペイン北東部原産。縮れた葉は毛で覆われている。晩春から初夏にかけて、花径25mm程度の紫がかった青色の花が葉よりも高い位置で固まって咲く。葯は黄色。'**ロゼア**'はピンクの花。白花種も栽培されている。ゾーン：6～9

Ramonda nathaliae
✦ ❄ ↔10～12cm ↕10～12cm
ギリシア西部、マケドニア、ボスニア・ヘルツェゴビナ原産。*R. myconi*に似る。縮れた葉がロゼット状になる。花は薄紫がかった青色。白い花も見られる。花径は35mm。開花期は晩春から初夏。ゾーン：6～9

RANUNCULUS
(キンポウゲ属)
英 名：BUTTERCUP
キンポウゲ科を代表する属。全世界に広く分布し、400種以上の一年草、二年草、多年草が含まれる。栽培されているのが多い。野草として愛されている種であるが、増えすぎて駆除の対象になる場合もある。葉の形はさまざまであるが、ほとんどの場合は羽状、光沢、革質、腎臓形などの特徴を示す。花も光沢を持つ場合が多く、5弁花が一般的である。大部分は黄色い花をつけるが、栽培品種にはさまざまな色が見られる。*Ranunculus*はラテン語で小さなカエルを意味し、湿地に見られることから、ローマ時代の博物学者プリニウスによって命名された。

〈栽培〉
キンポウゲ属は非常に強い耐性を備えており、さまざまな環境での栽培が可能であるが、根部を冷湿な状態に保つのが望ましい。丈夫な根茎を持つものが多いために繁茂しすぎることもあり、管理できる範囲で栽培する必要がある。花壇植えの「塊茎」は掘りあげて乾燥保存することができる。繁殖は株分けもしくは播種による。秋にうどん粉病が発生する場合がある。

Ranunculus aconitifolius
ラヌンクルス・アコニティフォリウス
☀/◐ ❄ ↔100cm ↕60cm
ヨーロッパ西部および中部の亜高山地帯に広がる湿原に自生する。3ないし5個の切れ込みを持つ暗緑色の掌状葉が叢状に繁茂する。春に開花する白い花は花径18mm。紫と赤の萼片がある。'**フロレ プレノ**'は16世紀から栽培されている八重咲き品種。フェア・メイド・オブ・フランス、フェア・メイド・オブ・ケントの名でも知られる。ゾーン：6～9

R. asiaticus, Bloomingdale Series, cultivar

Ranunculus acris
一般名：ラヌンクルス・アクリス
英 名：MEADOW BUTTERCUP
☀/◐ ❄ ↔60～120cm
↕60～100cm
温帯ユーラシアに普通に見られる自生種。多年草。葉は鋸歯縁となり、3ないし7つの切れ込みを持つ。春、鮮やかな黄色をした小さな花が群生する。花径は25mm。繁茂しすぎることがあり、多くの地域で雑草化している。八重咲き品種'**フロレ プレノ**'は、バチェラーズ・ボタンの名でも知られている。ゾーン：5～10

Ranunculus amplexicaulis
☀/◐ ❄ ↔30～50cm ↕20～30cm
ピレネー山脈およびスペイン北部原産の多年草。葉は青みがかった緑色で先端の尖った長楕円形ないしは槍形。春に、白、もしくはピンクがかった小さな花が集まって咲く。花径は25mm。ゾーン：6～10

Ranunculus anemoneus
英 名：ANEMONE BUTTERCUP
☀/◐ ❄ ↔30～40cm ↕20～35cm
オーストラリアのニューサウスウェールズ州コジウスシコ山に自生する高山性の多年草。地表付近に広がる習性を持つ。根出葉には3ないし5個の切れ込み。葉は鋸歯縁。晩春、白い花が単生もしくは双生する。花径は5cm、花弁は30枚まで。ゾーン：7～9

Ranunculus aquatilis
一般名：ウォーターバターカップ
英 名：WATER CROWSFOOT,
WHITE WATER BUTTERCUP
☀/◐ ❄ ↔100cm ↕60cm
温帯ユーラシア原産の一年生もしくは多年生水生植物。葉は水面下もしくは水面に浮遊し、花茎は水上に出現する。水面下の葉は羽毛状で細裂。針金状の茎に間隔をおいてつく。水面に浮ぶ葉は丸い形をしており切れ込みがある。春から夏にかけて開花する花は白もしくはピンク。普通は単生で花径は18mm。ゾーン：5～9

Ranunculus asiaticus

R. a., Bloomingdale Series, cultivar　　*R. a.,* Bloomingdale Series, cultivar　　*R. a.,* Bloomingdale Series, cultivar　　*R. a.,* Bloomingdale Series, cultivar　　*R. a.,* Bloomingdale, cultivar

R. asiaticus, Bloomingdale Series, cultivar　　*Ranunculus asiaticus,* Tecolote Hybrid　　*Ranunculus asiaticus,* Tecolote Hybrid

Ranunculus asiaticus
一般名：ラヌンクルス

☽/☀ ❄ ↔20〜30cm ↕45cm

ユーラシア南部原産の根茎を持つ多年草。根出葉は細かく分岐してシダ状となる。直立する花茎は毛を帯びる。花は大きく時として八重咲き。晩春から夏にかけて開花し、野生種では黄色ないし赤みがかった黄色であるが、栽培品種では多くの花色がある。**Bloomingdale Series**（ブルーミンデール シリーズ）のような混色の人為品種が出回っている。この品種は草丈20cm、完全八重咲きでコンパクトな姿形をとり、薄紫色ないし紫色を含むさまざまな花色が作出されている。**Tecolotte Hybrids**（テコロッテ ハイブリッド）は草丈45cm、大型の八重咲き花をつけ、青色を除く花色が知られている。ゾーン：8〜10

Ranunculus auricomus
一般名：チシマキンポウゲ
英　名：GOLDILOCKS BUTTERCUP

☽/☀ ❄ ↔30cm ↕30cm

ヨーロッパおよび西部ロシア原産の多年草。葉は5裂ないし7裂し、細長い鋸歯縁。花は単生が普通。春、鮮やかな黄色の花をつける。花径は18mm。花の下方には襞襟状になった葉がつく。ゾーン：4〜9

Ranunculus bulbosus
一般名：セイヨウキンポウゲ

☽/☀ ❄ ↔50〜100cm
↕30〜50cm

温帯ユーラシアから北アフリカにかけて広く自生する多年草。葉は楕円形で先端が尖る。3裂して鋸歯縁となる。晩春から夏にかけて、光沢のある鮮やかな黄色い花を咲かせる。花径は30mm。根茎を伸ばして増えすぎる場合もある。ゾーン：7〜10

Ranunculus calandrinioides
☽/☀ ❄ ↔30cm ↕15cm

モロッコ原産の多年草。葉は波状縁、槍形、青緑色、長い柄を持ち、全長は15cm。花は単生もしくは数個が集まって咲く。花色は白ないし淡いピンク色。花径は5cm。開花期は冬から春。ゾーン：7〜10

Ranunculus constantinopoli-tanus
ラヌンクルス・コンスタンティノポリタヌス

☽/☀ ❄ ↔30〜80cm ↕40〜75cm

ヨーロッパ南東部から中東原産の多年草。ハート形の葉は3裂。鋸歯縁。春から初夏にかけて、直立した花茎の頂部に鮮やかな黄色の花をつける。'フロレ プレノ'（syn. 'プレヌス'、'スペシオススプレヌス'）は完全八重咲き品種。ゾーン：6〜9

Ranunculus ficaria
一般名：ヒメリュウキンカ
英　名：COMMON BUTTERCUP, LESSER CELANDINE, PILEWORT

☽/☀ ❄ ↔20〜60cm ↕5〜20cm

温帯ユーラシアおよび北アフリカに広く分布する多年草。長い柄の先につくハート形の葉は光沢のある暗緑色。カーペット状となって広い範囲を覆う。葉の全長は35mm。花は単生で花径は25mm。春に鮮やかな黄色の花をつける。やや増えすぎる場合もある。*R. f.* var. *albus* は葉に暗色のブロッチ。薄黄色の花が次第に白くなる。*R. f.* var. *aurantiacus* (syn. 'クプレウス') の葉には暗色のブロッチと銀白色のスポットが入り、花色はオレンジ色。*R. f.* 'ブレイズン ハッシー' ★は濃い緑褐色の葉と鮮やかな黄色の花。'フロレ プレノ' は八重咲き。ゾーン：5〜9

Ranunculus ficaria　　*Ranunculus ficaria* 'Brazen Hussy'

Ranunculus flammula
一般名：マツバキンポウゲ
英　名：LESSER SPEARWORT

☽/☀ ❄ ↔80〜150cm
↕10〜30cm

温帯ユーラシアに固有の半水生多年草。浅い流れ、池の縁、恒常的に湿っている土地などに自生する。匍匐性の茎から根が伸張する。槍形をした葉の幅は一定せず、全長は35mm程度。花径は12〜25mm。鮮やかな黄色の花が夏を通し

Ranunculus auricomus

Ranunculus flammula

て開花し、単生もしくは数個が集まって咲く。ゾーン：5〜9

Ranunculus glacialis
☼/☀ ❄ ↔20〜40cm ↕10〜25cm
アイスランドおよびグリーンランドからヨーロッパ南部の山岳地帯に分布する多年草。暗緑色の葉はやや肉厚で3裂する。花は集まって（3輪まで）咲き、花径は25mm。開花期は春から夏。花は白ないしピンクであるが、受粉後は赤みが増す。ゾーン：4〜9

Ranunculus gramineus
一般名：イトハキンポウゲ
☼/☀ ❄ ↔15〜30cm ↕20〜50cm
ヨーロッパ南部および北アフリカ原産の多年草。叢生する。葉は灰緑色ないし青緑色。全長30cm。薄黄色の花。花径18mm。単生もしくは3個までが集合して咲く。開花は春から夏。ゾーン：7〜10

Ranunculus gramineus

Ranunculus graniticola
英名：GRANITE BUTTERCUP
☼/☀ ❄ ↔20〜30cm ↕20〜30cm
オーストラリアのビクトリア州とニューサウスウェールズ州の亜高山帯原産。ロゼット状となる多年草。小型で深緑色の裂葉を持つ。花は鮮やかな黄色で花径は30mm。花茎は直立。低地では春の中旬、高地では初夏に開花。ゾーン：7〜9

Ranunculus lingua
英名：GREATER SPEARWORT
☼/☀ ❄ ↔0.9〜2m ↕20〜30cm
ヨーロッパからシベリアにかけての浅い流れや恒常的な湿地に自生する半水生多年草。茎は長く、成長にしたがって根を伸ばす。長い柄を持つ葉は先端がとがった楕円形で全長は20cm。明黄色の集合花は花径5cm。開花期は夏。ゾーン：4〜9

Ranunculus graniticola、オーストラリア、ニューサウスウェールズ州、コジウスシコ国立公園

Ranunculus sprunerianus

Ranunculus lyallii
英名：MOUNT COOK BUTTERCUP, MOUNT COOK LILY
☼/☀ ❄ ↔60〜120cm ↕60〜120cm
ニュージーランド南島の亜高山湿地原産の多年草。葉は革質で暗緑色。腎臓形で幅は40cm。分枝が高く伸びて、花径8cmの純白花をつける。開花期は晩春から初夏。ゾーン：7〜9

Ranunculus parnassifolius
☼/☀ ❄ ↔20〜30cm ↕5〜10cm
南部ヨーロッパ原産の多年草。葉は革質で暗緑色。先が尖った楕円形をしており、綿毛を帯びることもある。全長は5cm。単生の花は白もしくは薄いピンク。花径は25mm。開花期は春から夏。ゾーン：5〜9

Ranunculus penicillatus
☼/☀ ❄ ↔60〜120cm ↕20〜30cm
北西ヨーロッパからクリミア半島にかけての浅くて速い流れに自生する水生多年草。水面下の葉は細裂して羽毛状。水面の葉は楕円形で全長5cmだが、これを欠く場合もある。花は水上に出現し、クリーム色ないし淡黄色で花径は25〜50mm。開花期は夏。ゾーン：6〜9

Ranunculs repens
ラヌンクルス・レペンス
一般名：ハイキンポウゲ
英名：CREEPING BUTTERCUP
☼/☀ ❄ ↔30〜80cm ↕15〜50cm
ヨーロッパ原産の多年草。粗い鋸歯縁の3裂葉となる。花は濃黄色で花径は25mm。単生が一般的。開花期は春から夏。帰化植物として世界中に広がり、有害種とみなされている地域もある。(**syn. R. r.** 'フロレ プレノ')'プレニフロルス'は完全八重咲き。ゾーン：3〜9

Ranunculus sprunerianus
☼/☀ ❄ ↔20〜40cm ↕20〜45cm
バルカン半島および西アジア原産の塊茎性多年草。葉は毛を帯びており、3ないし5裂葉となる。心臓形をしており、鋸歯縁を持つ。鮮やかな黄色の花が集まって咲く。花径は25mm。開花期は春。ゾーン：4〜9

Ranunculus velutinus

*Ranunculus lyallii*の野生種、ニュージーランド、クック山国立公園

Ranunculus velutinus
英名：VELVET BUTTERCUP
☼/☀ ❄ ↔40〜80cm ↕40〜60cm
ヨーロッパ原産の多年草。葉は毛を帯びており、三角形ないし心臓形。鋸歯縁。3ないし5裂葉となる。分枝を伸ばす。光沢のある小さな黄金色の花序をつける。花径は18mm。開花期は春から初夏。ゾーン：6〜9

RAOULIA
（ラオウリア属）
英名：SCABWEED
キク科。ニュージーランド全域の海抜ゼロ地点から高山帯にかけての急斜面や岩場に自生。20ないし30種が含まれる。葉は小さく、マット状になる。常緑性多年草もしくは亜低木。葉は緑色もしくは細毛のために銀色に見える。花は小さい円盤状で淡い白、クリーム色、黄色。クッション植物としては世界最大となり、遠方からはヒツジのように見えるため、「草のヒツジ」とも呼ばれている。

〈栽培〉
ラオウリア属は鉢植え、トラフ、ロックガーデンに適している。湿気を含んだ排水のよい土壌に植えつけ、よく日にあてるのがよい。繁殖は播種もしくはクッションの一部（根のついた茎）による。

Raoulia australis

異　名：*Raoulia lutescens*
英　名：COMMON MAT DAISY、
GOLDEN SCABWEED
☼ ❄ ↔30cm ↕12mm
ニュージーランド南島原産。マット状になる多年草。地面をはいながら広がっていく。葉は小さくて灰色もしくは銀色。花は黄色で花径は5mm。開花期は夏。
ゾーン：7〜9

Raoulia bryoides

英　名：VEGETABLE SHEEP
☼/◐ ❄ ↔50〜120cm
↕30〜50cm
ニュージーランド原産。銀白の高山植物。弾力性のあるロゼットを形成した小型の葉が密生して堅固なハンモック状となる。ロゼットの中央部に小さな花が固まって咲く。開花期は夏。
ゾーン：7〜9

Raoulia eximia

英　名：TUTAHUNA、VEGETABLE SEEP
☼ ❄ ↔50cm ↕30cm
ニュージーランド南島原産。密生したクッション状となる多年草。成長するにつれて地面から盛り上がる。夏に黄白色の花をつける。
ゾーン：7〜9

Raoulia hookeri

一般名：オオバザンセツソウ
英　名：MAT DAISY、SCABWEED
☼/◐ ❄ ↔60cm ↕18〜30mm
ニュージーランド南島全域および北島の南部に分布。密生したクッション状となる。小さな葉は銀白色。夏にクリーム色の花をつける。海抜0m地帯から1,800mまでの範囲に分布。
ゾーン：7〜9

Raoulia parkii

☼/◐ ❄ ↔60cm ↕18〜30mm
ニュージーランド南島原産。マット状になる。重なり合った葉は黄色く帯粉する。夏に小さくて黄色い花をつける。斜面のがれ場に生育する亜高山植物。
ゾーン：7〜9

*Raoulia rubra*の野生種、ニュージーランド、ネルソン

Raoulia rubra

☼/◐ ❄ ↔50〜60cm
↕18〜30mm
ニュージーランド北島の南西端および南島の北東端に分布。山岳部に生育。銀緑色の葉（全長10〜15mm）がコンパクトなロゼットを形成する。夏、ロゼット（径3mm）の中央部に赤い花をつける。斜面のがれ場に生育する亜高山植物。
ゾーン：7〜9

Raoulia subsericea

英　名：TURF MAT DAISY
☼/◐ ❄ ↔30〜40cm
↕18〜30mm
ニュージーランド南島原産。銀色の葉が広がり、分枝の先にロゼット状の固まりを形成する。夏に咲く白色花はデイジーに似る。芳香性で花径は12mm。
ゾーン：7〜9

RAPHANUS

（ラファヌス属）
英　名：RADISH
アブラナ科ラファヌス属（ラディッシュ）には一年草、二年草、多年草から成る8種類が含まれる。ヨーロッパおよび温帯アジア原産。草丈は高く、分枝を伸ばす習性があり、茎と葉が剛毛を帯びることが多い。葉が縮れる傾向があり、膨らんだ根が食用となるものもある。葉は全裂もしくは浅裂し、最後の裂葉は丸い形になって鋸歯縁を持つ。下部の葉は柄を持つが、上部の葉はほぼ無柄。長い総状花序に白もしくは黄色の花。萼は直立し、紫色の花脈を持つ花弁は鉤状となって葉茎の末端につく。果実は長角果で種子を包含する。根、種子、場合によっては花が食用となる。カリウムと鉄を多く含む。侵入種となることもある。ラファヌスという属名はギリシア語の*raphanis*（速やかに現れる）に由来し、種がすぐに発芽することを意味している。
〈栽培〉
春もしくは初秋に春ラディッシュの種をまく。冬（越冬性）ラディッシュは成熟に長期間を要するため、晩夏ないしはそれ以後に播種する。日向であればほとんどの土壌で栽培できる。半分ほど成長したところで種子の莢（さや）が形成される。

Raphanus sativus

一般名：ハマダイコン
英　名：RADISH
☼ ❄ ↔30〜60cm ↕0.6〜1.5m
一年草もしくは二年草。南アジアでの栽培が起源と思われる。赤、白、黄色の主根を食用にする。葉の表面は粗く全裂し、互生。最後の裂葉は他よりも大きい。夏、明瞭な花脈を持つ白ないし薄紫色の花が分枝の先にかたまって咲く。*R. s.* var. *longipinnatus*（ダイコン）は60cmに達する全裂葉と長い主根を持ち、広く栽培されている。栽培品種としては*R. s.* Caudatus Group（コーダトゥス グループ）（syn. *R. caudatus*）（ラットテールラディッシュ）は1.5mに成長して非塊根性の根を持ち、種子の莢（20〜30cm）をピクルスとして利用する。'シェリエッド'は赤くて歯ざわりのよい球形の根を持つ。'チェリー ベル'★は鮮やかな濃いピンクの球形根を持つ。'アイシクル'はコンパクトな姿形で耐暑性が強い。白の球形根もある。歯ざわりがよくて甘みのあるニンジン形の根を持つ。長さは15cm。'スカーレット ホワイト-ティップド'は鮮紅色で歯ざわりのよい球形根を持ち、内部は白となる。ゾーン：6〜9

*Raoulia bryoides*の野生種、ニュージーランド

Raphanus sativus, Longipinnatus Group

RAPHIA

（ラフィア属）
ヤシ科ラフィア属にはほぼ30種類が含まれる。樹高のある熱帯産ヤシの仲間。太くてがっしりした幹を持つものが多い。短い地下茎を備えて幹を欠くように見える種類もある。直立するが一般的に茎頂部は葉状体様となって弧を描く。*R. farinifera*は全長21m以上に達する世界最長の葉を持ち、ラフィアの原料となる。3弁花を持つ大型の円錐花序が葉間もしくは茎頂の下部につき、鱗状片に覆われた卵形の果実（1種子）を実らせる。
〈栽培〉
耐霜性はないが、有機質と湿気がじゅうぶんな土壌であれば、沼沢地でも栽培が可能である。幼樹のころには部分的な日よけが望ましい。茎に近い古い葉が枯れた場合にはカットする。繁殖は春の播種による。

Raoulia hookeri

Raoulia subsericea

*Ratibida columnifera*の野生種、メキシコ、チワワ、クリール

Rauvolfia serpentina

Raphia australis
英　名：KOSI PALM, SOUTHERN RAPHIA
☼ ✈ ↔4.5〜9m ↕8〜9m

成長が速い単生の大型ヤシ。酸素を吸収する直根を持つ。モザンビークおよび南アフリカ北東部の淡水湿地に分散。直立する葉の全長は18m、小葉の周縁は刺状。柄と葉の主脈は鮮やかなオレンジ色ないし赤色。25ないし35年間で茎頂部が完成し、3mに達する。茶色の花に続いて光沢のある茶色の果実をつける。果実は鱗片状で楕円形、全長は5cm。結実後に枯死する。葉は建築材料やラフィア繊維に使用される。
ゾーン：10〜12

RATIBIDA
（ラティビダ属）
英　名：CORNFLOWER

キク科ラティビダ属には5種類が含まれる。二年草もしくは多年草。カナダのオンタリオ州からアメリカ合衆国のニューヨーク州、ミネソタ州、サウスダコタ州、ネブラスカ州、ジョージア州、テキサス州にかけての北米大陸全域に自生する。堅い茎が直立し、剛毛を帯びた深裂葉を持つ。頭状花はルドベッキア属に似るが、小筒花の数は少なく、円筒状になった中心部分はルドベッキア属のものよりも丸くなる。種子を押しつぶすとアニス様の芳香がする。ラティビダ属は広域を探査した植物学者コンスタンティン・ラフィネスク-シュマルツ（1773〜1840）の命名による。命名の理由はよくわからない。
〈栽培〉
野生種を保護するためのネイティブガーデン、コテージ・ガーデンなどの格式ばらない庭に植栽される。日当たりと排水のよい土壌を選ぶ。こぼれ種によって繁殖する。

Rauvolfia caffra

Ratibida columnifera
英　名：LONG-HEAD CONEFLOWER, MEXICAN HAT, PRAIRIE CONEFLOWER
☼ ❄ ↔45cm ↕60cm

北米大陸からメキシコにかけて自生する多年草。灰緑色の葉は毛を帯びる。花は鮮やかな黄色もしくは茶色がかった紫で下垂した舌状花。開花期は夏から秋。中心部は円筒状もしくは円柱状。
ゾーン：4〜9

Ratibida pinnata
一般名：メキシカンハット
英　名：GRAY-HEAD CONEFLOWER, PRAIRIE CONEFLOWER, YELLOW CONEFLOWER
☼ ❄ ↔30〜45cm ↕120cm

北米大陸東部原産の多年草。葉は槍形で青緑色をしており鋸歯縁。黄色の花弁が円筒形をした中心部を取り巻いている。開花期は盛夏から初秋。
ゾーン：3〜8

RAUVOLIFIA
（ラウワルフィア属）

キョウチクトウ科ラウワルフィア属には60種ほどの亜高木、低木が含まれる。分布域は熱帯アフリカ、アジア、南北アメリカ。樹液は乳白色。葉には光沢があり、3ないし5枚が対生もしくは輪生する。花は小さくて蝋質。花は有柄の房の先端につく。色は白もしくは緑白色。1ないし2個の丸い核果をつける。乾燥地域では落葉する場合もある。樹皮、樹液、根などが医療用となる種類もある。
〈栽培〉
日当たりがよく、保湿性にすぐれた排水のよい土壌を好む。風よけを設置し、成長期には定期的に灌水する。繁殖は播種もしくは挿し穂による。

Rauvolfia caffra
英　名：QUININE TREE
☼ ✈ ↔3〜4.5m ↕4.5〜6m

成長が速く、栽培しやすい高木。南アフリカ産産。葉の全長は30cm。葉の主脈は白でよく目立つ。多数の芳香性白花をつけ、満開時には美観となる。開花期は冬から春。有毒な部分もあるが、樹皮と根が医療用に用いられている。
ゾーン：9〜11

Rauvolfia serpentina
一般名：インドジャボク
英　名：INDIAN SNAKEROOT
☼ ✈ ↔38cm ↕60cm

インド東部からタイランド、マレー半島、インドネシア一帯に自生する低木。葉の周縁はなめらか。ピンクもしくは白の小さな花が多数集まって頭状花を形成。果実は暗紫色の核果。ラウワルフィア属中、医療的には最も重要な種。アルカロイドであるレセルピンの原料となる。
ゾーン：11〜12

RAVENALA
（タビビトノキ属）

バショウ科タビビトノキ属は1属1種。マダガスカル原産。ヤシに似た幹を持ち、叢生する。茎の上部3分の1には古い葉が付着する。新葉はバナナの葉に似る。風にあおられると葉が裂ける。ボート形の葉鞘に包まれた小さな花の後にできる種子は食用となる。熱帯雨林地帯の原産であるが、熱帯および亜熱帯地域においては観賞用に栽培されており、特徴的な草形、葉、葉鞘に人気がある。一般名の「タビビトノキ」は苞葉や葉鞘に含まれる水分が旅行者用の緊急用飲料水になることに由来する。
〈栽培〉
日当たりがよく、湿り気があって排水のよい養分に富んだ土壌で栽培する。霜よけと風よけが必要。繁殖は播種もしくは吸着根による。

Raphia australis

Ravenala madagascariensis

Ravenala madagascariensis
一般名：タビビトノキ
英　名：TRAVELER'S PALM、TRAVELER'S TREE
☀ ❀ ↔ 2〜4.5m ↑9m
マダガスカル原産。ヤシに似た高木となり株立ちとなる。樹冠は扇状。葉は鮮やかな緑色で櫂のような形。対生で葉柄は長い。夏に白い花が房状に咲く。果に含まれる種子は食用となる。
ゾーン：10〜12

REBUTIA
（レブティア属）
異　名：*Aylostera*、*Weingartia*
サボテン科レブティア属には40種が含まれる。常緑性で成長は遅い。単生もしくは叢生。ボリビアの山岳地帯およびアルゼンチン北西部原産。主茎の直径は10cmもしくはそれ未満。表面には葉脈もしくは小突起が見られる。柔らかい刺を持つ。側棘と中刺は類似する。じょうご形の花は茎の下部から生じ、黄色、赤、白のものが多い。剛毛もしくは鱗状片を持つ場合もある。花冠は湾曲。開花は日中のみ。属名は、19世紀フランスのサボテン業者P. レビュトにちなむ。

〈栽培〉
レブティア属は日当たりと排水がよく、弱い酸性の砂地を好む。繁殖は、1年以内の若株から採取した種子、もしくは側匐枝の株分けによる。

Rebutia aureiflora
異　名：*Mediolobivia aureiflora*
☀ ❀ ↔ 8〜20cm ↑5cm
叢生する球形サボテン。アルゼンチン北西部原産。茎にに小粒があり、赤みを帯びることが多い。中刺は3ないし4本、側刺は小型。鮮やかな黄色の花は広いじょうご形をしており、管の開口部は白、管状部は淡色。開花期は夏。*R. a.* var. *rubelliflora*、側棘は10本以上、中棘は濃色で1本。花は鮮やかなオレンジ色。
ゾーン：9〜12

Rebutia fiebrigii ★
異　名：*Aylostera fiebrigii*、*Rebutia muscula*
☀ ❀ ↔ 18〜80mm ↑3〜5cm
変化に富む叢生サボテン。ボリビアおよび北西アルゼンチン原産。高さ5cm、茎頂部はくぼむ。表面には小粒があり、中棘は茶色、側棘に白くて剛毛状。じょうご形をしたオレンジ色ないし赤色。管状部はやや上方に反る。開花期は夏。
ゾーン：9〜12

Rebutia flavistyla
☀/❀ ❀ ↔ 5〜15cm ↑5〜10cm
ボリビア原産。単生する球形サボテン。茎には小粒がある。白くて細い棘を持つ。長い管状の花は鮮やかなオレンジ色で花径は8cmまで。開花期は春。
ゾーン：10〜12

Rebutia heliosa ★
☀ ❀ ↔ 12〜100mm ↑18〜50mm
ボリビア原産の叢生サボテン。最初は単生。茎は灰緑色で微小な粒がらせん状につく。棘は白。じょうご形の花は濃いピンクないしオレンジがかったピンク。花弁の内側には淡紫色の中脈がある。開花期は夏。
ゾーン：9〜12

Rebutia marsoneri
異　名：*Rebutia krainziana*
☀ ❀ ↔ 4〜20cm ↑3〜10cm
アルゼンチン北部原産の叢生サボテン。茎は淡緑色で表面には小粒がある。赤褐色の棘が集まって巣のような形となる。じょうご形の花に黄色ないし橙黄色もしくは赤色。開花期は夏。
ゾーン：9〜12

Rebutia neocumingii
異　名：*Weingartia neocumingii*
☀ ❀ ↔ 8〜10cm ↑10〜20cm
ボリビア原産の単生サボテン。茎の幅10cmまで、高さは20cm。小粒による隆起（16ないし18）が、らせん状に茎の周囲を囲む。中棘は2ないし8、側棘は5ないし24。棘は黄色で先端部は茶色。じょうご形の花は日中に開花し、色は黄色もしくはオレンジ色。筒の開口部は黄色、長さは25mm。夏に茎の最上部近くに花が咲く。
ゾーン：9〜10

Rebutia perplexa
☀ ❀ ↔ 25〜30mm ↑12〜25mm
ボリビア固有種のサボテン。普通は叢生する。茎頂部は平らになる。高さのあるじょうご形の花は藤色がかったピンク。花径は35mm。
ゾーン：9〜12

Rebutia spegazziniana
異　名：*Aylostera spegazziniana*、*Rebutia tarvitaensis*
☀ ❀ ↔ 5〜15cm ↑5〜8cm
アルゼンチン北西部原産の球形サボテン。茎は濃淡の緑色。表面には小粒による隆起が生じる。じょうご形の花は暗赤色。開花期は夏。
ゾーン：9〜12

Rebutia spinosissima
異　名：*Aylostera spinosissima*、*Rebutia hoffmannii*
☀ ❀ ↔ 3〜20cm ↑3〜6cm
アルゼンチン北部原産の叢生サボテン。明るい緑色の茎が水平に叢生する。茎頂部はわずかにくぼむ。剛毛状の白い棘が密生。中棘は先端部が茶色になる。じょうご形の花はアプリコットないしオレンジ色。茎の基部につくピンク色のつぼみが最初に開花する。小さな球形の果実をつける。開花期は春。
ゾーン：9〜12

Rebutia perplexa

Rebutia marsoneri

Rebutia neocumingii

Rebutia fiebrigii　　*Rebutia spinosissima*

Rebutia flavistyla

REEVESIA
（レエウェシア属）

アオギリ科に属する小属で3ないし4種の常緑高木もしくは低木が含まれる。ヒマラヤから東南アジアにかけて分布し、アオギリ属とは非常に近い関係にある。葉はらせん状につき、周縁部はなめらか。多数の小さくて白い花をつけ、分枝の先端で密集した円錐花序となる。果実は_果。内部は5区分まで。各部に1ないし2個の種子が入る。温暖地域でのみ栽培できる。

〈栽培〉
深く耕された土壌で栽培する。石灰分を含まない方がよい。日向もしくは部分的な日よけが必要となる。繁殖は播種もしくは挿し穂による。

Reevesia thyrsoidea
☼ ❄ ↔4.5m ↕12m
中国南東部原産。常緑性低木もしくは亜高木。葉は楕円形ないし槍形で光沢のある緑色。全長25cm。花径は5〜8cm。芳香性でクリーム色ないし白。房状になって密生する。開花期は夏。
ゾーン：7〜10

Reevesia thysoideaの果実

Rehmannia elata

REHDERODENDRON
（レデロデンドロン属）

エゴノキ科に属する小属で9種の落葉性低木および亜高木が含まれる。中国の森林地帯およびベトナム北部の原産。栽培されているのはR. macrocaupumのみ。春、釣鐘形をした芳香性の白い花をつけるために重用される。花に続いて大きな翼を持った種子をつける。秋には葉が見事に紅葉する。

〈栽培〉
深く耕された有機質の多い土壌で栽培する。乾燥は禁物。他木の陰になるか、朝日を受ける場所に植栽する。播種後、発芽までには時間がかかる。夏、半熟枝を挿して鉢底を暖めるとよい。

Rehderodendron macrocarpum
☼ ❄ ↔4.5m〜5m ↕8〜10m
中国西部の山岳地帯原産。亜高木となり枝が水平方向の層を形成する。葉は全長15cmまで。落葉前は鮮やかになる。春、釣鐘形をした芳香性の白い花をつける。花径は6cm。房状となって下垂する。ポットに条まきする。
ゾーン：8〜10

Rehderodendron macrocarpum

Rehmannia angulata 'Beverley Bells'

REHMANNIA
（レマニア属）

英　名：CHINESE FOXGLOVE

ゴマノハグサ科に属し、9種の多年草が含まれる。中国の森林および丘陵地帯原産。エキゾチックで開花期の長い大きな花をつける。つぼみは深いピンク色。開口部には茶色と黄色の模様がある。葉は鋸歯縁となり、毛もしくは粘着性を持つ。

〈栽培〉
保水力を持つが過湿にならない土壌で栽培する。有機質を多く含み、日当たりのよい場所を選ぶが、強すぎる日差しは避ける。繁殖は播種もしくは成長期にある若い茎を挿し穂する。株分けの方が一般的。

Rehmannia angulata
レマニア・アングラタ
☼ ❄ ↔30〜40cm ↕20〜30cm
中国中部原産。R. glutinosaに似る。葉は無柄。筒形の花は全長6cmで深いピンク。開花期は春から初夏。予測どおりの姿形に成長することは稀。園芸界では誤ってR. elataと混同されることが多い。'ビバリー　ベルズ'はピンクの花。
ゾーン：8〜10

Rehmannia elata
異　名：Rehmannnia angulata（園芸界での用語）
一般名：レーマンニア
英　名：CHINESE FOXGLOVE
☼ ❄ ↔50〜80cm ↕100〜150cm
強い吸着性を持つ多年草。中国原産。毛を帯びた基部の全裂葉は全長25cm。筒形の花はやや下垂し、全長は10cm。開口部にはスポットがある。開花期は晩春から夏。
ゾーン：8〜10

Reineckea carnea

Rehmannia angulata

Rehmannnia glutinosa
☼ ❄ ↔30〜40cm ↕20〜30cm
中国北部原産。強い吸着性を示す。基部の葉は波状で全長は10cm。筒形の花は全長5cm。深いピンクで筒内部には濃い斑紋がある。唇弁は黄褐色。開花期は春。ゾーン：8〜10

REINECKEA
（レイネクケア属）

スズラン科。1属1種。中国および日本原産。イネ科に似た葉を持つ根茎性多年草。匍匐性の茎から細長くて光沢のある葉が出る。花茎の高さは15cm。小さくて芳香のあるピンク系の花をつける。

〈栽培〉
半日陰で保水力の高い湿った土壌がよい。夏が冷涼となる地域では、花つきが限られる。繁殖は播種もしくは株分けによる。

Reineckea carnea
☼ ❄ ↔15cm ↕20cm
叢生する多年草。中国および日本原産。葉は細長くて湾曲する。ピンクの花の花径は6mm。星形の花弁を持つ。開花期は晩春。小さな深紅色の液果をつける。
ゾーン：7〜10

REINWARDTIA
（キバナアマ属）

アマ科に属する小属。軟木の茎を持つ亜低木。ライデン植物園（オランダ）の園長カスパー・ラインワルトにちなんで命名された。温暖地域では常緑。細長い葉は互生する。管状花は黄色。5枚の花弁が長く伸びる。

〈栽培〉
排水がよく繊維質の少ない土壌で栽培する。風除けのある暖かい場所がよい。晩冬に強く切り戻して（ほぼ半分の高さまで）根つきをよくする。剪定後は念入りにマルチングしてじゅうぶんな水分を与える。繁殖は、初春に若枝の先端部から採った挿し穂による。

Reinwardtia indica

一般名：キバナアマ
英　名：YELLOW BUSH

☼ ⇿60cm ↕90cm

インド北部（主にヒマラヤ山麓）原産。直立するやわらかい吸枝を伸ばして叢生する。なめらかな葉は長楕円形ないし楕円形。表面は鮮やかな緑色、裏面は暗色。花は鮮黄色。開花期は晩秋から春。
ゾーン：9〜11

×RENANTANDA

（×レナンタンダ属）

レナンテラ属とバンダ属との間で人為的に作出された短軸型のラン。着生性で直立し、導管を持つひも状の葉が2列になる。大型のものは基部から分岐し、太いコード状になった多数の根を伸ばす。葉の基部から出た茎に花序がつく。交雑種はレナンテラ属ほど高くならない。バンダ属の影響のため、植物体が小さくなり花が大きくなる。

〈栽培〉
バンダ系の着生ランは、じゅうぶんな日照のある温暖もしくは暑い生育環境を必要とする。熱帯の庭園での栽培に適する。熱帯以外の地域では温室栽培となる。マツの樹皮を粗く砕いたものを入れた鉢で育てるのがよい。太い根が鉢の外にはみ出すことも多いが、根の成長を妨げてはならない。根は空気を吸収するため、灌水後はよく乾燥させる必要がある。熱帯にあっては1年を通して花をつけるがピークは夏季である。繁殖は挿し穂（3本の根が必要）による。

×*Renantanda* Tuanku Bainun

☼ ⇿20〜80cm ↕20〜12cm

バンダ属のKeeree's Deiightおよび*Renanthera storiei*の交雑種。鮮紅色の花（高さ8cm）をつける。花全体に暗色の碁盤目模様がある。
ゾーン：11〜12

Renanthera, Hybrid, Tan Keong Choon

RENANTHERA

（レナンテラ属）
英　名：FIRE ORCHID

ラン科。丈夫な短軸型属。マレーシア、インドネシア、フィリピン、ニューギニアに15種ほどが知られている。高温多湿の低地で生育。多くの種は、分枝の先の花序に鮮やかで開花期の長い花を咲かせる。同属内もしくは近縁の属との間に多数の交雑種が作出されており、鮮やかな紅色と楕円形をした集合花の形が改良の眼目となっている。

〈栽培〉
レナンテラ属は高く伸びるバンダ系の着生ランであり、強い日差しと温暖ないし暑い気候が必要。熱帯の庭園での栽培に適する。熱帯以外の地域では大型温室での栽培となる。ツル性のため、鉢植えにするのは困難。木製のバスケットや大きめのコルク板に取り付けるのがよい。熱帯では1年を通して開花するが、ピークは夏季である。自生地の気候下では、木の幹に固定してよく日に当てるとよい。最低気温を12℃以上に保つ必要がある。繁殖は挿し穂（3本の根が必要）による。

×*Renantanda* Tuanku Bainun

Renanthera, Hybrid, Tom Thumb

Renanthera, Hybrid, Monaseng

Renanthera coccinea

一般名：レナンテラ・コッキネア

☼ ⇿20〜80cm ↕20〜120cm

東南アジア原産。分布域が広くて変化に富む。花径は5cmで暗いオレンジ色がかった赤色ないし暗赤色。花には暗色のスポットがつく。
ゾーン：11〜12

Renanthera Hybrids

一般名：レナンテラ交雑品種

☼ ⇿20〜90cm ↕0.3〜2.4m

バンダ系の交雑種。温暖な季節に開花。熱帯地域では四季咲き。原種よりも耐寒性が強い。**Monasen**は赤味がかったオレンジ色の花をつける。*Renanthera imschootiana*、*R. monachica*、*R. storiei*がここに含まれる。**Tan Keong Choon**は、*R. matutina*、*R. philippinensis*、*R. storiei*の交雑種で鮮紅色の花をつける。**Tom Thumb**は赤い花をつけ、*R. monachica*と*R. imschootiana*の交雑種。
ゾーン：11〜12

RENEALMIA

（レネアルミア属）

ショウガ科。70種ほどの芳香性多年草を含み、根茎によって増殖する。熱帯の中央および南アメリカ、アフリカの原産。ショウガの匂いがする2列になったひも状の葉が叢生し、アシに似た茎を出す。花には苞葉があり、葉茎もしくは主茎の先端部で円錐もしくは集散花序となる。花冠は基部で接合するか、もしくは直立した筒状となる。3裂の唇弁を持つ。果実は_果。

〈栽培〉
霜害を受けない場所に植えてよく日に当てるか、部分的な日よけを施す。土壌の湿り気を保ち、定期的に灌水する。冷涼な地帯では鉢植え栽培がよい。繁殖は播種もしくは根茎の株分けによる。

Renealmia alpinia

異　名：*Amomum alpinia*、*Renealmia exaltata*
英　名：MASUSA

☼ ⇿0.9〜1.8m ↕1.5m〜2m

熱帯アメリカに広く分布。強健な多年草で匍匐性の根茎によって増殖する。葉の全長は90cm。花は、白、ピンク、赤の苞葉に囲まれる。未熟な_果は赤いが、成熟すると黒みがかった紫色になる。褐色の種はオレンジ色がかった黄色の繊維とarrilesとして知られる脂肪分に囲まれている。これは食用の黄色い色素やコメの香り付けに使用されている。
ゾーン：10〜12

Reinwardtia indica

Renealmia alpinia

Retama monosperma

Restrepia guttulata

RESEDA
（モクセイソウ属）

英　名：MIGNONETTE

モクセイソウ科に属し、50ないし60種の一年草もしくは多年草を含む。主な原産地は地中海沿岸だが、インド、アジア、東アフリカに自生するものもある。小さな葉の周縁部はなめらか、もしくは鋸歯状の切れ込みを持つ。小さな花が集まって直立した花穂となるが、ほとんど目立たない。花色は緑色ないし白。芳香を放つ種もある。ミツバチがよく集まる。*R. odorata*はアロマ業界で使用される精油用に栽培されてきた。*R. luteola*は新石器時代以来、黄色用の染料となり、ローマ時代には結婚衣装の染色に用いられた。

〈栽培〉

日当たりと排水のよい肥沃な土壌で栽培する。アルカリ性土壌がよい。繁殖は播種による。発芽種子を移植後に間引きを行う。

Reseda lutea
一般名：キバナモクセイソウ
英　名：YELLOW MIGNONETTE
☼ ❄ ↔ 50〜70cm ↕ 50〜70cm

地中海沿岸からイランにかけて自生する一年草。深い根を持ち、茎は直立性で成長が速い。葉は剣形、もしくは1ないし3個の深い切れ込みがある。無柄もしくは有柄。花の萼片は4ないし8で周縁部は白、花弁は4ないし8で黄色、各花弁は2ないし3裂する。開花期は夏。果実は直立し3個に分かれた_にはなめらかな種子が入る。ゾーン：7〜9

Reseda luteola
一般名：ホザキモクセイソウ
☼ ❄ ↔ 20〜30cm ↕ 90〜120cm

ヨーロッパおよび中央アジア原産の直立性一年草もしくは短命な多年草。葉の周縁部はなめらかで全長は25mm。直立した分枝を伸ばすことも。花茎は60cm、小さな黄緑色の花をつける。花は無香。開花期は夏。
ゾーン：6〜10

Reseda odorata
一般名：モクセイソウ
英　名：BASTARD ROCKET, MIGNONETTE, SWEET (RESEDA)
☼ ❄ ↔ 18〜20cm ↕ 30〜60cm

地中海沿岸原産のよく知られた多年草。葉の周縁部はなめらかだが、3裂することも。緩い房状花には強い芳香がある。花は小さくて緑白色。オレンジ色の雄ずいは房状。開花期は初夏。
ゾーン：6〜10

RESTREPIA
（レストレピア属）

英　名：COCKROACH ORCHID

合軸型の小型ラン。人気が高まっている。中米および南米大陸原産。単葉単花の着生植物で容易に見分けがつく。プレウロタリス属およびマスデワリア属と近縁。比較的大型（全長8cm）で均一な姿の花をつける。花色は変化の幅が大きく、鮮明ないし微妙な色調。側生の萼片は合体して、レストレピア属の特徴である合片萼を形成する。本属の同定においては、合片萼の長さと色が決めてとなる。英名は花の形がゴキブリ（cockroach）の一種に似ていることによる。

〈栽培〉

じゅうぶんに霧吹きを行って湿度を保てば、幅広い気候に適応できる。一年を通じて多量の灌水が必要。鉢植えにする場合はミズゴケがよい。大型の固体はコルク板やヘゴ板に取り付ける。よく光にあてるが、直射日光は避ける。日射量が適切であれば、葉がやや紫味を帯びる。レストレピア属は株分け以外に葉挿しでも繁殖できる珍しいランである。

Restrepia guttulata
☼ ❄ ↔ 8〜20m ↕ 8〜15m

ベネズエラからペルーの原産。花径5cmの花は、オレンジ色、ピンク、深紫色などの変化を見せる。合片萼には暗赤紫色の顕著な斑紋がある。
ゾーン：9〜11

RETAMA
（レタマ属）

以前はゲニスタ属などに分類されていたエニシダの仲間4種を含む新属。マメ科。地中海沿岸からカナリー諸島に分布。成熟株には葉がないが、葉緑素を含む緑色の茎が葉の機能を果たす。若い株は線条の葉をつける。この葉は春に成熟茎につくこともある。茎は乱雑に伸びて針金状となることが多く、春には花が満開となって美観となる。花色は白もしくは黄色。紫の模様が入る場合もある。芳香を放つものが多い。花に続いて出現する袋状の莢は、時に綿毛を帯びる。

〈栽培〉

日当たりのよい場所でよく成長する。根をはった後は旱魃にも耐える。比較的よく肥えた土壌、光、排水のよい土地を好む。開花後は切り詰めてもよいが、姿形を整えることは難しい。繁殖は播種による。種子はあらかじめ水に浸しておく。夏に挿し木してもよい。

Retama monosperma
異　名：*Genista monosperma*
英　名：SILVER BROOM
☼ ❄ ↔ 3m ↕ 3m

スペインおよび北アフリカ原産。直立しほとんど無葉。枝はかすかに弧を描く。若い株は銀色で綿毛を帯びる。成熟すると灰緑色となる。芳香性の白い小花が短い総状花序を形成する。萼は紫色。開花期は春。
ゾーン：9〜11

RHAMNUS
（クロウメモドキ属）

クロウメモドキ科クロウメモドキ属には、125種以上が含まれる。常緑性もしくは落葉性の低木もしくは高木。棘を持つものが多い。北半球一帯に広く分布するが、ブラジル、東アフリカ、南アフリカの森林地帯やヒースの荒野にも自生する。葉は暗緑色で周縁部はなめらか、もしくは鋸歯縁。花は目立たないが芳香性のものもある。いくつかの種は緑色、青緑色、黄色用染料の原料となる。医療用に使用される種もある。材は木工用。葉と液果を鑑賞するために栽培される。

〈栽培〉

じゅうぶんに日にあてるか、もしくは部分的な日よけを施し、ほどよく肥えた土壌で栽培する。湿気を好むものから非常な乾燥を好むものまでさまざまな種類がある。アルカリ土壌や海岸部土壌に耐性を持つ種類もある。繁殖は秋に結実直後の種子をまき、冬に備えて防霜対策をする。落葉種では初夏に未熟枝を挿し木にする。常緑種では、熟枝を夏に挿し木するか、秋または春に取り木を行うこともできる。

Rhamnus alaternus
ラムヌス・アラテルヌス
英　名：ITALIAN BUCKTHORN
☼ ❄ ↔ 3.5m ↕ 4.5m

地中海沿岸からコーカサスにかけて分布する常緑性低木。革質の葉は暗緑色で光沢を持つ。花は小さくて黄緑色。開花期は晩春から初夏。晩夏に熟す果実は黒色。乾燥土壌、大気汚染もしくは潮風を受ける土地での栽培も可能。'**アルゲンテオワリエガタ**'（syn. 'ワリエガタ'）は耐寒性に劣り、葉の中心部は濃淡の灰緑色、周縁部は白。
ゾーン：7〜10

Reseda lutea

Reseda odorata

Rhamnus saxatilis

Rhamnus imeretina

Rhamnus californica
英　名：COFFEEBERRY
☀ ❄ ↔3m ↕3.5m
常緑性もしくは半常緑性低木で直立する。アメリカ合衆国西部原産。若葉は赤色。葉は光沢ある緑色。淡い黄緑色の花が集まって咲く。開花期は晩春から初夏。丸い液果は熟すると黒色になる。
ゾーン：7〜10

Rhamnus cathartica
英　名：BUCKTHORN, COMMON BUCKTHORN
☀ ❄ ↔4.5m ↕6m
温帯アジア、ヨーロッパ、アフリカ原産。棘のある落葉性低木。藪を形成する。稀に亜高木となる。葉は緑色で長楕円形ないし楕円形。細かい鋸歯縁となる。秋には黄変。花は黄緑色。開花期は晩春から初夏。赤い果実は熟すると黒色になる。
ゾーン：3〜9

Rhamnus crocea
英　名：REDBERRY
☀ ❄ ↔2m ↕1.8m
メキシコ、アメリカ合衆国南西部原産。常緑性低木。棘を持つ。葉には光沢があり、卵形ないし長楕円形。葉縁部はわずかに鋸歯状。小さな花が房状となり、花後には赤い果実をつける。
ゾーン：7〜11

Rhamnus dahurica
英　名：DAHURSK BUCKTHORN
☀ ❄ ↔3m ↕6m
温帯の東アジア（日本を含む）原産。大型の落葉低木もしくは亜高木。棘が多い。葉は全長5〜10cmで灰緑色。花は緑色がかった黄白色。開花期は晩春。核果は赤色。
ゾーン：5〜9

Rhamnus frangula
英　名：ALDER BUCKTHORN
☀ ❄ ↔4.5m ↕4.5m
北アフリカ、ヨーロッパ、ロシア（一部）原産の落葉性低木。葉は光沢のある暗緑色で楕円形、裏面は淡色。秋には紅葉する。集まって咲く両性花は小さくて緑色。腋生する。開花期は春から夏。赤い果実は熟すると黒色となる。
ゾーン：3〜9

Rhamnus imeretina
☀ ❄ ↔4.5m ↕3m
黒海沿岸原産。落葉性低木。広がる習性を持つ。葉は楕円形ないし長楕円形。顕著な葉脈を持ち、表面は暗い緑色、裏面はフェルト状で淡色。秋には暗褐色がかった紫色となる。緑色の単性花が集まって咲く。腋生。開花期は夏。熟した果実は黒色。
ゾーン：6〜9

Rhamnus prinoides
英　名：SOUTH AFRICAN DOGWOOD
☀ ❄ ↔4.5m ↕8m
南アフリカ東部の山岳地帯および熱帯アフリカ原産。常緑性低木ないし亜高木。藪を形成する。葉は革質で光沢があり、表面は深緑色、裏面はオリーブ色。花は黄白色。開花期は春から初夏。赤い果実は熟すると黒色となる。
ゾーン：9〜11

Rhamnus saxatilis
☀ ❄ ↔2.4m ↕1.8〜2.4m
ヨーロッパ南部および中部原産。落葉性低木。多くの棘を持つ。サイドシュートに棘がつく場合が多い。葉は槍形で鋸歯縁。全長が5cmを超えることはまれ。花は黄白ないし淡緑色。開花期は春。赤い核果は熟すると黒色になる。
ゾーン：6〜9

RHAPHIOLEPIS
（シャリンバイ属）
バラ科シャリンバイ属は常緑性低木。10種ほどが含まれる。カナメモチ属と近縁。東アジアおよび東南アジア原産。棘は持たない。葉は革質で暗緑色。白ないしピンク色の花が集まって咲く。開花期は春。秋に咲くこともある。開花後に実る青黒い液果には鳥が集まり、種子の拡散を助ける。

〈栽培〉
強健で手間のかからない種であり、海岸部での植栽に適している。きつい剪定にも耐えるため、生垣に最適。有機肥料をマルチングした日当たりのよい土壌に植え込み、取り木によって繁殖させる。根の状態が不安定になるため、土はなるべく掘り起こさないようにする。取り木以外に挿し穂や播種でも繁殖できる。

Rhaphiolepis × delacourii
ラフィオレプシス×デラコウリイ
英　名：HYBRID INDIAN HAWTHORN
☀ ❄ ↔2.4m ↕1.8m
このは*R. indica*と*R. umbellata*の特徴を併せ持つ種に対して用いられる。1900年直前にカンヌでM.ドラクールが作出した交雑種に起源を持つ。この交雑種から作出されたものとしては、開花期の長い薄ピンク色の花をつける'スプリング ソング'がある。'スプリング タイム'は背が低くて広がる習性を持つ。新芽にはピンクのフラッシュが入り、花はピンク色の半八重咲き。'ホワイト エンチャントレス'は矮性で小さな白い花をつける。
ゾーン：8〜11

Rhamnus crocea

Rhamnus prinoides

Rhamnus californica

Rhamnus dahurica

Rhaphiolepis indica
ラフィオレプシス・インディカ

英　名：INDIAN HAWTHORN

☼ ❄ ↔2.4m ↕2.4m

中国南部原産。葉は革質で鋸歯縁。細くて先端部が尖り、表面は暗緑色、裏面はオリーブ色。新芽はピンクがかった褐色。分枝の先にピンクがかった白い花が集まって咲く。開花期は春。温暖地域では侵入種。'バレリーナ'はピンクの花、秋に葉が紅葉する。**Springtime**／スプリングタイム／'モンメ'はピンクの小花、新芽は赤褐色。

ゾーン：8〜11

Rhaphiolepis umbellata
一般名：シャリンバイ

☼ ❄ ↔2m ↕1.8m

日本南部から朝鮮半島一帯に自生する密に茂った低木。葉は広くて厚い。灰緑色。先端は丸く、周縁部は反る。芳香のある白い花が房状になる。開花期は春から初夏。温暖地域では冬でも断続的に開花する。液果は青黒色。'ミノール'は矮性。葉と花が小型化。

ゾーン：8〜11

RHAPIS
（カンノンチク属）

ヤシ科。12種が知られる。降水量の多い中国南部から東南アジア一帯の亜熱帯および熱帯地域原産。株立ちとなる。小型。叢生し、タケに似た茎と扇状の葉を持つ。葉には深い切れ込みがあり、指のような形となる。雌雄異体のものが多く、採種のためには雄株と雌株が必要となる。小型の花はクリーム色で椀形。円錐花序。液果。園芸界では重用される。長命のものが多く、庭園の景観を演出する。間仕切り用、大型プランター植栽、屋内植物として利用される。

〈栽培〉

適応力にすぐれた種が多く、日向、半日陰、屋内の窓際で栽培できる。直射日光を受けると、葉が退色することもある。よく肥えた排水のよい土壌に植えて強風と霜を避ける。高湿にすると成長が速い。繁殖は播種によるが成長は緩慢である。株分けも可。

Rhapis excelsa
一般名：カンノンチク

英　名：LADY PALM, RHAPIS PALM

☼ ❄ ↔2.4m ↕4.5m

中国南部原産。同属の人気種。株立ちとなり、扇形の葉をつける。細い茎は茶色の粗い繊維に覆われる。明るい緑色の葉は5ないし8裂し、先は尖る。椀形のクリーム色の花が咲く。開花期は夏。大型プランターに最適。'ワリエガタ'は葉に白線が入る。

ゾーン：10〜12

Rhapis humilis
英　名：SLENDER LADY PALM

☼ ❄ ↔3m ↕3.5m

中国南部原産。株立ちとなり、よく広がる。多数の細い茎は茶色の粗い繊維に覆われる。葉は薄く、暗緑色。多裂した葉の先は尖る。繁殖は株分けによる。屋内植物に最適。

ゾーン：10〜12

Rhapis excelsa

RHEUM
（レウム属）

英　名：RHUBARB

ルバーブ。50種ほどの強健な多年草が含まれる。観葉植物や食用となるものもある。タデ科。アジア一帯に広く分布。葉は大きくて波状縁、もしくは掌状縁。頑丈な茎から出て基部では叢生する。花は小さく、緑白もしくは赤味がかる。風媒花。頑丈な直立茎の先で大きな円錐花序となる。

〈栽培〉

観賞用の種では、いっぱいに広がる葉と見事な花穂を見ることができる。日向、もしくは部分的な日よけのある場所で栽培する。深く耕された肥えた土壌がよい。保湿性と排水性にすぐれた場所を選ぶ。繁殖は播種もしくは株分け。食用にする場合は深く掘り起こした土に植えて75〜90cmの間隔をあけ、有機肥料をたっぷりと施す。成長には湿度が欠かせないが、排水はよくする。栽培品種の繁殖は、根頭の株分けによる。

Rhapis humilis

Rheum australe
異　名：*Rheum emodi*

英　名：HIMALAYAN RHUBARB, RED-VEINED PIE PLANT

☼／☼ ❄ ↔1.5m ↕1.5m

ヒマラヤ原産。葉は円形もしくは幅広の楕円形。顕著な葉脈を持つ。波状縁。花穂は頑丈で赤みを帯びる。白ないし赤い花が密に固まって咲く。開花期は夏。

ゾーン：6〜9

Rhaphiolepis indica

Rhaphiolepis × delacourii

Rhaphiolepis × delacourii 'Spring Song'

Rhinerrhiza divitiflora

Rheum palmatum

Rheum × hybridum
異　名：*Rheum × cultorum*、
R.rhabar barum of gardens
一般名：ルバーブ
英　名：RHUBARB
☀ ❄ ↔0.9〜1.8m ↕0.9m
1700年代以降、ヨーロッパで食用として栽培されている交雑種。親種は不明。食用となる茎は頑丈で、三角形の葉は大きく、波状縁となる。香り、茎の色、収穫期の異なる栽培品種がある。'チェリー'の茎は太くて赤色、'マクドナルド'の茎は鮮紅色、'ビクトリア'の茎は太くて緑色、基部近くでは赤みを帯びる。
ゾーン：6〜10

Rheum palmatum
レウム・パルマトゥム
☀/☼ ❄ ↔1.5m ↕1.5〜2.4m
中国北西部原産。見事な姿形を誇る。葉は深く裂けて鋸歯縁。幅は100cm。若葉は赤紫色。高く伸びる分枝の先に、小さな桃色の花が集まって綿毛状の花穂となる。開花期は夏。*R. p.* var. *tanguticum*は強健で深く裂けた葉を持つ。*R. p.* 'アトロサングイネウム'の花は桜桃色。広い葉は鮮紅色。'ボウルズ クリムゾン'の葉の裏面は緋紅色。
ゾーン：6〜9

RHINERRHIZA
(リネリザ属)
ラン科に属し、2種の着生ランを含む。サルコキルス属と近縁。オーストラリア東部およびニューギニア低地の一部に自生。短軸型ラン。やや広くて丈夫な革質の葉、頑丈な根系を持つ。長い下垂花序(60cm)には60ほどの花がつくが、開花は2日間のみである。
〈栽培〉
根が覆われるのを嫌うため、細長いコルク板もしくはヘゴ板に付着させて、広がる根系を露出させる。部分的な日よけが好ましい。湿度を保ち、風通しをよくする。継続的な栽培は容易ではない。

Rhinerrhiza divitiflora
英　名：RAPSY ROOT ORCHID
☀ ⚘ ↔8〜30cm ↕8〜40cm
オーストラリア原産。根は平たく、表面は粗い。花はクモの巣に似ており、黄色がかったオレンジ色。花径は6cm。鮮紅色のスポットを持つ。唇弁はやや小型。白花に黄色と赤のスポットがある。開花期は春。
ゾーン：10〜11

RHIPSALIS
(リプサリス属)
サボテン科。35種の着生サボテンが含まれる。熱帯アメリカ原産で、カリブ海沿岸およびブラジルに多い。下垂性の低木となり、数百の枝がからみあうことからギリシア語のrhips(「かご細工」)に由来する属名がついた。茎の断面は円形となるものが多いが、四角、畝状、翼状、平坦となる場合もある。大多数の種類は棘を持たず、新茎は、古茎の末端から単独、もしくはまとまって生じる。花は小さくて皿状。白が多い。種子の鞘は小さな球体。
〈栽培〉
腐食質を多く含む排水のよい土壌に植えて定期的に液体肥料を施せば栽培は容易である。アルカリ土壌には向かない。繁殖には、カットした茎を1ないし2週間乾燥させたものを用いる。播種も可能。地上性サボテンよりも多くの水が必要だが、秋には6ないし8週間の水断ちをして冬の開花をうながす。ハンギングバスケットに植えることが多い。

Rhipsalis cereuscula
☀/☼ ⚘ ↔30cm ↕60cm
南米大陸北東部および東部原産。低木状で多くの枝を持つ下垂性のサボテン。茎は円筒状で全長10〜30cm、ここから4ないし5角形の短い茎がまとまって生じる。葉脈に2ないし4本の短い剛毛。茎の先端に小さくて白い花をつける。開花期は春。
ゾーン：9〜12

Rhipsalis paradoxa ★
☀/☼ ⚘ ↔0.9m ↕1.5m〜4.5m
ブラジル南部原産。大型で枝が四方に下垂する。古い茎の末端に新しい茎がまとまって生じる。茎は短くて薄緑色。3ないし4角形。角は不連続でジグザグを描き、2個1組もしくは3ないし8個の輪生。小突起は無棘で綿毛を持つ。茎頂の近くに白い花がつく。開花期は夏。種子の鞘はピンクがかった白。
ゾーン：9〜12

RHIZANTHELLA
(リザンテラ属)
英　名：UNDERGROUND ORCHID
腐生性のラン。成長も開花も地下で行われる。成熟した果がかろうじて地表面に届く。ラン科に属し、オーストラリア東部原産の*Rhizanthella slateri*、オーストラリア西部の固有種*R. gardneri*の2種が知られる。偶然に発見されることが多い。花頂部は小さくて多肉質になっており、キノコに似る。落ち葉の中にいるアリやキノコバエによって受粉するのではないかと思われる。開花期は春と夏。
〈栽培〉
発見例が少なく、実験室以外での栽培は試みられていない。

Rhizanthella slateri
☀ ⚘ ↔8〜30cm ↕8〜20cm
根茎が分枝する。成熟すると球形の花序に無数の花をつける。三角形の苞葉によって保護される。小さな花は多肉質で、黄白ないし紫がかった色となる。開花期は春から夏。
ゾーン：10〜11

*Rhizanthella slateri*の花

*Rhizanthella slateri*の花頂部

*Rhizophora mangle*の野生種、アメリカ、フロリダ州エバーグレイズ

Rhodanthe floribunda

Rhodanthe manglesii

Rhodanthe chlorocephala

RHIZOPHORA
（ヤエヤマヒルギ属）
英　名：MANGROVE

ヒルギ科の高木。種の数は10以下。熱帯の沿岸部に自生するマングローブが同属に含まれる。幹はアーチ状になった巨大な気根によって支えられる。この根によって、潮間帯にある軟らかい泥で生育することができる。葉は対生し、周縁部はなめらか。花は葉腋につき、多肉質で星形。果実に入る種子は1つのみ。木についているうちから成長を開始して長円筒形となる。種子は水中に落ちて浮遊し、泥に覆われた岸に漂着して成長を続ける。

〈栽培〉
マングローブは塩水に囲まれた日当たりのよい海岸湿地で繁茂する。繁殖は種子による。

Rhizophora mangle
一般名：アメリカヒルギ
英　名：AMERICAN MANGROVE、RED MANGROVE

☀ ⚓ ↔ 2.4m～9m ↕ 4.5m～12m
常緑性高木。アメリカ合衆国南部および西インド諸島の潮間帯や浅瀬に自生。樹冠は密に茂り、丸くなる。太い気根がもつれあいながら地上に届き、支柱の機能を果たしている。樹皮は赤褐色。葉は対生し、厚くて光沢がある。暗緑色で長楕円形をしており、革質。花は白ないし淡黄色の4弁花で、小さな房状花となる。開花期は春から夏。液果は濃い錆茶色で卵形。浮き苗となるが、塩水による被害を受けない。砂地や泥に漂着して新しい世代を形成する。
ゾーン：11～12

RHODANTHE
（ハナカンザシ属）
英　名：STRAWFLOWER

キク科。1990年代初期に分類の見直しが行われたヘリクリサム類に属し、現在ではオーストラリア原産であると考えられている。ハナカンザシ属には、一年草、多年草、小型低木の40種が含まれる。葉は小型で細長く、明るい緑色ないし銀灰色。茎は不規則な方向に広がり、寿命の長い花をつける。花は乾燥した紙状の総苞片（花弁状の構造物）からできている。長い茎の先に花序をつける種では、切花にしても退色しない。砂漠地帯原産の種では一日花となるものもある。この場合は種子の形で数年を過ごし、降雨とともに大地を覆って一面の花を咲かせる。

〈栽培〉
耐性にはばらつきがあるが、大部分の種はきわめて強健であり、乾燥した斜面や岩場での栽培が可能。日当たりがよく、粗くて排水のよい土壌に植える。やせた土地でも生育できる。繁殖は播種もしくは挿し穂による。下枝が地面に接して自然に発根することもある。

Rhodanthe anthemoides
ロダンテ・アンテモイデス
異　名：*Helipterum anthemoides*

☀/☾ ❄ ↔ 30～50cm ↕ 10～20cm
細くて頑丈な茎を持つ常緑性多年草もしくは低木。オーストラリア南東部原産。葉は細長くて先が尖る。灰緑色で全長は12mm以下。紙状の花序は白色でキクに似る。開花期は夏。'ペーパー ベビー'はコンパクトな姿形、つぼみは赤、花は白。'ペーパー スター'はコンパクトな姿形だが花数が多く、ロックガーデンに最適。
ゾーン：8～10

Rhodanthe chlorocephala
異　名：*Helipterum roseum*
一般名：ハナカンザシ

☀ ❄ ↔ 20～30cm ↕ 30～60cm
オーストラリア南西部原産の一年草。直立もしくは曲線状に伸びる。葉は細長くて灰緑色。全長25mm。花序の幅は25～50mm。白ないしピンクの小花が円盤状の中央部を取り囲む。開花期は晩春から初夏。温暖地域では冬にも花をつける。*R. c.* subsp. *rosea*は鮮やかなピンクの小花をつける。*R. c.* subsp. *splendida*の小花は白。花径は6cm。
ゾーン：9～11

Rhodanthe floribunda
異　名：*Helipterum floribundum*

☀ ❄ ↔ 5～30cm ↕ 8～30cm
オーストラリア内陸部の乾燥地帯に広く分布する一年草。コンパクトな姿形で藪状に叢生する。葉は小さくて灰緑色。降雨後、白い花序が一斉に開花する。花径は5cm。
ゾーン：9～11

Rhodanthe manglesii
ロダンテ・マングレシイ
異　名：*Helipterum manglesii*
英　名：SWAN RIVER EVERLASTING

☀ ❄ ↔ 15～30cm ↕ 30～45cm
オーストリア西部原産の一年草。茎は直立。葉は細長い楕円形ないし心臓形で先が尖る。灰緑色ないし青緑色。全長5cm。多数の小花をつける。色は白ないしピンク。花径は30mm。開花期は春もしくは降雨後。'サットンズ ローズ'は栽培種として重用される。
ゾーン：8～11

RHODANTHEMUM
（ピレツルム属）

キク科。ユーラシア大陸および北アフリカの高山地帯原産。1980～90年代に見直しが行われたクリサンテムム属の15ないし20種が含まれる。低木状の多年草。シダに似た銀灰色の葉をつけ、輪生もしくは緩いロゼットとなる。成長すると密に茂る。春から初夏にかけて細くて頑丈な茎の先に花序をつける。舌状花は白。ピンク味を帯びることも多い。中心部は黄色。温暖地域では年間を通じて花つきが悪くなる。

〈栽培〉
耐霜性を持つ種が多いが、長引く寒気や冬季の高湿度に耐える種はほとんどない。高山植物室や冬季が乾燥する場所でよく生育する。日向もしくは半日陰になる場所の粗くて排水のよい土壌に植え、少量の腐植質を混ぜる。夏の灌水と施肥は控えめにする。繁殖は播種、もしくは花をつけていないシュートの基部を挿し穂する。

Rhodanthemum catananche
異　名：*Chrysanthemum catananche*、*Pyrethropsis canatanche*

☀ ❄ ↔ 15～25cm ↕ 10～15cm
モロッコ原産の多年草。コンパクトな姿形でクッション状になる。葉は開花期以後も落葉せず、絹状で緑がかった灰色。線状に細く裂ける。花は赤みがかった黄色。開花期は春。
ゾーン：8～10

Rhodanthemum catananche

Rhodanthemum hosmariense

Rhodiola kirilowii, fruit

Rhodanthemum gayanum
異　名：*Chrisanthemum gayanum*、
C. mawii, *Pyrethropsis gayana*
☼ ❄ ↔60〜100cm ↕20〜30cm
丈の低い多年生亜低木。アルジェリアおよびモロッコ原産。レース状に裂けた葉が密に茂って広がる。葉の色は暗緑色で光沢がある。鮮やかなピンクのキクに似た花をつける。多花性。中心部は黄色ないし赤紫色。開花期は冬から春。
ゾーン：8〜10

Rhodanthemum hosmariense
異　名：*Chyrysanthemum hosmariense*、
Pyrethropsis hosmariensis
英　名：MOROCCAN DAISY
☼ ❄ ↔30〜40cm ↕10〜20cm
モロッコのアトラス山脈原産。耐乾性多年草。藪状に広がる。細く裂けた銀灰色の葉がクッション状となる。冬季についた鱗片状の花芽が開いて、白いキクに似た花をつける。中心部は黄色。開花期は春から秋だが一年を通じて散発的に開花する。
ゾーン：8〜10

RHODIOLA
（イワベンケイ属）
ベンケイソウ科。ヒマラヤ、中国北西部、中央アジア、北米大陸、ヨーロッパ原産。50種ほどが含まれる。茎ごとにロゼットを形成し、葉は無柄。葉の周縁部はなめらか、もしくは鋸歯縁。分枝した太い木質の根茎から多肉質の葉が生じる。褐色で鱗状の根出葉。茎頂部には単一もしくは多数の4〜5弁花がつく。萼片は4〜5枚で多肉質。基部で8〜10個の雄ずい、および濃紫色の葯と合着する。果実は直立し、多数の褐色種子を包含する。属名はギリシア語でバラを意味する*rhodon*に由来し、バラの香りがする根を持つことによる。チベットでは*R. sacra*および*R. crenulata*の根には滋養強壮、不老長寿の効能があるとされた。
〈栽培〉
日当たりと排水のよい土壌を好む。繁殖は春の播種、もしくは花をつけていない未熟枝から取った挿し穂による。

Rhodiola kirilowii
異　名：*Sedum kirilowii*
☼ ❄ ↔30〜90cm ↕30〜90cm
中央アジア、中国北部、モンゴル原産の多年草。分枝した太い根茎と放射状に並んだ鱗片状の葉を持つ。密に茂った小さな葉は細い剣のような形となり、先端部近くには鋸歯状突起が生じる。頑丈な茎は直立。茎頂には多数の花がつく。花径は6mm以下。萼は赤みがかった緑色。花弁は黄緑色もしくは赤褐色で楕円形。開花期は初夏。古来より薬草として用いられ、精神安定、ストレス緩和、細胞レベルでの疲労回復に効果がある。
ゾーン：5〜8

Rhodiola rosea
異　名：*Sedum rosea*
一般名：イワベンケイ
英　名：GOLDEN ROOT, ROSE-ROOT
☼ ❄ ↔5〜75cm ↕5〜75cm
ヨーロッパおよびアジアの北極地域原産の多年草。高標高地帯の砂土壌に自生する。習性には非常な変異性がある。分枝した太い根茎を切断すると芳香がする。葉はなめらかで長楕円形、赤みがかった色となることもある。全長40mm。基部は丸く先端は尖る。周縁部はなめらか、もしくは不規則な鋸歯状。花茎は1ないし3本以下が普通。頂部には25ないし70の緑がかった黄色の花がつく。花径は6mm。開花期は初夏。
ゾーン：1〜8

RHODOCHITON
（ロドキトン属）
ゴマノハグサ科。メキシコ原産の多年草。1属1種。短命なつる植物。紫がかった茎と心臓形をした暗緑色の葉を持つ。花は紫茶色。冷涼地域では一年草としてあつかわれる。開花期は盛夏から晩秋。属名は「赤」を意味するギリシア語*rhodon*、および「外套」を意味する*chiton*に由来する。
〈栽培〉
明るくて暖かく、排水のよい場所で栽培する。種子からの栽培は容易であるが、元気のよい株からとった枝を挿し穂しても繁殖が可能。

Rhodochiton atrosanguineus
異　名：*Rhodochiton volubilis*
英　名：PURPLE BELL VINE
☼ ❄ ↔45cm ↕4.5m
メキシコ原産。一年草としてあつかわれる多年生つる植物。細い茎から小さな花が下垂する。花は深い紫赤色の筒形の花。濃い赤紫色をした4弁の萼から突出する。開花期は盛夏。
ゾーン：9〜10

RHODODENDRON
（ツツジ属）
英　名：AZALEA, RHODODENDRON
非常に変異に富む属。800種以上が含まれる。大部分は常緑性だが落葉性のものもある。低木。北半球に広く分布するが、温帯から冷帯で生育するものが多い。中国西部、ヒマラヤ、ミャンマー北東部では多くの種が見られる。「熱帯性」ビレヤ節は、オーストラリア北端部にいたる熱帯東南アジア全域を通して標高の高い地域に分布し、ニューギニア島だけでも200種以上が知られている。落葉性のアザレア類は北半球の冷涼地域に散在しており、ヨーロッパ、中国、日本、北米大陸に分布する。ツツジ属は変異の幅が広く、小型、匍匐性、矮性、小高木などの形で、山岳森林地帯の低木層を形成する。高度900mないしそれ以上の高地に自生する種が多く、樹木や岩肌に着生する種もある。ツツジ属はツツジ科に含まれ、エリカ属およびカルーナ属との関係が深い。アセビおよびイチゴノキも同様の生育環境を必要とする。単一の花をつける種もあるが、多くのものは24まで（もしくはそれ以上）の花が集まった「房状花」として知られる総状花序を持つ。花色は、白、ピンク、赤、黄色、薄紫などの多岐にわたるが、純粋な青色は存在しない。花は単色の場合もあるが、多色になることも多く、スポット、縞模様、縁どり、異なった色の絞り模様、開口部付近の色むらなどがある。ビレヤ節および交雑種に見られるいくつかの例を除くと、芳香性の種は常に白、もしくは非常に淡いピンクの花をつける。花の大きさと形は変異に富むが、多くは鐘型であり、幅の広い筒形部が先端で分裂する。一重咲きが一般的。八重咲きとなる場合もあり、常緑性のアザレア類では萼が大型化して花弁と同じ色になった「ホース・イン・ホース」タイプも見られる。多くの種では初春（早咲き）から初夏（遅咲き）が開花期となるが、秋に散発的に開花する種もある。ビレヤ節ツツジ属に属するものは年間を通じて開花する場合もあり、冬にも花をつける。落葉性のアザレア類は、春に葉のない枝で開花し、その直後に新葉が出現する場合が多い。果実は多数の種子を含む_果となり、普通は木質だが柔らかい場合もある。種子拡散を助けるために翼、もしくは尾状の付属物がつくこともある。ツツジ属は植物学的に有鱗片種と無鱗片種に二分され、これらがさらにいくつかのタイプに分類される。片方のグループに属する種は、もう片方のグループのものとは交配できないため、交雑種作出の選択肢は限られてくる。有鱗片種の葉、および花やその他の部分は鱗片に覆われており、これは蒸散作用を助けるためであると思われている。冷涼地帯に自生する常緑種にはこのグループに属するものが多く、その中にはビレヤ節の種も含まれる。無鱗片種は、葉や花の部分に鱗片を持たない。冷涼地帯の常緑樹中で有鱗片種に属さない種の残りはすべてこのグループに含まれる。また、5本の雄ずい（普通は10本）を持つ小型の常緑性および落葉性のアザレア類

Rhodochiton atrosanguineus

Rhodiola rosea

Rhododendron arboreum

もこのグループに入る。アザレア類は独立した属に分類されていたが、現在ではツツジ属の一部とされている。ビレヤ節ツツジ属は、霜対策がなされている限りどのような気候条件下でも栽培できる。ハンギングバスケットや鉢栽培向きの種類が多い。特定種の花蜜、もしくは花の一部には毒が含まれているため、あつかいには注意が必要となる。

〈栽培〉
植栽に先立って理想的な栽培環境を確定する。家庭の庭でおこりうる問題の多くは、土壌の質を維持して適切な換気を行うことで最低限に抑えられる。ツツジ属はpH4.5〜6の酸性土壌を好むため、有機肥料をたっぷりと施して排水をよくする。根部は低温を保つ必要があり、有機質をたっぷりとマルチングして湿度を保つのがよい。これを行うと雑草の成長を抑えることもでき、細い根の状態が安定する。大きな葉を持つツツジ属の多くは、日陰もしくは半日陰を好む。このような種は落葉性高木の下に植え、冬の日照と夏の日陰を確保するとよい。多くの種では風、日光、霜からの防護があった方がよいが、このような条件に耐性を示すものも多く、ロックガーデンに向いた種もある。

常緑性のツツジ属は、春に新枝の先を挿し穂することで繁殖できる。落葉性のアザレア類は、冬に熟枝を挿し穂するのがよい。種子からの繁殖も可能だが発芽も成長も遅く、交雑種を播種した場合には親と同じものが得られるとは限らない。取り木をする場合には、低い位置の枝を地面に固定し、湿り気のある有機質(ミズゴケなど)で覆う。これ以外の方法では繁殖の難しい種では、強健な根系を持った株を選んで接ぎ木を行う。ツツジ属の剪定は、大きさを保って姿形を維持し、傷んだり病気にかかったりした部分を取り除く目的で行われ、それ以外の定期的な剪定は必要ない。交雑種の中には不必要な剪定を嫌う種もある。栽培下のツツジ属は一般的にコンパクトである場合が多く、野生種のほぼ半分の樹高にとどまっている。交雑種も含めたすべての種において、日照量の多寡によって成長習性に大きな開きが見られる。

Rhododendron aberconwayi
☀ ❄ ↔ 1.2m ↕ 1.8m
中国西部原産の常緑性低木。花数が多く、直立。葉は厚くてなめらか。光沢のある暗緑色。長楕円形。花は皿状で淡いバラ色。全長35mm。緋色もしくは紫色のスポットがある。房状花は5〜12個。開花期に晩春から初夏。
ゾーン:7〜9

Rhododendron adenogynum
☀/◐ ❄ ↔ 1.5〜3m ↕ 2〜4.5m
中国南西部原産の大型低木もしくは亜高木。葉は長楕円形。全長10cm。裏面には黄褐色ないしオリーブ色の毛が密生する。房状花の数は12個まで。色は白ないし柔らかいピンクでじょうご形。全長5cm。赤いスポットが入ることもある。開花期は盛春。
ゾーン:6〜10

Rhododendron alabamense
英 名:ALABAMA AZALEA
☀ ❄ ↔ 1.5m ↕ 1.5m
アメリカ合衆国南部原産の落葉性アザレア。希少種。花は鮮やかな白。レモンに似た芳香を放つ。じょうご形をしており、黄色いブロッチがある。春に出現する新葉は毛で覆われており、淡い灰緑色。
ゾーン:7〜9

Rhododendron albrechtii
一般名:ムラサキヤシオ
☀ ❄ ↔ 1.2m ↕ 2m
日本中部および北部原産の落葉性アザレア。コンパクトな低木。葉縁部には細かい鋸歯状突起があり、5枚が輪生する。裏面には灰色の毛。開口部の広い鐘形の花をつける。花色は赤みがかった紫色。房状花は3〜5個。開花期は春の中旬から晩春。
ゾーン:5〜8

Rhododendron alutaceum
☀/◐ ❄ ↔ 1.5〜3.5m ↕ 2〜4.5m
中国南西部原産の大型低木。葉は広くて革質。槍形。全長5〜15cm。裏面には濃褐色ないし赤褐色の毛。房状花は12個まで。白ないし淡いピンク。じょうご形で赤いスポットを持つ。全長35mm。開花期は初春。
ゾーン:7〜10

Rhododendron anagalliflorum
☀ ✦ ↔ 60〜120cm ↕ 20cm
ニューギニア原産の小型のビレヤ節。地表を這う匍匐性植物。輪生する小型の葉は粗い鱗片に覆われる。鐘形の小さな花が単生する。花色は赤もしくはピンクがかった色。鉢植えやハンギングバスケットに最適。
ゾーン:10〜11

Rhododendron anthopogon
☀ ❄ ↕ 90cm ↔ 90cm
ヒマラヤおよび中国西部原産の常緑植物。コンパクトな低木となって丸く茂る。葉をもむと芳香を放つ。淡いピンクないし赤みがかった筒形の花がコンパクトな房状花を形成。開花期は春。
ゾーン:7〜9

Rhododendron albrechtii
☀ ❄ ↔ 2.4m ↕ 3m
アメリカ合衆国東部のアパラチア山脈森林地帯原産の落葉性アザレア。花は芳香を放ち、白もしくはピンクでじょうご形。葉は鮮やかな緑色で倒卵形。花は葉の出現と同時、もしくはその後で開花する。
ゾーン:4〜8

Rhododendron arboreum
☀ ❄ ↔ 4.5m ↕ 18m
成長の遅い木本。ヒマラヤのツツジ属自生地域では普通に見られる。インド南部、中国西部、タイランドにも分布。硬くて広い葉の表面は緑色、裏面は茶色。毛を帯びてスポンジ状となる。花は厚く、細い鐘形で花径が5cm。白、ピンク、鮮紅色。房状花は15〜20個。開花期は春。*R. a.* subsp. *cinnamomeum*の葉の裏面には赤褐色の毛がある。*R. a.* subsp. *cinnamomeum* var. *album*。花弁内部には小さな赤いスポット。*R. a.* subsp. *delavayi*は中国、ミャンマー、タイランド原産。花は赤色。
ゾーン:7〜9

Rhododendron alutaceum

Rhododendron adenogynum

Rhododendron albrechtii

R. arboreum subsp. cinnamomeum var. album

Rhododendron arboreum subsp. delavayi

Rhododendron arizelum
☀ ❄ ↔1.8m〜8m ↕1.8〜8m
ミャンマー北東部、インド北東部、中国西部原産の常緑性低木もしくは亜高木。変異に富む。花は鐘形で濃淡の黄色、黄白色、深いローズピンク。房状花は12〜25個。開花期はシーズン中期から後期。葉は楕円形。裏面はベルベット状。
ゾーン：8〜9

Rhododendron atlanticum ★
ロドデンドロン・アトランティクム
英　名：COAST AZALEA
☀ ❄ ↔90cm ↕90cm
アメリカ合衆国東部沿岸原産のコンパクトな落葉性アザレア。強い芳香を放つ。花は鐘形で白。顕著な円筒形。紫もしくはピンクのフラッシュが入る。鮮やかな青緑色の葉が出現する直前、もしくは同時に開花する。'シーボード'は白い花でサンゴ色の筒を持つ。ゾーン：6〜9

Rhododendron augustinii
☀ ❄ ↔0.5〜3m ↕0.9m〜6m
中国原産のコンパクトな常緑性低木。花数が多い。変異に富む。葉は長楕円形で裏面は毛を帯びる。花は薄青紫から紫で緑色がかったスポットがある。じょうご形。房状花は2〜6個。開花期はシーズン中期から後期。
ゾーン：6〜9

Rhododendron auriculatum
☀ ❄ ↔4.5m ↕9m
中国西部原産の常緑性低木もしくは高木。葉は大型で楕円形ないし槍形。裏面には白褐色の毛。花はじょうご形で芳香を放つ。白色。房状花は7〜15個。開花期は春の中旬。
ゾーン：6〜9

Rododendron austrimum
英　名：FLORIDA AZALEA
☀ ❄ ↔3m ↕3m
アメリカ合衆国南東部原産の落葉性アザレア。数は少ない。年中開花。花は芳香を放ち、じょうご形。黄白色、黄金色、オレンジ、赤の花色がある。雄ずいは著しく突出。綿毛を帯びたシュートの出現直前、もしくは同時に開花。
ゾーン：6〜9

Rododendron barbatum
☀ ❄ ↔6m ↕6m
ヒマラヤ原産の常緑種。樹皮はなめらかで剥落。マホガニー色。若いシュートには長い剛毛。葉は暗緑色で光沢がある。長楕円形もしくは楕円形。全長20cm。裏面は淡い緑色で光沢はない。花は鮮やかな緋色もしくは紅色。純白のものもある。花弁は厚く、全長8cm。房状花は10〜20個でコンパクト。開花期は初春。
ゾーン：7〜9

Rhododendron branchycarpum
☀ ❄ ↔2.4m ↕3m
日本および朝鮮半島原産の常緑種。若いシュートは毛を帯びる。葉は鮮やかな緑色。表面はなめらかだが、裏面には灰色ないし淡黄褐色の毛が密生。花は鐘形で白ないし淡いピンク。緑色のスポット。開花期は初夏。
ゾーン：6〜9

Rhododendron brookeanum
☀ ✦ ↔1.2m ↕1.8m
ボルネオ原産のビレヤ節。葉は大型で目立つ。花は深い黄色、オレンジ、赤。じょうご形でレモンに似た芳香を放つ。中心部は白もしくは黄白色。房状花は5〜14個。開花期は冬。
ゾーン：10〜11

Rhododendron barbatum

Rhododendron augustinii

Rhododendron arizelum

Rhododendron brookeanum

Rhododendron atlanticum

Rhododendron austrinum

Rhododendron bureavii
ロドデンドロン・ブレアウィイ

☀ ❄ ↔3m ↕6m

中国南西部原産の常緑性低木。葉は長楕円形でピンクないし錆色の毛を帯びる。花は鐘形で白。花径は5cm。ピンクのフラッシュが入ることもある。時として紫色のスポット。開花期は晩春。'アードリスヘイグ'は淡いピンクの花。濃いピンクのフラッシュ。赤いスポット。
ゾーン：6〜9

Rhododendron burmanicum

☀ ❂ ↔1.5m ↕2.4m

ミャンマーのビクトリア山麓原産の常緑性低木。コンパクトだが多数の花をつける。花色は白、黄白色、黄緑色で、じょうご形。房状花は4〜6個。開花期は晩春。花と暗緑色の葉は鱗状片に覆われている。
ゾーン：9〜10

Rhododendron calendulaceum ★
英名：FLAME AZALEA

☀ ❄ ↔3m ↕3m

アメリカ合衆国南東部原産の落葉性低木のアザレア。よく分枝する。花は弱い芳香を放ち、じょうご形。花色は、オレンジ、赤、黄色。花径は5cm。葉の出現とともに開花。開花期は晩春。
ゾーン：5〜8

Rhododendron callimorphum

☀ ❄ ↔2.4m ↕3m

中国南西部原産の常緑性低木。葉は広くてほぼ円形。花は鐘形で白、ピンク、バラ色。全長5cm。紫色のスポットが入ることもある。房状花は5〜8個。開花期は晩春。
ゾーン：7〜9

Rhododendron calophytum

☀ ❄ ↔6m ↕4.5m

中国原産の常緑性亜高木。栽培下では樹高が低くなる。葉は長くてなめらか。暗緑色。冷涼地域では巻き上がって下垂する。花は白もしくはピンクで、鐘形。基部には紫色のブロッチ。開花期はシーズン初期から中期。
ゾーン：6〜9

Rhododendron calostrotum
ロドデンドロン・カロストロトゥム

☀ ❄ ↔90cm ↕70cm

ヒマラヤ一帯、中国西部、ミャンマー北部、インドに分布する匍匐性常緑種。マット状に広がる。葉は光沢のある暗緑色。ほぼ円形。花色はマゼンタ、濃いバラ色、ピンク、紫。房状花は1〜5個。開花期は晩春。*R. c.* subsp. *keleticum*は多数の紫紅色の花をつける。花径は35mm。開口部の広いじょうご形。緋色のスポット。2〜5個が集まって房状花となる。開花期は秋。葉の裏面には茶色もしくは薄黄褐色の鱗状片が密生。*R. c.*'ギグハ'はコンパクトで通年開花する栽培品種。濃いバラ色の花をつける。ゾーン：6〜9

Rhododendron campanulatum

Rhododendron campylogynum

Rhododendron campanulatum

☀ ❄ ↔4.5m ↕4.5m

ヒマラヤ原産の低木もしくは亜高木。姿形と樹高にはばらつきがある。葉はなめらか。裏面は茶色の綿毛を帯びる。花は鐘形。薄紫色、白、淡い薄紫。紫のスポットがある。房状花は6〜12個。開花期は春。
ゾーン：5〜8

Rhododendron campylogynum

☀ ❄ ↔75cm ↕45cm

ロックガーデンに最適。インド東部およびミャンマー北部原産の匍匐性常緑性低木。葉は暗緑色。裏面には白もしくは銀色の毛。やや下傾した花は黄白色もしくは鮮やかなピンク。小さな房状花は1〜3個。開花期は晩春から夏。
ゾーン：7〜9

Rhododendron camtschaticum

☀ ❄ ↔75cm ↕25cm

アラスカから日本北部にいたるベーリング海峡一帯原産の落葉種。葉の全長は25〜50mm。花は春に延びた枝につき、小さくて毛が多く、紫がかったピンク。開花期は晩春。ツツジ属の中ではめずらしい開花習性を持つ。
ゾーン：5〜9

Rhododendron canadense
英名：RHODORA

☀ ❄ ↔90cn ↕90cm

北米大陸東部の森林地帯原産。葉はすんだ緑色。長楕円形ないし楕円形。裏面には毛がある。花は開口部の広い鐘形。5弁花。バラ色がかった紫色。時に白。開花期は晩春。
ゾーン：3〜8

Rhododendron canescens
英名：FLORIDA PINXTER AZALEA、PIEDMONT AZALEA、SWEET AZALEA

☀ ↔2.4m ↕4.5m

アメリカ合衆国東部原産の落葉性アザレア。ノースカロライナ州南部からオクラホマ西部にかけて自生する。葉は長楕円形もしくは槍形。花はピンクで芳香を放つ。じょうご形。葉が出る直前、もしくは葉と同時に開花。開花期は春。白もしくはマゼンタ色の品種もある。
ゾーン：6〜10

Rhododendron burmanicum

R. calostrotum subsp. *keleticum*

Rhododendron carneum

Rhododendron calophytum

Rhododendron ciliicalyx

Rhododendron carneum
☀ ❄ ↔1.8m ↑1.8m
ミャンマーの山岳部原産。葉は光沢のある暗緑色。全長15〜20cm。裏面は青みがかった色で鱗状片がある。花はピンクで筒状。房状花は4〜5個。開花期は初春。ゾーン：8〜10

Rhododendron catawbiense ★
ロドデンドロン・カタウビエンセ
英　名：CATAWBW FHODODENDRON、MOUNTAIN ROSEBAY
☀ ❄ ↔3m ↑3m
アメリカ合衆国東部原産の常緑種。*R. ponticum*に似る。葉は光沢があり暗緑色。広い長楕円形ないし倒卵形。じょうご形で薄いスポットがある。花色は薄紫。房状花は15〜20個。開花期は晩春から初夏。耐霜性交雑主の主要な親株。'アルブム'は耐性があり、葉は緑色。白くて大輪の花。つぼみは薄紫。**イングリ**

Rhododendron dauricum

Rhododendron davidsonianum

ッシュ　ロゼウム'も耐暑性があり、薄紫がかったピンクの花。ゾーン：4〜9

Rhododendron cephalanthum
☀ ❄ ↔1.2m ↑1.2m
中国西部およびミャンマー北部原産の常緑性低木。変異に富む。若いシュートには毛が密生。葉は芳香性で長楕円形。表面はなめらか、裏面は鱗状。色は白もしくはピンク。筒状花。8個程度が房状花となる。全長18mm。開花期は春。ゾーン：7〜9

Rhododendron ciliatum
☀ ❄ ↔1.8m ↑1.8m
ヒマラヤ原産の常緑種。若いシュートと倒卵形の葉の表面は帯毛。鐘形もしくはじょうご形。白もしくはピンクに白のフラッシュ。2〜4個の房状花。開花期は春。ゾーン：7〜9

Rhododendron ciliicalyx
☀ ❄ ↔2m ↑2m
中国西部原産の常緑種。細長くて細毛を帯び葉が密生。花は芳香を放つ。2〜4個の房状花。大きなじょうご形。色は白で基部に黄色のブロッチ。開花期は晩春。ゾーン：7〜9

Rhododendron cinnabarinum
ロドデンドロン・キンナバリヌム
☀ ❄ ↔2m ↑3m
ヒマラヤ、ミャンマー北部原産の常緑種。

葉は円形で淡い青緑色。花は光沢があり、赤ないし深橙色。細い鐘形。3〜9個の房状花。開花期は春の盛りから晩春。'マウント　エベレスト'はアプリコット色の花。内部は黄色くなる。ゾーン：6〜9

Rhododendron concinnum
ロドデンドロン・コンキンヌム
☀ ❄ ↔1.8m〜3m ↑1.8〜3m
中国西部原産の強健な常緑性低木もしくは亜高木。葉はなめらかで暗緑色。表面には鱗状片、裏面には灰褐色の鱗状片。花は紫、もしくは赤みがかった紫。じょうご形。外側には鱗状片。2〜8個の房状花。開花期は春の半ばから晩春。'プセウドヤンティヌム'は紅緋色の花。ゾーン：7〜9

Rhododendron cumberlandense
異　名：*Rhododendron bakeri*
英　名：CUMBERLAND AZALEA
☀ ❄ ↔0.9〜2.4m ↑0.9〜2.4m
アメリカ合衆国のケンタッキー州、バージニア州、テネシー州、ジョージア州、アラバマ州原産。コンパクトな落葉性低木。矮性から中型のものがある。水平方向に枝が伸張。じょうご形の花は赤、黄色、オレンジ色。開花期は初夏から盛夏。ゾーン：5〜7

Rhododendron ciliatum

Rhododendron cephalanthum

Rhododendron concinnum

Rhododendron dauricum
☀ ❄ ↔2.4m ↑2.4m
シベリア東部から日本にかけてのアジア一帯に分布。常緑性低木。若いシュートは鱗状片に覆われる。暗緑色の葉の表面には鱗状片が密生し、裏面は毛で覆われる。幅の広いじょうご形。花色はピンク、もしくは紫がかったピンク。単生もしくは双生。開花期は春。ゾーン：5〜8

Rhododendron davidsonianum
☀ ❄ ↔2m ↑2m
中国西部原産の直立性低木。葉は槍形で裏面には鱗状片が密生。花は2〜6個の房状花。じょうご形。白、ピンク、薄紫色。赤もしくは緑のスポットがある。開花期は春の盛りから晩春。ゾーン：7〜10

Rhododendron decorum
☀ ❄ ↔2.4m ↑6m
中国西部、ミャンマー北東部、ラオス原産。常緑性低木もしくは亜高木。葉は大型でなめらか。全長20cm。花は芳香性。白もしくは淡いピンク。じょうご形。8〜12個の房状花。開開花期は晩春。*R. d.* subsp. *diaprepes*はより大型の葉と花。ゾーン：7〜9

Rhododendron elliottii

Rhododendron falconeri

Rhododendron degronianum
一般名：アズマシャクナゲ
☀ ❄ ↔2m ↕2.4m
日本中部および南部原産の常緑種。葉は光沢があり、暗緑色。くっきりとした葉脈があり、裏面は黄褐色をしたフェルト状の毛で覆われる。花色はピンク、バラ色、赤、白。鐘形。6〜15個の房状花。開花期はシーズン中期から後期。成長は遅いが *R. d.* subsp. *yakushimanum* (syn. *R. yakushimanum*)はコンパクトな交雑種作出のために重用されている。日本の屋久島原産で、光沢のある暗緑色の葉の周縁部は後反し、8〜12個のコンパクトな房状花となる。花色はバラ色もしくはピンク。
ゾーン：7〜9

Rhododendron durionifolium
☀/☀ ✲ ↔1.2〜2m ↕1.5〜3m
ボルネオ原産のビレヤ節。野生では着生傾向を示す。葉は先端の尖った長楕円形。全長15cm。ロウ質の鱗状片に覆われている。房状花は35個まで。オレンジないし赤の筒状花。全長は30mm。開花期は晩夏。
ゾーン：10〜11

Rhododendron facetum

Rhododendron edgeworthii
☀ ❋ ↔1.8m ↕1.8m
ヒマラヤ、ミャンマー北部、中国南西部原産の常緑種。ざらざらして皺の多い葉は茶色の毛で覆われている。裏面には鱗状片。芳香性の花は白でじょうご形。ピンクのフラッシュが入ることもある。房状花は2〜3個。開花期はシーズン中期。
ゾーン：9〜10

Rhododendron elliottii
☀ ❋ ↔2.4m ↕3m
インド北部原産の常緑性低木もしくは亜高木。花色は鮮やかな赤。開花期は遅く、花弁は厚い。狭い鐘形。9〜15個の房状花。腺を持つ若いシュートは毛を帯びている。葉は暗緑色で光沢がある。
ゾーン：9〜10

R. degronianum subsp. *yakushimanum*

Rhododendron facetum
☀ ❄ ↔2.4m ↕9m
*R. elliottii*の近縁種。常緑性低木もしくは亜高木。花数が多い。中国西部およびミャンマー北東部原産。葉は光沢のない緑色。花色は深いピンクないし緋色。狭い鐘形。8〜15個の房状花。開花期はシーズン後期。
ゾーン：8〜9

Rhododendron falconeri
☀ ❋ ↔9m ↕12m
ヒマラヤ原産。ツツジ属でも屈指の名花木。常緑樹。茶色の樹皮はフレーク状になる。葉は大型で光沢のない暗緑色。しわが多い。裏面は白。赤みがかった毛を帯びる。花は芳香を放ち、黄白色、ピンク、淡い黄色。鐘形。12〜25個が集まって大きな房状花となる。開花期はシーズン中期から後期。*R. f.* subsp. *eximium*では、葉裏面の毛が多くなり、別種*R. eximium*と見なされる場合もある。
ゾーン：9〜10

Rhododendron fastigiatum
ロドデンドロン・ファスティギアトゥム
☀ ❄ ↔90cm ↕90cm
中国の雲南省西部原産の高山性常緑低木。匍匐性もしくはマット状に広がる。葉は鱗片に覆われ、緑青色。花色は鮮やかな薄紫色もしくは青紫色でじょうご形。2〜5個の房状花。開花期はシーズン中期から後期。'ブルー スティール'の葉は青緑色。
ゾーン：6〜9

Rhododendron ferrugineum
ロドデンドロン・フェルギネウム
英 名：ALPINE ROSE
☀ ❄ ↔1.5m ↕1.8m
ヨーロッパアルプスおよびピレネー山脈原産。小さくて丸い姿形になる低木。長楕円形の葉は毛で覆われ、暗緑色。周縁部は下方に巻き込む。裏面は赤褐色の鱗状片に覆われる。花色は赤紫もしくは濃いピンク。開花期はシーズン最後期。'アルブム'の花は白。'コッキネウム'の花は緋色。'グレナルン'の花は深いバラ色。ゾーン：4〜8

Rhododendron flammeum
英 名：FLAME AZALEA
☀ ✲ ↔0.9m ↕1.8m
アメリカ合衆国の東部州原産でジョージア州からサウスカロライナ州にかけて分布。落葉性のアザレア。コンパクトな低木となり、枝は細い。花数が多く、花色は緋色。葉とともに開花する。開花期は晩春から初夏。栽培例は稀である。
ゾーン：10〜11

Rhododendron fastigiatum 'Blue Steel'

*Rhododendron durionifolium*の野生種、ボルネオ、キナバル山

Rhododendron forrestii subsp. *papillatum* 'Scarlet Runner'

R. forrestii, Repens Group, 'May Day'

Rhododendron fortunei subsp. *discolor*, Houlstonii Group, cultivar

Rhododendron fletcherianum
☼/☾ ❄ ↔0.9～1.5m ↕0.9～1.5m
中国南西部およびチベット原産の低木。丸く整った形をしている。葉は深緑色ないしオリーブ色。剛毛を持つ。楕円形で先端部が尖る。全長5cm。時に波状縁。冬には魅力的な赤茶色になる。花は小さくて鮮やかな黄色の房状花。開花期は初春。
ゾーン：7～10

Rhododendron fletcherianum

R. formosum var. *f.*, Iteaphyllum Group, cv

Rhododendron floribundum
ロドデンドロン・フロリブンドゥム
☼ ❄ ↔3m ↕6m
中国西部原産の常緑性低木もしくは亜高木。葉はなめらか。裏面はくすんだ白毛で覆われる。花は鐘形。薄紫色。房状花は8～12個。開花期は春の半ば。'スウィンホー'の花はバラ色がかった紫色で深紅色のブロッチがある。
ゾーン：8～9

Rhododendron formosum
ロドデンドロン・フォルモスム
☼/☾ ❄ ↔0.9～1.5m ↕1.5～2m
台湾原産の低木。葉が密生する。葉は長楕円形で先端が尖る。全長8cm。裏面には鱗状片。房状花は10～20個。花の開口部は広くなる。花は、濃色のスポットのある白色もしくは淡いピンクでじょうご形。全長は5cmまで。開花は遅い時期。*R. f.* var. *formosum*はコンパクトな姿形。若い芽と葉縁部には剛毛がある。**Iteaphyllum Group**（イテアフィルルム　グループ）は非常に細い葉、白ないしやわらかいピンクの花。
ゾーン：8～10

Rhododendron forrestii
ロドデンドロン・フォレステイイ
☼ ❄ ↔120cm ↕10cm
中国西部およびミャンマー北東部原産。匍匐性の常緑性低木でよく繁茂する。葉は革質で暗緑色。裏面は紫赤色。筒状ないし釣り鐘形の花は鮮紅色。単生もしくは双生。開花期は春の半ばから晩春。品種作出用に使われる。*R. f.*

Rhododendron fulvum

subsp. *papillatum*は細長い葉で裏面は明るい茶色。'スカーレット　ランナー'は緋色の花。*R. f.* Repens Group（レペンス　グループ）は矮性で匍匐習性を持つ。葉脈は顕著。花色は赤。'メイ　デー'の花色は緋色。
ゾーン：8～9

Rhododendron fortunei
ロドデンドロン・フォルトゥネイ
☼ ❄ ↔2.4m ↕4.5m
中国東部一帯に広く分布する常緑樹。低木もしくは高木。横に広がり、直立する。樹皮は粗く、灰褐色。葉柄は赤もしくは青みがかった色、または紫味を帯びる。花は芳香を放ち、淡いピンク、バラ色、ライラック色、白。鐘形で6～12個の房状花。開花期はシーズン後期。*R. f.* subsp. *discolor*は花数が多い。花色はピンク。開花期はシーズン後期。*R. f.* Houlstonii Group（ホウルストニイ　グループ）はやわらかいピンクもしくは明るい紫色の花。開花期はシーズン中期。
ゾーン：6～9

Rhododendroron fulvum
☼ ❄ ↔1.5～3.5m ↕8m
常緑性低木もしくは亜高木。丸い形に成長する。栽培下では小型化。中国西部およびミャンマー北東部原産。新芽と暗緑色の葉は茶色がかった毛を帯びる。花色は白、ピンク、薄紫。鐘形。基部には暗紅色のブロッチ。房状花は3～15個。開花期はシーズン初期から中期。
ゾーン：7～9

Rhododendron glaucophyllum
☼ ❄ ↔1.2m ↕1.2m
ヒマラヤおよび中国西部原産の常緑性低木。葉は光沢があり、暗緑褐色。裏面は白く帯毛し、鱗状片に覆われる。花色はピンク、もしくは白にピンクのフラッシ

Rhododendron glaucophyllum

Rhododendron fortunei

ュ、時として赤みがかった紫。鐘形。房状花は4～10個。開花期はシーズン中期から晩期。ゾーン：8～9

Rhododendron glischrum
☀ ❄ ↔3m ↕8m
中国西部およびミャンマー北部原産の常緑性低木もしくは高木。樹皮は粗くて緑灰色。葉芽と花芽には粘着性がある。葉は暗緑色もしくは黄緑色。裏面には粗毛がある。房状花は10～15個。花色は紫がかったバラ色、ピンク、白。鐘形。緋色のブロッチ。開花期はシーズン最初期。
ゾーン：7～9

Rhododendron griersonianum
☀ ❄ ↔2.4m ↕2.4m
中国西部およびミャンマー北東部原産の常緑種。樹皮は粗く、褐色。葉はなめらかで裏面は毛で覆われる。花色は深紅色、真紅色、濃いピンク、緋色。房状花は5～12個。開花期はシーズン後期。
ゾーン：8～9

Rhododendron glischrum

R. haematodes subsp. chaetomallum

Rhododendron griffithianum
☀ ❄ ↔3m ↕18m
ヒマラヤ原産の常緑高木。ゆるやかに広がる習性を持つ。樹皮はフレーク状で剥落する。葉は楕円形でなめらか。花は芳香を放ち、花色は白、淡いピンクの濃淡、時に黄色。房状花は3～6個。開花期はシーズン中期から後期。
ゾーン：8～9

Rhododendron haematodes
☀ ❄ ↔1.5m ↕1.5m
中国西部およびミャンマー北東部原産の常緑性低木。若いシュートは粗毛で覆われる。成長した葉の裏面には、光沢のない黄褐色ないし赤褐色の毛がある。花弁は厚く、筒状もしくは鐘形となる。花色は緋色、深紅色。開花期は晩春から初夏。*R. h.* subsp. *chaetomallum*の若いシュートと葉柄には粗毛。
ゾーン：7～9

Rhododendron hanceanum
☀ ❄ ↔60cm ↕30～45cm
中国西部原産の小型低木。葉は暗緑色で鱗状片がある。槍形。裏面は淡色。花は弱い芳香を放つ。花色はクリーム色ないし淡黄色。多数の花が集まって房状花となる。全長は25mm。開花期は春。ロックガーデンやアルパイン・ガーデンでの栽培に最適。
ゾーン：7～10

Rhododendron hippophaeoides
☀ ❄ ↔1.5m ↕1.5m
中国西部原産のコンパクトな常緑性低木。ロックガーデンに最適。葉は淡い灰緑色で楕円形。裏面にはクリーム色の鱗状片。花色は薄青紫もしくは紫青色で繊細なじょうご形。房状花は3～8個。開花期はシーズン中期から後期。
ゾーン：6～9

Rhododendron hodgsonii
☀ ❄ ↔4.5m ↕9m
ヒマラヤ、中国西部原産の常緑性低木もしくは亜高木。栽培下では小型化する。樹皮はフレーク状。葉はなめらか。裏面には銀色ないし赤褐色の毛。花は厚くて筒状ないし鐘形。花色はピンク、マゼンタ、紫色。房状花は15～20個。開花期は春。
ゾーン：9～10

Rhododendron horlickianum
☀/☀ ❄ ↔1.2～2.4m ↕1.5～3m
ミャンマー北部原産の直立性低木。葉は槍形で暗緑色。全長は8～15cm。裏面はロウ質で光沢のある青緑色。花色はクリーム色。全長8cm。薄いピンクの縞があり、2ないし3個が集まって咲く。開花期は初春。
ゾーン：8～10

Rhododendron hyperythrum
☀ ❄ ↔1.8m ↕2.4m
台湾原産の常緑種。若いシュートはなめらか。葉は暗緑色で長楕円形。花色は白もしくはピンクで、じょうご形。時として赤のスポット。開花期はシーズン中期から後期。ゾーン：8～9

Rhododendron hyperythrum

Rhododendron impeditum
☀ ❄ ↔30cm ↕30cm
中国西部原産のコンパクトな匍匐性常緑種。葉は鱗状片に覆われており、光沢のある暗緑色で密に茂る。花色はスミレ色ないし紫色。じょうご形。小さな房状花には1～3個が集まる。開花期はシーズン中期。
ゾーン：4～8

Rhododendron indicum
一般名：サツキツツジ
英　名：INDIAN AZALEA, JAPANESE EVERGREEN AZALEA
☀ ❄ ↔60cm ↕90cm
日本南部原産の変異に富む常緑種。枝が密生し、時として匍匐性を示す。光沢のある暗緑色の葉が密生する。幅の広い筒状花は赤色。1もしくは2個の花が集まって咲く。開花期は春。'バルサミニフロルム'は矮性。朱赤色の花で八重咲き。

Rhododendron impeditum

Rhododendron horlickianum

Rhododendron hippophaeoides

Rhododendron kiusianum, white form

Rhododendron kiusianum, deep pink form

'マクラントゥム'はコンパクトな低木となり、橙緋色の花。ゾーン：6〜9

Rhododendron intricatum
↔ 1.5m ↑1.5m
中国西部原産。成長のはやい常緑性低木。繊細な枝ぶりが特徴。小型の葉には光沢がなく、なめらかで灰緑色。裏面には鱗状片が密生。花は小さくて薄い紫青色ないし濃い紫青色。雄ずいは短い。2〜10個のコンパクトな房状花となる。開花期はシーズン中期から後期。
ゾーン：5〜8

Rhododendron jasminiflorum
↔ 55cm ↑55cm
マレー半島、フィリピン群島、スマトラに分布するビレヤ。葉の裏面には鱗状片がある。6〜12個の筒上花が房状花を形

R. kiusianum 'Mountain Gem'

成。花色は白。時としてピンクのフラッシュ。開花期は冬。交雑種作出のために広く利用される。横に広がる習性があり、ハンギング・バスケットに最適。
ゾーン：10〜11

Rhododendron javanicum
↔ 1.2m ↑3m
スマトラおよびジャワ原産のビレヤ。横に広がる習性を持つ低木もしくは亜高木。交雑種作出のために利用される。葉は光沢があり、輪生。鱗状片が密生する。じょうご形の花4〜20個が房状花となる。花色はオレンジ。雄ずいは鮮やかな紫。開花期は冬。
ゾーン：10〜11

Rhododendron johnstoneanum
ロドデンドロン・ヨンストネアヌム
↔ 2.4m ↑4.5m
インド北部原産。赤褐色の樹皮はなめらかで剥落する。葉縁部には毛があり、裏面は鱗状片に覆われる。花はじょうご形。弱い芳香を放つ。色はクリーム色でピンクもしくは紫のフラッシュが入る場合が多い。1〜5個が房状花となる。開花期は春。'デミ-ジョン'の花は白。黄緑色の

Rhododendron johnstoneanum

Rhododendron keiskei

Rhododendron javanicum

Rhododendron intricatum

Rhododendron jasminiflorum

フラッシュ。'ダブル ダイヤモンド'の花は淡黄色。'ルベオティンクトゥム'の各花弁には白とピンクのストライプが入る。
ゾーン：7〜9

Rhododendron kaempferi
一般名：ヤマツツジ
英　名：KAEMPFER AZALEA
↔ 1.2m ↑1.2m
日本原産。冷涼地では落葉する。枝が密に茂る低木となり、若いシュートには赤褐色の粗毛が生える。花はじょうご形。朱赤色もしくはレンガ色。2〜4個の房状花。開花期は晩春。
ゾーン：5〜8

Rhododendron keiskei
一般名：ヒカゲツツジ
↔ 90cm ↑60cm
日本原産。変異に富む常緑種。成長が遅く、匍匐性。マット状に広がるが日陰ではやや直立。若いシュートは赤褐色、葉は暗緑色もしくはオリーブグリーンで毛が多い。裏面は淡緑色。じょうご形の花はクリーム色もしくは淡黄色。2〜6個が房状花となる。開花期は春。'エビノ'は矮性で花数が多い。花色は淡黄色。
ゾーン：5〜8

Rhododendron kaempferi

Rhododendron kiusianum
一般名：ミヤマキリシマ
英　名：KYUSHU AZALEA
↔ 90cm ↑90cm
クルメツツジ系の親種。日本の九州原産。常緑種。高度のある場所では落葉する。多くの枝を出し、匍匐性低木となることもある。葉は小型で毛が多い。じょうご形の花が2〜3個の房状花となる。花色はバラ色がかった紫色、紫、赤、ピンク。時として白。開花期は晩春。'マウンテン ジェム'の花はバラ色がかった紫。
ゾーン：6〜9

Rhododendron konori

☀ ⚘ ↔1.8m ↕3.5m

ニューギニア原産のビレヤ。大型の葉は光沢のない青緑色。裏面は赤褐色の毛で覆われる。花は芳香を放ち、繊細でランに似る。花色は純白もしくはピンク系。5〜8個が房状花となる。開花期は冬。ゾーン：10〜11

Rhododendron lacteum

☀ ❄ ↔3.5m ↕3.5m

中国西部に分布する常緑性低木もしくは亜高木。葉の裏面は毛で覆われる。花は大型で鐘形。クリーム色。時にピンクのフラッシュが入る。全長5cm。15〜30個が集まってコンパクトな房状花を形成。開花期は春。風雨から防護された場所を好む。ゾーン：7〜9

Rhododendron laetum

☀ ⚘ ↔1.2m ↕3m

ニューギニア北西部原産のビレヤ。栽培下では小型化する。葉は広い長楕円形。花は大きなじょうご形で黄金色。時間の経過とともに赤、オレンジ、朱赤色になる。6〜8個が房状花となる。開花期は秋から春。ゾーン：10〜11

Rhododendron laetum

Rhododendron luteiflorum

Rhododendron lepidostylum

☀ ❄ ↔1.5m ↕0.9m

中国西部原産の常緑性低木。低い位置で横に伸張する。若い葉は青緑色で革質。葉縁は下に巻き込む。裏面には粗毛と黄金色の鱗状片。花は単生もしくは双生、三輪咲き。じょうご形。澄んだ黄色。開花期は晩春。ゾーン：6〜9

Rhododendron leucaspis

☀ ❄ ↔1.2m ↕1.2m

中国西部原産の常緑性低木。コンパクトな姿形で球状に成長する。葉は長楕円形で毛が多い。花は鐘形で乳白色。ピンク味を帯びることが多い。単生もしくは双生、三輪咲き。開花期が早いので遅霜対策が必要。ゾーン：7〜9

Rhododendron lindleyi

☀ ❄ ↔1.8m ↕2.4m

ヒマラヤの岩石地帯原産の常緑性低木。着生植物。葉は長楕円形。花は大型で芳香を放つ。筒状、じょうご形。全長8cm。白もしくはピンクがかった白。黄色のブロッチ。3〜6個の房状花。開花期は晩春から初夏。ゾーン：9〜10

Rhododendron lochiae

英名：AUSTRALIAN RHODODENDRON

☀ ⚘ ↔60cm ↕90cm

オーストラリア北端部原産のビレヤ。成長の遅いコンパクトな叢生種。若いシュートは鱗状片を持つ。葉は暗緑色。幅の広い倒卵形。裏面には鱗状片。花色は鮮紅色。じょうご形。2〜7個のゆるい房状花となる。開花期は冬。ハンギング・バスケットに最適。ゾーン：10〜11

Rhododendron loranthiflorum

☀ ⚘ ↔0.9m ↕1.8m

ニューギニア周辺諸島原産のビレヤ。若いシュートには赤褐色の顕著な鱗状片がある。花は芳香を放ち、クリーム色。筒状花が4〜5個の房状花を形成する。開花期は秋から春。ゾーン：10〜11

Rhododendron lowii

☀ ⚘ ↔2.4m ↕8m

マレーシアのキナバル山にのみ自生するビレヤ。変異に富む低木もしくは亜高木。花は芳香を放ち、じょうご形。7〜15個が房状花となる。花色は淡黄色もしくは濃黄色。アンズ色のフラッシュが入る。ゾーン：10〜11

Rhododendron luteiflorum

異名：*Rhododendron glaucophyllum* var. *luteifrorum*

☼/☀ ❄ ↔45〜80cm ↕60〜90cm

ミャンマー北部原産の高山植物。葉は芳香を放ち、先端の尖った楕円形ないし槍形。オリーブグリーン。全長25mm。花は下方に傾き、黄緑色。全長25mm。3〜6個の房状花。開花期は盛春。ゾーン：6〜9

Rhododendron lindleyi

Rhododendron loranthiflorum

Rhododendron lochiae

Rhododendron lacteum

Rhododendron maddenii

Rhododendron lutescens
☀ ❄ ↔4.5m ↕6m

中国西部原産。不均等に広がる習性を持つ。樹皮は灰色もしくは茶色のフレーク状。春の若葉は明るい赤褐色。秋には色づく。晩冬から初春に小型の繊細な花が咲く。花色は淡黄色。じょうご形。雄ずいは長くて優美。1〜3個が房状花となる。ゾーン：7〜9

Rhododendron luteum
一般名：キバナツツジ
英 名：PONTIC AZALEA
☀ ❄ ↔2.4m ↕3.5m

ヨーロッパ東部一帯に広く分布する落葉性アザレア。交雑種作出のために広く利用される。秋には葉が赤、オレンジ、紫となる。筒状花はじょうご形。花色は明るい黄色。7〜12個が房状花となり、葉が出る前に咲く。開花期は春。ゾーン：5〜9

Rhododendron macabeanum
☀ ❄ ↔6m ↕15m

インド北東部原産の常緑種。成長した葉には光沢があり、裏面は白もしくは黄褐色の毛で覆われる。花は鐘形。淡黄色もしくは緑がかった薄黄色。濃赤色もしくは紫のブロッチが入る。12〜20個が房状花となる。開花期は春。ゾーン：8〜9

Rhododendron macgregoriae
☀ ✈ ↔2m ↕4.5m

ニューギニア全域に広く分布する低木もしくは亜高木。ビレヤ。葉の裏面には鱗状片。花色は明るい黄色ないし暗いオレンジ、もしくは赤。花冠の細い筒状花。8〜15個が房状花となる。開花期は冬。ゾーン：10〜11

Rhododendron macrophyllum
☀ ❄ ↔3.5m ↕3.5m

北米大陸西部原産の強健な常緑性低木。葉は暗緑色。裏面では淡色。葉縁はなめらか。花は鐘形。白もしくはピンク。黄色のスポット。9〜20個が房状花となる。開花期はシーズン後期。ゾーン：6〜9

Rhododendron maddenii
☀ ❄ ↔2.4m ↕8m

ヒマラヤ、中国南西部、ミャンマー、ベトナム原産。葉はなめらかで分厚く、茶色。裏面には毛と鱗状片。花は大型でじょうご形。花色に白。多くの場合、ピンクもしくは紫のフラッシュ。基部には黄色のブロッチ。1〜11個が房状花となる。開花期は春。ゾーン：9〜10

Rhododendron makinoi

Rhododendron lutescens

Rhododendron makinoi
一般名：ホソバシャクナゲ
☀ ❄ ↔2m ↕2.4m

日本原産の常緑性低木。成長した葉は細長く、暗緑色。表面はなめらか、裏面は茶色の綿毛で覆われる。じょうご形の花5〜8個が房状花となる。花色はピンクもしくはバラ色。場合によって赤色のスポット。開花期は晩春。ゾーン：8〜9

Rhododendron mallotum
☀ ❄ ↔3.5m ↕6m

中国西部およびミャンマー北東部原産の

Rhododendron macabeanum

Rhododendron luteum　　*Rhododendron macgregoriae*

*Rhododendron maximum*の野生種（左と中央）、アメリカ、テネシー州、グレート・スモーキー国立公園、グロットフォールズ

Rhododendron morii

常緑性低木もしくは亜高木。若い葉シュートと厚い革質の葉は灰色もしくは茶色の毛で覆われている。房状花は20個まで。花は筒状で鐘形。赤もしくは緋色。開花期は初春。
ゾーン：7～9

Rhododendron maximum
ロドデンドロン・マクシムム

英　名：GREAT LAUREL RHODODENDRON、ROSEBAY RHODODENDRON

☀ ❄ ↔2m ↑1.8m

北米大陸東部原産のコンパクトな常緑性低木。横に伸張する。葉はなめらかで裏面は細毛で覆われる。花は鐘形で白もしくはピンクがかった紫。黄緑色のスポットが入る。花期は晩春から初夏。'サマータイム'は白い花。花弁の先に赤紫のフラッシュ。
ゾーン：3～8

Rhododendron megeratum

☀ ❄ ↔38cm ↑38～75cm

インド北東部、ミャンマー北東部、中国西部に自生。早い時期に花をつける常緑樹。匍匐性。葉は小さくてほぼ円形。裏面には白っぽい毛がある。花は幅の広い鐘形。クリーム色ないし黄色。
ゾーン：9～10

Rhododendron minus
ロドデンドロン・ミヌス

☀ ❄ ↔0.9～1.5m ↑0.9～1.5m

北米大陸原産の小型常緑種。葉は倒卵形で先端が尖る。裏面は鱗状片で覆われる。花にも鱗状片。花色は白、ピンク、薄紫。6～12個が房状花となる。開花期は盛春。**Carolinianum Group**（カロリニアヌム　グループ）の葉は暗緑色で裏面には鱗状片が密生。ピンクもしくは淡い紅藤色。開花期は夏。
ゾーン：4～9

Rhododendron minus

Rhododendron molle subsp. *japonicum*

Rhododendron molle

英　名：DECIDUOUS AZALEA

☀ ❄ ↔1.2m ↑1.2m

中国東部原産。落葉性の小型アザレア。じょうご形の花は黄金色もしくはオレンジ色。緑色がかった大きなブロッチを持つ6～12個の房状花となり、緑色の葉が出る前に花をつける。開花期は盛春。*R. m.* subsp. *japonicum*は日本原産。黄色もしくはオレンジ色。交雑種であるMollis Group（モリス　グループ）の親種である。
ゾーン：7～9

Rhododendron morii

☀ ❄ ↔2.4m ↑8m

台湾原産の常緑性低木もしくは亜高木。若いシュートは黒っぽい毛で覆われる。成熟した葉は光沢のある暗緑色。花は白、ピンク。鐘形。12～15個が房状花となる。開花期は盛春から晩春。冷涼地では日照が必要。
ゾーン：7～9

Rhododendron moupinense

☀ ❄ ↔1.2m ↑1.2m

中国西部原産の常緑性低木。葉は楕円形で光沢がある。裏面は鱗状片で覆われ、葉縁部には粗毛。裏面は淡緑色。花色は白。じょうご形。単生もしくは双生する。時にピンクのフラッシュ、内部に暗赤色のスポット。開花期は初春。
ゾーン：7～9

Rhododendron moupinense

Rhododendron megeratum

Rhododendron nuttallii

Rhododendron niveum

Rhododendron mucronulatum
ロドデンドロン・ムクロヌラトゥム
英　名：KOREAN RHODODENDORON
☀ ❄ ↔0.9m ↕1.8m
ロシア東部、中国北部および中部、モンゴル、朝鮮半島、日本原産の落葉性低木。不均等に伸張する。葉は倒卵形ないし槍形。花はじょうご形で鮮やかなモーブピンク。雄ずいは突出。葯は青色。開花期は春。葉の出現前に花が咲く。'アルバ'の花は白。'カーネル ピンク'★は明るいピンクの大輪。'クレーターズ エッジ'は深いピンクの花。'マホガニー レッド'の花は深いワインレッド。ゾーン：4〜8

Rhododendron nakaharae
一般名：ナカハラツツジ
☀ ❄ ↔60cm ↕30cm
台湾原産の常緑性アザレア。樹高が低く繊細な枝ぶりとなる。小枝が多くて匍匐性。葉は小型で暗緑色。裏面は淡色。花はじょうご形で大型。暗赤色もしくは緋色。1〜3個の房状花となる。開花期は初夏から盛夏。ロックガーデンに最適。ゾーン：6〜9

Rhododendron mucronulatum

Rhododendron neriifolium
☀/◐ ❄ ↔1.8〜3.5m ↕3〜6m
中国西部からミャンマー北部にかけて分布する大型低木もしくは亜高木。葉は倒卵形で先端が尖る。もしくは槍形。暗緑色。裏面は蝋質で淡青色。筒状花は鐘形。全長ほぼ5cm。房状花は12個まで。普通は鮮紅色ないし深いピンク。まれに黄色。ゾーン：7〜10

Rhododendron niveum
☀ ❄ ↔3.5m ↕6m
ヒマラヤ原産の常緑種。幹と枝には淡灰色ないし茶色のフレーク状樹皮。葉はなめらかで裏面には黄褐色の毛。鐘形の花は薄紫色、紅紫色、深紅色、紫色。房状花はコンパクトで15〜30個。開花期は盛春。ゾーン：7〜9

Rhododendron nuttalii
☀ ◓ ↔6m ↕10m
ヒマラヤ、中国西部、ミャンマー北部、インド北部原産の常緑性低木もしくは亜高木。樹皮は紫がかった茶色。若い葉は濃赤紫、葉にはしわが多い。鐘形の花はクリーム色で花筒は濃黄色。7個が房状花となる。開花期は盛春ないし晩春。ゾーン：9〜10

Rhododendron × obtusum
一般名：キリシマツツジ
英　名：KURUME AZALEA
☀ ❄ ↔90cm ↕90cm
*R. kiusianum*と*R. kaempferi*の間にできた自然交雑種。日本原産。小枝が多く、時として匍匐性。葉は鮮緑色。葉に先立って出現するシュートは茶色で毛が密生。花色は赤色、紅色、緋色。じょうご形。1〜3個が房状花となる。開花期は晩春。ゾーン：6〜9

Rhododendron occidentale
英　名：WESTERN AZALEA
☀ ❄ ↔1.5m ↕1.5m
アメリカ合衆国西部原産の落葉性アザレア。変異が多い。秋には、鮮緑色の葉が、赤褐色、紅色、緋色、もしくは黄色になる。花は芳香を放ち、白もしくは淡いピンクでじょうご形。深黄色のブロッチ。開花期は盛春。ゾーン：6〜9

Rhododendron oldhamii
英　名：TAIWAN AZALEA
☀ ◓ ↔2.4m ↕3m
台湾原産の常緑性アザレア。多花性。若いシュートと葉は茶色の毛を帯びる。はばの広いじょうご形の花は、緋紅色ないしレンガ色。開花期は晩春。ゾーン：9〜10

Rhododendron orbiculare
☀ ❄ ↔3m ↕3m
中国原産の常緑種は円形で鮮緑色。基部には深い切れ込みがある。花色はバラ色ないし濃赤色で鐘形。全長6cm。7〜10個の房状花。開花期は春。ゾーン：6〜9

Rhododendron orbiculatum
☀ ◓ ↔90cm ↕90cm
ボルネオ原産のコンパクトなビレヤ。小さな葉は厚くて円形。花は大型で繊細な姿形となり、ランに似る。白もしくは銀色がかったピンク。房状花の数は5個まで。ハンギング・バスケットや鉢植えに最適。ゾーン：10〜11

Rhododendron orbiculare

Rhododendron oldhamii

Rhododendron orbiculatum

Rhododendron neriifolium

Rhododendron occidentale

Rhododendron ovatum
☀ ❄ ↔3m ↕4.5m
中国および台湾原産の常緑性アザレア。若い葉は鮮紅色。葉は光沢のある暗緑色。花は単生で白、ピンク、淡紫色。開花期は春。栽培例は少ない。バイカツツジ亜属はこの種のみ。従来はAzalea ovatumと呼ばれていた。
ゾーン：7～9

Rhododendron pachysanthum
☀ ❄ ↔0.9m ↕1.2m
台湾原産のコンパクトな常緑性低木。丸い形に成長する。葉は暗緑色。裏面には茶色の毛が密生。新芽は淡茶色の毛を帯びてフェルト状となる。房状花は8～10個。時に20個。花は鐘形で白。緋色のスポットが密に入る。開花期は春。
ゾーン：7～9

Rhododendron ovatum

Rhododendron pachysanthum

Rhododendron pemakoense

Rhododendron pemakoense
☀ ❄ ↔60cm ↕60cm
中国南西部原産の常緑性矮性種。匍匐性で枝が密生する。葉には黄金色もしくは暗褐色の鱗状片が密生。花色は薄赤紫、紫紅色、スミレ色。鐘形で花には毛が多い。単生もしくは双生。開花期は春。
ゾーン：6～9

Rhododendron pentaphyllum
☀ ❄ ↔1.2m ↕1.2m
日本中部および南部原産の落葉性アザレア。湿潤で風雨にさらされない場所を好む。葉は枝先に5枚が輪生し、秋には紅葉する。鐘形の花はバラ色。単生もしくは双生。葉の出現前に開花する。開花期は春。
ゾーン：7～9

Rhododendron periclymenooides
英名：PINXTERBLOOM AZALEA
☀ ❄ ↔2.4m ↕3m
北米大陸東部原産の落葉性アザレア。房状花は6～12個。花は芳香を放ち、白、淡いピンク、紫赤。雄ずいが突出する。鮮緑色の葉の出現前、もしくは出現と同時に長い花筒が開花する。開花期は晩春。
ゾーン：3～9

Rhododendron phaeochrysum
☀ ❄ ↔2.4m ↕1.5～4.5m
中国西部原産の大型低木。暗緑色の葉の裏面、および若い茎は濃い黄金色の毛で覆われる。房状花の数は15個まで。鐘形。通常は白もしくはクリーム色。間いにピンクのフラッシュ。開花期は春。
ゾーン：8～10

Rhododendron polycladum
ロドデンドロン・ポリクラドゥム
☀/◐ ❄ ↔80～120cm ↕80～120cm
中国西部原産低木。直立もしくは球状に伸張する。盛んに分枝を出す習性がある。全長25mmでやり形の葉は、茶色の鱗状片を持つ。枝の先に5ないし6個の薄紫色の花をつける。花の全長は25mm。開花期は初春。**Scintillans Group**（ス

Rhododendron pentaphyllum

キンティランス　グループ）は小型の葉と紫青色の花。
ゾーン：8～10

Rhododendron ponticum
ロドデンドロン・ポンティクム
英名：PONTIC RHODODENDRON
☀ ❄ ↔6m ↕8m
地中海沿岸地方一帯原産の常緑種。強健な低木もしくは亜高木。葉はなめらか。房状花はコンパクト。10～15個の淡紫色もしくは紫紅色の花。全長5cm。開花期は盛春から晩春。風除けとして最適だが、有害外来種となることもある。'シルバー　エッジ'はクリーム色と緑の斑模様になった葉を持つ'ワリエガトゥム'に似る。繁殖力がそれほど強くなく、被害を与える程度も低い。
ゾーン：6～9

Rhododendron ponticum 'シルバー　エッジ'

Rhododendron ponticum 'ワリエガトゥム'

Rhododendron ponticum

Rhododendron prinophyllum
英名：MOUNTAIN PINK、ROSESHELL AZALEA
☀ ❄ ↔1.8～3m ↕1.8～4.5m
カナダのケベック州南部からアメリカ合衆国北中部に自生する落葉性アザレア。葉は小型で楕円形。裏面は毛で覆われる。花はじょうご形でピンクの濃淡。濃色のブロッチが入る。房状花は5～9個。葉の出現と同時に開花。開花期は晩春。
ゾーン：4～9

Rhododendron periclymenoides

R. polycladum、スキンティランスグループ、栽培品種

Rhododendron prinophyllum

Rhododendron protistum
☀ ❄ ↔4.5m ↕30m
中国西部およびミャンマー北部原産の常緑種。栽培下では樹高のある低木に成長する。若いシュートには黄灰色の毛が密生する。葉は暗緑色。花は鐘形。20～30個が集まって大きな房状花を形成。花色はクリーム色でバラ色のフラッシュが入る。開花期は晩冬から初春。冷涼地域では保護対策が必要。
ゾーン：9～10

Rhododendron pronifolium
☀ ❄ ↔1.2m ↕1.8m
落葉性アザレア。R. calendulaceumの近縁種。アメリカ合衆国アラバマ州およびジョージア州の限定地域にのみ自生。葉はなめらかで、葉縁には細毛。花色は濃緋色で花径は35mm。開花期は晩春。
ゾーン：6～9

Rhododendron quinquefolium
一般名：シロヤシオ
英　名：FIVE-LEAF-AZALEA
☀ ❄ ↔1.2～2.4m ↕2.4～8m
日本中央部原産の落葉性アザレア。葉は楕円形。枝先に4～5枚の葉が輪生。花色は純白で緑色のスポットがある。開花期は晩春。'ファイブ　アローズ'は白い花にオリーブグリーンのスポット。
ゾーン：6～8

Rhododendron rubiginosum

Rhododendron racemosum
ロドデンドロン・ラケモスム
☀ ❄ ↔1.5m ↕1.5m
中国西部原産の常緑性低木。変異に富む。葉はなめらかで革質。花はじょうご形で白もしくは淡いピンク。房状花は6個まで。開花期は春。'フォレスト'は矮性種。花色はピンク。'グレンドイク'は樹高が高くなり、深いピンクの花。'ロック　ローズ'は明るい紫紅色の花。
ゾーン：5～8

Rhododendron reticulatum
一般名：コバノミツバツツジ
☀ ❄ ↔1.2m ↕1.2m
日本原産の強健な常緑性アザレア。花数が多い。新葉は毛を帯びるが、しだいになめらかになる。鐘形の花は赤紫もしくは濃赤紫色。花径は5cm。2～5個の房状花。単生もしくは双生。開花期は盛春から晩春。
ゾーン：6～9

Rhododendron rex
☀ ❄ ↔3.5m ↕4.5m
中国西部原産の常緑性低木。野生では大型化する。若いシュートは白もしくは黄褐色の毛で覆われる。葉は暗緑色。大きな花はバラ色、淡いピンク、白。20～30個が集まって見事な房状花となる。開花期は春。
ゾーン：7～9

Rhododendron prunifolium

Rhododendron protistum

Rhododendron quinquefolium

Rhododendron racemosum

Rhododendron rupicola var. *chryseum*

R. scabrifolium var. *spiciferum*

Rhododendron rubiginosum
☀ ❄ ↔6m ↕9m
中国西部およびミャンマー北部原産の常緑種。若い株でも多くの花をつける。葉はなめらかで芳香がある。鐘形の花はピンク、バラ色、薄紫系の濃淡。房状花は4～8個。開花期は春。
ゾーン：7～9

Rhododendron rupicola
☀ ❄ ↔55cm ↕60cm
中国西部およびミャンマー北部原産の常緑種。樹高は低く、マット状となる。光沢のない緑色の葉には鱗状片が密生する。じょうご形の花は、茶色がかった紫色、深紅色。房状花は2～8個。開花期は春。ロックガーデンに最適。*R. r* var. *chryseum*はクリーム色の花。
ゾーン：5～9

Rhododendron russatum
☀ ❄ ↔15～120cm ↕15～150cm
中国西部およびミャンマー北東部原産。匍匐性もしくは直立性の常緑性低木。葉は暗緑色、裏面は赤褐色の鱗状片に覆われる。花色は鮮やかな青紫色。じょうご形で3～6個が房状花となる。時に14個の場合も。開花期は春。
ゾーン：5～9

Rhododendron saluenense
☀ ❄ ↔45～150cm ↕45～150cm
ミャンマー北東部および中国西部原産。強健な匍匐性の常緑性低木。変異に富む。葉は光沢のある暗緑色で芳香を放つ。じょうご形の花は深い紫紅色。2～5個が房状花となる。開花期は春。
ゾーン：6～9

Rhododendron scabrifolium
☀ ❄ ↔1.8m ↕2.4m
中国西部原産の常緑種。風雨を受けない場所を好む。毛で覆われた新芽が細長い葉になる。筒状花はじょうご形。2～3個が房状花となる。花色は白、ピンク、深いバラ色。開花期は早春。*R. s.* var. *spiciferum*は多花性。色はピンク。雄ずいが突出する。
ゾーン：8～9

Rhododendron scopulorum

Rhododendron smirnowii

Rhododendron sinogrande

Rhododendron schlippenbachii

Rhododendron spinuliferum

Rhododendron stenopetalum 'リネアリフォリウム'

Rhododendron schlippenbachii
英 名：ROYAL AZALEA
☀ ❄ ↔4.5m ↕4.5m
朝鮮半島およびロシア東部に広く分布する落葉性アザレア。葉は明るい緑色で枝先に輪生し、秋には赤胴色となる。幅の広いじょうご形の花は星形となり、淡いピンクもしくは白。葉の出現後すみやかに開花する。開花期は晩春。
ゾーン：4～8

Rhododendron scopulorum
☀ ❄ ↔2.4m ↕4.5m
中国南西部原産。栽培下では小型化する。葉は暗緑色で溝があり、裏面は淡緑色。鱗状片に覆われる。花は芳香を放ち、白もしくはリンゴの花に似た薄いピンク。幅の広いじょうご形。2～7個の房状花。花弁の周縁部は波状。黄色がかったブロッチ。鱗状片を持つ。開花期はシーズン中期から後期。
ゾーン：9～10

Rhododendron serpyllifolium
一般名：ウンゼンツツジ
英 名：THYME-LEAF-AZALEA
☀ ❄ ↔60cm ↕60cm
成長が遅く、普通は常緑種。日本中央部および南部原産。葉は小型。厳しい気候の下では落葉する。じょうご形の花はピンクで単生する。開花期は初春。遅霜対策が必要。
ゾーン：6～9

Rhododendron sinogrande
☀ ❄ ↔9m ↕15m
中国西部およびミャンマー北部原産の常緑種。低木層を形成。ツツジ属で最大の種。葉は長くて暗緑色。深いしわが入る。裏面には銀白色、淡褐色、黄褐色の毛。花はクリーム色もしくは黄色。15～30個の房状花。開花期は盛春。
ゾーン：8～9

Rhododendron smirnowii
英 名：TURKISH RHODODENDRON
☀ ❄ ↔4.5m ↕3.5m
トルコ北東部およびグルジア周辺部原産の強健な常緑種。楕円形をした若い葉、および成長した葉の裏面には白い綿毛が密生。花はじょうご形。ピンク。黄色いブロッチ。10～12個が房状花となる。開花期はシーズン後期。
ゾーン：4～9

Rhododendron souliei
☀ ❄ ↔3.5m ↕3.5m
中国西部原産の常緑種。花色は淡紫紅色。花は皿状。5～9個の房状花。開花期はシーズン後期。風雨を受けない場所を好む。穂木による繁殖は困難。
ゾーン：6～9

Rhododendron spinuliferum
☀ ❄ ↔2.4m ↕3m
中国西部原産の常緑性低木。樹皮はなめらかで暗い紫褐色。若葉には毛が多いが、成長するとなめらかになる。花は幅の狭い筒状花。緋色、暗赤色、オレンジ。1～5個の房状花。花糸が花冠よりも突出する。開花期は盛春。
ゾーン：8～9

Rhododendron stamineum
☀ ❄ ↔3m ↕3m
中国西部原産の常緑性低木もしくは亜高木。野生では大型化する。葉はなめらか。房状花は1～3個。じょうご形で色は白。黄色いブロッチ。雄ずいは筒状花の花冠よりも突出する。開花期は盛春から晩春。風雨を受けない場所に植える。
ゾーン：9～10

Rhododendron stenopetalum
ロドデンドロン・ステノペタルム
☀/☀ ❄ ↔0.9～1.5m ↕0.9～1.8m
日本原産の常緑性アザレア。葉は倒卵形で先端が尖る。全長25mmで毛が多い。花色は深いピンクないし紫赤色。花径は35mm。'リネアリフォリウム' (syn. *R. linarifolium*)の葉と花弁は細長いいも状となる。
ゾーン：8～10

Rhododendron strigillosum

Rhododendron vaseyi

Rhododendron strigillosum
☀ ❄ ↔3m ↕3.5m
中国原産の常緑性低木もしくは亜高木。叢生する。若いシュートと鮮緑色の葉には粗毛が生える。花はせまい鐘形で鮮やかな緋色。8～12個の房状花。開花期は初春。ゾーン：8～9

Rhododendron sutchuenense
☀ ❄ ↔6m ↕9m
中国西部原産。花は大型で傘のような形となる。常緑性低木。栽培下では小型化。葉はなめらかで暗緑色。幅の広い鐘形の花は淡いピンク、薄紫。10個が房状花となる。開花期は晩冬から初春。半日陰になった樹林内での栽培に向いている。ゾーン：6～9

Rhododendron tephropeplum
☀ ❄ ↔0.9～2.4m ↔0.9～2.4m
ヒマラヤからインド北東部およびミャンマー一帯の原産。コンパクトな常緑性低木。樹皮は茶色で鱗状。葉は暗緑色で光沢がある。裏面には鱗状片。3～9個の房状花は濃淡のバラ色、ピンク、濃赤紫色。開花期は春。広がる習性があるため、ロックガーデンに最適。ゾーン：8～9

Rhododendron thomsonii
☀ ❄ ↔0.6～6m ↕0.5～6m
ヒマラヤ原産の常緑種。変異に富む。急斜面や岩肌が露出している場所に自生。樹皮は赤褐色、黄褐色、ピンクがかった色。葉は厚くて革質。円形。花は鐘形で真紅色。濃色のスポット。6～13個の房状花。開花期は春。ゾーン：6～9

Rhododendron trichanthum
異 名：*Rhododendron villosum*
☀ ❄ ↔2.4m ↕2.4m
中国西部原産の常緑種。野生では樹高6mに達する。シュートには粗毛が密生。じょうご形の花は紫。3～5個の房状花。開花期は晩春。風雨を受けない場所で栽培する。ゾーン：7～9

Rhododendron trichostomum
☀ ❄ ↔0.9m ↕1.5m
中国西部原産の常緑性低木。変異に富む。普通はコンパクトな姿形となり、小枝が四方に伸張してよく分枝し、小型植物の形で叢生することが多い。葉は芳香を放ち、幅が狭くて革質で硬い。色は暗緑色。小型の花は白、ピンク、深いバラ色。8～20個が房状花となる。開花期は晩春。ゾーン：7～9

Rhododendron tuba
☀ ❄ ↔1.2m ↕1.8m
ニューギニア東部原産のビレヤ。野生では樹高が高くなり4.5mに達する。葉は光沢があって円形、青緑色ないしオリーブ色。花色は白ないし淡いピンク。湾曲した筒状花。芳香を放ち、5～7個が房状花となる。ゾーン：9～11

Rhododendron ungernii
☀ ❄ ↔3m ↕0.9～6m
トルコ北東部およびグルジア原産。常緑性低木もしくは亜高木。茶色の樹皮はフレーク状。葉は大型で暗い緑色。裏面および若いシュートには白っぽい綿毛が密生。花はじょうご形ないし鐘形で白。12～30個が房状花となる。開花期は夏。風雨に当たらない場所を好む。ゾーン：5～9

Rhododendron uniflorum
☀ ❄ ↔1.2m ↕1.2m
中国西部原産の矮性常緑種。自然状態における原産地での発見は稀。葉の表面はなめらか、裏面には鱗状片。幅の広いじょうご形の花は紫色。単生もしくは双生。開花期は春。比較的速く成長し、ロックガーデンでの栽培に向く。ゾーン：8～9

Rhododendron vaseyi
英 名：PINK-SHELL AZALEA
☀ ❄ ↔4.5m ↕4.5m
北米大陸東部原産の落葉性アザレア。葉は光沢のある暗緑色。4～8個の房状花はじょうご形。花色はバラ色、淡いピンク、白。橙赤色もしくは赤のスポット。晩春に葉が出現する前に開花。ゾーン：4～9

Rhododendron veitchianum
ロドデンドロン・ウェイリキイ
☀ ❄ ↔2.4m ↕2.4m
ラオス、ミャンマー、タイランド、ベトナム原産の常緑性低木。匍匐性。時に着生性。赤褐色の樹皮はなめらかで剥離する。葉は暗緑色。裏面は淡色。花は大きくて芳香を放つ。花色は純白でじょうご形。黄

Rhododendron thomsonii

Rhododendron tuba

Rhododendron tephropeplum

Rhododendron sutchuenense

Rhododendron veitchianum

Rhododendron veitchianum、Cubittii Group（キュビッティ　グループ）、栽培品種

Rhododendron weyrichii

Rhododendron williamsianum

色のブロッチ。房状花は5個まで。開花期は晩春から初夏。**Cubitti Group**（キュビッティ　グループ）の葉縁部には刺がある。花はピンクで芳香を放つ。
ゾーン：9〜10

Rhododendron vernicosum
☀ ❄ ↔ 3.5m ↕ 3.5m
中国西部原産の常緑性低木もしくは高木。多花性。葉はなめらか。房状花は6〜12個。花色はバラ色、薄紫紅色、白。じょうご形もしくは鐘形。開花期は盛春から晩春。ゾーン：7〜9

Rhododendron viscosum
英　名：SWAMP AZALEA, HONEYSUCKLE
☀ ❄ ↔ 2.4m ↕ 2.4m
北米大陸東部および中央部原産のコンパクトな落葉性アザレア。新葉は黄色味もしくは灰色がかった茶色。葉は暗緑色で裏面は淡色。じょうご形の花は白。スパイシーな香りを放つ。4〜9個の房状花。開花期は晩春から初夏。新葉の出現後に花が開く。ゾーン：4〜9

Rhododendron wardii
☀ ❄ ↔ 4.5m ↕ 8m
中国西部原産の常緑性低木。樹皮は灰褐色。葉は革質で暗緑色。円形。裏面に淡緑色で白っぽく帯粉する。花は皿形で5〜14個が房状花となる。花色は淡黄色もしくは鮮黄色。開花期は晩春。ゾーン：7〜9

Rhododendron weyrichii
一般名：オンツツジ
☀ ❄ ↔ 0.9m ↕ 1.2m
日本南部および朝鮮半島南部原産の常緑性アザレア。低木もしくは亜高木。野生では大型化する。葉は長細い円形で若い葉は赤褐色の毛を帯びる。じょうご形の花はピンク。2〜4個が房状花となる。開花期は春。ゾーン：5〜9

Rhododendron williamsianum
❄ ↔ 1.2m ↕ 1.5m
中国西部原産の常緑性低木。若いシュートには粗毛がある。葉は円形で裏面には赤みがかった腺がある。鐘形の花は淡ピンクで濃色のスポットを持つ。2輪もしくは3輪が固まって咲く。開花期は春。ゾーン：7〜9

Rhododendron wiltonii
☀ ❄ ↔ 4.5m ↕ 4.5m
中国西部原産の常緑種。葉はオリーブグリーンで光沢があり、裏面には黄褐色の毛が密生。鐘形の花は白ないしピンク。6〜10個が房状花となる。開花期は春。ゾーン：6〜9

Rhododendron yedoense
一般名：チョウセンヤマツツジ
英　名：KOREAN AZALEA、YODOGAWA AZALEA
☀ ❄ ↔ 90cm ↕ 90cm
朝鮮半島原産の落葉性もしくは半落葉性アザレア。密に茂ったコンパクトな低木となる。秋には葉が濃いオレンジないし緋色となる。花は芳香を放ち、八重咲きでじょうご形。薄紫色。2〜4個が房状花となる。開花期は晩春。八重咲きの栽培品種が先に命名され、野生種は*R. y.* var. *poukhanens* ★ となる。野生種は一重咲きで淡いピンクもしくは濃いピンク。ゾーン：5〜8

Rhododendron yunnanense
☀ ❄ ↔ 3m ↕ 3.5m
ミャンマー北東部および中国西部原産の常緑性低木。冷涼地帯では落葉性となる。葉は細長くて分枝には鱗状片がつく。多花性。じょうご形の花は白、淡いピンク、バラ色、薄紫紅色、薄紫色。赤、緑、黄色のスポットが入る。3〜5個が房状花となる。開花期は晩春。
ゾーン：7〜9

Rhododendron zoelleri
☀ ☂ ↔ 0.9m ↕ 1.8m
ニューギニア、モルッカ諸島周辺部原産のビレヤ。葉は倒卵形。花は大型で見事。虹のような光沢があり、ピンクがかったオレンジないし黄色。じょうご形。8個までの花が集まって開いた房状花となる。開花期は秋から春。
ゾーン：10〜11

Rhododendron Hybrid Cultivars
一般名：ツツジ交雑品種
ツツジ交雑品種は観賞用に栽培され、美麗な花色と年間を通して見ることのできる変化に富んだ葉を持つために重用さ

Rhododendron yedoense var. *poukhanense*

れている。魅力的な樹皮や芳香を愛でるために栽培される種もある。常緑種の場合、新しいシュートは同じ方向に直立して美観を呈することが多いが、成熟した葉の大きさには大きなばらつきがある。落葉性アザレアの葉は成長期を通じて変化し、春には鮮やかな緑色だが夏には赤茶色となり、落葉直前の秋には鮮やかな赤ないし黄色となる。

HARDY SMALL HYBRIDS
(耐寒性小型ハイブリッド)

☀ ❄ ↔ 30～100cm ↕ 30～100cm

耐寒性小型ハイブリッドは多様性に富む。矮性の高山種から作出され、ロックガーデンでの栽培に適した種もあれば、大型の葉と直立した房状花を持つ叢性種もある。'ブルー クラウン'は深い青紫色もしくは紫色の花。中心部に明色のブロッチ。房状花は20個まで。開花期はシーズン中期から後期。'ブルー ティット'の葉は小型。多花性で灰色がかった青い花をつける。'ブリック-ブラック'の葉は小さくて円形、綿毛が多い。花は小型で白色。花弁の上部に薄いピンクの斑紋。葯は濃い茶色。'カルメン'は矮性。樹高30cm以下。鐘形の花は深紅色。房状花は2～5個。開花期はシーズン初期から中期。'シュバリエ フェリックス ドゥ ソバージュ'の花は中型でサンゴ色。中央部に濃色のブロッチが入る。房状花は12個。開花期はシーズン初期から中期。'チコル'は薄黄色の花。冬には葉が赤くなる。'クリソマニクム'は鮮黄色の花。房状花は8個まで。開花期はシーズン最初期。'キレペネンセ'の葉は光沢のある深い緑色。鐘形の花は赤みのあるピンクの濃淡。開花期はシーズン初期。'クリーピング ジェニー'(syn.'ジェニー')の花は鮮紅色。じょうご形もしくは釣鐘に似た形。5～6個が大きな房状花となる。開花期はシーズン初期から中期。'カーリュー'は多花性。花色は薄黄色で緑褐色の斑文が入る。'ドラ アマテイス'の花は純白で芳香を放つ。薄い緑色のスポット。3～6個が房状花となる。開花期はシーズン初期から中期。'エリザベス'の花は鮮紅色でじょうご形もしくは釣鐘に似た形。6～18個が房状花となる。開花期はシーズン中期。'ジニー ギー'の花は濃淡のピンクに白い縞が入る。4～5個が房状花となる。開花期はシーズン初期から中期。'ジングル ベルズ'の花はオレンジ色で花筒部は黄色。開花期はシーズン中期。'レモン ミスト'の花は小型で緑がかった黄色。じょうご形。2～3個が房状花となる。開花期はシーズン初期から中期。'メー デー'の花はサクランボ色もしくは明るい緋色。8個が房状花となる。開花期はシーズン初期から中期。'プロスティギアトゥム'は矮性低木。葉は小さくて灰緑色。花色は深紅色。2～3個が房状花となる。開花期はシーズン中期から後期。'プタルミガン'の葉は優美で裏面には鱗状片が密生。花は幅の広いじょうご形で白。2～3個が房状花となる。開花期はシーズン初期から中期。'ラマポ'の花はピンクがかった紫色。開花期はシーズン初期から中期。葉はほぼ円形。冬には金属光沢を帯びる。'ルビー ハード'の花は暗赤色。7個が房状花となる。開花期はシーズン初期から中期。'スカーレット ワンダー'の花は濃緋色。鐘形で周縁部は波状。5～7個が房状花となる。開花期はシーズン中期。'スノー レディー'の葉は暗緑色で多毛。花は白。葯は濃色。開花期はシーズン初期から中期。

ゾーン：6～9

Rhododendrum, Hybrid Cultivar, Hardy Small, 'Carmen'

R., Hybrid Cultivar, Hardy Small, 'Chevalier Félix de Sauvage'

ツツジ、HC、耐寒性小型、'バッハ クワイヤー'

Rhododendron, Hybrid Cultivar, Hardy Small, 'Blue Tit'

ツツジ、HC、耐寒性小型、'エイプリル グロウ'

ツツジ、HC、耐寒性小型、'ブルーバード'

ツツジ、HC、耐寒性小型、'ブルエット'

ツツジ、HC、耐寒性小型、'バルタ'

HARDY MEDIUM HYBRIDS
(耐寒性中型ハイブリッド)

☀ ❄ ↔0.6～1.8m ↕0.9～1.8m

中型の交雑種は一般的な植栽に最適であり、大きさの点からいっても育種家の多くが新種に反映させようとする特徴を持っている。このグループは数百種の美麗な花木が知られており、1年を通してさまざまな色の花を楽しむことができる。'アドミラル ピット ハイン'の花は薄紫がかったバラ色で芳香性。開花期はシーズン中期。'アリソン ジョンストン'の葉は青灰色でロウ質。クリーム色の花はやがてピンクがかった黄色になる。房状花は9個。開花期はシーズン初期から中期。'アナ クルシュケ'は薄紫ないし紫紅色の花が円錐花序となる。開花期は晩春。'アーサー ベッドフォード'(syn.

ツツジ、HC、耐寒性小型、'チコル'

ツツジ、HC、耐寒性小型、'バーデン-バーデン'

ツツジ、HC、耐寒性小型、'チェルシー セブンティー'

ツツジ、HC、耐寒性小型、'カウスリップ'

ツツジ、HC、耐寒性小型、'ドラ アマテイス'

ツツジ、HC、耐寒性小型、'エリザベス ホビー'

ツツジ、HC、耐寒性小型、'ゴールデン ウィット'

ツツジ、HC、耐寒性小型、'クリソマニクム'

ツツジ、HC、耐寒性小型、'エリザベス'

ツツジ、HC、耐寒性小型、'ジャイプール'

ツツジ、HC、耐寒性小型、'ジングル ベルズ'

ツツジ、HC、耐寒性小型、'ハニー'

ツツジ、HC、耐寒性小型、'ランピオン'

ツツジ、HC、耐寒性小型、'オディー ライト'

ツツジ、HC、耐寒性小型、'メー デー'

ツツジ、HC、耐寒性小型、'モリー アン'

ツツジ、HC、耐寒性小型、'ミセス T. H. ルウィンスキー'

ツツジ、HC、耐寒性小型、'オルガ'

ツツジ、HC、耐寒性小型、'プラエコクス'

ツツジ、HC、耐寒性小型、'ルビー ハート'

ツツジ、HC、耐寒性小型、'サンダーストーム'

ツツジ、HC、耐寒性小型、'ビンテージ ローズ'

'A. ベッドフォード')の茎は赤、葉は光沢のある緑色。花色は明るい薄紫。周縁は濃色となり濃いバラ色もしくは黒に近い色。じょうご形の花が16個集まって球形の房状花となる。
'アーサー J. イベンス'の花はバラ色。鐘形。'アワード'のは芳香性で白。明るい黄色のフレア。周縁部はピンク。房状花は球形となり14個の花が集まる。開花はシーズン中期。'ブルー ダイヤモンド'は深い薄紫色。開花期はシーズン初期から中期。'ブルー ピーター'は明るい青紫色。暗紫色の大きなブロッチ。花弁の周縁は波状。締まった円錐形の房状花を形成。開花期はシーズン中期から後期。'ボウ ベルズ'の花は椀形。薄いピンク色。4〜7個がゆるい房上花を形成。開花期はシーズン初期から中期。'C. I. S'の葉は先端がねじれる。花は橙黄色。花筒は橙緋色。房上花は11個ほど。開花期はシーズン中期。'カナリー'は顕著な葉脈を持ち、鮮やかな黄色

ツツジ、HC、耐寒性中型、'アナ クルシュケ'

 ツツジ、HC、耐寒性中型、'エンジェル'

 ツツジ、HC、耐寒性中型、'ベル オブ ロッキントン'

ツツジ、HC、耐寒性中型、'ブルー ダイヤモンド'

 ツツジ、HC、耐寒性中型、'ブルー エンサイン'

 ツツジ、HC、耐寒性中型、'ブール デュ ネージュ'

 ツツジ、HC、耐寒性中型、'C. P. ラフィル'

 ツツジ、HC、耐寒性中型、'シャンパーニュ'

ツツジ、HC、耐寒性中型、'カーネル コーエン'

 ツツジ、HC、耐寒性中型、'ドンベイル チア'

 ツツジ、HC、耐寒性中型、'ドンベイル パール'

 ツツジ、HC、耐寒性中型、'ドンベイル ラッフルズ'

ツツジ、HC、耐寒性中型、'エルジー ワトソン'

 ツツジ、HC、耐寒性中型、'ファビア'

 ツツジ、HC、耐寒性中型、'ファイヤー ウォーク'

 ツツジ、HC、耐寒性中型、'フローレンス マン'

 ツツジ、HC、耐寒性中型、'ブリタニア'

 ツツジ、HC、耐寒性中型、'シンシア'

 ツツジ、HC、耐寒性中型、'デザート サン'

R., HC, Hardy Medium, 'Mount Everest'

の花。房状花は密生。開花期はシーズン中期。'C. P. ラフィル'の花は濃い橙緋色もしくは赤。房状花は大きな球状。開花期はシーズン中期。'クリーミー シフォン'の芽は橙紅色。花は八重咲きでクリーム色。開花期はシーズン中期から後期。'クロスビル'の花は小型で筒状。黄色がかったアンズ色。開花期はシーズン初期。'ファビア'の花は緋色。花筒部はオレンジ色。鐘形の花による房状花は下垂する。開花期はシーズン中期。'ファイヤーマン ジェフ'の花は鮮紅色。萼は真紅色。房状花はコンパクト。花数は10個。開花期はシーズン中期。'フローラ マルキータ'の花芽はサンゴ色。花は象牙色でサンゴ色のフラッシュ。周縁部は鮮やかなピンク。房状花は球状。花数は10。開花期はシーズン初期から中期。'フローレンス マン'は、温暖地域では「青い」ツツジ最良種の八つ。深い青紫色ないし紺色がかった紫色。開花期はシーズン初期から中期。'ファーニバ

ルズ ドーター'の花は鮮やかなピンクで鮮紅色のブロッチ。房上花は円錐状となり15個の花がつく。開花期はシーズン中期。'ゴールデン スター'の花は鮮黄色。7枚の波状花弁。房状花は球状となり花数は13まで。開花期はシーズン中期から後期。'ゴールドフリマー'の葉には顕著な斑が入る。花は薄紫色。開花期はシーズン後期。'ヘレン シフナー'の花は純白。薄黄色ないし茶色の斑紋。円蓋状の房状花は直立する。'ホテイ'の花は鮮黄色。鐘形で花筒部は濃色。房状花は球状。花数は12個。開花期はシーズン中期。'ハミング バード'の花は濃いピンク色ないし赤。鐘形。4～5個がゆるい房状花となる。開花期はシーズン初期から中期。'レディー クレメンタイン ミットフォード'（syn.'レディー C. ミットフォード'）の葉は光沢のある緑色で若葉のころは銀毛を帯びる。花色はやわらかい桃色。周縁は濃色。中心部はやや黄色味を帯びる。開花期はシーズン

中期から後期。'レッティー エドワーズ'の花芽は淡いピンク。花は薄い淡黄色。球状の房状花には9～11個の花。開花期はシーズン中期。'マルキータズ プライズ'の葉は皮質で暗緑色。花は緋紅色。12個が房状花となる。開花期はシーズン中期。'マタドール'は暗い橙赤色の筒状花。8個が房状花となる。開花期はシーズン初期から中期。'ミッドナイト'の葉は光沢のある暗い緑色。花は深い藤紅色。花筒は黒味を帯び、花弁上部には暗赤色のスポット。球状の房状花には16個が集まる。開花期はシーズン中期から後期。'ムーンストーン'の花はクリーム色、ピンク。鐘形。ピンクのフラッシュ。3～5個がゆるい房状花となる。開花期はシーズン中期。'ミセス A. T. ドラメア'は大型で白色の花。薄い緑色のブロッチ。房状花は大きな円蓋状となり12～14個の花がつく。開花期はシーズン中期。'ミセス ベティー ロバートソン'（syn.'ミセス ベティー ロビンソン'）はやわ

かい黄色。花弁上方に赤いスポット。球状の房状花は直立。開花期はシーズン中期。'ミセス E. C. スティリング'はピンク。花弁には若干のひだ。花は中型。開花期はシーズン中期から後期。'ミセス ファーニバル'の花は幅の広いじょうご形。薄いバラ色。中央部は淡色。濃い赤茶色のブロッチ。房状花は大型。開花期はシーズン後期。'PJM'の葉は小型で円形。芳香性。夏には緑色だが冬には濃い茶色となる。花は鮮やかな薄藤紅色。開花期はシーズン初期。'ブレジ

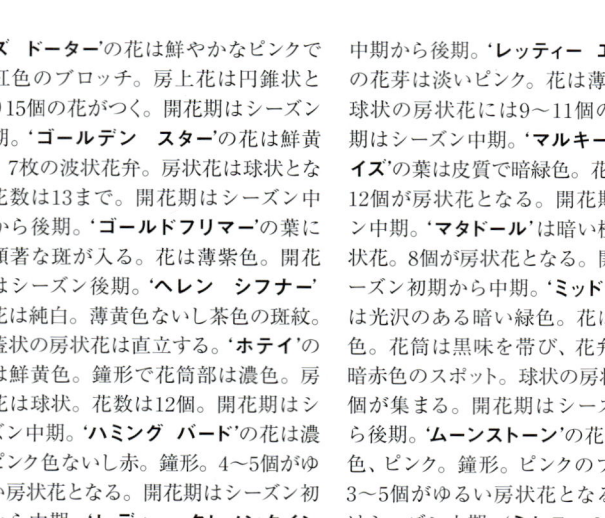

ツツジ、HC、耐寒性中型、'ミッドナイト'

ツツジ、HC、耐寒性中型、'ミセス E. C. スティリング'

ツツジ、HC、耐寒性中型、'ファーニバルズ ドーター'

ツツジ、HC、耐寒性中型、'ハイダ ゴールド'

ツツジ、HC、耐寒性中型、'ホールデン'

ツツジ、HC、耐寒性中型、'ホムスリー ミッシ'

ツツジ、HC、耐寒性中型、'ジャンキオ'

ツツジ、HC、耐寒性中型、'ラトナ'

ツツジ、HC、耐寒性中型、'ロード ロバーツ'

ツツジ、HC、耐寒性中型／ツツジ、HC、耐寒性中型、'マックス サイ'

ツツジ、HC、耐寒性中型、'ムーンシャイン ブライト'

ツツジ、HC、耐寒性中型、'ムーンストーン'

ツツジ、HC、耐寒性中型、'ミセス ベティー ロバートソン'

ツツジ、HC、耐寒性中型、'ナオミ アシュタート'

ツツジ、HC、耐寒性中型、'ナオミ ピンク ビューティー'

ツツジ、HC、耐寒性中型、'PJM'

ツツジ、HC、耐寒性中型、'パリ'

ツツジ、HC、耐寒性中型、'プレジデント ルーズベルト'

ツツジ、HC、耐寒性中型、'ノバ ゼンブラ'

デント ルーズベルトの葉には顕著な斑が入る。花は波状で白。赤のフラッシュ。周縁部は鮮緋色。房状花は円錐形で中型。開花期はシーズン初期から中期。'**パープル スプレンダー**'の花は濃い紫色。黒っぽいブロッチ。房状花は球状ないし円蓋状。開花期はシーズン中期から後期。'**プルプレウム エレガンス**'の花は青紫色。緑色もしくは茶色の斑紋が入る。房状花は密生。開花期はシーズン後期。'**ローマン ポタリー**'の花は淡いオレンジ。周縁部は赤褐色。房状花はゆるやかに下垂する。開花期はシーズン中期。'**ルッサウティニイ**'は多花性。薄紫色の花。中央部は濃紫。2〜5個の房状花。開花期はシーズン初期から中期。'**サッポー**'の葉は細長いオリーブ色。花は中型で白。幅の広いじょうご形。濃い栗色のブロッチ。大型の房状花は円錐形。開花期はシーズン中期から後期。'**セタ**'の花は幅の狭いじょうご形。花色は白で周縁部はバラ色。開花期はシーズン初期。花期は長い。'**タリー ホー**'の花は明るい橙緋色。コンパクトな房状花。開花期はシーズン後期。

'**ザ オノラブル ジャン マリ ドゥ モンタギュー**'(syn.'ジャン マリ モンタギュー')の葉は厚くて色はエメラルドグリーン。花は大型で鮮緋色。円蓋状の房状花には10〜14個の花。開花期はシーズン中期。'**ユニーク**'の花芽は濃いピンク。花は赤みがかった黄色で中型の房状花。開花期はシーズン初期から中期。'**バネッサ パステル**'の葉は先端が尖った灰緑色。花は濃いレンガ色から赤みがかった黄色から深いクリーム色になり、花筒は褐色がかった黄色。房状花を形成。開花期はシーズン中期から後期。ピンク系のものもある。'**ウィンサム**'は冬に赤い花芽をつける。花色は赤みがかったバラ色。開花期はシーズン中期。'**イエロー ハンマー**'は小型で明るい緑色の葉で鱗状片を持つ。深い黄色の筒状花3個で房状花となる。開花期はシーズン初期から中期。
ゾーン：6〜9

ツツジ、HC、耐寒性中型、'ロス モード'

ツツジ、HC、耐寒性中型、'ザ オノラブル ジャン マリ ドゥ モンタギュー'

ツツジ、HC、耐寒性中型、'サキ'

ツツジ、HC、耐寒性中型、'ウィニング ポスト'

ツツジ、HC、耐寒性中型、'スターリー ナイト'

ツツジ、HC、耐寒性中型、'セント ブリュワード'

ツツジ、HC、耐寒性中型、'ユニーク'

ツツジ、HC、耐寒性中型、'ウィルゲンズ サプライズ'

ツツジ、HC、耐寒性中型、'パープル スプレンダー'

ツツジ、HC、耐寒性中型、'セタ'

ツツジ、HC、耐寒性中型、'スオミ'

ツツジ、HC、耐寒性中型、'ヴァン'

ツツジ、HC、耐寒性中型、'ホイートリー'

HARDY TALL HYBRIDS
(耐寒性大型ハイブリッド)

☀ ❄ ↔1.5～5m ↕1.8～10m

耐寒性大型ハイブリッドの多くは高木状に成長するが、それまでには多年月を要する。大型ハイブリッドは空間いっぱいに広がるため、満開の時節には見事な景観を演出する。'**アリス**'は、大型の円錐形をした房状花を形成するまでに数年を要する。花色は淡いバラ色ないし薄いピンク。開花期はシーズン中期。'**アンナ ローズ ホワイトニー**'の葉は大型でやわらかい緑色。房状花は直立。花色は深いピンク。'**アウグスト ファン ギールド**'の花は大きくて赤みがかったピンク。房状花には多数の花が集まる。開花期はシーズン初期。'**ビューティー オブ リトル ワース**'の花は純白。濃い紫色のスポット。房状花は大型で16～19の花。開花期はシーズン中期。'**ベルンシュタイン**'の花は濃い金色。サンゴ色のフレア。'**ベティー ウォーモルド**'の花はやわらかいピンク。中央部は淡色。薄紫色のスポット。房状花は円蓋状で大型。開花期はシーズン後期。'**ビビアニ**'の花は深緋色。14個の花が締まった球状の房状花となる。開花期はシーズン初期。'**ボッダエルティアヌム**'(syn.'クロワ ダン ベール')の花芽は薄い紅藤色。花は白。濃い紫色のブロッチ。緋色の線。コンパクトな球状の房状花には18～22個の花。開花期はシーズン中期。'**ブリジッド**'の花は紫色。中心に向かって赤くなる。緑色のブロッチ。'**ブロウトニイ**'の花は濃いバラ色。濃色のスポット。20個の花が集まった房状花はピラミッド状になる。開花期はシーズン中期。'**カラクタクス**'の花は赤紫色。中心部は薄くなる。'**カリタ**'の葉は鮮やかな緑色。花芽はピンク。花は黄色がかったピンク。'**コルヌビア**'の花は真紅色。大型の房状花は円錐状。開花期はシーズン初期。'**クレスト**'(syn.'ホーク クレスト')の花は黄色がかったピンク。花筒部はわずかに濃色。大型の房状花は円錐状。開花期はシーズン中期。'**カニンガムズ ホワイド**'の花は白。中心部は黄緑色。'**デイビッド**'の花は深い赤で鐘形。葯は白で周縁部は波状。ゆるやかな房状花となる。開花期はシーズン初期から中期。'**エヴェレスティアヌム**'の花はバラ色がかった薄紫色。花筒にはスポット。周縁は波状。コンパクトな房状花には15個の花。開花期はシーズン中期。'**ファストゥオスム フロレ プレノ**'の葉は深緑色。花は中型で半八重咲き。薄紫色。ゆるやかな房状花となる。開花期はシーズン中期から後期。'**ファイヤー バード**'は緋紅色の花。葯は鮮やかな黄色。房状花は大型。開花期はシーズン中期から後期。'**フュジエ**'の花は鮮やかな橙緋色。房状花は中型。開花期はシーズン中期から後期。'**ギルズ クリムゾン**'の花は鮮紅色で花期が長い。房状花は締まった球形。開花期はシーズン初期から中期。'**グラディス**'の花はクリーム色もしくは明るい黄桃色。

ツツジ、HC、耐寒性大型、'アリス'

ツツジ、HC、耐寒性大型、'アウグスト ファン ギールド'

ツツジ、HC、耐寒性大型、'ベティー ウォーモルド'

ツツジ、HC、耐寒性大型、'ビビアニ'

ツツジ、HC、耐寒性大型、'ブロウトニイ'

ツツジ、HC、耐寒性大型、'コリンヌ ボウルター'

ツツジ、HC、耐寒性大型、'カタウビエンセ ブルソー'

ツツジ、HC、耐寒性大型、'コールハースト'

ツツジ、HC、耐寒性大型、'デイム ネリー メルバ'

ツツジ、HC、耐寒性大型、'エセル ストッカー'

ツツジ、HC、耐寒性大型、'レムズ カメオ'

ツツジ、HC、耐寒性大型、'ロデリ キング ジョージ'

ツツジ、HC、耐寒性大型、'マザー オブ パール'

ツツジ、HC、耐寒性大型、'ミセス チャールズ E. ピアソン'

ツツジ、HC、耐寒性大型、'ファストゥオスム フロレ プレノ'

ツツジ、HC、耐寒性大型、'ミセス G. W. リーク'

ツツジ、HC、耐寒性大型、'セイント トュディー'

ツツジ、HC、耐寒性大型、'スキンティレイション'

ツツジ、HC、耐寒性大型、'スーザン'

ツツジ、HC、耐寒性大型、'トレウィザン オレンジ'

ツツジ、HC、耐寒性大型、'トルード ウェブスター'

ツツジ、HC、耐寒性大型、'ヴェスヴィヌス'

ツツジ、HC、耐寒性大型、'バーゴ'

ツツジ、HC、耐寒性大型、'マーガレット マック ド ウェブスター'

緋色の斑紋。房状花は小型で花は10個。開花期はシーズン初期から中期。'ゴマー ウォーテア'の花は純白。花芽はかすかにバラ色味を帯びる。開花期はシーズン中期から後期。'レディー チェンバレン'の枝は細くてヤナギに似る。新葉は青緑色。花は分厚くて筒状。トランペット形。色は明橙色ないしサーモンピンク。3〜6個が下垂した房状花となる。開花期はシーズン中期から後期。'レムズ カメオ'は広い鐘形。アンズ色がかった黄色およびピンク。背軸面には小さな緋色のブロッチ。大型の房状花は円蓋状。花数は20個。開花期はシーズン中期。'ロダーズ ホワイト'は弱い芳香性。色は白。周縁部は淡い薄紫。花筒部はやや黄味を帯びる。大型の円錐状房状花となる。開花期はシーズン中期。'ミセス チャールズ E. ピアソン'の葉は深緑色でよく繁茂する。花は淡い薄紫。周縁部は薄い青紫。クリ色のスポット。房状花は大型で円錐形。開花期はシーズン中期から後期。'ミセス G. W. リーク'は鮮やかなピンクの花。鮮やかな暗緋色のブロッチ。緋色の斑紋。房状花は大型でコンパクト。円錐状。開花期はシーズン中期。'レッド アドミラル'は赤い鐘形の花。開花期はシーズン初期。'スキンティレイション'は淡いピンクの花。花筒部には黄褐色のフレア。大型の房状花には15個の花が集まる。開花期はシーズン中期。'サー チャールズ レモン'の花は純白。花筒部には薄いスポット。大型の房状花は球形。開花期はシーズン初期から中期。'スプニール ドクトール S. エンツ'の花芽はバラ色。花は濃いピンク。広いじょうご形。緋色の線。房状花は円蓋状。15〜17個の花。開花期はシーズン中期。'スーザン'の花は青紫色。しだいに白くなる。周縁部は濃色。紫色のスポット。房状花は球状。花数は12。開花期はシーズン中期。'タウルス'の葉は寿命が長くて深緑色。大型の房状花は鮮紅色。薄い黒のスポット。'トレウィザン オレンジ'の葉はエメラルドグリーン。筒状花は濃い橙褐色。開花期はシーズン中期。'トルード ウェブスター'の葉はややねじれており光沢がある。花は薄いピンク。切れ込み上部にスポット。開花期はシーズン中期。

ゾーン：6〜9

TENDER HYBRIDS

（非耐寒性ハイブリッド）

☼/◐ ❆ ↔0.9～3m ↕0.9～5m

アジア南部の低地に自生するツツジの多くは、厳しい霜や繰り返す霜には耐えられない。だがこの仲間には美麗なものが多く、さまざまな大きさや色の花を見せてくれるだけでなく、芳香や見事な葉ぶりを鑑賞することができる。温暖地域では *Rhododendron nuttalii* や *R. Maddenii* から作出された種が春を美しく演出する。'**カウンテス オブ ハディントン**'（syn.'ユリーカ メイド'）の花芽はピンク。花は芳香性で白。バラ色のフラッシュ。じょうご形の花がゆるい房状花を形成。開花期はシーズン中期から後期。'**エルドラド**'の葉は暗い黄緑色花は黄色がかったピンク。3～4個の中型の花がゆるい房状花となる。開花期はシーズン中期。'**エルゼ フライ**'の花は芳香性で白。中央部にはピンクがかった黄色のフラッシュ。3～6個の房状花。開花期はシーズン初期から中期。'**フォステリアヌム**'の葉は密生。じょうご形の花がゆるい房状花となる。花色は白。黄色のフレア。芳香性。'**フラグランティッシムム**'の花は大型。強い芳香を放つ。色は白でトランペット形。ピンク味を帯び、中央部はクリーム色。ゆるやかな房状花となる。開花期はシーズン初期。'**ハリー タグ**'は芳香性。色は白で花弁は波状。花期は長い。黄緑色の斑紋。房状花は3～

Rhododendron, Hybrid Cultivar, Tender, 'Countess of Haddington'

4個。開花期はシーズン初期から中期。'**ピンク ジン**'の葉は青緑色。多花性。花色はやわらかいピンクないし紫がかったピンク。'**プリンセス アリス**'（syn.'カエルハイス プリンセス アリス'）は芳香性の白色花。ピンクのフラッシュ。中央部は黄色。ゆるやかな房状花となる。開花期はシーズン中期。'**サフラン クイーン**'は濃い黄色の花が密生。濃色のスポット。小型の房状花には8～9個の花が集まる。開花期はシーズン初期から中期。'**スアヴ**'の花は芳香性。ピンクないしホワイトのブラッシュ。鐘形。次第に白くなる。開花期はシーズン中期。'**ティエルマンニイ**'の葉は光沢のある緑色。主幹の樹皮は濃い褐色。花は純白で芳香性。花筒は黄色味を帯びる。'**ウェディング ガウン**'の花はじょうご形で黄白色。5～7個が房状花となる。ゾーン：9～10

R., Hybrid Cultivar, Tender, 'Suave'

R., Hybrid Cultivar, Tender, 'Princess Alice'

VIREYA HYBRIDS

（ビレヤ ハイブリッド）

◐/☼ ↔30～150cm ↕45～180cm

南半球に広く分布するツツジ属。熱帯東南アジアの原産種はビクトリア時代に非常な人気を集めた。現在、人気が回復中であり、新しい交雑種が数多く登場してきた。多彩な花色、芳香、四季咲きであることなどがこの仲間の魅力となっている。'**アリサ ニコル**'の花はサクランボ色で鐘形。'**アラヴィル**'は芳香性。白色の筒状花。房状花は円蓋状で7～10個の花が集まる。'**ボールド ヤヌス**'の花は非常に大きくてかすかに芳香を放つ。花色は黄色がかったピンク。周縁部はピンク。'**コーラル フレア**'は大きなピンクの花。3～7個が房状花となる。四季咲き。'**クレイグ ファラガー**'は濃いピンクもしくは赤紫の筒状花。切れ込み部分は淡いピンク。6～8個が房状花となる。'**クリスト レイ**'は鮮やかなオレンジの花。中心部は黄色。'**ドレスデン ドール**'の葉はロウ質で葉脈が際立つ。葉はライムグリーン。花色は深い緋紅色。花筒はクリーム色。'**エスプリ ド ジョワ**'は大型で芳香性。薄いバラ色。花筒部はクリーム色。4～6個が房状花となる。'**グレート センセーション**'は大型で強い芳香を放つ。鐘形。赤味を帯びたピンクの花。'**ハリーズ チョイス**'は鮮やかな緋色の花で大型の房状花を形成。'**アイス ド プリムローズ**'は芳香性できわめて大型。クリーム色がかったピンクの花。花筒部は薄く緑味を帯びる。'**リバティー バー**'は赤い花。10～15個が房状花となる。四季咲き。'**リトル ワン**'は小型の花でオレンジがかったピンク。2～3個が房状花となり3カ月間咲き続ける。'**リトル エンジェル**'は小型でロウ質。花色は赤。4個が房状花となる。

R., Hybrid Cultivar, Vireya, 'Coral Flare'

Rhododendron, Hybrid Cultivar, Vireya, 'Cristo Rey'

ツツジ、HC、ビレヤ、'D. B. スタントン'

'ナンシー ミラー アドラー'の葉には強い光沢があり、花はブラッシュの入ったピンク。'ヌ プリュ ユルトラ'の葉はロウ質。花は鮮やかな赤。筒状花はじょうご形。8～14個の房状花。'ニウギニ ファイヤーバード'は中型でラッパ形の花。鮮やかな赤。花筒部はオレンジ。'ポップコーン'の房状花は10～14個。クリーム色の花。花弁の切れ込み部分は白。'プリンセス アレクサンドラ'の花は中型で筒状花。白のフレア。淡いピンクのブラッシュが入ることも。'スカーレット ビューティー'は鮮やかな橙緋色。花筒部は濃黄色。切れ込み部分は赤。'シンブ サンセット'は大型の二色花。じょうご形で鮮やかなオレンジ色。中心部は鮮やかな黄色。4～6個が房状花。'サー ジョージ ホルフォード'は橙黄色の花。8～10個の房状花。'スプニール ドゥ J. H. マングル'の房状花は密生。赤みを帯びたサンゴ色。'スイート アマンダ'の花は大型で芳香性。筒状花。淡黄色の花。5～8個の房状花。'スイート ウェンディ'は多花性。芳香性。淡いオレンジ色。'トライアムファンズ'は鮮やかな緋色。8～14個の房状花。開花期は冬から春。'トロピック ファンファーレ'の房状花は8～10個。鮮やかなピンクでロウ質の花。'トロピック タンゴ'は濃橙色の繊細な花。'ワトルバード'（syn.'ワトル バード'）はゆるい房状花に7～9個の大きな

Rhododendron, Hybrid Cultivar, Vireya, 'Souvenir de J. H. Mangles'

ツツジ、HC、ビレヤ、'ジョージ ブグデン'

ツツジ、HC、ビレヤ、'アウア マルシア'

ツツジ、HC、ビレヤ、'ピンク デライト'

R., Hybrid Cultivar, Vireya, 'Liberty Bar'

Rhododendron, Hybrid Cultivar, Vireya, 'Scarlet Beauty'

ツツジ、HC、ビレヤ、'ピンク ヴェイチ'

R., HC, Vireya, 'Princess Alexandra'

ツツジ、HC、ビレヤ、'サニー'

R., Hybrid Cultivar, Vireya, 'Wattlebird'

ツツジ、HC、ヤクシマ、'ダスティー ミラー'

ツツジ、HC、ヤクシマ、'ハークウッド プレミエール'

ツツジ、HC、ヤクシマ、'マリオン'

ツツジ、HC、ヤクシマ、'モーゲンロット'

ツツジ、HC、ヤクシマ、'イエロー ピピン'

ツツジ、HC、ヤクシマ、'ジェネラル プラクティショナー'

R., Hybrid Cultivar, Yak, 'Golden Torch'

R., Hybrid Cultivar, Yak, 'Grumpy'

R., Hybrid Cultivar, Yak, 'Hydon Dawn'

ツツジ、HC、ヤクシマ、'ジェーン レッドフォード'

ツツジ、HC、ヤクシマ、'パトリシアズ デー'

R., Hybrid Cultivar, Yak, 'Percy Wiseman'

ツツジ、HC、ヤクシマ、'ピンク チェルブ'

ツツジ、HC、ヤクシマ、'ファンタスティカ'

ツツジ、HC、ヤクシマ、'スタンレー リブリン'

ツツジ、HC、ヤクシマ、'テキーラ サンライズ'

R., Hybrid Cultivar, Yak, 'Renoir'

YAK HYBRIDS
(ヤクシマ ハイブリッド)

☼ ❄ ↔ 0.6〜1.5m ↕ 0.3〜1.8m

「ヤクシマ」ハイブリッドの親となるのは主に *Rhododendoron degronianum* subsp. *yakushimanum* (ヤクシマシャクナゲ)である。この種は樹高が低くて耐寒性にすぐれており、見事な葉ぶりと美麗な花をつけることで知られる。花色はピンクと白の組み合わせである場合が多い。'**バッシュフル**'はピンクでローズ色の濃淡。赤褐色のブロッチ。開花期はシーズン初期。'**ドック**'はバラ色の花切れ込み部分は濃色。上部花弁にスポット。房状花は球状、花数は9個。開花期はシーズン中期。'**ドピー**'の葉は光沢がある。花は赤で鐘形。周縁部では淡色。上部花弁に濃色のスポット。房状花は球状、花数は16個。開花期はシーズン中期。花。開口部は広い。波状。鐘形。鮮やかな黄金色。
ゾーン：10〜12

'**ゴールデン トーチ**'は淡黄色の花。房状花はコンパクトで花数は13〜15個。開花期はシーズン中期から後期。'**グランピー**'の花芽はオレンジ。花はクリーム色。ピンク味を帯びる。房状花は球状で花数は11個。開花期はシーズン中期。'**ホッピー**'の花は白。上部には緑がかったスポット。房状花は球状で18個の花。開花期はシーズン中期。'**ハイドン ドーン**'はピンクのフリル状花弁。周縁部は淡色。赤褐色のスポット。房状花は大型でコンパクト。球状となり、花数は14〜18個。'**パーシー ワイズマン**'の花はピンク。じょうご形。周縁部は白。中心部は淡黄色。オレンジ色のスポット。房状花の花数は14個。開花期はシーズン中期。'**ペストズ ブルー アイス**'は深い紫紅色の花。周縁部は淡い薄紫。緑色のスポット。房状花の花数は21個。開花期はシーズン中期。'**ポラリス**'は多花性。ピンクがかった紫色の花。中央部は淡色。'**ルノワール**'は深く切れ込んだ鐘形でバラ色。花筒は白。緋色のスポット。房状花は球状で花数は11個。開花期はシーズン中期。'**サリー ヒース**'はバラ色の花。中央部は淡色。開花期はシーズン中期。'**ティティアン ビューティー**'は濃赤色。開花期はシーズン中期。
ゾーン：7〜9

ツツジ、HC、落葉性アザレア、ゲント、'プセラ'

ツツジ、HC、落葉性アザレア、ゲント、'コッキネウム スペキオスム'

ツツジ、HC、落葉性アザレア、ゲント、'ダビエシイ'

ツツジ、HC、落葉性アザレア、ゲント、'グロリア ムンディ'

DECIDUOUS AZALEA HYBRIDS
(落葉性アザレア ハイブリッド)

落葉性アザレアは株立ちとなり、主幹を持たない。葉は薄くて大型。毛を持つ場合も多い。冬芽には花芽と葉芽がある。落葉性アザレアの花はトランペット形。花筒部は細い。色はクリーム色、サーモンピンク、オレンジ色、緋色の濃淡。新葉の出現と同時、もしくはこれに先立って開花。花つきをよくするには冬の寒気が必要。

GHENT HYBRIDS
(ゲント ハイブリッド)

☀ ❄ ↔0.9～1.8m ↕1.5～2.4m

強度の耐寒性をそなえた交雑種。1800年代初期にベルギーのゲント(ガン)市で作出された。親種は、アメリカ産の *Rhododendron calendulaceum* および *R. periclymenoides*。大型の叢性種で晩春から初夏にかけて大型の房状花をつける。花は比較的小さく、花径は5cm。時に芳香性。花筒は長い。一重が普通だが八重咲きもある。栽培品種が多い。'**アルタクラレンス**'の花は白でオレンジのブロッチ。'**コッキネウム スペキオスム**'の花は鮮やかな橙緋色。秋には見事に紅葉する。'**コルネーユ**'の花はクリーム色の八重咲き。裏面はピンク味を帯びる。秋は紅葉する。'**ダビエシイ**'は芳香性の白色花。黄色のフレア。'**グロリア ムンディ**'の花はオレンジ色および黄色。'**ナンシー ウォーテア**'の花は大型で黄金色。芳香性。'**ナルキッシフロルム**'の花は黄色の八重咲き。中央部および花弁の切れ込み部は濃い。'**ヘーベ**'の花は濃い黄色の八重咲き。'**プセラ**'の花はピンクで鮮やかなオレンジ色のブロッチ。'**ブルカン**'の花は濃緋色でオレンジ色のブロッチ。

ゾーン：5～9

ILAM AND MELFORD HYBRIDS
(イラム・メルフォード ハイブリッド)

☀/☼ ❄ ↔1.2～2m ↕1.2～3m

ニュージーランドで作出された交雑種。ナップ・ヒル・アンド・エクスベリーと *Rhododendron calendulaceum*、*R. viscosum*、*R. molle* の交配によって大輪の芳香性品種が誕生した。'**ダーク レッド イラム**'は暗赤色の花。'**Dr イェーツ**'はピンクないし赤色の花。花弁はフリル状。'**ガリポリ**'はアンズ色の花にオレンジ色の斑紋。'**イラム ミン**'はオレンジ色の花に黄色のフレア。'**イエロー ビューティー**'は黄金色の花。オレンジ色のブロッチがかすかに入る。

ゾーン：5～9

ツツジ、HC、落葉性アザレア、イラム・メルフォード、'イラム ミング'

ツツジ、HC、落葉性アザレア、イラム・メルフォード、'イエロー ビューティー'

ツツジ、HC、落葉性アザレア、イラム・メルフォード、'Dr イェーツ'

Rhododendron 1173

Rhododendron, Hybrid Cultivar, Deciduous Azalea, Knap Hill and Exbury, 'Berryrose'

ツツジ、HC、落葉性アザレア、ナップ・ヒル・アンド・エクスベリー、'セシル'

R., HC, DA, Knap Hill and Exbury, 'Balzac'

ツツジ、HC、落葉性アザレア、ナップ・ヒル・アンド・エクスベリー、'アンナベッラ'

ツツジ、HC、落葉性アザレア、ナップ・ヒル・アンド・エクスベリー、'ホームブッシュ'

ツツジ、HC、落葉性アザレア、ナップ・ヒル・アンド・エクスベリー、'デイブレイク'

ツツジ、HC、落葉性アザレア、ナップ・ヒル・アンド・エクスベリー、'ファイアーグロウ'

ツツジ、HC、落葉性アザレア、ナップ・ヒル・アンド・エクスベリー、'ゴールデン サンセット'

ツツジ、HC、落葉性アザレア、ナップ・ヒル・アンド・エクスベリー、'ゴグ'

ツツジ、HC、落葉性アザレア、ナップ・ヒル・アンド・エクスベリー、'ジンジャー'

ツツジ、HC、落葉性アザレア、ナップ・ヒル・アンド・エクスベリー、'アイゼンハワー'

KNAP HILL AND EXBURY HYBRIDS
(ナップ・ヒル・アンド・エクスベリー)

☀/☀ ❄ ↔ 1.2〜2m ↕ 1.2〜3m

1800年代後期以降、サリー(イギリス)のナップ・ヒルにあったウォーテア グループから作出されたもの。大型の叢性種で樹高3m、幅2mに達する。秋には葉が赤褐色から赤もしくは黄色に変色して落葉する。花は大型で開口部が広く、時に芳香性。花色は豊富。花径は10cm。大型の房状花には30個までの花が集まる。栽培品種が多い。'オーロラ'は黄色味の強いピンクでオレンジ色のブロッチ。'バルザック'は橙緋色で芳香性。'ベリーローズ'は橙緋色で芳香性。鮮黄色のブロッチ。'ブラジル'の花はやや波状。鮮やかな橙緋色。'ブザード'の花は淡黄色で芳香性。ピンク味を帯びる。'カノンズ ダブル'は成長の遅い栽培品種。花はクリーム色。'クリノリン'の花弁はフリル状。白にピンクのフラッシュ。'ファイヤーフライ'は鮮やかな紫赤。微妙なオレンジ色のフレア。'ジブラルタル'の花は鮮やかな橙緋色。'ゴールデン イーグル'の花は橙緋色。'ホームブッシュ'は半八重咲きで緋色がかったピンクの花。'ホットスパー レッド'は赤に近い濃いオレンジ色の花。'クロンダイク'は深い黄金色の花で橙黄色のブロッチ。'クラカトア'は橙緋色の花。'レディー ジェイン'の花は鮮黄色で芳香性。橙緋色のフラッシュ。花弁は波状。'オレンジ シュープリーム'の花はオレンジ色。オレンジの濃淡のブロッチ。'サタン'は鮮やかな赤色の花。'シルバー スリッパ'の花は雪白色。ピンクのフラッシュ。黄色のフレア。'チュニス'の花は濃赤色で橙緋色のブロッチ。'ライネック'の花は鮮黄色。周縁部はピンク。ゾーン：5〜9

Rhododendron, Hybrid Cultivar, Deciduous Azalea, Knap Hill and Exbury, 'Klondyke'

ツツジ、HC、落葉性アザレア、ナップ・ヒル・アンド・エクスベリー、'ストロベリー アイス'

R., Hybrid Cultivar, Deciduous Azalea, Knap Hill and Exbury, 'Hotspur Red'

ツツジ、HC、落葉性アザレア、ナップ・ヒル・アンド・エクスベリー、'キャスリーン'

ツツジ、HC、落葉性アザレア、ナップ・ヒル・アンド・エクスベリー、'レディー ローズベリー'

ツツジ、HC、落葉性アザレア、ナップ・ヒル・アンド・エクスベリー、'ナイトフッド'

Rhododendron, Hybrid Cultivar, Deciduous Azalea, Knap Hill and Exbury, 'Golden Eagle'

ツツジ、HC、落葉性アザレア、ナップ・ヒル・アンド・エクスベリー、'ピンク デライト'

ツツジ、HC、落葉性アザレア、ナップ・ヒル・アンド・エクスベリー、'スカーレット パンパネル'

ツツジ、HC、落葉性アザレア、ナップ・ヒル・アンド・エクスベリー、'サン チャリオット'

ツツジ、HC、落葉性アザレア、ナップ・ヒル・アンド・エクスベリー、'ペルシル'

ツツジ、HC、落葉性アザレア、ナップ・ヒル・アンド・エクスベリー、'トゥーキャン'

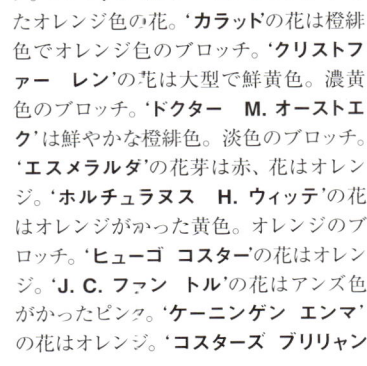
ツツジ、HC、落葉性アザレア、ナップ・ヒル・アンド・エクスベリー、'ウェストミンスター'

ツツジ、HC、落葉性アザレア、ナップ・ヒル・アンド・エクスベリー、'ワロワ レッド'

MOLLIS HYBRIDS
(モリス ハイブリット)

☼/◐ ❋ ↔1.5～2m ↕1.5～2.4m

Rhododendron molle、*Rhododendron molle japonicum*、および初期のゲントハイブリッドの交配によって作出され、1860年代および70年代にオランダとベルギーで多くの品種が誕生した。大型の耐寒性低木で樹高は2.4m、花径は5cm、時に芳香性で開花期は盛春。花色はクリーム色、黄色、オレンジ、赤。穂木による繁殖は困難なため、苗木で販売されることが多い。開花期に選ぶのがよい。'アンソニー コスター'の花は黄色。'アップル ブロッサム'の花は淡いピンク。'バベウフ'はサーモンピンクがかったオレンジ色の花。'カラッド'の花は橙緋色でオレンジ色のブロッチ。'クリストファー レン'の花は大型で鮮黄色。濃黄色のブロッチ。'ドクター M. オーストエク'は鮮やかな橙緋色。淡色のブロッチ。'エスメラルダ'の花芽は赤、花はオレンジ。'ホルチュラヌス H. ウィッテ'の花はオレンジがかった黄色。オレンジのブロッチ。'ヒューゴ コスター'の花はオレンジ。'J. C. ファン トル'の花はアンズ色がかったピンク。'ケーニンゲン エンマ'の花はオレンジ。'コスターズ ブリリャント レッド'の花は赤みがかったオレンジ。'コスターズ イエロー'の花はオレンジがかった黄色。オレンジのブロッチ。'サトゥルヌス'の花は鮮やかな橙緋色。花弁の裏は赤味を帯びる。'スペックズ ブリリャント'は大型の房状花。鮮やかな橙緋色。'スペックズ オレンジ'の花芽は深いオレンジ色。花は橙緋色。'ウィンストン チャーチル'の花は橙緋色。

ゾーン：6～9

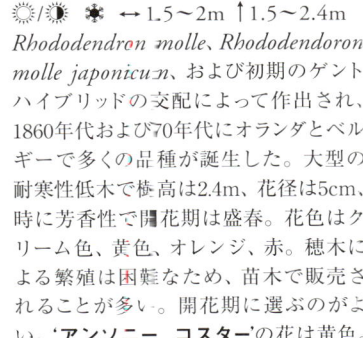
ツツジ、HC、落葉性アザレア、モリス、'ホルチュラヌス H. ウィッテ'

ツツジ、HC、落葉性アザレア、モリス、'バベウフ'

ツツジ、HC、落葉性アザレア、モリス、'サトゥルヌス'

ツツジ、HC、落葉性アザレア、モリス、'ケーニンギン エンマ'

ツツジ、HC、落葉性アザレア、モリス、'クリストファー レン'

ツツジ、HC、落葉性アザレア、モリス、'アップル ブロッサム'

ツツジ、HC、落葉性アザレア、オクシデンタル、'エクスクイシトゥム'

ツツジ、HC、落葉性アザレア、オクシデンタル、'ブライズメイド'

ツツジ、HC、落葉性アザレア、オクシデンタル、'マグニフィカ'

ツツジ、HC、落葉性アザレア、オクシデンタル、'デリカティッシムム'

ツツジ、HC、落葉性アザレア、ルスティカ・フロレ・プレノ、'ノーマ'

OCCIDENTAL HYBRIDS
(オクシデンタル ハイブリッド)

☀/☽ ❋ ↔1.8m〜3m ↕1.8m〜3m
20世紀初期にイギリスで作出された品種。交配親は*Rhododendron occidentale*とモリス ハイブリッド。横に伸張する低木になることが多く、樹高は2.4m。花は芳香性で白もしくは淡いピンク。花径は8cm。葉の出現後、盛春に開花する。濃黄色のブロッチが特徴。成長は緩慢であるが、暑さ、水不足、高湿度に対する耐性は落葉性アザレア中、もっともすぐれている。'**ブライズメイド**'の花は白。黄色のブロッチ。'**コッキント スペシオサ**'は密な球状房状花を形成。花色は濃橙色。'**デリカティッシムム**'はピンクのフラッシュが入った白もしくはクリーム色の花。オレンジのフレア。'**エクスクイシトゥム**'の花はフリル状。オレンジ色のフレア。花芽は濃赤色。'**グラシオサ**'は淡い橙黄色の花。ピンクのフラッシュ。'**マグニフィカ**'は白もしくは黄色の花。ピンクのフラッシュ。黄色のフレア。'**スペルバ**'はフリル状のピンクの花。アンズ色のブロッチ。
ゾーン：7〜10

RUSTICA FLORE PLENO HYBRIDS
(ルスティカ・フロレ・プレノ ハイブリッド)

☀/☽ ❋ ↔1.2〜1.8m ↕1.8〜2.4m
八重咲きのゲント ハイブリッドとモリス ハイブリッドを交配親とするハイブリッド。19世紀後期のベルギーにおいて八重咲きのルスティカ・フロレ・プレノ ハイブリッドが作出された。'**バイロン**'は白い花にピンクのフラッシュ。'**フレヤ**'は淡いピンクの花にサーモンピンクのフラッシュ。'**ノーマ**'は鮮やかなバラ色の花。'**フィデアス**'の花芽はピンク、花はクリーム色。ピンクのフラッシュ。'**リベラ**'はバラ色の花。花筒は黄色。
ゾーン：5〜9

ツツジ、HC、落葉性アザレア、その他、'アルページュ'

ツツジ、HC、落葉性アザレア、その他、'ジョリ マダム'

ツツジ、HC、落葉性アザレア、その他、'オーキッド ライツ'

OTHER DECIDUOUS AZALEA HYBRIDS
(その他の落葉性アザレア ハイブリッド)

☼/☽ ↔1.5m～2.4m ↕1.5～2.4m

アメリカで誕生したライツ グループは、アメリカではもっとも広く栽培されている落葉性アザレアであると思われる。このグループは耐寒性にすぐれており、多数の小型花をつける。'アプリコット サプライズ'は強健で黄金色の花。花芽はピンク。'ゴールデン ライツ'は黄金色の花。'ノーザン ライツ'は芳香性。濃淡のピンク。'ホワイト ライツ'は白の花で黄色の斑紋。この他の落葉性アザレアとしては次のようなものがある。'アンティロープ'は芳香性でやわらかいピンク。濃色の線。薄黄色のブロッチ。'アルページュ'は芳香性。鮮やかな黄色。花筒には黄色がかったピンクのフラッシュ。'ロザータ'は低木となって直立。花は芳香性で周縁部は濃色。'ソワール ドゥ パリ'の花は芳香性。薄いピンク。オレンジのブロッチ。濃色の線。
ゾーン：5～9

EVERGREEN AZALEA HYBRIDS
(常緑性アザレア ハイブリッド)

落葉性アザレアと同様に、常緑性アザレア ハイブリッドもよく分枝して株立ちとなる。2種類の葉があり、春葉は前年のシュートの末端に形成され、花序を取り囲む。夏葉は春葉よりも長さがあり、分枝の広い範囲につく。花は幅の広いじょうご形で色は白、ピンク、赤、紫。時に二色。冬季の降霜がほとんどないか、もしくはまったくない温暖地域でよく花をつける。

ツツジ、HC、落葉性アザレア、その他、'レーヴ ダムール'

ツツジ、HC、落葉性アザレア、その他、'アンティロープ'

ツツジ、HC、落葉性アザレア、その他、'ロザータ'

ツツジ、HC、落葉性アザレア、その他、'ソワール ドゥ パリ'

ツツジ、HC、落葉性アザレア、その他、'ウィンザー ピーチ グロ'

INDICA HYBRIDS
（インディカ ハイブリッド）
☼/☀ ❉　↔ 0.3～3.5m　↕ 0.3～3m

温暖地域でもっとも広く栽培されているアザレア。インディカ　ハイブリッドは、花期の短い室内鉢花としてクリスマス用に開発された。見た目の美しさが品種改良の主眼となったため、耐寒性はそれほど強くはない。交配親はベルギー原産のRhododendron simsiiであるが、現在では広い地域での育種が進んでいる。使用目的にあわせて成長が速く、中型の低木となる。花は大型で一重咲きが普通だが八重咲き、半八重咲き、合弁化したホースインホースタイプの品種も多い。鮮やかな花をつける。
ゾーン：8～11

BELGIAN INDICA HYBRIDS
（ベルギー・インディカ ハイブリッド）
☼/☀　↔ 0.9～1.8m　↕ 0.6～1.5m

アジアからヨーロッパにもたらされた最初期の常緑性アザレアとしては、半耐寒性のR. simsiiがある。この種は冬季の開花が可能であるため、ベルギーの栽培家に重用された。ベルギーでは19世紀中期以後、数百ものハイブリッドが作出された。降霜が繰り返されると被害を受けることはあるが、コンパクトで多花性の美麗な品種として広く栽培されている。'アドベント　ベルズ'(syn.'アドベントグロック'、'チャイムズ')は濃い紫赤色の花。半八重咲き。花は椀形。'アルバート　エリザベス'は淡いピンクの花。周縁部は濃いピンク。花筒にはオリーブグリーンのスポット。'コンテス　ドゥ　ケルコーヴ'はやわらかいピンク。中型の八重咲き。周縁部は白。'エルザ　カルガ'は赤い花で八重咲き。'エリー　ショウム'はサンゴ色の花で八重咲き。周縁部は白。'グレーテル'はコンパクトな樹形。花色は白で中型。八重咲き。周縁部は濃いサクランボ色。'ヘーレンズ　ソーモナ'(syn.'カリフォルニア　サンセット')は落ち着いた赤色の花。周縁部に向かってピンク味を帯びる。'ヘルムート　フォーゲル'は花期の長い低木。花色は鮮やかな紫紅色。半八重咲きもしくは八重咲き。'ジェームズ　ベルトン'は白もしくは淡いピンクの花。雄ずいは濃色。'ケリーズ　セリーズ'は紫赤色。半八重咲きないし八重咲き。'レオポルト　アストリッド'は大型でフリル状の花。八重咲き。白い花にバラ色の縞。'オンリー　ワン　アース'はフリル状で半八重咲き。ホースインホースタイプ。鮮紅色ないし濃い紫紅色。'オーキディフローラ'は半八重咲きでピンクの花。'Osta'は大型で一重咲き。鮮やかなピンクもしくは白色花。花筒は赤。赤色もある。'レッド　ウィングス'は花期が長い。花はフリル状でホースインホースタイプ。濃い赤色。直射日光に耐性がある。樹形はコンパクト。
ゾーン：8～11

ツツジ、HC、常緑性アザレア、ベルギー・インディカ、'アドベント　ベルズ'

ツツジ、HC、常緑性アザレア、ベルギー・インディカ、'アルバート　エリザベス'

ツツジ、HC、常緑性アザレア、ベルギー・インディカ、'アニバーサリー　ジョイ'

ツツジ、HC、常緑性アザレア、ベルギー・インディカ、'アグネス　ニール'

ツツジ、HC、常緑性アザレア、ベルギー・インディカ、'アラスカ'

ツツジ、HC、常緑性アザレア、ベルギー・インディカ、'アルバ　マグナ'

ツツジ、HC、常緑性アザレア、ベルギー・インディカ、'アペックス フレーム'

ツツジ、HC、常緑性アザレア、ベルギー・インディカ、'ボニー マッキー'

ツツジ、HC、常緑性アザレア、ベルギー・インディカ、'アーンティー メイム'

ツツジ、HC、常緑性アザレア、ベルギー・インディカ、'カメオ'

ツツジ、HC、常緑性アザレア、ベルギー・インディカ、'チャ チャ'

ツツジ、HC、常緑性アザレア、ベルギー・インディカ、'アルマンド ヘーレンズ'

ツツジ、HC、常緑性アザレア、ベルギー・インディカ、'コロボレー'

ツツジ、HC、常緑性アザレア、ベルギー・インディカ、'フィル シェリンガム'

ツツジ、HC、常緑性アザレア、ベルギー・インディカ、'ニオベ'

ツツジ、HC、常緑性アザレア、ベルギー・インディカ、'オンリー ワン アース'

ツツジ、HC、常緑性アザレア、ベルギー・インディカ、'ミセス ゲルダ キント'

ツツジ、HC、常緑性アザレア、ベルギー・インディカ、'ピンク ドリーム'

ツツジ、HC、常緑性アザレア、ベルギー・インディカ、'ピンク アイス'

ツツジ、HC、常緑性アザレア、
ベルギー・インディカ、'レッド ウィングス'

ツツジ、HC、常緑性アザレア、ベルギー・インディカ、'プリンセス キャロライン'

ツツジ、HC、常緑性アザレア、
ベルギー・インディカ、'サイディー カーク'

ツツジ、HC、常緑性アザレア、
ベルギー・インディカ、'サウス シーズ'

ツツジ、HC、常緑性アザレア、ベルギー、
ベルギー・インディカ、'シルバー アニバーサリー'

ツツジ、HC、常緑性アザレア、ベルギー、
ベルギー・インディカ、'ロード ランナー'

ツツジ、HC、常緑性アザレア、ベルギー・インディカ、'ピンク フリューネ'

ツツジ、HC、常緑性アザレア、
ベルギー・インディカ、'サザン オーロラ'

ツツジ、HC、常緑性アザレア、ベルギー・インディカ、'バイオレット レイ'

ツツジ、常緑性アザレア、、
ベルギー・インディカ、'ホワイト ショウム'

ツツジ、HC、常緑性アザレア、
ベルギー・インディカ、'ザ プロフェッサー'

ツツジ、HC、常緑性アザレア、
ベルギー・インディカ、'ザ ティーチャー'

ツツジ、HC、常緑性アザレア、ベルギー・インディカ、'ホワイト ミセス キント'

ツツジ、HC、常緑性アザレア、
ベルギー・インディカ、'ビオラケア'

ツツジ、HC、常緑性アザレア、ベルギー・インディカ、'ユリーカ'、白色種

ツツジ、HC、常緑性アザレア、ベルギー・インディカ、'ユリーカ'、赤色種

ツツジ、HC、常緑性アザレア、ベルギー・インディカ、'ワンダー ガール'

ツツジ、HC、常緑性アザレア、ベルギー・インディカ、'ドクター ベルグマン'

ツツジ、HC、常緑性アザレア、ベルギー・インディカ、'ドクター アーノルド'

ツツジ、HC、常緑性アザレア、ベルギー・インディカ、'エリ シャウム'

ツツジ、HC、常緑性アザレア、ベルギー・インディカ、'ユリーカ'

ツツジ、HC、常緑性アザレア、ベルギー・インディカ、'ユージン マゼール'

ツツジ、HC、常緑性アザレア、ベルギー・インディカ、'ファイアリー ボーイ'

ツツジ、HC、常緑性アザレア、ベルギー・インディカ、'ヘックス'

ツツジ、HC、常緑性アザレア、ベルギー・インディカ、'ファイヤーフライ'

ツツジ、HC、常緑性アザレア、ベルギー・インディカ、'フェスティバル クイーン'

ツツジ、HC、常緑性アザレア、ベルギー・インディカ、'グラマー ガール'

ツツジ、HC、常緑性アザレア、ベルギー・インディカ、'ゴイエ'

ツツジ、HC、常緑性アザレア、ベルギー・インディカ、'カリムナ パール'

ツツジ、HC、常緑性アザレア、ベルギー・インディカ、'ジェイムズ ベルトン'

ツツジ、HC、常緑性アザレア、ベルギー・インディカ、'ルシール K'

ツツジ、HC、常緑性アザレア、ベルギー・インディカ、'モーブ シュレイデリ'

ツツジ、HC、常緑性アザレア、ベルギー・インディカ、'マドンナ'

ツツジ、HC、常緑性アザレア、ベルギー・インディカ、'リトル ガール'

ツツジ、HC、常緑性アザレア、ベルギー・インディカ、'レオポルド アストリド'

ツツジ、HC、常緑性アザレア、ベルギー・インディカ、'カール グレイザー'

ツツジ、HC、常緑性アザレア、ベルギー・インディカ、'ミッション ベルズ'

ツツジ、HC、常緑性アザレア、ベルギー・インディカ、'M J. ローズ'

ツツジ、HC、常緑性アザレア、ベルギー・インディカ、'マダム ファン エカ'

ツツジ、HC、常緑性アザレア、ケリガン・インディカ、'ゲイ　パリー'

ツツジ、HC、常緑性アザレア、ケリガン・インディカ、'スーパー　レッド'

ツツジ、HC、常緑性アザレア、ケリガン・インディカ、'ブライズ　ブーケ'

ツツジ、HC、常緑性アザレア、ケリガン・インディカ、'リップルズ'

KERRIGAN INDICA HYBRIDS
（ケリガン・インディカ ハイブリッド）

☀ ❄ ↔30〜100cm ↕30〜100cm

1950年代以後、主に温室用植物としてアメリカ合衆国で育種が進んだ。ベルギー・インディカ ハイブリッドの一種でコンパクトな早咲き品種。幼樹の時期には耐霜性の弱いものが多いが、非常に美麗な花をつけ、冬の屋内で容易に開花する。人気のある品種としては以下のようなものがある。'ブライズ　ブーケ'の樹高は70cm、つぼみは白、八重咲き。'ゲイ　パリー'の樹高は60cm、花は白で周縁部はピンク。半八重咲き。'リップルズ'の樹高は60cm、花は濃い紫紅色。花弁は波状。八重咲き。'スーパー　レッド'の樹高は80cm、花は鮮やかな赤。八重咲き。

ゾーン：8〜10

RUTHERFORD INDICA HYBRIDS
（ラザフォード・インディカ ハイブリッド）

☀/❄ ↔1.2〜2.4m ↕0.9〜2.4m

ラザフォード ハイブリッドは、1920年代のアメリカ合衆国で、花期の短い温室用品種として流通させるために作出された。ホースインホースタイプのものが多く、花弁は波状もしくはフリル状。花色は橙紅色、ピンク、紫、白。ベルギー ハイブリッドよりも大型で樹高は0.9〜2.4m。'コンスタンス'は強健な低木で樹高0.9m。花は紫紅色。一重咲きもしくはホースインホースタイプ。周縁部は濃色。'ドロシー　ギッシュ'はオレンジがかったサーモンピンク。半八重咲き、ホースインホースタイプ。'ファイヤーライト'は鮮紅色。'グロリア　USA'は半八重咲きのホースインホースタイプ。サーモンピンクもしくは白。花筒は赤。花弁周縁は白。'ルイーズ　J. ボピンク'は紫赤色が多いが、時に薄いピンク。半八重咲き、ホースインホースタイプ。花筒は明色。周縁部は白。'ピュリティー'の花は雪白色。'ローズ　キング'は深いバラ色。半八重咲き。'ローズ　クイーン'は深い紫紅色。半八重咲き、ホースインホースタイプ。花筒は白。濃色のブロッチ。'ホワイト　ギッシュ'はコンパクトで樹高0.9m。花は白。半八重咲き。ホースインホースタイプ。黄緑色の斑紋。'ホワイト　プリンス'の花は白。半八重咲き。ホースインホースタイプ。花筒は赤。時にピンクのフラッシュ。

ゾーン：9〜11

常緑性アザレア、ラザフォード・インディカ、'ドロシー　ギッシュ'

ツツジ、HC、常緑性アザレア、ラザフォード・インディカ、'コンスタンス'

ツツジ、HC、常緑性アザレア、ラザフォード・インディカ、'ローズ キング'

ツツジ、HC、常緑性アザレア、ラザフォード・インディカ、'ローズ クイーン'

ツツジ、HC、常緑性アザレア、ラザフォード・インディカ、'ホワイト プリンス'

ツツジ、HC、常緑性アザレア、ラザフォード・インディカ、'ファイヤーライト'

ツツジ、HC、常緑性アザレア、ラザフォード・インディカ、'ホワイト ギッシュ'

ツツジ、HC、常緑性アザレア、ラザフォード・インディカ、'ローズ B. ボビンク'

ツツジ、HC、常緑性アザレア、ラザフォード・インディカ、'ピュリティー'

SOUTHERN INDICA HYBRIDS
(サザン・インディカ ハイブリッド)

☼/☼ ❄ ↔1.8〜3.5m ↕1.5〜3m

アメリカ合衆国で作出された品種。初期のインディカ ハイブリッドの特徴をさらに洗練させて、強健で強い日差しにも耐え、ベルギー ハイブリッドよりも耐寒性に勝る品種としたもの。開花期は早く、一重咲きが一般的。花径は5cm。色はピンクの濃淡、赤、濃い紫。縞の入る場合もある。このグループではホースインホースタイプは知られていない。'**アルフォンス アンダーソン**'は淡いピンクに濃色のブロッチ。'**ブリリャンティナ**'(syn. '**ブリリャント**')は深いピンクで紫紅色のブロッチ。'**コンキンナ**'はバラ色味を帯びた紫色の花。'**デジレ**'は深いピンクの花。葉は鮮やかな緑色。'**デュク ドゥ ロアン**'はサーモンピンクの花。花筒はバラ色。'**エクスクィジッド**'は芳香性で薄紫紅色の花。'**フィールダーズ ホワイト**'の花は白。花筒は緑味を帯びる。'**フォルモサ**'は深い紫紅色。濃色のブロッチ。'**グローリー オブ サニングヒル**'は大型の一重咲き。橙緋色の花。'**ムクロナトゥム**'は大型の房状花。芳香性。幅の広いじょうご形の花は白。時にピンク。'**ピンク レース**'は明るいピンクの一重咲き。花筒はバラ色。花弁の周縁部は白。'**プライド オブ ドーキング**'は鮮やかな緋色もしくは濃いピンクの花。赤褐色もしくはオレンジ色の花もある。'**レッドウィング**'はサクランボ色の花。'**スノー プリンス**'は球状の低木。多花性。白色花が多い。'**スプレンデンス**'はサーモンピンクの花。'**ホワイト レース**'は白色花。

ゾーン：8〜11

ツツジ、HC、常緑性アザレア、サザン・インディカ、'アルフォンス アンダーソン'

ツツジ、HC、常緑性アザレア、サザン・インディカ、'ダンサー'

ツツジ、HC、常緑性アザレア、サザン・インディカ、'アメティスティヌム'

ツツジ、HC、常緑性アザレア、サザン・インディカ、'デュク ドゥ ロアン'

ツツジ、HC、常緑性アザレア、サザン・インディカ、'イブリン ハイド'

Rhododendron, Hybrid Cultivar, Evergreen Azalea, Indica, Southern, 'Snow Prince'

ツツジ、HC、常緑性アザレア、サザン・インディカ、'エクスクィジット'

ツツジ、HC、常緑性アザレア、サザン・インディカ、'フィルダーズ ホワイト'

Rhododendron, Hybrid Cultivar, Evergreen Azalea, Indica, Southern, 'Redwing'

ツツジ、HC、常緑性アザレア、サザン・インディカ、'フラッグ オブ トゥルース'

ツツジ、HC、常緑性アザレア、サザン・インディカ、'マルディ グラ'

ツツジ、HC、常緑性アザレア、サザン・インディカ、'ローズマリー ハイド'

ツツジ、HC、常緑性アザレア、サザン・インディカ、'ピンク レース'

ツツジ、HC、常緑性アザレア、サザン・インディカ、'ムクロナトゥム'

ツツジ、HC、常緑性アザレア、サザン・インディカ、'スプレンデンス'

ツツジ、HC、常緑性アザレア、サザン・インディカ、'デジレ'

ツツジ、HC、常緑性アザレア、カエンプフェリもしくはマルワティカ、'ダブル ビューティー'

ツツジ、HC、常緑性アザレア、カエンプフェリもしくはマルワティカ、'ベートーベン'

ツツジ、HC、常緑性アザレア、カエンプフェリもしくはマルワティカ、'ビーティー'

KAEPFERI OR MALVATICA HYBRIDS

（カエンプフェリもしくはマルワティカ ハイブリッド）
☀/☽ ❄ ✤ ↔0.9〜2m ↕0.6〜2.4m

晩春から初夏にかけて開花する。1920年代のオランダで作出された交雑種。交配親は耐寒性のある *Rhododendron kaempferi*（ロドデンドロン・カエンプフェリ、一般名は「ヤマツツジ」）、および起源不明の庭植品種R.'マルワティクム'。花は大型で一重咲きが一般的だが、時に八重咲き、もしくはホースインホースタイプも見られる。直射日光の下では色が褪せる傾向がある。カエンプフェリ系のハイブリッドは樹高1.2m、幅1.5mになる。栽培品種としては次のようなものがある。'ブルー ダニューブ'は濃い赤紫の花。花弁の中央脈は赤味を帯びる。真紅色のブロッチ。'クレオパトラ'の花は直立し、ピンクのホースインホースタイプ。開花期はシーズン中期。'フェードラ'は深い赤紫色の花。'ジョン ケアンズ'は橙緋色の花。'オセロ'は赤い花。'オレンジ キング'は赤っぽいオレンジ色。'サンライズ'は赤っぽいオレンジの花。
ゾーン：6〜10

ツツジ、HC、常緑性アザレア、カエンプフェリもしくはマルワティカ、'ブルー ダニューブ'

ツツジ、HC、常緑性アザレア、カエンプフェリもしくはマルワティカ、'クレオパトラ'

ツツジ、HC、常緑性アザレア、カエンプフェリもしくはマルワティカ、'クリスティーナ'

ツツジ、HC、常緑性アザレア、カエンプフェリもしくはマルワティカ、'ヨハンナ'

ツツジ、HC、常緑性アザレア、カエンプフェリもしくはマルワティカ、'サー ウィリアム ローレンス'

ツツジ、HC、常緑性アザレア、カエンプフェリもしくはマルワティカ、'オニロ'

ツツジ、HC、常緑性アザレア、カエンプフェリもしくはマルワティカ、'ジャネット'

GABLE HYBRIDS
（ゲーブル ハイブリッド）

☼/☽ ❄ ↔0.9～2m ↕1.2～2.4m

完全耐霜性を備えた品種を作出する目的で、複数の種とハイブリッドを交配親としてアメリカ合衆国で品種改良が行われた。美麗な八重咲きの花を持つものが多い。'ハーバード'の花はフリル状、ホースインホースタイプ。鮮やかな赤紫色。濃色のブロッチ。'ジェームズ ゲーブル'は赤いホースインホースタイプ。濃色のブロッチ。'ルイザ ゲーブル'はサーモンピンクの八重咲き。'ローズバッド'は薄いピンクの八重咲き。'スチュワートソニアン'は鮮やかな赤い花。冬には葉が濃い赤色となる。ゾーン：6～10

VUYK HYBRIDS
（ファイク ハイブリッド）

☼/☽ ❄ ↔0.9～2m ↕0.6～2.4m

1920年代にオリジナルのカエンプフェリ ハイブリッドから作出された。カエンプフェリ ハイブリッドと非常によく似ているが、よりコンパクトな樹形となる。最初はモリス系アザレアが親種ではないかとされたが、現在では疑問視されている。'パレストリアナ'は純白の花、花筒は明るい緑色。'ファイクズ スカーレット'は鮮やかな赤い花。ゾーン：6～10

ツツジ、HC、常緑性アザレア、カエンプフェリもしくはマルワティカ、'サンライズ'

ツツジ、HC、常緑性アザレア、カエンプフェリ・ゲーブル、'スチュワートソニアン'

ツツジ、HC、常緑性アザレア、カエンプフェリ・ファイク、'パレストリナ'

常緑性アザレア、ベルギー、カエンプフェリもしくはマルワティカ、'ジラーズ ローズ'

常緑性アザレア、ベルギー、カエンプフェリもしくはマルワティカ、'ピッパ'

ツツジ、HC、常緑性アザレア、カエンプフェリ・ファイク、'ファイクズ スカーレット'

KURME HYBRIDS
(クルメ ハイブリッド)

☼/☀ ❄ ↔0.6〜1.2m ↕0.6〜1.2m

クルメ ハイブリッドを西欧世界に紹介したのは、イギリスのヴェイチ・ナーセリーのために働いていたプラントハンター、アーネスト・H. ウィルソンである。彼が持ち帰ったものは「ウィルソンズ・フィフティー」と呼ばれた。これらは日本において何世紀も前から栽培されてきた品種であり、*Rhododendron kaempferi*、*R. kiusianum*、*R. ×obtusum* の交配によるとされた。花は大型で一重咲きが一般的。色はピンクの濃淡ないし白。開花期はシーズン初期から中期。花色は多彩。ピンク、赤、紫。縞模様もしくは「斑点」を持つことが多く、ホースインホースタイプのものもある。多花性。耐寒性にすぐれ、成長は緩慢。樹高は0.9m。時に1.5mに達し、成長するとこれを上回ることもある。庭園内の目立つ場所に植栽するとよい。'**アニバーサリー**'はコンパクトな低木。樹高0.6m。花は薄紫色ないし薄紫紅色のホースインホースタイプ。'**エミリー ナイツ**'は鮮やかな赤色の花。花弁は星型でしわが入る。'**フェアリー クイーン**'（syn.'アイオイ'）は小型で半八重咲き。ホースインホースタイプ。アーモンドの花に似た薄いピンク色。'**ハツギリ**'は鮮やかな赤紫の花。花筒にはピンクのスポット。'**ヒノマヨ**'は濃い紫紅色の花。'**イロハヤマ**'は白色花、周縁部は薄青紫。'**カサネカガリビ**'（syn.'ロシティ'）は小型低木で密に茂る。花色は黄色もしくはサーモンピンク。'**蜘蛛の糸**'(クモノイト)（syn.'スガノイト'）は濃いピンクの花でホースインホースタイプ。中央部は濃色。'**暮れの雪**'(クレノユキ)は白色花でホースインホースタイプ。'**マザーズ デー**'に密に茂る低木となり、濃いピンクの花をつける。多花性。'**オサラク**'（syn.'ペネロペ'）は小型の一重咲き。薄い青紫色もしくは薄紫。'**セイカイ**'（syn.'マドンナ'）は白色の半八重咲き。ホースインホースタイプ。'**セラフィム**'（syn.'タンチョー'）は小型の一重咲き、ホースインホースタイプ。濃いピンクの花で周縁部はバラ色。'**シャーウッド レッド**'は橙緋色の一重咲き。'**シンウテナ**'（syn.'サントイ'）は白色花で濃いピンクがかった黄色のフラッシュ。'**ショー ガール**'は小型のホースインホースタイプ。鮮やかなサーモンオレンジ色。'**高砂**'(タカサゴ)（syn.'チェリーブロッサム'）は白色のホースインホースタイプ。濃い赤もしくは薄いピンクのフラッシュ。濃色のスポット。'**ヴィダ ブラウン**'はピンクがかった赤い花。ホースインホースタイプ。'**若楓**'(ワカカエデ)（syn.'レッド ロビン'）は日光耐性を持つ低木。濃い赤色の花。'**ワードルビー**'は濃い緋色の花。ほかのクルメハイブリッドに比べて耐寒性に劣る。
ゾーン：7〜10

ツツジ、HC、常緑性アザレア、クルメ、'ブラウズ ピンク'

ツツジ、HC、常緑性アザレア、クルメ、'コリヤー'

ツツジ、HC、常緑性アザレア、クルメ、'アディー ウェリー'

ツツジ、HC、常緑性アザレア、クルメ、'アズマ カガミ'

ツツジ、HC、常緑性アザレア、クルメ、'クリスマス チア'

ツツジ、HC、常緑性アザレア、クルメ、'エリザベス ベルトン'

ツツジ、HC、常緑性アザレア、クルメ、'花遊び'

ツツジ、HC、常緑性アザレア、クルメ、'H. O. カレ'

ツツジ、HC、常緑性アザレア、クルメ、'ハッピー バースデー'

ツツジ、HC、常緑性アザレア、クルメ、'春の里'

ツツジ、HC、常緑性アザレア、クルメ、'エスメラルダ'

ツツジ、HC、常緑性アザレア、クルメ、'フローラ'

ツツジ、HC、常緑性アザレア、クルメ、'エミリー ナイツ'

ツツジ、HC、常緑性アザレア、クルメ、'フェイバリット'

ツツジ、HC、常緑性アザレア、クルメ、'ハツギリ'

ツツジ、HC、常緑性アザレア、クルメ、'ヒノ-クリムゾン'

ツツジ、HC、常緑性アザレア、クルメ、'ヘレン'

ツツジ、HC、常緑性アザレア、クルメ、'岩戸鏡'（イワトカガミ）

ツツジ、HC、常緑性アザレア、クルメ、'カサネカガリビ'

ツツジ、HC、常緑性アザレア、クルメ、'ヒノデギリ'

ツツジ、HC、常緑性アザレア、クルメ、'今猩々'（イマショウジョウ）

ツツジ、HC、常緑性アザレア、クルメ、'ヒノマヨ'

ツツジ、HC、常緑性アザレア、クルメ、'桂の花'

ツツジ、HC、常緑性アザレア、クルメ、'蜘蛛の糸'

ツツジ、HC、常緑性アザレア、クルメ、'雲の上'

ツツジ、HC、常緑性アザレア、クルメ、'リトル レッド ライディング フード'

ツツジ、HC、常緑性アザレア、クルメ、'麒麟'

ツツジ、HC、常緑性アザレア、クルメ、'桐壺'

ツツジ、HC、常緑性アザレア、クルメ、'ケルメシヌム'

ツツジ、HC、常緑性アザレア、クルメ、'君が代'

ツツジ、HC、常緑性アザレア、クルメ、'ミズノヤマブキ'

ツツジ、HC、常緑性アザレア、クルメ、'マザーズ デー'

ツツジ、HC、常緑性アザレア、クルメ、'オレンジ ビューティー'

ツツジ、HC、常緑性アザレア、クルメ、'サクラ・ツカサ'

ツツジ、HC、常緑性アザレア、クルメ、'セイカイ'

ツツジ、HC、常緑性アザレア、クルメ、'オモイネ'

ツツジ、HC、常緑性アザレア、クルメ、'パープル グリッターズ'

ツツジ、HC、常緑性アザレア、クルメ、'オリオン'

ツツジ、HC、常緑性アザレア、クルメ、'老いの目覚め'

ツツジ、HC、常緑性アザレア、クルメ、'スカーレット ジェム'

ツツジ、HC、常緑性アザレア、クルメ、'新世界'

ツツジ、HC、常緑性アザレア、クルメ、'蔦紅葉'

ツツジ、HC、常緑性アザレア、クルメ、'スノー'

ツツジ、HC、常緑性アザレア、クルメ、'シン ウテナ'

ツツジ、HC、常緑性アザレア、クルメ、'若楓'

ツツジ、HC、常緑性アザレア、クルメ、'ホワイト パール'

ツツジ、HC、常緑性アザレア、クルメ、'玉芙蓉'

ツツジ、HC、常緑性アザレア、クルメ、'ヴィオレッタ'

ツツジ、HC、常緑性アザレア、クルメ、'高砂'

ツツジ、HC、常緑性アザレア、クルメ、'ワーズ ルビー'

ツツジ、HC、常緑性アザレア、サツキ、'ヒトヤノハル'

ツツジ、HC、常緑性アザレア、サツキ、'難波潟(ナニワガタ)'

ツツジ、HC、常緑性アザレア、サツキ、'ホワイト シコ'

ツツジ、HC、常緑性アザレア、サツキ、真如の光(シンニョノヒカリ)'

ツツジ、HC、常緑性アザレア、サツキ、'万歳(バンザイ)'

SATSUKI HYBRIDS
(サツキ ハイブリッド)

☼/☽ ❆ ↔60〜10cm ↕30〜90cm

1900年代初期に欧米に紹介された。開花期は遅く、樹高は低い。数世紀にわたって日本で栽培されてきた品種であり、*R. indicum*、*R. eriocapum*、もしくは*R. simsii*の交雑によるものであると思われる。日本では庭木として重用され、盆栽や鉢植えでも鑑賞されてきた。小型低木に成長し、樹高は0.9m。矮性のGumpo(群鳳)シリーズはロックガーデンに最適。'万歳(バンザイ)'の花は白。ピンクのフラッシュ。'群鳳(グンポウ)'は大型の白色花。花弁は波状縁。'群鳳(グンポウ) ラベンダー'は大型の一重咲き。花は薄紫。'群鳳(グンポウ) ピンク'の花弁にはしわが入る。一重咲き。花はピンク。周縁部は白。'群鳳(グンボウ) サーモン'はしわの入ったサーモンピンクの花。'群鳳(グンボウ) ストライプ'は白色花に薄い紫紅色の縞と斑点。'暁天(ギョウテン)'は一重咲きで花径は8cm。薄いピンクで花弁の周縁は白。黄色っぽいブロッチ。不規則な赤もしくは白の線が入る。'ヒトヤノハル'は大型の薄い紫紅色の花。花筒部にはオリーブグリーンのスポット。'薫風(クンプウ)'は薄いピンクの花。波状縁で一重咲き。花径は6cm。'万作(マンサク)'はサーモンピンクの花。花弁は丸みを帯びて波状。'難波潟(ナニワガタ)'は多花性の白色花。'大盃(オオサカズキ)'は小型の花で濃いピンク。一重咲き。花筒には濃色のブロッチ。'乙女(オトメ)'は白とピンクの絞り。'シンキョ'は明るいサーモンピンクの花。'真如の光(シンニョノヒカリ)'は白い花。花筒は緑。'ホワイト シンコ'は白い花。中央部は緑。

ゾーン：7〜11

INTERGROUP HYBRIDS
(中間種ハイブリッド)

☼/☽ ❆ ↔0.9〜1.8m ↕0.6〜1.8m

ここにはさまざまなアザレア ハイブリッドから作出されたものや、導入時期の新しい品種を交配親とするものが含まれる。また、特別なカテゴリーに含まれない交雑種もここに入る。*R. × pulchrum* (syn. *R.* 'フォエニキウム')は19世紀初期に*Azalea indica*として中国から欧米にもたらされたが、実際は*R. indicum*と*R.* 'Mucronatum'の交雑種であり、中国と日本では数世紀にわたって園芸植物としてのみ知られていたものである。花は大型の一重咲き。色は紫紅ないし薄紫紅色。強健で樹高1.8mに達する。'チッペワ'は矮性でよく枝を伸ばす。花はピンク。'デュー ドロップ'(syn.'ヌッチオズ デュー ドロップ')は白色花にピンクのブラッシュ。一重咲きないし半八重咲き。花筒にはグリーンのフラッシュ、ピンクのスポット。'ドッグウッド'および'ドッグウッド レッド'は日光耐性を持つ。赤色花で白もしくは赤の覆輪。花筒は緑味を帯びる。'ドッグウッド ヴァリエゲイテッド'は鮮やかなサーモンピンクの花に白い筋。'イースター デライト'は多花性で澄んだ紫色の筒状花。直射日光に耐性がある。'ファッシネーション'は大輪。一重咲き。花はピンク、周縁部は赤。'グロリア スティル'はコンパクトな低木で樹高は0.6m。薄いピンクと白の絞り。房状花は大型。'ジャンヌ ウィークズ'の花芽はバラに似る。濃い紫紅色の花。ホースインホースタイプ。'オレンジ デラ

ツツジ、HC、常緑性アザレア、中間種、'コンテント'

ツツジ、HC、常緑性アザレア、中間種、'チッペワ'

ツツジ、HC、常緑性アザレア、中間種、'アンナ ケール'

ツツジ、HC、常緑性アザレア、中間種、'フェアリー ベルズ'

ツツジ、HC、常緑性アザレア、中間種、'ジャンヌ ウィークズ'

ツツジ、HC、常緑性アザレア、中間種、'ドッグウッド'

ツツジ、HC、常緑性アザレア、中間種、'マーガレット ロウェル'

ツツジ、HC、常緑性アザレア、中間種、'ヌッチオズ ピンク パブルズ'

ツツジ、HC、常緑性アザレア、中間種、'ヌッチオズ ドリーム クラウズ'

ツツジ、HC、常緑性アザレア、中間種、'ハッピー デイズ'

ツツジ、HC、常緑性アザレア、中間種、'ホットライン'

ツツジ、HC、常緑性アザレア、中間種、'ハイジ'

ツツジ、HC、常緑性アザレア、中間種、'レムル'

ツツジ、HC、常緑性アザレア、中間種、グレン・デール、'アライド'

ツツジ、HC、常緑性アザレア、中間種、グレン・デール、'ボナンザ'

ツツジ、HC、常緑性アザレア、中間種、グレン・デール、'アフロディーテ'

ツツジ、HC、常緑性アザレア、中間種、グレン・デール、'コリドン'

ツツジ、HC、常緑性アザレア、中間種、グレン・デール、'ガイエティー'

ツツジ、HC、常緑性アザレア、中間種、'ポート ナップ'

ツツジ、HC、常緑性アザレア、中間種、'トカイ'

ツツジ、HC、常緑性アザレア、中間種、'スクウォール'

ツツジ、HC、常緑性アザレア、中間種、グレン・デール、'グラマー'

イド'（syn.'ミセス ジョン ワード'）は密に茂る低木で樹高は75cm。花は大型で鮮やかな橙緋色。'**サマーランド シフォン**'は薄いピンクの八重咲き。'**サマーランド ミスト**'の花にはしわが入る。半八重咲き。花は白。'**スワッシュバックラー**'は赤味を帯びた花。ブロッチと雄ずいおよび雌ずいは赤。'**スイートハート シュープリーム**'は低木。よく枝を伸ばす。花は濃いピンクもしくはサーモンピンク。花弁はフリル状。半八重咲き、ホースインホースタイプ。濃色のブロッチ。'**ティーナ マレー**'は半八重咲きのホースインホスタイプ。サーモンピンク、もしくは黄色がかったピンク。'**トカイ**'は満開時に壮観となる。花は紫紅で淡色のブロッチ。ゾーン：6〜10

GLENN DALE HYBRIDS
（グレン・デール ハイブリッド）
☼/☼ ❄ ↔ 1.5〜3m ↕ 1.2〜2.4m
中間種ハイブリッドに含まれる。1930年代以降にアメリカ合衆国で育種が進んだ。耐寒性にすぐれており、春から夏にかけて開花する。サザン・インディカ ハイブリッドに由来する大型花をつける。樹高の低い矮性種もあれば、樹高2.4mないしそれ以上に達する低木となって散開するものもある。花色は単色、縞模様もしくは斑点。半八重先もしくは八重咲き。フリル状の花弁を持つものが多い。'**アライド**'は濃い紫紅色の花。中央部は淡色。開花期はシーズン中期。'**アフロディーテ**'は淡い紫紅色。濃色のブロッチ。開花期はシーズン中期。'**ボナンザ**'は鮮やかな紫紅色。濃色のブロッチ。開花期はシーズン中期。'**シャンティクリール**'は紫の花。'**コリドン**'は開花期の早い低木。濃い紫紅色の花。濃色のブロッチ。花弁の切れ込み部分が重なる。'**ディミティー**'は白色の一重咲き。紫紅色の斑点。'**ファイヤーダンス**'は大型の八重咲き。光沢のある赤。'**ガイエティー**'は明るい紫紅色。濃色のブロッチ。開花期はシーズン初期から中期。'**グリーティング**'の花はサンゴ色。'**ルイーズ ドゥードル**'は鮮やかな紫紅色。'**マーサ ヒッチコック**'は白色花で周縁部は薄青紫色。'**リヴリー**'は中型の一重咲き。バラ色の花。'**ロマンス**'は八重のホースインホースタイプ。濃い紫紅色。'**サフラノ**'は白色花。切れ込みの上部に黄緑色のフラッシュ。開花期はシーズン中期。'**タナガー**'は鮮やかな紫紅色の花。濃色のブロッチ。ゾーン：7〜10

ツツジ、HC、常緑性アザレア、中間種、'スワッシュバックラー'

ツツジ、HC、常緑性アザレア、中間種、'サンバースト'

ツツジ、HC、常緑性アザレア、中間種、グレン・デール、'ジュビラント'

ツツジ、HC、常緑性アザレア、中間種、グレン・デール、'イリュージョンズ'

ツツジ、HC、常緑性アザレア、中間種、グレン・デール、'イリュージョンズ'

ツツジ、HC、常緑性アザレア、中間種、グレン・デール、'ピコティー'

ツツジ、HC、常緑性アザレア、アザレアデンドロン、'リア ハーディジャー'

ツツジ、HC、常緑性アザレア、中間種、グレン・デール、'ムーンビーム'

ツツジ、HC、常緑性アザレア、中間種、グレン・デール、'パラダイス'

AZALEODENDRON HYBRIDS
(アザレアデンドロン ハイブリッド)

☀/☼ ❄ ↔0.6～2m ↕0.6～4m

落葉性アザレアとその他（常緑性）ツツジの中間に位置する交雑種。一般的に半常緑性。開花は夏。時に芳香性の花となる。'ブルートニー アウレウム'の花は黄色。'ドッド'と'ギャロッパー ライト'はどちらもサーモンピンクの花。'グローリー オブ リトルワース'はクリーム色の花。オレンジ色のフラッシュ。'ゴウェニアヌム'は深い紫色の花で芳香性。'ハーディジャー ビューティー'は紫紅色の花。'マーチン'は薄いピンクの花。'リア ハーディジャー'は赤みがかった濃いピンクの花。ゾーン：8～10

ツツジ、HC、常緑性アザレア、アザレアデンドロン、'ハーディジャー ビューティー'

ツツジ、HC、常緑性アザレア、アザレアデンドロン、'マーチン'

Rhodohypoxis baurii var. *confecta*

Rhodohypoxis baurii

R. baurii 'Susan Garnett Bottfield'

Rhodohypoxis baurii 'Tetra Red'

Rhodohypoxis milloides

RHODOHYPOXIS
（ロドヒポキシス属）
ヒポキシス科に属する成長の遅い匍匐性の多年草。多花性。塊茎によって殖える。アフリカ南部原産。夏が高湿となる地域に自生。冬が高湿となり夏が乾燥する地域では何らかの保護が必要。葉はイネ科のものに似る。星形の花は細い茎の先端につく。花茎の長さは葉の全長とほぼ同じ。6弁花。花弁は同じ長さ。2列になって配置される。
〈栽培〉
適切な気候と条件がそろい、石灰分を含まない土壌で栽培すれば、晩春から初秋にかけて絶え間なく開花する。泥炭をすきこむとよい。乾燥した冬季に休眠させる場合はトラフに植え込む。

Rhodohypoxis baurii
一般名：アッツザクラ
英 名：RED STAR, ROSY POSY
☼ ❄ ↔6～10cm ↕6～10cm
南アフリカ原産の多年草。葉は暗い緑色でイネ科のものに似る。叢性。槍形で毛が多い。花は短い茎の先端につき、星形の6弁花。ほぼ扁平。花色は白、ピンク、赤。開花期は夏。*R. b.* var. *confecta*は白い花。時間がたつと赤味を帯びる。多くの交雑種の交配親。*R. b.* 'テトラ レッド' ★は大型の花。濃いピンクがかった赤色。
ゾーン：8～9

Rhodohypoxis milloides
☼ ❄ ↔20cm ↕10～15cm
南アフリカのクワズールー-ナタール地方の原産。強健で叢性。無数の地下茎を伸ばす。葉は明るい緑色で細長く、折り重なる。散毛を持つ。花は濃緋色、ピンク、白。アッツザクラよりも冬の湿度に強い。
ゾーン：8～9

Rhodohypoxis Hybrid Cultivars
一般名：ロドヒポキシス交雑品種
☼ ❄ ↔8～15cm ↕6～10cm
無数の交雑品種名があるために混乱が生じているが、以下のものが区別されている。'オルブライトン'は深いサクラ色の花。'アップルブロッサム'は淡いピンク色の花。'E. A. ボウルズ'は淡いピンク色の花。'フレッド ブルーム'は淡いピンク色の花弁、基部はクリーム色。'グレート スコッド'はマゼンタ色の花弁。'ハーレクイン'はピンクの花弁に白いフラッシュ。'モンティー'は鮮やかなサクランボ色。'ピンキーン'の花弁は細長く濃いピンク色。'ステラ'の花は大型で薄い紫紅色。'スーザン B. ボットフィールド'の花弁は薄いピンク。
ゾーン：8～9

RHODOLEIA
（シャクナゲモドキ属）
マンサク科。本属に含まれる種の数については若干の異動がある。中国南部からインドネシア東部にかけて自生する1種が変異したものという意見もあれば、本属には7種が含まれるとする見方もある。本属植物は、すべてではないにせよ栽培されているものが大部分であり、ホンコンで収集された親株から分かれ

ロドヒポキシス、HC、'ダグラス'

Rhodohypoxis, HC, 'E. A. Bowles'

ロドヒポキシス、HC、'エクストラ レッド'

Rhodohypoxis, HC, 'Fred Broome'

Rhodohypoxis, HC, 'Great Scott'

ロドヒポキシス、HC、'リリー ジャン'

Rhodohypoxis, HC, 'Monty'

Rhodohypoxis, HC, 'Pinkeen'

Rhodohypoxis, HC, 'Stella'

Rhodohypoxis, Hybrid Cultivar, 'Albrighton'

Rhodotypos scandens

たのではないかと思われる。種間相互の変異幅は明確ではなく、「別」種についてもよくわかっていない。全種ともによく似た部分が多い。小型の常緑性高木となり、暗緑色の厚い葉をつける。葉の裏面は淡色。春には赤みを帯びた苞が下垂した赤い房状花を取り囲む。

〈栽培〉
耐霜性はない。排水のよい酸性の砂性土壌に植え、じゅうぶんな有機質を与える必要がある。アザレアおよびツバキと同じ条件で栽培できる。繁殖は播種もしくは挿し木。

Rhodoleia championii
一般名：シャクナゲモドキ
☀ ❄ ↔3.5m ↕6m
中国南部からインドネシアにかけて見られる。変異が大きい。小型低木。葉は楕円形で肉厚。裏面は白っぽい。茎と葉柄は黄色味を帯びた赤。ピンクがかった赤色の房状花は下垂する。開花期は晩冬から初春。
ゾーン：8〜11

RHODOTHAMNUS
(ロドタムヌス属)
ツツジ科。1属1種。ヨーロッパ東部アルプス原産。乾燥した岩石地帯の斜面に自生。矮性の常緑性低木。葉は小型で革質。花はバラ色で美麗。柄は赤紫。

〈栽培〉
耐寒性を備えた低木。排水がよく、有機質が豊富な酸性土壌を好む。根部の温度は低くする。直射日光を受ける屋外、もしくは部分的な遮光のもとでの栽培が可能。高山植物室で栽培してもよい。繁殖は播種もしくは取り木による。夏季に半熟枝を挿し木してもよい。

Rhodothamnus chamaecistus
☀ ❄ ↔30cm ↕40cm
矮性の低木。整った枝ぶりで密に茂る。葉は小型で先細り。革質。暗緑色。葉縁部には白毛。花は椀形でバラ色。花径は25mm。開花期は晩秋から初夏。
ゾーン：6〜9

RHODOTYPOS
(シロヤマブキ属)
バラ科。本属に含まれる全種は中国および日本原産の落葉性低木。春の花木として植栽されることが多く、夏に実り冬まで残る黒い液果が栽培の目的となる場合もある。葉は鋸歯縁で暖季を通して鮮やかな緑色だが、秋季にはわずかに赤味もしくは黄色味を帯びることもある。

〈栽培〉
*Rhodotypos scandens*は耐霜性があり、ほとんどの気候域での栽培が可能。日向に植えるか、もしくは部分的な遮光をしてもよい。排水がよく腐食質の多い土壌を好む。夏季の高湿が実つきをよくする。冬に最後の液果が落ちた時点で刈り込むのがよい。繁殖は保存発芽させた種子もしくは取り木による。硬い枝を冬季に挿し木するか、半熟枝を夏季に挿し木してもよい。

Rhodotypos scandens ★
異　名：*Rhodotypos kernoides*
一般名：シロヤマブキ
☀ ❄ ↔.8m ↕2.4m
中国および日本原産の落葉性低木。茎は直立、もしくはゆるやかなアーチ状。枝幅は25〜50mm。バラに似た4弁花は白で枝先につく。開花期は春。萼は花が散った後も残り、成熟中の果実を部分的に取り囲む。
ゾーン：5〜9

RHOPALOSTYLIS
(ロパロスティリス属)
ヤシ科に属し、2種が含まれる。1種はオーストラリアの東部沿岸にあるノーフォーク諸島原産。もう1種はニュージーランドに自生し、これはヤシ科植物の南限生育地となっている。鱗状片を持たない単幹の頂部に羽状複葉がつく。茎には落葉の痕跡が残る。小型の花が集まって房状となり、冠状紋の下部から下垂する。花後に実る赤い液果はよく目立つ。

〈栽培〉
成長が遅く、花を咲かせるまでに時間がかかる。本来は森林に自生するため、木陰に植え、フロンドの損傷を防ぐような場所を確保する必要がある。よく湿り、深く耕した土壌に植える。冷涼な地域では温室内で鉢植え栽培するとよい。繁殖は播種によるが発芽には時間を要する。

Rhopalostylis baueri
英　名：NORFOLK PALM
☀ ❄ ↔4.5m ↕6m
ノーフォーク諸島原産。暗緑色のフロンドはアーチ状となる。長さは3m。幹には輪状紋がある。花序は全長60cm。白色の小型花。開花期は晩春から夏。赤い液果が房状になる。
ゾーン：10〜11

Rhopalostylis sapida ★
一般名：ナガバハケヤシ
英　名：NIKAU PALM
☀ ❄ ↔3m ↕6〜10m
ニュージーランド原産。フロンドは*R. baueri*よりも広がり、色も明るい。球根に似た冠状紋より上方はほぼ直立。紫紅色の小型花よりなる頭状花は下垂する。開花期は晩春から夏。鮮やかな赤い果実をつける。開花には30年を要する。
ゾーン：9〜11

RHUS
(ウルシ属)
英　名：SUMAC
ウルシ科。ほぼ200種の落葉性もしくは常緑性高木、低木、よじ登り植物を含む。温暖および亜熱帯地域全体に広く分布する。ニス、染料、タンニン、ロウ、飲料の原料となる。ウルシ属植物は主に庭園で栽培され、秋の紅葉、葉の形、果実が鑑賞対象となる。果実は冬季も枝に残り、新葉の出現を待って落ちる。

〈栽培〉
ウルシ属はほどよく肥えた土壌とじゅうぶんな日光を必要とする。湿り気があり排水のよい土壌に植える。風を避けること。繁殖は冬季の根ざしによる。晩夏に半熟枝を挿し木してもよい。休眠期に根を株分けすることもできる。播種は秋。成長期にはじゅうぶんな施肥と灌水を行う。冬季には施肥をやめて灌水も控えめにする。

Rhopalostylis baueri

Rhodoleia championii

ナガバハケヤシの野生種、ニュージーランド

Rhus aromatica
一般名：スイートスマック
英　名：FRAGRANT SUMAC、LEMON SUMAC、POLECAT BUSH
☼ ❆ ↔1.5m ↕0.9～1.5m
北米大陸原産。吸枝を持った落葉性低木。葉は掌状。小葉は楕円形で鋸歯縁。芳香性。小さな黄色い花が円錐花序を形成。開花期は春。果実は円形で赤色。'**グロー-ロウ**'★は樹高0.6m。花は芳香性で濃黄色。
ゾーン：3～9

Rhus chinensis
一般名：ヌルデ
英　名：CHINESE CALL、NUTGALL
☼ ❆ ↔4.5m ↕6m
直立する落葉性高木。日本および中国原産。複葉。明るい緑色。小葉は3～7枚で波状縁。秋には赤く紅葉する。白い花が円錐花序となる。開花期は晩夏から初秋。果実は円形で赤色。
ゾーン：8～11

Rhus copallina
英　名：DWARF SUMAC、MOUNTAIN SUMAC、SHINING SUMC
☼ ❆ ↔1.5m ↕1.5m
北米大陸東部原産。直立する落葉性低木。葉は暗緑色で羽状。槍形の小葉は15枚。柄は有翼。黄緑色の花が直立した円錐花序を形成。開花期は夏。果実は円形で赤色。秋には葉が赤くなる。*R. c.* var. *latifolia*（プレーリー・フレーム・スマック）はコンパクトな樹形の雄株。秋には葉が橙緋色になる。
ゾーン：5～9

Rhus lucida

Rhus glabra
ルス・グラブラ
英　名：SCARLET SMAC、SMOOTH SUMAC、VINEGAR TREE
☼ ❆ ↔2.4m ↕2.4m
落葉性低木。北米大陸およびメキシコ原産。茎は赤茶色。花は白。葉は羽状。小葉は深い青緑色。秋には鮮やかな赤色となる。緑味を帯びた赤い花が密生して直立円錐花序を形成。開花期は夏。緋色の果実は円形で多毛。'**ラキニアタ**'は細かい切れ込みのある葉を持つ。
ゾーン：2～9

Rhus lancea
英　名：KAREE、WILLOW RHUS
☼ ❋ ↔8m ↕8m
南アフリカ原産の常緑性高木。葉の表面は暗緑色、裏面は淡色。小葉は槍形で3枚。時に鋸歯縁。小さな黄緑色の花が夏に開花。果実は光沢のある褐色。
ゾーン：9～11

Rhus lucida
☼ ❋ ↔3.5m ↕3.5m
南アフリカ沿岸部原産。常緑性低木もしくは高木。小葉は3枚で光沢のある暗緑色。葉腋もしくは枝先にくすんだ白色の小さな花序をつける。開花期は春。果実は小型。光沢のある褐色。
ゾーン：9～11

Rhus microphylla
英　名：CORREOSA、DESERT SUMAC、SCRUB SUMAC
☼ ❆ ↔1.5～1.8m ↕1.8～3m
アメリカ合衆国南部およびメキシコ北部原産。丸い樹形になる落葉性低木。複葉。小葉は9枚まで。普通は常緑性だが、冷涼または乾燥した条件下では落葉する。小さな白色花が密生した花序を形成。開花期は春。果実は小型で橙緋色。ゾーン：8～11

Rhus pendulina
異　名：*Rhus viminalis*
☼ ❋ ↔4.5m ↕4.5m
南アフリカ原産の常緑性高木もしくは低木。生育習性はヤナギに似る。葉は3出。小葉は槍形。花は明るい緑色。開花期は夏。果実は小型で楕円形。
ゾーン：9～11

Rhus copallina var. *latifolia*

Rhus pendulina

Rhus glabra 'Laciniata'

Rhus lancea

Rhus potaninii

☀ ❄ ↔6m ↑9m

中国中央部および西部原産の落葉性高木。丸い樹形となる。羽状複葉は暗緑色。小葉は楕円形。11枚を上限とする。秋季には赤く紅葉する。クリーム色の花が集まって円錐花序となり、下垂する。開花期は夏。円形で赤い果実には綿毛がある。
ゾーン：5〜9

Rhus trilobata

異　名：*Rhus aromatica* subsp. *trilobata*
英　名：SKUNKBUSH SUMAC、THREE-LOBE SUMAC

☀ ❄ ↔3m ↑2.4m

アメリカ合衆国西部および中央部、メキシコ北部および中央部原産の落葉性低木。新芽は多毛性。小葉は3枚で鋸歯縁。明るい緑色の花が房状となる開花期は春。果実は赤くて円形。
ゾーン：5〜9

Rhus typhina

ルス・ティフィナ
英　名：STAGHORN SUMAC、STAG'S HORN SUMC

☀ ❄ ↔4.5m ↑4.5m

北米大陸東部原産の落葉性高木もしくは低木。野生では樹高9mに達する。羽状複葉。暗緑色の小葉は31枚まで。秋には葉が真紅色になる。花は黄緑色。開花期は夏。赤い果実はフェルト状。'ディセクタ'は細かく裂けた葉を持つ。
ゾーン：3〜9

Rhynchostele bictoniensis

RHYNCHOSTELE
（リンコステレ属）

ラン科。中米大陸、および南米大陸北部原産。合軸型のラン。16種ほどが含まれる。以前は近縁のオドントグロッサム属に含まれていた。卵形をしたやや扁平な偽鱗茎には3枚までのきめの粗い薄葉がつく。長短の茎に美麗な花をつける種が多い。
〈栽培〉
鉢植えでよく育つ。細かく砕いたバークにパーライト20%を混ぜた土に植えるとよい。鉢栽培ではミズゴケもよく使われる。適度な湿気のある環境での栽培に向いており、年間を通じてじゅうぶんに灌水する。部分的な遮光が必要。高温に対してはオドントグロッサム属を上回る耐性を示す。繁殖は株分けによる。

Rhynchostele bictoniensis

異　名：*Odontoglossum bictoniense*

☀ ✿ ↔20〜40cm ↑20〜60cm

メキシコからパナマ原産。直立花序には14個の花がつく。花径は5cm。あ弁および萼片の色は黄緑ないし茶色。上部花弁には濃色のスポットと横縞、大きな唇弁は白。開花期は冬から春。
ゾーン：10〜11

Rhynchostele cordata

異　名：*Odontoglossum cordatum*

☀ ✿ ↔20〜40cm ↑20〜40cm

メキシコからベネズエラ原産。花は星形。花径は8cm。カラシ色の花弁に濃い茶色のブロッチ。開花期は夏から秋。
ゾーン：11〜12

Rhychostele Stanforidiense

☀ ✿ ↔20〜40cm ↑20〜70cm

*R. bictoniensis*と*R. uro-skinneri*間の交雑種。直立する花序には茶色のブロッチと横縞。花径は5cm。唇弁はピンク。
ゾーン：10〜11

Rhynchostele Stanfordiense

RHNCHOSTYLIS
（リンコスティリス属）

熱帯の低地帯原産のバンダ系ラン。密生した花序を持つため、英語ではフォックステール（キツネの尾）・ランとして知られている。直立性の着生植物。道管を備えたひも状の葉は2列生。大型葉の基部は茎と合体し、多数の太い根を生じる。花序は葉の基部から生じた茎の先につく。本属には単軸型ラン4ないし5種が含まれるのみである。
〈栽培〉
肉厚の葉を持つ着生植物であるため、じゅうぶんな日照下でよく成長する。年間を通して温暖な条件が必要。太くて多肉質の根を持つため、木製プランターで栽培すると、木材に達した際にも根が成長できる。灌水後は速やかに乾燥させ、根の通風を良好に保つ必要がある。

Rhynchostylis gigantea

☀/☀ ✿ ↔20〜50cm ↑20〜60cm

タイランドおよびインドネシア原産。栽培用として非常に人気の高い種。花径は30mm。花色には多彩な変化がある。白にピンクのスポット。ブロッチの色は濃淡の紫から赤。二色咲きや純白の系統もある。
ゾーン：11〜12

Rhynchostylis retusa

☀/☀ ✿ ↔20〜50cm ↑20〜75cm

東南アジア一帯に広く分布する。下垂する長い花序には60個の花がつく。個々の花径は18mm。白色花にピンクの斑紋。純白の品種もある。
ゾーン：11〜12

Rhynchostele cordata

RIBES
（スグリ属）

英　名：CURRANT

スグリ科。主に北方の温帯地域原産だが、南米大陸原産のものもある。ほぼ150種の低木が含まれる。観賞用、もしくは果実を収穫するために栽培される種もある。落葉性のものが多く、茎には刺や毛を生じる。葉は3ないし5裂。葉縁は波状もしくは鋸歯状で租毛を持つ。花は小型で時に総状花序を形成。花後には多種子性で剛毛のある果実をつけることが多く、中には食用となるものもある。商用もしくは家庭菜園用に重用される種もある。
〈栽培〉
自家受粉しないものもあるため、集団で植栽して果実を確実に収穫できるようにする。冬季の寒気を必要とするが、ほとんどの場合、栽培は容易である。排水のよい土壌に植え、夏季には適切な湿度を保ち、夏に太陽光線が厳しくなる地域では若干の遮光をするだけでよい。さび病もしくはうどん粉病の被害を受ける種もあるが、病気に強い栽培品種が作出されている。繁殖は播種もしくは挿し木による。取り木も可。

Rhus typhina

Rhus typhina 'Dissecta'

Ribes alpinum
リベス・アルピヌム

英　名：ALPINE CURRANT、MOUNTAIN CURRANT

☼ ❄ ↔0.9m ↕0.9～1.8m

ヨーロッパ全域から北米大陸およびロシア一帯に広く分布する落葉性低木。茎はなめらかな紫紅色。葉は3裂が一般的。黄緑色の小型花が集まって直立する花序を形成。開花期は春。赤い果実には苦味がある。'**アウレウム**'の新芽は黄緑色。'**グリーン　マウンド**'は果実をつけず、緩やかに成長する。'**プミルム**'は樹高が低く、小さな葉をつける。'**シュミット**'は成長が遅く、他種よりも小型。ゾーン：2～9

Ribes aureum
英　名：GOLDEN CURRANT、GOLDEN FLOWERING CURRANT

☼ ❄ ↔1.8m ↕1.8m

アメリカ合衆国西部およびメキシコ北西部原産。直立性の落葉性低木。葉は3裂。粗い鋸歯縁。花序は下垂し強い芳香を放つ。花色は黄色。開花期は春。果実は紫黒。*R. a.* var. *gracillimum*の花は非芳香性で赤味を帯びる。果実は黄色。ゾーン：2～9

Ribes cereum
英　名：SQUAW CURRANT

☼ ❄ ↔0.9m ↔0.9～1.8m

なめらかな茎を持つ落葉性低木。アメリカ合衆国西部原産。葉は円形ないし腎臓形。3ないし5裂。毛が多く浅い鋸歯縁。短い花序は下垂。花色は白、淡緑色、薄黄色。開花期は春。果実は赤色で光沢がある。ゾーン：5～9

Ribes × culverwelii
☼ ❄ ↔1.5m ↕1.5m

*R. nigrum*と*R. uva-crispa*を交配親とする庭園用交雑品。グズベリーに似た多毛性の果実をつける。葉は3ないし5裂。果実は房状となる。多毛性で種子を持たない。黒赤色。成熟したものは非常に甘い。ゾーン：6～9

Ribes fasciculatum
一般名：ヤブサンザシ

英　名：CLUSTERED REDCURRANT

☼ ❄ ↔1.2m ↕1.5m

温帯東アジア原産の落葉性低木。葉は円形で毛が多い。3ないし5裂。鋸歯縁。花は黄色。開花期は春。芳香性。果実は赤くてなめらか。果肉は黄色。果実を収穫するには雄株と雌株の双方が必要。*R. f.* var. *chinense*は大型。葉の全長は10cmまで。ゾーン：5～9

Ribes gayanum
英　名：CHILEAN BLACKCURRANT

☼ ❄ ↔0.9m ↕1.5m

チリのアンデス山脈原産の常緑性低木。葉は羊毛状の毛で覆われる。3ないし5裂。粗い鋸歯縁。黄色い花が集まって短い直立花序を形成。ハチミツに似た芳香がある。開花期は夏。綿毛を帯びた黒い果実は食用。ゾーン：8～10

Ribes indecorum
英　名：WHITE-FLOWERED CURRANT

☼ ❄ ↔0.9～2m ↕2～2.4m

アメリカ合衆国カリフォルニア州原産の落葉性低木。シュートは綿毛を帯びる。葉に*R. Sanguineum*のものに似る。白い花が集まった花穂は下垂する。開花期は初春。果実は綿毛を帯びる。ゾーン：8～10

Ribes inerme
英　名：WHITE-STEMMED GOOSEBERRY

☼ ❄ ↔1.5m ↕0.9～1.8m

アメリカ合衆国原産の落葉性低木。円形で小型の葉は3ないし5裂。葉は粗い鋸歯縁。小型の花は緑味を帯び、花弁はピンクもしくは白。小さな花穂を形成。開花期は晩春。果実は紫赤色。食用となる。刺を持つ種類もある。ゾーン：6～9

Ribes laurifolium
☼ ❄ ↔1.8m ↕1.5m

中国西部原産の常緑性低木。葉は粗い鋸歯縁。全長10cmまで。花は黄緑色。優雅な下垂花序となる。開花期は晩冬。赤黒い果実は綿毛を帯びる。ゾーン：8～11

Ribes magellanicum
☼ ❄ ↔1.8m ↕1.8～2.4m

アルゼンチンおよびチリ南部原産の落葉性低木。葉は3ないし5裂。クリーム色が集まった花穂は下垂。時間とともに花色は黄金色に近くなる。開花期は春。果実は黒赤色。ゾーン：8～10

Ribes malvaceum
英　名：CHAPARPAL CURRANT

☼ ❄ ↔1.8m ↕1.8m

アメリカ合衆国カリフォルニア州原産の落葉性低木。よく知られている*R. sanguineum*に似る。茎は多毛。葉はにぶい緑色で綿毛を帯びる。裏面はフェルト状。ピンクの花からなる花穂は下垂。開花期は春。ゾーン：7～10

Ribes nigrum
一般名：クロスグリ

英　名：BLACKCURRANT

☼ ❄ ↔1.8m ↕2m

ユーラシア原産の落葉性低木。株立ちとなって直立する。若い茎は綿毛を帯びる。葉は3ないし5裂。裏面には綿毛。花は黄緑色で中央部は赤。綿毛を持つ花穂を形成して下垂。果実収穫と葉の鑑賞用として、以下のような品種が栽培されている。'**ベン　コナン**'は魅惑的な受賞品種。'**ベン　ロモンド**'は晩熟型の大きな実をつける。'**ブラック　ビューティー**'は人気の高いアメリカ産の栽培品種。'**ボスクープ　ジャイアンド**'は強健で大きな果実をつける。'**コロラトゥム**'の葉は斑入り。'**ジェット**'は大きくて色の濃い実をつける。ゾーン：5～9

Ribes odoratum
リベス・オドラトゥム

英　名：BUFFALO CURRANT、CLOVE CURRANT、GOLDEN CURRANT

☼ ❄ ↔1.8m ↕1.8m

アメリカ合衆国中央部原産。スパイス様の芳香を放つ葉は3ないし5裂。鋸歯縁。芳香を放つ花は黄色。花穂となって下垂する。開花期は初春から夏。黒い果実は食用となる。'**クサントカルプム**'の実は橙黄色。ゾーン：5～9

Ribes aureum

Ribes malvaceum

Ribes laurifolium

Ribes nigrum 'Ben Connan'

Ribes alpinum 'Green Mound'

Ribes fasciculatum var. *chinense*

Ribes alpinum 'Pumilum'

Ribes oxyacanthoides

英　名：MOUNTAIN GOOSEBERRY、
NORTHERN GOOSEBERRY

☀ ❄ ↔70cm ↕45〜80cm

アメリカ合衆国北部およびカナダ原産の落葉性低木。細くて剛毛を帯びた茎には刺がある。光沢のある葉は暗緑色をした心臓形。5箇所の深い切れ込みがある。花は単生ないし双生。緑がかった白色ないし薄紫色。開花期は春。紫紅色の液果は食用となる。ゾーン：2〜8

Ribes rubrum

異　名：*Ribes sativum*、
R. silvestre、*R. spicatum*

一般名：フサスグリ

英　名：NORDIC CURRANT、REDCURRANT

☀/☼ ❄ ↔80〜150cm ↕1.5〜2m

スカンジナビア半島から中国東部原産の低木。なめらかな茎を持つ。葉は3ないし5裂。幅は10cm。裏面に綿毛を持つ場合が多い。緑色の花に赤いフラッシュの入った小型の花が集まった花穂は直立もしくは下垂する。開花期は初夏。透明な果実をつける。'マクロカルプム'の果実は大型。'レッド　レイク'は強健で病害虫に強い。'ホワイト　グレープ'の

Ribes uva-crispa

Ribes viburnifolium

Ribes oxyacanthoides

Ribes sanguineum var. *glutinosum* 'Joyce Rose'

Ribes sanguineum 'King Edward VII'

果実は淡黄色ないしクリーム色。ゾーン：3〜9

Ribes sanguineum

リベス・サングイネウム

英　名：FLOWERING CURRANT、
WINTER CURRANT

☀ ❄ ↔3m ↕3m

アメリカ合衆国西部原産の落葉性低木。枝は明るい赤褐色。葉は暗緑色で3ないし5裂。裏面には綿毛。薄いピンクないし赤色の花が集まった花穂は下垂する。開花期は春。葉の出現前に花が咲く。果実は青黒色。白く帯粉する。*R. s.* var. *glutinosum*の花はピンク、葉の綿毛は他種よりも少ない。'ジョイス　ローズ'は濃いピンクの花。人気の高い栽培種としては次のようなものがある。*R. s.* 'ブロックルバンキイ'は透明なピンクな花。芳香性。'クラレモント'はカナダのブリティッシュ・コロンビア州で作出された新品種。白色花だが時間の経過とともに濃いピンクになる。'エルク　リバー　レッド' ★の花は鮮やかなバラ色。開花期はシーズン最初期。繁茂しすぎる場合がある。'インバネス　ホワイト'は長い小枝に緑がかった白色花がつく。'キング　エド

Ribes rubrum

Ribes speciosum

Ribes sanguineum、冬の状態

Ribes sanguineum、春の状態

ワードVII'にコンパクトな樹形。濃いピンクの花。'プレヌム'の花は赤い八重咲き。'プルパラ　スカーレット'の花は赤。'スプリング　シャワーズ'の花はピンク、葉は鮮やかな緑。'タイドマンズ　ホワイト'の花は白。ゾーン：6〜10

Ribes speciosum

英　名：FUCHSIA-FLOWERED CURRANT

☀ ❄ ↔3m ↕3.5m

アメリカ合衆国カリフォルニア州原産。常緑性低木。株立ちで直立する。茎には刺があり、葉は小さくてなめらか。3ないし5裂。鋸歯縁。花は鮮やかな赤色で下垂。雄ずいは赤色で長い。単生もしくは双生。三輪が集まることもある。開花期は夏。赤い果実には剛毛がある。ゾーン：8〜10

Ribes uva-crispa

一般名：マルスグリ

英　名：GOOSEBERRY

☀ ❄ ↔90cm ↕90cm

ヨーロッパ、北アフリカ、コーカサス地方一帯に広く分布する。叢生し、刺のある枝をよく伸ばす。葉は小型で心臓形。3ないし5裂。裏面には綿毛。花は緑色。果実は緑色で剛毛を持つ。タルト、パイ、ジャムなどに利用される。栽培品種の中には、熟すると黄色もしくは赤くなる果

Ribes sanguineum、夏の状態

実をつけるものもある。栽培品種としては次のようなものがある。'クラウン　ボブ'、'レベラー'、'ローリング　ライオン'。ゾーン：5〜9

Ribes viburnifolium

☀ ❄ ↔1.5m ↕1.5m

アメリカ合衆国カリフォルニア州原産。なめらかな茎を持つ常緑性低木。茎は下垂して根を生じる。葉はテレビンに似た強い芳香を放つ。ピンクの花が集まった花穂は直立。開花期は春。果実は赤色。ゾーン：8〜10

Richea scoparia、オーストラリア、タスマニア、クラドル・マウンテン-レイク・セント・クレア国立公園

Richea dracophylla

Ricinocarpos pinifolius

RICHEA
(リケア属)

オーストラリア原産のエパクリス科。11種が含まれ、そのうちの9種がタスマニア島、2種がオーストラリア本土原産。高山帯もしくは亜高山帯に自生。熱帯雨林の冷涼地域にも分布。酸性(沼沢地など)で有機質に富んだ土壌でよく見られる。小型低木となる種や樹高15mの高木に達する種もある。全種ともに堅くて先端の尖った葉が幹より生じる。葉には顕著な葉脈があり、ヤシの葉に似る。花は白もしくはピンク。密生した頂生花穂を形成。花後には多数の種子を持つさく果ができる。

〈栽培〉

リケア属は酸性ないし中性の土壌を好む。保湿性があり排水のよい場所に植える。全種ともにある程度の耐霜性を備えている。栽培は容易ではない。常に種子を入手できるとは限らず、発芽率も低い。挿し木の場合も結果は不安定である。鉢植えや移植は細根系に損傷を与える。

Richea dracophylla
☀ ❄ ↔2m ↑4.5m

タスマニア島(オーストラリア)山岳部および熱帯雨林に自生。直立性で枝は少ない。葉はひも状で先端は細くなる。白い花が密生した花穂を形成。開花期は春から初夏。小さな果実は5つの小房を持つ。
ゾーン：8〜9

Richea pandanifolia
英　名：PANDANI, TREE HEATH
☀ ❄ ↔2m ↑15m

樹皮のない幹を持つ高木。枯れた葉が幹に残ることもある。タスマニア島(オーストラリア)中央部および南西部に広がる湿度の高い山岳林に自生。堅い葉はひも状で先端は細くなる。葉縁は粗い鋸歯縁。花は赤味を帯びたピンク。葉腋から生じた茎の頂部につく。開花期は夏。
ゾーン：8〜9

Richea scoparia
英　名：KEROSENE BUSH
☀ ❄ ↔60cm ↑90cm

タスマニア島(オーストラリア)の山岳部原産。叢生して球状の樹形となり、よく繁茂する。堅い葉は細長い三角形となって先端が尖り、全長は8cm。花色は白、赤、ピンク、オレンジ、黄色。頂部で花穂となる。開花期は夏。
ゾーン：8〜9

RICINOCARPOS
(リキノカルポス属)

トウダイグサ科。16種が知られており、そのうちの1種はニューカレドニア島原産、残りはオーストラリア東部および南部原産。全種ともに森林性の低木の形をとる。樹高は3mだが、これに満たない場合も多い。雄花と雌花に分かれるが、数個の雄花と1個の雌花がひとかたまりになる。雄花は白もしくはピンクの5弁花、中央部では雄ずいが合体して房状となる。雌花は雄花よりも小型。中央部には3つの小さい房を持つ子房がある。果実は比較的大きく、直径は12mm以上。

〈栽培〉

全種ともに酸性の砂土壌でよく生育する。耐霜性には幅があり、オーストラリア西部原産の種がもっとも強い。繁殖は播種および挿し木による。種子を煙もしくは水にさらすことによって発芽率を高めることができる。

Ricinocarpos pinifolius
英　名：WEDDING BUSH
☀ ❄ ↔90cm ↑90cm

オーストラリアの東部諸州に自生する常緑性低木。葉は細くて葉縁部は下に巻き込む。花は白色で花径は25mm。開花期は春。排水のよい酸性土壌を好む。
ゾーン：9〜11

RICINUS
(トウゴマ属)

トウダイグサ科。1属1種。北アフリカ原産だが熱帯地域に広く分布。寒冷地域では多年草として重用される。葉には深い切れ込みがあり、美しい色をしたものが多い。

〈栽培〉

Ricinus communis は、排水のよい肥えた土壌に植えて保湿のために有機質をたっぷりと施す必要がある。茎がもろいため、風よけや霜よけをするのがよい。種子の皮、およびその他の部分には強い毒性があるため、播種によって繁殖させる場合には注意が必要である。

Ricinus communis
一般名：トウゴマ
英　名：CASTOR BEAN PLANT, CASTOR OIL PLANT
☀ ❄ ↔0.9m ↑1.5m

アフリカ北東部原産。速やかに成長し、野生下では12mに達する。茎はややもろい。緑色の葉は大きく、切れ込みがある。小型の栽培種としては以下のようなものがある。'カンボジェンシス'は黒紫色の茎、暗紫色の葉。'レッド スパイア'は赤い茎、赤味を帯びた緑色の葉。'ザ

Ricinus communis

Richea andanifolia の野生種、オーストラリア、タスマニア島、中央高地

ンジバレンシス'は草丈があり、緑の葉に白い葉脈を持つ。
ゾーン：9〜12

RIMACOLA
（リマコラ属）

ラン科。1属1種。オーストラリアのニューサウスウェールズ州シドニー一帯にのみ自生。枯死を免れるため、水分が貯留されている砂岩の亀裂内で成長する。葉はアーチ状ないしは下垂する。偽鱗茎を持たず、多肉質でもろいがよく伸張した根系に水分と栄養分を貯蔵する。開花期は晩春および夏。

〈栽培〉
本属植物は非常に特殊な生育環境を持つため、残念ながら栽培は不可能である。

Rimacola elliptica
☼ ❄ ↔ 10〜30cm ↕ 6〜30cm
オーストラリア原産。花序には12個までの緑色の花がつく。花径は25mm。主に白色の唇弁には紫がかった褐色の斑紋が入る。
ゾーン：9〜10

ROBINA
（ハリエンジュ属）

マメ科。20種ほどの落葉性高木もしくは低木が含まれる。おもにアメリカ合衆国東部に分布。白、クリーム色、ピンク、薄青紫色の花による総状花序が下垂する。花後にはマメが入った扁平なさやができる。葉は羽状で大型。秋に鮮やかな黄色に変色する種もある。時として茎には鋭い刺がつく。

〈栽培〉
強健で適応性に富み、成長も速い。排水がよければどのような土壌でも栽培できる。ただし、強風にあうと枝が折れやすい。幼木の時期に剪定を行ってしっかりとした枝ぶりを作るとよい。吸着性の種では吸枝を繁殖に用いることができる。土中で発芽させた種子や挿し木による繁殖も可能。特殊な成長型を見せるものは接木による場合が多い。

Robinia fertilis
英 名：BRISTLY LOCUST
☼ ❄ ↔ 1.2m ↕ 2.4m
アメリカ合衆国ノースカロライナ州からジョージア州にかけて分布する落葉性の小型低木。よく繁茂するため土砂流出防備林として利用される。枝には刺を持つ。複葉には多数の青緑色をした小葉がつく。開花期は春。花はバラ色でスイートピーの花に似るが芳香はない。
ゾーン：4〜10

Robinia hartwegii
☼ ❄ ↔ 3m ↕ 8m
アメリカ合衆国南東部原産の大型低木もしくは高木。葉の全長は35mm。小葉は11ないし23枚。裏面は絹状。花は白、薄青紫、赤紫の花が花穂を形成。開花期は夏。
ゾーン：6〜10

Robinia hispida
一般名：ハナエンジュ
英 名：ROSE ACACIA
☼ ❄ ↔ 3m ↕ 3m
アメリカ合衆国南東部原産の大型低木。よく繁茂し、吸着性を持つ。枝は赤い刺で覆われる。葉には7ないし5枚の小葉がつく。表面は暗緑色、裏面は灰緑色。先端には刺がある。花は赤紫ないし紫。小型の花穂を形成。開花期は晩春。
ゾーン：5〜9

Robinia pseudoacacia
一般名：ニセアカシア
英 名：BLACK LOCUSTS, FALSE ACACIA
☼ ❄ ↔ 10m ↕ 15m
広い範囲で栽培されており、栽培品種の多くはこの種から作出された。アメリカ合衆国東部および中央部原産。茎には刺が多く、若いころは赤味を帯びる。葉には明緑色をした19枚の小葉がつく。花は白ないしクリーム色。花穂を形成。開花期は夏。'**アパラチア**'は細長くて直立した樹形。'**アウレア**'は春に黄緑色の新葉を出す。'**ベッソニアナ**'は刺がなく、丸い樹形。'**コルテオイデス**'は丸くてコンパクトな樹形。小葉が密生。'**フリシア**'は鮮黄色の葉で刺はない。花は少ない。'**イネルミス**'は刺がなくて直立性。'**トルトゥオサ**'の枝はねじれる。'**ウンブラクリフェラ**'は丸い樹形で葉が密生。
ゾーン：3〜10

Rimacola elliptica

Robinia hispida

Robinia pseudoacacia 'ツイステド ビューティー'

Robinia pseudoacacia

R. pseudoacacia 'Appalachia'

Robinia pseudoacacia 'Aurea'

Robinia pseudoacacia 'Bessoniana'

R. pseudoacacia 'Coluteoides'

Robinia pseudoacacia 'Frisia'

Robinia pseudoacacia 'モノフィラ ファスティギアタ'

Robinia pseudoacacia 'ロブスタ ウィグネイ'

Robinia pseudoacacia 'Tortuosa'

Robinia × *slavinii*
ロビニア×サラウィニイ

↔3m ↕4.5m
*R. kelseri*と*R. pseudoacacia*の交雑種。低木。葉は深緑色で羽状。バラ色の花が花穂を形成。開花期は春。'ヒリエリ'は高木状となる。薄紫がかったピンクの花。
ゾーン：5～9

Robinia viscosa
一般名：モモイロハリエンジュ
英　名：CLAMMY LOCUST

↔6m ↕9m
アメリカ合衆国南東部原産の落葉性高木。若い茎は濃い茶色で刺を持つ。暗緑色の小葉は13ないし25枚。裏面には灰色の毛。花はピンクで黄色の斑紋。密生した花穂を形成。開花期は晩春。
ゾーン：3～10

ROBIQUETIA
(ロビケティア属)
ラン科。40種ほどの着生ランが含まれる。インドからスリランカにかけて分布し、東南アジア一帯からオーストラリア北部、一部の太平洋諸島でも見られる。単軸型の着生植物。葉は革質で2列。熱帯の低地帯に自生するものが多い。花は小型だが数が多く、花色は豊富で花弁は肉厚。暖かい季節に開花するが、熱帯では年間を通じて開花する種もある。

〈栽培〉
根が覆われるのを嫌う種が多いため、コルクもしくはヘゴヤシの板（水平もしくは垂直方向）に取り付けるのがよい。年間を通して根の湿度を保つ。大型の個体は小ぶりのバスケットで栽培することもできる。部分的な遮光を施し、熱帯以外の地域では温室で育てるのがよい。年間を通して暖かい環境が必要であり、10℃以下を嫌う。

Robiquetia cerina
↔12～35cm ↕10～50cm
フィリピン原産の美麗な種。葉は厚くて青緑色。花序は短くて密生する。花色は濃いピンクないし紫。花径は8mm。花は完全には開花しない。
ゾーン：11～12

Robiquetia wasselii
↔12～25cm ↕10～40cm
オーストラリア原産。透明な緑色の花が多数集まって下垂花序を形成。花は全長12mm。
ゾーン：11～12

RODGERSIA
(ヤグルマソウ属)
一見したところ、高山地帯に自生する小型の近縁種とはかなり異なった姿ではあるが、本属に含まれる6種の多年草はユキノシタ科に属する。温帯アジアの森林地帯や小川沿いに見られ、湿りけのある条件を好む。大型の羽状複葉を持ち、葉は鋸歯縁。観葉植物として栽培される場合が多い。小型の花につくアスチルベに似た冠毛は短命だが鑑賞に値する。春には葉と花が速やかに成長する。花色は白、クリーム色、ピンク。葉が最大限まで成長したころに開花する。属名は、1852～56年に西太平洋の植物探査を行ったアメリカの海軍少将ジョン・ロジャーズ（1812～82）にちなむ。

〈栽培〉
日陰もしくは部分的な遮光をし、低温で湿り気があり、腐食質に富んだ土壌に植栽する。恒常的に湿度が必要だが、水流が滞った沼地では生育が阻害される。池よりも流水のそばでよく繁茂する。繁殖は播種もしくは休眠期の株分けによる。

Rodgersia aesculifolia
↔0.9～2m ↕1.5～2m
中国原産の多年草。大型でヤシに似た葉は全長40cm。種小名はラテン語学名の「トチノキ属」(*Aesculus*)に由来し、セイヨウトチノキに似た葉を持つ。花は白。密生した花序を形成。花序の全長は60cm。開花期は夏。
ゾーン：5～9

Rodgersia pinnata
ロドゲルシア・ピンナタ
↔0.9～2m ↕80～120cm
中国南西部原産の多年草。一部の葉は羽状。暗緑色の小葉は5ないし9枚。くっきりとした葉脈を持つ。全長は20cm。花は濃いピンクないし赤。白色花は稀。花序は長柄を持ち、葉のある部分から突出する。開花期は夏。'ロセア'は濃いピンクの花。'スペルバ'★は赤褐色ないし紫がかった葉を持つ。花序は大型。花色はピンク。
ゾーン：6～9

Rodgersia podophylla
一般名：ヤグルマソウ
↔0.9～2m ↕80～120cm
日本および朝鮮半島原産の多年草。葉は広い掌状。通常は5裂、全長および幅は30cm。先端部には切れ込みがある。秋には葉が赤味を帯び、場合によっては見事な紅葉となる。花は白。花序の全長は30cm。開花期は夏。
ゾーン：6～9

Rodgersia sambucifolia
↔60～120cm ↕60～90cm
中国原産の多年草。葉は羽状。全長30cm。暗緑色の小葉は11枚まで。くっきりした葉脈と細毛を持つ。茎頂部は扁平。花序は散開することが多い。花色は白ないし薄いピンク。
ゾーン：6～9

RODRIGUEZIA
(ロドリゲチア属)
ラン科。熱帯アメリカ原産の合軸型ランほぼ40種が含まれる。熱帯雲霧林に分布。分枝に着生するものが多く、幹や主要枝に着生するものは稀である。小型偽鱗茎の頂部には1ないし2枚の葉がつく。開花期は秋から冬。成熟直後の偽鱗茎の基部にある葉腋から花序が突出する。オンシジューム属と近縁。美麗な花を咲かせる種が多い。

〈栽培〉
着生性であるため、コルクもしくはヘゴ板に取り付けて、針金状の伸張した根系の生育を助けるのがよい。高湿かつ明るい場所で部分的な遮光を施し、通風をよくする必要がある。繁殖は大きな個体の株分けによる。

Robiquetia cerina

Robinia × *slavinii*

Robinia viscosa

Rodgersia podophylla

Rodgersia pinnata 'Rosea'

Rodriguezia decora

☀ ❄ ↔10〜60cm ↕10〜40cm

ブラジル原産。偽鱗茎の間に長い根茎を持つため、栽培では長さのある取り付け台が必要になる。花穂には10あまりの花がつく。花色は薄いピンクないし紫がかった褐色。花径は25mm。クリーム色がかったピンクの唇弁はフレア状。ゾーン：10〜12

ROELLA
（ロエラ属）

キキョウ科。ほぼ30種が含まれる。全種が南アフリカのケープ地方原産。多年草もしくは小型の常緑性低木。細い分枝に小型の葉と可憐な鐘形の花をつけるものが多い。花は単生、もしくは枝先で短い花穂となる。

〈栽培〉
18世紀後期には少なくとも1種がヨーロッパに導入されて温室で栽培されていた。この後、19世紀半ばにはケープ地方の植物が大流行した。ケープ原産のエリカの仲間と同じような栽培法がよく、具体的には排水のよい粗い酸性土壌に植栽する。常に湿度が保てるように留意する。繁殖は播種もしくは小枝の挿し木による。

Roella ciliata

☀ ❄ ↔60cm ↕90cm

南アフリカのウェスタン・ケープ州原産。華奢な樹形となる直立性低木。葉は小型で先端が尖る。葉淵には刺状の毛。花は大きな鐘形で花弁は青紫色。花筒は濃青色。花は枝の先につく。開花期は晩春から初夏。ゾーン：9〜10

ROLDANA
（ロルダナ属）

キク科。中米大陸原産の叢性デイジー。ほぼ50種が含まれる。一年草もしくは多年草が多いが、わずかながら低木になるものもある。葉は大きくて円形、もしくは掌状となって浅い切れ込みがある。先端部は暗緑色、裏面では淡色となる場合が多い。葉と若い茎は細毛を帯び、時に密生してフェルト状となる。花は主に鮮黄色で散房花序となる。温暖な気候条件下では一年を通して開花する。

〈栽培〉
多くの種は非耐霜性だが、もっとも強健な種は軽い降霜と比較的厳しい冬にも耐性を持つ。排水がよくて湿り気があり、よく肥えた土壌を好む。じゅうぶんな日照下でよく花をつけるが、葉は軽く日よけをした方がよく成長する。繁殖は播種もしくは挿し木によるが、株分けで成功する場合もある。

Roladana petasits
異　名：*Senecio petasitis*

☀ ❄ ↔1.8〜3m ↕1.8〜3m

中米大陸原産。多年草もしくは一年草。葉には7ないしそれ以上の切れ込みがあり、各先端部は尖る。裏面はフェルト状。花は黄色のキク状花。扁平な花穂を形成する。開花期は冬。ゾーン：9〜11

ROMNEYA
（ロムネヤ属）

ケシ科。2種のみ。北米大陸西部およびメキシコ原産。茎は白く帯粉し、深く裂けた葉を持つ。花は大輪の6弁花。白色でケシに似る。中央部には黄金色の雄ずいがある。根づかせるのは容易ではないが、いったん根を張ると地下茎によって速やかに繁茂するため、広い場所が必要となる。

〈栽培〉
暖かくてじゅうぶんな日照のある場所でよく育ち、かなりの耐霜性を備えている。肥沃で排水のよい土壌を好み、移植を嫌う。繁殖は播種もしくは挿し穂。

Romneya coulteri
ロムネヤ・コウルテリ
英　名：CALIFORNIA TREE POPPY

☀ ❄ ↔2m ↕2.4m

アメリカ合衆国カリフォルニア州南部原産。小型ないしは中型の低木状多年草。葉は銀灰色で細く裂ける。花は単生し、花芽はなめらかでやや円錐状。大輪の白色花をつける。花弁にはクレープのようなしわがある。開花期は晩夏から盛秋。'バタフライ'は小ぶりの花、色は白、花弁にはしわ。'ホワイト　クラウド'は大輪の白色花、銀灰色の葉。ゾーン：7〜10

ROMULEA
（ロムレア属）

アヤメ科。80種ほどの小型塊茎植物が含まれる。クロッカスに似る。ヨーロッパ全域から南アフリカにかけて広く分布する。特に南アフリカでは美麗な種が見られ、種の数も豊富である。細長いひも状の葉の基から細い茎が伸び、開口部の広いじょうご形の花を咲かせる。花は単生だが、複数の花が一本の茎について順番に開花する種もある。多くの種は日中に開花し、日没と同時に花を閉じる。曇天や雨天の日には開花しない。

〈栽培〉
降霜がほとんど、もしくは全くない地域であれば、日当たりと排水のよいロックガーデンで耐霜性の強い種を栽培できる。このような地域以外では、鉢植えにして高山植物室で栽培し、夏は乾燥を保つ必要がある。繁殖は秋の播種による。休眠期に塊茎を株分けしてもよい。

Romulea ramiflora

☀ ❄ ↔15〜25cm ↕25〜30cm

地中海沿岸地方原産の可憐な種。葉は直立もしくはアーチ状にカーブ。花は薄紫色。花筒部は黄色もしくは白。花径は25mm。開花期は春。1つの株に1ないし4個の花がつく。ゾーン：8〜10

RONDELETIA
（ベニマツリ属）

アカネ科。小型の常緑性低木もしくは小型高木。中央アメリカ原産。属名は、16世紀フランスの博物学者ギヨーム・ロンデレにちなむ。低木、高木ともに葉は対生。赤、黄色、ピンク、白の筒状花が茎頂もしくは葉腋で花序を形成。濃厚な花蜜を持つ。

〈栽培〉
じゅうぶんな日照のある暖かい環境を好み、霜害を受けることもある。排水をよくするために軽くて粗い土に植えるのがよい。開花後はややきつめに切り詰める必要があり、昨年枝の数節を残してシュートをカットする。繁殖は春に（葉をつける）半熟枝を挿し、5〜10cmにカットしたものを用いる。

Roldana petasitis

Romulea ramiflora

Rondeletia amoena

☀ ❄ ↔2.4m ↕3m

メキシコおよび中央アメリカ原産。常緑性低木。基部から数多くの枝が株立ちする。葉は密生。淡い赤褐色がかった緑色だが、時間とともに表面は光沢のある暗緑色となる。裏面には毛。花は小型でサーモンピンク。茎頂部につき、かすかな芳香がある。開花期は春。ゾーン：10〜12

Roella ciliata

Romneya coulteri

Rondeletia odorata

Rondeletia odorata
一般名：ベニマツリ
英　名：FRAGRANT RONDELETIA
☼ ⚓ ↔0.9m ↕1.5m

パナマ原産。小型の常緑性低木。直立し、壺状の樹形となる。葉は楕円形ないし長楕円形。表面は暗緑色でベルベット状、裏面は赤味がかった緑色。花は茎頂部につく。橙緋色ないし緋色。花筒部は鮮黄色。甘い香りを放つ。開花期は晩夏から秋。
ゾーン：11〜12

ROSA
（バラ属）
英　名：ROSE

バラ科。バラ属の花は世界中でもっともよく栽培される植物のうちに数えられ、圧倒的な人気を誇っている。バラ科植物には美味な果実（リンゴ、プラム、イチゴなど）をつけるものが多いだけでなく、観賞用としても愛されている。古代よりバラは美麗な花と芳香のために重用され、医療、料理、化粧品などの用途にも利用されてきた。バラには100ないし150の種がある。直立性のものもあれば、アーチ状の低木となったり、つる性となって巻きついたりするものもある。落葉性の種が多く、大部分の種には刺がある。北半球の温帯もしくは熱帯地域に広く分布し、南半球原産の種はない。葉は羽状。通常は5ないし9枚で構成されるが、これより多い場合もある。小葉は鋸歯縁。花は一重咲き（通常は5弁）から多数の花弁が密生するものまで多様な変異がある。単生もしくは房咲き。強い芳香を放つものが多い。大多数の種とオールド・ガーデンローズの系統は年に1度しか開花しないが、モダンローズ系の栽培品種の多くは繰り返し開花する。バラの果実（ローズヒップ）はビタミンCに富む。橙緋色のものが多いが、暗色のものもあり、観賞用ともなる。小型で房になるか、もしくは大型で単生する。バラには何世紀にもわたる栽培の歴史があり、数多くの系統が知られている。オールド・ガーデンローズは数少ない種から育種され、ガリカローズおよびアルバローズなどの系統がここに含まれる。18世紀後期、四季咲きのチャイナローズ（*R. chinensis*）がヨーロッパにもたらされて交配が進み、数多くのオールドローズが生み出された。19世紀にはやはり四季咲きのティーローズが作出され、その50年後にフランスで最初の大輪系バラが誕生するとモダンローズ作出の歴史が幕を開けた。20世紀には、大輪系、ノイバラ系、房咲き系、シュラブローズ系のバラが次々と発表された。大多数の種とオールドローズのほとんどはピンクの濃淡、赤、紫、白であったが、現代のバラ栽培では花色が増えて黄色の濃淡やオレンジ色の品種もある。

〈栽培〉
バラは単植の花壇や混植のボーダー花壇で栽培され、整形式あるいは自由なデザインにそって植栽される。グラウンドカバー、アーチやパーゴラ仕立て、生垣、鉢植えにもできるし、木に這わせることもできる。人気が高いため、栽培に関しては数多くの書籍が著されている。バラは日陰では花つきが悪くなるため、日中のほとんどが日向となる場所に植える必要がある。密生を避けて風通しをよくすると、病気の発生を抑えることができる。バラを栽培するには、排水がよくてほどよく粘土質を含んだ土壌を選び、腐食質や有機質をすきこむ。苗を植える際には、接ぎ木部分から土までの距離がほぼ25mmになるようにする。春以降は、粒状ないし液状のバラ用肥料を年に1ないし2度与える。乾燥する時期にはじゅうぶんに灌水し、夏期にはマルチングをして湿度を維持するのがよい。年に1度以上開花する種では、花がらを摘み取って新しいつぼみを育てる。バラを健康に育てて樹形を保ち、じゅうぶんな日照を確保するためには、剪定を行う必要がある。バラの系統ごとに数多くの剪定法が確立しているが、最近になって明らかになったところによると、単純な「枯れ枝落とし」と切り戻しが適切かつ効果的である。剪定は休眠期にあたる冬に実施する場合が多い。湿度の高い地域では、カビによる病気（さび病、黒点病、うどん粉病など）が問題となることもある。害虫による被害の中では、アリマキによるものがもっとも一般的である。その他にもハダニ、アザミウマ、ヨコバイ、アワフキムシ、カイガラムシなどの害虫がつく。カビによる病気と害虫対策用の薬剤スプレーには、化学的なものと有機的なものがあり、どちらを使ってもよい。以前からバラが植えられていた場所に別のバラを植えると病気にかかりやすい。この問題を避けるには、大量の古い土をとりのけて新しい土と入れ替える。ほとんどのバラは強い耐寒性を備えており、冬季の寒気を必要とするが、オールド・ティーローズの中には耐寒性がやや劣るために、暖かい気候下での栽培に向くものもある。温暖地域のバラは、寒冷地域における同種のバラよりもかなり大きな花をつけることが多いが、冬の寒気不足のために病気や害虫の被害を受けやすくなる。商業用の繁殖は芽接ぎによるが、個人の庭では、秋に熟枝、もしくは夏に半熟枝の挿し木をおこなう。ハイブリッド品種の場合は播種によって望んだとおりの苗を得ることができないため、上記のような方法をとる。種子の発芽には埋土が必要。

Rosa acicularis
一般名：オオタカネバラ
☼ ❄ ↔1.2m ↕1.8m

ヨーロッパ、アジア、アメリカの北部一帯に広く分布する。散開する低木となり、さまざまな長さの刺が密生する。葉は灰緑色。花は微香性で一重咲き。濃いピンク色。開花期は夏。実は鮮やかな赤。洋ナシに似た形。
ゾーン：2〜9

Rosa amblyotis
☼ ❄ ↔1.2m ↕1.8m

直立性の低木。アジア北東部原産。葉は灰緑色。微香性の花は一重咲きで紫がかったピンク。開花期は夏。実は球状もしくは洋ナシ形で色は赤。
ゾーン：5〜9

Rosa arkansana
英　名：PRAIRIE ROSE
☼ ❄ ↔50cm ↕60〜120cm

アメリカ合衆国中央部原産。小型低木で多くのひこばえを伸ばす。枝は直立し、刺が多い。葉は光沢にある緑色。花は一重咲きで微香性。ピンクないし赤。開花期は夏。実は円形で小型。色は赤。
ゾーン：4〜9

Rosa amblyotis

Rosa acicularis

Rosa banksiae normalis

Rosa banksiae lutea

Rosa banksiae banksiae

Rosa banksiae
英　名：BANKSIA ROSE
☼ ❄ ↔9m ↕9m
温暖地域ではほぼ常緑性。一度咲き。中国中部原産のつる性バラ。栽培されることは稀。小葉は3ないし5枚。小型の白色花が密生して咲く。開花期は春から初夏。*R. b. banksiae*は八重咲き。白い花は芳香性。*R. b. lutea* ★（モッコウバラ）は黄色い八重咲き。*R. b. normalis*は刺を持たない。芳香性。象牙色の花。ゾーン：7〜10

Rosa beggeriana
☼ ❄ ↔2.4m ↕2.4m
アジア中央部原産の落葉性低木。葉は灰緑色。花は小型で色は白。新シュートの先端に8個ないしそれ以上の花が集まって房状になる。開花期は盛夏。実は小型で円形。赤味を帯びた色。ゾーン：4〜9

Rosa blanda
英　名：HUDSON BAY ROSE、MEADOW ROSE、SMOOTH ROSE
☼ ❄ ↔0.9m ↕0.9〜2m
北米大陸の東部および中央部で見られる直立性低木。茎は茶色。*R. canina*に似る。基部には刺がほとんどない。葉はくすんだ緑色。微香性の花は一重咲き。薄いピンク。開花期は夏。実は卵形もしくは洋ナシ形。色は赤。ゾーン：3〜9

Rosa bracteata
一般名：ヤエヤマイバラ
英　名：MACARTNEY ROSE
☼ ❄ ↔2.4m ↕2.4m
中国原産の常緑性植物だがアメリカ合衆国南部でも野生化。寒冷な地域では低木もしくは小型のつる性植物となる。茎には鉤状の刺がある。葉は暗緑色。花は白の一重咲き。雄ずいは鮮黄色。開花期は夏から秋。実は円形で橙緋色。ゾーン：7〜10

Rosa californica
一般名：カリフォルニアワイルドローズ
☼ ❄ ↔1.3m ↕2m
アメリカ合衆国シエラネバダ山脈西部からカリフォルニア半島、メキシコにかけて普通に見られる一般種。茎には硬い刺がある。葉は緑色。花は一重咲で微香性。ピンクの房咲き。開花期は夏。実は円形で橙緋色。*R. c. plena*の葉は灰緑色。半八重咲き。強い芳香を放つ。花色は濃いピンク。ゾーン：5〜10

Rosa canina
一般名：ドッグローズ
英　名：COMMON BRIAR、DOG ROSE
☼ ❄ ↔3m ↕3m
イギリスおよびヨーロッパ大陸原産の強健な低木。多くのひこばえを伸ばす。茎には刺があり、小葉は5ないし7枚。芳香性で一重咲き。淡いピンクもしくはピンクのブラッシュ。時として白色花。開花期は夏。実は橙緋色。ゾーン：3〜10

Rosa bracteata

Rosa arkansana

Rosa canina（雪をかぶった実）、イタリア、ヴェネート

Rosa foetida

*Rosa chinensis*栽培品種

Rosa cinnamomea plena

Rosa dumalis

Rosa chinensis
一般名：チャイナローズ
英　名：CHINA ROSE
☀ ❄ ↔2.4m ↕6m
中国原産。矮性低木、半つる性のものなど変異に富む樹形をとる。光沢のある小葉は3ないし5枚。花色は赤もしくはピンク、白。一重咲きもしくは半八重咲き。開花期は夏。実は緑がかった褐色ないし緋色。モダンローズの系統を作出する際には、本種が持つ四季咲き性が利用された。*R. c. spontanea*は強健なつる性バラ。
ゾーン：7～10

Rosa cinnamomea plena
異　名：*Rosa majalis*
英　名：CINAMON ROSE, MAY ROSE
☀ ❄ ↔1.5m ↕1.8m
ヨーロッパ北東部原産の落葉性低木。茎は細く紫味を帯びる。葉は灰緑色で綿毛を持つ。花は一重もしくは八重咲き。色はピンクもしくは紫がかったピンク。開花期は初夏。長細い実は暗赤色。
ゾーン：6～10

Rosa corymbifera
☀ ❄ ↔3m ↕3m
ヨーロッパ、南西アジア、北アフリカ原産の強健な低木。小葉は円形で綿毛を持つ。花は一重咲き。クリーム色がかった白ないし淡いピンク。房咲きとなる。開花期は夏。実は橙緋色。
ゾーン：6～10

Rosa davidii
☀ ❄ ↔2.4m ↕3m
中国西部および中央部原産の落葉性低木。茎はアーチ状となり赤味を帯びた刺がある。葉にはしわ。花は一重咲き。小型もしくは大型の房状花を形成。開花期は夏。花色は淡いピンクで微香性。瓶形の実は橙緋色。ゾーン：6～10

Rosa eglanteria

Rosa davurica
一般名：ヤマハマナシ
☀ ❄ ↔1.2m ↕0.9～1.5m
アジア北東部および中国北部に分布する落葉性低木。葉は小型。刺は直立。1ないし3個のピンクの花がかたまって咲く。開花期は夏。小型の実は楕円形。色は赤。ゾーン：5～9

Rosa dumalis
☀ ❄ ↔0.9～2m ↕0.9～2m
ヨーロッパ、トルコ、西南アジアに分布する落葉性低木。茎および葉の表面が白く帯粉することが多い。花は一重咲きの淡いピンク。開花期は夏。実は赤色。
ゾーン：4～9

Rosa ecae
☀ ❄ ↔1.2m ↕1.2m
アフガニスタンおよびパキスタン原産。よく枝を伸張させ、多数のひこばえを出す低木。茎には刺が多い。葉は小型でシダに似ており、芳香を放つ。花はキンポウゲと同じくらいの大きさ。色は鮮黄色。開花期は春。光沢のある実は赤褐色。
ゾーン：7～10

Rosa eglanteria
異　名：*Rosa rubiginosa*
英　名：BRIAR ROSE, EGLANTINE, SWEET BRIAR
☀ ❄ ↔3m ↕3m
ヨーロッパおよび西アジア原産の落葉性低木。茎はアーチ状となり刺を持つ。葉にはリンゴに似た芳香がある。小型の花は芳香性で一重咲き。色はピンク。開花期は夏。卵形の実は橙緋色。ワイルドガーデンや生垣用に最適。
ゾーン：4～10

Rosa elegantula
異　名：*Rosa farreri*
☀ ❄ ↔2.4m ↕0.9～2m
中国北西部原産の強健種。多数のひこばえを伸張させる。茎には赤い刺が密生。葉はシダに似て灰緑色。秋には紫もしくは赤味がかった色になる。花は小型で一重咲き。白もしくはバラ色。開花期は夏。ゾーン：6～10

Rosa fedtschenkoana
☀ ❄ ↔0.9～2.4m ↕0.9～2.4m
中央アジア山岳地帯原産の強健種。多数のひこばえを伸張させる。刺はピンク味を帯びる。葉は灰緑色。花は白色の一重咲き。雄ずいは黄色でよく目立つ。微香性。開花期は夏から秋。実は洋ナシ形で剛毛を持つ。色は橙緋色。
ゾーン：4～10

Rosa foetida
英　名：AUSTRIAN BRIAR, AUSTRIAN YELLOW
☀ ❄ ↔1.8m ↕0.9～3m
アジア原産の直立性低木。刺は大きくて黒味を帯びる。葉に鮮やかな緑色。一重咲き。花は濃い黄色。よく目立つ雄ずいは不快な香りを放つ。開花期は夏。円形の実は赤色。*R. f. bicolor*（Austrian copper rose）は赤褐色がか

Rosa fedtschenkoana

Rosa davurica

Rosa foetida bicolor

Rosa foetida persiana

ったオレンジ色の花。*R. f. persiana* (Persian yellow rose)は八重咲きの黄色い花。
ゾーン：4〜10

Rosa foliolosa
☼ ❄ ↔90cm ↕45〜90cm
アメリカ合衆国南東部原産の小型低木。多数のひこばえを伸張させる。刺は比較的少ない。小葉の幅は狭い。花は鮮やかなピンクの一重咲きで微香性。開花期は夏。小型の実は円形。色は鮮やかな赤色。湿った土壌にも耐性がある。
ゾーン：6〜10

Rosa gallica
英　名：FRENCH ROSE、RED ROSE
☼ ❄ ↔1.2m ↕1.2m
ヨーロッパ南部、中央部、東部原産に古くから自生する野生バラ。樹高は低く、多数のひこばえを伸張させる。葉にはまばらな剛毛があり、革質。色は暗緑色。花は微香性。通常は一重咲き。濃淡のピンク。目立つ雄ずいは明るい黄色。小型の実は卵形。色はレンガ色に近い赤。次の2品種がよく知られている。*R. g. officinalis* ★はやや小型。花は大型で半八重咲き、強い芳香を放つ。花色は緋色。雑草化する場合もある。*R. g. versicolor*（syn.'ロサ　ムンディ'）は*R. g. officinalis*の変種。白、ピンク、緋色の花弁に縞が入る。
ゾーン：5〜10

Rosa hugonis

Rosa gigantea
☼ ❄ ↔6〜12m ↕9〜18m
インド北東部、ミャンマー北部、中国西部原産の半常緑性つるバラ。非常に大きく成長することもある。茎には刺が多く、光沢のある葉は深緑色。花色はクリーム色、白、時にピンク。開花期は初夏。大型の実は赤色。
ゾーン：8〜11

Rosa glauca
異　名：*Rosa rubrifolia*
英　名：REDLEAF ROSE
☼ ❄ ↔1.8m ↕1.8m
ヨーロッパ原産の落葉性低木。茎はアーチ状になり幼樹では紫がかった赤色。葉は青緑色。花弁は星形で濃いピンク。中央付近では白味を帯びる。開花期は夏。卵形の実は紫紅色。
ゾーン：3〜10

Rosa gallica versicolor

Rosa glauca

Rosa gymnocarpa
英　名：WOOD ROSE
☼ ❄ ↔2m ↕0.9〜3m
北米大陸原産。ほっそりとした樹形になる。茎の刺はそれほど多くない。小葉に小型で円形。花は小型の一重咲き。淡いピンク。開花期は夏。洋ナシ形の実は赤くて光沢がある。
ゾーン：6〜10

Rosa helenae
☼ ❄ ↔4.5m ↕6m
中国中央部原産のつるバラ。若い枝は紫味を帯びる。茎には鉤状の堅い刺がある。葉は明るい緑色。小葉は細長く、裏面は淡色。小型の花は白色の一重咲き。芳香性。散房花序。開花期は夏。大型の実はオレンジないし赤色。
ゾーン：5〜10

Rosa hemisphaerica
英　名：SULFUR ROSE
☼ ❄ ↔2m ↕2m
西南アジア原産。よく枝を伸ばす低木。茎は直立し、まばらな刺を持つ。葉は灰緑色。花は八重咲きで杯形。イオウに似た濃い黄色。開花期は夏。円形の実は暗赤色。
ゾーン：6〜10

Rosa holodonta
異　名：*Rosa moyesii rosea*
☼/◐ ❄ ↔2m ↕3m
中国西部原産の大型低木。多数の直立茎を伸ばす。茎には剛毛および淡色の刺（全長30mm以上）がある。小葉は7ないし13枚で全長は5cm。表面は暗緑色、裏面は青緑色。葉は鋸歯縁。花はピンクないし赤色。花径は5cm。単生もしくは双生。時に4輪が房咲きとなる。開花期は夏。びん形の実は鮮やかな赤。全長は5cm。
ゾーン：5〜9

Rosa hugonis
異　名：*Rosa xanthina* f. *hugonis*
☼ ❄ ↔1.8m ↕2m
中国原産種。*R. xanthina*の近縁種。小葉の幅が広いこと、5cmに達する黄紅色の花を持つ点で*R. xanthina*とは異なる。
ゾーン：5〜10

Rosa holodonta

Rosa gallica

Rosa inodora

異　名：*Rosa elliptica*

☼ ❄ ↔3m ↕2.4m

ヨーロッパ南部原産。非常に強健な低木でワイルドガーデンに最適。葉には甘い香りがある。花は一重咲きでピンク、ないし白のブラッシュ。開花期は夏。楕円形の実は真紅色。
ゾーン：6〜9

Rosa laevigata

一般名：ナニワイバラ

英　名：CHEROKEE ROSE

☼ ❄ ↔6m ↕9m

温暖および亜熱帯東南アジア原産。きつく刈り込んだ場合には低木状となる。常緑性の葉は革質で光沢がある。小葉は深緑色。葉は鋸歯縁。花は大型で一重咲き。白色ないしクリーム色で芳香性。開花期は夏。実には剛毛があり、色は橙緋色。
ゾーン：7〜10

Rosa minutifolia

Rosa laxa

☼ ❄ ↔1.5〜3m ↕2〜2.4m

シベリアおよび中国北西部に見られる低木。茎はトウのようなアーチ状となり、剛毛と反り返ったまばらな刺を持つ。複葉。小葉は9枚まで。全長はほぼ5cm。鋸歯縁。時として裏面に疎毛。白色ないし淡いピンクの花。1〜6個が房状となる。花径は5cm。開花期は夏。実は赤。全長12mm。ゾーン：5〜9

Rosa macrophylla

☼ ❄ ↔3m ↕3m

ヒマラヤ地方原産。茎は濃い赤色。刺はほとんどない。葉は紫がかった緑色。花はサクランボ色の一重咲き。開花期は夏。実には剛毛。色は橙緋色。
ゾーン：7〜10

Rosa marginata

異　名：*Rosa jundzillii*

☼ ❄ ↔2.4m ↕0.9〜2.4m

ヨーロッパ東部原産の低木。多数のひこばえを伸張させる。刺は細くてまばら。

Rosa laxa

Rosa marretii

Rosa moschata nepalensis

葉は暗緑色。裏面は帯毛することもある。花は微香性で一重咲き。色は濃淡のピンク。開花期は夏。円形ないし楕円形の実は赤色。ゾーン：5〜10

Rosa marretii

☼ ❄ ↔1.2m ↕1.8m

中東原産の直立性低木。茎は紫味を帯びる。葉は緑色。花はピンクもしくは淡いピンク。小型の房状となる。開花期は夏。円形の実は赤色。ゾーン：6〜9

Rosa minutifolia

☼/◐ ❋ ↔1.2m ↕1.2m

アメリカ合衆国カリフォルニア州およびカリフォルニア半島原産の半常緑性小型低木。多毛性。赤褐色の細い刺が密生する。葉は羽状。全長は25mm以下。小葉の全長は6mm以下。花は紫紅色もしくは白の一重咲き。花径は18mm。開花期は夏。ゾーン：9〜11

Rosa moschata

英　名：MUSK ROSE

☼ ❄ ↔3m ↕3〜10m

ヨーロッパ南部および中東原産。古くから知られる種。茎はアーチ状、あるいは半つる性。刺は少ない。葉は光沢のある灰緑色。花は一重咲き。クリーム色。白に退色。ゆるい房状となる。開花期は夏。小型で卵形の実は細毛を帯びる。色は橙緋色。*R. m. nepalensis*（ヒマラヤ・マスクローズ）は芳香性の白色花。
ゾーン：6〜10

Rosa moyesii

☼ ❄ ↔3m ↕3m

中国西部原産の落葉性低木。堅い茎は直立し、刺は少ない。葉は暗緑色。濃い赤色の一重咲き。開花期は夏。瓶形の実は下垂する。橙緋色。*R. m. fargesii*は赤味がかった濃いピンク色の花。ゾーン：5〜10

Rosa inodora

Rosa moyesii

Rosa moyesii fargesii

Rosa pomifera

Rosa pendulina

Rosa nutkana

Rosa mulliganii
☼ ❋ ↔2〜3m ↑3〜4.5m
中国原産の強健な低木。若いシュートと葉は紫がかった灰色。花は白色の一重咲きで芳香性。小型の房状になる。開花期は夏。円形で小型の実には光沢がある。色は赤。ゾーン：4〜9

Rosa multiflora
一般名：ノイバラ
英　名：JAPANESE ROSE
東アジアおよび日本原産の強健な低木。交配親として利用され、接木台に用いられる。茎には刺が多く、小葉は7ないし9枚。クリーム色がかった白色花は一重咲き。小型の房状となる。開花期は夏。小さな実は円形。色は赤。*R. m. carnea*は完全八重咲き。色は白もしくは淡いピンク。*R. m. cathayensis*は中国に分布。ピンク色の一重咲き。ゾーン：5〜10

Rosa nitida
☼ ❋ ↔1.2m ↑0.9m
北米大陸東部原産の低木。多数のひこばえを伸張させる。茎は細くて多数の刺を持つ。葉は小型でシダに似ており、秋には緋色になる。小型の花は一重咲きで芳香性。ピンク。開花期は夏。実は暗緋色。グラウンドカバーによい。ゾーン：3〜10

Rosa nutkana
☼ ❋ ↔2m ↑1.8〜3m
北米大陸北部原産の強健な低木。ほとんど無刺の茎は紫がかった褐色。葉は暗い灰緑色。花は芳香性で一重咲き。ピンク色。開花期は夏。小型で円形の実は赤色。*R. n. hispida*は芳香性でピンクの花。ゾーン：4〜10

Rosa palustris
英　名：SWAMP ROSE
☼ ❋ ↔1.8m ↑1.2〜2m
北米大陸東部原産の落葉性低木。湿った沼地に生育する。直立性で多数のひこばえを伸ばす。茎は赤味を帯びる。葉は緑色ないし暗緑色。花は濃いピンクの一重咲き。開花期は夏。小型の実は赤色。ゾーン：4〜10

Rosa pendulina
☼ ❋ ↔1.5m ↑0.6〜2m
ヨーロッパ中央部および南部の山岳地帯に分布。落葉性低木。アーチ状の茎は赤紫色。刺はほとんどない。葉は濃緑色。花は濃いピンクもしくは紫紅色の一重咲き。黄色い雄ずいがよく目立つ。開花期は夏。長細い実は赤色。下垂することが多い。ゾーン：5〜10

Rosa mulliganii

Rosa × *pteragonis*

Rosa nitida

Rosa primula

Rosa pisocarpa
英　名：CLUSTER ROSE
☼ ❋ ↔1.2m ↑0.9〜2m
北米大陸西部原産の落葉性低木。茎はアーチ状。葉は小型で基部には剛毛。小型でバラ色の花は一重咲きで房状となる。開花期は夏。小型で円形の実には光沢があり、色は鮮やかな赤。ゾーン：6〜10

Rosa pomifera
異　名：*Rosa villosa*
英　名：APPLE ROSE
☼ ❋ ↔1.2m ↑1.8m
ヨーロッパ中央部および南部、トルコ原産の落葉性低木。枝は堅くて直線状。刺はまばら。葉には綿毛があり灰緑色。濃いピンクの花は一重咲きで芳香性。開花期は夏。大型で円形の実は赤色。剛毛を持つ。ゾーン：5〜10

Rosa primula
英　名：AFGHAN YELLOW ROSE、INCENSE ROSE
☼ ❋ ↔1.5m ↑1.5〜3m
中央アジアおよび中国原産の落葉性低木。枝は直立。茶色の茎には刺が多い。葉は芳香性でシダに似ており、同種の顕著な特徴となっている。花は芳香性で一重咲き。黄色味を帯びたピンクで雄ずいがよく目立つ。開花期は春。実はなめらかで円形。赤味を帯びたクリ色。栽培下の*R. ecae*と混同されてきた。ゾーン：5〜10

Rosa × *pteragonis*
☼ ❋ ↔1.5m ↑1.8m
*R. xanthina*と*R. sericea*の交雑種。濃赤色の刺は*R. sericea*に似る。一重咲きの白色花、中央部は薄黄色。黄金色の雄ずいが目立つ。開花期は春。ゾーン：5〜9

Rosa pisocarpa

Rosa rugosa

Rosa rugosa alba

Rosa rugosa rubra

Rosa roxburghii
英 名：BURR ROSE、CHESTNUT ROSE
☼ ❄ ↔2m ↕2m
中国西部原産の落葉性低木。枝はカーブし、フレーク状の樹皮は加齢とともに剥離する。小葉は15枚。小型で明るい緑色。ピンク色の花は一重咲きで芳香性。開花期は夏。実は黄緑色で短い刺に覆われる。栽培下では*R. r. plena*が一般的。バラ色の完全八重咲き。
ゾーン：5〜10

Rosa rubus
英 名：BLACKBERRY ROSE
☼ ❄ ↔3m ↕2.4〜4.5m
中国西部および中央部原産の強健なバラ。よく枝を伸張させ、半つる性となることもある。茎は緑がかった紫色で刺が多い。葉には光沢があり、若葉では紫味を帯びることも。小型の白色花は一重咲き。密生した房状となる。開花期は夏。小型の実は暗赤色。
ゾーン：8〜10

Rosa rugosa
一般名：ハマナス
英 名：BEACH ROSE、JAPANESE ROSE、RAMANAS ROSE
☼ ❄ ↔1.5〜2.4m ↕1.5〜2.4m
日本および東アジア原産の強健な落葉性低木。茎は堅くて刺が多い。葉は暗緑色。表面にはしわ。一重咲きの花は芳香性。淡いピンクないし濃いピンク。開花期は夏から秋。円形の実は鮮やかな赤色。*R. r. alba*は大型の白色花。つぼみはピンク。大型の実は明るい真紅色。*R. r. rubra*は濃い紫紅色の一重咲き。
ゾーン：2〜10

Rosa sherardii

Rosa sempervirens
英 名：EVERGREEN ROSE
☼ ❄ ↔6〜10m ↕0.3〜1.8m
ヨーロッパ南部原産の半常緑性低木。匍匐性もしくはつる性。葉は緑色ないし暗緑色。白色花は芳香性の一重咲き。房状となる。初夏から花をつける。小型の実は橙緋色。
ゾーン：7〜10

Rosa sericea
英 名：MALTESE CROSS ROSE
☼ ❄ ↔2.4m ↕3m
中国西部およびヒマラヤ原産の強健種。堅い枝は直立し、大型の鉤状刺をつける。葉はシダに似る。花は白で一重咲きの4弁花。開花期は春。ナシ形の実は鮮やかな赤色。*R. s. omeiensis*（syn. *R. omeiensis*）は大型でくさび形の刺（基部では全長35mm）を持つ。
ゾーン：6〜10

Rosa setigera
一般名：スズバラ
異 名：*Rosa rubifolia*
☼ ❄ ↔3m ↕2〜4.5m
北米大陸原産の匍匐性低木。長く伸びる茎はアーチ状で刺はまばら。葉は深緑色。花は濃いピンクの一重咲き。集まって房状となり、時間の経過にしたがって白くなる。開花期は夏。円形の実は剛毛を持つ。赤ないし緑がかった茶色。
ゾーン：4〜10

Rosa setipoda
☼ ❄ ↔1.5m ↕2.4m
中国西部原産の落葉性低木。叢性となる。堅い茎には太い刺が疎らにつく。葉をもむと芳香を放つ。花は一重咲き。淡いピンク。集まって大型の房を形成。目立つ雄ずいは黄色。開花期は夏。びん形の実には剛毛がある。色は濃い赤。
ゾーン：6〜10

Rosa sherardii
☼ ❄ ↔1.8m ↕2m
ヨーロッパ北部および中央部原産の落葉性低木。枝を密に茂らせる。葉は青緑色で多毛性。濃いピンクの花は一重咲き。房状となり、微香性。開花期は春。壷形の実は鮮やかな赤色。
ゾーン：5〜9

Rosa soulieana
☼ ❄ ↔1.8m ↕3m
中国原産の強健な低木。細い茎がアーチ状、もしくは半つる性となって伸張する。小型の小葉は楕円形で灰緑色。多くの花が集まって密な房となる。一重咲きの白色花。つぼみはクリーム色。開花期は夏。小型で卵形の実はオレンジ色。
ゾーン：7〜10

Rosa sempervirens

Rosa setigera

Rosa sericea omeiensis

Rosa roxburghii normalis

Rosa spinosissima

Rosa stellata mirifica

Rosa willmottiae

Rosa spinosissima
異　名：*Rosa pimpinellifolia*
英　名：BURNET ROSE、SCOTCH BRAIR
☀ ❄ ↔1.2m ↕0.9～2m

ヨーロッパおよびアジア全域に広く分布する小型のバラ。多くのひこばえを伸張させる。枝には刺が多く、ざらざらした葉はシダに似る。花はクリーム色がかった白の一重咲き。開花期は春。小型で円形の実は光沢のある黒色。*R. s. altaica*は見事な純白の花。黄色の雄ずいがよく目立つ。ゾーン：4～10

Rosa stellata
英　名：DESERT ROSE
☀ ❄ ↔90cm ↕90cm

アメリカ合衆国南西部の高温地域に分布する落葉性低木。刺の多い茎をよく伸張させて叢状となる。小葉は明るい緑色。小型でまばらな毛を持つ。濃いピンクの花は一重咲き。開花期は盛夏。つぼみは赤。実は柔らかい刺に覆われる。*R. s. mirifica*の花はピンクないし紫紅色。ゾーン：6～10

Rosa sweginzowii
☀ ❄ ↔2.5m ↕3.5m

中国北部および西部原産。直立性の低木でよく枝を伸ばす。刺は大きく、剛毛のある茎は赤味を帯びる。葉は緑色ないし明るい緑色。顕著な鋸葉縁。小葉は円形。濃いピンクの花が集まって小型の房を作る。開花期は盛夏。びん形の実は橙緋色。ゾーン：6～10

Rosa virginiana
英　名：VIRGINIA ROSE
☀ ❄ ↔1.5m ↕1.5m

北米大陸東部原産の常緑性低木。直立して叢状となる。葉は光沢のある緑色。秋にはよく色づく。濃いピンクの一重咲き。黄色い雄ずいがよく目立つ。開花期は盛夏。円形の実は赤。ゾーン：3～10

Rosa sweginzowii

Rosa virginiana

Rosa webbiana
☀/❄ ❄ ↔2m ↕2m

ヒマラヤおよび東アジア原産の低木。シュートはアーチ状もしくはつる性となる。葉は小型で灰色がかった青色。小型の花は芳香性で淡いピンク。開花期は秋。洋ナシ形の実は橙緋色。ゾーン：4～9

Rosa wichurana
一般名：テリハノイバラ
異　名：*Rosa luciae* var. *wichurana*
英　名：MEMORIAL ROSE
☀ ❄ ↔6m ↕1.8m

東アジア原産の低木。密に枝を伸ばして叢状となるか、もしくはつる状に成長する。匍匐性の茎には堅い刺がある。葉は光沢のある緑色で多くの場合に常緑性。一重咲きの白色花は芳香を放ち、房状となる。開花期は夏。小型で楕円形をした実は暗赤色。交配親としてよく利用される。*R. luciae*と同種ではないかとする見方もある。ゾーン：5～10

Rosa webbiana

Rosa willmottiae
英　名：MISS WILLMOTT'S ROSE
☀ ❄ ↔1.5m ↕1.8m

中国原産。種小名はイギリスの有名なバラ栽培家にちなむ。落葉性低木。茎はアーチ状。葉は灰緑色でシダに似る。紫紅色の一重咲き。黄色い雄ずいがよく目立つ。開花期は夏。卵形の実は橙緋色。ゾーン：6～10

Rosa woodsii
英　名：WESTERN WILD ROSE
☀ ❄ ↔1.5m ↕0.9～2m

北米大陸原産。堅牢な茎を持つ低木。若い茎は紫がかった茶色で刺が多い。秋には葉が色づく。一重咲きのピンク色の花が集まって小型の房になる。開花期は夏。実は鮮やかな赤色。*R. w. ultramontana*はアメリカ合衆国北西部およびカナダ近辺地域の原産。一般的な変種よりも花が小型になる。ゾーン：4～10

Rosa woodsii ultramontana

Rosa woodsii

MODERN ROSE
モダンローズ

モダンローズという用語は、誤解を生じる場合もある。モダンローズの多くは1800年代後半に作出されたが、これと同じ時期にいくつかのオールドローズも誕生しているためである。モダンローズの主要な特徴としては反復開花すること、多花性であること、黄色とオレンジ色の花が作られたことが挙げられる。大輪バラ（ハイブリッド・ティー）とポリアンサ系バラの交配によってフロリバンダ（房咲き）が作出された。この後も新品種が誕生し、もっとも新しいものとしてはグラウンドカバー・ローズとデビッド・オースチンのイングリッシュローズが発表されている。1900年代初期にカナダ農林省が開始した育種プログラムによって非常に耐寒性の強い品種が生み出され、その中にはエクスプローラー シリーズ（カナダの探検家らを記念して命名されたもの）のようにゾーン1でも生育できるものが含まれている。モダンローズは成長習性にしたがって、ブッシュ、シュラブ、つる性、ミニチュア、グラウンドカバーに大別できる。

BUSH ROSES
ブッシュローズ

ブッシュローズは整った枝ぶりを示すことが多く、樹高が1.5mを超えることはない。開花期は長く、花壇やボーダーでの栽培に適している。さまざまなグループが交雑を重ねたために正確な分類は困難である。たとえば大輪バラの中には、非常に大型の花房を形成するものもあり、樹高のある房咲きバラの中にはシュラブローズに似るものもある。

CULASTER-FLOWERED (FLORIBUNDA) ROSES
房咲き（フロリバンダ）バラ

☀ ❄ ↔0.9〜1.8m ↔1.2〜2m

小型の房咲きポリアンサ系バラ（1257ページに記載）と大輪バラの交配によって作出されたブッシュローズ。個々の花は大輪バラよりも小型だが、多数が集まって密生した花房を形成し、全開した花は大輪バラよりも扁平な形となるのが普通。大多数が八重咲きもしくは半八重咲き。'アンバー クイーン'は大型の花でカップ咲き。花はコハク色。'アプリコット ネクター'は濃いアンズ色のカップ咲き。強い芳香性。'ベティー ブープ'（syn. ★'センテナリー オブ フェデレーション'）は強い芳香性の一重咲き。クリーム色がかった白色ないし黄色。花弁の周縁部に向かって次第に赤くなる。'ブラス バンド'は微香性。濃淡のアンズ色。'チャイナタウン'は長柄を持ち、芳香性。濃い黄色で花弁の周縁部には

バラ、モダンローズ、房咲き、'バド フッシング'

バラ、モダンローズ、房咲き、'アバディーン セレブレーション'

バラ、モダンローズ、房咲き、'オールゴールド'

バラ、モダンローズ、房咲き、'アンバー クイーン'

バラ、モダンローズ、房咲き、'エンジェル フェース'

バラ、モダンローズ、房咲き、'アンナ リビア'

バラ、モダンローズ、房咲き、'アンナ ルイーザ'

バラ、モダンローズ、房咲き、'アン ハークネス'

バラ、モダンローズ、房咲き、'アプリコット ネクター'

バラ、モダンローズ、房咲き、'アトランティック スター'

バラ、モダンローズ、房咲き、'アトランティス'

バラ、モダンローズ、房咲き、'オーストラリアン ゴールド'

バラ、モダンローズ、房咲き、'バザール'

バラ、モダンローズ、房咲き、'ベンディゴールド'

バラ、モダンローズ、房咲き、'ベンガリ'

バラ、モダンローズ、房咲き、'ベティー ブープ'

バラ、モダンローズ、房咲き、'ベティー ブライアー'

Rosa, Modern Rose, Cluster-Flowered cultivar

バラ、モダンローズ、房咲き、'ボンファイヤー ナイト'

バラ、モダンローズ、房咲き、'ベティー ハークネス'

バラ、モダンローズ、房咲き、'ブライダル ピンク'

バラ、モダンローズ、房咲き、'ブライト スマイル'

バラ、モダンローズ、房咲き、'ブリリャント ピンク アイスバーグ'

バラ、モダンローズ、房咲き、'ブラウニー'

バラ、モダンローズ、房咲き、'ブイスマンズ トライアムフ'

バラ、モダンローズ、房咲き、'バタフライ ウィングス'

バラ、モダンローズ、房咲き、'カーンゴーム'

バラ、モダンローズ、房咲き、'カミーユ ピサロ'

バラ、モダンローズ、房咲き、'カテドラル'

バラ、モダンローズ、房咲き、'キャサリン マコーレー'

バラ、モダンローズ、房咲き、'セントネー ドゥ ルルド'

バラ、モダンローズ、房咲き、'セントネー ドゥ ルルド ルージュ'

バラ、モダンローズ、房咲き、'シャトー ドゥ バニョール'

ピンクのハイライト。'シティー オブ ベルファスト'は緋色の花。大型の花房となる。'シティー オブ ロンドン'は強い芳香性。八重のカップ咲き。花色はピンクの濃淡。'デアレスト'は強い芳香性。大型の花はサーモンピンク。全開すると黄色い雄ずいがよく目立つ。'ディッキー'(syn.'アニスリー ディッキンソン')は微香性。オレンジ色がかったピンクの八重咲き。'エリザベス オブ グラミス'(syn.'アイリッシュ ビューティー')はエリザベス2世の母后を記念したもの。強い芳香性。整った形のサーモンピンクの花。'フラグラント デライト'は強い芳香性。大型の花でサーモンピンク味を帯びたオレンジ色の濃淡。'フレンシャム'は強健な種で深い赤の半八重咲き。'ガウノ'(syn.'バックズ フィズ')は強い芳香性でオレンジ色。'グラッド タイディングス'はビロードのような暗赤色。'ゴールド バッジ'★は大型で濃い黄色の花。八重咲き。'ハンナ ゴードン'(syn.'ラズベリー アイス')はクリーム色がかった白い花弁の周縁部が濃いピンクとなる。'アイスバーグ'★(syn.'フェ デュ ネージュ'、'シュネーウィッチェン')は純白の花が大型の房となる。'ライラック チャーム'はほぼ一重咲き。薄青紫色の大型花弁。雄ずいは赤色でよく目立つ。'リリー マルレーン'は大型でビロード状の花弁。濃赤色。'リブィン イージー'★(syn.'フェローシップ')は燃え立つような橙緋色の花。'マ パーキンズ'は大型のカップ咲き。澄んだピンクないしサーモンピンク。'マーガレット メリル'は強い芳香性。大型の白色花。中央部はかすかにピンク。'マリアンデル'★は鮮やかな赤色で半八重咲き。微香性。'マタンギ'はいわゆる「ハンドペインテッドローズ」の1品種。鮮やかな橙緋色の花。中央部と花弁の裏面は銀白色。'マティルダ'(syn.'セダクション')は大型の白色花で八重咲き。花弁の周縁部は繊細なピンク色。'ピカソ'は「ハンドペインテッドローズ」。濃いピンク、鮮紅色、銀白色のブラッシュ。'プリマ'(syn.'メニ ハッピー リターンズ')は半八重咲き。非常に淡いピンク。'クイーン エリザベス'のつぼみは長くて先端が尖る。花は大型で強い芳香性。澄んだピンク。'ラドクス ブーケ'(syn.'ロジカ')は強い芳香性。淡いピンクのカップ咲き。'ローズマリー ローズ'はツバキに似た花。赤味がかった濃いピンク。大型の房咲きとなる。葉はクリ色。'セクシー レクシー'★は大型の房咲き。花はサーモンピンクでツバキに似た花。'シェイラズ パフューム'★は強い芳香性。花弁は黄色で周縁部は赤。'サウサンプトン'(syn.'スーザン アン')はアンズ色の花。オレンジと赤のフラッシュ。'サンスプライド'(syn.'フリージア'、'コレッシア')は丸いつぼみ。花は強い芳香性の八重咲き。鮮や

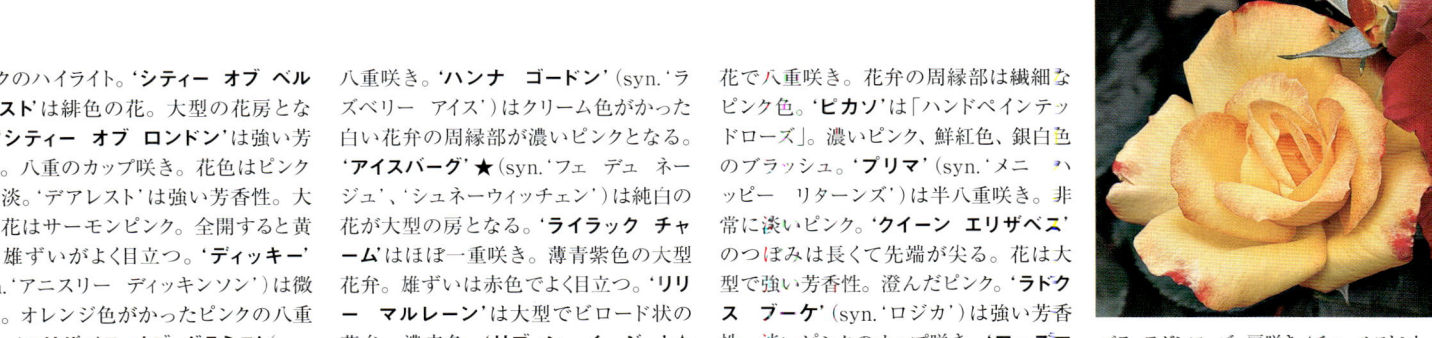
バラ、モダンローズ、房咲き、'チャールストン'

かな黄色。'スイート ドリーム'★は八重咲き。アンズ色がかったオレンジの花。'トランペッター'は鮮やかな橙緋色の花。ゾーン:4〜10

バラ、モダンローズ、房咲き、'コッペリア'

バラ、モダンローズ、房咲き、'シクラメン'

バラ、モダンローズ、房咲き、'チャイナタウン'

バラ、モダンローズ、房咲き、'チェリッシュ'

バラ、モダンローズ、房咲き、'チャックルズ'

バラ、モダンローズ、房咲き、'シティー オブ ベルファスト'

バラ、モダンローズ、房咲き、'シティー オブ リーズ'

バラ、モダンローズ、房咲き、'シティー オブ ロンドン'

バラ、モダンローズ、房咲き、'クラス アクト'

バラ、モダンローズ、房咲き、'ココリコ'

バラ、モダンローズ、房咲き、'コンフェッティ'

バラ、モダンローズ、房咲き、'カッパー ポット'

バラ、モダンローズ、房咲き、'コンスタンス フィン'

バラ、モダンローズ、房咲き、'コロネーション ゴールド'

バラ、モダンローズ、房咲き、'コート ジャルダン'

バラ、モダンローズ、房咲き、'クールボワジェ'

バラ、モダンローズ、房咲き、'クリムゾン ウェーブ'

バラ、モダンローズ、房咲き、'デインティー メイド'

バラ、モダンローズ、房咲き、'デール ファーム'

バラ、モダンローズ、房咲き、'ダイアダム'

バラ、モダンローズ、房咲き、'ディッキー'

バラ、モダンローズ、房咲き、'イーデス ホールデン'

バラ、モダンローズ、房咲き、'エリザベス オブ グラミス'

バラ、モダンローズ、房咲き、'エスカペード'

バラ、モダンローズ、房咲き、'エセル オースティン'

バラ、モダンローズ、房咲き、'ユーロピアーナ'

バラ、モダンローズ、房咲き、'ユーロスター'

バラ、モダンローズ、房咲き、'アイペイント'

バラ、モダンローズ、房咲き、'フェイム！'

バラ、モダンローズ、房咲き、'ファッション'

バラ、モダンローズ、房咲き、'ファースト エディション'

バラ、モダンローズ、房咲き、'フラート'

バラ、モダンローズ、房咲き、'フラグラント デライト'

バラ、モダンローズ、房咲き、'ユーロローズ'

バラ、モダンローズ、房咲き、'フランソワ ラブレー'

バラ、モダンローズ、房咲き、'フレデンスボルグ'

バラ、モダンローズ、房咲き、'フレデリクスボルグ'

バラ、モダンローズ、房咲き、'ファンシー'

バラ、モダンローズ、房咲き、'フロランジュ'

バラ、モダンローズ、房咲き、
'フレンシャム'

バラ、モダンローズ、房咲き、'ガヴノ'

バラ、モダンローズ、房咲き、
'ジーン バーナー'

バラ、モダンローズ、房咲き、
'ジェントル'

バラ、モダンローズ、房咲き、
'グレンフィディック'

バラ、モダンローズ、房咲き、
'ゴールド バッジ'

バラ、モダンローズ、房咲き、'ゲイ プリンセス'

バラ、モダンローズ、房咲き、
'ゴールデン グローブス'

バラ、モダンローズ、房咲き、
'ゴールデン スリッパス'

バラ、モダンローズ、房咲き、
'グレース アバウンディング'

バラ、モダンローズ、房咲き、'ジンジャー メグス'

バラ、モダンローズ、房咲き、'ゴードンズ カレッジ'

バラ、モダンローズ、房咲き、'フレンジー'

バラ、モダンローズ、房咲き、'ハイ サマー'

バラ、モダンローズ、房咲き、'イントリーグ'

バラ、モダンローズ、房咲き、'グリーティングス'

バラ、モダンローズ、房咲き、'グルス アン アーヘン'

バラ、モダンローズ、房咲き、'グルス アン バイエルン'

バラ、モダンローズ、房咲き、'グリエルモ マルコーニ'

バラ、モダンローズ、房咲き、'ギター'

バラ、モダンローズ、房咲き、'ギー ドゥ モーパッサン'

バラ、モダンローズ、房咲き、'H. C. アンデルセン'

バラ、モダンローズ、房咲き、'ハロルド マクミラン'

バラ、モダンローズ、房咲き、'ハーパー アダムズ'

バラ、モダンローズ、房咲き、'ハリー エドランド'

バラ、モダンローズ、房咲き、'ヒラリー、ファースト レディー'

バラ、モダンローズ、房咲き、'ホスピタリティー'

バラ、モダンローズ、房咲き、'アイスバーグ'

バラ、モダンローズ、房咲き、'イルミネーション'

バラ、モダンローズ、房咲き、'インプ'

バラ、モダンローズ、房咲き、'インターナショナル ヘラルド トリビューン'

バラ、モダンローズ、房咲き、'インビンシブル'

バラ、モダンローズ、房咲き、'ジャック フロスト'

バラ、モダンローズ、房咲き、'ジャスパー'

バラ、モダンローズ、房咲き、'ジュビリー セレブレーション'

バラ、モダンローズ、房咲き、'ハンナ ゴードン'

バラ、モダンローズ、房咲き、'ラ セビラーナ'

バラ、モダンローズ、房咲き、'リリー マルレーン'

バラ、モダンローズ、房咲き、'リブリー レディー'

バラ、モダンローズ、房咲き、'ジュリー デルバード'

バラ、モダンローズ、房咲き、'カリンカ'

バラ、モダンローズ、房咲き、'カネジェム'

バラ、モダンローズ、房咲き、'カール ワインハウゼン'

バラ、モダンローズ、房咲き、'ケリー ゴールド'

バラ、モダンローズ、房咲き、'キスカディー'

バラ、モダンローズ、房咲き、'クロンボルグ'

バラ、モダンローズ、房咲き、'リリアン バイリス'

バラ、モダンローズ、房咲き、'ケリーマン'

バラ、モダンローズ、房咲き、'レディー オブ ザ ダウン'

バラ、モダンローズ、房咲き、'ラミニュエット'

バラ、モダンローズ、房咲き、'レオナルド ダ ビンチ'

バラ、モダンローズ、房咲き、'リトル ダーリン'

バラ、モダンローズ、房咲き、'リトル ウォーレス'

バラ、モダンローズ、房咲き、'リビン イージー'

バラ、モダンローズ、房咲き、'マダム ディミトリウ'

バラ、モダンローズ、房咲き、'マダム プレジデント'

バラ、モダンローズ、房咲き、'マゼンタ'

バラ、モダンローズ、房咲き、'マリアンデル'

バラ、モダンローズ、房咲き、'マリー キュリー'

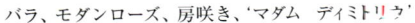

バラ、モダンローズ、房咲き、'マリー-ルイーズ ベルゲ'

バラ、モダンローズ、房咲き、'マーマレード スカイズ'

バラ、モダンローズ、房咲き、'マダム フェルナンデル'

バラ、モダンローズ、房咲き、'マーガレット メリル'

バラ、モダンローズ、房咲き、'ラブ ポーション'

バラ、モダンローズ、房咲き、'マリー ケーブ'

バラ、モダンローズ、房咲き、'ミケランジェロ'

バラ、モダンローズ、房咲き、'マチルダ'

バラ、モダンローズ、房咲き、'マタドール'

バラ、モダンローズ、房咲き、'マチアス メイランド'

バラ、モダンローズ、房咲き、'マズルカ'

バラ、モダンローズ、房咲き、'メメント'

バラ、モダンローズ、房咲き、'メッサラ'

バラ、モダンローズ、房咲き、'ミオ マック'

バラ、モダンローズ、房咲き、'ミセス アイリス クロウ'

バラ、モダンローズ、房咲き、'ミスター E.E. グリーンウェル'

バラ、モダンローズ、房咲き、'モデル オブ パーフェクション'

バラ、モダンローズ、房咲き、'モリー マグレディ'

バラ、モダンローズ、房咲き、'ムーラン ルージュ'

バラ、モダンローズ、房咲き、'メルローズ'

バラ、モダンローズ、房咲き、'マウントバッテン'

バラ、モダンローズ、房咲き、'マイ ガール'

バラ、モダンローズ、房咲き、'ミスター J.C.B.'

バラ、モダンローズ、房咲き、'ニアリー ワイルド'

バラ、モダンローズ、房咲き、'ニコロ パガニーニ'

バラ、モダンローズ、房咲き、'ニナ ウェイブル'

バラ、モダンローズ、房咲き、'オールド ジョン'

バラ、モダンローズ、房咲き、'ヌーベル ユーローパ'

バラ、モダンローズ、房咲き、'オクタビア ヒル'

バラ、モダンローズ、房咲き、'オリーブ'

バラ、モダンローズ、房咲き、'パッショネート キス'

バラ、モダンローズ、房咲き 'ピンク アイスバーグ'

バラ、モダンローズ、房咲き、'オレンジ シルク'

バラ、モダンローズ、房咲き、'オレンジエード'

バラ、モダンローズ、房咲き、'パルフュ リフリーン'

バラ、モダンローズ、房咲き、'パティー トリック'

バラ、モダンローズ、房咲き、'パット ジェームズ'

バラ、モダンローズ、房咲き、'パトリシア'

バラ、モダンローズ、房咲き、'ピースキーパー'

バラ、モダンローズ、房咲き、'ペルニール ポールセン'

バラ、モダンローズ、房咲き、'ピーター コットレル'

バラ、モダンローズ、房咲き、'ピッコロ'

バラ、モダンローズ、房咲き、'ピカソ'

バラ、モダンローズ、房咲き、'ピラー ボックス'

バラ、モダンローズ、房咲き、'ピンク アバンダンス'

バラ、モダンローズ、房咲き、'ピンク パフ'

バラ、モダンローズ、房咲き、'プレイボーイ'

バラ、モダンローズ、房咲き、'プレイガール'

バラ、モダンローズ、房咲き、'ライゼンバーグ'

バラ、モダンローズ、房咲き、'リメンバランス'

バラ、モダンローズ、房咲き、'プリティー レディー'

バラ、モダンローズ、房咲き、'プレジャー'

バラ、モダンローズ、房咲き、'ポピー フラッシュ'

バラ、モダンローズ、房咲き、'プレスティッジ ドゥ ベルギャルド'

バラ、モダンローズ、房咲き、'プライド オブ マルドン'

バラ、モダンローズ、房咲き、'クイーン エリザベス'

バラ、モダンローズ、房咲き、'ラドクス ブーケ'

バラ、モダンローズ、房咲き、'レッド グローリー'

バラ、モダンローズ、房咲き、'プリンセス マイケル オブ ケント'

バラ、モダンローズ、房咲き、'レッドゴールド'

バラ、モダンローズ、房咲き、'レジーネ クレスパン'

バラ、モダンローズ、房咲き、'リメンブランス'

バラ、モダンローズ、房咲き、'リーベ'

バラ、モダンローズ、房咲き、'リップルズ'

バラ、モダンローズ、房咲き、'ルドゥテ'

バラ、モダンローズ、房咲き、'トム トム'

バラ、モダンローズ、房咲き、'ビル ドュ ルー'

バラ、モダンローズ、房咲き、'ウィー クラッカー'

バラ、モダンローズ、房咲き、'サンドラ'

バラ、モダンローズ、房咲き、'サンセット ブールバード'

バラ、モダンローズ、房咲き、'サンスプライト'

バラ、モダンローズ、房咲き、'スーペリアー'

バラ、モダンローズ、房咲き、'トール ストーリー'

バラ、モダンローズ、房咲き、'ザ サン'

バラ、モダンローズ、房咲き、'ティティアン'

バラ、モダンローズ、房咲き、'トンボーラ'

バラ、モダンローズ、房咲き、'トラベミュンデ'

バラ、モダンローズ、房咲き、'トゥルビヨン'

バラ、モダンローズ、房咲き、'トランペッター'

バラ、モダンローズ、房咲き、'ウエ シーラー'

バラ、モダンローズ、房咲き、'ベスパー'

バラ、モダンローズ、房咲き、'ビクトリア ゴールド'

バラ、モダンローズ、房咲き、'ビクトリアン スパイス'

バラ、モダンローズ、房咲き、'バイオレット カーソン'

バラ、モダンローズ、房咲き、'ビベイシャス'

バラ、モダンローズ、房咲き、'ウォルコ'

バラ、モダンローズ、房咲き、'ワンダリング ミンストレル'

バラ、モダンローズ、房咲き、'ワピティ'

バラ、モダンローズ、房咲き、'ウォーリアー'

バラ、モダンローズ、房咲き、'ホワイト ブーケ'

バラ、モダンローズ、房咲き、'ウィッシング'

バラ、モダンローズ、房咲き、'ウーバン アビー'

バラ、モダンローズ、房咲き、'イエロー クッション'

バラ、モダンローズ、大輪、'アンボスフンケン'

バラ、モダンローズ、大輪、'アデア ロッシュ'

バラ、モダンローズ、大輪、'アドルフ ホルストマン'

バラ、モダンローズ、大輪、'アドリアナ'

バラ、モダンローズ、大輪、'アベイ ドゥ クリュニー'

LARGE-FLOWERED (HYBRID TEA) ROSES

大輪（ハイブリッドティー）バラ

☀ ❄ ↔ 0.9～1.8m ↕ 1.5～2.4m

バラの中でももっとも人気のあるグループであり、無数の品種が作出されている。概して強健であり、樹高は0.9m、直立性の株立ちとなる。葉は緑色ないし暗緑色。非常に大型の花をつける。通常は八重もしくは半八重咲き。単生もしくは房咲きとなる。つぼみは先端が尖り、優雅な形。開花時には中心部が高くなり、周囲の花弁は反反する。最初の大輪バラは1867年に作出された'ラ フランス'であるとされる。非常に多くの品種があり、以下に挙げるものはその一部にすぎない。'アビーフィールド ローズ'は深いピンク色の八重咲き。'アレックス レッド'のつぼみは円形で黒赤色。花は八重咲きで強い芳香性。'アレクサンダー'は微香性の八重咲き。濃緋色の花。'ブランディー'は大型で甘い香り。アンズ色の花。'カリーナ'は芳香性の八重咲き。バラ色の花。'コングラチュレーションズ'は強い芳香性。長い柄にピンク色の花がつく。'デインティー ベス'は大型の一重咲き。銀色がかったバラ色の花。雄ずいは黄金色がかった茶色でよく目立つ。'ディープ シークレッド'（syn.'ミルドレッド シール'）は非常に濃い暗赤色の花。花弁はベルベット状で強い芳香性。'ダブル デライト'は強い芳香性。クリーム色がかったピンクの花。花弁の周縁は濃いサクランボ色になる。'ニリナ'★（syn.'ポドース'）は薄黄色の花。花弁周縁はクリーム色。'フラグラント クラウド'（syns.'ダフトヴォルケ'、'ヌージュ パルフェ'）は強い芳香性。サンゴ色の花。'インディアン サマー'は芳香性の八重咲き。濃淡のオレンジ色。'イングリッド バーグマン'★は名女優の名前にちなむ。濃赤色でつぼみは肉厚。花期が長く、切花によい。'アイリッシュ ゴールド'（syn.'グランパ ディクソン'）は刺が多く、優雅なレモン色の花。'ジョスト ジョイ'★は大型のカップ咲きでーレンジ色の花。花弁周縁は淡いピンク。'ラ フランス'は高弁咲きで芳香性。銀色がかったピンクの花。'レディー ローズ'は高弁咲き。鮮やかなサーモンピンクとオレンジの花。つぼみは細長くて先端が尖る。'ラブ'は強い芳香性で緋色の花。花弁の裏面は銀白色。'ラブリー レディー'は芳香性の八重咲き。細長いつぼみとバラ色の花。'ラビング メモリー'（syn.'ブルグント81'、'レッド シダー'）は強い芳香性で鮮紅色の花が長い柄の先につく。'マダム バタフライ'は強い芳香性で淡いピンクの花が長い柄の先につく。'ミセス オークレー フィッシャー'は一重咲きで深い黄色の花。コハク色の雄ずいが目立つ。'ムーンストーン'★

バラ、モダンローズ、大輪、'アレクサンダー'

バラ、モダンローズ、大輪、'アドベンチャー'

バラ、モダンローズ、大輪、'アドミラル ロドニー'

バラ、モダンローズ、大輪、'アレックズ レッド'

バラ、モダンローズ、大輪、'アダージョ'

バラ、モダンローズ、大輪、'アメリカン ヘリテッジ'

バラ、モダンローズ、大輪、'アンナプルナ'

バラ、モダンローズ、大輪、'アンヌ マリ トレシュリン'

バラ、モダンローズ、大輪、'アンティゴネ'

バラ、モダンローズ、大輪、'アンティグア'

バラ、モダンローズ、大輪、'アペリティフ'

バラ、モダンローズ、大輪、'アンバサダー'

バラ、モダンローズ、大輪、'アルパイン サンセット'

バラ、モダンローズ、大輪、'アポロ'

バラ、モダンローズ、大輪、'アプレシエーション'

バラ、モダンローズ、大輪、'アプリコット デライト'

バラ、モダンローズ、大輪、'アプリコット シルク'

バラ、モダンローズ、大輪、'アリアナ'

バラ、モダンローズ、大輪、'アテナ'

バラ、モダンローズ、大輪、'オーギュスト ルノワール'

バラ、モダンローズ、大輪、'ARCエンジェル'

バラ、モダンローズ、大輪、'アポジェー'

は微香性、大型の白色花。淡いピンクのハイライト。'**ナショナル トラスト**'は大型で強い芳香性。鮮やかな赤色の花。'**ニュージーランド**'★(syn.'アオテアロア ニュージーランド')は薄いピンクの花で芳香性。つぼみは長くて先端が尖る。'**オリンピアード**'★は鮮やかな赤色の八重咲き。微香性。'**パスカリ**'は最良の白色花に数えられる。長くて刺の少ない茎頂部に象牙色の単花がつく。'**ポール シルビル**'(syn.'ハート スロブ')は芳香性。高弁咲き。ピンクの花弁がサーモンピンク味を帯びる。'**ピース**'は大輪バラの中でも屈指の名花。淡黄色の大輪花。花弁周縁はクリーム色がかったピンクになる。'**パフューム デライト**'はカップ咲きで濃いピンクの花。強い芳香性。'**ポット ゴールド**'は鮮やかな黄色の花に黄金色のタッチ。強い芳香性。'**プレシャス プラチナ**'(sysn.'オパ ポチュケ'、'レッド スター')は鮮やかな赤色の高弁咲き。ベルベット状の光沢がある。'**プリスティン**'は細長く先端の尖ったつぼみ。大輪の剣弁白色花に淡いピンクのフラッシュ。'**リメンバー ミー**'は褐色がかった橙緋色の花。'**ロイヤル ウィリアム**'は大輪で濃い赤色。花弁はベルベット状。'**サボイ ホテル**'は完全八重咲きの淡いピンクの花。花弁裏面は濃色。微香性。'**ショート シルク**'は円形で絹のような花弁。サーモンピンクで基部は黄色。'**シルバー ジュビリー**'は銀色がかったピンクとアンズ色の花。花弁裏面は濃色。'**サンブレスト**'(sym.'ランドーラ')は濃い黄色の花。つぼみは細い。'**サッターズ ゴールド**'は濃い黄色の花にオレンジとピンクのフラッシュ。'**トーチ オブ クラス**'(syn.'マレシャル ルクレルク')は茎の長い高弁咲き。濃淡のクリーム色、サンゴ色、サーモンピンク。'**バレンシア**'★は芳香性でアンズ色がかった黄色の花。八重咲き。'**ホワイト ライトニン**'は強健種。芳香性の純白花。'**ホワイト ウィングス**'のつぼみは先端が尖る。大輪一重咲きの白色花。雄ずいはチョコレート色でよく目立つ。ゾーン：4〜10

バラ，モダンローズ，大輪，'エイボン'　　バラ，モダンローズ，大輪，'アズテク'　　バラ，モダンローズ，大輪，'バッカス'　　バラ，モダンローズ，大輪，'バレー'　　バラ，モダンローズ，大輪，'バロンヌ エドモント ドゥ ロスシルド'

バラ，モダンローズ，大輪，'ベル ブロンド'　　バラ，モダンローズ，大輪，'ビウィッチド'　　バラ，モダンローズ，大輪，'ビル テンプル'　　バラ，モダンローズ，大輪，'ビング クロスビー'　　バラ，モダンローズ，大輪，'ビンゴ'

バラ，モダンローズ，大輪，'ブレッシングス'　　バラ，モダンローズ，大輪，'ブレッシングス'　　バラ，モダンローズ，大輪，'ブルー ムーン'　　バラ，モダンローズ，大輪，'ブルー ナイル'　　バラ，モダンローズ，大輪，'ブルー リバー'

バラ，モダンローズ，大輪，'ボビー チャールトン'　　*Rosa*, MR, L-F 'Bonsoir'　　バラ，モダンローズ，大輪，'ボブ ホープ'

バラ，モダンローズ，大輪，'ベル エポック'

バラ，モダンローズ，大輪，'ブルー ダイヤモンド'

バラ，モダンローズ，大輪，'ベッティナ'

バラ、モダンローズ、大輪、'ブリタニア'

バラ、モダンローズ、大輪、'キャンデラブラ'

バラ、モダンローズ、大輪、'シメーヌ'

バラ、モダンローズ、大輪、'カプリス ドゥ メイヤン'

バラ、モダンローズ、大輪、'カンヌ フェスティバル'

バラ、モダンローズ、大輪、'プライズ ドリーム'

バラ、モダンローズ、大輪、'ブロセリアンド'

バラ、モダンローズ、大輪、'ブロンズ マスターピース'

バラ、モダンローズ、大輪、'キャバレー'

バラ、モダンローズ、大輪、'キャンディア'

バラ、モダンローズ、大輪、'キャンドルライト'

バラ、モダンローズ、大輪、'キャンディー ストライプ'

バラ、モダンローズ、大輪、'キャプテン クリスティー'

バラ、モダンローズ、大輪、'カラ ミア'

バラ、モダンローズ、大輪、'カリビアン'

バラ、モダンローズ、大輪、'カリーナ'

バラ、モダンローズ、大輪、'カーラ'

バラ、モダンローズ、大輪、'カスクドール'

バラ、モダンローズ、大輪、'センチュリー トゥー'

Rosa, MR, L-F, 'Champs-Elysées'

バラ、モダンローズ、大輪、'チャリティー'

バラ、モダンローズ、大輪、'シャルル ドゥ ゴール'

バラ、モダンローズ、大輪、'チェリー ブランディー'

バラ、モダンローズ、大輪、'シカゴ ピース'

バラ、モダンローズ、大輪、'シバルリー'

バラ、モダンローズ、大輪、'カラー ワンダー'

バラ、モダンローズ、大輪、'カクテル'80'

バラ、モダンローズ、大輪、'クリストファー コロンブス'

バラ、モダンローズ、大輪、'クライスラー インペリアル'

バラ、モダンローズ、大輪、'クロード モネ'

バラ、モダンローズ、大輪、'コロラマ'

バラ、モダンローズ、大輪、'コロンビア'

バラ、モダンローズ、大輪、'コロンブス クイーン'

バラ、モダンローズ、大輪、'コマンチ'

バラ、モダンローズ、大輪、'コンテス バンダル'

バラ、モダンローズ、大輪、'コングラチュレーションズ'

バラ、モダンローズ、大輪、'クリムゾン ブーケ'

バラ、モダンローズ、大輪、'クリムゾン グローリー'

バラ、モダンローズ、大輪、'ドーン コーラス'

バラ、モダンローズ、大輪、'ダム ドゥ クール'

バラ、モダンローズ、大輪、'ディープ シークレット'

バラ、モダンローズ、大輪、'ダイヤモンド ジュビリー'

バラ、モダンローズ、大輪、'ディアナ アレン'

バラ、モダンローズ、大輪、'ディナ'

バラ、モダンローズ、大輪、'ディオラマ'

バラ、モダンローズ、大輪、'ディオレッセンス'

バラ、モダンローズ、大輪、'ドリーム ピンク'

バラ、モダンローズ、大輪、'ダブル デライト'

バラ、モダンローズ、大輪、'ドゥシェス ドゥ サボワ'

バラ、モダンローズ、大輪、'ディアヌ'

バラ、モダンローズ、大輪、'デュエット'

バラ、モダンローズ、大輪、'デューク オブ ウィンザー'

バラ、モダンローズ、大輪、'エッフェル タワー'

バラ、モダンローズ、大輪、'エル カピタン'

バラ、モダンローズ、大輪、'エレクトロン'

バラ、モダンローズ、大輪、'エリナ'

バラ、モダンローズ、大輪、'イングリッシュ ソネット'

バラ、モダンローズ、大輪、'ドリス ティスターマン'

バラ、モダンローズ、大輪、'ドクター A. J. フェルヘーゲ'

バラ、モダンローズ、大輪、'エル'

バラ、モダンローズ、大輪、'フラグラント クラウド'

バラ、モダンローズ、大輪、'フラミンゴ'

バラ、モダンローズ、大輪、'エステル ゲルデンハイス'

バラ、モダンローズ、大輪、'フェアリー ダンサーズ'

バラ、モダンローズ、大輪、'ファンタジア'

バラ、モダンローズ、大輪、'アーネスト H. モース'

バラ、モダンローズ、大輪、'ファッシネーション'

バラ、モダンローズ、大輪、'フェリシティ ケンドール'

バラ、モダンローズ、大輪、'フェリー ポルシェ'

バラ、モダンローズ、大輪、'フェート ガラント'

バラ、モダンローズ、大輪、'ファースト フェデラル ゴールド'

バラ、モダンローズ、大輪、'イブニング スター'

バラ、モダンローズ、大輪、'フローラ ダニカ'

バラ、モダンローズ、大輪、'フォークロア'

バラ、モダンローズ、大輪、'フォエバー ユアーズ'

バラ、モダンローズ、大輪、'フォルチュナ'

バラ、モダンローズ、大輪、'ファウンテン'

バラ、モダンローズ、大輪、'フラグラント ドリーム'

バラ、モダンローズ、大輪、'フランセス ヘーベ'

バラ、モダンローズ、大輪、'フレッド ハワード'

バラ、モダンローズ、大輪、'フラグラント ゴールド'

バラ、モダンローズ、大輪、'ガーデン パーティー'

バラ、モダンローズ、大輪、'ジェミニ'

バラ、モダンローズ、大輪、'ギフト オブ ライフ'

バラ、モダンローズ、大輪、'ジバンシー'

バラ、モダンローズ、大輪、'フルトン マッケイ'

バラ、モダンローズ、大輪、'フレンドシップ'

バラ、モダンローズ、大輪、'フリーダム'

バラ、モダンローズ、大輪、'ゴールデン ガール'
バラ、モダンローズ、大輪、'ハリニー'
バラ、モダンローズ、大輪、'ハリー ウィートクロフト'
バラ、モダンローズ、大輪、'グローイング ピース'
バラ、モダンローズ、大輪、'ゴールド メダル'

バラ、モダンローズ、大輪、'ゴールデン チョイス'
バラ、モダンローズ、大輪、'ゴールデン マスターピース'
バラ、モダンローズ、大輪、'グレテル'
バラ、モダンローズ、大輪、'ゴールデン ベッティナ'
バラ、モダンローズ、大輪、'グラナダ'

バラ、モダンローズ、大輪、'グラン ダモーレ'
バラ、モダンローズ、大輪、'グラン シエークル'
バラ、モダンローズ、大輪、'グランメール ジェニー'
バラ、モダンローズ、大輪、'ギー ラロッシュ'
バラ、モダンローズ、大輪、'アシェンダ'

バラ、モダンローズ、大輪、'アレ'
バラ、モダンローズ、大輪、'ヘッドライン'
バラ、モダンローズ、大輪、'エクトレ ベルリオーズ'
バラ、モダンローズ、大輪、'ヘレン ヘイズ'
バラ、モダンローズ、大輪、'ヘルムート シュミット'

バラ、モダンローズ、大輪、'アンリ マティス'
バラ、モダンローズ、大輪、'エロイカ'
バラ、モダンローズ、大輪、'ウール アニベルセール'
バラ、モダンローズ、大輪、'ヒルダ ハイネマン'
バラ、モダンローズ、大輪、'ホルスタインパール'

バラ、モダンローズ、大輪、'インディアン サマー'

バラ、モダンローズ、大輪、'ハニー フェイバリット'

バラ、モダンローズ、大輪、'オノレ ドゥ バルザック'

バラ、モダンローズ、大輪、'オナー'

バラ、モダンローズ、大輪、'インペリアル'

バラ、モダンローズ、大輪、'イングリッド バーグマン'

バラ、モダンローズ、大輪、'インタビュー'

バラ、モダンローズ、大輪、'アイリッシュ ゴールド'

バラ、モダンローズ、大輪、'イザベル ドゥ フランス'

バラ、モダンローズ、大輪、'イソベル ダービー'

バラ、モダンローズ、大輪、'イタ バットローズ'

バラ、モダンローズ、大輪、'イッツ ア ウィナー'

バラ、モダンローズ、大輪、'ジャカランダ'

バラ、モダンローズ、大輪、'ジャマイカ'

バラ、モダンローズ、大輪、'ジャルダン ドゥ バガテル'

バラ、モダンローズ、大輪、'イロナ'

バラ、モダンローズ、大輪、'ジェーソン'

バラ、モダンローズ、大輪、'イソベル ハークネス'

バラ、モダンローズ、大輪、'カブキ'

バラ、モダンローズ、大輪、'ジョン S. アームストロング'

バラ、モダンローズ、大輪、'ジャスト ジョエイ'

バラ、モダンローズ、大輪、'ジャン ゴジャール'

バラ、モダンローズ、大輪、'ジェシカ'

バラ、モダンローズ、大輪、'ジョー ロスコー'

バラ、モダンローズ、大輪、'ジョン ウォーターラー'

バラ、モダンローズ、大輪、'ジョゼフィン ベーカー'

バラ、モダンローズ、大輪、'ジョン F. ケネディー'

バラ、モダンローズ、大輪、'ジョイフルネス'

バラ、モダンローズ、大輪、'ジョイシグナル'

バラ、モダンローズ、大輪、'ジュリアズ ローズ'

バラ、モダンローズ、大輪、'ジュリー'

バラ、モダンローズ、大輪、'ジュリー Y'

バラ、モダンローズ、大輪、'ジュリアン ボタン'

バラ、モダンローズ、大輪、'ライムライト'　　バラ、モダンローズ、大輪、'レディー セトン'　　バラ、モダンローズ、大輪、'ラガーフェルト'

バラ、モダンローズ、大輪、'コルデス パーフェクタ'　　バラ、モダンローズ、大輪、'レガシー ジュビリー'

バラ、モダンローズ、大輪、'カルディナル'　　バラ、モダンコーズ、大輪、'キャサリン コルデス'　　バラ、モダンローズ、大輪、'キャスリン マグレディ'　　バラ、モダンローズ、大輪、'キープセイク'　　バラ、モダンローズ、大輪、'ケンタッキー ダービー'

バラ、モダンローズ、大輪、'クレオパトラ'　　バラ、モダンコーズ、大輪、'コンラッド ヘンケル'　　バラ、モダンローズ、大輪、'ラ マルセイエーズ'　　バラ、モダンローズ、大輪、'ラ スチュペンダ'　　バラ、モダンローズ、大輪、'レディー エルギン'

バラ、モダンローズ、大輪、'レディー ローズ'　　バラ、モダンローズ、大輪、'レディー トレント'　　バラ、モダンローズ、大輪、'レディー X'　　バラ、モダンローズ、大輪、'ランヴァン'　　バラ、モダンローズ、大輪、'リアン ライムス'

バラ、モダンローズ、大輪、'レモン シャーベット'　　バラ、モダンローズ、大輪、'レモン スパイス'　　バラ、モダンローズ、大輪、'レオニダス'　　バラ、モダンローズ、大輪、'レオノール ドゥ マルシュ'　　バラ、モダンローズ、大輪、'リリー ドゥ ゲルラッハ'

バラ、モダンローズ、大輪、'ロード ゴールド'

バラ、モダンローズ、大輪、'ロッテ ギュントハルト'

バラ、モダンローズ、大輪、'ルイーズ ガードナー'

バラ、モダンローズ、大輪、'ロリータ'

バラ、モダンローズ、大輪、'マデロン'

バラ、モダンローズ、大輪、'マミー ラペリエール'

バラ、モダンローズ、大輪、'マヌー メイヤン'

バラ、モダンローズ、大輪、'マリーゴールド ハークネス'

バラ、モダンローズ、大輪、'ラブリー レディー'

バラ、モダンローズ、大輪、'ラブ'

バラ、モダンローズ、大輪、'ラビング メモリー'

バラ、モダンローズ、大輪、'マジョレット'

バラ、モダンローズ、大輪、'マージョリー　アサートン'　　バラ、モダンローズ、大輪、'マチルダ'

バラ、モダンローズ、大輪、'マクレディーズ　サンセット'　　バラ、モダンローズ、大輪、'メダイヨン'

バラ、モダンローズ、大輪、'マリー　ジャン'　　バラ、モダンローズ、大輪、'メルセデス'　　バラ、モダンローズ、大輪、'メキシカーナ'

バラ、モダンローズ、大輪、'マスコット'77'

バラ、モダンローズ、大輪、'マリー　ポウプ'　　バラ、モダンローズ、大輪、'ミーガン　ルイーズ'

バラ、モダンローズ、大輪、'ミセス フレッド ダンクス'

バラ、モダンローズ、大輪、'ナショナル トラスト'

バラ、モダンローズ、大輪、'ノリス プラット'

バラ、モダンローズ、大輪、'ミニー ワトソン'

バラ、モダンローズ、大輪、'ミラト'

バラ、モダンローズ、大輪、'ミリアナ'

バラ、モダンローズ、大輪、'ミス オール-アメリカン ビューティー'

バラ、モダンローズ、大輪、'ミスチーフ'

バラ、モダンローズ、大輪、'ミスター リンカーン'

バラ、モダンローズ、大輪、'ミスティー'

バラ、モダンローズ、大輪、'ミツコ'

バラ、モダンローズ、大輪、'ミシェル メイヤン'

バラ、モダンローズ、大輪、'マウント シャスタ'

バラ、モダンローズ、大輪、'マイ ジョイ'

バラ、モダンローズ、大輪、'ニュージーランド'

バラ、モダンローズ、大輪、'ニュー デー'

バラ、モダンローズ、大輪、'ニュー イヤー'

バラ、モダンローズ、大輪、'ニュー ヨーカー'

バラ、モダンローズ、大輪、'オクラホマ'

バラ、モダンローズ、大輪、'オラフ バーデン-パウウェル'

バラ、モダンローズ、大輪、'オールドタイマー'

バラ、モダンローズ、大輪、'オーレ'

バラ、モダンローズ、大輪、'オリビア'

バラ、モダンローズ、大輪、'オリンピック トーチ'

バラ、モダンローズ、大輪、'オンディラ'

バラ、モダンローズ、大輪、'オープニング ナイト'

バラ、モダンローズ、大輪、'オフィーリア'

バラ、モダンローズ、大輪、'オリアナ'

バラ、モダンローズ、大輪、'オシリア'

バラ、モダンローズ、大輪、'乙姫'

バラ、モダンローズ、大輪、'パッディー スティーブン'

バラ、モダンローズ、大輪、'ペインテド ムーン'

バラ、モダンローズ、大輪、'パパ メイヤン'

バラ、モダンローズ、大輪、'パラダイス'

バラ、モダンローズ、大輪、'パリ-マッチ'

バラ、モダンローズ、大輪、'パリサー カルメ'

バラ、モダンローズ、大輪、'パルメリア'

バラ、モダンローズ、大輪、'パウル リカルド'

バラ、モダンローズ、大輪、'ポール シルビル'

バラ、モダンローズ、大輪、'ポール ゴーギャン'

バラ、モダンローズ、大輪、'パルフュ ドゥ フランシュ-コンテ'

バラ、モダンローズ、大輪、'ピース'

バラ、モダンローズ、大輪、'オパーリン'

バラ、モダンローズ、大輪、'ピエール B'

バラ、モダンローズ、大輪、'ピンク パンサー'

バラ、モダンローズ、大輪、'ベビー ロックフェラー'

バラ、モダンローズ、大輪、'ペール ギュント'

バラ、モダンローズ、大輪、'ピーチ サプライズ'

バラ、モダンローズ、大輪、'ペントハウス'

バラ、モダンローズ、大輪、'パーシー スロワー'

バラ、モダンローズ、大輪、'ピカデリー'

バラ、モダンローズ、大輪、'ピーター フランケンフェルト'

バラ、モダンローズ、大輪、'パーフェクト モーメント'

バラ、モダンローズ、大輪、'ファラオ'

バラ、モダンローズ、大輪、'フィリップ ノワレ'

バラ、モダンローズ、大輪、'ピンク パフェ'

バラ、モダンローズ、大輪、'ピンク ピース'

バラ、モダンローズ、大輪、'ピンク シルク'

バラ、モダンローズ、大輪、'プリヴェ'

バラ、モダンローズ、大輪、'プリスティン'

バラ、モダンローズ、大輪、'ポーラーシュテルン'

バラ、モダンローズ、大輪、'ポリネシアン サンセット'

バラ、モダンローズ、大輪、'ポット ゴールド'

バラ、モダンローズ、大輪、'プリマ バレリーナ'

バラ、モダンローズ、大輪、'ポートレート'

バラ、モダンローズ、大輪、'プロフェッスール ジャン バルナール'

バラ、モダンローズ、大輪、'プレジデント ハーバート フーバー'

バラ、モダンローズ、大輪、'プレジダン レオボルド サンゴール'

バラ、モダンローズ、大輪、'プランセス ドゥ モナコ'

バラ、モダンローズ、大輪、'プレジオサ'

バラ、モダンローズ、大輪、'プレシャス プラチナ'

バラ、モダンローズ、大輪、'プリンセス ロイヤル'

バラ、モダンローズ、大輪、'プレトリア'

バラ、モダンローズ、大輪、'プロミネント'

バラ、モダンローズ、大輪、'レイチェル クロワシェイ'

バラ、モダンローズ、大輪、'レイニー デー'

バラ、モダンローズ、大輪、'レベル'

バラ、モダンローズ、大輪、'リコンシレーション'

バラ、モダンローズ、大輪、'レッド ライオン'

バラ、モダンローズ、大輪、'レッド チーフ'

バラ、モダンローズ、大輪、'レッド デビル'

バラ、モダンローズ、大輪、'レッド プラネット'

バラ、モダンローズ、大輪、'レッド サクセス'

バラ、モダンローズ、大輪、'レガッタ'

バラ、モダンローズ、大輪、'リメンバー ミー'

バラ、モダンローズ、大輪、'クイーン ウィルヘルミナ'

バラ、モダンローズ、大輪、'プラウド ランド'

バラ、モダンローズ、大輪、'シア エレガンス'

バラ、モダンローズ、大輪、'ロクサーヌ'

バラ、モダンローズ、大輪、'ルネサンス'

バラ、モダンローズ、大輪、'ロイヤル デーン'

バラ、モダンローズ、大輪、'レシュレクション'

バラ、モダンローズ、大輪、'サボイ ホテル'

バラ、モダンローズ、大輪、'レボルシオン フランセーズ'

バラ、モダンローズ、大輪、'ロマンティカ'

バラ、モダンローズ、大輪、'ロズ グジャール'

バラ、モダンローズ、大輪、'ローズマリー ハークネス'

バラ、モダンローズ、大輪、'ロージー オドンネル'

バラ、モダンローズ、大輪、'ランウドレイ'

バラ、モダンローズ、大輪、'ロイヤル ハイネス'

バラ、モダンローズ、大輪、'サン アントニオ'

バラ、モダンローズ、大輪、'サン ディエゴ'

バラ、モダンローズ、大輪、'サラ アーノット'

バラ、モダンローズ、大輪、'サチュルニア'

バラ、モダンローズ、大輪、'スカーレット ナイト'

バラ、モダンローズ、大輪、'シークレット'

バラ、モダンローズ、大輪、'シャノン'

バラ、モダンローズ、大輪、'シャロン ルイーズ'

バラ、モダンローズ、大輪、
'シルバー　ジュビリー'

バラ、モダンローズ、大輪、
'シルバー　スター'

バラ、モダンローズ、大輪、
'サー　ハリー　ピルキントン'

バラ、モダンローズ、大輪、
'スノーファイヤー'

バラ、モダンローズ、大輪、'シラリー'

バラ、モダンローズ、大輪、'ソリテール'

バラ、モダンローズ、大輪、
'ソング　オブ　パリ'

バラ、モダンローズ、大輪、'シルヴァ'

バラ、モダンローズ、大輪、'ソニア'

バラ、モダンローズ、大輪、'ショータイム'

| バラ、モダンローズ、大輪、'ソラヤ' | バラ、モダンローズ、大輪、'スパイスド コーヒー' | バラ、モダンローズ、大輪、'スタリオン' | バラ、モダンローズ、大輪、'ステラ' | バラ、モダンローズ、大輪、'スティーブンズ ビッグ パープル' |

| バラ、モダンローズ、大輪、'サマー サンシャイン' | バラ、モダンローズ、大輪、'サンダウナー' | バラ、モダンローズ、大輪、'サンリット' | バラ、モダンローズ、大輪、'サンセット セレブレーション' | バラ、モダンローズ、大輪、'スイート ホーム' |

| バラ、モダンローズ、大輪、'スイート ラブ' | バラ、モダンローズ、大輪、'スイーティー パイ' | バラ、モダンローズ、大輪、'タナグラ' | バラ、モダンローズ、大輪、'タランテラ' | バラ、モダンローズ、大輪、'タチヤナ' |

| バラ、モダンローズ、大輪、'テンドレス' | バラ、モダンローズ、大輪、'テキーラ サンライズ' | バラ、モダンローズ、大輪、'ザ レディー' |

バラ、モダンローズ、大輪、'サンセット ソング'

バラ、モダンローズ、大輪、'スターリング'

バラ、モダンローズ、大輪、'サッターズ ゴールド'

バラ、モダンローズ、大輪、'セルマ バーロウ'

バラ、モダンローズ、大輪、'トーナメント オブ ローゼズ'

バラ、モダンローズ、大輪、'テラコッタ'

バラ、モダンローズ、大輪、'テラコッタ'

バラ、モダンローズ、大輪、'ティファニー'

バラ、モダンローズ、大輪、'ティノ ロッシ'

バラ、モダンローズ、大輪、'トラディション'

バラ、モダンローズ、大輪、'バレンシア'

バラ、モダンローズ、大輪、'トロピカル サンセット'

バラ、モダンローズ、大輪、'トロピカーナ'

バラ、モダンローズ、大輪、'ティンワルド'

バラ、モダンローズ、大輪、'タイフーン'

バラ、モダンローズ、大輪、'チガーネ'

バラ、モダンローズ、大輪、'アンクル ジョー'

バラ、モダンローズ、大輪、'アンクル ウォルター'

バラ、モダンローズ、大輪、
'ベルベット フラグランス'

バラ、モダンローズ、大輪、
'ビオレーヌ'

バラ、モダンローズ、大輪、
'ビクター ボーグ'

バラ、モダンローズ、大輪、'ワースワイル'

バラ、モダンローズ、大輪、
'ビオロン ダングル'

バラ、モダンローズ、大輪、
'ウィスキー マック'

バラ、モダンローズ、大輪、
'ホワイト バタフライ'

バラ、モダンローズ、大輪、'ウィンナー シャルム'

バラ、モダンローズ、大輪、'ヴィラージュ ドゥ タラドー'

バラ、モダンローズ、大輪、
'ホワイト ナイト'

バラ、モダンローズ、大輪、
'ホワイト マスターピース'

バラ、モダンローズ、大輪、
'ヤング アット ハート'

バラ、モダンローズ、大輪、
'ホワイト クリスマス'

バラ、モダンローズ、大輪、
'ウィルフレッド ピックルズ'

バラ、モダンローズ、大輪、
'ウィニフレッド クラーク'

バラ、モダンローズ、大輪、
'ワールズ フェア サルート'

バラ、モダンローズ、大輪、
'ヤンキー ドードル'

バラ、モダンローズ、大輪、
'イエロー ページズ'

バラ、モダンローズ、大輪、
'ユース オブ ザ ワールド'

バラ、モダンローズ、パティオ、'アンナ フォード'

バラ、モダンローズ、パティオ、'クイーン マザー'

バラ、モダンローズ、パティオ、'フェスティバル'

PATIO (DWARF CLUSTER-FLOWERED) ROSES
パティオ（ミニチュア房咲き）ローズ

☼ ❄ ↔ 45～90cm ↕ 45～75cm

最近になって作出されたグループは、ポリアンサローズ、ミニチュアローズ、房咲きローズの交配によるものであるため、分類が難しい場合もある。ブッシュ性が強く、高さはミニチュアローズよりもやや高くなる(0.6m)。概して房咲きローズに似るが、各部分が小型となる。花壇やボーダーへの植栽に向いており、パティオや鉢で栽培してもよい。主な人気種は以下の通り。'**アンナ フォード**'のつぼみは長くて先端が尖る。深いオレンジ色の花は杯状咲き。中央部は黄色。'**ボーイズ ブリゲード**'は一重咲きで緋色の花。

中央部は淡色。'**ブラス リング**'（syn. '**ピーカブー**'）のつぼみは深いピンク味を帯びたオレンジ色。花はモモのようなピンク色もしくは淡いアンズ色。花の周縁に向かって淡色となる。'**デインティー ディナ**'は淡いサンゴ色の花でよく枝を伸ばす。'**フェスティバル**'は濃赤色の花が房状となる。半八重咲き。'**クイーン マザー**' ★ に繊細なピンク色の半八重咲き。'**レクシー ベビー**'は房咲きの'**レクシー レクシー**'から作出されたもの。淡いピンクの花で中央部はサーモンピンク。
ゾーン：4～11

POLIANTHA ROSES
ポリアンサローズ

☼ ❄ ↔ 60～90cm ↕ 60～90cm

1875年に発表された小型のバラ。現在まで残っているものは、そのうちの数種類のみ。高さはほぼ0.6m。耐寒性は非常に強く、北ヨーロッパの冬にも耐えることができる。多花性。長期間にわたって小型ポンポン咲きの花をつける。'**ベビー フォーラックス**'の花は小型で薄紫青色。ポンポン咲き。'**カメオ**'は半八重咲き。サーモンピンクとサンゴ色の花。'**グロワール デュ ミディ**'は橙緋色の花。'**マドモアゼル セシール ブラナー**'のつぼみは細長くて先端が尖る。淡いピンクの花。'**メフロウ ナタリー ナイペルス**'はピンクの半八重咲き。甘い香りがある。'**ナイペルス パーフェクション**'は半八重咲きで濃淡のピンク。'**ピンキー**'は杯状咲き。半八重咲きで強い芳香性。バラ色の花。'**ザ フェアリー**'の花は密生した房状となる。花は小型で完全八重咲き。淡いピンクの花が夏を通して開花。'**ホワイト セシール ブラナー**'は微香性。八重咲きの白色花。中央部は黄色。'**ホワイト ペット**'（syn. '**リトル ホワイト ペット**'）は房咲きローズに分類される場合もある。小型のポンポン咲き。白色のつぼみはピンク味を帯びる。'**イエスタデー**'は薄い紫紅色の八重咲き。つぼみは濃色。
ゾーン：3～10

バラ、モダンローズ、ポリアンサローズ、'ホワイト マドモアゼル セシール ブラナー'

バラ、モダンローズ、ポリアンサローズ、'ナイペルス パーフェクション'

バラ、モダンローズ、ポリアンサローズ、'グロフール ドュ ミディ'

バラ モダンローズ、ポリアンサローズ、'メフロウ ナタリー ナイペルス'

バラ モダンローズ、ポリアンサローズ、'エクセレンツ フォン シューベルト'

バラ、モダンローズ、ポリアンサローズ、'クライミング マドモワゼル セシール ブラナー'

バラ、モダンローズ、ポリアンサローズ、'ジャン メルモス'

バラ、モダンローズ ポリアンサローズ、'ミセス R. M. アンチ'

バラ、モダンローズ、ポリアンサローズ、'フィリス バイド'

バラ、モダンローズ、ポリアンサローズ、'ザ フェアリー'

バラ、モダンローズ、ポリアンサローズ、'ホワイト ペット'

SHRUB ROSES
シュラブローズ

通常、シュラブローズはブッシュローズよりも大きくて強健である。高さは1.2〜3m。開花は変化に富み、年に1度しか開花しない栽培品種もある。標本植物や生垣に適しており、ミックスボーダーにも向いている。背の低いつるバラ仕立てや柱にはわせることのできる品種もある。

HYBRID RUGOSA ROSES
ハイブリッド・ルゴサローズ
☼ ❄ ↔1.5〜3m ↕0.6〜2m

ハイブリッド・ルゴサローズは強健で剛毛のある枝、やや粗いしわのはいった葉を持つ。秋には葉が濃黄色になることが多い。丈夫で病気にかかりにくく、高さは0.6〜2m。芳香性のものが多い。一重咲きないし八重咲き。ピンクの濃淡もしくは緋色の花が普通だが、白や黄色のものもある。このグループはオールドローズとモダンローズの中間の時代に属し、1800年代末期から現代にいたるまで作出が続いている。'**アグネス**'はよく繁茂して叢状となる。花は強い芳香性でクリーム色の八重咲き。'**ブラン ドブル ドゥ クーベール**'は強健種。強い芳香性で半八重咲き。純白の花。'**ドクター エッケナー**'の花は大型で強芳香性。半八重咲き。淡い黄色の濃淡と赤褐色がかったバラ色の花が淡いピンクに退色。'**フィンブリアタ**'(syns '**ディアンテ フロラ**'、'**ヘーベズ フリルド ピンク**')は小型の白色花。八重咲き花弁の周縁はフリル状。*Dianthus*に似る。'**フル ダグマール ハルトップ**'は大型の一重咲き。銀色がかったピンクの花。時に濃色。'**ハンザ**'は芳香性の八重咲き。薄い紫紅色。'**ヘンリー ハドソン**'(エクスプローラー シリーズの1品種)はゾーン：1の耐性を持つ。芳香性の白色花。ピンク味を帯びる。'**マーチン フロビッシャー**'(エクスプローラー シリーズ)はゾーン：1の耐性を持つ。芳香性でピンクの花。'**ロズレー ドゥ ライ**'はよく繁茂して叢状となる。大型の半八重咲き。強芳香性。濃い赤紫色。'**スカブロサ**'は新しい品種。大型の一重咲き。サクランボ色の花。'**スブニール ドゥ フィレモン コシェ**'は完全八重咲きの白色花。中央部はピンク。'**テレーズ ブグネ**'は大型で芳香性。花径は10cm。赤味を帯びたピンクの花が成熟すると薄いピンクになる。'**バンガード**'は大型の八重咲き。アンズ色がかったピンクないしサーモンピンク色の花。強芳香性。
ゾーン：3〜10

バラ、モダンローズ、ハイブリッド・ルゴサ、'ロブスタ'

バラ、モダンローズ、ハイブリッド・ルゴサ、'ベル ポワトヴィーヌ'

バラ、モダンローズ、ハイブリッド・ルゴサ、'ブラン ドブル ドゥ クーベール'

バラ、モダンローズ、ハイブリッド・ルゴサ、'デリカータ'

バラ、モダンローズ、ハイブリッド・ルゴサ、'ドクター エッケナー'

バラ、モダンローズ、ハイブリッド・ルゴサ、'F. J. グーテンドルスト'

バラ、モダンローズ、ハイブリッド・ルゴサ、'フィンブリアタ'

バラ、モダンローズ、ハイブリッド・ルゴサ、'フル ダグマール ハルトップ'

バラ、モダンローズ、ハイブリッド・ルゴサ、'ハンザ'

バラ、モダンローズ、ハイブリッド・ルゴサ、'ベルナドッテ シラク'

バラ、モダンローズ、ハイブリッド・ルゴサ、'アグネス'

バラ、モダンローズ、ハイブリッド・ルゴサ、'ロゼ ア パルフュ ドゥ ライ'

Rosa, MR, Hybric Rugosa, 'Roseraie de l'Haÿ'

バラ、モダンローズ、ハイブリッド・ルゴサ、'サラ ヴァン フリート'

バラ、モダンローズ、ハイブリッド・ルゴサ、'スカブロサ'

バラ、モダンローズ、ハイブリッド・ルゴサ、'スブニール ドゥ フィレモン コシェ'

バラ、モダンローズ、ハイブリッド・ルゴサ、'シュネツベルグ'

バラ、モダンローズ、ハイブリッド・ルゴサ、'テレーズ ブグネ'

バラ、モダンローズ、ハイブリッド・ルゴサ、'トパーズ ジュエル'

バラ、モダンローズ、ハイブリッド・ルゴサ、'バンガード'

バラ、モダンローズ、ハイブリッド・ルゴサ、'ヤンキー レディー'

MODERN SHRUB ROSES
モダン シュラブローズ

☼ ❄ ↔ 1.2～2.4m ↕ 1.2～2.4m

さまざまな交配親から作出されたグループで変化に富み、明確な特徴はない。大きさや成長習性には開きがあり、花色も多岐にわたる。一重咲きないし八重咲き。'アデレード フードレス'はゾーン：1耐性を持つ。半八重咲きで真紅の花が房になって咲く。房を形成する花数は35まで。'アンナ ジンケイセン'は八重咲き。アイボリーホワイトの花で基部は黄色味を帯びる。'ベルリン'は半八重咲きで真紅の花。中央部は淡色。黄色い雄ずいがよく目立つ。'ボニカ'★(syn.'ボニカ82')はアーチ状の茎をよく伸張させる。淡いピンクの八重咲き弁はややフリル状。'カナリー バード'は芳香性の一重咲き。鮮黄色の花。雄ずいがよく目立つ。'カンタブリギエンシス'(syn. *R.* × *cantabrigiensis*)は大型の花。淡黄色がかったピンク。'セリーズ バンケット'は半八重咲き。ピンクがかった赤い花。'シャンプラン'(エクスプローラー シリーズ)は微香性。暗赤色でベルベット状の花弁。ゾーン：2耐性を持つ。'エディーズ ジュエル'は反復咲き。'フラワー カーペット'★は半八重咲きの濃いピンクの花。微香性。'フレッド ローズ'は大型。ほぼ一重咲き。鮮やかなサーモンピンク。大型の花房となる。'フリッツ ノビス'は1度咲きのシュラブ。大型の八重咲き。淡いピンクないしサーモンピンク。

'ゼラニウム'★はコンパクトな形となり、大きな実が見事。'ゴールデン ウィングス'は一重咲き。淡黄色がかったピンクの花。黄金色の雄ずいがよく目立つ。'ゴルトシュタイン'は黄金色の大型花。つぼみは先端が尖り、細長くて優雅な形。'J. F. ニネル'はゾーン：3耐性。3ないし8個の花が集まって房咲きとなる。薄黄色の花は黄白色に退色。'ラベンダー ドリーム'は薄い紫紅色の平咲きの花が房状となる。時に微香性。'ネバダ'はほぼ一重咲きの白色花。花径は10cm。黄色い雄ずいがよく目立つ。'ファンタム'は微香性。皿状の花。花弁は真紅。雄ずいは鮮やかな黄色。'セント ジョンズ ローズ'(syn. *R. sancta*)の葉は暗緑色、一重咲き、微香性、澄んだピンク色。聖なるバラとして知られており、エジプトの墳墓から発見されている。'サリー ホームズ'★は大型でクリーム色の花。一重咲き。つぼみはアンズ色がかったピンク。'ワンダーランド'は芳香性。アンズ色の八重咲き。

バラ、モダンローズ、モダン シュラブ、'ケアフリー デライト'

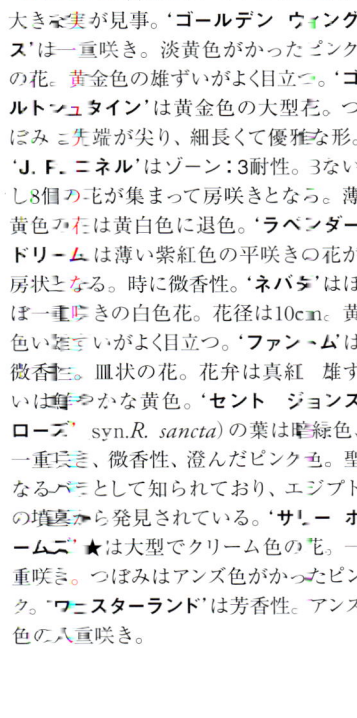

バラ、モダンローズ、モダン シュラブ、'ボニカ'

バラ、モダンローズ、モダン シュラブ、'ケアフリー ワンダー'

バラ、モダンローズ、モダン シュラブ、'キャンディー ローズ'

バラ、モダンローズ、モダン シュラブ、'カンタブリギエンシス'

バラ、モダンローズ、モダン シュラブ、'コタベリー ワンダー'

バラ、モダンローズ、モダン シュラブ、'シャルトルーズ ドゥ パルム'

バラ、モダンローズ、モダン シュラブ、'アンジェリーナ'

バラ、モダンローズ、モダン シュラブ、'アルマダ'

バラ、モダンローズ、モダン シュラブ、'カーディナル ヒューム'

バラ、モダンローズ、モダン シュラブ、'チェスムズ チョイス'

バラ、モダンローズ、モダン シュラブ、'アンナ ジンケイセン'

バラ、モダンローズ、モダン シュラブ、'ベビー ブランケット'

バラ、モダンローズ、モダン シュラブ、'ブルーミン イージー'

バラ、モダンローズ、モダン シュラブ、'ケアフリー サンシャイン'

バラ、モダンローズ、モダン シュラブ、'コンテス ドゥ セギュール'

バラ、モダンローズ、モダン シュラブ、'コンチェルト'

バラ、モダンローズ、モダン シュラブ、'コラール ゲーブルス'

バラ、モダンローズ、モダン シュラブ、'カントリー ダンサー'

バラ、モダンローズ、モダン シュラブ、'デボラ'

バラ、モダンローズ、モダン シュラブ、'デコール アルルカン'

バラ、モダンローズ、モダン シュラブ、'ドルトムント'

バラ、モダンローズ、モダン シュラブ、'エルベショーン'

バラ、モダンローズ、モダン シュラブ、'フォイアーヴェルク'

バラ、モダンローズ、モダン シュラブ、'フローレット'

バラ、モダンローズ、モダン シュラブ、'フリッツ ノビス'

バラ、モダンローズ、モダン シュラブ、'ジョージ バンクーバー'

バラ、モダンローズ、モダン シュラブ、'ゼラニウム'

バラ、モダンローズ、モダン シュラブ、'ゴールデン ウィングス'

バラ、モダンローズ、モダン シュラブ、'ジプシー ダンサー'

バラ、モダンローズ、モダン シュラブ、'ハップンスタンス'

バラ、モダンローズ、モダン シュラブ、'ホークアイ ベル'

バラ、モダンローズ、モダン シュラブ、'ハートフォードシャー'

バラ、モダンローズ、モダン シュラブ、'ハイドウネンシス'

バラ、モダンローズ、モダン シュラブ、'ホット ファイヤー'

バラ、モダンローズ、モダン シュラブ、'デクリク'

バラ、モダンローズ、モダン シュラブ、'フラワー カーペット'

バラ、モダンローズ、モダン シュラブ、'フクシア メイディランド'

バラ、モダンローズ、モダン シュラブ、'モルゲンロート'

バラ、モダンローズ、モダン シュラブ、'リンデルホフ'

バラ、モダンローズ、モダン シュラブ、'マルグリット ヒリング'

バラ、モダンローズ、モダン シュラブ、'ラベンダー ドリーム'

バラ、モダンローズ、モダン シュラブ、'リヒトコーニンギン ルシア'

バラ、モダンローズ、モダン シュラブ、'リリック'

バラ、モダンローズ、モダン シュラブ、'メイゴールド'

バラ、モダンローズ、モダン シュラブ、'マージョリー フェア'

バラ、モダンローズ、モダン シュラブ、'パール メリー'

バラ、モダンローズ、モダン シュラブ、'ミス ディオール'

バラ、モダンローズ、モダン シュラブ、'ネバダ'

バラ、モダンローズ、モダン シュラブ、'パークディレクター リガース'

バラ、モダンローズ、モダン シュラブ、'ファントム'

バラ、モダンローズ、モダン シュラブ、'ピンパネル'

バラ、モダンローズ、モダン シュラブ、'ピンク チモ'

バラ、モダンローズ、モダン シュラブ、'レイモン シュノー'

バラ、モダンローズ、モダン シュラブ、'レッド シンプリシティー'

バラ、モダンローズ、モダン シュラブ、'ロブスタ'

バラ、モダンローズ、モダン シュラブ、'ピンク メイディランド'

バラ、モダンローズ、モダン シュラブ、'ラッシュ'

バラ、モダンローズ、モダン シュラブ、'セント ジョンズ ローズ'

バラ、モダンローズ、モダン シュラブ、'サリー ホームズ'

バラ、モダンローズ、モダン シュラブ、'サリー'

バラ、モダンローズ、モダン シュラブ、'シャルラッハグルート'

バラ、モダンローズ、モダン シュラブ、'ゾンネンシルム'

バラ、モダンローズ、モダン シュラブ、'スパリエンシューブ'

バラ、モダンローズ、モダン シュラブ、'サニー ジューン'

バラ、モダンローズ、モダン シュラブ、'サンパティー'

バラ、モダンローズ、モダン シュラブ、'イエロー バタフライ'

バラ、モダンローズ、モダン シュラブ、'ローブリッター'

バラ、モダンローズ、モダン シュラブ、イングリッシュローズ、'ア シュロプシャー ラッド'

バラ、モダンローズ、モダン シュラブ、イングリッシュローズ、'コテージ ローズ'

バラ、モダンローズ、モダン シュラブ、イングリッシュローズ、'シャルロット'

バラ、モダンローズ、モダン シュラブ、イングリッシュローズ、'アン ブーリン'

バラ、モダンローズ、モダン シュラブ、イングリッシュローズ、'バーバラ オースティン'

バラ、モダンローズ、モダン シュラブ、イングリッシュローズ、'ベンジャミン ブリテン'

バラ、モダンローズ、モダン シュラブ、イングリッシュローズ、'ブライス スピリット'

バラ、モダンローズ、モダン シュラブ、イングリッシュローズ、'ブラザー カドフェル'

バラ、モダンローズ、モダン シュラブ、イングリッシュローズ、'バターカップ'

バラ、モダンローズ、モダン シュラブ、イングリッシュローズ、'コンテ ドゥ シャンパーニュ'

バラ、モダンローズ、モダン シュラブ、イングリッシュローズ、'コーディリア'

バラ、モダンローズ、モダン シュラブ、イングリッシュローズ、'チャールズ レニー マッキントッシュ'

バラ、モダンローズ、モダン シュラブ、イングリッシュローズ、'コーベデイル'

バラ、モダンローズ、モダン シュラブ、イングリッシュローズ、'アンブリッジ ローズ'

バラ、モダンローズ、モダン シュラブ、イングリッシュローズ、'クロッカス ローズ'

バラ、モダンローズ、モダン シュラブ、イングリッシュローズ、'クラウン プリンセス マルガリータ'

バラ、モダンローズ、モダン シュラブ、イングリッシュローズ、'シンバライン'

バラ、モダンローズ、モダン シュラブ、イングリッシュローズ、'ダップル トーン'

バラ、モダンローズ、モダン シュラブ、イングリッシュローズ、'アルンウィック キャッスル'

English Roses(イングリッシュローズ)：イングリッシュローズもモダン シュラブローズに含まれる。1960年代初期にイギリス人のデビッド・オースチンが、オールドローズとモダンローズを交配させて育種を進めた。こうして作出されたグループはイングリッシュローズの名で知られており、オールドローズの花姿と芳香性、モダンローズの四季咲き性と豊富な花色をあわせもつため、非常に人気がある。高さは0.9～2m。芳香性のものが多い。多数の品種がある。'アブラハム ダービー'★は、大型でオレンジ色がかったピンクの花。完全八重咲き。'チャールズ レニー マッキントッシュ'は芳香性。開花時はバラ色、時間がたつと薄紫がかったピンクになる。'コンスタンス スプライ'は最初のイングリッシュローズ。散開性。カップ咲き。落ち着いたピンク色の花。イングリッシュローズによくある没薬に似た香り。開花期に晩春から夏。'ガートルード ジェキル'は強香性で濃いピンクの花。八重咲き。'ゴールデン セレブレーション'★は強香性。濃い黄色の八重咲き。夏から秋を通して開花。'グレアム トーマス'は長い柄の先に濃い黄色の八重咲きをつける。甘い香り。'ジュード ジ オブスキュア'は強香性。黄色の花。'メリーローズ'は濃いバラ色の花。'ウィンチェスター カテドラル'は芳香性の白色花。'ウィンドラッシュ'は大型の半八重咲き。澄んだ淡黄色。雄ずいに鮮やかな黄色。非常に甘い香りを放つ。

バラ、モダンローズ、モダン シュラブ、イングリッシュローズ、'ドクター ハーバート グレイ'

バラ、モダンローズ、モダン シュラブ、イングリッシュローズ、'イングリッシュローズ エレガンス'

バラ、モダンローズ、モダン シュラブ、イングリッシュローズ、'エグランタイン'

バラ、モダンローズ、モダン シュラブ、イングリッシュローズ、'エミリー'

バラ、モダンローズ、モダン シュラブ、イングリッシュローズ、'イングランズ ローズ'

バラ、モダンローズ、モダン シュラブ、イングリッシュローズ、'エレン'

バラ、モダンローズ、モダン シュラブ、イングリッシュローズ、'イングリッシュローズ ガーデン'

バラ、モダンローズ、モダン シュラブ、イングリッシュローズ、'グレアム トーマス'

バラ、モダンローズ、モダン シュラブ、イングリッシュローズ、'ハッピー チャイルド'

バラ、モダンローズ、モダン シュラブ、イングリッシュローズ、'ジェフ ハミルトン'

バラ、モダンローズ、モダン シュラブ、イングリッシュローズ、'ガートルード ジェキル'

バラ、モダンローズ、モダン シュラブ、イングリッシュローズ、'ゴールデン セレブレーション'

バラ、モダンローズ、モダン シュラブ、イングリッシュローズ、'ヘブンリー ロザリンド'

バラ、モダンローズ、モダン シュラブ、イングリッシュローズ、'イーブリン'

バラ、モダンローズ、モダン シュラブ、イングリッシュローズ、'ファルスタッフ'

バラ、モダンローズ、モダン シュラブ、イングリッシュローズ、'グレース'

バラ、モダンローズ、モダン シュラブ、イングリッシュローズ、'ヘリテージ'

バラ、モダンローズ、モダン シュラブ、イングリッシュローズ、'ヒーロー'

バラ、モダンローズ、モダン シュラブ、イングリッシュローズ、'ジェームズ ゴールウェー'

バラ、モダンローズ、モダン シュラブ、イングリッシュローズ、'ジャックネッタ'

バラ、モダンローズ、モダン シュラブ、イングリッシュローズ、'ジェーン オースチン'

バラ、モダンローズ、モダン シュラブ、イングリッシュローズ、'ジョン クレア'

バラ、モダンローズ、モダン シュラブ、イングリッシュローズ、'ジュード オブスキュア'

バラ、モダンローズ、モダン シュラブ、イングリッシュローズ、'キャスリン モーリー'

バラ、モダンローズ、モダン シュラブ、イングリッシュローズ、'レアンダー'

バラ、モダンローズ、モダン シュラブ、イングリッシュローズ、'レナード ダドレー ブレイスウェイト'

バラ、モダンローズ、モダン シュラブ、イングリッシュローズ、'リリアン オースチン'

バラ、モダンローズ、モダン シュラブ、イングリッシュローズ、'メアリー マグダレーン'

バラ、モダンローズ、モダン シュラブ、イングリッシュローズ、'マリー ローズ'

バラ、モダンローズ、モダン シュラブ、イングリッシュローズ、'ミス アリス'

バラ、モダンローズ、モダン シュラブ、イングリッシュローズ、'ミセス ドリーン パイク'

バラ、モダンローズ、モダン シュラブ、イングリッシュローズ、'マリネット'

バラ、モダンローズ、モダン シュラブ、イングリッシュローズ、'ルセッタ'

バラ、モダンローズ、モダン シュラブ、イングリッシュローズ、'モリノー'

バラ、モダンローズ、モダン シュラブ、イングリッシュローズ、'ソフィーズ ローズ'

バラ、モダンローズ、モダン シュラブ、イングリッシュローズ、'パット オースチン'

バラ、モダンローズ、モダン シュラブ、イングリッシュローズ、'ルドゥテ'

バラ、モダンローズ、モダン シュラブ、イングリッシュローズ、'ポートメイロン'

バラ、モダンローズ、モダン シュラブ、イングリッシュローズ、'プロスペロ'

バラ、モダンローズ、モダン シュラブ、イングリッシュローズ、'プラウド ティターニア'

バラ、モダンローズ、モダン シュラブ、イングリッシュローズ、'クイーン ネフェルティティ'

バラ、モダンローズ、モダン シュラブ、イングリッシュローズ、'モーティマ サックラー'

バラ、モダンローズ、モダン シュラブ、イングリッシュローズ、'ノーブル アントニー'

バラ、モダンローズ、モダン シュラブ、イングリッシュローズ、'オセロ'

バラ、モダンローズ、モダン シュラブ、イングリッシュローズ、'ペガサス'

バラ、モダンローズ、モダン シュラブ、イングリッシュローズ、'セプタード アイル'

バラ、モダンローズ、モダン シュラブ、イングリッシュローズ、'シャリファ アスマ'

バラ、モダンローズ、モダン シュラブ、イングリッシュローズ、'サー エドワード エルガー'

バラ、モダンローズ、モダン シュラブ、イングリッシュローズ、'サー ウォルター ローリー'

バラ、モダンローズ、モダン シュラブ、イングリッシュローズ、'ティージング ジョージア'

バラ、モダンローズ、モダン シュラブ、イングリッシュローズ、'テス オブ ザ ダーバビル'

バラ、モダンローズ、モダン シュラブ、イングリッシュローズ、'レッド コート'

バラ、モダンローズ、モダン シュラブ、イングリッシュローズ、'セント セシリア'

バラ、モダンローズ、モダン シュラブ、イングリッシュローズ、'セント スウィザン'

バラ、モダンローズ、モダン シュラブ、イングリッシュローズ、'シンチレーション'

バラ、モダンローズ、モダン シュラブ、イングリッシュローズ、'スイート ジュリエット'

バラ、モダンローズ、モダン シュラブ、イングリッシュローズ、'ジ アレクザンドラ ローズ'

バラ、モダンローズ、モダン シュラブ、イングリッシュローズ、'ザ カントリーマン'

バラ、モダンローズ、モダン シュラブ、イングリッシュローズ、'ザ メイフラワー'

バラ、モダンローズ、モダン シュラブ、イングリッシュローズ、'ウィリアム シェイクスピア2000'

バラ、モダンローズ、モダン シュラブ、イングリッシュローズ、'ザ ダーク レディー'

バラ、モダンローズ、モダン シュラブ、イングリッシュローズ、'ザ ピルグリム'

バラ、モダンローズ、モダン シュラブ、イングリッシュローズ、'ザ プリンス'

バラ、モダンローズ、モダン シュラブ、イングリッシュローズ、'ザ ハーバリスト'

バラ、モダンローズ、モダン シュラブ、イングリッシュローズ、'トレバー グリフィス'

バラ、モダンローズ、モダン シュラブ、イングリッシュローズ、'ウィンチェスター カテドラル'

バラ、モダンローズ、モダン シュラブ、イングリッシュローズ、'ウィンドフラワー'

バラ、モダンローズ、モダン シュラブ、イングリッシュローズ、'ウィンドラッシュ'

バラ、モダンローズ、モダン シュラブ、イングリッシュローズ、'ワイズ ポーシャ'

バラ、モダンローズ、モダン シュラブ、イングリッシュローズ、'イエロー ボタン'

バラ、モダンローズ、モダン シュラブ、イングリッシュローズ、'ウィリアム モリス'

バラ、モダンローズ、モダン シュラブ、イングリッシュローズ、'トラデスカント'

Hybrid Musk Roses（ハイブリッド・ムスクローズ）：モダン シュラブローズに分類されるが、「オールドローズ」系のグループであるとされることも多い。1913年、ジョゼフ・ペンバートン牧師がマスクローズ最初の交雑種を作出した。このグループの大部分は彼によって育種されたものである。ムスク（じゃ香）に似た芳香を持ち、ハイブリッド・ムスクという名で呼ばれている。この香りは非常に間接的ながら*R. Moschata*に由来している。シュラブ性であり、暗緑色の葉と紫がかった茎を持つことが多い。開花期は長く、一重咲きもしくは八重咲きの花が房咲きとなる。発表時以来の人気種であり、現在でもその多くが栽培されている。高さは1.2～2.4m。標本植物あるいは低木植栽に最適。'ベリンダ'★はピンクの花。時に花弁基部に白いハイライト。'バフ ビューティー'の花はアンズ色で八重咲き。淡黄褐色に退色。'コーネリア'は小型の八重咲き。非常に淡いピンクの花。基部はオレンジ色。ムスク様の芳香。'ダナエ'は八重咲き。鮮やかな黄色。白に退色。'エルフルト'は芳香性。ピンクの半八重咲き。花弁基部に向けて黄色味を帯びる。'ムーンライド'は最初期のハイブリッド・ムスクローズ。ほぼ一重咲きのクリーム色の花が房咲きとなる。雄ずいは黄色でよく目立つ。'モーツァルト'は濃いピンクの一重咲き。中心部の白が目立つ。'ポールズ ヒマラヤン ムスク ランブラー'★は小型の八重咲き。薄い紫紅色。'ペネロペ'は半八重咲きで非常に淡いピンク。白に退色。'プロスペリティー'は長いアーチ状の茎。八重咲きの白色花が大きな房を作る。
ゾーン：4～10

バラ、モダンローズ、房咲きクライミング、'スパークリング スカーレット'

バラ、モダンローズ、房咲きクライミング、'つる ディアブロタン'

CLIMBING ROSES
クライミングローズ

モダン・クライミングローズの花期は長く、初期に発表された品種ほどには繁茂しない。花色は非常に豊富であり、その多くが八重咲き。コンパクトなつるバラはブッシュローズの突然変異や同グループの人気種（'アイスバーグ'など）から作られることが多く、よじのぼり性となる場合もある。

CLUSTER-FLOWERED CLIMBING ROSES
房咲きクライミングローズ

☼/☽ ❄ ↔2.4～4.5m ↕3～6m

非常に作りやすいつるバラ。小型の花は気象耐性が強く、見栄えのよさでも大型花に劣らない。しなやかなつるは花房の重みにもよく耐え、誘引も容易。'つる ディアブロタン'は小型で真紅の花。半八重咲き。'つる アイスバーグ'は微香性。白色の八重咲き。'ジョン カボット'（エクスプローラー シリーズ）はゾーン：1耐性。芳香性。赤味がかったピンクの花。'サンタ カタリナ'は微香性で半八重咲き。非常に淡いピンク。'スパークリング スカーレット'は半八重咲き。鮮緋色。フルーティーな香り。'ウィリアム バフィン'（エクスプローラー シリーズ）はゾーン：1耐性。微香性。30個程度の赤い花が集まって房となる。
ゾーン：5～9

LARGE-FLOWERED CLIMBING ROSES
大輪クライミングローズ

☼/☽ ❄ ↔2～5m ↕2～5m

大輪クライミングローズはブッシュ性の近縁種同様に、見事な大輪八重咲きもしくは一重咲きの花をつける。他のつるバラに比べると房の重量は増すが、茎の柔軟性はそれほどでもないため、天候による損傷を防いで花持ちをよくするには支えが必要となる。'アルベルティーヌ'は芳香性のピンクないしサーモンピンクの花。八重咲き。'コンパッション'★は芳香性。アンズ色がかった花。八重咲き。'ダブリン ベイ'★は芳香性。真紅の八重咲き。'ゴールデン シャワーズ'は大型八重咲き。鮮やかな黄色。次第に退色。'ニュー ドーン'★は大型で芳香性。八重咲き。非常に淡いピンク。'ピエール ドゥ ロンサール'★は微香性。大型の八重咲き。ピンクがかった象牙色。
ゾーン：5～9

バラ、モダンローズ、モダン シュラブ、ハイブリッド・ムスク、'エルフルト'

バラ、モダンローズ、モダン シュラブ、ハイブリッド・ムスク、'ダナエ'

バラ、モダンローズ、大輪クライミング、'アルパイン'

バラ、モダンローズ、大輪クライミング、'アルティッシモ'

バラ、モダンローズ、大輪クライミング、'アルベルティーヌ'

バラ、モダンローズ、大輪クライミング、'アンヌ ダーキン'

バラ、モダンローズ、モダン シュラブ、ハイブリッド・ムスク、'コーネリア'

バラ、モダンローズ、大輪クライミング、'アリエル ドンパール'

バラ、モダンローズ、大輪クライミング、'チャップリンズ ピンク クライマー'

バラ、モダンローズ、大輪クライミング、'ブロッサムタイム'

バラ、モダンローズ、大輪クライミング、'カンパニーレ'

バラ、モダンローズ、大輪クライミング、'つる フラグラント クラウド'

バラ、モダンローズ、大輪クライミング、'つる マダム アベル シャトネー'

バラ、モダンローズ、大輪クライミング、'アッシャーミットヴォッホ'

バラ、モダンローズ、大輪クライミング、'セザール'

バラ、モダンローズ、大輪クライミング、'つる ナ ハークネス'

バラ、モダンローズ、大輪クライミング、'つる ハドレー'

バラ、モダンローズ、大輪クライミング、'バントリー ベイ'

バラ、モダンローズ、大輪クライミング、'つる クリストファー ストーン'

バラ、モダンローズ、大輪クライミング、'つる エトワール ドゥ オランド'

バラ、モダンローズ、大輪クライミング、'つる ソニア'

バラ、モダンローズ、大輪クライミング、'ブラック ボーイ'

バラ、モダンローズ、大輪クライミング、'つる エディター マックファーランド'

バラ、モダンローズ、大輪クライミング、'つる フォーティー-ナイナー'

バラ、モダンローズ、大輪クライミング、'つる ティファニー'

バラ、モダンローズ、大輪クライミング、'つる　タリスマン'

バラ、モダンローズ、大輪クライミング、'ダニー　ボーイ'

バラ、モダンローズ、大輪クライミング、'つる　マルディ　グラ'

バラ、モダンローズ、大輪クライミング、'つる　マダム　バタフライ'

バラ、モダンローズ、大輪クライミング、'つる　マリー　ハート'

バラ、モダンローズ、大輪クライミング、'つる　クイーン　エリザベス'

バラ、モダンローズ、大輪クライミング、'つる　ニュー　ヨーカー'

バラ、モダンローズ、大輪クライミング、'つる　ピーター　フランケンフェルド'

バラ、モダンローズ、大輪クライミング、'つる　ピンク　ピース'

バラ、モダンローズ、大輪クライミング、'つる　トロピカーナ'

バラ、モダンローズ、大輪クライミング、'コンパッション'

バラ、モダンローズ、大輪クライミング、'つる　ショート　シルク'

バラ、モダンローズ、大輪クライミング、'コンデサ　デュ　サスターゴ'

バラ、モダンローズ、大輪クライミング、'コルテージュ'

バラ、モダンローズ、大輪クライミング、'カウンテス　オブ　ストラドブローク'

バラ、モダンローズ、大輪クライミング、'クリムゾン　ディスカント'

バラ、モダンローズ、大輪クライミング、'ドリーミング　スパイアズ'

バラ, モダンローズ, 大輪クライミング, 'デイジー ヘイツ'

バラ, モダンローズ, 大輪クライミング, 'ゴールデン フューチャー'

バラ, モダンローズ, 大輪クライミング, 'ギネ'

バラ, モダンローズ, 大輪クライミング, 'ヘンデル'

バラ, モダンローズ, 大輪クライミング, 'ハイフィールド'

バラ, モダンローズ, 大輪クライミング, 'モーニング ジュエル'

バラ, モダンローズ, 大輪クライミング, 'マダム ルイ レン'

バラ, モダンローズ, 大輪クライミング, 'マラガ'

バラ, モダンローズ, 大輪クライミング, 'マリー ウォーレス'

バラ, モダンローズ, 大輪クライミング, 'ミチカ'

バラ, モダンローズ, 大輪クライミング, 'レディー ウォーターロー'

バラ, モダンローズ, 大輪クライミング, 'ナンシー ヘイワード'

バラ, モダンローズ, 大輪クライミング, 'グランド ホテル'

バラ, モダンローズ, 大輪クライミング, 'マダム グレゴワール ステシュラン'

バラ, モダンローズ, 大輪クライミング, 'ニュー ドーン'

バラ, モダンローズ, 大輪クライミング, 'パレード'

バラ, モダンローズ, 大輪クライミング, 'ポール ノエル'

 バラ、モダンローズ、大輪 クライミング、'ダブリン ベイ'
 バラ、モダンローズ、大輪 クライミング、'エチュード'
 バラ、モダンローズ、大輪 クライミング、'エクスプロイト'
 バラ、モダンローズ、大輪 クライミング、'ポールズ スカーレット クライマー'
 バラ、モダンローズ、大輪 クライミング、'ピエール ドゥ ロンサール'

 バラ、モダンローズ、大輪 クライミング、'ペニー レイン'
 バラ、モダンローズ、大輪 クライミング、'ピンク ペルペチュエ'
 バラ、モダンローズ、大輪 クライミング、'ポルカ'
 バラ、モダンローズ、大輪 クライミング、'プリンケプス'

 バラ、モダンローズ、大輪 クライミング、'レーヌ マリ-アンリエット'
 バラ、モダンローズ、大輪 クライミング、'ロザリウム ユーテーレセン'
 バラ、モダンローズ、大輪 クライミング、'ロイヤル ゴールド'

 バラ、モダンローズ、大輪 クライミング、'ピンク クラウド'
 バラ、モダンローズ、大輪 クライミング、'ロージー マントル'

 バラ、モダンローズ、大輪 クライミング、'スクールガール'
 バラ、モダンローズ、大輪 クライミング、'ホワイト コケード'
 バラ、モダンローズ、大輪 クライミング、'ゼニス'
 バラ、モダンローズ、大輪 クライミング、'イースリーズ ゴールデン ランブラー'

バラ、モダンローズ、ランブラー、'トリアー'

バラ、モダンローズ、ランブラー、'アルベリック バービア'

バラ、モダンローズ、ランブラー、'エクセルサ'

バラ、モダンローズ、ランブラー、'メイ クイーン'

バラ、モダンローズ、ランブラー、'タリア'

RAMBLER ROSES
ランブラーローズ

☼/◐ ❄ ↔ 3〜8m ↕ 3〜8m

R. wichuranaとR. multifloraを主な交配親とし、多数の刺を持つ場合が多い。茎の長さのみならず、毎年、基部から新シュートを盛んに伸ばすことでも他のクライミングローズとは異なっている。このため、トゲのような茎が密生した叢状となる。剪定に際しては、古枝や勢いの弱い枝を切り落とす。一季咲きのものが多い。'アルベリック バービア'は微香性。象牙色の八重咲き。中央に向かって濃色となる。'ボビー ジェームズ'は強い香り。半八重咲き。アイボリーホワイトのカップ咲き。雄ずいは鮮黄色でよく目立つ。'ボンファイヤー'はピンクがかった赤色の八重咲き。'エクセルサ'は緋色の八重咲き。中央部は白。'フランソワ ジュランビル'はサーモンピンクの八重咲き。中央部は黄色味を帯びる。フルーティーな香り。'メイ クイーン'はバラ色の八重咲き。フルーティーな香り。'ランブリング レクター'は強い香り。半八重咲きの白色花。'サンダーズ ホワイト ランブラー'は小型の白色花。八重咲きでフルーティーな香り。'シーガル'は芳香性で雪白色の八重咲き。雄ずいは光沢のある黄金色。'スーパー エルフィン'は橙緋色の花。'タリア'は小型で純白の花。八重咲き。'トリアー'は半八重咲き。象牙色の花。中央部に向かって淡い黄金色になる。'ファイルフェンブラウ'は半八重咲き。紫紅色の花。白のマーキング。フルーティーな香り。

ゾーン:5〜9

MINIATURE ROSES
ミニチュアローズ

最近になって育種が進んだグループの中にミニチュアローズがある。この系統は1930年代後半に出現した。ミニチュアローズの花は、小型であるという点以外ではブッシュローズの大型花とまったく同じである。芳香性においては劣るが、多彩な花姿がこの欠落をじゅうぶんに補っている。

CLIMBING MINIATURE ROSES
クライミング・ミニチュアローズ

☼/◐ ❄ ↔ 0.9〜2m ↕ 0.9〜3.5m

ミニチュアローズにはクライミング性の小型種もあるが、その多くは花が小型であるだけで、見事な枝ぶりに成長する。ポリアンサローズとクライミング・ミニチュアローズを明確に区別するのは困難である。'ノゾミ'は高さがあり、小型の一重咲き。柔らかなピンクの星形花。'ウォーム ウェルカム'★は小型で芳香性。橙緋色。

ゾーン:4〜1

MINIATURE ROSES
ミニチュアローズ

☼ ❄ ↔ 30〜45cm ↕ 20〜60cm

ミニチュアローズの高さは20ないし60cmであり、ブッシュローズをそのまま小型にした姿形をとる。葉は小型。つぼみ、花ともに優美である。ボーダーのエッジに植えこむとよい。鉢植えにも適している。ミニチュアローズに分類されているものの中には、やや高さのある品種も含まれるが、花と葉はともに小型である。'エール フランス'(syn.'アメリカン インディペンデンス'、'ロージー メイランディナ')はバラ色の八重咲き。'オータム スプレンダー'★はかすかにフルーティーな香り。大型の八重咲き。黄色がかったオレンジの花。時間の経過とともに花弁周縁部が濃色になる。'ベビー ダーリング'はアンズ色の八重咲き。'ベビー ラブ'★は小型の一重咲き。鮮やかな黄色。雄ずいがよく目立つ。'カシェー'★は大型の無香花。花色は白。'サイター カップ'は濃いアンズ色の八重咲き。微香性。'シンデレラ'は雪白色の花。薄くピンクのフラッシュ。'クラレット カップ'は小型の花房となり芳香性。緋色の花。'フェアリー テール'は小型で微香性。ピンクの花。成熟花は淡いピンク。

バラ、モダンローズ、ミニチュアローズ、'アルクティック サンライズ'

バラ、モダンローズ、ミニチュアローズ、'ビューティー シークレット'

バラ、モダンローズ、ミニチュアローズ、'ファイヤー プリンセス'

バラ、モダンローズ、ミニチュアローズ、'マジック カルーセル'

バラ、モダンローズ、ミニチュアローズ、'ペルシアン プリンセス'

バラ、モダンローズ、ミニチュアローズ、'リトル サンセット'

バラ、モダンローズ、ミニチュアローズ、'フリーゴールド'

バラ、モダンローズ、ミニチュアローズ、'ギズモ'

バラ、モダンローズ、ミニチュアローズ、'フェアリー テール'

バラ、モダンローズ、ミニチュアローズ、'ホット タマーレ'

バラ、モダンローズ、ミニチュアローズ、'グリーン アイス'

バラ、モダンローズ、ミニチュアローズ、'サン スプリンクルス'

バラ、モダンローズ、ミニチュアローズ、'ロスマリン'

バラ、モダンローズ、ミニチュアローズ、'タピ ジョン'

バラ、モダンローズ、ミニチュアローズ、'プライドン ジョイ'

バラ、モダンローズ、ミニチュアローズ、'ステーシー スー'

バラ、モダンローズ、ミニチュアローズ、'スカーレット モス'

バラ、モダンローズ、ミニチュアローズ、'スターリナ'

'ジェントル タッチ'の花は小型で淡いピンクの八重咲き。微香性。'グルメ ポプコーン'★は微香性の半八重咲き。雪白色の花。'ホリー トレド'は鮮やかなピンク味を帯びたオレンジの花。単生もしくは房咲き。'フラ ガール'のつぼみは細長く、花は濃いサーモンピンク。'イレジスティブル'★は芳香性で八重咲き。ほぼ純白の花。中央部にかけてピンク味を帯びる。'リトル レッド デビル'は芳香性の八重咲き。真紅の花。'ラビング タッチ'のつぼみは細長く、芳香性の花はアンズ色。'マジック カルーセル'は八重咲き。クリーム色がかった白。花弁周縁は赤。'マイ バレンタイン'は強い香りを放つ赤い花。'パーティー ガール'★は芳香性で淡いアンズ色がかった黄色い花。八重咲き。'プライドン ジョイ'は多花性でオレンジ色の花。フルーティーな香り。'レッド エース'(syns'アマンダ'、'アムルダ')はベルベット様の花弁。濃赤色。'ロジーナ'(syns'ジョゼフィン ウィートクロフト'、'イエロー スイートハート')は半八重咲き。鮮やかな黄色の花。'ロスマリン'は微香性の八重咲き。淡いピンクから淡い赤。花色は気温による。'スノー カーペット'は小型。多花弁の八重咲き色は白。'スイート マジック'はオレンジ色の半八重咲き。'タピ ジョン'は多花性の八重咲き。黄色い小型花。

オープナー'は一重咲き。真紅の花。中央部は白。'ピンク ベルズ'は微香性。濃いピンクの八重咲き。'プリティー イン ピンク'は芳香性のピンクの花。'ロジー クッション'はピンクでほぼ一重咲き。高さは平均以上。'ゾンメルメルヒェン'は微香性で濃いピンクの花。
ゾーン：4〜10

GROUND COVER ROSES
グラウンドカバーローズ

☼ ❄ ↔ 1.5〜3m ↕30〜60cm

不規則に伸張するシュラブローズの中には、グラウンドカバーローズに分類されるものがある。散開する特性を持つため、斜面や低い壁にはわせてカスケード状に仕立てたり、広さのある場所のグラウンドカバーにしたりするとよい。最近では、長い開花期と密生した葉を持つ品種が生み出されている。'パッシーノ'は一重のカップ咲き。色は真紅。'ディアマント'は濃い橙緋色の八重咲き。'アイ

OLD (HERITAGE) ROSES
オールド(ヘリテージ)ローズ

「オールドローズ」という用語のもとには、人為的な交配によって生み出された数多くのグループが含まれており、相互に近似した特性を示している。もっとも初期のものとしてはガリカローズの系統があり、このグループは何世紀にも渡って栽培されてきた。ブルボンローズのように19世紀になって誕生したものもある。「オールドローズ」という呼び名は不正確であり、このグループには最近になって作り出された品種も含まれている。ハイブリッド・ムスク(本書ではモダンローズに分類)のようなシュラブローズをオールドローズと呼ぶことが多いのだが、ハイブリッド・ムスクが作出されたのは20世紀のことである。作出の時期ではなくて、花の特徴によって「オールド」の名称を用いている人が多い。ティーローズ系などにはクライミング性のものが多く、クライミングローズやランブラーローズの中にもオールドローズに属するものがある(ノワゼットなど)。

OLD NON-CLIMBING ROSES
非クライミング性オールドローズ

バラの栽培史は長く、さまざまな野生種の改良が進められてきた。非クライミング性のオールドローズに含まれるチャイナローズ、ダマスクローズ、ガリカローズなどは、もともとは一季咲きで花色も限られていたと思われるが、現在では多彩な花色と花姿に芳香性をも兼ね備えるようになった。

バラ、モダンローズ、グラウンドカバーローズ、'パッシーノ'

バラ、モダンローズ、グラウンドカバーローズ、'ハンプシャー'

バラ、モダンローズ、グラウンドカバーローズ、'ピンク ベルズ'

バラ、モダンローズ、グラウンドカバーローズ、'サティナ'

バラ、モダンローズ、グラウンドカバーローズ、'ゾンメルメルヒェン'

バラ、モダンローズ、グラウンドカバーローズ、'ロージー クッション'

バラ、モダンローズ、グラウンドカバーローズ、'プリティー イン ピンク'

バラ、モダンローズ、グラウンドカバーローズ、'ディアマント'

バラ、モダンローズ、グラウンドカバーローズ、'トワイライト'

バラ、モダンローズ、グラウンドカバーローズ、'ウースターシャー'

バラ、オールドローズ、アルバローズ、'アルバ マキシマ'

バラ、オールドローズ、アルバローズ、'セレスティアル'

バラ、オールドローズ、アルバローズ、'ケーニンギン フォン デンマルク'

バラ、オールドローズ、アルバローズ、'メイドンズ ブラッシュ'

ALBA ROSES
アルバローズ

☼ ❄ ↔1.8〜3m ↕0.6〜2.4m

オールドローズの中でも非常に耐寒性の強いグループ。葉は明るい緑色、花は淡色で強い香りを放つ。八重咲きもしくは半八重咲きが一般的。盛夏に1度だけ開花。多くのものは1.8〜2.4mの高さに成長する。'**アルバ マキシマ**'(syns '**ボニー プリンス チャーリーズ ローズ**'、'**ジャコバイト コーズ**'、'**ホワイト ローズ オブ ヨーク**')は強健なシュラブ。'**セレスティアル**'(syn.'**セレスト**')は、強い香りで半八重咲き。淡いピンク色。'**クロリス**'(syn.'**ロゼ ドュ マタン**')は古くから知られているバラ。刺は比較的少ない。葉は暗色。八重咲きのピンクの花。'**フェリシテ パルマンティエ**'は小型のシュラブ。八重の平咲き。サーモンピンクの花が淡いピンクに退色。'**グレート メイドンズ ブラッシュ**'は強健なシュラブ。15世紀もしくはそれ以前にさかのぼる。大型で多花弁の八重咲き。ピンクの花。'**ケーニンギン フォン デンマルク**' ★ (syn.'**クイーン オブ デンマーク**')は小型の八重咲き。ほかのアルバ種より濃いピンク色。'**マダム プランティエ**'はやや扁平な形の八重咲き色は白。つぼみは赤味を帯びたピンク。'**メイドンズ ブラッシュ**'は芳香性。クリーム色がかった白ないし淡いピンクの花。八重咲き。

ゾーン:4〜10

BOURBON ROSES
ブルボンローズ

☼ ❄ ↔1.5〜2.4m ↕1.2〜2m

最初のブルボンローズはR. chinensisとダマスクローズの自然交配によるものであり、ブルボン島で発見された。大多数はシュラブ性であり、高さは1.2〜2m。わずかではあるが、クライミング性のものも知られている。非常に強い香りがあり、反復咲きのものが多い。半八重咲きもしくは八重咲き。カップ咲きもしくはクォーターロゼット咲き。多湿地域では菌による病気にかかりやすい。'**ブール ドゥ ネージュ**'は八重のロゼット咲き。白い花。時に花弁周縁が赤紫味を帯びる。'**コマンダン ボールペール**'は八重咲き。緋色、ピンク、紫色、白の縞。'**グロ シュー ドランド**'は中型で芳香性のピンクの花。つぼみは円形で赤色。'**オノリーヌ ドゥ ブラバン**'は薄いピンクの花。カップ咲き。内側には淡いバラ色のスポット。'**ルイーズ オディエール**'は強健なブッシュ。多花弁の八重咲き。鮮やかなバラ色。'**マダム イサーク ペレーレ**'はもっとも強い香りを持つ品種に数えられる。大型で多花弁の八重咲き。赤紫色がかったバラ色の花。'**マダム ピエール オジェール**'は八重のカップ咲き。薄い銀色味を帯びたピンクの花。'**クイーン オブ ブルボンズ**'は半八重のカップ咲き。バラ色。開花期は夏。'**レーヌ ビクトリア**'は華奢なブッシュ。カップ咲きの八重。花弁は絹状。薄紫色がかったピンクの花。'**スブニール ドゥ ラ マルメゾン**'はクライミング性になることも多い。八重咲き姿は扁平でクォーターロゼット咲き。非常に薄いピンクの花。雨にあうと速やかに紫がかった色になる。変異種の'**スブニール ドゥ サンタンヌ**'は半八重咲き。黄色い雄ずいがよく目立ち、悪天候にも耐える。'**ゼフィリーヌ ドローイン**'には刺が無い。濃いピンクの八重咲き。芳香性。

ゾーン:6〜10

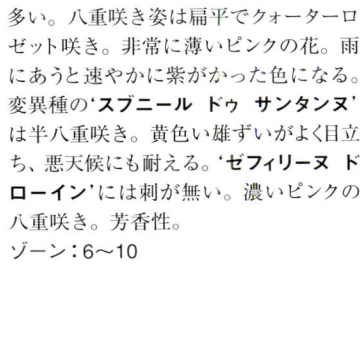
バラ、オールドローズ、ブルボンローズ、'ゼフィリーヌ ドローイン'

バラ、オールドローズ、ブルボンローズ、'ジプシー ボーイ'

バラ、オールドローズ、ブルボンローズ、'スブニール ドゥ ラ マルメゾン'

バラ、オールドローズ、ブルボンローズ、'マダム ピエール オジェール'

バラ、オールドローズ、ブルボンローズ、'グロ シュー ドランド'

バラ、オールドローズ、ブルボンローズ、'オノリーヌ ドゥ ブラバン'

バラ、オールドローズ、ブルボンローズ、'スブニール ドゥ マダム オーギュスト シャルレ'

バラ、オールドローズ、ブルボンローズ、'スブニール ドゥ マダム ブルイユ'

バラ、オールドローズ、ブルボンローズ、'マダム エルンスト カルバット'

バラ、オールドローズ、ブルボンローズ、'キャスリーン ハロップ'

バラ、オールドローズ、ブルボンローズ、'ルイーズ オディエール'

バラ、オールドローズ、ブルボンローズ、'クイーン オブ ブルボンズ'

バラ、オールドローズ、ブルボンローズ、'レーヌ ビクトリア'

バラ、オールドローズ、ブルボンローズ、'マダム イサーク ペレーレ'

バラ、オールドローズ、ケンティフォリア
ローズ、'ファンタン-ラトゥール'

バラ、オールドローズ、ケンティフォリア
ローズ、'プティット ドゥ オランド'

バラ、オールドローズ、ケンティフォリア
ローズ、'プティット リゼット'

バラ、オールドローズ、ケンティフォリア
ローズ、'レーヌ ドゥ サンフィーユ'

バラ、オールドローズ、ケンティフォリア
ローズ、'ザ ビショップ'

バラ、オールドローズ、チャイナローズ、
'アークデューク チャールズ'

バラ、オールドローズ、チャイナローズ、
'ファビエール'

バラ、オールドローズ、チャイナローズ、
'グロワール デュ ロスマン'

バラ、オールドローズ、チャイナローズ、
'グリーン ローズ'

バラ、オールドローズ、チャイナローズ、
'ヘルモサ'

バラ、オールドローズ、チャイナローズ、
'イレーネ ワッツ'

バラ、オールドコーズ、チャイナローズ、
'ル ヴェスヴ'

バラ、オールドローズ、チャイナローズ、
'ムタビリス'

バラ、オールドローズ、チャイナローズ、
'オールド ブラッシュ'

バラ、オールドローズ、チャイナローズ、
'ソフィーズ パーペチュアル'

バラ、オールドローズ、チャイナローズ、
'クラモワ シュペリウール'

バラ、オールドローズ、チャイナローズ、
'フェンベルグ'

CENTIFOLIA ROSES
ケンティフォリアローズ

☀ ❄ ↔1.2～2.4m ↕0.6～2.4m

このグループに属するものの多くは、何世紀も前から知られている。「ケンティフォリア」とは「100枚の葉」を意味し、多くの花弁を持つことに由来している。このグループに属する花は「画家のバラ」としても知られ、名画家の作品にもしばしば登場する。花色は濃淡のピンクや白、時として紫味の濃いマゼンタ色。通常は年に1度、初夏に開花する。ブッシュ性。散開する枝には鋭くて硬い刺がある。高さは0.6～2.4mと変化の幅が大きい。小型の栽培種は比較的小型の花をつける。'キャベジ ローズ'（syn.'プロバンス ローズ'）は複雑な交配を経て誕生したハイブリッド。ヨーロッパでは1600年以前から知られており、灰緑色の葉と深いピンク色の花を持つ。多花弁性の八重咲きでカップ咲き。非常に甘い香り。'ファンタン-ラトゥール'は強い香り。薄いピンクの八重咲き。'プティット ドゥ オランド'は小型で芳香性。バラ色の八重咲き。'プティット リゼット'は高さ0.9m。小型で強い香りを放つ。ピンクのポンポン咲き。'レーヌ デュ サンフィーユ'は芳香性のピンクの花。花径は6cmまで。'ロズ ドゥ モー'の高さはほぼ0.6m。花はピンクで小型。ややフリル状。ディアンサスに似る。'ザ ビショップ'は大多数の他種よりも早く開花する。紫がかったマゼンタ色。'トゥール ドゥ マラコフ'は高さがあり、よく散開する。強い香り。紫がかったマゼンタ色の花は薄紫青に退色。

ゾーン：5～10

CHINA ROSES
チャイナローズ

☀ ❄ ↔0.9～1.8m ↕0.9～1.8m

チャイナローズが初めてヨーロッパに紹介されたのは、18世紀のことである。育種家らはこのグループが持つ反復咲き性を固定することに成功した。チャイナローズの多くは丈が低く、華奢な姿形をとる。葉もそれほど密生しない。花はごく小型である場合が多く、半八重咲きもしくは八重咲き。色は濃淡のピンク。緋色味を帯びることもある。総じて微香性。'アークデューク チャールズ'はピンクないし緋色の花。成熟花では濃色。バナナに似た香り。'コンテス デュ カイラ'は緩い半八重咲きで緋色。芳香性。'グロワール デュ ロスマン'は耐寒性が強い。大型のカップ咲き。半八重咲き。ピンクないし緋色。開花期は春から秋。'グリーン ローズ'（syn.'ヴィルディフロラ'）は緑色の葉に似た萼片（花弁ではない）に赤褐色の鋸歯縁。'ラ ヴェスヴ'は大型で微香性。日照条件によってピンクもしくは赤色となる。'ルイ XIV'は芳香性。ほぼ八重咲き。濃い緋色。雄ずいは黄色。'ムタビリス'★は高さがあり、黄色の一重咲き。つぼみはくすんだ赤色。ピンクから淡い緋色へと変色。'オールド ブラッシュ'（syns'コモン マンスリー'、'パーソンズ ピンク'）は最初期のチャイナローズ。半八重咲きで銀色がかったピンクの花。'ソフィーズ パーペチュアル'はほとんど刺を持たない。芳香性のピンクの花。外側の花弁はやや濃色。

ゾーン：7～10

DAMASK ROSES
ダマスクローズ

☀ ❄ ↔1.5～2.4m ↕0.9～2m

ダマスクローズを初めてヨーロッパにもたらしたのは、中東から戻ってきた十字軍だった。散開したブッシュ状になることが多く、高さは0.9～2m。刺が多く、綿毛を帯びた灰緑色の葉を持つ。花の多くは春もしくは夏に1度だけ開花。八重咲きもしくは半八重咲き。薄いピンクもしくは白。強い香りを放つものが多く、香水の原料として長い栽培史がある。'オータム ダマスク'（syn.'カトル セゾン'）は強い香り。ピンク色の花。'ブラッシュ ダマスク'は多花性。夏に開花。中央部はピンク色。花弁周縁に向けて淡色となる。'セルシアナ'は、半八重咲きのピンク色の花が房状となる。'グロワール ドゥ ギラン'は多花弁の八重咲き。完全開花時は扁平なクォーターロゼット咲き。'イスパハン'は開花期が長い非常に強い香りを持つ。ピンクの八重咲き。'マダム アルディー'は多花弁の八重咲き。白色花。中央部に緑色の「ボタン」アイを持つ。'ロズ ドゥ レシュド'は濃いピンクの八重咲き。'サマー ダマスク'は強い香りを放つ花が房状となる。半八重咲きのピンクの花。'ヨーク アンド ランカスター'は独特な品種。半八重咲き。花色は白、ピンク、もしくは2色。

ゾーン：5～10

バラ、オールドローズ、ダマスクローズ、'オータム ダマスク'

バラ、オールドローズ、ダマスクローズ、'ブラッシュ ダマスク'

バラ、オールドローズ、ダマスクローズ、'ボッツァリス'

バラ、オールドローズ、ダマスクローズ、'セルシアナ'

バラ、オールドローズ、ダマスクローズ、'グロワール ドゥ ギラン'

バラ、オールドローズ、ダマスクローズ、'レダ'

バラ、オールドローズ、ダマスクローズ、'マダム アルディー'

バラ、オールドローズ、ダマスクローズ、'プロフェッスール エミール ペロ'

バラ、オールドローズ、ダマスクローズ、'ロズ ドゥ レシュト'

バラ、オールドローズ、ダマスクローズ、'ヨーク アンド ランカスター'

バラ、オールドローズ、ガリカローズ、'トスカニー'

バラ、オールドローズ、ガリカローズ、'ベル ドゥ クレシー'

バラ、オールドローズ、ガリカローズ、'シャルル ドゥ ミル'

バラ、オールドローズ、ガリカローズ、'デュク ドゥ ギッシュ'

バラ、オールドローズ、ガリカローズ、'デュシェス ダングレーム'

GALLICA ROSES
ガリカローズ

☀ ❄ ↔1.2〜1.8m ↑1.2〜1.8m

ガリカローズはコンパクトな姿形になることが多く、高さは1.2〜1.8m。葉は暗緑色で刺はそれほど多くはない。甘い香りを放つものが多く、八重咲きもしくは半八重咲きの花はピンク、マゼンタがかった紫色。春もしくは夏に1度だけ開花する。'ベル ドゥ クレシー'は芳香性で濃いピンクもしくは紫の花。八重咲き。'ベル イシス'は八重咲き。完全開花時は扁平な花姿。透明なピンク色。花弁周縁にかけて白くなる。'カルディナル ドゥ リシュリュー'は芳香性。暗い赤紫色の八重咲き。'シャルル ドゥ ミル'★は強い香り。濃い紫色。クォーターロゼット咲き。'コンプリカタ'は高さのある強健なシュラブ。大型の一重咲き。鮮やかなピンク色。中央部は淡色。雄ずいは大型。'デュク ドゥ ギッシュ'は芳香性で濃いピンクの花。八重咲き。'デュシェス ダングレーム'は夏咲きの半八重咲きもしくは八重咲き。ピンク色。強い香り。'テュシェス ドゥ モンテベロ'は小型で完全八重咲き。非常に強い香り。ピンク色。'プレジダン ドゥ セズ'は芳香性の八重咲き。中央部はマゼンタ色ないしサクランボ色、外部の花弁は薄紫がかったピンク。'トスカニー'は非常に古い品種で変化に富む。紫紅色の八重咲き。雄ずいは黄色でよく目立つ。'トスカニー スパーブ'は芳香性の薄紫色の花。
ゾーン：5〜10

HYBRID PERPETUAL ROSES
ハイブリッド・パーペチュアルローズ

☀ ❄ ↔0.9〜1.8m ↑1.2〜2m

ビクトリア女王時代に一斉を風靡したグループ。親種には、ブルボン系とチャイナ系を含む数系統がある。高さは1.2〜2m。反復咲き。大型の八重咲き花。芳香性のものが多く、色は濃淡のピンクないし赤。'バロン ジロー ドゥ ラン'は緋色の花。花弁周縁は白。'バロネス ロスチャイルド'はピンクで非常に大きな花。強い香り。'バロンヌ プレヴォ'は濃いピンクの花。開花時の花姿は扁平。'チャンピオン オブ ザ ワールド'はピンクの大型花。芳香性。八重咲き。'コンテス セシール ドゥ シャブリヤン'は珍しい品種。芳香のあるピンクの花。'フラウ カール ドロシュキ'(syns'レーヌ ネージュ'、'スノー クイーン'、'ホワイト アメリカン ビューティー')は球状の白花。'ジェネラル ジャックミノ'は芳香性で紫紅色の花。長い柄の先に八重咲きの花がつく。'ヘンリー ネバード'は濃い赤色で強い香り。八重咲き弁は30枚まで。'マルケサ ボッケラ'★は芳香性の八重咲き。ピンク。外側の花弁はほぼ白色。'モーリス ベルナルディン'は濃い赤色の大型花が房状となる。芳香性。'ポール ネイロン'は強健種。ピンクのカップ咲き。芳香性で花弁は50枚まで。'レーヌ デュ ビオレット'は甘い香り。紫色。'スブニール デュ ドクトール ジャミン'は深い赤色の半八重咲き。直射日光にあたると花弁が日焼けする。'シドニー'はピンク色のクォーターロゼット咲き。'ウルリッヒ ブランナー フィルス'は芳香性でカップ咲き。ピンク味を帯びた赤色。つぼみは濃い赤色。
ゾーン：5〜10

バラ、オールドローズ、ハイブリッド・パーペチュアル、'キャプテン ヘイワード'

バラ、オールドローズ、ハイブリッド・パーペチュアル、'バロン ジロー ドゥ ラン'

バラ、オールドローズ、ハイブリッド・パーペチュアル、'ジェネラル ジャックミノ'

バラ、オールドローズ、ハイブリッド・パーペチュアル、'ゲオルグ アーレンツ'

バラ、オールドローズ、ハイブリッド・パーペチュアル、'ヘンリー ネバード'

バラ、オールドローズ、ハイブリッド・パーペチュアル、'ヒュー ディクソン'

バラ, オールドローズ, ハイブリッド・パーペチュアル, 'コンテス セシール ドゥ シャブリヤン'

バラ, オールドローズ, ハイブリッド・パーペチュアル, 'チャンピオン オブ ザ ワールド'

バラ, オールドローズ, ハイブリッド・パーペチュアル, 'マルケサ ボッケラ'

バラ, オールドローズ, ハイブリッド・パーペチュアル, 'モーリス ベルナルディン'

バラ, オールドローズ, ハイブリッド・パーペチュアル, 'ミセス ジョン レイン'

バラ, オールドローズ, ハイブリッド・パーペチュアル, 'プランス カミーユ ドゥ ロアン'

バラ, オールドローズ, ハイブリッド・パーペチュアル, 'レーヌ デュ ビオレット'

バラ, オールドローズ, ハイブリッド・パーペチュアル, 'スブニール デュ ドクトール ジャミン'

バラ, オールドローズ, ハイブリッド・パーペチュアル, 'ドクター アンドリー'

バラ, オールドローズ, ハイブリッド・パーペチュアル, 'ポール ネイロン'

バラ, オールドローズ, ハイブリッド・パーペチュアル, 'フェルディナン ドゥ ピカール'

バラ, オールドローズ, ハイブリッド・パーペチュアル, 'シドニー'

バラ, オールドローズ, ハイブリッド・パーペチュアル, 'ウルリッヒ ブランナー フィルス'

Rosa, OR, Hybrid Perpetual, 'Archiduchesse Elisabeth d'Autriche'

バラ, オールドローズ, ハイブリッド・パーペチュアル, 'ビクトル ユーゴー'

MOSS ROSE ■1278■
モスローズ

☼ ❄ ↔1.5〜2.4m ↕0.9〜2m

最初のモスローズは、ケンティフォリアローズの変異形だった。モスローズという名称は、茎とつぼみにコケに似た細毛があることに由来する。細毛の状態には幅があり、硬くて刺に似たものもあれば、柔らかくて綿毛様のものもある。小規模なグループであり、それほど広く栽培されているわけではない。品種数は少なく、広く栽培されているわけではない。ケンティフォリアローズによく似ており、大型で八重咲き。芳香性。夏に1度だけ開花する。'**アルフレッド ドゥ ダルマ**'（syn.'ムッセリーヌ'）は半八重咲き。クリーム色がかったピンクの花。'**カタリーナ ドゥ ヴュルテンベルグ**'は珍しい品種。微香性。濃いピンクの花。'**コンテス ドゥ ムリネー**'は扁平な形の八重咲き。ピンク色の花が白く退色。'**グロワール デュ ムソー**'は大型でピンクの花。'**アンリ マルタン**'は濃いピンク味を帯びた赤色の半八重咲き。'**マダム ルイ レヴェク**'の花弁は絹状。ピンク。カップ咲きの八重咲花。'**ウィリアム ロブ**'は半八重咲き。紫がかったマゼンタ色。ゾーン：5〜10

PORTLAND ROSES
ポートランドローズ

☼ ❄ ↔0.9〜1.5m ↕0.6〜1.2m

ダマスクローズおよびガリカローズと近縁の小規模なグループ。葉はどちらのグループに似ることが多い。'Autumn Damask'の反復咲き性を受け継いでいる。小型のシュラブとなり、高さは1.2m。芳香性で八重咲きのものが多い。色はピンクの濃淡から赤色。'**ダッチェス オブ ポートランド**'（syn.'ポートランド ローズ'）は一重咲きもしくは半八重咲き。サクランボ色の花。'**マダム ノール**'は大柄で強い香り。濃いピンクの八重咲き。'**ロゼ デュ ロワ**'は強い香り。濃い赤色の八重咲き。ゾーン：5〜10

バラ, オールドローズ, モスローズ, 'ジェームズ ヴィーチ'

バラ, オールドローズ, モスローズ, 'カタリーナ ドゥ ヴュルテンベルグ'

バラ, オールドローズ, モスローズ, 'サレー'

バラ, オールドローズ, モスローズ, 'シェイラーズ ホワイト モス'

バラ, オールドローズ, モスローズ, 'ウィリアム ロブ'

バラ, オールドローズ, モスローズ, 'マダム ルイ レヴェク'

バラ, オールドローズ, モスローズ, 'アルフレッド ドゥ ダルマ'

バラ, オールドローズ, モスローズ, 'コムニス'

バラ, オールドローズ, モスローズ, 'グロワール デュ ムソー'

バラ、オールドローズ、ポートランドローズ、'ダッチェス オブ ポートランド'

バラ、オールドローズ、ポートランドローズ、'マダム ノール'

バラ、オールドローズ、ポートランドローズ、'ロズ デュ ロワ'

バラ、オールドローズ、スコッツローズ、'アイシャ'

バラ、オールドローズ、スコッツローズ、'ダブル ホワイト バーネット'

バラ、オールドローズ、スコッツローズ、'シングル チェリー'

バラ、オールドローズ、スコッツローズ、'スタンウェル パーペチュアル'

SCOTS ROSES
スコッツローズ

☀ ❄ ↔1.5〜2.4m ↕0.9〜2m

19世紀初頭にはR. spinosissimaの奇形固体の苗をもとにした育種が進み、スコッツローズの系統に人気が集まった。このグループは非常に強健であり、高さは0.9〜2m。シダに似た葉と刺の多い茎を持つ。花は一重咲きもしくは八重咲き。白ないしクリーム色がかった黄色、もしくは濃淡のピンクないし赤色。大部分は春もしくは夏の1季咲き。ヒップは暗色のことが多く、成熟すると黒味がかった栗色になる。'アイシャ'は強健種。大型の半八重咲き。芳香性。黄色の花。'アンドレウシイ'（syn.'アンドリューズ ローズ'）は大型で半八重咲きないし八重咲き。ピンクの花。花弁基部はクリーム色を帯びるころが多い。'ダブル ホワイト バーネット'は強い香りの白色花。半八重咲きないし八重咲き。'ダンウィッチ ローズ'は淡い黄色の花の一重咲き。黄色い雄ずいがよく目立つ。'フォークランド'は芳香性の半八重咲き。カップ咲きの花は薄い紫紅色から白に退色。'カール フォスター'は微香性。クリーム色がかった白色の花。八重咲き。完全開花時には雄ずいがよく目立つ。反復咲き。'シングル チェリー'の茎には刺が多い。濃い赤色の一重咲き。雄ずいは鮮黄色。'スタンウェル パーペチュアル'の茎はアーチ状。ブッシュ性。葉は灰緑色。花は強い香りを放つ八重咲き。ピンク。開花期は長い。'ウィリアム III'は芳香性の半八重咲き。えび茶色の花は次第に明色となる。

ゾーン：4〜10

SWEET BRIAR ROSES
スイートブライアローズ

❄ ↔1.5〜3m ↕1.2〜2.4m

R. eglanteriaの性質を受け継いだためにリンゴに似た香りの葉を持ち、これが大きな特徴となっている。大部分のものは大型で自由な枝ぶりのブッシュとなり、生垣やワイルドガーデンへの植栽に適している。一重咲きもしくは半八重咲きが普通。濃淡のピンク、赤、白。'エイミー ロブサード'は多花性。ほぼ一重咲き。強い香り。濃いピンクの花。'レディー ペンザンス'の葉の芳香性は同グループ随一。一重咲き。赤褐色がかったピンクの花。雄ずいがよく目立つ。'マグニフィカ'の葉は芳香性。刈り込んで生垣にできる。半八重咲きの緋色の花。'マニングズ ブラッシュ'の葉は密生。大型で完全八重咲きの花は白にピンクのフラッシュ。'メグ メリリーズ'は非常に強健な種。刺が多い。濃いピンクないし鮮緋色。半八重咲き。

ゾーン：4〜10

TEA ROSES
ティーローズ

☀ ❄ ↔0.9〜1.8m ↕0.9〜2m

19世紀初期にアジアからヨーロッパにもたらされた。ティーローズという名称は、茶の香りがするからではなく、茶を運ぶ船（ティーボート）によって輸入されたためであると思われる。ティーローズが持つ反復咲き性、およびいくつかの種に見られる黄色い花色は、チャイナローズと共にバラの育種に革命をもたらした。葉は大型で光沢がある。高さは0.9〜2m。八重咲き。つぼみは細長くて先端が尖る場合が多い。花色は変化に富み、クリーム色がかった黄色、白、濃淡のピンク、赤など。温暖地域でよく成長する。'アグネス スミス'は多花性。寒冷な気候下ではバラ色だが、温暖季には淡色となる。'カトリーヌ メルメ'のつぼみに先端が尖り、明るいサーモンピンクの花をつける。'デュシェス ドゥ ブラバン'（syns'コンテス ドゥ ラバルテ'、'コンテス ウワロフ'）は多花性。カップ咲きの八重咲き。ピンク。'フランシス ドブリュイ'はベルベット状の花弁。暗赤色。八重咲き。'フライヘル フォン マーシャル'は濃い赤色。時間とともに濃いピンクに退色。芳香性。八重咲き。'レディー ハリンドン'のつぼみは細長くて先端が尖り、濃い黄色。花は半八重咲き。淡黄褐色。'マダム ドゥ タルタス'は微香性の八重咲き。ブラッシュピンク。'ミセス レイノルズ ホール'は芳香性で濃い紫紅色の花。八重咲き。'ムッシュ ティリエ'はサーモンピンクがかったバラ色の花。八重咲き花には濃淡の色調。'ニフェトス'は八重咲きの白色花。つぼみはクリーム色。'ペルレ デュ ジャルダン'は多花弁の八重咲き。時にクォーターロゼット咲き。濃い黄色の花。'ロゼット デリジー'は薄いピンクないし淡黄色の花弁。花脈は濃いピンク。'スブニール ダナミ'は八重咲き。濃いバラ色ないしサーモンピンク。ゾーン：7〜11

バラ、オールドローズ、スイートブライアローズ、'マグニフィカ'

バラ、オールドローズ、ティーローズ、'ロゼット デリジー'

バラ、オールドローズ、ティーローズ、'フランシス ドブリュイ'

バラ、オールドローズ、ティーローズ、'フライヘル フォン マーシャル'

バラ、オールドローズ、ティーローズ、'マダム ドゥ タルタス'

バラ、オールドローズ、ティーローズ、'ミセス レイノルズ ホール'

バラ、オールドローズ、ティーローズ、'ムッシュ ティリエ'

MISCELLANEOUS OLD GARDEN ROSES
その他のオールドローズ
☼/☀ ❄ ↔ 50～120cm
↕ 0.6～1.8m

場合によってはオールドローズの親種を特定するのは困難である。また、どのグループに属するのかよくわからない品種もある。ここに分類した品種の系統は雑多であるが、そのために美質が損なわれるわけではない。'デュプレクス'（syn. 'ウォリー ドッズ ローズ'）は反復咲きの半八重。'デュポンティイ'は灰緑色の葉を繁茂させる。甘い香りの一重咲きで花色はクリーム色。'エンプレス ジョセフィーヌ'は灰緑色の葉。芳香性の八重咲き。花弁はピンクで花脈は濃色。薄紫色および紫色のフラッシュ。'フォルチュニアナ'は中国の庭園で栽培されていた品種。暗緑色の葉。大型で芳香性の八重咲き。クリーム色。'ハリソンズ イエロー'（「テキサスの黄色いバラ」）はアメリカ合衆国の庭園で栽培されていた品種。開拓者によって西部に伝わったとされる。小型の八重咲き。濃い黄色。'マーメイド'は芳香性の一重咲き。淡い黄色の花。'ポリニアナ'は白い花。時にく淡いピンクのフラッシュ。'ザ ガーランド'は芳香性の半八重咲き。ピンク、淡黄色、白。
ゾーン：6～9

OLD CLIMBING ROSES
オールド・クライミングローズ
このグループはさまざまな成長習性を見せる。耐寒性にすぐれたものが多い。花は一重もしくは八重咲き。普通は白、ピンク、赤。刺を持たないか、ほとんど持たないものもある。開花期は春、夏。もしくは反復咲き。親種によっていくつかのグループに分類される。

AYRSHIRE ROSES
エールシャーローズ
☼ ❄ ↔ 3～6m ↕ 1.5～3m

中型のクライミングもしくはスクランブリングローズ。親種は *R. arvensis*。房咲きもしくは単生。一重咲きもしくは八重咲き。芳香性には幅がある。花色は白もしくは濃淡のピンク。'エールシャー クイーン'は半八重咲き。紫紅色の花。'ダンディー ランブラー'はピンクがかった白色の花。'ルガ'は鮮やかなピンクの花がアイボリーホワイトに退色。
ゾーン：6～9

BOURSAULT ROSES
ブルソーローズ
☼ ❄ ↔ 2.4～3.5m ↕ 2.4～3.5m

ほとんど刺を持たないクライミングローズの小グループ。葉は暗緑色。八重咲き。淡いピンクないし濃い赤色。中程度の芳香性。'アマディス'は濃い赤紫色。半八重咲き。'ブラッシュ ブルソー'はブラッシュピンクの花。中央部に向かって濃色。'ブルソー ローズ'（syn. 'ラキニアタ'）は半八重咲き。濃い紫紅色の花。'グラキリス'は赤い花。半八重咲き。
ゾーン：6～10

CLIMBING BOURBON ROSES
クライミング・ブルボンローズ
☼ ❄ ↔ 3～8m ↕ 2～4.5m

ブルボンローズの中でクライミング性を示すものはごくわずかである。これらは反復咲きで強い芳香性を持ち、樹高が4.5mをこえることはない。花色は濃淡のピンク。'マダム アルチュール オジェ'は鮮やかなピンクの八重咲き。
ゾーン：6～10

CLIMBING CHINA ROSES
クライミング・チャイナローズ
☼ ❄ ↔ 3～8m ↕ 2～4.5m

チャイナローズの中でクライミング性を示すものはごくわずかである。樹高は4.5m。小型の八重咲き。通常は濃淡のピンク。芳香性には幅がある。'つる クラモワ シュペリウール'は小型で緋色の花。'つる オールド ブラッシュ'は微香性。半八重咲き。ピンクの花。'つる ポンポン ドゥ パリ'は小型でピンク色がかった赤い花。微香性。
ゾーン：7～11

CLIMBING TEA ROSES
クライミング・ティーローズ
☼ ❄ ↔ 3～8m ↕ 3～6m

クライミング・ティーローズの大多数はブッシュ系バラの変異体である。温暖地域での栽培に適する。開花期の長いものが多い。一重咲きもしくは八重咲き。芳香性には幅がある。花色は白、ピンク、赤、黄色。'ベル リヨネーズ'は芳香性。大型。黄色い花が白に退色。'グロワール ドゥ ディジョン'は芳香性の八重咲き。濃いクリーム色の花にピンクとくすんだ黄金色のヒント。'ソンブレイユ'★は芳香性の八重咲き。アイボリーホワイト。時にピンクもしくはクリーム色味を帯びる。'スブニール ドゥ マダム レオニー ヴィエノ'は芳香性の八重咲き。ピンクと黄色のトーン。
ゾーン：7～11

LAEVIGATA ROSES
ラエビガタローズ
☼ ❄ ↔ 3～6m ↕ 3～8m

強健な這い性もしくはクライミング性のバラ。大型でほぼ常緑の葉を持つ。花は大型で一重咲き。通常は白もしくは濃淡のピンク。'クーパーズ バーミーズ'は一重咲き。アイボリーホワイトの花。芳香性。
ゾーン：7～10

NOISETTE ROSES
ノワゼットローズ
☼ ❄ ↔ 1.5～3m ↕ 2.4～3.5m

強健なクライミングローズ。チャイナローズとムスクローズの交配によるもの。八重咲きで芳香性。シーズンを通して反復開花する。花色は白、クリーム色、黄色、ピンクの濃淡。'ブーケ ドール'はよい香りがする。アンズ色がかった黄色の花。八重咲き。'クレプスキュール'は芳香性。アンズ色がかった黄色の花。'マダム アルフレッド カリエール'★は芳香性の八重咲き。白色にピンクのヒント。'レー

Rosa, Old Rose, Miscellaneous, 'Dupontii'

バラ、オールドローズ ノワゼット、'クレプスキュール'

バラ、オールドローズ、ノワゼット、'ブーケ ドール'

バラ、オールドローズ、ノワゼット、'デュシェス ダウエルシュタット'

バラ、オールドローズ、ブルソー、'アマディス'

バラ、オールドローズ、ブルソー、'ブラッシュ ブルソー'

バラ、オールドローズ、ブルソー、'スブニール ドゥ マダム レオニー ヴィエノ'

バラ、オールドローズ、その他、'ハリソンズ イエロー'

バラ、オールドローズ、その他、'マーメイド'

バラ、オールドローズ、その他、'ポリニアナ'

バラ、オールドローズ、クライミング・ティーローズ、'グロワール ドゥ ディジョン'

バラ、オールドローズ、クライミング・ティーローズ、'ソンブレイユ'

バラ、オールドローズ、ノワゼット、
'ジョーヌ デプレ'

バラ、オールドローズ、ノワゼット、'レーヴ ドール'

バラ、オールドローズ、ノワゼット、
'マダム アルフレッド カリエール'

バラ、オールドローズ、ノワゼット、'ウィリアム
アレン リチャードソン'ロスコエア'ビーシアナ'

Roscoea cautleyoides
☀ ❄ ↔10〜15cm ↕50〜60cm
中国原産。葉は細長くて4枚まで。全長は40cm。花は葉よりもかなり上の位置につき、普通は黄色だが、紫や白の花もある。開花期は初夏。
ゾーン：6〜9

Roscoea humeana
☀ ❄ ↔12〜15cm ↕20〜25cm
強健な中国原産種。葉は3枚まで。葉は開花後も成長する。花は濃い紫色。花径は4cm。開花期は夏。
ゾーン：7〜9

Roscoea purpurea ★
異 名：*Roscoea procera*
☀ ❄ ↔12〜15cm ↕30〜40cm
ヒマラヤ原産。葉は8枚まで。濃い紫色の花。時に白花、もしくは白い斑紋入り。花径は6cm。開花期は夏。
ゾーン：6〜9

Roscoea alpina
一般名：ヒマラヤハナミョウガ
☀ ❄ ↔10〜12cm ↕25〜30cm
ネパールおよびカシミール地方原産。1つの塊茎につく葉は4枚まで。全長は10cm。開花期は夏。ピンクもしくは薄紫がかったピンク。花は上部の葉に隠れて咲くことが多い。
ゾーン：6〜9

Roscoea auriculata
☀ ❄ ↔10〜15cm ↕30〜50cm
ネパールからインドのシッキム地方にかけての原産。葉は10枚まで。槍形で全長25cm。花は紫色。開花期は晩夏。花径は35mm。
ゾーン：6〜9

Roscoea 'Beesiana'
一般名：ロスコエア'ビーシアナ'
☀ ❄ ↔10〜12cm ↕25〜30cm
*R. purpurea*と*R. humeana*の交雑種であるとされるが確証はない。花色は黄色、赤、ピンク、青、紫。
ゾーン：6〜9

ROSMSRINUS
（ロスマリヌス属）
英 名：ROSEMARY
食用や医療用に用いられる多くのハーブを含むシソ科に属し、2種の常緑性低木から構成される。葉は短くて直線状。両唇形をした小さな花は淡青色が一般的。茎にそってつく。茎は加齢に伴って木質化する。シュートや葉を蒸留してアロマオイルを得るため、古い時代から栽培されてきた。調理用ハーブとしての利用史も長い。古代ギリシアでは記憶力を高める植物であるとされ、学生はローズマリーの小枝を身につけていた。それ以来この植物は、記憶力の象徴とされている。
〈栽培〉
ローズマリーは暖かくて乾燥した場所を好み、排水さえよければ土壌を選ばない。冬の湿度には弱い。開花後はきつく刈り込んでブッシュ状のコンパクトな姿形を維持する。生垣に最適。繁殖は夏の挿し木による。未熟枝、もしくは半熟枝を選ぶ。

'ヴ ドール'は芳香性。クリーム色の八重咲き。
ゾーン：7〜11

SEMPERVIRENS ROSES
センペルビレンスローズ
☀ ❄ ↔3〜6m ↕2.4〜4.5m
通常は常緑性。やや強健なクライミング性のバラで葉がよく繁茂する。花は小型の八重咲きで色は白およびピンク。見事な房咲きとなる。'アデライード ドルレアン'は微香性の半八重咲き。淡いピンクでほとんど白に近い。つぼみはピンク。'フェリシテ エ ペルペチュエ'は微香性の八重咲き。淡いピンクの花が白く退色。'スペクタビル'は繊細な香り。バラ色の花。
ゾーン：7〜10

ROSCOEA
（ロスコエア属）
ショウガ科ロスコエア属にはほぼ18種が含まれる。塊茎を持つ多年草。夏に成長する。原産地のヒマラヤおよび中国では草地、丘陵地、開けた森林地帯に自生する。葉は幅が広くて厚く、葉脈がはっきりと見える場合が多い。葉に包まれた花茎にはランによく似た花がつく。エキゾチックな外見を持ち、ボーダーの前景やロックガーデンに最適。鉢栽培もできる。
〈栽培〉
排水がよく腐食質に富んだ土壌で栽培する。涼しい場所がよいが日光を遮断してはならない。晩冬、地表下15cmに塊茎を植える。塊茎の乾燥保存は不可。繁殖は株分けもしくは新しい種子を撒いておこなう。

Roscoea purpurea

Roscoea auriculata

Roscoea 'Beesiana'

Roscoea cautleyoides

ローズマリー 'ブルー ラグーン'

ローズマリー var. *angustissimus* 'ベネンデン ブルー'

ローズマリー 'ポストラトゥス'

ローズマリー 'ジョイス デバッギオ'

ローズマリー 'マヨルカ ピンク'

ローズマリー 'タスカン ブルー'

Rosmarinus officinalis ★

一般名：ローズマリー
英　名：ROSEMARY
☼ ❄ ↔2m ↕1.8m

調理用、化粧品用、医療用として人気のあるハーブ。地中海沿岸原産。茎は直立し、生育習性には幅がある。暗緑色の葉は直線状で芳香を放つ。革質で葉縁部は後反する。裏面は銀色味を帯びる。花は小型で淡青色。開花期は春から初夏。*R. o.* var. *angustissimus* 'ベネンデン・ブルー' は、鮮やかな青色の花。葉幅は非常に狭い。*R. o.* 'ブルー ラグーン' は青色の花。葉幅は狭い。'ジョイス デバッギオ' は草丈が低くてコンパクト。'マヨルカ ピンク' は薄青紫がかったピンクの花。'ミス イソップズ アップライト' は草丈が高く、直立性。'ロセウス' はピンクの花。'セブン シー' はカスケード状となる。濃青色の花が冬に開花。'シルバー スパイアズ' の葉は明るい緑色で葉縁部は白。花は青色。'シシングハースト ブルー' の花は鮮やかな青色。葉は細い。'タスカン ブルー'★の花に濃青色。**Prostratus Group**（プロストラトゥス グループ）は草丈が低く、ロックガーデンに植栽したり壁にはわせたりするとよい。このグループに属するものとしては 'ロックウッド ドゥ フォレスト'、'プロストラトゥス' がある。ゾーン：6～11

ROSSIOGLOSSUM
（ロッシオグロッスム属）

ラン科。中央アメリカ原産のラン。異なってはいるが互いに近似した6種のランから成る。かつてはオドントグロッスム属に含められていた。花の色と形状から、タイガーオーキッド、もしくはクラウン（道化）オーキッドとして知られるようになった。やや扁平な偽鱗茎を持つ点で他のラン科植物とは異なっている。この偽鱗茎の先端には3枚の幅広で革質の葉がつく。新芽が半分ほど成熟すると、葉腋から花序が伸びる。花は偽鱗茎から出現し、1度だけ開花する。

〈栽培〉
温暖多湿な条件を好み、主要な生長期間にあたる晩春から秋にかけてはじゅうぶんな明るさが必要である。晩夏から秋にかけて花穂が成長し、晩秋から冬が開花期となる。冬季には乾燥した場所に置き、偽鱗茎が脱水しないようにじゅうぶんな灌水をおこなう。鉢植えにしてバークをメインにした培養土で育てるのがよい。繁殖はよく育った個体の株分けによる。

Rossioglossum grande ★

☼/☀ ⚥ ↔20～50cm ↕20～50cm

メキシコおよびグアテマラ原産の有名種。直立性の花穂には8個までの花がつく。花色は黄色、花径は15cm。萼片にはクリ色の横縞。花弁は黄色および茶色。開花期は冬。唇弁はクリーム色。暗赤褐色の斑紋が入る。ゾーン：10～12

Rossioglossum Rawdon Jester
（ロードン ジェスター）

☼/☀ ⚥ ↔20～50cm ↕20～50cm

R. grande と *R.* Williamsianum（*R. grande* × *R. Shilieperianum*）の交雑種。よく育った *R. grande* との区別が困難な場合もある。ゾーン：10～12

ROTHMANNIA
（ロスマニア属）

アカネ科。ほぼ20種の常緑性低木もしくは小型高木を含む。見事な葉ぶりを鑑賞するために広く栽培されている。葉は粗くて葉脈が顕著である場合が多い。光沢のある緑色で楕円形ないし細長い形となる。鐘形の花は筒状で芳香を放つ場合が多い。アフリカ、マダガスカル、アジアに分布。果実は茶色の莢に入り、種子を包含する。

〈栽培〉
ほとんどの土壌によく適応するが、堆肥をすきこんだ中性もしくは弱酸性の土壌を好む。風雨を避けた日当たりのよい場所を選ぶ。耐霜性があり、旱魃にも強い。繁殖は春の播種、もしくは初夏に半熟枝を挿し木する。

Rothmannia globosa

異　名：*Gardenia globosa*
英　名：BELL GARDENIA, CAPE JASMINE, SEPTEMBER BELLS, TREE GARDENIA
☼ ⚥ ↕1.8～3m ↔3.5～6m

南アフリカ原産。常緑性低木。ガーデニアに似る。葉はきめが粗くて光沢のある緑色。長楕円形ないし細長い形。葉脈は黄色、ピンク、クリ色でよく目立つ。鐘形の花は芳香性で白色。単生もしくは集散花序となる。開花期は春。ゾーン：9～11

Rossioglossum grande

Rossioglossum Rawdon Jester

Rothmannia globosa

ROSTONEA
（ダイオウヤシ属）

英　名：ROYAL PALM

ヤシ科。単幹性の大型ヤシほぼ10種で構成される。大多数は高湿な熱帯カリブ海地方およびその周辺沿岸地域原産。葉は羽状もしくは翼に似た形。顕著な冠状紋を持つ。堂々とした巨樹に成長し、なめらかな幹は灰白色で中ほど、もしくは基部が膨張することもある。小型の円錐花序をつける。花は白色でカップ状。冠状紋の直下につき、円形の液果になる。液果の色は濃紫であることが多い。海洋に近接した肥沃な低平地森林（湿地性であることも）に自生。魅力的な樹形のため、熱帯や亜熱帯ではよく利用されており、街路樹や標本植物として植栽されている。

〈栽培〉
高湿かつ排水のよい肥沃な土壌でよく生育する。じゅうぶんな日照が必要。海岸部の条件にも比較的よく耐える。自家受粉をする。種子からの繁殖が可能。

Roystonea borinquena
異　名：*Oreodoxa borinquena*、*Roytonea hispaniolana*
英　名：PUERTO RICAN ROYAL PALM

☼　✈　↔4.5～6m　↕15～20m

非常に成長の速いヤシ。西インド諸島原産。幹は灰褐色。中ほどより高い部分が膨張。基部の直径はほぼ60cm。巨大な冠状紋はアーチ状。羽に似た葉は鮮やかな緑色。全長3m、幅1.8m。小葉は2列で密生。冬小葉の全長は100cm。花は黄色で密生した房状となる。冠状紋の下につく。開花期は夏。果実は長楕円形で淡褐色。片面は扁平。

ゾーン：10～11

Roystonea oleracea
英　名：CARIBEAN ROYAL PALM

☼　✈　↔6m　↕40m

ダイオウヤシ属中では、樹高がもっとも高くなる。南米大陸のカリブ海沿岸、および西インド諸島の小アンティル諸島原産。幹は灰色味を帯びる。基部で膨張。冠状紋は鮮やかな緑色で光沢がある。葉状体は暗緑色で平面的な姿形をとる。

ゾーン：11～12

Roystonea regia ★
一般名：ダイオウヤシ
異　名：*Roystonia elata*
英　名：CUBAN ROYAL PALM

☼　✈　↔6m　↕24m

キューバ原産。白っぽい幹はなめらかで魅力的な樹形となる。中ほどで膨張することが多い。葉状体は緑色で全長は6m。羽に似た形。長くて緑色の冠状紋上方につく。花序は下垂。花は小型で白色。果実は黒紫色。

ゾーン：10～12

RUBUS
（キイチゴ属）

バラ科。よじ登り性、もしくは直立性の低木250種が含まれる。茎と葉に刺を持つことが多い。世界中に分布し、観賞用および食用として広く栽培されている。大部分の種が越年性の茎を持ち、この場合に結実するのは2年枝のみである。1年枝と2年枝の葉は形状が異なっている場合が多い。

〈栽培〉
キイチゴ属は広い地域で栽培されており、多様な生育習性を示している。多くの種は肥沃で腐食質に富み、保湿性と排水性にすぐれた土壌でよく成長する。日向、もしくは明るい日陰でよく繁茂するものが多いが、落葉性高木の下となる暗い場所で成長するものもある。吸枝を伸ばす種類は春に株分けできる。常緑性種は半熟枝を挿し木にし、落葉性種は未熟枝もしくは熟枝を挿し木にする。取り木による繁殖も可能。土中保存した種子を春に播いてもよい。

Rubus allegheniensis
☼　❄　↔1.8m　↕3m

北米大陸原産の落葉性低木。細くてアーチ状の茎を持つ。先端部には綿毛。かぎ状の刺を持つ。葉は二重の鋸歯縁。小葉は3ないし5枚。裏面は帯毛。白い5弁花が総房花序となる。開花期は晩春。円錐状の果実は黒。

ゾーン：3～9

Rubus arcticus
一般名：チシマイチゴ
英　名：ARCTIC BRAMBLE、CRIMSON BRAMBLE

☼　❄　↔45～60cm　↕15～30cm

ヨーロッパ、アジア、北米大陸の高緯度地方にある湿尺性森林および沼沢地に広く分布する多年草。複葉は長い柄を持つ。小葉は3ないし5枚で楕円形。表面はなめらかで鋸歯縁。茎には刺がない。1ないし3個の花が房状となる。花色はピンクもしくは赤。花径は25mm。雄ずいは紫。開花期は夏。球形の果実に赤色で鳥がよく集まる。観賞用ともなる。

'ケナイ　カーペット'（nagoonberry）は強健種。ピンクの花が単生。果実の数は少ない。

ゾーン：1～7

Rubus allegheniensis

Roystonea regia

Roystonea oleracea

Rubus biflorus

☀ ❄ ↔3m ↑3m

中国およびヒマラヤ地方原産の落葉性低木。刺のある茎は直立。すべすべした若い茎に白い花がつく。葉は羽状で小葉は3ないし5枚。暗緑色。裏面には白い綿毛。花は白。単生もしくは小型の房状花。開花期は夏。黄色い果実は食用となる。
ゾーン：7～9

Rubus caesius

一般名：オオナワシロイチゴ
英　名：DEWBERRY

☀ ❄ ↔1.8～3.5m ↑0.6～1.2m

ヨーロッパおよびアジア北部原産の落葉性低木。匍匐性。茎には若干の刺がある。葉は芳香性で鋸歯縁。やや帯毛。3回羽状。小葉は2ないし3裂。花は比較的大型で白色。開花期は初夏。黒い液果は食用になる。
ゾーン：5～9

Rubus cockburnianus

☀ ❄ ↔2.4m ↑2.4m

中国原産の落葉性低木。茎は直立し、刺が多い。寒冷季に白い花をつける。葉は暗緑色。小葉は9枚で卵形。裏面は帯毛する。花は皿状で淡い紫色。総状花序。開花期は夏。黒い果実はまずい。
ゾーン：6～10

Rubus crataegifolius

英　名：KOREAN RASPBERRY

☀ ❄ ↔1.5m ↑2.4m

温帯東アジア原産の落葉性低木。葉は深く裂ける。秋には見事に色づく。花は白色で小型。果実は大型で水分が多く、鮮やかな赤色。原種は珍しいが一般種の*R. idaeus*との交配によって病害に強いハイブリッドが生み出されている。
ゾーン：5～9

Rubus fruticosus

一般名：ブラックベリー
英　名：BLACKBERRY

☀ ❄ ↔3～8m ↑0.9～1.8m

温暖な北半球原産の低木。刺が多くてよく繁茂する。葉の形状および樹形は変化に富む。堅くて鋭い刺は後反する。アーチ状になってからみあう枝は全長8m。よく分枝し、匍匐しながら地下に根を伸ばす。接地した茎からは枝が伸張する。毎年、基部から新枝が伸びる。複葉。小葉は3ないし5枚。鋸歯葉縁で楕円に近い羽形。茎と中肋には刺がある。多くの花が集まって房状となる。白もしくはピンクの5弁花。開花期は春から夏。赤い液果は熟すると黒くなる。繁茂しすぎるために侵略種となることもある。
ゾーン：4～7

Rubus idaeus

一般名：ラズベリー
英　名：RASPBERRY

☀ ❄ ↔1.2m ↑1.5m

ヨーロッパ、北アジア、北米大陸原産の落葉性低木。直立性。アーチ状の茎には刺、もしくは剛毛。葉は羽状。小葉は楕円形に近い卵形。白い花が葉腋もしくは茎頂部の花序につく。開花期は春もしくは夏。果実は赤色。*R. i.* subsp.

Rubus idaeus 'Heritage'

Rubus idaeus 'Fallgold'

*strigosus*の茎には剛毛が多い。*R. i.* 'アミティー'の果実は大型で暗赤色 'オーレウス'は丈の低い栽培品種。果実は黄色。'オータム ブリス'は多果性。果実は大型で赤色。'チルコティン'の果実は大型で赤色。'フォールゴールド'は早熟性のために人気がある。果実は大型で鮮黄色。長く新鮮な状態を保ち、生食に最適。'グレン モイ'は夏に赤い果実をつける。'ヘリテージ'は晩熟型の栽培品種。果実は初秋に熟すため、冷蔵時間を短縮できる。'テイラー'は中型の赤い果実。
ゾーン：3～9

Rubus loganobaccus

一般名：ローガンベリー
英　名：LOGANBERRY

☀ ❄ ↔0.6～0.9m ↑1.2～1.8m

強勢な低木。1916年のカリフォルニアでジェームズ・ハーベー・ローガン判事が、ブラックベリー 'Aughinburgh'とラズベリー 'Red Antwerp'を交配させて作出したもの。強健で茎には刺が多い。小葉は3ないし5枚。鮮やかな赤色の果実はブラックベリーに似た形。初秋には赤紫色となる。
ゾーン：4～7

Rubus occidentalis

一般名：クロミキイチゴ
英　名：BLACKCAP

☀ ❄ ↔3m ↑3m

北米大陸東部および中央部原産の落葉性低木。カーブした茎には刺が多い。葉は暗緑色。小葉は花茎以外では5枚、花茎では3枚。裏面はフェルト状で帯白する。花色は白で散房花序。開花期は夏。果実は濃紫色。'ブランディーワイン'の果実は大型で紫紅色。'カンバーランド'の果実は大型で光沢のある黒色。'ジュエル'は強健種。果実は黒色。'モリソン'の果実は大型で黒色。'ムンゲル'の果実は光沢のある黒色。'ソドス'は強健種。果実は紫色。
ゾーン：3～9

Rubus odoratus

ルブス・オドラトゥス
英　名：PURPLE-FLOWERING RASPBERRY、THIMBLEBERRY

☀ ❄ ↔2.4m ↑2.4m

北米大陸東部原産の落葉性低木。直立性。アーチ状ですべすべした枝を伸張させて叢状となる。葉は鋸歯縁で5裂する。

Rubus caesius

Rubus crataegifolius

Rubus odoratus

Rubus biflorus

Rubus ulmifolius

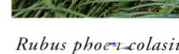
Rubus phoenicolasius

裏面は帯毛。花は芳香性で薄紫青色がかったピンク。開花期は夏から秋。扁平な果実は橙緋色。'**アルブス**'の花は白色。ゾーン:3～9

Rubus parviflorus
英 名:SALMON BERRY、THIMBLEBERRY
☼ ❄ ↔3m ↕4.5m
北米大陸原産。強健な落葉性低木。茎は直立。樹皮は剥落。刺は無い。新芽には柔毛。多くの場合、葉は5裂。葉は不規則な鋸歯縁。白色の花が散房花序

Rubus spectabilis

を形成。開花期は夏。果実は赤色。ゾーン:3～9

Rubus pentalobus
異 名:*Rubus calycinoides*、*R. fockeanus* of gardens
☼ ❄ ↔0.9～2m ↕10cm
台湾原産の常緑性低木。樹高は低く、横に伸張する。葉は暗緑色3ないし5裂。葉縁にはひだがある。基部は心臓形。裏面は淡色となり、多くの場合は帯毛。白い花は単生。開花期は夏。果実は円形で赤色。
ゾーン:8～11

Rubus phoenicolasius
☼ ❄ ↔3m ↕3m
中国、朝鮮半島、日本原産の落葉性低木。茎はよく伸張し、赤い刺を持つ。葉には3枚の小葉。幅の広い卵形。葉は深く切れ込み、歯縁は粗い鋸歯縁。フェルト状の裏面は帯白。花は淡いピンク。茎頂部には花序。開花期は夏。円錐形の果実は赤色。ゾーン:5～9

Rubus rosifolius
ルブス・ロシフォリウス
英 名:MAURITIUS RASPBERRY
☼ ❄ ↔3～4.5m ↕2～2.4m
東南アジア、およびオーストラリア原産の匍匐性低木。茎には後反した刺が点在。小葉は7枚まで。光沢があり、鋸歯縁となる。白い花が単生。開花期は春から夏。小型の果実は赤色。'**コロナリウス**'は白い八重咲き。
ゾーン:9～11

Rubus spectabilis
英 名:SALMONBERRY
☼ ❄ ↔1.8m ↕1.8m
北米大陸原産の落葉性低木。茎は直立。小さな刺を持つ。卵形の小葉が3枚。花は単生でピンクないし紫色。開花期は春。果実は卵形で淡いオレンジ色ないし黄色。時に有害種となる。カリフォルニアの沿岸地域に自生し、葉が帯毛する変種を*R. s.* var. *franciscanus*の名で呼ぶ場合もある。
ゾーン:5～9

Rubus thibetanus
ルブス・ティベタヌス
☼ ❄ ↔1.8～2.4m ↕1.8～2.4m
中国西部原産。叢状となる落葉性低木。茎には刺が多い。冬には白く帯粉。葉はシダに似る。表面は暗緑色、裏面はフェルト状で帯毛。花は赤紫色。単生もしくは茎頂部に小型の花序をつける。開

Rubus rosifolius 'Coronarius'

Rubus parviflorus

花期は夏。果実は円形で黒色。'**シルバー ファーン**'は小枝のシュートが白く帯粉。葉は銀灰色。花は紫。果実は赤もしくは黒。ゾーン:6～10

Rubus tricolor
☼ ❄ ↔2.4～4.5m ↕60cm
中国西部原産。丈の低い常緑性、もしくは半常緑性低木。茎には剛毛。光沢のある葉は暗緑色。3裂。裏面はフェルト状で帯白。花は皿状。単生もしくはまばらな花序が茎頂部につく。開花期は夏。赤い果実は食用となる。
ゾーン:7～9

Rubus ulmifolius
英 名:BRAMBLE
☼ ❄ ↔3m ↕2.4m
ヨーロッパ中央部および西部原産の落葉性低木。茎はアーチ状。小葉は3ないし5枚。裏面には綿毛。花は白ないし淡いピンク。開花期は初夏。果実は紫紅色。
ゾーン:7～10

Rubus ursinus
☼ ❄ ↔0.9～3m ↕50～90cm
アメリカ合衆国カリフォルニア州原産の常緑性低木。直立もしくは匍匐性。小葉は3ないし5枚。表面は帯毛、裏面はフェルト状で帯白。別々の株に雄花と雌花が分かれて咲く。花色は白。茎頂部につく花序には刺がある。開花期は春から夏。果実は多毛性で黒色。
ゾーン:7～9

*Rubus thibetanus*の栽培品種

Rudbeckia hirta

Rudbeckia fulgida

Rudbeckia fulgida var. *sullivantii*

Rubus Hybrid Cultivars
一般名：キイチゴ交雑品種
❋ ❄ ↔1.8m〜3.5m ↕0.6〜2.4m
キイチゴ交雑品種の大多数は果実を得るために作出されたものであるが、フレーバーと株の強さにも重点が置かれている。'ベネンデン'★ (syn. *R. × tridel*) は落葉性低木。頑丈な茎はアーチ状。花は純白。開花期は晩春から初夏。'ナバホ'は北米原産の食用種。温暖地域で栽培される。刺は無い。小型で黒い果実が多数結実する。'シルバン'は多果性。果実は大型で紫色。'テイベリー'は多果性。果実は甘くてやや大型。強い香りを放ち、熟すと暗赤色になる。
ゾーン：6〜9

RUDBECKIA
(ルドベキア属)
英　名：BLACK-EYED SUSAN, CONFLOWER
キク科。北米原産。多年草15種を含む。強い耐寒性を備えており、庭花として人気が高い。栽培は容易で花が少ない時期の庭の彩りとなる。かなりの草丈（1.2m）になるものが多く、大きな黄金色の花を咲かせる。花の中央部は濃茶色もしくは黒。矮性や八重咲きのものもあり、花色や形状も多彩である。開花期は晩夏から降霜まで。Rudbeckiaという属名は、ウプサラ大学の教授であったオラウス・ルドベック（1660〜1740）を記念して、リンネによってつけられたもの。ルドベックは若き日のリンネを自分の子どもたち（全員で24人）の家庭教師に雇った人物である。

Rudbeckia fulgida
ルドベキア・フルギダ
英　名：BLACK-EYED SUSAN, ORANGE CONEFLOWER
☀/◐ ❄ ↔60〜120cm ↕100cm
アメリカ合衆国南東部原産の多年草。槍形の葉の全長は10cm。時に剛毛を持つ。花序の花径は8cm。小筒花は黄色ないしオレンジ色。中央部の小筒花は濃い紫褐色。開花期は夏から秋。7つの変種が知られている。*R. f.* var. *daemii* の草丈は60cm。楕円形の葉は先端が尖り、帯毛する。*R. f.* var. *speciosa* の草丈は90cm。葉は多毛で細長く、槍形。*R. f.* var. *sullivantii* の草丈は90cm。葉は楕円形で先端が尖る。時に綿毛。花序の花径は10cm。'ゴールドシュトルム'の草丈は60cm。花序はやや大型。ゾーン：4〜9

Rudbeckia 'Herbstsonne'
異　名：*Rudbeckia* 'Autumn Sun'
一般名：ルドベキア 'ヘルベストゾンネ'
☀ ❄ ↔0.9m ↕1.8m
R. nitida の強健な交雑品種。つよい直立性を示す。花序の花径は10cm。小筒花は黄色。黄緑色の中央部は円錐状となって突出する。開花期は夏から秋。ゾーン：3〜10

Rudbeckia hirta
一般名：アラゲハンゴンソウ
英　名：BLACK-EYED SUSAN
☀/◐ ❄ ↔80〜120cm ↕1.5〜2m
二年草、もしくは短命な多年草。アメリカ合衆国原産。矮性品種は一年草としてあつかわれることも。葉は細長く、全長は10cm。槍形で鋸葉縁。花序の花径は10cm。小筒花は黄色。中央部周辺の小筒花は紫褐色。開花期は夏から秋。'ベッキー ミックス'の草丈は25cm、さまざまな色の矮性苗がある。花色は黄色、オレンジ、赤。'アイリッシュ アイズ'★は中央部の小筒花がオリーブグリーン。'マーマレード'の草丈は45cm。小筒花は黄金色味を帯びたオレンジ色。'ラスティック ドワーフズ'の草丈は60cm。黄金色、オレンジ色、濃茶色、赤褐色。'トド'の草丈は25cm。小筒花は黄金色。中央部周辺の小筒花は濃い紫褐色。
ゾーン：4〜9

Rudbeckia laciniata
一般名：オオハンゴンソウ
英　名：CUT-LEAF CONEFLOWER
☀/◐ ❄ ↔0.9〜2m ↕2〜3m
北米大陸原産の強健な多年草。葉は深く切れ込むか、もしくは羽状となる。先端部は青緑色。裏面は帯毛することが多い。花序の花径は12cm。小筒花は黄色、中央部周辺では黄緑色。開花期は晩夏から秋。'ゴールドクウェル'（syn. 'ゴールド ドロップ'）の草丈は75cm。頭状花は大型で黄色。完全八重咲き。'ホルテンシア'（syn. 'ゴールデン グロー'）の草丈は1.8m。黄色の八重咲き。
ゾーン：3〜9

Rudbeckia maxima
☀/◐ ❄ ↔60〜100cm ↕0.9〜1.5m
アメリカ合衆国中央部および南部に時勢する多年草。葉はダイヤモンドもしくは槍に似た形で全長10cm。花序の花径は8cm。小筒花は黄金色。中央部は緑色と茶色。開花期は晩夏。
ゾーン：7〜10

Rudbeckia nitida
☀/◐ ❄ ↔80〜120cm ↕1.5〜2m
北米大陸原産の多年草。葉の全長は15cm。葉は中肋付近まで深く切れ込む。花序の花径は10cm。小筒花は黄色。中央部の小筒花は黄緑色。開花期は晩夏から秋。ゾーン：3〜9

キイチゴ、HC、'ベネンデン'

Rudbeckia occidentalis
ルドベキア・オッキデンタリス
☀/◐ ❄ ↔80〜120cm ↕1.5〜2m
アメリカ合衆国西部原産の多年草。楕円形の葉は先端が尖る。全長は10cm。時に鋸歯縁。花序の花径は8cm。小筒花は黄色。中央部は円錐状。茶色がかった黒。高さは5cm。開花期は夏。'グリーン ウィザード'は小筒花を持たず、緑色の長い萼片が中央部の黒色部分を取り囲む。ゾーン：7〜10

Rudbeckia triloba
英　名：BROWN-EYED SUSAN
☀/◐ ❄ ↔60〜100cm ↕0.9〜1.5m
アメリカ合衆国東中部原産の多年草。葉は3ないし7裂。全長は10cm。剛毛を持つ。花序の花径は8cm。小筒花は黄金色。中央部周囲の小筒花は茶色ないし紫黒色。開花期は夏。
ゾーン：5〜9

RUELLIA
(ルエリア属)
大部分は熱帯および亜熱帯に分布するが、北米大陸の温帯地域に自生する種もわずかに存在する。ほぼ150種におよぶ常緑性草本、および柔らかい茎を持つ低木から成る。キツネノマゴ科。屋内外で栽培でき、じょうご形をした見事な花をつける。花色は赤、ピンク、薄紫。単生、もしくは茎頂部あるいは葉腋に密な円錐花序を形成。楕円形ないし槍形の葉の周縁はなめらか。葉脈がよく目立つ。

キイチゴ、HC、'テイベリー'

キイチゴ、HC、'ナバホ'

〈栽培〉
アメリカの温帯地域にも自生する種は強い耐霜性を備えているが、大部分は温暖肥沃で保湿性と排水性にすぐれた条件下で栽培し、部分的な遮光をほどこす必要がある。寒冷地域では屋内もしくは温室で栽培する。成長期には鉢植えの固体にはじゅうぶんに灌水し、冬季にも適切な湿度を保つ。徒長部分を定期的に切り戻す。特に開花後には葉を充実させるための切り戻しが必要。繁殖は播種、もしくは春に柔らかい部分を挿し木する。

Ruellia brittoniana
一般名：ヤナギバルイラソウ
英　名：COMMON RUELLIA
☀ ❄ ↔45〜60cm ↕60〜90cm
メキシコおよびアメリカ合衆国南西部原産の常緑性多年草。直立性。茎は紫色で肉厚。低部の枝は加齢にともなって下垂し、根を出すようになる。葉は細長くて剣の形に似る。鋸歯縁で暗緑色。葉脈は紫色でよく目立つ。花はじょうご形で紫もしくは青。ペチュニアの花に似る。全長5cmで葉腋につく。開花期は盛春から秋の初降霜まで。R. brittonianaは冬になると根を残して枯れ、自家播種を行う。'アルバ'（syn.'クリーン ホワイト ケイティー'）は草丈が低く、20cmまで。夏中、白い花をつける。'チチ'の草丈は60〜90cm。花は淡いピンク。開花期は夏。'ケイティー'（dwarf blue bells）の草丈は低く、15〜20cm。紫の花。開花期は夏。'テキサス ブルー'の草丈は25cm。紫の花。開花期は夏。
ゾーン：8〜11

Ruellia macrantha
英　名：CHRISTMAS PRIDE
☀ ✽ ↔50cm ↕1.8m
ブラジル原産の短命種。茎は直立。葉は多毛性で暗緑色。楕円形ないし槍形。花は大型で濃いピンク。トランペット状の形。花弁は丸くて深く切れ込む。花脈は濃色。開花期は冬。
ゾーン：10〜12

Ruellia makoyana
英　名：MONKEY PLANT、TRAILING VELVET PLANT
☀ ✽ ↔38〜45cm ↕15〜30cm
ブラジル原産の多年草。匍匐性の茎で横方向に伸張する。斑入りの葉はベルベット状。全長は5〜8cm。表面の葉脈は白、裏面では紫色。花は鮮やかな赤紫色。トランペット状。花径は5cmで葉腋につく。通年開花だが、秋から春にかけて多くの花をつける。

Ruellia peninsularis
英　名：DESERT RUELLIA
☀ ✽ ↔1.2〜1.5m ↕1.2〜1.5m
バヤ・カリフォルニア半島の南半分、ソノラ州（メキシコ）の海岸地域、メキシコ北西部原産。成長の速い常緑性低木。樹形は丸くなる。茎は灰白色。葉は小型で光沢のある緑色。花は濃い青紫色。花径は25mm。開花期は春から初夏。1年を通して散発的に開花。
ゾーン：10〜11

Ruellia macrantha

Rubellia portellae
☀ ✽ ↔30〜100cm ↕20〜30cm
ブラジル原産の一年草もしくは多年草。匍匐性。茎はよく分枝。葉には光沢があり、葉脈は白。全長8cm。裏面は赤紫色。花は鐘形で色はピンク。全長35mm。開花期は春から夏。
ゾーン：10〜12

RUMEX
（ギシギシ属）
英　名：DOCK, SORREL
タデ科。ほぼ200種の一年草もしくは二年草。多くの場合は直根性の多年草。世界中に広く分布するが、温帯地域に多い。葉は基部から出る。花は小型で花序もしくは花穂の形となる。種子は紙のような膜に覆われており、水に浮くことができる。観賞用や食用となる種もあるが、ギシギシ属には非常に繁殖力の強い雑草も含まれており、旅行者とともに世界中に生息域を広げてきた。

〈栽培〉
大多数の種は深く耕された土地でよく成長する。湿り気がある沼のような場所でもよい。じゅうぶんな日照が必要。繁殖は播種が普通。自家播種によることが多い。根挿しでもよい。

Rumex acetosa
一般名：スイバ
英　名：GARDEN SORREL, SOUR DOCK
☀ ✽ ↔30〜40cm ↕50〜100cm
北半球一帯で叢状となる多年草。雑草化する。葉はやや肉厚で鮮やかな緑色。槍の穂に似た形。全長15cm。生食もしくは調理して食用となる。小型で赤褐色の花が房状になる。開花期は春。
ゾーン：3〜10

Ruellia peninsularis

Rumex hymenosepalus
英　名：CANAIGRE, TANNER'S DOCK, WILD EHUBARB
☀ ❄ ↔50〜70cm ↕90〜100cm
北米大陸原産の多年草。葉は槍の穂に似た形で全長30cm。先端部の葉縁はやや波状。花序は直立。最初は緑色だが徐々に濃いピンク色になる。開花期は春から夏。種子は茶色。
ゾーン：6〜10

Rumex hymenosepalus

Ruellia portellae

Rumex sanguineus
一般名：ニセアレチギシギシ
英　名：BLOODY DOCK、RED DOCK
☀ ❄ ↔25〜30cm ↑90〜100cm
ヨーロッパ、東南アジア、北アフリカ原産。叢状となる可憐な種。茎は濃色。葉は槍形で全長は15cm。根と葉脈は赤色。小さな緑色の花が房状になる。開花期は初夏から盛夏。種子は茶色。
ゾーン：6〜10

Rumex scutatus
英　名：BUCKLER-LEAFED SORREL、FRENCH SORREL、GARDEN SORREL
☀ ❄ ↔30〜40cm ↑40〜45cm
ヨーロッパ、西アジア、北アフリカ原産の多年草。耐寒性にすぐれ、叢状に成長する。葉は鮮やかな緑色で槍の穂に似た形。小型で緑色の花が花穂を形成。開花期は夏。種子は茶色。食用となり、ソレル・スープに使われる。
ゾーン：6〜10

Rumex vesicarius
異　名：*Acetosa vesicaria*
☀ ❄ ↔15〜20cm ↑20〜25cm
北アフリカおよび東南アジア原産の多年草。葉は肉厚で槍の穂に似た形。全長18mm。小型の花は濃いピンクで房状になる。開花期は晩春。種子はクリーム色がかった茶色。
ゾーン：6〜10

Ruscus aculeatus

Rumex vesicarius（前景）、ウェスタンオーストラリア州、ドッカー川

RUMOHRA
(ルモフラ属)
シノブ科。オシダ科に分類されることもある。ほぼ50種から成る地上生もしくは着生シダ。南半球原産。茶色の鱗片に覆われた根茎が横方向に伸張する。根茎からは不規則な間隔をおいて大型のフロンドが出現する。フロンドは大型で革質、細く裂ける。原産地では木生シダの幹上で成長することも多い。
〈栽培〉
事実上の非降霜地域では、屋内もしくは温室での鉢やハンギングバスケットでの栽培に最適。明るい日陰に置き、霧吹きによってじゅうぶんな湿度を保つ（過度な湿り気は避ける）とよく成長してコロニーを形成する。繁殖は根茎の細心な株分けによる。胞子からも繁殖が可能。

Rumohra adiantiformis
一般名：レザーファーン
英　名：IRON FERN、LEATHER FERN、LEATHERLEAF FERN
☀ ❄ ↔90〜150cm ↔50〜150cm
南半球の熱帯から亜熱帯にかけて自生。茶色の根茎が広範囲に広がる。条件によって大きさには変化がある。葉の全長は60cm。濃い緑色。小葉は革質で三角形。
ゾーン：10〜11

RUSCHIA
(ルスキア属)
ハマミズナ科に属し、400種の多年草を擁する。原産地はアフリカ南部の乾燥地帯。多肉質の低木状となるか、匍匐してグラウンドカバーとなる。節間は濃い赤褐色味を帯びる。分枝によっては、花序の一部が変化した不実花由来の刺を持つものもある。対生の葉は合接する場合もある。花は単生、もしくは茎頂部が分枝して花序がつく。花色は紫、ピンク、時に白。
〈栽培〉
じゅうぶんな日照が必要。排水がよくてやせた土壌でよく育つ。茎を挿すとほとんど時期を選ばずによく根づく。

Ruschia caroli

Ruschia caroli
英　名：PURPLE DEW PLANT
☀ ❄ ↔30〜45cm ↑20〜30cm
多肉質の多年草。グランドカバーになる。南アフリカの海岸部原産。葉の全長は10cm。紫色の花の花径は25mm。開花期は初春から夏。
ゾーン：10〜11

Ruschia dichroa
英　名：ICE PLANT
☀ ❄ ↔30〜40cm ↑20〜30cm
南アフリカの西部沿岸原産。多肉質の多年草。葉の全長は6cm。花色は紫、白、ピンク。花径は4cm。開花期は夏。
ゾーン：10〜11

Ruschia perfoliata
☀ ❄ ↔30〜50cm ↑15〜30cm
南アフリカ原産。多肉質の多年草。クッション状に成長し、グラウンドカバーとなる。茎は針金状でよく分枝する。葉は肉厚で先端は尖る。茎を覆うようにつき、基部は合接する。花は単生で茎頂部につく。花色は紫ないしピンクでデイジーに似る。花径は25mm。開花期は春から夏。
ゾーン：10〜11

Ruschia pulvinaris
☀ ❄ ↔25〜45cm ↑10〜25cm
南アフリカ山岳地帯原産の亜低木。樹高は低くて横に伸張する。多肉質。葉は小型で肉厚。青緑色で鋸歯縁となる。花はデイジーに似ており、色は赤ないしバラ色。開花期は夏。
ゾーン：6〜9

RUSCUS
(ナギイカダ属)
アスパラガス科。地中海沿岸部原産の常緑性亜低木。ほぼ6種を擁する。叢状に成長し、地下茎によって緩慢に伸張する。「葉状枝」を持つ。これは茎が扁平化したもので葉と同じ機能を備えている。実際の葉は小型で葉状枝の表面に隆起し、ここから緑色もしくは白色の小さな星型花が出現する。雄株と雌株がある場合には、花後にエンドウ豆大の赤い果実がつく。雌雄同株のものもある。かつては肉屋がこれの枝を使って肉片を掃除していたため、「butcuer's broom（肉屋の箒）」という別名がついた。

Ruschia dichroa

Ruschia pulvinaris

〈栽培〉
非常に耐寒性が強く、乾燥した日陰でよく育つ。日向もしくは半日陰の排水のよい場所で栽培する。繁殖は播種もしくは株分け。

Ruscus aculeatus
英　名：BUTCHER'S BROOM
☀/☀ ❄ ↔100cm ↑75〜100cm
ヨーロッパ南部および地中海沿岸原産。叢状となる亜低木。根茎によって伸張する。暗緑色の葉状枝は小型で楕円形。革質。全長は18〜30mm。先端は刺状となる。夏から冬にかけて、鮮やかな赤色をした液果がつく。
ゾーン：6〜11

Ruscus hypoglossum
☀/☀ ❄ ↔100cm ↑45〜65cm
ヨーロッパ南部および地中海沿岸一帯に広く分布する。叢状となる亜低木で根茎によって伸張する。葉状枝は楕円系で緑色。全長は10cm。茎はアーチ状。葉状枝には、舌に似た形の葉の下に緑色の花と赤い果実がつく。
ゾーン：7〜11

RUSPOLIA
(ルスポリア属)

キツネノマゴ科。アフリカ原産の常緑性低木。4種が含まれる。葉は楕円形で対生。花序もしくは花穂を形成。花色は濃淡の赤もしくは黄色。花弁の切れ込みは波状。

〈栽培〉
寒冷な地域では温室栽培によって美麗な花を楽しむことができる。この場合、日差しが強くなる時間帯には遮光が必要。温暖もしくは熱帯地域では屋外で栽培し、腐食質を多く含んだ土壌に植える。繁殖は、晩春に半熟枝を挿し木する。

Ruspolia hypocrateriformis
☼ ╪ ↔0.9m ↕0.9m
熱帯もしくは亜熱帯アフリカ原産の小型低木。半匍匐性。葉はなめらかで全長8cm。筒状花は赤味がかった深い赤色。花筒は濃色。茎頂につく花序は美麗で数カ月にわたって咲き続ける。
ゾーン：10～12

RUSSELIA
(ルセリア属)

ゴマノハグサ科。メキシコからコロンビアにかけて分布する常緑性亜低木もしくは低木。ほぼ50種が含まれる。一般的な栽培種はアーチ状の茎を持つが、成長習性には幅があり、直立、アーチ状、横に伸張などの樹形となる。葉の形状もさまざまであり、ほとんど鱗状となっている種もあれば、全長10cmに達する心臓形の葉を持つ種もある。花はよく目立ち、朝顔形の花弁は筒状で下垂する。ほぼ通年開花。

〈栽培〉
耐霜性はそれほど強くない。温暖地域でよく育つ。じゅうぶんな日照があると花つきがよくなる。暖季には湿り気を維持する。排水がよくて粗い土壌を好む。軽く刈り込んで叢状の樹形を保つ。繁殖は挿し木が普通。出根部の取り木も可。

Ruta graveolens

Russelia equisetiformis
英　名：CORAL PLANT
☼ ♨ ↔2.4m ↕1.5m
メキシコ原産。茎はしなやかなアーチ状。無葉、もしくはほとんど無葉。小型の鱗片状となって針金状の茎に密接する。小型の花は真紅色の筒状花。通年開花。壁や斜面を覆うのによい。
ゾーン：9～12

RUTA
(ヘンルーダ属)

ミカン科。8種を含む。大部分は亜低木。温暖地域では低木となる種もある。温帯ユーラシアに広く分布。古来よりハーブや医薬となり、飲料産業でも利用されてきた。葉は灰色がかった青緑色で細かく裂ける。花は小型で黄色。集散花序。開花期は夏。花後には緑色がかった小さな果球ができる。

〈栽培〉
排水のよい土壌で容易に栽培できる。日向がよい。根をはった株は切り詰めて形を整えることができるが、きつく刈り込む必要はない。繁殖は播種もしくは半熟枝の挿し木。

Russelia equisetiformis

Ruttya fruticosa 'Scholesii'

Ruta graveolens ★
一般名：ルー
英　名：COMMON RUE、HERB OF GRACE、RUE
☼ ❋ ↔35cm ↕50cm
南ヨーロッパ原産の亜低木もしくは低木。茎と葉は帯白。葉は細かく裂け、円形ないし槍先に似る。葉縁は波状。小型で緑色がかった花が茎頂部につく。開花期は夏。*R. graveolens*はかびに似た強い香りを放つ。中世にはルーの束を持っているとシラミや病気を避けられると考えられた。有毒であるため、取り扱いには注意が必要。侵略種となって雑草化することもある。葉の変化による栽培品種は次のとおり。'ジャックマンズ ブルー' ★は強く帯白。'ワリエガタ'の葉縁はクリームがかった白。
ゾーン：5～9

RUTTYA
(ルティヤ属)

キツネノマゴ科。常緑性低木3種を含む。東アフリカの熱帯地域原産。葉は楕円形で対生。長い花穂の先に鮮やかな筒状花をつける。

Ruttya fruticosa

Ruttya fruticosa
ルティヤ・フルティコサ
英　名：JAMMY-MOUTH
☼ ♨ ↔1.5m ↕3.5m
東アフリカ原産の低木。叢状となる。葉は楕円形。茎頂部の花穂は数カ月にわたって咲き続ける。花弁は合接して2弁となる。色は橙緋色、下部の花弁には濃茶色のブロッチ。'スコレシイ' ★は黄色の花。下部の花弁には黒いブロッチ。
ゾーン：10～12

Ruspolia hypocrateriformis

S

Sabal palmetto

Sabal mexicana

Sabal bermudana

Sabal causiarum

Sabal uresana

SABAL
（クマデヤシ属）

英　名：PLAMETTO

およそ16種からなるヤシ科の植物で、アメリカ合衆国南西部から南アメリカ、西インド諸島、およびバミューダ諸島で見られる。大半は垂直の幹をもつ高木だが、幹のないものもあり、また、古い葉の基部を残しているものと、まったくないものがある。どの種も深裂した掌状葉をもつ。葉の間から伸びた長いスプレー状の小枝に、クリーム色の小さな両性花が生じ、やがて小さな液果となる。一部の種の葉は、かご、帽子、マットなどの材料に利用される。幹は家具や波止場の杭の材料となる。クマデヤシ属の大半は亜熱帯や熱帯の湿地に見られる。

〈栽培〉
大半のクマデヤシ属は比較的適応性に富み、湿地から乾燥地、砂地でも耐える。とはいえ、最高の栽培法は、日当りのよい排水性のよい肥沃な土壌に植え付け、成長期に適度に灌水することである。種子で繁殖。

Sabal bermudana
一般名：バミューダサバル
英　名：BARMUDA PALMETTO
☀ ❄ ↔3m ↕12m

バミューダ諸島原産。栽培種は原種に比べて小さい。葉群は幅3m、切片の幅は60cm、中心部は幅約30cmで、分裂していない。ゾーン：10〜11

Sabal causiarum
一般名：オニサバル
英　名：PUERTO RICO HAT PALM
☀ ❄ ↔6m ↕15m

西インド諸島のアネガダ島、ヒスパニオーラ島、プエルトリコ島原産。丈高のどっしりした灰色の幹をもつ。大きな樹冠を形成する掌状葉は、鮮やかな緑色、またはくすんだ青緑色で、幅3mになる。スプレー状の白い花。小さな球状の黒い果実をつける。ゾーン：9〜12

Sabal mexicana
一般名：メキシコサバル
英　名：MEXICAN PALMETTO、OAXACA PALMETTO、RIO GRANDE PALMETTO
☀ ❄ ↔3.5m ↕18m

アメリカ合衆国テキサス州およびメキシコ原産の、順応性のある種。太い幹と、明るい緑色の葉の樹冠をもつ。葉身には深裂し、細い糸状の繊維が見られる。小さな白い芳香性の花が花序をなす。大きな黒い果実をつける。ゾーン：9〜12

Sabal minor ★
一般名：ミキナシサバル
英　名：DWARF PALMETTO、SCRUB PALMETTO
☀ ❄ ↔3.5m ↕3m

アメリカ合衆国南東部原産。地表、もしくは地表近くの幹に大型の葉群を形成する。大きな硬い青緑色の葉は、幅狭の切片に分かれる。葉群から生じた花柄は、葉よりもずっと高く伸びる。ゾーン：8〜11

Sabal palmetto ★
一般名：パルメットヤシ
英　名：CABBAGE PALM、PALMETTO
☀ ❄ ↔4.5m ↕24m

アメリカ南東部原産。成熟した幹はむき出しになっている。大型の樹冠を形成する、緑〜青緑色のねじれた掌状葉は深裂し、切片の間に糸状の繊維がみられる。小さな白い花が花序をなす。光沢のある茶色〜黒の果実をつける。ゾーン：8〜12

Sabal uresana
英　名：SONORAN PALMETTO
☀ ❄ ↔3m ↕8m

メキシコ原産の目を引くヤシ。青みを帯びた緑色の大きな掌状葉は、深裂し、切片を広げている。幼葉はより青い。葉と同じ長さの花序をつける。果実は茶色。ゾーン：8〜12

SACCHARUM
（ワセオバナ属）

異　名：*Erianthus*

およそ40種からなる、叢生する、または根茎性の多年生イネ科植物。世界中の熱帯と暖温帯に分布し、川辺や土壌の肥沃な谷間などに生息する。強靭な木質茎は、緑〜バイオレット色で、節があり、基部近くから根が露出している。長く平たい葉は2列に並び、極小の花はふわふわした魅力的な円錐花序をなす。この一種である*S. officinarum*は主要な農作物で、サトウキビ、ラム酒、モラセス（糖蜜）、ワックスなど、さまざまな製品が作られる。ワセオバナ属はまた、紫の花を咲かせる寄生植物、*Aeginetia indica*（ナンバンギセル）の宿主でもある。

〈栽培〉
冷温帯では、温室内の花壇、または大型のコンテナに肥沃な湿性壌土を入れて栽培する。暖温帯では、日当りのいい屋外で、肥沃な湿性土壌で栽培する。理想的な状況下では侵略種となり得る。種子で繁殖できるが、茎を切って挿し木する方法が一般的。

Saccharum officinarum
一般名：サトウキビ
英　名：SUGAR CANE
☀ ❄ ↔0.9〜1.8m ↕3.5〜6m

ニューギニア原産と考えられる。ここで交配されたものが熱帯アジアに広まった。直立性の、どっしりした汁気の多い木質茎は直径5cmになる。濃い緑色の葉は、長さ1.8mにもなり、縁はざらざらしている。夏、丈高の羽状の花序をつける。ゾーン：9〜12

Saccharum ravennae
異　名：*Erianthus ravennae*
英　名：PLUME GRASS、RAVENNA GRASS
☀ ❄ ↔100cm ↕3〜4.5m

南ヨーロッパ原産の、直立性の、装飾的で勢力旺盛なイネ科植物。緑色の葉身に白い縦縞が入る。晩夏に生じる銀色の羽状の穂は、成熟すると灰色になる。重い粘土質土壌を嫌う。ゾーン：5〜9

Saccharum officinarum

Sagina subulata

Sagina subulata 'Aurea'

SACCOLABIOPSIS
（サッコラビオプシス属）
オーストラリア北部、ニューギニアおよびインドネシア原産の、約8種の単軸型、着生種からなるラン科の属。カヤラン属の近縁。たいてい多雨林の端で、主に小枝に着生して成長し、幹や主枝に着生することはめったにない。小型の種は、葉が2列に並び、針金のような根を粗い網状にはりめぐらせる。主に緑色の花が短い穂状花序につき、花は花序の先端を向く。
〈栽培〉
根が覆われるのを嫌うため、細長く切ったコルクに絡ませるとよい。暖かく湿気の多い、通気性に富んだ環境で、半日陰となる位置に置くのが理想的。継続的な栽培は難しい。

Saccolabiopsis armitii
☀ ⚘ ↔6〜15cm ↕6〜20cm
オーストラリアのノースクィーンズランド州原産。夏、下垂した穂状花序に、50個もの極小の黄みを帯びた緑色の花が密生する。
ゾーン：11〜12

SADLERIA
（サドレリア属）
4種の中〜大型の陸生シダ植物からなるシシガラ科の属。アメリカ合衆国ハワイ州のみに生息し、普通、荒野の溶岩上に見られる。茎は垂直で、古くなると幹状になり、分裂のない長い鱗片に覆われる。葉は浅裂の羽状複葉、または2回羽状複葉。葉柄には1本以上の溝がある。葉の裂片は硬く、脈があり、形は卵形から舌状で、縁は波形もしくは全縁で、わずかに反曲する。無毛だが、裏面に鱗片があるものもある。中央脈に沿って両側に胞子嚢群が連続的に並ぶ。
〈栽培〉
霜害のない多湿の環境で、1日6時間以上日の当たることのない日陰の酸性土壌で栽培する。年間を通して湿気を保つこと。温帯では、ガラス覆いの下で、土の少ない、瀬戸物の破片の多い培地で栽培する（最大サイズの温室が必要）。胞子で繁殖。

Sadleria cyatheoides ★
☀ ⚘ ↔0.6〜1.2m ↕0.6〜1.5m
小型の木性シダで、樹齢とともにかなり大きな幹を形成する。幼葉はピンクみを帯びた赤色で、その後、暗緑色で革質となる。小葉は鋸歯縁をもつ。
ゾーン：10〜12

SAGINA
（ツメクサ属）
英名：PEARWORT
およそ20種の一年生および多年生植物からなる北半球原産の属。マットを形成するグラウンドカバーで、岩石の露出部で成長する。ナデシコ科。ツメクサ属の多くは庭の雑草だが、生殖機能が高度に発達しているため、根絶は非常に困難。対に並ぶ細い線形の葉をすばやく密生させ、土壌や岩地を覆う。
〈栽培〉
暑く乾燥した気候が長く続くことを嫌う。気温が低く、日なたまたは半日陰の、水はけのよい涼しい土壌を好む。気温が30℃を超えると、金色品種の一部は枯死する。繁殖は非常に易しく、春に蒔種するほか、年間を通じて株分けできる。

Sagina subulata
一般名：アイリッシュモス
英名：GOLDEN PEARLWORT
☀/◐ ❄ ↔30cm ↕25mm
中央ヨーロッパ原産の、マットを形成する多年生植物。葉は柔らかく、密生して地表を小山状に覆う。夏に白い花を単生させる。'アウレア'、ライムグリーン〜カナリーイエロー色の葉。
ゾーン：4〜7

SAGITTARIA
（オモダカ属）
英名：ARROWHEAD
30種あまりの、主に多年生植物からなるオモダカ科の属で、世界中に分布しているが、とくにアメリカに多い。水生植物で、通常、1つの株に単性花をつける。根茎またはランナーを伸ばすものもある。多くが塊茎をもち、食用される場合もある。葉は全縁で、水中、水面、または水上に生じる。直立、浮水、また沈水した花は、総状花序、円錐花序、まれに散形花序をなす。白色の3枚花弁で、ピンク色の斑点が見られるものもある。果実は圧縮された痩果で、背面または側面によく目立つ羽がある。
〈栽培〉
沼地庭園または池の縁で栽培する。流れの速い深い水場でも成長可能で、半日陰にも耐える。おもりをつけた塊茎を深さ60cmの水に投げ込むとよく育つ。春に株分けで繁殖。

Sagittaria graminea
一般名：ナガバオモダカ、ジャイアントサギタリア
☀ ❄ ↔30cm ↕50cm
アメリカ合衆国東原産の水生塊茎多年生植物。水中の葉は幅狭の帯状で、水面上の葉は幅広でとがっている。直立した花茎の先に、花弁のない小さな緑色の雌花と、その上に3つの花弁からなる雄花が輪生する。*S. g.* var. *platyphylla*、花に長いくちばしがある。
ゾーン：6〜12

Sagittaria sagittifolia
一般名：ヤエオモダカ
英名：ARROWHEAD
☀ ❄ ↔30cm ↕60〜90cm
ユーラシア大陸温帯全域に見られる水生多年生植物。大型の矢じり形の葉は、幅はさまざまで、非常に長くとがった裂片がある。花は白く、基部にしばしば紫色の斑点が見られる。アジアでは塊茎が食用に栽培される。
ゾーン：7〜12

Saccolabiopsis armitii

Sadleria cyatheoides

SAINTPAULIA
(セントポーリア属)

英 名：AFRICAN VIOLET

軍人でありながら植物学に傾倒していたWalter von Saint Paulにより、かつてドイツの植民地であったアフリカのタンガニーカで発見された。ドイツに送られた種子を、彼の父親が栽培し、ヘレンハウゼン王宮庭園に献上した。東アフリカの熱帯原産の20種の多年生植物からなるイワタバコ科の属。栽培されている原種はほんのわずかで、大半はcv.または交雑種である。細かい毛を帯びた、柄の長い、円形、鋸歯縁の葉がロゼットを形成する。ビロード状の5枚花弁からなる花が、年間を通じて、ロゼットの中心に群生する。

〈栽培〉
熱帯であっても屋外栽培はまれ。一定の気温と、中～高程度の湿度、そして、肥沃な、湿性の、腐植質に富んだ土壌を好む。直射日光のあたらない、明るい環境が必要。葉挿しで繁殖する。種子は非常に細かく、ランの種子とほぼ同様に栽培される。

Saintpaulia ionantha
一般名：セントポーリア
英 名：AFRICAN VIOLET, USAMBARA VIOLET
☀ ⚘ ↔20～40cm ↕10～25cm

タンザニア原産の多年生植物。綿毛を帯びた、円形～心臓形の、波形あるいは丸い鋸歯縁の葉。花は、薄いバイオレット色～紫色、または白色で、花喉はバイオレット色。8～10個の花からなる花序が葉の上にスプレー状につく。
ゾーン：11～12

Saintpaulia shumensis
☀ ⚘ ↔15～25cm ↕5～15cm

タンザニア原産。葉は有毛で、わずかにつやがあり、円形、鋸歯～歯状縁で、裏面はしばしば赤みを帯びている。5個以下の花からなる花序は幅5cm以上になる。花色は白から薄いモーブ色で、より暗色の斑が見られる場合もある。
ゾーン：11～12

Saintpaulia Hybrid Cultivars
一般名：セントポーリア交雑品種
☀ ⚘ ↔10～30cm ↕5～20cm

このグループに属する植物はすべて交雑種としてよく知られているが、最も広く栽培され、人気のある種は、*S. ionantha*のcv.である（とはいえ、*S. ionantha*に*S. shumensis*などの異なる種をかけ合わせた真の交雑種もある）。コンパクト型で、豊かな葉群をもつ。花期の長い、魅力的な花の色は、ピンクから紫が主流だが、白、赤に近い色調や、黄色もある。'アキラ'、濃い緑の豊かな葉に、濃い赤色の花。'シャンティアナ'、矮小型、鮮やかなピンク色の八重咲きの花。'キメラ モニーク'、矮小型、白色の花に暗紫色の縁取り。'コンコルド'、濃い栗色の花に白色の縁取り。'ダイアナ'、極めて暗色の葉に、濃い赤色のビロード状の花。'ドロシー'、ピンクの花に白色の細い縁取り。'エミ'、あふれるような薄いモーブの花に、明るい縁取り。'ヒサコ'、濃い紫青色の花に白の細い縁取り。'アイリッシュ フラード'、白い花が緑の八重咲き花に覆われる。'ジョリタ'、矮小型、ラベンダー色の八重咲きの花。'メロデイ キミ'、上の花弁は紫色で、下の花弁は白色に紫色の幅広の縁取り。'ミルキーウェイ トレイル'、純白の花。'オプティマラ コロラド'、紫みを帯びた鮮やかな赤色の花。'パティ'、紫赤と白色の花。'ロココ ピンク'、暗いピンクの半八重咲きの花。'シェード オブ オータム'、クリーム色の斑入りの葉に、ピンクとモーブのフリル入りの半八重咲きの花。'ゾーヤ'、紫青色の花に白い縁取り。半八重咲き。
ゾーン：11～12

セントポーリアHC、'アキラ'

セントポーリアHC、'アークティック フロスト'

セントポーリアHC、'ベリタ'

セントポーリアHC、'ブルー ラグーン'

セントポーリアHC、'ブラッシュピンク'

セントポーリアHC、'ボブ セルビン'

セントポーリアHC、'シャンタロロ'

セントポーリアHC、'シャンティアナ'

セントポーリアHC、'クラシック ロック'

セントポーリアHC、'コロニアル ミスター リマーカブル'

セントポーリアHC、'コロニアル ポート フェアリー'

セントポーリアHC、'コロニアル ローズワーシー'

セントポーリアHC、'クリンクルド ブルー'

セントポーリアHC、'キメラ モニーク'

セントポーリアHC、'ドロシー'

セントポーリアHC、'エミ'

セントポーリアHC、'グンディ'

セントポーリアHC、'ハーバー ブルー'

セントポーリアHC、'ヒサコ'

セントポーリアHC、'アイ フィル プリティ'

Salix alba、テカポ湖、ニュージーランド

Salix amygdaloides

Salix babylonica f. *pekinensis*

SALIX
（ヤナギ属）

英 名：OSIER, WILLOW

およそ400もの種を含むヤナギ科の大属。大半は北半球の寒冷地帯および温帯が原産。高木から匍匐性の低木まで含まれているが、大半は落葉性で、葉はたいてい槍形で鋸歯縁をもつ。普通、小さな花を尾状花序につけ、昆虫媒介で受粉する。雄花と雌花はしばしば異なる株に生じる。さく果には、有毛の風散布種子が含まれている。多くの種が、かご製品やクリケットのバットの材料として、広く栽培されている。樹皮にはアスピリンの原料であるサリシンが含まれるため、薬用されてきた。観賞価値もあり、とくにしだれ型は、川辺に植えると魅力を発揮する。

〈栽培〉

じめじめしない、排水のよい土壌において、成長期に適度な水を与えれば、大半はかなり適応する。種子、取り木、または挿し木で繁殖するが、挿し木の場合、枝程度の長さでも容易に発根する。

Salix acutifolia

一般名：カスピエゾヤナギ

英 名：CASPIAN WILLOW、SHARP-LEAFED WILLOW

☼ ❄ ↔ 9m ↕ 8m

ロシア〜東アジアの温帯に見られる低木状のヤナギ。灰色の樹皮と、赤茶色の若枝とが対照をなす。葉は幅狭、暗緑色で、裏面は青みを帯びている。春、絹毛に覆われた、よく目立つ白い尾状花序をつける。'ブルー ストリーク'、暗色の枝に、粉をふいたような青白い花をつ

S. babaylonica f. *pekinensis*
'トルトゥオサ'（中央後部）

ける。'ペンドゥリフォリア'、高木状で、高さ6mにもなり、枝は垂れ下がる。
ゾーン：5〜9

Salix alba

一般名：セイヨウシロヤナギ

英 名：WHITE WILLOW

☼ ❄ ↔ 9m ↕ 24m

西アジアおよびヨーロッパ原産の円柱状の高木。枝先は垂れ下がり、樹皮は暗灰色で、深い亀裂がある。幅狭の槍形の葉は、出現時は白い絹毛があり、古いものは、表が暗緑色、裏は青みを帯びた緑色になる。春、細い尾状花序が葉と同時に生じる。'ウィッテリナ'、鮮やかな黄色の新シュートが冬によく目立つ。
ゾーン：2〜10

salix anygdaloides

一般名：アメリカマルバヤナギ

英 名：PEACH - LEAFED WILLOW

☼ ❄ ↔ 8m ↕ 21m

北アメリカ西部原産の高木。若木はなめらかで、黄色または赤みを帯びた茶色。卵形〜槍形の葉は、細かい鋸歯状縁を持ち、裏面は青みまたは灰色みを帯びた緑色で、若葉は綿毛に覆われる。雌株の尾状花序は10cmになる。ゾーン：5〜10

Salix arctica

一般名：ホッキョクヤナギ

英 名：ARCTIC WILLOW

☼ ❄ ↔ 60〜120cm ↕ 10cm

ヨーロッパ、アジア、北アメリカの高緯度地帯原産の匍匐性の低木。つやのある太い小枝。革質の卵形の葉には網目状の葉脈がある。暗紫色の尾状花序がつく。
ゾーン：1〜8

Salix caprea 'Pendula'

Salix babylonica

一般名：シダレヤナギ

英 名：PEKING WILLOW、WEEPING WILLOW

☼ ❄ ↔ 10m ↕ 12m

中国北部原産。貿易ルートを通じて中東にもち込まれ、1700年代にヨーロッパに入った。栽培されている樹木の大半は単一の雌クローン。長い枝は垂直に垂れ下がる。葉は、長くとがった先端に向かって細まり、細かい鋸歯縁がある。葉の表面はなめらかで、裏面は青みを帯びた灰色。祖先である枝垂れない中国の樹木は *S. b. f. pekinensis* ペキンヤナギ（syn. *S. matsudana*）と名づけられている。これには次のようなcv. が含まれる。'**クリスパ**'、成長が遅く、葉はねじれるか、らせん状にカールしている。'**ナバホ**'（syn. *S. matsudana* 'Nabajo'）、幅広の傘形の密生した樹冠をもつ。非常に大型。'**トルトゥオサ**'（**ウンリュウヤナギ**）（syn. *S. matsudana* 'Tortuosa'）、屈曲型で、直立習性があり、ねじ曲がった小枝は花卉栽培術に利用される。'**ウンブラクリフェラ**'（**カサヤナギ**）（syn. *S. matsudana* 'Umbraculifera'）、幅広の丸い習性。
ゾーン：5〜10

Salix 'Boydii'

一般名：ヤナギ 'ボイディ'

☼ ❄ ↔ 60cm ↕ 90cm

1870年代にスコットランドで発見された自然交雑種。成長の遅い矮小型の低木で、小枝は永続的に綿毛に覆われ、ねじれた様相を保つ。円形の灰色の葉も綿毛に覆われる。まれに小さな暗灰色の尾状花序をつける。ゾーン：5〜9

Salix caprea

一般名：セイヨウヤマネコヤナギ

英 名：FLORIST'S WILLOW、PUSSY WILLOW

☼ ❄ ↔ 3〜6m ↕ 4.5〜10m

小型の樹木または低木で、ヨーロッパから北東アジアにかけて自生する。楕円形〜卵形の葉は、わずかに光沢があり、表面は暗緑色、裏面は灰色のフェルト状で、冬はくすんだ黄色になる。春、雄株に生じる、絹毛に覆われたふっくらした尾状花序は、

Salix caprea

Salix fragilis、秋

Salix fragilis、冬

Salix fragilis、春

装飾用に収穫される。'ペンドゥラ'（Kilmarnock willow）は、垂れ下がる枝と、黄茶色のシュートをもつ。雄株は灰色の尾状花序をつける。ゾーン：5〜10

Salix cinerea
一般名：ハイイロヤナギ
英　名：GRAY WILLOW
☀ ❄ ↔2.4m ↕3m

イギリスおよび大陸ヨーロッパから西アジアに自生する低木状の種。小枝を覆う細かい灰色の毛は次のシーズンまで残る。幅狭の葉は、表面はくすんだ緑色で、裏面は灰色。葉に先んじて絹毛に覆われた尾状花序がつく。ゾーン：2〜9

Salix daphnoides
英　名：VIOLET WILLOW
☀ ❄ ↔6m ↕10m

強健な垂直の高木または低木で、ヨーロッパと中央アジア〜ヒマラヤ地帯にかけて自生する。若いシュートは暗紫色の粉をふく。細長い葉は、表面はつやのある暗緑色で、裏面は青みを帯びた緑色。晩冬、絹毛に覆われた、小型で幅広の尾状花序が生じる。ゾーン：5〜10

Salix discolor
英　名：AMERICAN PUSSY WILLOW
☀ ❄ ↔4.5m ↕8m

北アメリカ原産の低木あるいは小高木。紫がかった茶色のシュートは、最初は綿毛に覆われている。卵形の葉は両端に向かって先細りし、表面は鮮やかな緑色、裏面は青みを帯びた灰色。晩冬から春、葉に先んじて、長さ8cmほどの絹毛に覆われた尾状花序をつける。ゾーン：2〜9

Salix elaegnos
英　名：HOARY WILLOW、ROSEMARY WILLOW
☀ ❄ ↔6m ↕6m

中央ヨーロッパ、トルコ、および南西アジア原産の低木あるいは小高木。綿毛に覆われた灰色の小枝は、やがてなめらかな、赤みを帯びた黄色から茶色に変わる。暗緑色の細長い葉は、裏面が白いフェルト状。春、葉に先んじて尾状花序をつける。*S. e.* subsp. *angustifolia*、低木状で、匍匐性の茎をもつ。細い葉は、表面は暗緑色、裏面は灰色で絹毛に覆われる。ゾーン：4〜9

Salix exigua
英　名：COYOTE WILLOW
☀ ❄ ↔3m ↕3.5m

北アメリカ原産の、高い直立性の低木。長くしなやかな茎は、綿毛に覆われ、やがて細くなめらかになる。幅狭の葉は、銀色がかった明るい緑色で、最初絹毛に覆われている。葉の多い長い茎に、卵形の尾状花序をつける。ゾーン：2〜9

Salix fargesii
☀ ❄ ↔3m ↕3m

中国の低木で、広がる習性をもつ。冬に赤い大きな芽をつける。葉は鋸歯縁で、表面は暗緑色、裏面はくすんだ緑色で絹毛がある。春、葉とともに、細長い尾状花序が生じる。ゾーン：6〜10

Salix 'Flame'
一般名：ヤナギ 'フレーム'
英　名：FLAME WILLOW
☀ ❄ ↔6m ↕6m

大低木、または頭の丸い小高木で、*Salix alba*の交雑種と思われる。若枝は鮮やかな赤色。楕形の葉は、幼時は綿毛に覆われ、秋には鮮やかな黄色になり、赤い枝と対照をなす。春に剪定し、鮮やかな新枝の成長を促す。ゾーン：5〜9

Salix fragilis
一般名：ポッキリヤナギ
英　名：BRITTLE WILLOW、CRACK WILLOW
☀ ❄ ↔10m ↕15m

ヨーロッパおよび北アジア原産の大きく広がる高木。樹皮は暗灰色で深い亀裂がある。小枝は節で容易に折れる。絹毛に覆われた細長い葉はやがて、表面は暗緑色、裏面は青みを帯びた緑色になる。細い尾状花序が葉とともに生じる。ゾーン：6〜10

Salix gracilistyla
一般名：ネコヤナギ
英　名：ROSEGOLD PUSSY WILLOW
☀ ❄ ↔3〜4.5m ↕3〜4.5m

Salix fargesii

Salix gracilistyla 'Melanostachys'

東アジア原産の低木。葉は長さ10cmの長楕円形。晩冬、尾状花序が葉に先んじて生じる。雄花序は赤色からオレンジ色、黄色へと変わる。雌花序は絹毛に覆われた灰色。'メラノスタキス'（クロヤナギ）★（syn. *Salix Melanostachys*）、より直立した雄株で、黒い尾状花序が開くと、先の赤い黄色の雄ずいが見られる。ゾーン：6〜10

Salix hastata
サリクス・ハスタタ
英　名：HALBERD WILLOW
☀ ❄ ↔2m ↕1.5m

中央ヨーロッパおよび北東アジアの山岳地帯原産の、密生する直立低木。小枝は2年目に紫色になる。葉は長楕円形〜やや円形と多様で、表面はくすんだ緑色、裏面は薄い青緑色。春、小型のふっくらした尾状花序が葉とともに生じる。'ウェルハーニー'、魅力的な銀白色の尾状花序。ゾーン：6〜9

Salix helvetica
英　名：SWISS WILLOW
☀ ❄ ↔0.9m ↕0.6〜1.5m

ヨーロッパの高山地帯原産の低木。小枝が密に絡み合い、小型の横広がりの小山を形成する。栽培種はより大型。茎は赤茶色で、つやのある緑色の葉は、鋸歯状縁で、裏面は綿毛に覆われる。春、小さな銀灰色の尾状花序にうめつくされる。ゾーン：5〜9

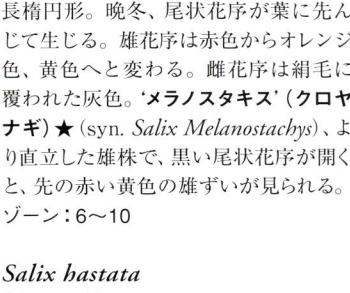

Salix hookeriana

Salix elaeagnos

Salix hookeriana
☀ ❄ ↔0.9m ↕0.6〜1.5m
北アメリカ北東部原産の平伏性の低木。時おり、光沢のある赤みを帯びた茶色の枝が見られる。葉は幅広の卵形で、幼時は白っぽい毛に覆われる。表面は暗緑色、裏面は青みを帯びた緑色。葉の多い短い茎に尾状花序をつける。ゾーン：6〜9

Salix integra
一般名：イヌコリヤナギ
英　名：DAPPLED WILLOW, JAPANESE WILLOW
☀ ❄ ↔3.5m ↕3〜4.5m
日本および朝鮮半島原産の細い低木。Salix purpureaに似ているが、葉の色がより明るい緑色。紫がかった枝は垂れ下がる。葉に先んじて細い尾状花序がつく。'白露錦'、葉芽と茎はピンク色。明緑色の葉にピンク色と白色の斑点が入る。ゾーン：6〜10

Salix irrorata
英　名：ARIZONA WILLOW
☀ ❄ ↔3m ↕3m
アメリカ合衆国南西部原産の低木。緑色のシュートは、やがてなめらかで紫みを帯びた黄色になり、冬には粉をふく。幅狭の葉は、表面はつやのある緑色で、裏面は薄い青緑色。雄株の尾状花序における赤い葯は、やがて黄色に変わる。ゾーン：5〜10

Salix nakamurana

Salix miyabeana

Salix laevigata
英　名：POLISHED WILLOW, RED WILLOW
☀ ❄ ↔8m ↕15m
アメリカ合衆国南西部原産の高木。赤〜黄茶色のなめらかなシュートをもつ。葉に鋸歯縁で、表面は明るい緑色、裏面は薄い青緑色。長さ10cmの尾状花序を葉と同時につける。ゾーン：5〜10

Salix lanata
英　名：ARCTIC WILLOW, WOOLLY WILLOW
☀ ❄ ↔1.8m ↕0.6〜1.2m
ヨーロッパ北部原産の、成長の遅い低木。軟毛が密生するじょうぶな小枝は、年月とともにねじれてくる。卵形から円形の葉は、銀色の絹毛で覆われ、やがて表面はくすんだ緑色になる。春、葉に続いて鮮やかな金色の尾状花序がつく。ゾーン：2〜9

Salix lindleyana
☀ ❄ ↔75cm ↕5cm
ヒマラヤ地帯に見られる高山植物種。低い匍匐性の植物で、赤みを帯びた茎に、ローズマリーに似た小型の葉が密生し、マットを形成する。葉は秋に魅力的な黄色に変わる。極小の尾状花序が葉とともに生じる。熟した種子は白い生綿に似る。ゾーン：5〜10

Salix lucida
英　名：SHINY WILLOW
☀ ❄ ↔4.5m ↕8m
北アメリカの高木。つやのある葉と、黄みを帯びた茶色の小枝をもつ。細くとがった葉は、光沢のある緑色で、裏面はやや色が薄い。春、葉と同時に金色の尾状花序をつける。ゾーン：2〜9

Salix magnifica
☀ ❄ ↔3m ↕6m
中国原産の高木。葉はモクレンに似、シュートと芽はなめらかで紫みを帯びている。先の丸い卵形の葉は、灰色を帯びた緑色で、中央脈と葉脈は黄みを帯びた緑色。春、雌株は葉と同時に尾状花序（25cm）をつける。ゾーン：7〜10

Salix miyabeana
一般名：エゾノカワヤナギ
☀ ❄ ↔2〜4.5m ↕3〜6m
日本原産の観賞用種。S. purpureaに似ている。幅狭の葉は長さ18cmになる。小型の目立たない尾状花序をつける。枝の樹皮は明るい灰色。ゾーン：6〜10

Salix nakamurana
一般名：レンゲイワヤナギ、タカネイワヤナギ
☀ ❄ ↔90cm ↕30cm

Salix nigra

Salix irrorata

Salix pentandra

Salix laevigata

日本原産の成長の遅い矮小低木。じょうぶなアーチ状の茎はやがて小山を形成する。葉は植物の大きさに比べて大きく、ほぼ円形の、明るい緑色で、銀白色の毛で覆われる。尾状花序も同様に銀色がかっている。ゾーン：6〜10

Salix nigra
英　名：BLACK WILLOW
☀ ❄ ↔4.5m ↕3〜9m
北アメリカ産の大低木、または小高木。きめの粗い樹皮と黄みを帯びた小枝をもつ。先のとがった幅狭の葉は、薄い緑色で、縁は細かい鋸歯状。綿毛に覆われた短いシュートに、春、葉と同時に尾状花序が生じる。ゾーン：4〜10

Salix pentandra
一般名：セイヨウテリハヤナギ
英　名：BAY WILLOW, LAUREL WILLOW
☀ ❄ ↔9m ↕15m
ヨーロッパの広域に原生する低木または高木で、アメリカ合衆国東部に帰化した。芳香のある暗緑色の葉と、つやのある茶色がかった緑色の小枝、それに黄色い芽をもつ。春、雄株は鮮やかな黄色の尾状花序を葉とともにつける。ゾーン：5〜10

Salix purpurea 'Nana'

Salix sericea

Salix × sepulcralis 'Chrysocoma'

Salix × sepulcralis、クィーンメアリーガーデン、ロンドン、イギリス。

Salpichlaena volubilis

Salix purpurea
一般名：セイヨウコリヤナギ
英　名：ALASKA BLUE WILLOW、ARCTIC WILLOW、PURPLE OSIER WILLOW
☀ ❄ ↔4.5m ↕4.5m
ヨーロッパ～北アフリカ、中央アジア、日本原産の優美な低木または小高木。紫みを帯びたアーチ型のシュートをもち、幅狭の長楕円形の葉は、表面は青みを帯びた緑色で、裏面はいくぶん淡色。春、葉に先んじて生じる赤い尾状花序は、やがて紫みを帯びた黒色になる。'ナナ' (syn. *S. purpurea* f. *gracilis*)、コンパクト型のcv. で、灰緑色の葉と細いシュートをもつ。'ペンドゥラ'、細い枝が垂れ下がる。ゾーン：5～10

Salix repens
英　名：CREEPING WILLOW
☀ ❄ ↔1.5m ↕20cm～1.5m
ヨーロッパ、トルコ、南西アジア、およびシベリア原産の匍匐性の低木。綿毛に覆われたシュートはやがてなめらかになる。小型の先細りの葉は、表面が緑色で、裏面は銀白色。春に小さな尾状花序をつける。ゾーン：5～10

Salix reptans
英　名：ARCTIC CREEPING WILLOW
☀ ❄ ↔45～90cm ↕5cm
極北アジアおよびヨーロピアンロシア原産の矮小型。赤みを帯びた茶色の枝をもつ。葉の表面は緑色でしわがあり、裏面の色はいくぶん薄く、青みを帯びる。両面ともに長毛が密生している。直立した尾状花序は、長毛のある、先端の黒い鱗片に覆われる。ゾーン：2～8

Salix reticulata
英　名：NET-LEAFED WILLOW
☀ ❄ ↔38cm ↕15cm
ヨーロッパ北部、北アメリカおよびアジア原産の匍匐性の矮小低木。卵形～円形の葉は、表面は暗緑色でしわがあり、裏面は白色。春、葉に続いて、先端がモーブ色の、直立した小さな尾状花序をつける。ゾーン：1～8

Salix retusa
☀ ❄ ↔45cm ↕10cm
中央ヨーロッパの山岳地帯原産の平伏性の植物種。茎や根を匍匐させ、密なマットを形成する。小型のなめらかな長楕円形の葉を枝先近くにつける。直立した尾状花序が葉と同時に生じる。ゾーン：2～9

Salix × rubens
☀ ❄ ↔8m ↕10m
*S. alba*と*S. fragilis*の自然交雑種。中央ヨーロッパに自生する。オリーブ色の小枝は、黄色または赤色を帯びる。槍形の葉は、表面は鮮やかな緑色で、裏面は薄い青緑色。長さ5cmになる円柱状の尾状花序をつける。ゾーン：6～10

Salix × sepulcralis
サリクス×セプルクラリス
☀ ❄ ↔12m ↕12m
*S. alba*と*S. babylonica*の園芸交雑種。習性と葉は*S. babylonica*に似ているが、わずかに垂れ下がりが少ない。樹皮に亀裂がある。*S. alba*に似た細い尾状花序をつける。'クリュソコマ' (syn. *S. alba* 'トリステス') 細い金色の小枝が幅広く垂れ下がる。葉は鮮やかな緑色。ゾーン：6～10

Salix sericea
英　名：SILKY WILLOW
☀ ❄ ↔1.5～3m ↕3.5m
アメリカ合衆国東部原産の低木。樹皮は灰色で、細いシュートは紫みを帯びる。槍形の葉は長さ10cmで、裏面に絹毛がある。春、葉に先んじて尾状花序が生じる。ゾーン：7～10

Salix taxifolia
☀ ❄ ↔2～3m ↕3～4.5m
北アメリカ南部とメキシコ原産の低木。幅狭の葉と枝には、わずかに柔毛がある。雄株と雌株ともに目立たない尾状花序をつける。ゾーン：8～10

Salix udensis
異　名：*Salix sachalinensis*
一般名：オノエヤナギ、カラフトヤナギ
☀ ❄ ↔3m ↕5m
日本と東ロシア原産の低木。幅狭の槍形の葉は、表面は暗緑色、裏面は青みを帯びた緑色で、やや有毛で、一部は縁に起伏がある。早春、小型の円柱状の尾状花序をつける。'石化'、枝が直立する。ゾーン：5～9

Salix viminalis
一般名：セイヨウフキヌヤナギ
英　名：COMMON OSIER、HEMP WILLOW
☀ ❄ ↔4.5m ↕2.4～6m
ヨーロッパ～北東アジアおよびヒマラヤ地方原産の低木。かご細工の材料として栽培される。長くしなやかなシュートは、幼時には灰色の毛で厚く覆われる。幅狭の葉は、表面はくすんだ緑色で、裏面には銀白色の絹毛がある。春、葉に先んじて尾状花序をつける。ゾーン：4～10

SALPICHLAENA
（サルピクラエナ属）
わずか3種の、珍しいよじ登り性のシダからなる、シシガシラ科の属。中央および南アメリカ、小アンティル諸島、西インド諸島において、主に高地の多雨林で見られる。匍匐性の根茎から生じたつる状の葉は、先端から継続的に成長し、長さ15mにまでなる。葉は2回羽状複葉で、横側の切片は間隔の広い羽状複葉のように見える。下位切片の小葉は幅広で革質、上位切片の小葉はより幅狭で、胞子をつける。裏面の茶色い筒状の胞膜（胞子を覆う器官）はすぐに落ち、不稔のように見える葉が残る。

〈栽培〉
サルピクラエナ属種が栽培された例はほとんどない。湿潤な熱帯では巨大な庭園、冷涼地帯では大型の温室で栽培し、高くよじ登る習性に合わせた支柱を用意すべきであろう。根茎での株分け、または胞子による繁殖が可能と思われる。

Salpichlaena volubilis
☀/◐ ✦ ↔1.5～3m ↕6～15m
中央および南アメリカのベリーズ～パラグアイ、および西インド諸島の東部原産。強靱なワイヤー状の茎をもつ魅力的なシダ。幅3cmの革質の葉は、幼時はつやのある赤茶色で、やがて深緑色に変わる。ゾーン：10～12

SALPIGLOSSIS
（サルメンバナ属）
2種の一年生または短命の多年生植物からなるナス科の属。南および中央アンデス地帯原産。小型の直立性植物で、互生する暗緑色の葉は、線形から楕円形で、細かい鋸歯縁をもつ。茎と葉はやや粘り気がある。印象的な色と模様をもつ、5裂したじょうご形の花が、茎の葉先端近くの腋に単生する。さまざまな大きさや色の系統がある。花の形を表わす、ギリシャ語のsalpinx（トランペット）とglossa（舌）からこの名がついた。

Salix repens

Salix reptans

*Salpiglossis sinuata*カジノ ミックス（後方）と*Salpiglossis sinuata*

Salvia argentea

Salpiglossis sinuata, Festival Strain

〈栽培〉
一年生植物として栽培する。サルメンバナ属は、夏が冷涼で湿気のある地域で最もよく育つ。肥沃で、湿性の、排水性のよい日なたに植え付け、たっぷり水を与える。温暖で、ほとんど霜害のない地域であれば冬越しも可能。普通、同じ場所に蒔種して繁殖する。

Salpiglossis sinuata
一般名：サルメンバナ、サルピグロッシス
英　名：PAINTED TONGUE
☼/☼ ❄ ↔20〜30cm ↕40〜60cm
一年生、二年生、または短命の多年生植物で、普通は一年生として扱う。幅狭の暗緑色の粘性の葉は、長さ10cmで、縁はたいてい歯状だが、切れ込んでいるものもある。じょうご形の花が集まった花序は、幅5cmで、色は黄色〜赤みを帯びた紫色で、より暗色の脈と斑紋がある。混合色の系統には次のようなものがある。**ボレロ　ハイブリッド**、高さ30cm、さまざまな花色がある。**カジノ　ミックス**、高さ30cm、さまざまな花色があり、脈と対照をなす。**Emperor Royal Series**（エンペラー　ロイヤル　シリーズ）、高さ60cm、ペチュニアに似た大型の花に、よく目立つ脈がある。**フェスティヴァル　ストレイン**、暗赤色〜栗色の花。ゾーン：8〜11

SALVIA
（サルビア属）
英　名：SAGE
一年生および多年生植物、それに軟らかい常緑低木からなるシソ科の最大属。生息地は海岸近くから高山地帯にまで及ぶ。およそ900の属種の半分以上がアメリカ原産。葉は、まっすぐに伸びた有毛の茎から対生し、つぶすと芳香を発する。花は筒状で、花弁はまっすぐ、あるいは広がった2枚の唇弁に分かれる。色調は、青〜紫、またはピンク〜赤で、白色や黄色もある。

〈栽培〉
低木状のサルビア属は広範囲の土壌で成長するが、重い湿性土壌は嫌う。大半は日なたを好む。全種とも排水のよい環境が必要。春に剪定し、霜害を受けたり、広がったり、葉がなくなったりした茎を取り除く。低木状の種は、成長期を通じて、緑枝挿しで繁殖できる。全種とも春に蒔種可能。

Salvia apiana
一般名：ホワイトセージ
英　名：BEE SAGE, CALIFORNIA WHITE SAGE
☼ ❄ ↔0.9m ↕1.2m
アメリカ合衆国カリフォルニア州南西部原産の低木。細かい毛で覆われ、銀白色に見える。葉には強い芳香がある。春、白色、または淡いラベンダー色の花が葉群の上にまばらに輪生する。ゾーン：9〜11

Salvia argentea
一般名：シルバーセージ
☼ ❄ ↔60〜100cm ↕60cm
南ヨーロッパ原産の多年生植物。長さ100cmにもなる、毛に覆われた銀白色の大きな葉が、基部にロゼット型の葉群を形成する。2年目に、長い枝付き燭台状の茎に白い花がつく。ゾーン：8〜11

Salvia aurea
サルウィア・アウレア
異　名：*Salvia Africana-lutea*
英　名：BEACH SAGE, BROWN SALVIA, GOLDEN SAGE
☼ ❄ ↔0.9m ↕0.9〜1.5m
南アフリカの沿岸地帯原産の、硬い枝がおい茂る低木。小型で芳香性のある灰色がかった緑色の葉。輪生する大型の黄色い花は、夏から秋にかけて、オレンジを帯びた茶色へと変化する。緑みを帯びた茶色の萼がよく目立つ。'カーステン　ボッシュ'、矮小型のcv.。ゾーン：9〜11

Salvia aurita
英　名：AFRICAN BLUE SAGE
☼ ❄ ↔25cm ↕25cm
アフリカ原産の、吸枝を出す多年生植物。明るい青色の花をつける。花期は長い。ゾーン：9〜11

Salvia blepharophylla
英　名：EYELASH-LEAFED SAGE
☼ ❄ ↔50〜70cm ↕20〜30cm
メキシコ原産の、ランナーで広がってマットを形成する多年生植物。つやのある卵形の葉は、極小の毛に縁取られている。初夏から晩秋にかけて、オレンジレッドの花をつける。ゾーン：9〜11

Salvia buchananii
異　名：*Salvia bacheriana* of gardens
一般名：ブキャナンセージ
英　名：BUCHANAN'S SAGE
☼ ❄ ↔30cm ↕30〜50cm
叢生する多年生植物。おそらくメキシコ原産と思われる。豊かで愛らしい、つやのある卵形の葉は、長さ18mm〜5cm。主に夏から秋にかけて、ビロード状の強烈な深紅色の花が生じる。ゾーン：10〜11

Salvia bulleyana
異　名：*Salvia flava* var. *megalantha*
☼ ❄ ↔40〜60cm ↕50〜100cm
中国原産の成長の遅いコンパクト型の植物。葉は鮮やかな緑色でしわがある。夏に咲く黄色い花は、紫みを帯びた茶色の下唇弁と、鮮やかな緑色の萼をもつ。ゾーン：9〜11

Salvia cacaliifolia
英　名：CACALIA SAGE
☼/☼ ❄ ↔30〜50cm ↕90cm
中央アメリカ原産の、吸枝を出す多年生植物。葉は鮮やかな緑色の矢じり形。ロイヤルブルーの花と緑色の萼をつける。温暖地帯では一年中開花するが、冷涼地帯では真夏から秋にかけて開花。ゾーン：10〜11

Salvia canariensis
一般名：サルビア・カナリエンシス
英　名：CANARY ISLAND SAGE
☼ ❄ ↔0.9m ↕1.2〜2m
カナリア諸島原産の低木。茎に白い毛が密生する。やわらかい矢じり形の葉は灰色みを帯びた緑色で、有毛。春〜夏にかけ

Salvia aurita

Salvia bulleyana

Salvia canariensis

Salvia coccinea

Salvia confertiflora

Salvia daghestanica

Salvia darcyi
異　名：*Salvia oresbia*
☼ ❄ ↔ 1.2m ↕ 0.9〜1.2m
メキシコ原産の、叢生する大型の多年生植物。ランナーでゆっくり広がる。夏から秋にかけて、鮮やかな赤色の花が、紫みを帯びた緑色の萼とともに、30〜60cmの穂状花序をなす。ゾーン：9〜11

Salvia discolor
一般名：アンデアンセージ
英　名：ANDEAN SILVER SAGE
☼/☽ ❄ ↔ 80〜100cm
↕ 80〜100cm
ペルー原産の多年生植物。白色のワイヤー状の茎が不規則に広がる。表面が緑色で裏面が銀色の魅力的な葉。晩夏から初秋にかけて、暗紫色〜紺色の花が、緑色の萼と銀色の苞とともに生じる。ゾーン：9〜11

Salvia darcyi

Salvia dorisiana

て、紫みを帯びた赤色の華やかな萼から、ライラックピンク色の花が生じる。'アルバ'ピンク色の萼に白い花。ゾーン：9〜11

Salvia candidissima
☼ ❄ ↔ 50〜100cm ↕ 50〜100cm
ギリシャ、トルコ、イラン北部原産の亜低木。基部に銀白色の葉を広げる。春分頃、長さ50cmの鮮やかな白い穂状花序をつける。ゾーン：8〜11

Salvia castanea
☼/☽ ❄ ↔ 60cm ↕ 90cm
ヒマラヤ地方原産の多年生植物。柄の長い、幅狭の卵形の、鋸歯縁の葉が、基部に叢生する。夏、下部が黄みを帯びた、マロンパープル色の筒状花が長さ60cmの穂状花序をなす。耐寒性。ゾーン：7〜11

Salvia chamaedryoides
異　名：*Salvia chemaedryfolia*
一般名：ジャーマンダーセージ
英　名：GERMANDER SAGE
☼ ❄ ↔ 30〜50cm ↕ 30〜60cm
メキシコ原産の、吸枝を出す、常緑の多年生植物。葉は小型で銀白色。春から秋にかけて、花喉に白い斑点のある空色の花をつける。ゾーン：8〜11

Salvia chiapensis
英　名：CHIAPAS SAGE
☼/☽ ❄ ↔ 40〜60cm ↕ 40〜60cm
メキシコ原産の多年生植物。つやのあるオリーブグリーンの葉は長さ8cmになる。鮮やかなチェリーピンクの花と、ビ

ロード状の緑色の萼をつける。温暖地域では花期が長い。ゾーン：9〜11

Salvia clevelandii
一般名：クレベランドセージ、ジムセージ
英　名：CALIFORNIA BLUE SAGE、CLEVELAND SAGE
☼ ❄ ↔ 38〜65cm ↕ 60〜120cm
カリフォルニアの乾燥低木林（チャパラル）原産の低木。芳香のある、槍形〜卵形の灰緑色の葉は、鋸歯縁で、表面にしわが寄っている。夏、直立性の穂状花序に、芳香性のラベンダーブルーの花が輪生するが、まれに白色の花もある。'ウィニフレッド　ギルマン'★、コンパクト型で乾燥に強い。非常に暗色の花をつける。ゾーン：8〜10

Salvia coccinea
異　名：*Salvia coccinea* var. *pseudococcinea*
一般名：ベニバナサルビア
英　名：TEXAS SAGE、TROPICAL SAGE
☼ ❄ ↔ 50〜80cm ↕ 100cm

南アメリカ熱帯原産の、一年生または短命の低木。温暖地域では多年生となることもあるが、そのほかの地域では一年生として扱う。葉はほぼ三角形で、有毛、波形縁。花は普通スカーレット色だが、赤、ピンク、白もある。'レディ イン レッド'、やや小型で、赤い花をつける。ゾーン：9〜12

Salvia confertiflora
☼/☽ ❄ ↔ 60〜100cm ↕ 100cm
ブラジル原産の、木質基部をもつ多年生植物。鋸歯縁の、先のとがった卵形の葉は、長さ20cmになる。とくに裏面は、黄褐色〜赤茶色の毛で覆われており、つぶすと悪臭を発する。夏、長さ30cmになる花序に、15個以下の赤い有毛の花が生じる。ゾーン：9〜10

Salvia daghestanica
英　名：DWARF SILVER-LEAF SAGE
☼ ❄ ↔ 20〜30cm ↕ 30〜45cm
南ロシア原産の、銀色の葉をもつ多年生植物。夏にバイオレット色〜ラベンダー色の花をつける。ゾーン：5〜8

Salvia chiapensis

Salvia dorisiana
一般名：フルーツセージ
英　名：FRUIT-SCENTED SAGE、PEACH SAGE
☼ ❄ ↔ 90cm ↕ 90〜120cm
ホンジュラス原産で、有毛の枝が生い茂る。長いビロード状の葉。冬、鮮やかなピンク色の筒状花が、長さ5cmのまばらな穂状花序をなす。花と葉に芳香がある。花はハチドリを惹きつける。ゾーン：10〜12

Salvia castanea

Salvia clevelandii

Salvia candidissima

Salvia elegans

一般名：パイナップルセージ
英　名：PINEAPPLE SAGE
☼ ❄ ↔0.9m ↑1.8m

中央メキシコとグァテマラの高山地帯原産の低木。つぶした葉は、独特のパイナップルの香りを発する。寒冷地帯では丈がやや低くなる。葉は柔らかく、鋸歯縁で、綿毛に覆われる。春から秋にかけて、幅狭のスカーレットレッドの花が、間隔をおいて輪生する。ハチドリを惹きつける。'**スカーレット　パイナップル**'（syn. *S. rutilans*）、より強いパイナップルの香りと、より大型の花。ゾーン：8～11

Salvia farinacea

一般名：ブルーサルビア、ケショウサルビア
英　名：MEALY SAGE
☼ ❄ ↔60cm ↑90～120cm

アメリカ合衆国テキサス州およびニューメキシコ州原産の、人気のある多年生植物。しばしば一年生として扱われる。卵形の葉は緑色でつやがある。茎頂に生じる花は、青、紫、白で、粉状の物質を帯びる。'**ストラータ**'、やや丈が短い。花は青く、茎と萼は白く粉をふいている。'**ヴィクトリア**'、青い花に、青い茎と萼。'**ヴィクトリア　ブルー**'、丈がやや短く、花はより大きく、より濃い青。ゾーン：9～11

Salvia forskaohlii

異　名：*Salvia forsskaohlii*
☼/☼ ❄ ↔50cm ↑90cm

バルカン諸国原産の、耐寒性の多年生植物。厚く剛毛のある葉が基部に生い茂る。真夏、高い茎につく花は、ブルーモーブ色で、下の唇弁に白い縞が入る。ゾーン：7～11

Salvia fruticosa

一般名：グリークセージ
英　名：GREEK SAGE, TRILOBA SAGE
☼ ❄ ↔60cm ↑90cm

地中海東部沿岸地帯原産の、茎が分枝する常緑低木。きめの粗い灰緑色の葉。ピンクまたはモーブ色の2枚の唇弁からなる小形の花が茎頂で穂状花序をなす。昆虫に刺されると、さくらんぼ大のこぶを発達させる場合がある。ゾーン：8～10

Salvia fulgens

一般名：カージナルセージ
英　名：CARDINAL SAGE
☼ ❄ ↔75cm ↑120cm

メキシコ原産の亜低木。温暖地域では茎が木質となり低木状になる。卵形～ポプラ形の葉は、基部がくぼみ、鋸歯縁で、裏面は綿毛に覆われる。夏、2～6個の鮮やかな赤い花が穂状花序をなす。

Salvia gesneriiflora

サルウィア・ゲスネリイフロラ
☼ ❄ ↔25cm ↑65cm

メキシコからコロンビアにかけて見られる低木または亜低木。いくぶんしわのある、卵形、有毛、鋸歯縁の葉が、密生して盛り上がる。コルムネア属に似た、長さ5cmのオレンジレッドの花をつける。夏から秋にかけて、長さ20cmになる穂状花序が長い間見られる。'**テキーラ**'、大低木で、スカーレット色の花と、黒い萼をつける。ゾーン：9～11

Salvia glutinosa

一般名：ジュピターズ ディスタフ、イエローサルビア
英　名：JUPITER'S DISTAFF
☼ ❄ ↔50cm ↑100cm

ヨーロッパおよび西アジア原産の、小型の落葉低木。槍形の有毛の葉は長さ12cmになる。初夏、緑色の萼とともに見られる粘性の花は、薄い黄色で、上の唇弁に栗色の斑がある。ゾーン：6～10

Salvia farinacea（紫花）

Salvia farinacea 'Strata'

Salvia farinacea 'Victoria Blue'

Salvia farinacea 'Victoria'

Salvia greggii

一般名：チェリーセージ、アキノベニバナサルビア
英　名：AUTUMN SAGE
☼ ❄ ↔30～90cm ↑30～90cm

アメリカ合衆国テキサス州およびメキシコ原産の多様な植物。近縁の*S. microphylla*と自由に交雑可能。小型の革質の葉は普通全縁。夏から晩秋にかけて見られる花は、普通赤色だが、ピンク、紫、白系もある。'**アルバ**'、'**アイスドレモン**'、'**ピーチ**'、'**ラズベリー　ロワイヤル**'などのcv.には、色を反映した名前がつけられている。ゾーン：9～11

Salvia guaranitica ★

別　名：*Salvia ambigens*, *S. concolor*
一般名：メドーセージ
英　名：ANISE SCENTED SAGE
☼ ❄ ↔40～70cm ↑1.2～1.5m

南アメリカの多年生植物で、すばやく吸枝を伸ばして大きく叢生する。初夏から秋にかけて、青色の花と緑色の萼が長さ25cmの穂状花序をなす。'**ブラック アンド ブルー**'、やや丈の短い、広がりの少ない種で、青い花と、黒色に近い萼をつける。'**ブルー　エニグマ**'、丈の短い、花期の早い種。深い青色の花と緑色の萼。'**コスタリカ ブルー**'、丈高のcv.で、バイオレットブルーの花と、黄緑色の萼。ゾーン：8～11

Salvia hians

☼ ❄ ↔60cm ↑60～100cm

カシミールとパキスタン原産の多年生植物。基部の緑色の葉は長さ25cmになる。夏、枝分かれした高い茎に、落ち着いたバイオレット色の膨れた花が、茶色

Salvia elegans

Salvia gesneriiflora

Salvia greggii

Salvia fruticosa

Salvia greggii 'Iced Lemon'

Salvia involucrata

Salvia involucrata 'Bethellii'

Salvia × jamensis、ピンク品種

がかった赤色の萼とともに輪生する。
ゾーン：7〜11

Salvia indica
☀ ⟷60cm ↕60〜90cm
中東原産の多年生植物。波状縁の灰色の葉が基部で小山を形成する。春、下唇弁に白い斑のある紫色の花が、丈高の穂状花序をなす。暑い季節には枯死する場合もある。ゾーン：9〜11

Salvia involucrata
一般名：ローズリーフセージ
英　名：ROSELEAF SAGE
☀/◐ ⟷1.5m ↕1.5m
メキシコ原産の多年生植物。基部が木質になっているものもある。紫がかった緑色の葉。夏から秋にかけて、ビートの根のような赤い花と萼が生じる。'ベセリー'、よりコンパクトな品種で、時おり吸枝がみられる。大きな心臓形の葉と、シュガーピンクの花。ゾーン：9〜11

Salvia × jamensis
一般名：チェリーセージ
☀ ⟷70〜100cm ↕70〜100cm
低木状の交雑種。Salvia microphyllaとSalvia greggiiの雑種だが、この3種は非常によく似ており、日本ではどれもチェリーセージと呼ばれている。概して、つやのある緑色の卵形の葉をもつ。夏から秋に見られる花は、赤、ピンク、オレンジ、アプリコット、黄色など、さまざまな単色のほか、2色の品種もある。'シネガ デュオロ'、薄い黄色の花。ゾーン：9〜11

Salvia karwinskii
英　名：KARWINSKI'S SAGE
☀ ⟷1.2cm ↕2.4cm
中央アメリカ原産の大きな低木状の種。大きなフェルト状の葉をもつ。冬、赤みを帯びたピンク色の花からなる大きな華やかな花序を豊富につける。霜で枯れるが、復活する。ゾーン：10〜11

Salvia indica

Salvia lavandulifolia
異　名：Salvia hispanica
一般名：スパニッシュセージ
英　名：SPANISH SAGE
☀ ❄ ⟷45cm ↕45cm
スペインおよび南フランス原産。基部に木質を形成する。幅狭の灰色がかった白い葉は、ローズマリーに似た芳香がある。初夏、小型の薄いラベンダーブルーの花からなる、まばらな短い穂状花序をつける。ゾーン：6〜10

Salvia leucantha
一般名：メキシカンブッシュセージ、アメジストセージ
英　名：MEXICAN BUSH SAGE、VELVET SAGE
☀ ⟷0.9cm ↕0.9cm
メキシコおよび熱帯アメリカ原産の横広がりの低木。茎は軟毛を帯びる。葉は幅狭で柔らかく、しわがあり、色はくすんだ緑で、裏面は厚いフェルト状。晩夏、紫色の華やかなビロード状の萼と、白または紫の花が、穂状花序をなす。'ミッドナイト'（syn. 'パープル ベルベット'）、はっとするような紫色の花と萼をつける。

Salvia leucantha

Salvia leucophylla

Salvia karwinskii

Salvia lavandulifolia

Salvia mexicana 'Limelight'

Salvia × jamensis、黄色品種

ゾーン：9〜11

Salvia leucophylla
セルウィア・レウコフィラ
英　名：CHAPARRAL SAGE、GRAY SAGE、PURPLE SAGE
☀ ❄ ⟷0.9m ↕1.5m
アメリカ合衆国カリフォルニア州の、暑く乾燥した、石の多い丘陵斜面に自生する、枝の多い低木。魅力的な、白みを帯びた灰色の、有毛の葉をもつ。秋、ピンクみを帯びた紫色の花が、ピンクみを帯びた茎に輪生する。'フィゲロ'、より小型で、乾燥に強い。銀色を帯びた葉。'ポイント サル スプリーダー'★、平伏型で、葉はより灰色。ゾーン：8〜11

Salvia mexicana
一般名：メキシカンセージ
英　名：MEXICAN SAGE
☀ ⟷2m ↕3m
メキシコ原産の強健な種。なめらか〜やや有毛の葉は、ほぼ心臓形で、真緑〜灰色がかった緑色。秋、葉群のかなり上に、大きな緑色の萼と濃い紫色の花からなる穂状花序がつく。'ブラック セパルズ'、深い緑色の葉に、暗色の茎と萼。'ライムライト'、明るい薄黄緑色の茎と萼。ゾーン：9〜11

Salvia nemorosa

Salvia nemorosa 'Ostfriesland'

Salvia nemorosa cv.

Salvia nemorosa 'Lubecca'

Salvia munzii

Salvia officinalis

Salvia officinalis 'Minor'

Salvia microphylla
一般名：チェリーセージ
英　名：LITTLE-LEAFED SAGE
☀ ❄ ↔0.9m ↕1.2m
原産地であるアメリカ合衆国南部とメキシコに広く分布する多様な種。うっすらと毛を帯びた葉は、鋸歯縁で、つぶすとブラックカラント（クロフサスグリ）に似た香りを発する。夏から秋にかけて咲く花は、ピンク、赤、濃い紫などさまざまな色

調がある。*S. m.* var. *microphylla*、深紅色の花を大量につける。'**ラ　フォー**'、低木状。つやのある緑色の、卵形の葉をつける。花は強烈なピンク色〜赤色で、茎と萼は紫。*S. m.* '**コーラル**'、濃いサーモンピンクの花。'**ハンティング　レッド**'、鮮やかなスカーレット色の花。'**キュー　レッド**'、濃い赤色の花。'**ラ　トリニダード　ピンク**'、コンパクト型、鮮やかなピンク〜深紅の花。'**ニュービィ　ホール**'、鮮やか

Salvia microphylla

Salvia microphylla 'Pink Blush'

な濃いスカーレット色の花。'**ピンク　ブラッシュ**'、マゼンタピンクの花。'**サン　カルロス　フェスティヴァル**'、深紅の花が連続的に咲く。ゾーン：8〜11

Salvia munzii
英　名：MUNZ'S SAGE、SAN MIGUEL SAGE
☀ ❄ ↔0.9〜1.5m ↕0.9〜2m
アメリカ合衆国カリフォルニア州原産の低木状の多年生植物。葉は芳香性。春、ラベンダーブルーの花と緑色の萼が穂状花序をなす。寒さと乾燥に耐える。ゾーン：8〜11

Salvia nemorosa
一般名：サルビア・ネモロサ
英　名：BALKAN CLARY、STEPPE SAGE
☀ ❄ ↔30〜60cm ↕60〜90cm
ヨーロッパ〜中央アジア原産の多年生植物。卵形〜長楕円形の、しわのある、緑色の単葉をもつ。夏から秋にかけて穂状花序をなす花はモーブ〜紫色で、白〜ピンクもある。'**ブルー　ヒルズ**'、丈高の、直立性の鮮やかな青い花。'**ルベッカ**'（syn. *S.* × *superba*）、矮小型のcv.。灰

緑色の葉で、春、モーブ色の花と鮮やかなバーガンディ色の苞が丈高の穂状花序をなす。'**オストフリーズランド**'（syn. 'イースト　フリーズランド'）、晩春に生じる鮮やかなバイオレットブルーの花は、'ルベッカ'よりもやや丈高。ゾーン：5〜10

Salvia officinalis ★
一般名：コモンセージ、ヤクヨウサルビア
英　名：COMMON SAGE、GARDEN SAGE
☀ ❄ ↔90cm ↕75cm
スペイン、バルカン諸国、および北アフリカ原産の多年生植物。南ヨーロッパに帰化した。茎は白く有毛で、灰色がかった緑色の長楕円形の葉は、芳香性で、表面はしわが寄り、裏面は白い毛を帯びている。夏、白〜ピンク色、および紫の花が生じる。何世紀もの間、医療や料理に利用されてきた。'**ベルクガルテン**'★、円形の葉で、花

| *Salvia microphylla* 'Coral' | *S. microphylla* 'Huntington Red' |

| *S. m.* var. *microphylla* 'La Foux' | *S. microphylla* 'La Trinidad Pink' |

Salvia microphylla 'Newby Hall'

Salvia officinalis 'Tricolor'

Salvia regla

Salvia sclarea
一般名：クラリーセージ、オニサルビア
英　名：CLARY SAGE、CLEAR EYE
☼ ❅ ↔90cm ↕90〜120cm
南ヨーロッパ原産の多年生または二年生植物。しわのある心臓形の葉は、長さ22〜30cmになる。初夏、よく目立つローズピンクまたはモーブ色の苞から、白〜ライラック色、または薄い青色の花が、蜀台状に生じる。花期が長く、強いムスク系の芳香がある。'**トルケスタニカ**' ★、より大型の、青またはピンクがかった白い花と、緑みを帯びたバイオレット色の苞をもつ。ゾーン：4〜9

Salvia sonomensis
サルウィア・ソノメンシス
英　名：CREEPING SAGE、SONOMA SAGE
☼ ❅ ↔0.5〜2m ↕30cm

アメリカ合衆国カリフォルニア州原産の、マットを形成する多年生植物。葉の色や形はさまざまで、細長いものから短く丸いものまであり、色も、緑色、黄緑色、灰色を帯びた緑色まである。短い柄につく花も、ラベンダー系のさまざまな色がある。'**ダラズ　チョイス**'、やや丈高で、より盛り上がる。バイオレット色の花と、青緑色の萼が、長めの穂状花序をなす。ゾーン：8〜11

Salvia przewalskii

☼ ❅ ↔30cm ↕90cm
ヨーロッパ全域の草地で見られる多年生植物。縁の不均一な、しわのある濃い緑色の葉が基部に叢生する。春に、スミレ色の花（青、ピンク、白の品種もある）、茶色の萼、緑色の苞をつける。**Haematodes Group**（ハエマトデス　グループ）(syn. *S. Haematodes*)、夏、赤みを帯びた茶色の茎に、薄いライラックブルーの花が、直立した大型の穂状花序をなす。'**Indigo**' '**インディゴ**'、すばらしいインディゴブルーの花が初夏に生じる。ゾーン：4〜10

Salvia przewalskii
☼ ❅ ↔30〜60cm ↕30〜60cm
中国産の種で、黄緑色の葉が基部に叢生する。一部の葉は長さ30cmにもなる。夏、多数に分枝した茎に、赤紫の花と、赤みを帯びた茶色の萼が生じる。ゾーン：8〜11

数は少ない。'**エクストラクタ**'、葉油を豊富に産出。'**イクテリナ**'、淡い黄色の縁取りのある、魅力的な斑入りの葉。'**ミノル**'、くすんだ緑色の葉と、小さなバイオレットパープルの花。'**プルプラセンス**'、赤みを帯びた紫色の葉。'**プルプラセンス　ワリエガタ**'、紫色の葉に、白〜クリーム色の斑が入る。'**プルプレア**'、モーブ色の花、紫色の葉。'**トリコロル**'、くすんだ緑色の葉に、黄色とサーモンピンクの縁取り。ゾーン：5〜10

Salvia pachyphylla
英　名：BLUE SAGE、MOUNTAIN DESERT SAGE、ROSE SAGE
☼ ❅ ↔100cm ↕100cm
アメリカ合衆国カリフォルニア州原産の小型の常緑低木。芳香性の灰色の葉。夏、少々青を帯びたピンク色の大きな花が、ラベンダー色の苞とともに、密な房をなす。ゾーン：5〜11

Salvia patens
一般名：ゲンティアンセージ、ソライロサルビア
英　名：GENTIAN SAGE
☼ ❅ ↔30〜60cm ↕30〜60cm
メキシコ原産の多年生植物。冬は枯れて塊茎に戻る。緑色の卵形の葉は長さ20cmになる。夏から秋にかけて、薄い青紫色の花と緑色の萼からなる、長さ30cmの穂状花序が、対で生じる。'**ケンブリッジ　ブルー**'、空色の花。ゾーン：9〜11

Salvia pratensis
サルウィア・プラテンシス
英　名：MEDOW CLARY、MEADOW SAGE

Salvia regla
サルウィア・レグラ
英　名：MOUNTAIN SAGE
☼ ❅ ↔0.9m ↕1.2m
アメリカ合衆国テキサス州とメキシコで見られる低木。直立し木質化する習性で、上部の茎は暗い赤茶色。葉は三角形に近く、波状縁。秋、鮮やかなスカーレットレッドの大きな花がつく。'**ロイヤル**'、オレンジ色の筒状花。'**ハンティントン**'、オレンジレッドの花。暑く乾燥した気候に耐える。ゾーン：9〜10

Salvia roemeriana
英　名：CEDAR SAGE
☼/☾ ❅ ↔30cm ↕30cm
アメリカ合衆国アリゾナ州とテキサス州原産の小型の多年生植物。ゼラニウムに似た、円形の緑色の葉をもつ。夏、鮮やかな赤い花が、長さ20cmの穂状花序をなす。ゾーン：8〜11

Salvia pratensis

Salvia sclarea

Salvia patens

Salvia roemeriana

Salvia sonomensis 'Dara's Choice'

Salvia pachyphylla

Salvia splendens

Salvia transsilvanica

Salvia spathacea

Salvia stenophylla

Salvia spathacea
サルウィア・スパタケア

英　名：CRIMSON SAGE、
HUMMINGBIRD SAGE、PITCHER SAGE
☼/☽ ❄ ↔30〜90cm ↕30〜90cm
アメリカ合衆国カリフォルニア州原産の、吸枝を出す多年生植物。大きなマットを形成する。大きな槍形の葉。早春から夏にかけて、高い茎の先に、深いピンク色の花と、よく目立つ、赤みを帯びた黒色の萼と苞が生じる。'パワーライン ピンク'、より大型で、花茎も高い。ピンク色の花。ゾーン：8〜11

Salvia splendens
一般名：サルビア

英　名：SCARLET SAGE
☼ ✤ ↔20〜80cm ↕20〜120cm
多様な多年生植物だが、しばしば一年草として扱われる。多数の枝を出す。葉は卵形で緑色、鋸葉縁。花色は普通赤だが、さまざまな色の栽培品種がある。'エンパイア パープル'、赤みを帯びた深紫色の花。'レッド リッチス'(syn.'リコ')、開花の早い、鮮やかな赤色の花と、暗緑色の葉。'スカーレット キング'、昔から栽培されている品種。大型の穂状花序に、スカーレット色の花が密生する。暗緑色の葉。**Sizzler Series**（シズラー　シリーズ）、コンパクトな葉。花色はバーガンディ、ラベンダー、ピンク、赤、サーモン、白、2色など。開花が早く、花期が長い。'ヴァンガード'、コンパクト型。開花が早い。暗い葉色に赤い花。'ヴィスタ　サーモン'、コンパクト型で枝数が多い。葉は暗緑色。花弁の内側がピンク色の、サーモン色の花が、密な穂状花序をなす。ゾーン：9〜11

Salvia stenophylla
☼ ✤ ↔90cm ↕60cm
南アフリカ産の多年生植物。小さな槍形の葉と、鮮やかな緑色の茎。夏に小さなモーブブルーの花をつける。ゾーン：10〜11

Salvia × superba
☼ ❄ ↔30〜60cm ↕30〜75cm
*S. ×sylvestris*と*S. villicaulis*をかけ合わせた、ヨーロッパ産の多年生耐寒性交雑種。多くの栽培品種がある。夏、さまざまな色の直立性の穂状花序をつける。ゾーン：5〜10

Salvia × sylvestris
サルウィア・シルウェトリス

☼ ❄ ↔50〜100cm ↕50〜100cm
非常に耐寒性が強く、広域に分布するヨーロッパの多年生植物。小型、幅狭の緑色の葉は、柄があり、波形縁。花は普通、紫色。'ブラオフューゲル'(syn.'ブルー　ヒルズ'、'ブルー　マウント')、丈が38cmと低く、深い青色の穂状花がつく。'マイナハト'(syn.'メイ　ナイト')、黒に近いバイオレット色の花が早春に咲く。'テンツェリン'、直立性の、深いバイオレット色の穂状花序は、長さ80cmにもなる。ゾーン：5〜10

Salvia thymoides
☼ ✤ ↔25cm ↕25cm
メキシコ産の多年生植物。小さな灰白色の、タイムに似た葉。真夏から秋、初冬にかけて小さなバイオレットブルーの花がつく。ゾーン：9〜11

Salvia transsilvanica
☼/☽ ❄ ↔100cm ↕40〜60cm
ロシアおよびルーマニア原産の、葉の多い多年生植物。多数の茎をまばらにつける。波形縁の緑色の葉は、基部では大きく、茎を上るに従って小さくなる。初夏から秋にかけて、深いバイオレットブルーの花が咲く。ゾーン：6〜9

Salvia × sylvestris 'Mainacht'

Salvia × sylvestris 'Blauhügel'

Salvia thymoides

Salvia splendens 'Empire Purple'

Salvia splendens 'Vista Salmon'

Salvia × superba

Salvia uliginosa

一般名：ボッグセージ
英　名：BOG SAGE
↔0.9m ↕0.9～1.8m

ブラジル、ウルグアイ、アルゼンチン産の多年生植物。地下のランナーで広がって叢生する。垂直の茎に、黄みを帯びた緑色の槍形の葉がつく。晩夏から秋にかけて、小さなスカイブルーと白の花が輪生する。湿性土壌が必要。
ゾーン：9～11

Salvia verticillata

一般名：ライラックセージ
英　名：LILAC SAGE
↔80cm ↕100cm

ヨーロッパや西アジアに広く分布する多年生植物。北アメリカに帰化した。薄い緑色の有毛の葉が叢生する。夏、枝分かれした花序に、ラベンダーバイオレット色の花が、緑色の萼とともに輪生する。'アルバ'、白い花と薄い黄緑色の萼。'パープル レイン'、原種よりもわずかに小型。くすんだ紫色の花に紫色の萼。
ゾーン：6～10

Salvia uliginosa

Salvia verticillata 'Purple Rain'

Salvia viridis 'Tricolor Mixed'

Salvia viridis

異　名：*Salvia horminum*
一般名：ペインテッドセージ
英　名：ANNUAL SAGE, PAINTED SAGE, PURPLE-TOP
↔30cm ↕30～60cm

地中海沿岸地帯からウクライナのクリミア半島にかけて見られる、細い一年生植物。葉腋に小さな花が生じる。花弁に似た上の苞は、紫、ピンク、白で、より暗色の脈がある。密生させて栽培すると最も効果的。'トリカラー ミックス'、青、ピンク、クリーム色の苞をもつ改良品種。ゾーン：8～10

Salvia wagneriana

異　名：*Salvia albopileata*, *S. tonduzii*
英　名：WAGNER SAGE
↔1.2m ↕0.9～3cm

中央アメリカ産の低木状の多年生植物。黄みを帯びた緑色の葉。秋から冬にかけて、赤～ピンク、薄いピンクの花が、有色の苞や萼とともに生じる。
ゾーン：10～11

Salvia Hybrid Cultivars

一般名：サルビア交雑品種
↔40～120cm ↕50～150cm

*Salvia*の交雑種は、有名な雑種から偶然生じた実生まで、広範囲に及ぶ種から開発され、多様なグループとして扱われている。主として花を目的に栽培されるが、珍しい魅力的な葉をもつcv.も多い。大半が多年生だが、とくに寒冷地帯ではしばしば一年生として扱われる。'コスタリカ ブルー'、強烈な緑色の心臓形の葉と、鮮やかな青色の花。'ホット リップス'、白、赤、白／赤の花が同じ株に生じる。'インディゴ スパイア'★、深いバイオレット色の花に、白い直線の入った下唇弁が重なる。暗紫色の萼。'マラスキーノ'、不規則に広がる株にチェリーレッドの花がつく。花期が長い。'フィリス ファンシー'、青みを帯びた白い花と紫色の萼。花期が長い。'プラム'、鮮やかな深紅の花と、赤みを帯びた紫色の萼。'パープル マジェスティ'、濃い暗紫色の花と萼が、長さ25cmの穂状花序をなす。ゾーン：6～10

Salvia wagneriana

Salvia, Hybrid Cultivar, 'Hot Lips'

Salvia, Hybrid Cultivar, 'Plum'

SAMBUCUS

（ニワトコ属）
英　名：ELDER, ELDERBERRY

世界中の温帯原産のスイカズラ科の属で、およそ25種の多年生植物、低木、小高木からなり、大半が落葉性。装飾用の種もあるが、侵略種の雑草もある。花、果実ともに、ワインやジャムの材料に利用される。葉は薬用される場合もある。羽状複葉をもち、白からクリームイエローの小さな花が集まって散型状の花序をなす。花後に生じる液果は成熟が早く、普通赤色～黒色になる。

〈栽培〉
栽培はいたって容易。*S. nigra*のように、容易に繁茂しすぎる種もあるので、庭へ導入する際はくれぐれも慎重に。夏の間比較的湿っていさえすれば、あまり土壌を選ばないし、冬に短期間水浸しになっても耐える。大半の種は非常に耐寒性が強く、霜で地上部が枯れたとしても再びシュートを出す。必要に応じて剪定すること。種子または挿し木で繁殖。

Sambucus canadensis

Sambucus canadensis 'Goldfinch'

Sambucus canadensis
一般名：アメリカニワトコ
英　名：AMERICAN ELDER, AMERICAN ELDERBERRY, SWEET ELDER
☼ ❄ ↔3.5m ↕2.4～3.5m
北アメリカ東部原産の落葉性の低木。吸枝を出すこともある。葉は普通、裏面がなめらかもしくは軟毛を帯びた、鋸歯縁の7枚の小葉からなる。夏にクリーム色の花が咲き、黒っぽい紫色の小さな液果をつける。'ゴールドフィンチ'、黄緑色の葉。小葉は縁に切れ込みがある。幼葉は赤みを帯びている。ゾーン：3～9

Sambucus ebulus
一般名：ドワーフエルダー
英　名：DEAN'S ELDER, DEANWORT, DWARF ELDER
☼ ❄ ↔0.9～2m ↕1.5～2m
南ヨーロッパから北アフリカ、イラン原産の、吸枝を出す強健な多年生植物。葉は、長さ15cm以下の9枚以下の小葉に分裂する。小さな花が幅10cmの平らな花序をなし、続いて黒い液果が夏に生じる。ゾーン：5～10

Sambucus nigra
一般名：セイヨウニワトコ
英　名：BLACK ELDER, EUROPEAN ELDER
☼ ❄ ↔3～6m ↕2.4～9m
ヨーロッパ、北アフリカ、西アジア原産の、落葉性の低木あるいは小高木。自家播種し、自由に吸枝を伸ばす。多くの地域で雑草として扱われるが、花と果実を食用する目的で栽培されることもある。葉は、鋸歯縁の、暗緑色の3～9枚の小葉からなる。春から初夏にかけて、芳香のある白い花が大きな花序をなす。黒みを帯びた紫色の液果。'アウレア'、金黄色の葉。'アウレオマルギナタ'、淡い斑入りの葉。ピンク色の茎に液果がつく。'ギンショ パープル'、深緑色の葉が非常に暗い紫色に変わる。'ラキニアタ'、深い全裂の葉。'マルギナタ'、金色～クリーム色の縁取りの葉。'ナナ'、やや円形の型。'プルウェレンタ'、クリーム色と緑色の斑入り葉と、ムスクの香りの花。'ウィリディス'、淡緑色の花と果実。ゾーン：5～10

Sambucus racemosa
一般名：セイヨウアカミニワトコ
英　名：EUROPEAN RED ELDER, RED ELDERBERRY

Sanchezia speciosa

☼ ❄ ↔3.5m ↕3.5m
ユーラシア大陸の温帯全域、イギリスから日本にかけて見られる落葉性の低木。葉は、粗い鋸歯縁の5枚の小葉からなる。春から初夏にかけて、淡緑色からクリーム色の花が円錐花序をなし、続いて小さな赤い液果が房をなす。'プルモサ アウレア'、全裂した黄色の葉。'サザーランド ゴールド'、深く全裂した金色の葉が、春に銅色に変わる（半日陰が最適だが、日陰でも栽培可能）。'テヌイフォリア'、矮小型。深裂した葉は、出現時は紫色。ゾーン：4～9

SANCHEZIA
（サンケジア属）
初期のスペインの植物学教授であったJosef Sanchezの名前にちなんだキツネノマゴ科の属で、熱帯アメリカ原産のおよそ20種の軟枝の低木、よじ登り植物、多年生植物からなる。栽培目的は、対生する魅力的な葉と華やかな筒形の花で、それぞれの花は5裂し、多くはよく目立つカラフルな苞をもつ。果実は長楕円形のさく果で、6～8個の種子を含む。
〈栽培〉
霜に弱い、温暖地帯の植物で、肥沃な土壌と定期的な灌水が必要。よく日の当たる、または明るいフィルターライトのもと、風の当たらない位置で、水はけのよい土壌で栽培する。鉢植えの場合、成長期間中はたっぷり水をやり、それ以外の期間は適度な湿り気を保つ。成長する先端を切って、密に茂らせながら樹形を整える。春か夏に挿し木で繁殖する。

Sanchezia speciosa
異　名：*Sanchezia nobilis*
☼ ✦ ↔1.5m ↕1.5m
南アメリカ産の、藪状の常緑低木。長楕円形～卵形の大きな革質の暗緑色の葉に、よく目立つ黄色または白の脈がある。夏、穂の先に鮮やかな赤い苞をもつ黄色の筒形の花がつく。ゾーン：10～12

SANDERSONIA
（サンデルソニア属）
ただ1種の、塊茎を生じる多年生よじ登り植物からなる、イヌサフラン科の属。現在、原産地である南アフリカのクワズル・ナタール州でも野生ではめったに見られなくなったが、園芸用や切花用として広く栽培されている。この名前は、ナタール園芸協会の名誉幹事であったJohn Sanderson（1820～91）にちなんでつけられた。同様に奇妙で珍しい*Gloriosa rothschildiana*といくつかの類似点を備えている。
〈栽培〉
排水のよい混合土に、よく熟した腐植質を加え、日なたで栽培する。やせた土壌にも耐えるどころか、かえって望ましい。たっぷり水をやり、成長期には10日毎に薄い液体肥料を与える。茎がよじ登るための支柱を用意する。秋にオフセットで繁殖するか、晩冬、熟した種子を砂の多い混合土に蒔く。

Sambucus nigra

Sambucus nigra 'Laciniata'

Sandersonia aurantiaca

Sandersonia aurantiaca ★
異　名：*Sandersonia koetjape*
一般名：サンデルソニア
英　名：CHINESE LANTERN LILY, CHRISTMAS BELLS
☀ ◐ ↔20cm ↑100cm

落葉性の、塊茎をもつ多年生のよじ登り植物。落ち着いた緑色の葉が茎にそって互生する。茎の先端はしばしば巻きひげとなり、よじ登る植物を支える。夏、輝くようなゴールデンオレンジのちょうちん形の花が、反りかえった柄に下垂する。
ゾーン：9～11

SANGUINARIA
（サングイナリア属）
英　名：BLOODROOT, RED PUCCOON

北アメリカ東部でしか見られない、森林で成長する無毛の多年生植物1種のみからなる、ケシ科の属。枝分かれする根茎には、普通、掌状に銳裂した葉が1枚つく。早い時期に小さな白い星形の花が生じ、丸いホタテガイのかたちに広がる。果実であるさく果は、中心から基部と先端の両側にかけて開く。多数の種子は、汁気のある仮種皮をもち、これに惹きつけられたアリが種子を散布する。短命の植物で、真夏には枯死するため、位置を確認しておくこと。やがて広がって森林の美しいグランドカバーとなる。この植物はアルカロイドを含んでいるため、催吐剤として薬用されている。

〈栽培〉
半日陰または日陰で、湿性の肥沃な土壌で栽培し、常にたっぷり水を与える。湿性の日陰であれば、ほうっておいても広がる。熟した種子を蒔くか、休眠期に根茎を分けて繁殖する。

Sanguinaria canadensis
一般名：アカネグサ
英　名：BLOODROOT, PUCCOON
☀/◐ ✻ ↔10cm ↑20cm

北アメリカ産の多年生森林植物。大きな緑色の葉に深い凹みがある。春、白またはピンクを帯びた花が、柄に1つずつ生じる。短命で、真夏から晩夏に枯死する。'フロレ プレノ'、'マルティプレックス'（syn.'プレナ'）、ともによく目立つ八重咲きの白い花をもつ。
ゾーン：2～8

SANGUISORBA
（ワレモコウ属）
異　名：*Poterium*
英　名：BURNET

ユーラシア大陸、北アメリカ、カナリア諸島の温帯に見られる、およそ10種の低木および根茎性多年生植物からなるバラ科の属。らせん状に配置された葉はそれぞれ、鋸歯縁の、多数の小葉に分裂し、性質はシダに似る。花は小さく、単性または両性で、色は緑、白またはピンク色。無柄の花が茎の先端に密生するさまは、ボトルブラシに似ている。花弁状の4枚の裂片は萼の筒で、花弁はない。4本、まれには12本の雄ずいと、1つの心皮がある。果実は革質の痩果。花穗と魅力的な葉群を目的に栽培される。根茎には収斂性があり、血止めに利用される。サラダバーネットと呼ばれる*S. minor*など、一部の種は食用される。

〈栽培〉
大半のワレモコウ属は湿性の草地の植物であるため、湿性の肥沃な土壌で栽培し、夏に乾燥させないようにする。春、株分けで繁殖するか、秋か春に種子を蒔いてもよい。

Sanguisorba canadensis
英　名：CANADIAN BURNET, GREAT BURNET
☀ ✻ ↔60～90cm ↑120～150cm

カナダのニューファンドランド島から、アメリカ合衆国ミシガン州～ジョージア州原産の、叢生する多年生植物。鮮やかな緑色の複葉は、縁に小さな凹みが規則的に並んでいる。晩夏、白いボトルブラシ状の花がつく。
ゾーン：4～8

Sanguisorba minor
一般名：サラダバーネット、オランダワレモコウ
英　名：GURDEN BURNET, SALAD BURNET
☀/◐ ✻ ↔30～40cm ↑75cm

ヨーロッパと西アジア原産の多年生植物。基部に緑色の葉。初夏から真夏にかけて、ピンク色の丸い花序が生じる。若葉をサラダに使うとキュウリに似た風味が得られる。
ゾーン：3～8

Sanguisorba officinalis
一般名：ワレモコウ
英　名：BURNET BLOODWORT, GREAT BURNET
☀ ✻ ↔60～90cm ↑75～90cm

ユーラシア大陸温帯原産の叢生する多年生植物。葉は中型で緑色、若葉は食用されることがある。深い赤色～暗紫色の花が夏に生じる。
ゾーン：4～8

SANSEVIERIA
（サンセベリア属）
英　名：BOWSTRING HEMP, MOTHER-IN-LAW'S TONGUE

熱帯および南アフリカ、それに東インド諸島に原生する50種以上の多年生植物を含むドラセナ科の属。厚みのある強靭な葉は、普通ロゼットを形成し、地表に平伏するか、あるいはしっかり垂直に立ち、高さ1.5mにもなる。花は単茎に房または円錐花序でつく。葉から取れる繊維は、伝統的に、マット、ロープ、弓の弦を作るのに利用されてきた。一般にこれらの植物は、斑や斑点のある装飾的な葉を目的に栽培される。温帯における重要な室内植物である。

〈栽培〉
霜に弱い。午後の直射日光も避ける。夏だけ適度に水を与え、冬は乾燥させておく。オフセットを分けるか、または葉挿しで繁殖する。

Sansevieria cylindrica
一般名：ボウチトセラン
英　名：CYLINDER SNAKE PLANT
☀ ⚘ ↔1.5m ↑40cm

熱帯アフリカ南部原産。長く彎曲した硬い円柱状の葉が、低い小山を形成する。夏、硬い茎の先に、ピンクみを帯びた白い花が長さ60cmの総状花序をなす。
ゾーン：10～11

Sansevieria trifasciata
一般名：アツバチトセラン、虎の尾
☀ ⚘ ↔0.9m ↑1.5m

西アフリカ熱帯原産。淡緑色～暗緑色の斜めの縞がある、硬いまっすぐな葉が、垂直に叢生する。晩春、白い花がつく。'バンテルズ センセーション'、暗緑色の葉にアイボリー～黄土色の斑が入る。'ゴールデン ハーニー'、黄色の細い縦縞。高温多湿の環境では雑草化する場合がある。'ハーニー'、暗緑色の葉に、淡緑色の斜めの縞。'ローレンティ'、暗緑色の葉に、淡緑色の斜めの縞と、縁に沿った金色の線が入る。湿度の高い環境では雑草化する場合がある。'ムーングロウ'、コンパクト型。シルバーグリーンの葉に、暗緑色の縁取り。
ゾーン：10～11

Sanguinaria canadensis

Sanguinaria canadensis 'Flore Pleno'

Sanguinaria canadensis 'Multiplex'

SANTALUM
（ビャクダン属）

東南アジア、オーストラリア、それに一部の太平洋の島々原産の、およそ25種の常緑低木および小高木からなる、ビャクダン科の属。芳香のある木質やオイルで知られる多数の高木が含まれる。オーストラリア産の一部の種の果実は食用され、商業用の農作物として研究されている。普通、他の植物の根に依存して水や栄養素を得ている。宿主には、別の高木、低木、密生するグラウンドカバー植物、しっかり根系を張りめぐらせた芝生などが利用される。

〈栽培〉
温暖な、雨量の少ない地域において、よく日の当たる、排水性のよい軽い土壌で栽培する。塩性の土壌や一時的な乾燥にも耐えるが、根の障害や水はけの悪さは嫌う。種子でも繁殖できるが、初期の成長が遅いため、ランの台木に接ぎ木する方法が望ましい。

Santalum lanceolatum

Santalum acuminatum

Santalum acuminatum
一般名：クワンドン
英　名：QUANDONG, SWEET QUANDONG
☀ ♦ ↔3.5m ↕6m

オーストラリア内陸部に広く分布する大低木または小高木。か細い直立の幹の上に、淡いオリーブグリーンの槍形の葉からなる樹冠が広がる。年間を通じて、茎の先に、白っぽいクリーム色の小さな花による円錐花序が散発的に生じる。光沢のある赤い果実は食用される。
ゾーン：9〜11

Santalum lanceolatum
英　名：NORTHERN SANDALWOOD
☀ ♦ ↔4.5m ↕6m

熱帯オーストラリア原産の高低木または小高木。下垂して広がる枝と、槍形の葉をもつ。春から夏にかけて、葉腋または枝先の円錐花序に、クリーム色、または淡緑色の花が生じる。暗青色または紫みを帯びた食用果実。
ゾーン：10〜12

SANTOLINA
（サントリナ属）

地中海沿岸地帯原産のキク科の属で、よく似た18種あまりの、低いハンモックを形成する常緑低木からなる。細い茎に、細鋸歯縁または切れこみのある、幅狭の葉がびっしりとつく。葉と葉柄はしばしば銀白色の毛で覆われる。夏、主として鮮やかな黄色の、ボタン状の花序が群生する。

〈栽培〉
耐霜性または半耐霜性で、温暖な日なたで繁茂するこれらの低木は、乾燥した斜面やボーダー花壇に最適。完璧な排水性を必要とし、冬の水のやりすぎを嫌うが、適度にほぐれた粗い土壌でありさえすれば、質を選ばない。サントリナ属種は、樹形をすっきりとコンパクトに保つための定期的な剪定によく反応する。花は乾燥すると見た目が悪くなるため、枯死した花は摘むことを勧める。小さな穂木を挿すか、自然に発根した茎を移動して繁殖する。

Santolina chamaecyparissus
一般名：コットンラベンダー
英　名：LAVENDER COTTON
☀ ❄ ↔1.2m ↕60cm

スペイン南部からアドリア海沿岸地域原産の低木。鮮やかな銀灰色の葉は、幼時は白に近い。初夏に幅12〜18mmの花序が群生する。*S. c.* var. *nana*、より小型で、草丈30〜60cm。*S. c.* 'レモン クィーン'、落ち着いた黄色の花序。'プリティ キャロル'、草丈40cm。
ゾーン：7〜10

Santolina chamaecyparissus

Santolina rosmarinifolia
一般名：ローズマリーサントリナ
英　名：GREEN SANTOLINA
☀ ❄ ↔90cm ↕30〜60cm

南西ヨーロッパ原産の、藪状の低木。まばらな綿毛のある線形の葉の縁に、非常に細かい歯が密に並んでいる。真夏、幅18mmの鮮やかな黄色の花序が群生する。'モーニング ミスト ★'、コンパクト型。'プリムローズ ジェム'、明るいレモン色の花。
ゾーン：7〜10

Santolina rosmarinifolia

Sanvitalia procumbens 'Aztec Gold'

Sanvitalia procumbens

SANVITALIA
（ジャノメギク属）

アメリカ合衆国南西部から中央アメリカ、南アメリカにかけて分布する7種のキク科植物からなる属で、小型の鑑賞用低木か、成長の遅い多年生または一年生植物。対生する葉は、基部が鞘に包まれ、縁は全縁か、切れこみがある。花はデイジーに似ている。舌状花はオレンジ、黄色、白で、円盤状花は普通深い紫色。

〈栽培〉
園芸種は普通一年生。開けた日当りのいい位置で、水はけのよい良質の土壌に植える。春か秋に、元の場所に種子を蒔いて繁殖する。

Sanvitalia procumbens
一般名：サンウィタリア
英　名：CREEPING ZINNIA
☀ ❄ ↔30cm ↕15〜20cm

アメリカ合衆国南西部およびメキシコ原産の、低く広がる一年生植物。有毛の真緑色の葉がマットを形成する。夏、中心が紫黒色、周辺が鮮やかな黄色〜オレンジ色のデイジー花が多数生じる。'アズテック ゴッド'、中心が緑色の、鮮やかな黄色のデイジー花。'ゴールド ブレイド'、八重咲きの金色のデイジー花。'マンダリン オレンジ'、中心が黒い、鮮やかなオレンジ色の花。
ゾーン：6〜11

SAPINDUS
（ムクロジ属）

ムクロジ科の属で、13種の熱帯性および亜熱帯性の、常緑および落葉性の高木、低木、よじ登り植物を含む。大半は観賞用および日よけ用に栽培される。互生する単葉または羽状複葉をもち、いくつかの種は秋に美しい黄色に紅葉する。夏、よく目立つ有毛の雄ずいのある、5枚花弁の小さな花を密生させ、その後、多肉質の液果状の果実を多数つける。これらの液果はサポニン（水溶液中であわ立つ配糖体）が豊富で、一部の国では石鹸の代わりに利用されている。

〈栽培〉
大半の種はかなり適応性が高く、水はけさえよければやせた土壌にも耐える。保護された日なたを好む。種子または挿し木で繁殖。

Saponaria officinalis

Saponaria ocymoides

Sapindus drummondii
英　名：WESTERN SOAPBERRY、WILD CHINA TREE
☼ ❄ ↔9m ↕15m

アメリカ合衆国南部およびメキシコ原産の落葉性の高木。荒涼とした乾燥地に原生する。広がった樹冠をなす羽状複葉は、18枚の真緑の小葉からなり、秋に金黄色に紅葉する。夏、枝の先に小さな白い花が円錐花序をなす。丸いオレンジイエローの果実。
ゾーン：8～10

Sapindus mukorossi
一般名：ムクロジ
英　名：CHINESE SOAPBERRY
☼ ❄ ↔6m ↕12m

インド東部から中国、日本にかけて見られる落葉性の高木。羽状複葉は長さ38cmになる。夏、枝の先に白い花が円錐花序をなす。黄色からオレンジブラウンの果実は石鹸の代わりに利用され、黒い種子は数珠に利用される。
ゾーン：8～11

SAPIUM
（シラキ属）

東南アジアと中央アメリカ原産の、主に落葉性の高木および低木からなるトウダイグサ科の属。およそ100種が含まれる。一部のシラキ属は、ゴム、石鹸、ワックスなど、商業的に重要な製品のために栽培されるが、樹液は有毒。葉は単葉で互生する。枝の先に雌雄同種の花が総状花序をなし、その後、硬い殻のあるさく果をつける。

〈栽培〉
湿性の温帯で、よく日の当たる、水はけのよい土壌を好む。秋に種子を取ってすぐ蒔いてもよいが、実生の質はかなりばらつく。若木は、樹冠が整うまで数年間は冬毎に剪定する。

SAPONARIA
（サポナリア属）
英　名：SOAPWORT

ナデシコ科の属で、ユーラシア大陸温帯に見られる、20種あまりの、サポニンを含む一年生および多年生植物からなる。サポニンとは、水と混ぜるとぬるぬるしたコロイド溶液を形成する配糖体である。とくに根は、かつて石鹸として利用されていたし、洗剤や泡立て剤にもこのエキスが含まれている。この目的はさておき、これらのかわいらしい植物は、その美しさだけでもじゅうぶん栽培する価値がある。大半は丈が低く、群生して小山をなすものから、広域を覆うグラウンドカバーまである。青緑色の線形～へら形の葉は、時折り鋸歯縁が見られる。夏、5枚花弁の小さな星形のピンク色の花からなる花序が、株全体を覆う。

〈栽培〉
大半は非常に耐寒性が強く、栽培も容易。最も順応して広がるのは、斜面や、日なたの多年生のボーダー花壇やロックガーデンにおける、砂質の、湿性の、腐植質に富む、水はけのよい土壌である。ややアルカリ性の土壌でも耐える。挿し木、種子、取り木で繁殖。

Saponaria ocymoides
一般名：ロックソープワート、ツルコザクラ
英　名：ROCK SOAPWORT
☼ ❄ ↔30～50cm ↕15～30cm

スペインからバルカン諸国にみられる、夏咲きの、小山を形成する多年生高山植物。綿毛のある小さな槍形の葉。幅12mmの深いピンク色、まれには赤や白の花が群生する。'ルブラ　コンパクタ'★、密に盛り上がる習性。濃い深紅の花。
ゾーン：3～10

Saponaria officinalis 'Rubra Plena'

Saponaria officinalis
一般名：ソープワート、サボンソウ
英　名：BOUNCING BET, SOAPWORT
☼ ❄ ↔50～100cm ↕30～60cm

ヨーロッパの大部分で見られる多年生植物。大きくうねるように盛り上がるワイヤー状の茎は、緑～灰緑色で、長さ12mmの先のとがった卵形の葉がつく。晩夏から秋にかけて、5個以上の花が、幅25mmになる花序をなす。色は普通鮮やかなピンクだが、赤や白のものある。'ロセア　プレンタ'、丈高の、ピンク色の八重咲き花。'ルブラ　プレンタ'、八重咲きの花は、開花時は深紅だが、やがて深いピンク色に変わる。
ゾーン：4～10

Saponaria × olivana
☼ ❄ ↔20cm ↕5cm

クッションを形成する矮小型。おそらく*S. capspitosa*と*S. pumilio*の間の交雑種だが、*Saponaria ocymoides*の影響も受けている。密生して低い小山を作る。緑～灰緑色の小さな葉。晩春、幅18mmのピンク色の花に埋め尽くされる。
ゾーン：3～10

Sapindus mukorossi

Sarcochilus, Hybrid, Armstrong

Sarcochilus, Hybrid, Bobby-Dazzler

Sarcochilus, Hybrid, First Light

Sarcochilus, Hybrid, Fitzhart

Sarcochilus, Hybrid, Velvet

Saraca cauliflora

Sarcochilus fitzgeraldii

Sarcochilus hartmannii

SARACA
（サラカ属）

インドの熱帯林、および中国や東南アジア原産の、およそ70種の小型の常緑高木からなる、マメ科ジャケツイバラ亜科の属。栽培目的は、上向きの密な花房で、色は、黄、オレンジ、赤系がある。個々の花には花弁がなく、筒の先端の、4つの鮮やかな萼片から、長さ20cmの細い雄ずいが突出する。葉は、小葉が対になった羽状複葉で、柔らかく垂れ下がる。若葉はピンクを帯びた紫色で、成熟後はつやのある鮮やかな緑色になる。自然生息地では、高い木の下で成長するため、高い木の下の日陰を好む。

〈栽培〉
霜に弱く、温暖で多湿の気候と、有機物に富んだ湿った水はけのよい土壌が必要。冷涼地帯では温室植物として栽培する。秋か冬、種子で繁殖する。

Saraca cauliflora
異　名：*Saraca thaipingensis*
☀ ≈ ↔8m ↕9m
タイからマレー半島原産の高木。6〜8組の長楕円形の小葉からなる複葉は、幼時は赤みを帯びる。熱帯における乾季の始まりと終わりに生じ、夜に芳香を発する花は、黄色から徐々に赤くなる。幅狭の、長楕円形の豆果をつける。
ゾーン：11〜12

SARCOBATUS
（サルコバトゥス属）

北アメリカ西部に原生するただ1種からなるバラ科の属。密生する刺のある低木で、カーブした枝と幅狭の多肉の葉をもつ。同じ株に生じる雄性花と雌性花は、普通どちらも小さく、雄性花は尾状花序に似た穂を形成する。雌性花の萼は拡張し、中心に向かう幅広の紙状の羽をつけた革質の果実となる。

Sarcobatus vermiculatus
英　名：GREASEWOOD
☀ ❄ ↔2m ↕1.8m
カーブした枝をもつ、丸く広がる低木。幅狭、多肉質の、灰緑色の葉は、長さ35mmになる。雄性花の穂は長さ30mmになる。硬い黄色い木質部は燃料に利用される。
ゾーン：5〜10

SARCOCHILUS
（カヤラン属）
英　名：FAIRY ORCHID

およそ20種の小型の単軸型のラン科植物を含む属。オーストラリア東部およびニューカレドニア原産で、着生または岩生植物。多湿の小峡谷や谷間、それに多雨林の周辺で成長する。大半は春か夏に開花する。短い花序に、さまざまな色やかたちの華やかな花をつける。栽培されているのは主に岩生植物である。着生種は、しばしば適当な低木や小高木の最も外側の枝に着生して成長する。着生主は概して単生だが、岩生種は叢生する。

〈栽培〉
岩生種はポットで容易に栽培できる。例えば中級のパイン・バークとエンドウ豆サイズの小石を2対1の割合で混ぜ、一握りのパーライトを加えた、きめの粗い混合土を使う。着生種は扱いがずっと難しく、風化した材木かコルクの細長い板の上で成長させなければならない。一晩のうちに菌核病に倒れることもある。冷涼から寒冷の、しかも多湿な、少なくとも70%は日陰になる環境が必要である。霜を避け、暖めすぎも避ける。空気の循環をよくし、多湿を保ち、常に植物を湿らせておく。叢生する種は株分けで繁殖可能。

Sarcochilus fitzgeraldii
☀ ≈ ↔10〜40cm ↕10〜40cm
オーストラリア産の岩生種。冷涼な暗い日陰で成長する。春に生じる幅30mmの白い花は、中心に明るいピンクから暗い深紅色の斑点または縞が入る。花数は12個以下。
ゾーン：9〜11

Sarcochilus hartmannii ★
☀ ≈ ↔10〜40cm ↕10〜40cm
オーストラリア産の多様な岩生種。しばしば強い光の下で生長する。葉は厚みがある。春、直立性〜アーチ状の枝に、25個以下の純白の円形の花がつく。個々の花は幅25mmで、小さな唇弁の中心には赤みを帯びた茶色の斑点がある。
ゾーン：9〜11

Sarcobatus vermiculatus、冬

Sarcobatus vermiculatus、夏

Saritaea magnifica

Sarcochilus Hybrids
一般名：カヤラン ハイブリッド
☀ ❄ ↔10～40cm ↕10～40cm
カヤラン属は広範囲にわたる異系交雑種および交雑種が作られてきた。最も一般的なのは、*S. ceciliae*、*S. fitzgeraldii*、*S. hartmannii*などの耐寒性の種と、より小型だが色鮮やかな花をつける着生種との組み合わせ。*S. hirticalcar*を組み合わせると色の範囲と開花回数も拡張するため、一年中咲き続けている交雑種もある。個々の花幅は18mm～35mm。**アームストロング**、オレンジ系の花。**ボビー－ダズラー**、ピンクと紫の花、年中開花する。**ファースト ライト★**、茶～褐色系の色調で斑点がある。**フィッツ ハート**、白い花に紫の縞が広がる。**ハイジ**、と*S. hartmannii*の戻し交配種。**メルバ**、*S. falcatus*と*S. hartmannii*との一代交配種。**ヴェルヴェット**、淡紫～深紫とピンク色。年中開花する。
ゾーン：9～11

SARCOCOCCA
（サルココッカ属）
英 名：CHRSTMAS BOX、SWEET BOX
雌雄同株の常緑低木からなるツゲ科の属で、鑑賞目的で栽培される。もともとは中国西部、ヒマラヤ地帯、および東南アジアの山岳帯のじめじめした森や密林に自生していた。雄性花は目に見える葯で認識され、雌性花は雄性花の下で成長する。
〈栽培〉
腐植質をたっぷり加えた、中性～アルカリ性の土壌が最適。いったん根付けば、より乾燥した日陰の環境にも耐える。日なたでも成長可能だが、その場合より多くの水分が必要。大半は大気汚染などさまざまな環境に耐え、長年ほったらかしにしても大丈夫。繁殖は、種子を蒔くか、吸枝を出す種は株分け、または晩夏に半熟枝を挿す。冬に熟枝を挿して、霜のあたらない場所で管理してもよい。

Sarcococca confusa
スタルココッカ ホオケリアナ
☀ ❄ ↔2m ↕2m
魅力的な常緑低木で、原産地は不明。楕円形から槍形の革質の葉は、表面は暗緑色で、裏面はやや淡色。真冬にクリーム色の花が群生する。雌花は強い芳香がある。鮮やかな赤い液果は、熟すと黒色に変わる。
ゾーン：6～10

Sarcococca hookeriana
☀ ❄ ↔1.8m ↕1.5m
中国原産の、藪を形成する常緑低木。しばしば吸枝を出す。槍形の深緑色の葉。晩秋から冬にかけて、芳香性の白い花が群生する。雄性花は深いピンク色の葯がある。黒い果実。*S. h.* var. ***humilis*** ★、グラウンドカバー。光沢のある青みを帯びた黒い果実。*S. h.* var. ***digyna***、細長い葉と生成り色の葯。*S. h.* '**パープル ステム**'、深紅の若いシュート、ピンク調の花。
ゾーン：6～10

Sarcococca ruscifolia
☀ ❄ ↔0.9m ↕0.9m
中国西部とヒマラヤ地帯原産の、こんもりした藪状の、吸枝を出す低木。葉はつやのある深緑色で、ほぼ槍形。冬、芳香性のクリーミーホワイトの花が群生する。暗赤色の果実。
ゾーン：8～10

Sarcococca saligna
☀ ❄ ↔0.9m ↕0.9cm
ネパールからアフガニスタンのヒマラヤ地方原産の、吸枝を出し、藪を形成する常緑低木。幅狭、槍形の、淡緑色の葉。冬から早春にかけて、緑の雄性花と、緑みを帯びた白の雌性花がつく。卵形の暗紫色の果実。
ゾーン：7～10

SARITAEA
（サリタエア属）
ノウゼンカズラ科の属で、エクアドルからコロンビアで見られる、1種のみの木性つる植物からなる。茎は断面がほぼ円形で、縦縞がある。葉は2枚の小葉があり、葉柄の基部にはさらに2枚の小葉状の付加物がある。葉の先端には巻きひげがある。枝沿い、または枝の先端に、紫～赤系およびローズピンクの、よく目立つ大型の花が円錐花序をなす。熱帯のハチであるシタバチ類（*Euglossa*）の雄が花蜜を集める際に、花粉に触れて受粉させる。萼は筒状で、縁に分裂はない。花冠は筒状の鐘形で、内側の雄ずいの基部周辺は毛を帯びる。長く平たいさく果に含まれる種子には、2枚の羽がある。
〈栽培〉
フィルター越しの明るい光と、腐植質の豊富な、湿度を保持できる水はけのよい土壌を好む。常に湿らせておくこと。挿し木または種子で繁殖。

Saritaea magnifica
異 名：*Arrabidaea magnifica*、 *Bibnonia magnifica*
☀/☀ ✿ ↔2.4～4.5m ↕8m
常緑のよじ登り植物。2つに分かれた革質の葉をもつ。小葉は長さ10cmの長楕円形。夏に咲く、幅狭の筒状のローズパープルの花は、広がった花弁がよく目立つ。ゾーン：10～12

SARRACENIA
（サラセニア属）
英 名：AMERICAN PITCHER PLANT、TRUMPET PITCHER
アメリカ原産の8種の美しい肉食植物からなるサラセニア科の属。野生種も栽培種も容易に交雑する。主にアメリカ合衆国南東部の、沼地、湿地、または針葉樹林周辺に見られる。多年生植物で、根茎から成長し、葉または嚢状葉が基部でロゼットを形成する。大半の嚢状葉は長い筒状。芳香性のある美しい花が、葉のない高い茎に単生し点頭する。嚢状葉の内側は、下向きの毛で覆われており、消化液の井戸に落ちた獲物（主に小さな昆虫）の逃亡を妨げる。
〈栽培〉
よく日の当たる場所で、ピートモス、またはピートと砂を混ぜて栽培する。トレイに水をはり、水位を一定に保つ。冬の間3～5カ月間休眠できる、やや暖い温帯を好む。大半は軽い霜にも耐える。冬の休眠期に株分けで増やす。鉢植えの場合、2、3年毎に株分けし、植え替える。

Sarracenia alata ★
サラセニア・アラタ×サラセニア・フラワ　'マキシマ'
英 名：FLYCATCHER、PALE PITCHER PLANT
☀ ❄ ↔30cm ↕70cm
アメリカ合衆国のテキサス、ルイジアナ、ミシシッピ、アラバマ各州原産の落とし穴式肉食植物。明るい緑色の嚢状葉は高さ65cmになり、赤い脈や赤い蓋が見られることもある。春、長い柄の先に、幅5cmの黄色～白色の花がつく。*S. a.* × *S. flava* '**マキシマ**'、長さ60cmの嚢状葉をもつ強健な交雑種。花色は黄色から緑色。
ゾーン：7～9

Sarracenia × *catesbaei*
☀ ❄ ↔30cm ↕45cm
*S. purpurea*と*S. flava*の一般的な交雑種。丈高の嚢状葉にフリルのある大きな蓋がある。脈の赤いものから全体が赤いものまである。
ゾーン：7～9

Sarcococca ruscifolia

Sarcococca saligna

Sarracenia leucophylla、野生、アラバマ州、アメリカ合衆国。

Sarracenia flava、野生、アパラチコーラ、フロリダ州、アメリカ合衆国。

Sarracenia × exornata
☀ ❄ ↔30cm ↕35cm
*S. purpurea*と*S. alata*の間の自然交雑種。囊状葉は、脈の赤いものから、全体が暗紅色のものまである。フリルの蓋。
ゾーン：7〜9

Sarracenia flava ★
一般名：キバナヘイシソウ
英　名：YELLOW TRUMPET
☀ ❄ ↔30cm ↕75cm
アメリカ合衆国の大西洋沿岸の平原に見られる、多様な落とし穴式肉食植物。丈高の囊状葉は開口部に向かって広がり、大きな緑の蓋がある。春、黄色〜緑を帯びた黄色の花がつく。'レッド ヴェインド'、脈が赤く、花喉の周辺も赤い。
ゾーン：7〜9

Sarracenia 'Juthatip Soper'
一般名：サラセニア'ジュサティップ ソーバー'
☀ ❄ ↔30cm ↕45cm
*S. mitchelliana*と、非常にピンクの強い*S. leucophylla*を交配させた美しい受賞栽培品種。赤みを帯びた濃い紫色の囊状葉。
ゾーン：7〜9

Sarracenia leucophylla
一般名：アミメヘイシソウ
英　名：WHITE TRUMPET
☀ ❄ ↔30cm ↕60cm
アメリカ合衆国の大西洋沿岸の平原に見られる落とし穴式肉食植物。華やかな種で、美しい囊状葉は、基部が緑色で先端は白く、赤い脈がある。深い暗紅色の芳香性の花。*S. l.* × *S. oreophila*、強健な、幅狭の鮮やかな緑色の囊状葉に深紅の脈。
ゾーン：7〜9

Sarracenia flava 'Red Veined'

Sarracenia minor
一般名：コウツボソウ
英　名：HOODED PITCHER PLANT
☀ ❄ ↔30cm ↕60cm
アメリカ合衆国ノース＆サウスカロライナ、ジョージア、フロリダの各州において、ミズゴケの浮き島で見られる落とし穴式肉食植物。囊状葉は淡緑色〜赤色で、蓋が湾曲して囊の開口部に覆いかぶさっている。囊状葉の上側には透明な「窓」が多数見られる。春、黄色い花をつける。ゾーン：7〜9

Sarracenia alata × *S. flava* 'Maxima'

Sarracenia × catesbaei

Sarracenia × exornata

Sarracenia 'Juthatip Soper'

Sarracenia leucophylla × *S. oreophila*

Sarracenia purpurea

Sarracenia × moorei 'Brook's Hybrid'

Sarracenia × stevensii

Sarracenia × readii

Sarracenia × mitchelliana
☀ ❄ ↔30cm ↕45cm
S. purpureaとS. leucophyllaの交雑種である落とし穴式肉食植物。湾曲した囊状葉で、普通、蓋にひだがある。下部は緑で、先端部周辺と蓋は赤と白。
ゾーン：7〜9

Sarracenia × moorei
サラケニア・アラタ×ムレイ
☀ ❄ ↔30cm ↕100cm
S. flavaとS. leucophyllaの交雑種である落とし穴式肉食植物。囊状葉の丈は非常に高く、100cmか、それ以上になる。'ブルックス ハイブリッド'、開口部周辺が赤い。ピンクから赤の花。
ゾーン：7〜9

Sarracenia oreophila
英 名：BUGLE GRASS, FROG BONNETS, GREEN PITCHER PLANT
☀ ❄ ↔30cm ↕60cm
アメリカ合衆国のアラバマ、ジョージア、ノースカロライナおよびサウスカロライナ各州原産の、貴重な落とし穴式肉食植物。緑色の囊状葉は、脈だけ赤いものからほぼ全体が赤いものまである。開口部は広く、蓋は心臓形。花は淡い黄色で芳香性。1979年から絶滅危機種に指定されている。ゾーン：7〜9

Sarracenia psittacina
一般名：ヒメヘイシソウ
英 名：LOBSTER POT, PARROT PITCHER PLANT
☀ ❄ ↔50cm ↕25cm
アメリカ合衆国南東海岸沿いの平原に原生する、珍しい落とし穴式肉食植物。囊状葉は上に向かって成長してから後方に水平に倒れ、開口部を中心に向けたロゼットを形成する。囊状葉は緑から赤色で、蓋は膨れ上がっている。花は赤色。非常に湿った土壌を好み、浸水にも耐えるが、その間は泳いでいる小さな生き物を捕食する。
ゾーン：7〜9

Sarracenia purpurea ★
一般名：ムラサキヘイシソウ
英 名：HUNTSMAN'S CAP, NORTHERN PITCHER PLANT, SIDESADDLE PLANT
☀ ❄ ↔60cm ↕25cm
カナディアンロッキー東部から、アメリカ合衆国の沿岸、メキシコ湾に至る地で見られる。緑から紫色の膨らんだ囊状葉は、高さ30cmで、盛り上がった葉脈がある。蓋はひだのあるものとないものがある。緑、ピンク、あるいは暗紅色の花。ミズゴケの上で成長する。*S. p.* subsp. *venosa*、緑から赤色の膨れた囊状葉。*S. p.* f. *heterophylla*、緑色で幅狭、開口部の広い囊状葉。冷涼の環境や、冬の長い霜にも耐える。ゾーン：2〜9

Sarracenia × readii
☀ ❄ ↔30cm ↕60cm
S. leucophyllaとS. rubraの自然交雑種。鮮やかな緑色の細長い囊状葉。ひだのある白い蓋に赤い脈がある。ゾーン：7〜9

Sarracenia × stevensii
☀ ❄ ↔30cm ↕60cm
オランダ産の交雑種で、起源については論争中だが、おそらくS. rubraとS. leucophyllaとの雑種と思われる。囊状葉は緑で、はっきりとした赤い脈に覆われている。ゾーン：7〜9

Sarracenia minor

Sarracenia × mitchelliana

Sarracenia oreophila

Sassafras albidum

Sasa veitchii

SASA
（ササ属）

ササ（笹）とは、タケを意味する日本語で、この属には、ロシア南東部、中国南部、日本北部、朝鮮半島に自生する小型〜中型の60種のタケが含まれる。イネ科の属で、根茎と湾曲した稈をもち、茎の節は白いワックス状の粉で覆われる。細かい鋸歯縁の幅広の葉は、冬に枯れる。その際、*S. veitchii* の葉は、装飾的な白い「隈取り」を作るが、これによって、葉の維持力を下げながらも、雑草との競争に耐え、厳しい寒さから芽を保護することができる。一見、熱帯植物のように思われるが、虚構である。しなやかな稈は、重い雪にも、冷たい風にも耐える。

〈栽培〉
半日陰の、湿った肥沃な土壌で栽培する。ササ属種はすばやく広がるため、植え付ける位置は慎重に考慮すること。また、大型のコンテナでも栽培可能。繁殖は春、成熟した根茎を巻いて鉢に入れ、上を鉢植え用の堆肥で覆う。晩冬に乱れた稈を刈り取って整理する。

Sasa palmata
一般名：チマキザサ
☀ ❄ ↔ 3〜6m ↑2m

日本原産。強健な種で、広がって分厚い生垣を形成する。茎に紫の縞が入ることがある。ヤシに似た長い先細りの葉は、一年中、光沢のある鮮やかな緑色を保つ。中央脈は黄色。'**ネブロサ**'、成熟した稈には茶色の雲状の斑がある。ゾーン：7〜11

Sasa veitchii
一般名：クマザサ
英　名：KUMA ZASA
☀ ❄ ↔ 3〜6m ↑1.5m

日本原産。地面を覆う葉群は暗く乾燥した環境にも耐える。茎は紫の線が入り、白い粉で覆われている。短い先細りの葉は、冬に枯れて、白く薄い幅広の縁取りができる。ゾーン：6〜11

SASAELLA
（アズマザサ属）

日本原産のおよそ10種のタケからなるイネ科の属。近縁のササ属との違いは、より細い複数の稈をもち、水平に近い枝により小さい幅狭の葉をつけることである。葉の表面はかなりざらざらしていて、しばしば縦縞が入る。さまざまな色やかたちの栽培品種が作られ、丈の低いグラウンドカバーや観賞用の低木として利用されている。

〈栽培〉
比較的強い霜にも耐え、ほとんどの立地で栽培可能だが、温暖で多湿の夏を好み、腐植質に富んだ土壌で繁茂する。どの種も根を伸ばしてかなりすばやく広がり、とくに湿った粗い土壌においては侵略種にもなり得る。極端な条件でない限り、いつでも株分けで繁殖可能。

Sasaella masamuneana
異　名：*Sasa masamuneana*
一般名：クリオザサ
☀ ◐ ❄ ↔ 0.9〜3m ↑0.9〜2m

非常に細い稈と、長さ20cmの幅狭の葉、紫の線が入った葉鞘をもつ。栽培例はまれ。'**アルボストリアタ**'、クリーム色の縞が入った葉はやがて黄色になる。'**アウレオストリアタ**'、金黄色の縞模様の葉。どちらも高さ30〜60cmの魅力的な栽培品種。ゾーン：7〜10

SASSAFRAS
（ササフラス属）

わずか3種からなるクスノキ科の属。落葉性の高木で、東アジアの温帯や北アメリカ東側など、かなり分散して分布する。ペストを撃退するという芳香性のオイルのために栽培されるほか、家具産業にも珍重されてきた。葉の縁は全縁または切れこみがあり、裏面は綿毛で覆われ、多くは秋、鮮やかに紅葉する。春、葉の出現とともに花弁のない小さな黄緑色の花が総状花序をなし、やがて青黒い液果となる。

〈栽培〉
耐霜性は中程度。深い、肥沃な、水はけのよい土壌を好み、日なたまたは半日陰で成長する。複数の幹をつくる傾向があるが、剪定によって、この習性を促進するか、単幹に仕立てることができる。種子、吸枝または根挿しによって繁殖。

Sassafras albidum
一般名：ササフラス
英　名：SASSAFRAS
☀ ❄ ↔ 9m ↑15m

北アメリカの高木。多くの幹をもつものもある。葉は卵形で、大きく3裂し、裏面は綿毛で覆われている。葉色は暗緑色だが、秋に金色と赤色に紅葉する。優美なかたち。根皮からササフラスオイルが取れる。ゾーン：5〜9

SATUREJA
（サトゥレヤ属）

英　名：SAVORY

非常に芳香性の高い小型の低木からなるシソ科の属。地中間沿岸の乾燥した石だらけの丘陵斜面、北アメリカの森林、ヒマラヤ地方に自生する。4つの角がある木質の茎に、円形〜卵形の小さな有毛の葉が生じる。春から夏にかけて、直立した穂に淡いライラック色〜白色の花が輪生する。ロックガーデンや石積み壁に最適で、ハチやチョウを引きつける。非常に芳香があるハーブで、一部の種の葉はハーブティーや調味料に利用される。

〈栽培〉
肥沃で水はけのよい土壌ならどこでも育つ。夏の間、水はほとんど必要としない。一部の種は自家播種する。繁殖は、挿し木か、根付いたシュートを移動するのが一般的。

Satureja hortensis
一般名：サマーセイボリー、キダチハッカ
英　名：SUMMER SAVORY
☀ ❄ ↔ 20cm ↑20cm

南ヨーロッパ原産の一年生植物。直立した有毛の茎と、先のとがった長い葉をもつ。春から夏にかけて、モーブ〜白色の花が輪生して密な穂を形成する。芳香があり、料理に利用される。ゾーン：5〜9

Satureja montana
一般名：ウィンターセイボリー
英　名：WINTER SAVORY
☀ ❄ ↔ 30cm ↑50〜90cm

南ヨーロッパおよび北アフリカ原産の半常緑低木。小型で芳香性の高い卵形の葉。夏、淡いライラック色の花が輪生する。葉は、味、香りともにタイム（*Thymus vulgaris*）に似ており、肉や野菜の調味料に利用される。ゾーン：4〜8

SAURURUS
（ハンゲショウ属）

英　名：LIZARD'S TAIL

東アジア産と北アメリカ産のわずか2種からなるドクダミ科の属で、「トカゲの尻尾」を意味するSAURURUSの名をもつ。丈高、直立性の根茎性多年生植物で、沼地で成長する。分裂のない葉がらせん状につく。葉の基部は腎臓〜心臓形で、柄に托葉がつく。花序は密な総状で、茎の先の両側につく。アイボリー〜白色の芳香性の花は、小型で、萼片も花弁もなく、6本、まれには8本の雄ずいがある。蜜は作らないが、ほのかな香りがある。丸い果実はいぼに覆われ、1つだけ種子を含んでいる。

〈栽培〉
ボッグガーデンまたはじめじめした森林用の植物。株分けで繁殖するか、種子をポットに蒔いて湿気を保つ。

Satureja montana

Saururus cernuus

Saxegothaea conspicua

Saururus cernuus
一般名：サウルルス、アメリカハンゲショウ
英　名：LIZARD'S TAIL
☀ ❄ ↔90cm ↕30〜45cm
アメリカ合衆国東部原産の水生植物。地下のランナーで小さな集団を形成する。葉は矢じり形または心臓形。ボトルブラシ状の穂状花序が葉群の上でアーチをなす。ビーズ状の種子はトカゲの尻尾に似ている。
ゾーン：5〜10

SAXEGOTHAEA
（サクセゴタエア属）
チリ南部およびアルゼンチンの隣接部に自生する、1種の針葉樹あるいは低木からなるマキ科の属。葉群がスプレー状に広がってアーチを作るなど、いくつかの点でイチイ属に似ているが、葉の不規則な配置と果実によって区別される。温暖な地域、とくに森林地帯では、幅狭の樹冠をもつ直立性の高木に成長する。マキ科で唯一、羽のない花粉粒をもつ。

〈栽培〉
日なたもしくは半日陰の、水はけのよい、ある程度肥沃な土壌を好む。よい環境で、冷たい風から保護してやれば、整った小高木または低木になる。晩夏から初秋にかけて、半熟枝による挿し木で繁殖。

Saxegothaea conspicua
英　名：PRINCE ALBART'S YEW
☀ ❄ ↔4.5m ↕15m
温暖な地域では細長い円錐状の樹冠を作るが、それ以外の地域では、成長が遅く、藪状になる。樹皮は薄片状で縦溝がある。不規則に並ぶ深緑の葉は、線形または幅狭の槍形で、基部に向かって細くなる。葉縁は淡緑色。雄花序は卵形。
ゾーン：8〜10

SAXIFRAGA
（ユキノシタ属）
ユキノシタ科の非常に大きな属で、広範囲にわたる一年生、二年生、多年生の地表に密接する植物が含まれる。多くは高山植物。北半球の温帯および亜寒帯の大部分、エチオピアやメキシコから北極に至るまでの場所で見られる。判明している480種あまりのほかに、莫大な数の園芸交雑種もある。園芸家の関心を集める3つの主な節は、「モッシー」、「シルバー」、そしてカブスチアとイングレリア亜節である。園芸家を引きつける主な要因は、植物自体の多様性だけでなく、山岳帯から湿度の高い森林地帯におよぶ原産地の多様性にもある。

〈栽培〉
浅く根をはるため、水はけのよい、日なたもしくは半日陰の、比較的肥沃な土壌が必要。いつでも株分けで繁殖可能だが、秋に種子を蒔くこともできる。

Saxifraga andersonii
☀ ❄ ↔30cm ↕10cm
ネパールおよびチベット原産の、クッションを形成する多年生植物。灰緑色の葉がまばらなロゼットをなす。春、鮮やかな白またはピンク色の花が長さ10cmの柄の先につく。
ゾーン：6〜8

Saxifraga aretioides
☀/◐ ❄ ↔10〜20cm ↕8〜15cm
フランス南部からバルカン諸国で見られる、クッションを形成する多年生植物。青緑色の極小の線形の葉は、縁に白いチョーク状のコーティングがある。初夏、ワイヤー状の茎の先に、鮮やかな黄色い花が花序をなす。
ゾーン：6〜9

Saxifraga andersonii

Saxifraga aretioides

Saxifraga californica
異　名：*Heuchera rubescens*
☀ ❄ ↔15cm ↕15cm
北アメリカ西部およびメキシコ原産の、叢生する多年生植物。丸い腎臓形の真緑色の葉。夏、淡いピンク色から白の鐘形の花が穂状花序をなす。
ゾーン：4〜8

Saxifraga callosa
異　名：*Saxifraga lingulata*
☀ ❄ ↔20cm ↕25cm
スペイン西部および東部、ヨーロッパ南西部の高山地帯、サルディニア、シシリア、およびイタリア南部原産の常緑の多年生植物。銀灰色、幅広、円形の葉のロゼットが密に叢生する。初夏、幅12mmの白い星形の花がつく。石灰岩層で成長する。
ゾーン：7〜9

Saxifraga cochlearis
サクシフラガ・コクレアリス
英　名：SNAIL SAXIFRAGE
☀ ❄ ↔15cm ↕20cm
フランスのマリティムアルプス原産の、極めて密なマットを形成する葉枕植物。真緑のスプーン形の葉がロゼットを作る。長さ10cmの有毛の茎の先に赤い斑点のある白い花が群生する。'プロビニイ'、純白の花。
ゾーン：7〜8

Saxifraga callosa

Saxifraga cochlearis 'Probynii'

S. californica、野生、サン・ペドロ・マルティル国立公園、バハカリフォルニア、メキシコ

Saxifraga fortunei
異　名：*Saxifraga cortusifolia var. fortunei*
一般名：ダイモンジソウ
☼ ❉ ↔30cm ↕50cm
日本原産の、半常緑から落葉性の、叢生する多年生草。長さ10cmになる葉は腎臓形と円形で、裏面はたいてい暗紫色。晩秋、高さ50cmの茎の先に白い花が生じる。
ゾーン：6～8

Saxifraga × gaudinii
☼/◐ ❉ ↔15～30cm ↕10～15cm
*S. cotyledon*と*S. paniculata*の間の交雑種。小さなへら形の葉が低く広がって茂みを形成する。晩春、紫色の斑点のある白い花が高さ15cmの花序をなす。
ゾーン：4～9

Saxifraga × geum
異　名：*Saxifraga hirsuta × S. umbrosa*
☼ ❉ ↔20cm ↕20cm
ピレネー山脈原産のマットを形成する多年生植物。暗緑色の円形の葉が密なロゼットを形成する。夏、高さ20cmの茎の先に、赤い斑点のある白い星形の花が群生する。
ゾーン：6～8

Saxifraga globulifera
☼/◐ ❉ ↔20～30cm ↕15～20cm
ジブラルタル海峡の両側に見られる、小山を形成する多年生植物。直立性の短い茎を中心に、5裂の小さな葉がロゼットをなす。秋から春にかけて、長さ15cmの茎の先に幅6mmの白い花が生じる。*S. g.* var. *oranensis*、長い柄の先の芽は夏に休眠する。
ゾーン：7～10

Saxifraga hartii
異　名：*Saxifraga rosacea* subsp. *hartii*
☼ ❉ ↔15～30cm ↕8～15cm
野生では希少となったイギリス産種。鮮やかな緑色の葉が密なクッションを形成し、周辺に這い性の茎が数本見られる。葉は長さ18mmになり、先端は普通5つの刃片に分かれている。短い直立性の穂に白またはピンクの白い花がつく。
ゾーン：7～9

Saxifraga hartii

Saxifraga maderensis
☼/◐ ❉ ↔20～30cm ↕10～15cm
マデイラ諸島原産のクッションを形成する多年生植物。小さな腎臓形の葉は5裂し、それぞれが分裂している。晩秋、直立した茎の先に白い花が花序をなす。*S. m.* var. *pickeringii*、高所型で、より大型の丸い花。
ゾーン：7～9

Saxifraga oppositifolia
英　名：PURPLE MOUNTAIN SAXIFRAGE
☼/◐ ❉ ↔20cm ↕2.5cm
ヨーロッパ、西アジア、北アメリカの高緯度山地原産の、叢生してマットを形成する非常に小さい多年草。暗緑色の、長楕円形の硬い葉がロゼットをなす。夏、ほとんど茎のない、暗赤色～紫、ピンクの花が単生する。
ゾーン：1～7

Saxifraga maderensis var. *pickeringii*

Saxifraga oppositifolia

Saxifraga globulifera

Saxifraga spathularis

Saxifraga longifolia
英　名：PYRENEES SAXIFRAGE
☼ ❉ ↔20cm ↕70cm
ピレネー原産。銀色に輝く灰緑色の葉からなる一重のロゼットは、3～4年の栽培によってピラミッドを形成する。夏、80もの白い星形の花が集まって高さ70cmの円錐花序をなす。
ゾーン：6～7

Saxifraga stansfieldii

Saxifraga paniculata
異　名：*Saxifraga aizoon*
☼ ❉ ↔25cm ↕15cm
カナダ、ノルウェー、グリーンランド、アイスランド原産のマットを形成する多年生植物。灰緑色で、縁がライム色に覆われた、長さ6cmになる幅狭の葉がロゼットをなす。初夏、クリーミーホワイトからピンク色の花がつく。
ゾーン：1～6

Saxifraga spathularis
英　名：ST PATRICK'S CABBAGE
☼/◐ ❉ ↔15～20cm ↕20～30cm
アイルランド、スペイン、ポルトガル原産の夏に開花する種。鮮やかな緑色で、粗い鋸歯縁の、長さ25～50mmの円形の葉が密なロゼットを作る。春、ワイヤー状の茎に、ピンクを帯びた紫色の極小の花がスプレー状につく。
ゾーン：5～9

Saxifraga stansfieldii
☼/◐ ❉ ↔10～15cm ↕8～10cm
ヨーロッパの山において、岩の割れ目や高山の谷間に自生すると考えられている小さな種。鋸歯縁の小さな葉がロゼットを形成。春、落ち着いたピンク色の花が群生する。
ゾーン：5～9

Saxifraga stolonifera
異　名：*Saxifraga sarmentosa*
一般名：ユキノシタ
英　名：MOTHER OF THOUSANDS, STRAWBERRY BEGONIA
☼/◐ ❉ ↔30cm ↕40cm
東アジア原産の多年生植物。真緑～暗緑色の、丸い腎臓形の、鋸歯縁の葉が、

Saxifraga longifolia

密な小山を形成する。夏、草丈40cmの
まばらな茎の先に、赤または黄色の斑点
のある白い花がつく。'**エコ バタフラ
イ**'、金黄色の葉。中心は緑色。'**ハーベ
スト ムーン**'、ゴールデングリーン～赤
みを帯びた月形の葉。'**トリコロル**'、葉
の縁が、赤、白、および（または）ピンク
の色調を帯びる。
ゾーン：5～10

Saxifraga trifurcata

☼/☀ ❄ ↔20～40cm ↕20～30cm
スペイン北部原産の常緑の多年生植物。
3裂した、長さ18mmの、光沢のある暗
緑色の葉が、粗い大きなクッションを形
成する。夏、ワイヤー状の花柄に、花数
15以下の小さな白い花序がつく。
ゾーン：6～9

Saxifraga umbrosa

☼ ❄ ↔30cm ↕30cm
ピレネー産の、叢生する多年生植物。緑
色の葉が硬いロゼットをなす。晩春から
初夏にかけて、不規則な赤い斑のある
ローズピンクの花が、長さ25cmのまばら
な円錐花序をなす。
ゾーン：1～5

Saxifraga × urbium

サクシフラガ×ウルビウム
異 名：*Saxifraga urbium* 'London Pride'
英 名：LONDON PRIDE
☼ ❄ ↔45～90cm ↕30cm
園芸種。すばやく成長して地表を覆う多
年生植物で、暗緑色のスプーン形の革質
の葉が大きなロゼットを形成する。夏、

Saxifraga trifurcata

湾曲した茎に淡いピンク色の小さな花が
つく。'**アウレオワリエガタ**'、灰緑色に
金色の斑入りの葉。
ゾーン：6～7

Saxifraga Hybrid Cultivars

一般名：ユキノシタ交雑品種
☼/☀ ❄/❆ ↔15～45cm
↕8～30cm
ユキノシタ属は野生で自由に交雑するし、
多くの栽培植物においても両親は特定
されていない。とはいえ、より慎重に品
種改良されたのは、ロックガーデンや高
山植物園を好む、魅力的な小さな種で
ある。'**ジェームズ ブレマー**'、高さ15cm、
クリーミーホワイトの花。'**パープル ロ
ーブ**'、密な葉のクッション、高さ10～
15cmの多数のスプレーにパープルピン
クの花がつく。'**サウスサイド シードリ
ング**'、暗緑色のスプーン形の葉のロゼ
ット。白い皿形の花が湾曲した円錐花序
をなす。'**タンブリング ウォーター**' (syn.
S. longifolia)、暗緑色の葉がロゼットを

形成。星形の白い花が湾曲した総状花
序をなす。'**ホワイトヒル**'、縁に白い外
支のある灰緑色の葉。高さ30cmの茎に
白い花がつく。
ゾーン：6～9

SCABIOSA

《マツムシソウ属》
英 名：SCABIOUS
*Scabiosa*の学名は、ラテン語でフケや疥
癬（かいせん）を指す*scabies*に由来する、
イメージの悪い名前であるが、この植物
の葉でこするとこれらの症状が緩和され
たために名づけられたと言われている。
マツムシソウ科の属で、ヨーロッパ、アフ
リカの一部、それに日本で見られる、お
よそ80種の一年生および多年生植物が
含まれる。大半の種は、円形～槍形の、
深裂または裂片のある、明るい緑～灰
緑色の葉が、基部で広がった叢をなす。
直立または枝分かれする習性のものも

ユキノシタ交雑品種'**クロス オブ ゴールド**'

Saxifraga, Hybrid Cultivar, 'James Bremner'

Saxifraga × urbium 'Aureovariegata'

Saxifraga umbrosa, cultivar

Scabiosa atropurpurea 'Chile Black'

Scabiosa atropurpurea 'Peter Ray'

数種ある。個々の花は小さいが、葉群
から高く伸びた茎の先に、球形または平
たいキク状の花序をなす。花色は普通、
白、淡い黄色から落ち着いたピンク色、
またはパウダーブルー、モーブ色である。

〈栽培〉
耐寒性の植物で、日の当たる、湿った、水
はけのよい、ややアルカリ性の肥沃な土
壌で容易に栽培できる。繁殖は、一年生
植物は種子で、多年生植物は種子また
は株分け、あるいは基部を切って挿す。

Scabiosa atropurpurea

一般名：セイヨウマツムシソウ、スカビオサ
英 名：EGYPTIAN ROSE, MOURNFUL WIDOW,
SWEET SCABIOUS
☼/☀ ❄ ↔40～75cm ↕40～90cm
南ヨーロッパ原産の一年生、二年生、あ
るいは短命の多年草。基部には、長さ15cm
になる、鋸歯縁または裂片に分かれた、明
るい緑～灰緑色の葉が群生する。上部の
葉は、より短くより深裂し、羽状複葉に近
い。夏から初秋にかけて、幅5cmの深紅
から深い紫黒色の花序がつく。'**ブルー
コッケード**'、高さ90cm、深い青色の丸
い八重咲きの花。'**チリ ブラック**'、高さ
60cm、深い黒赤色の花に小さなラベン
ダー色の斑点。'**ピーター レイ**'、高さ
60cm、大きな紫黒色の花序。'**サーモン
クィーン**'、高さ90cm、深いサーモンピン
ク～明るい赤色の八重咲きの花。
ゾーン：8～10

Saxifraga, Hybrid Cultivar, 'Purple Robe'

Scadoxus multiflorus、野生、ケニア、マサイマラ国立保護区

Scadoxus multiflorus subsp. katherinae

Scabiosa caucasica
一般名：コーカサスマツムシソウ
☼/☼ ❄ ↔40〜45cm ↕50〜90cm
コーカサス地方原産の多年生植物。葉は灰緑色〜青緑色で、基部の葉は全縁で大きな槍形。先端の葉は中央脈近くまで切れこむ。夏から秋にかけて、パウダーブルーの花が幅8cmの花序をなす。'アルバ'、白い花。'ブレッシンガム ホワイド'、白い花。'クライヴ グリーヴス'★、淡いラベンダーブルーの花。'ファマ'、鮮やかな青い花。'フローラル クィーン'、丈高で強健。明るい青の花。'ミス ウィルモッド'、丈高、クリーム色の花。'ナハトファルテル'、暗紫色の花。'ピンク レース'、鮮やかなピンク色の花。
ゾーン：4〜10

Scabiosa columbaria
一般名：セイヨウイトバマツムシソウ
☼/☼ ❄ ↔40cm ↕60cm
ユーラシア大陸および北アフリカの温帯が原産の、二年生、または短命の多年生植物。茎と葉は灰緑色で軟毛を帯びている。基部の葉縁は全縁〜深裂し、上部の葉は羽状で、多くはさらに分裂している。夏、幅40mmのラベンダー色〜紫青色の花序が生じる。S. c. var. ochroleuca、高さ90cm、淡い黄色の花序。S. c.var. 'バタフライ ブルー'、高さ70cm、ラベンダーブルーの花。'ピンク ミスド'、高さ60cm、明るいピンク色。
ゾーン：6〜10

Scabiosa graminifolia
スカビオサ・グラミニフォリア
☼ ❄ ↔30〜50cm ↕40cm
ヨーロッパ南部の多年生植物。短い草状の葉は細かい銀灰色の毛で覆われている。夏、幅40mmのラベンダー色〜パープルピンクの花序がつく。'ピンクッション'、深いピンクの花。
ゾーン：7〜10

Scabiosa incisa
☼/☼ ❄ ↔50〜60cm ↕60〜90cm
南アフリカのケープ地方産の多年生植物。深裂した灰緑色の葉は、基部では長さ15cmで、上部の葉はより小さい。春から初夏、深いピンクからラベンダーブルーの大きな花序がつく。
ゾーン：7〜10

Scabiosa lucida
スカビオサ・ルキダ
☼ ❄ ↔30〜50cm ↕30cm
中央ヨーロッパ産の低く広がる多年生植物。暗緑色から銀白色の、深く分裂した有毛の葉。夏から秋、幅40mmのラベンダーピンク〜紫赤色の花序がつく。'ロセア'、淡いピンク色の花。
ゾーン：5〜10

Scabiosa minoana
☼/☼ ❄ ↔30〜50cm ↕40〜60cm
南ヨーロッパと、ギリシャのクレタ島を含む地中海沿岸地方東側に見られる常緑低木。銀の毛を帯びた円形の葉。夏、ラベンダー色の小さな花序がつく。
ゾーン：7〜10

Scabiosa stellata
スカビオサ・ステラタ
英名：STARFLOWER
☼ ❄ ↔20〜30cm ↕45cm
地中海沿岸地方全域で見られる一年生植物。鋸歯縁、灰緑色の、短いシダに似た羽状複葉。白い花が幅25mm以上の花序をなす。夏、花が落ちたあとも、花序に大きな萼が残る。'ドラムスティック'、草丈30cm。明るい青色の花と銅色の萼が丸い花序をなす。'ペーパームーン'、白〜淡青色の花と、ブロンズ色の萼。
ゾーン：8〜11

SCADOXUS
（スカドクスス属）
英名：BLOOD LILY
ヒガンバナ科の属で、アフリカやアラビア半島の熱帯地方原産の9つの多年生植物種が含まれる。ハエマントゥス属の近縁で、両属種は非常に似ており、どちらも同じ英名（Blood Lily）で呼ばれている。とはいえ、スカドクスス属種は、明確な中央脈のない葉のかたちと、ロゼット型の配列で区別できる。さらにいえば、スカドククス属の鱗茎は多肉質の茎で、真の鱗茎ではない。

〈栽培〉
日なたか半日陰の、水はけのよい肥沃な土壌に、鱗茎の頭が地上に出るように植える。コンテナ栽培の場合、冬の休眠期にはやや湿性を保ち、夏の成長期には水をたっぷり与える。降霜地方では温室で栽培する。春、種子またはオフセットで繁殖。

Scadoxus multiflorus
スカドクスス・ムルティフロルス
異　名：Haemanthus mulitiforus
英　名：BLOOD LILY
☼ ❄ ↔60cm ↕50cm
南アフリカ原産の多年生植物。ほぼ常緑で、槍形または卵形の鮮やかな緑色の大きな葉が、直立性の湾曲したロゼットをなる。夏、幅狭の花弁とひげ状の雄ずいをもつ星形の小花が、サーモンレッドの丸い大きな花序をなす。S. m. subsp. katherinae ★（syn. Hemanthus katherinae）、波状に起伏する葉。S. m. 'コニング アルベルト'（syn. Hemanthus 'キング アルベルト'）、コーラルレッドの花。
ゾーン：9〜11

Scabiosa incisa

Scabiosa columbaria var. ochroleuca

Scabiosa minoana

Scabiosa caucasica 'Alba'

Scabiosa caucasica 'Clive Greaves'

Scabiosa caucasica 'ファマ'（花芽）

Scabiosa caucasica 'Pink Lace'

フカノキ属種（果実）

Schefflera arboricola

Schefflera actinophylla

Schefflera arboricola 'Jacqueline'

SCAEVOLA
（クサトベラ属）

クサトベラ科の属で、オーストラリアと、インド洋および太平洋諸島原産の、100種近くの低木、亜低木、多年生植物が含まれる。多くは地表を這う習性があり、温帯における頼もしいグラウンドカバーになる。大半の種は、しばしば刺をもつ短い茎に、やや多肉でしばしば有毛の小さな葉をつける。葉群は扇形の花に覆われる。花は青系が多いが、一部白色もあり、真冬から長期間にわたって咲き続ける。

〈栽培〉
主に必要なのは、日当りと水はけのよい土壌。多くの種は海水のしぶきにも耐えるため、沿岸地方に最適であるが、霜は避けること。温暖な季節に挿し木で繁殖。

Scaevola aemula
一般名：ブルーファンフラワー
☼ ❄ ↔50cm ↑15cm
オーストラリア南部および東部原産の多年生植物。多様で、通常平伏する習性をもつ。長楕円形の鋸歯縁の葉は、基部がくさび形。春から夏にかけて、幅30mmの淡いモーブブルーの扇形の花が茎に沿ってつく。'ブルー ファン'、'ブルー ワンダー'、'ニュー ワンダー'、より強健で直立性。'モーヴ クラスター' ★、モーブピンクの花。'パープル ファンファーレ'、大きな花がほぼ一年を通じて咲き続ける。
ゾーン：9～11

SCHAUERIA
（スカウエリア属）

キツネノマゴ科の属で、ブラジル原産の8種の常緑低木および亜低木が含まれる。幅狭の筒形の花からなる穂状花序を目的に栽培される。剛毛のある萼がブラシのように見える。

〈栽培〉
熱帯においては、屋外で肥沃な湿性の土壌に植える。冷涼地帯においてはコンサバトリーや温室が適しているが、最も暑い時間には陰になる位置に置く。緑枝挿しで繁殖。

Schaueria flavicoma
☼ ✿ ↔60cm ↑90cm
ブラジル原産の直立性の亜低木。つやのある緑色の葉で、網脈と中央脈がよく目立つ。落ち着いた黄色の幅狭の筒形の花と、綿毛～剛毛のある黄緑の萼が、枝の先に密な穂状花序をなす。
ゾーン：10～12

SCHEFFLERA
（フカノキ属）
異 名：*Brassaia*、*Dizygotheca*、*Heptapleurum*

およそ900種を含むウコギ科の大属。世界中の熱帯および亜熱帯の、主に湿性の環境に生息し、過半数は東南アジアから太平洋諸島で見られる。大半は低木、高木、よじ登り植物、あるいは寄生植物で、普通、同じ大きさの丸い小葉からなる葉が長い柄に輪生する。小さい花が散形、円錐、総状または穂状花序をなし、続いて黒または紫の小さな果実が生じる。装飾的な葉を目的に栽培される。降霜しない地方では庭にも適すが、室内外で鉢植えにしてもよい。

〈栽培〉
大半はかなり適応性があり、日なたから半日陰まで耐える。水はけのよい、中程度に肥沃な土壌を好み、成長期に適度な水分を必要とする。種子、挿し木、または高取り法で繁殖。

Schefflera actinophylla
異 名：*Brassaia actinophylla*
一般名：タコノキ
英 名：OCTOPUS TREE、QUEENSLAND UMBRELLA TREE
☼ ❄ ↔3.5m ↑9m
ニューギニアやオーストラリア北部および北東部の多雨林に見られる低木または高木。多数の幹と、つやのある明るい緑色の小葉をもつ。晩夏から初春にかけて、小さな赤い花からなる穂状花序を枝の先から放射状に広げる。赤みを帯びた黒い果実。ゾーン：10～12

Schefflera arboricola
一般名：ヤドリフカノキ
英 名：DWARF UMBRELLA TREE、HAWAIIAN ELF SCHEFFLERA
☼ ❄ ↔0.9m ↑0.9～1.5m
台湾原産。丸い低木で、7～11枚のつやのある鮮やかな緑色の小葉からなる掌状葉をもつ。春から夏、枝の先端近くに、黄みを帯びた小さな花が円錐花序をなす。金色の液果。室内植物として人気。'ジャクリーヌ'、葉に淡い黄色の不規則な模様が入る。
ゾーン：10～12

Schaueria flavicoma

Scaevola aemula

Scaevola aemula 'Blue Fan'

Scaevola aemula 'Purple Fanfare'

Scaevola aemula 'New Wonder'

Schefflera digitata
英 名：PATE
☼ ♦ ↔24m ↕3m
ニュージーランド産の低木あるいは高木。若い枝と小葉の柄は赤みを帯びた紫色。葉は、細かい鋸歯縁をもつ、卵形の、7〜10枚の小葉からなる。葉縁、脈、中央脈は赤色を帯びる。夏、緑を帯びた白色の小さな花が円錐花序をなす。白〜紫の液果。
ゾーン：10〜12

Schefflera elegantissima
一般名：モミジバアラリア、アラリア
英 名：ARALIA、FALSE ARALIA
☼ ♦ ↔3m ↕15m
ニューカレドニア原産の高木で、栽培種はより小型。幼形は分枝せず、多くの葉で覆われる。葉は、深い鋸歯縁をもつ、7〜11枚の細長い小葉からなる。光沢のある暗緑色の小葉は、成熟するにしたがって幅広になり、より大きな鋸歯縁になる。黒い液果。
ゾーン：10〜12

Schefflera umbellifera
英 名：BASTARD CABBAGE TREE、FOREST CABBAGE TREE
☼ ♦ ↔8m ↕9m
アフリカ南部および南東部原産の高木。老齢のものは密な丸い樹冠と、裂け目のある樹脂性の樹皮をもつ。葉は5枚の卵形の小葉からなり、枝先近くの長い柄に密生する。黄みを帯びた緑色の小さな花が円錐花序をなす。黒い液果。
ゾーン：10〜12

SCHIMA
（スキマ属）
ただ1種の常緑高木からなるツバキ科の属。インドから東南アジア、インドネシア原産の、つやのある葉をもつ魅力的な小さな高木で、晩夏に白い花が単生する。

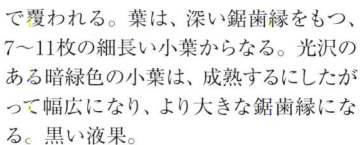

Schefflera umbellifera、南アフリカ、カーステンボッシュ国立植物園

Schefflera elegantissima

Schima wallichii

〈栽培〉
霜のあたらない保護された環境と、腐植質に富んだ酸性土壌が必要。冷涼地帯では温室やコンサバトリーでのコンテナ栽培も可能。種子または半熟枝挿しで繁殖。

Schima wallichii
一般名：イジュ、ヒメツバキ
☼ ♦ ↔6m ↕8m
密な藪状の頭をもつ高木。らせん状になら+ぶ大きな革質の葉は、つやのある緑色で、若葉はブロンズレッド。晩夏、穏やかな芳香と、突出した黄色い雄ずいをもつ白い花をつける。
ゾーン：9〜11

SCHINUS
（スキヌス属）
中央および南アメリカに見られるウルシ科の属で、30種あまりの常緑低木および高木が含まれる。注目すべきは、魅力的な羽状複葉と、時おりしだれる枝、それに茶赤色の核果の並ぶ小枝である。果実を作る、総状花序をなす小さな花は、通常白、黄緑、または淡いピンク色で、春か夏に開花する。雄性花と雌性花に分かれており、それらが同じ株に生じる場合と、別の株に生じる場合がある。

〈栽培〉
耐寒性は種によって異なるが、耐霜性の高いものはなく、多くは霜に弱く、温暖な気候を好む。大半の種はいったん根付けば非常に乾燥耐性となり、日なたの水はけのよい土壌で最もよく育つ。種子または挿し木で繁殖。

Schinus molle
一般名：コショウボク
英 名：PEPPER TREE
☼ ♦ ↔15m ↕15〜18m
南アメリカ原産の、拡張する常緑低木。しだれる枝と、細かく分裂した羽状複葉をもつ。春、小さな黄白色の花がつく。エンドウマメ大の赤い液果が房をなす。南ヨーロッパでは街路樹。環境によっては雑草となり得る。k*S. m.* var. *areira*（syn. *S. areira*）、しだれ気味の枝。暗緑色の葉は芳香性の樹脂をもつ。ピンク〜赤茶色の液果。乾燥と熱に耐える。
ゾーン：9〜11

Schinus molle var. *areira*

Schinus terebinthifolius

Schinus terebinthifolius
一般名：サンショウモドキ
英 名：BRAZILIAN PEPPER TREE
☼ ♦ ↔4.5m ↕6m
ブラジル南部、アルゼンチン、パラグアイ原産の低木あるいは小高木。革質の羽状複葉は、裏面は明色で、若葉は細かい毛を帯びている。淡緑色の花芽が開いて、小さな白い花となる。鮮やかな赤い果実。
ゾーン：9〜12

SCHISANDRA
（マツブサ属）
東アジアおよび北アメリカ東部（1種のみ）原産の、およそ25種の常緑低木と高木を含む、マツブサ科の同名の属。芳香性のある木性つる植物で、広葉常緑樹林でよく見られる。らせんに生じる葉に分裂はなく、縁は小鋸歯状または波形。小さな杯形の花が枝の先に群生または単生する。雄性花と雌性花は、同一株または別の株に生じる。鮮やかな色の果実は液果状で、それぞれ1、2個の種子を含む。これらの植物の栽培目的は、芳香のある短命の花と、よく目立つ赤または黒の果実である。

〈栽培〉
水はけがよく、かつ水分保持力のある良質の土壌が必要。真昼の日光は避ける。亜熱帯の庭、または温帯の温室で栽培する。多少の石灰には耐える。種子または長い半熟枝による挿し木、吸枝、根挿し（夏）、取り木（秋）で繁殖。

Schisandra chinensis
一般名：チョウセンゴミン
☼/☼ ❄ ↔6m ↕8〜10m
中国産の強健な木性つる植物。赤みを帯びた若い茎と円形の葉。幅18mmのクリーム色から淡いピンク色の花。両性がそろえば、雌性花は長さ15cmの下垂した穂に、赤かピンクの液果をつける。
ゾーン：4〜10

Schisandra rubriflora

☀/☼ ❄ ↔6m ↕8～10m

インド北部、ミャンマー、中国西部原産。葉の長さは15cm。幅25mmの赤い花が下垂する。雌株は長さ15cmのしだれる穂に赤い液果をつける。
ゾーン：3～10

SCHISTOSTYLUS
（スキストステュルス属）

オーストラリア東部原産のラン科の単型属で、カヤラン属の近縁。小型の植物で、多くは水の上に張り出した枝に寄生して成長するが、まれには樹木の幹や主枝に寄生することもある。2列に並んだ葉と、網を形成する粗いワイヤー状の根をもつ。三に緑色の花が短い穂状花序をなし、花は先端を向く。

〈栽培〉
根が覆われるのを嫌うため、幅狭で長いコルクの断片に乗せるのが最適。通気性のよい多湿の環境において半日陰の位置で育てるとよい。継続的な栽培は難しい。

Schistostylus purpuratus

☀ ◐ ↔6～12cm ↕6～12cm

オーストラリア東部の限られた範囲に分布。春、よく目立つ白い唇弁のある、幅6mmの赤っぽい～緑色の花が6個以下で短い穂状花序をなす。
ゾーン：10～11

SCHIZAEA
（フサシダ属）

英 名：COMB FERN, RUSH FERN

熱帯、北アメリカおよび温帯の南部原産の30あまりの種からなる、フサシダ科の同名属。小型から中型の陸生シダで、直立または匍匐の有毛の根茎をもつ。普通は栄養素に乏しい土壌で生息するが、時には腐敗した樹木にも見られる。葉は、分裂しないものと（中央脈に沿った2枚の組織しかもたないものもある）、2分裂を繰り返すものがある。胞子嚢は葉の切片の末端に2列で並ぶ。しばしば切片の端が内巻きになって胞子嚢を隠すが、熟した胞子は露出する。

〈栽培〉
育てるのは非常に難しく、めったに栽培されない。日陰の水はけのよい土壌で育てること。

Schistostylus purpuratus

Schizaea dichotoma

一般名：カンザシワラビ
英 名：BRANCHED COMB FERN, FAN FERN

☀ ◐ ↔5～8cm ↕10～35cm

ニュージーランドの砂地で、カウリマツや真菌類とともに生息する原始的な草状のシダ。腐敗した有機物質に栄養分を依存している。硬いワイヤー状の茎は、基部が茶色で、先端は緑色で分裂している。不稔性の葉は、扇形の葉片が多数フォーク状に並ぶ。分裂を繰り返した稔性の葉には、長く細い茶色の毛が2列に並ぶ。ゾーン：9～12

SCHIZANTHUS
（シザントゥス属）

英 名：POOR MAN'S ORCHID

チリ産の属で、およそ12種の一年生および二年生植物からなる。ナス科に属するが、見た目に関連性はない。栽培種は高さ約30cmの小型の直立植物で、緑色で柔らかいシダ状の葉は、しばしば裏面が細かい毛で覆われる。分枝した円錐花序が葉の上につく。花は美しい斑点があり、POOR MAN'S ORCHID（貧乏人のラン）という英名が示すとおり、よく目立つ下唇弁をもつ。現在では、さまざまな色やサイズの系統がある。属の学名は、ギリシャ語の*schizo*（分裂）と*anthos*（花）に由来し、この植物の深く裂けた花冠を表わしている。

〈栽培〉
寒さには弱いが、夏季に高い気温が続く地方では一年生植物として容易に栽培できる。その他の地域では、温室でポット栽培するとよい。明るい場所で、肥沃で水はけのよい湿った土壌で育てる。種子で繁殖するが、数回に分けて播種すると花期を継続できる。藪状に仕立てる場合は、幼期に成長する先端を摘み取る。

Schizaea dichotoma、不稔性の葉、稔性の葉（差込）

Schizanthus pinnatus

☀/◐ ↔20～40cm ↕20～50cm

生い茂る習性をもつ一年生植物で、普通、切れこみのある槍形の明るい緑色の葉をもつ。夏から秋、ほぼ同サイズの裂片に分かれた平たい花が、密な房状の花序をなす。花喉の白い、深いピンク色の花には、中心に黄色と黒の斑点がある。さまざまな色の園芸品種がある。
ゾーン：9～11

Schizanthus × wisetonensis

一般名：シザントゥス、コチョウソウ

☀/◐ ↔30cm ↕30～50cm

一年生である*S. pinnatus*と*S. grahamii*を両親とする園芸交雑種。いくつかのcv. は*S. pinnatus*に類似した葉と習性をもつ。花は、白、ピンク～パープルブラウン、青と、さまざまな色がある。
ゾーン：9～11

SCHIZOPHRAGMA
（イワガラミ属）

中国、朝鮮半島、日本の森林や崖に原生する、2種の落葉性の観賞用木性よじ登り植物からなるアジサイ科の属。両種とも、短い粘着性の気根を使ってよじ登る。先のとがった、縁に少数～多数の歯が並ぶ魅力的な葉は、秋に黄色く変わる場合がある。老齢の枝から樹皮が剥離する。平たい房状の小さな稔性の花と、それを取り囲む、普通クリーミーホワイトのよく目立つ不稔の小花が、花序をなす。果実は殻斗。つるは徐々に成長して非常に大きくなるが、根付くのは遅い。高木に成長することも可能だが、小根を形成するまで支えを必要とする。

〈栽培〉
水はけのよい豊かな土壌が理想的だが、ほとんどすべての土壌で育つ。日陰など、幅広い光の条件に耐えるが、根が日陰にありさえすれば、日なたのほうが花つきがよい。繁殖は、初夏から真夏にかけて緑枝を挿すか、晩夏、熟枝を挿す。病害虫に悩まされることはほとんどない。

Schizophragma hydrangeoides

一般名：イワガラミ
英 名：JAPANESE HYDRANGEA VINE

◐ ❄ ↔3m ↕9m

朝鮮半島および日本原産の、落葉性の絡みつき型木性よじ登り植物。先のとがった、鋸歯縁の、暗緑色の葉。夏に見られる、平たい房状の、幅25cmのクリーミーホワイトの花は、小さな稔性の花と、それを取り巻くしずく形の花からなる。'ムーンライド'、青緑色の葉に、灰青色の斑点と深緑色の葉脈。'ロセウム'、淡いピンク色の花が色味を増してローズ色になる。
ゾーン：5～9

SCHIZOSTYLIS
（スキゾスティルス属）

英 名：KAFFIR LILY

アフリカ南部の湿性の草原原産の、非常に多様な単一種からなるアヤメ科の属。最近の研究により、スキゾスティルス属はアフリカ産の大属であるヘスペランタ属に含まれることが指摘されている。ほぼ常緑で、年間を通してある程度の水分を必要とする。秋に生じる鮮やかな花は、しばしば冬に入っても生き残るため、珍重されている。

〈栽培〉
日なたの、常時湿ったピート質壌土に植えるか、あるいは砂質壌土であれば有機マルチで覆って水分を保つ。株分け、または熟した新鮮な種子で繁殖。

Schizanthus × wisetonensis

Schizanthus × wisetonensis

Schoenoplectus lacustris

Schlumbergera truncata cultivar

Schlumbergera truncata

SCHLUMBERGERA
（カニバサボテン属）
異　名：*Zygocactus*

サボテン科の6つの人気種が含まれる属。ブラジルの岩の上や木の中で成長し、赤、紫、ピンク、白色の花はハチドリによって受粉する。茎の節片は、平たいものから断面が円形のものまであり、刺は弱いか、まったくない。果実は液果状で、稜のある場合もある。多くのcv. があり、温度が下がると黄色い花がピンクに変わるものもある。

〈栽培〉
温帯においては、暖房した温室、窓台の小さな鉢、またはハンギングバスケットで、また、温暖な地帯では、野外で寄生植物として、またはロックガーデンで容易に栽培できる。やや酸性の、腐植質に富んだ土壌に植え、夏の間は日陰で多湿を保ち、冬場は水を減らす。冬に開花させるには晩夏に休眠させる。大半の種は、切り取って1週間ほど乾燥させた穂木を、腐植質に富んだ水はけのよい土壌に挿して繁殖する。

Schlumbergera × *buckleyi*
一般名：クリスマスカクタス、シャコバサボテン
英　名：CHRISTMAS CUCTUS
☼ ❄ ↔30～60cm ↕30cm

*S. truncata*と*S. russelliana*の間の園芸用交雑種で、ヨーロッパ北部で昔から栽培されてきた。冬、多数の円筒形の花と、茎の先に紫の柱頭をつける。
ゾーン：10～12

Schlumbergera truncata
異　名：*Zygocactus truncatus*
一般名：シャコバサボテン
英　名：CRAB CUCTUS
☼ ❄ ↔30～60cm ↕30cm

茎の基部に木質はほとんどない。長さ8cmになる茎の節片の両側に2～4本の先端を向いた歯が並ぶ。さまざまな花色があり、秋に咲く。
ゾーン：10～12

SCHOENOPLECTUS
（フトイ属）
世界中に分布する、50種あまりの房状または匍匐性の一年生または多年生植物からなる、カヤツリグサ科の属。多年生の種は、深い～浅い水中に見られ、一年生の種は、季節ごとに水没する低地に見られる。葉は普通鞘だけが見られ、帯状の葉身が見られるのはまれである。夏、細長い茎の先につく赤みを帯びた茶色の花序は、通常、数個から多数の小穂からなり、それぞれにおびただしい数の花が含まれている。果実は痩果。多くの種が、世界のさまざまな地域でかごやマットの材料に利用されている。

〈栽培〉
湿性の土壌であれば、日なたでも日陰でも容易に育つ。一部は侵略種にもなり得るので、原生地でない地域で栽培する場合は注意すること。株分けや種子で容易に繁殖できる。

Schoenoplectus lacustris
異　名：*Scripus lacustris*
一般名：フトイ、オオイ
英　名：BULRUSH, CLUBRUSH, TULE
☼ ❄ ↔0.9～1.2m ↕0.9～3m

ヨーロッパ、アジア、アフリカ、および南アメリカ北部で見られる草状の一年生または多年生植物。ゆっくりと広がる、イグサに似た茎が環状に叢生する。夏から秋にかけて、100以上の小穂からなるくすんだ色の花序が密生する。葉はマットやかごの材料に利用される。*S. l.* subsp. *tabernaemontani*、より短い茎。そのcv. である'**ゼブリヌス**'は、強さに劣り、高さ1.5m以下で、茎に黄色からアイボリーの横縞が入る。
ゾーン：4～11

SCHOENUS
（ノグサ属）
100種あまりの、叢生または根茎性の多年生植物、それに、少数の一年生植物からなるカヤツリグサ科の属。ほぼ世界中の多湿の草原や森林地帯で見られるが、マレー諸島とオーストラリアに集中している。葉は草状で、多くは変形して基部の鞘のみになっている。花茎には、それぞれ1～9個の小花からなる茶色～黒の小さな小穂が群生する。小さい堅果状の果実が小穂に隠れている。一部の種は、ヨーロッパで屋根ふき材料に利用されている。

〈栽培〉
土壌が湿ってさえいれば、日なたおよび半日陰で容易に育つ。株分けや種子で容易に繁殖できる。

Schoenus pauciflorus
英　名：BOG RUSH, BOG SEDGE
☼ ❄ ↔22～45cm ↕30～90cm

ニュージーランド原産の、藪を形成する水生多年生植物。溝のある、幅狭の硬い直立した葉は、長く深い茶色の鞘をもつ。それぞれ3～4個の花をつける、長さ6mm数個の槍形の暗茶色の小穂が、側生の短い円錐花序をなす。より淡色の傾斜した溝のある茎。
ゾーン：7～10

Schoenus pauciflorus

Schotia latifolia

Sciadopitys verticillata

SCHOMBURGKIA
（ションブルキア属）
小型、複茎性のラン科の属で、近縁にあたる、より大きなラエリア属に似た約20種からなる。メキシコや西インド諸島からブラジルにかけて分布する。長く伸びた偽鱗茎は、一部中空で、先端に2、3枚の硬い革質の葉をつける。最も新しく成熟した新梢から、長い花序が出現し、夏から秋にかけて、多くの場合蝋質の、色鮮やかな大きな花が房をなす。

〈栽培〉
成長と開花のためには、高い光レベルと高い温度が必要である。はびこる習性のため、ポットでの栽培は難しい。ポット植え、またはポットから植え替えられた場合、一度しか開花しないことが多い。コルク板または木性シダの上で栽培する。一部の種は熱帯の日なたで栽培可能だが、大半は真夏の暑さを避け、光を遮ったほうがよい。10℃以下の温度は嫌う。株分けで繁殖する。

Schomburgkia tibicinis
中央アメリカ産の種。中空の偽鱗茎。花序の高さは2mを超える。夏、8cmの鮮やかなピンク、赤、黄色の花をつける。
ゾーン：11〜12

SCHOTIA
（スコティア属）
マメ科ジャケツイバラ亜属の小属で、南アフリカ産の4、5種からなる。落葉性または半常緑性の低木あるいは高木で、偶数の小葉からなる葉が互生する。春、枝沿いまたは枝の先に、あるいは古い木質部から直接、5枚花弁の赤またはピンクの花が円錐花序にて生じる。果実は豆果で、普通革質で平たく、長楕円形である。一部の種の円形の平たい種子は、タンパク質が豊富で、食用される。これらの植物はもともと、熱帯および亜熱帯の、落葉性の森林や岩の多い低木林を含む、暑く乾燥した半砂漠地帯に原生していた。端正な葉と魅力的な花を目的に栽培される。

〈栽培〉
温暖な、降霜のない地域において、日の当たる水はけのよい土壌で、強い風の当たらない位置で栽培する。種子または挿し木で繁殖する。

Schotia brachypetala
英　名：AFRICAN WALNUT、TREE FUCHSIA
↔ 4.5〜8m ↕15m
ジンバブエ、モザンビーク、南アフリカ原産の落葉性の大低木あるいは小高木。光沢のある緑色の羽状複葉と小葉は、幼時は赤みを帯びている。夏、芳香のある深紅の花が、葉のない茎の先に、華やかな大型の密生した円錐花序をなす。長楕円形のインゲンマメに似た豆果。種子は食べられる。
ゾーン：9〜12

Schotia latifolia
英　名：BEEN TREE、ELRPHANT HEDGE
↔ 8m ↕15m
南アフリカ東部原産の、さまざまなかたちをもつ高木。それぞれの葉に、幅狭の円形の基部をもつ、対になった小葉が3〜5対組並ぶ。枝の先に、ほぼ無柄のピンクがかった花が円錐花序をなす。果実は硬い豆果。
ゾーン：9〜12

SCIADOPITYS
（コウヤマキ属）
この注目すべき針葉樹属は、コウヤマキ科という独自の科をもち、日本の山地固有の1種の常緑性植物からなる。最も目を見張る特性は2つのタイプの葉で、茎の長い節間にらせんに配置された茶色の鱗片葉と、節間の端ごとに密な放射状に輪生する30本もの緑色の長い葉状の針がある。雄花序と芽花序は同じ株に生じる。球果は小型のマツの球果に似ており、先端で幅広の薄い鱗片が反曲する。

〈栽培〉
冷涼地帯においては、適度な雨量と、温暖な多湿の夏さえあれば、容易に成長する。ある程度保護された位置と深い肥沃な土壌を好む。成長は遅いが一定している。普通種子で繁殖するが、発芽率が低いため、種子を層積貯蔵して、播種の前の3カ月間冷蔵する。

Sciadopitys verticillata
一般名：コウヤマキ
英　名：JAPANESE UMBRELLA PINE、UMBRELLA PINE
↔ 6m ↕21m
針葉樹で、栽培種はより小型で、整った円錐形の習性をもち、地表近くまで枝が下がる。日陰で育てた若木はより高く伸びる。豊かな茶色の樹支が剥がれて垂直の縞ができる。つやのある深い緑色の葉が輪生する。
ゾーン：6〜9

SCILLA
（スキラ属）
英　名：BLUEBELL、SQUILL
およそ90種のヒアシンス科の鱗茎植物からなる属。ヨーロッパ西部から日本、アフリカの一部でも見られる。草状、または帯状の鮮やかな緑色の葉を叢生させ、*S. peruviana*など、広い範囲を覆う種もある。長い花茎が、一部芳香性のある、小さな星形の花からなる円錐形の花序を支える。花期は種によって異なるが、普通春咲きである。原種はモーブから紫色の花が多いが、cv. にはさまざまな花色がある。鱗茎のエキスは大昔から、主に利尿剤、去痰剤として薬用されてきた。

〈栽培〉
大半は耐寒性で、ひなたもしくは半日陰の、腐植質に富んだ水はけのよい湿った土壌で容易に育つ。株が大きくなったら、葉の枯れた秋に掘り上げて株分けする。種子からも栽培可能だが、花がつくまで長くかかる。

Scilla bifolia
英　名：TWO-LEAFED SQUILL
↔ 8cm ↕8〜15cm
ヨーロッパ原産。1つの鱗茎から2本、または3本の長い葉を伸ばす。早春、深いブルーバイオレットの小さな花が葉とともに生じる。
ゾーン：4〜8

Scilla hyacinthoides
英　名：HYACINTH SCILLA
↔ 30cm ↕90cm
地中海沿岸地方産の希少な鱗茎植物。帯状の緑色の葉。春、じょうぶな茎に、それぞれ100個ものバイオレットブルーの星形の花がつく。
ゾーン：8〜11

Scilla hyacinthoides

Schomburgkia tibicinis

Schotia brachypetala

Scilla liliohyacinthus
英　名：PYRENEAN SQUILL
☀/☽ ❄ ↔10cm ↕10cm
フランスとスペイン原産。帯状の幅広の葉は光沢のある真緑色。春分～晩春、淡いバイオレット色の花と、深い紫色の葯が生じる。
ゾーン：6～8

Scilla natalensis ★
英　名：BLUE SQUILL
☀/☽ ❄ ↔50cm ↕90cm
南アフリカ原産。暗緑色の短い葉。春から夏にかけて、優美な星形の青い花が、茎あたり50～100個、大羽状につく。
ゾーン：7～10

Scilla peruviana
一般名：オオルツボ
英　名：CUBAN LILY、HYACINTH-OF-PERU
☀ ❄ ↔45cm ↕30cm

Scilla liliohyacinthus

Scilla natalensis

地中海沿岸地方原産。先のとがった幅広の、光沢のある緑色の葉と、多肉質の茎。春から初夏にかけて、インディゴブルーの花が丸いクッションを作る。*S. p.* var. *venusta*、チュニジア原産の、モーブブルーの花。葉は平伏する。
ゾーン：8～11

Scilla ramburei
☀ ❄ ↔10cm ↕15cm
スペインおよびポルトガル原産。3～6本の、鮮やかな緑色の、カールした幅狭の草状の葉をもち、春、バイオレットブルーの花からなる、幅12～18mmの下垂した平たい花序をつける。強健で、塩にも耐える。
ゾーン：7～10

Scilla siberica
ステラ・シベリカ
英　名：BLUE SQUILL、SIBERIAN SQUILL
☀/☽ ❄ ↔8cm ↕15cm
ロシアおよび南西アジア産。帯状のつやのある鮮やかな緑色の葉。早春、鮮やかな青い星形の花が3～5個ずつ茎につく。'スプリング ビューティ'、大きな青い花。より草丈が高い。
ゾーン：2～8

Scilla tubergeniana ★
異　名：*Scilla mischtschenkoana* 'Tubergeniana'
☀/☽ ❄ ↔10cm ↕12cm
イランおよびロシア原産。早春、深い青色の脈のある白または淡青色の杯形の花がつく。光沢のある帯状の葉が花に続く。日陰のロックガーデンに最適。
ゾーン：5～7

SCLERANTHUS
（スクレラントゥス属）
ヨーロッパ、アジア、アフリカ、南アメリカ、オーストラリア、ニューギニア、ニュージーランドに自生する10種を含むナデシコ科の属。多年生または一年生で、密な房となって地表を覆う習性をもつ。通常緑色の、小さな線形の葉が、茎の基部に結合している。淡いクリーミーグリーンの花は小さく、多くは6mmに満たない。一部の種では花はほとんど見られない。根の浅い植物で、どの種も地表を匍匐し、密なクッションを形成する。

〈栽培〉
日なたでも日陰でもよいが、長期間の乾燥および過度に雨の多い気候を嫌う。秋に茎を切って挿し木するか、新鮮な種子で繁殖。

Scleranthus biflorus
☀ ❄ ↔30cm ↕5～10cm
ニュージーランド原産の、密生してマットを形成する多年生植物。小さな針状の葉は、鮮やかな緑色、またはライムグリーン。夏に、よく目立つ淡いクリーミーグリーンの花をつける。
ゾーン：5～9

Scilla siberica 'Spring Beauty'

Scleranthus biflorus

Scilla peruviana

Scilla ramburei

Scilla peruviana var. venusta

SCLEROCACTUS
（スクレロカクトゥス属）
異　名：*Ancistrocactus*、*Coloradoa*、*Glandulicactus*、*Toumeya*
アメリカ合衆国南西部およびメキシコ北部原産の、魅力的な刺をもつ、成長の遅い14の種と7の亜種からなるサボテン科の属。属名はギリシャ語の*scleros*（硬い）に由来し、硬い残忍な刺を表している。いくつかの種はワシントン条約付属書Ⅰに挙げられている。球形～円筒形で、体表に小結節と稜があり、普通は単生だが、群生する場合もある。じょうご形～鐘形の短い昼咲きの、ピンク、紫、赤、あるいは黄色の花が、むき出しの心皮とともに先端に生じる。種子の莢は卵形からこん棒形で、鱗片状である。スクレロカクトゥス属には、かつてアンキストロカクトゥス、コロラドア、グランドゥリカクトゥス、トウメヤと分類されていた属がすべて含まれるが、エキノマストゥス属だけは含まない。

〈栽培〉
大半は、水はけのよい鉱物を含んだ土壌と慎重な灌水を必要とする。冬と夏は乾燥を保つ。よほど熟練した栽培者でないと繁殖は難しい。硬実処理した種子を、厳しい霜にさらして発芽を促進する。

Sclerocactus scheeri
異　名：*Ancistrocactus megarhizus*、*A. scheeri*
☀ ❄ ↔2.5～10cm ↕2.5～15cm
メキシコおよびアメリカ合衆国テキサス州南部産の、単生する、球形から円筒形の種。体表を覆う密な刺は、3～4本の白から灰色の平たい中刺と、10～20本の黄みを帯びた針状の側刺がある。下部の中刺はかぎ状。じょうご形の緑を帯びた花。
ゾーン：8～10

Sclerocactus unicinatus
異　名：*Ancistrocactus unicinatus*、*Glandulicactus unicinatus*、*Hamatocactus unicinatus*
英　名：BROWN-FLOWERD HEDGEHOG CACTUS、CAT'S CLAW CACTUS
☀ ❄ ↔2.5～10cm ↕2.5～15cm
アメリカ合衆国テキサス州西部およびメキシコ産の、単生する、球形から円筒形の、青みを帯びた緑色のサボテン。小結節のある深い稜が12～14ある。刺は、

1～5本の上方を指すかぎ状の中刺と、8～15本の側刺からなる。中刺は黄色で先端が赤く、年月とともに灰色を帯びる。上部の側刺はクリーム色で平たく、下部のものはかぎ状で赤みを帯びている。赤みを帯びた茶色の花。
ゾーン：8～10

SCLEROCARYA
（スクレロカルヤ属）
熱帯およびアフリカ南部原産の、4種の落葉高木または低木からなるウルシ科の属。茎の先に向かって複葉が密生し、冬から早春にかけて、小さな目立たない花が円錐花序をなす。液果が夏に実る。
〈栽培〉
温暖気候の植物で、霜に弱い。日なたまたは半日陰の水はけのよい土壌で育てる。種子で繁殖。

Sclerocarya birrea
一般名：マルーラ
英　名：MAROOLA PLUM、MARULA
↔6m ↑9m
エチオピアから南アフリカにかけて見られる落葉性の高木。暗緑色の卵形の小葉が複葉をなす。春、目立たない花がつく。大きな黄色い液果はビタミンCが豊富で、生食または飲み物やジャムに利用される。
ゾーン：10～12

SCOLOPIA
（トゲイヌツゲ属）
アフリカ、アジア、オーストラリアの熱帯から暖温帯にかけて見られる、35種の低木および高木からなるイイギリ科の属。最も注目されるのは、時おり見られる刺のある茎と、しばしば芳香のある花、それに続く果実である。葉は通常長さ10cm以下で、全縁または起伏のある鋸歯縁をもつ。クリーム色から緑みを帯びた淡い黄色の小さな花は、密生して円錐花序をなすためよく目立つ。続いて生じる液果状の果実は、たいてい暗赤色で幅12mmになる。
〈栽培〉
さまざまな気候地帯で自生するため、栽培条件はさまざまだが、耐霜性の種はわずかである。乾季のある熱帯産の種は乾燥耐性があるが、それ以外の種は、湿性の、腐植質に富んだ、水はけのよい土壌で、日なたまたは半日陰で栽培する。果実が落ちた後、剪定して樹形を整える。種子または半熟枝挿しで繁殖。

Scolopia mundii
英　名：RED PEAR
↔4.5m ↑9m
南アフリカのケープ地方から東側に原生する、直立性の、藪状の小高木。つやのある深緑色の葉。幹は年月とともに縦溝がつく。若木は刺のある枝をもつ。秋から冬、緑を帯びた花が群生する。鮮やかなオレンジ色と黄色の果実。
ゾーン：9～11

SCROPHULARIA
（ゴマノハグサ属）
英　名：FIGWORT
200種あまりの多年生植物、および一部の亜低木からなるゴマノハグサ科の属。しばしば湿地に生息し、大半は北半球の温帯区分が原産だが、一部中央アメリカで見られる種もある。茎は4つの角をもち、葉は単葉または複葉で、互生または対生する。花は、まるでキツネノテブクロ（ジギタリス属）を小さく膨らせたようなかたちで、ブロンズ色、銅色、またはくすんだ赤色の下唇弁をもつ。園芸的に価値があるのは数種のみで、一部は雑草となる。一部の種はかつて、るいれき（首のリンパ腺の腫れ物）を治すと考えられていた。
〈栽培〉
大半は、木漏れ日の当たる湿性の腐植質に富んだ土壌でよく育つ。一部は水生。繁殖は、元の場所に種子を蒔くか、春に基部を切って挿し木する。

Scrophularia auriculata
スクロフラリア・アウリクラタ
異　名：*Scrophularia aquatica*
英　名：WATER BETONY、WATER FIGWORT
↔90～120cm ↑90～120cm
西ヨーロッパ原産の、水辺に生息する強健な種。やや鋸歯縁の、長さ25cmになる葉が互生する。夏、広がったスプレーに、唇弁の垂れた、内側が黄緑色の、赤みを帯びた茶色の小さな丸い花が生じる。'ワリエガタ'、葉によく目立つ白の縁取り。
ゾーン：5～10

SCUTELLARIA
（タツナミソウ属）
英　名：HELMET FLOWER、SKULLCAP
およそ300種の一年生および多年生植物からなるシソ科の属。主に北半球の温帯の、低木林、開けた森林地、草原で見られる。根はたいてい根茎で、植物は直立または不規則に広がり、丈は15cmから1.2mまでにおよぶ。葉は対生で単葉、時おり鋸歯縁が見られる。2つの唇弁をもつ筒形の花が、英名の由来である僧帽形の萼から現われる。夏、青、白、または黄色の花が、1個または2個一組、または穂の先に現われる。多数の種が観賞用に栽培され、一部は抗けいれん性をもつ薬草として利用される。
〈栽培〉
丈高の種はボーダーガーデンに、小型の種はボーダーの端やロックガーデンに植える。適当な土壌で、日なたで育てる。乾燥する夏にはたっぷり水をやること。種子または株分けで繁殖。

Scutellaria alpina
スクテラリア・アルピナ
↔45cm ↑15～25cm
南ヨーロッパからシベリアの山地で見られる不規則に広がる多年生植物。しばしば節から根を出す。卵形の小さな葉がマットを形成する。晩春から初夏にかけて密な総状花序をなす小さな花は、紫から淡いピンク色で、多くは下唇弁に黄色が入る。*S. a.* subsp. *supina*、落ち着いたレモン色の花。*S. a.* 'アクロバレノ'、青みを帯びた紫色～白、ローズ、淡い黄色の花。下唇弁に対照色が入る。
ゾーン：5～9

Scutellaria baicalensis
一般名：コガネバナ
↔20cm ↑40cm
シベリアから日本にかけて見られる不規則に広がる種。茎はしばしば紫色に覆われる。小さな幅狭の葉はうっすらと毛を帯びる。夏、白い下唇弁のある紫色のビロード状の筒形の花が密な花序をなす。
ゾーン：5～9

Scutellaria alpina 'Arcobaleno'

Scutellaria alpina

Sclerocarya birrea

Scolopia mundii、南アフリカ、ケープタウン、カーステンボッシュ国立植物園

Scutellaria orientalis

Scutellaria barbata

Scutellaria incana

Scutellaria indica var. *parvifolia*

Scutellaria barbata
一般名：ハンレン
☼ ❄ ↔20cm ↕30〜40cm
中国、インド、日本産の一年生あるいは多年生植物。小さな卵形もしくは槍形の葉。春から秋にかけて、青い筒形の花が茎に沿って並ぶ。漢方薬として利用され、最近、抗がん剤として研究されている。
ゾーン：5〜9

Scutellaria galericulata
☼ ❄ ↔20〜30cm ↕30〜60cm
ユーラシア大陸および北アメリカの温帯に見られる、直立または広がる多年生植物。先のとがった葉は長さ5cmになる。内側に白い模様があるラベンダーブルーの花。下唇弁はいくぶん色が薄く、暗青色の斑点がある。
ゾーン：5〜9

Scutellaria incana
英　名：DOWNY SKULLCAP
☼ ❄ ↔60cm ↕60〜120cm
北アメリカ東部原産の藪状の多年生植物。長さ8cmになる灰色を帯びた緑色の葉は、極細の毛で覆われている。夏から秋にかけて、紫を帯びた青いベルベット状の花が、茎の先に密な円錐花序をなす。
ゾーン：4〜9

Scutellaria indica
一般名：タツナミソウ、コバノタツナミ
☼ ❄ ↔30cm ↕15cm
日本、朝鮮半島、中国原産の、低く成長しマットを形成する多年生植物。小さな円形の、灰色を帯びた緑色の葉は、浅い鋸歯縁をもつ。夏、紫を帯びた淡青色の花が密な総状花序をなす。*S. i.* var. *parvifolia* ★、暗緑色の葉、比較的大きなラベンダーブルーの花。
ゾーン：5〜9

Scutellaria orientalis
☼ ❄ ↔15〜25cm ↕30〜45cm
ヨーロッパ南東部原産の、低い小山を形成する亜低木。小さな卵形の葉は、表側は暗緑色で、裏面は灰色で軟毛を帯びている。密な総状花序をなすレモンイエローの花には、赤みを帯びたものや、赤い斑点が見られる場合がある。
ゾーン：7〜10

SECHIUM
(ハヤトウリ属)
英　名：CHACO, CHAYOTE, CHOCHO
ウリ科の属で、熱帯アメリカにおけるより低温の山岳地帯に見られる6〜8種のよじ登り植物からなる。長い柄のある鮮やかな緑色の葉は、掌状の切れ込みがあり、基部は心臓形。5裂した星形の花は、雄性花と雌性花がある。雄性花は長い総状花序をなすが、雌性花は単生または対で生じる。稜のある緑色の大きな卵形の果実は多肉質で、果皮は、毛や刺で覆われているものと、なめらかなものがある。果実には1個の大きな種子が含まれ、果実の中で発芽できる。熱帯地方では野菜として栽培され、焼いたり、ゆでたり、煮たりして食べられる。

〈栽培〉
温帯では、温室内で、中程度の湿度とフィルターライトのもと、水はけのよい肥沃な砂の多い土壌で栽培する。定期的に水と肥料を与える。暖温帯では、野外において、堆肥を加えた水はけのよい土壌で栽培する。挿し木もしくは種子で繁殖。果実内で種子が発芽している場合は果実ごと植え付ける。

Sechium edule
一般名：ハヤトウリ
英　名：CHAYOTE, CHOCHO, CHRISTOPHINE
☼/◐ ❄ ↔3〜6m ↕3m
中央アメリカ原産の塊根性よじ登り植物。葉は3〜5裂し、表面はざらざらしている。淡い黄色の雄性花が長さ30cmの総状花序をなす。雌性花は緑を帯びている。緑を帯びた黄色の果実は食用で、長さ18cmになる。
ゾーン：9〜12

SEDUM
(セドウム属)
英　名：STONECROP
ベンケイソウ科の非常に多様な多肉植物で、交雑種も多い。北半球原産の、葉もかたちも多様な300種以上が属している。低木状で、平たい卵形の灰緑色の葉をもつ種や、つる性の、ゼリービーンズ状の多肉葉をもつ種、また、非常にコンパクトなマットを形成する種もある。大半は、夏から秋にかけて、極小の鮮やかな黄色の5枚花弁の花からなる小さな花序が生じる。秋咲きの種は別属となり、主にムラサキベンケイソウ属またはイワベンケイ属に分類される。属名はラテン語の*sedo*（座る）に由来しており、低く広がる習性を表している。一部の種は薬として、また、サラダ用の野菜として利用される。*S. spectabile*など、花目的に栽培される種や、また、*S. rubrotinctum*など、色鮮やかな植物体を目的に栽培される種もある。

〈栽培〉
よく日の当たる、砂の多い水はけのよい土壌で栽培する。大半は花期に水が必要だが、それ以外は乾燥に耐える。成長型に応じて、株分け、挿し木、種子で繁殖。

Sedum acre
一般名：ヨーロッパマンネングサ
英　名：STONECROP, WALL PEPPER
☼ ❄ ↔30〜60cm ↕5〜10cm
ヨーロッパおよび北アフリカ原産の多年生植物。広がって、わずかに盛り上がるマットを形成する。細い茎に重なり合う、極小の三角形の葉は、明るい緑色で、日なたでは多くが赤色を帯びる。夏、鮮やかな黄色の小さな花が集まった花序が茎の先につく。'**アウレウム**'、カナリアイエローの斑入り葉。
ゾーン：5〜10

Sedum aizoon
☼ ❄ ↔50cm ↕40cm
北アジアの温帯原産の、夏咲きの多肉植物。直立した茎と、長さ5〜8cmの多肉質の槍形の鋸歯縁の葉をもつ。金黄色の花からなる平たい花序は幅12mmになる。
ゾーン：7〜10

Sedum aizoon

Sechium edule

Sedum album

Sedum borissovae

Sedum dendroideum

Sedum confusum

Sedum album ★
一般名：モリムラマンネングサ
☼ ❄ ↔20～50cm ↕5～10cm
ユーラシア大陸および北アフリカの温帯原産の、広がってマットを形成する多年生植物。葉は長さ6～18mmの幅狭の円柱状で、しばしば赤みを帯びる。夏、極小の白い花からなる花序が生じる。'コーラル カーペット'、高さ5cmのcv.で、ピンクを帯びた葉と、明るいピンク色の花。
ゾーン：6～10

Sedum borissovae
☼ ❄ ↔30cm ↕5～10cm
ウクライナ原産の、ランナーで広がってマットを形成する常緑の多年草。分枝して広がる茎と、極小の重なりあった葉をもつ。夏、淡い黄色の小さな花がフォーク状の花序をなす。
ゾーン：7～10

Sedum cauticolum
異　名：*Hylotelephium cauticolum*
一般名：ヒダカミセバヤ
☼ ❄ ↔20～50cm ↕10～15cm
日本原産の広がるグラウンドカバー。ワイヤー状の茎。時おり縁にまばらな歯が並ぶ、灰色の粉で覆われた、赤みを帯びた円形の葉は、長さ25mmになる。夏から初秋にかけて、ピンク～赤に近い小さな花が密な花序をなす。
ゾーン：4～10

Sedum confusum
☼ ❄ ↔30～40cm ↕30～60cm
低木状の種。原産地ははっきりしないが、おそらくメキシコと思われる。つやのある鮮やかな緑色の、多肉質の槍形の葉は、長さ25～35mmになる。春、鮮やかな黄色い花が小さな丸い花序をなす。
ゾーン：8～11

Sedum dasyphllyum
一般名：ヒメホシビジン
☼ ❄ ↔20～40cm ↕5～10cm
クッションを形成する多年生植物で、地中海沿岸地方周辺が原産だが、アメリカ合衆国の南東部でも原種と思われるものが見つかっている。ピンクみを帯びた茎を広げる。重なり合う小さな葉は、灰色み～青みを帯びた緑色である。夏、ピンクみを帯びた白い極小の花が数個集まって花序をなす。
ゾーン：8～11

Sedum dendroideum
☼ ❄ ↔30～40cm ↕15～30cm
メキシコ原産の春咲きの亜低木。普通、一本の主茎に多数の側枝がつき、その先端に、長さ35mmの鮮やかな緑色のへら形の葉がロゼットを形成する。春、小さな黄色の花が高くスプレーをなす。
ゾーン：8～11

Sedum ewersii
異　名：*Hylotelephium ewersii*
☼ ❄ ↔40～75cm ↕15～30cm
ヒマラヤからモンゴル地方にかけて見られる多年生植物。低く広がる習性で、茎を分枝する。幅広の青緑色の葉は長さ25mmになり、全縁もしくは鋸歯縁。夏から秋にかけて、極小の紫赤色の花が密な花序をなす。
ゾーン：5～9

Sedum hidakanum
異　名：*Hylotelephium pluricaule*
☼ ❄ ↔30～60cm ↕10～15cm
シベリア東部の海岸地方原産の多年生植物。広がって叢を形成する茎に、小さな丸い灰緑色の葉が対生する。夏、紫赤色の極小の花が、小さな花序に密に群生する。
ゾーン：7～10

Sedum lucidum

Sedum hispanicum
一般名：ウスユキマンネングサ
☼ ❄ ↔30～60cm ↕10～15cm
南ヨーロッパからイランにかけて見られる、低く広がる、一年生あるいは短命の多年生植物。ワイヤー状の茎につく、小さな幅狭の多肉質の青緑色の葉は、日なたでは赤みを帯びる。夏、ピンクを帯びた白い花が小さな花序をなす。
ゾーン：7～10

Sedum kamtschaticum
一般名：キリンソウ、エゾノキリンソウ
英　名：KAMCHATKA STONECROP
☼ ❄ ↔40～60cm ↕10～30cm
日本原産の多肉植物。根茎で広がる。分枝する低い茎。まばらな鋸歯縁の、深緑色の槍形の多肉質の葉に、長さ5cm以下。夏、金黄色の平たい花序が開花する。*S. k.* var. *ellacombeanum*、淡い黄色の花。*S. k.* 'ワリエガトゥム'、クリーミーホワイトとピンクの斑の入った真緑色の葉と、金黄色の花。
ゾーン：7～10

Sedum lucidum
☼ ❄ ↔30～50cm ↕30～45cm
メキシコ産の常緑の亜低木。分枝して低く広がる茎。肉厚のシルバーグリーン～鮮やかな緑色の葉は、先のとがった卵形で、長さは25～50mm。晩冬から春にかけて、小さな白い花が花序をなす。
ゾーン：9～11

Sedum kamtschaticum 'Variegatum'

Sedum hispanicum

Sedum lydium ★
☼ ❄ ↔15～30cm ↕5～10cm
小さな房～クッションを形成するトルコ産の多年生植物。茎は広がりながら発根し、長さ6mmの赤みを帯びた多肉質の葉をつける。夏、多数の極小のピンクみを帯びた白い花が花序をなす。
ゾーン：9～11

Sedum moranense
☼ ❄ ↔30～40cm ↕10～15cm
メキシコ産の多年生植物。藪状のハンモックを形成する、多数のワイヤー状の茎に、鮮やかな緑色の極小の葉が密生する。夏、時おり赤色を帯びる幅6mmの白い花が、単生または小さく群生する。
ゾーン：9～11

Sedum moranense

Sedum kamtschaticum

Sedum morganianum ★
一般名：タマツヅリ、タマスダレ
英　名：BURRO'S TAIL、DONKEY'S TAIL
☀ ❄ ↔1.2m ↕50cm
常緑多年生植物。原産地ははっきりしないが、おそらくメキシコと思われる。ハンギングバスケット用に広く栽培されている。長い這い性の茎に、らせん配列の、先のとがった円筒形の青緑色の葉が、密にひしめく。春から夏にかけて、ピンクの小花からなる花序が長い柄の先に生じる。
ゾーン：9〜11

Sedum niveum
☀ ❄ ↔50〜60cm ↕5〜10cm
アメリカ合衆国カリフォルニア州南西部原産の多年生植物。主に平伏性で、短い直立性の茎をもつ。先のとがった小さな多肉質の葉が小さなロゼットを形成する。夏、幅12mmの、ピンク色の脈をもつ白い花が数個ずつ集まって花序をなす。
ゾーン：8〜10

Sedum oreganum
☀ ❄ ↔30〜40cm ↕15cm
北アメリカ産の広がる多年生植物。緑のこん棒形の多肉質の葉は、長さ18mmになり、秋に赤みを帯びる。夏、小さな黄色の花が単生もしくは平らな花序をなす。
ゾーン：6〜10

Sedum sieboldii 'Mediovariegatum'

Sedum rubrotinctum　　　　*Sedum oreganum*

Sedum niveum、野生、メキシコ、バハカリフォルニア、サン・ペドロ・マルティル国立公園

Sedum spathulifolium 'Cape Blanco'

Sedum praealtum ★
☀ ❄ ↔40〜60cm ↕30〜60cm
極めて耐寒性に優れたメキシコ産の低木。光沢のある緑色の槍形〜へら形の葉は、長さ5cm以上になる。夏、鮮やかな黄色の花が大きな円錐花序をなす。*S. p* subsp. *parvifolium*、コンパクトな習性と、小さな葉。ゾーン：6〜10

Sedum rubrotinctum
一般名：ニジノタマ
☀ ❄ ↔30〜60cm ↕25cm
小山を形成する常緑亜低木。原産地ははっきりしないが、おそらくメキシコと思われる。アーチ状の茎は地面に触れた箇所に根を下ろす。葉は厚い円筒形で、先は丸く、色は真緑だが、日光下で赤みを帯びる。春、淡い黄色の花がまばらな花序をなす。'アウロラ'、淡い黄緑色の葉が、濃い赤みを帯びる。
ゾーン：9〜11

Sedum rupestre
異　名：*Sedum reflexum*
一般名：サカサマンネングサ
☀ ❄ ↔30〜50cm ↕20〜38cm
中央および南ヨーロッパ原産の、広がって、ある程度盛り上がる常緑多年生植物。木性茎に、明るい青緑色の、幅狭の小さな多肉質の葉が密生する。夏、鮮やかな黄色の小さな花からなる花序が生じる。ゾーン：7〜10

Sedum sediforme
☀ ❄ ↔30〜60cm ↕20〜60cm
地中海沿岸地域原産の常緑の多年草。木質基部の茎が小山状のハンモックを形成する。葉は多肉質で小さな槍形。夏、直立する花茎に、緑みを帯びた淡い黄色〜金色の花が花序をなす。
ゾーン：8〜11

Sedum praealtum

Sedum spathulifolium

Sedum spathulifolium 'Purpureum'

Sedum sieboldii
異　名：*Hylotelephium sieboldii*
一般名：ミセバヤ
☀ ❄ ↔30〜50cm ↕10cm
日本原産の低く広がる多年生植物。円形の多肉質の葉は長さ18mmで、色は灰緑〜青緑だが、しばしば紫みまたは赤みを帯びる。秋、淡いピンクの小さな花が密な花序をなす。'メディオワリエガトゥム' ★、中心がクリーム色の幅広の葉。'ワリエガトゥム'、クリーム色の斑点のある青緑色の葉。

Sedum spathulifolium ★
一般名：セドゥム・スパツリフォリウム
☀ ❄ ↔60cm ↕15cm
北アメリカ西部原産の叢を形成する多年生植物。長いランナーで広がる。茎の先に、主にロゼット型に群生するへら形の多肉質の葉は、しばしばブロンズレッドに染まる。晩春から初夏にかけて、鮮やかな黄色の小さな花が生じる。'ケープ　ブランコ'（シラユキミセバナ）、銀

Sedum rupestre

灰色の葉。'**プルプレウム**'、葉が紫赤色を帯びる。
ゾーン：7～10

Sedum spectabile ★
異　名：*Hylotelephium spectabile*
一般名：オオベンケイソウ
英　名：ICE PLANT
☀ ❄ ↔ 40～80cm ↕ 70cm
朝鮮半島および中国の隣接地域原産の多年生植物。直立した太い茎に、長さ5～10cm、楕円形、鋸歯縁の多肉質の葉が、対生または輪生する。晩夏から秋にかけて、ピンク～赤の小さな花が、3つに分枝した大きな花序をなす。'**ブリリアンド**' ★、ピンク色の花。'**アイスバーグ**'、白い花。ピンクみを帯びる場合もある。'**インディアン チーフ**'、深いピンク～紫赤色の花。
ゾーン：6～10

Sedum spurium
一般名：コーカサスキリンソウ
☀ ❄ ↔ 30～50cm ↕ 15cm
コーカサス地方からイラン北部で見られる、マットを形成する常緑の多年生植物または亜低木。広がった枝に、鋸歯縁の円形の多肉質の葉が対生する。葉は日光下で赤みを帯びる。夏、小さな紫赤色の、まれには白またはピンクの花が、直立した茎に花序をなす。'**ドラゴンズ ブラッド**'、赤みを帯びた紫の花。葉が赤みを帯びることもある。'**ワリエガトゥム**'、葉にピンクとクリーム色の縁取り。
ゾーン：7～10

Sedum telephium
異　名：*Hylotelephium telephium*
一般名：ムラサキベンケイソウ
英　名：LIVE-FOREVER, ORPINE
☀ ❄ ↔ 60～80cm ↕ 60cm
東ヨーロッパから日本にかけて見られる

Sedum spectabile

多年生植物。直立性の太い茎に、鋸歯縁の、先のとがった卵形の、長さ2.5～8cmの多肉質の葉がつく。晩夏、多数の紫赤色の花が華やかな花序をなす。*S. t.* subsp. *maximum* '**アトロプレプレウム**'、深い紫赤色の葉と赤い花。*S. t.* '**マトロナ**'、赤みを帯びた茎と、ごく淡いピンクの花。'**モルケン**'、深い赤色の花と、紫赤色の葉。
ゾーン：6～10

Sedum treleasei
一般名：トガリアツバベンケイ
英　名：SILVER SEDUM
☀ ❄ ↔ 30～40cm ↕ 30cm
メキシコ産の常緑亜低木。直立して分枝する習性。多肉質の、上向きに反り返った青緑色の葉は、円筒形～ほぼビーズ状で、長さ18mmになる。春、落ち着いた黄色の小さな花が、花期の長い円錐花序をなす。
ゾーン：8～10

Sedum Hybrid Cultivars
一般名：セドゥム交雑品種
☀ ❄ ↔ 30～60cm ↕ 30～60cm
園芸におけるいくつかの種間交雑種はムサラキベンケソウ亜属に分類される。主に秋咲きだが、葉群は成長期を通じ

Sedum telephium

Sedum telephium 'Matrona'

て美しい。'**ヘルプストフロイデ**' (syn. '**オータム ジョイ**')(*S. telephium* × *S. spectabile*)、青緑色の葉。サーモンピンクの花は古くなるとブロンズ色になる。'**ルビー グロウ**'(*S. cauticolum* × *S. telephium*)、パープルグリーンの葉に、しばしばピンクの縁取り。花は深い赤。'**ヴェラ ジェイムソン**'('**ルビー グロウ**' × *S. telephium* subsp. *maximun* '**アトロプルプレウム**')、紫色の葉に明るいピンクの花。
ゾーン：6～10

SELAGINELLA
(イワヒバ属)
世界中の熱帯および温帯で見られる、およそ700種の、常緑の匍匐性のグラウンドカバー植物からなるイワヒバ科の属。この属は、地表を抱くやや有毛の茎を覆う、華奢なシダ状の葉が特徴である。長い匍匐性の枝は、土壌、低木、岩地帯の上を相当長く伸びる。

Sedum spectabile 'Brilliant'

Sedum spectabile 'Indian Chief'

Sedum spurium 'Dragon's Blood'

Sedum spurium 'Variegatum'

〈栽培〉
通気性のよい、腐植質に富んだ湿性の土壌で栽培する。葉の茂った穂の先に胞子が形成されるため、成熟後は収穫して、新たな株を繁殖させることができる。別の繁殖方法としては、夏に根茎を分けるか、春に発根した茎を分ける。

Selaginella kraussiana
セラギネラ・クラウッシアナ
英　名：TRAILING SPIKEMOSS
☀/☁ ☁ ↔ 60～90cm ↕ 2.5cm
アフリカ南部および熱帯地方原産の多年生植物。あざやかな緑色の葉をつけたつる性の茎が密なマットを形成する。ハンギングバスケットに最適。'**アウレア**'、淡い黄色からライムグリーンの葉。'**ブラウニー**'、暗緑色から茶色の葉が密生する、コンパクトな品種。'**ワリエガタ**'、緑色の葉にクリーミーイエローの斑。
ゾーン：10～11

Sedum, Hybrid Cultivar, 'Herbstfreude'

Sedum, Hybrid Cultivar, 'Ruby Glow'

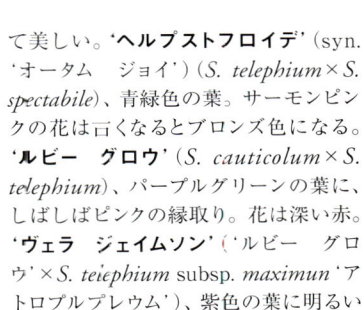
Sedum, Hybrid Cultivar, 'Vera Jameson'

Selaginella plana

Selaginella martensii

Selenicereus wercklei

Selaginella lepidophylla
一般名：フッカツソウ (復活草)
英　名：RESURRECTION FERN
☼/◐ ❄ ↔20cm ↕8cm
アメリカ合衆国アリゾナ州とテキサス州からペルーにかけて見られる、非常に変わった先史時代の植物。一般名が示すとおり、枯死から復活したように見える。広がる習性をもち、暗緑色の葉が房状に生じる。乾燥すると丸まって密な玉になる。水につけると、平たいロゼット型に広がる。ゾーン：9～11

Selaginella martensii
☼ ❄ ↔20cm ↕15cm
中央アメリカ原産の、這いながらはびこる多年生植物。多数に枝分かれする茎と、つやのある緑の葉をもつ。
ゾーン：10～11

Selaginella pallescens
異　名：*Salaginella emmeliana*
☼ ❄ ↔30cm ↕15cm
北アメリカからコロンビア北部、ベネズエラ原産の多数の分枝をもつ多年生植物。基部から茎が密な房状に生じる。多数に分裂する緑の葉は、裏面が白色。
ゾーン：10～11

Selaginella plana
☼ ❄ ↔30～60cm ↕15～30cm
ヒマラヤ地方東部の種。広がる半直立性の茎は長さ30cmになり、鮮やかな緑色のシダ状の葉は長さ10cm以上になる。
ゾーン：9～11

Selaginella uncinata
一般名：コンテリクラマゴケ、レインボーファン
英　名：PEACOCK MOSS
☼ ❄ ↔45～90cm ↕5cm
中国原産。優美な葉。ツタ状の茎を這わせて根を下ろす。葉には独特の、灰色を帯びた暗青色の照りがある。
ゾーン：7～11

SELENICEREUS
(セレニケレウス属)
英　名：MOON CACTUS, QUEEN OF THE NIGHT
アメリカの熱帯季節林または多雨林原産の、28種の茎の細いサボテン科のよじ登り植物からなる属。属名はギリシャの月の女神の名「セレネ」に由来し、夜咲きの花を表わしている。この属はサボテン科の中で最も大きい花をつける。花筒部には鱗片と刺がある。長さ12～40cmの花は、普通白色で芳香があり、多くの場合、長さ5mにもなる鉛筆の太さのよじ登り性の茎の先端近くに生じる。枝には3～17の稜があり、短いまたは剛毛質の刺に覆われる。満開の花を見るには、1年に1日しかない開花日の、真夜中過ぎまで待たなければならない。

〈栽培〉
腐植質に富んだ、水はけのよい土壌で容易に栽培できる。フレームやトレリスに這わせたり、あるいはハンギングバスケットに仕立てることもできる。普通、挿し木で繁殖するが、穂木は数日間乾かしておく。種子から育てることもできる。冬は休眠させる。

Selenicereus anthonyanus
異　名：*Cryptocereus anthonyanus*
☼/◐ ❄ ↔2m ↕3m
メキシコ原産の、特徴的なよじ登り性のサボテン。珍しい茎と枝が基部から群生する。枝は鮮やかな緑色で、平たいジグザグ形で、深い切れ込みがある。小さな刺座に、3本の短い刺が生じる。夏、芳香性のクリーム色の花が深紅の外花被片とともに生じる。
ゾーン：9～12

Selenicereus grandiflorus ★
一般名：月下美人、夜の女王
☼/◐ ❄ ↔2～3m ↕5m
メキシコ東部およびカリブ諸島で見られるサボテンで、広く栽培されている。深緑色の茎は直径12～25mmで、5～8の低い稜がある。刺は6～18本で剛毛状、色は白み～茶みを帯びる。夏、白い芳香性の花が、淡い黄色から茶色の外花被片とともに生じる。果実は卵形で赤い。
ゾーン：9～12

Selenicereus wercklei
☼/◐ ❄ ↔0.9～2m ↕0.9～2m
コスタリカ産の分枝の多い着生性のサボテン。気根と、細い円形の淡緑色の茎をもつ。6～12の低い稜があるが、刺はない。花は白で、外花被片と花筒部に刺がある。黄色い卵形の果実に、茶色の刺が群生する。
ゾーン：9～12

SEMIAQUILEGIA
(ヒメウズ属)
7種の丈の低い多年生植物からなるキンポウゲ科の属で、オダマキ属の近縁。アジア原産で、高い山地の草原や、じめじめした低木林で生息する。アジアンタム (アジアンタム属) の葉に似たレース状の葉は、3枚の小葉で構成される。点頭する花はピンク、赤、紫の色調で、多数の花弁で膨らんでいるが、オダマキ属類の特徴である距は見られない。

〈栽培〉
ロックガーデン向き。日なたまたは半日陰で栽培する。湿性でありながら水はけのよい土壌が必要。種子か株分けで繁殖。

Semiaquilegia ecalcarata
一般名：フウリンオダマキ
☼/◐ ❄ ↔20～25cm ↕30cm
中国西部原産の多年生植物。深裂したシダ状の葉は、しばしば紫みを帯びる。夏、ピンクから紫色の、点頭する杯形の花が、まばらな円錐花序をなす。
ゾーン：6～9

SEMIARUNDINARIA
(ナリヒラダケ属)
6種からなる日本原産のタケ属で、中国にも原生している。イネ科のマダケ属とメダケ属との間で自然発生した属間交雑種で、普通横に広がるが、低温地帯では叢生する傾向がある。茎は比較的短命なため、植物を美しく保つために定期的に取り除いて整える必要がある。茎は普通、3本の短い主枝をもち、節ごとに7本かそれ以上の枝を出す。低木とみなされているが、12mにまで成長することがある。

〈栽培〉
湿気があるが、じめじめしていない土壌で、半日陰となる森林の環境で栽培する。土壌の質にはあまりこだわらないが、どちらかというと腐植質に富んだ酸性土壌を好む。早春、根茎を切り分けて繁殖する。

Semiarundinaria fastuosa
異　名：*Arundinaria fastuosa*
一般名：ナリヒラダケ
英　名：NARIHARA BAMBOO
☼/◐ ❄ ↔2～3m ↕6～9m
直立して叢生または横に広がる日本原産のタケ。細い茎は緑色だが、直射日光下では紫茶色の縦縞が入る。葉は長さ15cmで、茎の先端近くで最も生い茂る。
S. f. var. *viridis*、より藪状の成長習性。幅狭の、色あせない、暗緑色の葉。繁殖は容易。
ゾーン：7～10

SEMPERVIVUM
(センペルビビム属)
英　名：HENS AND CHICKINS, HOUSELEEK
ベンケイソウ科の属で、中央および南ヨーロッパ～東のトルコやイランにいたる山岳地方の、岩やクレバスで生息する、およそ40種の多年生植物が含まれる。肉厚の葉は、くすみまたはつやがあり、しばしば柔らかい綿毛で覆われる。密生した平たいロゼットを形成し、オフセットで広がり、やがて目の詰んだマットになる。白、黄色、赤、紫みを帯びた花が、夏に多肉質の茎の上に群生する。主として色鮮やかで装飾的な葉を目的に栽培される。ロックガーデンや鉢植え植物に最適。

〈栽培〉
水はけのよい砂質の土壌と乾燥した環境が必要。小型の種は狭い割れ目にきっちりと納まるのを好むが、大型種は腐植質の多い土壌を必要とする。オフセットで容易に繁殖できるし、交配もたやすい。

Semiaquilegia ecalcarata

Sempervivum arachnoideum subsp. *tomentosum*

Sempervivum calcareum 'Sir William Lawrence'

Sempervivum arachnoideum 'Cebanse'

Sempervivum arachnoideum ★
一般名：クモノスバンダイソウ、巻絹
英　名：COBWEB HOUSELEEK
☼ ❄ ↔12〜20cm ↕12cm
ピレネーおよびカラパチア山脈原産。緑または赤みを帯びた葉が密なロゼットを形成する。それぞれの葉のとがった先端は、細いクモの巣状の白い毛でつながっている。夏、鮮やかなローズレッドの花が生じる。*S. a.* subsp. *tomentosum*、著しく密生した葉に、銀白色のクモの巣がかかる。華やかな赤い花。*S. a.* 'セバンス'、より大きなロゼット。
ゾーン：5〜9

Sempervivum calcareum
センペルウィウム・カンカレウム
☼ ❄ ↔12〜20cm ↕5〜8cm
ピレネー山脈産で、*S. tectorum*の近縁種。先端が蒼色の、灰緑色の葉がロゼットをなす。'ミセス ギウセッピ'、灰緑色のロゼットをなす、先端の赤い葉が、冬に暗色になる。'サー ウィリアム ロレンス' ★、より大型で、より球形のロゼット。赤みを帯びた葉の先端がよく目立つ。

Sempervivum ciliosum
☼ ❄ ↔25〜50mm ↕12〜18mm
バルカン半島およびギリシャ北西部原産。灰緑色の、内側に曲がった葉が、いくぶん球形の目の詰んだロゼットをなす。灰色みを帯びた毛に縁取られているため、全体が柔毛で覆われているように見える。夏、星形の緑を帯びた黄色の花がコンパクトな花序をなす。
ゾーン：6〜9

Sempervivum marmoreum
センペルウィウム・マルモレウム
☼ ❄ ↔10cm ↕2〜5cm
バルカン半島および東ヨーロッパ原産。平たく広がるロゼットを形成する、赤み〜紫みを帯びた葉は、幼時は薄い毛を帯びているが、やがてなめらかでつやを帯びる。星形のモーブ色の花には白い縁取りがある。多くのcv. はより赤い葉をもつ。'ブルネイフォリウム'、ピンクブラウンの葉。'ルビクンドルム'、赤い先端の葉。'ルビフォリウム'、鮮やかな赤い先端の葉。ゾーン：5〜9

Sempervivum montanum
☼ ❄ ↔30〜40mm ↕18mm
ヨーロッパの山岳地帯原産。非常に多様。多肉質の、薄い毛を帯びた緑色の葉からなる、密に開いたロゼットが、群生してマットを形成する。細い茎から多数のオフセットが生じる。夏、バイオレットパープルの花がつく。*S. m.* subsp. *stiriacum*、より大型。葉の先端は赤茶色を帯び、よく目立つ。ゾーン：5〜9

Sempervivum pumilum
☼ ❄ ↔25〜30mm ↕18mm
コーカサス地方原産の極小種。細い毛で覆われた緑色の葉が小型のロゼットを形成する。夏、白い縁取りのあるモーブ色の花が生じる。
ゾーン：5〜9

Sempervivum tectorum ★
英　名：HENS AND CHICKENS, ST PATRICK'S CABBAGE
☼ ❄ ↔20cm ↕8〜10cm
ピレネーからバルカン半島にかけての、ヨーロッパの山岳地帯に見られる種で、イギリスに帰化した。強健で多様。先端の赤い、多肉質の緑色の葉が、幅広の平たいロゼットを形成し、赤みを帯びたじょうぶな茎から多数のオフセットが生じる。夏、モーブレッドの花がつく。多くのcv. の親。ゾーン：5〜9

Sempervivum zeleborii
異　名：*Sempervivum ruthenicum*
☼ ❄ ↔35〜50mm ↕6〜18mm
バルカン半島原産。散開する短い茎に、綿毛を帯びた、わずかに内側に曲がった多肉質の葉がついて、小型の密なロゼットをなす。葉の先端と、オフセットはしばしば紫みを帯びる。夏、黄色い花が生じる。ゾーン：6〜9

Sempervivum zeleborii

S. montanum subsp. *stiriacum*

Sempervivum marmoreum

Sempervivum pumilum

Sempervivum calcareum 'Mrs Giuseppi'

Sempervivum, HC, 'Booth's Red'

S., HC, 'Commander Hay'

Sempervivum, HC, 'Corona'

S., HC, 'Engle's Rubrum'

Sempervivum, HC, 'Hall's Hybrid'

Sempervivum, Hybrid Cultivar, 'White Eyes'

Sempervivum, HC, 'Raspberry Ice'

S., HC, 'Reginald Malby'

Sempervivum, HC, 'Reinhard'

Sempervivum, HC, 'Virgil'

Sempervivum Hybrid Cultivars
一般名：センプレブビム交雑品種
☼/◐ ❄ ↔10～40cm ↑10～20cm

センプレブビム属種は自由に交雑し、さまざまな園芸品種がある。主に葉を目的に栽培されるが、華やかな花をもつ種も2、3ある。'ブースズ レッド'、密に整った、紫みを帯びた赤色の、幅8cm以上になる対称的なロゼット。'コマンダー ヘイ'、濃い赤に染まった幅15cm以上のロゼットが重なり合って大きく盛り上がる。'コロナ'、多数の幅25mmの赤みを帯びたロゼットが、冬に鮮やかな赤に変わる。'エングルズ ルブルム'、幅8cmの灰緑色のロゼットが、強く赤みを帯びる。'ホールズ ハイブリッド'、幅8cmの平たいロゼットの基部が赤く染まる。'ラズベリー アイス'、対称をなす密なロゼットは、赤みを帯び、白い毛で縁取られる。'レジナルド マルビー'、深い赤茶色を帯びた葉が大きな平たいロゼットをなす。'レインハード'、先端が深い紫赤色を帯びた葉が多数の小さなロゼットを形成する。華やかなピンク色の花。'ヴァージル'、幅8cmの灰緑色のロゼットが紫青色に染まる。先端はより濃い。'ホワイト アイズ'、ロゼットの中心部分が黄緑色。
ゾーン：6～10

SENECIO
(キオン属)
全世界に広く分布するキク科の属で、およそ1,250種の高木、低木、木性つる植物、一年生、二年生、多年生植物、それに多肉植物が含まれる。顕花植物におけるもっとも大きな属のひとつ。葉は切れ込みがあるか、全縁。デイジーに似た花は、小花の有無にかかわらず、普通房状に配置される。花は黄色が多いが、紫、白、赤、青もある。多くの種が家畜に対して毒性をもつ。

〈栽培〉
非常に大きな属であり、栽培条件も多様であるため、おおよその指針を述べるにとどめる。日当りのよい、中程度に肥沃な、水はけのよい土壌、または、中程度に肥沃な、水分を保有する土壌で栽培する。湿地で栽培するものも数種ある。寒冷地帯においては、肥沃な水はけのよい土に、砂と腐葉土を加えて、ポットで栽培する。成長期には適度な肥料と水を与える。種子または挿し木で繁殖。

Senecio articulatus
一般名：七宝樹（シチホウジュ）
英名：CANDLE PLANT
☼/◐ ❄ ↔40～50cm ↑30cm

南アフリカのケープ地方原産の、低木状の多肉植物。多肉質の、節のある茎は、灰緑色で、各葉節の下に逆V字形の模様が見られる。青みを帯びた緑色の葉は、平たく、ほぼ三角形の、柔らかい多肉質で、裏面はたいてい紫色。花序は枝の先端につく。不快なにおいのある、黄みを帯びた白い小花が冬に生じる。
ゾーン：9～11

Senecio cineraria
異名：*Cineraria maritima*
一般名：ダスティーミラー、シロタエギク
英名：DUSTY MILLER, SEA RAGWORT
☼ ❄ ↔40cm ↑50cm

南ヨーロッパ原産の小山を形成する亜低木。南イングランドに帰化した。葉は強烈な銀白色で、深く切れ込んで裂片に分かれる。夏、黄色い小さな花序が生じる。'シルス'、深い切れ込みのある、円形の、灰青色の葉。'シルバー ダスド ★'、幅広の、深い切れ込みのある、灰青色の葉。'シルバー レース'、円形の葉は細かい裂片に分かれているが、全裂ではない。'ホワイト ダイヤモンド'、細かい全裂の白い葉。コンパクトな習性。ゾーン：7～10

Senecio cineraria 'Cirrus'

Senecio cineraria 'Silver Dust'

Senna didymobotrya

Senna artemisioides subsp. *filifolia*

Senecio gregorii
☼ ❄ ↔15〜30cm ↕15〜30cm
オーストラリアの乾燥地帯、主に深い赤色の砂地に広く生息する一年生植物。幅狭、多肉質の、青みを帯びた緑色の葉は、長さ8cmになる。晩冬から春にかけて、直径40mmの鮮やかな金黄色の花序が、8〜12個の舌状花とともに生じる。
ゾーン：9〜11

Senecio macroglossus
一般名：ケープアイビー
☼ ❄ ↔100cm ↕0.9〜2m
南アフリカ東部、ジンバブエ、モザンビーク原産の、細い茎を巻きつけるよじ登り植物。わずかに多肉質の、光沢のある緑色のアイビー形の葉。春から夏、花期の長い、クリーム色から淡い黄色のデイジー花が生じる。'ワリエガトゥス'、暗緑色の葉にクリーム色の模様が入る。
ゾーン：9〜12

Senecio rowleyanus ★
一般名：グリーンネックレス、緑の鈴
英　名：STRING PF BEADS
☼/◐ ❄ ↔20〜30cm ↕50〜80cm
南アフリカのイースタンケープ州原産の多肉質の多年生植物。匍匐または下垂する習性をもつ。青みを帯びた細い茎についた、球形に近い葉が厚いマットを形成する。葉の上表面には、基部から先端にかけて、幅狭の「窓」がある。茎の先に花序が単生する。舌状花のない、白い筒形の花は、葯はモーブ色、花柱はバイオ

Senna didymobotrya

レット色で、シナモンの香りがある。
ゾーン：9〜10

Senecio serpens ★
異　名：*Kleinia repens*
一般名：万宝
英　名：BLUE CHALKSTICKS
☼ ❄ ↔60cm ↕30cm
南アメリカの広がる低木。幅狭、多肉質の、青緑色の葉は白い粉で覆われる。晩春、白い花が小さな花序をなすが、より葉を茂らせるために摘み取ったほうがよい。
ゾーン：9〜11

Senecio smithii
☼ ❄ ↔0.6m ↕0.6〜1.2m
チリおよびアルゼンチン原産の多年生植物。柄の長い、大きな卵形の、裏面が白い毛で覆われた葉が叢生する。夏、丈の高い花茎に、中心の黄色い、白い華やかなデイジー花をつける。
ゾーン：7〜10

Senecio vira-vira
異　名：*Senecio leucostachys*
英　名：DUSTY MILLER
☼ ❄ ↔30〜60cm ↕40〜60cm
アルゼンチン産の低木状の多年生植物。密な白い毛を帯びている。細かく分裂したレース状の、銀灰色の柔らかい葉。夏、小さなクリーム色のボタン状の花がつく。
ゾーン：8〜11

SENNA
（センナ属）
およそ350種の、熱帯および暖温帯の高木、低木、および数種のよじ登り植物からなる、マメ科、ジャケツイバラ亜科の属。主にアメリカ、アフリカ、オーストラリア、アジアが原産。全種とも羽状複葉をもち、ほぼすべてが常緑である。大半

Senecio serpens

の花は黄色で、ピンクのものも数種あるが、どの花も非常に目立つ。多くの種が化学化合物を含み、薬用されている。果実は長く、平らもしくは円形の豆果である。多くの種が、栽培地から逸出し、侵略的な雑種になっている。

〈栽培〉
多くの種は耐霜性がある。よく日の当たる、開けた水はけのよい土壌でよく育つ。雨量の少ない砂漠地方原産の種が最も耐霜性に優れている。普通、前処理後すぐに発芽する種子で繁殖する。挿し木も可能。

Senna alata
異　名：*Cassia alata*
一般名：ハネセンナ
英　名：RINGWORM CASSIA
☼ ❄ ↔4.5m ↕9m
熱帯アメリカ原産の低木または高木で、それ以外の場所でも帰化している。大きな葉は長さ0.9mにもなり、20組の小葉をもつ。夏から初秋にかけて、鮮やかな黄色い花が穂状花序をなす。緑の羽のある果実は熟すと茶色になる。
ゾーン：10〜12

Senna artemisioides
異　名：*Cassia artemisioides*
英　名：FEATHERY CASSIA、SILVER CASSIA
☼ ❄ ↔2m ↕2m
オーストラリア本土の乾燥した内陸部全体に生息する。多数の品種がある。典型的な亜種は、円形の低木で、銀灰色の葉に2〜6組の幅狭の小葉がつく。春から秋にかけて、葉腋に黄色い花が生じる。幅狭の平たい果実。*S. a* subsp. *filifolia*（syn. *S. eremophila*, *S. nemophila*）、非常に幅狭の1〜4組の小葉からなる羽状複葉が平たい葉柄につく。他の品種に比べて耐霜性に劣る。*S. a* subsp. *sturtii*、鮮やかな黄色の花が一年中見られる。ゾーン：9〜11

Senna corymbosa
異　名：*Cassia corymbosa*
一般名：ハナセンナ、アンデスの乙女
☼ ❄ ↔2.4m ↕3m
ウルグアイおよびアルゼンチン原産で、アメリカ合衆国南部に帰化した。広がる習性をもつ低木または小高木。明るい緑色の長い葉は、卵形の小葉からなる羽状複葉。春から秋にかけて、金黄色の花が総状花序をなす。
ゾーン：8〜11

Senna didymobotrya
異　名：*Cassia didymobotrya*
☼ ❄ ↔3m ↕3m
熱帯アフリカ〜東南アジア原産の大型の常緑低木で、現在広い範囲に帰化している。革質の小葉からなる大きな葉は、幼時は綿毛を帯びる。垂直の穂状花序の、黒みを帯びた花芽から、金黄色の花が現れる。果実は綿毛を帯びる。
ゾーン：10〜12

Senecio gregorii、野生、オーストラリア、ニューサウスウェールズ、マンゴ国立公園

Senna hebecarpa
英 名：WILD SENNA
↔60cm ↑1.2〜1.8cm
アメリカ合衆国東部原産の、豊かな葉群をもつ多年生植物。いくつかの州では絶滅の危機にある。羽状分裂した葉。夏、黄色の花が大きな総状花序をなす。黒く長い果実。ゾーン：4〜9

Senna odorata
異 名：*Cassia odorata*
↔2m ↑2.4m
オーストラリア産の低木で、クィーンズランド州南部から南のニューサウスウェールズ州にかけて見られる。暗緑色の、6〜12組の小葉からなる羽状複葉をもつ。春から秋にかけて、黄色の花が小さく群生する。果実は平たい豆果。平伏性の品種もある。ゾーン：9〜11

Senna pendula
異 名：*Cassia bicapsularis* of gardens, *C. coluteoides*
一般名：コバノセンナ
↔2.4m ↑3m
南アメリカ原産の、広がる低木または小高木。成熟した幹は茶色いコルク質の斑点をもつ。卵形の小葉をもつ明るい緑色の羽状複葉。秋、黄色い花が華やかな円錐花序をなす。垂れ下がる円筒形の果実。ゾーン：9〜11

Senna polyphylla
異 名：*Cassia polyphylla*
↔3.5m ↑8m
カリブ海地方で見られる低木または小高木。硬い枝を覆う小さな葉は、裏面がうっすらと綿毛を帯びた、13組のオリーブグリーンの小葉からなる。金黄色の花が群生する。下垂する平らな果実。ゾーン：10〜12

SEQUOIA
（セコイア属）
スギ科の属で、アメリカ合衆国のオレゴン州とカリフォルニア州の沿岸地帯に原生する1種の針葉樹からなる。世界でもっとも丈高の植物種で、野生では高さ110mにも成長する。

〈栽培〉
20年で高さ27mにもなるため、公園や大きな庭園でのみ栽培可能。汚染大気を嫌うため、街中ではよく育たない。あらゆる水はけのよい良質の土壌に適応するが、最も適しているのは湿気の多い冷涼な地域である。倒れた樹木から萌芽が生じる。種子またはかかと挿しで繁殖。

Sequoia sempervirens
一般名：センペルセコイア
英 名：CALIFORNIAN REDWOOD, COAST REDWOOD
↔4.5〜8m ↑45m
円錐形となる高木。高い稜のある樹皮は、赤みを帯びた茶色で、非常に厚く、海綿質で、縦縞状に剥離する。暗緑色の針葉が幹にそって列で生じる。赤みを帯びた茶色の、小さなたる形の花序をつける。'**アドプレッサ**'、成長の遅い、矮小形のcv. で、灰緑色の葉をもつ。100年で27mまで成長する。'**アプトス ブルー**'、先端の垂れ下がる、濃い青緑色の葉。大量の種子を落とすため、植え付け位置に注意。'**ソクエル**'、より緑色の葉で、先端がカールしている。後の2種のcv. はほぼ水平の枝をもつ。
ゾーン：8〜10

Sequoia sempervirens, in the wild, Redwood State Park, California, USA

Sequoia sempervirens, in the wild, John Muir Woods, San Francisco, California, USA

SEQUOIADENDRON
（セコイアオスギ属）
ただ1種からなるスギ科の属で、かつてはセコイア属に含まれていた。アメリカ合衆国カリフォルニア州のシェラ・ネバダ山脈のふもとの丘陵地帯に小さな森を形成している。巨大な高木は、命ある生物のなかで最大の種で（高さはセコイア属が勝っている）、現存する最大のものは「ジェネラル・シャーマン」と名づけられ、重さ2,460トン（2,500トン）と推定されている。また、最も長寿の高木でもあり、樹齢1,500年〜3,000年のものが見つかっている。

〈栽培〉
巨大な高木であり、公園のような場所にしか適さない。一列または並木道に植える場合は、間を少なくとも21m以上離すこと。広範囲の環境で成長するが、汚染された環境は嫌う。種子または挿し木で繁殖。

Senna hebecarpa

Senna odorata

Senna pendula

Senna polyphylla

Sequoiadendron giganteum
異　名：*Wellingtonia gigantea*
一般名：セコイアオスギ、ジャイアントセコイア
英　名：BIG TREE, GIANT SEQUOIA, SIERRA REDWOOD
☀ ❄ ↔6〜9m ↕45〜50m

しばしば *Sequoia sempervirens* と混同される。よく似た円錐形で、非常に厚い、赤みを帯びた茶色の、海綿質の樹皮をもつ。枝は下方向にカーブした後、先端が上を向く。扁平で鱗片状の葉が、茎にらせん状に配置される。花序はセコイア属よりも大きい。'ペンドゥルム'、枝がぶら下がる。
ゾーン：7〜10

Sequoiadendron giganteum cv.

Serenoa repens

Sequoiadendron giganteum

SERENOA
（シェロ属）
ヤシ科の属で、アメリカ合衆国南東部、とくに沿岸地帯で巨大なコロニーを形成するただ1種のみからなる。丈は低く、掌状葉をもつ。分枝した花序が葉群から生じる。

〈栽培〉
適応性のあるヤシで、広範囲の土壌や気候で生息し、沿岸地帯の潮風にも耐える。暖かい亜熱帯のよく日の当たる環境で最もよく育つ。冷涼地帯では温室でポット栽培できる。種子で繁殖。

SERISSA
（ハクチョウゲ属）
アカネ科の属で、東南アジアの暖温帯原産の、密に分枝した1種の常緑小低木のみからなる。整った小さな潅木で、小さな葉はつぶすと不快なにおいを放つ。小さな白い花をつけた後、液果が生じるが、たいてい観葉植物として栽培される。いくつかの斑入りcv. がある。

Serissa japonica
異　名：*Serissa foetida*
一般名：ハクチョウゲ
☀ ◐ ↔45cm ↕45cm

美しい低木で、たいていの庭に容易に適応する。春から秋にかけて、白い花がつく。'フロレ プレノ'、非常にコンパクトな潅木で、八重の花が咲く。'マウント フジ'、非常にコンパクトで、葉に白の縁取りと縦縞が入る。'ワリエガタ ピンク'、ピンクの花と、白い縁取りの葉。
ゾーン：9〜11

Serenoa repens ★
一般名：ノコギリヤシ、ソーパルメット
英　名：SAW PALMETTO
☀ ❄ ↔2m ↕0.9〜4.5m

地下の幹が分枝し、密に叢生する。刺だらけの柄に、深裂による硬い切片からなる掌状葉がつく。色は黄みを帯びた緑〜青みと銀色みを帯びた緑。芳香のあるクリーム色の花が分枝した綿毛状の花序をなす。
ゾーン：8〜11

Serissa japonica、盆栽

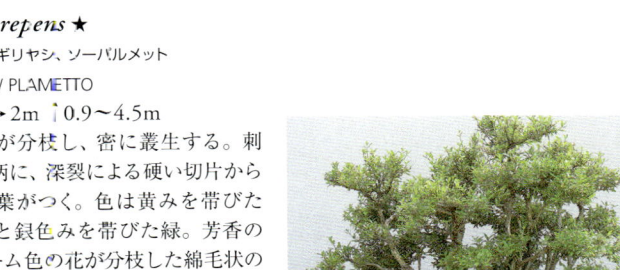
Serissa japonica 'Flore Pleno'

Serruria 'Sugar 'n' Spice'

Sesbania punicea

SERRURIA
（セルリア属）

数多い南アフリカ原産のヤマモガシ科の属のひとつで、55種あまりの常緑低木からなる。繊細な花序は、切花として非常に人気が高い。大半の種は非常に細かく全裂し、しばしば針状葉とみまごうほどである。数種は分裂のない単葉をもつ。群生または単生する花序は、普通、大部分を華やかな苞に覆われた、いくつかの有毛の花で構成される。その後、硬いナッツ状の果実がつく。

〈栽培〉
自然生息地以外での栽培は難しく、短命になりがちである。ヤマモガシ科の仲間として、同様の条件を必要とする。すなわち、リン含有量の低い、やや酸性の、砂の多い、非常に水はけのよい土壌で、通気性のよい日なたもしくは半日陰で栽培する。冬、雨の多い寒い環境にさらされると腐りやすい。また、耐霜性に優れているともいえない。繁殖は種子または挿し木で行うが、根付きは遅く、失敗しがちである。

Serruria 'Sugar' n 'Spice'
一般名：セルリア 'シュガー アン スパイス'
↔1.2m ↕1.2m
S. florida と *S. rosa* との交雑種。*S. florida* の幅広の苞と *S. rosa* の濃いピンク色を受け継いだ、大きな花序をつける。ゾーン：9〜10

SESAMUM
（ゴマ属）

ゴマ科のこの属には、およそ15種の一年生および多年生植物が含まれる。原産地はアフリカ、インド、スリランカ。葉は単葉もしくは分裂し、互生または対生する。花は白、ピンク、または紫で、キツネノテブクロ（ジギタリス属）に似た、2枚の唇弁からなる鐘形。種子の入った莢は長楕円形〜円筒型で、縦に裂開する。*Sesamum orientale* は、種子を目的に栽培されるようになった最初の植物のひとつで、何千年にもわたって栽培され続けている。熱帯および亜熱帯で広く生息し、栄養豊富な種子は、そのまま料理に使われたり、練ってペースト状にしたり、圧縮して油を抽出したり、保存食に組み込まれたりと、多様に利用されている。

〈栽培〉
熱帯および亜熱帯において、よく日の当たる、肥沃で湿性ながら水はけのよい土壌で栽培する。莢は裂開して種子を散布するため、乾燥しきる前に収穫する必要がある。種子で繁殖。

Sesamum orientale
異　名：*Sesamum indicum*
一般名：ゴマ
英　名：BENNE, GINGELLY, SESAME
↔0.3〜0.6m ↕0.6〜1.8m
アフリカ原産の一年生植物。毛で覆われた槍形〜卵形の葉。白〜ピンク色の魅力的な筒形の花が葉腋に生じる。摘み取らずにおくと、乾燥した莢が裂開し大量の細かい種子を放出する。
ゾーン：10〜12

SESBANIA
（ツノクサネム属）

熱帯および亜熱帯に広く分布するマメ科ソラマメ亜科の属で、50種あまりの常緑または落葉性のマメ科草本、低木、高木からなる。羽状複葉はかなり大きいが、この属の主な特徴は、普通夏に葉腋から生じる、蝶形花の総状花序である。その後角のある豆果が生じるが、花期を延ばすために摘み取ったほうがよい。

〈栽培〉
暖かい気候を必要とする大半のツノクサネム属種は、高木であっても、成長が早く短命である。だらしなくはびこる傾向があるため、色鮮やかな花を目立たせるためにも剪定して整える必要がある。中程度に肥沃な、深い、水はけのよい土壌で、日なたまたは半日陰でよく育つ。花期には水をたっぷり与えるが、寒い季節には乾燥させる。種子または半熟枝挿しで繁殖。

Sesbania punicea
英　名：ORANGE WISTERIA SHRUB
↔1.2m ↕1.8m
ブラジル南部、アルゼンチン、ウルグアイにかけて見られる低木。アメリカ合衆国南東部に帰化した。真緑〜暗緑色の葉は、長さ25mmの6〜20組の小葉からなる。鮮やかなオレンジ色の花が長さ10cmの総状花序をなす。
ゾーン：9〜11

SESLERIA
（セスレリア属）

英　名：MOOR GRASS

ヨーロッパおよび西アジア原産の、およそ35種の、低い小山を形成する多年草からなるイネ科の属。幅狭の葉身をもち、花穂が密な円形〜円筒形の円錐花序をなす。

〈栽培〉
日当りのよい開けた場所にある、岩の多い、水はけのよい土壌を好む。株分けで繁殖。

Sesleria tatrae
↔15〜20cm ↕15〜25cm
ポーランドのタトラ山地の雪線周辺原産の、房または叢を形成する多年生のイネ科植物。非常に細かい深緑色の葉が密に叢生する。夏、太い茎の先に短い花序がつく。
ゾーン：3〜8

SHEPHERDIA
（シェフェルディア属）

わずか3種の常緑または落葉性の低木からなるグミ科の属。原産地は北アメリカで、むき出しの傾斜地や、岩の多い乾燥した場所で生息する。葉は単葉で対生し、花弁のない小さな花をつける。雄性花と雌性花は別々の株に生じる。

〈栽培〉
これらの低木は広範囲の環境で育ち、条件の悪い乾燥した場所にも耐える。日当りと水はけのよい土壌を好む。種子または挿し木で繁殖。

Shepherdia argentea ★
一般名：バッファローベリー
英　名：BUFFALO BERRY, SILVER BUFFALO BERRY, SILVERBERRY
↔3.5m ↕3.5m
刺の多い枝と、銀色がかった長楕円形の葉をもつ、枝の多い低木。春、黄みを帯びた白い小さな花をつける。雌株はつやのある赤いエンドウマメ大の果実をつける。
ゾーン：2〜9

Shepherdia canadensis
一般名：バッファローベリー
英　名：BUFFALO BERRY
↔2.4m ↕2.4m
広がる低木。葉は、表面は黄みを帯びた暗緑色で、裏面は白。クリーミーイエローの花。果実は黄色から赤。
ゾーン：2〜9

Sesleria tatrae

Shepherdia argentea

Sidalcea malviflora

Sidalcea oregana

SHOREA
（ショレア属）
英　名：BALAU、MERANTI

スリランカ～中国南部、インドネシアにかけて見られるフタバガキ科の属で、200種以上が含まれる。林冠の上に樹冠を広げる巨大な高木で、低地から山地の多雨林、落葉樹林、サバンナの森林地帯に生息する。樹脂を含む幹は概して大きな板根をもつ。脈のよく目立つ単葉がらせん状に配置される。5枚の萼片と5枚の花弁をもつ芳香性の花が円錐花序をなす。萼片は宿存し、果実が散布する際のプロペラの役割を果たす。果実には種子が1つ含まれる。大半のショレア属種は、花の後果実がつくまで長い間がある。熱帯アジアにおける最も重要な材木で、いくつかの種はかつて、ニスに使われる樹脂の浸出液を目的に伐採された。多くの種子に含まれる豊かな油は、石鹸、食品加工、化粧品に利用される。

〈栽培〉
日当りを好むが、非常に大きいため、観賞用に栽培されることはまれである。

Shorea robusta
一般名：サール、サラノキ
英　名：SAL
↔9～15m ↑15～30m

ヒマラヤ東部～ミャンマー原産の硬材をもつ高木。樹皮には亀裂がある。ざらざらした革質の卵形の葉。夏、芳香のある小さなクリーム色の綿毛状の花が円錐花序をなす。樹脂は香として焚かれる。
ゾーン：10～12

SHORTIA
（イワウチワ属）
異　名：Schizocodon

根茎をもち、叢生する、常緑の、優美な6種の多年生植物からなるイワウメ科の属。5種は東アジア原産で、1種はアメリカ合衆国南東部の森林地帯原産。葉は心臓形、円形、または楕円形で、鋸歯縁。革質で普通つやのある暗緑色で、冬に赤くなる。早春、鋸歯縁または房縁の花弁をもつ、鐘形、らっぱ形、じょうご形の、白～深いピンク色の花をつける。

〈栽培〉
全種とも、腐植質に富む、酸性の、湿性ながら排水性の高い土壌と、半日陰～日陰の環境を好む。乾燥地域での栽培は、じゅうぶんな水があっても難しい。涼しく雨の多い夏を好む。繁殖は、秋に熟した種子を蒔くか、初夏に基部を、または秋にランナーを切って挿し木する。これらの植物は根の障害を嫌う。

Shortia galacifolia
英　名：OCONEE BELLS
↔25cm ↑15cm

アメリカ合衆国南東部原産の多年生植物。波形縁の丸みを帯びたつやのある緑色の葉が、かなり大きな叢を形成する。葉色は冬にブロンズレッドに変わる。春、鋸歯縁をもつ、25mmのローズ色を帯びた白い鐘形の花が点頭する。
ゾーン：6～9

Shortia soldanelloides
一般名：イワカガミ
英　名：FRINGE BELLS、FRINGED GALAX
↔25cm ↑15cm

日本原産の常緑多年生植物。粗い鋸歯縁の円形の葉。春、白っぽい縁取りのある、ピンクみを帯びたローズ色の花が生じる。S. s. var. *ilicifolia*、より小型種。より粗くまばらな鋸歯縁の葉。白、たまにピンク色の花が見られる。
ゾーン：6～9

SIBIRAEA
（シビラエア属）

アジアおよびヨーロッパ南東部原産の、2種の観賞用落葉低木からなるバラ科の属。美しい葉と、夏、密な円錐花序の先に生じる5枚の花弁をもつ小さな杯形の花を目的に栽培される。

〈栽培〉
日のあたる場所で、水はけのよい、中程度に肥沃な土壌で育てる。花後、古く痛んだ木質部を切り取り、剪定して形を整える。耐霜性。種子または挿し木で繁殖。

Sibiraea altaiensis
異　名：*Sibiraea laevigata*
↔1.5m ↑1.5m

中国西部、シベリア、バルカン半島北部原産の低木。青みを帯びた緑色の葉は長楕円形で、長さ10cmになる。初夏、小さな白い花が長さ12cmの密な円錐花序をなす。
ゾーン：5～9

SIDALCEA
（シダルケア属）
英　名：FALSE MALLOW

およそ22種の一年生および多年生植物からなるアオイ科の属。原産地である北アメリカ西部で、石灰のない砂質の、川床に沿った草原地帯や、じめじめした山岳部の草原に生息する。近縁にあたる小さなタチアオイ（*Alcea rosea*）に似て、掌状の切れ込みのある、つやのある丸い葉を基部にもち、直立した硬い花穂の先に、柄のない、または短い、白、ピンク、紫の、開いた杯形の花をつける。ボーダー花壇用として人気のかわいらしい多年生植物で、花の色や花期を改良した多数のvar.が作られている。枯れた花穂を取り除けば夏の間ずっと花をつける。

〈栽培〉
腐植質に富んだ水はけのよい土壌と日当りのよい場所が必要。株分けまたは種子で繁殖。

Sidalcea candida
↔50cm ↑60～90cm

アメリカ合衆国のユタ、ニューメキシコ、ワイオミング、コロラド各州原産。7裂した、丸みを帯びたつやのある葉が長い柄の先につく。初夏、分枝した茎に白い花と青みを帯びた葯をつける。S. *malviflora*とともに、親種として多くの近代cv.を生み出した。ゾーン：5～9

Sibiraea altaiensis

Sidalcea malviflora
一般名：シダルケア、キンゴジカモドキ
英　名：CHECKERBLOOM
↔40～75cm ↑60～100cm

アメリカ合衆国オレゴン州からメキシコのバハ・カリフォルニアにかけて見られる多年生植物。叢生する直立した茎に、浅い鋸歯縁の、7～9裂の、長さ25～50mmの葉をつける。春から秋にかけて、幅25～50mmのピンク～ラベンダー色の花が多数集まって総状花序をなす。
ゾーン：6～10

Sidalcea oregana
↔50cm ↑120cm

アメリカ合衆国ワシントン州～カリフォルニア州やネバダ州にかけて原生する。基部の葉は円形で、幅15cmで浅裂があり、茎の葉は光沢のある緑色で切片に分かれている。夏、深いピンク色の小さな花が密な総状花序をなす。
ゾーン：5～9

Shortia soldanelloides var. *ilicifolia*

Shorea robusta、野生、ネパール、チトワン

Silene fimbriata

Sideritis macrostachys

Silene hifacensis

Silene laciniata

Sidalcea Hybrid Cultivars
一般名：シダルケア交雑品種
☼/☽ ❄ ↔40～60cm ↕60～80cm
大半は *S. malviflora* を親にもつ交雑種で、コンパクトで花数が多く、普通、葉の上に高く花をつける。'**エルシー ヒュー**'、三角形の房縁の葉。優美な桜貝色の花。'**リトル プリンセス**'、矮小、コンパクト型。落ち着いたピンク色の花。'**ローズ クィーン**'★、深いローズ色の花が多数の密な穂につく。'**サセックス ビューティ**'、特別大きな、淡いピンク色の花。'**モナク**'、丈の高いcv. で、ピンク色の花。
ゾーン：6～10

SIDERITIS
（シデリティス属）
地中海沿岸、および、カナリア諸島やその周辺の大西洋諸島に生息するシソ科の属で、およそ100種の一年生および多年生植物、亜低木、低木からなる。綿毛で覆われた茎と葉をもち、筒形の花または鐘形の花が、葉状の萼とともに穂の先に輪生する。葉は普通先のとがった卵形で、基部は心臓形、縁は全縁もしくは不規則な鋸歯縁、またはくぼみがある。

〈栽培〉
ある程度肥沃で、軽い、水はけのよい土壌で、日なたまたは午前中日陰となる場所であれば、容易に育つ。軽い霜にも耐えるが、雨や寒さが長く続くと綿毛で覆われた葉が腐るため、乾燥した冬を好む。軽く樹形を整える以外、剪定の必要はほとんどない。種子、または花のない茎の先を切った半熟枝挿しで繁殖。

Sideritis macrostachys
☼ ❄ ↔0.9m ↕0.6～1.2m
カナリア諸島原産の低木。セージの葉に似た、綿毛を帯びた灰緑色の葉は、先端にわずかなくぼみがある。時折分枝の見られる、直立性の花穂に、先端が茶色を帯びた花弁と、白い綿毛に薄く覆われた苞と萼をもつ小さな白い花がつく。
ゾーン：9～10

SILENE
（マンテマ属）
英　名：CAMPION, CATCHFLY, CUSHION PINK
非常に多様なナデシコ科の大属で、北半球および南アフリカに広く分布するおよそ500種の一年生および多年生植物が含まれる。小さいクッション型の種は、一部自然の生息環境以外での栽培が非常に困難なものもあるが、しばしばロックガーデンに利用される。丈の高い種は、庭、生垣、ワイルドガーデンに適している。花は、白またはピンク系の5枚の花弁をもち、単生または穂の片側に生じる。多くの葉と茎は綿毛を帯び、触るとべとべとしている。

〈栽培〉
水はけのよさが必須条件。日なたの軽いローム土壌で栽培する。種子、株分け、または挿し木で繁殖。

Silene acaulis
一般名：コケマンテマ
英　名：CUSHION PINK, MOSS CAMPION
☼ ❄ ↔10cm ↕5cm
ユーラシア大陸および北アメリカ、またはより南方の高い山岳地帯に原生する多年生植物。鮮やかな緑色の線形の葉が、低い密な房縁のクッションを形成する。深いピンク色～紫の花が、葉群の上に単生する。非常にたくさんのcv. がある。
ゾーン：2～8

Silene alpestris
異　名：*Heliosperma alpestre*, *Silene quadrifida*
☼/☽ ❄ ↔30cm ↕15～30cm
南ヨーロッパアルプス～コーカサス地方原産。線形～披針形の葉が、低くまばらなクッションをなす。夏、長い茎の先に、花弁にくぼみまたは房縁のある、白い（まれにピンク色）星形の花がつく。
ゾーン：5～9

Silene dioica
一般名：レッドキャンピオン
英　名：RED CAMPION
☼/☽ ❄ ↔30cm ↕60cm
ヨーロッパの森や、岩の多い丘陵や崖に原生する多年生植物。綿毛のある葉がロゼットを形成する。夏、丈高の、硬い、分枝する茎の先に、鮮やかなピンク色（まれに白色）の花が生じる。八重咲きまたは半八重咲き品種。
ゾーン：6～10

Silene fimbriata
☼/☽ ❄ ↔60cm ↕100cm
コーカサス地方のじめじめした森林地帯原産の多年生植物。有毛の、暗緑色の卵形の葉のロゼットが小山を形成する。初夏、房縁のある白い花と、膨れ上がった球形の萼が、まばらな円錐花序をなす。
ゾーン：5～8

Silene hifacensis
異　名：*Silene mollissima*
☼ ❄ ↔20cm ↕30cm
イベリア半島原産の絶滅寸前の多年生植物。卵形の葉が密なロゼットをなす。時折分枝の見られる直立の茎に、初夏、円筒形の萼をもつローズピンクの花が、まばらな円錐花序をなす。
ゾーン：8～10

Silene laciniata
英　名：FRINGED INDIAN PINK, MEXICAN CAMPION
☼ ❄ ↔20cm ↕90cm
原産地はアメリカ合衆国カリフォルニア州とニューメキシコ州、それにメキシコ。幅狭の卵形の葉は長さ5cmになる。軽く毛を帯びた直立の茎に、1～2個の大きな星形の深紅の花がつく。
ゾーン：7～10

Sidalcea, Hybrid Cultivar, 'Elsie Heugh'

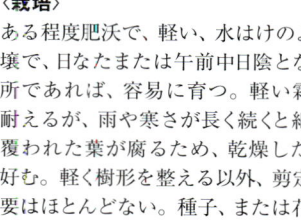
Sidalcea, Hybrid Cultivar, 'Little Princess'

Sidalcea, Hybrid Cultivar, 'Monarch'

Sidalcea, Hybrid Cultivar, 'Sussex Beauty'

Silene schafta

☼ ❄ ↔20cm ↕10cm

コーカサス地方原産の多年生植物。直立する多数の茎と、鮮やかな緑色の線形の小さな葉が、ゆるいマットを形成する。晩夏から秋にかけて、裂け目のある萼を持つ、ローズを帯びた深紅色の星形の花が大量に生じる。栽培の易しい、ロックガーデン向きの種。
ゾーン：5〜9

Silene uniflora

異　名：*Silene vulgaris* subsp. *maritima*
一般名：ハマベマンテマ、ホテイマンテマ
英　名：BLADDER CAMPION, SEA CAMPION

☼ ❄ ↔10cm ↕10〜20cm

西ヨーロッパおよび北アフリカの沿岸地帯原産の多年生植物。灰色を帯びた卵形〜へら形の葉。直立する茎の先に、夏、よく目立つ丸い小さな囊状の萼をもつ、小さな白い花が単生する。'ロビンホワイトブレスト'（syn.'フロレ　プレノ'）、八重咲きの花。
ゾーン：5〜9

SILPHIUM
（シルフィウム属）

北アメリカ中央部〜東部原産の、きめの粗い葉をもつ23種の多年生植物からなるキク科の属。単葉〜深い分裂のある葉が対生または輪生するが、基部の葉はロゼットを形成し、花茎につく葉はらせん状に配置される。デイジーに似た大きな花序は、白または黄色の、2重、3重にもなる非常に多数の舌状花と、小さな黄色い中心花からなる。大型ではあるが、どちらかというと平凡な花で、ワイルドガーデンでの利用が最適。

〈栽培〉
日なたもしくは非常に明るい日陰において、窒素過多でなければどんな土壌でも育つ。大型種で深く根を張るため、栄養繁殖は難しく、種子での繁殖が適している。

Silphium laciniatum

英　名：COMPASS PLANT

☼/☀ ❄ ↔0.9〜1.2m ↕1.5〜3m

アメリカ合衆国中央部原産。しっかり直立した、有毛のシダ状の葉は、長さ10〜40cmになり、南北の向きに並ぶ。夏、幅5cmの鮮やかな黄色い花序が群生する。昔から医療や料理に利用されてきた。
ゾーン：4〜9

Silphium perfoliatum

一般名：ツキヌキオグルマ
英　名：CUP PLANT

☼/☀ ❄ ↔0.9m ↕1.5m

北アメリカ東部の、湿性の森林地帯または草原地帯原産の多年生植物。きめの粗い、不規則な鋸歯縁の、卵形の葉が大きな叢を形成する。上部の葉は茎に巻きついている。硬く直立した茎は分枝して、黄色のデイジー花を単生させる。
ゾーン：5〜10

Silphium terebinthinaceum

英　名：PRAIRIE DOCK

☼/☀ ❄ ↔0.9〜1.8m ↕2〜3m

カナダ南部〜アメリカ合衆国南東部原産。密に叢生する、長い柄をもつ大きな基部の葉は、長さ30cm以上になり、基部は心臓形で、縁は鋸歯状または先端近くに切れ込みがある。直立する赤茶色の花茎は分枝し、夏、多数の舌状花をもつ幅25〜50cmの金色の花序が生じる。
ゾーン：4〜9

SILYBUM
（オオアザミ属）

わずか2種の一年生または二年生植物からなるキク科の属で、装飾的な葉を目的に栽培される。原産地は地中海沿岸地方と東アフリカで、日の当たる水はけのよい地域で生息する。強健な直立性の植物で、基部のロゼットからたくましい花茎を伸ばす。長い葉は裂片に分かれるか、羽状複葉で、縁には鋭い刺が並ぶ。よく目立つ白い脈または斑をもつ。春または夏、紫色のアザミ花が長い茎の先に生じる。*Silybum marianum*は昔から母乳促進に利用されている。

〈栽培〉
よく日の当たる、排水性のよいボーダー花壇で栽培する。魅力的な葉群を長もちさせるには、花茎を取り除く。花を咲かせると、種子は自家播種する。若い株はナメクジやカタツムリからの保護が必要。

Silybum marianum

一般名：ミルクシスル、マリアアザミ
英　名：BLESSED THISTLE, OUR LADY'S MILK THISTLE

☼ ❄ ↔0.6m ↕1.2m

ヨーロッパ原産の二年生植物で、アメリカに帰化した。基部でロゼットを形成する、深く切れ込んだ暗緑色の長い葉は、縁に刺があり、白い脈がよく目立つ。春と夏、紫を帯びたアザミの花が生じる。
ゾーン：6〜10

SIMMONDSIA
（シムモンドシア属）

アメリカ合衆国南西部およびメキシコ北部の砂漠地帯原産の、一般的な低木である*S. chinensis*ただ1種のみからなる属。ツゲ科の近縁であるシムモンドシア科の唯一の属でもある。しばしば高温の乾燥地帯で、観賞用および土砂流出防止目的で栽培されるが、最も有名で価値があるのはその種子で、透明でワックス質のホホバオイルを含有し、化粧品や石鹸など、さまざまな製品に利用される。

〈栽培〉
暖温〜高温の環境と、日当りのよい、水はけのよい乾燥した土壌が必要。定期的に軽く剪定して樹形を保つ。種子で繁殖。

Simmondsia chinensis

一般名：ホホバ
英　名：GOAT NUT, JOJOBA

☼ ♦ ↔1.8m ↕2.4m

アメリカ合衆国およびメキシコ原産の常緑低木。若い茎は毛を帯び、革質、灰緑色、卵形の小さな葉をつける。雄性花と雌性花は別の株に生じる。夏、杯形の黄色い雄性花、または、鐘形の緑を帯びた雌性花が、葉腋から群生する。さくの実に1個の種子が含まれる。
ゾーン：9〜12

SINAPIS
（シロガラシ属）

地中海沿岸地方原産の、8種の主に一年生の食用草本からなるアブラナ科の属で、アブラナ属の近縁。下部の葉はロゼットを形成し、上部の葉は茎を包み込む。夏、小さい黄色の花からなる総状花序が生じる。*S. arvensis*（ノハラガラシ）は農地における根強い雑草だが、赤みを帯びた茶色〜黒の種子から油を採るために利用されることもある。

〈栽培〉
日当りのよい砂質の土壌を好む。種子から育てるが、暑いとすぐ結実期に入ってしまうため、真夏の播種は避ける。

Silphium perfoliatum

Silene uniflora

Silene uniflora 'Robin Whitebreast'

Silybum marianum

Simmondsia chinensis

Sinapis alba
一般名：シロガラシ、ホワイトマスタード
英　名：WHITE MUSTARD
❋ ❄ ↔15cm ↕25～38cm
一年生植物で、直立性の茎から先端に向かって枝を出す。綿毛を帯びた、卵形の、切れ込みのある葉は、鮮やかな緑色で、時おりバイオレット色の斑点が見られる。1つの総状花序に50個もの小さな黄色い花がひしめく。若芽はサラダ野菜に利用される。ゾーン：7～11

SINNINGIA
（オオイワギリソウ属）
英　名：GLOXINIA
イワタバコ科の属で、メキシコからアルゼンチンにかけて分布する、およそ40種の、塊根性の多年生植物または小型の低木からなる。一般的に栽培される種は、細かい毛が密生してベルベット状になった、大きな槍形～心臓形の葉をもつ多年生植物である。よく知られているグロクシニア（S. speciosa）は、大きな上向きの鐘形の花をもつが、他の種はしばしば芳香のある筒形の花をつける。
〈栽培〉
室内および温室用の鉢植え植物として広く栽培されているが、屋外でも夏の一年生植物として、また暖温帯では一年を通じて育てることもできる。ラッパ形の花は水が満ちると崩れる。この属種は、明るいながらも直射日光にさらされない、温暖で多湿な環境と、湿性の、腐植質に富んだ水はけのよい土壌を好む。繁殖は、葉が枯れた後、鉢上げして株分けするか、種子または葉柄による挿し木も可能。塊根は乾燥させて保存。

Sinningia cardinalis

Sinapis alba

Sinningia aggregata

Sinningia aggregata
❋/❋ ✴ ↔40cm ↕60cm
ブラジル原産。直立性の茎に、綿毛を帯びた、強い芳香のある、先のとがった楕円形の、鮮やかな緑色の葉が対生する。長さ25mm以上になるオレンジ色の筒形の花が細い茎に輪生する。ゾーン：11～12

Sinningia canescens
一般名：断崖の女王
❋/❋ ✴ ↔25cm ↕25cm
ブラジル原産の塊根性の多年生植物種。塊根は重く厚みがあり、茎は直立性。ベルベット状、細かい鋸歯縁、心臓形の深緑色の葉。柄の長い、鮮やかなオレンジ色の筒形の花が5個以下で小さな花序をなす。ゾーン：11～12

Sinningia cardinalis
❋/❋ ✴ ↔30cm ↕20～30cm
ブラジル原産の塊根性の多年生植物。柄の長い、円形～心臓形、ベルベット状、深緑色の、細かい鋸歯縁の葉が対でつく。アーチ状の上唇弁をもつ赤い筒形の花が、集まって多数の花序をなすが、すべて同時に開花することはない。ゾーン：11～12

Sinningia × pumila
❋/❋ ✴ ↔15～30cm ↕10～15cm
S. pusillaとS. eumorphaの間の園芸交雑種で、低い小山を形成する。柄の短い、円形のベルベット状の葉。長さ30mmの、やや広がった、モーブ色の筒形の花をつける。ゾーン：11～12

Sinningia speciosa
一般名：グロクシニア
英　名：FLORIST'S GLOXINIA, GLOXINIA
❋/❋ ✴ ↔30～50cm ↕20～30cm
ブラジル産の種で、人気のある室内植物。ベルベット状の、深緑の、緩やかな

Sinningia speciosa, Lawn Hybrid

S. s.、ローン　ハイブリッド、'チャイナ　ローズ'

S. speciosa、ローン　ハイブリッド、'サンセット'

Sinningia speciosa, Lawn Hybrid

Sinningia speciosa, Lawn Hybrid

Sinningia speciosa, Lawn Hybrid

Sinningia speciosa, Lawn Hybrid

Sinningia speciosa, Lawn Hybrid

Sinningia speciosa, Lawn Hybrid

Sinningia speciosa, Lawn Hybrid

Sinningia speciosa, Lawn Hybrid

Sinningia speciosa, Lawn Hybrid

Sinningia speciosa, Lawn Hybrid

Sinningia speciosa, Lawn Hybrid

Sinningia speciosa, Lawn Hybrid

鋸歯縁の、円形〜心臓形の葉が生い茂る。直立した花茎に生じる、大きな鐘形の花は、モーブ〜紫色で、中心は明るく、対照をなす斑点がある。cv. は、広範囲におよぶ色の、より大きな花をもつ。'ブーンウッド イエロー バード'、黄色い花。'ブエルズ クィーン ビー'、白い花に、2つのよく目立つピンク色の斑。'キス オブ ファイヤー'、多数の小さい鮮やかな赤い花。ローン ハイブリッド ★、実生品種。単一の花色または混色がある。ゾーン：10〜12

SINOCALYCANTHUS
（シノカリカントゥス属）

クロバナロウバイ属の近縁にあたるロウバイ科の属で、中国中央部〜東部原産の、ただ1種の落葉低木からなる。ぴりっとした芳香のある、さまざまな大きさの楕円形の葉をもち、春から初夏にかけて、矮小のツバキに似た花をつける。その後、種子を含んださく果がつく。

〈栽培〉
比較的最近栽培されるようになった植物だが、耐寒性があり、水はけさえよければたいていの土壌で育つことが判明した。比較的冷涼で、日当りのよい環境で最もよく育つ。夏の暑い地域では、最も暑い午後の日差しを避ける。種子または取り木で繁殖。

Sinocalycanthus chinensis
一般名：ナツロウバイ
☼ ❄ ↔ 1.2〜3m ↑1.8〜3.5m
庭ではめったに見られないが、夏、低温で雨の多い地域に理想的な低木である。光沢のある、暗緑色の葉は先端に向かって急に細くなる。白からクリーム色のツバキに似た花は、中心がピンクみを帯びた黄色である。
ゾーン：5〜9

Sisyrinchium 'Biscutella'

SISYRINCHIUM
（ニワゼキショウ属）

およそ90種の一年生および多年生植物からなるアヤメ科の属。南北アメリカ原産だが、その他の温帯の国にも帰化している。叢生する、硬い直立性の、線形から剣形の葉が、外側にカーブして扇形をなす。春から夏にかけて、ラッパ形の花が、葉群のすぐ上で穂状に群生する。

〈栽培〉
よく日の当たる、水はけのよい、栄養に乏しい〜中程度に肥沃な土壌を好む。種子で容易に繁殖できるが、根茎性の株は春と秋に容易に株分けできる。

Sisyrinchium 'Biscutella'
一般名：ニワゼキショウ 'ビスクテラ'
☼ ❄ ↔ 15cm ↑30cm
叢生する常緑の多年生植物。真緑色の線形の葉をもつ。直立した茎に、暗茶色から紫色の脈のある、淡い黄色の短命の花をつける。
ゾーン：7〜9

Sisyrinchium 'Californian Skies'

Sisyrinchium 'Californian Skies'
一般名：ニワゼキショウ 'カリフォルニアン スキーズ'
☼ ❄ ↔ 20cm ↑30cm
暗緑色の槍形の葉ががっしりとした花茎を支える交雑種。夏から晩秋にかけて、真青色の花が生じる。
ゾーン：8〜9

Sisyrinchium californicum
異 名：*Sisyrinchium boreale*、*S. brachypus*
英 名：GOLDEN EYE GRASS
☼ ❄ ↔ 15cm ↑60cm
アメリカ合衆国カリフォルニア州〜カナダのブリティッシュコロンビアにかけて原生する半常緑の多年生植物。線形〜剣形の灰緑色の葉は長さ10〜15cmになる。夏、がっしりした茎の先に星形の黄色い花がつく。播種は容易。
ゾーン：8〜10

Sisyrinchium graminoides
異 名：*Sisyrinchium angustifolium*、*S. bermudiana*
一般名：オオニワゼキショウ
英 名：BLUE-EYED GRASS
☼ ❄ ↔ 20cm ↑50cm
北アメリカ原産の、密な叢を形成する多年生植物。一年を通じて、イグサに似た暗緑色の葉が見られる。夏から秋にかけて生じる、暗青色の星形の花の中心に、独特の黄色い点が入る。
ゾーン：5〜10

Sisyrinchium graminoides

Sisyrinchium idahoense
異 名：*Sisyrinchium bellum*、*S. birameum*
英 名：CALIFORNIAN BLUE-EYED GRASS
☼ ❄ ↔ 15cm ↑12cm
アメリカ合衆国のワシントン州、アイダホ州からカリフォルニア州にかけて生息する、叢生する半常緑の多年生植物。幅狭の剣形の暗緑色の葉をもつ。夏、硬く直立した茎の先に、黄色の花喉をもつバイオレットブルーの星形の花が生じる。
ゾーン：4〜9

Sisyrinchium palmifolium
英 名：YELLOW-EYED GRASS
☼/❄ ↔ 40〜80cm ↑50〜60cm
アルゼンチン、ウルグアイ、ブラジル南部原産の大型の叢生種で、鋭く先細る、細長い帯状の、青緑色の葉をもつ。晩春以降、直立した茎の先に、夕方開花する鮮やかな黄色い花からなる花序が見られる。ゾーン：9〜10

Sisyrinchium idahoense

Sisyrinchium palmifolium

Skimmia japonica subsp. *reevesiana* 'Chilan Choice'

Skimmia laureola

Skimmia japonica 'Cecilia Brown'

Skimmia × *confusa* 'Kew Green'

Skimmia japonica 'Snow Dwarf'

Skimmia × *confusa*

Sisyrinchium striatum
シシリンキウム・ストリアトゥム

異名: *Phaiophleps nigricans*

☼ ❄ ↔35cm ↕80cm

チリおよびアルゼンチン原産の、叢生する直立性の多年生植物。美しい灰緑色の線形の葉。葉群の上に突き出した茎の先に、淡い黄色の星形の花が力強い穂をなす。'アント メイ'、クリーミィイエローの斑入り葉。
ゾーン：8〜10

SKIMMIA
(ミヤマシキミ属)

ヒマラヤ地方および東アジア原産の、成長の遅い4種からなるミカン科の属。常緑低木または小高木で、低温地域における日陰や海沿いの環境にも耐える。葉は全縁の単葉で、たいてい幅広でつやがある。小さな油点をもつため、つぶすとわずかな芳香がある。小さな花は白、黄色、またはピンク系で、枝先に密な短い房をなす。雄性花と雌性花が別の株に生じる種もあり、その場合、冬に色鮮やかな液果を見るためには、両性を接近させて栽培する必要がある。

〈栽培〉
冷涼地帯においては、有機物質を豊富に含む、適度に排水性のよい土壌で容易に栽培できる。常に剪定してコンパクトな樹形または生垣に整える。繁殖は、先端を切って挿し木するのが最もよい。種子も利用できるが、性別は予測できない。

Skimmia × confusa
スキンミア×コンフサ

☼/❋ ❄ ↔1.2m ↕0.6〜3m

*S. anquetilia*と*S. japonica*との交雑種で、小山を形成する低木。先のとがった葉は芳香性。晩冬、芳香のあるオフホワイトの花が大きな房をなす。'キュー グリーン'、黄色〜クリーミーホワイトの雄性花をつける。
ゾーン：7〜10

Skimmia japonica
一般名：ミヤマシキミ、スキミア

☼ ❄ ↔6m ↕6m

日本原産の、密生する中型の低木で、ドームを形成する。革質の葉をもち、春、芳香のある白い花が円錐花序をなす。赤い球形の液果が群生する。*S. j.* subsp. *reevesiana*（スグダチミヤマシキミ）、白い雄性花と雌性花、くすんだピンク色の液果を生じる。'チラン チョイス'、芳香性のある花、赤い液果。*S. j.* 'セシリア ブラウン'、つやのある鮮やかな緑色の葉。赤い花芽から開いた白い花が大きな房をなす。'フルクト アルバ'、クリーム色の花、小さい葉、コンパクト丈。'キュー ホワイト'、幅狭のつやのある葉。芳香性のクリーム色の花。'ニマンズ'、多数の大きな果実。'ロバート フォーチューン'、淡色の葉に暗緑色の縁取り。'ルベラ'★、白い花と黄色の葯をもつ雄性のcv.。'スノー ドワーフ'、白い花をもつ小型の平伏性cv.。
ゾーン：7〜10

Skimmia laureola
☼ ❄ ↔0.9〜3m ↕0.6〜12m

ヒマラヤ地方および中国西部原産の、小型の広がる低木、または直立する高木。両性植物か、あるいは雄性花と雌性花が同じ株に生じる。春、クリーミーホワイトの芳香のある花が生じる。果実は黒。
ゾーン：7〜10

Sisyrinchium striatum（淡い黄色の花）

Sisyrinchium striatum、冬

Sisyrinchium striatum、夏

Sisyrinchium striatum、秋

Smilax glyciphylla

SMILAX
（シオデ属）

200種以上のよじ登り植物からなるサルトリイバラ科の属。世界中の温帯および熱帯に分布しているが、栽培例はまれである。茎は普通、ばらばらに伸びるワイヤー状で、しばしば刺をもつ。巻きひげで植物体を支える。つやのある緑色の心臓形または三角形の、魅力的な葉をもつ。目立たない小さな花は黄みまたは緑みを帯びる。*S. officinalis*の根茎は、サルサパラリラの供給元のひとつとして、西欧および中国で強壮剤として薬用され、また北アメリカではルートビアの風味づけに利用されている。

〈栽培〉
一般的にシオデ属は、根が日陰にあり、よじ登った上部が日に当たる位置で栽培する。

Smilax aspera
☼ ❄ ↔60cm ↕3m
南ヨーロッパ、北アフリカ、カナリア諸島原産の常緑のよじ登り植物。角ばった、ジグザグの、刺のある茎が密に絡みあう。葉は卵形～心臓形で、革質でつやがある。小さな芳香性の、緑みを帯びた花の後、晩夏に赤い果実がつく。ゾーン：8～10

Smilax glyciphylla
英　名：SWEET SARSAPARILLA
☼/☽ ❄ ↔1.5～3m ↕1.5～3m
オーストラリア東部沿岸に見られる種。巻きつき性だが、巻きひげも備える。葉は長さ15cmになる細長い槍形～心臓形で、若葉は濃いピンクみを帯びる。夏、緑みを帯びた白い小さな花がスプレーをなし、その後黒い液果がつく。ゾーン：9～11

SMYRNIUM
（スミルニウム属）

西ヨーロッパおよび地中海沿岸地帯原産の、7種の二年生または一回結実性植物からなる。丈高のややきめの粗い植物で、3枚の幅広の小葉からなる葉をもつ。緑みを帯びた黄色、または黄色の小さな花が、セリ科の特徴である散型花序をなし、その後光沢のある黒または茶色の種子が生じ、容易に自家播種する。学名はギリシャ語の*smyra*（没薬）に由来し、その芳香のある葉を表している。*S. olusatrum*の葉、根、茎は、セロリに似た味がする。かつて野菜として広く栽培され、現在もその目的で育てられることがある。

〈栽培〉
日の当たる開けた場所で、水分保持力があり、なおかつ水はけのよい肥沃な土壌で栽培する。*S. olusatrum*を野菜として栽培する場合、セロリと同様、春に土で覆って茎を軟白することもできる。晩夏または早春に種子を蒔いて繁殖する。

Smyrnium olusatrum
英　名：ALEXANDERS, BLACK LOVAGE, HORSE PARSLEY
☼ ❄ ↔45～90cm ↕0.9～1.5m
ヨーロッパ原産の、稜のある太い茎をもつ二年生植物で、さまざまな地域に広く帰化した。分裂した大きな葉は、光沢のある暗緑色で、鋸鋸歯縁。春、黄みを帯びた小さな花が散型花序をなす。光沢のある黒い種子。ゾーン：6～10

Smyrnium perfoliatum
☼ ❄ ↔45cm ↕90cm
南ヨーロッパからチェコ共和国にかけて見られる二年生植物で、主に葉を目的に栽培される。下部の葉は2～3枚の卵形の小葉をもつ。上部の葉は円形で茎を囲むように生じ、フラワーディスプレイ用に人気がある。ゾーン：6～10

SOBRALIA
（ソブラリア属）

中央および南アメリカ原産のラン科の属で、およそ100種の、葉の多い地上生のランを含む。栽培例は非常に少ないが、入手しやすくなりつつある。人気の種に、たいてい短命の、カトレヤに似た巨大な花を、夏、葉の茂った稈状の茎の先につける。

〈栽培〉
長く太い根の収まる大きな深いコンテナに植え付ける。バークを混ぜ込んだ、水はけのよい混合壌土が最適。大半の種は中温～暖温の環境において、強い光と頻繁な灌水を好む。暖かい季節には肥料も与える。夏の間は植物を深さ5cmの水盆の上に置く。成長率の減少する冬場には水をやらない。耐寒性の種は、降霜しない地域であれば、庭において、高い割合の有機物質をすきこんだ土壌に植えることもできる。春、大きな叢を株分けして繁殖する。

Sobralia macrantha
☼/☽ ✿ ↔0.3～1.2m ↕0.3～2m
メキシコからコスタリカにかけて見られる。茎は高さ2mにまで成長するが、栽培種はやや丈が低い。幅25cmの非常に大きなローズパープル色の花がつく。*S. m* var. *alba*、純白の花。ゾーン：10～12

Sobralia macrantha

Sobralia macrantha var. *alba*

Sobralia Mirabilis
一般名：ソブラリア・ミラビリス
☼/☼ ✿ ↔90cm ↕90cm
1903年に登録された交配種で、*S. macrantha*と*Veitchii*グレックス間の雑種。最初の雑種は、周りがかすかにピンクを帯びた白い花弁が、基部の長い、波状縁のミッドピンクの唇弁を囲んでいた。後の品種は、主に唇弁の色において変化に富む。ゾーン：11〜12

Sobralia xantholeuca ★
☼/☼ ✿ ↔0.3〜1.2m ↕0.3〜1.5m
メキシコおよびグァテマラ原産。*S. macrantha*に似た成長習性をもち、花がついていないうちは見分けが難しい。幅20cmのレモンイエローの花がやや点頭する。ゾーン：10〜12

SOLANDRA
（ラッパバナ属）
英　名：CHALICE VINE

人目を引く強健な8種のつる植物からなるナス科の属。原産地は熱帯アメリカの森林地帯で、しばしば川の近くの板根をもつ高木によじ登る。互生する単葉は、普通革質で光沢がある。開いたラッパ形の花は、夜、芳香を発することがある。花色は普通黄色か白だが、紫みを帯びた赤い縞または斑が入ることもある。一部の種は、アステカ族などの現地民族に幻覚剤として利用されていた。これらは非常に危険で、死に至る場合もある。

〈栽培〉
温暖地帯でに、日当りのよい水分に富んだ、排水性のよい土壌で栽培し、壁やフェンス、パーゴラに這わせる。冷温帯では温室で栽培する。過度の灌水は、葉の成長を促進するが、花は見られない。剪定して大きさを維持する。種子または挿し木で繁殖。

Solandra longiflora
一般名：ナガラッパバナ
☼ ✿ ↔2.4〜4.5m ↕3〜6m
西インド原産の強健なよじ登り植物。卵形の葉は長さ10cmになる。芳香のある紫を帯びた白い花は、長い花冠の筒の先端が広がって、縁がフリルになった裂片に分かれる。ゾーン：10〜12

Solandra maxima
異　名：*Solandra hartwegii*
一般名：ウコンラッパバナ
英　名：CUP OF GOLD
☼ ✿ ↔3〜9m ↕6〜15m
メキシコと中米アメリカ原産の、生育旺盛なよじ登り植物。つやのある緑色の卵形の葉は長さ18cmになる。金黄色の、大きく広がったじょうご形の花は、各裂片の中心に沿って紫色の線が入る。ゾーン：10〜12

SOLANUM
（ナス属）
異　名：*Cyphomandra, Lycianthes*

ジャガイモ（*S. tuberosum*）で有名なナス科の属で、1,400種あまりの一年生、多年生、つる性植物、低木、高木が含まれる。世界中に分布するが、大半は熱帯アメリカ原産。高木と低木は、落葉性または常緑で、多くは刺を備えている。多様でありながらも、この属の花はどれも驚くほど似ている。小さな5枚花弁からなる単純な構造で、中心に円錐形の黄色い雄ずいをもち、単生または群生する。花後、多肉質の液果が生じる。液果は普通ある程度毒性があるが、よく目立つ色のために、子どもたちが手を伸ばす可能性がある。

〈栽培〉
耐寒性には幅があるが、真に耐霜性をもつ種はまれで、大半は霜に弱い。通気性と排水性に優れた土壌であれば、概ね容易に栽培できる。世界各地で深刻な雑草となった種もある。大半の種は日なたまたは半日陰を好む。種子または挿し木で繁殖するが、株分けすることもある。

Solanum aviculare
一般名：シホウゲ（紫宝華）
英　名：KANGAROO APPLE, PORO PORO
☼/☼ ✿ ↔0.9〜3.5m ↕0.9〜3.5m
オーストラリアおよびニュージーランド原産の成長の早い常緑低木。茎は暗色、葉は非常に暗緑色で、先端が深く2、3裂している場合もある。紫色の花。卵形の果実は、熟すにつれ、緑、紫、オレンジ色に変わる。ゾーン：9〜11

Solanum betaceum
異　名：*Cyphomandra betacea*
一般名：コダチトマト、ツリートマト
英　名：TAMARILLO, TREE TOMATO
☼ ✿ ↔2m ↕3m

Solanum aviculare

Solandra longiflora

Sobralia Mirabilis

Sobralia xantholeuca

Solandra maxima

Solanum aviculare, fruit

Solanum ellipticum

ペルーのアンデス地方原産の藪状の常緑低木。明るい緑色の、心臓形の大きくしなやかな葉には、不快なにおいがある。春から夏、淡いピンク色の鐘形の花が枝先に群生する。初秋に結実。ゾーン：9〜11

Solanum capsicastrum
英　名：FALSE JERUSALEM CHERRY
☼ ❄ ↔60cm ↕30〜60cm
ブラジル原産の常緑低木。長さ5〜8cmの葉はしばしば縁に起伏が見られる。花は白。オレンジ〜赤色の卵形の小さな果実をつける。しばしば室内または温室植物として栽培される。
ゾーン：10〜12

Solanum crispum
ソラヌム・クリスプム
英　名：CHILEAN POTATO VINE
☼ ❄ ↔2.4〜4.5m ↕3〜6m
チリ原産の常緑のよじ登り植物。先のとがった卵形〜槍形の葉はしばしば縁に起伏が見られる。夏、5枚花弁を広げた、黄色い雄ずいをもつ、紫みを帯びた青い花が華やかにひしめき合う。'**グラスネヴィン**'、耐寒性に優れ、非常に花つきがよい。ゾーン：8〜11

Solanum ellipticum
英　名：BUSH TOMATO, VELVET POTATO BUSH, WILD GOOSEBERRY
☼ ❄ ↔0.9〜2m ↕0.9〜2m
オーストラリア内陸部で見られる、木質基部をもつ多年生植物。丈の低い、有毛の、刺のある枝をもつ。なめらかな暗青緑色の葉は脈がよく目立つ。中心の黄色い青い花が3〜7個で総状花序をなす。緑みを帯びた果実は食用。
ゾーン：9〜11

Solanum giganteum
英　名：AFRICAN HOLLY
☼ ❄ ↔3m ↕3.5m
熱帯アフリカからスリランカにかけて見られる大低木または小高木。刺のある幹と、刺に覆われた銀白色の枝をもつ。葉は槍形で暗緑色、裏面は銀白色のフェルト状。開いた紫色の花が円錐花序をなす。小さなつやのある赤い果実。ゾーン：10〜12

Solanum hispidum
英　名：DEVIL'S FIG
☼ ❄ ↔1.8〜2.4m ↕3m
メキシコおよびグァテマラ原産の、茎に刺のある、広がる低木。刺のある、深裂した深緑色の葉は、裏面がざらざらした毛を帯びる。夏、白またはモーブブルーの星形の花が密な総状花序をなす。黄色い液果。ゾーン：10〜12

Solanum jasminoides
一般名：ツルハナナス、ヤマホロシ
英　名：POTATO VINE
☼ ❄ ↔2.4〜4.5m ↕3〜6m
ブラジル原産の常緑のよじ登り植物。強健な小枝状の茎に葉を茂らせる。葉は卵形または槍形、あるいは切れ込みがある。夏、花期の長い、青みを帯びた白い星形の花が群生する。'アルブム'、純白の花。ゾーン：9〜12

Solanum laciniatum
英　名：LARGE KANGAROO APPLE, LARGE PORO PORO

Solanum mauritianum

Solanum laciniatum

Solanum melongena 'Black Beauty'

☼ ❄ ↔1.8〜3m ↕1.8〜3m
オーストラリアおよびニュージーランド原産の低木。S. aviculareに似ているが、より大型。葉は非常に暗緑色で、卵形または深裂する。春から夏にかけて、淡紫色〜深いインディゴの花からなる花序が生じ、続いてオレンジイエローの液果がつく。ゾーン：9〜11

Solanum mammosum
一般名：ツノナス、フォックスフェイス
英　名：NIPPLE FRUIT
☼ ✦ ↔0.9m ↕1.5m
熱帯アメリカ原産で、一年生植物または低木状の多年生植物として育つ。毛を帯びた茎はムチ状で刺があり、角ばった裂片のある、または鋸歯縁の葉がつく。紫色の花が花序をなす。果実はオレンジ色。ゾーン：10〜12

Solanum mauritianum
英　名：TREE TOBACCO, WILD TOBACCO
☼ ❄ ↔1.8〜3m ↕1.8〜3m
アルゼンチン原産の低木あるいは小高木。多くの地域で雑草となっている。枝は灰緑色の粉で覆われ、暗緑色の葉も、裏面は緑色の粉で覆われる。バイオレットブルーの花が花序をなす。円形の黄色い果実はやがてオレンジ色になる。ゾーン：10〜12

Solanum melanocerasum
一般名：ガーデンハックルベリー
英　名：GARDEN HUCKLEBERRY
☼ ❄ ↔45cm ↕60cm
藪状の一年生植物で、おそらく熱帯アフ

Solanum melongena 'Ping Tung'

Solanum melongena 'Turkish Orange'

リカ西部原産と思われる。幅広の卵形の葉。小さな白い花。夏中実る幅18mmの黒い液果は、火を通せば食べられる。ゾーン：9〜12

Solanum melongena
一般名：ナス
英　名：AUBERGINE, EGGPLANT, JEW'S APPLE
☼ ❄ ↔60cm ↕90cm
東南アジア原産の藪状の一年生植物。卵形の果実のために野菜として栽培される。茎は刺がある場合がある。葉は卵形で綿毛を帯び、浅裂がある。バイオレット色〜明るい青色の花。白〜紫黒色の果実は幅20cmになる。'ブラックビューティ'★、黒に近い卵形の果実。'ブラック ベル'、紫黒色の球形〜卵形の果実。'ボニカ'、早熟の紫黒色の卵形の果実。'ピントゥン'、長細い、濃いロージーモーブから紫色の果実が群生する。'ターキッシュ オレンジ'、トマトに似た、ずんぐりした小さなオレンジレッドの果実。ゾーン：9〜12

Solanum hispidum

Solanum melongena 'Black Bell'

Solanum melongena 'Bonica'

Solanum muricatum
一般名：ペピーノ
英　名：PEPINO, MELON PEAR, MELON SHRUB
☼ ❄ ↔90cm ↕90cm
アンデス原産の多様な低木状の種。花は紫、または白に紫の斑がある。白、緑、紫、または縞模様のある、卵形〜洋ナシ形の、メロンの風味の水気の多い果実は食べられる。'エクアドリアン ゴールド'、金色の果実。結実期が長い。'エルカミノ'、ほとんど種子のないvar.。'ゴールデン スプレンドール'、金色の果実。ゾーン：9〜12

Solanum rantonnetii

Solanum rantonnetii 'Royal Robe'

Solanum pseudocapsicum

Solanum pyracanthum

Solanum sessiliflorum

状複葉。夏、大きく広がる幅狭の花弁をもつ、淡紫色の星形の花が、密に群生する。光沢のある、鮮やかな赤い小さな液果。種子は鳥が散布する。
ゾーン：10〜12

Solanum sessiliflorum
英　名：COCONA
☼ ✝ ↔1.2m ↕2m
南アメリカ原産の、枝を多くつける低木。茎は綿毛を帯びる。大きな卵形の波状縁の葉は、表面は綿毛を帯び、裏面にはよく目立つ脈がある。黄みを帯びた緑色の花。春から夏に生じる、西洋ナシ形の、オレンジを帯びた赤色の果実は、食用され、マイルドなトマトの風味がある。
ゾーン：10〜12

Solanum quitoense

Solanum pseudocapsicum
一般名：フユサンゴ
英　名：JERUSALEM CHERRY
☼ ❉ ↔1.2m ↕0.9〜1.8m
南アメリカ原産の常緑低木。暗緑色の葉は縁にうねりがある。小さな白い花と、目を引く鮮やかなオレンジ色の果実。多数のcv.があり、クリーム色、黄色、オレンジ、赤と、さまざまな色の果実をつける。果実は鳥が食べるが、ヒトには有害である。ゾーン：9〜11

Solanum pyracanthum
☼ ✝ ↔0.6〜0.9cm ↕0.9〜1.8cm
熱帯アフリカおよびマダガスカル原産の、低木状の二年生または多年生植物。さび色のフェルト状の茎。切れ込みのある葉は、中央脈によく目立つ長いオレンジ色の刺があり、草食動物から身を守るのに役立っている。夏、青みを帯びたバイオレット色の花が密に群生する。
ゾーン：10〜12

Solanum quitoense
英　名：NARANJILLA
☼ ❉ ↔2m ↕2m
南アメリカ原産の低木で、不均等に広がる成長習性をもつ。どの部分も細かい毛が密生している。茎と葉は明るい緑色で、紫みを帯びる。葉は角ばった裂片をもつ。白い毛が群生する。トマトに似たオレンジ色の果実は食用され、緑色の果肉はリフレッシュジュースとなる。
ゾーン：10〜12

Solanum rantonnetii
異　名：*Lycianthes rantonnetii*
一般名：ブルーポテト
英　名：BLUE POTATO BUSH, PARAGUAY NIGHTSHADE
☼ ❉ ↔2m ↕1.8m
つる性の低木または半よじ登り植物に成長する、アルゼンチンおよびパラグアイ原産の、花期の長い種。葉縁には起伏がある。夏、芳香のある、紫からバイオレットブルーの花がつく。果実は赤色。

Solanum seaforthianum
一般名：ルリイロツルナス
英　名：ST VINCENT LILAC
☼ ✝ ↔2.4〜4.5m ↕3〜6m
トリニダード島および南アメリカ原産の魅力的なつる植物。葉は全縁または羽

刈り込んで樹形をコンパクトに保つ。'ロイヤル ローブ'、花期の長い、濃い紫色の花。ゾーン：9〜11

Solanum tuberosum
一般名：ジャガイモ
英　名：POTATO
☼ ❉ ↔45cm ↕45〜60cm
原産地は南アメリカで、ヨーロッパに導

Solanum tuberosum 'Salad Blue'

Solanum tuberosum 'Edzell Castle'

Solanum tuberosum 'Mimi'

Solanum tuberosum 'Pentland Javelin'

Solanum tuberosum 'Red Duke of York'

Soldanella alpina

入される以前から、2千年にわたって栽培されてきた。暗緑色の葉と、白～淡紫色の花をつける。さまざまなcv.があり、質感、風味、皮の色、成熟期の異なる塊茎をつける。'オール ブルー'、'サラダ ブルー'、青い皮とラベンダーブルーの肉質、'エッツエル カースル'、白い肉質で、均一のサイズ、'ミミ'、赤い皮で、サクランボ大。'ペントランド ジェヴェリン'★、白い皮と、ややロウ状の白い肉質。'レッド デューク オブ ヨーク'★、赤い皮と黄色の肉質。
ゾーン：7～11

Solanum vescum
英　名：GREEN KANGAROO APPLE、GUNYANG
☼　⇥　↔0.9～1.8m　↕0.9～1.8m
オーストラリア南東部原産の常緑低木。食べられる果実はクリーム色から緑色で、それ以外は*S. aviculare*に似ている。暗緑色の葉は、先端に切れ込みのある場合がある。春から初冬にかけて、紫色の花がつく。ゾーン：9～11

Solanum wallacei
英　名：CATALINA NIGHTSHADE
☼　❋　↔0.9～1.5m　↕0.9～2m
アメリカ合衆国カリフォルニア州原産の、不快なにおいをもつ、枝のまばらな常緑低木。長楕円形の葉は茶色みを帯びた毛で覆われる。夏、星形のバイオレット色の花が群生する。幅25mmの暗紫色の液果。
ゾーン：8～11

Solanum wendlandii
英　名：GIANT POTATO CREEPER、PARADISE FLOWER、POTATO VAIN
☼　⇥　↔1.5～3m　↕4.5m
コスタリカ原産の常緑よじ登り植物。刺のあるつる性の茎をもつ。葉はつやのある羽状複葉。幅6cmのライラックブルーの花が大きく華やかに群生する。卵形の黄みを帯びた果実は長さ10cmになる。
ゾーン：10～12

Soleirolia soleirolii

SOLDANELLA
(イワカガミダマシ属)

ヨーロッパアルプス、カルパチア山脈、バルカン山脈原産の、10種の小さな多年生高山植物からなるサクラソウ科の属。山岳地帯のじめじめした短い芝や、岩の多い場所に原生する。革質の円形～腎臓形の葉が基部にロゼットを形成する。早春、花茎がしばしば雪の上に顔を出し、その先端に、青～バイオレット系または白色の花が、1～6個点頭して花序をなす。小さなじょうご形または鐘形の花は、房縁の花弁をもち、非常にかれんな外観である。

〈栽培〉
たいてい、中性またはやや酸性の、水はけのよい肥沃な土壌で栽培する。開けた低温の位置に植え、暑い真昼の日差しは避ける。冬場の水分を避け、また、花期にはナメクジに注意する。あるいは、暖房のない、通気性のよい温室で、明るいフィルターライトのもと、砂の多い混合土壌で栽培する。種子または株分けで繁殖。

Soldanella alpina
一般名：アルパインスノーベル
英　名：ALPINE SNOWBELL
☼　❋　↔20cm　↕8～15cm
ヨーロッパのピレネーおよびアルプス地方原産の多年生植物。暗緑色の、腎臓形～円形の、革質の葉。花茎は高さ15cmになり、春から初夏にかけて、内側に深紅の斑がある、房縁のバイオレット色の花を2～4個つける。
ゾーン：5～9

Soldanella carpatica
☼　❋　↔20cm　↕8～15cm
ヨーロッパのカルパチア山脈原産の多年生植物。幅広の暗緑色の葉は、幅5cmになる。春の間、高さ15cmの花茎の先に、芳香のあるバイオレット色の小さな花を2～5個つける。ゾーン：5～9

Soldanella villosa
☼　❋　↔20～30cm　↕15～30cm
ヨーロッパのピレネー山脈原産の多年生植物。円形～腎臓形の葉は幅6cmで、裏面が淡緑色。短い毛で覆われた花茎は高さ30cmになり、早春、房縁の、バイオレット色の花を3～4つつける。
ゾーン：5～9

SOLEIROLIA
(ソレイロリア属)
英　名：BABY'S TEARS、MIND-YOUR-OWN-BUSINESS

イラクサ科の1属1種で、マットを形成する常緑の多年生植物からなる。原産地は地中海西部の島々、とくにコルシカ島が有名だが、温暖な国々に広く帰化した。枝は細く、節で発根する。ほぼ円形の小さな葉がらせん状に並ぶが、一見互生に見える。4枚花弁の、ピンクを帯びた白い小さな花が葉腋に単生する。

〈栽培〉
温帯においては、温室（とくにに棚下）またはテラリウムで、美しいグラウンドカバーとなる。侵略的な習性のため、暖温帯ではあまり歓迎されない。腐植質に富んだ、水はけのよい土壌を好むが、ほぼむき出しの地表のクレバスや舗装道路、壁沿いでも育つ。焼けつくような真昼の日差しには耐えられない。株分けで容易に繁殖できる。

Soleirolia soleirolii
異　名：*Helxine soleirolii*
一般名：ベビーティアーズ、コケイラクサ
英　名：ANGEL'S TEARS、BABY'S TEARS、MIND-YOUR-OWN-BUSINESS
☼/◐　⇥　↔0.6～1.2m　↕5～10cm
コルシカ島および周辺諸島原産の、マットを形成する匍匐性の多年生植物で、ヨーロッパに広く帰化した。侵略種になりうる。鮮やかな緑色の小さな円形の葉が密生する。夏、ピンクを帯びた白い4枚花弁の小さな花が生じる。'アウレア'、黄みを帯びた緑の葉。
ゾーン：9～12

SOLENOSTEMON
(ソレノステモン属)

シソ科の属で、熱帯アフリカおよびアジア原産の、60種の低木状の植物が含まれる。直立性、平伏性、または不規則に広がる習性で、綿毛を帯びたものや、多肉質のものもある。一部の種はかつて、近縁にあたるプレクトラントゥス属やコレウス属に分類されていた。ソレノステモン属種は主として、よく目立つ斑が入る、カラフルな葉を目的に栽培される。葉は先のとがった卵形で、縁は歯状または波形。花は外観にほとんど影響を与えないが、典型的なシソ科の、2唇弁からなる筒形の花である。

〈栽培〉
冷温帯ではコンサバトリーで室内植物として栽培するか、戸外であれば、一年生の花壇用植物として扱う。降霜しない地域ではずっと屋外で栽培できる。直射日光の当たる、手ごろな土壌または鉢用の混合土に植える。藪状のかたちを維持し、花をつけないために、定期的に先端を刈り込む。種子または挿し木で容易に繁殖できる。

Solanum wallacei

Solanum wendlandii

Solenostemon scutellarioides

異名：*Coleus blumei*, *C. scutellarioides*, *Plectranthus scutellarioides*
一般名：コリウス、ニシキジソ
英名：COLEUS, PAINTED NETTLE

☀/☽ ❄ ↔30〜60cm ↕30〜60cm

東南アジア原産の低木状の植物。四角形の、半多肉性の茎は、薄く綿毛を帯びる。先のとがった卵形の、波形縁の葉は、極めて多様で、緑、赤、紫、白、黄色が組み合わさる。'カンティグニイ ロイヤル'、赤みを帯びた紫色の葉。'クリムゾン ラッフルズ'、深紅の葉、脈はやや明るい。房縁。'クリンクリイ ボトム'、深い青緑の葉に、鮮やかな緑の縁取り。'ディスプレイ'、灰色を帯びたオレンジ色の葉に、鮮やかな緑の縁取り。**Dragon Series**（ドラゴン シリーズ）、大きな鋸歯縁の葉に、スカーレット〜紫、黒、金色の葉。'フロッグフット パープル'、深紅色の葉に濃い紫の縁取り。'ジュピター'、ビートレッドの、縮れた葉。縁は淡緑色。'キウイ フェン'、深い鋸歯縁の深紅色の葉に、レモン色の縁取り。'レモン ダッシュ'、中心が黄色の、鮮やかな緑色の葉。'ミュリエル ペドレイ'、血のように赤い葉に、黄色の染みと、鮮やかな緑色の縁取り。'パイナップル ビューティ'、深い栗色の染みのある、金緑色の葉。**Rainbow Series**（レインボー シリーズ）、黄色、赤、銅色、紫、緑の葉に、緑、クリーム色、紫の不規則な斑が入る。'レインボー フリンジド ミックス'、切れ込んだフリル状の縁。'ソーラ エクリプス'、鋸歯縁。'ウォルター ターナー'、赤〜暗赤色の葉に鮮やかな緑色の縁取り。'ホワイト フェザント'、濃い緑色の、鋸歯縁の葉。中心が淡いレモン色。'ウィンズレイ タペストリー'、深い鋸歯縁の、中心がビートレッドの、鮮やかな緑色の葉。'ウィンサム'、中心が鮮やかな赤〜黒の、鮮やかな緑色の葉。ゾーン：10〜12

SOLIDAGO
（アキノキリンソウ属）
英名：GOLDENROD

100種あまりの多年生植物からなるキク科の属で、他の温帯地域にも数種が見られるが、大半は北アメリカ原産。直立性の、時おり分枝がみられる茎が叢生し、その上半分に小さな黄金色の花が円錐花序をなす。葉は線形か槍形、または先のとがった卵形で、普通鋸歯縁がある。晩夏に花が咲くまでに、下部の多くの葉はある程度枯れる。この遅い花期のために、かつてネイティヴ・アメリカンたちに、トウモロコシの収穫時期を教える花暦に利用されていた。

〈栽培〉
非常に耐寒性に優れた植物で、ある程度肥沃で、湿った、水はけのよい土壌であれば、日なたまたは半日陰で容易に育つ。アキノキリンソウ属種はすべて、や

Solenostemon scutellarioides ドラゴン・シリーズ、'ブラック ドラゴン'

Solenostemon scutellarioides 'Crinkly Bottom'

S. s. 'Cantigny Royale'

S. s. 'Crimson Ruffles'

S. scutellarioides 'Display'

S. s. 'Frogsfoot Purple'

Solenostemon scutellarioides ドラゴン・シリーズ、'ブラック ドラゴン'

S. scutellarioides 'Jupiter'

S. scutellarioides 'Kiwi Fern'

S. scutellarioides 'Lemon Dash'

S. scutellarioides 'Muriel Pedley'

S. s. 'Pineapple Beauty'

S. scutellarioides 'Solar Eclipse'

S. scutellarioides 'Walter Turner'

S. s. 'White Pheasant'

S. scutellarioides 'Winsome'

S. s. 'Winsley Tapestry'

せた土壌でも育ち、乾燥耐性もあるが、そのような環境では花つきが悪くなるか、最大限まで成長できない。種子、基部の挿し木、株分けで繁殖。自家播種する。

Solidago bicolor
英　名：SILVERROD
☼/◐ ❄ ↔60cm ↕100cm
北アメリカ東部および中央部原産の多年生植物。幅広の卵形の葉は、全縁または鋸歯縁で、長さは20cmになる。晩夏から秋にかけて、白から淡い黄色の花序が、時おり広く間隔を開けて、直立した穂につく。ゾーン：4〜9

Solidago californica
一般名：ゴールデンロッド
英　名：CALIFORNIA GOLDENROD
☼/◐ ❄ ↔cm ↕cm
アメリカ合衆国南西部から、東はニューメキシコ、南はメキシコにかけて見られる多年生植物。直立性の茎に、長さ10cm以上になる、幅狭で先のとがった、鋸歯縁の、卵形の葉がつく。秋、深い黄色の花序がややアーチ状の穂に密生する。ゾーン：8〜10

Solidago canadensis
一般名：カナダアキノキリンソウ
☼/◐ ❄ ↔100cm ↕150cm
北アメリカに広く分布する直立性の種。長さ10cmの葉は、幅狭の槍形で鋸鋸歯縁。晩夏から秋にかけて、金黄色の花が短い円錐花序をなす。*S. c.* subsp. *elongata*、茎と葉に極小の刺がある。ゾーン：3〜9

Solidago confinis
英　名：YELLOW BUTTERFLY WEED
☼/◐ ❄ ↔50〜80cm
↕60〜100cm
カリフォルニアおよびメキシコ原産。小さな葉と、コンパクトな成長習性をもつ。晩夏から秋にかけて、大きな金黄色の花序が生じる。耐寒性および乾燥耐性に非常に優れている。
ゾーン：4〜10

Solidago canadensis

Solidago californica、野生、メキシコ、バハカリフォルニア、サン・ペドロ・マルティル国立公園

Solidago flexicaulis
英　名：ZIGZAG GOLDENROD
☼/◐ ❄ ↔60〜100cm
↕100〜120cm
北アメリカ東部原産の多年生植物。まばらな毛を帯びた、鋸歯縁の、先のとがった卵形〜楕円形の葉は長さ15cmになる。夏から秋にかけて、花茎の両側に互生する花序は、金黄色で、3、4の舌状花をもつ。
ゾーン：4〜9

Solidago rugosa
ソリダゴ・ルゴサ
英　名：ROUGH-STEMMED GOLDENROD
☼/◐ ❄ ↔100cm ↕150cm
北アメリカ東部原産の種。剛毛を帯びた、鋸歯縁の、長さ12cm以上になる幅広の槍形の葉が、基部に密に叢生する。晩夏、鮮やかな黄色の小さな花序が、多数に分枝した、アーチ状の円錐花序をなす。'ファイヤーワークス'、高さ120cm。非常に花つきがよく、星が爆発したような円錐花序が並ぶ。
ゾーン：3〜9

Solidago vigaurea
☼/◐ ❄ ↔60cm ↕100cm
ヨーロッパ原産種。綿毛を帯びた、細かい鋸歯縁の、幅広の槍形の葉は、基部近くでは長さ10cmで、上部では小さくなる。夏から秋にかけて、分枝する長いスプレーに黄色い花が生じる。
ゾーン：5〜9

Solidago Hybrid Cultivars
一般名：アキノキリンソウ交雑品種
☼/◐ ❄ ↔30〜120cm
↕60〜150cm
アキノキリンソウ属、とくに北アメリカ北部原産の耐寒性に優れた種は容易に交雑し、しばしば強健な花つきのよい、より園芸に適した交雑種が生まれる。'ゴールデン ウィングス'、高さ150cm、鋸歯縁の槍形の葉と、鮮やかな黄色の羽のような円錐花序をつける。'ゴールデンモサ'★、高さ100cm、しっかり直立した稈状の茎に、小さなアーチ状の、鮮やかな黄色の大羽をつける。'サマーシャイン'、金黄色の円錐花序。
ゾーン：4〜9

×*SOLIDASTER*
(×ソリダステル属)
栽培中に生じた交雑属で、1種の叢生する多年生植物のみからなる。1910年にリヨンの苗木畑で発見され、おそらくキク科の*Solidago canadensis*と*Aster ptarmicoides*（テリアツバギク）の雑種と考えられる。晩夏から秋にかけて小さなデイジー花をつける。ボーダー花壇に映え、切花にも向く。
〈栽培〉
日当りのよい、湿り気はあるが湿潤ではない、水はけのよい花壇でよく育ち、湿気のない地中海性気候を好む。繁殖は、冬の休眠期に株分けするか、春に基部を切って挿し木する。

×*Solidaster Luteus*
異　名：×*Solidaster hybridus*
一般名：ソリダステル
☼ ❄ ↔30〜38cm ↕80〜90cm
直立性の叢生する多年生植物で、葉は長さ15cmになる。夏、落ち着いた黄色の小さなデイジー花をスプレー状につける。'レモア'、より淡い黄色の花。
ゾーン：6〜10

SOLLYA
(ソリア属)
3種のよじ登りまたは巻きつき性の常緑低木を含むトベラ科の属で、ビラルディエラ属の近縁。属名は博物学者であるR. H. Sollyの名に由来する。主にウェスタンオーストラリア州の南部で見られ、オーストラリアのサウスオーストラリア、タスマニア、ヴィクトリア各州で雑草として定着した。葉は淡緑色〜暗緑色で、普通楕円形だが、さまざまなかたちがある。茎は他の植物と同様、トレリスやフェンスなど、支えとなる物体に巻きつく。この植物は、夏に生じる、魅力的な星形の鐘状の花を目的に栽培されるようになった。花色は青〜淡いピンク、白色がある。
〈栽培〉
最高の花を見るためには日当りが必要。水はけのよい、肥沃な土壌を好む。繁殖は、春、新鮮な種子を蒔くか、晩夏に緑枝を挿す。

Solidago confinis、野生、メキシコ、バハカリフォルニア、サン・ペドロ・マルティル国立公園

Solidago, Hybrid Cultivar, 'Summershine'

Sophora japonica

Sophora japonica 'Regent'

Sophora japonica 'Pendula'

Sophora japonica 'Violacea'

Sophora davidii

Sollya heterophylla
異　名：*Sollya fusiformis*
一般名：オーストラリアンブルーベル、ヒメツリガネ
英　名：BLUEBELL CREEPER
☼ ❄ ↔0.9～1.5m ↕1.5～2m
ウェスタンオーストラリア州原産の、巻きつき型よじ登り植物。真緑～暗緑色の葉。完全に成長するまで時間がかかり、しばしば貧弱に見える。夏、強烈な青い花が集団でぶら下がる。侵略種になり得る。*S. h.* subsp. *parviflora*、より小型の、より深い青の花。つる性。*S. h.* 'アルバ'、クリーミィホワイトの花。
ゾーン：9～11

SOPHORA
（クララ属）
広く分布するマメ科ソラマメ亜科の属で、50種以上の常緑、落葉性、または一時的に落葉する低木および高木が含まれる。たいてい、多数の小さな小葉からなる羽状複葉をもつ。普通、よく目立つ竜骨弁のある、クリーム色または黄色の、マメ科らしい花で、総状花序または円錐花序をなす。主に春咲きだが、熱帯種の開花時期は決まっていない。花後、有翼の木質の豆果がつく。

〈栽培〉
種によって耐寒性は異なるが、大半は、日なたまたは半日陰の、水はけのよい土壌での栽培に適応し、繁茂する。種子、挿し木、または接ぎ木で繁殖する。種子は非常に耐水性があり、蒔く前に湯につけて柔らかくしておくこと。この耐水性のおかげで種子は長期間海水に浸かっても生き残り、その結果、一部の種にめずらしい分布型が見られるようになった。

Sophora arizonica
英　名：ARISONA MOUNTAIN LAUREL, ARISONA NECKLACE
☼ ❄ ↔2.～3m ↕3～4.5m
アメリカ合衆国アリゾナ州原産の、成長の遅い、広がる常緑低木または小高木。銀色を帯びた緑色の魅力的な羽状複葉をもつ。春、芳香のあるバイオレット色の、フジに似た房状花をたくさんつける。その後、インゲンマメに似た豆果をつけるが、これには毒性があると考えられる。
ゾーン：8～10

Sophora davidii
☼ ❄ ↔3m ↕3m
中国原産の落葉低木。20枚の小葉からなる短い葉。夏、先端が白みを帯びた紫青色～白色の花が、茎の先端に短い総状花序をなす。
ゾーン：6～9

Sophora japonica
一般名：エンジュ
英　名：CHINESE SCHOLAR TREE, PAGODA TREE
☼ ❄ ↔10m ↕15m
中国および朝鮮半島原産の落葉性の高木で、昔から日本で栽培されている。栽培種はやや小型。葉は明るい緑～真緑で、裏面が綿毛を帯びた16枚の小葉からなる。真夏、芳香性のクリーミィホワイトの花が、垂れ下がる長さ15～25cmの円錐花序をなす。'ペンドゥラ'（シダレエンジュ）、花の枝垂れる習性が強い。葉も垂れ下がり、普通、直立性の幹をもつ台木に接ぎ木される。'プリンセトンアップライト'、樹高18mになる。'リージェンド' ★、白花。'ウィオラケア'、淡いモーブピンクの花。
ゾーン：5～9

Sophora microphylla
英　名：KOWHAI
☼ ❄ ↔6m ↕6～9m
ニュージーランド原産の、常緑、または一時的に落葉する高木。密集する細い小枝は、節で鋭く曲がり、ジグザグ状になっている。小さな葉は、極小のオリーブグリーンの小葉からなる。春、金黄色の花房が下垂する。茶色の豆果。
ゾーン：8～10

Sophora prostrata
ソフォラ・プロストラタ
英　名：DWARF KOWHAI
☼ ❄ ↔2m ↕1.8m
ニュージーランド原産の常緑低木で、吹きさらしの環境で平伏する。枝は密にからみあう。小さな葉は、8枚の深緑色の小葉からなる。晩冬、枝の影に隠れて、深い黄色～明るいオレンジ色の花が生じる。'リトル　ベイビー'（メルヘンの木）、奇妙な分枝習性で、極小の葉をもつ。
ゾーン：8～10

Sophora secundiflora
英　名：FRIJOLITO, MESCAL BEAN, TEXAS MOUNTAIN LAUREL
☼ ❄ ↔4.5m ↕9m
アメリカ合衆国テキサス州とニューメキシコ州、およびメキシコの隣接地域原産の、常緑低木または小高木。葉は3～5組の小葉からなる。早春、芳香のあるバイオレットブルーの花が、フジに似た総状花序をなす。銀灰色の豆果。
ゾーン：8～11

Sophora prostrata

Sophora prostrata

× *Sophrocattleya* Lana Coryell

× *Sophrolaelia* Gratrixiae

Sophora tetraptera
英　名：KOWHAI, YELLOW KOWHAI
☀ ❄ ↔ 4.5m ↕ 4.5〜12m
ニュージーランドの国花で、チリでも見られる。常緑。葉は20〜40枚の小さな小葉からなる。若葉、枝、花芽は細かい茶色の綿毛を帯びる。春、金黄色の花が総状花序をなす。
ゾーン：8〜10

Sophora tomentosa
一般名：イソフジ
英　名：SILVERBUSH
☀ ❄ ↔ 2.4m ↕ 9m
熱帯アジアおよびアフリカ原産の大型の落葉低木、または小高木。葉には18枚の小葉がある。葉と若枝は銀灰色の綿毛で覆われる。春から夏にかけて、普通、明るい黄緑色の花が総状花序をなす。
ゾーン：10〜12

Sophora toromiro
英　名：EASTER ISLAND SOPHORA
☀ ❄ ↔ 2.4m ↕ 4.5m
野生では絶滅した常緑小高木で、広く栽培されているニュージーランドおよびチリ産の*S. tetraptera*の最近縁種。小さな小葉は裏面が毛を帯びている。花は黄色で、花芽は白いフェルト状。長さ10cmの豆果をつける。
ゾーン：10〜12

× **SOPHROCATTLEYA**
(×ソフロカトレヤ属)
複茎性ランのカトレヤ属とソフロニティス属の属間交雑種(ラン科)。大半は、冷涼な環境で育つ*Sophronitis coccinea*を経歴に含む。この種を導入することで、サイズはより小型になり、花のかたちがよくなり、多くが赤色を帯びる。黄花の交雑種はたいてい*Cattleya luteola*を血統にもつ。大半のは春咲きか夏咲きだが、一部秋咲きのものもある。
〈栽培〉
明るい日差しと冷涼〜温暖の気候を好む。冬季は休眠するため、より冷涼で乾燥した環境が必要。どの種も、排水を妨げない、粗いバークを主体とした培養土が必須である。プラスティックまたはテラコッタの鉢で栽培し、灌水と灌水の間は完全に乾燥させること。健康な植物は、長命で容易に分枝する太く白い根系を広げる。株分けで繁殖。

× *Sophrocattleya* Beaufort
一般名：×ソフロカトレヤ ビューフォート
☀/☀ ✤ ↔ 10〜40cm ↕ 10〜40cm
非常に人気のある、*Sophronitis coccinea*と*Laelia luteola*の一代小型交雑種。概して、鮮やかな黄色の花をもつが、一部のクローンにはオレンジの色調も見られる。
ゾーン：10〜12

× *Sophrocattleya* Lana Coryell ★
一般名：×ソフロカトレヤ ラナ コリエル
☀/☀ ✤ ↔ 10〜40cm ↕ 10〜40cm
× *Sophrocattleya* Beaufortと*Cattleya walkeriana*の間の、人気のある、コンパクト成長型の交雑種。不釣合いに大きな、サーモンピンクから紫の花。数々の賞を受賞した。
ゾーン：10〜12

× **SOPHROLAELIA**
(×ソフロリア属)
複茎性のソフロニティス属とラエリア属の交配による、ラン科の属間交雑種。概して、色鮮やかな交雑種で、細長い偽鱗茎と、革質の単葉をもち、春から秋にかけて、小さな花を群生させる。小さなサイズ、および、鮮やかな赤、オレンジ、黄色の花のために、「cocktail orchid（カクテル・オーキッド）」と呼ばれる。
〈栽培〉
明るい光と、冷涼〜暖温の気候を好む。冬季は休眠するため、より冷涼で乾燥した環境が必要。排水を妨げない培養土が必須で、灌水と灌水の間は完全に乾燥させること。根詰まりを喜ぶため、粗いバーク主体の培養土で鉢植えにするとよい。花を豊富につけるため、観賞用に最適。株分けで繁殖。

× *Sophrolaelia* Gratrixiae
一般名：×ソフロラエリア グラトリキシェ
☀/☀ ✤ ↔ 10〜40cm ↕ 10〜40cm
花の赤い、*Sophronitis coccinea*と*Laelia tenebrosa*の間の一代交雑種。100年以上も前に登録された。
ゾーン：10〜12

× *Sophrolaelia* Orpetii
一般名：×ソフロラエリア オルペティイ
☀/☀ ✤ ↔ 10〜40cm ↕ 10〜40cm
*Sophronitis coccinea*と*Laelia pumila*の一代交雑種。紫の花をつけるコンパクト型で、人気がある。
ゾーン：10〜12

× **SOPHROLAELIOCATTLEYA**
(×ソフロレリオカトレヤ属)
複茎性ラン科の、ソフロニティス属とラエリア属、それにカトレヤ属による、3属間交雑種。大半は、冷涼な環境で育つ*Sophronitis coccinea*を経歴に含み、かたちの整った赤い花と、小さな成長型において影響を受けている。この種を導入することで、サイズはより小型になり、花のかたちがよくなり、多くが赤色を帯びる。黄花の交雑種はたいてい*Cattleya luteola*を血統にもつ。
〈栽培〉
明るい日差しと冷涼〜暖温の気候を好む。冬季は休眠するため、より冷涼で乾燥した環境が必要。どの種も、排水を妨げない、粗いバークを主体とした培養土が必須である。プラスティックまたはテラコッタの鉢で栽培し、灌水と灌水の間は完全に乾燥させること。健康な植物は、長命で容易に分枝する太く白い根系を広げる。株分けで繁殖。

Sophora tomentosa, seed pods

Sophora tetraptera

Sophora secundiflora

× Sophrolaeliocattleya, Hybrid, Hazel Boyd 'Apricot Glow'

× Sophrolaeliocattleya, Hybrid, Ann Komine

× Sophrolaeliocattleya, Hybrid, Fire Lighter

× Sophrolaeliocattleya, Hybrid, Sunset Nugget

× Sophrolaeliocattleya, Hybrid, (Bright Angel × Mahalo Jack)

× Sophrolaeliocattleya Hybrids
一般名：×ソフロレリオカトレヤ ハイブリッド
☼/☀ ✱ ↔10〜40cm ↕10〜40cm
花の大きさは、多くの交雑種によって異なり、35mm〜15cmと幅がある。花期は大半が春咲きか夏咲きだが、一部秋咲きの品種もある。**アン コミネ**、つやのある濃い赤紫色の花。(**Bright Angel×Mahalo Jack**)(ブライト エンジェル×マハロ ジャック)、未登録の交雑種で、深いサーモンピンク〜赤色の花。**ファイヤー ライター**、幼株も容易に開花する。小さい鉢を好む。紫みを帯びた赤色の花。**ヘイゼル ボイド'アプリコット グロウ'**★、×*Sophrolaeliocattleya* California Apricot(カリフォルニア アプリコット)と×*Sophrolaeliocattleya* Jewel Box(ジュエル ボックス)のアメリカ産の交雑種で、非常に人気がある。**ジャニーニ ルイーズ**、*Sophrolaeliocattleya* Kauai(カウアイ)と*Sophrolaeliocattleya* Hazel Boyd(ヘイゼル ボイド)の人気の交雑種で、オレンジ〜赤の花がつく。**ジュエラーズ アート**、幅12cmの、めずらしいオレンジピンク色の花。**マハオ ジャック**、深いピンク色の、×*Sophrolaelia* Orpetii(オルペッティ)と*Cattleya walkeriana*の交雑種。**サンセット ナゲット**、燃えるようなオレンジ色の花に、細かい赤の斑点のある深い赤い唇弁が重なる。**ティザック**、古い交雑種。紫色の花に、より暗色の唇弁。
ゾーン：10〜12

SOPHRONITIS
(ソフロニティス属)
ブラジルおよびボリビア産の、鮮やかな色の複茎性の寄生ランからなるラン科の小属。ラエリア属の近縁で、とくに、*L. dayana*や*L. pumila*が属するハドロラエリア・セクションに近い。これらのラエリア属とソフロニティス属は、同様に単一の色鮮やかな花をつけ、花序に葉鞘はないが、若葉が花芽を包み込む。
〈栽培〉
冷涼〜中温の環境において鉢で栽培する。小型種はミズゴケ、大型種はバークを主体とした混合土を使う。古い土壌だと根腐れするので、一年おきに別の鉢に植え替える。中程度の明るさと、湿気のある半日陰の環境、新鮮な空気を必要とし、空気のよどんだ環境には耐えられない。冬季は灌水を減らす。ソフロニティス属はカトレヤ属の交配に広く利用され、コンパクトな株と鮮やかな色の花を作り出してきた。株分けで繁殖。

Sophronitis cernua
☼/☀ ✱ ↔6〜18cm ↕3.5〜8cm
ブラジルおよびボリビア原産の匍匐性のラン。幅12mmの花が、点頭する短いスプレーに群生する。花は鮮やかな濃いオレンジ色で、唇弁はいくぶん黄色みを帯びる。耐寒性はない。中温〜暖温帯において、コルクの小山の上で栽培する。
ゾーン：11〜12

Sophronitis coccinea
ソフロニティス・コッキネア
異名：*Sophronitis grandiflora*
☼ ✱ ↔6〜20cm ↕3.5〜12cm
ブラジル産の壮麗なラン。秋から冬に咲く、幅8cmの円形の平たい花は、鮮やかなオレンジ〜スカーレットレッド。非常に幅狭の唇弁は、しばしば黄色とオレンジの模様が入る。'ジャニーネ'のように、強健さを増したクローンがある。
ゾーン：9〜11

× Sophrolaeliocattleya, Hybrid, Trizac

× Sophrolaeliocattleya, Hybrid, Jeweler's Art

× Sophrolaeliocattleya, Hybrid, Mahalo Jack

SORBARIA
(ホザキナナカマド属)
アジア原産のバラ科の属で、英一般名のFALSE SPIREAが示すように、シモツケ属に似た花をつける。4種の落葉低木からなり、普通吸枝を出し、羽状複葉をもつ。夏、小さな白い花が大きな円錐花序をなし、その後生じる、大量の茶色がかった小さなさく果は、しばしば冬まで残る。
〈栽培〉
この魅力的な植物は、葉と花両方を目的に栽培される。水分保持力のある肥沃な土壌で、日なたまたは半日陰の、葉を傷める強い風のあたらない場所に植えつけること。早春、古い弱った枝を地表近くまで刈り込む。吸枝を移動するか、夏に挿し木で繁殖する。

Sorbaria grandiflora
☼ ❄ ↔90cm ↕30〜90cm
シベリア東部原産の小低木。綿毛のある、赤みを帯びた灰色のシュートは樹皮が剥離する。長さ20cmになる細かい羽状複葉。夏、白い花が平たい房をなす。
ゾーン：5〜9

Sophronitis coccinea 'Jannine'

Sorbaria grandiflora

Sorbaria kirilowii
異　名：*Sorbaria arborea*
一般名：ニワナナカマド、チンシバイ
英　名：TREE FALSE SPIREA、
URAL FALSE SPIREA
☼ ❄ ↔6m ↕5m

中国原産の広がる落葉大低木で、細長いとがった葉をもつ。真夏、白い花が長さ30cmの長い円錐花序をなす。枯死花を摘み取れば、霜が降りるまで開花し続ける。ゾーン：5～7

Sorbaria sorbifolia
一般名：ホザキナナカマド
英　名：FALSE SPIREA
☼ ❄ ↔3m ↕3m

アジア原産の吸枝を出す低木。硬い直立の茎をもつ。細かい鋸歯縁の羽状複葉は、秋に紅葉する。夏、白い花が大羽状につく。
ゾーン：2～9

Sorbaria tomentosa
☼ ❄ ↔4.5m ↕6m

ヒマラヤ原産の、横に広がる、枝の多い低木。細かい鋸歯縁の、21枚の幅狭の小葉からなる羽状複葉。夏、黄みを帯びた白い花が大きな円錐花序をなす。*S. t.* var. *angustifolia*（syn. *S. aitchisonii*）、紫みを帯びた茶色の枝。
ゾーン：6～10

SORBUS
（ナナカマド属）
英　名：MOUNTAIN ASH

北半球の温帯原産の、100種あまりの落葉低木および高木からなるバラ科の属。葉は普通、鋸歯縁の小葉からなる羽状複葉だが、卵形～ダイヤモンド形の単葉もある。春、時折りピンクを帯びた、白またはクリーム色の、いくぶん不快なにおいのある花が群生する。花後、夏から秋にかけて、液果に似たナシ状果が熟す。秋、赤褐色～赤色に紅葉する種もある。

〈栽培〉
大半は非常に耐寒性に優れ、冷涼な気候を好み、夏の高温を嫌う。中程度に肥沃な、深い、腐植質に富んだ土壌と、

Sorbaria sorbifolia、冬

夏季にじゅうぶんな水分の得られる環境で最もよく育つが、たいていの環境に適応する。日なたまたは半日陰に植え付け、秋または冬に剪定して樹形を整える。層積貯蔵した種子、または接ぎ木で繁殖する。火傷病で深刻な害を受ける場合がある。

Sorbus alnifolia
一般名：アズキナシ
英　名：KOREAN MOUNTAIN ASH
☼ ❄ ↔8m ↕15m

日本および朝鮮半島原産。葉は深い鋸歯縁で、秋にオレンジや赤に紅葉する。若い茎は赤茶色で、若葉は鮮やかな緑色。花は白で、果実は赤または黄色。
ゾーン：6～9

Sorbus americana ★
一般名：アメリカナナカマド
英　名：AMERICAN MOUNTAIN ASH
☼ ❄ ↔6m ↕6～9m

アメリカ合衆国中央部から東部原産の高木で、低木状のものもある。葉は、表面が鮮やかな緑色で、裏面が灰緑色の17枚の小葉からなり、秋に黄色に変わる。花芽に樹脂を含む、白い花が春に咲く。果実は鮮やかな赤。
ゾーン：2～9

Sorbus aria
ソルブス・アリア
英　名：WHITEBEAM
☼ ❄ ↔8m ↕6～12m

ヨーロッパ原産の幅広の樹冠をもつ高木。幅広の、楕円形の深緑色の葉は、幼時は白いフェルトに覆われている。オレンジレッドの果実。整形して東屋に仕立てることもできる。'クリソフィッラ'、金黄色の葉。'ルテスケンス'、円錐形の成長習性で、明るい緑色の葉。'マジェスティカ'、非常に幅広の樹冠。大きな葉。
ゾーン：5～9

Sorbus × *arnoldiana*
ソルブス×アルノルディアナ
☼ ❄ ↔6m ↕4.5～12m

ユーラシア大陸温帯産の *S. aucuparia* と *S. discolor* との園芸交雑種。*S. aucuparia* に似るが、小葉がより小さく、より暗緑色で、裏面が灰緑色。クリーム色の小さな花序と、ピンクの液果。'カーペット オブ ゴールド'、直立性の細長い枝と、赤い斑点のある金黄色の果実をつける。
ゾーン：5～9

Sorbus aria 'Lutescens'

Sorbus alnifolia

Sorbus × *arnoldiana* 'Carpet of Gold'

Sorbus aria

Sorbus aucuparia
一般名：セイヨウナナカマド
英　名：EUROPIAN MOUNTAIN ASH、MOUNTAIN ASH、ROWAN
☼ ❄ ↔6m ↕4.5〜12m
ユーラシア大陸北部の大半で見られる耐寒性の高木。暗緑色〜ブロンズ色の羽状複葉は、粗い鋸歯縁の小葉からなり、秋にオレンジと赤に変わる。花には不快なにおいがある。装飾的で、なおかつビタミンCの供給源となる、オレンジ色の液果をつける。ジュースは風味づけに利用される。'アスプレニイフォリア'、深く切れ込んだ葉。裏面は有毛。'ブラック ホーク'、直立性の幅狭の高木。'カーディナル ロイヤル'、直立性の成長習性で、暗赤色の果実をつける。'ファスティギアタ'、幅狭の樹冠。硬い直立性のシュート。大きな果実。'フルクトゥ ルテオ'、広がる習性。'クサントカルパ'、金黄色の果実。ゾーン：2〜9

Sorbus cashmiriana

Sorbus cashmiriana
☼ ❄ ↔6m ↕9m
ヒマラヤのカシミール地方原産の高木。若枝は赤い。暗緑色の羽状複葉は、鋸歯縁の、裏面が明るい緑色の、19枚の小葉からなる。春、深いピンク色の花芽から、ピンクを帯びた白い花が生じる。白〜黄緑色の果実。ゾーン：5〜9

Sorbus chamaemespilus
英　名：DWARF WHITEBEAM
☼ ❄ ↔0.9〜1.8m ↕0.9〜1.8m
中央ヨーロッパ原産の低木。長さ25〜80mmの、暗緑色の単葉は、細かい鋸歯縁で、裏面は黄みを帯び、時おりフェルト状になっている。花は深いピンク色。赤い果実。ゾーン：6〜9

Sorbus commixta
一般名：ナナカマド
英　名：JAPANESE ROWAN
☼ ❄ ↔6m ↕6〜9m
朝鮮半島および日本原産。魅力的な羽状複葉をなす15枚の小葉は、粘性の赤い葉芽から生じ、最初はブロンズ色、後に明るい緑色となり、裏面は白い粉で覆われ、秋に黄色から赤に紅葉する。花は白で、果実は赤。'エンブレイ'、秋の赤い紅葉が冬まで残る。'エセルズ ゴールド'、鮮やかな緑色の葉に、金黄色の果実。'ジャーミンズ'、秋に鮮やかに紅葉する。オレンジレッドの果実が大きく群生する。ゾーン：6〜9

Sorbus commixta

Sorbus decora
英　名：SHOWY MOUNTAIN ASH
☼ ❄ ↔4.5m ↕9m
北アメリカ北東部で見られる低木状の小高木。葉は17枚の小葉からなる。春、白色のゆるい花序が生じる。小さな赤い果実が房をなす。ゾーン：2〜8

Sorbus domestica
英　名：SERVICE TREE
☼ ❄ ↔9m ↕9〜15m
南ヨーロッパ、北アフリカ、西アジア原産。羽状複葉は、鋸歯縁で、裏面は綿毛を帯びる。花は白。食べられる大きな液果は黄緑色で、熟すと赤くなり、ジャムなどに利用される。ゾーン：6〜10

Sorbus esserteauiana
☼ ❄ ↔10m ↕15m
印象的な葉をもつ、中国西部原産の高木。赤い葉芽から生じる葉は、裏面が綿毛を帯びた、13枚の鮮やかな緑色の小葉からなり、秋に赤く紅葉する。白い花が密な円錐花序をなす。赤い果実。ゾーン：6〜9

Sorbus forrestii

Sorbus folgneri
☼ ❄ ↔8m ↕9m
中国原産の高木。若い茎はしなやかで、しばしばアーチ状になり、白い綿毛で覆われる。槍形の単葉は裏面が綿毛を帯びる。花は白色、果実は赤色だが、まれに黄色もある。ゾーン：6〜9

Sorbus forrestii
☼ ❄ ↔6m ↕8m
一般的に栽培されている *Sorbus hupehensis* に似ているが、より大きな果実をつける。この果実は熟すと純白になり、落葉後も冬まで残る。ゾーン：7〜9

Sorbus aucuparia 'Fructu Luteo'

Sorbus aucuparia

Sorbus decora

Sorbus hedlundii

☼ ❄ ↔8m ↕9m

Sorbus vestitaによく似ているが、こちらの種は、葉の裏面がはっきりとした銀色。葉の裏面のよく目立つ脈で区別できる。ゾーン：8～10

Sorbus × hostii

☼ ❄ ↔3m ↕3.5～4.5m

Sorbus chamaemespilusとSorbus mougeotiiの交雑種で、Sorbus mougeotiiによく似ているが、葉がわずかに長く、より鋭い鋸歯縁。花はS. chamaemespilusと同じ、ピンク～淡赤色。その後赤い果実がつく。ゾーン：6～9

Sorbus hupehensis

ソブス・フペヘンシス

☼ ❄ ↔6m ↕9m

中国中央部から西部原産。表面がくすんだ灰緑色で、裏面がより明るい羽状複葉は、秋に濃いピンクの色調に変り、より赤くなって落葉する。春、白い花がつく。小さな白い液果は、熟すとピンクみを帯びる。**S. h. var. obtusa**（syn. S. h. 'ロサ'）、高さ8mになる。**S. h. 'コーラル ファイヤー'**、樹皮が赤い。秋に赤く紅葉する。果実はピンクみを帯びた赤。ゾーン：6～9

Sorbus insignis

ソルブス・インシグニス

☼ ❄ ↔4.5m ↕4.5～6m

ヒマラヤ地方のシッキム州原産の小高木。羽状複葉の小葉は浅い鋸歯縁をもつ。花芽は、さび色がかった赤い細かい毛を帯びる。花は白色。**'ベロナ'**、小さな落葉高木。低木状の習性で、複葉をもち、小さなコーラルレッドの果実をつける。ゾーン：8～10

Sorbus intermedia

ソルブス・インテルメディア

英名：SWEDISH MOUNTAIN ASH, SWEDISH WHITEBEAM

☼ ❄ ↔6m ↕6～9m

Sorbus koehneana

普通は小型、一部低木状で、スカンジナビア産。若い茎はフェルト状で、卵形の単葉は基部に小さな裂片がある。春、小さな花が密に分枝した花序をなす。オレンジレッドの液果。**'ブロウウェルズ'**、コンパクト型で直立習性。暗赤色の液果が小さく群生する。ゾーン：5～9

Sorbus keissleri

☼ ❄ ↔6m ↕9m

中国原産の大低木または小高木。浅い鋸歯縁の単葉は、表面はすべすべした暗緑色で、裏面はより明るく、やや有毛。クリーミィホワイトの花。花芽は軟毛を帯びる。果実は緑色で、やがて赤みを帯びる。ゾーン：6～9

Sorbus koehneana

☼ ❄ ↔6m ↕4.5m

中国原産の、中型の低木または小高木。羽状複葉は25枚以上の暗緑色の小葉からなる。白い花の後、光沢のある小さな白い果実がつく。ゾーン：6～8

Sorbus latifolia

英名：FONTAINBLEAU SERVICE TREE

☼ ❄ ↔6m ↕9～15m

円錐型に成長する、強健なヨーロッパ産の高木。若枝はブロンズ色。オークに似た、切れ込みのある鋸歯縁の葉は、表面が暗緑色で、裏面は黄みを帯びたフェルト状。クリーミィホワイトの花が、ふわふわした花序をなす。緑色の果実には茶色の斑点がある。ゾーン：5～9

Sorbus megalocarpa

英名：LAGE-FRUITED WHITEBEAM

☼ ❄ ↔25m ↕9m

中国原産の低木または高木。波状～浅い鋸歯縁の単葉。クリーミィホワイトの花が密な房をなす。さび色がかった茶色のナシ状果。ゾーン：6～9

Sorbus mougeotii

Sorbus insignis 'Bellona'

Sorbus intermedia

Sorbus mougeotii

☼ ❄ ↔4.5m ↕12m

北ヨーロッパの山岳地帯で見られる大低木または小高木。幅広の卵形の単葉は、浅い鋸歯縁で、裏面は淡い灰色の綿毛で覆われる。クリーム色の花が小さな花序をなす。緑色の果実は熟すと赤くなる。ゾーン：6～9

Sorbus pohuashanensis

☼ ❄ ↔6m ↕21m

中国北部の山岳地帯原産の高木で、栽培種はやや小型。裏面がフェルト状の羽状複葉をもつ。クリーム色の花がふんわりと群生する。オレンジレッド～赤の果実。ゾーン：5～9

Sorbus pseudofennica

英名：ARRAN SERVICE TREE

☼ ❄ ↔9m ↕9～15m

Sorbus domesticaの近種で、おそらくS. arranensisとS. aucupariaの交雑種。極めて希少。スコットランド、アラン島のグレン・ディオムハン保護区の、急斜面の花崗岩の間を流れる川の岸に500本が生息している。ゾーン：6～9

Sorbus hedlundii

Sorbus hupehensis

Sorbus pseudofennica

Sorbus vilmorinii

Sorbus randaiensis

Sorbus sargentiana

Sorbus reducta 'Gnome'

Sorbus randaiensis
☀ ❄ ↔3m ↕6m
台湾の山岳地帯原産の小高木。直立の成長習性。葉芽は粘性で、羽状複葉をなす、微妙に先細りした、鋭い鋸歯縁のある19枚の小葉は、裏面が灰色の綿毛を帯びている。白からクリーム色の小さな花が小さく群生し、その後、よく目立つ小さな赤い実が、秋から冬まで見られる。ゾーン：7～10

Sorbus reducta
ソルブス・レドゥクタ
英　名：DWARF CHINESE MOUNTAIN ASH
☀ ❄ ↔.8m ↕38cm
中国西部およびミャンマー原産の、丈の低い低木状の種。吸枝を出す茎が群生し、若い茎は刺で覆われる。赤みを帯びた柄の羽状複葉。花数は少ない。果実はチェリーレッド。'ノーム'、より小型のコンパクト型。ゾーン：6～10

Sorbus sargentiana
英　名：SARGENT'S ROWAN
☀ ❄ ↔6m ↕6～9m
中国西部の観賞用種。葉芽は粘性で、羽状複葉をなす小葉は、わずかに鋸歯縁で、表面に鮮やかな緑色、裏面はより明色で、綿毛を帯びる。秋に鮮やかに紅葉する。花は群生し、小さな赤い液果をつける。ゾーン：6～9

Sorbus × thuringiaca

Sorbus scalaris
☀ ❄ ↔6m ↕6m
中国原産の大低木または小高木。葉をなす37枚以下の小葉は、わずかに鋸歯縁で、裏面は淡い灰色のフェルト状、秋に深い赤色～紫色に紅葉する。春に生じる花序はかなり大きく綿毛状。小さな赤い果実をつける。ゾーン：5～9

Sorbus thibetica
ソルブス・ディベティカ
☀ ❄ ↔9m ↕15m
中国産で、野生種はめったに栽培されないが、最もよく知られているのは'ジョン ミッチェル'(syn. *S.* 'Mitchelli' [ナナカマド'ミッシェリ'])という、幅広の樹冠をもつcv. である。明るい緑色の円形の単葉は、裏面が白いフェルト状。花はクリーミィホワイトで、果実はオレンジレッド。ゾーン：8～10

Sorbus × thuringiaca
ソルブス×トゥリンギアカ
英　名：ORK-LEAFED MOUNTAIN ASH
☀ ❄ ↔8m ↕9～12m
ヨーロッパ原産種である*S. aria*と*S. aucuparia*との交雑種。細かい鋸歯縁の小葉が羽状複葉をなす。花後は小さな赤い果実が生じる。'ファスティギアタ'、まっすぐに成長する。非常に暗緑色の葉。'レオナルド　スプリンガー'、葉は、9～11枚の深い切れ込みをもつ小葉からなる。葉柄は赤。ゾーン：6～9

Sorbus torminalis
一般名：カエデバアズキナシ
英　名：CHEQUER TREE、WILD SERVICE TREE
☀ ❄ ↔8m ↕9～15m
ヨーロッパ、西アジア、北アフリカ原産。円形の樹冠に、緑茶色の樹皮。鮮やかな緑色の単葉は、鋸歯縁で、裂片がよく目立つ。秋に赤く染まる。春、まばらな花房が生じた後、茶色い斑点のあるオリーブ色の果実がつく。ゾーン：6～10

Sorbus vestita
異　名：*Sorbus cuspidata*, *S. lanata*
英　名：HIMALAYAN WHITEBEAM
☀ ❄ ↔6m ↕9m
ヒマラヤ地方原産の高木。鮮やかな緑色の楕円形の葉は、裏面が銀白色。果実は球形～洋ナシ形で、大きさは25mm以下、色は、茶色の斑点のある緑色～暖かみのあるさび色。ゾーン：7～9

Sorbus vilmorinii
ソルブス・ウィルモリニイ
☀ ❄ ↔4.5m ↕6m
中国西部原産の、広がる低木または小高木。芽と若枝は、暖かみのある赤茶系の色。葉は羽状複葉で、縁は鋸歯状、裏面が灰緑色。ゆるく開いた花房に続き、ピンクまたはピンクを帯びた白い果実がつく。'パーリー　キング'、秋の紅葉が美しい。大きな果実。ゾーン：6～9

Sorbus wardii
☀ ❄ ↔4.5～8m ↕15m
ヒマラヤ地方で見られる直立性の強い高木。幼葉は綿毛で覆われており、楕円形～円形で、鮮やかな緑色。花はクリ

Sorbus vestita

Sorbus torminalis

Sorbus wilsoniana

Sorbus, Hybrid Cultivar, 'Coral Beauty'

Sorbus, Hybrid Cultivar, 'Sunshine'

ーミィホワイト。大きな琥珀色～オレンジレッドの果実には、しばしばオリーブ色～茶色の斑点がある。ゾーン：8～10

Sorbus wilsoniana

☀ ❄ ↔6m ↕6～9m

中国原産の丈夫でがっしりとした高木。葉は、裏面が淡色の、15枚の槍形の小葉からなる。銀白色の綿毛を帯びた花芽から生じた花房は、やがて球形に近い洋赤色の果実となる。ゾーン：6～9

Sorbus Hybrid Cultivars

一般名：ナナカマド交雑品種

☀/◐ ❄ ↔2～4.5m ↕3～8m

サイズには幅があり、矮小型などもあるが、園芸でもっともよく見られるのは高木状のもの。葉形や果実の色も多彩で、どの種も収穫量は多く、しばしば秋に鮮やかな紅葉が見られる。'コーラル ビューティ'、*S. aucuparia*の影響が強い。鮮やかなオレンジスカーレットの果実。'ジョセフ ロック'。高さ6～9mの有望な交雑種。深い鋸歯縁の小葉からなる羽状複葉は、秋にオレンジまたは紫赤に変わる。花は白。果実は最初クリーム色で、熟すと金黄色になる。'パーリー キング'、淡いパールピンクの果実。'サンシャイン'、黄色い果実。ゾーン：6～9

SORGHASTRUM

（ソルグハストルム属）

アメリカおよびアフリカ熱帯地方原産の、およそ16種の一年生および多年生植物からなるイネ科の属。非常に幅狭の、しばしば中央脈に沿って丸まった長い葉が、高めのスプレーを広げるか、または、密に群生する。普通、晩夏以降、葉群の上に長くのびた茎の先に、大羽状の円錐花序をつける。

〈栽培〉

適度に日の当たる、湿った、排水性のよい土壌でありさえすれば容易に育つ。いったん根付けば乾燥にも耐える。耐寒性は種によって異なる。種子で繁殖。多年生植物は株分けも可能。

Sorghastrum nutans

英　名：INDIAN GRASS, WOOD GRASS

☀/◐ ❄ ↔40～80m ↕1.5～2m

アメリカ合衆国中央部および東部原産の、多年生の草。幅狭の葉は長さ60cmになる。秋、直立したワイヤー状の茎の先に、淡い茶色～金色を帯びた茶色の、長さ30cmの円錐花序が生じる。ゾーン：5～10

SORGHUM

（モロコシ属）

英　名：MILLET, SORGHUM

およそ20種の、成長の早い、幅広の葉をもつ、一年生または多年生植物からなるイネ科の属。アフリカ、アジア、オーストラリアの熱帯および亜熱帯原産だが、1種のみはメキシコ原産。かなりがっしりした茎は、普通直立性で、叢生する。縁が平らまたは起伏した葉が2列に並び、茎を包むワックス質の鞘に重なる。普通直立の、分枝して、細かい毛を帯びた、円錐形～卵形の円錐花序をなす花の小穂は、一部包頴に覆われ、先の丸い円形の種子を生じる。モロコシ属種は、穀粒や葉、または、*S. vulgare* var. *saccharatum*（サトウモロコシ）の場合は、その茎から抽出される甘いシロップのために栽培される。

〈栽培〉

開けた日当たりのいい位置で、肥沃な水はけのよい土壌があれば、幅広い環境に耐える。種子で繁殖。

Sorghum bicolor

一般名：ホウキモロコシ、モロコシ

英　名：GREAT MILLET, SORGHUM

☀ ❄ ↔0.6～0.9m ↕3～6m

温暖地帯で広く栽培される。アフリカ原産と考えられえる。幅狭の帯状の葉は、長さ90cmになり、白い中央脈がある。夏、長さ12mm稔性の小穂が、長さ60cmの、大きく密な円錐花序をなす。さまざまな色の穀粒は、多くの国において人々の主食となっている。ゾーン：9～12

SPARAXIS

（スパラキス属）

英　名：HALEQUIN FLOWER

南アフリカ産の6種の塊茎植物からなるアヤメ科の属で、適正な環境下で帰化し、大きく群生する。草状または剣形の、脈がよく目立つ草は、晩冬から迅速に発達する。やがて、数個の花をつけた幅18mmのワイヤー状の穂、または、幅18mmの扇形のスプレーに、6花弁のじょうご型の花が生じる。花は白、黄色、またはピンクからオレンジの色調で、普通、中心の黄色が花喉の暗色と対照をなす。属名はギリシャ語の*sprasso*（引き裂く）に由来し、花の基部の引き裂かれたような苞を表わしている。

〈栽培〉

土壌の凍結には耐えないが、それ以外の地域では、日当たりのよい、肥沃な、水はけのよい湿性の土壌で容易に育つ。寒冷地域では、秋に鉢上げし、早春に植えなおし、遅い花を楽しむ。種子または株分けで繁殖。

Sparaxis fragrans

☀/◐ ❄ ↔15～30cm ↕20～45cm

長さ12mmの草状の葉。花茎は分枝しない。さまざまな色の、芳香のある花が幅5cm以上の穂をなす。黄色い花には、しばしば紫赤または黒の部分があり、暗色の縞がある。*S. f.* subsp. *acutifolia*、先のとがった金黄色の花。*S. f.* subsp. *grandiflora*、芳香のある、中心が黄色の白い花。ゾーン：9～10

Sparaxis tricolor ★

一般名：スイセンアヤメ

英　名：VELVET FLOWER

☀/◐ ❄ ↔15～30m ↕20～45m

幅狭の剣形の葉。1つの塊茎につき、1～5本の花茎が生じ、それぞれに5つ以下の、暗色の模様のある、中心が黄色い、幅25mmのオレンジ～赤の花がつく。適正な環境下で容易に帰化する。ゾーン：9～10

SPARMANNIA

（スパルマンニア属）

英　名：AFRICAN HEMP, HOUSE LIME

シナノ科の3～7種の常緑の大低木または小高木からなる属で、アフリカ南部およびマダガスカル島の森林地帯に生息する。多数が家庭用植物として栽培されており、温帯では多少ほったらかしにしても定期的に花を咲かせる。葉は単葉または掌状葉で、鋸歯縁があり、茎と同様に柔らかい毛で覆われている。散型花序をなす花は、普通白だが、紫やピンク色もあり、よく目立つ雄ずいをもつ。いくつかの種子の入ったさく果は、外側に刺がある。温暖地帯における便利なボーダー花壇植物である。

〈栽培〉

日当りのよい、水はけのよい肥沃な土壌が必要。ポットで栽培する場合、定期的に刈り込んで樹形を整える。冬の休眠期には水はほとんどやらない。春に種子を蒔くか、高取り法で繁殖。または夏に半熟枝を挿しても根付くが、冷涼地帯ではボトムヒートが必要。

Sparaxis tricolor

Sparaxis fragrans subsp. *acutifolia*

Sparaxis fragrans subsp. *grandiflora*

Sparmannia africana
スパルマンニア・アフリカナ

英名：AFRICAN LINDEN、CAPE STOCK ROSE
↔3m ↑6m

南アフリカ原産の大低木または小高木。茎は有毛。明るい緑色の有毛の葉には浅裂がある。晩春から夏にかけて、白い花と、鮮やかな黄色または赤みを帯びた紫の雄ずいが見られる。'**フロレ プレノ**'（syn.'プレナ'）、白い八重咲きの花。'**ワリエガタ**'、斑入りの葉と、大きな白い花。
ゾーン：9〜11

SPARTINA
（スパルティナ属）

英名：CORD GRASS、MARSH GRASS

南ヨーロッパ、アメリカ、アフリカ北西部および南部、それに南大西洋諸島原産の、15種の多年生植物からなるイネ科の属。根茎から成長し、硬い直立性の茎と、じょうぶな、平らまたは折れた葉には、細かい毛を帯びた小舌がある。柄のない小穂からなる花序は、密に閉じているか、外に広がっている。学名はギリシャ語のspartine（ひも）に由来し、この植物のじょうぶな花茎を表わしている。

〈栽培〉
よく日の当たる場所を好み、塩分を含んだ海岸沿いの沼地や、砂の平原で繁茂するが、湿性であればどんな土壌にも適応する。秋、株分けまたは種子で繁殖。

Spartina pectinata
スパルティナ・ペクティナタ

英名：FRESHWATER CORD GRASS、MARSH GRASS、SALT GRASS
↔45〜60m ↑0.9〜3m

北アメリカの湿性の草原原産の、侵略的に広がる多年生の草。湾曲する、革質の平たい幅狭の葉は、長さ1.2mになり、緑から黄色、そして淡黄褐色へと変化する。秋から冬にかけて、小さな紫色の花が集まって大羽状の円柱形の花序をなす。'**アウレオマルギナタ**'（syn.'ワリエガタ'）、湾曲するオリーブグリーンの葉に金黄色の縁取り。紫を帯びた雄ずいが垂れ下がる。
ゾーン：4〜5

SPARTIUM
（レダマ属）

マメ科ソラマメ亜科のこの属種は、現在、たった1種を残し、すべてがゲニスタ属に移行されている。残った1種は、地中海沿岸地方および南西ヨーロッパ原産の落葉低木である。緑の茎には一年中ほとんど葉がなく、春、少数の小さな葉が花とともに生じる。花から黄色の染料が抽出される。

〈栽培〉
日の当たる水はけのよい土壌であれば容易に育つ。花後は強く切り戻して藪状に仕立てる。種子の入った豆果が残ると、過剰な自家播種が問題になるが、剪定によってこれも抑制できる。種子または挿し木で繁殖。

Sparmannia africana

Spartina pectinata

Spartium junceum、フランス、プロバンス

Spathiphyllum phrynifolium、野生、コスタリカ、カウイタ

Spartium junceum
一般名：レダマ

英名：SPANISH BROOM
↔3m ↑3m

茎の多い低木で、春から初夏にかけて、小さな花で覆われる。冷涼地帯では花期はやや遅れる。新しく成長した部分に、強い芳香をもつ、鮮やかな黄色の蝶形花が、大きな総状花序をなす。平たい暗茶色の豆果は熟すと裂開する。
ゾーン：3〜10

SPATHIPHYLLUM
（スパティフィルム属）

英名：PEACE LILY

主に熱帯アメリカ原産の36種の常緑の多年生植物からなるサトイモ科の属。大きく叢生する植物で、強い根茎から生じる、柄の長い、みずみずしい暗緑色の葉は、鋭い先端に向かって細まり、よく目立つ中央脈と脈をもつ。普通クリーム色の小さな花が直立状の穂に生じ、大きな葉状の仏炎苞が、背後および一部を覆う。苞はたいてい純白だが、クリーム色または淡緑色のものもある。

〈栽培〉
この植物は近年、大気中の気化溶剤を排除する能力が評判になっており、比較的弱い光でも開花する能力とあいまって、ショッピングモールやオフィスの鉢植え植物として広く利用されている。温暖な多湿の環境において、肥沃で深い、湿性の、腐植質に富んだ、水はけのよい土壌で最もよく育つ。水と肥料をたっぷり与えること。株分けで繁殖する。

Spathiphyllum cannifolium
↔100cm ↑100cm

南アメリカ熱帯地方およびトリニダード島原産。長い柄の先の葉は、大半の種よりも明色で、脈も少ない。仏炎苞は普通後ろに折りたたまれ、内側は白く、外側は緑みを帯びる。肉穂花序は白〜淡い灰緑色。ゾーン：11〜12

Spathiphyllum phrynifolium
↔60〜80cm ↑100cm

パナマおよびコスタリカ原産。脈の多い、暗緑色の、槍形の葉は、長さ50cmになる。柄の短い仏炎苞は、淡い黄緑色〜クリーム色で、長さ25cmになる。白い肉穂花序は、開花すると金色に変わる。
ゾーン：11〜12

Spathiphyllum wallisii

Spathiphyllum wallisii
スパティフィルム・ワリシイ
↔50〜100cm ↑60〜120cm

パナマおよびコスタリカ原産。光沢のある暗緑色の、脈の多い槍形の葉は、長さ35cmになる。仏炎苞は白で、後に緑色となる。白い肉穂花序に芳香性の花がつく。'**クレヴェランディイ**'、大きな仏炎苞、脈の多い、つやのある、垂れ下がる葉は長さ40cmになる。室内で開花。
ゾーン：11〜12

Spathiphyllum Hybrid Cultivars
一般名：スパティフィルム交雑品種
↔30〜150cm ↑30〜180cm

さまざまな交雑品種が作られており、比較的コンパクトで花つきのよい'**タッソン**'から、栽培種全体における最大の交雑品種である、高さ1.8m以上の'**センセーション**'まで幅がある。
ゾーン：11〜12

SPATHODEA
（カエンボク属）

ノウゼンカズラ科の属で、アフリカの熱帯地域に見られる常緑高木1種のみが属する。ドーム型樹冠と、暗緑色の複葉、仏炎苞に似た萼をもつ大きな鐘形の花をもつ。花は基部の外側は黄色で、口に近づくにつれ鮮やかな赤になる。内側は鮮やかなオレンジ色で、裂片のオレンジを帯びた赤と交じり合う。

〈栽培〉
水はけのよい肥沃な土壌に、夏も湿性を保つよう、有機物質をたっぷり含まる。空気が迅速に排出される高い地面が理想的。霜に弱く、防風シェルターも必要。とくに塩分を含んだ風に弱い。幹が高さ2m以上になり、自然に樹幹が形成されるまで、最も強い当年生のシュートは、競争を避けて保護する。温暖な環境で春に種子を蒔く。

Spathodea campanulata
異　名：*Spathodea nilotica*
一般名：カエンボク、アフリカンチューリップツリー
英　名：AFRICAN TULIP TREE
☀ ✤ ↔8m ↕8〜10m

アフリカ中央部および西部の熱帯原産の常緑高木。幅広のドーム型の樹冠。葉は複葉で短い柄があり、小葉は、光沢のある暗緑色で、裏面はより淡くすんだ色。晩春から真夏にかけて、鐘形の花が総状花序をなす。果実は細長いさく果。
ゾーン：11〜12

SPATHOGLOTTIS
（スパソグロッティス属）

40種の常緑〜半落葉性の、熱帯、陸生ランからなるラン科の属で、東南アジア、ニューギニア、オーストラリア北部およびその周辺の太平洋諸島原産。草原や開けた森林の湿地に生息する。小さな円錐形の、いくぶん平たい偽鱗茎が、地表の上またはすぐ下にある。折り目のある、数枚の大きな葉と、主にピンクと紫、または黄色や白の、華やかな花が高い花序をなす。熱帯では一年を通して花をつけるが、温帯では温室において暖かい季節のみ開花する。

〈栽培〉
明るい光の下で最もよく育つ。10℃以下の温度を嫌うため、一年を通じて温暖な環境が必要。深い鉢で、マツの樹皮、砂、ピートモスを混ぜた水はけのよい培地で栽培する。湿度を保つために、夏の活発な成長期、鉢は深さ5cmの水皿に置いておく。冬の半休眠期は水を減らすこと。株分けで繁殖。

Spathoglottis plicata
一般名：コウトウシラン
☀ ✤ ↔20〜120cm ↕30〜100cm

東南アジア、オーストラリアおよび周辺の太平洋諸島原産。アメリカ合衆国ハワイ州に帰化したが、そこではなんと「ハワイ原産」として販売されている。直立性の穂に、幅35cmのピンク〜紫色の花が20個までつく。ゾーン：11〜12

Spathoglottis vieillardii
☀/◐ ✤ ↔20〜120cm
↕30〜100cm

南太平洋諸島原産。S. plicataと極めて近縁にあり、一部の植物学者は同種とみなしている。ゾーン：11〜12

SPHAERALCEA
（スファエラルケア属）
異　名：*Iliamna*
英　名：FALSE MALLOW、GLOBE MALLOW

60種を含むアオイ科の属。落葉性または常緑の多年生植物、亜低木、低木で、北アメリカ、南アメリカ、南アフリカの温暖地帯の、乾燥した、あるいは火山性の山の斜面に原生する。らせん状に配置される葉は、さまざまなかたちがあり、普通鋸歯縁で、綿毛を帯びている。皿形の花は、赤、淡紫色、ピンク、オレンジ、黄色があり、個々に群生するか、花序をなす。

〈栽培〉
日の当たる屋外で、水はけのよい中程度に肥沃な土壌で栽培し、冬季の湿気を避ける。ポット栽培の場合、砂を足した壌土ベースの腐葉土に植え、肥料と水を適度に与える。春、種子を蒔くか、多年生植物を株分けして繁殖する。冬の降雨が多い地域では、暖房のない温室に入れる。寒さよりもむしろ過剰な水分が問題で、耐寒性の種も枯れる場合がある。

Sphaeralcea ambigua
英　名：DESERT MALLOW
☀ ❄ ↔30〜60cm ↕60〜90cm

アメリカ合衆国南部およびメキシコ原産の、直立性の低木状の多年生植物。白みを帯びた緑色、または黄色のフェルト状の茎。浅裂のある、厚みのある灰色の葉。春から秋にかけて、サーモン〜オレンジ色の、小さな皿形の花がゆるい房をなす。
ゾーン：4〜9

Sphaeralcea coccinea
異　名：*Malvastrum coccineum*
英　名：GLOBE MALLOW、PRAIRIE MALLOW、RED FALSE MALLOW
☀ ❄ ↔15〜30cm ↕15〜45cm

カナダからアメリカ合衆国アリゾナ州にかけて見られる、分枝の多い多年生植物。白または灰色のフェルト状の茎。羽状分裂した葉は、きめが粗く、色は灰みを帯びた緑色。夏、オレンジ〜赤色の花が短い総状花序をなす。
ゾーン：4〜9

Sphaeralcea munroana
☀ ❄ ↔30〜70cm ↕20〜90cm

北アメリカ西部原産の短命の多年生植物。フェルト状の灰色の茎。深い鋸歯縁の、有毛の、小さな5裂葉。夏、アプリコットピンク〜赤、またはオレンジ色の皿形の花が生じる。ゾーン：4〜9

SPILOXENE
（スピロクセネ属）

アフリカ南部原産の、20種あまりの塊茎性植物からなるギンバイザサ科の属。この分類は、主に近縁のコキンバイザサ属との関係において、何年にもわたって相当な改正を繰り返している。草状の葉が叢生し、幅約5cmの星形の花は、緑みを帯びた白〜クリームイエローで、中心が暗色。開花時期はさまざま。夏に休眠して冬に花をつけるものもあれば、春、夏、秋咲きのものもある。

〈栽培〉
日当りのよい、湿性の水はけのよい土壌であれば容易に成長する。鱗茎は、土壌が硬く凍りつかない限り、相当な寒さでも生き残る。休眠期に鱗茎を堀上げ、乾燥貯蔵することもできる。種子またはオフセットで繁殖。帰化して、やや侵略的になる場合もある。

Spathodea campanulata

Sphaeralcea ambigua

Spiloxene aquatica、野生、南アフリカ、ニーワンズヴィル

Spiloxene aquatica
☀ ⚘ ↔20〜50cm ↕30〜40cm

非常に湿潤な冬の環境にも耐えるが、夏季には乾燥を好む。葉は草状で非常に細い。よく目立つ黄色の雄ずいがある純白の花は、野生においては、晩夏における最初の雨とともに開花する。
ゾーン：9〜10

Spathoglottis plicata

Spathoglottis vieillardii

Spiraea blumei

Spiraea alba var. *latifolia*

Spinacia oleracea 'Space'

Spinacia oleracea 'Viking'

Spiraea betulifolia var. *aemiliana*

Spinacia oleracea 'Triathlon'

SPINACIA
(ホウレンソウ属)
英 名：SPINACH

中央アジア原産の、3種の一年生および多年生植物からなる、アカザ科の属。葉は大きく平らで、小さい花は雄性花と雌性花があり、雄性花は密に詰まった穂状花序につき、雌性花は葉腋に生じる。一般的に葉が食用される*S. oleracea*は、長い栽培の歴史があり、ヨーロッパに導入されたのは中世のことで、中国では少なくとも7世紀から栽培されている。

〈栽培〉
*S. oleracea*は、主根を妨げない深い肥沃な土壌で栽培する。チッ素を追肥すると迅速な成長が促進される。成長期は水をたっぷり与える。冷涼な季節を好むため、春と秋に栽培する。べと病と斑点病に侵されやすい。種子で繁殖。

Spinacia oleracea
一般名：ホウレンソウ
英 名：SPINACH
☼/◐ ❄ ↔30〜45cm ↕60〜90cm

一年生植物で、原産地は不明だが、おそらく南西アジアと思われる。鮮やかな緑色の大きな葉は、卵形〜三角形で、なめらかまたはしわがある。若葉は生でサラダとして食べられるが、それ以外は火を通す。'**スペース**'、なめらかな葉。うどん粉病に対する耐性がある。'**トライアスロン**' ★、強健で、成長が早い。'**ヴァイキング**'、大きな葉。とうが立ちにくい。
ゾーン：6〜9

SPIRAEA
(シモツケ属)
BRIDAL WREATH, SPIREA

およそ70種からなるバラ科の属で、主に落葉性だが、時おり半常緑性も見られる、花をつける低木。花および葉の質のために高く評価される。葉は単葉で互生し、葉縁は多様な歯や裂片が並ぶ。北半球の多くの国で見られるが、主に東および東南アジアに、それに北アメリカに多い。

〈栽培〉
たいていの土壌で繁栄するが、石灰質土壌を嫌う種もある。日当りのよい冷涼な湿性の環境を好む。剪定の時期は2つのグループに分けられる。当年成長した枝に花をつけるグループは、春に強く刈り込み、前年伸びた枝に花をつけるグループは、花が終わった直後に古いシュートを刈り取る。繁殖は、夏、先端の緑枝または半熟枝を切って挿す。

Spiraea alba
英 名：MEDOWSWEET
☼ ❄ ↔1.5m ↕1.5m

北アメリカ東部原産の低木。直立またはやや湾曲して広がる習性をもつ。若い茎は細かい赤茶色の毛で覆われる。葉は先のとがった長楕円型で、鋸歯縁。夏、白い花、まれにはピンク色の花が大きな円錐花序をなす。*S. a* var. *latifolia*、目を引く幅広の葉。
ゾーン：5〜9

Spiraea 'Arguta'
一般名：シモツケ'アルグタ'
英 名：BRIDAL WREATH
☼ ❄ ↔1.2m ↕1.5〜2m

密な低木。細い枝は無毛で、逆槍形〜卵形の、全縁もしくはわずかな鋸歯縁の葉がつく。春、枝に沿って白い花が群生する。ゾーン：4〜10

Spiraea betulifolia
一般名：マルバシモツケ
英 名：BIRCHLEAF SPIREA
☼ ❄ ↔0.9m ↕0.9m

日本および北東アジアで見られる矮小型の低木。茶色の無毛のシュートと、円形〜卵形の葉が小山を形成する。白い花が密に詰まった散房花序が真夏に生じる。*S. a.* var. *aemiliana*、高さ30cm。幅広の円形の葉。
ゾーン：5〜10

Spiraea × billardii
スピラエア×ビラルディイ
☼ ❄ ↔2m ↕2m

*S. douglasii*と*S. salicifolia*の交雑種の広がる低木。直立性の有毛の茎。長楕円形〜槍形の葉は、鋭い鋸歯縁で、裏面は灰色で綿毛を帯びる。夏、赤い花が密な円錐花序をなす。'**トリンファンス**'、小さな葉は、裏面がわずかに綿毛を帯びる。花は深いピンク色で、時おり紫みを帯びる。
ゾーン：4〜10

Spiraea blumei
一般名：イワガサ
☼ ❄ ↔1.8m ↕1.2〜1.8m

日本原産の広がる低木。深い鋸歯縁の、長さ25mmの青緑色の葉。夏、幅6mmの白い花が花序をなす。
ゾーン：6〜9

Spiraea × brachybotrys
☼ ❄ ↔1.8m ↕2.4m

*S. canescens*と*S. douglasii*の交雑種で、強健な低木。枝はアーチ状。卵形〜長楕円形の葉は、先端が鋸歯縁で、裏面は灰色でベルベット状。夏、明るい赤色の花が密な円錐花序をなす。
ゾーン：4〜10

Spiraea canescens
☼ ❄ ↔1.8m ↕2.4m

ヒマラヤ原産の低木。ベルベット状の角ばった茎。卵形の葉は、先端が鋸歯縁で、裏面は灰色でフェルト状。真夏、白い花が散房花序をなす。
ゾーン：4〜10

Spiraea canescens

Spiraea fritschiana

Spiraea × cinerea 'Compacta'

Spiraea × cinerea 'Grefsheim'

Spiraea cantoniensis
一般名：コデマリ
英　名：REEVE'S SPIREA
☀ ❄ ↔2.4m ↕1.8m
中国原産の落葉性または半常緑の低木。アーチ状の無毛の枝。裏面が粉白色のダイヤモンド形の葉は、よく目立つ鋸歯縁、または3つの裂片がある。真夏、白い花が球形に群生する。'フロレ プレノ'（syn. 'ランケアタ'）、八重咲き。S. cantoniensisの最も人気のある品種。ゾーン：5～11

Spiraea chamaedryfolia
一般名：アイズシモツケ
英　名：GERMANDER SPIREA
☀ ❄ ↔1.8m ↕1.8m
東アルプスからシベリアにかけて見られる、吸枝を出し、枝を密生させる低木。暗緑色の、先のとがった卵形の葉。春、密なドーム型に群生する小さな白い花がよく目立つ。ゾーン：5～9

Spiraea × cinerea
スピラエア×キネレア
英　名：GREFSHEIM SPIREA
☀ ❄ ↔1.5m ↕1.5m
S. hypericifoliaとS. canaとの園芸交雑種。小さな、やや淡い緑色の葉。春、枝先は白い小さな花で覆われ、低い枝の葉腋にもわずかな花がつく。'コンパクタ'、高さ0.9m以下。湾曲する枝。'グレフシェイム'、花期が早い。わずかに下垂した枝と、幅狭の葉をもつ。ゾーン：5～9

Spiraea decumbens
☀ ❄ ↔45cm ↕25cm
東南アルプス原産の丈の低い低木。平伏する枝から、ワイヤー状の花茎が立ち上がる。小さな卵形の葉は、先端近くが粗い鋸歯縁。夏、小さな白い花が幅5cmの房をなす。ゾーン：5～9

Spiraea douglasii
英　名：WESTERN SPIREA
☀ ❄ ↔1.8m ↕1.8m
吸枝を出す低木。主にアメリカ合衆国北西部原産で、ヨーロッパの数箇所に帰化した。赤いシュートが藪を形成する。長楕円形の葉は、裏が灰色で綿毛を帯びている。真夏、紫みを帯びたピンク色の花が円錐花序をなす。ゾーン：4～10

Spiraea hypericifolia

Spiraea fritschiana
英　名：KOREAN SPIREA
☀ ❄ ↔1.5m ↕0.9m
朝鮮半島原産の、小山を形成する低木。やや粉白色を帯びた葉は、秋に紫色に変わる。夏に大きな房をなす白い花は、時おりピンクみを帯びる。ゾーン：4～9

Spiraea henryi
☀ ❄ ↔2.4m ↕3m
中国中央部原産の強健な低木。アーチ型の赤茶色の枝。葉に普通、長楕円形または逆槍形。夏の間、白い花が球形の散型花序をなす。ゾーン：4～10

Spiraea hypericifolia
☀ ❄ ↔1.8m ↕1.8m
ヨーロッパおよび中央アジアで見られる低木。直立～アーチ型の茎はいくぶん綿毛を帯びている。小さな葉は、青みを帯びた緑色で、裏面の脈がよく目立つ。

Spiraea cantoniensis 'Flore Pleno'

Spiraea douglasii

Spiraea cantoniensis

春、小さなクリーミィホワイトの花が小さな房をなす。ゾーン：5～9

Spiraea japonica
一般名：シモツケ
英　名：JAPANESE SPIREA
☀ ❄ ↔1.2m ↕1.8m
日本、中国、朝鮮半島原産の直立性の低木。槍形～卵形の葉。夏、ピンク色の花が群生する。S. j. var. albiflora（シロバナシモツケ）、淡緑色の葉。花は白。S. j. 'アンソニー ウォーターラー'、紫みを帯びた赤い花。'ブラタ'、成長の遅い、矮小型の低木。ピンクみを帯びた深い赤色の花。'ブマルダ'、矮小型。葉にピンクやオフホワイトの斑が入る。'クリスパ'、紫みを帯びたピンクの花。'ダーツ レッド'、鮮やかなピンク色の花。'ファイヤー ライド'、卵形の葉に、パープルピンクの花。'ゴールド チャーム'、金色～明るい薄黄緑色の葉。'ゴールド マウン

Spiraea japonica 'Crispa'

Spiraea japonica var. *albiflora*

Spiraea japonica 'Fire Light'

S. japonica 'Golden Princess'

Spiraea japonica 'Goldflame'

Spiraea japonica 'Neon Flash'

Spiraea japonica cv.

Spiraea japonica 'Dart's Red'

Spiraea miyabei

Spiraea, 'Snow White'

ド'★、金色の葉が明るい薄黄緑色に変わる。**Golden Princess**／ゴールデンプリンセス／'リゼ'、老いた葉はブロンズ色から黄色に変わる。'ゴールドフレーム'、秋、オレンジ色に紅葉する。花は赤。'ライムマウンド'、葉は最初黄色で、やがてライムグリーンになり、秋に黄褐色となる。花はピンク。'リトル プリンセス'、ピンク色の花。**Magic Carpet**／マジックカーペット／'ワルブマ'、ブロンズレッドの葉が明るい薄黄緑色に変わる。花はピンク。'モンフブ'、矮小型の低木。明緑色の葉。'ナナ'、矮小型の低木。暗いピンク色の花。'ネオンフラッシュ'、槍形の葉とピンク色の花。'シロバナ'、赤い花芽から深いピンクと白の花が開く。ゾーン：3〜10

Spiraea miyabei
一般名：エゾシロバナシモツケ
☼ ❄ ↔ 0.9m ↕ 0.9m
日本原産の、直立性の小さな低木。茎はいくぶん角ばっている。先のとがった卵形の、深緑色の葉。夏、小さな白い花が密な花序をなす。
ゾーン：6〜9

Spiraea mollifolia
☼ ❄ ↔ 2m ↕ 1.8〜2.4m
中国西部原産。葉と若い茎は絹状の綿毛を帯びる。枝の先端がわずかにうなだれる。楕円形〜長楕円形の葉。夏、脇の短いシュートに、小さな白い花が散型花序をなす。
ゾーン：6〜9

Spiraea nipponica
一般名：イワシモツケ
英 名：NIPPON SPIREA
☼ ❄ ↔ 1.8m ↕ 1.8m
日本原産の強健な藪状の低木。葉は卵形または逆卵形で、先端は鋸歯縁。真夏、枝の先に白い花が房状につく。*S. n.* var. *tosaensis*、小さい葉。この名前で販売されている多くはcv. 'Snowmound' である。*S. n.* 'ハルワードズ シルバー'、原種よりも小型。多数の白い花をつける。'ロトゥンディフォリア'、幅広の葉。他のcv. よりも比較的大きな花。'スノウマウンド'、青みを帯びた緑色の葉。
ゾーン：5〜10

Spiraea prunifolia
一般名：シジミバナ
英 名：BRIDAL WREATH SPIREA, SHOE BUTTON SPIREA
☼ ❄ ↔ 2m ↕ 2m
中国原産の円形の藪。普通栽培されるのは'プレナ'と呼ばれる品種。密な低木で、非常に細かい鋸歯縁をもつ卵形の葉は、秋に赤みを帯びたオレンジ色に変わる。春、八重の白い花が、密に詰まった房をなす。ゾーン：4〜10

Spiraea 'Snow White'
一般名：シモツケ 'スノウ ホワイト'
英 名：SNOW WHITE SPIREA
☼ ❄ ↔ 2m ↕ 1.8m
強健な低木で、アーチ状の枝をもつ。淡緑色の葉は、秋に魅力的な黄色を帯びる。晩春、白い花で覆われる。このcv. は、*S. trichocarpa*と*S. trilobata*の交雑種が基になっていると考えられている。
ゾーン：3〜9

Spiraea nipponica 'Snowmound'

Spiraea nipponica 'Rotundifolia'

Spiraea mollifolia

Spiraea × vanhouttei

Spiraea trilobata 'Fairy Queen'

Spiraea tomentosa

Spiraea thunbergii
一般名：ユキヤナギ
英　名：THUNBERG SPIREA
☼ ❄ ↔2m ↕1.5m
中国原産の低木で、日本に広く帰化した。細い茎は毛を帯び、幅狭の無毛の葉は鋸歯縁。春、白い花が小さな房をなす。'オウゴン'、花期が早い。淡い黄色の葉がやがて淡緑色に変わる。
ゾーン：4～10

Spiraea tomentosa
英　名：HARD HACK, STEEPLEBUSH
☼ ❄ ↔2m ↕2m
アメリカ合衆国東部原産の、強健な、藪を形成する直立性の低木。若い茎は茶色のベルベット状。鋸歯縁の葉は、裏面が黄灰色で綿毛を帯びる。晩夏、深紅の花が密な円錐花序をなす。
ゾーン：4～10

Spiraea trichocarpa
英　名：KORIAN SPIREA
☼ ❄ ↔1.2m ↕1.8m
朝鮮半島原産の種。硬い枝を広げる低木で、先のとがった葉は、先端近くに数個の歯が並び、裏面は青みを帯びる。夏、小さな花が円形の密な房をなし、外側の枝に密生する。
ゾーン：5～9

Spiraea trilobata
スピラエア・トリロバタ
英　名：THREE-LOBED SPIREA
☼ ❄ ↔1.2m ↕1.2m
中央アジアから中国北部およびシベリアにかけて生息する、広がる低木。密に小枝を茂らせる。小さな円形の葉は、粗い鋸歯縁で、色は青みを帯びた緑色。夏、小さな白い花が散型花序をなし、枝いっぱいに散在する。'フェアリー クィーン'、よりコンパクト型で、花つきがよく、葉はより切れ込む。'スワン レイク'、コンパクト型の低木。チョウを惹き付ける。
ゾーン：6～9

Spiraea × vanhouttei
英　名：BRIDAL WREATH SPIREA, VAN HOUTTE SPIREA
☼ ❄ ↔1.2m ↕1.8m
*S. cantoniensis*と*S. trilobata*の交雑種で、強健な品種。葉は逆卵形～ダイヤモンド形で、裂片があり、鋸歯縁。真夏、白い花が密な散型花序をなす。
ゾーン：5～11

Spiraea veitchii
☼ ❄ ↔2.4m ↕3m
中国中央部および西部で見られる、アーチ状の枝をもつ強健な低木。長楕円形の、縁のなめらかな葉は、長さ25～50mmになる。夏、白い花が密な散房花序をなす。
ゾーン：4～10

Spiraea wilsonii
☼ ❄ ↔1.5～2m ↕1.5～2m
中国中央部および西部原産の、紫色の枝をもつアーチ状の低木。葉はうっすらと毛を帯び、表面はくすんだ緑色で、裏面は灰みを帯びた緑色。夏、白い花が密なドーム型の房をなす。
ゾーン：6～9

Spiraea thunbergii

Spiraea thunbergii 'Okon'

SPOROBOLUS
(ネズミノオ属)
広域に分布し、帰化した、およそ100種の多年生および一年生植物からなるイネ科の属。上品な質感の、毛状の、長さ20～60cmのミディアムグリーンの葉が、密なアーチ状の小山を形成するものが多い。葉は秋に金色～オレンジ色へと変わり、冬には明るいブロンズ色になる。夏から秋にかけて、細い花茎が葉群の上に伸び、長さ30～70cmの円錐花序をなす。柄のある小穂に、それぞれ1個の、ピンクと茶色を帯びた、芳香性の花がつく。秋、小さな球形の種子が外皮から落ちる。観賞用、または家畜類および野生生物の餌として栽培される。

〈栽培〉
根付くまで時間がかかるが、日あたりと水はけのよい土壌であれば、乾燥～中程度の湿潤の環境で容易に育つ。乾燥にも耐える。種子で繁殖。

Sporobolus heterolepsis
英　名：PRAIRIE DROPSEED
☼ ❄ ↔30～40cm ↕60～90cm
北アメリカの草原の草。極細の、明るい緑色の葉は、秋に鮮やかなオレンジ色に変わる。夏、ワイヤー状の茎に、高く広がる淡黄褐色の大羽状の花がつく。いったん根付けば、乾燥に耐える。
ゾーン：3～9

Spiraea wilsonii

Spiraea trichocarpa

SPREKELIA
(ツバメスイセン属)

中央および南アメリカの、冬は乾燥し、春と夏に降雨の多い地域に原生する、単一種からなるヒガンバナ科の属。とはいえ、この鱗茎性の多年生植物を栽培する場合、排水のよい土壌であれば、冬の間じめじめしていても、まったく問題なく育つ。高い適応性をもつため、栽培も容易で、多くの異なる環境に応じて生活様式を合わせることができる。ほとんど霜のない地域であれば、ほうっておいても繁茂し、大きな赤い花を豊富につける。

〈栽培〉
最もよく花をつけるのは藪状にしっかり根付いたときで、根が妨害されるのを嫌う。霜の多い地域では鉢植えにし、冬季は移動して寒さを防ぐ。成長期には水はけに注意し、定期的に水を与え、10日ごとに薄い液肥を与える。秋にオフセットを取るか、熟したての種子を蒔いて繁殖する。

Sprekelia formosissima ★
一般名：ツバメスイセン
英　名：AZTEC LILY、JACOBEAN LILY、ST JAMES LILY
☀/◐ ❄ ↔20cm ↕30cm

環境に応じて、冬に休眠するか、ほぼ常緑を保つ。帯状の葉が密に叢生する。単生する華やかな花は、暗赤色～オレンジレッドの6枚花弁で、3枚は直立し、3枚は下を指す。花期は晩冬から夏までさまざま。
ゾーン：7～10

SPRENGELIA
(スプレンゲリア属)

昆虫と植物の花粉との関係を研究したドイツの植物学者Christian Sprengel (1750～1816)の名を拝受した、オーストラリアのヒースであるエパクリス科の属で、オーストラリア南東部原産の4種のワイヤー状の茎をもつ常緑低木からなる。らせん状に並んで重なり合う葉は、鋭い先端に向かって先細り、幅広の基部は茎を包み込む。白またはピンクの星形の花は、茎の先に密生、または上部の葉腋に単生する。スプレンゲリア属種は、酸性の沼沢生の荒野、または、砂岩の岩面にしっかり密着して成長する。

〈栽培〉
他の南半球のヒースと同様、土壌の必須要素が満たされない限り栽培は難しい。粗い砂と、じゅうぶんに古くなった泥炭が高い割合を閉める土壌で、常に水分量を保つ必要がある。リンを抑えた肥料を控えめに与える。半熟枝挿し、または手に入れば種子で繁殖。

Sprengelia incarnata
英　名：PINK SWAMP HEATH
☀ ❄ ↔45cm ↕90cm

オーストラリア大陸南東部の湿性の海岸地帯、またはその周辺原産の、枝の少ない、直立性の細長い低木。葉は硬く、紙のような質感。冬から春にかけて、枝の先端にフレッシュピンクの星形の花が密な円錐状の房をなす。
ゾーン：9～10

STACHYS
(イヌゴマ属)

英　名：BETONY、HEAGE NETTLE、WOUNDWORT

およそ300種を含むシソ科の属で、匍匐枝や根茎を伸ばす多年生植物から、少数の常緑低木まで幅がある。野生でも生育環境はさまざまで、とくに北部の温帯において、乾燥した山岳地帯から、低木地帯、荒地、草原、川辺などで見られる。柔らかい毛で覆われた、槍形または円形の葉は、淡い銀灰色から緑色まで幅がある。花は筒形の花で、時おりフードが見られる。色は赤、ピンク、紫から白や黄色まである。葉はたいてい芳香があり、観賞用の庭園でさまざまに利用される。ベトニーとして知られるS. officinalisは、その治癒力から、古代ギリシャの医者にあがめられ、中世においても尊ばれた。

〈栽培〉
水はけのよい、日の当たる開けた土壌を好む。日陰や多湿の環境にはあまり適さない。春と秋に種子で繁殖するか、緑枝が見られる時期に切って挿し木する。

Stachys affinis
一般名：チョロギ
英　名：CHINESE ARTICHOKE
☀ ❄ ↔90cm ↕50cm

中国原産の、塊茎性の多年生植物。直立性の茎と、縮れた葉をもつ。夏、小さな白またはピンクの花がつく。多数生じる、白い小さな塊茎は食べられる。日本で広く栽培される。
ゾーン：4～8

Stachys byzantina

Stachys byzantina 'Cotton Boll'

Stachys candida

Stachys albotomentosa
☀ ❄ ↔40cm ↕70cm

メキシコ原産の、丈の低い低木状の多年生植物。特徴的な質感の、長い心臓形の葉。葉の裏面と茎は細かい白い綿毛を帯びる。夏、サーモンオレンジの花をつける。
ゾーン：8～10

Stachys byzantina
異　名：*Stachys lanata*, *S. olympica*
一般名：ラムズイヤー、ワタチョロギ
英　名：LAM'S EARS、WOOLY BETONY
☀ ❄ ↔60cm ↕45cm

コーカサス地方からイランにかけて見られる、地面に密着する多年生植物。長楕円形～楕円形の灰緑色の葉は銀白色の綿毛を帯び、触感は柔らかい。晩春から初夏にかけて、直立性の茎にピンク～紫色の花がつく。'コットンボール'★ (syn.'シェイラ マックィーン')、より長い葉と、コットンボール状に変化した花。
ゾーン：4～8

Stachys candida
☀ ❄ ↔30cm ↕15cm

南ギリシャ原産の、低く成長する亜低木。白いフェルトに覆われた、灰緑色の、円形の葉は、長さ25mmになる。夏に生じるフードのある花は、白地に紅紫色の縞がある。
ゾーン：5～8

Sprekelia formosissima

Sprengelia incarnata

Stachys citrina

☼ ❄ ↔30cm ↕20cm

トルコ原産の、低く広がる、木質の多年生植物。落ち着いた緑色の卵形の葉は、小さな鋸歯縁があり、細い綿毛が見られる。夏、幅25mmの黄色い花が穂状花序をなす。
ゾーン：5～7

Stachys coccinea

英　名：SCARLET HEDGE NETTLE

☼ ❄ ↔45cm ↕60cm

アメリカ合衆国のアリゾナ州およびテキサス州からメキシコにかけて見られる、小山を形成する多年生植物。卵形～槍形の、うっすらと綿毛を帯びた、真緑色の縮れた葉。春から晩秋にかけて、直立した茎にスカーレットピンクの花が生じる。
ゾーン：7～9

Stachys macrantha

スタキス・マクランタ

異　名：*Stachys grandiflora*, *S. spicata*
英　名：BIG BETONY

☼ ❄ ↔30～45cm ↕45～60cm

トルコ北東部からイラン北西部原産の、有毛の直立性の多年生植物。長さ8cmの、幅広の卵形の、脈の深い、縮れた暗緑色の葉が、ロゼットを形成する。夏、直立した茎に、フードのある暗い紅紫色の花が、幅3cmの穂状花序をなす。'スペルバ'、鮮やかな紅紫色の花をつける。
ゾーン：5～7

Stachyurus chinensis

Stachys officinalis 'Rosea Superba'

Stachys coccinea

Stachys officinalis

異　名：*Stachys betonica*
一般名：ベトニー、カッコウチョロギ
英　名：BISHOP'S WORT, WOOD BETONY

☼ ❄ ↔45～90cm ↕30～90cm

ヨーロッパ原産の多年生植物。直立した、ほぼ無毛の、縮れた、真緑色の長楕円形の葉は、長さ12cmになる。初夏から初秋にかけて、直立した茎に、紫、赤みを帯びたピンク、または白い花が、長楕円形の穂状花序をなす。'アルバ'、白い花。'ロセア スパーバ'、ローズピンクの花。ゾーン：5～8

Stachys sylvatica

英　名：HADGE WOUNDWORT

☼ ❄ ↔40～120cm ↕90cm

西アジア原産の匍匐性の多年生植物。不快なにおいがあるため、園芸にはあまり利用されない。緑の葉と茎に有毛。夏から秋にかけて、赤みを帯びた紫色の模様のある白い花が生じる。
ゾーン：5～8

STACHYURUS
（キブシ属）

最近の改正によると、このキブシ科の属には、ヒマラヤ地方および東アジアの温帯原産の、6～10種の落葉低木および高木が含まれる。概してあまり華麗とはいえない植物で、いくぶんマンサク科のトサミズキ属に似ているが、晩冬および早春、葉の前または同時に、魅力的な花をつける。クリーム色～淡い黄色の小さな

Stachyurus praecox

花からなる、垂れ下がる総状花序が、すべての葉芽に生じる。葉は槍形で、普通長さ15cmになる。

〈栽培〉

日なたまたは半日陰の、腐植質に富んだ、水はけのよい酸性の土壌を好む。寒帯における耐寒性はないが、冬が比較的温暖な地域では繁茂する。晩春の強い霜は、花や若葉を傷める場合がある。種子または半熟枝挿しで繁殖。

Stachyurus chinensis

スタキウルス・キネンシス

☼ ❄ ↔2.4m ↕2.4m

中国原産の落葉低木。葉は長さ5～15cmの卵形で、先細りする。早春、淡い黄色の花が総状花序をなす。'マグピイ'、明るい緑色、クリーム色、ピンクの斑入りの葉。ゾーン：7～9

Stachyurus himalaicus

一般名：ヒマラヤキブシ

☼ ❄ ↔3m ↕3m

中国西部から台湾にかけて見られる低木。赤い柄の、鋸歯縁の槍形の葉をもつ。春、深いピンクを帯びた赤い花が、長さ5cmの総状花序をなす。
ゾーン：8～10

Stachyurus praecox

一般名：キブシ

☼ ❄ ↔1.8～3.5m ↕1.8～3.5m

日本原産の低木。枝はやや段状になっている。赤みのある茶色の茎に生じる長さ15cmの葉は、秋にわずかに紅葉する。晩

左: *Stachys coccinea*　右: *Stachys citrina*

Stachys macrantha

Stachys macrantha 'Superba'

Stachys officinalis 'Alba'

冬～早春にかけて、葉に先んじて、淡い黄色の小さな花が、優美に垂れ下がる総状花序をなす。ゾーン：7～10

STANHOPEA
（スタンホペア属）

英　名：UPSIDE-DOWN ORCHID

人気のあるラン科の大属で、メキシコからブラジル原産の、およそ70種の寄生ランが含まれる。その色鮮やかな、奇妙で大きな花、それに、面白い唇弁のかたちを目的に栽培される。芳香のあるすべてべした花は数日しかもたない。

〈栽培〉

バスケットに植え、下垂する穂が培地から突き出し、開花するようにする。シンビディウム属用の堆肥、ミズゴケ、細かいマツ樹皮、またはこれらを組み合わせて利用する。上になった植物はじゅうぶんに湿気を保つことが難しく、その結果、葉は縮み、黄みを帯びたバックバルブが残る。年間を通じて一定の湿度を要し、

Stapelia gigantea

Stapelia leendertziae

Stapelianthus decaryi

半日陰の位置で最もよく育つ。湿度が低く、光が強すぎると、葉やけを起こす。栽培に適した冷涼地帯〜熱帯では、花が数カ月間見られる。株分けで繁殖。

Stanhopea embreei
☼ ✤ ↔20〜50cm ↕20〜50cm
エクアドル原産。夏に5個以下生じる、幅12cmの白い花は、白と黄色の唇弁に、暗赤色の不ぞろいな斑点と、深紫色の斑点がつく。
ゾーン：10〜12

Stanhopea nigroviolacea ★
☼ ✤ ↔20〜60cm ↕20〜50cm
メキシコ原産の最も人気のある栽培種。夏に対で生じる、幅18cmの黄みを帯びた緑色の花は、赤みを帯びた暗茶色の斑点が大量につく。花を見るよりも先に、かぐわしい強いバニラの香りに気づかされる。
ゾーン：9〜12

Stanhopea oculata
☼ ✤ ↔20〜50cm ↕20〜50cm
メキシコ原産の、多様で優美なラン。花は8個以下。幅12mmの花は、淡い黄色の地に赤紫色の丸い斑点が重なる。クリーム色の唇弁には、細かい赤トウガラシ色の斑点があり、基部は鮮やかなオレンジ色。花期は晩夏から秋。
ゾーン：10〜12

Stanhopea wardii
☼ ✤ ↔20〜50cm ↕20〜50cm
ニクラグワ、コスタリカ、パナマ、コロンビア、ベネズエラで見られる多様なラン。花は10個以下。夏か秋に見られる、幅12cmの鮮やかな黄色〜オレンジ色の花に、細かい栗色の斑点がつく。唇弁の基部の非常に暗い紫色の斑点で判別できる。
ゾーン：10〜12

STAPELIA
(スタペリア属)
英 名：CARRION FLOWER, STARFISH FLOWER
ガガイモ科の属で、99種の多年生多肉植物からなる。CARRION FLOWER（腐肉花）の英名のとおり、腐敗したような悪臭を発し、ハエを惹き付けて受粉させる。大半の種はアフリカの乾燥地帯原産で、しばしば低木、草、岩などの陰に生息する。葉はないかあっても短命。茎は角ばって、厚みがあり、多肉質で刺がある。普通株の基部に生じる多肉質の花は、一般名のSTARFISH FLOWER（ヒトデ花）が示すとおり、平たい円形で、しばしば先端のとがった5裂片からなる。いくぶん柔らかい黄色、茶色、紫の色調で、しばしば別色の稜または縞が斜めに入る。

〈栽培〉
高温の乾燥した地域では、屋外の日なたあるいは半日陰で栽培する。それ以外の地域では温室内で、水はけのよい砂の入った鉢用混合土において、湿度の低い明るいフィルターライトの下で栽培する。冬は灌水を控える。種子または挿し木で繁殖。

Stapelia gigantea ★
一般名：王犀角（オウサイカク）
英 名：GIANT STAPELIA
☼ ✤ ↔20cm ↕20〜25cm
南アフリカからタンザニアにかけて見られる。直立性の4稜の、斜めの深紅色の線が入る。
ゾーン：10〜12

Stapelia hirsuta
一般名：犀角（サイカク）
英 名：HAIRY STARFISH FLOWER
☼ ✤ ↔15〜20cm ↕20cm
アフリカのケープ地方原産。直立した、くすんだ緑色の無葉の茎は、多肉質の4角柱で、角に沿って刺が並ぶ。星形の花は幅12cmで、多くの毛を帯び、黄色と、茶みを帯びた赤色の斜めの線が入る。
ゾーン：10〜12

Stapelia leendertziae
☼ ✤ ↔15〜20cm ↕20cm
南アフリカ北部原産。幅狭の、分枝する、有毛の茎には小さな刺がある。暗紫色の、杯形の花は、外側が綿毛を帯び、内側の表面にはしわが寄っている。
ゾーン：10〜12

STAPELIANTHUS
(スタペリアントゥス属)
9種の小さな多年生多肉植物からなるガガイモ科の属。マダガスカル島南部の乾燥地帯でのみ見られ、森林の陰に生息する。高さは20cm以下で、近縁のフエルニア属やスタペリア属に似ている。4〜8つの角のある、時おりらせんとなる多肉質の茎は、基部で分枝し、直立または平伏する。小さな葉はすぐ落ちる。紫みまたは赤みを帯びた茶色の花は、鐘形または平らで、よく目立つ副冠と、星形をなす三角形の5裂片をもつ。

〈栽培〉
高温の乾燥した地域では、屋外の日なたあるいは半日陰で栽培する。それ以外の地域では温室内で、水はけのよい砂の入った鉢用混合土において、湿度の低い明るいフィルターライトの下で栽培する。冬は灌水を控える。種子または挿し木で繁殖。

Stapelianthus decaryi
☼ ✤ ↔20cm ↕20cm
匍匐性の多肉植物種。叢生する幅12mmの多肉質の茎は、8以下の角がある。普通基部から生じる鐘形の花は、短い赤い毛を帯びたクリーム色の反曲した裂片をもつ。
ゾーン：10〜12

Stanhopea wardii

Stanhopea oculata

Stanhopea nigroviolacea

Stauntonia hexaphylla

Stellaria holostea

STAPHYLEA
（ミツバウツギ属）

英 名：BLADDERNUT

ミツバウツギ科の属で、北半球の温帯の広範囲で見られる、およそ11種の落葉低木および小高木からなる。大きな3葉または羽状複葉をもち、長い小葉は鋸歯縁で頂端に向かって先細りする。主に春、枝の先端に淡いピンク～白の花からなる円錐花序が生じ、その後、2～3裂の膨らんだ果実をつけることから、BLADDERNUT（膨らんだ木の実）と呼ばれるようになった。さく果は熟すと乾燥して茶色くなる。秋に美しく紅葉するものもある。

〈栽培〉
大半は非常に耐寒性に優れ、日当りまたは半日陰で、水はけがよく、湿性であれば、ほとんどすべての土壌で繁茂する。藪は横に広がる傾向があるが、花後に剪定して、主茎を1～数本残して、高木状に仕立てることもできる。繁殖は、種子または夏の挿し木で行うが、発根した吸枝を移動して育てることもできる。

Staphylea bumalda
一般名：ミツバウツギ
英 名：JAPANESE BLADDERNUT
☼ ❄ ↔1.8m ↕2m
日本原産の落葉性低木。葉は3葉で、槍形の小葉は、鋭い鋸歯縁をもち、裏面の脈は綿毛を帯びる。春、白い花が円錐花序をなす。2裂の果実は幅25mm。
ゾーン：4～9

Staphylea colchica
スタピレア・コルキカ
英 名：CAUCASIAN BLADDERNUT
☼ ❄ ↔3m ↕3～4.5m
コーカサス地方原産の落葉低木。葉は、3～5枚の、つやのある緑色の、細かい鋸歯縁の小葉からなる。白い花は幅12mmになり、芳香がある。3裂の果実は横幅8cm。'コロンビエリ'、細かい鋸歯縁の、卵形の、明るい緑色の葉。
ゾーン：6～9

Staphylea holocarpa
英 名：CHINESE BLADDERNUT
☼ ❄ ↔3m ↕4.5m
中国原産の低木または高木。葉は3葉で、小葉は裏面が有毛。ピンクの花芽から開いた白い花が、下垂する円錐花序をなす。果実の幅は約5cm。ゾーン：6～9

Staphylea pinnata
英 名：EUROPIAN BLADDERNUT
☼ ❄ ↔4.5m ↕4.5m
ユーラシア大陸温帯の低木。葉は、3、5、7枚の、それぞれ鋭く先細る、鋸歯縁の、裏面が粉白色の小葉からなる。晩春、先端の赤い萼片をもつ白い花がつく。果実は幅25mm。ゾーン：6～9

Staphylea trifolia
英 名：BLADDERNUT、EASTERN BLADDERNUT
☼ ❄ ↔4.5m ↕4.5m
アメリカ合衆国東部原産の低木。葉は3葉で、小葉は、長さ5～8cmで、先端が鋭く、鋭い鋸歯縁をもち、裏面は細かい毛で覆われ、秋に紅葉する。幅35mmの白い花が短い円錐花序をなす。果実は3裂。ゾーン：5～9

STAUNTONIA
（ムベ属）

16種の落葉性または常緑の、つる性のよじ登り植物からなるアケビ科の属。東アジア原産だが、いまや多数の国に帰化している。成長が早く、非常に装飾的な植物で、端正な掌状葉や、芳香性の鐘状の花を目的に選ばれることが多い。温暖地域でのみ屋外で栽培可能で、完全に休眠していれば-10℃まで耐える。とはいえ、春の新しく成長した部分は遅霜で傷む場合がある。日本など、一部の国では食用の果実のために栽培される。

〈栽培〉
保護された位置と、水はけのよい、水分を保持できる土壌が必要。根が日陰にあって、先端が日なたにある場合に最も成長する。早春に種子で繁殖するが、発芽には18カ月かかることに注意。

Stauntonia hexaphylla ★
一般名：ムベ
☼ ✿ ↔3～5m ↕10m
朝鮮半島および日本原産の、成長の早いよじ登り植物。暗緑色の革質の葉。春から夏にかけて生じる、芳香のある花は、白にバイオレット色を帯びる。
ゾーン：10～11

STELLARIA
（ハコベ属）

英 名：CHICKWEED, STITCHWORT

ナデシコ科の大属。同科にはカーネーションも属するが、ハコベ属にこれらの人気の近縁種のような園芸的価値はない。およそ120種が世界中に分布している。一年生または多年生で、刺のある茎と、概して小さな白い花をもつ。CHICKWEEDと知られている *S. media* など、一部の種は雑草である。一部の観賞用の種はワイルドガーデンにのみ適し、大低木の根元を埋めたり、また、明るく軽やかな植物として、森林地帯の大型多年生植物の間に植える。

〈栽培〉
半日陰の腐植質に富んだ土壌で栽培し、株分けまたは種子で繁殖。

Stellaria holostea
一般名：アワユキハコベ
英 名：GREATER STITCHWORT
☼ ❄ ↔0.9～2m ↕50～60cm
ヨーロッパ、北アフリカ、西アジア原産の吸枝を出す多年生植物。幅狭の葉は長さ8cm。春から初夏にかけて、可憐な白い花をつけたスプレーを高く広げる。
ゾーン：5～10

STENOCACTUS
（ステノカクタス属）

異 名：*Echinofossulocactus*

メキシコ北部および中央部のチワワ砂漠地方原産の、10～13種の、丈の低い小型サボテンからなるサボテン科の属。属名はギリシャ語のstenos（幅狭）に由来し、大半の種の特徴である細い波状の稜を表している。普通単生で、年月を経て球形から円柱形となる。大半の種は、幅狭の、しばしば波状の稜を多数もつ。稜に沿って間隔を置いて並ぶ刺は、まっすぐ、または湾曲して直立し、決してかぎ状にはならない。中刺は常に群生する束の最も高い位置にあり、しばしば短い角状をなす大きな側刺は、常により小さく下方にある。花は非常に多様で、小さな鐘形～じょうご形の、白～黄色、ピンク、紫の花弁に、赤、紫、または茶色の中心線が入る。果実は球形で、全種とも一様に小さい。

〈栽培〉
水はけのよい、肥沃な土壌で育てる。種子で繁殖。冬は休眠する。サボテン栽培初心者に最適。

Staphylea colchica 'Colombieri'

Staphylea pinnata

Staphylea bumalda

Stenocactus crispatus

Stenocarpus salignus

Stenocactus coptonogonus ★
一般名：竜剣丸
☀ ❄ ↔8～12cm ↕5～10cm
メキシコ原産の単生する球形のサボテン。深緑色で、10～15の太い稜が、群生する刺に圧迫される。刺は独特で、刺座あたり3～7本、上部では3～5本の、幅広の平たい中刺が上方を指し、残りの側刺はすべて下方を指す。白い花に紫色の中心線が入る。
ゾーン：8～10

Stenocactus crispatus
異　名：*Echinofossulocactus flexispinus*、*E. multiarelatus*
一般名：竜玉
☀ ❄ ↔8～12cm ↕8～12cm
メキシコ原産の、単生する、平たい球形の、黄緑～深緑色のサボテンで、25～60の波状の稜をもつ。刺は多様。まっすぐな、黄色または茶色の、1～4本の、上方を指す中刺と、2～10本の下方を指す側刺がある。春、鮮やかなピンク色の花が生じる。
ゾーン：8～10

Stenocactus multicostatus
異　名：*Stenocactus lloydii*、*S. zacatecasensis*
一般名：多稜玉
英　名：BRAIN CACTUS
☀ ❄ ↔10cm ↕8～12cm
メキシコ原産の、平たい球形のサボテン。120本もの、非常に細く、端の鋭い、波状の稜がある。長くしなやかな剣状の中刺と、まっすぐ～湾曲した草状の側刺がある。白い花に紫の中心線が入る。
ゾーン：8～10

STENOCARPUS
(ステノカルプス属)

東南アジア、マレー半島～ニューカレドニア、オーストラリア原産の、25種の常緑高木または大低木からなる、ヤマモガシ科の属。単葉が互生する。筒形の花は普通赤からオレンジ色で、散型花序をなすが、一部が葉群に隠れている場合もある。果実は幅狭の袋果で、羽のある種子を含んでいる。

〈栽培〉
温暖な生育環境を要し、海岸に近いが、潮風のあたらない位置を好む。有機物質を豊富に含んだ、軽い、砂質の、水はけのよい土壌で栽培し、夏場にたっぷり水を与える。温暖な環境では、冬に熟したての種子を蒔けば、容易に発芽する。芽吹いた台木にクローンの変種を接ぎ木することもできる。この属種はほとんど剪定がいらない。

Stenocarpus salignus
英　名：RED SILKY OAK、SCRUB BEEFWOOD
☀ ⚹ ↔3～4.5m ↕30m
オーストラリア北東部沿岸およびその周辺の、温暖な多雨林に生息する高木。樹皮は暗茶色で鱗状。葉は卵形～披針形、革質で、裏面は淡色。春から夏にかけて、10～20個のクリーミィホワイトの花が散型花序をなす。
ゾーン：9～12

Stenocarpus sinuatus
一般名：ステノカルプス
英　名：FIREWHEEL TREE、QUEENSLAND、FIREWHEEL TREE
☀ ⚹ ↔4.5m ↕36m
オーストラリア東部沿岸およびその周辺の、温暖な多雨林で見られる魅力的な高木。灰色～茶色の樹皮。革質の葉は、表面が光沢のある緑色で、裏面はくすんでいる。上部の葉腋に、15～20のオレンジスカーレットの花が散型花序をなす。
ゾーン：9～12

STENOCEREUS
(ステノケレウス属)

アメリカ合衆国南西部、中央アメリカ、カリブ諸島、ベネズエラ、コロンビアに原生する、23種の柱状～高木状のサボテンからなるサボテン科属。属名はギリシャ語のstenos（幅狭）に由来し、多くの種の特徴である細い波状の稜を表している。この属には現在、かつてラトブニア属、マカエロケレウス属に分類されたものすべて、それにレマイレオケレウス属と分類されていた種の大半が含まれる。これらの植物は、主に緑色のどっしりとした柱状の茎に、おびただしい数の稜がある。小結節はあるものとないものがある。刺座は軟毛を帯びる場合もあるが、一般的には非常に強い刺が見られる。花は鐘形～じょうご形で、夜に開花し、次の日まで咲き続ける。心皮は短く、多数の刺座があり、しばしば刺がある。果実は多肉質の球形で、脱落性の刺がある。

〈栽培〉
水はけのよい肥沃な土壌で栽培する。種子、または1～2週間乾燥させた穂木を挿して繁殖する。冬は休眠する。

Stenocereus alamosensis
☀ ⚹ ↔4.5～6m ↕2～4.5m
メキシコ産の大低木。基部から多数の枝を出す。垂直～アーチ状の茎は、最初赤みを帯び、小結節のある5～8の稜がある。刺座には、1～4本の灰色～白のまっすぐな中刺と、11～18本の白みを帯びた側刺がある。一日だけ開花する花は筒形で、反曲する赤い花弁をもつ。緑～赤みを帯びた果実。
ゾーン：9～10

Stenocereus beneckei
異　名：*Lemaireocereus beneckei*、*Rathbunia beneckei*
☀ ⚹ ↔50～100cm ↕2～3m
メキシコ原産の、直立～アーチ状の、細い柱サボテン。しばしば基部から白粉色の茎を分枝する。間隔の広い7～9の稜と、まっすぐな黒い中刺、2～5本の灰色みを帯びた側刺がある。夜咲きの白い花は、茶色のむき出しの鱗状の心皮をもつ。ゾーン：9～10

Stenocereus eruca
異　名：*Lemaireocereus eruca*、*Rathbunia eruca*
英　名：CATERPILLAR CACTUS、CREEPING DEVIL
☀ ⚹ ↔5～6m ↕0.9～3m
メキシコ原産の平伏性植物。10～12の稜と、多数の刺のある、暗緑色の茎が、からみあってマットを形成する。1～3本の、太く平たい、短剣形の灰色の中刺と、10～15本の、白みを帯びた丸い側刺がある。花は少なく、夜咲きで高盆形。色は白～クリーム色。球形の果実。
ゾーン：9～10

Stenocereus alamosensis

Stenocarpus sinuatus

Stephanandra incisa

Stephanandra chinensis

Stephanandra incisa 'Crispa'

Stenocereus thurberi
異　名: *Lemaireocereus thurberi*, *Rathbunia thurberi*
一般名: パイプオルガンサボテン
英　名: ORGAN PIPE CACTUS
☼ ♨ ↔0.9〜4.5m ↕0.9〜8m
アメリカ合衆国およびメキシコ原産の大型サボテン。おびただしい数の柱状の灰緑色の枝は、10〜20の稜があり、普通幹はない。1〜3本の灰色の中刺と、7〜9本の灰色の側刺がある。夜咲きの花は白いじょうご形。果実は食べられる。
ゾーン：9〜10

STENOMESSON
(ステノメソン属)
およそ30種の鱗茎をもつ多年生植物からなるヒガンバナ科の属。大半は園芸用として一般的ではない。南アメリカ原産で、高地の岩だらけの斜面や、また、降雪のため霜害のない、ペルー、ボリヴィア、エクアドルのアンデス山脈の深いの草原に生息する。属名はギリシャ語のstenos（幅狭）とmesos（中位）に由来し、この植物の幅狭の花被を表わしている。
〈栽培〉
降霜のない地域なら屋外で容易に育つし、より寒い地方であれば、7〜10℃以下にならない温室で栽培する。鱗茎に冬の休眠期も常に少々湿らせておく必要がある。オフセットまたは新鮮な種子を砂に蒔いて繁殖する。

Stenomesson miniatum ★
☼ ❄ ↔15cm ↕30〜40cm
一部の環境ではほぼ常緑、あるいは冬に休眠する。葉は暗緑色で、幅広の帯状。春から夏にかけて、オレンジ〜赤色の花がまっすぐな柄から垂れ下がる筒形の花が散型花序をなす。葯はクリーミィイエローで突出している。
ゾーン：8〜10

STENOTAPHRUM
(イヌシバ属)
熱帯および亜熱帯原産の、マットを形成する7種の一年生または多年生植物からなるイネ科の属。匍匐性、または立ち上がる茎をもち、節から発根する。葉腋から伸びた茎の先に、短い平らな総状花序が生じ、直立または不規則に広がる硬く平たい茎に、2個の柄のない花からなる小穂がつく。葉は厚く平ら、または折れて幅狭の剣形になる。茎から生じる葉は、基部が鞘に覆われ、葉身は茎と直角をなす。*S. secundatum*はアメリカ南部で芝生として広く利用されている。
〈栽培〉
反日陰の湿った土壌を好む。挿し木で繁殖。

Stenotaphrum secundatum
一般名: イヌシバ、セントオーガスチングラス
英　名: BUFFALO GRASS, GRAMA, ST AUGUSTINE GRASS
☼/☼ ♨ ↔5〜40cm ↕5〜40cm
熱帯原産の、耐寒性のある匍匐性の多年生イネ科植物。暖地型シバとして広く栽培されている。扇形に広がる、なめらかな、平たい、または折りたたまれた、幅狭の長楕円形の葉は、長さ15cmになる。長さ15cmの硬い片側だけの穂に、柄のない緑色の小穂がつく。'ワリエガトゥム'、淡緑色とアイボリーの縞模様が入る。室内栽培向き。
ゾーン：9〜11

STEPHANANDRA
(コゴメウツギ属)
東アジア原産の4種の落葉低木からなるバラ科の属で、シモツケ属の近縁。高く評価される、魅力的な、落ち着いた緑色の、鋸歯縁と裂片のある葉は、秋にしばしば濃いオレンジ色に紅葉する。夏、小さな星形の、白または淡緑色の花が、多数の雄ずいとともに円錐花序をなす。
〈栽培〉
日なたまたは半日陰の大半の土壌で育つが、湿性の壌土を好む。春に強く剪定して樹形を保つ。秋に、挿し木または株分けで繁殖。

Stephanandra chinensis
☼ ❄ ↔2.4m ↕3m
中国原産の優美な落葉性低木。鋸歯縁をもつ、鮮やかな緑色の魅力的な葉は、長さ6cmになり、秋にイエローオレンジに紅葉する。淡い茶色のなめらかな小枝に、小さな白い花からなる円錐花序が密生する。
ゾーン：7〜9

Stephanandra incisa
一般名: コゴメウツギ
英　名: CUTLEAFED STEPHANANDRA, LACE SHRUB
☼ ❄ ↔3m ↕1.8m
日本および朝鮮半島原産の密な低木。茎は細く角ばる。裂片のある、深い鋸歯縁の卵形の葉は、秋に黄緑色に変わる。真夏、淡緑色〜白の花が密に詰まった円錐花序をなす。'クリスパ' ★、小山を形成する矮小型で、しわのある小さな葉をもつ。理想的なグラウンドカバー。
ゾーン：4〜10

Stenomesson miniatum

Stenocereus thurberi

Stenocereus eruca

Stephanandra tanakae
一般名：カナウツギ
☼ ❄ ↔2.4m ↕3m

日本原産の、アーチ状の枝をもつ低木。深い鋸歯縁の、卵形～三角形の5裂葉は、幼時はピンクブラウン。夏にめだたない小さな白い花をつける。
ゾーン：4～10

STERCULIA
（ステルクリア属）

熱帯原産の、およそ150種の、落葉性または常緑の高木または低木からなるアオギリ科の属。全縁または裂片のある、幅広、暗緑色の葉をもち、主に日よけを作る鑑賞用樹木として栽培される。小さな花は、総状花序または円錐花序をなし、しばしば下垂する。個々の花に花弁はなく、4～5つの裂片を広げる壺形の、カラフルな萼をもつ。木質または革質の、5個以下の舟形の袋果からなる、装飾的な果実は、熟すと普通ピンク～赤になり、発達における早い段階で開き、光沢のある黒い種子を露呈する。

〈栽培〉
普通成長が早い。温暖な気候と、水はけのよい肥沃な湿性の土壌が必要。風にあたらない日なたで最も成長する。小さいうちは定期的に灌水する。新鮮な種子で繁殖。

Sterculia apetala
英名：BELLOTA, PANAMA TREE
☼ ✱ ↔9～15m ↕15～30m

熱帯アメリカ原産の落葉性の高木。茎の長い、ほぼ心臓形の5裂葉が、かさ状の樹冠をなす。若葉は綿毛を帯びる。茎の先端近くに枝を出して房をなす花は、ピンクを帯びたクリーム色で、花喉が赤い。洋ナシ形の果実。
ゾーン：11～12

Sterculia murex
英名：LOWVELD CHESTNUT
☼ ✱ ↔3～6m ↕6～12m

南アフリカ産の落葉高木。横広がりの枝と、黒に近い灰茶色のひび割れた樹皮をもつ。長さ10cmになる、5～10枚の長楕円形～槍形の小葉が、複葉をなす。春に生じるすべすべした黄色い花には、茶色またはレッドピンクの模様がある。木質の果実は刺毛を帯び、皮膚や目を刺激する。
ゾーン：9～11

Sterculia quadrifida
英名：PEANUT TREE
☼ ✱ ↔6m ↕12m

オーストラリア北部およびニューギニア原産の、開いた円形の樹冠をもつ藪状の高木。葉は卵形～心臓形。晩夏、芳香のある、緑を帯びた黄色の、鐘形の花が総状花序をなす。深紅の革質の袋果に、黒いピーナッツ大の食用種子が含まれる。
ゾーン：10～12

STERNBERGIA
（ステルンベルギア属）
英名：AUTUMN CROCUS, AUTUMN DAFFODIL

鱗茎をもつ7～8種の多年生植物からなるヒガンバナ科の属。原産地は、南ヨーロッパおよび中央アジアの、まばらな森林地帯や冬に降雨の多い地域。しばしばクロッカス属と混同されるが、葉に、真のクロッカスに見られる淡色の中央脈がみられないため、区別できる。とはいえ、ゴブレット形の花はクロッカスによく似ている。大半は秋に開花する。属名は、オーストリアの植物学者で、命名者であるCount Kaspar von Sternberg（1761～1838）に由来している。

〈栽培〉
排水性に優れた石灰質の土壌と、夏の暑さが揃った場合に最もよく育つ。ある程度の短い厳しい霜には耐えるが、霜の多い地域で、根の周りが湿潤でじめじめしている環境には耐えられない。コンテナ栽培の場合、壌土、腐葉土、砂を同率に配分する。成長期のみ、控えめに灌水する。

Sternbergia lutea ★
一般名：キバナタマスダレ、ステルンベルギア
☼/☽ ❄ ↔8cm ↕15cm

南ヨーロッパから中央アジアにかけて見られる。線形の黒緑色の葉が、花と同時に生じ、春まで残る。秋に生じる大きな花は、鮮やかな黄色のゴブレット状。
ゾーン：7～9

Sternbergia sicula
☼/☽ ❄ ↔8cm ↕8～10cm

イタリアからヨーロッパ南東部にかけて見られる強健な種。S. luteaの亜種とみなされることもあるように、よく似ているが、より小型で、より開いた星形の花がつく。
ゾーン：7～9

STETSONIA
（ステトソニア属）

単一種からなるサボテン科の属。直立性の、枝のある、円柱状の茎をもつサボテンで、アルゼンチン北西部からボリビア南部にかけて原生する。習性は高木状で、恐ろしげな刺に覆われているため、栽培においても扱いが困難。長さ10～15cmのじょうご型の白い花は、花喉の幅が10cmになる。花は夜咲きだが、強い香りはない。

〈栽培〉
大半のサボテンと同様、軽い砂質の、非常に水はけのよい土壌と、日なたもしくは午前中日陰になる位置を好む。乾燥には非常に強いが、花期は水分を喜ぶ。麻薬であるメスカリンの原料となるため、麻薬の自家製造に関心のある者に狙われやすく、導入には注意が必要。繁殖は、発根したオフセットを移動するか、種子を蒔く。

Stetsonia coryne ★
英名：TOOTHPICK CACTUS
☼ ✱ ↔0.9m ↕9m

低木状、または高木状のパイプオルガン型のサボテン。長さ2.5～15cmの淡い灰色の針状の刺が、7～9本の房となり、茎の9以下の稜を覆う。夏の夜、大きな白い花が開く。
ゾーン：9～11

STEWARTIA
（ナツツバキ属）

ツバキ属の近縁で、よく似た花をもつ9種からなるツバキ科の属。北アメリカ東部および東アジアの温帯原産の落葉性の高木および低木で、春の花、鮮やかな秋の紅葉、しばしば冬に最も映える、美しい模様と色をもつ樹皮を目的に栽培される。葉は長さ約8cmの単葉で、柄が短く、縁は鋸歯状。花は普通白で、幅約5cm、単生または2～3個で群生する。樹皮はしばしば剥離し、さまざまな色を露呈する。

〈栽培〉
一般に、冷涼な、湿性の、水はけのよい、腐植質に富んだ土壌と、日なたまたは半日陰の位置を好むが、夏に枯渇しない場所であればたいていの場所に適応してよく育つ。必要があれば花後に剪定する。繁殖は、層積貯蔵した種子を蒔くか、夏に挿し木する。

Sterculia murex

Sternbergia lutea

Stetsonia coryne

Sterculia apetala

Stephanandra tanakae

Stewartia malacodendron

英名：SILKY CAMERIA、VIRGINIA STEWARTIA

☼ ❄ ↔3m ↕4.5～9m

アメリカ合衆国南東部に見られる低木または小高木。若いシュートと新葉はいくぶん綿毛を帯びている。葉は細かい鋸歯縁で、裏面は綿毛を帯び、秋に紅葉する。夏に単生する花は、紫みを帯びた花糸に青灰色の薬がつく。

ゾーン：7～9

Stewartia monadelpha

一般名：ヒメシャラ

英名：TALL STEWARTIA

☼ ❄ ↔6m ↕15m

日本および朝鮮半島原産の高木。赤茶色の樹皮は剥離して、より明色を露呈する。若いシュートは綿毛を帯び、葉の裏面の脈に毛が密生する。秋、ピンクみを帯びた鮮やかな赤に紅葉する。花は幅35mmで、バイオレット色の薬がある。

ゾーン：6～9

Stewartia ovata

英名：MOUNTAIN STEWARTIA

☼ ❄ ↔4.5m ↕4.5～6m

アメリカ合衆国南東部に生息する低木。まばらな鋸歯縁の小葉は、裏面は綿毛を帯び、秋に黄色く紅葉する。花は長さ5cm。*S. o.* var. *grandiflora*、幅12cmの花、紫色の薬。

ゾーン：5～9

Stewartia pseudocamellia ★

一般名：ナツツバキ

英名：JAPANESE STEWARTIA

☼ ❄ ↔4.5m ↕6～15m

広く栽培される日本産の種。赤みを帯びた明るい茶色の樹皮は、容易に剥離する。鋸歯縁の葉は、裏面は綿毛を帯び、秋に鮮やかな赤に紅葉する。春に生じる花は、縁ひだのある花弁と、金色の薬をもつ。*S. p.* var. *koreana*、幅広の葉とより大きな花。

ゾーン：5～9

Stewartia pseudocamellia

Stewartia pteropetiolata

☼ ❄ ↔3.5m ↕6m

中国南部および朝鮮半島原産の低木または小高木。温暖な冬では常緑。鋸歯縁の葉は、柄に小さな羽状の苞葉がある。真夏から晩夏にかけて生じる小さな花は、縁に切れ込みのある白い花弁と、金色の薬がある。

ゾーン：5～9

Stewartia sinensis

英名：CHINESE STEWARTIA

☼ ❄ ↔6m ↕4.5～9m

中国原産。赤茶色の樹皮が剥離する。新茎と新葉は綿毛を帯びる。鋭く先細りした、鋸歯縁の葉は、秋、紫赤色に紅葉する。芳香のある花は黄色の薬をもつ。

ゾーン：6～9

STIGMAPHYLLON
（ツルキントラノオ属）

主に中央および南アメリカ、それにカリブ海上諸島原産の、およそ100種の木性よじ登り植物、それに一部の低木や多年生植物からなる、キツネノマゴ科の属。つる状の種は支持物に茎を巻きつける。葉は普通全縁で対生する。5花弁の黄色の花がスプレー状につく。種子は魅力的で、カエデの種子のような羽がある。

〈栽培〉

水はけのよい土壌と日当り、それに霜のない環境が必要。降霜地域では暖房した温室で栽培する。挿し木または取り木で繁殖。種子が手に入れば、新鮮なうちに蒔く。

Stewartia pseudocamellia var. *koreana*

Stigmaphyllon ciliatum

Stigmaphyllon ciliatum

一般名：ツルキントラノオ

英名：GOLDEN VINE

☼ ❄ ↔3～6m ↕6～8m

ベリーズからウルグアイにかけて見られる、常緑の巻きつき性よじ登り植物。槍先形の濃い緑色の葉。晩夏から秋に見られる、幅4cmの鮮やかな黄色の平らな花は、花弁の縁に起伏がある。

ゾーン：10～12

Stigmaphyllon littorale

☼ ❄ ↔3～6m ↕6～10m

丈高の、ブラジル原産のよじ登り植物。葉は長さ12cmになり、かたちはさまざま。晩夏から秋にかけて、幅25mmの鮮やかな黄色い花をスプレー状につける。

ゾーン：10～11

STILBOCARPA
（スティルボカルパ属）

オーストラリアおよびニュージーランドの亜南極諸島に見られる、興味深い「メガハーブ」属のひとつ。伝統的にウコギ科に分類されているが、今後の研究によって変わる可能性がある。現在は3種

Stewartia sinensis

が含まれているが、*S. lyallii*はキルコフィトム属に再分類される可能性がある。これらの植物は、根茎によって広がり、光沢のある皮質の円形の葉を密に叢生させる。夏に黄色い密な花序をつける。

〈栽培〉

原産地を考えると当然だが、極端に暑い夏や寒い冬のない、常に冷涼な湿性の環境を好む。とはいえ、短期間の栽培には驚くほど適応することが判明しており、深い、湿性の、腐植質に富んだ土壌を用意すれば、ある程度の夏の暑さには耐える。種子または株分けで繁殖。

Stilbocarpa polaris

英名：MACQUARIE ISLAND CABBAGE

☼/◐ ❄ ↔50～120cm ↕30～40cm

マッコーリー島および多数の亜南極諸島で見られ、野鳥の隠れ家となっている。頑健な種で、強い根茎をもち、印象的な脈の深いの葉が大きな叢を形成する。花序も大きい。

ゾーン：7～9

Stilbocarpa polaris（後部）とロイヤルペンギン、野生、マッコーリー島

Stipa gigantea

Stipa arundinacea

Stipa splendens

STIPA
（ハネガヤ属）

英　名：FEATHER GRASS、NEEDLE GRASS、SPEAR GRASS

広く分布する、多様なイネ科の属で、およそ300種の、房状の常緑草および落葉性草を含む。もともと世界中の温帯および暖温帯の傾斜地に原生していたが、今日では観賞用庭園に広く普及している。繊細な質感の、線形の平たい葉に、羽状の、ふわふわした長い円錐花序をつける。フラワーアレンジメント用に栽培されるものもあり、しばしば多年生植物ボーダー花壇や道路わきの植え込みに利用される。

〈栽培〉
よく日の当たる、肥沃な、中程度～軽い土壌が必要。落葉性の種は冬に刈り込んで、来シーズンの成長を促すとよい。夏に株分けするか、春に種子を蒔いて繁殖。

Stipa arundinacea
英　名：NEW ZEALAND WIND GRASS
☼ ❄ ↔ 1.2m ↕ 0.9m

ニュージーランドの中型の草。明るい緑色の葉は、太陽光によって、ブロンズ色を帯びた明るいオレンジ色に変わる。夏から秋にかけて、ふわふわした緑の花からなる、紫を帯びた小穂が見られる。ゾーン：8～10

Stipa calamagrostis ★
異　名：*Stipa lasiogrostis*
☼ ❄ ↔ 1.2m ↕ 0.9m

南ヨーロッパ原産の落葉性の多年草。房状に叢生する。線形の青緑色の葉は、シーズン中はややアーチ状になる。夏点頭する大羽状の花が、クリーミィシルバーの房をなす。ゾーン：7～10

Stipa gigantea ★
英　名：GIANT FEATHER GRASS、GOLDEN ORTS
☼ ❄ ↔ 1.2m ↕ 2.4m

スペインおよびポルトガル産の、目を引く大型の多年草。緑～灰緑色の葉が叢生する。春に生じる、大きなゆるい円錐花序と種子は、金色になって夏中宿存する。ゾーン：8～10

Stipa splendens
☼ ❄ ↔ 1.2m ↕ 2.4m

チリ、中央アジア、ロシア原産の落葉性多年草。房が集まって小山を形成する。暗緑色の葉はやや湾曲する。夏、紫みを帯びた白い花の穂が、葉の上に大きなゆるい円錐花序をなす。ゾーン：7～10

STOKESIA
（ストケシア属）

英　名：STOKES ASTER

1種のみからなるキク科の属だが、その1種が、園芸において広く開発され、さまざまなサイズや、花色や、品種が作られた。アメリカ合衆国南東部原産の、晩夏から秋に開花する多年生植物であるストケシアは、イギリスの医師であり、植物学者であったDr. Jonathan Stokesの名に由来している。1766年に初めてイギリスに紹介され、ビクトリア時代、とくに切花として流行した。後に流行は下降したが、現在、再び園芸用として人気を回復した。直立性で、15～20cmの葉と、白、黄色、モーブ～深い紫青色の、ヤグルマソウに似た大きな花序をつける。

〈栽培〉
日なたまたは半日陰の、水はけのよい軽い土壌に植えつける。水と肥料をたっぷり与える。晩夏はうどん粉病に注意。休眠期の終わりに株分けで繁殖するが、種子からも育てられる。

Stokesia laevis
一般名：ストケシア、ルリギク
英　名：STOKES ASTER
☼ ☼/☁ ❄ ↔ 20～40cm ↕ 25～75cm

アメリカ合衆国サウスカロライナ州～ルイジアナ州、およびフロリダ州北部に見られる。幅狭の、深緑色の槍形の葉は、全縁で、時々基部の縁に針状の歯が並ぶ。幅10cmになる花序は、普通モーブから紫色で、単生または小さく群生する。'ブルー　ダニューブ'★、草丈40cm、中心が白い、深い青色の花。'ブルーストーン'、草丈25cm、鮮やかな青色の花。'メリー　グレゴリー'、淡い黄色の花で、中心は濃色。'パープル　パラソルズ'、草丈50cm、深いバイオレットブルーの花序は幅10cm以上になる。'シルバー　ムーン'、草丈45cm、純白の花。'ワイオミング'、草丈50cm、非常に暗い青色の花。ゾーン：6～10

STRELITZIA
（ストレリチア属）

南アフリカ原産の、4～5種の常緑の大型多年生植物からなるバショウ科の属。普通、低木または高木として扱われ、叢生して、硬い茎に非常に長い長楕円形～槍形の葉をつける。葉群の上に伸びた茎の先に、大きな花芽または仏炎苞をつける。連続して開く花はそれぞれ、さまざまな色の長い突出した花冠と、翼状の萼が対照をなす。

Stokesia laevis 'Mary Gregory'

Stokesia laevis

Stokesia laevis 'Purple Parasols'

Strelitzia juncea

Strelitzia nicolai

〈栽培〉
日なたあるいは半日陰を好み、霜にはほとんど耐えられない。水はけのよい湿性の土が必要だが、大半の種は、いったん根付けば短期間の乾燥に耐え、冬季はやや乾燥ぎみに保つ。根は非常に強いため、植え付け位置には注意。種子、または吸枝を移動して繁殖する。株分けも可能。

Strelitzia juncea
異　名：*Strelitzia ×kewensis* var *juncea*、*S. reginae* var. *juncea*
一般名：ストレチア・ジュンセア
☼　⇶　↔0.9〜1.5m　↕1.5m
南アフリカのケープ地方原産。厚みのある、イグサに似た、灰みを帯びた緑色の葉は、葉身がなく、頂点に向かって先細る。*S. reginae* と同様、くちばし状の苞からオレンジ色の花が生じる。
ゾーン：10〜12

Strelitzia nicolai
一般名：ルリゴクラクチョウカ
英　名：GIANT BIRD OF PARADISE、NATAL WILD BANANA
☼　⇶　↔4.5m　↕9m
南アフリカのクワズル・ナタール州およびイースタン・ケープ州で見られる。葉と葉柄はしばしば長さ1.2mを越える。晩春から初夏にかけて、突出した赤茶色の仏炎苞から開花した花は、緑みを帯びた明青色〜紫青色と、白色の花冠をもつ。
ゾーン：10〜12

Strelitzia reginae
一般名：ゴクラクチョウカ
英　名：BIRD OF PARADISE
☼　⇶　↔0.9m　↕1.2m
広域で栽培されている低木状の常緑多年生植物。葉は長さ30〜75cmで、茎に高さ1.8m。冬から春に生じる花は、オレンジ色の萼と、長さ10cm以上の深い紫青色の花冠をもつ。'カーステンボッシュ ゴールド'、'マンデラズ ゴールド'★、どちらも鮮やかな黄色い萼。
ゾーン：10〜12

STREPTOCARPUS
(ストレプトカルプス属)
英　名：CAPE PRIMROSE
130種あまりの一年生植物および多年生植物からなるイワタバコ科の属で、アフリカとアジアの熱帯および亜熱帯に広く分布しているが、最も栽培されているのはアフリカ南部原産の種。非常に多様で、ロゼットを形成する *S. saxorum* のような小型種から、*S. wendlandii* のように巨大な葉を1枚だけつける種もある。型は多様でも、この属種にはいくつかの共通点がある。葉はベルベット状で脈が深い。普通5枚花弁の、サクラソウに似た長い筒形の花が、直立した短い茎の先につく。属名はギリシャ語の *streptos* (ねじれた)と *karpos* (果実)に由来し、らせん状にねじれた果実を表わしている。

〈栽培〉
耐寒性にはばらつきがあるが、霜にはほとんど耐えられない。明るいが日なたではない、温暖な、風通しのよい場所で、湿性の、肥沃な、腐植質に富んだ、水はけのよい土壌に植える。株分け、葉柄の挿し木、または種子で繁殖。

Streptocarpus baudertii
☼/☀　−　↔40〜50cm　↕30cm
南アフリカ原産の春咲き種。長さ30cmの、細い毛のある、脈の深い葉からなるロゼットが、普通地表に平伏する。普通、直径25mm以上の、中心が淡いミッドピンク〜ライラック色の花が、花茎に2個つく。
ゾーン：10〜11

Streptocarpus candidus
☼/☀　−　↔25〜40cm　↕30cm
南アメリカ産の種。垂直に伸びたニンジン状の根茎の先に、深緑色の、脈の深い、不均一な鋸歯縁の葉がロゼットを形成する。夏、普通芳香のある、白〜淡いモーブの長い筒形の花が、25個以下集まって花序をなす。ゾーン：10〜11

Streptocarpus caulescens
☼/☀　−　↔30〜50cm　↕30〜50cm
タンザニアおよびケニア原産の、木質基部をもつ、直立または不規則に広がる多年生植物。幅広の、先のとがった卵形の葉。秋から冬にかけて、中心が白い紫色の花が、12個以下で高いスプレー状につく。ゾーン：11〜12

Streptocarpus cyaneus
☼/☀　−　↔30〜50cm　↕15〜20cm
南アフリカ原産の種。長さ40cmの鋸歯縁の葉がロゼットを形成する。春から夏にかけて、長さ15cmの茎の先に、暗色の脈のある、明るいピンク〜バイオレット色の、長さ8cmのじょうご形の花が、普通対で生じる。*S. c.* subsp. *polackii*、モーブピンクの花。葉と茎は赤みを帯びる。
ゾーン：10〜11

Streptocarpus formosus
☼/☀　−　↔30〜50cm　↕30cm
南アフリカ原産。長さ30cm以上になる帯状の葉が密なロゼットを形成する。花茎は高さ30cmで、春から秋にかけて、モーブの縁取りのある、白いじょうご形の花が数個集まって花序をなす。
ゾーン：10〜11

Streptocarpus cyaneus subsp. *polackii*

Streptocarpus formosus

Strelitzia reginae 'Kirstenbosch Gold'

Strelitzia reginae 'Mandela's Gold'

Streptocarpus baudertii

Streptocarpus candidus

Strelitzia reginae

Streptocarpus glandulosissimus
☼/☀ ‡ ↔30〜50cm ↕30〜50cm
ケニア産の種で、直立または不規則に広がる習性をもつ。茎は弱い。綿毛を帯びた、先のとがった卵形の葉は長さ10cm以上になるが、小さいものもある。ほぼ一年中、大きく開いたじょうご形のバイオレット色の花が、高くスプレー状につく。ゾーン：11〜12

Streptocarpus johannis
☼/☀ ‡ ↔20〜50cm ↕15〜30cm
南アフリカ原産。細かい毛を帯びた、脈の深い、長さ35cmの葉がロゼットを形成する。高さ30cm以下の短い花茎に、春、白〜淡いモーブの花が2個つく。ゾーン：10〜11

Streptocarpus kirkii
☼/☀ ‡ ↔20〜30cm ↕30〜40cm
ケニアおよびタンザニア原産。直立性の茎は、成熟すると木質の這い性となる。まばらな毛を帯びた、鋸歯縁または全縁の、先のとがった卵形の葉が対生する。冬、花喉に深い紫色の斑点がある、小さなバイオレットピンクの花が、10個以下で高いスプレーをなす。ゾーン：11〜12

Streptocarpus pentherianus
☼/☀ ‡ ↔20〜35cm ↕10〜15cm
南アフリカ原産の種。長さ30cm以上のベルベット状の大きな心臓形の葉を1枚だけつける。葉の基部の、短い花茎に、白〜モーブ色の、大きな裂片に分かれたじょうご形の花が数個つく。ゾーン：10〜12

Streptocarpus polyanthus
☼/☀ ‡ ↔20〜50cm ↕20〜30cm
南アフリカ産の種。株は花後枯れることが多いが、数シーズン生存する場合もある。普通、1、2枚の、厚みのある、有毛の、深緑色の心臓形の葉をつける。冬から夏にかけて、短い茎の先に、平たいラベンダー色の花がスプレー状につく。ゾーン：10〜11

Streptocarpus primulifolius
☼/☀ ‡ ↔30〜60cm ↕25cm
南アフリカ原産。長さ45cmの、脈の深い、綿毛を帯びた、帯状の深緑色の葉がロゼットを形成する。夏、じょうご形のモーブブルーの花が、1〜4個で花序をなし、高さ25cmの茎につく。ゾーン：10〜11

Streptocarpus saxorum
異　名：*Streptocarpella saxorum*
一般名：ストレプトカルプス・サクソルム
☼/☀ ‡ ↔20〜40cm ↕10〜15cm
ケニアとタンザニア原産。コンパクト型で花期が長い。長さ30mmの、ベルベット状の、先のとがった卵形の葉が、低く広がって叢生する。比較的大きな、白〜淡いモーブ色の花が単生または対で生じる。花の上側の裂片は小さい。ゾーン：10〜12

Streptocarpus wendlandii
一般名：ウシノシタ
☼/☀ ‡ ↔75cm ↕30cm
南アフリカ産。一枚だけ生じる、非常に大きい、心臓形、細かい鋸歯縁の、深緑色の葉は、長さ75cmになり、細かい毛で覆われ、裏面が赤い。夏、紫色の斑のある、白〜モーブ色の小さな花が生じる。ゾーン：10〜12

Streptocarpus Hybrid Cultivars
一般名：ストレプトカルプス交雑品種
☼/☀ ‡ ↔30〜50cm ↕30〜50cm
さまざまなファンシー花の、コンパクト型の、ロゼットを形成する交雑種が、主に南アフリカ産種の交配によって開発されている。花は春から夏にかけて最も多く見られるが、一年中散発的に開花する種もある。室内植物として栽培される。'アルバトロス'、白い花に黄色い花喉。'アマンダ'、暗色の脈のある青い花、白い花喉。'ベタン'、モーブ色に、黄色い花喉。'ブルー　ヘブン'、淡いラベンダー色、半八重、白い花喉。'ブラッシング　ブライド'、ピンクみを帯びた白。半八重。長い筒。'ブリストルズ　ベリー　ベスト'、深紅色、八重。'ケアリース'、モーブブルーの花。脈と花喉は紫青色。'コーラス　ライン'、白い花にモーブブルーの脈。八重。'コンコルド　ブルー'、淡いバイオレットブルーの花が絶えず咲き続ける。'コンスタント　ニンフ'、青い花に黄色い花喉。'クリスタル　アイス'、白い花に、落ち着いた紫色の脈。'シンシア'、深紅色で、より暗色のラインが入る。白い筒。'エマ'、ミッドピンクの花、中心は紫赤色。'フォーリング　スターズ'、淡いラベンダー色、白い花喉。'フレキシイ　ホワイド'、白地に暗紫色の脈。'ハッピー　スナッピー'、赤い花に黄みを帯びた花喉。'ハイジ'、モーブブルーの花。'ジェニファ'、暗青色の花。白い花喉。

Streptocarpus saxorum

Streptocarpus wendlandii

Streptocarpus johannis

Streptocarpus primulifolius

Streptocarpus, Hybrid Cultivar, 'Amanda'

Streptocarpus, Hybrid Cultivar, 'Bethan'

Streptocarpus, HC, 'Blushing Bride'

Streptocarpus, HC, 'Blue Heaven'

Streptocarpus, Hybrid Cultivar, 'Crystal Ice'

Streptocarpus, HC, 'Carys'

Streptocarpus, HC, 'Chorus Line'

Streptocarpus, Hybrid Cultivar, 'Heidi'

Streptocarpus, Hybrid Cultivar, 'Jennifer'

Streptocarpus, Hybrid Cultivar, 'Concord Blue'

Streptocarpus, Hybrid Cultivar, 'Cynthia'

Streptocarpus, HC, 'Emma'

Streptocarpus, HC, 'Flexii White'

Streptocarpus, Hybrid Cultivar, 'Bristol's Very Best'

Streptocarpus, Hybrid Cultivar, 'Happy Snappy'

Streptocarpus, HC, 'Kim'

Streptocarpus, Hybrid Cultivar, 'Falling Stars'

Streptocarpus, Hybrid Cultivar, 'Passion Pink'

Streptocarpus, HC, 'Lisa'

Streptocarpus, HC, 'Lynette'

Streptocarpus, Hybrid Cultivar, 'Ruby'

Streptocarpus, Hybrid Cultivar, 'Sophie'

Streptocarpus, HC, 'Megan'

Streptocarpus, HC, 'Melanie'

S., HC, 'Midnight Flame'

Streptocarpus, HC, 'Nymph'

Streptocarpus, HC, 'Rosebud'

Streptocarpus, HC, 'Tina'

Streptocarpus, HC, 'Pink Souffle'

Streptocarpus, Hybrid Cultivar, 'Sian'

'キム'、紫の花、白い花喉。'リサ'、ピンクの花に白い花喉。'リネット'、落ち着いた深いバーガンディの花。'ミーガン'、深い紫色の花に、黄色い花喉。'メラニー'、モーブブルーの花に、パープルピンクの脈。'ミッドナイト フレーム'、強烈な赤い花。'ニンフ'、鮮やかな紫色の花。黄色い花喉。'パーティ ドール'、紫の縁取りの、淡いラベンダー色の花。花喉は黄色。'パッション ピンク'、深いピンク色の花に暗色のライン。'ピンク スフレ'、フリルのあるピンクの八重。'ローズバッド'、深いピンク色。八重。'ローズマリー'、明るいピンク色。八重。'ルビー'★、純粋な深紅色。'シーアン'、鮮やかな青い花。白と黄色の花喉。'ソフィー'、紫赤色の花。暗色の花喉。'ティナ'、淡いピンクの花。中心と脈は暗いピンク。
ゾーン：10〜11

Streptocarpus, Hybrid Cultivar, 'Party Doll'

Strombocactus disciformis

STREPTOSOLEN
（ストレプトソレン属）

ナス科の属だが、ブロワリア属との区別がはっきりしない。唯一の属種は、南アメリカ熱帯産の多年生植物で、よじ登る習性と、互生する単葉をもつ。赤からオレンジ色の豪華な花のために、温暖地帯で人気がある。

〈栽培〉
日当りのよい、冷たい風の当たらない場所で、軽い、繊維性の、水はけのよい土壌で栽培する。乾期にはたっぷり水を与える。最初の数年間は、こまめに先端を切り戻すと、藪状の密な葉群の形成が促進されるが、その後は、花後、定期的に軽く剪定して樹形を維持する。晩春から夏にかけて緑枝挿しするか、秋に半熟枝挿しで繁殖。

Streptosolen jamesonii
異　名：*Browallia jamesonii*
一般名：マーマレードノキ
英　名：MARMALADE BUSH, ORANGE BROWALLIA
☼ ↔ 1.5m ↕ 2m

常緑低木。しなやかな枝に互生する単葉は、深緑色で細かい毛を帯び、裏面は淡色。早春から晩春にかけて見られる密な円錐花序は2種類あり、1つは黄色と赤〜オレンジ色が混ざり、もう1つは純粋な黄色の花からなる。
ゾーン：9〜11

STROBILANTHES
（ストロビランテス属）

熱帯アジアおよびマダガスカル島原産の、250種以上の、常緑または落葉性の、多年生植物および茎の柔らかい低木からなる、キツネノマゴ科の属。このうち数種が、青から紫のさまざまな色調の、魅力的な筒形の花またはじょうご形の花を目的に、室内や屋外で栽培される。紫みを帯びたカラフルな葉をもつ。対生する葉はしばしば大きさが異なる。

〈栽培〉
霜に弱いため、暖温帯の、水はけのよい、腐植質に富んだ土壌で、日なたまたは半日陰にて栽培する。軽く剪定して樹形を整えるか、刈り込んで生垣に仕立てる。新しく成長した部分の色が最も美しい。種子、挿し木、株分けで繁殖。

Strobilanthes anisophyllus
一般名：ストロビノランテス・アニソフィルス、ランプの妖精
英　名：GOLDFUSSIA
☼ ↔ 1.5m ↕ 1.5m

インド北部のアッサム地方原産の藪状の低木。銀色を帯びた幅狭の紫の葉が対生するが、大きさは等しくない。晩夏から秋にかけて、長さ25mmのラベンダーブルーの筒形の花が生じる。
ゾーン：10〜11

Strobilanthes dyerianus
異　名：*Perilepta dyeriana*
一般名：ウラムラサキ
☼ ↔ 0.9m ↕ 0.9m

ミャンマーに原産。常緑低木で、美しい葉群のために主に室内植物として栽培される。虹色に光る紫の槍形の葉は、長さ15cmで、鋸歯縁。春から夏にかけて、淡青色のじょうご形の花が、短い穂をなし、葉の上に生じる。
ゾーン：10〜12

Strobilanthes gossypinus
☼ ↔ 50〜75cm ↕ 0.9〜1.5m

インド南部およびスリランカ原産の低木状の種。緑色の葉は、長さ5〜10cmで、鋭く先細った槍形で、クリーム色の毛が密生している。夏、落ち着いた青〜ラベンダー色の花が、茎の先端と上部の葉腋に小さく群生する。
ゾーン：10〜12

STROMANTHE
（ストロマンテ属）

15種の、高さ0.9〜3mになる、葉の多い多年生植物からなるクズウコン科の属。原産地である中央および南アメリカでは、森林の床に生息し、しばしば雑草状にはびこる。外観は近縁属であるクテナンテ属やマランタ属に似ており、鞘で覆われた茎から、長楕円形の長い装飾的な葉を生じる。葉にはしばしば、白色や、暗いまたは明るい緑色の斑や脈が見られる。葉を目的に室内植物として栽培されるが、華やかな苞をもつ花も多く、装飾的な外観に別の魅力を与えている。

〈栽培〉
適度な温暖地帯で、保護された日陰で栽培する。温帯では室内植物として広く栽培されている。明るいフィルターライトの下で、肥沃な混合土で栽培する。活発な成長期には、適度に灌水し、2週間ごとに液肥を与える。株分けまたは挿し木で繁殖。

Stromanthe sanguinea
一般名：ウラベニショウ
☼/☽ ↔ 0.6〜0.9m ↕ 0.9〜1.5m

ブラジル原産の、端正な葉群をもつ植物。ピンクみを帯びた赤い葉鞘から生じる、大きく、厚みのある、つやのある長楕円形の葉は、表面が暗緑色で、裏面は紫。華やかな赤い苞のある白い花をつける。'ストライプスター'、葉に特徴的な白いストライプが入る。
ゾーン：10〜12

STROMBOCACTUS
（ストロンボカクトゥス属）

英　名：TOP CACUTUS

メキシコ産の単一種からなるサボテン科の属。属名はギリシャ語のstrombo（こま）に由来し、この植物の全体的なかたちを表わしている。この植物は長いこと植物学者たちを夢中にさせ、また、その小ささと、らせん状に配置された小結節で収集家たちを魅了している。野生ではめったに見られず、ワシントン条約付属書Iで絶滅危惧種に指定されている。

〈栽培〉
この成長の遅い稀有種は、純粋に鉱物化された土壌と、慎重な水やりを要する。普通単生のため、種子から育てるのが一般的だが、接ぎ木してオフセットを生じさせ、それを再度接ぎ木するか、または穂木を数週間乾燥させてから挿して発根させることもできる。冬は休眠させる。熟練した栽培者でなければこの種の栽培は難しい。

Strombocactus disciformis
一般名：菊水
☼ ☽ ↔ 25〜90mm ↕ 18〜120mm

メキシコ原産の単生のサボテン。オリーブグリーン〜青みを帯びた灰色。球形〜つぶれた球形で、中心は軟毛を帯び、扁平。稜はなく、先端に刺座のある小結節が密ならせん状に並ぶ。刺は1〜4本で弱く、普通、成熟した茎には見られない。夏、クリーム色から深紅色の、じょうご形の花が生じる。果実は深紅色で、長楕円形。
ゾーン：9〜10

STRONGYLODON
（ストロンギロドン属）

1種の強健な、常緑または落葉性の低木、または巻きつき性のよじ登り植物からなる、マメ科ソラマメ亜科の属。マダガスカル島から東のポリネシアにかけての熱帯地域に原生するが、とくにフィリピンに多い。3出複葉をもつ。蝶形花が長い華やかな総状花序をなす。果実は大型で熟しても裂開しない。

〈栽培〉
熱帯では屋外で、温帯では暖房した温室で栽培する。種子から育てた株は花がつく大きさになるまで時間がかかる。急ぐ場合は高取り法または挿し木で繁殖する。

Stromanthe sanguinea 'Stripestar'

Strobilanthes gossypinus

Streptosolen jamesonii

Strongylodon macrobotrys
一般名：ヒスイカズラ
英　名：EMERALD CREEPER, JADE VINE
☼/☾　‡　↔ 1.5〜3m　↕ 6〜12m
フィリピン原産の丈高の木性よじ登り植物。(★1380)暗緑色の3出複葉は、開くとピンクを帯びたブロンズ色。春、蛍光性の青みを帯びた緑色、または翡翠色の、すべすべした、大きな、かぎ爪状の花が、長さ100cmにもなる総状花序をなして垂れ下がる。ゾーン：11〜12

STROPHANTHUS
（ストロファントゥス属）
アフリカとアジアの熱帯地方原産の、38種の常緑低木および小高木からなるキョウチクトウ科の属。しばしば半つる性となり、茎には乳液が含まれる。葉は対生または輪生。華やかな花はじょうご形で、一部、花弁の裂片が細長い種もある。一部の種の種子は、ストロファンチンという、ジギタリス（強心剤）に似た効果のある薬が抽出される。アフリカの矢毒を研究していたSir Thomas Fraserが、この植物にジギタリスに似た作用があることを発見し、1890年、医学界に紹介した。

〈栽培〉
亜熱帯および熱帯では、屋外の、湿性ではあるが水はけのよい肥沃な土壌で栽培できる。冷涼地帯では温室で栽培する。種子、または春に熟枝挿しで繁殖。

Strophanthus gratus
英　名：CLIMBING OLEANDER, INDIA RUBBER VINE
☼　◐　↔ 3m　↕ 3〜4.5m
熱帯アフリカ西部原産の広がる半つる性の低木。革質のオリーブグリーンの葉。ピンクまたは紫みを帯びた白い筒形の花が華やかに房をなす。花弁の円形の裂片の縁はカールしている。
ゾーン：10〜12

Strophanthus speciosus
英　名：CORKSCREW FLOWER
☼　◐　↔ 3m　↕ 3m
南アフリカ原産の、藪状に広がる低木。革質の葉は3、4枚で輪生する。夏から秋にかけて生じる、赤い模様のあるクリーミィイエローの花は、細長い花弁の裂片がねじれている。種子をすりつぶしたものが矢毒に利用されてきた。
ゾーン：10〜12

STRYCHNOS
（マチン属）
およそ150種の木性よじ登り植物、低木、小高木からなるマチン科の属で、世界中の、主に熱帯と亜熱帯地域に生息する。一部の種は高い毒性のアルカロイドを含有し、とくに*Strychnos nux-vomica*（マチン）は、げっ歯類駆除に使われるストリキニーネの主要原料である。比較的大きな、縁のなめらかな卵形の葉が、互いに直角に対生する。葉の基部から3〜5本の太い脈が伸びる。しばしば葉腋に刺が見られる。枝先で小さい房をなすクリーミィホワイトの、じょうご形または鐘形の花は、しばしば不快なにおいを発する。円形の液果状の果実は、なめらかな硬い外皮または殻の中に、水分の多い多肉質の果肉を含む。

〈栽培〉
大半の種は暖温帯〜熱帯でのみ適応し、日なた〜半日陰の、水はけのよい酸性土壌を好む。長い乾燥期には水分を補給してやる。種子または挿し木で繁殖。

Strychnos arborea
☼　◐　↔ 6m　↕ 12m
オーストラリア北東部原産の高木。幅広の卵形の葉は長さ6cmになる。夏に房をなす小さな白い花は、花口に密な毛房がある。オレンジ色の円形の果実は直径約12mm。
ゾーン：9〜12

Strychnos decussata
英　名：CAPE TEAK, CHAKA'S WOOD
☼　‡　↔ 4.5m　↕ 9m
南アフリカ東部および熱帯東アフリカ原産の小高木。縦溝のある幹、灰色のなめらかな樹皮、つやのある深緑色の小さめの葉をもつ。春から初夏にかけて、緑みを帯びた白い花がゆるい房をなす。球形のオレンジ〜赤色の液果。
ゾーン：10〜12

Strychnos spinosa
英　名：NATAL ORANGE
☼　◐　↔ 3.5m　↕ 6m
マダガスカルと、アフリカの熱帯および南部原産の、刺のある低木または小高木。葉は革質で卵形。春、緑みを帯びた白い星形の花が房をなす。長さ10cmの黄色い果実は食用。
ゾーン：10〜12

Strychnos decussata

Stylidium graminifolium

STYLIDIUM
（スティリディウム属）
英　名：TRIGGERPLANT
同名のスティリディウム科の属種で、およそ110種の多年生植物を含む。大半はオーストラリア原産で、砂質の海岸地域に生息する。葉は普通草状だが、幅狭の茎に短い葉がつくものもある。白、ピンク、黄色の可憐な花が、夏、直立性の穂に生じる。雄ずいと柱頭が癒合したずい柱は、花に昆虫がとまると引き金のように反応し、昆虫の背中を打って花粉をつける。この現象のために、この属種は一般に「引き金草」と呼ばれる。この引き金のメカニズムは、よく晴れた暖かい日にのみ作動する。

〈栽培〉
非常に温暖で乾燥した地域では、水はけのよい砂質の土壌で栽培できるが、鉢植え栽培のほうが適している。冷温帯では、よく日の当たる温室で、砂質の鉢用混合土で栽培する。成長期には適度に灌水するが、冬季はほぼ乾燥状態を保つ。種子、株分け、挿し木で繁殖。

Stylidium graminifolium
英　名：TRIGGERPLANT
☼　◐　↔ 25cm　↕ 25〜50cm
オーストラリア東部および南部の、海岸地帯から山岳地帯にかけて見られる貴重な多年生植物。硬い草状の葉。夏、有毛の茎の先に、淡いピンクから深紅色の花が穂状につく。
ゾーン：9〜11

Strongylodon macrobotrys

Strophanthus speciosus

Strophanthus gratus

Stylidium lineare

☼ ❄ ↔10cm ↕15〜30cm

オーストラリアのニューサウスウェールズ州原産。小型の種で、短い幅狭の葉がロゼットを形成する。中央の直立した茎に、夏と秋、ピンク色の花が穂状花序をなす。
ゾーン：9〜11

STYLOPHORUM
(スティロフォロム属)

東アジアと北アメリカ東部原産の、3種の有毛の多年生植物からなるケシ科の属。原産地では森林地帯に生息し、切ると黄色または赤い樹液をにじませる。葉縁に不ぞろいの裂片と歯が並ぶ、深裂した長い魅力的な葉が、基部にロゼットを形成する。茎につく葉はずっと小型で、柄がない。春、鮮やかな黄色またはオレンジ色の、4枚花弁の皿形の花が小さく群生する。その後、細かい銀色の毛を帯びた、幅狭の円柱状の果実がつく。S. diphyllum の樹液はアメリカインディアンに染料として利用されていた。

〈栽培〉

森林植物であるため、庭の日陰に適する。大半のケシ科植物は変動を嫌うが、この植物は容易に移動可能で、ある程度肥沃な、水はけのよい湿性の土壌であればどこでも育つ。種子または株分けで繁殖。

Stylophorum diphyllum
英 名：CELANDINE POPPY, WOODY POPPY
☼ ❄ ↔30cm ↕45cm

アメリカ合衆国東部原産の綿毛を帯びた多年生植物。葉は不ぞろいに深裂し、縁は波形または鋸歯状。春、繊細な茎の先に幅5cmのつましい黄色い花がつく。
ゾーン：5〜9

Stylophorum lasiocarpum
英 名：CHINESE CELANDINE POPPY
☼ ❄ ↔30cm ↕30cm

中国中央部および東部原産の多年生植物。不ぞろいに切れこんだ、鋸歯縁の長い葉は、タンポポ属種のそれに似ている。春、鮮やかな黄色い花が幅10〜12cmの房をなす。
ゾーン：5〜9

Stylophorum diphyllum

STYPHELIA
(スティフェリア属)

エパクリス科の属で、14の属種すべてがオーストラリアに生息する。過去には他の種が含まれていたこともあったが、現在は別の属に再分類されている。全種とも本木性の低木で、たいていまばらに枝をつける。小型のものや、平伏性の種もある。葉は硬く、平行な脈と鋭い先端をもつ。緑、ピンク、赤色の花は、長い筒形の花で、5枚の花弁が反り返り、毛を帯びた内部を露呈し、雄ずいを突出させている。

〈栽培〉

水はけのよい、しかも乾燥しきらない酸性の土壌が必要。土壌に有機質を加え、マルチを施すと成功率が上がる。繁殖は難しく、挿し木は容易に根付かないし、種子の発芽は遅く、不安定である。

Styphelia adscendens
☼ ❄ ↔30〜60cm ↕20〜45cm

オーストラリア南部の州の荒野原産の落葉性の低木。葉は槍形で先端が鋭い。冬から春にかけて、長さ12〜18mmの黄みを帯びた緑色の花が葉腋に生じる。栽培は一般的でない。
ゾーン：8〜9

Styphelia tubiflora
☼ ❄ ↔75cm ↕60cm

オーストラリアのニューサウスウェールズ州の砂岩土壌でのみ生息する、不均一に広がる低木。葉は幅狭で先端が鋭い。冬、長さ25mmの赤い花が見られる。液果状の小さな果実には5つの種子が含まれる。ゾーン：8〜9

STYRAX
(エゴノキ属)

北半球の温帯および亜熱帯の大部分で見られる、同名のエゴノキ科の属。100種あまりの落葉性や常緑の低木および高木を含む。葉は普通円形の単葉で、鋸歯縁と、はっきりした脈、とがった先端をもつ。大きさは普通小型〜中型だが、一部の種は、大きなフェルト状の葉をもつ。花は普通芳香があり、前年枝についた葉群の下にぶら下がるように群生する。色は白で、時おりピンクみを帯びる。春に開花した後、1〜2個の種子を含む石果をつける。

〈栽培〉

四季のはっきりした、冬に寒くなりすぎない、冷涼な湿性の気候を好む。原産地によって耐寒性にばらつきがある。種子で繁殖する場合は、発芽を促進するために層積貯蔵が必要。あるいは夏に挿し木も可能。

Styrax americanus ★
☼ ❄ ↔2.4m ↕3m

アメリカ合衆国南東部原産の落葉性低木。灰茶色の枝は、幼時は金色の綿毛にうっすらと覆われている。暗緑色の葉は普通、楕円形で鋸歯縁があり、裏面は綿毛を帯びている。晩春、4つ以下の花が下向きの房をなす。
ゾーン：6〜10

Stylophorum lasiocarpum

Styrax benzoin
一般名：安息香の木
英 名：BENZOIN
☼ ❄ ↔3〜6m ↕6m

インドネシアのスマトラの高地原産の常緑低木。肉付きのよい幹と主枝は、樹脂性の灰茶色の樹皮で厚く覆われている。葉は長さ10〜15cmで、細かい鋸歯縁がある。20個以下の白い花が円錐花序をなす。
ゾーン：10〜11

Styrax dasyanthus
☼ ❄ ↔3〜4.5m ↕8m

中国中南部に生息する常緑の大低木または小高木。暗灰色の樹皮と、細かい鋸歯縁の葉。晩春から初夏にかけて、白い花が総状花序をなすが、一部が葉群に隠れることが多い。
ゾーン：9〜10

Styphelia adscendens

Stylidium lineare

Styphelia tubiflora

Styrax grandifolius
英　名：BIG-LEAFED SNOWBELL
☼ ❄ ↔4.5m ↑4.5m
アメリカ合衆国南東部原産の落葉性の大低木または小高木。葉は大きく、若い茎と花芽と同様に、綿毛を帯びている。葉の裏面は灰色で、他の部分は黄みを帯びている。春、芳香性の花が総状花序をなす。
ゾーン：8〜10

Styrax japonicus 'Fargesii'

Styrax japonicus
一般名：エゴノキ
英　名：JAPANESE SNOWBELL、JAPANESE SNOWDROP TREE、SNOWBELL TREE
☼ ❄ ↔4.5m ↑6〜9m
日本原産の落葉高木。軽やかに枝を広げる。若い茎は綿毛を帯びる。葉はつやのある暗緑色で、浅い鋸歯縁。晩春から初夏にかけて、短い花房が下垂する。'**ファルゲシー**'、大きな葉の強健なcv. 。'**ピンクチャイム**'、淡いピンク色の花。ゾーン：5〜9

Styrax japonicus

Styrax obassia
一般名：ハクウンボク、オオバジシャ
英　名：BIG-LEAFED STORAX、FRAGRANT SNOWBELL
☼ ❄ ↔6m ↑10m
日本原産の美しい高木。長さ20cmになる、丸みを帯びた卵形の、深緑色の葉は、非常に細かい鋸歯縁をもち、裏面は綿毛が密生している。晩春、長さ10〜20cmの総状花序が生じる。
ゾーン：6〜10

SUCCISA
（スッキサ属）
マツムシソウ科の属で、ヨーロッパ、北アフリカ、西アジア原産で、アメリカ合衆国北東部に帰化した、たった1種の多年生植物からなる。自然生息地は、荒地や開けた森林の、草に覆われた湿潤な場所。薄い絹毛のある、長楕円形〜槍形の葉が、基部にロゼットを形成する。細い花茎は高さ100cmにもなる。夏から秋にかけて生じるピンクッション状の花は、普通暗紫色で、たまにピンクや白も見られる。
〈栽培〉
日なたまたは半日陰の湿性の土壌で栽培する。野草の生える牧草地に不均一に植えるとよい。牧草の刈り取りは、植物が種子をつける晩秋まで遅らせること。株分けまたは種子で繁殖。

Succisa pratensis
英　名：DEVIL'S BIT SCABIOUS
☼/◐ ❄ ↔15〜30cm
↑30〜100cm
短い根茎をもつ多年生植物で、幅狭の長楕円形の葉が基部にロゼットを形成する。茎の葉はより幅狭で、鋸歯縁をもつものもある。夏から秋にかけて、先端が紫色の苞葉の腋から、幅25mmの花序が生じる。
ゾーン：5〜9

Succisa pratensis

SUTERA
（ステラ属）
南アフリカ原産の、およそ130種の多年生および一年生植物からなるゴマノハグサ科の属。近年、ハンギングバスケット用の植物としてよく知られるようになった。この有望な植物の新色種を開発するために、世界中の育種家たちが努力を重ねている。小さな円形の、鋸歯縁の、緑色の葉が、地表に張り付いた細い茎につく。白、モーブ色、ライラック色、ピンク色、青色の星形の花が、葉群の上に上向きにつく。一年のうち最高10カ月間にわたって花をつけることができる。
〈栽培〉
水はけのよい肥沃な土壌を要し、日なたから日陰まで適応できる。温暖な季節には、花を保つために水を多く与える。秋に茎を切って挿し木するか、春に種子を蒔いて繁殖する。

Sutera cordata
異　名：*Bacopa cordata*
一般名：ステラ、バコパ
☼ ❄ ↔50cm ↑8cm
低く成長するグラウンドカバー植物。一年を通じて淡緑色の葉をつける。暖温帯では、中心が淡い黄色の、純白の花が、ほぼ一年中見られる。'**スノーフレーク**'、小さな白い花が葉腋に生じる。
ゾーン：9〜10

Sutera grandiflora
英　名：PURPLE MORNING GLORY PLANT
☼ ❄ ↔60cm ↑100cm
藪状の多年生植物。楕円形の緑色の葉。夏から秋にかけて、白い花喉の、ラベンダーブルーの花が見られる。
ゾーン：9〜11

Sutera cordata 'Snowstorm'

Sutera cordata

SUTHERLANDIA
（ステルランディア属）
英 名：BALLOON PEA

南アフリカ原産の5種の常緑低木からなるマメ科ソラマメ亜科の属。細かい毛を帯びた、多数の小さな小葉からなる羽状複葉をもつ。赤～紫色の蝶形花には、大きな竜骨弁がある。花後生じる、膨らんだ嚢状の果実が、一般名の由来となっている。

〈栽培〉
いくぶん霜害に弱いことを除けば、栽培は容易。日のあたる、水はけのよい、軽い土壌でよく育つ。実生は成長が早く、しばしば最初の年に花をつける。夏が長く、冬が冷涼な地域では、一年生植物として扱うこともできる。古い部分を切り戻してコンパクトな樹形を保つ。種子で繁殖する場合、蒔く前に水につけるとより均一に発芽する。または夏に半熟枝挿しも可能。

Sutherlandia frutescens
一般名：キャンサーブッシュ
英 名：BALLOON PEA, CAPE BLADDER PEA, DUCK PLANT

☼ ❄ ↔1.5m ↕1.5m

アフリカ南部の開けた地域、または乾燥した森林地帯で見られる。軟材の低木で、垂れ下がる羽状複葉は、13～21枚の、細かい絹毛を帯びた、小さな小葉からなる。晩冬、オレンジレッドの花が下向きに群生する。淡緑色の、時おり赤みを帯びる、膨らんだ果実は、早く熟す。
ゾーン：9～11

Sutherlandia montana
英 名：BERG-ANKERBOSSIE

☼ ❄ ↔75cm ↕0.5～1.2cm

南アフリカ産の低木で、銀灰色の枝に小さな長楕円形の葉をつける。晩春、鮮やかな赤い花をつける。冬季に乾燥を保てば、より低い気温にも耐える。
ゾーン：8～11

Swainsona sejuncta

SWAINSONA
（スワインソナ属）

およそ50種の多年生植物および亜低木からなるマメ科ソラマメ亜科の属で、1種を除き、すべてオーストラリア原産。小さな総状花序をなす、突起部のある蝶形花は、たいてい赤かピンクだが、モーブ色や白の花の品種もある。葉は羽状複葉で、小さな小葉は、たいてい灰緑色で、細かい綿毛を帯びている。花期はさまざまで、冬咲きの種もあれば、春から夏にかけて咲く種もあり、非常に乾燥した地域原産の種は、雨の後一気に開花する。

〈栽培〉
いくつかの種はごく軽い霜に耐えるが、大半は、霜のない温暖な地域の日なたで最もよく育つ。土壌条件もさまざまで、暑い乾燥地域原産の種は冬季の乾燥を好むし、冷涼地域原産の種は常に水分を要する。水はけのよさも重要である。種子で繁殖する場合、蒔く前に水につける必要がある。または夏に半熟枝挿しも可能。

Swainsona formosa
異 名：*Clianthus formosus*
英 名：GLORY PEA, STURT'S DESERT PEA

☼ ❄ ↔0.9～2m ↕0.9～1.2m

不規則に広がる亜低木。絹毛を帯びた、灰色がかった緑色の羽状複葉。華やかな蝶形花が5～6個ずつ群生する。冬から夏に生じる鮮やかな赤い花は、長さ8cmで、黒い斑点がある。
ゾーン：9～11

Swainsona galegifolia

☼ ❄ ↔1.8m ↕60cm

オーストラリア東部原産の、直立性またはつる性の多年生植物、または軟材の低木。灰緑～暗紅色の羽状複葉は、細かい毛に縁取られた25枚の小さな小葉からなる。春から夏にかけて、ピンク、モーブ、紫、白、赤みを帯びた紫色の蝶形花が生じる。
ゾーン：9～11

Swainsona sejuncta

☼ ❄ ↔1.5m ↕0.9m

オーストラリア東部原産の魅力的な小低木で、栽培例はまれ。花色はさまざまで、黄色、オレンジ、ピンク、白がある。

Swainsona formosa

非常に水はけのよい軽い土壌が必要。
ゾーン：10～11

SWIETENIA
（マホガニー属）
英 名：MAHOGANY

中央アメリカおよび西インド諸島の熱帯地方原産の、およそ3種の常緑または半落葉性の高木からなるセンダン科の属。熱帯で日よけ用や街路樹として栽培される。赤みを帯びた茶色の硬い材木は評価が高く、商業的にはマホガニーとして知られ、高級木工家具、鏡板材、造船に利用されている。大きな羽状複葉は、光沢のあるなめらかな小葉からなる。小さな5枚花弁の、緑みを帯びた白い花が、円錐花序をなし、葉腋または枝の先端に生じる。木質のさく果に有翼の種子が含まれる。

〈栽培〉
霜に弱く、日当りのよい、水はけのよい深い土壌が必要。乾燥期には水分を補充する。種子または挿し木で繁殖。

Sutherlandia frutescens

Syagrus romanzoffiana

Swietenia macrophylla

Symphoricarpos albus ★
一般名：セッコウボク
英　名：COMMON SNOWBERRY、SNOWBERRY
☼ ❄ ↔ 1.2〜1.8m ↕ 1.2〜1.8m
わずかに異なるvar.が北アメリカの大半で見られる低木。茎はワイヤー状で、吸枝を出す習性。春、ピンク色の小さな花が群生する。液果は最初淡緑色で、熟すと印象的な純白になる。*S. a.* var. *laevigatus* (syn. *S. rivularis*)、北アメリカ西部原産。密な茂みを形成する。東側の品種よりも果実が多い。
ゾーン：3〜9

Symphoricarpos × *chenaultii*
シフォリカルボス×ケナウルティイ
英　名：CHENAULT CORALBERRY
☼ ❄ ↔ 1.5m ↕ 1.8〜2.4m
*S. microphyllus*と*S. orbiculatus*の園芸交雑種。落葉低木で、若茎は綿毛を帯び、粉白色を帯びた暗緑色の葉も、裏面にわずかな綿毛がある。夏、ピンク色の花が枝の先端近くで小さな穂状花序をなす。果実には赤と白の斑点、または斑がある。'**ハンコック**'、低く広がる習性で、高さ50cmを超えることはまれ。
ゾーン：5〜9

Symphoricarpos mollis
☼ ❄ ↔ 0.9m ↕ 0.9m
アメリカ合衆国西部原産。コンパクト型の低木で、新茎と若葉はベルベット状。葉の裏面は綿毛を帯びる。春、ピンクみを帯びた白い目立たない花が生じる。白い液果は直径6mm。ゾーン：7〜9

Syagrus sancona

Swietenia macrophylla
一般名：オオバマホガニー
英　名：HONDURAS MAHOGANY
☼ ✱ ↔ 8m ↕ 45m
熱帯アメリカの低地林原産の、丈高の、まっすぐな、常緑高木。栽培種はずっと丈が低い。8〜12枚の槍形の小葉が羽状複葉をなす。大きな木質の果実に、チェスナッツブラウンの有翼の種子が入っている。材木用に栽培される。
ゾーン：10〜12

Swietenia mahogani
一般名：マホガニー
英　名：WEST INDIES MAHOGANY
☼ ✱ ↔ 4.5m ↕ 24m
西インド諸島原産のドーム型の高木。4〜5枚の卵形の小葉が長さ10〜20cmの羽状複葉をなす。春、緑みを帯びた黄色の小さな花が群生する。大きな木質の果実は幅10cm。17世紀のヨーロッパの家具職人が利用した最初のマホガニー。
ゾーン：11〜12

SYAGRUS
（シアグルス属）
異　名：*Arecastrum*
南アメリカ原産の32種からなるヤシ科の属。羽状の葉をもつ。幹は単生または群生し（一部の種は幹がない）、年月とともになめらかになり、環状の印が生じる。花は雄性と雌性とに分かれるが、同じ樹木で円錐花序をなし、その後、繊維性の多肉質の果実が生じる。一部の種はパーム核油およびワックスの原料となる。大半は熱帯および亜熱帯での栽培に適する。*S. romanzoffiana*は温帯にも適応する。室内植物として育てることもできるが、おそらく別の属種のヤシのほうが室内栽培に向く。

〈栽培〉
大半は適応性があり、いったん根付けば耐寒性にも優れる。水はけのよい中程度に肥沃な土壌で、じゅうぶんに灌水し、追肥を与える。海岸の環境にも耐え、日なたまたは日陰で成長する。古い葉は取り除く。種子で繁殖。移植も容易。

Syagrus flexuosa
英　名：ACUMA、PALMITO DO CAMPO
☼ ✱ ↔ 2〜4.5m ↕ 2〜4.5m
ブラジル産の、幹が単生、または叢生するヤシ。灰色の葉がアーチ状の樹冠をなす。幅狭の小葉が2〜4枚ずつ茎に沿って並ぶ。葉の間に花穂がつく。
ゾーン：10〜12

Syagrus romanzoffiana ★
異　名：*Arecastrum romanzoffianum*、*Cocos plumosa*
一般名：ジョオウヤシ
英　名：COCOS PALM、QUEEN PALM
☼ ✱ ↔ 8m ↕ 15m
ブラジル原産のヤシ。灰色の幹の上に、長さ4.5mの深緑色の大羽状の葉が密生する。クリーム色の花が円錐花序をなす。大きな重い房をなす、肉付きのよい、オレンジ色の食月果実は、コウモリや昆虫の大好物。
ゾーン：9〜12

Syagrus sancona
☼ ✱ ↔ 6m ↕ 6〜12m
南アメリカ原産の多雨林のヤシ。単幹で、長さ3.5mのアーチ状の葉が優美な樹冠をなす。幅狭の小葉が2〜4枚ずつ並ぶ。ゾーン：10〜12

SYMPHORICARPOS
（シンフォリカルポス属）
英　名：CORALBERRY、SNOWBERRY
スイカズラ属の近縁属で、17種の落葉低木を含むスイカズラ科の属。主に北および中央アメリカ原産だが、1種は中国産。先の丸い単葉が対生する。春に生じる白またはピンク色の花が単生または群生する。大半の種を真に特徴付けるのは果実である。液果に似た、ほぼ球形の石果は冬まで残り、葉の落ちた枝でよく目立つ。

〈栽培〉
大半の種は非常に耐霜性に優れ、四季のはっきりした温帯でよく育つ。水はけさえよければ土壌を選ばないが、よく肥料を与え、乾燥期に灌水すると果実がつきやすい。日なたまたは半日陰で栽培し、冬、果実の最盛期が終わった頃、刈り込みまたは剪定して樹形を整える。冬に熟枝挿しで繁殖することが多い。

Symphoricarpos albus var. *laevigatus*

Symphoricarpos × *chenaultii* 'Hancock'

Symphoricarpos orbiculatus
英　名：CORALBERRY、INDIAN CURRANT
☼ ❄ ↔1.8m ↕1.8m
アメリカ合衆国東部およびメキシコ原産。暗緑色の葉は裏面が灰色で、秋に赤みを帯びる。ピンクみを帯びた白い花が夏に生じる。小さい液果は、熟すとくすんだ白から深い赤色に変わる。1つの樹木に、同時にさまざまな色の果実が見られる。
ゾーン：3〜9

SYMPHYANDRA
(ハナブササウ属)
英　名：RING BELLFLOWER
地中海沿岸地帯から中央アジアにかけて生息する、12種のやや短命の多年生植物からなるキキョウ科の属。ホタルブクロ属との違いは、葯が癒合して、花柱を取り囲む環を形成している点のみである。基部の葉はたいてい鋸歯縁の心臓形で、柄が長い。花は総状花序または円錐花序をなす。萼は長く5裂する。花冠は5裂の鐘形。5本の雄ずいは、花糸は独立し、葯は癒合する。果実はさく果。

〈栽培〉
温帯の、多年生植物を植えたボーダー花壇やロックガーデン向き。水はけのよい良質な土壌でよく育つ。花後、枯れるものもあるが、豊富に種子をつける。多肉質の根茎を慎重に株分けするか、秋に種子を蒔いて繁殖する。

Symphyandra hofmannii
☼/☽ ❄ ↔15〜30m ↕30〜60m
ボスニアおよびヘルツェゴビナ原産のロゼットを形成する多年生植物。栽培種では一回結実性の場合がある。葉は卵形〜槍形。夏、下垂するクリーム色または淡い黄色の鐘形の花が総状花序をなす。
ゾーン：4〜9

SYMPHYTUM
(ヒレハリソウ属)
英　名：COMFREY、KNITBONE
35種の耐寒性に優れた多年生植物からなるムラサキ科の属。ユーラシア大陸温帯原産で、じめじめした森林地帯、川のほとり、荒地を好む。強健さと花数の多さが特徴。多肉質の主根から生じた、きめの粗い先細りの葉が、基部でロゼットを形成する。群生する小さな鐘形の花は、花芽は先端が赤く、開花すると赤〜青になり、分枝する茎の先端で片側らせん状に並ぶ。花はハチドリを惹き付ける。古くから打撲傷や骨折の治療に利用されてきた。大量に内服すると発がん因となる。

〈栽培〉
じめじめした土壌を好み、日なたか半日陰で育つ。乾燥した環境にも適応するが、成長は抑制される。水分を保持できる重い土壌であれば、寒冷地帯でも日なたで栽培できる。成長の抑制のために、伸び過ぎた部分を切る。挿し木で繁殖。花後に切り戻す。

Symphytum asperum
一般名：オオハリソウ
英　名：PRICKLY COMFREY
☼ ❄ ↔1.5〜2m ↕1.2〜1.5m
ヨーロッパ、コーカサス地方およびイラン原産。刺のある卵形の葉は長さ25cmになる。夏に生じる長さ18mmの筒形の花は、最初ピンク色で、やがて青またはライラック色になる。
ゾーン：5〜10

Symphytum caucasicum
シンフィトゥム・カウカシクム
☼ ❄ ↔60〜80cm ↕60〜80cm
コーカサス地方原産。基部の葉は真緑色で長さ25cm。夏、長さ12mmの広がったラッパ形の濃い青色の花が生じる。'エミネンス'、原種よりも小型で、葉は灰色みを帯びる。初夏に青い花が生じる。
ゾーン：5〜10

Symphytum 'Goldsmith' ★
異　名：Symphytum ibericum 'Jubilee'
（シンフィトゥム・イベリクム 'ジュビリー'）、
S. i. 'Varigatum' （シンフィトゥム・イベリクム
'ワリエガトゥム'）
一般名：ヒレハリソウ 'ゴールドスミス'
☼/☽ ❄ ↔30〜50cm ↕25〜30cm
刺のある横広がりの多年生植物。葉は長さ25cmになり、幅広の不規則な黄色い縁取りがある。晩春から初夏にかけて、ピンク色の花芽から開花した、長さ18mmの白と青の花が下垂する。
ゾーン：5〜10

Symphytum grandiflorum
☼ ❄ ↔50〜60cm ↕38〜40cm
ヨーロッパおよびコーカサス地方原産。刺のある葉は長さ25cmになる。晩春から初夏にかけて、先端の赤い花芽から、淡い黄色のラッパ形の花が開く。
ゾーン：5〜10

Symphytum 'Hidcote Blue'
一般名：ヒレハリソウ'ヒドコート ブルー'
☼ ❄ ↔45〜50cm ↕45〜50cm
長さ25cmの葉をもつ交雑種。晩春から初夏にかけて、赤い花芽から、長さ18mmの淡青色のラッパ形の花が開く。
ゾーン：5〜10

Symphytum ibericum
異　名：Symphytum grandiflorum of gardens
☼/☽ ❄ ↔30cm ↕40cm
トルコおよび東ヨーロッパ原産の、匍匐性の根茎性多年生植物。葉は卵形で有毛。春から夏にかけて、クリーム色の筒形の花が下向きに群生する。侵略種となりうる。ゾーン：5〜10

Symphytum officinale
一般名：ヒレハリソウ、コンフリー
英　名：COMFREY、COMMON COMFREY、ENGLISH COMFREY
☼/☽ ❄ ↔1.8m ↕1.5m
ユーラシア大陸温帯原産の、ひょろ長い習性の強健な植物。晩春から初夏にかけて、ローズパープルクリムゾン、モーブクリムゾン、または白色の、鐘形の花が下向きに群生する。'ワリエガトゥム'、侵略種ではない。葉に白い縁取り。
ゾーン：3〜9

Symphytum tuberosum
☼ ❄ ↔90〜100cm ↕45〜60cm
刺のある塊根性の多年生植物。茎は有毛。葉は長さ25cmになる。初夏に生じる、幅2cmの淡い黄色の下垂する花は、半分近くが緑色の長い萼片に覆われる。
ゾーン：5〜10

Symphytum × uplandicum
異　名：Symphytum peregrinum
一般名：コンフリー
英　名：RUSSIAN COMFREY
☼/☽ ❄ ↔1.2cm ↕1.8cm
園芸で生じた刺のある植物で、おそらくS. officinaleとS. asperumの自然交雑種。晩春から初夏にかけて、ローズパープルの花が密に群生する。背景用植物に利用するとよい。ウシの飼料に利用されてきた。'ワリエガトゥム'、ライラック色の花。真緑の葉に黄色の縁取り。
ゾーン：3〜9

SYMPLOCOS
(ハイノキ属)
同名のハイノキ科の属。アジア、オーストラリア、南北アメリカの、熱帯および暖温帯の森林地帯に生息する、250種の常緑および落葉性の、高木および低木からなる。葉は単葉で互生する。一部の種は、組織にアルミニウムを蓄積し、黄緑色の葉と青い果実をつける。それ以外の種の果実は、黒、紫、または白。花は黄色か白で、さまざまな花序をなす。

〈栽培〉
日当たりのよい場所と、酸性〜中性の水はけのよい土壌が必要。定期的に肥料を与えるとよく反応する。耐霜性はもとの生息地に左右され、種によってばらつきがある。新鮮な種子または挿し木で繁殖するが、どちらの方法も信頼性は高い。

Symplocos paniculata
一般名：クロミノニシゴリ
英　名：SAPPHIRE BERRY
☼ ❄ ↔4.5m ↕4.5m
東アジアおよびヒマラヤ山脈原産の、藪状に広がる落葉低木または小高木。葉は、暗緑色、卵形、鋸歯縁で、わずかに有毛。晩春から夏にかけて、甘い香りのある白い小さな花が群生する。卵形の青い果実。
ゾーン：7〜9

Symphytum officinale

Symphytum grandiflorum

Symphytum 'Goldsmith'

SYNADENIUM
（シナデニウム属）

中央および東アフリカ、それにマスカリン諸島原産の、およそ20種の多肉質の低木および小高木からなる、トウダイグサ科の属。トウダイグサ属の近縁で、同様に、なめらかな多肉質の茎に乳状の樹液を含む。数種が、互生する槍形または卵形の、いくぶん多肉質の、装飾的な葉を目的に栽培される。あらゆる部分が高い毒性をもち、樹液に触れると、目、口、皮膚に炎症を起こす場合がある。

〈栽培〉
大半の種は温暖な乾燥した気候を好む。日あたりのよい、中程度に肥沃な水はけのよい土壌で栽培する。冬季は灌水を控え、晩冬に軽く剪定して樹形を整える。種子または挿し木で繁殖。

Synadenium compactum
シナデニウム・コンパクトゥム

☼ ❄ ↔1.8m ↕3～6m

ケニア原産の小高木。つやのある緑色の卵形の葉は、はっきりした中央脈をもつ。秋、非常に小さい、緑みを帯びた黄色の花が、茎の先端近くに生じる。'ルブルム'（syn. S. grantii）、紫～濃いブロンズレッドの、槍形～卵形の葉。'ワリエガトゥム'、鮮やかな緑色と、暗いオリーブ色～灰色みを帯びた緑色の部分がある興味深い葉。ゾーン：9～12

Synadenium compactum 'Variegatum'

Synadenium grantii ★
英名：AFRICAN MILKBUSH、GRANT'S MILKBUSH

☼ ❄ ↔1.2m ↕3.5m

熱帯アフリカ原産の、直立性の多肉質の低木で、栽培種はやや小型。明るい緑色の、多肉質の、鋸歯縁の葉が、茎の先端近くにらせん状に生じる。秋、小さな椀形の、深い赤色の花が生じる。ゾーン：9～12

SYNCARPHA
（シンカルファ属）
英名：EVERLASTING

南アフリカのケープ地方固有の、およそ25種の多年生植物および亜低木からなるキク科の属。丈の低い、低木状の習性で、普通、数本の直立した茎に、綿毛を帯びた、厚みのある、やや多肉質の、幅狭の楕円形の葉が密生する。華やかな、紙状の、「不朽」の花序は、普通、白からクリーム色で、小さく群生する金色の筒形の花とともに茎の先端につき、小さな株を埋め尽くす。大半の種は春または雨後に開花する。

〈栽培〉
不定期な軽い霜にも耐えるし、いったん根付けば乾燥にも耐える。よく日の当たる、極めて排水性に富む砂質の土壌に植える。夏は水分保持のために少量の腐植質を加えるとよい。終わった花序は摘み取るが、それ以外はほんの軽く剪定するだけでよい。普通種子で繁殖するが、別の植物がしばしば火災をこうむったおかげで、くん煙処理するとよく発芽することがわかった。

Syncarpha vestita
異名：Helichrysum vestium
英名：CAPE EVERLASTING

☼ ❄ ↔30～50cm ↕30～50cm

野生では岩の多い場所で生息する。叢生する直立性の茎につく、長さ5cmの真緑色の葉は、銀白色の綿毛に密に覆われる。おびただしい数のクリーミィホワイトの花序のために、植物全体が銀色がかって見える。ゾーン：9～10

SYNCARPIA
（シンカルピア属）

オーストラリア東部の沿岸地方で見られる2種からなるフトモモ科の属。どちらも丈高のまっすぐな高木で、厚みのある繊維性の樹皮があり、よく目立つ葉脈のある単葉が対生する。同科のユーカリと同様、多数の雄ずいのある、花弁のない花と、多数の種子を含むさく果をつける。重要な硬材の高木で、公園や大きな庭園においては観賞用としても効果を発揮する。S. hilliiの材は、スエズ運河や、その他の国の波止場の建設において羽目板として利用されている。

〈栽培〉
霜のない、強風から保護された場所の、水はけのよい湿性の土壌において最もよく育つ。多湿の環境に種子を蒔いて繁殖する。

Syncarpia glomulifera
英名：TURPENTINE

☼ ❄ ↔8m ↕30m

密な樹冠、まっすぐな幹、繊維性の宿存性の樹皮をもつ、丈高のまっすぐな高木。くすんだ緑色の、卵形～幅狭の卵形の葉は、裏面は白みを帯びた灰色で有毛、つぶすと芳香を発する。春から夏、長い雄ずいのクリーム色の花がつく。多数のさく果がつく。ゾーン：9～12

Syncarpha vestita、野生、南アフリカ、ケープポイント

Syncarpha vestita

Syncarpia hillii
英名：SATINAY

☼ ❄ ↔4.5m ↕60m

オーストラリア、クィーンズランド州のフレーザー島と、近隣本土にのみ生息する、幹のまっすぐな高木。樹皮はきめが粗く、繊維性。対生する葉は、表面がくすんでいて、裏面は白みを帯びたフェルト状。春から夏、長い雄ずいをもつ白い花が生じる。木質の果実。ゾーン：9～11

SYNTHYRIS
（シントゥリス属）
英名：KITTENTAILS

ゴマノハグサ科の属で、北アメリカ北部と西部の、森林地帯および高山地帯に生息する14種の多年生植物からなる。クワガタソウ属の近縁で、丈の低い、根茎性の、房縁のある植物。革質の葉は、心臓形、腎臓形、または深い切れ込みがあり、花茎では小さく苞葉状になる。花は青またはバイオレットブルーの短い筒形の花で、4つの裂片が直立または開く。

Symplocos paniculata

Syncarpia glomulifera、野生、オーストラリア、ニューサウスウェールズ州、ブルーマウンテン

〈栽培〉
森林地帯の種は、落葉性高木の根元など、やせた土壌でも耐えるが、明るい日陰の、水はけのよい肥沃な土壌に、有機質を加えてやるとよく育つ。高山植物種は、日当りのよい開けた場所で、夏の強い日差しを避けて育てる。種子または株分けで繁殖。

Synthyris missurica
シンティリス・ミッスリカ

☀/◐ ❄ ↔30cm ↕40〜60cm

北アメリカ北部および西部原産の、縁房のある多年生植物。暗緑色、革質、心臓形〜腎臓形の、鋸歯縁の葉。春から夏、青みを帯びた鮮やかな紫の筒形の花がゆるい穂をなす。'アルバ'、白い花。
ゾーン：3〜9

Synthyris platycarpa
英 名：EVERGREEN KITTENTAILE

☀/◐ ❄ ↔15cm ↕15〜30cm

アメリカ合衆国アイダホ州原産の種。叢生する葉は、円形で幅8cm、丸い鋸歯縁で、毛を帯びている。春、花茎の先に、繊細な縁房のある青い花が総状花序をなす。平たい心臓形のさく果。
ゾーン：4〜9

Synthyris reniformis
英 名：SPRING QUEEN、SNOW QUEEN

☀/◐ ❄ ↔10cm ↕5〜15cm

アメリカ合衆国ワシントン州とオレゴン州の、陰の多い湿性の森林地帯に生息

Synthyris platycarpa

Synthyris missurica

Syringa × hyacinthiflora 'Charles Nordine'

する種。円形〜心臓形の葉は、浅裂し、裏面は淡色。早春、青みを帯びた紫の花が短い総状花序をなす。
ゾーン：6〜9

Synthyris stellata
☀ ❄ ↔15cm ↕25cm

アメリカ合衆国ワシントン州とオレゴン州原産。円形〜心臓形の、深い鋸歯縁の葉は、星形に見える。春から夏にかけて、青みを帯びた紫の筒形の花が総状花序をなす。ゾーン：6〜9

SYRINGA
（ハシドイ属）
英 名：LILAC

モクセイ科の属で、23種の、花をつける強健な落葉低木からなる。大半は東北アジア原産で、2種のみがヨーロッパ原産。ヨーロッパ産のひとつであるS. vulgaris（ライラック）は、16世紀から西ヨーロッパの庭で栽培され続け、現在では1,500以上のcv.が命名されている。先のとがった楕円形〜心臓形の単葉が対生し、普通春に、小さな4枚花弁の花が直立した円錐花序をなす。花は一重か八重で、よく目立つ房をなす。ほぼ全種が甘い香りを発するが、すべてのcv.に際立った芳香があるわけではない。冷涼地帯においてもっとも人気のある低木である。

〈栽培〉
主に必要なのは、日なたまたは半日陰の、水はけのよい土壌である。砂利の多い砂質の、ややアルカリ性の土壌を好み、重い粘土質の土壌ではよく育たない。種子で繁殖するが、実生にはむらがある。当年生の枝で挿し木するか、取り木もできる。

Synthyris missurica 'Alba'

Syringa × hyacinthiflora

Syringa × chinensis
一般名：コバノハシドイ
英 名：CHINESE LILAC

☀ ❄ ↔3.5m ↕3.5m

S. × laciniataとS. vulgarisとの交雑種群の集合名。直立した丸い藪で、細い枝と、緑〜暗緑色の卵形の葉をもつ。晩春、強い芳香のある、白〜ピンクみを帯びたラベンダー色〜赤みを帯びた花が、大きな円錐花序をなす。'スージアナ'★、赤みを帯びたモーブ色の花。
ゾーン：4〜9

Syringa emodi
シリンガ・エモディ
英 名：HIMALAYAN LILAC

☀ ❄ ↔3.5m ↕4.5m

ヒマラヤ地方西部原産。直立した枝につく、長楕円形〜楕円形の葉は、中央脈の半分が紫みを帯びる。初夏につく花芽はピンクを帯びたモーブ色で、開花すると白色になる。'アウレア'、鮮やかな金黄色の葉。
ゾーン：4〜9

Syringa × hyacinthiflora
シリンガ×ヒラキンティフロラ
英 名：AMERICAN HYBRID LILAC、EARY FLOWERING LILAC、HYACINTH LILAC

☀ ❄ ↔4.5m ↕4.5m

S. oblataとS. vulgarisの交雑種。花つきのよい強健な種で、早春、一重または八重の花をつける。卵形の葉はたいてい赤みを帯びたブロンズ色で、秋、紫みを帯びた赤に変わる。'ブルー ヒヤシンス'、淡紫色〜明青色の花。'チャールズ ノーディン'、ライラックピンクの花。'ローレンシャン'、ローズピンクの花芽。
ゾーン：4〜9

Syringa × josiflexa
シリンガ×ヨシフレクサ

☀ ❄ ↔2m ↕2.4〜3m

S. josikaeaとS. reflexaの交雑種。直立性の低木で、葉は幅広の槍形、初夏に深紅色の花をつける。'アンナ アムホフ'、'エレイン'、どちらも白い一重の花。

Syringa × hyacinthiflora 'Laurentian'

'ビリセンド'、芳香性のピンク色の花。'リネット'、'ロイヤリティ'、どちらも紫色の一重の花。ゾーン：5〜9

Syringa josikaea
一般名：ハンガリアンライラック
英 名：HUNGARIAN LILAC

☀ ❄ ↔3m ↕3.5m

2種しかないヨーロッパ産ライラックのひとつで、中央〜東ヨーロッパの山岳地帯に生息する。葉は革質で、つやのある緑色。夏、暗いブルーバイオレット色の花がつく。肥沃な土壌が必要。
ゾーン：5〜9

Syringa julianae
異 名：Syringa pubescens subsp. julianae

☀ ❄ ↔3m ↕1.5m

中国西部原産の広がる低木。先のとがった暗緑色の卵形の葉は、表面は細かい毛、裏面は淡い灰色の綿毛を帯びる。初夏、芳香性の高いピンク色の花が、長さ10cmの円錐花序をなす。
ゾーン：6〜9

Syringa komarowii
☀ ❄ ↔2.4〜3m ↕3〜4.5m

中国産の低木。長さ15cm、卵形〜槍形の、暗緑色の葉。晩春から初夏にかけて、深いピンク色の花が下垂する円柱状の花序をなす。ゾーン：5〜9

Syringa oblata

Syringa julianae

Syringa pekinensis

Syringa komarowii

Syringa pinnatifolia
☼ ❄ ↔2m ↕1.5〜3m
中国西部原産の種。明るい緑色の葉は、11枚以下の槍形の小葉からなる羽状複葉。春分〜晩春にかけて、ピンクを帯びた白い小さな筒形の花が、やや下垂する短い円錐花序をなす。
ゾーン：6〜10

Syringa potaninii
異　名：*Syringa pubscens* subsp. *potaninii*
☼ ❄ ↔1.8m ↕1.8〜2.4m
1885年に中国の甘粛省の南部で発見された。直立の、壺状の習性。葉は幅広の楕円形から長楕円形〜楕円形までばらつきがあり、両面とも綿毛を帯びている。晩春に生じる花は明るいローズパープル〜白みを帯びた紫色で、普通色あせて白に近くなる。
ゾーン：5〜9

ンク色の花は、やがて色あせる。花期が長い。ゾーン：4〜9

Syringa oblata
英　名：BOADLEAF LILAC
☼ ❄ ↔3m ↕3.5m
中国および朝鮮半島原産で、*S. vulgaris* に似ているが、春分頃に花がつく。芳香性の高い、ゆるい円錐花序。***S. o.* subsp. *dilatata***、心臓形の葉と、芳香のある淡紫色の花。ゾーン：5〜9

Syringa pekinensis
異　名：*Syringa reticulata* subsp. *pekinensis*
一般名：ツリーライラック
英　名：CHINESE TREE LILAC, PEKING LILAC
☼ ❄ ↔3.5m ↕4.5m
1742年に中国の北京地方で収集された、丈高の低木、または高木。暗緑色の葉。真夏、クリーム色の小さな花序がつく。古くなった樹皮は紙状にめくれる。
ゾーン：5〜9

Syringa oblata subsp. *dilatata*

Syringa laciniata
英　名：CUT-LEAFED LILAC
☼ ❄ ↔3m ↕3.5m
1915年に中国の甘粛省で発見された種で、西欧に初めて導入された東洋のライラックのひとつ。丈高の低木で、葉は全縁で切形。淡いラベンダー色の花が枝に沿って小さく群生する。
ゾーン：5〜9

Syringa meyeri
一般名：メイヤーライラック
英　名：DWARF KORIAN LILAC, MEYER LILAC
☼ ❄ ↔1.2m ↕1.5m
1909年に中国の北京近くの庭園で発見された。野生では確認されていない。丈の低いコンパクト型の低木で、しっかりした直立性の枝をもつ。淡いライラック〜ラベンダー色、また時には白みを帯びたラベンダー色の花が、春に小さく房をなしたあと、晩夏からごく初秋にかけて再び生じる。'パリビン'、高さ約1.2mの最小のライラックで、ピンクみを帯びたラベンダー色の花。'スペルバ'、深いピ

Syringa × *prestoniae*
シリンガ×プレストニアエ
英　名：NODDING LILAC, PRESTON LILAC
☼ ❄ ↔3.5m ↕3.5m
*S. reflexa*と*S. villosa*の園芸交雑種。暗緑色の葉は、わずかに粉白色を帯び、裏面に薄い綿毛がある。初夏、芳香のある、落ち着いたピンク色〜明紫色の花が、やや下垂して円錐花序をなす。'デズデモーナ'、濃いパープルピンク〜青色の花。'エリノア'、紫みを帯びた花芽で、開くとモーブ色。'ジェームズ　マクファーレン'、落ち着いたピンク色の花。広がる習性があり、幅2.4m以上になる。
ゾーン：4〜9

Syringa protolaciniata
異　名：*Syringa afghanica*
英　名：AFGHAN LILAC
☼/☀ ❄ ↔100〜120cm
↕100〜120cm
アフガニスタン北部および近隣の山岳地帯原産の低木。暗色の細長い茎と、羽状複葉をもつ。晩春、芳香のある小さな

Syringa × *prestoniae*

Syringa meyeri 'Palibin'

Syringa laciniata、*Syringa laciniata* cv.（差込）

Syringa reflexa

Syringa reticulata

Syringa tomentella

Syringa tomentella
☀ ❄ ↔3m ↕3m
1891年、中国四川省で初めて収集された、すっきりしたコンパクト型の低木。淡い灰色のなめらかな樹皮。葉は楕円形〜長楕円形で、裏面は綿毛を帯びる。夏咲きの花は、花芽がピンク色で、開花するとより淡いピンク色になり、やがて白く色あせる。ゾーン：4〜9

Syringa villosa
☀ ❄ ↔3.5m ↕3.5m
北京の山岳地帯で発見された中国産の種。先の丸い、密生する習性。葉は卵形、幅広の楕円形〜楕円形で、有毛。晩春から初夏にかけて生じる花は、淡いラベンダー色を帯びたピンク色。ゾーン：4〜9

Syringa vulgaris
一般名：ライラック、ムラサキハシドイ
英　名：COMMON LILAC、FRENCH HYBRID LILAC
☀ ❄ ↔6m ↕6m
2種のヨーロッパ産ライラックのひとつで、地域差を反映した14のsubsp. がある。タイプ型は花が青いが、cv. では深紫色や白も見られる。晩春から初夏にかけて開花する。

Syringa tigerstedtii

ラベンダー色の花が幅狭の花序をなす。ゾーン：6〜9

Syringa pubescens
シリンガ・プベスケンス
☀ ❄ ↔3.5m ↕3.5m
中国原産。多数の細長い枝をもつ。芳香性の花は、花芽は淡紫色で、開くと、ピンクがかった淡いライラック色。*S. p.* subsp. *microphylla*シリンガ・プベスケンス・ミクロフィラ、(*S. microphylla*)、中国西部原産で、葉はやや短い。春から初夏にかけて、よりピンクの濃い花が、より短い円錐花序をなす。'スペルバ'、花つきがよい。より暗色の花が長い間つく。*S. p.* subsp. *patula*シリンガ・プベスケンス・パトゥラ (*S. patula*)、中国北部および朝鮮半島原産。より大きな葉。新しく成長した部分は茶を帯びる。'ミス　キム'、より暗いピンクの花芽。*S. p.* 'エクセレンス'、白い花、淡いフレッシュピンクの花芽。'サラ　サンド'、極めて淡いモーブピンクの花が、よりコンパクトに群生する。
ゾーン：5〜9

Syringa reflexa
☀ ❄ ↔3.5m ↕3.5m
1901年に中国中央部で発見され、広く交配に利用された。直立性の茎、大きな卵形の葉。初夏につく花は、花芽は鮮やかな深い赤で、開くと淡いローズ色となる。花房はフジ属のように下垂する場合もある。
ゾーン：5〜9

Syringa reticulata
一般名：ハシドイ
英　名：JAPANESE TREE LILAC
☀ ❄ ↔4.5m ↕9m
日本原産の高木性ライラック。先端は円形。夏、黄色い葯の突き出た白い花が、大きな大羽状につき、暗緑色の葉と対照をなす。花には強い芳香がある。樹皮は赤みを帯びた茶色で、若枝には剥片がある。'アイボリー　シルク'、あふれんばかりのアイボリーの花。若い株も開花する。ゾーン：3〜9

Syringa × *swegiflexa*
☀/❄ ❄ ↔1.5m ↕3m
*S. reflexa*と*S. sweginzowii*の園芸交雑種。直立性の低木で、先のとがった卵形の葉は、裏面が綿毛を帯びている。晩春、赤〜くすんだピンク色の多数の花が、長さ15cmの下垂する細い円錐花序をなす。
ゾーン：6〜9

Syringa sweginzowii
☀ ❄ ↔1.8m ↕3m
おそらく中国四川省北部で1893年ごろ発見された、すっきりした直立性の低木。小さな葉。晩春から初夏、茶色みを帯びた赤い茎は、まばらな房をなすピンク色の花に覆われる。ぴりっとした芳香がある。ゾーン：3〜9

Syringa tigerstedtii
☀ ❄ ↔2.4m ↕2.4m
1934年に中国四川省で発見された細長い低木。夏、紫みを帯びたピンク〜白の花が間隔をあけて群生し、長さ約25cmの花序をなす。ゾーン：4〜9

Syringa pubescens subsp. *patula*

S. pubescens subsp. *patula* 'Miss Kim'

Syringa pubescens 'Excellens'

Syringa pubescens 'Sarah Sands'

Syringa pubescens subsp. *microphylla*

一重花のcv.は以下のとおり。'アンデンケン アン ルディング スパース'、暗赤色を帯びた花。'シャルル ディス'、深紅の花が円錐花序をなす。'コンゴー'、紫赤色の花は、古くなると明色になる。'マレシャル・フォッシュ'、紫みを帯びた鮮やかな赤色の大きな花。'モード ノットカッド'、白い花が円錐花序をなす。'プレジデント リンカーン'、極めて真青に近い花。'プリムローズ'、淡い黄色の花が小さな円錐花序をなす。'センセーション'、紫みを帯びた赤い花弁に白い縁取り。'ヴェスタル'、白い花。'ボルカン'、暗赤色〜紫色の花。

八重花のcv.は以下のとおり。'アミィ スコット'、中程度の青さの花が、より暗色を帯びる。'アン タイ'、クリムゾンパープルの花芽。ピンク色の花。'ベル ドゥ ナンシー'、紫みを帯びた赤い花芽で、開花すると淡いパープルピンク。'チャールズ ジョリー'、暗い紫赤色の花。'エディス キャベル'、淡い黄色の花芽、開花すると白。'マダム アントワーヌ ブフナー'、赤みを帯びたピンク〜モーブの花。'マダム ルモワンヌ'、淡い黄色の花芽、開花すると雪白。'モニク ルモワンヌ'、開花の遅い白い花。'ミセス エドワード ハーディング'、紫がかった深い赤色の花がピンクみを帯びる。'オリヴィエル ドゥ セレ'、ラベンダーブルーの花が大きな円錐花序をなす。'ポール シリオン'、赤紫色の花芽で、開花すると、かわいらしいライラックピンク。'ヴィクトール ルモワンヌ'、ラベンダーブルー〜ライラックブルーの範囲で異なる色の花が、細い円錐花序をなす。'ウィリアム ロビンソン'、おびただしい淡いピンクの花。

ゾーン：4〜9

Syringa vulgaris 'コンドルセ'

Syringa vulgaris 'ドゥ ミリブ'

Syringa vulgaris 'アストラ'

Syringa vulgaris 'クライド ハード'

Syringa vulgaris 'アミィ スコット'

Syringa vulgaris 'コンゴー'

Syringa vulgaris 'ドゥ ドゥ マッサ'

Syringa vulgaris 'ドワイト E. アイゼンハワー'

Syringa vulgaris 'エディス ブラウン'

Syringa vulgaris 'ゴウディフォー'

Syringa vulgaris 'アン タイ'

Syringa wolfii

異　名：*Syringa formosissima*
↔3.5m ↑4.5m

中国北部および朝鮮半島原産の丈高の低木。鮮やかな緑色の楕円形の葉。晩春、かすかに芳香のあるライラック色の花が、長さ30cmの大きなピラミッド型の花序をなす。花色は淡いラベンダー色から、より暗紫色まで幅がある。
ゾーン：4～9

Syringa yunnanensis

シリンガ・ユンナネンシス
英　名：YUNNAN LILAC
↔2.4m ↑3～3.5m

1887年に中国雲南州で発見されたが、いまだによく知られていない。晩春、ピンクみ、白みを帯びた、ローズ色の花が、枝先のシュートにつく。成長が乏しく、良質な土壌が必要。'**ロセア**'、ピンク色の花がやがて色あせる。ゾーン：5～9

Syringa yunnanensis

SYZYGIUM
（フトモモ属）

およそ1,000種が含まれるフトモモ科の大属で、主に、東南アジア、オーストラリア、アフリカに生息する。大半は常緑の高木および低木で、たいてい無毛のなめらかな単葉の葉が対生する。花には非常に多数の長い雄ずいがあり、普通、枝の先に円錐花序をなすが、花弁や萼片は雄ずいよりも小さい。多肉質の果実は、主に赤、紫、青、黒、または白の液果で、食用される。大半は熱帯および亜熱帯の種だが、材木用、食用をはじめ、観賞用および薬用に栽培される。一部の種は生垣やトピアリー用として人気がある。

〈栽培〉
湿性の、水はけのよい、深い肥沃な土壌で、日なたまたは半日陰でよく育つ。春に種子が熟したらすぐに蒔くか、夏に挿し木で繁殖する。オーストラリアでは、葉に虫こぶがつく場合がある。カイガラムシにも注意。

Syzygium aqueum

一般名：ミズレンブ
英　名：WATER APPLE, WATER ROSE APPLE
↔6m ↑10m

マレー半島、ボルネオおよびニューギニア原産の高木。革質の葉はくすんだ明るい緑色。夏、白、赤、くすんだ紫色の花がゆるい房をなす。つやのある、洋ナシ形の食用果実は、赤か白。
ゾーン：10～12

Syzygium aromaticum

異　名：*Eugenia aromaticum*
一般名：チョウジ、チョウジノキ
英　名：CLOVE
↔4.5m ↑15m

モルッカ諸島およびインドネシア原産の、円錐形、または円柱形の小高木。芳香のある、真緑色の、楕円形の葉は、表面はつやがあり、裏面は淡く、若葉はピンクみを帯びている。晩夏につく花は芳香があり、ピンクみを帯びた黄色の雄ずいが、古くなると暗色になる。紫色の液果。花芽はチョウジとして輸出される。
ゾーン：11～12

Syzygium australe

Syringa wolfii

Syzygium aromaticum

Syzygium aqueum

Syzygium australe

異　名：*Eugenia paniclata* of gardens
英　名：BRUSH CHERRY, MAGENTA CHERRY
↔6m ↑8m

オーストラリアの沿岸地帯および高地の多雨林原産の低木または小高木。上部の茎は茶色みを帯びた緑色。対生する円形の葉は、成熟すると真緑色になる。夏、白い花が密生して小型の円錐花序をなす。大きな赤い多肉質の食用液果。
ゾーン：9～12

Syzygium cumini

一般名：ムラサキフトモモ
英　名：JAMBOLAN, JANBU, JAVA BLUM
↔9m ↑21m

ジャワ島とインドネシア原産の熱帯高木。きめの粗い鱗状の樹皮は、上部はなめらか。テルペンチンの香りのある、革質の暗緑色の葉は、楕円形または長楕円形で。夏、枝の先端に白い花が群生する。深紫～黒の卵形の液果をつける。
ゾーン：11～12

Syzygium francisii

英　名：GIANT WATER GUM
↔21m ↑24m

オーストラリア原産。中～大高木で、枝をほぼ水平に伸ばして樹冠を広げる。幹の板根がよく目立つ。樹皮はやや薄片状。つやのある、暗緑色の葉は、卵形～楕円形で、縁が波状。初夏から晩夏にかけて、クリーム色の雄ずいをもつ花が円錐花序をなし、続いて、バイオレット色の球形の液果がつく。ゾーン：10～12

Syzygium australe

Syzygium francisii

Syzygium jambos

異　名：*Eugenia jambos*
一般名：フトモモ
英　名：ROSE APPLE
☼ ◐ ↔4.5m ↕6m

マレー半島およびインドネシア原産の大低木または小高木。くすんだ緑色の、革質、槍形の葉は、幼時は光沢のあるピンク色。夏に生じる大型の華やかな花は、雄ずいがクリーミィホワイトで、花蜜が豊富。ピンク〜黄色の、芳香性の食用果実。ゾーン：10〜12

Syzygium luehmannii

異　名：*Eugenia luehmannii*
英　名：SMALL-LEAFED LILLYPILLY、RIEERRY
☼ ◐ ↔9m ↕15m

オーストラリア北部の多雨林原産の高木で、栽培種はより小型。つやのある暗緑色の葉は、卵形〜槍形で、新葉は淡いピンクレッド。夏、小さなクリーミィホワイトの花が円錐花序をなす。日陰樹、標本、スクリーンに最適。ゾーン：9〜12

Syzygium maire

異　名：*Eugenia maire*
☼ ◐ ↔4.5m ↕6〜10m

ニュージーランド北島の湿地性の森林地帯原産の高木。気根のある、なめらかな灰色の幹。斑点のあるオリーブグリーンの葉は、表面に疱がある。秋、小さな白い花は、花弁を落とし、雄ずいだけが環状に残る。続

Syzygium luehmannii

いて赤い液果がつく。ゾーン：9〜11

Syzygium malaccense

異　名：*Eugenia malaccense*
一般名：マレーフトモモ
英　名：MALAY APPLE
☼ ✹ ↔4.5m ↕12〜24m

マレー半島原産。柔らかい革質の、暗緑色の葉は、裏面はより淡色。新葉はワインレッドで、やがてピンクみを帯びる。夏、クリーム色、または赤みを帯びた紫色の花が枝や幹に生じる。赤、ピンク、白の食用果実。ゾーン：10〜12

Syzygium oleosum

異　名：*Syzygium coolminianum*
英　名：BLUE CHERRY、BLUE LILLYPILLY
☼ ◐ ↔4.5m ↕12m

オーストラリアのニューサウスウェールズ州およびクィーンランド州原産の種。薄片状の樹皮。つやのある緑色の楕円形〜槍形の葉は、裏面が淡色。夏、白い花が円錐花序をなす。球形〜卵形の青い果実。ゾーン：9〜12

Syzygium paniculatum

異　名：*Eugenia paniculata*

Syzygium luehmannii

英　名：AUSTRALIAN BRUSH CHERRY、MAGENTA BRUSH CHERRY
☼ ◐ ↔6m ↕8m

オーストラリア東部沿岸の多雨林原産。幅広のピラミッド形の密な葉群。葉は長楕円形〜槍形で、つやのある暗緑色、新葉は銅に似た茶色。夏、ふわふわしたクリーミィホワイトの花が円錐花序をなす。クリムゾンパープルの液果。生垣用に最適。ゾーン：9〜12

Syzygium pondoense

英　名：PONDO WATERWOOD
☼/◐ ◐ ↔2〜3m ↕2〜3m

南アフリカ原産の希少な低木または小高木。新しいシュートや葉は赤みを帯びる。先のとがった小さな革質の葉は、光沢のある暗緑色で、裏面は淡色、脈は赤みを帯びる。夏、ふわふわした白い花がつく。秋、丸い赤紫の果実がつく。ゾーン：10〜12

Syzygium wilsonii

Syzygium samarangense

異　名：*Eugenia javanica*、*Syzygium javanica*
一般名：レンブ、ジャワフトモモ
英　名：JAMBOSA、JAVA APPLE
☼ ✹ ↔8m ↕12m

マレー半島からアンダマンおよびニコルバ諸島原産の、幹の短い小〜中高木。芳香のある葉は、大きさや形にばらつきがある。夏、芳香のある黄色〜白い花が円錐花序をなす。洋ナシ形の果実は、すべすべして光沢があり、色は赤、緑、または白。ゾーン：11〜12

Syzygium wilsonii

英　名：POWDERPUFF LILLYPILLY
☼ ◐ ↔2m ↕1.8m

オーストラリアのクィーンズランド州の、ばらばらに広がる低木。野生種はより丈高。なめらかな暗緑色の葉は、幅狭の卵形で、新葉はブロンズ色または赤。春から初夏にかけて、深い赤色の花がつく。白い液果。

Syzygium jambos

Syzygium pondoense、南アフリカ、カーステンボッシュ国立植物園

Syzygium malaccense

T

Tabebuia rosea

Tacca integrifolia

Tabebuia chrysantha

TABEBUIA
(タベブイア属)

英　名：GOLDEN TRUMPET TREE

アメリカおよびカリブ諸島の熱帯地域原産の、100種の高木および低木を含むノウゼンカズラ科の属。短い落葉期間があるか、常緑。葉は単葉、もしくは3～7本指の掌状複葉。しばしば芳香のある、さまざまな色の華やかなラッパ形の花が、大きく密な円錐花序をなし、その後、インゲンマメ状の果実がつく。

〈栽培〉
冷温帯では温室で栽培する。熱帯や亜熱帯では、魅力的な標本植物となり、一年中散発的に花をつける。種子、挿し木、または高取り法で繁殖。

Tabebuia chrysantha
☼ ⚘ ↔6m ↕6～15m

メキシコからベネズエラにかけて自生する、開いた樹冠をもつ高木。灰色の樹皮は亀裂があり薄片状。5本指の、やや有毛の葉は、先のとがった長楕円形の小葉からなる。春、黄色のラッパ形の花が大きな房をなす。その後、長い果実がつく。
ゾーン：11～12

Tabebuia rosea
一般名：モモイロノウゼン
英　名：PINK POUI
☼ ⚘ ↔9m ↕27m

メキシコからコロンビア、それにベネズエラで見られる多様な種。基部に板根があるものもある。葉は、先の鋭い卵形の小葉からなる3～7本指の掌状葉。春、花喉が黄色の、白～淡いピンクの花が、ゆるい房をなす。
ゾーン：11～12

TABERNAEMONTANA
(タベルナエモンタナ属)

およそ100種の、熱帯および亜熱帯性の常緑低木および小高木からなるキョウチクトウ科の属。クチナシに似た花と魅力的な葉を目的に栽培される。世界中の熱帯および亜熱帯に見られ、つやのある大きな緑の葉と、普通白色の、すべすべした5枚の花弁が大きく広がって反曲する、じょうご形の花をもつ。花は暖季の間ずっと咲き続け、とくに夜、芳香を発する。乳状の樹液があり、舟形、または卵形の果実が対になって1つの柄につくのが特徴。

〈栽培〉
霜に弱い、温暖地帯の植物で、定期的な灌水が必要。排水性がありながら、水分保持力のある良質な土壌で、日なたもしくはフィルターライトのもと、風から保護して栽培する。軽く剪定してすっきりした藪状を保つ。種子または挿し木で繁殖。

Tabernaemontana catharinensis
異　名：*Tabernaemontana australis*
英　名：SAPIRANGY, ZAPIRANDI
☼ ⚘ ↔3m ↕6m

ボリビアやアルゼンチンから、ブラジル南部やウルグアイにかけて見られる大低木または小高木。先のとがったつやのある葉。春、白い花が咲く。赤みを帯びた緑色の、いぼだらけの果実が対で生じる。ボリビアでは*huevo de perro*（犬の睾丸）と呼ばれている。
ゾーン：9～12

Tabernaemontana divaricata
異　名：*Ervatamia coronaria*、*E. divaricata*
一般名：サンユウカ
英　名：CRAPE GARDENIA, CRAPE JASMINE, PINWHEEL FLOWER
☼ ⚘ ↔1.5m ↕1.8m

インド～中国雲南省、それにタイ北部の一部で見られる熱帯性常緑低木。小さな藪状の高木に仕立てることもできる。革質の楕円形の葉。夏、芳香のある、すべすべした大きな白い花が、小さな房をなす。夜にいっそう強く香る。'フロレプレノ'（ヤエサンユウカ）、花弁の密生した八重花。
ゾーン：11～12

Tabernaemontana elegans
英　名：TOAD TREE
☼ ⚘ ↔3m ↕3～6m

アフリカ南部原産の落葉性の低木または小高木。短い単幹に、柔らかいコルク状の樹皮。対生する、つやのある、暗緑色の長楕円形の葉が、密な円形の樹冠を形成する。春から夏にかけて、甘い香りのラッパ形の花が小さい円錐花序をなす。果実はさく果で、卵形～球形。
ゾーン：9～12

Tabernaemontana elegans

TACCA
(タッカ属)

熱帯アジアおよびアフリカ原産の10種からなる属で、このうち9種はマレー諸島原産。かつてはタシロイモ科におかれていたが、現在はヤマノイモ科に分類されている。草本性の多年生植物で、塊茎から立ち上がる。葉は柄が長く、葉身は楕円形で全縁、または深く全裂している。両性の整形花が、苞葉に囲まれた集散花序をなし、ハエを媒体に受粉する。6枚の花被片は花弁状で、緑みを帯びたものから、茶紫色まである。果実は液果、まれにそう果も見られ、10個～多数の種子が含まれる。タッカ属種は半常緑のモンスーン林に見られ、熱帯庭園における便利な観葉植物である。温帯の国では、花のつく鉢植えの室内用装飾植物として利用する。塊茎は、タッカリンという苦い成分を取り除いた後、デンプンとして製パンに利用される。

〈栽培〉
熱帯においては、多年生植物として日陰の腐植質に富んだ土壌で栽培する。温帯では多湿の温室が必要。活力を保つために、二年ごとに植え替えて再発根させる。株分け、または古い塊根を切って繁殖。地表に種子を蒔いた場合、花がつくまで3年かかる。

Tacca integrifolia
英　名：BAT FLOWER, BAT PLANT, WHITE BAT FLOWER
☼ ⚘ ↔60cm ↕60～120cm

インド東部、中国南部、およびインドネシア原産の多年草。幅広の大きな長楕円形～剣形の葉が、垂直の根茎から生じる。春から夏にかけて、長い柄の先に点頭する花は、コウモリに似たかたちで、緑色～紫みを帯びた暗黒色の苞（苞が白い人気品種もある）と、緑色～暗紫色の小苞をもつ。
ゾーン：10～12

Tabernaemontana catharinensis

Tagetes lucida

Tagetes tenuifolia 'Starfire'

TAGETES
（コウオウソウ属）

英　名：MARIGOLD

50種あまりからなるキク科の属で、1種を除いてすべて熱帯および亜熱帯アメリカ原産。主として直立性の一年生または多年生植物で、暗緑色の、一部芳香のある、鋸歯縁の羽状複葉をもつ。花は普通黄色またはオレンジ色で、デイジーに似た、はっきりとした周辺花と円盤状花が見られる。円盤状花の大部分が隠れている品種もある。属名は、種子からすぐに芽を出す習性から、鋤で耕した地面から飛び出したと言われる、エトルリアの神であり、ジュピターの孫息子である、タゲスの名に由来する。

〈栽培〉
温暖な日当りのよい場所と、水はけのよい軽い土壌を好む。水をたっぷり与え、葉が黄ばんできたら肥料を与える。頻繁に枯死頭花を摘んで、連続開花を促進する。普通、早春に室内で種子を蒔いて繁殖する。

Tagetes lucida
一般名：ミントマリーゴールド、ニオイマンジュギク
英　名：MEXICAN MINT, SPANISH TARRAGON, SWEET MACE

☼/◐ ↔40〜80cm ↕40〜100cm

メキシコおよびグアテマラ原産の多年生植物。基部は木質で、茎のやや上部から分枝する。槍形の葉は鋸歯縁で芳香がある。晩夏、鮮やかな金黄色の小さな花序が生じる。タラゴンの代用として利用可能。

ゾーン：9〜11

Tagetes patula
一般名：コウオウソウ、フレンチマリーゴールド
英　名：FRENCH MARIGOLD

☼ ↔15〜30cm ↕20〜50cm

メキシコおよびグアテマラ原産の、コンパクトな藪状の一年生植物。葉は、幅狭、鋸歯縁、槍形の切片からなる羽状複葉。野生では普通、初夏から秋にかけて、黄色からオレンジ色の花が、単生または小さく群生する。園芸品種にはさまざまな色がある。

ゾーン：11〜12

Tagetes tenuifolia
一般名：ホソバクジャクソウ
英　名：SIGNET MARIGOLD, STRIPED MARIGOLD

☼ ↔30〜60cm ↕30〜80cm

メキシコからコロンビアにかけて自生する一年生植物。時おり幅狭の直立性のものも見られるが、普通は藪状で、細い枝が生い茂る。葉は、幅狭の槍形の切片が多数並ぶ羽状複葉。初夏から秋にかけて、周辺花の短い、鮮やかな黄色い頭花を豊富につける。'スターファイヤー'、黄色、オレンジ、赤のさまざまな色調の混合実生。

ゾーン：11〜12

Tagetes Hybrid Cultivars
一般名：コウオウソウ交雑品種

☼ ↔15〜30cm ↕20〜30cm

主に *T. patula* から派生した、人気のボーダー花壇用マリーゴールドで、夏花壇に最適。普通は実生シリーズとして、混合色または単色で販売される。大半は周辺花がほとんど見えない八重咲き種で、黄色、オレンジ、赤の色調が主体。**Antigua Series**（アンティグア シリーズ）、幅8cm以下の花序。**Atlantis Series**（アトランティス シリーズ）、幅10cm以下のポンポン状の花序。**Bonanza Series**（ボナンザ シリーズ）、幅5cm以下のとさか状の頭花。**Boy Series**（ボーイ シリーズ）、幅35mm以下のとさか状の花序。**Crush Series**（クラッシュ シリーズ）、幅10cm近い頭花。**Disco Series**（ディスコ シリーズ）、幅5cm以下の多数の一重咲き花。**Gate Series**（ゲイト シリーズ）、幅8cm以下の八重咲き花。**Girl Series**（ガール シリーズ）、矮小形の八重咲き。**Inca Series**（インカ シリーズ）、幅12cmにもなる花序。'ジョリー ジェスター'、赤い花弁に黄色い縞。**Little Hero Series**（リトル ヒーロー シリーズ）、幅5cm以下の八重咲き花序。'ノーティ マリエッタ'★、中心に赤い帯のある、一重の黄色い花。**Safari Series**（サファリ シリーズ）、幅8cm以下の八重咲き花。**Zenith Series**（ゼニス シリーズ）、肉厚の大量の葉に、幅8cm近い八重の花。ゾーン：11〜12

コウオウソウ交雑品種、Little Hero Series（リトル ヒーロー シリーズ）'リトル ヒーロー ファイヤー'

コウオウソウ交雑品種、Little Hero Series（リトル ヒーロー シリーズ）、'リトル ヒーロー イエロー'

コウオウソウ交雑品種、Crush Series（クラッシュ シリーズ）、'パイナップル クラッシュ'

コウオウソウ交雑品種、Safari Series（サファリ シリーズ）、'サファリ イエロー'

コウオウソウ交雑品種、Antigua Series（アンティグア シリーズ）、'アンティグア ゴールド'

コウオウソウ交雑品種、Atlantis Series（アトランティス シリーズ）、'アトランティス プリムローズ'

コウオウソウ交雑品種、Bonanza Series（ボナンザ シリーズ）、'ボナンザ ボレロ'

コウオウソウ交雑品種、リトル ヒーロー シリーズ、'リトル ヒーロー オレンジ'

コウオウソウ交雑品種、Boy Series（ボーイ シリーズ）、'ハーモニー ボーイ'

コウオウソウHC、'ジョリー ジェスター'

コウオウソウ交雑品種、Girl Series（ガール シリーズ）、'ガール オレンジ'

コウオウソウ交雑品種、Safari Series（サファリ シリーズ）、'サファリ クィーン'

コウオウソウ交雑品種、Safari Series（サファリ シリーズ）、'サファリ レッド'

コウオウソウ交雑品種、Safari Series（サファリ シリーズ）、'サファリ スカーレット'

TAIWANIA
(タイワンスギ属)

1種の針葉樹のみからなるスギ科の属で、スギ属の近縁。台湾原産で、中国南西部やミャンマーでもvar.が見られる。樹皮が長い縞状に剥がれることで知られている。葉は青みを帯びた緑色で、非常に丈高の高木にやや円錐状の樹冠を形成する。葉は古くなると鱗片状になり、茶系の雄花序と雌花序をつける。一部のvar.には、灰色や緑系の花序も見られる。

〈栽培〉
保護された日なたの、水はけのよい、湿性の、酸性土壌を好む。種子で繁殖。

Taiwaina cryptomerrioides
一般名:タイワンスギ
☼ ❄ ↔10m ↕55m

栽培種はずっと丈が低い。樹皮は縞状に剥離する。円錐または円柱形の樹冠。多様な青みを帯びた緑色の葉は、幼形は幅狭でとがっており、古くなると鱗片状。夏、小さな茶色の雄花序と雌花序をつける。*T. c.* var. *flousiana*、中国および台湾原産。花序は灰色みを帯びた緑色で、栗色の斑がある。
ゾーン:8〜11

Taiwania cryptomerioides

Tamarindus indica

TALINUM
(ハゼラン属)

アフリカおよびアメリカ原産の、40種以上の多肉質の低木または草本からなるスベリヒユ科の属。普通、宿存性の塊茎または挺幹から、脱落性の葉と枝が生じる。葉は、しばしば不規則な間隔で互生し、平たいものから円筒状まで幅があり、いくぶん多肉質だが、たいてい柔らかくこしがない。花序はたいてい茎の先に単生する。花色はさまざまで、開花は一度きり、それもたいてい数時間だけで、開花せずに種子を落とすものもある。種子は、3室の球形〜卵形のさく果に含まれる。一部は外来雑草としてはびこっている。

〈栽培〉
水はけさえよければどんな土壌でも極めて容易に育つ。大半の成熟株は容易に種子を落とし、周囲の鉢や土壌で発芽する。地下根を引き上げて陳列してもよい。種子で繁殖。

Talinum paniculatum
英名:JEWELS OF OPAR
☼/◐ ❄ ↔40〜50cm ↕100cm

多様な多年草で、原産地はアメリカ合衆国南部からアルゼンチン中央部だが、世界中の熱帯および亜熱帯に帰化した。葉は楕円形〜長楕円形。花序は弱々しく分枝する。春から夏に見られる、5枚花弁の小さな花は、ピンク、黄色、または白。果実は黄色。しばしば雑草とされる。
ゾーン:9〜10

TAMARINDUS
(タマリンドゥス属)

1種の常緑高木のみからなるマメ科ジャケツイバラ亜科の属。原産地は熱帯アフリカだが、他の多くの熱帯地域に帰化している。幅広の樹冠は、しばしば横に広がる。落ち着いた緑色の葉はシダの葉に似ている。花はクリーム色または黄みがかっており、しばしば赤みを帯びる。果実は長いインゲンマメ状で、熟すとくすんだ茶色になる。装飾的な価値以外にも多数の利用法がある。ソラマメ状の豆果は、カレー、チャツネ、飲み物、砂糖菓子など、多数の料理に利用される。薬用される部分もある。

〈栽培〉
熱帯または亜熱帯の環境と日あたりを必要とする。土壌タイプを問わない。温帯では温室で栽培可能だが、完全なサイズにはならない。種子または緑枝挿しで繁殖。

Tamarindus indica
一般名:タマリンド、朝鮮藻玉
☼ ↔10m ↕27m

アフリカ原産の魅力的な高木で、現在は大半の熱帯地域で見られる。粗く広がる樹冠と、シダに似た鮮やかな緑の葉をもつ。夏、赤みを帯びた、クリーム色またはオレンジイエローの小さな花が総状花序をなす。ソラマメ状の豆果は長さ15cmで、もろく、完全に熟すと灰色みを帯びた茶色になる。
ゾーン:11〜12

TAMARIX
(タマリクス属)
英名:TAMARISK SALT CEDAR

ヨーロッパ、インド、北アフリカ、アジア原産の、50種の落葉低木および小高木からなるギョリュウ科の属。大半の種は、海岸沿いの平地、河口、塩分を含む土壌に生息する。樹皮は暗い茶色か深い赤色で、時おり紫色のものも見られる。最も特徴的なのは、細かい葉に覆われた、下垂する魅力的な枝の集まりである。ピンク系の花が円錐花序をなして下垂する。タマリクス属はしばしば、海岸近くの庭園において風よけの生垣に利用され、一部の種は、砂丘崩壊防止用に栽培される。一部の種のこぶは、革をなめすのに利用される。

〈栽培〉
沿岸地域では、日なたの水はけのよい土壌で育つが、内陸部ではやや湿性の土壌と、乾燥した冷たい風にあたらない場所を好む。低木は定期的に刈り込んで、厳しい風による根の移動を防ぐ。繁殖は、硬くなったばかりの種子を、霜害のない場所に蒔く、または、夏に半熟枝を挿すか、冬に熟枝を挿す。

Tamarix chinensis

Tamarix parviflora

Tamarix chinensis
一般名:ギョリュウ
英名:CHINESE TAMARISK, SALT CEDAR
☼ ❄ ↔3m ↕4.5m

東アジア温帯原産の小高木または低木。下垂する細い小枝のついた枝が密生する。樹皮は茶色〜黒みを帯び、葉は青みを帯びた緑色。夏、当年生の枝にピンク色の花が円錐花序をなして下垂する。
ゾーン:7〜10

Tamarix gallica
一般名:タマリクス
英名:FRENCH TAMARISK, FRENCH TREE, MANNA PLANT
☼ ❄ ↔3m ↕3.5m

地中海沿岸地方原産の小高木または低木。樹皮は赤みを帯びた茶色〜紫色で、幅狭の小さな葉は、青緑色で柄がない。夏、当年生の枝にピンク色の花が円柱状の総状花序をなす。条件がよければより大型になる。
ゾーン:5〜10

Tamarix hispida
英名:KASHGAER TREE
☼ ❄ ↔0.6〜0.9m ↕0.9〜4.5m

カスピ海から中国にかけて見られる小高木または低木。樹皮は赤茶色で、枝は細かい毛を帯びる。卵形〜槍形の葉は青緑色で有毛。夏、当年生の枝にピンク色の花が密な総状花序をなし、先端で円錐花序を形成する。
ゾーン:6〜9

Tamarix parviflora
英名:EARLY TAMARISK
☼ ❄ ↔6m ↕4.5m

ヨーロッパ原産の小高木または大低木。紫色の細長いアーチ状の枝に、先のとがった幅狭の葉がつく。晩春、古い枝に淡いピンク色の花が総状花序をなす。
ゾーン:5〜9

Tamarix ramosissima

タマリクス・ラモシッシマ

異 名：*Tamarix pentandra*

☼ ❄ ↔4.5m ↕4.5m

ヨーロッパ東部から中央アジアの範囲に原生する低木または小高木。直立性のアーチ状の枝。葉は幅狭、槍形で、先が鋭い。晩夏から晩秋にかけてピンクの花が密な総状花序をなす。'**ピンク カスケード**'、深いピンク色の花。'**ルブラ**'、深紅色の花。雑草状になり得る。

ゾーン：2〜10

Tamarix tetrandra

☼ ❄ ↔3.5m ↕3.5m

ヨーロッパ東部および東アジア原産の低木状の種。淡緑色の細かい葉が、暗い紫茶色の枝につく。春、新しく生じた葉茎の下の古い枝に、淡いピンク色の花が生じる。

ゾーン：6〜10

TANACETUM
（ヨモギギク属）

北半球温帯原産の、およそ70種の一年生および多年生植物からなるキク科の属。葉や型が多様で、ロックガーデンやボーダー花壇だけでなく、帰化種として、さまざまな環境に適応して成長する。葉はしばしば強い芳香があり、銀色のものや、房縁、シダ状、波形縁、鋸歯縁などがある。小山状、直立性、または低木状の習性をもつ強健な枝の上に、デイジーに似た、または周辺花のないボタン状の花が大量につく。花色は黄、白、赤が主。属名はギリシャ語で「不道徳」を意味し、しぼまずに枯れる花の習性に由来している。

〈栽培〉

水はけのよい、やせた〜中程度に肥沃な土壌と、日当り、乾燥した生息環境が必要。花後は刈り詰めて、新たな成長を促すと同時に、一部の種で見られる大量の自家播種を防ぐ。繁殖は株分け、または春に種を蒔く。

Tamarix balsamita

異 名：*Balsamita major*,
Chrysanthemum balsamita

一般名：コストマリー、バルサムギク

英 名：ALECOST, COSTMARY

☼ ❄ ↔45cm ↕90cm

中央アジアからヨーロッパにかけて自生する、マットを形成する耐寒性の多年生

Tamarix ramosissima

Tanacetum camphoratum

植物。葉は波形縁で、銀灰色、やや有毛で、芳香がある。晩夏から秋にかけて、中心の黄色い、白いボタン状の小さな花を多数つける。

ゾーン：6〜10

Tanacetum camphoratum

英 名：DUNE DAISY

☼ ❄ ↔50cm ↕70cm

北アメリカの温帯原産の稀少な種。一年を通じて鮮やかな緑色の鋸歯縁の葉が見られる。夏から秋にかけて、幅25mmの鮮やかな黄色のボタン状の花がつく。一部の地域では、冬季に枯死する。

ゾーン：8〜10

Tanacetum cinerariifolium ★

異 名：*Chrysanthemum cinerariifolium*,
Pyrethrum cinerariifolium

一般名：シロバナムシヨケギク、ジョチュウギク

英 名：DALMATIA PYERETHRUM,
INSECT FLOWER, PYRETHRUM

☼ ❄ ↔30cm ↕30〜60cm

バルカン半島に自生する多年生植物。細い茎に、細かい切り込みのある銀灰色の葉をつける。晩夏から秋にかけて、白い周辺花と黄色い中心花からなるデイジーに似た花が見られる。冬が厳しい地方ではマルチを施す。暑く乾燥した気候が必要。除虫菊剤の原料。

ゾーン：6〜10

Tanacetum coccineum

異 名：*Chrysanthemum coccineum*,
Pyrethrum coccineum

一般名：アカバナムシヨケギク、アカバナジョチュウギク

英 名：PAINTED DAISY, PYRETHRUM

☼ ❄ ↔45cm ↕45〜75cm

南西アジアおよびコーカサス地方原産

Tamarix ramosissima 'Pink Cascade'

Tanacetum parthenium（左前景、右中心）

Tanacetum parthenium cultivar

Tanacetum coccineum

Tanacetum corymbosum subsp. *clusii*

の、低く成長するコンパクト形の多年生植物。シダ状、楕円形〜長楕円形、銀灰色、芳香性の葉。初夏から晩秋にかけて、中心の黄色い、白、ピンク、または赤いデイジー花がつく。葉のオイルは害虫抑制に利用される。'**ブレンダ**'、中心の黄色い鮮やかなチェリーピンクの花。'**アイリーン メイ ロビンソン**'、より大型の、中心が落ち着いた黄色の、淡いピンク色の花。'**ジェームズ ケルウェイ**'★、強烈なクリムゾンピンクの花。

ゾーン：5〜9

Tanacetum corymbosum

☼ ❄ ↔45cm ↕90cm

南および中央ヨーロッパ原産の、叢生する木質の多年生植物。葉は真緑色、楕円形〜長楕円形で、芳香がある。初夏から晩秋にかけて、白い花が群生する。*T. c.* subsp. *clusii*、花弁が下垂する。デイジーに似た白い花。

ゾーン：6〜9

Tanacetum niveum

英 名：SILVER TANSY

☼ ❄ ↔60cm ↕90cm

南および中央ヨーロッパ原産の豪華な種。深裂した、芳香のある葉は、目の覚めるような銀灰色。小山を形成し、晩春から夏にかけて、何百もの白いキク状花をつける。

ゾーン：6〜9

Tanacetum parthenium

異 名：*Chrysanthemum parthenium*

一般名：マトリカリア、フィーバーフュー

英 名：FEVERFEW

☼/☼ ❄ ↔30cm ↕60cm

南ヨーロッパからコーカサス地方原産の短命の多年生植物。スプレー状の枝にシダ状の葉がつく。夏に生じる花は、黄色の平たい中心花を、短い幅広の白い花弁が囲む。ロックガーデン、グラウンドカバー、ボーダー花壇向き。'**アウレウム**'、鮮やかな金色の葉と、黄みを帯びた白い一重の花。'**サンタナ レモン**'、黄色のボタン状花と、細い周辺花。'**スノーボール**'、密なアイボリー色のボタン状花。'**ホワイト スター**'、白い星形の花。

ゾーン：4〜9

Taraxacum officinale

Tanacetum vulgare
一般名：タンジー
英　名：GOLDEN BUTTONS, TANSY
☼/☽ ❄ ↔ 90〜120cm
↕ 90〜120cm
ヨーロッパ原産の多年生植物。匍匐する根と、細かく分裂したシダ状の葉が、茎に沿って生じる。春から夏にかけて、鮮やかな黄色の花が幅10cmの房をなす。強い樟脳の香り。*T. v.* var. *crispum*、魅力的なアーチ状の葉。*T. v.* 'ゴールドスティックス'、より長い茎と、より大型の花。ゾーン：4〜9

TANQUANA
（タンクアナ属）
南アフリカ、ウェスタンケープ州のカルー地区原産の、3種の小さなコンパクト形の多肉植物からなるツルナ科の属。小さなコンパクト形の植物で、分枝するものとしないものがあり、宿存性の緑〜紫を帯びた葉は、先端が円形で、極めて短い柄をもつ。甘い芳香のある、50〜70枚の花弁と、5〜6枚の苞葉をもつ、デイジーに似た花が、午後に開花する。果実は淡い茶色で、基部がじょうご形。葉にある斑点のため、以前は全種がプレイオスピロス属に分類されていたが、タンクアナ属種の葉は竜骨がなく丸いため、ごつごつしたプレイオスピロス属種の葉とは異なる。
〈栽培〉
日当りと通気性のよい、ほぼ鉱物質の、わずかに白亜を含んだ、水はけのよい土壌が必要。冬と真夏は休眠させる。それ以外のときの灌水は慎重に。種子で繁殖。

Tanquana hilmarii
異　名：*Pleiospilos hilmarii*
☼/☽ ↔ 5cm ↕ 4cm
南アフリカのウェスタンケープ州原産。普通単体で、リトプス属に似た外観をもつ。葉は多様で緑〜紫みを帯び、先端に向かってやや細くなる。表面はやや凸状、裏面は半円柱形〜円形で、表面よりも引き伸ばされている。夏に金黄色の花がつく。ゾーン：8〜10

TAPEINOCHILUS
（タペイノキルス属）
東南アジア、インドネシア、ニューギニア、オーストラリア原産の、およそ15種の多年草からなるショウガ科の属。近縁のフクジンソウ属同様、森林地帯の床面に生息し、らせん状に配列された葉をもつ。ショウガ科の植物らしく、目立たない花が、普通赤い、カラフルで華やかな苞葉に囲まれる。花序は、葉の多いシュートか、別の花茎の先につく。
〈栽培〉
熱帯地方では、日陰のボーダー花壇において、湿性でありながら排水性のよい、肥沃な土壌で栽培する。冷温帯では温室内で、肥沃な土壌をベースにした配合土で、高湿度を保ち、多量の水を与えながら栽培し、夏季には2週間毎に肥料を与える。冬季は水やりを控え、湿度を下げる。種子または小鱗茎、あるいは株分けで繁殖。

Tapeinochilus ananassae
一般名：マツカサジンジャー
☼ ✣ ↔ 0.6〜0.9m ↕ 1.5〜2m
マレーシアからオーストラリアにかけて見られる根茎性の多年生植物。木質状の茎に、鮮やかな緑色の長楕円形の葉がらせん状に並ぶ。夏、密に重なったマツカサ状の赤い苞葉の中に、黄色い花が生じる。
ゾーン：11〜12

TARAXACUM
（タンポポ属）
英　名：DANDELION
全世界に分布するおよそ60種の多年生または二年生植物からなるキク科の属。北半球のほぼ全域に生息し、世界の大半の地域で異なる種が普及している。全種ともしっかりした主根と、乳状の樹液を含む中空の茎、鋸歯縁の葉、鮮やかな黄色い花をもつ。芝生における厄介な雑草とみなされることも多いが、古くからさまざまに利用されている。あらゆる部分が食用可能で、若葉はビタミンAを豊富に含む。若葉は生で食べられるが、古い葉はゆでて柔らかくして食べる。英名のDANDELIONは、フランス語の *dent de lion*（ライオンの歯）が転訛したもので、葉の鋸歯縁を表わしている。
〈栽培〉
一年生植物として、その他のサラダ用青菜と同様、日当たりのよい、肥沃なもろい土壌で栽培する。苦味を減らすには、周囲に土を積むか、板で覆いをして軟化栽培する。種子で繁殖する。

Taraxacum officinale
一般名：セイヨウタンポポ
英　名：BLOWBALL, DANDELION, WET-A-BED
☼ ❄ ↔ 20cm ↕ 25〜30cm
北半球原産の一般的な雑草。葉は多様で、幅広から幅狭、縁は、深裂や房縁のあるものから、全縁に近いものまである。春から夏にかけて、黄色の周辺花は風によって散布される房つきの種子を球状につける。主にヨーロッパで栽培される。'ティックリーブド インプルーヴド'、厚みのある柔らかい葉。'ヴェル デュ モンタニィ'、細かい切れ込みのある葉と、大型のコンパクトな頭花。
ゾーン：3〜10

TAVARESIA
（タバレシア属）
アンゴラ、ナミビア、ボツワナ、ジンバブエ、南アフリカ原産の、基部から多数の枝を出す、4種の小さな多肉質の低木からなるガガイモ科の属。円柱形の茎に、6〜12の灰緑色の稜があり、一部の種の畝には、小さな弱い剛毛の束がつく。大型でよく目立つ鐘形〜じょうご形の花は、茶、黄、赤系で、新しい茎の基部に群生する。属名は、初期の植物収集家にアンゴラ探査を許可したポルトガル人官吏のJose Tavares de Macadoにちなむ。
〈栽培〉
栽培は難しく、暑く乾燥した気候と、非常に砂質の土壌、通気性のよい環境が必要で、真に暑い季節のみ灌水する。非常に腐りやすいため、しばしばスタペリア属またはケロペギア属に接ぎ木する。種子で繁殖するが、24時間以内に発芽する。

Tavaresia barkleyi
☼/☽ ✣ ↔ 30〜50cm ↕ 12cm
南アフリカ、ボツワナ、およびナミビア原産の多肉質の低木。群生する茎は、10〜12の稜があり、剛毛状の刺が3本ずつ生じる。夏、茎の基部に生じる花は、淡い黄色で赤い斑点があり、基部は紫色。広がった先細りの三角形の5裂片は、外側が淡緑色で赤い斑点と縞があり、内側は綿毛を帯びる。細長く、淡い茶色の果実。
ゾーン：9〜11

TAXODIUM
（ヌマスギ属）
北アメリカおよびメキシコ原産の3種からなるスギ科の属。落葉性または半落葉性の高木で、水辺で生息する。このような湿地の環境において、成熟した高木はしばしば、膝根、または呼吸根として知られる気根を出す。これらの威厳のある円錐形の高木は、属名の由来であるイチイ属（*Taxus*）に似た葉をもち、板根のある幹の樹皮は、亀裂して剥離する。同じ株に雌花序と雄花序がつく。小さな雄花序は集団で下垂し、雌花序は枝に沿って散在する。
〈栽培〉
ある程度湿度を保つ土壌であれば、粘土質でも砂質でも育つ。極めて低温の冬にも耐え、葉色を鮮やかなさび色に変えたあと落葉し、繊細な枝組みを露呈する。種子で繁殖するが、cv. の場合は接ぎ木が必要。

Tanquana hilmarii

Tapeinochilus ananassae

Taxodium distichum、野生、アメリカ合衆国、ミシシッピ州、ミンターシティ

Taxodium distichum var. *imbricatum*、野生、アメリカ合衆国、フロリダ州、エヴァグレイズ

Taxodium distichum

一般名：ラクウショウ
英　名：BALD CYPRESS, SWAMP CYPRESS
☼ ❄ ↔6m ↕23m

北アメリカ原産の成長の早い高木。深く亀裂した繊維性の樹皮は、長い帯状に剥離する。初期の円錐形の輪郭は、成熟するにつれて幅広に、不均整になる。春に生じる細い葉は明るい緑色で、やがて深い緑色から、秋にさびた赤色へと変わる。*T. d.* var. *imbricatum* (syn. *T. ascendens*)、にっきした針葉樹形、鮮やかな緑色の抱茎葉。'ヌタンス'、初期は直立し、成熟すると先端が下垂する。*T. d.* 'ショウニー ブレイブ'、鮮やかな緑の葉のコンパクト型。生垣に最適。
ゾーン：6～10

Taxodium mucronatum

一般名：メキシコラクウショウ
英　名：MEXICAN SWAMP CYPRESS, MONTEZUMA CYPRESS
☼ ❄ ↔15m ↕30m

メキシコおよびアメリカ合衆国テキサス州南部原産の高木。温暖地域では常緑で、冷涼地域では半落葉性。下垂する葉群は *T. distichum* に酷似する。抱茎葉は鮮やかな緑色で、秋にさびた茶色に変わる。花序は長く、しばしばいぼがある。
ゾーン：8～11

TAXUS

(イチイ属)
英　名：YEW

北半球の冷温帯、また、フィリピンやメキシコなど熱帯の山岳地帯に生息する。およそ7種の小型の常緑針葉樹からなるイチイ科の属。大半は小～中高木で、先端の鋭い、線形またはやや鎌形の葉は、しばしばよく目立つオリーブグリーンの中央脈がある。大半は雄株と雌株に分かれ、春に花をつける。雌株に生じる種子は、一部が赤い多肉質の皮 (仮種皮) に覆われる。この皮は甘く、食べられるが、植物のその他の部分は、種子も含め、有毒。種子は鳥が散布する。標本植物、生垣用植物、それにトピアリーにも適する。成長は遅いが、長命。

〈栽培〉
大半の属種は、冷涼地帯によく適応し、日なたでも日陰でも育ち、霜、アルカリ性土壌、雨風、大気汚染にも耐える。硬くなった種子をすぐに蒔くか、挿し木、接ぎ木で繁殖。

Taxus baccata

一般名：ヨーロッパイチイ
英　名：COMMON YEW, ENGLISH YEW
☼ ❄ ↔8m ↕15m

ヨーロッパ、北アフリカ、西アジア原産の成長の遅い高木。非常に長命で、多数の枝が密生して樹冠をなす。赤みを帯びた茶色の樹皮、暗緑色の線形の葉は、裏面はより淡い黄みを帯びた緑色。雄花序は黄色で鱗片状。雌花序は別の株につく。花期は夏。**Aurea Group**（アウレア　グループ）(golden yew)、新梢時は金黄色で、やがて緑色になる。'ドヴァストニイ アウレア'、雄性。低く広がる密な葉群。'ドワーフ　ホワイド'、低く広がる、中程度に密生する葉群。新梢は白っぽいが、すぐに緑に変わる。'ファスティギアタ' (Irish yew)、雌性。暗緑色の葉。**Fastigata Aurea Group**（ファスティギアタ アウレア グループ）、'ファスティギアタ' よりも小型。金黄色の葉。'ヌタンス'、高さ50cm以下。暗緑色の葉。'レパンデンス'、広がる雌性植物。高さ90cm以下。緑色の葉。'センペルアウレア'、雄性。高さ3m。直上する枝は、新梢時は鮮やかな黄色で、冬はさびた黄色に変わる。'スタンディシイ'、雌性。金色の葉。円錐形の習性。
ゾーン：5～10

Taxus baccata

Taxus baccata, Aurea Group 'Aurea' ★

Taxus baccata 'Dovastonii Aurea'

Taxus baccata 'Standishii'

Taxus baccata 'Nutans'

Taxodium mucronatum

Taxus chinensis

英　名：CHINESE YEW

☀ ❄ ↔4.5m ↕6m

中国原産の低木。2列に並ぶ葉は硬く、鋭い先端に向かって急に先細る。葉の表面はつやのある緑色で、裏面は灰緑色、先端は反曲する。夏に生じる、花粉を形成する雄花序は黄色みを帯び、成熟すると茶色になる。
ゾーン：6〜10

Taxus cuspidata

一般名：イチイ

英　名：JAPANESE YEW

☀ ❄ ↔6m ↕15m

日本原産の直立性の高木。普通庭で見られるのは低木。水平または上昇する枝に、暗緑色の線形の葉がらせん状に並ぶ。新しいシュートは赤茶色で、夏に見られる肉厚の仮種皮は熟すと赤くなる。生垣、トピアリーに適し、大気汚染にも耐える。*T. c.* var. *nana*、低く広がる低木。密に成長する。*T. c.* ‘カピタータ’、力強い直立性の葉。‘デンサ’、雌性。高さ90cmまでのコンパクト型で、暗緑色の葉。‘デンシフォルミス’、高さ90cm以下の矮小型。
ゾーン：4〜9

Taxus × media

タクスス×メディア

英　名：ANGLC-JAP YEW、HYBRID YEW

☀ ❄ ↔6m ↕8m

*Taxus baccata*と*T. cuspidata*の交雑種。生垣向きの高木または低木。線形のオリーブグリーンの葉は、裏面の白い中央脈がよく目立つ。夏に生じる種子の一部はスカーレット色の仮種皮に覆われている。‘ブラウニー’、高さ3m以下。暗緑色の葉。球形。‘ダーク グリーン スプレッダー’、暗緑色の葉が密生する低木。‘エヴァロー’、高さ2.4m以下の丈低、円形。‘ハットフィールディ’、雄性。高さ1.8mの円柱形。‘ヒクシイ’、円柱形で、密な成長習性。生垣に人気。‘ニゲラ’、コンパクト型。暗緑色の葉。
ゾーン：5〜9

TECOMA

(ヒメノウゼンカズラ属)

異　名：*Bignonia*、*Tecomaria*

英　名：YELLOW BELLS

13種の、主に常緑高木およびつる性の低木からなるノウゼンカズラ科の属。アメリカ合衆国アリゾナ州南部から、メキシコ、西インド諸島、アルゼンチン北部にかけて見られる。1種（*T. capensis*）はアフリカ南部と東部原産。鋸歯縁の小葉からなる羽状複葉が対生する。5枚の不均一な花弁からなるじょうご形、または幅狭の鐘形の花が、黄色、オレンジ、または赤色の華やかな房をなし、頂生する。果実は小さな豆果で、半分に裂開する。

〈栽培〉

熱帯および亜熱帯の庭において美しい観賞植物となる。冷涼地帯では温室またはコンサバトリーで鉢植えの低木としてのみ栽培可能。日当りのよい、保護された場所と、水はけのよい、適度に肥沃な土壌を好む。繁殖は、新鮮な種子を蒔くか、挿し木の場合、先端または前年に伸びた梢を大きく切って挿す。吸枝を出す種は株分けや取り木も可能。

Tecoma capensis

異　名：*Bignonia capensis*、*Tecomaria capensis*

一般名：ヒメノウゼンカズラ

英　名：CAPE HONEYSUCKLE

☀ ❄ ↔2m ↕3m

東部および南部アフリカ原産の、適応性のある低木で、ある程度よじ登る習性がある。つやのある緑色の羽状複葉。春から秋にかけて、オレンジレッド〜スカーレット色の筒形の花が枝の先端に総状花序をなす。塩水のしぶき、乾燥、風に耐える。‘アウレア’、金黄色の花。
ゾーン：9〜12

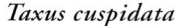

Taxus × media

Taxus × media ‘Brownii’

Taxus × media ‘Dark Green Spreader’

Taxus chinensis

Taxus × media ‘Nigra’

Taxus cuspidata ‘Capitata’

Taxus cuspidata var. *nana*

Taxus cuspidata

Tecoma capensis

Tecoma capensis ‘Aurea’

Tecoma castaneifolia
☀ ♧ ↔ 2.4～3.5m ↕4.5～8m

エクアドル原産の常緑種。直立性の高木で、革質の楕円形の葉は、裏面に毛が密生する。春から秋にかけて、長さ5cmになる黄色の花がつく。インゲンマメのさやに似た、長さ12cmのさく果をつける。
ゾーン：10～12

Tecoma stans
異　名：*Bignonia stans*, *Tecomaria stans*
一般名：キンレイジュ、タチノウゼン
英　名：SHRUBBY TRUMPET FLOWER, YELLOW BELLS, YELLOW ELDER
☀ ♧ ↔ 3m ↕5～9m

アメリカ合衆国南部と、中米および南アメリカ原産の小高木または開いた大低木。葉は、長楕円形、槍形、鋸歯縁、鮮やかな緑色の小葉からなる。晩冬から夏にかけて、じょうご形の黄色い花からなる総状花序が叢生する。さく果は熟すと茶色になる。
ゾーン：10～12

TECOMANTHE
（テコマンテ属）

5種の強健なよじ登り植物からなるノウゼンカズラ科の属。学名は近縁属であるヒメノウゼンカズラ属（*TECOMA*）に由来する。マレーシアからニュージーランドにかけての熱帯および亜熱帯の森林地帯で見られる。濃い緑色の葉は、1～7組の、全縁または鋸歯縁の長楕円形の小葉からなる。華やかに叢生する、クリーム色、赤、紫色調の、キツネノテブクロに似た大きなじょうご形の花を目的に栽培される。

〈栽培〉
熱帯および亜熱帯では、肥沃な、湿性の、水はけのよい土壌において、半日陰で栽培する。ワイヤーやトレリスなどのじょうぶな支柱を用意する。冷温帯では、温室において、有機質を加えた水はけのよい混合土で栽培する。夏季は日よけをし、成長期にたっぷり水を与える。種子または挿し木で繁殖。

Telanthophora grandifolia

Tecomanthe speciosa ★
☀ ♧ ↔ 1.5～3m ↕6～9m

ニュージーランドのスリーキングス諸島原産のよじ登り植物で、暗緑色のつやのある大きな葉をもつ。秋から冬にかけて、古い梢にクリーム色の大きな筒形の花が房をなす。野生では1株のみしか見つかっていない。
ゾーン：9～11

TECOPHILAEA
（テコフィラエア属）
英　名：BLUE CROCUS, CHILEAN CROCUS

チリの山岳地帯原産のたった2種のみからなるヒガンバナ科の属。希少で、野生では絶滅したといってよい。とはいえ、ロイヤルブルー、ゲンチアナブルー、淡青色の間で変化に富む魅惑的な色ゆえに、収集家たちに大切にされている。雪解けとともに新たな植物が見られるが、この雪の覆いが、春の開花を助けていると考えられている。

〈栽培〉
よく日の当たる、水はけのよい土壌で栽培する。主な捕食者はカタツムリ。ガラスの下で栽培する場合、砂質の肥沃な鉢用混合土を使用し、成長期にのみ灌水する。オフセット、または熟した新鮮な種子で栽培する。

Tecophilaea cyanocrocus ★
一般名：テコフィラエア・キアノクロクス
英　名：CHILEAN CROCUS
☀ ❄ ↔ 5cm ↕10～12cm

チリ原産の多年生植物。葉は幅狭の槍形で、花とともに生じる。早春に生じる花は、美しい青色の6枚花弁で、多様な白の模様が入る。じめじめした雨の多い冬を嫌う。雨の少ない乾燥した夏を好む。
ゾーン：8～10

TELANTHOPHORA
（テラントフォラ属）

かつてキオン属に含まれていた、中央アメリカ原産の14種の常緑小高木および低木からなるキク科の属。茎はふつう綿毛を帯び、数本の枝に、波状縁または鋸歯縁の大きな葉をつける。デイジーに似た黄色い花が枝の先端で房をなす。花は晩春から夏にかけて豊富につく。

〈栽培〉
栽培は容易で、日なたから半日陰のさまざまな土壌に耐える。霜に弱いため、冷温帯では温室で保護する。種子で繁殖。

Tellima grandiflora

Tecoma stans

Telanthophora grandifolia
異　名：*Senecio grandifolius*
☀ ♧ ↔ 3.5m ↕6m

メキシコ原産の魅力的な常緑低木または小高木。茎は綿毛を帯びる。大きな卵形の葉の縁は、波状、浅裂、または歯状。晩夏から早春にかけて、黄色いデイジー花が大きく華やかな房をなす。
ゾーン：9～11

TELEKIA
（テレキア属）

中央ヨーロッパから東のコーカサス地方に原生する単一種からなるキク科の属。きめの粗い多年草。大きな心臓形、深い鋸歯縁、有毛、柄の長い葉。大きな花序には周辺花があり、茎の先で散房花序をなす。杯形に輪生する苞は、心臓形で葉状。周辺花は雌性で、非常に長い、幅狭の黄色い花弁からなる。乾燥した果実は線形で平たい。

〈栽培〉
野生では、亜高山地帯までの川辺や湿性の森林地帯で生息する。庭においては、開けた、または明るい日陰の湿った場所で容易に育つが、侵略種にもなりうる。とはいえ、大きく栽培された優美なかたちは常に見ごたえがある。株分けまたは種子で繁殖。

Telekia speciosa
異　名：*Buphthalmum speciosum*
英　名：OXEYE DAISY, TELEKIA SUNFLOWER
☀ ❄ ↔ 1.2～1.8m ↕1.2～1.8m

中央ヨーロッパからロシアにかけて見られる強い芳香のある多年生植物。粗い鋸歯縁の葉は、裏面が細かい毛を帯びる。夏、35個以下の小さな黄色い周辺花をもつ花序が2～8個集まって房をなす。
ゾーン：3～9

Tecoma castaneifolia

TELLIMA
（テリマ属）

ただ1種の多年草からなるユキノシタ科の属。北アメリカ西部原産で、冷涼な湿性の森林地帯や岩場で見られる。心臓形～円形の、浅裂～鋸歯縁の、有毛の葉が、横広がりの叢を形成する。夏、丈高のワイヤー状の花茎に、緑みと赤みを帯びた小さなクリーム色の花が穂状花序をなす。古くなるにつれ花色は深まる。

〈栽培〉
冷涼な森林庭園や、日陰のボーダー花壇やロックガーデンによく適応する。腐植質に富んだ湿性の土壌で栽培する。秋に株分けするか、春に種子を蒔いて繁殖する。

Tellima grandiflora
テリマ・グランディフロラ
英　名：FINGERCUPS
☀ ❄ ↔ 60cm ↕60cm

アメリカ合衆国のカリフォルニア州からアラスカにかけて生息する多年生植物。ほぼ円形、浅裂、有毛、幅5～10cmの葉が基部に叢生する。夏、深い房縁のある優美な花が生じる。**Rubra Group**（ルブラ　グループ）（syn. 'プルプレア'）、ブロンズ色を帯びた、円形の波形縁の葉と、ピンク色の房縁のある緑色の花。
ゾーン：6～9

Telopea speciosissima、野生、オーストラリア

Telopea mongaensis

TELOPEA
（テロペア属）

英 名：WARATAH

赤い色調の豪華な花序で有名な、オーストラリア南東部原産のわずか5種の常緑低木および小高木からなる、ヤマモガシ科の属。脈のよく目立つ暗緑色の葉は、鋸歯縁または切れ込みがある。革質の豆果は長さ12cmで、多数の種子を含む。花序は大きく蝋質で、環状の鮮やかな赤い苞に囲まれる。オーストラリアのアボリジニ名は「ワラタ」で、この属の一般名にもなっている。全種とも装飾性が高く、美しい園芸植物となる。

〈栽培〉
日なたまたは半日陰における、水はけのよい、深い、酸性土壌が必要。アルカリ性土壌やリン過多に対する耐性は低く、肥料のやりすぎに注意。耐霜性は種によって異なる。早い時期から先端を摘んで分枝を促進し、花後は古い花茎を半分ほど切り詰める。繁殖は春に種子を蒔くか、挿し木する。

Telopea mongaensis
☼ ❄ ↔ 3m ↕ 3m

オーストラリアのニューサウスウェールズ州南部原産の、多数の枝を出す藪状の低木。暗緑色の革質の葉は、全縁、または幅広の裂片に分かれ、幼時は黄みを帯びた緑色。晩春から初夏にかけて、大きく開いた深紅色の花序が枝先に生じる。
ゾーン：8〜10

Telopea speciosissima 'Olympic Flame'

Telopea oreades
英 名：GIPPSLAND WARATAH
☼ ❄ ↔ 3m ↕ 3〜9m

オーストラリア南東部の遮へいされた湿潤な森林地帯に自生するワラタ。全縁、披針形の葉は、裏面がしばしば粉白色を帯びる。初夏、幅8cmになる球形の深紅色の花が生じる。
ゾーン：9〜10

Telopea speciosissima ★
一般名：テロペア、ワラタ
英 名：WARATAH
☼ ❄ ↔ 1.5m ↕ 3m

オーストラリアのニューサウスウェールズ州の州花。直立性の細い低木で、葉脈の目立つ、革質、鋸歯縁の葉がある。春、鮮やかな赤い苞の環に囲まれたドーム形の赤い花序が現れる。高品質の切花を目的に商業栽培される。'コロボリー'、強健な品種。革質、幅狭の葉。ドーム形の花序と、比較的目立たない苞がある。'フレーミング ビーコン'、非常に濃い赤色の大きな苞。'オリンピック フレーム'、2000年のシドニーオリンピックを記念して発表された。丈高の品種で、格別大きな高いドーム型の花序がつく。'ウィリンビラ ホワイト'、クリーミィホワイトの花。
ゾーン：9〜10

Telopea truncata、野生、オーストラリア、タスマニア州、中部山岳地帯

Telopea truncata
英 名：TASMANIAN WARATAH
☼ ❄ ↔ 3m ↕ 3m

オーストラリアのタスマニア州原産の種。深緑色の全縁の葉が新梢につく。新葉の裏面と未開花の花は、普通、柔らかい茶色の毛を帯びている。晩春、赤色のやや平たい花序が生じる。主に亜高山地帯に生息する。
ゾーン：8〜10

TEPHROCACTUS
（テフロカクトゥス属）

異 名：Opuntia

アルゼンチン原産の6種の小低木からなるサボテン科の属で、ウチワサボテン属の近縁にあたる。テフロカクタス属種は、容易に分離できる新しい茎節を頂端に

Telopea speciosissima 'Flaming Beacon'

Telopea speciosissima 'Wirrimbirra White'   *Telopea speciosissima* 'Corroboree'

Terminalia catappa、コスタリカ、ケポス、マヌエル・アントニオ国立公園

重ねながら成長する。刺座も独特で、植物体に沈み込んでいる。刺は多様だが、概して平たい紙状。成長端から生じる花は白、ピンク、黄色、赤がある。果実は乾燥していて具肉はない。属名はギリシャ語の*Tephra*（灰）に由来し、一部の種のくすんだ灰色を表わしている。

〈栽培〉
水はけのよい肥沃な土壌で容易に栽培できる。冬季は休眠させる。繁殖は、容易に分離できる茎節を1～2週間乾燥させて挿すのが一般的だが、種子からも育てることができる。

Tephrocactus articulatus
異 名：*Opuntia diadema*、
O. papyracantha、
Tephrocactus strobiliformis
英 名：PAPER-SPINED CACTUS、
PAPER-SPINED CHOLLA
☀ ⇔ ↔90cm ↕90cm

アルゼンチン原産の多様な種。刺は非常に長く、平たい紙状だが、存在しないものもある。分枝する基部と茎は普通直立性。茎節は卵形～洋ナシ形で、よく目立つ結節がらせん状に並ぶ。赤～紫黒色の鉤毛が2本～多数見られる。夏に生じる花は白～ピンク。
ゾーン：9～11

TEPHROSIA
（テフロシア属）
マメ科ソラマメ亜科の属で、世界中の熱帯および亜熱帯に厚生する、およそ400種の主に常緑の多年生植物または低木からなる。極めて多様で、直立性の種や不規則に広がる種もあり、葉は、1～41枚の小葉が互生する。対または房で生じる花は、典型的な蝶形花で、色はオレンジから紫まで幅がある。

〈栽培〉
大半は霜に弱いが、冷涼地帯でも冬にマルチでしっかりと保護すれば、春に基部から再成長する。水はけさえよければどんな土壌でも育ち、乾燥にも耐える。種子で繁殖するが、熱湯処理が必要。

Tephrocactus articulatus

Tephrosia grandiflora
☀ ⇔ ↔0.9m ↕0.6～1.5m
低木状の種。原産地は南アフリカで、ジャマイカに帰化した。茎は白またはさび色の綿毛を帯びる。羽状複葉をなす9～15枚の小葉は、裏面が白い毛を帯びる。春から初夏にかけて、パープルピンクの花が房をなす。
ゾーン：9～11

TERMINALIA
（モモタマナ属）
およそ200種の常緑または落葉性の高木からなるシクンシ科の属。属名は、しばしばシュートの先端近くに群生する葉に由来している。熱帯アジアのインド、スリランカから、南のポリネシア諸島やオーストラリアの一部で見られる。多くは沿岸近くに生息し、幹にはしばしば板根が見られる。大きく端正な、たいてい革質の葉群や、スプレー状の花による装飾的価値だけでなく、染料、オイル、堅果、または薬用目的にも栽培される。

〈栽培〉
日当りがよく、適度に肥沃で水はけさえよければどんな土壌でも育つ。冷涼地帯では温室での保護が必要。種子で繁殖。

Terminalia arostrata
英 名：NUTWOOD
☀ ⇔ ↔1.8～3m ↕5～10m
オーストラリア北部および西部原産の、半落葉性、乾燥耐性の高木。直立性の幹、下垂する枝、亀裂のある樹皮をもつ。革質、幅広の卵形の葉が円形の樹冠をなす。夏、目立たないクリーム色の花が穂状花序をなす。暗紫色または黒色の液果は食べられる。
ゾーン：9～11

Terminalia catappa
一般名：モモタマナ、コバテイシ
英 名：INDIAN ALMOND、KOTAMBA
☀ ⇔ ↔10m ↕27m
熱帯アジア、ポリネシア諸島の一部、オーストラリア北部で見られる高木。樹冠は幅広に広がり、水平の枝が段に並ぶ。半落葉性。大きな卵形の葉は、落葉前に鮮やかな赤色に変わる。夏、小さな白い花が穂状花序をなす。緑みを帯びた黄色の大きな食用果実がつく。
ゾーン：11～12

Tephrosia grandiflora

Tephrocactus articulatus

Terminalia arostrata、野生、オーストラリア、ノーザンテリトリー州、グレゴリー国立公園

TERNSTROEMIA
（モッコク属）

85種の常緑高木および低木からなるツバキ科の属。アジア、アフリカ、アメリカで見られる。つやのある大きな葉は革質で、時おり鋸歯縁が見られる。夏、白い一重の5枚花弁の花が生じる。種子を含むさく果は赤色。

〈栽培〉
水分保持力がありながら、水はけのよい、腐植質に富んだ肥沃な酸性土壌でよく育つ。シュートの先端を摘んで分枝を促す。晩夏に種子または半熟枝挿しで繁殖する。

Ternstroemia japonica ★
異　名：*Ternstroemia gymnanthera*
一般名：モッコク
☀ ❄ ↔3m ↕3.5m

日本原産の低木または小高木。枝が多い。つやのある厚い革質の卵形の葉。夏、軽い芳香のある小さな白い花が下向きに房をなす。円形の赤い果実が裂開して赤い種子を露呈する。'ワリエガタ'、灰色のマーブル模様のある暗緑の葉。クリーミィホワイトの縁取りは秋にピンクに変わる。
ゾーン：8〜11

TETRACENTRON
（スイセイジュ属）

ネパールから中国南西部および中央部原産の1種の落葉性高木からなるヤグルマ科の属。なめらかな新シュートに、卵形または時おり心臓形の葉がつく魅力的なかたち。真緑色のよく目立つ葉脈は、秋に青みを帯びた深い赤色に変わる。花は小さく黄色で、長い穂状花序をなす。しばしば装飾的価値のために栽培される。

〈栽培〉
冷たい風の当たらない、日当りのよい位置と、中程度に肥沃な土壌が必要。耐寒性はあるが、若いシュートは春の遅霜による害を受けやすい。種子または半熟枝挿しで繁殖。

Tetracentron sinense
一般名：スイセイジュ
☀ ❄ ↔9m ↕15m

中国南西部および中央部からネパールにかけて見られる高木。暗いなめらかなシュートに、茶色みを帯びた淡いオレンジの芽がつく。葉は先のとがった卵形〜心臓形で、よく目立つ脈があり、縁に先の丸い歯が並ぶ。秋に濃い青赤色に変わる。夏、小さな黄色い花が穂状花序をなして下垂する。
ゾーン：6〜9

TETRACLINIS
（カクミハバ属）

ただ1種の針葉高木からなるヒノキ科の属。アフリカ北西部およびスペイン南東部原産で、暑い乾燥した気候に適応する。非常に密な高木で、がっしりしたくましい幹に枝がひしめき合う。針葉樹によく見られるように、平たいスプレー状の小枝に、わずかにとがった細い葉がつく。枝の先端に小さな直立性の花序が生じる。

〈栽培〉
霜に弱く、冷涼地帯では温室で栽培する。乾燥耐性が極めて高いため、温暖地帯の乾燥地域に適している。水はけのよい土壌に植えつけること。種子または挿し木で繁殖。

Ternstroemia japonica

Tetraclinis articulata

Tetraclinis articulata
一般名：サンダラック
英　名：ALERCE、ARAR、JUNIPER GUM PLANT
☀ ❄ ↔8m ↕15m

アフリカ北西部およびスペイン南部原産の針葉樹。樹冠は幅広の円錐形で、ずんぐりした幹に枝がひしめき合う。ヒノキに似た葉群で、スプレー状に開いた平たい小枝に、うろこ状の葉が4枚で輪生する。夏、直立性の粉白色の小さな花序が枝の先端に生じる。
ゾーン：9〜11

TETRADENIA
（テトラデニア属）

アフリカ南部とマダガスカル島で見られる、5種の落葉性または半落葉性の低木からなるシソ科の属。一般的に栽培されるのはこのうち1種のみ。芳香のある低木で、半多肉質の茎は、葉と同様に、しばしば細かい綿毛を帯びる。明緑色〜灰緑色の葉は、心臓形〜円形で、普通深裂がある。小さな花が大量集まって、輪生する円錐花序をなし、株を覆いつくす。甘いハチミツの香りがある。

〈栽培〉
耐霜性はほとんどない。日なたまたは半日陰の、水はけのよい軽い土壌を好む。成長期にたっぷり水を与えるとより花つきがよくなるが、短期間の乾燥には耐える。花後は切り詰めてコンパクトな成長習性を促す。種子または挿し木で繁殖。

Tetradenia riparia
異　名：*Iboza riparia*
一般名：フブキバナ
英　名：MOSCHOSMA、NUTMEG BUSH
☀ ❄ ↔2.4m ↕2.4〜3m

南アフリカ原産の低木。葉は円形で、ベルベット状の毛で覆われている。色は明るいセージグリーン。冬から早春にかけて、芳香のある淡いピンク〜モーブ色の花が花序をなす。葉と若茎は、つぶすとぴりっとした芳香を発する。
ゾーン：10〜11

Tetradenia riparia

TETRADIUM
（テトラディウム属）

ヒマラヤ地方から東および東南アジアにかけて原生する、9種の落葉性および常緑低木および高木からなるミカン科の小属。芳香のある葉と、甘い香りのある多数の小さな花、大きく房をなす果実を目的に栽培される。さく果に含まれる暗赤色〜黒色の種子は、一部の種で有毒。

〈栽培〉
大半の種は非常に耐霜性が高い。日なたまたは半日陰の、湿性の水はけのよい肥沃な土壌で繁殖する。剪定して傷んだ葉と終わった花を取り除く。秋に種子を蒔くか、晩冬に挿し木で繁殖。

Tetradium daniellii
異　名：*Euodia daniellii*
英　名：KOREAN EUODIA
☀ ❄ ↔12m ↕15m

中国南西部および朝鮮半島原産の大高木。大きな羽状複葉をなす、11枚の卵形または槍形の、つやのある暗緑色の小葉は、秋に黄褐色に変わる。晩夏から初秋にかけて、芳香のある白い小さな花がドーム型のスプレー状に頂生する。小さな洋ナシ形の果実。
ゾーン：8〜10

Tetradium ruticarpum
異　名：*Euodia ruticarpa*
一般名：ゴシュユ
☀ ❄ ↔4.5m ↕9m

中国および台湾原産の小高木。葉は全縁で、表面はつやのある暗緑色、裏面は緑みを帯びた茶色で毛が密生する。晩夏、白または黄みを帯びた緑色の小さな花がスプレー状につく。赤〜黒の丸い果実。
ゾーン：9〜11

Tetradium daniellii

Tetradium ruticarpum

TETRAGONIA
(ツルナ属)

1属のみからなるツルナ科の小属。ニュージーランドとオーストラリア原産だが、世界中の多くの地域に帰化した。少数の属種は、短命の多年生植物で、暗緑色の肉厚の葉は、三角形～長楕円形と多様で、裏面に光沢がある。多肉質の茎に、春、淡緑色を帯びた、クリーム色～黄色の、デイジーに似た花がつく。果実は四角形。一部の種の葉は食用。しばしば雑草と見なされる。属名はギリシャ語の*tetra*（4）と*gogina*（角）に由来し、四角形の果実を表わしている。

〈栽培〉
大半の土壌に適応するが、あえていえば、開けた日なたまたは半日陰の位置の、砂質の壌土を好む。あらかじめ温水に浸した種子を蒔くか、挿し木で繁殖。

Tetragonia tetragonioides
一般名：ツルナ
英　名：NEW ZEALAND SPINACH, WARRIGAL GREENS
☀ ❄ ↔60～100cm ↕20～30cm

短命の平伏性多年生植物。ニュージーランドとオーストラリア原産だが、世界中の多くの地域に帰化した。三角形～長楕円形の、先のとがった、暗緑色の肉厚の葉は、裏面に光沢があり、食用される。普通春、デイジーに似た、緑みを帯びた黄色の小さな花が生じる。雑草扱いされる場合もある。
ゾーン：7～9

TETRAPANAX
(カミヤツデ属)

1種のみが確認されているウコギ科の属。台湾原産の、吸枝を伸ばして叢生する常緑低木または小高木。この植物の茎の髄から上質のライスペーパーが作られることから、英語では「RICE-PAPER PLANT」と呼ばれている。大きな掌形の葉は、幼時は全体がフェルト状だが、やがて表面の覆いは剝げ、濃い緑色の下層が露わになる。秋、茎の先端で、軟毛を帯びた花芽から開いた、クリーミィホワイトの花が大きな円錐花序をなす。

〈栽培〉
乾燥や厳しい霜には耐えられない。温暖地帯において、腐植質に富んだ、水はけのよい湿性の土壌で、暑い夏季の日差しを避けて栽培する。また、海岸近くの砂質の土壌でもよく育つ。古い茎や枯れた花序は取り除く。挿し木も可能だが、大きく扱いにくいため、種子での繁殖のほうが一般的。

Tetrapanax papyrifer
一般名：カミヤツデ
英　名：RICE-PAPER PLANT
☀ ❄ ↔4.5m ↕6m

台湾原産の常緑小高木または低木で、多数の吸枝を出して大きく叢生する。綿毛を帯びた掌状葉は、主に茎の先端に生じ、重なり合って密な樹冠を形成する。秋にクリーミィホワイトの花序が生じる。紫黒色の液果が房をなす。'**ワリエガタ**'、葉にクリーム色の縁どり。
ゾーン：8～11

TETRATHECA
(テトラテカ属)

英　名：BLACK-EYED SUSAN

オーストラリア原産の約40種を含むトレマンドラ科の属。全種とも低く成長する常緑低木で、細長い茎に細かい緑色の葉がつく。点頭する鐘状の花は、ピンクまたは紫で、黒い中心はなかなか見えない。「BLACK-EYED SUSAN」と呼ばれる多くの植物のひとつ。

〈栽培〉
庭栽培でも鉢栽培でも、トラブルを避けるために、半日陰の位置で水はけのよい土壌に植え付ける。半熟枝挿しで繁殖。

Tetratheca thymifolia ★
☀ ❄ ↔60cm ↕60cm

オーストラリア原産の小山を形成する低木。きゃしゃな枝に緑色の小さな葉がつく。春、深いピンク色の鐘形の花が豊富につく。白花種もある。
ゾーン：9～11

Tetratheca thymifolia

TEUCRIUM
(ニガクサ属)

英　名：GERMANDER

暖温帯、とくに地中海沿岸地帯で見られる、およそ100種の草本、低木、亜低木からなるシソ科の属。低木種は魅力的で、しばしばカラフルな花がつく。全種とも、特徴的な角ばった茎に、普通綿毛や毛を帯びた、縁に切れ込みまたはわずかな歯が並ぶ、卵形～槍形の葉が対生する。夏、クリーム色、紫、またはピンク色の花が、まばらな茎に輪生する。一部の種はネコを惹き付ける。

〈栽培〉
日当りのよい、水はけのよい土壌が必要。内陸部の乾燥熱にも耐えるが、沿岸地帯のほうがよく育つ。夏に花が終わった直後、枝先を軽く剪定して、枯れた花序を取り除き、外側の成長を促す。繁殖は、夏に硬い先端を切って挿すのが最良。

Teucrium canadense
英　名：AMERICAN GERMANDER, WOOD SAGE
☀ ❄ ↔60～90cm ↕60～90cm

北アメリカ原産の多年生植物。硬い直立性の茎は綿毛を帯びる。葉は有毛で、卵形～槍形で、縁に切れ込みがある。夏、クリーム色、ピンク、または紫色の花が輪生して、幅2.5cmの穂をなす。
ゾーン：4～9

Teucrium chamaedrys
一般名：ウォールジャーマンダー
英　名：GROUND OAK, WALL GERMANDER
☀ ❄ ↔60～90cm ↕30～60cm

木質の基部をもつ多年生植物。中央および南ヨーロッパ原産だが、より南部にも帰化した。小さな卵形の葉は鋸歯縁で、表面は光沢のある緑色、裏面は綿毛を帯びる。夏、茎の先端の穂にピンク～紫色の花が輪生する。
ゾーン：5～10

Tetrapanax papyrifer

Teucrium cossonii
異　名：*Teucrium gussonei*, *T. majoricum*
☀ ❄ ↔60cm ↕20cm

地中海に浮かぶ、スペインのマジョルカ島原産の、低く成長する低木状の多年生植物。小さな幅狭の灰色の葉。温暖地方ではほぼ一年を通じて、短い穂状の穂にラベンダー色の花が輪生する。
ゾーン：8～11

Teucrium fruticans
一般名：ツリージャーマンダー
英　名：BUSH GERMANDER, SHRUBBY GERMANDER
☀ ❄ ↔1.8m ↕1.2m

スペイン、ポルトガル、イタリアの南部および北アフリカ原産の常緑小低木。灰色みを帯びた葉の裏面と、茎に、白い毛が密生する。夏、淡いライラックブルーの花が生じる。'**アズレウム**'、深い青色の花。
ゾーン：8～10

Teucrium hircanicum
一般名：コーカサスジャーマンダー
☀ ❄ ↔60cm ↕60cm

西アジアおよびコーカサス地方原産の木質基部の多年生植物。綿毛を帯びた柔らかい緑色の葉は、表面にいくぶんしわがある。夏から秋にかけて、頂生する穂に、小さな紫～赤みを帯びた紫色の花がぎっしりと輪生する。
ゾーン：6～9

Teucrium cossonii

Teucrium fruticans

Teucrium hircanicum

Thalictrum delavayi 'Hewitt's Double'

Thalictrum delavayi

Thalictrum aquilegiifolium

Teucrium polium
英 名：GOLDEN GERMANDER
☼ ❄ ↔15～30cm ↕10～40cm
地中海沿岸地方および西アジア原産の、低い小山を形成する亜低木。木質基部で、茎は綿毛を帯びる。小さな灰色の葉は表面にしわがある。夏、白、黄色、ピンク、紫色のベルベット状の花が小さな花序をなす。
ゾーン：7～10

Teucrium pyrenaicum
☼ ❄ ↔40cm ↕8cm
ピレネー地方原産の多年生植物。縁に切れ込みのある円形の葉がマットを形成する。夏、紫と白の2色の花が、茎の先端で幅25mmの密な花序をなす。
ゾーン：6～9

Teucrium scorodonia
一般名：ウッドセージ
英 名：MOUNTAIN SAGE,
WOOD GERMANDER, WOOD SAGE
☼/◐ ❄ ↔45cm ↕60cm
ヨーロッパ南部および西部原産の、綿毛を帯びた根茎性の多年生植物。粗い鋸歯縁の、しわのある、灰みを帯びた緑色の葉は、サルビア属に似ている。夏から秋にかけて、黄みを帯びた緑色の小さな花が、茎の先端で穂をなす。'クリスパム マクリナツム'、カールしたフリル縁の緑色の葉。
ゾーン：6～10

THALIA
（タリア属）
英 名：ALLIGATOR FLAG
熱帯および亜熱帯アメリカ、それに熱帯アフリカ原産の、12種の水生多年草からなるウコン科の属。肉厚の根茎から、重なり合う装飾的な青緑色の葉を生じる。卵形～剣形の大きな葉身は、夜、上向きに閉じ、長い葉柄は基部が鞘に覆われている。ロウ質の筒形の花がカーブした房状の枝に2列で並び、葉の上に伸びる長い柄の先で円錐花序をなす。
〈栽培〉
日当りのいい開けた位置の、深さ30～45cmの水中、または湿性～湿潤なローム状の土壌で育つ。春に株分けで繁殖する。

Thalia dealbata
一般名：ミズカンナ
英 名：POWDERY ALLIGATOR FLAG, WATER CANNA
☼ ⚇ ↔50～75cm ↕0.9～1.8m
北アメリカ南東部原産の、枝のない直立性の多年生植物。きめの粗い、大きく、灰みを帯びた緑色の葉は、細い赤色の縁取りがあり、裏面は粉白色。晩夏から初秋にかけて、分枝した花序に、6枚花弁、バイオレット色、ロウ質の花がつく。
ゾーン：9～11

THALICTRUM
（カラマツソウ属）
英 名：MEADOW RUE
主に北半球の温帯に見られる、およそ130種の塊茎性または根茎性の多年生植物からなるキンポウゲ科の属。直立性で、オダマキ属やアディアントゥム属の葉を思わせる、レース状の青緑色の羽状複葉をもつ。丈高の花茎が葉の上に伸びて、種によって違いはあれど、晩春から秋にかけて、ふわふわした小さな花が花序をなす。花色は主にピンク～モーブ色で、白や黄色もあるが、花弁はなく、花弁に似た4～5枚の萼片に色がついている場合がある。古代ローマ人に薬草として尊ばれたほか、迷信も付随された。
〈栽培〉
普通耐寒性は非常に高く、温帯においては、日なたまたは半日陰の、水はけのよい腐植質に富んだ肥沃な土壌で容易に育つ。栽培種は主に精選された型であるため、株分けで繁殖する。

Thalictrum aquilegiifolium
一般名：カラマツソウ
英 名：FEATHERED COLUMBINE, FRENCH MEADOW RUE
☼/◐ ❄ ↔50～100cm ↕150cm
ヨーロッパから日本にかけて見られる、複数の茎をもつ多年生植物。オダマキ属やアディアントゥム属に似た青緑色の葉は、幅30cmになる。初夏、萼片の目立たない、緑みを帯びた白からピンク～紫色の花が円錐花序をなす。
ゾーン：6～9

Thalictrum delavayi
タリクトルム・デラワイ
☼/◐ ❄ ↔40～60cm ↕1.2～1.5m
ヒマラヤ地方原産の多年生植物。暗色の茎に、オダマキ属またはアディアントゥム属に似た青緑色の葉がつく。夏、パープルピンク、まれに白色の花と、類似した色の萼片が、大きく花期の長い、直立性の華やかな花序をなす。'ヘイウィッツ ダブル' ★、やや丈の低い八重花。
ゾーン：7～9

Thalictrum dioicum
英 名：EARLY MEADOW RUE
☼/◐ ❄ ↔30～40cm ↕30～75cm
北アメリカ、カナダのオンタリオ州からアメリカ合衆国テネシー州にかけて見られる種。オダマキ属に似た青緑色の葉は、深い波形縁の小さな小葉からなる。夏に生じる花は、時おり紫を帯びる、よく目立つ淡緑色の萼片の下に、ピンク色の花糸が下垂する様が、浮遊するクラゲに似ているといわれる。
ゾーン：4～9

Thalictrum flavum
一般名：キバナカラマツソウ
英 名：FALSE RHUBARB, YELLOW MEADOW RUE
☼/◐ ❄ ↔40～50cm ↕100cm
ヨーロッパ南西部から北アフリカに見られる多年生植物で、細かく分裂した、オダマキ属に似た青緑色の羽状複葉をもつ。夏、目立たない萼片のあるクリーム色～黄色の花からなる小さな花序が生じる。*T. f.* subsp. *glaucum*、強烈な青緑色の葉が特徴。
ゾーン：6～10

Thalictrum kiusianum
一般名：ツクシカラマツソウ
☼ ❄ ↔30～50cm ↕15～30cm
日本原産の小型の種。短い茎と、3～5裂片のある、青緑色の小さな2回3出複葉が、密な叢を形成する。夏、目立たない萼片のある、白～パープルピンクの花が、多数の小さな花序をなす。
ゾーン：8～10

Thalictrum minus
☼/◐ ❄ ↔50～80cm ↕0.9～1.5m
ヨーロッパからアジアにかけて見られる直立性の種。細かく分裂した、青緑色の羽状複葉。夏、時おり紫を帯びる黄色の花が、目立たない萼片とともに円錐花序をなす。
ゾーン：6～9

Teucrium pyrenaicum

Thalia dealbata

Thalictrum orientale

Thalictrum rochebruneanum

Thalictrum orientale
☼/☀ ❄ ↔30〜50cm ↕30cm
ギリシャからイランにかけて見られる小さく叢生する種。葉は2回3出複葉で、3裂の円形の小葉からなる。春から初夏にかけて、目立たない萼片のある、白〜ラベンダー色の小さな花が、平たい花序をなす。
ゾーン：7〜10

Thalictrum rochebruneanum
一般名：シキンカラマツ
☼/☀ ❄ ↔0〜50cm ↕100cm
日本原産。細くさけ裂した葉は、長さ25mm以上の全縁または切れ込みのある小葉からなる。夏、多数の黄色い花糸と、華やかなパープルピンクの萼片のある、下垂する小さな花が、高いスプレー状につく。'ラベンダー ミスト'、バイオレット色の小さな鐘形の花が大きな花序をなす。
ゾーン：8〜10

THAMNOCHORTUS
(タムノコルトゥス属)
南アフリカのみに生息する、34種のイグサに似た植物からなるサンアソウ科の属。茎は緑色で、葉は退化して茎の上の茶色の鱗片となった。茎の先端に密な花序をなす小さな茶色い花は、普通、目を引く茶色〜金色の紙状の苞に囲まれる。雄性花と雌性花は別の株に生じる。ほとんどの場合、性別によって外見はまったく異なり、昔は異なる種に間違えられることもあった。南アフリカでは現在も屋根ふき材として利用されている。

〈栽培〉
ほとんど霜のない地域において日なたで栽培する。やや乾、湿性の、砂質の土壌を好むが、かなり適応性がある。繁殖は、くん煙処理した種子を秋に蒔く。

Thamnochortus insignis
英　名：DEKRIET、THATCHING REED
☼ ❄ ↔1.8〜2m ↕1.8〜2m
南アフリカの沿岸地帯原産。深緑色の硬い茎に、茎を抱く茶色い苞葉がある。夏に生じる小さな茶色い花は、暗茶色の苞に囲まれる。雄性花は苞がより大きい。
ゾーン：8〜10

THELOCACTUS
(テロカクトゥス属)
メキシコのチワワ砂漠からアメリカ合衆国テキサス州原産の、単生または群生する小さな12種からなるサボテン科の属。茎は球形または円柱形で、高さ25cm、直径20cm以下。垂直またはらせん状の畝に、普通、よく目立つ、円形〜円錐形の小結節があり、しばしば付加的な花密腺を含んでアリを惹き付ける。刺は多様だが宿存性で、普通まっすぐで長さ6cm以下。成長端から生じるじょうご形の花は、さまざまな色がある。果実は球形〜卵形で、色は緑〜鮮やかな赤で、乾燥した感触の場合もある。よく目立つ刺、大きな花があり、栽培も容易なため、収集家に人気がある。

〈栽培〉
水はけのよい肥沃な土壌で容易に栽培できる。繁殖は、種子、古い株の株分け、または、1〜2週間乾燥させた穂木を挿す。冬季は休眠させる。

Thelocactus conothelos
異　名：*Thelocactus saussieri*
一般名：天照丸
☼ ✥ ↔50cm ↕38cm
メキシコ原産の種で、普通単生だが、群生する場合もある。円形〜短い円柱形の茎は緑〜黄緑。はっきりしない畝はらせん状。小結節はデルタ形。刺は赤〜赤みを帯びた白で、やがて灰色になる。夏に生じる花は、パープルマゼンタ、白、黄色、オレンジイエローと幅がある。
ゾーン：9〜11

Thelocactus hexaedrophorus
異　名：*Thelocactus fossulatus*、*T. lloydii*
一般名：天晃
☼ ✥ ↔8〜15cm ↕3〜8cm
アメリカ合衆国テキサス州原産の、普通単生の種。球形〜やや平たい球形の茎。畝ははっきりしない。小結節は圧縮された円形。刺座には溝がある。刺は赤み、茶色み、または灰色みを帯びた白。夏に生じる花は白色で、時おり中心に赤みを帯びた縞が入る。果実は緑〜深紅色。
ゾーン：9〜11

Thelocactus leucacanthus
一般名：白刺玉
☼ ✥ ↔80cm ↕5〜15cm
アメリカ合衆国テキサス州およびメキシコ原産のサボテン。直径5cmの茎が大きな叢を形成する。畝はらせん状で、小結節は円錐形で先端が丸い。刺座には付加的な花蜜腺がある。刺は黄みを帯びたものから白、黒に近いものもある。夏、黄色、バイオレット色、または鮮やかな赤色の花が生じる。果実は緑または黄緑色。ゾーン：9〜11

Thelocactus macdowellii
異　名：*Echinomatus macdowellii*、*Nelloydia macdowellii*
一般名：太白丸
☼ ✥ ↔5〜12cm ↕5〜10cm
アメリカ合衆国テキサス州原産の種で、単生または群生する。球形の茎は、緑〜淡緑色で、密生する刺に覆われる。稜ははっきりしない。小結節は円錐形。刺は白〜灰色みを帯びた白。夏に深紅色の花がつく。果実は乾燥している。
ゾーン：9〜11

Thelocactus hexaedrophorus

Thelocactus macdowellii

Thelocactus conothelos

Thamnochortus insignis、南アフリカ、カーステンボッシュ国立植物園

Thelocactus rinconensis ★
異　名：*Thelocactus lophothele*、
T. nidulans, *T. phymatothelos*
一般名：凛烈丸
☀ ❄ ↔8～20cm ↕15cm
アメリカ合衆国テキサス州原産の種。茎は普通球形で、しばしば紫を帯びた青緑色。はっきりしない畝が大量にある。小結節は円錐形で角がある。刺は多様。夏、白～明るいピンク色の花が生じる。果実は緑みを帯びた黄色で、やや多肉質。
ゾーン：9～11

Thelocactus setispinus
異　名：*Hamatocactus setispinus*
一般名：竜王丸
☀ ❄ ↔5～10cm ↕8～12cm
メキシコ原産の単生する種で、まれにオフセットを出す。球形～伸びた球形の茎は黄緑色。細い波状の畝がよく目立つ。小結節はない。刺座には付加的な花蜜腺がある。刺は黄みを帯びた白～赤色、白っぽい、または赤みを帯びた白。夏に生じる黄色い花は、花喉が深い赤色。果実は赤い球形で、多肉質。
ゾーン：9～11

Thelocactus tulensis
一般名：長久丸
☀ ❄ ↔6～8cm ↕2.5～25cm
アメリカ合衆国テキサス州原産の単生する種。短い円柱形～半球形の茎で、稜のあるものとないものがあり、小結節も多様。赤みを帯びた茶色の刺は、やがて灰色になる。夏に生じる花は、白、黄、紫みを帯びたピンク～深紅色。果実は、緑、灰色みを帯びた深紅色、白みを帯びた茶色がある。
ゾーン：9～11

Thelymitra ixioides

THELYMITRA
（テリミトラ属）
英　名：SUN ORCHID
ラン科の大属で、およそ100種あまりが含まれている。原産地は主にオーストラリアで、そのほか、ニュージーランド、ニューギニア、ニューカレドニア、フィリピンでも多少見られる。テリミトラ属種は、1枚の肉厚の葉と、数個～多数の花からなる直立性の花序をつける。花期は晩春から夏で、種によって異なる。花はランらしくなく、各区分は似ていても、大半のランに見られる、高度に変化した特別な唇弁が見られない。よく見られる花色は、青、ピンク、紫だが、黄色、茶色、白の種もあり、斑点がつくものもある。とはいえ、このランを国際的に知らしめたのは鮮やかな空色の種である。曇った日や夕方にはめったに開花せず、明るい日差しと温暖な気温によって開花するため、英名では「SUN ORCHID（太陽のラン）」と呼ばれている。オーストラリアでは高温で乾燥した夏の間中、地下の塊茎のかたちで休眠する。

〈栽培〉
これらのカラフルなランは、菌根菌に依存して生息しており、休眠する前、一年周期で活力が衰退するため、長期的に栽培するのは非常に難しいことがわかっている。テリミトラ属の栽培専門家たちは、水はけのよい砂質の混合土に、低い割合で有機物を加えて、いくつかの種の栽培に成功した。株分けで繁殖。

Thelymitra ixioides
☀ ❄ ↔10～20cm ↕10～80cm
オーストラリア原産のたくましいランで、帯状の緑色の葉をもつ。春、幅30mmのピンクみを帯びた青～深い青色のおびただしい数の花をつける。暗色のコショウ粒状の斑点が花の中心にしばしば見られる。
ゾーン：9～11

THELYPTERIS
（ヒメシダ属）
同名のヒメシダ科の属で、北半球原産の1種と南半球原産の1種の、合わせて2種の陸生シダを含む。日陰のじめじめした沼地に見られる。匍匐性または直立性の根茎は、毛状の鱗片に覆われる。分裂した、剣形または三角形の、しばしば腺のある葉身は、細かい灰色の毛を帯びている。葉の裏面に、円形の胞子体が並ぶ。この属に含まれる種の数は、植物学者によって見解が異なる。最少では、多数の近縁属を認めたうえで、2種が確認されているが、見解によっては900種が含まれるとされる。

〈栽培〉
保護された日陰の場所と、水はけのよい湿性の肥沃な土壌を好む。胞子で繁殖。

Theobroma cacao

Thelypteris palustris
異　名：*Dryopteris thelypteris*、
Thelypteris thelypteroides
一般名：ヒメシダ
英　名：MARSH FERN
☀ ❄ ↔25～45cm ↕45～60cm
アメリカ合衆国の温帯、ヨーロッパ、バーミューダー、キューバ、ペルーで見られる。長い匍匐性の根茎。不稔性の葉身は、長さ40cmの剣形で、淡緑色のなめらかな柄についた卵形の切片からなる。稔性の葉は長さ100cmで、より長い柄に幅狭の切片がつき、夏、中央脈の近くに胞子体が並ぶ。
ゾーン：6～11

THEOBROMA
（カカオノキ属）
熱帯アメリカ産の常緑高木からなるアオギリ科の属。20種が含まれるが、最も有名なのは、カカオの採れる*Theobroma cacao*である。短命の単葉が互生する。落葉後、花が葉腋から直接生じ、その後、多数の種子を含む大きな多肉質の果実がつく。この種子がチョコレートの原料として利用される。

〈栽培〉
霜に弱く、冷涼地帯では温室が必要。温暖地帯では、保護された場所で、水分保持力がありながら水はけのよい肥沃な土壌で栽培する。成長期には水と肥料を定期的に与える。新鮮な種子を蒔くか、高取り法で繁殖する。

Theobroma cacao
一般名：カカオ
英　名：CACAO
☀ ❄ ↔3m ↕8m
中央および南アメリカ原産。先のとがった長楕円形の葉は、幼時は赤く下垂する。春、わずかに芳香のある、クリーミィピンクの小さな花の房が、幹や太い枝から直接生じる。畝のある果実は熟すと紫みを帯びた茶色になる。
ゾーン：11～12

Thelocactus tulensis

THERMOPSIS
(センダイハギ属)
英 名：FALSE LUPIN

マメ科ソラマメ亜科の属で、北アメリカ、シベリア、一部のアジア原産の、23種の根茎性多年草を含む。川辺や開けた森林地帯で生息する。魅力的な3裂葉はしばしば銀色みを帯びる。花蜜の多い、黄色または紫色の花は、典型的なマメ科の花。春から夏にかけて、茎の先端に、密またはまばらな総状花序をつけるさまは、一部の種の一般名からもうかがえるように、ルピナス属に似ている。

〈栽培〉
ボーダー花壇、またはより広い場所で自生させるのに適している。日当りのよい場所で、湿性だが水はけのよい、ある程度肥沃な土壌で栽培する。一部の種は根茎ですばやく広がる。種子、または株分けで繁殖するが、深い根は変動を嫌うので慎重に行うこと。

Thermopsis rhombifolia
英 名：FALSE LUPIN、GOLDEN BANNER
☼ ❄ ↔60cm ↕90cm

アメリカ合衆国のロッキー山脈からニューメキシコ州にかけて見られる種。ほぼ卵形の小葉は、裏面が毛を帯びている。春から夏にかけて、柔毛のある黄色の花が、長さ30cmの密またにまばらな総状花序をなす。果実は直立性で綿毛を帯びる。
ゾーン：4～9

Thermopsis villosa
異 名：*Thermopsis caroliniana*
一般名：ルピナス カロレナ
英 名：CAROLINA LUPIN
☼ ❄ ↔0.6m ↕0.9～1.5m

アメリカ合衆国南東部原産の、たくましい多年生植物。青みを帯びた緑色の葉は、裏面が綿毛を帯びる。春から夏にかけて茎の先端に生じる黄色い花は、綿毛を帯び、ルピナスに似た総状花序をなす。果実は綿毛を帯びる。
ゾーン：6～9

THEVETIA
(キバナキョウチクトウ属)

キョウチクトウ科の小属で、熱帯アメリカ原産のおよそ8種が含まれる。高木または低木で、互生する単葉がらせん状に並ぶ。夏、よく目立つ黄色のじょうご形の花が、シュートの先端に豊富に生じる。果実はずんぐりした液果。毒性のあるキョウチクトウ属の近縁属で、乳状の樹液を含み、全草が高い毒性をもつ。

〈栽培〉
大半の属種は比較的適応性があるが、マルチを施した、水はけのよい砂質の土壌で、夏季にたっぷり水を与えると最もよく育つ。日なたにも半日陰にも耐える。種子または挿し木で繁殖。

Thevetia peruviana
異 名：*Thevetia neriifolia*
一般名：キバナキョウチクトウ
英 名：LUCKY NUT、YELLOW OLEANDER
☼ ❄ ↔2.4m ↕4.5m

中央アメリカ、ペルー、および西インド諸島原産の、直立性の低木または小高木。線形～幅狭の槍形の葉は光沢のある暗緑色。夏、芳香のある、じょうご形の、アプリコットイエローの花が集散花序をなす。果実は多肉質。全草が有毒。
ゾーン：10～12

THRINAX
(トリナクス属)
英 名：THATCH PALM

主にアメリカ合衆国のフロリダ州、カリブ諸島、メキシコ、ベリーズに生息する7種からなるヤシ科の属。単幹性の掌状葉ヤシで、鱗のない長い柄に、掌状裂の葉をつける。自家受粉する杯形の小さい花が、葉の間で円錐花序をなし、その後、普通白色の果実が生じる。この属種は、アルカリ性の土壌で、海水面～高海抜の、海岸に近い森林や山地においても生息している。非常に魅力的なヤシで、大半は熱帯および亜熱帯に適するが、暖温帯でも一部が栽培されている。端正な標本植物となるほか、ほかの植物とともに庭の花壇や桶で栽培することもできる。

〈栽培〉
最高の結果を得るには、寒風の当たらない、日当りのよい温暖な位置で、水はけのよい土壌で栽培する。自然でに石灰岩土壌で生息する。潮風にも耐える。種子で繁殖。

Thrinax morrisii
英 名：BRITTLE THATCH PALM、PEABERRY PALM
☼ ✈ ↔3m ↕10m

キューバ、西インド諸島、アメリカ合衆国フロリダ州原産の小型ヤシ。なめらかな幹は基部が膨れている。掌状葉は青緑色で、裏面が灰色で、小さな白い斑点がある。夏、小さな花がアーチ状の円錐花序をなす。小さな白い果実が房をなす。
ゾーン：11～12

Thevetia peruviana

Thrinax parviflora

Thrinax morrisii

Thrinax radiata

Thrinax parviflora
英 名：JAMAICAN FAN PALM、ROYAL PALMETTO
☼ ❄ ↔2m ↕3～15m

ジャマイカ原産の、小型～中型の多様なヤシ。緑色の掌状葉は表面が起伏する。夏、クリーム色～黄色の芳香性の花が円錐花序をなす。小さな白い果実。
ゾーン：10～12

Thrinax radiata
英 名：FLORIDA THATCH PALM
☼ ❄ ↔2m ↕12m

カリブ諸島およびアメリカ合衆国フロリダ州南部原産。基部が繊維に覆われた柄に、深緑色の掌状葉がつく。夏、芳香性の小さな白い花が直立性の円錐花序をなす。果実は白。
ゾーン：10～12

Thuja occidentalis 'カエスピトサ'

T. o. 'グロボナ レインデノアナ'

T. occidentalis 'ゴールデン グローブ'

Thuja occidentalis 'ヘッツ ミジェット'

Thuja occidentalis 'ホルムストラップ'

Thuja occidentalis

Thuja occidentalis 'コロンビア'

Thuja occidentalis 'エレガンテシマ'

Thuja occidentalis 'ルテア'

Thuja occidentalis 'オーレンドルフィイ'

Thuja koraiensis 'グラウカ プロストラタ'

THRYPTOMENE
(トリプトメネ属)

オーストラリア原産のおよそ40種の常緑低木からなるフトモモ科の属で、ベッケア属の近縁。高さ0.9～1.5mになり、ワイヤー状の茎と、普通つぶすと芳香を発する小さな線形の葉をもつ。小さな星形の花は、白、ピンクみを帯びた白、またはピンクで、晩冬から春にかけて、側生する小さなシュートいっぱいについて、植物を彩る。花は花蜜が豊富なため、ハチミツの香りがする。

〈栽培〉
水はけのよい軽い土壌と日当りを好み、霜は避ける。寒さと雨が長く続く環境には耐えられないが、それさえ気をつければ容易に育つ。切花としてもすばらしく、藪をコンパクトに保つ最良の方法のひとつは、花枝を切って室内に飾ることである。繁殖は、花のない茎の先端を切って挿し木する。

Thryptomene calycina
一般名：トリプトメネ
英　名：GRAMPIANS THRYPTOMENE
☼ ↔ 2.4m ↕ 1.2～1.8m

オーストラリアはビクトリア州西部のグランピアン山脈原産の常緑低木。暗緑色の葉が、枝にいくぶん平たいスプレー状につく。冬から春にかけて、ピンク色の花芽から開いた白い星形の花が多数生じる。花期中および花後、軽く剪定する。
ゾーン：9～11

Thryptomene saxicola
英　名：ROCK THRYPTOMENE
☼ ↔ 1.5m ↕ 0.9～1.5m

オーストラリア南部の大部分の、露出した岩の多い斜面で見られる低木。おびただしいワイヤー状の茎に、小さな円形の葉がスプレー状につく。晩冬から春にかけて、白または淡いピンク色の花が生じる。花後に毎年軽く剪定すること。水はけのよい環境を好む。
ゾーン：9～10

THUJA
(ネズコ属)
異名：*Platycladus*
英　名：ARBORVITAE、RED CEDAR、WHITE CEDAR

5種の常緑針葉高木からなるヒノキ科の属。自然生息地は、北アメリカおよび東アジアの、高地の雨の多い森林地帯、または、じめじめした寒い沿岸地帯および低地の平原。樹皮は赤みを帯びた茶色で、成熟した高木では剥がれて長い垂直の縞模様をなす。小葉は平たい鱗状。雄花序は小枝の先端に単生し、6～12枚の鱗片が重なり合った雌花序は、より下位に生じる。重要な材木であるとともに、生垣や、花卉栽培術における青葉にも利用される。芳香性の葉は皮膚アレルギーの原因となる場合がある。

〈栽培〉
若木は、日当りのよい、深い、湿性の、水はけのよい土壌でよく育つが、乾燥した冷たい風を避ける。他の針葉樹では耐えられないような湿地でも育つ。繁殖は、冬、霜のあたらない場所に種子を蒔くか、晩夏に半熟枝を発根させて挿す。

Thuja koraiensis
一般名：チョウセンネズコ、ニオイネズコ
英　名：KOREAN ARBORVITAE
☼ ❄ ↔ 3.5m ↕ 9m

中国東北部、朝鮮半島北部および中部原産の小高木。円錐形で、小枝はしばしば垂れ下がる。真緑色の鱗片状の葉は、裏面が銀色。夏に生じる雌花序には4対の鱗片がある。'グラウカ プロストラタ'、非常に低く成長する品種。青みを帯びた葉。
ゾーン：5～9

Thuja occidentalis
一般名：ニオイヒバ
英　名：AMERICAN ARBORVITAE、EASTEN ARBORVITAE、WHITE CEDAR
☼ ❄ ↔ 4.5m ↕ 9～21m

北アメリカ東部原産の大型の針葉樹。円錐形で、先端は葉が密生して丸くなる。樹皮はオレンジブラウンの縞模様を呈する。密生する、くすんだ緑色の平たい小枝は、裏面が灰色みを帯びた緑色。夏に見られる雌花序は、8～10対のなめらかな鱗片をもつ。'カエスピトサ'、成長の遅い、高さ30cmの円形の低木。'フィリフォルミス'、下垂する細い小枝。高さ8mに成長する。葉は金黄色。'ゴールデン グローブ'、高さと幅が0.9m。'ニゲラ'、およそ9mにまで成長する。幅狭の円錐形で、枝は地面まで下がる。コンパクト型。非常に暗緑色の葉で、冬中葉色を維持する。'オーレンドルフィイ'、幼形の葉を維持する。'ピラミダリス コンパクタ'、密に詰まった鮮やかな緑色の葉が円柱形をなす。高さはおよそ3.5mになるが、幅は1.2m以上にはならず、とがった当年生枝に向かって先細る。成長が早く、スクリーンや生垣に最適。'ラインゴールド'、幼葉はピンクを帯び、寒い冬にはゴールデンブロンズ色に変わる。'シルバー クィーン'、緑黄色の葉。'スマラグド'、鮮やかな緑色の葉の円錐形

Thryptomene calycina

Thryptomene saxicola

Thuja occidentalis 'シルバー クイーン'

Thuja occidentalis 'スマラグド'

Thuja occidentalis 'リトル ジェム'

Thuja occidentalis 'タイニー ティム'

Thuja occidentalis 'アレア ルテセンス'

の低木。'**タイニー ティム**'、矮小型。冬に葉色がさび色になる。'**ウィンターグリーン**'、ほぼ円錐形。'**ウッドワーディイ**'、明るい緑色の葉のコンパクトな低木。ゾーン：2〜10。

Thuja plicata
一般名：ベイスギ、アメリカネズコ
英　名：GIANT ARBOR、WESTERN RED CEDAR
☼ ❋ ↔4.5m ↕21〜36m
北アメリカ西部東部の丈高の円柱形の高木で、しばしば幹に板根が見られる。水平の平たい葉のスプレーは、真緑〜暗緑色で、裏面は淡緑色〜灰白色。夏に生じる雌花序には、小さな鉤爪をもつ4〜5対の鱗片がある。'**アトロウィレンス**'、暗緑色。コンパクトな生垣を作る。'**アウレア**'、幅狭の円錐形。先端が金色のシュートは、やがて青みを帯びた緑色に先祖返りする。'**ジョージ ワシントン**'、ほぼ円錐形。長い当年生のシュート。'**ヒレリー**'、高さと幅が1.3〜3mの矮小型。青みを帯びた緑色の葉。'**ストーンハム ゴールド**'、若葉に金色で、やがて緑色になる。'**サンシャイン**'、黄緑色の葉。'**ウィ**

Thuja occidentalis 'ウッドワーディイ'

レスケンス'、暗緑色の葉。'**ゼブリナ**'、円錐形。黄色の縞のある緑色の葉。ゾーン：5〜10。

Thuja standishii
一般名：ネズコ、クロベ
英　名：JAPANESE ARBORVITAE
☼ ❋ ↔6m ↕30m
日本原産の大高木。剝離する、赤みを帯びた茶色の樹皮。樹冠は開いた幅広の円錐形で、枝は不ぞろい。平たい小枝は、表面は緑色で、裏面が白。夏に生じる雌花序は4対の鱗片をもつ。ゾーン：6〜9。

Thuja sutchuenensis
一般名：シセンネズコ
☼ ❋ ↔3〜6m ↕3〜18m
中国四川州北東部原産の、絶滅寸前の種。鮮やかな緑色の葉が低木または高木を形成する。夏に生じる雌花序には、それぞれに先端に小さな苞をもつ4対の鱗片がある。最後に野生種が収集されたのは1900年で、おそらく現在は絶滅している。栽培例は見受けられない。ゾーン：6〜9。

THUJOPSIS
(アスナロ属)
日本原産のただ1種の針葉高木からなるヒノキ科の属。ネズコ属に似ているが、より幅広で平たい小枝が、ほぼ水平に伸びて先端が上昇する。茶みを帯びた樹皮は、赤に近いものも多い。つやのある深緑色の葉はネズコ属種よりも大きく、裏面が銀色みを帯びる。極めて成長が遅い。

〈栽培〉
保護された場所の水分保持力のある土壌で栽培する。非常に耐寒性に優れるが、湿度が高くなければならない。種子または挿し木で繁殖。

Thuja standishii

Thuja plicata 'Atrovirens'

Thuja plicata

T. plicata 'George Washington'

Thuja plicata 'Hillieri'

Thuja plicata 'Stoneham Gold'

Thuja plicata 'Virescens'

Thuja plicata 'Zebrina'

Thujopsis dolabrata
一般名：アスナロ、ヒバ
英　名：DEERHORN CEDAR、
FALSE ARBORVITAE、HIBA、HIBA CEDAR
☀ ❄ ↔6m ↑30m
日本原産の針葉樹。円錐形の樹冠。小枝はほぼ水平で、先端が上昇する。赤みを帯びた茶色の樹皮は、縞模様に剥離する。葉はつやのある深緑色で、裏面は銀色みを帯びる。成長が遅く、庭では5～10年たっても2.4mにしかならない。'**ナナ**'、矮小型。先端が平らな広がる藪で、高さ約75cmまで成長する。
ゾーン：6～10

THUNBERGIA
（ヤハズカズラ属）

熱帯アジアおよびアフリカ、それに南アフリカとマダガスカル島原産の、おそそ100種の、一年生および多年生植物、それに低木からなるキツネノマゴ科の属。極めて多様で、多くは強健な巻きつき性のよじ登り植物だが、低木状の種もある。葉は普通先のとがった卵形～心臓形で、時おり裂片や鋸歯縁が見られる。花色もさまざまだが、たいていは黄色、オレンジ、紫青の色調で、概して大きく5裂した筒の長いラッパ形の花が、単生または総状花序をなす。属名は、オランダの東インド会社の医官であり、植物学者でもあった、スウェーデンのCarl Peter Thunberg（1743～1828）の名に由来する。

Thunbergia alata

Thujopsis dolabrata 'Nana'

〈栽培〉
大半は耐霜性がないか、非常に軽い霜にしか耐えられない。保護された温暖な場所で、腐植質に富んだ、湿性の、水はけのよい土壌に植える。多くの種はかなり乾燥に耐えるが、概して水と肥料を頻繁に与えたほうが成功する。挿し木または種子、まれには株分けで繁殖。

Thunbergia alata
一般名：ヤハズカズラ
英　名：BLACK-EYED SUSAN VINE
☀/◐ ❄ ↔3m ↑3m
熱帯アフリカ原産の、巻きつき性の一年生または多年生植物。成長が早く、多数の長い茎を出す。葉は心臓形で鋸歯縁。初夏に生じる豊富な花は、オレンジ色の花に黒色に近い花喉があるのが普通だが、花喉はクリーム色～黄色および／または同色の場合もある。ハンギングバスケットに適する。
ゾーン：10～12

Thunbergia erecta
一般名：コダチヤハズカズラ
英　名：BUSH CLOCK VINE、KING'S MANTLE
☀ ❄ ↔2m ↑1.8～2.4m
熱帯アフリカ西部から南アフリカにかけて見られる、単独で直立する、または巻きつき性の低木。鋸歯縁の卵形の葉は長さ6cm。夏、中心がクリーム色の、バイオレットブルーの花が単生し、太陽を追う。
ゾーン：10～12

Thunbergia grandiflora
一般名：ベンガルヤハズカズラ
英　名：BENGAL CLOCK VINE、
BLUE TRUMPET VINE、SKY VINE、SKYFLOWER
☀/◐ ❄ ↔4.5m ↑4.5m
インド北部原産の、強健な巻きつき性の多年生植物。先のとがった卵形の、綿毛を帯びた葉は、時おり裂片または鋸歯縁が見られる。夏に生じる、幅8cmのスカイブルー～バイオレットの花は、単生することもあるが、多くの場合総状花序をなす。ゾーン：10～12

Thunbergia togoensis

Thunbergia gregorii
一般名：ツンベルギア・グレゴリー
英　名：ORANGE CLOCK VINE
☀/◐ ❄ ↔1.8m ↑1.8m
熱帯アフリカ原産の巻きつき性の多年生植物で、しばしば一年生として栽培される。三角形の葉は、鋸歯縁で、粗い毛を帯びる。夏、鮮やかなオレンジ色の花が豊富に単生する。
ゾーン：10～12

Thunbergia mysorensis
一般名：ツンベルギア・マイソレンシス
☀/◐ ❄ ↔6m ↑6m
インド原産の、強健、木質基部、巻きつき性の、多年生植物または低木。幅狭の楕円形の単葉は、しばしば鋸歯縁がある。晩春、黄色と赤茶色の花が豪華に垂れ下がる長い総状花序をなす。
ゾーン：10～12

Thunbergia togoensis
☀/◐ ❄ ↔6m ↑6m
熱帯アフリカ原産の、強健な、巻きつき性の多年生つる植物。鮮やかな緑色の槍形の葉は、長さ8cmになる。夏、幅8cmの、中心が黄色い強烈な紫青色の花が円錐花序をなす。ゾーン：10～12

THYMUS
（イブキジャコウソウ属）

英　名：THYME

タイムと呼ばれる、最も広く利用されている食用ハーブ。約350種を含むシソ科の属で、主に常緑の、芳香のある多年生植物または亜低木であるが、多くは低木状になる。ヨーロッパ、温帯アジア、アフリカ北西部の大部分に生息し、とくに地中海沿岸地方と中東に最も集中している。ワイヤー状の茎の小型の植物で、しばしば綿毛を帯びる小さな葉と、

Thunbergia gregorii

Thunbergia mysorensis

同様に小さい、モーブ色、ピンク色、または白の花がつく。花はハチをよく惹き付ける。主な花期は晩春から真夏。

〈栽培〉
耐霜性は種によって異なるが、大半は中程度の霜に耐える。腐植質を加えて水分保持力を高めた、軽い、やや砂質の土壌で最もよく育つ。日のあたる場所に植え、葉つきをよくし、コンパクトに保つために、花後は軽く刈り込む。繁殖は、種子を蒔くか、自然発根した茎を移動、または半熟枝を挿す。

Thymus caespititius
☀ ❄ ↔38cm ↑5cm
ポルトガル、スペインの隣接地域、それにマデイラ諸島、アゾレス諸島で見られる、マットを形成する矮小型の低木。幅狭の小さなへら形の葉は、縁に細かい毛がある。晩春に生じる花は、深いピンク、ラベンダー、または白。
ゾーン：7～10

Thymus camphoratus
一般名：カムファータイム
英　名：CAMPHOR THYME
☀ ❄ ↔20cm ↑20cm
ヨーロッパ西部、地中海西部沿岸地域、ポルトガル南部原産の小さな木質低木。暗緑色の円形の葉は、樟脳（カムファー）の香りがある。魅力的で珍しい、紫を帯びた苞葉が花を囲む。夏、濃いローズピンクの花がつく。
ゾーン：7～9

Thymus × citriodorus
一般名：レモンタイム
英　名：LEMON-SCENTED THYME、
LEMON THYME
☀ ❄ ↔60cm ↑15～30cm
*Thymus pulegioides*と*T. vulgaris*を起源とする園芸交雑種。直立性の亜低木で、枝の多い茎と、つやのある暗緑色の葉をもつ。夏、ラベンダーピンクの花が密な花序をなす。強いレモンの香り。'**アウレウス**'、葉に金色の斑がある、直立性の横広がりの種。'**バートラム　アンダ**

Thymus praecox

Thymus praecox 'Albiflorus'

Thymus polytrichus subsp. *britannicus*

Thymus pulegioides

Thymus polytrichus

ーソン'(golden lemon thyme[ゴールデン レモン タイム])、金色に覆われる灰緑色の葉。茎植は赤みを帯びる。'ライム'、低い匍匐性で、ライムグリーンの葉。花は白。'シルバー クィーン'、銀緑色〜クリーム色のマーブル模様の葉。ゾーン：5〜10

Thymus Coccineus Group
一般名：イブキジャコウソワ コッキネウス グループ
☼ ❄ ↔35cm ↕8〜10cm
園芸から発生したマットを形成する匍匐性植物で、原種に*T. serpyllum*と思われる。暗緑色の小さな葉。夏、茎の先端に深紅色の花が群生する。'コッキネウス ミノル'、矮小型。小さな葉とピンク色の花。ゾーン：4〜9

Thymus herba-barona
一般名：キャラウェイタイム
英　名：CARAWAY THYME
☼ ❄ ↔60cm ↕10cm
コルシカ島とサルジニア島原産の大きく広がる種。びっしりとした芳香のある、つ

Thymus, Coccineus Group

Thymus, Coccineus Group, 'Coccineus Minor'

やのある暗緑色の葉がカーペット状に広がる。真夏、ピンクモーブの花がまばらな房をなす。グラウンドカバーに便利。ゾーン：7〜9

Thymus mastichina
一般名：タイム・マスチキナ、スパニッシュマージョラム
☼ ❄ ↔40cm ↕15〜30cm
スペインとポルトガル原産の直立性の多年生植物。シュートと葉は有毛。楕円形の緑色の葉は芳香性。夏に白い花が房をなす。ゾーン：7〜10

Thymus membranaceus
☼ ❄ ↔25cm ↕25cm
スペイン南東部原産の、広がって小山を形成する小低木。灰色みを帯びた線形の葉は綿毛を帯びる。真夏、白い花と小さな苞が見られる。ゾーン：7〜10

Thymus pallasianus
☼ ❄ ↔20cm ↕15cm
コーカサス地方原産の、小山を形成する種で、広がる習性をもつ。葉は灰色みを帯びた緑色で、比較的大きく、長さ18mmになる。真夏に淡いピンク色の花がつく。ゾーン：7〜10

Thymus polytrichus
ティムス・ポリトリクス
☼ ❄ ↔60cm ↕5cm
南ヨーロッパ原産の、密なマットを形成する種。匍匐性で、暗緑色の卵形の葉。夏に生じる花は、淡い〜暗いピンク色で、

Thymus pulegioides 'Foxley'

Thymus herba-barona

白い斑がある。*T. p.* subsp. *britannicus*、うっすらと綿毛を帯びた葉と、暗いピンク色の花。'ミノル'、矮小型。ピンクと白の小さな花。'トーマスズ ホワイト'(syn. *T. praecox* subsp. *arcticus* ティムス・プラエコクス 'アルブス')、コンパクト型。はっきりした白色の花。ゾーン：5〜9

Thymus praecox ★
一般名：クリーピングタイム
英　名：CREEPING THYME
☼ ❄ ↔60cm ↕5〜10cm
南、西、中央ヨーロッパ原産のマットを形成する匍匐性植物。やや円形の小さな葉。夏、モーブパープル、まれには白色の花が、よく目立つ紫の苞とともに茎の先端に群生する。'アルビフロルス'、暗緑色の葉に白色の花をつける。ゾーン：4〜9

Thymus pseudolanuginosus
異　名：*Thymus lanuginosus*
一般名：ウーリータイム
英　名：WOOLY MOTHER-OF-THYME、WOOLY THYME
☼ ❄ ↔60cm ↕2.5〜8cm
起源ははっきりしない。軟毛を帯びた葉が低く広がるマットを形成する。初夏、無香のピンク色の花が生じる。花つきはまばら。高い排水性が必須。岩の間に植えつける。ゾーン：5〜9

Thymus pulegioides
一般名：ブロードリーフタイム
英　名：LARGE THYME
☼ ❄ ↔30cm ↕25cm
ヨーロッパ全域に分布する、成長丈の低い、広がる亜低木。かわいらしい、真緑色の芳香性の卵形の葉が、コンパクトな小山状の株につく。春から夏にかけて、ピンクと紫の花が生じる。'フォックスリー'、深いピンク色の花と、クリーム色の大きな斑入りの暗緑色の葉。'サー ジョン ロウズ'、よりコンパクトな株にチェリーピンクの花がつく。ゾーン：4〜9

Thymus serpyllum 'Snow Drift'

Thymus serpyllum 'Pink Chintz'

Thymus serpyllum 'Russetings'

Thymus serpyllum
一般名：クリーピングワイルドタイム、ヨウシュイブキジャコウソウ
英　名：CREEPING THYME、MOTHER-OF-THYME、WILD THYME
☀ ❄ ↔90cm ↑2.5〜8cm
北ヨーロッパからスペイン北西部にかけて自生する、広いマットを形成する多様な多年生植物。木質基部から地表に沿って成長する。初夏、多数の小さなラベンダーパープルの花が生じる。'アニーホール'、古い、信頼性の高いcv.。極めて早咲きの、芳香性のピンク色の花。'ピンク チンツ'、灰緑色の葉と、淡いピンク色の花。'レインボウ フォールズ'、より直立性で、金色の斑のある深緑色の葉。真夏にピンク色の花がつく。'ラセッティング'、ブロンズ色を帯びた葉と、鮮やかなピンク色の花。'スノー ドリフド'、広がるマットの上に純白の花がつく。'ヴェイ'、コンパクト型。淡いサーモンピンクの花。花芽はより暗色。
ゾーン：4〜9

Thymus vulgaris
一般名：コモンタイム、タチジャコウソウ
英　名：COMMON THYME
☀ ❄ ↔25cm ↑30cm
地中海西部沿岸周辺に自生する、木質基部の多年生植物または亜低木。小さな槍形の葉は裏面が綿毛を帯びる。夏から秋にかけて、白〜ピンクみを帯びた紫色の花がつく。最も頻繁に料理に利用される種。'アルゲンテウス'、銀色の縁取りの葉。広がるので鉢植えにすること。'アウレウス'、金黄色の葉と、赤み

を帯びた紫色の花。'コンパクトゥス'、矮小型。灰緑色の葉が密な小山を形成する。'エレクトゥス'、直立性。非常に芳香性の高い、針葉樹状の灰緑色の葉。花は白。'シルバー ポージイ'（シルバータイム）、白い縁取りの葉が四季を通じて見られる。淡いピンクモーブの花。

TIARELLA
（ズダヤクシュ属）
5種の多年生植物からなるユキノシタ科の属。4種は北アメリカ原産で、1種はヒマラヤから日本にかけて見られる。根茎、または多肉質の地下茎で広がり、柄の長い、切れこみのある心臓形の葉が叢を形成する。晩春と夏、高く伸びた花茎の先に、白および／またはピンク〜赤色の小さな5花弁の花が総状花序をなす。葉と花茎に細かい毛を帯びている。ツボサンゴ属（*Heuchera*）のと交配により、属間交雑種×ヘウケレラ属（× *Heucherella*）が作られた。

Thymus serpyllum 'Vey'

〈栽培〉
全種とも寒さに強いが、とくにアメリカ産の種は極めて耐寒性が高い。森林地帯や多年生植物花壇で容易に育つ。よく広がるが、侵略種となることはまれ。反日陰または日陰で、腐植質に富んだ、湿性の、水はけのよい土壌で栽培する。晩冬に株分けで繁殖するか、早春に種子を蒔く。

Tiarella cordifolia
ティアレラ・コルディフィリア
英　名：FORMFLOWER
☀/☀ ❄ ↔40〜50cm ↑30cm
北アメリカ東部に自生する多年生植物。地下茎で広がる。有毛、鋸歯縁、切れこみのある心臓形の葉は、長さ10cmになる。初夏、たいていピンク色を帯びた小さな花が、細長い茎の先にスプレー状につく。'マヨル'、サーモンピンクの花。古くなるにつれ暗色となる。
ゾーン：3〜9

Tiarella polyphylla
一般名：ズダヤクシュ
☀/☀ ❄ ↔40〜50cm ↑30〜45cm
ヒマラヤから日本にかけて見られる種。鋸歯縁、5裂、心臓形の葉は、幅広で、長さ8cm近い。晩春から初夏にかけて、紫赤色を帯びたじょうぶな花茎に、ピンク色を帯びたクリーム色の小さな花が、分枝してスプレー状につく。'ロセア'、

深いピンク色の花。
ゾーン：7〜9

Tiarella wherryi
ティアレラ・フェリイ
☀/☀ ❄ ↔40〜50cm ↑20〜30cm
北アメリカ原産の多年生植物で、*T. cordifolia*の近縁種。普通、よく目立つ5裂の葉が、秋に赤みを帯びる。夏、ピンク〜栗色の花芽が、基部から上に向かって開き、幅狭のクリーム色の花が総状花序をなす。'ブロンズ ビューティ'、赤茶色の葉とピンク色の花。'オークリーフ'★、中心が暗く、よりはっきりした裂片のある葉。花は強くピンクみを帯びる。
ゾーン：5〜9

Tiarella Hybrid Cultivars
一般名：ズダヤクシュ交雑品種
☀/☀ ❄ ↔40〜50cm ↑30〜45cm
北アメリカ原産のズダヤクシュ属種は自由に交雑し、交雑種は一般的である。栽培家の手によって多くの魅力的な園芸品種が作られた。'クロウ フェザー'、葉の中心に暗色の羽模様。冬季にいっそう目立つ。春、クリーム色〜ピンク色の花がつく。'ダーク スターズ'、鮮やかな緑色の葉は、中心が暗色。ピンクみを帯びた白い花。'エリザベス オリバー'、葉に深い栗色の脈。栗色を帯びた花。'スプリング シンフォニー'、長い裂片のある、中心が暗色の葉。暗色の花芽から淡いピンク色の花が開く。'タイガー ストライプ'、暗色の脈があるブロンズ色の葉は、秋に赤く染まる。ピンクみを帯びたクリーム色の花。
ゾーン：6〜9

Tiarella, Hybrid Cultivar, 'Dark Star'

Tiarella Hybrid Cultivar, 'Tiger Stripe'

Tiarella, Hybrid Cultivar, 'Crow Feather'

Tiarella, Hybrid Cultivar, 'Elizabeth Oliver'

Tiarella, HC, 'Spring Symphony'

Tibouchina urvilleana

TIBOUCHINA
(ティボウキナ属)

異　名：*Lasiandra*、*Pleroma*
英　名：GLORY BUSH、LASINANDRA

大半が熱帯南アメリカ原産の、およそ350種を含むノボタン科の大属。低木、小高木、多年生植物、よじ登り植物がほとんどで、脈の目立つ、有毛の、大きな単葉が対生する。茎はたいてい4角形。大きく華やかな5花弁の花は、バイオレット色、紫、ピンク、白色があり、茎の先に単生または円錐花序でつき、その後、らせん状にカーブした種子を含むさく果がつく。概して、霜のない温暖～高温地帯のみに適応するが、完全に順応してしっかり根付いた株は、軽い霜に耐える場合がある。園芸学において非常に魅力的な対象である。

〈栽培〉
大半はかなり適応性があるが、温暖地帯における日なたで、有機質を豊富に含んだ、軽く水はけのよい土壌で栽培し、夏季にたっぷり灌水した場合に最もよく育つ。強い風を避け、花後に剪定する。晩春か夏、種子または挿し木で繁殖。

Tibouchina granulosa
ティボウキナ・グラヌロサ

英　名：GLORY BUSH
☼　♦　↔3m　↕3.5～10m

ブラジル南東部原産の大低木または小高木。太い茎が多数の枝を出す。槍形～長楕円形の葉は、つやのある暗緑色で、裏面が有毛。花はバイオレット色～ローズピンク、またはピンクで、秋に枝の先端で円錐花序をなす。'ロセア'、紫～ロージーマゼンタ色の、より小型の花をつける。
ゾーン：10～12

Tibouchina heteromalla
一般名：ホザキノボタン
☼　♦　↔1.2m　↕0.9m

ブラジル原産の広がる小低木。多数の直立性の茎に、幅広、卵形、ベルベット状の、鮮やかな緑色の葉がつく。葉の裏面は白みを帯び、毛が密生する。夏から秋にかけて、バイオレット色の花が枝の先で垂直の円錐花序をなす。
ゾーン：10～12

Tibouchina 'Noeline'

Tibouchina 'Jules'
一般名：ティボウキナ 'ジュール'
☼/◐　♦　↔60cm　↕60cm

成長の遅いコンパクト型の交雑種。その小ささゆえに非常に人気がある。鮮やかな紫青色の小さな花が一年中見られるが、最も多数つくのは晩夏から秋。都市の庭やコンテナ栽培に最適。
ゾーン：9～12

Tibouchina laxa
☼　♦　↔0.6m　↕1.5m

ペルー原産のまばらな中型低木。細い枝に、幅広の卵形の鮮やかな緑色の葉がつく。葉の裏面はより淡色。秋から冬にかけて、バイオレットパープルの花が枝先に群生するが、より温暖な地域ではもっと花期が長い。定期的に先端を摘むと、より密な株に仕上がる。
ゾーン：10～12

Tibouchina lepidota
ティボウキナ・レピドタ

英　名：GLORY BUSH
☼　♦　↔3m　↕3.5m

エクアドルとコロンビア原産の藪状の低木。自然環境下ではより丈高で高木状になる。長い卵形～長い槍形の葉は、暗緑色で、裏面はより淡色。晩夏から初冬にかけて、バイオレットパープルの雄ずいのあるバイオレットパープルの花が開く。'アルストンヴィル'、強烈な紫色の花が多数生じる。ゾーン：10～12

Tibouchina macrantha
英　名：LARGE-LEAFED GLORY BUSH
☼　♦　↔2.4m　↕3m

ブラジル原産の低木または小高木。暗緑色の葉は、表面がでこぼこで、裏面は淡色。晩夏から春にかけて、幅10～15cm、バイオレット色～紫色の大きな花が枝先につく。ゾーン：10～12

Tibouchina laxa

Tibouchina 'Noeline'
一般名：ティボウキナ 'ノエリン'
☼　♦　↔3m　↕6m

大低木または丸い小高木。つやのある葉に、はっきりした脈が入る。秋、枝の先端に短いスプレー状につく花は、開花時は白で、やがてモーブピンクになる。'ノエリン'の名は、オーストラリアにおける販売時の名称だが、実際は南アメリカ原産の未特定種。

Tibouchina urvilleana
異　名：*Lasiandra semidecandra*、*Tibouchina semidecandra*
一般名：シコンノボタン
英　名：GLORY BUSHY、PRINCESS FLOWER
☼　♦　↔3m　↕4.5m

ブラジル原産の成長の早い低木。赤い有毛の茎が密な円形をなす。長い卵形、鋸歯縁、暗緑色の葉。夏、紫色の雄ずいをもつパープルバイオレットの花が単生または円錐花序をなす。'エドワルドシイ'、原種に似ているが、やや大きめの花。
ゾーン：9～12

Tibouchina 'Jules'

TIGRIDIA
(ティグリディア属)

英　名：JOCKEY'S CAP、TIGAR FLOWER

メキシコおよびグアテマラ原産の23種からなる、鱗茎性のアヤメ科の属。よく目立つ縦畝のある剣形～槍形の葉をもつ。晩春から夏の間生じる、直立性の、時おり分枝が見られる花茎の先に、興味深い形や色の花がつく。花は、はっきりしたトラ縞模様がある中央の杯状部分を、3つの小さな裂片と3つの大きな裂片が交互に取り囲む。個々の花は一日しかもたず、色調もさまざまである。

〈栽培〉
原産地を考えるとおどろくほど耐寒性があり、土壌が鱗茎の深さまで凍りつかない限り、どんな場所でも生き延びる。それ以外の地域では、冬に鉢上げして春に植えなおす。オフセットまたは種子で繁殖。

Tibouchina macrantha

Tibouchina lepidota 'Alstonville'

Tigridia pavonia ★

一般名：トラフユリ

☼ ♌ ↔30〜50cm ↕60〜120cm

メキシコ原産の花期の長い種。基部の葉は長さ30〜50cm。花茎の長さは普通約60cmだが、これよりも相当長くなる場合もある。春から夏にかけて生じる花は、黄色〜赤で、黄色いカップが赤い模様に埋め尽くされる。

ゾーン：9〜10

TILIA
（シナノキ属）

英 名：BASSWOOD、LINDEN

シナノキ科の属で、改定後、わずか45種の落葉性高木のみが含まれることになった。北アメリカ東部および中央部、ヨーロッパ、それにアジアの温帯の大部分に生息する。直立性、単幹の高木で、葉が円形〜円錐形の樹冠を形成する。樹皮は銀灰色でなめらかだが、非常に古くなると亀裂が入る。葉は普通、卵形〜心臓形、鋸歯縁で、端に向かって先細る。葉色は普通真緑だが、秋には鮮やかな黄色に変わる。晩春、雌雄異花で、大きな苞のある、芳香性の小さなクリーム色の花が、小さな房をなす。よく目立つ淡緑色の果実をつける。

〈栽培〉

非常に耐寒性に優れ、四季のある温帯を好む。水はけのよい深い土壌でよく育つが、夏季には水がたっぷり必要である。豊富に生じる種子を、層積貯蔵後に蒔くか、挿し木や取り木で繁殖する。また特別な品種は接ぎ木をする。

Tilia americana

一般名：アメリカシナ

英 名：AMERICAN LINDEN、BASSWOOD

☼ ❄ ↔12m ↕30m

北アメリカ中央部および東部に見られる、幅広の樹冠の高木。葉は長さも幅も約15cmになり、鋸歯縁で、裏面がより淡緑色、端に向かって鋭く先細る。真夏、芳香性の淡い黄色の小さな花が房をなす。この種は複雑で、地域固有の変種が多数存在する。*T. a.* var. *caroliniana* (syn. *T. australis*, *T caroliniana*)、葉は概して小さめで、より鋸歯縁が深く、裏面が青緑色。*T. a.* var. *heterophylla* (syn. *T. heterophylla*)、葉の裏面は白いフェルト状。葉つきがまばらな場合もある。*T. a.* 'アンベロフュラ'、大きく切れこんだ葉。'ファスティギアタ'、幅狭の円錐形の習性。'マクロフュラ'、大きな葉が特徴。'レドモンド'、円錐形の成長習性。

ゾーン：3〜9

Tilia amurensis

一般名：アムールシナノキ

英 名：AMUR LINDEN

☼ ❄ ↔10m ↕15〜30m

ロシア、朝鮮半島、および隣接する中国の一部に原生する大高木。樹皮が非常に薄く、暗緑色の円形の葉は、先端が幅狭で、鋸歯縁。夏、クリーム色の芳香性の花が房をなす。はるかに一般的な種である*Tilia cordata*に酷似する。

ゾーン：4〜9

Tilia cordata

一般名：フユボダイジュ

英 名：LITTLE-LEAF LINDEN、SMALL-LEAFED LIME

☼ ❄ ↔12m ↕24〜30m

イギリスのウェールズから西ロシアまで、温帯ヨーロッパの大部分で見られる幅広な樹冠の高木。暗緑色の円形の葉は、鋸歯縁で、幅狭の端に向かって先細る。夏、芳香性のクリーム色の花が5〜7個で房をなす。'グリーンスパイヤ' ★、幅狭の樹冠の、たくましく成長する品種。'ランチョ'、円錐形の習性。つやのある葉。

ゾーン：3〜9

Tilia × *euchlora*

☼ ❄ ↔12m ↕21m

おそらく*T. cordata*×*T. dasystyla*の交雑種と思われる。アーチ状の枝は古くなるにつれより下垂する。葉はつやのある深緑色で、裏面は淡い青緑色で、有毛。夏に生じる、比較的大きなクリーム色の花序は、ハチを引きつける。

ゾーン：4〜9

Tilia americana var. *caroliniana*

Tilia cordata 'Greenspire'

Tilia cordata 'Rancho'

Tilia cordata

Tigridia pavonia

Tilia americana var. *heterophylla*

Tilia americana 'Redmond'

Tilia japonica

Tilia × *europaea*

Tilia × *europaea*
異　名：*Tilia* × *vulgaris*
一般名：セイヨウボダイジュ、セイヨウシナノキ
英　名：COMMON LIME、EURPOEAN BASSWOOD
☼ ❄ ↔12m ↕30m

*T. cordata*と*T. platyphyllos*の交雑種で、公園や街路樹で幅広く栽培される。丈高、幅広、円錐形の樹冠で、幹の低い位置からも枝を出す。葉は暗緑色で心臓形、裏面の脈に有毛。秋に黄色に変わる。夏に房をなすクリーム色の花はハチを引きつける。'**パリダ**'、淡緑色の葉の、力強い直立性の品種。街路樹に最適。'**ウラティスラヴェンシス**'、金黄色の若葉。ゾーン：5〜9

Tilia henryana
☼ ❄ ↔8m ↕15m
中国中央部原産の高木。葉は幅広で、頂端に向かって急に先細る。鋸歯縁が剛毛に変化し、両面とも脈上有毛、裏面は茶色の毛が密生する。夏、黄色い花がおよそ20個ずつ集まって集散花序をなす。ゾーン：7〜10

Tilia platyphyllos 'Laciniata'

Tilia × *euchlora*

Tilia japonica
一般名：シナノキ
英　名：JAPANESE LIME
☼ ❄ ↔6m ↕15m
日本および隣接する中国の一部に見られる高木。小さなとがった葉は、裏面がいくぶん粉白色を帯びる。夏、芳香性のクリーミィイエローの花がつく。比較的小型で、直立する成長習性をもつため、魅力的な街路樹となる。
ゾーン：6〜10

Tilia mongolica
一般名：モンゴルボダイジュ
英　名：MONGOLIAN LIME、MONGOLIAN LINDEN
☼ ❄ ↔10m ↕15m
モンゴル原産の種で、栽培されることはまれ。灰色の樹皮は古くなるにつれ亀裂が入り、紫みを帯びる。小さな葉は先端が鋭く、赤みを帯びる。成熟すると暗緑色で、ほぼ三角形〜心臓形となり、カエデに似た3〜5裂片に、粗い三角形の歯が並ぶ。真夏、クリーム色の花が6〜10個ずつ集まって集散花序をなす。ゾーン：3〜9

Tilia oliveri
ティリア・オリウェリ
英　名：OLIVER'S LIME
☼ ❄ ↔9m ↕30m
中国西部原産の丈高の高木。特別大きな葉は、明るい緑〜真緑で、裏面は銀白色。葉はやや水平状につく。夏、7〜10個の花が房をなす。非常に美しい高木で、あらゆる収集家や樹木園にとってす

Tilia platyphyllos 'Orebro'

Tilia platyphyllos

Tilia mongolica

Tilia oliveri 'Chelsea Sentinel'

ばらしい標本となる。'**チェルシー センティネル**'、密な葉群を形成する。下垂する枝が幅広でまっすぐな円柱をなす。ゾーン：6〜9

Tilia platyphyllos
一般名：ナツボダイジュ
英　名：BROAD-LEAFED LIME
☼ ❄ ↔15m ↕30m
西ヨーロッパから東南アジアにかけて多様な品種が見られるドーム型の高木。茎は特徴的で、幼時は大量の毛を帯びる。初夏、淡い黄色の花が小さな房をなす。果実は落葉後も残る。栽培種は原種よりも小型。'**ラキニアタ**'、美しいドームを形成し、樹冠に黄色い花をつける。'**オレブロ**'、より丈低で幅広。やや深色の緑色の葉。ゾーン：5〜9

Tilia sibirica
英　名：SIBERIAN LIME
☼/◐ ❄ ↔3〜10m ↕1.2〜21m
北アジア、とくに西シベリア原産の種で、栽培例はまれ。たいていは幅狭でたくましく直立するが、長い年月をかけて幅広の樹冠を形成することもある。樹皮はピューターグレイ。小さな心臓形〜三角形の葉は、幼時は鮮やかな緑色で、秋に金色に変わる。夏に生じる花は、淡い黄色で、装飾的価値はあまりないが、ハチを引きつける。
ゾーン：3〜8

Tilia tomentosa
一般名：ギンヨウボダイジュ
英　名：EUROPEAN WHITE LIME, SILVER LIME, SILVER LINDEN
☼ ❄ ↔15m ↕24〜30m
黒海周辺地域で見られる、密な円錐形〜ドーム形の高木。丸みを帯びた心臓形の葉は、非常に暗緑色で、縁は粗い鋸歯状、裏面は細かい灰色の綿毛で覆われる。夏、くすんだ白色の花がつく。'ブラバン'、幅広の円錐形。'ナイメーヘン'、斑のある灰色の樹皮と心臓形の葉。
ゾーン：6〜9

Tilia tuan
☼ ❄ ↔8m ↕15m
中国中央部原産の高木。幅広の卵形、鋸歯縁、長さ12cmの葉は、端に向かって先細り、裏面は灰色の綿毛を帯びる。夏、淡い黄色の花が20個以下で花序をなす。ゾーン：6〜9

Tilia sibirica

Tilia tuan

Tilia tomentosa 'Brabant'

Tilia tomentosa 'Nijmegen'

TILLANDSIA
(ティランジア属)
英　名：AIR PLANT
500種以上の、主に着生植物からなるパイナップル科の大属で、アメリカ合衆国南部からアルゼンチン南部にかけて分布する。草丈は、極小から、高さ4.5mの花をつける種まで幅がある。水分を吸収する灰白色の毛で覆われた葉をもつ種と、緑色の帯状の葉をもつ種がある。花序は普通球形かピラミッド形で、よく目立つカラフルな側枝と苞をもつ。花は大半が筒状花で、芳香のあるものもあり、色は、青系、ピンク、白、または黄色。種子には羽状のパラシュートがある。
〈栽培〉
銀葉種は普通、土台に密着させて栽培する。冷涼な季節には毎週、温暖な季節には毎日（早朝）、霧吹きで水分を与える。通気性を好む。緑葉種は一般にポット栽培される。冷温帯では、温室やコンサバトリーなど、明るく風通しのよい室内で栽培し、暖温帯では、屋外で直射日光と過度の雨を避けて栽培する。主にオフセットで繁殖。

Tillandsia aeranthos
一般名：ティランジア・アエラントス
☼ ⟂ ↔15cm ↕15cm
アルゼンチン北東部からブラジル南部にかけて見られる叢生種。葉は幅狭の三角形で、長いロゼットを形成する。花茎は赤く、葉のロゼットよりもやや高め。夏に生じる花序は、主に赤色の卵形で、大きな暗青色の花弁がつく。ゾーン：11〜12

Tillandsia bergeri
一般名：ティランジア・ベルゲリ
☼ ⟂ ↔15cm ↕15cm
アルゼンチン南東部原産の叢生種。幅狭、三角形、灰緑色の葉が、長いロゼットを形成する。花茎は淡い赤色で、葉のロゼットよりもやや高め。夏に生じる花序は、主に淡赤色の卵形で、うねりのある淡青色の大きな花弁がつく。
ゾーン：11〜12

Tillandsia butzii
一般名：ティランジア・ブッツィイ
☼ ⟂ ↔10cm ↕30cm
メキシコ南部からパナマにかけて見られる丈高の叢生種。葉の基部は密な球形の鱗茎を形成する。鱗茎は灰緑色で、より暗色の斑点と途切れた線があり、上部はほぼ筒状で、ねじまがりながら広がる。花茎は赤く、細い。夏に生じる花序は、数本の剣形の穂と、硬い筒状に丸まったブルーバイオレットの花弁からなる。
ゾーン：11〜12

Tillandsia crocata
一般名：ティランジア・クロカタ
☼ ⟂ ↔15cm ↕20cm
ボリビアからブラジル南部にかけて見られる小さな叢生種。葉は幅狭でほぼ円柱形、灰色の柔毛を帯び、1つの面に向かい合わせに並ぶ。夏、細い茎の先に生じる、灰色で柔毛を帯びた短い剣形の花序に、大きく広がる鮮やかな黄色の花弁が見られる。芳香性。
ゾーン：11〜12

Tillandsia cyanea
一般名：ティランジア・キアネア
☼ ⟂ ↔25cm ↕25cm
エクアドル原産の小低木。*Tillandsia lindenii*の近縁で、しばしば交雑する。幅狭の三角形、緑色、裏面にしばしば赤い線が見られる葉が、開いたロゼットを形成する。夏に生じる花序は、剣形で芳香があり、花弁は深いバイオレット、中心に白い点が入る場合がある。
ゾーン：11〜12

Tillandsia dyeriana
一般名：ティランジア・ディエリアナ
☼ ⟂ ↔15cm ↕15cm
エクアドル原産の極小種。帯状の、緑色に紫の斑点がある葉が、じょうご形のロゼットを形成する。花茎は細く、やがてうなだれる。夏に生じる、赤みを帯びた鮮やかなオレンジ色の花序は、剣形で、単生または数本の枝が群生する。大きく広がる白色の花弁が苞からのぞく。
ゾーン：11〜12

Tillandsia crocata

Tillandsia cyanea

Tillandsia butzii

Tillandsia fasciculata
一般名：ティランジア・ファシクラタ
☀ ✈ ↔50cm ↑100cm
メキシコ、中央アメリカ、西インド諸島原産の多様な種。葉は幅狭の三角形で、灰緑色、斑があり、開いたロゼットを形成する。夏に生じる花序は豪華で、剣形の穂が単生または10本以下で群生する。色は全体で赤または黄色、あるいは赤と黄色で、黄色の花弁が筒状に丸まる。8種のvar.が確認されている。
ゾーン：11〜12

Tillandsia fuchsii
一般名：ティランジア・フクシイ
☀ ✈ ↔10cm ↑20cm
メキシコに原生する小型の種。葉はほぼ筒形で、非常に細く、灰色みを帯びる。基部は密な鱗茎を形成し、上部は広がって球形のロゼットを形成する。花茎は暗いワインレッド。夏に生じる花序は円柱形、ワインレッドで、バイオレット色の花弁が硬い筒状に丸まる。
ゾーン：11〜12

Tillandsia imperialis
一般名：ティランジア・インペリアレス
☀ ✈ ↔40cm ↑50cm
メキシコ原産の大型種。緑色で幅狭の三角形の葉が広がるロゼットを形成する。夏に生じる花序は、コーン形で、多数の赤い苞が重なり合い、先端が外側に広がって、管状に硬く丸まったバイオレット色の花弁を露呈する。
ゾーン：11〜12

Tillandsia ionantha
一般名：ティランジア・イオナンタ
英　名：BLUSHING BRIDE
☀ ✈ ↔8cm ↑5cm
メキシコおよび中央アメリカ原産の多様な叢生種。葉は、幅狭の三角形、灰緑

Tillandsia fuchsii

Tillandsia ionantha

Tillandsia magnusiana

色、直立性で、先端が外側に曲がり、ほぼ球形をなす。花序は隠れているが、花数5以下の球状で、夏、バイオレット色の花弁が硬い筒を形成する。中央の葉は花期に鮮やかな赤色に変わる。'ドルイド'、白花変異種。
ゾーン：11〜12

Tillandsia leiboldiana
一般名：ティランジア・レイボルディアナ
☀ ✈ ↔25cm ↑60cm
メキシコおよび中央アメリカ原産の丈高種。緑色の帯状の葉がじょうご形のロゼットを形成する。花茎は直立性〜カーブしている。夏に生じる、幅狭のピラミッド形の、鮮やかな赤色の花序は、12本以下の側枝それぞれに、大きな赤い苞と、硬い筒状に丸まったバイオレット色の花弁がつく。斑入りの品種もある。
ゾーン：11〜12

Tillandsia lindenii
一般名：ティランジア・リンデニイ
☀ ✈ ↔40cm ↑70cm
エクアドルおよびペルー北部原産の丈高の種。幅狭の三角形、裏面に赤い縞が入る、緑色の葉が、開いたロゼットを形成する。花茎は高い。夏に生じる、芳香のある、剣形の花序に、中心が白い、大きく広がった深い青色の花弁がつく。
ゾーン：11〜12

Tillandsia streptophylla

Tillandsia tectorum

Tillandsia magnusiana
一般名：ティランジア・マグヌシアナ
☀ ✈ ↔15cm ↑15cm
メキシコ南部からエルサルヴァドル原産の極小種。非常に細く、ほぼ筒状、灰緑色、柔毛のある葉が、球形のロゼットを形成する。花序はほぼ球状で、夏、硬い筒状に丸まったバイオレット色の花弁が葉の上に生じる。
ゾーン：11〜12

Tillandsia recurvata
一般名：ティランジア・レクルワタ
英　名：BALL MOSS
☀ ✈ ↔6〜20cm ↑10cm
アメリカ合衆国南部からアルゼンチン原産の、極小の叢生種。柄のある葉は、ほぼ筒状で、灰緑色、柔毛を帯び、1つの面に向かい合わせに並ぶ。夏に生じる花序は、1、2個の花からなる。花弁は淡いバイオレットまたは白。
ゾーン：11〜12

Tillandsia streptophylla
一般名：ティランジア・ストレプトフィラ
☀ ✈ ↔20cm ↑45cm
メキシコ南部〜ホンジュラス原産の丈高種。幅狭の三角形の灰緑色の葉は、基部は直立した塊茎を形成し、上部は下向きに折れて、らせん状にねじまがる。夏に生じる花序はピラミッド形で、10本以下の幅狭の剣形の側枝は灰緑色。中央軸と枝下の大きな苞は鮮やかな赤色で、花弁は紫色で筒状に丸まる。
ゾーン：11〜12

Tillandsia leiboldiana、野生、コスタリカ、グアジャボ国立記念自然指定区

Tillandsia recurvata

Tillandsia stricta
一般名：ティランジア・ストリクタ
☀ ✈ ↔15cm ↑20cm
とくにアメリカ合衆国東部で広く分布する種。緑灰色の幅狭の三角形の葉が開いたロゼットを形成するが、葉先は同じ方向を向いている場合がある。花茎は下向きにカーブしている。夏に生じる花序は卵形で、重なり合った赤い苞と、青い花弁からなる。
ゾーン：11〜12

Tillandsia tectorum
一般名：ティランジア・テクトルム
☀ ✈ ↔30cm ↑50cm
エクアドルおよびペルー北部原産の大型の種。時おり柄の見られる灰色の葉は、幅狭の三角形で、長い灰色の毛で覆われており、開いたロゼットを形成する。夏に生じる花序は、赤みを帯びた灰色の、5本以下の剣形の穂からなり、白い帯のある青い花弁が見られる。湿潤な環境を嫌う。
ゾーン：11〜12

*Quercus virginiana*にぶら下がる*Tillandsia usneoides*、アメリカ合衆国、ルイジアナ州、ニューオーリンズ、フォンテンブロー州立公園

Tillandsia tenuifolia
一般名：ティランジア・テヌイフォリア
☀ ⚹ ↔15cm ↕15cm
南アメリカ東部原産の極小種。時おり柄の見られる葉は、幅狭の三角形、灰緑色で、開いたロゼットを形成するが、葉先は同じ方向を向いている場合がある。夏に生じる花序は卵形で、重なり合った赤い苞と、白または青の花弁からなる。
ゾーン：11〜12

Tillandsia usneoides
一般名：ティランジア・ウスネオイデス
英　名：OLD MAN'S BEARD, SPANISH MOSS
☀ ⚹ ↔10cm ↕50cm
アメリカ合衆国南部〜アルゼンチン原産の丈高の幅狭の種。大きく叢生する。葉は灰色で、軟毛を帯び、1つの面に対生し、長く縄状に絡み合う。単生する花序は、芳香があり、緑色の花弁がつく。夏咲き。ゾーン：11〜12

Tillandsia Hybrid Cultivars
一般名：ティランジア交雑品種
☀ ⚹ ↔10〜60cm ↕10〜90cm
この属のcv. は、大きさこそ多様だが、どれも華やかでカラフルな花をつける。'アニタ'、*Tillandsia cyanea*と*T. lindenii*との近縁種で、一般的な明るいピンク色の代わりに、目の覚めるようなラベンダー色の、シナモンの香りの大きな花がつく。'クリエイション'、*T. platyrhachis*と*T. cyanea*との交雑種で、花序は直立性。広がった多数の枝に、ピンク色〜暗いローズ色の剣形の穂がつき、バイオレットブルーの花が広がる。'カーリィ スリム'、幅狭の三角形の灰緑色の葉。花序はピラミッド形で、ピンクみを帯びた灰緑色。中央軸はくすんだ赤色で、花弁は紫。'クーラ'、円錐形の花序は、鮮やかな赤色の苞が多数重なり合い、バイオレット色の花弁がのぞく。多数の内側の葉が花期に赤色に変わる。'エリック ノブロック'、葉は灰緑色で、鱗茎状の基部を形成する。花は上を指す。花弁はバイオレット色。花期には、株の上半分がイエローオレンジからオレンジスカーレット、そして深いロージーレッドを帯びる。'ワイルドファイヤー'、株の拡張部のように見える花茎には、葉の代わりに2.5以下の緑色の苞がつく。それぞれの苞から、鮮やかな赤色の剣形の穂が生じる。花弁は紫みを帯びる。
ゾーン：11〜12

TIPUANA
（ティプアナ属）
南アメリカ北部原産の、マメ科ソラマメ亜科の属で、1種のみが含まれる。よく目立つ花のディスプレイと、魅力的な外観のために、広く栽培されている常緑高木。暗緑色の葉群が幅広の平たい樹冠をなす。春、枝の先端におびただしい数の深い黄色の花がいっせいに生じる。世界中の亜熱帯において、日陰樹や街路樹として人気がある。冷涼地帯や乾燥地帯では落葉性となるが、葉のない期間は短い。
〈栽培〉
温暖な気候と、湿性だが水はけのよい肥沃な日なたの土壌が必要。剪定はほとんど必要ないが、若い株は晩冬に樹形を整える必要がある。霜には弱い。繁殖は、あらかじめサンドペーパーで軽くこすって冷水につける硬実処理を施した種子を、春に蒔く。

Tipuana tipu
異　名：*Tipuana speciosa*
英　名：PRIDE OF BOLIVIA, TIPU TREE
☀ ◐ ↔8m ↕30m
南アメリカ北部原産の成長の早い細い高木で、やや平たい樹冠を広げる。暗緑色の羽状複葉は、11〜21枚の粉白を帯びた緑色の長楕円形の小葉からなる。春、枝先にオレンジイエローの花が豊富な総状花序をなす。木質の豆果は有翼。栽培においてはやや小型になる。
ゾーン：9〜12

TITANOPSIS
（ティタノプシス属）
ナミビアから南アフリカ原産の5種からなるベンケイソウ科の属。小さな多肉植物で、いぼだらけの葉が6〜8枚で密なロゼットを形成する。葉は幅広のスプーン形で、先端は三角形に広がり、色は白、灰色、ピンク、赤、茶色がある。デイジーに似た黄色〜オレンジ色の花は、ハチミツの香りがあり、午後に開いて夕暮れに閉じる。柄はないか、あっても短い。果実の室数は5〜10だが、普通は6室。属名はギリシャ語の*titanos*（チョーク）と*opsis*（外観）に由来し、葉の先のカルシウムの詰まった小突起を表わしている。
〈栽培〉
鉱物質を加えた水はけのよい土壌で比較的容易に栽培できる。水のやりすぎは禁物で、冬季はきっぱり休眠させる。普通種子で繁殖するが、古株を慎重に株分けして育てることもできる。

Titanopsis calcarea
一般名：天女
☀ ◐ ❄ ↔50cm ↕18〜40mm
南アフリカのノーザン、ウェスタンおよびイースタン・ケープ州の石灰岩の間に見られる小さな多肉植物。ロゼットを形成するスプーン形の葉は、端が切形で、赤っぽい、または灰白色の小粒が密生しているおかげで、色合いが緑〜青みを帯びたように見える。夏に生じる花は金黄色〜オレンジ色。
ゾーン：8〜10

TITHONIA
（ニトベギク属）
英　名：MEXICAN SUNFLOWER
メキシコおよび中央アメリカ原産の、10種の一年生および多年生植物と低木からなるキク科の属。低木状の強健な種で、茎は有毛の場合もあり、しばしば裂片のある葉が互生する。黄色またはオレンジスカーレット色の大きなデイジー花をつける。
〈栽培〉
晩夏から秋にかけて庭に鮮やかなスポットを提供する。水はけのよい、中程度に肥沃な土壌で、日なたで栽培する。種子または挿し木で繁殖。

Titanopsis calcarea

Tipuana tipu

Tithonia rotundifolia 'Torch'

Tithonia rotundifolia
異　名：*Tithonia diversa*
一般名：チトニア、メキシコヒマワリ
英　名：MEXICAN SUN FLOWER
☼ ☽ ↔0.6m ↕0.9～1.8m

メキシコおよび中央アメリカ原産の一年生植物で、成長が早く、枝数の多い大きな株を形成する。ベルベット状の毛を帯びた葉は長さ30cm。オレンジの周辺花と、黄色い房状の中心花が、夏から秋にかけて、初霜が降りるまで見られる。'アズテック　サン'、高さ1.2m、金色の花。'フィエスタ　デル　ソル'、花期の早い、高さ0.9mの矮小型。'ゴールドフィンガー'、深いオレンジ色の花をつける藪状の品種。'トーチ'、オレンジレッドの花。
ゾーン：9～10

TOLMIEA
（トルミエア属）

北アメリカ西部、アメリカ合衆国カリフォルニア州北部からアラスカにかけての海辺の山岳地帯に原産する1種のみからなるユキノシタ科の属。マットを形成する多年草で、浅裂した淡緑色の葉は、しばしば常緑となる。新しい植物は、葉の上、すなわち葉柄と葉身の接する部分から不定芽を出す。

〈栽培〉
半日陰から日陰における、中性～酸性、冷涼、湿性、腐植質に富んだ土壌を好む。太陽に当たると、とくに斑入り種の場合、葉焼けをおこす。室内植物として栽培される場合もあるが、冷涼な気温とフィルター越しの光を要する。春に株分けするか、秋に種子で繁殖。真夏から晩夏にかけて、葉の上の小苗を切って鉢に植えることもできる。

Tolmiea menziesii
一般名：トルミエア、ピギーバックプラント
英　名：PICKBACK PLANT、PIGGYBACK PLANT、THOUSAND MOTHER
☼ ❄ ↔0.9～1.8m ↕45～60cm

北アメリカ西岸原産の日陰を好む多年生植物。浅裂した葉は、うっすらと毛を帯びた中程度の緑色。晩春から夏にかけて、小さく目立たない、赤みを帯びた茶色の花が、長さ30～60cmの茎の先に生じる。'タフス　ニールド'（syn. 'マキュラタ'、'ワリエガタ'）、春、葉に金色の斑が見られる。夏にはいくぶん色あせる。
ゾーン：6～9

TOONA
（チャンチン属）
異　名：*Cedrela*

アジア南部～東部とオーストラリア東部に生息する4～5種からなるセンダン科の小属で、かつてはケドレラ属に分類されていた。すべて常緑または落葉性の高木で、羽状複葉をもつ。価値の高い材木で、とくに*T. ciliata*は温帯～熱帯に適応する。*T. sinensis*は冷涼地帯向け。

〈栽培〉
最上の結果を得るには、日当りのよい場所で、深く、水はけのよい肥沃な土壌で、たっぷり水を与えて育てて栽培する。湿性の環境で、強い風から保護して育てること。種子または吸枝で繁殖。

Toona ciliata
異　名：*Cedrela toona*、*Toona australis*
英　名：AUSTRALIAN RED CEDAR、RED CEDAR
☼ ☽ ↔6m ↕36m

オーストラリアのクィーンズランド州北東部からニューサウスウェールズ州の東南部の湿性の多雨林に生息する美しい高木。樹冠を広げる落葉性の高木で、つやのある緑色の羽状複葉は、卵形の小葉からなる。晩春に生じる新しい葉はブロンズ色を帯びた赤。春、白またはピンク色の、芳香のある小さな花が生じる。
ゾーン：9～12

Toona sinensis
異　名：*Cedrela sinensis*
一般名：チャンチン
英　名：CHINESE TOON
☼ ❄ ↔9m ↕12m

中国および東南アジア原産の多様な落葉性高木。暗緑色の羽状複葉は、8～12対の小葉からなり、幼時はロージーピンクで、秋にオレンジイエローに変わる。春、芳香性の小さな白い花が円錐花序をなして垂れ下がる。'フラミンゴ'、高さ6mになる、吸枝を出す品種。新葉は鮮やかなピンク色で、クリーミィイエローに変わり、その後緑色になる。
ゾーン：6～11

TORENIA
（トレニア属）
英　名：WISHBONE FLOWER

アフリカとアジアの熱帯原産の、低く成長し、藪状に広がる一年生および多年生植物からなるゴマノハグサ科の属で、およそ50種が含まれる。日なたでも日陰でもよく花をつけることで知られている。長さ10cm、卵形、鋸歯縁の葉が、淡いクリーミィグリーンの茎を覆う。花は淡いバイオレットで、暗い青紫色の下唇弁があり、花喉に黄色の斑がある。2本の雄ずいは葯で結合し、その形が鶏肉のウィッシュボーン（又骨）に似ていることから、英名ではWISHBONE FLOWERと呼ばれている。一般に花は晩春から生じ、初霜が降りるまで咲き続ける。コンテナ、ウィンドウボックスはもちろん、花壇、ボーダー、日陰、森林植物園において最高の縁取り用植物となる。

〈栽培〉
繁茂するには温暖な場所が必要で、霜、永続的な冷風、冷たい体感温度を嫌う。日なたまたは半日陰における、常に湿性の、有機質に富んだ、水はけのよい土壌で最もよく育つ。春、霜が終わってから種子を蒔いて繁殖。

Torenia fournieri
一般名：トレニア、ナツスミレ
英　名：BLUEWINGS、WISHBONE FLOWER
☽/☼ ✲ ↔25cm ↕30cm

熱帯アジア原産の小さな藪状の種。やや鋸歯縁の、淡緑色の葉は、長さ5cmになり、茎の上で小山を形成する。夏から秋にかけて、淡紫色の花が生じる。ハンギングバスケット用に理想的。'ブルーパンダ'、コンパクトな習性。ライラックブルーの花。**Clown Series**（クラウンシリーズ）、さまざまな色が含まれたミックス種。縁取りが花色と対比をなすものもある。
ゾーン：11～12

Torenia fournieri 'Blue Panda'

Toona sinensis 'Flamingo'

Toona ciliata

Torenia Hybrid Cultivar
一般名：トレニア交雑品種
☼/☀ ✣ ↔25cm ↕30～38cm
バーガンディ、ピンク、ローズ、ラベンダー、白など、さまざまな花色のcv. がある。'ダッチェス ディープ ブルー'、紫を帯びた深い青の花にオレンジの斑点。'ダッチェス ホワイト アンド ブルー' ★、白い花に非常に深い青色の斑。'ダッチェス ホワイト アンド ピンク'、白い花に深い深紅色のマーキング。
ゾーン：11～12

TORREYA
（カヤ属）
7種の常緑針葉低木または高木からなるイチイ科の属。原産地は北アメリカとアジアで、保護された森林や川辺の湿地で見られる。低木から高木まで幅があり、広く開いた樹冠をもつ。葉はイチイに似て、つやがあり、細くとがった針状で、裏面はより淡色。一部の種の葉はつぶすと芳香を発する。果実は種子で、なめらかまたは畝があり、色はくすんだ緑～紫みを帯びる。*Torreya nucifera*、すなわち日本のカヤの実は食用され、オイルは国内で料理に利用される。*T. taxifolia*は生垣に利用されるが、この種は絶滅寸前で、野生では、アメリカ合衆国のフロリダ州とジョージア州の限られた地域でしか生存していない。
〈栽培〉
冷風や乾燥性の風からの保護を要し、水はけのよい湿性の肥沃な土壌で、日なたまたは半日陰で栽培する。繁殖は、晩夏、半熟枝挿しを行うか、熟した種子をすぐに霜のあたらない場所に蒔く。発芽には2年ほどかかるので、しっかり印をつけておくこと。

Torreya californica
一般名：アメリカガヤ
英 名：CALIFORNIA NUTMEG, CALIFORNIA NUTMEG YEW
☼ ❄ ↔8m ↕24m
アメリカ合衆国カリフォルニア州原産の高木で、冷涼な海岸沿いの気候に適応する唯一の種。開いた樹冠は幅広の円錐形で、シュートはいくぶん下垂する。葉はイチイに似た暗緑色の針状で、裏面はやや淡色、つぶすと芳香を発する。夏、緑みを帯びた紫色の雌花序が生じる。
ゾーン：7～10

Torreya nucifera
一般名：カヤ
英 名：JAPANESE NUTMEG YEW, KAYA NUT
☼ ❄ ↔8m ↕15～24m
日本原産の低木または高木。葉は、表面はつやのある暗緑色で、裏面は青白い気孔の帯があり、つぶすと芳香を発する。オリーブグリーンの雌花序の仁は食用。栽培種はかなり小型。
ゾーン：7～10

TOWNSENDIA
（タウンセンディア属）
北アメリカ西部原産の、およそ21種の一年生または多年生植物からなるキク科の属。落ち着いた灰緑色のへら形の葉が、非常に細かい毛を帯びているのが特徴。花はデイジーに似て、黄色の幅広の円盤状花が、灰色みを帯びたピンク、ピンクみを帯びた白、またはモーブ色の、畝のあるとがった花弁に囲まれる。華やかな花が夏中見られる。
〈栽培〉
よく日の当たる、深い水はけのよい土壌を好む。春に挿し木するか、秋に熟した種子を蒔いて繁殖。

Townsendia formosa
☼ ❄ ↔25～30cm ↕30～40cm
アメリカ合衆国南西部の乾燥した石の多い草原で見られる、房をなす根茎性の多年生植物。へら形の葉は、中央脈と縁が細かい毛で覆われる。夏に生じる花は、紫または白の周辺花と黄色の円盤状花からなる。
ゾーン：8～10

Townsendia hookeri
異 名：*Townsendia nuttallii*
英 名：EASTER DAISY
☼ ❄ ↔35～50mm ↕35～50mm
叢生する極小の多年生植物。カナダとアメリカ合衆国にまたがるロッキー山脈の、乾燥した岩だらけの斜面で成長する。縁の巻き上がった、絹毛を帯びた幅狭の葉がロゼットを形成する。晩春に見られる花は、周辺花がピンクみを帯びた白とモーブで、円盤状花は黄色、またはピンクみを帯びる。
ゾーン：4～8

Torenia, Hybrid Cultivar, 'Duchess Deep-blue'

Torenia, Hybrid Cultivar, 'Duchess White and Blue'

Torenia, HC, 'Duchess White and Pink'

Townsendia parryi
英 名：PARRY'S TOWNSENDIA
☼ ❄ ↔25～38cm ↕25～38cm
北アメリカ北西部原産の、二年生または短命の有毛多年生植物。葉はへら形。夏に単生する大きな頭花は、周辺花が青みを帯びた紫色またはバイオレットで、円盤状花は黄色。亜高山地帯から高山地帯の生息環境を好む。
ゾーン：5～8

TOXICODENDRON
（トキシコデンドロン属）
北アメリカと東アジアの温帯および亜熱帯に広く分布するウルシ科の属で、6～9種の高木、低木、木性つる植物からなる。ウルシ属の近縁で、北アメリカのツタウルシ（poison ivy）など、一部の毒性の高い種はかつてウルシ属に含まれていたが、現在はトキシコデンドロン属に移された。数種は一部の地域で栽培が禁じられている。とはいえ、トキシコデンドロン属種の栽培目的は、主に、秋の鮮やかな紅葉、または装飾的な果実である。全種とも、高い焼灼性をもつ乳状または樹脂性の樹液を含み、敏感な人にとっては皮膚炎やいくつかのアレルギー反応の原因となりうる。
〈栽培〉
耐霜性。全種ともよく日の当たる水はけのよい土壌を要する。背景用植物として、人がさわらぬよう、芝生や通路から離して植えること。夏に種子を蒔くか、挿し木で繁殖。

Torreya californica

Townsendia hookeri

Townsendia parryi、アメリカ合衆国、コロラド州、サンファン国立森林公園

Toxicodendron diversilobum

異　名：*Rhus diversiloba*
英　名：CALIFORNIAN POISON OAK, WESTERN POISON OAK

☼ ❄ ↔2m ↕2.4m

アメリカ合衆国西部原産の、直立性、また時にはよじ登り性の低木。裏面が毛を帯びた、全縁または切れこみのある小葉が、複葉を形成する。夏、緑みを帯びた白い花が円錐花序をなす。果実はクリーミィホワイト。接触すると皮膚炎を起こす場合がある。家庭用には不向き。
ゾーン：5〜10

Toxicodendron succedaneum

異　名：*Rhus succedanea*
一般名：ハゼノキ
英　名：POISON SUMAC, RHUS TREE, WAX TREE

☼ ❄ ↔6m ↕9m

アジア東部原産の大型の落葉低木または広がる小高木。9〜15枚の尖った卵形の小葉が複葉をなす。色は光沢のある緑色で、秋にオレンジレッド〜スカーレット色に変わる。夏、淡い黄色の小さな花が生じる。黄みを帯びた茶色のすべすべした核果。毒性が高く、家庭用には不向き。
ゾーン：5〜10

Toxicodendron vernix

異　名：*Rhus vernix*
英　名：POISON ELDER, POISON SUMAC

☼ ❄ ↔3m ↕3m

北アメリカ東部の温帯原産の、落葉性の低木または小高木。7〜13枚の全縁の長楕円形の小葉からなる複葉は、秋に鮮やかに紅葉する。初夏、小さな黄色い花が生じる。触れると皮膚炎を起こす可能性がある。栽培例まれ。
ゾーン：3〜9

TRACHELIUM
（トラケリウム属）

7種の多年草からなるキキョウ科の小属。原産地は地中海沿岸地方で、普通、岩の割れ目で生息する。クッションを形成する極小種から、よりたくましい、直立性の木質基部の種まである。葉は単葉で互生する。花は紫と白があり、普通夏に群生する。花は筒状花で、突き出た花柱がよく目立つ。ボーダー花壇に適した*T. caeruleum*は、最も一般的な種で、種

Toxicodendron diversilobum

子から育てて1年目に花をつけ、一年草として扱われる。

〈栽培〉
よく日の当たる、水はけのよい、適度に肥沃な土壌で栽培する。小型種は、完全な排水性のアルカリ性土壌を要し、ロックガーデン、鉢植え、または高山植物室での栽培に適している。暑い日差しと冬季の湿潤を避ける。種子または挿し木で繁殖。

Trachelium caeruleum ★

一般名：ユウギリソウ

☼ ✿ ↔45cm ↕60〜90cm

地中海沿岸地方原産の直立性の多年生植物。尖った卵形の鋸歯縁の葉。夏、芳香のある、紫色の小さな星型の花が丸い房をなす。非常に長く突出した花柱が、花序にふわふわと柔らかそうな印象をもたらす。
ゾーン：9〜11

TRACHELOSPERMUM
（テイカカズラ属）

英　名：CONFEDERATE JASMINE, STAR JASMINE

日本からインドにかけての森林地帯原産の、およそ20種の常緑の巻きつき性よじ登り植物からなるキョウチクトウ科の属。つやのある魅力的な卵形の葉は両端が尖っている。茎は支柱をよじ登り、壁など硬い表面に容易に密着し、奔放に広がる。装飾用の庭園において人気があ

Toxicodendron succedaneum

り、フェンスやパーゴラに覆わせたり、または高木の幹によじ登らせたりする。コンクリートやブロックの壁の印象を和らげ、都市においては熱を吸収する。広域のグラウンドカバーとしても便利で、コンテナや壺でも効果を発揮し、室内や温室においてもすばらしい標本植物となる。室内栽培の場合、冬季に数時間以上日に当てれば、芳香性の花をつけてくれる。

〈栽培〉
土壌にはこだわらないが、水はけのよい環境に有機質を足してやるとよい。日なたでも日陰でもよく育ち、平均的な量の水分を必要とするが、いったん根付けば乾燥にも比較的よく耐える。夏に半熟枝挿しで繁殖。

Trachelospermum asiaticum

一般名：テイカカズラ

☼/☼ ❄ ↔3〜5m ↕6m

日本および朝鮮半島原産の、巻きつき性よじ登り植物。一見革質の、つやのある暗緑色の卵形の葉は長さ5cmになる。夏、非常に芳香性の高い、白い星形の花が房をなして垂れ下がる。
ゾーン：8〜10

Trachelospermum jasminoides ★

異　名：*Rhynchospermum jasminoides*
一般名：テイカカズラ
英　名：CONFEDERATE JASMINE, STAR JASMINE

☼/☼ ❄ ↔5〜8m ↕9m

朝鮮半島、日本、中国原産の巻きつき性よじ登り植物。卵形〜長楕円形のつやのある暗緑色の葉は長さ10cmになる。夏から春分にかけて、非常に芳香性の高い白い花が大量に群生する。グラウンドカバーとして栽培することもできる。
'トリコロル' ★、赤、黄、緑の葉。'ワリエガトゥム' ★、白い斑の入った暗緑の葉。夏に葉焼けしやすい。
ゾーン：9〜10

Trachelium caeruleum

TRACHYCARPUS
（シュロ属）

中国南部からヒマラヤ原産の、およそ6種からなるヤシ科の属で、美しい葉群と耐寒性のために栽培される。掌状または円形の葉は幅1.5mになり、ほぼ基部まで全裂し、硬い、幅狭の折り目のある切片に分かれる。葉柄にはしばしば太く鋭い歯が並ぶ。芳香のある小さな花に続いて、円形〜腎臓形の暗紫色またはオレンジ色の果実がつく。成長が遅く長命。霜の厳しい地域では室内植物として栽培できる。

〈栽培〉
水はけがよく、適度に肥沃であれば、どんな土壌でもよく育つ。水をたっぷり与え、とくに幼時は、冷たい風のあたらない日なたまたは半日陰で育てる。鉢植えの場合、成長期は中程度に灌水し、寒い季節には水を減らすこと。春、新鮮な種子で繁殖。

Trachelospermum jasminoides 'Tricolor'

T. jasminoides 'Variegatum'

Trachycarpus fortunei ★
一般名：シュロ
英　名：CHINESE FAN PALM, CHINESE WINDMIL PALM, CHUSAN PALM
☀ ❄ ↔3.5m ↑10m

ミャンマー北部と中国中央部および東部原産の、広く栽培されている耐寒性のヤシ。細い幹は、暗茶色の繊維質と古い葉の基部にゆるく覆われる。深緑色の掌状葉は、多数の切片に分かれる。夏、小さな黄色い花が房をなす。青みを帯びた果実。
ゾーン：8～11

Trachycarpus martianus ★
英　名：HIMALAYAN FAN PALM
☀ ❄ ↔3m ↑15m

インド北部およびミャンマー原産の幹の細い種。幹の樹冠に近い部分が繊維質に覆われる。大きな掌状葉は暗緑色で、均一に裂けている。夏、黄色い花が垂れ下がる。果実は黒。
ゾーン：9～11

Trachycarpus wagnerianus ★
一般名：トウシュロ
☀ ❄ ↔2.4m ↑3～6m

栽培種のみが知られている掌状葉ヤシで、おそらく、はるかに一般的な *T. fortunei* の品種と思われる。より小型で、より硬い葉、そして幹の表面で極めて密に絡み合ったシュロ毛によって区別される。
ゾーン：9～10

TRACHYSTEMON
（トラキュステモン属）
英　名：RUSSIAN BORAGE

東ヨーロッパ原産のわずか2種の多年草からなるムラサキ科の小属。剛毛のある大きな葉は、コンフリー（ヒレハリソウ属）の葉によく似ている。早春、鮮やかな青色の星形の花を葉と同時につける。一般的に栽培されているのは *T. orientalis* のみ。

〈栽培〉
極めて耐寒性に優れた植物で、明るい日陰～暗い日陰の、腐植質に富んだ湿性の土壌でよく育ち、雑草を退けて大きく叢生する。休眠期に株分けで繁殖。自家播種もする。

Trachystemon orientalis
異　名：*Borago orientalis*
英　名：RUSSIAN BORAGE
☀ ❄ ↔0.9～2m ↑0.6～0.9m

ヨーロッパ原産のきめの粗い多年草。剛毛を帯びたへら形の緑色の葉は長さ30cmになる。晩冬から早春にかけて、幅18mmの、中心の白い、鮮やかな青色の星形の花を、まばらなスプレー状につける。
ゾーン：5～10

TRADESCANTIA
（ムラサキツユクサ属）
英　名：SPIDER LILY, SPIDERWORT

アメリカ原産の、70種あまりの一年生および多年生植物からなるツユクサ科の属。魅力的な園芸植物ではあるが、一部の地域では深刻な有害植物となっている。塊根性または繊維性の根を張り、たいてい常緑。やや多肉質の茎と、肉厚の、先端の尖った楕円形、槍形、または幅狭の葉をもつ。温暖な季節を通じて、苞に抱かれた小さな3枚花弁の花が房をなす。花に白色、落ち着いたピンク色、青～モーブ色が主流だが、非常に鮮やかな深紅色のものもある。斑入りや色つきの葉が一般的。

〈栽培〉
大半の種は、軽～中程度の霜に耐える。日当りを好み、乾燥に強い種もあるが、大半は半日陰の水はけのよい湿性の土壌を好む。成長型に合わせて、株分け、自然に発根した枝を移動、または挿し木、種子で繁殖。

Tradescantia Andersoniana Group
一般名：ムラサキツユクサ アンデルソニアナ グループ
☀ ❄ ↔30～120cm ↑20～50cm

このグループは、1つの雑種だけでなく、いくつかの交雑種を含む。大半は *Tradescantia virginiana* から派生し、幅狭の葉と開花習性を受け継いだ、叢生する交雑種が主に選ばれている。このグループは誤って *T.×andersoniana* と呼ばれることがある。人気のある交雑種には以下の品種がある。'**ビルベリー アイス**'、青緑色の葉と、淡いシルバーモーブの花。'**ブルー アンド ゴールド**' (syn. '**スウィート ケイト**')、長い幅狭の、鮮やかな黄色い葉と、鮮やかな青い花。'**コンコルド グレープ**'、青緑色の葉と深紅色の花。'**イノセンス**'、鮮やかな緑の葉と、純白の花。'**イシス**'、緑の葉と鮮やかな青い花。'**J. C. ウェグリン**'、緑の葉と、目の覚めるような空色の花。'**リトル ドール**'、非常にコンパクトな品種。鮮やかな緑色の葉と、落ち着いたモーブブルーの花。'**オスプレイ**'、緑色の葉と、中心がモーブブルーの、白～ごく淡いモーブの花。'**パープル ドーム**'、緑の葉と、深い紫の花。'**ツバネンブルク ブルー**'、緑の葉と、青～紫色の花。
ゾーン：7～10

Tradescantia fluminensis
異　名：*Tradescantia albiflora*
一般名：トキワツユクサ、ノハカタカラクサ
英　名：WANDERING JEW
☀/☀ ↔60～150cm ↑30～50cm

南アメリカ原産の、いくぶん侵略性の多年生植物で、アメリカ合衆国南部に帰化した。厚みのある多肉質の茎が密生する。幅広の槍形の肉厚の葉は、長さ8cm以上になり、中心部がやや明るい。大きな白い花をつける。栽培品種は葉にさまざまな色や模様がある。
ゾーン：9～11

Trachycarpus fortunei

Trachycarpus martianus

Trachycarpus wagnerianus

Trachystemon orientalis

Tradescantia, AG, 'Bilberry Ice'

Tradescantia, AG, 'Blue and Gold'

Tradescantia, AG, 'Concord Grape'

Tradescantia, AG, 'Little Doll'

T., AG, 'Zwanenburg Blue'

Tradescantia sillamontana

一般名：トラデスカンティア・シラモンタナ
英　名：WHITE VELVET

☀/☀ ❄ ↔100cm ↕15〜80cm

メキシコ北部原産の多年生植物。直立性、またはつる状に広がるものもある。長さ8cm近くなる、肉厚の卵形の葉は、紫赤色を帯び、銀色の絹毛が密生する。夏、パープルマゼンタの小さな花が生じる。
ゾーン：9〜11

Tradescantia spathacea

異　名：*Rhoeo discolor*
一般名：ムラサキオモト
英　名：BOAT LILY, CRADLE LILY, MOSS-IN-HIS-CRADLE

☀/☀ ❄ ↔30〜40cm ↕38cm

メキシコ南部、グアテマラ、ベリーズ原産の、茎の短い叢生する多年生植物。ロゼットを形成する。ほぼ槍形の、長さ35cmの直立性の葉は、表面が暗緑色で、裏面は紫赤色。舟形の苞に包まれた白い小さな花が、葉の基部近くで一年中見られる。'ウィッタタ'★（syn.'ワリエガタ'）、葉にクリーム色とピンクの縞が入る。
ゾーン：10〜12

Tradescantia virginiana

一般名：オオムラサキツユクサ

☀ ❄ ↔50〜120cm ↕30〜50cm

アメリカ合衆国東部原産の、広がって小山を形成する多年生植物。幅狭の、やや草状の葉。夏、白、ピンク、モーブブルー、紫の花が、似た色の苞とともに小さな花序をなす。広く交配され、さまざまな園芸品種を生み出している。
ゾーン：7〜10

Tradescantia zanonia

トラデスカンティア・ゼノニア
異　名：*Campelia zanonia*

☀/☀ ❄ ↔1.5m ↕60〜100cm

中央および南アメリカ原産の、直立〜広がる多年生植物。葉は単葉で槍形、裏面は銀色みを帯びる。夏から冬にかけて、深紅色を帯びた白い小さな花と、紫みを帯びた緑色の大きな苞が、長さ20cmの花序をなす。'メキシカン フラッグ'、葉にクリーム色の幅広の縞が入る。
ゾーン：10〜12

Tradescantia zanonia 'Mexican Flag'

TRAGOPOGON
（バラモンジン属）
英　名：GOAT'S BEARD

ユーラシア大陸温帯と地中海沿岸地方原産の、およそ50種の、主根を伸ばす一年生、二年生、または多年草からなるキク科の属。互生する葉は長い線形で、塊根性植物に似ている。黄色または紫色のデイジー花が、曇りの日を除き、朝開花して午後しぼむまで太陽の方を向きつづける。種子のつき方はアザミの冠毛に似ている。草原や荒地の植物で、しばしば道端で見られ、観賞用に栽培されることはまれである。最も一般的に栽培されているのは*T. porrifolius*で、根が食用される。

〈栽培〉
栽培は容易で、日当たりさえよければどんな土壌でも育つ。自家播種が問題にならない野性的な場所に最適。主根を伸ばせる深い土壌が必要。種子で繁殖。

Tragopogon porrifolius

一般名：バラモンジン、サルシファイ
英　名：OYSTER PLANT, SALSIFY, VEGETABLE OYSTER

☀ ❄ ↔15〜30m ↕60〜90cm

地中海沿岸地方原産の二年生植物。長い帯状の、青みを帯びた緑色の葉。くすんだ紫色のデイジー花が夏に生じる。花は魅力的だが、主に食用の根のために栽培される。
ゾーン：5〜9

Tradescantia virginiana

Tradescantia sillamontana

TRAPA
（ヒシ属）
英　名：WATER CHESTNUT

中央ヨーロッパから東アジア、アフリカで見られる、約15種の浮水生の多年草からなるヒシ科の属。沈水した茎は、普通泥の中に羽状の根を下ろす。葉は茎の先端近くに群生し、ロゼットを形成する。鋸歯縁、浮水性、卵形の葉が、膨らんだスポンジ状の柄につく。4つの白い小さな花からなる花序が葉腋から生じる。硬い、角のある、堅果に似た果実は、毒素を取り除けば食べられる。属名はラテン語のtrapa（わな）に由来する。

Trapa natans

一般名：オニビシ
英　名：BULL NUT, JESUITS' NUT, WATER CHESTNUT

☀ ❄ ↔0.6〜1.2m ↕0.9〜1.5m

中央ヨーロッパから東アジア、それに熱帯アジアで見られる水生多年草で、アフリカからアジアにかけて広く栽培されている。茎は浮水または平伏する。沈水葉は幅狭の線形。三角形、革質、有毛の浮水葉がロゼットを形成する。夏に三立たない花が生じる。堅果に似た大きな多肉質の果実は、4本の鋭いかぎ状の刺がある。極めて侵略的。
ゾーン：5〜8

Tradescantia spathacea

TREVESIA
（トレベシア属）

ヒマラヤ地方から中国南部、東南アジアにかけて見られる、12種の低木および高木からなるウコギ科の属。しばしば密に叢生し、太い茎には刺がある場合がある。切れこみのある大きな掌状葉が枝先近くに群生する。夏、小さなクリーム色の花が枝先で大きな房をなす。

〈栽培〉
端正な葉を目的に栽培される。寒冷地帯では暖房された温室またはコンサバトリーで保護する。多湿の熱帯地方では、低木ボーダー花壇で栽培するが、保護された半日陰の場所と、水分保持力のある深い肥沃な土壌が必要。種子または緑枝挿しで繁殖。

Trevesia palmata

☀ ❄ ↔3.5m ↕9m

インド〜中国南部、東南アジア原産の種。枝なしに仕立てることもできるが、樹冠の広い低木または高木としても栽培できる。どっしりした刺だらけの茎と、掌状に切れこみのある珍しい葉をもつ。春、オフホワイトの花が大きな房をなす。
ゾーン：10〜12

Tragopogon porrifolius

Trevesia palmata

Trichodiadema bulbosum

Tricyrtis affinis

TRICHODIADEMA
（トリコディアデマ属）

ナミビアと南アフリカ原産の、34種の低木状の種からなるツルナ科の属。細長いアーチ状の枝をもつ低木から、茎の短い亜低木まで幅がある。大半の種は木質～塊茎状の根をもつ。小さな半円柱状の葉は、先端に刺が群生する独特の形で、普通、特別な水分貯蔵細胞によってきらめいている。冬から初夏にかけて、デイジーに似た、白、クリーム色、黄色、ピンク～紫色の小さな花が単生する。果実には普通、5～6個のさく果が含まれる。

〈栽培〉
鉱物質に富んだ水はけのよい土壌で容易に栽培できる。屋外に植える場合は、夏季の過度の雨を避け、真冬には短期間灌水を控える。種子でも繁殖できるが、より一般的には、数日間乾燥させた穂木を挿す。

Trichodiadema bulbosum
一般名：姫紅小松
☀ ❄ ↔40～50cm ↕15cm
南アフリカ原産の小さな低木。塊根はしばしば一部が地表に露出している。葉は短い円柱形で、白い短毛で覆われているため、灰緑色に見える。早春、深い紫色の花が生じる。
ゾーン：8～10

Trichodiadema densum
一般名：紫晃星
☀ ❄ ↔40～50cm ↕15cm
南アフリカ原産の低木。太い多肉質の茎。茎は短い。密に房をなす葉は、緑色で、おびただしい短い綿毛を帯び、先端には白い刺が群生する。初夏、暗赤色の花が生じる。
ゾーン：8～10

Trichodiadema intonsum
☀ ❄ ↔20～30cm ↕10cm
南アフリカの、イースタンおよびウェスタンケープ地方原産の極小の低木。半円柱形の緑色の葉が、細い茎からやや離れて反り返る。葉は灰色の綿毛を帯び、先細りの先端に暗茶色の刺がつく。早春、白またはピンク色の花が生じる。
ゾーン：8～10

TRICHOSANTHES
（カラスウリ属）

熱帯アジアからオーストラリア北部、それに太平洋諸島で見られる、およそ15種のよじ登り性または不規則に広がる一年生または多年生植物からなるウリ科の属。巻きひげは分枝しないか、5本以下の枝をつける。葉は、単葉、または3～5裂し、縁は全縁または歯状。花は単性で、雄性花と雌性花が、同株または別々の株につく。5枚の白い花弁にはよく目立つ縁房がある。果実は球形～卵形、多肉質で、表面はなめらか。多くの種が原産地で薬用として重要視され、また、一部の種の塊茎は食用デンプンの原料となる。縁房のある花と、色鮮やかな果実を目的に栽培される。

〈栽培〉
温帯では温室で一年生植物として栽培する。春、有機質に富んだ鉢用混合土に種子を蒔いて育てる。熱帯においては、日当りのよい肥沃な場所で容易に繁茂し、建物や生垣によじ登る。種子で繁殖。

Trichosanthes cucumerina
異名：*Trichosanthes anguina*
一般名：ヘビウリ
英名：CLUB GOURD, SERPENT CUCUMBER, SNAKE GOURD
☀ ⚘ ↔1.5～3m ↕2.4～6m
アジア南部からオーストラリア北部にかけて自生する一年生植物。複葉で、裂片はやや鋸歯縁。春に生じる。芳香のある白い花は、夕方または夜に開花する。長さ1.8mの、ねじれた幅狭の円柱形の果実は食べられる。
ゾーン：10～12

TRICHOSTEMA
（トリコステマ属）

北アメリカの大部分で見られる、芳香のある16種の一年生植物および小低木からなるシソ科の属。槍形の単葉には、裏面に軟毛がある。春夏を通じて、近縁属であるサルビア属の花に似た、青、または時にはピンクや白の筒形の花をつける。

〈栽培〉
低木状の種は、水はけのよい、中程度に肥沃な土壌で栽培する。冷涼地帯では温室での冬越しが望ましい。繁殖は、春に種子を蒔くか、秋に半熟枝を挿す。

Trichostema lanatum
英名：BULE CURLS, WOODY BULE CURLS
☀ ❄ ↔0.6m ↕0.6～1.5m
アメリカ合衆国カリフォルニア州原産の低木状の種。暗緑色の槍形の葉は、裏面が軟毛を帯び、縁が丸まっている。春から夏にかけて、軟毛を帯びた紫青色の筒形の花が、長さ38cmの穂状花序をなす。
ゾーン：6～10

TRICYRTIS
（ホトトギス属）

英名：TOAD LILY
16種の優美な根茎性多年生植物からなるスズラン科の属。ヒマラヤ東部～フィリピン、それに日本と台湾における、湿性の森林地帯、それに山や崖の上に生息する。カーブした茎を抱いて直立する長楕円形～槍形の尖った葉は、たいていつやがあり、ときには斑点が見られる。星、鐘、またはじょうご形の花が、茎の先端、または上部の葉腋に生じる。花色は純白、金黄色、ラベンダー色、紫などで、普通斑点があり、いくぶん蝋質または玉虫色を帯びる。普通、晩夏から秋に開花する。

〈栽培〉
水はけのよい、湿性の、腐植質に富んだ土壌で、半日陰～日なたで栽培する。温暖地域では半日陰～日陰のほうが望ましい。一部の種は、秋に種子を蒔いて繁殖可能。全種とも、春の休眠期に株分け可能。

Tricyrtis affinis
一般名：ヤマジノホトトギス
☀/☽ ❄ ↔60cm ↕90cm
日本原産の耐寒性の種。アーチ状の茎と、ほぼ卵形の大きな葉。真夏から秋に見られる白い花は、幅25mmで、紫色の斑点がある。日陰または半日陰を好む。
ゾーン：5～9

Tricyrtis formosana
異名：*Tricyrtis stolonifera*
一般名：タイワンホトトギス
英名：FROMOSA TOAD LILY
☀ ❄ ↔45cm ↕90cm
台湾原産の直立性の種で、ランナーで広がる。緑色の葉に深緑色の斑が入る。花は主に茎の先端で房をなす。真夏から秋にかけて、栗色または茶色の花芽から、白または淡いライラック色の、紫の斑点のある、黄色みを帯びた花が開く。
ゾーン：5～9

Tricyrtis hirta
一般名：ホトトギス
英名：HAIR TOAD LILY
☀ ❄ ↔60cm ↕90cm
日本原産の直立性の種。アーチ状の茎はうっすらと毛を帯び、落ち着いた緑色の葉がつく。初秋から秋にかけて、暗紫色の斑点のある白い花が、茎に沿って葉腋に生じる。'ミヤザキ'、より小型の種。アーチ状の習性。紫の斑点があるピンク～白色の花はやや大きめ。'ミヤザキ ゴールド'、'ミヤザキ'に似た花と、金色の縁取りのある葉。
ゾーン：4～9

Tricyrtis macrantha
一般名：ジョウロウホトトギス
☀ ❄ ↔60cm ↕75cm
日本原産の優美な種。アーチ状の茎と、つやのある緑色の、卵形～長楕円形のタケに似た葉をもつ。初秋、茶色みを帯びた、わずかな羽毛を帯びた茎から、内側にチョコレート色の斑点のあるレモンイエローの鐘形の花が垂れ下がる。暗い日陰と湿性の土壌を好む。
ゾーン：7～9

Trichostema lanatum

Trichosanthes cucumerina

Tricyrtis hirta

Tricyrtis formosana

Tricyrtis macropoda
異名：*Tricyrtis ciliata*
一般名：ヤマホトトギス
☀ ❄ ↔60cm ↕75cm
中国原産の端正な種。長楕円〜卵形の葉が直立性の茎につく。真夏から晩夏にかけて、暗紫色の斑点のあるラベンダー色の花が分枝して花序をなす。
ゾーン：5〜9

TRIFOLIUM
(シャジクソウ属)
英名：CLOVER
世界中の牧草地においては、生命力のある重要な要素だが、芝生においてはやっかいものである。およそ230種の、一年生、二年生、多年生植物からなるマメ科ソラマメ亜科の大属で、オセアニアを除く世界中の温帯および亜熱帯区域に自生する。大半の葉は鮮やかな緑色の3葉だが、場合によって小葉は9枚までつき、時には暗色の斑も見られる。円形の花序をなす個々の花は典型的なマメ科の花である。アイルランドで聖パトリックがクリスマスの三位一体を説明するのに使ったことから、3裂のクローバー葉と4葉のシャムロックは今日、主に幸運のシンボルとなっている。

〈栽培〉
普通は耐寒性で栽培は容易だが、庭でわざわざ栽培されることはめったにない。日なたまたは半日陰の、水はけのよい湿性の土壌で栽培する。株分けで繁殖可能だが、普通は自家播種する。

Trifolium pannonicum
英名：HUNGARIAN CLOVER
☀/◐ ❄ ↔20cm ↕20cm
東ヨーロッパ原産の多年生植物。直立の藪状の習性。赤みを帯びた茎と、幅狭の楕円形の葉は、細い絹毛で覆われる。夏、落ち着いたクリーミィイエローの花が長さ10cmの直立性の花序をなす。
ゾーン：5〜9

Trifolium repens
一般名：シロツメクサ
英名：WHITE CLOVER
☀/◐ ❄ ↔20〜40cm ↕5cm
ヨーロッパ原産の低く成長する多年生植物で、広域に帰化した。匍匐性の根茎をもつ。葉は普通3葉で、小葉は、円形、細かい鋸歯縁、深緑色で、より暗色の紋章形の模様がある。夏に生じる小さな花は、白または落ち着いたピンク色で、芳香がある。'アトロプルプレウム'、レッドブロンズ色の葉に、多様な緑色の縁取り。'グリーン アイス'、2色の灰緑色の葉。'プルプラスケンス'、強健。小葉の中心に紫赤色の部分がある。'プルプラスケンス クアドリフォリウム'、紫みを帯びた茶色の4枚の小葉。
ゾーン：4〜10

Trifolium rubens
☀/◐ ❄ ↔45〜60cm ↕30〜60cm
南ヨーロッパ原産の藪状の多年生植物。銀色の毛を帯びた深緑色の3葉で、小葉は楕円形。夏、深紅色の花が大きな円錐形の花序をなす。
ゾーン：7〜10

Trifolium uniflorum ★
英名：ONE-FLOWERED CLOVER
☀/◐ ❄ ↔20〜40cm ↕5〜10cm
シシリアから地中海東部沿岸地方で見られる、這い性の根茎をもつ多年生植物。3葉をなす小葉は円形で、しばしば裏面が綿毛を帯びる。春から夏にかけて、時おりピンク色を帯びる白い花が単生または3個で花序をなす。

TRIGONELLA
(トリゴネラ属)
地中海沿岸地方、北大西洋の亜熱帯諸島、南アフリカ原産の50種あまりと、オーストラリア原産の1種からなる、マメ科ソラマメ亜科の属。多年草または一年草で、しばしば強い芳香を発する。3枚の鋸歯縁の小葉からなる葉が、托葉とともに茎につく。5枚花弁の花は、小さな苞とともに、腋生の密な総状花序、散形花序、または花序をなさし、単生することはまれ。萼の筒は短く、5裂の鐘形。くちばしのある果実は卵形で、断面は扁平または円形。飼料用穀物、もやし用に栽培される種もあれば、強い芳香や薬用目的で栽培されることもある。受粉によって爆発的に増える花のつく種は、現在ウマゴヤシ属に分類されている。

〈栽培〉
よく日の当たる水はけのよい土壌で栽培する。同じ位置に種子を蒔いて繁殖。

Trigonella foenum-graecum
一般名：フェヌグリーク、コロハ
英名：FENUGREEK, GREEK CLOVER, GREEK HAY
☀ ❄ ↔20〜30cm ↕30〜60cm
南ヨーロッパおよび地中海沿岸地域原産の一年草。3枚の卵形の小葉からなる複葉。夏、アイボリー〜黄色のマメ科の花が、葉腋に単生または対で生じる。葉と花には苦味がある。芳香のある種子は食用。
ゾーン：9〜11

Trifolium pannonicum

Trifolium rubens

TRIGONIDIUM
(トリゴニディウム属)
中央および南アメリカ原産の、およそ20種の、複茎性、着生および半陸生ランからなるラン科属。小さく房をなす偽鱗茎の上に、2〜3枚の長い帯状の葉をつける。春、長い花柄の先に単生する花は、極めて珍しいかたちで、3枚の反曲する萼片が花の上にそびえる。花弁と唇弁は不釣合いに小さい。栽培例はまれで、専門家のコレクションや植物園で見られる。

〈栽培〉
樹皮主体の培地を入れたポットでよく育つ。定期的に水と肥料を与える。一年を通じて、多湿の環境と、高い採光、中温〜温暖な気温を好む。10℃以下の季節を嫌う。株分けで繁殖。

Trigonidium egertonianum
☀/◐ ⚘ ↔20〜60cm ↕20〜50cm
メキシコとコロンビアで見られる。真緑色の帯状の葉。春に生じる幅35mmの杯形の花は、淡い黄色〜ピンクみを帯びた薄茶色で、細い暗色の縞模様が入る。
ゾーン：11〜12

TRILLIUM
(エンレイソウ属)
英名：WAKE ROBIN, WOOD LILY
春に開花する、30種の森林性、根茎性の多年生植物からなる、エンレイソウ科の属。*Trillium rivale*のように、高さ5cmの小さな種から、花を入れて60cm以上になる種まで大きさには幅があるが、かたちは驚くほど一致している。小葉は先細りする幅広の卵形で、鮮やかな緑色にしばしば斑点が見られる。3葉の中心から、白、クリーム色、ピンク色、または深い栗色の、3枚花弁の花が単生する。早く開花する習性から、英名ではWAKE ROBIN、すなわち、春にコマドリを起こす植物と呼ばれている。

T. repens 'Purpurascens Quadrifolium'

Trifolium uniflorum

〈栽培〉
半日陰～日陰において、冷涼、湿性の、水はけのよい腐植質に富んだ土壌に植えつける。全種とも秋には完全に枯死するが、早春にはいち早く再生する。株分けまたは種子で繁殖。

Trillium albidum
☼/☀ ❄ ↔50cm ↕50cm
アメリカ合衆国西部原産で、*T. chloropetalum*の近縁種。しばしば銀色の斑が見られる円形の葉が、花の背後で完全なひだ襟状に並ぶ。早春、白色で基部がピンク色の、直立性でわずかに反曲した花弁をもつ、芳香性の花がつく。
ゾーン：6～9

Trillium chloropetalum
☼/☀ ❄ ↔50cm ↕50cm
アメリカ合衆国カリフォルニア州原産の多年生植物。茎が太い。しばしば栗色の斑が見られる円形の葉が、早春から早速に完全なひだ襟を形成し、花を囲む。早春、白～緑みを帯びた白色、落ち着いた黄色または栗色の、花弁がわずかに反曲した、芳香性の花がつく。*T. c.* var. *giganteum*、普通、暗赤色の花と、栗色の斑のある萼をつけるたくましい品種。
ゾーン：6～9

Trillium cuneatum
一般名：アメリカエンレイソウ、クロバナエンレイソウ
英 名：SWEET BETSY, TOAD SHADE
☼/☀ ❄ ↔40cm ↕60cm
アメリカ合衆国南東部原産の斑入り種。斑入りの灰緑色とオリーブ色の葉は、ガマの皮膚の模様に似ているといわれている。葉は尖った卵形で、完全な環は形成しない。早春に生じる花は、バーガンディ～黄みを帯びた緑色で、ムスクの香りをもつ。
ゾーン：6～9

Trigonidium egertonianum

Trillium chloropetalum

Trillium erectum

Trillium cuneatum

Trillium flexipes

Trillium erectum ★
一般名：ベスルート
英 名：BETHROOT, BIRTHROOT
☼/☀ ❄ ↔50cm ↕50cm
北アメリカ東部原産の森林性多年生植物。大きく、明るい質感の、鮮やかな緑色の葉は、しばしば完全なひだ襟を形成する。早春、葉の上、またはやや高めにつく花は、ベルベット状の暗赤色、まれに白色の幅狭の花弁で、不快な匂いを発する。
ゾーン：4～9

Trillium flexipes
英 名：BENT TRILLIUM
☼/☀ ❄ ↔30cm ↕40cm
アメリカ合衆国北部原産の魅力的な種。尖った卵形の葉。早春、細い茎の先で点頭する特徴的な花は、長さ5cmで、白～淡いピンク色、まれには栗色で、花弁と萼片はほぼ水平にまで反曲する場合がある。

Trillium grandifolrum
一般名：タイリンエンレイソウ
英 名：GRAND TRILLIUM, SHOWY TRILLIUM
☼/☀ ❄ ↔50cm ↕45cm
北アメリカ東部原産の開花の遅い種。円形～尖った卵形の葉は、時おり重なり合って完全な環を形成する。初夏に見られる花は、開花時は白で、やがてピンク色になる。幅狭～幅広の花弁は長さ8cm。*T. g.* f. *roseum*（'ロセウム'）、ピンク色の花は、やがて暗いくすんだ色になる。*T. g.* 'フロレ プレノ'、八重花。
ゾーン：5～9

Trillium grandiflorum f. *roseum*

Trillium grandiflorum 'Flore Pleno'

Trillium kamtschaticum
一般名：オオバナノエンレイソウ
☼/☀ ❄ ↔30cm ↕30cm
東アジア温帯原産の叢生種。柄の短い、尖った卵形～ひし形の葉。早春に生じる花は白で、やがて淡紫色になる。花弁と、ほぼ同サイズの萼片が、ほぼ水平に反曲する。
ゾーン：5～9

Trillium luteum
一般名：キバナノエンレイソウ
英 名：WOOD TRILLIUM, YELLOW WAKE ROBIN
☼/☀ ❄ ↔45cm ↕45cm
アメリカ合衆国南東部原産。幅広の尖った卵形の、斑入りの葉は、重なり合わない。早春、黄色～黄緑色の、長さ8cm以上になる直立性の花弁の、芳香性の高い花がつく。
ゾーン：5～9

Trillium ovatum
英 名：WESTERN TRILLIUM, WAKE ROBIN
☼/☀ ❄ ↔50cm ↕50cm
アメリカ合衆国オレゴン州原産の直立性の種。脈のよく目立つ、深緑色の、尖った卵形～ひし形の葉。早春、直立性の茎に、葉と同じ高さにつく花は、ムスクの香りで、ほぼ水平に広げた白い花弁が、やがてピンク色になる。
ゾーン：5～9

Trillium pusillum
英 名：DWARF WAKE ROBIN
☼/☀ ❄ ↔15～20cm ↕15cm
アメリカ合衆国南東部原産の、小さな森林性の種。幅狭の小葉は、長さ5cmで、やや青緑色のものも見られる。早春に見られる白い花は、長さ25mmのほぼ水平状の花弁と、それよりもやや大きめのよく目立つ萼片をもつ。
ゾーン：6～9

Trillium kamtschaticum

Trillium luteum

Trillium ovatum

Trillium rivale
英 名：BROOK WAKE ROBIN
☽/☀ ❄ ↔15cm ↕10cm
アメリカ合衆国カリフォルニア州およびオレゴン州のシスキュー山脈原産の小型種。葉は長さ3cm以下で、葉柄はやや短め。早春、葉の上につく花は白だが、しばしばピンクみを帯び、パープルピンクの斑点が入る場合もある。
ゾーン：5〜9

Trillium sessile
英 名：TOAD SHADE
☽/☀ ❄ ↔30〜40cm ↕30cm
アメリカ合衆国北東部原産。楕円形〜円形の葉は、暗色の斑があり、たいていわずかに下垂している。葉は花を取り囲むが、重なり合うことはまれ。早春に生じる、ムスクの香りの花は、花弁が深い紫赤色で、緑色の萼片は紫赤色を帯びる。
ゾーン：4〜9

Trillium sulcatum
英 名：FURROWED WAKE ROBIN, SOUTHERN RED TRILLIUM
☽/☀ ❄ ↔50cm ↕40cm
アメリカ中東部原産の丈高の種。大きな、明るい質感の、鮮やかな緑色の葉が、完全なひだ襟を形成する。早春、長い花茎で葉の上に生じる花は、赤茶色で、幅は約8cmで、やや悪臭がある。
ゾーン：5〜9

Trillium tschonoskii
一般名：ミヤマエンレイソウ、シロバナエンレイソウ
☽/☀ ❄ ↔20〜30cm ↕20cm
ヒマラヤから日本にかけて見られる小型種。*T. kamtschaticum*と同様、長さ15cmの柄の短い尖った卵形の葉が小さく叢生する。早春に生じる、緑みを帯びた白い小さな花は、やがてピンク〜モーブ色に変わる。
ゾーン：5〜9

TRISTANIA
（トリスタニア属）
オーストラリア原産の単種からなるフトモモ科の属。かつてはいくつかの近縁種が同属に含まれていたが、現在は他の属に分類されている。低木または小高木で、樹皮はなめらかで、時おり剥離する。対生する葉は、槍形で、はっきりした油腺が見られる。夏、やや目立たない黄色の小さな花が束で生じるため、花つきがよい印象を与える。3室のさく果をつける。分布地は限られており、シドニーのすぐ北からすぐ南と西の、土手や川岸にそって生息する。
〈栽培〉
庭の環境によく適応する。酸性から中性の、水はけのよい砂質の土壌に植え、乾燥期に灌水すれば、よく育つ。いくぶん耐霜性もあり、日なたを好むと思われる。種子または挿し木で繁殖。

Tristania neriifolia
英 名：DWARF WATER GUM, WATER GUM
☀ ❄ ↔2m ↕4.5m
オーストラリアのニューサウスウェールズ州の中央沿岸地帯原産の低木または小高木。樹皮はなめらかまたは剥離する。対生する葉は、幅狭の槍形で、多数の油腺がよく目立つ。夏、上部の腋に小さな黄色い花が束で生じる。
ゾーン：10〜11

Trillium pusillum

Trillium sessile

Trillium tschonoskii

TRISTANIOPSIS
（トリスタニオプシス属）
主にオーストラリア東部の多雨林地帯、ニューカレドニア、インドネシア、東南アジアの一部で見られる、40種を含むフトモモ科の属。大半は低木または高木で、脈目のはっきりしない単葉が互生する。枝に沿って小さく房をなす集散花は、多数の雄ずいをもつ、黄色または白の5枚花弁の花からなる。果実はさく果で、大半が有翼の種子を含む。このグループはかつて近縁属のトリスタニア属に含まれていた。多くの種がスクリーンや生垣に利用される。
〈栽培〉
大半の種は比較的順応性があるが、温暖な地域で水はけのよい湿性の土壌で、日なたまたは半日陰で栽培するのがよい。剪定して樹形を整える。種子で繁殖。

Tristaniopsis exiliflora
英 名：NORTHERN WATER GUM
☀ ❄ ↔6m ↕10m
オーストラリアクィーンズランド州北部原産の小高木。基部近くから枝を出し、なめらかな樹皮は古くなると剥離する。互生する葉は、幅狭の楕円形で、古くなると赤くなる。夏、花弁の白い小さな花が枝先に向かって束で生じる。
ゾーン：10〜12

Tristaniopsis glauca
☀ ❄ ↔1.5〜3m ↕1.5〜4.5m
ニューカレドニア固有種である6種のうちの1種。広がる木質低木で、厚みのある青緑色の葉は長さ15cmになる。夏、白〜黄色の小さな花が生じる。川岸に沿った低木地帯の、極めて鉄分に富んだ赤い土壌に生息する。
ゾーン：11〜12

Tristaniopsis laurina
異 名：*Tristania laurina*
英 名：KANUKA BOX, WATER GUM
☀ ❄ ↔6m ↕18m
オーストラリア東部原産の丈高の高木。密な樹冠をなす、長楕円形〜槍形の葉は、つやのある緑色で、裏面はやや淡色。夏、蜜の豊富な小さな黄色い花が、枝に沿って集散花序をなす。果実は円形のさく果。栽培種はやや小型。中程度の霜と、詰まった湿潤な土壌に耐える。
ゾーン：10〜12

Tristania neriifolia

Tristaniopsis laurina

Tristaniopsis glauca、野生、
ニューカレドニア、マドレーヌの滝

TRITELEIA
（トリテレイア属）
北アメリカ原産の15種の塊茎植物からなるネギ科の属。花が3個ずつ配置されることからこの属名がついた。叢生する長い、幅狭の、やや草状の葉は、たいてい花茎が現れる前に消え始め、まったくなくなってしまう場合もある。晩春に生じる花茎は、普通高さ30〜60cmで、先端で、白、青、紫、まれには黄色の、じょうご形の花が花序をなす。ネイティブ・アメリカンは、*T. hyacinthina*をはじめ、少なくとも1種以上の塊茎を野菜として、煮たりつぶしたりして食用していた。

〈栽培〉
日当りと水はけのよい肥沃な土壌が必要。成長期には水をたっぷり与え、花後は乾燥させる。大半の種は、冬季に水浸しにならない土壌であれば、極めて耐寒性に優れる。花後、根付いた叢を分けるか、種子を蒔いて繁殖。

Triteleia grandiflora
英　名：DOUGLAS'S TRITELEIA, HOWELL'S TRITELEIA
☼/◐ ✻ ↔20〜30cm ↕30〜60cm
カナダのブリティッシュコロンビア州からアメリカ合衆国オタワ州にかけて見られる叢生種。草状の細い葉。夏、ワイヤー状の花茎に、モーブ色〜青色、まれに白色の、裂片を大きく広げたじょうご形の花が花序をなす。
ゾーン：5〜9

Triteleia hyacinthina
☼/◐ ✻ ↔20〜30cm ↕45〜60cm
カナダのブリティッシュコロンビア州からアメリカ合衆国カリフォルニア州にかけて見られる。草状の葉。夏、普通、数本のワイヤー状の花茎の先に、幅25mmの白〜ラベンダー色の椀形の花が、約10個集まって花序をなす。
ゾーン：4〜9

Triteleia ixioides
トリテレイア・イクシオイデス
英　名：GOLDEN BRODIAEA, PRETTY FACE
☼/◐ ✻ ↔20〜30cm ↕45〜60cm
アメリカ合衆国西部に広く分布する種。草状の葉。夏、普通、1、2本のワイヤー状の花茎に、全黄色の、大きく広がったじょうご形の花が、約10個集まって花序をなす。'**スターライド**'、やや短めの花茎に、淡い黄色の花がつく。おそらく*T. i.* subsp. *scabra*の品種。ゾーン：7〜10

Triteleia laxa
一般名：トリテレイア・ラクサ
英　名：GRASSNUT, TRIPLET LILY
☼/◐ ✻ ↔20〜30cm ↕60〜75cm
アメリカ合衆国西部に広く分布する種で、非常に一般的に栽培されている。しっかりとした花茎に、幅15cmの花序がつく。夏に生じる、ラベンダーブルー〜白の花は、じょうご形で、長さは約5cm。'**コーニンギン ファビョーラ**'（syn. **クィーン ファビオラ**）、強健な種で、より多数の、より頑丈な花茎が生じる。
ゾーン：6〜9

Triteleia ixioides

Triteleia lilacina
英　名：GLASSY HYACINTH
☼/◐ ✻ ↔15〜25cm ↕30〜50cm
アメリカ合衆国カリフォルニア州原産の、極めて草状の種で、非常に細い葉とワイヤー状の花茎をもつ。夏に生じるライラック色の小さな花は、草状の繊細な内部組織をもつ。
ゾーン：7〜10

TRITICUM
（コムギ属）
英　名：WHEAT
中東から北アフリカの温帯原産の、およそ30種の、叢生する一年生イネ科植物からなる属。穀類グループにおけるとくに重要な属。葉は平たい帯状。直立または不規則に広がる、密または中空の円柱状の茎に、3本の雄ずいと黄色い葯をもつ3〜7個の小花が、夏に、円柱形または平たい小穂をなす。*T. aestivum*の熟した果序は、世界で最も重要な穀物農作物で、パンの小麦粉の原料となる。*T. durum*もパスタの原料として重要で、広く栽培されている。コムギ属には4万種以上のvar.がある。

〈栽培〉
魅力的だが、庭で栽培されることはまれ。開けた日当りのよい場所であれば大半の土壌に適応する。種子で繁殖。

Triticum aestivum
一般名：コムギ、パンコムギ
英　名：BREAD WEAT
☼ ✣ ↔30〜50cm ↕0.9〜1.5m
世界中の平地で農作物として栽培されている。平たく、きめの粗い、幅狭の帯状の葉。なめらかな中空の花茎。夏、密生する花が、いくぶん平たく、柄のない小穂を形成する。卵形の穀粒からなる芒のある果序は、普通黄みを帯びた茶色だが、赤、白、青、紫もある。種子を挽いた粉は、シリアルやパンの原料となる。
ゾーン：9〜11

Triticum durum
一般名：マカロニコムギ
英　名：DURUM WHEAT, EMMER WHEAT
☼ ✣ ↔30〜50cm ↕0.9〜1.5m
世界中の平地で栽培されている。平たく、きめの粗い、幅狭の帯状の葉。なめらかな中空の花茎。夏、密生する花が、いくぶん平たく、柄のない小穂を形成する。果序は普通芒がある。硬い卵形の、白、赤、黄みを帯びた茶色、または紫色の穀粒を挽いた粉は、パスタの原料となる。
ゾーン：9〜11

Triteleia lilacina

Triteleia ixioides 'Starlight'

Tritonia crocata

TRITONIA
（ヒメトウショウブ属）

アフリカ南部の、草と小石に覆われた丘陵斜面原産の、28種の塊茎性の落葉性多年生植物からなるアヤメ科の属。カスマンテ属、クロコスミア属、イクシア属、モントブレチア属の近縁属で、混同されやすい。その上、多数の無名のcv.や交雑種が古い庭に生き残っている。これらの叢生種は、アシに似た葉をもち、単生または分枝した茎に沿って、広がったラッパ形の花が列をなす。

〈栽培〉
乾燥した夏と、湿潤な冬、それに成長期には栄養が必要。すばやい排水性は、成長を促進し、植物を増加させる。適切な環境下では雑草化する種もある。オフセット、または新鮮な種子を蒔いて繁殖。

Tritonia crocata
異　名：*Tritonia hyalina*
一般名：アカバナヒメアヤメ
英　名：BLAZING STAR
☀ ❄ ↔10cm ↕25～45cm

アフリカ原産の、夏に休眠する多様な種。広く栽培されているが、野生では希少。葉は直立性で草状、茎はワイヤー状。春、鮮やかなオレンジ、タウニーレッド、サーモンレッドの開いた杯形の花が、10個以下で穂をなす。'**プリンセス ビアトリクス**'、鮮やかなレッドオレンジの花。
ゾーン：8～10

TROCHODENDRON
（ヤマグルマ属）

日本、朝鮮半島、台湾原産の、ただ1種の常緑高木または低木からなるヤマグルマ科の属。魅力的な段状の枝をもつ。葉はつやのある鮮やかな緑色で、茎の先端近くにらせん状につく。属名は「車輪の木」を意味し、車輪状に配置された花の雄ずいを表わしている。野生の場合、しばしば*Cryptomeria japonica*（スギ）の寄生植物として生まれる。ヤマグルマ属種の木質部は針葉樹のそれと似ているため、かなり原始的な植物と考えられる。

〈栽培〉
興味深いし、魅力的ではあるが、非常に成長が遅い。水分保持力のある肥沃な土壌で、冷風の当たらない半日陰で栽培する。種子または半熟枝挿しで繁殖。

Trochodendron aralioides

Trochodendron aralioides
一般名：ヤマグルマ
英　名：WHEEL TREE
☀ ❄ ↔8m ↕21m

日本、朝鮮半島、台湾原産の高木。栽培した場合、ゆっくりと4.5mにまで成長する。段になった枝の先端近くに、つやのある緑色の単葉がらせん状につく。晩春、花弁のない小さな緑色の花が直立性の房をなす。
ゾーン：8～10

TROLLIUS
（キンバイソウ属）
英　名：GLOBE FLOWER

およそ31種の多年草からなるキンポウゲ科の属。ヒマラヤからトルコ、中国、ヨーロッパ、北アメリカと、北半球の温帯全域で見られる。根は太く繊維質で、掌状に分裂した鋸歯縁の葉が、基部に叢またはロゼットを形成する。花はたいてい杯形で、幅8cmになり、白、黄色、またはオレンジ色で、時おり赤またはライラック色を帯びる花弁が、萼片とともにらせん状に並ぶ。じめじめした日なたの草原や川岸の、重い土壌で成長する。*T. × cultorum*の多数のcv.は、より洗練された藪状の習性をもち、庭のボーダー花壇にも容易に適応する。

〈栽培〉
日なたまたは半日陰の、常に湿性の土壌または水辺の沼地で最もよく育つ。種子または株分けで繁殖。

Trollius chinensis
異　名：*Trollius ledebourii*
一般名：キンバイソウ、カンムリキンバイ
☀/☼ ❄ ↔45cm ↕90cm

中国北部に原生する叢生種。深裂した、細かい鋸歯縁の葉。椀形で金黄色の花は、雄ずいがよく目立つ。花は夏、葉の上に伸びた高い花茎の先端に生じる。'**ゴールデン クィーン**' ★、深いオレンジイエローの花。
ゾーン：5～9

Trollius × cultorum
トロリウス×クルトルム
☀/☼ ❄ ↔45cm ↕60～90cm

この園芸交雑種グループには、*T. asiaticus*、*T. chinensis*、*T. europaeus*の間の雑種が含まれる。両親の中間の特徴を備え、細く分裂した魅力的な葉と、レモン色～オレンジ色の花を夏につける。'**チェダー**'、ごく淡いレモン色の、ほぼ白色の花。'**フォイアトロル**'、濃いオレンジイエローの花。'**オレンジ プリンセス**'、黄みを帯びたオレンジ色の花。
ゾーン：5～9

Trollius europaeus
一般名：セイヨウキンバイソウ、タマザキキンバイソウ
英　名：COMMON GLOBE FLOWER
☀/☼ ❄ ↔45cm ↕60cm

ヨーロッパ、アジア北部、北アメリカ北部で原生する多様な種。葉は鋸歯縁で、大きく3～5裂する。春から夏にかけて、幅5cmの球形のレモンイエローの花がつく。
ゾーン：5～9

Trollius pumilus
☀/☼ ❄ ↔30cm ↕10～25cm

ヒマラヤから東の中国にかけて見られる高山植物種。深裂したつやのある葉。夏、黄みを帯びたオレンジ色の花が小さく開く。
ゾーン：5～9

TROPAEOLUM
（ノウゼンハレン属）
英　名：CANARY BIRD VINE、FLAME CREEPER、NASTURTIUM

ノウゼンハレン科のタイプ属。メキシコ南部から南アフリカ南端にかけて見られる、一部塊茎をもつ、80種以上の一年生および多年生植物が含まれる。多くの種が葉柄をまきつけてよじ登る。多様ではあるが、葉はたいてい盾形で、青緑色を帯びている。全種とも、長い距のある、主に暖色系の5枚花弁の花をつける。属名は、征服した敵の盾やかぶとをぶら下げた木の幹を意味するギリシャ語の*tropaion*（トロフィー）に由来する。

〈栽培〉
耐寒性は種によってかなり差がある。日なたもしくは半日陰の、水はけのよい湿性の土壌に植えつける。頻繁な切り戻しが必要。株分け、基部の挿し木、種子で繁殖。

Tropaeolum ciliatum
☀/☼ ❄ ↔6m ↕6m

チリ原産の強健なよじ登り多年草。真緑色の5～7裂の葉。夏に生じる、鮮やかな金黄色のラッパ形の花は、中心と脈が深い赤色。1シーズンで広範囲を覆うことができる。
ゾーン：8～10

Trollius chinensis 'Golden Queen'

Trollius × cultorum 'Cheddar'

Triticum aestivum、プロヴァンス

Tropaeolum majus
一般名：ナスタチウム、キンレンカ
英　名：NASTURTIUM
☼/☀ ✤ ↔3m ↕3m

コロンビアからボリビアにかけて見られる、一年生のよじ登り性またはつる性植物。円形に近い、くすんだ緑色の葉には、時おり浅裂が見られる。夏に生じる花は、幅5cm以上で、長い距があり、色は黄色、オレンジ、赤。現在は主に、種子から生じた多様な花色や八重花のcv. が栽培されており、一部の種は、別の一年生植物である *T. minus*や *T. peltophorum*との交雑種ではないかと考えられているが、品種改良家たちは経歴を明かしていない。(アラスカ シリーズ) ★、白い斑入りの葉。花色は多様。'エンペレス オブ インディア'、緑～青みを帯びた緑色の葉に、鮮やかな赤い花。(グリーム ハイブリッド)、混合または個別の色。'ヘルマン グラショフ'、浅裂した葉に、オレンジレッドの八重花。(ジュエル シリーズ) ★、白が主体の斑入り葉。多様な花色。'マーガレット ロング'、浅裂の葉に、金黄色を帯びたピンク色の八重花。'ピーチ メルバ'、淡い黄色の花。各花弁にオレンジの斑がある。'ピーチ シュナップス'、ピンクみを帯びたオレンジ色の花。各花弁にオレンジ色の脈。'レッド ワンダー'、低く、やや広がる習性。紫青色の葉と、深い赤色の花。(ウィリーバード シリーズ)、低く広がる。多様な花色。
ゾーン：9～11

Tropaeolum pentaphyllum
☼/☀ ✤ ↔6m ↕6m

南アフリカに広く生息する、極めて強健な、塊茎性のよじ登り植物。5裂の小さな葉に、紫の葉柄。夏、葉はしばしば、大量に下垂する、くすんだコーラルレッド～スカーレット色の筒形の花に覆い隠される。ゾーン；8～11

Tropaeolum peregrinum
一般名：カナリークリーパー、カナリアヅル
英　名：CANARAY CREEPER
☼/☀ ✤ ↔2.4m ↕2.4m

ペルーおよびエクアドル原産の、成長の早い多年生よじ登り植物で、しばしば一年生として扱われる。明るい緑色の5裂の葉。夏から秋にかけて、柄の長い、幅25mmの、緑がかった黄色～金色の、切形花弁の花が群生する。
ゾーン：9～11

Tropaeolum polyphyllum

Tropaeolum polyphyllum
一般名：トロパエオルム・ポリフィルム
英　名：WREATH NASTURTIUM
☼ ✤ ↔3m ↕3m

チリおよびアルゼンチン原産の、一年生または多年生の、よじ登り性またはつる性植物。灰緑～青緑色の、5～7裂の葉は、一部の品種ではほぼ円形。夏に群生する、鮮やかな黄色のじょうご形の花は、一部が大きな萼に含まれている。
ゾーン：8～11

Tropaeolum speciosum
英　名：FLAME CREEPER、FLAME FLOWER、FLAME NASTATIUM
☼/☀ ✤ ↔3m ↕3m

チリ原産の多年生よじ登り植物。真緑～青緑色の、5～7裂の掌状葉は、しばしば綿毛を帯びる。夏から秋にかけて、幅25mmの鮮やかな赤色の花が房をなす。日陰でよく花をつける。
ゾーン：8～10

Tropaeolum tricolor
☼/☀ ✤ ↔2m ↕2m

ボリビアとチリ原産の、塊茎をもつ、つる性またはよじ登り性の多年生植物。真緑～青緑色の小さな掌状葉。春から夏、下垂して房をなす円錐形の花は、先端の黒い赤い距と、クリーム色～黄色の短い花弁をもつ。
ゾーン：8～11

Tropaeolum tricolor

Tropaeolum tuberosum
トロペエオルム・トウベロスム
☼ ✤ ↔3m ↕3m

中央アンデス原産の、塊茎をもつ多年生よじ登り植物。灰緑色の葉。夏に単生する柄の長い花は、距が赤く、花弁が金黄色～赤色。大きな紫の斑点のある黄色い塊茎は、原生地では野菜として利用されている。*T. t.* var. *lineamaculatum* ◎'ケン アスレッド'、オレンジ色の花。
ゾーン：8～10

TRUDELIA
(トルデリア属)

ラン科の小属で、かつてバンダ属に含まれていた6種の単茎性のラン種からなる。インド北部およびネパールから、東南アジアを経た、インドネシアのジャワ島にかけて見られる。直立性で、厚みのある帯状の、溝のある葉が2列に並ぶ。大きな株だと、基部で分枝する場合もあり、非常に太い、帯状の根を多数出す。花序は葉茎の基部から生じる。バンダ種と比べ、比較的小さく、冷涼な気候を好む植物で、唇弁の構造も異なり、非常に肉厚である。栽培種としは一般的ではないが、春または夏に開花する。

〈栽培〉
明るい光の当たる場所で、一年を通じて、多湿な中温の環境が必要。根には通気性が必要で、灌水後すぐに乾燥させる必要があるため、太い多肉質の根を木材に添えて不規則に伸ばすことができる、木製のバスケットでの栽培が最適。株分けで繁殖。

Trudelia cristata
異　名：*Vanda cristata*
☼/☀ ⚘ ↔20～60cm ↕20～50cm

ネパールから中国にかけて見られる。緑色の葉。夏、緑みを帯びた黄色の、幅5cmの花が見られる。暗赤色の模様の入った唇弁は、先端で2裂する。
ゾーン：11～12

Trudelia pumila
異　名：*Vanda pumila*
☼/☀ ⚘ ↔20～60cm ↕20～50cm

インドからインドネシアにかけて見られる直立性種。葉は幅狭の槍形。夏、幅5cmのクリーム色の花が、赤と白の模様の唇弁とともに生じる。
ゾーン：11～12

Tropaeolum majus

Tropaeolum majus 'Empress of India'

ナスタチウム、Gleam Hybrid
(グリーム ハイブリッド)、'グリーミング レモンズ'

ナスタチウム、Whirlibird Series(ウィリーバード シリーズ)、'ウィリーバード チェリー ローズ'★

Tropaeolum majus 'Peach Schnapps'

TSUGA
（ツガ属）

英　名：HEMLOCK SPRUCE

北アメリカおよびアジア原産の、10〜11種の、雌雄同株の、常緑針葉高木からなるマツ科の属。南部では山岳地帯に、北部では湿生で冷涼な海岸地帯や平原に生息する。大半の若木は日陰に耐える。平たい線形の葉の裏面には、白みを帯びた銀色の帯が入る。雌花序は熟すと下垂し、2年目に落ちる。主に材木用または観賞用に栽培される。

〈栽培〉
日陰から日なたの、腐食質に富んだ、弱酸性〜中性〜弱アルカリ性の土壌で育つ。全種とも、湿性の水はけのよい土壌と、冷風からの保護が必要。やせた乾燥した土壌では貧弱な標本となる。繁殖は、冬季の霜にあたらない場所で種子をポットに植えるか、晩夏から秋にかけて、発根させた半熟枝を挿す。

Trudelia cristata

Tsuga canadensis
一般名：カナダツガ
英　名：CANADIAN HEMLOCK、EASTERN HEMLOCK

☀ ❄ ↔9m ↑24〜36m

北アメリカ東部原産の常緑高木。栽培種はたいていやや小型で、複茎性。若いシュートは灰色で有毛。線形の葉が2列に並ぶ。葉は鋸歯縁で、表面は真緑で裏面は銀色。雌花序は茶色で、小枝の先で成長する。'アウレア'、高さ8mに成長する。若葉は金色で、成熟すると緑色になる。'ベネット'、矮小型のcv.。明るい緑色の葉。'コールズ　プロステレイド'、低く成長するグラウンドカバーで、高さ30cmになる。'グラキリス'、成長の遅い矮小型。'ジャクリーヌ　ヴェルカーデ'、球形になる、矮小型のcv.。'ミヌタ'、非常にコンパクトな樹形。'ペンドゥラ' ★、成長の遅い、小山を形成する低木で、高さ3.5mになる。枝が下垂する。
ゾーン：4〜9

Tsuga heterophylla、野生、アメリカ合衆国、ワシントン州、ノース　カスケード国立公園

Tsuga diversifolia
一般名：コメツガ
英　名：NORTH JAPANESE HEMLOCK

☀ ❄ ↔8m ↑15m

日本北部原産の密な大高木。円形の習性。葉は生え変わるまでに10年まで存続する。若い小枝は赤みを帯びた茶色。針にはくぼみがある。暗茶色の花序が夏に生じる。栽培ではたいてい低木として見られる。
ゾーン：5〜8

Tsuga dumosa

☀ ❄ ↔8m ↑45m

インド北西部およびネパールのヒマラヤ地方から、中国の雲南省および四川省北西部にかけて原生する、高く広がる高木。葉は表面が青緑色で、裏面に2本の鮮やかな白の帯が入る。柄のない卵形の果序。栽培では、より小型で、枝がより広がる。
ゾーン：8〜10

Tsuga heterophylla
一般名：ヘムロック、ベイツガ
英　名：WESTERN HEMLOCK

☀ ❄ ↔6〜9m ↑18〜36m

北アメリカ西部原産の大高木。水平状の枝は、先端が下垂し、つやのある暗緑色の葉がつく。日陰に耐えるが、風よけが必要。材と樹皮は商用される。'アルゲンテオワエリガタ'、白色の若いシュート。'ローゼンズ　コラム'、矮小型。幅狭の円錐形。
ゾーン：6〜10

Tsuga mertensiana

Tsuga mertensiana
一般名：マウンテンヘムロック
英　名：MOUNTAIN HEMLOCK

☀ ❄ ↔6m ↑15m

北アメリカ西部原産の成長の遅い高木。青緑色の葉は先端が青い。夏に生じる若い花序は、紫色で、成熟すると暗茶色になる。'グラウカ　ナナ'、高さ3mになる。銀灰色の葉。
ゾーン：4〜9

Tsuga canadensis 'Jacqueline Verkade'

Tsuga canadensis

Tsuga canadensis 'Gracilis'

Tsuga canadensis 'Bennett'

Tsuga canadensis 'Minuta'

Tsuga canadensis 'Pendula'

Tsuga sieboldii

Tulbaghia cominsii

Tulbaghia natalensis

Tulbaghia violacea

Tsuga sieboldii
一般名：ツガ
英　名：SOUTHERN JAPANESE HEMLOCK
☼ ❆ ↔ 8m ↕15～30m
日本南部原産の複茎性の高木。光沢のある淡褐色の若いシュートと、くぼみのある葉をもつ。葉は、表面がつやのある暗緑色で、裏面は淡緑色～白色。夏に生じる、光沢のある、黄みを帯びた淡褐色の若い果序は、熟すと茶色になる。
ゾーン：6～10

TULBAGHIA
（ツルバギア属）
英　名：SOCIETY GARLIC, WILD GARLIC
花をつける習性で知られるネギ科の属。鱗茎性の多年生植物で、アフリカ南部の、夏季に雨量の多い地域原産だが、栽培種は、夏季に乾燥する地域の花壇でも、灌水すればよく育つ。摘みやすく、鉢植えでも育ち、トラブルもなく叢生する。星形の花が葉の上で散形花序をなす。多くの種が、つぶすと永続性のニンニクの悪臭を発する。園芸用のこれらの花は、上品な外観で、長期間にわたってよく咲き、環境によっては、1年の間に2度開花することもある。

〈栽培〉
日当りと水はけのよい場所で栽培し、成長期には水をたっぷり与える。冷涼地帯では保護が必要。オフセット、または熟した新鮮な種子を蒔いて繁殖。

Tulbaghia alliacea
☼ ❆ ↔ 40～50cm ↕45～50cm
ジンバブエおよび南アフリカ原産の、半常緑性の多年生植物。緑色の帯状の葉。夏、わずかに匂いのある、幅12mmの、中心がオレンジ色の緑色の花が、茎の先に10個以下集まって房をなす。
ゾーン：8～10

Tulbaghia capensis
☼ ❆ ↔ 25～30cm ↕50～60cm
南アフリカ原産の、叢生する多年生植物。緑色の帯状の葉。夏、幅18mmの、中心が紫みを帯びた、くすんだ緑色の花が、6～8個集まって房をなす。
ゾーン：8～10

Tulbaghia cominsii
☼/☾ ❆ ↔ 15cm ↕15～25cm
南アフリカ原産の、甘い香りのある多年生植物。整った葉は、幅狭、線形で、溝があり、つぶすとニンニクの悪臭を発する。春から夏にかけて生じる花は、淡いライラック色～白色～クリーム色で、花喉は紫みを帯びる。近年栽培種に導入された。コンテナ栽培に映える。
ゾーン：8～10

Tulbaghia natalensis ★
☼/☾ ❆ ↔ 15cm ↕20～30cm
ジンバブエおよび南アフリカ原産の、小型の多年生植物。葉は線形の、明るい緑色で、つぶすとニンニクの悪臭を発する。初夏から晩夏に生じる花は、暗紫色または白色で、かすかに芳香がある。コンテナ栽培に映える。
ゾーン：8～10

Tulbaghia simmleri
異　名：*Tulbaghia fragrans*, *T. pulchella*
一般名：ツルバギア フレグランス、スイートガーリック
英　名：PINK AGAPANTHUS, SWEET GARLIC
☼ ❆ ↔ 25～30cm ↕50～60cm
南アフリカ原産の、鱗茎性の半常緑性多年生植物。比較的幅広の、灰緑色の葉。春から夏にかけて、芳香のあるモーブ色の花が20個以下集まって房をなす。'アルバ'（syn. *T. fragrans* 'アルバ'）、純白の花。
ゾーン：8～10

Tulbaghia violacea ★
一般名：ツルバギア・ウィオラケア、ルリフタモジ
☼/☾ ❆ ↔ 30cm ↕30～40cm
南アフリカ原産の強健な叢生種。葉は灰緑色。霜のほとんどない地域では、ほぼ一年中、ピンクモーブの花が20個以下集まって房をなす。全草が、つぶすと強いニンニクの匂いを発する。放置すると雑草化する場合がある。'シルバー レース'（syn. 'ワリエガタ'）、やや小型の、クリーム色の縞が入る斑入り種。
ゾーン：8～10

TULIPA
（チューリップ属）
英　名：TULIP
北半球の温帯、とくに中央アジアに自生する、およそ100種の鱗茎性植物からなるユリ科の属。少なくとも3千年に渡って栽培されてきたが、1554年に初めてトルコからヨーロッパにもたらされた。1630年代、オランダの「チューリッポマニア」が、チューリップを園芸だけでなく民間に根付かせた。葉は灰緑～青緑色で、草状またはかなり幅広で、対照的な模様があるものもある。花は多様。おびただしい数の交雑種やcv. があり、主に両親や花タイプによって、15のグループに分類されている。チューリップの原種は概して「原種と雑種系」グループ（グループ15）に分類されるが、この原則にあてはまらないものはすべて、それぞれの記載時に述べる。

〈栽培〉
温帯の気候と冬季の冷えが必要。夏季に干上がらない日なたを好む。秋、15cm程度の深さに植え付け、葉が出てからはたっぷり水を与える。交雑種およびcv. はオフセットで、原種は種子で繁殖。

Tulipa acuminata
英　名：HORNED TULIP
☼ ❆ ↔ 5～10cm ↕45cm
トルコ原産の幅狭の種。灰緑色の葉は縁に起伏がある。晩春に生じる、幅狭の、高さ8～12cmの、スカーレット色と黄みを帯びた花は、奇妙な、幅狭の、ねじれた先端をもつ。
ゾーン：3～8

Tulipa aucheriana
☼ ❆ ↔ 5～10cm ↕5～10cm
イランおよびシリア原産の極小種。かわいらしい矮小植物で、波縁、帯状、深緑色の、ほぼ平伏する葉をもつ。春分頃、基部に黄色の染みがある、深いローズピンクの星形の花が、1本の茎に1～3個ずつ生じる。
ゾーン：5～8

Tulipa clusiana
一般名：トゥリパ・クルシアナ
英　名：CANDY-STICK TULIP, LADY TULIP
☼ ❆ ↔ 5～10cm ↕20～30cm
イラン、イラク、アフガニスタン原産の種で、線形の灰緑色の葉は、軽く白粉を帯びる。春分～晩春に生じる花は平たく開いて星形になる。内部は白く、基部は暗青色、外側の花弁は赤い縁取りの白色。*T. c.* var. *chrysantha*（syn. *T. chrysantha*）、鮮やかな金色の花被片で、外側は赤または紫茶色。
ゾーン：3～8

Tulbaghia simmleri

Tulbaghia simmleri 'Alba'

Tulipa hageri

T. linifolia, Batalinii Group, 'Bronze Charm'

Tulipa orphanidea, Whittallii Group, cv

Tulipa iliensis

T. linifolia, Batalinii Group, 'Yellow Jewel'

Tulipa fosteriana
一般名：トゥリパ・フォステリアナ
☀ ❄ ↔10〜15cm ↕30〜40cm
ウズベキスタン東部原産の傑出した種。長楕円形〜幅広の卵形の、つやのある緑色の葉。早春〜春分頃に生じる、かすかに芳香のある、鮮やかなスカーレット色の花は、縁が黄色で、基部に黒い染みがある。最も交配に利用されている種。グループ3。ゾーン：5〜8

Tulipa greigii
一般名：トゥリパ・グレイギー
☀ ❄ ↔10〜15cm ↕15〜25cm
中央アジア原産の小型種。槍形〜長楕円形の葉は、軽く白粉を帯び、紫茶色の斑や縞がある。春分頃単生する、杯形の、スカーレット色、黄色、またはマルチカラーの花には、黄色、基部に、黒または赤の染みがある。ゾーン：5〜8

Tulipa hageri
一般名：トゥリパ・ハゲリ
☀/◐ ❄ ↔15〜20cm ↕15〜25cm
地中海東部沿岸地域原産。それぞれの鱗茎に、2〜7本の草状の葉と、3〜5個の、大きく開いた幅5cmの花がつく。春分頃に生じる花は赤色で、外側の淡黄褐色と対照をなす。ロックガーデンや高山植物園に最適。ゾーン：5〜9

Tulipa humilis
トゥリパ・フミリス
異名：*Tulipa pulchella*, *T. violacea*
☀ ❄ ↔5〜10cm ↕10〜15cm
トルコ南東部、イラン、アゼルバイジャン原産の、人気のある多様な種。線形の灰緑色の葉は、軽く白粉を帯びる。早春に生じる花は、鮮やかなローズピンク〜バイオレットで、基部の染みはピンク、紫〜黒、黄色、または青色。**Violacea**

Group（ウィオラケア グループ）、深いバイオレットで、中心が黄色。やや小型。ゾーン：3〜8

Tulipa iliensis
☀ ❄ ↔5〜10cm ↕20cm
中央アジア原産の直立性種。溝のある波縁の葉は、軽く白粉を帯びる。早春、1〜5個で房をなす黄色い花は、裏面が赤とくすんだ緑色。ゾーン：6〜8

Tulipa kaufmanniana
一般名：トゥリパ・カウフマニアナ
英 名：WATERLILY TULIP
☀ ❄ ↔10〜15cm ↕15〜25cm
中央アジア原産の幅広の花をつける種。葉はやや幅狭で、起伏があり、灰緑色。早春、平たく星形に開く花は、クリーミィホワイトで、基部が黄色。外側の切片には赤い縞が入る。ピンク、オレンジ、赤の品種もある。グループ12。ゾーン：3〜8

Tulipa linifolia
一般名：トゥリパ・リニフォリア
☀ ❄ ↔5〜10cm ↕10〜15cm
中央アジア、イラン北部、アフガニスタン原産の多様な種。槍形で、起伏のある、縁の赤い、灰緑色の葉が、ロゼットを形成する。晩春に生じる、光沢のある赤い花は、縁がクリーム色で、漆黒の染みがある。**Batalinii Group**（バタリニーグループ）（syn. *T. batalinii*）、かつては別種として登録されていた。幅8cmの、落ち着いた黄色〜アプリコット色の花が単生する。'ブライト ジェム'、オレンジを帯びた黄色。'ブロンズ チャーム'、黄色にブロンズ色の模様。'イエロージュエル'、ピンクみを帯びた淡い黄色。ゾーン：5〜9

Tulipa montana
英 名：IRANIAN TULIP, MOUNTAIN TULIP
☀/◐ ❄ ↔10〜15cm ↕5〜15cm
イラン北部と中央アジアに原生する小型の華やかな種。長さ15cmになる、紫身を帯びた青緑色の幅狭の葉が、1鱗茎ごとに3〜6本つく。晩春、比較的大きな、鮮やかな赤色のゴブレット形の花がつく。ロックガーデンに最適。ゾーン：6〜9

Tulipa orphanidea
一般名：トゥリパ・オルファニデア
☀/◐ ❄ ↔15cm ↕15〜38cm
トルコ原産の多様な種。草状の葉が、1鱗茎あたり2〜7本つく。春、1鱗茎あたり1〜4個生じる花は、オレンジ〜赤色で、時おり緑みまたは紫みを帯び、外側の淡黄褐色と対照をなす。**Whittallii Group**（ウィッタリイ グループ）（*T.*

Tulipa montana

Tulipa praestans

Tulipa praestans 'Fusilier'

whittallii）、オレンジ〜赤茶色の星形の花で、内側の基部に黒い模様があり、外側は緑みを帯びる。ゾーン：5〜9

Tulipa praestans
一般名：トゥリパ・プラエスタンス
☀/◐ ❄ ↔15〜20cm ↕15〜50cm
中央アジア原産。青緑色の葉が鱗茎ごとに4〜6本つく。早春から春分頃、幅8cmになる、ゴブレット形の、鮮やかな赤色の花が、茎ごとに1〜5個つく。'フュージリア'、オレンジレッドの花が茎ごとに4個以下でつく。'ユニクム'、花はよく似ているが、葉に特徴的なクリーム色の縁取りがある。ゾーン：5〜9

Tulipa linifolia, Batalinii Group, 'Bright Gem'

Tulipa primulina

☀ ❄ ↔5～10cm ↕20cm

アルジェリア北西部原産の極めて希少種で、入手困難。灰緑色の葉。花は春分頃、単生もしくは対で点頭する。アイボリー～淡い黄色の花被片は、外側がローズピンクまたは明るい緑色。
ゾーン：5～8

Tulipa saxatilis

一般名：トゥリパ・サクサティリス
英　名：CANDIA TULIP
☀ ❄ ↔10～15cm ↕15～25cm

ギリシャのクレタ島、およびトルコ西部原産の人気種。細い多肉質の茎を張りめぐらす。線形のつやのある葉は、しばしば軽く白粉を帯びる。早春に生じる、杯形、芳香性の花は、淡いライラックピンクで、深い黄色の大きな染みがある。
Bakeri Group（バケリ　グループ）(syn. *T. bakeri*)、早春、軽い芳香のある、基部が黄色の、深いピンクパープルの、平たく開く花が、茎あたり3～4個つく。'**ライラック　ワンダー**'、幅広のつや

Tulipa turkestanica

Tulipa undulatifolia

Tulipa tarda

のある緑色の葉。4個以下の、中心が鮮やかな黄色の、ラベンダーピンクの花が、太陽に向かってほぼ水平に開く。
ゾーン：6～8

Tulipa sylvestris

☀ ❄ ↔10～15cm ↕25～45cm

ヨーロッパ、イラン、北アフリカに帰化した丈高種。細い多肉質の茎を張りめぐらす。幅狭の暗緑色の葉は、軽く白粉を帯びる。春に生じる芳香性の花は、はっきりした黄色で、外側はしばしば緑または赤色を帯びる。花弁の先端は反曲する。ゾーン：3～8

Tulipa tarda

一般名：トゥリパ・タルダ
☀/☀ ❄ ↔15～20cm ↕10～15cm

中央アジア原産の小型種。葉は幅狭で、深緑～青緑色。春に生じる花は、小型の星形で、芳香があり、クリーム色～黄色で、外側は栗色み～緑みを帯びる。茎あたり1～8個、まれには15個の花がつく。
ゾーン：5～9

Tulipa urumiensis

Tulipa primulina

Tulipa turkestanica

一般名：トゥリパ・トルケスタニカ
☀/☀ ❄ ↔15～25cm ↕20～25cm

中央アジア原産の、やや叢生する種。幅狭の青緑色の葉が、1鱗茎あたり2～4本生じる。春、中心が黄色い、白～クリーム色の、小さな星形の花が、茎あたり12個以下生じる。花茎は葉よりも短い。
ゾーン：5～9

Tulipa undulatifolia

異　名：*Tulipa eichleri*
☀/☀ ❄ ↔15～25cm ↕30～50cm

バルカン半島、トルコ、ギリシャ、イラン、中央アジア原産の幅狭の種。波縁の青緑色の葉は、非常に短い毛に縁取られる。花茎はワイヤー状で、茎あたり1個の花がつく。晩春、中心に暗色の部分がある、鮮やかな赤い花が、ゴブレット形に開く。
ゾーン：5～9

Tulipa urumiensis

一般名：トゥリパ・ウルミエンシス
☀ ❄ ↔10～15cm ↕10～15cm

イラン北西部とトルコ東部原産の、栽培が容易な種で、すぐに帰化する。茎の大半は地下にある。ロゼットをなす線形の葉は、軽く白粉を帯びる。春分～晩春に生じる花は、杯形で、鮮やかな金黄色の星形に開く。裏面にはブロンズ色の縞がある。
ゾーン：3～8

Tulipa vvedenskyi

一般名：トゥリパ・ヴヴェデンスキー
☀/☀ ❄ ↔15～40cm ↕15～20cm

中央アジア原産の小型種。起伏のある、綿毛を帯びた、時おり紫を帯びる、青緑色の葉が、地表の高さにほぼ水平状につく。春分頃に生じる花は、鮮やかなオレンジレッドで、外側の中心に、淡黄褐色～淡緑色の幅広の帯が入る。
ゾーン：3～9

Tulipa species, Washington, USA

Tulipa vvedenskyi

T. saxatilis, Bakeri Group, 'Lilac Wonder'

Tulipa Hybrid Cultivars

一般名：チューリップ交雑品種
☀/☀ ❄ ↔10～30cm ↕10～75cm

チューリップの交雑種は、花のタイプによって15の系列に分類される。当惑するほどに大量の色や形の花があり、例えば、花弁に深い切れ込みのあるパーロット系や、緑色のマーキングや、対照する色合いの幅広の染みや「フレーム」の入るビリディフロラ系などがある。
ゾーン：6～9

SINGLE EARLY GROUP
（GROUP 1）

一重早咲き系（グループ1）
一重咲きの、単色または多色の品種で、高さ30～45cm、普通春分から1カ月以内に開花する。'**アプリコット　ビューティ**'、アプリコットピンクで、落ち着いたオレンジ色に覆われる。マイルドな香り。'**クリスマス　ドリーム**'、鮮やかなピンク。'**クリスマス　マーヴェル**'、非常に深いピンク色に、淡色の縁取り。'**ダイアナ**'、純白。マイルドな香り。'**ケイゼルクルーン**'、レンブラント系に似た外観で、金黄色に赤い幅広の筋が入る。'**メリー　クリスマス**'、深い鮮やかな赤色。'**ファン　デル　ネール**'、鮮やかな紫色。1860年から栽培されている。

DOUBLE EARLY GROUP
（GROUP 2）

八重早咲き系（グループ2）
完全な八重咲きの品種。高さ30～40cmで、普通春分から1カ月以内に開花する。'**ベビー　ドール**'、金黄色。'**ダブル　プライス**'、ラベンダーピンク色。'**モンテ　カルロ**'、鮮やかな黄色。'**ムリーリョ**'、深いピンク色。'**オランニェ　ナッサウ**'、深い赤色に、より明色の部分がある。'**ピーチ　ブロッサム**'、深いピンク色で、白の筋と斑点がある。

TRIUMPH GROUP
（GROUP 3）

トライアンフ系（グループ3）
一重早咲き系とダーウィン系をかけ合わせた一重咲きの交雑種。高さ38～50cm

チューリップHC、トライアンフ系、'オレンジ ブーケ'

チューリップHC、トライアンフ系、'オレンジ モナーク'

Tulipa, Hybrid Cultivar, Triumph, 'Palestrina'

Tulipa, Hybrid Cultivar, Triumph, 'Prinses Irene'

チューリップHC、トライアンフ系、'プロミネンス'

チューリップHC、トライアンフ系、'ロザリー'

チューリップHC、トライアンフ系、'サイレンティア'

チューリップHC、トライアンフ系、'シャーリー'

T., HC, Triumph, 'White Dream'

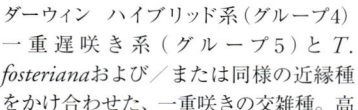
T., HC, Triumph, 'Yokohama'

で、しばしば花弁に対照色の縁取りまたは斑点がある。普通春分後に開花する。'アルバ'、赤茶色に黄色の縁取り。'アブ ハッサン'、深い赤色に黄色の縁取り。'アフリカン クィーン'、紫赤色に白い羽状の縁取り。'アニー シルダー'、鮮やかなオレンジ色により暗色の筋。'アッティラ'、ピンクみを帯びた紫。'クルール カルディナール'、鮮やかな赤色で、基部が紫みを帯びる。'ドン キホーテ'、モーブピンク。'アイス フォーリス'、レンブラント系に似た外観で、白色に赤い筋が入る。'リン ファン ダー マーク'、チェリーレッド。黄色の縁取りがやがて白色になる。'メスナー ポーゼラン'、白にピンク色の幅広の羽状の縁取り。'ネグリータ' ★、深い紫色。'ニュー デザイン'、白にピンクの縁取り。葉にも白の縁取り。'パレストリーナ'、サーモンピンクに緑色の筋。'プリンセス イレーネ'、イエローオレンジに紫の筋。'ホワイト ドリーム'、純白。'ヨコハマ'、鮮やかな黄色。

DARWIN HYBRID GROUP （GROUP 4）

ダーウィン ハイブリッド系（グループ4）
一重遅咲き系（グループ5）と *T. fosteriana*および／または同様の近縁種をかけ合わせた、一重咲きの交雑種。高さ50〜70cmで、冷涼地域では春分から1カ月以上経ってから開花する。コテージ系とも呼ばれる。'アド レム'、オレンジレッドの花に金色の縁取り。'アペルドールン'、深い赤色で、中心が黄色。'アペルドールンズ エリート'、赤に黄色の縁取り。'デイドリーム'、黄色、オレンジ色、アプリコット色が不規則に交じり合う。'エリザベス アーデン'、オレンジピンク〜赤色で、基部は黄色。'ゴールデン パレード'、深い黄色の花。'ゴールデン アペルドールン'、深い黄色。'オリオウレス'、暗いピンク色により淡色の縁取り。'オリンピック フレーム'、レンブラント系に似た外観で、黄色に赤い筋が入る。'ピンク インプレッション'、落ち着いたピンク色が、やがてローズ色になる。クリーム色の縁取り。

SINGLE LATE GROUP （GROUP 5）

一重遅咲き系（グループ5）
一重咲きの品種。高さ45〜75cmで、普

Tulipa, Hybrid Cultivar, Darwin Hybrid, 'Ad Rem'

Tulipa, HC, Darwin Hybrid, 'Daydream'

Tulipa, Hybrid Cultivar, Darwin Hybrid, 'Apeldoorn'

チューリップHC、ダーウィン ハイブリッド系、'エリート'

Tulipa, Hybrid Cultivar, Darwin Hybrid, 'Elizabeth Arden'

チューリップHC、ダーウィン ハイブリッド系、'フレンチ インプレッション'

Tulipa, Hybrid Cultivar, Darwin Hybrid, 'Ollioules'

Tulipa, HC, DH, 'Golden Parade'

T., HC, DH, 'Golden Apeldoorn'

Tulipa, HC, DH, 'Olympic Flame'

T., HC, DH, 'Pink Impression'

チューリップHC、ダーウィン ハイブリッド系、'ワールド フェイヴァリット'

通春分から1カ月以上経ってから開花する。'ブル アニマブル'、紫色がラベンダー色に覆われる。'キャンディー クラブ'、淡いピンク色で、中央に暗色の「キスマーク」が入る。'ドルドーニュ'、縁は落ち着いたオレンジ色で、中央に向かって暗くなる。'ダグラス ベイダー'、落ち着いたピンク色。'ドリームランド'、深いピンク色で、明色の縁取り、基部は白。'ハルクロ'、深い赤色。'モーリーン'、純白。'ミセス ジョン T シェーパー'、深い黄色の大きな花。'ペレストロイカ'、白に、紫みを帯びた赤色のマーキング。'パープル プリンス'、明るい紫色。'クィーン オブ ナイト'、深い黒紫色。'ソルベ'、白い花にチェリーレッドの筋。'スウィート ハーモニー'、淡い黄色。'ユニオン ジャック'、レンブラント系に似た外観で、白色に深い赤色の筋と縁取り。'ワールド エクスプレション'、白色がやがてクリーム色になる。暗赤色の筋。

Tulipa, HC, Lily-Flowered, 'Aladdin'

Tulipa, HC, Lily-Flowered, 'Ballerina'

チューリップHC、一重遅咲き系、'ブラシング ブライド'

チューリップHC、一重遅咲き系、'ビッグ スマイル'

チューリップHC、一重遅咲き系、'カラー スペクタクル'

Tulipa, HC, Single Late, 'Douglas Bader'

T., HC, Single Late, 'Bleu Aimable'

T., HC, Single Late, 'Dordogne'

T., HC, Single Late, 'Dreamland'

チューリップHC、一重遅咲き系、'ガンダー ラプソディ'

チューリップHC、一重遅咲き系、'ジョルジェット'

チューリップHC、一重遅咲き系、'グランド スタイル'

チューリップHC、一重遅咲き系、'イル ド フランス'

チューリップHC、一重遅咲き系、'ランジーデルズ シュプリーム'

チューリップHC、一重遅咲き系、'レモン グローヴ'

T., HC, Single Late, 'Maureen'

チューリップHC、一重遅咲き系、'パトリオット'

T., HC, Single Late, 'Perestroyka'

チューリップHC、一重遅咲き系、'ピクチャー'

チューリップHC、一重遅咲き系、'ピンク ダイヤモンド'

チューリップHC、一重遅咲き系、'プリマヴェラ'

T., HC, SL, 'Queen of Night'

Tulipa, HC, Single Late, 'Sorbet'

T., HC, SL, 'Sweet Harmony'

T., HC, SL, 'World Expression'

チューリップHC、一重遅咲き系、'ゾーメルスホーン'

 *Tulipa*, Hybrid Cultivar, Lily-Flowered, 'China Pink'
 *Tulipa*, Hybrid Cultivar, Lily-Flowered, 'Elegant Lady'
 チューリップHC、ユリ咲き系、'ジャクリーヌ'
 チューリップHC、ユリ咲き系、'マリエット'
 *Tulipa*, Hybrid Cultivar, Lily-Flowered cultivar

 チューリップHC、ユリ咲き系、'マジョライン'
 チューリップHC、ユリ咲き系、'メイタイム'
 *T.*, HC, L-F, 'Queen of Sheba'
 チューリップHC、ユリ咲き系、'レッド シャイン'
 *T.*, HC, Lily-Flowered, 'West Point'

 *T.*, HC, Lily-Flowered, 'White Triumphator'

LILY-FLOWERED GROUP (GROUP 6)

ユリ咲き系（グループ6）

長い2色の花で、中央にはっきりとくびれがある。高さは38～60cmで、開花時はさまざま。'アラジン'、鮮やかな赤色で、縁と中心が黄色。'バラード'、バイオレット色に白の縁取り。'バレリーナ'、オレンジ色が赤で覆われる。'チャイナ ピンク'、深いピンク色で、先端と中央はより明色。'エレガント レディ'、落ち着いた金色で、先端近くはピンク色に変わる。'マリリン'、白に赤の筋。'クィーン オブ シバ'、赤にゴールデンオレンジの縁取り。'ウェスト ポイント'、鮮やかな金黄色。'ホワイト トライアンフェター'、純白。

FRINGED GROUP (GROUP 7)

フリンジ咲き系（グループ7）

縁が房状になった花のグループ。房部分の色はしばしば本体と対照をなし、普通、透明な質感をもつ。高さ45～65cm。'アルマ'、深い赤色に透明な房縁。'ブルー ヘロン'、くすんだ紫とモーブ色に、白い房縁。'バーガンディ レース'★、ワインレッドに透明な房縁。'マハ'、鮮やかな黄色に透明な房縁。

VIRIDIFLORA GROUP (GROUP 8)

ビリディフロラ系（グループ8）

高さは約30～50cmで、各花弁の基部または外側に、中央まで届く濃い緑色の筋が入る。'アーティスト'、サーモン色がオレンジ色と紫に覆われ、緑色の筋が入る。'チャイナ タウン'、くすんだ明るいピンク色に、より暗色の縁取りと、緑色の筋。'ゴールデン アーティスト'、深い金黄色に、赤い縁取りの緑色の筋が入る。'グリーンランド'、ミッドピンクに、淡いピンクの幅広の縁取りの細い緑色の筋が入る。'ハリウッド'、赤色に、より暗色の筋。'スプリング グリーン'、クリーム色に、幅狭の緑色の筋。

REMBRANDT GROUP (GROUP 9)

レンブラント系（グループ9）

ファンシー咲き。基部は普通黄色、赤、

 *Tulipa*, Hybrid Cultivar, Viridiflora, 'Artist'

 *T.*, HC, Viridiflora, 'China Town'
 *T.*, HC, Viridiflora, 'Golden Artist'
 *T.*, HC, Viridiflora, 'Groenland'
 *T.*, HC, Viridiflora, 'Hollywood'
 *T.*, HC, Viridiflora, 'Spring Green'

 *Tulipa*, HC, Fringed, 'Arma'
 *T.*, HC, Fringed, 'Blue Heron'
 *T.*, HC, Fringed, 'Burgundy Lace'
 *Tulipa*, HC, Fringed, 'Maja'
 チューリップHC、ユリ咲き系、'レッド ウィング'

 *T.*, HC, Parrot, 'Bird of Paradise'
 *Tulipa*, HC, Parrot, 'Blue Parrot'
 *T.*, HC, Parrot, 'Karel Doorman'
 *T.*, HC, Parrot, 'Professor Röntgen'
 *T.*, HC, Parrot, 'Weber's Parrot'

 チューリップHC、パーロット系、'スノー パーロット'

 *Tulipa*, Hybrid Cultivar, Parrot, 'Fantasy'

 チューリップHC、パーロット系、'サーモン パーロット'

または白で、しばしば対照色の筋、斑点、脈が入る、多色のチューリップ。模様はもともとウィルス病によって生じたため、植物は徐々に衰退した。これらのウィルス性の模様の入ったcv. は現在販売を禁止されている。他のグループの品種が同様の色模様を見せる場合がある。現在他のグループに振り分けられた、レンブラント系に似た外観をもつ種には、以下のようなものがある。'アイス フォーリス'（トライアンフ系）、'ケイゼルクルーン'（一重早咲き系）、'オリンピック フレーム'（ダーウィンハイブリッド系）、'ユニオン ジャック'（一重遅咲き系）。

PARROT GROUP (GROUP 10)
パーロット系（グループ10）
このグループの交雑種は、普通高さ45〜55cmで、大半が他のグループの突然変異によって生じたものである。しばしば2色の、深く切れ込んだ花弁で知られている。'バード オブ パラダイス'、深い赤色の花に金色の縁取り。'ブルー パーロッド'、深いモーブ色。'ファンタジー'、深いピンク色で、先端近くに紫緑色の筋が入る。'カレル ドールマン'、鮮やかな赤色に金色の縁取り。'プロフェッサー レントゲン'、オレンジレッドの花に緑金色の筋。'ウェバーズ パーロッド'、淡いピンク色のねじれた花弁に、緑色の筋が入り、縁と先端が深いピンク色。

DOUBLE LATE OR PEONY-FLOWERED GROUP (GROUP 11)
八重遅咲き、またはピオニー咲き系（グループ11）
非常に大きな、完全な八重咲きの花が、高さ38〜60cmの茎の先端につく。印象的なチューリップで、春分後かなり経ってから開花する。'アレグレッド'、赤い花に金色の縁取り。'アンジェリク'、ピンク色の花で、外側はより淡色。'カーニバル デュ ニース'、白い花に、幅狭の赤い縞が入る。'ライラック パーフェクション'、ライラック色が、中心に向かって深まり紫色になる。芳香性。'メイワンダー'、深いピンク色。'オレンジ プリンセス'、中心が深いオレンジ色で、縁に向かうにしたがって明るくなる。先端は緑色。'ウィローサ'、深いピンク色の花に、クリーム色の幅広の縁取り。

 *Tulipa*, HC, Kaufmanniana, 'Ancilla'

 *T.*, HC, Double Late, 'Alegretto'
 *T.*, HC, DL, 'Lilac Perfection'
 *T.*, HC, DL, 'Orange Princess'
 *T.*, HC, Double Late, 'Maywonder'
 *Tulipa*, Hybrid Cultivar, Double Late, 'Angélique'

Tulipa, HC, Fosteriana, 'Madame Lefeber'

Tulipa, HC, Fosteriana, 'Orange Emperor'

Tulipa, HC, Fosteriana, 'Princeps'

Tulipa, HC, Fosteriana, 'Purissima'

Tulipa, Hybrid Cultivar, Greigii, 'Plaisir'

Tulipa, HC, Greigii, cultivar

Tulipa, Hybrid Cultivar, Greigii, 'Toronto'

KAUFMANNIANA GROUP（GROUP 12）
カウフマニアナ系（グループ12）
非常に開花の早い、*Tulipa kaufmanniana* のcv.および交雑種で、高さ約25cmに成長する。平たく開く花は、ウォーターリリー・チューリップとしても知られている。葉は単色または斑点がある。花は普通、2色または多色で、さまざまな模様がある。'アンシラ'、白色の花で、中心は黄色にオレンジレッドの縁取り。'シェイクスピア'、くすんだサーモンピンク色。

FOSTERIANA GROUP（GROUP 13）
フォステリアナ系（グループ13）
T. fosteriana のcv.および交雑種で、大きさは20〜60cmと多様。葉は単色、斑点、または斑入り。花は非常によく目立つ色が多い。'マダム レフェバー'（syn.'レッド エンペラー'）、鮮やかな赤色。'オレンジ エンペラー'、黄色のベースに鮮やかなオレンジ色が混じる。'プリンケプス'、鮮やかな赤色の大きな花。'プリッシマ'（syn.'ホワイト エンペラー'）、中心がクリーミィイエローの白い花。

GREIGII GROUP（GROUP 14）
グレイギイ系（グループ14）
ロックチューリップと呼ばれることもある、*T. greigii* のcv.および交雑種で、高さ30cmを越えることはめったにない。幅広く栽培されている。紫赤色のマーブル模様の入った灰緑色の葉と、単生する、1〜2色のシンプルな花が特徴。'ケープ コッド'、オレンジ色に金色の縁取り。'オリエンタル スプレンダー'、深い黄色に赤色の筋。'プレジール'、クリーム色に赤い筋。'レッド ライディング フッド'、鮮やかな赤色。'トロント'★、鮮やかなサーモン〜オレンジ色。'イエロー ドーン'、深いピンク色に黄色の縁取り。

MISCELLANEOUS GROUP（GROUP 15）
その他の原種と雑種（グループ15）
他のグループに含まれない原種およびcv.をすべて含む。（個々の原種の項を参照）

TURBINICARPUS
（ツルビニカルプス属）
24種の小さなサボテンからなるサボテン科の属で、大半はメキシコ北部の限られた生息地が原産。普通枝がなく、球形〜ややつぶれた球形。溝は小結節に取り変わっており、はっきりしない場合もある。刺座は小結節の先端にあり、しばしば白い軟毛を帯びる。概して刺はほとんどないが、あってもしなやかで尖っていないことが多い。茎の先端から成長し、1日だけ開く花は、じょうご形で、色は白、ローズ色、または深紅色。果実は球形。多数の種が何度か学名を変更され、一部の植物学者は、ツルビニカルプス属はネオロイディア属の幼形が安定したものであり、こちらの属に含めるべきだと主張している。

〈栽培〉
水はけのよい、純粋な鉱物土壌、またはごくわずかに有機物質を加えた土壌で容易に栽培可能。冬季と暑い夏は休眠させる。春と秋に平均よりも少ない水を与える。種子で繁殖。

Turbinicarpus horripilus
異　名：*Gymnocactus goldii*、*Pediocactus horripilus*
☀ ❄ ↔25〜50cm ↕8〜18cm
メキシコ北部原産の群生する種。オリー

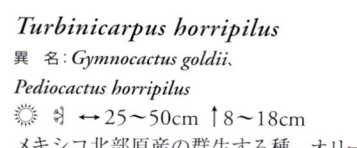
T. pseudomacrochele. subsp. *krainzianus*

ブグリーンの茎は、球形または短い円柱形。小結節は円錐形でよく目立つ。刺の先端は赤茶色。夏に生じる花は深紅色で、時おり白の花喉が見られる。果実は卵形で、緑みを帯びた赤色。
ゾーン：9〜11

Turbinicarpus pseudomacrochele
異　名：*Strmbocactus pseudomacrochele*
一般名：長城丸（チョウジョウマル）
☀ ❄ ↔25〜35mm ↕18〜40mm
メキシコ産の単生、まれに群生する種。円形〜短い円柱形の茎は、淡緑色〜暗い青緑色で、先端は軟毛を帯びる。刺は黄みを帯びた茶色で、やがて灰色に変わる。晩春に生じる花は、白、赤みを帯びた紫、黄みを帯びた緑、または深紅色。果実は緑色の球形。*T. p.* subsp. ***krainzianus*** 蕪城丸（ブジョウマル）（syn. *Nelloydia krainziana*）、暗緑色の茎。深紅〜クリーム色の、より小型の花。
ゾーン：9〜11

Turbinicarpus pseudopectinatus
異　名：*Thelocactus pseudopectinatus*
一般名：精巧殿（セイコウデン）
☀ ❄ ↔18〜35mm ↕18〜30mm
メキシコ北部原産の単生する種。青みを帯びた緑色の茎は、密生する小さな白い刺に隠されている。小結節は垂直に伸びる。側刺が2つの小さなクシ状に並ぶ。夏に生じる花は白色で、中心に、赤っぽい〜深紅色の縞が入る。果実は球形で、緑みを帯びる。
ゾーン：9〜11

Turbinicarpus valdezianus

Tweedia caerulea 'Heaven Bow'

Turraea obtusifolia

Turraea obtusifolia

Turbinicarpus valdezianus
異　名：*Pelecyphora valdeziana*
一般名：バラ丸
☀ ↔ 12〜25mm ↕ 12〜25mm
メキシコ原産の単生する種。つぶされた球形〜半球形の茎は緑色で、密な羽状の刺で覆われる。小結節は平たい。夏に生じる花は白で、中心に深紅色の縞が入る。果実は緑みを帯びた暗い茶色で、球形。
ゾーン：9〜11

TURRAEA
（トゥルラエア属）
アフリカ、アジア、オーストラリアの熱帯で見られる、およそ70種の高木および低木からなるセンダン科の属。葉は単葉でつやがあり、時おり鈍い切れこみがある。花は甘い芳香があり、5枚の長い帯状の花弁が星形をなす。

〈栽培〉
霜害のない温暖地帯であれば戸外で栽培できる。水はけのよい、中程度に肥沃な土壌が必要。寒冷地域では温室またはコンサバトリーでの栽培が無難。花後に剪定して、サイズを維持し、若い株は切り詰めて分枝を促す。種子または半熟枝挿しで繁殖。

Turraea floribunda
英　名：WILD HONEYSUCKLE
☀ ☙ ↔ 0.6m ↕ 1.2m
南アフリカ原産の落葉性高木。葉は卵形。綿毛の密生する柄につく、芳香性の、黄みを帯びた緑色の花が、春、枝の先端近くで2〜3個ずつ開花する。
ゾーン：10〜12

Turraea obtusifolia
英　名：LESSER HONYSUCKLE TREE, SMALL HONEYSUCKLE TREE
☀ ☙ ↔ 1.5m ↕ 1.8〜3m
南アフリカ原産の落葉性の低木または小高木。つやのある緑色の葉は、卵形で、時おり鈍い3裂が見られる。芳香のある、幅狭の花弁が反曲する、華やかな白い花が、春、茎の先端近くに1〜3個ずつ開花する。
ゾーン：10〜12

TWEEDIA
（トゥイーディア属）
南アメリカの亜熱帯原産の、巻きつき性または這性の1種のみからなるガガイモ科の属。枝つきはまばらで、茎と葉はうっすらと毛を帯びる。長楕円形〜心臓形の葉は長さ25cmになる。夏と秋、星形の青い花が生じる。切花は長持ちする。

〈栽培〉
種子から生じて最初の年に花をつけるため、冷温帯では一年生植物として育てるか、さもなくばガラス越しに栽培する。霜のない地域では、日当りと水はけのよい、中程度に肥沃な土壌で栽培する。幼時に切り戻して、藪状の成長を促す。種子または挿し木で繁殖。

Tweedia caerulea
異　名：*Oxpetalum caerulrum*
一般名：ブルースター
☀ ☙ ↔ 90cm ↕ 90cm
ブラジル南部およびウルグアイ原産の、巻きつき性または這性の植物。葉は灰色みを帯びた緑色で、うっすらと毛を帯びる。夏から長期間にわたって生じる、星形の淡青色の花は、やがて暗みを増してライラック色になる。'ヘヴン ボウ'、淡青色〜ライラック色のかわいらしい花で、まるで絵の具を塗ったように見える。
ゾーン：10〜12

TYPHA
（ガマ属）
英　名：BULRUSH, CAT-TAIL, REED MACE
ほとんど世界中で見られる10〜12種あまりからなるガマ科の属。非常に大型の多年生植物が多く、沼地を広く覆うように生息する。根茎から立ち上がり、基部は鞘に包まれる。葉身は非常に長く、線形で、平らもしくはくぼみがあり、スポンジ状の内部組織をもつ。直立性の槍状の花茎に、風媒花が密な円柱状の穂をなす。雄性花と雌性花があり、同じ株に生じるが、雄性花は上部の離れた場所につき、しばしば色も異なる。小さく膨らんだ果実は、アザミの綿毛に似ている。果実は雌性花の穂の崩壊により放たれ、大多数が風に運ばれる。デンプン質に富んだ塊茎、それに花粉までもが、非常食になりうる。葉はマットや椅子の座面に用いられ、製紙も試験的に行われている。雌性花が形成するフラシ天は、パンヤの代用になる。

〈栽培〉
湿性の土壌であればどこでも容易に育つ。深さ約60cmの水中で栽培するが、種子は、じめじめした泥岸で発芽させる。一部の小型種を除き、水生植物として利用するにはあまりにも侵略性が高く、よほど大きな池または人工湖以外には適さない。種子または根茎を分けて繁殖。

Typha minima
☀ ❄ ↔ 3〜5cm ↕ 6〜8cm
ヨーロッパ、コーカサス地方、アジア原産の多年生植物で、幅狭の剣形の緑色の葉をもつ。夏、葉よりも短い花茎の先端に、長楕円形の、暗茶色で、鱗のある、細かい毛を帯びた、尾状花序に似た直立性の花をつける。
ゾーン：3〜11

Typha orientalis
一般名：コガマ
英　名：BROAD-LEAF CUMBUNGI, BULRUSH
☀ ☙ ↔ 30〜50cm ↕ 0.9〜2.4m
オーストラリア北部からフィリピンにかけて見られる、アシに似た強健な多年生植物。分枝する根茎から、がっしりした直立性の茎を出す。長い幅狭の葉。夏、チェスナッツブラウンの円柱状の穂に、ふわふわした種子が大量につく。侵略種となりうる。
ゾーン：9〜11

Typha shuttleworthii
☀ ❄ ↔ 0.3〜0.9m ↕ 0.9〜1.5m
南ヨーロッパ原産の水生または辺境性の多年草で、鞘のある葉をまばらにつける。夏、短い茎に生じる花は、茶色〜銀灰色で、細かい毛を帯びる。
ゾーン：5〜8

Typha shuttleworthii

Typha orientalis、ニュージーランド

UV

Ulex europaeus 'Flore Pleno'

Ulex europaeus

Uebelmannia pectinifera

Ugni molinae

UEBELMANNIA
（ユーベルマニア属）

すべてブラジル原産の、3種の小さな球形のサボテン科植物からなる小属。属名は、スイスの養樹園主であったWerner Uebelmannにちなんで名づけられた。単生するサボテンで、かたちは球形～短い円柱形で、はっきりした稜があり、高さ75cmになる。おびただしい数の深い畝は、小結節に分かれている。刺座にはよく発達した刺がある。2～7本のまっすぐまたはわずかにカーブした刺は、直立性で、クシ状に並んでいる。茎頂近くから生じる花は、小さい黄色のじょうご形で、一日しか開花しない。果実は球形または短い円柱形で、黄色または赤色、先端周辺は軟毛と剛毛を帯びるが、下部はむきだしになっている。希少な上、限られた生息地で過度に採集されたため、全種がワシントン条約の付属書Iに挙げられている。

〈栽培〉
栽培は難しい。これらのサボテンは、ブラジルの多雨林における、開けた石英質土壌に生息するため、栽培者たちは普通、その環境を再現するために、水はけのよい標準的なサボテン用混合土に、石英と腐植質を加える。また、別種のサボテンに接ぎ木して栽培する方法もある。水のやりすぎと低温を避ける。

Uebelmannia pectinifera
一般名：ユーベルマニア・ペクティニフェラ
☀ ╫ ↔15cm ↕75cm
ブラジル、ミナスジェライス原産。球形～円柱形、赤みを帯びた暗茶色で、極小の白いコウ質の鱗片に覆われる。刺座はほぼ一直線につながり、茶色みを帯びた灰色のフェルトをつける。茶色～黒色の、直立性の刺が1～4本つく。刺はしばしば絡み合っているが、一部のクローンではクシ状にならぶ。花は幅狭のじょうご形で、長さ15mmになる。果実はこん棒形～円柱形で、バイオレットレッド。
ゾーン：9～10

UGNI
（ウグニ属）

かつてはギンバイカ属に含まれていた、アメリカ温帯原産の、およそ10種の多様な常緑低木からなるグループで、現在はフトモモ科ウグニ属となっている。葉は卵形の単葉で、普通硬い革質で、小さい。葉腋に単生する花は、5枚花弁で、垂れ下がる傾向がある。花後に生じる多肉質の液果は、食用されることもあるが、特別美味ではない。熟しかけると高い芳香を発する。

〈栽培〉
若木がやや霜に弱いことを除くと、石灰を嫌うこと以外、栽培上の問題はない。冷涼な、湿性の、腐植室に富んだ、水はけのよい土壌で、日なたまたは半日陰で栽培する。花後または果後に毎年剪定し、コンパクトな樹形を保つ。種子、挿し木、または自然に発根した枝を移動する。

Ugni molinae ★
英 名：CHILEAN CRANBERRY, CHILEAN GUAVA
☀ ❄ ↔0.9m ↕1.8m
チリおよびアルゼンチン西部原産。ワイヤー状の茎を持つ低木で、赤い茎に、つやのある深緑色の葉をつける。花はピンクを帯びたクリーム色で、中心に40～60本の極小の雄ずいが群生する。花期は春～初夏。花後、赤い液果がつく。
ゾーン：8～10

ULEX
（ハリエニシダ属）

一部の地域では観賞用に栽培されているが、それ以外の地域では最悪の雑草のひとつと見なされており、農夫は目の敵にしている。北アメリカと西ヨーロッパ原産の、20種あまりの、鋭い刺のある枝を密生させる低木からなる、マメ科ソラマメ亜科の属。若株は羽毛状の3葉をつけるが、成熟すると、葉は葉緑素を持つ刺に変わる。淡い黄色～金色の芳香性の花が、単生または小さな房をなす。

〈栽培〉
丈夫で適応性があり、幅広い生育環境に耐える。一般に、湿性の、軽い、水はけのよい土壌を好むが、冬季の多雨にも耐えるし、沿岸地域の塩分を含んだ土壌でもよく育つ。ニュージーランドにおいて、ハリエニシダ(*U. europaeus*)は防ぎようのない雑草と見なされており、農夫たちはしばしばこれらを栽培し、道沿いの生垣などに利用している。

Ulex europaeus
一般名：ハリエニシダ
英 名：COMMON GROSE, FURZE, GORSE, WHIN
☀ ❄ ↔2m ↕2.4m
スコットランドと最も関係が深いが、西ヨーロッパのほぼ全域に見られる。多数の枝を密生させる低木で、細かい毛と、長さ12mmの危険な刺に覆われている。晩冬～春、金黄色の芳香性の花がつく。'**フロレ プレノ**'、不稔の八重咲きの花。栽培用に好まれる。
ゾーン：6～10

ULMUS
（ニレ属）

英 名：ELM

45種からなるニレ科の属。大半は高木だが、低木も数種ある。大半は落葉性で、極めて耐寒性に優れるが、半常緑でやや寒さに弱い種もある。北半球の温帯に生息し、熱帯にも分布している。一般に、樹冠は丸く、樹皮にはしばしば溝や亀裂が入るが、若いシュートを除き、コルク層があることはまれ。葉は普通楕円形で、はっきりした脈と鋸歯縁がある。花は目立たないが、紙状の翼のある果実（翼果）がよく目立つ。

〈栽培〉
概して丈夫な植物で、栽培にもよく適応し、水はけさえよければ幅広い条件の土壌でよく育つ。とはいえ、一部の地域では、オランダニレ病によって個体数が激減した。これは、木質部に穴を開ける小さな甲虫の幼虫ををを媒体とする細菌感染症である。種子または接ぎ木で繁殖。

Ulmus americana
一般名：アメリカニレ
英 名：AMERICAN ELM, WHITE ELM
☀ ❄ ↔30m ↕30m
北アメリカで最大のニレ。美しい高木で、樹皮は深い灰色で溝がある。大きな葉は秋、鮮やかな黄色に紅葉する。'**オーガスチン**'、強健。円錐形の習性。'**コルムナリス**'、円錐形の習性。
ゾーン：3～9

Ulmus carpinifolia
ウルムス・カルピニフォリア
異 名：*Ulmus minor*
英 名：FIELD ELM, SMOOTH-LEAFED ELM
☀ ❄ ↔21m ↕15～21m
イギリスを含む、中央および南ヨーロッパ原産。葉は長さ5～10cmで、鋸歯縁。秋にゴールデンオレンジに紅葉する。多数のcv. がある。'**ワリエガタ**'、白い斑入りの葉。ゾーン：5～10

Ulmus americana 'Columnaris'

Ulmus carpinifolia 'Variegata'

Ulmus glabra 'ペンドゥラ'、春

Ulmus glabra 'ペンドゥラ'、夏

Ulmus castaneifolia
☀ ❄ ↔6m ↑21m
中国原産の種で、最近まで西欧では栽培されていなかった。この50～60年間で、オランダニレ病のためにアメリカおよびヨーロッパのニレが激減したため、植物施設が指揮をとり、代替となる東アジアのニレ種の栽培を試みた。
ゾーン：6～9

Ulmus 'Coolshade'
一般名：ニレ 'クールシェード'
☀ ❄ ↔6～9m ↑6～10m
*Ulmus pumila*と*U. rubra*の交雑種で、幅広の樹冠を持つ、成長の遅い高木。*Ulmus pumila*によく似ているが、より葉が茂る。わずかに枝垂れるため、雪害にも耐える。
ゾーン：3～9

Ulmus crassifolia
英　名：CEDAR ELM
☀ ❄ ↔12m ↑21～30m
アメリカ合衆国南部原産。若い小枝の縁には、樹皮の「翼」が見られる。やや硬い葉は、長さ5cmになり、歯状縁で、裏面は綿毛を帯びる。
ゾーン：7～10

Ulmus glabra
一般名：セイヨウハルニレ、オウシュウハルニレ
英　名：SCOTCH ELM, WYCH ELM
☀ ❄ ↔21m ↑30m
北ヨーロッパから西アジアにかけて見られる大高木。深い歯状縁のある、円形の深緑の葉は、長さ5～15cmで、基部に切れこみが見られることがある。秋に黄色く紅葉する。鮮やかなライムグリーンの果実が、春を美しく演出する。以下のようなcv. がある。'カンペルドゥニイ' ★、低く成長する品種、密に広がる樹冠と、垂れ下がる枝を持つ。'エクソニエンシス'、低く成長する。直立性で円錐形の習性。'ペンドゥラ' (syn. 'ホリゾンタリス')、水平に広がる枝が特徴。
ゾーン：5～9

Ulmus × *hollandica*
一般名：オランダニレ
英　名：DUTCH ELM
☀ ❄ ↔24m ↑30m
*U. glabra*と*Ulmus carpinifolia*との自然交雑種。硬く、脈の多い、鋸歯縁の、深緑色の葉は、秋に黄色く紅葉する。以下のようなcv. がある。'グルンフェルド'、丈高、強健、病害虫に耐性がある。'ジャクリーヌ　ヒリアー'、枝が密生する。高さ2.4mの低木状。'マヨル'、幅広に広がる樹冠と幅広の葉。'モドリナ'、丈高、強健で、樹冠は壺形に近い。'ベジタ' (syn. *U.* × *vegeta*)、強健。高さ36mになる。
ゾーン：5～9

Ulmus japonica
一般名：ハルニレ
☀ ❄ ↔18m ↑30m
大きな幅広の樹冠を持つ高木。日本および近隣の北東アジア温帯原産。若い茎にはコルク質の黄茶色の樹皮がある。ほぼ卵形の、粗い歯状縁の葉は、先端に向かって急に先細る。紫みを帯びた小さな花と、淡緑色の果実をつける。
ゾーン：5～9

Ulmus crassifolia

Ulmus × *hollandica* 'Vegeta'

Ulmus × *hollandica* cv.、冬

Ulmus × *hollandica* cv.、秋

Ulmus × *hollandica* 'Modolina'

Ulmus laevis

英名：RUSSIAN ELM
↔9m ↕21m

フランスから東ヨーロッパ、およびコーカサス地方原産。暗い灰色〜茶色の樹皮と、開いて広がる樹冠を持つ。幅広のざらざらした葉は、長さ10cmになり、裏面は灰色の毛がある。
ゾーン：4〜9

Ulmus macrocarpa

↔6m ↕9m

北東アジア原産の大低木または小高木。若い枝には綿毛があるが、やがてコルク質の樹皮に覆われる。葉は深い鋸歯縁で、先が鋭くとがり、裏面は綿毛を帯びる。剛毛のある大きな果実には、わずかにくぼみがある。
ゾーン：5〜9

Ulmus parvifolia

一般名：アキニレ
英名：CHINESE ELM
↔9m ↕21m

日本、朝鮮半島、中国原産の、病害虫に強い高木。温暖地域ではほぼ常緑。円形の樹冠と、剥離するなめらかな樹皮を持つ。果実は秋に熟す。'**カトリン**'、成長が遅い。枝先が優雅に下垂する。'**フロスティ**'、コンパクトな低木。白い歯状縁の葉。'**ハンセン**'、強健、直立性。'**キングス チョイス**'、大きな鮮やかな緑色の葉。剥離する樹皮、強健、開いて広がる習性。

Ulmus procera, in winter

'**ペンデンス**'、枝が下垂する。'**トゥルー グリーン**'、温暖な冬では常緑。
ゾーン：5〜10

Ulmus procera

一般名：エルム、オウシュウニレ
英名：ENGLISH ELM
↔15m ↕21〜30m

風格のあるイギリスの高木だが、オランダニレ病のせいで現在は希少となっている。まっすぐな幹の高木で、幅広の樹冠を形成する、鋸歯縁のある深緑色の葉は、秋に鮮やかな黄色に紅葉する。春、淡緑色の果実がつくが、大半は不稔。'**アルゲンテオワリエガタ**'、白い斑入りの葉。'**ルイーズ ファン フッテ**'、非常に人

Ulmus procera, in spring

気のある、葉の黄色いcv. で、とくに秋は鮮やか。'**プルプレア**'、若葉はわずかに紫みを帯びる。
ゾーン：4〜9

Ulmus pumila

一般名：ノニレ、マンシュウニレ
英名：CHINESE ELM, SIBERIAN ELM
↔6〜9m ↕6〜10m

アジアの冷温帯原産。きめの粗い、鋸歯縁の葉は、秋にわずかに紅葉する。'**デン ハーグ**'、病害虫に強い、丈高の品種で、開いた樹冠を持つ。
ゾーン：3〜9

Ulmus 'Sapporo Autumn Gold'

一般名：ニレ 'サッポロ オータム ゴールド'
↔10m ↕15m

オランダニレ病に対する強い抵抗力で知られる交雑種。幼株はしっかりとした直立性の習性で、やがて幅広の樹冠を形成する。春の新しい葉は、落ち着いた黄緑色で、成熟するとライムグリーンとなり、秋に金黄色に紅葉する。
ゾーン：4〜9

Ulmus procera, in summer

Ulmus procera, in autumn

Ulmus 'Sarniensis'

一般名：ニレ 'サルニエンシス'
英名：JERSEY ELM, WHEATLEY ELM
↔7〜8m ↕23〜24m

Ulmus carpinifolia と *U.* × *hollandica* との交雑種。極めて垂直に伸びる習性で、基部の広い円錐形の樹冠を形成する。深い鋸歯縁のある深緑色の葉は、長さ10cmになる。おびただしい数の果実をつけるが、大半は不稔。芝生用の木に最適。
ゾーン：7〜10

Ulmus 'Sapporo Autumn Gold'

Ulmus laevis

Ulmus parvifolia

Ulmus japonica

Ulmus macrocarpa

Ulmus thomasii
英 名：CORK ELM、ROCK ELM
☼ ❄ ↔12m ↕30m
北アメリカ東部原産。直立性の高木で、幅狭の円形の樹冠。若枝ははっきりとしたコルク質の樹皮を持つ。葉は長さ5〜10cmになり、深い鋸歯縁。秋に色づくことはまれ。
ゾーン：2〜9

UMBELLULARIA
（ウンベルラリア属）
ゲッケイジュ属の近縁で、アメリカ合衆国オレゴン州とカリフォルニア州で見られる、芳香性の常緑高木1種のみからなるニレ科の属。硬い革質の葉で、雄性花と雌性花が別々の花序につく。葉は非常に強い芳香があり、手でつぶして匂いをかぐと、つかのまではあるが、すぐに頭痛を起こす。北アメリカの先住民たちに広く薬用されていた。材はかなり密で、主に装飾用オブジェや道具などの、ろくろ細工の原料となる。
〈栽培〉
軽い〜中程度の霜に耐えるし、土壌の質もとくにこだわらないが、日なたまたは半日陰における、深い、肥性の土壌で最もよく育つ。種子または半熟枝挿しで繁殖。

Umbellularia californica
一般名：カリフォルニアゲッケイジュ
英 名：CALIFORNIA LAUREL、HEADACHE TREE
☼ ❄ ↔10m ↕15〜21m
葉が密生する広がった樹冠と、鱗片状の赤茶色の樹皮を持つ。強い芳香がある、つやのある深緑色の、卵形〜槍形の葉。春、枝先に小さな黄色い花が房をなす。紫みを帯びた、オリーブ状の液果は、長さ25mmになる。
ゾーン：8〜10

UNCINIA
（ウンキニア属）
英 名：HOOK SEDGE
南半球の温帯から、南アフリカを除いた世界中に分布する、およそ40種の叢生する常緑草からなるカヤツリグサ科の属。特徴は、なめらかな、円柱形の茎で、成熟するとアーチ状になる。色は濃いオレンジ色や赤から、プラム色、暗茶色、くすんだ緑色まで幅がある。一年を通じて鮮やかな葉色を保つため、現在園芸用に人気がある。花は夏に生じる。熟した果序の穂には独特のかぎ状の剛毛がつく。このかぎを動物や人に付着させ、種子を散布する。
〈栽培〉
極端な寒冷期間のない地域で、自然光のたっぷりあたる、水はけのよい土壌が必要。長期間の雨季には耐えられず、度を越すと枯死する場合もある。秋に株分けするか、春に新鮮な種子を蒔いて繁殖する。

Uncinia egmontiana
英 名：ORANGE HOOK SEDGE
☼ ❄ ↔40cm ↕30cm
ニュージーランド原産。色鮮やかな観賞用多年草で、オレンジブロンズ色（実生や季節によって色は異なる）の葉身が、密でコンパクトな直立性の叢を形成する。花穂に続いて、夏、鋭いかぎを持つ、興味深い黒い種子が果序をなす。
ゾーン：8〜11

Uncinia rubra
英 名：RED HOOK SEDGE
☼/◐ ❄ ↔35cm ↕30cm
ニュージーランド原産の多年草。一年を通じて、先の鋭い、光沢のある、赤茶色の、平たい幅狭の葉が叢を形成する。晩夏、暗茶色の花穂が、葉のすぐ上に生じる。ゾーン：8〜11

URTICA
（イラクサ属）
英 名：STINGING NETTLE
北半球の温帯に広く分布する、100種の一年生および多年草からなる、同名のイラクサ科の属。多くの種の葉と茎は鋭い毛で覆われる。対生する、粗い歯状縁の、剣形〜心臓形の葉は、3〜5本の目立つ脈がある。夏、葉腋から生じる円錐花序または総状花序に、花弁がなく、4枚の緑色の萼片のある、小さな目立たない花が4つつく。侵略的な雑草となりうる。一部の種の若いシュートは、加熱すると野菜として食用できる。いくつかの種は、昔から伝統療法に利用されてきた。
〈栽培〉
日なたでも日陰でも、大半の土壌に適応する。種子または挿し木で繁殖。

Urtica dioica
異 名：*Urtica urens*
一般名：セイヨウイラクサ
英 名：BIG STINGING NETTLE、COMMON NETTLE、STINGING NETTLE
☼ ❄ ↔0.9〜1.8m ↕0.6〜2.4m
広域に帰化している多年草。四角形の茎に剛毛が密生する。長さ15cmになる葉は、裏面が綿毛状で、鋭い毛を帯びる。葉は食用。茎の繊維は、ロープ、布、紙に利用される。
ゾーン：3〜9

UTRICULARIA
（ウトリクラリア属）
英 名：BLADDERWORT
およそ200種の小さな肉食植物からなるタヌキモ科の属。適応性が高く、幅広い環境における、永続的または季節的に湿潤な地域で成長する。真の根系はなく、大きさや形の多様な葉、および／または、柄のある極小の捕虫嚢のついた根茎またはストロンを形成し、成長期にすばやく広がる。大半の種は、春から初夏にかけて、細い花茎に美しい2唇弁の花をつける。属名はラテン語で「バグパイプ」を意味し、茎やランナーに見られる「わな」を表わしている。わなには極小の毛があり、これに触れた昆虫は嚢に吸い込まれるしくみになっている。
〈栽培〉
生育環境は大きく4つのグループに分けられる。どのグループも、泥炭と砂を4：1で配合した土で栽培できる。陸生の種は、半日陰で、時おり浅い水に浸かる、常に湿潤な泥炭土で栽培する。季節性の種は、乾燥させ、成長期に浅く水を張ったトレーに入れる。熱帯／着生種は、半日陰の、温暖、湿潤、多湿な環境を好む。水生種は、泥炭をベースにした水を入れたタンクで、日なたで栽培するが、藻が発生しないように注意する。繁殖は、成長期に株分けするか、種子を蒔く。

Ulmus 'Sarniensis'

Ulmus thomasii

Umbellularia californica

Utricularia alpina
一般名：ウトリクラリア・アルピナ
英 名：ALPINE BLADDERWORT
◐ ❄ ↔15cm ↕30cm
多年生の熱帯着生種または地上種で、中央〜南アメリカ、および西インド諸島における高地の多雨林原産。塊根から、長さ15cmになる卵形の葉が生じる。幅5cmになる白と黄色の花が4個まででつく。
ゾーン：9〜11

Utricularia reniformis

Utricularia alpina

Utricularia inflata

Utricularia bisquamata

Utricularia uniflora

Utricularia praelonga

Utricularia bisquamata
異　名：*Utricularia capensis*
一般名：ウトリクラリア・ビスクアマタ
☀ ♨ ↔8cm ↕5cm
南アフリカ原産の陸生種。長さ25mmになる花茎についた小さな花が大量に生じる。花色は、バイオレット、オレンジ、白、黄色の組み合わせ。種子で拡散する。
ゾーン：9～11

Utricularia calycifida
一般名：ウトリクラリア・カリキフィダ
☀ ♨ ↔10cm ↕15cm
ガイアナ、ベネズエラ、スリナム原産の熱帯種。紫色の柄としずく形の葉が特徴。高さ15cmの花茎に、中心の黄色い紫色の花がいくつか見られる。
ゾーン：10～11

Utricularia dichotoma ★
一般名：ウトリクラリア・ディコトマ
英　名：FAIRY APRONS
☀ ♨ ↔20cm ↕15～45cm
熱帯および温帯の陸生種で、ニュージーランドとオーストラリアの温帯が原産。葉は長さ25mmになる。花茎ごとに、中心が白～黄色の、淡いピンク～紫色の花が1～2個つく。
ゾーン：9～11

Utricularia inflata
異　名：*Utricularia ceratophylla*
一般名：ウトリクラリア・インフラタ
英　名：FLOATING BLADDERWORT
☀ ♨ ↔30cm ↕30cm
北アメリカ原産の熱帯および亜熱帯性の水生多年生植物。葉は長さ18cm。星形に輪生する中空の筒で水に浮く。花茎ごとに黄色い花が17個までつく。
ゾーン：9～11

Utricularia menziesii
一般名：ウトリクラリア・メンジエシイ
英　名：REDCOAT
☀ ↔5cm ↕8cm
ウェスタンオーストラリア州南西部原産。葉は長さ50mmになる。中心の黄色い、オレンジ色～バーガンディ色の花が単生する。暑く乾燥した夏の間は塊茎を形成する。
ゾーン：9～11

Utricularia praelonga
一般名：ウトリクラリア・プラエロンガ
☀ ♨ ↔30cm ↕45cm
ブラジル原産の、熱帯および亜熱帯性の種。長く細い葉と、地表に張り付く円形の葉の、2種類の葉を形成する。長い茎に大きな黄色い花がつく。
ゾーン：10～11

Utricularia reniformis ★
一般名：ウトリクラリア・レニフォルミス
☀ ♨ ↔45cm ↕45cm
ベネズエラおよびガイアナ原産の、熱帯性の陸生種。厚みのある多肉質の根茎にはわながある。大きな腎臓形の葉。花期の長い、ピンクみを帯びたバイオレット色の大きな花が、高い穂状花序をなす。
ゾーン：10～11

Utricularia uniflora
一般名：ウトリクラリア・ユニフロラ
☀ ♨ ↔8cm ↕20cm
オーストラリア東岸の、川の湿潤な砂質土壌や、水の落ちる岩壁に見られる、多年生の陸生種。小さな卵形の葉。細長い茎の先に、それぞれ1～2個のモーブ色の花がつく。
ゾーン：9～11

UVULARIA
（ウブラリア属）
英　名：BELLWORT, MERRYBELLS
栽培の容易な5種の多年草からなるスズラン科の属。原産地は北アメリカ東部で、湿性の、水はけのよい、落葉性の森林地帯に生息する。茎は直立またはアーチ状。槍形の葉は鮮やかな緑色。葉は、*U. sessilifolia*を除き、すべて基部が茎を包む突き抜け形。茎からぶら下がる黄色の鐘形の花は、わずかにねじれた、先のとがった細長い花弁を持つ。花期は早春から真夏の2～3週間で、種によって異なるが、葉は夏中よく目立つ。
〈栽培〉
日にあたらない、深い、湿性の、やや酸性の土壌で栽培する。繁殖は、春または秋に叢を株分けする。晩夏に熟した種子を蒔く、または、容易に広がる地下茎を移植する。

Uvularia grandiflora
英　名：BIG MERRYBELLS, GREAT MERRY-BELLS, LARGE-FLOWERED BELLWORT
☀ ❄ ↔30～60cm ↕30～60cm
カナダのケベック州～オンタリオ州から、南のアメリカ合衆国のミネソタ、ジョージア、テネシー、カンザス各州にかけて見られる。明るい緑色の葉と、アーチ状の茎。春分から初夏にかけて、鮮やかな黄色の鐘形の花が下垂する。種子は小さな三角形のさく果。*U. g.* var. *pallida*、淡いサルファーイエローの花。
ゾーン：3～9

Uvularia perfoliata
英　名：PERFOLIATE BELLWORT, STRAW BELL, MERRYBELLS
☀ ❄ ↔30～45cm ↕40cm
カナダのケベック州～オンタリオ州から、南のアメリカ合衆国フロリダ州とミシシッピ州にかけて見られる。春分から初夏にかけて、淡い黄色の花がつく。
ゾーン：3～9

Uvularia sessilifolia
英　名：LITTLE MERRYBELLS, SESSILE BELLWORT, STRAW LILIES, WILD OATS
☀ ❄ ↔30～45cm ↕15～30cm
カナダのオンタリオ州とニューブラウンズウィック州から、西のアメリカ合衆国ミネソタ州、南のジョージア州、アーカンソー州にかけての湿性の森林で見られる。晩春から初夏にかけて、淡い緑黄色の花がつく。ゾーン：3～9

Uvularia grandiflora var. *pallida*

Uvularia grandiflora

Vaccinium corymbosum

Vaccinium corymbosum

VACCINIUM
(スノキ属)

英　名：BLUEBERRY

およそ450種の常緑および落葉性の低木、小高木、つる植物からなるツツジ科の属で、ブルーベリー、クランベリー、ハックルベリーなどを含まれる。北半球の大部分に生息し、数種は南アフリカでも見られる。主な特徴は、小さくも色鮮やかな、食用の液果。花も魅力があり、普通、小さい壺形で、下向きに単生または群生する。葉は普通、卵形～槍形の単葉で、たいてい先端が鋭く、場合によっては鋸歯縁をもつ。

〈栽培〉

大半のツツジ科植物と同様、冷涼、湿性で、腐植質に富んだ、水はけのよい酸性土壌で、盛夏の日差しにあたらない場所を好む。ツバキ属やツツジ属に好まれる環境での栽培が最も成功しやすい。低木状の種は剪定して丸形を整える。選定の時期は、果実が不要なら花後、さもなくば収穫後だよい。種子、挿し木、取り木、または株分けで繁殖。

Vaccinium ashei
一般名：ラビットアイブルーベリー

英　名：RABBIT-EYE BLUEBERRY

☼ ❄ ↔2m ↕0.5～4.5m

アメリカ合衆国南東部原産の低木。普通は落葉性だが、冬が温暖な地域では半常緑となる。鋸歯縁の幅広の葉。春、白～明るい赤色の花が見られる。幅12mmの紫黒色の食用果実がつく。

ゾーン：8～10

Vaccinium bracteatum
一般名：シャシャンボ

☼ ❄ ↔0.6～0.9m ↕0.6～0.9m

中国および日本原産の、すっきりした常緑低木。小さな楕円形の葉は、縁に細かい歯が並ぶ。晩春、小さな白い花が小さな房をなす。液果は赤。

ゾーン：7～10

Vaccinium caespitosum
英　名：DWARF BILBERRY

☼ ❄ ↔60cm ↕10～25cm

北アメリカの北極圏近くで見られる落葉性低木。小さな葉で、時おり鋸歯縁が見られる。晩春、ピンク～クリーム色の花がつく。食用される青黒色の果実は幅6mm。

ゾーン：2～8

Vaccinium calycinum
☼ ❄ ↔0.6～1.8m ↕0.9～3m

アメリカ合衆国ハワイ州の山岳地帯で見られる、亜熱帯～熱帯性の常緑低木。革質の深緑色の葉は、深い鋸歯縁をもつ。白～淡いピンク色の花が枝先で小さな房をなす。比較的大きな、ピンクみを帯びた深い赤色の液果がつく。

ゾーン：9～11

Vaccinium corymbosum
一般名：ハイブッシュブルーベリー

英　名：BLUEBERRY, HIGHBUSH BLUEBERRY

☼ ❄ ↔1.5m ↕0.9～1.8m

アメリカ合衆国東部原産の落葉性低木で、食用果実のために広く栽培されている。槍形の葉は、秋に燃えるようなオレンジ色に紅葉する。春、時おり赤色を帯びる、白い花が房をなす。食用の、青黒色の液果。'アーリーブルー'、丈高の強健なcv.で、大きな果実をつける。

ゾーン：2～9

Vaccinium crassifolium
英　名：CREEPING BLUEBERRY

☼ ❄ ↔0.9m ↕38cm

アメリカ合衆国南東部原産。丈の低い常緑低木で、根を張りながら広がる。小さな葉は、肉厚、革質で、細かい鋸歯縁。晩春、白、白にピンクの斑、またはピンク色の極小の花が、小さな房をなす。紫黒色の果実。ゾーン：7～10

Vaccinium glaucoalbum
☼ ❄ ↔90cm ↕30～90cm

インドのヒマラヤ地方原産の常緑低木。長楕円形の葉は、縁に剛毛が並び、裏面の脈に毛が見られる。晩春、ピンクみを帯びた白い花がつく。紫黒色の液果。

ゾーン：9～10

Vaccinium macrocarpon
一般名：クランベリー

英　名：CRANBERRY

☼ ❄ ↔1.5～3m ↕0.9m

北アメリカ東部およびアジア北部原産。低く成長する常緑低木で、根を張りながら広がる。葉は暗緑色で、裏面はより明色。モーブ色の花で、雄ずいが花弁の先まで伸びる。果実は赤。

ゾーン：2～9

Vaccinium myrtillus
一般名：ビルベリー

英　名：BILBERRY, BLAEBERRY, WHORTLEBERRY

☼ ❄ ↔90cm ↕45cm

ヨーロッパ～北極に近い北アジアにかけて見られる半常緑低木。長さ25mmの葉は、細かい鋸歯縁で、裏面の脈に毛が見られる。小さく房をなす花は、開花時は緑色で、古くなるにつれ赤くなる。青黒色の液果は食用。

ゾーン：3～9

Vaccinium nummularia
☼ ❄ ↔30～38cm ↕30～38cm

ヒマラヤ地方、ブータン、インド北東部のシッキム州で見られる小さな常緑低木。円形の、細かい鋸歯縁の葉は、長さ18mmになる。ピンク色の小さな花が小さな房をなす。深い青黒色の液果は食用。

ゾーン：7～10

Vaccinium ovatum
一般名：ハックルベリー

英　名：BOX BLUEBERRY, EVERGREEN HUCKLEBERRY

☼ ❄ ↔0.9～1.5m ↕0.9～1.5m

北アメリカ西部に自生する常緑低木。長さ25mm、細かい鋸歯縁の、卵形の葉。春、赤みを帯びた、白～淡いピンク色の小さな花が房をなす。果実は青黒色。

ゾーン：7～10

Vaccinium nummularia

Vaccinium bracteatum

Vaccinium calycinum

Vaccinium corymbosum 'Earliblue'

Vaccinium ovatum

Vaccinium parvifolium
英　名：RED HUCKLEBERRY、RED WHORTLEBERRY
☀ ❄ ↔1.8m ↕1.8m

アメリカ合衆国アラスカ州～カリフォルニア州にかけて見られる落葉性低木。長さ25mmの小さな葉。晩春、幅6mmの、赤みを帯びた緑色の花がつく。半透明の、ピンクみを帯びた赤い液果は食用。
ゾーン：6～10

Vaccinium stamineum
英　名：DEERBERRY
☀ ❄ ↔0.9m ↕1.5m

アメリカ合衆国東部および南部で見られる落葉性低木。葉は全縁で、極小の毛を帯び、秋に美しく紅葉する。春、白～クリーム色の小さな花がスプレー状につく。緑みを帯びた黄色～青緑色の液果。ブルーベリーマゴット（ウジ）の宿主。
ゾーン：5～9

Vaccinium vitis-idaea
一般名：コケモモ
英　名：COWBERRY
☀ ❄ ↔0.6～1.2m ↕15cm

北半球の冷温帯の大部分で見られる匍匐性の常緑低木。小さな卵形の葉は、深緑色で、裏面に黒い斑点があり、冬にブロンズ色に変わる。晩春、白～ピンク色の花が房をなす。秋、鮮やかな赤色の液果がつく。
ゾーン：2～8

Valeriana montana

Valerianella locusta var. *olitoria*

Valeriana officinalis

Vaccinium Hybrid Cultivar
一般名：スノキ交雑品種
☀ ❄ ↔0.9～1.8m ↕0.6～1.5m

人気のある交雑種やcv.が多数あり、中には起源がはっきりしないものもある。'ベッキーブルー'、赤緑色の茎と、中型の青い果実。'エリオット'、高さ2.4mになり、オレンジレッドの紅葉が長期間見られる。'リンゴンベリー'、赤みを帯びたピンク色。'オーナブルー'、幅狭の葉が、秋に鮮やかな赤色に紅葉する。'シャープブルー' ★、冷え込みの少ない環境に対応する四倍体の変種。極小の甘い果実をつける。
ゾーン：2～9

VALERIANA
（カノコソウ属）
英　名：VALERIAN

オセアニアを除く地域に広く分布する、強健な一年生植物、耐寒性の多年生植物と小低木からなるオミナエシ科の属で、森林地帯、草原、山岳地帯の湿性な環境に生息する。インフォーマルなコテージガーデン用の植物に適し、帰化する。匍匐性または直根性で、葉も、単葉から、切れ込みのあるもの、先が鋭いもの、深裂するものと多様で、茎に沿ってはしごの横桟状に並び、頂点近くでなくなることもある。しばしば房をなす小さな花は、ピンク、ラベンダーピンク、白、または黄色の色調。属名は「健康」を意味し、この植物の薬用性を表わしている。

Vaccinium vitis-idaea

〈栽培〉
日なたまたは半日陰の、湿性の土壌で最もよく育つ。種子は秋または早春に蒔く。消耗した株は切戻し、基部を切って挿し木して、株を更新する。匍匐性の根をもつ種は頻繁に株分けすること。

Valeriana montana
☀ ❄ ↔25cm ↕25cm

アルプスおよびコーカサス地方原産で、ロックガーデンに適する高山種。卵形～円形の葉が叢生する。初夏、ライラック色、ピンク色、または白色の花が、小さな円形の房をなす。
ゾーン：4～9

Valeriana officinalis
一般名：セイヨウカノコソウ、バレリアン
英　名：GREEN HELIOTROPE、TRUE VALERIAN、VALERIAN
☀/☀ ❄ ↔40～80cm ↕1.2～1.8m

西ヨーロッパ原産。早春、ムスクの香りのある花が、2枚の深い切れ込みのある葉とともに、茎の先端に幅5～10cmのピンクみを帯びた白い花序をなす。その香りのために、時おりキダチルリソウ属種と混同される。鎮静作用で有名。
ゾーン：3～10

Valeriana phu
ワレリアナ・フ
☀ ❄ ↔45cm ↕90cm

ヨーロッパおよびコーカサス地方原産。丈高の多年生植物で、*Valeriana officinalis*と非常によく似ているが、基部の葉にほとんど分裂が見られない。夏、小さな白い花が房をなす。'アウレア'、黄色い若葉をつける。
ゾーン：3～9

VALERIANELLA
（ノヂシャ属）
英　名：CORN SALAD

北アメリカ、ヨーロッパ、北アフリカ、アジアに生息する、50種の一年草および二年草からなるオミナエシ科の属。直立性の、分枝する茎に、全縁または歯状縁の多肉質の単葉が、しばしばロゼット状につく。茎の先端に対で生じる、密な花序をなす花は、苞と、小さな5裂の皿形～筒形の花冠と、2～3本の雄ずいがあり、萼は極小または存在しない。一部の種は冬野菜として栽培されるが、それ以外の種は侵略的な雑草になりうる。

Vaccinium, Hybrid Cultivar, 'Lingonberry'

Vaccinium, Hybrid Cultivar, 'Sharpeblue'

〈栽培〉
適応性があり、たいていどんな位置や土壌でもよく育つが、長期的な乾燥は嫌う。早春から晩夏にかけて、栽培する位置に種子を蒔いて繁殖する。

Valerianella locusta
一般名：ノヂシャ
英　名：COMMON CORN SALAD、FETTICUS、LAMB'S LETTUCE
☀ ❄ ↔15～20cm ↕10～30cm

ヨーロッパ、アフリカ北部、アジア西部原産の一年生植物。やや多肉質の、全縁またはやや歯状縁の、スプーン形～円形の、暗緑色の葉が、大きなロゼットを形成する。分枝した花茎に、より小さな葉がつき、春、頂端に、萼片のない、青みを帯びたモーブ色または白色の花が、小さな丸い房をなす。サラダ野菜として栽培される。*V. l.* var. *olitoria*、鮮やかな緑色の葉。*V. l.*、金色の葉。'ブロード リーブド'、熱に強い。'コキール ド ルーヴィエ'、スプーン形の葉。風味が強い。'グロッス グレーヌ'、原種よりも大型。'ヴェール ド カンブレ'、成長が遅い。非常に耐寒性に優れる。'ヴェール デタープ'、しわの寄った葉。
ゾーン：5～9

VANCOUVERIA
(アメリカイカリソウ属)
北アメリカ北西部の森林地帯原産の、3種の匍匐性多年草からなる。イカリソウ属と同じ、メギ科の属で、日陰のグラウンドカバーに便利だが、乾燥した土壌ではよく育たない。分岐した地下の根茎から生じた、ワイヤー状の茎に、分裂した革質の葉がつく。小さな花が葉群の上で下垂する。理想的な環境を与えられると迅速に広がる。属名は、北アメリカ西岸を探検した18世紀のイギリスの海軍将校、Captain George Vancouverにちなんで名づけられた。

〈栽培〉
半日陰において、有機質に富んだ、冷涼、湿性の、有機質の、酸性土壌で栽培する。腐葉土や腐植質を加えると成功率が上がる。夏、暑く乾燥する地域ではうまく育たない。春か秋に、根茎を分けて繁殖する。

Vancouveria chrysantha
☀ ❄ ↔30cm ↕30cm
アメリカ合衆国オレゴン州原産。匍匐性の常緑種で、ブロンズ色を帯びた緑色の硬い葉をもつ。初夏、小さな金黄色の花がつく。
ゾーン：7〜9

Vancouveria hexandra ★
英 名：AMERICAN BARRENWORT
☀/☾ ❄ →30cm ↕30cm
アメリカ合衆国ワシントン州〜カリフォルニア州で見られる。炎い黄色の落葉性の葉は、アディアントムに似ている。晩春から初夏にかけて、白い花が下垂する。
ゾーン：7〜9

VANDA
(バンダ属)
スリランカ、インド、東南アジアからニューギニア、それにオーストラリア北東部原産の、おおよそ50種の、がっしりした、短茎性のラン(ラン科)のグループ。直立性で、溝のある帯状の葉が2列に並ぶ。大型の種は基部で分枝している場合があり、非常に太い、コード状の根を大量にもつ。花序は葉の基部にある茎から生じる。花期の長い、華やかな花には、さまざまな色の組み合わせが見られる。以前「棒状葉バンダ」と呼ばれていた種は、パピリオナンテ属に移行されたが、園芸学上では、引き続き、よく知られた以前の名で呼ばれている。タイとシンガポールで生産される最も重要な切花用植物のひとつ。10種ほどの原種を使った、バンダ同士、または近縁属との大規模な交配プログラムが開発され、大きな輸出産業となっている。

〈栽培〉
木製のバスケットで容易に育つ。大半は、明るい、多湿の、中温〜温暖の環境で繁茂し、熱帯植物園、または、熱帯から離れた地域では温室での栽培が適している。粗いマツ樹皮を培地としたポット栽培が最適。太い根はしばしばポットやバスケットから外へはみ出すが、根は高い通気性が必要で、灌水後すぐ乾燥させなければならないため、この習性は助長すべきである。熱帯においては、多くの原種および交雑種が、春から夏をピークに、一年中開花し続ける。繁殖は、少なくとも3本以上の根のついた穂木を挿す。

Vanda coerulea ★
一般名：バンダ・セルレア
☀/☾ ❄ ↔10〜25cm ↕15〜90cm
インドから中国にかけての山岳地帯原産の、最もよく知られた栽培種。春と夏、大きな平たい、淡〜深いライラックブルーの、モザイク模様の入った、幅10cmの豪華な花が、直立性の穂に、しばしば12個以上もつく。冷涼〜中温で成長する種で、改良されたクローンが多数栽培されている。
ゾーン：9〜11

Vanda hindsii
☀/☾ ✛ ↔20〜40cm
↕20〜120cm
オーストラリアおよびニューギニア原産の春咲きの種。裂片に黄色の縁取りがある、幅35mmの光沢のある茶色の花が10個までつく。フィリピンの V. merrillii は、非常によく似た種。
ゾーン：11〜12

Vanda javierae
☀ ✛ ↔18〜30cm ↕20〜90cm
フィリピン原産。最近発見されたばかりの、華やかで希少な春咲き種。幅広の裂片のある、幅6cmの白い花が8個以下でつく。V. roeblingianaの近縁で、唇弁の構造は似ているが、こちらはほのかにピンクみを帯びた白色で、基部に茶色の模様がある。大半のバンダ属種に比べ、冷涼な気温と、より暗い日陰を好む。
ゾーン：9〜11

Vanda luzonica
☀/☾ ✛ ↔20〜50cm
↕20〜100cm
フィリピン原産。幅6cmの、美しい白い花で、花弁と萼片に、ピンク〜紫の斑が入る。
ゾーン：11〜12

Vanda roeblingiana
☀ ✛ ↔18〜30cm ↕20〜90cm
フィリピン原産。独特の種で、さまざまな色調を帯びた、幅5cmの茶色い花に、奇怪な錨形の唇弁がある。夏咲きのランで、大半の種に比べて冷涼な環境を好む。
ゾーン：9〜11

Vanda sanderiana
異 名：Euanthe sanderiana
一般名：バンダ・サンデリアナ
☀/☾ ✛ ↔20〜50cm
↕20〜120cm
フィリピン原産。最も壮麗なラン種のひとつ。温暖な環境で成長する着生ランで、V. coeruleaをはじめ、幅広く交配に利用されている。10個以下つく、幅10cmの円形の花は、ピンク色の側生の花弁が、赤みを帯びた暗茶色に覆われ、モザイク模様が入る。V. s. var. albata、先天性色素欠乏の品種で、緑と白の花がつく。
ゾーン：11〜12

Vanda coerulea

Vanda javierae

Vanda tricolor

Vanda testacea
異 名：Vanda parviflora
☀/☾ ✛ ↔12〜25cm ↕15〜60cm
原産地はスリランカ、インド〜タイ。コンパクトに成長する、花の小さな種で、暗いモーブブルーの唇弁をもった幅25mmの明るい黄色の花が大量につく。
ゾーン：11〜12

Vanda tricolor
一般名：バンダ・トリコロル
☀/☾ ✛ ↔20〜50cm
↕20〜120cm
インドネシアのジャワ島原産。よく知られた独特の種で、低地の森林周辺の、岩場や高木に見られる。芳香のある、幅6cmの花は、赤みのある暗茶色の斑点がある。紫色の唇弁は、基部に黄色と白色の部分がある。
ゾーン：11〜12

Vanda sanderiana var. albata

Vanda, Hybrid, Pat Delight

Vanda, Hybrid, Bangkok Pink

Vanda, Hybrid, Gordon Dillon

バンダ ハイブリッド ルンピニ レッド 'AM'

Vanda, Hybrid, Manisaki

Vanda, Hybrid, Marlie Dolera

Vanda, Hybrid, Miss Joaquim

Vanda, Hybrid, Miss Joaquim

バンダ ハイブリッド (☆ブラネルム ブライ×シブライ)

V., H, Reverend Masao Yamada

Vanda, Hybrid, Robert's Delight

Vanda, Hybrid, Rothschildiana

Vanda, Hybrid, Sansai Bluea

バンダ ハイブリッド タイラー ブルー

Vanda Hybrids

一般名：バンダ ハイブリッド
☼/☀ ✧ ↔20～50cm
↕20～120cm

前世紀中に何千ものバンダ交雑種が作られた。大半の品種改良は、2種の重要で壮麗な原種である*V. coerulea*と*V. sanderiana*を中心に行われた。すべての「青い」交雑種は経歴に*V. coerulea*を含み、多くは花中により暗色のモザイク模様が入る。これらの交雑種はより冷涼な栽培環境に適応できる。*V. sanderiana*は、大きな円形の花を子孫に伝え、多数のピンクおよび茶色の花色の組み合わせを生み出した。先天性色素欠乏の品種も交配に利用され、多くの緑や黄色の交雑種が作られた。交雑種の個々の花は、幅35mm～10cmと多様な大きさである。**バンコック ピンク**、ピンクみ～紫みを帯びた花で、全体に細かい斑点がある。**(ゴールド スポッツ×インシグニス)**、未登録の交雑種。マスタード色の花に、よく目立つ茶色の斑点がある。**ゴードン デイロン**、円形の、非常に暗い黒青色のモザイク模様の花。**マニサキ**、*V. dearei*、*V. tricolor*、*V. luzonica*、*V. sanderiana*の4つの異なる原種を経歴にもつ。**マリレ ドレラ**、棒状葉バンダと*V. sanderiana*との雑種。よく花をつけるためには強い光が必要。**ミス ジョッキム** ★、シンガポールの国花。重要な人工交配花で、*V. hookeriana*と*V. teres*の一代交雑種。**パット デライト**、深いピンク色の花が、よく目立つ赤い模様に覆われる。**レヴァレンド マサオ ヤマダ**、形の美しい、色鮮やかな交雑種で、*V. sanderiana*の特徴を受け継いでいる。**ロバーツ デライト**、*V. sanderiana*の影響を強く受けた交雑種。**ロスチャイルディアナ** ★、人気のある青紫色の花。*V. sanderiana*と*V. coerulea*の一代交雑種。**サンサイ ブルー**、*V. coerulea*の影響を強く受けた、深い青色の交雑種。

ゾーン：11～12

VANILLA
(バニラ属)

およそ100種のランからなるラン科の属で、世界中の熱帯地域で見られる。めずらしいつる植物に似た成長習性をもち、茎の節に沿って、多肉質の葉に隣接する不定根を出す。多くの種は、寄生植物となる前に、陸生植物として成長をはじめる。花は無縁であるカトレヤ属に似て、かなり華やかだが、普通一日しかもたない。花つきが多い種の場合、短い総状花序に毎日新しい花がつく。

〈栽培〉

潜在能力を最大に発揮させるためには、じゅうぶんなスペースが必要。実際、多くの種が、温室の屋根に届かない限り花をつけない。商業用には、しばしば支柱となる長いトーテムとともにポットで栽培される。ランはこのトーテムに根を着生させてよじ登る。私的なコレクションでは、成長習性をコントロールする目的で、ハンギングバスケットで栽培されることが多い。この場合、柔軟な茎を手動で株の中心に折り返すことができる。一年を通じて、明るい光と、温暖で非常に湿度の高い環境が必要。

Vanilla planifolia

一般名：バニラ
英 名：VANILLA
☼ ✧ ↔0.3～3m ↕0.3～3m

中央～南アメリカ原産。この種のさく果からバニラエッセンスが抽出される。植物園や熱心な収集家が、しばしば話題作りのために栽培する。幅6cmの淡い黄緑色の花に、ラッパ状の唇弁がつく。葉に斑が入る栽培品種もある。

ゾーン：11～12

Veitchia arecina

Veitchia winin

VEITCHIA
（ビーチア属）

バヌアツ、フィリピン諸島、フィジーに見られる18種のヤシからなるヤシ科の属。環のある単幹と、よく目立つ葉鞘、長い羽状複葉をもつ。花は葉鞘の下にぶら下がり、その後、赤～オレンジレッドの果実がつく。

〈栽培〉
多湿の熱帯地域において、肥沃で湿性ながらも水はけのよい土壌で栽培する。大半の種は、幼時は半日陰の環境を必要とし、成熟後は強い日差しにも耐えられるようになる。一部の種は、鉢植え植物として、冷涼地帯の室内や温室に置かれる。新鮮な種子で繁殖。

Veitchia arecina
☼/◐ ⚹ ↔6m ↕10m

バヌアツの沿岸地帯および低地の森林原産。細い灰色の幹をもつ。よく目立つ白っぽい葉鞘の先に、細かく分裂した葉からなる、やや平たい樹冠がつく。葉鞘の下に、深紅色の花が華やかな房をなす。
ゾーン：10～12

Veitchia winin
☼ ⚹ ↔3m ↕15m

バヌアツ原産。成長も花をつけるのも比較的早いヤシで、非常に細い幹と、淡緑色の葉鞘、暗緑色のアーチ状の硬い葉をもつ。白い花が大量につく。果実は鮮やかな赤色。
ゾーン：10～12

VELLA
（ベッラ属）

地中海西部沿岸地方で見られる、4種の小低木からなるアブラナ科の属。もつれ合う枝に、単葉と、時おり紫色の脈が見られる、4枚花弁の黄色い花からなる、まばらな総状花序がつく。

〈栽培〉
日当りのよい、やや乾燥した場所で多数見られる植物で、美しいというよりは興味深い。強い霜による害を受けやすい。冬明けの整理を除いて、剪定はほとんど不要で、古い木質部を切ってしまうと、新しいシュートを出さない場合がある。種子または半熟枝挿しで繁殖。

Vella pseudocytisus
☼ ❄ ↔30cm ↕30cm

中央～南スペイン原産の常緑種で、やや革質の、槍形の、小さな葉が、短い毛を帯びる。初夏、純粋な黄色の花が、幅12mmの小さな花序をなす。
ゾーン：8～10

Vella pseudocytisus

VELTHEIMIA
（フェルトハイミア属）

2種からなるヒアシンス科の属で、アフリカ南部の草と岩に覆われた丘陵斜面で見られる。地表に突き出した巨大な紙状の鱗茎は非常に装飾的で、同様に装飾的な、つやのある起伏した葉と、しっかり支えられた花、ゆらめく紙状の果実がつく。

〈栽培〉
温帯において屋外で容易に栽培可能で、夏が湿潤な地域や、夏に水を引く花壇でよく育つ。他の地域ではそれほどうまくはいかない。根の妨害を嫌う。繁殖は、休眠期にオフセットを移動し植え替えるか、熟した新鮮な種子を蒔く。あるいは、鱗茎の基部にから成熟した葉を取り、砂地に挿して、一定の温暖な気温のもとで育てる。

Veltheimia bracteata ★
ウェルテイミア・ブラクテアタ

異　名：*Veltheimia capensis*
英　名：FOREST LILY、TORCH LILY
☼ ❄ ↔30cm ↕40～45cm

夏に休眠する、強健な、非常に多様な多年生植物で、暖かみのあるコーラルレッド、ピンクみを帯びた紫、またはどんよりした白色の、寿命の長い花をつける。花は春、まっすぐで斑点のある茎の頂で穂状花序をなす。その後、装飾的な果実がつく。葉は暗緑色で、非常につやがあり、装飾的なロゼットを形成する。コンテナ栽培の場合、鱗茎の上部3分の2が地表に出るように植えつける。水やりは控えめにし、成長期に、窒素の割合の低い、薄い液肥を与える。'**イエロー フレーム**'、淡い黄色の花をつける。*V. capensis*は時おり別種として扱われるが、現在は、*V. bracteata*の品種と見なす意見が大半である。弱い黄色、鮮やかなピンク色、またはどんよりした白色の花をつける。葉は大きく起伏する。一般的な品種に比べて小型で、やや丈夫さに劣る。
ゾーン：9～11

Veltheimia bracteata 'Yellow Flame'

Veltheimia bracteata

VEPRIS
（ウェプリス属）

アフリカの熱帯および南部、マダガスカル、マスカリン諸島原産の、15種あまりからなるミカン科の属。刺のない高木または低木で、つる性のものもある。葉は普通らせん状に並び、透明な油腺が点在する、1〜3枚の小葉をもつ。花序は葉腋または頂端に生じ、円錐、総状、または多出集散花序をなす。花は両性花、または、異性の痕跡を残した単性花。萼は杯形で、一般に4裂。普通4枚の長楕円形の花弁がある。果実は2〜4室の石果。

〈栽培〉
栽培例は非常にまれだが、日当りと水はけのよい土壌が必要。

Vepris lanceolata
異　名：*Boscia unulata*, *Toddalia lanceolata*
英　名：WHITE IRONWOOD
☀ ❄ ↔6m ↕6〜12m

アフリカ南部原産の、成長の遅い常緑低木または小高木。起伏のある、細かい、幅狭の、長楕円形〜槍形の葉。小さな白い花が頂端で円錐花序をなし、その後、球形の黒い液果が長期にわたって熟す。
ゾーン：9〜12

VERATRUM
（シュロソウ属）
英　名：FALSE HELLEBORE

20種の根茎性の多年草からなるメランチウム科の属。ヨーロッパ、北アフリカ、アジアの温帯に分布し、じめじめした草原や開けた森林地帯で見られる。折り目のある、脈の目立つ、真緑〜暗緑色の葉が互生する。おびただしい数の白、緑、茶色っぽい、または紫黒色の小さな花が、頂端で円錐花序をなす。主に葉を目的に栽培される、全草、とくに厚みのある黒い根茎は、極めて毒性が高い。属名はラテン語の*vere*（真の）と*ater*（黒）に由来し、根茎を表わしている。

〈栽培〉
概して霜に弱く、日なたまたは半日陰の、保湿性のある肥沃な土壌を好む。夏の乾燥に耐えられる種は少ない。春に根挿しで繁殖するか、株分け、または秋に種子を蒔く。種子から花を咲かせるには10年かかる場合がある。

Veratrum album
一般名：バイケイソウ
英　名：WHITE FALSE HELLEBORE
☀ ❄ ↔60cm ↕60cm

ヨーロッパ、北アフリカ、北アジア原産の根茎性の草本。長楕円形または楕円形の、折り目のある大きな葉がつく。夏、緑と白の花が密な総状花序をなす。
ゾーン：5〜9

Verbascum acaule

Veratrum nigrum
一般名：シュロソウ
英　名：BLACK HELLEBORE
☀ ❄ ↔60cm ↕60〜120cm

ヨーロッパ南部からシベリア、アジアにかけて生息する。折り目のある、ほぼ楕円形〜線形、または槍形の葉がつき、大量の紫黒色の夏咲きの花が密な円錐花序をなす。
ゾーン：6〜9

VERBASCUM
（モウズイカ属）
英　名：MOTH MULLEIN, MULLEIN

300種あまりの一年生、二年生、多年生植物、亜低木からなるゴマノハグサ科の属で、一部の栽培種に加え、自然生息地であるユーラシア大陸および北アフリカの温帯を越えて、雑草となった多くの種が含まれる。一般的に栽培される種は、普通、楕円形の大きな葉が基部にロゼットを形成する。葉はたいてい多数の脈があり、一部フェルト状のものもある。ロゼットから生じた丈高の直立性の花穂に、多数の小さな5枚花弁の花がつく。花色は普通、白、黄色、ピンク〜ラベンダー色。古代ローマの博物学者、プリニウスは、モウズイカ属がガ（moth）を引きつけると述べ、「moth mullein」と呼んだ。この植物はまた、ギリシャ神話において悪魔よけとされたほか、日常的な薬草としてさまざまな病気の治療に利用されていた。

〈栽培〉
耐寒性は種によって異なるが、大半は、日当りのよい、軽い、砂質の、水はけのよい土壌を好む。夏の乾燥に耐えるが、花が終わるまでは水分が必要。成長型により、株分けまたは種子で繁殖。

Verbascum acaule
☀/☁ ❄ ↔10cm ↕10cm

ギリシャのペロポネソス半島原産の小型の種。楕円形、鋸歯縁、暗緑色の葉が、密なロゼットを形成する。温暖な季節を通じて黄色い花をつける。高山の樽植えに最適。
ゾーン：7〜10

Verbascum adzharicum

Verbascum adzharicum
☀/☁ ❄ ↔20〜40cm ↕90cm

コーカサス地方における森林や高地の草原に固有の、夏咲きの二年生もしくは短命の多年生植物。フェルトに覆われた灰緑色の葉がロゼットを形成する。初夏、紫色の花糸のある鮮やかな黄色の花が、葉のついた花茎で穂状花序をなす。
ゾーン：4〜9

Verbascum blattaria
英　名：MOTH MULLEIN
☀/☁ ❄ ↔30〜50cm ↕1.5〜1.8m

ユーラシア大陸温帯の広域に帰化した二年生植物で、綿毛のある、鋸歯縁、槍形、長さ25cmの緑色の葉が、基部でロゼットを形成する。葉の茂る、しっかり直立する花茎に、幅18mmの白い花が多数つく。花色は、淡い黄色、ピンク色の場合もある。栽培品種はかなり大きな花をつける。
ゾーン：6〜10

Verbascum bombyciferum
ウェルバスカム・ボンビキフェルム
☀/☁ ❄ ↔60〜100cm ↕1.8〜2.4m

西アジア原産の、夏咲きの二年生植物で、白いフェルトに覆われた、ほぼ卵形、波縁、長さ50cmの葉が、大きなロゼットを形成する。花茎は、基部は葉が多いが、花の始まる部分には葉がない。茎と花芽は軟毛に覆われ、分枝する場合もある。花は深い黄色で、幅30mm。'**ポーラーゾンマー**'（syn.'アークティック　サマー'）、黄色い花。葉が銀色のフェルトに厚く覆われることからこの名前がついた。
ゾーン：6〜10

Vepris lanceolata, Kirstenbosch National Botanical Garden, South Africa

Verbascum chaixii
ウェルバスクム・カイクシイ

英 名：NETTLE-LEAFED MOTH MULLEIN

☼/◐ ❄ ↔30〜60cm
↕90〜120cm

中央ヨーロッパからスペイン、東はロシアにかけて見られる、夏咲きの多年生植物。深い脈の入った、鋸歯縁の、灰緑色〜暗緑色の、綿毛に覆われた、長さ30cmの葉が、ロゼット状に叢生する。幅狭の直立性の花茎に、紫赤色の雄ずいのある、鮮やかな黄色の、幅25mm以下の花がつく。'アルブム' ★、高さ85cmに成長し、モーブ色の雄ずいのある白い花をつける。
ゾーン：5〜9

Verbascum dumulosum

☼/◐ ❄ ↔30〜40cm ↕20cm

トルコ原産の夏咲きの多年生植物で、ベルベット状の、鋸歯縁の、落ち着いた緑色の、長さ5cmの葉が、基部で密に叢生する。その後、幅12cmの、鮮やかな黄色の花10〜35個からなる花序が多数生じ、小さな小山を形成する。
ゾーン：8〜10

Verbascum olympicum
一般名：ババスカム・オリンピクム

☼/◐ ❄ ↔50〜100cm
↕1.5〜1.8m

トルコ原産の夏咲きの、二年生または短命の多年生植物。基部で密に叢生する、全縁、槍形の、白い軟毛に覆われた葉

Verbascum thapsus

Verbascum chaixii 'Album'

Verbascum, HC, 'Cotswold Beauty'

は、長さ約30cmで、時には長さ60cm以上になる。基部に葉の茂る、分枝した花茎に、幅25mmの鮮やかな黄色い花が数10個つく。
ゾーン：6〜10

Verbascum phoeniceum
一般名：ムラサキモウズイカ

英 名：PURE MULLEIN

☼/◐ ❄ ↔30〜40cm ↕20〜40cm

ユーラシア大陸南部原産の、夏咲きの、二年生または短命の多年生植物。普通、まばらに毛の生えた、暗緑色の、波縁または細かい鋸歯縁の、先のとがった卵形の、長さ15cmの葉が、基部で1つの大きなロゼットを形成する。単茎または分枝した茎に、幅25mmの、モーブ〜紫色、まれには白、ピンク、黄色の花がつく。
ゾーン：6〜10

Verbascum thapsus
一般名：ビロードモウズイカ、マーレイン

英 名：AARON'S ROD

☼/◐ ❄ ↔50〜80cm ↕1.8〜2m

ユーラシア大陸温帯原産の夏咲きの二年生植物で、極めて強健で、幅広く帰化した。軟毛に覆われた、白〜灰色の、長

Verbascum dumulosum

Verbascum, HC, 'Gainsborough'

Verbascum, Hybrid Cultivar, 'Letitia'

さ50cmになる葉が、大きなロゼットを形成する。力強く直立する花茎は、普通基部に葉が茂り、幅12〜30mmの深い黄色の花を多数つける。
ゾーン：3〜9

Verbascum wiedemannianum

☼/◐ ❄ ↔25〜50cm
↕60〜120cm

西アジア原産の夏咲きの二年生植物。ロゼットを形成する、楕円形、鋸歯縁、長さ10〜20cmの葉は、とくに裏面が、白いクモの巣状の毛に覆われる。茎は単茎または数本の枝があり、幅40mmの紫の花をつける。ゾーン：7〜10

Verbascum olympicum

Verbascum, HC, 'Helen Johnson'

Verbascum, Hybrid Cultivar, 'Mont Blanc'

Verbascum HYBRID CULTIVARS
一般名：モウズイカ交雑品種

☼/◐ ❄ ↔30〜50cm
↕30〜150cm

モウズイカは交雑が容易で、とくにイギリスの品種改良家たちによって、ぜいたくなベルベット状の葉と、美しい色の花を備えた、さまざまな交雑種が生み出された。**Cotswold Group**（コッツウォルズ グループ）には、以下のような、いくつかの最も美しい品種が含まれる。'コッツウォルズ ビューティ'、高さ120cm。パープルピンクの葯をもつ、淡黄褐色〜アプリコットピンクの花をつける。'ゲインズボロー'、高さ120cm。鮮やかな黄色の花と、灰色のフェルト状の葉。'モンブラン'、高さ90cmになる。純白の花と、灰色のフェルト状の葉。、高さ120cmになる。鮮やかなピンク色の花で、中心は暗色。その他の優秀な品種には以下のようなものがある。'ヘレン ジョンソン'、高さ60〜80cm、くすんだアプリコット系の多様な花色と、灰色のフェルト状の葉。'ジャッキー'、高さ60cm、くすんだピンク色の花は、中心が深紅色。'レティシア'、高さ30cmになる、藪状の習性で、鮮やかな黄色の花を多数つける。
ゾーン：6〜10

VERBENA
（バーベナ属）

英 名：VERVAIN

熱帯および亜熱帯アメリカ原産の、250種の一年生および多年生植物、亜低木からなるクマツヅラ科の属。不規則に広

Verbena gooddingii

Verbena hastata

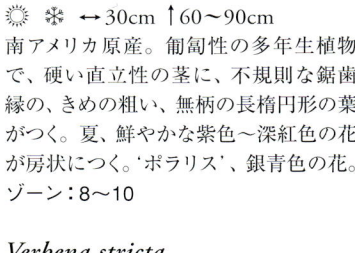

南アメリカ原産。匍匐性の多年生植物で、硬い直立性の茎に、不規則な鋸歯縁の、きめの粗い、無柄の長楕円形の葉がつく。夏、鮮やかな紫色〜深紅色の花が房状につく。'ポラリス'、銀青色の花。
ゾーン：8〜10

Verbena stricta
一般名：マルバクマツヅラ
英　名：HOARY VERVAIN

❁ ❄ ↔75〜100cm ↕75〜100cm

北アメリカ西部原産の多年生植物。直立性の茎に、細かい軟毛が密生する。葉はきめが粗く、鋸歯縁で、楕円形〜円形に近い。直立するコンパクトな穂に、深い紫色、ラベンダー色、または白色の花がつく。
ゾーン：4〜8

Verbena tenera
異　名：*Glandularia tenera*
一般名：ヒメビジョザクラ

❁ ❄ ↔30〜50cm ↕30〜50cm

ブラジル〜アルゼンチン原産の、叢生する低木状の多年生植物。不規則に広がる茎は、節から根を下ろす。細かい毛のある、分裂した小さい葉がつく。紫みを帯びた、またはローズバイオレット色の花が、長い穂状花序をなす。*V. t.* var. *maonetti*、赤みを帯びたバイオレット色の花に、白の縁取り。*V. t.* var. *pulchella*、ローズバイオレット色の花が穂状花序をなす。*V. t.* 'クレオパトラ'、クリムゾンピンクの花。
ゾーン：9〜11

Verbena bonariensis

Verbena rigida

がる種から、直立性の種まである。葉は対生で、多様に分裂する。茎頂に生じる花序は、幅狭に重なり合うものから、より幅広で丸い房まである。個々の花は筒状花で、張り出した部分に、くぼみや切れ込みがある場合もある。花色は、紫、ピンク、赤、白がある。一部の植物学者、とくに北アメリカの学者たちは、グランドゥラリア属とバーベナ属とを区別している。グランドゥラリア属には、短い幅広の花序に、より色鮮やかな花がつく、低く成長するバーベナの大半が含まれ、それに対し、狭義でのバーベナ属は、直立性の細い穂に花をつける。

〈栽培〉
日なたのボーダー花壇で、中程度に肥沃な、湿性でありながら水はけのよい土壌で栽培する。多数のcv.はハンギングバスケットにも向く。一年生植物は種子で、多年生殖物は、種子、挿し木、株分けで繁殖する。

Verbena bipinnatifida
異　名：*Glandularia bipinnatifida*

❁ ❄ ↔90cm ↕30cm

北アメリカ原産の、茎に剛毛のある多年生植物。細かく分裂した有毛の葉がマットを形成する。夏、花弁にくぼみのある、ラベンダー色、ピンク色、または紫色の小さな花がつく。
ゾーン：3〜9

Verbena bonariensis
一般名：サンジャクバーベナ、ヤナギハナガサ
英　名：PURPLE TOP, SOUTH AMERICAN VERVAIN, TALL VERBENA

❁ ❄ ↔60cm ↕0.9〜1.5cm

南アメリカ原産の多年生植物だが、一年草としても扱われる。きめの粗い、四角い直立性の茎。槍形、鋸歯縁の葉がまばらにつく。紫色の小さな花が、先の平たい房をなす。自家播種する。
ゾーン：7〜10

Verbena canadensis
異　名：*Glandularia canadensis*
英　名：CREEPING VERVAIN, ROSE VERVAIN

❁ ❄ ↔40cm ↕20cm

北アメリカ原産。半平伏性の多年生植物で、節から根を下ろす。葉は鋸歯縁で、深裂する。春から秋にかけて、ロージーピンク〜紫色の芳香性の花が、よく目立つ小さい花序をなす。
ゾーン：4〜9

Verbena gooddingii
異　名：*Glandularia gooddingii*

❁ ❄ ↔60cm ↕60cm

メキシコ〜アメリカ合衆国南部原産の、直立性または広がる多年生植物。羽状複葉。夏、青みを帯びた紫色、ラベンダー色、またはピンク色の花がつく。
ゾーン：9〜11

Verbena hastata
一般名：ブルーバーベイン
英　名：BLUE VERVAIN, SIMPLER'S JOY

❁ ❄ ↔30〜60cm ↕0.9〜1.5m

アメリカ合衆国東部〜中央部原産。硬いまっすぐな茎と、槍形、鋸歯縁の決めの粗い葉をもつ多年生植物。夏から秋にかけて、バイオレットブルーの小さな花が、穂状に群生する。薬草療法に利用される。
ゾーン：3〜9

Verbena officinalis
一般名：クマツヅラ
英　名：COMMON VERBENA, COMMON VERVAIN

❁ ❄ ↔60〜90cm ↕60〜90cm

南ヨーロッパ原産の多年生植物で、世界中に帰化した。侵略種となり得る。分枝する硬い四角形の茎と、基部が深く切れ込んだ、対生する卵形〜剣形の葉をもつ。春から夏にかけて、白、淡いピンク、またはライラック色の花が穂状花序をなす。
ゾーン：4〜8

Verbena rigida
異　名：*Verbena venosa*
一般名：宿根バーベナ
英　名：VEINED VERBENA

Verbena tenuisecta

Verbena tenera 'Kleopatra'

Verbena tenuisecta
異　名：*Glandularia tenuisecta*, *Verbena pulchella gracilior*
一般名：カラクサハナガサ
英　名：MOSS VERBENA

☀ ❄ ↔30〜50cm ↕30〜50cm

南アメリカ原産の一年生または多年生植物。平伏して不規則に広がる、芳香性の茎は、断面が正方形。葉は、幅狭、鋸歯縁の、3枚の小葉からなる。幅広の裂片に分かれた、ライラック色、モーブ色、紫、青、または白の花が穂状花序をなす。
ゾーン：9〜11

Verbena Hybrid Cultivars
異　名：*Glandularia* Hybrid Cultivars
一般名：バーベナ交雑品種

☀ ❄ ↔60〜100cm ↕30〜60cm

芳香性の多年生植物で、夏から秋にかけて花をつける。'ホームステッド パープル'、強健。匍匐性の暗緑色の葉と、紫色の花。'イマジネーション'、バイオレットブルーの花。'ピーチズ アンド クリーム'、ピーチ色とクリーム色の花。'クオーツ バーガンディ'、矮小型。深いワインレッドの花で、中心に小さな白い目がある。'クオーツ スカーレット'、強健。スカーレット色の花。'シルバー アン'、強健。淡いピンクと深いピンクの花。'シシングハースト'、マットを形成する。マゼンタピンクの花。侵略種になり得る。
Tapien Series（タピアン シリーズ）、低く成長する、花期の長い、暑さに強い品種。青、バイオレットブルー、ラベンダー、ピンク。**Temari Series**（花手毬 シリーズ）、低く成長する、匍匐性の、花期の長い品種。シダ状の葉が密なマットを形成する。ピンク、バーガンディ、青、スカーレット色の花が、大きな花序をなす。
ゾーン：7〜10

VERONICA
（クワガタソウ属）
英　名：BRIDSEYE、SPEEDWELL

北半球温帯に広く分布する、およそ250種の一年生および多年生植物からなるゴマノハグサ科の属。大半はマットを形成する匍匐性の植物で、広がりながら根を下ろす。葉は小さめの卵形〜槍形で、たいてい浅い鋸歯縁だが、まれに羽状の切れ込みが見られる。花は単生する種もあるが、たいていの場合、春から夏にかけて、多数の花が直立性の穂状花序をなす。花色は白またはピンク〜紫系が主流で、はっとするような深い青色の花もある。おそらく属名は聖ベロニカに由来し、一部の種に見られる花の模様が、十字架を運ぶキリストの顔をぬぐったベロニカの聖骸布に似ていることから名づけられたと思われる。

〈栽培〉
大半は非常に耐寒性に優れ、日なたまたは半日陰の、水はけのよい湿性の土壌で容易に栽培できる。一部の種はロックガーデンに最適だが、他の種はボーダー花壇のほうが向く。挿し木、種子、自然に発根した枝の移動、株分けで繁殖する。

Veronica alpina
ウェロニカ・アルピナ

☀/◐ ❄ ↔20〜40cm ↕5〜15cm

北極地方およびユーラシア大陸温帯原

バーベナ H. C.、花手毬 シリーズ、'花手毬 パティオ ブルー'

バーベナ H. C.、'シルバー パーレナ'

バーベナ H. C.、花手毬 シリーズ、'花手毬 ブライト ピンク'

バーベナ H. C. 'ペール モーブ'

バーベナ H. C.、タピアン シリーズ、'タピアン ラベンダー'

バーベナ H. C.、花手毬 シリーズ、'花手毬 パティオ ローズ'

バーベナ H. C.、タピアン シリーズ、'タピアン ブルー バイオレット'

バーベナ H. C.、花手毬 シリーズ、'花手毬 バーガンディ'

バーベナ H. C.、花手毬シリーズ、'花手毬 スカーレット'

バーベナ H. C.、'マウンナ'

バーベナ H. C.、'ローレンス ジョンストン'

バーベナ H. C.、'クオーツ スカーレット'

バーベナ H. C.、タピアンシリーズ、'タピアン ブルー'

バーベナ H. C. 'ホームステッド パープル'

バーベナ H. C. 'リラ'

バーベナ H. C. 'クオーツ バーガンディ'

産の、匍匐性の夏咲き多年生植物。叢生するワイヤー状の茎に、長さ25mmの、ごく浅い鋸歯縁の、まばらに毛の生えた、先のとがった卵形の葉がつく。春と夏、短い直立性の穂に、中心の明るい、幅6mmの紫色の花を数個つける。'アルバ'、白花の品種だが、Veronica alpina 'アルバ' という名称は、苗木販売において、まったく別の植物である Veronicastrum virginicum 'アルブム' を指す場合がある。
ゾーン：2～9

Veronica austriaca
一般名：ウェロニカ・アウストリアカ
☼/☼ ❄ ↔ 25～60cm ↕ 15～40cm
晩春から夏に開花する、広がる種。ヨーロッパ原産の多年生植物で、ワイヤー状の茎と、まばらな毛の生えた、幅狭の槍形の、長さ12mmの葉、それに、多数の鮮やかな紫青色の花からなる直立性の穂状花序をもつ。*V. a.* subsp. *teucrium*、より幅広の、より深い鋸歯縁の葉。これを親にした園芸品種には以下のようなものがある。'クレータ レイク ブルー'

Veronica austriaca subsp. *teucrium*

V. austriaca subsp. *teucrium* 'Shirley Blue'

Veronica chamaedrys

Veronica macrostachya

★、高さ25cmのコンパクト型。濃い青色の花。'**Shirley Blue**'、高さ25cm。鮮やかなモーブブルーの花。
ゾーン：6～10

Veronica beccabunga
一般名：マルバカワヂシャ
英名：BLOOKLIME
☼/☼ ❄ ↔ 20～50cm ↕ 10～15cm
ユーラシア大陸原産の夏咲きの多年生植物。多肉質で、しばしば赤みを帯びた茎が、先端で上向きに曲がる。卵形の葉は、普通鋸歯縁で、長さ40mm。茎の先端と葉腋近くに、幅約6mmのライラック色～紫色の花が小さな房をなす。
ゾーン：5～9

Veronica caucasica
☼/☼ ❄ ↔ 25～45cm ↕ 5～15cm
コーカサス地方原産の、初夏から花をつける多年生植物。広がった茎は、普通、先端が上向きに曲がる。長さ約18mmになる葉は、鮮やかな真緑色で、浅い鋸歯縁がある。主に茎頂で小さな花序をなす白い花には、しばしば小さな青い斑点が見られる。
ゾーン：6～10

Veronica chamaedrys
一般名：スピードウェルジャーマンダー、カラフトヒヨクソウ
英名：ANGEL'S EYES, GERMANDER SPEEDWELL
☼/☼ ❄ ↔ 30～50cm ↕ 15～25cm
晩春から夏に花をつける、ユーラシア大陸温帯原産の多年生植物で、北アメリカに広く帰化した。長さ12～40mm、卵形、鋸歯縁、まばらな毛の生えた、鮮やかな緑色の葉が、小さな小山状に叢生する。中心の白い、鮮やかな青色の小さな花が、30個以下で、葉群の上に高いスプレーをなす。
ゾーン：3～9

Veronica cinerea
☼/☼ ❄ ↔ 15～25cm ↕ 5～10cm
中東および西アジア原産の夏咲きの多年生植物。時おり鋸歯縁の見られる、銀灰色の毛で覆われた、長さ12mmの葉が、密なクッションを形成する。中心の明るい、青～紫青色の花からなる短い穂が、葉色と好対照をなす。
ゾーン：5～9

Veronica gentianoides
一般名：ウェロニカ・ゲンティアノイデス
☼/☼ ❄ ↔ 30～60cm ↕ 30～60cm
コーカサス地方および西アジア原産の、広がる夏咲きの多年生植物。密に叢生

Veronica gentianoides

Veronica caucasica

Veronica cinerea

Veronica longifolia 'Pink Damask'

Veronica officinalis

する直立性の茎に、幅狭、鋸歯縁、先のとがった卵形の葉がつく。叢の基部の葉は長さ8cm近くになる。春と夏、普通淡青色の花が、長さ30cmの直立性の穂状花序をなす。'**ティッシントン ホワイド**'、白い花。'**ワリエガタ**'、淡青色の花。クリーム色の斑入りの美しい葉をつける。
ゾーン：4～9

Veronica longifolia
一般名：ルリトラノオ、ウェロニカ・ロンギフォリア
☼/☼ ❄ ↔ 40～75cm
↕ 50～120cm
夏～秋咲きの直立性の多年生植物。ヨーロッパ大陸の大部分で見られ、北アメリカ北東部に広く帰化した。葉は幅狭、槍形、鋸歯縁で、時おりまばらな毛が見られる。基部の葉は長さ10cm以上になるが、上部の葉はやや小型。茎頂に生じる長さ25cmになる穂状花序に、多数の小さな青色～ラベンダー色の花がつく。'**ブラウリージン**'（syn. '**ブルー ジャイアンテス**'）、高さ80cmになる。鮮やかな青色の花。'**ピンク ダマスク**'、高さ90cmになる。落ち着いたパステルピンク色の花。
ゾーン：4～9

Veronica macrostachya
☼/☼ ❄ ↔ 20～25cm ↕ 15～30cm
トルコ原産の高山種。長さ25mmの、つやのある、幅狭、鋸歯縁の葉が、横広がりの常緑の小山を形成する。春分～初夏にかけて、葉群は、小さな空色の花のスプレーに覆われる。ゾーン：6～9

Veronica officinalis

一般名：コモンスピードウェル
英　名：COMMON SPEEDWELL, GYPSY WEED
☼/☀ ❄ ↔30～50cm ↕20～50cm
ヨーロッパに広く分布する、晩春から初夏にかけて花をつける多年生植物。広がる、または直立する習性で、茎と葉が、綿毛～毛に覆われる。葉は幅広、卵形、鋸歯縁で、長さ12～50mm。長さ5cm以上になる花序に、幅5mmのライラック色の花がつく。
ゾーン：3～9

Veronica oltensis

☼/☀ ❄ ↔20～30cm
↕25～50mm
トルコ北部原産の多年生高山植物。小さな羽状複葉からなる密な葉群が、地面に密着したマットを形成する。初夏、幅6mmの淡青色～華やかな青色の花が群生し、葉群を覆い隠す。ロックガーデンに植えると非常に映える。
ゾーン：6～10

Veronica pectinata

☼/☀ ❄ ↔30～40cm ↕5～15cm
ユーラシア大陸南部原産の常緑亜低木で、晩春から花をつける。深い鋸歯縁または切れ込みのある、有毛の、長さ約25cmの葉がマットを形成する。葉腋から生じた長さ20cmになる総状花序に、幅12mmに近い、中心の明るい、深い青色の花が大量につく。ゾーン：3～9

Veronica spicata 'Barcarolle'

Veronica spicata 'Icicle'

Veronica pectinata

Veronica peduncularis

ウェロニカ・ペドゥンクラリス
☼/☀ ❄ ↔20～50cm ↕5～15cm
コーカサス地方、ロシア南部、西アジアで見られる、晩春～夏に開花する多年生植物。先端が上を向いたワイヤー状の茎が、長さ6～25mmの、暗緑色、鋸歯縁、槍形の葉ともに、カーペットを形成する。鮮やかな青色、またはピンク、白の花が、小さな総状花序をなす。'ジョージア ブルー'、鮮やかな真青色の花。
ゾーン：6～10

Veronica petraea

ウェロニカ・ペトラエア
☼/☀ ❄ ↔20～30cm ↕10～15cm
コーカサス地方原産の、夏～秋咲きの多年生植物。しばしば紫色を帯びる、ワイヤー状の茎と、時おり鋸歯縁の見られる、綿毛に覆われたの、長さ18mmの葉が、小さく叢生する。茎頂は普通直立する。青またはピンク色の小さな花が20個以下集まった花序が、茎頂および葉腋近くに生じる。'マダム メルシェ'、ライラックブルーの花。
ゾーン：6～9

Veronica prostrata

一般名：ウェロニカ・プロストラタ、ハイクワガタ
☼/☀ ❄ ↔20～40cm ↕5～10cm
晩春から夏にかけて花をつける、ヨーロッパ原産の多年生植物。ワイヤー状の茎と、長さ25mmになる、幅狭、卵形、鋸歯縁の葉が、小さなマットを形成する。葉腋から生じる花穂に、淡青色～深青色の小さな花が多数つく。'ヘヴンリー ブルー'、鮮やかな濃い青色の花。'スポード ブルー'、非常に深い青色。'トリハーン'、金色の葉とバイオレットブルーの花。
ゾーン：5～9

Veronica spicata 'Heidekind'

Veronica peduncularis 'Georgia Blue'

Veronica petraea 'Madame Mercier'

Veronica prostrata

Veronica repens

一般名：ウェロニカ・レペンス
英　名：CREEPING SPEEDWELL
☼/☀ ❄ ↔30～45cm ↕5～10cm
スペインおよびコルシカ原産の、春～夏咲きの、低く広がる多年生植物。長さ12mm以下の、鮮やかな緑色～黄緑色の、先のとがった卵形の葉は、鋸歯縁のものもある。幅6mmをわずかに上回る花は、ピンク、白、または青色で、単生または6個以下で花序をなす。
ゾーン：5～10

Veronica spicata

一般名：ヒメトラノオ、ウェロニカ・スピカタ
☼/☀ ❄ ↔30～80cm ↕30～60cm
ヨーロッパ原産の夏咲きの多年生植物で、直立性の茎に、綿毛に覆われた、細かい鋸歯縁の、幅狭、槍形、長さ25～80mmの葉をつける。茎頂の花穂に、幅6mmの深い青色の花が密生する。V. s. subsp. incana（ヒメルリトラノオ）、ベルベット状の銀灰色～白色の花で、別種として分類される場合もある。これには以下のようなcv. がある。'ロートフックス'（syn. 'レッド フォックス'）、赤みを帯びた深いピンク色の花。'ジルベルゼー'、葉がカーペット状に低く広がる。暗青色の花が穂状花序をなす。'ウェンディ'、灰緑色の葉で、広がる成長習性をもつ。V. s. 'バルカロール'、鮮やかなピンク色。'ハイデキンド'、短い穂に紫赤色の花がつく。'アイシクル'、長い穂に白い花がつく。'ロセア'、深いピンク色の花。'サニー ボーダー ブルー'、暗いバイオレットブルーの花が長期間見られる。
ゾーン：3～9

Veronica wormskjoldii

Veronica wormskjoldii

英　名：AMERICAN ALPINE SPEEDWELL
☼/☀ ❄ ↔20～50cm ↕10～30cm
北アメリカおよびグリーンランド南端で見られる夏咲きの多年生植物。根茎で広がり、まばらな毛の生えた直立性の茎が叢生する。葉は先のとがった楕円形で、長さ5cm、時おり鋸歯縁が見られる。バイオレットブルーの小さな花が数個集まって茎頂で花序をなす。
ゾーン：4～9

VERONICASTRUM

（クガイソウ属）

アジア北東部と北アメリカ北東部原産の、2種の直立性多年生植物からなるゴマノハグサ科の属。葉は単葉で輪生し、4～5裂の萼と、2本の雄ずいのある皿形の花冠をもつ花が、茎頂で総状花序ま

Verticordia grandis、野生、ウェスタンオーストラリア州南西部

Verticordia plumosa

たは穂状花序をなす。

〈栽培〉
湿性の、腐植質に富んだ土壌を好み、日なたまたは半日陰で栽培する。種子または株分けで繁殖。

Veronicastrum virginicum
ウェロニカストルム・ウィルギニクム

異　名：*Leptandra virginica*、*Veronica virginica*
英　名：BLACKROOT, BOWMAN'S ROOT, CULVER'S ROOT
☀ ❋ ↔0.3〜0.9m ↑0.6〜1.8m
アメリカ北東部原産の多年生植物で、4〜7枚の、なめらかな、剣形、鋸歯縁の単葉が輪生する。夏、淡青色または白色の小さな花が、高さ30cmになる、細い穂状花序に密生する。*V. v.* var. *sibiricum*、*V. v.* 'アルブム'、ライラック色の花が幅狭の穂状花序をなす。'ポインテッド フィンガー'、ライラック色の花。'ロセウム'、落ち着いたピンク色の花。
ゾーン：3〜6

Verticordia chrysantha

VERSCHAFFELTIA
（ファーシャフェルティア属）
セーシェル諸島の険しい坂や小渓谷に原生する、ヤシ科の一属一種の植物。気生根に支えられる。刺のある単幹に、なめらかな、羽状裂の、先端が切れ込んだ葉がつく。

〈栽培〉
多湿の熱帯地域で、強い風にあたらないよう栽培する。冷涼地域においては、若い株が、室内や温室用の興味深い鉢植え植物となる。新鮮な種子で繁殖。

Verschaffeltia splendida
☀ ⚡ ↔2.4m ↑21m
幹に長い黒い刺が環状につき、基部には脚柱状の気生根がある。鮮やかな緑色の葉は、最初分裂せずに折り目が入り、後に分裂して羽状になる。葉の間に花序が生じる。オリーブグリーンの丸い果実がつく。
ゾーン：10〜12

VERTICORDIA
（ウェルティコルディア属）
オーストラリア固有のフトモモ科の属で、含まれる97種の大半が国の南西部に生息する。全種とも木質の低木。油腺のある小さな葉は、2枚ずつ互生して対生する。魅力的な花は、白〜黄色、モーブ、または赤色で、それぞれの花に、深く分裂した羽状の萼がつく。一部の種の花弁も、同様に分裂または切れ込みがある。生息地は普通、低木の茂った荒地や低い低木林で、砂や砂利の多い酸性土壌で成長する。

〈栽培〉
大半の種は、夏に雨の多い地域ではうまく育たない。種子または挿し木で繁殖。種子は少なく、発芽率も低い。とはいえ、挿し木も信頼性は低く、一部の種は容易に根付かない。近縁属の台木への接ぎ木が、さまざまな園芸環境において信頼性が高いことがわかっており、一部の種で成功している。

Verticordia chrysantha
☀ ❋ ↔60cm ↑60cm
ウェスタンオーストラリア州南部の、砂からなる平坦地原産の、直立性の低木。小さな線形の葉。春、羽状の花が密な黄色い花序をなす。*Darwinia citriodora* の台木への接ぎ木も成功している。
ゾーン：8〜9

Verticordia grandis
☀ ❋ ↔0.9m ↑2m
ウェスタンオーストラリア州のパース北部から砂質の荒地にかけて原生する。ばらばらにはびこる低木で、ほぼ円形の灰緑色の葉が対生する。春、幅25mmの鮮やかなスカーレット色の花が数個、上部の葉腋に生じる。
ゾーン：8〜9

Verticordia plumosa
一般名：フェザーフラワー
☀ ❋ ↔50cm ↑50cm
長さ6mmの灰緑色の葉をもつ多様な種。春、ピンクみを帯びた花が、茎頂で密な花序をなす。種子および挿し木での繁

Vesselowskya rubifolia

殖が可能。最もよく栽培されるベルティコルディア属種。
ゾーン：8〜9

VESSELOWSKYA
（ベッセロワスキア属）
オーストラリア固有の、1種の常緑低木または小高木からなるクノニア科の属。生息地は、ニューサウスウェールズ州北部の湿性林および多雨林に限定される。

〈栽培〉
水はけのよい、湿性の、有機質に富んだ土壌で、保護された位置で栽培可能。乾燥期には特に灌水が必要。魅力的な葉をもつため、室内用の鉢植え植物に利用されることがあるが、高い湿度が要求される。種子または挿し木で繁殖。

Vesselowskya rubifolia
英　名：SOUTHERN MARARA
☀ ❋ ↔3m ↑8m
大低木または小高木で、新しいシュートは赤みを帯びる。葉は複葉で、3〜5枚の、楕円形、鋸歯縁、有毛の小葉からなる。春から夏にかけて、クリーム色の小さな花が、葉腋で密な房をなす。赤い2室の果実。
ゾーン：8〜11

Veronicastrum virginicum 'Pointed Finger'

Veronicastrum virginicum var. *sibiricum*

Vestia foetida

VESTIA
（ベスティア属）

チリの森林地帯で成長する、1種のみの常緑低木からなるナス科の属。主に花と葉を目的に栽培される。互生する葉は、光沢のある深緑色で、つぶすと不快なにおいを発する。黄緑色の花が下垂する。

〈栽培〉
強い日ざしと霜にあたらない、水はけのよい土壌を好む。成長期を通じて、水と肥料を適度に与え、休眠期間は水やりを控える。夏に挿し木するか、春か秋に種子を蒔いて繁殖する。

Vestia foetida
異　名：*Vestia lycioides*
☀ ❄ ↔1.5m ↕1.8m
チリ原産の直立性の常緑低木。つやのある、細い、緑色の葉。春から晩夏にかけて、淡い黄色の筒状花が下垂する。緑色のさく果が淡い茶色に変わる。
ゾーン：9〜10

VIBURNUM
（ガマズミ属）

容易に成長する、寒冷地帯の、落葉性、半落葉性、または常緑の、低木状の植物からなるスイカズラ科の属で、かわいらしい花、秋の紅葉、液果を目的に栽培される。大半は、直立性の分枝する茎と、対になった葉をもち、丈のおよそ3分の2の幅に広がり、小さな白い花を密に群生させる（先端がレース状になった、アジサイ属種に似た種は、房の外縁に不稔花をつける）。とくにcv.では、花芽と花弁は、落ち着いたピンク、黄色、緑色を帯びている場合がある。

〈栽培〉
明るい開けた場所と、水はけのよい軽い土壌を好む。多くは乾燥に弱い。常緑種は晩春に先端を刈り込み、落葉性の種は花後に古い枝を丸ごと取り除く。美しい液果をつけるためには、同じ場所で複数栽培すること。夏に挿し木するか、秋に種子で繁殖。

Viburnum betulifolium
☀ ❄ ↔3m ↕3m
中国西部原産の、湾曲する、直立性落葉低木。樹皮はなめらかで、紫茶色。鮮やかな緑色の、丸い卵形の葉は、裏面がつやを帯びる。初夏、小さな白い花が、先の平たい房をなす。宿存性の、つやのある赤色の丸い液果がつく。
ゾーン：6〜8

Viburnum bitchiuense
一般名：チョウジガマズミ
☀ ❄ ↔3m ↕3m
V. carlesii var. *bitchiuense*と分類されることもある。朝鮮半島原産の、藪状の落葉性低木。長い柄のあるなめらかな葉は、*V. carlesii*よりも幅狭。初夏、芳香性の花が、開いた丸い房をなす。開花時はピンクで、やがて白色に変わる。卵形の赤い果実。
ゾーン：6〜8

Viburnum × bodnantense
一般名：ウィブルヌムボドナンテンセ
☀ ❄ ↔2m ↕3m
大型の直立性落葉低木で、*V. farreri*と*V. grandiflorum*の交雑種。長い、卵形の、真緑色の葉は、裏面はより淡色で、脈がよく目立つ。秋に紅葉する。晩秋から早春にかけて、宿存性の、ピンクみを帯びた白〜桃色の、芳香性の花が、むき出しの木に密な房をなす。'チャールズ ラモンド'、鮮やかなピンク色の大きな花。'ドーン'、独特の、深いピンク色の大きな花で、古くなると色あせる。
ゾーン：7〜9

Viburnum × burkwoodii
ウィブルヌム×ブルクウォオディイ
英　名：BURKWOOD'S VIBURNUM
☀ ❄ ↔2.4m ↕2.4m
開いた藪状の低木で、*V. carlesii*と*V. utile*とのイギリス産の交雑種。暗緑色の常緑の葉は、表面に光沢があり、フェルト状の裏面は、幼時はブロンズ色で、やがて黄色になる。早春に丸い房をなす花は、強い芳香がある。花芽はピンク色で、開花すると白色。'アン ラッセル'、落葉性。整ったコンパクトな習性で、その小ささゆえに重宝される。'パーク ファーム ハイブリッド'、秋に赤く紅葉する。
ゾーン：6〜9

Viburnum × carlcephalum
英　名：FREGRANT SNOWBALL VIRBURNUM
☀ ❄ ↔2.4m ↕2.4m
落葉性の低木で、*V. carlesii*と*V. macrocephalum* f. *keteleeri*との園芸交雑種。光沢のある葉は秋に赤く紅葉する。春、幅15cmのピンク色の花芽が生じ、開くと、マイルドな芳香を発するピンク色の花が見られる。色は古くなるにつれ明るくなる。
ゾーン：5〜9

Viburnum carlesii
一般名：オオチョウジガマズミ
英　名：KOREAN SPICE VIBURNUM
☀ ❄ ↔2m ↕2.4m
朝鮮半島および日本の、開いた低木林原産の、落葉性の密な丸い低木。真緑色の卵形の葉は、裏面はより淡色で、幼時はブロンズ色を帯び、秋に紫赤色に紅葉する。房をなすクリムゾンピンクの花芽は、開くとピンク色の花となり、やがて白に変わる。'アウロラ' ★、強烈な緑色の若葉、赤い花芽、ピンク色の花。'ダイアナ'、新梢はブロンズ色。赤い花芽がやがてピンク〜白へと変わる。

Viburnum bitchiuense

Viburnum × burkwoodii

Viburnum × bodnantense

Viburnum carlesii

Viburnum cassinoides
英 名：WILD RAISIN、WITHE-ROD
☀ ❄ ↔3m ↕3.5m
北アメリカ東部原産の落葉性低木で、深いブロンズ色の新梢と、秋のスカーレット色の紅葉で知られている。厚みのある卵形の葉は、くすんだ緑色で、細かい鋸歯縁。夏に生じる花は、白色、または黄みを帯びた白色。赤い果実は、熟すと深い青色〜黒になる。
ゾーン：2〜6

Viburnum 'Cayuga'
一般名：ガマズミ'カユガ'
☀ ❄ ↔1.8m ↕1.8m
*Viburnum carlesii*と*V. × carlcephalum*との交雑種。葉は秋に落ち着いたオレンジ色に紅葉する。ピンク色の花芽から開く、芳香性の花は、外側は同様のピンク色で、中心が白色。果実は深い紫赤色〜黒色。
ゾーン：8〜10

Viburnum cylindricum
☀ ❄ ↔3.5m ↕3.5m
中国産の常緑低木で、暗緑色の葉をもつ。夏、白い花が放射状に群生する。果実は黒。
ゾーン：6〜8

Viburnum cylindricum

Viburnum davidii
一般名：ウィブルヌム・ダビディ
☀ ↔1.2m ↕1.2m
中国西部の森林原産の、低く成長する常緑低木で、密な小山を形成する。つやのある緑色の、革質の葉は、3本の独特の中央脈がある。晩春、オフホワイトの小さな花が、間隔の開いた硬い房状につく。長楕円形の、鮮やかなミッドナイトブルーの液果。
ゾーン：6〜8

Viburnum dentatum
ウィブルヌム・デンタトゥム
英 名：ARROWWOOD、SOUTHERN ARROWWOOD
☀ ❄ ↔3m ↕3m
北アメリカ中に自生する密な藪状の落葉性低木。茎は直立性で分枝し、葉は幅広の卵形で、粗い鋸歯縁があり、秋に赤く紅葉する。晩春から初夏にかけて、小さな白い花が平たい房をなす。暗青色の長楕円形の果実。'**ラルフ シニア**'、強健な藪状の習性で、より大きな葉をもつ。
ゾーン：2〜6

Viburnum dilatatum
一般名：ガマズミ
英 名：LINDEN VIBURNUM
☀ ❄ ↔2.4m ↕3m
中国および日本原産の藪状の落葉性低木。きめの粗い、丸みをおびた大きな卵形の、鋸歯縁の葉は、暗緑色で、秋に美しく紅葉する。晩春または夏、クリーミィホワイトの小さな星形の花が房をなす。卵形のスカーレット色の果実は宿存性。'**キャッツキル**'、低く成長する幅広の習性。原種よりも小型の葉が、秋に美しく紅葉する。'**エリー**'、ピンクの果実。秋に濃く紅葉する。'**イロコイ**'、原種よりも丈が低い。赤みを帯びた黄色の果実をつける。
ゾーン：5〜8

Viburnum erubescens
☀ ❄ ↔3m ↕6m
ヒマラヤ地方から南のスリランカにかけて見られる、落葉性〜常緑に近い低木または小高木。楕円形の葉は、鋸歯縁で、裏面が綿毛を帯びる。夏、ピンクみを帯びた白い花が、下垂する小さな房をなす。赤い果実は熟すと黒くなる。
ゾーン：6〜11

Viburnum 'Eskimo'
一般名：ガマズミ'エスキモー'
☀ ❄ ↔1.2m ↕1.2m
V. 'Cayuga'と*V. utile*との魅力的な交雑種。矮小型の低木で、小山状の成長習性をもつ。半常緑性の、つやのある、暗緑色の葉。ピンクみを帯びた花芽から、白い花が開き、小さな丸い花序をなす。
ゾーン：8〜10

Viburnum farreri
異 名：*Viburnum fragrans*
☀ ❄ ↔2.4m ↕3m
中国北部原産の、直立性の落葉低木。葉は先細りの卵形で、脈があり、幼時はブロンズ色で、古くなると赤くなる。甘い芳香のある宿存性の花は、淡いピンク色

Viburnum davidii

Viburnum 'Eskimo'

Viburnum dentatum

Viburnum dilatatum

Viburnum cassinoides

Viburnum farreri

または白色で、秋ごろから春にかけて、葉に先んじて生じる。食用のスカーレット色の液果には、有毒の核がある。
ゾーン：6〜9

Viburnum foetidum
☼ ◐ ↔3m ↕3.5〜4.5m

中国西部およびヒマラヤ地方原産の常緑低木。暗緑色の、卵形の葉は、全縁もしくは鋸歯縁で、しばしば先端近くが小さく3裂する。小さな白い花が花序をなす。よく目立つ、赤い卵形〜円形の果実。
ゾーン：9〜10

Viburnum × globosum
ウィブルヌム×グロボスム
☼ ❄ ↔0.9〜1.2m ↕0.9〜1.2m

V. davidiiとV. lophyllumの常緑交雑種で、普通、整った円形の低木である。えり抜きの品種、'ジェレミーズ グローブ'のかたちで見られる。つやのある、革質で、脈の多い、赤い柄の葉をもつ。赤みを帯びた花芽から開いた、小さな白い花が、多数集まって花序をなす。暗青色の小さな果実。ゾーン：7〜10

Viburnum grandiflorum
☼ ❄ ↔2m ↕1.8m

ヒマラヤ地方および中国西部原産の、密で硬い落葉低木。暗緑色の葉は、長楕円形で、秋に暗紫色に変わる。晩冬から早春にかけて、むき出しの枝の先端で房をなす花は、白色で、やがてピンク色に変わる。紫黒色の卵形の液果。
ゾーン：7〜9

Viburnum henryi
☼/◐ ❄ ↔1.8m ↕2.4m

中国原産。高木状の常緑低木。幅狭、卵形で、つやのある、暗緑色の葉。夏、小さな白い花が、硬いピラミッド形の円錐花序をなす。続いて生じる液果は赤色で、やがて黒色に変わる。
ゾーン：7〜10

Viburnum × hillieri
ウィブルヌム×ヒリエリ
☼ ❄ ↔2m ↕1.8〜2.4m

V. erubescensとV. henryiの間の、イギリス産の交雑種。常緑低木で、楕円形の葉は、不規則な浅い鋸歯縁。夏、白い花が小さな円錐花序をなす。赤い果実は熟すと黒くなる。一般に、'ウィントン'という品種名で販売されている。
ゾーン：6〜10

Viburnum japonicum
一般名：ハクサンボク
☼ ❄ ↔2.4m ↕2.4m

日本原産の強健な常緑低木。光沢のある、革質の、長い卵形の葉は、表面が暗緑色で、裏面はより淡色。初夏、強い芳香のある小さな白い花が房をなす。液果は赤色で、冬中宿存する。
ゾーン：7〜9

Viburnum macrocephalum

Viburnum lantana 'Versicolor'

Viburnum × juddii
英 名：JUDD VIBURNUM
☼ ❄ ↔2m ↕1.8m

V. bitchiuenseとV. carlesiiとの雑種で、落葉性。藪状に広がる習性をもつ。春分〜晩春にかけて、ピンク色の花芽から生じた、甘い芳香のある、白い星形の花が、丸い房をなす。葉は長い卵形で、くすんだ暗緑色。
ゾーン：5〜9

Viburnum lantana
一般名：セイヨウガマズミ
英 名：WAYFARING TREE
☼ ❄ ↔3.5m ↕4.5m

ヨーロッパおよびアジア北西部原産の、強健な落葉低木、または小高木。長楕円形〜卵形の、くすんだ緑色の葉は、秋にさび色がかった深紅色に紅葉する場合がある。晩春から初夏にかけて、クリーミィホワイトの花が先端で房をなす。長楕円形の赤い果実は、熟すと黒色に変

Viburnum foetidum

Viburnum × globosum 'Jermyn's Globe'

Viburnum henryi

わる。アルカリ性の土壌に適する。'モヒカン' ★、より暗色の葉。赤みを帯びたオレンジ色の果実が、熟すと黒色になる。'ウェルシコロル'、幼葉は明るい黄色で、古くなると金黄色に変わる。
ゾーン：3〜6

Viburnum lantanoides
異 名：Viburnum alnifolium
英 名：HOBBLE BUSH
☼/◐ ❄ ↔4.5m ↕4.5m

北アメリカ原産の、藪状の落葉低木。広がる吸枝は、幼時は綿毛を帯びる。大きな葉は幅広の卵形で、はっきりした脈があり、秋に黄色や濃い赤紫色に紅葉する。晩春から初夏にかけて、大きな白い花が、先端がレース状になった房をなす。長楕円円形の紫黒色の果実。
ゾーン：3〜6

Viburnum lentago
一般名：シープベリー
英 名：NANNYBERRY, SHEEPBERRY, WILD RAISIN
☼/◐ ❄ ↔3m ↕6m

北アメリカ原産の、細い、枝の多い、強健な、落葉性の低木または小高木。ほぼ卵形の、光沢のある、暗緑色の葉は、秋に美しく紅葉する。春から初夏にかけて、ニワトコ属種に似た、クリーミィホワイトのふわふわした花が房をなす。青みを帯びた黒色の卵形の果実。
ゾーン：2〜5

Viburnum lantana

Viburnum opulus 'Notcutt's Variety'

Viburnum opulus 'Aureum'

Viburnum opulus

高さ約0.6mで、小さな葉を密生させるが、花はほとんどつかない。'**ノットカッツ バラエティ**'、高さ3.5mになる、丈高の強健な低木で、秋に美しく紅葉する。大きな赤い果実が冬まで見られる。'**ロセウム**'('**ステライル**')、春分頃、緑を帯びた白色の、華やかな雪玉状の花房が、葉とともに生じる。'**クサントカルプム**'、白い花と真緑色の葉、部分的に透明な、つやのある黄色い果実をつける。
ゾーン：3～9

Viburnum nudum

Viburnum opulus 'Roseum'

Viburnum macrocephalum
一般名：ムーシューチュー
英　名：CHINESE SNOWBALL BUSH／TREE
☀ ❄ ↔4.5m ↕4.5m
枝を広げる中国産の種。春、蛍光緑色に近い花芽から開いた白い花が、よく目立つポンポン状の房をなす。冬が温暖な地域では半常緑性となり得る。暗緑色の、卵形～長楕円形の葉は、裏面が綿毛を帯びている。*V. m. f. keteleeri*、レースの帽子に似た魅力的な花。*V. m.* '**ステライル**'、不稔性で液果がつかない。温暖地域の庭で人気のcv.。

Viburnum mongolicum
☀ ❄ ↔1.2m ↕1.8～2.4m
シベリア東部およびモンゴル地方に自生する落葉低木。長さ6cmの鋸歯縁の葉は、裏面が綿毛を帯びる。春、白い花が、平たく開いた小さな花序をなす。房をなす赤い液果は、熟すと黒くなる。
ゾーン：4～9

Viburnum nudum
英　名：POSSUM-HAW VIBURNUM, SMOOTH WHITE-ROD
❄ ↔1.8m ↕3m
アメリカ合衆国東部とカナダ原産の直立性の落葉低木。つやのある卵形の葉は、よく目だつ脈と、細かい鋸歯縁があり、秋に赤みを帯びた紫色に紅葉する。夏に生じる花は白または淡い黄色。果実は青黒色。
ゾーン：6～9

Viburnum plicatum 'Grandiflorum'

Viburnum plicatum 'Mariesii'

Viburnum plicatum 'Lanarth'

Viburnum plicatum、冬

Viburnum plicatum、春

Viburnum plicatum、夏

Viburnum plicatum、秋

Viburnum plicatum 'Pink Beauty'

Viburnum plicatum 'ポップコーン'

Viburnum plicatum 'Roseum'

V. plicatum 'Summer Snowflake'

V. p. 'Nanum Semperflorens'

Viburnum sargentii

Viburnum plicatum
異　名：*Viburnum plicatum* var. *tomentosum*
一般名：オオデマリ
英　名：DOUBLEFILE VIBURNUM、JAPANESE SNOWBALL
☼ ❄ ↔3m ↕2.4m

中国および日本原産。広がる強健な落葉低木で、枝が段状につく。葉は表面にしわがあり、春は鮮やかな緑色で、夏は真緑色、秋にはバーガンディレッドに変わる。晩春から初夏にかけて、大きな稔性の白い花に囲まれた、クリーム色の小さな不稔性の花が、多数の平たい散型花序をなす。果実は小さく赤色。'ファイヤーワークス'、赤みを帯びた黒い果実。秋に紫赤色に紅葉する。'グランディフロルム'、白い花がピンク色に変わる。'ラナース'、幅4.5mに広がる。'マリエシイ'、水平に伸びて重なり合う枝に、主に不稔性の花からなる大きな平たい花序がつく。結実はまれ。'ナヌム センペルフロレンス'、成長が遅い。温暖な季節に小さな花序がつく。'ピンク ビューティ'、白い花が古くなるとピンク色になる。'ロセウム'、白い花が古くなると深いピンク色に変わる。'シャスタ'、高さ2mで、秋に深い紫赤色に紅葉する。大きな白い花に続いて、暗赤色の果実がつく。'サマー スノーフレーク'、コンパクト型の低木で、はっきりと段になった枝をもつ。花期の長い白い花。秋、紫赤色に紅葉する。ゾーン：4〜9

Viburnum prunifolium
一般名：ブラック ホウ、アメリカカンボク
英　名：BLACK HAW
☼ ❄ ↔3.5m ↕6m

北アメリカ東部原産の、広がる落葉低木または小高木。葉は丸みを帯びた卵形で、細かく鋭い鋸歯縁。春から初夏にかけて、赤みを帯びた花芽が開いて、小さな白い花が、先端の平たい房をなす。黄緑色の果実は熟すと青黒色に変わる。ゾーン：3〜9

Viburnum × *rhytidophylloides*
☼ ❄ ↔4.5m ↕6m

*V. rhytidophylloides*と*V. lantana*の園芸交雑種。密な直立性の低木または小高木で、冷涼地域では落葉性。長い卵形の葉は、光沢のある暗緑色で、裏面はより淡色。春から夏に生じる花は、黄みーピンクみを帯びた、くすんだ白色。赤い液果は熟すと黒くなる。ゾーン：5〜9

Viburnum rhytidophyllum
ウィブルヌム・リティドフィルム
☼ ❄ ↔2.4m ↕3m

どっしりした、直立性の、成長が早い常緑低木。長い、幅狭の、しわと脈のある、革質の、暗緑色の葉は、裏面が灰色または黄色で、軟毛を帯びる。初夏、黄みーピンクみを帯びた白色のふわふわした小さな花が、先端で房をなす。'アルデンハメンセ'、硫黄色を帯びた葉。'ロセウム'、深いピンク色の花が、古くなるにつれ明るくなる。ゾーン：6〜8

Viburnum sargentii
一般名：カンボク
英　名：SARGENT VIBURNUM
☼ ❄ ↔3m ↕3m

シベリア、中国、日本原産の、落葉性の大低木。厚みのある、暗い灰色の、亀裂

Viburnum rhytidophyllum

Viburnum prunifolium

Viburnum rhytidophyllum 'Aldenhamense'

Viburnum sieboldii 'Seneca'

Viburnum setigerum

Viburnum sieboldii

のある、コルク質の樹皮。カエデに似た、長く大きな葉は、秋にイエローオレンジやスカーレット色に紅葉する。初夏、先端がレース状の、クリーミィホワイトの花がつく。明るい赤色の、半透明の丸い液果。'**オノンダガ**'、ブロンズレッドの新梢。'**サスクエハナ**'、原種よりも小型。丸い成長習性をもつ。ゾーン：5〜9

Viburnum setigerum
一般名：フウリンガマズミ
☀ ❄ ↔2m ↕1.5〜3.5m
落葉低木で、環境やクローンによって高さにばらつきがある。長楕円形〜卵形の大きな葉は、表面が暗緑色で、裏面はわずかに軟毛がある。秋に鮮やかに紅葉する。花は目立たない。光沢のあるゴールデンオレンジや鮮やかな赤色の、豪華な、卵形の果実。
ゾーン：5〜9

Viburnum tinus

Viburnum tinus 'Eve Price'

Viburnum tinus 'Robertson'

Viburnum veitchii

Viburnum trilobum、冬

Viburnum sieboldii
一般名：ゴマギ
☀ ❄ ↔4.5m ↕3m
日本原産の広がる落葉低木。新梢は綿毛を帯びる。脈の目立つ大きな葉は、長楕円形〜卵形で、表面はつやのある暗緑色で、裏面はやや淡色。晩春から初夏にかけて、小さなクリーミィホワイトの花が円錐花序をなす。若い果実は赤色で、熟すと黒くなる。'**セネカ**'、、高さ9mになる。白い花が房をなし、その後生じる宿存性の赤い果実は、熟すとほぼ黒色になる。
ゾーン：4〜8

Viburnum trilobum、夏

Viburnum tinus
一般名：ウィブルヌム・ティヌス
英　名：LAURUSTINUS
☀ ❄ ↔2.4〜3m ↕2.4〜3m
地中海沿岸地域原産。密な常緑低木で、生垣用植物として何世紀にもわたって人気を保っている。つやのある暗緑色の葉は、長楕円形〜卵形で、先がとがっている。強い芳香のある、白、ピンク、またはピンクみを帯びた白色の花が、平たい花序をなす。青黒色の液果。日なたでも日陰でも育ち、沿岸地域の環境にも耐え、夏の乾燥にもいくぶん耐える、さまざまな名称の品種がある。'**イブ　プライス**'、長い葉と明るいピンク色の花。'**ルキドゥム**'、格別につやのある葉。'**プルプレウム**'、ブロンズ色の新梢。'**ロバートソン**'、白みを帯びた小さな花。'**ワリエガトゥム**'、黄色い縁取りのある葉。ゾーン：7〜9

Viburnum trilobum
異　名：*Viburnum americanum*、*V. opulus* var. *americanum*
一般名：アメリカカンボク
英　名：AMERICAN HIGHBUSH CRANBERRY, CRANBERRY BUSH
☀ ❄ ↔3m ↕3m
北アメリカ原産の、落葉性の低木状の植物。暗色の葉は、幅広の卵形で、深い鋸歯縁があり、秋に赤く紅葉する。初夏、先端の平たい、白い華やかな花序が生じる。鮮やかなスカーレット色の液果は食用。'**ベイリー　コンパクト**'、'**コンパクトゥム**'、ともに秋に美しく紅葉する。'**ウェントワース**'、強健なcv. で、じめじめした土壌にも耐える。宿存性の、非常に鮮やかな色の果実がつく。
ゾーン：2〜8

Viburnum trilobum 'Bailey Compact'

Viburnum trilobum、秋

Vicia faba 'Red Epicure'

Viburnum utile
☀ ❄ ↔1.5m ↕1.8m
中国原産。開いた細い常緑低木で、光沢のある暗色の葉をもつ。春、白い花が密な丸い房をなす。卵形の液果。
ゾーン：7〜9

Viburnum veitchii
英　名：CHINESE WAYFARING TREE
☀ ❄ ↔1.5m ↕1.5m
中国中央部原産。直立性の落葉低木で、鋭い鋸歯縁の、真緑色の葉をもつ。白い花が平たい放射状の房をなす。赤い液果は熟すと黒くなる。
ゾーン：5〜9

Viburnum wrightii
一般名：ミヤマガマズミ
☀ ❄ ↔3m ↕3.5m
日本原産の落葉低木。鮮やかな緑色の、幅広の卵形の葉は、秋に赤く紅葉する。

Viburnum trilobum 'Wentworth'

晩春から初夏にかけて、白い花が平たい放射状の房をなす。きらめく赤色の果実。
ゾーン：6〜8

VICIA
（ソラマメ属）
英　名：VETCH

マメ科ソラマメ亜科の属で、およそ140種の、主に不規則に広がる、一年生または多年生の、草本性つる植物からなる。多くは葉の先端の巻きひげでよじ登る。北半球の温帯全体に広く分布する。分裂した葉と、ラベンダー色、白、紫、時には黄色の、チョウに似た花をつけ、その後、種子を含む長い豆果をつける。多数の種が食用農作物として栽培されるほか、家畜用飼料や観賞用に栽培されるものもある。

〈栽培〉
日当りのよい開けた場所を好み、どんな土壌にも適応する。種子で繁殖。一部の種は自家播種し、侵略種になり得るため、栽培位置には注意する。

Vicia faba
一般名：ソラマメ
英　名：BROAD BEAN、HORSE BEAN
☼ ❄ ↔30cm ↕0.9〜1.8m

アフリカ北部および南西アジア原産の、直立性の一年生植物。分裂した葉に巻きひげはない。葉腋から生じる白い花には、紫色の斑がある。長さ30cmになる長楕円形の豆果は食用。'レッド エピキュア'、赤い花。
ゾーン：8〜10

Victoria amazonica

Victoria amazonica

Vigna caracalla

VICTORIA
（オオオニバス属）
英　名：GIANT WATER LILY

2種の水生多年生植物からなるスイレン科の属で、南アメリカ熱帯における、動きのない、または動きの緩やかな水に生息する。巨大な植物で、小さな子どもの体重をも支えると言われる、大きな平たい葉と、すばらしい芳香のある花を目的に栽培される。大きな根茎から立ち上がり、幅2mになる、縁の立ち上がった、円形の葉を浮かべる。夜に開花する、多数の花弁をもつ花は、最初は白色で、次の日にはピンク色になり、3日目に紫色となって、枯死する。

〈栽培〉
熱帯温室内の温暖な大きな池に映える、豪華な植物。迅速に成長するため、普通、一年生植物として栽培される。種子から繁殖し、成長にしたがって、徐々に鉢を大きくし、水深を増してゆく。日なたで栽培する。

Victoria amazonica
異　名：*Victoria regia*
一般名：オオオニバス
英　名：AMAZON WATER LILY、ROYAL WATER LILY
☼ ❄ ↔4.5〜6m ↕25〜30cm

アマゾン地方原産。葉は幅2mになり、縁は約15cmの高さに立ち上がる。葉の裏面は赤みを帯びた紫色で、刺がある。芳香性の花が夏と秋に生じる。
ゾーン：10〜12

Victoria 'Longwood Hybrid'
一般名：ロングウッドオオオニバス
☼ ❄ ↔3.5〜12m ↕25〜30cm

*V. amazonica*と*V. cruziana*との強健な交雑種で、フィラデルフィア州のロングウッドガーデンで生まれた。葉は幅2.4mになり、花はより早く、夕方に開花する。耐寒性にも多少優れる。
ゾーン：10〜12

VIGNA
（ササゲ属）

熱帯全域、とくにアメリカに多く原生する、120種あまりの直立性または巻きつき性の草本からなる、マメ科ソラマメ亜科の属。普通、木質または肥大した根茎をもつ。葉は1〜3枚の楕円形〜卵形の小葉からなる。総状花序または房をなす花は、しばしば長い柄が見られる。萼は2唇弁。黄色、青、または紫色の花冠は、上部の花弁に2〜4枚の付属体があり、竜骨弁を形成する内側の花弁は、しばしばくちばし状で、360°まで曲がっている場合がある。豆果は円柱状または平たく、まっすぐまたはカーブしている。種子はたいてい腎臓形で、仮種皮をもつ場合もある。

〈栽培〉
重要な豆類で、多くの種が価値ある緑肥となる。また、「もやし」としても栽培される。霜に弱い。熱帯では、日なたにおいて、水はけのよい肥沃などじょうで栽培し、冷涼地帯では温室で栽培する。春に種子を蒔いて繁殖。

Vigna caracalla
異　名：*Phaseolus caracalla*
一般名：スネイルフラワー
英　名：CORKSCREW FLOWER、SNAIL BEAN、SNAIL FLOWER
☼ ❄ ↔3m ↕3.5〜6m

南アメリカ原産の巻きつき性の多年生植物。細かい毛のある葉は、3枚の卵形の小葉からなる。白または黄色の芳香性の花は、幅5cmで、ピンクみを帯びた紫色の翼がある。とぐろを巻いた竜骨弁がカタツムリの殻に似ている。
ゾーン：10〜11

Viguiera multiflora、野生、セオドア・ルーズベルト国立公園、ノースダコタ州、アメリカ合衆国

Viguiera laciniata

Vigna mungo
異　名：*Phaseolus mungo*
一般名：ケツルアズキ
英　名：BLACK GRAM
☼ ❄ ↔60〜90cm ↕30〜60cm

アジア原産の広がる一年生植物。先の鋭い卵形の小葉からなる複葉と、黄色いソラマメに似た花をつける。長さ5cmになる豆果に、長楕円形の小さな種子が含まれる。*V. m.* var. *radiata*、茎と豆果が、赤みを帯びた短く細い毛を帯びる。
ゾーン：10〜12

Vigna radiata
異　名：*Phaseolus aureus*、*P. radiata*
一般名：リョクトウ（緑豆）
英　名：GOLDEN GRAM、GREEN GRAM、MUNG BEAN
☼ ❄ ↔20〜30cm ↕1.5〜1.8m

インド、インドネシア、東南アジア原産の一年生のつる植物。細かい毛を帯びた、細い巻きつき性の茎と、分裂した葉をもつ。黄みを帯びた紫色の、ソラマメ形の花をつける。豆果も細かい毛を帯びる。発芽した種子は食用される。
ゾーン：10〜11

VIGUIERA
（ビグイエラ属）

南北アメリカ原産の、およそ150種の一年草、多年草および低木からなるキク科の属。基部の中央から数本の茎が生じる。葉は単葉で、対生または互生する。普通、長い柄の先に、幅5cmの、黄色い

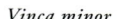 *Vinca minor*
 *Vinca minor* 'Alba'
 *Vinca minor* 'Atropurpurea'
 *Vinca minor* 'Gertrude Jekyll'
 *Vinca minor* cv.

Vinca minor 'Ralph Shugert'

Vinca minor 'Illumination'

ニュージーランドの山岳地帯から亜北極地帯まで、世界中の温帯に見られる。大半の種は、小さく叢生する植物で、切れ込みのある、楕円形の、腎臓〜心臓形の葉をもつ。どの種も、驚くほどよく似た5枚花弁の花をつけ、下側の花弁にはしばしば暗色の模様がある。色は白、黄色、紫色が主流だが、少なくとも園芸品種においては、あらゆる花色が見られる。いくつかの方法で薬用に使われているほか、シンボルとしても利用される。例えば *V. tricolor* はアテネ神のシンボルで、ナポレオンにも利用された。

〈栽培〉
大半は極めて耐寒性に優れ、日なたでも日陰でも容易に育つ。森林地帯の種は腐植質に富んだ土壌を、ロックガーデンタイプの種は砂質を好むが、大半の種は、水はけのよい湿性の土壌でよく育つ。成長型により、種子、基部による挿し木、または株分けで繁殖する。

Viola adunca
英 名：HOOKED-SPUR VIORET, PURPLE VIOLET, WESTERN DOG VIOLET
☀/◐ ❄ ↔30〜40cm ↕5〜10cm
アメリカ合衆国北部全域に見られる、広がる春咲きの多年生植物。円形〜心臓形の葉は、長さ40mmになる。距のある、幅12mmの、ラベンダー色〜バイオレット色の花は、古くなるにつれ色が深まる。
ゾーン：4〜9

Viola biflora
一般名：キバナノコマノツメ
☀ ❄ ↔15〜25cm ↕10〜20cm
小山を形成する春咲きの多年生植物で、ユーラシア大陸および北アメリカの温帯の山岳地帯に広く分布する。浅い鋸歯縁で、わずかに綿毛のある、心臓形〜腎臓形の葉は、長さ30mm以上になる。香りのない、幅18mmの黄色い花には、暗色の縞がある。
ゾーン：3〜9

Vinca major

デイジー状の頭花が単生する。
〈栽培〉
日当りのよい、極めて排水性の高い土壌を好む。種子で繁殖。

Viguiera laciniata
英 名：SAN DIEGO COUNTY VIGUIERA
☀ ↔0.9〜1.8m ↕0.9〜1.2m
カリフォルニア州西部およびメキシコ北西部原産の、粗い毛のある低木。全草がニス状の樹脂に覆われる。互生する、三角形〜剣形の、鋸歯縁の葉は、基部が矢じり形で、脈がよく目立つ。夏、デイジーに似た黄色い花が、先端の平たい花序をなす。
ゾーン：10〜12

Viguiera multiflora
☀ ↔75〜100cm ↕75〜100cm
アメリカ合衆国南部、中央部、西部から、南のメキシコにかけて原生する、樹脂性の多年草。全縁またはまばらな鋸歯縁の葉は、幅狭の卵形〜剣形。夏、黄色のデイジーに似た花がつく。
ゾーン：10〜12

VINCA
（ビンカ属）
英 名：PERIWINKLE
7種の常緑性グラウンドカバー植物からなるキョウチクトウ科の属で、北アフリカ、中央アジア、ヨーロッパの森林地帯に見られる。対生する槍形の単葉と、地面を覆う、しばしばクリーム色または淡緑色の細い茎が特徴。葉色は淡緑色から暗緑色まで幅があり、美しい斑入りの多くの変種がある。春から晩秋にかけて見られる星形の花は、暗紫色〜青色、または白色。

〈栽培〉
有機質を適度に含んだ水はけのよい軽い土壌が理想。際限なく広がるため、ほったらかしにすると一部の地域では侵略種となりうる。日なたまたは日陰で栽培する。長い匍匐性のシュートを伸ばして発根しながら広がり、新しい苗をつける。新しいシュートを取り木する、オフシュートを移動させるなどして、一年中容易に繁殖できる。

Vinca difformis
☀/◐ ❄ ↔1.5〜3m ↕30cm
北アフリカと、ヨーロッパ南部および西部原産。低く成長する多年生植物で、長さ8cmになる、幅狭、槍形の、つやのある暗緑色の葉をつける。早春、落ち着いた青色の花が生じ、季節が深まるごとに白色に変わる。
ゾーン：8〜9

Vinca major
一般名：ツルニチニチソウ
英 名：BLUE BUTTONS, GREATER PERIWINKLE
☀/◐ ❄ ↔1.5〜3m ↕45cm
地中海西部沿岸地域原産。小山を形成する植物で、アーチ状の茎に、長さ9cmになる暗緑色の葉をつける。早春から晩秋にかけて、幅5cmの濃いバイオレットブルーの花をつける。'ワリエガタ'（syn. 'エレガンティッシマ'）、緑色の葉にクリーミィホワイトの筋が入る。
ゾーン：7〜11

Vinca minor
一般名：ヒメツルニチニチソウ
英 名：CREEPING MYRTLE
☀/◐ ❄ ↔1.5〜3m ↕20cm
ヨーロッパ、ロシア南部、コーカサス地方北部原産。密なマットを形成する、常緑の多年生植物で、長さ5cmになる暗緑色の葉をもつ。早春から秋分にかけて、幅3cmの星形のバイオレットブルーの花が生じる。ハンギングバスケットに最適。'アルバ'、白い花をつける。'アルゲンテオワリエガタ'（syn. 'ワリエガタ'）、葉にクリーミィホワイトの縞が入る。淡いラベンダー色の花。'アトロプルプレア'、暗いプラム色の花。'アズレアフロレ プレノ'、炉青色の、フリルのある八重咲きの花。'ボウルズ バラエティ'、淡いラベンダーブルーの花。'ガートルード ジェキル'、コンパクト型。多数の白い花をつける。'イルミネーション'、主に黄色の斑入りの葉で、緑色の模様も見られる。'マルチプレクス'、赤いワイン色の八重咲きの花。'ラルフ シュゲルド'、白い斑に縁取られた深緑色の葉。
ゾーン：4〜9

Vinca Hybrid Cultivars
一般名：ビンカ交雑品種
☀/◐ ❄ ↔30cm ↕40cm
直立性の習性で、成長期の初期に分枝する。冷涼で湿潤な栽培環境にもかなり耐える。'クーラー ラズベリー レッド'、暗緑色の葉。鮮やかな赤い大きな花弁が重なり合う、中心の白い花。'メルローミクス'、濃いバーガンディ色、オーキッド色、ローズ色、白色の大きな花。'パシフィック レッド'、カーマインレッドの花。'パシフィック ホワイト'、純白の花。
ゾーン：10〜11

VIOLA
（スミレ属）
英 名：HEARTSEASE, PANSY, VIOLET
およそ500種の一年生および多年生植物、亜低木からなるスミレ科のタイプ属で、

Viola blanda

英　名：SWEET WHITE VIOLET、WILLDENNOW VIOLET、WOODLAND WHITE VIOLET

☼/☼ ❄ ↔30～50cm ↕8～15cm

北アメリカ原産の、杯のない、春咲きの多年生植物。ランナーで広がって、長さ5cm以上になる、浅い鋸歯縁の、まばらな綿毛の生えた、深緑色の、心臓形の葉を叢生させる。香りのない、幅約12mmの白い花には、中心に暗色の脈がある。
ゾーン：2～9

Viola canina

一般名：ドッグバイオレット

英　名：HEATH DOG VIOLET、HEATH VIOLET

☼ ❄ ↔30～50cm ↕10～30cm

ユーラシア大陸北部温帯の大部分で見られる、夏咲きの多年生植物。普通、低く広がるが、より直立性のものもある。浅い鋸歯縁の、先のとがった卵形～心臓形の、深緑色の葉は、長さ25mmになる。直立性の茎につく、幅18mmになる、モーブ色、紫色、または白色の花には淡い黄色の距がある。
ゾーン：6～9

Viola cornuta

一般名：ビオラ・コルヌタ

英　名：BEDDING PANSY、HORNED VIOLET

☼/☼ ❄ ↔20～35cm ↕15～30cm

ピレネー山脈からスペイン北部原産。晩春から夏に開花する、根茎をもつ多年生植物で、最初平伏し、やがて盛り上がる。葉は長さ25mmで卵形、浅い鋸歯縁がある。幅18mmの、距のある、幅広の花弁の、バイオレット色の花は、暗色の脈があり、中心は黄色。(**アルバ グループ**)、白花の品種で、サイズと色の程度に幅がある。'**ベルモント ブルー**'(syn. '**ボウトン ブルー**')、幅25mmのライラック色の花。'**ジュエル ホワイト**'、非常にコンパクトな習性。幅40mmの白い花をつける。'**マニフィコ**'、白い花に幅広のモーブ色の帯が入る。'**パット カバナー**'、淡いレモンイエローの花。大きく叢

Viola cornuta、ソルベット シリーズ、'ソルベット マニフィニ'

Viola cornuta、'ジュエル ホワイト'

Viola cornuta、ソルベット シリーズ、'ソルベット ブラック デュエット'

Viola cornuta、ソルベット シリーズ、'ソルベット レッド ウィング'

Viola cornuta、プリンセス シリーズ、'プリンセス ラベンダー アンド イエロー'

Viola cornuta 'マニフィコ'

Viola cornuta 'パット カバナー'

Viola cornuta、ペニー シリーズ、'ペニー オレンジ'

Viola cornuta、ペニー シリーズ、'ペニー オレンジ サンライズ'

Viola cornuta、ペニー シリーズ、'ペニー オーキッド フロスト'

Viola cornuta、ペニー シリーズ、'ペニー バイオレット ビーコン'

Viola cornuta、プリンセス シリーズ、'プリンセス パープル アンド ゴールド'

Viola cornuta、ソルベット シリーズ、'ソルベット ビーコンズフィールド'

Viola cornuta、ソルベット シリーズ、'ソルベット ブルーベリー クリーム'

Viola cornuta 'ヴィクトリアズ ブラッシュ'

Viola cornuta、ソルベット シリーズ、'ソルベット サニー ロワイヤル'

生する。'ヴィクトリアズ ブラッシュ'、ミッドピンクの幅狭の花弁。このほか、(ペニー シリーズ)、(プリンセス シリーズ)などの、混合色の実生品種もある。(ソルベット シリーズ)に含まれる'ソルベット ブラック デライト'は、ベルベット状の深いインクパープルで、黒色に近い。'ソルベット ココナツ'は、純白の花で、中心はほのかな黄色。
ゾーン：7～10

Viola cucullata
異　名：*Viola obliqua*
一般名：アメリカスミレサイシン
英　名：MARSH BLUE VIOLET
☼/☽ ❄ ↔20～40cm ↕10～15cm
北アメリカ原産の、春～初夏にかけて花をつける多年生植物。低く広がる習性をもち、幅8cmになる、浅い鋸歯縁の、幅広の、先のとがった卵形～腎臓形の葉をつける。短い距のある、5枚花弁の花は、幅30mmになり、白色にモーブ色～紫色が重なる。濃密に重なる場合もある。ゾーン：4～9

Viola glabella
英　名：STREAM VIOLET
☼ ❄ ↔20～40cm ↕15～25cm
ベーリング海峡の両岸から日本にかけて、それにアメリカ合衆国西部に自生する、春咲きの多年生植物。長さ25mmをわずかに超える、鮮やかな緑色、幅広、先のとがった卵形～心臓形の葉が密に叢生する。時おり緑色を帯びる、鮮やかな黄色の、5枚花弁の花は、幅12mmになる。
ゾーン：5～9

Viola hederacea
一般名：タスマニアビオラ、バンダスミレ
英　名：AUSTRALIAN VIOLET、TRAILING VIOLET
☼ ❄ ↔15～30cm ↕5～8cm
オーストラリア南東部原産の、小さな匍匐性の多年生植物。幅広の、卵形～腎臓形の葉は、時おり浅い鋸歯縁があり、幅30mm以上に成長する。温暖な季節を通じて、幅約18mmの、中心の暗い、淡いラベンダー色または白色の花をつける。ゾーン：8～10

Viola jooi
一般名：ビオラ・ジョーイ
☼/☽ ❄ ↔20～35cm ↕5～10cm
南東ヨーロッパ原産の、春～夏咲きの多年生植物。茎のない習性で、ランナーで広がる。幅8cmになる、浅い鋸歯縁の、心臓形の葉と、短い距のある、幅12mmの、暗色の縞のある、モーブ色の花をつける。
ゾーン：5～10

Viola odorata
一般名：スイートバイオレット、ニオイスミレ
英　名：SWEET VIOLET
☼/☽ ❄ ↔30～60cm ↕10～15cm
南および西ヨーロッパ産の、春～初夏咲きの多年生植物で、ランナーで広がる。暗緑色の心臓形の葉は、長さと幅が5cm以上になる。芳香性の高い、距のある、幅25mmの花は、ラベンダー色、紫、黄、または白。雑草になり得る。一重咲きや八重咲きの、さまざまな花色の、多数

Viola tricolor

のcv.がある。'パープル ローブ' ★、低く広がる習性をもち、深い紫色の大量の花をつける。ゾーン：7～10

Viola pedata
一般名：ビオラ・ペダータ
英　名：BIRD'S FOOT VIOLET, PANSY VIOLET
☼ ❄ ↔20～40cm ↕10～15cm
北アメリカ東部原産の、茎のない春咲きの多年生植物で、ランナーで広がる。葉は他のほとんどのスミレ属種と異なる、5裂以下の掌状葉。距のある、幅30mmの花は、花弁にまばらな綿毛がある。花はラベンダー色で、上側の花弁と脈は暗色。ゾーン：4～9

Viola pyrenaica
英　名：PYRENEAN VIOLET
☼/☽ ❄ ↔15～20cm ↕10cm
南ヨーロッパ、スペインからブルガリアにかけて見られる、小さな春咲きの多年生植物。浅い鋸歯縁のある、長さ30mmの先のとがった卵形の葉と、短い距のある、幅18mmの紫色の花が叢生する。ゾーン：6～9

Viola riviniana
ウィオラ・リウィニアナ
英　名：DOG VIOLET, WOOD VIOLET
☼/☽ ❄ ↔20～60cm ↕10～15cm
ヨーロッパおよび北アフリカ原産の、春～初夏咲きの多年生植物。密に叢生する、長さ約5cmの、幅広の、先のとがった、卵形～円形の、鋸歯縁の葉は、しばしば紫みを帯びる。短い距のある、幅25mmのラベンダーブルーの花がつく。'プルプレア'、紫みを帯びた葉。ゾーン：5～9

Viola selkirkii
一般名：ミヤマスミレ
英　名：GREAT-SPURRED VIOLET
☼ ❄ ↔20～40cm ↕5～15cm

Viola tricolor 'Bowles' Black'

北アメリカ原産の春咲きの多年生植物で、浅い鋸歯縁の、心臓形～円形の、幅25mmの葉をもつ。幅12mmの花は、鮮やかな明るい紫色で、中心は淡色、脈は暗色で、よく目立つ幅広の距がある。*V. s.* f. *variegata*（フイリミヤマスミレ）、より小型の種で、斑入りの葉をもつ。

Viola sempervirens
英　名：EVERGREEN VIOLET、REDWOOD VIOLET
☼/☽ ❄ ↔20～45cm ↕5～10cm
北アメリカ西部で見られる、非常に低く成長し、ゆっくりと広がる、春咲きの多年生植物。幅広、先のとがった卵形、鋸歯縁、常緑の葉は、まばらな綿毛があり、幅と長さは約30mm。幅25mmの花は黄色で、茶色の脈がある。ゾーン：6～9

Viola septentrionalis
英　名：NORTHERN BLUE VIOLET
☼/☽ ❄ ↔15～40cm ↕10～15cm
北アメリカ原産の、春～初夏咲きの多年生植物で、根茎で広がる。先のとがった卵形～丸い心臓形の葉は、長さ25mmになり、縁に細かい毛がある。幅25mmの、綿毛を帯びた、暗色の脈のある花は、普通ラベンダー色だが、紫や白もある。
ゾーン：4～9

Viola sororia
一般名：ビオラ・ソロリア
☼/☽ ❄ ↔15～40cm ↕5～15cm
北アメリカ東部原産の、春～初夏咲きの多年生植物。葉は、幅広、円形、鋸歯縁、明るい質感で、綿毛があり、長さ10cmになることもあるが、多くはより小さい。中心の明るい、バイオレット色の花は、幅25mmになる。白に紫の脈が入るものもある。'フレックルス'、白い花に、多数の紫の斑点がある。'プリケアナ'、中心が深い青色の、白い花。ゾーン：4～9

Viola tricolor
一般名：ワイルドパンジー
英　名：HEARTSEASE, JOHNNY JUMP-UP, LOVE-IN-IDLENESS
☼/☽ ❄ ↔15～40cm ↕10～35cm
ユーラシア大陸温帯産の、春～初夏咲きの種で、一年生、二年生、または多年生だが、普通一年草として扱われる。しばしば自家播種して帰化する。先のとがった卵形～槍形の、浅い切れ込みまたは鋸歯縁のある葉と、しばしば顔状の

Viola glabella

Viola jooi

Viola pyrenaica

Viola riviniana 'Purpurea'

Viola selkirkii f. *variegata*

Viola sororia 'Freckles'

模様のある、2色〜多色の小さなパンジー花がつく。多数のcv.や実生品種がある。'ボウルズ ブラック'('E. A. ボウルズ')、幅30mmの、中心の黄色い、ベルベット状の強烈な黒色の花。'ツァー ブルー'、ピンク〜紫色の花。(**ティンカー ベル シリーズ**)、さまざまな純色または組み合わせがある、小さな花。
ゾーン：4〜10

Viola Hybrid Cultivar
一般名：スミレ交雑品種
英 名：PANSY、VIOLA

☀/☼ ❋ ↔20〜40cm ↕15〜30cm

一年生または短命の多年生の園芸交雑種で、*V. cornuta*、*V. tricolor*、*V. corsica*、およびその他の主にヨーロッパ産の原種から作られた。大半は、長さ12〜50mm、卵形〜槍形で、浅裂する、厚みのある暗緑色の葉が、ゆっくりと広がって、整った叢を形成する。花は小さいものから幅8cm近い巨大なものまである。実質的にあらゆる花色があり、美しい組み合わせや模様が見られる。(**ベビー フェイス シリーズ**)、2色〜多色の花で、中心に「顔」状の模様がある。(**バナー シリーズ**)、主にはっきりした鮮やかな色の花を多数つける、強健な品種。(**クリスタル ボウル シリーズ**)、大きな花。鮮やかな純色の花。(**デルタ シリーズ**)、大きな花。さまざまな色が純色または2色で展開する。(**ダイナマイト シリーズ**)、大きな花。純色の品種と、いくつかの多色の品種がある。(**ファマ シリーズ**)、半つる性の習性。中型の花を豊富につける。普通単色だが、パステル色が混じるものもある。(**インペリアル シリーズ**)、'アンティーク シェード'に似ているが、花はより大型。'**インペリアル アンティーク シェード**'、暑さに強い、繊細な、淡いクリーム色、モーブ色、ピーチアプリコット、青、ローズピンクの大きな花。(**ジョーカー シリーズ**)、大胆な模様の入った中型の花で、普通青色と他の色とが組み合わさる。(**パノラ シリーズ**)、幅狭の葉。暗色の顔のある小

スミレHC 'アンティーク シェード'

スミレHC、クリスタル ボウル シリーズ、'クリスタル ボウル シュプリーム スカイ ブルー'

スミレHC、インペリアル シリーズ、'インペリアル フロスティ ローズ'

スミレHC 'ファンファーレ ブルー センター'

スミレHC、ベビー フェイス シリーズ、'ベビー フェイス ライト ブルー アンド ホワイト'

スミレHC、バナー シリーズ、'バナー クリア レッド'

スミレHC、バナー シリーズ、'バナー バイオレット ウィズ ブロッチ'

スミレHC、ファマ シリーズ、'ファマ ブルー エンジェル'

スミレHC 'コムテッサ ホワイト ブロッチ'

スミレHC、クリスタル ボウル シリーズ、'クリスタル ボウル オレンジ'

スミレHC、クリスタル ボウル シリーズ、'クリスタル ボウル シュプリーム ホワイト'

スミレHC、クリスタル ボウル シリーズ、'クリスタル ボウル トゥルー ブルー'

スミレHC、デルタ シリーズ、'デルタ ピュア ローズ'

スミレHC、デルタ シリーズ、'デルタ トゥルー ブルー'

スミレHC、ダイナマイト シリーズ、'ダイナマイト ホワイト'

スミレHC、ダイナマイト シリーズ、'ダイナマイト ブルー ブロッチ'

スミレHC、ダイナマイト シリーズ、'ダイナマイト ライト ブルー'

スミレHC、ダイナマイト シリーズ、'ダイナマイト スカーレット'

スミレHC、ジョーカー シリーズ、'ジョーカー ポーカー フェイス'

スミレHC 'ブラック ムーン'

スミレHC、インペリアル シリーズ、'インペリアル'

スミレHC 'エレーネ クイン'

スミレHC 'ソラ リー'

スミレHC 'パノラ'

1476　Viola

スミレHC、パノラ シリーズ、'パノラ トゥルー ブルー'	スミレHC 'ペイシャンス'	スミレHC 'ペリーズ プライド'	スミレHC、ターボ シリーズ、'ターボ ブルー ウィングス'	スミレHC、ターボ シリーズ、'ターボ オレンジ'
スミレHC、ターボ シリーズ、'ターボ パープル イエロー'	スミレHC、ターボ シリーズ、'ターボ レッド ウィズ ブロッチ'	スミレHC、ターボ シリーズ、'ターボ トゥルー ブルー'	スミレHC、ターボ シリーズ、'ターボ ホワイト'	スミレHC、ターボ シリーズ、'ターボ ワイン バイカラー'
スミレHC、ウルティマ シリーズ、'ウルティマ バロン コロネーション コート'	スミレHC、ウルティマ シリーズ、'ウルティマ バロン パープル'	スミレHC、ウルティマ シリーズ、'ウルティマ バロン レッド'	スミレHC、ベルーア シリーズ、'ベルーア ブルー'	スミレHC、ベルーア シリーズ、'ベルーア ブルー ブロンズ'
スミレHC、ビオラ グループ、'ベビー ルシア'	スミレHC、ビオラ グループ、ビオラ グループ、'コロンバイン'	スミレHC、ビオラ グループ、'デスデモーナ'	スミレHC、ビオラ グループ、'エリザベス'	スミレHC、ビオラ グループ、'フィオナ'
スミレHC、ビオラ グループ、'ジェミニ パープル イエロー'	スミレHC、ビオラ グループ、'ジェミニ ツインズ'	スミレHC、ビオラ グループ、'アイリッシュ モリー'	スミレHC、ビオラ グループ、'マーティン'	スミレHC、ビオラ グループ、'モリー サンダーソン'
スミレHC、ビオラ グループ、'マイファウニー'	スミレHC、ビオラ グループ、'パット クリージー'	スミレHC、ビオラ グループ、'パープル ウィングス'	スミレHC、ビオラ グループ、'ウィニフレッド ジョーンズ'	スミレHC、◎ビオレッタ グループ、'ブリオニー'

Viola, HC, Violetta Group, 'Dawn'

Viola, HC, Violetta Group, 'Melinda'

さな花が豊富につく。(ペニー シリーズ)には以下のような種が含まれる。'ペニー プリムローズ'、上側の花弁はクリーミィホワイトで、下側の花弁は淡い黄色。'ペニー バイオレット フレア'、深いバイオレット色の花弁。(ターボ シリーズ)、耐寒性の品種で、鮮やかな花色。(ウルティマ シリーズ)、成長が早く、大きな花をつける。ラベンダー色、スカーレット色、黄色、ブロンズアプリコット、淡いサーモンオレンジ色の花色で、単色、斑入り、パステルのタイプがある。'ウルティマ シュプリーム'、コンパクト型で、極めて低い温度でも耐えられるように交配された。開花の早い中型の花。(ユニバーサル シリーズ)、暑さにも寒さにも耐える、18種の花数豊富な品種。青、白、バーガンディ、オレンジ、紫、黄色を含む、はっきりした13色からなる、典型的なパンジー顔の、早咲きの花が大量につく。(ベルーア シリーズ)、中〜大型の、ベルベット状の質感の、はっきりした色の花で、しばしば暗色の模様がある。他にも以下のようなcv. がある。'アンティーク シェード'、中型の、くすんだピンク色とアプリコット色のパステルトーン。'ブラック ムーン'、濃い黒色の花弁。'エレーネ クイン'、ベルベット状の深いロージーモーブ色の花に、クリーム色の縞が入り、マーブル状に見える。
(ビオラ グループ)は、よりコンパクトなパンジーで、普通芳香があり、花にはしばしば模様がある。'ベビー ルシア'、はっきりした青色の花。高さ15cmの小山を形成する。花数が多く、耐寒性。'エタイン'、クリームイエローの花弁に、ラベンダー色の縁取り。すっきした芳香。'フィオナ'、甘い香りの、クリーミィホワイトの花が、ラベンダーブルーに覆われる。'アイリッシュ モリー'★、ゴールドブロンズイエローの花弁。中心に暗い栗色の目がある。'ジャカネプス'、下の裂片は鮮やかな黄色で、上はチョコレートブラウン。'マギー モッド'、銀色みを帯びたモーブ色の花で、中心がクリーム色。金色の目がある。'マーティン'、バイオレット色の花で、中心がクリーム色。'マスターピース'、しわの寄った大きな花。紫青色とブロンズ色。'モリー サンダーソン'、寿命の長い、黒に近いベルベット状の花で、紫の脈と金色の目がある。緑色の心臓形の葉。'ネリー ブリットン'、もともと'ヘイズルメア'と呼ばれていた。ロージーピンク色の花。'ウィタ'、小さくきゃしゃな花で、繊細なラベンダーピンクの花弁にクリーム色の目がある。

(ビオレッタ グループ◎)、ビオラに似ているが、より小型で、よりコンパクトな芳香性の花がつく。'ドーン'、淡いクリーム色の花が、深みを増して金色になる。'メリンダ'、白い花に、モーブブルーの縁取り。中心は金色。ゾーン：7〜10

VIRGILIA
(ウィルギリア属)

南アフリカ原産の常緑高木からなる、マメ科ソラマメ亜科の小属で、属名は、古代ローマの詩人、ヴァージル(ウィルギリウス)(70〜19BC)にちなんで名づけられた。シダに似た魅力的な葉と、華やかな花のために人気がある。きわめて成長が早いが、寿命も比較的短く、とくに温暖で湿性な環境では短命である。果実は平たい典型的な豆果。

〈栽培〉
夏に適度な湿気を得られる、水はけのよい軽い土壌で繁栄するが、重く浅い土壌では倒れてしまいがち。多くの環境に適応するが、幼時は霜からの保護が必要。春、冬に霜のあたらない位置に種子を蒔く。種子は蒔く前に1日水に浸しておく。

Virgilia oroboides
異 名：*Virgilia capensis*
英 名：CAPE LILAC, TREE-IN-A-HURRY
☀ ❄ ↔4.5m ↕9m
南アフリカ原産の、直立性の常緑高木で、幅広の円錐形の樹冠をもつ。成長は早いが、たいてい短命。11〜31枚の小葉からなる葉が互生する。春〜夏に生じる、軽い芳香のあるマメ科の花は、ピンクパープルで、暗いバーガンディ色の脈がある。ゾーン：9〜11

VITEX
(ハマゴウ属)

外見の非常に異なる250種あまりの常緑および落葉低木を含む、クマツヅラ科の珍しい属で、熱帯、亜熱帯、それに暖温帯ゾーンに広く分布する。葉は普通、7枚以下の小葉に分裂した掌状葉で、縁は全縁または鋸歯縁。花は円錐花序、総状花序、または集散花序をなし、さまざまな色が見られる。

〈栽培〉
熱帯性の属であり、多くの種は霜に弱いが、一部の種はかなり耐寒性があり、中程度の霜に耐える。一般に、土壌の過度の湿気を嫌い、乾燥にも水浸しにも耐えられない。湿性の、肥沃な、水はけのよい土壌に植え付け、夏には水をたっぷり与える。大半の種は、少なくとも半日陰以上の環境でよく育つ。強い刈り込みはほとんど不要だが、軽く剪定して樹形を整える。種子または挿し木で繁殖。

Vitex agnus-castus ★
一般名：セイヨウニンジンボク
英 名：CHASTE TREE
☀ ❄ ↔4.5m ↕4.5m
芳香性の低木または小高木。南ヨーロッパ〜西アジア原産で、温暖地域に帰化した。灰緑色の葉は、5〜9枚の幅狭の小葉があり、裏面は綿毛を帯びる。夏から秋にかけて、円錐花序をなす、くすんだ白色の花芽から、芳香のあるライラック色の花が開く。紫色の核果。
ゾーン：7〜10

Vitex lucens
一般名：プリリ
英 名：PURIRI
☀ ❄ ↔3〜4.5m ↕9〜15m
ニュージーランド原産の常緑高木。つやのある深い緑色の葉は、3〜5枚の、波縁の小葉をもつ。秋から冬にかけて、長さ25mmのピンク〜赤色の花がスプレー状につく。ピンクみを帯びた赤い核果。翼幅15cmのプリリ蛾の宿主。
ゾーン：9〜11

VITIS
(ブドウ属)
英 名：GRAPE

北半球固有の、とくに北アメリカに多く見られる、65種の落葉性の木性つる植物からなる、同名のブドウ科の属。つるは巻きひげでよじ登る。葉はたいてい単葉で、鋸歯縁または切れ込みがあり、樹皮はしばしば茎から帯状に剥離する。花は小さく、多くは芳香がある。液果は、小さくまずいものから、大きく甘いものまであり、たいてい房で生じる。何百ものcv. があるが、とくにヨーロッパのワイン用ブドウである*Vitis vinifera*に多い。アジア産の種は、主に魅力的な葉と秋の紅葉を目的に栽培される。

〈栽培〉
深い、中程度に肥沃な、水はけのよい、白亜質の、アルカリ性土壌を好む。果実がじゅうぶんに熟すためには、日当りと温暖な気候が欠かせない。市販される*Vitis vinifera*の大半は、ネアブラムシ属に対する耐性のあるアメリカ産の種の台木に接ぎ木されている。大半の種は、晩冬に熟枝挿しで繁殖するが、*Vitis coignetiae*は取り木か種子で繁殖する。

Vitis amurensis ★
一般名：シラガブドウ
英 名：AMUR GRAPE
☀ ❄ ↔3〜6m ↕15m
北東アジア原産の、つる植物またはしっかりと成長する低木。若いシュートは赤みを帯びる。3〜5裂の大きな葉は、秋、濃い赤色、オレンジ、黄色、紫色に紅葉する。晩夏に生じる果実は、黒い

Virgilia oroboides

Vitex agnus-castus

Vitex lucens

Vitis vinifera 'Cabernet Sauvignon'

Vitis vinifera 'Chardonnay'

Vitis vinifera 'Pinot Noir'

Vitis vinifera 'Gelber Muskateller'

Vitis vinifera 'Merlot'

卵形で、普通苦味がある。
ゾーン：4〜9

Vitis californica
ウィティス・カリフォルニカ

英 名：CALFORNIA WILD GRAPE
☀ ❄ ↔4.5〜9m ↕9m

北アメリカ西部原産のつる植物。円形から心臓〜腎臓形の葉は、3裂するものもあり、秋に濃い赤色に紅葉する。小さな黒い果実は主に鳥が食べる。'ロジャーズ レッド'、夏は灰緑色の葉が、秋に鮮やかな赤色に紅葉する。'ウォーカー リッジ'、よりコンパクト型で、赤とオレンジ色に紅葉する。
ゾーン：7〜9

Vitis coignetiae
一般名：ヤマブドウ

英 名：CRIMSON GLORY VINE
☀ ❄ ↔3〜6m ↕15m

日本および朝鮮半島原産。生長の早い強健なつる植物。大きな円形の、鋸歯縁の、3〜5裂の葉は、厚みがあり、いく

ぶんしわがある。秋に、ブロンズ色、燃えるような赤色、スカーレット色に紅葉する。紫黒色の果実は食べられない。
ゾーン：5〜9

Vitis riparia
ウィティス・リパリア

英 名：FROST GRAPE, RIVERBANK GRAPE
☀ ❄ ↔3〜6m ↕12m

北アメリカ中部原産の、よじ登り性、またはばらばらに広がるつる植物。多くの葉は、3裂し、鋸歯縁で、つやのある緑色。花は甘い芳香がある。丸い、黒味を帯びた紫色の果実は、いくぶん酸味があるが、食べられる。'ブランド'、秋、紫と赤色の紅葉に、黄緑色の縁取りの脈が見られる。果実は紫黒色で、甘い。
ゾーン：2〜8

Vitis rotundifolia

英 名：BULLACE, FOX GRAPE, MUSCADINE
☀ ❄ ↔3〜6m ↕30m

アメリカ合衆国南東部の、じめじめした湿性地域原産の、強健なつる植物で、目の詰まった、剥離しない樹皮をもつ。粗い鋸歯縁で、時おり切れ込みの見られる、つやのある円形の葉は、秋に落ち着いた黄色に紅葉する。大きな丸い果実は、緑み〜紫みを帯び、マスカットのような味がする。ゾーン：5〜9

Vitis vinifera
一般名：ヨーロッパブドウ

英 名：COMMON GRAPE VINE
☀ ❄ ↔4.5〜9m ↕10m

南〜中央ヨーロッパ原産。高くよじ登る。

葉は、さまざまな大きさがあり、円形〜掌状、3〜7裂、鋸歯縁で、基部が心臓形。果実は晩夏につく。世界中のワインの原料や食用ブドウcv.のほとんどがこれである。'ブラック コリンス'(syn. 'ザンテ カラント')、種のない小さな黒い果実。'カベルネ ソーヴィニョン'、非常に種の多い、小さな黒い果実。'シャルドネ'、小さな円形の果実。白ワインの原料。'シュナン ブラン'、中型の黄緑色の果実。皮は硬く、汁気が多い。'フレーム シードレス' ★、硬く締まった赤い果実が中型の房をなす。'ゲルバー ムスカテラー'、小さな緑色の果実。'ゴールデン シャスラー'、硬く締まった、汁気の多い、甘い、黄緑色の果実。'メルロ'、中型の青黒色の果実で、口当たりのよいワインができる。'ミュラー トゥルガウ'、緑〜灰色みを帯びた皮の、中型の果実。'マスカット ハンブルグ'、大きな、甘い、黒色の、種の多い果実。'マスカット オブ アレキサンドリア'、大きく、種の多い、緑色〜琥珀色の果実で、ムスクに似た味と香り。'ピノ グリ'、独特の灰青色〜ブラウンピンクの、種の多い果実。'ピノ ノワール'、小〜中型の、黒い果実。'プルプレア'(syn. 'クラレット ヴァイン'、'テントゥリエル')、観賞用。葉は、春は暗紫色、夏は紫みを帯びた緑色、秋には赤紫色になる。'スキアーヴァ グロッサ'(syn. 'ブラック ハンブルグ')、中〜大型の、紫みを帯びた暗赤色〜黒い果実は、汁気が多く、甘い。'ジルバーナー'、青〜黄緑色の中型の果実。'スルタナ'(syn. 'スルタニア'、'トンプソン シードレス')、緑みを帯びた、種のない、小さな食用ブドウ。'トレビアーノ'(syn. 'サンテミリオン'、'トレビアーノ トスカーノ'、'ユニ ブラン')中型の金黄色の果実で、世界で最も広く栽培されているブドウのひとつ。'ジンファンデル'、中〜大型の、赤みを帯びた黒色〜黒色の果実。ゾーン：6〜9

Vitis 'Waltham Cross'

異 名：*Vitis* 'Dattier' ('ダティエル')、*V.* 'Lady Fingar' ('レディ フィンガー')
一般名：ブドウ'ウォルサム クロス'

☀ ❄ ↔4.5〜9m ↕10m

人気のある、中東原産の古いvar.で、おそらく*Vitis vinifera*のcv.と思われる。大きな卵形の、汁気の多い、甘い、金色みを帯びた白い果実。
ゾーン：6〜9

VRIESEA
（フリーセア属）

メキシコ、中央アメリカ、西インド諸島、南アメリカ原産の、250種以上の原種のほか、650種の交雑種が登録されている、パイナップル科の属で、ティランジア属の近縁。主に緑色の葉をもつが、日陰を好む植物らしく、灰緑色の葉をもつものは数種のみ。また、それぞれの花弁の基部に2つの小さな付属体がある。葉に刺はなく、密なロゼットを形成し、水を貯める。主に中型の植物で、一部の種は花がつくと高さ2mになる。花序は普通色鮮やか。

〈栽培〉
冷温帯域では室内または温室で栽培し、暖温帯、亜熱帯および熱帯では、戸外で、長い日ざしや多雨を避けて栽培する。鉢用混合土が乾いたら水を与える。カリを多く、チッ素（尿素以外のかたち）を少なめに葉面補給すると、花の大きさが増す。オフセットで繁殖。

Vriesea carinata
一般名：インコアナナス

☀ 💧 ↔30cm ↕35cm

ブラジルのリオデジャネイロ原産。葉は緑色の帯状で、じょうご形のロゼットを形成する。花茎は直立性で、ロゼットよりも長い。剣形の花序は、主に緑の縁のある赤い苞からなる。花弁は黄色の筒状で、先端が緑色。
ゾーン：11〜12

Vriesea erythrodactylon

一般名：フリーセア・エリスロダクティロン

☀ 💧 ↔40cm ↕40cm

ブラジル原産。葉は緑色の帯状で、じょうご形のロゼットを形成する。花茎は直立性で、ロゼットよりも短い。花序はほぼ剣形で、中心部は緑色で硬く、外端は赤色で、深い切れ込みがあり、黄色の筒状の花弁がつく。
ゾーン：11〜12

Vriesea erythrodactylon

Vriesea, Hybrid Cultivar, 'Mariae'

Vriesea fenestralis

一般名：フリーセア・フェネストラリス

☀ ⚘ ↔70cm ↕100cm

ブラジル原産。幅広のロゼットを形成する、帯状の緑色の葉には、暗緑色の、幅狭い縦縞と、とぎれた不規則な太い横縞がある。花茎は頑丈で、ロゼットよりも長い。花序は剣形で、緑の苞に赤い斑点がある。花弁は緑みを帯びた白。

ゾーン：11〜12

Vriesea fosteriana

一般名：フリーセア・フォステリアナ

☀ ⚘ ↔100cm ↕150cm

ブラジル原産。広がったロゼットを形成する、緑または紫みを帯びた、硬い帯状の葉には、暗緑色、紫色、または白色の、波状のとぎれた横縞がある。花茎は直立性で、ロゼットよりも長い。花序は剣形で、黄みを帯びた苞に、赤い斑点がある。花弁はクリーム色を帯びた紫色。

ゾーン：11〜12

Vriesea malzinei

☀ ⚘ ↔40cm ↕80cm

メキシコ原産。葉は帯状で、表面は緑色で、裏面は赤く、じょうご形のロゼットを形成する。花茎は直立性で、ロゼットよりも長い。花序は円柱形で、赤、淡緑色、または黄色の苞が重なり合い、先の広がった白く長い筒状の花弁がつく。

ゾーン：11〜12

Vriesea saundersii

一般名：フリーセア・サウンデルシー

☀ ⚘ ↔40cm ↕60cm

ブラジル原産。帯状の葉は、表面がくすんだ緑色で、裏面には茶色の小さな斑点があり、幅広のじょうご形のロゼットを形成する。花茎はロゼットよりも長く、直立性。花序はピラミッド形で、主に黄色で、3〜4本の側枝を出す。花弁は黄色で筒状。

ゾーン：11〜12

Vriesea splendens

一般名：トラフアナナス

英名：FLAMINGO SWORD

☀ ⚘ ↔50cm ↕100cm

ベネズエラおよびカリブ諸島原産。しばしば幅広の暗色の不規則な横縞が入る、帯状の緑色の葉が、幅広のじょうご形のロゼットを形成する。花茎は直立性で、ロゼットとほぼ同じ高さになる。花序は長い剣形で、鮮やかな赤色。花弁は黄色で筒状。

ゾーン：10〜12

Vriesea Hybrid Cultivar

一般名：フリーセア交雑品種

☀ ⚘ ↔20〜50cm ↕40〜90cm

交雑種は、花穂がより大きく、葉によりはっきりした模様が入る。'バナナ'、葉は直立したロゼットを形成する。花茎は赤みを帯び、花序は先端が剣形で、8本以下の剣形の側枝がある、大半は鮮やかな黄色だが、縁が赤みを帯びているものもある。'カールスバッド'、葉は先が鋭く、緑色で赤い斑点があり、基部近くは赤みを帯びる。花茎は赤い。'シャーロッイ'、花序は幅広の剣形で、7本以下の側枝があり、どれも基部近くは赤く、上部は鮮やかな黄色。'クリスティーネ'、鮮やかな赤色の花序に、黄色い筒状の花弁がつく。'エヴァ'、栗色を帯びた緑色の帯状の葉が、開いたロゼットを形成する。'グラフトン サンセッド'、主にゴールデンオレンジの花序が、赤色に覆われる。花弁は黄色。'ガンサー'、鮮やかな赤色の花序。'コメッド'、主に赤色で先端の黄色い苞が重なり合う。淡い黄色の花弁。'ライクリー ラッド'、ピラミッド形の花序で、赤い側枝がつく。どの枝にも5個以下の花がつき、それぞれの枝の下に大きな赤い苞がある。'リトル シェフ'、花序はつやのあるオレンジ色で、赤みを帯びる。'マリアエ'、筒状の花弁は黄色で先端が緑色。'ポエルマニイ'、剣形の花序に、7本以下の鮮やかな赤色の側枝がつく。花弁は黄色。'パープル コッカトー'、紫色の花序は、周辺が深い鋸歯状で、コッカトー（オウム）のとさかに似ている。'レッド チェスナット'、黄みを帯びた苞に、小さな赤い斑点がある。クリーム色を帯びた紫色の花弁。'スプレンディド'、剣形の花序に、4本以下の鮮やかな赤色の側枝がつく。ピンクみを帯びた黄色の、筒状の花弁。

ゾーン：11〜12

×*VUYLSTEKEARA*

（×フォイルステケアラ属）

コクリオダ属、ミルトニア属、オドントグロッスム属による複茎性3属間ラン交雑種（ラン科）。一般に、オドントグロッスム属とミルトニア属の交配により、これらのカラフルな交雑種が形成された。さまざまな色や模様のある、形のよい花が、長い、直立〜アーチ状の花序をなす。

〈栽培〉

根が乾ききることを嫌うため、ミズゴケまたは細かい樹皮培養土に植えつける。冷涼な栽培環境に適するため、半日陰において、一年を通じて水をたっぷり与える。多湿で通気性のよい環境を用意すること。株分けで繁殖。

×*Vuylstekeara* Hybrid Cultivar

一般名：×フォイルステケアラ交雑品種

☀ ⚘ ↔10〜50cm ↕10〜60cm

花弁を入れた花幅は35mm〜12cm。オドントグロッスム属の近縁。カンブリア★、人気の交雑種。近代の組織培養技術で大量生産された。白と栗色の花で、唇弁に黄色い斑がある。エドナ'スタンパーランド'、中型の、強烈な赤色とオレンジ色の花で、丈高の花序につく。エフィラ、ラズベリー色の花で、切片に白い縁取りがある。エバグレイズ プロミス、華やかなピンク色と赤色の花で、大きく広がった唇弁がある。リンダ イスラー、白い唇弁のクラレット色の花が大量につく。メモリア ハンナ ラスフォーク、かつて3つの異なる属が関わった変異が特徴。メモリア メリー カバナー、親種である*Miltonia spectabilis*から受け継いだ、大きな紫色の花。

ゾーン：9〜11

× *V.*, Hybrid, Memoria Hanna Lassfolk

× *Vuylstekeara*, Hybrid, Ephyra

× *V.*, Hybrid, Edna 'Stamperland'

× *Vuylstekeara*, Hybrid, Cambria

× *V.*, Hybrid, Everglades Promise

× *V.*, Hybrid, Linda Isler

× *V.*, H, Memoria Mary Kavanaugh

Wachendorfia thyrsiflora(前)、ハロルド・ポーター国立植物園、南アフリカ

Waldsteinia geoides

Waldsteinia ternata

Warszewiczia coccinea

WACHENDORFIA
(ワッヘンドルフィア属)

南アフリカ原産の約25種からなるハエモドルム科の属。ほとんどが落葉性で、帯状の葉をもつ多年生植物。落葉種は鮮やかな赤色の塊茎をもち、落葉種と一種のみの常緑種はともにオレンジレッドの根をもつ。葉は通常鮮やかな緑色で、はっきりとした折り目があり、それぞれが隣り合う葉を覆いながら、うちわ状に重なりあう。黄色い星形の花が、背高で幅狭の穂状花序をなすが、小型の種では開いた房状につく。オーストラリア南部では雑草と見なされている。
〈栽培〉
ほとんど霜のない地域では、日当りのよい、湿性の場所で栽培する。それ以外の地域では、温室で越冬することができるように大きな鉢で栽培し、霜から保護する。新鮮な種子、または晩冬に株分けして繁殖。

Waldsteinia fragarioides
英 名：BARREN STRAWBERRY
↔30〜50cm ↕5cm
アメリカ合衆国東部原産のマットを形成する種。ブロンズグリーンの3出葉の小葉は、長さ約8cm、鋸歯縁、先がとがった卵形。春以降、幅18mmの黄色い花が8個以下で房をなす。
ゾーン：3〜9

Waldsteinia geoides
↔45cm ↕20cm
中央〜東ヨーロッパ原産。低い匍匐性の多年生植物で、W. ternataほど強健ではない。葉は幅広の心臓形で、有毛で切れこみがある。春、幅約25mmの花が、まばらな房をなす。
ゾーン：5〜9

Waldsteinia ternata ★
一般名：コキンバイ
↔60cm ↕15cm
ヨーロッパから中国、日本にかけて分布する強健なグラウンドカバー植物。暗緑色の葉は、3裂で鋸歯縁、いくぶん有毛。春から夏、幅約18mmの花が3〜7個ずつ集まって生じる。侵略種になり得る。
ゾーン：3〜9

WARSZEWICZIA
(ワルシェウイッチア属)

熱帯アメリカ原産の、4種の低木または高木を含むアカネ科の属。うっすらと毛を帯びた植物で、葉は対生し、よく目立つ苞のついた小さなじょうご形の花が、茎頂で円錐花序をなす。通常、栽培が見られるのはW. coccineaのみ。
〈栽培〉
冷涼地帯では温室で栽培する。温暖地帯では、屋外の日なたで、水はけのよい湿性の土壌で栽培可能。種子または春に緑枝挿しで繁殖。

Warszewiczia coccinea
一般名：ワイルドポインセチア
↔3m ↕4.5m
葉は長楕円形で長さ15〜60cm。小さな黄色い花と、1〜2枚の萼裂片が拡大して、よく目立つ明赤色の花弁状の苞となったものが、年間を通して茎頂で長さ50cm以下の円錐花序をなす。
ゾーン：10〜12

Wachendorfia thyrsiflora
↔90〜100cm ↕2〜2.4m
ワッヘンドルフィア属唯一の常緑種。しっかりとした折り目のある、濃い緑色の葉は長さ100cmになる。初夏、丈高の直立性の穂状花序に、直径30mmの星形の濃い黄色の花をつける。
ゾーン：10〜11

WALDSTEINIA
(コキンバイ属)

多肉の茎をもつ、6種の匍匐性の多年生植物からなるバラ科の属。原産地は北半球温帯の森林地帯。近縁のオランダイチゴ属やキジムシロ属と同様、切れこみのある、鋸歯縁の葉が低いマットを形成する。葉は、冬になるとブロンズがかった色を帯びることがある。5枚花弁の皿形の花は黄色で、春〜初夏に長期にわたって咲き続ける。たいてい新枝のほうが花つきがよい。
〈栽培〉
ロックガーデン、ボーダーガーデンの前部、森林の縁に適している。匍匐性で、葉を茂らせる習性があるため、よいグラウンドカバーになる。半日陰で、湿性ながらも排水のよい土壌で栽培する。夏でも土壌に湿り気のある場所であれば、日なたでも栽培できる。発根したランナーを株分けするか、種子で繁殖。

WASHINGTONIA
(ワシントンヤシ属)

アメリカ合衆国南西部およびメキシコ北西部原産の、2種からなるヤシ科の属。単幹性のがっしりとした掌状葉ヤシ。幹は、スカートまたはペチコートのように垂れ下がる古い葉の基部に覆われている。葉は深裂し、縁は繊維状となる。クリーム色を帯びた白色、あるいはクリーム色を帯びたアプリコットピンクの、両性の小さい筒状花が、葉の間から房状に細く垂れ下がる。小さい果実は石果で、それぞれに種子が1つずつ含まれている。原産地は砂漠地帯で、泉や小川から水分を得る。熱帯、亜熱帯、および温帯の比較的乾燥した地域でも栽培される。街路樹や公園に向く。
〈栽培〉
耐寒性に非常に優れ、排水のよい土壌によく適応する。日光や露出した環境にも耐え、また、いったん根付けば乾燥にも耐える。2種とも非常に丈高に成長するため、広い庭が必要。望まない増殖を避けるために、種子の処分には注意を払うこと。崩壊した葉は火災の原因になることがあるため、取り除く。種子で繁殖。

Washingtonia filifera ★
一般名：ワシントンヤシ、オキナヤシ
英 名：COTTON PALM, PETTICOAT PALM, WASHINGTONIA PALM
↔8m ↕15m
ずっしりとした灰色の幹は古い葉に覆われている。刺のある長い葉柄に、糸状の繊維がついた灰緑色の葉がつく。クリーム色を帯びた白色の花が円錐花序をなす。硬い、黒っぽい石果がつく。
ゾーン：9〜11

Washingtonia robusta ★
一般名：ワシントンヤシモドキ、オキナヤシモドキ
英 名：COTTON PALM, MEXICAN WASHINGTONIA PALM, THREAD PALM
↔8m ↕24m
メキシコ北西部およびアメリカ合衆国カリフォルニア州原産。W. Filiferaよりも細く、高い、先細りの幹をもつ。成熟し

Washingtonia robusta、野生、メキシコ

Washingtonia filifera

Watsonia borbonica subsp. *ardernei*

Watsonia borbonica

Watsonia meriania

た掌状葉は、より鮮やかな緑色で、刺のある葉柄は赤みを帯びた茶色。成長した株では、綿糸のような繊維は目立たないか、まったくみられない。夏にクリーム色がかったアプリコットピンクの花が円錐花序をなす。暗茶色の石果がつく。
ゾーン：9〜11

WATSONIA
（ワトソニア属）

英　名：BUGLE LILY

南アフリカ原産の、52種の日なたを好む多年生の鱗茎植物からなるアヤメ科の属。叢生する球茎類で、一般的な園芸品種では、アシに似た葉のずっと上に花をつける。晩春から初夏にかけて開花する種は、夏休眠するため、冬は湿潤で、夏は乾燥する気候条件が必要。夏と秋に開花する種は、常緑または冬期に休眠するため、夏に多湿の気候条件が必要。受粉は、筒状花をもつ種では、鳥媒によると考えられ、開いた杯形をもつ種では、ミツバチの媒介によると考えられる。栽培種や交雑種が多く、学名に関して混乱のあるものもいくつかある。属名は、リンネ式植物分類法の英国への紹介に尽力した英国の科学者William Watson（1715〜1787）にちなむ。

〈栽培〉
寒冷地帯では霜からの保護が必要。排水がよく、開けた日当りのよい場所を必要とし、土壌が非常にやせている場合には、薄い液肥を与える。春に種子を蒔くか、休眠期に入るころにオフセットで繁殖。

Watsonia borbonica
異　名：*Watsonia pyramidata*
☼ ❄ ↔10cm ↕0.9〜2m
幅狭の剣形の葉をもつ。春から初夏にかけて、かすかに芳香性のある淡いピンク〜深いピンクの花が咲く。幅18〜40mmの球茎。*W. b.* subsp. *ardenei* (syn. *W. ardenei*)、白色、または明るいピンクの、口の広がったラッパ形の花が、晩春に長期間開花する。侵略種になり得る。
ゾーン：9〜10

Watsonia meriania
☼ ❄ ↔15cm ↕50〜150cm
アフリカ南部原産。剣形の葉。小さい花が間隔をあけてつく。花色はくすんだピンク〜明るいローズレッドで、赤色や白色はまれ。夏、口の広がったラッパ形の長い筒状花が、枝分かれした穂状花序をなす。潜在的に侵略種になり得るが、とくに、くすんだアプリコット色の花と深紅色の茎をもつ *W. m.* subsp. *Bulbillifera* は、その傾向が強い。
ゾーン：9〜10

Watsonia pillansii
☼ ❄ ↔10cm ↕50〜120cm
常緑性で、葉が密生する。夏から秋に、オレンジ〜レッドオレンジの花が、密な総状花序をなす。夏季に排水性がよく多湿の条件が必要。
ゾーン：7〜10

WEIGELA
（タニウツギ属）

英　名：CARDINAL BUSH, WEIGELA

10種あるいは12種からなるスイカズラ科の属。長楕円形〜楕円形の葉を対生させる、長命の落葉性低木。東アジア原産で、自然生息地は低木地および森林辺縁部。鐘形またはじょうご形の花を目的に栽培される。晩春から初夏、前年木に生じる花は、ピンク、赤色、白色、あるいは黄色の場合もある。

〈栽培〉
日なたまた半日陰で、湿性だが水はけのよい肥沃な土壌でよく育つ。力強い成長を促すために、花後、古い枝を取り除く。秋、冬の間霜にあたうない場所に種子を蒔くか、夏に半熟枝挿しで繁殖。タニウツギ属は自由に交雑する傾向があるため、種子からは純種が育たないことがある。

Weigela decora
一般名：ニシキウツギ
☼ ❄ ↔1.5〜2m ↕3〜4.5m
日本原産の種で、長さ10cmの葉をもつ。春〜初夏に生じる、長さ35mmの白色のラッパ形の花は、やがてチェリーレッドに変わる。
ゾーン：6〜10

Weigela floribunda
一般名：ヤブウツギ
☼ ❄ ↔2.4m ↕3m
日本原産の落葉性の低木。細い、鋸歯縁の葉は、表面はうっすらと毛を帯び、裏面は白く軟毛を帯びる。春〜夏、暗赤色の花が葉腋ごとに3個以下ずつつく。
ゾーン：6〜10

Weigela florida
一般名：オオベニウツギ
英　名：OLD-FASHIONED WEIGELA, WEIGELA
☼ ❄ ↔2.4m ↕2.4m
東アジア原産で、野生ではより大型。葉は、長楕円形、鋸歯縁で、先端がとがっており、裏面はフエルト状。春から夏にかけて、暗いピンク〜白に近い色のじょうご形の花が咲く。'アレクサンドラ' (syn. 'ワイン アンド ローズ')、最近のcv.で、春には紫色の葉が、夏にはほとんど黒に近い、つやのある色に変わる。花は鮮やかなローズレッド。高さ1.5m以下のコンパクト型。'フォリイス プルプレイス'（ムラサキバベニウツギ）、銅色の葉と暗いピンクの花。0.9m以下のコンパクト型。'ジャバ レッド'、紫色を帯びた葉と、暗いピンクの花。
ゾーン：5〜10

Weigela hortensis
一般名：タニウツギ
☼ ❄ ↔3m ↕3m
日本原産。長さ10cmの重鋸歯縁の葉は、裏面がびっしりと軟毛を帯びる。春分から初夏にかけて、長さ35mmのローズピンクの花が、3個1組で咲く。'ニベア'、大きな白い花。
ゾーン：7〜9

Weigela japonica
一般名：ツクシヤブウツギ
☼ ❄ ↔3m ↕3m
日本原産で、野生ではより大型。葉は暗緑色。春咲きの花は単生または対で生じ、白からやがて赤く変わる。*W. j.* var. *sinica*、より丈高い種で、明るいピンクの花が後により深いピンク色に変わる。
ゾーン：6〜10

Weigela florida 'Alexandra'

Weigela japonica var. *sinica*

Weigela florida

Weigela middendorffiana
一般名：ウコンウツギ
☼ ❄ ↔1.5m ↕1.5m
鮮やかな緑色の葉をもつ直立性の低木で、東アジアが原産。夏、単生または対で生じる鐘形の花は、薄い黄色で、花喉にオレンジまたは赤色の模様がある。強風から保護すること。
ゾーン：4～10

Weigela praecox
一般名：ハヤザキウツギ
☼ ❄ ↔2m ↕2.4m
朝鮮半島、中国および日本原産の、枝を密生させる直立性の低木。数多くの早咲き栽培種の親となった種。葉は暗緑色で裏側は有毛。晩春～初夏、芳香性の、花喉が黄色い、ピンク色のじょうご形の花をつける。ゾーン：5～10

Weigela, Hybrid Cultivar, 'Florida Variegata'

Weigela Hybrid Cultivars
一般名：タニウツギ交雑品種
☼ ❄ ↔1.5～2.4m ↕1.5～3.5m
多種のタニウツギ属種間の交雑により生まれたこれらの品種は、ボーダー植えに適している。色のバリエーションが豊富で、選択の幅は広い。次のような品種が含まれる。'アベル カリエール'、暗緑色の葉に、ピンク～赤の鐘形の花。'ブリストル ルビー'、カーマインレッドの花。'カンディダ'、鮮やかな緑色の葉に、鐘形の白い花。'カメレオン'、高さ約1.8m。細かい鋸歯縁の真緑色の葉。花はパステルピンク。日なたまたは半日陰で栽培。'エヴァ ラトケ'、暗緑色の葉に、じょうご形の暗紫色の花。'フロリダ ワリエガタ'（syn. *W. florida*オオベニウツギ'ワリエガタ'）、クリーム色の縁取りのある葉と、長さ30mmになる濃いピンクのらっぱ形の花。'ルーイマンシイ アウレア'、黄みを帯びた葉と、中心部がやや淡い、濃いピンクの花。暑い日差しの下では葉焼けをおこし、暗すぎると葉色が抜ける。'マダム ルモワンヌ'、淡いピンクの花が徐々に白くなる。'メヌエット'、高さ75cm。銅色の卵形の葉と、深紅色の鐘形の花。'ニューポート レッド' ★（syn. 'ヴァニセク'）、背が高く、耐寒性に優れた品種で、暗赤色の花をつける。'プラエコクス ワリエガタ'（syn. *W. praecox*'ワリエガタ'）かすかに香るピンクのらっぱ形の花は、中央が柔らかい黄色で、クリーム色がかった黄色の葉縁は、古くなると白に変わる。'レッド プリンス'、密生する葉と、寿命の長い暗赤色の花をもつ。
ゾーン：5～10

Weigela, Hybrid Cultivar, 'Newport Red'

Weigela middendorffiana

WEINMANNIA
（ウェインマンニア属）
150～190種の常緑の低木および高木からなるクノニア科の属で、中南米～太平洋地域および熱帯アジアにかけて広く分布する。栽培目的は主に、密生する葉と、杖あるいはボトルブラシに似た総状花序で、普通白色またはクリーム色の花がつく。葉は普通羽状複葉。小葉は革質で、しばしば鋸歯縁をもち、幼木と成木とで大きさと形が異なる。

〈栽培〉
耐寒性は種によっていくぶん異なるが、極めて耐霜性の強いものはない。比較的温暖な冬と、夏完全に乾燥しない、腐植質に富んだ、水はけのよい湿性の土壌を好む。日なたまたは半日陰に植え、花後に軽く刈り込み、形を整える。種子または半熟枝挿しで繁殖。

Weinmannia racemosa
英名：KAMAHI
☼ ❄ ↔2.4～4.5m ↕9m
ニュージーランドの低木または高木で、野生ではより丈高。葉は単葉で、暗緑色～ブロンズ色、縁は鋸歯状。幼木ではしばしば3裂の葉が見られる。夏、白いボトルブラシ状の花をつける。ミツバチや養蜂家に非常に好まれる。
ゾーン：9～10

Weigela, HC, 'Looymansii Aurea'

Weinmannia trichosperma

Weinmannia trichosperma
英名：MADEN、TINEO
☼ ❄ ↔1.5～3.5m ↕21m
チリおよびアルゼンチン原産の大低木または高木。藪状の樹形を何年もとどめる。長さ25mmの鋸歯縁の小葉が11～13枚で羽状複葉をなす。クリーミィホワイトの花が長い穂状科序をなす。
ゾーン：9～10

WELDENIA
（ウェルデニア属）
非常に固体差の大きい、塊茎性の多年生植物1種のみからなる属で、南米およびメキシコ、グアテマラの、夏に湿潤な山地に自生する。ムラサキツユクサ科に属し、長い塊根をもち、革質の、槍形の葉が房またはロゼットを形成する。杯形の花は白色で、葯は黄色。オーストリアの軍人で高山植物の研究家であったL. von Welden（1780～1853）にちなんで名付けられた。

〈栽培〉
砂利の混ざった非常に排水のよい土壌で、日なたか暖房のない温室で栽培する。気候条件が厳しい地域では霜から保護する。生育期を通して湿った状態を保つこと。新しく熟した種子か、冬の根挿し、あるいは春の株分けで繁殖する。

Weldenia candida
☼ ❄ ↔15cm ↕12～15cm
大きな革質の、槍形、波状縁の葉がロゼットを形成する。晩春から初夏にかけて、葉の間に白色で杯形の花がつく。塊茎が長いため、コンテナ栽培する場合は深い鉢が必要。
ゾーン：8～9

Weigela, HC, 'Chameleon'

Weigela, HC, 'Bristol Ruby'

Weigela, HC, 'Madame Lemoine'

Weigela, HC, 'Abel Carrière'

Weigela, HC, 'Praecox Variegata'

WELWITSCHIA
（ウェルウィッチア属）

1科1属のウェルウィッチア科の属で、アフリカ南西部の砂漠および周辺の森林に見られる。1,500年間生きる長命の多年生植物で、幅100cmになることもある短い露出した茎と、長い主根をもつ。葉脈が平行に走る葉が基部から2枚のみ伸びる。これらの葉は、時間とともに裂け、複葉状になる。雄花と雌花は別々の株に生じ、茎の先端に赤い花序をつける。ウェルウィッチア属は、珍しさゆえに植物園で栽培される以外、ほとんど栽培されない。

〈栽培〉
サボテンに適した条件下で、新鮮な種から栽培するが、実生の苗には、根腐れしないよう注意して水を与える。傷つきやすい主根を収容できる陶製の排水管で栽培されることが多い。

Welwitschia mirabilis
異　名：*Welwitschia bainesii*
一般名：ウェルウィッチア、奇想天外
 ↔3m ↕1.2m

幹の地上部よりも地下部が大きい高木。短い茎の先端から、帯状のオリーブグリーンの葉が2枚生じ、基部から成長する。雄花序は明るい色で雄ずいをもち、雌花序は緑がかった黄色と赤みがかった茶色で、花柱状の構造物をもつ。
ゾーン：9〜10

WESTRINGIA
（ウェストリンギア属）

オーストラリア原産の25種からなるシソ科の属。どれも角のある茎をもつ低木で、たいていは3〜5枚の小さな葉が輪生する。葉腋から生じて長期間咲き続ける小さい筒状花は、2唇弁からなり、上側の唇弁は2裂、下側の唇弁は3裂。果実は4つの小さな小堅果に分かれ、宿存萼の中に隠れている。たいてい、海岸近くのヒースの生えた荒地や、低木地、

Westringia fruticosa

Westringia glabra

Weldenia candida

森林、および砂地や岩石の多い土地で育つ。冬が温暖な地域では景観用として、または、生垣やスクリーン用としてもしばしば見られる。

〈栽培〉
ほとんどが、日当りがよく排水のよい土壌によく適応し、潮風や露出した条件に耐える。夏は十分な灌水が必要。開花後に剪定して、コンパクトな樹形を保つ。挿し木で繁殖。

Westringia fruticosa
一般名：ウェストリンギア、オーストラリアンローズマリー
英　名：COASTAL ROSEMARY, NATIVE ROSEMARY
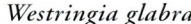 ↔2m ↕1.8m

オーストラリア東海岸原産。線形の葉は、表面は灰色、裏面は白いフエルト状で、茎を中心に4枚ずつ輪生する。ほぼ一年中見られる白い花は、下側の裂片に、茶色みまたは紫みを帯びた斑点がついている。風、乾燥、潮風に耐える。
ゾーン：9〜11

Westringia glabra
英　名：VIOLET WESTRINGIA
↔0.9m ↕0.9m

オーストラリア東部が原産の叢生する小低木。たいてい3枚で輪生する、幅狭の楕円形〜槍形の葉は、表面は光沢のある暗緑色で、表側と比べて裏側は色が薄い。えび茶色の斑点が入った淡紫色〜バイオレットライラック色の花は、年中見られるが、春がピーク。ゾーン：9〜11

Westringia 'Wynyabbie Gem'
一般名：ウェストリンギア 'ウィニアビー ジェム'
↔1.5m ↕1.2m

*W. eremicola*と*W. fruticosa*の間の、人気のある交雑品種。藪状の低木で、暗緑色の細い葉をもつ。青みを帯びたピンク色の小さな花が、ほぼ一年中、枝の先端

Westringia 'Wynyabbie Gem'

Welwitschia mirabilis、野生、ナミビア

Widdringtonia nodiflora、南アフリカ、カーステンボッシュ国立植物園

に群生する。寿命は長くない場合もある。
ゾーン：9〜11

WIDDRINGTONIA
（ウィドリントニア属）

3種からなるヒノキ科の属で、うち2種は南アフリカ原産で、1種はより広域に、熱帯アフリカ〜ケープタウンにかけて分布する。どれも常緑性の低木または高木で、材は芳香性。伐採と森林火災により個体数は激減した。幼葉は針状で、若い小枝にらせん状につく。成長した葉は鱗片状で、茎に対して密着したかたちで対生または互生する。雄花と雌花は同株につき、雄花序は尾状、雌花序は木質。種子は卵形で、薄い翼がある。

〈栽培〉
栽培にはあまり適さない。初期の成長は遅く、株が弱ったり、繁茂しないこともある。大きな鉢に植えて株の大きさを小さく保つのが無難。温暖で多湿の環境で最もよく育つ。容易に発芽する種子か、挿し木で繁殖。

Widdringtonia cedarbergensis
異　名：*Widdringtonia juniperoides*
英　名：CLANWILLIAM CEDAR
↔5〜10m ↕21〜30m

南アフリカ、ケープ地方のセダーバーグ山脈が原産。直立性で、先に向かって広がるように伸びる高木で、成長した葉は小さく、鱗片状。直径25mmのいぼのあるボール形の花序がつく。野生では絶滅の危機にある。
ゾーン：9〜11

Widdringtonia schwarzii

Widdringtonia nodiflora
英　名：MLANJE CEDAR, MOUNTAIN CEDAR, MOUNTAIN CYPRESS
↔1.8〜3.5m ↕12m

比較的人が近寄りにくい場所でのみ生存している。灰色みを帯びた樹皮は、長い帯状に剥離する。葉は小さい。初秋に花序が熟す。種子は黒色で赤色の翼がある。
ゾーン：9〜11

Widdringtonia schwarzii
英　名：WILLOWMORE CEDAR
↔4.5〜9m ↕36m

南アフリカ、ケープタウン東側の小区域のみに見られる。樹皮は薄片状に剥がれ、葉は2枚が対生する。雄花序は尾状、雌花序は球形で暗茶色になる。種子はやや平らで、よく目立つ翼がある。
ゾーン：8〜9

WIGANDIA
（ウィガンディア属）

中南米原産の5種の常緑の低木からなるハゼリソウ科の属。互生する卵形〜長楕円形の大きな葉は、長さ45cmにもなる。深緑色の葉の裏側は、白色の毛で覆われ、刺毛であることも多い。春〜秋、バイオレットブルーの花が、茎頂に大きな片側のみの円錐花序をなす。

× *Wilsonara*, Hybrid, Athol Bell

× *Wilsonara*, Hybrid, Blazing Lustre

× *Wilsonara*, Hybrid, Firecracker

× *Wilsonara*, Hybrid, Dorset Gold

× *W.*, Hybrid, Russiker Tiger

〈栽培〉
日当りのよい、湿性ながら排水のよい土壌を必要とする。霜に弱く、コンテナ植えに向く。春、種子または挿し木で繁殖。

Wigandia caracasana

異名：*Wigandia urens* var. *caracasana*
↔3.5m ↕4.5m

メキシコ、コロンビアおよびベネズエラの密林に見られる。個体差のある、広がる小高木。表面がざらざらした、深い緑色の葉は、卵形で、葉縁は波形、裏面は有毛で白色。花はバイオレット〜紫色で、花喉は白く、茎頂で長い房になる。
ゾーン：10〜12

Wigandia urens

↔2.4m ↕3m

ペルー原産。*W. caracasana*に似ているが、やや小型。葉は長さ30cmになる。バイオレットブルーの花は、2枚の裂片に分かれている。
ゾーン：10〜12

WIKSTROEMIA
（ガンピ属）

およそ50種の常緑高木または低木からなるジンチョウゲ科の属で、オーストラリア〜太平洋地域全域、スリランカ〜中国東部に分布する。ジンチョウゲ属の近縁属で、卵形〜楕円形の葉が対生する。筒状花が茎頂または葉腋で短い総状花序をなし、その後、液果状の果実がつく。

〈栽培〉
霜に強い種から弱い種まである。排水性のよい軽い土壌を好み、とくに幼木は冷たい風の当たらない、日なた〜半日陰の場所で栽培する。種子で繁殖。

Wikstroemia indica

↔0.9m ↕1.5m

アジアから太平洋地域およびオーストラリアに分布。直立性の高木または低木で、卵形の葉は長さ6cmになる。晩夏〜初秋にかけて、白色、クリーム色、または緑色がかった花が茎頂で花序をなす。
ゾーン：9〜12

× WILSONARA
（×ウィルソナラ属）

複茎性のランである、コクリオダ属、オドントグロッスム属、オンキディウム属の三属間の交雑により生まれたラン科の人工属。一般的に、オドントディア属とオンキディウム属をかけ合わせると、こうしたカラフルな交雑種が生まれるが、これらは純粋なオドントグロッスム属種に比べて、より高温にも耐える。長い、直立〜アーチ状の花序に、さまざまな色と模様の均整のとれた花をつける。

〈栽培〉
これらのランは、根の乾燥を嫌うため、ミズゴケかバーク入りの培養土を敷いた鉢で栽培する。冷涼〜中温の生育条件に適し、年間を通じてたっぷりの水と半日陰の位置を要する。風通しのよい多湿の環境が必要。株分けで繁殖。

× *Wilsonara* Hybrids

一般名：×ウィルソナラ ハイブリッド
↔10〜50cm ↕10〜60cm

花弁の直径35mm〜9cmと大きさに幅がある。オドントグロッスム属の近縁種。**アソル ベル**、切片の縁にキャラメル色の斑がある、薄いクリーム色の花。**ブレイジング ラスター**、桃色の花で、より暗いえび茶色の斑があり、対照的な白色の唇弁をもつ。**ドーセット ゴールド**、金色みが強いクリーム色の花。**ファイヤクラッカー**、オレンジ〜赤色の花で、条件がよければ2カ月にわたって咲き続ける。**ルシケル ティーゲル**、*Oncidium tigrinum*の影響を強く受けた、茶色と黄色の交雑種。
ゾーン：9〜11

WISTERIA
（フジ属）

しばしばベランダやポーチを覆い、またかなり遠くまで広がることもできる、10種の、落葉性の巻きつき性つる植物からなる、マメ科ソラマメ亜科の属。中国、日本およびアメリカ合衆国東部が原産。葉は羽状複葉で、幼木では柔らかなブロンズグリーンだが、成熟すると明るい緑色に変わる。花は本来モーブ色で、長い総状花序をなし、葉が広がると同時に開花を始める。栽培品種では、白〜ピンク系、紫系のさまざまな色の花がある。アメリカ合衆国ペンシルバニア大学の解剖学教授Caspar Wistar（1761〜1818）にちなんで名付けられた。

〈栽培〉
クレマチス属と同様、先端は日なたを、根は、冷涼、湿性、腐食質に富んだ、排水のよい土壌を好む。耐寒性のある重い木性の強健なつる植物で、しっかりとした支柱と定期的な剪定が必要。挿し木、種子、または取り木あるいは接ぎ木により繁殖。

Wisteria brachybotrys

異名：*Wisteria venusta*
一般名：ヤマフジ
英名：SILKY WISTERIA
↔9m ↕9m

日本原産の強健なつる植物で、左巻きに巻きつく茎は、幼時は密な綿毛を帯びている。長さ35cmになる葉は、9〜13枚の、綿毛を帯びた、先のとがった卵形の、長さ10cmの小葉からなる。白色で強い芳香のある幅25mmの花が、長さ15cmの総状花序をなす。'**紫花美短**'（syn. *W. venusta*ウィステリア・ウェヌスタ'ウィオラケア'）、右巻き。花はモーブ色で紫色の竜骨弁をもつ。'**白花美短**'（syn. *W. sinensis*シナフジ'プレマトゥラ・アルバ'）、原種に似ているが、より短い、時おりピンク色を帯びる総状花序をつける。
ゾーン：6〜9

Wikstroemia indica

Wigandia caracasana

Wigandia urens

フジ属種、冬

フジ属種、春

フジ属種、夏

フジ属種、秋

Wisteria floribunda ★
- 一般名：フジ、ノダフジ
- 英　名：JAPANESE WISTERIA
- ☼/☀ ❄ ↔8m ↕8m

日本原産の右巻きのつる植物で、葉は長さ35cmになり、若葉は綿毛を帯び、長さ8cmになるとがった卵形の小葉が11〜19枚つく。幅18mmの、芳香のある、バイオレット、紫色、ピンク、白色、あるいは深紅色の花が、40〜100cmの総状花序をなして下垂する。'**アルバ**'（syn. '白野田'）、100個以上のかすかに香る白い花が長い総状花序をなす。'**口紅**'、暗色の竜骨弁のある薄いピンクの花が、長さ45cmの総状花序をなす。'**ムルティジュガ**'（syn. 'マクロボトリス'）、明るい紫色の花が極めて長い総状花序をなす。'**ウィオラケア プレナ**'、長さ40cmの密な総状花序に、たくさんの、ラベンダーおよび紫色の八重咲きの花がつく。
ゾーン：5〜10

Wisteria × *formosa*
- ウィステリア×フォルモサ
- ☼/☀ ❄ ↔9m ↕9m

W. floribunda と *W. sinensis* との園芸交雑品種。茎は右巻きで、長さ35cmになる葉に、長さ8cm以上になる、先のとがった卵形の小葉が9〜15枚つく。若葉は絹のような光沢がある。暗色の竜骨弁のあるバイオレット色の花は、幅18mmになり、強い芳香がある。総状花序をなす花は、連続的に開花せず、全部一斉に開花する。'**八重黒竜**'（syn.'ブラック ドラゴン'）、ライラック色の花。
ゾーン：5〜9

Wisteria frutescens
- 一般名：アメリカフジ
- 英　名：AMERICAN WISTERIA
- ☼/☀ ❄ ↔12m ↕12m

アメリカ合衆国東部原産の非常に強健な右巻きのつる植物。葉は長さ30cmになり、長さ約5cmの先のとがった卵形の小葉が9〜15枚つく。長さ10cmの総状花序は、水平あるいは半直立状につくことが多い。花は明るい紫色で、穏やかな芳香がある。
ゾーン：5〜9

Wisteria macrostachya
- 一般名：ウィステリア・マクロスタキア
- 英　名：KENTUCHKY WISTERIA
- ☼/☀ ❄ ↔8m ↕8m

アメリカ合衆国ルイジアナ州からイリノイ州にかけて見られる左巻きのつる植物。長さ30cmになる葉に、長さ5cmの、先細りで先端が鋭くとがった小葉が7〜11枚つく。垂れ下がる長さ15〜30cmの総状花序をなす小さいピンクとラベンダー色の花は、深いピンクの花芽から開花する。
ゾーン：5〜9

Wisteria sinensis ★
- 一般名：シナフジ
- 英　名：CHINESE WISTERIA
- ☼/☀ ❄ ↔10m ↕10m

成長の早い左巻きのつる植物で、中国が原産。葉は長さ35cmになり、長さ8cmになる先の尖った楕円形の小葉が7〜13枚つく。花はラベンダー色とパープルブルーで、強い芳香があり、幅25mm、長さ15〜30cmの総状花序につく。'**アルバ**'、白い花。'**シエラ マドレ**'、ラベンダー色の竜骨弁のある白い芳香性の花。
ゾーン：5〜10

WITTROCKIA
（ウィットロキア属）

ブラジル南東部原産の6種からなるパイナップル科の小属で、カニストルム属の近縁属にあたる、中〜大型の植物。葉縁にしっかりとした歯状の切れ込みのある、帯状の葉が、幅広の杯形のロゼットを形成する。花茎の長さは多様。多数の花からなる球形の花序は、通常、下端

Wisteria brachybotrys 'Shiro-kapitan'

Wisteria × *formosa* 'Yae-kokuryû'

Wisteria × *formosa*

Wisteria floribunda

Wisteria floribunda 'Kuchi-beni'

Wisteria floribunda 'Alba'

が鮮やかな赤色の苞葉に囲まれる。花弁は黄、赤または白色。
〈栽培〉
冷涼地帯では温室、コンサバトリーで、温暖地帯、亜熱帯および熱帯では、長時間の日差しや強い雨から保護して栽培する。鉢植えの混合土が乾いたら水をやる。良質の鉢植え用混合土を使っていれば、肥料を足す必要はない。オフセットで繁殖。

Wittrockia superba
☀ ✿ ↔140cm ↕40cm
ブラジル、リオデジャネイロ原産の大型の植物。大きな歯状の切れ込みのある帯状の葉は、暗緑色で、先端は鮮やかな赤色で、広い杯形のロゼットを形成する。花茎は非常に短い。多くの花からなる球形の花序は、明るい赤色の苞に囲まれている。花弁は白色。
ゾーン：10〜12

WOLLEMIA
(ウォレミマツ属)
オーストラリア、シドニーの北西150キロに位置するウォレミ国立公園の固有の1種のみからなる、ナンヨウスギ科の属。暖帯林が原産で、同国立公園の砂岩渓谷内でコーチウッドとササフラスにかぶさるように出現した。極めて希少で、絶滅が危惧される、すばらしい針葉樹。海綿状の小さな節のある樹皮と、非凡な枝つきのために、樹冠が二重に見える。古くなった葉はばらばらには落ちず、枝全体が落ちる。1994年に偶然に発見され、動植物ともに種を保存するうえでの保全地区の重要性が強調された。木は抗がん剤のタクソールの原料となる。
〈栽培〉
園芸においては極めて新しい属であるため、栽培情報は限られている。シドニーの王立植物園で栽培されているのが見られる。種子、挿し木および組織培養による繁殖が、上記およびその他の地区で試みられ、研究が続けられている。

Wollemia nobilis
一般名：ウォレミマツ
英　名：WOLLEMI PINE
☀ ✿ ↔1.2〜3m ↕36m
非常に珍しい壮麗な針葉樹。シダに似た若葉は暗緑色で、裏面はロウ質。4列に並ぶ成長した葉は、黄緑色で硬く、長細い。円筒形の雄花序は、翼のある種子をもつ球形の雌花序とは別の枝につく。
ゾーン：9〜11

WOODSIA
(イワデンダ属)
北半球の温帯から熱帯にかけて広く分布する、およそ25種のシダ植物からなるオシダ科の属。ほとんどの種が短い匍匐性の根茎をもち、岩の上や狭い裂け目での生育に適したものもある。葉は羽状複葉だが、あまり細かく分かれてはおらず、長さ40cm以上に成長することはまれ。北方の地域に分布する種では、冬期は落葉性、あるいはかなりの葉を落とす場合がある。多くの種が、鱗片に覆われた赤茶色の茎をもつが、この外層は葉まで伸びていることがあり、その場合、うっすらと綿毛を帯びる傾向がある。
〈栽培〉
岩の多い露出部に自生し、岩の裂け目で生育する種は、強い日差しにも耐えるが、それ以外は半日陰または木漏れ日のあたる、腐植質に富んだ湿性の土壌で栽培する。成長期にはよく水をやり繁茂を促す。通常、株分けで繁殖するが、早春がいちばん株分けしやすい。

Woodsia × gracilis
英　名：LAWSON'S CLIFF FERN
☀ ✿ ↔30〜50cm ↕10〜25cm
*W. alpine*と*W. ilvensis*との自然交雑種。長さ20cmの葉と赤い鱗片に覆われた茎をもつ。鱗片状の外層は葉にもまばらにつくことがある。葉は革質である場合もある。
ゾーン：4〜9

Woodsia ilvensis
一般名：ミヤマイワデンダ
英　名：FRAGRANT WOODSIA, RUSTY WOODSIA
☀ ✿ ↔30〜50cm ↕10〜25cm
北米およびユーラシア大陸原産の種で、しばしば岩の裂け目で生育するものが見られる。葉は長さ25cmになるが、それより小さいことも多く、赤茶色の鱗片状の外層が葉の基部まで伸び、茎ではかなり鮮明なこともある。
ゾーン：1〜9

× WOODWARDARA
(×ウッドワルダラ属)
最近登録されたラン科の属で、複茎性のパブスティア属（以前はコラックス属の名前で知られていた）、ネオガルドネリア属、ジゴペタルム属の3属間交雑種。小さく成長するランで、紫色と茶色の模様が入った幅広の切片をもつ、よく目立つ均整のとれた緑色の花が、6個以下で花序をなす。花は直径6〜10cm。開花時期は主に冬と春であるが、成熟した植物では一年を通じて他の時期にも咲く。ジゴペタルム属の近縁属。
〈栽培〉
中温の湿った日陰を好む。短時間でも直射日光にさらされると葉焼けをおこす傾向があるため、注意。通気のよい多湿な環境におかなければ、葉の先端が乾燥し、葉に斑点が現れることがある。栽培媒体にはミズゴケまたは小粒サイズのバークが適しているが、鉢に多く入れすぎてはいけない。株分けで繁殖。

× *Wiidwardara* Adelaide Alive
一般名：×ウッドワルダラ アドレード アライブ
☀ ✿ ↔10〜40cm ↕15〜60cm
鮮やかな紫色の唇弁をもつ、暗いチョコレートブラウンの花をつける交雑種。
ゾーン：9〜11

× *Woodwardara* Beverley Lou
一般名：×ウッドワルダラ ベバリー ルー
☀ ✿ ↔10〜40cm ↕15〜60cm
緑色の花で、花弁と萼片に深い栗色の縞が入り、白い唇弁はライラック色に覆われる。
ゾーン：9〜11

WOODWARDIA
(コモチシダ属)
英　名：CHAIN FERN
主に北アメリカ、アジアに見られる10種あまりのシダ植物からなるシシガシラ科の属。根茎は短くずんぐりとしていることもあれば、長い匍匐性の場合もあり、また短い幹を形成することもある。樹冠部に生じる葉は通常は長く、優雅にアーチを描き、稔性(胞子をもつもの)と不稔性の葉でたいていはっきりと形が異なる。多くの場合、不稔性の葉は単羽状の構造をもち、それ以上分かれていないが、数種は羽毛状の葉をもつ。稔性葉は樹冠の中心近くに生じ、より直立する傾向があり、しばしばよく目立つ胞子嚢をもつ。
〈栽培〉
多湿な森林における、年間を通して保湿性のある、腐食質に豊んだ水はけのよい土壌で最もよく成長する。耐寒性は種により大きく異なる。耐寒性の種は主に落葉性。春先に株分けして繁殖するのが主だが、気候条件が合えば胞子で容易に増殖する。

Wollemia nobilis、マウント・トマ植物園、ニューサウスウェールズ州、オーストラリア

× *Woodwardara* Beverley Lou

Woodsia × gracilis

× *Woodwardara* Adelaide Alive

Woodwardia areolata
英名：NETTED CHAIN FERN
↔ 50〜120cm
↕ 50〜100cm
北アメリカの大部分に自生する丈夫な落葉性の種。不稔の葉は、幅広、単羽状で、長さ80cmになる。稔性の葉は直立し、やや長く、ねじれた裂片は胞子嚢で暗色になっていることが多い。どちらの葉も、暗色の茎をもつ。
ゾーン：5〜9

Woodwardia fimbriata
英名：GIANT CHAIN FERN
↔ 0.9〜2m ↕ 0.9〜2m
アメリカ、カリフォルニア州およびアリゾナ州原産の常緑種。葉は長さ3mまで伸びるが、より小さいこともある。稔性の葉の裏側につく目に見える胞子嚢を除き、不稔の葉と稔性の葉に大きな違いは見られない。古くなるにつれ短い幹を形成することがある。
ゾーン：8〜10

Woodwardia unigemmata
一般名：ハイコモチシダ
↔ 1.2〜2.4m ↕ 60〜100cm
東南アジアおよびヒマラヤ原産の常緑種で、2回羽状の葉は長さ1.2m近くなる。日光にさらされている場合、若い葉は鮮やかな赤色であることが多い。稔性の葉と不稔の葉に大きな違いはない。葉の先端に新しい苗をつけることがある。
ゾーン：9〜12

Woodwardia unigemmata

Woodwardia fimbriata

XANTHOCERAS
（クサントケラス属）
中国北部原産の、1種のみの落葉性の低木または小高木からなるムクロジ科の属。枝の先端に羽状複葉が密生し、5枚花弁の花が群生する。果実は肉厚で緑色のさく果で、栗の実に似ている。

〈栽培〉
非常に耐寒性に優れているが、花をよく咲かせるには長く暑い成長期が必要なため、冷涼地帯では覆いをする必要がある。水はけのよい肥沃な土壌で栽培し、剪定してコンパクトな樹形を保つ。種子、挿し木または吸枝で繁殖。

Xanthoceras sorbifolium ★
一般名：ブンカンカ（文冠果）
↔ 3m ↕ 8m
幅広で円形の習性をもつ低木または小高木。暗緑色の羽状複葉は、鋸歯縁の小葉からなる。春〜夏、基部に深紅色の斑点がある、芳香性の白色の花がスプレー状につく。
ゾーン：6〜9

XANTHOPHTHALMUM
（クサントフタルムム属）
この耳慣れない属名は、19世紀に名付けられたものであるが、最近になるまでほとんど忘れ去られていた。このキク科の属種である2種の一年生植物は、ヨーロッパ、温帯アジア、および北アフリカが原産で、普通キク属に分類されていたが、現在キク属という名前は、大半がアジア原産のやや木質の多年生植物である、キクとその近種のみに使われている。クサントフタルムム属種は、地表近くで分枝して、数本〜多数の直立性の茎を立ち上げ、鋸歯縁または切れこみのある無毛の葉をつける。各枝の先端に、デイジーに似たクリーム色〜黄色の花序がつく。容易に播種するため、群れて些細な雑草になることがある。東アジアのほとんどの国では、*X. coronarium*の柔らかい若葉、花芽、花が、西洋では「チョプスイ・グリーン」として知られる野菜として食用とされる。

Xanthoceras sorbifolium

〈栽培〉
日当りさえよければ、たいていどのような庭土でも容易に栽培できる。花を楽しむには、軽い土壌で栽培し、控えめに肥料を与える。野菜として育てる場合は、窒素肥料を頻繁に、軽く与え、土壌を湿性に保つこと。春に種子を播く。

Xanthophthalmum coronarium
異名：*Chrysanthemum coronarium*
一般名：シュンギク
英名：CROWN DAISY
↔ 30〜60cm ↕ 45〜75cm
地中海沿岸地方一帯に自生する強健な多年生植物。下部の葉にはしばしば幅狭の裂片が見られる。春〜初夏、幅広のクリーム色の周辺花と黄色の円盤花をもつ花序が多数生じる。若いシュートと花芽は、アジアではポピュラーな青野菜。
ゾーン：8〜11

XANRHORRHOEA
（ススキノキ属）
現在は同名のススキノキ科に分類される、オーストラリア各地に見られるおよそ30種のグラスツリーからなる属。成長が遅く、寿命の長い木性の多年生植物で、長い幅狭の葉が枝の先端から房状に生じる。地面から直接葉が伸びているために茎がないように見えるものもあるが、これらの種はかなりの大きさの地下茎をもつ。白色またはクリーム色の花が密集して柄の長い穂状花序をなす。花は普通、春、または火事に反応して生じる。革質のさく果が穂に沿って群生する。穂状花序と葉は、ともにフラワーアレンジメントに使われる。

〈栽培〉
幼株が茎を形成するまで20年かかり、とくに火事がない場合は、花をつけるまでに100年以上かかることがある。移植を嫌う。大半の種は、開けた日当りのよい場所と、排水のよい土壌を好む。コンテナ植えにも向く植物。繁殖は、春または秋に、水はけのよい粗い混合土に種子を播く。

Xanthorroea australis、野生、オーストラリア

Xanthorrhoea australis
英名：SOUTHERN GRASS TREE
↔ 0.9m ↕ 0.9m
オーストラリア南東部原産。細かい毛を帯びた、幅狭のアーチ状の葉が、密なロゼットを形成する。古くなると短い幹が発達することがある。何年も経った後、芳香のある春咲きの花が長い「槍」状に群生し、その後、さく果が密生する。
ゾーン：9〜11

Xanthorrhoea johnsonii、野生、オーストラリア

*X. johnsonii*とシロアリの塚、野生、オーストラリア、クイーンズランド州、ケープヨーク

Xanthorrhoea preissii、野生、ウェスタンオーストラリア州、ジョンフォレスト国立公園

X. glauca、野生、オーストラリア

Xanthorrhoea quadrangulata、野生、Para Wirra Recreation Park、サウスオーストラリア州

Xanthorrhoea glauca
英 名：NARROW-LEAFED GRASS TREE
☼ ❄ ↔0.9m ↕6m
オーストラリア、ニューサウスウェールズ州およびクイーンズランド州南部の大分水嶺山脈地方に自生する。枝分かれした黒っぽい幹をもち、いくつかの葉群がロゼットを形成する。葉は青みを帯びた緑色。花穂は長さ2mになる。
ゾーン：8〜11

Xanthorrhoea johnsonii
英 名：QUEENSLAND GRASS TREE
☼ ❄ ↔0.9m ↕2m
焼け焦げたような色の幹から、明るい緑色の草状の葉を群生させる。蜜の豊富なクリーム色の花が数百個集まって、巨大な円筒形の穂状花序を形成する。
ゾーン：9〜10

Xanthorrhoea preissii ★
英 名：WESTERN AUSTRALIAN GRASS TREE
☼ ❄ ↔1.2m ↕4.5m
ウェスタンオーストラリア州原産。茎は通常焼け焦げたような色で、ねじれていることが多い。葉はアーチ状に曲がる。クリーミィイエローの穂状花序は長さ1.5mにまでなる。茶色い革質のさく果をつける。ゾーン：10〜11

Xanthorrhoea quadrangulata
英 名：SQUARE-LEAF GRASS TREE
☼ ❄ ↔1.2〜2m ↕2〜3m
オーストラリア南部原産の、乾燥に強い多年生植物。高さ3mになる幹に、非常に幅狭で、断面が四角い、長さ60〜90cmになる暗緑色の葉がスプレー状につく。秋に樹冠から現れる、幅狭の白っぽい穂状花序は、高さ0.9〜1.2mになる。アボリジニたちは、これを槍にしたり、たたいて粉にしたりして利用する。葉の柔らかい基部と根も食用される。
ゾーン：9〜11

XANTHOSOMA
(キサントソマ属)
英 名：YAUTIA, TANNIA
熱帯アメリカ原産の、塊根をもつおよそ50種の多年生植物からなるサトイモ科の属。葉は多様で、たいてい長い矢じり形だが、先がとがっていたり、卵形であったり、あるいは大きな切片に分かれていることもある。花序は普通茎が短く、葉に隠れていることが多いが、鱗茎状の基部があり、緑、白またはクリーム色がかった黄色の仏炎苞が、短い肉穂花序の一部を囲むようにつく。原産地では、茎と塊茎を食用するためにいくつかの種が栽培されている。この属の一種である*X. saggittifolium*は、熱帯地域の多くで主要な産物のひとつとなっている。

〈栽培〉
これら熱帯のサトイモの栽培には、温暖で多湿な気候条件と腐植質に富んだ土壌が必要。霜や長期的な寒さに弱いため、熱帯以外では主に室内または温室植物として栽培される。種子で繁殖するか、よく根の張った叢を株分けする。

Xanthosoma undipes
☼ ❄ ↔2〜3m ↕2〜3m
メキシコ〜ペルー原産の多年草で、カリブ海地域で広く栽培される。茎は長さ2mになる。葉は、長さ0.5m〜2mの幅広の心臓形で、長さ100cmまで伸びる柄につく。卵形の仏炎苞の筒部は長さ8cm、内側は黄みを帯びた緑色で、舷部は長さ25cmになる。
ゾーン：10〜11

XANTHOSTEMON
(キサントステモン属)
温暖な気候に適したおよそ45種の常緑性の高木または低木からなるフトモモ科の属。オーストラリア北部、ニューカレドニア、ニューギニア、インドネシア、フィリピンの湿潤な熱帯および亜熱帯地域が原産。幹は単幹または枝分かれする習性をもち、ざらざらした薄片状に剥がれる樹皮をもつ。なめらかな革質の卵形の葉は、枝の先端にいくほど密につく。葉腋から単生または群生する花は、5枚の花弁と、黄色、赤色、またはオレンジ色の多数の雄ずいがあり、芳香性の場合もある。果実は球状のさく果で、裂開すると環状に並んだ平らな種子が現れる。属名はギリシア語の*xanthos*（黄色）と*stemon*（雄ずい）という2つの単語に由来し、黄色の雄ずいを表わす。

〈栽培〉
開けた日当りのよい、軽〜中程度の重さの、排水性のよい土壌と定期的な灌水を好む。種子、または秋に挿し木で繁殖。

Xanthostemon aurantiacum
☼ ❄ ↔38cm〜1.8m ↕50cm〜3m
ニューカレドニア原産の、多数に分枝する常緑の低木。葉はなめらかな革質で、卵形、長さ10〜12cmになり、葉縁はわずかにカールする。若葉は銀色みを帯びる。春〜夏、鮮やかなオレンジレッドの花弁と、密生する黄色の雄ずいをもつ花が、12個以下集まって分枝する花序をなす。花序は葉腋から伸びる。果実は木質のさく果。
ゾーン：10〜12

XERANTHEMUM
(トキワバナ属)
地中海沿岸地方〜東南アジア原産の、6種の直立性の一年草からなるキク科の属。互生する全縁の葉をもち、デイジーに似た円盤状の花序が茎頂に単生する。花は、白色、モーブ色、ローズ色、あるいはライラック色で、花弁状の紙質の苞がある。属名はギリシア語の*xeros*（乾いた）と*anthemum*（花）の2語に由来し、長い年月にわたりその形と色を留める乾いた紙質の花序を表している。

〈栽培〉
開けた日当りのよい場所と、非常に排水のよい肥沃な土壌を好む。種子で繁殖。

Xeranthemum annuum
一般名：トキワバナ、キセランテムム
英 名：COMMON IMMORTELLE
☼ ❄ ↔25〜90cm ↕25〜90cm
ヨーロッパ南東部〜コーカサス地方およびイラン原産の一年草で、それ以外の地域にも帰化した。直立性の分枝する茎に、幅狭の全縁の長楕円形の葉が互生する。葉には細かな白い毛があり、裏面はより密に覆われる。夏〜秋、鮮やかなピンクまたは白色の、広がる長楕円形の内苞と、多数の小花とが花序をなす。
ゾーン：6〜10

XEROCHRYSUM
(キセロクリスム属)
英 名：ALPINE EVERLASTING, ORANGE EVERLASTING
オーストラリアに分布する6種からなるキク科の小属で、以前はブラクテアンタ属に分類されていた。属名はギリシア語の*xeros*（乾いた）と*chrysos*（黄金の）に由来し、多くの種に見られる金黄色の乾いた薄紙状の苞葉を表している。

〈栽培〉
日当りのよい場所で、軽い、排水のよい土壌で栽培する。種子で繁殖。

Xerochrysum bracteatum
異 名：*Bracteantha bracteatum*、*Helichrysum bracteatum*
一般名：ムギワラギク
英 名：GOLDEN EVERLASTING, STRAWFLOWER
☼ ❄ ↔40cm ↕0.9m
オーストラリアに分布する一年生または短命の多年生植物で、長さ10cm以上になる、しばしば粘性の、幅狭で先のとがっ

Xerochrysum bracteatum

Xerochrysum bracteatum 'Coco'

Xerochrysum bracteatum 'Golden Beauty'

Xerochrysum bracteatum 'Pink Sunrise'

た槍形の葉をもつ。幅8cm近い花序は、深い金黄色。園芸品種ではさまざまな色の花序が見られる。'ブライト ビキニ'、青とモーブ色を除き、あらゆる色合いのものがある。'ココ'、淡い黄色の花。'ダーガン ヒル モナク' (syn. *Bracteantha bracteata* 'ダーガン ヒル モナク')、バターイエローの花。'ゴールデン ビューティ'、全面が深い金黄色。'ピンク サンライズ'、ピンクの花芽からオレンジとクリーム色の花序が開く。'プリンセス オブ ウェールズ'、コンパクト型。金黄色の花序。ゾーン：8～10

XERONEMA
（クセロネマ属）

ニューカレドニアおよびニュージーランドのプアナイツ諸島原産の、2種のみの寒さに弱い多年生植物からなるキスゲ科の属。直立～アーチ状の、長いとがった革質の葉が、扇状に密に叢生する。花茎は丈夫で枝分かれせず、小さな花が密につまった、ブラシ状の花序をつける。花は鮮やかな赤色～深紅色で、非常に華やか。

〈栽培〉
この属種は栽培が難しく、花をつけるまでに非常に長い時間がかかる。極めて温暖な地域では、非常に水はけのよい土壌で、屋外の日当りのよい場所で栽培する。コンテナ植えに適し、根詰まり気味にしたほうがよく育つことが多い。冷涼地帯では、湿度の高い温室で、排水のよい砂壌土に植え、成長期には十分に水をやる。種子または株分けで繁殖。

Xeronema moorei
☼ ✼ ↔60cm ↕60～90cm

ニューカレドニア原産。革質の葉にははっきりとした折り目がある。春、花茎の先に、鮮やかな深紅色の花が、片側のみの総状花序に密生する。果実は熟すと深い紫色になる。
ゾーン：10～12

YUCCA
（ユッカ属）

北および中央アメリカ、それに西インド諸島の乾燥地帯原産の、40種からなるリュウゼツラン科の属で、常緑の高木および低木、それに多年草が含まれる。強い肉太の外観で、帯状～槍形の葉がロゼットをなす。鐘形～杯形の花は普通、直立した円錐花序をなす。*Y. whipplei* の花序は、14日間で3.5mにまで成長する。漢方医や伝統医療では、ユッカの根を煎じて作った茶を用いる。ネイティブアメリカンたちは、今でもこの植物の一部を工芸用具や染料として使用している。

〈栽培〉
いずれの種も、水はけのよいローム質土壌でもっともよく生育するが、やせた砂土にも耐える。冷涼地帯では、寒さに弱い種は、大きな鉢を壌土をベースにした鉢植え用堆肥で栽培し、冬期は屋内に置く。屋外で栽培する場合、夏季の間の十分な光と、毎月の肥料、慎重な灌水が必要。霜に強い種から弱い種まである。春に種を播くか、冬の根挿し、あるいは春に吸枝を移動して繁殖。

Yucca aloifolia
一般名：センジュラン
英　名：DAGGER PLANT, SPANISH BAYONET
☼ ❄ ↔3m ↕8m

西インド諸島、メキシコ、アメリカ合衆国南東部原産。成長の遅い低木または小高木。直立する茎は単茎または分枝し、長さ50cmになる鋭くとがった葉は硬く、槍形で鋸歯縁、灰緑色。夏～秋、下垂する白い鐘形の花が、直立性の穂につく。果実は多肉。'マルギナタ'（キンポウラン）★、黄色い葉縁をもつが、その広がる習性が問題となることがある。'トリコロル'、葉の中央に白色または黄色の縞がある。ゾーン：8～11

Yucca baccata
英　名：BANANA YUCCA, BLUE YUCCA, SPANISH BAYONET
☼ ❄ ↔1.2m ↕1.5m

メキシコ北部およびアメリカ合衆国南西部が原産。茎は単茎または分枝し、古くなった葉は茎についたまま残る。葉は、黄みあるいは青みを帯びた緑色で、葉は細かい毛に縁取られる。円錐花序につく鐘形の花は、クリーム色で、紫色がかっていることもある。ゾーン：9～11

Yucca brevifolia
一般名：ヨシュアツリー
英　名：JOSHUA TREE
☼ ❄ ↔1.5m ↕9～12m

アメリカ合衆国カリフォルニア州からユタ州南西部にかけて見られる。枝分かれする習性があり、樹皮は灰色あるいは

Xanthostemon aurantiacum

Yucca baccata

Xeronema moorei、野生、ニューカレドニア、コギ山

キサントステモン、原種、野生、ニューカレドニア

Yucca faxoniana、野生、アメリカ、テキサス州、ビッグベンド国立公園

Yucca glauca、野生、アメリカ、モンタナ州

Yucca gloriosa

Yucca elata、野生、アメリカ、ニューメキシコ州、ホワイトサンド・ナショナルモニュメント

Yucca brevifolia、野生、アメリカ、カリフォルニア州、デスバレー国立公園

Yucca elephantipes、野生、コスタリカ

Yucca glauca
英　名：SPANISH BAYONET
☼ ❄ ↔ 90cm ↕ 60cm
アメリカ合衆国西部および中部原産の叢生種。青緑色の幅狭の葉の縁に沿って、細いまっすぐな繊維がつく。花茎は高さ0.9mになり、夏に鐘形の花をつける。花色はオフホワイトで、緑みあるいは赤茶みを帯びていることもある。
ゾーン：4〜9

Yucca gloriosa
一般名：アツバキミガヨラン
英　名：CANDLE YUCCA, PALM LILY, ROMAN CANDLE
☼ ❄ ↔ 1.8m ↕ 1.8〜2.4m
アメリカ合衆国ノースカロライナ州からフロリダ州にかけて見られる。普通分枝のない高木状の種。硬く薄い槍形の葉は、青緑色で、古くなるにつれ暗緑色に変わる。夏〜秋、時々緑、ピンクあるいは紫赤みを帯びる、白色の、垂れ下がる鐘形の花が、丈高の円錐花序をなす。'**ワリエガタ**' ★、葉にイエロークリーム色の縞と縁取り。
ゾーン：7〜10

オレンジブラウンで、薄層を形成する。葉はまっすぐで幅狭、細かい鋸歯縁。晩春、穂状花序につく花は、黄色またはクリーム色を帯びた緑がかった色で、不快な臭いがある。
ゾーン：7〜10

Yucca elata
英　名：PALMELLA, SOAP WEED
☼ ❄ ↔ 1.5m ↕ 3m
アメリカ合衆国アリゾナ州〜テキサス州、それにメキシコで見られる。腋からシュートを出し、複数の茎は枯れた葉に覆われる。新しい葉は明緑色で、細かい毛に縁取りられる。花柄は高さ1.8mになり、花はクリーム色に近い白色で、ピンクまたは緑色を帯びる。
ゾーン：9〜11

Yucca elephantipes
異　名：*Yucca guatemalensis*
一般名：青年の木
英　名：GIANT YUCCA, SPINELESS YUCCA
☼ ❄ ↔ 3m ↕ 9m
中央アメリカおよびメキシコ原産。直立性の大低木または小高木。長さ0.9mになる幅狭で革質の真緑色の葉は、細い鋸歯縁をもつ。夏〜秋、高さ0.9mの柄に白色またはクリーム色の花をつける。
ゾーン：10〜12

Yucca faxoniana
☼ ❄ ↔ 2〜3m ↕ 3〜5m
アメリカ合衆国南西部からメキシコに見られる常緑多年生の低木。直径30cmになる、ずんぐりした直立性の幹を形成する。ロゼットを形成する硬い葉は、長さ0.9mになり、先端が鋭くとがり、葉縁は赤味がかった色あるいは黒色で、カールした糸状の繊維がつく。古くなった黄色い葉は垂れ下がり、厚く重なり合う。葉のロゼットの中央から生じる茎頂は、0.9m〜1.2mの高さまで伸びる。クリーミィホワイトの鐘形の花をつける。果実は赤味を帯びる。ゾーン：8〜10

Yucca Filamentosa ★
一般名：イトラン
英　名：ADAM'S NEEDLE
☼ ❄ ↔ 1.5m ↕ 0.9m
アメリカ合衆国東部原産。普通無幹で、長さ75cmになる、繊維質の青緑色の葉が、複数発達して叢生する。花茎は高さ3mになり、夏、下垂するクリーム色の花を多数つける。'**ブライト エッジ**'、矮性の栽培種。黄色い縁取りの葉と、緑みを帯びたクリーム色の花。'**ゴールデン スウォード**' ★、'ブライト エッジ' に似ているが、より大型。'**アイボリー タワー**'、緑みを帯びたクリーミィホワイトの花。
ゾーン：6〜10

Yucca flaccida
ユッカ・フラッキダ
異　名：*Yucca filifera*
☼ ❄ ↔ 5〜10m ↕ 5〜10m
北アメリカ原産の、分枝する多年生の常緑低木。青みがかった暗緑色の、しなやかな幅狭の剣形の葉は、長さ55cmになり、先端が鋭く、黄色い鋸歯縁の先はまっすぐな糸状になる。夏〜秋、クリーミィホワイトの鐘形の花が、長さ5cmの円筒形の花序をなす。'**ゴールデン スウォード**'、緑色の葉に黄色の縁取り。'**アイボリー**'、豊富なアイボリー色の花が穂状花序をなす。
ゾーン：6〜9

Yucca filamentosa 'Bright Edge'

Yucca filamentosa 'Bright Edge'

Yucca schidigera、メキシコ、バハカリフォルニア

Yucca whipplei

Yucca recurvifolia

Yucca whipplei subsp. *parishii*

Yucca recurvifolia
一般名：キミガヨラン
英　名：WEPPING YUCCA
☀ ❄ ↔ 1.2m ↕ 1.2～2.4m
アメリカ合衆国南東部原産。がっしりとした低木で、複数の茎をもつことがある。革質の、青みを帯びた緑色～深い緑色の、先細りの葉は、品種によっては反曲して垂れ下がるものもあるが、ほとんどはまっすぐである。晩夏～晩秋、大きなクリーミィホワイトの鐘形の花が、丈高の円錐花序をなす。ゾーン：8～11

Yucca schidigera
異　名：*Yucca mohavensis*
☀ ❄ ↔ 2.4m ↕ 4.5m
アメリカ合衆国南西部原産。高木状で、幹はしばしば分枝する。葉はなめらかで、厚みのある葉縁には細い繊維がつく。晩春あるいは温かい雨の後、長さ1.2mになる穂状花序に、すべすべしたクリーム色の花がつく。ゾーン：8～10

Yucca whipplei
英　名：OUR LORD'S CANDLE
☀ ❄ ↔ 1.2m ↕ 0.9m
葉の硬い、無茎のユッカで、アメリカ合衆国南西部からメキシコ、バハカリフォルニアにかけて分布する。ロゼットを形成する葉は、幅狭で硬く、青緑色で、先端に刺があり、細かい鋸歯縁。晩夏～初秋にかけて、3～4.5mの高さに急速に伸びる円錐花序に、しばしば先端が緑色または紫色の、白い小さな花が下垂する。*Y. w.* subsp. *parishii*、枝分かれしない品種。
ゾーン：8～11

YUSHANIA
(ユスハニア属)
80以上の種からなるイネ科の大属。ユスハニアは中国語で「翡翠の山」を意味する。厳密には耐寒性の連軸型の竹であるが、根茎の首が非常に長く、桿がかなりの距離にわたって生じるため、広がる植物として扱う必要がある。中国、台湾、東南アジアからマダガスカルおよび東アフリカの山地に見られる。通常は低木で、スクリーンとして好まれる。

〈栽培〉
繁殖は、冬に桿と根茎の芽のついた状態で株分けする。

Yushania anceps
ユスハニア・アンケプス
☀ ❄ ↔ 4.5～9m ↕ 4.5m
インドのヒマラヤ山地が原産。直立性の桿は直径18mmで、葉の重みによって完全に垂れ下がる。急勾配の土手で美しいスクリーンになる。'ピット　ホワイド'、より小型の葉で、より強健。原種の2倍の高さ。
ゾーン：7～10

ZALUZIANSKYA
(ザルジアンスキア属)
粘性の葉をもつ、およそ35種の、一年生および多年生植物、それに亜低木からなるゴマノハグサ科の属。葉縁は全縁または鋸歯縁。花は、長い円筒の先端に、切れ込みのある5枚花弁を広げる。夜芳香を放つものがほとんどで、花色は外側と内側で全く異なる。属名は19世紀のボヘミア人植物学者、Adam Zaluziansky von Zaluzianにちなむ。

〈栽培〉
霜害のない地域では、日光と、排水のよい土壌を好む。霜の降りる地域では、暖房しない温室で、色よく隙間を埋める植物として栽培可能。冬はほぼ乾燥状態に保つ。低木状の種も含め短命であるため、定期的な繁殖が必要。夏に先端を切って挿し木するか春にボトムヒートで種を播く。

Zaluzianskya ovata
一般名：ムーンライトフラグランス
☀ ❄ ↔ 50～60cm ↕ 20～25cm
南アフリカ原産の、もろい茎をもつ常緑の多年生植物。鋸歯縁の葉は長さ40mmになる。夏～秋、内側が白く、花弁の裏面が濃い深紅色の花が、長期間にわたって咲き続ける。
ゾーン：10～11

ZAMIA
(ザミア属)
55種以上からなるザミア科の属で、大半は中南米および北アメリカに分布する。全種とも、羽状複葉と、円筒形または塊茎状の茎をもつ。通常は地下茎であるが、地上茎であることもある。シダやヤシに似た外観で、雄花序と幅広の雌花序が別々の株につく。多くの種が毒性の高い種子をつける。らせん状につくアーチ状の葉の小葉は、大半がなめらかで、葉縁は、全縁、鋸歯縁、または凹凸があり、中には刺のある種もある。広域に生息し、よい景観植物となる。大半の種は、霜のない熱帯および亜熱帯地域に最も適応する。

〈栽培〉
大半の種は排水のよい土壌に比較的よく適応する。耐寒性はさまざま。低木層の種は、より柔らかで青々と茂る葉をもち、通常風雨にさらされない、比較的湿度の高い半日陰がもっとも適している。より開けた場所に生息する、葉の硬い種は、日光への露出にも耐える。新鮮な種子で繁殖。

Zamia fairchildiana ★
☀ ❄ ↔ 1.5m ↕ 2.4m
コスタリカおよび西パナマ原産。直立性の幹をもつ魅力的な種。3～10枚で輪生する葉は、直立性で、薄い質感の、紙のような緑色。葉柄には刺が密生する。雄花序はクリーム色～黄色で、雌花序は黄味がかった緑色～明るい茶色。
ゾーン：11～12

Zamia furfuracea ★
一般名：ヒロハザミア、メキシコソテツ
英　名：CARDBOARD PALM
☀ ❄ ↔ 2m ↕ 0.9m
メキシコ原産。幅広で有毛の硬い小葉をもつ魅力的な小型～中型のソテツで、幼時は地下茎がある。オリーブグリーンの革質の小葉からなる葉が、刺のある柄とともに小山を形成する。花序はピンク～赤色。桶植えに最適。
ゾーン：11～12

Zamia pumila
一般名：ザミア・プミラ
英　名：GUAYIGA
☀ ❄ ↔ 1.8m ↕ 1.5m
カリブ海諸島原産。短い、多数に分枝した地下茎から、4～12枚の直立性の暗緑色の葉が、なめらかな葉柄とともに生じ

Zamia furfuracea

Zaluzianskya ovata

る。花序は赤色〜赤茶色。
ゾーン：10〜12

ZANTEDESCHIA
（ザンテデスキア属）
英　名：ARUM LILY, CALLA LILY

大型のカラーZ. aethiopicaは、評価が分かれる植物である。庭用の植物として好まれる場合もあるが、葬式を連想させるイメージが嫌われる場合もある。イタリアの植物学者Giovanni Zantedeschi（1773〜1846）にちなんで名付けられた、アフリカ南部原産の根茎をもつ6種の多年生植物からなるサトイモ科の属で、大きい、上向きの、長い心臓形の葉は、長い先端に向かって先細り、半透明の斑が入る場合もある。花の仏炎苞はじょうご形で、これも先細りする。肉穂花序は仏炎苞に囲まれているが、わずかに突き出していることもある。白色の種が最も有名だが、最近の交雑種には幅広い色が揃っている。葉も花もともに丈夫な柄に支えられている。

〈栽培〉
cv. は中程度の霜に耐える。冬の寒い時期には葉が落ちるが、寒さが厳しくなけ

Zantedeschia, HC, 'Scarlet Pimpernel'

ればもちこたえることもある。沼地に近い多湿の条件を好むものもあるが、大半の種は、完全に乾燥しきらなければ、どのような庭土でも、日なたまたは半日陰で育つ。株分け、吸芽、または種子で繁殖。

Zantedeschia aethiopica
一般名：カラー, オランダカイウ
英　名：ARUM LILY, CALLA LILY
☼/◐ ❄ ↔50〜150cm
↕1.2〜1.8m
南アフリカ原産の常緑または半常緑の種で、温暖地域において広く帰化している。大きな根茎を形成し、茎の長い、長さ30〜60cmになる矢じり形の葉が印象的に叢生する。丈高の花茎の先端には、長さ25cmの白い仏炎苞が、黄色い肉穂

Zantedeschia pentland、野生、南アフリカ

Zantedeschia aethiopica、野生、南アフリカ

Zantedeschia aethiopica 'Crowborough'

Zantedeschia aethiopica 'Green Goddess'

Zantedeschia, Hybrid Cultivar, 'Hercules'

花序を囲むようにつく。侵略種になり得る。'**チルドシアナ**'★、コンパクト型。小さな葉と、ピンクがかった花。切花は長持ちする。'**クロウボロウ**'、高さ90cm。'**グリーン　ゴッデス**'、高さ90cm。緑みを帯びた小さな仏炎苞をつける。侵略種になり得る。
ゾーン：8〜11

Zantedeschia albomaculata
一般名：シラボシカイウ
☼ ❄ ↔40〜60cm ↕60〜100cm
南アフリカからアフリカ東部の熱帯地域に見られる多年生植物。茎が長く、白い斑入りの、矢じり形の葉は、長さ45cmになる。丈夫な花茎に、長さ12cmになる杯形の仏炎苞がつく。色は通常、白色〜クリーム色だが、黄色やピンクのものもある。肉穂花序は薄い黄色〜深い黄色。
ゾーン：9〜11

Zantedeschia elliottiana★
一般名：キバナカイウ
英　名：GOLDEN CALLA
☼ ❄ ↔30〜45cm ↕30〜45cm
野生種については不明で、おそらく交雑種が起源と思われる。白斑が多く入った矢じり形の葉は長さ20〜30cmで、深い黄色の、長さ10〜12cmの仏炎苞をつける。
ゾーン：9〜11

Zantedeschia pentlandii
☼ ❄ ↔30〜40cm ↕30〜60cm
南アフリカの種で、通常、無斑の、長さ15〜20cmの矢じり形の葉が、細長い茎につく。長さ10cm以上になる金黄色の杯形の仏炎苞と、同色の肉穂花序がつく。仏炎苞の内側は、基部に紫色の斑がある。
ゾーン：9〜11

Zantedeschia rehmannii
一般名：モモイロカイウ
☼ ❄ ↔30〜50cm ↕40〜50cm
南アフリカおよびスワジランド原産。葉は、幅狭、無斑、槍形で、長さ40cmになる。花序はしばしば葉よりも低い位置

Zantedeschia, Hybrid Cultivar, 'Flame'

につく。仏炎苞は、白、ピンク、またはパープルレッドで、長さ10cm以上になる。'**スパーバ**'、多数の深いピンク色の仏炎苞を、葉群のすぐ上につける。
ゾーン：9〜11

Zantedeschia Hybrid Cultivars
一般名：ザンテデスキア交雑品種
☼ ❄ ↔0.3m〜1.5m ↕0.3m〜1.8m
大半の小型種を掛け合わせて作られたこれらの交雑種は、概してコンパクト型。白斑のある葉に、よく目立つ仏炎苞のついた丈夫な花茎をもつ。'**フレーム**'、60cm、赤い斑入りの黄色い仏炎苞は、古くなるとより色を深める。'**ヘラクレス**'、1.8mの大型品種で、白色〜極めて薄いピンクの仏炎苞をつける。'**キウイ　ブラッシュ**'、75cmで、かなりピンク色を帯びた白色の仏炎苞。'**スカーレット　ピンパーネル**'★、45〜60cm、鮮やかな赤色の仏炎苞。ゾーン：9〜11

ZANTHOXYLUM
（サンショウ属）
広域に分布するおよそ250種からなるミカン科の属で、原産地は南北アメリカ、アフリカ、アジアおよびオーストラリア。落葉性または常緑の、刺のある低木または高木で、羽状複葉と芳香性の樹皮をもつ。魅力的な習性と芳香のある美しい葉や、また、乾燥させてスパイスとして使用される果実を目的に栽培される。薬用されたり、良質の材木になる種もある。

〈栽培〉
種によって霜に強いものから弱いものま

 *Zea mays* 'Cuties Pops'
 *Zea mays* 'Blue Jade'
 *Zea mays* 'Earlivee'
 *Zea mays* 'Indian Summer'
 *Zea mays* 'New Excellence'

である。日なたまたは半日陰の位置で、肥沃で湿性の、水はけのよい土壌が必要。剪定はほとんど不要だが、幼株は春先に樹形を整える。種子、挿し木、根のついた吸枝で繁殖する。

Zanthoxylum americanum
一般名：アメリカサンショウ、プリックリーアッシュ
英　名：NORTHERN PRICKLY ASH, PRICKLY ASH, TOOTHACHE TREE
☼ ❄ ↔4.5m ↕8m

北アメリカ東部原産の落葉性の大低木または小高木。刺のある茎と芳香のある羽状複葉をもつ。春、葉に先んじて、非常に小さい黄緑色の花が群生する。果実は黒色の液果。
ゾーン：4〜10

Zanthoxylum piperitum
一般名：サンショウ、ハジカミ
英　名：JAPANESE PEPPER
☼ ❄ ↔3m ↕6m

落葉性、藪状、刺のある低木または小高木で、中国、朝鮮半島および日本が原産。芳香性で光沢のある暗緑色の羽状複葉は、多数の卵形の小葉からなり、秋には黄色に紅葉する。春、小さな黄緑色の花が小さな房状につく。オレンジ色の小さな液果をつける。
ゾーン：7〜10

Zanthoxylum planispinum
一般名：フユザンショウ
☼ ❄ ↔2.4m ↕3.5m

日本、朝鮮半島、および中国原産。広がるように伸びる、刺のある茎と、羽状複葉をもつ落葉性の低木で、茎を抱く小葉は長さ10cmになる。春、薄い黄色の花が小さな房状につく。微小の、いぼのある赤い液果がつく。
ゾーン：7〜10

Zanthoxylum simulans
一般名：トウザンショウ
英　名：FLAT-SPINE PRICKLY ASH, PRICKLY ASH
☼ ❄ ↔2〜8m ↕2〜8m

円形に広がる落葉性の低木または小高木で、中国および台湾が原産。細かな毛を帯びた枝には、幅広の平らな刺がある。複葉をなす7〜11枚の小葉は、長さ5cm、なめらか、鋸歯縁、卵形〜長楕円形で、中央脈に刺がある。真夏、赤みがかった緑色の花が細長い集散花序をなし、秋には、赤〜黒色の液果をつける。
ゾーン：5〜8

Zanthoxylum planispinum

Zanthoxylum simulans

ZEA
（トウモロコシ属）

4種の一年生植物からなるイネ科の属で、中央アメリカが原産。直立する丈夫な茎に、幅広でなめらかな、帯状の葉をつける。夏、雄花が茎の先端につき、葉に包まれた硬い仏炎苞に似た芯のある雌花が、葉腋から伸びる。果実は、夏の終わりから秋にかけて、芯の周囲にたくさんの穀粒（穂軸または穂）となってつく。栄養価の高いZ. maysは、世界中で食用および家畜の飼料として栽培されている。観賞用の栽培種も出回っている。

〈栽培〉
トウモロコシ属の種はほとんどのタイプの土壌にも適応し、開けた日当りのよい場所を必要とする。種子で繁殖可能。

Zea mays
一般名：トウモロコシ
英　名：CORN, MAIZE, MEALIE, INDIAN CORN, SWEET CORN
☼ ❄ ↔50〜100cm ↕2〜4.5m

直立する、ずんぐりとした丈夫な茎。2列につく、長さ90cmになる葉は、なめらかな帯状で、先端がとがり、基部は鞘に包まれる。羽根のような雄花が茎頂に円錐花序につく。葉腋から生じる雌花は、長さ20cmの花序をなし、成熟すると、葉の内側に包まれた直径10mmの光沢のある黄色、白色または黒色の穀粒になる。‘ブラック アズテック’、非常に古くからあるvar. で、白い穂は乾燥すると黒く変わる。‘ブルー ジェイド’、矮性の藪状の習性で、深い青がかった黒色の穀粒。‘キューティー ポップス’、観賞用のcv. 。‘アーリヴィー’、コンパクト型。成熟の早い、黄色い品種で、高さ1.2mになる。‘インディアン サマー’ ★、長さ20cmの密な穂。穀粒は白、黄、赤、紫が混在する。‘ニュー エクセレンス’、甘い黄色の穀粒。ゾーン：8〜10

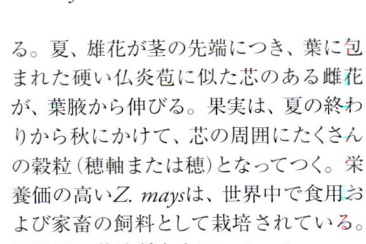
Zea mays cv.、アメリカ、モンタナ州

ZELKOVA
（ケヤキ属）

ニレ属の近縁属だが、オランダニレ病にはかからない。5種の落葉性の高木からなるニレ科の属で、中国、台湾、日本、コーカサス地方、ギリシアのクレタ島に見られる。先端のとがった楕円形の単葉には、よく目立つ葉脈があり、葉縁は大きな鋸歯状。葉は秋に美しく紅葉するものが多い。いくつかの種では、樹皮に特徴があり、薄片状に剥がれ、おもしろい模様と色を現す。別々につく雄花と雌花は、小さい堅果状の果実と同様に、ほとんど目立たない。

〈栽培〉
かなり耐霜性の高い、樹冠の丸い広がる高木であり、幼時に強風から守ってやると樹形がよくなる。また、剪定によって強い単幹の成長を促すことにもなる。よく日の当たる、肥沃な排水のよい土壌に、深く植えつける。種子、若い鉢植えの苗から取った根挿し、または接ぎ木で繁殖。

Zelkova abelicea
英　名：CRETA ZELKOVA
☼ ❄ ↔6m ↕15m

ギリシア、クレタ島原産の大低木。若枝は細かな白い綿毛を帯び、小さい葉の裏面にも同様の毛がある。
ゾーン：8〜10

Zingiber spectabile

Zelkova carpinifolia
一般名：コーカサスケヤキ
英　名：CAUCASIAN ZELKOVA
☀ ❄ ↔8m ↕30m
コーカサス地方原産。複数の幹が発達することがある。樹冠の丸い高木で、灰色の樹皮の直立性の枝は先端が下垂する。若い茎はびっしりと綿毛を帯び、鋸歯縁の葉の裏面には葉脈がある。花は芳香を発する。
ゾーン：5〜9

Zelkova serrata
一般名：ケヤキ、ツキ
英　名：JAPANESE ZELKOVA
☀ ❄ ↔15m ↕18〜30m
広く栽培されている種で、日本、台湾、および中国東部で見られる。樹冠は大きく広がり、樹皮は剥離し、さまざまな色と質感を現わす。大きな鋸歯縁の葉には葉脈があり、裏面の葉脈には細かい毛がある。葉は秋に金色やさび色に変わる。'ゴブリン'、高さ0.9mの矮性 cv.。'グリーン ベース'★、つぼ形の品種で、鮮やかな緑色の葉。'ヴィレッジ グリーン'、成長が早い。濃い緑色の葉。
ゾーン：5〜9

ZENOBIA
(ゼノビア属)
単一の種からなるツツジ科の属。アメリカ合衆国南東部に見られる落葉性または半常緑の低木で、開けた、ヒースの生えた荒野および松林の空き地に見られる。美しい花と心地よい香りで知られる。葉は、秋には赤く紅葉することがある。

〈栽培〉
冷涼、多湿の、腐植質に豊んだ酸性土壌を好む。非常に霜に強く、半日陰を好む。必要に応じて、花後に剪定して樹形を整える。種子または夏の挿し木で繁殖。または、取り木や、根付いたや吸枝を移動してもよい。

Zigadenus fremontii

Zenobia pulverulenta ★
一般名：スズランノキ
☀ ❄ ↔1.2m ↕0.9〜3m
アメリカ合衆国バージニア州南部〜サウスカロライナ州が原産。冬が温暖な地域ではほとんど葉は落ちないが、それ以外では落葉性。幅狭の楕円形の葉は明るい緑色で、青みを帯びた粉で覆われる。晩春、芳香性の、鐘形の、点頭する白い花が花序をなす。'ケルキフォリア'、幼株にしばしば浅裂をもつ葉が見られる。
ゾーン：5〜10

ZIGADENUS
(リシリソウ属)
英　名：DEATH CAMAS、ZYGADENE
18種の鱗茎または根茎性の多年生草本からなるユリ科の属で、北アメリカのおよび北アジア温帯原産。幅狭で、折り目のある、湾曲した葉が、中央の基部から伸びる。夏、茎頂に円錐花序または総状花序をなす花は、緑がかった白色〜黄味がかった白色の両性花で、基部に緑色の腺のある、独立した6枚の花弁状の花被片をもつ。果実はさく果。この属種はすべて、人間および家畜に対して強い毒性をもつ。

〈栽培〉
日当りのよい場所を好み、ほとんどの排水のよい土壌に適応する。鱗茎または根茎の株分け、または種子で繁殖する。

Zigadenus fremontii
英　名：STAR LILY、STAR ZYGADENE
☀ ❄ ↔5〜12cm ↕50〜90cm
アメリカ合衆国オレゴン州南部〜メキシコ、バハカリフォルニア北部原産の多年草。幅25〜30mmの球状の鱗茎から成長する。幅狭の、ややざらつきのある、湾曲した葉が、中央の基部から伸び、長さ60cmになる。夏、高さ40〜90cmのなめらかな茎に、オフホワイト〜アイボリーの花が、まばらに広がる円錐花序をなす。
ゾーン：5〜10

ZINGIBER
(ショウガ属)
英　名：GINGER
およそ60種の、根茎性の、叢生する、常緑多年草からなる属で、同名のショウガ科に属する。葉は普通幅狭で、直立する茎に2列につく。夏に株の基部から生じる花序は、強い色のついた球果状であることが多く、重なり合うロウ質状の苞がある。アジアおよびオーストラリア北部原産で、大半の種は霜に弱いが、いくつかの種は温帯の庭園で驚くほど耐寒性を示している。*Z. officinale*の根茎は、料理に利用されるショウガである。*Z. zerumbet*の花序で生成される乳状の物質は、古くからシャンプーとして使用され、現代でも市販シャンプーの原料として使われることがある。

〈栽培〉
大半の種は、栄養分の豊富な、水はけのよい、湿性の土壌と、温暖で多湿な日なた〜半日陰を好む。大半は春先の株分けで容易に繁殖できる。

Zingiber officinale
一般名：ショウガ
英　名：CANTON GINGER、COMMON GINGER、STEM GINGER
☀ ❄ ↔0.9m ↕0.9〜1.5m
熱帯アジア原産とされるが、正確な起源は不明。幅狭の、つやのある緑色の葉。白色と栗色の花が、小さな緑色の花序をなす。さまざまな品種があるが、ほとんどは不稔。*Z. officinale*は、料理および薬として利用される、スパイシーな芳香性の根のみを目的に栽培される。
ゾーン：9〜12

Zingiber spectabile
一般名：オオヤマショウガ
英　名：BEEHIVE GINGER
☀ ❄ ↔0.9m ↕1.5〜2m
マレーシア原産。長い、濃い緑色の葉は、裏面がやや薄色で軟毛を帯びる。長い円筒形の花序は、黄色の苞がスカーレット色に変わる。晩夏、黄色い斑点のある暗紫色の2裂唇弁をもつ、クリーミィホワイトの小さい花をつける。
ゾーン：9〜12

Zingiber zerumber
異　名：*Zingiber amaricans*
一般名：ハナショウガ
英　名：AWAPUHI、PINE-CONE GINGER、SHAMPOO GINGER
☀ ❄ ↔0.9m ↕1.8〜2.4m
インド原産。直立性で、光沢のある暗緑色の葉が、アーチ状の茎につく。非常に観賞用に適した種。大きい円錐形の花序は、薄い緑色から明るい赤色に変わる。晩夏、薄い黄色の唇弁をもつ白色の花がつく。切花として長持ちする。'ワリエガトゥム' (syn. *Z. darceyi*、*Z.* 'ダルケイ')、より小型で、霜に弱く、葉にクリーム色の縞が入る。
ゾーン：8〜12

Zelkova carpinifolia

Zelkova serrata

Zelkova serrata 'Village Green'

ZINNIA
（ジニア属）

ドイツの植物学の教授Johann Gottfried Zinn（1727～1759）にちなんで名付けられたキク科の属で、メキシコを中心としたアメリカ合衆国中南部～アルゼンチン原産の、およそ20種の一年生、多年生植物、および小型の低木が含まれる。柔らかい、明緑色の葉は、線形から幅広のへら形まで、種によって異なる。野生種の花は、よく目立つ舌状花と円盤状花をもつ典型的なデイジー花であるのに対し、最近の種子系統は、円盤状花の大部分が見えない、あるいは無い、八重咲きのものが主流。さまざまな花色があるが、ほとんどが黄色、ピンク、オレンジ、赤～マホガニーなどの暖色系。

〈栽培〉
栽培されている苗はほとんどが霜に弱い夏咲きの一年生植物で、強風にあたらない温暖な日なたで栽培する必要がある。水はけのよい湿性の土壌を必要とするが、乾燥期にも耐える。頻繁に花がら摘みを行うことで花期を延長できる。種子で繁殖。

Zinnia angustifolia

一般名：ジニア・リネアリス、ホソバヒャクニチソウ
☀ ♦ ↔30～50cm ↕20～40cm

アメリカ合衆国南東部およびメキシコが原産の、直立性で夏咲きの一年生植物。針状～幅狭の槍形の葉は、長さ8cmになる。花序は、9個以下の明るいオレンジの舌状花とオレンジの円盤状花からなり、暗色の毛が散らばるように入っている。主な品種には以下のようなものがある。'クラシック'、30cmで、オレンジピンクの半八重の花。'コーラル ビューティー'、30cm、半八重のオレンジピンクの花。'クリスタル ホワイト'、30cm、白色の舌状花。'ゴールデン アイ'、35cm、白色の舌状花は中心に向かって色が深まり、クリーミィイエローになる。'スター ホワイド'、30cm、白色の舌状花が、ピュアオレンジの円盤状花を囲む。
ゾーン：9～11

Zinnia elegans

異 名：*Zinnia violacea*
一般名：ヒャクニチソウ
☀ ♦ ↔20～45cm ↕20～100cm

園芸用の花として人気が高く、比較的新しいものでは病害に強い品種もある。数多くの栽培種がある。'アズテック'、白花。'カナリー イエロー'、75cm、明るい黄色の花。(**ドリームランド シリーズ**)、30cm、八重咲きで花色は多様。'エンヴィ'、75cm、明るい緑色の八重咲き。'ジャイアント ピュリティー'、75cm、白色の八重咲き。'ヘイロー'、赤い花。(**マンモス エキシビション シリーズ**)、75cm、八重咲きで色が豊富。(**オクラホマ シリーズ**)、高さ90cm、さまざま色の半八重および完全な八重咲き。'ポーラー ベア'、75cm、純白の八重咲き。(**プロフュージョン シリーズ**)、30cm、赤、オレンジ、または白色の一重咲き。'プルチノ'、40cm、半八重咲きと完全な八重咲きがあり、色が豊富。(**ラッフルズ シリーズ**)、70cm、八重咲きでほとんどの色が揃っている。(**スプレンダー シリーズ**)、

Zinnia angustifolia 'コーラル ビューティー'

Zinnia angustifolia 'クリスタル ホワイト'

Zinnia elegans 'アズテック'

Zinnia elegans 'カナリー イエロー'

Zinnia elegans、ドリームランド シリーズ、'ドリームランド スカーレット'

Zinnia elegans、マンモス エキシビション シリーズ、'マンモス エキシビション'

Zinnia elegans、オクラホマ シリーズ、'オクラホマ ピンク'

Zinnia elegans、オクラホマ シリーズ、'オクラホマ サーモン'

Zinnia elegans、オクラホマ シリーズ、'オクラホマ ホワイト'

Zinnia elegans、プロフュージョン シリーズ、'プロフュージョン チェリー'

Zinnia elegans、プロフュージョン シリーズ、'プロフュージョン オレンジ'

Zinnia elegans、ラッフルズ シリーズ、'チェリー ラッフルズ'

Zinnia elegans、ラッフルズ シリーズ、'チェリー ラッフルズ'

Zinnia elegans、スプレンダー シリーズ、'ピンク スプレンダー'

Zinnia elegans、サン シリーズ、'デザート サン'

Zinnia elegans cv.

Zinnia elegans 'エンヴィイ'

Zinnia elegans 'ヘイロー'

Zinnia elegans 'ポーラー ベア'

Zinnia elegans 'プルチノ'

60cm、赤、ピンク、オレンジまたは黄色の八重咲き。(**サン シリーズ**)、高さ50cm、八重咲き、鮮やかな暖色系の多様な花色。
ゾーン：9〜11

Zinnia grandiflora
英　名：PRAIRIE ZINNIA
☼/☽ ❄ ↔60〜80cm ↕30cm
アメリカ合衆国南部およびメキシコ北部原産の、夏咲きの、低木状の多年生植物。幅狭、有毛の葉は、長さ25mm。オレンジレッドの円盤状花の周囲に、3〜6個の幅の広いゴールデンイエローの舌状花がつき、幅40mmの非常に鮮やかな花序をなす。
ゾーン：9〜11

Zinnia haageana
異　名：*Zinnia angustifolia* of garden
一般名：メキシコヒャクニチソウ
☼/☽ ❄ ↔30〜60cm ↕60cm
メキシコ原産の、直立性、藪状、夏咲きの一年生植物。まばらな毛〜綿毛を帯びた、幅狭で槍形の葉は、長さ30mmになる。オレンジの円盤状花の周囲に、8〜9個の金色〜赤茶色の舌状花がつき、花序をなす。'**オールド メキシコ**'など、完全な八重咲きの品種が栽培種として一般的。'**スターゴールド**'、イエローオレンジの花をつける。
ゾーン：9〜11

Zinnia peruviana
ジンニア・ペルヴィアナ
☼ ❄ ↔30〜40cm ↕90cm
アメリカ合衆国南部からアルゼンチンにかけて見られる、成長の早い、夏咲きの一年生植物。鮮やかな緑色、幅狭、槍形の葉は、長さ8cm近くなる。葉群の上高くに伸びた太い茎につく花序は、黄色〜パープルブラックの円盤状花の回りに、15枚までの、長さ25mmの暗いオレンジ色または黄色の舌状花がつく。'**イエローペルヴィアン**'、黄色い花序は古くなると金色に変わる。
ゾーン：9〜11

ZIZIPHUS
(ナツメ属)
およそ80種の常緑または落葉性の高木および低木からなるクロウメモドキ科の属で、熱帯および亜熱帯に見られる。一部の種は、枝の節ごとに、かぎ形とまっすぐの2種類の刺をもつ。互生する光沢のある緑色の葉は、大半に、基部から3本の目立つ葉脈が見られる。あまり目立たない小さな花は、緑みを帯びるか、白色、または黄色で、葉腋に群生する。その後生じる、小さい多肉の果実は、食用になることもある。園芸的に最も有名なのは *Z. jujuba*（ナツメ）で、中国では古代から栽培されている。

〈栽培〉
排水がよく、保湿性の高い、深い土壌で栽培するのが理想。日なたを好む。強い風に当たらないよう保護し、成長期には定期的に水をやる。先端を剪定してコンパクトな形を保つ。種子または根挿しで繁殖。実のなる改良品種の場合は接木で繁殖。

Ziziphus jujuba
一般名：ナツメ
英　名：CHINESE DATE, CHINISE JUJUBE, COMMON JUJUBE
☼ ❄ ↔3.5m ↕9m
南ヨーロッパから中国にかけて広く分布する。成長の早い、刺のある落葉高木。卵形〜槍形の、鋸歯縁の葉。晩春、極小のクリーム色の花が葉腋に群生する。暗赤色の、プラムに似た果実は、生あるいは乾燥させて、または保存食品や砂糖漬けして食用される。
ゾーン：7〜10

Ziziphus mucronata
英　名：BUFFALO THORN
☼ ❄ ↔3〜6m ↕5〜10m
南アフリカ原産の常緑高木で、屈曲した幹と垂れ下がった枝をもち、たいてい、対となる曲がった刺とまっすぐな刺に覆われている。光沢のある垂れ下がった葉は、基部から伸びる3本の葉脈がよく目立つ。目立たない黄色い花が群生する。丸みを帯びたさび色の実には、乾燥した粉状の果肉が含まれる。これにはさまざまな栄養が含まれているため、伝統薬として使用される。
ゾーン：7〜9

ZOYSIA
(シバ属)
英　名：ZOYSIAGRASS
東南アジア原産の、5種の、温暖地型の匍匐性多年草からなるイネ科の属。ランナー、根茎のどちらからも生育する。葉は円形〜やや平らで、硬く、先が鋭くとがり、時おり基部の近くに毛が見られる。葉縁は全縁で、表面はきめ細かいものから粗いものまである。茎頂に生じる、細く短い、鞘のある穂または小穂に、それぞれ1つの花が、短い柄につく。属名は18世紀のオーストリアの植物学者Karl von Zoisにちなんで名付けられた。

〈栽培〉
芝生の場合、通常、晩春〜初夏に張り芝をする。日のあたるほとんどの土壌に適応する。日陰にも耐える。

Zoysia 'Emerald'
一般名：シバ'エメラルド'
☼ ❄ ↔25〜50mm ↕25〜50mm
芝生用に開発された、*Z. japonica*（シバ）と *Z. tenuifolia* の交雑種。匍匐性で生育の速い、暗いエメラルドグリーンの多年生の芝草で、地下のランナーから栽培する。細かく密な質感があり、寒さにも乾燥にも耐える。
ゾーン：1〜9

Zoysia tenuifolia ★
一般名：ビロードシバ
英　名：KOREAN VELVET GRASS, MASCARENE GRASS
☼ ❄ ↔25〜50mm ↕25〜50mm
極めて生育の遅い匍匐性の、観賞用の、多年生の芝草で、東南アジアが原産。地下の根茎によって広がる。低く育つグラウンドカバーで、叢または小山を形成する。細く短い、ワイヤー状の、暗緑色の葉は、長さ5cmになる。晩夏、長さ5cmの幅狭の長楕円形の小穂に緑の花がつく。
ゾーン：6〜10

×ZYGOPABSTIA
(×ジゴパブスティア属)
異　名：×ZYGOCOLAX
×ジゴパブスティア属は、ともに複茎性のランであるジゴペタルム属とパブスティア属（以前はコラックス属を呼ばれていた）の2属間の交雑種で、ラン科に属する。ジゴペタラム属の種の多くと比べてコンパクトで、年に2度以上開花するという長所がある。最近まで、人工属×ジゴパブスティア属は、×ジゴコラックス属という名前でよく知られていた。個々の花は直径25〜90mm。

〈栽培〉
中程度の気温で、湿性の日陰を好む。直射日光に短時間でもさらされると葉焼けを起こすので注意。通気がよく、多湿な環境が必要で、さもないと、葉の先端が乾燥し、葉に斑点が入ってしまう。ミズゴケまたは細粒タイプのバークが栽培媒体として適しているが、鉢に入れすぎてはいけない。開花時期は主に冬と春だが、多くの交雑種は、新芽が半熟すれば、他の季節にも開花する。株分けで繁殖。

×Zygopabstia Gumeracha
☼ ❄ ↔10〜50cm ↕20〜60cm
Zygopetalum maxillare、*Z. intermedium*、*Z. crinitum*、*Pabstia jugosa* の各種の流れを汲む4代目の交雑種。花は緑色で、暗茶色と栗色の模様に覆われる。唇弁に白色またはクリーム色の模様が入っていることがある。
ゾーン：9〜11

Zinnia haageana 'Stargold'　　*Zinnia peruviana* 'Yellow Peruvian'

Ziziphus mucronata、野生、カルー、南アフリカ

Ziziphus jujuba

Zygopetalum, Hybrid, Alan Greatwood

Zygopetalum, Hybrid, Blanchetown

Zygopetalum, Hybrid, Imagination

Zygopetalum, Hybrid, Kiwi Dust

Zygopetalum, Hybrid, Titanic

ZYGOPETALUM
（ジゴペタルム属）

約16種の、陸生で着生の複茎性のラン（ラン科）からなる小属で、南アフリカ原産。大きく華やかな、長命で強い芳香のある花が、背の高い穂状花序につく。耐寒性のあるランで、シンビディウム属と同様の栽培条件を好み、しばしば一緒に栽培される。ジゴペタルム属とその近縁属の間でこれまで多くの交雑種が作られており、よりコンパクトで、より広範囲の鮮やかな花色の品種が作成されている。

〈栽培〉
ほとんどの種は、水はけがよいながら湿性の、市販の「ラン用コンポスト」で栽培することができる。細粒タイプのバーク（松の樹皮）が使われる場合もあるが、植物の状態や水やりの頻度などに合わせて独自の組み合わせで栽培される。着生種は、粒の粗いバークの割合の高い混合土を好む。精力的に伸びる根が収まる深い鉢に植えるのがよい。頻繁な水やりや施肥に反応する。1年を通して湿性に保たれるのを好み、活発に成長する春〜秋にかけては水と肥料の量を増やす。多湿で通気のよい環境が必要で、さもないと葉の先端が乾燥し、葉に斑点が入ってしまう。株分けで繁殖。

Zygopetalum crinitum
一般名：ジゴペタルム・クリニトゥム
☼/◐ ❄ ↔ 10〜40cm ↕ 20〜60cm
ブラジル原産の冬〜春咲きの種で、直立性の花序に、幅8cmになる花が8個までつく。黄緑色の花弁と萼片には暗茶色の筋が入る。唇弁は白色で、紫みを帯びた赤色の脈があり、密な細かな短毛を帯びている。ゾーン：9〜11

Zygopetalum intermedium
☼ ❄ ↔ 10〜40cm ↕ 10〜40cm
ブラジル原産。Z. mackayiに似ている。多肉質の緑色の花弁と萼片に、深い栗紫色の斑が入る。唇弁は扇形で、白色に暗いライラック色の筋が入る。秋〜冬に、幅8cmの花が6個以下、厚みのある直立型の穂状花序につく。ゾーン：9〜11

Zygopetalum mackayi
一般名：ジゴペタルム・マッカイイ
☼ ❄ ↔ 10〜40cm ↕ 10〜40cm
ブラジル原産。多肉質の緑色の花弁と萼片に、栗紫色の斑が入る。扇形の唇弁は白色で暗いライラック色の筋が入る。幅8cmの花が10個以下、秋〜冬に、厚みのある直立型の穂状花序につく。ゾーン：9〜11

Zygopetalum maxillare
☼ ❄ ↔ 10〜40cm ↕ 10〜40cm
ブラジルおよびパラグアイ原産。よじ登り性の種で、冬〜春、様々な度合いで赤茶色の斑が入る、幅6cmの鮮やかな緑色の花を6個以下つける。唇弁は青みを帯びた鮮やかな紫色。偽鱗茎の間にある、よく目立つ長い根茎と、よじ登る習性があるため、媒体に木性シダを使用するスラブ栽培に適している。ゾーン：9〜11

× *Zygopabstia* Gumeracha

Zygopetalum Hybrids
一般名：ジゴペタルム ハイブリッド
☼ ❄ ↔ 10〜40cm ↕ 10〜40cm
交雑種のほとんどがZ. mackayiの影響を強く受けているため、多くの交配種に類似点が見られる。よりコンパクトな品種は交配にZ. maxillareが使われており、1年に2度以上開花する場合もある。花の大きさは、花弁の直径で6〜8cm。**アラン グレートウッド**、非常に形のよい、丸みのある茶みを帯びた栗色の花で、花弁と萼片に緑みを帯びた縁取りがある。白色の唇弁には、暗いライラック色の脈が入る。**ブランシェタウン**、明るい薄茶色の花。紫色の唇弁に、より濃色の細い縞が入る。**イマジネーション**、深い紫色の唇弁をもつ暗茶色の花。**キウイダスト**、栗色の模様が入った緑色の花が、白色と深い紫色の唇弁と対照をなす。**タイタニック**、丈夫な交雑種で、強い芳香がある。ゾーン：9〜11

Zygophyllum stapfii、野生、ナミビア

ZYGOPHYLLUM
（ジゴフィルム属）
英 名：CAPER BEAN

80種の、草本性、または節のある枝をもつ低木からなるハマビシ科の属で、地中海沿岸地域〜中央アジア、南アフリカ、およびオーストラリアに見られる。葉腋から伸びる花は、単生または対で生じ、多肉の萼片が重なり合うようにつく。葉は、単葉、あるいは2枚の刺状の托葉のついた2枚の多肉の小葉に分かれていることもある。果実は、翼または角のあるさく果。

〈栽培〉
冷涼地帯での栽培には温室が必要。種子、または春に挿し木で繁殖。

Zygophyllum stapfii
英 名：DOLLAR BUSH
☼ ❄ ↔ 30〜50cm ↕ 10〜25cm
南アフリカのナミブ砂漠原産の、非常に特徴のある種。平たい、円形の、多肉の葉についた霧や結露を根に伝えて水分を摂る。葉はまた、風に吹かれた砂も集める。スプレー状につく極小のクリーム色の花が、散発的に見られる。ゾーン：10〜11

Zygopetalum crinitum

Zygopetalum intermedium

Zygopetalum mackayi

花の種類

構造

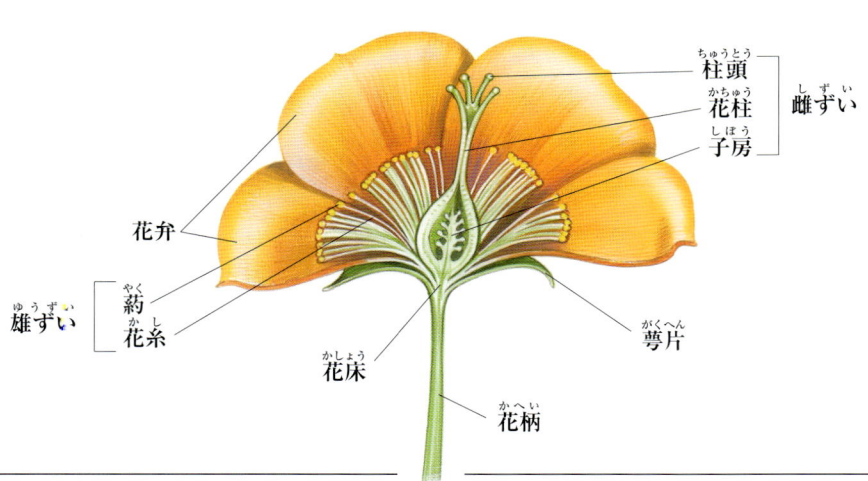

雌ずい { 柱頭 / 花柱 / 子房 }
花弁
雄ずい { 葯 / 花糸 }
萼片
花床
花柄

形態

| 星形 |  皿形 |  杯形 |  鐘形 | 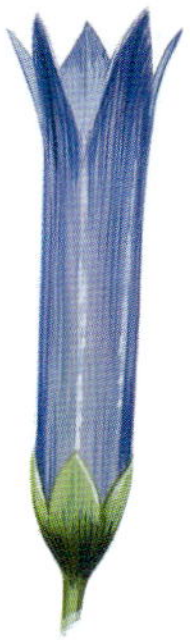 筒形 |

| 壺形 |  じょうご形 |  らっぱ形 |  高盆形 |  唇形 |

花の向き

直立　点頭　下垂

花序

果実の種類

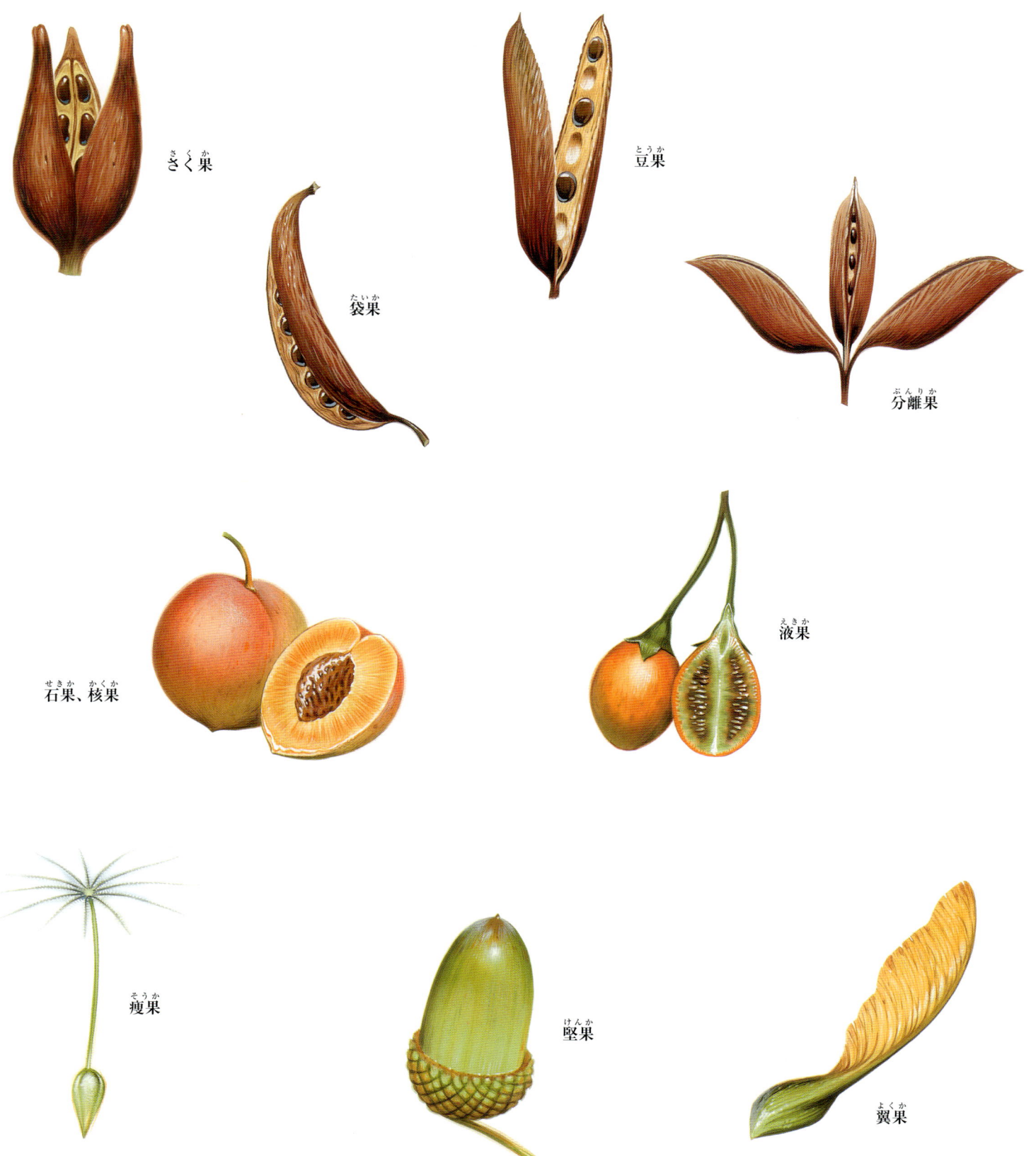

用語解説

アオイ　Mallow
最狭義では、ゼニアオイ属だけを指す。より広義では、タチアオイ属やラワテラ属といったアオイの仲間を含み、最広義では、ヒビスクス属やワタ属をも含めたアオイ科植物すべてを指す。

亜科　Subfamily
植物学の分類体系で、科の次に大きな下位区分。連よりも上に位置する。亜科に位置することは接尾辞-oideaeによって示される。この語尾の変化以外にも、その科の名前をもつ「タイプ」亜科が必ず存在するものも特徴。比較的小さな科はもちろん、かなり大きな科においても、分類上、亜科が認められず、連しかないこともある。だが、イネ科植物のタケ亜科や、マメ科のソラマメ亜科など園芸家にとって重要な亜科もある。

亜寒帯　Subarctic
（気候において）北極圏のすぐ外に位置する地域の特質

アザミウマ、スリップス　Thrips (plural thrips)
アザミウマ目に属し、柔らかい体を持った小さな昆虫。大量発生することがあり、植物の葉や花芽の表皮に口器をさしこんで吸汁する。園芸植物や農作野菜の主要害虫となりうる（ラテン語はtrips、正しい複数形はthirties）。

アシ　Reed
多くのイネ科植物、スゲ、またはイグサなどをおおまかに指す名称。一般に、よく発達した平らな葉を持ち、湿地帯または小川の岸辺に生えるものを言う。代表的なものは、イネ科植物の*Phragmites australis*(ヨシ)と*Arundo donax*(ダンチク)である。Reedmace(ガマ)はガマ属種を指す。

亜種　Subspecies
種の下位区分で、変種や品種の上位に位置する。だが、植物学者によっては変種の代わりに使われることもある。亜種は、依然進化の途中にあるが、地理的分布以外、まだ同類の亜種から繁殖上の分離がなされていない種と考えられる。亜種がいくつか相接する場合、そこにはたいてい中間植物が存在する。「タイプ」亜種は種と同じ種小名をもっている。たとえば*Acer saccharinum*(ギンヨウカエデ)は、*saccharum*や*grandidentatum*など、6以上の亜種に分かれ、それぞれが北アメリカの異なった地域に分布している。亜種はsubsp.またはssp.と省略される。

亜属　Subgenus
属の次に位置する下位区分で、分類上の体系で節や列の上位に位置する。普通は多くの種を含む属に認識される。たとえばマツ属は「硬いマツ」のマツ亜属と、「柔らかい」あるいは「白いマツ」であるストローブス亜属に分かれる。

頭　Head
頭状花序、頭花の項を参照。

亜低木　Subshrub
根元が完全に木質でなく丈が低い低木。低木と多年草との間に位置する。

亜熱帯　Subtropical
（気候において）熱帯のすぐ外にある地域の特色で、少なくとも沿岸地域では、概して暖かく霜も降りない。

アネモネ咲き　Anemone-form
（栽培品種において）内側の密集したドーム型の花弁、あるいは仮雄ずいの周囲を、比較的平らな花弁が取り巻く八重の花形。

アブラムシ　Aphid
樹液を吸うアブラムシ科の小さな昆虫。はねがなく、半透明であることが多い。若い葉に集団でたかり、植物を弱らせる。アリの好む甘い小滴を分泌する。

アルカリ性　Alkaline
（土壌において）pHがおよそ8以上の状態。アルカリ性土壌は一般に、炭酸カルシウムまたは水酸カルシウムの形で石灰を含んでいる。これらは雨量の少ない地域に自然発生する。酸性の項も合わせて参照。

アルカロイド　Alkaloid
主に植物から抽出される有機化学物質の総称。ヒトや動物に強力に作用し、しばしば毒性を及ぼす。モルヒネ、ニコチン、コカイン、キニーネ、ストリキニーネ、カフェインなど、一般的な薬物の有効成分である。毒性植物の多くがアルカロイドを含んでいる。

維管束植物　Vascular
通道組織を備えた茎を持つ。維管束植物にはシダ類、裸子植物、顕花植物が含まれる。

イグサ　Rush
狭義においては、単子葉植物の大属であるイグサ属の1種。イグサ属は沼地および湿地に生息する植物からなり、多くは細長い円筒形の葉からなる房と、稈を持つ。花はどちらかというとめだたない。同じイグサ科で、Wood-rush(森のイグサ)と呼ばれるスズメノヤリ属の葉は、平たく縁は毛でおおわれている。スゲ(カヤツリグサ科)に属する植物の多くはイグサと呼ばれ、通常、ハリイ属やビャッコイ属も含まれる。顕花植物のイグサは、ハナイ科ハナイ属である。Scouring-rush(研磨イグサ)と呼ばれるトクサはトクサで、外観は似ていても、イグサとは無関係なシダ植物である。

一代交雑種　F1 hybrid
遺伝的に異なる2つの植物をかけ合せた雑種第一代（略してF1）。一代目は遺伝子がほぼ均一に混ざるため、実生にほとんど差異はない。F1の種子から生じた2代目やそれ以降の代になると、更なる遺伝子の組み合わせが生じるため、表現型により大きな差異が生じる。一部の農作植物栽培品種は一代交雑種で、毎回同じ栽培品種を大量に受粉させて結実させる。これらは、均一性と雑種強勢の点で評価されている。

一年生植物　Annual
寿命が1年以内で、その間に開花、結実する植物種や変種。種子のみで生殖する。

一回結実性（植物）　Monocarpic
枯れるまでにたった一度しか実を結ばない植物。一年生植物は当然みな一回結実性で、二年生植物の多くも同様だが、たとえばコウリバヤシ属の全種、リュウゼツラン属の一部など、長期にわたって生息する一回結実生植物もある。

逸出　Escape (or garden escape)
植え付けた場所から近くに分散した植物。普通は種子による（散布の項を参照）が、庭の廃棄物から逸出することもある。とはいえ、その場合完全に適合することはない。

一般名　Common name
植物種における、植物学名や学名以外の、科学的地位のない名前。概してその植物が生育している国の言葉が使われる。1種に多くの普通名がある場合もあれば、無名の場合もある。

遺伝子　Gene
あらゆる生物体において遺伝をつかさどる究極の単位。高等植物や動物はたいてい、細胞核の染色体にこれを持っている（一部はさらに小さい細胞小器官であるミトコンドリアにある）。それぞれの遺伝子は、植物や動物における特質の一部に影響を与えるが、多くは外観には現れない生化学的特質である。正常な二倍体植物では、ある特定の形質をつかさどる遺伝子は、合致する一対の染色体上の同じ位置にある。それと同じ形質が生じる場合、植物はその遺伝子に関して「ホモ」であるという。異なる形質が生じる場合は「ヘテロ」であるというが、この場合通常、一方の形質が他方よりも優性である。

遺伝子型　Genotype
個々の植物やクローンにおいて、大きさや生育型など環境の影響を受けるものを除いた、根本的な遺伝子構造。対して表現型とは、遺伝子型と環境との相互作用の結果現れた、実際の形質である。

移入種　Introduced
該当する国や地域の在来種ではない種。普通、意図的に持ち込まれたものも含まれる。

異名　Synonym
同一の種や属を指す別の名前はすべて異名となる。ただし普通は、現在は認められていない名前を意味する。たとえば、*Pinus insignis*は、現在モントレーマツの正式な学名である*Pinus radiata*の異名である。ある属が別の属と一緒になるか、そこから分かれた場合、大きいほうの属、あるいは古くからの属のほうが異名になることはない。*Fortunella*は*Citrus*（ミカン属）の異名だが、*Citrus*は*Fortunella*の異名ではない。

イワタバコ　Gesneriad
双子葉植物イワタバコ科に属する植物の総称。主に熱帯性草本、亜低木、低木、匍匐性植物、それに一部の着生植物からなり、下部が筒状になった色鮮やかな花をつけるものが多い。

インゲン豆　Bean
インゲンマメ属、ササゲ属、コウシュンフジマメ属など、野菜や豆類として食用されるマメ科の莢、またはその植物。より漠然と、豆状の果実を有する様々なマメ科（あるいはマメ科以外の）植物を指す場合もある。

インフォーマル　Informal
主に「八重咲き」栽培品種において、花弁（雄ずいや仮雄ずいを含む場合もある）の配列が、あいまいで不均一なもの。

羽状複葉　Pinnate
中央の葉柄か軸の両側に、小葉が1列ずつ、羽のように並んだ複葉。

羽状葉ヤシ　Feather palm
ヤシを葉の構造によって2分した一方（掌状葉ヤシを参照）。細かい切片または小葉が中央脈の両側に並び、葉全体のかたちが羽に似ている。

羽状裂　Pinnatifid
（葉において）深く欠刻して羽のようになった裂片が両側に並ぶこと。

うどん粉病　Mildew
ある種の侵入菌による病態。

羽片　Pinna (plural pinnae)
羽状葉の小葉。

羽毛状　Plumose
羽に似ているが裂片がきちんと2列には並んでいない。

ウリ　Cucurbit
双子葉植物ウリ科の総称で、特にカボチャやズッキーニなどのカボチャ属を指す。その他の重要なウリ科植物には、メロン（*Cucumis melo*）、スイカ（*Citrullus Ianatus*）、キュウリ（*Cucumis sativus*）、ヒョウタン（*Lagenaria*）などがある。

雲霧林　Cloud forest, Mist foresy
高山屈曲林とも言う。主に熱帯の高地に見られ、年間を通してたびたび雲に覆われ、空気が水分を飽和する。常緑の高木はたいてい低く屈曲しており、幹や大枝は、蘚類、苔類、シダ、ラン、ブロメリアなどの着生植物に覆われる。ここからもたらされる植物は高湿度で温度変化の少ない環境を必要とし、一般に霜に弱い。

穎、包穎　Glume

鋭形　Acute
葉の先端がするどく尖っているが、斬尖形ほど細長くはない。

永久花　Everlasting
大半はキク科の植物で、頭花が、乾燥した、色つきの、しばしば半透明の、遠目からは舌状花に見える苞葉に囲まれている。花が古くなって枯れても苞葉は変質しないため、「永久に」開花しつづける。ドライフラワーアレンジメントに適する。ヘリクリスム属、キセロクリスム属、トキワバナ属、ハナカンザシ属のすべての種が永久花と分類されている。

鋭浅裂　Incised
（葉や花弁において）先が鋭くとがった、幅狭の深い切れ込みが並んだ縁。

栄養素　Nutrient (of plants)
植物が、根から吸い上げる水中に溶けている塩分のかたちで、土壌や栽培媒体から吸収する無機元素。窒素、リン、カリウム、硫黄、カルシウム、マグネシウムといった主要元素や必須元素、また、鉄、マンガン、銅、亜鉛、ホウ素、モリブデンといった少量元素や微量元素が含まれている。植物の体は本質的に空気と水分で作られており、栄養素自体が植物の体を形成するわけではないが、栄養素は植物の代謝に欠かせない重要な分子成分である。

栄養部分　Vegetative
植物体のうち、花や果実とはかかわりをもたない部分。

腋　Axil
葉と茎のように、組織とそれを支える組織との内角。

液果　Berry
植物学的には、多肉質の果実で、埋め込まれた種子が石果のように繊維層や硬質層に包まれていないものを指す。例：トマト、ブルーベリーなど。一般的には、ブラックベリーやクワの実など、構造が異なるものも含まれる。

腋生　Subtend
葉や茎で、つけねの枝との間（腋）に（芽が）できること。たとえば、葉の葉腋にそこから伸びる花がつくこと。

腋生　Axillary
（芽、花、花序が）葉腋から生じること。

塩　Salt
塩化ナトリウム化合物（食塩）。土壌または潅がい用水にこれが含まれる場合、濃度が低いものを除き、ほとんどの陸上植物にとって有毒である。より広義で技術的な意味においては、酸とアルカリの反応の結果生じるすべての化合物を指す。硫酸アンモニウムや硝酸カリウムなど、一般的な無機塩の多くは水溶性である。これらには、主要元素、少量元素にかかわらず、さまざまな植物栄養

素の源泉が多く含まれている。硫酸ニコチンなどの有機化合物も塩を形成することができる。

円形　Orbicular
輪郭がいくぶん円形である葉。

円鋸歯(縁)　Crenate
波形、あるいは広く丸い歯形に浅く分裂した葉縁。

園芸学、園芸業　Horticulture
植物の栽培など、園芸関係の活動。(農業に対して)園芸業には、育苗業や景観産業と同様に、果実、ナッツ、切花の栽培なども含まれている。

円錐花序　Panicle
広くは、繰り返し枝分かれした花序すべてを指すが、厳密には、枝分かれした総状花序を指す。

円柱状　Columnar
円柱に似たかたちの成長習性。

円筒形　Terete
(葉や茎において)断面が円形になるかたち。

エンドウマメ　Pea
狭義ではエンドウ属の果実や植物のこと。広義では、キマメ属など、よく似た短い豆果を持つすべてのマメ科植物。

凹形　Emarginate
(葉の先端が)大きく幅広にへこんではいないが、わずかにへこんでいる。

大枝　Limb
(樹木において)幹から直接生じた大型の枝を、小型の枝や小枝に対して大枝と呼ぶ。

オーキシン　Auxin
天然植物組織にわずかに含まれている有機薬品で、胚組織の茎、根、葉などへの分化を含む、あらゆる成長過程の調節、光、温度、季節に対する植物の反応、開花に不可欠である植物の「ホルモン」。人工生産されたオーキシンは、穂木の発根促進や、実験室での組織培養における根やシュートの惹起(メリクロンの項を参照)、結実の遅延など、さまざまな目的に使われる。

屋内(植物)　Indoor
園芸学において、家、温室、コンサバトリーなど、閉ざされた栽培環境全般を指す。

落とし穴式肉食植物　Pitcher plants
肉食植物のなかで、底に消化液の入った壺形の落とし穴を持つ種。主な落とし穴式肉食植物には、ウツボカズラ属、サラセニア属、ダーリングトニア属、ヘリアンフォラ属、フクロユキノシタ属がある。

オフセット　Offset
切り分けて繁殖に利用できる、基部から生じる小さなシュート。

温室　Greenhouse
屋根が透明または半透明になった、植物栽培用の囲い構造物。昔はガラスだったが、現在は普通、プラスチックが用いられる。植物の生育環境に合わせて室温を上げて冬の霜から保護したり、また、冷温地において夏季の生育を促進するためにも使用される。人工的に暖める場合もあれば、日射の吸収や保温能力だけに頼る場合もある。一般的に温室とは屋根の高い構造物を指し、フレーム、クローシュ、トンネル、「イグルー」と区別される。

温帯　Temperate
(気候上)北回帰線と北極圏、もしくは南回帰線と南極圏にはさまれた地帯。ただし熱帯(ほぼ緯度10度以内)に近い地域は亜熱帯、北極に近い地域は亜北極帯と呼びならわされている。熱帯でも高度のある場所は温帯気候となる。冷温帯、暖温帯も合わせて参照。

科　Family
植物の分類上、属の上となる2番目に主要な分類群。1つの科に含まれる属は単一の場合もあれば(例:カツラ科)、多数の場合もある(例:マメ科には650の属が含まれる)。近代の表記法では、科の学名は語尾に-aceaeをつけることになっているが、国際植物命名規約では、Leguminosae(Fabaceae:マメ科)やCompositae(Asteraceae:キク科)など、いくつかの伝統的な別名も認めている。科名は、文法的に複数扱いとなる。

カイガラムシ　Scale insect
コナガイガラムシと同じく、カタカイガラムシ科に属する樹液を吸う昆虫の総称で、成体では蝋の層に覆われ、ほとんど動かない。一部のカイガラムシ類は庭における害虫で、柑橘類における白蝋のように、深刻な被害を与えるものもある。

塊茎　Tuber
茎が貯蔵組織に変化したもの。地下もしくは地表に形成される。ジャガイモがこれの代表例である。

塊根　Tuberous root
肥大して塊茎(肥大した茎)のようになった根。ダリア属種は塊根を持つが、これは塊茎ではない。

害虫　Pest
(園芸における)主に虫やその他の動物相で、植物を食べ、弱らせたり美観を損ねたりするもの。病害と対照する。

回転草、タンブルウィード　Tumbleweed
成長習性および種子散布の1形態。多くの種に見られ、相互関連性はない。多くは一年草もしくは二年草で拡散習性を持つ。果実が成熟して根が切れると枝葉が乾燥して内側に巻き込み、植物全体が球状となる。これが風を受けて回転しながら草原を移動する。非常な遠距離を移動する場合もあり、徐々に枝葉がとれて種子が拡散する。Boophane disticha(ケープポイズンバルブ)がよく知られている。

飼い葉　Fodder
家畜の餌となるべく刈り取った葉。植物の穀粒や豆果が含まれる場合もある。

外来種　Exotic
国または該当地域の在来種ではない植物。

かかと(挿し)　Heel
挿し木において、親枝から穂木を切り取るとき、基部に残る小さな木片を「かかと」という。この部分を残すことで、特定の植物においてカルスや根の形成が促進されると考えられている。

花冠　Corolla
花弁の集団を指す用語。花冠は互いに独立、あるいは、完全または部分的に癒着してして筒形、鐘形、円盤形を成す。筒状の部分は花冠筒部、広がった部分は舷部といい、花冠裂片(花弁の独立した部分)を持つ場合もある。

垣根仕立て、エスパリエ　Espalier
1本の高木や低木を、トレリスや壁に誘引して1枚の垂直平面に仕立てること。

萼　Calyx (plural calyces)
花托に付随する、最も下側あるいは外側の層。互いに分離、あるいは部分的または完全に癒着した萼片からなる。色鮮やかな花弁に対して、主に緑色である。

殻斗　Cupule
(コナラ属において)どんぐりの基部を覆う、苞の鱗片が癒合して形成された小さなカップ。

萼片　Sepal
花における萼の切片。通常緑色で有色の花弁と対照を成す。とくに基部において、互いに癒合している場合がある。

花茎　Scape
花序全体(ユッカ属や、ネギ属のタマネギなど)、または先端の花(チューリップ属など)を支える、ほとんど葉のない長い柄。

花喉　Throat
じょうご形もしくはラッパ形をした花の筒内部。

花座　Cephalium
サボテンの茎部分の頂端、または頂端近くにあることが多いが、時には茎の下方にあることもある、剛毛あるいは軟毛が密集した、毎年花が出現する部分。メロカクタス属やエスポストア属など、特定の属の特徴となる。

花糸　Filament
先端に葯をつけた雄ずいの柄。

花軸　Peduncle
一つの花群、あるいは花序全体に共通の花柄

果実　Fruit
植物学上、あらゆる顕花植物における種子を含んだ器官。多肉果と乾果がある。通常、1つの花から1つの果実が生じるが、複数の花から生じたものは集合果または「複合果」(例:パンダヌス属、クワ属)、複数の心皮のうちの1つから生じたものを「分果」、すべての心皮から生じた分果の集まりを「分離果」(例:ブラキキトン属)という。

花序　1. Inflorescence 2. Cone
1. 花をつける枝、およびその花。
2. 裸子植物(針葉樹、ソテツ)の生殖器官で、中心軸とそれを取り囲む鱗片からなる。花粉を形成する雄花序の鱗片には小さな花粉嚢があり、雌花序(seed cone:球果)には鱗片の表面に種子が付いている。

果序　Seedhead
結実した花序が密集したもの。ヒマワリ、コムギなど。

花床　Receptacle
柄の頂端にある花の部分。他のすべての部分、すなわち萼片、花弁、雄ずい、心皮が付着している。オランダイチゴ(オランダイチゴ属)では、花床が果実の多肉質部分に発達する。

火傷病　Fireblight
ナシ状果樹における伝染性病害。花や葉が火傷したかのように黒くなる。原因はエルウィニア(Erwinia)属細菌で、18世紀にアメリカ合衆国において初めて確認され、20世紀になってヨーロッパにも入ってきた。蔓延を食い止めるために多くの国で厳しい検疫が置かれている。感染した枝や植物全体を取り除いて焼却する以外、抑えるすべはない。

芽条変異、枝変わり　Sport
植物のひとつの枝だけに自然発生的におこる突然変異。花の色、かたち、花弁の数、花弁の形や葉という特質に影響を与える。芽条変異は挿し木や接ぎ木によって現れた特徴を永続させることができるため、たとえばツバキ属種のような低木や高木のグループにおいて、しばしば新しい栽培品種のもととなる。だが芽条変異はまた本来の姿に戻る傾向もある。

下層土　Subsoil
表土よりも新しく岩盤から生成された、より深い土の層で、有機物をまったく含まないか、含んでいてもごく微量である。溶解性のミネラルは雨水によって表土から染み出してしまうので、高木は表土よりもむしろ下層土のほうからミネラル分を取っていることも考えられる。

花壇用植物　Bedding plants
主に小型の色鮮やかな植物。花壇への群植で装飾効果を生む。伝統的には一年草、短命の多年草、球根を指していたが、最近では、霜に弱いリーフプランツ、低木、草なども広く夏花壇に利用されている。

花柱　Style
子房と柱頭の間をしめる、1つの、あるいはいくつか癒合した心皮が細長くなっている部分。

鐘形　Campanulate
ホタルブクロにみられるような、花弁がつながった鐘のような形の花を指す。

花被　Perianth
蕾において生殖器官を覆う部分で、通常は花弁の集団(花冠)と萼片(萼)。主に花弁と萼の区別が明確につかないもの、たとえばヤシ、ユリ等に使うことばで、この場合、すべて花被片と呼ばれる。

花被片　Tepal
花弁と萼片が明瞭に区別できない場合に花被を示すための用語。チューリップ属やユリ属など、ユリ科の単子葉植物に対して用いられる。

株分け　Division
叢生する多年生植物における最も簡単な繁殖法。植物全体を土壌から掘り起こし、根冠や根茎を鋭い刃物、あるいは手で2つ以上に切り分け、再度植えつける。

花粉　Pollen
顕花植物と裸子植物両方の雄性生殖器官から作りだされる粉末物質で、それぞれの微小な粒に含まれる雄核が胚珠の中で雌核と結びついて種子を作る。顕花植物では花粉粒は柱頭に受け止められて「発芽」し、極めて細い管を花柱を経て胚珠まで伸ばす。雄核はこの管を通って下りる。

果粉　Bloom
ブドウやスモモといった果実や葉の表面に見られる、薄い粉状の、白または青みがかった蝋膜。

花粉交雑　Cross-pollination
ある植物の花粉を、同一のクローンまたは栽培品種以外の植物へ移し、受粉させること。

花柄　Pedicel
個々の花の柄

花弁　Petal
花の生殖器官を取り囲む2層の器官の内側層。外側層は萼片。花弁は薄くて白または明るい色であることが多く、萼片のような緑色であることはめったにない。1つの花の花弁は、集合的に花冠と呼ばれる。癒合して筒状、鐘形、漏斗形になる場合もあれば、花弁がない場合もある。

かま形　Falcate
縁の一方が凹型、もう一方が凸型の、ある程度鎌状の外郭を持つ葉。

仮雄ずい　Staminode
機能していない雄ずい。葯を欠くか、葯に花粉を欠くことが多いが、「八重の」花の栽培品種の多くに見られるように、平たくなり花弁を模していることもある。

カリ　Potash
元素カリウムの俗称で、植物の主要栄養素のひとつ。昔は、木灰に熱湯を加え、蒸発させて抽出した炭酸塩と水酸化物塩を用いていた。今日ではほとんどの場合、硫酸カリウムのかたちで与えられる。

カルス　Callus
茎や葉柄の、肥厚したり膨張したりした部分。進化の過程で消滅した組織や連結部の名残である場合もある。また、穂木において、切り口から発根する前の海綿状の細胞集団、また、組織培養において、最初に発生する類似の細胞集団を指す。

瓦状　Imbricate
隣接する葉や花弁が、こけら屋根のように重なり合っていること。

変り品種、ファンシー系　Fancy
特定の栽培品種群において、主に、多色性の葉(例:テンジクアオイ　ゾーナル・ハイブリッド系、ファンシーリーフ)や、2～多色性の花(例:ナデシコ属'ガーデン　ピンク'、ファンシー系)を有するものを指す。

稈　Culm
タケを含むイネ科植物や、スゲ、イグサなどの単子葉植物にみられる通常中空の直立茎で、根茎から生じる。大半は稈の先に花序をつけるが、竹類はめったに花をつけない。

鑑賞用　Ornamental
もともと装飾品として栽培された植物。対照に、食品、材木、繊維、薬などとして利用するために栽培される植物がある。

幹生花　Cauliflorous
(高木や低木において)小型の枝からではなく、幹や大枝から直接生じる花や花序。

乾生植物　Xerophyte
乾燥気候に適応し、種子もしくは鱗茎以外のかたちで干ばつに耐えることのできる植物。

岩生植物　Lithophyte
実質的に土壌が存在しない岩の上で成長する植物種。多くの着生植物は岩生植物としての成長が可能である。

帰化(種)　Naturalized
国や該当の地域の在来種ではないが、現在は根付いていて、自由に繁殖して人の手を借りずに新しい地域に広がるようになった種。

キク　Composite
双子葉植物キク科の総称。旧式な異名は*Compositae*である。

偽茎　Pseudostem
見かけは茎のようだが、実際には同心円状に巻かれた一連の葉鞘基部から形成されているもの。バナナ(バショウ属、エンセテ属)やカンナ属に見られる。両者における真の茎は花序までの部分となり、続きは偽茎の中心を貫いているが、ショウガ属など、一部のショウガ科においては、根茎から分離して発生する。

気孔　Stomate
葉に開いた微細な孔で、そこを気体が通る。光合成に必要な二酸化炭素を取り込むほか、水蒸気の排出によって根から水が引き上げられる。水分が過剰に失われるような場合、気孔は閉じることができる。

奇数羽状　Odd-pinnate
奇数の小葉を持つ羽状の葉を指すが、単独で小葉が頂生するものをいう場合もある。

気生　Aerial
植物において、地表より上の部分から発生した部分。

寄生根　Haustorium
ヤドリギ、あるいは顕微鏡的な真菌といった寄生体が、寄主植物の組織に侵入させ、樹液から水や栄養素を取り込む器官。

寄生植物　Parasite
他の植物の中や上に生育してその組織に付着し、宿主の栄養素や水分を盗む植物のこと。ヤドリギは典型的な寄生植物。

キッチンハーブ　Culinary herb
薬用ではなく、料理用(もしくはサラダ用)として栽培されるハーブ(概して植物学的な意味ではない)。

起伏　Undulate
葉縁が葉面に対して直角に波立つこと。

基部の　Basal
植物の幹、茎、葉などの基部、あるいはその近くにあること。

旗弁　Standard
(マメ科の花において)上方にある、普通一番大きい花弁を指す。普通直立し、他の花弁の後ろに位置し、対照的な色の斑点が基部にあったり、放射状に広がる線などがあることが多い。

球形　Globose
ほぼ球状の形態。

球茎　Corm
養分貯蔵のために肥大した茎。毎年更新される。普通、地下で直立しており、成長期ごとに新しい球茎または薄片が上に重なり、古いものはしなびていく。

球茎類　Cormous
養分貯蔵器官として球茎を持つ植物。

球根鱗片　Basal scales
ユリ属などいくつかの鱗茎植物にみられる、鱗茎の外側あるいは基部の鱗片。容易にはがれ、下端から生じる小苗を繁殖に利用できる。

吸芽　Basal offset
大きなシュートや茎の基部から発生するシュートで、容易に分離でき、繁殖に利用できる。例:リュウゼツラン、ブロメリアなど。

吸枝　Sucker, Stool
低木や高木の幹や大枝の残った部分から生えてくる、よく育つ直立したシュート。「ひこばえ」や「徒長枝」とも呼ばれる。

旧世界　Old World
ヨーロッパ、アジア、アフリカ、オーストラリアやその近隣にある大陸を総称した伝統的な言葉。新世界と対照する。コロンブスがアメリカ大陸を発見したことが唯一の由来となっている。

休眠　Dormant
冬など、条件の悪い季節に、植物が成長を一時中止した状態。葉をすべて落とすことが多い。

距　Spur
花弁や萼片から、けづめや角のようなかたちで反対方向に突き出た部分。たいてい中空になっていて、花蜜をたたえている。

偽葉、仮葉　Phyllode
葉柄が葉のように平らになり、通常は葉身がなくなって、葉の光合成作用を引き継いだもの。オーストラリアのアカシア属種は、成長すると真の葉ではなく偽葉をつけるものが多い。

共生　Symbiosis (symbiotic)
二種類の生物、たとえば顕花植物と真菌類の関係で、双方が利益を受けるもの。よく知られた例では、ほとんどのマメ科植物の根粒にいるリゾビウム属のバクテリアがあり、このバクテリアは水分、糖類と引き換えに窒素をマメ科植物に提供する。あるいは地衣類を形成する菌類と単細胞の藻類との組み合わせも知られている。

鋸歯(縁)
(葉において)鋭いのこぎり歯のような縁を持つこと。

霧　Mist
気象用語で、風で舞うほど軽く、ゆっくりと降る雨粒より極小の水滴。植物の繁殖や室内育成において、水を霧状にスプレーできるノズルを使うと、湿度を飽和状態にして葉をやさしく潤すことができる。

切形　Truncate
(葉の先端や基部において)四角に切断されているかたち。

錐形　Subulate
(主に葉において)文字通り、錐かたち、つまり角張っていて先が細くなっている厚みのある針のかたちをしていること。

偽鱗茎　Pseudobulb
鱗茎のような貯蔵器官だが鱗茎とは異なる。すなわち、養分貯蔵のために変化した葉が同心円状に配列されたものではない。主にシンビディウム属やリカステ属など、複茎性ラン属の鱗茎状の茎を指すが、ラン栽培者の間では、デンドロビウム属の種族のような、細長くすらりとした茎にも用いられる。

偽輪生　Pseudowhorl
一見輪生だが、より綿密に調べると、非常に短い節間によって分割され、渦巻状(まれに対生)に配列された葉からなるもの。非常に長い節間のものは偽輪生とは区別される。ツツジ属は代表的な例である。

キレート　Chelate
分子内に元素を配位結合した有機化学物質。園芸学においては普通、鉄キレートを指す。主要な栄養素である鉄と結びつくとで、土壌に含まれる他の塩類との再結合を防ぎ、植物に適した環境を作る。植物に鉄分欠乏の兆候が見られる土壌に加える。

菌根菌　Mycorrhiza
植物の根に侵入して共生関係を作り上げる真菌類。真菌類がまわりの土に存在する有機物質を分解して、植物がより吸収しやすい糖分のような単純な分子に変えてくれるため、植物は恩恵を得られるし、真菌のほうも、水分を確保できる。

菌類、真菌類　Fungus (plural fungi)
かつては植物とされていたが、光合成ができず、生きている植物や死んだ植物、動物性物質から栄養素を摂取しなければならないため、今日では他の界に属すると考えられるようになった大きな生物群の総称。単細胞のものもあるが(例:イースト菌)、多くは微細繊維(菌糸)からなり、土壌や食餌となる物質の中に広がって、時折集団化して表面に現れ「子実体」を形成し、数百万もの胞子を放出する。カラカサタケ、ハラタケ、ホコリタケなどのキノコはすべて子実体である。真菌は、材、腐葉土、積み堆肥を腐敗させ、栄養素を土壌に還元させる主要因子である。また、寄生菌も多数あり、その一部は植物の病害や果実の腐敗の有意な原因となる。

偶数羽状　Even-pinnate
偶数の小葉からなる羽状葉。たいてい小葉が先端まですべて対になっている。

茎　Stem
植物で葉や花を支える組織で、そこに根がつく。広義では、シュート、幹、枝、小枝もすべて茎となる。柄とは区別される。

草、イネ(科)　Grass
植物学的には、巨大グループである単子葉植物イネ科に属する植物の総称だが、一般にタケ亜科に属する丈の高いものは除外される。大半は一年または多年草本で、線形の葉を持ち、著しく変化した花は小穂と呼ばれる特別な花序を形成する。主な農作植物であるコムギ、カラスムギ、オオムギ、ライムギ、トウモロコシ、モロコシ、コーン、それに、世界中の放牧動物の主食もイネ科植物である。

くさび形　Cuneate
くさびのかたちで、細いほうの端に柄のついた葉。葉の基部のみにも使われる。

クチクラ　Cuticle
葉など、植物器官の表面の細胞層を覆うロウの外層。不浸透性で、蒸発による水分の損失を防ぐ。代わりにクチクラは気孔と呼ばれる開閉可能な小さな孔があり、蒸気はここを通過する。

屈曲　Reflexed
「反曲」に似ているが、より鋭く曲がったもの。

グラウンドカバー　Ground cover
広がって庭の地面を効果的に覆う植物。修景用グラウンドカバーの大半は長命の平伏性植物だが、匍匐性植物や根茎植物(例:ジャノヒゲ属、オランダイチゴ属など)もしばしば利用される。

車形　Rotate
(花、または花冠などひとつの輪生した花において)車輪のスポーク、または円盤状に、一平面状に放射状に広がっている部分を持つもの。

グレックス　Grex
交配の場所、時期にかかわらず、すべての2種間または2グレックス間(あるいは種とグレックスの間)雑種の子孫を指す。この概念が適応されているのはラン属やツツジ属の交雑種といった、ほんのわずかな植物群だけである。グレックス名の形式は栽培品種名に似ているが、引用符はなく、*Rhododendron* Avalanche Alpine Glowのように、栽培品種名に先行する。1つのグレックス名が多くの栽培品種名を含んでいる場合もある。

クローン　Clone
遺伝的に同一の植物群。通常、挿し木、接ぎ木、取り木、株分け、組織培養による繁殖によってできる。高木や低木における栽培品種の大半は単一のクローンで、バラ'アイスバーグ'のように、繁殖を繰り返しながら世界中に広まったものもある。

黒穂病　Smut
黒穂菌目の寄生菌類で、穀類やイネ科植物に侵入し、小花と種子を、煤に似た胞子のかたまりに置き換える。コムギの黒穂病は

なまぐさ黒穂病とも呼ばれる。

くん煙処理　Smoke treatment
種子を木材でくん煙して発芽を促すこと。煙が濃縮されるように前もって水につけておくとより効果がある。他の方法で発芽が困難なオーストラリア、南アフリカ原産低木の休眠期を破るために使われる。

毛　Hair
植物の表面から生える細い毛状のものすべてを指す。著しく平らなものは**鱗片**と呼ぶ。

系　Series
(栽培品種において)共通の先祖を持つ栽培品種で、同一名で販売されることが多いが色はさまざま。ほとんどが一年草。

形成層　Cambium
双子葉植物および針葉樹の茎中で、細胞分裂を続け、木部と樹皮の境界を形成している層。分裂細胞は、組織の内側の木部と外側の樹皮の両側に位置し、その結果、茎の直径は成長が続く限り増加する。

茎頂　Terminal
(花において)茎もしくは花序枝の先端部に位置し、成長が終了する部位。

系統　Strain
何代かに渡る育種過程を通していくつか共通の特徴を受け継ぐ栽培品種のグループ。

傾伏性　Procumbent
(植物の成長習性において)枝は地面に平伏して横たわる傾向があるが、成長する先端は**平伏性植物**が水平であるのに対し、より上向きであるもの。

ゲノム　Genome
特定生物体の各細胞に存在する**遺伝子**と、**染色体**上やミトコンドリア内での遺伝子配列、すなわち遺伝子情報全体を指す。**遺伝子型**、**表現型**の項も合わせて参照。

堅果　Nut
多肉質でないが、熟しても割れない果実。

顕花植物　Flowering plant
被子植物の項を参照

原生(種)　Native
国や、該当の地域においてもともと自生する野生の植物相を構成する種。**在来種**も合わせて参照。

舷部　Limb
(花において)筒状花冠の外側に広がった部分。対して細い部分は筒部と呼ぶ。

綱　Class
植物の高次分類群の1つ。例：**被子植物**門(顕花植物)は普通、**単子葉植物**綱と**双子葉植物**綱の2つの綱に分けられる。綱や門の内容は固定されておらず、関連性が理解されるうちに変化することもある。たとえば、最近の研究により、双子葉植物は「不自然な」集団であることが証明された。双子葉植物から単子葉植物が分化したのは、主要系列からいくつかの「双子葉」科が分化したほんの直後であると判明したためであるが、今後、自然に則した分類にはこの結果を反映すべきである。

抗(真)菌剤　Fungicide
植物に寄生する菌類を殺す化学製剤。

光合成　Photosynthesis
植物の緑色の葉で起きている作用。**葉緑素**と太陽エネルギーの助けを借りて、土壌からの水と空気中の二酸化炭素を結合し、新しい組織の形成に必須である炭水化物(主に糖)を作り出す。

硬材　Hardwood
(樹木種において)硬い材木を持つもの。ただし伝統的には、硬さや密度にかかわらず、**軟材(針葉樹)**に対してあらゆる双子葉樹(広葉樹)を指した。

交雑種　Hybrid
異なる種、変種、栽培品種間で、受精によって生じた、両方の遺伝的素質を備えた子孫。2つの種間に生じた交雑種の学名は、次のように「×」印を挿入して表示する：(a)交雑種名が発表されていないものは2つの親種名の間 (例：*Freesia alba*×*F. leichtlinii*)。(b)2種間の交雑種名が発表されているものは種小名の前(例：*Magnolia*×*soulangeana*[*M. denudata*×*M. liliiflora*の交雑種])。なお、1つの交雑種に3種以上が関与している場合、「×」印はつけない。このような場合は、グレックス名を使用したり(例：ツツジ属)、属名の後に直接栽培品種名を記す(例：モダンローズ)。異なる属間の交雑種に関しては、**属間交雑種**の項を参照。

交雑品種　Hybrid cultivar
雑種子孫から選択されて命名された**栽培品種**。野生種に比べて交雑種の子孫は変化に富むため、栽培品種の選択範囲は広くなっている。命名済みの2種間雑種から派生された栽培品種の場合、栽培品種名は種小名の後につく(例：*Magnolia*×*soulangeana*'Burgundy' [ソトベニハクモクレン'バーガンディ'])。3種以上の種および/または交雑種から派生した場合、栽培品種名は直接属名の後につく(例：*Rhododendron*'Markeeta's Prize' [ツツジ'マーケータズ　プライズ'])、または、グレックス名が登録されている場合はその後につく。

高山植物　Alpine
冬の間雪に覆われる高山の環境に適応した植物。雪の保護がないと霜害を受けるおそれがあるため、低温地帯ではガラスで覆われた「高山植物室」で栽培する。高山植物は、高木限界を越えた高山で生息する丈の低いハーブ類や低木類である。

硬実処理　Scarify
植物繁殖において、発芽に必要な水分を吸収させるために不透過性の種皮(マメ科植物の多く)に傷をつけること。

硬葉植物　Sclerophyll
セルロースと木質組織を多く含む、ざらざらした硬い葉を持つ植物。特にオーストラリア原産低木に多く、不毛な土地に適応したためと思われる。

高木　Tree
人間の背よりもかなり高くなる木本植物。最低でも4.5m程度であるが、これより樹高が低い場合であっても、太い単幹を持つ場合は高木と見なされる。

高盆状　Salverform
(花において)花弁が完全に癒合している、いないにかかわらず、下部は細い筒状で上部に向かって開き、平たい円形になる花冠を持つもの。

剛毛　Bristle
茎、葉、萼片、果実といった植物組織における固い突起。毛と刺の中間で、いくつかのバラ属類の茎にも見られる。

広葉草本　Forb
植物学用語で、イネ科植物、ツゲ、イグサを除く**草本**。主に双子葉草本を指す。

小枝　Twig
高木もしくは低木の樹冠を形成する最後の枝。細くて弱いものが多い。

呼吸根　Pneumatophore
マングローブに見られるような、空気中の酸素などの気体を交換する目的で地上に出る根。

穀粒　Grain
あらゆる**イネ科**植物の小さな乾燥果実。しかし一般的には、農作物として栽培された穀類やイネ科植物を指す場合が多い。

穀類　Cereal
コムギ(コムギ属)、オオムギ(オオムギ属)、カラスムギ(カラスムギ属)、ライムギ(ライムギ属)、トウモロコシ(トウモロコシ属)、キビ(エノコログサ属)など、**農作物**として栽培された特定の**イネ科**植物から大量に収穫された食用**穀物**。

枯死頭花除去、花がら摘み　Deadhead
定期的、基本的には毎日、しぼんで枯れた花を摘み取ること。見栄えを整えるだけでなく、植物の栄養が果実や種子の発達に使われるのを防ぎ、花期を延長させる目的がある。

互生　Alternate
茎上の葉序において、各節に1枚の葉が互い違いに並ぶ配列。互生葉序の多くは、接合部が軸の周りでらせん状になっているらせん互生、あるいは、1つの面にほぼ2列が並ぶ**二列互生**を形成している。

コナカイガラムシ　Mealybug
カタカイガラムシ科(**カイガラムシ**も含まれる)に属する、樹液を吸う小さな昆虫で、羽はなく、動きは緩慢、水をはじく白っぽい粉に覆われている。植物に群がって弱らせる。通常は葉の付け根や地中部分に隠れていて、退治するのは難しい

碁盤目状　Tessellated
(樹皮において)床のタイルのように、小さな四角かたちもしくはこれに類するかたちに分割されている様子。

コマ形　Turbinate
(果実など、立体的な組織において)コマのようなかたち。ほぼ倒円錐形だが、より膨張している。

ゴム　Gum
化学的には多糖類。さまざまな植物、主として特定の高木や低木の樹皮から抽出されている、新鮮でねばねばしている。熱水に溶けるため、有機溶媒を要する樹脂とは区別される。商業的にもさまざまに利用されており、昔ながらの封筒のりや、アラビアガムノキから取れるアラビアゴムが有名である。

固有　Endemic
ある特定の地理的区域でのみ原生する種や属。例：フランクリニア属はアメリカ合衆国ジョージア州の固有属、*Sorbus anglica*はイギリスの固有種。

粉をふいた　Mealy
葉、茎、果実を、白や灰色の粉状物質(極短の白い毛、表面の泡状の細胞、ワックスの粒)が覆っている状態

根茎　1. Rhizome 2. Rootstock
1. 土壌の表面沿いまたはその下を水平に伸びる茎。長さに従って根を伸ばし、所々に直立したシュートを立ち上げる。膨張して貯蔵または越冬のための器官の役割を持つ場合もある。
2. 根が出る茎の基部。多年生草本の地中にある越冬茎基部の多くは根茎と呼ばれる。

根茎植物　Rhizomatous
養分貯蔵または拡散の方法として**根茎**を持つ植物種。

コンサバトリー　Conservatory
家に付随した、ガラスの屋根、あるいは少なくとも外壁がガラスになった部屋。寒さに弱い植物を栽培する。

コンテナ　Container
地面以外で植物を栽培する容器。園芸産業では、根を露出した植物に代わりコンテナ栽培した植物が主な商品となっている。一般的なコンテナとしては、筒、鉢、桶、ハンギング・バスケットなどがある。

細軟毛　Pubescence
葉、茎、萼、実など、植物の部位を覆う毛。

細軟毛で覆われた　Pubescent
散生または密生にかかわらず、短くてやわらかい毛で覆われている。

栽培種　Cultivated
必須要素がわかっている、栽培用として定着した種。

栽培品種　Cultivar
栽培によって作り出された別種として固有名を与えられたもの。園芸学的品質が一定で、それらの質を保持した繁殖が可能であるとされている。高木や低木の栽培品種はたいてい、変種または2種間以上の交雑実生の単一クローンである。現代の栽培品種は必ずラテン語形式以外の名前をつけることになっている。名前は単一引用符で囲んだ上、語頭を大文字で記す。例：'ゴールデン デリシャス'

栽培品種群　Cultivar group
共通の性質または起源を有する栽培品種のグループ。例：サクラ属里桜系

細胞　Cell
高等植物のほとんどの組織を構成している基本単位の1つで、普通は顕微鏡でしか見えない。個々の細胞の核には、その植物の遺伝情報がすべて記号化された染色体が含まれているため、実験室培養で、さまざまな組織から採取した小さな細胞集団から植物全体を再現できる可能性もある。

在来(種)　Indigenous
ある国や地域にもともと自生する自然の植物相(固有種である必要はない)に属する種または亜種。たとえば、*Sorbus aucuparia*(セイヨウナナカマド)は英国の在来種である。

砂岩　Sandstone
古代の砂が堆積して形成された堆積岩で、粘土鉱物で粒子が固められたか、粒子を構成する鉱物が溶けて固定化したもの。硬い砂岩はほぼ全体が石英で構成されており、粉砕されて砂土となるが、植物栄養素はほとんどない。柔らかい砂岩は鉱物を含んでおり、より肥沃な土壌を作る。砂岩は建築用、造園用によく使われる。

さく果　Capsule
1個の子房からできた、2枚以上の心皮を持つ肉薄の果実。裂開して種子を放出する。

挿し木　Cutting
穂木の下位の端を土壌、あるいは砂のような無菌培地に挿し、発

雑種　Cross
交雑種に対する、よりくだけた用語。また、同じ種における異なる品種または栽培品種との他家受粉によってできた植物にも適用される。

雑種強勢　Hybrid vigor
特定の植物の一代交雑種において、大きさや生育速度が上昇する現象。トウモロコシのように、一部の農作物において、一代交雑種の種子を利用することで雑種強勢の利点が得られる。

雑草　Weed
庭にはびこって、栽培植物から日光、水分、栄養を奪ってしまう見栄えのしない植物。

殺虫剤　Insecticide
害虫を殺す物質で、今日では合成化学薬品が原料となっている（**農薬**の項もあわせて参照）。現代の殺虫剤の大半は、虫、しかも特定の型の虫に特有の生物化学プロセスを標的にし、人間やその他の脊椎動物への有害性を抑えるよう製造されている。

サトイモ　Aroid
単子葉植物サトイモ科の総称。熱帯の草本、低木、などのつる植物（例：フィロデンドロン属種）や、温帯性の多年生植物（例：アルム属やテンナンショウ属の種）がある。すべてのサトイモ科植物は、小さな花が**肉穂花序**をなしており、しばしば**仏炎苞**につつまれている。

サバンナ　Savannah (savanna)
熱帯に共通する植生域で、まばらに高木の生えた草地からなり、季節的な降雨のある地域の平原に生じる。

さび菌　Rust fungus
サビキン目の**真菌類**。植物に寄生して小さな胞子体を作り、葉に黄色またはオレンジ色の細かい斑点を発生させる。ほとんどが宿主となる種または属に特定のもので、深刻な被害を与えかねない。ポプラとマツは特定のさび病によりしばしば壊滅的な打撃を受ける。ライフサイクルは非常に複雑で、メギ属に寄生する小麦のさび病のように、中間宿主に寄生して冬越えする場合もある。

サボテン　Cactus (plural cacti)
アメリカのサボテン科植物の総称。主として、刺を持ち、葉を持たない多肉植物からなる。不用意にサボテンと名づけられながらも、サボテンではない多肉植物も多い。

左右相称（花）　Zygomorphic
ただ1つの相称面を持つ花。キンギョソウやほぼすべてのランがこれにあたる。総正面が花弁および萼片を通る「放射相称」と対照する。

散開
多くの匍匐性植物の枝にみられるような、ばらばらに広がった、締まりのない形態。

3回羽状　Tripinnate
複葉が3回分かれること。羽状に2回分かれた小葉がさらに1回羽状に分かれたもの。

三角形　Deltoid (or deltate)
（葉、苞葉などにおいて）輪郭がある程度三角形をなすもの。角は丸くてもよい。

散形花序　Umbel
別々の小花柄が共通の花柄から放射状に出ている花序のこと。花序の節間がゼロに等しい総状花序や集散花序から派生することもある。

サンザシの実　Haw
サンザシ類の果実。小型のナシ状果で、大半は赤く、骨質の種子が数個含まれている。

3出複葉　Trifoliate
3枚の小葉を持つ複葉。羽状葉もしくは掌状葉の最も簡略な形態とも考えられる。3出という用語はあまり一般的ではない。

酸性　Acid
（土壌において）pHがおよそ6未満の状態。一般に酸度が強いほど有機成分が豊富であり（例：ピート）、石灰（炭酸カルシウム）にはまったく含まれていない。雨量の多い地域ほど、土壌は酸性に傾く。**アルカリ性**の項も合わせて**参照**。

斬尖形　Acuminate
葉の先端において、細長く伸びた凸状の縁が先端に向かって凹状に変化するかたち。

散布、分散　Dispersal
植物が新たな場所に自然に広がること。普通は種子によるが、鱗茎、茎片、離脱した葉によって散布する場合もある。種の散布機構とは、この広がりを確保する方法で、たとえば、風に運ばれる、果実を鳥に食べさせて種子を排泄させる、果実が動物の毛や人間の衣服にからまる方法などがある。

散房花序　Corymb
総状花序の変形で、低い位置の花の柄が長く、高い位置の花とほぼ平面状になったもの。

雌花　Pistillate
機能的な雌性器官（雌ずい）があって機能的な雄性器官がない花。あるいはひとつの株における個別の花に対する言葉。**雌性植物**とほぼ同義。

自家播種　Self-seeding
園芸家の手によらず自然に種子が庭に落下して生育すること。雑草よりは栽培植物に用いられる。自己繁殖とほぼ同義。

軸　1. Axis 2. Rachis (rhachis)
1. 茎、花序や複葉の軸、あるいは花の中心線を指す一般的な用語。
2. 葉のついたシュートを除く、長手方向に派生器官が並ぶ細長い茎の総称。羽状葉の中心となる柄や、総状花序の茎を指す。

刺座　Areole
サボテン（サボテン科）の茎節ごとにある特徴的な組織。この小さな区域または点から、とげや毛、葉（極小で短命）、あるいは花が生える。植物学者らはこれを、**短枝**が高度に変化したものと考えている。

歯状（縁）　Dentate
三角形の歯が並んだ葉縁。歯先は前方よりもむしろ外側に向かっている。

雌ずい　Pistil
花における分離した雌性器官で、1つの**心皮**、あるいは複数の心皮が癒合したもの。やや旧式の植物学用語。

雌性花　Female
機能する雄性器官をもたず、雌性器官だけを持つ花。

雌性植物　Female
雌花または雌花序しか産出しない植物。

シソ（科）　Labiate
双子葉植物シソ科に属する植物の総称。より伝統的な別名であるLabiatae（「唇状」の意）に由来している。

シダ　Fern
現存するシダ植物の最大グループであるシダ綱の総称。葉の胞子嚢に含まれた胞子が風に運ばれて発芽し、雄器官と雌器官を持った極小の前葉体（配偶体）を形成するのが特徴。これらは水滴を媒体に受精し、新たな胞子を産出する植物を形成する。

シダ植物　Pteridophyte
種子植物に対して、胞子によって繁殖する植物の総称で、高分化された維管束（伝導）組織系を含む茎がある。現在シダ類は、単一の共通祖先を持ち自然群を形成する植物というより、陸上植物の進化の段階を明確にする植物だと見なされている。マツバラン門（マツバラン属およびイヌナンカクラン属）、ヒカゲノカズラ門（ヒカゲノカズラ属、リコポディエラ属、ヒュペルジア属、ミズニラ属、イワヒバ属）、トクサ門（トクサ属）、ウラボシ門（350の属を持つ**シダ**）が含まれる。

支柱根　Stilt-roots (or prop-roots, strut-roots)
地上の茎（幹）から出て、土まで下りる根。泥や砂のような柔らかい土壌で基部を広げることでその植物を安定させる。**マングローブ**や、タコノキおよびヤシなど、比較的大きな植物で見られる特徴だが、きわめて小さな植物でも支柱根を持つものもある。

湿地植物園、ボッグガーデン　Bog garden
庭の一部、池の端などに設けた、湿った土壌を好む植物のための区画。

室内植物　Houseplant
観賞用としてずっと家の中で栽培される植物。一般に、低い日照や、室内環境におけるその他の悪条件に耐える種および栽培品種を指す。

施肥　Fertilize
土壌に栄養素を加えること。

師部　Phloem
主に**樹皮**（単子葉植物を除く）に見られる輸送組織で、溶解状態の糖など、合成産物を植物各部に輸送する働きをする。

子房　Ovary
花の雌性器官の膨れた部分で、胚珠を内包する。

脂肪種子　Oilseed
種子から自然の油や脂質を抽出するため、植栽、または農作物として育てられる植物種や栽培品種。たとえば、サフラワー（カルタムス属）、ナタネ（アブラナ属）、アブラヤシ（アブラヤシ属）など。脂肪種子植物の中には、落花生（ラッカセイ属）、ヒマワリ（ヒマワリ属）など、多様に利用される種もある。

子房柄　Gynophore
花の子房の基部にある柄で、花床の上まで伸びる。カッパリス属あるいは一部のマメ科の莢のように、結実段階でより顕著になる場合もある。

霜　Frost
気温が氷点（0℃または32°F）を下回ると、大気中の水分が氷晶を形成する。冷たい空気は沈むため、気象観測における標準高度（1.5m）での気温が氷点を数度上回っていても、地表レベルでは霜が発生する場合もある。大気が乾燥していて、氷晶（白霜）が生じることなく植物の葉が死滅する場合があり、これを「黒霜」という。

斜上　Ascending
（茎、枝、花序が）急上昇しているが、垂直ではない。

種　Species (abbreviation sp., plural spp.)
植物分類の基本単位で通常特徴が同じで、代々自由に交配を繰り返しながら子孫に目立った変化がないもの。1つの種は通常他の種と交配できないか、できても子孫は同一ではないか、生育能力のある種子を産生しない。種の学名は、属する**属名**のあとにヒトの名のように個体を表す小名がつく。例：*Pinus contorta*

種衣、仮種皮　Aril
種子に付随する肉厚の組織で、もともとは種子柄が発達したもの。鳥や動物に採食されて種を散布する。ライチの果肉はこれにあたる。

雌雄異株　Dioecious
雄性花と雌性花が別の株に生じる植物種。**受粉**して結実するには両性の株が必要。雌性花と雄性とに分かれたものは、同じ株にあっても「雌雄異花」という。

周極分布　Circumpolar
北極の周辺地域または冷温帯に生じる分布種。南半球よりも主に北半球を指す。周極分布種は、ヨーロッパ、アジア、北アメリカの北部だけでなく、グリーンランドやアイスランド、それに、アルプス、ピレネー、カラパチア、ロッキー、シェラ・ネバダといった温帯の山岳地帯でも見られる。

集合果、複合果　Syncarp
ひとつの果実に見えるが、実際にはいくつもの果実が癒合しているもの。ハリグワ属、クワ属、パンダナス属など。

集散花序　Cyme
各枝の先端に単生の花がつき、その下に新しい花をつけた側枝が生じる**花序**。側枝が2本のものを2出集散花序、1本のものを単出集散花序という。

十字対生　Decussate
葉の対生において、組になった葉と、その下の組の葉とが直角になり、結果的に、4枚の葉が対頂角をなすもの。

シュート　Shoot
成長途中の葉のついた枝または茎。

雌雄同株　Monoecious
単一の株に機能的な雄と雌の生殖器官が共存している植物種。同じ花に共存している場合もあれば、雄性花と雌性花とに分かれている場合もある。**雌雄異株**と対照。

樹液　Sap
辺材を通して根から葉へ、または**樹皮**の内側を通して逆方向へ、通道組織を通して流れる水質の液体。根から葉へは、溶解したミネラルが運ばれる。このミネラルは、葉での**光合成**や、複合分子を合成するその他のプロセスの補助に利用される。葉から根へは糖が運ばれる。糖は、樹木の構成要素（主にセルロースとリグニン）を産生するために使われるほか、生細胞の代謝プロセスのためのエネルギーを供給する。

樹冠部　Crown
樹木の幹に支えられた部分で、大枝、中枝、小枝、葉からなる。

宿根性　Herbaceous
普通、冬ごとに枯れて、根茎や塊茎だけになる多年生植物を指す。

熟枝　Hardwood
(挿し木において)前年度あるいは当年度の成長にかかわらず、じゅうぶんに成熟し、ある程度木質化した枝から取った穂木。

宿存　Persistent
植物が1つの季節をこえて、あるいは繁殖の次の段階に入っても残っていること。たとえば、花の萼片は結実しても宿存する。

樹形　Canopy
樹木の一部として地面に影を落とすあらゆる葉や枝の広がり。

主根　Taproot
土中にまっすぐ伸びていく太い中央の根。ニンジンは端的な例である。

種子　Seed
顕花植物と裸子植物(すなわち種子植物)の生殖、散布器官で、顕花植物では果実の中にあり、裸子植物では雌花序の鱗片にある。種子は植物の胚、栄養貯蔵組織、保護性の種皮からなる。種子は水分と温度による刺激を受けて発芽するまでに長期間休眠状態にある。

樹脂　Resin
木部、樹皮または果実などの植物組織からにじみ出る芳香性物質の類。自然の状態で動物の食用に適することはまれである。植物樹脂は水とアルコールには不溶性だが、ベンゼン、ガソリンなどの有機溶剤には可溶性である。暖めると液状または半液体状になり、冷めると硬くなる。植物(針葉樹類など)の惨出物の多くは「オレオレジン」と言い、精油が混ざった樹脂で液状だが、空気にさらされると徐々に蒸発し硬い樹脂となる。かつて、天然樹脂は工業および国内用途に幅広く用いられていたが、今はほとんどが石油から作られた合成樹脂に変わっている。

種子植物　Spermatophytes
あらゆる顕花植物と裸子植物(主に針葉樹とソテツ類)からなる、種子で繁殖する植物。種子への進化は、常に水分があるとは限らない環境への分散を可能にし、大型の植物が地表へ上陸するための重要なステップであった。

受精させる　Fertilize
(植物学において)花粉を柱頭に運び効率的に受粉させ、花粉の核と胚珠内の卵核を結合させること。

種族　Race
正式な言葉ではないが、種に含まれる広範囲のグループで、多数の個体群が含まれることもある。異なる地理的種族が公式に亜種または栽培品種として認められ、栽培品種群として命名される場合もある。

種皮　Testa
種子を覆う堅いもしくは頑丈な外皮。

樹皮　Bark
保護性のコルク質や繊維性組織、それに下方へ糖蜜を送る師部を含む茎の外層。主に高木で発達し、年月とともに厚くなる。

受粉　Pollination
花粉が雄ずいから柱頭へ(針葉樹では雄花序から雌花序へ)運ばれる仕組み。1つの花においても、異なる花同士でも、あるいは異なる植物同士でも言う。受粉の媒介は風、昆虫、鳥など。人間によって意図的に受粉が行われることもある。

樹木栽培学　Arboriculture
装飾および快適性のために樹木を生育する科学および芸術(材木の場合、[林学]のほうが一般的である)。

樹木保護士、アーボリスト　Arborist
病気や害虫の防止を含め、樹木を管理および治療すべく訓練を受けた者。「樹木医」ともいう。

子葉　Cotyledon, Seed leaf
発芽種子から生じる最初の葉。ヤシなど、一部の植物の子葉は果皮に覆われたままだが、それ以外の植物は地上で茎の上につく。

小円鋸歯(縁)　Crenulate
円鋸歯と同じだが、より小さい歯が密に並んだもの。

小花　Floret
頭状花序のように、集団で花序を構成している小さな花。

小気候　Microclimate
領域気候に対し、限られた地域、植生域、構造物、または活動範囲によって変化する、狭い範囲の気候。たとえばほかは霜の降りる気候でも、木や石の壁で囲まれたシェルター内は、霜の降りない小気候といえる。庭でも野生でも、小気候は植物の習性にとって重要な要素である。

小鋸歯(縁)　Serrulate
鋸歯と同じだが、より歯が小さく間隔が狭いもの。

小結節、小瘤　Tubercle
植物体の表面に見られる小突出物。膨らんだ球形となることが多い。

じょうご形　Funnelform
じょうご、または円錐を逆さにしたようなかたちの花。癒合あるいは重なり合った花弁が、基部で短い筒を形成しているものが多い。

蒸散　Transpiration
あらゆる植物(ただし水中のものは除く)の葉でおこる現象であり、気孔や細孔の下にある細胞の壁を通して水分が空中に蒸発する作用を指す。葉の蒸散作用によって葉と茎の通道組織には負圧がかかり、水分が根から上方に吸い上げられる。こうして得られた水分とそこに溶け込んでいる栄養素が光合成には欠かせない。蒸散の度合いは湿度、温度、大気の流れによって異なり、気孔の開閉によってコントロールされている。

小歯状(縁)　Denticulate
歯状縁よりさらに細かい歯が密に並んだ葉縁。

掌状　Palmatifid
葉が深く欠刻し、裂片が葉柄から放射状に広がっている。

ショウジョウバエ　Fruit-fly
熟した果実の皮の下に産卵する小型のハエの総称。幼虫が果実の肉を食すことで、微生物の侵入が促進され、醗酵・腐敗が生じ、栽培業者に多大な経済的損失を与える可能性がある。果実の取引や移動に厳しい検疫が設けられる理由でもある。

掌状複葉　Digitate, palmate
複葉の一種で、すべての小葉が共通柄の先端に付随し、個々の柄が傘の骨のように放射状になっているもの。また、Acer palmatum(イロハモミジ)にみられるように、すべての裂片が中心から放射状にひろがった分裂形にも使われる。

掌状葉ヤシ　Fan palm
ヤシを葉の構造によって2分した一方。葉柄の先に裂片が放射状にひろがった掌形の葉(FROND)を持つ。羽状葉ヤシの項も合わせて参照。

小穂　Spikelet
特別な構造の小さく短い穂状花序で、集まってさらに大きな花序を形成する。主にイネ科、カヤツリゾク科の草に用いられる。

小石果、小核果　Drupelet
ブラックベリー(キイチゴ属)にみられるような、多数の心皮からなる花の個々の心皮の受精によってできた小粒の石果。

小舌　Ligule
葉柄や葉身の基部の上表面から突出し、しばしば茎に巻きついている舌状の組織。イネ科植物によく見られる。

条線　Striate
(茎や葉や種などにおいて)細い縦方向の溝、あるいは黒味をおびた細い線がついていること。

壌土、ローム　Loam
粘土、砂、シルト(微砂)がほぼ等しく配合され、腐植質を適度に含有した壌土。粘土の割合が多いものを埴壌土、砂の割合が多いもの砂壌土という。

小苞　Bracteole
花茎(花柄)に付随する小さな苞。普通は苞と花の間にある。

小葉　1. Leaflet 2. Pinnucle
1. 複葉を形成する個々の葉状部分。
2. 2回羽状複葉のそれ以上分けられない小葉、あるいは3回羽状複葉や4回羽状複葉などのより高次の複葉を構成する葉。

小葉柄　Petiolule
複葉における個々の小葉の柄。

常緑植物　Evergreen
季節を通じて葉をつけている植物。ただし、特定のシーズンに古い葉を大量に落とすことがある。

小鱗茎　Bulbil, bulblet
親植物から生じる小さな鱗茎または鱗茎状のシュート。親の鱗茎基部だけでなく、さまざまな部分に作られる。たとえばユリ属種では葉腋、タマネギ類では花序に生じるものもある。そのまま繁殖に利用できる。

条裂　Laciniate
(葉や花弁において)幅狭の、先が鋭くとがった、非常に深い裂片に分かれていること。

植物界　Plant Kingdom
生物を分ける大きなグループの1つ。伝統的には緑色の植物すべてはもちろんのこと、藻、真菌類、バクテリアも含んだが、現代の体系は、植物界とは緑色の陸の植物と緑色の藻だけの、より狭い領域を指すという認識に根ざしている。

植物学　Botany
植物に関する科学的研究。

植物学名　Botanical name
国際的に認識された植物の種、属、科などの名前。通常、ラテン語またはラテン語化したギリシャ語が使われ、国際植物命名規約に従って命名される。

植物標本　Herbarium
(植物学において)分類や同定のために、乾燥して保存された植物集。以前は個人が所有していることもあったが、現在はほぼすべて、キュー植物園やニューヨーク植物園、スミソニアン博物館、大英博物館といった公的施設で保管されている。現代の命名規約では、新たに植物名を発表する際には必ずその基準となる標本を指定することになっている。これは「タイプ標本」として認識され、将来、その名前の適用範囲が拡大あるいは狭まって解釈されることになった場合の参考とされる。

除草剤　Herbicide
植物、特に雑草を枯死させる毒。今日使われている化学薬品のほとんどは、人体への悪影響は非常に弱い。選択的除草剤は、希釈処方により、他の植物を害することなく特定の種類の植物を枯らすことができるため、芝生に生じた広葉雑草などに利用される。

飼料用植物　Forage plants
家畜の餌として栽培された、あるいは、放牧された家畜が食べる自生や半自生の植物。イネ科植物や草本だけでなく、高木、低木も含まれる。

シルト、微砂　Silt
土壌の三大成分の中間で、砂よりも細かく、粘土よりも粗いもの。

しわの多い　Rugose
(葉において)表面にしわがあること。普通は表面に刻まれた葉脈によるものである。

針(状)葉　Needle
マツ属にみられるような、針状の葉。

心材　Heartwood
樹木の幹や大型の枝の内部にある木部の内側部分。ここの細胞はすでに死んでいるため、根から樹冠部に向けて樹液を運ぶ機能は、この外側を囲む生きた部分である辺材が保持している。多くの樹木では心材の色が濃くなっており、色の薄い辺材と視覚的に区別できる。心材の導管は外壁の成長により遮断され、蓄積されたタンニンが虫や木材腐朽菌を寄せ付けなくするため、材木としての耐久性が向上する。

新世界　New World
コロンブスの時代において、アメリカ全土を指した伝統的な言葉。旧世界の対照。

心臓形　Cordate
柄の結合部がくぼんで心臓のかたちになった葉。全体のかたちだけでなく、基部だけにも使われる。

心皮　Carpel
花の雌ずい(雌性器官)の基本単位で、普通、胚珠を含む子房、細い花柱、花粉を受ける柱頭に区別される。1つの花に1個であることも複数あることもあり、複数の心皮が癒合していることもある。

唇弁　Labellum
ランの花において、通常花の中心から前に張り出している、特徴的な形状の大きな花弁。厳密にいうと唇弁は、3枚の花弁(あるいは内花被片)のうち上位にあるのだが、大半のランの花は柄が180°ねじれているため、下側にあるように見える。ランの唇弁におけるさまざまな隆起部や色のパターンは、ほぼすべて、受粉媒体、主に昆虫を引き付け誘導するための適応構造である。

唇弁　Lip
単一面でのみ対称を成した花(左右相称花)を持つ筒状花冠の、上位か下位の裂片、または複数の裂片の集まり。大半は、サルビア属やネメシア属のように2枚の唇弁からなる。

針葉樹　Conifer
裸子植物の最大グループである針葉樹は、現在、裸子植物門と分類されている。大半は、雄花序と雌花序を別々に備えた高木で、針状または鱗状の葉を持ち、樹脂を含んでいる。大きな属と

しては、マツ属、モミ属、トウヒ属、イトスギ属がある。

侵略種　Invasive
種子、根茎、走茎などによって植え付けた場所を大幅に越えて拡散する傾向があり、やっかいものとされる種。

森林植物園　Arboretum
科学的研究や園芸試験のために、樹木を収集した公園、あるいはそれに類似した区域。

髄　Pith
植物の茎や小枝の中心部にある軟らかい組織。通常白っぽい。

穂状花序、穂　Spike
植物学において、枝状に分かれていない花序を指す。花は無柄で、個々の花には柄がつかない。

水生　Aquatic
少なくとも生涯の大半にわたり、水中で成長する植物種。沈水植物、抽水植物、浮葉植物、浮水植物に分けられる。

ずい柱　Column
ランの花の中心の、花柱、柱頭、雄ずいが癒合した多肉器官。他にも類似の器官を持つ植物がある。

スゲ　Sedge
世界中に分布するカヤツリグサ科の大型単子葉植物。とくにスゲ属とカヤツリグサ属は代表的な2大属。葉は細長く、小穂は極小だが、赤および黒みがかった乾燥した包葉の間に大量の花が隠れている。ほとんどが沼沢地に生育する。**イグサ**の項も合わせて参照。

スタンダード仕立て　Standard
(園芸において)普通は低木(ときには高木のこともある)を、長いむきだしの幹の上部に枝葉が密につまった樹冠がくるように仕立てること。また、枝の出ていない高い台木に接ぎ木された植物を指すこともある。垂れ下がるタイプの栽培品種はたいていこの方法で接ぎ木される。

ストロン、匍匐茎　Stolon
親茎より水平方向に伸びる細い茎で、その先で新しい苗を作る。この苗が根をおろし、このプロセスがしばしば繰り返される。通常は地表に伸びるが、地中に伸びることもある。**走出枝**とほぼ同義。

砂　Sand
直径0.5mm以上2mm以下(それ以上は小石)の最も粗い土壌成分。主に純粋な珪土である石英からなる硬い鉱物からできており、極度に硬く水に溶けない。海岸の砂は貝殻の粒を含んでおり、化学的には石灰岩に近い。

星状毛　Stellar hair
植物に生えている毛で、基部の近くでいくつか放射状に分かれる。その結果できる星状のかたちは拡大しなくても見えることもある。星状毛を特徴とする植物の科はいくつかあるが、特にアオイ科が有名。

生息環境　Habitat
植物種において、一般に野生で見られる、地理的位置、土壌、地形、植生型の総括。

成長期　Growing season
植物が成長する季節。冷温地帯では春から夏が終わるまでを指すが、熱帯乾燥地では雨季を指す。

成長習性　Growth habit
植物全体の形式またはかたち。

精油、エッセンシャルオイル　Essential oil
特定の植物のさまざまな部分に存在する芳香性の高い油。極小の腔(油腺)、葉、花弁に含まれたり、果実(例:レモンの皮)、あるいは樹脂と混合して表面から浸出するもの(例:テンジクアオイ属)もある。多くの植物のオイルは、ペパーミントオイル(ピペリトール)、レモンオイル(シトラール)、タイムオイル(チモール)といった、いくつかの純粋油を様々な比率で混合したものである。「エッセンシャル」オイルという用語は、それぞれが特定の芳香の本質(エッセンス)と見なされたためにつけられた。

石果、核果　Drupe
プラム(サクラ属)、オリーブ(オリーブ属)のように、外側の多肉質実の中に、骨質、木質、または繊維性組織からなる固い内果皮に包まれた種子があるもの。

石細胞　Stone cell
厚く、変則的な細胞壁をもつ細胞。単独、または多くの場合、集団で小さな石質細胞群をつくり、柔らかな組織中に点在する。*Cydonia oblonga*(マルメロ)やいくつかのナシ属の栽培品種の果肉に見られる。

節　Node
1枚または複数の葉がついている茎の部分。葉が互生している場合は、1つの節に1枚の葉がつくが、対生の場合は2枚、輪生の場合は3枚がそれ以上につく。節は茎に**節間**と交互につく。

綴化　Crest
(サボテンや多肉植物において)成長異常により成長点が広がって線上になっているため、波状または渦巻き状になった植物種。繁殖可能で、一部の収集家に人気がある。

石灰　Lime
土壌に備わった、または添加するカルシウム化合物。生石灰は酸化カルシウム、消石灰は水酸化カルシウム、粗砕石灰石は炭酸カルシウム。すべてアルカリ性、または少なくとも土壌の酸性度を中和し、植物に特定の栄養素をより多く提供する。その他の栄養素に対する効果は薄い。

石灰質　Calcareous
カルシウム塩、特にカルシウム炭酸塩の粒子または団塊を含んだ土壌。石灰質土壌は白亜、サンゴ、石灰岩、ドロマイトを形成するが、乾燥した地帯でもよく見られる。

節間　Internode
植物の茎や小枝における2つの**節**の間。

石膏　Gypsum
多くの乾燥地域の土壌に存在する硫酸化カルシウムの水和物。園芸学では、カルシウム不足の土壌の肥料、あるいは固い埴土の改良剤として利用される。

舌状花　Ray floret
キク科植物の頭花において外側を囲む小花で、内部の花すなわち**舌状花**と区別する場合に使う。通常は長い花弁が並んで癒合し、平らな帯状、または**小舌**を形成する。このような小花を舌状花と呼ぶ。

切片　Segment
深い欠刻の入った葉の裂片の1つ、または同様の構造。

セリ科　Umbellifer
双子葉植物セリ科に属する植物。英名Umbelliferは、科名の別名Umbelliferaeに由来する。大部分は草本性で深い**全裂**葉もしくは複葉を持ち、**散形花序**(多くは複散形花序)に多くの小さな花をつける。果実は小さくて乾燥しており、芳香を放つこともある。カルム属やクミヌム属などがその例である。よく知られた野菜にはセリ科のものが多い(ニンジン、アメリカボウフウ、セロリ、パセリなど)。

セルフ　Self
1.(植物繁殖において)自体の花粉、または同じクローン植物の花粉を受精して生じた子孫。主にラン繁殖家が用いる。
2.(栽培品種の花色において)全体が同色。

セルロース　Cellulose
化学的にはグルコースの高分子である複合糖質。植物の**細胞壁**の大半を形成する、自然界に最も多い有機化学物質の1つである。植物の構造を強化する(本木植物では**リグニン**と役割を分かち合う)ほか、食物繊維の主成分でもある。人間の消化系では分解されないためエネルギーにならないが、ウシの反芻胃にみられるように、微生物によって、有益な食物に転換できる場合も多い。

腺　Gland
厳密には、植物器官の内外において、糖質や樹脂といった液体や粘着性物質を浸出または含有する、小さな付属器、突起、陥凹、腔をすべて指す。最も一般的なのは、多くの花の基部にある花蜜の腺(蜜腺)で、蜜を浸出して、虫や鳥を引き寄せ、花を受粉させる。葉の縁や柄にある一部の腺は退化による痕跡で、何も分泌しない。

全縁　Entire
(葉縁、小葉、花弁などにおいて)なめらかで、歯や欠刻といった凹凸のないもの。

線形　Linear
(葉において)長さと比べて幅狭のかたち。幅に対して長さが8倍以上の葉に適応される。

先駆植物　Pioneer plant
新しく利用できる生息地、たとえば地すべり地、砂や砂利の川原、火山の溶岩、燃えカスの山などに、すばやくコロニーを作ることのできる植物。先駆植物には、主に風や水を使う効果的な散布機構、早い成長、不慣れな培養基から効果的に栄養を抽出する根組織が必要である。

染色体　Chromosomes
極微の糸状の物体で、植物の各**細胞**の核に多数存在し、ほぼすべての遺伝子がここに位置する。花粉や胚珠における生殖細胞形成の際の染色体再編成や染色体分配(減数分裂)により、実生に変化が生じる。植物種や栽培品種では1つの核に含まれる染色体の数が決まっている。通常の植物は染色体同士が2つずつ組になっており、これを**二倍体**という。3つずつ組になっているものを三倍体、4つずつのものを四倍体というが、いずれも正常ではない繁殖行動によるものである。組になる染色体の数が2よりも大きいものを総じて**倍数体**という。

剪定　Prune
植物の形状を改良または維持すること。最も一般的なのは、低木(バラの低木など)あるいは木質のつる植物(ブドウの木など)で、花や果実の数や大きさを増加させるために、数本の枝を基部から切り落としたり、他の枝を短くしたりすること。広義においては植物の枝を刈り込むことを表すが、(散髪のように)樹冠全体に均等に行なう場合は通常刈り込みまたは刈り取りと呼ばれることが多く、木の大枝に行なう場合は枝切りと言う。

蘚類、スギゴケ類　Moss
植物学的には、コケ植物門の蘚類に分類される緑色の陸上植物。真の根は持たず、茎には明確な維管束組織もなく、小さな葉は膜状である。主に菌組織で構成されている地衣植物や、真の茎や葉のない藻類と混同しないこと。

全裂　Dissected
(葉、苞、花弁などにおいて)ニンジンやパセリの葉のように、深く分裂して、多くの小さい、または幅狭の切片を形成しているもの。

痩果　Achene
花の心皮1個が受精してできた、種子1個を含む、小さな乾燥した果実(例:キジムシロ属)。

総状花序　Raceme
枝分かれしていない花序で、柄のある花を連続してつける細長い茎または花軸からなる。先端が最も若い。

双子葉植物　Dicotyledon (or dicot)
顕花植物(被子植物)を2分した、より大きな網。もう一方は**単子葉植物**。その名のとおり2枚の子葉を持ち、加えて大半が、網目状の葉脈、4、5つの部分からなる花、**形成層**のある茎を持つ。

層積(貯蔵)法　Stratification
休眠状態をさまたげることで発芽を促進させる種子の処理方法。普通はわずかに湿った培地の中に2ヶ月から4ヶ月冷蔵する。昔は、霜の当たる、日照の少ない戸外に積み重ねて行われていた。自然界では種子は湿った枯葉の中で冬を越す。

総苞　Involucre
花もしくは小花をまとめた、環状または杯状の苞葉。大半のデイジー(キク科)に見られる。

草本　Herb
(植物学において)木質の茎を持たない植物。

属　Genus (plural genera)
植物分類における種の上の階級。属名は、*Quercus*(コナラ属)のように単独で記されることもあるが、*Quercus rubra*(アカナラ)のように、種に対する学名の最初の部分にもなる。

属間交雑種　Intergeneric hybrid
2つ以上の異なる属に属する種を親にもつ**交雑種**。ラン科において最も一般的に創造されている。普通、以下の規則に従った学名によって識別できる:(a)2つの異なる属に属する種間の雑種(2属間交雑種)の場合、両親の属名の要素を結合させ、頭に「×」をつける(例: × *Crataemespilus grandiflora*[*Crataegus* × *Mespilus*])。(b) 3つ以上の属間雑種の場合、人名をつけ、最後に—araをつける(例:ラン科の属間交雑種、× *Wilsonara*は、オドントグロッサム属、オンシディウム属、コクリオダ属を親に持つ)。また、× *Sophrolaeliocattleya*(×ソフロレリオカトレア)のように、すでに存在する学名をも抱合するにしても、3属間交雑種においても、2属間交雑種と同様に命名できる規則になっている。

側刺　Radial spines
サボテンにおいて、**刺座**に対して(多少なりとも)放射状に広がり、植物体の表面に沿って平面を成す刺。**中刺**と対照する。

束生　Fascicle
葉や茎の細い束。たとえば、マツ属の葉はたいてい2、3、5本で束生する。

側面　Lateral
枝や葉といった植物の部分の横面を、先端や基部に対して側面という。

粗長毛に覆われた　Hirsute
植物の一部が、長い、いくぶんもつれ合った毛に覆われていること。

ソテツ　Cycad
裸子植物において、**針葉樹**に次ぐ大群で、現在、ソテツ門と分類

されている。ヤシに似た葉を持ち、雌雄別株に巨大な花序をつける。大きな属としては、ソテツ属、オニソテツ属、マクロザミア属、ザミア属がある。

外巻き　Revolute
(葉縁において)下方向および内側に曲がり、しっかり丸まったもの。

袋果　Follicle
単一の心皮からなる果実で、縦または頂端を横切る一辺が裂け、種子を放出する。

耐寒性　Hardy
(種および栽培品種において)厳しい環境においても生存および繁茂が可能な植物。ただし、寒冷地帯の園芸愛好家らは普通、**耐霜性**の意で用る。

台木　Rootstock, Stock
接ぎ木において、**穂木**が接がれる茎で、通常は実生から育てる。

対生　Opposite
節の両側に対になって生じる葉柄につく葉。

耐霜性　Frost hardy
(植物の種、変種、栽培品種において)霜にあたっても、葉や茎など冬を通じて存続する部分が損傷することなく持ちこたえる植物。耐霜性は完全に気候と結びついている。たとえば*Abutilon megapotamicum*(ウキツリボク)はオーストリア南東部の丘陵地帯(ゾーン8)の軽い霜には耐えるが、英国内陸部(ゾーン7)の屋外では生存できない。また、*Araucaria araucana*(チリマツ)は英国の大部分で冬越し可能だが、米国北東部(ゾーン5)では完全に死滅する。

帯白、淡い青緑色　Glaucous
(葉、茎、果実において)ロウ膜またはロウを含んだクチクラ層のために表面が青みを帯び、下層組織の葉緑素による緑色が変化して見えること。

堆肥　Compost
有機物を腐植させたもの。土壌の改良や**マルチ**として園芸に利用される。あらゆる植物性素材は、積み上げて湿気を保ち、真菌、細菌、ぜん虫、微生物などを加えて分解を促すことで堆肥となる。動物性**有機肥料**や窒素肥料を加えると分解が早まる。肉や魚といったその他の動物性素材を加えてもよいが、悪臭や害虫を招くという欠点がある。適切な容器と管理によって堆肥は熱を発し、雑草の種子や鱗茎を殺し、堆肥化が短縮される。

退緑、黄化　Chlorosis
葉緑素が失われ、葉が黄ばんだり白くなったりすること。栄養不足、または病害の結果である場合が多い。

苔類、ゼニゴケ類　Liverwort
植物学的には、緑色の陸上植物であるコケ植物**門**苔網の総称。その他の主要な網には、**蘚網**(スギゴケ類)がある。苔類は下等な匍匐性植物で、茎や葉に分化されていない。育苗ポットや播種トレイなどの湿った土壌を覆い、雑草扱いされる場合もある。

多雨林　Rainforest
雨量の多い地域で発達した、完全に閉鎖された樹冠を伴う繁茂した森林。熱帯多雨林は、高木種の多様性および木性つる植物と着生植物の豊富さにより特徴付けられる。対して温帯多雨林では、3～6種の高木のみとなる。

楕円形　Elliptic
(葉、花弁などにおいて)楕円形だが、一般に両端はいくぶんとがっていて、縦の中心に最も幅広の部分がくるもの。

楕円体　Ellipsoid
(果実など、立体器官において)外郭がある程度楕円形で、多くの場合、長軸が柄を通過している。

高取り法　Air layering, Marcottage
繁殖法の1つ。枝の樹皮をはぎ取り、切り口にミズゴケなどの保湿材を巻き、空気を通さないビニールで包んで発根を促進する。発根したら、枝を切り捨て、土に植えつける。

托葉　Stipule
葉柄の基部に、たいていは一対でつく。小さくて鱗状のこともあれば、刺状にかたちを変えていることもあり、エリカモドキ属のように、葉そのものと同じぐらいの大きさのことさえある。

タケ　Bamboo
イネ科**亜科**のタケ科に属する植物。長命の地上茎は普通中空で、厚く頑丈な壁と、イネ科草本に似た葉を有する。

盾形　Peltate
葉柄が、葉身の裏側の、葉縁から離れたところに付いている葉

多肉　Succulent
(種において、あるいは葉や茎において)膨れていて、繊維や木質細胞とは対照的に水分を多量に含む多肉質の組織でできている。多肉植物は、主にアフリカ大陸やアメリカ大陸の半乾燥気候の地域に分布する。ほとんどのサボテンとトウダイグサ属の多くが入る。

ダニ室　Domatium (plural domatia)
葉にある小さな腔。普通、裏側の中央脈に隣接した部分または主葉脈の角にある。主に熱帯多雨林の樹木に見られる。ダニ室の機能は完全には解明されていないが、一般に、ダニなど極小動物のすみかとなっている。

多年生植物　Perennial
植物学用語で、無限あるいは少なくとも3年の寿命をもっている植物種を指す。この基準によればすべての高木と低木はこれに当たるが、園芸家は草本性の多年生植物を指して言う傾向がある。

卵形　1. Ovate(平面)、2. Ovoid(立体)
1. (葉、苞、花弁において)輪郭がいくぶん卵形で、最も幅広の部分が葉柄寄りになっていること。全体的な輪郭を表す言葉で、基部や先端は鋭形、鈍形、円形でもいい。
2. (立体において)オリーブの変種に見られるような卵の形で、最も幅広の部分が葉柄寄りになっているもの。

暖温帯　Warm-temperate
温帯の中でより暖かい地域。緯度25度から40度の間に位置する。

短果枝　Spur Shoot
リンゴなど、花房をつける木の短い側枝を指す。

単幹　Solitary
(ヤシにおいて)1本の幹からなるもの。

単型　Monotypic
分類群、特に**属、科、目、網**、そして**門**と、下位の分類項目に属するメンバーが1つしかないものを指す。タビビトノキ属は単型属で、*R.madagascariensis*(タビビトノキ)1種のみを含む。ハイノキ科は単型科で、属もハイノキ属ひとつしかない(とはいえ、この属には多くの種が含まれる)。

単茎性、単軸性　Monopodial
(植物の成長習性において)各シュートが、少なくとも数年単位で頂端で成長し続け、葉腋から枝までの側成の成長より優勢であること。対して、常に側成が成長し続けるものを**複茎性、連軸性**と呼ぶ。この分類はラン科の属では重要で、常に単茎性(バンダ属やその近縁種など)か複茎性(カトレヤ属など)に分けられる。

短剛毛で覆われた　Hispid
極短の硬い毛に覆われているため、植物の表面(葉や茎)がざらざらしていること。

短枝　Short shoot
極度に**節間**の短い限定成長性の側枝で、他の枝と同様、親枝の葉腋から伸びる。毎年新しい葉と花をつける(リンゴ属など)植物と、最初に葉が揃うと翌年からは葉が出ないもの(マツ属の針葉などは極端な例)がある。果樹では**短果枝**と呼ばれる。

単軸型　Leptomorph
タケにおいて、長い根茎を持ち、稈がまばらに生じる型。

単子葉(植物)　Monocotyledon (or monocot)
顕花植物(被子植物)を2つの科に大別した、小さいほうの分類に属する植物。大きい方の分類は**双子葉植物**という。名前が示すとおり、単子葉植物には1枚しか子葉がない。また、葉には平行脈が走り、花の各部分は3の倍数、茎に形成層はない。高木や低木になる単子葉植物はほんの一部で、例としてはヤシ、アロエ、ユッカ、ドラセナ、センネンボクなどがある。

単生　Solitary
花序としての集団ではなく、単一につくこと。花は単一で先端につくか、枝の頂につくか、単一で葉腋につく。

単性花　Unisexual
雄か雌の生殖器官のみを持つ花。1つの花に両方存在することはない。

単性種　Unisexual
雌雄異株。雄花もしくは雌花の片方のみを持つ種

タンニン　Tannin
水に溶ける苦味あるいは渋みのある物質で、多くの植物においてさまざまな部位で見られるが、樹皮に最も集中している。タンニンには動物タンパク質を固める特性があるため、皮をなめすのに古くから用いられてきた。自然界では、タンニンはそれを含む植物を食べられにくくする役割をはたしている。

短命植物　Ephemeral
発芽後、数ヶ月や数週間という短期間で生活環を完了できる一年生植物。砂漠地域における雨季など、一時的な好条件を利用する。

単葉　Simple
分離した小葉のない独立した葉。

地衣植物　Lichen
コケ状の植物群の総称。実際は、共生関係にある単細胞の藻類と菌組織で構成されている。地衣植物は岩や土壌の表面と同様に、樹木の幹、小枝、葉にも生じるが、これらは着生性で、寄生性はない。

地中海性気候　Mediterranean
夏は暑く乾燥し、冬に集中して雨が降る温暖な気候。大陸の西岸に見受けられ、地中海沿岸だけでなく、カリフォルニア、チリ、南西および南オーストラリアでも見られる。

窒素固定　Nitrogen-fixing
微生物による能力で、大気中に含まれている窒素を取り出し、水素や酸素と結合させて、アンモニアや亜硝酸のように、高等植物が吸収できる単純な有機分子を作り出す。根粒菌や一部の藍藻類のような窒素固定有機体は、高等植物(特にマメ科植物)と**共生**関係を結び、後者を窒素不足の土壌でも生育できるようにさせる。

着生植物　Epiphyte
地表から離れて、高木の枝や幹で生息する習性を持つ植物。宿主の生きた組織ではなく、死んだ樹皮、枯葉、ほこりなどから、しばしば共生菌を利用して栄養素を抽出する。ラン栽培種の大半は着生植物である。

チャパラル、低木乾燥林　Chaparral
カリフォルニアを主とした北アメリカの西海岸地帯の乾燥斜面を覆う独特の植物。コナラ属やアルクトスタフィロス属など、常緑の低木や低い樹木が密集する。

中央脈　Midrib
葉の中央に通る葉脈で、通常は少なくとも片面に、太い脈がわずかに盛り上がっている。

中果皮　Mesocarp
果実におけるやわらかい果肉の壁で、特にその壁が多層になっているものを指す。たとえばセイヨウスモモ(*Prunes×domestica*)の中果皮は、外果皮(表皮)と、種をくるんでいる内果皮(核)との中間にある、水分を多く含む果肉部分である。

中刺　Central spines
サボテンの**刺座**から(ある程度)まっすぐに伸びた刺。対して、植物本体の平面に沿って放射状に生えた刺を**側刺**という。中刺と側刺の数、大きさなどはしばしばサボテンの種類の特徴となる。

中性　Neutral
土壌において、PHが(0～14の14段階で)7か、極めて7に近い、酸性(7以下)でもアルカリ性(7以上)でもない状態。

抽だい、とうが立つ　Bolting
(葉野菜において)植え付けが遅すぎたり、灌水や施肥を中断した結果、食用の葉やシュートの生産が早く進みすぎて、花序が伸長したり、開花、結実してしまうこと。

柱頭　Stigma
単独、あるいは癒合した複数の**心皮**の頂端部分で、花粉を受容する。細長い**花柱**をはさんで**子房**と分かれていることが多い。

頂枝　Leader
樹木の幹の、空に向かって伸びる先端。トウヒ属(エゾマツ)のように、樹冠が長く尖った樹木においてよく発達する。

蝶型花　Pea-flower
マメ科に属する最大の**亜科**であるソラマメ亜科に特有の花のタイプ。左右相称で、**旗弁**として知られる大きな上の花弁と、「翼」として知られる前を向いた外側の花弁、それに部分的に癒合して**竜骨弁**を形成する2枚の花弁が、10本の雄ずいからなる細い束と、結実すると豆果になる1本の心皮を包んでいる。

鳥足状　Pedate
(複葉または深く欠刻した葉において)掌状に似ているが、広がった「足」から小葉または欠刻部分が出て、葉柄が中央についているかたち。

長楕円形　Oblong
縁はほぼ平行で、幅に対して長さはおよそ2から8倍。基部と先端は円形または鈍形で、角ばっている必要はない。

用語解説

頂端　Apical
茎、枝、葉などの先端部、あるいは末端部。

チョーク、白亜　Chalk
ほとんど炭酸カルシウムからなる、多孔質の軽い石灰石。主に南イングランド、フランス、北アメリカの一部で見られる。粉状のアルカリ土壌となり、園芸家の植物選択を著しく制限する。

直立　Erect
垂直に上向いている、またはそれに近いもの。

直幹　Bole
樹木の幹の、最初の枝よりも下の部分。

接ぎ木　Graft
異なる2つの植物を接ぎ、結合部でそれぞれの組織を癒合させること。このとき、根と茎がついた基部となる植物を**台木**、切り離した枝のほうを**穂木**という。接ぎ木の目的は、より望ましい穂木を得るために台木の成長力や耐病性を「借りる」、あるいは挿し木による栄養繁殖が困難な栽培品種をふやすことである。穂木と台木には親和性が必要なため、たとえば、ハイブリッド・ティー・ローズをノイバラの台木に接ぐ、ハシドイ属(ライラック)をイボタノキ属に接ぐなど、近縁にある栽培品種、種、属を選ぶ。接ぎ木にはさまざまな技術がある。**芽接ぎ**の項もあわせて参照。

接ぎ木交雑種　Graft hybrid
接ぎ木によって穂木と台木の組織が癒合して生じた植物。癒合部の周辺から生じたシュートには両方の特徴が見られるものの、成長して枝分かれすると一方の「親」の特徴が優性に変わる場合もある。園芸植物において最もよく知られている接ぎ木交雑種は、+ラブルノキティスス属と+クラタエゴメスピルス属である。「+」は、有性交雑種ではなく接ぎ木交雑種であることを示している。

突き抜け形　Perfoliate
植物の茎が、葉縁から離れたところで葉を突き抜けていること。

翼　Winged
(葉や茎では)葉柄に沿って突出した1つもしくはそれ以上の薄い部分。
(果実や種子では)1端、またはそれ以上の端から突出した薄紙状の部分。

壺型　Urceolate
(花において)壺のように、口の部分は筒状に狭まるが、唇弁ではやや膨らんだかたち。

つめ　Claw
花において、サルスベリ属の花弁にみられる柄状の基部のように、細くなった組織の基部を「つめ」という。

つる植物、よじ登り植物　Climber, Vine
自体の茎で支えられない高さまで登ることができる植物種または変種。競合植物に妨げられることなく日光を受けることができる。他の植物によじ登る機能はさまざまで、茎にらせん状に巻きつくか、**巻きひげ**、不定根、かぎ状の刺、あるいは反り返った葉柄を使うものもある。

挺幹、直幹　Caudex
ある程度肉厚で長命の茎。ソテツに見られるように、枝を出さずに樹冠を支えるものが多いが、砂漠植物には小型の枝や葉をもつものもある。

デイジー　Daisy
キク科の、特に、中心に密集した**筒状花**から放射状に広がる**舌状花**の目立つ花(厳密には**頭花**)。イギリス原産の*Bellis perennis*(イングリッシュデイジー)よりも、シャスタデイジーやオックスアイデイジー(レウカンテム属)などを指す。また、キク科植物の総称にも使われるが、多くの属はデイジー型の頭花を持たない。

泥炭、ピート　Peat
枯れた植物の残骸が湿った酸性の環境に長期間(数千年、あるいは数百万年)保蔵され、圧縮されて黒くなったもの。多量の堆積物が採掘され、燃料、土壌改良、園芸の鉢植え剤として使われている。最も上質のピートはミズゴケから取れるモスピートだが、スゲのセッジピートも利用可能である。

低木　Shrub
永続的な木質の地上茎から新梢が出る植物で、小型で高木として分類できないもの。

低木林　Scrub
低木または小高木が生い茂る植物帯をおおまかに指す用語。

テラリウム　Terrarium
密閉されたガラスや透明プラスチックの小型容器の中で、霜に弱い植物を栽培すること。湿度が100%に達する場合も多い。トカゲ、カメ、カエルなどを飼育するための屋内アクアリウムや魚の水槽(小石、岩、植物などをあしらい、床面は乾燥もしくは部分的に乾燥している)を指すこともある。

天狗巣病　Witch's broom
樹木の葉に見られる奇形。他の枝に比べて葉や小枝が小さく、密集するのが一般的。針葉樹などでは挿し木や接ぎ木によって育成され、栽培品種として命名される場合もある。

豆果　Pod
内部が空洞で、やがて裂開して種子を現す果実の総称。狭義では、マメ科の伸張した果実で、先端から底部まで(または先端だけ)裂けて種子の列が現れるもの。

頭状　Capitate
(花序において)花が茎の先に頭のようなかたちに集まったもの。柱頭が球状に広がった花柱を指す場合もある。

頭状花序、頭花　Capitulum (head)
多数の花が茎の先に頭のようなかたちに集まった花序で、個々の柄が完全にあるいはほとんどないもの。

筒状花、管状花　Disc floret
デイジー(キク科)の花の中心部に集まっている個々の小さい花。ヒマワリに見られるように、特に外周の細長い**舌状花**と異なるものを指す。

倒心臓形　Obcordate
(葉において)先端に切れ込みがある、心臓をさかさまにしたようなかたち。

頭大羽裂　Lyrate
羽状に欠刻していること。普通、数個の大きな裂片が羽状に並び、先端は外側よりも大きな丸い裂片になっている。例：オランダガラシ属の葉

倒披針形　Oblanceolate
(葉において)槍の穂先のようだが、最も幅広の部分が中心よりもわずかに上にあるかたち。

動物付着型種子　Burr
かぎ状あるいはとがった刺や剛毛を備えた小さな乾果(しばしば種子とも見なされる)で、動物の毛や皮(または人間の衣服)にからみつくことで、中の種子が親植物から離れた場所へ運ばれる。散布距離を広げる効果的な方法で、多くの雑草に見られる。

倒卵形　Obovate
(葉において)卵形だが、一番幅のある部分が中央より上にあるもの。

倒卵形　Obovoid
(果実などの立体器官において)卵形だが、一番幅のある部分が中央より上の、軸から遠い部分にあるもの。

独立　Free
(花の部分において)同じ輪上の隣接部位(例：花弁と花弁)や、隣接する外側の輪(例：雄ずいと花弁)に融合していないこと。

刺　1. Prickle 2. Spine 3. Thorn
1. THORNまたはSPINEに対して、植物学的にはバラ属やブラックベリー(*Rubus fruticosus*)に見られるような、茎から生じる、基部の広い先のとがった派生物。
2. 植物学的には、鋭い針の形をした器官をさす。葉や托葉、あるいは萼片といった他の器官が変形したもので、枝からでていないもの。枝から出ているものはThornとなる。
3. 植物学的には、サンザシ属に見るような先端部の尖った枝もしくは小枝を指す。PRICKLEもしくはSPINEと混同してはならない。

とさか　Crest
アイリス属に見られる、基部に近い唇弁(下弁)の中心線に沿った細長い突起部。**とさか状**とも言う。

とさか状　Cristate
とさかに似たかたちの植物器官を表す言葉。サボテンや多肉植物に関しては**綴化**の項を参照

土壌　Soil
地表の大部分を覆う薄い層で、何世紀にもわたって岩盤が化学分解されてできたもの。さまざまな大きさの鉱物粒子(**粘土、シルト、砂**の項を参照)のほか、枯れた植物の根、葉、木の粒子がミミズによって土に混合される。土には植物の成長に必要な水分とミネラルが含まれる

特許権　Patent
植物ブリーダーが栽培品種を繁殖、販売する権利、あるいは他者にそれを許可する権利。特許(patent)はアメリカ合衆国で使われる用語で、他の国々ではPlant Breeders' Rights、Plant Variety Rightsなどという。日本では「種苗法」。

突出　Exserted
フクシア属の多くの種および栽培品種のように、雄ずいや花柱などの花の組織が花冠などから長く突き出ていること。

トピアリー　Topiary
葉の密生した植物を幾何学図かたちやさまざまなかたちに刈り込んだもの

取り木　Layering
繁殖方法のひとつで、枝に**不定根**を生じさせ、切り離して新しい株として栽培する。最も簡単な方法としては、多発した茎や吸枝の基部の周辺に土や湿った砂を盛るだけのものや、下枝を曲げて(切り込みを入れる場合もある)地面に止めつけ発根させるものがある。**高取り法**の項もあわせて参照。

ドロマイト、苦灰石　Dolomite
石灰石に似ているが、炭酸カルシウムに加えて炭酸マグネシウムが含まれた石。粉砕したもの(苦土石灰)が酸性土壌の改良に利用される。

鈍形　Obtuse
葉先が鈍角、すなわち、全体として丸くはないが、とがっていないもの。

内果皮　Endocarp
果皮の最も内側の層で、1つまたは複数の種子を含む。**石果**において最も顕著で、丈夫な繊維性や、固い石質の分厚い内果皮が形成される。

内弁、内花被片　Standard
(アイリスにおいて)多くの種や栽培品種でまっすぐに立っている3枚の外側の**花被**部分それぞれを指す。垂れている三枚の外花被片「フォール」と交互についている。

ナシ状果　Pome
リンゴ、セイヨウナシ、サンザシ、コトネアスターを含むバラ亜科及び関連した属に特有の果実型。ナシ状果の「果肉」は花床から生じる。数個の種を含む真果は花床の内壁に癒合され、頂端のみが上部の小さなくぼみに露出している。

ナッツ　Nut
穀類よりも大きく、生か軽く炒って食べることができる食用種子。

軟材　Softwood
(樹木種において)柔らかい材質をもつものをいうが、伝統的には、樹木の硬さ、密度にかかわらず、硬材(顕花植物)に対して**針葉樹**を指した。

軟毛　Pilose
(葉や茎の毛において)軟らかく縮れていないが、やや密集する毛。

二回羽状中裂　Bipinnatifid
羽状の深い欠刻が、さらに羽状に欠刻しているもの。

二回羽状複葉　Bipinnate
羽状に分かれた小葉(羽片)が、さらに小さい小葉(小羽片)に分かれている複葉。例：サイカチ属、キリモドキ属。

肉食植物　Carnivorous plants
生きた動物を捕らえ、栄養素を抽出する能力を持った植物類。餌食となるのは昆虫またはその他の小型の節足動物がほとんどだが、大型の**落とし穴式肉食植物**は、小さな鳥、ネズミ、トカゲなどを捕らえることがある。落とし穴の代わりに粘着性の毛や葉を使うなど、さまざまな捕獲方法があるが、どの植物も、酵素を分泌し、動物の組織を分子に分解して消化吸収する。

肉穂花序　Spadix
花の穂、または密生した円錐花序。アルム科植物の特定の花序を表す以外、植物学者の間でもあまり使われなくなった。

二形性　Dimorphic
2つの異なるかたちを持つこと。植物学上では一般に葉の形容に使われる。たとえば一部の**水生植物**では、沈水葉と抽水葉の形がまったく異なる。

二属間交雑種　Bigeneric hybrid
特にランにおいて、2つの異なる属の遺伝子による属間交雑種を指す。対して、3つ以上の属によるものを多属間交雑種という。

二年草　Biennial
生活環を2年以内で完了し枯死する植物。各年に開花、結実するものと、2年目のみのものがある。

二倍体　Diploid
2つずつ対になった同じ染色体を持つ植物。ほとんどの野生種がこれにあたる。更なる詳細は**染色体**の項を参照。二倍体は**倍数**

体よりもはるかに自由に有性繁殖する。

二枚葉系　Bifoliate
1本のシュートに2枚しか葉をつけないもの。特に、偽茎鱗ごとに2葉をつけるラン科カトレア属の原種や交雑種に使われる用語。対して、葉を一枚しかつけないものを一枚葉系という。

二名法　Binomial
属名と小種名の2つの部分からなる学名。ホモ・サピエンス(Homo sapiens)とロサ・ガリカ(Rosa gallica)は共に二名法である。

二列生　Distichous
対生、互生にかかわらず、2列に並んだ葉。らせんや十字対生と対照する。

根　Root
高等植物において、土壌に固定すると共に水分および無機栄養素を吸収する器官。根と地下茎(根茎など)とは解剖学的構造によって区別される。

熱帯性　Tropical
北回帰線と南回帰線にはさまれた地域に見られる植物の性質。

稔性　Fertile
(植物や花において)繁殖能力のある生殖器官を備えていること。

粘土　Clay
ほとんどの土壌において最も細かい粒子を形成する鉱物で、濡れると膨張し粘着性を持つ。主成分は含水ケイ酸アルミニウムで、植物栄養にとって重要なその他の鉱物はほとんど含まれていない。

農作(物)　Crop
単一の種または栽培品種を広域で栽培すること。普通、一年草か二年草の食用植物を数千株単位で栽培する。一般的な農作植物には、穀類(コムギ、カラスムギ、オオムギ、トウモロコシなど)、豆類(ダイズ、ソラマメ、ヒヨコマメなど)、ジャガイモやキャベツなど広域にわたる野菜類がある。農作(Cropping)は通常、耕作を伴い、多くの場合灌漑される。

農薬　Pesticide
望ましくない生物体、雑草、菌類、虫、カタツムリ等を殺すために使われる化学物質の総称。より厳密な用語としては、除草剤、殺菌剤、殺虫剤、軟体動物駆除剤などがある。

芒　Awn
植物組織における剛毛状の突起。「小麦の先端の芒」のように、主に果実の構造を指す。

葉　1. Leaf　2. Frond　3. Foliage
1. 主として光合成をつかさどる植物器官。
2. シダの葉。多くの葉の集まりに見える、複数に裂けた大型の葉または複葉。ヤシや木生シダの葉は一般にfrond(フロンド)と呼ばれる。
3. 葉群。葉や小枝全体をまとめて指す。

ハーブ　Herb
(園芸および料理において)多用するよりも主に料理やサラダの風味付けとなる食用植物。

胚　Embryo
受精後のまだ発芽していない種子の、新しい植物として発達する部分。種子はこの他に、養分貯蔵器官である胚乳、それに種皮とに分かれている。

灰色かび、ボトリティス　Botrytis
植物学的には、さまざまな花や果実を腐らせる真菌属。収穫の遅れたワイン用のブドウに繁殖した状態を「貴腐」と呼び、甘みが凝縮されたすばらしい香りのワインができる。

背軸側　Dorsal
植物組織において、芽から広がったときに付随した軸のほうを向いていない側。つまり、正常な葉の背軸側は下側である。ランの花において、上の萼片に見えるものを背萼片というが、これは、大半のランの花が180度ねじれているためである。

胚珠　Ovule
受粉前の未来の種。顕花植物では子房内に内包されているが、針葉樹やソテツでは球果の鱗片につく。

杯状花序　Cyathium (plural cyathia)
トウダイグサ属および近縁属の一部特有の花序で、極小の単性花を蜜腺を含む総苞が取り囲んだもの。しばしば集散花序の特殊化と分類され、ポインセチア(Euphorbia pulcherrima)のように大型で色鮮やかな葉を持つものもある。

排水　Drainage
土壌において、過剰な水分が重力によって流出するようにしておくことで、大半の植物の根が必要とする、酸素を主とするガスを吸収する空間を確保できる。庭において排水性をよくするには、苗床を上げる(レイズドベッド)、土性を改良する、特別な排水パイプあるいは/または砂利層を苗床の下に埋め込むなどの方法がある。コンテナ栽培の植物の場合、底に適切な数と大きさの穴を開けた上、抗腐食性の粗い物質を重ね(伝統的には素焼きの鉢のかけらなど)、その上に、通気性と排水性のよい栽培地を入れる。

倍数体　Polyploid
種、亜種、栽培品種において、染色体に対になるセットを2つ以上もつもの。三倍体(3つ)、四倍体(4つ)、六倍体(6つ)などがある。倍数体は、平凡な野生の二倍体と比べて、大きさや活力に増加が見られるが、通常の有性繁殖には障害を伴うことが多い。

這い性　Trailing
茎が地上をはったり、斜面や土手に広がったりする性質を持つこと。

培地　Substrate
植物が根を張るあらゆる素材。たとえば土壌、砂、岩、バークなど。

胚乳　Endosperm
種子内に見られる独特の組織。量には差がある。一部の植物群では、種子の主な養分貯蔵組織として、デンプンや糖質、油、タンパク質を含み、胚の発芽のためのエネルギーを提供する。また、一部の植物は、内側の細胞壁がない胚乳を持つ。穀類の穀粒やココナッツは、大量の胚乳を持つタイプの種子の仲間である。

灰白色の毛で覆われた　Hoary
(葉や茎などが)霜に似た白い毛で覆われていること。

薄皮　Tunic
鱗茎および球茎に見られる頑丈な、もしくはタマネギのような膜性の「外皮」(葉脚が変化したもの)を指す。最終的には、細かく繊維状に裂けたり、網状になる。

波状(縁)　Sinuate
(葉縁において)葉身と同じ面に、主脈に対して凹凸の波のあるもの。

鉢、ポット　Pot
植物を栽培するためのコンテナのひとつ。一般的に使用されているものは小型から中型(直径約30cm以下)で、通常は上部から下部へとわずかに先細りとなり、底部に排水用の穴が1つまたは複数ある。より小型で細長い容器は一般的に「深鉢」と言い、球根またはラン用の幅広で浅い容器は「平鉢」、持ち上げると重い大型の鉢は「桶(タブ)」と言う。

発芽　Germination
種子から新しい植物が発生すること。多くの場合、種子による水分の吸収と、特定の温度および光照射を要する。

麦角病　Ergot
穀類やその他のイネ科植物に見られる真菌による病害。穀粒の代わりに、非常に毒性の強い粘着質の黒い胞子の塊(麦角)が形成される。これに侵された草を食べたウシはたいてい流産し、また、これに侵されたライ麦からできたパンを食べた人間はさまざまな激しい症状に苦しみ、死にいたることもある。リゼルギン酸(Lysergic acid)はもともと麦角から単離されたため、この名がついた。この化合物が、リゼルギン酸ジエチルアミド、いわゆるLSDである。

発根剤　Rooting powder
合成オーキシンまたは植物「ホルモン」を含む粉剤で、穂木の湿った先端を培地に差し込む前に付ける。オーキシンはカルスや根を刺激し形成を促進する。

花　Flower
すべての顕花植物(被子植物)における生殖器官。典型的には、花被(多くは萼片と花冠に分かれている)、花粉を放出する雄ずいの一群、1つあるいは複数の心皮と、その中に含まれ、受精後種子となる胚珠から成っている。これらの部分がいくつか欠けた構造になっている花も多い。

花　Blossom
花、または果樹に見られるような花の集団。また、カボチャ属の果実における花の残った部分(尻)をblossom-endという。対して頭はstalk-end。

バラの実、ヒップ　Hip (or hep)
バラ(バラ属)の果実。外側の多肉質部分は花床が発達したもので、内側には、それぞれ単一の心皮から生じた種子(痩果または小堅果)が含まれている。

針先状　Pungent
先端が非常にとがった状態、たとえばサボテンのとげなど。これは、現在も植物学者が使用しているpungentの文字通りの意味だが、刺激臭を意味する用法が一般的になってきている。

半球　Hemisphere
地球の表面の半分。赤道で北半球と南半球に分けるのが一般的だが、歴史的には、ヨーロッパを中心とする東半球と、アメリカを中心とする西半球という分け方も同様に重要であった。

反曲　Recurved
(葉、花柄、花弁、萼片などにおいて)下方向にカーブしていること。
(葉縁において)丸くならずに穏やかに下方向に湾曲していること。

板根　Buttress
熱帯性樹木の幹の基部によくみられる、屏風状の突出部。やせて空気に乏しく、根を深く張れない土壌で、幹と根との連結部を拡張させる。

半熟枝　Half-hardened
穂木に利用する部分を指す言葉。活発に成長しているシュートの先端に近いが、やわらかくて弱すぎない程度には成長している部分。

繁殖　Propagation
種子、挿し木、取り木、接ぎ木、株分けまたは組織培養にかかわらず、人工的に植物を増殖させる方法。

バンダ　Vandaceous
短軸型ランの1属。バンダ属および近縁属から構成され、両者のかけあわせによる交雑種が多い。

半耐寒性　Half-hardy
時折軽い霜の下りる、-4℃(250°F)程度の環境で生存できる植物。休眠状態で過ごすものが多い。

斑点　Punctate
(葉、茎、花弁、果実などにおいて)地色と対照する色の点があること。膨らみやくぼみがある場合もある。

汎熱帯性　Pantropical
熱帯に属するすべての大陸と主な熱帯諸島における在来種または属。

半八重咲き　Semi-double
(栽培品種において)原種における正常な花弁数よりも花弁の数が多い花を持つもの。一重以上になることが多いが、雄ずいは花の中心に見えている。

ヒース　Heath
丈の低い、針金状の低木による植生型。通常高木はなく、沼性のやせた酸性土壌で生じる。また、エリカ属の低木、より一般的には、小型の葉を持つツツジ科や、オーストラリアの同等科であるエパクリス科の低木すべてを指す。

微凹形　Retuse
(葉先において)小さな刻み目があるもの。

ヒカゲノカズラ　Clubmoss
原始的な胞子植物であるヒカゲノカズラ科の総称。主としてヒカゲノカズラ属、リコポディエラ属、ヒュペルジア属を指す。葉は蘚類に似ているがより大型で、穂状の胞子嚢を形成する。

ピコティー　Picotee
栽培品種のいくつかのグループにおける花色の模様で、主にナデシコ属で見られる。花弁に対照色の細い縁取りがあるのが特徴的。

被子植物　Angiosperm
今日、被子植物門として分類される顕花植物。花を咲かせ、種子が完全に果実に覆われているのが特徴である。世界の大型の陸上植物の大半は被子植物であり、これ以外の主な種には、針葉樹類、ソテツ類、シダ類がある。

尾状花序　Catkin
穂状花序の一種で、通常は垂れ下がっている。風媒花によくみられ、小さな花は花被がなく、単性であることが多い。

披針形　Lanceolate
(葉において)かなり幅狭で、両端に向かって先細りになったかたち。最大幅の箇所は中心よりも少し下である場合が多い。一般に、長さが幅の4〜8倍である葉を指す。

ひだ　Plicate
(葉において)扇のように、縦に折り畳まれていたり襞があったりすること。

用語解説 1515

一重咲き　Single
（栽培品種において）同属の野生種とほとんど同数の花弁をもつか、少なくとも一重につくもの。

微突形　Mucronate
（葉の先端において）丸か鈍角の先端に微小に突き出した一角があること。

皮目　Lenticel
主に樹皮などの植物の表面上に生じる、小さなコルク状のこぶや粗い斑点。気体の出入りを担っていると思われる。

病害　Disease
ウイルス、細菌、真菌、線虫などの微生物、あるいは特定の栄養素の欠乏または過剰により、植物が健康を害した外観を損ねること。肉眼で見える虫や動物相は害虫（害獣）という。

表現型　Phenotype
遺伝子型と環境との相互作用の結果、胚時代初期から形成される個々の植物の特徴全体。

肥沃　Fertile
（土壌において）植物の成長に必要な栄養素である主要および微量ミネラルを充分に含んでいること。

肥料　Fertilizer
植物の栄養素として土壌に加えるもの。堆肥や有機肥料のほか、尿素、硫酸カリウム、過リン酸といった化学製品、魚肥のような流エキスなどがある。

昼咲き　Diurnal
昼の間、概して午前中に開花する植物の習性。対して午後遅くから夕方にかけて開花するものを夜咲きという。

ビレヤ　Vireya
主に熱帯地方に産する大型のツツジ属植物。マレー諸島（とくにニューギニア島とボルネオ島）から中国にかけて100種以上が知られており、オーストラリア北部でも2種が見つかっている。常緑性で四季を通して鮮やかな花をつける。多くの交雑種が作出されている。

品種　Forma
植物分類において、種、亜種、変種の下に来る階級で、通常、野生群で繰り返し発生する、単一の形質を持った変異個体を指す。たとえば、通常のGleditsia triacanthos（アメリカサイカチ）と、Gleditsia triacanthosforma inermisとの違いは、刺の有無だけである。省略記号はf.、英語のformを指す。

斑入り　Variegated
（葉における）斑点、色むら、縁取り、縞など。斑の部分は一般的な緑色ではなくて白もしくは黄色が多い。観賞用の栽培品種に多く見られるが、カメリア属栽培品種に見るように、花に斑が入ることは多くない。

フォーマルガーデン、整形式庭園　Formal
花壇、小道、生垣などが、直線となめらかな曲線を描くよう配置された庭。芝生は短く刈られ、植物は常に整えられている。

副（花）冠　Corona
花における冠状の部分で、花弁や雄ずいから伸び出た付属物が環状に癒着したもの。スイセン属の花弁に顕著な副冠が見られる。

複（合）　Compound
（植物器官において）より小さい集団が集まったもの。2つ以上の分裂した小葉からなる葉を複葉、穂状、散形、頭状といった基本単位が2つ以上組み合わさった花序を複合花序という。

複茎性、連軸性　Sympodial
（植物種の習性において）それぞれのシュートの成長が限られ、節がひとつあるいは複数できると止まり、しばしば花序をひとつつけて終わるという特徴を持つ。だが脇から出てきたシュートは成長を続け、このプロセスが際限なく繰り返され、しばしば四季の移り変わりに従う。単茎性と対照的。ラン科の属のあいだで、この区別はとりわけ重要になる。

房状　Fimbriate
毛、または非常に細かい裂片によって縁取られている。

腐植質　Humus
落葉落枝、枯死した根、崩壊した樹木の幹などから自然に生じる土壌の有機物。園芸においては、堆肥、肥料、ピートのかたちで利用される。腐植質を加えることで、水分、ミネラル、栄養素が保持され、通気性が高まるため、土壌は著しく改良される。

腐生（植物、菌）　Saprophyte
有機物の死骸（落葉、枯木、わらなど）を栄養源として利用する植物または真菌類。ほとんどの真菌類は腐生菌だが、腐生顕花植物は、根の中や周辺の真菌類との共生関係を築いている。

不整形花　Irregular
花弁、萼片、および／または雄ずいが車輪のスポークのように規則的に配列されていない花。サルビア属のような左右相称花（一面でしか対称でない花）や、カンナ属のようにまったく対称でないものも不整形花である。

仏炎苞　Spathe
蕾の花序全体を包む大型の包葉。肉穂花序と同様、サトイモ科植物の花序を表すのによく使われる。

復活植物　Resurrection plant
枯れてしなびた後でも蘇生することができる植物。顕花植物では（苔類および地衣類とは対照的に）実際にこの適応力があるものはほとんどないが、枯れた時には硬く球状に丸まり、湿り気が戻ると広がる「復活植物」もある。

不定根、不定芽　Adventitious
茎の基部や先端などの特定区域以外の位置から発生する根や芽。

不捻　Sterile
（花において）機能している生殖器官がないこと。
（雄ずいにおいて）花粉を欠くこと。

フレーム　Frame
小型の、通常暖房装置のない温室。寒冷地において霜に弱い一年草を繁殖する際、成長期の初期に使用されることが多い。伝統的には、低い石工の壁と傾斜の緩いガラス張りの屋根からなる長方体で、屋根の上端はちょうつがいになっており、日中は開き、夜間に閉じることができる。

プレーリー　Prairie
北アメリカの冷温帯域である広大な内陸地方の特徴を示す、平坦または起伏がある草原。カナダのマニトバ州からアルバータ州、サスカチェワン州、米国テキサス州の南部から北部までに及ぶ。

不連続分布　Disjunct
地理的に遠く隔たった2つ以上の地域に原生すること。たとえば、フウ属は、北アメリカ、中央アメリカ、中国、トルコに原生する。

ブロメリア、パイナップル科植物　Bromeliad
単子葉パイナップル科植物の総称。野生が見られるのはアメリカのみ。常緑の多年植物や亜低木からなり、多くは着生植物で、葉の基部がじょうご形となり、雨水をためる「タンク」となっている。花序はしばしば色鮮やかな苞葉を伴う。多くは室内植物として栽培され、熱心な収集家も多い。

分果　Mericarp
一見果実のようだが、実際は分離果の1つの切片で、単一の花における分裂した心皮からできる分節した果実。（例．ブラキキトン属の果実）

分離果　Schizocarp
単一の花から産生される果実で多くの切片（分果）に分かれ、それぞれが種子を含む。各切片は通常単一の心皮から派生し、別個の果実に似る。ピンポンノキ属やステルクリア属などに見られる。

分離複果　Aggregate fruit
1個の花の多心皮から発生した小さい果実が集まって、1個の果実のようになったもの（例：ブラックベリー）。

分類学　Taxonomy
生命体の分類および命名に際して用いられる学問および手法。

分類群、タクソン　Taxon (plural taxa)
植物分類用語。分類学上の階層には関係なく、名称を持った任意のグループに対して用いられる一般的名称。したがって、バラ属、種であるSalix alba、亜種であるCistus incanus subsp. corticesなどを総称する必要がある場合には、「タクソン」という分類名が便利である。

分裂組織　Meristem
新たに植物組織を生み出す細胞分裂を起こしている部分。成長するすべての根や芽の先端にある頂端には分裂組織がある。形成層も分裂組織の一種である。

柄　1. Stalk 2. Stipe
1. 葉の一部（厳密には葉柄）で植物の茎につながるところ。少なくとも葉身とははっきり分かれている場合をいう。同じく、個々の花を支える器官（厳密には花柄）や、花序全体を支える器官（厳密には花軸）も指す。
2. 子房や花弁などの器官で、根元からでている細くなった部分。子房や花弁を花床につなげている。シダ類では小葉や羽状葉の葉柄を指す。

閉果　Indehiscent
成熟しても、開いて種子を放出しない果実。裂果の反対。大半の多肉果実は閉果である。

平伏性植物　Prostrate
枝が地面に平伏して横たわる植物。

pH
酸性度・アルカリ性度を測る尺度で、土壌、鉢植え用土、灌水の水に対して使われる。0（極めて酸性）から14（極めてアルカリ性）までに段階づけられ、その中点7.0が中性とされる。大半の土壌はpH4からpH9の間。

へら形　Spathulate
（葉において）へらのように、先端が丸くかなり幅狭で基部に向かって細くなるかたち。

辺材　Sapwood
樹幹の外側の円筒で、樹液を通す生きた細胞からなる。通常、内側の死んだ心材より色が白く、厚みは種、樹齢、生育条件によって異なる。細胞はでんぷん質が多く樹木の主な栄養素を蓄えているため、木喰い虫や腐生菌に破壊されやすい。反対に心材はでんぶん質を含まないが、タンニンなどの成分を蓄積しており、破壊されにくい。

変種　Variety
（植物分類において）種の下位区分。亜種の下、品種の上。亜種の代わりに用いられる場合もある。おおまかに「変種」が栽培種を意味することもある。

苞、苞葉　Bract
花や花序に付随した変態葉。一部の植物では萼片を模しているが、混同してはならない。

萌芽　Epicormic
高木や低木における出芽。葉や枝腋からだけでなく、幹や枝の樹皮の表面や下から生じるものすべてを指す。

ほうき状　Fastigiate
多数の直立した茎または枝がほぼ同じ長さで密集する習性。

芳香性　Aromatic
一般的に、香辛性、樹脂性、麝香性のある植物の香りを指す。また、花の甘い香りを「fragrant（芳香）」というのに対し、葉や果実の香りを指すことが多い。

胞子　Spore
シダ類の微細な繁殖体。風に運ばれ、湿った日陰で萌芽し、雌雄の器官をもち有性生殖をおこなう小さな植物（配偶体）となる。配偶体は受精により、胞子を作る植物を実らせる。蘚類や真菌類も風媒の胞子を作る。

芒刺　Glochid
一部のサボテン、特にウチワサボテン属やその仲間に見られる鋭い毛。刺座から房状に生え、触れたものを刺激する。

胞子嚢　Sporangium (plural sporangia)
胞子を作る植物にある小さな貯蔵器官。この内部で胞子がつくられ、放出される。シダ類では胞子嚢は小さく、たいてい柄のついた嚢の形をし、裸眼で認めるのはむずかしいが、葉の裏に、さまざまなかたちや大きさで集まったもの（胞子嚢群）はもっと容易にみつかる。

胞子嚢群　Sorus
（シダ類における）無数の極小の胞子群または胞子嚢のかたまりで、成熟した葉の裏側に茶色の斑点または面状につく。

放射組織　Ray (medullary ray)
木部において、樹幹の中心核から木部の外側の境界線まで木目を横切って走る帯状組織。各放射組織は幹の横断面において、半径に沿って伸びている。オーク材のように大きくて目立つものから、マツのように細かくてほとんど見えないものまで、大きさはさまざまである。

胞子葉　Sporophyll
植物学の専門用語では、たとえば針葉樹の雄花序のように、花粉や胚珠をつける鱗片または「葉」指す。あるいは時に、花の雄ずいや心皮も胞子葉とされることもあるが、花が胞子を生み出すことは、理論上の胞子を考える場合にしかありえない。

房状花　Truss
ツツジ属の種や栽培品種の花序に見られるように、密集して咲く花の状態を指す園芸用語。

包膜　Indusium
シダ類において、胞子嚢群を覆っている小さな膜状の組織。胞子嚢が胞子を放出するときは普通、縮むか後方に折れる。

1516　用語解説

穂木　1. Cutting　2. Scion
1. 挿し木のために親植物から切り取った茎片（まれに葉、根、根茎を使うこともある）
2. 接ぎ木において、**台木**に移植する枝または小枝を指す。

矛形　Hastate
槍の先、厳密には中世の矛槍に似た形の葉。先端は鋭い三角形で、基部の両側に三角形の裂片が、葉柄に対してほぼ直角に広がっている。葉の基部だけを指す場合もある。

北極帯　Arctic
北極圏（北緯66度33分）以北にある土地の気候。

ボトムヒート　Bottom heat
植物の繁殖において、穂木の発根や種子の発芽を促進させるために、培地の下を穏やかに暖めること。今日では、繁殖容器の底部の、礫層のような多孔質層の下に電気要素（ケーブル）を埋め込む方法が一般的。

匍匐性植物　Creeper
素早く水平に広がって地表を覆ったり（**平伏性植物、グラウンドカバー植物**ともいう）、または、気根や粘着性の吸盤（例：ツタ属含む、ヴァージニアヅタ）を使って垂直方向に広がって壁や木の幹を覆う植物種。垂直方向に広がるものは**よじ登り植物**ともいうが、匍匐性ではないよじ登り植物も多い。

ポプリ　Potpourri
乾燥した芳香性植物の混合物。通常は花が用いられる。

ポラード　Pollard
幹や大枝を刈り込まれた樹木。やがて切断された先端から多数の幹状の枝を出す。

盆景　Penjing
縮小型の高木や低木を維持する中国の手法。日本の**盆栽**と似ている。

盆栽　Bonsai
容器内で樹木を矮小化させる日本由来の手法。対して中国式のものを**盆景**という。

本草書　Herbal
薬用利用されたあらゆる植物の特徴やその利用法が記された本。初版は数世紀前であることが多い。

巻きつき型つる植物　Twiner
茎を支えとなる他の植物の茎に巻きつけながらよじ登っていく植物。巻きつき型つる植物は、少数の例外を除き、種によって上から見た場合に時計回りか半時計回りかが決まっている。

巻きひげ　Tendril
小枝や針金など、植物がよじ登る物体に巻きつくために、枝、細い托葉、花序が変化したもの。

マツ　Pine
厳密には針葉樹のマツ属の総称だが、広く針葉樹一般を指す場合が多い。

豆　Pulses
収穫された乾果、つまりマメ科植物の種子で、**穀類**と同様にさやから取り出し食用に用いる。

マメ科　Legume
大群であるマメ科植物の総称で、豆と呼ばれる果実が特徴。大半が、空気中の窒素を植物が利用可能な型に転換できる根粒菌を有している。マメ科は3つの亜科、すなわち、蝶形花をつける種すべてを含むソラマメ亜科、オジギソウ属やアカシア属などを含むネムノキ亜科、カワラケツメイ属やハカマカズラ属などを含むジャケツイバラ亜科に分けられている。植物学的に、「legume」は、果実型（豆果）の意にも使用される。

マリー　Mallee
オーストラリア原産のユーカリノキ属に属する大群のひとつ。大きな**木質塊茎**から同じサイズの多数の茎を生じるのが特徴。大半は1.8m（6フィート）から9m（30フィート）の高さで、半乾燥地帯に大規模な森林を形成するものもある。

マルチ　Mulch
園芸において、水分の蒸発防止、暑さや冷えの遮断、雑草の抑制などの目的で土の表面を覆うあらゆる素材。最も一般的なものとして、砂利、小石、ビニール、新聞、わら、木片または樹皮片、落ち葉、刈草、**堆肥**などがある。

幹　Trunk
樹木において樹冠を支える中心の茎。最も低い位置にある枝を超えてさらに伸びる場合もあるが、幹から上部枝に移行する場所は主観的な判断による。

ミズゴケ（属）　Sphagnum
ミズゴケ属に属するコケの総称。冷温帯で、広い湿地に自生しているのが大量に見られる。ミズゴケは自体の重さの何倍もの水を吸収し保水できるうえ、通気も充分にできるので、園芸栽培の材料として重宝がられている。ピート（泥炭）のうち、少なくともピートモスは、主にミズゴケが堆積分解したものである。

蜜　Nectar
植物の、主に花の花蜜の腺（蜜腺）からにじみ出る甘い液体で、昆虫や鳥（哺乳動物のこともある）の食べ物となり、代償としてほかの花に花粉を運ばせる。

蜜腺（蜜分泌）　Nectary (or nectar gland)
蜜分泌のために特異化された表面組織部分で、たいてい花の中や花弁や雄ずい、子房の付け根にある。小さな壁孔、節、色のついた帯（例：カルコルトゥス属）などさまざまなかたちがある。また、多くのアカシア属のように、茎や葉、葉柄に花外蜜腺を持つものもある。

密着　Appressed (adpressed)
発生した部分にぴったり接していること。例：葉は茎に密着し、葉毛は葉に密着している。

脈　Vein
葉もしくは花弁の通道組織内にある可視的な脈。

脈系　Venation
葉もしくは花弁にある一連の脈。

向き　Aspect
朝、昼、夕ごとの日当たりを決定する正面の傾き。より一般的には、太陽に対する家屋や庭の外観を指す。

無柄　Sessile
（花や葉において）個々の柄はなく、直接茎についているもの。

無毛　Glabrous
毛や鱗片に覆われていない部分。

無融合生殖　Apomict
受粉によって繁殖し、稔生の種子を結実するように見えるが、実際は花粉親の遺伝子を持たない（自家受粉による遺伝子の再結合もない）子孫を産生する生殖法。この子孫は事実上、親のクローンである。

無鱗片種　Elepidote
「うろこがない」という意味で、若い葉や茎に鱗片のないツツジ属の下位区分を示す言葉。大型の常緑ツツジ属および交配種の大半がこれにあたる。その他の種は、**有鱗片種（ビレヤを含む）**とアザレアに大別される。

芽　Bud
膨張または伸長する前の花や花群の初期段階、あるいは葉状のシュート（野菜の芽）。

メガハーブ　Megaherb
ギリシア語とラテン語の要素を組み合わせた少々大げさな言葉で、おそらく並はずれて大きく葉が育つ草を指していると思われる。例、バショウ属（バナナ）

芽接ぎ　Budding
接ぎ木に似た繁殖方法だが、穂木にあたるのは樹皮の片とともにそいだ単一の新芽だけである。台木の樹皮に切れ込みを入れ**形成層**を合わせて埋め込み、組織が癒合するまで縛って固定する。

メリクロン　Mericlone
選択した**栽培品種**の**分裂組織**片の細胞分裂から得られるごくわずかな部分を、実験室内の無菌培地で培養した植物で、発根や発芽に**オーキシン**を用いてメリクロンを行えば、完全に同種で病気に強い植物を素早く大量に作ることができる。

網状　Reticulate
網模様を形成する葉脈。

目　Order
植物分類上の第2の階級で、**科**の上に当たる。目名はすべて -aces で終わる。

木質塊茎、リグノチューバー　Lignotuber
一部の低木や小型の高木に見られる木質の塊茎。かなり大型のものもある。何年もの間土壌の表面または地下に存在し、植物が火事などで死滅しても再び発芽することができる。

木質茎　Cane
園芸においては、キイチゴに見られるような、1シーズンで形成された長くまっすぐな枝を指す。商業用には竹や籐が利用される。

木性　Woody
茎および枝が木質となる植物。

木性シダ　Tree fern
直立した茎の頂点にひとつの樹冠を持つ寿命の長いシダ。ヘゴ属、タカワラビ属、ディクソニア属のほとんどの種がこれに属する。木性シダの分布域は雨の多い熱帯および暖温帯に限定される。

木性つる植物、リアナ　Liane
太い木性の茎を発達させ、高くよじ登る植物。熱帯雨林に多く見られ、よく目立つループ状に樹木から垂れ下がっている。

木部　Wood, Xylem
高木および低木における主要な通道、支持組織。双子葉植物にのみ存在する。内部の形成層からなり、植物解剖学ではxylemの用語をあてる。木部の生きた層を辺材と呼び、根から吸い上げた水を通道して栄養分を葉へと移動させる。心材は死んだ木部であり、支持機能を持つのみである。木質細胞の壁は、炭水化物（セルロース）とリグニンからなる。

戻し交雑種　Backcross
現存する交雑種を一方の親とし、その親からの遺伝子比率を上昇させた交雑種。

藻類　Alga (plural algae)
海草や水中の単細胞植物を含む、光合成色素（必ずしも葉緑素ではない）を持つ非維管束植物の総称。庭においては、湿った小道の上の緑色のぬめり、あるいは、池の中の緑色の繊維、浮きとして見られる。除藻剤としては硫酸銅が効果的である。

門　Division, Phylum
植物の最高次分類群（**網**の項もあわせて参照）。今日、顕花植物は被子植物門と見なされる。

モンスーン気候　Monsoonal
長い乾燥の季節のあと、台風や豪雨が頻繁に起きるモンスーンの季節が、通常1か月から数か月間続く。モンスーン気候は熱帯や亜熱帯に限定される。

八重咲き　Double
花弁の数が、正常な野生種よりも多いもの。主に栽培品種に見られる。

葯　Anther
雄ずいの花粉を有する部分。これ以外の部分は花糸である。

葯蓋、葯帽　Operculum
特定の植物において、花芽の中に花を収めるふた。ユーカリノキ属において最も顕著で、花弁同士または花弁と萼片が癒合して形成されている。

薬草　Herb
（薬学において）治療効果や健康増進効果を持つと考えられ、薬剤として利用される植物。

ヤシ（科）　Palm
単子葉植物のヤシ科の総称で、大多数が熱帯植物。大きなフロンド（葉）は通常多数の小葉や裂片へと分岐し、それらが中央脈に沿って畳み込まれている。ヤシの幹は高く、見たところ木質だが、形成層はない。

矢尻形　Sagittate
葉の基部の後方2カ所がとがった矢尻のようなかたち。

ヤドリギ　Mistletoe
双子葉植物であるオオバヤドリギ科またはヤドリギ科にほぼ例外なく属する顕花植物で、通常**寄生根**によって宿主に密着して木の枝や灌木から気生で成長する。ヤドリギは光合成組織を持つほか、宿主の樹液から主に水分とそこに溶け込んだ**栄養素**を吸収する。複数のヤドリギが寄生した場合、宿主は弱るが、枯死することはまれである。原種は *Viscum album*／セイヨウヤドリギである。

有害雑草　Noxious
農業、園芸、自然環境に大きな脅威を与えると考えられており、通常、法的条件の範囲において雑草管理の責任を負う政府機関のリストに挙げられている雑草。

有機　Organic
生物に由来する分子で構成されている物質。有機化学とは炭素と水素が優位をしめる化合物にかかわる化学。

有機栽培　Organic
（園芸学や農業において）大規模に製造された化学**肥料**や農薬（石灰や硫黄のような簡単な無機化学物質は別として）を使用せずに植物などを栽培すること、またはその産物。化学物質は土壌にも、農産物を消費する人間や動物にも有害だとの考えに基づく。

有機肥料　Manure
肥料として用いられるあらゆる有機物質をさし、現在ではウシ、ウマ、ヒツジ、ニワトリといった草食家畜動物の排泄物が一般的である。

雄ずい　Stamen
花における雄性生殖器官。細長い柄(**花糸**)と花粉袋(**葯**)からできているのが普通。葯は裂け目や穴から花粉を放出する。雄ずいは、萼片と花弁の内側にあり、花の外部から3層目の器官となる。

雄ずい柱　Staminal column
花の雄ずいの花糸が癒合してできた、管状の構造物だが、管の中空がつまっていることもある。いくつかの植物の属の特性で、たとえばヒビスクス属などはその特徴が著しい。

雄性花　Male
花粉生産器官のみを持つ花または花序。ただし、一部の雄性花には、無機能の(退化した)雌性器官が共存している。

雄性植物　Male
雄性花あるいは雄性花序のみをつける植物。

有節　Articulate
(茎においては)くびれがある(例:ウチワサボテン属)。(葉や小葉においては)柄に膨れたあるいはくびれた「関節」がある。

ユーラシア(大陸)　Eurasia
ヨーロッパ大陸とアジアをあわせた用語。普通、ブリテン諸島や日本といった主要な島々も含む。

有鱗片種　Lepidote
ツツジ属の主要な下位区分で、若い葉や茎が極小の鱗片で覆われているものを指す。大群で多種多様ではあるが、園芸における最大のツツジ属常緑種および栽培品種は**無鱗片種**である。

葉縁　Margin
葉のへり

幼形　Juvenile
(葉や葉つきシュートにおいて)若木の特徴を備えたもの。たとえばクワ(クワ属)の若葉は深く欠刻している。刈り込んだ枝から生じた最初のシュートはしばしば幼形に戻る。

葉耳　Auricle
葉などの組織の基部やその近くにある小さな耳状の裂片。

葉鞘　1. Crownshaft, 2. Ochrea (or ocrea) , Sheath
1. 一部のヤシ科において、鞘状の葉の基部が重なり合って形成される、幹の延長のような、通常緑色のなめらかな筒。
2. 葉柄または無柄葉の鞘状の基部が伸びて、茎に巻きついているもの。

葉状茎、葉状枝　Cladode, Cladophyll
植物の主な光合成機能を受け継いだ緑色の茎または枝。レダマ属や多くのサボテンのように、初期段階で葉が落ちてしまったり、葉が極端に小さい植物に見られる。

葉身　Blade, Lamina
柄に対して、葉の平たい部分を指す。

葉柄　Petiole
個々の葉の柄。

葉緑素　Chlorophyll
主として葉に含まれる植物内の緑色素。光エネルギーによって空気中の二酸化炭素と土壌の水を組み合わせ、セルロースやリグニンといった細胞壁を構成する糖質の樹液を作り出す。このプロセスを**光合成**という。

翼果　Samara
種子を含む、裂開しない乾燥果実で、頂端または片側が翼状に伸びているもの。

呼び接ぎ　Approach graft
根のついたままの**穂木**を、葉のついた台木に接ぎ木し、組織が癒合してから、穂木の根と台木の葉を切り離す方法。樹木で行う場合、台木は鉢植えにし、穂木の枝の高さまで持ち上げる必要がある

四倍体　Tetraploid
二倍体野生種が持つ**染色体**のセットを二倍にしたもの。つまり、二組ではなくて四組の染色体を持つ。四倍体は人為体に作出されることもあり、各部分が大きくなる傾向を持つ。例としてレンギョウの栽培品種など。**倍数体**の項も合わせて参照。

落葉性　Deciduous
年間の特定の季節に葉をすべて落とす植物種。通常、冷温帯の種は冬に、熱帯の種は乾季に落葉する。

裸子植物　Gymnosperm
種子で繁殖するが、顕花植物(**被子植物**)のように種子が果実に包まれておらず、球果の鱗片上でむき出しになっている植物群。本当の花をつけない。現在、裸子植物は、単一の共通祖先から派生した自然群というよりもむしろ、進化の段階であると考えられている。針葉樹とソテツが裸子植物における2大群である。このほかにも、それぞれ進化上の「果て」と見なされている4つの属、すなわち、イチョウ属、マオウ属、グネツーム属、ウェルウィッチア属がある。

ラテックス、乳液　Latex
多くの植物(例:イチジク、トウダイグサ)の組織に含まれる粘性物質。普通白色で、切り口や傷から浸出する。天然ゴムは植物ラテックスから抽出される。ラテックス自体に毒性はないが、毒性のある樹液に関連している場合もある。

ラン科　Orchid
単子葉植物ラン科の総称。キク科に次ぐ非常に大きな科で、世界中で見られる。とくに熱帯では多様で、大半が**着生植物**として生育している。ランは左右相称の複雑な構造の花をもち、さく果に貯蔵栄養を含まない膨大な数の種を内包する。根には菌根菌が共生し、ランの栄養素に不可欠となっている。ランは装飾以外にはほとんど使われないが、世界中の愛好者に栽培・収集され、広く流通している。

ランナー、走出枝　Runner
水平に広がる茎の総称。一般的にかなり細長く、成長が早く、接触した土壌に根付き、所々に垂直なシュートを立ち上げる。**匍匐枝**とほぼ同義。

陸生　Terrestrial
主に陸上もしくは乾いた場所に生息する植物種。**着生**、**水生**に対照する言葉。

リグニン　Lignin
木部の細胞壁に蓄積する物質。セルロースと結合し、強度と密度を高める。化学的にリグニンはフェニルプロパンの複合高分子。リグニンの商業的副産物に、人工バニラ(バニリン)がある。

離脱　Abscission
葉など、植物の1部が、基部にもろい層を形成し、親植物を傷めずに落ちること。

粒、根粒　Nodule
器官にできる小さな隆起を指すが、特に窒素固定菌を持つマメ科植物の根にできるもの。

竜骨状　Keel
中央脈が舟の竜骨のように突き出していて、断面が鋭いV字型になる葉。

竜骨弁、舟弁　Keel
(マメ科ソラマメ亜科の花において)下位で癒合した2つの花弁。普通前方に突出していて、雄ずいを包んでいる。

両性花　Hermaphrodite, Bisexual
1つの花に、完全に機能する雌性器官と雄性器官が備わっていること。

両性植物　Bisexual
1つの株に雌雄両方の花または花序を持つ植物。

両生植物　Amphibious
水中でも陸上でも成長できる植物。

緑枝　Softwood
挿し木における穂木として、当年枝の先端近くで、まだ柔らかい部分から取ったものを指す。

緑肥　Green manure
植物(主に成長の早い一年生植物)を、まだ青いまま土壌にすき込む、あるいは別の方法で混ぜ合わせ、植物中の養分を戻し、土壌組織を改良するもの。**マメ科植物は、その根粒に含まれる共生菌**が空気中の窒素を固定し、化学肥料を加えることなく土壌中の主な主要な**栄養素**を増加させるため、緑肥に最適である。

林冠　Canopy
(森林において)枝葉が茂っている最上層。

鱗茎　Bulb
多年生草本における貯蔵器官。葉の基部が多肉化して同心状に重なり合ったもの。タマネギのように葉の基部が完全に囲まれているものを層状、ユリのように幅が狭くて端が重なり合っているものを鱗状という。

輪生　Whorled
1つの節から出た3もしくはそれ以上の葉が等間隔に茎を囲んでいる状態。

リンネ式　Linnaean system
現代における植物や動物の命名システムで、属名の後に種小名を組み合わせて種を表す方法。この小名は、1753年、リンネが当時知られていた植物すべてを分類、描写した『植物の種』において、長いラテン語名の脇に注釈として記されたのが最初であった。リンネはまた、完全な分類階層も設立したが、高次の分類名(科とその上)の大半は、その後、より科学的に妥当な理念に則って置き換えられた。

鱗片　Scale
葉の表面などの微小器官で、毛に似るが平らで薄い。オリーブの葉に見られるような、接近して密着した鱗片で、片の中心から柄で接続しているものをpalpate scales(髭鱗片)と呼ぶ。また、針葉樹とソテツの花序の鱗片には、種子または受粉嚢が付着している。

鱗片葉　Scale leaves
イトスギ属やビャクシン属のように、葉が減衰して小型になり、小枝に押しつけられたもの。通常重なって層になっている。

冷温帯　Cool-temperate
温帯を2分化した、より寒いほうの地域を指す。水準点において、冬に霜や雪が日常的に発生する、緯度が約40-60度の地域。

列　Series
(植物学的分類において)近縁種のグループを指す用語。属と種の間で最も低い階級。その上は節、その上は亜属となる。

裂開果　Dehiscent
熟すと裂開して種子を放出する果実。

裂片　Lobe
葉縁の大きく突出した部分。通常、中央脈から外端までの距離の3分の1以上のものを指す。

連　Tribe
亜科の下、属の上に位置する分類群。マメ科ソラマメ連には、エニシダ属、ヒトツバエニシダ属、カマエキティスス属、ラブルヌム属、ハリエニシダ属をはじめとするヨーロッパ産エニシダの全種類が含まれる。

連軸型　Pachymorph
タケ種において、短く太い**根茎**を持ち、稈(かん)が密生するもの。

ロゼット　Rosette
茎の中心部から放射状に広がる葉などの植物器官の総称。たとえば、茎のないユッカやヒマラヤスギ属の短枝など。

ロックガーデン　Rock garden
自然の岩を組み入れた庭園様式。大型のものもあり、多少にかかわらず自然の効果を生じるよう慎重に配置されている。デザインの目的は美観と、類似した岩場の自生地に生じる植物を選び適切な発根条件および微気候を提供することの両方である。

ロッケリー　Rockery
ロックガーデンとほぼ同義だが、一般的に小型で美観に対する望みも控えめなもの。

若芽　Crozier
(シダにおいて)シュートの中心の、(★)巻いていない新しい葉。
★ランダムハウスでもリーダーズでもcrozierは「くるりと巻いたシダの若芽」とあります。

綿毛に覆われた　Tomentose
(葉や茎において)密生した羊毛状の毛に覆われた状態。

湾曲　Incurved
葉などにおいて、縁が上に向かって内側に曲がったかたち。反対語は**反曲**。

湾入部　Sinus
くぼみ。葉の裂のように平らな器官の縁にある欠刻や、萼片のように2つの隣接した器官が基部で癒合している部分の隙間。

索引

※注釈については
1584ページをご参照下さい。

ア

亜阿相界 パキポディウム・ゲアイーを参照 971
アーティチョーク チョウセンアザミを参照 457
アーモンド・ゼラニウム 996
アーモンド 1094, 1094
　'アルバ プレナ' 1094
　'マクロカルパ' 1094
　'ロゼオプレナ' 1094
アーリー・クロッカス 436
アイアンクロス 224-225
アイウガ・ピラミダリス 121
　'メタリカ クリスパ' 121, 121
アイクリソン×ドメスティクム 119
　'ワリエガトゥム' 119, 119
アイクリソン属 119
アイズシモツケ 1363
アイスブルー 279
アイノコレンギョウ 607
　'アーノルド ジャイアント' 607, 607
　'ゴールドザウバー' 607, 607
　'スペクタビリス' 607
　'リンウッド' 607
アイビーゼラニウム 996
　'エフカ' 996, 996
　'クロケッタ' 996, 996
　'バルブ ブリュ' 996, 996
　'ミニ カスケード ラベンダー' 996
　'ミニ カスケード レッド' 996
　'ムッツェル' 996
アイリス ルイジアナ ハイブリッド 756
アイリス'アークティック ファンシー' 745-46
アイリス'アーリー ライト' 745-46
アイリス'アイ マジック' 745-46, 746
アイリス'アイブライト' 745, 745
アイリス'アイランド ダンサー' 749
アイリス'アグネス ジェイムズ' 754
アイリス'アコマ' 747
アイリス'アプリコット フロスティ' 745-46
アイリス'アプリコランジェ' 745-46
アイリス'アマス' 747
アイリス'アリノール ダキテーヌ' 745
アイリス アリルブレッド ハイブリッド 745
アイリス'アルザリン' 747
アイリス'アルページ' 747
アイリス'アンダルー' 747
アイリス'アンルー ブルー' 745
アイリス'インカンテイション' 745-46, 749
アイリス'イン タウン' 745-46, 749
アイリス'インパレイター' 749
アイリス'ヴァニティ' 745-46
アイリス'ヴァン ゴッホ' 753
アイリス'ウィナーズ サークル' 753
アイリス'ウェディング バウ' 753
アイリス'ウェルカム アボード' 753
アイリス'ウルティマトゥム' 753
アイリス'エヴォリューション' 748
アイリス'エキゾティック アイル' 748
アイリス'エクストラヴァガンザ' 748
アイリス'エコ ドゥ フランス' 748
アイリス'エリシアン フィールズ' 748
アイリス'エンシェント エジプト' 747
アイリス'エンファシス' 748
アイリス'オイエズ' 745
アイリス'オヴェイション' 751
アイリス'オフ コース' 746
アイリス'カティ-クー' 745-46
アイリス'カニントン スカイズ' 745
アイリス'カプリシャス' 747
アイリス'カリビアン ドリーム' 747
アイリス'ギャラント モーメント' 748
アイリス'キャリゲイト トレイド' 747
アイリス'キャンディ ウォーク' 745
アイリス'キューピッド アロー' 745-46, 748
アイリス'クォーク' 745
アイリス'グッド ガイ' 748
アイリス'グッド モーニング アメリカ' 745-46
アイリス'グッバイ ハート' 748
アイリス'クラウド プレジャー' 748
アイリス'グラディス オースティン' 748
アイリス'クリーム ビューティ' 755-56, 756
アイリス'グリーン エルフ' 756
アイリス'クリノリン' 748
アイリス'グレート レイクス' 749
アイリス'クレーム グラッセ' 748
アイリス'グレシアン スカイズ' 749
アイリス交雑品種 745
アイリス'コッパー ケイパーズ' 748
アイリス'コディシル' 748
アイリス'コロンビア ブルー' 748
アイリス'コンフェッティ' 748
アイリス'コン フォコ' 748
アイリス'サニー ドーン' 745-46
アイリス'サファイア ヒルズ' 752
アイリス'サムサラ' 752
アイリス'サルタンズ パレス' 753
アイリス'サロニック' 752
アイリス'サンダー エコー' 753
アイリス'サン ホセ' 752
アイリス'サン ミラクル' 745-46
アイリス'シー キャプテン' 752
アイリス'シークレット メロディ' 752
アイリス'ジェシズ ソング' 745-46, 749
アイリス'シェルフォード ジャイアント' 756
アイリス'シャーベット レモン' 745-46
アイリス'シャボー' 747
アイリス'シャンペン エレガンス' 745-46
アイリス'シャンペン ワルツ' 747
アイリス'ジューン サンセット' 745-46, 750
アイリス'ジュディーン ジェム' 745
アイリス'ジョイス テリー' 745-46
アイリス'ショート ディスタンス' 746
アイリス'シルヴェラド' 745-46
アイリス'シンティレーション' 752
アイリス'シンデレラズ コーチ' 745-46, 747
アイリス'スイッチクロゼル' 746
アイリス'スーヴェニール ドゥ マダム ゴディショー' 752
アイリス'スウェディッシュ モダン' 753
アイリス'スターレット ローズ' 752
アイリス'ステッピング アウト' 745-46, 752
アイリス'ステラー ライツ' 752
アイリス'ストーム ウォーニング' 753
アイリス'スノー フラリー' 752
アイリス'スプレックス' 752
アイリス'スペース ブレイザー' 752
アイリス'スリー ダラーズ' 746
アイリス'セーブル' 752
アイリス'セレブレーション ソング' 745-46, 747
アイリス'ソーンバード' 746, 753
アイリス属 739-56
アイリス'ソフト カレス' 752
アイリス'ソング オブ ゴールド' 752
アイリス'ダスキー チャレンジャー' 745-46
アイリス'ダズリング ゴールド' 745-46, 748
アイリス'タッチ オブ ブロンズ' 753
アイリス'チン チン' 745-46, 746
アイリス'ディープ スペース' 748
アイリス'デイジー パウエル' 748
アイリス'デザイニング ウーマン' 745-46, 748
アイリス'テルスター' 755-56, 756
アイリス'テル ド フー' 753
アイリス'テンプルクラウド' 745-46
アイリス'ドバーズ デライト' 748
アイリス'トモコ' 753
アイリス ドワーフ・ビアデッド・ハイブリッド 745
アイリス'ナイト ゲーム' 751
アイリス'ナイトフォール' 751
アイリス'ナヴァホ ブランケット' 751
アイリス'ニュースブリーフ' 756, 756
アイリス'バイオレット リングス' 753
アイリス'バイセンテニアル' 747
アイリス'パイレーツ クエスト' 751
アイリス'ハイロー' 749
アイリス'パシフィック タイド' 751
アイリス'ハッピー ムード' 745-46, 746
アイリス'バティック' 745-46
アイリス'パティナ' 750
アイリス'パラダイス' 745-46
アイリス'パラダイス バード' 745-46
アイリス'バランソワ' 747
アイリス'バル モスク' 747
アイリス'バレー チャーム' 753
アイリス'パレルメ' 751
アイリス'ハロー ダークネス' 745-46
アイリス'バロッコ' 745-46, 745
アイリス'ハンディワーク' 749
アイリス'バンブルビー ディーライト' 745-46
アイリス ビアデッド, インターミディエイト ハイブリッド 745-46
アイリス ビアデッド, スタンダード ドワーフ ハイブリッド 745
アイリス ビアデッド, トール ハイブリッド 745-46
アイリス ビアデッド, ハイブリッド 745-46
アイリス ビアデッド, ボーダー ハイブリッド 745-46
アイリス ビアデッド, ミニチュア トール ハイブリッド 745-46
アイリス'ビーチ ガール' 747
アイリス'ピーチ ピコティ' 751
アイリス'ビバリー' 745, 745
アイリス'ビヨンド' 747
アイリス'ピンク タフタ' 751
アイリス'ピンク プシーキャット' 751
アイリス'ファーマメント' 746
アイリス'フィル キーン' 745-46
アイリス'プラウド トラディション' 751
アイリス'ブラウン ロッソ' 745-46
アイリス'フラ ガール' 749
アイリス'ブラック アンド ゴールド' 747
アイリス'ブラック フラッグ' 747
アイリス'フラワー シャワー' 745, 745
アイリス'ブルー アイド ブルネット' 745-46
アイリス'ブルー ダイアモンド' 755-56, 755
アイリス'ブルー ボーイ' 745
アイリス'ブルー マジック' 755-56, 755
アイリス'ブレイジング サンライズ' 747
アイリス'ブレーカーズ' 745-46
アイリス'フレーミング ヴィクトリー' 748
アイリス'プレジデント ヘドレー' 756
アイリス'プレシャス ヘザー' 745-46
アイリス'プロヴェンサル' 751
アイリス'ブロードレイ イディルウィルド' 755
アイリス'ブロードレイ エミリー' 754
アイリス'ブロードレイ キャロリン' 754-55, 755
アイリス'ブロードレイ クレア' 754
アイリス'ブロードレイ シビル' 754-55, 755
アイリス'ブロードレイ ナンシー' 754-55, 754
アイリス'ブロードレイ メデューサ' 754-55, 754
アイリス'ブロードレイ ラヴィニア' 754
アイリス'ブロードレイ ローズ' 754-55, 755
アイリス'フロステッド ベルベット' 745-46
アイリス'ブロムヤード' 745
アイリス'ブワソン ドゥ ローズ' 747
アイリス'ペインターズ ヒル' 746
アイリス'ベウィック スワン' 745-46
アイリス'ベスト ベット' 747
アイリス'ベティ サイモン' 747
アイリス'ペパーミント クラッシュ' 751
アイリス'ヘファイストス' 749
アイリス'ベリー シャーベット' 745-46, 747
アイリス'ペルシャン ガウン' 751
アイリス'ホーテンス' 749
アイリス'ボードビル' 753
アイリス'ホニントン' 745
アイリス'ホライゾン ブルー' 749
アイリス'ホンキー トンク ブルース' 745-46
アイリス'マウイ ムーンライト' 745-46
アイリス'マダム シェロー' 750
アイリス'マダム ルイ オレオー' 750
アイリス'マデイラ ベル' 750
アイリス'マドンナ' 755-56, 755
アイリス'マリー カイエ' 756, 756
アイリス'ミス カルラ' 745-46
アイリス'ミスティック' 745-46, 751
アイリス'ミニー コルクィット' 750
アイリス'メアリー フランセス' 750
アイリス'メグズ マントル' 745-46
アイリス'メモワール' 751
アイリス'メル ド シュド' 750
アイリス'モッド モード' 751
アイリス'モン アンジュ' 745-46, 746
アイリス'ラウドン チャーマー' 750
アイリス'ラズベリー リボン' 751
アイリス'ラスラー' 751
アイリス'ラ ボワソン' 746
アイリス'ランド オ レイクス' 750
アイリス'ルイ ドール' 750
アイリス'ルリッド' 750
アイリス'レイン ダンス' 745
アイリス'レース ジャボット' 750
アイリス'ロイアリスト' 750
アイリス'ロイヤル キングダム' 751
アイリス'ロード ボルティモア' 750
アイリス'ロレンザッチオ ド メジチ' 750
アイリス'ロンドン ロード' 750
アイリス'ワウ' 745, 745
アイリッシュヒース エリカ・エリゲナを参照 551
アイリッシュモス 1293, 1293
　'アウレア' 1293, 1293
アウストロキリンドロブンティア属 209
アウストロケドルス属 209
アウストロスティパ属 209

アウラクス属 208
アウランティカルパ属 208
アウリニア属 209
'アウレア' 341
'ナナ' 341
アエオニウム・アルボレウム 104, 104
'アトロプルプレウム' 104
'マダラクロホウシ' 104
アエオニウム・デコルム 104
'トリカラー' 104
アエクメア・カンティニイ 102
'アッシュ ブロンド' 102
'グリーン アイス' 102
'サムライ' 102
'ショウグン' 102
'ブラック ゴッデス' 102
アエクメア・ヌティカウリス 103
アエスキナントゥス・ヒルデブランディイ 106
'トパーズ' 106
アエスクルス・ムタビリス 107
'インデュータ' 107, 107
アエランギス エンギラス(通称名)属を参照 105, 105
アオイツナソ 701
アオイノモトソウ 1106
アオイマメ 1022
'キング オブ ザ ガーデン' 1022, 1022
'ケイト メイ ジャイアント' 1022, 1022
アオキ 208
'クロトニフォリア' 208
'ゴールド ダスト' 208, 208
'サリキフォリア' 208, 208
'ロザニー' 208
'ワリエガタ' 208, 208
アオキ属 208
アオギリ 605, 605
'ワリエガタ' 605
アオギリ属 605
アオサンゴ 589, 589
アオノツガザクラ 1035
アオハダ 730, 730
青鰐 アロエ・フェロックスを参照 135
アカインベ サトイモカズラを参照 1026
アカウキクサ属 211
アカエナ・サッカティクプラ 81
'ブルー ヘイズ' 81
アカエナ・ミクロフィラ 80, 80
アカエナ・ミクロフィラ 'カパー カーペット' 'クプファーテピック' を参照 80, 80
'クプファーテピック' 80, 80
アカエナ属 80-1
アカエンドウ 1054
アカガシワ 1127, 1127
'シュレフェルディイ' 1127
アカギ 239, 239
アカキア(通称名はアカシア) クラッシカルパ 74
アカキア・カルディオフィラ 74
'ゴールド レイス' 74
アカキア 'クランガ ゴールド レイス' Acacia cardiophyllaを参照 74
アカキア属 72-80
アカキアマンギウム 77, 77
アカキア 'レッド ティップス' ゴールドダストワトル 'ルビー ティップス' を参照 72
アカギ属 239
アカゴムノキ 577
アカザクラ 1096
アガスタケ・カナ 175

アカシア アカキア・クラッシカルパを参照 74
アガスタケ・カナ 110
'ヘザー クイーン' 110
アガスタケ・ルペストゥリス 111
'サンセット' 111
アガティス属 111-12
アカトウヒ 1042
アガトスマ属 112
アカネグサ 1309, 1309
'フロレ プレノ' 1309, 1309
'マルティプレックス' 1309, 1309
アカハダノキ 174
アカバナジョチュウギク アカバナムショヨケギクを参照 1399, 1399
アカバナ属 541
アカバナネム 282, 282
アカバナヒメアヤメ 1433, 1433
'プリンセス ビアトリクス' 1433
アカバナブラッシマメ オオベニゴウカンを参照 282, 282
アカバナムショヨケギク 1399, 1399
'アイリーン メイ ロビンソン' 1399
'ジェームズ ケルウェイ' 1399
'ブレンダ' 1399
アガパンウス・イナペルトゥス 109, 109
アガパンウス・プラエコックス 109, 109
アガパンウス・ペンドゥルス 109
アガパントゥス・カンパヌラトゥス 109
'ロイヤル ブルー' 109
アカブナ 935, 935
アカブナ アカガシワを参照 1127, 1127
アガペテス属 110
アガペテス 'ルドグヴァン クロス' 110, 110
アカマツ 1047, 1047
'ウンブラクリフェラ' 1047
'ペンドゥラ' 1047, 1047
アカマツリ 1062
アカミグワ 904
アカントリモン属 81
アキギボウシ 711, 711
アキグミ 532, 532
アキザキスノーフレーク 814
アキザキフクジュソウ 100, 101
秋桜 コスモスを参照 425, 425
アキサンゴ サンシュユを参照 417, 417
アキタブキ 1015
'錦蕗' 1015
'ワリエガタ' '錦蕗' を参照 1015
アキノレ 1450, 1450
'カトリン' 1450
'キングス チョイス' 1450
'トゥルー グリーン' 1450
'ハンセン' 1450
'フロスティ' 1450
'ペンデンス' 1450
アキノキリンソウ交雑品種 1351
アキノキリンソウ 'ゴールデン ウイングス' 1351
アキノキリンソウ 'ゴールデンモサ' 1351
アキノキリンソウ 'サマーシャイン' 1351, 1351
アキノキリンソウ属 1350-51
アキノ属 92
アキノノゲシ属 787-89

アキノベニバナサルビア チェリーセージ(Salvia greggii)を参照 1302, 1302
アキフィラ属 92-3
アキレア×ケレレリ 91, 91
'ワリエガタ' 94, 94
アキレア・クリペオラタ 91
'コロネイション ゴールド' 91, 91
'タイゲテア' 91
'ムーンシャイン' 91
アクイレギア・アルピナ 166
アクイレギア・フォルモサ 167
アクスクルス・パウィア 108, 108
'レッド バッカイ' 108, 108
アクティニディア・コロミクタ 96, 96
'セプテンバー サン' 96
アクティノツス属 96
アグノヤシ 397, 397
アクメナ属 93
アグラオネマ コムタータム 118
'トレウビイ' 118
'プセウドブラクテアトゥム' 118
'ホワイト ラジャー' 118
アグラオネマ・クリスプム 118
アグラオネマ・コスタトゥム 118, 118
'フォクシイ' 118
アグラオネマ属 118
アクラデニア属 95
アグリモニー セイヨウキンミズヒキを参照 118, 118
アグロスチス ネブロサ 119
朱雲 888
アケビ 121, 121
アケビガキ ポポーを参照 196, 196
アケビ属 121
アケボノエリカ エリカ・ヴェントリコーサを参照 553, 553
アケボノスギ 892, 892
アケボノスギ属 891-92
アケボノトクダマ 711
アケボノフウロ 635
アラン ブルーム/'ブロジャー' 635, 635
'アルバム' 635
'マックス フレイ' 635, 635
アゲラトゥム ヒューストニアヌム オオカッコウアザミを参照 117
アケル×コンスピクウム 84
'シルバー ベイン' 84
アケル・サッカルム・ニグルム 89, 89
'グリーン コラム' 89
'テンプルス アップライト' 89, 89
アケル・パルマトゥム・コレアヌム 86-7
'コリアンジェム' 86-7
アケル・パルマトゥム・ディッセクトゥム 86, 86
'オルナトゥム' 86, 87
アケル・フォレスティイ 84
'アリス' 84
アケル・フリマニイ 84
'アームストロング' 84, 84
オータム ブレイズ/'ジェファースレッド' 84
セレブレイション/'セルザム' 84, 84
'マーモ' 84
アコウ 604
アコカンテラ・オブロンギフォリア 94, 94

アゴニス・フレクスオサ 118, 118
'ウィーピング ワンダー' 118
'ナナ' 118
'ベルブラ ゴールド' 118
'ワリエガタ' 118
アゴニス属 118
アサガオ 738
'スカーレット オハラ' 738
'チョコレート' 738
アサガラ 1109, 1109
アサガラ属 1108-9
アサギリソウ 191
'ナナ' 191, 191
アサギリソウ 'シルバー マウンド' アサギリソウ 'ナナ' を参照 191, 191
朝霧 871
アサザ属 939
アサダ属 963
アサヒカズラ 162, 162
アサヒカズラ属 162
朝日丸 872
アサヒミネ キョクホウを参照 356, 356
アサマフウロ 635, 635
アサマンダ属 204-05
アザミゲシ 182
'イエロー ラスター' 182
'ホワイト ラスター' 182
アザミゲシ属 182
アザミ属 379
アザミヤグルマ 353
アザラ・ミクロフィラ 211, 211
'ワリエガタ' 211
アザラ属 210-11
アサルム・シュトゥレウォルティイ 194
'キャラウェイ' 194
アシ ヨシを参照 1033, 1033
アジサイ 'ゲンティアン ドーム' ガクアジサイ 'エンジアンドム' を参照 717, 717
アジサイ属 716-19
アシスタシア・トラウァンコリカ 204
'ウィオラケア' 204, 204
アシスタシア属 204
アスキナシ 1355, 1355
×アスコケンダ ウィショット 195, 195
×アスコケンダ ウドムカイ ビューティ 195, 195
×アスコケンダ カスリーン 195
×アスコケンダ クワ ゲオク チュー 195, 195
×アスコケンダ高配品種 195
×アスコケンダ属 194-95
×アスコケンダ フィフティース ステイト ビューティ×グオ キア ロング 195
×アスコケンダ フックス ゴールド 195, 195
×アスコケンダ フックス サーヴァル 195, 195
×アスコケンダ フックス ハーヴェスト ムーン 195, 195
×アスコケンダ プラモート 195, 195
×アスコケンダ プリンセス ミカサ 195, 195
アスコセントラム・ガライー 195, 195
アスコセントラム属 195
アズサ ミズメを参照 235
アスティルベ キネンシス・タクエッティ 'スパーバ' 201

アスティルベ・キネンシス 201
'ヴィジョン' 201, 201
アスティルベ・クリスパ 202
'ペルケオ' 202, 202
アスティルベ
'アニタ フェイファー' 201, 201
'イールリヒト' 201
'ヴィーナス' 201, 201
'ウィリアム リーヴス' 201
'ヴェイス グロリア' 201
'ガートルド ブリックス' 201, 201
'グロリア' 201, 201
'ショウスター' 201, 201
'スピネル' 201, 201
'ヒヤシンス' 201, 201
'ファナル' 201, 201
'フェダーシー' 201
'ブマルダ' 201, 201
'ブラウトシュレイアー' 201, 201
'マインツ' 201, 201
'ローザ パーレ' 201, 201
アスティルボイデス属 202
アズテキウム属 211
アステランテラ・オワタ 201
アステランテラ属 201
アステリア属 198-99
アステル・エリコイデス 199
'ピンク クラウド' 199
アステル・ピロスス・プリングレイ 200
'モンテ・カッシーノ' 200
アステル・フリカルティイ 199
'ヴンダー フォン スタファ' 199
'メンビ' 199, 199
アステル・ラテリフロルス 200
'プリンス' 200
アストゥランティア・マヨル・インウォルクラタ 203
'シャギー' 203
'モイラ レイド' 202, 203
アストランティア・カルニオリカ 202, 203
'ルブラ' 203
アストランティア・マキシマ 202, 203
アストランティア・マヨル 202, 203
'サニングデイル ヴァリエゲイテッド' 203
'ルビー ウェディング' 202, 203
'ルブラ' 203
アストランティア属 202-03
アストレブラ属 203
アスナロ 1414
'ナナ' 1414, 1414
アスナロ属 1413-14
アスパラガス 196, 196
'ララック' 196, 196
アスフォデリネ・ルテア 197, 197
アスフォデリネ属 197
アスペルラ・グッソネイ 197
アズマザサ属 1316
アズマシャクナゲ 1148
アゼガヤモドキ 248
アセビ 1043, 1043
'カレノム' 1043, 1043
'クリスマス チアー' 1043
'スカーレット オハラ' 1043
'スケルツォ' 1043
'バート チャンドラー' 1043, 1043
'バレー バレンタイン' 1043, 1043
'バレー ファイン' 1043
'ピュリティ' 1043, 1043

'ファイアークレスト' 1043
'ホワイトキャプス' 1043, 1043
'マウンテン ファイアー' 1043, 1043
'リトル ヒース' 1043, 1043
'ロビンズウッド' 1043, 1043
'ワリエガタ' 1043, 1043
アセビ属 1042-43
アセビ'フォレスト フレイム' 1042, 1042
アセロスペルマ属 205
アセロラ 859, 859
アゾリナ属 211
アゾレラ・トゥリフルカタ 211, 211
'ナナ' 211
アゾレラ属 211
アダン 978, 978
アッカ属 82
アッサイヤシ 592, 592
アッタレア属 207
アッツザクラ 1202, 1202
'テトラ レッド' 1202, 1202
アツバキミガヨラン 1492, 1492
'ワリエガタ' 1492
アツバサクラソウ プリムラ・オーリキュラを参照 1079, 1079
アツバセンネンボク 412
アツバチセラン 1309
'ゴールデン ハーニー' 1309
'ハーニー' 1309
'バンテルズ センセーション' 1309
'ムーングロウ' 1309
'ローレンティ' 1309
アップルゼラニウム シロバナニオイテンジクアオイを参照 996
アップルミント 889, 889
'ワリエガタ' 889, 889
アツモリソウ属 459
アディアントゥム・エクスキスム 99
'ラブルム' 99
アディアントゥム・コンインヌム 99, 99
'アップライト ノークシイ' 99
'エドウィニイ' 99
'ノアクシイ' 99
アディアントゥム・テネルム 100, 101
'グロリオスム ロセウム' 101
'ファーレイエンス' 101
'ヤポニクム' 101
'レディ M. リアーレ' 101
アディアントゥム属 99-101
アデスガタ 105, 105
アデナントス属 97
アデナンドラ属 97
アデニア属 98
アデニウム・オレイフォリウム 98
アデニウム・スワジクム 98, 98
アデニウム属 98
アデノカルプス属 98
アトラスシーダ アトラススギを参照 350, 350
アトラススギ グローカ グループ 350
'グラウカ ペンドゥラ' 350
'ペンドゥラ' 350
アトラススギ 350, 350
'アウレア' 350
アナガリス・テネラ 148
'スタッドランド' 148, 148
アナガリス・モネリイ 148
'パシフィック ブルー' 148
'フィリッピイ' 148
アナナス・ナヌス 149, 149

アナナス・ブラクテアトゥス 149
'トリカラー' 149, 149
アナナス属 149
アナファリス・トゥリプリネルウィス 149
'ソマーシュニー' 149, 149
アニゴザントゥス'オータム サンライズ' 158
アニゴザントゥス'カッパー チャーム' 158
アニゴザントゥス交雑品種 158, 158
アニゴザントゥス'シュー ディクソン' 158
アニゴザントゥス'スペース エイジ' 158
アニゴザントゥス'スペンスズ スペクタキュラー' 158
アニゴザントゥス属 157-58
アニゴザントゥス'ドワーフ デライト' 158
アニゴザントゥス'パトリシア' 158
アニゴザントゥス'ヒックマンズ デライト' 158
アニゴザントゥス'ビッグ レッド' 158
アニゴザントゥス'ピンク ジョーイ' 158
アニゴザントゥス ブッシュ・ジェム シリーズ 158, 158
アニゴザントゥス'ブッシュ ナゲット' 158, 158
アニゴザントゥス'ブッシュ ヘイズ' 158, 158
アニゴザントゥス'ブッシュ ヘリテイジ' 158
アニゴザントゥス'ブッシュ ルビー' 158, 158
アニゴザントゥス'ベルベット ハーモニー' 158
アニゴザントゥス'ミニ レッド' 158
アニゴザントゥス'リーガル クロウ' 158
アニゴザントゥス'リトル ジュエル' 158
アニゴザントゥス'ルビー ジュール' 158
アニゴザントゥス'レッド クロス' 158
アニサカンサス属 158
アニス 1045
アニスヒソップ 110, 110
アニソドンテア・カペンシス 159, 159
アニソドンテア'アフリカン クイーン' 159, 159
アニソドンテア属 158-59
アネミア属 151
アネモネ・ウィルギニアナ 153
アネモネ・カナデンシス 152
アネモネ・コロナリア ボタンイチゲを参照 152, 152
アネモネ・シルベストリス 153, 153
'エリス フェルマン' 153
'グランディフローラ' 153
アネモネ・トメントサ 153
アネモネ・トリフォリア 153, 153
アネモネ・ネモロサ ヤブイチゲを参照 153
アネモネ・パウォニア 153, 153
アネモネ・フペヘンシス 152

アネモネ・フペヘンシス'セプテンバー チャーム'ヨウシュシュウメイギク'セプテンバー チャーム'を参照 153
'ハドスペン アバンダンス' 152
アネモネ・ブランダ 152, 152
'アトロカエルレア' 152
'ホワイト スプレンダー' 152, 152
'ラダー' 152, 152
アネモネ・ムルティフィダ 153, 153
アネモネ・ラヌンクロイデス 153
アネモネ・リウラリス 153
アネモネ'イングラミイ' アネモネ・ブランダ'アトロカエルレア'を参照 152
アネモネ'フロレ プレノ' アネモネ・シルベストリス'エリス フェルマン'を参照 153
アネモプシス属 154
アノプテルス・グランドゥロスス 159
'ウッドバンク ピンク' 159, 159
アノプテルス属 159
アビウ 1078, 1078
アビエス・ラシオカルパ・アリゾニカ 69
'コンパクタ' 69
アビシニアバショウ 538
'モーレリー' 538, 538
アフェランドゥラ・アウランティアカ 163, 163
'ロエズリイ' 163
アブティロン・ウィティフォリウム 72, 72
'ウェロニカ テナント' 72
アブティロン・スンテンセ 72, 72
'ゴアーズ ホワイト' 72
'ジャーマイン' 72
アブティロン・ミレリ 72, 72
'ワリエガトゥム' 72
アブラギリ属 123-124
アブラツバキ 306
'スノー フルーリ' 306, 306
'ルーシャン スノー' 306, 306
アブラナ属 254-256
アブラヤシ 532, 532
アブラヤシ属 532
アフリカジンチョウゲ 472, 472
アフリカナガバモウセンゴケ 513, 513
アフリカホウセンカ インパチエンスを参照 734, 734
アフリカワスレナグサ 150
アフリカンチューリップツリー カエンボクを参照 1361, 1361
アフロカルパス属 108
アベリア 66, 66
'サンライズ' 66
'シャーウッディ' 66
'フランシス メイソン' 66
'プロストラタ' 66
アベリア'エドワード ゴーチャー' 66
アベリア属 66
アベリオフィルム属 Jan.74
アベルモスクス属 67
アボカド 1012, 1012
'ハース' 1012, 1012
アボカド属 1012
アボディテス属 164-65
アポロカクタス属 165, 165
アマ 'ジェメルズ ハイブリッド' 826
アマ属 826

アマゾンダコ アロカシア・アマゾニカを参照 132, 132
アマヅラ ツタを参照 990
アマドコロ 1067
'フロレ プレノ' 1067
'ワリエガトゥム' 1067
アマドコロ属 1067
アマミヒイラギモチ 729
アマモドキア属 934
アマラントゥス属 144
アマラントゥス・ヒポコンドリアクス 144
'グリーン サム' 144
'ピグミー トーチ' 144, 144
アマリリス・ベラドンナ 144, 144
'ケープタウン' 144
'プルプレア' 144
アマリリス'アップル ブロッサム' 705
アマリリス'クリスマス スター' 705, 705
アマリリス交雑品種 705
アマリリス属 144
アマリリス'パメラ' 705, 705
アマリリス'ピコティ' 705, 705
アマリリス'フラミンゴ' 705, 705
アマリリス'ラス ヴェガス' 705, 705
アマリリス'ロイアル ベルベット' 705, 705
アミキア属 146
アミダネヤシ属 498
アミメヘイシソウ 1314, 1314
アムールシナノキ 1418
アメジストセージ メキシカンブッシュセージを参照 1303, 1303
アメダマノキ 1034, 1034
アメランキエル・スピカタ 146, 146
アメランキエル・ラエビス 145, 145
アメランキエル・ラマルキー 146, 146
アメランキエル・ラマルキー'バレリーナ' Amelanchier×grandiflora 'バレリーナ'を参照 145
アメランシエル・グランディフロラ 145, 145
'バレリーナ' 145
'ルベスケンス' 145, 145
アメリカアサガラ 669, 669
アメリカアサダ 963, 963
アメリカアセビ 1042
アメリカアブラヤシ 532, 532
アメリカイヌワシソウ属 1455
アメリカイワナシ 541
アメリカイワナンテン 816, 816
'レインボー' 816, 816
アメリカイワナンテン'ジラーズ レインボー' アメリカイワナンテン'レインボー'を参照 816, 816
アメリカエンレイソウ 1430, 1430
アメリカオオモミ 69
'ジョンソニイ' 69
アメリカガキ 504
'ジョン リック' 504, 504
アメリカガシワ 858, 858
アメリカガシワ属 858
アメリカガヤ 1424, 1424
アメリカカラマツ 796, 796
アメリカカンバ 236, 236
アメリカカンボク(Viburnum prunifolium) ブラック 参照 1469, 1469
アメリカカンボク(Viburnum trilobum) 1470, 1470
'ウェントワース' 1470, 1470

'コンパクトゥム' 1470
'ベイリー コンパクト' 1470, 1470
アメリカギ 241
'スノーバンク' 241
アメリカギク属 241
アメリカキササゲ 341, 341
アメリカクロミザクラ 1098, 1098
アメリカクロヤマナラシ 1072
アメリカサイカチ 641
'エメラルド カスケイド' 641
'エレガンティシマ' 641
'サンバースト' 641, 641
'シェイドマスター' 641
'スカイライン' 641
'ハルカ' 641, 641
'マランド' 641
'モレイン' 641
'ルビーレース' 641
アメリカザイフリボク 145, 145
'グレン フォーム' 145, 145
'スプリザム' 145
アメリカサンショウ 1495
アメリカシオン 200
'アンデルケン アン アルマ ペッシュケ' 200, 200
'バーズ ピンク' 200
'パープル ドーム' 200
'ハリントンズ ピンク' 200
'ヘラ レイシー' 200
アメリカシデ 333
アメリカジナ 1418
'アンペロフラ' 1418
'ファスティギアタ' 1418
'マクロフラ' 1418
'レドモンド' 1418, 1418
アメリカシナマンサク 671, 671
アメリカシモツケ 1037, 1037
'ダーツ ゴールド' 1037, 1037
'ディアボロ' 1037, 1037
'ナヌス' 1037, 1037
'ルテウス' 1037
アメリカシャクナゲ 777
'エルフ' 777
'オスボ レッド' 777, 777
'オリンピック ファイアー' 777, 777
'カルーセル' 777, 777
'クレメンタイン チャーチル' 777
'シルバー ダラー' 777
'スノー ドリフト' 777, 777
'ニプマック' 777
'ピンク チャーム' 777, 777
'ミヌエ' 777, 777
'ミルティフォリア' 777, 777
アメリカシロゴヨウ 1046, 1046
'ナナ' 1046, 1046
'ノーブルズ ドワーフ' 1046
'フリック' 1046
アメリカズズカケノキ 1057, 1057
アメリカスミレサイシン 1474
アメリカスモモ 1092
アメリカタニウツギ'サマー スターズ' Diervilla rivularis 'モートン'を参照 499, 499
アメリカタニウツギ属 498-499
アメリカチョウセンアサガオ ケチョウセンアサガオを参照 476
アメリカヅタ バージニアヅタを参照 990, 990
アメリカデイコ 562, 562
アメリカトガサワラ 1103, 1103
'デンサ' 1103, 1103
'フレットケリ' 1103, 1103
アメリカトリネコ 610
'オータム パープル' 610, 610

'オータム ブレイズ' 610
'ローズ ヒル' 610
アメリカナナカマド 1355
アメリカニレ 1448
　'オーガスチン' 1448
　'コルムナリス' 1448, 1448
アメリカニワトコ 1308, 1308
　'ゴールドフィンチ' 1308, 1308
アメリカネズコ ベイスギを参照 1413, 1413
アメリカネムノキ 122, 122
アメリカノウゼンカズラ 322323
　'フラバ' 323, 322
アメリカハイビャクシン 772, 772
　'ウィルトニイ' 772
　'ダグラシイ' 772, 772
　'バー ハーバー' 772, 772
　'プリンス オブ ウェールズ' 772
　'ブルー チップ' 772, 772
　'レペンス' 772, 772
アメリカハシバミ 421, 421
アメリカハナズオウ 360, 360
　'アルバ' 360
　'フォレスト パンジー' 360, 360
アメリカハナノキ 88-9, 89
　'オータム フレーム' 89, 89
　'オクトーバー グローリー' 89
　'ガーリング' 89, 89
　'サンシャイン' 89, 89
　'スカーセン' 89, 89
　'スキャンロン' 89, 89
アメリカハナノキ 'オータム ブレイズ' Acer×freemanii オータム ブレイズ／'ジェファーズレッド'を参照 84
アメリカハリグワ 849, 849
アメリカハンゲショウ サウルルスを参照 1316, 1317
アメリカバンマツリ 262
アメリカヒイラギ 730, 730
　'オールド フェイスフル' 730, 730
　'ヘッジホリー' 730
　'モーガン ゴールド' 730
アメリカヒトツバタゴ 372, 372
　'アングスティフォリウス' 372
　'ラティフォリウス' 372
アメリカヒルギ 1142, 1142
アメリカフウロ 633, 633
アメリカフジ 1487
アメリカブナ 596, 596
アメリカフヨウ 702
　'サザン ベル' 702
　'ロード ボルティモア' 702, 702
アメリカボウフウ 992
アメリカボウフウ属 992
アメリカマルバヤナギ 1296, 1296
アメリカミズミソウ 695
アメリカミズメ 235, 235
アメリカミヤマゴリョウ
アメリカモウセンゴケ 514
アメリカヤマタマガサ タマガサノキを参照 355, 355
アメリカヤマナラシ 1073, 1073
アメリカヤマボウシ ハナミズキを参照 415, 415
アメリカヤマモミジ 90
アメリカヤマヨモギ セージブラッシュを参照 1337, 1337
アメリカリョウブ 394, 394
　'パニクラタ' 394
　'ロセア' 394
アメリカロウバイ クロバナロウバイを参照 291
アメリカンビタースイート 351

アメリカンビューティー 283, 283
アメリカンブルー エボルブルス・グロメラツスを参照 592, 592
アメリカンレッドオルダー 443, 443
アモルファ・カネスケンス 147
アヤニア属 120
綾錦 アロエ・アリスタータを参照 133
アヤメ 743, 743
アライオステギア属 170
アラウジア属 172
アラカシ 1124
アラキス・ピントイ 170, 170
　'ゴールデン グローリー' 170
アラゲクジャク 99, 99
アラゲハンゴンソウ 1286
　'アイリッシュ アイズ' 1286
　'トト' 1286
　'ベッキー ミックス' 1286
　'マーマレード' 1286
　'ラスティック ドワーフ' 1286
アラゴプテラ属 124
アラシグサ属 249
アラセイトウ属 878
アラビアコーヒー コーヒーノキを参照 400, 400
アラビス・アルピナ カウカシカ 'シュニーハウベ' 169, 169
アラビス・アレンドゥシイ 169
　'コムピンキー' 169, 169
　'モンテ ローザ' 169
　'ルビン' 169
アラビス・プレフャロフィラ 169
　'フリューリングスツァウバー' 169, 169
アラビス・プロクレンス 169
　'ワリエガタ' 169, 169
アラマンダ ヒメアリアケカズラを参照 124, 124
荒武者 527, 527
アラリア モミジバアラリアを参照 1322, 1322
アリ オギネ属 142-143
アリ クシア属 143-144
アリアケカズラ 124, 124
　'グランディフローラ' 124
　'ノビリス' 124
　'ヘンダーソニー' 124
アリアケカズラ属 124
アリウム・カラタウィエンセ 126-27
　'アイボリー クイーン' 126-27, 126
アリウム・ケルヌウム 126
　'ヒドコート' 126
アリウム・ホランディクム 126
　'パープル センセイション' 126
アリウム・モリ 127
　'ジーンナイン' 127, 127
アリウム 'グラディエイター' 129
アリウム 'グローブマスター' 129
アリウム交雑品種 129
アリウムシクルム 922, 922
アリウム属 125-29
アリウム 'ボウ リガード' 129
アリオカルプス属 183
アリサエマ・トリツォスム 185
アリサルム属 185
アリステア・エックロニイ 185
アリステア属 185
アリステテリア・キレンシス 187
　'ワリエガタ' 187
アリステテリア属 186-87
アリストロキア・ギガンテア 186
アリストロキア・グランディフロラ 186
アリゾナイトスギ 444, 444

アリゾナトウヒ エンゲルマントウヒを参照 1040, 1040
アリッスム・モンタナム ヤマナズナを参照 143
アルアウディア・クンペルテイイ 130
アルアウディア・プロセラ 130, 130
アルアウディア・モンタニャキイ 130
アルアウディア属 130
アルカネット 124
アルカンナ属 124
アルギランテム・グラキン 182, 182
　'チェルシー ガール' 182, 182
アルギランテム 'カリフォルニア ゴールド' 182
アルギランテム 'ギルズ ピンク' 182
アルギランテム交雑品種 182
アルギランテム 'コーニッシュ ゴールド' 182
アルギランテム 'ジャマイカ プリムローズ' 182
アルギランテム属 182
アルギランテム 'タウランガ スター' 182
アルギランテム 'ドニントン ヒーロー' 182, 182
アルギランテム 'バタフライ' 182, 182
アルギランテム 'バンクーバー' 182
アルギランテム 'プティ ピンク' 182, 182
アルギランテム 'ブリザード' 182
アルギランテム 'メアリー ウートン' 182
アルギロキティッス・バッタンディエリ 183, 183
　'イエロー テール' 183
アルギロキティッス属 183
アルギロデルマ・デラエティイ 183, 183
アルギロデルマ属 183
アルクトスタフィロス・ウィリディッシマ 178, 178
　'ホワイト クラウド' 178, 178
アルクトスタフィロス・デンシフロラ 175
　'エメラルド カーペット' 175
　'ハワード マクミン' 175
アルクトスタフィロス・バケリ 175
アルクトスタフィロス・ホッケリ 175, 175
　'モンテレー カーペット' 175
アルクトセカ属 178
アルクティス 179
アルクティス・アカウリス 179, 179
　'マゼンタ' 179
アルクティス・ヒブリダ 179
　'ハーレクイン フレイム' 179
　'フレイム' 179, 179
　'マホガニー' 179
　'レッド デビル' 179, 179
アルケミラ・モリス 123
アルジェリアオーク 1122, 1123
アルストニア属 139
アルストロエメリア 'ブルー スカイ' 141
アルストロエメリア・プシタキナ ユリズイセンを参照 140
アルストロエメリア・ペレグリナ 140
アルストロエメリア・リグトゥ 140, 140

アルストロエメリア HRH・プリンセス・アリス／'スタヴァーピ' 142
アルストコエメリア 'アイミ' 140, 140
アルストロエメリア 'アポロ' 140, 140
アルストロエメリア 'アマンダ' 140, 140
アルストロエメリア 'イエロー フレンドシップ' 141, 141
アルストロエメリア 'イブニング ソング' 140, 141
アルストロエメリア イレーナ／'スタティレン' 141, 141
アルストロエメリア イローナ／'スタロナ' 141, 141
アルストロエメリア 'オデッサ' 141, 141
アルストロエメリア オルガ／'スタログ' 141, 141
アルストロエメリア 'オレンジ グローリー' 141, 141
アルストロエメリア 'オレンジ ジェム' 141, 141
アルストロエメリア クイーン エリザベス ザ クイーン マザー／'スタモリ' 141, 141
アルストロエメリア交雑品種 140-142
アルストロエメリア属 140-42
アルストロエメリア ダイアナ プリンセス オブ ウェールズ／'スタブラコ' 142
アルストロエメリア 'テッサ' 141
アルストロエメリア 'ナポリ' 141, 141
アルストロエメリア 'バタフライ' 141
アルストロエメリア 'フエゴ' 141, 141
アルストロエメリア 'ブラッシング ブライド' 140, 141
アルストロエメリア プリンセス シリーズ 142
アルストロエメリア プリンセス シリンガ' 141
アルストロエメリア プリンセス ソフィア／'スタジェロ' 141
アルストロエメリア プリンセス ダニエラ／'スタブリダニ' 142, 142
アルストロエメリア プリンセス パメラ／'スタブリパメ' 142, 142
アルストロエメリア 'プリンセス フレックルス' 142
アルストロエメリア プリンセス モニカ／'スタブリモン' 142, 142
アルストロエメリア プリンセス モラーナ／'スタブリラナ' 142, 142
アルストロエメリア プリンセス アレクサンドラ／'ゼルブランカ' 141
アルストロエメリア プリンセス イヴァナ／'スタブリバネ' 142, 142
アルストロエメリア プリンセス インーナ／'スタルヴァーニ' 142
アルストロエメリア プリンセス オクサナ／'スタブリオクサ' 142, 142
アルストロエメリア プリンセス グレース／'スタロド' 142

アルストロエメリア プリンセス・ザビナ／'スタブリビナ' 142
アルストロエメリア プリンセス・シッシ／'スタブリシス' 142
アルストロエメリア 'ブルー ヘブン' 140, 141
アルストロエメリア 'フレンドシップ' 140-141, 141
アルストロエメリア 'ベリンダ' 140, 141
アルストロエメリア マリー・ルイーズ／'ゼラノン' 142
アルストロエメリア 'マリーナ' 141, 141
アルストロエメリア 'マリッサ' 141
アルストロエメリア リトル・ミス シリーズ 141-142
アルストロエメリア 'リトル ミス オリビア' 142, 141
アルストロエメリア 'リトル ミス ソフィー' 142
アルストロエメリア 'リトル ミス タラ' 142, 141
アルストロエメリア 'リトル ミス ローズランド' 142
アルストロエメリア 'レッド ビューティー' 141, 141
アルストロエメリア レベッカ／'スタベック' 141, 141
アルストロエメリア 'ロミー' 141, 141
アルストロケレウス属 191
アルストロメリア アルストロエメリア・リグトゥを参照 140, 140
アルスロポディウム属 191
アルタイキノシタ 232
アルタネマ属 189
アルタボトリス属 189
アルテミシア・アルバ 190
　'カネスケンス' 190, 190
アルテルナンテラ・ベトジキアナ 142
　'ブリリアンティッシマ' 142
アルテンスタインオニソテツ 536, 536
アルトロポディウム・カンディウム 191
アルパインスノーベル 1349, 1349
アルピニア・プルプラタ レッドジンジャーを参照 139, 139
アルファルファ 881
アルフィトニア属 138
アルブカ・ネルソニイ 122
アルブカ・フミリス 122
アルブカ属 122
アルプスオキナグサ 1112
アルプスジュウニヒトエ 120, 120
アルプトゥス属 172-73
アルプトゥス 'マリナ' 173, 173
アルベルタ属 121
アルポフィルム属 188-89
アルム・イタリクム 192
　'マーモラタム' 192
アルム属 192
アルメリア ハマカンザシを参照 187
アルメリア・プセウダルメリア 187
　'ウェストエイカー ビューティ' 187
　'ルブラ' 187
アレカヤシ 180, 180
アレクサンドリアローレル 473
アレチオグルマ 698

アレッポマツ 1048, *1048*
アレナリア・プルプラスケンス 180-81
'エリオッツ バラエティ' 180-81
アレナリア・モンタナ 180, *180*
'アバランシュ' 180
アロイシア属 138
アロイノプシス属 137
アロエ・アリスタタ 133
アロエ・ウェラ 137, *137*
アロエ・カピタタ 133, *133*
アロエ・クラビフロラ 134, *134*
アロエ・グランディデンタタ 135, *135*
アロエ・コニフェラ 134, *134*
アロエ・ストリアタ 136, *137*
アロエ・スピカータ 136
アロエ・ディコトマ 134, *134*
アロエ・ディスコイングシイ 134
アロエ・ドロテアエ 134, *135*
アロエ・ハウォルチオイデス 135
アロエ・フェロックス 135
アロエ・プリカティリス 136, *136*
アロエ・ブレウィフォリア 竜山を参照 133, *133*
アロエ・ブローミイ 133, *133*
アロエ・ペグレラエ 136, *136*
アロエ・ポリフィラ 136, *136*
アロエ・マルロティイ 鬼切丸を参照 135
アロエ・ミクロスティグマ 136, *136*
アロエ・ミトリフォルミス 136
アロエ・メラナカンタ 136
アロエ・ラウヒイ 136
アロエ・レイノルシイ 136, *136*
アロエ・ロンギブラクテアタ 135, *135*
アロエ'コンムタタ' 134, *134*
アロエ属 133-37
アロカシア・アマゾニカ 132, *132*
'マグニフィカ' 132
'ランドール' 132
アロカシア・クプレア 132
アロカシア・サンデリアナ 133
'ヴァン ハウト' 133
'ノビリス' 133
アロカスアリナ属 129
アロキクシロン属 130
アロシンカルピア属 129
アロニア属 188
アロンソア 137
アロンソア属 137
アワガエリ属 1027
アワダン 887, *887*
アワダン属 887
アワブキ属 887-88
アワモリショウマ 202
アワモリソウ アワモリショウマを参照 202
アワモリハッカ属 1115
アワユキハコベ 1369, *1369*
淡雪丸 868
アンギオプテリス・イベクタ ナンヨウリュウビンタイを参照 155, *155*
アンクサ・アズレア 150, *150*
'オパール' 150
'ドロップモア' 150
'ロドン ロイヤリスト' 150, *150*
アンクサ・カエスピトサ 150
アングラエクム・スコッティアヌム 156
アングラエクム・ディディエリ 156, *156*

アングラエクム ヴィーチー 156, *156*
アングラエクム属 155
アングロア・クロウェシイ 157
アングロア・ユニフロラ 157, *157*
アングロア属 156-57
×アングロカステ属 157
アンゲロニア・アングスティフォリア 155
'アルバ' 155
'パープル' 155
'パープル アンド ホワイト' 155
'ローズ ピンク' 155, *155*
アンゲロニア属 155
アンゴフォラ属 155-56
アンズ 1092
アンスリウム 161, *161*
'スモール トーク ピンク' 161, *161*
'ラブラム' 161
'レディ ルース' 161, *161*
'ロドクロラム' 161, *161*
アンゼリカ ヨーロッパトウキを参照 154, *155*
安息香の木 1381
アンタークティクビーチ 935
アンデアンセージ 1301
アンティリス属 162
アンティリヌム・モレ 163
'アバランシュ' 163
アンテミス属 160
アンテリクム属 160-61
アントゥリウム属 161
アントクレイスタ属 161
アンドロサケ・カルネア 151
アンドロサケ・サルメントサ ツルハナガタを参照 151
アンドロサケ・ビロサ 151
アンドロサケ・ブレヤナ 151, *151*
アンドロサケ・ラヌギノサ 151
'ライヒトリニー' 151
アンドロレピス・スキネリイ 150, *150*
アンドロレピス属 150
アンバーベル エリスロニウム・アメリカヌムを参照 563, *563*
アンブレラゾーン 79, *79*
アンペロプシス・グランドゥロサ・ブンウィペ・ドゥンクラタ 148
'エレガンス' 148, *148*
イイギリ イグサを参照 769, *769*
イイギリ属 727, *727*
イエローアネモネ 726
イエローサルビア アルプスオキナグサを参照 1112
イエロースカビオス 1302
イエローバーチ 355
イエローボックス *234*, 235
イエローマリポサ ユーカリプタス・メリオドラを参照 573
イオクロマ属 289, *289*
イガゴヨウ 737
イカダカズラ 1046, *1046*
錨猊々丸 ブーゲンビレア・スペクタビリスを参照 247
イカリソウ 872, *872*
'リラシナム' 542, *542*
'リラフィー' 542
'ローズ クイーン' 542
イカリソウ属 542
イキラセンイ イグサ'スピラリス'を参照769, *769*
イグサ 760-61
'スピラリス' 769, *769*

イグサ属 769, *769*
イクシア属 541-42
イクシオリリオン属 760
イクソラ・カセイ 761, *761*
'スーパー キング' 761
イクレス アクイペルニイ 728
'サン ホセ' 728
イサティス属 769-70
イサベリア属 756-57
イシカグマ 756
イシモチソウモドキ 894, *894*
イシャイラズ(医者いらず) ドロソフィルム・ルシタニクムを参照 515
イジュ キダチアロエを参照 133, *133*
イスメリア・カリナタ 757, *757*
'コート ジェスターズ' 757
イスメリア属 1322, *1322*
イソギク 757
イソキルス属 120, *120*
イソツツジ属 757
イソビルム属 804
イソフジ 759
イソプレキシス属 1353, *1353*
磯黄の松 757-58
イソポゴン・アネモニフォリウス 758, *758*
'ウーライキー 2000' 758, *758*
イソポゴン属 430
イタチハギ 758-59
イタドリ 147
'スペクタビリス' 597
イタヤカエデ 597
イタリアカサマツ 86, *86*
イタリアギキョウ 1050
'ディクソンズ ゴールド' 320
イタリアン サイプレス 199
イタリアン パセリ イトスギを参照 446
イタリアン ベルフラワー 1016
'アルバ' 320
'ステラ ブルー' 320
'ステラ ホワイト' 320
イタリアンアスター 320, *320*
'キング ジョージ' 199
'ジャクリーン ジェネブリアー' 199
'ソニア' 199
'ファイルヒェンケーニギン' 199
'フラムフィールディ' 199
イチイ 320
'カピタータ' 1402, *1402*
'デンサ' 1402, *1402*
'デンシフォルミス' 1402
イチイ属 1402
イチゴグァバ 1401-2
イチゴノキ テリハバンジロウを参照 104
'エルフィン キング' 173, *173*
'オクトーバーフェスト' 173
'コンパクタ' 173
イチジク 173, *173*
'ブラウン ターキー' 602, *602*
'ブラック ゲノア' 602
'ホワイト アドリアチック' 602
無花果団扇 602
イチジク属 大型宝剣を参照 954, *954*
イチビ'ウィズレイ レッド' 601-4
イチビ属 フイリアブチロン'ウェイクハースト'を参照71
イチョウ Feb.75
'アウレア' 639
'オータム ゴールド' 639, *639*
'トレモニア' 639

'ファスティギアタ' 639
イチョウ ヴァリエガタ グループ 639, *639*
イチョウギ 639
イチョウ属 1075, *1075*
イチョウ ペンデュラ グループ 638-39
イチリンソウ属 639
イテア・ウィルギニカ 760
'ヘンリーズ ガーネット' 760, *760*
イテア属 152-53
イトクリ 759-60
イトシャジン オダマキを参照 167
イトスギ 322
イトスギ ストリクタ グループ 446
'スウェインズ ゴールド' 446
イトスギ属 446, *446*
イトススキ 444-46
イトハキンポウゲ ススキ 'グラシリムス'を参照 900, *900*
イトハシャクヤク 1132, *1132*
'ブレナ' 976
イトバドクゼリモドキ 976
イトバハルシャギク 146, *146*
'グランディフロラ' 413, *413*
'ゴールデン ゲイン' 413, *413*
'ザグレブ' 413
'ムーンビーム' 413
イトバモウセンゴケ 413, *413*
イトハユリ 514
'イエロー バンティング' 822
イトラン 822
'アイボリー タワー' 1492, *1492*
'ゴールデン スウォード' 1492
'ブライト エッジ' 1492
イナゴマメ 1492, *1492*
イナゴマメ属 358, *358*
イヌエンジュ 357-58
イヌガヤ 848
'ファスティギアタ' 357
イヌガヤ属 357
イヌカラマツ 356-57
'ナナ' 1101, *1101*
イヌカラマツ属 1101
イヌゴマ属 1101
イヌコモチナデシコ属 1366-67
イヌコリヤナギ 1015
'白露錦' 1298
イヌサフラン 1298
イヌシバ 400
'ワリエガトゥム' 1371
イヌシバ属 1371
イヌタデ属 1371
イヌツゲ 1012-13
'アイボリー タワー' 729, *729*
'ゴールド ジェム' 729
'コンヴェクサ' 729
'白覆輪' 729
'スカイ ペンシル' 729
'ヘッレリ' 729, *729*
'マリエシー' 729
イヌナズ 729
イヌナズナ属 マメナシを参照 1117, *1117*
イヌハッカ 511
'シトリオドラ' 930
イヌハッカ属 930, *930*
イヌブナ 930-31
イヌマキ 596
'マキ' 1064, *1064*
イヌムラサキ属 1064
イヌリンゴ 266

イヌワラビ ヒメリンゴを参照 861
'ピクティム クレステッド' 206
イネ 206
イネ インド型 960, *960*
イネ属 960
イネ 日本型 960
'シガロン' 960
イノデ属 960, *960*
イノモトソウ属 1069-70
イノンド 1106-1107
イノンド属 ディルを参照154
イビケラ属 154
イフェイオン属 728
イフェイロン・ウニフロルム 737
'アルベルト カスティッリョ' 737, *737*
'ウィズレー ブルー' 737, *737*
'フロイル ミル' 737
'ロルフ フィドラー' 737
イブキジャコウソウ コッキネウス グループ 737
'コッキネウス ミノル' 1415, *1415*
イブキジャコウソウ属 1415, *1415*
イブキトラノオ 1414, *1414*
'スペルバ' 1012, *1012*
イブキトラノオ'スペルブム' 1012, *1012*
イブキヌカボ イブキトラノオ'スペルバ'を参照 1012, *1012*
'アウレウム' 894-95
イブキヌカボ属 894-95
イベリス・センペルウィレンス 726, *726*
'ヴァイサー ツヴェルグ' 726, *726*
'シュネーフロック' 726
イベリス・センペルウィレンス'スノーフレーク' Iberis sempervirens 'シュネーフロック'を参照 726
'ピュリティ' 726, *726*
'フロレ-プレナ' 726, *726*
イベリス・センペルウィレンス'リトル ジェム' Iberis sempervirens 'ヴァイサー ツヴェルグ'を参照 726, *726*
イベリス'スノーフレーク' 894-95
イベリス属 Iberis sempervirens 'シュネーフロック'を参照 726
イベリス'リトル ジェム' 726
イボタノキ イベリス'ヴァイサー ツヴェルグ'を参照 726, *726*
イボタノキ 820, *820*
イポモエア 820
イポモプシス属 737
イモカタバミ 739
イモネヤガラ 965, *965*
イモノキ属 579
イラクサ属 874
イリキウム・フロリダヌム 732, *732*
'アルブム' 732
'ウッドランド ルビー' 732
'ハレーズ コメット' 732
'ワリエガトゥム' 732
イリス・ウングイクラリス 745, *745*
'アルバ' 745
'スターカーズ ピンク' 745
'メアリー バーナード' 745
'ワリエガタ' 745
イリス・クリスギラフェス 740
'ブラック ナイト' 740, *740*
イリス・コンフサ 740
'マルティン リックス' 740
イリス・テナクス 745, *744*
'アルバ' 745, *744*

イリス・パリダ 742, 742
　'アルゲンテア ワリエガタ' 742
　'ワリエガタ' 742
イリス・マグニフィカ 742
　'アルバ' 742, 742
イリス・レティクラタ 743
　'カンタブ' 743
　'ブルー ベール' 743, 743
イリス ロブスタ 743
　'ジェラルド ダービー'
　　743, 743
イレクス_アルタクレレンシス 727
　'カメッリフォリア' 727, 727
　'ゴールド キング' 727
　'パープル シャフト' 727
　'プラティフィラ' 727, 727
　'ヘンデルソニイ' 727
　'ローソニアナ' 727, 727
イレクス・ウェルティキラタ 731, 731
　'アフターグロー' 731, 731
　'ウインター レッド' 731
　'ナナ' 731, 731
イレクス・ウォミトリア 731
　'ナナ' 731
　'ペンドゥラ' 731, 731
イレクス・グラブラ・レウコカルパ
　729
　'アイボリー クィーン' 729, 729
イレクス・グラブラ 729
　'コンパクタ' 729
イレクス・アッテヌアタ 729
　'イースト パラトカ' 729
　'サニー フォスター' 729, 729
　'フォスター No.2' 729
イレクス・プルプレア 731
イレクス メセルウェアエ 730
　'ブルー エンジェル' 730
　'ブルー ガール' 730
　'ブルー プリンス' 730
　'ブルー プリンセス' 730
　'ブルー ボーイ' 730
　'ブルー メイド' 730
イレシネ属 1039, 1039
イロハモミジ 739
イロハモミジ イロハモミジを参
　照 86-7, 87
　'アカジニシキ' 86-7, 87
　'アトロプルプレウム' 86-7
　'アトロリネアレ' 86-7
　'イナバシダレ' 86-87, 87
　'ヴィラ タラント' 86-7
　'ウォーターフォール' 86-7
　'エバー レッド' 86-7
　'オオサカヅキ' 86-7
　'オルナトゥム' 86-7
　'ガーネット' 86-7
　'カツラ' 86-7
　'クリムゾン クイーン' 86-7
　'コトヒメ' 86-7
　'サンゴカク' 86-7
　'シギタツサワ' 86-7, 87
　'シシガシラ' 86-7
　'シンデショウジョウ' 86-7, 87
　'スコロペンドリフォリウム' 86-7
　'スミナガシ' 86-7
　'セイリュウ' 86-7
　'チシオ' 86-7
　'チトセヤマ' 86-7
　'ディセクタム ニグラム' 86-7
イロハモミジ ディセクトゥム・アト
　ロプレウム・グループ 86-7
イロハモミジ ディセクトゥム・ウィ
　ライド・グループ 86-7
　'トロンペンバーグ' 86-7
　'ニグルム' 86-7
　'ニコルソニイ' 86-7

'バーガンディ レイス' 86-7, 87
'バタフライ' 86-7
'ヒカサヤマ' 86-7
イロハモミジ'フィリフェルム プル
　プレウム' 86-7
　'ブラッドグッド' 86-7
　'ヘプタロブム ラブラム' 86-7
イロハモミジ'ボンファイアー' イ
　ロハモミジ'アトロリニアーレ'を
　参照 86-7, 87
　'ムーンファイアー' 86-7
　'リニアイロバム' 86-7
イロハモミジ'リネアリロビウム ル
　ブルム', イロハモミジ'アカジ
　ニシキ'を参照 86-7
　'レッド ドラゴン' 86-7
　'レッド ピグミー' 86-7
　'レッド フィリグリー レイス'
　　86-7
イロハモミジ'レティキュラトゥム'
　イロハモミジ'アトロリニアーレ'
　を参照 86-7, 87
イワウチワ属 イロハモミジ'シギ
　タツサワ'を参照 86-7
巌 1339
イワカガミ 526, 526
イワカガミダマシ属 1339
イワガサ 1349, 1349
イワカラクサ 1362, 1362
　'ドクトル ヘーンレ' 555, 555
　'ミセス チャールズ ボイル'
　　555
イワカラクサ属 555
イワガラミ 555
　'ムーンライト' 1323
　'ロセウム' 1323
イワガラミ属 1323
イワギキョウ 1323
イワギク 320
　'クララ カーティス' 376
　'メアリー ストーカー' 376
　'レディー クララ' 376
イワシモツケ 376
　'スノウマウンド' 1364
　'ハルワードズ シルバー'
　　1364, 1364
　'ロトゥンディフォリア' 1364
イワソテツジュロ 1364, 1364
イワダイコンソウ 1030, 1030
イワデンダ属 637
イワナシ属 1488
イワナズナ 541
　'コンパクタ' 209
　'シトリナ' 209, 209
イワナズナ属 209
イワヒゲ 143
イワヒバ属 338, 338
イワフジ 1331-32
イワヘゴ 735, 735
イワベンケイ 516, 516
イワベンケイ属 1143, 1143
イワミツバ 1143, 1143
　'ワリエガトゥム' 104, 104
イワヤツデ 104
イワヤツデ属 905, 905
インガ属 905
インカルウィレア・デラワイ 735
　'スノートップ' 735
インカルウィレア属 736
イングリッシュプリムローズ
　734-35
　'エイプリル ローズ'
　　1084, 1084
　'ブラウエ アウスレーゼ'
　　1084, 1084
イングリッシュプリムローズ'ブルー
　セレクション' 1084

イングリッシュラベンダー イング
　リッシュプリムローズ'ブラウエ
　アウスレーゼ'を参照 1084
　'アルバ' 801, 801
　'インペリアル ジェム' 801
　'ビーチウッド ブルー'
　　801, 801
　'ヒドコート' 801, 801
　'フォルゲイト' 801, 801
　'プリンセス ブルー' 801, 801
　'マルタ ロデリック' 801, 801
　'ムンステッド' 801, 801
　'ロイヤル パープル' 801, 801
　'ロセア' 801, 801
　'ロッドン ブルー' 801
インゲン 801, 801
　'ゴールドマリー' 1023
　'パープル スペックルド'
　　1023, 1023
　'フェラーリ' 1023, 1023
インゲンマメ属 1023, 1023
インコアナナス 1022-23
インセンスシーダー 1478
インチプラント オニヒバを参照
　288, 288
インディアンホースチェスナット
　284, 284
　'シドニー ピアース' 107, 107
インドカラムス属 107, 107
インドグワ 736
インドクワズイモ 904, 904
インドゴムノキ 133
　'シュルヴェリアナ' 602
　'デコラ' 602
　'デシェリ' 602
　'ワリエガタ' 602, 602
インドシタン 602
インドジャボク 1107, 1107
インドトキワサンザシ 1134, 1134
インドボダイジュ ヒマラヤトキワ
　サンザシを参照 1116, 1116
インドワタノキ 604, 604
インパチエンス キワタを参照
　242, 242
　'ヴィクトリアン ローズ'
　　734, 734
　'ダズラー メルロー ミックス'
　　734, 734
　'ブラックベリー アイス' 734
インパチエンス アイス シリーズ
　734
インパチエンス'アフリカン クィー
　ン' 734
インパチエンス ガーデン・
　リーダー シリーズ 733
　'コーラル' 734
　'フクシア' 734
インパチエンス カルーセル・
　ミックス 734
インパチエンス'シーシェル
　イエロー' 734
インパチエンス スーパー・
　エルフィン シリーズ 733
　'ブラッシュ' 734
　'ブルー パール' 734
インパチエンス ダズラー・
　シリーズ 734
インパチエンス デコ シリーズ
　734
インパチエンス フィエスタ・
　シリーズ 734
　'サーモン サンライズ' 734
　'サルサ レッド' 734
　'サンライズ' 734
　'バーガンディ ローズ' 734
インパチエンス メルロー・
　シリーズ 734

インパラ・リリー 734
　'ワリエガタム' 104, 104
ウィーピングアカシア 1477
ウィーピンググラス 78
ウィーピングベッケア シナダレス
　ズメガヤを参照 545, 545
ウィオラ・リウィニアナ 1474
　'プルプレア' 1474, 1474
ウィガンディア属 215, 215
ウイキョウ 1486
　'プルプレウム' 606
ウイキョウゼリ 606, 606
ウイキョウ属 チャービルを参照
　161
ウィステリア・マクロスタキア 606
ウィステリア フォルモサ 1487,
　1487
ウィステリア フォルモサ'ウィオ
　ラケア' ヤマフジ'紫花美短'
　を参照 1487
ウィステリア フォルモサ'ブラック
　ドラゴン' Wisteria×formosa
　'八重黒竜'を参照 1487, 1487
　'八重黒竜' 1487, 1487
ウィットロキア属 1487
ウィティス・カリフォルニカ 1478
　'ウォーカー リッジ' 1478
　'ロジャーズ レッド' 1478
ウィティス・リパリア 1478
　'ブラント' 1478
ウィドリントニア属 1488
ウィブルヌム・ダビデイ 1466, 1466
ウィブルヌム・ティヌス 1470, 1470
　'イブ プライス' 1470, 1470
　'プルプレウム' 1470
　'ルキドゥム' 1470
　'ロバートソン' 1470, 1470
　'ワリエガトゥム' 1470
ウィブルヌム・デンタトゥム 1466,
　1465
　'ラルフ シニア' 1466
ウィブルヌム・ボドナンテンセ
　1465, 1465
　'チャールズ ラモント' 1465
　'ドーン' 1465
ウィブルヌム・リティドフィルム
　1469, 1469
　'アルデンハメンセ' 1469, 1469
　'ロセウム' 1469
ウィブルヌム グロボスム 1467
　'ジュンレミーズ グローブ'
　　1467, 1467
ウィブルヌム×ヒリエリ 1467
　'ウィントン' 1467
ウィブルヌム×ブルクウッディイ
　1465, 1465
　'アン ラッセル' 1465
　'パーク ファーム ハイブリッド'
　　1465
ウィルギリア属 サバクノバラを参照
　98
×ウルソナラ 1485
×ウルソナラ アソル ベル
　1486, 1486
×ウィルソナラ交雑品種 1486,
　1486
×ウィルソナラ属 1486
×ウルソナラ ドーセット ゴールド
　1486
×ウィルソナラ ファイヤークラッカー
　1486, 1486
×ウィルソナラ ブレイジング
　ラスター 1486, 1486
ウィルソンバーベリー 1486,
　1486
ウイコーオーク 231, 231
ウイローリーフドジェサミン 1126

ウインターグラジオラス 362
　'ヴィスカウントレス ビング'
　　1324, 1324
　'サンライズ' 1324
　'ジェニファー' 1324
　'メジャー' 1324
ウインターグリーン 1324
ウインターズパーク ヒメコウジを
　参照 626
ウインターセイボリー 512, 512
ウインターベゴニア 1316, 1316
ウーリータイム 232, 232
ウーリーブッシュ 1415
ウーリーブラジルヤシ 97, 97
ウーリーラベンダー 271, 271
ウェイケラ・プラエコクス'ワリエガタ'
　タニウツギ'プラエコクス ヴァリエ
　ガタ'を参照 1484, 1484
ウェイケラ・フロリダ'ワリエガタ'
　タニウツギ'フロリダ ヴァリエ
　ガタ'を参照 1484, 1484
ウェインマニア属 802
ウェスタンプリックリーモーゼス
　1484
ウェストヒマラヤンバーチ 78
ウェストリンギア 237, 237
ウェストリンギア'ウィニアビー ジ
　ェム' 1485, 1485
ウェストリンギア属 1485, 1485
ウェプリス属 1458
ウェラム・ボトルブラシ 1485
　'スモークト サーモン' 284
ウェルウィッチア 284, 284
ウェルウィッチア属 1485, 1485
ウェルティコルディア属 1464
ウェルテイミア・ブラクテアタ
　1457, 1457
　'イエロー フレーム'
　　1457, 1457
ウェルデニア属 1485
ウェルバスクム・オリンピクム 1459
ウェルバスクム・ボンビキフェルム
　1458
　'ポーラーゾンマー' 1458
ウェルバスクム・カイクシイ 1459
　'アルバム' 1459, 1459
ウェロニカ・テウクリウム 1462,
　1462
ウェロニカ・アウストリアカ 1462
　'クレータ レイク ブルー' 1462
　'シャーリー ブルー'
　　1462, 1462
ウェロニカ・アリピナ 1461
　'アルバ' 1461
ウェロニカ・スピカタ ヒメトラノオ
　を参照 1463
ウェロニカ・プロストラタ 1463,
　1463
　'スポード ブルー' 1463
　'トリハーン' 1463
　'ヘヴンリー ブルー' 1463
ウェロニカ・ペトラエア 1463
　'マダム メルシェ' 1463, 1463
ウェロニカ・ペトラエアペドゥンク
　ラリス 1463
　'ジョージア ブルー'
　　1463, 1463
ウェロニカストルム・ウィルギニクム
　1464
　'アルバム' 1464
　'ポインテッド フィンガー'
　　1464, 1464
　'ロセウム' 1464
ウォーターオーク 1484-85
ウォーターバターカップ 1126,
　1126
ウォーターヒッコリー 1130

ウォーターミント 334, *334*
ウォールジャーマンダー 889
ウオトリギ属 1407
ウォレミマツ 655-56
ウォレミマツ属 1488, *1488*
ウキツリボク 1488
　'ヴィクトリー' 72
　'マリアンヌ' 72
　'ワリエガタ' 72, *72*
ウグニ属 72
ウコギ属 1448
ウコン 534
ウコンウツギ 447
ウコンサンゴ 1484, *1484*
ウコン属 973, *973*
ウコンラッパバナ 446-47
ウサギギク属 1346, *1346*
ウサギシダ 188
ウサギシダ属 661
ウシノケグサ 661
ウシノケグサ属 601
ウシノシタ 600
ウシノシタグサ *1376*, 1376
ウシノシタグサ属 アンチューサ・アズレアを参照 150, *150*
ウスベニキササゲ 150
ウスベニタチアオイ 342, *342*
ウスベニニガナ 142, *142*
ウスベニニガナ属 535, *535*
ウスユキソウ属 535
ウスユキマンネングサ 805-6
ウスリュウヒバ 1329, *1329*
ウスリュウヒバ属 894, *894*
宇宙殿 894
ウチワサボテン属 526
ウチワノキ 953-55
ウツギ 67, *67*
　'ニッコウ' 490, *490*
ウツギ属 490
ウツクシモミ 490
ウッドセージ 68, *68*
　'クリスパム マグリナツム' 1408
ウッドラフ 1408
×ウッドワルダラ アドレード アライブ クルマバソウを参照 624
×ウッドワルダラ属 1488, *1488*
×ウッドワルダラ ベバリー ルー 1488
ウツボカズラ属 1488, *1488*
ウツボグサ属 927-30
ウド 1091
ウドノキ属 170-71
ウトリクラリア・アルビナ 1052-53
ウトリクラリア・インフラタ 1452, *1452*
ウトリクラリア・ウニフロラ 1452
ウトリクラリア・カリキフィダ 1452, *1452*
ウトリクラリア・ディコトマ 1451-52
ウトリクラリア・ビスクアマタ 1452
ウトリクラリア・プラエロンガ 1452, *1452*
ウトリクラリア・メンジエシイ 1452, *1452*
ウトリクラリア・レニフォルミス 1452, *1452*
ウトリクラリア属 1452
ウナズキギボウシ 1452, *1452*
　'グリーン ファウンテン' 709
ウナズキヒメフヨウ 709, *709*
ウバタケギボウシ 868, *868*
　'黄覆輪' 710
鳥羽玉 710, *710*
ウバユリ属 837, *837*
ウブラリア属 328
ウマゴヤシ属 1452

ウマノスズクサ属 881
ウミブドウ 186
ウメ ハマベブドウを参照 396, *396*
　'ゲイシャ' 1095
　'ドーン' 1095, *1095*
　'ベニシドリ'☆ 1095
　'ペンデュラ' 1095
ウメガサソウ属 1095
ウメザキシバザクラ 371
　'クラッカージャック' 1029
　'ケリーズ アイ' 1029, *1029*
　'ブースマンズ バラエティ' 1029
　'レッド アドミラル' 1029
　'ロゼア' 1029
ウメモドキ 1029
ウラシマツツジ'インディアン ヒル' 731, *731*
ウラシマツツジ交雑品種 178
ウラシマツツジ'サンセット' 178
ウラシマツツジ'ジョン ダーレイ' 178
ウラシマツツジ属 178
ウラシマツツジ'パシフィック ミスト' 175-78
ウラジロ属 178
ウラジロハコヤナギ 642
　'ニベア' 1072, *1072*
　'ペンデュラ' 1072
　'ラケット' 1072
ウラジロハコヤナギ'ロケット' 1072
ウラジロヒゴタイ ウラジロハコヤナギ'ラケット'を参照
ウラジロヒルギダマシ ルリタマアザミを参照 528, *528*
ウラジロモミ 210, *210*
ウラベニアナナス 69
ウラベニアナナス交雑品種 933
ウラベニアナナス属 933
ウラベニアナナス'マドンナ' 933
ウラベニアナナス'ミランダ' 933
ウラベニアナナス'ラル' 933
ウラベニアナナス'ルビー リー' 933
ウラベニショウ 933
　'ストライプスター' 1379
ウラボシザクラ 1379, *1379*
ウラムラサキ 1095, *1095*
ウリカエデ 1379
ウリノキ 84
ウリノキ属 121, *121*
ウリハダカエデ 121
　'ウィンター ゴールド' 89, *89*
ウルシ 89, *89*
ウルシ属 1205
ウルムス・カルピニフォリア 1449
　'ワリエガタ' 1448, 1449
ウロコアカシア 1203-5
鱗団扇 サンカクバアカシアを参照 74, *74*
ウワウルシ 451, *451*
ウワミズザクラ クマコケモモを参照 178, *178*
ウンキニア属 1094, *1094*
ウンゼンツツジ 1451
ウンナンオウバイ 1158
ウンナンオガタマノキ 765, *765*
ウンナンショウ 893-94, *893*
ウンナンシラベ 1051
ウンベルラリア属 69
ウンラン属 1451
ウンランモドキ 825
　'コンフェッティ' 923, *923*
ウンリュウヤナギ(雲竜柳) 923

衛美玉 シダレヤナギ'トルトゥオサ'を参照 1296, *1296*
エウオニムス・オッキデンタリス 526
エウオニムス・ブンゲアヌス 580
　'ペンドゥルス' 580
エウオプス・クリサンテモイデス 591
エウオプス属 591
エウォルウルス・グロメラトゥス 522
　'サファイア' 592, *592*
　'ハワイアン ブルー アイ' 592
　'ブルー デイズ' 592
エウォルウルス属 592
エウカリプトゥス(ユーカリノキ、ユーカリプトゥスは通称名)属 566-77
エウカリプトゥス・カエシア 568
エウカリプトゥス・クラドカリクス 569
　'ナナ' 569
エウカリプトゥス・グランディス 572, *572*
エウカリプトゥス・クレブラ 570, *570*
エウカリプトゥス・グロブルス 571
エウカリプトゥス・グンニイ 572, *572*
エウカリプトゥス・コキフェラ 569, *569*
エウカリプトゥス・ゴムフォケファラ 571
エウカリプトゥス・サリグナ 577, *577*
エウカリプトゥス・ディウエス 570
エウカリプトゥス・デレガテンシス 570, *570*
エウカリプトゥス・テレティコルニス フォレストレッドガムを参照 577, *577*
エウカリプトゥス・パウキフロラ 574, *574*
エウカリプトゥス・ビミナリス 577, *577*
エウカリプトゥス・ポリグラクテア 575, *575*
エウカリプトゥス・マクロカルパ 573, *573*
エウカリプトゥス・ミクロコリス 573, *573*
エウカリプトゥス・メリオドラ 573
エウカリプトゥス・ロッシイ 576, *576*
エウカリプトゥス・ロブスタ ロブスタユーカリを参照 576
エウカリプトゥス テレティコルニス 577, *577*
エウカリプトゥス フォレスティアナ 571, *571*
エウカリプトゥス・アルバ 567, *567*
エウクリフィ属 578, *578*
エウクリフィア・インテルメディア 578, *578*
'ロストレヴォール'
エウクリフィア・ニマンセンシス 579, *579*
　'ニマンセイ' 579
　'マウント アッシャー' 579
エウクリフィア・ルキダ 578-79, *579*
　'バレリーナ' 579
　'ピンク クラウド' 579
　'レザーウッド クリーム' 579
エウクリフィア属 582
エウゲニア属 579
エウコミス・アウツムナリス 578

エウコミス・コモサ 578, *578*
エウコミス・ビコロル 577-78
エウコミス属 578, *578*
エウストマ属 591
エウフォルビア・アミグダロイデス 583
　'プルプレア' 583, *583*
エウフォルビア・アンティシフィリティカ 583, *583*
エウフォルビア・オベサ 588, *588*
エウフォルビア・カラキアス 584, *584*
エウフォルビア・カラキアス・ウルフェニイ 584, *584*
　'ジョン トムリンソン' 584, *584*
　'ボサハン' 584, *584*
エウフォルビア・キパリッシアス マツバドウダイを参照 584, *584*
エウフォルビア・グリッフィテイイ 585
　'ファイヤーグロー' 585, *585*
エウフォルビア・ケイティイ 586, *586*
エウフォルビア・ゴットレベイ 585, *585*
エウフォルビア・ドゥルキス 585
　'カメレオン' 585
エウフォルビア・ドレゲアナ 584-85, *584*
エウフォルビア・パルストリス 588
エウフォルビア・フルゲンス 585, *585*
　'アルバ' 585
　'アルバトロス' 585
　'パープル リーフ' 585
エウフォルビア・ポリクロマ 588, *589*
　'メジャー' 588
エウフォルビア・ミリイ ハナキリンを参照 588, *588*
エウフォルビア・ミルシニテス 588, *588*
エウフォルビア・ヤンセンウィレンシス 586, *586*
エウフォルビア・レウコケファラ 587, *587*
エウフォルビア・ロミイ 587, *587*
　'マーレ' 587
　'ローズマリー' 587
エウロフィア・グイネエンシス 579
エウロフォビア・ホリダ 魁偉玉を参照 586
エウロフォビア・メリフェラ 587
エーデルワイス 579, *579*
エオニウム'クロホウシ' 806, *806*
エオニウム交雑品種 105, *105*
エオニウム'サンバースト' 105
エオニウム属 105, *105*
エオニウム'プラム パーディ' 104
エキウム・カンディカンス 105, *105*
エキウム属 530, *530*
エキナケア・パリダ 525
エキナケア・プルプレア 525
エキナケア属 593, *593*
エキノカクトゥス属 ムラサキバレンギクを参照525, *525*
エキノケレウス属 526
エキノプシス'アリゾナ' 526
エキノプシス交雑品種 529, *529*
エキノプシス'サマンサ スミス' 529
エキノプシス属 529, *529*
エキノプシス'チーコ メンデス' 528-29

エキノプス・スファエロケファルス 529, *529*
エキノプス・バンナティクス 528
　'タップロー ブルー' 528, *528*
　'ブルー グローブ' 528, *528*
エクソカルポス属 593
エクソコルダ・ギラルデイ 593
エクボソウ 528, *528*
エクレモカルプス・スカベル プラティアを参照 1078, *1078*
エクレモカルプス属 522
エゴノキ 525, *524*
　'ピンクチャイム' *1382*, 1382
　'ファルゲシー' 1382
エゴノキ属 *1382*, 1382
エジプトイチジク 1381-82
エスカロニア・エクソニエンシス 565, *565*
　'フラデス' 565
エスカロニア・ビフィダ 565
エスカロニア・ルブラ 565, *565*
　'C. F. ボール' 565
　'ウッドサイド' 565
　'クリムゾン スパイア' 565
エスカロニア'アイヴェイー' 604
エスカロニア'アップル ブロッサム' 565
エスカロニア交雑品種 565
エスカロニア'スリーブ ダナード' 565
エスカロニア属 565
エスカロニア'ダナード シードリング' 565
エスカロニア'ダナード ビューティー' 565
エスカロニア'ダナード ラディアンス' 565
エスカロニア'ピーチ ブロッサム' 565
エスカロニア'プライド オブ ダナード' 565
エスカロニア'ラングレイエンシス' 565, *565*
エスコバリア属 565
エストラゴン 566
エスパルト タラゴンを参照 190
エスポストア属 1374, *1374*
エゾギク 566-67
エゾギク ミレイディ シリーズ・ミックスド 286
エゾギク属 286, *286*
エゾシロバナシモツケ 286
エゾデンダ属 1364, *1364*
エゾネギ 1067-68
　'シルバー チャイムス' 128, *128*
　'ピンク パーフェクション' 128, *128*
　'フォアスケイト' 128
　'ブラック アイル ブラッシュ' 128
エゾノウワミズザクラ 128
　'アウクビフォリア' 1095, *1095*
　'コロラタ' 1095
　'ストリクタ' 1095
　'プレナ' 1096
　'ペンデュラ' 1096
エゾノカワヤナギ 1095
エゾノカワラマツバ 1298, *1298*
エゾノキリンソウ 624, *624*
エゾノコリンゴ キリンソウを参照 1329, *1329*
　'ミッドウエスト' 860, *860*
エゾノコンギク 860
エゾノチチコグサ 200
エゾノチチコグサ属 160
エゾノツガザクラ 160
エゾヘビイチゴ 1035

エゾボウフウ属 ワイルドベリーを参照 609
エゾマツ 104
エゾミソハギ 1040
　'フォイアーケアツェ' 845, 845
　'ブラッシュ' 845
　'ロバート' 845
エゾミソハギ 'ファイアーキャンドル' 845, 845
エゾムギ属 エゾミソハギ 'フォイアーケアツェ' を参照 845
エゾムラサキ 534-35
　'スプリング シンフォニー ブルー' 908, 908
　'ブルー ボール' 908
　'ミュージック' 908
　'ロイヤル ブルー インプルーヴド' 908, 908
エゾヤマザクラ 908
エダウチチカラシバ オオヤマザクラを参照 1097, 1097
エチェヴェリア×ギルバ 522
エチェヴェリア・ギガンテア 525
エチェヴェリア・ギッピフロラ 大瑞蝶を参照 523
エチェヴェリア・チワエンシス 552
エチェヴェリア・ルンヨニイ 525, 525
　'トプシー ターヴィー' 524
エチェヴェリア 'アーリー ライト' 523, 523
エチェヴェリア 'アポロ' 524
エチェヴェリア ギャラクシー シリーズ 523
エチェヴェリア 'キルヒネリアナ' 524-5
エチェヴェリア交雑品種 524-25, 524
エチェヴェリア 'スペースシップ' 524-25
エチェヴェリア 'セット-オリヴァー' 525
エチェヴェリア属 525
エチェヴェリア 'ドンドゥー' 522, 522
エチェヴェリア 'ネブラ' 524, 524
エチェヴェリア 'バイオレット クイーン' 525
エチェヴェリア 'パウダー ブルー' 525, 525
エチェヴェリア 'ファイヤー ストーム' 525, 525
エチェヴェリア 'ファイヤー ライト' 525
エチェヴェリア 'プリンセス レース' 524, 524
エチェヴェリア 'ブルヴ-オリヴァー' 525, 525
エチェヴェリア 'モーニング ライト' 525, 525
エチェヴェリア 'レース' 524, 524
エドムラサキ 1005
エドモンディア属 530
エドライアントゥス属 530
エトリンゲラ属 530-31
エニシダ 461
エニシダ ハイブリッド・ヴァラエティーズ 461
エニシダ 567
　'コーニッシュ クリーム' 461, 461
エニシダ属 461
エニシダ 'バークウッディー' 460-61
エニシダ 'ファイヤーフライ' 461
エニシダ 'フルゲンス' 461
エニシダ 'ボーロック' 461

エニシダ 'ボスクープ ルビー' 461
エニシダ 'ホランディア' 461
エニシダ 'ミンステッド' 461
エニシダ 'リーナ' 461
エニシダ 'ルナ' 461
エノキ エニシダを参照 461, 461
エノキ 352-53
エノキグサ属 353, 353
エノキ属 81
エバーグリーン アルダー エノキを参照 353, 353
エバーグリーン クレマチス 131
　'アップル ブロッサム' 387
　'スノードリフト' 387
エパクリス・ロンギフロラ 538
エパクリス属 387, 387
×エピカットレヤ サイアム ジェイド 538, 538
×エピカットレヤ属 539, 539
エピテランタ属 539
エピデンドルム・イバグエンセ 540
エピデンドルム・イレンセ 540, 540
エピデンドルム・エロンガトゥム 540, 540
エピデンドルム・キリアレ 540
エピデンドルム ハイブリッド 540, 540
エピデンドルム・パルキンソニアヌム 539-40
エピデンドルム・プセウドエピデンドルム 540, 540
エピデンドルム イーグル バレー 'ナランハ'×スター バレー 'ヤマダ' 544
エピデンドルム オレンジ グロウ 540, 540
エピデンドルム オレンジ グロウ 'ダスク'×スター バレー 'レッド ラウンダー' 540
エピデンドルム オレンジ グロウ 'フィエスタ'×スター バレー 'ヤマダ' 540
エピデンドルム ジョゼフ グロウ 'セト ラズベリー' 540, 540
エピデンドルム ジョゼフ リー 'レイディ' 540
エピデンドルム属 540
エピデンドルム ビーナス バレー 'レモン' 540, 540
エピデンドルム ペール 'プリティ プリンセス' 540
エピデンドルム ホクレア 'サンタ・バーバラ' 540
エピプラストゥス属 540, 540
エピメディウム×ウェルシコロル 539
　'スルフレウム' 542, 542
　'ネオスルフレウム' 542, 542
エピメディウム×ペラルキクム 542
　'フローンレイテン' 542, 542
エピメディウム×ルブルム 542
エピメディウム×ワルレイエンセ 542
エピメディウム・アクミナトゥム 542
エピメディウム・アルピヌム 541, 541
エピメディウム・ダウィデイイ 541
エピメディウム・ピナトゥム 541, 541
エピメディウム・フランケテイ 541
　'ブリムストーン バラフライ' 541, 541

エピメディウム・ペラルデリアヌム 542
エフェドラ・ゲラルディアナ 542
エベヌス属 539, 539
江守 592
エラエアグヌス・エッピンゲイ 532
　'ギルト エッジ' 532, 532
　'ライムライト' 532, 532
エランギス・キトラタ 105
エランギス・クリプトドン 106, 106
エランギス (アエランギスの通称名) 属 105, 105
エランテムム属 105-6
エリア・ギガンテア 545
エリア・ストリクタ 547, 547
エリア・プベスケンス 547
エリオコムヌム・グランデ 556
　'ルベスケンス' 556, 556
エリオコムヌム・ファスキクラトゥム 556, 556
　'セオドア ペイン' 556
エリオシケ・タルタレンシス 557-58
エリオシケ属 547
エリオステモン属 557, 558
エリオフィルム属 557
エリオボトリヤ・ヤポニカ 557
エリカ×ウィリアムシイ ビワを参照 556, 556
　'P. D. ウィリアムズ' 553
エリカ×ダルレエンシス 550
　'クラマース ローテ' 550
　'ゴースト ヒル' 550
　'ジェニー ポーター' 550
　'ジルベライ シュメルツェ' 550
　'ダーレイ デール' 550, 550
　'マーガレット ポーター' 550, 550
エリカ・アウストラリス 550, 550
　'ミスター ロバート' 548
　'リバースレア' 548
エリカ・アルボレア 548
　'アルバーツ ゴールド' 548, 548
　'エストレーラ ゴールド' 548
エリカ・インフンディブリフォルミス 548
エリカ・ワガンス 553
　'ヴァレリー プラウドリー' 553
　'セント ケヴァーン' 553
　'ミセス D. F. マックスウェル' 553
　'ライオネッセ' 553, 553
エリカ・ウェイチイ 553
　'エクセター' 553
　'ゴールド チップス' 553
　'ピンク ジョイ' 553
エリカ・ウェルシコロル 551, 551
エリカ・ウェントリコサ 553, 553
　'グランディフロラ' 553, 553
エリカ・エリゲナ 553
　'W. T. ラックリフフ' 551
　'アイリッシュ ダスク' 551
　'ゴールデン レディ' 551
　'スペルバ' 551
エリカ・カナリクラタ 551
エリカ・カルネア ジャノメエリカを参照 548, 548
　'R. B. クック' 548-49
　'アン スパークス' 549, 549
　'ウィンター ビューティー' 548, 548
　'クレイマーズ ルービン' 548-49
　'スプリングウッド ホワイト' 549, 549

　'チャレンジャー' 549
　'ディッセンバー レッド' 548
　'パープライト ローズ' 548
　'ピンタ スパングル' 549, 549
　'フォックスホロー' 549, 549
　'マーチ シードリング' 548-49, 548
　'ミレトウン ルビー' 549, 549
エリカ・キネレア 549
　'C. D. イーソン' 549-50
　'アトロサングイネア' 549, 549
　'アトロルベンス' 549, 549
　'アリス アン デーヴィス' 549, 549
　'アルタデナ' 549, 549
　'アルバ マイナー' 549
　'アルバ メイジャー' 549
　'カテインカ' 549
　'ゴールデン ドロップ' 550
　'シンディー' 550, 550
　'スタートラー' 549-50, 549
　'パープル ビューティー' 550, 550
　'ビビアン パトリシア' 550, 550
　'ピンク アイス' 550, 550
　'フィドラーズ ゴールド' 550
　'プラマーズ シードリング' 550
　'フラミンゴ' 550, 550
　'プロストレイト ラベンダー' 550, 550
　'ミセス E. A. ミッチェル' 550, 550
　'ワイン' 550, 550
エリカ・キリアリス 549, 549
　'エグドン ヒース' 549
　'コーフ キャッスル' 549
　'ステイプヒル' 549
　'デ ヴィット マクリントック' 549
エリカ・グリフィトシイ 551
　'ヘブン セント' 551
エリカ・ケリントイデス 549
エリカ・スコパリア ファイヤーヒースを参照 549, 549
エリカ・ストゥアルテイイ 552-53
　'アイリッシュ オレンジ' 553, 552
　'アイリッシュ レモン' 552
エリコ・テトラリクス 547-48
　'アルバ モリス' 553
　'コン アンダーウッド' 553, 553
　'ピンク スター' 553
エリカ・パテルソニア 553, 553
エリカ・プレンナ 552, 552
エリカ・ペルスピクア 548, 548
エリカ・マカイアナ 552, 552
　'シャイニング ライト' 551
　'プレナ' 551
エリカ・マニプリフロラ 551
　'オールドバラ' 551
　'コルチュア' 551
エリカ・マンモサ 551
　'ジュビリー' 551, 551
エリカ・メランテラ エリカ・エリゲナ 'スペルバ' を参照 551
エリカ・ルシタニカ 221
　'ジョージ ハント' 551, 551
エリカ・ルベンス 551
エリカ属 552
エリカ 'ミレトウン ルビー' 551
エリカ 'メディテラニア スペルバ' エリカ・カルネア 'ミレトウン ルビー' を参照 548-49
エリカメリア属 551, 551
エリカモドキ 553-54
　'ルイナ ジェム' 221, 221

エリゲロン・カルビンスキアヌス 552, 552
エリゲロン・グラウクス ペラペラヨメナを参照 554, 554
　'アーサー メンジーズ' 554, 554
　'ローズ パープル' 554, 554
エリゲロン・スペキオスス 554, 554
　'クエーカーレス' 555
　'ローザ ジュエル' 555, 555
エリゲロン・プルケルス エリゲロン・スペキオスス 'ローザ ジュエル' を参照 555
エリゲロン 'ピンク ジュエル' 555
エリゲロン 'ローザ ジュエル' 555, 555
エリゴヌム属 555
エリシマム 'E. A. ボウルズ' 556
エリシムム・プルケルム 562
　'ワリエガトゥム' 562
エリシムム 'ウィンター チア' エリシムム 'ボウルズ モーブ' を参照 562, 562
エリシムム 'ウェンロック ビューティー' 562
エリシムム交雑品種 562
エリシムム 'ゴールド ショット' 562
エリシムム 'サンライト' 562, 562
エリシムム属 562, 562
エリシムム 'ボールス モーブ' 561-62
エリトリナ×シクシー 562, 562
エリトリナ・アカントカルパ 563, 563
エリトリナ・ゼイヘリー 562, 562
エリトリナ・ヘルバケア 563, 563
エリトロニウム・アメリカヌム 563
エリトロニウム・カリフォルニクム 563, 563
　'ホワイト ビューティー' 563, 563
エリトロニウム・デンス-カニス 564, 564
エリトロニウム・トゥオルムネンセ 563, 563
エリトロニウム・ヘンデルソニイ 564, 564
エリトロニウム・レウォルトゥム 564, 564
　'ピンク ビューティー' 564, 564
エリトロニウム・パゴダ 564
エリトロフレウム属 564
エリナケア・アンティリス 564-65
エリナケア属 555, 555
エリムス・カナデンシス 555
エリムス・コンデンサトゥス 535
　'キャニオン プリンス' 535, 535
エリンギウム×オリウェリアヌム 535
エリンギウム・アメティスティヌム 560, 560
エリンギウム・アルピヌム 560, 560
　'ブルー スター' 560
エリンギウム・ワリイフォリウム 561, 561
エリンギウム・ギガンテウム 560, 560
エリンギウム・トリパルテイトゥム 559-61
エリンギウム・パンダニフォリウム 561, 561
エリンギウム・プラヌム 561

エリンギウム・ブルガティイ 561
　'オックスフォード ブルー'
　　560, *560*
エリンギウム・マリティムム 560
エリンギウム・ユッキフォリウム
　560
エリンギウム'ジョス エイキング'
　560
エリンギウム属 560, *560*
エルサレムセージ 561
　'イエロー' 1027, *1027*
エルム 1027, *1027*
　'アルゲンテオウァリエガタ'
　　1450, *1450*
　'プルプレア' 1450
　'ルイーズ ファン フッテ' 1450
エレウテロコックス・ヘンリイ
　534, *534*
　'ナヌス' 534
エレギア属 1450
エレファントウッド 389, *389*
エレファントツリー 241, *241*
エレムルス・ステノフィルス 547
エレムルス・ヒマライクス 547
エレムルス・ロブストゥス 547
エレムルス エルフォ ハイブリッド
　971, *971*
エレムルス'クレオパトラ' 547
エレムルス交雑品種 547, *547*
エレムルス シェルフォード
　ハイブリッド 547
エレムルス属 547
エレムルス ハイダウン
　ハイブリッド 546-47
エレムルス'ヒムロブ' 546
エレムルス'マニーメーカー' 547
エレムルス ルイター ハイブリッド
　547, *547*
エレモフィラ・グラブラ 546-47
　'マーチソン リバー' 546
エレモフィラ・ニウェア 545-46
エレモフィラ・マクラタ 546, *546*
　'オーレア' 546, *546*
　'カーミン スター' 546, *546*
　'ピンク ビューティー' 546
エレモフィラ・ラアニイ 546
　'ロジャーズ ピンク' 546, *546*
エレモフィラ属 546
エロディウム・コルシクム 558, *558*
　'ルブルム' 558, *558*
エロディウム・コルビアヌム 559,
　559
　'ナターシャ' 559
エロディウム・レイカルディイ 559,
　559
エロディウム アイリーン エメット
　546, *546*
エロディウム'ピカリング ピンク'
　558, *558*
エンキクリア・アラタ ベニバナヒ
　メフウロを参照 559
エンキクリア・ビッテリナ 536-37
エンキクリア サンバースト 261
エンキクリア属 537, *537*
エンケファラルトス・ヒルデブラン
　ディイ 537
エンケファラルトス・フリデリキグ
　イリエルミ 536, *536*
エンケリア属 538
エンゲルマントウヒ 536, *536*
エンジェルストランペット 1040,
　1040
エンジュ 537
　'ヴィオラケア' 1352, *1352*
　'プリンセトン アップライト'
　　1352, *1352*
　'ペンドゥラ' 1352

'リージェント' 1352, *1352*
エンセテ属 1352, *1352*
エンゼルウィングス 536
エンゼルスティック 277
エンテレア属 996
エンドウ 538
エンドウ属 1054
円武扇 1054
エンボリトリウム属 954
エンメノプテリス属 535
エンレイソウ属 535
エンレイソウ属 1430-31
オイスターベイパイン 287, *287*
老楽 566
オイランソウ クサキョウチクトウ
　を参照 1029, *1029*
王冠竜 600, *600*
オウギヤシ 243, *243*
王孔雀丸 584
オウコチョウ 276, *276*
オウゴンホテイチク ゴサンチク
　'ホロクリサ'を参照
王犀角 1368, *1368*
黄刺殻若 204, *204*
オウシュウグリ ヨーロッパグリを
　参照 339, *339*
オウシュウサイシン 194
オウシュウナラ 1127, *1127*
　'コンコルディア' 1127
　'ペンドゥラ' 1127
オウシュウニレ エルムを参照
　1450, *1450*
オウシュウハルニレ セイヨウハル
　ニレを参照 1449
オウシュウモミ 67, *67*
　'コンパクタ' 67
オウシュウヨモギ 191, *191*
オリエンタル ライムライト/'ジャ
　ムリン' 191, *191*
旺盛丸 529
オウソウチク 1035
　'アウレオカウリス' 1035
　'スペクタビリス' 1035
　'ハルビン' 1035
　'ハルビン インペルサ' 1035
黄蛇丸 659
オウトウ 1092
　'アスプレニフォリア' 1092
　'キャバリエ' 1092, *1092*
　'プレナ' 1092
オウバイ 765, *765*
オウバイモドキ ウンナンオウバイ
　を参照 765, *765*
オウムバナ 687, *687*
　'ストロベリー アンド クリーム'
　　687, *687*
オウリシア属 964-65
オエムレリア属 946
オオアカウキクサ 211, *211*
オオアザミ 1341
オオアマナ 958
オオアラセイトウ属 960
オオイ フトイを参照 1324, *1324*
オオイシカグマ 894
オオイタヤメイゲツ 90
　'オウレウム' 90, *90*
　'ミクロフィラム' 90, *90*
オオイトスギ 446, *446*
　'ナナ' 446, *446*
オオイワギリソウ属 1342-43
大内玉 830
　'紅大内玉' 830, *830*
オオウラジロノキ 865
オオエゾデンダ 1068
オオオニバス 1471, *1471*
オオオニバス属 1471
大型宝剣 954, *954*

オオカッコウアザミ 117
　'アズール パール' 117, *117*
　'パシフィック' 117
　'ブルー ダニューブ' 117
　'ブルー ホライズン' 117, *117*
　'ブルー ミンク' 117
　'ブルー ラグーン' 117, *117*
　'レッド トップ' 117, *117*
オオカナメモチ 1032
オオカニツリ 189, *189*
　'ワリエガトゥム' 189
オオカニツリ属 189
オオクサボク サラダノキ'ヴァリ
　エガタ'を参照 1053, *1053*
オオグルマ 736, *736*
オオケタデ 1013
オオケンケイギク 413
　'スターンテイラー' 413, *413*
　'ベビー ゴールド' 413
　'ベビー サン' 413, *413*
大鮫 638
オオスズメノテッポウ'アウレオヴ
　ァリエガトゥス' オオスズメノテ
　ッポウ'アウレオマルギナトゥス'
　を参照 138, *138*
オオスズメノテッポウ 138
　'アウレウス' 138
　'アウレオマルギナトゥス'
　　138, *138*
オーストラリアゴムノキ オオバゴ
　ムノキを参照 603
オーストラリアチェストナット 340,
　340
オーストラリアツリーファーン ディ
　クソニア・アンタルクティカを参
　照 497, *497*
オーストラリアンブルーベル 1352
　'アルバ' 1352
オーストラリアンローズマリー ウ
　エストリンギアを参照 1485,
　1485
オオセンナリ 932
　'スプラッシュ オブ クリーム'
　　932
オオセンナリ属
オオセンボンヤリ 637
オオセンボンヤリ オオセンボン
　ヤリを参照 637
オオダイコンソウ 637, *637*
オオタイミンセッコク 483
オオタカネバラ 1212, *1212*
オータムクロッカス イヌサフラン
　を参照 400
オオチダケサシ 201
オオチョウジガマズミ 1465,
　1465
　'アウロラ' 1465
　'ダイアナ' 1465
大津絵 830, *830*
　'アクアマリン' 830
オオツリバナ 582, *582*
オオデマリ 1468, *1468*
　'グランディフロルム'
　　1468, *1468*
　'サマー スノーフレーク'
　　1468, *1469*
　'シャスタ' 1468
　'ナヌム センペルフロレンス'
　　1468, *1469*
　'ピンク ビューティ'
　　1468, *1469*
　'ファイヤーワークス' 1468
　'ポップコーン' *1469*
　'マリエシイ' 1468, *1468*
　'ラナース' 1468, *1468*
　'ロゼウム' 1468, *1469*
オオテンニンギク 622

オオトリトマ 781
オオナガミクダモノトケイソウ 991
オオナワシロイチゴ 1284, *1284*
オオニワゼキショウ 1343, *1343*
オオバアサガラ 1109, *1109*
オオバアラリア 1068
オオバイカリソウ 542, *542*
オオバイボタ 820
　'アウレウム' 820, *820*
　'アルゲンテウム' 820
オオバギボウシ トウギボウシを
　参照 710-11
オオバギボウシ 710
　'イエロー リバー' 710, *710*
　'オン ステージ' 710
オオバグミ マルバグミを参照 532
オオバコ属 1056-57
オオバゴムノキ 603
オオバザンセツソウ 1133, *1133*
オオバジャ ハクウンボクを参照
　1382
オオバジャナオヒゲ'エボニー ナ
　イト' オオバジャノヒゲ'黒竜'
　を参照
オオバジャナオヒゲ'ブラック
　ドラゴン' オオバジャノヒゲ
　'黒竜'を参照
オオバジャノヒゲ 953
　'黒竜' 953, *953*
オオバジャノヒゲ'アラビクス' オ
　オバジャノヒゲ'黒竜'を参照
オオバナアリアケカズラ アリアケ
　カズラ'ヘンダーソニー'を参照
　124
オオバナキバナセツブンソウ
　545, *545*
オオバナジギタリス 500, *500*
　'カリヨン' 500, *500*
オオバナノエンレイソウ 1430,
　1430
オオバナノコギリソウ 92
　'ザ パール' 92
オオバナノモトソウ 1106
　'アルボリネアタ' 1106
　'ウィルソニイ' 1106
　'メイー' ☆ 1106
オオハマカンザシ 187, *187*
オオハマボウ 704, *704*
オオバマホガニー 1384, *1384*
オオバヤダケ 736
オオバヤマナラシ 1072
オオハリソウ 1385
オオハンゴウソウ 1286
オオハンゴウソウ'ゴールデン
　グロー' オオハンゴンソウ
　'ホルテンシア'を参照 1286
　'ゴールドクウェル' 1286
オオハンゴウソウ'ゴールド ドロ
　ップ' オオハンゴンソウ'ゴー
　ルドクウェル'を参照 1286
　'ホルテンシア' 1286
オオバンソウ ルナリアを参照
　838, *838*
オオバンマツリ 262, *262*
　'フロリブンダ' 262
　'フロリブンダ コンパクタ' 262
　'マクランタ' 262, *262*
オオヒエンソウ 479
　'トム パウス' 479, *479*
　'ブルー バタフライ' 479
オオビル ニンニクを参照 128
オオヒレアザミ属 952-53
オオフサモ 909
オオブドウホオズキ 1037
　'インディアン ストレイン'
　　1037, *1037*
オーブリエタ・デルトイデア 207

オーブンアカシア 78
　'ゴールデン カーペット' 78
オオベニウチワ アンスリウムを参照
　161, *161*
オオベニウツギ 1483, *1483*
　'アレクサンドラ' 1483, *1483*
　'ジャバ レッド' 1483
　'フォリイス プルプレイス' 1483
オオベニウツギ'ワイン アンド
　ローズ' オオベニウツギ'アレ
　クサンドラ'を参照 1483, *1483*
オオベニゴウカン 282, *282*
オオベニタデ オオケタデを参照
　1013
オオヘビイチゴ 1077
　'マカントラ' 1077
オオヘビイチゴ'ワレニー'
　オオヘビイチゴ'マカントラ'を
　参照 1077
オオベンケイソウ 1331, *1331*
　'アイスバーグ' 1331
　'インディアン チーフ'
　　1331, *1331*
　'ブリリアント' 1331, *1331*
オオマツユキソウ スノードロップ
　を参照 623, *623*
オオマツヨイグサ 947
オオマトイ 590, *590*
オオミマツ 1047
オオムギ属 708
オオムラサキツユクサ 1427, *1427*
オオムレスズメ 328, *328*
　'セリケア' 328
　'ナナ' 328
　'ペンドゥラ' 328
オオモクゲンジ 782, *782*
　'ファスティギアタ' 782
オオヤグルマシダ 516
オオヤマザクラ 1097, *1097*
オオヤマショウガ 1496, *1496*
オオヤマレンゲ 853, *853*
オオユウガギク 777
　'アルバ' 777
　'ブルー スター' 777
オオリキュウバイ 593, *593*
　'ブライド' 593
オオツボ 1326, *1326*
オールドマンバーム 397, *397*
オオリソウ属 457
オオロベリアソウ 832
オカガヴィア属 942
オガタマノキ属 893-94
オカトラノオ 845
オカトラノオ属 845
オガラバナ 83, *83*
オカルガヤ 457
オギ 900
オキシデンドルム属 966
翁玉 870, *870*
オキナグサ属 1123-3
翁獅子 1044
翁丸 356, *356*
オキナヤシ ワシントンヤシを参照
　1482, *1482*
オキナヤシモドキ ワシントンヤシ
　モドキを参照 1482, *1482*
オクサリス・エンネアフィラ 965,
　965
　'ロセア' 965
オクナ属 942-43
オクラ 67
　'ケイジュン デライト' 67, *67*
オグルマ属 736
オグルマダマシ 698
オサラン属 547
オジギソウ 898, *898*
オジギソウ属 898

オシダ属 515-16
オシロイバナ 899
オシロイバナ属 899
オステオスペルムム・ユクンドゥム・コンパクトゥム 962
　'パープル マウンテン' 962
オステオスペルムム・ユクンドゥム 962, 962
　'ブラックソーン シードリング' 962
オステオスペルムム 'ウィート-ウッド' 963
オステオスペルムム 'オレンジ シンフォニー' 963
オステオスペルムム 'オレンジ シンフォニー クリーム' 963
オステオスペルムム交雑品種 962
オステオスペルムム 'サニー' 962
オステオスペルムム 'サニー グスタフ' 963, 963
オステオスペルムム 'シーサイド' 962
オステオスペルムム 'シルバー スパークラー' 963
オステオスペルムム シンフォニー シリーズ 963
オステオスペルムム 'スターダスト' 963, 962
オステオスペルムム属 962-63, 962
オステオスペルムム ナシンガ・シリーズ 963
オステオスペルムム 'ナシンガ パープル' 963
オステオスペルムム 'ナシンガ ハイ サイド' 963
オステオスペルムム 'ナシンガ ワイルド サイド' 963
オステオスペルムム 'バターミルク' 962
オステオスペルムム 'ピーチ' 962
オステオスペルムム 'ピクシー' 963, 962
オステオスペルムム 'ピンク ワールズ' 963
オステオスペルムム 'ホプリーズ' 963
オステオスペルムム 'ワーリギグ' 963
オスムンダ・レガリス 962, 962
　'クリスタタ' 962
　'プルプラスケンス' 962
オゾタムヌス属 966-67
オタカントゥス属 964
オタテア属 964
オタフクギボウシ 708, 708
オダマキ 167
オダマキ 'アラスカ' 168, 168
オダマキ 'カーディナル' 168, 168
オダマキ 'カンザス' 168
オダマキ 'クリムゾン スター' 168, 168
オダマキ交雑品種 168
オダマキ 'ゴールドフィンチ' 168, 168
オダマキ 'コロラド' 168, 168
オダマキ ステイト シリーズ 168, 168
オダマキ属 166
オダマキ ソングバード シリーズ 168, 168
オダマキ 'ダブ' 168, 168
オダマキ バタフライ シリーズ 168, 168

オダマキ 'プリムストーン' 168, 168
オダマキ 'ブルーバード' 168, 168
オダマキ 'フロリダ' 168, 168
オダマキ 'ホーリー ブルー' 168, 168
オダマキ マッカナ グループ 167
オダマキ 'マンステッド ホワイト' セイヨウオダマキ 'ニベア' を参照 167
オダマキ 'ルイジアナ' 168, 168
オダマキ 'レッドウィング' 168, 168
オダマキ 'ロビン' 168, 168
オテリア属 964
オトギリソウ属 721
オトギリソウ 'ヒドコート' 722, 722
オトギリソウ 'ロワレイン' 722, 722
乙姫の舞扇 アロエ・プリカティリスを参照 136, 136
オトメギキョウ 321, 321
　'リショルズ バラエティー' 321
オトメギボウシ 711
オトメザクラ 1081
オドリコソウ属 794
×オドンティアダ（ニチレイ・サンライズ×イングマール）944
×オドンティオダ ハイブリッド 944
×オドンティオダ アブランシュ 944, 944
×オドンティオダ シーラ・ハンズ 944
×オドンティオダ属 944
×オドンティオダ ダラム・リバー 944, 944
×オドンティオダ ヒートネンシス×Odontoglossumスターライト 944, 944
×オドンティオダ ビューグル・ボーイ 944
×オドンティオダ ラ フォス 944, 944
×オドンティオダ ルビー アイズ 944
×オドンティキディウム ハイブリッド 945
×オドンティキディウム アルチュール・エル 945
×オドンティキディウム ゴールデン トライデント 945
×オドンティキディウム属 945
×オドンティキディウム タイガーサン 'ナゲット' 945
×オドンティキディウム ドロシー ウィズノム 'ゴールデン ゲイト' 945, 945
×オドンティキディウム トロピック タイガー 945, 945
×オドンティキディウム ハンスェリイスラー☆ 945
×オドンティキディウム ビタースイート 'ソフィ' 945, 945
×オドンティキディウム ビタースイート 'トフィ' 945, 945
×オドンティキディウム メイフェアー 'ゴールデン ゲイト' 945, 945
×オドンティア スーザン ボクダナウ 946, 946
×オドンティア属 946
×オドンティア バートレイ・シュワルツ 946, 946
×オドンブラシア属 944
×オドンブラシア ケネス ビ

ブン 'サンタ バーバラ' 944, 944
オドントグロッスム（アウグレス×ノビレ）945, 945
オドントグロッスム（ホリデイ ゴールド×ガイザー ゴールド）945, 945
オドントグロッスム ハイブリッド 945
オドントグロッスム イリュストル 945, 945
オドントグロッスム属 945
オドントグロッスム マーガレット・ホルム 945, 945
オドントグロッスム ミモザ 'オダマーセット' 945, 945
オドントグロッスム ラ ホグ ビー☆ 945, 945
オトンナ属 964
鬼切丸 135
オニグルミ 768-69, 768
オニゲシ 980
　'オレンジエード メゾン' 980
　'スプレンディッシマム' 980
　'セドリック モリス' 980
　'ハーバッツ チョイス ミックス' 980
　'ブラック アンド ホワイト' 980
　'プリンセス ビクトリア ルイーズ' 980
　'マーカス ベリー' 980
　'ミセス ペリー' 980, 980
オニゲシ ゴリアテ・グループ 980
　'ビューティ オブ リバーミア' 980, 980
オニサバル 1292, 1292
オニサルビア クラリーセージを参照 1305, 1305
オニシダ オニヤブソテツを参照 460, 460
オニシモッケ 605
オニゼンマイ 961
オニソテツ属 536
鬼に金棒 972, 972
オニノダケ 155
オニバス 591, 591
オニバス属 591
オニビシ 1427
オニヒバ 288, 288
　'アウレオワリエガタ' 288, 288
　'コンパクタ' 288
オニヒバ属 288
オニブキ グンネラ・マニカタを参照 657, 657
オニマツ カイガンショウを参照 Pinus pinaster 1050, 1050
オニメグスリ 90
オニヤブソテツ 460, 460
　'クリスタトゥム' 460
　'バターフィールディー' 460
　'ロックフォルディアヌム' 460
オニユリ 821, 821
オノエマンテマ 663
オノエヤナギ 1299
　'石化' 1299
オノスマ属 953
オヒョウモモ 1099
　'マルチプレックス' 1099, 1099
オビレハリクジャクヤシ 120, 120
オブレゴニア属 942
オプロパナクス属 953
朧月 647
オミナエシ 992
オミナエシ属 992
オモダカ属 1293

オモリカトウヒ 1041, 1041
　'ナナ' 1041, 1041
オヤマナデシコ 491
　'ジョアンズ ブラッド' 491
オヤマリンドウ 630, 630
オランダイチゴ 609
　'アーリスウィート' 609
　'エロース' 609, 609
　'ケンブリッジ ラノバル' 609
　'シンフォニー' 609, 609
　'タイオガ' 609
　'トリビュート' 609, 609
　'ハプリ' 609
　'レッドガントレット' 609
オランダイチゴ交雑品種 609
オランダイチゴ 609
オランダイチゴ 'ダルセレクト' 609
オランダイチゴ ピンクパンダ／'フレル' 609
オランダイチゴ 'リップスティック' 609
オランダイチゴ 'ロージー' 609, 609
オランダカイウ カラーを参照 1494, 1494
オランダガラシ 921, 921
オランダガラシ属 921
オランダセキチク カーネーションを参照 491
オランダゼリ 1016, 1016
　'アフロ' 1016
　'イタリアン プレイン リーフ' 1016
　'クライヴィ' 1016
　'クラウサ' 1016
　'クリスプム' 1016
　'ダーキー' 1016
　'チャンピオン モス カールド' 1016
　'ニュー ダーク グリーン' 1016
　'パラマウント' 1016
　'フォレスト グリーン' 1016, 1016
オランダゼリ属 1016
オランダニレ 1449, 1449
　'グルンフェルド' 1449
　'ジャクリーヌ ヒリアー' 1449
　'ベジタ' 1449, 1449
　'メジャー' 1449
　'モドリナ' 1449, 1449
オランダフウロ属 558
オランダミツバ セロリ（Apium graveolens var. dulce）を参照 164
オランダミツバ属 164
オランダワレモコウ サラダバーネットを参照 1309
オリーブ 948, 948
　'マンザニロ' 948
　'ミッション' 948
オリーブ属 948
オリーブ玉 830, 830
オリエンタル クレマチス 388
オリエンタル ポピー オニゲシを参照 980
オリエントブナ 596, 596
オリガヌム・オニテス 956
　'アウレウム' 956
オリガヌム・ラエウィガトゥム 956
　'ヘレンハウゼン' 956
オリガヌム・ロトゥンダフォリウム 957
オリガヌム ヒブリドゥム 956
　'サンタ クルズ' 956, 956
オリヅルラン 373
　'ウィッタトゥム' 373
　'ワリエガツム' 373, 373

オリヅルラン属 373
オリニア属 950
オルソロサンサス属 960
オルデンブルギア属 948
オルトシフォン属 959
オルトケレウス・ワガンス 959
　'ワリエガタ' 959, 959
オルトフィトゥム 'アイロン オール' 959
オルトフィトゥム 'カッパー ペニー' 959
オルトフィトゥム交雑品種 959
オルトフィトゥム 'スター ライツ' 959
オルトフィトゥム属 959
オルトフィトゥム 'ブレイズ' 959
オルニトガルム属 957-58
オルネヤ属 951
オルフィウム属 959
オレアリア・フロゴパッパ 950, 950
　'コーマーズ モーブ' 950, 950
　'ブルー ジェム' 950, 950
　'ロゼア' 950, 950
オレアリア属 948-50
オレオケレウス属 955-56
オレオパナクス属 956
オレゴンアッシュ 611
オレゴンオーク 1124
オレゴンカエデ ヒロハカエデを参照 85, 85
オレンジ カモミール 160
オレンジ ピール クレマティス 389
オロシマザサ 1060
オロシマチク 1060
オロヤ属 958-59
オロンティウム属 958
オンキディウム シャリー ベイビー 'スイート フレイグランス' 952
オンキディウム スイート シュガー 952, 952
オンキディウム属 951-52
オンコキクルス・アイリス 756
オンコバ属 952
オンツツジ 1160, 1160
オンファロデス 951, 951
　'スターリー アイズ' 951, 951
　'チェリー イングラム' 951, 951
オンブノキ 1038, 1038

カ

カージナルセージ 1302
ガーデンハックルベリー 1347
カーネーション 491
カーネーション ナイト シリーズ 491
　'イエロー ナイト' 491
　'クリムゾン ナイト' 491
　'ホワイト ナイト' 491
カーペットカスミソウ オノエマンテマを参照 663
ガーベラ交雑品種 637, 637
ガイアデンドロン属 622
魁偉玉 586
カイガンショウ 1050, 1050
カイコウズ アメリカデイコを参照 562, 562
カイドウズミ 860, 860
カイノキ 1053, 1053
カイノキ属 1053
カイミト 377, 377
ガイラルディア・グランディフロラ 622
　'インディアン イエロー' 622, 622

ガイラルディア・グランディフロラ ゲイエティ ハイブリッド 622
　ゴブリン／'コボルド' 622, 622
　'ダズラー' 622
　'ブルグンダー' 622, 622
ガイラルディア・グランディフロラ ロイヤル モナーク ハイブリッド 622
カイラン 野生キャベツ アルボグラブラ グループを参照 255
カウエンディシア属 346
カウパセリ 161
　'レイブンズウィング' 161
ガウラ属 627
カウリ 111
ガウルテリア・ムクロナタ 626, 626
　'アルバ' 626
　'ウィンタータイム' 626
　'クリムゾニア' 626
　'コッキネア' 626, 626
　スノウ ホワイト／'スネエエウ ウイトエ' 626
　'ペルズ シードリング' 626
　'マルベリー ワイン' 626
カエデ 'エバー レッド' イロハモミジ 'ディセクタム ニグラム' を参照 86-7
カエデ 'ケイスフォーム' 85, 85
カエデ 'シルバー カーディナル' 90, 90
カエデ属 83-90
カエデバアズキナシ 1358, 1358
カエノメレス・スペルバ 363, 363
　'カメオ' 363
　'クリムソン アンド ゴールド' 363, 363
　'クリムソン ビューティー' 363, 363
　'グローイング エンバーズ' 363, 363
　'ニコライン' 363
　'ローアレイン' 363
カエノリヌム・オリガニフォリウム 364
　'ブルー ドリーム' 364, 364
カエノルヒヌム属 364
カエルレア 925, 925
カエンカズラ 1116, 1116
カエンカズラ属 1116
カエンボク 1361, 1361
カエンボク属 1360-61
火焔丸 869, 869
カカオ 1410
カカオノキ属 1410
カガリビバナ 450, 450
カキツバタ 741
　'ヴァリエガタ' 741
カキノキ 503, 503
　'伊豆' 503
　'蜂屋' 503
　'富有' 503
カキノキ属 503-4
ガクアジサイ 717, 717
　'アイシャ' 717
　'アヴェ マリア' 717
　'アミ パスキエール' 717, 717
　'アメジスト' 717
　'アルトナ' 717
　'アルペングリューエン' 717
　'エンジアンドム' 717, 717
　'コニンギン ウィルヘルミナ' 717
　'ザウコニッヒ' 718
　'シー フォーム' 718
　'ジェネラル ビスコンテス ド ビブライエ' 717, 717
　'ジョフリー チャドバンド' 718
　'スーベニール ド プレジデント デュメー' 717-18, 718
　'スール テレサ' 717-18, 718
　'ニグラ' 717-18, 718
　'ニッコウ ブルー' 717-18, 718
　'ニッコウ ローズ' 718
　'バックフィンク' 718
　'ハットフィールド ローズ' 717
　'パルジファル' 717-18, 718
　'ハンブルグ' 717
　'ビア' 717-18, 718
　'ファイアーワークス' 718
　'ファイアーワークス ピンク' 717-18, 718
　'フローデンシュタイン' 717
　'ブローマイゼ' 718
　'ブローリン' 718
　'ホーバージン' 717
　'ホベラ' 718, 718
　'マイン リーブリング' 718
　'マクラタ' 718
　'マダム エミル ムイエ' 717
　'マダム フォースティン トラブイヨン' 718
　'マリエシイ' 718, 718
　'マリエシイ ペルフェクタ' 718
　'ミス ベルジャム' 717
　'モンゴメリー' 718, 718
　'ラナース ホワイト' 718
　'ラブ ユー キス' 718, 718
　'ラブラー' 718
　'リベル' 718
　'リラシナ' 718
ガクアジサイ モップヘッド型交雑品種 717-18
ガクアジサイ レーストップ型交雑品種 718
ガクウツギ 719
カクチョウラン 1018, 1018
カクトラノオ ハナトラノオを参照 1038
カクミハバ属 1406
かぐや姫 544
花月 431, 431
　'クロスビーズ コンパクト' 431
　'トリコロール' 431
　'フンメルズ サンセット' 431
　'ホビット' 431
カザグルマ 388, 389
ガザニア・リネアリス 627
　'コロラド ゴールド' 627
ガザニア 627, 627
　'ワリエガタ' 627, 627
ガザニア 'アズテック' 628
ガザニア 'アズテック クイーン' 628
ガザニア 'カッパー キング' 628
ガザニア 'クッキー' 628
ガザニア 'クリーム ドリーム' 628
ガザニア 'クリストファー ロイド' 628, 628
ガザニア交雑品種 628
ガザニア シャンソネット シリーズ 628
ガザニア属 627-28
ガザニア タレント シリーズ 628
ガザニア デイブレイク シリーズ 628
ガザニア 'フィエスタ レッド' 628
ガザニア 'ブラックベリー リップル' 628, 628
ガザニア 'ブロンズ ノーム' 628, 628
ガザニア 'ミカエル' 628
ガザニア ミニ-スター シリーズ 628
ガザニア 'ムーングロウ' 628
カサヤナギ シダレヤナギ 'ウンブラクリフェラ' を参照 1296
カザリシダ属 117
カシオペ 'エジンバラ' 338
カシオペ 'グラサラス' 338
カシオペ属 338-39
カシオペ 'ミュアヘッド' 338, 338
カシオペ 'メドゥーサ' 338, 338
カジノキ 260, 260
カシミールイトスギ 444-45
カシミロア・エドゥリス 337
　'ブラヴォ' 337
　'ルイーズ' 337
　'レモン ゴールド' 337
カシミロア属 337
カシュー カシューナッツを参照 148, 148
カシューナッツ 148, 148
カシューナッツ属 148
ガジュマル 603
カシワ 1123
カシワバアジサイ 719, 719
　'スノー クィーン' 719, 719
　'スノー フレーク' 719
カシワバゴムノキ 603
カスタノスペルムム属 339-40
カスタノスポラ属 340
カスティリェヤ属 340-41
ガステリア・カリナタ 626
ガステリア・グロメラタ 626, 626
ガステリア属 625-26
カスピエゾヤナギ 1296
　'ブルー ストリーク' 1296
　'ペンドゥリフォリア' 1296
カスマンティウム属 368-69
カスマンテ属 368
カスミザクラ 1099, 1099
　'ピンク クラウド' 1099, 1099
カスミソウ 663
カスミソウ属 663
カスミソウ 'ロージー ベール' カスミソウ 'ローゼンシュライアー' を参照 663
カスミソウ 'ローズ ビューティー' ギプソフィラ・レペンス 'ローザシェーンハイト' を参照 663, 663
カスミソウ 'ローゼンシュライアー' 663
カセアリア属 336
カタクリ属 563-64
カタクリモドキ 508, 508
カタ属 342
カタバミ 'イオーネ ヘッカー' 965, 965
カタバミ 965-66
カタルパ・エルベスケンス 342
　'プルプレア' 342
カッキニア属 276
カッコウアザミ属 116-17
カッコウアザミ ハワイ シリーズ 117
　'ハワイ ピンク シェル' 117, 117
　'ハワイ ブルー' 117
　'ハワイ ホワイト' 117
　'ハワイ ロイヤル' 117, 117
カッコウセンノウ 842
カッコウチョウギ ベトニーを参照 1367
カッコウチョウギ 1367
　'アルバ' 1367, 1367
　'ロゼア スペルバ' 1367, 1367
カッコウソウ 1081, 1081
　'アルバ' 1081, 1081
カッシア・ネアリアエ 337, 337
　'ウィルヘルミナ テニー' 337
　'クイーンズ ホスピタル ホワイト' 337
　'ルナリロ イエロー' 337
カッシオペ・メルテンシアナ 338
　'グラサラス' 338
カッシニア属 338
カッシノプシス属 338
カッパリス属 325-6
カツラ 359, 359
カツラ属 359
カトプシス属 343-44
カトレイトニア スターリン 345, 345
カトレイトニア マウイ メイド 345, 345
カトレイトニア属 345
カトレヤ バウ ベル ジュライ 345
カトレヤ ボウガタ 345
カトレヤ アール 'インペリアルズ' 345, 345
カトレヤ インテルメディア 344, 344
カトレヤ ウォーケリアナ 344
カトレヤ エクリプス 345, 345
カトレヤ ハミング バード ハイブリッド 345, 345
カトレヤ ハワイアン・コンフォート 345, 345
カトレヤ ビコロル 344
　'ゴールデン ゲイト' 344, 344
カトレヤ・フラスクイタ 345, 345
カトレヤ・ボーリンギアナ 344
カトレヤ・ロディゲシイ 344
　'インパッシオナタ' 344, 344
　'ブルー スカイ' 344, 344
　'ベラ ヴィスタ' 344, 344
カトレヤ属 344-45
カトレヤ パープル・グローリ 'モリ プライド' 345
カトレヤハイブリッド 345
カトレヤ ペニー クロダ 'スポッツ' 345, 345
カトレヤ ミユキ 'エイブ' 345, 345
カトレヤ ルテアス フォーブ 345, 345
カナウツギ 1372, 1372
カナダアキノキリンソウ 1351, 1351
カナダオダマキ 166, 166
カナダツガ 1435, 1435
　'アウレア' 1435
　'グラキリス' 1435, 1435
　'コールズ プロステレイト' 1435
　'ジャクリーヌ ヴェルカーデ' 1435, 1435
　'ベネット' 1435, 1435
　'ペンドゥラ' 1435, 1435
　'ミヌタ' 1435, 1435
カナダトウヒ var. albertiana 'アルバータ グローブ' 1040, 1040
カナダトウヒ var. albertiana 'コニカ' 1040, 1040
カナダトウヒ 1040, 1040
　'アルバータ ブルー' 1040
　'エキニフォルミス' 1040, 1040
　'デンサタ' 1040, 1040
　'ナナ' 1040
　'レインボウズ エンド' 1040, 1040
カナダハシバミ 422
カナダモ 534
カナメモチ 1032
　'ルーベンス' 1032
カナリアヅル カナリークリーパーを参照 1434
カナリーアイランドゼラニウム 634
カナリーアイランドベルフラワー 323, 323
カナリークサヨシ 1022, 1022
カナリーグラス カナリークサヨシを参照 1022, 1022
カナリークリーパー 1434
カナリーバードブッシュ 437
カナリーマツ 1047, 1047
カナリーヤシ フェニックスを参照 1030, 1030
カナリウム属 323
カナリナ 323
カナワラビ属 170
カニクサ 844
カニステル 1078
カニストルム属 324
カニバサボテン属 1324
カニンガムモウマオウ 341, 341
金のなる木 花月を参照 431, 431
カノコソウ属 1454
カノユリ 822
カバノキ属 234
カヒカテア 464, 464
カブ Brassica rapa ラピフェラ・グループを参照 256
カプシクム・キネンセ 327
　'アバネロ' 327
　'ハラペニョ' 327
　'ユヴィラ グランデ' 327
　'ロコティロ' 327
カプシクム・フルテスケンス 327
　'タバスコ' 327
カブス ダイダイを参照 383
カブダチクジャクヤシ コモチクジャクヤシを参照 336
カプタリア属 368
兜丸 202, 203
カブラミツバ セルリアックを参照 164
カボチャ属 441
カポックブッシュ 398, 398
カマエキティスス属 366
カマエドリア・エレガンス 367, 367
　'ベラ' 367
カマエバティア属 364
カマエメルム属 367
カマクラカイドウ マルメロを参照 451, 451
カマシア属 292
ガマズミ 1466, 1466
　'イロコイ' 1466
　'エリー' 1466
　'キャッツキル' 1466
ガマズミ 'エスキモー' 1466, 1466
ガマズミ 'カユガ' 1466
ガマズミ 'ステライル' セイヨウカンボク 'ロゼウム' を参照 1468, 1468
ガマズミ属 1465-70
ガマ属 1445
カマツカ 1032, 1032
カマッシア・ヤポニカ・マクロカルパ 294
　'フェアリー ブラッシュ' 305, 305
カマッシア・レイクトリニイ・スクスドルフィイ 292
　'アルバ' 292
　'ブラウ ドナウ' 292

カマッシア・レイクトリニイ 292, *292*
'セミプレナ' 292, *292*
カミガヤツリ パピルスを参照 458
カミメボウキ 944
カミヤツデ 1407, *1407*
'ワリエガタ' 1407
カミヤツデ属 1407
カムファータイム 1414
カムペイロニア属 368
カメリア・ウイリアンシイ 312
'E. G. ウォーターハウス' 313
'J. C. ウィリアムズ' 312-13
'アンティシペーション' 312, *313*
'ウィンター ジェム' 314
'ウィン レイナー' 314
'ウォーター リリー' 312-13
'エリルデン エクセルシス' 314
'エリルデン エクセルシス ヴァリエゲイテッド' 314
'エルシー ジュリー' 312, *314*
'エンジェル ウィングズ' 313
'オーキッド プリンセス' 314
'オーレ' 312-13, *314*
'ガラクシー' 314
'コーニッシュ スノー' 313
'コーラル デライト' 313
'ゴールデン スパングル' 312-13
'サヨナラ' 314
'ジェーミー' 314
'ジュービレイション' 314
'ジュリーズ イエロー' 312-13
'ジョアン トレーハン' 312-13
'ジョージ ブランドフォード' 312-13
'ショッキング ピンク' 312-13
'セイント エウェ' 312-13
'ソフトリー' 313
'デインティネス' 313
'デビー' 313
'デミューア' 313
'ドネーション' 312, *313*
'トレガレン' 314
'バーバラ アン' 313
'ハイブリッド L' 314
'ハリ ウィザーズ' 314
'バレエ クィーン' 313
'フランシス ハンガー' 312, *314*
'ブリガドゥーン' 312
'ベアトリス マイケル' 313
'ボタン アン ボー' 313
'マーガレット ウォーターハウス' 312-13
'マリー クリスチャン' 312-13
'ミニ ミント' 314
'メリー フォーブ テイラー' 314
'モナ ジュリー' 314
'ルビー ベルズ' 314
'ワルツ ドリーム' 314
カメリア・トランスノコエンシス 312, *312*
'スウィート ジェーン' 312, *312*
カメリア・ロシフロラ 309, *309*
'マンデー' 309, *309*
花紋玉 829
カヤ 1424
カヤ属 1424
カヤツリグサ属 458
カヤラン ハイブリッド 1313
カヤラン アームストロング *1312*, 1313

カヤラン ヴェルヴェット *1312*, 1313
カヤラン属 1312-13
カヤラン ハイジ 1313
カヤラン ファースト ライト *1312*, 1313
カヤラン フィッツハート *1312*, 1313
カヤラン ボビー・ダズラー *1312*, 1313
カヤラン メルバ 1313
カユプテ 884, *884*
カラー 1494, *1494*
'グリーン ゴッデス' 1494, *1494*
'クロウボロウ' 1494, *1494*
'チルドシアナ' 1494, *1494*
唐扇 137
カラガナ・フルテクス 328, *328*
'グロボサ' 328
'マクランタ' 328
唐金丸 869, *869*
カラクサハナガサ 1460, *1460*
カラクサホウライシダ 100
'エレガンス' 100
'グラキリムム' 100
'ティンクトゥム' 100
'デフレクスムム' 100, *100*
'ブライダル ヴェール' 100
'フリッツ ルス' 100
'フレグランティッシムム' 100
'ロウソニアヌム' 100
'ワルトニイ' 100, *100*
ガラクティテス・トメントサ 623, *623*
ガラクティテス属 622-23
カラコギカエデ (*Acer tataricum*) 90, *90*
カラコギカエデ (*Acer tataricum* subsp. *ginnala*) 90
'コンパクトゥム' 90, *90*
'ドゥーランド ドワーフ'
'バーガンディ' 90, *90*
カラシナ 255
'ミズミ' 255, *255*
'レッド ジャイアント' 255
カラシナ ヤポニカ グループ 255
カラスウリ属 1428
カラタチ 1071, *1071*
カラタチ属 1071
カラタネオガダマ 893
カラテア・マイエスティカ 279
'アルボリネアタ' 279
'ロセオリネアタ' 279
カラテア属 278-279
カラディウム属 277
カラデニア属 276, 277
ガラナ 992, *992*
ガラナ属 992
カラハナソウ属 715
カラフトヒヨクソウ スピードウェル ジャーマンダーを参照 1462, *1462*
カラフトヤナギ オノエヤナギを参照 1299
カラマグロスチス属 277
カラマグロスティス・フォリオサ 277
'ゼブリナ' 277, *277*
カラマグロスティス×アクティフロラ 277
'オーバーダム' 277
'ストリクタ' 277, *277*
カラマツ 796
'スティフ ウィーピング' 796, *796*

'ペンドゥラ' 796
カラマツソウ 1408, *1408*
カラマツソウ属 1408-9
カラマツ属 796-97
カラミザクラ 1096
カラミンタ・グランディフロラ 278
'ワリエガタ' 278, *278*
カラミンタ属 278
カラミント 278
カラルマ属 328
カランコエ・ベハレンシス 776, *776*
'オーク リーフ' 776, *776*
カランコエ属 776-77
ガラントゥス 'S. アーノット' 623, *623*
ガラントゥス・アトキンシイ 623
ガラントゥス属 623
ガラントゥス・マグネット' 623
カリ 570, *570*
カリオプテリス・クランドネンシス 335
'アーサー シモンズ' 335, *335*
'ウォースター ゴールド' 335, *335*
'ダーク ナイト' 335
カリオプテリス属 335
カリカルパ・ボディニエリ・ギラルディ 283
'プロヒュージョン' 283
カリコマ属 283
カリシア属 284
カリステモン・アクミナトゥス 284
'ナビアック レッド' 284, *284*
カリステモン・インジュン 286, *286*
カリステモン・ヴァイアレイシャス' 286
カリステモン・ウェスターン グローリー' 286
カリステモン・エンデバー' ハナマキ 'スプレンデンス' を参照 284, *284*
カリステモン・オールド ダニアルド' 286
カリステモン・キャンディー ピンク' 286
カリステモン交雑品種 286
カリステモン・ディメンス ロウィーナ' 286
カリステモン・ハークネス' 286, *286*
カリステモン・モーブ ミスト' 286, *286*
カリステモン・ランニング リバー' 286
カリステモン・リーブズ ピンク' 286, *286*
カリステモン・リトル ジョン' 286
カリッサ・マクロカリパ 331, *331*
'ボックスウッド ビューティー' 331
カリッサ属 331
カリトゥリクス 292, *292*
'フィーラーズ ヴァラエティー' 292, *292*
カリトリクス属 292
カリトリス・アレノサ 287, *287*
カリトリス属 286-7
カリフォルニア・アイリス 754-55
カリフォルニアオールスパイス 291, *291*
カリフォルニアカエデ ツタカエデを参照 84, *84*
カリフォルニアゲッケイジュ 1451, *1451*

カリフォルニアスズカケノキ 1057, *1057*
カリフォルニアバッケイ 106
カリフォルニアポピー ハナビシソウを参照 566, *566*
カリフォルニアライブオーク 1122, *1122*
カリフォルニアワイルドローズ 1215
カリブラコア カラーバースト シリーズ 281
'カラーバースト バイオレット' 281
カリブラコア セレクタ シリーズ 281
カリブラコア トレイリング ミリオン ベルズ シリーズ 281
カリブラコア ミニフェイマス・シリーズ 281
カリブラコア ミリオン ベルズ シリーズ 281
'ミリオン ベルズ チェリーピンク' 281
'ミリオン ベルズ テラ・コッタ' 281
'ミリオン ベルズ ホワイト' 281
'ミリオン ベルズ レモン' 281
カリブラコア リリカシャワー シリーズ 281
'リリカシャワー ブラッシュ' 281
カリブラコア交雑品種 281
カリブラコア属 281
カリフラワー 野生キャベツ ボトリティス・グループを参照 255
刈穂玉 600, *600*
カリスモドキ 900
カリン属 334-35
ガリヤ属 625
カリルホエ 283
カリロフス属 291-92
カリン 1100, *1100*
カリン 1100
ガルウェジア属 624
カルーソーン 76, *76*
カルケオラリア ヘルベオヒブリダ グループ 280, *280*
カルケオラリア ヘルベオヒブリダ グループ サンセット シリーズ 280, *280*
'サンセット レッド' 280, *280*
カルケオラリア 'ジョン イネス' 280, *280*
カルダミネ・プラテンシス 328
'フロレ プレノ' 328
カルタムス属 334
カルダモン 534
カルダンケルス属 329
ガルトニア・ウィリディフロラ 624
ガルトニア・カンディカンス 624, *624*
カルドン 457, *457*
カルネギエア属 332
カルファレア属 332
ガルベラ属 636-37
ガルベラ ドワーフ パンドラ シリーズ 637
ガルベラ ハッピポット シリーズ 637
ガルベラ ファンタシア ダブル シリーズ 637
カルペンタリア属 332
カルペンテリア属 332
カルポデトゥス属 334

カルポブロトゥス・チレンシス 333
'ドカ' 333, *333*
カルポブロトゥス属 333
カルミア・アングスティフォリア 777, *777*
'ルブラ' 777
'ルブラ ナナ' 777
カルミア属 777
カルミオプシス・レアキアナ 778, *778*
'アムプクォ バレー' 778, *778*
'グレンドイック' 778, *778*
カルミオプシス属 777-78
カルミカエリア属 331
カルム属 334
カレーカズラ ツリガネカズラを参照 237
カレープラント 685
ガレガソウ ゴーツルーを参照 623
ガレガ属 623
カレクス・エラタ 329
'オーレア' 329, *329*
カレクス・オシヒメンシス 330
'エヴァーゴールド' 330, *330*
カレクス・コニカ 329
'スノーライン' 329
カレクス・コマンス 329
'フロステッド カールズ' 329, *329*
カレクス・シデロスティカ 'ワリエガタ' *Carex oshimensis* 'エヴァーゴールド' を参照 330, *330*
カロケファルス属 288-89
カロコルトゥス属 289
カロタムヌス属 290
カロティス属 291
カロデンドルム属 289-90
カロメリア属 290
カロライナジャスミン 628-29, *629*
'プライド オブ オーガスタ' 628-29
カロライナポプラ 1072
'アウレア' 1072, *1072*
'エウゲネイ' 1072
'セロティナ' 1072
'ロブスタ' 1072
カワミドリ 111
カワミドリ 'アプリコット サンライズ' 111
カワミドリ交雑品種 111
カワミドリ属 110-11
カワミドリ 'タンジェリン ドリームズ' 111
カワミドリ 'トゥッティ フルッティ' 111
カワミドリ 'ファイヤーバード' 111
カワミドリ 'ブルー フォーチュン' 111, *111*
カワラケツメイ属 337
カワラナデシコ 492
カンアオイ属 193-94
カンガルーバイン 380
カンガルーポー 158, *158*
カンキチク 707, *707*
カンキチク属 707
ガンコウラン 536, *536*
ガンコウラン属 535-36
カンコノキ属 642
カンザシギボウシ 710
'エメラルド セプター' 710, *710*
'グランド ティアラ' 710
'ゴールデン セプター' 710

'ゴールデン ティアラ'
 710, 710
'プラチティナム ティアラ'
 710, 710
カンザシワラビ 1323, 1323
カンスゲ 330
 'エクスパリダ' 330
ガンゼキラン属 1018
カンゾウ 644
カンゾウ属 644
カンタン トーチジンジャーを参照
 567, 567
カンチク属 371
カンツア属 325
カンツバキ 293
 '獅子頭' 293, 293
 'シャンソネット' 293, 293
 '昭和の栄' 293
 'スパークリング バーガンディ'
  293
 'ボナンザ' 293, 293
カンティウム属 325
カンデリラ ユーフォルビア・アン
 ティシフィリティカを参照 583,
 583
カンナ アイランド シリーズ
 'グラン カナリア' 325
カンナ'エレボス' 324, 324
カンナ'オレンジ パンチ' 325
カンナ交雑品種 324-25
カンナ'ストロベリー' 325
カンナ属 324
カンナ'ダーバン' 324
カンナ'トロピカンナ' 324-5, 325
カンナ'ピンク サンバースト' 324
カンナ'ファージョン' カンナ'トロ
 ピカンナ'を参照 324-25
カンナ'プレトリア' 325
カンナ'ミネルバ' 324
カンナ'ルシファー' 324
カンナ'レッド キング ハンバート'
 324
カンナ'ロイ ハンバート' 324
カンナ'ローゼバー' 325
カンナ'ワイオミング' 324-5
カンノンチク 1140, 1140
 'ワリエガタ' 1140
カンノンチク属 1140
カンパヌラ・タグリアブアナ 323,
 323
 'マダム ガレン' 323
カンパヌラ・タケシマナ 322, 322
 'エリザベス' 322
 'ビューティフル トラスト' 322
カンパヌラ・ポスカルスキアナ 322
 'E. H. フロスト' 321, 321
 'エリック G アレンズ' 321
 'ステラ' 321
 'ブルー ウォーターフォール'
  321, 321
 'ブルー ガウン' 321
 'マルティプリシティー'
  321, 321
 'リズダッガン バラエティー'
  321, 321
カンパヌラ・ラクティフロラ 320
 'アルバ' 320
 'プリチャーズ バラエティー'
  320
 'マクランタ' 320
 'ロッデン アンナ' 320, 320
カンパヌラ・ラティロバ 320
 'ヒドコート アメジスト' 320
カンパヌラヘアベル 319
 'チュートン ジョイ' 319

'ブラウエ クリップス'
 319, 319
'ブルー ムーンライト' 319
ガンピ シラカンバを参照 236,
 236
カンヒザクラ 1092, 1092
ガンピ属 1486
カンプウフウ シナサワグルミを参照
 1107, 1107
カンプトテカ属 323
カンボク 1469, 1469
 'オノンダガ' 1469
 'サスクエハナ' 1469
カンムリキンバイ キンバイソウを
 参照 1433
カンレンボク 323, 323
キアストフィルム属 370
キアトデス属 448
キアナントゥス属 447
キイチゴ交雑品種 1286
キイチゴ 'シルバン' 1286
キイチゴ属 1283-86
キイチゴ 'テイベリー' 1286,
 1286
キイチゴ 'ナバホ' 1286, 1286
キイチゴ 'ベネンデン' 1286
キウイフルーツ 96
 'ヘイワード' 96
キオノクロア属 372
キオノドクサ・フォルベイシ 372,
 372
 'ピンク ジャイアント' 372
キオノドクサ・ルキリアエ 372,
 372
 'アルバ' 372
 'ギガンテア' 372
 'ロゼア' 372
キオノドクサ属 372
キオン属 1334-35
キカンキョウチク オウソウチク
 'アウレオカウリス'を参照
 1035
キキョウ 1059, 1059
 'アポイ' 1059, 1059
 'センチメンタル ブルー' 1059
 'パルムターシャーレ' 1059
 'フジ ブルー' 1059, 1059
 'フジ ホワイト' 1059
キキョウ属 1058-59
キキョウナデシコ 1029, 1029
キキョウナデシコ タペストリー
 シリーズ 1029
キキョウナデシコ ビューティ シ
 リーズ 1029
キキョウナデシコ ブリリアンシー
 シリーズ 1029
キキョウナデシコ フロックス
 オブ シープ シリーズ 1029
キキョウナデシコ ボタンズ
 アンド ボウズ シリーズ 1029
キキョウ'マザー オブ パール'
 キキョウ'ペルルムターシャーレ'
 を参照 1059
キキョウラン属 490-91
キクイモ 685
菊水玉 830, 830
菊水 1379, 1379
キク 374-76
キクヂシャ 378
 'グリーン カールド' 378, 378
 'グリーン カールド リュフェック'
  378
 'バタヴィアン グリーン' 378
キクニガナ チコリを参照 378,
 387
キクラメン・コウム ピューター
 グループ. 450

'タイルバーン エリザベス' 450
 'モーリス ドライデン' 450
キケマン属 420-21
キゲリア属 779
キケル属 378
キコリウム属 378
キコリウム 'ロッサ ディ ヴェロー
 ナ' チコリ'レッド ヴェローナ'
 を参照 378-79
キコリウム 'ロッサ ディ トレヴィー
 ゾ' チコリ'レッド トレヴィーゾ'
 を参照 378-79
キササゲ属 341-42
木刺竜舌蘭 116
キサントステモン属 1490, 1491
キサントソマ属 1490
鬼子角 451, 451
ギシギシ属 1287-88
キジムシロ属 1075-77
キショウブ 742
 'ヴァリエガタ' 742, 742
キズイセン 914
キスツス 'ヴィクター ライター'
 382
キスツス 'グレイスウッド ピンク'
 382, 382
キスツス'スノー ファイヤー' 382,
 382
キスツス属 380
キストゥス・アグイラリイ 380, 380
 'マクラトゥス' 380
キストゥス・アルゲンテウス 381
 'シルバー ピンク' 381, 381
 'ストライピー' 381
 'ペーパー ムーン' 381
 'ペギー サモンズ' 381
キストゥス・サルウィフォリウス
 382, 382
 'プロストラトゥス' 382
 'サンセット' 382
キストゥス・プルウェルレントゥス
 382, 382
キストゥス・プルプレウス 382,
 382
 'ドリス ヒバーソン' 382
 'ブリリアンシー' 382
 'ベティー トーデヴィン' 382
キストプテリス属 460
キセランテムム トキワバナを参照
 1490
キセロクリスム属 1490-91
奇想天外 ウェルウィッチアを参照
 1485, 1485
キソケイ 765, 765
 'レヴォルトゥム' 765
キダチアロエ 133, 133
キダチカタバミ 965, 965
キダチタバコ 933
キダチチョウセンアサガオ エン
 ジェルストランペットを参照 261
キダチハッカ サマーセイボリー
 を参照 1316
キダチマツヨイグサ'ファイアーワ
 ーク' キダチマツヨイグサ'フィ
 アフェルケリ'を参照 947
キダチマツヨイグサ 947
 'フィアフェルケリ' 947
キダチマツヨイグサ'フォイアーヴ
 エルキリ' キダチマツヨイグサ
 'フィアフェルケリ'を参照 947
キダチヨモギ 190
キダチリソウ属 689-90
×キタルパ・タシケンテンシス
 373
 'ピンク ドーン' 373
キタルパ属 373
キチョウジ 362

キッコウダコ アロカシア・クプレ
 アを参照 132
亀甲牡丹 183
キッコウリュウ(亀甲竜) 503, 503
キヅタ属 678
キヅタ 678-80
キヅタ'パディズ プライド'
 Hedera colchica'サルファー
 ハート'を参照 678
キツネノテブクロ 500, 500
 'ヘイウッディ'
キツネノテブクロ エクセシオール
 グループ 500, 500
 'サトンズ アプリコット' 500
キツネユリ 643
 'キトリナ' 643
 'グランディフロラ' 643
 'シンプレクス' 643
 'ロトチャイルディアナ'
  643, 643
キティスス・プラエコクス 461,
 461
 'アルプス' 461
 'ワーミンスター' 461, 461
キドニア属 451
キドニア'ポルトガル' マルメロ
 'ルシタニカ'を参照 451
キドニーベッチ 162, 162
キトルス・メイエリ'マイヤー' 384,
 384
キネラリア属 379
ギバエウム属 638
キハダ 1023, 1023
キハダ 1023-24
キバナアマ 1137, 1137
キバナアマ属 1136-37
キバナアリッサム イワナズナを参照
 209
キバナカイウ 1494
キバナカタクリ エリスロニウム・
 ツオルムネンセを参照 564,
 564
キバナカラマツソウ 1408
キバナキョウチクトウ 1411, 1411
キバナキョウチクトウ属 1411
キバナコスモス レディーバード
 シリーズ 425
キバナコスモス 425
 'コズミック イエロー'
  425, 425
 'サニー レッド' 425
 'ブライト ライツ' 425
キバナジギタリス 500
黄花新月 964, 964
キバナスズシロ 559
キバナスズシロ属 559
キバナセンニチコウ 646
 'アンバー グロウ' 646
 'ストロベリー フェア' 646
キバナタマスダレ 1372, 1372
キバナツツジ 1153, 1153
キバナトチノキ 107, 107
キバナノエンレイソウ 1431, 1431
キバナノクリンザクラ 1083, 1083
キバナノコギリソウ 91
 'クロス オブ ゴールド' 91
 'ゴールド プレート' 91
 'シュウェルンバーグ' 91
 'パーカース バラエティ' 91
キバナコマノツメ 1472
キバナハス 922
キバナヘイシソウ 1314, 1314
 'レッド ヴェインド' 1314, 1314
キバナホウチャクソウ 506, 506
キバナマツムシソウ属 355
キバナモクセイソウ 1138, 1138
キビ 979
キビ属 979

キフォステンマ属 458
キブシ 1367, 1367
キブシ属 1367
ギプソフィラ・レペンス 663, 663
 'ローザ シェーンハイト'
  663, 663
キブネギク シュウメイギクを参照
 152
キペルス・インウォルクラトゥス
 458, 458
 'ワリエガツス' 458, 458
キホウギョク(奇鳳玉) 501, 501
ギボウシ'アイスド レモン' 712
ギボウシ'アイランド チャーム'
 712, 712
ギボウシ'アラン P. マッコーネル'
 712
ギボウシ'イエロー ウェーヴズ'
 712, 713
ギボウシ'ウォゴンズ ボーイ'
 713
ギボウシ'オーガスト ムーン'
 712, 712
ギボウシ'オリオーレ' 713
ギボウシ'カントリー パーク' 712,
 712
ギボウシ'キャンディ ハーツ'
 712, 712
ギボウシ'キング マイケル' 712
ギボウシ'グラウンド サルファー'
 712, 712
ギボウシ'グリーン ウィズ エンヴ
 イ' 712
ギボウシ'グリーン ピークラスト'
 712, 712
ギボウシ'クロッサ リーガル'
 712, 713
ギボウシ'クロッソル ロイヤル'
 713
ギボウシ'ゲイエティ' 712
ギボウシ交雑品種 712-13
ギボウシ'ゴールド エッジャー'
 712, 712
ギボウシ'サマー ミュージック'
 712, 713
ギボウシ'サンバースト' 713
ギボウシ'シェイド ファンフェア'
 712, 713
ギボウシ'ジャスト ソウ' 713
ギボウシ'ジューン' 712
ギボウシ'ジュリー モース' 712,
 713
ギボウシ'スウィーティ' 713
ギボウシ'スノーキャップ' 713
ギボウシ'セプテンバー サン'
 712, 713
ギボウシ属 708
ギボウシ'チーティン ハート'
 712
ギボウシ'デボン ゴールド'
 712, 713
ギボウシ'トーチ ライト'
 712, 713
ギボウシ'トール ボーイ'
 712, 713
ギボウシ'ニート スプラッシュ'
 713
ギボウシ'パール レイク'
 712, 713
ギボウシ'ハドスペン サムフィア'
 712
ギボウシ'パトリオット' 712
ギボウシ'パラダイス レッド
 デライト' 713
ギボウシ'ピザズ' 712
ギボウシ'ブリム カップ' 712
ギボウシ'ブルー アロー' 712

ギボウシ'ブルー ムーン' 712
ギボウシ'フレッシュ' 712
ギボウシ'フロラドラ' 712, 712
ギボウシ'ベロニカ レイク' 712, 713
ギボウシ'ポールズ グローリー' 712, 713
ギボウシ'マーブル リム' 713
ギボウシ'マジック モーメント' 713
ギボウシ'ミッドウェスト マジック' 712, 713
ギボウシ'メデューサ' 712, 713
ギボウシ'ライアンズ ビッグ ワン' 712
ギボウシ'ラディアント エッジャー' 712, 713
ギボウシ'リトル シーザー' 713
ギボウシ'リンクルズ アンド クリンクルズ' 713
ギボウシ'レディ イソベル バーネット' 712, 713
ギボウシ'ロイヤル スタンダード' 712
ギボウシ'ワイド ブリム' 712
ギボウシ'ワゴン' 712
貴宝丸 (キホウマル) 871, 871
キマメ 276
キマメ属 276
キミガヨラン 1492, 1493
ギムノカリキウム・ステノプレウルム 661, 661
　'ムーン カクタス' 661
　'ルビーボール' 661
　'レッド スター カクタス' 661
ギムノカリキウム・プンゲンス 661, 661
ギムノカリキウム・モンウィレイ 660, 660
ギムノカリキウム属 659-60
ギムノクラドゥス属 661
ギムノストマ属 662
キモノバンブサ・クアドラングラリス 371
　'スウォー' 371
キャッサバ 874
　'ヴァリエガタ' 874, 874
キャッツボー 158
キャットテール 81, 81
キャットミント 930
　'ウォーカーズ ロー' 930
　'シックス ヒルズ ジャイアント' 930, 930
　'スペルバ' 930
キャベジツリー 447, 447
キャベツ 野生キャベツ カピタタ・グループを参照 256, 256
キャベツヤシ属 592
キャラウェイ ヒメウイキョウを参照 334
キャラウェイタイム 1415, 1415
キャロ 1054, 1054
キャロットウッド 443, 443
キャロブマメ イナゴマメを参照 358, 358
キャンサーブッシュ 1383, 1383
キャンドルナッツツリー ククイノキを参照 124, 124
キャンドルバーク 576
キュウリ ベイト アルファ グループ 441
キュウリ 441
　'サンスイート' 441
　'スペースマスター' 441, 441
　'ブッシュ チャンピオン' 441, 441
　'マンチャー' 441, 441
キュウリ属 440-41

キョウオウ 447
キョウガノコ 605
ギョウギシバ 457, 457
　'U-3' 457
ギョウギシバ属 457
キョウチクトウ セイヨウキョウチクトウを参照 933, 932
キョウチクトウ属 932
京の華 673
キョクチジャクシダ 100, 100
キョクホウ 356, 356
ギョリュウ 1398, 1398
ギョリュウモドキ 288
　'アルバ プレナ' 288
　'アンヌマリー' 288
　'ウィックワー フレイム' 288
　'カウンティー ウイックロー' 288
　'キンロッホルール' 288
　'ゴールド ヘイズ' 288, 288
　'コン ブリオ' 288
　'シルバー クイーン' 288, 288
　'ダークネス' 288
　'ダーク ビューティー' 288
　'ヒベルニカ' 288
　'ファイヤーフライ' 288
　'ブレイズアウェイ' 288
　'ペオレイゴールド' 288
　'マルチカラー' 288
　'ラドナー' 288
　'リカ' 288
　'ロバート チャップマン' 288
ギョリュウモドキ属 287-88
キラッヤ属 1129
キランソウ属 120-21
キラントデンドロン属 373
キリ 993, 993
　'サファイア ドラゴン' 993, 993
　'リラキナ' 993, 993
キリカズラ属 193
キリシマツツジ 1155
キリシマミズキ 421, 421
ギリシャモミ 68
　'メイヤーズ ドワーフ' 68
キリ属 993
キリモドキ属 764
キリラ属 459
キリンカク 588, 588
キリン冠 (キリンカン) 585, 585
キリンギク 818
　'カリエプシス パープル' 818, 818
　'コボールド' 818, 818
　'フロリスタン ホワイト' 818
キリンギク'ゴブリン' キリンギク'コボールド'を参照 818, 818
キリンギボウシ 709, 709
キリンソウ 1329, 1329
　'ヴァリエガトゥム' 1329, 1329
キリンドロプンティア属 451-52
キルシウム・リウラレ 380
　'アトロプルプレウム' 380, 380
キルタントゥス属 459
ギレニア属 638
キレハアラリア 1068
キレンゲショウマ 779, 779
キレンゲショウマ属 779
キロニア属 373
キロプシス・リネアリス 371, 371
　'ブルゴーニュ' 371
　'ホープ' 371
キロプシス属 370-71
キワタ 242, 242
キンウラハグサ ベニキンウラハグサ'アウレオラ'を参照 669

金鳥帽子 (キンエボシ) 954
　'白桃扇' 954
キンキジュ属 1054
キンギョソウ 163
キンギョソウ キャンデラブラ シリーズ 163
キンギョソウ属 163
キンギョソウ ソネット シリーズ 163
　'ソネット ピンク' 163
　'ソネット ホワイト' 163
キンギョソウ チャイムズ シリーズ 163
　'チャイムズ ピンク' 163
　'チャイムズ レッド' 163, 163
キンギョソウ リバティ シリーズ 163
キングウィリアムパイン 205, 205
キングサリ 786, 786
　'ペンデュルム' 786
キングサリ属 786-87
キングナット 335, 335
キングプロテア 1087, 1087
キンコウカン 75, 75
銀光玉 (ギンコウギョク) 638, 638
錦晃星 (キンコウセイ) 524, 524
　'ルビー' 524
キンコウボク 893, 893
金晃丸 (キンコウマル) 988
キンゴジカモドキ シダルケアを参照 1339, 1339
金小判 (キンコバン) 金鳥帽子を参照 954
錦司晃 (キンシコウ) 524, 524
ギンシダ 1056
ギンシダ属 1056
金鯱 (キンシャチ) 526, 526
金星 (キンセイ) 870, 870
金赤竜 (キンセキリュウ) 600
ギンセンカ 704, 704
キンセンカ パシフィック ビューティー シリーズ 281
　'パシフィック ビューティー' 281
キンセンカ フィエスタ ギタナ グループ 281, 281
キンセンカ ボンボン シリーズ 281
キンセンカ カブロウナ シリーズ 281
キンセンカ 281, 281
　'オレンジ サラダ' 281
　'グリーンハート オレンジ' 281, 281
　'ドワーフ ジェム' 281
　'ラジオ' 281
キンセンカ属 280-81
キンチャクソウ属 279-80
金手毬 (キンテマリ) 870, 870
ギンネム属 812-13
ギンバイカ 909, 909
　'キトリフォリウム' 909, 909
　'コンパクタ' 909
　'ワリエガタ' 909
ギンバイカ属 909
ギンバイソウ 1433
　'ゴールデン クィーン' 1433, 1433
ギンバイソウ属 1433
ギンバシマアオイソウ 1010
銀波錦 (ギンパニシキ) 429, 429
キンバラリア属 452
キンビディウム属 シンビディウム属を参照 452-57
金紐 (キンヒモ) 165
キンポウゲ属 1130-32
キンポウジュ ハナマキを参照 284

キンポウラン センジュラン 'マルギナタ'を参照 1491
銀牡丹 (ギンボタン) 1004
キンマ 1052
ギンマルバユーカリ 569, 569
キンミズヒキ属 118
キンメイチク マダケ'キャスティヨン'を参照 1036
ギンメイチク マダケ'キャスティヨン インベルサ'を参照
キンメイホテイチク ゴサンチク 'コイ'を参照 1035
ギンメイホテイチク ゴサンチク 'フラベスケンス インベルサ'を参照 1035
キンメイモウソウチク モウソウチク 'バイカラー'を参照
キンモクセイ 961
ギンモクセイ 961
ギンヨウアカシア 73, 73
　'プルプレア' 73
ギンヨウカエデ 89
　'スキネッリ' 89
　'ビープス カットリーフ ウィービング' 89, 89
ギンヨウジュ 810
ギンヨウジュ属 810-12
ギンヨウセンネンボク ドラセナ・サンデリアーナを参照 511
キンヨウボク 164
　'クレア' 164, 164
　'スノー クイーン' 164
　'ダニア' 164
　'レボルディイ' 164
　'ローウイゼ' 164
キンヨウボク属 163-64
ギンヨウボダイジュ 1420
　'ナイメーヘン' 1420, 1420
　'ブラバン' 1420, 1420
金洋丸 (キンヨウマル) 871, 871
キンレイジュ 1402, 1403
キンレンカ ナスタチウムを参照 1434, 1434
グアバ 1104, 1104
クイーンプロテア 1088, 1088
クイックタウンオーキッド 481
クエマティス'ヴィユ ドゥ リヨン' 392, 392
クェルクス トゥルネリ 1128, 1128
　'プシュードトゥルネル' 1128
クェルクス ヒスパニカ 1124
　'ルコベアナ' 1124
クガイソウ属 1463-64
クキレタス 788, 789
　'アイスバーグ' 788
　'アッティコ' 788, 788
　'イタリアン オーク リーフ' 788, 788
　'ヴァルドール' 788, 789
　'オーク リーフ' 788
　'オーストラリアン イエロー リーフ' 788, 788
　'グランパ アドマイアーズ' 788, 788
　'グリーン オーク リーフ' 788, 788
　'グリーン コーラル' 788, 788
　'グリーン ミグノネッテ' 788, 788
　'クリスプ ミント' 788, 788
　'ケンドー' 788, 788
　'コカルデ' 788, 788
　'コス ヴェルディ' 788, 788
　'コスミック' 788, 788
　'サンセット' 788, 789

'パープル オーク リーフ' 788, 789
'バブルズ' 788, 788
'フォーチュン' 788, 788
'ムスケテア' 788, 789
'リトル ジェム' 788, 788
'レッド オーク リーフ' 788
'レッド コーラル' 788, 789
'レッド サラダ ボウル' 788, 789
'レッド セイルズ' 788, 789
'レッド ミグノネッテ' 788, 789
'ロマニー' 788, 789
ククイノキ 124, 124
クコ属 842
クサギ 393, 393
クサギ属 393
クサキョウチクトウ 1029, 1029
　'イーブンタイド' 1029
　'ウィンザー' 1029
　'エウロパ' 1029
　'エバ カラム' 1029, 1029
　'スターファイアー' 1029
　'テノール' 1029, 1029
　'フジヤマ' 1029
　'ブリガディアー' 1029
　'プロスペロ' 1029, 1029
　'ホワイト アドミラル' 1029
　'マザー オブ パール' 1029
　'ル マーディ' 1029
クササンタンカ 1009
　'ニュー ルック レッド' 1009, 1009
　'ニュー ルック ローズ' 1009, 1009
クササンタンカ バタフライ シリーズ 1009
　'バタフライ チェリー レッド' 1009, 1009
　'バタフライ ブラッシュ' 1009, 1009
　'バタフライ ライト ラベンダー' 1009, 1009
クサスギカズラ属 196-97
クサスギカズラ'ナヌス' スギノハカズラ'コンパクトゥス'を参照 196
クサソテツ 877, 877
クサソテツ属 877
クサツゲ 272
　'カーリー ロックス' 272
　'グリーン ジェイド' 272
　'グリーン ビューティ' 272
　'グリーン ピロー' 272, 272
　'コンパクタ' 272
　'フォークナー' 272
　'モリス ミジェット' 272, 272
クサツゲ'ウィンター ジェム' Buxus sinica var. insularis'ウィンター ジェム'を参照 273
クサツゲ'ピンクッション' Buxus sinica var. insularis'ピンクッション'を参照 273, 273
クサトベラ属 1321
クサボケ 363, 363
クサヨシ 1022
　'ピクタ' 1022, 1022
クサヨシ属 1021-22
クサントケラス属 1489
クサントフタルム属 1489
クジャクサボテン属 542-43
クジャクシダ 99
　'アジアティカム' 100
　'インブリケイタム' 100, 100
　'ジャポニカム' 100
　'ミス シャープルス' 100

'モンタナム' 100
'レイスラタム' 100
クジャクソウ ハルシャギクを参照 413, 413
クジャクヤシ 336
クジャクヤシ属 335-36
クズ 1110, 1110
クズイモ 972
クズイモ属 972
クズウコン 874
クスケア属 377
クズ属 1110
グスタウィア・アウグスタ 658, 658
グスタウィア属 658
クスノキ 379
クスノキ属 379
クスノハガシワ 858, 858
グズマニア・ウィットマッキイ 659
グズマニア・サングイネア 659
グズマニア・ムサイカ 658-59
グズマニア・モノスタキア 658
グズマニア・リングラタ 658, 658
　'エストレラ' 658
　'エンパイア' 658, 658
　'フォルトゥナ' 658
　'ロンド' 658, 658
グズマニア'アッティラ' 659
グズマニア'アマランス' 659, 659
グズマニア'オレンジエード' 659, 659
グズマニア'キャロライン' 659, 659
グズマニア'グランプリ' 659, 659
グズマニア'グレイプエード' 659
グズマニア交雑品種 659
グズマニア'サンバ' 659
グズマニア属 658
グズマニア'チェリー' 659
グズマニア'チェリー スマッシュ' 659
九頭竜 586, 586
クセロネマ属 1491
クダモノタマゴ カニステルを参照 1078
クダモノケイソウ 991
　'エッジヒル' 991
　'カフナ' 991
　'パープル ゴールド' 991
　'フレドリック' 991
　'レイシー' 991
　'レッド ローバー' 991
クチナシ 625
　'ヴィーチー' 625
　'オーガスト ビューティー' 625
　'グランディフロラ' 625
　'フロリダ' 625
　'マグニフィカ' 625
　'ラディカンス' 625
クチナシ属 625
クチベニスイセン 914
クッションブッシュ 814, 814
クツソニア属 447
グッドキングヘンリー 370, 370
クテナンテ・オッペンヘイミアナ 440
　'トリコロール' 440, 440
クテナンテ属 440
クナウティア・マケドニカ 780, 780
　'メルトン パステルズ' 780, 780
クナウティア属 780
クニグティア属 780
クニフォフィア・キトリナ 780-81

'ライム セレクト' 780-81
クニフォフィア・ヒルスタ 781
'トラフィック ライツ' 781
クニラ属 442
クヌギ 1122, 1122
クネオルム属 396
グネトゥム 645, 645
グネトゥム属 645
クノーニア属 442-43
クパニオプシス属 443
グビジンソウ ヒナゲシを参照
クプレッスス・アリゾニカ・グラブラ 445
'ブルー アイス' 445, 445
×クプロキパリス'ヴァリエガタ' ×Cuprocyparis leylandii 'ハーレクイン'を参照 446
×クプロキパリス'ゴールウェイ ゴールド' ×Cuprocyparis leylandii 'キャッスルウェラン'を参照 444
×クプロキパリス属 446
×クプロキパリス・レイランディイ 446, 446
　'キャッスルウェラン' 446
　'ステープヒル' 446
　'ネイローズ ブルーズ' 446
　'ハーレクイン' 446
　'ハガーストン グレー' 446
クマイチゴ 1284, 1284
クマコケモモ 178, 178
　'ウッズ レッド' 178, 178
　'バンクーバー ジェイド' 178, 178
　'マサチューセッツ' 178, 178
クマザサ 1316, 1316
クマシデ 333, 333
クマシデ属 333
クマツヅラ 1460
クマデヤシ属 1292
熊童子 429
クマノミズキ 416, 416
グミ属 531
クミヌム属 442
クミン 442
クモノスバンダイソウ 1333, 1333
　'セパンス' 1333, 1333
クライミングベルフラワー 399
グラウカモウマオウ 341, 341
クラウンフィグ 602
　'パーセリー' 602, 602
グラジオラス'アムステルダム' 640, 640
グラジオラス'キャンディマン' 640
グラジオラス グランディフロラス グループ 640, 640
グラジオラス'グリーン ウッドペッカー' 640
グラジオラス交雑品種 640
グラジオラス'ゴールド フィールド' 640
グラジオラス'ゴールドフィンチ' 640
グラジオラス'サクソニー' 640, 640
グラジオラス'サンスポート' 640
グラジオラス'シロ' 640
グラジオラス'スンドロ' 640
グラジオラス'タヒチ サンライズ' 640
グラジオラス'チャーム' 640
グラジオラス'ドリームス エンド' 640
グラジオラス'ドリス ダーリン' 640
グラジオラス ナヌス グループ 640

グラジオラス'ニンフ' 640
グラジオラス'ノバ ラックス' 640, 640
グラジオラス'ハー マジェスティ' 640, 640
グラジオラス'ピアレス' 640
グラジオラス'フランクズ パーフェクション' 640
グラジオラス'プリシラ' 640
グラジオラス プリムリナス グループ 640
グラジオラス'ブルー バード' 640
グラジオラス'ペガサス' 640
グラジオラス'マディソン アベニュー' 640
グラジオラス'ミッドナイト ムーン' 640
グラジオラス ミニチュア ハイブリッド 640
グラジオラス'ユーロビジョン' 640
グラジオラス'レディ ゴダイバ' 640
グラジオラス'レディ ルシール' 640
クラスケニンニコウィア属 783
グラスティディウム属 648
クラスペディア属 430
クラタエグス・プンクタタ 433, 433
　'オハイオ パイオニヤ' 433
クラタエグス・ペルシミリス'プルニフォリア スプレンデンス' 433, 433
クラタエグス・ペルシミリス'プルニフォリア' 433
クラタエグス・メディア 433
　'ギレウディイ' 433, 432
+クラタエゴメスピルス属 432
+クラタエゴメスピルス・ダルダリイ 432
　'ジュール ダニエール' 432, 432
　'プロヴォ' 432
クラッスラ・カピテラ 430
　'キャンプファイヤー' 430, 430
クラッスラ'キャンプファイヤー' 431
クラッスラ'クロスビーズ ドワーフ' 花月'クロスビーズ コンパクト'を参照 431
クラッスラ交雑品種 431
クラッスラ'コラリータ' 431
クラッスラ'サンセット' 花月'フンメルズ サンセット'を参照 431
クラッスラ'スプリングタイム' 431
クラッスラ属 430-31
クラッスラ'パゴダ ビレッジ' 431
クラッスラ'パステル' 431
クラッスラ'ピンク パゴダ' 431, 431
クラッスラ'ファーンウッド' 431
クラッスラ'ブッズ テンプル' 431, 431
クラッスラ'フロスティー' 431
クラッスラ'ベビーズ ネックレス' 431
クラッスラ'ポリーズ ピンク' 431
クラッスラ'ムーングロー' 431, 431
クラッスラ'モーガンズ ビューティー' 431, 431
クラッスラ'モーガンズ ピンク' クラッスラ'モーガンズ ビューティー'を参照 431, 431

グラジオラス・カリアンタス 639, 639
グラジオラス・コミュニス 639
グラジオラス・トリスティス 639, 639
グラジオラス属 639-40
グラビオラ トゲバンレイシを参照 159, 159
×グラプトウェリア'アカレイド' 648
×グラプトウェリア'カメリ' 648
×グラプトウェリア交雑品種 648
×グラプトウェリア'スピリット オブ '76' 648
×グラプトウェリア属 647-48
×グラプトウェリア'ダグラス ヒュース' ×グラプトベリア'フスズ ピンク'を参照 648
×グラプトウェリア'ダスティ' 648
×グラプトウェリア'デビィ' 648, 648
×グラプトウェリア'ナウシカア' 648
×グラプトウェリア'パープル ドリーム' 648
×グラプトウェリア'ファンファーレ' 648
×グラプトウェリア'フスズ ピンク' 648
×グラプトウェリア'マーガレット レッピン' 648
×グラプトウェリア'ラペコ' 648
×グラプトウェリア'ローズ クイーン' 648
グラプトフィルム属 647
グラプトペタルム属 647
グラベルルート 582
クララ属 1352-53
クラリーセージ 1305, 1305
　'トルケスタニカ' 1305
クラルキア・アモエナ 385, 385
　'グランディフロラ' 385
グランサムツバキ 293, 293
グランドヒノキ ローソンヒノキを参照 364-65, 364
クランプパーク セイヨウカンボクを参照 1468, 1468
クランベリー 1453
クリアントゥス属 394
グリークセージ 1302, 1302
クリーピング ベルフラワー 322
クリーピング オレガノ 957, 957
クリーピング タイム 1415, 1415
　'アルビフロルス' 1415, 1415
クリーピング ボリジ 242
クリーピング ワイルドタイム 1416
　'アニー ホール' 1416
　'ヴェイ' 1416, 1416
　'スノー ドリフト' 1416, 1416
　'ピンク チンツ' 1416, 1416
　'ラセッティング' 1416, 1416
　'レインボウ フォールズ' 1416
グリーンネックレス 1335
グリーンボトルブラシ 286, 286
クリヴィア・ミニアタ・キトリナ 395, 395
　'ヴィーコ イエロー' 395, 395
　'カーステンボッシュ イエロー' 395, 395
クリ'オーレオマルギナタ' ヨーロッパグリ'ワリエガタ'を参照 339
クリオザサ 1316
　'アウレオストリアタ' 1316
　'アルボストリアタ' 1316
クリ交雑品種 339
クリ'コロッサル' 339

クリサンテムム・ウェイリキイ 376, 376
　'ピンク バン' 376
　'ホワイト バン' 376
クリサンテムム・グランディフロルム 375-76
クリサンテムム・グランディフロルム アザミまたはブラシ 376
クリサンテムム・グランディフロルム アネモネ 375
　'イエロー ペンニン オリエル' 375
　'ウェルドン' 376
　'オーサム' 376
　'サニー ル マン' 375, 375
　'スコアー' 375, 375
　'デイズ エンド' 375
　'トゥシェ' 376
　'パウダー パフ' 375
　'ペンニン オリエル' 375
　'ペンニン マリー' 375
クリサンテムム・グランディフロルム 羽柄 375
　'ペンニン フルート' 375
クリサンテムム・グランディフロルム 屈曲 375
　'フィジー' 375, 375
　'ユーロ' 375, 375
ロビン／'ヨロビ' 375
クリサンテムム・グランディフロルム 蜘蛛 375
　'イエロー ナイト' 375
　'ダスキー クイーン' 375
　'ミックスド スパイダー' 375, 375
クリサンテムム・グランディフロルム スプーン 375
　'イエロー ビアリッツ' 375
　'エネルギー タイム' 375
　'シトリン' 375
　'セミノール' 375
　'ダブリン' 375
クリサンテムム・グランディフロルム 整正の湾曲 375
　'ヘザー ジェームズ' 375
クリサンテムム・グランディフロルム 装飾的 375
　'ウェンディー' 375
　'サーモン マーガレット' 375
　'ストーム キング' 375
　スンドロ／'ヨスル' 375
　バーバラ／'ヨバラサラ' 375
　'フォーチュン' 375
　'マーガレット' 375
　'レッド ヘッドライナー' 375
　'ワイルドファイヤー' 375
クリサンテムム・グランディフロルム その他 376
　'アプリコット シュースミス サーモン' 376
　'アンゴラ' 376
　'アンバー イヴォンヌ アルノー' 376
　'イーストリー' 376
　'イヴォンヌ アルノー' 376
　'イエロー ジョン ヒューズ' 376
　'ウェルドン' 376
　'ゴールデン カサンドラ' 376
　'サーモン フェアリー' 376
　'サウスウェイ スワン' 376
　'サテン ピンク ジン' 376
　'ジョージ グリフィス' 376
　'ダーク メイフォード パーフェクション' 376
　'チェリー ナタリー' 376
　'トゥシェ' 376

'パープル ペンニン ワイン'
 376
'ハーレキジン' 376, *376*
'ビーコン' 376
'ピンク ジン' 376
ブラボ／'ヤブラボ' 376
'フロー クーパー' 376
'ブロンズ カサンドラ' 376
'ブロンズ フェアリー' 376
'ペンニン アルフィー' 376
'ペンニン シグナル' 376
'ペンニン レース' 376
'マックス ライリー' 376
'マドレーヌ' 376
'マンケッタ ブライド' 376
'ミス マディ' 376
'メイヴィス' 376
'ライヌーン' 376
'レモン フィジー' 376, *376*
'ロイ クーブランド' 376
'ローズ メイフォード
 パーフェクション' 376
クリサンテムム・グランディフロル
 ム 中間湾曲 375
 'プリムローズ アロウィーズ'
 375
 'ロイヤル タッチ' 375
クリサンテムム・グランディフロルム
 一重と半八重 375
 'アンバー エンビー ウェデイング'
 375
 'アンバー スウィングタイム'
 375
 'オレンジ ウィンブルドン' 375
 'ゴールデン メガタイム' 375
 'スプレンダー' 375
 'スプレンディッド レーガン'
 375
 'タイガー' 375, *375*
 'トレイシー' 375
 'バックアイ' 375
 'ボーザー' 375, *375*
 'メガタイム' 375, *375*
クリサンテムム・グランディフロルム
 不整形の湾曲 375
 'ゴールド クリーメスト'
 375, *375*
 'シャムロック' 375
 'パラセイド' 375
 'リバート' 375, *375*
クリサンテムム・グランディフロルム
 ポンポン 375
 'カリヨン' 375
 'チアーズ' 375
 'ピンポン' 375
 'フロレ' *375*
クリサンテモイデス属 374
クリ'シュレーダー' 339
クリ'スキオカ' 339
クリスマスカクタス 1324
クリスマスベル 239
クリスマスローズ 691, *691*
 'ポッター ホイール' 691
 'ホワイト マジック' 691
クリスマスローズ属 690-91
グリセリニア・リットラリス 657,
 657
 'ディクソンズ クリーム' 657
 'ワリエガタ' 657
グリセリニア・ルキダ 657
 'ワリエガタ' 657
グリセリニア属 657
クリ属 339
クリソケファルム属 376
クリソゴヌム属 376
クリソタムヌス属 377
クリソフィルム属 377

クリソレピス属 376-77
クリトストマ属 396
クリヌム・ボウエリイ 434
 'アルブム' 434, *434*
クリ'ネヴァダ' 339
クリノデンドロン属 433-34
クリプタントゥス ブラック
 ミスティック グループ 438
クリプタントゥス・ロセウス'マリアン
 オッペンハイマー' 438, *438*
クリプタントゥス属 438
クリプタントゥス'レインボウ スター'
 438, *438*
×クリプトベルギア属 439
×クリプトベルギア'レッド
 バースト' 439
クリンザクラ プリムラ・ポリアンサ
 を参照 1082
クリンソウ 1081, *1081*
 'ヴァレー レッド' 1081, *1081*
 'ポストフォード ホワイト' 1081
グリンデリア属 656-57
クルシア・ランケオラタ 396, *396*
 'アルバ' 396
クルシア属 395
クルソニア属 657
クルマバソウ 624
クルマバソウ属 197
クルマミズキ ミズキを参照 415,
 415
クルミ属 768-69
グレイア属 656
クレイトニア属 385
クレイニア属 779-90
クレイワトル 76, *76*
グレウィレア・ウィックハミイ 653,
 653
グレウィレア・トレウエリアナ 653,
 653
グレウィレア・ブロンウェナエ
 649, *649*
グレウィレア・ユニペリナ 651, *651*
 'モロングロ' 651
 'ルーナ ライト' 651
グレウィレア・ラワンドゥラケア
 651, *651*
グレウィレア'アイバンホー' 655
グレウィレア'イーブリンズ
 コロネット' 655
グレウィレア'ウィンター
 スパークルス' 654
グレウィレア'ウィンパラ ジェム'
 655, *655*
グレウィレア'オーストラフローラ
 ペンダント クラスターズ' グレ
 ウィレア'ペンダント クラスター
 ズ'を参照 655
グレウィレア'オーストラフローラ ルー
 ナ ライト' グレウィレア・ユニ
 ペリナ'ルーナライト'を参照 651
グレウィレア'オレンジ マーマレード'
 655
グレウィレア'キャンベラ ジェム'
 655, *655*
グレウィレア'グラーニャ グローリー'
 655
グレウィレア'クリアビュー デイビッド'
 655
グレウィレア'クリアビュー ロビン'
 655
グレウィレア'クロスビー モリソン'
 655, *655*
グレウィレア交雑種種 653-55
グレウィレア'ココナット アイス'
 654
グレウィレア'サンドラ ゴードン'
 654

グレウィレア'シド レナルズ'
 655
グレウィレア'シルビア' 654,
 654
グレウィレア'スカーレット スプライト'
 655, *655*
グレウィレア'スパーブ' 654,
 654
グレウィレア属 648-55
グレウィレア トゥースブラッシュ
 グループ 655
グレウィレア'ネッド ケリー'
 グレウィレア'メイソンズ
 ハイブリッド'を参照 654, *654*
グレウィレア'ノエリイ' 655
グレウィレア'ハニー ジェム'
 654, *654*
グレウィレア'パルフェ クレーム'
 654
グレウィレア バンクシイ グループ
 654
グレウィレア'ファンファーレ'
 655, *655*
グレウィレア'ブーンガラ・
 スパインビル' 655
グレウィレア'ブルックベール
 レティシア' 655
グレウィレア'ブロンズ ランブラー'
 655
グレウィレア'ペノラ' 655
グレウィレア'ペンダント
 クラスターズ' 655
グレウィレア'ポーリンダ
 エンサイン' 655
グレウィレア'ポーリンダ クイーン'
 655
グレウィレア'ポーリンダ
 コンスタンス' 655
グレウィレア'ポーリンダ
 スティーブン' 655
グレウィレア'ポーリンダ
 トランキュリティ' 655
グレウィレア'ポーリンダ
 ビバシティ' 655
グレウィレア'ポーリンダ
 ビューティー' 655
グレウィレア'ポーリンダ
 ファイヤーバード' 655
グレウィレア'ポーリンダ リーン'
 655
グレウィレア'ポーリンダ レイチェル'
 655
グレウィレア'ポーリンダ ロンドー'
 655
グレウィレア'ミスティ ピンク'
 654, *654*
グレウィレア ミセレイニアス・
 グループ 655
グレウィレア'ムーンライト' 654,
 654
グレウィレア'メイソンズ
 ハイブリッド' 654, *654*
グレウィレア'メリンダ ゴードン'
 655
グレウィレア ロスマリニフォリア・
 グループ 654
グレウィレア'ロビン ゴードン'
 654, *654*
グレウィレア'ロング ジョン' 655,
 655
グレーアルダー 131
 'オーレア' 131
 'ペンドゥラ' 131
 'ラキニアタ' 131
グレープアイビー 380
 'エレン ダニカ' 380
 'マンダナ' 380

グレーフィグ 604, *604*
クレオメ・セスクイオリガリス
 392, *392*
 'ヘレン キャンベル' 392
クレオメ・セスクイオリガリス
 クイーン シリーズ 392
 'チェリー クイーン' 392
 'パープル クイーン' 392
 'ピンク クイーン' 392, *392*
 'モーブ クイーン' 392
 'ルビー クイーン' 392
 'ローズ クイーン' 392
クレスケンティア属 433
グレディツィア・カスピカ 641
 'ナナ' 641
クレベランドセージ 1301, *1301*
 'ウィニフレッド ギルマン' 1301
クレマティス ヴィティケッラ
 グループ 392
クレマティス ラヌギノサ
 グループ 390
クレマティス アークティック
 クイーン／'エヴィトゥー' 389
クレマティス・アルピナ 387
 'ジャックリーン ドゥ プレ' 387
 'フランシス リヴィス' 387
 'ホワイト コロンバイン' 387
クレマティス・アロマティカ 387,
 387
クレマティス・インテグリフォリア
 388
クレマティス・エリオステモン
 387, *387*
クレマティス・キイサネンシス 387
 'モニカ' 387
 'ラブ チャイルド' 387, *387*
 'レモン ベルズ' 387
クレマティス・キロサ・
 プルプラスナンス 387
 'フレックルズ' 387
クレマティス・ジュイニアナ 388
 'プラエコクス' 388
クレマティス×ドゥランデイイ 387
クレマティス・トゥブロサ 389,
 389
 アラン ブルーム／'アルボ'
 389
クレマティス・トリテルナタ 389
 'ルブロマルギナタ' 389
クレマティス・パニクラタ 388,
 388
クレマティス・ヘラクレイフォリア
 388
 'ニュー ラブ' 388
クレマティス・マンジュリカ 388,
 388
クレマティス・モンタナ・ルベンス
 388
 'エリザベス' 388, *388*
 'テトローズ' 388
 'マージョリー' 388, *388*
クレマティス・モンタナ 388
 'スノーフレイク' 388
クレマティス・ラヌギノサ 388
クレマティス・リベレーション／
 'エヴィファイブ' 392
クレマティス・レーデリアナ 389
クレマティス・レクタ 533
クレマティス・アーリー
 センセーション' 389-90, *390*
クレマティス'アイヴァン オルソン'
 392
クレマティス'アヴァランシュ'
 389-90
クレマティス'麻生' *391*
クレマティス'アラナー' 390
クレマティス'アラベラ' 389

クレマティス'アルバ
 ラグジュアリアンス' 392
クレマティス アングループト
 ハイブリッド 392
クレマティス'ヴィヴィアン ペネル'
 391
クレマティス'ウィル グッドウィン'
 390
クレマティス'ヴェノーザ
 ヴィオラセア' 392
クレマティス'ウォルター ペネル'
 391
クレマティス'エトワール
 バイオレット' 392
クレマティス'エトワール ロゼ'
 392, *392*
クレマティス'エルザ スペイス'
 390, *391*
クレマティス'カーナビー' 390
クレマティス'ガーンジー クリーム'
 391
クレマティス'柿生' *391*
クレマティス'カリッシマ' 390
クレマティス'キャロライン' 390
クレマティス'クックス' 392
クレマティス'グレープタイ
 ビューティー' 392
クレマティス交雑種 389-92
クレマティス'コンテス ド ブシャール'
 390, *390*
クレマティス'ザークシーズ'
 クレマティス'エルザ スペイス'
 を参照 390, *391*
クレマティス'ザ ファースト
 レディー' 392
クレマティス'ザ プレジデント'
 390-92, *391*
クレマティス'サンセット' *390*
クレマティス'ジプシー クイーン'
 390
クレマティス'ジャックマニー'
 390
クレマティス ジャックマニー・
 グループ 390
クレマティス'ジャックマニー
 スペルバ' 390
クレマティス'ジュウリ' 389
クレマティス'ジリアン ブレイズ'
 390, *391*
クレマティス'シルバー ムーン'
 390, *391*
クレマティス'スノー クイーン'
 391
クレマティス属 386-92
クレマティス'ダッチェス オブ
 アルバニー' 389
クレマティス'ダッチェス オブ
 エジンバラ' 389
クレマティス'ダニエル デロンダ'
 391
クレマティス ディヴェルシフォリア
 グループ 389
クレマティス テクセンシス
 グループ 392
クレマティス'天塩' *389*
クレマティス'ドクター ルッペル'
 390, *391*
クレマティス'ニオベ' 390, *390*
クレマティス'ネリー モーザー'
 390
クレマティス'ハグレー
 ハイブリッド' 390
クレマティス'パステル プリンセス'
 392, *392*
クレマティス パテンス グループ
 390-92

クレマティス'ビーズ ジュビリー'
　390, 391
クレマティス'ピスタチオ／
　エヴィリダ' 389, 389
クレマティス'ヒブリダ
　シェボルディー' 390, 391
クレマティス'ビューティー オブ
　ウスター' 390
クレマティス'ビル' 391
クレマティス'ピンク ファンタシー'
　390
クレマティス'ファイヤーワークス'
　390, 391
クレマティス フォルステリ・
　グループ 389-90, 390
クレマティス'藤娘' 391
クレマティス'プリンセス ダイアナ'
　392
クレマティス'ブルー ジャイアント'
　アルビナ・クレマティス'フラン
　シス リヴィス'を参照 387
クレマティス'ブルー バード'
　389
クレマティス'ブルー ボーイ'
　389
クレマティス'ブルー ラビーン'
　390
クレマティス'ブレキトニイ
　アニオル' 390
クレマティス'プロテウス' 389
クレマティス フロリダ グループ
　389
クレマティス'ベス カリー' 391
クレマティス'ペリンズ プライド'
　392
クレマティス'ベル オブ
　ウォーキング' 389
クレマティス'ヘルシングボリ'
　392
クレマティス'ベルル ダジュール'
　390, 390
クレマティス'ヘレン クロッパー'
　391
クレマティス'ヘンリー' 390
クレマティス'ポリッシュ スピリット'
　392
クレマティス'マークハミー'
　ダウニー・クレマティス'マーカ
　ムズ ピンク'を参照 388, 388
クレマティス'マスカレード' 392
クレマティス'マダム ジュリア
　コレヴァン' 392, 392
クレマティス'マダム
　バロン-ヴェイラード' 390
クレマティス'マダム ル コルトレ'
　クレマティス'マリー ボアズロ'
　を参照 390
クレマティス'マリー ボアズロ'
　390
クレマティス'マルチ ブルー'
　391
クレマティス'ミス クローシェイ'
　392
クレマティス'ミス ベイトマン'
　390, 391
クレマティス'ミセス N. トムソン'
　390, 391
クレマティス'ミセス P. B.
　トルークス' 391
クレマティス'ミセス ジョージ
　ジャックマン' 391
クレマティス'ミセス チャムリー'
　390
クレマティス'ミセス ブッシュ'
　391
クレマティス'ムーンビーム'
　389-90, 390

クレマティス'メヌエット' 392
クレマティス'ラザースターン'
　390
クレマティス'ラプソディー' 391
クレマティス'ラモナ'
　クレマティス'ヒブリダ シェボ
　ルディ'を参照 390, 391
クレマティス'リチャード ペンネル'
　390-92, 391
クレマティス'ルイーズ ローワー'
　389
クレマティス'ルーテル' 390
クレマティス'ルナー ラス'
　389-90
クレマティス'ルビー グロー'
　391
クレマティス'レディー キャロライン
　ネヴィル' 391
クレマティス'レディー ベティー
　バルフォア' 392
クレマティス'ロイヤリティー' 392
クレマティス'ローソニア' 390, 391
クレマティス'ロード ネヴィル'
　390
クレロデンドルム・キネンセ 393
　'プレニフロルム' 393, 393
クロイゲイボタ 820
クロウェア属 437-38
クロウメモドキ属 1138-39
クロエジア属 395
グローブ・ガーリック 128, 128
クロガシワ 1128
クロガヤ属 622
クロギボウシ 710, 710
　'サム アンド サブスタンス'
　710, 710
グロクシニア・シルワティカ 644, 644
　'ボリビアン サンセット'
　644, 644
グロクシニア・ベレニス 643
グロクシニア 1342
　'キス オブ ファイヤー' 1343
　'ブーンウッド イエロー バード'
　1343
　'ブエルズ クィーン ビー' 1343
グロクシニア属 643
グロクシニア ローン ハイブリッド
　1342, 1343, 1343
　'サンセット' 1342
　'チャイナ ローズ' 1342
クロクス・アングスティフォリウス
　435
クロクス・クリサントゥス 435
　'E. A. ボウルズ' 435
　'ブルー パール' 435
　'レディーキラー' 435
クロクス・シエベリ・スプリミス'ト
　リコロール' 436
クロクス・シエベリ 436
　'ヒューバート エデルステン'
　436
　'ボウルズ ホワイト' 436
クロコスミア・マソニオルム 435, 435
　'ロワレイン イエロー'
　435, 435
クロコスミア交雑品種 435
クロコスミア'シトロネラ' 435
クロコスミア'スター オブ ジ
　イースト' 435
クロコスミア属 434-35
クロコスミア'ソルファタラ'
　ヒメヒオウギズイセン
　'ソルファタレ'を参照 435

クロコスミア'ノリッジ カナリー'
　435
クロコスミア'ルシファー' 435
クロコスミア'レディー マッケンジ
　ー' ヒメヒオウギズイセン'エミ
　リー マッケンジー'を参照 435
クロスグリ 1206
　'コロラトゥム' 1206
　'ジェット' 1206
　'ブラック ビューティー' 1206
　'ベン コナン' 1206, 1206
　'ベン ロモンド' 1206
　'ボスコープ ジャイアント' 1206
黒太刀 134, 134
クロダネカボチャ 441
クロタネソウ 934, 934
　'ミス ジーキル' 934, 934
クロチク 1036, 1036
　'ヘノン' 1036
　'ボリー' 1036
　'メグロチク' 1036
クロツグ 181, 181
クロツグ属 181
クロッサンドラ ヘリトリオシベを
　参照 437, 437
グロッティフィルム属 643
グロッパ・ウィニティイ 642
グロッパ属 642
クロトン 398-99
　'エヴェリン チルコット'
　398-99, 399
　'エレイン' 398-99, 399
　'グルソニイ' 398-99, 399
　'フィリップ ゲジュルディッグ'
　398-99, 399
　'ペトラ' 398-99, 399
　'レディー バルフォー' 398-99
クロトンノキ属 398
クロトンモドキ 647, 647
クロナミギボウシ 708
　'ヴァリエゲイテッド' 708, 708
クロバトベラ 1055, 1055
　'アイリーン パターソン' 1055
　'イーリア カイトリー' 1055
　'ヴァリエガトゥム' 1055
　'ウォーナム ゴールド' 1055
　'ジェームス スターリン' 1055
　'デボラ' 1055
　'トム サム' 1055, 1055
　'マジョリー シャノン' 1055
　'ライムライト' 1055
クロバトベラ'サンバースト' クロ
　バトベラ'イーリア カイトリー'
　を参照 1055
クロバナイリス 696, 696
クロバナイリス属 696
クロバナエンジュ イタチハギを
　参照 147, 147
クロバナエンジュ属 147
クロバナエンレイソウ アメリカエ
　イレンソウを参照 1430, 1430
クロバナフウロ 634, 634
　'アルバム' 634
　'リリー ラベル' 634, 634
クロバナロウバイ
　(Calycanthus fertilis) 291
　'ナヌス' 291
　'パーピュレウス' 291
クロバナロウバイ(Calycanthus
　floridus) ニオイロウバイを参照
　291, 291
クロバナロウバイ属 291
グロブラリア・ヌディカウリス
　642, 642
グロブラリア属 642
クロベ ネズコを参照 1413, 1413

グロボーサ 98, 98
クロホシオオアマナ 958, 958
クロマツ 1051
　'ツカサ' 1051
　'マジェスティック ビューティ'
　1051
クロミキイチゴ 1284
　'カンバーランド' 1284
　'ジュエル' 1284
　'ソドス' 1284
　'ブランディーワイン' 1284
　'ムンゲル' 1284
　'モリソン' 1284
クロミグワ 904, 904
クロミドームヤシ 722, 723
クロミノニシゴリ 1386, 1386
クロモジ属 825
クロヤナギ ネコヤナギ'メラノス
　タキス'を参照 1297, 1297
クロヤマナラシ 1073, 1073
　'イタリカ' 1073, 1073
　'ロンバルディ ゴールド' 1073
クロユリ 614, 614
クロヨナ 1071
クロヨナ属 1071
グロリオサ属 643
クロロフィトゥム・ラクスム
　'ビケティー' 373
クワ 904
　'ウェノサ' 904
　'ブンゲアナ' 904
　'ペンドゥラ' 904, 904
クワガタソウ属 1461-63
クワガタソウ'ハグレイ'
　ヘリオヘーベ'ハグリーパーク'
　を参照 688-89
クワガタソウ'ブルー ジャイアン
　テス' ベロニカ・ロンギフォリア
　'ブラウリージン'を参照 1462
クワガタソウ'レッド フォックス'
　ヒメルリトラノオ'ロートフックス'
　を参照 1463
クワガタノキ ジェルトンを参照
　519, 519
クワズイモ属 132-33
クワ属 904
クワノオウ属 369-70
クワンドン 1310, 1310
群玉 599, 599
クンショウギク ガザニアを参照
　627, 627
クンシラン 395
　'オーレア' 395
　'ストリアタ' 395, 395
　'フレーム' 395
　'メゲン' 395, 395
クンシラン属 394-95
クンゼア属 783
グンネラ・マニカタ 657, 657
グンネラ属 657-58
ケアノトゥス・アルボレウス 346, 346
　'トレウィセン ブルー' 346
　'ミスト' 346
ケアノトゥス・グリセウス 347
　'カート ザルニク' 347
　'サンタ アナ' 347
　'ダイヤモンド ハイツ' 347
　'ハリケーン ポイント'
　347, 347
　'ヤンキー ポイント' 347
ケアノトゥス・グロリオスス 346-47
　'アンカー ベイ' 346, 346-47
ケアノトゥス'A .T .ジョンソン'
　348
ケアノトゥス'イタリアン スカイズ'
　348, 348

ケアノトゥス'エドワーズィー' 348
ケアノトゥス'オータムナル ブルー'
　348
ケアノトゥス'カスケード' 348
ケアノトゥス'カンカ' 348
ケアノトゥス交雑品種 348-49
ケアノトゥス'ザンジバル'
　ケアノツス'パーショアー
　ザンジバル'を参照 348
ケアノトゥス'ジェンシャン
　ブルーム' 348
ケアノトゥス'ジュリア フェルプス'
　348, 348
ケアノトゥス'ジョイス コールター'
　348
ケアノトゥス'スノー フラリーズ'
　349
ケアノトゥス属 346-49
ケアノトゥス'ダーク スター' 348
ケアノトゥス'デライト' 348
ケアノトゥス'パークウッディー'
　348
ケアノトゥス'パーショアー
　ザンジバル' 348
ケアノトゥス'ピュジェ ブルー'
　348-49
ケアノトゥス'ピン クッション'
　348, 348
ケアノトゥス'ブルー クッション'
　348, 348
ケアノトゥス'ブルー サファイア'
　348, 348
ケアノトゥス'ブルー ジーンズ'
　348
ケアノトゥス'ブルー マウンド'
　348
ケアノトゥス'フロスティー ブルー'
　348
ケアノトゥス'レイ ハートマン'
　349
ケアリトゥス・デリレアヌス 346
　'グルワール ドゥ ヴェルサイユ'
　346, 346
　'スティーンベルギー' 353, 353
　'トパーズ' 346
ケアップル 511, 511
ゲイエラ属 628
ゲイソイス属 628
ケイトウ属 352
ケイバ・ペンタンドラ 350, 350
ケイバ属 350-51
ケイラントゥス ニオイアラセイトウ
　を参照 561
ケイランテス属 369
ケイドプシス属 369
ゲウイナ属 638
ゲウム・キロエンセ 637
　'ヴェルナー アーレンズ'
　637, 637
ゲウム・トリフロルム 637
ゲウム・リワレ 637
　'レオナルディイ' 637
ゲウム交雑品種 637
ゲウム'コパトーン' 637, 637
ゲウム'スタカーズ マグニフィカム'
　637
ゲウム'タンジェリン' 637
ゲウム'ビーチ ハウス
　アプリコット' 637, 637
ゲウム'ファイヤー オパール'
　637
ゲウム'ボリシー' ゲウム・キロエ
　ンセ'ヴェルナー アーレンズ'
　を参照 637, 637
ゲウム'ミセス J. ブラッドショー'
　637

ゲウム'レオナルドズ バラエティー' ゲウム・リヴァレ'レオナルディ'を参照 637
ゲウム'レディ ストラセデン' 637
ケーパー 326, *326*
ケープアイビー 1335
'ワリエガトゥス' 1335
ケープチェスナット 290, *290*
ケープフクシア 1033
ケール 野生キャベツ アケファラ グループを参照 255, *255*
ゲオヒントニア・メキシカナ 631
ゲオヒントニア属 631
ケキエラ属 778
ケクロピア属 349
ケシ 981
'ヘン&チキン' 981
'ホワイト クラウド' 981
ケジギタリス 500
ケシ属 979-81
ケシバナアオイ 283
ケショウサルビア ブルーサルビアを参照 1302, *1302*
ケストゥルム・エレガンス 362, *362*
'スミティー' 362, *362*
ケストルム属 362
ケストルム'ニュウェリー' 362
ケスネリア・マルモラタ 1129
ケスネリア属 1128-29
ケチョウセンアサガオ 476
'イブニング フレグランス' 476, *476*
月華玉 994
ゲッカコウ 1066, *1066*
'ザ パール' 1066
ゲッカコウ属 1066
月下美人（*Epiphyllum oxypetalum*）543, *543*
月下美人（*Selenicereus grandiflorus*）1332
ゲッキツ 905, *905*
ゲッキツ属 905
ゲッキツ'バスライ' ムサ・アクミナータ'ドワーフ カヴェンディッシュ'を参照 905
ゲッケイジュ 800, *800*
'アウレア' 800
ゲッケイジュ属 800
月世界 544
ゲットウ（月桃）139, *139*
'ワリエガタ' 139
ケツルアズキ 1471
ケティカズラ 1425
'トリコロル' 1425, *1425*
'ワリエガトゥム' 1425, *1425*
ケドレラ属 349
ケドロネラ属 349
ケナフ アオイツナソを参照 701
ゲニスタ・サギタリス 629, *629*
ゲニスタ・ヒスパニカ 629, *629*
ゲニスタ・ピロサ 629, *629*
'ゴルディロックス' 629
'バンクーバー ゴールド' 629
ゲニスタ・リディア 629, *629*
ケノポディウム属 370
ケファロケレウス属 356
ケファロフィルム属 356
ケファロフィルム'レッド スパイク' 356
ケフェルステイニア属 778
ケマンソウ 496, *496*
'アルバ' 496, *496*
ケミノヤマナラシ 1072, *1072*
ケムリノキ ハグマノキを参照 425, *426*

ケヤキ 1496, *1496*
'ヴィレッジ グリーン' 1496, *1496*
'グリーン ベース' 1496
'ゴブリン' 1496
ケヤキ属 1495-96
ケヤマハンノキ 131, *131*
ケラトザミア・ヒルダエ 359
ケラトザミア属 359
ケラトペタルム属 358
ゲラニウム×オクソニアヌム 634, *634*
'A. T. ジョンソン' 634
'クラリッジ ズルース' 634
'シャーウッド' 634
'レディ ムーア' 634, *634*
'ローズ クレール' 634, *634*
ゲラニウム×カンタブリギエンセ 632, *632*
'ケンブリッジ' 632, *632*
'ビオコボ' 632, *632*
ゲラニウム×マグニフィクム 633
ゲラニウム×リウェルレアイアヌム 635
'メイビス シンプソン' 635, *635*
'ラッセル プリチャード' 635
ゲラニウム・アスフォデロイデス 632
ゲラニウム・アルバヌム 631, *631*
ゲラニウム・イベリクム 633, *633*
ゲラニウム・インカヌム 633
ゲラニウム・ウェルシコロル 636, *636*
'スノウ ホワイト' 636, *636*
ゲラニウム・エンドレッシイ 632
'ウォーグレイブ ピンク' 632, *632*
ゲラニウム・カナリエンセ 632
ゲラニウム・キネレウム 632, *632*
'パープル ピロウ' 632
'バレリーナ' 632, *632*
ゲラニウム・グラキレ 632
ゲラニウム・クラルケイ 632, *632*
'カシミール ホワイト' 632
ゲラニウム・サングイネウム・ストリアトゥム 635, *635*
'スプレンデンス' 635
ゲラニウム・シルウァティクム 635, *635*
'アルバム' 635
'メイフラワー' 635, *635*
ゲラニウム・セシリフロルム 635
'ニグリカンス' 635, *635*
ゲラニウム・ダルマティクム 632, *632*
ゲラニウム・ハルウェイ 632-33
ゲラニウム・ヒマライエンセ 633, *633*
'グラベティ' 633, *633*
'プレナム' 633, *633*
'ベイビー ブルー' 633, *633*
ゲラニウム・ピレナイクム 634, *634*
ゲラニウム・ファレリ 632, *632*
ゲラニウム・フォリッキアヌム 636
'バクストンズ バラエティー' 636
ゲラニウム・プシロステモン 634
ゲラニウム・プラティペタルム 634
ゲラニウム・プラテンセ 634, *634*
'スプリッシュ スプラッシュ' 634, *634*
'ミセス ケンドール クラーク' 634, *634*
ゲラニウム・ボヘミクム 632, *632*

ゲラニウム・マクロリズム 633
'アルバム' 633, *633*
'イングワーセンズ バラエティ' 633, *633*
'クゼイコー' 633, *633*
'ベヴァンズ バラエティー' 633
ゲラニウム・マデレンセ 633, *633*
ゲラニウム・ランベルテイイ 633
'スワンズダウン' 633
ゲラニウム・レゲルリ 634-35, *634*
ゲラニウム・レナルディイ 635, *635*
ゲラニウム・ロブストウム 635, *635*
ゲラニウム'アン フォルカルド' 636, *636*
ゲラニウム交雑品種 636
ゲラニウム'シー スプレイ' 636
ゲラニウム'シュー クラッグ' 636, *636*
ゲラニウム'ジョンソンズ ブルー' 636, *636*
ゲラニウム'ニンバス' 636, *636*
ゲラニウム'バーチ ダブル' ゲラニウム・ヒマライエンセ 'プレナム'を参照 633, *633*
ゲラニウム'バクストンズ ブルー' ゲラニウム・ウォリッキアヌム 'バクストンズ バラエティー'を参照 636
ゲラニウム'パトリシア' 636, *636*
ゲラニウム'ピンク スパイス' 636
ゲラニウム'フィリップ バッペル' 636
ゲラニウム'フランシス グレイト' 636, *636*
ゲラニウム'ランブリング ロビン' 636, *636*
ゲラニウム ロザンヌ／'ガーワット' 636, *636*
ケリドニウム・マユス 370, *370*
'プロレ プレノ' 370
ケリンテ・マヨル 361
'プルプラセンス' 361, *361*
ケリンテ属 361
ケルキス・シリクアストルム 360, *360*
'ボドナント' 360
ケルキディフィルム・マグニフィクム 359
'ペンドゥルム' 359, *359*
ケルコカルプス属 360
ゲルセミウム属 628-29
ケルミシア属 351
ケレウス・ヒルドマンニァヌス 360-61
'モンストロッス' 360-61
ケロクラミス属 361
ケロペギア属 361-62
ケンタウレア・デアルバタ 353, *353*
ケンタウレア・ヒポレウカ 354
'ジョン クーツ' 354, *354*
ケンタッキーコーヒーノキ 662, *662*
'ワリエガタ' 662
ケンタッキーブルーグラス ナガハグサを参照 1063
ケンチャヤシ 714
ゲンティアナ・ウェルナ 631
ゲンティアナ・クルキアタ 630
ゲンティアナ・クルシイ 630
ゲンティアナ・サクソサ 631
ゲンティアナ・シノ-オルナタ 631
ゲンティアナ・セプテンフィダ 631

ゲンティアナ・テルニフォリア 631, *631*
ゲンティアナ・パラドクサ 630, *631*
ゲンティアナ・プンクタタ 630
ゲンティアナ・マカウライイ 630
'キングフィッシャー' 630
ゲンティアンセージ 1305, *1305*
'ケンブリッジ ブルー' 1305
ケントラデニア・イナニクイラテラリス 354
'カスケード' 354, *354*
ケントラデニア属 354
ケントロポゴン属 355
ケンネディア 778-79
ゲンペイカズラ ゲンペイクサギを参照 393
ゲンペイクサギ 393
ケンボナシ 714, *714*
ケンボナシ属 714
剣魔玉 660, *660*
ゲンリセア・ビオラセア 630, *630*
ゲンリセア属 630
コアヤメ シベリアアヤメを参照 743-44
コイシア'アズ ステカ パール' 374
コイシア属 373-74
コウアンビャクシン 771
'エクスパンサ' 771
'エクスパンサ ワリエガタ' 771, *771*
コウエンボク 1004, *1004*
コウオウソウ 1397
コウオウソウ アトランティス シリーズ 1397
コウオウソウ'アトランティス プリムローズ' 1397
コウオウソウ アンティグア シリーズ 1397
コウオウソウ'アンティグア ゴールド' 1397
コウオウソウ インカ シリーズ 1397
コウオウソウ ガール シリーズ 1397
コウオウソウ'ガール オレンジ' 1397
コウオウソウ クラッシュ シリーズ 1397
コウオウソウ ゲイト シリーズ 1397
コウオウソウ交雑品種 1397
コウオウソウ サファリ シリーズ 1397
コウオウソウ'サファリ イエロー' 1397
コウオウソウ'サファリ クィーン' 1397
コウオウソウ'サファリ スカーレット' 1397
コウオウソウ'サファリ レッド' 1397
コウオウソウ'ジョリー ジェスター' 1397, *1397*
コウオウソウ ゼニス シリーズ 1397
コウオウソウ属 1397
コウオウソウ ディスコ シリーズ 1397
コウオウソウ'ノーティ マリエッタ' 1397
ニウオウソウ'ハーモニー ボーイ' 1397
コウオウソウ'パイナップル クラッシュ' 1397

コウオウソウ ボーイ シリーズ 1397
コウオウソウ ボナンザ シリーズ 1397
コウオウソウ'ボナンザ ボレロ' 1397
コウオウソウ リトル ヒーロー シリーズ 1397
コウオウソウ'リトル ヒーロー イエロー' 1397
コウオウソウ'リトル ヒーロー オレンジ' 1397
コウオウソウ'リトル ヒーロー ファイヤー' 1397
コウカセッコク 483
ゴウシュウヘゴ 447, *447*
コウシュンフジマメ属 786
コウゾ属 260
ゴウダソウ 838, *838*
'ワリエガタ' 839
ゴウダソウ属 839
紅蛇丸 660, *660*
コウツボソウ 1314, *1315*
コウトウシラン 1361, *1361*
コウボク 852
コウホネ属 936
コウモリカズラ属 888
コウモリラン ビカクシダを参照 1058
コウヤカミツレ 160, *160*
'E. C. バクストン' 160
'ゴールデン レイズ' 160, *160*
'ソース オランデーズ' 160
'ワーグレイブ ヴァラエティ' 160, *160*
コウヤカミツレ'ミセス E. C. バクストン' コウヤカミツレ 'E. C. バクストン'を参照 160
コウヤカミツレ'ワーグレイブ' コウヤカミツレ'ワーグレイブ バラエティ'を参照 160, *160*
コウヤマキ 1325, *1325*
コウヤマキ属 1325
コウヤワラビ 952
コウヤワラビ属 952
コウヨウザン 442, *442*
'グラウカ' 442
コウヨウザン属 442
コウライダコ アロカシア・サンデリアナを参照 133
コウリバヤシ 424
コウリバヤシ属 424
荒涼丸 870, *870*
コエビソウ 775, *775*
'フルーツ カクテル' 775, *775*
コエレリア属 782
コエロギネ属 セロジネ（コエロギネの通称名）属を参照 399
コエンドロ属 414
コーカサスオーク 1125, *1125*
コーカサスキリンソウ 1331
'ドラゴンズ ブラッド' 1331, *1331*
'ワリエガトゥム' 1331, *1331*
コーカサスケヤキ 1496, *1496*
コーカサスサワグルミ 1107, *1107*
コーカサスジャーマンダー 1407, *1407*
コーカサストウヒ 1041, *1041*
'アウレオスピカタ' 1041
'コネチカット ターンパイク' 1041, *1041*
コーカサスマツムシソウ 1320
'アルバ' 1320, *1320*
'クライヴ グリーヴス' 1320, *1320*
'ナハトファルテル' 1320

'ピンク レース' 1320, *1320*
'ファマ' 1320, *1320*
'ブレッシンガム ホワイト' 1320
'フローラル クィーン' 1320
'ミス ウィルモット' 1320
コーカサスモミ 70
　'ゴールデン スプレッダー' 70, *70*
コークスウッド 263, *263*
コーストマイオール 73, *73*
ゴーツルー 623
ゴーディア属 646
コーヒーノキ 400, *400*
コーヒーノキ属 400
コーベルキリン 瑠璃塔を参照 584, *584*
コーラルプラント 229, *229*
ゴールデンオレガノ ワイルドマジョラム'アウレウム'を参照 957, *957*
ゴールデングローブチューリップ 289
ゴールデンスパニヤード 93
ゴールデンヤーロー 557
ゴールデンリースワトル 79
ゴールデンレインアカシア 78
ゴールデンロッド 1351, *1351*
ゴールデンワトル 78, *78*
ゴールドダストワトル 72, *72*
　'ルビー ティップス' 72
ゴールドチップボトルブラシ 285, *285*
　'ピーク ダウンズ' 285
コールラビ 野生キャベツ ゴンギュロデス グループを参照 256
コカナダモ属 534
コガネグルマ 376
コガネタケヤシ ヤマドリヤシを参照 519, *519*
コガネバナ 1327
コガマ 1445, *1445*
コキンバイ 1482, *1482*
コキンバイザサ属 723
コキンバイ属 1482
コキンレイカ 992
黒王丸 410, *410*
コクサギ 957, *957*
コクサギ属 957
黒牡丹 183, *183*
ゴクラクチョウカ 1375, *1375*
　'カーステンボッシュ ゴールド' 1375, *1375*
　'マンデラズ ゴールド' 1375, *1375*
コクレアンテス属 397-98
コクロスペルムム属 398
コクワ サルナシを参照 96
コケイラクサ ベビーティアーズを参照 1349, *1349*
コケマンテマ 1340
コケミエア属 397
コケモモ 1454, *1454*
コゴメウツギ 1371, *1371*
　'クリスパ' 1371, *1371*
コゴメウツギ属 1371-72
ココヤシ 398, *398*
　'ニーノ' 398
　'パナマ トール' 398, *398*
　'マレー ドワーフ' 398, *398*
ココヤシ属 398
ゴサンチク 1035
　'コイ' 1035
　'フラベスケンス インベルサ' 1035
　'ホロクリサ' 1035
ゴシアオイ 380, *380*
コシキブ コムラサキを参照 283

ゴシュユ 1406, *1406*
コショウ 1052, *1052*
コショウ属 1052
コショウボク 1322
コストマリー 1399
コスモス センセーション・シリーズ 425
　'センセーション ラディアンス' 425
コスモス ソナタ シリーズ 425
　'ソナタ カーマイン' *425*
　'ソナタ ピンク' *425*
　'ソナタ ホワイト' 425, *425*
　'キャンディーストライプ' 425
　'スウイート ドリーム' 425
　'ダズラー' 425
　'ピコティー' 425
コスモス 425, *425*
コスモス属 424-25
ゴゼンタチバナ 415, *415*
五大州 660, *660*
コダカラソウ 776
コダチダリア 466, *466*
コダチチョウセンアサガオ 261, *261*
　'ナイティイ' 261
コダチトマト 1346
コダチヤハズカズラ 1414
コタニワタリ 198, *198*
　'クリステイタム' 198
　'クリスパム スペシオサム' 198, *198*
　'クリスパム ボルトンズ ノビル' 198
　'ケイズ ラセレイテッド' 198
コチョウセッコク 481
コチョウセンナ ジャワセンナを参照 337
コチョウソウ シザンサスを参照 1323, *1323*
黒鬼城 964
コックスパーホーソン 432, *432*
コットンラベンダー 1310, *1310*
　'プリティ キャロル' 1310
　'レモン クィーン' 1310
コティヌス'グレース' 426, *426*
コティヌス属 426
コティヌス'フレーム' 426
コティレドン属 428-29
コデマリ 1363, *1363*
　'フロレ プレノ' 1363, *1363*
コデマリ'ランケアタ' コデマリ 'フロレ プレノ'を参照 1363, *1363*
コトゥラ属 428
コトネアステル・ウァテレリ 428
コトネアステル・ウァテレリ 'コルヌビア' ツリーコトネアスター 'コルヌビア'を参照 427, *427*
　'ジョン ウォーターラー' 428
コトネアステル・ウァテレリ 'ロスチルディアヌス' *Cotoneaster salicifolius*'ロストゥルディアヌス'を参照 428
　'エクスプリエンシス' 428
　'ヘルプストヒューアー' 428
　'レペンス' 428
　'ロスチルディアヌス' 428
コトネアステル'オータム ファイヤー' *Cotoneaster salicifolius* 'ヘルブストヒューアー'を参照 428
コトネアステル属 426-28
コトネアステル'ハイブリドゥス ペンドゥルス' 427
コトリトマラズ メギを参照 231

コナラ属 1122-28, *1122*
コヌカグサ アグロスチス・ネブロサを参照 119
コノクリニウム属 406
コノスティリス属 407
コノスペルムム属 407
コノテガシワ 1058, *1058*
　'アウレア ナナ' 1058, *1058*
　'エレガンティシマ' 1058
　'バラトン' 1058, *1058*
　'メルデンシス' 1058
　'ロゼダリス' 1058
コノテガシワ属 1058
コノフィトゥム属 406-7
コバエア属 396
コバギボウシ 711, *711*
　'ウォゴン' 711
　'クロッサ クリーム エッジ' 711, *711*
琥珀玉 829
コバテイン モモタマナを参照 1405, *1405*
コバナノタツナミ タツナミソウを参照 1328
コバノイシカグマ属 488
コバノセンナ 1336, *1336*
コバノナンヨウスギ シマナンヨウスギを参照 172, *172*
コバノハシドイ 1387
　'スージアナ' 1387
コバノバルサムモミ 69, *69*
コバノミツバツツジ 1157
コバンソウ 259, *259*
　'ルブラ' 259
コバンソウ属 259
ゴバンノアシ 220, *220*
コバンボダイジュ 602, *602*
コピアポア属 409-10
コヒガンザクラ 1099
　'アウトゥムナリス' 1099
　'ステラタ' 1099
　'ペンドゥラ' 1099, *1099*
　'ペンドゥラ ロゼア' 1099, *1099*
コブカエデ 83, *83*
　'エルスリジェク' 83
　'カーニバル' 83
　'クイーン エリザベス' 83
　'シュウェリニイ' 83
コブシ 851, *851*
コプシア属 782-83
コプロスマ・アケロサ 410
　'ロブスター' 410, *410*
コプロスマ・キルキイ 410
　'ケルキイ ワリエガタ' 410, *410*
コプロスマ・ルゴサ 411, *411*
　'クリアーウオーター ゴールド' 411
コプロスマ・レペンス 411
　'イヴォンヌ' 411
　'ピクトゥラタ' 411
　'ペインターズ パレット' 411
　'マーブル クイーン' 411
　'ワリエガタ' 411, *411*
コプロスマ'カパーシャイン' 410
コプロスマ属 410-11
ゴボウ 174
ゴボウ属 174
ゴマ 1338
ゴマギ 1469, *1469*
　'セネカ' 1469, *1469*
コマクサ 496
ゴマ属 1338
コマチフジ 672, *672*
　'ハッピー ワンダラー' 672
　'ミニハハ' 672, *672*

コマツナギ属 735
ゴマノハグザ属 1327
コマルバユーカリ 576
コミカンソウ属 1034
コミノクロッグ 181
コミヤマカタバミ 965
コムギ 1432, *1433*
コムギ属 1432-33
コムラサキ 283
　'イッサイ' 283
　'プルプレア' 283, *283*
コメガヤ 886-87
コメススキ 489
コメススキ属 489
コメツガ 1435
コメバナ 1044
　'ポン プチット' 1044, *1044*
コモウセンゴケ 514, *514*
コモチジャクヤシ 336
コモチケンチャヤシ シュロチクヤシを参照 1109, *1109*
コモチシダ属
コモチヒノキシダ 198
コモンスピードウェル 1462, *1462*
コモンスポッテッドオーキッド 465, *465*
　'クイックシャンク' 465, *465*
　'ラシェル' 465, *465*
コモンセージ 1304, *1304*
　'イクテリナ' 1305
　'エクストラクタ' 1305
　'トリコロル' 1305, *1305*
　'プルプラスケンス' 1305
　'プルプラスケンス ワリエガタ' 1305
　'プルプレア' 1305
　'ベルクガルテン' 1305
コモンタイム 1416
　'アウレウス' 1416
　'アルゲンテウス' 1416
　'エレクトゥス' 1416
　'コンパクトゥス' 1416
　'シルバー ポージイ' 1416
コモンマロウ ゼニアオイを参照 868
コヤブラン 828
　'シルバー ドラゴン' 828
ゴヨウマツ 1050, *1050*
　'アドコックス ドワーフ' 1050
コリアンダー 414, *414*
コリウス 1350
　'ウィンサム' 1350, *1350*
　'ウィンズレイ タペストリー' 1350, *1350*
　'ウォルター ターナー' 1350, *1350*
　'カンティグニイ ロイヤル' 1350, *1350*
　'キウイ フェン' 1350, *1350*
　'クリアーウオーター ゴールド' 1350, *1350*
　'クリムゾン ラッフルズ' 1350, *1350*
　'クリンクリイ ボトム' 1350, *1350*
　'グロリオサス' *1350*
　'ジュピター' 1350, *1350*
　'ソーラ エクリプス' 1350, *1350*
　'ディスプレイ' 1350, *1350*
　'ドラゴン シリーズ 1350
　'パイナップル ビューティ' 1350, *1350*
　'ブラック ドラゴン' 1350
　'フロッグフット パープル' 1350, *1350*
　'ホワイト フェザント' 1350, *1350*
　'ミュリエル ペドレイ' 1350, *1350*

レインボー シリーズ 1350
　'レインボー フリンジド ミックス' 1350
　'レモン ダッシュ' 1350, *1350*
コリノカルプス属 424
コリバス 419-20
コリファンタ属 424
コリンシア属 402
コリンビア属 422-23
コルキクム・スペキオスム 401, *401*
　'アルブム' 401, *401*
コルキクム'ウォーターリリー' 401
コルキクム'ザ ジャイアント' 401, *401*
コルキクム属 400
コルクウィチア属 782
コルクウィチア・アマビリス 782, *782*
　'ピンク クラウド' 782, *782*
コルクガシ 1127, *1127*
コルクホウニア属 403
コルシカミント 889
コルテア・メディア 404
　'カッパー ビューティー' 404, *404*
コルテア属 404
コルディア属 411
ゴルドニア・ラシアントゥス 647
コルヌス・セリケア 417, *417*
　'アイサンティ' 417, *417*
　'サンシャイン' 417, *417*
　'フラウィラメア' 417, *417*
コルブリナ属 403
×コルマナラ ワイルドキャット 'エグザイル' 402, *402*
×コルマナラ ワイルドキャット 'カーメラ' 402, *402*
×コルマナラ ワイルドキャット 'ジェンマ ウェブ' 402, *402*
×コルマナラ属 402
×コルマナラ ハイブリッド 402
コルムネア'アーリー バード' 403
コルムネア属 403
コレア・レフレクサ 419, *419*
　'ファット フレッド' 419
コレア'アイボリー ベルズ' 419
コレア交雑品種 419
コレア属 418-19
コレア'ダスキー ベルズ' 419, *419*
コレア'マニー' 419, *419*
コレア'マリアンズ マーベル' 419
コレオネマ属 401
コレオプシス・アウリクラタ 413
　'ナナ' 413
コレオプシス・グランディフロラ 413
　'アーリー サンライズ' 413
　'カリプソ' 413
　'ケルヴィン ハーバット' 413
コレオプシス・サングィネア 417
　'ウィンター ビューティー' 417
　'ミッドウィンター ファイヤー' 417, *417*
コレオプシス・ロセア 413
　'アメリカン ドリーム' 413, *413*
コレティア属 401
コレリア属 782
ゴレンシ 210, *210*
ゴレンシ属 210
コロカシア・エスクレンタ 402-3
　'フォンタネシイ' 402-3, *403*
　'ブラック マジック' 402-3

コロキア・ウィルガタ 418
　'イエロー ワンダー' 418, *418*
　'チェエセマニー' 418
　'フロステッド チョコレート'
　　418
　'ブロンズ キング' 418
　'レッド ワンダー' 418
コロキア属 417-18
ゴロツキアザミ 952
コロニア・ワレンティナ・グラウカ
　418, *418*
コロニア属 418
コロハ フェヌグリークを参照
　1429
コロバントウス属 402
コロマンソウ 204
コロラドトウヒ 1041, *1041*
　'グラウカ' 1041, *1041*
　'グラウカ コンパクタ' 1041
　'グロボサ' 1041
　'コスター' 1041
　'コンパクタ' 1041, *1041*
　'トゥーム' *1041*
　'ホプシー' 1041
　'モヘミー' 1041, *1041*
コロラドビャクシン 773, *774*
　'ウィチタ ブルー' 774
　'テーブル トップ' 773
　'トレソンズ ブルー
　　ウィーピング' 773
　'ブルー ヘヴン' 773
　'ホリゾンタリス' 773, *773*
　'マウンテニア' 773, *773*
　'レペンス' 773
コンゲア属 406
コンゴウザクラ ウワミズザクラを
　参照 194, *1094*
ゴンゴラ・ヒストリオニカ 646, *646*
ゴンゴラ属 646
コンシンネ ベニフクリンセンネン
　ボクを参照 511
コンテリクラマゴケ 1332
コンテリクラマゴケ コンテリクラ
　マゴケを参照 1332
コントネアステル・アトロプルプレウス
　427
　'ワリエガタ' 427
コンドロペタルム属 374
コンニャク 147
コンニャク属 147
コンフェティブッシュ 401, *401*
　'コンパクトゥム' 401
　'サンセット ゴールド' 401
　'ナヌム' 401
　'ピンキー' 401, *401*
　'ルブルム' 401
ゴンフォロビウム属 645
コンプトニア属 406
コンプトネラ属 405-6
コンフリー (*Symphytum officinale*)
　ヒレハリソウを参照 1385, *1385*
コンフリー (*Symphytum* ×
　uplandicum) 1385
　'ワリエガトゥム' 1385
コンプレトゥム属 404
コンミデンドルム属 405
コンミフォラ属 405
コンメリナ・トゥベロサ コエレス
　ティス グループ 404, *404*
コンメルソニア属 404-5
コンラディナ属 407
コンロンカ 'アウロラエ' 907
コンロンカ 'クィーン シリキット'
　907, *907*
コンロンカ交雑品種 907
コンロンカ属 906

サ

サール 1339, *1339*
サイウンカク 590, *590*
　'グリーン エンジェル'
　　590, *590*
　'レッド デビル' 590
犀角 1368
サイカチ 641, *641*
サイカチ属 641
サイネリア 1011, *1011*
ザイフリボク 145
ザイフリボク属 145
サウルルス *1316*, 1317
早乙女 643
サガエギボウシ クロナミギボウシ
　'ヴァリエゲイテッド'を参照
　708, *708*
サカサマンネングサ 1330, *1330*
サガリバナ 220, *220*
サガリバナ属 220
サギゴケ属 879-80
サキョク サジーを参照 706
サクシフラガ・コクレアリス 1317
　'プロビニイ' 1317, *1317*
サクシフラガ×ウルビウム 1319
　'アウレオワリエガタ'
　　1319, *1319*
サクセゴタエア属 1317
サクラキリン 1010, *1010*
サクラソウ 1083, *1083*
　'クロス オブ ミスト'
　　1083, *1083*
　'ブラッシュ ピンク'
　　1083, *1083*
　'ミカド' 1083, *1083*
サクラソウ カンデラブラ交雑種
　1080, *1080*
　'インヴァリュー' 1080
　'サンセット・シェード' 1080
サクラソウ属 1078-84
サクラ属 1091-1100
サクララン 714, *714*
　'エキゾティカ' 714
　'クリンクル カール' 714
　'ワリエガタ' 714
サクララン属 714
ザクロ 1114, *1114*
　'ナナ' 1114
　'ナナ プレナ' 1114
　'ノチ シバリ' 1114
　'ワンダフル' 1114
柘榴玉 829
ザクロ属 1114
サゴヤシ 893
サゴヤシ属 893
ササゲ属 1471
ササ属 1316
サザナミギボウシ 708
笹の雪 116, *116*
笹の雪 'ゴールデン プリンセス'
笹の雪 'ヴァリエガタ'を参照
　116, *116*
　'ワリエガタ' 116, *116*
ササフラス 1316, *1316*
ササフラス属 1316
沙坐蘭 478, *478*
サザンカ 310
　'アーリー パーリー' 310
　'アグネス O. ソロモン' *310*
　'ウォールーンガ' 311
　'エドナ バトラー' *310*
　'乙女茶梅' 311
　'ガルフ グローリー' 310
　'クリムソン キング' 310
　'コットン キャンディ' 310
　'ジーン メイ' 310, *310*
　'ジェニファー スーザン' 310
　'シケイダ' *310*
　'獅子頭' 311
　'スノー クラウド' 311
　'雪月花' 311
　'ドワーフ シシ' 310
　'鳴海潟' 310, *311*
　'バート ジョンズ' 310
　'パラダイス サヤカ' *311*
　'パラダイス プティット' *311*
　'パラダイス ブラッシュ' *311*
　'パラダイス ベリンダ' *311*
　'ピュア シルク' *311*
　'飛竜' *310*
　'ピンク ドーファン' *311*
　'富士の峰' 310
　'プランテーション ピンク' 310
　'マージ ミラー' *311*
　'ミーニョンネ' *311*
　'三国紅' 310, *311*
　'ミスティー ムーン' 310
　'峰の雪' 310
　'ラッシェー' *311*
　'リトル パール' 310
　'ルシンダ' *311*
　'レッド ウィロー' 310
サザンカ パラダイス レンジ 310
サザンフランネルブッシュ 613, *613*
サジー 706
サスカトゥーン 145
サスマタモウセンゴケ ドロセラ・
　ビナタを参照 513, *513*
サツキツツジ 1150
　'バルサミニフロルム' 1151
　'マクラントゥム' 1151
サッコラビオプシス属 1293
サツマイモ 738
　'ヴァルダマン' 738, *738*
　'ブラッキー' 738
サトイモカズラ 1026
サトイモ属 402-3
サトウカエデ 89, *89*
　'グリーン マウンテン' 89, *89*
　'セネカ チーフ' 89
　'フラックス ヒル
　　マジェストリー' 89
　'レガシイ' 89
サトウキビ 1292, *1292*
サトウマツ ナガミマツを参照
　1048
サトウヤシ 181
サトゥレヤ属 1316
サトザクラ 1097
　'アルボロセア' *1097*, 1097
　'鬱金' 1098
　'奥都' 1098, *1098*
　'関山' 1098, *1098*
　'菊枝垂' 1098, *1098*
サトザクラ 'シミズザクラ'
　サトザクラ 'オクミヤコ'を参照
　1098, *1098*
　'白妙' 1098, *1098*
サトザクラ 'セキヤマ' サトザクラ
　'カンザン'を参照 1098, *1098*
サトザクラ 'チールズ ウィーピング
　チェリー' サトザクラ 'キクシダレ'
　を参照 1098, *1098*
サトザクラ 'マウント フジ'
　サトザクラ 'シロタエ'を参照
　1098, *1098*
サドレリア属 1293
サネカズラ 776
サネカズラ属 776
サバクノバラ 98
サフラワー 334, *334*
　'オレンジ ゴールド' 334
サフラン 436
サフラン属 435-36

サポジラ 874, *874*
サボナリア属 1311
サボンソウ ソープワートを参照
　1311, *1311*
サマーセイボリー 1316
ザミア・プミラ 1493
ザミア属 1493
サヤエンドウ 1054
サラカ属 1312
サラケニア・アラタ×サラケニア・
　フラワ 'マキシマ' 1314, *1314*
サラケニア・アラタ×ムルレイ 1315
　'ブルックス ハイブリッド'
　　1315, *1315*
サラケニア・ジュサテッィプ
　ソーバー' 1314, *1314*
サラサドウダン 537, *537*
　'アルビフロラス' 537
　'ドナルデンシス' 537
　'レッド ベル' 537
サラセニア属 1313-15
サラダノキ 1053
　'ヴァリエガタ' 1053, *1053*
サラダバーネット 1309
サラノキ サールを参照 1339,
　1339
サリクス×セプルクラリス 1299,
　1299
　'クリュソコマ' 1299, *1299*
サリクス・ハスタタ 1297
　'ウェルハーニー' 1297
サリタエア属 1313
サルウィア×シルウェトリス 1306
　'テンツェリン' 1306
　'ブラオフューゲル'
　　1306, *1306*
　'マイナハト' 1306, *1306*
サルウィア・アウレア 1300
　'カーステンボッシュ' 1300
サルウィア・ゲスネリイフロラ
　1302, *1302*
　'テキーラ' 1302
サルウィア・スパタケア 1306,
　1306
　'パワーライン ピンク' 1306
サルウィア・ソノメンシス 1305
　'ダラズ チョイス' 1305, *1305*
サルウィア・プラテンシス 1305,
　1305
　'インディゴ' 1305
サルウィア・レウコフィラ 1303,
　1303
　'フノゲロ' 1303
　'ポイント サル スプリーダー'
　　1303
サルウィア・レグラ 1305, *1305*
　'ハンティントン' 1305
　'ロイヤル' 1305
サルウィンツバキ 309, *309*
サルココッカ属 1313
サルコバトゥス属 1312
ザルジアンスキア属 1493
サルシファイ バラモンジンを参照
　1427, *1427*
サルスベリ 792, *792*
サルスベリ交雑品種 793
サルスベリ属 792-93
サルスベリ 'タスカロラ' 793
サルスベリ 'ナチェズ' 793, *793*
サルナシ 96
　'アナナスナヤ' 96
　'イッサイ' 96
サルビア・カナリエンシス 1300,
　1300
　'アルバ' 1300

サルビア・ネモロサ 1304, *1304*
　'オストフリーズラント'
　　1304, *1304*
　'ブルー ヒルズ' 1304
　'ルベッカ' 1304, *1304*
サルビア 1306, *1306*
　'ヴァンガード' 1306
　'ヴィスタ サーモン'
　　1306, *1306*
　'エンパイア パープル'
　　1306, *1306*
　'スカーレット キング' 1306
　'レッド リッチス' 1306
サルビア 'イースト フリーズランド'
　サルビア・ネモロサ
　'オストフリーズラント'を参照
　1304, *1304*
サルビア 'インディゴ スパイア'
　1307
サルビア交雑品種 1307
サルビア 'コスタリカ ブルー'
　1307
サルビア シズラー シリーズ
　1306
サルビア属 1300-7
サルビア 'パープル ベルベット'
　メキシカンブッシュセージ 'ミッ
　ドナイト'を参照 1303
サルビア 'パープル マジェスティ'
　1307
サルビア 'フィリスズ ファンシー'
　1307
サルビア 'ブラウフューゲル'
　サルビア・ネモロサ 'ブルー
　ヒルズ'を参照 1304
サルビア 'ブラム' 1307, *1307*
サルビア 'ブルー ヒルズ'
　Salvia × *sylvestris* 'ブラオフュ
　ーゲル'を参照 1306, *1306*
サルビア 'ブルー マウント'
　Salvia × *sylvestris* 'ブラオフュ
　ーゲル'を参照 1306, *1306*
サルビア 'ホット リップス' 1307,
　1307
サルビア 'マラスキーノ' 1307
サルビア 'メイ ナイト'
　Salvia × *sylvestris* 'マイナハト'を
　参照 1306, *1306*
サルビア 'リコ' サルビア 'レッド
　リッチス'を参照 1306
サルピクラエナ属 1299
サルピグロッシス サルメンバナを
　参照 1300
サルメンバナ 1300
サルメンバナ エンペラー
　ロイヤル シリーズ 1300
サルメンバナ カジノ ミックス
　1300, *1300*
サルメンバナ属 1299-1300
サルメンバナ フェスティヴァル
　ストレイン 1300, *1300*
サルメンバナ ボレロ ハイブリッド
　1300
サワグルミ 1107
サワグルミ属 1107
サワシバ 333, *333*
サワラ 366
　'ゴールデン モップ' 366
　'ゴールド スパングル'
　　366, *366*
　'スクアロサ' 366, *366*
サワラ 'スクアロサ ヴェイチー'
　サワラスクアロサ スルフレア'
　を参照 366
　'スクアロサ スルフレア'
　　366, *366*
　'スノー' 366

'ナナ ワリエガタ' 366, *366*
'フィリフェラ' *366*
'フィリフェラ オーレア' 366, *366*
'フィリフェラ オーレア ナナ' 366
'ブールバード' 366
'プルモサ' 366
'プルモサ オーレア ナナ' 366
'プルモサ ナナ' 366, *366*
'プルモサ ユニペロイデス' 366
サンウィタリア 1310, *1310*
'アズテック ゴッド' 1310, *1310*
'ゴールド ブレイド' 1310
'マンダリン オレンジ' 1310
サンカクバアカシア 74, *74*
'キャスケイド' 74
サングイナリア属 1309
サンケジア属 1308
サンゴアナナス 102
サンゴアナナス 'J C スーパースター' 103
サンゴアナナス 'アレス' 103
サンゴアナナス交雑品種 103
サンゴアナナス 'シェルダンサー' 103
サンゴアナナス属 102
サンゴアナナス 'バーニング ブッシュ' 103
サンゴアナナス 'バスタンサ' 103
サンゴアナナス 'ファッシーニ' 103, *103*
サンゴアナナス 'フィア' 103
サンゴアナナス 'フォスターズ フェイバリット' 103
サンゴアナナス 'フリードリッヒ' 103
サンゴアナナス 'マギナリイ' 102
サンゴアナナス 'ロイヤル ワイン' 103
サンゴアロエ アロエ・ストリアタを参照 136, *137*
三光丸 526-27
サンゴシトウ 562, *562*
サンゴノマツ シロマツを参照 1047, *1047*
サンザシ 'オータム グローリー' 432, *432*
サンザシ属 432-33
サンシキアカリファ 81, *81*
'セイロン' 81
'マルギナータ' 81
サンシキヒルガオ 409, *409*
サンシキヒルガオ エンサイン・シリーズ 409
'ブルー エンサイン' 409
サンジソウ 385, *385*
サンジソウ属 385
サンジソウ 'ヒトニー' *Clarkia amoena* 'グランディフロラ'を参照 385
サンシチソウ属 662-63
サンジャクバーベナ 1460, *1460*
サンシュユ 417, *417*
サンショウ 1495
サンショウ属 1494-95
サンショウモドキ 1322, *1322*
サンセベリア属 1309
サンタバーバラ セアノサス 347
サンダラック 1406, *1406*
サンタンカ 761
'ノラ グラント' 761
'プリンス オブ オレンジ' 761, *761*
サンタンカ 'エキゾチカ' 761

サンタンカ 'オーロラ' 761
サンタンカ 'オレンジ グロー' 761
サンタンカ交雑品種 761
サンタンカ 'サニー ゴールド' 761
サンタンカ 'サンキスト' 761
サンタンカ属 761
サンタンカ 'タイ キング' 761
サンタンカ 'タイ ドワーフ' 761
サンタンカ 'ピンク デライト' 761
サンタンカ 'フラセリ' 761
サンタンカ 'フランセス ペリー' 761
サンタンカ 'フロリダ サンセット' 761
サンタンカ 'ヘレラズ ホワイト' 761
サンダンカモドキ 94
サンダンカモドキ属 94
サンタンカ 'ロセア' 761
ザンテデスキア 'キウイ ブラッシュ' 1494
ザンテデスキア交雑品種 1494
ザンテデスキア 'スカーレット ピンパーネル' 1494, *1494*
ザンテデスキア属 1494
ザンテデスキア 'フレーム' 1494, *1494*
ザンテデスキア 'ヘラクレス' 1494, *1494*
サンデルソニア 1309, *1309*
サンデルソニア属 1308-9
サンドピンク 491
サントリナ属 1310
サンユウカ 1396
'フロノ プレノ' 1396
サンライズホースチェスナッツ 107
'ペインテッドバッケイ' 107
シアグルス属 1384
シーサイドアルダー 132, *132*
シイ属 339
シーブベリー 1467
シーホーリー エリンギウム・マリティムムを参照 560
シェフレルディア属 1338
ジェフリーマツ 1048, *1048*
ジェルトン 519, *519*
シェロ属 1337
シオジ 612
シオデ属 1345
シオン属 199-200
シカギク属 877
シカモアカエデ 88, *88*
'アトロプルブレウム' 88
'エレクトゥム' 88
'ブリリアンティシムム' 88, *88*
'プリンツ ハンドジェリー' 88
'レポルディ' 88
ジギタリス×メルトネンシス 500
シキミ属 732
シキンカラマツ 1409, *1409*
'ラベンダー ミスト' 1409
ジグザグバンブー 1036, *1036*
シクラメン 450, *450*
シクラメン属 450-51
シクンシ 1129, *1129*
シクンシ属 1129
シコウカ 804
シコウカ属 804
紫晃星 1428
紫晃丸 871
シコクシラベ 70, *70*
×ジゴパブスティア属 1498
ジゴペタルム ハイブリッド 1499

ジゴペタルム・クリニトゥム 1499, *1499*
ジゴペタルム・マッカイイ 1499, *1499*
ジゴペタルム アラン グレートウッド 1499, *1499*
ジゴペタルム イマジネーション 1499, *1499*
ジゴペタルム キウイ ダスト 1499, *1499*
ジゴペタルム属 1499
ジゴペタルム タイタニック 1499, *1499*
ジゴペタルム ブランシェタウン 1499, *1499*
シコンノボタン 1417, *1417*
'エドワルドシイ' 1417
シザントゥス 1323, *1323*
シザントゥス属 1323
紫山丸 871, *871*
シシウド属 154-55
シジミバナ 1364
'プレナ' 1364
シシリンキウム・ストリアトゥム 1344, *1344*
'アント メイ' 1344
シセンネズコ 1413
シソ 1011
シソ属 1011
シソバニセエランセムム 1100
シソモドキ 695, *695*
'エキゾチカ' 695
シダヤシ ナンヨウソテツを参照 449, *449*
シダルケア 1339, *1339*
シダルケア 'エルシー ヒュー' 1340, *1340*
シダルケア交雑品種 1340
シダルケア 'サセックス ビューティ' 1340, *1340*
シダルケア属 1339-40
シダルケア 'モナク' 1340, *1340*
シダルケア 'リトル プリンセス' 1340, *1340*
シダルケア 'ローズ クィーン' 1340
シダレアカマツ アカマツ 'ペンデュラ'を参照 1047, *1047*
シダレイトスギ 445
シダレエンジュ エンジュ 'ペンドゥラ'を参照 1352, *1352*
シダレカンバ 236
'ダレカルリカ' 236
'トリスティス' 236
'フェスティギアタ' 236
'ブルブレア' 236
'ヨウンギイ' 236, *236*
'ラシニアタ' 236
シダレハナマキ 285
'キャプテン クック' 285, *285*
'ドーソン リバー ウィーパー' 285
'ハンナ レイ' 285
'ワイルド リバー' 285, *285*
シダレブラシノキ シダレハナマキを参照 285
シダレヤナギ 1296
'ウンブラクリフェラ' 1296
'クリスパ' 1296
'トルトゥオサ' 1296, *1296*
'ナバホ' 1296
シタン属 1107
七福神 524
シチヘンゲ 795, *795*
'オレンジ カーペット' 795, *795*

'スコラス オルテンブルグ' 795, *795*
'チェルシー ジェム' 795
'パトリオット ダヴ ウイングス' 795, *795*
'パトリオット レインボー' 795, *795*
'ワリエガタ' 795, *795*
シチヘンゲ 'レモン スワール' シチヘンゲ 'ヴァリエガタ'を参照 795, *795*
七宝樹 1334
七宝錦 136, *137*
シデコブシ 853
'ウォーター リリー' 853
'クリサンテミフロラ' 853
'ピンク スター' 853, *853*
'ロイヤル スター' 853, *853*
'ロセア' 853
シデザクラ ザイフリボクを参照 145
シデシャジン属 1038
シデリティス属 1340
士童 609
シトカトウヒ 1042, *1042*
シドニーブルーガム エウカリプトゥス・サリグナを参照 577, *577*
シトロン 384
'エトログ' 384
シナアブラギリ 122, *123*
シナカエデ 84, *84*
'アーネスト ウィルソン' 84
'サーペンタイン' 84
'ジョージ フォレスト' 84, *84*
シナキハダ 1024, *1024*
シナギリ 993
シナクスモドキ属 439
シナサルナシ オニマタタビを参照 96
シナサワグルミ 1107, *1107*
シナダレスズメガヤ 545, *545*
シナデニウム・コンパクトゥム 1386
'ルブルム' 1386
'ワリエガトゥム' 1386, *1386*
シナデニウム属 1386
シナトガサワラ 1103
シナトチノキ 107
シナトリネコ 611, *611*
シナノキ 1419, *1419*
シナノキ属 1418-20
シナノミザクラ カラミザクラを参照 590
シナフサザクラ 590, *590*
シナフジ 1487
'アルバ' 1487
'シエラ マドレ' 1487
シナフジ プレマトゥラ・アルバ ヤマフジ '白花美短'を参照 1487, *1487*
シナマンサク 'ブレヴィペタラ' ハマメリス 'ブレヴィペタラ'を参照 671
シナミズキ 421
シナミツバカエデ 85
シナユリノキ 827, *827*
シナレンギョウ 607
'ブロンキシエンシス' 607
シナワスレナグサ 457
'ファーマメント' 457
ジニア・リネアリス 1497
'クラシック' 1497
'クリスタル ホワイト' 1497, *1497*
'コーラル ビューティー' 1497, *1497*
'ゴールデン アイ' 1497
'スター ホワイト' 1497

シネラリア サイネリアを参照 1011, *1011*
シノカリカントゥス属 1343
東雲 522, *522*
シノブ属 476
シバ 'エメラルド' 1498
シバザクラ 1030
'G. F. ウィルソン' *1030*
'エメラルド ピンク' 1030
'エメラルド ブルー' 1030, *1030*
'スカーレット フレイム' 1030
'ボニータ' 1030
'マクダニエルズ クッション' 1030
'レイト レッド' 1030, *1030*
シバ属 1498
シバナデシコ 491
'フローレ プレノ' 491
'ベーカーズ バラエティ' 491, *491*
シハンボタン 975
'フェン ヘ' 975, *975*
シビラエア属 1339
シビンウツボカズラ 928, *928*
シフォリカルポス ケナウルティイ 1384
'ハンコック' 1384, *1384*
シベナガムラサキ 530
シベナガムラサキ 'ブルー ベッダー' シャゼンムラサキ 'ブルー ベッダー'を参照 530, *530*
シベリアアヤメ 743-44
'アニバーサリー' 743, *743*
'アンヌマリー トローガー' 743
'ヴァイス エターヘン' 744
'オーバン' 743-44
'キャンバーレイ' 743
'クレメ シャンテリ' 743-44
'ゴールデン クリンピング' 743
'ザコパネ' 743-44
'サリー カーリン' 744
'シーザーズ ブラザー' 743-44
'シー シャドー' 744
'シルバー エッジ' 744
'スマッジャーズ ギフト' 743-44, *744*
'ダンス バレリナ ダンス' 743
'ドリーミング イエロー' 743-44
'トロイカ' 744
'トロピック ナイト' 744
'パーフェクト ヴィジョン' 743-44
'ハープスウェル ハピネス' 743-44
'ピンク ヘイズ' 743-44
'ペリルズ ブルー' 743-44
'ポリー ドッジ' 743
'ホワイト スワール' 743-44, 744
'ホワイト ラッフルズ' 744
'マーカス ベリー' 744
'ミキコ' 743-44
'ユーベル デン ヴォルケン' 743-44
'ラッフルズ' 743-44, *743*
'ラッフルド ベルベット' 743-44, *743*
'ロワゾン' 743-44
シベリアカラマツ 797, *797*
シベリアトウヒ 1041
シベリアユキノシタ 232
'ブルブレア' 232
'ペルフェクタ' 232, *232*
'レッドスタート' 232
シホウゲ(紫宝華) 1346, *1346*

シボチク マダケ'マーリアック'を参照 1036	シャク属 161	ジャノヒゲ 953	ジョウザンアジサイ 497, 497	シリンガ・ユンナネンシス 1392
シボリカタバミ 966	シャクナゲモドキ 1203, 1203	'キョウト ドワーフ' 953	ショウジョウアナナス 103, 103	'ロセア' 1392
シマアオイソウ 1009	シャクナゲモドキ属 1202-3	'ナナ' 953	ショウジョウカ 72	シリンガ ヒラキンティフロラ 1387, 1387
シマアオイソウ'ワリエガタ' シマアオイソウ'トリコロール'を参照 1009	シャグバークヒッコリー 335, 335	ジャノヒゲ属 953	'キフアブチロン' 72	'チャールズ ノーディン' 1387, 1387
'エメラルド リップル' 1009	シャグマユリ属 780-81	ジャノメエリカ 548, 548	ショウジョウソウ 584	'ブルー ヒヤシンス' 1387, 1387
'シルバー リップル' 1009	シャクヤク 974, 974	ジャノメギク属 1310	ショウジョウバカマ 691, 691	'ローレンシャン' 1387, 1387
'トリコロル' 1009	'ア ラ モード' 974	ジャラ 573, 573	ショウジョウバカマ属 691	シリンガ プレストニアエ 1388, 1388
'リトル ファンタジー' 1009	'エアルーム' 974, 974	シャリンバイ 1140	ショウジョウボク ポインセチアを参照 589, 589	'エリノア' 1389
シマウラジロノキ属 1108	'エンジェル チークス' 974	'ミノル' 1140	ショウジョウヤシ 460, 460	'ジェームズ マクファーレン' 1389
シマオオタニワタリ 198	'キャラーラ' 974, 974	シャリンバイ属 1139-40	'オレンジ クラウンシャフト' 460	'デズデモーナ' 1389
シマサンゴアナナス 102, 102	'グローブ オブ ライト' 974, 974	シャロン 626-27, 627	'デュビビエラナ' 460	シリンガ ヨシフレクサ 1387
'キウィ' 102	'ケルウェイズ スプリーム' 974	シャワーオーキッド 406	ショウジョウヤシ属 460	'アンナ アムホフ' 1387
'モルガーナ' 102	'コーラ スタップス' 974	ジャワセンナ 337	少将 406, 406	'エレイン' 1387
シマシロヤマシダ 504, 504	'サラ バーンハート' 974, 974	ジャワヒギリ 393, 393	ショウズク カルダモンを参照 534	'ビリセント' 1387
シマススキ ススキ'ヴァリエガトゥス'を参照 900, 900	'ソルベ' 974	ジャワフトモモ レンブを参照 1393	ショウズク属 534	'リネット' 1387
シマタゴ 611	'ドゥシェス ドゥ ヌムール' 974	十二の巻 673	ショウナンボク属 819	'ロイヤリティ' 1387
シマツルボ 804, 804	'ドーン ピンク' 974	シュウメイギク 152, 152	ショウブ 95	シルクタッセルブッシュ 625, 625
シマトベラ 1056, 1056	'ネリー シェイラー' 974	'プリンツ ハインリッヒ' 152	'ヴァリエガトゥス' 95	'イーヴィ' 625
シマナンヨウスギ 172, 172	'ハクガ' 974, 974	ジュウリョウ ヤブコウジを参照 180	ショウブ属 95	'ジェームズ ルーフ' 625, 625
シマムロ 774	'バリントン ベル' 974	ジューンベリー アメリカザイフリボクを参照 145, 145	ショウホウ 369	シルバータイム コモンタイム'シルバー ポージイ'を参照 1416
シマユキカズラ 1044	'ピロー トーク' 974	シュガーガム ユーカリプツス・クラドカリクスを参照 569	ジョウロウホトトギス 1429	シルバービーチ 936, 936
シマユキカズラ属 1044	シャクヤク'ピンク ドーン' シャクヤク'ピンク プリンセス'を参照 974	朱弦玉 829	ジョオウヤシ 1384, 1384	シルバーワームウッド 190
縞竜舌蘭 吹上を参照 116	'ピンク プリンセス' 974	ジュズダマ 400, 400	ショカツサイ ムラサキハナナを参照 960, 960	'ヴァレリー フィニス' 190
ジムセージ クレベランドセージを参照 1301, 1301	'ピンク レモネード' 974	ジュズダマ属 400	ショクダイオオコンニャク 147, 147	'シルバー クイーン' 190
シムモンドシア属 1341	'ペパーミント' 974	ジュズボダイジュ 533, 533	ジョチュウギク シロバナムシヨケギクを参照 1399	シルバーワトル 78
シモクレン モクレンを参照 852	'ヘレン' 974, 974	宿根カスミソウ 663	ショレア属 1339	シルフィウム属 1341
シモツケ'スノウ ホワイト' 1364, 1364	'ボール オブ ビューティ' 974, 974	'ブリストル フェアリー' 663	ションブルキア属 1325	シロウマアサツキ エゾネギを参照 128, 128
シモツケ 1363	'ホワイト ウィングス' 974	宿根スイートピー 798	シラガブドウ 1478	シロウマリンドウ属 631
シモツケ'アルグタ' 1362	'ホワイト キャップ' 974, 974	'アルプス' 798	シラカンバ 236, 236	シロウスリ 951
'アンソニー ウォーターラー' 1363	'ミス アメリカ' 974	'ピンク ビューティ' 798	シラキ 1311	シロガスリソウ属 498
'クリスパ' 1363, 1364	'ムーンストーン' 974	'ホワイト パール' 798	シラキ属 1311	シロガネヨシ 419
ゴールデンプリンセス/'リゼ' 1364, 1364	'ライネ ヴィルヘルミン' 974	宿根スイートピー エアルーム 800	シラゲガヤ属 706-7	'アウレオリネアタ' 419
'ゴールドフレーム' 1364, 1364	'レクイエム' 974, 974	'オールド スパイス ミックス' 800	白鷺 870	'アルボリネアタ' 419
'ダーツ レッド' 1364, 1364	'ローラ デザート' 974	'クパニ' 800	シラタマノキ属 626	'ウィオラケア' 419
'ナナ' 1364	ジャケツイバラ 276, 276	'ブランチ フェリー' 800	シラタマミズキ 414	'サニングデール シルバー' 419
'ネオン フラッシュ' 1364, 1364	ジャケツイバラ属 276	'ペインテッド レディ' 800	アイヴォリー ヘイロー/'バイルヘイロー' 414, 414	'プミラ' 419
'ファイヤー ライト' 1364, 1364	ジャコウアオイ 868	宿根スイートピー'スノウ ホワイト' 宿根スイートピー'アルプス'を参照 798	'アルゲンテオ-マルギナタ' 414, 414	'ベルティニー' 419
'プマルダ' 1364	'アルバ' 868, 868	宿根スターチス 824	'オーレア' 414, 414	'ロセア' 419
'プラタ' 1364	'ロセア' 868	宿根タバコ ジャスミンタバコ参照 933	'ケセルリンギイ' 414	シロガネヨシ'ゴールド バンド' シロガネヨシ'オーレオリネアタ'を参照 419
'モンフブ' 1364	ジャコウソウモドキ 370	宿根ネメシア 923, 923	'ゴウカルティイ' 414	シロガネヨシ'シルバー ストライプ' シロガネヨシ'アルボリネアタ'を参照 419
'ライムマウンド' 1364	ジャコウソウモドキ属 370	'ハバード' 923, 923	'シビリカ' 414, 414	シロガネヨシ属 419
シモツケソウ属 605	シャコバサボテン (Schlumbergera truncata) 1324, 1324	宿根バーベナ 1460, 1460	'シビリカ ワリエガタ' 414, 414	シロガラシ 1342, 1342
シモツケ属 1362-65	シャコバサボテン (Schlumbergera × buckleyi) クリスマスカクタスを参照 1324	'ポラリス' 1460	シラネアオイ 641, 641	シロガラシ属 1341-42
霜の鶴 523, 523	シャジクソウ属 1429	宿根パンヤ ヤナギトウワタを参照 194, 194	シラネアオイ属 640-41	シロキンウラハグサ ベニキンウラハグサ'アルボアウレア'を参照 669
ジャーマンカモミール 877	シャシャンボ 1453, 1453	宿根リナリア 825	シラハギ 810, 810	シロコヤマモモ 908
ジャーマンダーセージ 1301	シャスターデイジー 813, 813	'キャノン ウェント' 825	シラビソ 70	白獅子丸 988, 988
ジャイアント フィッシュテール パーム 336, 336	'アルガイア' 813, 813	ジュピターズ ディスタフ イエローサルビアを参照 1302	シラボシカイウ 1494	シロスジアマリリス 705
ジャイアント ベルフラワー 320	'ウィラル スプリーム' 813	シュムシュノコギリソウ 92	白星 872, 872	シロスジカエデ 88, 88
'アルバ' 320	'エスター リード' 813	'ラブ パレード' 92	シュレウゲシ 538, 538	'エリトロクラドゥム' 88, 88
ジャイアントサギタリア ナガバオモダカを参照 1293	'コブハムズ ゴールド' 813	修羅団扇 954	シラユキゲシ属 538	シロタエギク ダスティーミラーを参照 1334
ジャイアントセコイア セコイアオスギを参照 1336, 1337	'シルバー プリンセス' 813	ジュラン 117, 117	白雪姫 ユーフォルビア・レウコケファラを参照 587, 587	シロダモ 925, 925
ジャイアントリリー 510, 510	'スノーキャップ' 813, 813	ジュラン属 117	シラユキミセバナ セドウム・スパツリフォリウム'ケープ ブランコ'を参照 1330, 1330	シロダモ属 925
シャガ 741, 741	'スノー レディ' 813	ジュリアンメギ 230, 230	シラン 240, 241	シロツメクサ 1429
ジャガイモ 1348	'トーマス キリン' 813, 813	'ロンバーツ レッド' 230	シラン属 240	'アトロプルブレウム' 1429
'エッツエル カースル' 1348, 1348	'ベッキーズ シャスタ' 813	シュロ 1426, 1426	シリンガ・エモディ 1387	'グリーン アイス' 1429
'オール ブルー' 1348	'ホレイス リード' 813	シュロソウ 1458	'アウレア' 1387	'プルプラスケンス' 1429
'サラダ ブルー' 1348, 1348	'マルコーニ' 813	シュロソウ属 1458	シリンガ・プベスケンス・パトウラ 1389, 1389	'プルプラスケンス クアドリフォリウム' 1429, 1429
'ベントランド ジェヴェリン' 1348	ジャスミン ソケイを参照 766	シュロ属 1425-26	'ミス キム' 1389, 1389	シロツリガネヤナギ 1006
'ミミ' 1348	ジャスミンタバコ 'ニッキー' 933, 933	シュロチクヤシ 1109, 1109	シリンガ・プベスケンス・ミクロフィラ 1389, 1389	'ハスカー レッド' 1006, 1006
'レッド デューク オブ ヨーク' 1348	シャゼンムラサキ 530, 530	シュンギク 1489	'スペルバ' 1389, 1389	シロウダン 537
シャカトウ バンレイシを参照 159	'ブルー ベッダー' 530, 530	春楼 600, 600	シリンガ・プベスケンス 1389	白兎耳 523, 523
シャク カウパセリを参照 161	シャゼンムラサキ属 529-30	ショウガ 1496	'エクセレンス' 1389, 1389	
	鶏頭 599, 599	ショウガ属 1496	'サラ サンド' 1389, 1389	
	ジャックオーク 1123, 1123	ショウガ'ダルケイ' ハナショウガ'ヴァリエガトゥム'を参照 1496		
	ジャックと豆の木 オーストラリア チェストナットを参照 340, 340	ショウキンラン 844, 844		
	ジャックフルーツ パラミツを参照 192, 192	将軍 209		

シロバナエニシダ 461
シロバナエンレイソウ ミヤマエンレイソウを参照 1431, 1431
シロバナシモツケ 1363, 1363
　'ゴールド チャーム' 1364
　'ゴールド マウンド' 1364
　'シロバナ' 1364
　マジックカーペット／'ワルブマ' 1364
　'リトル プリンセス' 1364
シロバナチョウセンアサガオ ヨウシュチョウセンアサガオを参照 476, 476
シロバナニオイテンジクアオイ 996
シロバナブラシノキ 285
　'ユリーカ' 285
シロバナマンサク属 608
シロバナムショケギク 1399
シロマツ 1047, 1047
シロミズキ シラタマミズキを参照 414
シロヤシオ 1157, 1157
　'ファイブ アロー' 1157
シロヤマブキ 1203, 1203
シロヤマブキ属 1203
シロヨモギ 191
　'ボウトン シルバー' 191
　'モリ' 191
シロウヤシ 409, 409
シンガポール・プルメリア 1062, 1062
　'シンガポール ホワイト' 1062, 1062
シンカルピア属 1386-87
シンカルファ属 1386
シンジュ ニワウルシを参照 119, 119
シンジュバアカシア 78, 78
ジンチョウゲ 474, 474
ジンチョウゲ'アウレオマルギナタ' ジンチョウゲ'ヴァリエガタ'を参照 474
　'ワリエガタ' 474
　'ルブラ' 474
ジンチョウゲ属 473
シンティリス・ミッスリカ 1387, 1387
　'アルバ' 1387, 1387
新天地 661
シントゥリス属 1387
神刀 430, 430
ジンニア属 1497-98
ジンニア・ペルウィアナ 1498
　'イエロー ペルヴィアン' 1498, 1498
シンノウヤシ 1030
シンビディウム アイス・ランチ 455
シンビディウム アストロノート'ラジャー' 454
シンビディウム アニタ'ピンブル' 454
シンビディウム アフリカン・アドヴェンチャー'サハラ ゴールド' 453, 453
シンビディウム アレクスフリダ'ザ クイーン' 454
シンビディウム アレグリア'セント リタ' 454
シンビディウム エスメラルダ 455
シンビディウム エリトリスティルム 452, 452
シンビディウム オーキッド カンファレンス'グリーン ライト' 456
シンビディウム キク オノ 455
シンビディウム ギブゾン・ガール'メフィスト ワルツ' 455

シンビディウム キャッスル オブ メイ'ピンキー' 454
シンビディウム キリ・ト・カナワ 455
シンビディウム クランボーン'チェイス' 454
シンビディウム クロウボダ'シドニー ロスウェル' 454
シンビディウム ケープ クリスタル 454
シンビディウム コリナ'エンバー' 454
シンビディウム サン・フランシスコ 456
シンビディウム サンシャイン・フォールズ'グリーン ファンタシー' 457, 456
シンビディウム ジーネット'イーニッド ハウプト' 455
シンビディウム ジョン・ウッデン 455
シンビディウム シルビア・ミラー'ゴールド カップ' 456
シンビディウム スアウェ 453, 453
シンビディウム スマトラ'アストリド' 456
シンビディウム セント・オーバンズ・ベイ 456
シンビディウム ディリ'デル マー' 455
シンビディウム ティンセル'ハリエット' 456
シンビディウム デジレ'エリザベス A. ローガン' 454
シンビディウム トレイシアヌム 453, 453
シンビディウム ハイランド・アドベント 455
シンビディウム ハイランド・グレン'クックスブリッジ' 456
シンビディウム ハイランド・ラッシー'ジャージー' 455
シンビディウム バルバロー'フライアー タック' 453, 454
シンビディウム バロドイル'メルベリー' 454
シンビディウム ファイヤー・ワンド'ヌマン' 455
シンビディウム ファンファーレ'スプリング' 453, 455
シンビディウム フィネッタ'グレンデッサリー' 455
シンビディウム ベル・パーク'オレンジ グリーム' 454
シンビディウム ボルトン・グレンジ 454
シンビディウム ポンティアック'トリニティー' 456
シンビディウム マブーアニーン'ジェスター' 457, 456
シンビディウム ミニ・ヴェルデ'キャプテン クック' 456
シンビディウム ミニ・ゴッデス'アプリコット' 456
シンビディウム リーヴォ 456
シンビディウム リトル・ビッグ・ホーン'プレイリー' 453, 456
シンビディウム リネット・アルテミス 456
シンビディウム レディー・マカルパン'ジャージー' 456
シンビディウム ロウィアヌム 453, 453
　'タイガー'×C. ormoulu 453
シンビディウム ロザリタ'ステューズ サプライズ' 456

シンビディウム(キンビデゥムの通称名)属 452-57
シンビディウム ハイブリッド 453
秦皮 610, 611
シンフィトゥム・イベリクム'ジュビリー' ヒレハリソウ'ゴールドスミス'を参照 1385, 1385
シンフィトゥム・イベリクム'ワリエガトゥム' ヒレハリソウ'ゴールドスミス'を参照 1385, 1385
シンフィトゥム・カウカシクム 1385
　'エミネンス' 1385
シンプウギョク 369, 369
シンフォリカルポス属 1384-85
新婦人 869, 869
シンリーフアルダー 131, 131
スイートアリッサム ニワナズナを参照 833, 833
スイートガーリック ツルバキア・フレグランスを参照 1436, 1436
スイートジョーパイ グラベルルートを参照 582
スイートスマック 1204
　'グロー-ロウ' 1204
スイートバイオレット 1474
　'パープル ローブ' 1474
スイートバジル バジルを参照 943, 943
スイートピー 798
　'アニー グッド' 798, 799
　'アニバーサリー' 798, 799
　'アプリコット クイーン' 798
　'アラン ウィリアムズ' 799
　'アワー ハリー' 799
　'イヴニング グロー' 799
　'ウィナー' 799, 800
　'ウィルトシャー リップル' 799, 800
　'エクリプス' 799, 799
　'エテル グレース' 799
　'オール バット ブルー' 798
　'カレン レーヴ' 799
　'クイーン マザー' 799
　'クリーム サウスボーン' 799, 799
　'サラ ケネディ' 799
　'サリー アン' 799
　'シーウルフ' 799, 799
　'ジリー' 799
　'シルヴィア ムーア' 800
　'ジル ウォルトン' 799, 799
　'スペンサー ミクスト' 799, 800
　'チャーリーズ エンジェル' 799, 799
　'テレサ モリーン' 799
　'ドットコム' 799
　'トム コーディ' 800
　'ノエル サットン' 799
　'ハニー ピンク' 799
　'ビジュー ミックス' 799
　'ファイアー バード' 799
　'ブライアン クロー' 799, 799
　'ブリジッド エリザベス' 799
　'ミッドナイト' 799, 799
　'モリー リルストーン' 799
　'ライラック リップル' 799, 799
　'リスベス' 799
　'リチャード アンド ジュディ' 799
　'リン デイヴィ' 799
スイートマジョラム マジョラムを参照 956, 956
スイカ 382, 382
　'キャンディー レッド' 382-83
　'クロンダイク' 382-83

　'スウィート フェヴァリット' 383, 384
　'デキシー クイーン' 382-83
　'トリプルスウィート シードレス' 383
　'ニュー クイーン' 383, 383
　'フォードフック ハイブリッド' 382-83
スイカズラ 835, 835
　'ハリアナ' 835
スイカズラ属 834-36
スイカ属 382
スイカペペロニア シマアオイソウを参照 1009
翠冠玉 837
スイギョク ホテイアオイを参照 531, 531
翠光玉 406, 406
スイショウ 644-45, 644
スイショウガキ カイミトを参照 377, 377
スイショウ属 644-45
スイセイジュ 1406
スイセイジュ属 1406
スイセン10群：野生種 921
スイセン11群：スプリットコロナ 921
スイセン12群：その他 921
スイセン1群：ラッパ咲き 915
スイセン2群：大杯咲き 916
スイセン3群：小杯咲き 918
スイセン4群：八重咲き 918
スイセン5群：トリアンドルス 919
スイセン6群：キクラミネウス 919
スイセン7群：キズイセン 920
スイセン8群：房咲き 920
スイセン9群：口紅咲き 920
スイセン'W. P. ミルナー' 915, 915
スイセン'アイス フォリーズ' 916
スイセン'アクタエア' 920, 920
スイセン'アスパシア' 920
スイセン'アトラクション' 915, 915
スイセン'アバランシュ' 920
スイセン'アバロン' 916, 916
スイセン'アモール' 918, 918
スイセンアヤメ 1359, 1359
スイセン'アルティコル' 921, 921
スイセン'アンサーパサブル' 915
スイセン'アンバーゲイト' 916, 916
スイセン'イエロー チアフルネス' 918, 919
スイセン'イントリーグ' 920
スイセン'ヴァージャー' 918, 918
スイセン'ウッドグリーン' 917
スイセン'ウッドランド' 916
スイセン'エガール' 921, 921
スイセン'エミネント' 918
スイセン'エンタープライズ' 918
スイセン'カボション' 916
スイセン'カンタービレ' 920, 920
スイセン'カンディーダ' 918, 918
スイセン'キャメロット' 916, 916
スイセン'キング アルフレッド' 915, 915
スイセン'グァッシュ' 918
スイセン'クエイル' 920, 920
スイセン'クエーサー' 916, 917
スイセン'ゲイ カイボ' 918, 918
スイセン'ゲイ ソング' 918
スイセン'ゲイリー クラッド' 917
スイセン交雑品種 914-21
スイセン'ゴールデン オーラ' 916, 917

スイセン'ゴールデン ドーン' 920, 920
スイセン'ゴールド メダル' 915, 915
スイセン'コキーユ' 916, 916
スイセン'サー ウィンストン チャーチル' 918, 919
スイセン'サヴァラン' 921, 921
スイセン'サロメ' 916, 917
スイセン'ザンバッティ' 916, 917
スイセン'ジェットファイア' 919
スイセン'シクローブ' 915
スイセン'シナジー' 917
スイセン'ジバ' 920, 920
スイセン'シベリアン ピンク' 919
スイセン'ジャスト ソウ' 916, 917
スイセン'ジャック スナイプ' 919, 919
スイセン'ジャンブリー' 921
スイセン'ジョーナ メルベイユ' 920
スイセン'ジョン ベイン' 918
スイセン'シルバー チャイムズ' 920
スイセン'スージー' 920
スイセン'スタンダード バリュー' 915, 915
スイセン'スペル バインダー' 915, 915
スイセン'セイロン' 916
スイセン'セイント パトリックス デイ' 916, 917
スイセン'ゼラニウム' 920, 920
スイセン属 914-21
スイセン'ソルベ' 921
スイセン'ダッチ マスター' 915, 915
スイセン'タヒチ' 918, 919
スイセン'ダブ ウィングス' 919
スイセン'タリア' 919, 919
スイセン'ダンシング パートナー' 916
スイセン'チアフルネス' 918, 918
スイセン'チェンジング カラーズ' 916
スイセン'チニータ' 920
スイセン'チャールズ スタート' 916
スイセン'チリ ベル' 916, 916
スイセン'ディセプセション' 916
スイセン'テキサス' 919
スイセン'デコイ' 916
スイセン'デルナッショー' 918
スイセン'トリルーン' 921
スイセン'トレヴィシアン' 920, 920
スイセンノウ 842
　'アトロサングイネア' 842
　'アルバ' 842, 842
　'オクラタ' 842
スイセン'ハウエラ' 919, 919
スイセン'パッショナル' 916
スイセン'ハニーバード' 915, 915
スイセン'バルドローム' 921
スイセン'パルマレス' 921, 921
スイセン'バレット ブラウニング' 918, 918
スイセン'ハロライト' 917
スイセン'ピナフォール' 917
スイセン'ピンク パラダイス' 918, 918
スイセン'ピンク フリルス' 917
スイセン'ピンク レース' 917

スイセン'ファルコネット' 920
スイセン'フィーリンドル' 920, 920
スイセン'フェスティブ' 918
スイセン'フェブラリー ゴールド' 919, 919
スイセン'フォーチュンズ ボール' 916, 916
スイセン'ブライダル ガウン' 918
スイセン'ブライミー' 916, 916
スイセン'フライング ソーサー' 916
スイセン'フラワー ドリフト' 918, 918
スイセン'フレイグラント ブリーズ' 916, 916
スイセン'ペリメーター' 918
スイセン'ベル ソング' 920, 920
スイセン'ベルリン' 916, 916
スイセン'ポルカ' 919
スイセン'ホワイト マーブル' 919
スイセン'ホワイト ライオン' 918, 919
スイセン'マウントフッド' 915
スイセン'マチルダ' 917
スイセン'マディソン' 918
スイセン'マンリー' 918, 918
スイセン'ミーノウ' 920, 920
スイセン'ムーンダ' 917
スイセン'モダン アート' 916, 917
スイセン'モンドラゴン' 921
スイセン'ユニーク' 919
スイセン'ラスベガス' 915
スイセン'ラップウィング' 919, 919
スイセン'ラフ アリーマ' 918, 918
スイセン'レインボー' 917
スイセン'レッド エンバー' 918, 918
スイセン'レッドヒル' 916, 917
スイセン'ロージー ワンダー' 917
スイセン'ローランス コステル' 920
スイセン'ロサド' 921
スイセン'ロリータ' 917
スイセン'ワージントン' 917
翠滴玉 638
ズイナ 760
　'ペップ' 760
スイバ 1287
酔美人 647, 647
瑞鳳玉 204
スイレン'アン エメット' 938
スイレン'イサモラダ' 939
スイレン'イブリン ランディグ' 938
スイレン'ウィリアム フォークナー' 938
スイレン'ウッズ ブルー ゴッデス' 939
スイレン'エスカルブークル' 938
スイレン'エミリー グラント ハッチングス' 938
スイレン'エリジアナ' 938
スイレン'キー ライム' 939
スイレン'グラッドストネアナ' 938
スイレン交雑品種 938
スイレン'ゴールデン ファシネイション' 938
スイレン'ゴネール' 938
スイレン'コロラド' 938, 938
スイレン'コンケラー' 938
スイレン'サー ギャラハッド' 939

スイレン'ジェイムズ ブライドン' 938
スイレン'ジェネラル パーシング' 938
スイレン'シャーリーン ストローン' 938
スイレン'シャルル ドゥ ムービル' 938
スイレン'スター オブ ザンジバル' 939
スイレン'スターティヴァンティ' 939
スイレン'スワニー ブルー ミスト' 939
スイレン'セントルイス' 939
スイレン属 937-39
スイレン耐寒性の交雑種 938
スイレン'チャーリーズ チョイス' 938
スイレン'ティナ' 939
スイレン'テキサス ドーン' 938, 938
スイレン'トルーディ スローカム' 939, 939
スイレン熱帯性昼咲きの交雑種 938
スイレン熱帯性夜咲きの交雑種 938
スイレン'バグダッド' 938
スイレン'パナマ パシフィック' 938
スイレン'パメラ' 938
スイレン'ピンク グレープフルーツ' 938
スイレン'ピンク センセイション' 938
スイレン'ピンク プラター' 938
スイレン'ファイアー クレスト' 938
スイレン'ペリーズ ファイアー オパール' 938
スイレンボク 656, 656
スイレン'マーガレット ランディグ' 938, 939
スイレン'マリオン ストローン' 938, 939
スイレン'マルリアケア アルビダ' 938
スイレン'マルリアケア イグネア' 938
スイレン'マルリアケア カルネア' 938, 938
スイレン'マルリアケア クロマテラ' 939, 938
スイレン'マルリアケア グロリオサ' 938
スイレン'ミセス ジョージ H. プリング' 938
スイレン'ミセス ジョージ ヒッチコック' 938
スイレン'ルネ ジェラール' 938
スイレン'レイデッカー ロゼア プロリフェラ' 938
スイレン'レッド フレア' 939
スイレン'ロサ デ ノーチェ' 939
スープセロリ 164
スエーデンアイビー 1060
スカーレットベルガモット 901, 901
　'ケンブリッジ スカーレット' 901
　'マホガニー' 901
スカウエリア属 1321
スカドクスス・ムルティフロルス 1320, 1320
　'コニング アルベルト' 1320
スカドクスス属 1320

スカビオサ セイヨウマツムシソウを参照 1319
スカビオサ・グラミニフォリア 1310
　'ピンクッション' 1320
スカビオサ・ステラタ 1320
　'ドラム スティック' 1320
　'ペーパー ムーン' 1320
スカビオサ・ルキダ 1320
　'ロセア' 1320
スギ エレガンス・グループ 439, 439
　'エレガンス' 439
スギ 439, 439
　'ヴィルモリニアナ' 439
　'猿猴杉' 439
　'コンプレッサ' 439
　'ナナ' 439, 439
　'バンダイスギ' 439, 439
　'吉野' 439, 439
スギ属 439
スキストステウルス属 1323
スキゾステウリス'グランディフローラ' ウィンターグラジオラス'メジャー'を参照 1324
スキゾステウリス'サンセット' ウィンターグラジオラス'サンライズ'を参照 1324
スキゾステウリス属 1323-24
スギナ 544, 544
スキヌス属 1322
スギノハカズラ 196
　'コンパクトゥス' 196
　'スプレンゲリ' 196
　'デフレクサス' 196
　'ミエルシイ' 196
スキマ属 1322
スキミア
　ミヤマシキミを参照 1344
スギモリゲイトウ 144, 144
　'ゴールデン ジャイアント' 144
スキラ・シベリカ 1326
　'スプリング ビューティ' 1326, 1326
スキラ属 1325-26
スキンミア コンフサ 1344, 1344
　'キュー グリーン' 1344, 1344
スグダチミヤマキシミ 1344
　'チラン チョイス' 1344, 1344
スクテラリア・アルピナ 1327, 1327
　'アクロバレノ' 1327, 1327
スグリ属 1205-7
スクレラントゥス属 1326
スクレロカクトゥス属 1326-27
スクレロカルヤ属 1327
スクロフラリア・アウリクラタ 1327
　'ワリエガタ' 1327
スゲ'ワリエガタ' (Carex conica) Carex conica'スノーライン'を参照 329
スゲ'ワリエガタ' (Carex morrowii) カンスゲ'エクスパリダ' (Carex morrowii 'Expallida')を参照 330
スゲ属 329-30, 329
スゲ'ヒメカンスゲ' Carex conica'スノーライン'を参照 329
スゲ'ボウルズ ゴールデン セッジ' Carex elata'オーレア'を参照 329, 329
スコティア属 1325
スジギボウシ 711
　'ヴァリエガタ' 711, 711

スズカケノキ 1057
スズカケノキ属 1057
ススキ 900
　'クライン ジルバースピン' 900
　'グラシリムス' 900, 900
　'ストリクトゥス' 900, 900
　'ゼブリヌス' 900
　'モーニング ライト' 900, 900
　'ヤク ジマ' 900, 900
　'ワリエガトゥス' 900, 900
ススキ属 899-900
ススキノキ 1489-90
スズバラ 1218, 1218
スズムシソウ属 826
スズメガヤ属 545
スズメノカタビラ 1063
スズメノケヤリ ワタスゲを参照 557, 557
スズメノテッポウ属 138
スズラン'ストリアタ' ドイツスズラン'アウレオヴァリエガタ'を参照 408
スズラン属 408
スズランノキ (Oxydendrum arboreum) 966, 966
スズランノキ (Zenobia pulverulenta) 1496
　'ケルキフォリア' 1496
スターアニス
　トウシキミを参照 732
スターチス 825, 825
　'アート シェイズ' 825
　'フォーエバー ゴールド' 825
スターフルーツ
　ゴレンシを参照 210, 210
スタキウルス・キネンシス 1367, 1367
　'マグピイ' 1367, 1367
スタキス・マクランタ 1367, 1367
　'スペルバ' 1367, 1367
スタピレア・コルキカ 1369
　'コロンビエリ' 1369, 1369
スタペリア属 1368
スタペリアントゥス属 1368
ズダヤクシュ 1416
　'ロセア' 1416
ズダヤクシュ'エリザベス オリバー' 1416, 1416
ズダヤクシュ'クロウ フェザー' 1416, 1416
ズダヤクシュ交雑品種 1416
ズダヤクシュ'スプリング シンフォニー' 1416, 1416
ズダヤクシュ属 1416
ズダヤクシュ'ダーク スターズ' 1416, 1416
ズダヤクシュ'タイガー ストライプ' 1416, 1416
スタルココッカ・ホオケリアナ 1313
　'パープル ステム' 1313
スタンホペア属 1367-68
スッキサ属 1382
スティフェリア属 1381
スティリディウム属 1380-81
スティルボカルパ属 1373
スティロフォロム属 1381
ステカヤシ属 215
ステトソニア属 1372
ステノカクタス属 1369-70
ステノカルプス 1370, 1370
ステノカルプス属 1370
ステノケレウス属 1370-71
ステノメソン属 1371
ステラ 1382, 1382
　'スノーフレーク' 1382

ステラ交雑品種 1382
ステラ'スノーストーム' 1382, 1382
ステラ属 1382
ステラ'ブルー シャワーズ' 1382, 1382
ステラ'ラベンダー シャワーズ' 1382, 1382
ステルクリア属 1372
ステルランディア属 1383
ステルンベルギア キバナタマスダレを参照 1372, 1372
ステルンベルギア属 1372
ステレオスペルムム 1129, 1129
ストケシア 1374, 1374
　'シルバー ムーン' 1374
　'パープル パラソルズ' 1374, 1374
　'ブルーストーン' 1374
　'ブルー ダニューブ' 1374
　'メリー グレゴリー' 1374, 1374
　'ワイオミング' 1374
ストケシア属 1374
ストック 878
　'アニュア' 878
ストック シンデレラ シリーズ 878
　'シンデレラ ホワイト' 878
　'シンデレラ ローズ' 878
　'ビンテージ ラベンダー' 878
ストック ビンテージ シリーズ 878
　'ビンテージ バーガンディ' 878
　'ビンテージ ラベンダー' 878
　'ビンテージ ローズ' 878
ストック レディ シリーズ 878
ストレチア・ジュンセア 1375, 1375
ストレプトカルプス・サクソルム 1376, 1376
ストレプトカルプス'アマンダ' 1376, 1376
ストレプトカルプス'アルバトロス' 1376
ストレプトカルプス'エマ' 1376, 1377
ストレプトカルプス'キム' 1377, 1378
ストレプトカルプス'クリスタル アイス' 1376, 1377
ストレプトカルプス'ケアリース' 1376, 1377
ストレプトカルプス交雑品種 1376
ストレプトカルプス'コーラス ライン' 1376, 1377
ストレプトカルプス'コンコルド ブルー' 1376, 1377
ストレプトカルプス'コンスタント ニンフ' 1376
ストレプトカルプス'シーアン' 1378, 1378
ストレプトカルプス'ジェニファ' 1377, 1378
ストレプトカルプス'シンシア' 1376, 1377
ストレプトカルプス属 1375-78
ストレプトカルプス'ソフィー' 1378, 1378
ストレプトカルプス'ティナ' 1378, 1378
ストレプトカルプス'ニンフ' 1378, 1378
ストレプトカルプス'パーティ ドール' 1378, 1378
ストレプトカルプス'ハイジ' 1377, 1378
ストレプトカルプス'パッション ピンク' 1378, 1378

ストレプトカルプス'ハッピー
　スナッピー' 1377, 1378
ストレプトカルプス'ピンク スフレ'
　1378, 1378
ストレプトカルプス'フォーリング
　スターズ' 1377, 1378
ストレプトカルプス'ブラッシング
　ブライド' 1376, 1376
ストレプトカルプス'ブリストルズ
　ベリー ベスト' 1376, 1377
ストレプトカルプス'ブルー
　ヘブン' 1376, 1376
ストレプトカルプス'フレキシイ
　ホワイト' 1377, 1378
ストレプトカルプス'ペタン' 1376,
　1376
ストレプトカルプス'ミーガン'
　1378, 1378
ストレプトカルプス'ミッドナイト
　フレーム' 1378, 1378
ストレプトカルプス'メラニー'
　1378, 1378
ストレプトカルプス'リサ' 1378,
　1378
ストレプトカルプス'リネット'
　1378, 1378
ストレプトカルプス'ルビー'
　1378, 1378
ストレプトカルプス'ローズバッド'
　1378, 1378
ストレプトカルプス'ローズマリー'
　1378
ストレプトカルプス属 1378
ストレプトソレン属 1379
ストレリチア属 1374-75
ストローブマツ 1050, 1051
　'ナナ' 1050
　'バンザイ ナナ' 1050, 1051
　'ファスティギアータ'
　　1050, 1051
　'プロストラータ' 1050, 1051
　'ペンデュラ' 1050, 1051
　'ホースフォード' 1050, 1051
　'ラディアータ' 1051
ストロビノランテス・アニソフィルス
　1379
ストロビランテス属 1379
ストロファントゥス属 1380
ストロマンテ属 1379
ストロンギロゴヌム 204
ストロンギロドン属 1379-80
ストロンボカクトゥス属 1379
スナザクラ 1096
スネイルフラワー 1471, 1471
スノーウィーリバーワトル 73
スノードロップ 623, 623
スノーフレーク 814, 814
　'グラヴェティ ジャイアント' 814
スノーポピー シラユキゲシを参照
　538, 538
スノキ'エリオット' 1454
スノキ'オーナブルー' 1454
スノキ交雑品種 1454
スノキ'シャープブルー' 1454,
　1454
スノキ属 1453-54
スノキ'ベッキーブルー' 1454
スノキ'リンゴンベリー' 1454,
　1454
スパージローレル 474, 474
スパイクラベンダー 802
スパソグロッティス属 1361
スパティフィルム・ワリシイ 1360,
　1360
　'クレヴェランディイ' 1360
スパティフィルム交雑品種 1360
スパティフィルム'センセーション'
　1360

スパティフィルム属 1360
スパティフィルム'タッソン' 1360
スパニッシュセージ 1303, 1303
スパニッシュマージョラム 1415
スパラキス属 1359
スパルイティナ'ヴァリエガタ'
　Spartina pectinata 'アウレオマ
　ルギナタ'を参照 1360
スパルイティナ属 1360
スパルティナ・ペクティナタ
　1360, 1360
　'アウレオマルギナタ' 1360
スパルマンニア・アフリカナ
　1360, 1360
　'フロレ プレノ' 1360
　'ワリエガタ' 1360
スパルマンニア属 1359-60
スパルマンニア'プレナ'
　Sparmannia africana 'フロレ
　プレノ'を参照 1360
スピードウェルジャーマンダー
　1462, 1462
スピノサスモモ 1099
スピラエア・トリロバタ 1365
　'スワン レイク' 1365
　'フェアリー クィーン' 1365,
　　1365
スピラエア キネレア 1363
　'グレフシェイム' 1363, 1363
　'コンパクタ' 1363, 1363
スピラエア ビラルディイ 1362
　'トリンファンス' 1362
スピンドルツリー 580, 580
　'アウクビフォリウス' 580
　'レッド カスケード' 580
　'レッド キャップ' 580
スファエラルケア属 1361
スプリア・アイリス 756
スプリング・ヒュームワート 420,
　420
　'ジョージ ベイカー' 420
スプリングビューティー 385
　'ルテア' 385
スプレー・カーネーション 493
スプレンゲリア属 1366
スペアミント 889
　'クリスパ' 889, 889
スペインモミ 70
　'ケレッリイス' 70
　'ブルースパニッシュファー'
　　70, 70
スペリヒユ 1074
スペリヒユ属 1074
ズボイシア・ミオポロイデス 517,
　517
ズボイシア属 517
スマイラックス 196
　'ミルティフォリウス' 196
スマトラオオコンニャク ショクダイ
　オオコンニャクを参照 147, 147
ズミ (Malus sieboldii) 864-65,
　865
ズミ (Malus×zumi) 865, 865
スミノミザクラ 1093
スミルニウム属 1345
スミレ'ヴァイオジョーイ' 1474, 1474
スミレ'ソロリア' 1474
　'プリケアナ' 1474
　'フレックルス' 1474, 1474
スミレ'ペダータ' 1474
スミレ'E.. A.. ボウルズ'
　ワイルドパンジー'ボウルズ
　ブラック'を参照 1474, 1475
スミレ'アンティーク シェード'
　1475, 1477
スミレ'インペリアル' 1475

スミレ インペリアル シリーズ
　1475
スミレ'インペリアル アンティー
　ク・シェード' 1475, 1475
スミレ'インペリアル フロスティ
　ローズ' 1475
スミレ ウルティマ シリーズ 1477
スミレ'ウルティマ シュプリーム'
　1477
スミレ'ウルティマ バロン
　コロネーション コート' 1476
スミレ'ウルティマ バロン
　パープル' 1476
スミレ'ウルティマ バロン レッド'
　1476
スミレ'エレーネ クイン' 1475,
　1477
スミレ クリスタル ボウル・
　シリーズ 1475
スミレ'クリスタル ボウル
　オレンジ' 1475
スミレ'クリスタル ボウル シュプ
　リーム スカイ ブルー' 1475
スミレ'クリスタル ボウル シュプ
　リーム ホワイト' 1475
スミレ'クリスタル ボウル
　トゥルー ブルー' 1475
スミレ グループ 1477
スミレ交雑品種 1475
スミレ'コムテッサ ホワイト
　ブロッチ' 1475
スミレ'コロンバイン' 1476
スミレ'ジェミニ ツインズ' 1476
スミレ'ジェミニ パープル
　イエロー' 1476
スミレ'ジャカネプス' 1477
スミレ ジョーカー シリーズ 1475
スミレ'ジョーカー ポーカー
　フェイス' 1475
スミレ属 1472-77
スミレ ターボ シリーズ 1477
スミレ'ターボ オレンジ' 1476
スミレ'ターボ トゥルー ブルー'
　1476
スミレ'ターボ パープル イエロー'
　1476
スミレ'ターボ ブルー ウィングス'
　1476
スミレ'ターボ ホワイト' 1476
スミレ'ターボ レッド ウィズ
　ブロッチ' 1476
スミレ'ターボ ワイン バイカラー'
　1476
スミレ ダイナマイト シリーズ 1475
スミレ'ダイナマイト スカーレット'
　1475
スミレ'ダイナマイト ブルー
　ブロッチ' 1475
スミレ'ダイナマイト ホワイト'
　1475
スミレ'ダイナマイト ライト ブルー'
　1475
スミレ デルタ シリーズ 1475
スミレ'デルタ トゥルー ブルー'
　1475
スミレ'デルタ ピュア ローズ'
　1475
スミレ'ドーン' 1477, 1477
スミレ'ネリー ブリットン' 1477
スミレ'ノラ リー' 1475
スミレ'パープル ウィングス' 1476
スミレ'パット クリージー' 1476
スミレ バナー シリーズ 1475
スミレ'バナー クリア レッド'
　1475

スミレ'バナー バイオレット
　ウィズ ブロッチ' 1475
スミレ'パノラ' 1475
スミレ パノラ シリーズ 1475
スミレ'パノラ トゥルー ブルー'
　1476
スミレ ファマ シリーズ 1475
スミレ'ファマ ブルー エンジェル'
　1475
スミレ'ファンファーレ ブルー
　センター' 1475
スミレ'フィオナ' 1476, 1477
スミレ'ブラック ムーン' 1475,
　1477
スミレ'ブリオニー' 1476
スミレ'ペイシャンス' 1476
スミレ ペニー シリーズ 1477
スミレ'ペニー バイオレット
　フレア' 1477
スミレ'ペニー プリムローズ'
　1477
スミレ ベビー フェイス シリーズ
　1475
スミレ'ベビー フェイス ライト
　ブルー アンド ホワイト' 1475
スミレ'ベビー ルシア' 1476,
　1477
スミレ'ペリーズ プライド' 1476
スミレ ベルーア シリーズ 1477
スミレ'ベルーア ブルー' 1476
スミレ'ベルーア ブルー
　ブロンズ' 1476
スミレ'マーティン' 1476, 1477
スミレ'マイファウニー' 1476
スミレ'マギー モット' 1477
スミレ'マスターピース' 1477
スミレ'メリンダ' 1477, 1477
スミレ'モリー サンダーソン'
　1476, 1477
スミレ ユニバーサル シリーズ
　1477
スムース ハニーワート 361
スモークブッシュ 407, 407
スモールフルーテッドグレイガム
　575, 575
スモールリーフドペパーミント 574
スモモ 1097, 1097
　'メスレー' 1097, 1097
　'レッド ハート' 1097, 1097
スリナムゴウカン 282, 282
スワインソナ属 1383
スワンプワトル シルバーワトルを
　参照 78
スワンリバーピー 252, 252
青花蝦 527
セイガンサイシン 193, 193
精巧殿 1444
精巧丸 1004, 1004
セイシカズラ属 380
青磁竜 116
セイタカセイヨウサクラソウ
　1080, 1080
セイタカユーカリ 576, 576
青年の木 1492, 1492
静夜 523
セイヨウアカミニワトコ 1308
　'サザーランド ゴールド' 1308
　'テヌイフォリア' 1308
　'プルモサ アウレア' 1308
セイヨウアブラナ 255, 255
セイヨウアブラナ ナポブラッシカ
　グループ 255
セイヨウアブラナ パブラリア
　グループ 255
セイヨウイトハマツムシソウ 1320
　'バタフライ ブルー' 1320
　'ピンク ミスト' 1320

セイヨウイラクサ 1451
セイヨウウツボグサ 1091
セイヨウオキナグサ 1113, 1113
　'アルバ' 1113, 1113
　'パパゲーノ' 1113, 1113
　'ルブラ' 1113, 1113
セイヨウオシダ 516
　'クリスタタ' 516
　'クリスパ' 516
　'クリスパ クリスタタ' 516, 516
　'デパウペラタ' 516
　'バルネシアイ' 516
　'リネアリス クリスタタ' 516
セイヨウオシダ グランディセプス
　グループ 516
　'グランディセプス ウィルス'
　　516
セイヨウオダマキ 167
　'ニベア' 167
　'ハイジ' 167
　'ヘンソル ヘアベル' 167
セイヨウオダマキ ステラータ
　グループ 167
　'ノラ バーロー' 167
　'ブラック バーロー' 167, 167
　'ブルー バーロー' 167, 167
　'ローズ バーロー' 167, 167
セイヨウオダマキ フローレ
　プレノ グループ 167
　'グレイム イドン' 167
　'グレイム イドン ブルー' 167
　'グレイム イドン レッド アンド
　　ホワイト' 167
　'ラファム スター' 167, 167
セイヨウオダマキ ベルベニアナ
　グループ 167
セイヨウオニシバリ ヨウシュジン
　チョウゲを参照 474
セイヨウカジカエデ シカモアカエデ
　を参照 88, 88
セイヨウカタクリ エリスロニウ
　ム・デニス-カニスを参照 564
セイヨウカノコソウ 1454, 1454
セイヨウカボチャ 441
　'アトランティック ジャイアント'
　　441, 441
　'オータム カップ' 441, 441
セイヨウガマズミ 1467, 1467
　'ヴェルシコロル' 1467, 1467
　'モヒカン' 1467
セイヨウカラシナ カラシナを参照
　255
セイヨウカラハナソウ ホップを
　参照 715
セイヨウカラマツ 797
セイヨウカリン 891, 891
　'ストーンレス' 891
　'ダッチ' 891
　'ノッティンガム' 891
　'ブレダ ジャイアント' 891
　'ラージ ラシアン' 891
　'ロイアル' 891
セイヨウカリン属 891
セイヨウカワラマツバ エゾノカワ
　ラマツバを参照 624, 624
セイヨウカンボク 1468, 1468
　'アウレウム' 1468, 1468
　'クサントカルプム' 1468
　'ナヌム' 1468
　'ノットカッツ バラエティ'
　　1468, 1468
　'ロゼウム' 1468, 1468
セイヨウキヅタ 678, 678
　'アイヴァレース' 679
　'アイリッシュ レース' 678
　'アトロプルブレア' 678
　'アニタ' 679

'アンバーウェイブズ' 678, *678*
'ヴァリエガタ' *679*
'グラシエール' *679*
'グリーン リップル' 678, *679*
'グレーシア' *678*
'ゴールデン インゴット' *679*
'ゴールドスターン' *679*
'ゴールドチャイルド' *678*
'コックルシェル' 678, *678*
'コルガタ' *679*
'コリブリ' *679*
'サギッティフォリア ヴァリエガタ' *679*
'シェイファー スリー' *678*
'スペクタビリス' *679*
'スルフレア' *679*
'セリドウェン' *678*
'ダックフット' *679*
'ツリートップ' *678*
'ドネラリエンシス' *679*
'トライポッド' *679*
'ニードルポイント' *679*
'バターカップ' *678*
'ハリソン' *678*
'ピクタタ' *679*
'ピッツバーグ' *678*
'ピンク ン ヴェリー カーリー' *679*
'プリュム ドール' *678*
'マンダズ クレステッド' *678*
'ミスト' 678, *679*
'ミンティ' *679*
'メラニィ' *679*
'ライト フィンガーズ' *679*
'ララ ロック' *678*
'リトル ダイアモンド' *679*
'ワルタメンシス' *679*
セイヨウキヅタ 'キャリコ'
 セイヨウキヅタ 'シェイファー スリー' を参照 *678*
セイヨウキヌヤナギ 1299
セイヨウキョウチクトウ 932, *932*
 'アルバム' 932, *932*
 'カサブランカ' *932*
 'スプレンデンス' 933, *932*
 'スプレンデンス ギガントゥム ヴァリエガタム' 934, *932*
 'デルフィーン' *932*
 'ドクター ゴルフィン' 932, *932*
 'プチット サモン' 932, *932*
 'プチット ピンク' *932*
セイヨウキランソウ 121
 'アトロプルプレア' 121
 'カトリンズ ジャイアント' 121, *121*
 'ジャングル ビューティ' 121
 'ジャングル ブロンズ' 121
セイヨウキランソウ 'トリカラー'
 セイヨウキランソウ 'マルチカラー' を参照 121
 'バーガンディ グロウ' 121
 'バーガンディ レイス' 121
 'パープル トーチ' 121, *121*
 'ピンク エルフ' 121
 'ピンク サプライズ' 121, *121*
 'ブラウンハーツ' 121
 'マルチカラー' 121
セイヨウキランソウ 'レインボー'
 セイヨウキランソウ 'マルチカラー' を参照 121
セイヨウキンバイソウ 1433
セイヨウキンポウゲ 1131
セイヨウキンミズヒキ 118, *118*
セイヨウコウホネ 936
セイヨウコリヤナギ 1298
 'ナナ' 1298, *1298*
 'ペンドゥラ' 1298

セイヨウサンザシ
 (*Crataegus laevigata*) 432
 'プレナ' 432
 'ポールズ スカーレット' 432, *432*
 'ロセア フロレ プレノ' 432
セイヨウサンザシ
 (*Crataegus monogyna*) 433
 'ストリクタ' 433
 'ビフロラ' 433
セイヨウサンシュユ 416, *416*
 'アウレア' 416, *416*
 'アウレオエレガンティッシマ' 416, *416*
 'マクロカルパ' 416, *416*
 'ワリエガタ' 416
セイヨウシデ 333
 'ファスティギアタ' 333, *333*
 'フィールダーズ タブラー' 333, *333*
セイヨウシナノキ
 セイヨウボダイジュを参照 1419, *1419*
セイヨウシャクヤク 975
 'ルブラ' 975
 'ルブラ プレナ' 975
 'ロセア プレナ' 975, *975*
セイヨウシャクヤク 'メモリアル デイ' セイヨウシャクヤク 'ルブラ プレナ' を参照 975
セイヨウジュウニヒトエ
 セイヨウキランソウを参照 121
セイヨウシロヤナギ 1296, *1296*
 'ウィッテリナ' 1296
セイヨウシロヤナギ 'トリステス' *Salix × sepulcralis* 'クリソコマ' を参照
セイヨウスモモ 1093
セイヨウスモモ 'アンジェリーナ'
 セイヨウスモモ 'アンジェリーナ バーデット' を参照 1093
 'アンジェリーナ バーデット' 1093
 'グリーンゲイジ' 1093
 'コウズ ゴールデン ドロップ' 1093
 'ハウスツヴェッシュ' 1093, *1093*
 'ビューラーフリューヴェッチュ' 1093, *1093*
 'プレジデント' 1093
 'マウント ロイヤル' 1093, *1093*
セイヨウタマシダ 931, *931*
 'キルドシイ' 931
 'ヒリイ' 931
 'ボストニエンシス' 931
 'ボストニエンシス アウレア' 931
 'ミニ ラフル' 931
セイヨウタンポポ 1400, *1400*
 'ヴェル デ モンタニィ' 1400
 'ティックリーブド インプルーヴド' 1400
セイヨウツゲ 272, *272*
 'アルゲンテオワリエガタ' 272
 'エレガンティッシマ' 272, *272*
 'グレアム ブランディ' 272
 'スフルティコサ' 272-273, *272*
 'バーダー・バレイ' 272-273
 'ハンズウォルティエンシス' 272
 'マルギナタ' 272-273
 'メモリアル' 272-273, *272*
 'ラティフォリア マクラタ' 272-273
セイヨウテリハヤナギ 1298, *1298*

セイヨウトチノキ 107, *107*
 'バウマンニイ' 107
 'ピラミダリス' 107, *107*
セイヨウトチノキ 'ダーリモーレイ' 107, *107*
セイヨウトチノキ 'ブリオッティイ'
 ベニバナトチノキ 'ブリオッティイ' を参照 106, *106*
セイヨウトリネコ 611, *611*
 'アウレア ペンドゥラ' 611
 'ペンドゥラ' 611, *611*
 'ヤスピデア' 611
 'ユリイカ' 611
セイヨウナシ 1118, *1118*
 'ウィリアムズ ボン クレティアン' 1118, *1118*
 'カスケード' 1118, *1118*
 'カンファレンス' 1118, *1118*
 'クラップス フェイバリット リーブリング' 1118
 'ゲラーツ バターバイン' 1118
 'ゾーン' *1118*
 'ドワイエンヌ デュ コミス' 1118, *1118*
 'プール アルディ' *1118*
 'プール ダンジュ' 1118, *1118*
 'レッド バーレット' 1118, *1118*
セイヨウナシ 'コミス' セイヨウナシ 'ドワイニンヌ デュ コミス' を参照 1118
セイヨウナシ 'バートレット'
 セイヨウナシ 'ウィリアムズ ボン クレティアン' を参照 1118, *1118*
セイヨウナツユキソウ 605
 'アウレア' 605
 'ロセア' 605
 'ワリエガタ' 605
セイヨウナナカマド 1356, *1356*
 'アスプレニイフォリア' 1356
 'カーディナル ロイヤル' 1356
 'クサントカルパ' 1356
 'ファスティギアタ' 1356
 'ブラック ホーク' 1356
 'フルクトゥ ルテオ' 1356, *1356*
セイヨウニワトコ 1308, *1308*
 'アウレア' 1308
 'アウレオマルギナタ' 1308
 'ウィリディス' 1308
 'ギンショ パープル' 1308
 'ナナ' 1308
 'プルウェレンタ' 1308
 'マルギナタ' 1308
 'ラキニアタ' 1308
セイヨウニンジンボク *1477*, 1477
セイヨウヌカボ 163, *163*
セイヨウヌカボ属 163
セイヨウネギ リーキを参照 125
セイヨウネズ 770-71
 'エフサ' *771*
 'コンプレッサ' 770-71, *771*
 'スエキカ' *771*
 'デプレスト スター' 770-71, *771*
 'デプレッサ アウレア' 770-71
 'ナナ' 770-71
 'ヒベルニカ' 770-71, *771*
 'ペンドゥラ' 770-71, *771*
 'レパンダ' *771*
セイヨウネズ 'ストリクタ'
 セイヨウネズ 'ヒベルニカ' を参照 770-71, *771*
セイヨウノコギリソウ 91, *91*
 'アップル ブロッサム' 91, *91*
 'アンセア' 91

'ウェザーサンドスタイン' 91, *91*
'セライズ クイーン' 91
'タイゲテア' 91, *91*
'テラコッタ' 91, *91*
'ハイディ' 91, *91*
'パプリカ' 91, *91*
'ファナル' 91, *91*
'ラホシャンハイト' 91
'ワルサー ファンケ' 91, *91*
セイヨウバイカウツギ 1024, *1024*
セイヨウバクチノキ 1094, *1094*
 'エトナ' 1094, *1094*
 'ザベリアナ' 1094
セイヨウハコヤナギ クロヤマナラシ 'イタリカ' を参照 1073, *1073*
セイヨウハシバミ 422
 'アウレア' 422
 'コントルタ' 422, *422*
セイヨウハルニレ 1449
 'エクソニエンシス' 1449
 'カンペルドウニイ' 1449
 'ペンドゥラ' 1449, *1449*
セイヨウヒイラギ 728, *728*
 'J. C. ヴァン トール' 728
 'アウリフォディナ' 728, *728*
 'アルゲンテア マルギナタ' 728, *728*
 'アルゲンテア マルギナタ ペンドゥラ' 728, *728*
 'アンバー' 728
 'イングラミイ' 728
 'ウィンター クイーン' 728
 'ゴールデン ミルクボーイ' 728, *728*
 'ゴールド フラッシュ' 728
 'シルバー クイーン' 728
 'シルバー ミルクメイド' 728
 'バッキフラウア' 728, *728*
 'ハンズワース ニュー シルバー' 728, *728*
 'ピラミダリス' 728
 'ピラミダリス フルクトゥ ルテオ' 728
 'フェロックス アルゲンテア' 728
 'マダム ブリオット' 728, *728*
 'ルブリカウリス アウレア' 728
 'ワテリアナ' 728
セイヨウヒイラギガシ 1124, *1124*
セイヨウヒルガオ属 408
セイヨウフウチョウソウ属 392
セイヨウフウチョウソウ 'ホワイト クイーン' *Cleome sesquiorygalis* 'ヘレン キャンベル' を参照 392
セイヨウフウチョウボク ケーパーを参照 326, *326*
セイヨウブナ ヨーロッパブナを参照 596, *597*
セイヨウボダイジュ 1419, *1419*
 'ウラティスラヴェンシス' 1419
 'パリダ' 1419
セイヨウボタンノキ アメリカスズカケノキを参照 1057, *1057*
セイヨウマツムシソウ 1319
 'サーモン クイーン' 1319
 'チリ ブラック' 1319, *1319*
 'ピーター レイ' 1319, *1319*
 'ブルー コッケード' 1319
セイヨウミザクラ オウトウを参照 1092
セイヨウミザクラ 'マルチプレックス' セイヨウミザクラ 'プレナ' を参照 1092
セイヨウミミナグサ 357, *357*
セイヨウメギ 231, *231*
セイヨウメシダ 206, *206*

'ウィクトリアエ' 206
'クラリッシマ' 206
'グロメラトゥム' 206
'フリゼリアエ' 206
'マグニフィクム カピタトゥム' 206
'ミヌティッシムム' 206
'ワーノニアエ' 206
セイヨウヤマネコヤナギ 1296, *1296*
 'ペンドゥラ' 1296, *1296*
セイヨウヤマハンノキ 131, *131*
 'インペリアリス' 131
 'ラキニアタ' 131
セイヨウユキワリコザクラ 1080
セイヨウワサビ 188, *188*
 'ワリエガタ' 188
セイヨウワサビ属 188
セイロンテツボク 891, *891*
セイロンヒメノボタン 960
セージブラッシ 1337, *1337*
セキザイユーカリ リバーレッドガムを参照 568-69, *569*
セキショウ 95
 'オウゴン' 95
 'ハクロニシキ' 95, *95*
 'プシルス' 95
 'ワリエガトゥス' 95
セキドウサクラソウ コロマンソウを参照 204
ゼクマンファー 68, *68*
セコイアオスギ 1336, *1337*
 'ペンドゥルム' 1337
セコイアオスギ属 1336-37
セコイア属 1336
セシルオーク 1126
 'コルムナ' 1126
 'ロンギフォリア' 1126, *1126*
セスレリア属 1338
セダム・スパツリフォリウム 1330, *1330*
 'ケープ ブランコ' 1330, *1330*
 'プルプレウム' 1330, *1330*
セダム 'オータムジョイ'
 セダム 'ヘルプストフレウド' を参照 1331, *1331*
セダム交雑品種 1331
セダム属 1328-31
セダム 'ヘルプストフロイデ' 1331, *1331*
セダム 'ルビー グロウ' 1331, *1331*
セッコウボク 1384
セッコク 483
雪白丸 869
セツブンソウ属 545
ゼニアオイ
 'プリムレー ブルー' 868, *868*
ゼニアオイ属 867-68
ゼノビア属 1496
ゼブラ バスケット パイン 106
セフリージ 367, *367*
セラギネラ・クラウッシアナ 1331
セリ 947
 'フラミンゴ' 947
セリ属 946-47
セリバオオバコ 1056, *1056*
セリフィディウム属 1337
セリア 'シュガー アン スパイス' 1338, *1338*
セルリア属 1338
セルリアック 164
 'ブリリアント' 164
セレニケレウス属 1332
セローム 1026, *1026*
セロジネ・コリンボサ 399

セロジネ・フラッキダ 399
　'ダーク' 399, *399*
セロジネ(コエロギネの通称名)属 399
セロジネ'ブルフォルディエンセ' 399, *399*
セロジネ'メモリア W. ミコリッツ' 399, *399*
セロリ
　(*Apium graveolens* var. *dulce*) 164
セロリ
　(*Apium graveolens*) 164, *164*
　'トリカラー' 164
螂刺蝦 527, *527*
センジュラン 1491
　'トリカラー' 1491
　'マルギナタ' 1491
センダイハギ属 1411
センダン 886, *886*
センダングサ属 237
センダン属 886
セントオーガスチングラス イヌシバを参照 1371
セントキャサリンズレース 556, *556*
セントポーリア 1294
セントポーリア'アークティック フロスト' *1294*
セントポーリア'アイ フィル プリティ' *1294*
セントポーリア'アイリッシュ フラート' 1294, *1295*
セントポーリア'アキラ' 1294, *1294*
セントポーリア'インテグリティ' *1295*
セントポーリア'ウィンター ワンダーランド' *1295*
セントポーリア'エミ' 1294, *1294*
セントポーリア'オプティマラ コロラド' *1294*
セントポーリア'キメラ モニーク' 1294, *1294*
セントポーリア'クラシック ロック' *1294*
セントポーリア'クリンクルド ブルー' *1294*
セントポーリア'グンディ' *1294*
セントポーリア交雑品種 1294
セントポーリア'コロニアル ポート フェアリー' *1294*
セントポーリア'コロニアル ミスター リマーカブル' *1294*
セントポーリア'コロニアル ローズワーシー' *1294*
セントポーリア'コンコルド' 1294
セントポーリア'サーモン' *1295*
セントポーリア'サニー サーモン' *1295*
セントポーリア'サラ' *1295*
セントポーリア'ジェイズ フェアリー フロス' *1295*
セントポーリア'シェード オブ オータム' *1294*
セントポーリア'シマリング サンシャイン' *1295*
セントポーリア'シャノン' *1295*
セントポーリア'シャロンズ ウェイ' *1295*
セントポーリア'シャンタロロ' *1294*
セントポーリア'シャンティアナ' 1294, *1294*
セントポーリア'ジョリタ' 1294, *1295*

セントポーリア'ゾーヤ' 1294, *1295*
セントポーリア属 1294-95
セントポーリア'ダイアナ' 1294
セントポーリア'テイラーズ ハイブリッド' *1295*
セントポーリア'トマホーク' *1295*
セントポーリア'トモコ' *1295*
セントポーリア'ドロシー' 1294, *1294*
セントポーリア'パーティ プリント' *1295*
セントポーリア'ハーバー ブルー' *1294*
セントポーリア'パウ ワウ' *1295*
セントポーリア'パティ' 1294, *1295*
セントポーリア'ヒサコ' 1294, *1294*
セントポーリア'ピンク フロスト ファイヤー' *1295*
セントポーリア'フォギー ブルーズ' *1295*
セントポーリア'ブラッシュピンク' *1294*
セントポーリア'ブルー ラグーン' *1294*
セントポーリア'ベリタ' *1294*
セントポーリア'ボブ セルビン' *1294*
セントポーリア'マイコ' *1295*
セントポーリア'マハ' *1295*
セントポーリア'マリエラ' *1295*
セントポーリア'マリタ' *1295*
セントポーリア'ミア' *1295*
セントポーリア'ミラン スキーズ' *1295*
セントポーリア'ミルキーウェイ トレイル' *1294*
セントポーリア'メロデイ キミ' *1294*
セントポーリア'リトル プロ' *1295*
セントポーリア'ルナ オービット' *1295*
セントポーリア'ロココ ピンク' 1294, *1295*
セントポーリア'ロニ' *1295*
センナ属 1335-36
センナリホオズキ オオセンナリを参照 932
センニチコウ 646, *646*
　'ストロベリー フィールズ' 646
　'ラベンダー レディ' 646, *646*
センニチコウ属 645-46
センニンコク ヒモゲイトウを参照 144
センニンソウ 389
センネンボク 412
　'キーウィー' 412, *412*
　'ルブラ' 412, *412*
センネンボク属 412
センノウ属 842
センペルウィウム・カルカレウム 1333
　'サー ウィリアム ロレンス' 1333, *1333*
　'ミセス ギウセッピ' 1333, *1333*
センペルウィウム・マルモレウム 1333, *1333*
　'ブルネイフォリウム' 1333
　'ルビクンドルム' 1333
　'ルビフォリウム' 1333
センペルセコイア 1336, *1336*
　'アドプレッサ' 1336
　'アプトス ブルー' 1336
　'ソクエル' 1336

センペルブビム'ヴァージル' 1334, *1334*
センペルブビム'エングルズ ルブルム' 1334, *1334*
センペルブビム交雑品種 1334
センペルブビム'コマンダー ヘイ' 1334, *1334*
センペルブビム'コロナ' 1334, *1334*
センペルブビム属 1332-34
センペルブビム'ブースズ レッド' 1334, *1334*
センペルブビム'ホールズ ハイブリッド' 1334, *1334*
センペルブビム'ホワイト アイズ' 1334, *1334*
センペルブビム'ラズベリー アイス' 1334, *1334*
センペルブビム'レインハード' 1334, *1334*
センペルブビム'レジナルド マルビー' 1334, *1334*
ゼンマイ属 961-62
蒼角殿 248, *248*
象牙宮 972, *972*
象牙丸 424, *424*
ソウシカンバ ダケカンバを参照 235
蒼竜 587, *587*
ソーセージノキ 779, *779*
ソーパルメット ノコギリヤシを参照 1337, *1337*
ソープワート 1311, *1311*
　'ルブラ プレンタ' 1311
　'ロゼア プレンタ' 1311, *1311*
ソケイ 766
　'アウレウム' 766
　'アルゲンテオワリガトゥム' 766
ソケイ属 765
ソケイノウゼン 979
　'アルバ' 979
　'カリスマ' 979
　'レディ ダイ' 979
　'ロゼア' 979
　'ロゼア スペルバ' 979
ソケイノウゼン'スノー クイーン' ソケイノウゼン'レイディ ダイ'を参照 979
ソコベニハクモクレン 853, *853*
　'アレクサンドリナ' 853
　'バーガンディ' 853, *853*
　'ピクチャー' 853, *853*
　'ブロッゾニイ' 853
　'ルスティカ ルブラ' 853
　'レンネイ' 853
　'レンネイ アルバ' 853
袖ヶ浦 672
ソテツ 449, *449*
ソテツ属 449
ソバカスソウ 723, *723*
　'スプラッシュ' 723
ソバカズラ属 597
ソバグリ ブナを参照 596
ソフォラ・プロストラタ 1352
　'リトル ベイビー' 1352
ソブプス・フペヘンシス 1357, *1357*
　'コーラル ファイヤー' 1357
ソブラリア・ミラビリス 1346, *1346*
ソブラリア属 1345-46
×ソフロカットレア属 1353
×ソフロカットレア ビューフォート 1353
×ソフロカットレア ラナ コリエル 1353, *1353*

ソフロニティス・コッキネア 1354
　'ジャニーネ' 1354, *1354*
ソフロニティス属 1354
×ソフロラエリア・オルペティイ 1353
×ソフロラエリア・グラトリキシェ 1353, *1353*
×ソフロラエリア属 1353
×ソフロレリオカットレア(ブライト エンジェル×マハロ ジャック) 1354, *1354*
×ソフロレリオカットレア ハイブリッド 1354
×ソフロレリオカットレア アン コミネ 1354, *1354*
×ソフロレリオカットレア サンセット ナゲット 1354, *1354*
×ソフロレリオカットレア ジャニーニ ルイーズ 1354
×ソフロレリオカットレア ジュエラーズ アート 1354, *1354*
×ソフロレリオカットレア属 1353-54
×ソフロレリオカットレア ティザック 1354, *1354*
×ソフロレリオカットレア ファイアー ライター 1354, *1354*
×ソフロレリオカットレア ヘイゼル ボイド'アプリコット グロウ' 1354, *1354*
×ソフロレリオカットレア マハオ ジャック 1354, *1354*
ソメイヨシノ 1100
　'シダレヨシノ' 1100, *1100*
ソヨゴ 731, *731*
ソライロアサガオ 739
　'タイ ダイ' 739, *739*
　'ヘヴンリー ブルー' 739
　'ミニバー ローズ' 739, *739*
ソライロオダマキ 166, *166*
ソライロサルビア ゲンチアンセージを参照 1305, *1305*
ソラヌム・クリスプム 1346
　'グラスネヴィン' 1346
ソラマメ 1470
　'レッド エピキュア' 1470, *1470*
ソラマメ属 1470
ソリア属 1351-52
ソリダゴ・ルゴサ 1351
　'ファイヤー ワークス' 1351
ソリダステル 1351
　'レモア' 1351
ソリチャ 346
ソルグハストルム属 1359
×ソルダステル属 1351
ソルブス・アリア 1355, *1355*
　'クリソフィッラ' 1355
　'マジェスティカ' 1355
　'ルテスケンス' 1355, *1355*
ソルブス・インシグニス 1357
　'ベロナ' 1357, *1357*
ソルブス・インテルメディア 1357, *1357*
　'ブロウウェルズ' 1357
ソルブス・ウィルモリニイ 1358, *1358*
　'パーリー キング' 1358
ソルブス・ディベティカ 1358
　'ジョン ミッチェル' 1358
ソルブス・レドゥクタ 1358
　'ノーム' 1358, *1358*
ソルブス・アルノルディアナ 1355
　'カーペット オブ ゴールド' 1355, *1355*

ソルブス トゥリンギアカ 1358, *1358*
　'ファスティギアタ' 1358
　'レオナルド スプリンガー' 1358
ソレイロリア属 1349
ソレノステモン属 1349-50

タ

ダーウィナラ属 475
×ダーウィナラ'プリティ ガール' 475, *475*
ダーウィニア属 475
ダーウィンバーベリー 229, *229*
　'フレイム' 229
ダーウェンティア属 488
ターキッシュヘーゼル 422, *422*
ターメリック ウコンを参照 447
ダーリングトニア・カリフォルニカ ランチュウソウを参照 475, *475*
ダーリングトニア属 475
ダイアキア・ヘンダーソニアナ 518, *518*
ダイアキア(ディアキアの通称名)属 518
ダイオウウラボシ 1026
ダイオウショウ 1050, *1050*
ダイオウヤシ 1283, *1283*
ダイオウヤシ属 1283
ダイオウヤハズヤシ 1109
ダイギンリュウ 994
　'ワリエガトゥス' 994, *994*
ダイコンソウ属 637
ダイサンチク 217
　'ストリアタ' 217, *217*
　'マクラタ' 217
　'ワミン' 217
タイサンボク 851, *851*
　'エクスマウス' 851
　'ゴリアテ' 851
　'フェルギニア' 851
　'リトル ジェム' 851
ダイジョ 503, *503*
大正キリン 585, *585*
ダイズ 644
ダイズ属 472
ダイズ属 644
大瑞蝶 523
　'ディー' 523, *523*
ダイダイ 383
ダイダイ グレープフルーツ グループ 383
　'ダンカン' 383
　'マーシュ' 383
　'ルビー' 383
　'レッド ブラッシュ' 383
ダイダイ サワー・オレンジ グループ 383
ダイダイ スイート・オレンジ グループ 383
　'バレンシア' 383, *383*
　'ルビー' 383
　'ワシントン ネーブル' 383, *383*
ダイダイ タンゴール グループ 383
　'テンプル' 383
　'ハニー マーコット' 383
ダイダイ タンジェロ グループ 383
　'オーランド' 383
　'サムソン' 383
　'ミネオーラ' 383
タイツリソウ ケマンソウを参照 496, *496*
タイトウカマツカ 1116

タイトウサンザシ
　タイトウカマツカを参照 1116
太白丸 1409, *1409*
大鳳角 584, *584*
大鳳竜 924
タイミンセッコク 483, *483*
タイム・マストキナ 1415
ダイモンジソウ 1318
ダイヤーズ カモミール コウヤカミツレを参照 160, *160*
ダイヤモンドグラス 277
大疣丸 872, *872*
太陽 527, *527*
大竜冠 526
タイリンアオイ 193, *193*
タイリンウツボグサ 1091
　'ピンク ラブリネス' 1091, *1091*
　'ラブリネス' 1091, *1091*
タイリンエンレイソウ 1430
　'フロレ プレノ' 1430, *1430*
タイリントキソウ 1060, *1060*
　'クレア' 1060, *1060*
大輪丸 925
タイリンミヤコナズナ 108
タイワンコマツナギ 735
タイワンスギ 1398, *1398*
タイワンスギ属 1398
タイワンツクバネウツギ 66, *66*
タイワンツゲ 273
タイワンツバキ 646-47, *646*
タイワンツバキ属 646-47
タイワントガサワラ 1103
タイワンホトトギス 1429, *1429*
タイワンモミジ属 1068-69
タイワンユリ タカサゴユリを参照 821
タイワンレンギョウ ハリマツリを参照 518, *518*
ダウィディア属 476-77
ダウニー クレマティス 388, *388*
　'スノーバード' 388
　'ホワイト スワン' 388
　'マーカムズ ピンク' 388
ダウニーバーチ 237
タウンセンディア属 1424
タカサキレンゲ 524
タカサゴコバンノキ属 259
タカサゴフジウツギ 264
タカサゴフヨウ ヤノネボンテンカを参照 994, *994*
タカサゴユリ 821
高砂 869, *869*
タカネイワヤナギ レンゲイワヤナギを参照 1298, *1298*
タカネゴヨウ 1046, *1046*
タカネツメクサ属 899
タカネナデシコ 492
タカネヒナゲシ ミヤマヒナゲシを参照 979, *979*
鷹の爪 673
タカノハススキ ススギストリクトゥス'を参照 900, *900*
高盧薈 アロエ・ディコトマを参照 134, *134*
タカワラビ属 378
タギョウショウ アカマツ'ウンブラキュリフェラ'を参照 1047
タクスス メディア 1402, *1402*
　'エヴァロー' 1402
　'ダーク グリーン スプレッダー' 1402, *1402*
　'ニゲラ' 1402, *1402*
　'ハットフィールディ' 1402
　'ヒクシイ' 1402
　'ブラウニー' 1402, *1402*
ダグラスモミ アメリカトガサワラを参照 1103, *1103*
ダクリカルプス属 464
ダクリディウム・アラウカリオイデス 464, *464*
ダクリディウム・ベッカリイ 464, *464*
ダクリディウム属 464
ダケカンバ 235
　'グレイスウッド ヒル' 235
タケニグサ 849
タケニグサ属 849
竹の雪 116
タコノキ 1321, *1321*
ダシリリオン・ホイーレリー 476
ダシリリオン・ロンギッシムム 476
ダシリリオン属 475-76
ダスティーミラー 1334
　'シルス' 1334, *1334*
　'シルバー ダスト' 1334, *1334*
　'シルバー レース' 1334
　'ホワイト ダイヤモンド' 1334
ダスティミラー 353
タスマニアシロユーカリ ユーカリプツス・コキフェラを参照 569, *569*
タスマニアスギ属 205
タスマニアビオラ 1474
タスマニアンサッサフラス 205, *205*
タスペイアー属 1396
タベルナエモンタナ 1396
タチアオイ *122*, 123
　'ニグラ' *122*, 123
タチアオイ属 122-23
タチジャコウソウ コモンタイムを参照 1416
タチノウゼン キンレイジュを参照 1402, 1403
タチバナアデク 579
タチバナモドキ 1115, *1115*
タチバロウヤシ 409, *409*
タチボウキ 196, *196*
タッカ属 1396
タツタソウ属 767
タツタナデシコ 492
ダッチ アイリス 755-56
ダッチクロッカス ハナサフランを参照 436, *436*
ダッチマンズブリーチ ディセントラ・ククルラリアを参照 496
タツナミソウ 1328
タツナミソウ属 1327-28
ダドレヤ・アッテヌアーク 517
ダドレヤ・アンソニイ 517, *517*
ダドレヤ・グリーネイ 518
ダドレヤ属 517-8
ダナエ属 473
タニウツギ 1483
　'ニベア' 1483
タニウツギ'アベル カリエール' 1484, *1484*
タニウツギ'ヴァニセク' タニウツギ'ニューポート レッド'を参照 1484, *1484*
タニウツギ'エヴァ ラトケ' 1484
タニウツギ'カメレオン' 1484, *1484*
タニウツギ'カンディダ' 1484
タニウツギ交雑品種 1484
タニウツギ'ニューポート レッド' 1484, *1484*
タニウツギ'プラエコクス ワリエガタ' 1484, *1484*
タニウツギ'ブリストル ルビー' 1484, *1484*
タニウツギ'フロリダ ワリエガタ' 1484, *1484*
タニウツギ'マダム ルモワンヌ' 1484, *1484*
タニウツギ'メヌエット' 1484
タニウツギ'ルーイマンシイ アウレア' 1484, *1484*
タニウツギ'レッド プリンス' 1484
タヌキマメ属 437
タネツケバナ属 328
タバコ 933, *933*
　'ワリエガタ' 933
タバコソウ 444, *444*
タバコソウ属 443-44
タバコ属 932-33
タバレシア属 1400
タビエシア属 477
タピオカ キャッサバを参照 874
タビビノキ 1135, *1135*
タビビノキ属 1134-35
ダフネ・クネオルム バライロジンチョウゲを参照 473, *473*
ダフネ・タングティカ レッサー・グループ 474
ダフネ・ブホルア 473, *473*
　'グルカ' 473
ダフネ・ブルクウォオデイイ 473, *473*
　'キャロル マッキー' 473, *473*
タブベイア属 1396
タペイノキルス属 1400
ダボエキア・カンタブリカ・アゾリカ 464
　'アトロプルプレア' 464
ダボエキア・カンタブリカ・スコティカ 464
　'ウィリアム ブキャナン' 464
　'ジャック ドレイク' 464
　'シルバーウェルズ' 464
ダボエキア・カンタブリカ 464, *464*
　'アルバ' 464
　'ウェイリーズ レッド' 464
　'クリーピング ホワイト' 464, *464*
　'スノードリフト' 464
　'バイカラー' 464
　'プラエゲラエ' 464
　'プルプレア' 464, *464*
ダボエキア属 464
ダボエキア'ホエイリー' ダボエシア・カンタブリカ'ウェイリーズ レッド'を参照 464
玉翁 870
タマガサノキ 355, *355*
タマクルマバソウ 197, *197*
タマザキキンバイソウ セイヨウキンバイソウを参照 1433
タマサキサクラソウ プリムラ・デンタキュラータを参照 1080, *1080*
タマシダ 931, *931*
　'キンバリー クイーン' 931
　'ダフィイ' 931
　'プルモサ' 931
タマシダ属 931
タマスダレ タマツヅリを参照 1330
タマツヅリ 1330
タマネギ 125, *125*
タマネギ アグレガトゥム グループ 125
　'アリストクラット' 125, *125*
タマネギ ケパ グループ 125
　'ケルサエ' 125, *125*
　'ケルサエ ジャイアント' 125
　'タフ ボール' 125
　'パリス シルバー スキン' 125
　'レッド バロン' 125
タマネギ プロリフェラム グループ 125
　'スーパースター' 125, *125*
タマノカンザシ 710
玉牡丹 183, *183*
タマリクス 1398
タマリクス・ラモシッシマ 1399, *1399*
　'ピンク カスケード' 1399, *1399*
　'ルブラ' 1399
タマリクス属 1398-99
タマリンドゥス 1398, *1398*
タマリンドゥス属 1398
タムシバ 852, *852*
　'ワダズ メモリー' 852
タムノコルトゥス属 1409
タラゴン 190
　'サティワ' 190
タラゴン'サティヴァ'を参照 190
タラノキ 170, *170*
　'アウレオマルギナタ' 170
タラノキ'アルボマルギナタ' タラノキ'ヴァリエガタ'を参照 170
　'ヴァリエガタ' 170
タラノキ属 170
タラノハダリア コダチダリアを参照 466, *466*
タラヨウ 730
ダリア 466
ダリア・コッキネア 466
ダリア・メルキイ 466
ダリア'秋田' 467, *466*
ダリア'アスペン' 471, *471*
ダリア アネモネ咲き交雑品種 467
ダリア'アラビアン ナイト' 467, *467*
ダリア'アルフレッド グリル' 469, *470*
ダリア'アンタダンク' 468
ダリア'アンリエット' 470
ダリア'イエロー カクタス' 470
ダリア'イエロー ハンマー' 466-67, *466*
ダリア'イルセ ワーナー' 470
ダリア'ヴァネッサ' 467, *467*
ダリア'ウィッテマンズ ベスト' 471, *471*
ダリア'ウートン インパクト' 471
ダリア'ウートン キューピッド' 469
ダリア'ウェストン ピンキー' 471
ダリア'ヴォークランド エコー' 468
ダリア'エクスプロージョン' 471, *471*
ダリア'エルガ' 471, *471*
ダリア'エングレハード マタドール' 468
ダリア'エンゲルハーツ アイドル' 471
ダリア'エンゲルハーツ ジュビリアウム' 471, *471*
ダリア'オーウェンズ バイオレット' 469, *469*
ダリア'オーダシティ' 467
ダリア'オリンピアズ ジュビリー' 468
ダリア'オレンジ サン' 472, *472*
ダリア'オレンジ マーマレード' 470
ダリア カクタス咲き交雑品種 469-470
ダリア'カッツェルドルフ' 471
ダリア'カフェオレ' 467
ダリア'カラー マジック' 471
ダリア'ガルテンフロイダ' 471
ダリア'ギッタ' 471
ダリア'キャサリンズ キューピッド' 469
ダリア ギャラリー シリーズ 472
ダリア'クラリオン' 467
ダリア'グランド プリンス' 471
ダリア'クレール ドゥ リュン' 467
ダリア'クレオパトラ' 470
ダリア'グローリー ヴァン ヘームステイド' 471
ダリア'クンターブント' 468
ダリア'ゲイ プリンセス' 467, *467*
ダリア'ケルビン フラッドライト' 467, *468*
ダリア交雑品種 466-72
ダリア'ゴールデン チャーマー' 471, *471*
ダリア'コットブサー ポストクッチャー' 467
ダリア コラレット咲き 467
ダリア'ゴルドナー ライナー' 471, *471*
ダリア'コルトネス ジェム' 466
ダリア'サニー イエロー' 468
ダリア'サフォーク パンチ' 467, *468*
ダリア'サンタクロース' 467
ダリア'ジェスコット ジュリー' 472
ダリア'ジェニー' 467
ダリア'シュヴァルツェ バルバラ' 468
ダリア'ジンガロ' 467, *468*
ダリア スイレン咲き交雑品種 467
ダリア'ステファン ベルゲーホフ' 467, *468*
ダリア セミカクタス咲き交雑品種 471
ダリア'ソー ディンティ' 471
タリア属 1408
ダリア属 466-72
ダリア その他 472
ダリア'ゾロ' 467
ダリア'タータン' 467, *468*
ダリア'チャールズ ディケンズ' 469, *469*
ダリア'デイビッド ハワード' 467
ダリア デコラティブ咲き交雑品種 467-68
ダリア'テッズ チョイス' 467, *468*
ダリア'トゥー タトワ' 468
ダリア'ドリス デューク' 467, *468*
ダリア'ナーゴールド' 472
ダリア'ナイト クイーン' 469, *469*
ダリア'ネポス' 467
ダリア'パーク プリンセス' 469, *470*
ダリア'パープル ジョイ' 467, *468*
ダリア'パール オブ ヘーンステイド' 467
ダリア'バビロン パース バイオレット' 467
ダリア'ハマリー アコード' 471
ダリア'ハマリー ゴールド' 467
ダリア'ハミルトン リリアン' 467, *468*
ダリア'バルカン' 471, *471*
ダリア'パルメンガルテン' 470

ダリア'ピーター' 467, 468
ダリア'ビショップ オブ ランダフ' 472
ダリア'ビストロ' 469, 469
ダリア'ピッカント' 471
ダリア 一重咲き交雑品種 466-67
ダリア'ヒベルニア' 471
ダリア'ヒルクレスト ロイヤル' 469
ダリア'ピンク チャーム' 471
ダリア'ファイヤー マウンテン' 468
ダリア'ファスシネーション' 467
ダリア'フィアカー' 467, 468
ダリア'フーリンズ カーニバル' 467
ダリア'フェーラ リシュケ' 468
ダリア'フォイヤー ヴェルク' 469, 470
ダリア'フォーンビー パーフェクション' 467
ダリア'フォボス' 471
ダリア'フォルステン エリーザベト フォン ビスマルク' 471
ダリア'フュルスト パックラー' 467, 467
ダリア'ブラック パール' 469, 469
ダリア'フリードリッヒ ワグシャル' 470
ダリア'ブリオ' 467, 467
ダリア'フリクオレット' 469, 470
ダリア'プリマーナ' 470
ダリア'フリンジド ホワイト カクタス' 470
ダリア'ブルームスワート' 471
ダリア'ヘラルダイン' 471
ダリア'ヘルツダイム' 471, 471
ダリア'ボーイ スカウト' 469, 469
ダリア'ボーダー プリンセス' 469, 470
ダリア ボール咲き交雑品種 469
ダリア'ポップ ストレットン' 471
ダリア'ホワイト アスター' 469, 469
ダリア'ホワイト カクタス' 469, 470
ダリア ポンポン咲き交雑品種 469
ダリア'マイナウゴールド' 468
ダリア'マイ バレンタイン' 467, 468
ダリア'マイ ラブ' 471, 471
ダリア'マジック モーメント' 471, 471
ダリア'マリー シュラッグ' 472
ダリア'ミス サイゴン' 467, 467
ダリア'ミニ ポンポン オレンジ' 469, 469
ダリア'ムーン ファイヤー' 466
ダリア'メキシコ' 468
ダリア'ライラック タラータ' 470
ダリア'ラフシュパール' 468
ダリア'リノス' 469, 469
ダリア'ル ココ' 466
ダリア'レッド キャップ' 468
ダリア'レッド ピグミー' 471
ダリア'ロイヤル ウエディング' 471, 471
ダリア'ロット' 466
ダリア'ロリポップ' 469, 469
ダリア'ワグシャルズ ゴールドクローネ' 469, 470
タリクトルム・デラワイ 1408, 1408

'ヘイウィッツ ダブル' 1408, 1408
タリポットヤシ コウリバヤシを参照 424
ダルベルギア・オリフェリ テチガイシタンを参照 472, 472
ダルメラ属 475
ダレア属 472
タローウッド ユーカリプトゥス・ミクロコリスを参照 573, 573
ダワリア・ソリダ 476
'オルナータ' 476
'ラッフルド オルナータ' 476
タンオーク 828
断崖の女王 1342
ダンギク 335, 335
タンクアナ属 1400
ダンコウバイ 825, 825
ダンゴギク 681, 681
'サンシャイン ハイブリッド' 681
タンジー 1400
'ゴールドスティックス' 1400
タンジェリン マンダリンを参照 384
短刺白王丸 871, 871
ダンチク 193, 193
ダンチク属 193
タンドク 324
ダンピエラ 473, 473
ダンピエラ属 472-73
タンポポ属 1400
タンヨウヤシ 767
チェストナットリーフドオーク 1123
'グリーン スパイア' 1123
チェダーピンク シバナデシコを参照 491
チェリーセージ (Salvia greggii) 1302, 1302
'アイスド レモン' 1302, 1302
'アルバ' 1302
'ピーチ' 1302
'ラズベリー ロワイヤル' 1302
チェリーセージ (Salvia microphylla) 1304, 1304
'キュー レッド' 1304
'コーラル' 1304, 1304
'サン カルロス フェスティヴァル' 1304
'ニュービィ ホール' 1304, 1304
'ハンティング レッド' 1304, 1304
'ピンク ブラッシュ' 1304, 1304
'ラ トリニダード ピンク' 1304, 1304
'ラ フォー' 1304, 1304
チェリーセージ (Salvia×jamensis) 1303, 1303
'シネガ デ オロ' 1303
チェリーバーチ アメリカミズメを参照 235, 235
チェリモヤ 159
'エル バンボ' 159
'サボール' 159
'スペイン' 159
'ハニーハート' 159
'ピアス' 159
'マクファーソン' 159
チガヤ 734
'ルブラ' 734, 734
チガヤ属 734

チガヤ'レッド バロン' チガヤ'ルブラ'を参照 734, 734
チカラシバ 1005
'カシアン' 1005
'ハメルン' 1005
'モウドリー' 1005
'リトル バニー' 1005
チカラシバ属 1005
チゴザサ 1060
稚児姿 430
チゴユリ属 506
チコリ 378, 378
'アーリー トレヴィーゾ' 378, 379
'アルエット' 378
'ウィトロフ' 378-79
'グリーンロフ' 378, 379
'ジュリオ' 378
'パラ ロッサ' 378-79, 379
'マグデブルク' 378, 379
'レッド ヴェローナ' 378-79
'レッド トレヴィーゾ' 378-79
'レッド リブ' 378-79, 379
'ロッサーナ' 378-79
'ロング グリーン' 378, 379
チシマイチゴ 1283, 1283
'ケナイ カーペット' 1283
チシマギキョウ 319
'スペルバ' 319, 319
チシマキンバイ 1076, 1076
チシマキンポウゲ 1131, 1131
チジミバシマアオイソウ 1009, 1009
チジミペペロミア チジミバシマアオイソウを参照 1009, 1009
チシャ 788
チシャ'サクリン' チシャ'リトル ジェム'を参照 788, 788
チシャ'シュガー コス' チシャ'リトル ジェム'を参照 788, 788
チシャノキ属 531
チダケサシ'オーストリッチ フェザー' チダケサシ'ストラッセンフェダー'を参照 202
チダケサシ交雑品種 202
チダケサシ'ストラッセンフェダー' 202
チダケサシ属 201-02
チダケサシ'ドイチェランド' 202, 202
チダケサシ'ピンク パール' アスチルベ'ローザ パーレ'を参照 201, 201
チダケサシ'ブライダル ヴェール' アスチルベ'ブラウトシュレイアー'を参照 201, 201
チダケサシ'ベッツィ クーペラス' 202
チダケサシ'モンゴメリ' 202, 202
チダケサシ'ヨーロッパ' 202
チダケサシ'レッド センティネル' 202
チチウリ パパイヤを参照 330, 330
チトニア 1423
'アズテック サン' 1423
'ゴールドフィンガー' 1423
'トーチ' 1423, 1423
'フィエスタ デル ソル' 1423
チドリノキ 83, 83
チマキザサ 1316
'ネブロサ' 1316
チムニー・ベルフラワー 321
チモシー 1027, 1027

チャ 312
'ブラッシング ブライド' 312, 312
チャービル 161
チャイナローズ 1214, 1214
チャイニーズ コリダリス 420, 420
チャイニーズ フィッシュテール パーム 336, 336
チャイニーズプランベーゴ 358, 358
'フォレスト ブルー／ライス' 358, 358
チャセンシダ 198
チャセンシダ属 198
チャボツキミソウ ツキミタンポポを参照 947
チャボトウジュロ属 367-68
チャボトケイソウ 991, 991
チャボリンドウ 630
'ラノッホ' 630, 630
チャルメルソウ属 900
チャンチン 1423
'フラミンゴ' 1423, 1423
チャンチン属 1423
チャンパギク タケニグサを参照 849
チュウカザクラ 1083
チュウゴクアカマツ 1051, 1051
チュウゴクグリ 339, 339
'ペンドゥラ' 339, 339
チュウゴクナシ 1117
チュウコバンソウ 259
チューリップ ヴェデンスキー 1438, 1438
チューリップ タルダ 1438, 1438
チューリップ トルケスタニカ 1438, 1438
チューリップ'アーティスト' 1442, 1442
チューリップ'アイス フォーリス' 1439, 1440, 1443
チューリップ'アッティラ' 1439, 1440
チューリップ'アド レム' 1440, 1440
チューリップ'アニー シルダー' 14391440
チューリップ'アブ ハッサン' 1439, 1440
チューリップ'アフリカン クィーン' 1439, 1440
チューリップ'アプリコット ビューティ' 1438, 1439
チューリップ'アペルドールン' 1440, 1440
チューリップ'アペルドールンズ エリート' 1440
チューリップ'アラジン' 1441, 1442
チューリップ'アルバ' 1439, 1440
チューリップ'アルマ' 1442, 1442
チューリップ'アレグレット' 1443, 1443
チューリップ'アンジェリク' 1443, 1443
チューリップ'アンシラ' 1443, 1443
チューリップ'イエロー ダウン' 1444
チューリップ'イル ドゥ フランス' 1441
チューリップ'インゼル' 1439
チューリップ'ウィローサ' 1443
チューリップ'ウェスト ポイント' 1442, 1442

チューリップ'ウェバーズ パーロット' 1443, 1443
チューリップ'エリート' 1440
チューリップ'エリザベス アーデン' 1440, 1440
チューリップ'エレガント レディ' 1442, 1442
チューリップ'オランニェ ナッサウ' 1438, 1439
チューリップ'オリエンタル スプレンダー' 1444
チューリップ'オリオウレス' 1440, 1440
チューリップ'オリンピック フレーム' 1440, 14401443
チューリップ'オレンジ エンペラー' 1444, 1444
チューリップ'オレンジ ブーケ' 1440
チューリップ'オレンジ プリンセス' 1443, 1443
チューリップ'オレンジ モナーク' 1440
チューリップ'ガーデン パーティ' 1439
チューリップ'カーニバル デ ニース' 1443
チューリップ カウフマニアナ系（グループ12）1443
チューリップ'ガス パーペンドレヒト' 1439
チューリップ'カラー スペクタクル' 1441
チューリップ'カレル ドールマン' 1443, 1443
チューリップ'ガンダー ラプソディ' 1441
チューリップ'キース ニルス' 1439
チューリップ'キャンディー クラブ' 1441
チューリップ'クィーン オブ シバ' 1442, 1442
チューリップ'クィーン オブ ナイト' 1441, 1441
チューリップ'グランド スタイル' 1441
チューリップ'グリーンランド' 1442, 1442
チューリップ'クリスマス ドリーム' 1438, 1439
チューリップ'クリスマス マーヴェル' 1438, 1439
チューリップ'クルール カルディナール' 1439, 1440
チューリップ グレイギー系（グループ14）1444, 1444
チューリップ'ケイゼルクルーン' 1438, 1443
チューリップ'ケープ コッド' 1441
チューリップ交雑品種 1438
チューリップ'ゴールデン アーティスト' 1442, 1442
チューリップ'ゴールデン アペルドールン' 1440, 1440
チューリップ'ゴールデン パレード' 1440, 1440
チューリップ'サーモン パーロット' 1443
チューリップ'サイレンティア' 1440
チューリップ'シェイクスピア' 1443
チューリップ'シャーリー' 1440
チューリップ'ジャクリーヌ' 1442

チューリップ'ジョルジェット' 1441
チューリップ'スウィート ハーモニー' 1441, *1441*
チューリップ'スノー パーロット' 1443
チューリップ'スプリング グリーン' 1442, *1442*
チューリップ'ゾーメルスホーン' 1441
チューリップ属 1436-44

チューリップ その他の原種と雑種（グループ15）1444
チューリップ'ソルベ' 1441, *1441*
チューリップ ダーウィン ハイブリッド系（グループ4）1440
チューリップ'ダイアナ' 1438, *1439*
チューリップ'ダグラス ベイダー' 1441, *1441*
チューリップ'ダブル プライス' 1438, *1439*
チューリップ'チャイナ タウン' 1442, *1442*
チューリップ'チャイナ ピンク' 1442, *1442*
チューリップ'デイドリーム' 1440, *1440*
チューリップ トライアンフ系（グループ3）1438
チューリップ'ドリームランド' 1441, *1441*
チューリップ'ドルドーニュ' 1441, *1441*
チューリップ'トロント' 1444, *1444*
チューリップ'ドン キホーテ' 1440
チューリップ'ニュー デザイン' *1439*, 1440
チューリップ'ネグリータ' *1439*, 1440
チューリップ'バーガンディ レース' 1442, *1442*
チューリップ'バード オブ パラダイス' 1443, *1443*
チューリップ'パープル プリンス' 1441
チューリップ パーロット系（グループ10）1443
チューリップ'パトリオット' 1441
チューリップ'バラード' 1422
チューリップ'ハリウッド' 1442, *1442*
チューリップ'ハルクロ' 1441
チューリップ'パレストリーナ' 1440, *1440*
チューリップ'バレリーナ' *1441*, 1442
チューリップ'ピーチ ブロッサム' 1438, *1439*
チューリップ'ピクチャー' *1441*
チューリップ'ビッグ スマイル' 1441
チューリップ 一重遅咲き系（グループ5）1440
チューリップ 一重早咲き系（グループ1）1438
チューリップ ビリディフローラ系（グループ8）1442
チューリップ'ピンク インプレッション' 1440, *1440*
チューリップ'ビング クロスビー' *1439*

チューリップ'ピンク ダイヤモンド' 1441
チューリップ'ファンタジー' 1443, *1443*
チューリップ'ファン デル ネール' 1439, *1439*
チューリップ フォステリアナ系（グループ13）1444
チューリップ'ブラシング ブライド' 1441
チューリップ'プリッシマ' 1444, *1444*
チューリップ'プリマヴェラ' 1441
チューリップ'プリンケプス' 1444, *1444*
チューリップ フリンジ咲き系（グループ7）1442
チューリップ'プリンセス イレーネ' 1440, *1440*
チューリップ'ブル アニマブリュ' 1441, *1441*
チューリップ'ブルー パーロット' 1443, *1443*
チューリップ'ブルー ヘロン' 1442, *1442*
チューリップ'プレジール' 1444, *1444*
チューリップ'ブレンダ' *1439*
チューリップ'フレンチ インプレッション' 1440
チューリップ'プロフェッサー レントゲン' 1443, *1443*
チューリップ'プロミネンス' *1440*
チューリップ'ベビー ドール' 1438, *1439*
チューリップ'ペレストロイカ' 1441, *1441*
チューリップ'ホワイト エンペラー' チューリップ'プリッシマ'を参照 1444, *1444*
チューリップ'ホワイト トライアンフェター' 1442, *1442*
チューリップ'ホワイト ドリーム' 1440, *1440*
チューリップ'マジョライン' 1442
チューリップ'マダム レフェバー' 1444, *1444*
チューリップ'マハ' 1442, *1442*
チューリップ'マリエット' 1442
チューリップ'マリリン' 1442
チューリップ'ミセス ジョン T. シェーパー' 1441
チューリップ'ムリーリョ' 1438, *1439*
チューリップ'メイタイム' 1442
チューリップ'メイワンダー' 1443, *1443*
チューリップ'メスナー ポーゼラン' *1439*, 1440
チューリップ'メリーウィドー' *1439*
チューリップ'メリー クリスマス' 1438, *1439*
チューリップ'モーリーン' 1441, *1441*
チューリップ'モンテ カルロ' 1438, *1439*
チューリップ 八重遅咲き, またはピオニー咲き系（グループ11）1443
チューリップ 八重早咲き系（グループ2）1438
チューリップ'ユニオン ジャック' 1441, *1441*, 1443
チューリップ ユリ咲き系（グループ6）1441, 1442

チューリップ'ヨコハマ' 1440, *1440*
チューリップ'ライラック パーフェクション' 1443, *1443*
チューリップ'ランジーデルズ シュブリーム' 1441
チューリップ'リン ファン ダー マーク' 1440
チューリップ'レッド ウィング' 1442
チューリップ'レッド エンペラー' チューリップ'マダム レフェバー'を参照 1444, *1444*
チューリップ'レッド シャイン' 1442
チューリップ'レッド ライディング フッド' 1444
チューリップ'レモン グローヴ' 1441
チューリップ レンブラント系（グループ9）1442
チューリップ'ロザリー' 1440
チューリップ'ワールド エクスプレッション' 1441, *1441*
チューリップ'ワールド フェイヴァリット' 1440
長久丸 1410, *1410*
チョウジ 1392, *1392*
チョウジガマズミ 1465
チョウジザクラ フジモドキを参照 474, *474*
チョウジソウ属 148
チョウジタデ属 838-39
チョウジノキ チョウジを参照 1392, *1392*
チョウジフクシア 617
'ビリー グリーン' 617, *617*
長城丸 1444
チョウセンアサガオ属 476
チョウセンアザミ 457
チョウセンアザミ属 457
チョウセンゴミン 1322
チョウセンゴヨウ 1048
チョウセンシラベ 69, *69*
'コンパクト ドワーフ' 69, *69*
'シルバーロック' 69, *69*
'フラバ' 69
チョウセンニワフジ 735
チョウセンネズコ 1412
'グラウカ プロストラタ' 1412, *1412*
チョウセンヒメツゲ *Buxus sinica* var. *insularis* を参照 273, *273*
朝鮮藻玉 タマリンドを参照 1398, *1398*
チョウセンヤマツツジ 1160
チョウノスケソウ 515, *515*
チョウノスケソウ属 515
チョウマメ 394
チョウマメ属 394
チョークチェリー 1100
チョコレートコスモス 424
チョコレートフラワー 233, *233*
千代田錦 137
チョロギ 1366
チョロギヤ 189
チリアンファイアーブッシュ 535, *535*
'ニョルキンコ' 535
チリアンヘーゼル 638, *638*
チリイチゴ 609, *609*
チリーバンブー 377, *377*
チリソケイ属 873
チリヒバ 209, *209*
チリマツ 171, *171*

チリメンキンチャクソウ 280
'ケンティッシュ ヒーロー' 280
'ゴールデン ナゲット' 280
'ゴールドブーケ' 280, *280*
'ラセット' 280
チンカピングリ 339
'アシェイ' 339
チンゲンサイ *Brassica rapa* キネンシス・グループを参照 256
ツインスパー 495
'フィッシャーズ フローラ' 495
'ブラックソーン アプリコット' 495
'ルビー フィールド' 495
ツウテンカエデ トウカエデを参照 83
ツガ 1436, *1436*
司蝦 武勇丸を参照 526, *526*
ツガザクラ属 1035
ツガ属 1435, *1435*
ツキ ケヤキを参照 1496, *1496*
月影 523, *523*
'ケセルリンギー' 523, *523*
ツキヌキオグルマ 1341, *1341*
ツキヌキニンドウ 836, *836*
'スペルバ' 836
'ブランシェ サンドマン' 836
ツキヌキヌマハコベ 903, *903*
ツキヌキユーカリ 574-75, *575*
ツキミタンポポ 947
ツクシカイドウ 861, *861*
ツクシカラマツソウ 1408
ツクシヤブウツギ 1483
ツクバネアサガオ ペチュニアを参照 1016
ツクバネソウ属 986-87
ツゲ 272
ツゲ'アルゲンテア' セイヨウツゲ'アルゲンテオヴァリエガタ'を参照 272
ツゲ シェリダン ハイブリッド 273
'グリーン ジェム' 273
'グリーン マウンテン' 273, *273*
ツゲ属 271-273
ツシマカンコノキ 643, *643*
ツタ 990
'ベイチイ' 990, *990*
ツタカエデ 84, *84*
'モンロー' 84
ツタガラクサ 452, *452*
ツタ属 990
ツタバゼラニウム アイビーゼラニウムを参照 996
ツツアナナス'アフターグロー' 238
ツツアナナス'アルベルティ' 238
ツツアナナス'ウィンディ' 238
ツツアナナス'キャサリン ウィルソン' 238
ツツアナナス交雑品種 238
ツツアナナス属 237-38
ツツアナナス'ドミンゴス マーティンス' 238, *238*
ツツアナナス'ハレルヤ' 238
ツツアナナス'ファシネイター' 238
ツツアナナス'プラチナム' 238
ツツアナナス'ブリュウテアナ' 238
ツツアナナス'ポキート ブランコ' 238
ツツアナナス'マンダス オセロ' 238
ツツアナナス'ミュリエル ウォーターマン' 238

ツツアナナス'ユウフェミー ウォーターマン' 238
ツツジ 1198
ツツジ'フラッグ オブ トゥルース' 1189
ツツジ・サツキ ハイブリッド 1198
ツツジ'A. ベッドフォード' ツツジ'アーサー ベッドフォード'を参照 1163
ツツジ'C. I. S.' 1164
ツツジ'C. P. ラフィル' 1164, *1164*
ツツジ'D. B. スタントン' 1169
ツツジ'Dr. M. オーストエク' 1175
ツツジ'Dr. イェーツ' 1172
ツツジ'H. O. カレ' *1193*
ツツジ'J. C. ファン トル' 1175
ツツジ'M. J. ローズ' 1185
ツツジ'PJM' 1165
ツツジ'アーサー J. イベンス' 1164
ツツジ'アーサー ベッドフォード' 1163
ツツジ'アーンティー メイム' 1179
ツツジ'アイオイ' ツツジ'フェアリー クイーン'を参照 1192
ツツジ'アイスド プリムローズ' 1169
ツツジ'アイゼンハワー' 1173
ツツジ'アウア マルシア' 1170
ツツジ'アウグスト ファン ギールト' 1167, *1167*
ツツジ'アグネス ニール' 1178
ツツジ アザレア ハイブリッド 1201
ツツジ'アズマ カガミ' *1192*
ツツジ'アップル ブロッサム' 1175, *1175*
ツツジ'アディー ウェリー' *1192*
ツツジ'アドベントグロック' ツツジ'アドベント ベルズ'を参照 1178, *1178*
ツツジ'アドベント ベルズ' 1178, *1178*
ツツジ'アドミラル ピット ハイン' 1163
ツツジ'アナ クルシュケ' 1163, *1163*
ツツジ'アニバーサリー' 1192
ツツジ'アニバーサリー ジョイ' 1178
ツツジ'アプリコット サプライズ' 1177
ツツジ'アフロディーテ' 1200, *1200*
ツツジ'アペックス フレーム' 1179
ツツジ'アメティスティヌム' *1188*
ツツジ'アライト' 1200, *1200*
ツツジ'アラヴィル' 1169
ツツジ'アラスカ' 1178
ツツジ'アリサ ニコル' 1169
ツツジ'アリス' 1167, *1167*
ツツジ'アリソン ジョンストン' 1163
ツツジ'アルタクラレンス' 1172
ツツジ'アルバート エリザベス' 1178, *1178*
ツツジ'アルバ マグナ' *1178*
ツツジ'アルフォンス アンダーソン' 1188, *1188*
ツツジ'アルページュ' 1177, *1177*

ツツジ'アルマンド ヘーレンズ' 1179
ツツジ'アワード' 1164
ツツジ'アンソニー コスター' 1175
ツツジ'アンティロープ' 1177, 1177
ツツジ'アンナ ケール' 1198
ツツジ'アンナベッラ' 1173
ツツジ'アンナ ローズ ホワイトニー' 1167
ツツジ'イースター デライト' 1198
ツツジ'イエロー ハンマー' 1166
ツツジ'イエロー ピピン' 1171
ツツジ'イエロー ビューティー' 1172, 1172
ツツジ'イブリン ハイド' 1189
ツツジ イラム・メルフォード ハイブリッド 1172
ツツジ'イラム ミン' 1172, 1172
ツツジ'イリュージョンズ' 1201
ツツジ'いろは山' 1192
ツツジ'イワト カガミ' 1194
ツツジ インディカ ハイブリッド 1178
ツツジ'ヴィダ ブラウン' 1192
ツツジ'ウイニング ポスト' 1166
ツツジ'ウィルゲンズ サプライズ' 1166
ツツジ'ウィンザー ピーチ グロ' 1177
ツツジ'ウィンサム' 1166
ツツジ'ウィンストン チャーチル' 1175
ツツジ'ウェストミンスター' 1175
ツツジ'ウェディング ガウン' 1169
ツツジ'エイプリル グロウ' 1161
ツツジ'エヴェレスティアヌム' 1167
ツツジ'エクスクイジット' 1188, 1189
ツツジ'エクスクイシトゥム' 1176, 1176
ツツジ'エスプリ ド ジョワ' 1169
ツツジ'エスメラルダ' 1175
ツツジ'エスメラルダ' 1193
ツツジ'エセル ストッカー' 1167
ツツジ'エミリー ナイツ' 1192, 1193
ツツジ'エリザベス' 1161, 1162
ツツジ'エリザベス ベルトン' 1192
ツツジ'エリザベス ホビー' 1162
ツツジ'エリ シャウム' 1178, 1183
ツツジ'エルザ カルガ' 1178
ツツジ'エルジー ワトソン' 1164
ツツジ'エルゼ フライ' 1169
ツツジ'エルドラド' 1169
ツツジ'エンジェル' 1164
ツツジ'オーキッドフローラ' 1178
ツツジ'オーキッド ライツ' 1177
ツツジ'オーロラ' 1174
ツツジ オクシデント ハイブリッド 1176
ツツジ'オサラク' 1192
ツツジ'オスタ' 1178
ツツジ'オセロ' 1190, 1191
ツツジ'オディー ライト' 1163
ツツジ'オモイネ' 1196

ツツジ'オリオン' 1196
ツツジ'オルガ' 1163
ツツジ'オレンジ キング' 1190
ツツジ'オレンジ シュープリーム' 1174
ツツジ'オレンジ デライト' 1200
ツツジ'オレンジ ビューティー' 1196
ツツジ'オンリー ワン アース' 1178, 1180
ツツジ'カーネル コーエン' 1164
ツツジ'カーリュー' 1161
ツツジ'カール グレイザー' 1185
ツツジ'ガイエティー' 1200, 1200
ツツジ'カウスリップ' 1162
ツツジ'カウンテス オブ ハディントン' 1169, 1169
ツツジ'カエルハイス プリンセス アリス' ツツジ'プリンセス アリス'を参照 1169, 1169
ツツジ'カサネ カガリビ' 1192, 1194
ツツジ'カタウビエンセ ブルソー' 1167
ツツジ'カナリー' 1164
ツツジ'カニンガムズ ホワイト' 1167
ツツジ'カメオ' 1179
ツツジ'カラクタス' 1167
ツツジ'カラット' 1175
ツツジ'カリタ' 1167
ツツジ'カリフォルニア サンセット' ツツジ'ヘーレンズ ソーモナ'を参照 1178
ツツジ'ガリポリ' 1172
ツツジ'カリムナ パール' 1184
ツツジ'カルメン' 1161, 1161
ツツジ'キャスリーン' 1174
ツツジ'キャノンズ ダブル' 1174
ツツジ'ギャロッパー ライト' 1201
ツツジ'ギルズ クリムゾン' 1167
ツツジ'キルペネンセ' 1161
ツツジ'クラカトア' 1174
ツツジ'グラシオーサ' 1176
ツツジ'グラディス' 1167
ツツジ'グラマー' 1200
ツツジ'グラマー ガール' 1184
ツツジ'グランピー' 1171, 1171
ツツジ'グリーティング' 1200
ツツジ'クリーピング ジェニー' 1161
ツツジ'クリーミー シフォン' 1164
ツツジ'クリスティーナ' 1191
ツツジ'クリストファー レン' 1175, 1175
ツツジ'クリスト レイ' 1169, 1169
ツツジ'クリスマス チア' 1192
ツツジ'クリソマニクム' 1161, 1162
ツツジ'クリノリン' 1174
ツツジ クルメ ハイブリッド 1192
ツツジ'クレイグ ファラガー' 1169
ツツジ'グレーテル' 1178
ツツジ'グレート センセーション' 1169
ツツジ'クレオパトラ' 1190, 1190
ツツジ'クレスト' 1167
ツツジ グレン デール ハイブリッド 1200
ツツジ'グローリー オブ サニングヒル' 1188

ツツジ'グローリー オブ リトルワース' 1201
ツツジ'クロスビル' 1164
ツツジ'グロリア USA' 1186
ツツジ'グロリア スティル' 1200
ツツジ'グロリア ムンディ' 1172, 1172
ツツジ'クロワ ダンバース' ツツジ'ボッダエルティアヌム'を参照 1167
ツツジ'クロンダイク' 1174, 1174
ツツジ'ゲイ パリー' 1186, 1186
ツツジ'ケーニンギン エンマ' 1175, 1175
ツツジ ゲーブル ハイブリッド 1191
ツツジ'ケリーズ セリーズ' 1178
ツツジ ケリガン インディカ ハイブリッド 1186
ツツジ'ケルメシヌム' 1195
ツツジ ゲント ハイブリッド 1172
ツツジ'ゴイエ' 1184
ツツジ'ゴウェニアヌム' 1201
ツツジ交雑品種 1161
ツツジ'コーラル フレア' 1169, 1169
ツツジ'ゴールデン イーグル' 1174, 1174
ツツジ'ゴールデン ウィット' 1162
ツツジ'ゴールデン サンセット' 1173
ツツジ'ゴールデン スター' 1164
ツツジ'ゴールデン トーチ' 1171, 1171
ツツジ'ゴールデン ライツ' 1177
ツツジ'ゴールドフリマー' 1164
ツツジ'コールハースト' 1167
ツツジ'ゴグ' 1173
ツツジ'コスターズ イエロー' 1175
ツツジ'コスターズ ブリリアント レッド' 1175
ツツジ'コッキネウム スペキオスム' 1172, 1172
ツツジ'コッキント スペシオサ' 1176, 1176
ツツジ'ゴマー ウォーテア' 1168
ツツジ'コリドン' 1200, 1200
ツツジ'コリヤー' 1192
ツツジ'コリンヌ ボウルター' 1167
ツツジ'コルヌビア' 1167
ツツジ'コルネーユ' 1172
ツツジ'コロボレー' 1180
ツツジ'コンキンナ' 1188
ツツジ'コンスタンス' 1186, 1186
ツツジ'コンテス ドゥ ケルコーヴ' 1178
ツツジ'コンテント' 1198
ツツジ'サー ウィリアム ローレンス' 1191
ツツジ'サー ジョージ ホルフォード' 1170
ツツジ'サー チャールズ レモン' 1168
ツツジ'サイディー キルク' 1181
ツツジ'サウス シーズ' 1181
ツツジ'ザ オノラブル ジャン マリ ドゥ モンタギュー' 1166, 1166
ツツジ'サキ' 1166
ツツジ サザン インディカ ハイブリッド 1188
ツツジ'サザン オーロラ' 1182
ツツジ'サタン' 1174
ツツジ'サッポロ' 1166

ツツジ'ザ ティーチャー' 1182
ツツジ'サトゥルヌス' 1175, 1175
ツツジ'サニー' 1170
ツツジ'サフラノ' 1201
ツツジ'サフラン クイーン' 1169
ツツジ'ザ プロフェッサー' 1182
ツツジ'サマーランド シフォン' 1200
ツツジ'サマーランド ミスト' 1200
ツツジ'サリー ヒース' 1171
ツツジ'サンダーストーム' 1163
ツツジ'サン チャリオット' 1175
ツツジ'サントイ' ツツジ'シン ウテナ'を参照 1192, 1197
ツツジ'サンバースト' 1200
ツツジ'サンライズ' 1190, 1191
ツツジ'ジェイン レッドフォード' 1171
ツツジ'ジェームズ ゲーブル' 1191
ツツジ'ジェームズ ベルトン' 1178, 1184
ツツジ'ジェニー' ツツジ'クリーピング ジェニー'を参照 1161
ツツジ'ジェネラル プラクティショナー' 1171
ツツジ'ジニー ギー' 1161
ツツジ'ジブラルタル' 1174
ツツジ'シャーウッド レッド' 1192
ツツジ'ジャイプール' 1162
ツツジ'ジャネット' 1191
ツツジ'ジャンキオ' 1165
ツツジ'シャンティクリール' 1200
ツツジ'ジャンヌ ウィークズ' 1199, 1200
ツツジ'シャンパーニュ' 1164
ツツジ'ジャン マリー ド モンタギュー' ツツジ'オナラブル ジャン マリー ド モンタギュー'を参照 1166, 1166
ツツジ'シュバリエ フェリックス ド ソバージュ' 1161, 1161
ツツジ'ジュビラント' 1201
ツツジ'ジョージ ブグデン' 1170
ツツジ'ジョリ マダム' 1177
ツツジ'ジョン ケアンズ' 1190
ツツジ'ジラーズ ローズ' 1191
ツツジ'シルバー アニバーサリー' 1181
ツツジ'シルバー スリッパ' 1174
ツツジ'シン ウテナ' 1192, 1197
ツツジ'ジングル ベルズ' 1161, 1162
ツツジ'シンシア' 1164
ツツジ'ジンジャー' 1173
ツツジ'シンブ サンセット' 1170
ツツジ'スアブ' 1169, 1169
ツツジ'スイート アマンダ' 1170
ツツジ'スイート ウェンディー' 1170
ツツジ'スイートハート シュープリーム' 1170
ツツジ'スーザン' 1168, 1168
ツツジ'スーパー レッド' 1186, 1186
ツツジ'スオミ' 1166
ツツジ'スカーレット ジェム' 1196
ツツジ'スカーレット バンパネル' 1175
ツツジ'スカーレット ビューティー' 1170, 1170

ツツジ'スカーレット ワンダー' 1162
ツツジ'スガノイト' ツツジ'蜘蛛の糸'を参照 1192, 1195
ツツジ'スキンティレイション' 1168, 1168
ツツジ'スクウォーラ' 1200
ツツジ'スターリー ナイト' 1166
ツツジ'スタンリー リプリン' 1171
ツツジ'スチュワートソニアン' 1191, 1191
ツツジ'ストロベリー アイス' 1174
ツツジ'スノー' 1197
ツツジ'スノー ガール' 1192
ツツジ'スノー プリンス' 1188, 1189
ツツジ'スノー レディー' 1162
ツツジ'スブニール ド J. H. マングル' 1170, 1170
ツツジ'スブニール ド ドクトル S. エンツ' 1168
ツツジ'スプレンデンス' 1188, 1189
ツツジ'スペックズ オレンジ' 1175
ツツジ'スペックズ ブリリャント' 1175
ツツジ'スペルバ' 1176
ツツジ'スワッシュバックラー' 1200, 1200
ツツジ'セイカイ' 1192, 1196
ツツジ'セイント トルディー' 1168
ツツジ'セシル' 1173
ツツジ'セタ' 1166, 1166
ツツジ'セラフィム' 1192
ツツジ'セント ブリュワード' 1166
ツツジ属 1143-1201
ツツジ'ソワール ドゥ パリ' 1177, 1177
ツツジ'ダーク レッド イラム' 1172, 1172
ツツジ'タウルス' 1168
ツツジ'ダスティー ミラー' 1171
ツツジ'タナガー' 1201
ツツジ'ダビエシイ' 1172, 1172
ツツジ'ダブル ビューティー' 1190, 1190
ツツジ'タリー ホー' 1166
ツツジ'ダンサー' 1188
ツツジ'タンチョウ' ツツジ'セラフィム'を参照 1192
ツツジ'チェリーブロッサム' ツツジ'タカサゴ'を参照 1192
ツツジ'チェルシー セブンティー' 1162
ツツジ'チコル' 1161, 1162
ツツジ'チッペワ' 1198, 1198
ツツジ'チャイムズ' ツツジ'アドベント ベルズ'を参照 1178, 1178
ツツジ'チャ チャ' 1179
ツツジ'チュニス' 1174
ツツジ'ティーナ マレー' 1200
ツツジ'ティエルマンニイ' 1169
ツツジ'ティタン ビューティー' 1171
ツツジ'デイビッド' 1167
ツツジ'デイブレイク' 1173
ツツジ'ディミティー' 1200
ツツジ'デイム ネリー メルバ' 1167
ツツジ'テキーラ サンライズ' 1171

ツツジ'デザート サン' 1164
ツツジ'デジレ' 1188, *1189*
ツツジ'デュー ドロップ' 1198
ツツジ'デュク ドゥ ロアン' 1188, *1189*
ツツジ'デリカティッシュム' 1176, *1176*
ツツジ'トゥキャン' *1175*
ツツジ'トカイ' 1200, *1200*
ツツジ'ドクター アーノルド' *1183*
ツツジ'ドクター ベルグマン' *1183*
ツツジ'ドック' 1171
ツツジ'ドッグウッド' 1198, *1199*
ツツジ'ドッグウッド ヴァリエゲイテド' 1198
ツツジ'ドッグウッド レッド' 1198
ツツジ'ドット' 1201
ツツジ'ドピー' 1171
ツツジ'ドラ アマテイス' 1161, *1162*
ツツジ'トライアムファンズ' 1170
ツツジ'トルード ウェブスター' 1168, *1168*
ツツジ'トレヴィザン オレンジ' 1168, *1168*
ツツジ'ドレスデン ドール' *1169*
ツツジ'ドロシー ギッシュ' 1186, *1186*
ツツジ'トロピック タンゴ' 1171
ツツジ'トロピック ファンファーレ' 1170
ツツジ'ドンベイル チア' 1164
ツツジ'ドンベイル パール' 1164
ツツジ'ドンベイル ラッフルズ' 1164
ツツジ'ナイトフッド' 1174
ツツジ'ナオミ アシュタート' 1165
ツツジ'ナオミ ピンク ビューティー' 1165
ツツジ ナップ ヒル, および エクスベリー ハイブリッド 1172
ツツジ'難波潟' 1198, *1198*
ツツジ'ナルキッシフロルム' 1172
ツツジ'ナンシー ウォーテア' 1172
ツツジ'ナンシー ミラー アドラー' 1170
ツツジ'ニウギニ ファイヤーバード' 1170
ツツジ'ニオベ' 1180
ツツジ'ニコズ デュー ドロップ' ツツジ'デュー ドロップ'を参照 1198
ツツジ'ヌッチオズ ドリーム クラウズ' 1199
ツツジ'ヌッチオズ ピンク バブルズ' 1199
ツツジ'ヌ ブリュー ユルトラ' 1170
ツツジ'ノーザン ライツ' 1177
ツツジ'ノーマ' 1176, *1176*
ツツジ'ノバ ゼンブラ' 1165
ツツジ'ノヨ チーフ' 1165
ツツジ'ハークウッド プレミエール' 1171
ツツジ'バーゴ' 1168
ツツジ'パーシー ワイズマン' 1171
ツツジ'バーデン バーデン' 1161
ツツジ'ハーバート' 1191
ツツジ'パープル グリッターズ' 1196

ツツジ'パープル スプレンダー' 1166, *1166*
ツツジ'バイオレット レイ' 1182
ツツジ'ハイジ' 1199
ツツジ'ハイダ ゴールド' 1165
ツツジ'ハイデン ダウン' 1171
ツツジ'バイロン' 1176
ツツジ'ハツギリ' 1192, *1194*
ツツジ'バッシュフル' 1171
ツツジ'バッハ クワイヤー' 1161
ツツジ'ハッピー デイズ' 1199
ツツジ'ハッピー バースデー' *1193*
ツツジ'ハディジャー ビューティー' 1201, *1201*
ツツジ'パトリシアズ デー' 1171
ツツジ'ハニー' 1162
ツツジ'バネッサ パステル' 1166
ツツジ'バブーフ' 1175, *1175*
ツツジ'ハミング バード' 1164
ツツジ'パラダイス' 1201
ツツジ'パリ' 1165
ツツジ'ハリーズ チョイス' 1169
ツツジ'ハリー タグ' 1169
ツツジ'バルザック' *1173*, 1174
ツツジ'バルタ' 1161
ツツジ'パレストリナ' 1191, *1191*
ツツジ'パン' 1166
ツツジ'ビーティー' 1190
ツツジ'ビオラケア' 1182
ツツジ'ビオレッタ' *1197*
ツツジ'ピコティー' *1201*
ツツジ'ピッパ' *1191*
ツツジ'ヒトヨノハル' 1198, *1198*
ツツジ'ヒノ-クリムゾン' 1194
ツツジ'ヒノデギリ' *1194*
ツツジ'ヒノマヨ' 1192, *1194*
ツツジ'ビビアニ' 1167, *1167*
ツツジ'ヒューゴ コスタ' *1175*
ツツジ'ビューティー オブ リトルワース' 1167
ツツジ'ピュリティー' 1186, *1187*
ツツジ ビレヤ・ハイブリッド 1169
ツツジ'ピンク アイス' 1180
ツツジ'ピンク ヴェイチ' 1170
ツツジ'ピンク ジン' 1169
ツツジ'ピンク チェルブ' 1171
ツツジ'ピンク デライト' 1170, *1174*
ツツジ'ピンク ドリーム' 1180
ツツジ'ピンク フリューネ' 1181
ツツジ'ピンク レース' 1188, *1189*
ツツジ'ビンテージ ローズ' 1163
ツツジ'ファーニバルズ ドーター' 1164, *1165*
ツツジ'ファイアリー ボーイ' 1184
ツツジ ファイク ハイブリッド 1191
ツツジ'ファイクズ スカーレット' 1191, *1191*
ツツジ'ファイクズ ロージーレッド' 1191
ツツジ'ファイヤー ウォーク' 1164
ツツジ'ファイヤーグロー' *1173*
ツツジ'ファイヤーダンス' 1200
ツツジ'ファイヤー バード' 1167
ツツジ'ファイヤーフライ' 1174, *1184*
ツツジ'ファイヤーマン ジェフ' 1164
ツツジ'ファイヤーライト' 1186, *1187*

ツツジ'ファストゥオスム フローレ プレノ' 1167, *1168*
ツツジ'ファッシネーション' 1198
ツツジ'ファビア' 1164, *1164*
ツツジ'ファンタスティカ' *1171*
ツツジ'フィールダーズ ホワイト' 1188, *1189*
ツツジ'フィデアス' 1176
ツツジ'フィル シェリンガム' 1180
ツツジ'ブール ドゥ ネージュ' 1164
ツツジ'フェアリー クイーン' 1192
ツツジ'フェアリー ベルズ' 1199
ツツジ'フェイバリット' *1193*
ツツジ'フェードラ' 1190
ツツジ'フェスティバル クイーン' 1184
ツツジ'フォルステリアヌム' 1169
ツツジ'フォルモサ' 1188
ツツジ'ブザード' 1174
ツツジ'ブセラ' 1172, *1172*
ツツジ'ブタルミガン' 1162
ツツジ'フュジエ' 1167
ツツジ'ブライズ ブーケ' 1186, *1186*
ツツジ'ブライズメイド' 1176, *1176*
ツツジ'プライド オブ ドーキング' 1188
ツツジ'ブラウス ピンク' 1192
ツツジ'プラエコクス' *1163*
ツツジ'フラグランティッシュム' 1169
ツツジ'ブラジル' 1174
ツツジ'ブリジット' 1167
ツツジ'ブリタニア' 1164
ツツジ'ブリック-ブラック' 1161
ツツジ'ブリリャンティナ' 1188
ツツジ'ブリリャント' ツツジ'ブリリャンティナ'を参照 1188
ツツジ'プリンセス アリス' 1169, *1169*
ツツジ'プリンセス アレクサンドラ' 1170
ツツジ'プリンセス キャロライン' 1181
ツツジ'ブルー エンサイン' 1164
ツツジ'ブルー クラウン' 1161
ツツジ'ブルー ダイヤモンド' 1164, *1164*
ツツジ'ブルー ダニューブ' 1190, *1190*
ツツジ'ブルー ティット' 1164, *1164*
ツツジ'ブルートニー アウレウム' 1201
ツツジ'ブルーバード' 1161
ツツジ'ブルー ピーター' 1164, *1164*
ツツジ'ブルー マッキー' 1179
ツツジ'ブルエット' 1161
ツツジ'ブルカン' 1172
ツツジ'プルプレウム エレガンス' 1166
ツツジ'プレジデント ルーズベルト' 1168
ツツジ'フレヤ' 1176
ツツジ'ブロウトニイ' 1167, *1167*
ツツジ'フローラ' *1193*
ツツジ'フローラ マルキータ' 1164
ツツジ'フローレンス マン' 1164, *1164*

ツツジ'プロスティギアトゥム' 1161
ツツジ'ベートーベン' *1190*
ツツジ'ヘーベ' 1172
ツツジ'ヘーレンズ ソーモナ' 1178
ツツジ'ベストズ ブルー アイス' 1171
ツツジ'ベスビウス' 1168
ツツジ'ヘックス' 1184
ツツジ'ベティー ウォーモルド' 1167, *1167*
ツツジ'ペネロペ' ツツジ'オサラク'を参照 1192
ツツジ'ベリーローズ' *1173*,1174
ツツジ'ベル オブ ロッキントン' 1164
ツツジ ベルギー インディカ ハイブリッド 1178
ツツジ'ベルシル' *1175*
ツツジ'ヘルムート フォーゲル' 1178
ツツジ'ベルンシュタイン' 1167
ツツジ'ヘレン' *1194*
ツツジ'ヘレン シフナー' 1164
ツツジ'ホイートリー' 1166
ツツジ'ボウ ベルズ' 1164
ツツジ'ホーク クレスト' ツツジ'クレスト'を参照 1167
ツツジ'ポート ナップ' 1200
ツツジ'ホームブッシュ' 1174, *1174*
ツツジ'ホールデン' 1165
ツツジ'ボールド ヤヌス' 1169
ツツジ'ボッデルティアヌム' 1167
ツツジ'ホットスパー レッド' 1174, *1174*
ツツジ'ホットライン' 1199
ツツジ'ホッピー' 1171
ツツジ'ホテイ' 1164
ツツジ'ボナンザ' 1200, *1200*
ツツジ'ポップコーン' 1170
ツツジ'ポラリス' 1171
ツツジ'ホルチュラヌス H. ウィッテ' *1175*, 1175
ツツジ'ホルムスリー ミッシ' 1165
ツツジ'ホワイト ギッシュ' 1186, *1187*
ツツジ'ホワイト シコ' 1198, *1198*
ツツジ'ホワイト ショウム' 1182
ツツジ'ホワイト パール' *1197*
ツツジ'ホワイト プリンス' 1186, *1187*
ツツジ'ホワイト ミセス キント' 1182
ツツジ'ホワイト ライツ' 1177
ツツジ'ホワイト レース' 1188
ツツジ'マーガント マック' 1168
ツツジ'マーガレット ロウェル' 1199
ツツジ'マーサ ヒッチコック' 1200
ツツジ'マーチン' 1201, *1201*
ツツジ'マグニフィカ' 1176, *1176*
ツツジ'マザー オブ パール' 1168
ツツジ'マザーズ デー' 1192, *1196*
ツツジ'マタドール' 1164
ツツジ'マダム ファン-ヘカ' 1185
ツツジ'マックス サイ' 1165
ツツジ'マドンナ' 1185

ツツジ'マドンナ' ツツジ'セイカイ'を参照 1192, *1196*
ツツジ'マリオン' *1171*
ツツジ マルヴァティカ ハイブリッド 1190
ツツジ'マルキータズ プライズ' 1164
ツツジ'マルディ グラ' *1189*
ツツジ'ミズノヤマブキ' *1196*
ツツジ'ミセス A.T. ドラ メア' 1164
ツツジ'ミセス E..C. スティリング' 1165, *1166*
ツツジ'ミセス G. W. リーク' 1168, *1168*
ツツジ'ミセス T. H. ルウィンスキー' 1163
ツツジ'ミセス ゲルダ キント' 1180
ツツジ'ミセス ジョン ワード' ツツジ'オレンジ デライト'を参照 1200
ツツジ'ミセス チャールズ E. ピアソン' 1168
ツツジ'ミセス ファーニバル' 1166
ツツジ'ミセス ベティー ロバートソン' 1165, *1166*
ツツジ'ミッション ベルズ' 1185
ツツジ'ミッドナイト' 1164, *1165*
ツツジ'ムーンシャイン ブライト' 1165
ツツジ'ムーンストーン' 1164, *1165*
ツツジ'ムーンビーム' *1201*
ツツジ'ムクロナトゥム' 1188, *1189*
ツツジ'メー デー' 1161, *1163*
ツツジ'モーゲンロット' *1171*
ツツジ'モーブ シュレイデリ' 1185
ツツジ'モリー アン' 1163
ツツジ モリス ハイブリッド 1175
ツツジ ヤクシマ ハイブリッド 1171
ツツジ'ユージーン マゼール' *1183*
ツツジ'ユニーク' 1166, *1166*
ツツジ'ユリーカ' *1183*
ツツジ'ユリーカ メイド' ツツジ'カウンテス オブ ハディントン'を参照 1169
ツツジ'ヨハンナ' *1191*
ツツジ'ライネック' 1174
ツツジ ラザフォード インディカ・ハイブリッド 1186
ツツジ'ラトナ' 1165
ツツジ'ラマポ' 1162
ツツジ'ランピオン' 1163
ツツジ'リア ハーディジャー' 1201, *1201*
ツツジ'リヴリー' 1200
ツツジ'リップルズ' 1186, *1186*
ツツジ'リトル エンジェル' 1169
ツツジ'リトル ガール' 1185
ツツジ'リトル レッド ライディング フード' 1195
ツツジ'リトル ワン' 1169
ツツジ'リバティー バー' 1169, *1170*
ツツジ'リベラ' 1176
ツツジ'ルイーズ J. ボビンク' 1186, *1187*
ツツジ'ルイーズ ドードル' 1200
ツツジ'ルイザ ゲーブル' *1191*
ツツジ'ルシール K.' *1185*

ツツジ ルスティカ・フローレ・プレノ・ハイブリッド 1176
ツツジ'ルッサウティニイ' 1166
ツツジ'ルノワール' 1171
ツツジ'ルビー ハート' 1162, 1163
ツツジ'レーヴ ダムール' 1177
ツツジ'レオポルド アストリッド' 1178, 1185
ツツジ'レッティー エドワーズ' 1164
ツツジ'レッド アドミラル' 1168
ツツジ'レッドウィング' 1188, 1189
ツツジ'レッド ウイングス' 1178, 1181
ツツジ'レッド ロビン' ツツジ'若楓'を参照 1192, 1197
ツツジ'レディー C. ミットフォード' ツツジ'レディー クレメンタイン ミットフォード'を参照 1164
ツツジ'レディー クレメンタイン ミットフォード' 1164
ツツジ'レディー ジェイン' 1174
ツツジ'レディー チェンバレン' 1168
ツツジ'レディー ローズベリー' 1174
ツツジ'レムズ カメオ' 1168, 1168
ツツジ'レムル' 1199
ツツジ'レモン ミスト' 1161
ツツジ'ローズ キング' 1186, 1187
ツツジ'ローズ クイーン' 1186, 1187
ツツジ'ローズバッド' 1191
ツツジ'ローズマリー ハイド' 1189
ツツジ'ロード ランナー' 1181
ツツジ'ロード ロバーツ' 1165
ツツジ'ローマン ポタリー' 1166
ツツジ'ロザータ' 1177, 1177
ツツジ'ロシティ' ツツジ'カサネカガリビ'を参照 1192, 1194
ツツジ'ロス モード' 1166
ツツジ'ロダーズ ホワイト' 1168
ツツジ'ロデリ キング ジョージ' 1168
ツツジ'ロマンス' 1201
ツツジ'ワーズ ルビー' 1192, 1197
ツツジ'ワトル バード' ツツジ'ワトルバード'を参照 1170, 1171
ツツジ'ワトルバード' 1170, 1171
ツツジ'ワロワ レッド' 1175
ツツジ'ワンダー ガール' 1183
ツツジ'雲の上' 1195
ツツジ'乙女' 1198
ツツジ'花遊' 1193
ツツジ'暁天' 1198
ツツジ'玉芙蓉' 1197
ツツジ'桐壺' 1195
ツツジ'君が代' 1195
ツツジ'薫風' 1198
ツツジ'群鳳' 1198
ツツジ'群鳳 サーモン' 1198
ツツジ'群鳳 ストライプ' 1198
ツツジ'群鳳 ピンク' 1198
ツツジ'群鳳 ホワイト' 1198
ツツジ'群鳳 ラベンダー' 1198
ツツジ'桂の花' 1195
ツツジ'高砂' 1192
ツツジ'今猩々' 1194

ツツジ'桜司' 1196
ツツジ'若楓' 1192, 1197
ツツジ'春の里' 1193
ツツジ 常緑性アザレア・ハイブリッド 1177
ツツジ'新世界' 1197
ツツジ'真如の光' 1198, 1198
ツツジ 耐寒性小型種 1161
ツツジ 耐寒性大型種 1167
ツツジ 耐寒性中型種 1163
ツツジ'大盃' 1198
ツツジ'蜘蛛の糸' 1192, 1195
ツツジ 中間種ハイブリッド 1198
ツツジ'蔦紅葉' 1197

ツツジ 非耐寒性ハイブリッド 1169
ツツジ'暮の雪' 1192
ツツジ'万歳' 1198, 1198
ツツジ'万作' 1198
ツツジ 落葉性アザレア・ハイブリッド 1172
ツツジ 落葉性アザレア・ハイブリッド 1177
ツツジ'老いの目覚め' 1196
ツツジ'麒麟' 1195
ツノクサネム属 1338
ツノゲシ 641, 641
ツノゲシ属 641
ツノナス 1347
ツバキ 294
'A. W. ジョセップ' 294
'C. M. ウィルソン' 295
'C. M. ハヴィー' 295
'J. J. プリングル スミス' 299
'R .L.フィーラー' 303
'R. L. フィーラー ヴァリエゲイテッド' 303
'アードック' 295
'アート ハワード' 295
'アーロンズ ルビー' 294
'アヴェ マリア' 295
'アスパシア マッカーサー' 295
'アドルフ オーデュッソン' 294
'アニタ' 295
'アポロ' 295
'アリアンナ ホール' 295
'アリー ブルー' 294
'アリス ウッド' 294
'アルタエイフロラ' 294
'アルタ ガヴィン' 294
'アルバ プレナ' 294, 294
'アレキサンダー ハンター' 294
'アンザック' 295
'アンジェラ コッキ' 295
'アンドレア セビレ' 295
'イースター サン' 297
'イースター ムーン' 297
'インブリカタ' 299
'ヴァーシカラー' 304
'ヴァージニア フランコ' 305
'ヴァージニア フランコ ロゼア' 305
'ヴァージンズ ブラッシュ' 305
'ヴァイオレット ブーケ' 305
'ヴィユ ド ナント' 304
'ヴィユ ド ナント レッド' 304
'ウィラミナ' 305
'ウィリアム バートレット' 305
'ウィリアム ハニー' 305
'ウィルソンズ レッド' 305
'ウェルバンキアナ' 305
'ヴォルケイノ' 305
'ウッドビル レッド' 305
'エース オブ ハーツ' 294
'エクスフィールド' 297

'エクストラヴァガンザ' 298
'エドナ キャンベル' 297
'エメット バーンズ' 298
'エメット プフィンストル' 298
'エリック シーヴァーズ' 298
'エリン ファーマーズ' 298
'エルシー ルース マーシャル' 297
'エル ローホウ' 297
'エレガンス' 294, 297
'エレガンス ヴァリエガタ' 294, 297
'エレガンス サプリーム' 294, 297
'エレガンス シャンペイン' 294, 297
'エレガンス スプレンダー' 297
'エレナ ノビリ' 297
'エレノア ハグッド' 297
'エンペラー オブ ロシア' 298
'エンペラー オブ ロシア ヴァリエゲイテッド' 298
'エンマ グレース' 297
'エンリコ ベットーニ' 298
'オウェン ヘンリー' 302
'オーストラリス' 295
'オタフフ ビューティー' 302
'カーターズ サンバースト' 296
'カーターズ サンバースト ピンク' 296
'カーディナルス キャップ' 296
'ガーネット' 298
'カウンタス オブ エレズミア' 296
'カウンタス オブ オークニー' 296
'ガウントレッティー' 298
'カサンドラ' 296
'カバー ガール' 296
'ギガンテア' 298
'キティー' 300
'キャサリン ヌッチオ' 300
'キャムデン パーク' 296
'キャロリン タトル' 296
'キャンディー アップル' 296
'キャンベル アシュリー' 296
'ギリョ ヌッチオ' 299
'キングズ ランサム' 300
'キンバリー' 300
'クィーン ダイアナ' 303
'ギネス モレー' 299
'クラーク ハブズ' 296
'グラディス パークス' 298
'グランドゥ サルタン' 299
'グランドゥ スラム' 299
'グランドゥ マーシャル' 298
'グランプリ' 294
'グルワール ドゥ ナント' 294
'クレイマーズ シュープリーム' 300
'グレース アルブリットン' 298
'グレート イースタン' 299
'グレート ウェスタン' 299
'グレンウッド' 298
'ゲイ マーミー' 298
'ゲスト オブ オナー' 299
'コーラル ピンク ロタス' 296
'ゴールデン ゲイト' 298
'コケッティー' 294
'コマンダー マルロイ' 296
'コレッティー' 296
'コロネーション' 296
'コンテッサ ウォロンゾフ' 296

'コンフェッティー ヒルトン' 296
'コンフェッティー ブラッシュ' 296
'ザ ツァーリ' 304
'ザ ツァーリ ワリエゲイテッド' 304
'サマーズバイ' 304
'サラサ' 303
'サリュート' 303
'サワダズ ドリーム' 303
'サン ディマ' 303
'ジーン ライン' 299
'ジェネラル ジョージ パットン' 298
'ジェネラル ルクレール' 298
'シエラ スプリング' 304
'シェリル リン' 296
'シメオン' 304
'ジャネット ウォーターハウス' 294, 299
'ジャネット カズンズ' 299
'ジャンズ チャンス' 299
'シュガー アンド スパイス' 304
'ジュピター' 300
'ジュリア フランス' 300
'ジョシュア E. ヨッツ' 300
'ジョセフィーン デュエル' 300
'ジョン メドレー' 300
'シルバー アニワーサリー' 304
'シルバー ウェイヴズ' 304
'シロチャン' 303
'シンデレラ' 296
'スウィート オリーブ' 304
'スーザン ストーン' 304
'スプリング コルネット' 304
'スプリング フォーマル' 304
'スペキオシッシマ' 304
'スペンサーズ ピンク' 304
'タカニニ' 304
'タッチ オブ クラス' 304
'タマ ビューティー' 304
'タミー フレーザー' 304
'ダローニガ' 296
'チェリーズ ジュバリー' 296
'チックタック' 304
'チャイニーズ ランターン' 296
'チャッツ' 296
'チャンドレリ' 296
'チョーズ ハンリン' 296
'ディディーズ ピンク オーガンジー' 297
'ティファニー' 304
'デヴィッド スリナ' 296
'デキシー ナイト' 297
'デザイアー' 297
'デビュータント' 294, 297
'デミタース' 297
'トゥモロウ' 294, 304
'トゥモロウズ ドーン' 294, 304
'ドゥ ラ レーヌ' 297
'ドーンズ アーリー ライト' 297
'ドクター アグニュー ヒルスマン' 297
'ドクター キング' 297
'ドクター ティンスレー' 297
'ドクター バーンサイド' 297
'トッツィー' 304
'ドナ ヘルツィラ ドゥ フリータス マガリヤエス ワリエゲイテッド' 297
'ドナ ヘルツィラ ドゥ フリータス マラリヤエス' 294, 297
'ドナ リタ ドゥ カッシア' 297
'トム サム' 304

'トライアンファンス' 304
'ドラマ ガール' 297
'トリコロール' 294
'トワイライト' 294, 304
'ナンシー バード' 302
'ニューイントン' 302
'ヌッチオズ カメオ' 294, 302
'ヌッチオズ カルーセル' 294
'ヌッチオズ ジェム' 294, 302
'ヌッチオズ ジュエル' 294
'ヌッチオズ パール' 294
'ヌッチオズ ピンク レース' 302
'バースデイ ガール' 295
'ハイ ハット' 299
'ハイ フラグランス' 299
'パオリナ マギ' 302
'パックス' 302
'ハッピー' 299
'ハッピー ホリデー' 299
'ハナスク' 299
'パルマイラ' 302
'バレー ダンサー' 295
'ハワイ' 299
'ビヤンヴィル' 295
'ビリー マッカスキル' 295
'ヒルダ ジャミソン' 299
'ピンク ゴールド' 302
'ピンク ダディー' 302
'ピンク パゴダ' 302
'ピンク ボール' 302
'ファー コーン' 298
'ファースト ブロム' 298
'ファシオナタ' 298
'フィリッパ アイフォウルド' 302
'フィンプリアタ' 298
'フィンランディア' 298
'プケラ' 303
'ブラッシュフィールズ イエロー' 294, 295
'ブラッド オブ チャイナ' 295
'フランク ギブソン' 298
'フランシス ヒル' 298
'フラン ホムヤー' 298
'プリマ バレリーナ' 302
'プリンス フレデリック ウィリアムズ' 303
'プリンス ユージーン ナポレオン' 302
'プリンセス マリー' 303
'フレイム' 298
'ブロナカ' 295
'プロフェッサー サージェント' 303
'プロフェッサー ジョワネッリ サンタレッリ' 303
'ベティー シーフィールド コーラル' 295
'ベティー シーフィールド ピンク' 295
'ベティー シーフィールド ホワイト' 295
'ベティーズ ビューティー' 295
'ベティー フォイ サンダーズ' 295
'ベリフォルミス' 295
'ベリンダ ハケット' 295
'ヘレナ' 299
'ベレニス ボッディー' 294
'ヘレノア' 299
'ヘンリー ターンブル' 299
'ポーラー ベア' 302
'ポール シェリントン' 302
'ボブズ ティンシー' 294
'ボブ ホープ' 294, 295
'ホワイト エンプレス' 305
'ホワイト チューリップ' 305

'ホワイト ナン' 305
'マーガリート ハートリック' 301
'マーガレット デイヴィス' 301
'マーク アラン ワリエゲイテッド' 301
'マーサ タック' 301
'マージョリー ハッカビー' 301
'マージョリー マグニフィセント' 301
'マグノリア' 301
'マダム ラボワズ' 301
'マトティアナ' 301
'マリアナ' 301
'マリアン' 301
'マリー シャーロット' 301
'マリー ペイジ' 301
'マリー マックオール' 301
'マリナ' 301
'マルーン アンド ゴールド' 301
'マン サイズ' 301
'ミス チャールストン' 294
'ミセス D. W. デイヴィス デスカンソ' 294, 302
'ミセス H. ボイス' 302
'ミセス アン ハーヴィー' 301
'ミセス スワン' 302
'ミセス チャールズ コブ' 302
'ミセス ティングレー' 302
'ミセス フリーマン ワイス' 302
'ミセス ベレズフォード' 302
'ミッドナイト' 301
'ムーンライト ベイ' 301
'メリリーズ' 301
'メルボルン ホワイト' 301
'メンフィス ベル' 301
'モナ ハーヴィー' 301
'ヤックソニー' 299
'ユージーン ライズ' 298
'ヨーズ トゥルーリー' 305
'ラーラ ルーク' 300
'ラヴィニア マギ' 294
'ラティフォリア ワリエゲイテッド' 300
'ラフィア' 303
'ラブライト' 300
'ラモーナ' 303
'リップスティック' 300
'リトル ジョン' 300
'ルース ケンプ' 303
'ルック アゲイン' 300
'ルベスケンス マヨル' 294
'レイチェル タービー スペシャル' 303
'レジャイナ デル ギガンティ' 303
'レッド ルージュ' 303
'レッド レッド ローズ' 303
'レディー ウィネカ' 300
'レディー エディンガー' 300
'レディー モード ウオールポール' 300
'レディー ロック' 294, 300
'レディー ワンシッタート' 300
'レバートンズ' 300
'レビヤタン' 300
'レモン ドロップ' 300
'ローマ リソルタ' 294, 303
'ローマ教皇 ピウス9世' 302
'ローマ教皇 ヨハネス 13世' 302
'ローヤル ヴェルヴェット' 303
'ローラ ウォーカー' 300
'ローリー プレイ ワリエゲイテッド' 300
'ロジャー ホール' 303
'ロックス カウリー' 303
'ロッシー' 303
'ワイフェト ビューティー' 305
'ワイルドファイヤー' 305
'ワリアー' 305
'羽衣' 299
'越しの麗人' 300
'沖の浪' 302
'花富貴' 299
'漁火' 299
'玉之浦' 294, 304
'金魚椿' 300
'熊坂' 300
'熊谷 名古屋' 300
'御所車' 298
'光源氏' 299
'港の春' 301
'港の曙' 301
'黒椿' 300
'出羽大輪' 297
'正義' 294
'漢汐' 301
'太神楽' 296
'大空' 302
'蝶々さん' 296
'日の丸' 299
'白菊' 303
'眉間尺' 301
'菱唐糸' 299
'不知火' 303
'弁天' 295
'卜伴' 294, 295
'満月' 301
'明石潟' 294, 294
'紋繻子' 301
ツバキ'アラスカン クイーン' 315
ツバキ'アラン レイパー' 315
ツバキ'アルカディア' 315
ツバキ'アルペン グロ' 315
ツバキ'アワー キム' 317
ツバキ'イッティー ビット' 317
ツバキ'インスピレーション' 314
ツバキ ウインターシリーズ 314-15
ツバキ'ウインターズ チャーム' 314-15
ツバキ'ウインターズ ファイヤー' 314-15
ツバキ'ウインターズ ホープ' 314-15
ツバキ'ウインターズ ローズ' 314-15
ツバキ'エルシー ロス' 316
ツバキ'オーダー オブ セント ジョン' 317
ツバキ'オットー ホップファー' 317
ツバキ'加茂本阿弥' 317
ツバキ'カリフォルニア サンセット' 315
ツバキ'カリフォルニア ドーン' 315
ツバキ'キース バラード' 317
ツバキ'キャプチャード エンリッチズ' 315
ツバキ'ゲイ ベイビー' 316
ツバキ交雑品種 314-18
ツバキ'ゴールデン グロー' 316
ツバキ'コンテンプレーション' 315
ツバキ'サタンズ ローブ' 314
ツバキ'サリュテーション' 314
ツバキ'シナモン シンディー' 315

ツバキ'ショット シルク' トウツバキ'デインホン'を参照, 307
ツバキ'シルバー ミスト' 318
ツバキ'スウィート エミリー ケイト' 318
ツバキ'スウィート ジェーン' 318
ツバキ'スノー ドロップ' 314
ツバキ'スプリング ミスト' 318
ツバキ'センチュアウス' 317
ツバキ'センテッド サン' 317
ツバキ'センテッド サン'(白品種) 317
ツバキ属 293-318
ツバキ'ダーク シャイニング ミラー' 315
ツバキ'タイニー プリンセス' 318
ツバキ'タムジン クール' 318
ツバキ'チャイルド オブ グレイス' 315
ツバキ'チャンドレリ エレガンス' ツバキ'エレガンス'を参照 294, 297
ツバキ'デイジー イーグルソン' 315
ツバキ'デビュー' 316
ツバキ'テレル ウィーヴァー' 318
ツバキ'テンプル ミスト' 318
ツバキ'ドクター クリフォード パークス' 316
ツバキ'ドクター ロバート ウィザーズ' 316
ツバキ'トニー ハント' 318
ツバキ'トム クヌーセン' 318
ツバキ'ドリーム ベイビー' 316
ツバキ'ナロー-リーフド ショット シルク' トウツバキ'リュウ インホン'を参照, 307
ツバキ'ニッキー クリスプ' 317
ツバキ'ノニー ヘイドン' 317
ツバキ'ノリナ' 317
ツバキ'ハイ フラグランス' 317
ツバキ'ハイライト' 317
ツバキ'バタフライ ガール' 315
ツバキ'ハッピー デイズ' 316
ツバキ'ハッピー ヒゴ' 316
ツバキ'パラダイス イルミネーション' 317
ツバキ'ハロルド L ペイジ' 316
ツバキ'ハワード アスパー' 317
ツバキ'ピンク スパークル' 317
ツバキ'フィル ドゥク' 317
ツバキ'フェアリー ワンド' 316
ツバキ'フォーティー ナイナー' 316
ツバキ'フラグラント ジョイ' 316
ツバキ'フラグラント ピンク' 316
ツバキ'フラグラント ピンク インプルーヴド' 314
ツバキ'フラワー ガール' 316
ツバキ'フランシー L' 314, 316
ツバキ'フリーダム ベル' 314, 316
ツバキ'フロステッド ピンク' 316
ツバキ'ブロンディー' 315
ツバキ'ベイビー ベアー' 315
ツバキ'ペギー バートン' 317
ツバキ'ベティー リドリー' 315
ツバキ'ボゴング スノー' 315
ツバキ'ホワイト レティック' 318
ツバキ'ミュリエル タッカフィールド' 317

ツバキ'ミロ ローウェル' 317
ツバキ'ムナロア ロード' 317
ツバキ'肯待' 318
ツバキ'ラスカ ビューティー' 317
ツバキ'ラ ペティット' 317
ツバキ'ラマーツイー' 317
ツバキ'ルイス シナールト' 317
ツバキ'レオナード メッセル' 317
ツバキ'レッド クリスタル' 317
ツバキ'レン ブロイ' 317
ツバキ'ロイヤルティー' 317
ツバキ ワーリンガ シリーズ 314-15
ツバキ'ワーリンガ カスケード' 314-15
ツバキ'ワーリンガ ジェム' 314-15, 318
ツバキ'ワーリンガ ブライド' 318
ツバキ'ワーリンガ プリンセス' 318
ツバキ'ワーリンガ ベル' 314-15
ツバキ'ワレー クヌーセン' 318
ツバキ'ワレンタイン デイ' 318
ツバキ'ワレンタイン デイ ヴァリエゲイテッド' 318
ツバメスイセン 1366, 1366
ツバメスイセン属 1366
ツブラジイ 339, 339
ツボウツボカズラ 927, 927
ツボクサ属 354
ツボサンゴ (Heuchera sanguinea) 699
'ウィルギナリス' 699
'シンガム' 699, 699
'スプレンデンス' 699, 699
'ノーザン ファイアー' 699
'ファイアーグロー' 699, 699
'ブランドン ピンク' 699
ツボサンゴ アメリカーナ 698, 698
'ガーネット' 698
'ピューター ベール' 698
'ピューター ムーン' 698
'ベルヴェット ナイト' 698
'ペルシャン カーペット' 698
'リング オブ ファイアー' 698
'ルビー ベール' 698
'レース ラッフルズ' 698
ツボサンゴ'アンバー ウェイブズ' 699
ツボサンゴ'ウェンディ' 699
ツボサンゴ'オータム ヘイズ' 699, 699
ツボサンゴ キャニオン クォーター シリーズ 699
ツボサンゴ キャニオン シリーズ 699
ツボサンゴ'キャニオン チャイムズ' 699
ツボサンゴ'キャニオン デライト' 699
ツボサンゴ'キャニオン デュエット' 699
ツボサンゴ'キャニオン ピンク' 699
ツボサンゴ'キャニオン ベル' 699
ツボサンゴ'キャニオン メロディ' 699
ツボサンゴ交雑品種 699
ツボサンゴ'サンタ アナ カーディナル' 699, 699
ツボサンゴ'ストロベリー キャンディ' 699, 699

ツボサンゴ'スノー エンジェル' 699, 699
ツボサンゴ属 698-99
ツボサンゴ'チョコレート ラッフルズ' 699
ツボサンゴ'ファイアーグロー' 699, 699
ツボサンゴ'プチ マーブル バーガンディ' 699, 699
ツボサンゴ'プラム プディング' 699, 699
ツボサンゴ'ミント フロスト' 699, 699
ツボサンゴ'モネ' 699, 699
ツボサンゴ'レッド スパングルズ' 699
ツメクサ属 1293
ツユクサ属 404
ツリーアネモネ 332, 332
ツリーアルテミシア 190, 190
'フェイス レイヴェン' 190
ツリーコトネアスター 427
'コルヌビア' 427, 427
'ナットカッツ バラエティー' 427
'フルクツ ルテオ' 427, 427
ツリートマト コダチトマトを参照 1346
ツリーポピー 487, 487
ツリーライラック 1388, 1388
ツリガネオモト属 624
ツリガネカズラ 237
'タンジェリン ビューティー' 237
ツリガネカズラ属 237
ツリガネソウ イトシャジンを参照 322
ツリガネヤナギ 1006
ツリフネソウ属 732-34
ツルアジサイ 719
ツルアリドウシ属 900
ツルイランイラン 186
ツルウメモドキ 351
ツルウメモドキ属 351
ツルオドリコソウ 794
'シルバー エンジェル' 794
'ハーマンズ プライド' 794
ツルキケマン ツルケマンを参照 420, 420
ツルギバモウセンゴケ ドラセラ・アデラエを参照 513, 513
ツルキントラノオ 1373, 1373
ツルキントラノオ属 1373
ツルケマン 420, 420
ツルコザクラ ロックソープワートを参照 1311, 1311
ツルコペア 396
ツルサイカチ属 472
ツルナ 1407
ツルナ属 1406-7
ツルニチニチソウ 1472, 1472
'ワリエガタ' 1472
ツルニンジン属 399
ツルノゲイトウ属 142
ツルバギア ウィオラギア 1436, 1436
'シルバー レース' 1436
ツルバギア属 1436
ツルバギア フレグランス 1436, 1436
'アルバ' 1436, 1436
ツルバギア'ワリエガタ' ツルバキア・ビオラセア'シルバー レース'を参照 1436
ツルハナガタ 151
ツルハナシノブ 1030
'ブルー リッジ' 1030

ツルハナナス 1347
　'アルブム' 1347
ツルビニカルプス属 1444
ツルボラン属 197
ツルマサキ 580-81
　'E.T.' 580, *581*
　'エメラルドゥン ゴールド' 580
　'エメラルド ゲイエティ'
　　580, *580*
　'カナデール ゴールド'
　　580, *580*
　'キューエンシス' 580
　'コロラータス' 580
　'サンスポット' 581, *581*
　'シェリダン ゴールド' 580
　'シルバー クイーン' 580-81
　　499, *499*
　'ナイアガラ グリーン' 580
　'ハーレクイーン' 580, *581*
　'ミニムス' 580
　'ワリエガツス' 581
ツルモドキ ツルウメモドキを参照
　351
ツワブキ 598
　'アウレオマクラツム' 598
　'アルゲンティウム' 598
　'クリスパツム' 598
ツワブキ属 597-98
ツンベルギア・グレゴリー 1414,
　1414
ツンベルギア・マイソレンシス
　1414, *1414*
ディアキア ダイアキア属を参照 518
ディアスキア・インテゲリマ 495
　'コーラル キャニオン' 495
ディアスキア・ウィギリス 495,
　495
　'ジャック エリオット' 495, *495*
ディアスキア交雑品種 495
ディアスキア コーラル ベル／
　'ヘクベル' 495, *495*
ディアスキア 'サーモン
　シュプリーム' 495
ディアスキア シドニー
　オリンピック／'ヘクシド' 495
ディアスキア 'ジョイスズ チョイス'
　495
ディアスキア属 495
ディアスキア 'トゥインクル' 495,
　495
ディアスキア 'ライラック ベル'
　495
ディアスキア リトル ダンサー／
　'ペンダン' 495, *495*
ディアスキア 'ルパート ランバート'
　495
ディアスキア レッドスタート／
　'ヘクスタート' 495, *495*
ディアスキア 'ロングソーンズ
　ラベンダー' 495, *495*
ディアネラ・カエルレア 491
ティアレラ・コルディフォリア 1416
　'マヨル' 1416
ティアレラ・フェリイ 1416
　'オークリーフ' 1416
　'ブロンズ ビューティー' 1416
ディアントゥス スバウオリス
　492
ディアントゥス ニティドゥス 492,
　492
ディアントゥス パカウニウス 492
　'インシュリアック ダズラー'
　492
　'ラ ボーブール' 492
ディアントゥス モンスペラヌス
　492, *492*

ディアントゥス 'ラ ボービッレ'
　ディアンサス・パポニウス
　　'ラ ボーブール'を参照 492
ディウリス属 507
ティートリー 882
ディエッフェンバキア・セグイネ
　498, *498*
　'アモエナ' 498
　'エクソティカ' 498
　'スペルバ' 498
　'トロピック スノー' 498
　'ピア' 498
　'マクラータ' 498
　'ルドルフ ロエルス' 498
ディエテス 'オレンジ ドロップ'
　499, *499*
ディエテス交雑品種 499
ディエテス属 499
ディエテス ビコロル 499
ディエテス 'レモン ドロップ' 499
ディエラ属 519
ディエラマ属 498
ディエラマ プルケリムム 498,
　499
　'アルバム' 498
ディエルウィラ・リウラリス 499
　'モートン' 499, *499*
ディオン・エドゥレ 502, *502*
ディオン・スピヌロスム モルッ
　カソテツを参照 502, *502*
ディオン属 502
ティカカズラ 1425
ティカカズラ属 1425
ディキア・レモティフロラ 519
ディキア コリスタミネア 519, *519*
ディキア属 518-9
ディギタリス キツネノテブクロを
　参照 500, *500*
ディギタリス・オブスクラ 500,
　500
ディギタリス・タプシ 500
　'スパニッシュ ピークス' 500
ディギタリス・フェルギネア 499
ディギタリス 'ジョン イネス
　テトラ' 500
ディギタリス属 499-500
ディクソニア・フィブロサ 497,
　497
ディクソニア・アンタルクティカ
　497, *497*
ディクソニア スカロサ 497, *497*
ディクソニア属 497
ディクタムヌス属 498
ティグリディア属 1417-18
ディクリプテラ・スペレクタ ヤンバ
　ルハグロソウを参照 497, *497*
ディクロア属 496-7
ディケントラ・エクシミア ヒメケマ
　ンソウを参照 496
ディケントラ ククルラリア 496
デイコ 563
　'バルッケリイ' 563
デイコ属 562-63
ディコリサンドラ・ティルシフロラ
　496, *496*
ディコリサンドラ属 496
ディサ・ウニフロラ 505, *505*
ディサ ハイブリッド 505
ディサ ケウエンシス 505, *505*
ディサ キューベット 505, *505*
ディサ属 505
ディサ ディオレス 505, *505*
ディサ ワトソニイ 505, *505*
ディスカリア属 506
ディスティクティス属 507
ディスフォンタイニア属 489
ディセルマ属 506

ディソティス属 507
ティタノプシス属 1422
ディディエバオバブ 97, *97*
ディプアナ属 1422
ディプシス属 519
ティフトンシバ 457
　'サンタ アナ' 457
　'ティフウェイ' 457
　'ティフグリーン' 457
　'ティフドワーフ' 457
ディプラレナ属 504
ディプログロッティス属 504
ディペルタ属 504
ティボウキナ・レピドタ 1417
　'アルストンヴィル' 1417, *1417*
ティボウキナ・レピドタグラヌロサ
　1417
　'ロセア' 1417
ティボウキナ 'ジュール' 1417,
　1417
ティボウキナ属 1417
ティボウキナ 'ノエリン' 1417,
　1417
ティムス・プラエコクス 'アルプス'
　Thymus polytrichus 'トーマス
　ズ ホワイト'を参照 1415
ティムス・ポリトリクス 1415, *1415*
　'トーマスズ ホワイト' 1415
　'ミノル' 1415
ディモンディア属 519
ティランジア・アエラントス 1420
ティランジア・インペリアリス
　1421
ティランジア・ウスネオイデス
　1422, *1422*
ティランジア・キアネア 1420,
　1420
ティランジア 'アニタ' 1422
ティランジア イオナンタ 1421,
　1421
　'ドルイド' 1421
ティランジア 'エリック ノブロック'
　1422
ティランジア 'カーリイ スリム'
　1422
ティランジア 'クーラ' 1422
ティランジア 'クリエイション'
　1422
ティランジア クロカタ 1420,
　1420
ティランジア交雑品種 1422
ティランジア・ストリクタ 1421
ティランジア・ストレプトフィラ
　1421, *1421*
ティランジア属 1420-22
ティランジア・ディエリアナ 1420
ティランジア・テクトルム 1421,
　1421
ティランジア・テヌイフォリア 1421
ティランジア・ファシクラタ 1421
ティランジア・フクシイ 1421,
　1421
ティランジア・ブッツイイ 1420,
　1420
ティランジア・ベルゲリ 1420
ティランジア・マグヌシアナ 1421,
　1421
ティランジア・リンデニイ 1421
ティランジア・レイボルディアナ
　1421, *1421*
ティランジア・レクルワタ 1421,
　1421
ティランジア 'ワイルドファイヤー'
　1422
ティリア・オリウェリ 1419
　'チェルシー センティネル'
　1419, *1419*

ディル 154
ディルウィニア属 501
ディルカ属 505
ディレニア属 501
ディンテラントゥス属 501
テウクリウム・フルティカンス
　1407, *1407*
　'アズレウム' 1407
デウテロコニア属 489
デウテロコニア・ブレウィフォリア
　489, *489*
デウテロコニア・ロレンツィアナ
　489, *489*
デージー ヒナギクを参照 228,
　228
テーダマツ 1051, *1051*
テーブルヤシ 367
デカイスネア属 477
×デガルモアラ ウィンター
　ワンダーランド 'ホワイト
　フェアリー' 477, *477*
×デガルモアラ スカイウォーカー
　'レッド スター' 477, *477*
×デガルモアラ スターショット
　'ファッション' 477, *477*
×デガルモアラ属 477
テコフィラエア・キアノクロクス
　1403
テコフィラエア属 1403
テコマンテ属 1403
テチガイシタン 472, *472*
テッサイノキ属 891
テッセン 387
デッペア属 488
テッポウウリ 522, *522*
テッポウウリ属 522
テッポウユリ 821
テディベアカクタス 451, *451*
テトラディウム属 1406
テトラテカ 1407
テパリービーン 1022
テフロカクトゥス属 1404-5
テフロシア属 1405
テマリシモツケ 1037, *1037*
テマリシモツケ属 1037
テマリツバキ *305*
テラントフォラ属 1403
テリハイカダカズラ
　ブーゲンビレア グラブラを
　参照 246-247, *246*
テリハドロ 1073
　'ペンドゥラ' 1073
テリハノイバラ 1219
テリハバンジロウ 1104
テリハボク属 290
テリマ・グランディフロラ
　ルブラ グループ 1403
テリマ属 1403
テリマ 'プルプレア' *Tellima
　grandiflora* ルブラ グループを
　参照 1403
テリミトラ属 1410, *1410*
デルフィニウム×ベラドンナ 479,
　479
　'クリブデン ビューティー' 479
　'ブルー センセーション' 479
　'ベラモースム' 479
デルフィニウム 'アルバート シェ
　パード' 479, *479*
デルフィニウム 'アワー デブ' 480
デルフィニウム 'アンジェラ ハー
　バット' 479, *479*
デルフィニウム 'ウォルトン ジェム
　ストーン' 480
デルフィニウム 'エミリー ホーキ
　ンス' 480
デルフィニウム エラトゥム 479

デルフィニウム 'カッシウス' 479
デルフィニウム カルディナレ 479
デルフィニウム 'ギオット' 480
デルフィニウム 'ギオット' 480,
　480
デルフィニウム 'キャスリーン
　クック' 480
デルフィニウム 'キューピッド' 480,
　480
デルフィニウム 'ギリアン ダラス'
　480
デルフィニウム 'クリーブデン
　ビューティー' 480
デルフィニウム 'クリステラ' 479
デルフィニウム 'クリフォード
　パーク' 480
デルフィニウム 'クレール' 479
デルフィニウム 'コンスタンス
　リベット' 480
デルフィニウム 'コンスピキュアス'
　479-80
デルフィニウム 'サングリーム'
　480, *480*
デルフィニウム 'サンドパイパー'
　480
デルフィニウム 'スピンドリフト'
　480, *480*
デルフィニウム属 478-80
デルフィニウム 'テイドゥルス' 480
デルフィニウム 'テムズミード'
　480
デルフィニウム 'デルフ サブリン'
　480
デルフィニウム ニュー センチュ
　リー ハイブリッド 480, *480*
デルフィニウム 'ヌディカウレ' 479
デルフィニウム 'ファウスト' 480
デルフィニウム 'ファンファーレ'
　480
デルフィニウム 'フェネラ' 480
デルフィニウム 'ブルース' 479,
　479
デルフィニウム 'ブルー ドーン' 479
デルフィニウム 'ブルー ナイル'
　479
デルフィニウム 'ブルー ラグーン'
　479, *479*
デルフィニウム 'マイケル エアーズ'
　480, *480*
デルフィニウム 'マイティ アトム'
　480
デルフィニウム マジック
　ファウンテン シリーズ 480
デルフィニウム 'ミン' 480
デルフィニウム 'ラングドンズ
　ロイヤル フラッシュ' 480
デルフィニウム 'ローズマリー
　ブロック' 480
デルフィニウム 'ロード バトラー'
　480
デルフィニウム 'ロッホ レーヴェン'
　480, *480*
デルフェニウム交雑品種 479-80
テレキア属 1403
デレゲートユーカリ ユーカリプツ
　ス・デレガテンシスを参照
　570, *570*
テレビンノキ 1053
テロカクトゥス属 1409-10
デロスペルマ 'アルバム' 478
デロスペルマ 'オベルグ' 478
デロスペルマ交雑品種 478
デロスペルマ属 478
デロスペルマ 'ヌビゲヌム' 478
デロスペルマ 'ルビー スター'
　478, *478*
デロニクス属 478

テロペア 1404, *1404*
　'ウィリンビラ ホワイト'
　　1404, *1404*
　'オリンピック フレーム'
　　1404, *1404*
　'コロボリー' 1404, *1404*
　'フレーミング ベーコン'
　　1404, *1404*
テロペア属 1404
テロラデニア属 1406
天晃 1409, *1409*
テンサイ 234
テンサイ コンディティワ グループ
　234
　'フォロノ' 234
　'ブルズ ブラッド' 234, *234*
テンサイ シクラ グループ 234
　'ブライトイエロー' 234, *234*
　'ブライト ライツ' 234, *234*
　'ブライト ライツ ミックスト'

　'モストルオサ' 234
　'ルクルス' 234, *234*
　'ルバーブ チャード' 234, *234*
テンジクアオイ 'アードウィック'
　998
テンジクアオイ 'アードウィック
　シナモン' 998
テンジクアオイ 'アイリーン
　ポストル' 998, *999*
テンジクアオイ 'アスカム フリンジド
　アズテック' 998, *998*
テンジクアオイ 'アトミック
　スノーフレイク' 1000
テンジクアオイ 'アンズブルック
　ジェミニ' 1002
テンジクアオイ 'アンティック
　オレンジ' 1002
テンジクアオイ 'アンティック
　サーモン' 1002
テンジクアオイ 'アンティック
　ピンク' 1002
テンジクアオイ 'アン ホイステッド'
　998
テンジクアオイ 'インペリアル'
　999
テンジクアオイ 'ウィスピー' 1003
テンジクアオイ エンジェル・
　ハイブリッド 996
テンジクアオイ 'オーストラリアン
　ミステリー' 998, *998*
テンジクアオイ 'オーセット' 1001
テンジクアオイ 'オールドベリー
　デュエット' 997
テンジクアオイ 'オズナ 2' 1002
テンジクアオイ 'オリオン' 998,
　998
テンジクアオイ 'オルガ
　シップストーン' 1001
テンジクアオイ 'カンフォール
　ローズ' 1000, *1000*
テンジクアオイ 'キモノ' 998, *999*
テンジクアオイ 'キャセイ' 1002
テンジクアオイ 'キャプテン
　スターライト' 997, *997*
テンジクアオイ '京都' 999
テンジクアオイ 'ファントック
　スター' 997, *997*
テンジクアオイ 'ファントック
　マジョリー' 997, *997*
テンジクアオイ 'ファントック
　マティ' 997, *997*
テンジクアオイ 'ファントック リタ'
　997, *997*
テンジクアオイ 'グラヴェオレンス'
　1000

テンジクアオイ 'グランダッド マック'
　1002, *1002*
テンジクアオイ 'コットナム
　チャーム' 997
テンジクアオイ 'コットナム
　ハーモニー' 997
テンジクアオイ 'コップソーン'
　1000
テンジクアオイ 'コリン ティレイ'
　1002
テンジクアオイ 'ザ カルム' 997
テンジクアオイ 'サッサ' 1003
テンジクアオイ 'サフォーク
　エメラルド' 997
テンジクアオイ 'サフォーク
　ガーネット' 997
テンジクアオイ 'サンダウン' 998
テンジクアオイ 'ジェミニ' 1002
テンジクアオイ 'ジェムストーン'
　1000
テンジクアオイ 'ジャナ 2' 1002
テンジクアオイ 'ジュピター' 999
テンジクアオイ 'シュラブランド
　ペット' 1000, *1001*
テンジクアオイ 'シュラブランド
　ローズ' テンジクアオイ 'シュラ
　ブランド ペット' を参照 1000,
　1001
テンジクアオイ 'ジョイ ルシール'
　1000
テンジクアオイ 'ショッキング
　ピンク' 1003
テンジクアオイ 'ショッテシャム
　ペット' 1001
テンジクアオイ 'ジョン モーフ'
　998, *999*
テンジクアオイ 'スイート ミモザ'
　1001
テンジクアオイ 'スーパー スポット
　オン ボナンザ' 998, *999*
テンジクアオイ 'スカーレット
　ユニーク' 1000, *1001*
テンジクアオイ 'スカイズ オブ
　イタリー' 1003
テンジクアオイ 'ステラ ミニ'
　1003
テンジクアオイ 'スパニッシュ
　エンジェル' 997
テンジクアオイ 'スプリング ソング'
　999
テンジクアオイ 'スプリングフィール
　ド ブラック' 998, *999*
テンジクアオイ センティッドリーフ
　ハイブリッド 1000
テンジクアオイ ゾーナル
　ハイブリッド 1001
テンジクアオイ 'タスボ' 999
テンジクアオイ 'チェリー
　オーチャード' 998
テンジクアオイ 'チップ トップ
　デュエット' 997, *997*
テンジクアオイ ディアボロ／
　'フィスクリッド' 1002
テンジクアオイ 'デリ' 999
テンジクアオイ 'ドリー バードン'
　1001
テンジクアオイ 'ドリス ハンコック'
　998, *999*
テンジクアオイ 'バーガンディ'
　998
テンジクアオイ 'バージニア
　ルイーズ' 998, *999*
テンジクアオイ 'バード ダンサー'
　1002, *1002*
テンジクアオイ 'ハート ピアーズ'
　998, *998*

テンジクアオイ 'ハーパー ライツ'
　998, *999*
テンジクアオイ 'パゴダ' 1002
テンジクアオイ 'バンクーバー
　センテニアル' 1002, *1003*
テンジクアオイ 'ビレッジ ヒル
　オーク' 1001
テンジクアオイ 'ピンク
　カプリコーン' 1001
テンジクアオイ 'ピンク
　シャンパーニュ' 1001, *1001*
テンジクアオイ 'ファンシャル'
　999
テンジクアオイ 'フェアハム' 999
テンジクアオイ 'ブラウンズ
　バタフライ' 998
テンジクアオイ 'ブラック ナイト'
　997, *997*
テンジクアオイ 'ブラックンウッド'
　998, *998*
テンジクアオイ 'ブランズウィック'
　1000
テンジクアオイ 'プリマヴェーラ'
　999
テンジクアオイ 'フリンジド
　アズテック' 999
テンジクアオイ 'フリンジド アプル'
　1000
テンジクアオイ 'ブルックサイド
　フラメンコ' 998, *998*
テンジクアオイ 'フレイグランス'
　1000
テンジクアオイ 'フレイグランス
　ワリガトゥ' 1000
テンジクアオイ 'ブレンダ' 998,
　998
テンジクアオイ 'ヘイゼル チェリー'
　999
テンジクアオイ 'ベリル リード'
　998, *998*
テンジクアオイ 'ペルシャンドン'
　1002
テンジクアオイ 'ペルレンケッテ
　オレンジ' ☆ 1003
テンジクアオイ 'ペルレンケッテ
　サビーネ' ☆ 1003
テンジクアオイ 'ペルレンケッテ
　スカーレット' ☆ 1003
テンジクアオイ 'ボウリーズ
　ペパーミント' 1000
テンジクアオイ 'ホープ バレー'
　998
テンジクアオイ 'ボシャム' 998,
　998
テンジクアオイ 'ホレロ' 1000,
　1001
テンジクアオイ 'ホワイト フィリス
　リチャードソン' 999
テンジクアオイ 'マイルデン' 1001,
　1001
テンジクアオイ 'ミステリー' 1000,
　1001
テンジクアオイ 'ミセス パット'
　1002
テンジクアオイ 'ミンストレル
　ボーイ' 999
テンジクアオイ 'メロウダ' 1002
テンジクアオイ 'メロチェリー' 1002
テンジクアオイ 'メロディ' 1002
テンジクアオイ 'モリー' 997
テンジクアオイ ユニーク・
　ハイブリッド 1000
テンジクアオイ 'ラベンダー
　センセイション' 998, *999*
テンジクアオイ 'ララ スーザン'
　998, *999*

テンジクアオイ 'ララ
　スターシャイン' 1000, *1000*
テンジクアオイ 'ララ バレリーナ'
　1000, *1000*
テンジクアオイ リーガル
　ハイブリッド 998
テンジクアオイ 'リトル アリス'
　998, *998*
テンジクアオイ 'リムファイアー'
　998, *999*
テンジクアオイ 'リリアン
　ポッティンガー' 1000
テンジクアオイ 'レタズ クリスタル'
　1001, *1001*
テンジクアオイ 'レッド カクタス'
　1002, *1003*
テンジクアオイ 'レドンド' 998,
　998
テンジクアオイ 'レンブラント' 998,
　999
テンジクアオイ 'ローズ' 1001
テンジクアオイ 'ローズ クリスタル'
　1003
テンジクアオイ 'ロード ビュート'
　998, *999*
テンジクアオイ 'ローブ' 1003
テンジクアオイ 'ローラ パーマー'
　1002
テンジクアオイ 'ロスマロイ' 998,
　999
テンジクアオイ 'ロッキー マウン
　テン スカーレット' 1003
テンジクアオイ 交雑種 996
テンジクボタン ダリアを参照
　466

デンジソウ属 876
天照丸 1409, *1409*
天使 868, *868*
デンドロカラムス・アスペル 487
　'ヒタム' 487
デンドロキルム・グルマケウム
　487
デンドロキルム・コビアヌム 487,
　487
デンドロキルム・サコラビウム
　487
デンドロキルム属 487
デンドロセネシオ属 488
デンドロビウム
　（インテンス×ラザーフォード
　サンスポット）485
デンドロビウム（エンジェレーネ×
　エレン グロウ）485
デンドロビウム「ソフトケイン」
　ハイブリッド 485-87
デンドロビウム「ニグロハースート」
　ハイブリッド 485
デンドロビウム「ハードケイン」
　ハイブリッド 485
デンドロビウム
　アトロウィオラシュウム 481
デンドロビウム アレクサンドラエ
　480, *480*
デンドロビウム イエロー リボン
　'デライト' 486
デンドロビウム ウィリアムソニー
　484, *485*
デンドロビウム ウェクシラリウス
　484, *484*
デンドロビウム エレガント
　ハート 485, *485*
デンドロビウム エレガント
　ハート 'ブルー トング' 485
デンドロビウム オーストラリア
　ハイブリッド 485
デンドロビウム・
　オプトゥッシセパラム 483, *483*

デンドロビウム・カイラ 485, *485*
デンドロビウム・カスペルトソニイ
　481, *481*
デンドロビウム・カナリクラトゥム
　481
デンドロビウム・カメレオン 481,
　481
デンドロビウム・ギブソニイ 482,
　482
デンドロビウム ギリストン・ジャ
　ズ 485
デンドロビウム キンギア ヌム
　482, *482*
デンドロビウム・グラキリカウレ
　482
デンドロビウム・クリソトクスム
　481, *481*
デンドロビウム・クルメンナトゥム
　481
デンドロビウム・ケイ・リネット
　486
デンドロビウム・ゴールデンブラ
　ッサム '黄金' 485, *486*
デンドロビウム ゴールドスクミド
　ティアヌム 482, *482*
デンドロビウム コロラド
　スプリングス 486
デンドロビウム 'サナイド
　ストライプス' 485, *486*
デンドロビウム ジョナサンズ・
　グローリー 485, *485*
デンドロビウム ジョンソニエ 482
デンドロビウム シルシフロルム
　484, *484*
デンドロビウム 'スザンヌ ネイル'
　485, *486*
デンドロビウム 'スターダスト' 486
デンドロビウム スペキオヌム
　タイミンセッコクを参照 483, *483*
デンドロビウム スペクタビレ
　484, *484*
デンドロビウム スミリアエ 483,
　483
デンドロビウム 'セイラー ボーイ'
　485, *486*
デンドロビウム セイラー ボーイ
　'ピンキー' 486
デンドロビウム 'ゼウス' 485
デンドロビウム 'セドナ' 486
デンドロビウム属 480-87
デンドロビウム 'タイ ピンキー'
　485, *486*
デンドロビウム チャオ・プラヤ・
　ローズ 485, *486*
デンドロビウム ディスコロル 481
デンドロビウム テトラゴヌム 484
デンドロビウム ナガサキ 486
デンドロビウム ノビル
　コウキセッコクを参照 483
デンドロビウム バーガンディ・
　クリーム 485
デンドロビウム ハーベイアナム
　482, *482*
デンドロビウム ハイブリッド
　485-87
デンドロビウム バリー・シンプソン
　485
デンドロビウム ビクトリア-レギネ
　484, *484*
デンドロビウム
　ビディ・ジェネディス 485
デンドロビウム ヒルダ・ポクソン
　485, *485*
デンドロビウム 'ブア アラ' 486
デンドロビウム フィンブリアトゥム
　482

Index

デンドロビウム ブラクテオスム 481, *481*
デンドロビウム ブラックヘアー・スタイル・ハイブリッド 485
デンドロビウム ブリナワ・サンセット 485
デンドロビウム プルケルム 483
デンドロビウム フロスティ・ドーン 485, *486*
デンドロビウム ベリンゲン 485
デンドロビウム'ホワイト フェアリー' *486*
デンドロビウム マクロフィルム 483, *483*
デンドロビウム マサランゲンセ 483, *483*
デンドロビウム 'ヤンディ ブラルガ' 485
デンドロビウム ユキダルマ'キング' 487, *486*
デンドロビウム ラウエシイ 482, *482*
デンドロビウム ラエフォリウム 482, *482*
デンドロビウム ラブリー バージン 'エンジェル' *486*
デンドロビウム リンドレイ 482
デンドロビウム ワーディアナム 484, *484*
デンドロメコン属 487
テンナンショウ 184, *184*
テンナンショウ属 184-85
天女雲 137, *137*
天女 1422, *1422*
テンニンギク 622, *622*
　'イエロー ブルーム' 622
　'レッド ブルーム' 622
　'ロリポップ' 622
テンニンギク属 622
テンノウメ 962, *962*
テンノウメ属 962
天馬宮 972
ドイツアヤメ 741
ドイツィア×エレガンティシマ 490
　'ファシクラータ' 490, *490*
　'ロゼアリンド' 490
ドイツィア×ロゼア 490
　'カルミネア' 490
　'カンパニュラータ' 490
ドイッスズラン 408, *408*
　'アウレオマルギナタ' 408
　'アウレオワリエガタ' 408
　'アルボストリアタ' 408
　'ハードウィック ホール' 408, *408*
　'プロリフィカンス' 408, *408*
ドイツツイア・ロングフォリア 490, *490*
　'ヴェイチー' 490
ドイツトウヒ 1040, *1040*
ドイツモウセンゴケ 513
トウアズキ 71
トウアズキ属 Jan.74
トウィーディア属 1445
トウカエデ 83
トウガラシ 326-7
トウガラシ オーナメンタル・フォーム 326
　'ノーズガイ ペッパー' 326, *327*
トウガラシ グロッサム グループ 326
　'ジャイアント スタッフ' 326, *327*
　'ジャイアント マルコーニ' 326, *327*

　'スーパー シェパード' 326, *327*
　'ブラッシング ビューティー' 326, *327*
　'ブルージョイ' 326, *327*
　'マーリン' 326
　'ミニベル イエロー' 326, *327*
　'モホーク' 326, *327*
トウガラシ ケラシフォルメ グループ 326
　'グアンタナモ' 326, *326*
　'チェリー ボム' 326
トウガラシ コニオイデス グループ 326
　'アパッチ' 326
　獅子唐 326, *327*
　'タイ ミニチュア' 326, *327*
　'タム ヴェラ クルス' 326
　'ハラペーニョ' 326
　'ミトラ' 326, *327*
トウガラシ属 326-7
トウガラシ'タイ ホット スモール' トウガラシ コニオイデス・グループ'タイ ミニチュア'を参照 326, *327*
トウガラシ ピメント グループ 326-27, *327*
トウガラシ ロンガム グループ 326
　'カイエンヌ' 326, *327*
　'スイート バナナ' 326, *327*
トウキササゲ 342, *342*
トウギボウシ 710-11
　'オーロラ ボレアリス' 710-11
　'クランブルズ' 710-11, *710*
　'グレート エクスペクテーションズ' 710-11
　'バーチウッド パーキーズ ゴールド' 710-11, *710*
　'ビッグ ダディ' 710-11
　'フランシス ウィリアムス' 710-11
　'ブルー エンジェル' 710-11, *710*
　'ブレッシンガム ブルー' 710-11
　'リバースト' 710-11, *710*
トウゴマ 1208, *1208*
　'カンボジェンシス' 1208
　'ザンジバレンシス' 1208
　'レッド スパイア' 1208
トウゴマ属 1208
トウザンショウ 1495, *1495*
トウシキミ 732
トウシュロ 1426, *1426*
トウ属 278, *278*
トウダイグサ属 582-90
ドウダンツツジ 537, *537*
ドウダンツツジ属 537
トウツバキ 307
　'S.P. ダン' 308
　'アーチ オブ トライアンフ' 307
　'アイダ カッサム' 308
　'アイリーン セビレ' 307
　'アワー セレクション' 308
　'インターバル' 308
　'ウィンターズ オウン' 308
　'エリーズ ガール' 307
　'オーヴァーテュア' 308
　'クリノリン' 307
　'サー エリック ピアス' 308
　'ザオムダン' 308
　'サン マリーノ' 308
　紫牡丹 307
　'ジュバン' 308
　'ジョン ハント' 308

　'スザンヌ ウィザーズ' 308
　'ストライク イット リッチ' 308
　'ダーク ジュエル' 307
　'ダタオホン' 307
　'ダマナオ' 307
　'ダリ チャ' 307
　'チェンジ オブ デイ' 307
　'デインホン' 307
　'ヌッチオズ ルビー' 308
　'バーバラ クラーク' 307
　'ブライト ビューティー' 307
　'ブラヴォー' 307
　'ブラック レース' 307
　'ブラッサム タイム' 307
　'ベティーズ デライト' 307
　'ホディー ウィルソン' 307
　'マーガレット ヒルフォード' 308
　'マシー レーン' 308
　'マンダレイ クイーン' 307
　'ミス トゥーレアリ' 308
　'ライラ ナフ' 308
　'ラ ストゥペンダ' 308
　'ラズベリー グロー' 308
　'ラブリー レディー' 308
　'リュウ インホン' 307
　'レディー パメラ' 308
　'ロバーツ ジュエル' 308
　唐椿 307, *307*
トウツルモドキ 606
トウツルモドキ属 606
トウネズミモチ 820
　'エクセルスム・スペルブム' 820, *820*
　'トリコロル' 820
トウヒ属 1039-42
トウフジウツギ 265, *265*
トウフジウツギ トウフジウツギを参照 265, *265*
トウモロコシ 1495, *1495*
　'アーリヴィー' 1495, *1495*
　'インディアンサマー' 1495, *1495*
　'キューティー ポップス' 1495, *1495*
　'ニュー エクセレンス' 1495, *1495*
　'ブラック アズテック' 1495
　'ブルー ジェイド' 1495, *1495*
トウモロコシ属 1495
トゥリパ・ウルミエンシス 1438, *1438*
トゥリパ・オルファニデア 1437
トゥリパ・オルファニデア ウィッタリイ・グループ 1437, *1437*
トゥリパ・カウフマニアナ 1437
トゥリパ・クルシアナ 1436
トゥリパ・グレイギー 1437
トゥリパ・サクサティリス 1438
　'ライラック ワンダー' 1438, *1438*
トゥリパ・サクサティリス バケリ・グループ 1438
トゥリパ・フォステリアナ 1437
トゥリパ・プラエスタンス 1437, *1437*
　'ウニクム' 1437
　'フュージリア' 1437, *1437*
トゥリパ・リニフォリア 1437
トゥリパ・リニフォリア バタリニー・グループ 1437
　'イエロー ジュエル' 1437, *1437*
　'ブライト ジェム' 1437, *1437*
　'ブロンズ チャーム' 1437, *1437*
トゥリパ・フミリス ヴィオラケア・

グループ 1437
登竜 673, *673*
トゥルラエア属 1445
トウワタ 194, *194*
　'シルキー ゴールド' 194, *194*
トウワタ属 194
トーチジンジャー 567, *567*
ドーディア属 509
ドームヤシ 722, *723*
ドームヤシ属 722
トールカンガルーポー 157, *157*
トガサワラ属 1103
トガリアツバベンケイ 1331
トキシコデンドロン属 1424-25
トキワイカリソウ 542, *542*
トキワギョリュウ 341
トキワザクラ プリムラ・オブコニカを参照 1081
トキワサンザシ 1115, *1115*
　'ラランデイ' 1115
トキワサンザシ属 1115-16
トキワススキ 899, *899*
トキワツユクサ 1426
トキワバナ 1490
トキワハナガタ 151
トキワバナ属 1490
トキワヒメハギ 1067
トキワマンサク 837, *837*
　'シズリング ピンク' 837
　'プラム デライト' 837, *837*
トキワマンサク属 837
ドクウツギ 414, *414*
ドクウツギ属 414
トクサ 544
　'ロブスツム' 544
トクサ属 544
ドクゼリモドキ ホワイトレースフラワーを参照 146, *146*
ドクゼリモドキ属 146
トクダマギボウシ 711
　'ラブ パット' 711, *711*
ドクダミ 714
ドクダミ'コート ジェスター' ドクダミ'カメレオン'を参照 714, *714*
ドクダミ属 714
ドクダミ'トリコロール' ドクダミ'カメレオン'を参照 714, *714*
　'フロレ プレノ' 714
ドクダミ'ワリエガタ' ドクダミ'カメレオン' 714, *714*
ドクムギ属 833
トケイソウ 990, *990*
　'コンスタンス エリオット' 990
トケイソウ'アメシスト' 992
トケイソウ'インセンス' 992
トケイソウ交雑品種 992
トケイソウ'コーラル シー' 992, *992*
トケイソウ'サンバースト' 992
トケイソウ属 990-92
トケイソウ'デビー' 992, *992*
トケイソウ'ニュー インセンス' 992, *992*
トケイソウ'ブルーバード' 992, *992*
トゲイヌツゲ属 1327
トゲカシ 377, *377*
トゲドコロ 503
刺無団扇 954
トゲハアザミ 82
　'レディ ムーア' 82, *82*
トゲハマナツメ 978
トゲバンレイシ 159, *159*
トゲミウドノキ 1053, *1053*
トサミズキ 421, *421*

トサミズキ属 421
ドジョウツナギ属 644
トチナイソウ属 151
トチノキ 106-8
トチバニンジン属 978
トチュウ 578, *578*
トチュウ属 578
ドッグバイオレット 1473
トックリアナナス 103
　'アズテック ゴールド' 103, *103*
トックリラン 222, *222*
トックリラン属 222
ドックリリア属 507
ドッグローズ 1213, *1213*
ドデカテオン属 508
ドデカテオン ヘンデルソニイ 508
ドデカテオン・メアディア カタクリモドキを参照 508, *508*
ドドネア属 508
トネリコ属 610
トネリコバノカエデ 86
　'アウレオワリエガトゥム' 86, *86*
　'エレガンス' 86
　'センセーション' 86
　'フラミンゴ' 86
　'ワリエガトゥム' 86
　'スルフレア' 829, *829*
ドブヤリス属 510
トベラ 1055, *1055*
　'ウィーラーズ ドワーフ' 1056
　'ナヌム' 1056, *1055*
　'ワリエガトゥム' 1056
トベラ属 1054-56
トマト'アーリー ガール' 843, *843*
トマト'カスピアン ピンク' 843
トマト'カルメロ' 843
トマト'グリーン ゼブラ' 843, *843*
トマト交雑品種 843
トマト'サンゴールド' 843, *843*
トマト'ジョリアー' 843
トマト'ジョリー' 843
トマト属 842-43
トマト'ノーザン イクスポージャー' 843
トマト'ブラック プラム' 843, *843*
トモエソウ 721, *721*
トラキュステモン属 1426
ドラクラ属 512
トラケリウム属 1425
ドラコフィルム属 512
ドラゴンフルーツ 720
ドラセ ドラコ リュウケツジュを参照 511, *511*
ドラセナ サンデリアナ 511
ドラセナ属 511
ドラセナ フラグランス 511, *511*
ドラセナ フラグランス デレメンシス グループ 511
ドラセナ レフレクサ 511
　'ソング オブ インディア' 511, *511*
トラデスカンティア・ザノニア 1427
　'メキシカン フラッグ' 1427, *1427*
トラデスカンティア・シラモンタナ 1427, *1427*
ドラバ・ブルニフォリア 511, *511*
ドラバ・ポリトリカ 511, *511*
トラフアナナス 1479
トラフツツアナナス 238, *238*
トラフヒメバショウ 279

Index

トラフユリ 1418, *1418*
ドラモンドワトル 75
トリアシショウマ 202
ドリアン 518, *518*
ドリアン属 518
ドリアンテス属 510
ドリアンドラ属 515
ドリアンドラ フォルモーサ 515
ドリオプテリス・アッフィニス 516, *516*
　'クリスタタ アングスタタ' 516
　'クリスパ グラシリス' 516
　'ピンデリ' 516
トリカブト 94, *94*
　アレンドシイ 94
　ケルムスコット 94
トリカブト'アイヴォリン' 94-5
トリカブト'アウレオワリエガトゥス' セキショウ'ワリエガトゥス'を参照 95
トリカブト'ウォーゴン' トリカブト'オウゴン'を参照 95
トリカブト'グランディフローラム アルバム' 94-5
トリカブト交雑品種 94-5
トリカブト'ステンレス スティール' 94-5, *95*
トリカブト'スパークス バラエティ' 94-5
トリカブト属 94-5
トリカブト'ブレッシンガム スパイアー' 94-5
トリコステマ属 1428
トリコディアデマ属 1428
トリゴニディウム属 1430
トリゴネラ属 1429
トリスタニア属 1431
トリスタニオプシス属 1431-32
トリテレイア・イクシオイデス 1432, *1432*
　'スターライト' 1432, *1432*
トリテレイア・ラクサ 1432
　'コーニンギン ファビョーラ' 1432
トリテレイア・ラクサ クィーン ファビオラ トリテレイア・ラクサ'コーニンギン ファビョーラ'を参照 1432
トリテレイア属 1432
トリトマ'アイス クィーン' 781, *781*
トリトマ'イエローハマー' 781
トリトマ'グリーン ジェイド' 781
トリトマ交雑品種 781
トリトマ'サンセット' 781, *781*
トリトマ'テトベリー トーチ' 781
トリトマ'ビーズ サンセット' 781
トリトマ'プリムローズ ビューティ' 781, *781*
トリトマ'ペインテッド レディ' 781
トリトマ'リトル メイド' 781, *781*
トリトマ'ロイアル スタンダード' 781
トリナクス属 1411
トリプトメネ 1412, *1412*
トリプトメネ属 1412
ドリミス属 512
トルコキキョウ 591
　'エコー イエロー' *591*
　'エコー ピンク ピコティー' *591*
　'エコー ブルー' *591*
　'フォーエバー ブルー' *591*, *591*
　'ライラック ローズ' *591*, *591*

トルコキキョウ マーメイド シリーズ 591
トルコナラ 1123
　'アルゲンテオワリエガタ' 1123
　'ラキニアタ' *1123*, *1123*
ドルステニア・フォエティダ 510, *510*
ドルステニア属 510
トルミエア 1423
　'タフス ゴールド' 1423
トルミエア'ワリエガタ' トルミエア'タフス ゴールド'を参照 1423
トルミエア属 1423
トルミエア'マキュラタ' トルミエア'タフス ゴールド'を参照 1423
トレニア 1423
　'ブルー パンダ' 1424, *1424*
トレニア クラウン シリーズ 1423
トレニア交雑品種 1424
トレニア属 1423-24
トレニア'ダッチェス ディープブルー' 1424, *1424*
トレニア'ダッチェス ホワイト アンド ピンク' 1424, *1424*
トレニア'ダッチェス ホワイト アンド ブルー' 1424, *1424*
トレベシア属 1427
ドロテアントゥス属 509-10
ドロサンテムム属 512-3
ドロセラ・アデラエ 513, *513*
ドロセラ・アリキアエ ドイツモウセンゴケを参照 513
ドロセラ インターメディア ナガエノモウセンゴケを参照 514
ドロセラ・インディカ 514, *514*
ドロセラ・エリスロリザ 514
ドロセラ・カピラリス アメリカモウセンゴケを参照 514
ドロセラ・カペンシス アフリカナガバモウセンゴケを参照 513, *513*
ドロセラ・シザンドラ 514, *514*
ドロセラ・スパツラタ コモウセンゴケを参照 514, *514*
ドロセラ・ゾナリア 514-15, *514*
ドロセラ ピグメア ピグミーモウセンゴケを参照 514, *514*
ドロセラ・ビナタ 513, *513*
ドロセラ・フィリフォルミス イトバモウセンゴケを参照 514
ドロセラ・ブルケラ 514, *514*
ドロセラ・ペティオラリス 514
ドロセラ・モンタナ 514
ドロセラ・リネアリス 514
ドロセラ・ロトゥンディフォリア モウセンゴケを参照 514
ドロセラ 亜熱帯種 513
ドロセラ 温帯種 513
ドロセラ 球根種 513
ドロセラ 熱帯種 513
ドロソフィルム・ルシタニクム 515
ドロニクム・オリエンタレ 509, *509*
　'マグニフィクム' 509
ドロニクム属 509
ドロノキ 1073
トロパエオルム・ポリフィルム 1434, *1434*
ドロフィルム属 515
トロペオルム・トゥベロスム 'ケン アスレット' 1434

トリウス・クルトルム 1433
　'オレンジ プリンセス' 1433
　'チェダー' 1433, *1433*
　'フォイアトロル' 1433
トロロアオイ 67
トロロアオイモドキ 67
　'オリエンタル ピンク' 67, *67*
　'ミスチーフ' 67, *67*
トロロアオイモドキ パシフィック シリーズ 67, *67*
ドワーフエルダー 1308
ドワーフバーチ 236
ドンベヤ属 509
ドンベヤ・ティリアケア 509, *509*
ドンベヤ・ブルゲシアエ 509, *509*
ドンベヤ・ワリッキイ 509

ナ

ナウィア属 922
ナガイモ ヤマノイモを参照 503
ナガエノモウセンゴケ 514
ナガゲオニソテツ 536, *536*
ナガサキシダ 516, *516*
ナガサキリンゴ ミカイドウを参照 861, *861*
ナガバアカシア 77, *77*
ナガバイシモチソウ ドロセラ・インディカを参照 514, *514*
ナガバオオウチワ 162
ナガバオモダカ 1293
ナガハグサ 1063
ナガハグサ属 1063
ナガバハケヤシ 1203, *1203*
ナガバミズアオイ 1071, *1071*
ナカハラツツジ 1155
ナガミカズラ属 106
ナガミノゴレンシ 210, *210*
ナガミマツ 1048
×ナカモトアラ属 912
×ナカモトアラ レインボウ ジェム 912
　'ピンク スター' 912, *912*
　'ホワイト レディ' 912, *912*
ナガラッパバナ 1346, *1346*
ナギ 912, *912*
ナギイカダ 1288, *1288*
ナギイカダ属 1288-89
ナゲイア属 912
ナシ属 1117-19
ナス 1347
　'ターキッシュ オレンジ' 1347, *1347*
　'ピントゥン' 1347, *1347*
　'ブラック ビューティー' 1347, *1347*
　'ブラック ベル' 1347, *1347*
　'ボニカ' 1347, *1347*
ナス属 1346-49
ナスタチウム 1434, *1434*
ナスタチウム アラスカ シリーズ 1434
　'エンペレス オブ インディア' 1434, *1434*
ナスタチウム ウィリーバード シリーズ 1434
　'ウィリーバード チェリー ローズ' *1434*
ナスタチウム グリーム ハイブリッド 1434
　'グリーミング レモンズ' 1434
　'ヘルマン グラショフ' 1434
ナスタチウム ジュエル シリーズ 1434
　'ピーチ シュナップス' 1434, *1434*
　'ピーチ メルバ' 1434

'マーガレット ロング' 1434
'レッド ワンダー' 1434
ナタールコーラルツリー 563
ナタマメ 324
ナツウメ マタタビを参照 96
ナツグミ 532
ナツザキフクジュソウ 101
ナツスミレ トレニアを参照 1423
ナッセラ属 921
ナッタルミズキ 416, *416*
　'ゴールド スポット' 416
ナツツバキ 1373, *1373*
ナツツバキ属 1372-73
ナツボダイジュ 1419, *1419*
　'オレブロ' 1419, *1419*
　'ラキニアタ' 1419, *1419*
ナツメ 1498, *1498*
ナツメグヒッコリー 335
ナツメ属 1498
ナツメヤシ 1030, *1030*
ナツメヤシ属 1030
ナツロウバイ 1343
ナデシコ'アール オブ エセックス' 495
ナデシコ'イエロー ランデブー' 493, *493*
ナデシコ'イビザ' 493
ナデシコ'イングレストーン' 493, *494*
ナデシコ'インパルス' 493, *493*
ナデシコ'エワ ハンフリーズ' 492
ナデシコ オールウッディ ピンク 493-94
ナデシコ オールド ファッション ピンク 495
ナデシコ'カーマイン レティシア ワイアット' 493, *494*
ナデシコ'キャサリン ヒッチコック' 492
ナデシコ'キャンディ クローブ' 492
ナデシコ'グランズ フェイワリット' 493
ナデシコ'クランメル プール' 494, *495*
ナデシコ'クリムゾン テンポ' 493, *493*
ナデシコ'グレイ ダブ' 492
ナデシコ クローブ-センテッド 492
ナデシコ交雑品種 492
ナデシコ'ゴールデン クロス' 492
ナデシコ'コルティーナ' 493
ナデシコ'サハラ' 494
ナデシコ'スピリット' 494
ナデシコ セルフ型 492, *493*
ナデシコ属 491-95
ナデシコ'ダッチェス オブ ウェストミンスター' 493
ナデシコ'ダッズ フェイワリット' 493
ナデシコ'チェーリオ' 493, *493*
ナデシコ'チャールズ エドワード' 494
ナデシコ'ツンドラ' 493, *493*
ナデシコ'デボン ジェネラル' 494
ナデシコ'デボン プライド' 493
ナデシコ'テラ' 494
ナデシコ'デルフィ' 493, *494*
ナデシコ'テンポ' 493, *493*
ナデシコ'ドリス' 495
ナデシコ'ドワーフ ヘレン' 493, *494*
ナデシコ'ニュー テンポ' 493, *493*
ナデシコ'ネオン スター' 493, *493*

ナデシコ バイカラー 495
ナデシコ'パイクス ピンク' 495
ナデシコ'ハイライト' 493
ナデシコ'ハウンズプール ルビー' 495
ナデシコ'ハバナ' 493, *493*
ナデシコ'バルダ ワイアット' 493, *494*
ナデシコ'ピーチ マンボ' 494, *495*
ナデシコ ピコティ型 492
ナデシコ'ピンク ドーナ' 493, *494*
ナデシコ'ピンク ドーム' 494
ナデシコ'ピンク パール' 494
ナデシコ ファースト ラブ シリーズ 492
ナデシコ'ファイアリー クロス' 492
ナデシコ ファンシー型 492, *493*
ナデシコ'フィオレラ' 493
ナデシコ'ブライト ランデブー' 493, *493*
ナデシコ'ブラド' 493, *494*
ナデシコ'ブルッカム ファンシー' 492
ナデシコ'フローラル レース クリムゾン' 493
ナデシコ フローラル レース シリーズ 492
ナデシコ フローラル レース バイオレット' 493
ナデシコ'ヘイター ホワイト' 494
ナデシコ'ベッキー ロビンソン' 493
ナデシコ'ボヴェイ ベル' 493
ナデシコ'ホワイト ジョイ' 493
ナデシコ'ホワットフィールド キャンキャン' 493, *494*
ナデシコ'ホワットフィールド ルビー' 493, *494*
ナデシコ'マンボ' 493, *494*
ナデシコ'ミセス シンキンズ' 495
ナデシコ'ムタルド' 493, *494*
ナデシコ'メロディー ピンク' 493
ナデシコ'メロディー ブラッシュ ピンク' 493
ナデシコ メロディ シリーズ 492
ナデシコ'モニカ ワイアット' 494, *495*
ナデシコ'ライオンハート' 493, *494*
ナデシコ'ラジオ ディ ソレ' 493, *494*
ナデシコ'ランデブー' 493, *493*
ナデシコ'リスボア' 493
ナデシコ'ルビー ドリス' ナデシコ'ハンズプール ルビー'を参照 495
ナデシコ'レイコ' 494
ナデシコ'レッド エンサイン' 493, *493*
ナデシコ'レティシア ワイアット' 493, *494*
ナデシコ'レミシー' 493, *494*
ナデシコ'ローズ モニカ ワイアット' 494, *495*
ナデシコ 一年生[花壇用] 492
ナデシコ 多年生 492
ナナカマド 1356, *1356*
　'エセルズ ゴールド' 1356
　'エンブレイ' 1356
　'ジャーミンス' 1356
ナナカマド交雑品種 1359
ナナカマド'コーラル ビューティ' 1359, *1359*
ナナカマド'サンシャイン' 1359, *1359*

ナナカマド'ジョセフ ロック' 1359
ナナカマド属 1355-59
ナナカマド'パーリー キング' 1359
ナナカマド'ミッシェリ'
　Sorbus thibetica
　'ジョン ミッチェル'を参照 1358
ナニワイバラ 1216
ナノデス属 913
ナリヒラダケ 1332
ナリヒラダケ属 1332
ナリヤラン 193
ナリヤラン属 193
ナルキッスス オドルス 914
　'ルグロスス' 914, 914
ナローバックラーファーン 516, 516
ナローリーブド ラングワート 1110
　'バートラム アンダーソン' 1110, 1110
ナワシログミ 532
　'アウレア' 532, 532
　'ゴールドリム' 532
　'マキュラータ' 532, 532
　'ワリエガタ' 532
ナンキョウ 139
ナンキョクブナ 937, 936
ナンキョクブナ属 935-36
ナンキンアヤメ 742
ナンキンハゼ 1311, 1311
ナンキンマメ ラッカセイを参照 170
ナンジャモンジャ ヒトツバタゴを参照 372, 372
ナンテン 913, 913
　'ウッズ ドワーフ' 913, 913
　'ガルフ ストリーム' 913, 913
　'ナナ' 913
　'ナナ プルプレア' 913, 913
　'ハーバー ドワーフ' 913, 913
　'ファイアパワー' 913
　'フィラメントーサ' 913
　'リッチモンド' 913
ナンテン属 913
ナンテン属'ピグミー' 南天'ナナ'を参照 913
ナンテンソケイ ソケイノウゼンを参照 979
ナンバンサイカチ 337, 337
ナンヨウイヌカンコ 606, 606
ナンヨウゴミシ 162
ナンヨウスギ 172, 172
ナンヨウスギ属 171-72
ナンヨウソテツ 449, 449
ナンヨウユカン アメダマノキを参照 1034, 1034
ナンヨウリュウビンタイ 155, 155
ニアウリ 885, 885
ニイタカビャクシン 774
　'チャイニーズ シルバー' 774
　'ブルー カーペット' 774, 774
　'ブルー スター' 774, 774
　'メイエリ' 774
ニーレンベルギア・カエルレア 934
　'パープル ローブ' 934, 934
ニオイアラセイトウ 561
　'クロス オブ ゴールド' 561
　'ハーパー クルー' 561
　'フォイヤー キング インプルーブド' 561
ニオイアラセイトウ ファイヤー レディ系 561, 561
ニオイアラセイトウ プリンス シリーズ 561
　'プリンス プリムローズ イエロー' 561

ニオイシュロラン プルプレア グループ 412
ニオイシュロラン 412, 412
　'アルバーティー' 412, 412
ニオイスミレ スイートバイオレットを参照 1474
ニオイセンネンボク ドラセナ・フラグランスを参照 511, 511
ニオイテンジクアオイ 996
　'レディ プリマス' 996
ニオイニンドウ 836
　'セロティナ' 836
ニオイネズコ チョウセンネズコを参照 1412
ニオイハンゲ 1045, 1045
ニオイヒツジグサ 937
　'ウィリアム B. ショー' 937
　'サルフレア グランディフロラ' 937
ニオイヒバ 1412, 1412
　'ウインターグリーン' 1413
　'ウッドワーディ' 1413, 1413
　'エレガンテシマ' 1412
　'オーレンドルフィイ' 1412, 1412
　'カエスピトサ' 1412, 1412
　'グロボサ レインディアナ' 1412
　'ゴールデン グローブ' 1412, 1412
　'コロンビア' 1412
　'シルバー クィーン' 1413, 1413
　'スマラグド' 1413, 1413
　'タイニー ティム' 1413, 1413
　'ニゲラ' 1412
　'ピラミダリス コンパクタ' 1412
　'フィリフォルミス' 1412
　'ヘッツ ミジェット' 1412
　'ホルムストラップ' 1412
　'ラインゴールド' 1413
　'リトル ジェム' 1413
　'ルテア' 1412
　'ワレアナ ルテセンス' 1413
ニオイマンジュウギク ミントマリーゴールドを参照 1397, 1397
ニオイムラサキ 690, 690
　'アイオワ' 690
　'チャッツワース' 690
　'ブラック ビューティ' 690
　'プリンセス マリナ' 690
　'フレグラント デライト' 690, 690
　'マリーン' 690
　'ロード ロバーツ' 690, 690
ニオイロウバイ 291, 291
ニガカシュウ 503, 503
ニガキ 1042, 1042
ニガキ属 1042
ニガクサ属 1407-8
ニガハッカ属 875-76
ニガヨモギ 190, 190
　'ランブロック シルバー' 190
　'ランブロック ミスト' 190
ニゲラ クロタネソウを参照 934, 934
ニゲラ属 934
ニシキイモ ニシキイモを参照 277
ニシキイモ 277
　'キャサリーン' 277
　'キャロライン ワートン' 277, 277
　'スカーレット ピンパーネル' 277, 277
　'ファイアー チーフ' 277
　'フェスチヴァ' 277
　'ホワイト クィーン' 277
　'ホワイト クリスマス' 277, 277
　'ミセス F. M. ジョイナー' 277, 277

　'レッド フラッシュ' 277
　'レッド フリル' 277
　'ローズ バッド' 277
　'ロード ダービー' 277, 277
ニシキウツギ 1483
ニシキギ 580
　'コンパクタス' 580, 580
　'ティンバー クリーク' 580, 580
　'ノーディン' 580, 580
ニシキギ属 580-82
ニシキジソ コリウスを参照 1350
ニジノタマ 1330, 1330
　'アウロラ' 1330
ニセアカシア 1209, 1209
　'アウレア' 1209, 1209
　'アパラチア' 1209, 1209
　'イネルミス' 1209, 1209
　'ウンブラクリフェラ' 1209
　'コルテオイデス' 1209, 1209
　'ツイステド ビューティー' 1209
　'トゥルトオサ' 1209, 1209
　'フリシア' 1209, 1209
　'ベッソニアナ' 1209, 1209
　'モノフィラ ファスティギアタ' 1209
　'ロブスタ ウィグネイイ' 1209
ニセアレチギシギシ 1288
ニセダイオウヤシ属 1102
ニチニチソウ クーラー シリーズ 343
　'ブラッシュ クーラー' 343, 343
　'ラズベリー レッド クーラー' 343
ニチニチソウ パシフィカ シリーズ 343
　'パシフィカ パンチ' 343, 343
　'パシフィカ ホワイト' 343, 343
　'パシフィカ レッド' 343, 343
　'パラソル' 343
ニチニチソウ プリティー シリーズ 343
ニチニチソウ 343, 343
　'アルプス' 343, 343
　'スターダスト オーキッド' 343, 343
　'ブルー パール' 343, 343
　'メルロー ミックス' 343
ニチニチソウ属 343
日輪玉 829, 829
　'ストームズ スノーキャップ' 829
　'ベティズ ベリル' 829
ニッコウキスゲ
　（Hemerocallis dumortieri）693
ニッコウキスゲ
　（Hemerocallis middendorffii）692
ニッコウシャクナゲ ヒメシャクナゲを参照 150, 150
ニトベカズラ アサヒカズラを参照 162, 162
ニトベギク属 1422-23
ニホンカボチャ 441
　'バターナット' 441
ニホンナシ 1119
　'新興' 1119, 1119
　'長十郎' 1119
　'二十世紀' 1119
　'豊水' 1119, 1119
ニマニア属 937
ニューギニア インパティエンス 733
ニューギニア インパティエンス交雑品種 733
　'インプルーヴド クエボス' 733, 733
ウェルウェテア／
　'シークレット ラヴ' 733

　'サルチ' 733, 733
　'セレブレーション ホット ピンク' 733, 733
　'セレブレーション ライト ラベンダー' 733, 733
　'タグラ' 733, 733
　'タンゴ' 733
　'ティモール' 733, 733
　'パスクア' 733, 733
ニューサイラン 1031, 1031
　'プルプレウム' 1031, 1031
ニラ 128
ニリンソウ 152
ニレ'クール シェード' 1449
ニレ'サッポロ オータム ゴールド' 1450, 1450
ニレ'サルニエンシス' 1450, 1451
ニレ属 1448-51
ニワウメ 1094, 1094
ニワウルシ 119, 119
ニワウルシ属 119
ニワザクラ 1094
　'アルバ プレナ' 1094
　'シネンシス' 1094
ニワゼキショウ'カリフォルニアン スキーズ' 1343, 1343
ニワゼキショウ属 1343-44
ニワゼキショウ'ビスクテラ' 1343, 1343
ニワトコ属 1307-8
ニワナズナ 833, 833
　'カーペット オブ スノー' 833
　'スノー クリスタル' 833, 833
ニワナズナ イースター ボネット シリーズ 833, 833
　'イースター ボネット ディープ ローズ' 833
　'イースター ボネット ラベンダー' 833
ニワナナカマド 1355
ニワハタザオ 169
　'ピンキー' 169
　'フロレ プレノ' 169
　'ワリエガタ' 169, 169
ニワハタザオ'コムピンキー'
　Arabis×arendsii 'コムピンキー'を参照 169, 169
ニワハタザオ'スノーキャップ'
　Arabis alpina subsp. caucasica
　'シュニーハウベ'を参照 169, 169
ニワフジ イワフジを参照 735, 735
ニンジン 476
　'カナダ' 476, 476
　'トップウェイト' 476
　'レッド インターメディエイト' 476, 476
ニンジン属 476
ニンニク 128
ニンファエア・カエルレア 937
　'コロラータ' 937, 937
ヌイトシア属 936-37
ヌカイトナデシコ 663
　'ガーデン ブライド' 663, 663
　'ジプシー' 663, 663
ヌカススキ属 120
ヌカボ属 119
ヌクシア属 936
ヌスビトハギ属 489
ヌマオ属 1052
ヌマスギ属 1400-1
ヌマハコベ 903
ヌマヒノキ 366, 366
　'アンディエンシス' 366
　'エリコイデス' 366
　'ヘザーバン' 366, 366

　'ルビコン' 366
ヌマミズキ 939, 939
　'ウィズリー ボンファイアー' 939, 939
　'シェフィールド パーク' 939
ヌマミズキ属 939
ネイリア属 922
ネヴィウシア属 932
ネオカッリトロプシス属 924-25
×ネオスチルス属 927
×ネオスチルス ルー スニアリー 927, 927
ネオブクスバウミア属 924
ネオマリカ属 925
ネオレゲリア・オレンス 926
　'ヴァルカン' 926
　'マリー' 926
ネオレゲリア'アメイジング グレース' 926
ネオレゲリア'エンプレス' 926, 926
ネオレゲリア'オンス オブ パープル' 926
ネオレゲリア'ガスパッチョ' 926
ネオレゲリア'グリーン アップル' 926
ネオレゲリア交雑品種 926, 926
ネオレゲリア'ジョージズ プリンス' 926
ネオレゲリア'スポッツ アンド ドッツ' 926
ネオレゲリア属 926
ネオレゲリア'タケムラ グランデ' 926, 926
ネオレゲリア'チャーム' 926
ネオレゲリア'チリ ベルデ' 926
ネオレゲリア'チリポ' 926
ネオレゲリア'デビー' 926
ネオレゲリア'バービー ドール' 926
ネオレゲリア'パーフェクション' 926
ネオレゲリア'パッション' 926
ネオレゲリア'ビーフ ステーキ' 926
ネオレゲリア'ファイアーボール' 926
ネオレゲリア'ブラッシング ブライド' 926
ネオレゲリア'ペインテッド デザート' 926, 926
ネオレゲリア'ボビー ダズラー' 926
ネオレゲリア'マノア ビューティ' 926, 926
ネオレゲリア'ミッドナイト' 926, 926
ネオレゲリア'メダリオン' 926
ネオレゲリア'メヤンドルフィ' 926
ネオレゲリア'ランバーツ ブライド' 926
ネオレゲリア'レッド オブ リオ' 926
ネオレゲリア'ロセーラ' 926
ネオレゲリア'ワルカン' 926
ネオロイディア属 925
ネギ 126, 126
ネクタロスコルドゥム属 922
ネグンドカエデ
　トネリコバノカエデを参照 86
ネコノヒゲ 959, 959
ネコヤナギ 1297
　'メラノスタキス' 1297, 1297
ネジアヤメ 741, 741
ネジレフサマメノキ 987, 987
ネズコ 1413, 1413
ネズコ属 1412-13

ネズミサシ 773
ネズミノオ属 1365
ネズミムギ 833
ネズミモチ 820
　'ロトゥンディフォリウム' 820, 820
ネズモドキ属 807-09
ネトツリー 352-53, 353
ネバリオグルマ 656, 656
ネバリノギク アメリカシオンを参照 200
ネペタ・グランディフロラ 930
　'ドーン トゥ ダスク' 930
　'ブラムディーン' 930
ネペンテス・アルボマルギナタ 927
　'ペナン' 927, 927
ネマタンサス属 923
ネムノキ 122, 122
ネムノキ属 122
ネメシア 923
　'KLM' 923
　'ブルー ジェム' 923
ネメシア 'イノセンス' 924, 924
ネメシア交雑品種 924
ネメシア サシェ シリーズ 923
　'ブルーベリー サシェ' 923
ネメシア 'サンドロップス' 924, 924
ネメシア属 923-24
ネメシア 'バニラ サシェ' 924
ネメシア 'フルーリー ブルー' 924, 924
ネメシア 'フレイグラント クラウド' 924, 924
ネメシア マリタナ シリーズ 924
ネメシア 'マリタナ シュガー ガール' 924
ネモパントゥス 924
ネリネ・フレクスオサ 931
　'アルバ' 931
ネリネ・ボウデニイ 931, 931
　'ピンク トライアンフ' 931
ネリネ属 931-32
ネリネ・サルニエンシス クルウィフォリア・フォルテルギリイ 'メイジャー' 931, 931
ノアサガオ 738, 738
ノアザミ 379
ノアザミ ビューティー シリーズ 379
　'アーリー ピンク ビューティー' 379
　'ローズ ビューティー' 379, 379
ノイバラ 1217
ノウゼンカズラ 322, 322
　'モーニング カーム' 322
ノウゼンカズラ属 322
ノウゼンハレン属 1434
ノーブルモミ 70
ノーブルモミ グラウカ グループ 70, 70
　'グラウカ プロストラタ' 70
ノグサ属 1324
ノグルミ 1057, 1057
ノグルミ属 1057
ノゲイトウ クリスタタ グループ 352
ノゲイトウ コックスコーム グループ 352
ノゲイトウ チャイルジー グループ 352
ノゲイトウ ピラミダリス グループ 352
ノゲイトウ プリモサ グループ 352
ノゲイトウ 352, 352
　'アプリコット ブランディー' 352, 352
　'イエロー キャッスル' 352
　'キャッスル ミックス' 352, 352
　'ニュー ルック' 352, 352
　'ピンク キャッスル' 352
　'フォレスト ファイヤー' 352, 352
　'ベネズエラ' 352, 352
ノコギリソウ 92
ノコギリソウ 'アプフェルブルート' セイヨウノコギリソウ 'アップル ブラッサム' を参照 91, 91
ノコギリソウ 'アンブロ' セイヨウノコギリソウ 'アンセア' を参照 91
ノコギリソウ 'キング エドワード' 91, 91
ノコギリソウ 'ザ ビーコン' セイヨウノコギリソウ 'ファナル' を参照 91, 91
ノコギリソウ 'シュニーボール' オオバナノコギリソウ 'ザ パール' を参照 92
ノコギリソウ 'ブール ドゥ ナージュ' オオバナノコギリソウ 'ザ パール' を参照 92
ノコギリヤシ 1337, 1337
ノダフジ フジを参照 1487, 1487
ノヂシャ 1454
　'ヴェール デタープ' 1455
　'ヴェール ドゥ カンブレ' 1455
　'グロース グレーヌ' 1454-55
　'コキール ドゥ ルーヴィエ' 1454
　'ブロード リーブド' 1454
　'ブロンド シェル' 1454
ノヂシャ属 1454-55
ノニレ 1450
　'デン ハーグ' 1450
ノハカタカラクサ トキワツユクサを参照 1426
ノブドウ属 148
ノブドウ 'トリカラー' Ampelopsis glandulosa var. brevipedunculata エレガンスを参照 148, 148
ノボタン属 886
ノボリウチワ 162, 162
ノミノツヅリ属 180
ノモカリス属 935
ノモモ 1093
ノラナ・パラドクサ 934, 934
　'ブルー バード' 934
ノラナ属 934
ノラニンジン 476
ノリウツギ 718, 719
　'キュウシュウ' 718, 719
　'グランディフロラ' 718
　'タルディバ' 718, 719
　'プラエコックス' 718, 719
　'ユニーク' 718, 719
ノリナ属 934-35
ノルウェーカエデ 88
　'アンドゥラタム' 88
　'エメラルド クイーン' 88
　'キャバリエ' 88
　'クリーヴランド' 88
　'グリーン レイス' 88
　'クリムゾン キング' 88
　'グローブ' 88
　'ゴールズワース パープル' 88, 88
　'コラムネア' 88
　'ジェイド ジェム' 88
　'シュウェドレリ' 88
　'デボラ' 88
　'ドラモンディ' 88, 88
　'パルマティフィダム' 88, 88
　'ファーセンズ ブラック' 88
　'ラシニアタム' 88
　'ラブラム' 88, 88
　'ワルダーシーイ' 88, 88

ハ

バーオーク 1125, 1125
ハアザミ 82, 82
　'キャンデラブラス' 82
ハアザミ属 82
バージニア ホワイトヘアーレザー フラワー 387, 387
バージニア マウンテンミスト 1115
バージニアヅタ 990, 990
バージニアブルーベルズ 890
バージニアマツ 1051
バーチェリア属 269
ハートファーン 695, 695
バーベナ 'イマジネーション' 1461
バーベナ 'クオーツ スカーレット' 1461, 1461
バーベナ 'クオーツ バーガンディ' 1461, 1461
バーベナ交雑品種 1461
バーベナ 'シシングハースト' 1461
バーベナ 'シルバー アン' 1461
バーベナ 'シルバー パーレナ' 1461
バーベナ属 1459-61
バーベナ タピアン シリーズ 1461
バーベナ 'タピアン ブルー' 1461
バーベナ 'タピアン ブルー バイオレット' 1461
バーベナ 'タピアン ラベンダー' 1461
バーベナ 'ピーチズ アンド クリーム' 1461
バーベナ 'ペール モーブ' 1461
バーベナ 'ホームステッド パープル' 1461, 1461
バーベナ 'マウレナ' 1461
バーベナ 'リラ' 1461
バーベナ 'ローレンス ジョンストン' 1461
バーベナ 花手毬 シリーズ 1461
バーベナ '花手毬 スカーレット' 1461
バーベナ '花手毬 バーガンディ' 1461
バーベナ '花手毬 パティオ ブルー' 1461
バーベナ '花手毬 パティオ ローズ' 1461
バーベナ '花手毬 ブライト ピンク' 1461
バーペリー セイヨウメギを参照 231, 231
ハーローワトル 72
ハイイロヤナギ 1297
バイカイチゲ アネモネ・シルウェストリスを参照 153, 153
バイカウツギ 1024, 1024
　'アウレウス' 1024, 1024
　'ワリエガトゥス' 1024
　'ボールズ バラエティ' 1024
バイカウツギ 'アバランシュ' 1025
バイカウツギ 'イノセンス' 1025
バイカウツギ 'グレイシャー' 1025
バイカウツギ交雑品種 1025
バイカウツギ 'シビル' 1025
バイカウツギ 'シュネーシュトルム' 1025, 1025
バイカウツギ 1024-25
バイカウツギ 'ダム ブランシュ' 1025
バイカウツギ 'ナッチェス' 1025
バイカウツギ 'バージナル' 1025
バイカウツギ 'バックリーズ クイル' 1025
バイカウツギ 'ビュークラーク' 1025
バイカウツギ 'フィンブリアトゥス' 1025
バイカウツギ 'ブール ダルジャン' 1025
バイカウツギ 'ブケ ブラン' 1025
バイカウツギ 'ベル エトワール' 1025
バイカウツギ 'マント デルミン' 1025, 1025
バイカウツギ 'ミネソタ スノーフレイク' 1025
バイカウツギ 'ローゼイス' 1025, 1025
バイカカラマツ 'スコアフス ダブル ピンク' バイカカラマツソウ 'オスカー スコアフ' を参照 154, 154
バイカカラマツソウ 154, 154
　'オスカー スコアフ' 154, 154
　'ペティ ブレイク' 154, 154
　'ロゼア' 154
バイカカラマツ属 154
バイカカラマツ 'ロゼア・プレナ' バイカカラマツソウ 'オスカー スコアフ' を参照 154, 154
バイカシモツケ リキュウバイを参照 593, 593
ハイキンポウゲ 1132
　'プレニフロルス' 1132
ハイクワガタ ベロニカ・プロストラータを参照 1463, 1463
バイケイソウ 1458
ハイコヌカグサ 119
ハイコモチシダ 1489, 1489
ハイドラスティス属 719
パイナップル 149, 149
　'アバカシィ' 149
　'クイーン' 149
　'スムース カイエンヌ' 149
　'レッド スパニッシュ' 149
パイナップルグアバ 82-3, 82
パイナップルセージ 1302, 1302
　'スカーレット パイナップル' 1302
パイナップルフラワー エウコミス・コモサを参照 578, 578
パイナップルリリー エウコミス・アウツムナリスを参照 578, 578
ハイネズ 771, 771
　'エメラルド シー' 771
　'サンスプラッシュ' 771, 771
　'ブルー パシフィック' 771
　'ブルー ラグーン' 771
ハイノキ属 1385-86
ハイビジョザクラ属 70
ハイビスカス ハイブリッド 704
ハイビスカス 'オワゾブル' ハイビスカス 'ブルー バード' を参照 704, 704
ハイビスカス 'ディヴィス クリーク' 704, 704
ハイビスカス 'ミス キティ' 704, 704
ハイビスカス 'レディ ボルティモア' 704, 704
ハイビャクシン 773, 773
　'ナナ' 773
パイプオルガンサボテン 1371, 1371
パイプカズラ 186, 186
パイプステム クレマチス 388, 388
ハイブッシュブルーベリー 1453, 1453
　'アーリーブルー' 1453, 1453
ハイマツ 1050, 1050
ハイムラサキ 1111
　'ブルー ミスト' 1111, 1111
　'ホワイト ウィングス' 1111, 1111
ハイメノカリス 'サルファー クィーン' 720
バイモ属 613-15
バイレヤ属 215-16
パインリーフボトルブラシ 285
パウエッタ・ランケオラタ 993, 993
　'ブライズ ブッシュ' 993, 993
パウエッタ属 993
パウオニア×グレドヒリイ 994, 994
　'ロゼア' 994, 994
パウオニア属 993-94
×ハウキンサラ キープセイク 'レイク ヴュー' 673, 673
×ハウキンサラ 673
ハウチワカエデ 85, 85
　'アコニチフォリウム' 85
　'ウティフォリウム' 85
ハウチワカエデ 'アウレウム' オオイタヤメイゲツ 'アウレウム' を参照 90, 90
ハウチワカエデ 'ミクロフィラム' オオイタヤメイゲツミクロフィラムを参照 90, 90
ハウチワノキ 508, 508
　'プルプレア' 508, 508
バウヒニア 221, 221
バウメア属 222
バウレア属 221
パエオニア・ペレグリナ 975, 975
　'オットー フロベール' 975
　'サンビーム' 975
　'ファイアー キング' 975
パエオニア・マスクラ 975
　'ノーザーン グローリー' 975
　'パープル エンペラー' 975
　'マザー オブ パール' 975
　'ロージー ジェム' 975
パエオニア レモイネイ 974
　'ローマン チャイルド' 974, 974
ハエトリグサ 502, 502
　'赤い竜' 502, 502
　'ソートゥース' 502, 502
　'ファング' 502
ハエトリグサ属 502
ハエマンサス 'キング アルバート' Scadoxus multiflorus 'コニング アルベルト' を参照 1320
ハエマントゥス属 666
バオバブ 97, 97
バオバブノキ属 97
ハオルチア属 673
ハオルチア プミラ 673
ハカタシダ 170
ハカマカズラ属 221
パキケルス・スコッテイイ 970, 970
　'モンストロッス' 970, 971
パキコルムス属 971
パキスティマ属 994
パキセレウス属 970-71
ハギ属 810
パキフィツム属 971
パキフラグマ属 971
パキポディウム ゲアイイ 971
パキポディウム属 971-72
パキポディウム デンシフロラム 971, 971

パキポディウム バロニイ 971	'ナポリターノ' 943, 944	ハナエンジュ 1209, 1209	'サマー スノー' 1038, 1038	パフィオペディルム オニキス 985, 985
パキポディウム ホロンベンセ 971, 971	'パープル ラフルズ' 943, 944	ハナエンジュ属 1209	'ビビッド' 1038	パフィオペディルム オリエンタル・エンチャントメント 985, 985
パキポディウム ラメリイ 971, 971	'フィーノ ヴェルデ コンパット' 943, 943	ハナカイドウ 860, 861	'ローズ クイーン' 1038, 1038	パフィオペディルム ゲイル 984, 984
パキラ 970, 970	'ホーリー' 943	'パークマニイ' 861	'ロゼア' 1038, 1038	パフィオペディルム ゴールド ドラー 984, 984
パキラ属 970	'ミニ パープル' 943	ハナカタバミ 965	'ワリエガタ' 1038, 1038	パフィオペディルム シュー 985, 985
ハクウェティア属 666	'ミネット' 943	ハナカンザシ 1142, 1142	バナナ 906, 906	パフィオペディルム ジュノー 984
ハクウンボク 1382	'ラフルズ' 944, 944	ハナカンザシ属 1142	花の司 523	パフィオペディルム セント スウィジン 985, 985
ハククエティア・エピパクティス 666	'レッド ルービン' 943 944	ハナキササゲ 342, 342	ハナハッカ 957, 957	パフィオペディルム属 981-95, 981
'トール' 666, 666	'レモン スイート ダニー' 943, 943	ハナギリソウ 92	'アウレウム' 957, 957	パフィオペディルム ソング オブ ラブ 985
ハクサイ Brassica rapa ペキネンシス・グループを参照 256	'ワレンティーノ' 944	ハナギリソウ'エンデワー' 92, 92	'ゴールド チップ' 957, 957	パフィオペディルム ダーリン 984
ハクサンイチゲ 153	ハス 922, 923	ハナギリソウ'グレイシャー' 92	'シンブルズ バラエティー' 957, 957	パフィオペディルム デロフィラム 984, 984
ハクサンオミナエシ コキンレイカを参照 992	'キャロライナ クイーン' 923, 923	ハナギリソウ交雑品種 92	'ドクター イェズワート' 957, 957	パフィオペディルム パスファインダー ノーム 985
ハクサンチドリ属 465	'シャロン' 923, 923	ハナギリソウ'ショウ オフ' 92	'ポリファント' 957, 957	パフィオペディルム ハニー 984 985
ハクサンボク 1467	'スペシオスム' 923	ハナギリソウ属 92	ハナハッカ'ケント ビューティー' 957, 957	パフィオペディルム ピノキオ 985, 985
白刺玉 1409	'ミセス スローカム' 923, 923	ハナギリソウ'ピーチ ブロッサム' 92	ハナハッカ交雑品種 957	パフィオペディルム ピノキオ 'イエロー' 985
白神丸 870	'モモボタン' 923, 923	ハナギリソウ'ペンデント パープル' 92	ハナハッカ属 955-57	パフィオペディルム ブースズ サンド レイディ 984, 984
'クレスト' 870, 870	ハス属 922-23	ハナギリソウ'ラックス チャーム' 92, 92	ハナハッカ'ノートン ゴールド' 957	パフィオペディルム フェール モード 984
白閃 386, 386	ハズ属 437	ハナギリソウ'ルビー' 92	ハナハッカ'バーバラ チンゲイ' 957	パフィオペディルム マダム マルチネ 984, 985
ハクチョウゲ 1337, 1337	ハゼノキ 1425, 1425	ハナキリン 588, 588	ハナハッカ'ベティ ローリンズ' 957, 957	パフィオペディルム ミティレーネ 984, 985
'フロレ プレノ' 1337, 1337	ハゼラン属 1398	バナクス 'シンゼング' ヤクヨウニンジンを参照 978	ハナクルマバソウ 1033	パフィオペディルム モルガニエ 984
'マウント フジ' 1337	ハセリ オランダゼリを参照 1016, 1016	ハナクルマバソウ 1033	ハナハッカ'ホワイト アニバーサリー' 957, 957	パフィオペディルム ヨスプール 985, 985
'ワリエガタ ピンク' 1337	ハゼリソウ 1018, 1018	'プルプレア' 1033	ハナビソウ 566, 566	パフィオペディルム レッド フュージョン 985, 985
ハクチョウゲ属 1337	ハタグルミ 769, 769	ハナクルマバソウ'ルブラ' ハナクルマバソウ'プルプレア'を参照 1033	'ダリ' 566	パフィオペディルム レボーディアム ☆ 984, 985
ハクチョウソウ 627	ハタツモリ リョウブを参照 394, 394	花車 (Echeveria×imbricata) 523, 523	ハナビシソウ属 566, 566	パフィオペディルム ロルフェイ 985, 985
'カラリー ペティート' 627	ハタンキョウ スモモを参照 1097, 1097	ハナケマンソウ 496, 496	ハナブサソウ属 1385	ハブカズラ 543
'コリーズ ゴールド' 627	ハチジョウススキ 900, 900	'オーロラ' 496, 496	ハナマキ 284	'オーリューム' 543, 543
'シスキュー ピンク' 626, 626	'カバレット' 900	'スチュアート ブースマン' 496	'イェッフェルシー' 284, 284	'トリカラー' 543
'フワーリング バタフライ' 626, 626	'コスモポリタン' 900	'ゼストフル' 496	'スプレンデンス' 284, 284	'マーブル クイーン' 543
ハグマノキ 426, 426	ハッカ 889	'バウンティフル' 496	'バーガンディー' 284, 284	ハブカズラ属 543
'ベルベット クローク' 426, 426	ハッカゴムノキ ユーカリプツス・グンニイを参照 572, 572	'バッチャナル' 496, 496	'ホワイト アンザック' 284, 284	バプティシア・アルバ 219
'ロイヤル パープル' 426, 426	ハッカ属 888-89	'ラグジュリアント' 496, 496	ハナマメ ハナササゲを参照 1022	'ペンデュラ' 219
ハグマノキ'フレーム' コティヌス 'フレーム'を参照 426	バッカリス・ピルラリス 214, 214	'ラングツリーズ' 496	ハナミズキ 415, 415	ハブランサス属 666
白魔 638, 638	'ツイン ピークス' 214	ハナササゲ 1022	'アップル ブラッサム' 415	ハブラントゥス・トゥビスパトゥス 666, 666
ハクモクレン 851, 851	'ビジョン ポイント' 214	'アルプス' 1022	'チェロキー チーフ' 415	'ロゼア' 666
バクヤギク 333, 333	バッカリス'センテニアル' 214	'ペインティッド レディ' 1022, 1022	'ピンク フレイム' 415, 415	ハブロパップス属 671
白竜丸 869, 869	バッカリス属 214	ハナサフラン 436, 436	ハナミョウガ属 138-39	ハベルレア属 666
白菱丸 869, 869	バッキンガミア属 263-264	ハナシノブ属 1065-66	花嵐山 478, 478	ハボタン 野生キャベツ アケファラ グループを参照 255, 255
白蝋石 830	ハックベリー 353, 353	ハナシュクシャ 680	ハナルリソウ 951	ハマアカザ属 206
ハケア属 666-68	'プレイリー プライド' 353	'F. W. ムーア' 680	ハニーサックル 835	ハマオモト'エレン ボサンケット' 434
ハゲイトウ 144	バックホウシア属 215	ハナショウガ 1496	ハニーサックルブロウニー 834	ハマオモト属 434
'ジョセフス コート' 144, 144	ハックルベリー 1453, 1453	'ワリエガトゥム' 1496	'ドロップモア スカーレット' 834, 835	ハマカンザシ 187
×パケロカクタス属 970	パゴダドッグウッド 414	ハナショウブ 740	ハニーサックルヘクロッティ 835	ハマカンザシ'イソベル バーネット' 187
波光竜 661, 661	'アルゲンテア' 414, 414	'アクティヴィティ' 740	'ゴールド フレーム' 835, 835	ハマカンザシ'ヴィンディクティヴ' 187
バゴダドッグウッド 414	パッシフロラ カエルレオ ラケモサ 990	'エデンズ ブルー パール' 740	パニクム・ウィルガトゥム 979, 979	ハマカンザシ'コルシカ' 187
'アルゲンテア' 414, 414	'アインズフォード ジェム' 991	'カーニバル' 740	'ウォリアー' 979, 979	ハマカンザシ属 187
ハコネクロア属 669	パッションフルーツ クダモノケイソウを参照 991	'ドレスデン ブルー' 740	'ヘビー メタル' 979, 979	ハマカンザシ'ビーズ ルビー' 187
バコパ ステラを参照 1382, 1382	バッセリニア属 220	'ヒュー アンド クライ' 740	バニラ 1456	ハマカンザシ'ブラッドストーン' 187, 187
ハコベ 1369	バッファローグラス ヤギュウシバを参照 263	'フライング タイガー' 740, 740	バニラ属 1456-57	ハマカンザシ'ルブリフォリア' 187
ハコヤナギ属 1071-73, 1071	バッファローベリー (Shepherdia argentea) 1338, 1338	'ブルー キング' 740	ハネセンナ 1335	ハマゴウ属 1477
ハゴロモギク アークトチスを参照 179		'ヘキト' 740	パパイヤ 330, 330	
ハゴロモギク属 179		'ヤエモミジ' 740	パパイヤ属 330	
ハゴロモグサ属 123		'ローズ クイーン' 740, 740	パパウェル・アトランティクム 980	
ハゴロモノキ 652, 652	バッファローベリー (Shepherdia canadensis) 1338	'ワリエガタ' 740	'フロレ プレノ' 980	
ハゴロモルコウ 738, 738		ハナズオウ属 359-60	パパウェル・コンムタトゥム 980, 980	
ハジカミ サンショウを参照 1495	ハツユキソウ (初雪草) 587, 587	ハナセンナ 1335	'レディ バード' 980	
バシクルモン属 164	パツラマツ 1050	ハナダイコン 697	パパウェル・ヌディカウレ 980, 980	
ハシドイ 1389, 1389	ハティオラ 672-73	ハナタバコ 933	'アーチスト ミックス' 980	
'アイボリー シルク' 1389	ハナアオイ タチアオイを参照 122, 123	'ライム グリーン' 933	'パチーノ' 980, 980	
ハシドイ 1387-1392		ハナタバコ サラトガ シリーズ 933	ミードホームズ ストレイン 980, 980	
ハシバミ属 421-21		'サラトガ ミックス' 933	バビアナ 214, 214	
バショウ属 905-6	ハナアカシア ギンヨウアカシアを参照 73, 73	ハナタバコ ドミノ シリーズ 933	'ツバネンブルク グローリー' 214	
ハシラサボテン属 360-61		ハナタバコ ニッキ シリーズ 933	'パープル スター' 214	
バジル 943, 943	ハナアロエ 266	ハナチョウジ 1289, 1289	'ホワイト キング' 214	
'オスミン' 944	'ホールマーク' 266	ハナツルソウ 165	バビアナ属 214	
'グリーク ミニ' 943	ハナイ 271	'レッド アップル' 165, 165	パピルス 458	
'ジェノワ' 943	ハナイカダ 692, 692	'ワリエガタ' 165	パフィオペディルム・ハイブリッド 984	
'シャム クイーン' 944, 944	ハナイカダ属 691-92	ハナツルソウ属 165		
'スイート ダニー' 944	ハナイ属 271	ハナトラノオ 1038		
'ダーク オパール' 943, 943		'アルバ' 1038, 1038		

ハマジンチョウ属 907
ハマダイコン 1133
ハマダイコン
　（コーダトゥス・グループ）1133
　'アイシクル' 1133
　'シェリエット' 1133
　'スカーレット ホワイト-ティップド'
　　1133
　'チェリー ベル' 1133
ハマナ 429
ハマナス 1218, 1218
ハマナ属 429
ハマナツメ属 978
ハマベノキ 214, 214
ハマベノギク属 697
ハマベブドウ 396, 396
ハマベブドウ属 396
ハマベマンテマ 1341, 1341
　'ロビン ホワイトブレスト'
　　1341, 1341
ハマベンケイソウ属 890
ハマメリス・インテルメディア 671,
　671
　'アーノルド プロミス' 671
　'ジェレナ' 671
　'ダイアナ' 671
　'パッリダ' 671, 671
ハマメリス属 671
ハマメリス'ブレヴィペタラ' 671
バミューダグラス ギョウギシバを
　参照 457, 457
バミューダサバル 1292, 1292
ハヤガネ属 1374
ハヤザキウツギ 1484
ハヤトウリ 1328, 1328
ハヤトウリ属 1328
バヨネットプラント 93, 93
バラ'コンテス バンダル' 1237
バラ'ミセス オークレー
　フィッシャー' 1233
バラ'ARC エンジェル' 1234
バラ'F. J. グーテンドルスト' 1258
バラ'H. C. アンデルセン' 1225
バラ'J. P. コネル' 1259
バラ'アークティック サンライズ'
　1273
バラ'アークデューク チャールズ'
　1276, 1276
バラ'アーネスト H. モース' 1239
バラ'アイオープナー' 1274
バラ'アイシャ' 1279, 1279
バラ'アイスバーグ' 1221, 1225
バラ'アイペイント' 1223
バラ'アイリッシュ ゴールド' 1233,
　1242
バラ'アイリッシュ ビューティー'
　バラ'エリザベス オブ グラミス'
　を参照 1221, 1223
バラ'アオテアロア ニュージーラ
　ンド' バラ'ニュージーランド'を
　参照 1234, 1247
バラ'アグネス' 1258, 1258
バラ'アグネス スミス' 1279
バラ'アシェンダ' 1241
バラ'ア シュロプシャー ラッド'
　1262
バラ'アズテク' 1235
バラ'アダージョ' 1233
バラ'アッシャーミットヴォッホ'
　1269
バラ'アデア ロッシュ' 1233
バラ'アテナ' 1234
バラ'アデライード ドルレアン'
　1281
バラ'アデレード フードレス'
　1281
バラ'アドベンチャー' 1233

バラ'アドミラル ロドニー' 1233
バラ'アトランティス' 1220
バラ'アトランティック スター'
　1220
バラ'アドリアナ' 1233
バラ'アドルフ ホルストマン'
　1233
バラ'アニスリー ディッキンソン'
　バラ'ディッキー'を参照
　1221, 1223
バラ'アバディーン セレブレーション'
　1220
バラ'アビーフィールド ローズ'
　1233
バラ'アプリコット シルク' 1234
バラ'アプリコット デライト' 1234
バラ'アプリコット ネクター' 1220,
　1220
バラ'アプレシエーション' 1234
バラ'アベイ ドゥ クリュニー'
　1233
バラ'アペリティフ' 1234
バラ'アポジェー' 1234
バラ'アポロ' 1234
バラ'アマディス' 1280, 1280
バラ'アマンダ' バラ'レッド
　エース'を参照 1274
バラ'アムルダ' バラ'レッド
　エース'を参照 1274
バラ'アメリカン インディペンデンス'
　バラ'エール フランス'を参照
　1273
バラ'アメリカン ヘリッテジ' 1234
バラ'アリアナ' 1234
バラ'アリエル ドンバール' 1269
バラ'アルティッシモ' 1268
バラ'アルパイン' 1268
バラ'アルパイン サンセット'
　1234
バラ'アルバ マキシマ' 1275,
　1275
バラ アルバローズ 1275
バラ'アルフレッド ドゥ ダルマ'
　1278, 1278
バラ'アルベリック バービア'
　1273, 1273
バラ'アルベルティーヌ' 1268,
　1268
バラ'アルマダ' 1259
バラ'アルンウィック キャッスル'
　1263
バラ'アレ' 1241
バラ'アレクサンダー' 1233, 1233
バラ'アレックス レッド' 1233,
　1233
バラ'アンクル ウォルター' 1255
バラ'アンクル ジョー' 1255
バラ'アンジェリーナ' 1259
バラ'アンティグア' 1234
バラ'アンティゴネー' 1234
バラ'アンナ ジンケンセン' 1259,
　1259
バラ'アンナ フォード' 1257, 1257
バラ'アンナプルナ' 1234
バラ'アンナ リビア' 1220
バラ'アンナ ルイーズ' 1220
バラ'アンヌ ダーキン' 1268
バラ'アンヌ マリ トレシュリン'
　1234
バラ'アンバー クイーン' 1220,
　1221
バラ'アン ハークネス' 1220
バラ'アンバサダー' 1234
バラ'アン ブーリン' 1263
バラ'アンブリッジ ローズ' 1263
バラ'アンボスフンケン' 1233

バラ'アンリ マティス' 1241
バラ'アンリ マルタン' 1278
バラ'イースリーズ ゴールデン
　ランブラー' 1272
バラ'イーデス ホールデン' 1223
バラ'イーブリン' 1264
バラ'イエスタデー' 1257
バラ'イエロー クッション' 1232
バラ'イエロー スイートハート'
　バラ'ロジーナ'を参照 1274
バラ'イエロー バタフライ' 1262
バラ'イエロー ページズ' 1256
バラ'イエロー ボタン' 1267
バラ'イザベル ドゥ フランス'
　1242
バラ'イスパハン' 1276
バラ'イソベル ダービー' 1242
バラ'イソベル ハークネス' 1242
バラ'イタ バットローズ' 1242
バラ'イッツ ア ウィナー' 1242
バラ'イブニング スター' 1239
バラ'イルミネーション' 1225
バラ'イレーネ ワッツ' 1276
バラ'イレジスティブル' 1274
バラ イロジンチョウ 473, 473
　'エキシミア' 473
　'ルビー グロウ' 473, 473
バラ'イロナ' 1242
バラ'イングランズ ローズ'
　1264
バラ'イングリッシュ エレガンス'
　1264
バラ'イングリッシュ ガーデン'
　1264
バラ'イングリッシュ ソネット'
　1264
バラ イングリッシュローズ 1263
バラ'イングリット バーグマン'
　1233, 1242
バラ'インターナショナル ヘラルド
　トリビューン' 1225
バラ'インタビュー' 1242
バラ'インディアン サマー' 1233,
　1242
バラ'イントリーグ' 1225
バラ'インビンシブル' 1225
バラ'インプ' 1225
バラ'インペリアル' 1242
バラ'ウィー クラッカー' 1232
バラ'ウィスキー マック' 1256
バラ'ヴィックズ カプリス' 1278
バラ'ウィッシング' 1232
バラ'ヴィラージュ ドゥ タラドー'
　1256
バラ'ウィリアム III' 1279
バラ'ウィリアム アレン
　リチャードソン' 1281
バラ'ウィリアム シェイクスピア 2000'
　1267
バラ'ウィリアム バフィン' 1268
バラ'ウィリアム モリス' 1267
バラ'ウィリアム ロブ' 1278, 1278
バラ'ヴィルディフロラ'
　バラ'グリーン ローズ'を参照
　1276, 1276
バラ'ウィルフレッド ピックルズ'
　1256
バラ'ウィンチェスター カテドラル'
　1263, 1267
バラ'ウィンドフラワー' 1267
バラ'ウィンドラッシュ' 1263,
　1267
バラ'ウィンナー シャルム' 1256
バラ'ウースターシャー' 1274
バラ'ウーバン アビー' 1232

バラ'ウールー アニベルセール'
　1241
バラ'ウエ シーラー' 1232
バラ'ウェスターランド' 1259
バラ'ウォーム ウェルカム' 1273
バラ'ウォーリアー' 1232
バラ'ウォリー ドッズ ローズ'
　バラ'デュプレクス'を参照 1280
バラ'ウォルコ' 1232
バラ'ウルリッヒ ブランナー
　フィルス' 1278, 1278
バラ'エイボン' 1235
バラ'エイミー ロブサート' 1279
バラ'エールシャー クイーン'
　1280
バラ エールシャーローズ 1280
バラ'エール フランス' 1273
バラ'エクスプロイト' 1272
バラ'エクセルサ' 1273, 1273
バラ'エクセレンツ フォン
　シューベルト' 1257
バラ'エクトル ベルリオーズ'
　1241
バラ'エグランタイン' 1264
バラ'エスカペード' 1223
バラ'エステル ゲルデンハイス'
　1239
バラ'エセル オースチン' 1223
バラ'エチュード' 1272
バラ'エッフェル タワー' 1238
バラ'エディーズ ジュエル' 1259
バラ'エミリー' 1264
バラ'エリザベス オブ グラミス'
　1221, 1223
バラ'エリナ' 1233, 1238
バラ'エル' 1238
バラ'エル カピタン' 1238
バラ'エルフルト' 1268, 1268
バラ'エルベション' 1260
バラ'エレクトロン' 1238
バラ'エレン' 1264
バラ'エロイカ' 1241
バラ'エンジェル フェース' 1220
バラ'エンプレス ジョセフィーヌ'
　1280, 1280
バラ'オーギュスト ルノワール'
　1234
バラ'オーストラリアン ゴールド'
　1220
バラ'オータム スプレンダー' 1273
バラ'オータム ダマスク' 1276,
　1277
バラ'オープニング ナイト' 1248
バラ'オールゴールド' 1220
バラ'オールド(ヘリテージ)ローズ
　1274
バラ オールド クライミングローズ
　1280
バラ'オールド ジョン' 1228
バラ'オールドタイマー' 1248
バラ'オールド ブラッシュ' 1276,
　1276
バラ'オーレ' 1248
バラ'オクタビア ヒル' 1228
バラ'オクラホマ' 1248
バラ'オシリア' 1248
バラ'オセロ' 1266
バラ'乙姫' 1248
バラ'オナー' 1242
バラ'オノリーヌ ドゥ ブラバン'
　1275
バラ'オノレ ドゥ バルザック'
　1242
バラ'オパーリン' 1248
バラ'オパ ポチュケ'
　バラ'プレシャス プラチナ'を
　参照 1234, 1250

バラ'オフィーリア' 1248
バラ'オラフ バーデン-パウウェル'
　1248
バラ'オリアナ' 1248
バラ'オリーブ' 1228
バラ'オリビア' 1248
バラ'オリンピアード' 1234
バラ'オリンピック トーチ' 1248
バラ'オレンジエード' 1229
バラ'オレンジ シルク' 1229
バラ'オンディラ' 1248
バラ'カーディナル ヒューム'
　1259
バラ'ガーデン パーティー' 1240
バラ'ガートルード ジェキル'
　1263, 1264
バラ'カーラ' 1236
バラ'カール フォスター' 1279
バラ'カール ワインハウゼン'
　1226
バラ'カーンゴーム' 1221
バラ'ガヴノ' 1221, 1224
バラ'カウンテス オブ
　ストラドブローク' 1270
バラ'カクテル '80' 1237
バラ'カシェー' 1273
バラ'カスクドール' 1236
バラ'カタリーナ ドゥ ヴュルテン
　ベルグ' 1278, 1278
バラ'カッパー ポット' 1222
バラ'カテドラル' 1221
バラ'カトリーヌ メルメ' 1279
バラ'カトル セゾン'
　バラ'オータム ダマスク'を参照
　1276, 1277
バラ'カナリー バード' 1259
バラ'カネジェム' 1226
バラ'カブキ' 1243
バラ'カプリス ドゥ メイヤン'
　1236
バラ'カミーユ ピサロ' 1221
バラ'カメオ' 1257
バラ'カラー ワンダー' 1237
バラ'カラ ミア' 1236
バラ'カリーナ' 1233, 1236
バラ ガリカローズ 1277
バラ'カリビアン' 1236
バラ'カリンカ' 1226
バラ'カルディナル' 1244
バラ'カルディナル ドゥ リシュリュー'
　1277
バラ'カンタブリギエンシス' 1259,
　1259
バラ'カンタベリー ワンダー'
　1259
バラ'カントリー ダンサー' 1260
バラ'カンヌ フェスティバル'
　1236
バラ'カンパニーレ' 1269
バラ'ギー ドゥ モーパッサン'
　1225
バラ'キープセイク' 1244
バラ'ギー ラロッシュ' 1241
バラ'キスカディー' 1226
バラ'ギズモ' 1273
バラ'ギター' 1248
バラ'ギネ' 1271
バラ'ギフト オブ ライフ' 1240
バラ'キャサリン コルデス' 1244
バラ'キャサリン マコーレー'
　1221
バラ'キャスリーン ハロップ'
　1275
バラ'キャスリン マグレディ'
　1244
バラ'キャスリン モリー' 1265
バラ'キャバレー' 1236

バラ'キャプテン クリスティー' 1236
バラ'キャプテン ヘイワード' 1277
バラ'キャベジ ローズ' 1276
バラ'キャンディア' 1236
バラ'キャンディー ストライプ' 1236
バラ'キャンディー ローズ' 1259
バラ'キャンデラブラ' 1236
バラ'キャンドルライト' 1236
バラ'クイーン ウィルヘルミナ' 1251
バラ'クイーン オブ エリザベス' 1221, 1230
バラ'クイーン オブ デンマーク' バラ'ケーニンゲン フォン デンマーク'を参照 1275, 1275
バラ'クイーン オブ ブルボンズ' 1275, 1275
バラ'クイーン ネフェルティティ' 1266
バラ'クイーン マザー' 1257, 1257
バラクイレギア属 986
バラ'クーパーズ バーミーズ' 1280
バラ'クールボワジェ' 1222
バラ'クライスラー インペリアル' 1237
バラ クライミング チャイナジローズ 1280
バラ クライミング ティーロージズ 1280
バラ クライミング ブルボンロージズ 1280
バラ'クライミング マリー ハート' 1270
バラ クライミング ミニチュアジローズ 1270
バラ クライミングロージズ 1268
バラ グラウンドカバーロージズ 1274
バラ'クラウン プリンセス マルガリータ' 1263
バラ'グラキリス' 1280
バラ'クラス アクト' 1222
バラ'グラッド タイディングス' 1221
バラ'グラナダ' 1241
バラ'クラモワ シュペリウール' 1276
バラ'クラレット カップ' 1273, 1273
バラ'グラン シエークル' 1241
バラ'グラン ダモーレ' 1241
バラ'グランド ホテル' 1271
バラ'グランパ ディクソン' バラ'アイリッシュ ゴールド'を参照 1233, 1242
バラ'グランメール ジェニー' 1241
バラ'グリーティングス' 1225
バラ'グリーン アイス' 1273
バラ'グリーン ローズ' 1276, 1276
バラ'グリエルモ マルコーニ' 1225
バラ'クリストファー コロンブス' 1237
バラ'クリムゾン ウェーブ' 1222
バラ'クリムゾン グローリー' 1237
バラ'クリムゾン ディスカント' 1270
バラ'クリムゾン ブーケ' 1237
バラ'グルス アン アーヘン' 1225

バラ'グルス アン バイエルン' 1225
バラ'グルメ ポプコーン' 1274
バラ'グレアム トーマス' 1263, 1264
バラ'グレース' 1264
バラ'グレース アバウンディング' 1224
バラ'グレート メイドンズ ブラッシュ' 1275
バラ'クレオパトラ' 1244
バラ'グレナラ' 1241
バラ'クレプスキュール' 1280, 1281
バラ'グレンフィディック' 1224
バラ'グローイング ピース' 1241
バラ'クロード モネ' 1237
バラ'グロ シュー ドゥ オランド' 1275, 1275
バラ'クロッカス ローズ' 1263
バラ'クロリス' 1275
バラ'グロワール デュ ムソー' 1278, 1278
バラ'グロワール デュ ミディ' 1257, 1257
バラ'グロワール デュ ロスマン' 1276, 1276
バラ'グロワール ドゥ ギラン' 1276, 1277
バラ'グロワール ドゥ ディジョン' 1280, 1280
バラ'クロンボルグ' 1226
バラ'ケアフリー サンシャイン' 1259
バラ'ケアフリー デライト' 1259
バラ'ケアフリーワンダー' 1259
バラ'ゲイ プリンセス' 1224
バラ'ケーニンギン フォン デンマーク' 1275, 1275
バラ'ゲオルグ アーレンツ' 1277
バラ'ケリー ゴールド' 1226
バラ'ケリーマン' 1226
バラ'ケンタッキー ダービー' 1244
バラ ケンティフォリアローズ 1276
バラ'コーデリア' 1263
バラ'コート ジャルダン' 1222
バラ'ゴードンズ カレッジ' 1224
バラ'コーネリア' 1268, 1268
バラ'コーベデイル' 1263
バラ'ゴールデン ウィングス' 1259, 1260
バラ'ゴールデン ガール' 1241
バラ'ザ ゴールデン グローブス' 1224
バラ'ゴールデン シャワーズ' 1268
バラ'ゴールデン スリッパ' 1224
バラ'ゴールデン セレブレーション' 1263, 1264
バラ'ゴールデン チョイス' 1241
バラ'ゴールデン フューチャー' 1271
バラ'ゴールデン ベッティナ' 1241
バラ'ゴールデン マスターピース' 1241
バラ'ゴールデン メダル' 1241
バラ'ゴールド バッジ' 1221, 1224
バラ'ココリコ' 1222
バラ'コッペリア' 1222
バラ'コテージ ローズ' 1263
バラ'コマンダン ボールペール' 1275, 1275
バラ'コマンチ' 1237
バラ'コムニス' 1278

バラ'コモン マンスリー' バラ'オールド ブッシュ'を参照 1276, 1276
バラ'コラール ゲーブルス' 1260
バラ'コルテージュ' 1270
バラ'コルデス パーフェクタ' 1244
バラ'ゴルトシュタイン' 1259
バラ'コレッシア' バラ'サンスプライト'を参照 1221, 1232
バラ'コロネーション ゴールド' 1222
バラ'コロラマ' 1237
バラ'コロンビア' 1237
バラ'コロンブス クイーン' 1237
バラ'コングラチュレーション' 1233, 1237
バラ'コンスタンス スプライ' 1263
バラ'コンスタンス フィン' 1222
バラ'コンチェルト' 1260
バラ'コンデサ デュ サスターゴ' 1270
バラ'コンテシア ドゥ ブラバン'を参照 1279
バラ'コンテス セシール ドゥ シャブリヤン' 1277, 1278
バラ'コンテス ドゥ カイラ' 1276
バラ'コンテス ドゥ セギュール' 1259
バラ'コンテス ドゥ ムリネー' 1278
バラ'コンテス ドゥ ラバルテ' バラ'ドゥシェス ドゥ ブラバン' 1279を参照
バラ'コンテ ドゥ シャンパーニュ' 1263
バラ'コンパッション' 1268, 1270
バラ'コンフェッティ' 1222
バラ'コンプリカタ' 1277
バラ'コンラッド ヘンケル' 1244
バラ'サー アレック ローズ' 1231
バラ'サー ウォルター ローリー' 1266
バラ'サー エドワード エルガー' 1266
バラ'サー ハリー ピルキントン' 1253
バラ'サー ランスロット' 1231
バラ'サイダー カップ' 1273
バラ'サウサンプトン' 1221, 1231
バラ'ザ ガーランド' 1280
バラ'ザ カントリーマン' 1267
バラ'ザ サン' 1232
バラ'ザ ダーク レディー' 1267
バラ'サチュルニア' 1252
バラ'サッターズ ゴールド' 1234, 1254
バラ'サッチモ' 1231
バラ'サティナ' 1274
バラ'ザ ティファニー' 1255
バラ'サニー ジューン' 1262
バラ'ザ ハーバリスト' 1267
バラ'ザ ビショップ' 1276, 1276
バラ'ザ ピルグリム' 1267
バラ'ザ フェアリー' 1257, 1257
バラ'ザ プリンス' 1267
バラ'サボイ ホテル' 1234, 1252
バラ'サマー サンシャイン' 1254
バラ'サマー ダマスク' 1276
バラ'ザ メイフラワー' 1267
バラ'サラ アーノット' 1252
バラ'サラ ヴァン フリート' 1258
バラ'サリー' 1262

バラ'サリー ホームズ' 1259, 1262
バラ'サレット' 1278
バラ'ザ レディー' 1254
バラ'サン アントニオ' 1252
バラ'サンスプライト' 1221, 1232
バラ'サン スプリンクルス' 1274
バラ'サンセット セレブレーション' 1254
バラ'サンセット ソング' 1254
バラ'サンセット ブールバード' 1232
バラ'サンダーズ ホワイト ランブラー' 1273
バラ'サンダウナー' 1254
バラ'サンタ カタリナ' 1268
バラ'サンタ マリア' 1231
バラ'サン ディエゴ' 1252
バラ'サンドラ' 1232
バラ'サンバ' 1231
バラ'サンパティー' 1262
バラ'サン フレア' 1231
バラ'サンプレスト' 1234
バラ'サンリット' 1254
バラ'シア エレガンス' 1252
バラ'ジ アレクサンダー ローズ' 1267
バラ'シーガル' 1273
バラ'シークレット' 1252
バラ'シー パール' 1231
バラ'ジーン バーナー' 1224
バラ'シェイラーズ ホワイト モス' 1278
バラ'シェイラーズ パフューム' 1221, 1231
バラ'ジェーソン' 1242
バラ'ジェームズ ヴィーチ' 1278
バラ'ジェームズ ゴールウェー' 1265
バラ'ジェーン オースチン' 1265
バラ'ジェシカ' 1243
バラ'ジェネラル ジャックミノ' 1277, 1277
バラ'シェパーズ デライト' 1231
バラ'ジェフ ハミルトン' 1264
バラ'ジェミニ' 1240
バラ'ジェントル' 1224
バラ'ジェントル タッチ' 1274
バラ'シカゴ ピース' 1236
バラ'シクラメン' 1222
バラ'シティー オブ ベルファスト' 1221, 1222
バラ'シティー オブ リーズ' 1222
バラ'シティー オブ ロンドン' 1221, 1222
バラ'シドニー' 1277, 1278
バラ'シバルリー' 1236
バラ'ジパンシー' 1240
バラ'ジプシー ダンサー' 1260
バラ'ジプシー ボーイ' 1275
バラ'シメーヌ' 1236
バラ'ジャカランダ' 1242
バラ'ジャコバイト ローズ' バラ'アルバ マキシマ'を参照 1275, 1275
バラ'ジャスト ジョエイ' 1233, 1243
バラ'ジャスパー' 1225
バラ'ジャックネッタ' 1265
バラ'ジャック フロスト' 1225
バラ'シャトー ドゥ バノル' 1221
バラ'シャノン' 1252
バラ'ジャマイカ' 1242
バラ'シャリファ アスマ' 1266
バラ'ジャルダン ドゥ バガテル' 1242

バラ'シャルトルーズ ドゥ パルム' 1259
バラ'シャルラッハグルート' 1262
バラ'シャルル ドゥ ゴール' 1236
バラ'シャルル ドゥ ミル' 1277, 1277
バラ'シャルロット' 1263
バラ'シャロン ルイーズ' 1252
バラ'ジャン ゴジャール' 1243
バラ'シャンゼリゼ' 1236
バラ'シャンプラン' 1259
バラ'ジャン メルモス' 1257
バラ'ジュード ジ オブスキュア' 1263, 1265
バラシュートプラント 362
バラ'シュネーウィッチェン' バラ'アイスバーグ'を参照 1221, 1225
バラ'シュネッペルグ' 1258
バラ'ジュビリー セレブレーション' 1225
バラ シュラブローズ 1258
バラ'ジュリアズ ローズ' 1243
バラ'ジュリアン ボタン' 1243
バラ'ジュリー' 1243
バラ'ジュリー Y' 1243
バラ'ジュリー デルバード' 1226
バラ'ジョイシグナル' 1243
バラ'ジョイフルネス' 1243
バラ'ショウビズ' 1231
バラ'ジョージ バンクーバー' 1260
バラ'ショータイム' 1253
バラ'ジョーヌ デプレ' 1281
バラ'ジョー ロスコー' 1243
バラ'ジョゼフィン ウィートクロフト' バラ'ロジーナ'を参照 1274
バラ'ジョゼフィン ベーカー' 1243
バラ'ショッキング ブルー' 1231
バラ'ショット シルク' 1234
バラ'ジョン F. ケネディー' 1243
バラ'ジョン S. アームストロング' 1243
バラ'ジョン ウォーターラー' 1243
バラ'ジョン カボット' 1268
バラ'ジョン クレア' 1265
バラ'シラリー' 1253
バラ'シルヴァ' 1253
バラ'シルバー ジュビリー' 1234, 1253
バラ'シルバー スター' 1253
バラ'シンギン イン ザ レイン' 1231
バラ'シングル チェリー' 1279, 1279
バラ'ジンジャー メグス' 1224
バラ'シンチレーション' 1266
バラ'シンデレラ' 1273
バラ'シンバライン' 1263
バラ'シンプリシティー' 1231
バラ'スイーティー パイ' 1254
バラ スイート ブライアローズ 1279
バラ'スイート ジュリエット' 1266
バラ'スイート ドリーム' 1221
バラ'スイート ホーム' 1254
バラ'スイート マジック' 1274
バラ'スイート ラブ' 1254
バラ'スーザン アン' バラ'サウザンプトン'を参照 1221, 1231
バラ'スーパー エルフィン' 1273
バラ'スーペリアー' 1232
バラ'スー ローリー' 1231
バラ'スカーレット クイーン' 1231

バラ'スカーレット ナイト' 1252
バラ'スカーレット モス' 1274
バラ'スカブロサ' 1258, 1258
バラ'スクールガール' 1272
バラ スコッツローズ 1279
バラ'スターゲイザー' 1231
バラ'スターリナ' 1274
バラ'スターリング' 1254
バラ'スターレット' 1231
バラ'スタリオン' 1254
バラ'スタンウェル パーペチュアル' 1279, 1279
バラ'スティーブンズ ビッグ パープル' 1254
バラ'ステーシー スー' 1274
バラ'ステラ' 1254
バラ'ストローラー' 1231
バラ'スノー カーペット' 1274
バラ'スノー クイーン'
 バラ'フラウ カール ドロシュキ'を参照 1277
バラ'スノーファイヤー' 1253
バラ'スノーライン' 1231
バラ'スパークリング スカーレット' 1268, 1268
バラ'スパイスド コーヒー' 1254
バラ'スパリエンシュープ' 1262
バラ'スブニール ドゥ サンタンヌ' 1275
バラ'スブニール ドゥ ドクトール ジャミン' 1277, 1278
バラ'スブニール ドゥ フィレモン コシェ' 1258, 1258
バラ'スブニール ドゥ マダム オーギュスト シャルル' 1275
バラ'スブニール ドゥ マダム ブルイユ' 1275
バラ'スブニール ドゥ マダム レオニー ヴィエノ' 1280, 1280
バラ'スブニール ドゥ マルメゾン' 1275, 1275
バラ'スブニール ダナミ' 1279
バラ'スペクタビル' 1281
バラ'セクシー レクシー' 1221, 1231
バラ'セザール' 1269
バラ'セダクション' バラ'マチルダ'を参照 1221, 1228
バラ'ゼニス' 1272
バラ'ゼフィリーヌ ドローイン' 1275, 1275
バラ'セプタード アイル' 1266
バラ'ゼラニウム' 1259, 1260
バラセリアンテス属 986
バラ'セリーズ バンケット' 1259
バラ'セルシアナ' 1276, 1277
バラ'セルマ バーロウ' 1255
バラ'セレステアル' 1275, 1275
バラ'セレスト' バラ'セレスティアル'を参照 1275, 1275
バラ'センチナリー オブ フェデレーション' バラ'ペティー ブープ'を参照 1220, 1220
バラ'センチュリー トゥー' 1236
バラ'センテド エアー' 1231
バラ'セント ジョンズ ローズ' 1259, 1262
バラ'セント スウィンザン' 1266
バラ'セント セシリア' 1266
バラ'セントネー ドゥ ルルド' 1221
バラ'セントネー ドゥ ルルド ルージュ' 1221
バラ属 1212-81
バラ'ソニア' 1253
バラ その他のオールドローズ 1280

バラ'ソフィーズ パーペチュアル' 1276, 1276
バラ'ソフィーズ ローズ' 1266
バラ'ソラヤ' 1254
バラ'ソリテール' 1253
バラ'ソング オブ パリ' 1253
バラ'ゾンネンシルム' 1262
バラ'ソンブレイユ' 1280, 1280
バラ'ゾンメルメルヒェン' 1274, 1274
バラ'ダイアダム' 1223
バラ'タイフーン' 1255
バラ'ダイヤモンド ジュビリー' 1237
バラ 大輪(ハイブリッド・ティー) ロージズ 1233
バラ 大輪クライミングローズ 1268
バラ'ダウン コーラス' 1237
バラ'タチヤナ' 1254
バラ'ダッチェス オブ ポートランド' 1278, 1279
バラ'タッチ オブ クラス' 1234
バラ'ダップル ダウン' 1263
バラ'ダナエ' 1268, 1268
バラ'ダナグラ' 1254
バラ'ダニー ボーイ' 1270
バラ'タピ ジョン' 1274, 1274
バラ'ダフトヴォルケ'
 バラ'フラグラント クラウド'を参照 1233, 1239
バラ'ダブリン ベイ' 1268, 1272
バラ'ダブル デライト' 1233, 1238
バラ'ダブル ホワイト バーネット' 1279, 1279
バラ ダマスクローズ 1276
バラ'ダム ドゥ クール' 1237
バラ'タランテラ' 1254
バラ'タリア' 1273, 1273
バラ'ダンウィッチ ローズ' 1279
バラ'ダンディー ランブラー' 1280
バラ'チェスムズ チョイス' 1259
バラ'チェリー ブランディー' 1236
バラ'チェリッシュ' 1222
バラ'チガーネ' 1255
バラ'チャールストン' 1221
バラ'チャールズ レニー マッキントッシュ' 1263, 1263
バラ'チャイナタウン' 1221, 1222
バラ チャイナローズ 1276
バラ'チャックルズ' 1222
バラ'チャップリンズ ピンク クライマー' 1269
バラ'チャリティー' 1236
バラ'チャンピオン オブ ザ ワールド' 1277, 1278
バラ'つる アイスバーグ' 1268
バラ'つる イーナ ハークネス' 1269
バラ'つる エディター マックファーランド' 1269
バラ'つる エトワール ドゥ オランド' 1269
バラ'つる オールド ブラッシュ' 1280
バラ'つる クイーン エリザベス' 1270
バラ'つる クラモワ シュペリウール' 1280
バラ'つる クリストファー ストーン' 1269
バラ'つる ショート シルク' 1270
バラ'つる ソニア' 1269
バラ'つる タリスマン' 1270

バラ'つる ディアブロタン' 1268, 1268
バラ'つる ティファニー' 1269
バラ'つる トロピカーナ' 1270
バラ'つる ニュー ヨーカー' 1270
バラ'つる ハドレー' 1269
バラ'つる ピーター フランケンフェルド' 1270
バラ'つる ピンク ピース' 1270
バラ'つる フォーティー-ナイナー' 1269
バラ'つる フラグラント クラウド' 1269
バラ'つる ポンポン ドゥ パリ' 1280
バラ'つる マダム アベル シャトネー' 1269
バラ'つる マダム バタフライ' 1270
バラ'つる マドモワゼル セシール ブランネー' 1257
バラ'つる マルディ グラス' 1270
バラ'ディアナ アレン' 1238
バラ'ディアヌ' 1238
バラ'ディアマント' 1274, 1274
バラ'ディアレスト' 1221
バラ'ディアンテフロラ' バラ'フィムブリアタ'を参照 1258, 1258
バラ'ティージング ジョージア' 1266
バラ'ディープ シークレット' 1233, 1237
バラ ティー ローゼズ 1279
バラ'ディオラマ' 1238
バラ'ディオレッセンス' 1238
バラ'ディキー' 1221, 1223
バラ'ディジー ヘイツ' 1271
バラ'ティティアン' 1232
バラ'ディナ' 1238
バラ'ティノ ロッシ' 1255
バラ'デインティー ディナ' 1257
バラ'デインティー ベス' 1233
バラ'デインティー メイド' 1222
バラ'ティンワルド' 1255
バラ'デール ファーム' 1223
バラ'テキーラ サンライズ' 1254
バラ'デクリク' 1260
バラ'デコール アルカン' 1260
バラ'テス オブ ザ ダーバビル' 1266
バラ'デボラー' 1260
バラ'デューク オブ ウィンザー' 1238
バラ'デュエット' 1238
バラ'デュク ドゥ ギッシュ' 1277, 1277
バラ'デュシェス ダウエルシュテート' 1280
バラ'デュシェス ダングレーム' 1277, 1277
バラ'デュシェス ドゥ サボワ' 1238
バラ'デュシェス ドゥ ブラバン' 1279
バラ'デュシェス ドゥ モンテベロ' 1277
バラ'デュプレクス' 1280
バラ'デュポンティイ' 1280
バラ'テラコッタ' 1255
バラ'デリカタ' 1258

バラ'テレーズ ブグネ' 1258, 1258
バラ'テンドレス' 1254
バラ'トゥール ドゥ マラコフ' 1276
バラ'トゥルビヨン' 1232
バラ'トーナメント オブ ローゼズ' 1255
バラ'トール ストーリー' 1232
バラ'ドクター A. J. フェルヘーゲ 1238
バラ'ドクター アンドリー' 1278
バラ'ドクター エッケナー' 1258, 1258
バラ'ドクター ハーバート グレー' 1264
バラ'トスカニー' 1277, 1277
バラ'トスカニー スープ' 1277
バラ'トパーズ ジュエル' 1258
バラ'トム トム' 1232
バラ'トラディション' 1255
バラ'トラデスカント' 1267
バラ'トラペミュンデ' 1232
バラ'トランペッター' 1221, 1232
バラ'トリア' 1273, 1273
バラ'ドリーミング スパイアズ' 1270
バラ'ドリーム ピンク' 1238
バラ'ドリーン パイク' 1265
バラ'ドリス ティスターマン' 1238
バラ'ドルトムント' 1260
バラ'トレバー グリフィス' 1267
バラ'トロピカーナ' 1255
バラ'トロピカル サンセット' 1255
バラ'トワイライト' 1232
バラ'トンボーラ' 1232
バラ'ナイペルス パーフェクション' 1257, 1257
バラ'ナショナル トラスト' 1234, 1247
バラナマツ 171, 171
バラ'ナンシー ヘイワード' 1271
バラ'ニアリー ワイルド' 1228
バラ'ニコロ パガニーニ' 1228
バラ'ニナ ウェイブル' 1228
バラ'ニフェトス' 1279
バラ'ニュー イヤー' 1247
バラ'ニュージーランド' 1234, 1247
バラ'ニュー デー' 1247
バラ'ニュー ドーン' 1268, 1271
バラ'ニュー ヨーカー' 1247
バラ'ヌージュ パルフェ' バラ'フラグラント クラウド'を参照 1233, 1239
バラ'ヌーベル ユーローパ' 1228
バラ'ネバダ' 1259, 1261
バラ'ノーブル アントニー' 1266
バラ'ノゾミ' 1273
バラ'ノック アウト' 1261
バラ'ノリス プラット' 1247
バラ ノワゼットローズ 1266
バラ'バーガンディー 81' バラ'ラビング メモリー'を参照 1233, 1245
バラ'パークディレクター リガース' 1261
バラ'パーシー スロワー' 1249
バラ'パーソンズ ピンク' バラ'オールド ブラッシュ'を参照 1276, 1276
バラ'パーティー ガール' 1274
バラ'ハート スロブ' バラ'ポール シビル'を参照 1234, 1248
バラ'ハートフォードシャー' 1260
バラ'ハーパー アダムズ' 1225

バラ'バーバラ オースチン' 1263
バラ'パーフェクト モーメント' 1249
バラ'パール ドリフト' 1261
バラ'バイオレット カーソン' 1232
バラ'ハイ サマー' 1225
バラ'ハイドウネンシス' 1260
バラ'ハイフィールド' 1271
バラ ハイブリッド パーペチュアル ローズ 1277
バラ ハイブリッド ムスク ローズ 1268
バラ ハイブリッド ルゴサ ローズ 1258
バラ'パウル リカルド' 1248
バラ'バザール' 1220
バラ'パスカリ' 1234
バラ'バターカップ' 1263
バラ'バタフライ ウィングス' 1221
バラ'バッカス' 1235
バラ'バックス フィズ' バラ'ガブノ'を参照 1221, 1224
バラ'バッシーノ' 1274, 1274
バラ'パッショネート キッズ' 1229
バラ'パッディー スティーブン' 1248
バラ'パット オースチン' 1266
バラ'パット ジェームズ' 1229
バラ'ハッピー チャイルド' 1264
バラ'ハップンスタンス' 1260
バラ'パティー トリック' 1229
バラ パティオ(ミニチュア房咲き) ロージズ 1257
バラ'パド フッシング' 1220
バラ'パトリシア' 1229
バラ'ハニー フェイバリット' 1242
バラ'パパ メイヤン' 1248
バラ'バフ ビューティー' 1268
バラ'パフューム デライト' 1234
バラ'パラダイス' 1248
バラ'ハリー ウィートクロフト' 1241
バラ'ハリー エドランド' 1225
バラ'パリサー カルメ' 1248
バラ'ハリソンズ イエロー' 1280, 1280
バラ'ハリニー' 1241
バラ'パリ-マッチ' 1248
バラ'パルフュ ドゥ フランシュ-コンテ' 1248
バラ'パルフュ リフリーン' 1229
バラ'パルメリア' 1248
バラ'バレー' 1235
バラ'パレード' 1271
バラ'バレンシア' 1234, 1255
バラ'バロネス ロスチャイルド' 1277
バラ'ハロルド マクミラン' 1225
バラ'バロン ジロー ドゥ ラン' 1277, 1277
バラ'バロンヌ エドモンド ドゥ ロスシルド' 1277
バラ'バロンヌ プレヴォ' 1277
バラ'バンガード' 1258, 1258
バラ'ハンザ' 1258, 1258
バラ'ハンティントンズ ヒーロー' 1261
バラ'バントリー ベイ' 1269
バラ'ハンナ ゴードン' 1221, 1225
バラ'ハンプシャー' 1274
バラ'ピーカブー' バラ'ブラスリング'を参照 1257
バラ'ピース' 1234, 1248
バラ'ピースキーパー' 1229

バラ'ピーター コットレル' 1229
バラ'ピーター フランケンフェルト' 1249
バラ'ピーチ サプライズ' 1249
バラ'ヒーロー' 1265
バラ'ビウィッチド' 1235
バラ'ピエール B' 1249
バラ'ピエール ドゥ ロンサール' 1268, 1272
バラ'ビオレーヌ' 1256
バラ'ビオロン ダングル' 1256
バラ'ピカソ' 1221, 1229
バラ'ピカデリー' 1249
バラ'ビクター ボーグ' 1256
バラ'ビクトリア ゴールド' 1232
バラ'ビクトリアン スパイス' 1232
バラ'ビクトル ユーゴー' 1278
バラ 非クライミング性
　オールドローズ 1274
バラ'ピッコロ' 1229
バラ'ビベイシャス' 1232
バラ'ビューティー シークレット' 1273
バラ'ヒュー ディクソン' 1277
バラ'ピラー ボックス' 1229
バラ'ヒラリー, ファースト レディー' 1225
バラ'ヒルダ ハイネマン' 1241
バラ'ビル テンプル' 1235
バラ'ビル ドゥ ルー' 1232
バラ'ピンキー' 1257
バラ'ピンク アイスバーグ' 1229
バラ'ピンク アバンダンス' 1229
バラ'ピンク クラウド' 1272
バラ'ビング クロスビー' 1235
バラ'ピンク シルク' 1249
バラ'ピンク パフ' 1229
バラ'ピンク パフェ' 1249
バラ'ピンク パンサー' 1249
バラ'ピンク ピース' 1249
バラ'ピンク ベルズ' 1274, 1274
バラ'ピンク ペルペチュエ' 1272
バラ'ピンク メイディランド' 1262
バラ'ビンゴ' 1229
バラ'ピンパネル' 1261
バラ'ファースト エディション' 1223
バラ'ファースト フェデラル ゴールド' 1239
バラ'ファイヤー プリンセス' 1273
バラ'ファイルフェンブラウ' 1273
バラ'ファウンテン' 1239
バラ'ファッシネーション' 1239
バラ'ファッション' 1223
バラ'ファビエール' 1276
バラ'ファラオ' 1249
バラ'ファルスタッフ' 1264
バラ'ファンシー' 1223
バラ'ファンタジア' 1239
バラ'ファンタン ラトゥール' 1276, 1276
バラ'ファントム' 1259, 1261
バラ'フイスマンズ トライアムフ' 1221
バラ'フィリス バイド' 1257
バラ'フィリップ ノワレ' 1249
バラ'フィンブリアタ' 1258, 1258
バラ'ブーケ ドール' 1280, 1280
バラ'ブール ドゥ ネージュ' 1275
バラ'フェアリー ダンサーズ' 1239
バラ'フェアリー テール' 1273, 1273
バラ'フェイム!' 1223
バラ'フェート ガラント' 1239

バラ'フェー ドゥ ネージュ' バラ'アイスバーグ'を参照 1221, 1225
バラ'フェスティバル' 1257, 1257
バラ'フェリー ポルシェ' 1239
バラ'フェリシティ ケンドール' 1239
バラ'フェリシティ パルマンティエ' 1275
バラ'フェリシテ エ ペルペチュエ' 1281
バラ'フェルディナンド ドゥ ピカール' 1278
バラ'フェレンベルグ' 1726
バラ'フェロー シップ' バラ'リビン イージー'を参照 1226
バラ'フォイアーヴェルク' 1260
バラ'フォエバー ユアーズ' 1239
バラ'フォークランド' 1279
バラ'フォークロア' 1239
バラ'フォルチュナ' 1239
バラ'フォルチュニアナ' 1280
バラ'フクシア メイディランド' 1260
バラ 房咲き(フロリバンダ)ロージズ 1220
バラ 房咲きクライミングロージズ 1268
バラ ブッシュロージズ 1220
バラ'プティット ドゥ オランド' 1276, 1276
バラ'プティット リゼット' 1276, 1276
バラ'フラート' 1223
バラ'プライス スピリット' 1263
バラ'プライズ ドリーム' 1236
バラ'ブライダル ピンク' 1221
バラ'プライド オブ マルドン' 1230
バラ'ブライト スマイル' 1221
バラ'ブライドン ジョイ' 1274, 1274
バラ'フライヘル フォン マーシャル' 1279, 1279
バラ'フラウ カール ドロシュキ' 1227
バラ'プラウド ティターニア' 1266
バラ'プラウド ランド' 1251
バラ'ブラウニー' 1221
バラ'フラ ガール' 1274
バラ'フラグラント クラウド' 1233, 1239
バラ'フラグラント ゴールド' 1240
バラ'フラグラント デライト' 1221, 1223
バラ'フラグラント ドリーム' 1239
バラ'ブラザー カドフェル' 1263
バラ'ブラス バンド' 1221
バラ'ブラス リング' 1257
バラ'ブラック ビューティー' 1221
バラ'ブラック ボーイ' 1269
バラ'ブラッシュ ダマスク' 1276, 1277
バラ'ブラッシュ ブルソー' 1280, 1280
バラ'フラミンゴ' 1239
バラ'フラワー カーペット' 1259, 1260
バラ'フランシス ドブリュイ' 1279, 1279
バラ'フランス カミーユ ドゥ ロアン' 1278
バラ'フランセス ドゥ モナコ' 1250

バラ'フランセス ヘーベ' 1240
バラ'フランソワ ジュランビル' 1273
バラ'フランソワ ラブレー' 1223
バラ'ブランディー' 1233
バラ'ブラン ドブル ドゥ クーベール' 1258, 1258
バラ'フリーゴールド' 1273
バラ'フリージア' バラ'サンスプライト'を参照 1221, 1232
バラ'フリーダム' 1240
バラ'プリヴェ' 1250
バラ'プリスティン' 1234, 1250
バラ'ブリタニア' 1236
バラ'フリッツ ノビス' 1259, 1260
バラ'プリティー イン ピンク' 1274, 1274
バラ'プリティー レディー' 1230
バラ'プリマ' 1221
バラ'プリマ バレリーナ' 1250
バラ'ブリリャント ピンク アイスバーグ' 1221
バラ'プリンケプス' 1272
バラ'プリンセス マイケル オブ ケント' 1230
バラ'プリンセス ロイヤル' 1250
バラ'ブルー ダイヤモンド' 1235
バラ'ブルー ナイル' 1235
バラ'ブルーミン イージー' 1259
バラ'ブルー ムーン' 1235
バラ'ブルー リバー' 1235
バラ ブルソー ローズ 1280
バラ'ブルソー ローズ' 1280
バラ'フル ダグマール ハルトップ' 1258, 1258
バラ'フルトン マッケイ' 1240
バラ'ブルボン ローズ' 1275
バラ'プレイガール' 1229
バラ'プレイボーイ' 1229
バラ'プレシオサ' 1250
バラ'プレジダン ドゥ セズ' 1277
バラ'プレジダン レオポルド サンゴール' 1230
バラ'プレジデント ハーバート フーバー' 1250
バラ'プレジャー' 1230
バラ'プレシャス プラチナ' 1234, 1250
バラ'プレスティッジ ドゥ ベルギャルド' 1230
バラ'ブレッシングス' 1235
バラ'フレッド ハワード' 1240
バラ'フレッド ローズ' 1259
バラ'フレデリクスボルグ' 1223
バラ'フレデンスボルグ' 1223
バラ'プレトリア' 1250
バラ'フレンジー' 1224
バラ'フレンシャム' 1221, 1224
バラ'フレンドシップ' 1240
バラ'フローラ ダニカ' 1239
バラ'フローレット' 1260
バラ'プロスペリティー' 1268
バラ'プロスペロ' 1266
バラ'プロセリアンド' 1236
バラ'ブロッサムタイム' 1269
バラ'プロフェッスール エミール ペロ' 1277
バラ'プロフェッスール ジャン バルナール' 1250
バラ'プロミネント' 1251
バラ'フロランジュ' 1223
バラ'ブロンズ マスターピース' 1236
バラ'ペインテッド ムーン' 1248

バラ'ヘーベズ フリルド ピンク' バラ'フィンブリアタ'を参照 1258, 1258
バラヘーベ属 985
バラ'ペール ギュント' 1249
バラ'ペガサス' 1266
バラ'ペギー ロックフェラー' 1249
バラ'ベスパー' 1232
バラ'ベッティナ' 1235
バラ'ヘッドライン' 1241
バラ'ベティー ハークネス' 1221
バラ'ベディー ブーブ' 1220, 1220
バラ'ベティー プライア' 1221
バラ'ペニー レイン' 1272
バラ'ペネロペ' 1268
バラ'ベビー ダーリング' 1273
バラ'ベビー フォーラックス' 1257
バラ'ベビー ブランケット' 1259
バラ'ベビー ラブ' 1273
バラ'ヘブンリー ロザリンド' 1264
バラヘベ・カタラクタエ 985, 985
　'フォーリング スカイズ' 985, 985
バラ'ヘリテージ' 1265
バラ'ベリンダ' 1268
バラ'ベル イシス' 1277
バラ'ベル エポック' 1235
バラ'ペルシアン プリンセス' 1273
バラ'ベル ドゥ クレシー' 1277, 1277
バラ'ベルナデッテ シラク' 1258
バラ'ベルニール ポールセン' 1229
バラ'ベル ブロンド' 1235
バラ'ベルベット フラグランス' 1256
バラ'ベル ポワトヴィーヌ' 1258
バラ'ヘルムート シュミット' 1241
バラ'ヘルモサ' 1276
バラ'ベル リヨネーズ' 1280
バラ'ベルリン' 1259
バラ'ベルレ デュ ジャルダン' 1279
バラ'ヘレン ヘイズ' 1241
バラ'ベンガリ' 1220
バラ'ベンジャミン ブリテン' 1263
バラ'ベンディゴールド' 1220
バラ'ヘンデル' 1271
バラ'ペントハウス' 1249
バラ'ヘンリー ネバード' 1277, 1277
バラ'ヘンリー ハドソン' 1258
バラ'ボーイズ ブリゲード' 1257
バラ'ホークアイ ベル' 1260
バラ'ポートメイロン' 1266
バラ ポートランドロージズ 1278
バラ'ポートレート' 1250
バラ'ポーラーシュテルン' 1250
バラ'ポール ゴーギャン' 1248
バラ'ポール シルビル' 1234, 1248
バラ'ポールズ スカーレット クライマー' 1272
バラ'ポールズ ヒマラヤン ムスク ランブラー' 1268
バラ'ポール ネイロン' 1277, 1278
バラ'ポール ノエル' 1271
バラ'ポーロランド ローズ' バラ'ダッチェス オブ ポートランド'を参照 1278, 1279
バラ'ホスピタリティー' 1225

バラ'ボッツァリス' 1277
バラ'ポット ゴールド' 1234, 1250
バラ'ホット タマーレ' 1273, 1274
バラ'ホット ファイヤー' 1260
バラ'ボドース' バラ'エリナ'を参照 1233, 1238
バラ'ボニー プリンス チャーリーズ ローズ' バラ'アルバ マキシマ'を参照 1275, 1275
バラ'ボニカ' 1259, 1259
バラ'ボニカ '82' バラ'ボニカ'を参照 1259, 1259
バラ'ポピー ジェームズ' 1273
バラ'ポピー チャールトン' 1235
バラ'ポピー フラッシュ' 1230
バラ'ボブ ホープ' 1235
バラ ポリアンタ ロジズ 1257
バラ'ホリー トレド' 1274
バラ'ポリニアナ' 1280, 1280
バラ'ポリネシアン サンセット' 1250
バラ'ポルカ' 1272
バラ'ホルスタインパール' 1241
バラ'ホワイト アメリカン ビューティー' バラ'フラウ カール ドロシュキ'を参照 1277
バラ'ホワイト ウィングス' 1234
バラ'ホワイト クリスマス' 1256
バラ'ホワイト コケード' 1272
バラ'ホワイト セシール ブラナー' 1257, 1257
バラ'ホワイト ナイト' 1256
バラ'ホワイト バタフライ' 1256
バラ'ホワイト ブーケ' 1232
バラ'ホワイト ペット' 1257, 1257
バラ'ホワイト マスターピース' 1256
バラ'ホワイト ライトニン' 1234
バラ'ホワイト ローズ オブ ヨーク' バラ'アルバ マキシマ'を参照 1275, 1275
バラ'ボンソワール' 1235
バラ'ボンファイヤー' 1273
バラ'ボンファイヤー ナイト' 1221
バラ'マーガレット メリル' 1221, 1227
バラ'マージョリー アサートン' 1246
バラ'マージョリー フェア' 1261
バラ'マーチン フロビッシャー' 1258
バラ'マーマレード スカイズ' 1227
バラ'マーメイド' 1280, 1280
バラ'マイ ガール' 1228
バラ'マイ ジョイ' 1247
バラ'マイ バレンタイン' 1274
バラ'マウント シャスタ' 1247
バラ'マウントバッテン' 1228
バラ'マグレディーズ サンセット' 1246
バラ'マグニフィカ' 1279, 1279
バラ'マジック カルーセル' 1273, 1274
バラ'マジョレット' 1245
バラ'マスコット'77' 1246
バラ'マズルカ' 1228
バラ'マゼンタ' 1227
バラ'マダドール' 1228
バラ'マダム アルチュール オジェ' 1280
バラ'マダム アルディー' 1276, 1277
バラ'マダム アルフレッド カリエール' 1281, 1281

バラ'マダム イサーク ペレーレ'
　1275, *1275*
バラ'マダム エルンスト カラバット'
　1275
バラ'マダム グレゴワール
　ステシュラン' *1271*
バラ'マダム ディミトリウ' *1227*
バラ'マダム ドゥ タルタス' 1279,
　1279
バラ'マダム ノール' 1278, *1279*
バラ'マダム バタフライ' 1233
バラ'マダム ピエール オジェール'
　1275, *1275*
バラ'マダム フェルナンデル'
　1227
バラ'マダム プランティエ' 1275
バラ'マダム プレジデント' *1227*
バラ'マダム ルイ レヴェク' 1278,
　1278
バラ'マダム ルイ レン' *1271*
バラ'マタンギ' 1221
バラ'マチアス メイヤン' *1228*
バラ'マチルダ' 1221, *1228*,
　1246
バラ'マデロン' *1245*
バラ'マドモワゼル セシール
　ブラナー' 1257
バラ'マニングズ ブラッシュ'
　1279
バラ'マヌー メイヤン' *1245*
バラ'マ パーキンス' 1221
バラ'マミー ラペリエール' *1245*
バラ'マラガ' *1271*
バラ'マリアンデル' 1221, *1227*
バラ'マリー ウォーレス' *1271*
バラ'マリー キュリー' *1227*
バラ'マリー ケーブ' *1228*
バラ'マリーゴールド キュー'
　1261
バラ'マリーゴールド ハークネス'
　1245
バラ'マリー ジャン' *1246*
バラ'マリー ポウブ' *1246*
バラ'マリー マグダレーン' 1265
バラ'マリー-ルイーズ ベルゲ'
　1227
バラ'マリー ローズ' 1263, *1265*
バラ'マリネット' 1265
バラ丸 1444, *1444*
バラ'マルグリット ヒリング' *1261*
バラ'マルケサ ボッケラ' 1277,
　1278
バラ'マレシャル ルクレルク'
　バラ'タッチ オブ クラス'を
　参照 1234
バラ'ミーガン ルイーズ' *1246*
バラ'ミオ マック' *1228*
バラ'ミケランジェロ' *1228*
バラ'ミシェル メイヤン' *1247*
バラ'ミス アリス' 1265
バラ'ミス オール-アメリカン
　ビューティー' *1247*
バラ'ミスター E. E. グリーンウェル'
　1228
バラ'ミスター J. C. B' *1228*
バラ'ミスター リンカーン' *1247*
バラ'ミスティー' *1247*
バラ'ミスティーブ' *1247*
バラ'ミス ディオール' *1261*
バラ'ミストレス クイックリー'
　1261
バラ'ミセス R. M. フィンチ'
　1257
バラ'ミセス アイリス クロウ'
　1228
バラ'ミセス ジョン レイン' *1278*

バラ'ミセス フレッド ダンクス'
　1247
バラ'ミセス レイノルズ ホール'
　1279, *1279*
バラ'ミチカ' *1271*
バラミツ 192, *192*
バラ'ミツゴ' *1247*
バラ'ミニー ワトソン' *1247*
バラ ミニチュア ロージズ 1273
バラ'ミラト' *1247*
バラ'ミリアナ' *1247*
バラ'ミルドレッド シール'
　バラ'ディープ シークレット'を
　参照 1233, *1237*
バラ'ムーラン ルージュ' *1228*
バラ'ムーンストーン' 1234
バラ'ムーンライト' 1268
バラ'ムタビリス' 1276, *1276*
バラ'ムッシュ ティリエ' 1279,
　1279
バラ'ムッセリーヌ' バラ'アルフレ
　ッド ドゥ ダルマ'を参照 1278,
　1278
バラ'メイ クイーン' 1273, *1273*
バラ'メイドンズ ブラッシュ' 1275,
　1275
バラ'メキシカーナ' *1246*
バラ'メグ メリリーズ' 1279
バラ'メダイヨン' *1246*
バラ'メッサラ' *1228*
バラ'メニー ハッピー リターンズ'
　バラ'プリマ'を参照 1221
バラ'メフロウ ナタリー ナイペルス'
　1257, *1257*
バラ'メメント' *1228*
バラ'メルセデス' *1246*
バラ'メルローズ' *1228*
バラ'モーツァルト' 1268
バラ'モーティマ サックラー' *1266*
バラ'モーニング ジュエル' *1271*
バラ'モーリス ベルナルディン'
　1277, *1278*
バラ モスローズ 1278
バラ モダン シュラブ ロージズ
　1259
バラ モダンローズ 1220-69
バラ'モデル オブ パーフェクション'
　1228
バラ'モリー マグレディ' *1228*
バラ'モリノー' 1265
バラ'モルゲンロート' *1261*
婆羅門閣
　角キリンを参照 583, *583*
バラモンジン 1427, *1427*
バラモンジン属 1427
バラ'ヤンキー ドードル' *1256*
バラ'ヤンキー レディー' *1258*
バラ'ヤング アット ハート' *1256*
バラ'ユース オブ ザ ワールド'
　1256
バラ'ユーロスター' *1223*
バラ'ユーロピアーナ' *1223*
バラ'ユーロローズ' *1223*
バラ'ヨーク アンド ランカスター'
　1277, *1277*
バラ'ライムライト' *1244*
バラ'ライラック チャーム' 1221
バラ'ラウンドレイ' *1252*
バラ'ラガーフェルト' *1244*
バラ'ラ スチュペンダ' *1244*
バラ'ラズベリー アイス'
　バラ'ハンナ ゴードン'を参照
　1221, *1225*
バラ'ラ セビラーナ' *1226*
バラ'ラッシュ' *1262*
バラ'ラドクス ブーケ' 1221,
　1230

バラ'ラビング タッチ' *1274*
バラ'ラビング メモリー' 1233,
　1245
バラ'ラブ' 1233, *1245*
バラ'ラブ ポーション' *1227*
バラ'ラ フランス' 1233
バラ'ラブリー レディー' 1233,
　1245
バラ'ラベンダー ドリーム' 1259,
　1261
バラ'ラ マルセイエーズ' *1244*
バラ'ラ ミニュエット' *1226*
バラ'ランヴァン' *1244*
バラ'ランドーラ' バラ'サンプレスト'
　を参照 1234
バラ ランブラーローズ 1273
バラ'ランブリング レクター' 1273
バラ'リアン ライムス' *1244*
バラ'リーベ' *1230*
バラ'リコンシレーション' *1251*
バラ'リップルズ' *1230*
バラ'リトル ウォーレス' *1226*
バラ'リトル サンセット' 1273
バラ'リトル ダーリン' *1226*
バラ'リトル ホワイト ペット'
　バラ'ホワイト ペット'を参照
　1257, *1257*
バラ'リトル レッド デビル' *1274*
バラ'リヒトコーニンギン ルシア'
　1261
バラ'リビン イージー' 1221,
　1226
バラ'リブリー レディー' 1221,
　1226
バラ'リメンバー ミー' 1234,
　1251
バラ'リメンブランス' *1230*
バラ'リリアン オースチン' *1265*
バラ'リリアン バイルス' *1226*
バラ'リリー ドゥ ゲルラッハ'
　1244
バラ'リリー マルレーン' 1221,
　1226
バラ'リリック' *1261*
バラ'リンデルホフ' *1261*
バラ'ルイ XIV' *1276*
バラ'ルイーズ オディエール'
　1275, *1275*
バラ'ルイーズ ガードナー' *1245*
バラ'ル ヴェスブヴ' 1276, *1276*
バラ'ルガ' *1280*
バラ'ルスティカ' *1231*
バラ'ルセッタ' *1265*
バラ'ルドテ' *1266*
バラ'ルドテ' *1230*
バラ'ルネサンス' *1252*
バラ'ルンバ' *1231*
バラ'レアンダー' 1265
バラ'レイチェル クロウシェイ'
　1221, *1230*
バラ'レイニー デー' *1251*
バラ'レイモン シュノー' *1262*
バラ'レーヴ ドール' *1281*
バラ'レーゲンスベルグ' *1230*
バラ'レーヌ デュ サンフィーユ'
　1276, *1276*
バラ'レーヌ デュ ネージュ'
　バラ'フラウ カール ドロシュキ'
　を参照 1277
バラ'レーヌ デュ ビオレット'
　1277, *1278*
バラ'レーヌ ビクトリア' 1275,
　1275
バラ'レース マリ-アンリエット'
　1272
バラ'レオナルド ダ ビンチ'
　1226

バラ'レオニダス' *1244*
バラ'レオノール ドゥ マルシュ'
　1244
バラ'レガシー ジュビリー' *1244*
バラ'レガッタ' *1251*
バラ'レクシー ベビー' *1257*
バラ'レジーネ クレスパン' *1230*
バラ'レシュレクション' *1252*
バラ'レダ' *1277*
バラ'レッド エース' *1274*
バラ'レッド グローリー' *1230*
バラ'レッド コート' *1266*
バラ'レッド ゴールド' *1230*
バラ'レッド サクセス' *1251*
バラ'レッド シダー'
　バラ'ラビング メモリー'を参照
　1233, *1245*
バラ'レッド シンプリシティー'
　1262
バラ'レッド スター'
　バラ'プレシャス プラチナ'を
　参照 1234, *1250*
バラ'レッド チーフ' *1251*
バラ'レッド デビル' *1251*
バラ'レッド プラネット' *1251*
バラ'レッド ライオン' *1251*
バラ'レディー X' *1244*
バラ'レディー ウォーターロー'
　1271
バラ'レディー エルギン' *1244*
バラ'レディー オブ ザ ダウン'
　1226
バラ'レディー セトン' *1244*
バラ'レディー トレント' *1244*
バラ'レディー ハリンドン' 1279
バラ'レディー ペンザンス' 1279
バラ'レディー ローズ' 1233,
　1244
バラ'レナード ダドレー
　ブレイスウェイト' *1265*
バラ'レベル 96' *1251*
バラ'レボルシオン フランセーズ'
　1252
バラ'レモン シャーベット' *1244*
バラ'レモン スパイス' *1244*
バラ'レリテラナ'
　バラ'ブルソー ローズ'を
　参照 1280
バラ'ロイヤル ウィリアム' *1234*
バラ'ロイヤル オケージョン'
　1231
バラ'ロイヤル ゴールド' *1272*
バラ'ロイヤル デーン' *1252*
バラ'ロイヤル ハイネス' *1252*
バラ'ロージー オドンネル' *1252*
バラ'ロージー クッション' 1274,
　1274
バラ'ロージー マントル' *1272*
バラ'ロージー メイランディナ'
　バラ'エール フランス'を参照
　1273
バラ'ローズ ドゥ モー' *1276*
バラ'ローズ ドゥ レシュト' 1276,
　1277
バラ'ローズ ドゥ ロワ' 1278,
　1279
バラ'ローズマリー ハークネス'
　1252
バラ'ローズマリー ローズ' 1221
バラ'ロード ゴールド' *1245*
バラ'ローブリッター' *1262*
バラ'ロクサーヌ' *1252*
バラ'ロサ ムンディ' *Rosa gallica
　versicolor*を参照 1215, *1215*

バラ'ロシカ' バラ'ラドクス
　ブーケ'を参照 1221, *1230*
バラ'ロスマリン' 1274, *1274*
バラ'ロズレー ドゥ ライ' 1258,
　1258
バラ'ロゼア パルフュ ドゥ
　ライ' *1258*
バラ'ロゼ グジャール' *1252*
バラ'ロゼット デリジー' 1279,
　1279
バラ'ロゼ ドゥ マタン'
　バラ'クロリス'を参照 1275
バラ'ロッテ ギュントハルト'
　1245
バラ'ロブスタ' *1262*
バラ'ロマンティカ '76' *1252*
バラ'ロリータ' *1245*
バラ'ワースワイル' *1256*
バラ'ワールズ フェア サルート'
　1256
バラ'ワイズ ポーシャ' *1267*
バラ'ワピティ' *1232*
バラ'ワンダリング ミンストレル'
　1232
ハラン 198
ハラン属 198
ハリアカシア 78, *78*
ハリイ属 533
ハリイヌナズナ 511
ハリイモ トゲドコロを参照 503
ハリエニシダ 1448, *1448*
　'フロレ プレノ' 1448, *1448*
ハリエニシダ属 1448
ハリギリ 778, *778*
ハリギリ属 778
ハリクジャクヤシ属 120
ハリグワ 849, *849*
ハリグワ属 849
ハリシア属 672
針仙人 134, *135*
ハリツルマサキ属 879
ハリナデシコ 1015
　'アルバ' 1015
　'アルバ プレナ' 1015
　'プレニフロラ ロセア' 1015
　'レディ メアリ' 1015
　'ロセア' 1015
　'ロゼット' 1015
ハリマツリ 518, *518*
　'アルバ' 518
　'ワリエガタ' 518
ハリマツリ属 518
ハリミウム・ラシアンツム 670,
　670
　'コンコロル' 670
　'サンドリング' 670
ハリミウム交雑品種 670
ハリミウム'サラ' 670, *670*
ハリミウム'スーザン' 670
ハリミウム属 670
×ハリミオキストゥス・ウィントネンシス
　670
　'メリスト ウッド クリーム'
　670, *670*
×ハリミオキストゥス
　'イングウェルシイ' 669
×ハリミオキストゥス属 669-70
ハルガニア属 669
バルカンメイプル 85, *85*
バルキア属 987
バルキンソニア属 987
バルケリア属 219
ハルサザンカ 312, *312*
　'笑顔' 312, *312*
　'銀竜' 312, *312*
　'絞り笑顔' 312, *312*

1564 Index

'スター アバブ スター' 312, 312
'ユールタイド' 312, 312
バルサムギク コストマリーを参照 1399
バルサムキリン 583, 583
バルサムポプラ 1072
バルサムモミ 68, 68
　'ナナ' 68
バルサムモミ ハドソニア・グループ 68
バルサムルート 216
バルサモオリザ属 216
ハルシャギク 413, 413
　'マホガニー ミジェット' 413
ハルシャギク'ゴールデン シャワー' イトバハルシャギク'グランディフロラ'を参照 413, 413
ハルシャギク'サンレイ' 413, 413
ハルシャギク属 412-13
ハルシャギク'ゾンネンキント' オオケンケイギク'ベビー サン'を参照 413
ハルデンベルギア属 672
ハルドグロッソム属 986
ハルトラノオ 1013, 1013
バルトレッティナ属 220
榛名 526, 526
ハルニレ 1450, 1450
バルバドスアロエ アロエ・ベラを参照 137, 137
ハルプリア属 672
ハルペフィルム属 672
パルミラヤシ オウギヤシを参照 243, 243
パルメットヤシ 1292, 1292
パルメンティエラ属 987
バルモニー 370
バレアルボックス 271, 271
ハレシア属 669
ハレリア属 670
バレリアン セイヨウカノコソウを参照 1454, 1454
ハロカルプス属 670-71
パロタ属 216
パロットビル 394, 394
　'アルプス' 394, 394
パロティア・ペルシカ 989, 989
　'ペンドゥラ' 989
パロティア属 989
パロディア属 987-89
パロティオプシス属 990
ハンカチノキ 477, 477
ハンガリアンオーク 1124
　'ハンガリアン クラウン' 1124, 1124
ハンガリアンライラック 1388
バンクシア・インテグリフォリア 218, 218
　'ローラー コースター' 218
バンクシア・スピヌロサ 219
　'ハニーポット' 219
　'レモン グロウ' 219
バンクシア・セラタ 218
　'スーパーマン' 218
　'ピグミー ポッサム' 218
バンクシア'ジャイアント キャンドルス' 217, 217
バンクシア属 217-19
バンクスマツ 1047
ハンゲショウ属 1316-17
ハンゲ属 1045
バンコムギ コムギを参照 1432, 1433
ハンシレン 1328, 1328
バンジロウ グアバを参照 1104, 1104

バンダ ハイブリッド 1456
バンダ ハイブリッド ゴードン デイロン 1456, 1456
バンダ ハイブリッド サンサイ ブルー 1456, 1456
バンダ ハイブリッド タイラー ブルー 1456
バンダ ハイブリッド パット デライト 1456, 1456
バンダ ハイブリッド バンコック ピンク 1456, 1456
バンダ ハイブリッド ミス ジョッキム 1456, 1456
バンダ ハイブリッド ルンビニ レッド 'AM' 1456
バンダ ハイブリッド レヴァレンド マサオ ヤマダ 1456, 1456
バンダ ハイブリッド ロスチャイルディアナ 1456, 1456
バンダ ハイブリッド ロバーツ デライト 1456, 1456
バンダ・サンデリアナ 1455
バンダ・セルレア 1455, 1455
バンダ・トリコロル 1455, 1455
バンダスミレ タスマニアビオラを参照 1474
バンダ属 1455-56
パンダナス属 978-79
パンダナス'ロエルシアヌス' 978
パンダヌス・テクトリウス 978, 978
　'ワリエガツス' 978, 978
パンドレア・パンドラナ 979, 979
　'ゴールデン シャワーズ' 979
パンドレア・パンドラナ 'ゴールデン レイン' Pandorea pandorana 'ゴールデン シャワーズ'を参照 979
パンドレア属 979
般若 204, 204
ハンノキ 132
パンノキ 192, 192
ハンノキ属 130-32
パンノキ属 192
パンパスグラス シロガネヨシを参照 419
バンブーパーム 367, 367
万宝 1335, 1335
パンヤノキ カポックを参照 350, 350
バンレイシ 159
バンレイシ アテモヤ・グループ 159
　'アフリカン プライド' 159
　'ピンクス マンモス' 159
バンレイシ属 159
ヒアキントイデス・ノン-スクリプタ 715
　'アルバ' 715
　'ロセア' 715
ヒアキントイデス・ヒスパニカ 715, 715
　'エクセルシオール' 715
　'ラ グランデス' 715, 715
ヒアシンス 716
　'アメジスト' 716, 716
　'アンナ マリー' 716
　'オスタラ' 716
　'カーネギー' 716, 716
　'キング オブ ザ ブルー' 716, 716
　'クィーン オブ ザ ナイト' 716
　'クィーン オブ ザ ピンクス' 716
　'シティ オブ ハーレム' 716, 716
　'ジプシー クィーン' 716
　'ジャン ボス' 716
　'デルフト ブルー' 716

　'バイオレット パール' 716
　'ビスマルク' 716, 716
　'ピンク パール' 716, 716
　'ブルー ジャケット' 716, 716
　'ブルー マジック' 716, 716
　'ホリーホック' 716
　'ムルティフロラ ブルー' 716
ヒアシンス属 716
ピーコックプラント 279, 279
ヒース ギョリュウモドキを参照 287-88
ビーチア属 1457
ビーチプラム 1095
　'イーストハム' 1095
　'ハンコック' 1095
ヒイラギ 961, 961
　'アウレウス' 961, 961
　'アウレオマルギナトゥス' 961, 961
　'ゴシキ' 961
　'プルプレウス' 961
　'ワリエガツス' 961, 961
ヒイラギトラノオ 859, 859
ヒイラギナンテン (Mahonia japonica) 855
ヒイラギナンテン (Mahonia×media) 856, 856
　'アーサー メンジース' 856, 856
　'ウィンター サン' 856
　'チャリティー' 856
　'バックランド' 856
ヒイラギナンテン'ゴールデン アバンダンス' 855
ヒイラギナンテン属 854-56
ヒイラギハギ属 374
ヒイラギメギ 855, 855
　'グリーン リップル' 855, 855
　'コンパクタ' 855, 855
ヒイラギモクセイ 961
　'サン ホセ' 961
ヒイラギモチ 729
　'ドワーフ バーフォード' 729
　'バーフォルデイ' 729, 729
ビーララ タホマ'グレイシャー' 222, 222
ビーララ マーフィッチ'ハワーズ ドリーム' 222, 222
ビーララ属 222
ピエリス・フォルモサ 1043
　'ウェイクハースト' 1043
ヒエンソウ ジャイアント インペリアル シリーズ 408
　'ジャイアント インペリアル ピンク パーフェクション' 408, 408
　'ジャイアント インペリアル ブルー スパイア' 408, 408
　'ジャイアント インペリアル ホワイト キング' 408, 408
ヒエンソウ属 407-8
ヒエンソウ ドワーフ ヒヤシンス シリーズ 408
ヒオウギ 228, 228
ヒオウギ属 228
緋織 871
ビオラ パンジーを参照 1475
ビオラ・コルヌタ 1473
ビオラ・コルヌタ アルバ・グループ 1473
　'ヴィクトリアズ ブラッシュ' 1473, 1473
　'ジュエル ホワイト' 1473, 1473
　'パット カバナー' 1473, 1473
　'ベルモント ブルー' 1473
　'マニフィコ' 1473, 1473
ビオラ・コルヌタ ソルベット・シリーズ 1473

　'ソルベット ココナツ' 1473
　'ソルベット サニー ロワイヤル' 1473
　'ソルベット ビーコンズフィールド' 1473
　'ソルベット ブラック デュエット' 1473
　'ソルベット ブラック デライト' 1473
　'ソルベット ブルーベリー クリーム' 1473
　'ソルベット マニフィコ' 1473
　'ソルベット レッド ウィング' 1473
ビオラ・コルヌタ プリンセス シリーズ 1473
　'プリンセス パープル アンド ゴールド' 1473
　'プリンセス ラベンダー アンド イエロー' 1473
ビオラ・コルヌタ ペニー シリーズ 1473
　'ペニー オーキッド フロスト' 1473
　'ペニー オレンジ' 1473
　'ペニー オレンジ サンライズ' 1473
　'ペニー バイオレット ビーコン' 1473
ビオラ・コルヌタ'ボウトン ブルー' ビオラ・コルヌタ アルバ グループ'ベルモント ブルー'を参照 1473
ビオラ'アイリッシュ モリー' 1476, 1477
ビオラ'ウィタ' 1477
ビオラ'ウィニフレッド ジョーンズ' 1476
ビオラ'エタイン' 1477
ビオラ'エリザベス' 1476
ビオラ グループ 1477
美花角 527, 527
ビカクシダ 1058
ビカクシダ属 1058
ヒカゲツツジ 1151, 1151
　'エビノ' 1151
ヒカゲノカズラ 844, 844
ヒカゲノカズラ属 844
ヒカゲミズ属 986
ヒカノコソウ ベニカノコソウを参照 354-55, 355
光堂 972, 972
ピカン ペカンを参照 334-35, 335
ヒカンザクラ カンヒザクラを参照 1092, 1092
ヒガンバナ属 844
ピギーバックプラント トルミエアを参照 1423
ビグイエラ属 1471
ヒクスベアキア属 704-5
ピグナッツ 334, 334
ピクノスタキス属 1115
ピグミーモウセンゴケ 514, 514
ヒゲギキョウ 322
ヒゲナデシコ ビジョナデシコを参照 491
ヒゴタイ 527-29
肥後ツバキ 294
彦星 431
ヒゴロモコンロンカ 906, 907
　'ピンク ダンサー' 906
　'フラミンゴ' 906
ヒサカキ 590, 590
　'アウレア' 590, 590
ヒサカキ属 590
微刺蝦 527, 527

ヒシガタホウライシダ 101
ヒシ属 1427
ヒシバデイコ サンゴシトウを参照 562, 562
ビジョナデシコ 491
ビジョナデシコ オーリキュラ-アイド 交雑品種グループ 491, 491
ヒスイカズラ 1380, 1380
ビステア属 1053
ヒストリックス属 723
ビスマルキア属 239
ビスマルクファンパーム 239, 239
ヒソップス属 723
ビターナッツ 334
ビタールツバキ 306, 306
　'アドラブル' 306, 306
　'アワー メリッサ' 306, 306
　'ゲイ ピクシー' 306, 306
　'スニプト' 306
　'スノー ストーム' 306
　'スプライト' 306
　'ピンク カメオ' 306
　'ピンク ラッフルズ' 306
　'フェアリー ブーケ' 306, 306
　'ブルーデンス' 306
　'ペール オパール' 306
　'ムーンビーム' 306, 306
ヒダカミセバヤ 1329
ピタンガ タチバナアデクを参照 579
ビッキア属 237
ヒッコリーワトル 73, 76, 76
ヒツジグサ 938
　'アルバ' 938, 938
　'ヘルウォラ' 938
ピットスポルム・ラルフィイ 1055
　'ワリエガトゥム' 1055
ピットスポルム 'ガルネッティ' 1055, 1055
ヒッペアストルム属 705
ヒッポクレピス属 706
ヒッポファエ属 706
ビディ ビディ 80, 80
ビデンス・フェルリフォリア 237, 237
　'ゴールディ／インビビッド' 237
　'ゴールデン アイ' 237
　'ゴールデン ゴッデス' 237
　'ゴールドマリー' 237
　'ピータース ゴールドテピック' 237
美桃蝦 527, 527
ヒトエノニワザクラ ニワザクラを参照 1094
ピトカイルニア属 1054
ヒトツバ 1116
　'シシャ' 1116
ヒトツバエニシダ 629, 629
　'ゴールデン プレート' 629
　'フローレ プレノ' 629
　'ロイヤル ゴールド' 629, 629
ヒトツバエニシダ属 629
ヒトツバ'クリスタータ' ヒトツバ'シシャ'を参照 1116
ヒトツバショウマ 202
　'ブロンズ エレガンス' 202
　'ヘニー グラエフランド' 202
ヒトツバ 1116-17
ヒトツバタゴ 372, 372
ヒトツバタゴ属 372
ヒトツバホウライシダ 100, 101
ヒドランゲア・アスペラ 717
　'ピーター チャペル' 717
　'モーベット' 717
ヒドランゲア・アルボレスケンス 716-17
　'アナベル' 716-17, 716

'グランディフロラ' 716-17
ヒドランゲア・インウォルクラタ 717, *717*
'ホルテンシス' 717, *717*
ヒドランゲア・ヘテロマラ 717
'ジャーミンズ レース' 717, *717*
ヒナギク 228, *228*
'ドレスデン チャイナ' 228
ヒナギク属 228
ヒナギク ポンポネット シリーズ 228, *228*
'ポンポネット' 228
'ロブ ロイ' 228
ヒナゲシ 981
シャーリー ミックス 981
'マザー オブ パール' 981
ヒナマツヨイグサ 947
ピナンガ属 1045
ピナンガヤシ 1045, *1045*
ピヌス・ヘルドレイキイ・レウコデルミス 1048
'コンパクト ジェム' 1048
ピヌス・ヘルドレイキイ 1048
'スミドティー' 1048
ピヌス・モノフィラ 1049
'グラウカ' 1049
ヒネム ベニゴウカンを参照 282, *282*
ヒノキ 365, *365*
'クリプシー' 365
ヒノキ'クリプシー アウレア' ヒノキ'クリプシー'を参照 365, *365*
'コラリフォルミス' 365, *365*
'スピラリス' 365, *365*
'ナナ オーレア' 365, *365*
'ナナ グラシリス' 365
'レッド スター' ヌマヒノキ'ルビコン'を参照 366
ヒノキ属 364-66
日の出丸 600, *600*
ヒバ アスナロを参照 1414
ヒビスクス・アルノッティアヌス 701, *701*
'コナ カイ' 701, *701*
ヒビスクス属 701-4
ビプタントゥス属 1052
ヒペリクム・アンドロサエムム 721, *721*
'オルベリー パープル' 721
'ダーツ ゴールデン ペニー' 721
ヒペリクム・オリンピクム'シトリヌム' 722
ヒペリクム・モセリアヌム 722, *722*
'トリコロール' 722
ヒベルティア 700, *700*
ヒベルティア属 700
ヒポエステス属 723
ヒポシルタ 923
ヒマラヤアオキ 208
ヒマラヤウバユリ 328
ヒマラヤキビシ 1367
ヒマラヤゴヨウ 1051, *1051*
ヒマラヤサイプレス オオイトスギを参照 446, *446*
ヒマラヤサクラソウ 1083, *1083*
'グランディフロラ' 1083, *1083*
ヒマラヤシーダ ヒマラヤスギを参照 350, *350*
ヒマラヤスギ 350, *350*
'アウレア' 350
ヒマラヤスギ'アウレア プロストラタ' レバノンスギ'ゴールデン ドワーフ'を参照 350
ヒマラヤスギ属 349-50
ヒマラヤトウヒ 1042, *1042*

ヒマラヤトキワサンザシ 1116, *1116*
ヒマラヤバーチ 237
'グレイスウッド ゴースト' 237
'ジャーミンズ' 237
'シルバー シャドウ' 237, *237*
ヒマラヤハウンドタンゲー 457
ヒマラヤハッカクレン 1065
ヒマラヤハナミョウガ 1281
ヒマラヤマツ 1050
ヒマラヤユキノシタ 232, *232*
ヒマラヤユキノシタ'アベングルト' 232
ヒマラヤユキノシタ'イブニング グロー' ヒマラヤユキノシタ'アヴェングルト'を参照 232
ヒマラヤユキノシタ'エロイカ' 232
ヒマラヤユキノシタ交雑品種 232
ヒマラヤユキノシタ'サニングデイル' 232, *232*
ヒマラヤユキノシタ'シルバーライト' ヒマラヤユキノシタ'シルバーリヒト'を参照 232
ヒマラヤユキノシタ'シルバーリヒト' 232
ヒマラヤユキノシタ'デルビース' ヒマラヤユキノシタ'バロウレイ'を参照 232
ヒマラヤユキノシタ'バロウレイ' 232
ヒマラヤユキノシタ'ブレッシンガム ホワイト' 232
ヒマラヤユキノシタ'モーニング ブラッシュ' ヒマラヤユキノシタ'モルゲンルーテ'を参照 232
ヒマラヤユキノシタ'モルゲンレーテ' 232
ヒマラヤユキノシタ'ロージー クローゼ' 232, *232*
ヒマラヤユキノシタ属 232
ヒマワリ 684, *684*
'イタリアン ホワイト' 684, *684*
'サンビーム' 684, *684*
'サンリッチ オレンジ' 684, *684*
'テディ ベア' 684, *684*
'バニラ アイス' 684, *684*
'ミュージック ボックス' 684
'ムーンシャドウ' 684, *684*
'リング オブ ファイアー' 684, *684*
'ルビー エクリプス' 684, *684*
ヒマワリ交雑品種 685
ヒマワリ'サニイ' 685, *685*
ヒマワリ属 683-85
ヒマワリ'ニューカット ゴールド' 685, *685*
ヒマワリ'モナーチ' 685
ヒメアナナス 438
ヒメアリアケカズラ 124, *124*
ヒメイカリソウ 542
'ニウェウム' 542, *542*
ヒメイチゴノキ イチゴノキ'コンパクタ'を参照 173, *173*
ヒメイワダレソウ 1034, *1034*
ヒメウイキョウ 334
ヒメウイキョウ クミンを参照 442
ヒメウコギ 534
ヒメウズ属 1332
ヒメウツギ 490
ヒメエニシダ 629, *629*
ヒメオニソテツ 536, *536*
姫カンムリシャジン 531
ヒメキリンギク 818, *818*
'アレキサンダー' 818
ヒメキンギョソウ 825
'ノーザン ライツ' 825
'ファンタジー ブルー' 825
'フェアリー ブーケ' 825

ヒメケマンソウ 496
ヒメコウジ 626
'マクロカルパ' 626
ヒメコスモス ブラキカム・イベリディフォリアを参照
ヒメチョウラン 1019, *1019*
ヒメサザンカ 305, *305*
ヒメシダ 1410
ヒメシダ属 1410
ヒメシャクナゲ 150, *150*
'アルバ' 150
'コンパクタ' 150, *150*
'マクロフィラ' 150
ヒメシャクナゲ属 150
ヒメシャラ 1373
ヒメタイサンボク 853, *853*
ヒメツバキ イジュを参照 1322, *1322*
ヒメツリガネ オーストラリアンブルーベルを参照 1352
ヒメツルソバ 1013
'マジック カーペット' 1013
ヒメツルニチニチソウ 1472, *1472*
'アズレア フロレ プレノ' 1472
'アトロプルブレア' 1472, *1472*
'アルゲンテオワリエガタ' 1472
'アルバ' 1472, *1472*
'イルミネーション' 1472, *1472*
'ガートルード ジェキル' 1472, *1472*
'ボウルズ バラエティ' 1472
'マルチプレクス' 1472
'ラルフ シュゲルト' 1472, *1472*
ヒメトウショウブ属 1433
ヒメトラノオ 1463
'アイシクル' 1463, *1463*
'サニー ボーダー ブルー' 1463
'ハイデキント' 1463, *1463*
'バルカロール' 1463, *1463*
'ロセア' 1463
ヒメナデシコ 491, *491*
'アルプス' 491
'ブリリアンシー' 491
ヒメノウゼンカズラ 1402, *1402*
'アウレア' 1402, *1402*
ヒメノウゼンカズラ属 1402-3
ヒメノカリス・ナルキッシフロラ 720
'アドバンス' 720
ヒメノカリス・リットラリス 720, *720*
'ワリエガタ' 720
ヒメノカリス属 720
ヒメノコギリソウ 92
'キング ジョージ' 92
ヒメノスポルム属 720, *720*
ヒメノボタン 697, *697*
ヒメノボタン属 960
ヒメハギ属 1066-67
ヒメハショウ 905, *905*
ヒメハナビシソウ 566
'サンデュウ' 566
ヒメヒオウギズイセン 435, *435*
'エミリー マッケンジー' 435
'ソルファタレ' 435
ヒメヒガンバナ 932
ヒメビジョザクラ 1460
'クレオパトラ' 1460, *1460*
ヒメヒマワリ 689
ヒメフウロ 635
ヒメブッソウゲ属 868
ヒメヘイシソウ 1315
ヒメベゴニア 225
姫紅小松 1428, *1428*
ヒメホシビジン 1329
ヒメマイズルソウ 857
ヒメマツバギク(姫松葉菊) 478
ヒメムギクサ 708
ヒメムラサキ 1110, *1110*

'ベスズ ピンク' 1110, *1110*
ヒメムラサキ交雑品種 1111
ヒメムラサキ'シルバー ストリーマーズ' 1112, *1112*
ヒメムラサキ'シルバー ミスト' 1112
ヒメムラサキ'スモーキー ブルー' 1112, *1112*
ヒメムラサキ属 1110-12
ヒメムラサキ'トレビ ファウンテン' 1112, *1112*
ヒメムラサキ'パープル ヘイズ' 1112
ヒメムラサキ'ハイ コントラスト' 1111, *1112*
ヒメムラサキ'ブルー パール' 1111
ヒメムラサキ'ベネディクション' 1111, *1111*
ヒメムラサキ'マージェリー フィッシュ' 1111, *1112*
ヒメムラサキ'メアリ モットラム' 1112
ヒメムラサキ'ルイス パーマー' 1111, *1112*
ヒメムラサキ'レジナルド ケイ' 1112
ヒメムラサキ'ロイ デビッドソン' 1112, *1112*
ヒメモンステラ 902
ヒメヤシ 831, *831*
ヒメリュウキンカ 1131, *1131*
'ブレイズン ハッシー' 1131, *1131*
'フロレ プレノ' 1131
ヒメリンゴ 861
'ファスティギアタ' 861, *861*
ヒメルリトラノオ 1463
'ウェンディ' 1463
'ジルベルゼー' 1463
'ロートフックス' 1463
ピメレア属 1044-45
ヒモゲイトウ 144
'ヴィリディス' 144
'グリーン テイルズ' 144, *144*
ヒモゲイトウ'グリーン サム' ヒモゲイトウ'ヴィリディス'を参照 144
ビャクシン 770, *770*
'アウレア' 770
'オブロンガ' 770
'オリンピア' 770, *770*
'貝塚' 770
'カテレエリ' 770
'シュースミス' 770, *770*
'スパルタン' 770
'フォエミナ' 770, *770*
'ブラオウ' 770, *770*
'マウントバッテン' 770
'ワリエガタ' 770, *770*
ビャクシン属 770-74
ビャクダン属 1310
白檀 528
ヒャクニチソウ 1497, *1497*
'アズテック' 1497, *1497*
'エンヴィ' 1497, *1497*
'カナリー イエロー' 1497, *1497*
'ジャイアント ピュリティー' 1497
'プルチノ' 1497, *1497*
'ヘイロー' 1497, *1497*
'ポーラー ベア' 1497, *1497*
ヒャクニチソウ オクラホマ・シリーズ 1497
'オクラホマ サーモン' 1497
'オクラホマ ピンク' 1497
'オクラホマ ホワイト' 1497

ヒャクニチソウ サン シリーズ 1497
'デザート サン' *1497*
ヒャクニチソウ スプレンダー・シリーズ 1497
'ピンク スプレンダー' *1497*
ヒャクニチソウ ドリームランド・シリーズ 1497
'ドリームランド スカーレット' *1497*
ヒャクニチソウ プロフュージョン シリーズ 1497
'プロフュージョン オレンジ' *1497*
'プロフュージョン チェリー' *1497*
ヒャクニチソウ マンモス エキシビション シリーズ 1497
マンモス エキシビション *1497*
ヒャクニチソウ ラッフルズ シリーズ 1497
'チェリー ラッフルズ' *1497*
'ピンク ラッフルズ' *1497*
ヒヤシントイデス属 715
ヒュウガミズキ 421, *421*
ヒュームワート 420
'チャイナ ブルー' 420, *420*
'パープル リーフ' 420, *420*
'ブロンズ リーフ' 420, *420*
'ペペ デーヴィッド' 420, *420*
ビュストロポゴン属 273
ヒョウタンウツボカズラ 927, *927*
ヒヨコマメ 378
'カーブル ブラック' 378
'グリーン シーデッド' 378
ヒヨス属 720
ヒヨドリバナ属 582
ピラカンタ・ロゲルシアナ 1116, *1116*
'フラバ' 1116
ピラカンタ'オレンジ グロー' 1116
ピラカンタ'オレンジ チャーマー' 1116
ピラカンタ交雑品種 1116
ピラカンタ'ゴールデン チャーマー' 1116
ピラカンタ'ゴールデンドーム' 1116
ピラカンタ'ショーニー' 1116, *1116*
ピラカンタ'スパークラー' 1116
ピラカンタ'ハーレクイン' 1116
ピラカンタ'モハベ' 1116, *1116*
ピラカンタ'ワテレリ' 1116, *1116*
ヒラヒメアナナス 438
ヒリュウシダ 239-40
ビリンビ ナガミノゴレンジを参照 210, *210*
ヒルギダマシ 210, *210*
ヒルギダマシ属 210
ヒルザキツキミソウ 947
'アルバ' 947, *947*
'シスキュー' 947, *947*
'ロセア' 947
ビルベリー 1453
ビルベルギア・エレガンス 238
ビルベルギア・デイスタキア 238
'ペリアムズ プライド' 238, *238*
ヒルムシロ 1075
ピレア・インウォルクラタ 1044
'ノーフォーク' 1044
'ムーン バレー' 1044
ピレトロブシス属 1142-43
ヒレハリソウ 1385, *1385*
'ヴァリエガトゥム' 1385
ヒレハリソウ'ゴールドスミス' 1385, *1385*

ヒレハリソウ属 1385
ヒレハリソウ 'ヒドコート ブルー'
　1385
ヒロウ属 830-31
ヒロエロウヤシ 409, 409
ビロードアオイ 142
ビロードサンシチ 662-63
　'パープル パッション' 662
ビロードシバ 1498
ビロードタモ 612, 612
　'ファン-テックス' 612
ビロードトリネコ 612, 612
　'サミット' 612
　'パットモア' 612
　'マーシャルズ シードレス' 612
ビロードヒメアナナス 438
　'スターライト' 438
　'ピンク スターライト' 438
ビロードモウズイカ 1459, 1459
ヒロケレウス属 720
ピロセラ属 1044
ピソケレウス属 1044
ヒロノハコメススキ 489, 489
　ゴールデン デュー／
　　'ゴールトタウ' 489
　ゴールデン ペンダント／
　　'ゴールトゲハンジ' 489
　ゴールド ダスト／
　　'ゴールトスタウ' 489
　ブロンズ シャワー／
　　'ブロンズシュライアー' 489
ヒロハウシノケグサ 601, 601
ヒロハカエデ 85, 85
ヒロハクジャク 100, 100
ヒロハケンチャヤシ 714, 714
ヒロハザミア 1493, 1493
ヒロハテンナンショウ 184, 184
ヒロハノエビモ 1075
ヒロハノナンヨウスギ 171
ヒロハレンギョウ 607
　'テトラゴールド' 607, 607
ビワ 556, 556
ビワ属 555-56
ビワモドキ 501, 501
ピンオーク 1126, 1126
ビンカ 'エレガンティッシマ'
　ツルニチニチソウ 'ヴァリエガタ'
　を参照 1472
ビンカ 'クーラー ラズベリー
　レッド' 1472
ビンカ交雑品種 1472
ビンカ属 1472
ビンカ 'パシフィック ホワイト'
　1472
ビンカ 'パシフィック レッド' 1472
ビンカ 'メルロー ミクス' 1472
ビンカ 'ワリエガタ' ヒメツルニチ
　ニチソウ 'アルゲンテオヴァリエ
　ガタ' を参照 1472
ピンクッション 815, 815
　'アウロラ' 815
　'アフリカン レッド' 815
　'ファイアー ダンス' 815, 815
ピンクノウゼンカズラ 1065, 1065
ピンクバナナ 906, 906
ピンクヒース 538, 538
ピンクポーカーズ 652, 652
ピンクミンク 1088
ピンドローファー 70
ビンビルボックス ポプラボックスを
　参照 575, 575
ビンロウジュ 180, 180
ビンロウジュ属 180
ファーン リーフ クレマチス 387
ファイヤーヒース 549, 549
ファウンテングラス 1005, 1005
　'アトロサンギネウム'

1005, 1005
　'バーガンディ ジャイアント'
　　1005, 1005
ファケリア カンパヌラリア 1018,
　1018
ファケリア属 1017-18
ファセオルス・アクティフォリウス
　1022
　'ゴールデン' 1022
　'ソノーラン ブラウン' 1022
　'ミトラ ブラック' 1022
×ファトスヘデラ 598, 598
　'アンネマイク' 598
　'ワリエガタ' 598
×ファトスヘデラ属 598
ファビアナ・インブリカタ 596, 596
　'プロストラタ' 596
ファビアナ属 596
ファラエノプシス ハイブリッド
　1020
ファラエノプシス アルテミス
　1020
ファラエノプシス アンチック
　ゴールド 1020, 1021
ファラエノプシス オレゴン
　デライト 1020, 1021
ファラエノプシス キルティッド
　ビューティ 1021, 1021
ファラエノプシス クイーン・ビア
　1020, 1021
ファラエノプシス ケベド 1020,
　1021
ファラエノプシス コーラル
　ハーバー 1020, 1021
ファラエノプシス ゴールデン
　ポテンシャル 1020, 1021
ファラエノプシス コスミック・スター
　1020, 1020
ファラエノプシス コットンウッド
　1020, 1020
ファラエノプシス サンド・ストーン
　1021, 1021
ファラエノプシス シティ・ガール
　1020, 1020
ファラエノプシス シンイン
　フェイシャ 1399, 1399
ファラエノプシス ストライプト
　イーグル 1021, 1021
ファラエノプシス スノー・シティ
　1020, 1021
ファラエノプシス属 1018-21
ファラエノプシス ソゴ
　ファイアワーク 1020, 1021
ファラエノプシス ソゴ ユキディアン
　1020, 1021
ファラエノプシス ソノマ スポッツ
　1020, 1021
ファラエノプシス タイスコ
　アディアン 1021, 1021
ファラエノプシス タイスコ ピクシー
　1020, 1021
ファラエノプシス タイスコ
　ファイアバード 1021
ファラエノプシス タイダ
　サンセット 1021, 1021
ファラエノプシス チャンセラー
　1020
ファラエノプシス ティモシー
　クリストファー×pulcherrima
　1020, 1021
ファラエノプシス ナイト・シャイン
　1020, 1021
ファラエノプシス ハクギン 1020,
　1021
ファラエノプシス パンプキン
　パッチ 1021, 1021

ファラエノプシス フォルモーサ
　ミニ 1020, 1020
ファラエノプシス ブラザー
　ゴールデン・ウィッシュ
　1020, 1021
ファラエノプシス ブラザー
　ジュノー 1020, 1020
ファラエノプシス ブラザー
　ショーピース 1020, 1020
ファラエノプシス ブラザー
　セフィーノ 1020, 1021
ファラエノプシス ブラザー ピコ
　ウイートハート 1020, 1020
ファラエノプシス ブラザー ピコ
　バレザック 1020, 1020
ファラエノプシス ブラザー ピコ
　ピンク 1020, 1020
ファラエノプシス ブラザー
　リトル スポッティ 1020
ファラエノプシス ホス
　アマグラッド 1020, 1021
ファラエノプシス ホワフェン
　レッドクイーン 1020, 1021
ファラエノプシス ミーニョ
　ストライプス 1020, 1021
ファラエノプシス リトル キス
　1020, 1021
ファラエノプシス リビングストンズ
　ジェル 1020, 1020
ファラエノプシス ルシア リップ
　1020, 1021
ファルゲシア・ニティダ 598
　'アイゼナエ' 598
　'アンセプス' 598
　'デ ベルダー' 598
　'ニンフェンブルグ' 598
　'マクルー' 598
ファルゲシア・ムリエリアエ 598
　'ジャンボ' 598
　'シンバ' 598
　'タイム' 598
　'ヘアウッド' 598
ファルゲシア属 598
フィーバーツリー 80, 80
フィーバーフュー マトリカリアを
　参照 1399, 1399
フィクス・プミラ 604
　'サニー' 604, 604
　'ドーテ' 604
　'ミニマ' 604
フィゲリウス・アエクァリス 1033,
　1033
　'イエロー トランペット'
　　1033, 1033
　'トレウィデン ピンク'
　　1033, 1033
フィゲリウス属 1033
フィサリス・アルケケンギー 1036
　'ギガンテア' 1036
フィサリス・アルケケンギイ 'モンスト
　ロサ' Physalis alkekengi
　'ギガンテア' を参照 1036
フィサリス・フィラデルフィカ 1037
　'プープル ドゥ ミルパ'
　　1037, 1037
フィジーフトデクマデヤシ 1085
フィッシュテール パーム 336, 336
フィットニア・アルビウェニス 605
　'ナナ' 605, 605
フィットニア・アルビウェニス
　アルギュロネウラ グループ 605
フィットニア・アルビウェニス
　フェルシャフェルティ グループ
　605
フィットニア属 605
フィツロヤ・クプレッソイデス 605
フィツロヤ属 605

フィティニア フラセリ 1031, 1032
　'レッド ロビン' 1031, 1032
　'ロブスタ' 1032
フィモシア属 1036
フィラ属 1034
フィリアブチロン 71
　'アシュフォード レッド' 71
　'アプリコット' 71, 71
　'ウェイクハースト' 71
　'カナリー バード' 71, 71
　'カニントン キャロル' 71
　'カニントン スキーズ' 71, 71
　'クリムゾン ベル' 71
　'クレメンタイン' 71
　'ケンティッシュ ベル' 71
　'サマー シャーベット' 71, 71
　'スーヴニール ドゥ ボン' 71
　'セリーズ クイーン' 71
　'ドワーフ レッド' 71
　'ネイボブ' 71, 71
　'バートレイ シュワルツ' 71
　'ブール ドゥ ナージュ' 71, 71
　'ムーンチャイムス' 71
　'モーリッツ' 71
　'モバイル ピンク' 71
　'リンダ ヴィスタ ピーチ' 71
フィリイトススキ ススキ 'モーニン
　グライト' を参照 900, 900
×フィリオプシ交雑品種 1034
×フィリオプシス 'コッペリア' 1034
×フィリオプシス 'シュガー プラム'
　1034, 1034
×フィリオプシス属 1034
×フィリオプシス 'ピノキオ' 1034
フィリカ属 1034
フィリカリヤス ヨウシュヌマガヤ
　'ワリエガタ' を参照 901, 901
フィリソシンカ 221
フィリデイコ デイコを参照 563
フィリノセイヨウダンチク 193
フィリピンカンラン 323, 323
フィリペンドゥラ・ルブラ 605
　'ウェヌスタ' 605
フイリミヤマスミレ 1474, 1474
フィリレア属 1025
フィルバート 422
　'プルプレア' 422, 422
フィロクラドゥス属 1035
フィロゲリウス レクトゥス 1033
　'アフリカン クイーン'
　　1033, 1033
　'サーモン リープ' 1033, 1033
　'ムーンレイカー' 1033, 1033
フィロスタキス・ウィワクス 1036
　'アウレオカウリス' 1036
　'フアングウェンズウ' 1036
　'フアングウェンズウ・インウェルサ'
　　1036
フィロデンドロン属 1025-26
フィロドケ インテルメディア 1035
　'ドラモンデイ' 1035
フィンガー・オブ・ゴッド 103
フウ 827, 827
フーキエリア・ディグエティイ
　608-9, 608
フーキエリア属 608-9
ブーゲンヴィレア・グラブラ
　246-247, 246
　'アルバ' 246
　'キュフェリ' 246
　'マグニフィカ' 246-247
　'レインボー' 246-247
　'ワリエゲイテッド' 246-247
ブーゲンヴィレア・スペクタビリス
　247

ブーゲンヴィレア 'アップル
　ブロッサム' ブーゲンビレア
　'エリザベス ドキシー' を参照
　247, 247
ブーゲンヴィレア 'アレキサンドラ'
　247, 247
ブーゲンヴィレア 'イザベル
　グリーンスミス' 247
ブーゲンヴィレア 'インディアン
　メイド' ブーゲンビレア 'ベティ
　ヘンドリー' を参照 247
ブーゲンヴィレア 'エリザベス
　ドキシー' 247, 247
ブーゲンヴィレア 'エルスベット'
　247, 247
ブーゲンヴィレア 'オーララ' 247
ブーゲンヴィレア 'オレンジ キング'
　Bougainvillea×buttiana
　'ルイス ワッセン' を参照 246
ブーゲンヴィレア カマリロ・フィエ
　スタ 'モンレ' 247
ブーゲンヴィレア 'カリフォルニア
　ゴールド' Bougainvillea×
　buttiana 'エニッド ランカスター'
　を参照 246, 246
ブーゲンヴィレア 'グリーン ライト'
　Bougainvillea×buttiana
　'キリー キャンベル' を参照 246
ブーゲンヴィレア 'クリムゾン
　ジュエル' 247
ブーゲンヴィレア 'クリムゾン
　レイク' Bougainvillea×
　buttiana 'ミセス バット' を参照
　246, 246
ブーゲンヴィレア 'クローズバーン'
　247
ブーゲンヴィレア交雑品種 247
ブーゲンヴィレア 'ゴールド サン'
　247
ブーゲンヴィレア 'ザキリアナ'
　247
ブーゲンヴィレア 'サザン ローズ'
　247
ブーゲンヴィレア 'サンセット'
　Bougainvillea×buttiana
　'エニッド ランカスター' を参照
　247
ブーゲンヴィレア 'サンダンス'
　247
ブーゲンヴィレア 'サン ディエゴ
　レッド' 247, 247
ブーゲンヴィレア 'ジェームズ
　ウォーカー' 247
ブーゲンヴィレア 'ジャマイカ
　ホワイト' ブーゲンビレア
　'エリザベス ドキシー' を参照
　247, 247
ブーゲンヴィレア 'ジャムフリ' 247,
　247
ブーゲンヴィレア 'ズールー
　クィーン' 247
ブーゲンヴィレア 'スカーレット
　オハラ' ブーゲンビレア
　'サンディエゴ レッド' 247, 247
ブーゲンヴィレア属 246-247
ブーゲンヴィレア 'タヒチアン
　ドーン' 247
ブーゲンヴィレア 'タヒチアン
　メイド' 247
ブーゲンヴィレア 'テンプル
　ファイヤー' ブーゲンビレア
　'クローズバーン' を参照 247
ブーゲンヴィレア 'トーチ グロウ'
　247
ブーゲンヴィレア 'トマシイ' 247

Tanacetum 1399-400	Thamnochortus 1409	Trachelium 1425	Turbinicarpus 1444	Vepris 1458	Washingtonia 1482-83	Y
Tanquana 1400	Thelocactus 1409-10	Trachelospermum 1425	Turraea 1445	Veratrum 1458	Watsonia 1483	Yucca 1491-93
Tapeinochilus 1400	Thelymitra 1410	Trachycarpus 1425-26	Tweedia 1445	Verbascum 1458-59	Weigela 1483-84	Yushania 1493
Taraxacum 1400	Thelypteris 1410	Trachystemon 1426	Typha 1445	Verbena 1459-61	Weinmannia 1484	
Tavaresia 1400	Theobroma 1410	Tradescantia 1426-27		Veronica 1461-63	Weldenia 1484-85	Z
Taxodium 1400-1	Thermopsis 1411	Tragopogon 1427	U	Veronicastrum 1463-64	Welwitschia 1485	Zaluzianskya 1493
Taxus 1401-2	Thevetia 1411	Trapa 1427	Uebelmannia 1448	Verschaffeltia 1464	Westringia 1485	Zamia 1493
Tecoma 1402-3	Thrinax 1411	Trevesia 1427	Ugni 1448	Verticordia 1464	Widdringtonia 1485	Zantedeschia 1494
Tecomanthe 1403	Thryptomene 1412	Trichodiadema 1428	Ulex 1448	Vesselowskya 1464-65	Wigandia 1486	Zanthoxylum 1494-95
Tecophilaea 1403	Thuja 1412-13	Trichosanthes 1428	Ulmus 1448-51	Vestia 1465	Wikstroemia 1486	Zea 1495
Telanthophora 1403	Thujopsis 1413-14	Trichostema 1428	Umbellularia 1451	Viburnum 1465-70	Wilsonara 1486	Zelkova 1495-96
Telekia 1403	Thunbergia 1414	Tricyrtis 1428-29	Uncinia 1451	Vicia 1470	Wisteria 1486-87	Zenobia 1496
Tellima 1403	thyme（Thymus）1414-16	Trifolium 1429	Urtica 1451	Victoria 1471	Wittrockia 1488	Zigadenus 1496
Telopea 1404	Tiarella 1416	Trigonella 1429	Utricularia 1451-52	Vigna 1471	Wollemia 1488	Zingiber 1496
Tephrocactus 1404-5	Tibouchina 1417	Trigonidium 1430	Uvularia 1452	Viguiera 1471	Woodsia 1488	Zinnia 1497-98
Tephrosia 1405	Tigridia 1417-18	Trillium 1430-31		Vinca 1472	Woodwardara 1488	Ziziphus 1498
Terminalia 1405	Tilia 1418-20	Tristania 1431	V	Viola 1472-77	Woodwardia 1488-89	Zoysia 1498
Ternstroemia 1406	Tillandsia 1420-22	Tristaniopsis 1431-32	Vaccinium 1453-54	Virgilia 1477		Zygopabstia 1498
Tetracentron 1406	Tipuana 1422	Triteleia 1432	Valeriana 1454	Vitex 1477	X	Zygopetalum 1499
Tetraclinis 1406	Titanopsis 1422	Triticum 1432-33	Valerianella 1454-55	Vitis 1477-78	Xanthoceras 1489	Zygophyllum 1499
Tetradenia 1406	Tithonia 1422-23	Tritonia 1433	Vancouveria 1455	Vriesea 1478-79	Xanthophthalmum 1489	
Tetradium 1406	Tolmiea 1423	Trochodendron 1433	Vanda 1455-56	Vuylstekeara 1479	Xanthorrhoea 1489-90	
Tetragonia 1406-7	Toona 1423	Trollius 1433	Vanilla 1456-57		Xanthosoma 1490	
Tetrapanax 1407	Torenia 1423-24	Tropaeolum 1434	Veitchia 1457	W	Xanthostemon 1490	
Tetratheca 1407	Torreya 1424	Trudelia 1434-35	Vella 1457	Wachendorfia 1482	Xeranthemum 1490	
Teucrium 1407-8	Townsendia 1424	Tsuga 1435-36	Veltheimia 1457	Waldsteinia 1482	Xerochrysum 1490-91	
Thalia 1408	Toxicodendron 1424-25	Tulbaghia 1436		Warszewiczia 1482	Xeronema 1491	
Thalictrum 1408-9		Tulipa 1436-44				

索引注釈：
※イタリック数字は、写真の掲載ページ数を示します。
※学名はラテン読みに統一して掲載いたしました。
※一般名及び品種名が解るもののみ掲載いたしました。
※A～Z順の原書索引は紙面都合上割愛いたしました。ご希望の方はお問い合わせ下さい。

●学名のラテン語読みの主な凡例●

ca=カ	ja=ヤ	qua=クア	va=ワ	tsu=トゥス
ci=キ	ji=イ	qui=クイ	vi=ウィ	tum=トゥム
cu=ク	ju=ユ	quu=クウ	vu=ウ	
ce=ケ	je=エ	que=クエ	ve=ウェ	y=i=キ
co=コ	jo=ヨ	quo=クオ	vo=ウォ	cy=ci=キ

※固有名詞は、各国語の発音に従う。

FLORA
フローラ

初版第1刷　2005年6月10日
（個人普及版）

著　者――――トニー・ロード、他12名
索引用語監修――大槻　真一郎
翻訳責任―――井口　智子
翻訳者――――小佐田　愛子
　　　　　　　佐藤　睦子
　　　　　　　橘　美穂
　　　　　　　堂守　澄子
　　　　　　　八木　杏水
　　　　　　　柳瀬　一葉
発行人――――平野　陽三
発行元――――産調出版
〒169-0074　東京都新宿区北新宿3-14-8
TEL.03-3363-9221　FAX.03-3366-3503
http://www.gaiajapan.co.jp

本体価格――――19,000円（消費税別）

Printed in Hong Kong by Sing Cheng Printing Co., Ltd.
Film separation Pica Digital Pte Ltd. Singapore
©2004 SUNCHOH SHUPPAN INC., JAPAN　不許複製・禁無断転載
全冊分冊不可　セットコード：ISBN 4-88282-405-1 C3661

個人普及版　本書は、個人でもお求めやすく、布張上製本を紙張りにし、CD-ROMを除いて、安価にしたものです。

CD-ROM別売

本書を購入された方には
CD-ROM版（別売）を
4,400円（消費税込・代金引換）にて
販売いたします。

◎パソコンさえあればどこでもワンクリックで植物検索、その場でプリントアウトが可能。
◎数百の役立つリンク情報や地域に合った植物リストを呼び出すことができる。
◎園芸日誌としても、季節を経て変化する植物を見て楽しんだり、スペルチェッカーやスクリーンセーバーにも設定することができる。

ご希望の方は産調出版迄、「FLORA CD-ROM版希望」と明記の上、FAX（03-3366-3503）でお申し込み下さい。

Luma 839
Lunaria 839
Lupinus 839-41
Lycaste 841
Lychnis 842
Lycium 842
Lycopersicon 842-43
Lycopodiella 843
Lycopodium 844
Lycoris 844
Lygodium 844
Lysichiton 844-45
Lysimachia 845
Lythrum 845

M

Maackia 848
Macadamia 848
Machaeranthera 848
Mackaya 848
Macleania 848-49
Macleaya 849
Maclura 849
Macropiper 849
Macrozamia 850
Magnolia 850-54
Mahonia 854-56
Maianthemum 857
Maihuenia 857
Maihueniopsis 857
Malaxis 858
Malcolmia 858
Malephora 858
Mallotus 858
Malpighia 858-59
Malus 859-67
Malva 867-68
Malvaviscus 868
Mammillaria 868-72
Mandevilla 873
Mandragora 873
Mangifera 873-74
Manihot 874
Manilkara 874
Maranta 874-75
Marattia 875
Margyricarpus 875
Markhamia 875
Marrubium 875-76
Marsilea 876
Masdevallia 876-77
Matricaria 877
Matteuccia 877
Matthiola 878
Matucana 878
Maxillaria 879
Maytenus 879
Mazus 879-80
Meconopsis 880
Medicago 881
Medinilla 881
Mediocalcar 881
Meehania 881
Megaskepasma 881-82
Melaleuca 882-85
Melampodium 885
Melasphaerula 885-66
Melastoma 886
Melia 886
Melianthus 886
Melica 886-87
Melicope 887
Melicytus 887
Melinis 887
Meliosma 887-88
Melissa 888
Melocactus 888
Menispermum 888
Mentha 888-89
Menyanthes 889-90
Mertensia 890
Meryta 890
Mesembryanthemum 890-91
Mespilus 891
Mesua 891
Metasequoia 891-92
Metrosideros 892-93
Metroxylon 893
Meum 893
Michelia 893-94
Micranthocereus 894
Microbiota 894
Microcachrys 894
Microlepia 894
Microsorum 894-95
Milium 894-95
Millettia 894-95
Miltonia 894-95
Miltassia 895
Miltonidium 895
Miltoniopsis 896-97
Mimetes 897
Mimosa 898
Mimulus 898
Mimusops 899
Minuartia 899

Mirabilis 899
Mirbelia 899
Miscanthus 899-900
Mitchella 900
Mitella 900
Mitrophyllum 900-1
Molinia 901
Moltkia 901
Monanthes 901
Monarda 901-2
Monardella 902
Monopsis 902
Monstera 902
Montanoa 902-3
Montia 903
Moraea 903
Morina 904
Morisia 904
Morus 904
Muehlenbeckia 904-5
Mukdenia 905
Murraya 905
Musa 905-6
Muscari 906
Mussaenda 906
Mutisia 907
Myoporum 907
Myosotidium 908
Myosotis 908
Myrica 908
Myriocarpa 908-9
Myriophyllum 909
Myrrhis 909
Myrtillocactus 909
Myrtus 909

N

Nageia 912
Nakamotoara 912
Nandina 913
Nanodes 913
Narcissus 914-21
Nassella 921
Nasturtium 921
Navia 922
Nectaroscordum 922
Neillia 922
Nelumbo 922-23
Nematanthus 923
Nemesia 923-24
Nemophila 924
Neobuxbaumia 924
Neocallitropsis 924-25
Neofinetia 925
Neolitsea 925
Neolloydia 925
Neomarica 925
Neoregelia 926
Neostylis 927
Nepenthes 927-30
Nepeta 930-31
Nephrolepis 931
Nerine 931-32
Nerium 932
Neviusia 932
Nicandra 932
Nicotiana 932-33
Nidularium 933
Nierembergia 934
Nigella 934
Nolana 934
Nolina 934-35
Nomocharis 935
Nothofagus 935-36
Nuphar 936
Nuxia 936
Nuytsia 936-37
Nymania 937
Nymphaea 937-39
Nymphoides 939
Nyssa 939

O

Oberonia 942
Obregonia 942
Ochagavia 942
Ochna 942-43
Ocimum 943-44
Odontioda 944
Odontobrassia 944
Odontocidium 945
Odontoglossum 945
Odontonema 946
Odontonia 946
Oemleria 946
Oenanthe 946-47
Oenothera 947
Oldenburgia 948
Olea 948
Olearia 948-50
Olinia 950
Olneya 951
Omphalodes 951
Oncidium 951-52
Oncoba 952
Onoclea 952

Onopordum 952-53
Onosma 953
Ophiopogon 953
Oplopanax 953
Opuntia 953-55
Oreocereus 955-56
Oreopanax 956 956
Origanum 956-57
Orixa 957 957
Ornithogalum 957-58
Orontium 958
Oroya 958-59
Orphium 959
Orthophytum 959
Orthosiphon 959
Orthrosanthus 960
Orychophragmus 960
Oryza 960
Osbeckia 960
Osmanthus 960
Osmunda 961-62
Osteomeles 962
Osteospermum 962-63
Ostrya 963
Otacanthus 964
Otatea 964
Othonna 964
Ottelia 964
Ourisia 964-65
Oxalis 965-66
Oxydendrum 966
Ozothamnus 966-67

P

Pacherocactus 970
Pachira 970
Pachycereus 970-71
Pachycormus 971
Pachyphragma 971
Pachyphytum 971
Pachypodium 971-72
Pachyrhizus 972
Pachysandra 972
Pachystachys 973
Paeonia 973-77
Paliurus 978
Panax 978
Pandanus 978-79
Pandorea 979
Panicum 979
Papaver 979-81
Paphiopedilum 981-95
Paradisea 985
Parahebe bidwillii 985
Paraquilegia 986
Paraserianthes 986
Pardoglossom 986
Parietaria 986
Paris 986-87
Parkia 987
Parkinsonia 987
Parmentiera 987
Parodia 987-89
Parrotia 989
Parrotiopsis 990
Parthenocissus 990
Passiflora 990-92
Pastinaca 992
Patrinia 992
Paullinia 992
Paulownia 993
Pavetta 993
Pavonia 993-94
Paxistima 994
Pecluma 994
Pedilanthus 994
Pediocactus 994
Pelargonium 995-1003
Pelecyphora 1004
Pellaea 1004
Peltandra 1004
Peltophorum 1004
Peniocereus 1004-5
Pennisetum 1005
Penstemon 1006-8
Pentachondra 1009
Pentas 1009
Peperomia 1009-10
Pereskia 1010
Pericallis 1010-11
Perilla 1011
Perovskia 1011
Persea 1012
Persicaria 1012-13
Persoonia 1014
Pescatorea 1014
Petasites 1014-15
Petrea 1015
Petrophile 1015
Petrorhagia 1015
Petroselinum 1016
Petunia 1016-17
Phacelia 1017-18
Phaedranassa 1018
Phaius 1018
Phalaenopsis 1018-21
Phalaris 1021-22

Phaseolus 1022-23
Phebalium 1023
Phellodendron 1023-24
Philadelphus 1024-25
Phillyrea 1025
Philodendron 1025-26
Phlebodium 1026-27
Phleum 1027
Phlomis 1027-28
Phlox 1028-30
Phoenix 1030
Phormium 1031
Photinia 1031-32
Phragmipedium 1032
Phragmites 1032-33
Phuopsis 1033
Phygelius 1033
Phyla 1034
Phylica 1034
Phyllanthus 1034
Phylliopsis 1034
Phyllocladus 1035
Phyllodoce 1035
Phyllostachys 1035-36
Phymosia 1036
Physalis 1036-37
Physocarpus 1037
Physostegia 1038
Phyteuma 1038
Phytolacca 1038
Picea 1039-42
Picrasma 1042
Pieris 1042-43
Pilea 1043-44
Pileostegia 1044
Pilosella 1044
Pilosocereus 1044
Pimelea 1044-45
Pimpinella 1045
Pinanga 1045
Pinellia 1045
Pinguicula 1046
Pinus 1046-51
Piper 1052
Piptanthus 1052
Pipturus 1052
Pisonia 1052-53
Pistacia 1053
Pistia 1053
Pisum 1054
Pitcairnia 1054
Pithecellobium 1054
Pittosporum 1054-56
Pityrogramma 1056
Plagianthus 1056
Plantago 1056-57
Platanus 1057
Platycarya 1057
Platycerium 1058
Platycladus 1058
Platycodon 1058-59
Platylobium 1059
Platystemon 1059
Plectranthus 1059-60
Pleioblastus 1060
Pleione 1060-61
Pleiospilos 1061
Pleurophyllum 1061
Pleurothallis 1062
Plumbago 1062
Plumeria 1062-63
Poa 1063
Podalyria 1063
Podocarpus 1064
Podophyllum 1065
Podranea 1065
Polemonium 1065-66
Polianthes 1066
Polyalthia 1066
Polygala 1066-67
Polygonatum 1067
Polylepis 1067
Polypodium 1067-68
Polyscias 1068-69
Polystachya 1069
Polystichum 1069-70
Pomaderris 1070
Poncirus 1071
Pongamia 1071
Pontederia 1071
Populus 1071-73
Portea 1074
Portulaca 1074
Portulacaria 1074-75
Posoqueria 1075
Potameogeton 1075
Potentilla 1075-77
Potinara 1077
Pouteria 1078
Pratia 1078
Primula 1078-84
Prinsepia 1084
Pritchardia 1084-85
Prosopis 1085
Prostanthera 1085
Protea 1087-90
Prumnopitys 1090-91
Prunella 1091

Prunus 1091-1100
Pseuderanthemum 1100
Pseudocydonia 1100
Pseudolarix 1101
Pseudopanax 1101
Pseudophoenix 1102
Pseudorhipsalis 1102
Pseudosasa 1102-3
Pseudotsuga 1103
Pseudowintera 1103
Psidium 1104
Psoralea 1104
Psychopsis 1104-5
Psychotria 1105
Psylliostachys 1105
Ptelea 1105
Pteridium 1105-6
Pteris 1106-7
Pterocarpus 1107
Pterocarya 1107
Pteroceltis 1107-8
Pterocephalus 1108
Pterospermum 1108
Pterostylis 1108
Pterostyrax 1108-9
Ptilotus 1109
Ptychosperma 1109
Pueraria 1110
Pulmonaria 1110-12
Pulsatilla 1112-13
Pultenaea 1113-14
Punica 1114
Purshia 1114
Puschkinia 1114
Puya 1114-15
Pycnanthemum 1115
Pycnostachys 1115
Pyracantha 1115-16
Pyrostegia 1116
Pyrrosia 1116-17
Pyrus 1117-19

Q

Quercus 1122-28
Quesnelia 1128-29
Quillaja 1129
Quisqualis 1129

R

Radermachera 1129
Rafflesia 1129
Ramonda 1130
Ranunculus 1130-32
Raoulia 1132-33
Raphanus 1133
Raphia 1133-34
Ratibida 1134
Rauvolfia 1134
Ravenala 1134-35
Rebutia 1135
Reevesia 1136
Rehderodendron 1136
Rehmannia 1136
Reineckea 1136
Reinwardtia 1136-37
Renantanda 1137
Renanthera 1137
Renealmia 1137
Reseda 1138
Restrepia 1138
Retama 1138
Rhamnus 1138-39
Rhaphiolepis 1139-40
Rhapis 1140
Rheum 1140-41
Rhinerrhiza 1141
Rhipsalis 1141
Rhizanthella 1141
Rhizophora 1142
Rhodanthe 1142
Rhodanthemum 1142-43
Rhodiola
  (Rhodanthemum
  hosmariense) 1143
Rhodochiton 1143
Rhododendron 1143-1201
Rhodohypoxis 1202
Rhodoleia 1202-3
Rhodothamnus 1203
Rhodotypos 1203
Rhopalostylis 1203
Rhus 1203-5
Rhynchostele 1205
Rhynchostylis 1205
Ribes 1205-7
Richea 1208
Ricinocarpos 1208
Ricinus 1208
Rimacola 1209
Robinia 1209-10
Robiquetia 1210
Rodgersia 1210
Rodriguezia 1210
Roella 1211
Roldana 1211

Romneya 1211
Romulea 1211
Rondeletia 1211-12
Rosa 1212-81
Roscoea 1281
Rosmarinus 1281-82
Rossioglossum 1282
Rothmannia 1282-83
Roystonea 1283
Rubus 1283-86
Rudbeckia 1286
Ruellia 1286-87
Rumex 1287-88
Rumohra 1288
Ruschia 1288
Ruscus 1288-89
Ruspolia 1289
Russelia 1289
Ruta 1289
Ruttya 1289

S

Sabal 1292
Saccharum 1292
Saccolabiopsis 1293
Sadleria 1293
Sagina 1293
Sagittaria 1293
Saintpaulia 1294-95
Salix 1296-99
Salpichlaena 1299
Salpiglossis 1299-1300
Salvia 1300-7
Sambucus 1307-8
Sanchezia 1308
Sandersonia 1308-9
Sanguinaria 1309
Sanguisorba 1309
Sansevieria 1309
Santalum 1310
Santolina 1310
Sanvitalia 1310
Sapindus 1311
Sapium 1311
Saponaria 1311
Saraca 1312
Sarcobatus 1312
Sarcochilus 1312-13
Sarcococca 1313
Saritaea 1313
Sarracenia 1313-15
Sasa 1316
Sasaella 1316
Sassafras 1316
Satureja 1316
Saururus 1316-17
Saxegothaea 1317
Saxifraga 1317-19
Scabiosa 1319-20
Scadoxus 1320
Scaevola 1321
Schaueria 1321
Schefflera 1321-22
Schima 1322
Schinus 1322
Schisandra 1322-23
Schistostylus 1323
Schizaea 1323
Schizanthus 1323
Schizophragma 1323
Schizostylis 1323-24
Schlumbergera 1324
Schoenoplectus 1324
Schoenus 1324
Schomburgkia 1325
Schotia 1325
Sciadopitys 1325
Scilla 1325-26
Scleranthus 1326
Sclerocactus 1326-27
Sclerocarya 1327
Scolopia 1327
Scrophularia 1327
Scutellaria 1327-28
Sechium 1328
Sedum 1328-31
Selaginella 1331-32
Selenicereus 1332
Semiaquilegia 1332
Semiarundinaria 1332
Sempervivum 1332-34
Senecio 1334-35
Senna 1335-36
Sequoia 1336
Sequoiadendron 1336-37
Serenoa 1337
Seriphidium 1337
Serissa 1337
Serruria 1338
Sesamum 1338
Sesbania 1338
Sesleria 1338
Shepherdia 1338
Shorea 1339
Shortia 1339
Sibiraea 1339
Sidalcea 1339-40

Sideritis 1340
Silene 1340-41
Silphium 1341
Silybum 1341
Simmondsia 1341
Sinapis 1341-42
Sinningia 1342-43
Sinocalycanthus 1343
Sisyrinchium 1343-44
Skimmia 1344
Smilacina 1345
Smilax 1345
Smyrnium 1345
Sobralia 1345-46
Solandra 1346
Solanum 1346-49
Soldanella 1349
Soleirolia 1349
Solenostemon 1349-50
Solidago 1350-51
Solidaster 1351
Sollya 1351-52
Sophora 1352-53
Sophrocattleya 1353
Sophrolaelia 1353
Sophrolaeliocattleya 1353-54
Sophronitis 1354
Sorbaria 1354-55
Sorbus 1355-59
Sorghastrum 1359
Sorghum 1359
Sparaxis 1359
Sparmannia 1359-60
Spartina 1360
Spartium 1360
Spathiphyllum 1360
Spathodea 1360-61
Spathoglottis 1361
Sphaeralcea 1361
Spiloxene 1361
Spinacia 1362
Spiraea 1362-65
Sporobolus 1365
Sprekelia 1366
Sprengelia 1366
Stachys 1366-67
Stachyurus 1367
Stanhopea 1367-68
Stapelia 1368
Stapelianthus 1368
Staphylea 1369
Stauntonia 1369
Stellaria 1369
Stenocactus 1369-70
Stenocarpus 1370
Stenocereus 1370-71
Stenomesson 1371
Stenotaphrum 1371
Stephanandra 1371-72
Sterculia 1372
Sternbergia 1372
Stetsonia 1372
Stewartia 1372-73
Stigmaphyllon 1373
Stilbocarpa 1373
Stipa 1374
Stokesia 1374
Strelitzia 1374-75
Streptocarpus 1375-78
Streptosolen 1379
Strobilanthes 1379
Stromanthe 1379
Strombocactus 1379
Strongylodon 1379-80
Strophanthus 1380
Strychnos 1380
Stylidium 1380-81
Stylophorum 1381
Styphelia 1381
Styrax 1381-82
Succisa 1382
Sutera 1382
Sutherlandia 1383
Swainsona 1383
Swietenia 1383-84
Syagrus 1384
Symphoricarpos 1384-85
Symphyandra 1385
Symphytum 1385
Symplocos 1385-86
Synadenium 1386
Syncarpha 1386
Syncarpia 1386-87
Synthyris 1387
Syringa 1387-92
Syzygium 1392-93

T

Tabebuia 1396
Tabernaemontana 1396
Tacca 1396
Tagetes 1397
Taiwania 1398
Talinum 1398
Tamarindus 1398
Tamarix 1398-99

Index

Chrysocephalum 376
Chrysogonum 376
Chrysolepis 376-77
Chrysophyllum 377
Chrysothamnus 377
Chusquea 377
Cibotium 378
Cicer 378
Cichorium 378
Cineraria 379
Cinnamomum 379
Cirsium 379
Cissus 380
Cistus 380
Citrullus 382
Citrus 383
Cladrastis 384-85
Clarkia 385
Claytonia 385
Cleisostoma 385
Cleistocactus 386
Clematis 386-92
Cleome 392
Clerodendrum 393
Clethra 394
Clianthus 394
Clitoria 394
Clivia 394-95
Cloezia 395
Clusia 395
Clytostoma 396
Cneorum 396
Cobaea 396
Coccoloba 396
Coccothrinax 397
Cochemiea 397
Cochleanthes 397-98
Cochlospermum 398
Cocos 398
Codiaeum 398
Codonopsis 399
Coelogyne 399
Coffea 400
Coix 400
Colchicum 400
Coleonema 401
Colletia 401
Collinsia 402
Colmanara 402
Colobanthus 402
Colocasia 402-3
Colquhounia 403
Colubrina 403
Columnea 403
Colutea 404
Combretum 404
Commelina 404
Commersonia 404-5
Commidendrum 405
Commiphora 405
Comptonella 405-6
Comptonia 406
Congea 406
Conoclinium 406
Conophytum 406-7
Conospermum 407
Conostylis 407
Conradina 407
Consolida 407-8
Convallaria 408
Convolvulus 408
Copernicia 409
Copiapoa 409-10
Coprosma 410-11
Cordia 411
Cordyline 412
Coreopsis 412-13
Coriandrum 414
Coriaria 414
Cornus 414
Corokia 417-18
Coronilla 418
Correa 418-19
Cortaderia 419
Corybas 419-20
Corydalis 420-21
Corylopsis 421
Corylus 421-21
Corymbia 422-23
Corynocarpus 424
Corypha 424
Coryphantha 424
Cosmos 424-25
Costus 425
Cotinus 426
Cotoneaster 426-28
Cotula 428
Cotyledon 428-29
Couroupita 429
Crambe 429
Craspedia 430
Crassula 430-31
Crataegomespilus 432
Crataegus 432-33
Crescentia 433
Crinodendron 433-34
Crinum 434
Crocosmia 434-35

Crocus 435-36
Crossandra 436-47
Crotalaria 437
Croton 437
Crowea 437-38
Cryptanthus 438
Cryptbergia 439
Cryptocarya 439
Cryptomeria 439
Cryptotaenia 440
Ctenanthe 440
Cucumis 440-41
Cucurbita 441
Cuminum 442
Cunila 442
Cunninghamia 442
Cunonia 442-43
Cupaniopsis 443
Cuphea 443-44
Cupressus 444-46
Cuprocyparis 446
Curcuma 446-47
Cussonia 447
Cyananthus 447
Cyathea 447-48
Cyathodes 448
Cycas 449
Cyclamen 450-51
Cydonia 451
Cylindropuntia 451-52
Cymbalaria 452
Cymbidium 452-57
Cymbopogon 457
Cynara 457
Cynodon 457
Cynoglossum 457
Cyperus 458
Cyphostemma 458
Cypripedium 459
Cyrilla 459
Cyrtanthus 459
Cyrtomium 460
Cyrtostachys 460
Cystopteris 460
Cytisus 460-61

D

Daboecia 464
Dacrycarpus 464
Dacrydium 464
Dactylorhiza 465
Dahlia 466-72
Dais 472
Dalbergia 472
Dalea 472
Dampiera 472-73
Danae 473
Daphne 473
Daphniphyllum 474
Darlingtonia 475
Darmera 475
Darwinara 475
Darwinia 475
Dasylirion 475-76
Datura 476
Daucus 476
Davallia 476
Davidia 476-77
Daviesia 477
Decaisnea 477
Delonix 478
Delosperma 478
Delphinium 478-80
Dendrobium 480-87
Dendrocalamus 487
Dendrochilum 487
Dendromecon 487
Dendrosenecio 488
Dennstaedtia 488
Deppea 488
Derwentia 488
Deschampsia 489
Desfontainia 489
Desmodium 489
Deutzerocohnia 489
Deutzia 490
Dianella 490-91
Dianthus 491-95
Diascia 495
Dicentra 496
Dichorisandra 496
Dichroa 496-7
Dicksonia 497
Dicliptera 497
Dictamnus 498
Dictyosperma 498
Dieffenbachia 498
Dierama 498
Diervilla 498-499
Dietes 499
Digitalis 499-500
Dillenia 501
Dillwynia 501
Dimocarpus 501
Dinteranthus 501
Dionaea 502
Dioon 502

Dioscorea 502-3
Diospyros 503-4
Dipelta 504
Diplarrhena 504
Diplazium 504
Diploglottis 504
Dipteris 505
Dirca 505
Disa 505
Disanthus 506
Discaria 506
Diselma 506
Disporum 506
Dissotis 507
Districtis 507
Diuris 507
Dockrillia 507
Dodecatheon 508
Dodonaea 508
Dombeya 509
Doodia 509
Doronicum 509
Dorotheanthus 509-10
Dorstenia 510
Doryanthes 510
Dovyalis 510
Draba 511
Dracaena 511
Dracocephalum 512
Dracophyllum 512
Dracula 512
Drimys 512
Drosanthemum 512-3
Drosera 513-15
Drosophyllum 515
Dryandra 515
Dryas 515
Dryopteris 515-16
Duboisia 517
Duchesnea 517
Dudleya 517-8
Duranta 518
Durio 518
Dyakia 518
Dyckia 518-9
Dyera 519
Dymondia 519
Dypsis 519-20

E

Ebenus 522
Ecballium 522
Eccremocarpus 522
Echeveria 552
Echinacea 525
Echinocactus 526
Echinocereus 526
Echinops 527-29
Echinopsis 528-29
Echium 529-30
Edgeworthia 530
Edmondia 530
Edraianthus 530-31
Ehretia 531
Eichhornia 531
Elaeagnus 531
Elaeis 532
Elaeocarpus 532-33
Elegia 533
Eleocharis 533
Elettaria 534
Eleutherococcus 534
Elodea 534
Elymus 534-35
Embothrium 535
Emilia 535
Emmenopterys 535
Empetrum 535-36
Encelia 536
Encephalartos 536
Encyclia 536-37
Enkianthus 537
Ensete 538
Entelea 538
Eomecon 538
Epacris 538
Ephedra 539-39
Epiblastus 539
Epicattleya 539
Epidendrum 539-40
Epigaea 541
Epilobium 541
Epimedium 541-42
Epiphyllum 542-43
Epipremnum 543
Episcia 543-44
Epithelantha 544
Equisetum 544
Eragrostis 545
Eranthemum 545
Eranthis 545
Eremophila 545-46
Eremurus 546-47
Eria 547
Erica 547-48
Ericameria 553-54
Erigeron 554-55

Erinacea 555
Erinus 555
Eriobotrya 555-56
Eriogonum 556
Eriophorum 556-57
Eriophyllum 557
Eriostemon 557
Eriosyce 557-58
Erodium 558
Eruca 559
Eryngium 559-61
Erysimum 561-62
Erythrina 562-63
Erythronium 563-64
Erythrophleum 564-65
Escallonia 565
Eschscholzia 566
Escobaria 566
Espostoa 566-67
Etlingera 567
Eucalyptus 566-77
Eucomis 577-78
Eucommia 578
Eucryphia 578
Eugenia 579
Eulophia 579
Eulychnia 579
Euonymus 580-82
Eupatorium 582
Euphorbia 582-90
Euptelea 590
Eurya 590
Euryale 591
Euryops 591
Eustoma 591
Euterpe 592
Evolvulus 592
Exacum 592
Exocarpos 593
Exochorda 593

F

Fabiana 596
Fagus 596
Fallopia 597
Farfugium 597-98
Fargesia 598
Fatshedera 598
Fatsia 598
Felicia 598-99
Fenestraria 599
Ferocactus 599-600
Festuca 600
Ficus 601-4
Filipendula 605
Firmiana 605
Fittonia 605
Fitzroya 605
Flacourtia 606
Flagellaria 606
Flindersia 606
Foeniculum 606
Fontanesia 607
Forestiera 607
Forsythia 607-8
Fothergilla 608
Fouquieria 608-9
Fragaria 609
Frailea 609
Francoa 609-10
Franklinia 610
Fraxinus 610
Freesia 612-13
Fremontodendron 613
Freylinia 613
Fritillaria 613-15
Fuchsia 615
Furcraea 619

Gahnia 622
Gaiadendron 622
Gaillardia 622
Galactites 622-23
Galanthus 623
Galega 623
Galium 624
Galtonia 624
Galvezia 624
Garcinia 624
Gardenia 625
Garrya 625
Gasteria 625-26
Gaultheria 626
Gaura 627
Gazania 627-28
Geijera 628
Geissois 628
Gelsemium 628-29
Genista 629
Genlisea 630
Gentiana 630
Gentianopsis 631
Geohintonia 631
Geranium 631-36
Gerbera 636-37
Geum 637
Gevuina 638
Gibbaeum 638

Gillenia 638
Ginkgo 638-39
Gladiolus 639-40
Glaucidium 640-41
Glaucium 641
Gleditsia 641
Gleichenia 642
Globba 642
Globularia 642
Glochidion 642
Gloriosa 643
Glottiphyllum 643
Gloxinia 643
Glyceria 644
Glycine 644
Glycyrrhiza 644
Glyptostrobus 644-45
Gnetum 645
Gomphocarpus 645
Gompholobium 645
Gomphrena 645-46
Gongora 646
Goodia 646
Gordonia 646-47
Gossypium 647
Graptopetalum 647
Graptophyllum 647
Graptoveria 647-48
Grastidium 648
Grevillea 648-55
Grewia 655-56
Greyia 656
Grindelia 656-57
Griselinia 657
Grusonia 657
Gunnera 657-58
Gustavia 658
Guzmania 658
Gymnocalycium 659-60
Gymnocarpium 661
Gymnocladus 661
Gymnostoma 662
Gynura 662-63
Gypsophila 663

H

Haberlea 666
Habranthus 666
Hacquetia 666
Haemanthus 666
Hakea 666-68
Hakonechloa 669
Halesia 669
Halgania 669
Halimiocistus 669-70
Halimium 670
Halleria 670
Halocarpus 670-71
Hamamelis 671
Haplopappus 671
Hardenbergia 672
Harpephyllum 672
Harpullia 672
Harrisia 672
Hatiora 672-73
Hawkinsara 673
Haworthia 673
Hebe 674-77
Hechtia 678
Hedera 678-80
Hedychium 680
Hedyscepe 680
Heimia 681
Helenium 681
Heliamphora 681-82
Helianthemum 682
Helianthus 683-85
Helichrysum 685
Heliconia 686-88
Helictotrichon 688
Heliohebe 688-89
Heliophila 689
Heliopsis 689
Heliotropium 689-90
Helleborus 690-91
Heloniopsis 691
Helwingia 691-92
Hemerocallis 692-95
Hemiandra 695
Hemigraphis 695
Hemionitis 695
Hepatica 695
Heptacodium 696
Hereroa 696
Hermannia 696
Hermodactylus 696
Hesperaloe 696-97
Hesperis 697
Heterocentron 697
Heteromeles 697
Heteropappus 697
Heteropyxis 697
Heterotheca 698
Heuchera 698-99
Heucherella 699
Hexisea 700
Hibbertia 700

Hibiscus 701-4
Hicksbeachia 704-5
Hippeastrum 705
Hippocrepis 706
Hippophae 706
Histiopteris 706
Hoheria 706
Holcus 706-7
Holmskioldia 707
Holodiscus 707
Homalocladium 707
Homeria 707
Hoodia 708
Hordeum 708
Hosta 708
Houttuynia 714
Hovenia 714
Howea 714
Hoya 714
Huernia 715
Humulus 715
Hunnemannia 715
Hyacinthoides 715
Hyacinthus 716
Hydrangea 716-19
Hydrastis 719
Hylocereus 720
Hymenocallis 720
Hymenosporum 720
Hyoscyamus 720
Hypericum 721
Hyphaene 722
Hypoestes 723
Hypoxis 723
Hyssopsus 723
Hystrix 723

Iberis 726
Ibicella 728
Idesia 726
Ilex 727-32
Illicium 732
Impatiens 732-34
Imperata 734
Incarvillea 734-35
Indigofera 735
Indocalamus 736
Inga 736
Inula 736
Iochroma 737
Ipheion 737
Ipomoea 737
Ipomopsis 739
Iresine 739
Iris 739-56
Isabelia 756
Isatis 756-57
Ismelia 757
Isochilus 757
Isoplexis 757-58
Isopogon 758-59
Isopyrum 759
Itea 759-60
Ixia 760
Ixiolirion 760-61
Ixora 761

J

Jaborosa 764
Jacaranda 764
Jacksonia 764
Jamesia 764-65
Jasione 765
Jasminum 765
Jatropha 766
Jeffersonia 767
Johannesteijsmannia 767
Joinvillea 767-68
Jovellana 768
Jovibarba 768
Juanulloa 768
Jubaea 768
Juglans 768-69
Juncus 769-70
Juniperus 770-74
Justicia 774-75

K

Kadsura 776
Kalanchoe 776-77
Kalimeris 777
Kalmia 777
Kalmiopsis 777-78
Kalopanax 778
Keckiella 778
Kefersteinia 778
Kennedia 778-79
Kerria 779
Kigelia 779
Kirengeshoma 779
Kleinia 779-90
Knautia 780
Knightia 780
Kniphofia 780-81

Koeleria 782
Koelreuteria 782
Kohleria 782
Kolkwitzia 782
Kopsia 782-83
Krascheninnikovia 783
Kunzea 783

L

Lablab 786
+ Laburnocytisus 786
Laburnum 786-87
Lachenalia 787
Lactuca 787-89
Laelia 789-90
Laeliocattleya 791
Lagarostrobos 792
Lagenaria 792
Lagerstroemia 792-93
Lagunaria 793
Lamarckia 793
Lambertia 793
Lamium 794
Lampranthus 794-95
Lantana 795
Lapageria 795-96
Lapidaria 796
Larix 796-97
Larrea 797
Lasiopetalum 797
Lasthenia 797
Latania 798
Lathyrus 798-80
Laurus 800
Lavandula 800-2
Lavatera 802-3
Lawsonia 804
Lecythis 804
Ledebouria 804
Ledum 804
Leiophyllum 804-5
Leitneria 805
Lens 805
Leonotis 805
Leontopodium 805-6
Leonurus 806
Lepechinia 806
Lepidozamia 806
Leptinella 806-7
Leptodactylon 807
Leptopteris 807
Leptospermum 807-9
Leschenaultia 809-10
Lespedeza 810
Leucadendron 810-12
Leucaena 812-13
Leucanthemum 813
Leuchtenbergia 813
Leucocoryne 813-14
Leucogenes 814
Leucojum 814
Leucophyllum 814
Leucophyta 814-15
Leucopogon 815
Leucospermum 815-16
Leucothoe 816
Levisticum 816
Lewisia 817
Leycesteria 817
Leymus 818
Liatris 818
Libertia 818-19
Libocedrus 819
Ligularia 819
Ligustrum 820
Lilium 821-24
Limonium 824-25
Linaria 825
Lindera 825
Lindheimera 826
Linum 826
Liparis 826
Liquidambar 826-27
Liriodendron 827-28
Liriope 828
Litchi 828
Lithocarpus 828
Lithodora 829
Lithops 829-30
Livistona 830-31
Lobelia 831-33
Lobularia 833
Lolium 833
Lomandra 833
Lomatia 834
Lomatium 834
Lonchocarpus 834
Lonicera 834-36
Lopezia 836
Lophomyrtus 836-37
Lophophora 837
Lophostemon 837
Loropetalum 837
Lotus 838
Luculia 838
Ludisia 838
Ludwigia 838-39

属名索引

'コットンボール'
　1366, *1366*
ワックスフラワー
　368, *368*
　'ビスタ' 368
　'ユニバーシティー' 368
ワックスフラワー属 368
ワッヘンドルフィア属
　1482
ワトソニア属 1483
ワニナシ アボカドを参照
　1012, *1012*
ワラタ テロペアを参照
　1404, *1404*
ワラビ 1106
ワラビ属 1105-6
ワランガラワトル 72, *73*
ワルシェヴィッチア属
　1482
ワレモコウ 1309
ワレモコウ属 1309
ワレリアナ・フ 1454
　'アウレア' 1454
沖天閣 586, *586*
花飛鳥 478, *478*
花笠 211
灰色蝦 526, *526*
角キリン 583, *583*
虎の尾 アツバチトセラン
　を参照 1309
初霜（*Dudleya farinosa*）
　518, *518*
人形錦 アロエ・カピタータ
　を参照 133, *133*
多稜玉 1370
帝冠 942
帝玉 1061
日月 870
巴 430
白雲閣 970, *970*
白雲錦 956, *956*
鳩巣丸 871-72, *871*
富鶴丸 872, *872*
鳴戸 イソベノマツを参照
　430
朧月（*Graptopetalum paraguayense*）朧月を
　参照 647

A

Abelia 66
Abeliophyllum 66-7
Abelmoschus 67
Abies 67-70
Abronia 70
Abrus 70-1
Abutilon 71-2
Acacia 72-80
Acaena 80-1
Acalypha 81
Acantholimon 81
Acanthus 82
Acca 82
Acer 83-90
Achillea 91-2
Achimenes 92
Acinos 92
Aciphylla 92-3
Acmena 93
Acokanthera 94
Aconitum 94-5
Acorus 95
Acradenia 95
Actaea 95
Actinidia 96
Actinotus 96
Adansonia 97
Adenandra 97
Adenanthos 97
Adenia 98
Adenium 98
Adenocarpus 98
Adenophora 99
Adiantum 99-101
Adonis 101
Aechmea 102
Aegopodium 104
Aeonium 104
Aerangis 105-6
Aeschynanthus 106
Aesculus 106-8
Aethionema 108
Afrocarpus 108
Agapanthus 109
Agapetes 110
Agastache 110-11
Agathis 111-12
Agave 112-16
Ageratum 116-17
Aglaia 117
Aglaomorpha 117
Aglaonema 118
Agonis 118
Agrimonia 118
Agrostis 119
Aichryson 119
Ailanthus 119
Aiphanes 120
Aira 120
Ajania 120
Ajuga 120-21
Akebia 121
Alangium 121
Alberta 121
Albizia 122
Albuca 122
Alcea 122-123
Alchemilla 123
Aldrovanda 123
Aleurites 123-124
Alkanna 124
Allagoptera 124
Allamanda 124
Allium 125-29
Allocasuarina 129
Allosyncarpia 129
Alloxylon 130
Alluaudia 130
Alnus 130-32
Alocasia 132-33
Aloe 133-37
Aloinopsis 137
Alonsoa 137
Alopecurus 138
Aloysia 138
Alphitonia 138
Alpinia 138-39
Alstonia 139
Alstroemeria 140-42
Alternanthera 142
Althaea 142
Alyogyne 142-143
Alyssum 143
Alyxia 143-144
Amaranthus 144
Amaryllis 144
Amelanchier 145
Amherstia 146
Amicia 146
Ammi 146
Amorpha 147
Amorphophallus 147
Ampelopsis 148
Amsonia 148
Anacardium 148
Anagallis 148
Ananas 149
Anaphalis 149
Anchusa 150
Androlepis 150
Andromeda 150
Androsace 151
Anemia 151
Anemone 152-53
Anemonella 154
Anemonopsis 154
Anemopsis 154
Anethum 154
Angelica 154-55
Angelonia 155
Angiopteris 155
Angophora 155-56
Angraecum 156
Anguloa 156-57
Angulocaste 157
Anigozanthos 157-58
Anisacanthus 158
Anisodontea 158-59
Annona 159
Anopterus 159
Antennaria 160
Anthemis 160
Anthericum 160-61
Anthocleista 161
Anthriscus 161
Anthurium 161
Anthyllis 162
Antidesma 162
Antigonon 162
Antirrhinum 163
Apera 163
Aphelandra 163-64
Apium 164
Apocynum 164
Apodytes 164-65
Aponogeton 165
Aporocactus 165
Aptenia 165
Aquilegia 166
Arabis 169
Arachis 169-70
Arachniodes 170
Araiostegia 170
Aralia 170
Araucaria 171-72
Araujia 172
Arbutus 172-73
Archidendron 174
Archontophoenix 174
Arctium 174
Arctostaphylos 175-78
Arctotheca 178
Arctotis 179
Ardisia 179-80
Areca 180
Arenaria 180
Arenga 181
Argemone 182
Argyranthemum 182
Argyrocytisus 183
Argyroderma 183
Ariocarpus 183
Arisaema 184-85
Arisarum 185
Aristea 185
Aristolochia 186
Aristotelia 186-87
Armeria 187
Armoracia 188
Arnica 188
Aronia 188
Arpophyllum 188-89
Arrhenatherum 189
Artabotrys 189
Artanema 189
Artemisia 190-91
Arthrocereus 191
Arthropodium 191
Artocarpus 192
Arum 192
Arundina 193
Arundo 193
Asarina 193
Asarum 193-94
Asclepias 194
Ascocenda 194-95
Ascocentrum 195
Asimina 196
Asparagus 196-97
Asperula 197
Asphodeline 197
Asphodelus 197
Aspidistra 198
Asplenium 198
Astelia 198-99
Aster 199-200
Asteranthera 201
Astilbe 201-02
Astilboides 202
Astrantia 202-03
Astrebla 203
Astrophytum 203-04
Asystasia 204
Athamanta 204-05
Atherosperma 205
Athrotaxis 205
Athyrium 205-06
Atriplex 206
Attalea 207
Aubrieta 207
Aucuba 208
Aulax 208
Auranticarpa 208
Aurinia 209
Austrocedrus 209
Austrocylindropuntia
　209
Austrostipa 209
Averrhoa 210
Avicennia 210
Azara 210-11
Azolla 211
Azorella 211
Azorina 211
Aztekium 211

B

Babiana 214
Baccharis 214
Backhousia 215
Bactris 215
Baeckea 215
Baileya 215-16
Ballota 216
Balsamorhiza 216
Bambusa 216-17
Banksia 217-19
Baptisia 219
Barkeria 219
Barringtonia 220
Bartlettina 220
Basselinia 220
Bassia 220
Bauera 221
Bauhinia 221
Baumea 222
Beallara 222
Beaucarnea 222
Beaumontia 223
Beccariella 223
Bedfordia 233
Begonia 224-27
Belamcanda 228
Bellevalia 228
Bellis 228
Berberidopsis 229
Berberis 229-31
Bergenia 232
Bergerocactus 232-33
Berlandiera 233
Berzelia 233
Beschorneria 233
Beta 234
Betula 234
Bidens 237
Bignonia 237
Bikkia 237
Billbergia 237-38
Bischofia 239
Bismarckia 239
Bixa 239
Blandfordia 239
Blechnum 239-40
Bletilla 240
Bocconia 240-41
Boltonia 241
Bolusanthus 241
Bomarea 241
Bombax 242
Bongardia 242
Boophone 242
Borago 242
Borassodendron 242-243
Borassus 243
Boronia 243-245
Bosea 245
Bossiaea 245
Bougainvillea 246-247
Bouteloua 248
Bouvardia 248
Bowenia 248
Bowiea 248
Bowkeria 248-249
Boykinia 249
Brabejum 249
Brachychiton 249
Brachyglottis 250-251
Brachylaena 251
Brachypodium 251
Brachyscome 251-252
Brachysema 252
Brahea 253
Brassavola 253
Brassia 253-254
Brassica 254-256
Brassidium 257
Brassocattleya 257
Brassolaeliocattleya
　257-258
Breynia 259
Brillantaisia 259
Briza 259
Brodiaea 259
Bromelia 260
Broussonetia 260
Brownea 260
Brugmansia 261
Brunfelsia 262
Brunia 262
Brunnera 262-263
Brunsvigia 263
Brya 263
Buchloe 263
Buckinghamia 263-264
Buddleja 264
Bulbine 266-267
Bulbinella 267
Bulbophyllum 267-268
Bulnesia 268-269
Bupleurum 269
Burchellia 269
Burrageara 269-270
Burretiokentia 270
Bursaria 270
Bursera 270-271
Butia 271
Butomus 271
Buxus 271-273
Bystropogon 273

C

Caccinia 276
Caesalpinia 276
Cajanus 276
Caladenia 276-76
Caladium 277
Calamagrostis 277
Calamintha 278
Calamus 278
Calathea 278-279
Calceolaria 279-80
Calendula 280-81
Calibrachoa 281
Calliandra 282
Callicarpa 282-3
Callicoma 283
Callirhoe 283
Callisia 284
Callistemon 284
Callistephus 286
Callitris 286-7
Calluna 287-88
Calocedrus 288
Calocephalus 288-89
Calochortus 289
Calodendrum 289-90
Calomeria 290
Calophyllum 290
Calothamnus 290
Calotis 291
Caltha 291
Calycanthus 291
Calylophus 291-92
Calytrix 292
Camassia 292
Camellia 293-318
Campanula 319
Campsis 322
Camptotheca 323
Canarina 323
Canarium 323
Canavalia 324
Canistrum 324
Canna 324
Canthium 325
Cantua 325
Capparis 325-6
Capsicum 326-7
Caragana 327-8
Caralluma 328
Cardamine 328
Cardiocrinum 328
Cardiospermum 328-29
Carduncellus 329
Carex 329-30
Carica 330
Carissa 331
Carmichaelia 331
Carnegiea 332
Carpentaria 332
Carpenteria 332
Carphalea 332
Carpinus 333
Carpobrotus 333
Carpodetus 334
Carthamus 334
Carum 334
Carya 334-35
Caryopteris 335
Caryota 335-36
Casearia 336
Casimiroa 337
Cassia 337
Cassinia 338
Cassinopsis 338
Cassiope 338-39
Castanea 339
Castanopsis 339
Castanospermum
　339-40
Castanospora 340
Castilleja 340-41
Casuarina 341
Catalpa 341-42
Catananche 342
Catha 342
Catharanthus 343
Catopsis 343-44
Cattleya 344-45
Cattleytonia 345
Caulokaempferia 346
Cavendishia 346
Ceanothus 346-49
Cecropia 349
Cedrela 349
Cedronella 349
Cedrus 349-50
Ceiba 350-51
Celastrus 351
Celmisia 351
Celosia 352
Celtis 352-53
Centaurea 353-54
Centella 354
Centradenia 354
Centranthus 354-55
Centropogon 355
Cephalanthus 355
Cephalaria 355
Cephalocereus 356
Cephalophyllum 356
Cephalotaxus 356-57
Cephalotus 357
Cerastium 357
Ceratonia 357-58
Ceratopetalum 358
Ceratostigma 358
Ceratozamia 359
Cercidiphyllum 359
Cercis 359-60
Cercocarpus 360
Cereus 360-61
Cerinthe 361
Cerochlamys 361
Ceropegia 361-62
Cestrum 362
Chaenomeles 363
Chaenorhinum 364
Chamaebatia 364
Chamaecyparis 364-66
Chamaecytisus 366
Chamaedorea 367
Chamaemelum 367
Chamaerops 367-68
Chambeyronia 368
Chamelaucium 368
Chaptalia 368
Chasmanthe 368
Chasmanthium 368-69
Cheilanthes 369
Cheiridopsis 369
Chelidonium 369-70
Chelone 370
Chenopodium 370
Chiastophyllum 370
Chilopsis 370-71
Chimaphila 371
Chimonanthus 371
Chimonobambusa 371
Chionanthus 372
Chionochloa 372
Chionodoxa 372
Chiranthodendron 373
Chironia 373
Chitalpa 373
Chlorophytum 373
Choisya 373-74
Chondropetalum 374
Chorizema 374
Chrysanthemoides 374
Chrysanthemum 374-76

レプトスペルムム・
　ロトゥンディフォリウム　809, 809
　'ジュリー アン'　809
レプトダクティロン属　807
レプトプテリス属　807
レベキニア属　806
レマニア・アングラタ　1136, 1136
　'ビバリー ベルズ'　1136, 1136
レマンニア属　1136
レモン　384
　'ガレース ユーレカ'　384
　'リスボン'　384
レモンウッド　1055, 1055
　'ワリエガトゥム'　1055
レモングラス　457, 457
レモンセンテッドダーウィニア
　475, 475
レモンタイム　1415
　'アウレウス'　1415
　'シルバー クィーン'　1415
　'バートラム アンダーソン'　1415
　'ライム'　1415
レモンティートリー　808, 808
レモンバーベナ　138, 138
レモンバーム　888, 888
　'アウレア'　888, 888
レモンボトルブラシ　285, 285
　'キャンドル グロー'　285
レモンマートル　215, 215
レモンミント　889, 889
　'チョコレート'　889
レンギョウ　607, 607
レンギョウ'アーノルド ドワーフ'
　608, 608
レンギョウ交雑品種　608
レンギョウ属　607-8
レンギョウ'ニュー ハンプシャー
　ゴールド'　608, 608
レンギョウ'ノーザン ゴールド'
　608, 608
レンギョウ'ノーザン サン'　608,
　608
レンギョウ'ハッピー センテニアル'
　608, 608
レンギョウ マリー ド オール／
　'コルタソル'　608, 608
レンギョウ'マルフ'
レンギョウ'メドウ ラーク'　608
レンゲイワヤナギ　1298, 1298
レンゲショウマ　154
レンゲショウマ属　154
レンズマメ　805
レンズマメ属　805
レンテンローズ　691, 691
　'アルベリッチ'　691
　'サザン ベル'　691
　'トロッターズ スポッテッド'
　691
　'ハデス'　691
　'バナナ スプリット'　691
　'ブルー スプレー'　691
　'プレアデス'　691
　'フレッド ホウィツェイ'　691
　'マルディ グラ'　691
レンブ　1393
レンリソウ属　798-80
ロウソクノキ　987, 987
ロウバイ　371, 371
　'グランディフロルス'　371
　'パルヴィフロルス'　371
ロウバイ属　371
ロウヤシ属　409
ロエラ属　1211
ローガンベリー　1284
ローズガム　ユーカリプツス・グラ
　ンディスを参照　572, 572

ローズゼラニウム　ニオイテンジク
　アオイを参照　996
ローズマリー　1282
　'シシングハースト ブルー'
　1282
　'ジョイス デバッギオ'
　1282, 1282
　'シルバー スパイアズ'　1282
　'セブン シー'　1282
　'タスカン ブルー'　1282, 1282
　'ブルー ラグーン'　1282, 1282
　'マヨルカ ピンク'　1282, 1282
　'ミス イソップズ アップライト'
　1282
　'ロセウス'　1282
ローズマリーサントリナ　1310,
　1310
　'プリムローズ ジェム'　1310
　'モーニング ミスト'　1310
ローズマリーバーベリー　231
　'アーウィニイ'　231
　'クロウリー ジェム'　231, 231
　'コラリナ コンパクタ'　231, 231
　'レモン クイーン'　231
ローズマリー プロストラトゥス
　グループ　1282
　'プロストラトゥス'　1282, 1282
　'ロックウッド ド フォレスト'
　1282
ローズリーフセージ　1303, 1303
　'ベセリー'　1303, 1303
ローソクラン　189, 189
ローソンヒノキ　364-65, 364
　'インターテクスタ'　364-65, 365
　'ウィセリイ'　365
　'エルウーディイ'　364-65
　'エルウッズ ピグミー'
　364-65, 365
　'オーレア デンサ'　365
　'コラムナリス'　364
　'スターダスト'　364-65
　'ステュワーティー'　364-65
　'チルウオース シルバー'
　364, 365
　'ナナ'　364-65
　'ノーム'　364-65, 365
　'ハンドクロス パーク'　365
　'フォルテケンシス'　365
　'ブルー スター'　365
　'ブルームヒル ゴールド'
　364-65
　'プレジデント ルーズベルト'
　365
　'ペンバリー ブルー'　364-65
　'ミニマ オーレア'　364-65, 365
　'ミニマ グロウカ'　364-65, 365
　'ラネイ オーレア'　364-65
　'ルテア'　365
ロータス(ロトゥスの通称名)　ロトゥ
　ス・ベルテロティイを参照　937
ローベルスメイプル　83
ローマカミツレ　367, 367
　'トレニーグ'　367
ローレルオーク　1125
ロクベンシモツケ　605, 605
ロケット　キバナスズシロを参照
　559
ロシアンセージ　1011, 1011
　'フィリグレン'　1011
　'ブルー スパイア'　1011, 1011
　'ブルー ヘイズ'　1011
　'ブルー ミスト'　1011
　'リトル スパイア'　1011
　'ロンガン'　1011, 1011
ロスコエア属　1281
ロスコエア'ビーシアナ'　1281,
　1281

ロスマニア属　1282-83
ロダンテ・アンテモイデス
　'ペーパー スター'　1142
　'ペーパー ベイビー'　1142
ロダンテ・マングレシイ　1142
　'サットンズ ローズ'　1142
ロタントウ　278
ロックソープワート　1311, 1311
　'ルブラ コンパクタ'　1311
ロックリリー　191, 191
ロッシオグロッスム属　1282
ロッシオグロッスム　ロードン ジ
　ェスター　1282, 1282
ロッジポールマツ　1047, 1047
ロドアンドレディス　192, 192
ロトゥス・ベルテロティイ　838, 838
ロトゥス・マクラッス　838
　'アマゾン サンセット'　838
　'ゴールド フラッシュ'　838
　'ニュー ゴールド フラッシュ'
　838
ロドキトン属　1143
ロドゲルシア・ヒンナタ　1210
　'スペルバ'　1210
　'ロセア'　1210, 1210
ロドタムヌス属　1203
ロドデンドロン・アトランティクム
　1145, 1145
　'シーボード'　1145
ロドデンドロン・ウェイリキイ
　キュビッティ グループ　1160,
　1160
ロドデンドロン・カタウブエンセ
　1147
　'アルブム'　1147
　'イングリッシュ ロゼウム'　1147
ロドデンドロン・カロストロトゥム
　1146
　'ギグハ'　1146
ロドデンドロン・キンナバリヌム
　1147
　'マウント エベレスト'
　1147, 1147
ロドデンドロン・コンキンヌム
　(プセウドヤンティヌム グループ)
　1147
ロドデンドロン・ステノペタルム
　1158
　'リネアリフォリウム'
　1158, 1158
ロドデンドロン・ファスティギアトゥム
　1148
　'ブルー スティール'　1148, 1148
ロドデンドロン・フェルギネウム
　1148
　'アルブム'　1148
　'グレナルン'　1148
　'コッキネウム'　1148
ロドデンドロン・フォルトゥネイ
　ホウストニイ グループ　1149
　'フロリバンダ'　1149
ロドデンドロン・フォルモスム
　イテアフィルム グループ　1149,
　1149
ロドデンドロン・フォレスティイ
　1149
ロドデンドロン・フォレスティイ
　レペンス グループ　1149
　'メイ デー'　1149, 1149
ロドデンドロン・ブレアウィイ
　1146
　'アードリスヘイグ'　1146
ロドデンドロン・フロリブンドゥム
　1149
　'スウインホー'　1149

ロドデンドロン・ポリクラドゥム
　スキンティランス グループ
　1156, 1156
ロドデンドロン・ポンティクム
　1156, 1156
　'シルバー エッジ'　1156, 1156
　'ワリエガトゥム'　1156, 1156
ロドデンドロン・マクシムム　1154,
　1154
　'サマータイム'　1154
ロドデンドロン・ミヌス
　(カロリニアヌム グループ)
　1154
ロドデンドロン・ムクロヌラトゥム
　1155, 1155
　'アルバ'　1155
　'カーネル ピンク'　1155
　'クレーターズ エッジ'　1155
　'マホガニー レッド'　1155
ロドデンドロン・ヨンストネアヌム
　1151, 1151
　'ダブル ダイヤモンド'　1151
　'デミ－ジョン'　1151
　'ルベオティンクトゥム'　1151
ロドデンドロン・ラケムスム
　1157, 1157
　'グレンデイク'　1157
　'フォレスト'　1157
　'ロック ローズ'　1157
ロドヒポキシ'E. A. ボウルズ'
　1202, 1202
ロドヒポキシス'アップルブロッサム'
　1202
ロドヒポキシス'エクストラ レッド'
　1202
ロドヒポキシス'オルブライトン'
　1202, 1202
ロドヒポキシス'グレート スコット'
　1202, 1202
ロドヒポキシス交雑品種　1202
ロドヒポキシス・スーザン B.
　ボットフィールド　1202, 1202
ロドヒポキシス'ステラ'　1202,
　1202
ロドヒポキシス属　1202
ロドヒポキシス'ダグラス'　1202
ロドヒポキシス'ハーレクイン'
　1202, 1202
ロドヒポキシス'ピンキーン'　1202,
　1202
ロドヒポキシス'フレッド ブルーム'
　1202, 1202
ロドヒポキシス'モンティー'　1202,
　1202
ロドヒポキシス'リリー ジャン'
　1202
ロニセラ・エトルスカ'スペルバ'
　835
ロニセラ・コロルコウイ　835
　'フロリバンダ'　835, 835
ロニセラ・ピレアタ　836
　'モス グリーン'　836, 836
ロニセラ・プルプシイ　836, 836
　'ウィンター ビューティ'　836
　'キトリナ'　418, 418
ロパロスティリス属　1203
ロビケティア属　1210
ロビニア・サラウィニイ　1210,
　1210
　'ヒリエリ'　1210
ロフォステモン属　837
ロフォミルトゥス　836-37
ロフォミルトゥス ラルフィイ
　836, 837
　'インディアン チーフ'　837
ロフォミルトゥス ラルフィイ
　'ヴァリエガタ'　Lophomyrtus ×

ralphii 'グロリオサ'を参照　836
　'キャスリン'　837
　'グロリオサ'　836
　'ピクシー'　837
ロブスタユーカリ　576
ロブストマーシュオーキッド　465
ロブラリア属　833
ロベジア属　836
ロベリア ゲラルディイ　832
　'ヴェドラリエンシス'　832
　'タニア'　832, 832
ロベリア'クィーン ヴィクトリア'
　833
ロベリア交雑品種　832
ロベリア コンプリメント シリーズ
　833
ロベリア'チェリー ライプ'　832
ロベリア'ビーズ フレーム'　832
ロベリア'ファン スカーレット'
　833
ロベリアリチャードソニー　832
ロベリア'ロシアン プリンセス'
　833
ロマティア属　834
ロマティウム属　834
ロマリア　240
ロマンドラ属　833
ロムネヤ・コウルテリ　1211, 1211
　'バタフライ'　1211
　'ホワイト クラウド'　1211
ロムネヤ属　1211
ロムレア属　1211
ロルダナ属　1211
ロングウッドオオオニバス　1471
ロンコカルプス属　834

ワ

ワイヤーハート　905, 905
ワイヤネッティングブッシュ　418,
　418
ワイルドアスター　599, 599
ワイルドパンジー　1474, 1474
　'ツァー ブルー'　1475
　'ボウルズ ブラック'
　1474, 1475
ワイルドパンジー ティンカーベル
　シリーズ　1475
ワイルドベゴニア　225
ワイルドベリー　609
　'アレクサンドラ'　609
　'フルクト アルボ'　609
ワイルドベルガモット　902, 902
ワイルドポインセチア　1482, 1482
ワイルドマジョラム ハナハッカを
　参照　957, 957
ワカバキャベツヤシ　592
ワサビダイコン　セイヨウワサビを
　参照　188, 188
ワシントンホーソン　433
　'ファスティギアタ'　433
ワシントンヤシ　1482, 1482
ワシントンヤシ属　1482-83
ワシントンヤシモドキ　1482, 1482
ワスレナグサ (Myosotis alpestris)
　908, 908
　'アルバ'　908, 908
ワスレナグサ
　(Myosotis scorpioides)　908
ワスレナグサ ヴィクトリア
　シリーズ　908
ワスレナグサ属　908
ワセオバナ属　1292
ワタゲハナグルマ　178
ワタスゲ　557, 557
ワタスゲ属　556-57
ワタ属　647
ワタチョロギ　1366, 1366

'ディスカバリー' 862	リンゴ 'マカミキ' 867	ルピヌス 'ドリー ミクスチャー' 840	'アルバ' 1062	'ナヌス' 196-97
'ニーツィウエツケアナ' 862	リンゴ 'マドンナ' 866	ルピヌス 'ノーブル メイデン' 840	'エスカペイド ブルー' 1062, 1062	'ピラミダリス' 196-97
'ハウゲイト ワンダー' 862	リンゴ 'メアリー ポッター' 866, 866	ルピヌス 'パゴダ プリンス' 840, 841	'ロイヤル ケープ' 1062	'ロバスタス' 196-97
'パシフィック ローズ' 862	リンゴ 'レッド ジュエル' 867	ルピヌス バンド・オブ・ノーブル シリーズ 840	ルリマツリ 358, 358	レースフラワーパイン 543
'ハニー クリスプ' 862, 862	リンゴ 'レッド センチネル' 867, 867	ルピヌス 'ビショップス ティップル' 840, 840	ルリマツリモドキ属 358	レースラベンダー 802, 802
'ピンク パール' 863	リンゴ 'レッド ピーコック' 867	ルピヌス 'ブルー ムーン' 840, 840	瑠璃丸 599	'シドニー' 802
'ふじ' 862, 862	リンゴ 'ロイヤルティ' 867	ルピヌス 'ポーラー プリンセス' 841	ルリムスカリ 906	レーダーサワグルミ 1107, 1107
'プラムレイズ シードリング' 862, 862	リンゴ 'ロイアル ルビー' 867	ルピヌス 'マイ キャッスル' 841	'アルブム' 906	レーマンニア 1136, 1136
'ホーンゾーラアプル' 862	リンドウザキカンパヌラ 320	ルピヌス 'リトル ユージニー' 840	ルンフソテツ 449	レオノティス・レオヌルス 805
'ホフステッター' 862	'スペルバ' 320	ルピヌス 'レッド アロー' 841, 841	レイオフィルム属 804-5	レオノティス属 805
'マコン' 863	'ナナ' 320	ルピヌス 'ロザリンド ウッドフィールド' 841	レイケステリア属 817	レキティス属 804
'陸奥' 863	'パープル ピクシー' 320	ルピヌス属 839-41	レイコウトウヒ 1040	レザーウッド 459, 459
'ライニッシャー クルムスティール' 863	リンドウ属 630	ルブス・オドラトゥス 1284, 1284	麗光丸 527	レザーファーン 1288
'リバティ' 863	リンドヘイメラ属 826	'アルプス' 1285	麗晃 花嵐山を参照 478, 478	レザーリーフセッジ 329, 329
'レヴェレンド W. ウィルク' 863	輪廻 429, 429	ルブス・ティベタヌス 1285	レイコジュム属 814	レスケナウルティア属 809-10
'レッド デリシャス' 862	凛烈丸 1410	'シルバー ファーン' 1285, 1285	レイシ 828, 828	レストレピア属 1138
'レッド フジ' 863	ルイヨウショウマ属 95	ルブス・ロシフォリウス 1285	レイシ属 828	レタス チシャを参照 788
'ローズマリー ロゼット' 863	ルエリア属 1286-87	'コロナリウス' 1285, 1285	レイトネリア属 805	レダマ 1360, 1360
'ロボ' 863	ルカム属 606	ルマ属 839	レイネクケア 1136	レダマ属 1138
リンゴ 'アダムス' 865, 865	ルクリア属 838	ルモフラ属 1288	レイムス・アレナリウス 818, 818	レダマ属 1360
リンゴ 'アディロンダック' 866	ルス・グラブラ 1204	ルリイロツルナス 1348	'ファインドホーン' 818	レッサー カラミント 278, 278
リンゴ 'アルメイ' 866, 866	'ラキニアタ' 1204, 1204	ルリカラクサ 924	レイムス属 818	レッドアルダー 132
リンゴ 'アロー' 866	ルス・ティフィナ 1205, 1205	'オクラタ' 924	レウィシア・コティレドン 817, 817	レッドキャップガム 570
リンゴ 'アン E.' 866	'ディセクタ' 1205, 1205	'ペニーブラック' 924, 924	'ホワイト スプレンドール' 817, 817	レッドキャンピオン 1340
リンゴ 'インディアン サマー' 866	ルスキア属 1288	ルリカラクサ属 924	レウィシア・ロンギペタラ 817	レッドジンガー 139, 139
リンゴ 'ウィンター ゴールド' 867	ルセリア属 1289	ルリカンザシ 642, 642	'リトル プラム' 817, 817	レッドチョークベリー 188, 188
リンゴ 'オーミストン レイ' 866	ルタ (ルー) 1289, 1289	ルリギク ストケシアを参照 1374, 1374	レウィシア属 817	'ブリリアンティッシマ' 188
リンゴ 'カウチン' 866	'ジャックマンズ ブルー' 1289	ルリゴクラクチョウカ 1375, 1375	レウィシア 'ピンキー' 817	レッドハート 348
リンゴ 'クリスマス ホーリー' 866	'ワリエガタ' 1289	ルリジサ 242, 242	レウィスティクム属 816	レッドヒース エリカ・ルベンスを参照 552, 552
リンゴ 'クリムゾン ブリリアント' 866	ルッティア・フルティコサ 1289, 1289	ルリジサ ボリジを参照 242, 242	レウカデンドロン 'クラウドバンク ジェニー' 812, 812	レッドペインベリー 95
リンゴ交雑品種 865-67	'スコレシイ' 1289, 1289	ルリソウ属 951	レウカデンドロン 'クラウドバンク ジニー' リューカデンドロン 'クラウドバンク ジェニー' を参照 812, 812	レッドヘスペラロエ 697
リンゴ 'ゴージャス' 866, 866	ルディシア属 838	ルリタマアザミ 528, 528		レッド ルート 347
リンゴ 'コールアウェイ' 866	ルティヤ属 1289	'ブルー グロウ' 528, 528		レディースマントル アルケミラ・モリスを参照 123
リンゴ 'ゴールデン ホーネット' 866	ルドウィキア・ペルヴィアナ 838, 838	ルリチョウチョウ 832, 832	レウカデンドロン交雑品種 812	レディベル 99
リンゴ 'ゴールドフィンチ' 866	ルドベキア・オッキデンタリス 1286	ルリチョウチョウ キャスケード シリーズ 832	レウカデンドロン 'サファリ サンセット' 812	レデボウリア属 804
リンゴ 'ジョンソンズ ウォルターズ' 866	'グリーン ウィザード' 1286	'キャサリン マラード' 832	レウカデンドロン 'サンダンス' 812, 812	レデロデンドロン属 1136
リンゴ 'ジョン ダウニー' 866	ルドベキア・フルギダ 1286, 1286	'ミセス クリブラン' 832	レウカデンドロン 'シルヴァン レッド' 812, 812	×レナンタンダ属 1137
リンゴ 'ジラールズ ウィーピング ドワーフ' 866	'ゴルドシュトルム' 1286	ルリチョウチョウ パレス シリーズ 832	レウカデンドロン 'スーパースター' 812, 812	レナンテラ ハイブリッド 1137
リンコスティリス属 1205	ルドベキア 'オータム サン' ルドベキア 'ヘルプストゾンネ' を参照 1286	'ペリウィンクル ブルー' 832	レウカデンドロン 'デュエット' 812, 812	レナンテラ・コッキネア 1137
リンコステレ属 1205	ルドベキア属 1286	瑠璃塔 584, 584	レウカデンドロン 'ピサ' 812, 812	レナンテラ属 1137
リンゴ 'ストラスモア' 867	ルドベキア 'ヘルプストゾンネ' 1286	ルリトラノオ 1462	レウカンテムム属 813	レネアルミア属 1137
リンゴ 'スノードリフト' 867	ルバーブ 1141	'ピンク ダマスク' 1462, 1462	レウクテンベルギア属 813	レパードツリー 276, 276
リンゴ 'スパークラー' 867	'チェリー' 1141	'ブラウリージン' 1462	レウコゲネス属 814	レバノンシーダ レバノンスギを参照 350, 350
リンゴ属 859-67	'ビクトリア' 1141	ルリニガナ 342, 342	レウココリネ・イクシデス 814, 814	レバノンスギ 350, 350
リンゴ 'チルゴ' 866	'マクドナルド' 1141	'マヨル、英語読みはメジャー' 342	レウココリネ属 813-14	'ゴールデン ドワーフ' 350
リンゴ 'デイヴィッド' 866	ルピヌス・テキセンシス 840	ルリニガナ属 342	レウコスペルムム・トットゥム 816	レピドザミア属 806
リンゴ 'トゥレシ' 867	ルピヌス 'アプリコット スパイア' 840	ルリハコベ属 148	'スカーレット リボン' 816, 816	レプティア属 1135
リンゴ 'ドルゴ' 866, 866	ルピヌス 'アン グレッグ' 840	ルリハナガサ 545, 545	レウコスペルムム 'ヴェルドファイアー' 816, 816	レプティネラ属 806-7
リンゴ 'ナラガンセット' 866	ルピヌス 'エスメルダー' 840	ルリハナガサモドキ属 1100		レプトスペルムム・スコパリウム 809
リンゴ 'ハーヴェスト ゴールド' 866, 866	ルピヌス カロリナ 1411	ルリヒエンソウ 408	レウコスペルムム属 815-16	'アップル ブロッサム' 809
リンゴ 'バーガンディ' 866	ルピヌス ギャラリー シリーズ 841	ルリヒエンソウ クラウド シリーズ 408	レウコトエ属 816	'オータム グローリー' 809
リンゴ 'バターボール' 866	ルピヌス 'キャンディ フロス' 840, 840	'スノー クラウド' 408	レウコフィタ属 814-15	'キウイ' 809
リンゴ 'ビヴァリー' 866, 866	ルピヌス 'クィーン オブ ハーツ' 841	ルリヒナギク 598, 599	レウコフィルム・ラングマニアエ 814	'ゲイエティ ガール' 809
リンゴ 'ピンク サテン' 867	ルピヌス交雑品種 840	'サンタ アニタ' 599	'リオ ブラボー' 814, 814	'ナヌム ケア' 809, 809
リンゴ 'ピンク パーフェクション' 866, 867	ルピヌス 'ザ ガバナー' 840	'ブルー アイズ' 599	レウコフィルム属 814	'バーガンディ クィーン' 809
リンゴ 'ピンク プリンセス' 867	ルピヌス 'ザ シャテリーヌ' 840	ルリヒナギク属 598-99	レウコポゴン属 815	'ビッグ レッド' 809, 809
リンゴ 'フィエスタ' 866	ルピヌス 'ザ ペイジ' 840		レウム・パルマトゥム 'アトロサンギネウム' 1141	'ピンク キャスケード' 809, 809
リンゴ 'ブランディワイン' 866	ルピヌス 'サンセット' 841			'ピンク パール' 809
リンゴ 'プロフュージョン' 866, 867	ルピヌス 'シャンデリア' 840	瑠璃姫孔雀 アロエ・ハウォルチオイデスを参照 135	'ボウラーズ クリムゾン' 1141	'ヘレン ストライビング' 809, 809
リンゴ 'ヘンリエッタ クロスビー' 866	ルピヌス 'ストーム' 841	ルリフタモジ ツルバキア・ビオラセアを参照 1436, 1436	レウム属 1140-41	'ランペティイ' 809
リンゴ 'ボブ ホワイト' 866	ルピヌス 'チェルシー ペンショナー' 840	ルリマツリ 1062, 1062	レエウェシア属 1136	'ルビー グロー' 809
リンゴ 'ホワイト エンジェル' 867, 867	ルピヌス 'テラコッタ' 841, 841		レースオーキド 945	'レイ ウィリアムズ' 809, 809
リンゴ 'ホワイト カスケード' 867	ルピヌス 'トゥループ ザ カラー' 841		レースソウ属 165	'レッド ダマスク' 809
			レースファーン 196-97	レプトスペルムム・ポリガリフォリウム 808
			'クプレッソイデス' 196-97	'カードウェル' 808
				'パシフィック ビューティ' 808
				'ピンク キャスケード' 808
				レプトスペルムム・ラエウィガトゥム 808
				'レエヴェシイ' 808

1578 Index

×ラエリオカトレイヤ ピンク パーフューム 791
×ラエリオカトレイヤ ピンク フェイヴァリット 791, 791
×ラエリオカトレイヤ マートル ジョンソン 791, 791
×ラエリオカトレイヤ ミニ パープル 'ベッテ' 791, 791
×ラエリオカトレイヤ ロイアル・エンペラー 'ウェイド' 791
×ラエリオカトレイヤ ローレン・オコ 'クリスティ' 791
ラオウリア属 1132-33
ラガロストロボス属 792
ラカンマキ イヌマキ 'マキ' を参照
　'アウレア' 1331
　'ブラウニー' 1331
　'ワリエガタ' 1331
ラクショウ 1401, 1401
　'ショウニー ブレイブ' 1401
　'ヌタンス' 1401
ラグナリア・パテルソニア 793, 793
　'ロイアル パープル' 793
ラグナリア属 793
ラケナリア・アロイデス・アウレア 787
　'ネルソニイ' 787
ラケナリア・アロイデス 787
　'ペアルソニイ' 787, 787
ラケナリア交雑品種 787
ラケナリア属 787
ラケナリア 'ロニナ' 787, 787
ラケナリア 'ロマウド' 787, 787
ラシオペタルム属 797
ラショウモンカズラ属 881
ラステニア属 797
ラズベリー 1284
　'アミティー' 1284
　'オータム ブリス' 1284
　'オーレウス' 1284
　'グレン モイ' 1284
　'チルコティン' 1284
　'テイラー' 1284
　'フォールゴールド' 1284, 1284
　'ヘリテイジ' 1284, 1284
羅星丸 659-60, 659
ラタニア属 798
ラッカセイ 170
ラッカセイ属 169-70
ラッセル・ルピナス 840
ラッパバナ属 1346
ラッレア属 797
ラティビダ属 1134
ラティルス・ウェルヌス 800, 800
　'アルボロセウス' 800
　'ロセネルフェ' 800, 800
ラヌンクルス 1130, 1130
ラヌンクルス・アクリス 1130
　'フロレ プレノ' 1130, 1130
ラヌンクルス・アコニティフォリウス 1130
　'フローレ プレノ' 1130
ラヌンクルス・コンスタンティノポリタヌス 1131
ラヌンクルス・コンスタンティノポリタヌス 'スペシオスス プレヌス' Ranunculus constantinopolitanus 'フローレ プレノ' を参照 1131
ラヌンクルス・コンスタンティノポリタヌス 'プレヌス' Ranunculus constantinopolitanus 'フローレ プレノ' を参照 1131
　'フローレ プレノ' 1131

ラヌンクルスアシアティクス テコロッテ ハイブリッド 1131, 1131
ラヌンクルス 'ゴールデン' 1131
ラヌンクルス 'ゴールデン ピンク' 1131
ラヌンクルス 'タンジェリン' 1132, 1132
ラヌンクルス 'ピュア イエロー' 1131
ラヌンクルス ブルーミンデール シリーズ 1131, 1131
ラヌンクルス 'ホワイト' 1131
ラヌンクルス 'レッド' 1131
ラヌンクルス 'ローズ' 1131
ラパゲリア 795-96
ラパジュリア ロセナ 796
　'アンゴル' 796, 796
　'ナッシュ コート' 796
ラピダリア属 796
ラビットアイブルーベリー 1453
ラビットブラシ 377, 377
ラファヌス属 1133
ラフィア属 1133-34
ラフィオレプシス・インディカ スプリングタイム／'モンメ' 1140
　'バレリーナ' 1140
ラフィオレプシス デラコウリイ 'スプリング ソング' 1140, 1140
　'スプリング タイム' 1140
　'ホワイト エンチャントネス' 1140
ラブラブ・プルプレウス 786, 786
　'ギガンテウス' 786
　'ダークネス' 786
　'デイライト' 786
　'ピラミダレ' 786
　'ペンドゥルム' 786
ラブルヌム・アルピヌム 786, 786
ラブルヌム ワテレリ 787
　'ヴォッシイ' 787, 787
＋ラブルノキティスス属 786
ラフレシア・アルノルディイ 1129, 1129
ラフレシア属 1129
ラベンダーキャットニップ 930, 930
ラベンダー ストエカス グループ 801
ラマルッキア属 793
ラミウム・マクラトゥム 794, 794
　'アウレウム' 794
　'アルブム' 794
　'アン グリーナウェイ' 794, 794
　'ビーコン シルバー' 794, 794
　'ピンク' 794
　'ピンク ピューター' 794, 794
　'ホワイト ナンシー' 794
ラムヌス・アラテルヌス 1139
　'アルゲンテオワリエガタ' 1139
ラムヌス・アラテルヌス 'ヴァリエガタ' Rhamnus alaternus 'アルゲンテオヴァリエガタ' を参照 1139
ラムンクルス・レペンス 'フローレ プレノ' ハイキンポウゲ 'プレニフロス' を参照 1132
ラモンダ・ミコニ 1130, 1130
　'ロゼア' 1130, 1130
ラモンダ属 1130
ラリクス・マルシュリンシイ 797
　'ワリッド ディレクションズ' 797, 797

ラワテラ・アルボレア 803
　'ワリエガタ' 803, 803
ラワテラ交雑品種 803
ラワテラ属 802-3
ラワテラ 'バーンスリー' 803, 803
ラワテラ 'ブレドン スプリングス' 803, 803
ラワテラ 'ロセア' 803, 803
ラワモラ・トリメストリス 803
　'アルバ' 805, 805
　'シルバー カップ' 803
　'ハリスミス ホワイト' 805, 805
　'ルビー レギス' 803, 803
ラワンディンラベンダー 802, 802
　'グレイ ヘッジ' 802
　'グロッソ' 802
　'シール' 802
　'プロヴァンス' 802, 802
ラワンデュラ属 800-2
ラワンドゥラ・ストエカス 802
　'アルバ' 802
　'ウィロ- ベール' 802, 802
　'エイヴォンヴュー' 802, 802
　'オットー クアスト' 802
　'キュー レッド' 802, 802
　'ヘルムステイル' 802, 802
　'マーシュウッド' 802
　'メジャー' 802
　'リーガル スプレンデュア' 802, 802
ラワンドゥラ スピカ グループ 800
ラワンドゥラプテロストエカス グループ 801
ランタナ・モンテウィデンシス 795, 795
　'アルバ' 795, 795
ランタナ属 795
ランタンツリー 433, 433
ランチュウソウ 475, 475
ランピオン ベルフラワー 322
ランプの妖精 ストロビノランテス・アニソフィルスを参照 1379
ランプラントゥス・アウランティアクス 794, 794
　'サンマン' 794, 795
ランプラントゥス・スペクタビリス 795
　'トレスコ アプリコット' 795
　'トレスコ ブリリアント' 795
　'トレスコ レッド' 795
ランベルティア属 793
鸞鳳玉 204, 204
リアトリス属 818
リーガルリリー 822, 822
リーキ 125
リーキ ポルム グループ 125, 125
　'コロッサル' 125, 125
　'ユニーク' 125, 125
リオン ジャコウソウモドキを参照 370
リカステ・トリコロル 841, 841
リカステ インシュティアナ 841, 841
リカステ クレナ 841, 841
リカステ交雑品種 841
リカステ属 841
リカステ ブラデオルム 841, 841
リキウマメ キマメを参照 276
リギダマツ 1050, 1050
リキノカルポス属 1208
リキュウバイ 593, 593
リグストルム・シネンセ 820
　'ペンドゥルム' 820
　'ムルティフロルム' 820, 820
　'ワリエガトゥム' 820

リクニス・ウィスカリア 842, 842
　'スプレンデンス' 842
　'フロレ プレノ' 842
リクニス・ウィスカリア 'スプレンデンス プレナ' Lychnis viscaria 'フロレ プレナ' を参照 842
リクニス アルクウリグテイイ 842
　'ウェスウィウス' 842, 842
リケア属 1208
リコペルシコン・エスクレントゥム・ケラシフォルメ 843
　'アブラハム リンカーン' 843, 843
　'アランカ' 843
　'イエロー ペア' 843, 843
　'イエロー ボーイ' 843
　'ガーデナーズ デライト' 843
　'ゴールド ナゲット' 843
　'コストルト ディ マルマンデ' 843
　'ゴリアテ' 843
　'シェリルズ スイート イタリアン' 843
　'ジュリエット' 843, 843
　'スイート クラスター' 843
　'ストゥーピス' 843
　'ビッグ ビーフ' 843, 843
　'ブラック ロシアン' 843
　'プラム ダンディ' 843, 843
　'マネーメイカー' 843
　'メキシコ ミジェット' 843
　'モーゲイジ リフター' 843
　'レッド ロビン' 843
リコポディエラ属 843
リコリス カンゾウを参照 644
リザンテラ属 1141
リシマキア・キリアタ 845
　'プルプレア' 845
リシマキア・コンゲスティフロラ 845
　'アウトバック サンセット' 845, 845
リシマキア・ヌムラリア 845
　'アウレア' 845, 845
リシマキア・プンクタタ 845
　'アレキサンダー' 845, 845
リシリソウ属 1496
リップスティック プラント 106, 106
リトドラ属 829
リトプス・ブロムフィエルデイ・インスラリス 829
リトプス・レスリエイ 829, 829
　'アルビニカ' 829
　'白花紫勲' 829
　'ストームズ アルビニゴールド' 829
リトプス属 829-30
リトルム・ウィルガトゥム 845
　'ザ ロケット' 845
　'ローズ クィーン' 845
リヌム・グランディフロルム 826
　'ブライト アイズ' 826
　'ルブルム' 826, 826
リヌム・ナルボネンセ 826
　'ヘヴンリー ブルー' 826
リネリザ属 1141
リバーバーチ 236, 236
　'ヘリテイジ' 236
　'リトル キング' 236, 236
リバーボトルブラシ 285
リバーレッドガム 568-69, 569
リビングストンデージー 510
リプサリス属 1141
リベス・アルピヌム 1206
　'アウレウム' 1206

'グリーン マウンド' 1206, 1206
'シュミット' 1206
'プミルム' 1206
リベス・オドラトゥム 1206
'クサントカルプム' 1207
リベス・サングイネウム 1207, 1207
'インバネス ホワイト' 1207
'エルク リバー レッド' 1207
'キング エドワード VII' 1207, 1207
'クラレモント' 1207
'ジョイス ローズ' 1207, 1207
'スプリング シャワーズ' 1207
'タイドマンズ ホワイト' 1207
'プルバラ スカーレット' 1207
'プレヌム' 1207
'ブロックルバンキイ' 1207
リベリアコーヒー 400
リベルティア属 818-19
リマコラ属 1209
リムノキ 465, 465
リモニウム・ペレジイ 824, 825
リモニウム属 824-25
竜王丸 1410
竜牙玉 410
リュウガン 501, 501
リュウガン属 501
竜玉 1370, 1370
リュウキンカ属 291
リュウケツジュ 511, 511
竜剣丸 1370
竜山 133, 133
リュウジンボク 909
リュウノヒゲ ジャノヒゲを参照 953
リュウビンタイ属 155
リュウビンタイモドキ属 875
リョウブ 394, 394
リョウブ属 393-94, 394
リョウヨウギョク(綾燿玉) 501
リョクチク 217
リョクトウ(緑豆) 1471
緑塔 431
リリーオブザバレーツリー 394, 394
'フロラ プレナ' 394
リリービリー 93, 93
リンゴ 862
'アッシュミーズ カーネル' 862
'アリントン ピピン' 862
'イエロー ベルフラワー' 863
'イソップス スピツェンバーグ' 862
'ウィンター バナナ' 863
'カーディナルビー' 862
'ガラ' 862, 862
'グラニー スミス' 862
'ゴールデン デリシャス' 862
'ゴールドラッシュ' 862
'コックシーズ オレンジ ピッピン' 862, 862
'シェイクスピア' 863
'ジェイムズ グリーヴ' 862
'シャーロット' 862
'ジョージ ケイヴ' 862
'ジョナゴールド' 862
'スカーレット オハラ' 862
'スカーレット ガラ' 863
'スタークスパー' 863
'スタークスパー コンパクト マック' 863
'スピゴールド' 863
'千秋' 863
'タスカン' 863
'タルハイマー' 863

ユニペルス・サビナ 773, 773
　'カルガリー カーペット'
　　773, 773
　'スカンディア' 773
　'タマリスキフォリア' 773, 773
ユニペルス・デッペアナ 771
　'コンスピクア' 771
ユノミネシダ 706
ユノミネシダ属 706
ユバエア属 768
ユリ LA ハイブリッド 824
ユリ'アヴィニョン' 822, 822
ユリ'アカプルコ' 823
ユリ アジアティック ハイブリッド
　822, 822
ユリ'アスカリ' 823
ユリ アメリカ種 ハイブリッド
　823
ユリ'アライアンス' 823, 823
ユリ'アラスカ' 822
ユリ'インプレッシヴ' 822
ユリ'インペリアル デイ' 822
ユリ'ヴィーナー ブルット' 824, 824
ユリ'ヴィヴァルディ' 822, 823
ユリ'ウッドリフス メモリー' 824, 824
ユリ'エクスプレッション' 823, 824
ユリ'エスペラント' 823
ユリ'エロス' 822
ユリオプスデイジー 591, 591
ユリ オリエンタル ハイブリッド
　823, 823
ユリ'カサ ブランカ' 823
ユリ'カサ ロサ' 822
ユリ'カリフォルニア' 824
ユリ'カルトーシュ' 823, 823
ユリ カンディデュム ハイブリッド
　823
ユリ'キャンティ' 822
ユリ'キャンディス' 823
ユリグルマ キツネユリを参照
　643
ユリ'グロッシー ウィングス' 824, 824
ユリ交雑品種 822
ユリ'コート ダジュール' 822
ユリ'コネチカット キング' 822, 822
ユリ'コンパス' 823
ユリ'サーモン クィーン' 824
ユリ'サーモン クラシック' 823
ユリ'シシ' 824, 824
ユリ'シベリア' 824
ユリ 種 824
ユリズイセン 140
　'ロイヤル スター' 140
ユリ'スカピーノ' 823
ユリ'スター ゲイザー' 824, 824
ユリ属 821-24
ユリ その他の交雑品種 824
ユリ'ソルボンヌ' 824, 824
ユリ トランペット ハイブリッド
　823
ユリ'ドリームランド' 822
ユリ'ナヴォナ' 822, 823
ユリノキ 828, 828
　'アウレオマルギナトゥム' 828, 828
　'ファスティギアトゥム' 828
ユリノキ属 827-28
ユリ'ハー グレース' 822
ユリ'バージニア' 824, 824
ユリ バックハウス ハイブリッド
　822
ユリ'ハップ ホランド' 822

ユリ'バルバレスコ' 823
ユリ'ピンク パーフェクション'
　823
ユリ'ブラック タイ' 823
ユリ'ブラック ドラゴン' 823
ユリ'ペサロ' 824
ユリ ベリンガム ハイブリッド
　823
ユリ'ポリアンナ' 822, 823
ユリ'ホワイト マウンテン' 824
ユリ マルタゴン ハイブリッド
　822
ユリ'ミュスカデ' 824
ユリ'ミンストレル' 822
ユリ'モンテ ネグロ' 822, 823
ユリ'モントルー' 822, 823
ユリ'ロイヤル サンセット' 824, 824
ユリ'ロイヤル ファンタジー' 824, 824
ユリ'ロイヤル リバー' 824
ユリ ロンギフロルム ハイブリッド
　823
ユンクス・ペテンス 770, 770
　'エルク ブルー' 770
　'カルマンズ グレイ' 770
ヨインウィレア属 767-68
ヨイバルバス属 768
ヨウェラナ属 768
陽光 871
ヨウシュイブキジャコウソウ
　クリーピングワイルドタイムを
　参照 1416
ヨウシュコバンノキ 259, 259
　'ロゼオピクタ' 259, 259
ヨウシュシュウメイギク 152-53
　'ジェアント デ ブランシュ'
　　153
　'セプテンバー チャーム' 153
　'ホノリネ ジョバート' 153
　'マルガレーテ' 153
ヨウシュジンチョウゲ 474
ヨウシュセツブンソウ'ギニア
　ゴールド' 545
ヨウシュチョウセンアサガオ 476, 476
ヨウシュトリカブト 94, 94
ヨウシュヌマガヤ 901
　'ムーアヘクス' 901, 901
　'ワリエガタ' 901, 901
ヨウシュハクセン 498, 498
　'ロゼウス' 498, 498
ヨウシュフクジュソウ 101
ヨウシュメハジキ 806
ヨウシュヤマゴボウ 1038, 1038
ヨウラクツツアナナス 238, 238
ヨウラクボク 146, 146
ヨウラクボク属 146
ヨウラクユリ 614, 614
　'アウレオマルギナタ' 614
　'ルテア' 614
ヨウラクラン属 942
養老 524, 524
ヨーロッパアカマツ 1051, 1051
　'アルゲンテア' 1051
　'サクサティリス' 1051, 1051
　'トロプシー' 1051
　'フェスティギアタ' 1051
　'モセリ' 1051
　'ワテレリ' 1051
ヨーロッパアカマツ'エドウィン
　ヒリアー' ヨーロッパアカマツ
　'アルゲンティア'を参照 1051
ヨーロッパイチイ 1401, 1401
ヨーロッパイチイ アウレア
　グループ 1401
　'アウレア' 1401

　'ドヴァストニイ アウレア'
　　1401, 1401
　'ドワーフ ホワイト' 1401
　'ファスティギアタ' 1401
ヨーロッパイチイ ファスティギアタ
　アウレア グループ 1401
　'スタンディシイ' 1401, 1401
　'センペルアウレア' 1401
　'ヌタンス' 1401, 1401
　'レパンデンス' 1401
ヨーロッパカエデ ノルウェーカエデ
　を参照 88
ヨーロッパカラマツ 796, 796
　'コーリー' 796
　'ペンデュラ' 796, 796
ヨーロッパグリ 339, 339
　'アルボマルギナタ' 339
　'グラブラ' 339, 339
　'ワリエガタ' 339
ヨーロッパクロマツ 1049, 1049
　'ホーニブルッキアナ' 1049
ヨーロッパシクラメン 450, 450
ヨーロッパシラカンバ シダレカンバ
　を参照 236
ヨーロッパスモモ セイヨウスモモ
　を参照 1093
ヨーロッパトウキ 154, 155
ヨーロッパトウヒ 1039, 1039
　'エキニフォルミス' 1039
　'クプレッシナ' 1039
　'グラシリス' 1039
　'クランストニイ' 1039, 1039
　'クランブラッシリアナ'
　　1039, 1039
　'グレゴリアナ' 1039
　'タブリフォルミス' 1039, 1039
　'ニディフォルミス' 1039, 1039
　'ピラミダリス' 1039
　'プミラ' 1039, 1039
　'プロクンベンス' 1039, 1039
　'ペンドゥラ' 1039, 1039
　'マクスウェリイ' 1039
　'リトル ジェム' 1039, 1039
　'レフレクサ' 1039, 1039
　'レペンス' 1039
ヨーロッパハイマツ 1047
　'クロロカルパ' 1047
ヨーロッパブドウ 1478
　'カベルネ ソーヴィニョン'
　　1478, 1478
　'ゲルバー ムスカテラー'
　　1478, 1478
　'ゴールデン シャスラー' 1478
　'シャルドネ' 1478, 1478
　'シュナン ブラン' 1478
　'ジルバーナー' 1478
　'ジンファンデル' 1478
　'スキアーヴァ グロッサ' 1478
　'スルタナ' 1478
　'トレビアーノ' 1478
　'ピノ グリ' 1478
　'ピノ ノワール' 1478, 1478
　'ブラック コリンス' 1478
　'プルプレア' 1478
　'フレーム シードレス' 1478
　'マスカット オブ
　　アレキサンドリア' 1478
　'マスカット ハンブルグ' 1478
　'ミュラー トゥルガウ' 1478
　'メルロ' 1478, 1478
ヨーロッパブナ 596, 597
　'アルボマルギナタ' 596, 597
　'クプレア' 596
　'ケルキナ' 596, 597
　'ドービック' 596
　'ドービック ゴールド' 596, 597

　'ドービック パープル' 596
　'トリコロール' 596
　'ファスティギアタ' 596, 597
　'プルプレア' 596, 597
　'プルプレア ペンデュラ'
　　596, 597
　'リヴェルシー プルプレア'
　　596
ヨーロッパマンネングサ 1328
　'アウレウム' 1328
ヨーロッパミズナラ オウシュウナラ
　を参照 1127, 1127
ヨーロッパヤマナラシ 1073
ヨシ 1033, 1033
　'ワリエガトゥス' 1033, 1033
　'ルブラ' 1033
ヨシ属 1032-33
ヨシュアツリー 1492, 1492
ヨハンネステイスマニア属 767
ヨメナ属 777
ヨメノキ ズイナを参照 760
ヨモギギク属 1399-40
ヨモギ属 190-91
ヨモギナ 190
ヨモギナ グイゾウ グループ
　190, 190
ヨモギ'ボウイス キャッスル'
　191, 191
ヨルガオ 737
夜の女王 月下美人を参照
　1332
ヨロイスギ チリマツを参照 171, 171

ラ

ラージ エルサレムセージ 1027, 1027
ライオン錦 955, 955
ライルマケラ属 1129, 1129
ライスフラワー
　(Ozothamnus diosmifolius)
　967, 967
ライスフラワー
　(Ozothamnus rosmarinifolius)
　967, 967
ライスフラワー
　(Pimelea ferruginea)
　コメバナを参照 1044
ライチー レイシを参照 828, 828
ライブオーク 1128, 1128
ライマメ アオイマメを参照 1022
ライム 383
ライラック 1390
　'アストラ' 1390
　'アミィ スコット' 1390, 1390
　'アン タイ' 1390, 1390
　'アンデンケン アン ルディング
　　スパース' 1390
　'ヴィクトール ルモワンヌ'
　　1390, 1391
　'ウィリアム ロビンソン'
　　1390, 1391
　'ヴェスタル' 1390, 1390
　'エディス キャベル' 1390
　'エディス ブラウン' 1390
　'オリヴィエル デュ セレ'
　　1390, 1391
　'カーディナル' 1391
　'クライド ハード' 1390
　'ゴウディフォー' 1390
　'コンゴー' 1390, 1390
　'コンドルセ' 1390
　'ジェネラル シャーマン' 1391
　'シャルル ディス' 1390
　'ジョージズ ベルエアー' 1391
　'ズール' 1391
　'センセーション' 1390

　'チャールズ ジョリー' 1390
　'ティタ' 1391
　'デュ ミリブ' 1390
　'ドゥ ドゥ マッサ' 1390
　'ドワイト E.. アイゼンハワー'
　　1390
　'バイオレット グローリィ'
　　1391
　'ピンク パーフェクション'
　　1391
　'プリシラ' 1391
　'プリムローズ' 1390
　'プレジデント グレヴィイ'
　　1391
　'プレジデント リンカーン'
　　1390
　'ベル ドゥ ナンシー' 1390
　'ポール シリオン' 1390
　'ボルカン' 1390, 1390
　'マゼラン' 1391
　'マダム アントワーヌ
　　ブフナー' 1390
　'マダム ルモワンヌ' 1390
　'マレシャル・フォッシュ' 1390
　'ミセス W. E.. マーシャル'
　　1391
　'ミセス エドワード ハーディング'
　　1390, 1391
　'モード ノットカット' 1390
　'モニク ルモワンヌ' 1390
　'ラプラス' 1391
　'レオン ガンベッタ' 1391
　'ワルデック ルソー' 1391
ライラックセージ 1307
　'アルバ' 1307
　'パープル レイン' 1307, 1307
ラウダナム 381, 381
　'パット' 381
　'パラディン' 381
　'ブランシェ' 381
ラウワルフィア属 1134
ラエリア・アンケプス・ウエイチアナ
　'フォート カロリン' 789, 789
ラエリア・アンケプス 789, 789
　'チェンバレンズ' 789, 789
×ラエリアカトレア
　C. G. ローブリング 791, 791
ラエリア属 789-90
×ラエリアカトレア
　(デュプレナ'コエルレア'× Laelia
　purpurata var.werkbaliseri)
　791
×ラエリオカトレイヤ (カトレヤ
　チョコレート ドロップ××レリ
　オカトレヤ ヤラバ) 791
×ラエリオカトレイヤ (カトレヤ
　ピッティアナ× leopoldi ××レリオ
　カトレヤ・インテグロッサ) 791
×ラエリオカトレイヤ (サンタバー
　バラ・サンセット× Dattleya
　aurantiaca) 791
×ラエリオカトレイヤ
　(ブルーリボン×カトレヤ
　'ペニー クロダ') 791
×ラエリオカトレイヤ ハイブリッド
　791
×ラエリオカトレイヤ エドガー
　ヴァン ベル'エドウィン アーサー
　ハウザーマン' 791, 791
×ラエリオカトレイヤ カンハミアナ
　'コエルレア' 791
×ラエリオカトレイヤ サリエリ
　791
×ラエリオカトレイヤ属 791
×ラエリオカトレイヤ トロピカル・
　ポイント'チータ' 791, 791

'チェトル チャーム' 321
'プールアンネージュ' 321
'プラニフロラ' 321
'ベネッツ ブルー' 321
'ホワイト カップ アンド ソーサー' 321
桃姫 霜の鶴を参照 523, 523
モモ モモ・グループ 1096
'クレストヘイブン' 1096, 1096
'ジャージーグロ' 1096, 1096
'テキスター' 1096, 1096
モラエア属 903
モリシア・モナントス 904
'フレッド ヘミングウェイ' 904, 904
モリシア属 904
モリシマアカシア 77, 77
モリナ 904, 904
モリナ属 904
モリニア属 901
モリムラマンネングサ 1328, 1329
'コーラル カーペット' 1329
モルッカソテツ 502, 502
モルトキア属 901
モルモンティー 539, 539
モロコシ ホウキモロコシを参照 1359
モロコシ属 1359
モンゴリナラ 1125
モンゴルボダイジュ 1419, 1419
モンステラ属 902
モンタナマツ 1049, 1049
'グリーン キャンドルズ' 1049, 1049
'スローマウンド' 1049
'タンネンバウム' 1049
'ティーニー' 1049
'ハニーコム' 1049
'ポールズ ドワーフ' 1049, 1049
モンテレーマツ 1050
モントブレア ヒメヒオウギズイセンを参照 435, 435
モントレー・ケアノツス 348
'スノーボール' 348
モントレー・サイプレス 445-46, 445
'グリーンステッド マギニフィセント' 445-46
'コニーベアニー オーレア' 445-46, 445
'ドナード ゴールド' 445-46, 446
'ブルニアナ オーレア' 446
'ホリゾンタリス' 445-46
'ホリゾンタリス オーレア' 445-46

ヤ

ヤエオモダカ 1293
ヤエザキヒメフウロソウ 559
'デレク' 559
'ビショップス フォーム' 559
'フローレ プレノ' 559
'ロゼウム' 559, 559
ヤエサンユウカ サンユウカ 'フレノ プレノ'を参照 1396
ヤエムグラ 624
ヤエヤマイバラ 1213, 1213
ヤエヤマヒルギ属 1142
ヤエヤマブキ ヤマブキ'プレニフロラ'を参照 779, 779

ヤカランダ・ミモシフォリア 764, 764
'ホワイト クリスマス' 764
'ワリエガタ' 764
ヤギュウシバ 263
ヤギュウシバ属 263
ヤクシマショウマ 202
'サクサティリス' 202
ヤクシマススキ ススキ'ヤクジマ'を参照 900, 900
ヤクソニア属 764
ヤクヨウサルビア コモンセージを参照 1304, 1304
ヤクヨウニンジン 978
ヤグルマギク 353
'ブルー ダイアデム' 353
ヤグルマギク属 353-54
ヤグルマギク フローレンス シリーズ 353
ヤグルマソウ 1210, 1210
ヤグルマソウ属 1210
ヤグルマハッカ属 901-2
ヤコウカ ヤコウボウを参照 362, 362
ヤコウボク 362, 362
ヤシオネ・ラエウィス 765
'ブラウリヒト' 765
ヤシオネ属 765
ヤシャブシ 131, 131
野生キャベツ 255, 255
野生キャベツ アケファラ グループ 255, 255
'ウィンターボー' 255
'ブルー リッジ' 255, 255
'ホワイト ピーコック' 255
'レッド ピーコック' 255
'レッドボー' 255
野生キャベツ アルボグラブラ・グループ 255
野生キャベツ イタリカ グループ 256
野生キャベツ カピタタ グループ 256, 256
'アーリー カーリー' 256
'アルバ' 256, 256
'サボイ エクスプレス' 256, 256
'サボイ キング' 256, 256
'ダイナモ' 256, 256
'プリマヴォイ' 256, 256
'プリミックス' 256
'ルビー ボール' 256
'レッド エクスプレス' 256, 256
野生キャベツ ゲミフェラ グループ 256
野生キャベツ ゴンギュロデス グループ 256
'コリブリ' 256, 256
野生キャベツ シモーサ・グループ 野生キャベツ イタリカ・グループを参照 256
野生キャベツ ボトリティス グループ 255
'アーリー エメラルド' 255
'エンペラー' 255, 256
'ショウグン' 255, 256
'スノークラウン' 255
'パーフェクション' 255, 255
'ユーリカ' 255, 256
'ロマネスコ' 255
ヤダケ 1103
ヤダケ属 1102-3
ヤチヤナギ 908
ヤチラン属 858
ヤツガタケトウヒ 1040, 1040
ヤツデ 598, 598
'オーレア' 598

'マルギナタ' 598
'モセリ' 598
'ワリエガタ' 598
ヤツデ属 598
ヤドクキリン 590, 590
ヤドリフカノキ カポックを参照 1321, 1321
ヤドリフカノキ 1321, 1321
'ジャクリーヌ' 1321, 1321
ヤトロファ属 766
ヤナギザクラ 593, 593
ヤナギザクラ属 593
ヤナギ属 1296-99
ヤナギチョウジ 1006
'エルフィン ピンク' 1006
'コキネウス' 1006
'スクーリーズ イエロー' 1006
'ローズ エルフ' 1006
ヤナギトウワタ 194, 194
ヤナギバアカシア 75
ヤナギバチョウジソウ 148
ヤナギハッカ 723
'シシングハースト' 723, 723
ヤナギバツバキ 309, 309
ヤナギハナガサ サンジャクバーベナを参照 1460, 1460
ヤナギバナシ 1119, 1119
'シルバー カスケード' 1119, 1119
'ペンデュラ' 1119, 1119
ヤナギバヒマワリ 685, 685
'ゴールデン ピラミッド' 685
ヤナギバルイラソウ 1287
'アルバ' 1287
'ケイティー' 1287
'チ チ' 1287
'テキサス ブルー' 1287
ヤナギバルイラソウ'クリーン ホワイト ケイティー' ヤナギバルイラソウ'アルバ'を参照 1287
ヤナギ'フレーム' 1297
ヤナギ'ボイディ' 1296
ヤナギユーカリ 572
'ロゼア' 572, 572
ヤナギラン 541, 541
ヤネノボンテンカ 994, 994
ヤハズカズラ 1414, 1414
ヤハズカズラ属 1414
ヤハズススキ ススキ'ゼブリヌス'を参照 900
ヤハズヤシ属 1109
ヤブイチゲ 153
'アレニイ' 153
'ヴェスタル' 153, 153
'パリダ' 153
'ロビンソニアナ' 153, 153
ヤブウツギ 1483
ヤブカンゾウ Hemerocallis fulva 'クワンゾ'を参照 692
ヤブコウジ 180
'ニシキ' 180
ヤブコウジ属 179-80
ヤブサンザシ 1206
ヤブソテツ 460
ヤブソテツ属 460
ヤブソテツ'マイ' オニシダ 'クリスタツム'を参照 460
ヤブツバキ ツバキを参照 294
ヤブヘビイチゴ 517, 517
ヤブラン 828
'クリスマス ツリー' 828
'ジョン バーチ' 828
'マジェスティック' 828
'モンロー ホワイト' 828, 828
'ワリエガタ' 828
ヤブラン属 828
ヤブレガサウラボシ 505, 505

ヤブレガサウラボシ属 505
ヤボロサ属 764
ヤマアサ オオハマボウを参照 704, 704
ヤマアジサイ 719
'グレイスウッド' 719, 719
'ブルーバード' 719, 719
'プレジオサ' 719, 719
ヤマカモジグサ属 251
ヤマグルマ 1433, 1433
ヤマグルマ属 1433
ヤマゴボウ属 1038
ヤマジノホトトギス 1428, 1428
ヤマシバカエデ チドリノキを参照 83, 83
ヤマタマガサ属 355
ヤマツツジ 1151, 1151
ヤマツツジ (マルヴァティカ ハイブリッド) 1190
ヤマドリヤシ 519, 519
ヤマナシ ニホンナシを参照 1119
ヤマナズナ 143
'バーグゴールド' 143, 143
ヤマナズナ'マウンテン ゴールド' ヤマナズナ'バーグゴールド'を参照 143, 143
ヤマノイモ 503
ヤマノイモ属 502-3
ヤマハギ 810, 810
ヤマハタザオ'スプリング チャーム' Arabis blepharophylla 'フリューリングスザウバー'を参照 169, 169
ヤマハタザオ属 169
ヤマハハコ 149
ヤマハハコ属 149
ヤマハマナシ 1214, 1214
ヤマヒハツ属 162
ヤマブキ 779, 779
'プレニフロラ' 779, 779
'ワリエガタ' 779, 779
ヤマブキ属 779
ヤマブキ'フロレ プレナ' ヤエヤマブキを参照 779, 779
ヤマフジ 1487
'白花美短' 1487, 1487
'紫花美短' 1487
ヤマブドウ 1478
ヤマボウシ 416, 416
ヤマホウレンソウ 206
'カプトロセア' 206
'ロゼア' 206
ヤマホトトギス 1429
ヤマホロシ ツルハナナスを参照 1347
ヤマフー 701, 701
ヤマミルテ 1067
ヤマモモソウ ハクチョウソウを参照 627
ヤマモモ属 908
ヤマヤマグルマギク 354, 354
'アルバ' 354, 354
ヤメシア属 764-65
ヤモメカズラ属 1015
ヤロー セイヨウノコギリソウを参照 91, 91
ヤンバルハグロソウ 497, 497
ヤンバルハグロソウ属 497
ユーカリノキ、ユーカリプトゥス・エウカリプトゥスを参照 560-77
ユアヌロラ属 768
ユウガオ属 792
ユウギリソウ 1425, 1425
ユウスゲ 692
ユウゼンギク 200, 200
'アーネスト バラード' 200
'クーム バイオレット' 200

'プロフェッサー アントン キッペンバーグ' 200
'マリー バラード' 200
'リトル レッド ボーイ' 200
勇壮丸 600
夕波 478, 478
ユーベルマニア・ペクティニフェラ 1448, 1448
ユーベルマニア属 1448
雪女 アロエ・クラビフロラを参照 134, 134
ユキザサ属 1345
ユキツバキ 309
'乙女' 309, 309
'牡丹雪' 309, 309
ユキノシタ 1119
ユキノシタ 1318
'エコ バタフライ' 1319
'トリカラー' 1319
'ハーベスト ムーン' 1319
ユキノシタ'クロス オブ ゴールド' 1319
ユキノシタ交雑品種 1319
ユキノシタ'サウスサイド シードリング' 1319
ユキノシタ'ジェームズ ブレマー' 1319, 1319
ユキノシタ'タンブリング ウォーター' 1319
ユキノシタ'パープル ロープ' 1319, 1319
ユキノシタ'ホワイトヒル' 1319
雪笛丸 872
ユキモチソウ 184, 184
ユキヤナギ 1365, 1365
'オゴン' 1365, 1365
雪山 518
ユキワリソウ 695
ユキワリソウ属 695
ユグランス・ニグラ 769
'ラキニアタ' 769
ユグランス・レギア 769, 769
ユグランス・レギア カルパチアン グループ 769
'ブッカネア' 769
'ブロードヴュー' 769, 769
'ラキニアタ' 769, 769
ユシアニア・アンケプス 1493
'ピット ホワイト' 1493
ユショウ チュウゴクアカマツを参照 1051, 1051
ユスティカ・リッジニイ 775
'ファイアーフライ' 775, 775
ユスティキア属 774-75
ユスハニア属 1493
ユスミヌス・サンバック 766, 766
'グランド デューク オブ タスカニー' 766
ユスラウメ 1099, 1099
ユスラヤシ 174, 174
ユスラヤシ属 174
ユスラヤシモドキ 174, 174
ユズリハ属 474
ユタサービスベリー 146
ユッカ・フラッキダ 1492
'アイボリー' 1492
'ゴールデン スウォード' 1492
ユッカ属 1491-93
ユニペルス・ウィルギニア 774
'スカイロケット' 774
'ブルー アロー' 774, 774
'ブルキイ' 774
'マンハッタン ブルー' 774, 774

ムラサキクンシラン 'ストーム
　クラウド' 109, 109
ムラサキクンシラン属 109
ムラサキクンシラン 'ティンカーベル'
　109
ムラサキクンシラン 'ピーター パン'
　109
ムラサキクンシラン 'ベイビー
　ブルー' 109
ムラサキクンシラン 'ヘンリイ'
　109
ムラサキクンシラン 'ランチョ
　ホワイト' 109
ムラサキクンシラン 'リリパット'
　109, 109
ムラサキクンシラン 'ロシュ ホープ'
　109
ムラサキシキブ 283, 283
　'リュウコカルパ' 283
ムラサキシキブ属 282-3
ムラサキセンダイハギ 219, 219
ムラサキセンダイハギ属 219
ムラサキツクバネカズラ 1015
　'アルビフローラ' 1015
ムラサキツユクサ
　アンデルソニアナ グループ 1426
　'J. C. ウェグリン' 1426
　'イシス' 1426
　'イノセンス' 1426
　'オスプレイ' 1426
　'コンコルド グレープ'
　　1426, 1426
　'ツバネンブルク ブルー'
　　1426, 1426
　'パープル ドーム' 1426
　'ビルベリー アイス'
　　1426, 1426
　'ブルー アンド ゴールド'
　　1426, 1426
　'リトル ドール' 1426, 1426
ムラサキツユクサ 'スウィート
　ケイト' ムラサキツユクサ
　アンデルソニアナ グループ
　'ブルー アンド ゴールド' を
　参照 1426, 1426
ムラサキツユクサ属 1426-27
ムラサキツユクサ 'ワリエガタ'
　ムラサキオモト 'ヴィッタータ' を
　参照 1427
ムラサキナズナ 'アルゲンテオワ
　リエガタ' 207, 207
ムラサキナズナ 'エイレイ' 207
ムラサキナズナ 'キンブベリイ'
　207, 207
ムラサキナズナ交雑品種 207
ムラサキナズナ属 207
ムラサキナズナ 'ドクター
　ミュールズ' 207, 207
ムラサキナズナ 'ノヴァリス
　ブルー' 207
ムラサキナズナ 'ブルー カスケイド'
　207, 207
ムラサキナズナ 'ブルー キング'
　207
ムラサキナズナ 'ブレッシンガム
　ピンク' 207
ムラサキナズナ 'ヘンダーソニイ'
　207
ムラサキナズナ 'ラベンダー
　クイーン' 207
ムラサキナズナ 'ロッキーズ
　パープル' 207, 207
ムラサキハシドイ ライラックを
　参照 1390
ムラサキハナナ 960, 960

ムラサキバベニウツギ
　オオベニウツギ 'フォリイス
　プルプレイス' を参照 1483
ムラサキバレンギク 525, 525
　'ホワイト スワン' 525, 525
　'ホワイト ラスター' 525
　'マグナス' 525, 525
ムラサキフトモモ 1392
ムラサキヘイシソウ 1315, 1315
ムラサキベンケイソウ 1331, 1331
　'マトロナ' 1331, 1331
　'モルケン' 1331
ムラサキベンケイソウ
　subsp. maximun 'アトロプレプ
　レウム' 1331
ムラサキモウズイカ 1459
ムラサキヤシオ 1144, 1144
ムレスズメ属 327-8
ムレナデシコ カスミソウを参照
　663
ムロウマムシグサ 184, 184
メイアップル 1065
メイゲツカエデ ハウチワカエデ
　を参照 85, 85
メイフラワー アメリカイワナシを
　参照 541
メイプルリーフベゴニア 224
メイヤーライラック 1388
　'スパーバ' 1388, 1388
　'パリビン' 1388, 1388
明耀丸 871, 871
メウム属 893
メウリノキ ウリカエデを参照 84
メースセッジ 330, 330
メガスケパスマ・エリスロクラミス
　882, 882
メガスケパスマ属 881-82
メギ 231
メギ 'ゲオルゲイ' 230, 230
　'ゴールデンリング' 231
　'ヘルモンド ピラー' 231
　'レッド チーフ' 231
　'ローズ グロー' 231
メギ 'コーニッシュ クリーム'
　ローズマリーバーベリー
　'レモン クイーン' を参照 231
メキシカン オレンジ ブロッサム
　374, 374
　'サンダンス／リッチ' 374
メキシカン ウィーピング
　バンブー 964
メキシカンジャイアントヒソップ
　110-11
メキシカンジャイアントヒソップ
　ハニービー シリーズ 110-11
　'ハニービー ブルー' 110-11
　'ハニービー ホワイト' 110-11
メキシカンストーンパイン 1047
　'ピニャ ネバダ ゴールド'
　　1047, 1047
メキシカンセージ 1303
　'ブラック セパルズ' 1303
　'ライムライト' 1303, 1303
メキシカンハット 1134
メキシカンブッシュセージ 1303,
　1303
　'ミッドナイト' 1303
メキシカンライム ライムを参照
　383
メキシコイトスギ 445
　'ブライスズ ウィーピング' 445
メキシコサバル 1292, 1292
メキシコサワギク 1100, 1100
メキシコソテツ ヒロハザミアを
　参照 1493, 1493

メキシコタイキンギク
　メキシコサワギクを参照
　1100, 1100
メキシコハクセンヤシ 253, 253
メキシコハナヤナギ 443
メキシコヒマワリ チトニアを
　参照 1423
メキシコヒャクニチソウ 1498
　'オールド メキシコ' 1498
　'スターゴールド' 1498, 1498
メキシコラクショウ 1401, 1401
メギ属 229-31
メギ 'ナナ' マゼランバーベリー
　'ピグメア' を参照 229
メギ 'プルプレア'
　Berberis × ottawensis
　'スペルバ' を参照 230
芽キャベツ 野生キャベツ
　ゲミフェラ グループを参照 256
メグスリノキ 85
メコノプシス・グランディス
　(Meconopsis grandis)
　880, 880
メコノプシス・ベトニキフォリア
　(Meconopsis betonicifolia)
　880, 880
メコノプシス・カンブリカ 880
メコノプシス・ナパウレンシス
　880, 880
メコノプシス属 880
メシダ属 205-06
メセンブリアンテム属 890-91
メタカラコウ 819, 819
　'ザ ロケット' 819, 819
メタカラコウ 'ヴァイエンシュテファン'
　819
メタカラコウ 'グレギノッグ
　ゴールド' 819
メタカラコウ交雑品種 819
メタカラコウ 'ゼプター' 819
メタカラコウ属 819
メダケ属 1060
メタルリーフベゴニア 225
メディアビャクシン 772-73
　'ゴールデン サンセット'
　　772-73, 772
　'フィツェリアナ アウレア' 772-73
　'フィッツェリアナ' 772-73, 772
メディオカルカ・ビフォリウム 881,
　881
メディオカルカル属 881
メディニラ・マグニフィカ 881, 881
メディニラ属 881
メドースイート セイヨウナツユキソウ
　を参照 605
メドーセージ 1302
　'コスタリカ ブルー' 1302
　'ブラック アンド ブルー' 1302
　'ブルー エニグマ' 1302
メトロシデロス・エクスケルスス
　892, 892
　'ファイアー マウンテン' 892
メトロシデロス・カルミネア 892,
　892
　'カルーセル' 892
　'フェリス ウィール' 892
メトロシデロス・ケルマデケンシス
　892
　'ワリエトゥス' 892
メトロシデロス属 892-93
メハジキ属 806
メボウキ属 943-44
メマツヨイグサ 947
メラスフェルラ・ラモサ 886
メラスフェルラ属 885-66
メラノクシロンアカシア 77, 77

メラレウカ・ティムフォリア 885,
　885
　'コットン キャンディ' 885
　'ホワイト レース' 885, 885
メラレウカ・リナリィフォリア 884,
　884
　'スノーストーム' 884
メラレウカ属 882-85
メランポディウム・パルドスム 885
　'ショウスター' 885, 885
メランポディウム・レウカントゥム
　885, 885
メランポディウム属 885
メリアントゥス属 886
メリカ・アルテッシマ 886, 886
　'アトロプルプレア' 886
メリキトゥス属 887
メリコペ・テルナタ 887
　'ワラン' 887, 887
メリタ属 890
メリッサ属 888
メリニス属 887
メルヘンの木 Sophora prostrata
　'リトル ベイビー' を参照 1352
メロカクトゥス属 888
メロン 440-41
メロン イノドルス グループ 440-
　41
メロン カンタルペンシス
　グループ 440-41
メロン レティクラツス グループ
　440-41
　'アンブロシア' 440-41, 440
メンタ グラキリス 889
　'ワリエガタ' 889
モウズイカ 1458
モウズイカ 'アークティック サマー'
　Verbascum bombyciferum
　'ポーラーゾンマー' を参照 1458
モウズイカ 'ゲインズボロー' 1459,
　1459
モウズイカ交雑品種 1459
モウズイカ コッツウォルズ・
　グループ 1459
モウズイカ 'コッツウォルズ
　ビューティ' 1459, 1459
モウズイカ 'ジャッキー' 1459
モウズイカ属 1458-59
モウズイカ 'ピンク ドミノ' 1459
モウズイカ 'ヘレン ジョンソン'
　1459, 1459
モウズイカ 'モン ブラン' 1459,
　1459
モウズイカ 'レティシア' 1459,
　1459
モウセンゴケ 514
モウソウチク 1036
　'ゴールド ストライプ' 1036
　'スプリング ビューティ' 1036
　'バイカラー' 1036
　'ヘテロキクラ' 1036
　'ホワイト ストライプ' 1036
モエジマシダ 1107
モクキリン 1010
モクゲンジ属 782
モクシュンギク マーガレットを
　参照 182
モクセイソウ 1138, 1138
モクセイソウ属 1138
モクセイ属 960
モクマオウ属 341
モクレン 852
　'ニグラ' 852, 852
モクレン 'No.4' 854, 854
モクレン 'アポロ' 854
モクレン 'アン' 854, 854

モクレン 'イエロー ランタン' 854,
　854
モクレン 'イオランテ' 854, 854
モクレン 'ヴァルカン' 854
モクレン 'エリザベス' 854, 854
モクレン 'ギャラクシー' 854
モクレン交雑品種 854
モクレン 'ゴールド スター' 854,
　854
モクレン 'ジェーン' 854, 854
モクレン 'ジュディー' 854, 854
モクレン 'ジョージ ヘンリー
　カーン' 854, 854
モクレン 'スーザン' 854, 854
モクレン属 850-54
モクレン 'チャールズ コーテス'
　854
モクレン 'ピンキー' 854, 854
モクレン 'ピンク アルバ
　スペルバ' 854, 854
モクレン 'フリーマン' 854, 854
モクレン 'ヘヴン セント' 854,
　854
モクレン 'ベティー' 854, 854
モクレン 'マンチュ ファン' 854
モクレン 'ランディー' 854, 854
モクレン 'リッキ' 854, 854
モクレン 'ルージュド アラバスター'
　854, 854
モクレン 'ロイヤル クラウン' 854,
　854
モチノキ属 727-32
モッコウバラ 1213, 1213
モッコク 1406, 1406
　'ワリエガタ' 1406
モッコク属 1406
モナルデラ属 902
モナンテス属 901
モノプシス属 902
モミ 68, 68
モミジアオイ 701
　'デイヴィス クリーク' 701
モミジバアサガオ 738, 738
モミジバアラリア 1322, 1322
モミジハウラジノキ 1108, 1108
モミジバズカケノキ 1057, 1057
　'ピラミダリス' 1057
モミジバフウ 827, 827
　'アウレア' 827
　'ワリエガタ' 827
　'ウォープレスドン' 827
　'ガムボール' 827
　'ゴールデン トレジャー'
　　827, 827
　'バーガンディ' 827
　'パロ アルト' 827
　'フェスティバル' 827
　'レーン ロバーツ' 827
　'ロタンディロバ' 827
モミ属 67-70
モミ 'ホルストマンズ シルバーロック'
　チョウセンシラベ 'シルバーロック'
　を参照 69, 69
モモ 1096, 1096
モモイロカイウ 1494
　'スパーバ' 1494
モモイロテンナンショウ 184, 184
モモイロノウゼン 1396, 1396
モモイロハナシノブ 1065
モモイロハリエンジュ 1210, 1210
モモ 観賞用グループ 1096
　'クララ メイアー' 1096
モモタマナ 1405, 1405
モモタマナ属 1405
モモ ネクタリン・グループ 1096
　'アンダーホーン' 1096
モモバギキョウ 321

1574 Index

マルスグリ 1207, *1207*
　'クラウン ボブ' 1207
　'レベラー' 1207
　'ローリング ライオン' 1207
マルス×グロリオサ 860, *860*
　'エコノミラト エクターマイヤー' 860, *860*
マルス×シャイデケリ 864, *864*
　'エクツェレンツ ティエル' 864, *864*
　'レッド ジェイド' 864, *864*
マルス×プルプレア 864, *864*
　'アルデンハメンシス' 864, *864*
　'エレイイ' 864
　'レモイネイ' 864, *864*
マルス×ロブスタ 864
　'エレクタ' 864, *864*
マルタゴンリリー 821
マルバアサガオ 738-39
マルバウツギ 490
　'キャンディディシマ' 490
　'プライド オブ ロチェスター' 490
マルバカワヂシャ 1462
マルバクマツヅラ 1460
マルバグミ 532
マルバシモツケ 1362
マルバスイバ 1288
マルバダケブキ 819, *819*
　'デズデモーナ' 819, *819*
マルバタマノカンザシ 710, *710*
　'ハニー ベルズ' 710
　'ビーナス' 710
マルバノキ 506, *506*
マルバノキ属 506
マルバノヒゲタイサイコ
　エリンギウム・プラヌムを参照 561
マルバビユ 739
　'アウレオ-レティクラタ' 739
　'ブリリアンティッシマ' 739, *739*
マルバフジバカマ 582
　'ブラウンラウブ' 582
マルバブラシノキ 285
　'ピンク アイス' 285
マルピギア属 858-59
マルブッシュカン シトロンを参照 384
マルメロ 451, *451*
　'スミルナ' 451
　'チャンピオン' 451
　'ルシタニカ' 451
マレーフトモモ 1393, *1393*
マレフォラ属 858
マロニエ セイヨウトチノキを参照 107, *107*
マンゴー 874, *874*
　'エドワード' 874
　'カンペッシュ' 874, *874*
　'ケンジントン プライド' 874
マンゴー属 873-74
マンゴスチン 624-25, *624*
マンサク (*Adonis amurensis*) フクジュソウを参照 101
　'サンダンザキ' 101
マンサク (*Hamamelis japonica*) 671, *671*
　'スルフレア' 671
マンザニタ 176, *176*
　'ドクター ハード' 176
マンシュウアンズ 1095
マンシュウカエデ 85
マンシュウニレ ノニレを参照 1450
マンシュウマメナシ ホクシマメナシを参照 1117, *1117*

マンダリン 384
　'アンコール' 384
　'キンナウ' 384
　'クレメンタイン' 384
　'ダンシー' 384
　'ピクシー' 384
　'フェアーチャイルド' 384
　'フリーモント' 384
　'ページ' 384
マンデウィラ・サンデリ 873
　'スカーレット ピンパーネル' 873, *873*
マンデウィラ・ボリウィエンシス 873, *873*
マンデウィラ アマビリス 873
　'アリス デュ ポン' 873, *873*
マンテマ属 1340-41
マンテマ 'フロレ・プレノ' ハマベマンテマ 'ロビン ホワイトブレスト' を参照 1341, *1341*
マンドラゴラ 873
マンドラゴラ属 873
マンドレイク マンドラゴラを参照 873
マンナガム ユーカリプツス・ビミナリスを参照 577, *577*
マンナノキ 611, *611*
　'アリー ピーターズ' 611
マンネンロウ 1281-82
マンミラリア・ヘルトリキアナ 870
　'スペルバ' 870, *870*
マンリョウ 179, *179*
ミオソティディウム属 908
ミカイドウ 861, *861*
ミカン属 383
ミキナシサバル 1292
ミクラトコレウス属 894
ミクロカクリス属 894
ミクロソルム属 894-95
ミケリア 893
ミケリア・ドルトソパ 893, *893*
　'シルバー クラウド' 893, *893*
ミサヤマチャヒキ属 688
ミシマサイコ属 269
ミズカンナ 1408, *1408*
ミズキ 'エディーズ ホワイト ワンダー' 415
ミズキ 415, *415*
　'パゴダ' 415, *415*
　'ワリエガタ' 415
ミズキ属 414
ミズキ属 ラトガーズ ハイブリッド 417
　アウレア/'ルトバン' 417, *417*
　コンステレーション/'ルトカン' 417, *417*
　ルース エレン/'ルトカン' 417, *417*
ミズサンザシ 165, *165*
ミズ属 1043-44
ミズバショウ属 844-45
ミズホウズキ 898, *898*
水牡丹 673
ミズメ 235
水蓮華 673
ミズレンブ 1392, *1392*
ミセバヤ 1330
　'ワリエガトゥム' 1330
　'メディオワリエガトゥム' 1330, *1330*
ミゾカクシ属 831-33
ミソハギ属 845
ミツガシワ 890, *890*
ミツガシワ属 889-90
ミッキーマウスツリー 943, *943*
ミツデカエデ 84

ミツバ 440
ミツバウツギ 1369, *1369*
ミツバウツギ属 1369
ミツバグサ属 1045
ミツバシモツケ 638
ミツバセリ ミツバを参照 440
ミツバ属 440
ミツマタ 530, *530*
ミツマタ属 530
ミツヤシ 519, *519*
ミツリス属 909
緑の鈴 グリーンネックレスを参照 1335
ミトロピフィルム属 900-1
ミナリアヤメ 740-41, *741*
　'ワリエガタ' 740-41
ミニアチュアベゴニア 224
　'タイガー' 224, *224*
ミニチュアパウダーパフ 282, *282*
ミニパイナップル アナナス・ナヌスを参照 149, *149*
ミネバリ ヤシャブシを参照 131, *131*
ミノル 1304, *1305*
御旗 526-27
ミミナグサ属 357
ミムソプス属 899
ミムラス・アウランティアクス 898
ミムラス・ルテウス 898
　'ワリエガタ' 898
ミムラス交雑品種 898
ミムラス属 898
ミムラス 'ハイランド パーク' 898, *898*
ミムラス 'ハイランド ピンク' 898, *898*
ミムラス 'バック' 898, *898*
ミムラス 'マリブ レッド' 898, *898*
ミムラス 'ローター カイザー' 898, *898*
ミメテス属 897
ミモザ フサアカシアを参照 75
ミヤオソウ属 1065
ミヤギノハギ 810
　'アルバ' 810
　'アルビフロラ' 810
　'エド シンドリ' 810
　'ジブラルタル' 810, *810*
ミヤコグサ属 838
ミヤコナズナ属 108
ミヤコナズナ 'ワーレイ ローズ' 108
ミヤマイワデンダ 1488
ミヤマエンレイソウ 1431, *1431*
ミヤマガマズミ 1470
ミヤマキリシマ 1151, *1151*
　'マウンテン ジェム' 1151, *1151*
ミヤマザクラ 1095, *1095*
ミヤマクラソウ 1081, *1081*
ミヤマシキミ 1344
　'キュー ホワイト' 1344
　'スノー ドワーフ' 1344, *1344*
　'セシリア ブラウン' 1344, *1344*
　'ニマンズ' 1344
　'フルクト アルバ' 1344
　'ルベラ' 1344
　'ロバート フォーテューン' 1344
ミヤマシキミ属 1344
ミヤマスミレ 1474
ミヤマノギク 199, *199*
ミヤマバルサム 69, *69*

ミヤマヒナゲシ 9791, *979*
ミヤマホタルカズラ 829
　'グレース ワード' 829
　'スター' 829, *829*
　'ヘヴンリー ブルー' 829
ミヤマヨメナ 902-3
ミューレンベッキア属 904-5
ミリオカルパ属 908-9
ミリオクラダス タチボウキを参照 196, *196*
ミリカ・ペンシルワニカ 908, *908*
ミルキーパイン 139, *139*
ミルクシスル 1341, *1341*
ミルクブッシュ アオサンゴを参照 589, *589*
×ミルタッシア属 895
×ミルタッシア 'チャールズ M. フィンチ' 895, *895*
×ミルタッシア 'モーリン ベイ' ミルトニア 'サン パウロ' を参照 895, *895*
ミルティロカクツス属 909
ミルトニア・スペクタビリス 896
ミルトニア・フラウェスケンス 896
ミルトニア 'サンディズ コーブ' 896, *896*
ミルトニア属 894-95
ミルトニオプシス キュート 'ロデオ' 897, *897*
ミルトニオプシス交雑品種 897
ミルトニオプシス ジーン カールソン 897, *897*
ミルトニオプシス属 896-97
ミルトニオプシス ゾロ 'イエロー デライト' 897, *897*
ミルトニオプシス ハドソン ベイ 897, *897*
ミルトニオプシス ビールズ ストロベリー ジョイ 897, *897*
ミルトニオプシス ヘッラレクサンドラ 897, *897*
ミルトニオプシス ルージュ 'カリフォルニア プラム' 897, *897*
ミルトニオプシス レッドナイト 897, *897*
ミルトニオプシス ロバート ストラウス 897, *897*
×ミルトニディウム属 895
×ミルトニディウム バートレイ・シュワルツ 'ハイランド' 896, *896*
×ミルトニディウム ブプケア・サンセット 'H & R' 896, *896*
ミルベリア属 899
ミレッティア属 894-95
ミロバランスモモ 1092
　'サンダークラウド' 1093
　'ニグラ' 1093
　'ニューポート' 1093
　'ピッサルディ' 1093, *1093*
　'ヘッセイ' 1093
　'ペンデュラ' 1093
　'リンドサヤエ' 1093
ミント ハッカを参照 889
ミントブッシュ 1087
ミントマリーゴールド 1397, *1397*
ミントリーフ 1060
　'ヴァリエゲイティッド ミントリーフ' 1060
ムーシューチュー 1467, *1467*
　'ステライル' 1467
ムーンライトフラグランス 1493, *1493*
ムカゴトラノオ 1013, *1013*
ムカシヨモギ属 554-55
ムカデラン属 385

ムギワラギク 1490, *1491*
　'ゴールデン ビューティ' 1491, *1491*
　'ココ' 1491, *1491*
　'ダーガン ヒル モナク' 1491
　'ピンク サンライズ' 1491, *1491*
　'ブライト ビキニ' 1491
　'プリンセス オブ ウェールズ' 1491
ムクゲ 704
　'アフロディテ' 704
　'ウッドブリッジ' 704
　'ダイアナ' 704, *704*
　'ハマボウ' 704, *704*
　'ブール ド フュー' 704, *704*
　'ブルー バード' 704, *704*
　'ホワイト シュープリーム' 704
　'ミネルバ' 704
　'レッド ハート' 704, *704*
　'レディ スタンレー' 704, *704*
　'ローエングリン' 704, *704*
ムクゲアカシア シンジュバアカシアを参照 78, *78*
ムクロジ 1311, *1311*
ムクロジ属 1311
夢幻城 871, *871*
ムサ・アクミナータ 905, *905*
　'ドワーフ カヴェンディッシュ' 905
ムサ・オルナタ 905, *905*
ムサシアブミ 184, *184*
ムシトリスミレ属 1046
ムジナモ 123
ムジナモ属 123
武者錦 アロエ・グランディデンタータを参照 135, *135*
ムシャリンドウ 512
ムスカリ・アズレウム 906
ムスカリ・アルメニアクム 906
　'ヴァレリー フィニス' 906, *906*
　'カンタブ' 906
　'ブルー スパイク' 906, *906*
ムスカリ・ラティフォリウム 906, *906*
ムスカリ属 906
ムティシア属 907
無比玉 638
ムベ 1369, *1369*
ムベ属 1369
ムラサキウマゴヤシ アルファアルファを参照 881
ムラサキオモト 1427, *1427*
　'ウィッタタ' 1427
ムラサキギボウシ 711, *711*
　'ビーディ エルフィン ベルズ' 711
ムラサキクンシラン (*Agapanthus africans*) 109, *109*
　'アルバス' 109
　'サファイア' 109
ムラサキクンシラン (*Agapanthus praecox* subsp. *orientalis*) 109
ムラサキクンシラン (ミッドナイト ブルー) 'モンミッド' 109
ムラサキクンシラン 'エラマエ' 109
ムラサキクンシラン 'エレイン' 109
ムラサキクンシラン 'クイーン アン' 109
ムラサキクンシラン交雑品種 109

'ダーツ ゴールドディガー' 1076
'タンジェリン' 1076
'デイドーン' 1076, 1076
'パルヴィフォリア' 1076
'ピーシー' 1076
'プリムローズ ビューティ' 1076, 1076
プリンセス／'ブリンク' 1076
'ホブリーズ オレンジ' ☆ 1076
'リトル ジョーカー' 1076
'レッド エース' 1076
'ロングエーカー バラエティ' 1076
ポドカルプス・トタラ 1065, 1065
'アウレウス' 1065
ホトトギス 1429, 1429
'ミヤザキ' 1429
'ミヤザキ ゴールド' 1429
ホトトギス属 1428-29
ポドラネア属 1065
ボトルブラシバッケイ 108, 108
ポプラ クロヤマナラシ 'イタリカ' を参照 1073, 1073
ポプラボックス 575, 575
ホヘリア・ポプルネア 706
'アルバ ワリエガタ' 706
ホヘリア属 706
ポポー 196, 196
'ウェルズ' 196
'サンフラワー' 196
'テイラー' 196
'プロリフィック' 196
'レベッカズ ゴールド' 196
ポポー属 196
ホホバ 1341, 1341
ポマデリス属 1070
ボマレア属 241
ホメリア属 707
ボラゴ属 242
ボラッスス属 243
ポラッソデンドロン属 242-243
ポリアルティア属 1066
ポリゴヌム・アフィネ 'スベルバ' Persicarina bistortoidesを参照 1012
ポリゴヌム・アフィネ 'ダージリン レッド' イブキトラノオを参照 1012, 1012
ポリスタキア属 1069
ポリスティクム・アクレアトゥム 1069, 1069
'プルケリムム' 1069
ポリスティクム・セティフェルルム 1070, 1070
'クリスタトゥム' 1070
'ディヴィシロブム' 1070, 1070
'ディヴィシロブム デンスム' 1070, 1070
'プルケリムム ペウィス' 1070
'プルモスム デンスム' 1070
'ワケレヤヌム' 1070
ポリポディウム・カンブリクム 1068
'カンブリクム' 1068
'グランディセプス フォックス' 1068
'ワイルハリス' ☆ 1068
ポリレピス属 1067, 1067
ホルクス・モリス 707
'ワリエガトゥス' 707, 707
ボルサントゥス属 241
ポルテア属 1074
ポルトゥラカリア属 1074-75
ポルトガルヒース エリカ・ルシタニカを参照 551, 551
ポルトガルリンボク 1095, 1095
ホルトソウ 586
ホルトノキ属 532-33

ホルムスキオルディア属 707
ポレモニウム・カエルレウム 1065
'ブリーズ ダンジュー' 1065, 1065
ポレモニウム・レプタンス 1066, 1066
'ブルー パール' 1066, 1066
ポロガラ・カルカレア 1066
'リレット' 1066, 1066
ポロスティクム・セティフェルルム ディビジロブム グループ 'ヘレンハウゼン' 1070, 1070
ポロスティクム・セティフェルルム プルモソディビジロブム グループ 1070
ポロスティクム・セティフェルルム ロツンダツム・グループ 'ロツンダツム' 1070, 1070
ホロディスクス属 707
ボロニア・ピンナタ 245, 245
'スプリング ホワイト' 245
ボロニア・ヘテロフィラ 244, 244
ボロニア・ムエレリ 244
'サンセット セレナーデ' 244
ボロニア・メガスティグマ 244, 244
'ウィルトゥオソ' 244
'ジャック マグワイアズ レッド' 244
'ハーレクイン' 244
'ヘブン セント' 244
'ルテア' 244
ボロニア属 243-245
ホワイトアッシュ 571, 571
ホワイトアルダー 132, 132
ホワイトウォーターリリー 937, 937
ホワイトオーク（Quercus alba）1122, 1122
ホワイトオーク（Quercus pubescens）1127, 1126
ホワイトチャービル 440, 440
ホワイトチャイニーズバーチ 234
ホワイトプルームグレビレア 651, 651
ホワイトベインベリー 95
ホワイトマスタード シロガラシを参照 1342, 1342
ホワイトレースフラワー 146, 146
ホンアマリリス アマリリス・ベラドンナを参照 144, 144
ホンアンズ 1092
ホンガルディア属 242
ホンキンセンカ 280
ホンコンシュスラン 838, 838
ホンツゲ ツゲを参照 272
ポンテデリア属 1071
ポンデローザマツ 1050, 1050
ボンバックス属 242
ホンヤシ ココヤシを参照 398, 398

マ

マーガレット 182
マーシュクレーンズビル 634
マーシュマリゴールド 291
'フロレ プレノ' 291, 291
'モンストロサ' 291
マーシュマロウ ウスベニタチアオイを参照 142, 142
マートル ギンバイカを参照 909, 909
マーマレードノキ 1379, 1379
マーレイン ビロードモウズイカを参照 1459, 1459
マイズルソウ属 857

マイフエニア属 857
マイフエニオプシス属 857
マウンテン ラングワート 1112, 1112
マウンテン リボンウッド 1056, 1056
マウンテンアッシュ セイタカユーカリを参照 576, 576
マウンテンネイネイ 512, 512
マウンテン フィッシュテール パーム 336
'キング コング' 336, 336
マウンテンペニーロイアル 902, 902
マウンテンヘムロック 1435, 1435
'グラウカ ナナ' 1435
マオウ属 539-39
マオラン ニューサイランを参照 1031, 1031
マカエランテラ属 848
曲玉 830, 830
マカダミア属 848
マカロニコムギ 1433
巻絹 クモノスバンダイソウを参照 1333, 1333
マキ属 1064
マキバブラシノキ 285
マキバブラシノキ属 284
マカヤ属 848
マクシラリア・ウァリアビリス 879, 879
マクシラリア・ポルフィロステレ 879
マクシラリア属 879
マグノリア・カンブペリイ・モリコマタ 851, 851
'ラナーズ' 851
マグノリア・カンブペリイ 851
'ダージリン' 851
'チャールズ ラッフィル' 851
マグノリア・ロエブネリ 852, 852
'メリル' 852, 852
'レオナルド メッセル' 852, 852
マクレアニア属 848-49
マクレアヤ・ミクロカルパ 849, 849
'ケルウェイズ コーラル ブルーム' 849, 849
'コーラル ブルーム' 849
マクロザミア属 850
マクロピペル属 849
マクロプペル・エクスケルスム 849, 849
'ワリエガトゥム' 849, 849
マグワート オウシュウヨモギを参照 191, 191
マケドニアマツ 1050
'グラウカ コンパクタ' 1050, 1050
マサキ 581
'アルボマルギナトゥス' 581
'エメラルドゥン ゴールド' 581, 581
'オヴァトゥス アウレウス' 581, 581
'ブラボ' 581, 581
'ミクロフィルス アウレオヴァリエガトゥス' 581
マジックフラワー 325, 325
'ホット パンツ' 325
マジョラム 956, 956
マスティクス 1053, 1053
マスデワリア・インフラクタ 876
マスデワリア ハイブリッド 877

マスデワリア・ビーチアナ 876, 876
マスデワリア アンゲリタ 876, 877
マスデワリア ウインター ブラッシュ 877, 877
マスデワリア カリスマ 877, 877
マスデワリア コッパーウィング 877, 877
マスデワリア プリンス チャーミング 877, 877
マスデワリア マチュ ピチュ 877, 877
マスデワリア マルグエライト 877, 877
マスデワリア ローズ-マリー 877, 877
マスデワリア属 876-77
マストツリー 1066, 1066
マゼランバーベリー 229, 229
'ピグメア' 229
マダケ 1036
'オールゴールド' 1036
'カワダナ' 1036
'キャスティヨン' 1036
'キャスティヨン インベルサ' 1036
'マーリアック' 1036
'リチャード ハウブリック' 1036
マダケ属 1035-36
マタタビ 96
マタタビ 'アンナ' マタタビ 'アナナスナヤ' を参照 96
マタタビ 96
マチク属 487
マチン属 1380
松嵐 テディベアカクタスを参照 451, 451
マツガサギク 818
マツカサジンジャー 1400, 1400
松霞 872, 872
マツカナ属 878
マツ属 1046-51
マツバイ 533, 533
マツバギク属 794-95
マツバキンボウゲ 1131, 1131
マツハダ 1451
マツバトウダイ 584, 584
'フェンズ ルビー' 584
マツバナデシコ 186, 187, 187
'ビヴァンズ ヴァラエティ' 187
マツバボタン 1074
'サンダンス' 1074
'ダブル ミックス' 1074, 1074
'トゥッティ フルッティ ミックス' 1074, 1074
'マルガリータ ロジータ' 1074, 1074
マツバボタン サンダイアル シリーズ 1074
'サンダイアル ゴールド' 1074
'サンダイアル タンジェリン' 1074
'サンダイアル ピーチ' 1074
'サンダイアル フーシャ' 1074
マツブサ属 1322-23
マツムシソウ属 1319-20
マツユキソウ 623, 623
'フロレ プレノ' 623
マツヨイグサ 'クラウン インペリアル' 947, 947
マツヨイグサ属 947
マツヨイグサ 'レモン サンセット' 947, 947
待宵孔雀 543
マデイラオーキッド 465, 465
マテバシイ属 828
マトリカリア 1399, 1399

'アウレウム' 1399
'サンタナ レモン' 1399
'スノーボール' 1399
'ホワイト スター' 1399
マドンナリリー 821
マニラコチョウラン 1019, 1019
マニルカラ属 874
マホガニー 1384
マホガニー属 1383-84
マホニア・レペンス 856, 856
'デンバー ストレイン' 856, 856
マホニア ワグネリ 856
'ウンドゥラタ' 856
'モセリ' 856
マミラリア・カルメナエ 869
'ジュエル' 869, 869
マミラリア属 868-72
マムシグサ 184, 184
マメガキ 503, 503
マメザクラ 1094
マメナシ 1117, 1117
'チャンティクリア' ／ グレンズ・フォーム 1117
'ブラッドフォード' 1117, 1117
繭形玉 829, 829
マユハケオモト 666
マユミ 581
'レッド エルフ' 581
マヨル 144
'ヨハネスブルグ' 144
マライケーパー 326, 326
マラバルノボタン 886, 886
マランタ・レウコネウラ 875
'エリトゥロネウラ' 875
'トリコロール' 875, 875
マランタ 'エリスロネウラ' Maranta leuconeura 'エリスロネウラ' を参照 875
マランタ属 874-75
マリアアザミ ミルクシスルを参照 1341, 1341
マリアナトウヒ 1041
'ドウメティイ' 1041
'ナナ' 1041, 1041
マルーラ 1327, 1327
マルガ 73, 73
マルカミア属 875
マルギリカルプス属 875
マルキンカン 384, 384
マルキンカン ナガミ グループ 384
マルキンカン マルミ グループ 384
'サンストライプ' 384
'メイワ' 384
マルコルミア属 858
マルス・イオエンシス 861, 861
'プレーリファイアー' 861, 861
'プレナ' 861
マルス・コロナリア 860
マルス・コロナリア・ダシカリクス 860
'シャルロッタエ' 860, 860
マルス・サルゲンティイ 864, 864
'ロセア' 864
マルス・シルウェストリス 865
マルス・バッカタ 860
'ジャッキイ' 860, 860
'スプリング スノー' 860, 860
マルス×ハルトウィギイ 861, 861
'キャスリン' 861, 861
マルス×アドストリンゲンス 859
'トランセンデント' 859, 859
'パトリシア' 859, 859
'ピンク ビューティ' 859, 859
'ホパ' 859, 859
'ラディアント' 859, 859

ベンジャミン 602, *602*
　'ワリエガタ' 602
　'エキゾチカ' 602
　'ゴールデン プリンセス' 602
　'スターライト' 602, *602*
　'パンドラ' 602
ペンジュラスセッジ 330, *330*
ペンステモン・グランディフロルス 1006
　'プレーリー スノー' 1006
ペンステモン・ピニフォリウス 1007, *1007*
　'マージー イエロー' 1007
ペンステモン・ヘテロフィルス 1007, *1007*
　'ブルー ベッダー' 1007
　'ヘブンリー ブルー' 1007
ペンステモン'アプル ブロッサム' 1008
ペンステモン'アリス ヒンドリー' 1008
ペンステモン'アンデンケン アン フリードリッヒ ハーン' 1008, *1008*
ペンステモン'オスプレイ' 1009
ペンステモン'ガーネット' ペンステモン'アンデンケン アン フリードリッヒ ハーン'を参照 1008, *1008*
ペンステモン'カウンテス オブ ダルキース' 1009
ペンステモン交雑品種 1008
ペンステモン'ジーン グレイス' *1008*
ペンステモン'ジョージ ホーム' 1008
ペンステモン'ショーンホルツェリ' ☆ *1008*1009
ペンステモン'ステイプルフォード ジェム' *1008*1009
ペンステモン'スワン レイク' 1008
ペンステモン属 1006-8
ペンステモン'チェスター スカーレット' 1008
ペンステモン'バーガンディ' 1008
ペンステモン'パープル パッション' 1008
ペンステモン'ピース' 1008, 1009
ペンステモン'ヒドコート' *1008*
ペンステモン'ヒドコート ピンク' 1009
ペンステモン'ヒューウェル ピンク ベッダー' 1009
ペンステモン'ファイアーバード' ペンステモン'ショーンホルツェリ' ☆を参照 1008, 1009
ペンステモン'ペニングトン ジェム' 1009
ペンステモン'ホワイト ベッダー' 1009
ペンステモン'ミドルトン ジェム' 1009
ペンステモン'モーリス ギブズ' *1008*, 1009
ペンステモン'リッチ ルビー' *1008*1009
ペンステモン'レイブン' 1008, *1008*
ペンタコンドラ属 1009
ペンタス属 1009
ヘントウ アーモンドを参照 1094,
ヘンヨウボク クロトンを参照 398
ヘンリーヅタ 990
ヘンルーダ属 1289
ホアハウンド 876, *876*
ホイヘラ ミクランタ 698

ポインセチア 589, *589*
　'ヘンリエッタ エッケ' 589
　'ロセア' 589
ボウィエア属 248
ホウエア属 714
ボウエニア属 248
ホウオウボク(鳳凰木) 478, *478*
ホウオウボクモドキ ジャケツイバラを参照 276, *276*
宝華 858, *858*
ホウガンノキ 429, *429*
ホウガンノキ属 429
ホウカンボク 260, *260*
ホウガンボク ホウガンノキを参照 429, *429*
ホウキギ属 220
ホウキモロコシ 1359
ボウケリア属 248-249
ボウコウマメ 404, *404*
　'ブラタ' 404
　'ワリエガタ' 404
ホウセンカ 732-33
ボウチトセラン 1309
ホウチャクソウ 506, *506*
　'ワリエガトゥム' 506, *506*
ボウテリア・サポタ 1078, *1078*
　'マガナ' 1078
ボウテリア属 1078
ボウテロウア属 248
ホウライシダ 99, *99*
ホウライショウ 902
ホウライチク 217
　'アルフォンス カルル' 217
　'シルバーストライプ' 217
　'ファーンリーフ' 217
　'リウィエレオルム' 217
ホウライチク'ヴィッタータ' タイザンチクを参照 217, *217*
ホウライチク属 216-217, *216*
鳳卵 1061
ホウレンソウ 1362
　'ヴァイキング' 1362, *1362*
　'スペース' 1362, *1362*
　'トライアスロン' 1362, *1362*
ホウレンソウ属 1362
ホオズキ属 1036-37
ホオディア属 708
ホオノキ 851
ボーモンティア属 223
ボーリ(アカシア・ペンドゥラ)
ホーリー'J. T. モリス' 732, *732*
ホーリー'アルゲンテア ペンドゥラ' セイヨウヒイラギ'アルゲンテア マルギナタ ペンデュラ'を参照 728, *728*
ホーリー'エボニー マジック' 732
ホーリー交雑品種 732
ホーリー'スパークルベリー' 732, *732*
ホーリー'セプテンバー ジェム' 732
ホーリー'チャイナ ガール' 732
ホーリー'チャイナ ボーイ' 732
ホーリー'ネリー R. スティーヴンス' 732, *732*
ホーリー'ブッラタ' イヌツゲ'コンヴェクサ'を参照 729
ホーリー'レッド スプライト' *Ilex verticillata*'ナナ'を参照 731, *731*
ボーンセット 582
ホクシマネナシ 1117, *1117*
ホクシヤマナシ 1119, *1119*
ボケ 363
　'芸者ガール' 363
　'東洋錦' 363
　'ニウァリス' 363

'フィリス ムーア' 363, *363*
ボケ属 363
ボケ'ヒメ' 363, *363*
ホコシダ 1106
　'アルグタ' 1106
ホザキカエデ オガラバナを参照 83, *83*
ホザキトケイソウ 991
ホザキナナカマド 1355, *1355*
ホザキナナカマド属 1354-55
ホザキノボタン 1417
ホザキモクセイソウ 1138
星乙女 431, *431*
星サボテン属 203-04
星影 524, *524*
ホスタ・タルディアナ 711
　'キャメロット' 711, *711*
　'デボン ブルー' 711
　'ハルシオン' 711, *711*
　'ブラザー ロナルド' 711, *711*
　'ムーディ ブルース' 711
ホスタ・フォルトゥネイ 708-9
　'アウレア' 709
　'アウレオマルギナタ' 709
　'アルボピクタ' 709, *709*
　'アルボマルギナタ' 709, *709*
　'アンティオク' 709, *709*
　'エリザベス キャンベル' 709, *709*
　'ゴールド スタンダード' 709
　'ゴールドブルック グリマー' 709, *709*
　'ゴールド ヘイズ' 709, *709*
　'ジョーカー' 709, *709*
　'ストリップティーズ' 709, *709*
　'ノース ヒルズ' 709
　'フランシー' 709, *709*
　'ミニットマン' 709, *709*
　'メアリー マリー アン' 709, *709*
　'ワールウインド' 709, *709*
ボセア属 245
ホソイノデ 1069, *1069*
ホソエウリハダ ホソカエデを参照 83, *83*
ホソエカエデ 83, *83*
ホソエクマデヤシモドキ属 397
ホソグミ 531, *531*
ホソグミ ホソグミを参照 531, *531*
ポソケリア属 1075
ホソノギムギ 708
ホソバキスゲ 692, *692*
ホソバクジャクソウ 1397
　'スターファイヤー' 1397, *1397*
ホソバシャクナゲ 1153, *1153*
ホソバトキワサンザシ タチバナモドキを参照 1115, *1115*
ホソバトリネコ 610, *610*
　'エレガンティッシマ' 610
　'レイウッド' 610
　'レンティスキフォリア' 610
ホソバナデシコ 491, *491*
ホソバノサンジソウ 385
　'ダブル ミックスド' 385, *385*
ホソバヒイラギナンテン 855, *855*
ホソバヒャクニチソウ ジニア・リネアリスを参照 1497
ホソバブラシノキ 284
　'プミルス' 284
ホソバミントブッシュ 1086, *1086*
　'ワリエガタ' 1086, *1086*
ホソムギ 833
　'ダービー' 833
　'ペンファイン' 833
　'マンハッタン' 833
　'ヨークタウン' 833

'ロレッタ' 833
ポダリリア属 1063
ホタルブクロ 321, *321*
　'チェリー ベルズ' 321
　Campanura f *rubriflora* 321, *321*
ホタルブクロ'ウォーサム ベル' モモバギキョウ'ベネッツ ブルー'を参照 321
ホタルブクロ'アウレア' イタリアギキョウ'ディクソンズ ゴールド'を参照 320, *321*
ホタルブクロ'ケント ブルー' 322
ホタルブクロ'ケント ベル' 322
ホタルブクロ交雑品種 322
ホタルブクロ'ジョー エリオット' 322
ホタルブクロ属 319
ホタルブクロ'ニティダ' モモバギキョウ'プラニフロラ'を参照 321
ホタルブクロ'バーガルティー' 322
ホタルブクロ'バーチ ハイブリッド' 322, *322*
ホタルブクロ'ビューティフル トゥルース' *Campanula takesimana* 'ビューティフル トラスト'を参照 332
ホタルブクロ'ブルー ワンダー' 322
ホタルブクロ'ミスティック ベルズ' 322
ホタルブクロ'ワンダー ベルズ ブルー' 322, *322*
ボタン 976, *976*
　'イエロー ヘブン' 976, *976*
　'五大州' 976
　'新天地' 976, *976*
　'ゼノビア' 976, *976*
　'白王獅子' (*Paeonia suffruticosa* 'Hakuo-jisi') 976
　'比良の雪' 976, *976*
　'マウンテン トレジャー' 976, *976*
　'ルイーズ ムシュレ' 976, *976*
ボタン'アーリー ウインドウフラワー' 977
ボタン'アヴァン ギャルド' 977
ボタン'アメリカ' 976
ボタンイチゲ 152, *152*
ボタンイチゲ モナ リザ シリーズ 152, *152*
ボタンウキクサ 1053, *1053*
ボタン'オナー' 977, *977*
ボタン'金閣' ボタン'スーブニール ドゥ マキシム コルニュ'を参照 977, *977*
ボタン'キング オブ ホワイト ライオン' ボタン'白王獅子'を参照 976
ボタンクサギ 393, *393*
ボタン交雑品種 976
ボタン'ゴーギャン' 977
ボタン'コーラル チャーム' 977
ボタン'サーモン サプライズ' 977
ボタン'サンクトゥス' 977, *977*
ボタン'ジョセフ ロック' シハンボタンを参照 975
ボタン'スーブニール ドゥ プロフェッサー マキシム コルニュ' ボタン'スーブニール ドゥ マキシム コルニュ'を参照 977, *977*
ボタン'スーブニール ドゥ マキシム コルニュ' 977, *977*
ボタン'スカーレット オハラ' 977
ボタン属 973-77

ボタン'白王獅子' (*Paeonia* 'Hakuo-jisi') 977
ボタン'バックアイ ベル' 977, *977*
ボタン'ビルマ ルビー' 977, *977*
ボタン'ピンク ハワイアン コーラル' 977
ボタンファーン 1004
ボタン'フェアリー プリンセス' 977
ボタン'フレイム' 977, *977*
ボタン'プレーリー ムーン' 977
ボタン'ベスビアン' 977, *977*
ボタン'ポーラ フェイ' 977, *977*
ボタン'ホワイト テイルド ライオン' ボタン'ハクオウジシ'を参照 977
ボタン'レッド チャーム' 977, *977*
ボチョウジ属 1105
北極丸 566
ホッキョクヤナギ 1296
ポッキリヤナギ 1297, *1297*
ボックスウッド セイヨウツゲを参照 272, *272*
ボックスハニーサックル 835, *835*
ボッグセージ 1307, *1307*
ボッコニア属 240-41
ボッシアエア属 245
ホップ 715
　'アウレウス' 715
ポップコーンノキ 1335, *1335*
ホップノキ 1105, *1105*
　'アウレア' 1105
　'グラウカ' 1105
ホップノキ属 1105
ホテイアオイ 531, *531*
ホテイアオイ属 531
ホテイチク ゴサンチクを参照 1035
×ポティナラ ハイブリッド 1077
×ポティナラ アトミック・ファイアーボール 1077, *1077*
×ポティナラ アフタヌーン・ディライト'マグニフィセント' 1077, *1077*
×ポティナラ スーパー ノバ 1077, *1077*
×ポティナラ属 1077
×ポティナラ ネトラシリ スターブライト 1077, *1077*
×ポティナラ ブラナ ビューティ 1077, *1077*
×ポティナラ リトル トシ'ゴールド カントリー' 1077, *1077*
ホテイマンテマ ハマベマンテマを参照 1341, *1341*
ポテンティラ・ウェルナ 'ナナ' *Potentilla neumanniana* 'ナナ'を参照 1077, *1077*
ポテンティラ・ニティダ 1077
　'ルブラ' 1077, *1077*
ポテンティラ・ネウマニアナ 1077
　'ナナ' 1077, *1077*
ポテンティラ・ネパレンシス 1077
　'ミス ウィルモット' 1077, *1077*
ポテンティラ・ネパレンシス 'ウィルモッティアエ' *Potentilla nepalensis* 'ミス ウィルモット'を参照 1077, *1077*
ポテンティラ・フルティコサ 1076
　'アボッツウッド' *1076*
　'アボッツウッド シルバー' 1076
　'エリザベス' *1076*
　'オクラレウカ' 1076, *1076*
　'キャサリン ダイクス' 1076
　'ゴールドスター' *1076*
　'スノーフレイク' *1076*

ヘビイチゴ属 517
ベビーティアーズ 1349, *1349*
　'アウレア' 1349
ペピーノ 1347
　'エクアドリアン ゴールド' 1347
　'エル カミノ' 1347
　'ゴールデン スプレンドール' 1347
ヘビウリ 1428, *1428*
ヘビノダイハチ 185
ヘプタコディウム属 696
ヘベ・アルビカンス 674
　'サセックス カーペット' 674, *674*
　'レッド エッジ' 674, *674*
ヘベ・アンデルソニイ 674
ヘベ・アンデルソニイ 'ミッドサマー ビューティ' ヘベ'ミッドサマー ビューティ'を参照 677
　'ワリエガタ' 674, *674*
ヘベ・オクラケア 675, *675*
　'ジェームズ スターリング' 675
ヘベ・オドラ 675
　'ニュージーランド ゴールド' 675
　'パティズ パープル' 675
ヘベ・クプレッソイデス 674-75
　'ボートン ドーム' 674-75, *674*
ヘベ・スペキオサ 676, *676*
　'ワリエガタ' 676, *676*
ヘベ・ピメレオイデス 676
　'カントリー パーク' 676
　'クィックシルバー' 676
ヘベ・ピングイフォリア 676
　'パゲイ' 676, *676*
ヘベ・ブカナニイ 674, *674*
　'マイナー' 674
ヘベ・フランキスカナ 675
　'ブルー ジェム' 675
　'ワリエガタ' 675, *675*
ペペロミア・オプトゥシフォリア 1010, *1010*
　'ゴールデン ゲイト' 1010, *1010*
　'ホワイト クラウド' 1010, *1010*
　'ワリエガタ' 1010, *1010*
ペペロミア属 1009-10
ペポカボチャ 442
　'アーリー ホワイト' 442
　'エイトボール' 442, *442*
　'クラリモア' 442, *442*
　'ゴールド ラッシュ' 442, *442*
　'テーブル キング' 442, *442*
　'デリカタ' 442, *442*
　'ブラック ビューティー' 442, *442*
ヘミアンドラ属 695
ヘミオニティス属 695
ヘミグラフィス属 695
ヘムロック 1435, *1435*
　'アルゲンテオヴァエリガタ' 1435
　'ローゼンズ コラム' 1435
ヘメロカリス・フルワ 692, *692*
　'クワンゾ' 692
　'クワンゾ ワリエガタ' 692
ヘメロカリス 'アンザック' 692, 693
ヘメロカリス 'エッチド イン ゴールド' 692, *693*
ヘメロカリス 'カートウィールズ' 692, *693*
ヘメロカリス 'グリーン フラター' 695
ヘメロカリス 'クリムゾン イコン' 693

ヘメロカリス 'クワンゾ フロレプレノ' ヤブカンゾウを参照 692
ヘメロカリス交雑品種 692-5
ヘメロカリス 'コーキー' 693
ヘメロカリス 'サウンズ オブ ミュージック' 694
ヘメロカリス 'サラ エリザベス' 694
ヘメロカリス 'サンベリナ' 694, 695
ヘメロカリス 'シカゴ ローズィー' 693
ヘメロカリス 'ジョーヌ ドール' 694
ヘメロカリス 'スカーレット オーク' 694
ヘメロカリス 'スタッフォード' 694, 695
ヘメロカリス 'ステラ ドーロ' 695
ヘメロカリス 'ストーク ポージズ' 694, 695
ヘメロカリス属 692-95
ヘメロカリス 'ソラノ ブル アイズ' 694
ヘメロカリス 'ダブル グラマー' 693
ヘメロカリス 'チェリー レース' 692, *693*
ヘメロカリス 'チャーリー ブラウン' 692, *693*
ヘメロカリス 'デューン バギー' 693
ヘメロカリス 'トールポイント' 694
ヘメロカリス 'ノブ ヒル' 695
ヘメロカリス 'バーバラ ミッチェル' 693
ヘメロカリス 'バーバリー コースエアー' 692, *693*
ヘメロカリス 'パープル ポーパー' 694
ヘメロカリス 'ハイ ラマ' 694, 695
ヘメロカリス 'パイレート' 694
ヘメロカリス 'バズ ボム' 693
ヘメロカリス 'ハンス ハルズ' 694
ヘメロカリス 'ビショップス クレスト' 693
ヘメロカリス 'ピンク サンデー' 694
ヘメロカリス 'ピンク ドリーム' 694
ヘメロカリス 'ピンク フラート' 695
ヘメロカリス 'ファビュラス フェイヴァリット' 694, 695
ヘメロカリス 'フラムビーン' 694
ヘメロカリス 'フランツ ハルス' 694, 695
ヘメロカリス 'プリシラズ レインボー' 695
ヘメロカリス 'ブルー シーン' 692, 693
ヘメロカリス 'プレーリー ブルー アイズ' 694, 695
ヘメロカリス 'プレシャス' 694
ヘメロカリス 'ベイビー ベッツィ' 692, *693*
ヘメロカリス 'ペーパー バタフライ' 695
ヘメロカリス 'ヘザー クィーン' 694
ヘメロカリス 'ベス ロス' 693
ヘメロカリス 'ホープ ダイアモンド' 695
ヘメロカリス 'ボナンザ' *693*

ヘメロカリス 'ミズーリ ビューティ' 694, 695
ヘメロカリス 'ミッド マジック' 695
ヘメロカリス 'ムーンライト ミスト' 694, 695
ヘメロカリス 'メイ アンガー' *694*
ヘメロカリス 'メニー ハッピー リターンズ' 694, 695
ヘメロカリス 'リトル ジプシー ヴァガボンド' 694, 695
ヘメロカリス 'リトル セレンナ' 694
ヘメロカリス 'リトル トーニー' 694, 695
ヘメロカリス 'リトル バンブルビー' 694, 695
ヘメロカリス 'レッド プレシャス' 694
ペヨーテ 837
ベラエア属 1004
ヘラシダ属 504
ペラペラヨメナ 554, *554*
ペラルゴニウム・クリスプム 995
　'ピーチクリーム' 995
　'マヨル、英語読みはメジャー' 995
　'ミノル、英語読みはマイナー' 995
　'ワリエガトゥム' 995
ヘリアンテムム 'ウィズリー ピンク' 683
ヘリアンテムム 'ウィズリー プリムローズ' 683, *683*
ヘリアンテムム 'ウィズリー ホワイト' 683
ヘリアンテムム 'オレンジ サプライズ' 683
ヘリアンテムム交雑品種 682-83, *682*
ヘリアンテムム 'ゴールデン クィーン' 682
ヘリアンテムム 'サドベリー ジェム' 683, *683*
ヘリアンテムム 'ザ ブライド' 683
ヘリアンテムム 'ジュビリー' 682
ヘリアンテムム属 682
ヘリアンテムム 'ダズラー' 682
ヘリアンテムム 'バター アンド エッグズ' 682, *683*
ヘリアンテムム 'ファイアー ドラゴン' 682, *683*
ヘリアンテムム 'ベン ヴェーネ' 682, *683*
ヘリアンテムム 'ベン ヴォーリッヒ' 682, *683*
ヘリアンテムム 'ヘンフィールド ブリリアント' 683, *683*
ヘリアンテムム 'ベン ヘックラ' 682, *682*
ヘリアンテムム 'ベン ホープ' 682, *682*
ヘリアンテムム 'ベン レディ' 682, *682*
ヘリアンテムム 'ミセス C. W. アール' 682, *683*
ヘリアンテムム 'ラズベリー リップル' 683
ヘリアンテムム 'ローズ クィーン' 683
ヘリアンテムム 'ロダンテ カルネウム' 683
ヘリアントゥス・ムルティフロルス 685
　'カペノック スター' 685
　'ロッドン ゴールド' 685, *685*
ヘリアンフォラ属 681-82

ベリーブラダーファーン 460 ニオイムラサキを参照 690, *690*
ヘリオフィラ属 689
ヘリオプシス・ヘリアントイデス スカブラ 689, *689*
　'インコンパラビリス' 689
　'ライト オブ ロッドン' 689
ヘリオプシス交雑品種 689
ヘリオプシス 'ゴールドフィーダー' 689
ヘリオプシス属 689
ヘリオプシス 'ロレイン サンシャイン' 689, *689*
ヘリオヘベ・フルケアナ 689
　'サリー ブラント' 689
　'ライラック ヒント' 689
ヘリオヘベ属 688-89
ヘリオヘベ 'ハグリーパーク' 689, *689*
ペリカリア属 1010-11
ヘリクリサム・ペチオラレ 686
　'ワリエガトゥム' 686
　'ライムライト' 686, *686*
ヘリクリサム 'エルムステッド' *Helichrysum stoechas* 'ホワイト バーン'を参照 686
ヘリクリサム属 685
ヘリクリサム・ストエカス 686
　'ホワイト バーン' 686
ヘリコニア・アングスタ 686
　'イエロー クリスマス' 686
　'ホリデー' 686
ヘリコニア・カルバエア 687, *687*
　'ゴールド' 687
　'バルバドス フラット' 687
　'フラッシュ' 687
ヘリコニア・ストリクタ 688
　'アイリス' 688, *688*
　'アイリス バンノキー' 688
　'アリ' 688
　'タガミ' 688
ヘリコニア・ビハイ 687
　'アウレア' 687
　'イエロー ダンサー' 687, *687*
　'エメラルド フォレスト' 687
　'シェイファー' 687
　'チョコレート ダンサー' 687
ヘリコニア属 686-88
ヘリトリオシベ 437, *437*
ヘリトリオシベ属 436-47
ベルワリア・ピクナンタ 228
ベルワリア属 228
ベルガモット 'クロフトウェイ ピンク' 902
ベルガモット 'ケンブリッジ スカーレット' 902, *902*
ベルガモット交雑品種 902
ベルガモット 'スコーピオン' 902
ベルガモット 'ビューティ オブ コブハム' 902
ベルガモット 'ビンテージ ワイン' 902, *902*
ベルガモット 'ルビー グロー' 902, *902*
ベルゲロカクトゥス属 232-33
ペルシアンメイプル 90, *90*
ペルシカリア・アンプレクシカウリス 1012
　'ファイアーテイル' 1012
ペルシカリア・ウィルギニアナ 1013, *1013*
　'ペインターズ パレット' 1013, *1013*
ペルシカリア・カンパヌラタ 1012-13, *1012*
　'アルバム' 1013
　'サウスコーム ホワイト' 1013

'ローゼンロット' 1013
ペルシカリア・カンパヌラタ 'ロゼウム' *Persicaria campanulata* 'ローゼンロット'を参照 1013
ペルシカリア・ミクロケファラ 1013
　'レッド ドラゴン' 1013, *1013*
ペルシカリア・アフィニス 1012
　'スペルバ' 1012
　'ダージリン レッド' 1012
ベルゼリア・ラヌギノサ 233, *233*
ベルセリア属 233
ペルソニア属 1014
ベルタンドラ属 1004
ベルトフォルム属 1004
ベルフルーテッドマリー 575
ベルベリス・オッタウェンシス 230, *230*
　'シルバー マイルズ' 230
　'スペルバ' 230
ベルベリス・カルミネア 229
　'バルバロッサ' 229
　'ピレイト キング' 229
ベルベリス・グラッドウィネンシス 230
　'ウィリアム ペン' 230
ベルベリス・フリカルティイ 230, *230*
　'アムステルヴェン' 230
　'テルスター' 230
ベルベリス・マクラカンタ 230, *230*
　'オレンジ キング' 230
ベルベリドプシス属 229
ヘルマニア属 696
ベルランディエラ属 233
ペレキフォラ属 1004
ペレスキア属 1010
ヘレニウム交雑品種 681
ヘレニウム属 681
ヘレニウム ピプスクィーク／'プロビップ' 681, *681*
ヘレニウム 'モーレイム ビューティ' 681
ヘレニウム 'ワインドレー' 681, *681*
ヘレニウム 'ワルドトラウト' 681, *681*
ヘレボルス・アルグティフォリウス 690, *690*
　'ジャネット スターネス' 690
　'パシフィック フロスト' 690
ヘレボルス・オリエンタリス・アブカシクス 691
　'アーリー パープル' 691, *691*
ヘレボルス・パラリディアエ 690
ヘレボルス・フォエティドゥス 690, *690*
　'ウェスター フリスク' 690
　'グリーン ジャイアント' 690
　'シエラ ネヴァダ フォーム' 690
　'ミス ジェキル' 690
ヘレロア属 696
ベロニカ・ゲンティアノイデス 1462, *1462*
　'ワリエガタ' 1462
　'ティッシントン ホワイト' 1462
ベロニカ・レペンス 1463
ベロニカ・ロンギフォリア ルリトラノオを参照 1462
ペロフスキア属 1011
ベンガルボダイジュ 602, *602*
　'クリシュナ' 602
ベンガルヤハズカズラ 1414
弁慶柱 332, *332*
ベンサムズコーネル 415, *415*

ヘーベ'オーファン アニー' 677, 677
ヘーベ'カール テシュナー'
　ヘーベ'ヤンギイ'を参照 677
ヘーベ'カルネア' 676
ヘーベ'グリーン グローブ'
　ヘーベ'エメラルド グリーン'を参照 667
ヘーベ'グレート オルム' 677
ヘーベ交雑品種 676-77
ヘーベ属 674-77
ヘーベ'テンプテーション' 676, 676
ヘーベ'ハグリー パーク'
　ヘリオヘーベ'ハグリー パーク'を参照 689, 689
ヘーベ'ハグリエンシス'
　ヘリオヘーベ'ハグリー パーク'を参照 689, 689
ヘーベ'ピンク エレファント' 677, 677
ヘーベ'ブルー クラウド' 677
ヘーベ'フレグラント ジュエル' 677, 677
ヘーベ'マージョリー' 677, 677
ヘーベ'マルグレット' 677, 677
ヘーベ'ミセス ワインダー' 677
ヘーベ'ミッドサマー ビューティ' 677
ヘーベ'ヤンギイ' 677
ヘーベ'ラ セデュイサンテ' 677
ヘーベ'レディ ハグリー'
　ヘリオヘーベ'ハグリー パーク'を参照 689, 689
ヘーベ'ロンガニオイデス' 677
ヘーベ'ワイキキ' ヘーベ'ミセス ワインダー'を参照 677
ヘーベ'ワイレカ' Hebe × franciscana 'ヴァリエガタ'を参照 675, 675
ヘーベ'ワルディエンシス' 677, 677
ヘーベ'ワルレイエンシス' ヘーベ'ミセス ワインダー'を参照 677
ペカン 334-35, 335
　'ポウニー' 334-35
　'ルーカス' 334-35
碧鮫 638
ヘキシセア属 700
碧翼 643, 643
碧瑠璃鸞鳳玉 204, 204
ペキンカイドウ 865
　'リヴェルシイ' 865
ペキンヤナギ 1296, 1296
ヘクティア属 678
ペクルマ属 994
ヘゴ属 447-48
ベゴニア・グランディス 224
　'ヘロンズ ピルエット' 224
ベゴニア'アイヴァンホー' 227
ベゴニア'アイリーン ナス' 225
ベゴニア'アナン ガール' 225
ベゴニア'アナン スタイル' 225
ベゴニア'アプリコット デライト' 227
ベゴニア'アポロ' 227
ベゴニア アルファ シリーズ 226
ベゴニア'アルファ ピンク' 226
ベゴニア アンバサダー シリーズ 226
ベゴニア'アンバサダー ブラッシュ' 226
ベゴニア'イザベラ' 227
ベゴニア'インフェルノ アップル ブロッサム' 226
ベゴニア インフェルノ シリーズ 226

ベゴニア'エスカルゴ' 226
ベゴニア エスプレッソ シリーズ 226
ベゴニア'エスプレッソ スカーレット' 226
ベゴニア'エレイン ターテリン' 227
ベゴニア オール ラウンド シリーズ 226
ベゴニア オリンピア シリーズ 226
ベゴニア'オリンピア ホワイト' 226
ベゴニア'オレンジ シャーベット' 225
ベゴニア'オレンジ ルブラ' 226
ベゴニア カクテル シリーズ 226
ベゴニア'グィネヴィア' 226
ベゴニア'ククトゥー' 226, 226-27
ベゴニア'クラヨテア' 227
ベゴニア'クリムソン スカーレット' 227
ベゴニア ケインライク・グループ 225-26
ベゴニア交雑品種 225-227
ベゴニア'コーデリア' 227
ベゴニア'コッペリア' 227, 227
ベゴニア'サターン' 227
ベゴニア'ジェシカ' 227
ベゴニア シックステムド グループ 227
ベゴニア'ジニー' 227
ベゴニア'シュガー キャンディ' 227
ベゴニア シュラブライク グループ 226-27
ベゴニア'シルバー クイーン' 226
ベゴニア'シルバー ホライズン' 226, 226
ベゴニア セナター シリーズ 226
ベゴニア'セナター スカーレット' 226
ベゴニア'セナター ピンク' 226
ベゴニア'セナター ホワイト' 226
ベゴニア センペルフロレンス・グループ 226, 226
ベゴニア属 224-27
ベゴニア'ソフィー セシル' 225
ベゴニア'タイガー ポーズ' 226
ベゴニア'タヒチ' 227
ベゴニア チューベラス グループ 227
ベゴニア'ティンセル' 226
ベゴニア'トゥルストイ' 227
ベゴニア トレイリング オア スキャンダント グループ 227
ベゴニア'ネル グウィン' 227
ベゴニア ノンストップ シリーズ 227
ベゴニア'ハニーサックル' 225
ベゴニア'バブルス' 225
ベゴニア'ピナフォア' 225
ベゴニア ピンナップ シリーズ 227
ベゴニア'ピンナップ フレイム' 227
ベゴニア'ピンナップ ローズ' 227
ベゴニア'ブーマー' 227
ベゴニア'フェアリーライト' 227
ベゴニア'フェスティバ' 227
ベゴニア'フラミンゴ クイーン' 225
ベゴニア プレリュード シリーズ 226
ベゴニア'プレリュード スカーレット' 226
ベゴニア'プレリュード ピコロル' 226

ベゴニア'プレリュード ピンク' 226
ベゴニア'プレリュード ホワイト' 226
ベゴニア'マーマデューク' 225
ベゴニア'マジェスティ' 227
ベゴニア'マルディ グラ' 227
ベゴニア'マンチキン' 226
ベゴニア'メモリーズ' 227
ベゴニア'メリー クリスマス' 226, 226
ベゴニア'ラム' 226
ベゴニア リゾマトゥス グループ 226
ベゴニア'リッチモンデンシス' 226 226-27
ベゴニア'ルッキング グラス' 225, 225
ベゴニア レックス カルトラム グループ 226
ベゴニア'レッド アミーゴ' 226, 226-27
ベゴニア'レディ ロウェナ' 227
ベゴニア'ロイ ハートレイ' 227, 227
ベゴニア'ロイヤリティ' 227
ベゴニア'ローズ ピンク' 226
ベゴニア'ローズ マリー' 227
ベスカトレア属 1014
ベスコルネリア属 233
ベスティア属 1465
ヘスペラロエ・パルウィフロラ・エンゲルマンニイ 697
　'ルブラ' 697
ヘスペラロエ属 696-97
ヘスペリス属 697
ベスルート 1430, 1430
ベッカリエラ属 223
ベッケア属 215
ヘッジホッグブルーム
　エリナセア・アンティッシリスを参照 555, 555
ベッセロウスキア属 1464-65
ベッラ属 1457
ベツレヘム セージ 1111, 1111
　'アルゲンテア' 1111
　'シシングハースト ホワイト' 1111
　'ジャネット フィスク' 1111, 1111
　'ドーラ ビールフェルド' 1111, 1111
　'ミセス ムーン' 1111, 1111
　'レパード' 1111, 1111
ペディオカウクス属 994
ヘディキウム・コッキネウム 680, 680
　'タラ' 680
ヘディキウム・デンシフロルム 680
　'アッサム オレンジ' 680
ヘディキウム属 680
ヘディスケペ属 678
ペディアントゥス属 994
ヘデラ・カナリエンシス 678
　'グロイレ デュ マレンゴ' 678
　'ラヴェンスホルスト' 678
ヘデラ・カナリエンシス'ワリエガタ'
　Hedera canariensis 'グロイレ デュ マレンゴ'を参照 678
ヘデラ・コルキカ 678
　'サルファー ハート' 678
　'デンタタ' 678, 678
　'デンタタ ワリエガタ' 678
ヘデラ・ネパレンシス 680
　'マーブルド ドラゴン' 680

ヘテロケントロン属 697

ヘテロパップス・メイエンドルフィイ 697
　'ブルー ノル' 697, 697
ヘテロピクシス属 697
ヘテロメレス属 697
ペトゥニア 1016
　'カラーウェイブ' 1016
　'サフィニア' 1016
　'サマー サン' 1016
ペトゥニア ウェイブ シリーズ 1017
　'パープル ウェイブ' 1017
　'ピンク ウェイブ' 1017
　'ミスティ ライラック ウェイブ' 1017
ペトゥニア カーペット シリーズ 1016
ペトゥニア カウントダウン シリーズ
　'カウンドダウン ネイビー ブルー' 1017
ペトゥニア サフィニア シリーズ 1017
　'サフィニア ピンク' 1017
サフィニア ブルー ベイン／'サンソロス' 1017
ペトゥニア ジャイアント ビクトリアス シリーズ 1017
ペトゥニア スーパーカスケード シリーズ 1017
　'スーパーカスケード ブルー' 1017
ペトゥニア ストーム シリーズ
　'ストーム ピンク モーン' 1017
　'ストーム ラベンダー' 1017
ペトゥニア セレブリティ シリーズ 1016
　'セレブリティ バーガンディ' 1017
　'セレブリティ ブルー アイス' 1016
ペトゥニア 属 1016-17
ペトゥニア ダディ シリーズ 1017
ペトゥニア パッショネイト・シリーズ 1017
ペトゥニア ファンタジー シリーズ 1017
　'ファンタジー ピンク モーン' 1017
　'ファンタジー ブルー' 1017
ペトゥニア マルコポーロ シリーズ 1017
　'マルコ ポーロ アドベンチャー' 1017
ペトゥニア ミラージュ シリーズ 1017
　'ミラージュ レッド' 1017
ペトゥニア レモン シリーズ
　'レモン キャンディ' 1017
ペトゥラ・コスタタ ダケカンバ
　'グレイスウッド ヒル'を参照 235
ペトゥラ・マンドゥスクリカ 235
　'ホワイトスパイヤー' 235, 235
ベドフォルディア属 233
ペトレア・アルボレア 1015
　'ブロードウェイ' 1015
ペトロフィレ属 1015
ペニーロイアルミント 889
ベニウチワ 162, 162
ベニオケレウス属 1004-5
ベニカエデ アメリカハナノキを参照'88-9, 89
ベニガシワ 1123, 1123
　'スプレンデンス' 1123
ベニカノコソウ 354-55, 355
　'アルプス' 354-55, 355

ベニカノコソウ属 354-55
ベニギリソウ 543, 543
　'アカジョウ' 543, 543
　'カントリー カウガール' 543
　'シルバー シーン' 543
　'チョコレート ソルジャー' 543
　'テトラ' 543
　'トロピカル トパーズ' 543
　'メタリカ' 543
ベニギリソウ交雑品種 544
ベニギリソウ'スター オブ ベツレヘム' 544, 544
ベニギリソウ属 543-44
ベニギリソウ'チョコレート アンド チェリーズ' 544, 544
ベニギリソウ'トイ シルバー' 544, 544
ベニキンウラハグサ 669
　'アウレオラ' 669
　'アルボアウレア' 669
ベニゴウカン 282, 282
ベニゴウカン属 282
ベニコチョウ 137
ベニサンゴバナ 973
ベニサンゴバナ属 973
ベニシダ 516
ベニシタン 427, 427
ベニジュウム 179
　'ズールー プリンス' 179
ベニチョウジ タバコソウを参照 444, 444
紅司 523
ベニツツバナ 946, 946
ベニツツバナ 946
ベニノキ 239, 239
ベニノキ ベニノキを参照 239, 239
ベニノキ属 239
ベニバナ サフラワーを参照 334, 334
ベニバナイチゴノキ 173
ベニバナキジムシロ 1075
ベニバナクサギ 393, 393
ベニバナサルビア テキサスセージを参照 1301, 1301
ベニバナサルビア 1301, 1301
　'レディ イン レッド' 1301
ベニバナサワギキョウ 832, 832
ベニバナトキワマンサク 837
　'バーガンディ' 837
ベニバナトケイソウ 991
ベニバナトチノキ 106, 106
　'ブリオッティイ' 106, 106
ベニバナハゴロモノキ 649, 649
ベニハナハンショウヅル 389
ベニバナヒメフウロ 559
　'チャーム' 559, 559
ベニバナフクジンソウ 425
ベニバナベゴニア 224, 224
ベニバナマロニエ
　ベニバナトチノキを参照 106, 106
ベニハナヤマシャクヤク 975
ベニハリ リビングストンデージーを参照 510
ベニヒメ 104
ベニヒモノキ 81
ベニフクリンセンネンボク 511
ベニフデツツアナナス 238, 238
ベニベンケイ 776, 776
ベニマツ 1212, 1212
ベニマツ属 1211-12
ベニマンサク マルバノキを参照 506, 506
ペパーミント 889, 889
　'ワリエガタ' 889, 889
ペパーミント ゼラニウム 996

'ジーニー テルフォード'
1079, *1079*
'シー ミスト' *1079*
'ジェーン' *1079*
'シリウス' 1079, *1079*
'スプリング メドウ' 1079, *1079*
'デイルズ レッド' 1079, *1079*
'トラブル' 1079, *1079*
'バタウィック' 1079, *1079*
'ハフナー' *1079*
'ブラッドフォード シティ'
1079, *1079*
'ベアトリーチェ' *1079*
'ペガサス' *1079*
'ホークウッド' 1079, *1079*
'ラベンダー レディ' 1079, *1079*
'ルーシー ロケット' 1079, *1079*
'ロウィーナ' 1079, *1079*
プリムラ・オブコニカ 1081
'リブレ ミックス' ☆ 1081
プリムラ・キューエンシス 1081
プリムラ・デンティクラタ 1080,
1080
プリムラ・プルウェルレンタ 1082,
1082
バートリー・ストレイン 1082
プリムラ・プルホニケンシス
ハイブリッド カレイドスコープ
シリーズ
プリムラ・プルホニケンシス
ハイブリッド クレッシェンド
シリーズ
プリムラ・プルホニケンシス
ハイブリッド パシフィック
ジャイアンツ シリーズ
プリムラ・プルホニケンシス
ハイブリッド ボナコール
シリーズ 1082
'ボナコール パープル' 1082
プリムラ・プルホニケンシス
レインボウ シリーズ
プリムラ・フロリンダエ カイルー
グループ 1080, *1080*
プリムラ・ポリアンサ 1082
'アイリス メインウェアリング'
1082, *1082*
'エイプリル ローズ' 1082
'オールド ポート' 1082, *1082*
'グイネヴィア' 1082
'クェーカーズ ボンネット'
1082, *1082*
'ケン ディアマン' 1082, *1082*
'サンシャイン スージー'
1082, *1082*
'シェニーキッセン' 1082, *1082*
'ドロシー' 1082, *1082*
'ベルベット ムーン'
1082, *1082*
'ワンダ' 1082, *1082*
プリムラ・マルギナタ 1081
'リンダ ポープ' 1081, *1081*
プリムラ 'ガリヤール ギヌベール'
プリムラ・ポリアンサ 'アイリス
メインワーリング' ☆ を参照
1082, *1082*
プリムラ×プベスケンス 1082
'ウォーフデイル バターカップ'
1082
'ハーロー カー' 1082
'ブースマンズ バラエティ' 1082
プリムラ×プベスケンス 'カルメン'
Primula×pubescens 'ブースマ
ンズ ヴァラエティ' を参照 1082
ブリュア属 263
プリュワートウヒ 1040
ブリリアンタイシア属 259
ブリリ 1477, *1477*

フリンジドラベンダー 801, *801*
'ブロウマンズ ブルー' 801, *801*
プリンスオブウェールズヒース
エリカ・ペルスピクアを参照
552, *552*
プリンセピア属 1084
武倫柱 970, *970*
フリンデルシア属 606
ブルーオーク 1123
ブルーオーツグラス 688, *688*
'サフィルスプルデル' 688
'ペンドゥラ' 688
'ロブスタ' 688
ブルーキャッツアイ 964
'リトル ボーイ ブルー' 964,
964
ブルーサルビア 1302, *1302*
'ヴィクトリア' 1302, *1302*
'ヴィクトリア ブルー' 1302,
1302
'ストラータ' 1302, *1302*
ブルースター 1445
'ヘヴン ボウ' 1445, *1445*
フルーツセージ 1301, *1301*
ブルーデージー ルリヒナギクを
参照 598,599
ブルーバーベイン 1460, *1460*
ブルーハイビスカス 143, *143*
'サンタ クルズ' 143, *143*
'モンテレー ベイ' 143
ブルーファンフラワー 1321, *1321*
'ニュー ワンダー' 1321, *1321*
'パープル ファンファーレ'
1321, *1321*
'ブルー ファン' 1321, *1321*
'ブルー ワンダー' 1321
'モーヴ クラスター' 1321
ブルーブッシュ 74
ブルーブロッサム 348, *348*
ブルーヘアグラス 782
ブルーベリーアッシュ 533, *533*
ブルーポテト 1348, *1348*
'ロイヤル ローブ' 1348, *1348*
ブルーマリー ユーカリプツス・ポ
リグラクテアを参照 575, *575*
ブルグマンシア・インシグニス
261, *261*
'ジャマイカ イエロー' 261
'ベティ マーシャル' 261
ブルグマンシア・カンディダ 261,
261
'グランマニエ' 261, *261*
ブルグマンシア・カンディダ 'ダブル
ホワイト' コダチチョウセンアサ
ガオ 'ナイティイ' を参照 261
ブルグマンシア・サングイネア
261, *261*
'インカ クイーン' 261
ブルグマンシア・サングイネア
'ロゼア' *Brugmansia×insignis*
を参照 261, *261*
ブルグマンシア 'シャルル
グリマルディ'
ブルグマンシア属 261
フルクラエア属 619
ブルサリア属 270
ブルシア属 1114
ブルセラ属 270-271
ブルテナエア・ペドゥンクラタ
1113, *1113*
'プヤロング ゴールド' 1113
'プヤロング ピンク' 1113
ブルテナエア属 1113-14
ブルニア属 262
ブルヌス アミグダロ ペルシカ
1092
'ポラルディ' 1092

ブルヌス ブリレアナ 1092, *1092*
'モセリ' 1092
ブルネシア属 268-269
ブルネラ 263, *263*
'ハドスペン クリーム' 263, *263*
ブルビネ・カウレスケンス 'ホールマ
ーク' ハナアロエ 'ホールマーク'
を参照 266
ブルビネ属 266-267
ブルビネラ属 267
ブルボフィルム
ウェンドランディアヌム 268
ブルボフィルム・デイジー チェイン
267, *267*
ブルボフィルム・プティドゥム 268,
268
ブルボフィルム・ロトスキルディアヌム
268
ブルボフィルム属 267-268
ブルムノピティス属 1090-91
プルメリア・ルブラ 1063
'スターライト' 1063, *1063*
'セランダイン' 1063, *1063*
'ダーク レッド' 1063, *1063*
'ブライダル ホワイト'
1063, *1063*
'ロージー ドーン' 1063, *1063*
プルメリア属 1062-63
プルモナリア・ルブラ 1111
'デビッド ウォード' 1111, *1111*
'ボールズ レッド' 1111, *1111*
ブルンスウィギア属 263
ブルンネラ属 262-263
プルンバゴ属 1062
ブルンフェルシア属 262
プレイオスピロス属 1061
プレイオネ アリシャン *1061*
プレイオネ エル・ピコ *1061*
プレイオネ シャンタン 1*1061*,
1061
プレイオネ スーフリエール
1*1061*, *1061*
プレイオネ ゼウス ワインシュタイン
1061
プレイオネ属 1060-61
プレイオネ トリマ 1*1061*, *1061*
プレイオネ トンガリロ 1*1061*,
1061
プレイオネ ハイブリッド 1061
プレイオネ ブリタニカ 1061
プレイオネ ベルサイユ 1*1061*,
1061
フレイムグレビレア 650, *650*
フレイリニア属 613
プレウロタリス属 1062
プレウロフィルム属 1061
ブレークリーズレッドガム 568,
568
フレージア 'アフロディーテ' 613
フレージア属 612-13
フレージア 'ペレゴズ ブルー'
613
フレージア 'ペレゴズ レッド'
613
フレージア・ラクサ 612, *612*
'ジョーン エヴァンス' 612
フレージア ロイヤルクラウン
シリーズ 613
フレキシマツ 1048, *1048*
プレクトラントゥス・アウストラリス
1060
'ワリエガタ' 1060
プレクトラントゥス・コレオイデス
'ワリエガトゥス' ミントリーフ
'ワリエゲイティッド ミントリーフ'
を参照 1060

プレクトラントゥス・フォルステリ
1060
'マルギナトゥス' 1060
プレクトラントゥス・フォルステリ
'ヴァリエガトゥス'
Plectranthus forsteri
'マルギナツス' を参照 1060
プレクトラントゥス属 1059-60
プレクヌム・スピカント 240, *240*
'クリスタトゥム' 240, *240*
プレクヌム・ヌドゥム 240
'クリスタツム' 240
'フォーセット フェザー' 240
プレクヌム・ペンナ-マリナ 240,
240
'クリスタトゥム' 240
プレクヌム・ミヌス 240
'ヘリアー ファウンテン' 240
ブレッドナッツ パンノキを参照
192, *192*
プレティオケンティア属 270
フレボディウム・アムレウム・アレオ
ラトウム 1027
'マイイ' 1027
'マンダイアヌム' 1026, 1027
フレボディウム属 1026-27
フレモントコットンウッド 1072,
1072
フレモントデンドロン 'カリフォルニア
グローリー' 613, *613*
フレモントデンドロン 'ケン テーラー'
613
フレモントデンドロン交雑品種
613
フレモントデンドロン属 613
フレモントデンドロン 'パシフィック
サンセット' 613
フレンチマリーゴールド
コウオウソウを参照 1397
ブロウネア属 260
ブロードバックラーファーン 516
'クリスパ ホワイトサイド'
516, *516*
ブロードリーフタイム 1415, *1415*
'サー ジョン ロウズ' 1415
'フォックスリー' 1415, *1415*
ブロードリーブドクレーンズビル
633
フロクス・カロリナ 1029
'ビル ベイカー' 1029, *1029*
フロクス・ディワリカタ・ラファミイ
1029
'チャタフーチー' 1029, *1029*
フロクス・ナナ 1029
'メアリー マズリン' 1029
フロクス・マクラタ 1029
'アルファ' 1029
'オメガ' 1029
プロスタンテラ属 1085
プロスタンテラ 'プーリンダ
バレリーナ' 1086, *1086*
プロソピス属 1085
フロクス属 1028-30
プロテア・ネリフォリア 1089,
1089
'ホワイト ブラウ' 1089, *1089*
プロテア 'クラークス ヘッド' 1090
プロテア交雑品種 1090
プロテア 'サテン ミンク' 1090,
1090
プロテア 'シルバーチップス' 1090,
1090
プロテア属 1087-90
プロテア 'ピンク アイス' 1090,
1090
プロテア 'ピンク ミンク' 1090,
1090

プロテア 'フロステッド ファイア'
1090
プロディアエア属 259
フロミス 'エドワード ボールズ'
1027, *1027*
フロミス属 1027-28
ブロメリア属 260
ブロンドリリアン 563
ブワルディア・ロンギフロラ 248,
248
'アルバトロス' 248
ブンカンカ (文冠果) 1489, *1489*
文鳥丸 600, *600*
フンネマニア属 715
ブンヤパイン ヒロハノナンヨウスギ
を参照 171
ベイスギ 1413, *1413*
'アウレア' 1413
'アトロウィレンス' 1413, *1413*
'ウィレスケンス' 1413, *1413*
'サンシャイン' 1413
'ジョージ ワシントン'
1413, *1413*
'ストーンハム ゴールド'
1413, *1413*
'ゼブリナ' 1413, *1413*
'ヒリェリ' 1413, *1413*
ベイツガ ヘムロックを参照 1435,
1435
ヘイミア属 681
ベイモミ 68, *68*
'コンパクタ' 68
'マソニック ブルーム' 68
ベイモミ ヴィオラセア グループ
68
ペインテッドセージ 1307
'トリカラー ミックス' 1307
ヘウケラ・ブリゾイデス 698, *698*
'ジューン ブライド' 698
'スノーストーム' 698
'ファイアーフライ' 698
'フリーダム' 698
ヘウケラ・ブリゾイデス ブレッシン
ガム・ハイブリッド 698
ヘウケラ・ミクランタ・ディウェルシ
フォリア 'パレス パープル' 698
×ヘウケレラ・アルバ 699
'ロザリー' 699, *699*
×ヘウケレラ 'キモノ' 700, *700*
×ヘウケレラ交雑品種 700
×ヘウケレラ属 699
×ヘウケレラ 'デイグロ ピンク'
700, *700*
×ヘウケレラ 'バイキング シップ'
700, *700*
×ヘウケレラ 'ブリジッド ブルーム'
700
ヘーゼルアルダー 132
ヘーゼルナッツ セイヨウハシバミ
を参照 422
ペーパーバークメイプル 84, *84*
ヘーベ 'アリシア アムハースト'
676
ヘーベ 'インスピレーション' 677
ヘーベ ウィリ シリーズ 677
ヘーベ 'ウィリ イメージ' 677
ヘーベ 'ウィリ グレース' 677, *677*
ヘーベ 'ウィリ チャーム' 677,
677
ヘーベ 'ウィリ ドーン' 677
ヘーベ 'エイミー' 676
ヘーベ 'エディネンシス' 676
ヘーベ 'エメラルド グリーン' 667
ヘーベ 'エメラルド ジェム'
ヘーベ 'エメラルド グリーン' を
参照 667
ヘーベ 'オータム グローリー' 676

ブタノマンジュウ
　(Cyclamen persicum)
　　シクラメンを参照 450, 450
フタマタマオウ 539, 539
フダンソウ 234
フダンソウ 'ファイブ カラー
　ミックスト' フダンソウ シクラ・
　グループ 'ブライト ライツ
　ミックスト' を参照
フダンソウ 'レインボー'
　フダンソウ シクラ・グループ
　'ブライト ライツ ミックスト' を参照
フチベニバペペロニア 1010
　'ワリエガタ' 1010
フッカツソウ (復活草) 1331
フッキソウ 972, 972
　'グリーン スパイク' 972, 972
　'ワリエガタ' 972
フッキソウ属 972
ブッシュバジル 943, 943
ブッシュハニーサックル 499, 499
ブッソウゲ 702, 702
　'D. J. オブライエン' 702
　'I. D. クレア' 703
　'アウロラ' 702
　'アグネス ガルト' 702
　'アップル ブロッサム' 702
　'イヴリン ハワード' 703
　'エイリーン マクマレン'
　　702, 703
　'クーペリ' 702
　'クラウン オブ ボヘミア' 702
　'ジェイソン ブルー' 703
　'シャンドレリ' 702
　'スイート バイオレット' 703
　'チュビーズ' 703
　'ドロシー ブラディ' 703
　'ナネッテ ピーチ' 703
　'ハーヴェスト ムーン' 703
　'ピカルディ' 703
　'ブライダル ベール' 702
　'ペルセフォーン' 703
　'ホウアールズ エヌ トゥワールズ'
　　703
　'ムーゴン' 703
　'ムーン ビーム' 702, 703
　'メアリー ウォレス' 703
　'ヤーヤー' 703
　'ルビー ウェディング' 703
　'ロザリンド' 703
ブッドレイア・アルテルニフォリア
　264, 264
　'アルゲンテア' 264, 264
ブッドレイア・イエリアナ 266, 266
　'ゴールデン グロウ' 266
　'サンゴールド' 266
　'ハニー コム' 266
ブッドレイア・コルウィレイ 264,
　264
　'キューエンシス' 264
プティロトゥス属 1109
プテルア・グラキリス 248
　'ラビントン' 248
プテロケファルス属 1108
プテロケルティス属 1107-8
プテロスティリス属 1108
フトイ 1324, 1324
　'ゼブリヌス' 1324
フトイ属 1324
ブドウ 'ウォルサム クロス' 1478
葡萄甕 458, 458
ブドウ 'クラレット ヴァイン'
　ヨーロッパブドウ 'プルプレア' を
　参照 1478
ブドウ 'ザンテ カラント' ブドウ
　'ブラック コリンス' を参照
　1478

ブドウ 'サンテミリオン' ヨーロッパ
　ブドウ 'トレビアーノ' を参照
　1478
ブドウ 'スルタニア' ヨーロッパ
　ブドウ 'スルタナ' を参照 1478
ブドウ属 1477-78
ブドウ 'ダティエル' ブドウ 'ウォル
　サム クロス' を参照 1478
ブドウ 'テントゥリエル' ヨーロッパ
　ブドウ 'プルプレア' を参照
　1478
ブドウ 'トレビアーノ トスカーノ'
　ヨーロッパブドウ 'トレビアーノ' を
　参照 1478
ブドウ 'トンプソン シードレス'
　ヨーロッパブドウ 'スルタナ' を
　参照 1478
葡萄盃 458
ブドウ 'ブラック ハンブルグ'
　ヨーロッパブドウ 'スキアーヴァ
　グロッサ' を参照 1478
ブドウホオズキ 1037
ブドウ 'ユニ ブラン' ヨーロッパ
　ブドウ 'トレビアーノ' を参照
　1478
ブドウ 'レディ フィンガー' ブドウ
　'ウォルサム クロス' を参照
　1478
フトエクマデヤシ属 1084-85
フトモモ 1393, 1393
フトモモ属 1392-93
ブナ 596
ブナ属 596
フナンゲモノグラス 372
ブニノキ ナンヨウゴミシを参照
　162
ブバルディア属 248
吹雪柱 386, 386
フブキバナ 1406, 1406
ブプレウルム 269
フモトシダ属 894
プヤ属 1114-15
武勇丸 526, 526
フユサンゴ 1348, 1348
フユザンショウ 1495, 1495
フユボダイジュ 1418, 1418
　'グリーンスパイヤ' 1418, 1418
　'ランチョ' 1418, 1418
フヨウ 702, 702
　'プレナ' 702, 702
フライレア属 609
プラギアントゥス属 1056
ブラキキトン属 249
ブラキグロッティス・レパンダ 251
　'プルプレア' 251
ブラキグロッティス属 250-251
ブラキグロッティス ダニーデン
　ハイブリッド 250
　'オタリ クラウド' 250, 250
　'サンシャイン' 250, 250
ブラキグロッティス 'リーズ ズ
　ゴールド' 251, 251
ブラキスコメ・アングスティフォリア
　252
　'モーブ デライト' 252, 252
ブラキスコメ・イベリディフォリア
　252
　'ブルー スター' 252, 252
　'ブルー ミスト' 252, 252
ブラキスコメ・フォルモサ 252
　'ハッピー フェイス' 252
　'ピリガ ポージィ' 252
ブラキスコメ・ムルティフィダ 252
　'エヴァン' 252
　'ブレイク オ デイ' 252
　'ホワイト サプライズ' 252

ブラキスコメ 'ウルトラ' ブラキカム
　'トウカン タンゴ' を参照 252
ブラキスコメ交雑品種 252
ブラキスコメ 'シティ ライツ' 252
ブラキスコメ 'ジャスト ジェイン'
　252
ブラキスコメ 'ストロベリー ムース'
　252
ブラキスコメ 'トウカン タンゴ'
　252
ブラキスコメ 'ニュー アメジスト'
　252
ブラキスコメ 'バレンシア' 252
ブラキスコメ 'ブルー ヘイズ' 252
ブラキセマ属 252
ブラキュラエナ属 251
フラクシヌス・ウフデイ 612, 612
　'トムリンソン' 612
フラグミペディウム ハイブリッド
　1032
フラグミペディウム 'エリック ヤン
　グ' 1032, 1032
フラグミペディウム 'サージェント
　エリック' 1032, 1032
フラグミペディウム属 1032
フラグミペディウム 'ドン ウィンバー'
　1032, 1032
ブラゲアラ ハイブリッド 270
ブラゲアラ ステファン イスラー
　270, 270
ブラゲアラ属 269-270
ブラゲアラ ネリー イスラー 270,
　270
ブラゲアラ リビングファイア 'バー
　ニング エンバース' 270, 270
ブラシノキ 285
ブラジルシシガシラ 240, 240
　'クリスパム' 240
ブラジルトケイソウ 990, 990
ブラジルマツ パラナマツを参照
　171, 171
ブラジルヤシ 271, 271
ブラジルヤシ属
ブラジルロウヤシ 409, 409
プラスボタン 428
×ブラソレリオカトレア
　(シェイド オブ ジェイド ×
　ワイキキ ゴールド) 258, 258
×ブラソレリオカトレア
　(トシ アオキ × オコニー) 258
×ブラソレリオカトレア
　(トシ アオキ × ブライス
　キャニオン) 258
×ブラソレリオカトレア (メモリア
　ベグニノ アキノ × ゴールデン
　エンバース) 258, 258
×ブラソレリオカトレア・
　ハイブリッド 258, 258
×ブラソレリオカトレア アルマ
　キー 'ティップマリー' 258, 258
×ブラソレリオカトレア アン
　クレオ 'ハローナ' 258, 258
×ブラソレリオカトレア ウィリエッテ
　ウォン 258, 258
×ブラソレリオカトレア エリン
　コバヤシ × Cattleya walkeriana
　258, 258
×ブラソレリオカトレア ゴールデン
　タン 258
×ブラソレリオカトレア ゴールド
　バグ 258
×ブラソレリオカトレア サンステーツ
　イースター パレード 258

×ブラソレリオカトレア トシ アオキ
　'ブルーメン インセル'
　258, 258
×ブラソレリオカトレア トシ アオキ
　'ボカイ' 258, 258
×ブラソレリオカトレア ハワイアン
　サティスファクション
　'ロマンティック' 258, 258
×ブラソレリオカトレア メモリア
　ジュリア ピフェレール 258, 258
×ブラソレリオカトレア ラッキー
　'ゴールデンリング' 258, 258
×ブラソレリオカトレア
　ローズマリー ヘイドン
　'パラダイス' 258, 258
×ブラソレリオカトレア ワイアネ
　レパード 258, 258
ブラダーセンナ ボウコウマメを
　参照 404, 404
ブラック オーキッド 399
ブラック ティートリー 882, 882
　'ゴールデン ジェム' 882
　'レボリューション グリーン' 882
　'レボリューション ゴールド' 882
ブラックアッシュ 611
　'フォールゴールド' 611
ブラッククミン 934, 934
ブラックコットンウッド 1073, 1073
　'フリッツ ポーリー' ☆ 1073
ブラックジャックオーク 1125,
　1125
ブラックチョークベリー 188, 188
　'オータム マジック' 188
ブラックツリーファーン 448, 448
ブラックヒッコリー 335
ブラックベリー 1284
ブラックホアハウンド 216, 216
ブラック ホウ 1469, 1469
ブラックワトル 75
ブラッサボラ属 253
ブラッシア ハイブリッド 254
ブラッシア エドヴァ ルー 254,
　254
ブラッシア スパイダース ゴールド
　254, 254
ブラッシア スパイダース フィースト
　254
ブラッシア属 253-254
ブラッシア レックス 'クリスティーン'
　254, 254
ブラッシカ・ラパ 256
ブラッシカ・ラパ キネンシス
　グループ 256
ブラッシカ・ラパ ペキネンシス
　グループ 256
ブラッシカ・ラパ ラピフェラ
　グループ 256
　'アトランティック' 256, 256
×ブラッシジウム属 257
×ブラッシジウム フライアウェイ
　'タイダ' 257, 257
×ブラッシジウム ワイルド
　ウォリアー 'サンタ バーバラ'
　257, 257
×ブラッソカトレア アイランド
　チャーム 'カーメラ' 257, 257
×ブラッソカトレア サニー デライト
　257, 257
×ブラッソカトレア属 257
×ブラッソカトレア ノベンバー
　ブライド 257, 257
×ブラッソカトレア ハイブリッド
　257
×ブラッソカトレア ビノサ 257,
　257
×ブラッソカトレア マイカイ 257,
　257

ブラッド フラワー 127
　'パープル キング' 127, 127
　'マイケル フーグ' 127, 127
ブラッドトランペット 507, 507
　'ミセス リバース' 507
プラティア 1078, 1078
プラティア属 1078
プラティステモン属 1059
プラティナ・ペドゥンクラタ 1078
　'カウンティ パーク' 1078, 1078
プラティロビウム属 1059
ブラヘア・ブランデゲエイ 253,
　253
　'エレガンス' 253
ブラヘア属 253
プラベユム属 249
フランクリニア属 610
フランクリンノキ 610
フランコア属 609-10
フランスギク 813, 813
フランスゴムノキ 604, 604
フランスモミジ 86, 86
ブランドフォルディア属 239
フランネルフラワー 96, 96
フランネルブッシュ 613, 613
フリージア交雑品種 612-13, 613
フリージア 'スーパーエメラルド'
　613
フリーセア・エリスロダクティロン
　1478, 1478
フリーセア・サウンデルシイ 1479
フリーセア・フェネストラリス 1479
フリーセア・フォステリアナ 1479
フリーセア 'エヴァ' 1479
フリーセア 'カールスバッド' 1479
フリーセア 'ガンサー' 1479
フリーセア 'グラフトン サンセット'
　1479
フリーセア 'クリスティーネ' 1479
フリーセア交雑品種 1479
フリーセア 'コメット' 1479
フリーセア 'シャーロット' イ 1479
フリーセア 'スプレンディド' 1479
フリーセア属 1478-79
フリーセア 'パープル コッカトー'
　1479
フリーセア 'バナナ' 1479
フリーセア 'ポエルマニイ' 1479
フリーセア 'マリアエ' 1479, 1479
フリーセア 'ライクリー シェフ' 1479
フリーセア 'リトル シェフ' 1479
フリーセア 'レッドチェスナット' 1479
ブリスベーンワトル 75
ブリスルコーンファー 68, 68
ブリックリーアッシュ
　アメリカサンショウを参照 1495
ブリットルガム 573, 573
フリティラリア・インペリアリス
　ヨウラクユリを参照 614
フリティラリア・グラエカ 614
フリティラリア・パリディフロラ 615
フリティラリア・ブカリカ 614
フリティラリア・ペルシカ 615
　'アディヤマン' 615
フリティラリア・ミハイロフスキイ
　615, 615
フリティラリア・メレアグリス 614,
　614
　'アフロディーテ' 614, 614
フリティラリア 614
　'ゴルディロックス' 614, 614
プリムラ・オアウリクラ 1079, 1079
　'C. W. ニーダム' 1079
　'アリシア' 1079, 1079
　'ヴィヴァーチェ' 1079
　'グウェン ベーカー' 1079
　'コーヒー' 1079

ブーゲンヴィレア'トム サム'
　ブーゲンビレア'クローズバーン'
　を参照 247
ブーゲンヴィレア'ドン マリオ'
　247
ブーゲンヴィレア'パープル キング'
　Bougainvillea×buttiana
　テキサス・ドーン'モナス'を
　参照 246
ブーゲンヴィレア'パープル ローブ'
　247, 247
ブーゲンヴィレア'ハワイアン グロウ'
　Bougainvillea×buttiana
　'エニッド ランカスター'を参照
　246, 246
ブーゲンヴィレア'ハワイアン
　ホワイト' 247, 247
ブーゲンヴィレア'ピンク ティアラ'
　247
ブーゲンヴィレア'ファニタ ハッテン'
　247, 247
ブーゲンヴィレア・ブッティアナ 246
　'アフターグロウ' 246
　'エニッド ランカスター'
　246, 246
　'キリー キャンベル' 246
ブーゲンヴィレア・ブッティアナ
　'ゴールデン グロウ'
　Bougainvillea×buttiana
　'エニッド ランカスター'を参照
　246, 246
　'ココナッツ アイス' 246, 246
　'タンゴ' 246
　'チェリー ブロッサム' 246, 246
　テキサス ドーン/'モナス' 246
　'バーバラ カースト' 246, 246
　'パープル クイーン' 246
　'ブリリアント ヴァリエゲイテッド'
　246, 246
　'マハラ' 246, 246
　'ミセス バット' 246, 246
　'ラズベリー アイス' 246, 246
　'ルイス ワッセン' 246
　'レディ メアリー ベアリング'
　246, 246
　'ローゼンカ' 246
ブーゲンヴィレア'ブライダル
　ブーケ' ブーゲンビレア
　'チェリー ブロッサム'を参照
　246, 246
ブーゲンヴィレア'プリンセス マハラ'
　Bougainvillea×buttiana
　'マハラ'を参照 246, 246
ブーゲンヴィレア'ベティ ヘンドリー'
　247
ブーゲンヴィレア'ヘレン
　ジョンソン' ブーゲンビレア
　'クローズバーン'を参照 247
ブーゲンヴィレア'ホワイト マドンナ'
　247
ブーゲンヴィレア'マニラ レッド'
　Bougainvillea×buttiana
　'マハラ'を参照 246, 246
ブーゲンヴィレア'ミス マニラ'
　Bougainvillea×buttiana
　'タンゴ'を参照 246
ブーゲンヴィレア'メアリー
　パルマーズ エンチャントメント'
　247
ブーゲンヴィレア'メアリー
　パルマー スペシャル' 247, 247
ブーゲンヴィレア'ラヴェンダー
　クイーン' 247
ブーゲンヴィレア'ラズベリー
　アイス' Bougainvillea×
　buttiana'ラズベリー アイス'を
　参照 246, 246

ブーゲンヴィレア'ラホーヤ' 247
ブーゲンヴィレア'リンバーロスト
　ビューティ' Bougainvillea×
　buttiana'チェリー ブロッサム'
　を参照 246, 246
ブーゲンヴィレア'ルビヤナ' 247,
　247
ブーゲンヴィレア'ローズ アンバー'
　Bougainvillea×buttiana
　'キリー キャンベル'を参照 246
ブーゲンヴィレア'ロゼア'
　ブーゲンビレア
ブーゲンヴィレア'ロビンス
　グローリー' Bougainvillea×
　buttianaテキサス・ドーン'モナス'
　を参照 246
フウセンカズラ属 328-29
フウセントウワタ 194
フウセントウワタ属 645
フウ属 826-27
ブーフォネ属 242
フウラン 925, 925
フウラン属 925
風流丸 868-69
フウリンイワブクロ 1007
　'ピグマエウス' 1007
フウリンオダマキ 1332, 1332
フウリンガマズミ 1469, 1469
フウリンソウ 320
　'カリカンテマ' 320
フウリンブッソウゲ 702
フウロソウ属 631-36
フェアリーシンプルズ 319, 319
フェアリーシンプルズ ベビー・
　シリーズ 319
　'エリザベス オリヴァー'
　319, 319
　'バヴァリア ブルー' 319
　'ブルー ベビー' 319
フェアリーランタン 289, 289
フェイジョア 82-3, 82
　'クーリッジ' 82-3
　'トラスク' 82-3
　'ネイズメッツ' 82-3
　'ビーチウッド' 82-3
　'マンモス' 82-3
フェザーフラワー 1464, 1464
フェストゥカ ワレシアカ 601
フェストゥカ・カリフォルニカ 600,
　600
　'サーペンタイン ブルー' 600
フェストゥカ・グラキアリス 601
　'イライジャ ブルー' 600, 600
　'ゼーイーゲル' 600, 600
　'ブラウグルート' 600, 600
　'ブラウフォクス' 601
フェニックス 1030, 1030
フェヌグリーク 1429
フェネストラリア属 599
フェバリウム属 1023
笛吹 857
フェルスハーフェルティア属 1464
フェルトハイミア属 1457
フェルドナッサ属 1018
フェルニア属 715
フェロカクトゥス属 599-600
×フォイルステケアラ エドナ
　'スタンパーランド' 1479, 1479
×フォイルステケアラ エバグレイズ
　プロミス 1479, 1479
×フォイルステケアラ エフィラ
　1479, 1479
×フォイルステケアラ カンブリア
　1479, 1479
×フォイルステケアラ交雑品種
　1479
×フォイルステケアラ属 1479

×フォイルステケアラ メモリア
　ハンナ ラスフォーク 1479, 1479
×フォイルステケアラ メモリア
　メリー カバナー 1479, 1479
×フォイルステケアラ リンダ
　イスラー 1479, 1479
フォエニクルム・ウルガレ・
　アゾリクム 606
　'ゼフォ フィーノ' 606
　'パーフェクション' 606
フォザギラ・ガーデニー 608, 608
　'ブルー ミスト' 608
フォックスフェイス ツノナスを参照
　1347
フォティニア属 1031-32
フォプシス属 1033
フォルミウヌ'マオリ メイドン'
　フォルミウム'レインボー メイドン'
　を参照 1031
フォルミウム・コオキアヌム フケリ
　'クリームディライト' 1031
フォルミウム・コオキアヌム フケリ
　'トリコロール' 1031
フォルミウム'イエロー ウェイブ'
　1031
フォルミウム'イブニング グロー'
　1031
フォルミウム交雑品種 1031
フォルミウム'サンダウナー' 1031
フォルミウム属 1031
フォルミウム'ダーク ディライト'
　1031
フォルミウム'デュエット' 1031
フォルミウム'トム サム' 1031
フォルミウム'トリコロール' 1031
フォルミウム'ピンク パンサー'
　1031
フォルミウム'ブラック プリンス'
　1031
フォルミウム'ブロンズ ベイビー'
　1031
フォルミウム'レインボー メイドン'
　1031
フォンタネシア・フィリレオイデス・
　フォルトゥネイ 607
　'タイタン' 607, 607
フォンタネシア属 607
フカノキ属 1321-22, 1321
フキ 1015
吹上 116
フキ属 1014-15
フキノトウ フキを参照 1015
フキモドキ 202
ブキャナンセージ 1300
フクギ属 624
フクシア・アルボレスケンス 615,
　615
フクシア・コッキネア 616
フクシア・フルゲンス 616
フクシア・プロクムベンス 616,
　616
フクシア・ボリビアナ 615, 615
フクシア'アッペ ファルジュ' 618
フクシア'アメリー オウビン' 617
フクシア'ウィンドミル' 619
フクシア'エステル マリー' 618
フクシア'エワ ボーグ' 618
フクシア'オレンジ フレア' 619
フクシア'ガーデン ニュース'
　618
フクシア'カーラ ジョストン' 617
フクシア'カトリーナ トンプソン'
　619
フクシア'ガルテンマイスター
　ボンステット' 618
フクシア'グラーフ ヴィッテ' 618,
　618

フクシア'クリアンタ' 617
フクシア交雑品種 617-19
フクシア'コーチマン' 618, 618
フクシア'ゴールデン マリンカ'
　618
フクシア'コラッリナ' 617
フクシア'コンスタンス' 618
フクシア'サンタ クルズ' 619
フクシア'ジャック シャーハン'
　618
フクシア'ジョアン ゴイ' 618
フクシア'シルビア バーカー' 619
フクシア'セリア スメドレー' 617
フクシア属 615
フクシア'ダラー プリンセス' 618
フクシア'チェッカーボード' 617
フクシア チャーリー ディモック/
　'フォンカ' 617
フクシア'チラートン ビューティー'
　617
フクシア'ディスプレイ' 618
フクシア'ドイチェ ペルレ' 617
フクシア'トム サム' 619
フクシア'ナターシャ シントン'
　619
フクシア'ナンシー ロー' 619
フクシア'ハイジ アン' 618
フクシア'パクエサ' 618
フクシア'パティオ プリンセス'
　619
フクシア'バルコン' 617
フクシア'ビーコン ローザ' 617
フクシア'ピンク ファンタジア'
　619
フクシア'ファウンテン アビー'
　618
フクシア'フィリス' 619
フクシア'ブルータス' 617
フクシア'プロスペリティ' 618
フクシア'ブロックウッド ベル'
　618
フクシアベゴニア 224
フクシア'ベンジャミン' 617
フクシア'ホークスヘッド' 618
フクシア'ホワイト ピクシー' 618
フクシア'マーカス グラハム'
　618
フクシア'マーガレット ビルキントン'
　618, 618
フクシア マゲラニカ 616, 616
　'ウェルシコロル' 616, 616
フクシア'マダム コーネリセン'
　618
フクシア'ミセス ポプル' 619
フクシア'ミニローズ' 619
フクシア'ラ カンパネラ' 618
フクシア'リ ミア' 618
フクシア'ルース' 619
フクシア'ルーフス ザ レッド'
　619
フクシア'レーディングス インジ'
　618
フクシア'レオノラ' 618
フクシア'レナ' 618
フクシア'ロード バイロン' 618
フクジュソウ 101
フクジュソウ属 101
フクジンソウ属 425
ブススス・シニカ・インスラリス
　273, 273
　'ウィンター ジェム' 273
　'ジャスティン ブロウウェルズ'
　273
　'タイド ヒル' 273
　'ピンクッション' 273, 273
フクトジ 776
フクロミモクゲンジ 782, 782

フクロユキノシタ 357, 357
フクロユキノシタ属 357
武勲丸 661
フサアカシア 75
　'ガウロイス アスティアー' 75
　'カンバー カーペット' 75
フサウスギ'ピンク デライト'
　フジウツギ'ピンク デライト'を
　参照 266
フサザキスイセン 914, 914
フサザクラ 590
フサザクラ属 590
フサシダ属 1323
フサスグリ 1207, 1207
　'ホワイト グレープ' 1207
　'マクロカルブム' 1207
　'レッド レイク' 1207
フサフジウツギ ブッドレアを参照
　265
フサフジツギ 265
　'エンパイア ブルー' 265
　'オーキッド ビューティ' 265
　'ダーツ オーナメンタル ホワイト'
　265
　'ダートムーア' 265
　'ナンホ ペティート インディゴ'
　265, 265
　'ナンホ ペティート パープル'
　265, 265
　'ハーレクイン' 265, 265
　'ファシネイティング' 265
　'ブラック ナイト' 265, 265
　'ホワイト プロフュージョン' 265
　'ロイヤル レッド' 265
フサマンサク 608, 608
　'マウント エアリー' 608
フサモ属 909
フジ 1487, 1487
　'アルバ' 1487, 1487
　'ウィオラケア プレナ' 1487
　'口紅' 1487, 1487
　'ムルティジュガ' 1487
フジウツギ属 264
フジウツギ'ピンク デライト' 266
フジウツギ'ロッホインチ' 265
フジウツギ'ワットル バード' 266
フジキ属 384-85
プシコプシス属 1104-5
フジザクラ マメザクラを参照
　1094
フジ'白野田' フジ'アルバ'を
　参照 1487, 1487
フジ属 1486-87
フジ'マクロボトリス' フジ'ムル
　ティジュガ'を参照 1487
フジモドキ 474, 474
蕪城丸 1444, 1444
プシリオスタキス属 1105
プスクニア属 1114
プセウデランテムム・レティクラタ
　1100
　'アンデルソニイ' 1100, 1100
プセウドウィンテラ属 1103
プセウドパナクス・レッソニイ 1101
　'ゴールド スプラッシュ'
　1101, 1101
　'シリル ワトソン' 1101
プセウドパナクス属 1101
プセウドリプサリス属 1102
プソラレア属 1104
フタツバカナボウノキ アローディ
　ア・プロセラを参照 130, 130
ブタノマンジュウ
　(Cyclamen hederifolium)
　カガリビバナを参照 450, 450

CD-ROM版の優れた機能と魅力

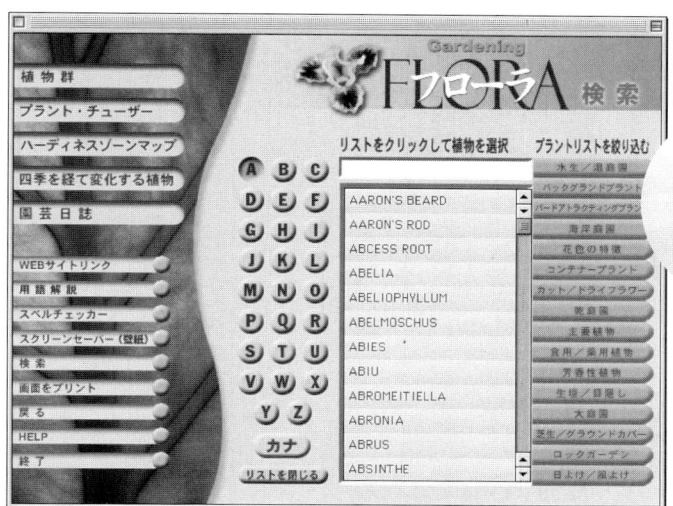

- 1枚のCD-ROMの中に、『FLORA』の本2巻のデータをすべて収録。
- デジタル索引機能（学名・一般名・植物種・生育地・気候帯・地図別）を使えば、20,000種以上の植物群の中から、探している植物を瞬時に表示。
- 例えばPCを持参して、このCD-ROMの画像を見せれば、ビジュアルに多種多様な打ち合わせが出来、しかもその後プリントアウトすることも可能。
- 地域名や地図をクリックするだけで、適切な植物名がリストアップ。
- 最高のガーデニングの為の数百種類の役立つインターネット・リンク集も収録。
- 魅力あふれる植物が次々と現れる『FLORA』オリジナル・スクリーンセーバー付き。

更に、CD-ROMご希望の方は、下記の申込書をFAXでお申し込み下さい。

『フローラCD-ROM』申込書

定価4,400円（消費税別）　　枚

住所・氏名・TEL（会社の場合は部署名もお願いします）

FAX 03-3366-3503

- お申し込み後1週間以内に宅配便にてお届けいたします。
- お支払いは、お届け時に代金引換となります。
- 代金引換手数料及び送料はお客様のご負担となります。

産調出版
〒169-0074　東京都新宿区北新宿3-14-8
TEL 03-3363-9221
（直通）

http://www.gaiajapan.co.jp

western cottonwood (*Populus fremontii*) 1072, *1072*
western dog violet (*Viola adunca*) 1472
western fescue (*Festuca pratensis*) 601, *601*
western golden wattle (*Acacia decora*) 75, *75*
western hemlock (*Tsuga heterophylla*) 1435, *1435*
western hop tree (*Ptelea angustifolia*) 1105
western juniper (*Juniperus occidentalis*) 772
western kapok bush (*Cochlospermum fraseri*) 398, *398*
western larch (*Larix occidentalis*) 797
western leatherwood (*Dirca occidentalis*) 505
western mugwort (*Artemisia ludoviciana*) 190
western myall (*Acacia papyrocarpa*) 78, *78*
Western New Guinea kauri (*Agathis labillardierei*) 111
western poison oak (*Toxicodendron diversilobum*) 1425, *1425*
western prickly Moses (*Acacia pulchella*) 78
western red cedar (*Thuja plicata*) 1413, *1413*
western redbud (*Cercis occidentalis*) 360, *360*
western sky pilot (*Polemonium pulcherrimum*) 1066
western soapberry (*Sapindus drummondii*) 1311
western spirea (*Spiraea douglasii*) 1363, *1363*
western sword fern (*Polystichum munitum*) 1070
western sycamore (*Platanus racemosa*) 1057, *1057*
western trillium (*Trillium ovatum*) 1431, *1431*
western white pine (*Pinus monticola*) 1049
western wild rose (*Rosa woodsii*) 1219, *1219*
western wild rye (*Elymus canadensis*) 535
western yellow pine (*Pinus ponderosa*) 1050, *1050*
wet-a-bed (*Taraxacum officinale*) 1400, *1400*
wharangi (*Melicope ternata*) 887
whau (*Entelea arborescens*) 538, *538*
wheat (*Triticum*) 1432–33
wheat grass (*Elymus*) 534–35
wheatley elm (*Ulmus 'Sarniensis'*) 1450, 1451
wheel tree (*Trochodendron aralioides*) 1433, *1433*
wheki (*Dicksonia squarrosa*) 497, *497*
wheki-ponga (*Dicksonia fibrosa*) 497,
whin (*Ulex europaeus*) 1448, *1448*
whipcord hebe (*Hebe cupressoides*) 674–75
whisk fern (*Psilotum, P. nudum*) 1104
white alder (*Alnus rhombifolia*) 132, *132*
white alder (*Clethra acuminata*) 394
white ash (*Eucalyptus fraxinoides*) 571, *571*
white ash (*Fraxinus americana*) 610, *610*
white baneberry (*Actaea alba*) 95
white bat flower (*Tacca integrifolia*) 1396, *1396*
white bedstraw (*Galium mollugo*) 624
white birch (*Betula papyrifera*) 236, *236*
white bottlebrush (*Callistemon salignus*) 285
white breath of heaven (*Coleonema album*) 401, *401*
white butterbur (*Petasites albus*) 1014, *1014*
white cat's-whiskers (*Clerodendrum glabrum*) 393, *393*
white cedar (*Melia azederach*) 886, *886*
white cedar (*Thuja, T. occidentalis*) 1412–13, *1412*
white cheesewood (*Alstonia scholaris*) 139, *139*
white chervil (*Cryptotaenia canadensis*) 440, *440*
white cinquefoil (*Potentilla alba*) 1075
white clover (*Trifolium repens*) 1429
white confetti bush (*Coleonema album*) 401, *401*
white cotton bush (*Pimelea nivea*) 1045, *1045*
white cushion daisy (*Celmisia sessiliflora*) 351
white cypress (*Chamaecyparis thyoides*) 366, *366*
white cypress pine (*Callitris glaucophylla*) 287, *287*
white dipladenia (*Mandevilla boliviensis*) 873, *873*
white dogtooth violet (*Erythronium albidum*) 563
white dogwood (*Ozothamnus diosmifolius*) 967, *967*
white elm (*Ulmus americana*) 1448
white escallonia (*Escallonia bifida*) 565
white evening primrose (*Oenothera caespitosa, O. speciosa*) 947
white fairy lantern (*Calochortus albus*) 289, *289*
white false hellebore (*Veratrum album*) 1458
white false indigo (*Baptisia lactea*) 219
white fir (*Abies concolor*) 68, *68*
white forsythia (*Abeliophyllum distichum*) 67, *67*
white frangipani (*Plumeria obtusa*) 1062, *1062*
white ginger (*Hedychium coronarium*) 680
white globe lily (*Calochortus albus*) 289, *289*
white gum (*Eucalyptus alba, E. dalrympleana*) 567, 567, *570*
white horehound (*Marrubium vulgare*) 876, *876*
white ironwood (*Vepris lanceolata*) 1458, *1458*
white leaf fuchsia (*Epilobium septentrionale*) 541
white lily (*Lilium candidum*) 821
white lily (*Nymphaea lotus*) 937
white madder (*Galium mollugo*) 624
white mallow (*Althaea officinalis*) 142, *142*
white mangrove (*Avicennia alba*) 210, *210*
white maple (*Acer saccharinum*) 89
white Mexican rose (*Echeveria elegans*) 523, *523*
white mugwort (*Artemisia lactiflora*) 190
white mulberry (*Morus alba*) 904
white mule (*Lophophora williamsii*) 837, *837*
white mustard (*Sinapis alba*) 1342, *1342*
white oak (*Lagunaria patersonia*) 793, *793*
white oak (*Quercus alba*) 1122, *1122*
white pepper (*Piper nigrum*) 1052, *1052*
white pine (*Pinus strobus*) 1050, 1051
white pineapple lily (*Eucomis autumnalis*) 578, *578*
white plume grevillea (*Grevillea leucopteris*) 651, *651*
white popinac (*Leucaena leucocephala*) 813
white poplar (*Populus alba*) 1072, *1072*
white sage (*Artemisia ludoviciana*) 190
white Sally (*Eucalyptus pauciflora*) 574, *574*
white sapote (*Casimiroa edulis*) 337
white snakeroot (*Eupatorium rugosum*) 582
white Spanish broom (*Cytisus multiflorus*) 461
white spruce (*Picea glauca*) 1040, *1040*
white star grass (*Hypoxis capensis*) 723
white thorn (*Crataegus laevigata*) 432
white trumpet (*Sarracenia leucophylla*) 1314, *1314*
white velvet (*Tradescantia sillamontana*) 1427, *1427*
white walnut (*Juglans cinerea*) 769, *769*
white water buttercup (*Ranunculus aquatilis*) 1130
white wild strawberry (*Fragaria vesca 'Fructo Albo'*) 609
white willow (*Salix alba*) 1296, *1296*
white yam (*Dioscorea alata*) 503, *503*
whitebark (*Betula utilis*) 237
white-bark magnolia (*Magnolia hypoleuca*) 851
whitebark pine (*Pinus albicaulis*) 1046, *1046*
whitebeam (*Sorbus aria*) 1355, *1355*
white-flowered currant (*Ribes indecorum*) 1206
white-flowered gourd (*Lagenaria siceraria*) 792, *792*
white-flowered paulownia (*Paulownia fortunei*) 993
Whiteside's broad buckler fern (*Dryopteris dilatata 'Crispa Whiteside'*) 516, *516*
white-stemmed gooseberry (*Ribes inerme*) 1206
whitey wood (*Acradenia frankliniae*) 95, *95*
whiteywood (*Melicytus ramiflorus*) 887, *887*
whitlow grass (*Draba*) 511
whorlflower (*Morina longifolia*) 904, *904*
whortleberry (*Vaccinium myrtillus*) 1453
Wickham's grevillea (*Grevillea wickhamii*) 653, *653*
wicopy (*Dirca palustris*) 505
widow iris (*Hermodactylus tuberosus*) 696, *696*
widow's tears (*Commelina*) 404
wild aster (*Felicia filifolia*) 599, *599*
wild bleeding heart (*Dicentra formosa*) 496, *496*
wild buckwheat (*Eriogonum*) 556
wild cabbage (*Brassica oleracea*) 255, *255*
wild Canterbury bell (*Phacelia campanularia*) 1018, *1018*
wild celery (*Apium graveolens*) 164, *164*
wild chamomile (*Matricaria recutita*) 877
wild cherry (*Prunus avium*) 1092
wild China tree (*Sapindus drummondii*) 1311
wild coffee (*Psychotria capensis*) 1105, *1105*
wild columbine (*Aquilegia canadensis*) 166, *166*
wild crab apple (*Malus sylvestris*) 865
wild daffodil (*Narcissus pseudonarcissus*) 914
wild dagga (*Leonotis ocymifolia*) 805
wild fennel (*Nigella*) 934
wild garlic (*Allium cratericola*) 126, *126*
wild garlic (*Tulbaghia*) 1436
wild ginger (*Asarum*) 193–94
wild goose plum (*Prunus munsoniana*) 1095
wild gooseberry (*Solanum ellipticum*) 1346, *1346*
wild hippo (*Euphorbia corollata*) 584
wild honeysuckle (*Turraea floribunda*) 1445
wild hyacinth (*Hyacinthoides non-scripta*) 715
wild hyacinth (*Lachenalia contaminata*) 787
wild hyssop (*Pycnanthemum virginianum*) 1115
wild indigo (*Baptisia*) 219
wild ipecac (*Euphorbia corollata*) 584
wild iris (*Dietes grandiflora*) 499
wild leek (*Allium ampeloprasum*) 125
wild lupine (*Lupinus perennis*) 840
wild marigold (*Baileya multiradiata*) 216, *216*
wild marjoram (*Origanum vulgare*) 957, *957*
wild oats (*Uvularia sessilifolia*) 1452
wild onion (*Allium cernuum*) 126
wild orange (*Capparis mitchellii*) 326, *326*
wild orange (*Prunus caroliniana*) 1092
wild passionflower (*Passiflora incarnata*) 991, *991*
wild pea (*Lathyrus*) 798–80
wild pear (*Pyrus pyraster*) 1119
wild plantain (*Heliconia, H. bihai, H. caribaea*) 686–88, *687*
wild plum (*Prunus americana*) 1092, *1092*
wild raisin (*Viburnum cassinoides, V. lentago*) 1466, *1466*, 1467
wild rhubarb (*Rumex hymenosepalus*) 1287, *1287*
wild rosemary (*Rhododendron tomentosum*) 1159
wild rye (*Elymus*) 534–35
wild senna (*Senna hebecarpa*) 1336,
wild service tree (*Sorbus torminalis*) 1358, *1358*
wild sesame (*Perilla frutescens*) 1011
wild Spaniard (*Aciphylla colensoi*) 93
wild strawberry (*Fragaria vesca*) 609
wild sweet William (*Phlox divaricata, P. maculata*) 1029
wild tepary bean (*Phaseolus acutifolius*) 1022
wild thyme (*Thymus serpyllum*) 1416
wild tobacco (*Solanum mauritianum*) 1347, *1347*
wild wisteria vine (*Hardenbergia comptoniana*) 672
wildepruim (*Harpephyllum caffrum*) 672, *672*
wilga (*Geijera parviflora*) 628, *628*
willdenow violet (*Viola blanda*) 1472
willow (*Salix*) 1296–99
willow bellflower (*Campanula persicifolia*) 321
willow gentian (*Gentiana asclepiadea*) 630
willow hakea (*Hakea salicifolia*) 668
willow herb (*Epilobium*) 541
willow myrtle (*Agonis flexuosa*) 118, *118*
willow oak (*Quercus phellos*) 1126
willow podocarp (*Podocarpus salignus*) 1064, *1064*
willow rhus (*Rhus lancea*) 1204, *1204*
willow-leafed foxglove (*Digitalis obscura*) 500, *500*
willow-leafed magnolia (*Magnolia salicifolia*) 852, *852*
willow-leafed oak (*Quercus phellos*) 1126
willow-leafed pear (*Pyrus salicifolia*) 1119, *1119*
willowmore cedar (*Widdringtonia schwarzii*) 1485, *1485*
Wilson barberry (*Berberis wilsoniae*) 231, *231*
Wilson's grevillea (*Grevillea wilsonii*) 653, *653*
Wilson's magnolia (*Magnolia wilsonii*) 853
Wilson's spruce (*Picea wilsonii*) 1042
wind poppy (*Anemone coronaria*) 152, *152*
windflower (*Anemone, A. coronaria, A. nemorosa*) 152–53, *152, 153*
window bellflower (*Campanula fenestrellata*) 320, 321
window plant (*Fenestraria rhopalophylla*) 599, *599*
windowleaf (*Monstera*) 902
wine cups (*Babiana rubrocyanea*) 214, *214*
wine cups (*Callirhoe involucrata*) 283
wine palm (*Pseudophoenix vinifera*) 1102, *1102*
wineberry (*Aristotelia, A. serrata*) 186–87
winged broom (*Genista sagittalis*) 629, *629*
winged nepenthes (*Nepenthes alata*) 927, *927*
winged spindle tree (*Euonymus alatus*) 580
wing-leafed soapberry (*Sapindus saponaria*) 1311
winter aconite (*Eranthis*) 545
winter buddleja (*Buddleja salviifolia*) 266, *266*
winter cherry (*Physalis alkekengi*) 1036
winter currant (*Ribes sanguineum*) 1207, *1207*
winter daphne (*Daphne odora*) 474, *474*
winter heath (*Erica carnea*) 548–49
winter honeysuckle (*Lonicera fragrantissima*) 835
winter iris (*Iris unguicularis*) 745, *745*
winter jasmine (*Jasminum nudiflorum*) 765, *765*
winter poker (*Kniphofia ensifolia*) 781, *781*
winter pumpkin (*Cucurbita maxima*) 441
winter purslane (*Montia, M. perfoliata*) 903, *903*
winter rose (*Helleborus*) 690–91
winter savory (*Satureja montana*) 1316, *1316*
winter scouring-rush (*Equisetum hyemale*) 544
winter squash (*Cucurbita maxima, C. moschata*) 441
winterberry (*Ilex decidua, I. verticillata*) 729, *729*, 731, *731*
wintercreeper euonymus (*Euonymus fortunei*) 580–81
wintergreen (*Gaultheria, G. procumbens*) 626
wintergreen barberry (*Berberis julianae*) 230, *230*
winter's bark (*Drimys winteri*) 512, *512*
wintersweet (*Acokanthera oblongifolia*) 94, *94*
wintersweet (*Chimonanthus praecox*) 371, *371*
wire netting bush (*Corokia cotoneaster*) 418, *418*
wire vine (*Muehlenbeckia, M. complexa*) 904–5
wirilda (*Acacia retinodes*) 78
wishbone flower (*Torenia, T. fournieri*) 1423–24
witch hazel (*Hamamelis mollis, H. virginiana*) 671, *671*
witch moor grass (*Molinia caerulea 'Moorhexe'*) 901, *901*
withe-rod (*Viburnum cassinoides*) 1466, *1466*
witloof (*Cichorium intybus*) 378, *378*
woad (*Isatis*) 756–57
wolfsbane (*Aconitum, A. lycoctonum*) 94–5
wollemi pine (*Wollemia nobilis*) 1488, *1488*
wonder tree (*Idesia*) 726
wonga wonga vine (*Pandorea pandorana*) 979, *979*
wood anemone (*Anemone nemorosa*) 153
wood betony (*Stachys officinalis*) 1367
wood fern (*Dryopteris*) 515–16
wood germander (*Teucrium scorodonia*) 1408
wood grass (*Sorghastrum nutans*) 1359
wood lily (*Trillium*) 1430–31
wood merrybells (*Uvularia perfoliata*) 1452
wood millet (*Milium effusum*) 895
wood poppy (*Stylophorum diphyllum*) 1381, *1381*
wood rose (*Rosa gymnocarpa*) 1215
wood sage (*Teucrium canadense, T. scorodonia*) 1407, 1408
wood sorrel (*Oxalis acetosella*) 965
wood spurge (*Euphorbia amygdaloides*) 583
wood trillium (*Trillium luteum*) 1431, *1431*
wood violet (*Viola riviniana*) 1474
woodbine (*Lonicera periclymenum*) 836
woodland iris (*Iris ensata*) 740
woodland phlox (*Phlox adsurgens*) 1028
woodland white violet (*Viola blanda*) 1472
woodlouse cactus (*Pelecyphora aselliformis*) 1004, *1004*
woodruff (*Asperula*) 197
woodruff (*Galium, G. odoratum*) 624
woodypod wattle (*Acacia crassicarpa*) 74
woolflower (*Celosia*) 352
woolly betony (*Stachys byzantina*) 1366, *1366*
woolly blue curls (*Trichostema lanatum*) 1428, *1428*
woolly cycad (*Encephalartos friderici-guilielmi*) 536, *536*
woolly grevillea (*Grevillea lanigera*) 651, *651*
woolly lavender (*Lavandula lanata*) 802
woolly manzanita (*Arctostaphylos tomentosa*) 177
woolly mint (*Mentha suaveolens*) 889, *889*
woolly mother-of-thyme (*Thymus pseudolanuginosus*) 1415
woolly pomaderris (*Pomaderris lanigera*) 1071, *1071*
woolly sundew (*Drosera petiolaris*) 514
woolly sunflower (*Eriophyllum lanatum*) 557
woolly tea-tree (*Leptospermum lanigerum*) 808, *808*
woolly thyme (*Thymus pseudolanuginosus*) 1415
woolly tree fern (*Cyathea woollsiana*) 448, *448*
woolly wattle (*Acacia lanigera*) 76, *76*
woolly willow (*Salix lanata*) 1298
woundwort (*Stachys*) 1366–67
wreath leschenaultia (*Leschenaultia macrantha*) 810, *810*
wreath nasturtium (*Tropaeolum polyphyllum*) 1434, *1434*
Wright's buckwheat (*Eriogonum wrightii*) 556, 557
wrinkled giant hyssop (*Agastache rugosa*) 111
wunu (*Lepidozamia hopei*) 806, *806*
Wyalong wattle (*Acacia cardiophylla*) 74
wych elm (*Ulmus glabra*) 1449

Y

yabunikkei (*Cinnamomum japonicum*) 379, *379*
Yaku jima Japanese silver grass (*Miscanthus sinensis 'Yaku jima'*) 900, *900*
yam (*Dioscorea*) 502–3
yam bean (*Pachyrhizus, P. erosus*) 972
yang-tao (*Actinidia arguta*) 96
yanquapin (*Nelumbo lutea*) 922
yantao (*Actinidia deliciosa*) 96
yarey (*Copernicia baileyana*) 409, *409*
yarey hembra (*Copernicia baileyana*) 409, *409*
yarrow (*Achillea, A. millefolium*) 91–2,
yate (*Eucalyptus cornuta*) 569
yaupon (*Ilex vomitoria*) 731
yautia (*Xanthosoma*) 1490
yayih (*Euterpe edulis*) 592, *592*
yeddo euonymus (*Euonymus hamiltonianus*) 581
yellow adder's tongue (*Erythronium americanum*) 563, *563*
yellow alyssum (*Aurinia saxatilis*) 209
yellow archangel (*Lamium galeobdolon*) 794
yellow asphodel (*Asphodeline lutea*) 197, *197*
yellow avens (*Geum aleppicum*) 637, *637*
yellow bark oak (*Quercus velutina*) 1128
yellow bedstraw (*Galium verum*) 624, *624*
yellow bell bauhinia (*Bauhinia tomentosa*) 221, *221*
yellow bells (*Tecoma, T. stans*) 1402–3, *1403*
yellow billy button (*Calocephalus platycephalus*) 289, *289*
yellow birch (*Betula alleghaniensis*) 234, 235
yellow bloodwood (*Corymbia eximia*) 423, *423*
yellow box (*Eucalyptus melliodora*) 573
yellow buckeye (*Aesculus flava*) 107, *107*
yellow buckwheat (*Eriogonum flavum*) 556
yellow bush lupine (*Lupinus arboreus*) 839, *839*
yellow butterfly weed (*Solidago confinis*) 1351, *1351*
yellow buttons (*Chrysocephalum semipapposum*) 376, *376*
yellow chamomile (*Anthemis tinctoria*) 160, *160*
yellow chestnut oak (*Quercus muehlenbergii*) 1125
yellow coneflower (*Ratibida pinnata*) 1134
yellow cucumber tree (*Magnolia cordata*) 851
yellow elder (*Tecoma stans*) 1402, *1403*
yellow fairy bells (*Disporum uniflorum*) 506, *506*
yellow flag (*Iris pseudoacorus*) 742
yellow flame grevillea (*Grevillea eriostachya*) 650, *650*
yellow flame tree (*Peltophorum pterocarpum*) 1004, *1004*
yellow flax bush (*Reinwardtia indica*) 1137, *1137*
yellow floating heart (*Nymphoides peltata*) 939
yellow groove bamboo (*Phyllostachys aureosulcata*) 1035, *1035*
yellow gum (*Eucalyptus leucoxylon*) 572
yellow ipomoea (*Ochna natalitia*) 943, *943*
yellow jasmine (*Jasminum mesnyi*) 765, *765*
yellow jessamine (*Gelsemium*) 628–29
yellow jugflower (*Adenanthos detmoldii*) 97, *97*
yellow kapok (*Cochlospermum fraseri*) 398, *398*
yellow kowhai (*Sophora tetraptera*) 1353, *1353*
yellow latan palm (*Latania verschaffeltii*) 798, *798*
yellow Marguerite (*Argyranthemum maderense*) 182
yellow mariposa tulip (*Calochortus luteus*) 289, *289*
yellow meadow rue (*Thalictrum flavum*) 1408
yellow mignonette (*Reseda lutea*) 1138, *1138*
yellow milk bush (*Euphorbia mauritanica*) 587, *587*
yellow monkey flower (*Mimulus luteus*) 898
yellow oak (*Quercus muehlenbergii*) 1125
yellow oleander (*Thevetia peruviana*) 1411, *1411*
yellow parilla (*Menispermum canadense*) 888
yellow pine (*Halocarpus biformis*) 671, *671*
yellow pittosporum (*Pittosporum revolutum*) 1055
yellow puccoon (*Hydrastis canadensis*) 719
yellow rose of Texas (*Rosa 'Harison's Yellow'*) 1280, *1280*
yellow skunk cabbage (*Lysichiton americanus*) 845, *845*
yellow star (*Lindheimera texana*) 826
yellow tea-tree (*Leptospermum polygalifolium*) 808
yellow top (*Calocephalus platycephalus*) 289, *289*
yellow trumpet (*Sarracenia flava*) 1314, *1314*
yellow wake robin (*Trillium luteum*) 1431, *1431*
yellow waterlily (*Nuphar lutea*) 936
yellow waterlily (*Nymphaea mexicana*) 937
yellowbush (*Leucadendron comosum*) 811, *811*
yellow-eyed grass (*Sisyrinchium palmifolium*) 1343, *1343*
yellow-horned poppy (*Glaucium flavum*) 641, *641*
yellow-stemmed bamboo (*Bambusa vulgaris*) 217
yellowwood (*Cladrastis kentukea*) 385, *384*
yellowwood (*Podocarpus latifolius*) 1064, *1064*
yerba mansa (*Anemopsis californica*) 154, *154*
yew (*Taxus*) 1401–2
yezo spruce (*Picea jezoensis*) 1040
yirrgi yirrgi (*Carpentaria acuminata*) 332
yodogawa azalea (*Rhododendron yedoense*) 1160
Yoshino cherry (*Prunus ≥ yedoensis*) 1100
youth and old age (*Aichryson ≥ domesticum*) 119
yulan (*Magnolia denudata*) 851, *851*
Yunnan lilac (*Syringa yunnanensis*) 1392
Yunnan pine (*Pinus yunnanensis*) 1051
Yunnan poplar (*Populus yunnanensis*) 1073

Z

zambac (*Jasminum sambac*) 766, *766*
zamia palm (*Cycas media*) 449, *449*
zamia palm (*Macrozamia moorei, M. riedlei*) 850, *850*
zapirandi (*Tabernaemontana catharinensis*) 1396, *1396*
zauschneria (*Epilobium canum*) 541
zebra aloe (*Aloe maculata*) 135
zebra grass (*Miscanthus sinensis 'Zebrinus'*) 900
zebra haworthia (*Haworthia fasciata*) 673
zebra plant (*Aphelandra squarrosa*) 164
zebra plant (*Calathea zebrina*) 279
zig-zag bamboo (*Phyllostachys flexuosa*) 1036, *1036*
zigzag goldenrod (*Solidago flexicaulis*) 1351
zorillo (*Choisya mollis*) 374, *374*
zoysiagrass (*Zoysia*) 1498
zucchini (*Cucurbita, C. pepo*) 441, 442
Zulu fig (*Ficus lutea*) 603, *603*
zygadene (*Zigadenus*) 1496
zygo (*Schlumbergera Hybrid Cultivars*) 1324

tjilka-tjilka (*Grevillea spinosa*) 653, *653*
toa toa (*Phyllocladus glaucus*) 1034, 1035
toad lily (*Tricyrtis*) 1428–29
toad shade (*Trillium cuneatum, T. sessile*) 1430, *1430*, 1431, *1431*
toad tree (*Tabernaemontana elegans*) 1396, *1396*
toadflax (*Linaria*) 825
tobacco (*Nicotiana. N. tabacum*) 932, 933
tobira (*Pittosporum tobira*) 1055, *1055*
toddy palm (*Caryota urens*) 336
toetoe grass (*Cortaderia richardii*) 419, *419*
toi (*Cordyline indivisa*) 412
toitoi (*Cortaderia richardii*) 419, *419*
tokudama giboshi (*Hosta tokudama*) 711
Tokyo cherry (*Prunus ≥ yedoensis*) 1100
tollon (*Heteromeles*) 697
tomatillo (*Physalis philadelphica*) 1037
tomato (*Lycopersicon esculentum*) 842, 843
tongue fern (*Pyrrosia lingua*) 1116
tongue orchid (*Dockrillia linguiformis*) 507, *507*
toog (*Bischofia javanica*) 239, *239*
toothache tree (*Zanthoxylum americanum*) 1495
toothed brake (*Pteris dentata*) 1106
toothed lancewood (*Pseudopanax ferox*) 1101, *1101*
toothed lavender (*Lavandula dentata*) 801, *801*
toothless spoon (*Dasylirion longissimum*) 476
toothpick cactus (*Stetsonia coryne*) 1372, *1372*
toothpick weed (*Ammi visnaga*) 146, *146*
top cactus (*Strombocactus*) 1379
topal holly (*Ilex ≥ attenuata*) 729
tor grass (*Brachypodium pinnatum*) 251, *251*
torch ginger (*Etlingera elatior*) 567, *567*
torch lily (*Kniphofia*) 780–81
torch lily (*Veltheimia bracteata*) 1457, *1457*
torch lobelia (*Lobelia laxiflora*) 832, *832*
torch plant (*Aloe aristata*) 133
tornillo (*Prosopis pubescens*) 1085
toronche (*Carica monoica*) 330
totara (*Podocarpus totara*) 1065, *1065*
tower poplar (*Populus ≥ canescens*) 1072, *1072*
toyon (*Heteromeles*) 697
trailing abutilon (*Abutilon megapotamicum*) 72, *72*
trailing arbutus (*Epigaea repens*) 541
trailing bellflower (*Cyananthus*) 447
trailing fuchsia (*Fuchsia procumbens*) 616, *616*
trailing ice plant (*Lampranthus filicaulis*) 795
trailing lantana (*Lantana montevidensis*) 795, *795*
trailing phlox (*Phlox nivalis*) 1029
trailing spikemoss (*Selaginella kraussiana*) 1331
trailing velvet plant (*Ruellia makoyana*) 1287
trailing violet (*Viola hederacea*) 1474
tramp's spurge (*Euphorbia corollata*) 584
transcaucasian birch (*Betula medwedewii*) 236, *236*
Transvaal bottlebrush (*Greyia radlkoferi*) 656, *656*
Transvaal candelabra tree (*Euphorbia cooperi*) 584, *584*
Transvaal coral tree (*Erythrina lysistemon*) 563, *563*
Transvaal daisy (*Gerbera*) 636–37
Transvaal hard pear (*Olinia emarginata*) 950, *950*
Transvaal red milkwood (*Mimusops zeyheri*) 899, *899*
traveler's palm (*Ravenala madagascariensis*) 1135, *1135*
traveler's tree (*Ravenala madagascariensis*) 1135, *1135*
traveller's joy (*Clematis*) 386–92
treasure flower (*Gazania, G. rigens*) 627–28, *627*
tree anemone (*Carpenteria californica*) 332, *332*
tree aralia (*Kalopanax septemlobus*) 778, *778*
tree ceanothus (*Ceanothus arboreus*) 346, *346*
tree celandine (*Bocconia frutescens*) 241, *241*
tree celandine (*Macleaya cordata*) 849
tree clubmoss (*Lycopodium dueuterodensum*) 844, *844*
tree dahlia (*Dahlia imperialis*) 466, *466*
tree euphorbia (*Euphorbia ingens*) 586, *586*
tree false spirea (*Sorbaria kirilowii*) 1355
tree fuchsia (*Fuchsia arborescens*) 615, *615*
tree fuchsia (*Halleria lucida*) 670, *670*
tree fuchsia (*Schotia brachypetala*) 1325, *1325*
tree gardenia (*Rothmannia globosa*) 1282, *1283*
tree grape (*Cyphostemma juttae*) 458, *458*
tree heath (*Erica arborea*) 548, *548*
tree heath (*Richea pandanifolia*) 1208, *1208*
tree indigo (*Indigofera cylindrica*) 735, *735*
tree lavatera (*Lavatera olbia*) 803, *803*
tree lupin (*Lupinus arboreus*) 839, *839*
tree mallow (*Lavatera, L. arborea, L. cachmeriana, L. olbia*) 802–3, *803*
tree of heaven (*Ailanthus altissima*) 119, *119*
tree peony (*Paeonia suffruticosa*) 976, *976*
tree petrea (*Petrea arborea*) 1015, *1015*
tree philodendron (*Philodendron bipinnatifidum*) 1026, *1026*
tree poppy (*Dendromecon rigida*) 487, *487*
tree purslane (*Atriplex halimus*) 206
tree tobacco (*Nicotiana glauca*) 933
tree tobacco (*Solanum mauritianum*) 1347, *1347*
tree tomato (*Solanum betaceum*) 1346
tree wisteria (*Bolusanthus, B. speciosus*) 241, *241*
tree-in-a-hurry (*Virgilia oroboides*) 1477, *1477*
trembling aspen (*Populus tremuloides*) 1073, *1073*
trembling grass (*Briza media*) 259
triangle fig (*Ficus deltoidea*) 602, *602*
triangle palm (*Dypsis decaryi*) 519, *519*
trident maple (*Acer buergerianum*) 83
trifoliate orange (*Citrus trifoliata*) 384
trigger plant (*Stylidium graminifolium*) 1380, *1380*
triggerplant (*Stylidium*) 1380–81
triloba sage (*Salvia fruticosa*) 1302, *1302*
triplet lily (*Triteleia laxa*) 1432
tropical birch (*Betula nigra*) 236, *236*
tropical pitcher plants (*Nepenthes*) 927–30
tropical sage (*Salvia coccinea*) 1301, *1301*
trout lily (*Erythronium, E. hendersonii, E. revolutum*) 563–64, *564*
true cedar (*Cedrus*) 349–50
true jasmine (*Jasminum officinale*) 766
true laurel (*Laurus nobilis*) 800, *800*
true maidenhair (*Adiantum capillus-veneris*) 99, *99*
true myrtle (*Myrtus communis*) 909, *909*
true valerian (*Valeriana officinalis*) 1454, *1454*
trumpet creeper (*Campsis, C. radicans*) 322, 323, *323*
trumpet flower (*Bignonia capreolata*) 237
trumpet gourd (*Lagenaria siceraria*) 792, *792*
trumpet honeysuckle (*Lonicera sempervirens*) 836, *836*
trumpet pitcher (*Sarracenia*) 1313–15
trumpet tree (*Cecropia peltata*) 349, *349*
trumpet vine (*Campsis*) 322
trumpet weed (*Eupatorium purpureum*) 582
trumpetilla (*Bouvardia glaberrima*) 248
Tsangpo cypress (*Cupressus gigantea*) 445, *445*
tsu-shima holly fern (*Polystichum tsussimense*) 1070
tuart (*Eucalyptus gomphocephala*) 571
tube flower tree (*Clerodendrum minahassae*) 393
tuber oat grass (*Arrhenatherum elatius*) 189, *189*
tuberose (*Polianthes tuberosa*) 1066, 1067
tuckahoe (*Peltandra virginica*) 1004
tuckeroo (*Cupaniopsis anacardioides*) 443, *443*
tufted California poppy (*Eschscholzia caespitosa*) 566
tufted fescue (*Festuca amethystina*) 600
tufted hair grass (*Deschampsia cespitosa*) 489, *489*
tufted sedge (*Carex elata*) 329
tuftroot (*Dieffenbachia*) 498
tukauki (*Libertia grandiflora, L. ixioides*) 819
tule (*Schoenoplectus lacustris*) 1324, *1324*
tulip (*Tulipa*) 1436–44
tulip magnolia (*Magnolia ≥ soulangeana*) 853, *853*
tulip orchid (*Anguloa*) 156–57
tulip tree (*Liriodendron tulipifera*) 828, *828*
Tulipa Darwin Hybrid Group (*Group 4*) 1440
Tulipa Double Early Group (*Group 2*) 1438
Tulipa Double Late or Peony-Flowered Group (*Group 11*) 1443
Tulipa Fosteriana Group (*Group 13*) 1444
Tulipa Fringed Group (*Group 7*) 1442
Tulipa Greigii Group (*Group 14*) 1444, *1444*
Tulipa Kaufmanniana Group (*Group 12*) 1443
Tulipa Lily-Flowered Group (*Group 6*) 1441, *1442*
Tulipa Miscellaneous Group (*Group 15*) 1444
Tulipa Parrot Group (*Group 10*) 1443
Tulipa Rembrandt Group (*Group 9*) 1442
Tulipa Single Early Group (*Group 1*) 1438
Tulipa Single Late Group (*Group 5*) 1440
Tulipa Triumph Group (*Group 3*) 1438
Tulipa Viridiflora Group (*Group 8*) 1442
tulipwood (*Harpullia pendula*) 672, *672*
tumble weed (*Boophone disticha*) 242, *242*
tuna (*Cylindropuntia tunicata*) 452
tuna (*Opuntia*) 953
tuna colorada (*Opuntia stenopetala*) 954, *954*
tung-oil tree (*Aleurites fordii*) 123, *123*
tupelo (*Nyssa sylvatica*) 939, *939*
tupelo gum (*Nyssa aquatica*) 939
turf mat daisy (*Raoulia subsericea*) 1133, *1133*
Turkestan burning bush (*Euonymus nanus*) 582
turkey bush (*Calytrix exstipulata*) 292, *292*
turkey corn (*Dicentra eximia*) 496
turkey oak (*Quercus cerris*) 1123
turkey tangle (*Phyla nodiflora*) 1034, *1034*
Turkish hazel (*Corylus colurna*) 422, *422*
Turkish hornbeam (*Carpinus orientalis*) 333, *333*
Turkish liquidambar (*Liquidambar orientalis*) 827, *827*
Turkish pine (*Pinus brutia*) 1047, *1047*
Turkish rhododendron (*Rhododendron smirnowii*) 1158, *1158*
Turk's cap (*Lilium martagon*) 821
Turk's cap (*Malvaviscus arboreus*) 868, *868*
turmeric (*Curcuma longa*) 447
turmeric (*Hydrastis canadensis*) 719
turnip (*Brassica rapa*) 256
turnip fern (*Angiopteris, A. erecta*) 155, *155*
turnip-rooted parsley (*Petroselinum crispum var. tuberosum*) 1016
turpentine (*Syncarpia glomulifera*) 1386, *1386*
turtle's head (*Chelone, C. glabra*) 370
tussock bellflower (*Campanula carpatica*) 319
tussock cottongrass (*Eriophorum vaginatum*) 557, *557*
tussock grass (*Deschampsia cespitosa*) 489, *489*
tutahuna (*Raoulia eximia*) 1133
tutsan (*Hypericum androsaemum*) 721, *721*
twin leaf (*Jeffersonia*) 767
twinberry (*Lonicera involucrata*) 835
twining snapdragon (*Asarina*) 193
twin-leafed mallee (*Eucalyptus gamophylla*) 571, *571*
twinspur (*Diascia*) 495
two-flowered pea (*Lathyrus grandiflorus*) 798, *798*
two-leafed Solomon's seal (*Maianthemum canadense*) 857
two-leafed squill (*Scilla bifolia*) 1325
two-wing silverbell (*Halesia diptera*) 669, *669*

U

ubutake giboshi (*Hosta pulchella*) 710
udo (*Aralia cordata*) 170–71
umbrella arum (*Amorphophallus konjac*) 147
umbrella bamboo (*Fargesia murielae*) 598
umbrella fern (*Dipteris conjugata*) 505, *505*
umbrella flower (*Ceropegia sandersonii*) 362
umbrella magnolia (*Magnolia tripetala*) 853
umbrella palm (*Hedyscepe, H. canterburyana*) 680
umbrella pine (*Pinus pinea*) 1050
umbrella pine (*Sciadopitys verticillata*) 1325, *1325*
umbrella thorn (*Acacia tortilis*) 79, *79*
umbrella tree (*Magnolia macrophylla*) 852, *852*
underground orchid (*Rhizanthella*) 1141
upright bugle (*Ajuga genevensis*) 120, 121
upside-down orchid (*Stanhopea*) 1367–68
urahagusa (*Hakonechloa macra*) 669
urajiro giboshi (*Hosta hypoleuca*) 709, *709*
ural false spirea (*Sorbaria kirilowii*) 1355
urn gum (*Eucalyptus urnigera*) 577, *577*
usambara violet (*Saintpaulia ionantha*) 1294
Ussurian pear (*Pyrus ussuriensis*) 1119, *1119*
Utah juniper (*Juniperus osteosperma*) 772, *772*
Utah serviceberry (*Amelanchier utahensis*) 146

V

valerian (*Patrinia scabiosifolia*) 992
valerian (*Valeriana, V. officinalis*) 1454, *1454*
Vallota speciosa (*Cyrtanthus elatus*) 459, *459*
Van houtte spirea (*Spiraea ≥ vanhouttei*) 1365, *1365*
Vanda (*Gold Spots ≥ insignis*) 1456
Vanda (*Pranerm Prai ≥ Seeprai*) 1456
vanikoro kauri (*Agathis macrophylla*) 111, *111*
vanilla (*Vanilla planifolia*) 1456
vanilla tree (*Azara microphylla*) 211, *211*
variegated ginger mint (*Mentha ≥ gracilis 'Variegata'*) 889
variegated Japanese silver grass (*Miscanthus sinensis 'Variegatus'*) 900, *900*
variegated moor grass (*Molinia caerulea 'Variegata'*) 901, *901*
variegated peppermint (*Mentha ≥ piperita 'Variegata'*) 889, *889*
variegated shield fern (*Arachniodes simplicior*) 170
varnish tree (*Koelreuteria paniculata*) 782, *782*
varnish tree (*Rhus verniciflua*) 1205
vegetable marrow (*Cucurbita pepo*) 442
vegetable oyster (*Tragopogon porrifolius*) 1427, *1427*
vegetable sheep (*Raoulia bryoides, R. eximia*) 1133, *1133*
veined verbena (*Verbena rigida*) 1460, *1460*
Veitch's magnolia (*Magnolia ≥ veitchii*) 853
veldt fan (*Boophone disticha*) 242, *242*
velvet ash (*Fraxinus velutina*) 612, *612*
velvet banana (*Musa velutina*) 906, *906*
velvet flower (*Amaranthus caudatus*) 144
velvet flower (*Sparaxis tricolor*) 1359, *1359*
velvet maple (*Acer velutinum*) 90, *90*
velvet mesquite (*Prosopis velutina*) 1085
velvet plant (*Gynura, G. aurantiaca*) 662–63
velvet potato bush (*Solanum ellipticum*) 1346, *1346*
velvet prickly pear (*Opuntia tomentosa*) 955, *955*
velvet rose (*Aeonium canariense*) 104
velvet sage (*Salvia leucantha*) 1303, *1303*
velvety buttercup (*Ranunculus velutinus*) 1132, *1132*
Venetian sumach (*Cotinus coggygria*) 426, *426*
Venezuela tree vine (*Cissus rhombifolia*) 380
Venus flytrap (*Dionaea muscipula*) 502, *502*
Venus maidenhair (*Adiantum capillus-veneris*) 99, *99*
Venus' navelwort (*Omphalodes linifolia*) 951
Venus-hair fern (*Adiantum capillus-veneris*) 99, *99*
Venus's hair (*Adiantum capillus-veneris*) 99, *99*
Veronica (*Hebe pinguifolia*) 676
vervain (*Verbena*) 1459–61
vetch (*Vicia*) 1470
vetchling (*Lathyrus*) 798–80
Victoria River fan palm (*Livistona victoriae*) 831, *831*
Victorian box (*Pittosporum undulatum*) 1056, *1056*
Victorian Christmas bush (*Prostanthera lasianthos*) 1086, *1086*
vieruurtjie (*Mirabilis jalapa*) 899
Vietnamese coriander (*Persicaria odorata*) 1013, *1013*
Vietnamese mint (*Persicaria odorata*) 1013, *1013*
vine maple (*Acer circinnatum*) 84, *84*
vine that ate the south (*Pueraria lobata*) 1110, *1110*
vinegar tree (*Rhus glabra*) 1204
vine-leaf maple (*Acer cissifolium*) 84
viola (*Viola*) 1475
violet (*Viola*) 1472–77
violet kunzea (*Kunzea parvifolia*) 783, *783*
violet prairie clover (*Dalea purpurea*) 472
violet trumpet (*Clytostoma callistegioides*) 396, *396*
violet westringia (*Westringia glabra*) 1485, *1485*
violet willow (*Salix daphnoides*) 1297
viper's bugloss (*Echium vulgare*) 530
Virginia bluebells (*Mertensia virginica*) 890
Virginia creeper (*Parthenocissus quinquefolia*) 990, *990*
Virginia pine (*Pinus virginiana*) 1051
Virginia rose (*Rosa virginiana*) 1219, *1219*
Virginia stewartia (*Stewartia malacodendron*) 1373
Virginia stock (*Malcolmia, M. maritima*) 858, *858*
Virginia willow (*Itea virginica*) 760
virgin's bower (*Clematis*) 386–92
viscaria (*Lychnis viscaria*) 842, *842*
vivax bamboo (*Phyllostachys vivax*) 1036
Vogel's fig (*Ficus lutea*) 603, *603*
volcanic onion (*Allium cratericola*) 126, *126*

W

Wagner sage (*Salvia wagneriana*) 1307, *1307*
wahoo (*Euonymus americanus*) 580, *580*
wahoo tree (*Leucaena retusa*) 813
wait-a-while (*Calamus muelleri*) 278
wake robin (*Trillium, T. ovatum*) 1430–31, *1431*
wall fern (*Polypodium vulgare*) 1068
wall germander (*Teucrium chamaedrys*) 1407
wall pepper (*Sedum acre*) 1328
Wallangarra wattle (*Acacia adunca*) 72, 73
Wallangarra white gum (*Eucalyptus scoparia*) 577, *577*
wallflower (*Erysimum, E. cheiri*) 561–62
Wallichs wood fern (*Dryopteris wallichiana*) 516
Wallis fescue (*Festuca valesiaca*) 601
wallowa (*Acacia calamifolia*) 74
wallum bottlebrush (*Callistemon pachyphyllus*) 284
walnut (*Juglans regia*) 769, *769*
wampee (*Pontederia, P. cordata*) 1071, *1071*
wand flower (*Dierama*) 498
wand flower (*Ixia*) 760
wandering daisy (*Erigeron peregrinus*) 555
wandering fleabane (*Erigeron peregrinus*) 555
wandering heath (*Erica vagans*) 553
wandering Jew (*Tradescantia fluminensis*) 1426
wangrangkura (*Eleutherococcus sessiliflorus*) 534, *534*
waratah (*Telopea, T. speciosissima*) 1404, *1404*
waratah tree (*Alloxylon flammeum*) 130, *130*
warilu (*Eucalyptus gamophylla*) 571, *571*
warrigal greens (*Tetragonia tetragonioides*) 1407
wart leaf ceanothus (*Ceanothus papillosus*) 347
warty yate (*Eucalyptus megacornuta*) 573, *573*
Washington hawthorn (*Crataegus phaenopyrum*) 433
washingtonia palm (*Washingtonia filifera*) 1482, *1482*
watch-chain cypress (*Crassula muscosa*) 430
water apple (*Syzygium aqueum*) 1392, *1392*
water avens (*Geum rivale*) 637
water betony (*Scrophularia auriculata*) 1327
water bush (*Myoporum montanum*) 907, *907*
water canna (*Thalia dealbata*) 1408, *1408*
water celery (*Oenanthe javanica*) 947
water chestnut (*Trapa, T. natans*) 1427
water chinquapin (*Nelumbo lutea*) 922
water clover (*Marsilea, M. mutica*) 876
water crowsfoot (*Ranunculus aquatilis*) 1130
water dropwort (*Oenanthe javanica*) 947
water fern (*Azolla*) 211
water figwort (*Scrophularia auriculata*) 1327
water fuchsia (*Impatiens*) 732–34
water gladiolus (*Butomus*) 271
water gum (*Tristania neriifolia, T. laurina*) 1431, *1431*, 1432, *1432*
water hawthorn (*Aponogeton distachyos*) 165, *165*
water hickory (*Carya aquatica*) 334, *334*
water hyacinth (*Eichhornia crassipes*) 531, *531*
water lettuce (*Pistia*) 1053
water milfoil (*Myriophyllum*) 909
water mint (*Mentha aquatica*) 889
water oak (*Quercus nigra*) 1126, *1126*
water rose apple (*Syzygium aqueum*) 1392, *1392*
water tupelo (*Nyssa aquatica*) 939
water yam (*Dioscorea alata*) 503, *503*
watercress (*Nasturtium*) 921
waterlily tulip (*Tulipa kaufmanniana*) 1437
watermelon (*Citrullus lanatus*) 382, *382*
watermelon begonia (*Peperomia argyreia*) 1009
watermelon pepper (*Peperomia argyreia*) 1009
waterweed (*Elodea canadensis*) 534
waterwheel plant (*Aldrovanda vesiculosa*) 123
Watkins fig (*Ficus watkinsiana*) 604
wavy hair grass (*Deschampsia flexuosa*) 489
wavy marshwort (*Nymphoides crenata*) 939, *939*
wax flower (*Hoya*) 714
wax mallow (*Malvaviscus arboreus*) 868, *868*
wax myrtle (*Morella cerifera*) 903
wax palm (*Copernicia*) 409
wax plant (*Eriostemon australasius*) 557, *557*
wax plant (*Hoya carnosa*) 714, *714*
wax tree (*Toxicodendron succedaneum*) 1425, *1425*
waxberry (*Gaultheria hispida*) 626, *626*
waxberry (*Morella*) 903
waxflower (*Jamesia americana*) 764–65
waxleaf privet (*Ligustrum lucidum*) 820
wayfaring tree (*Viburnum lantana*) 1467, *1467*
wedding bush (*Ricinocarpos pinifolius*) 1208, *1208*
wedge-leafed wattle (*Acacia pravissima*) 78
weeping birch (*Betula pendula 'Dalecarlica'*) 236
weeping boobialla (*Myoporum floribundum*) 907, *907*
weeping boree (*Acacia vestita*) 80
weeping bottlebrush (*Callistemon viminalis*) 285
weeping cabbage palm (*Livistona decipiens*) 830, 831
weeping fig (*Ficus benjamina*) 602, *602*
weeping forsythia (*Forsythia suspensa*) 607, *607*
weeping love grass (*Eragrostis curvula*) 545, *545*
weeping myall (*Acacia pendula*) 78
weeping paperbark (*Melaleuca leucadendra*) 884
weeping pine (*Pinus patula*) 1050
weeping sage (*Buddleja auriculata*) 264, *264*
weeping spruce (*Picea breweriana*) 1040
weeping sword fern (*Nephrolepis falcata*) 931
weeping willow (*Salix babylonica*) 1296
weeping yucca (*Yucca recurvifolia*) 1492, 1493
weigela (*Weigela, W. florida*) 1483–84, *1483*
Wells's manzanita (*Arctostaphylos wellsii*) 178
Welsh onion (*Allium fistulosum*) 126,
Welsh polypody (*Polypodium cambricum*) 1068
Welsh poppy (*Meconopsis cambrica*) 880
West Himalayan fir (*Abies pindrow*) 70
West Himalayan spruce (*Picea smithiana*) 1042, *1042*
West Indian gherkin (*Cucumis anguria*) 440
West Indies ebony (*Brya ebenus*) 263, *263*
West Indies mahogany (*Swietenia mahogani*) 1384
Western Australian Christmas tree (*Nuytsia floribunda*) 937, *937*
Western Australian golden wattle (*Acacia saligna*) 79
Western Australian grass tree (*Xanthorrhoea preissii*) 1490, *1490*
Western Australian pitcher plant (*Cephalotus follicularis*) 357, *357*
western azalea (*Rhododendron occidentale*) 1155, *1155*
western black wattle (*Acacia hakeoides*) 76
western boobialla (*Myoporum montanum*) 907, *907*
western catalpa (*Catalpa speciosa*) 342, *342*
western coastal wattle (*Acacia cyclops*) 74–5
western columbine (*Aquilegia formosa*) 167

spring queen (*Synthyris reniformis*) 1387
spring snowflake (*Leucojum vernum*) 814
spring star flower (*Ipheion uniflorum*) 737
spring vetch (*Lathyrus vernus*) 800, *800*
spruce (*Picea*) 1039–42
spruce pine (*Pinus glabra*) 1048
spur pepper (*Capsicum frutescens*) 327
spurge laurel (*Daphne laureola*) 474, *474*
spurge olive (*Cneorum tricoccon*) 396
spurred snapdragon (*Linaria*) 825
spurwing wattle (*Acacia triptera*) 79, *79*
squamata juniper (*Juniperus squamata*) 774
square bamboo (*Chimonobambusa quadrangularis*) 371
square-leaf grass tree (*Xanthorrhoea quadrangulata*) 1490, *1490*
squash (*Cucurbita, C. maxima*) 441
squaw carpet (*Ceanothus prostratus*) 347
squaw currant (*Ribes cereum*) 1206
squill (*Scilla*) 1325–26
squirreltail (*Hordeum jubatum*) 708, *708*
squirreltail barley (*Hordeum jubatum*) 708, *708*
squirting cucumber (*Ecballium elaterium*) 522, *522*
staggerweed (*Dicentra eximia*) 496
staghorn clubmoss (*Lycopodiella cernua*) 843, *843*
staghorn fern (*Platycerium*) 1058
staghorn sumac (*Rhus typhina*) 1205, *1205*
stag's horn sumac (*Rhus typhina*) 1205, *1205*
standing cypress (*Ipomopsis rubra*) 739
star anise (*Illicium verum*) 732
star apple (*Chrysophyllum cainito*) 377, *377*
star cluster (*Pentas lanceolata*) 1009
star daisy (*Lindheimera texana*) 826
star fruit (*Averrhoa carambola*) 210, *210*
star gooseberry (*Phyllanthus acidus*) 1034, *1034*
star grass (*Hypoxis*) 723
star jasmine (*Trachelospermum, T. jasminoides*) 1425
star lily (*Zigadenus fremontii*) 1496, *1496*
star magnolia (*Magnolia stellata*) 853
star of Bethlehem (*Campanula isophylla*) 320
star of Bethlehem (*Ornithogalum, O. umbellatum*) 957–58
star of Persia (*Allium cristophii*) 126, *126*
star thistle (*Centaurea*) 353–54
star zygadene (*Zigadenus fremontii*) 1496, *1496*
starfish flower (*Stapelia*) 1368
starflower (*Calytrix*) 292
starflower (*Hypoxis*) 723
starflower (*Scabiosa stellata*) 1320
star-leaf grevillea (*Grevillea asteriscosa*) 648, *648*
starry cerastium (*Cerastium arvense*) 357, *357*
starry gardenia (*Gardenia thunbergia*) 625, *625*
starvation prickly pear (*Opuntia polyacantha*) 954
statice (*Limonium*) 824–25
stave oak (*Quercus alba*) 1122, *1122*
steeplebush (*Spiraea tomentosa*) 1365, *1365*
stem ginger (*Zingiber officinale*) 1496
stemless thistle (*Onopordum acaulon*) 953, *953*
steppe cherry (*Prunus fruticosa*) 1094
steppe sage (*Salvia nemorosa*) 1304, *1304*
stick tight (*Bidens*) 237
sticklewort (*Agrimonia*) 118
sticky cinquefoil (*Potentilla glandulosa*) 1076, *1076*
sticky flower (*Orphium frutescens*) 959, *959*
sticky polemonium (*Polemonium viscosum*) 1066
sticky weed (*Parietaria*) 986
sticky-leafed rabbit brush (*Chrysothamnus viscidiflorus*) 377
stiff beardtongue (*Penstemon strictus*) 1007, *1007*
stiff bottlebrush (*Callistemon rigidus*) 285
stiff daisy (*Brachyscome angustifolia*) 252
stinging nettle (*Urtica, U. dioica*) 1451
stink bell (*Fritillaria agrestis*) 614, *614*
stinking gladwyn (*Iris foetidissima*) 740–41, *741*
stinking hellebore (*Helleborus foetidus*) 690, *690*
stinking nightshade (*Hyoscyamus niger*) 720
stinkwort (*Helleborus foetidus*) 690, *690*
stitchwort (*Stellaria*) 1369
stock (*Matthiola*) 878
Stokes aster (*Stokesia, S. laevis*) 1374, *1374*
stompies (*Brunia albiflora*) 262, *262*
stone cress (*Aethionema*) 108
stone pine (*Pinus pinea*) 1050
stonecrop (*Sedum, S. acre*) 1328–31
stopper (*Eugenia*) 579
storksbill (*Erodium*) 558
storksbill (*Pelargonium*) 995–1003
straggly corkbark (*Hakea eyreana*) 667, *667*
strangler fig (*Ficus virens*) 604, *604*
straw bell (*Uvularia perfoliata*) 1452
straw foxglove (*Digitalis lutea*) 500
straw lilies (*Uvularia sessilifolia*) 1452
straw tree fern (*Cyathea cooperi*) 448, *448*
strawberry (*Fragaria*) 609
strawberry begonia (*Saxifraga stolonifera*) 1318
strawberry bush (*Euonymus americanus*) 580, *580*
strawberry cactus (*Mammillaria prolifera*) 872, *872*
strawberry foxglove (*Digitalis mertonensis*) 500
strawberry grevillea (*Grevillea confertifolia*) 649, *649*
strawberry guava (*Psidium cattleianum*) 1104
strawberry hedgehog cactus (*Echinocereus engelmannii*) 526, *526*
strawberry shrub (*Calycanthus floridus*) 291, *291*
strawberry tree (*Arbutus unedo*) 173, *173*
strawflower (*Rhodanthe*) 1142
strawflower (*Xerochrysum bracteatum*) 1490, 1491
stream violet (*Viola glabella*) 1474, *1474*
string bean (*Phaseolus vulgaris*) 1023
string of beads (*Senecio rowleyanus*) 1335
stringybark cypress pine (*Callitris macleayana*) 287, *287*
striped inch plant (*Callisia elegans*) 284, *284*
striped loosestrife (*Lythrum salicaria*) 845
striped maple (*Acer pensylvanicum*) 88, *88*
striped marigold (*Tagetes tenuifolia*) 1397
striped squill (*Puschkinia scilloides*) 1114, *1114*
striped tuber oat grass (*Arrhenatherum elatius*) 189, *189*
strychnine tree (*Strychnos arborea*) 1380
Sturt's desert pea (*Swainsona formosa*) 1383, *1383*
Sturt's desert rose (*Gossypium sturtianum*) 647
subalpine fir (*Abies lasiocarpa*) 69, *69*
sugar cane (*Saccharum officinarum*) 1292, *1292*
sugar gum (*Eucalyptus cladocalyx*) 569
sugar hackberry (*Celtis laevigata*) 353
sugar maple (*Acer saccharum*) 89, *89*
sugar palm (*Arenga pinnata*) 181
sugar pea (*Pisum sativum*) 1054
sugar pine (*Pinus lambertiana*) 1048
sugarberry (*Celtis laevigata*) 353
sugarbush (*Protea gaguedi, P. repens*) 1088, *1088*, 1089, *1089*
sugarwood (*Myoporum platycarpum*) 907, *907*
sugi (*Cryptomeria japonica*) 439, *439*
suji giboshi (*Hosta undulata*) 711
sulfur flower (*Eriogonum umbellatum*) 556
sulfur rose (*Rosa hemisphaerica*) 1215
sulphur cinquefoil (*Potentilla recta*) 1077
sumac (*Rhus*) 1203–5
Sumatran pine (*Pinus merkusii*) 1049
summer cypress (*Bassia scoparia*) 220
summer hyacinth (*Galtonia candicans*) 624, *624*
summer lilac (*Buddleja colvilei*) 264, *264*
summer phlox (*Phlox paniculata*) 1029, *1029*
summer savory (*Satureja hortensis*) 1316
summer snowflake (*Leucojum aestivum*) 814, *814*
summer squash (*Cucurbita pepo*) 442
summersweet clethra (*Clethra alnifolia*) 394, *394*
sun orchid (*Thelymitra*) 1410
sun pitcher (*Heliamphora*) 681–82
sun plant (*Portulaca grandiflora*) 1074
sun rose (*Helianthemum, H. nummularium*) 682
sunbonnets (*Chaptalia*) 368
sundew (*Drosera*) 513–15
sundial lupine (*Lupinus perennis*) 840
sundrops (*Oenothera perennis*) 947
sunflower (*Balsamorhiza sagittata*) 216
sunflower (*Helianthus*) 683–85
sunset hyssop (*Agastache rupestris*) 111
supplejack (*Flagellaria indica*) 606
Surinam cherry (*Eugenia uniflora*) 579
swallow wort (*Asclepias curassavica*) 194, *194*
swamp ash (*Fraxinus nigra*) 611
swamp azalea (*Rhododendron viscosum*) 1160
swamp baeckea (*Baeckea linifolia*) 215, *215*
swamp banksia (*Banksia robur*) 218, *218*
swamp bloodwood (*Corymbia ptychocarpa*) 423, *423*
swamp bottlebrush (*Beaufortia sparsa*) 223, *223*
swamp chestnut oak (*Quercus prinus*) 1126
swamp cypress (*Taxodium distichum*) 1401, *1401*
swamp fox-tail grass (*Pennisetum alopecuroides*) 1005
swamp hibiscus (*Hibiscus coccineus, H. diversifolius*) 701, *701*
swamp hickory (*Carya cordiformis*) 334
swamp honeysuckle (*Rhododendron viscosum*) 1160
swamp laurel (*Kalmia polifolia*) 777
swamp laurel (*Magnolia virginiana*) 853, *853*
swamp mahogany (*Eucalyptus robusta*) 576
swamp mallet (*Eucalyptus spathulata*) 577
swamp maple (*Acer rubrum*) 88–9, *89*
swamp oak (*Casuarina glauca*) 341, *341*
swamp oak (*Quercus palustris*) 1126, *1126*
swamp orchid (*Phaius*) 1018
swamp paperbark (*Melaleuca ericifolia, M. rhaphgiophylla*) 883, *883*, 885
swamp poplar (*Populus heterophylla*) 1072
swamp rose (*Rosa palustris*) 1217
swamp rose mallow (*Hibiscus moscheutos*) 702
swamp sego (*Camassia quamash*) 292, *292*
swamp she-oak (*Casuarina glauca*) 341, *341*
swamp sunflower (*Helianthus angustifolius*) 683
swamp wattle (*Acacia retinodes*) 78
swamp white oak (*Quercus bicolor*) 1122, *1122*
swan plant (*Gomphocarpus, G. physocarpus*) 645, *645*
Swan River daisy (*Brachyscome iberidifolia*) 252
Swan River everlasting (*Rhodanthe manglesii*) 1142, *1142*
Swan River pea (*Brachysema celsianum*) 252, *252*
swarthaak (*Acacia mellifera*) 77
swede (*Brassica napus*) 255, *255*
Swedish aspen (*Populus tremula*) 1073
Swedish begonia (*Plectranthus australis*) 1060
Swedish ivy (*Plectranthus australis, P. verticillatus*) 1060
Swedish mountain ash (*Sorbus intermedia*) 1357, *1357*
Swedish turnip (*Brassica napus*) 255, *255*
Swedish whitebeam (*Sorbus intermedia*) 1357, *1357*
sweet azalea (*Rhododendron canescens*) 1146
sweet bamboo (*Dendrocalamus asper*) 487
sweet basil (*Ocimum basilicum*) 943, *943*
sweet bay (*Laurus nobilis*) 800, *800*
sweet bay (*Magnolia virginiana*) 853, *853*
sweet bells (*Leucothoe racemosa*) 816, *816*
sweet Betsy (*Trillium cuneatum*) 1430, *1430*
sweet birch (*Betula lenta*) 235, *235*
sweet box (*Sarcococca*) 1313
sweet briar (*Rosa eglanteria*) 1214, *1214*
sweet buckeye (*Aesculus flava*) 107, *107*
sweet calamus (*Acorus calamus*) 95
sweet cherry (*Prunus avium*) 1092
sweet chestnut (*Castanea sativa*) 339, *339*
sweet cicely (*Myrrhis, M. odorata*) 909, *909*
sweet coltsfoot (*Petasites*) 1014–15
sweet corn (*Zea mays*) 1495, *1495*
sweet elder (*Sambucus canadensis*) 1308, *1308*
sweet false chamomile (*Matricaria recutita*) 877
sweet fern (*Comptonia peregrina*) 406, *406*
sweet flag (*Acorus, A. calamus*) 95
sweet gale (*Myrica gale*) 908
sweet garlic (*Tulbaghia simmleri*) 1436, *1436*
sweet grass (*Glyceria*) 644
sweet gum (*Liquidambar, L. styraciflua*) 826–27, *827*
sweet lemon (*Citrus limetta*) 384
sweet lime (*Citrus limetta*) 384
sweet mace (*Tagetes lucida*) 1397, *1397*
sweet marjoram (*Origanum majorana*) 956, *956*
sweet mock orange (*Philadelphus coronarius*) 1024, *1024*
sweet noor (*Euphorbia coerulescens*) 584, *584*
sweet olive (*Osmanthus fragrans*) 961
sweet osmanthus (*Osmanthus fragrans*) 961
sweet pea (*Lathyrus, L. odoratus*) 798–80
sweet pea bush (*Podalyria calyptrata*) 1063, *1063*
sweet pepper bush (*Clethra alnifolia*) 394, *394*
sweet pignut (*Carya ovalis*) 335
sweet pittosporum (*Pittosporum undulatum*) 1056, *1056*
sweet potato (*Ipomoea batatas*) 738
sweet potato cactus (*Peniocereus greggii*) 1005
sweet quandong (*Santalum acuminatum*) 1310, *1310*
sweet reseda (*Reseda odorata*) 1138, *1138*
sweet rocket (*Hesperis matronalis*) 697
sweet sarsaparilla (*Smilax glyciphylla*) 1345, *1345*
sweet scabious (*Scabiosa atropurpurea*) 1319
sweet thorn (*Acacia karroo*) 76, *76*
sweet verbena tree (*Backhousia citriodora*) 215, *215*
sweet violet (*Viola odorata*) 1474
sweet wattle (*Acacia suaveolens*) 79
sweet white violet (*Viola blanda*) 1472
sweet William (*Dianthus barbatus*) 491
sweet woodruff (*Galium odoratum*) 624
sweetheart geranium (*Pelargonium echinatum*) 995
sweet-scented hakea (*Hakea drupacea*) 667, *667*
sweetshoot bamboo (*Phyllostachys dulcis*) 1036
sweetsop (*Annona squamosa*) 159
sweetspire (*Itea, I. chinensis, I. virginica*) 759–60, *760*
sweetwood (*Glycyrrhiza glabra*) 644
Swiss cheese plant (*Monstera, M. deliciosa*) 902
Swiss mountain pine (*Pinus mugo*) 1049, *1049*
Swiss stone pine (*Pinus cembra*) 1047
Swiss willow (*Salix helvetica*) 1297
switch grass (*Panicum virgatum*) 979, *979*
switch ivy (*Leucothoe fontanesiana*) 816, *816*
swollen silver thatch (*Coccothrinax spissa*) 397, *397*
sword brake (*Pteris ensiformis*) 1106
sword fern (*Nephrolepis*) 931
sword fern (*Polystichum*) 1069–70
sword lily (*Gladiolus*) 639–40
sycamore (*Ficus sycomorus*) 604
sycamore (*Platanus occidentalis*) 1057, *1057*
sycamore maple (*Acer pseudoplatanus*) 88, *88*
Sydney blue gum (*Eucalyptus saligna*) 577, *577*
Sydney boronia (*Boronia ledifolia*) 244, *244*
Sydney golden wattle (*Acacia longifolia*) 77, *77*
Sydney red gum (*Angophora costata*) 156, *156*
Syrian hibiscus (*Hibiscus syriacus*) 704
Syrian juniper (*Juniperus drupacea*) 771
syringa (*Philadelphus coronarius, P. pubescens*) 1024, *1024*

T

table fern (*Pteris*) 1106–7
tabletop dogwood (*Cornus controversa*) 415, *415*
tacamahac (*Populus balsamifera*) 1072
Tahitian lime (*Citrus ≥ latifolia*) 384
tahoka daisy (*Machaeranthera tanacetifolia*) 848
tail-grape (*Artabotrys hexapetalus*) 189
tailor's patch (*Crassula lactea*) 430
tailwort (*Borago*) 242
Taiwan azalea (*Rhododendron oldhamii*) 1155, *1155*
Taiwan cherry (*Prunus campanulata*) 1092, *1092*
Taiwan Douglas fir (*Pseudotsuga wilsoniana*) 1103
Taiwan firethorn (*Pyracantha koidzumii*) 1116
talipot palm (*Corypha umbraculifera*) 424
tall boronia (*Boronia molloyae*) 244
tall kangaroo paw (*Anigozanthos flavidus*) 157, *157*
tall ocotillo (*Fouquieria diguetii*) 608–9, *608*
tall pussy-tails (*Ptilotus exaltatus*) 1109, *1109*
tall rice flower (*Pimelea ligustrina*) 1044, 1045
tall stewartia (*Stewartia monadelpha*) 1373
tall tails (*Pennisetum orientale*) 1005
tall verbena (*Verbena bonariensis*) 1460, *1460*
tallerack (*Eucalyptus tetragona*) 577, *577*
tallowwood (*Eucalyptus microcorys*) 573, *573*
tamalan (*Dalbergia oliveri*) 472, *472*
Tamalpais manzanita (*Arctostaphylos hookeri subsp. montana*) 175, *175*
tamarack larch (*Larix laricina*) 796, *796*
tamarillo (*Solanum betaceum*) 1346
tamarind (*Tamarindus indica*) 1398, *1398*
tamarisk salt cedar (*Tamarix*) 1398–99
tambookie thorn (*Erythrina acanthocarpa*) 562, *562*
tampala (*Amaranthus tricolor*) 144
tanbark oak (*Lithocarpus densiflorus*) 828
tanekaha (*Phyllocladus trichomanoides*) 1035
tangerine (*Citrus reticulata*) 384
tanglefoot beech (*Nothofagus gunnii*) 935, *935*
tangling melaleuca (*Melaleuca cardiophylla*) 883
tango poi (*Pyrostegia venusta*) 1116, *1116*
tanguru (*Olearia albida*) 948, *948*
Tanner's dock (*Rumex hymenosepalus*) 1287, *1287*
tannia (*Xanthosoma*) 1490
tansy (*Tanacetum vulgare*) 1400
tansyleaf aster (*Machaeranthera tanacetifolia*) 848
tantoon tea-tree (*Leptospermum polygalifolium*) 808
tapertip onion (*Allium acuminatum*) 125
tapeworm plant (*Homalocladium platycladium*) 707, *707*
tar weed (*Grindelia*) 656–57
tara vine (*Actinidia arguta*) 96
tarajo (*Ilex latifolia*) 730
taramea (*Aciphylla aurea*) 93
tarata (*Pittosporum eugenioides*) 1055, *1055*
taro (*Colocasia esculenta*) 402–3
tarragon (*Artemisia dracunculus*) 190
tartan flower (*Billbergia nutans*) 238, *238*
Tartar lily (*Ixiolirion tataricum*) 761
Tartarian dogwood (*Cornus alba*) 414
tartogo (*Jatropha podagrica*) 766, *766*
Tasmanian beech (*Nothofagus cunninghamii*) 935, *935*
Tasmanian blue gum (*Eucalyptus globulus*) 571
Tasmanian flax-lily (*Dianella tasmanica*) 491, *491*
Tasmanian laurel (*Anopterus glandulosus*) 159
Tasmanian leatherwood (*Eucryphia lucida*) 578–79, *579*
Tasmanian pencil pine (*Athrotaxis cupressoides*) 205, *205*
Tasmanian snow gum (*Eucalyptus coccifera*) 569, *569*
Tasmanian tree fern (*Dicksonia antarctica*) 497, *497*
Tasmanian waratah (*Telopea truncata*) 1404, *1404*
tassel fern (*Polystichum polyblepharon*) 1070, *1070*
tassel flower (*Amaranthus caudatus*) 144
tassel flower (*Emilia sonchifolia*) 535, *535*
tatarian honeysuckle (*Lonicera tatarica*) 836, *836*
tatarian maple (*Acer tataricum*) 90, *90*
tatting fern (*Athyrium filix-femina 'Frizelliae'*) 206
taupata (*Coprosma repens*) 411
tea (*Camellia sinensis*) 312
tea crabapple (*Malus hupehensis*) 861, *861*
teaberry (*Gaultheria procumbens*) 626
tears of Mary (*Fritillaria imperialis*) 614
tea-tree (*Leptospermum scoparium*) 809
tea-tree (*Melaleuca alternifolia*) 882
tecate cypress (*Cupressus guadalupensis var. forbesii*) 445
teddy bear palm (*Dypsis leptocheilos*) 519
teddy-bear cholla (*Cylindropuntia bigelovii*) 451, *451*
telegraph weed (*Heterotheca grandiflora*) 698
telekia sunflower (*Telekia speciosa*) 1403
Tellmann honeysuckle (*Lonicera ≥ tellmanniana*) 836
temu (*Luma apiculata*) 839, *839*
ten commandments (*Maranta leuconeura*) 875
ten weeks stock (*Matthiola incana 'Annua'*) 878
tender brake (*Pteris tremula*) 1106
Tenerife broom (*Cytisus supranubius*) 461, *461*
teparee (*Physalis peruviana*) 1037
tepary bean (*Phaseolus acutifolius var. latifolius*) 1022
terebinth tree (*Pistacia terebinthus*) 1053
Texas bean (*Phaseolus acutifolius*) 1022
Texas bluebell (*Eustoma*) 591
Texas bluebonnet (*Lupinus texensis*) 840
Texas ebony (*Pithecellobium flexicaule*) 1054, *1054*
Texas mountain laurel (*Sophora secundiflora*) 1352, *1353*
Texas olive (*Cordia boissieri*) 411, *411*
Texas sage (*Salvia coccinea*) 1301, *1301*
Texas star (*Lindheimera texana*) 826
thatch palm (*Coccothrinax, C. crinita*) 397, *397*
thatch palm (*Thrinax*) 1411
thatching reed (*Thamnochortus insignis*) 1409, *1409*
theves poplar (*Populus nigra*) 1073, *1073*
thickleaf phlox (*Phlox carolina*) 1029
thimbleberry (*Rubus odoratus, R. parviflorus*) 1284, *1284*, 1285, *1285*
thin-leaf sunflower (*Helianthus decapetalus*) 684
thin-leafed bottlebrush (*Callistemon acuminatus*) 284
thora (*Carpentaria acuminata*) 332
thornless honey locust (*Gleditsia triacanthos*) 641
thoroughwort (*Conoclinium greggii*) 406
thoroughwort (*Eupatorium perfoliatum*) 582
thorowax (*Bupleurum rotundifolium*) 269
thousand hills cycad (*Encephalartos natalensis*) 536
thousand mothers (*Tolmiea menziesii*) 1423
thread palm (*Washingtonia robusta*) 1482, *1482*
threadleaf giant hyssop (*Agastache rupestris*) 111
threadleaf milkweed (*Asclepias linaria*) 194, *194*
threadleaf sundew (*Drosera filiformis*) 514
thready-barked she-oak (*Allocasuarina inophloia*) 129, *129*
three-birds-flying (*Linaria trior nithophora*) 825
three-cornered palm (*Dypsis decaryi*) 519, *519*
three-flower maple (*Acer triflorum*) 90
three-lobe sumac (*Rhus trilobata*) 1205
three-lobed spirea (*Spiraea trilobata*) 1365
threepenny-bit rose (*Rosa elegantula 'Persetosa'*) 1214
thrift (*Armeria*) 187
throatwort (*Campanula trachelium*) 322
thumbnail orchid (*Dockrillia linguiformis*) 507, *507*
thunberg bush clover (*Lespedeza thunbergii*) 810
thunberg spirea (*Spiraea thunbergii*) 1365, *1365*
thyme (*Thymus*) 1414–16
thyme honey myrtle (*Melaleuca thymifolia*) 885, *885*
thyme-leaf azalea (*Rhododendron serpyllifolium*) 1158
ti palmis maron (*Pseudophoenix lediniana*) 1102, *1102*
ti plant (*Cordyline fruticosa*) 412
Tibetan crabapple (*Malus transitoria*) 865
tick-bush (*Kunzea ambigua*) 783, *783*
tickseed (*Bidens*) 237
tickseed (*Coreopsis*) 412–13
tidy tips (*Layia platyglossa*) 804, *804*
tiger aloe (*Aloe variegata*) 137
tiger flower (*Tigridia*) 1417–18
tiger lily (*Lilium lancifolium*) 821, *821*
tiger's claw (*Erythrina variegata*) 563
tilt-head aloe (*Aloe speciosa*) 136
Timothy grass (*Phleum pratense*) 1027, *1027*
tinaroo bottlebrush (*Callistemon recurvus*) 285, *285*
tinder plant (*Gomphocarpus physocarpus*) 645, *645*
tineo (*Weinmannia trichosperma*) 1484, *1484*
tingiringi gum (*Eucalyptus glaucescens*) 571, *571*
tipu tree (*Tipuana tipu*) 1422, *1422*
titan arum (*Amorphophallus titanum*) 147, *147*

sesame (*Sesamum orientale*) 1338
sessile bellwort (*Uvularia sessilifolia*) 1452
sessile oak (*Quercus petraea*) 1126
seven son flower (*Heptacodium miconioides*) 696, *696*
seven weeks fern (*Rumohra adiantiformis*) 1288
shadblow serviceberry (*Amelanchier canadensis*) 145, *145*
shaddock (*Citrus maxima*) 384, *384*
shagbark hickory (*Carya ovata*) 335, *335*
shaggy shield fern (*Dryopteris cycadina*) 516, *516*
shaking brake (*Pteris tremula*) 1106
shallon (*Gaultheria shallon*) 626–27, *627*
shallot (*Allium cepa*) 125, *125*
shamel ash (*Fraxinus uhdei*) 612, *612*
shampoo ginger (*Zingiber zerumbet*) 1496
shantung maple (*Acer truncatum*) 90, *90*
sharp-leafed willow (*Salix acutifolia*) 1296
shasta daisy (*Leucanthemum ≥ superbum*) 813, *813*
Shavalski's ligularia (*Ligularia przewalskii*) 819, *819*
shaving brush tree (*Pachira aquatica*) 970, *970*
shaving brushtree (*Pseudobombax ellipticum*) 1099
Shawnee wood (*Catalpa speciosa*) 342, *342*
sheep laurel (*Kalmia angustifolia*) 777, *777*
sheepberry (*Viburnum lentago*) 1467
sheep's bit (*Jasione, J. laevis*) 765
sheep's burrs (*Acaena*) 80
sheep's ears (*Helichrysum appendiculatum*) 685, 685
sheep's fescue (*Festuca ovina*) 601
shell flower (*Chelone*) 370
shell flower (*Pistia*) 1053
shell ginger (*Alpinia zerumbet*) 139, *139*
shellflower (*Bowkeria*) 248–49
she-oak (*Allocasuarina*) 129
shepherd's scabious (*Jasione laevis*) 765
shield fern (*Dryopteris*) 515–16
shield fern (*Polystichum braunii*) 1069, *1069*
shikakudake (*Chimonobambusa quadrangularis*) 371
shin dagger (*Agave lechuguilla, A. schottii*) 114, 115
shingle oak (*Quercus imbricaria*) 1124, *1124*
shining sumac (*Rhus copallina*) 1204
shino-chiku (*Chimonobambusa quadrangularis*) 371
shiny willow (*Salix lucida*) 1298
shivergrass (*Briza*) 259
shoe black (*Hibiscus rosa-sinensis*) 702, *702*
shoe button spirea (*Spiraea prunifolia*) 1364
shoo fly (*Nicandra physalodes*) 932
shooting star (*Dodecatheon meadia*) 508, *508*
shooting stars (*Dodecatheon*) 508
shore juniper (*Juniperus conferta*) 771, *771*
shore pine (*Pinus contorta*) 1047, *1047*
shower orchid (*Congea tomentosa*) 406
showy banksia (*Banksia speciosa*) 218–19
showy dryandra (*Dryandra formosa*) 515
showy hebe (*Hebe speciosa*) 676, *676*
showy honey myrtle (*Melaleuca nesophila*) 884, *884*
showy libertia (*Libertia formosa*) 818, 819
showy milkweed (*Asclepias speciosa*) 194
showy mountain ash (*Sorbus decora*) 1356, *1356*
showy pincushion (*Escobaria vivipara*) 566
showy polemonium (*Polemonium pulcherrimum*) 1066
showy tick-trefoil (*Desmodium canadense*) 489
showy trillium (*Trillium grandiflorum*) 1430
showy wattle (*Acacia decora*) 75, *75*
shrimp begonia (*Begonia radicans*) 225
shrimp plant (*Justicia brandegeeana*) 775, *775*
shrub althea (*Hibiscus syriacus*) 704
shrub vinca (*Kopsia fruticosa*) 783, *783*
shrub wormwood (*Artemisia arborescens*) 190, *190*
shrubby cinquefoil (*Potentilla fruticosa*) 1076
shrubby germander (*Teucrium fruticans*) 1407, *1407*
shrubby penstemon (*Penstemon fruticosus*) 1006
shrubby rusty petals (*Lasiopetalum macrophyllum*) 797, *797*
shrubby trumpet flower (*Tecoma stans*) 1402, 1403
shrubby wild buckwheat (*Eriogonum wrightii*) 556, 557
shumard oak (*Quercus shumardii*) 1127
shuttlecock fern (*Matteuccia struthiopteris*) 877, *877*
Siamese ginger (*Alpinia galanga*) 139
Siberian bluebells (*Mertensia sibirica*) 890
Siberian carpet cypress (*Microbiota*) 894
Siberian crabapple (*Malus baccata*) 860
Siberian elm (*Ulmus pumila*) 1450
Siberian gooseberry (*Actinidia arguta*) 96
Siberian larch (*Larix sibirica*) 797, *797*
Siberian lily (*Ixiolirion tataricum*) 761
Siberian lime (*Tilia sibirica*) 1420, *1420*
Siberian melic (*Melica altissima*) 886, *886*
Siberian melick (*Melica altissima*) 886, *886*
Siberian pea shrub (*Caragana arborescens*) 328, *328*
Siberian pea tree (*Caragana arborescens*) 328, *328*
Siberian spruce (*Picea obovata*) 1041
Siberian squill (*Scilla siberica*) 1326
sickle fern (*Pellaea falcata*) 1004, *1004*
sideoats grass (*Bouteloua curtipendula*) 248
sidesaddle plant (*Sarracenia purpurea*) 1315, *1315*
Siebold's magnolia (*Magnolia sieboldii*) 853, *853*
sierra globe tulip (*Calochortus amoenus*) 289, *289*
sierra laurel (*Leucothoe davisiae*) 816, *816*
sierra redwood (*Sequoiadendron giganteum*) 1336, 1337
sifton bush (*Cassinia arcuata*) 338, *338*
signet marigold (*Tagetes tenuifolia*) 1397
sikkim spruce (*Picea spinulosa*) 1042, *1042*
silk cotton tree (*Bombax ceiba*) 242, *242*
silk oak (*Grevillea robusta*) 652, *652*
silk tree (*Albizia julibrissin*) 122, *122*
silktassel bush (*Garrya elliptica*) 625, *625*
silkweed (*Asclepias curassavica*) 194, *194*
silky bent (*Apera*) 163
silky camellia (*Stewartia malacodendron*) 1373
silky dogwood (*Cornus amomum*) 415, *415*
silky grevillea (*Grevillea sericea*) 652
silky hakea (*Hakea sericea*) 668, *668*
silky leaf woadwaxen (*Genista pilosa*) 629, *629*
silky oak (*Grevillea robusta*) 652, *652*
silky willow (*Salix sericea*) 1299, *1299*
silky wisteria (*Wisteria brachybotrys*) 1487
silky woadwaxen (*Genista pilosa*) 629, *629*
silver ball cactus (*Parodia scopa*) 989
silver banksia (*Banksia marginata*) 218
silver banner grass (*Miscanthus sacchariflorus*) 900
silver brake (*Pteris argyraea*) 1106
silver broom (*Argyrocytisus battandieri*) 183, *183*
silver broom (*Retama monosperma*) 1138, *1138*
silver buffalo berry (*Shepherdia argentea*) 1338, *1338*
silver bush lupine (*Lupinus albifrons*) 839
silver cassia (*Senna artemisioides*) 1335
silver crown (*Cotyledon undulata*) 429, *429*
silver dollar (*Lunaria annua*) 839, *839*
silver dollar maidenhair fern (*Adiantum peruvianum*) 100
silver dollar tree (*Eucalyptus cinerea*) 569, *569*
silver elkhorn fern (*Platycerium veitchii*) 1058, *1058*
silver fern (*Pityrogramma calomelanos*) 1056
silver fir (*Abies concolor*) 68, *68*
silver gum (*Eucalyptus cordata*) 569, *569*
silver Joey palm (*Johannesteijsmannia magnifica*) 767, *767*
silver lace vine (*Fallopia*) 597
silver lime (*Tilia tomentosa*) 1420
silver linden (*Tilia tomentosa*) 1420
silver lupine (*Lupinus albifrons*) 839
silver mallee (*Eucalyptus crucis*) 570, *570*
silver maple (*Acer saccharinum*) 89
silver palm (*Coccothrinax, C. argentata*) 397, *397*
silver pear (*Pyrus salicifolia*) 1119, *1119*
silver poplar (*Populus alba*) 1072, *1072*
silver puff (*Chaptalia nutans*) 368, *368*
silver ruffles (*Cotyledon undulata*) 429, *429*
silver sedum (*Sedum treleasei*) 1331
silver snow-daisy (*Celmisia tomentella*) 351, *351*
silver tansy (*Tanacetum niveum*) 1399
silver torch cactus (*Cleistocactus strausii*) 386, *386*
silver tower Japanese spider grass (*Miscanthus sinensis 'Kleine Silberspinne'*) 900
silver tree (*Leucadendron argenteum*) 810
silver tree fern (*Cyathea dealbata, C. medullaris*) 448, *448*
silver tussock (*Poa cita*) 1063, *1063*
silver vein creeper (*Parthenocissus henryana*) 990
silver vine (*Actinidia polygama*) 96
silver wattle (*Acacia dealbata, A. retinodes*) 75, 78
silver wormwood (*Artemisia ludoviciana*) 190
silverbell (*Halesia, H. carolina*) 669, *669*
silverberry (*Elaeagnus commutata, E. pungens*) 531, *531*, 532
silverberry (*Shepherdia argentea*) 1338, *1338*
silverbush (*Convolvulus cneorum*) 408, *408*
silverbush (*Sophora tomentosa*) 1353, *1353*
silver-leaf pepper (*Peperomia griseoargentea*) 1010
silverrod (*Solidago bicolor*) 1351
silvery spleenwort (*Diplazium pycnocarpon*) 504
simpler's joy (*Verbena hastata*) 1460, *1460*
Singapore holly (*Malpighia coccigera*) 859, *859*
single-leaf pinyon (*Pinus monophylla*) 1049
singleseed juniper (*Juniperus squamata*) 774
sinita (*Pachycereus schottii*) 970, *970*
Sir Lowry's Pass protea (*Protea longifolia*) 1088, *1088*
siskiyou lily (*Fritillaria glauca*) 614
siskiyou onion (*Allium siskiyouense*) 128
siskiyou-mat (*Ceanothus pumilus*) 348, *348*
sitka spruce (*Picea sitchensis*) 1042, *1042*
skeleton fork fern (*Psilotum nudum*) 1104
skullcap (*Scutellaria*) 1327–28
skunk bush (*Garrya fremontii*) 625
skunk cabbage (*Lysichiton*) 844–45
skunk polemonium (*Polemonium viscosum*) 1066
skunkbush sumac (*Rhus trilobata*) 1205
sky pilot (*Polemonium, P. viscosum*) 1065–66
sky vine (*Thunbergia grandiflora*) 1414
skyflower (*Thunbergia grandiflora*) 1414
slash pine (*Pinus elliottii*) 1048
sleeping hibiscus (*Malvaviscus penduliflorus*) 868, *868*
slender banksia (*Banksia attenuata*) 217, *217*
slender deutzia (*Deutzia gracilis*) 490
slender honey myrtle (*Melaleuca gibbosa*) 884
slender lady palm (*Rhapis humilis*) 1140, *1140*
slender palm lily (*Cordyline stricta*) 412
slender rice flower (*Pimelea linifolia*) 1044, *1045*
slender spike rush (*Eleocharis acicularis*) 533, *533*
slipper flower (*Calceolaria Herbeohybrida Group*) 280, *280*
slipper orchid (*Paphiopedilum*) 981–95, *981*
sloe (*Prunus spinosa*) 1099
small date plum (*Diospyros lotus*) 503, *503*
small honeysuckle tree (*Turraea obtusifolia*) 1445, *1445*
small Japanese silver grass (*Miscanthus oligostachyus*) 900
small num-num (*Carissa edulis*) 331, *331*
small rasp fern (*Doodia caudata*) 509, *509*
small yellow onion (*Allium flavum*) 126
small-flowered penstemon (*Penstemon procerus*) 1007
small-fruited gray gum (*Eucalyptus propinqua*) 575, *575*
small-fruited hakea (*Hakea microcarpa*) 668, *668*
small-leafed apple (*Angophora bakeri*) 155, *155*
small-leafed fuchsia (*Fuchsia microphylla*) 616
small-leafed gum (*Eucalyptus parvifolia*) 574
small-leafed lillypilly (*Syzygium luehmannii*) 1393, *1393*
small-leafed lime (*Tilia cordata*) 1418, *1418*
small-leafed privet (*Ligustrum sinense*) 820
small-leafed tamarind (*Diploglottis campbellii*) 504, *504*
smart weed (*Persicaria bistortoides*) 1012
smoke bush (*Conospermum stoechadis*) 407, *407*
smoke bush (*Cotinus, C. coggygria*) 426, *426*
smooth alder (*Alnus serrulata*) 132
smooth chain-fruit cholla (*Cylindropuntia fulgida*) 451, *451*
smooth hydrangea (*Hydrangea arborescens*) 716–17
smooth ox-eye (*Heliopsis helianthoides*) 689
smooth rose (*Rosa blanda*) 1213
smooth sumac (*Rhus glabra*) 1204
smooth withe-rod (*Viburnum nudum*) 1468, *1468*
smooth-barked Mexican pine (*Pinus pseudostrobus*) 1050
smooth-leaf pine (*Pinus leiophylla*) 1048, 1049
smooth-leafed elm (*Ulmus carpinifolia*) 1449
smooth-shelled macadamia nut (*Macadamia integrifolia*) 848, *848*
snail bean (*Vigna caracalla*) 1471, *1471*
snail flower (*Vigna caracalla*) 1471, *1471*
snail saxifrage (*Saxifraga cochlearis*) 1317
snake fern (*Lygodium microphyllum*) 844, *844*
snake gourd (*Trichosanthes cucumerina*) 1428, *1428*
snake head (*Chelone glabra*) 370
snake palm (*Amorphophallus konjac*) 147
snake root (*Liatris*) 818
snake vine (*Hemiandra pungens*) 695, *695*
snake wood (*Colubrina arborescens*) 403, *403*
snakeberry (*Actaea rubra*) 95
snakebush (*Hemiandra pungens*) 695, *695*
snakes head fritillary (*Fritillaria meleagris*) 614, *614*
snake's head iris (*Hermodactylus, H. tuberosus*) 696, *696*
snakes head lily (*Fritillaria meleagris*) 614, *614*
snakeweed (*Persicaria bistorta*) 1012, *1012*
snap ginger (*Alpinia calcarata*) 139
snapdragon (*Antirrhinum*) 163
sneezeweed (*Helenium, H. autumnale*) 681, *681*
sneezewort (*Achillea ptarmica*) 92
snow bush (*Breynia disticha*) 259, *259*
snow camellia (*Camellia rusticana*) 309
snow daisy (*Celmisia*) 351
snow daisy bush (*Olearia stellulata*) 950
snow grass (*Chionochloa*) 372
snow gum (*Eucalyptus pauciflora*) 574, *574*
snow heath (*Erica carnea*) 548–49
snow in summer (*Melaleuca linariifolia*) 884, *884*
snow myrtle (*Calytrix alpestris*) 292, *292*
snow on the mountain (*Euphorbia marginata*) 587, *587*
snow pear (*Pyrus nivalis*) 1119
snow poppy (*Eomecon chionantha*) 538, *538*
snow queen (*Synthyris reniformis*) 1387
snow thoroughwort (*Eupatorium rugosum*) 582
snow white spirea (*Spiraea 'Snow White'*) 1364, *1364*
snowball Spaniard (*Aciphylla congesta*) 93, *93*
snowbell tree (*Styrax japonicus*) 1382, *1382*
snowberry (*Gaultheria, G. hispida*) 626, *626*
snowberry (*Symphoricarpos, S. albus*) 1384–85
snowbird (*Nolana humifusa*) 934, *934*
snowdrop (*Galanthus*) 623
snowdrop anemone (*Anemone sylvestris*) 153, *153*
snowdrop tree (*Halesia carolina*) 669,
snowdrop windflower (*Anemone sylvestris*) 153, *153*
snowflakes (*Leucojum*) 814
snow-in-summer (*Cerastium candidissimum, C. tomentosum*) 357, *357*
snows of Kilimanjaro (*Euphorbia leucocephala*) 587, *587*
snowy mermaid (*Libertia formosa*) 818, 819
snowy mint bush (*Prostanthera nivea*) 1086
snuff box tree (*Oncoba spinosa*) 952,
soap aloe (*Aloe maculata*) 135
soap weed (*Yucca elata*) 1492, *1492*
soapbark tree (*Quillaja saponaria*) 1129, *1129*
soapberry (*Sapindus saponaria*) 1311
soapwort (*Saponaria, S. officinalis*) 1311, *1311*
society garlic (*Tulbaghia*) 1436
soft maple (*Acer saccharinum*) 89
soft shield fern (*Polystichum setiferum*) 1070, *1070*
soft tree fern (*Dicksonia antarctica*) 497, *497*
soft water fern (*Blechnum minus*) 240
soja bean (*Glycine max*) 644
solitaire palm (*Ptychosperma elegans*) 1109
Solomon's plume (*Smilacina*) 1345
Solomon's seal (*Polygonatum*) 1067
sonoma sage (*Salvia sonomensis*) 1305
Sonoran palmetto (*Sabal uresana*) 1292, *1292*
≥ Sophrolaeliocattleya (*Bright Angel ≥ Mahalo Jack*) 1354, *1354*
sorghum (*Sorghum, S. bicolor*) 1359
sorrel (*Rumex*) 1287–88
sorrel tree (*Oxydendrum arboreum*) 966, *966*
sotol (*Dasylirion wheeleri*) 476
sour cherry (*Prunus cerasus*) 1093
sour dock (*Rumex acetosa*) 1287
sour gum (*Nyssa sylvatica*) 939, *939*
soursop (*Annona muricata*) 159, *159*
sourwood (*Oxydendrum arboreum*) 966, *966*
South African dogwood (*Rhamnus prinoides*) 1139, *1139*
South African ironwood (*Millettia grandis*) 895, *895*
South African orchid bush (*Bauhinia galpinii*) 221, *221*
South African pomegranate (*Burchellia bubalina*) 269, *269*
South African sagewood (*Buddleja salviifolia*) 266, *266*
South African white pear (*Apodytes dimidiata*) 165, *165*
South African wild almond (*Brabejum stellatifolium*) 249, *249*
South African wild pear (*Dombeya rotundifolia*) 509, *509*
South African wild plum (*Harpephyllum caffrum*) 672, *672*
South American slipper orchid (*Phragmipedium*) 1032
South American vervain (*Verbena bonariensis*) 1460, *1460*
South Australian blue gum (*Eucalyptus leucoxylon*) 572
South Esk pine (*Callitris oblonga*) 287
southern arrowwood (*Viburnum dentatum*) 1466, *1466*
southern bearclover (*Chamaebatia australis*) 364, *364*
southern beech (*Nothofagus*) 935–36
southern bush honeysuckle (*Diervilla sessilifolia*) 499, *499*
southern catalpa (*Catalpa bignonioides*) 341, *341*
southern flannel bush (*Fremontodendron mexicanum*) 613, *613*
southern grass tree (*Xanthorrhoea australis*) 1489, *1489*
southern grevillea (*Grevillea australis*) 648–49, *648*
southern heath (*Erica australis*) 548
southern Japanese hemlock (*Tsuga sieboldii*) 1436, *1436*
southern lawyer cane (*Calamus muelleri*) 278
southern magnolia (*Magnolia grandiflora*) 851, *851*
southern maidenhair (*Adiantum capillus-veneris*) 99, *99*
southern marara (*Vesselowskya rubifolia*) 1464, *1465*
southern mountain misery (*Chamaebatia australis*) 364, *364*
southern plains banksia (*Banksia media*) 218, *218*
southern polypody (*Polypodium cambricum*) 1068
southern raphia (*Raphia australis*) 1134, *1134*
southern rata (*Metrosideros umbellata*) 892, 893
southern red oak (*Quercus falcata*) 1124
southern red trillium (*Trillium sulcatum*) 1431
southern sassafras (*Atherosperma moschatum*) 205, *205*
southern swamp crinum (*Crinum americanum*) 434
southernwood (*Artemisia abrotanum*) 190
southernwood geranium (*Pelargonium abrotanifolium*) 995
southwestern beardtongue (*Penstemon laevis*) 1007, *1007*
sowbread (*Cyclamen*) 450–51
soya bean (*Glycine, G. max*) 644
soybean (*Glycine, G. max*) 644
spangle grass (*Chasmanthium latifolium*) 368–69
Spaniard (*Aciphylla*) 92–3
Spanish bayonet (*Y. baccata, Y. glauca*) 1491, *1491*, 1492, *1492*
Spanish bluebell (*Hyacinthoides hispanica*) 715, *715*
Spanish broom (*Genista hispanica*) 629, *629*
Spanish broom (*Spartium junceum*) 1360, *1360*
Spanish chestnut (*Castanea sativa*) 339, *339*
Spanish fir (*Abies pinsapo*) 70, *70*
Spanish flag (*Ipomoea lobata*) 738, *738*
Spanish garlic (*Allium scorodoprasum*) 128
Spanish gorse (*Genista hispanica*) 629, *629*
Spanish heath (*Erica australis, E. lusitanica*) 548, 551, *551*
Spanish jasmine (*Clerodendrum chinense*) 393
Spanish lavender (*Lavandula stoechas*) 802
Spanish moss (*Tillandsia usneoides*) 1422, *1422*
Spanish needles (*Bidens*) 237
Spanish oak (*Quercus falcata, Q. ≥ hispanica, Q. texana*) 1124, 1128, *1128*
Spanish sage (*Salvia lavandulifolia*) 1303, *1303*
Spanish shawl (*Heterocentron elegans*) 697, *697*
Spanish tarragon (*Tagetes lucida*) 1397, *1397*
spear grass (*Poa*) 1063
spear grass (*Stipa*) 1374
spear lily (*Doryanthes palmeri*) 510, *510*
speargrass (*Aciphylla squarrosa*) 93, *93*
speargrass (*Austrostipa*) 209
spearmint (*Mentha spicata*) 889
speedwell (*Veronica*) 1461–63
spekboom (*Portulacaria afra*) 1075, *1075*
spice bush (*Calycanthus occidentalis*) 291, *291*
spicy jatropha (*Jatropha integerrima*) 766, *766*
spider flower (*Cleome, C. sesquiorygalis*) 392, *392*
spider lily (*Hymenocallis*) 720
spider lily (*Lycoris*) 844
spider lily (*Nerine*) 931–32
spider lily (*Tradescantia*) 1426–27
spider orchid (*Brassia*) 253–54
spider orchid (*Caladenia*) 276–76
spider plant (*Chlorophytum comosum*) 373
spider smokebush (*Conospermum teretifolium*) 407, *407*
spider-net grevillea (*Grevillea thelemanniana*) 653
spiderwort (*Tradescantia*) 1426–27
spignel (*Meum*) 893
spike lavender (*Lavandula latifolia*) 802
spike rush (*Eleocharis*) 533
spike wattle (*Acacia oxycedrus*) 77
spike winter-hazel (*Corylopsis spicata*) 421, *421*
spiked pepper (*Piper aduncum*) 1052, *1052*
spiked rampion (*Phyteuma spicatum*) 1038, *1038*
spikenard (*Aralia californica*) 170
spinach (*Spinacia, S. oleracea*) 1362
spindle tree (*Euonymus europaeus*) 580, *580*
spineless yucca (*Yucca elephantipes*) 1492, *1492*
spinning gum (*Eucalyptus perriniana*) 574–75, *575*
spiny star cactus (*Escobaria vivipara*) 566
spiny-headed mat-rush (*Lomandra longifolia*) 833, *833*
spiral flag (*Costus*) 425
spiral genus (*Costus*) 425
spirea (*Spiraea*) 1362–65
spleenwort (*Asplenium*) 198
splendid mint bush (*Prostanthera magnifica*) 1086, *1086*
spoon bush (*Cunonia capensis*) 443, *443*
spoon lily (*Alocasia brisbanensis*) 132
spotted dumbcane (*Dieffenbachia seguine*) 498, *498*
spotted emu bush (*Eremophila maculata*) 546, *546*
spotted fig (*Ficus virens*) 604, *604*
spotted gentian (*Gentiana punctata*) 630
spotted wintergreen (*Chimaphila umbellata*) 371
sprawling cactus (*Bergerocactus*) 232–33
spreading dogbane (*Apocynum androsaemifolium*) 164
spreading pellitory (*Parietaria judaica*) 986, *986*
sprenger asparagus (*Asparagus densiflorus*) 196
Sprenger's magnolia (*Magnolia sprengeri*) 853
spring beauty (*Claytonia, C. virginica*) 385
spring cherry (*Prunus ≥ subhirtella*) 1099
spring cinquefoil (*Potentilla neumanniana*) 1077
spring onion (*Allium cepa*) 125, *125*

redneck palm (*Dypsis leptocheilos*) 519
redoul (*Coriaria myrtifolia*) 414
redroot (*Ceanothus ovatus*) 347
red-stemmed wattle (*Acacia rubida*) 79, *79*
redvein enkianthus (*Enkianthus campanulatus*) 537, *537*
red-vein maple (*Acer rufinerve*) 89, *89*
red-veined dock (*Rumex sanguineus*) 1288
red-veined pie plant (*Rheum australe*) 1140
redwood violet (*Viola sempervirens*) 1474
reed (*Phragmites*) 1032–33
reed canary grass (*Phalaris arundinacea*) 1022
reed grass (*Calamagrostis*) 277
reed mace (*Typha*) 1445
reed meadow grass (*Glyceria maxima*) 644
reed sweet grass (*Glyceria maxima*) 644
Reeves' spirea (*Spiraea cantoniensis*) 1363, *1363*
regal lily (*Lilium regale*) 822, *822*
regal mallow (*Lavatera trimestris*) 803
rengarenga (*Arthropodium cirratum*) 191, *191*
resurrection fern (*Selaginella lepidophylla*) 1331
rewarewa (*Knightia excelsa*) 780, *780*
rhapis palm (*Rhapis excelsa*) 1140, *1140*
rheumatism root (*Jeffersonia diphylla*) 767
rhodiola (*Rhodanthemum hosmariense*) 1143, *1143*
rhododendron (*Rhododendron*) 1143–1201
rhodora (*Rhododendron canadense*) 1146
rhubarb (*Rheum, R. ≥ hybridum*) 1140–41
rhus tree (*Toxicodendron succedaneum*) 1425, *1425*
ribbon bush (*Homalocladium platycladum*) 707, *707*
ribbon bush (*Hypoestes aristata*) 723, *723*
ribbon fan palm (*Livistona decipiens*) 830, *831*
ribbon fern (*Pteris cretica*) 1106
ribbon grass (*Phalaris, P. arundinacea*) 1021–22
ribbon gum (*Eucalyptus viminalis*) 577, *577*
ribbon plant (*Dracaena sanderiana*) 511
ribbonwood (*Hoheria, H. sexstylosa*) 706
ribbonwood (*Plagianthus, P. regius*) 1056, *1056*
riberry (*Syzygium luehmannii*) 1393, *1393*
rice (*Oryza sativa*) 960, *960*
rice flower (*Ozothamnus diosmifolius*) 967, *967*
rice gasteria (*Gasteria carinata*) 626
ricegrain flower (*Aglaia odorata*) 117,
rice-paper plant (*Tetrapanax papyrifer*) 1407, *1407*
rice's wattle (*Acacia riceana*) 79
ridge-fruited mallee (*Eucalyptus costata*) 570, *570*
rimu (*Dacrydium cupressinum*) 465, *465*
ring bellflower (*Symphyandra*) 1385
ringworm cassia (*Senna alata*) 1335
Rio Bravo sage (*Leucophyllum langmaniae*) 814
Rio Grande palmetto (*Sabal mexicana*) 1292, *1292*
river birch (*Betula nigra*) 236, *236*
river bottlebrush (*Callistemon sieberi*) 285
river cooba (*Acacia stenophylla*) 79
river maple (*Acer saccharinum*) 89
river oak (*Casuarina cunninghamiana*) 341, *341*
river peppermint (*Eucalyptus elata*) 570
river protea (*Protea compacta*) 1087
river red gum (*Eucalyptus camaldulensis*) 568–69, *569*
river rose (*Bauera rubioides*) 221, *221*
river she-oak (*Casuarina cunninghamiana*) 341, *341*
river tea-tree (*Melaleuca bracteata*) 882, *882*
riverbank grape (*Vitis riparia*) 1478
roanoke bells (*Mertensia virginica*) 890
roast beef plant (*Iris foetidissima*) 740–41, *741*
robber fern (*Pyrrosia confluens*) 1116, *1116*
robin redbreast bush (*Melaleuca lateritia*) 884, *884*
Robin's plantain (*Erigeron pulchellus*) 555, 556
roble beech (*Nothofagus obliqua*) 936
robust marsh orchid (*Dactylorhiza elata*) 465
rock araucaria (*Araucaria scopulorum*) 172
rock bells (*Aquilegia canadensis*) 166, *166*
rock cotoneaster (*Cotoneaster horizontalis*) 427, *427*
rock cress (*Arabis*) 169
rock daphne (*Daphne cneorum*) 473, *473*
rock elm (*Ulmus thomasii*) 1451, *1451*
rock fig (*Ficus brachypoda*) 602, *602*
rock geranium (*Heuchera americana*) 698, *698*
rock jasmine (*Androsace*) 151
rock lily (*Arthropodium cirratum*) 191, *191*
rock lily (*Dendrobium speciosum*) 483, *483*
rock maple (*Acer saccharum*) 89, *89*
rock parsley (*Petroselinum*) 1016
rock rose (*Cistus creticus*) 381, *381*
rock rose (*Helianthemum*) 682
rock selinen (*Petroselinum*) 1016
rock soapwort (*Saponaria ocymoides*) 1311, *1311*
rock spiraea (*Holodiscus dumosus*) 707
rock thryptomene (*Thryptomene saxicola*) 1412, *1412*
rocket (*Eruca vesicaria*) 559
Rockford holly fern (*Cyrtomium falcatum 'Rochfordianum'*) 460
rock's variety (*Paeonia rockii*) 975
rockspray cotoneaster (*Cotoneaster horizontalis*) 427, *427*
Rocky Mountain bristlecone pine (*Pinus aristata*) 1046, *1046*
Rocky Mountain columbine (*Aquilegia caerulea*) 166, *166*
Rocky Mountain fir (*Abies lasiocarpa*) 69, *69*
Rocky Mountain pinyon (*Pinus edulis*) 1048, *1048*
Rocky Mountain white oak (*Quercus gambelii*) 1124, *1124*
Rocky Mountains juniper (*Juniperus scopulorum*) 773, 774
rocoto (*Capsicum pubescens*) 327
Rogers firethorn (*Pyracantha rogersiana*) 1116, *1116*
Roman candle (*Yucca gloriosa*) 1492, *1492*
Roman coriander (*Nigella sativa*) 934, *934*
Roman pine (*Pinus pinea*) 1050
Roman wormwood (*Artemisia pontica*) 190
roof iris (*Iris tectorum*) 744, *744*
rooikrans (*Acacia cyclops*) 74–5
rooistompie (*Mimetes cucullatus*) 897, *897*
rooster flower (*Aristolochia labiata*) 186
ropebark (*Dirca palustris*) 505
roquette (*Eruca vesicaria*) 559
Rosa Cluster-flowered (*Floribunda*) Roses 1220
Rosa Large-flowered (*Hybrid Tea*) Roses 1233
Rosa Old (*Heritage*) Roses 1274
Rosa Patio (*Dwarf Cluster-flowered*) Roses 1257
rose (*Rosa*) 1212–81
rose acacia (*Robinia hispida*) 1209, *1209*
rose apple (*Syzygium jambos*) 1393, *1393*
rose campion (*Lychnis coronaria*) 842
rose cone flower (*Isopogon formosus*) 759, *759*
rose daphne (*Daphne cneorum*) 473, *473*
rose fairy lantern (*Calochortus amoenus*) 289, *289*
rose mallee (*Eucalyptus rhodantha*) 576, *576*
rose mallow (*Hibiscus*) 701–4
rose mallow (*Lavatera trimestris*) 803
rose moss (*Portulaca grandiflora*) 1074
rose of China (*Hibiscus rosa-sinensis*) 702, *702*
rose of Sharon (*Hibiscus syriacus*) 704
rose of Sharon (*Hypericum calycinum*) 721, *721*
rose of Venezuela (*Brownea ariza*) 260, *260*
rose periwinkle (*Catharanthus roseus*) 343, *343*
rose sage (*Salvia pachyphylla*) 1305, *1305*
rose tree of China (*Prunus triloba*) 1099
rose vervain (*Verbena canadensis*) 1460
rosebay rhododendron (*Rhododendron maximum*) 1154, *1154*
rosebay willow herb (*Epilobium angustifolium*) 541, *541*
rosegold pussy willow (*Salix gracilistyla*) 1297
roseleaf sage (*Salvia involucrata*) 1303, *1303*
rose-mallow (*Hibiscus lasiocarpus*) 702, *702*
rosemary (*Rosmarinus, R. officinalis*) 1281–82
rosemary grevillea (*Grevillea rosmarinifolia*) 652, *652*
rosemary willow (*Salix elaeagnos*) 1297, *1297*
rose-root (*Rhodiola rosea*) 1143, *1143*
rose-scented geranium (*Pelargonium graveolens*) 996
roseshell azalea (*Rhododendron prinophyllum*) 1156, *1156*
rosin weed (*Grindelia*) 656–57
rosy dipelta (*Dipelta floribunda*) 504, *504*
rosy dock (*Rumex vesicarius*) 1288, *1288*
rosy garlic (*Allium roseum*) 128
rosy maidenhair fern (*Adiantum hispidulum*) 99, *99*
rosy posy (*Rhodohypoxis baurii*) 1202, *1202*
rosy rice flower (*Pimelea ferruginea*) 1044
rotang (*Calamus*) 278, *278*
rough blazing star (*Liatris aspera*) 818
rough halgania (*Halgania cyanea*) 669, *669*
rough horsetail (*Equisetum hyemale*) 544
rough maidenhair fern (*Adiantum hispidulum*) 99, *99*
rough poppy (*Papaver ≥ hybridum*) 980
rough tree fern (*Cyathea australis*) 447, *447*
rough-barked apple (*Angophora floribunda*) 156, *156*
rough-barked Mexican pine (*Pinus montezumae*) 1049, *1049*
rough-leafed ghost gum (*Corymbia aspera*) 422, *422*
rough-stemmed goldenrod (*Solidago rugosa*) 1351
round-headed leek (*Allium sphaerocephalon*) 128, *128*
roundleaf fern (*Pellaea rotundifolia*) 1004
round-leafed mallee (*Eucalyptus orbifolia*) 574, *574*
round-leafed poison-bush (*Acokanthera schimperi*) 94
round-leafed sundew (*Drosera rotundifolia*) 514
round-leafed tea-tree (*Leptospermum rotundifolium*) 809, *809*
rowan (*Sorbus aucuparia*) 1356, *1356*
Rowe ceanothus (*Ceanothus papillosus var. roweanus*) 347, *347*
royal azalea (*Rhododendron schlippenbachii*) 1158, *1158*
royal fern (*Osmunda regalis*) 962, *962*
royal grevillea (*Grevillea victoriae*) 653
royal hakea (*Hakea victoria*) 668, *669*
royal jewels (*Lobelia richardsonii*) 832
royal mallow (*Lavatera trimestris*) 803
royal palm (*Roystonea*) 1283
royal palmetto (*Thrinax parviflora*) 1411, *1411*
royal poinciana (*Delonix regia*) 478, *478*
royal velvet plant (*Gynura aurantiaca*) 662–63
royal water lily (*Victoria amazonica*) 1471, *1471*
rubber hedge (*Euphorbia tirucalli*) 589, *589*
rubber tree (*Ficus elastica*) 602, *602*
rue (*Ruta graveolens*) 1289, *1289*
rue anemone (*Anemonella thalictroides*) 154, *154*
ruffle palm (*Aiphanes caryotifolia*) 120, *120*
ruil (*Nothofagus alessandrii*) 935, *935*
rukam (*Flacourtia jangomas*) 606, *606*
rule araucaria (*Araucaria rulei*) 172
rum cherry (*Prunus serotina*) 1098, *1098*
running juneberry (*Amelanchier stolonifera*) 146
running pine (*Lycopodium clavatum*) 844, *844*
running pop (*Passiflora foetida*) 991, *991*
running serviceberry (*Amelanchier stolonifera*) 146
rush fern (*Schizaea*) 1323
rushgrass (*Sporobolus*) 1365
Russian borage (*Trachystemon, T. orientalis*) 1426, *1426*
Russian comfrey (*Symphytum ≥ uplandicum*) 1385
Russian cypress (*Microbiota, M. decussata*) 894, *894*
Russian elm (*Ulmus laevis*) 1450, *1450*
Russian olive (*Elaeagnus angustifolia*) 531, *531*
Russian pea shrub (*Caragana frutex*) 328, *328*
Russian rock birch (*Betula ermanii*) 235
Russian sage (*Perovskia atriplicifolia*) 1011, *1011*
Russian vine (*Fallopia baldschuanica*) 597
rusty fig (*Ficus destruens, F. rubiginosa*) 602, *602*, 604, *604*
rusty foxglove (*Digitalis ferruginea*) 499
rusty gum (*Angophora costata*) 156, *156*
rusty spider flower (*Grevillea floribunda*) 650, *650*
rusty woodsia (*Woodsia ilvensis*) 1488
rutabaga (*Brassica napus*) 255, *255*
rye grass (*Lolium*) 833
Ryukyu juniper (*Juniperus taxifolia*) 774

S

sabi star (*Adenium obesum*) 98
sacahuista (*Nolina bigelovii, N. microcarpa*) 935
sacred bamboo (*Nandina*) 913
sacred fig (*Ficus religiosa*) 604, *604*
sacred flower of the Incas (*Cantua buxifolia*) 325, *325*
sacred lily of the Incas (*Hymenocallis, H. narcissiflora*) 720
sacred lotus (*Nelumbo nucifera*) 922, 923
safflower (*Carthamus tinctorius*) 334, *334*
saffron crocus (*Crocus sativus*) 436
saffron spike (*Aphelandra squarrosa*) 164
sage (*Salvia*) 1300–7
sage-leafed rock rose (*Cistus salviifolius*) 382, *382*
sago cycad (*Cycas circinalis*) 449, *449*
sago palm (*Cycas circinalis*) 449, *449*
sago palm (*Metroxylon sagu*) 893
saguaro cactus (*Carnegiea gigantea*) 332, *332*
sailor's cap (*Dodecatheon hendersonii*) 508
St Augustine grass (*Stenotaphrum secundatum*) 1371
St Bernard's lily (*Anthericum liliago*) 161, *161*
St Bruno's lily (*Paradisea*) 985
Saint Catherine's lace (*Eriogonum giganteum*) 556, *556*
St Dabeoc's heath (*Daboecia cantabrica*) 464, *464*
St James lily (*Sprekelia formosissima*) 1366, *1366*
St John's bread (*Ceratonia siliqua*) 358, *358*
St Joseph's lily (*Hippeastrum vittatum*) 705
St Martin's flower (*Alstroemeria ligtu*) 140, *140*
St Patrick's cabbage (*Saxifraga spathularis*) 1318, *1318*
St Patrick's cabbage (*Sempervivum tectorum*) 1333
St Vincent lilac (*Solanum seaforthianum*) 1348
sal (*Shorea robusta*) 1339, *1339*
salad burnet (*Sanguisorba minor*) 1309
salal (*Gaultheria shallon*) 626–27, *627*
Sally wattle (*Acacia floribunda*) 75
salmon berry (*Rubus parviflorus*) 1285, *1285*
salmonberry (*Rubus spectabilis*) 1285, *1285*
salsify (*Tragopogon porrifolius*) 1427, *1427*
salt cedar (*Tamarix chinensis*) 1398, *1398*
salt grass (*Spartina pectinata*) 1360, *1360*
saltbush (*Atriplex, A. hortensis*) 206
saltwater paperbark (*Melaleuca cuticularis*) 883, *883*
saman (*Albizia saman*) 122, *122*
samphire-leafed geranium (*Pelargonium crithmifolium*) 995, *995*
San Diego County viguiera (*Viguiera laciniata*) 1471, *1471*
San Jose hesper palm (*Brahea brandegeei*) 253, *253*
San Miguel sage (*Salvia munzii*) 1304, *1304*
San Pedro Martír cypress (*Cupressus montana*) 446, *446*
sand cherry (*Prunus pumila*) 1096
sand coprosma (*Coprosma acerosa*) 410
sand cypress pine (*Callitris columellaris*) 287, *287*
sand lady's slipper (*Calceolaria uniflora*) 280
sand leek (*Allium scorodoprasum*) 128
sand myrtle (*Leiophyllum buxifolium*) 805
sand palm (*Livistona humilis*) 831, *831*
sand pear (*Pyrus pyrifolia*) 1119
sand phlox (*Phlox bifida*) 1028
sand plum (*Prunus maritima*) 1095
sand verbena (*Abronia*) 70
sandhill spider flower (*Grevillea stenobotrya*) 653, *653*
sandmat manzanita (*Arctostaphylos pumila*) 176, *176*
sandpaper bush (*Ehretia amoena*) 531, *531*
sandpaper vine (*Petrea volubilis*) 1015
sandwort (*Arenaria*) 180–81
sandwort (*Minuartia*) 899
Santa Barbara ceanothus (*Ceanothus impressus*) 347
Santa Barbara daisy (*Erigeron karvinskianus*) 554, *554*
Santa Catalina manzanita (*Arctostaphylos catalinae*) 175, *175*
Santa Cruz Island buckwheat (*Eriogonum arborescens*) 556
Santa Fe phlox (*Phlox nana*) 1029
Santa Lucia fir (*Abies bracteata*) 68, *68*
Santa Margarita manzanita (*Arctostaphylos pilosula*) 176, *176*
Santa Rosa manzanita (*Arctostaphylos confertiflora*) 175, *175*
sapirangy (*Tabernaemontana catharinensis*) 1396, *1396*
sapodilla (*Manilkara zapota*) 874, *874*
sapote borracho (*Pouteria campechiana*) 1078
sapphire berry (*Symplocos paniculata*) 1386, *1386*
sargent barberry (*Berberis sargentiana*) 231
sargent cherry (*Prunus sargentii*) 1097, *1097*
sargent cypress (*Cupressus sargentii*) 446, *446*
sargent spruce (*Picea brachytyla*) 1040
sargent viburnum (*Viburnum sargentii*) 1469, *1469*
Sargent's crabapple (*Malus sargentii*) 864, *864*
Sargent's palm (*Pseudophoenix sargentii*) 1102, *1102*
Sargent's rowan (*Sorbus sargentiana*) 1358, *1358*
sarvis tree (*Amelanchier laevis*) 145, *145*
Saskatoon serviceberry (*Amelanchier alnifolia*) 145
sassafras (*Sassafras albidum*) 1316, *1316*
satin flower (*Clarkia amoena*) 385, *385*
satin poppy (*Meconopsis napaulensis*) 880, *880*
satinay (*Syncarpia hillii*) 1387
satsuma (*Citrus reticulata*) 384
satureja (*Acinos*) 92
saucer magnolia (*Magnolia ≥ soulangeana*) 853, *853*
saucer plant (*Aeonium undulatum*) 105, *105*
sausage tree (*Kigelia africana*) 779, *779*
savin juniper (*Juniperus sabina*) 773, *773*
savory (*Satureja*) 1316
saw banksia (*Banksia serrata*) 218
saw palmetto (*Serenoa repens*) 1337, *1337*
Sawara cypress (*Chamaecyparis pisifera*) 366
sawgrass (*Nolina bigelovii, N. microcarpa*) 935
saxifrage pink (*Petrorhagia saxifraga*) 1015
sazanami giboshi (*Hosta crispula*) 708
scabious (*Scabiosa*) 1319–20
scabious patrinia (*Patrinia scabiosifolia*) 992
scabweed (*Raoulia, R. hookeri*) 1132–33, *1133*
scallion (*Allium cepa*) 125, *125*
scaly phebalium (*Phebalium squamulosum*) 1023, *1023*
scaly tree fern (*Cyathea cooperi*) 448, *448*
scaly zamia (*Lepidozamia peroffskyana*) 806, *806*
Scarborough lily (*Cyrtanthus elatus*) 459, *459*
scarlet bottlebrush (*Callistemon citrinus*) 284
scarlet bouvardia (*Bouvardia glaberrima*) 248
scarlet bugler (*Penstemon centranthifolius*) 1006
scarlet firethorn (*Pyracantha coccinea*) 1115, *1115*
scarlet flax (*Linum grandiflorum 'Rubrum*) 826
scarlet freesia (*Freesia laxa*) 612, *612*
scarlet ginger lily (*Hedychium coccineum*) 680, *680*
scarlet hedge nettle (*Stachys coccinea*) 1367, *1367*
scarlet hibiscus (*Hibiscus coccineus*) 701
scarlet honey myrtle (*Melaleuca fulgens*) 884, *884*
scarlet kunzea (*Kunzea baxteri*) 783, *783*
scarlet maple (*Acer rubrum*) 88–9, *89*
scarlet milkweed (*Asclepias curassavica*) 194, *194*
scarlet mint bush (*Prostanthera aspalathoides*) 1085, *1085*
scarlet monkey flower (*Mimulus cardinalis*) 898, *898*
scarlet oak (*Quercus coccinea*) 1123, *1123*
scarlet paintbrush (*Castilleja coccinea*) 340
scarlet plume (*Euphorbia fulgens*) 585, *585*
scarlet rose mallow (*Hibiscus coccineus*) 701
scarlet runner bean (*Phaseolus coccineus*) 1022
scarlet sage (*Salvia splendens*) 1306, *1306*
scarlet sumac (*Rhus glabra*) 1204
scarlet trumpet honeysuckle (*Lonicera ≥ brownii*) 834
scented bouvardia (*Bouvardia longiflora*) 248, *248*
scented broom (*Carmichaelia odorata*) 331, *331*
scented paperbark (*Melaleuca squarrosa*) 885, *885*
scented penstemon (*Penstemon palmeri*) 1007
Schumann's abelia (*Abelia schumannii*) 66
scollies (*Asplenium scolopendrium*) 198, *198*
scorpion senna (*Hippocrepis emerus*) 706, *706*
scorpion weed (*Phacelia*) 1017–18
Scotch briar (*Rosa spinosissima*) 1219, *1219*
Scotch broom (*Cytisus scoparius*) 461, *461*
Scotch elm (*Ulmus glabra*) 1449
Scotch laburnum (*Laburnum alpinum*) 786, *786*
Scotch marigold (*Calendula officinalis*) 281, *281*
Scotch pine (*Pinus sylvestris*) 1051, *1051*
Scotch thistle (*Onopordum acanthium*) 952
Scots pine (*Pinus sylvestris*) 1051, *1051*
Scott River jugflower (*Adenanthos detmoldii*) 97, *97*
scouring-rush (*Equisetum, E. hyemale*) 544
scrambling coral fern (*Gleichenia microphylla*) 642, *642*
screwbean (*Prosopis pubescens*) 1085
screwbean mesquite (*Prosopis pubescens*) 1085
scrub beefwood (*Grevillea baileyana*) 649
scrub beefwood (*Stenocarpus salignus*) 1370, *1370*
scrub hickory (*Carya floridana*) 334
scrub kauri (*Agathis ovata*) 112, *112*
scrub kurrajong (*Hibiscus heterophyllus*) 701
scrub palmetto (*Sabal minor*) 1292
scrub pecan (*Carya floridana*) 334
scrub pine (*Pinus virginiana*) 1051
scrub sumac (*Rhus microphylla*) 1204
scrubwood (*Commidendrum rugosum*) 405, *405*
scurvy grass (*Oxalis enneaphylla*) 965, *965*
sea box (*Alyxia buxifolia*) 143, *143*
sea buckthorn (*Hippophae rhamnoides*) 706
sea campion (*Silene uniflora*) 1341, *1341*
sea fig (*Ficus superba*) 604
sea grape (*Coccoloba uvifera*) 396, *396*
sea holly (*Eryngium maritimum*) 560
sea kale (*Crambe maritima*) 429
sea lavender (*Limonium*) 824–25
sea lyme grass (*Leymus arenarius*) 818, *818*
sea mallow (*Malva wigandii*) 868
sea oats (*Chasmanthium latifolium*) 368–69
sea onion (*Ornithogalum longibracteatum*) 958
sea pink (*Armeria*) 187
sea poppy (*Glaucium*) 641
sea purslane (*Atriplex hortensis*) 206
sea ragwort (*Senecio cineraria*) 1334
sea urchin (*Festuca glauca 'Seeigel'*) 601, *601*
sea urchin (*Hakea laurina*) 667, *667*
sea urchin cactus (*Astrophytum, A. asterias*) 203–4, *203*
sea urchin cactus (*Echinopsis*) 528–29
seaforthia palm (*Ptychosperma elegans*) 1109
sealing-wax palm (*Cyrtostachys renda*) 460, *460*
seaside alder (*Alnus maritima*) 132, *132*
seaside bird's foot (*Lotus formosissimus*) 838, *838*
seaside daisy (*Erigeron glaucus*) 554, *554*
sea-urchin dryandra (*Dryandra praemorsa*) 515, *515*
sedge (*Carex*) 329–30, *329*
self-heal (*Prunella, P. grandiflora, P. vulgaris*) 1091
senita (*Pachycereus schottii*) 970, *970*
sensitive fern (*Onoclea*) 952
sensitive plant (*Mimosa pudica*) 898, *898*
sentry palm (*Howea belmoreana*) 714
September bells (*Rothmannia globosa*) 1282, 1283
Serbian bellflower (*Campanula poscharskyana*) 321
Serbian spruce (*Picea omorika*) 1041, *1041*
serpent cucumber (*Trichosanthes cucumerina*) 1428,*1428*
serpent grass (*Persicaria vivipara*) 1013, *1013*
serpentine manzanita (*Arctostaphylos obispoensis*) 176, *176*
serrated tussock (*Nassella trichotoma*) 921, *921*
service tree (*Sorbus domestica*) 1356
serviceberry (*Amelanchier, A. canadensis, A. ≥ grandiflora*) 145, *145*

pinwheel (*Aeonium haworthii*) 104
pinwheel flower (*Tabernaemontana divaricata*) 1396
pinxterbloom azalea (*Rhododendron periclymenoides*) 1156, *1156*
pinyon (*Pinus cembroides*) 1047
pipestem clematis (*Clematis lasiantha*) 388, *388*
pipsissewa (*Chimaphila, C. umbellata*) 371
pirri-pirri (*Acaena novae-zelandiae*) 80,
pistachio (*Pistacia vera*) 1053
pitanga (*Eugenia uniflora*) 579
pitch pine (*Pinus palustris*) 1050, *1050*
pitcher sage (*Salvia spathacea*) 1306, *1306*
pitcheri (*Duboisia hopwoodii*) 517, *517*
pitchforks (*Bidens*) 237
pituri (*Duboisia hopwoodii*) 517, *517*
plains acacia (*Acacia berlandieri*) 73
plains prickly pear (*Opuntia polyacantha*) 954
plains yellow primrose (*Calylophus serrulatus*) 292, *292*
plane tree (*Platanus*) 1057
plantain (*Musa ≥ paradisiaca*) 906, *906*
plantain (*Plantago*) 1056–57
plantain lily (*Hosta*) 708
platinum pepper (*Peperomia griseoargentea*) 1010
platter leaf (*Coccoloba uvifera*) 396, *396*
pleurisy root (*Asclepias tuberosa*) 194, *194*
ploughbreaker (*Erythrina zeyheri*) 563, *563*
ploughshare wattle (*Acacia cultriformis*) 74, *74*
plum (*Prunus ≥ domestica*) 1093
plum pine (*Podocarpus elatus*) 1064
plum yew (*Cephalotaxus*) 356–57
plumbago (*Plumbago auriculata*) 1062, *1062*
plume grass (*Saccharum ravennae*) 1292
plume poppy (*Macleaya, M. cordata*) 849
plumed maidenhair (*Adiantum formosum*) 99
plumed tussock grass (*Chionochloa conspicua*) 372, *372*
plum-fruited yew (*Prumnopitys andina*) 1090, *1090*
plumosa fern lily (*Asparagus setaceus*) 196–97
plush plant (*Echeveria pulvinata*) 524, *524*
pocketbook plant (*Calceolaria Herbeohybrida Group*) 280, *280*
poets' jasmine (*Jasminum officinale*) 766
poet's narcissus (*Narcissus poeticus*) 914
pohutukawa (*Metrosideros excelsus*) 892, *892*
poinsettia (*Euphorbia pulcherrima*) 589, *589*
Point Reyes creeper (*Ceanothus gloriosus*) 346–47
pointed-leaf manzanita (*Arctostaphylos pungens*) 177, *177*
poison bulb (*Crinum asiaticum*) 434
poison elder (*Toxicodendron vernix*) 1425
poison primrose (*Primula obconica, P. sinensis*) 1081, 1083
poison sumac (*Toxicodendron succedaneum, T. vernix*) 1425, *1425*
pokaka (*Elaeocarpus hookerianus*) 533
poke (*Phytolacca americana*) 1038, *1038*
pokeberry (*Phytolacca americana*) 1038, *1038*
pokeweed (*Phytolacca americana*) 1038, *1038*
polecat bush (*Rhus aromatica*) 1204
polecat tree (*Illicium floridanum*) 732, *732*
polished willow (*Salix laevigata*) 1298, *1298*
polka-dot plant (*Hypoestes phyllostachya*) 723, *723*
polyanthus (*Primula, P. Pruhonicensis Hybrids*) 1078–84
polyanthus narcissus (*Narcissus tazetta*) 914
Polynesian hare's foot (*Davallia solida*) 476
polypody (*Polypodium*) 1067–68
pomelo (*Citrus maxima*) 384, *384*
pomme de prairie (*Pediomelum esculentum*) 994
pomodoro (*Lycopersicon esculentum*) 842, 843
pompon tree (*Dais cotinifolia*) 472, *472*
pond lily (*Nymphaea odorata*) 937
pond pine (*Pinus serotina*) 1050
ponderosa pine (*Pinus ponderosa*) 1050, *1050*
pondo waterwood (*Syzygium pondoense*) 1393, *1393*
pondweed (*Potamogeton*) 1075
pongam (*Milletia pinnata*) 895
pongamia (*Milletia pinnata*) 895
pontic azalea (*Rhododendron luteum*) 1153, *1153*
pontic rhododendron (*Rhododendron ponticum*) 1156, *1156*
pontine oak (*Quercus pontica*) 1126, *1126*
ponytail palm (*Beaucarnea recurvata*) 222, *222*
poor man's orchid (*Schizanthus*) 1323
poor man's umbrella (*Gunnera insignis*) 657, *657*
pop saltbush (*Atriplex spongiosa*) 206, *206*
poplar (*Populus*) 1071–73, *1071*
poplar box (*Eucalyptus populnea*) 575, *575*
poplar gum (*Eucalyptus alba*) 567, *567*
poppy (*Papaver*) 979–81
poppy mallows (*Callirhoe*) 283
poppy of the dawn (*Eomecon chionantha*) 538, *538*
porcupine grass (*Miscanthus sinensis 'Strictus'*) 900, *900*
poro poro (*Solanum aviculare*) 1346, *1346*
Port Jackson cypress pine (*Callitris rhomboidea*) 287, *287*
Port Jackson fig (*Ficus rubiginosa*) 604, *604*
Port Jackson willow (*Acacia saligna*) 79
Port Orford cedar (*Chamaecyparis lawsoniana*) 364–65, *364*
Portugal laurel (*Prunus lusitanica*) 1095, *1095*
Portuguese broom (*Chamaecytisus albus*) 366
Portuguese broom (*Cytisus multiflorus*) 461
Portuguese heath (*Erica lusitanica*) 551, *551*
Portuguese laurel (*Prunus lusitanica*) 1095, *1095*
Portuguese sundew (*Drosophyllum*) 515
port-wine magnolia (*Michelia figo*) 893
possumhaw (*Ilex decidua*) 729, *729*
possum-haw viburnum (*Viburnum nudum*) 1468, *1468*
pot marigold (*Calendula officinalis*) 281, *281*
pot marjoram (*Origanum onites*) 956
potato (*Solanum tuberosum*) 1348
potato fern (*Marattia salicina*) 875, *875*
potato vine (*Solanum jasminoides, S. wendlandii*) 1347, 1349, *1349*
potato yam (*Dioscorea esculenta*) 503
potentilla (*Potentilla fruticosa*) 1076
≥ Potinara Afternoon Delight (*'Magnificent'*) 1077, *1077*
≥ Potinara Little Toshi (*'Gold Country'*) 1077, *1077*
powder-puff cactus (*Mammillaria bocasana*) 869, *869*
powderpuff lillypilly (*Syzygium wilsonii*) 1393, *1393*
powderpuff tree (*Barringtonia racemosa*) 220, *220*
powderpuff tree (*Calliandra haematocephala*) 282, *282*
powdery alligator flag (*Thalia dealbata*) 1408, *1408*
powdery strap airplant (*Catopsis berteroniana*) 344
powton (*Paulownia fortunei*) 993
prairie aster (*Machaeranthera tanacetifolia*) 848
prairie chickweed (*Cerastium arvense*) 357, *357*
prairie coneflower (*Ratibida columnifera, R. pinnata*) 1134, *1134*
prairie crabapple (*Malus ioensis*) 861, *861*
prairie dock (*Silphium terebinthinaceum*) 1341
prairie dropseed (*Sporobolus heterolepsis*) 1365
prairie false indigo (*Baptisia lactea*) 219
prairie fire (*Castilleja*) 340–41
prairie flame sumac (*Rhus copallina var. latifolia*) 1204, *1204*
prairie gentian (*Eustoma*) 591
prairie mallow (*Sphaeralcea coccinea*) 1361
prairie onion (*Allium stellatum*) 128
prairie phlox (*Phlox pilosa*) 1030
prairie poppy mallow (*Callirhoe involucrata*) 283
prairie rose (*Rosa arkansana, R. setigera*) 1213, *1213*, 1218, *1218*
prairie smoke (*Geum triflorum*) 637
prairie turnip (*Pediomelum esculentum*) 994
prairie zinnia (*Zinnia grandiflora*) 1498
prayer plant (*Maranta, M. leuconeura*) 874–75
Preston lilac (*Syringa ≥ prestoniae*) 1388, *1388*
pretty face (*Triteleia ixioides*) 1432, *1432*
pretty sundew (*Drosera pulchella*) 514, *514*
prickly alyxia (*Alyxia ruscifolia*) 144
prickly ash (*Zanthoxylum americanum, Z. simulans*) 1495, *1495*
prickly cardinal (*Erythrina zeyheri*) 563, *563*
prickly comfrey (*Symphytum asperum*) 1385
prickly conostylis (*Conostylis aculeata*) 407, *407*
prickly cycad (*Encephalartos altensteinii*) 536, *536*
prickly fuchsia bush (*Graptophyllum ilicifolium*) 647, *647*
prickly Moses (*Acacia ulicifolia, A. verticillata*) 79, *79*, 180
prickly palm (*Bactris major*) 215, *215*
prickly paperbark (*Melaleuca styphelioides*) 885
prickly pear (*Cylindropuntia tunicata*) 452
prickly pear (*Opuntia*) 953
prickly pear (*Opuntia stricta*) 954
prickly pear cactus (*Opuntia humifusa*) 954
prickly phlox (*Leptodactylon californicum*) 807, *807*
prickly poppy (*Argemone mexicana, A. munita*) 182, *182*
prickly rasp fern (*Doodia aspera*) 509, *509*
prickly shield fern (*Polystichum aculeatum, P. vestitum*) 1069, *1069*, 1070
prickly spider flower (*Grevillea juniperina*) 651, *651*
prickly tea-tree (*Leptopteris juniperinum*) 808
prickly thrift (*Acantholimon*) 81
prickly wattle (*Acacia ulicifolia*) 79, *79*
pride of Bolivia (*Tipuana tipu*) 1422, *1422*
pride of Burma (*Amherstia nobilis*) 146, *146*
pride of California (*Lathyrus splendens*) 800
pride of China (*Koelreuteria bipinnata*) 782, *782*
pride of De Kaap (*Bauhinia galpinii*) 221, *221*
pride of India (*Lagerstroemia speciosa*) 792, *792*
pride of Madeira (*Echium candicans*) 530, *530*
primrose (*Primula, P. vulgaris*) 1078–84, *1084*
primrose jasmine (*Jasminum mesnyi*) 765, *765*
Prince Albert's yew (*Saxegothaea conspicua*) 1317, *1317*
Prince of Wales feathers (*Leptopteris superba*) 807, *807*
Prince of Wales heath (*Erica perspicua*) 552, *552*
prince protea (*Protea compacta*) 1087
prince's feather (*Amaranthus cruentus*) 144
prince's feather (*Persicaria orientalis*) 1013
prince's pine (*Chimaphila*) 371
princess flower (*Tibouchina urvilleana*) 1417, *1417*
princess palm (*Dictyosperma album*) 498, *498*
princess protea (*Protea grandiceps*) 1088
princess tree (*Paulownia tomentosa*) 993, *993*
pring betung (*Dendrocalamus asper*) 487
prism cactus (*Leuchtenbergia principis*) 813, *813*
privet (*Ligustrum*) 820
privet-leafed stringybark (*Eucalyptus ligustrina*) 572
prostrate broom (*Cytisus decumbens*) 461
proud mariposa (*Calochortus superbus*) 289
Provence rose (*Rosa 'Cabbage Rose'*) 1276
Provins rose (*Rosa gallica officinalis*) 1215
Puerto Rican royal palm (*Roystonea borinquena*) 1283
Puerto Rico hat palm (*Sabal causiarum*) 1292, *1292*
puka (*Griselinia lucida*) 657
puka (*Meryta sinclairii*) 890, *890*
pukanui (*Meryta sinclairii*) 890, *890*
pumpkin (*Cucurbita, C. moschata*) 441
puniu (*Polystichum vestitum*) 1070
puriri (*Vitex lucens*) 1477, *1477*
purple allamanda (*Allamanda blanchetii*) 124, *124*
purple amaranth (*Amaranthus cruentus*) 144
purple anise (*Illicium floridanum*) 732, *732*
purple avens (*Geum triflorum*) 637
purple beauty berry (*Callicarpa dichotoma*) 283
purple beauty bush (*Callicarpa dichotoma*) 283
purple bell vine (*Rhodochiton atrosanguineus*) 1143, *1143*
purple cestrum (*Cestrum ≥ cultum*) 362, *362*
purple coneflower (*Echinacea purpurea*) 525, *525*
purple dew plant (*Ruschia caroli*) 1288, *1288*
purple granadilla (*Passiflora edulis*) 991
purple ground cherry (*Physalis philadelphica*) 1037
purple ice plant (*Lampranthus productus*) 795
purple loosestrife (*Lythrum salicaria, L. virgatum*) 845
purple medick (*Medicago sativa*) 881
purple mint bush (*Prostanthera ovalifolia*) 1086, *1086*
purple moor grass (*Molinia caerulea*) 901
purple morning glory plant (*Sutera grandiflora*) 1382
purple mountain saxifrage (*Saxifraga oppositifolia*) 1318, *1318*
purple mullein (*Verbascum phoeniceum*) 1459
purple osier willow (*Salix purpurea*) 1298
purple owl clover (*Castilleja exserta*) 340, *340*
purple poppy mallow (*Callirhoe involucrata*) 283
purple prairie clover (*Dalea purpurea*) 472
purple sage (*Salvia leucophylla*) 1303, *1303*
purple spurge (*Euphorbia dulcis*) 585
purple toadflax (*Linaria purpurea*) 825
purple top (*Verbena bonariensis*) 1460, *1460*
purple velvet plant (*Gynura aurantiaca*) 662–63
purple violet (*Viola adunca*) 1472
purple viper's bugloss (*Echium plantagineum*) 530, *530*
purple wreath (*Petrea volubilis*) 1015
purple-coned spruce (*Picea purpurea*) 1042, *1042*
purple-flowering raspberry (*Rubus odoratus*) 1284, *1284*
purple-fruited prickly pear (*Opuntia phaeacantha*) 954, *954*
purple-leafed sand cherry (*Prunus ≥ cistena*) 1093, *1093*
purple-top (*Salvia viridis*) 1307
purslane (*Claytonia*) 385
purslane (*Portulaca*) 1074
pussley (*Portulaca oleracea*) 1074
pussy willow (*Salix caprea*) 1296, *1296*
pussy-toes (*Antennaria*) 160
putaputaweta (*Carpodetus serratus*) 334, *334*
pygmy bamboo (*Pleioblastus pygmaeus*) 1060
pygmy sundew (*Drosera pygmaea*) 514, *514*
pygmy waterlily (*Nymphaea tetragona*) 938
pyramid bugle (*Ajuga pyramidalis*) 121
pyramid magnolia (*Magnolia pyramidata*) 852
Pyrenean squill (*Scilla liliohyacinthus*) 1326, *1326*
Pyrenean violet (*Viola pyrenaica*) 1474, *1474*
Pyrenees saxifrage (*Saxifraga longifolia*) 1318, *1318*
pyrethrum (*Tanacetum cinerariifolium, T. coccineum*) 1399, *1399*

Q

qat (*Catha edulis*) 342, *342*
quaking aspen (*Populus tremula, P. tremuloides*) 1073, *1073*
quaking grass (*Briza, B. media*) 259
qualup bells (*Pimelea physodes*) 1045, *1045*
quamash (*Camassia*) 292
quandong (*Santalum acuminatum*) 1310, *1310*
quarter vine (*Bignonia capreolata*) 237
queen anthurium (*Anthurium warocqueanum*) 162
queen crape myrtle (*Lagerstroemia speciosa*) 792, *792*
queen lily (*Phaedranassa*) 1018
queen of the meadows (*Filipendula ulmaria*) 605
queen of the night (*Hylocereus undatus*) 720
queen of the night (*Selenicereus*) 1332
queen of the prairie (*Filipendula rubra*) 605
queen palm (*Syagrus romanzoffiana*) 1384, *1384*
queen protea (*Protea magnifica*) 1088, *1088*
queen's tears (*Billbergia nutans*) 238, *238*
queen's wreath (*Petrea volubilis*) 1015
Queensland arrowroot (*Canna indica*) 324
Queensland black bean (*Castanospermum australe*) 340, *340*
Queensland blue gum (*Eucalyptus tereticornis*) 577, *577*
Queensland ebony (*Bauhinia carronii*) 221, *221*
Queensland firewheel tree (*Stenocarpus sinuatus*) 1370, *1370*
Queensland grass tree (*Xanthorrhoea johnsonii*) 1490, *1490*
Queensland kauri (*Agathis robusta*) 112, *112*
Queensland nut (*Macadamia tetraphylla*) 848
Queensland red beech (*Dillenia alata*) 501, *501*
Queensland umbrella tree (*Schefflera actinophylla*) 1321, *1321*
Queensland wattle (*Acacia podalyriifolia*) 78, *78*
queñoa (*Polylepis tomentella*) 1067, *1067*
quickthorn (*Crataegus monogyna*) 433
quince (*Cydonia oblonga*) 451, *451*
quinine bush (*Garrya fremontii*) 625
quinine tree (*Rauvolfia caffra*) 1134, *1134*
quinoa (*Chenopodium quinoa*) 370

R

rabbit brush (*Chrysothamnus*) 377
rabbit ear iris (*Iris laevigata*) 741
rabbit tracks (*Maranta leuconeura*) 875
rabbit-eye blueberry (*Vaccinium ashei*) 1453
rabbit's foot (*Maranta leuconeura var. kerchoveana*) 875
rabbit's foot fern (*Phlebodium aureum*) 1026
radiata pine (*Pinus radiata*) 1050
radicchio (*Cichorium intybus*) 378, *378*
radish (*Raphanus, R. sativus*) 1133
ragged robin (*Lychnis flos-cuculi*) 842
rain tree (*Albizia saman*) 122, *122*
rainbow shower (*Cassia javanica, C. ≥ nealiae*) 337, *337*
rainbow star (*Cryptanthus 'Rainbow Star'*) 438, *438*
ramanas rose (*Rosa rugosa*) 1218, *1218*
ramarama (*Lophomyrtus bullata*) 836, *837*
rampion (*Campanula rapunculus*) 322
rangiora (*Brachyglottis repanda*) 251
Rangoon creeper (*Quisqualis indica*) 1129, *1129*
Rangpur lime (*Citrus ≥ limonia*) 384
rasp fern (*Doodia*) 509
raspberry (*Rubus idaeus*) 1284
raspy root orchid (*Rhinerrhiza divitiflora*) 1141, *1141*
rata (*Metrosideros robusta*) 892, *892*
rat's tail cactus (*Aporocactus, A. flagelliformis*) 165, *165*
rattan (*Calamus*) 278, *278*
rattan cane (*Calamus rotang*) 278
rattlebox (*Crotalaria*) 437
rattle-pod grevillea (*Grevillea stenobotrya*) 653, *653*
rattlesnake master (*Eryngium yuccifolium*) 561
rattlesnake plant (*Calathea lancifolia*) 279
rattlesnake tail (*Crassula barklyi*) 430
rattleweed (*Crotalaria retusa*) 437
ravenna grass (*Saccharum ravennae*) 1292
ray-flowered protea (*Protea eximia*) 1087, *1087*
red alder (*Alnus rubra*) 132
red amaranth (*Amaranthus cruentus*) 144
red and green kangaroo paw (*Anigozanthos manglesii*) 158, *158*
red angel's trumpet (*Brugmansia sanguinea*) 261, *261*
red apple (*Acmena ingens*) 93, *93*
red ash (*Alphitonia excelsa*) 138, *138*
red ash (*Fraxinus pennsylvanica*) 612,
red baneberry (*Actaea rubra*) 95
Red Bay persea (*Persea borbonia*) 1012
red beech (*Nothofagus fusca*) 935, *935*
red bopple nut (*Hicksbeachia pinnatifolia*) 705, *705*
red boronia (*Boronia heterophylla*) 244, *244*
red box (*Eucalyptus polyanthemos*) 575, *575*
red buckeye (*Aesculus pavia*) 108, *108*
red campion (*Silene dioica*) 1340
red carpet (*Crassula radicans*) 431, *431*
red carrabeen (*Geissois benthamii*) 628, *628*
red cat-tails (*Acalypha reptans*) 81, *81*
red cedar (*Juniperus virginiana*) 774
red cedar (*Thuja*) 1412–13
red cedar (*Toona ciliata*) 1423, *1423*
red cestrum (*Cestrum 'Newellii'*) 362
red cherry (*Prunus pensylvanica*) 1096
red chokeberry (*Aronia arbutifolia*) 188, *188*
red cinquefoil (*Potentilla atrosanguinea*) 1075
red cohosh (*Actaea rubra*) 95
red cole (*Armoracia rusticana*) 188, *188*
red elderberry (*Sambucus racemosa*) 1308
red false mallow (*Sphaeralcea coccinea*) 1361
red ginger (*Alpinia purpurata*) 139, *139*
red ginger lily (*Hedychium coccineum*) 680, *680*
red gram (*Cajanus cajan*) 276
red granadilla (*Passiflora coccinea*) 991
red heath (*Erica rubens*) 552, *552*
red hickory (*Carya ovalis*) 335
red hook sedge (*Uncinia rubra*) 1451
red horse chestnut (*Aesculus ≥ carnea*) 106, *106*
red huckleberry (*Vaccinium parvifolium*) 1454
red ironbark (*Eucalyptus sideroxylon*) 577
red ivy (*Hemigraphis alternata*) 695, *695*
red justicia (*Justicia candicans*) 775
red kamala (*Mallotus philippensis*) 858, *858*
red kangaroo paw (*Anigozanthos rufus*) 158
red mangrove (*Rhizophora mangle*) 1142, *1142*
red maple (*Acer rubrum*) 88–9, *89*
red milkwood (*Mimusops obovata*) 899, *899*
red mint bush (*Prostanthera calycina*) 1085
red mulberry (*Morus rubra*) 904
red oak (*Quercus rubra*) 1127, *1127*
red passionflower (*Passiflora coccinea, P. manicata, P. racemosa*) 991, *991*
red pear (*Scolopia mundii*) 1327, *1327*
red peony of Constantinople (*Paeonia peregrina*) 975, *975*
red pine (*Pinus resinosa*) 1050, *1050*
red pokers (*Hakea bucculenta*) 667
red puccoon (*Sanguinaria, S. canadensis*) 1309, *1309*
red rose (*Rosa gallica*) 1215, *1215*
red silky oak (*Grevillea banksii*) 649, *649*
red silky oak (*Stenocarpus salignus*) 1370, *1370*
red snakebark maple (*Acer capillipes*) 83, *83*
red spider flower (*Grevillea speciosa*) 652
red star (*Rhodohypoxis baurii*) 1202, *1202*
red stinkwood (*Prunus africana*) 1091, *1091*
red stringybark (*Eucalyptus macrorhyncha*) 573, *573*
red sugarbush (*Protea grandiceps*) 1088
red tassel flower (*Calliandra tweedii*) 282, *282*
red tingle (*Eucalyptus jacksonii*) 572, *572*
red tussock grass (*Chionochloa rubra*) 372, *372*
red valerian (*Centranthus ruber*) 354–55, *355*
red whortleberry (*Vaccinium parvifolium*) 1454
red willow (*Salix laevigata*) 1298, *1298*
red wood sorrel (*Oxalis oregana*) 966, *966*
red-barked dogwood (*Cornus alba*) 414
redberry (*Rhamnus crocea*) 1139, *1139*
redberry juniper (*Juniperus monosperma*) 772, *772*
redbud (*Cercis canadensis*) 360, *360*
red-cap gum (*Eucalyptus erythrocorys*) 570
redcoat (*Utricularia menziesii*) 1452
redcurrant (*Ribes rubrum*) 1207, *1207*
red-eyed baboon flower (*Babiana rubrocyanea*) 214, *214*
red-flowering gum (*Corymbia ficifolia*) 423, *423*
red-fruited saw-sedge (*Gahnia sieberiana*) 622, *622*
redgold honeysuckle (*Lonicera ≥ tellmanniana*) 836
redhead grass (*Potamogeton perfoliatus*) 1075, *1075*
red-heat (*Ceanothus spinosus*) 348
red-hot cat-tail (*Acalypha hispida*) 81
red-hot poker (*Kniphofia, K. ≥ praecox*) 780–81
redink sundew (*Drosera erythrorhiza*) 514
red-leaf philodendron (*Philodendron erubescens*) 1026
red-leaf plum (*Prunus ≥ cistena*) 1093, *1093*
redleaf rose (*Rosa glauca*) 1215, *1215*
red-leafed palm (*Livistona mariae*) 831, *831*

nutmeg bush (*Tetradenia riparia*) 1406, *1406*
nutmeg flower (*Nigella sativa*) 934, *934*
nutmeg hickory (*Carya myristiciformis*) 335
nutwood (*Terminalia arostrata*) 1405, *1405*

O

oak (*Quercus*) 1122–28, *1122*
Oakland star tulip (*Calochortus umbellatus*) 289, *289*
oak-leaf dryandra (*Dryandra quercifolia*) 515, *515*
oak-leaf geranium (*Pelargonium quercifolium*) 996
oak-leafed hydrangea (*Hydrangea quercifolia*) 719, *719*
oak-leafed mountain ash (*Sorbus ≥ thuringiaca*) 1358, *1358*
oak-leaved corkwood (*Commiphora wildii*) 405, *405*
oat grass (*Arrhenatherum, A. elatius*) 189, *189*
oat grass (*Helictotrichon*) 688
Oaxaca palmetto (*Sabal mexicana*) 1292, *1292*
oba giboshi (*Hosta montana*) 710
obedient plant (*Physostegia, P. virginiana*) 1038
oca (*Oxalis tuberosa*) 966
ocean spray (*Holodiscus discolor*) 707
oconee bells (*Shortia galacifolia*) 1339
ocote pine (*Pinus oocarpa*) 1049
ocotillo (*Fouquieria splendens*) 609, *609*
octopus agave (*Agave vilmoriniana*) 116, *116*
octopus tree (*Schefflera actinophylla*) 1321, *1321*
≥ Odontioda (*Nichirei Sunrise ≥ Ingmar*) 944
Odontoglossum (*Augres ≥ nobile*) 945, *945*
Odontoglossum (*Holiday Gold ≥ Geyser Gold*) 945, *945*
ohi'a lehua (*Metrosideros polymorpha*) 892, *892*
oil camellia (*Camellia oleifera*) 306
oil palm (*Elaeis, E. guineensis*) 532, *532*
oil tea (*Camellia oleifera*) 306
oil-nut tree (*Calophyllum inophyllum*) 290, *290*
oil-seed rape (*Brassica napus*) 255, *255*
Okinawan holly (*Ilex dimorphophylla*) 729
okra (*Abelmoschus esculentus*) 67
old lady cactus (*Mammillaria hahniana*) 870
old man (*Artemisia abrotanum, A. absinthum*) 190, *190*
old man banksia (*Banksia serrata*) 218
old man cactus (*Cephalocereus senilis*) 356, *356*
old man cactus (*Pilosocereus leucocephalus*) 1044
old man of Mexico (*Cephalocereus senilis*) 356, *356*
old man of Mexico (*Pilosocereus leucocephalus*) 1044
old man of the Andes (*Espostoa lanata*) 566–67
old man of the Andes (*Oreocereus celsianus*) 955, *955*
old man palm (*Coccothrinax crinita*) 397, *397*
old man's beard (*Tillandsia usneoides*) 1422, *1422*
old man's whiskers (*Geum triflorum*) 637
old woman (*Artemisia stelleriana*) 191
old woman cactus (*Mammillaria hahniana*) 870
old-fashioned weigela (*Weigela florida*) 1483, *1483*
oldham bamboo (*Bambusa oldhamii*) 217
oleander (*Nerium*) 932
oleander spurge (*Euphorbia neriifolia*) 588, *588*
oleander-leafed protea (*Protea neriifolia*) 1089, *1089*
oleaster (*Elaeagnus angustifolia*) 531, *531*
olive (*Olea*) 948
olive grevillea (*Grevillea dimorpha, G. olivacea*) 649–50, *649*, 652, *652*
Oliver's lime (*Tilia oliveri*) 1419
ombu (*Phytolacca dioica*) 1038, *1038*
one-flowered clover (*Trifolium uniflorum*) 1429, *1429*
one-leafed ash (*Fraxinus excelsior f. diversifolia*) 611
one-seed juniper (*Juniperus monosperma*) 772, *772*
one-sided bottlebrush (*Calothamnus quadrifidus*) 290, *290*
onion (*Allium, A. cepa*) 125–29, *125*
onion couch (*Arrhenatherum elatius*) 189, *189*
onion orchid (*Dendrobium canaliculatum*) 481
opium poppy (*Papaver somniferum*) 981
orach (*Atriplex hortensis*) 206
orange wattle (*Acacia saligna*) 79
orange ball tree (*Buddleja globosa*) 265, *265*
orange browallia (*Streptosolen jamesonii*) 1379, *1379*
orange cestrum (*Cestrum aurantiacum*) 362
orange clock vine (*Thunbergia gregorii*) 1414, *1414*
orange coneflower (*Rudbeckia fulgida*) 1286, *1286*
orange everlasting (*Xerochrysum*) 1490–91
orange firethorn (*Pyracantha angustifolia*) 1115, *1115*
orange hook sedge (*Uncinia egmontiana*) 1451
orange hummingbird mint (*Agastache aurantiaca*) 110
orange jessamine (*Murraya paniculata*) 905, *905*
orange stars (*Hibbertia stellaris*) 700
orange trumpet creeper (*Pyrostegia venusta*) 1116, *1116*
orange wisteria shrub (*Sesbania punicea*) 1338, *1338*
orangeglow vine (*Pseudogynoxys chenopodioides*) 1100, 1101
orangeroot (*Hydrastis canadensis*) 719
orange-thorn (*Cassinopsis ilicifolia*) 338, *338*
orchard apple (*Malus pumila*) 862
orchid tree (*Bauhinia variegata*) 221
oregano (*Origanum vulgare*) 957, *957*
Oregon alder (*Alnus rubra*) 132
Oregon ash (*Fraxinus latifolia*) 611
Oregon cedar (*Chamaecyparis lawsoniana*) 364–65, *364*
Oregon holly grape (*Mahonia aquifolium*) 855, *855*
Oregon lily (*Lilium columbianum*) 821
Oregon maple (*Acer macrophyllum*) 85, *85*
Oregon oak (*Quercus garryana*) 1124
Oregon plum (*Oemleria cerasiformis*) 946, *946*
Oregon plum (*Prunus subcordata*) 1099
Oregon sunshine (*Eriophyllum lanatum*) 557
Oregon white oak (*Quercus garryana*) 1124
organ pipe cactus (*Stenocereus thurberi*) 1371, *1371*
oriental beech (*Fagus orientalis*) 596, *596*
oriental bittersweet (*Celastrus orbiculatus*) 351
oriental bush cherry (*Prunus japonica*) 1094, *1094*
oriental cherry (*Prunus serrulata*) 1099, *1099*
oriental fountain grass (*Pennisetum orientale*) 1005
oriental hornbeam (*Carpinus orientalis*) 333, *333*
oriental persicary (*Persicaria orientalis*) 1013
oriental photinia (*Photinia villosa*) 1032, *1032*
oriental plane (*Platanus orientalis*) 1057
oriental poppy (*Papaver orientale*) 980
oriental sweet gum (*Liquidambar orientalis*) 827, *827*
ornamental onion (*Allium, A. acuminatum*) 125–29
orpine (*Sedum telephium*) 1331, *1331*
osage orange (*Maclura pomifera*) 849, *849*
osier (*Salix*) 1296–99
oso berry (*Oemleria cerasiformis*) 946, *946*
ostrich fern (*Matteuccia struthiopteris*) 877, *877*
oswego tea (*Monarda didyma*) 901, *901*
otafuku giboshi (*Hosta decorata*) 708, *708*
otaheite gooseberry (*Phyllanthus acidus*) 1034, *1034*
otaheite potato (*Dioscorea bulbifera*) 503, *503*
otaheite yam (*Dioscorea bulbifera*) 503, *503*
otome giboshi (*Hosta venusta*) 711
Our Lady's bedstraw (*Galium verum*) 624, *624*
Our Lady's milk thistle (*Silybum marianum*) 1341, *1341*
Our Lord's candle (*Yucca whipplei*) 1493, *1493*
Outeniqua yellowwood (*Afrocarpus falcatus*) 108, *108*
oval-leaf buchu (*Agathosma ovata*) 112
oval-leafed privet (*Ligustrum ovalifolium*) 820
ovens wattle (*Acacia pravissima*) 78
overcup oak (*Quercus lyrata*) 1125, *1125*
owl-eyes (*Huernia zebrina*) 715, *715*
ox-eye (*Heliopsis 'Goldgefieder'*) 689
ox killer fan (*Boophone disticha*) 242, *242*
ox-eye (*Heliopsis*) 689
ox-eye daisy (*Leucanthemum vulgare*) 813, *813*
oxeye daisy (*Telekia speciosa*) 1403
oxlip (*Primula elatior*) 1080, *1080*
Oyama magnolia (*Magnolia sieboldii*) 853, *853*
Oyster Bay pine (*Callitris rhomboidea*) 287, *287*
oyster plant (*Mertensia simplicissima*) 890
oyster plant (*Tragopogon porrifolius*) 1427, *1427*
Ozark sundrops (*Oenothera macrocarpa*) 947

P

pachistima (*Paxistima canbyi*) 994
Pacific fir (*Abies amabilis*) 68, *68*
Pacific gold and silver chrysanthemum (*Ajania pacifica*) 120, *120*
Pacific grindelia (*Grindelia stricta*) 657
Pacific Islands kauri (*Agathis macrophylla*) 111, *111*
Pacific madrone (*Arbutus menziesii*) 173, *173*
Pacific plum (*Prunus subcordata*) 1099
padre nuestro (*Myrtillocactus geometrizans*) 909
pagoda dogwood (*Cornus alternifolia*) 414
pagoda tree (*Plumeria obtusa*) 1062,
pagoda tree (*Sophora japonica*) 1352, *1352*
pahautea (*Libocedrus bidwillii*) 819
pai tong (*Dendrocalamus asper*) 487
painted brake (*Pteris tricolor*) 1106
painted cups (*Castilleja*) 340–41
painted daisy (*Tanacetum coccineum*) 1399, *1399*
painted drop-tongue (*Aglaonema crispum*) 118
painted lady fern (*Athyrium niponicum 'Pictum Crested'*) 206
painted leaf (*Euphorbia cyathophora*) 584
painted nettle (*Solenostemon scutellarioides*) 1350
painted pitcher plant (*Nepenthes burbidgeae*) 927, *927*
painted sage (*Salvia viridis*) 1307
painted sundew (*Drosera zonaria*) 514–15, *514*
painted tongue (*Salpiglossis sinuata*) 1300
pajaro manzanita (*Arctostaphylos pajaroensis*) 176, *176*
pal (*Pseudophoenix lediniana*) 1102, *1102*
pale coneflower (*Echinacea pallida*) 525
pale everlasting (*Helichrysum rutidolepis*) 686, *686*
pale pitcher plant (*Sarracenia alata*) 1314, *1314*
pale purple coneflower (*Echinacea pallida*) 525
palm lily (*Cordyline rubra*) 412, *412*
palm lily (*Yucca gloriosa*) 1492, *1492*
palm sedge (*Carex muskingumensis*) 330
palmella (*Yucca elata*) 1492, *1492*
palmetto (*Sabal, S. palmetto*) 1292, *1292*
palmito (*Euterpe edulis*) 592, *592*
palmito do campo (*Syagrus flexuosa*) 1384
palm-like fig (*Ficus pseudopalma*) 603, *603*
palmyra palm (*Borassus flabellifer*) 243, *243*
palo brea (*Parkinsonia praecox*) 987
palo Colorado (*Luma apiculata*) 839, *839*
palo verde (*Parkinsonia aculeata, P. florida*) 987, *987*
pamirian winterfat (*Krascheninnikovia ceratoides*) 783, *783*
pampas grass (*Cortaderia, C. argentea*) 419
pan (*Piper betle*) 1052
panama orange (*Citrus ≥ microcarpa*) 384, *384*
panama tree (*Sterculia apetala*) 1372, *1372*
panamica (*Pilea involucrata*) 1044
panda plant (*Kalanchoe tomentosa*) 777, *777*
pandang (*Pandanus tectorius*) 978, *978*
pandani (*Richea pandanifolia*) 1208, *1208*
paniala (*Flacourtia jangomas*) 606, *606*
panic grass (*Panicum*) 979
panicle hydrangea (*Hydrangea paniculata*) 718, 719
pansy (*Viola*) 1472–77
pansy orchid (*Miltoniopsis*) 896–97
pansy violet (*Viola pedata*) 1474
papauma (*Griselinia littoralis*) 657, *657*
papaya (*Carica monoica, C. papaya*) 330, *330*
papaya de monte (*Carica parviflora*) 330
paper birch (*Betula papyrifera*) 236, *236*
paper bush (*Edgeworthia chrysantha*) 530, *530*
paper daisy (*Baileya multiradiata*) 216, *216*
paper flower (*Bougainvillea glabra*) 246–47, *246*
paper mulberry (*Broussonetia papyrifera*) 260, *260*
paperbark maple (*Acer griseum*) 84, *84*
paper-spined cactus (*Tephrocactus articulatus*) 1405, *1405*
paper-spined cholla (*Tephrocactus articulatus*) 1405, *1405*
paprika (*Capsicum annuum*) 326–27, *326*
papyrus (*Cyperus papyrus*) 458
para (*Marattia salicina*) 875, *875*
parachute plant (*Ceropegia sandersonii*) 362
paradise flower (*Solanum wendlandii*) 1349, *1349*
paradise lily (*Paradisea*) 985
paradise palm (*Howea forsteriana*) 714, *714*
Paraguay nightshade (*Solanum rantonnetii*) 1348, *1348*
parakeet flower (*Heliconia psittacorum*) 687, *687*
parana pine ((*Araucaria angustifolia*) 171, *171*
Paris daisy (*Euryops chrysanthemoides*) 591
parlor palm (*Chamaedorea elegans*) 367, *367*
parrot feather (*Myriophyllum aquaticum*) 909
parrot flower (*Heliconia psittacorum*) 687, *687*
parrot pea (*Dillwynia retorta*) 501, *501*
parrot pitcher plant (*Sarracenia psittacina*) 1315
parrot's beak (*Lotus berthelotii*) 838, *838*
parrot's bill (*Clianthus puniceus*) 394, *394*
Parry's beargrass (*Nolina parryi*) 935, *935*
Parry's buckeye (*Aesculus parryi*) 108, *108*
Parry's townsendia (*Townsendia parryi*) 1424, *1424*
parsley (*Petroselinum, P. crispum*) 1016, *1016*
parsnip (*Pastinaca, P. sativa*) 992
partridge berry (*Mitchella*) 900
partridge breast aloe (*Aloe variegata*) 137
pascuita (*Euphorbia leucocephala*) 587, *587*
pasque flower (*Pulsatilla, P. vulgaris*) 1112–13, *1113*
passionflower (*Passiflora*) 990–92
passionfruit (*Passiflora edulis*) 990–92
pate (*Schefflera digitata*) 1322
paternoster beans (*Abrus precatorius*) 71
Paterson's curse (*Echium plantagineum*) 530, *530*
patula pine (*Pinus patula*) 1050
pavi (*Phaseolus acutifolius*) 1022
pawpaw (*Asimina triloba*) 196, *196*
pawpaw (*Carica papaya*) 330, *330*
pea shrub (*Caragana*) 327–28
pea tree (*Caragana*) 327–28
peaberry palm (*Thrinax morrisii*) 1411, *1411*
peace lily (*Spathiphyllum*) 1360
peach (*Prunus persica*) 1096, *1096*
peach protea (*Protea grandiceps*) 1088
peach sage (*Salvia dorisiana*) 1301, *1301*
peach-flowered tea-tree (*Leptospermum squarrosum*) 809, *809*
peach-leafed bellflower (*Campanula persicifolia*) 321
peach-leafed willow (*Salix amygdaloides*) 1296, *1296*
peacock flower (*Caesalpinia pulcherrima*) 276, *276*
peacock iris (*Moraea aristata, M. villosa*) 903, *903*
peacock moss (*Selaginella uncinata*) 1332
peacock plant (*Calathea makoyana*) 279, *279*
peanut (*Arachis hypogaea*) 170
peanut cactus (*Echinopsis chamaecereus*) 528
peanut tree (*Sterculia quadrifida*) 1372
pear (*Pyrus*) 1117–19
pear-fruited mallee (*Eucalyptus pyriformis*) 576, *576*
pearl bush (*Exochorda, E. ≥ macrantha, E. racemosa*) 593, *593*
pearl fruit (*Margyricarpus pinnatus*) 875, *875*
pear-leafed crabapple (*Malus prunifolia*) 861
pearlwort (*Sagina*) 1293
pearly everlasting (*Anaphalis, A. margaritacea*) 149
pecan (*Carya illinoinensis*) 334–35, *335*
pedunculate oak (*Quercus robur*) 1127, *1127*
peeling plane (*Ochna pulchra*) 943, *943*
peepul tree (*Ficus religiosa*) 604, *604*
Peking lilac (*Syringa pekinensis*) 1388, *1388*
Peking willow (*Salix babylonica*) 1296
peladera (*Carica monoica*) 330
pelican flower (*Aristolochia grandiflora*) 186
pelican's beak (*Lotus berthelotii*) 838, *838*
pellitory (*Parietaria*) 986
pencil bush (*Euphorbia tirucalli*) 589,
pencil cedar (*Juniperus virginiana*) 774
pencil orchid (*Dockrillia*) 507
pencil pine (*Cupressus sempervirens*) 446
pencil tree (*Euphorbia tirucalli*) 589, *589*
pennyroyal (*Mentha pulegium*) 889
peony (*Paeonia*) 973–77
pepa (*Calamus viminalis*) 278
pepino (*Solanum muricatum*) 1347
pepper (*Capsicum*) 326
pepper plant (*Piper nigrum*) 1052, *1052*
pepper root (*Cardamine laciniata*) 328
pepper tree (*Macropiper excelsum*) 849, *849*
pepper tree (*Pseudowintera colorata*) 1103, *1103*
pepper tree (*Schinus molle*) 1322
pepper-face (*Peperomia obtusifolia*) 1010, *1010*
peppermint (*Mentha ≥ piperita*) 889
peppermint tree (*Agonis flexuosa*) 118, *118*
pepperwort (*Marsilea*) 876
Pere David's maple (*Acer davidii*) 84, *84*
peregrina (*Jatropha integerrima*) 766, *766*
perennial blue flax (*Linum perenne*) 826
perennial cornflower (*Centaurea montana*) 354, *354*
perennial pea (*Lathyrus latifolius*) 798
perennial ryegrass (*Lolium perenne*) 833
perfoliate bellwort (*Uvularia perfoliata*) 1452
perfoliate pondweed (*Potamogeton perfoliatus*) 1075, *1075*
periwinkle (*Vinca*) 1472
Perny's holly (*Ilex pernyi*) 731, *731*
Persian cornflower (*Centaurea dealbata*) 353, *353*
Persian ironwood (*Parrotia persica*) 989, *989*
Persian ivy (*Hedera colchica*) 678
Persian lilac (*Melia azederach*) 886, *886*
Persian oak (*Quercus macranthera*) 1125, *1125*
Persian parrotia (*Parrotia persica*) 989, *989*
Persian silk tree (*Albizia julibrissin*) 122, *122*
Persian violet (*Cyclamen*) 450–51
Persian violet (*Exacum affine*) 592–93, *593*
Persian walnut (*Juglans regia*) 769, *769*
Persian witch hazel (*Parrotia persica*) 989, *989*
Persian yellow rose (*Rosa foetida persiana*) 1215, *1215*
persimmon (*Diospyros, D. kaki, D. virginiana*) 503–4, *503*, *504*
Peruvian lily (*Alstroemeria*) 140–42
Peruvian maidenhair fern (*Adiantum peruvianum*) 100
Peruvian primrose willow (*Ludwigia peruviana*) 838, 839
petai (*Parkia speciosa*) 987, *987*
petticoat palm (*Washingtonia filifera*) 1482, *1482*
Petunia (*in part*) see Calibrachoa 281
peyote (*Lophophora, L. williamsii*) 837, *837*
peyote verde (*Echinocereus knippelianus*) 526
phanera (*Bauhinia corymbosa*) 221
pheasant's eye (*Adonis aestivalis, A. amurensis, A. annua*) 101, *101*
pheasant's eye narcissus (*Narcissus poeticus*) 914
Philippine fig (*Ficus pseudopalma*) 603, *603*
Philippine violet (*Barleria cristata*) 219, *219*
Philippine wax flower (*Etlingera elatior*) 567, *567*
Phillip Island hibiscus (*Hibiscus insularis*) 702, *702*
physic nut (*Jatropha multifida*) 766, *766*
physic nut (*Justicia adhatoda*) 774, *774*
piccabeen palm (*Archontophoenix cunninghamiana*) 174, *174*
pichi (*Fabiana imbricata*) 596, *596*
pickaback plant (*Tolmiea menziesii*) 1423
pickerel rush (*Pontederia cordata*) 1071, *1071*
pickerel weed (*Pontederia, P. cordata*) 1071, *1071*
pickle fruit (*Averrhoa bilimbi*) 210, *210*
piedmont azalea (*Rhododendron canescens*) 1146
pigeon berry (*Duranta erecta*) 518, *518*
pigeon orchid (*Dendrobium crumenatum*) 481
pigeon pea (*Cajanus cajan*) 276
piggy-back fern (*Hemionitis arifolia*) 695, *695*
piggyback plant (*Tolmiea menziesii*) 1423
pignut hickory (*Carya glabra*) 334, *334*
pigsqueak (*Bergenia, B. cordifolia*) 232
pilewort (*Ranunculus ficaria*) 1131, *1131*
pili nut (*Canarium ovatum*) 323, *323*
pill flower (*Ozothamnus diosmifolius*) 967, *967*
pilliga daisy (*Brachyscome formosa*) 252
pimpernel (*Anagallis*) 148
pin cherry (*Prunus pensylvanica*) 1096
pin colonnaire (*Araucaria columnaris*) 171, *171*
pin oak (*Quercus palustris*) 1126, *1126*
pinbush wattle (*Acacia burkittii*) 74, *74*
pinchot juniper (*Juniperus pinchotii*) 773
pincushion (*Leucospermum*) 815–16
pincushion cactus (*Mammillaria*) 868–72
pincushion flower (*Astrantia*) 202–3
pincushion hakea (*Hakea laurina*) 667, *667*
pincushion tree (*Hakea laurina*) 667, *667*
pine (*Pinus*) 1046–51
Pine Hill flannel bush (*Fremontodendron decumbens*) 613
Pine Mountain grevillea (*Grevillea jephcottii*) 650, *650*
pine sugar bush (*Protea aristata*) 1087, *1087*
pineapple (*Ananas, A. comosus*) 149, *149*
pineapple guava (*Acca sellowiana*) 82–3, *82*
pineapple lily (*Eucomis*) 577–78
pineapple mint (*Mentha suaveolens 'Variegata'*) 889, *889*
pineapple sage (*Salvia elegans*) 1302, *1302*
pinecone cactus (*Pelecyphora strobiliformis*) 1004
pine-cone ginger (*Zingiber zerumbet*) 1496
pineleaf geebung (*Persoonia pinifolia*) 1014
pineleaf milkweed (*Asclepias linaria*) 194, *194*
pine-leafed bottlebrush (*Callistemon pinifolius*) 285
pine-mat (*Ceanothus diversifolius*) 346
pine-needle milkweed (*Asclepias linaria*) 194, *194*
pings (*Pinguicula*) 1046
pinguin (*Bromelia pinguin*) 260
pink (*Dianthus*) 491–95
pink agapanthus (*Tulbaghia simmleri*) 1436, *1436*
pink dombeya (*Dombeya burgessiae*) 509, *509*
pink floss-silk tree (*Ceiba insignis*) 350, *350*
pink heath (*Epacris impressa*) 538, *538*
pink mink (*Protea neriifolia*) 1089, *1089*
pink mulla mulla (*Ptilotus exaltatus, P. manglesii*) 1109, *1109*
pink pokers (*Grevillea petrophiloides*) 652, *652*
pink porcelain lily (*Alpinia zerumbet*) 139, *139*
pink poui (*Tabebuia rosea*) 1396, *1396*
pink pussytoes (*Antennaria microphylla*) 160
pink shower (*Cassia javanica*) 337
pink siris (*Albizia julibrissin*) 122, *122*
pink spider flower (*Grevillea sericea*) 652
pink spike hakea (*Hakea coriacea*) 667, *667*
pink sundew (*Drosera capillaris*) 514
pink swamp heath (*Sprengelia incarnata*) 1366, *1366*
pink tips (*Callistemon salignus*) 285
pink trumpet vine (*Podranea ricasoliana*) 1065, *1065*
pink tulip tree (*Magnolia campbellii*) 851
pink wax flower (*Eriostemon australasius*) 557, *557*
pink wild onion (*Allium acuminatum*) 125
pink wild pear (*Dombeya burgessiae*) 509, *509*
pink-and-white powderpuff (*Calliandra surinamensis*) 282, *282*
pink-flowered corkwood (*Melicope elleryana*) 887, *887*
pink-flowered doughwood (*Melicope elleryana*) 887, *887*
pink-shell azalea (*Rhododendron vaseyi*) 1159, *1159*
pinkwood (*Eucryphia lucida*) 578–79, *579*
pinnate boronia (*Boronia pinnata*) 245, *245*
pinot (*Euterpe oleracea*) 592
pinto peanut (*Arachis pintoi*) 170, *170*
pinuela (*Bromelia pinguin*) 260

Mexican nut pine (*Pinus cembroides*) 1047
Mexican orange (*Choisya ternata*) 374, *374*
Mexican orange blossom (*Choisya ternata*) 374, *374*
Mexican palmetto (*Sabal mexicana*) 1292, *1292*
Mexican pine (*Pinus patula*) 1050
Mexican poppy (*Argemone mexicana*) 182
Mexican potato (*Pachyrhizus erosus*) 972
Mexican sage (*Salvia mexicana*) 1303
Mexican snowball (*Echeveria elegans*) 523, *523*
Mexican sunflower (*Tithonia, T. rotundifolia*) 1422–23
Mexican swamp cypress (*Taxodium mucronatum*) 1401, *1401*
Mexican tea (*Ephedra*) 538–39
Mexican tree daisy (*Montanoa bipinnatifida*) 903, *903*
Mexican tree fern (*Cibotium schiedei*) 378, 378
Mexican tulip poppy (*Hunnemannia*) 715
Mexican turnip (*Pachyrhizus erosus*) 972
Mexican washingtonia palm (*Washingtonia robusta*) 1482, *1482*
Mexican weeping bamboo (*Otatea acuminata subsp. aztecorum*) 964, *964*
Mexican white pine (*Pinus ayacahuite*) 1047
Meyer lemon (*Citrus ≥ meyeri 'Meyer'*) 384, *384*
Meyer lilac (*Syringa meyeri*) 1388
Meyer spruce (*Picea meyeri*) 1041, *1041*
mezereon (*Daphne mezereum*) 474
Michaelmas daisy (*Aster, A. novi-belgii*) 199–200, *200*
Mickey Mouse plant (*Ochna serrulata*) 943, *943*
mignonette (*Reseda, R. odorata*) 1138, *1138*
mignonette tree (*Lawsonia inermis*) 804
mikoikoi (*Libertia grandiflora, L. ixioides*) 819
mile-a-minute vine (*Fallopia baldschuanica*) 597
milfoil (*Achillea, A. millefolium*) 91–2, *91*
milfoil (*Myriophyllum*) 909
milk barrel (*Euphorbia cereiformis*) 584
milk bush (*Euphorbia tirucalli*) 589, *589*
milkweed (*Asclepias*) 194
milkweed (*Gomphocarpus*) 645
milky bellflower (*Campanula lactiflora*) 320
millet (*Panicum miliaceum*) 979
millet (*Sorghum*) 1359
mimosa (*Acacia dealbata*) 75
mimosa bush (*Acacia farnesiana*) 75, *75*
mind-your-own-business (*Soleirolia, S. soleirolii*) 1349, *1349*
miner's lettuce (*Claytonia perfoliata*) 385, *385*
miners' lettuce (*Montia, M. perfoliata*) 903, *903*
mini protea (*Protea scolymocephala*) 1089, *1089*
miniature holly (*Malpighia coccigera*) 859, *859*
miniature tree fern (*Blechnum gibbum*) 240
miraguama (*Coccothrinax miraguama*) 397, *397*
Mirbeck's oak (*Quercus canariensis*) 1122, 1123
miro (*Prumnopitys ferruginea*) 1091, *1091*
mirror bush (*Coprosma repens*) 411
Miss Willmott's ghost (*Eryngium giganteum*) 560
Miss Willmott's rose (*Rosa willmottiae*) 1219, *1219*
mission bells (*Fritillaria biflora*) 614
Missouri primrose (*Oenothera macrocarpa*) 947
mistflower (*Conoclinium*) 406
mistletoe fig (*Ficus deltoidea*) 602, *602*
Mitchell grass (*Astrebla*) 203
mitrewort (*Mitella*) 900
mitsuba (*Cryptotaenia japonica*) 440
mitsumata (*Edgeworthia chrysantha*) 530, *530*
Miyabe daisy (*Chrysanthemum weyrichii*) 376, *376*
miyagino-hagi (*Lespedeza thunbergii*) 810
miyama cherry (*Prunus maximowiczii*) 1095, *1095*
mizu giboshi (*Hosta longissima*) 709
mlanje cedar (*Widdringtonia nodiflora*) 1485, *1485*
mock lime (*Aglaia odorata*) 117, *117*
mock mesquite (*Calliandra eriophylla*) 282, *282*
mock orange (*Philadelphus, P. pubescens*) 1024–25
mock privet (*Phillyrea latifolia*) 1025, *1025*
mock strawberry (*Duchesnea*) 517
mohintli (*Justicia spicigera*) 775, *775*
molasses grass (*Melinis minutiflora*) 887, *887*
Molly the witch (*Paeonia mlokosewitschii*) 975
monarch of the veldt (*Arctotis fastuosa*) 179
mondo grass (*Ophiopogon japonicus*) 953
money plant (*Lunaria annua*) 839, *839*
moneywort (*Lunaria annua*) 839, *839*
moneywort (*Lysimachia nummularia*) 845
Mongolian lime (*Tilia mongolica*) 1419, *1419*
Mongolian linden (*Tilia mongolica*) 1419, *1419*
Mongolian oak (*Quercus mongolica*) 1125
Mongolian pear (*Pyrus ussuriensis*) 1119, *1119*
monkey cups (*Nepenthes*) 927–30
monkey flower (*Mimulus*) 898
monkey musk (*Mimulus luteus*) 898
monkey plant (*Ruellia makoyana*) 1287
monkey pod (*Albizia saman*) 122, *122*
monkey puzzle tree (*Araucaria araucana*) 171
monkey-pot tree (*Lecythis ollaria*) 804, *804*
monkey's brush (*Combretum aubletii*) 404, *404*
monkey's rice pot (*Nepenthes albomarginata*) 927
monkshood (*Aconitum, A. napellus*) 94–5, *94*
monox (*Empetrum nigrum*) 536, *536*
montbretia (*Crocosmia*) 434–35
Monterey ceanothus (*Ceanothus rigidus*) 348
Monterey cenizo (*Leucophyllum langmaniae*) 814
Monterey cypress (*Cupressus macrocarpa*) 446, *446*
Monterey manzanita (*Arctostaphylos hookeri*) 175, *175*
Monterey pine (*Pinus radiata*) 1050
Montezuma cypress (*Taxodium mucronatum*) 1401, *1401*
Montezuma pine (*Pinus montezumae*) 1049, *1049*
Montpelier maple (*Acer monspessulanum*) 86, *86*
moon cactus (*Harrisia 'Jusbertii', H. martini*) 672, *672*
moon cactus (*Selenicereus*) 1332
moonflower (*Ipomoea alba*) 737
moonseed (*Menispermum*) 888
moor grass (*Molinia, M. caerulea*) 901
moor grass (*Sesleria*) 1338
moosewood (*Acer pensylvanicum*) 88, *88*
Moreton Bay chestnut (*Castanospermum australe*) 340, *340*
Moreton Bay fig (*Ficus macrophylla*) 603
Mormon tea (*Ephedra viridis*) 539, *539*
morning flag (*Orthrosanthus*) 960
morning glory (*Ipomoea indica, I. tricolor*) 738, *738*, 739
morning iris (*Orthrosanthus*) 960
morning light Japanese silver grass (*Miscanthus sinensis 'Morning Light'*) 900, *900*
morning star sedge (*Carex grayi*) 330, *330*
Moroccan daisy (*Rhodanthemum hosmariense*) 1143, *1143*
Morocco toadflax (*Linaria maroccana*) 825, *825*
mosaic fig (*Ficus aspera*) 602
mosaic plant (*Fittonia albivenis*) 605
moschosma (*Tetradenia riparia*) 1406, *1406*
Moses-in-his-cradle (*Tradescantia spathacea*) 1427, *1427*
moso (*Phyllostachys edulis*) 1036
mosquito-bills (*Dodecatheon hendersonii*) 508
mosquito fern (*Azolla*) 211
mosquito flower (*Lopezia coronata*) 836, *836*
mosquito grass (*Bouteloua gracilis*) 248, *248*
mosquito plant (*Agastache cana*) 110
moss campion (*Silene acaulis*) 1340
moss cypress (*Crassula muscosa*) 430
moss phlox (*Phlox subulata*) 1030
moss rose (*Portulaca grandiflora*) 1074
moss verbena (*Verbena tenuisecta*) 1460, *1460*
mossycup oak (*Quercus macrocarpa*) 1125, *1125*
moth catcher (*Araujia sericifera*) 172
moth mullein (*Verbascum, V. blattaria*) 1458–59
moth orchid (*Phalaenopsis*) 1018–21
moth vine (*Araujia sericifera*) 172
mother of pearl plant (*Graptopetalum paraguayense*) 647
mother of thousands (*Saxifraga stolonifera*) 1318
mother spleenwort (*Asplenium bulbiferum*) 198
mother-in-law's chair (*Echinocactus grusonii*) 526, *526*
mother-in-law's tongue (*Dieffenbachia*) 498
mother-in-law's tongue (*Sansevieria*) 498
mother-of-thyme (*Thymus serpyllum*) 1416
motherwort (*Leonurus cardiaca*) 806
mottlecah (*Eucalyptus macrocarpa*) 573, *573*
mound of pebbles (*Aloinopsis schooneesii*) 137
Mount Cook buttercup (*Ranunculus lyallii*) 1132, *1132*
Mount Cook lily (*Ranunculus lyallii*) 1132, *1132*
Mount Etna broom (*Genista aetnensis*) 629, *629*
Mount Lewis palm (*Archontophoenix purpurea*) 174, *174*
Mt Tranquillon ceanothus (*Ceanothus papillosus var. roweanus*) 347, *347*
mountain aciphyll (*Aciphylla simplicifolia*) 93
mountain arnica (*Arnica latifolia*) 188, *188*
mountain ash (*Eucalyptus regnans*) 576, *576*
mountain ash (*Sorbus, S. aucuparia*) 1355–59, *1356*
mountain avens (*Dryas, D. octopetala*) 515, *515*
mountain beech (*Nothofagus solanderi*) 936
mountain bluet (*Centaurea montana*) 354, *354*
mountain bottlebrush (*Callistemon pityoides*) 285, *285*
mountain cabbage tree (*Cordyline indivisa 412*) 412
mountain cedar (*Widdringtonia nodiflora*) 1485, *1485*
mountain currant (*Ribes alpinum*) 1206
mountain cypress (*Widdringtonia nodiflora*) 1485, *1485*
mountain daisy (*Celmisia*) 351
mountain desert sage (*Salvia pachyphylla*) 1305, *1305*
mountain devil (*Lambertia formosa*) 793, *793*
mountain dogwood (*Cornus nuttallii*) 416, *416*
mountain fig (*Ficus glumosa*) 603, *603*
mountain fleece (*Persicaria amplexicaulis*) 1012
mountain gooseberry (*Ribes oxyacanthoides*) 1207, *1207*
mountain gum (*Eucalyptus dalrympleana*) 570
mountain hard pear (*Olinia emarginata*) 950, *950*
mountain heath (*Leucopogon suaveolens*) 815, *815*
mountain hemlock (*Tsuga mertensiana*) 1435, *1435*
mountain holly (*Olearia ilicifolia*) 949
mountain laurel (*Kalmia latifolia*) *777*
mountain leatherwood (*Eucryphia milliganii*) 579
mountain mahogany (*Cercocarpus montanus*) 360
mountain maple (*Acer spicatum*) 90
mountain needlewood (*Hakea lissosperma*) 668, *668*
mountain neinei (*Dracophyllum traversii*) 512, *512*
mountain ninebark (*Physocarpus monogynus*) 1037
mountain oak (*Brachylaena rotundata*) 251, *251*
mountain papaya (*Carica ≥ heilbornii*) 330, *330*
mountain phlox (*Phlox subulata*) 1030
mountain pink (*Rhododendron prinophyllum*) 1156, *1156*
mountain plum pine (*Podocarpus lawrencei*) 1064
mountain pride (*Penstemon newberryi*) 1007, *1007*
mountain ribbonwood (*Hoheria lyallii*) 706, 707
mountain rose (*Protea nana*) 1088, *1088*
mountain rosebay (*Rhododendron catawbiense*) 1147
mountain sage (*Salvia regla*) 1305, *1305*
mountain sage (*Teucrium scorodonia*) 1408
mountain silver oak (*Brachylaena rotundata*) 251, *251*
mountain silverbell (*Halesia monticola*) 669
mountain snowdrop tree (*Halesia monticola*) 669
mountain spinach (*Atriplex hortensis*) 206
mountain spray (*Holodiscus dumosus*) 707
mountain stewartia (*Stewartia ovata*) 1373
mountain sumach (*Rhus copallina*) 1204
mountain sundew (*Drosera montana*) 514
mountain thistle (*Acanthus montanus*) 82
mountain tulip (*Tulipa montana*) 1437, *1437*
mountain wild rye (*Elymus canadensis*) 535
mountain wineberry (*Aristotelia australasica*) 186, 187
mountain-lover (*Paxistima canbyi*) 994
mountain-sweet (*Ceanothus americanus*) 346
mournful widow (*Scabiosa atropurpurea*) 1319
mourning iris (*Iris susiana*) 744
mouse plant (*Arisarum proboscideum*) 185, *185*
mousou chiku (*Phyllostachys edulis*) 1036
moutan (*Paeonia suffruticosa*) 976, *976*
Mt Panie kauri (*Agathis montana*) 112
Mudgee wattle (*Acacia spectabilis*) 79
Mueller's wattle (*Acacia muelleriana*) *77*
mugga (*Eucalyptus sideroxylon*) 577
mugo pine (*Pinus mugo*) 1049, *1049*
mugwort (*Artemisia vulgaris*) 191, *191*
muicle (*Anisacanthus thurberi*) 158
mulberry (*Morus, M. indica*) 904, *904*
mulberry fig (*Ficus sycomorus*) 604
mule's fern (*Asplenium sagittatum*) 198, *198*
mule's foot fern (*Angiopteris, A. erecta*) 155, *155*
mulga (*Acacia aneura*) 73, *73*
mulla mulla (*Ptilotus*) 1109
mullein (*Verbascum*) 1458–59
Mullet Creek grevillea (*Grevillea shiressii*) 652
mung bean (*Vigna radiata*) 1471
Munz's sage (*Salvia munzii*) 1304, *1304*
murasaki giboshi (*Hosta ventricosa*) 711, *711*
muscadine (*Vitis rotundifolia*) 1478
musclewood (*Carpinus caroliniana*) 333
musk (*Mimulus*) 898
musk mallow (*Malva, M. moschata*) 867–68
musk rose (*Rosa moschata*) 1216, *1216*
muskmallow (*Abelmoschus moschatus*) 67
muskmelon (*Cucumis melo*) 440–41
mustard greens (*Brassica juncea*) 255
mustard tree (*Nicotiana glauca*) 933
myrobalan (*Prunus cerasifera*) 1092, *1092*
myrtle beech (*Nothofagus cunninghamii*) 935, *935*
myrtle flag (*Acorus calamus*) 95
myrtle hakea (*Hakea myrtoides*) 668, *668*
myrtle spurge (*Euphorbia lathyris*) 586
myrtle wattle (*Acacia myrtifolia*) 77, *77*

N

naboom (*Euphorbia ingens*) 586, *586*
nagi (*Nageia nagi*) 912, *912*
nagoon berry (*Rubus arcticus 'Kenai Carpet'*) 1283
naidi (*Euterpe oleracea*) 592
naked ladies (*Amaryllis*) 144
naked ladies (*Colchicum*) 400
Namaqualand daisy (*Dimorphotheca sinuata*) 501, *501*
Nanking cherry (*Prunus tomentosa*) 1099, *1099*
nannyberry (*Viburnum lentago*) 1467
Naples garlic (*Allium neapolitanum*) 127
naranjilla (*Solanum quitoense*) 1348, *1348*
nardoo (*Marsilea, M. mutica*) 876
narihara bamboo (*Semiarundinaria fastuosa*) 1332
narrow buckler fern (*Dryopteris carthusiana*) 516, *516*
narrow swamp fern (*Dryopteris cristata*) 516
narrow-leaf bitter pea (*Daviesia mimosoides*) 477, *477*
narrow-leaf bower wattle (*Acacia cognata*) 74
narrow-leaf drumsticks (*Isopogon anethifolius*) 758
narrow-leaf geebung (*Persoonia linearis*) 1014, *1014*
narrow-leafed apple (*Angophora bakeri*) 155, *155*
narrow-leafed ash (*Fraxinus angustifolia*) 610, *610*
narrow-leafed black peppermint (*Eucalyptus nicholii*) 574
narrow-leafed bottlebrush (*Callistemon linearis*) 284
narrow-leafed firethorn (*Pyracantha angustifolia*) 1115, *1115*
narrow-leafed grass tree (*Xanthorrhoea glauca*) 1490, *1490*
narrow-leafed ironbark (*Eucalyptus crebra*) 570, *570*
narrow-leafed spleenwort (*Diplazium pycnocarpon*) 504
narrow-leafed valerian (*Centranthus angustifolius*) 354, *354*
nashi pear (*Pyrus pyrifolia*) 119
nasturtium (*Tropaeolum, T. majus*) 1434, *1434*
Natal bottlebrush (*Greyia sutherlandii*) 656, *656*
Natal coral tree (*Erythrina humeana*) 563
Natal cycad (*Encephalartos natalensis*) 536
Natal fig (*Ficus natalensis*) 603, *603*
Natal flame bush (*Alberta magna*) 122, *122*
Natal orange (*Strychnos spinosa*) 1380
Natal plum (*Carissa macrocarpa*) 331, *331*
Natal redtop (*Melinis repens*) 887, *887*
Natal shellflower bush (*Bowkeria verticillata*) 249, *249*
Natal wedding flower (*Dombeya tiliacea*) 509, *509*
Natal wild banana (*Strelitzia nicolai*) 1375, *1375*
native cherry (*Exocarpos cupressiformis*) 593, *593*
native frangipani (*Hymenosporum flavum*) 720, *720*
native fuchsia (*Correa reflexa*) 419, *419*
native grape (*Cissus hypoglauca*) 380, *380*
native hibiscus (*Hibiscus diversifolius*) 701, *701*
native lilac (*Hardenbergia comptoniana*) 672
native mulberry (*Pipturus argenteus*) 1052, *1052*
native orange (*Capparis mitchellii*) 326, *326*
native rose (*Boronia serrulata*) 245, *245*
native rosemary (*Westringia fruticosa*) 1485, *1485*
native willow (*Acacia salicina, A. stenophylla*) 79
navajita azul (*Bouteloua gracilis*) 248, *248*
navajita comun (*Bouteloua gracilis*) 248, *248*
navelseed (*Omphalodes*) 951
navelwort (*Omphalodes, O. cappadocica*) 951, *951*
necklace vine (*Muehlenbeckia complexa*) 905
needle bush (*Hakea lissosperma*) 668, *668*
needle grass (*Stipa*) 1374
needle juniper (*Juniperus rigida*) 773
needle spike rush (*Eleocharis acicularis*) 533, *533*
needle wattle (*Acacia havilandiorum, A. rigens*) 76, *76*, *79*
needlebush (*Hakea sericea, H. teretifolia*) 668, *668*
needle-leafed bottlebrush (*Callestemon teretifolius*) 285, *285*
nekbudu (*Ficus lutea*) 603, *603*
Nepal ivy (*Hedera nepalensis*) 680
net bush (*Calothamnus*) 290
netleaf hackberry (*Celtis reticulata*) 353, *353*
netleaf oak (*Quercus rugosa*) 1127
net-leafed willow (*Salix reticulata*) 1299
netted chain fern (*Woodwardia areolata*) 1489
nettle-leafed bellflower (*Campanula trachelium*) 322
nettle-leafed moth mullein (*Verbascum chaixii*) 1459
never never plant (*Ctenanthe oppenheimiana*) 440
New Caledonian pine (*Araucaria columnaris*) 171, *171*
New England aster (*Aster novae-angliae*) 200
New England tea-tree (*Leptospermum novae-angliae*) 808, *808*
New Jersey tea (*Ceanothus americanus*) 346
New Mexican privet (*Forestiera pubescens*) 607
New South Wales Christmas bush (*Ceratopetalum gummiferum*) 358, *358*
New York aster (*Aster novi-belgii*) 200, *200*
New Zealand beech (*Nothofagus solanderi*) 936
New Zealand burr (*Acaena*) 80
New Zealand cabbage tree (*Cordyline australis*) 412, *412*
New Zealand celery-top pine (*Phyllocladus trichomanoides*) 1035
New Zealand Christmas tree (*Metrosideros excelsus*) 892, *892*
New Zealand dacryberry (*Dacrycarpus dacrydioides*) 464, *464*
New Zealand daphne (*Pimelea prostrata*) 1045, *1045*
New Zealand edelweiss (*Leucogenes*) 814
New Zealand flax (*Phormium, P. tenax*) 1031, *1031*
New Zealand hemp (*Phormium tenax*) 1031, *1031*
New Zealand honeysuckle (*Knightia excelsa*) 780, *780*
New Zealand iris (*Libertia grandiflora, L. ixioides*) 819
New Zealand kauri (*Agathis australis*) 111
New Zealand lacebark (*Hoheria lyallii, H. populnea*) 706, 707
New Zealand lilac (*Heliohebe hulkeana*) 689
New Zealand mountain flax (*Phormium cookianum*) 1031, *1031*
New Zealand red beech (*Nothofagus fusca*) 935, *935*
New Zealand red pine (*Dacrydium cupressinum*) 465, *465*
New Zealand scented broom (*Carmichaelia odorata*) 331, *331*
New Zealand silver beech (*Nothofagus menziesii*) 936, *936*
New Zealand spinach (*Tetragonia tetragonioides*) 1407
New Zealand tree fuchsia (*Fuchsia excorticata*) 616, *616*
New Zealand water fern (*Blechnum discolor*) 240, *240*
New Zealand white pine (*Dacrycarpus dacrydioides*) 464, *464*
New Zealand wind grass (*Stipa arundinacea*) 1374, *1374*
New Zealand yam (*Oxalis tuberosa*) 966
ngaio (*Myoporum laetum*) 907, *907*
nicodemia (*Buddleja madagascariensis*) 265, *265*
night-scented jessamine (*Cestrum nocturnum*) 362, *362*
night-scented stock (*Matthiola longipetala*) 878
nikau palm (*Rhopalostylis sapida*) 1203, *1203*
nikko fir (*Abies homolepis*) 69
nikko maple (*Acer maximowiczianum*) 85
ninebark (*Physocarpus, P. opulifolius*) 1037, *1037*
nin-sin (*Panax ginseng*) 978
nipple fruit (*Solanum mammosum*) 1347
Nippon spirea (*Spiraea nipponica*) 1364
nirre (*Nothofagus antarctica*) 935
nirrhe (*Eucryphia glutinosa*) 578, *578*
noble fir (*Abies procera*) 70
nodding clubmoss (*Lycopodiella cernua*) 843, *843*
nodding lilac (*Syringa ≥ prestoniae*) 1388, *1388*
nodding needlegrass (*Nassella cernua*) 921
nodding onion (*Allium cernuum*) 126
nodding pincushion (*Leucospermum cordifolium*) 815, *815*
nogal (*Juglans major*) 769
noon flower (*Lampranthus glaucus*) 795, *795*
noor (*Euphorbia coerulescens*) 584, *584*
Nordic currant (*Ribes rubrum*) 1207, *1207*
Norfolk Island hibiscus (*Lagunaria patersonia*) 793, *793*
Norfolk Island pine (*Araucaria heterophylla*) 172, *172*
Norfolk Island tree fern (*Cyathea brownii*) 448, *448*
Norfolk palm (*Rhopalostylis baueri*) 1203, *1203*
North African ivy (*Hedera canariensis*) 678
North American tulip tree (*Liriodendron tulipifera*) 828, *828*
North American wild oats (*Chasmanthium latifolium*) 368–69
North Island edelweiss (*Leucogenes leontopodium*) 814
north Japanese hemlock (*Tsuga diversifolia*) 1435
northern blue violet (*Viola septentrionalis*) 1474
northern catalpa (*Catalpa speciosa*) 342, *342*
northern fringe myrtle (*Calytrix exstipulata*) 292, *292*
northern gooseberry (*Ribes oxyacanthoides*) 1207, *1207*
northern Jacob's ladder (*Polemonium boreale*) 1065, *1065*
northern pin oak (*Quercus ellipsoidalis*) 1123, *1123*
northern pitch pine (*Pinus rigida*) 1050, *1050*
northern pitcher plant (*Sarracenia purpurea*) 1315, *1315*
northern prickly ash (*Zanthoxylum americanum*) 1495
northern rata (*Metrosideros robusta*) 892, *892*
northern red oak (*Quercus rubra*) 1127, *1127*
northern sandalwood (*Santalum lanceolatum*) 1310, *1310*
northern silver wattle (*Acacia leucoclada*) 77
northern water gum (*Tristaniopsis exiliflora*) 1431
Norway maple (*Acer platanoides*) 88
Norway spruce (*Picea abies*) 1039, *1039*
notched sundew (*Drosera schizandra*) 514, *514*
num-num (*Carissa bispinosa*) 331, *331*
nut palm (*Cycas media*) 449, *449*
nut pine (*Pinus edulis*) 1048, *1048*
nutgall (*Rhus chinensis*) 1204

large-fruited tea-tree (*Leptospermum macrocarpum*) 808
large-fruited whitebeam (*Sorbus megalocarpa*) 1357
large-fruited yellowjacket (*Corymbia watsoniana*) 423, *423*
large-leaf banksia (*Banksia robur*) 218, *218*
large-leafed maidenhair (*Adiantum macrophyllum*) 100, *100*
larkspur (*Consolida, C. ajacis*) 407–8
lasiandra (*Tibouchina*) 1417
late black wattle (*Acacia mearnsii*) 77, *77*
laurel (*Laurus*) 800
laurel cherry (*Prunus laurocerasus*) 1094, *1094*
laurel oak (*Quercus laurifolia*) 1125
laurel willow (*Salix pentandra*) 1298, *1298*
laurel-leafed rock rose (*Cistus laurifolius*) 381
laurustinus (*Viburnum tinus*) 1470, *1470*
lavallee hawthorn (*Crataegus ≥ lavallei*) 432, *432*
lavender (*Lavandula*) 800–2
lavender cotton (*Santolina chamaecyparissus*) 1310, *1310*
lavender grevillea (*Grevillea lavandulacea*) 651, *651*
lavender pebbles (*Graptopetalum amethystinum*) 647, *647*
lavender tree (*Heteropyxis, H. natalensis*) 697, *697*
lawn daisy (*Bellis*) 228
Lawson cypress (*Chamaecyparis lawsoniana*) 364–65, *364*
Lawson's cliff fern (*Woodsia ≥ gracilis*) 1488, *1488*
lawyer-cane (*Calamus*) 278, *278*
lead tree (*Leucaena leucocephala, L. retusa*) 813
leadplant (*Amorpha canescens*) 147
leadwort (*Plumbago*) 1062
leaf celery (*Apium graveolens var. secalinum*) 164
leafy reed grass (*Calamagrostis foliosa*) 277
leather fern (*Rumohra adiantiformis*) 1288
leather jacket (*Geissois benthamii*) 628, *628*
leather vine (*Clematis*) 386–92
leather wood fern (*Dryopteris marginalis*) 516
leatherleaf fern (*Rumohra adiantiformis*) 1288
leatherwood (*Cyrilla racemiflora*) 459, *459*
leatherwood (*Dirca, D. palustris*) 505
leathery polypody (*Polypodium scouleri*) 1068, *1068*
Lebanese cucumber (*Cucumis sativus Beit Alpha Group*) 441
Lebanon oak (*Quercus libani*) 1125
ledum boronia (*Boronia ledifolia*) 244, *244*
leech lime (*Citrus hystrix*) 383, *383*
leek (*Allium*) 125–29
Leichhardt bean (*Cassia brewsteri*) 337, *337*
lelo palm (*Pritchardia hillebrandii*) 1084, *1085*
lemoendoring (*Cassinopsis ilicifolia*) 338, *338*
lemon (*Citrus ≥ limon*) 384
lemon balm (*Melissa officinalis*) 888, *888*
lemon bottlebrush (*Callistemon pallidus*) 285, *285*
lemon grass (*Cymbopogon citratus*) 457, *457*
lemon lily (*Hemerocallis dumortieri*) 692
lemon sumach (*Rhus aromatica*) 1204
lemon thyme (*Thymus ≥ citriodorus*) 1415
lemon vine (*Pereskia aculeata*) 1010
lemonball (*Leucaena retusa*) 813
lemon-scented darwinia (*Darwinia citriodora*) 475, *475*
lemon-scented geranium (*Pelargonium crispum*) 995
lemon-scented gum (*Corymbia citriodora*) 423, *423*
lemon-scented myrtle (*Backhousia citriodora*) 215, *215*
lemon-scented tea-tree (*Leptospermum petersonii*) 808, *808*
lemon-scented thyme (*Thymus ≥ citriodorus*) 1415
lemon-scented verbena (*Aloysia citriodora*) 138, *138*
lemonwood (*Pittosporum eugenioides*) 1055, *1055*
lenga (*Nothofagus pumilio*) 936, *936*
lent lily (*Narcissus pseudonarcissus*) 914
lenten rose (*Helleborus, H. orientalis*) 690–91, *691*
lentil (*Lens*) 805
lentisco (*Pistacia lentiscus, P. texana*) 1053, *1053*
leopard lily (*Belamcanda chinensis*) 228, *228*
leopard plant (*Farfugium japonicum 'Aureomaculatum'*) 598
leopard tree (*Caesalpinia ferrea*) 276, *276*
leopard's bane (*Doronicum*) 509
leper lily (*Fritillaria meleagris*) 614, *614*
lesser bottlebrush (*Callistemon phoeniceus*) 285
lesser calamint (*Calamintha nepeta*) 278, *278*
lesser celandine (*Ranunculus ficaria*) 1131, *1131*
lesser flannel flower (*Actinotus minor*) 96
lesser honeysuckle tree (*Turraea obtusifolia*) 1445, *1445*
lesser knotweed (*Persicaria campanulata*) 1012–13, *1012*
lesser spearwort (*Ranunculus flammula*) 1131, *1131*
lesser yam (*Dioscorea esculenta*) 503
lettuce (*Lactuca*) 787–89
levant garlic (*Allium ampeloprasum*) 125
Lewis mock orange (*Philadelphus lewisii*) 1024
Lewis syringa (*Philadelphus lewisii*) 1024
Liberian coffee (*Coffea liberica*) 400
licorice (*Glycyrrhiza glabra*) 644
licorice fern (*Polypodium glycyrrhiza*) 1068
licorice mint (*Agastache rupestris*) 111
life buoy plant (*Huernia*) 715
lightwood (*Acacia implexa*) 76, *76*
lijiang spruce (*Picea likiangensis*) 1040
lilac (*Syringa*) 1387–92
lilac daphne (*Daphne genkwa*) 474, *474*
lilac sage (*Salvia verticillata*) 1307
lillypilly (*Acmena smithii*) 93, *93*
lily (*Lilium*) 821–24
lily of the Incas (*Alstroemeria*) 140–42
lily tree (*Magnolia denudata*) 851, *851*
lily turf (*Liriope*) 828
lily-flowered magnolia (*Magnolia liliiflora*) 852
lilyleaf ladybells (*Adenophora liliifolia*) 99
lily-of-the valley tree (*Clethra arborea*) 394, *394*
lily-of-the-Nile (*Agapanthus, A. africanus*) 109, *109*
lily-of-the-valley (*Convallaria*) 408
lily-of-the-valley bush (*Pieris japonica*) 1043, *1043*
lima bean (*Phaseolus lunatus*) 1022
limber pine (*Pinus flexilis*) 1048, *1048*
lime (*Citrus ≥ aurantiifolia*) 383
linden (*Tilia*) 1418–20
linden viburnum (*Viburnum dilatatum*) 1466, *1466*
linear-leaf grevillea (*Grevillea linearifolia*) 651, *651*
ling (*Calluna vulgaris*) 288
lingue (*Persea lingue*) 1012
lion's beard (*Geum triflorum*) 637
lion's foot (*Alchemilla*) 123
lion's tail (*Leonotis ocymifolia*) 805
lip fern (*Cheilanthes*) 369
lipstick palm (*Cyrtostachys renda*) 460, *460*
lipstick plant (*Aeschynanthus radicans*) 106, *106*
lipstick plant (*Bixa orellana*) 239, *239*
liquidambar (*Liquidambar styraciflua*) 827, *827*
liquorice (*Glycyrrhiza glabra*) 644
liquorice plant (*Helichrysum petiolare*) 686
lisianthus (*Eustoma*) 591
little leaf cordia (*Cordia parvifolia*) 411
little merrybells (*Uvularia sessilifolia*) 1452
little owl (*Huernia zebrina*) 715, *715*
little pickles (*Othonna capensis*) 964, *964*
little shellbark hickory (*Carya ovata*) 335, *335*
Little Sur manzanita (*Arctostaphylos edmundsii*) 175, *175*
little-leaf lead tree (*Leucaena retusa*) 813
little-leaf linden (*Tilia cordata*) 1418, *1418*
littleleaf pussytoes (*Antennaria microphylla*) 160
little-leafed sage (*Salvia microphylla*) 1304, *1304*
live oak (*Quercus virginiana*) 1128, *1128*
live-forever (*Sedum telephium*) 1331, *1331*
living stones (*Lithops*) 829–30
Livingstone daisy (*Dorotheanthus*) 509–10
lizard's tail (*Saururus, S. cernuus*) 1316–17, *1316*
lobed-leaf hopbush (*Dodonaea lobulata*) 508, *508*
loblolly bay (*Gordonia lasianthus*) 647
loblolly pine (*Pinus taeda*) 1051, *1051*
lobster claw (*Heliconia*) 686–88
lobster flower (*Plectranthus neochilus*) 1060, *1060*
lobster pot (*Sarracenia psittacina*) 1315
locust fern (*Osmunda regalis*) 962, *962*
lodgepole pine (*Pinus contorta*) 1047, *1047*
loebner magnolia (*Magnolia ≥ loebneri*) 852, *852*
loganberry (*Rubus loganobaccus*) 1284
lohan pine (*Podocarpus macrophyllus*) 1064, *1064*
lolly bush (*Clerodendrum floribundum*) 393, *393*
London plane (*Platanus ≥ hispanica*) 1057, *1057*
London pride (*Saxifraga ≥ urbium*) 1319
longan (*Dimocarpus longan*) 501, *501*
long-head coneflower (*Ratibida columnifera*) 1134, *1134*
longleaf mahonia (*Mahonia nervosa*) 856
long-leaf pine (*Pinus palustris*) 1050, *1050*
lontar palm (*Borassus flabellifer, B. sundaicus*) 243, *243*
loose silky bent (*Apera spica-venti*) 163, *163*
loosestrife (*Lysimachia*) 845
loquat (*Eriobotrya japonica*) 556, *556*
Lord Howe mountain rose (*Metrosideros nervulosa*) 892, *892*
lords and ladies (*Arum maculatum*) 192, *192*
lotus (*Nymphaea lotus*) 937
loulou (*Pritchardia hillebrandii*) 1084, 1085
lovage (*Levisticum officinale*) 816
love apple (*Lycopersicon esculentum*) 842, 843
love apples (*Mandragora officinarum*) 873
love grass (*Eragrostis*) 545
love parsley (*Levisticum officinale*) 816
love-in-a-mist (*Nigella, N. damascena*) 934, *934*
love-in-a-mist (*Passiflora foetida*) 991, *991*
love-in-a-puff (*Cardiospermum grandiflorum*) 328, 329
love-in-idleness (*Viola tricolor*) 1474, *1474*
love-lies-bleeding (*Amaranthus caudatus*) 144
lovely penstemon (*Penstemon venustus*) 1008, *1008*
low poppy mallow (*Callirhoe involucrata*) 283
lowveld chestnut (*Sterculia murex*) 1372, *1372*
lucerne (*Medicago sativa*) 881
lucky bean tree (*Erythrina lysistemon*) 563, *563*
lucky nut (*Thevetia peruviana*) 1411, *1411*
lumholtz pine (*Pinus lumholtzii*) 1049
lungwort (*Pulmonaria*) 1110–12
lupin (*Lupinus*) 839–41
lupine (*Lupinus*) 839–41
lychee (*Litchi chinensis*) 828, *828*
lyme grass (*Leymus arenarius*) 818, *818*
lyre-leaf green eyes (*Berlandiera lyrata*) 233, *233*

M

mabie (*Colubrina arborescens*) 403, *403*
macadamia nut (*Macadamia tetraphylla*) 848
MacArthur palm (*Ptychosperma macarthurii*) 1109, *1109*
Macartney rose (*Rosa bracteata*) 1213, *1213*
macaw fat (*Elaeis guineensis*) 532, *532*
macaw flower (*Heliconia bihai*) 687
mace sedge (*Carex grayi*) 330, *330*
Macedonian pine (*Pinus peuce*) 1050, *1050*
macho fern (*Nephrolepis falcata*) 931
McMinn's manzanita (*Arctostaphylos viridissima*) 178, *178*
Macquarie Island cabbage (*Stilbocarpa polaris*) 1373, *1373*
Madagascar pepper (*Piper nigrum*) 1052, *1052*
Madagascar periwinkle (*Catharanthus roseus*) 343, *343*
Madagascar spur flower (*Plectranthus madagascariensis*) 1060
Madeiran orchid (*Dactylorhiza foliosa*) 465, *465*
maden (*Weinmannia trichosperma*) 1484, *1484*
madonna lily (*Lilium candidum*) 821
madreselva (*Arctostaphylos pungens*) 177, *177*
madrona (*Arbutus menziesii*) 173, *173*
madrone (*Arbutus menziesii*) 173, *173*
madwort (*Alyssum*) 143
Magellan wheatgrass (*Elymus magellanicus*) 535, *535*
magennis Bermuda grass (*Cynodon ≥ magennisii*) 457
magenta brush cherry (*Syzygium paniculatum*) 1393
magenta cherry (*Syzygium australe*) 1392, *1392*
magenta storksbill (*Pelargonium rodneyanum*) 996
magic flower (*Cantua buxifolia*) 325, *325*
magnificent mint bush (*Prostanthera magnifica*) 1086, *1086*
maguey de pulque (*Agave salmiana*) 115
mahala mats (*Ceanothus prostratus*) 347
maharajah palm (*Cyrtostachys renda*) 460, *460*
mahoe (*Hibiscus elatus, H. tiliaceus*) 701, *701*, 704, *704*
mahoe (*Melicytus ramiflorus*) 887, *887*
mahogany (*Swietenia*) 1383–84
mahon stock (*Malcolmia*) 858
maiden grass (*Miscanthus sinensis 'Gracillimus'*) 900, *900*
maiden pink (*Dianthus deltoides*) 491, *491*
maidenhair fern (*Adiantum*) 99–101
maidenhair spleenwort (*Asplenium trichomanes*) 198
maidenhair tree (*Ginkgo biloba*) 639, *639*
maidenhair vine (*Muehlenbeckia complexa*) 905
mairehau (*Phebalium nudum*) 1023, *1023*
maiten (*Maytenus boaria*) 879, *879*
maize (*Zea mays*) 1495, *1495*
Majorcan peony (*Paeonia cambessedesii*) 973, *973*
makomako (*Aristotelia serrata*) 187
Malabar gourd (*Cucurbita ficifolia*) 441
Malabar nut (*Justicia adhatoda*) 774, *774*
Malay apple (*Syzygium malaccense*) 1393, *1393*
malcolm stock (*Malcolmia*) 858
male fern (*Dryopteris filix-mas*) 516
male peony (*Paeonia mascula*) 975
mallow (*Hibiscus*) 701–4
mallow (*Malva*) 867–68
Maltese cross (*Lychnis chalcedonica*) 842
Maltese Cross rose (*Rosa sericea*) 1218
malva rose (*Lavatera assurgentiflora*) 803, *803*
mamey sapote (*Pouteria sapota*) 1078, *1078*
manac (*Euterpe oleracea*) 592
manaco (*Euterpe*) 592
Manchu cherry (*Prunus tomentosa*) 1099, *1099*
Manchurian alder (*Alnus hirsuta*) 131, *131*
Manchurian apricot (*Prunus mandshurica*) 1095
Manchurian bean (*Glycine max*) 644
Manchurian birch (*Betula mandschurica*) 235
Manchurian cherry (*Prunus maackii*) 1095, *1095*
Manchurian fir (*Abies homolepis*) 69
Manchurian maple (*Acer mandshuricum*) 85
mandarin (*Citrus reticulata*) 384
mandrake (*Mandragora, M. officinarum*) 873
Mangles' kangaroo paw (*Anigozanthos manglesii*) 158, *158*
mango (*Mangifera indica*) 874, *874*
mango bark (*Canarium australasicum*) 323
mangosteen (*Garcinia mangostana*) 624–25, *624*
mangrove (*Avicennia*) 210
mangrove (*Rhizophora*) 1142
mangrove hibiscus (*Hibiscus tiliaceus*) 704, *704*
manioc (*Manihot esculenta*) 874
Manitoba maple (*Acer negundo*) 86
manna ash (*Fraxinus ornus*) 611, *611*
manna grass (*Glyceria*) 644
manna gum (*Eucalyptus viminalis*) 577, *577*
manna plant (*Tamarix gallica*) 1398
manuka (*Leptospermum scoparium*) 809
many-headed dryandra (*Dryandra polycephala*) 515, *515*
manzanilla (*Arctostaphylos pungens*) 177, *177*
manzanita (*Arctostaphylos manzanita, A. purissima*) 176, *176*, 177
mao zhu (*Phyllostachys edulis*) 1036
maple (*Acer, A. pensylvanicum*) 83, 88, *88*
maple-leaf bayur (*Pterospermum acerifolium*) 1108, *1108*
maple-leaf begonia (*Begonia dregei*) 224
maracaibo lignum-vitae (*Bulnesia arborea*) 269, *269*
marble sheath bamboo (*Chimonobambusa marmorea*) 371
March lily (*Amaryllis*) 144
marginal wood fern (*Dryopteris marginalis*) 516
Marguerite (*Argyranthemum frutescens*) 182
Marguerite daisy (*Argyranthemum frutescens*) 182
marigold (*Tagetes*) 1397
marine vine (*Cissus trifoliata*) 380
Mariposa tulip (*Calochortus*) 289
maritime ceanothus (*Ceanothus maritimus*) 347, *347*
maritime pine (*Pinus pinaster*) 1050, *1050*
marlberry (*Ardisia escallonioides*) 180, *180*
Marlborough rock daisy (*Olearia insignis*) 949, *949*
marmalade bush (*Streptosolen jamesonii*) 1379, *1379*
maroola plum (*Sclerocarya birrea*) 1327, *1327*
maroon tree peony (*Paeonia delavayi*) 973
marri (*Corymbia calophylla*) 422
marrow (*Cucurbita*) 441
marsh Afrikaner (*Gladiolus tristis*) 639, *639*
marsh andromeda (*Andromeda polifolia*) 150, *150*
marsh blue violet (*Viola cucullata*) 1474
marsh clematis (*Clematis crispa*) 387
marsh fern (*Thelypteris palustris*) 1410
marsh grass (*Spartina, S. pectinata*) 1360, *1360*
marsh ledum (*Rhododendron tomentosum*) 1159
marsh mallow (*Althaea officinalis*) 142, *142*
marsh marigold (*Caltha palustris*) 291
marsh orchid (*Dactylorhiza*) 465
marsh pitcher (*Heliamphora*) 681–82
marsh reed (*Phleum*) 1027
marsh rose (*Orothamnus zeyheri*) 958, *958*
marsh trefoil (*Menyanthes trifoliata*) 890, *890*
martagon (*Lilium martagon*) 821
maruba (*Hosta plantaginea*) 710, *710*
marula (*Sclerocarya birrea*) 1327, *1327*
marvel of Peru (*Mirabilis jalapa*) 899
mascarene grass (*Zoysia tenuifolia*) 1498
mask flower (*Alonsoa, A. warscewiczii*) 137
masterwort (*Astrantia*) 202–3
mastic tree (*Pistacia lentiscus*) 1053, *1053*
masusa (*Renealmia alpinia*) 1137, *1137*
mat daisy (*Raoulia hookeri*) 1133, *1133*
mata (*Histiopteris incisa*) 706, *706*
mata ajam (*Clerodendrum speciosissimum*) 393, *393*
matchstick plant (*Aechmea gamosepala*) 102, *102*
matgrass (*Phyla nodiflora*) 1034, *1034*
mat-rushes (*Lomandra*) 833
matted pea bush (*Pultenaea pedunculata*) 1113, *1113*
mattress vine (*Muehlenbeckia complexa*) 905
mau (*Hibiscus tiliaceus*) 704, *704*
maul oak (*Quercus chrysolepis*) 1123
Mauritius papeda (*Citrus hystrix*) 383, *383*
Mauritius raspberry (*Rubus rosifolius*) 1285
may (*Crataegus laevigata, C. monogyna*) 432, 433
may apple (*Passiflora incarnata*) 991, *991*
may apple (*Podophyllum, P. peltatum*) 1065
May lily (*Maianthemum bifolium*) 857
may pops (*Passiflora incarnata*) 991, *991*
may rose (*Rosa cinnamomea plena*) 1214, *1214*
may rush (*Lomandra banksii*) 833, *833*
mayday tree (*Prunus padus*) 1095, *1095*
mayflower (*Epigaea repens*) 541
mayten (*Maytenus boaria*) 879, *879*
mazzard (*Prunus avium*) 1092
meadow buttercup (*Ranunculus acris*) 1130
meadow chickweed (*Cerastium arvense*) 357, *357*
meadow clary (*Salvia pratensis*) 1305, *1305*
meadow cranesbill (*Geranium pratense*) 634, *634*
meadow cress (*Cardamine, C. pratensis*) 328
meadow fescue (*Festuca pratensis*) 601, *601*
meadow foxtail (*Alopecurus pratensis*) 138
meadow grass (*Glyceria*) 644
meadow grass (*Poa pratensis*) 1063
meadow phlox (*Phlox maculata*) 1029
meadow rose (*Rosa blanda*) 1213
meadow rue (*Thalictrum*) 1408–9
meadow saffron (*Colchicum*) 400
meadow sage (*Salvia pratensis*) 1305, *1305*
meadowgrass (*Poa*) 1063
meadowsweet (*Filipendula, F. ulmaria*) 605
meadowsweet (*Spiraea alba*) 1362
mealie (*Zea mays*) 1495, *1495*
mealie heath (*Erica patersonia*) 552, *552*
mealy sage (*Salvia farinacea*) 1302, *1302*
medicinal magnolia (*Magnolia officinalis*) 852
Mediterranean barley (*Hordeum hystrix*) 708
Mediterranean cypress (*Cupressus sempervirens*) 446
Mediterranean fan palm (*Chamaerops humilis*) 368, *368*
medlar (*Mespilus germanica*) 891
Medusa's head (*Euphorbia caput-medusae*) 584
meeting houses (*Aquilegia canadensis*) 166, *166*
mei (*Prunus mume*) 1095
melic (*Melica*) 886–87
melon (*Cucumis*) 440–41
melon cactus (*Melocactus*) 888
melon pear (*Solanum muricatum*) 1347
melon shrub (*Solanum muricatum*) 1347
memorial rose (*Rosa wichurana*) 1219
meranti (*Shorea*) 1339
merrit (*Eucalyptus flocktoniae*) 571, *571*
merrybells (*Uvularia*) 1452
mescal (*Agave neomexicana*) 114, *114*
mescal bean (*Sophora secundiflora*) 1352, *1353*
mescal button (*Lophophora williamsii*) 837, *837*
meserve holly (*Ilex ≥ meserveae*) 730
metake (*Pseudosasa japonica*) 1103
metal leaf (*Hemigraphis alternata*) 695, *695*
metallic-leaf begonia (*Begonia metallica*) 225
Mexican alder (*Alnus acuminata*) 131
Mexican ash (*Fraxinus greggii*) 611
Mexican aster (*Cosmos*) 424–25
Mexican bamboo (*Fallopia japonica*) 597
Mexican bird cherry (*Prunus salicifolia*) 1096
Mexican blood trumpet (*Distictis buccinatoria*) 507, *507*
Mexican breadfruit (*Monstera deliciosa*) 902
Mexican bush sage (*Salvia leucantha*) 1303, *1303*
Mexican campion (*Silene laciniata*) 1340, *1340*
Mexican creeper (*Antigonon leptopus*) 162, *162*
Mexican cypress (*Cupressus lusitanica*) 445
Mexican daisy (*Erigeron karvinskianus*) 554, *554*
Mexican ebony (*Pithecellobium mexicanum*) 1054
Mexican fence post cactus (*Pachycereus marginatus*) 970, *970*
Mexican fern palm (*Dioon edule*) 502, *502*
Mexican fir (*Abies religiosa*) 70, *70*
Mexican fire plant (*Euphorbia cyathophora*) 584
Mexican firecracker (*Echeveria setosa*) 524, *524*
Mexican flamevine (*Pseudogynoxys chenopodioides*) 1100, *1101*
Mexican flannel bush (*Fremontodendron mexicanum*) 613, *613*
Mexican fremontia (*Fremontodendron mexicanum*) 613, *613*
Mexican giant hyssop (*Agastache mexicana*) 110–11
Mexican grass tree (*Dasylirion longissimum*) 476
Mexican hand tree (*Chiranthodendron pentadactylon*) 373
Mexican hat (*Ratibida columnifera*) 1134, *1134*
Mexican hat plant (*Kalanchoe daigremontiana*) 776
Mexican heather (*Cuphea hyssopifolia*) 443
Mexican honeysuckle (*Justicia spicigera*) 775, *775*
Mexican hyssop (*Agastache, A. mexicana*) 110–11
Mexican ivy (*Cobaea scandens*) 396
Mexican juniper (*Juniperus flaccida*) 772
Mexican mint (*Tagetes lucida*) 1397, *1397*
Mexican mock orange (*Philadelphus mexicanus*) 1024, *1024*

Irish ivy (*Hedera hibernica*) 680
Irish strawberry tree (*Arbutus unedo*) 173, *173*
Irish yew (*Taxus baccata 'Fastigiata'*) 1401
iron cross begonia (*Begonia masoniana*) 224–25
iron fern (*Rumohra adiantiformis*) 1288
iron tree (*Parrotia persica*) 989, *989*
ironplant (*Haplopappus*) 671
ironwood (*Acacia estrophiolata*) 75, *75*
ironwood (*Backhousia myrtifolia*) 215, *215*
ironwood (*Carpinus caroliniana*) 333
ironwood (*Mesua ferrea*) 891, *891*
ironwood (*Ostrya virginiana*) 963, *963*
island oak (*Quercus tomentella*) 1128, *1128*
islay (*Prunus ilicifolia*) 1094
itala palm (*Hyphaene coriacea*) 722, 723
Italian alder (*Alnus cordata*) 131, *131*
Italian bellflower (*Campanula isophylla*) 320
Italian buckthorn (*Rhamnus alaternus*) 1139
Italian crabapple (*Malus florentina*) 860, *860*
Italian honeysuckle (*Lonicera caprifolium*) 835
Italian jasmine (*Jasminum humile*) 765, *765*
Italian lavender (*Lavandula stoechas*) 802
Italian parsley (*Petroselinum crispum var. neapolitanum*) 1016
Italian yellow jasmine (*Jasminum humile*) 765, *765*
ivory curl tree (*Buckinghamia celsissima*) 264, *264*
ivy (*Hedera*) 678–80
ivy-leaf pepper (*Peperomia griseoargentea*) 1010
ivy-leafed geranium (*Pelargonium peltatum*) 996
ivy-leafed toad flax (*Cymbalaria muralis*) 452, *452*

J

jacaranda (*Jacaranda mimosifolia*) 764, *764*
Jack pine (*Pinus banksiana*) 1047
jackal's food (*Euphorbia mauritanica*) 587, *587*
jackfruit (*Artocarpus heterophyllus*) 192, *192*
Jack-in-the-pulpit (*Arisaema triphyllum*) 185
jack-in-the-pulpit (*Arum maculatum*) 192, *192*
Jacobean lily (*Sprekelia formosissima*) 1366, *1366*
Jacob's coat (*Acalypha amentacea subsp. wilkesiana*) 81, *81*
Jacob's ladder (*Polemonium, P. caeruleum*) 1065–66
Jacob's rod (*Asphodeline lutea*) 197, *197*
jade orchid (*Magnolia denudata*) 851,
jade tree (*Crassula ovata*) 431, *431*
jade vine (*Strongylodon macrobotrys*) 1380, *1380*
Jamaica ebony (*Brya ebenus*) 263, *263*
Jamaican fan palm (*Thrinax parviflora*) 1411, *1411*
Jamaican king (*Coccoloba uvifera*) 396, *396*
Jamaican oak (*Catalpa longissima*) 342, *342*
jamberry (*Physalis philadelphica*) 1037
jambolan (*Syzygium cumini*) 1392
jambosa (*Syzygium samarangense*) 1393
jambu (*Syzygium cumini*) 1392
Jamestown weed (*Datura stramonium*) 476, *476*
jammy-mouth (*Ruttya fruticosa*) 1289, *1289*
Japanese alder (*Alnus firma, A. japonica*) 131, *131*
Japanese allspice (*Chimonanthus praecox*) 371, *371*
Japanese angelica tree (*Aralia elata*) 170, *171*
Japanese anise (*Illicium anisatum*) 732, *732*
Japanese apricot (*Prunus mume*) 1095
Japanese aralia (*Fatsia japonica*) 598, *598*
Japanese arborvitae (*Thuja standishii*) 1413, *1413*
Japanese arrowroot (*Pueraria lobata*) 1110, *1110*
Japanese aucuba (*Aucuba japonica*) 208
Japanese barberry (*Berberis thunbergii*) 231
Japanese beauty berry (*Callicarpa japonica*) 283, *283*
Japanese beauty bush (*Callicarpa japonica*) 283, *283*
Japanese beech (*Fagus crenata*) 596
Japanese big-leafed magnolia (*Magnolia hypoleuca*) 851
Japanese bird cherry (*Prunus grayana*) 1094, *1094*
Japanese black pine (*Pinus thunbergii*) 1051
Japanese bladdernut (*Staphylea bumalda*) 1369, *1369*
Japanese blue beech (*Fagus japonica*) 596
Japanese box (*Buxus microphylla*) 272
Japanese bunching onion (*Allium fistulosum*) 126, *126*
Japanese cedar (*Cryptomeria japonica*) 439, *439*
Japanese cherry birch (*Betula grossa*) 235
Japanese cherry tree (*Prunus pseudocerasus*) 1096
Japanese chestnut oak (*Quercus acutissima*) 1122, *1122*
Japanese clethra (*Clethra barbinervis*) 394, *394*
Japanese cornelian cherry (*Cornus officinalis*) 417, *417*
Japanese creeper (*Parthenocissus tricuspidata*) 990
Japanese date plum (*Diospyros kaki*) 503, *503*
Japanese dead nettle (*Meehania*) 881
Japanese evergreen azalea (*Rhododendron indicum*) 1150
Japanese fairy bells (*Disporum sessile*) 506, *506*
Japanese felt fern (*Pyrrosia lingua*) 1116
Japanese fir (*Abies firma*) 68, *68*
Japanese flowering cherry (*Prunus Sato-zakura Group, P. serrulata*) 1097, 1099, *1099*
Japanese flowering crabapple (*Malus floribunda*) 860, *860*
Japanese flowering dogwood (*Cornus kousa*) 416, *416*
Japanese flowering quince (*Chaenomeles japonica*) 363, *363*
Japanese forest grass (*Hakonechloa macra*) 669
Japanese garden juniper (*Juniperus procumbens*) 773, *773*
Japanese hibiscus (*Hibiscus schizopetalus*) 703, *703*
Japanese holly (*Ilex crenata*) 729, *729*
Japanese honeysuckle (*Lonicera japonica*) 835, *835*
Japanese hornbeam (*Carpinus japonica*) 333, *333*
Japanese hydrangea vine (*Schizophragma hydrangeoides*) 1323
Japanese knotweed (*Fallopia japonica*) 597
Japanese lantern (*Hibiscus schizopetalus*) 703, *703*
Japanese larch (*Larix kaempferi*) 796
Japanese laurel (*Aucuba japonica*) 208
Japanese leek (*Allium fistulosum*) 126, *126*
Japanese lime (*Tilia japonica*) 1419, *1419*
Japanese locust (*Gleditsia japonica*) 641, *641*
Japanese maple (*Acer palmatum*) 86–7, *87*
Japanese nutmeg yew (*Torreya nucifera*) 1424
Japanese oak (*Quercus acutissima*) 1122, *1122*
Japanese pachysandra (*Pachysandra terminalis*) 972, *972*
Japanese painted fern (*Athyrium niponicum var. pictum*) 206, *206*
Japanese parsley (*Cryptotaenia japonica*) 440
Japanese pepper (*Zanthoxylum piperitum*) 1495
Japanese photinia (*Photinia glabra*) 1032
Japanese pieris (*Pieris japonica*) 1043, *1043*
Japanese pittosporum (*Pittosporum tobira*) 1055, *1055*
Japanese plum (*Prunus salicina*) 1097, *1097*
Japanese plum yew (*Cephalotaxus harringtonia*) 357
Japanese poplar (*Populus maximowiczii*) 1073
Japanese privet (*Ligustrum japonicum*) 820
Japanese quince (*Chaenomeles*) 363
Japanese radish (*Raphanus sativus var. longipinnatus*) 1133, *1133*
Japanese raisin tree (*Hovenia dulcis*) 714, *714*
Japanese red pine (*Pinus densiflora*) 1047, *1047*
Japanese rose (*Rosa multiflora, R. rugosa*) 1217, 1218, *1218*
Japanese rowan (*Sorbus commixta*) 1356, *1356*
Japanese sago cycad (*Cycas revoluta*) 449, *449*
Japanese silver grass (*Miscanthus sinensis*) 900, *900*
Japanese silver grass (*Miscanthus sinensis var. condensatus 'Cabaret'*) 900
Japanese snowball (*Viburnum plicatum*) 1468, *1468*
Japanese snowbell (*Styrax japonicus*) 1382, *1382*
Japanese snowdrop tree (*Styrax japonicus*) 1382, *1382*
Japanese spikenard (*Aralia cordata*) 170–71
Japanese spirea (*Spiraea japonica*) 1363
Japanese spurge (*Pachysandra terminalis*) 972, *972*
Japanese star-anise (*Illicium anisatum*) 732, *732*
Japanese stewartia (*Stewartia pseudocamellia*) 1373, *1373*
Japanese stone pine (*Pinus pumila*) 1050, *1050*
Japanese thistle (*Cirsium japonicum*) 379
Japanese timber bamboo (*Phyllostachys bambusoides*) 1036
Japanese tree lilac (*Syringa reticulata*) 1389, *1389*
Japanese umbrella pine (*Sciadopitys verticillata*) 1325, *1325*
Japanese varnish tree (*Firmiana simplex*) 605, *605*
Japanese walnut (*Juglans ailanthifolia*) 768–69, *768*
Japanese water iris (*Iris ensata, I. laevigata*) 740, 741
Japanese white pine (*Pinus parviflora*) 1050, *1050*
Japanese willow (*Salix integra*) 1298
Japanese wingnut (*Pterocarya rhoifolia*) 1107
Japanese winterberry (*Ilex serrata*) 731, *731*
Japanese wisteria (*Wisteria floribunda*) 1487, *1487*
Japanese witch hazel (*Hamamelis japonica*) 671, *671*
Japanese wood fern (*Dryopteris sieboldii*) 516, *516*
Japanese yew (*Taxus cuspidata*) 1402, *1402*
Japanese zelkova (*Zelkova serrata*) 1496, *1496*
japonica (*Chaenomeles, C. speciosa*) 363
jarrah (*Eucalyptus marginata*) 573, *573*
jasmine (*Jasminum*) 765
jasmine orange (*Murraya paniculata*) 905, *905*
jasmine tobacco (*Nicotiana alata*) 933
jata de guanboca (*Copernicia macroglossa*) 409, *409*
jaundice root (*Hydrastis canadensis*) 719
Java apple (*Syzygium samarangense*) 1393
Java cedar (*Bischofia javanica*) 239, *239*
Java glory bean (*Clerodendrum speciosissimum*) 393, *393*
Java plum (*Syzygium cumini*) 1392
Java willow (*Ficus virens*) 604, *604*
Jeffrey pine (*Pinus jeffreyi*) 1048, *1048*
jelly palm (*Butia capitata*) 271, *271*
jelutong tree (*Dyera costulata*) 519, *519*
Jersey elm (*Ulmus 'Sarniensis'*) 1450, 1451
Jersey lily (*Amaryllis*) 144
Jerusalem artichoke (*Helianthus tuberosus*) 685
Jerusalem cherry (*Solanum pseudocapsicum*) 1348, *1348*
Jerusalem cucumber (*Cucumis anguria*) 440
Jerusalem oak (*Chenopodium botrys*) 370, *370*
Jerusalem sage (*Phlomis fruticosa*) 1027, *1027*
Jerusalem sage (*Pulmonaria officinalis, P. saccharata*) 1111, *1111*
Jerusalem thorn (*Parkinsonia aculeata*) 987, *987*
Jesuits' nut (*Trapa natans*) 1427
jewel orchid (*Ludisia*) 838
jeweled aloe (*Aloe distans*) 134
jewels of opar (*Talinum paniculatum*) 1398
Jew's apple (*Solanum melongena*) 1347
jicama (*Pachyrhizus erosus*) 972
jimson weed (*Datura stramonium*) 476, *476*
Job's tears (*Coix lacryma-jobi*) 400, *400*
jockey's cap (*Tigridia*) 1417–18
Joe Pye weed (*Eupatorium purpureum*) 582
Joey palm (*Johannesteijsmannia altifrons*) 767
Johnny jump-up (*Viola tricolor*) 1474, *1474*
Johnson's grevillea (*Grevillea johnsonii*) 650, *650*
joint fir (*Ephedra*) 538–39
joint pine (*Ephedra*) 538–39
jointwood (*Piper aduncum*) 1052, *1052*
jojoba (*Simmondsia chinensis*) 1341, *1341*
jonquil (*Narcissus, N. jonquilla, N. tazetta*) 914–21
Josephine's lily (*Brunsvigia josephinae*) 263
Joseph's coat (*Amaranthus tricolor*) 144
Joshua tree (*Yucca brevifolia*) 1492, *1492*
joyweed (*Alternanthera*) 142
juçara palm (*Euterpe edulis*) 592, *592*
Judas tree (*Cercis siliquastrum*) 360, *360*
judd viburnum (*Viburnum ≥ juddii*) 1467
jumping cholla (*Cylindropuntia bigelovii*) 451, *451*
jumping cholla (*Cylindropuntia prolifera*) 452, *452*
June grass (*Poa pratensis*) 1063
juneberry (*Amelanchier alnifolia, A. canadensis*) 145
junegrass (*Koeleria*) 782
jungle brake (*Pteris umbrosa*) 1107
jungle flame (*Ixora*) 761
jungle vine (*Cissus hypoglauca*) 380, *380*
juniper gum plant (*Tetraclinis articulata*) 1406, *1406*
juniper-leaf grevillea (*Grevillea juniperina*) 651, *651*
Jupiter's beard (*Centranthus ruber*) 354–55, *355*
Jupiter's distaff (*Salvia glutinosa*) 1302
jusquiame (*Hyoscyamus niger*) 720

K

kabong (*Arenga pinnata*) 181
kaempfer azalea (*Rhododendron kaempferi*) 1151, *1151*
kaffir lily (*Schizostylis*) 1323–24
kahikatea (*Dacrycarpus dacrydioides*) 464, *464*
kahili ginger (*Hedychium gardnerianum*) 680, *680*
kai tsoi (*Brassica juncea*) 255
kaka beak (*Clianthus puniceus*) 394, *394*
kalgan boronia (*Boronia heterophylla*) 244, *244*
kamahi (*Weinmannia racemosa*) 1484
kamchatka stonecrop (*Sedum kamtschaticum*) 1329, *1329*
kan-chiku (*Chimonobambusa marmorea*) 371
kangaroo apple (*Solanum aviculare*) 1346, *1346*
kangaroo paw (*Anigozanthos*) 157–58
kangaroo thorn (*Acacia paradoxa*) 78, *78*
kangaroo vine (*Cissus antarctica*) 380
kanuka (*Kunzea ericoides*) 783, *783*
kanuka box (*Tristaniopsis laurina*) 1432, *1432*
kanzashi giboshi (*Hosta nakaiana*) 710
kapok tree (*Ceiba pentandra*) 350, *350*
kapuka (*Griselinia littoralis*) 657, *657*
karaka (*Corynocarpus laevigata*) 424, *424*
karamu (*Coprosma robusta*) 411
karee (*Rhus lancea*) 1204, *1204*
karo (*Pittosporum crassifolium*) 1054, *1054*
karoo conebush (*Leucadendron nobile*) 811, *811*
karoo rose (*Lapidaria margaretae*) 796, *796*
karri (*Eucalyptus diversicolor*) 570, *570*
karroo thorn (*Acacia karroo*) 76, *76*
Karwinski's sage (*Salvia karwinskii*) 1303, *1303*
kashgaer tree (*Tamarix hispida*) 1398
Kashmir cypress (*Cupressus cashmeriana*) 445
kassod tree (*Senna siamea*) 1336
Katie (*Pseudophoenix vinifera*) 1102, *1102*
katsura tree (*Cercidiphyllum japonicum*) 359, *359*
kauri (*Agathis*) 111–12
kawaka (*Libocedrus plumosa*) 819, *819*
kawakawa (*Macropiper excelsum*) 849, *849*
kawmaka (*Bactris major*) 215, *215*
kaya nut (*Torreya nucifera*) 1424
keck (*Anthriscus sylvestris*) 161
keeled garlic (*Allium carinatum*) 125
kei apple (*Dovyalis caffra*) 511, *511*
kenaf (*Hibiscus cannabinus*) 701
Kenai birch (*Betula kenaica*) 235, *235*
kenilworth ivy (*Cymbalaria muralis*) 452, *452*
kentan (*Lilium lancifolium*) 821, *821*
kentia palm (*Howea forsteriana*) 714, *714*
Kentucky bluegrass (*Poa pratensis*) 1063
Kentucky coffee tree (*Gymnocladus dioica*) 662, *662*
Kentucky wisteria (*Wisteria macrostachya*) 1487
ke-oroshima-chiku (*Pleioblastus pygmaeus*) 1060
kermadec pohutukawa (*Metrosideros kermadecensis*) 892
kerosene bush (*Ozothamnus ledifolius*) 967
kerosene bush (*Richea scoparia*) 1208, *1208*
khat (*Catha edulis*) 342, *342*
kidney bean (*Phaseolus vulgaris*) 1023
kidney vetch (*Anthyllis vulneraria*) 162
kikuyu grass (*Pennisetum flaccidum*) 1005, *1005*
Kilmarnock willow (*Salix caprea 'Pendula'*) 1296, *1296*
Kimberley heath (*Calytrix exstipulata*) 292, *292*
King Billy pine (*Athrotaxis selaginoides*) 205, *205*
king cup (*Caltha palustris*) 291
king fern (*Angiopteris, A. erecta*) 155, *155*
king fern (*Marattia salicina*) 875, *875*
king orchid (*Dendrobium speciosum*) 483, *483*
king protea (*Protea cynaroides*) 1087, *1087*
King William pine (*Athrotaxis selaginoides*) 205, *205*
king's crown (*Dicliptera suberecta*) 497, *497*
king's mantle (*Thunbergia erecta*) 1414
king's spear (*Asphodeline lutea*) 197, *197*
kinnikinick (*Arctostaphylos uva-ursi*) 178, *178*
kirin giboshi (*Hosta minor*) 709, *709*
kiss-me-over-the-garden-gate (*Persicaria orientalis*) 1013
kite tree (*Nuxia floribunda*) 936, *936*
kittentails (*Synthyris*) 1387
kiwi fruit (*Actinidia deliciosa*) 96
kleinbergaalwyn (*Aloe melanacantha*) 136
klipnoors (*Euphorbia obesa*) 588, *588*
knapweed (*Centaurea*) 353–54
knife-leaf wattle (*Acacia cultriformis*) 74, *74*
knight's star lily (*Hippeastrum*) 705
knitbone (*Symphytum*) 1385
knobcone pine (*Pinus attenuata*) 1047
knotted marjoram (*Origanum majorana*) 956, *956*
knotweed (*Fallopia*) 597
knotweed (*Persicaria, P. amplexicaulis, P. capitata*) 1012–13
koba giboshi (*Hosta sieboldii*) 711, *711*
kobus magnolia (*Magnolia kobus*) 851, *851*
kochia (*Bassia scoparia*) 220
kohuhu (*Pittosporum tenuifolium*) 1055, *1055*
kokuwa (*Actinidia arguta*) 96
Korean arborvitae (*Thuja koraiensis*) 1412
Korean azalea (*Rhododendron yedoense*) 1160
Korean barberry (*Berberis koreana*) 230
Korean box (*Buxus microphylla*) 272
Korean boxwood (*Buxus sinica*) 273
Korean euodia (*Tetradium daniellii*) 1406, *1406*
Korean fir (*Abies koreana*) 69, *69*
Korean forsythia (*Forsythia ovata*) 607
Korean mint (*Agastache rugosa*) 111
Korean mountain ash (*Sorbus alnifolia*) 1355, *1355*
Korean pearl bush (*Exochorda serratifolia*) 593, *593*
Korean pine (*Pinus koraiensis*) 1048
Korean raspberry (*Rubus crataegifolius*) 1284, *1284*
Korean rhododendron (*Rhododendron mucronulatum*) 1155, *1155*
Korean rock fern (*Polystichum tsussimense*) 1070
Korean spice viburnum (*Viburnum carlesii*) 1465, *1465*
Korean spirea (*Spiraea fritschiana, S. trichocarpa*) 1363, *1363*, 1365, *1365*
Korean velvet grass (*Zoysia tenuifolia*) 1498
korokio (*Corokia buddlejoides*) 418, *418*
koromiko (*Hebe salicifolia*) 676, *676*
koru (*Pratia physaloides*) 1078
kosi palm (*Raphia australis*) 1134, *1134*
kotamba (*Terminalia catappa*) 1405, *1405*
kotukutuku (*Fuchsia excorticata*) 616, *616*
kousa dogwood (*Cornus kousa*) 416, *416*
kowhai (*Sophora microphylla, S. tetraptera*) 1352, *1352*, 1353, *1353*
kraalaalwyn (*Aloe claviflora*) 134, *134*
Krans aalwyn (*Aloe mitriformis*) 136
krantz aloe (*Aloe arborescens*) 133, *133*
kudzu vine (*Pueraria lobata*) 1110, *1110*
kuma zasa (*Sasa veitchii*) 1316, *1316*
kumara (*Ipomoea batatas*) 738
kunai grass (*Imperata cylindrica*) 734
kunkerberry (*Carissa lanceolata*) 331
kuro giboshi (*Hosta nigrescens*) 710, *710*
kuronami giboshi (*Hosta fluctuans*) 708
kurrajong (*Brachychiton populneus*) 250, *250*
kurume azalea (*Rhododendron ≥ obtusum*) 1155
kusamaki (*Podocarpus macrophyllus*) 1064, *1064*
kuskoraalboom (*Erythrina caffra*) 562
kyein ka (*Calamus viminalis*) 278
kyushu azalea (*Rhododendron kiusianum*) 1151, *1151*

L

La Purisima (*Arctostaphylos purissima*) 177
labrador tea (*Rhododendron groenlandicum*) 1150
laburnum (*Laburnum ≥ watereri*) 787
lace aloe (*Aloe aristata*) 133
lace cactus (*Mammillaria elongata*) 870, *870*
lace shrub (*Stephanandra incisa*) 1371, *1371*
lacebark (*Hoheria, H. populnea*) 706
lacebark kurrajong (*Brachychiton discolor*) 250, *250*
lacebark pine (*Pinus bungeana*) 1047, *1047*
lace-flower vine (*Episcia dianthiflora*) 543
ladanum (*Cistus ladanifer*) 381, *381*
ladder fern (*Blechnum spicant*) 240, *240*
ladder fern (*Nephrolepis cordifolia*) 931, *931*
ladies' eardrops (*Fuchsia magellanica*) 616, *616*
ladies' purses (*Calceolaria Herbeohybrida Group*) 280, *280*
ladies smock (*Cardamine, C. pratensis*) 328
ladies' tobacco (*Antennaria*) 160
lad's love (*Artemisia abrotanum*) 190
lady fern (*Athyrium filix-femina*) 206, *206*
lady finger cactus (*Echinocereus pentalophus*) 527, *527*
lady of the night (*Brunfelsia americana*) 262
lady of the night orchid (*Brassavola*) 253
lady palm (*Rhapis excelsa*) 1140, *1140*
lady tulip (*Tulipa clusiana*) 1436
ladybells (*Adenophora, A. liliifolia*) 99
lady's finger (*Abelmoschus esculentus*) 67
lady's leek (*Allium cernuum*) 126
lady's mantle (*Alchemilla, A. conjuncta, A. mollis*) 123
lady's slipper (*Cypripedium*) 459
≥ Laeliocattleya (*Cattleya Chocolate Drop ≥ ≥ Laeliocattleya Jalapa*) 791
≥ Laeliocattleya (*Cattleya Pittiana ≥ leopoldii*) ≥ Laeliocattleya Interglossa 791
≥ Laeliocattleya (*≥ Laeliocattleya Blue Ribbon ≥ Cattleya Penny Koroda*) 791
≥ Laeliocattleya (*≥ Laeliocattleya Dupreana 'Coerulea' ≥ Laelia purpurata var. werkhauseri*) 791
Lamarck serviceberry (*Amelanchier lamarckii*) 146, *146*
lambs' ears (*Stachys byzantina*) 1366, *1366*
lamb's lettuce (*Valerianella locusta*) 1454
lampwick plant (*Phlomis lychnitis*) 1028
lance-leafed beard heath (*Leucopogon lanceolatus*) 815, *815*
lance-leafed sundew (*Drosera adelae*) 513, *513*
lancewood (*Pseudopanax crassifolius*) 1101, *1101*
lantana (*Lantana camara*) 795, *795*
large beardtongue (*Penstemon grandiflorus*) 1006
large blue fescue (*Festuca amethystina*) 600
large blue hair grass (*Koeleria glauca*) 782
large fothergilla (*Fothergilla major*) 608, *608*
large kangaroo apple (*Solanum laciniatum*) 1347, *1347*
large poroporo (*Solanum laciniatum*) 1347, *1347*
large self-heal (*Prunella grandiflora*) 1091
large thyme (*Thymus pulegioides*) 1415, *1415*
large white petunia (*Petunia axillaris*) 1016
large yellow foxglove (*Digitalis grandiflora*) 500, *500*
large-flowered bellwort (*Uvularia grandiflora*) 1452, *1452*
large-flowered calamint (*Calamintha grandiflora*) 278
large-flowered chickweed (*Cerastium arvense*) 357, *357*
large-flowered evening primrose (*Oenothera glazioviana*) 947, *947*
large-flowered glory bush (*Tibouchina macrantha*) 1417, *1417*
large-flowered plectranthus (*Plectranthus ambiguus*) 1059, *1059*

great quaking grass (*Briza maxima*) 259, *259*
great St John's wort (*Hypericum ascyron*) 721, *721*
great willow herb (*Epilobium angustifolium*) 541, *541*
greater celandine (*Chelidonium majus*) 370, *370*
greater fringed gentian (*Gentianopsis crinita*) 631
greater masterwort (*Astrantia major*) 203, *203*
greater periwinkle (*Vinca major*) 1472, *1472*
greater spearwort (*Ranunculus lingua*) 1132
greater stitchwort (*Stellaria holostea*) 1369, *1369*
great-spurred violet (*Viola selkirkii*) 1474, *1474*
Grecian foxglove (*Digitalis lanata*) 500
Grecian strawberry tree (*Arbutus andrachne*) 172, *172*
Greek clover (*Trigonella foenum-graecum*) 1429
Greek fir (*Abies cephalonica*) 68
Greek hay (*Trigonella foenum-graecum*) 1429
Greek maple (*Acer heldreichii*) 85, *85*
Greek sage (*Salvia fruticosa*) 1302, *1302*
Greek valerian (*Polemonium caeruleum, P. reptans*) 1065, 1066, *1067*
green and gold (*Chrysogonum virginianum*) 376
green arrow arum (*Peltandra virginica*) 1004
green ash (*Fraxinus pennsylvanica*) 612, *612*
green bark ceanothus (*Ceanothus spinosus*) 348
green bottlebrush (*Callistemon viridiflorus*) 286, *286*
green button protea (*Protea scolymocephala*) 1089, *1089*
green cestrum (*Cestrum parqui*) 362
green dragon (*Arisaema dracontium*) 184
green eyes (*Berlandiera*) 233, *233*
green gram (*Vigna radiata*) 1471
green grevillea (*Grevillea jephcottii*) 650, *650*
green hellebore (*Helleborus viridis*) 691
green joint-fir (*Ephedra viridis*) 539, *539*
green kangaroo apple (*Solanum vescum*) 1349
green kangaroo paw (*Anigozanthos viridis*) 158
green lavender (*Lavandula viridis*) 802
green Mexican rose (*Echeveria ≥ gilva*) 523, *523*
green osier (*Cornus alternifolia*) 414
green pitcher plant (*Sarracenia oreophila*) 1315, *1315*
green protea (*Protea scolymocephala*) 1089, *1089*
green santolina (*Santolina rosmarinifolia*) 1310, *1310*
green stem forsythia (*Forsythia viridissima*) 607
greenhood orchid (*Pterostylis*) 1108
greenleaf Japanese maple (*Acer palmatum*) 86–7, *87*
greentip fire lily (*Clivia nobilis*) 395
grefsheim spirea (*Spiraea ≥ cinerea*) 1363
ground ash (*Aegopodium podagraria*) 104, *104*
ground cherry (*Physalis*) 1036–37
ground cherry (*Prunus fruticosa*) 1094
ground elder (*Aegopodium podagraria*) 104, *104*
ground oak (*Teucrium chamaedrys*) 1407
ground pine (*Lycopodium clavatum*) 844, *844*
ground raspberry (*Hydrastis canadensis*) 719
ground rose (*Protea pudens*) 1089
groundnut (*Arachis hypogaea*) 170
groundsel tree (*Baccharis halimifolia*) 214, *214*
Guadalupe palm (*Brahea edulis*) 253, *253*
guado (*Isatis tinctoria*) 757
guajillo (*Acacia berlandieri*) 73
guajilote (*Parmentiera aculeata*) 987, *987*
guanabana (*Annona muricata*) 159, *159*
guano (*Coccothrinax spissa*) 397, *397*
guaramaco (*Brownea coccinea*) 260, *260*
guarana (*Paullinia cupana*) 992, *992*
guaromo (*Cecropia peltata*) 349, *349*
Guatemala rhubarb (*Jatropha podagrica*) 766, *766*
guava (*Psidium guajava*) 1104, *1104*
guayiga (*Zamia pumila*) 1493
guelder rose (*Viburnum opulus*) 1468, *1468*
Guernsey lily (*Nerine, N. sarniensis*) 931–32, *931*
guinea hen flower (*Fritillaria meleagris*) 614, *614*
gully grevillea (*Grevillea barklyana*) 649
gum cistus (*Cistus ladanifer*) 381, *381*
gum plant (*Grindelia*) 656–57
gumbo (*Abelmoschus esculentus*) 67
gundabluey (*Acacia victoriae*) 80
gungurru (*Eucalyptus caesia*) 568
Gunn's beech (*Nothofagus gunnii*) 935, *935*
gunyang (*Solanum vescum*) 1349
gutta-percha tree (*Eucommia ulmoides*) 578, *578*
Guyana arrowroot (*Dioscorea alata*) 503, *503*
Gymea lily (*Doryanthes excelsa*) 510, *510*
gypsy weed (*Veronica officinalis*) 1462, *1462*

H

hack saw fern (*Doodia*) 509
hair fescue (*Festuca filiformis*) 600
hair grass (*Aira*) 120
hair grass (*Deschampsia*) 489, *489*
hair grass (*Eleocharis acicularis*) 533, *533*
hairpin banksia (*Banksia spinulosa*) 219
hairy bergenia (*Bergenia ciliata*) 232, *232*
hairy false golden aster (*Heterotheca villosa*) 698
hairy golden aster (*Heterotheca villosa*) 698
hairy hound's tooth (*Cynoglossum nervosum*) 457
hairy manzanita (*Arctostaphylos columbiana*) 175
hairy paulownia (*Paulownia tomentosa*) 993, *993*
hairy rock rose (*Cistus creticus*) 381, *381*
hairy starfish flower (*Stapelia hirsuta*) 1368
hairy toad lily (*Tricyrtis hirta*) 1429, *1429*
hakone grass (*Hakonechloa macra*) 669
halberd willow (*Salix hastata*) 1297
Hall's honeysuckle (*Lonicera japonica*) 835, *835*
Hall's totara (*Podocarpus hallii*) 1064
Hamburg parsley (*Petroselinum crispum var. tuberosum*) 1016
handkerchief tree (*Davidia involucrata*) 477, *477*
hanging heliconia (*Heliconia collinsiana*) 687, *687*
happy plant (*Dracaena fragrans*) 511
hapu (*Cibotium glaucum*) 378
hara-giri (*Kalopanax septemlobus*) 778, *778*
hard fern (*Blechnum spicant*) 240, *240*
hard fescue (*Festuca longifolia*) 601, *601*
hard hack (*Spiraea tomentosa*) 1365, *1365*
hard maple (*Acer saccharum*) 89, *89*
hard quandong (*Elaeocarpus obovatus*) 533, *533*
hard shield fern (*Polystichum aculeatum*) 1069, *1069*
hard tree fern (*Dicksonia squarrosa*) 497, *497*
hard-tack (*Cercocarpus montanus*) 360
hardy begonia (*Begonia grandis*) 224
hardy eucryphia (*Eucryphia glutinosa*) 578, *578*
hardy fuchsia (*Fuchsia magellanica*) 616, *616*
hardy kiwi (*Actinidia arguta*) 96
harebell (*Campanula rotundifolia*) 322
hare's ear (*Bupleurum rotundifolium*) 269
hare's foot fern (*Davallia*) 476
hare's foot fern (*Phlebodium aureum*) 1026
hare's tail (*Eriophorum vaginatum*) 557, *557*
haricot (*Phaseolus vulgaris*) 1023
harlequin flower (*Sparaxis*) 1359
harrow wattle (*Acacia acanthoclada*) 72
Hart's tongue fern (*Asplenium scolopendrium*) 198, *198*
harvest brodiaea (*Brodiaea coronaria*) 259
hatchet cactus (*Pelecyphora aselliformis*) 1004, *1004*
Havana cigar (*Calathea lutea*) 279, *279*
Hawaiian elf schefflera (*Schefflera arboricola*) 1321, *1321*
Hawaiian hibiscus (*Hibiscus rosa-sinensis*) 702, *702*
Hawaiian tree fern (*Cibotium glaucum*) 378
Hawaiian white hibiscus (*Hibiscus arnottianus*) 701, *701*
Hawkesbury River daisy (*Brachyscome multifida*) 252
hawthorn (*Crataegus monogyna*) 433
hay-scented fern (*Dennstaedtia punctilobula*) 488, *488*
hay-scented orchid (*Dendrochilum glumaceum*) 487
hazel alder (*Alnus serrulata*) 132
headache tree (*Umbellularia californica*) 1451, *1451*
heal all (*Prunella, P. vulgaris*) 1091
heart fern (*Hemionitis arifolia*) 695, *695*
heart seed (*Cardiospermum grandiflorum*) 328, *329*
heartleaf (*Bergenia ciliata*) 232, *232*
heartleaf iceplant (*Aptenia*) 165
heartleaf saxifrage (*Bergenia cordifolia*) 232
heart-leafed flame pea (*Chorizema cordatum*) 374, *374*
hearts and flowers (*Aptenia*) 165
heartsease (*Viola, V. tricolor*) 1472–77, *1474*
Hearsts' manzanita (*Arctostaphylos hookeri subsp. hearstiorum*) 175, *175*
heath aster (*Aster ericoides*) 199
heath banksia (*Banksia ericifolia*) 217, *217*
heath dog violet (*Viola canina*) 1473
heath violet (*Viola canina*) 1473
heather (*Calluna vulgaris*) 288
heath-leafed banksia (*Banksia ericifolia*) 217, *217*
heavenly bamboo (*Nandina, N. domestica*) 913, *913*
hedge bamboo (*Bambusa multiplex*) 217
hedge bedstraw (*Galium mollugo*) 624
hedge cotoneaster (*Cotoneaster lucidus*) 428
hedge euphorbia (*Euphorbia neriifolia*) 588, *588*
hedge maple (*Acer campestre*) 83, *83*
hedge nettle (*Stachys*) 1366–67
hedge thorn (*Carissa bispinosa*) 331, *331*
hedge woundwort (*Stachys sylvatica*) 1367
hedgehog broom (*Erinacea anthyllis*) 555, 556
hedgehog cactus (*Echinocereus*) 526
hediondo (*Bosea yervamora*) 245, *245*
Heldreich's maple (*Acer heldreichii*) 85, *85*
helmet flower (*Aconitum napellus*) 94, *94*
helmet flower (*Scutellaria*) 1327–28
helmet orchid (*Corybas*) 419–20
hemlock spruce (*Tsuga*) 1435–36
hemp agrimony (*Agrimonia eupatoria*) 118, *118*
hemp willow (*Salix viminalis*) 1299
hen and chicken fern (*Asplenium bulbiferum*) 198
henbane (*Hyoscyamus, H. niger*) 720
henna (*Lawsonia inermis*) 804
hens and chickens (*Sempervivum, S. tectorum*) 1332–34
herald's trumpet (*Beaumontia grandiflora*) 223, *223*
herb gerard (*Aegopodium podagraria*) 104, *104*
herb of grace (*Ruta graveolens*) 1289, *1289*
herb paris (*Paris quadrifolia*) 987
herb Robert (*Geranium robertianum*) 635
Hercules club (*Aralia spinosa*) 171, *170*
herds grass (*Phleum pratense*) 1027, *1027*
heronsbill (*Erodium*) 558
hesper palm (*Brahea, B. armata*) 253, *253*
hiba (*Thujopsis dolabrata*) 1414
hiba cedar (*Thujopsis dolabrata*) 1414
hiccup nut (*Combretum bracteosum*) 404, *404*
hickory (*Acacia implexa*) 76, *76*
hierbamora (*Bosea yervamora*) 245, *245*
high mallow (*Malva sylvestris*) 868
highbush blueberry (*Vaccinium corymbosum*) 1453, *1453*
Highclere holly (*Ilex ≥ altaclerensis*) 727
highveld cabbage tree (*Cussonia paniculata*) 447, *447*
hillock bush (*Melaleuca hypericifolia*) 884
Hill's weeping fig (*Ficus microcarpa var. hillii*) 603
Himalayan birch (*Betula utilis*) 237
Himalayan black juniper (*Juniperus indica*) 772
Himalayan box (*Buxus wallichiana*) 273
Himalayan catmint (*Nepeta clarkei*) 930
Himalayan cherry (*Prunus rufa*) 1096
Himalayan cypress (*Cupressus torulosa*) 446, *446*
Himalayan dogwood (*Cornus capitata*) 415, *415*
Himalayan fan palm (*Trachycarpus martianus*) 1426, *1426*
Himalayan firethorn (*Pyracantha crenulata*) 1116, *1116*
Himalayan giant lily (*Cardiocrinum giganteum*) 328
Himalayan holly (*Ilex dipyrena*) 729, *729*
Himalayan honeysuckle (*Leycesteria formosa*) 817, *817*
Himalayan ivy (*Hedera nepalensis*) 680
Himalayan juniper (*Juniperus recurva*) 773
Himalayan lilac (*Syringa emodi*) 1387
Himalayan long-leaf pine (*Pinus roxburghii*) 1050
Himalayan maidenhair (*Adiantum venustum*) 101, *101*
Himalayan manna ash (*Fraxinus floribunda*) 611
Himalayan may apple (*Podophyllum hexandrum*) 1065
Himalayan musk rose (*Rosa moschata nepalensis*) 1216, *1216*
Himalayan pear (*Pyrus pashia*) 1119
Himalayan pine (*Pinus wallichiana*) 1051, *1051*
Himalayan rhubarb (*Rheum australe*) 1140
Himalayan tree cotoneaster (*Cotoneaster frigidus*) 427
Himalayan whitebeam (*Sorbus vestita*) 1358, *1358*
hinojo (*Bupleurum salicifolium*) 269, *269*
Hinoki cypress (*Chamaecyparis obtusa*) 365, *365*
hoary leafed ceanothus (*Ceanothus crassifolius*) 346
hoary manzanita (*Arctostaphylos canescens*) 175
hoary vervain (*Verbena stricta*) 1460
hoary willow (*Salix elaeagnos*) 1297, *1297*
hobble bush (*Viburnum lantanoides*) 1467
hog apple (*Podophyllum peltatum*) 1065
hog millet (*Panicum miliaceum*) 979
hog plum (*Prunus americana*) 1092, *1092*
hognut broom hickory (*Carya glabra*) 334, *334*
hog's bean (*Hyoscyamus niger*) 720
holiday cactus (*Schlumbergera Hybrid Cultivars*) 1324
hollowleaf annual lupine (*Lupinus succulentus*) 840, *840*
holly (*Ilex*) 727–32
holly fern (*Cyrtomium falcatum*) 460, *460*
holly fern (*Polystichum, P. polyblepharon*) 1069–70, *1070*
holly grevillea (*Grevillea aquifolium*) 648
holly oak (*Quercus ilex*) 1124, *1124*
holly osmanthus (*Osmanthus heterophyllus*) 961, *961*
holly wood (*Auranticarpa rhombifolia*) 208, *208*
hollyhock (*Alcea, A. rosea*) 122–23, *123*
hollyhock begonia (*Begonia gracilis*) 224
hollyleaf sweetspire (*Itea ilicifolia*) 760, *760*
holly-leafed cherry (*Prunus ilicifolia*) 1094
holly-leafed fuchsia bush (*Graptophyllum ilicifolium*) 647, *647*
holly-leafed lomatia (*Lomatia ilicifolia*) 834, *834*
holly-leafed mirbelia (*Mirbelia dilatata*) 899, *899*
Hollywood juniper (*Juniperus squamata*) 774
holm oak (*Quercus ilex*) 1124, *1124*
holy basil (*Ocimum tenuiflorum*) 944
Honduras mahogany (*Swietenia macrophylla*) 1384, *1384*
honesty (*Lunaria annua*) 839, *839*
honewort (*Cryptotaenia canadensis*) 440, *440*
honey flower (*Melianthus major*) 886, *886*
honey locust (*Gleditsia triacanthos*) 641
honey mesquite (*Prosopis glandulosa*) 1085, *1085*
honey protea (*Protea repens*) 1089, *1089*
honey spurge (*Euphorbia mellifera*) 587
honeybell bush (*Freylinia lanceolata*) 613, *613*
honeybells (*Hermannia, H. incana*) 696, *696*
honeybush (*Hakea lissocarpha*) 668
honeydew melon (*Cucumis melo*) 440–41
honeyflower (*Lambertia formosa*) 793, *793*
honeysuckle (*Lambertia multiflora*) 793, *793*
honeysuckle (*Lonicera*) 834–36
honeysuckle fuchsia (*Fuchsia triphylla*) 617
honeysuckle spider flower (*Grevillea juncifolia*) 651, *651*
honeywort (*Cerinthe*) 361
Hong Kong orchid tree (*Bauhinia ≥ blakeana*) 221, *221*
Honolulu rose (*Clerodendrum chinense*) 393
hooded pitcher plant (*Sarracenia minor*) 1314, 1315
hook sedge (*Uncinia*) 1451
hooked-spur violet (*Viola adunca*) 1472
Hooker's onion (*Allium acuminatum*) 125
hoop Mitchell grass (*Astrebla elymoides*) 203, *203*
hoop pine (*Araucaria cunninghamii*) 172, *172*
hoop-petticoat daffodil (*Narcissus bulbocodium*) 914, *914*
hop bitter pea (*Daviesia latifolia*) 477, *477*
hop hornbeam (*Ostrya, O. carpinifolia*) 963, *963*
hopbush (*Dodonaea viscosa*) 508, *508*
horehound (*Marrubium*) 875–76
horizontal juniper (*Juniperus horizontalis*) 772, *772*
hornbeam (*Carpinus*) 333
hornbeam maple (*Acer carpinifolium*) 83, *83*
horned holly (*Ilex cornuta*) 729
horned poppy (*Glaucium*) 641
horned rampion (*Phyteuma*) 1038
horned tulip (*Tulipa acuminata*) 1436
horned violet (*Viola cornuta*) 1473
horny goat weed (*Epimedium*) 541–42
horoeka (*Pseudopanax crassifolius*) 1101, *1101*
horopito (*Pseudowintera colorata*) 1103, *1103*
horrid Spaniard (*Aciphylla horrida*) 93
horse bean (*Vicia faba*) 1470
horse chestnut (*Aesculus, A. hippocastanum*) 106–8, *107*
horse mint (*Mentha longifolia*) 889
horse parsley (*Smyrnium olusatrum*) 1345
horsemint (*Monarda*) 901–2
horseradish (*Armoracia, A. rusticana*) 188, *188*
horseshoe fern (*Marattia salicina*) 875, *875*
horsetail (*Equisetum*) 544
horsetail rush (*Equisetum hyemale*) 544
hortensia (*Hydrangea macrophylla*) 717, *717*
hortulan plum (*Prunus hortulana*) 1094
hottentot fig (*Carpobrotus edulis*) 333, *333*
houhere (*Hoheria populnea*) 706
hound's tongue (*Cynoglossum*) 457
houpara (*Pseudopanax lessonii*) 1101
house lime (*Sparmannia*) 1359–60
houseleek (*Sempervivum*) 1332–34
Howell's triteleia (*Triteleia grandiflora*) 1432
Howitt's wattle (*Acacia howittii*) 76
Hudson Bay rose (*Rosa blanda*) 1213
Humboldt County fuchsia (*Epilobium septentrionale*) 541
humea (*Calomeria amaranthoides*) 290, *290*
hummingbird bush (*Grevillea thelemanniana*) 653
hummingbird bush (*Justicia candicans*) 775
hummingbird plant (*Agastache cana*) 110
hummingbird plant (*Dicliptera suberecta*) 497, *497*
hummingbird sage (*Salvia spathacea*) 1306, *1306*
hunangamoho (*Chionochloa conspicua*) 372, *372*
Hungarian clover (*Trifolium pannonicum*) 1429, *1429*
Hungarian lilac (*Syringa josikaea*) 1388
Hungarian oak (*Quercus frainetto*) 1124
hunter's robe (*Epipremnum pinnatum 'Aureum'*) 543, *543*
huntsman's cap (*Sarracenia purpurea*) 1315, *1315*
huo xiang (*Agastache rugosa*) 111
Huon pine (*Lagarostrobos franklinii*) 792, *792*
hupeh crabapple (*Malus hupehensis*) 861, *861*
hurricane lily (*Lycoris aurea*) 844, *844*
hurricane palm (*Dictyosperma album*) 498, *498*
husk tomato (*Physalis*) 1036–37
hyacinth (*Hyacinthus*) 716
hyacinth bean (*Lablab purpureus*) 786, *786*
hyacinth lilac (*Syringa ≥ hyacinthiflora*) 1387, *1387*
hyacinth scilla (*Scilla hyacinthoides*) 1325, *1325*
hyacinth-of-Peru (*Scilla peruviana*) 1326, *1326*
hybrid banksia (*Banksia 'Giant Candles'*) 217, *217*
hybrid blue holly (*Ilex ≥ meserveae*) 730
hybrid coral tree (*Erythrina ≥ bidwillii*) 562, *562*
hybrid Indian hawthorn (*Rhaphiolepis ≥ delacourii*) 1140, *1140*
hybrid larch (*Larix ≥ marschlinsii*) 797
hybrid lavender (*Lavandula ≥ allardii*) 801
hybrid poplar (*Populus ≥ canadensis*) 1072
hybrid purple barberry (*Berberis ≥ ottawensis*) 230, *230*
hybrid strawberry tree (*Arbutus ≥ andrachnoides*) 173
hybrid witch hazel (*Hamamelis ≥ intermedia*) 671, *671*
hybrid yew (*Taxus ≥ media*) 1402, *1402*
hyssop (*Hyssopus officinalis*) 723
hyuga giboshi (*Hosta kikutii*) 709

I

ice plant (*Lampranthus aurantiacus, L. spectabilis*) 794, *794*, 795
ice plant (*Ruschia dichroa*) 1288, *1288*
ice plant (*Sedum spectabile*) 1331, *1331*
ice-cream bean (*Inga edulis*) 736
Iceland poppy (*Papaver nudicaule*) 980, *980*
iceplant (*Malephora crocea*) 858, *858*
ifafa lily (*Cyrtanthus mackenii*) 459
igname (*Dioscorea esculenta*) 503
Illawarra flame tree (*Brachychiton acerifolius*) 249, *249*
Illawarra lily (*Doryanthes excelsa*) 510, *510*
illyarrie (*Eucalyptus erythrocorys*) 570
impala lily (*Adenium obesum*) 98
Inca wheat (*Chenopodium quinoa*) 370
incense bush (*Calomeria amaranthoides*) 290, *290*
incense cedar (*Calocedrus decurrens*) 288, *288*
incense rose (*Rosa primula*) 1217, *1217*
incienso (*Encelia farinosa*) 536, *536*
India rubber vine (*Strophanthus gratus*) 1380, *1380*
Indian almond (*Terminalia catappa*) 1405, *1405*
Indian apple (*Datura inoxia*) 476
Indian apple (*Podophyllum peltatum*) 1065
Indian arrowwood (*Philadelphus lewisii*) 1024
Indian azalea (*Rhododendron indicum*) 1150
Indian bead tree (*Elaeocarpus sphaericus*) 533, *533*
Indian bean (*Lablab purpureus*) 786, *786*
Indian bean tree (*Catalpa bignonioides*) 341, *341*
Indian beech (*Pongamia pinnata*) 1071
Indian breadroot (*Pediomelum esculentum*) 994
Indian chocolate (*Geum rivale*) 637
Indian coral bean (*Erythrina variegata*) 563
Indian corn (*Zea mays*) 1495, *1495*
Indian currant (*Symphoricarpos orbiculatus*) 1385
Indian dillenia (*Dillenia indica*) 501, *501*
Indian dye (*Hydrastis canadensis*) 719
Indian fig (*Opuntia ficus-indica*) 954, *954*
Indian fig pear (*Opuntia ficus-indica*) 954, *954*
Indian fishtail palm (*Caryota obtusa*) 336
Indian ginger (*Alpinia calcarata*) 139
Indian grass (*Sorghastrum nutans*) 1359
Indian hawthorn (*Rhaphiolepis indica*) 1140, *1140*
Indian hemp (*Hibiscus cannabinus*) 701
Indian horse chestnut (*Aesculus indica*) 107, *107*
Indian laurel fig (*Ficus microcarpa*) 603
Indian paintbrush (*Castilleja, C. coccinea*) 340–41
Indian pea (*Lathyrus sativus*) 800
Indian pennywort (*Centella asiatica*) 354
Indian physic (*Gillenia trifoliata*) 638
Indian prune (*Flacourtia rukam*) 606, *606*
Indian rhododendron (*Melastoma malabathricum*) 886, *886*
Indian senna (*Cassia fistula*) 337, *337*
Indian shot (*Canna, C. indica*) 324
Indian snakeroot (*Rauvolfia serpentina*) 1134, *1134*
Indian strawberry (*Duchesnea*) 517
Indian turnip (*Arisaema triphyllum*) 185
Indian willow (*Polyalthia longifolia*) 1066, 1067
India-rubber tree (*Ficus elastica*) 602, *602*
indigo bush (*Dalea*) 472
inkberry (*Ilex glabra*) 729
inland ceanothus (*Ceanothus ovatus*) 347
inland scribbly gum (*Eucalyptus rossii*) 576, *576*
innocence (*Collinsia bicolor*) 402
insect flower (*Tanacetum cinerariifolium*) 1399
interior live oak (*Quercus wislizeni*) 1128, *1128*
interrupted fern (*Osmunda claytoniana*) 961
Iowa crabapple (*Malus ioensis*) 861, *861*
Iranian tulip (*Tulipa montana*) 1437, *1437*
Irish heather (*Erica erigena*) 551

Brazilian oak (*Posoqueria latifolia*) 1075, *1075*
Brazilian pepper tree (*Schinus terebinthifolius*) 1322, *1322*
Brazilian plume (*Justicia carnea*) 775, *775*
Brazilian red cloak (*Megaskepasma erythrochlamys*) 882, *882*
Brazilian rosewood (*Jacaranda mimosifolia*) 764, *764*
Brazilian sand palm (*Allagoptera arenaria*) 124
Brazilian sky flower (*Duranta stenostachya*) 518
Brazilian tree fern (*Blechnum brasiliense*) 240, *240*
bread wheat (*Triticum aestivum*) 1432, *1433*
breadfruit (*Artocarpus altilis*) 192, *192*
breadroot (*Balsamorhiza sagittata*) 216
Breede River yellowwood (*Podocarpus elongatus*) 1064, *1064*
Brewer's spruce (*Picea breweriana*) 1040
briar rose (*Rosa eglanteria*) 1214, *1214*
Bribie Island pine (*Callitris columellaris*) 287, *287*
bridal veil orchid (*Dockrillia teretifolia*) 508
bridal wreath (*Francoa*) 609–10
bridal wreath (*Spiraea, S. 'Arguta'*) 1362–65
bridal wreath spirea (*Spiraea prunifolia*) 1364
bridalwreath spirea (*Spiraea ≥ vanhouttei*) 1365, *1365*
brigalow (*Acacia harpophylla*) 76, *76*
brilliant hopbush (*Dodonaea microzyga*) 508
bristle cone fir (*Abies bracteata*) 68, *68*
bristly cloak fern (*Cheilanthes distans*) 369
bristly locust (*Robinia fertilis*) 1209
brittle gum (*Eucalyptus mannifera*) 573, *573*
brittle maidenhair (*Adiantum concinnum*) 99, *99*
brittle maidenhair fern (*Adiantum tenerum*) 101, *101*
brittle thatch palm (*Thrinax morrisii*) 1411, *1411*
brittle willow (*Salix fragilis*) 1297, *1297*
brittle-bush (*Encelia farinosa*) 536, *536*
broad bean (*Vicia faba*) 1470
broad buckler fern (*Dryopteris dilatata*) 516, *516*
broadleaf (*Griselinia littoralis*) 657, *657*
broad-leaf cumbungi (*Typha orientalis*) 1445, *1445*
broadleaf lilac (*Syringa oblata*) 1388, *1388*
broad-leaf palm lily (*Cordyline petiolaris*) 412, *412*
broad-leafed arnica (*Arnica latifolia*) 188, *188*
broad-leafed hakea (*Hakea dactyloides*) 667, *667*
broad-leafed lime (*Tilia platyphyllos*) 1419, *1419*
broad-leafed meadowgrass (*Poa chaixii*) 1063, *1063*
broad-leafed meryta (*Meryta latifolia*) 890, *890*
broad-leafed paperbark (*Melaleuca quinquenervia, M. viridiflora*) 884, 884, 885, *885*
broad-leafed peppermint (*Eucalyptus dives*) 570
broad-leafed privet (*Ligustrum lucidum*) 820
broad-leafed scribbly gum (*Eucalyptus haemastoma*) 572
brompton stock (*Matthiola incana*) 878
bronvaux medlar (+ *Crataegomespilus dardarii*) 432
brooch flower (*Berlandiera lyrata*) 233, *233*
brook wake robin (*Trillium rivale*) 1431
Brooker's gum (*Eucalyptus brookeriana*) 568, *568*
brooklime (*Veronica beccabunga*) 1462
broom (*Coccothrinax*) 397
broom (*Cytisus*) 460–61
broom corn millet (*Panicum miliaceum*) 979
broom honey myrtle (*Melaleuca uncinata*) 885
brown boronia (*Boronia megastigma*) 244, *244*
brown mustard (*Brassica juncea*) 255
brown pine (*Podocarpus elatus*) 1064
brown salvia (*Salvia aurea*) 1300
brown silky oak (*Grevillea baileyana*) 649
brown tamarind (*Castanospora alphandii*) 340, *340*
brown top (*Agrostis*) 119
brown-bearded sugarbush (*Protea speciosa*) 1090, *1090*
brown-eyed Susan (*Rudbeckia triloba*) 1286
brown-flowered hedgehog cactus (*Sclerocactus uncinatus*) 1326
bruisewort (*Bellis*) 228
brush box (*Lophostemon confertus*) 837, *837*
brush cherry (*Syzygium australe*) 1392, *1392*
brush ironbark wattle (*Acacia aulacocarpa*) 73
brush kurrajong (*Commersonia fraseri*) 405, *405*
brush mahogany (*Geissois benthamii*) 628, *628*
bruyere (*Erica arborea*) 548, *548*
buccaneer palm (*Pseudophoenix sargentii, P. vinifera*) 1102, *1102*
Buchanan's sage (*Salvia buchananii*) 1300
buck bean (*Menyanthes trifoliata*) 890, *890*
buckeye (*Aesculus*) 106–8
buckler fern (*Dryopteris*) 515–16
buckler-leafed sorrel (*Rumex scutatus*) 1288
buck's-horn plantain (*Plantago coronopus*) 1056, *1056*
buckthorn (*Rhamnus cathartica*) 1139
buckthorn cholla (*Cylindropuntia acanthocarpa*) 451
budda (*Eremophila mitchellii*) 546, *546*
buffalo berry (*Shepherdia argentea, S. canadensis*) 1338, *1338*
buffalo currant (*Ribes odoratum*) 1206
buffalo grass (*Buchloe, B. dactyloides*) 263
buffalo grass (*Stenotaphrum secundatum*) 1371
buffalo rose (*Callirhoe involucrata*) 283
buffalo thorn (*Ziziphus mucronata*) 1498, *1498*
bugle (*Ajuga*) 120–21
bugle grass (*Sarracenia oreophila*) 1315, *1315*
bugle lily (*Watsonia*) 1483
bugloss (*Anchusa*) 150
bulbous oat grass (*Arrhenatherum elatius*) 189, *189*
bull banksia (*Banksia grandis*) 218, *218*
bull bay (*Magnolia grandiflora*) 851, *851*
bull nut (*Trapa natans*) 1427
bullace (*Vitis rotundifolia*) 1478
bullock's heart ivy (*Hedera colchica*) 678
bulrush (*Schoenoplectus lacustris*) 1324, *1324*
bulrush (*Typha, T. orientalis*) 1445, *1445*
bumbil (*Capparis mitchellii*) 326, *326*
bunchberry (*Cornus canadensis*) 415, *415*
bunch-flowered narcissus (*Narcissus tazetta*) 914
bunny rabbits (*Linaria maroccana*) 825, *825*
bunya bunya (*Araucaria bidwillii*) 171, *171*
bunya pine (*Araucaria bidwillii*) 171, *171*
burgan (*Kunzea ericoides*) 783, *783*
buri palm (*Corypha utan*) 424, *424*
burkwood daphne (*Daphne ≥ burkwoodii*) 473, *473*
Burkwood's viburnum (*Viburnum ≥ burkwoodii*) 1465, *1465*
Burmese rosewood (*Pterocarpus indicus*) 1107, *1107*
burnet (*Sanguisorba*) 1309
burnet bloodwort (*Sanguisorba officinalis*) 1309
burnet rose (*Rosa spinosissima*) 1219, *1219*
burning bush (*Bassia scoparia*) 220
burning bush (*Dictamnus*) 498
burning bush (*Euonymus alatus*) 580
burr cucumber (*Cucumis anguria*) 440
burr daisies (*Calotis*) 291
burr marigold (*Bidens*) 237
burr oak (*Quercus macrocarpa*) 1125, *1125*
burr rose (*Rosa roxburghii*) 1218, *1218*
burrawang (*Macrozamia communis, M. riedlei*) 850, *850*
burro's tail (*Sedum morganianum*) 1330
bush allamanda (*Allamanda schottii*) 124, *124*
bush caper berry (*Capparis arborea*) 326, *326*
bush clock vine (*Thunbergia erecta*) 1414
bush germander (*Teucrium fruticans*) 1407, *1407*
bush honeysuckle (*Diervilla rivularis*) 499
bush monkey flower (*Mimulus aurantiacus*) 898
bush sundrops (*Calylophus serrulatus*) 292, *292*
bush tomato (*Solanum ellipticum*) 1346, *1346*
bush violet (*Barleria obtusa*) 219
bushman's poison bulb (*Boophone disticha*) 242, *242*
bush-tick berry (*Chrysanthemoides monilifera*) 374, *374*
bushy clubmoss (*Lycopodium deuterodensum*) 844, *844*
bushy yate (*Eucalyptus lehmannii*) 572
busy Lizzie (*Impatiens*) 732–34
butcher's broom (*Ruscus aculeatus*) 1288, *1288*
butia palm (*Butia, B. capitata*) 271, *271*
butter daisy (*Melampodium paludosum*) 885
butterbur (*Petasites, P. hybridus*) 1014–15, *1015*
buttercup (*Ranunculus*) 1130–32
buttercup anemone (*Anemone ranunculoides*) 153
buttercup winter-hazel (*Corylopsis pauciflora*) 421, *421*
Butterfield holly fern (*Cyrtomium falcatum 'Butterfieldii'*) 460
butterfly amaryllis (*Hippeastrum papilio*) 705, *705*
butterfly bush (*Bauhinia variegata*) 221
butterfly bush (*Buddleja davidii*) 265
butterfly flag (*Diplarrhena*) 504
butterfly lily (*Hedychium coronarium*) 680
butterfly orchid (*Psychopsis papilio*) 1105
butterfly pea (*Clitoria ternatea*) 394
butterfly weed (*Asclepias curassavica, A. tuberosa*) 194, *194*
butterknife bush (*Cunonia capensis*) 443, *443*
butternut (*Cucurbita moschata*) 441
butternut (*Juglans cinerea*) 769, *769*
butternut walnut (*Juglans cinerea*) 769, *769*
butterworts (*Pinguicula*) 1046
button snake root (*Liatris pycnostachya, L. spicata*) 818, *818*
button snakeroo (*Eryngium yuccifolium*) 561
button-ball (*Platanus occidentalis*) 1057, *1057*
buttonbush (*Cephalanthus occidentalis*) 355, *355*
buttons on a string (*Crassula rupestris*) 431
buttonwood (*Platanus occidentalis*) 1057, *1057*
Buxton gum (*Eucalyptus crenulata*) 570
byfield fern (*Bowenia spectabilis*) 248, *248*

C

cabbage palm (*Livistona australis*) 830, 831
cabbage palm (*Sabal palmetto*) 1292, *1292*
cabbage rose (*Rosa 'Cabbage Rose'*) 1276
cabbage tree palm (*Livistona australis*) 830, 831
cacalia sage (*Salvia cacaliifolia*) 1300
cacheo (*Pseudophoenix vinifera*) 1102, *1102*
cactus geranium (*Pelargonium echinatum*) 995
cactus pea (*Bossiaea walkeri*) 245, *245*
caffre lime (*Citrus hystrix*) 383, *383*
cajeput (*Melaleuca leucadendra*) 884
calabash tree (*Crescentia cujete*) 433, *433*
calamint (*Calamintha*) 278
calamintha (*Acinos*) 92
calamondin (*Citrus ≥ microcarpa*) 384, *384*
calamus (*Acorus calamus*) 95
calico bush (*Kalmia latifolia*) *777*
calico flower (*Aristolochia littoralis*) 186, *186*
calico plant (*Alternanthera bettzichiana*) 142
California barberry (*Mahonia dictyota*) 855, *855*
California barrel cactus (*Ferocactus cylindraceus*) 599, *599*
California blue sage (*Salvia clevelandii*) 1301, *1301*
California bluebell (*Phacelia campanularia*) 1018, *1018*
California buckeye (*Aesculus californica*) 106
California buckwheat (*Eriogonum fasciculatum*) 556, *556*
California fescue (*Festuca californica*) 600, *600*
California fuchsia (*Epilobium canum*) 541
California goldenrod (*Solidago californica*) 1351, *1351*
California holly (*Heteromeles*) 697
California laurel (*Umbellularia californica*) 1451, *1451*
California live oak (*Quercus agrifolia*) 1122, *1122*
California nutmeg (*Torreya californica*) 1424, *1424*
California nutmeg yew (*Torreya californica*) 1424, *1424*
California pitcher plant (*Darlingtonia*) 475
California plane (*Platanus racemosa*) 1057, *1057*
California polypody (*Polypodium californicum*) 1068, *1068*
California poppy (*Eschscholzia, E. californica*) 566, *566*
California privet (*Ligustrum ovalifolium*) 820
California redbud (*Cercis occidentalis*) 360, *360*
California redwood (*Sequoia sempervirens*) 1336, *1336*
California sagebrush (*Artemisia californica*) 190, *190*
California sycamore (*Platanus racemosa*) 1057, *1057*
California tree mallow(*Lavatera assurgentiflora*) 803, *803*
California tree poppy (*Romneya coulteri*) 1211, *1211*
California white sage (*Salvia apiana*) 1300
California wild grape (*Vitis californica*) 1478
Californian allspice (*Calycanthus occidentalis*) 291, *291*
Californian black oak (*Quercus kelloggii*) 1125, *1125*
Californian blue-eyed grass (*Sisyrinchium idahoense*) 1343, *1343*
Californian gold fern (*Pityrogramma triangularis*) 1056
Californian gray rush (*Juncus patens*) 770, *770*
Californian holly grape (*Mahonia pinnata*) 856
Californian lilac (*Ceanothus, C. thyrsiflorus*) 346–49, *348*
Californian maidenhair (*Adiantum jordanii*) 99
Californian poison oak (*Toxicodendron diversilobum*) 1425, *1425*
Californian poppy (*Platystemon*) 1059
Californian shield fern (*Polystichum californicum*) 1069
calistoga ceanothus (*Ceanothus divergens*) 346
calla lily (*Zantedeschia*) 1494
callery pear (*Pyrus calleryana, P. communis*) 1117, *1117*, 1118, *1118*
camas (*Camassia*) 292
camash (*Camassia quamash*) 292, *292*
camel thorn (*Acacia giraffae*) 75, *75*
camosh (*Camassia quamash*) 292, *292*
Campanula elatines var. garganica (*Campanula garganica*) 320
Campbell's magnolia (*Magnolia campbellii*) 851
camphor laurel (*Cinnamomum camphora*) 379
camphor thyme (*Thymus camphoratus*) 1414
camphor tree (*Cinnamomum camphora*) 379
campion (*Lychnis*) 842
campion (*Silene*) 1340–41
Canada columbine (*Aquilegia canadensis*) 166, *166*
Canada pumpkin (*Cucurbita moschata*) 441
Canada wild rye (*Elymus canadensis*) 535
Canadian burnet (*Sanguisorba canadensis*) 1309
Canadian dogwood (*Cornus nuttallii*) 416, *416*
Canadian hemlock (*Tsuga canadensis*) 1435, *1435*
Canadian maple (*Acer rubrum*) 88–9, *89*
Canadian pondweed (*Elodea canadensis*) 534
Canadian poplar (*Populus ≥ canadensis*) 1072
canaigre (*Rumex hymenosepalus*) 1287, *1287*
canary balm (*Cedronella canariensis*) 349, *349*
canary bellflower (*Canarina canariensis*) 323, *323*
canary bird vine (*Tropaeolum*) 1434
canary creeper (*Tropaeolum peregrinum*) 1434
canary grass (*Phalaris, P. canariensis*) 1021–22, *1022*
Canary Island date palm (*Phoenix canariensis*) 1030, 1031
Canary Island holly (*Ilex perado*) 731
Canary Island ivy (*Hedera canariensis*) 678
Canary Island jasmine (*Jasminum odoratissimum*) 766
Canary Island lavender (*Lavandula pinnata*) 802, *802*
Canary Island pine (*Pinus canariensis*) 1047, *1047*
Canary Island sage (*Salvia canariensis*) 1300, *1300*
Canary Islands aeonium (*Aeonium canariense*) 104
canary laurel (*Laurus azorica*) 800
canary oak (*Quercus canariensis*) 1122, 1123
candelabra flower (*Brunsvigia orientalis*) 263, *263*
candelabra tree (*Araucaria angustifolia*) 171, *171*
candellila (*Euphorbia antisyphilitica*) 583, *583*
candia tulip (*Tulipa saxatilis*) 1438
candle orchid (*Arpophyllum*) 188–89
candle plant (*Senecio articulatus*) 1334
candle tree (*Parmentiera cereifera*) 987, *987*
candle yucca (*Yucca gloriosa*) 1492, *1492*
candlebark (*Eucalyptus viminalis*) 577, *577*
candlebark gum (*Eucalyptus rubida*) 576
candleberry (*Morella pensylvanica*) 903
candlenut tree (*Aleurites moluccana*) 124, *124*
candy barrel cactus (*Ferocactus wislizeni*) 600
candy carrot (*Athamanta turbith*) 205
candy-cane oxalis (*Oxalis versicolor*) 966
candy-stick tulip (*Tulipa clusiana*) 1436
candytuft (*Iberis*) 726
cane cholla (*Cylindropuntia spinosior*) 452, *452*
cane grass (*Eragrostis australasica*) 545, *545*
canistel (*Pouteria campechiana*) 1078
canna lily (*Canna*) 324
cannon aloe (*Aloe claviflora*) 134, *134*
cannonball tree (*Couroupita guianensis*) 429, *429*
canoe birch (*Betula papyrifera*) 236, *236*
cantaloupe (*Cucumis melo*) 440–41
Canterbury bells (*Campanula medium*) 320, 321
Canton ginger (*Zingiber officinale*) 1496
canyon live oak (*Quercus chrysolepis*) 1123
Cape aloe (*Aloe ferox*) 135
Cape bladder pea (*Sutherlandia frutescens*) 1383, *1383*
Cape blue waterlily (*Nymphaea caerulea*) 937
Cape chestnut (*Calodendrum capense*) 290, *290*
Cape cowslip (*Lachenalia*) 787
Cape daisy (*Arctotis fastuosa*) 179
Cape dandelion (*Arctotheca calendula*) 178
Cape everlasting (*Syncarpha vestita*) 1386, *1386*
Cape figwort (*Phygelius capensis*) 1033
Cape fuchsia (*Phygelius capensis*) 1033
Cape gooseberry (*Physalis peruviana*) 1037
cape holly (*Ilex mitis*) 730, *730*
Cape honeysuckle (*Tecoma capensis*) 1402, *1402*
Cape jasmine (*Gardenia augusta*) 625
Cape jasmine (*Rothmannia globosa*) 1282, 1283
Cape leadwort (*Plumbago auriculata*) 1062, *1062*
Cape Leeuwin wattle (*Paraserianthes lophantha*) 986, *986*
Cape lilac (*Virgilia oroboides*) 1477, *1477*
Cape pond weed (*Aponogeton distachyos*) 165, *165*
Cape primrose (*Streptocarpus*) 1374–78
Cape purple broom (*Polygala virgata*) 1067, *1067*
cape stock (*Heliophila*) 689
Cape stock rose (*Sparmannia africana*) 1360, *1360*
Cape sundew (*Drosera capensis*) 513, *513*
Cape teak (*Strychnos decussata*) 1380, *1380*
Cape tree fern (*Cyathea dregei*) 448, *448*
Cape tulip (*Homeria*) 707
Cape weed (*Arctotheca calendula*) 178
Cape yellowwood (*Podocarpus elongatus*) 1064, *1064*
Cape York fan palm (*Livistona muelleri*) 831
caper bean (*Zygophyllum*) 1499
caper bush (*Capparis spinosa*) 326, *326*
caper spurge (*Euphorbia lathyris*) 586
capeweed (*Phyla nodiflora*) 1034, *1034*
Cappadocian maple (*Acer cappadocicum*) 83
capulin (*Prunus salicifolia, P. serotina*) 1096, 1098, *1098*
carambola (*Averrhoa carambola*) 210, *210*
caranda (*Copernicia alba*) 409, *409*
caranda palm (*Copernicia*) 409
caranday (*Copernicia alba*) 409, *409*
caraway (*Carum carvi*) 334
caraway thyme (*Thymus herba-barona*) 1415, *1415*
cardamom (*Elettaria cardamomum*) 534
cardboard palm (*Zamia furfuracea*) 1493, *1493*
cardinal bush (*Weigela*) 1483–84
cardinal creeper (*Ipomoea horsfalliae*) 738, *738*
cardinal flower (*Ipomoea ≥ multifida*) 738, *738*
cardinal flower (*Lobelia cardinalis*) 832, *832*
cardinal sage (*Salvia fulgens*) 1302
cardinal spear (*Erythrina herbacea*) 563
cardinal's guard (*Pachystachys coccinea*) 973
cardinal's hat (*Malvaviscus penduliflorus*) 868, *868*
cardon (*Pachycereus pringlei*) 970, *970*
cardoon (*Cynara cardunculus*) 457, *457*
Caribbean royal palm (*Roystonea oleracea*) 1283, *1283*
caricature plant (*Graptophyllum pictum*) 647, *647*
Carmel ceanothus (*Ceanothus griseus*) 347
carnation (*Dianthus, D. caryophyllus*) 491–95
carnauba (*Copernicia prunifera*) 409, *409*
carnival bush (*Ochna serrulata*) 943, *943*
carob (*Ceratonia siliqua*) 358, *358*
Carolina allspice (*Calycanthus floridus*) 291, *291*
Carolina jasmine (*Gelsemium*) 628–29
Carolina laurel-cherry (*Prunus caroliniana*) 1092
Carolina lupin (*Thermopsis villosa*) 1411
Carolina poplar (*Populus ≥ canadensis*) 1072
Carolina silverbell (*Halesia carolina*) 669, *669*
Carolina tea (*Ilex vomitoria*) 731
Carpathian bellflower (*Campanula carpatica*) 319
Carpentaria palm (*Carpentaria acuminata*) 332
carpet plant (*Episcia cupreata*) 543, *543*
carpetweed (*Malephora crocea*) 858, *858*
Carrington Falls grevillea (*Grevillea rivularis*) 652, *652*
carrion flower (*Stapelia*) 1368
carrizo (*Phragmites australis*) 1033, *1033*
carrot (*Daucus carota*) 476, *476*
carrot wood (*Canarium australasicum*) 323
carthusian pink (*Dianthus carthusianorum*) 491, *491*
cascade onion (*Allium cratericola*) 126, *126*
cashew (*Anacardium occidentale*) 148, *148*
Caspian locust (*Gleditsia caspica*) 641
Caspian willow (*Salix acutifolia*) 1296
cast-iron plant (*Aspidistra elatior*) 198
castor aralia (*Kalopanax septemlobus*) 778, *778*
castor bean plant (*Ricinus communis*) 1208, *1208*
castor oil plant (*Ricinus communis*) 1208, *1208*
Catalina mountain lilac (*Ceanothus arboreus*) 346, *346*
Catalina nightshade (*Solanum wallacei*) 1349, *1349*
catawba rhododendron (*Rhododendron catawbiense*) 1147
catberry (*Nemopanthus mucronatus*) 924
catchfly (*Lychnis*) 842
catchfly (*Silene*) 1340–41
caterpillar cactus (*Stenocereus eruca*) 1370, 1371
cathedral bells (*Cobaea scandens*) 396
cathedral windows (*Calathea makoyana*) 279, *279*
catjang pea (*Cajanus cajan*) 276
catkin bush (*Garrya elliptica*) 625, *625*
catmint (*Nepeta, N. cataria*) 930–31
catnip (*Nepeta, N. cataria*) 930–31
cat's claw (*Gloriosa*) 643
cat's claw cactus (*Sclerocactus uncinatus*) 1326
cat's ear (*Calochortus*) 289
cat's ears (*Antennaria*) 160
cat's moustache (*Orthosiphon aristatus*) 959, *959*
cat's paw (*Anigozanthos humilis*) 158
cat's whiskers (*Orthosiphon aristatus*) 959, *959*
catsfoot (*Antennaria dioica*) 160
cat-tail (*Typha*) 1445
Cattleya (*Browniae ≥ loddigesii*) 345, *345*
Caucasian alder (*Alnus subcordata*) 132
Caucasian bladdernut (*Staphylea colchica*) 1369
Caucasian fir (*Abies nordmanniana*) 70
Caucasian oak (*Quercus macranthera*) 1125, *1125*
Caucasian peony (*Paeonia mlokosewitschii*) 975
Caucasian spruce (*Picea orientalis*) 1041, *1041*
Caucasian wingnut (*Pterocarya fraxinifolia*) 1107, *1107*
Caucasian zelkova (*Zelkova carpinifolia*) 1496, *1496*
cavan (*Acacia cavenia*) 74, *74*
cedar elm (*Ulmus crassifolia*) 1449, *1449*
cedar of Goa (*Cupressus lusitanica*) 445
cedar of Lebanon (*Cedrus libani*) 350, *350*
cedar sage (*Salvia roemeriana*) 1305, *1305*
cedar wattle (*Acacia elata*) 75, *75*
celandine (*Chelidonium*) 369–70
celandine poppy (*Stylophorum diphyllum*) 1381, *1381*
celeriac (*Apium, A. graveolens var. rapaceum*) 164
celery (*Apium, A. graveolens, A. graveolens var. dulce*) 164, *164*
celery pine (*Phyllocladus*) 1035

bay laurel (*Laurus nobilis*) 800, *800*
bay tree (*Laurus nobilis*) 800, *800*
bay willow (*Salix pentandra*) 1298, *1298*
bayberry (*Morella pensylvanica*) 903
bayonet plant (*Aciphylla, A. squarrosa*) 92–3, *93*
beach aster (*Erigeron glaucus*) 554, *554*
beach bean (*Canavalia rosea*) 324, *324*
beach plum (*Prunus maritima*) 1095
beach rose (*Rosa rugosa*) 1218, *1218*
beach sage (*Salvia aurea*) 1300
beach sand verbena (*Abronia umbellata*) 70, *70*
beach screw pine (*Pandanus tectorius*) 978, *978*
beach she-oak (*Casuarina equisetifolia*) 341
beach strawberry (*Fragaria chiloensis*) 609, *609*
beach wormwood (*Artemisia stelleriana*) 191
bead fern (*Onoclea*) 952
bead vine (*Crassula rupestris*) 431
beaked filbert (*Corylus cornuta*) 422
bean (*Phaseolus*) 1022–23
bean tree (*Catalpa bignonioides*) 341, *341*
bean tree (*Schotia latifolia*) 1325, *1325*
bearberry (*Arctostaphylos uva-ursi*) 178, *178*
bearded protea (*Protea magnifica*) 1088, *1088*
beardlip (*Penstemon barbatus*) 1006
beargrass (*Nolina bigelovii, N. microcarpa*) 935
bear's breeches (*Acanthus, A. mollis*) 82, *82*
bear's foot (*Alchemilla*) 123
bear's foot (*Helleborus foetidus*) 690, *690*
bear's paw (*Cotyledon tomentosa*) 429
bear's-paw fern (*Aglaomorpha meyeniana*) 117
bearwort (*Meum*) 893
beautiful fir (*Abies amabilis*) 68, *68*
beauty berry (*Callicarpa rubella*) 283, *283*
beauty bush (*Callicarpa*) 282–83
beauty bush (*Kolkwitzia amabilis*) 782, *782*
beauty leaf (*Calophyllum inophyllum*) 290, *290*
beaver tail cactus (*Opuntia basilaris*) 954, *954*
bedding alyssum (*Lobularia, L. maritima*) 833, *833*
bedding forget-me-not (*Myosotis sylvatica*) 908, *908*
bedding lobelia (*Lobelia erinus*) 832, *832*
bedding pansy (*Viola cornuta*) 1473
bedstraw (*Galium*) 624
bee balm (*Melissa officinalis*) 888, *888*
bee balm (*Monarda, M. didyma*) 901–2, *901*
bee sage (*Salvia apiana*) 1300
beef plant (*Iresine herbstii*) 739
beef steak plant (*Iresine herbstii*) 739
beefsteak begonia (*Begonia ≥ erythrophylla*) 224
beefsteak plant (*Perilla frutescens*) 1011
beehive cactus (*Escobaria vivipara*) 566
beehive ginger (*Zingiber spectabile*) 1496, *1496*
beet (*Beta, B. vulgaris*) 234
beggar's tick (*Bidens*) 237
belah (*Casuarina cristata*) 341
bell gardenia (*Rothmannia globosa*) 1282, 1283
bell heather (*Erica cinerea*) 549–50
bell pepper (*Capsicum annuum*) 326–27, *326*
bella sombra tree (*Phytolacca dioica*) 1038, *1038*
belladonna lily (*Amaryllis*) 144
belle de nuit (*Ipomoea alba*) 737
bell-fruited mallee (*Eucalyptus preissiana*) 575
Bellinger River fig (*Ficus watkinsiana*) 604
bellis daisy (*Bellis, B. perennis*) 228, *228*
bellota (*Sterculia apetala*) 1372, *1372*
bellwort (*Uvularia*) 1452
belmore palm (*Howea belmoreana*) 714
belvedere (*Bassia scoparia*) 220
Bengal clock vine (*Thunbergia grandiflora*) 1414
Benjamin fig (*Ficus benjamina*) 602, *602*
Benjamin tree (*Ficus benjamina*) 602, *602*
benne (*Sesamum orientale*) 1338
bent grass (*Agrostis*) 119
bent trillium (*Trillium flexipes*) 1430, *1430*
Bentham's cornel (*Cornus capitata*) 415, *415*
benzoin (*Styrax benzoin*) 1381
bergaalwyn (*Aloe marlothii*) 135
bergamot (*Monarda*) 901–2
bergamot mint (*Mentha ≥ piperita f. citrata*) 889, *889*
bergkankerbossie (*Sutherlandia montana*) 1383
bergvy (*Ficus glumosa*) 603, *603*
Berlandier's acacia (*Acacia berlandieri*) 73
Bermuda grass (*Cynodon dactylon*) 457, *457*
Bermuda palmetto (*Sabal bermudana*) 1292, *1292*
berry bladder fern (*Cystopteris bulbifera*) 460
besom heath (*Erica scoparia*) 552
betel (*Piper betle*) 1052
betel palm (*Areca catechu*) 180, *180*
bethroot (*Trillium erectum*) 1430, *1430*
betle pepper (*Piper betle*) 1052
betony (*Stachys*) 1366–67
Bhutan cypress (*Cupressus cashmeriana, C. torulosa*) 445, 446, *446*
Bhutan pine (*Pinus wallichiana*) 1051, *1051*
bicacaro (*Canarina canariensis*) 323, *323*
bicolored lotus (*Lotus formosissimus*) 838, *838*
biddy biddy (*Acaena, A. novae-zelandiae*) 80, *80*
biddy bush (*Cassinia arcuata*) 338, *338*
bidgee-widgee (*Acaena novae-zelandiae*) 80, *80*
bietou (*Chrysanthemoides monolifera*) 374, *374*
big betony (*Stachys macrantha*) 1367, *1367*
big merrybells (*Uvularia grandiflora*) 1452, *1452*
big mountain palm (*Hedyscepe canterburyana*) 680
big sagebrush (*Seriphidium tridentatum*) 1337, *1337*
big shellbark hickory (*Carya laciniosa*) 335, *335*
big string nettle (*Urtica dioica*) 1451
big tree (*Sequoiadendron giganteum*) 1336, 1337
bigberry manzanita (*Arctostaphylos glauca*) 175
big-cone pine (*Pinus coulteri*) 1047
bigflower (*Prunella grandiflora*) 1091
big-horn euphorbia (*Euphorbia grandicornis*) 585, *585*
bigleaf hydrangea (*Hydrangea macrophylla*) 717, *717*
bigleaf magnolia (*Magnolia macrophylla*) 852, *852*
big-leafed snowbell (*Styrax grandifolius*) 1382
big-leafed storax (*Styrax obassia*) 1382
bignay (*Antidesma bunius*) 162
bigtooth aspen (*Populus grandidentata*) 1072
bilberry (*Vaccinium myrtillus*) 1453
bilberry cactus (*Myrtillocactus geometrizans*) 909
bilimbi (*Averrhoa bilimbi*) 210, *210*
Billy buttons (*Calocephalus*) 288–89
Billy buttons (*Craspedia glauca*) 430
bimble box (*Eucalyptus populnea*) 575, *575*
bimli (*Hibiscus cannabinus*) 701
bindi-eye (*Calotis cuneifolia*) 291, *291*
bine (*Humulus lupulus*) 715
birch (*Betula*) 234
birch-leaf (*Pyrus betulifolia*) 1117, *1117*
birch-leaf geranium (*Pelargonium betulinum*) 995
birchleaf spirea (*Spiraea betulifolia*) 1362
bird cherry (*Prunus padus*) 1095, *1095*
bird flower (*Crotalaria agatiflora*) 437
birdflower (*Crotalaria cunninghamii*) 437
birdlime tree (*Pisonia grandis, P. umbellifera*) 1053, *1053*
bird of paradise (*Strelitzia reginae*) 1375, *1375*
bird-of-paradise shrub (*Caesalpinia gilliesii*) 276, *276*
bird's-eye (*Apodytes dimidiata*) 165, *165*
birdseye (*Veronica*) 1461–63
bird's eye (*Veronica chamaedrys*) 1462, *1462*
bird's foot violet (*Viola pedata*) 1474
bird's-nest fern (*Asplenium nidus*) 198
bird's nest spruce (*Picea abies 'Nidiformis'*) 1039, *1039*
birthroot (*Trillium erectum*) 1430, *1430*
birthwort (*Aristolochia, A. clematitis*) 186, *186*
bishop pine (*Pinus muricata*) 1049
bishop's cap (*Astrophytum, A. myriostigma*) 203–4, *204*
bishop's cap (*Mitella*) 900
bishop's hat (*Epimedium*) 541–42
bishop's miter (*Astrophytum, A. myriostigma*) 203–4, *204*
bishop's mitre (*Epimedium*) 541–42
bishop's weed (*Aegopodium podagraria*) 104, *104*
bishop's wort (*Stachys officinalis*) 1367
bishopwood (*Bischofia javanica*) 239, *239*
bisnaga (*Ammi visnaga*) 146, *146*
bistort (*Persicaria bistorta*) 1012, *1012*
bitou bush (*Chrysanthemoides monolifera*) 374, *374*
bitter aloe (*Aloe ferox*) 135
bitter cassava (*Manihot esculenta*) 874
bitter cress (*Cardamine*) 328
bitter rattan (*Calamus viminalis*) 278
bitter root (*Lewisia*) 817
bitternut hickory (*Carya cordiformis*) 334
bitterroot (*Lewisia rediviva*) 817
black alder (*Alnus glutinosa*) 131, *131*
black alder (*Ilex verticillata*) 731, *731*
black ash (*Fraxinus nigra*) 611
black bamboo (*Phyllostachys nigra*) 1036, *1036*
black bean (*Kennedia nigricans*) 779, *779*
black bean (*Lablab purpureus*) 786, *786*
black bearberry (*Arctostaphylos alpina*) 175
black beech (*Nothofagus solanderi*) 936
black birch (*Betula lenta*) 235, *235*
black cherry (*Prunus serotina*) 1098, *1098*
black chokeberry (*Aronia melanocarpa*) 188, *188*
black columbine (*Aquilegia atrata*) 166
black coral pea (*Kennedia nigricans*) 779, *779*
black cottonwood (*Populus heterophylla, P. trichocarpa*) 1072, 1073, *1073*
black crowberry (*Empetrum nigrum*) 536, *536*
black cumin (*Nigella sativa*) 934, *934*
black dalea (*Dalea frutescens*) 472, *472*
black elder (*Sambucus nigra*) 1308, *1308*
black fritillary (*Fritillaria biflora*) 614
black gram (*Vigna mungo*) 1471
black gum (*Nyssa sylvatica*) 939, *939*
black haw (*Viburnum prunifolium*) 1469, *1469*
black hellebore (*Veratrum nigrum*) 1458
black henbane (*Hyoscyamus niger*) 720
black hickory (*Carya texana*) 335
black horehound (*Ballota nigra*) 216, *216*
black ironwood (*Olea capensis*) 948, *948*
black locust (*Robinia pseudoacacia*) 1209, *1209*
black lovage (*Smyrnium olusatrum*) 1345
black mulberry (*Morus nigra*) 904, *904*
black oak (*Quercus velutina*) 1128
black pepper (*Piper nigrum*) 1052, *1052*
black pine (*Pinus nigra*) 1049, *1049*
black pine (*Prumnopitys ladei*) 1091, *1091*
black poplar (*Populus nigra*) 1073, *1073*
black protea (*Protea lepidocarpodendron*) 1088
black roseau (*Bactris major*) 215, *215*
black sarana (*Fritillaria camschatcensis*) 614, *614*
black sassafras (*Atherosperma moschatum*) 205, *205*
black seed (*Nigella sativa*) 934, *934*
black she-oak (*Allocasuarina littoralis*) 129, *129*
black stem (*Adiantum formosum*) 99
black tea-tree (*Melaleuca bracteata*) 882, *882*
black titi (*Cyrilla racemiflora*) 459, *459*
black toothbrushes (*Grevillea hookeriana*) 650
black tree fern (*Cyathea medullaris*) 448, *448*
black tupelo (*Nyssa sylvatica*) 939, *939*
black velvet (*Colubrina arborescens*) 403, *403*
black walnut (*Juglans nigra*) 769
black wattle (*Acacia decurrens*) 75
black wattle (*Callicoma serratifolia*) 283, *283*
black widow (*Geranium phaeum*) 634, *634*
black willow (*Salix nigra*) 1298, *1298*
blackberry (*Rubus fruticosus*) 1284
blackberry lily (*Belamcanda chinensis*) 228, *228*
blackberry rose (*Rosa rubus*) 1218, *1218*
blackcap (*Rubus occidentalis*) 1284
blackcurrant (*Ribes nigrum*) 1206
black-eyed Susan (*Rudbeckia, R. fulgida, R. hirta*) 1286, *1286*
black-eyed Susan (*Tetratheca*) 1407
black-eyed Susan vine (*Thunbergia alata*) 1414, *1414*
blackfellows hemp (*Commersonia fraseri*) 405, *405*
blackfoot daisy (*Melampodium leucanthum*) 885, *885*
blackjack oak (*Quercus marilandica*) 1125, *1125*
blackroot (*Veronicastrum virginicum*) 1464
black-spine prickly pear (*Opuntia macrocentra*) 954, *954*
black-stem (*Blechnum nudum*) 240
blackthorn (*Bursaria spinosa*) 270, *270*
blackthorn (*Prunus spinosa*) 1099
blackwood (*Acacia melanoxylon*) 77, *77*
bladder campion (*Silene uniflora*) 1341, *1341*
bladder cherry (*Physalis alkekengi*) 1036
bladder senna (*Colutea arborescens*) 404, *404*
bladdernut (*Staphylea, S. trifolia*) 1369
bladderwort (*Utricularia*) 1451–52
blady grass (*Imperata cylindrica*) 734
blaeberry (*Vaccinium myrtillus*) 1453
Blakely's red gum (*Eucalyptus blakelyi*) 568, *568*
blanket flower (*Gaillardia*) 622
blanket leaf (*Bedfordia arborescens*) 223, *223*
blanketgrass (*Melinis repens*) 887, *887*
blazing star (*Liatris, L. spicata*) 818
blazing star (*Tritonia crocata*) 1433, *1433*
bleeding heart (*Dicentra, D. spectabilis*) 496, *496*
bleeding heart vine (*Clerodendrum thomsoniae*) 393
blessed thistle (*Silybum marianum*) 1341, *1341*
blonde lilian (*Erythronium albidum*) 563
blood flower (*Asclepias curassavica*) 194, *194*
blood lily (*Scadoxus, S. multiflorus*) 1320, *1320*
blood red heath (*Erica cruenta*) 550, *550*
blood-leaf (*Iresine herbstii*) 739
bloodleaf (*Iresine*) 739
blood-red tassel flower (*Calliandra haematocephala*) 282, *282*
blood-red tea-tree (*Leptospermum spectabile*) 809, *809*
bloodroot (*Sanguinaria, S. canadensis*) 1309, *1309*
bloodwing dogwood (*Cornus sanguinea*) 417
bloody cranesbill (*Geranium sanguineum*) 635
bloody dock (*Rumex sanguineus*) 1288
blotchy mint bush (*Prostanthera walteri*) 1087
blowball (*Taraxacum officinale*) 1400, *1400*
blue African lily (*Agapanthus africanus*) 109, *109*
blue beech (*Carpinus caroliniana*) 333
blue bird vine (*Petrea*) 1015
blue brush (*Ceanothus thyrsiflorus*) 348, *348*
blue bugle (*Ajuga genevensis*) 120, 121
blue burr daisy (*Calotis cuneifolia*) 291, *291*
blue bush (*Acacia covenyi*) 74
blue buttons (*Knautia arvensis*) 780
blue buttons (*Vinca major*) 1472, *1472*
blue California fescue (*Festuca californica 'Serpentine Blue'*) 600
blue cardinal flower (*Lobelia siphilitica*) 832
blue chalksticks (*Senecio serpens*) 1335, *1335*
blue cherry (*Syzygium oleosum*) 1393
blue columbine (*Aquilegia caerulea*) 166, *166*
blue cowslip (*Pulmonaria angustifolia*) 1110, *1110*
blue crocus (*Tecophilaea*) 1403
blue cupidone (*Catananche caerulea*) 342, *342*
blue curls (*Trichostema lanatum*) 1428, *1428*
blue daisy (*Felicia amelloides*) 598, *599*
blue dawn flower (*Ipomoea indica*) 738, *738*
blue dogbane (*Amsonia tabernaemontana*) 148
blue ember (*Festuca glauca 'Blauglut'*) 601, *601*
blue false indigo (*Baptisia australis*) 219, *219*
blue fescue (*Festuca glauca*) 601, *601*
blue fir (*Abies concolor*) 68, *68*
blue flax-lily (*Dianella caerulea, D. tasmanica*) 491, *491*
blue fox (*Festuca glauca 'Blaufuchs'*) 601
blue giant wild rye (*Elymus condensatus 'Canyon Prince'*) 535, *535*
blue ginger (*Dichorisandra thyrsiflora*) 496, *496*
blue grama (*Bouteloua gracilis*) 248, *248*
blue grass (*Poa*) 1063
blue gum (*Eucalyptus globulus*) 571
blue haze tree (*Jacaranda mimosifolia*) 764, *764*
blue hesper palm (*Brahea armata*) 253, *253*
blue hibiscus (*Alyogyne huegelii*) 143, *143*
blue hibiscus (*Hibiscus syriacus*) 704
blue holly (*Ilex ≥ meserveae*) 730
blue jasmine (*Clematis crispa*) 387
blue latan palm (*Latania loddigesii*) 798, *798*
blue lillypilly (*Syzygium oleosum*) 1393
blue lungwort (*Pulmonaria angustifolia*) 1110, *1110*
blue lupine (*Lupinus perennis*) 840
blue mallee (*Eucalyptus gamophylla, E. polybractea*) 571, 571, 575, *575*
blue marble tree (*Elaeocarpus grandis*) 533, *533*
blue Marguerite (*Felicia amelloides*) 598, 599
blue mist shrub (*Caryopteris ≥ clandonensis*) 335
blue oak (*Quercus douglasii*) 1123
blue oat grass (*Helictotrichon sempervirens*) 688, *688*
blue passionflower (*Passiflora caerulea*) 990, *990*
blue pea (*Clitoria ternatea*) 394
blue pea bush (*Psoralea pinnata*) 1104, *1104*
blue petrea (*Petrea arborea*) 1015, *1015*
blue phlox (*Phlox divaricata*) 1029
blue pimpernel (*Anagallis monelli*) 148
blue pine (*Pinus wallichiana*) 1051, *1051*
blue poppy (*Meconopsis betonicifolia*) 880, *880*
blue potato bush (*Solanum rantonnetii*) 1348, *1348*
blue quandong (*Elaeocarpus grandis*) 533, *533*
blue sage (*Eranthemum pulchellum*) 545, *545*
blue sage (*Salvia pachyphylla*) 1305, *1305*
blue spirea (*Caryopteris ≥ clandonensis, C. incana*) 335, *335*
blue squill (*Scilla natalensis, S. siberica*) 1326, *1326*
blue star (*Amsonia, A. tabernaemontana*) 148
blue succory (*Catananche caerulea*) 342, *342*
blue sugarbush (*Protea neriifolia*) 1089, *1089*
blue trumpet vine (*Thunbergia grandiflora*) 1414
blue vervain (*Verbena hastata*) 1460, *1460*
blue weed (*Echium vulgare*) 530
blue wheatgrass (*Elymus magellanicus*) 535, *535*
blue wild rye (*Elymus canadensis*) 535
blue woodruff (*Asperula orientalis*) 197, *197*
blue yucca (*Yucca baccata*) 1491, *1491*
bluebeard (*Caryopteris incana*) 335, *335*
bluebell (*Campanula rotundifolia*) 322
bluebell (*Hyacinthoides, H. non-scripta*) 715
bluebell (*Scilla*) 1325–26
bluebell creeper (*Sollya heterophylla*) 1352
bluebells (*Mertensia virginica*) 890
blueberry (*Vaccinium, V. corymbosum*) 1453–54, *1453*
blueberry ash (*Elaeocarpus reticulatus*) 533, *533*
blueberry lily (*Dianella caerulea*) 491
blueblossom (*Ceanothus thyrsiflorus*) 348, *348*
bluebonnets (*Lupinus perennis*) 840
bluebottle (*Centaurea cyanus*) 353, *353*
blue-eyed Africa daisy (*Arctotis stoechadifolia, A. venusta*) 179, *179*
blue-eyed grass (*Sisyrinchium graminoides*) 1343, *1343*
blue-eyed Mary (*Collinsia parviflora*) 402
blue-eyed Mary (*Omphalodes verna*) 951
blue-flowered lobelia (*Lobelia trigonocaulis*) 832
blue-leafed mallee (*Eucalyptus gamophylla*) 571, *571*
blue-pod lupine (*Lupinus polyphyllus*) 840
bluewings (*Torenia fournieri*) 1423
blunt-leaf bitter pea (*Daviesia mimosoides*) 477, *477*
blush daisy bush (*Olearia myrsinoides*) 949, *949*
blush wort (*Aeschynanthus*) 106
blushing bride (*Tillandsia ionantha*) 1421, *1421*
blushing philodendron (*Philodendron erubescens*) 1026
bo tree (*Ficus religiosa*) 604, *604*
boat lily (*Tradescantia spathacea*) 1427, *1427*
bog bean (*Menyanthes trifoliata*) 890, *890*
bog celmisia (*Celmisia tomentella*) 351, *351*
bog myrtle (*Myrica gale*) 908
bog pimpernel (*Anagallis tenella*) 148
bog pine (*Halocarpus bidwillii*) 670
bog rosemary (*Andromeda glaucophylla, A. polifolia*) 150, *150*
bog rush (*Schoenus pauciflorus*) 1324, *1324*
bog sage (*Salvia uliginosa*) 1307, *1307*
bog sedge (*Schoenus pauciflorus*) 1324, *1324*
bois-chene (*Catalpa longissima*) 342, *342*
bolleana poplar (*Populus alba*) 1072, *1072*
bolus pincushion (*Leucospermum bolusii*) 815, *815*
boneseed (*Chrysanthemoides monilifera*) 374, *374*
boneset (*Eupatorium perfoliatum*) 582
Bonin Island juniper (*Juniperus procumbens*) 773, *773*
bonnet bellflower (*Codonopsis*) 399
boobialla (*Myoporum insulare*) 907, *907*
bopple nut (*Macadamia tetraphylla*) 848
borage (*Borago, B. officinalis*) 242, *242*
border forsythia (*Forsythia ≥ intermedia*) 607
border phlox (*Phlox paniculata*) 1029, *1029*
boree (*Acacia pendula*) 78
boskanniedood (*Commiphora woodii*) 405, *405*
Bosnian pine (*Pinus heldreichii*) 1048
Boston fern (*Nephrolepis*) 931
Boston fern (*Nephrolepis exaltata 'Bostoniensis'*) 931
Boston ivy (*Parthenocissus tricuspidata*) 990
bottle gourd (*Lagenaria siceraria*) 792, *792*
bottle tree (*Adansonia gibbosa*) 97, *97*
bottlebrush (*Callistemon*) 284
bottlebrush buckeye (*Aesculus parviflora*) 108, *108*
bottlebrush grass (*Hystrix patula*) 723
bottlebrush orchid (*Dendrobium smillieae*) 483, *483*
bottom oak (*Quercus ≥ runcinata*) 1127, *1127*
bouncing bet (*Saponaria officinalis*) 1311, *1311*
bower actinidia (*Actinidia arguta*) 96
bower plant (*Pandorea jasminoides*) 979
bower vine (*Actinidia arguta*) 96
bower-of-beauty (*Pandorea jasminoides*) 979
Bowle's golden grass (*Milium effusum 'Aureum'*) 895
Bowles mint (*Mentha ≥ villosa*) 889
bowman's root (*Gillenia trifoliata*) 638
bowman's root (*Veronicastrum virginicum*) 1464
bowstring hemp (*Sansevieria*) 1309
box (*Buxus*) 271–73
box blueberry (*Vaccinium ovatum*) 1453, *1453*
box elder (*Acer negundo*) 86
box elder maple (*Acer negundo*) 86
box hard-leaf (*Phylica buxifolia*) 1034, *1034*
box honeysuckle (*Lonicera nitida*) 835, *835*
box-leaf wattle (*Acacia buxifolia*) 74, *74*
bracelet honey myrtle (*Melaleuca armillaris*) 882, *882*
bracken (*Pteridium*) 1105–6
Bradshaw's lomatium (*Lomatium bradshawii*) 834, *834*
brain cactus (*Stenocactus multicostatus*) 1370
brake (*Pteridium*) 1105–6
brake (*Pteris*) 1106–7
bramble (*Rubus ulmifolius*) 1285, *1285*
bramble wattle (*Acacia victoriae*) 80
branched comb fern (*Schizaea dichotoma*) 1323, *1323*
brandegee hesper palm (*Brahea brandegeei*) 253, *253*
brass buttons (*Cotula*) 428
× Brassolaeliocattleya (*Memoria Benigno Aquino ≥ Golden Embers*) 258, *258*
× Brassolaeliocattleya (*Shades of Jade ≥ Waikiki Gold*) 258, *258*
× Brassolaeliocattleya (*Toshi Aoki ≥ Bryce Canyon*) 258
× Brassolaeliocattleya (*Toshi Aoki ≥ Oconee*) 258
Braun's sword fern (*Polystichum braunii*) 1069, *1069*
Brazil (*Oreopanax xalapensis*) 956, *956*
Brazilian cherry (*Eugenia uniflora*) 579
Brazilian ironwood (*Caesalpinia ferrea*) 276, *276*

※イタリック数字は、
写真の掲載ページ数を示します。

A

Aaron's beard (*Hypericum calycinum*) 721, *721*
Aaron's rod (*Verbascum thapsus*) 1459, *1459*
abiu (*Pouteria cainito*) 1078, *1078*
abscess root (*Polemonium reptans*) 1066, 1067
absinthe (*Artemisia absinthium*) 190, *190*
Abyssinian banana (*Ensete ventricosum*) 538
Abyssinian primrose (*Primula verticillata*) 1083, *1083*
açaí (*Euterpe oleracea*) 592
acajou (*Anacardium occidentale*) 148, *148*
acerola (*Malpighia glabra*) 859, *859*
acorn banksia (*Banksia prionotes*) 218, *218*
acuma (*Syagrus flexuosa*) 1384
Adam's needle (*Yucca filamentosa*) 1492, *1492*
adder's fern (*Polypodium vulgare*) 1068
adder's tongue (*Erythronium americanum*) 563, *563*
adhatoda (*Justicia adhatoda*) 774, *774*
Adriatic bellflower (*Campanula elatines*) 319
aerial yam (*Dioscorea bulbifera*) 503, *503*
Afghan lilac (*Syringa protolaciniata*) 1389
Afghan yellow rose (*Rosa primula*) 1217, *1217*
African blue sage (*Salvia aurita*) 1300, *1300*
African box-thorn (*Lycium ferocissimum*) 842, *842*
African cherry (*Prunus africana*) 1091, *1091*
African corn flag (*Chasmanthe aethiopica*) 368, *368*
African daisy (*Arctotis, A. stoechadifolia*) 179, *179*
African harebell (*Dierama*) 498
African hemp (*Sparmannia*) 1359–60
African holly (*Solanum giganteum*) 1347
African lily (*Agapanthus, A. africanus*) 109, *109*
African linden (*Sparmannia africana*) 1360, *1360*
African love grass (*Eragrostis curvula*) 545, *545*
African mangosteen (*Garcinia livingstonei*) 624, *624*
African milk barrel (*Euphorbia horrida*) 586
African milkbush (*Synadenium grantii*) 1386
African oil palm (*Elaeis guineensis*) 532, *532*
African scurf-pea (*Psoralea pinnata*) 1104, *1104*
African squill (*Ledebouria*) 804
African thatching rush (*Elegia*) 533
African tulip tree (*Spathodea campanulata*) 1361, *1361*
African violet (*Saintpaulia, S. ionantha*) 1294–95
African walnut (*Schotia brachypetala*) 1325, *1325*
agave cactus (*Leuchtenbergia principis*) 813, *813*
agrimony (*Agrimonia*) 118
aibika (*Abelmoschus manihot*) 67
air plant (*Tillandsia*) 1420–22
air potato (*Dioscorea bulbifera*) 503, *503*
akakura (*Metrosideros carminea*) 892, *892*
akeake (*Olearia avicenniifolia*) 948
akepuka (*Griselinia lucida*) 657
akiraho (*Olearia paniculata*) 949, *949*
Alabama azalea (*Rhododendron alabamense*) 1144
Alabama snow wreath (*Neviusia alabamensis*) 932, *932*
alamillo (*Populus fremontii*) 1072, *1072*
Alamo beardtongue (*Penstemon alamosensis*) 1006
Alaska blue willow (*Salix purpurea*) 1298
Alaska spruce (*Picea sitchensis*) 1042, *1042*
Alaskan holly fern (*Polystichum andersonii, P. ≥ setigerum*) 1069, 1070
Alaskan paper birch (*Betula kenaica*) 235, *235*
Albany bottlebrush (*Callistemon speciosus*) 285
Albany pitcher plant (*Cephalotus follicularis*) 357, *357*
Albany woollybush (*Adenanthos sericeus*) 97, *97*
Alcock's spruce (*Picea alcoquiana*) 1039, *1039*
alder (*Alnus*) 130–32
alder buckthorn (*Rhamnus frangula*) 1139
alderleaf serviceberry (*Amelanchier alnifolia*) 145
alecost (*Tanacetum balsamita*) 1399
aleppo pine (*Pinus halepensis*) 1048, *1048*
alerce (*Fitzroya cupressoides*) 605
alerce (*Tetraclinis articulata*) 1406, *1406*
Alexanders (*Smyrnium olusatrum*) 1345
Alexandra palm (*Archontophoenix alexandrae*) 174, *174*
Alexandrian laurel (*Calophyllum inophyllum*) 290, *290*
Alexandrian laurel (*Danae racemosa*) 473
alfacinha (*Lactuca watsoniana*) 789, *789*
alfalfa (*Medicago sativa*) 881
Algerian iris (*Iris unguicularis*) 745, *745*
Algerian oak (*Quercus canariensis*) 1122, 1123
aliso (*Platanus racemosa*) 1057, *1057*
alkanet (*Alkanna tinctoria*) 124
alkanet (*Anchusa*) 150
alkekengi (*Physalis alkekengi*) 1036
allegheny chinkapin (*Castanea pumila*) 339
allegheny monkey flower (*Mimulus ringens*) 898
allegheny pachysandra (*Pachysandra procumbens*) 972
allegheny serviceberry (*Amelanchier laevis*) 145, *145*
allegheny spurge (*Pachysandra procumbens*) 972
alligator flag (*Thalia*) 1408
alligator juniper (*Juniperus deppeana*) 771
alligator pear (*Persea americana*) 1012, *1012*
allspice (*Calycanthus fertilis*) 291
almond (*Prunus dulcis*) 1094, *1094*
almond geranium (*Pelargonium quercifolium*) 996
almond-leafed pear (*Pyrus amygdaliformis*) 1117
alpine ash (*Eucalyptus delegatensis*) 570, *570*
alpine aster (*Aster alpinus*) 199, *199*
alpine avens (*Geum montanum*) 637
alpine balsam (*Erinus alpinus*) 555, 556
alpine bistort (*Persicaria vivipara*) 1013, *1013*
alpine bladderwort (*Utricularia alpina*) 1452, *1452*
alpine burr (*Acaena montana*) 80
alpine calamint (*Acinos alpinus*) 92, *92*
alpine columbine (*Aquilegia alpina*) 166
alpine currant (*Ribes alpinum*) 1206
alpine everlasting (*Xerochrysum*) 1490–91
alpine fir (*Abies lasiocarpa*) 69, *69*
alpine geranium (*Erodium reichardii*) 559, *559*
alpine grevillea (*Grevillea australis*) 648–49, 648
alpine heath (*Erica carnea*) 548–49
alpine mint bush (*Prostanthera cuneata*) 1086, *1086*
alpine pasque flower (*Pulsatilla alpina*) 1112
alpine poppy (*Papaver alpinum*) 979, *979*
alpine rose (*Rhododendron ferrugineum*) 1148
alpine snowbell (*Soldanella alpina*) 1349, *1349*
alpine totara (*Podocarpus nivalis*) 1064, *1064*
alpine violet (*Cyclamen*) 450–51
alum root (*Heuchera*) 698–99
alyssum (*Lobularia*) 833
amaryllis (*Hippeastrum*) 705
amatungula (*Carissa bispinosa, C. macrocarpa*) 331, *331*
Amazon water lily (*Victoria amazonica*) 1471, *1471*
amberbell (*Erythronium americanum*) 563, *563*
amelanchier (*Aronia arbutifolia*) 188, *188*
American alpine speedwell (*Veronica wormskjoldii*) 1463, *1463*
American angelica tree (*Aralia spinosa*) 171, 170
American arborvitae (*Thuja occidentalis*) 1412, *1412*
American aspen (*Populus tremuloides*) 1073, *1073*
American barrenwort (*Vancouveria hexandra*) 1455
American beauty berry (*Callicarpa americana*) 283, *283*
American beauty bush (*Callicarpa americana*) 283, *283*
American beech (*Fagus grandifolia*) 596, *596*
American bistort (*Persicaria bistortoides*) 1012
American bittersweet (*Celastrus scandens*) 351
American black spruce (*Picea mariana*) 1041
American cowslip (*Dodecatheon, D. meadia*) 508, *508*
American crabapple (*Malus coronaria*) 860
American dogwood (*Cornus sericea*) 417, *417*
American dwarf birch (*Betula pumila*) 237
American elder (*Sambucus canadensis*) 1308, *1308*
American elderberry (*Sambucus canadensis*) 1308, *1308*
American elm (*Ulmus americana*) 1448
American filbert (*Corylus americana*) 421, *421*
American germander (*Teucrium canadense*) 1407
American hackberry (*Celtis occidentalis*) 353, *353*
American hazelnut (*Corylus americana*) 421, *421*
American highbush cranberry (*Viburnum trilobum*) 1470, *1470*
American holly (*Ilex opaca*) 730, *730*
American hornbeam (*Carpinus caroliniana*) 333
American hybrid lilac (*Syringa ≥ hyacinthiflora*) 1387, *1387*
American larch (*Larix laricina*) 796, *796*
American linden (*Tilia americana*) 1418
American lotus (*Nelumbo lutea*) 922
American maidenhair fern (*Adiantum pedatum*) 99
American mandrake (*Podophyllum peltatum*) 1065
American mangrove (*Rhizophora mangle*) 1142, *1142*
American mountain ash (*Sorbus americana*) 1355
American mountain mint (*Pycnanthemum*) 1115
American oil palm (*Elaeis oleifera*) 532, *532*
American persimmon (*Diospyros virginiana*) 504
American pistachio (*Pistacia texana*) 1053
American pitcher plant (*Sarracenia*) 1313–15
American plane (*Platanus occidentalis*) 1057, *1057*
American plum (*Prunus americana*) 1092, *1092*
American pussy willow (*Salix discolor*) 1297
American red plum (*Prunus americana*) 1092, *1092*
American red spruce (*Picea rubens*) 1042
American rubber plant (*Peperomia obtusifolia*) 1010, *1010*
American smoke tree (*Cotinus obovatus*) 426
American sweet crabapple (*Malus coronaria*) 860
American trout lily (*Erythronium americanum*) 563, *563*
American walnut (*Juglans nigra*) 769
American white oak (*Quercus alba*) 1122, *1122*
American wisteria (*Wisteria frutescens*) 1487
amethyst sea holly (*Eryngium amethystinum*) 560, *560*
amur choke cherry (*Prunus maackii*) 1095, *1095*
amur cork tree (*Phellodendron amurense*) 1023, *1023*
amur grape (*Vitis amurensis*) 1478
amur linden (*Tilia amurensis*) 1418
amur maackia (*Maackia amurensis*) 848, *848*
amur maple (*Acer tataricum*) 90, *90*
amur silvergrass (*Miscanthus floridulus*) 899, *899*
anaba (*Ficus palmeri*) 603
anchor bush (*Colletia paradoxa*) 401, *401*
anchor plant (*Colletia*) 401
ancient pine (*Pinus longaeva*) 1049
Andean silver sage (*Salvia discolor*) 1301
Anderson's holly fern (*Polystichum andersonii*) 1069
Anderson's sword fern (*Polystichum andersonii*) 1069
anemone buttercup (*Ranunculus anemoneus*) 1130
anemone of Greece (*Anemone pavonina*) 153, *153*
angel wing jasmine (*Jasminum nitidum*) 765
angel wings (*Caladium, C. bicolor*) 277
angels' eyes (*Veronica chamaedrys*) 1462, *1462*
angel's fishing rod (*Dierama*) 498
angel's tears (*Narcissus triandrus*) 914
angel's tears (*Soleirolia soleirolii*) 1349, *1349*
angel's trumpet (*Brugmansia ≥ candida, B. suaveolens*) 261, *261*
angel's trumpet (*Datura inoxia*) 476
angel-wing begonia (*Begonia coccinea*) 224, *224*
angle-vein fern (*Polypodium triseriale*) 1068, *1068*
Anglo-jap yew (*Taxus ≥ media*) 1402, *1402*
angophora (*Angophora costata*) 156, *156*
angular Solomon's seal (*Polygonatum odoratum*) 1067
anise (*Pimpinella anisum*) 1045
anise hyssop (*Agastache foeniculum*) 110, *110*
anise shrub (*Illicium anisatum*) 732, *732*
aniseed (*Pimpinella anisum*) 1045
anise-scented sage (*Salvia guaranitica*) 1302
annatto (*Bixa orellana*) 239, *239*
annual bluegrass (*Poa annua*) 1063
annual candytuft (*Iberis amara*) 726
annual mallow (*Lavatera trimestris*) 803
annual meadow grass (*Poa annua*) 1063
annual ryegrass (*Lolium multiflorum*) 833
annual sage (*Salvia viridis*) 1307
annual toadflax (*Linaria maroccana*) 825, *825*
Antarctic beech (*Nothofagus antarctica, N. moorei*) 935, 936, *936*
antelope bush (*Purshia tridentata*) 1114
antelope ears (*Platycerium*) 1058
Antwerp hollyhock (*Alcea ficifolia*) 122
Apache beggarticks (*Bidens ferulifolia*) 237, *237*
Apache pine (*Pinus engelmannii*) 1048, *1048*
apothecary's rose (*Rosa gallica officinalis*) 1215
apple (*Malus, M. pumila*) 859–67
apple geranium (*Pelargonium odoratissimum*) 996
apple mint (*Mentha suaveolens*) 889, *889*
apple of Peru (*Nicandra physalodes*) 932
apple rose (*Rosa pomifera*) 1217, *1217*
apple serviceberry (*Amelanchier ≥ grandiflora*) 145, *145*
apricot (*Prunus armeniaca*) 1092
Arabian coffee (*Coffea arabica*) 400, *400*
Arabian jasmine (*Jasminum sambac*) 766, *766*
Arabian tea (*Catha edulis*) 342, *342*
Arab's turban (*Crassula hemisphaerica*) 430
aralia (*Schefflera elegantissima*) 1322, *1322*
arar (*Tetraclinis articulata*) 1406, *1406*
arborvitae (*Thuja*) 1412–13
Arctic bearberry (*Arctostaphylos alpina*) 175
Arctic bramble (*Rubus arcticus*) 1283
Arctic creeping willow (*Salix reptans*) 1299, *1299*
Arctic polemonium (*Polemonium boreale*) 1065, *1065*
Arctic poppy (*Papaver nudicaule*) 980, *980*
Arctic willow (*Salix arctica, S. lanata, S. purpurea*) 1296, 1298
aren (*Arenga pinnata*) 181
Argentine trumpet vine (*Clytostoma callistegioides*) 396, *396*
argyle apple (*Eucalyptus cinerea*) 569, *569*
Arizona ash (*Fraxinus velutina*) 612, *612*
Arizona barrel cactus (*Ferocactus wislizeni*) 600
Arizona cypress (*Cupressus arizonica*) 444, 445
Arizona mountain laurel (*Sophora arizonica*) 1352
Arizona necklace (*Sophora arizonica*) 1352
Arizona queen of the night (*Peniocereus greggii*) 1005
Arizona walnut (*Juglans major*) 769
Arizona water-willow (*Justicia candicans*) 775
Arizona willow (*Salix irrorata*) 1298, *1298*
Armenian oak (*Quercus pontica*) 1126, *1126*
Arnold hawthorn (*Crataegus arnoldiana*) 432
arolla pine (*Pinus cembra*) 1047
arran service tree (*Sorbus pseudofennica*) 1357, *1357*
arrow arum (*Peltandra*) 1004
arrow bamboo (*Pseudosasa japonica*) 1103
arrowhead (*Sagittaria, S. sagittifolia*) 1293
arrowleaf balsamroot (*Balsamorhiza sagittata*) 216
arrowroot (*Maranta arundinacea*) 874
arrowwood (*Viburnum dentatum*) 1466, *1466*
arroyo lupine (*Lupinus succulentus*) 840, *840*
arugula (*Eruca vesicaria*) 559
asarabacca (*Asarum, A. europaeum*) 193–94
ash weed (*Aegopodium podagraria*) 104, *104*
Ashanti blood (*Mussaenda erythrophylla*) 906, 907
ashe magnolia (*Magnolia ashei*) 850
ashy hakea (*Hakea cinerea*) 667, *667*
Asian bell (*Radermachera sinica*) 1129
Asian black birch (*Betula dahurica*) 235, *235*
Asian pigeonwings (*Clitoria ternatea*) 394
Asiatic pennywort (*Centella asiatica*) 354
asparagus (*Asparagus, A. officinalis*) 196–97
asparagus fern (*Asparagus densiflorus, A. setaceus*) 196–97
aspen (*Populus, P. tremula*) 1071–73, 1071
assai palm (*Euterpe, E. oleracea*) 592
Assam tea (*Camellia sinensis var. assamica*) 312
atemoya (*Annona Atemoya Group*) 159
Atlantic cedar (*Cedrus atlantica*) 350, *350*
Atlantic ivy (*Hedera hibernica*) 680
Atlantic white cedar (*Chamaecyparis thyoides*) 366, *366*
Atlantic wild indigo (*Baptisia lactea*) 219
Atlas cedar (*Cedrus atlantica*) 350, *350*
aubergine (*Solanum melongena*) 1347
aubretia (*Aubrieta*) 207
August lily (*Hosta plantaginea*) 710, *710*
Australian beech (*Nothofagus moorei*) 936, *936*
Australian boxthorn (*Bursaria spinosa*) 270, *270*
Australian bracken (*Pteris tremula*) 1106
Australian brake (*Pteris tremula*) 1106
Australian brush cherry (*Syzygium paniculatum*) 1393
Australian clematis (*Clematis aristata*) 387, *387*
Australian cliff brake (*Pellaea falcata*) 1004, *1004*
Australian cypress pine (*Callitris*) 286–87
Australian dogwood (*Jacksonia scoparia*) 764, *764*
Australian indigo (*Indigofera australis*) 735, *735*
Australian maidenhair (*Adiantum formosum*) 99
Australian native rosella (*Hibiscus heterophyllus*) 701
Australian pine (*Casuarina equisetifolia*) 341
Australian red cedar (*Toona ciliata*) 1423, *1423*
Australian rhododendron (*Rhododendron lochiae*) 1152, *1152*
Australian teak (*Flindersia australis*) 606, *606*
Australian violet (*Viola hederacea*) 1474
Australian waterlily (*Nymphaea gigantea*) 937, *937*
Australian wild cotton (*Gossypium australe*) 647, *647*
Austrian briar (*Rosa foetida*) 1214, *1214*
Austrian copper rose (*Rosa foetida bicolor*) 1215, *1215*
Austrian pine (*Pinus nigra*) 1049, *1049*
Austrian yellow (*Rosa foetida*) 1214, *1214*
autumn crocus (*Colchicum*) 400
autumn crocus (*Sternbergia*) 1372
autumn daffodil (*Sternbergia*) 1372
autumn fern (*Dryopteris erythrosora*) 516
autumn olive (*Elaeagnus umbellata*) 532, *532*
autumn sage (*Salvia greggii*) 1302, *1302*
autumn snowflake (*Leucojum autumnale*) 8
autumn squash (*Cucurbita maxima*) 441
avens (*Geum*) 637
avocado (*Persea americana*) 1012, *1012*
awapuhi (*Zingiber zerumbet*) 1496
azalea (*Rhododendron*) 1143–1201
Azores jasmine (*Jasminum azoricum*) 765
Aztec lily (*Sprekelia formosissima*) 1366, *1366*
azure ceanothus (*Ceanothus coeruleus*) 346

B

babaco (*Carica ≥ heilbornii*) 330, *330*
baboon flower (*Babiana, B. stricta*) 214, *214*
baby rubber plant (*Peperomia obtusifolia*) 1010, *1010*
baby's breath (*Gypsophila, G. paniculata*) 663
baby's tears (*Soleirolia, S. soleirolii*) 1349, *1349*
baby's toes (*Fenestraria rhopalophylla*) 599, *599*
bachelor's button (*Centaurea cyanus*) 353, *353*
bachelor's button (*Gomphrena globosa*) 646, *646*
badger's bane (*Aconitum, A. lycoctonum*) 94–5
Bahama grass (*Cynodon dactylon*) 457, *457*
Bailey's stringybark (*Eucalyptus baileyana*) 567
baja bush snapdragon (*Galvezia juncea*) 624, *624*
baja elephant tree (*Pachycormus discolor*) 971, *971*
baja fig (*Ficus palmeri*) 603
Baker's manzanita (*Arctostaphylos bakeri*) 175
balau (*Shorea*) 1339
bald cypress (*Taxodium distichum*) 1401, *1401*
baldmoney (*Meum*) 893
balearic box (*Buxus balearica*) 271, *271*
balisier (*Heliconia caribaea*) 687, *687*
Balkan clary (*Salvia nemorosa*) 1304, *1304*
Balkan crabapple (*Malus florentina*) 860, *860*
ball honey myrtle (*Melaleuca nodosa*) 884
ball moss (*Tillandsia recurvata*) 1421, *1421*
balloon cotton bush (*Gomphocarpus physocarpus*) 645, *645*
balloon flower (*Platycodon, P. grandiflorus*) 1058–59, *1059*
balloon pea (*Sutherlandia, S. frutescens*) 1383, *1383*
balloon vine (*Cardiospermum grandiflorum*) 328, 329
balloon vines (*Cardiospermum*) 328–29
balm (*Melissa*) 888
balm of Gilead (*Cedronella canariensis*) 349, *349*
balsam (*Impatiens, I balsamina*) 732–34
balsam fir (*Abies balsamea*) 68, *68*
balsam poplar (*Populus balsamifera*) 1072
balsam root (*Balsamorhiza*) 216
balsam tree (*Clusia alba*) 395, *395*
balsamroot (*Balsamorhiza sagittata*) 216
bamboo (*Bambusa*) 216–17, *216*
bamboo grass (*Eragrostis australasica*) 545, *545*
bamboo orchid (*Arundina*) 193
banana (*Musa acuminata, M. ≥ paradisiaca*) 905, *905*, 906, *906*
banana fig (*Ficus pleurocarpa*) 603
banana passionfruit (*Passiflora mollissima*) 991
banana shrub (*Michelia figo*) 893
banana yucca (*Yucca baccata*) 1491, *1491*
banded miscanthus (*Miscanthus sinensis 'Strictus'*) 90, *900*
banded miscanthus (*Miscanthus sinensis 'Zebrinus'*) 9
banded nardoo (*Marsilea mutica*) 876
bangalow palm (*Archontophoenix cunninghamiana*) 1, *174*
banksian rose (*Rosa banksiae*) 1213
Banks's grevillea (*Grevillea banksii*) 649, *649*
banner bean (*Lablab purpureus*) 786, *786*
banyalla (*Pittosporum bicolor*) 1054
banyan (*Ficus benghalensis*) 602, *602*
banyan fig (*Ficus microcarpa*) 603
baobab (*Adansonia digitata, A. gibbosa*) 97, *97*
bar room plant (*Aspidistra elatior*) 198
bara bet (*Calamus viminalis*) 278
Barbados cherry (*Malpighia glabra*) 859, *859*
Barbados gooseberry (*Pereskia aculeata*) 1010
Barbados holly (*Malpighia coccigera*) 859, *859*
Barbados pride (*Caesalpinia pulcherrima*) 276, *276*
barberry (*Berberis, B. vulgaris*) 229–31, *231*
barber's pole oxalis (*Oxalis versicolor*) 966
Barberton daisy (*Gerbera, G. jamesonii*) 636–37
barley (*Hordeum*) 708
barrel cactus (*Ferocactus*) 599–600
barren strawberry (*Waldsteinia fragarioides*) 1482
barrens claw flower (*Calothamnus validus*) 290–91,
barrenwort (*Epimedium*) 541–42
barreta (*Fraxinus greggii*) 611
Bartram's oak (*Quercus ≥ heterophylla*) 1124
baseball plant (*Euphorbia obesa*) 588, *588*
basil (*Ocimum, O. basilicum*) 943–44, *943*
basil thyme (*Acinos*) 92
basket grass (*Lomandra longifolia*) 833, *833*
basket oak (*Quercus prinus*) 1126
basket of gold (*Aurinia saxatilis*) 209
basket plant (*Aeschynanthus*) 106
basswood (*Tilia, T. americana*) 1418–20
bastard cabbage tree (*Schefflera umbellifera*) 1322,
bastard indigo (*Amorpha fruticosa*) 147, *147*
bastard ipecacuanha (*Asclepias curassavica*) 194, *19*
bastard rocket (*Reseda odorata*) 1138, *1138*
bastard sage (*Eriogonum wrightii*) 556, 557
basuto kraal aloe (*Aloe striatula*) 137, *137*
bat flower (*Tacca integrifolia*) 1396, *1396*
bat plant (*Tacca integrifolia*) 1396, *1396*
bat's wing fern (*Histiopteris incisa*) 706, *706*
baubles (*Berzelia galpinii*) 233, *233*
Bauer's grevillea (*Grevillea baueri*) 649
Baxter's banksia (*Banksia baxteri*) 217, *217*

Gardener's Bible
FLORA フローラ

【英語名索引】

◎7,519種の英語名のみ収録。
◎ラテン語属名およびその他日本語翻訳用語索引は、本書巻末をご覧ください。

産調出版

celery wood (*Polyscias elegans*) 1068, *1068*
centipede pea (*Bossiaea scolopendria*) 245, *245*
centipede plant (*Homalocladium platycladium*) 707, *707*
Central Australian cabbage palm (*Livistona mariae*) 831, *831*
Central Australian ghost gum (*Corymbia aparrerinja*) 422, *422*
century plant (*Agave*) 112–16
cereal grain amaranth (*Amaranthus hypochondriacus*) 144
chaco (*Sechium*) 1328
chaff flower (*Alternanthera*) 142
chain fern (*Woodwardia*) 1488–89
chain fruit (*Alyxia ruscifolia*) 144
chain of love (*Antigonon leptopus*) 162, *162*
chain orchid (*Dendrochilum*) 487
chair-bottom cane (*Calamus viminalis*) 278
chaka's wood (*Strychnos decussata*) 1380, *1380*
chalice vine (*Solandra*) 1346
chalk lettuce (*Dudleya pulverulenta*) 518
chalk-leaf berberis (*Mahonia dictyota*) 855, *855*
chamizo (*Atriplex canescens*) 206
chamomile (*Chamaemelum, C. nobile*) 367, *367*
champaca (*Michelia champaca*) 893, *893*
chandelier plant (*Kalanchoe delagoensis*) 776
Channel Island sage (*Lepechinia fragrans*) 806, *806*
chaparral broom (*Baccharis pilularis*) 214, *214*
chaparral clematis (*Clematis lasiantha*) 388, *388*
chaparral currant (*Ribes malvaceum*) 1206, *1206*
chaparral sage (*Salvia leucophylla*) 1303, *1303*
charity (*Polemonium caeruleum*) 1065
chaste tree (*Vitex agnus-castus*) 1477, *1477*
chat (*Catha edulis*) 342, *342*
Chatham Island akeake (*Olearia traversii*) 950
Chatham Islands forget-me-not (*Myosotidium hortensia*) 908
chayote (*Sechium, S. edule*) 1328, *1328*
checkerberry (*Gaultheria procumbens*) 626
checkerbloom (*Sidalcea malviflora*) 1339, *1339*
cheddar pink (*Dianthus gratianopolitanus*) 491
cheese berry (*Cyathodes glauca*) 448
cheeses (*Malva sylvestris*) 868
chef's-cap correa (*Correa baeuerlenii*) 418, *418*
chenault coralberry (*Symphoricarpos ≥ chenaultii*) 1384
chenille honey myrtle (*Melaleuca huegelii*) 884, *884*
chenille plant (*Acalypha hispida*) 81
chenille plant (*Echeveria pulvinata*) 524, *524*
chenille prickly pear (*Opuntia aciculata*) 953, *953*
chequer tree (*Sorbus torminalis*) 1358, *1358*
chequerboard juniper (*Juniperus deppeana*) 771
cherimoya (*Annona cherimola*) 159
Cherokee bean (*Erythrina herbacea*) 563
Cherokee rose (*Rosa laevigata*) 1216
cherry ballart (*Exocarpos cupressiformis*) 593, *593*
cherry birch (*Betula lenta*) 235, *235*
cherry guava (*Psidium cattleianum*) 1104
cherry laurel (*Prunus laurocerasus*) 1094, *1094*
cherry orchid (*Mediocalcar*) 881
cherry palm (*Pseudophoenix*) 1102
cherry pie (*Heliotropium arborescens*) 690, *690*
cherry plum (*Prunus cerasifera*) *1092*, 1092–1093
cherry prinsepia (*Prinsepia sinensis*) 1084, *1084*
cherrystone juniper (*Juniperus monosperma*) 772, *772*
chervil (*Anthriscus cerefolium*) 161
chestnut (*Castanea sativa*) 339, *339*
chestnut rose (*Rosa roxburghii*) 1218, *1218*
chestnut-leafed oak (*Quercus castaneifolia*) 1123
chiapas sage (*Salvia chiapensis*) 1301, *1301*
chickpea (*Cicer arietinum*) 378
chickweed (*Cerastium arvense*) 357, *357*
chickweed (*Stellaria*) 1369
chicory (*Cichorium, C. intybus*) 378, *378*
chicot (*Gymnocladus dioica*) 662, *662*
chigo-zasa (*Pleioblastus variegatus*) 1060
Chile lantern tree (*Crinodendron hookerianum*) 433, *433*
Chile nut (*Gevuina avellana*) 638, *638*
Chilean bellflower (*Lapageria rosea*) 796
Chilean bellflower (*Nolana*) 934
Chilean blackcurrant (*Ribes gayanum*) 1206
Chilean cranberry (*Ugni molinae*) 1448, *1448*
Chilean crocus (*Tecophilaea, T. cyanocrocus*) 1403
Chilean fire bush (*Embothrium coccineum*) 535, *535*
Chilean glory flower (*Eccremocarpus, E. scaber*) 522
Chilean guava (*Ugni molinae*) 1448, *1448*
Chilean hazel (*Gevuina avellana*) 638, *638*
Chilean incense cedar (*Austrocedrus chilensis*) 209, *209*
Chilean jasmine (*Mandevilla laxa*) 873, *873*
Chilean maidenhair (*Adiantum excisum*) 99
Chilean potato vine (*Solanum crispum*) 1346
Chilean wine palm (*Jubaea chilensis*) 768, *768*
chilli (*Capsicum frutescens*) 327
chilli pepper (*Capsicum annuum*) 326–27, *326*
chimney bellflower (*Campanula pyramidalis*) 321
China aster (*Callistephus*) 286
China fir (*Cunninghamia lanceolata*) 442, *442*
China flower (*Adenandra uniflora*) 97, *97*
China pear (*Pyrus pyrifolia*) 1119
China rose (*Hibiscus rosa-sinensis*) 702, *702*
China rose (*Rosa chinensis*) 1214, *1214*
China tree (*Koelreuteria paniculata*) 782, *782*
chincherinchee (*Ornithogalum*) 957–58
Chinese angelica tree (*Aralia chinensis*) 170
Chinese anise (*Illicium verum*) 732
Chinese arbor-vitae (*Platycladus orientalis*) 1058, *1058*
Chinese artichoke (*Stachys affinis*) 1366
Chinese basil (*Perilla frutescens*) 1011
Chinese beauty bush (*Callicarpa rubella*) 283, *283*
Chinese bellflower (*Platycodon, P. grandiflorus*) 1058–59, *1059*
Chinese bladdernut (*Staphylea holocarpa*) 1369
Chinese box (*Buxus microphylla, B. sinica*) 272, 273
Chinese butternut (*Juglans cathayensis*) 769, *769*
Chinese cedar (*Cunninghamia lanceolata*) 442, *442*
Chinese celandine poppy (*Stylophorum lasiocarpum*) 1381, *1381*
Chinese chestnut (*Castanea mollissima*) 339, *339*
Chinese chives (*Allium tuberosum*) 128, *128*
Chinese date (*Ziziphus jujuba*) 1498, *1498*
Chinese dogwood (*Cornus kousa*) 416, *416*
Chinese Douglas fir (*Pseudotsuga sinensis*) 1103
Chinese elm (*Ulmus parvifolia, U. pumila*) 1450, *1450*
Chinese fan palm (*Trachycarpus fortunei*) 1426, *1426*
Chinese fishtail palm (*Caryota ochlandra*) 336, *336*
Chinese flame tree (*Koelreuteria bipinnata*) 782, *782*
Chinese flowering crabapple (*Malus spectabilis*) 865
Chinese flowering quince (*Chaenomeles speciosa*) 363
Chinese forget-me-not (*Cynoglossum amabile*) 457
Chinese foxglove (*Rehmannia, R. elata*) 1136, *1136*
Chinese fringe tree (*Chionanthus retusus*) 372, *372*
Chinese gall (*Rhus chinensis*) 1204
Chinese gooseberry (*Actinidia chinensis, A. deliciosa*) 96
Chinese ground orchid (*Bletilla*) 240
Chinese hackberry (*Celtis sinensis*) 353, *353*
Chinese hat plant (*Holmskioldia sanguinea*) 707, *707*
Chinese hawthorn (*Photinia serratifolia*) 1032
Chinese heptacodium (*Heptacodium miconioides*) 696, *696*
Chinese hibiscus (*Hibiscus rosa-sinensis*) 702, *702*
Chinese holly (*Ilex cornuta*) 729
Chinese horse chestnut (*Aesculus chinensis*) 107
Chinese houses (*Collinsia bicolor*) 402
Chinese jade plant (*Portulacaria afra*) 1075, *1075*
Chinese jujube (*Ziziphus jujuba*) 1498, *1498*
Chinese juniper (*Juniperus chinensis*) 770, *770*
Chinese lacquer tree (*Rhus verniciflua*) 1205
Chinese lantern (*Abutilon, A. ≥ hybridum, A. megapotanicum, A. pictum*) 71–2, *72, 72*
Chinese lantern (*Nymania capensis*) 937, *937*
Chinese lantern (*Physalis alkekengi*) 1036
Chinese lantern heath (*Erica blenna*) 548, *548*
Chinese lantern lily (*Sandersonia aurantiaca*) 1309, *1309*
Chinese laurel (*Antidesma bunius*) 162
Chinese lilac (*Syringa ≥ chinensis*) 1387
Chinese liquidambar (*Liquidambar formosana*) 827, *827*
Chinese mustard (*Brassica juncea*) 255
Chinese necklace poplar (*Populus lasiocarpa*) 1072, *1072*
Chinese nettle-tree (*Celtis sinensis*) 353, *353*
Chinese paperbark maple (*Acer griseum*) 84, *84*
Chinese parasol tree (*Firmiana simplex*) 605, *605*
Chinese parsley (*Coriandrum sativum*) 414, *414*
Chinese pennisetum (*Pennisetum alopecuroides*) 1005
Chinese peony (*Paeonia lactiflora*) 974
Chinese pistachio (*Pistacia chinensis*) 1053, *1053*
Chinese plumbago (*Ceratostigma willmottianum*) 358, *358*
Chinese potato (*Dioscorea batatas*) 503
Chinese privet (*Ligustrum sinense*) 820
Chinese quince (*Cydonia sinensis*) 450, 451
Chinese radish (*Raphanus sativus var. longipinnatus*) 1133, *1133*
Chinese red birch (*Betula albosinensis*) 234
Chinese red pine (*Pinus tabuliformis*) 1051, *1051*
Chinese redbud (*Cercis chinensis*) 360
Chinese scholar tree (*Sophora japonica*) 1352, *1352*
Chinese sea buckthorn (*Hippophae sinensis*) 706, *706*
Chinese shrub (*Cassinia arcuata*) 338, *338*
Chinese snowball bush (*Viburnum macrocephalum*) 1467, *1467*
Chinese snowball tree (*Viburnum macrocephalum*) 1467, *1467*
Chinese soapberry (*Sapindus mukorossi*) 1311, *1311*
Chinese spinach (*Amaranthus tricolor*) 144
Chinese stewartia (*Stewartia sinensis*) 1373, *1373*
Chinese swamp cypress (*Glyptostrobus pensilis*) 644–45, *644*
Chinese sweetspire (*Itea chinensis*) 760, *760*
Chinese tallow tree (*Sapium sebiferum*) 1311, *1311*
Chinese tamarisk (*Tamarix chinensis*) 1398, *1398*
Chinese tea (*Camellia sinensis var. sinensis*) 312
Chinese toon (*Toona sinensis*) 1423
Chinese tree lilac (*Syringa pekinensis*) 1388, *1388*
Chinese trumpet creeper (*Campsis grandiflora*) 322, *322*
Chinese trumpet vine (*Campsis grandiflora*) 322, *322*
Chinese tulip tree (*Liriodendron chinense*) 827, *827*
Chinese tupelo (*Nyssa sinensis*) 939, *939*
Chinese Virginia creeper (*Parthenocissus henryana*) 990
Chinese walking stick (*Chimonobambusa tumidissinoda*) 371
Chinese walnut (*Juglans cathayensis*) 769, *769*
Chinese wayfaring tree (*Viburnum veitchii*) 1470, *1470*
Chinese weeping cypress (*Cupressus funebris*) 445
Chinese white pine (*Pinus armandii*) 1046, *1046*
Chinese windmill palm (*Trachycarpus fortunei*) 1426, *1426*
Chinese winter-hazel (*Corylopsis sinensis*) 421
Chinese wisteria (*Wisteria sinensis*) 1487
Chinese witch hazel (*Hamamelis mollis*) 671, *671*
Chinese yam (*Dioscorea batatas, D. esculenta*) 503
Chinese yew (*Taxus chinensis*) 1402, *1402*
chinquapin (*Castanea pumila*) 339
chinquapin (*Chrysolepis*) 376–77
chinquapin oak (*Quercus muehlenbergii*) 1125
chir pine (*Pinus roxburghii*) 1050
chittamwood (*Cotinus obovatus*) 426
chive (*Allium, A. schoenoprasum*) 125–29
chocho (*Sechium*) 1328
chocolate cosmos (*Cosmos atrosanguineus*) 424
chocolate flower (*Berlandiera lyrata*) 233, *233*
chocolate foxglove (*Digitalis parviflora*) 500, *500*
chocolate mint (*Mentha ≥ piperita f. citrata 'Chocolate'*) 889
chocolate vine (*Akebia*) 121
choke cherry (*Prunus virginiana*) 1100
chokeberry (*Aronia*) 188
choko (*Sechium edule*) 1328, *1328*
Christmas bells (*Blandfordia, B. grandiflora*) 239
Christmas bells (*Sandersonia aurantiaca*) 1309, *1309*
Christmas berry (*Chironia baccifera*) 373, *373*
Christmas berry (*Heteromeles*) 697
Christmas box (*Sarcococca*) 1313
Christmas cactus (*Schlumbergera ≥ buckleyi, Schlumberbera Hybrid Cultivars*) 1324
Christmas fern (*Polystichum acrostichoides*) 1069
Christmas pride (*Ruellia macrantha*) 1287, *1287*
Christmas protea (*Protea aristata*) 1087, *1087*
Christmas rose (*Helleborus niger*) 691, *691*
christophine (*Sechium edule*) 1328, *1328*
Christ's tears (*Coix lacryma-jobi*) 400, *400*
Christ's thorn (*Paliurus spina-christi*) 978
chulta (*Dillenia indica*) 501, *501*
chuparosa (*Anisacanthus thurberi*) 158
chuparosa honeysuckle (*Justicia californica*) 775, *775*
chusan palm (*Trachycarpus fortunei*) 1426, *1426*
cider gum (*Eucalyptus gunnii*) 572, *572*
cigar flower (*Cuphea ignea*) 444, *444*
cigar-box cedar (*Cedrela odorata*) 349, *349*
cigarette plant (*Cuphea ignea*) 444, *444*
cilantro (*Coriandrum, C. sativum*) 414, *414*
cineraria (*Pericallis, P. ≥ hybrida*) 1010–11, *1011*
cinnamon clethra (*Clethra acuminata*) 394
cinnamon rose (*Rosa cinnamomea plena*) 1214, *1214*
cinnamon vine (*Dioscorea batatas*) 503
cinquefoil (*Potentilla fruticosa, P. nepalensis*) 1076, 1077
citron (*Citrus medica*) 384
clammy locust (*Robinia viscosa*) 1210, *1210*
clanwilliam cedar (*Widdringtonia cedarbergensis*) 1485
claret ash (*Fraxinus angustifolia 'Raywood'*) 610
claret cup (*Echinocereus triglochidiatus*) 527, *527*
clary sage (*Salvia sclarea*) 1305, *1305*
clasping leaf pondweed (*Potamogeton perfoliatus*) 1075, *1075*
claw flower (*Calothamnus*) 290
clay-bush wattle (*Acacia glaucoptera*) 76, *76*
clear eye (*Salvia sclarea*) 1305, *1305*
cleavers (*Galium*) 624
Cleveland sage (*Salvia clevelandii*) 1301, *1301*
cliff brake (*Pellaea*) 1004
cliff date palm (*Phoenix rupicola*) 1030, 1031
cliff green (*Paxistima canbyi*) 994
cliff spurge (*Euphorbia misera*) 588, *588*
cliffbush (*Jamesia americana*) 764–65
climbing allamanda (*Allamanda cathartica*) 124, *124*
climbing alstroemeria (*Bomarea*) 241
climbing bird's nest fern (*Microsorum punctatum*) 895, *895*
climbing fern (*Lygodium*) 844
climbing lily (*Gloriosa, G. superba*) 643
climbing maidenhair (*Lygodium microphyllum*) 844, *844*
climbing oleander (*Strophanthus gratus*) 1380, *1380*
climbing penstemon (*Keckiella ternata*) 778, *778*
climbing ylang-ylang (*Artabotrys hexapetalus*) 189
cloak fern (*Cheilanthes*) 369
cloud grass (*Agrostis nebulosa*) 119
clove (*Syzygium aromaticum*) 1392,
clove currant (*Ribes odoratum*) 1206
clover (*Trifolium*) 1429
clover tree (*Goodia lotifolia*) 646, *646*
clown fig (*Ficus aspera*) 602
club cholla (*Grusonia clavata*) 657
club gourd (*Trichosanthes cucumerina*) 1428, *1428*
clubmoss (*Lycopodium*) 844
clubrush (*Schoenoplectus lacustris*) 1324, *1324*
clumping mat-rush (*Lomandra banksii*) 833, *833*
cluster fishtail palm (*Caryota mitis*) 336
cluster pine (*Pinus pinaster*) 1050, *1050*
cluster rose (*Rosa pisocarpa*) 1217, *1217*
clustered bellflower (*Campanula glomerata*) 320
clustered everlasting (*Chrysocephalum semipapposum*) 376, *376*
clustered redcurrant (*Ribes fasciculatum*) 1206
coachwood (*Ceratopetalum apetalum*) 358, *358*
coast azalea (*Rhododendron atlanticum*) 1145, *1145*
coast banksia (*Banksia attenuata, B. integrifolia*) 217, 217, 218, *218*
coast canthium (*Canthium coprosmoides*) 325
coast coral tree (*Erythrina caffra*) 562
coast cottonwood (*Hibiscus tiliaceus*) 704, *704*
coast live oak (*Quercus agrifolia*) 1122, *1122*
coast lotus (*Lotus formosissimus*) 838, *838*
coast myall (*Acacia binervia*) 73, *73*
coast polypody (*Polypodium scouleri*) 1068, *1068*
coast redwood (*Sequoia sempervirens*) 1336, *1336*
coast saltbush (*Atriplex cinerea*) 206, *206*
coast silktassel (*Garrya elliptica*) 625, *625*
coast speargrass (*Austrostipa stipoides*) 209, *209*
coast tea-tree (*Leptospermum laevigatum*) 808
coast white cedar (*Chamaecyparis thyoides*) 366, *366*
coastal cholla (*Cylindropuntia prolifera*) 452, *452*
coastal rosemary (*Westringia fruticosa*) 1485, *1485*
coastal woollybush (*Adenanthos sericeus*) 97, *97*
coat flower (*Petrorhagia saxifraga*) 1015
cobnut (*Corylus avellana*) 422
cobra lily (*Arisaema speciosum*) 185
cobra lily (*Darlingtonia*) 475
cobweb aloe (*Haworthia arachnoidea*) 673
cobweb houseleek (*Sempervivum arachnoideum*) 1333, *1333*
cochin turmeric (*Curcuma aromatica*) 447
cochineal cactus (*Opuntia cochenillifera*) 954
cocklebur (*Agrimonia*) 118
cockroach orchid (*Restrepia*) 1138
cockscomb (*Celosia*) 352
cockspur coral tree (*Erythrina crista-galli*) 562, *562*
cockspur thorn (*Crataegus crus-galli*) 432, *432*
cocktail kiwi (*Actinidia arguta*) 96
cocoa (*Theobroma cacao*) 1410, *1410*
cocona (*Solanum sessiliflorum*) 1348, *1348*
coconut palm (*Cocos nucifera*) 398, *398*
cocos palm (*Syagrus romanzoffiana*) 1384, *1384*
cocoyam (*Colocasia esculenta*) 402–3
cocus wood (*Brya ebenus*) 263, *263*
coffee (*Coffea*) 400
coffeeberry (*Rhamnus californica*) 1139, *1139*
coffin cypress (*Cupressus funebris*) 445
coffin juniper (*Juniperus recurva*) 773
cogon grass (*Imperata cylindrica*) 734
coigue (*Nothofagus dombeyi*) 935
coigue de Magellanes (*Nothofagus betuloides*) 935
colchic ivy (*Hedera colchica*) 678
colenso's Spaniard (*Aciphylla colensoi*) 93
coleus (*Solenostemon scutellarioides*) 1350
colewort (*Crambe cordifolia*) 429, *429*
coliseum ivy (*Cymbalaria muralis*) 452, *452*
Colorado blue spruce (*Picea pungens*) 1041, *1041*
Colorado white fir (*Abies concolor*) 68, *68*
Columbia lily (*Lilium columbianum*) 821
Columbia tiger lily (*Lilium columbianum*) 821
columbine (*Aquilegia*) 166
comb fern (*Schizaea*) 1323
comet orchid (*Angraecum*) 156
comfrey (*Symphytum, S. officinale*) 1385, *1385*
common alder (*Alnus glutinosa*) 131, *131*
common allamanda (*Allamanda cathartica*) 124, *124*
common ash (*Fraxinus excelsior*) 611, *611*
common bamboo (*Bambusa vulgaris*) 217
common beech (*Fagus sylvatica*) 596
common boobialla (*Myoporum insulare*) 907, *907*
common box (*Buxus sempervirens*) 272, *272*
common briar (*Rosa canina*) 1213, *1213*
common broom (*Cytisus scoparius*) 461, *461*
common buckthorn (*Rhamnus cathartica*) 1139
common buttercup (*Ranunculus ficaria*) 1131, *1131*
common butterwort (*Pinguicula vulgaris*) 1046
common cabbage tree (*Cussonia spicata*) 447, *447*
common calamint (*Calamintha sylvatica*) 278
common camellia (*Camellia japonica*) 294
common choke cherry (*Prunus virginiana*) 1100
common comfrey (*Symphytum officinale*) 1385, *1385*
common coral tree (*Erythrina crista-galli*) 562, *562*
common corn salad (*Valerianella locusta*) 1454
common crab apple (*Malus sylvestris*) 865
common dogbane (*Apocynum androsaemifolium*) 164
common dogwood (*Cornus sanguinea*) 417
common emu bush (*Eremophila glabra*) 546
common evening primrose (*Oenothera biennis*) 947
common flat pea (*Platylobium obtusangulum*) 1059, *1059*
common foxglove (*Digitalis purpurea*) 500
common gardenia (*Gardenia augusta*) 625
common geissois (*Geissois pruinosa*) 628, *628*
common ginger (*Zingiber officinale*) 1496
common globe flower (*Trollius europaeus*) 1433
common gorse (*Ulex europaeus*) 1448, *1448*
common grape vine (*Vitis vinifera*) 1478
common hair grass (*Deschampsia flexuosa*) 489
common heath (*Epacris impressa*) 538, *538*
common heliotrope (*Heliotropium arborescens*) 690, *690*
common holly (*Ilex aquifolium*) 728, *728*
common hook-thorn (*Acacia caffra*) 74
common hop (*Humulus lupulus*) 715
common hop tree (*Ptelea trifoliata*) 1105, *1105*
common horehound (*Marrubium vulgare*) 876, *876*
common hornbeam (*Carpinus betulus*) 333
common horse chestnut (*Aesculus hippocastanum*) 107, *107*
common horsetail (*Equisetum arvense*) 544, *544*
common hyacinth (*Hyacinthus orientalis*) 716
common immortelle (*Xeranthemum annuum*) 1490
common ivy (*Hedera helix*) 678, *678*
common jasmine (*Jasminum officinale*) 766
common jujube (*Ziziphus jujuba*) 1498, *1498*
common juniper (*Juniperus communis*) 770–71
common laburnum (*Laburnum anagyroides*) 786, *786*
common large monkey flower (*Mimulus guttatus*) 898, *898*
common lettuce (*Lactuca sativa*) 788
common lilac (*Syringa vulgaris*) 1390
common lime (*Tilia ≥ europaea*) 1419, *1419*
common maidenhair (*Adiantum capillus-veneris*) 99, *99*
common maidenhair fern (*Adiantum aethiopicum*) 99
common mallow (*Malva sylvestris*) 868
common marigold (*Calendula officinalis*) 281, *281*
common marjoram (*Origanum vulgare*) 957, *957*
common mat daisy (*Raoulia australis*) 1133
common moonseed (*Menispermum canadense*) 888
common morning glory (*Ipomoea purpurea*) 738–39
common myrtle (*Myrtus communis*) 909, *909*
common nardoo (*Marsilea drummondii*) 876, *876*
common net bush (*Calothamnus quadrifidus*) 290, *290*
common nettle (*Urtica dioica*) 1451
common ninebark (*Physocarpus opulifolius*) 1037, *1037*
common oak (*Quercus robur*) 1127,
common oak fern (*Gymnocarpium dryopteris*) 661, *661*
common olive (*Olea europaea*) 948, *948*
common osier (*Salix viminalis*) 1299
common pear (*Pyrus communis*) 1118, *1118*
common pearl bush (*Exochorda racemosa*) 593, *593*
common pepper (*Piper nigrum*) 1052, *1052*
common polypody (*Polypodium vulgare*) 1068
common pomegranate (*Punica granatum*) 1114, *1114*
common primrose willow (*Ludwigia peruviana*) 838, 839
common purslane (*Portulaca oleracea*) 1074
common reed (*Phragmites australis*) 1033, *1033*
common rose mallow (*Hibiscus moscheutos*) 702

common rue (*Ruta graveolens*) 1289, *1289*
common ruellia (*Ruellia brittoniana*) 1287
common rush (*Juncus effusus*) 769, *769*
common sage (*Salvia officinalis*) 1304, *1304*
common screw pine (*Pandanus utilis*) 979, *979*
common shield fern (*Dryopteris cristata*) 516
common snowball (*Viburnum opulus*) 1468, *1468*
common snowberry (*Symphoricarpos albus*) 1384
common snowdrop (*Galanthus nivalis*) 623, *623*
common speedwell (*Veronica officinalis*) 1462, *1462*
common spleenwort (*Asplenium trichomanes*) 198
common spotted orchid (*Dactylorhiza fuchsii*) 465, *465*
common spruce (*Picea abies*) 1039, *1039*
common staghorn fern (*Platycerium bifurcatum*) 1058
common strangler fig (*Ficus thonningii*) 604, *604*
common sun rose (*Helianthemum nummularium*) 682
common sunflower (*Helianthus annuus*) 684, *684*
common thorn apple (*Datura stramonium*) 476, *476*
common thyme (*Thymus vulgaris*) 1416
common verbena (*Verbena officinalis*) 1460
common vervain (*Verbena officinalis*) 1460
common watercress (*Nasturtium officinale*) 921, *921*
common white jasmine (*Jasminum officinale*) 766
common wild fig (*Ficus thonningii*) 604, *604*
common witch hazel (*Hamamelis virginiana*) 671, *671*
common woadwaxen (*Genista tinctoria*) 629, *629*
common wormwood (*Artemisia absinthium*) 190, *190*
common yew (*Taxus baccata*) 1401, *1401*
compass cactus (*Ferocactus cylindraceus*) 599, *599*
compass plant (*Silphium laciniatum*) 1341
coneflower (*Echinacea*) 525
coneflower (*Ratibida*) 1134
coneflower (*Rudbeckia*) 1286
confederate jasmine (*Trachelospermum, T. jasminoides*) 1425
confederate rose (*Hibiscus mutabilis*) 702, *702*
confederate vine (*Antigonon leptopus*) 162, *162*
cooba (*Acacia salicina*) 79
coobah (*Acacia salicina*) 79
Cooktown ironwood (*Erythrophleum chlorostachys*) 565, *565*
Cooktown orchid (*Dendrobium bigibbum*) 481
coolabah (*Eucalyptus coolabah*) 569
coolibah (*Eucalyptus coolabah*) 569
Cootamundra wattle (*Acacia baileyana*) 73, *73*
copall (*Pistacia mexicana*) 1053
copey (*Clusia major*) 396, *396*
copihue (*Lapageria rosea*) 796
copperleaf (*Acalypha amentacea subsp. wilkesiana*) 81, *81*
copperleaf (*Alternanthera*) 142
coppery mesembryanthemum (*Malephora crocea*) 858, *858*
coquito palm (*Jubaea chilensis*) 768, *768*
coral aloe (*Aloe striata*) 136, 137
coral ardisia (*Ardisia crenata*) 179, *179*
coral bean (*Erythrina herbacea*) 563
coral bells (*Heuchera*) 698–99
coral gem (*Lotus berthelotii*) 838, *838*
coral hibiscus (*Hibiscus schizopetalus*) 703, *703*
coral lily (*Lilium pumilum*) 822
coral pea (*Abrus precatorius*) 71
coral pea (*Kennedia*) 778–79
coral penstemon (*Penstemon barbatus*) 1006
coral plant (*Berberidopsis corallina*) 229, *229*
coral plant (*Jatropha multifida*) 766, *766*
coral plant (*Russelia equisetiformis*) 1289, *1289*
coral tree (*Erythrina, E. ≥ sykesii, E. variegata*) 562–63, *563*
coral vine (*Antigonon leptopus*) 162, *162*
coral vine (*Kennedia coccinea*) 778
coralberry (*Ardisia crenata*) 179, *179*
coralberry (*Symphoricarpos, S. orbiculatus*) 1384–85
Corbasson's kauri (*Agathis corbassonii*) 111
cord grass (*Spartina*) 1360
coriander (*Coriandrum, C. sativum*) 414, *414*
cork elm (*Ulmus thomasii*) 1451, *1451*
cork oak (*Quercus suber*) 1127, *1127*
corkbush (*Euonymus alatus*) 580
corkscrew flower (*Strophanthus speciosus*) 1380, *1380*
corkscrew flower (*Vigna caracalla*) 1471, *1471*
corkscrew plant (*Genlisea*) 630
corkscrew rush (*Juncus effusus 'Spiralis'*) 769, *769*
corkwood (*Duboisia myoporoides*) 517, *517*
corn (*Zea mays*) 1495, *1495*
corn lily (*Ixia*) 760
corn poppy (*Papaver rhoeas*) 981
corn salad (*Valerianella*) 1454–55
cornelian cherry (*Cornus mas*) 416, *416*
cornflower (*Centaurea, C. cyanus*) 353–54, *353*
Cornish heath (*Erica vagans*) 553
corozo palm (*Attalea butyracea*) 207, *207*
corozo palm (*Elaeis oleifera*) 532, *532*
correosa (*Rhus microphylla*) 1204
Corsican mint (*Mentha requienii*) 889
Corsican pine (*Pinus nigra*) 1049, *1049*
cosmetic bark (*Murraya paniculata*) 905, *905*
costmary (*Tanacetum balsamita*) 1399
cotton (*Gossypium*) 647
cotton ball cactus (*Espostoa lanata*) 566–67
cotton daisy (*Celmisia spectabilis*) 351, *351*
cotton grass (*Eriophorum*) 556–57
cotton gum (*Nyssa aquatica*) 939
cotton palm (*Washingtonia filifera, W. robusta*) 1482, *1482*
cotton plant (*Celmisia spectabilis*) 351, *351*
cotton rose (*Hibiscus mutabilis*) 702, *702*
cotton thistle (*Onopordum acanthium, O. nervosum*) 952, 953
cottongrass (*Eriophorum vaginatum*) 557, *557*
cottonsedge (*Eriophorum vaginatum*) 557, *557*
cotton-seed tree (*Baccharis halimifolia*) 214, *214*
cottonwood (*Populus deltoides*) 1072
coulter pine (*Pinus coulteri*) 1047
courgette (*Cucurbita, C. pepo*) 441, 442
Coventry bells (*Campanula trachelium*) 322
coville (*Larrea tridentata*) 797, *797*
cow parsley (*Anthriscus sylvestris*) 161
cowberry (*Vaccinium vitis-idaea*) 1454, *1454*
cow-itch (*Campsis radicans*) 323, *323*
cow's foot (*Piper aduncum*) 1052, *1052*
cow's horn euphorbia (*Euphorbia grandicornis*) 585, *585*
cowslip (*Mertensia virginica*) 890
cowslip (*Primula, P. veris*) 1078–84, *1083*
coyote brush (*Baccharis 'Centennial'*) 214
coyote willow (*Salix exigua*) 1297
crab cactus (*Schlumbergera truncata*) 1324, *1324*
crab grass (*Panicum*) 979
crabapple (*Malus, M. pumila*) 859–67
crab's eyes (*Abrus precatorius*) 71
crack willow (*Salix fragilis*) 1297, *1297*
cradle lily (*Tradescantia spathacea*) 1427, *1427*
crake berry (*Empetrum nigrum*) 536, *536*
cranberry (*Vaccinium macrocarpon*) 1453
cranberry bush (*Viburnum trilobum*) 1470, *1470*
cranberry cotoneaster (*Cotoneaster apiculatus*) 426, *426*
cranesbill (*Geranium*) 631–36
crape gardenia (*Tabernaemontana divaricata*) 1396
crape jasmine (*Tabernaemontana divaricata*) 1396
crape myrtle (*Lagerstroemia, L. indica*) 792–93, *792*
crater onion (*Allium cratericola*) 126, *126*
creambush (*Holodiscus discolor, H. dumosus*) 707
creamcups (*Platystemon*) 1059
creeping bent grass (*Agrostis stolonifera*) 119
creeping blueberry (*Vaccinium crassifolium*) 1453
creeping buttercup (*Ranunculus repens*) 1132
creeping Charlie (*Plectranthus australis*) 1060
creeping cotoneaster (*Cotoneaster adpressus*) 426, *426*
creeping devil (*Stenocereus eruca*) 1370, 1371
creeping dogwood (*Cornus canadensis*) 415, *415*
creeping fig (*Ficus pumila*) 604
creeping fog (*Holcus mollis*) 707
creeping forget-me-not (*Omphalodes verna*) 951
creeping Jacob's ladder (*Polemonium reptans*) 1066, *1067*
creeping jenny (*Lysimachia nummularia*) 845
creeping juniper (*Juniperus horizontalis, J. procumbens*) *772*, 772, 773, *773*
creeping lasiandra (*Heterocentron elegans*) 697, *697*
creeping lily (*Gloriosa superba*) 643
creeping mahonia (*Mahonia repens*) 856, *856*
creeping myrtle (*Vinca minor*) 1472, *1472*
creeping pine (*Microcachrys tetragona*) 894, *894*
creeping sage (*Salvia sonomensis*) 1305
creeping St John's wort (*Hypericum calycinum*) 721, *721*
creeping soft grass (*Holcus mollis*) 707
creeping speedwell (*Veronica repens*) 1463
creeping spurge (*Euphorbia myrsinites*) 588, *588*
creeping thyme (*Thymus praecox, T. serpyllum*) 1415, *1415*, 1416
creeping velvet grass (*Holcus mollis*) 707
creeping vervain (*Verbena canadensis*) 1460
creeping willow (*Salix repens*) 1299, *1299*
creeping zinnia (*Sanvitalia procumbens*) 1310, *1310*
creosote bush (*Larrea, L. tridentata*) 797, *797*
creosote bush scrub (*Prosopis pubescens*) 1085
crested iris (*Iris cristata*) 740
crested wood fern (*Dryopteris cristata*) 516
Cretan brake (*Pteris cretica*) 1106
Cretan zelkova (*Zelkova abelicea*) 1496
Crimean snowdrop (*Galanthus plicatus*) 623, *623*
crimson bramble (*Rubus arcticus*) 1283
crimson glory vine (*Vitis coignetiae*) 1478
crimson sage (*Salvia spathacea*) 1306, *1306*
crinkled hair grass (*Deschampsia flexuosa*) 489
crookneck gourd (*Lagenaria siceraria*) 792, *792*
crookneck squash (*Cucurbita moschata*) 441
crookstem bamboo (*Phyllostachys aureosulcata*) 1035, *1035*
cross-leafed heath (*Erica tetralix*) 553
cross-vine (*Bignonia capreolata*) 237
crosswort (*Phuopsis stylosa*) 1033
croton (*Codiaeum variegatum*) 398
crowfoot (*Anemonella thalictroides*) 154, *154*
crown daisy (*Xanthophthalmum coronarium*) 1489
crown fern (*Blechnum discolor*) 240, *240*
crown imperial (*Fritillaria imperialis*) 614
crown of thorns (*Euphorbia milii*) 588, *588*
crow's ash (*Flindersia australis*) 606, *606*
cruel plant (*Araujia sericifera*) 172
crystal tea (*Rhododendron tomentosum*) 1159
Cuban bast (*Hibiscus elatus*) 701, *701*
Cuban lily (*Scilla peruviana*) 1326, *1326*
Cuban petticoat palm (*Copernicia macroglossa*) 409, *409*
Cuban royal palm (*Roystonea regia*) 1283, *1283*
cuckoo bread (*Oxalis acetosella*) 965
cuckoo flower (*Cardamine, C. pratensis*) 328
cuckoo pint (*Arum maculatum*) 192, *192*
cucumber (*Cucumis, C. sativus*) 440–41
cucumber tree (*Magnolia acuminata*) 850, *850*
cudweed (*Artemisia ludoviciana*) 190
culver's root (*Veronicastrum virginicum*) 1464
Cumberland azalea (*Rhododendron cumberlandense*) 1147
Cumberland false rosemary (*Conradina verticillata*) 407, *407*
cumin (*Cuminum cyminum*) 442
cumquat (*Citrus japonica*) 384, *384*
cunjevoi (*Alocasia brisbanensis*) 132, *132*
cup and saucer (*Campanula medium*) 320, 321
cup and saucer (*Campanula medium 'Calycanthema'*) 320
cup and saucer plant (*Holmskioldia sanguinea*) 707, *707*
cup and saucer vine (*Cobaea scandens*) 396
cup fern (*Dennstaedtia*) 488
cup gum (*Eucalyptus cosmophylla*) 569, *569*
cup of gold (*Solandra maxima*) 1346, *1346*
cup plant (*Silphium perfoliatum*) 1341, *1341*
cupflower (*Nierembergia*) 934
Cupid's dart (*Catananche, C. caerulea*) 342, *342*
curlew berry (*Empetrum nigrum*) 536, *536*
curlflower (*Clematis crispa*) 387
curly palm (*Howea belmoreana*) 714
curly parsley (*Petroselinum crispum*) 1016, *1016*
curly spearmint (*Mentha spicata 'Crispa'*) 889, *889*
currant (*Allium ampeloprasum*) 125
currant (*Ribes*) 1205–7
currant bush (*Carissa lanceolata*) 331
curry leaf (*Bergera koenigii*) 232
curry plant (*Helichrysum italicum subsp. serotinum*) 685
curry tree (*Bergera koenigii*) 232
cursed cholla (*Grusonia emoryi*) 657
curuba (*Passiflora mollissima*) 991
cushion bush (*Leucophyta brownii*) 814, 815
cushion pink (*Silene, S. acaulis*) 1340–41
cushion spurge (*Euphorbia polychroma*) 588, 589
custard apple (*Annona Atemoya Group, A. cherimola, A. squamosa*) 159
custard lily (*Hemerocallis lilio-asphodelus*) 692, *692*
cut-leaf coneflower (*Rudbeckia laciniata*) 1286
cut-leaf daisy (*Brachyscome multifida*) 252
cutleaf guinea flower (*Hibbertia cuneiformis*) 700, *700*
cut-leafed lilac (*Syringa laciniata*) 1388, *1388*
cut-leafed mint bush (*Prostanthera incisa*) 1086, *1086*
cut-leafed plantain (*Plantago coronopus*) 1056, *1056*
cutleafed stephanandra (*Stephanandra incisa*) 1371, *1371*
cut-leafed toothwort (*Cardamine laciniata*) 328
cyclamen cherry (*Prunus cyclamina*) 1093, *1093*
cylinder snake plant (*Sansevieria cylindrica*) 1309
Cymbidium (*lowianum ≥ Ormoulu*) 453
cypress (*Cupressus*) 444–46
cypress spurge (*Euphorbia cyparissias*) 584, *584*
Cyprus cedar (*Cedrus brevifolia*) 350
Cyprus turpentine (*Pistacia terebinthus*) 1053

D

daffodil (*Narcissus*) 914–21
daffodil garlic (*Allium neapolitanum*) 127
dagger cholla (*Grusonia clavata*) 657
dagger fern (*Polystichum acrostichoides*) 1069
dagger hakea (*Hakea teretifolia*) 668
dagger plant (*Yucca aloifolia*) 1491
dahl (*Cajanus cajan*) 276
dahoon holly (*Ilex cassine*) 729, *729*
dahursk buckthorn (*Rhamnus dahurica*) 1139, *1139*
daikon (*Raphanus sativus var. longipinnatus*) 1133, *1133*
daimyo oak (*Quercus dentata*) 1123
daisy (*Brachyscome*) 251–2
daisy bush (*Olearia albida*) 948, *948*
dakua (*Agathis macrophylla*) 111, *111*
dalmatia pyrethrum (*Tanacetum cinerariifolium*) 1399
dalmatian iris (*Iris pallida*) 742, *742*
damask violet (*Hesperis matronalis*) 697
dames violet (*Hesperis matronalis*) 697
dancing lady orchid (*Oncidium, O. varicosum*) 951–52
dandelion (*Taraxacum, T. officinale*) 1400, *1400*
Dane's elder (*Sambucus ebulus*) 1308
danewort (*Sambucus ebulus*) 1308
dappled willow (*Salix integra*) 1298
dark-eye sunflower (*Helianthus atrorubens*) 684
Darley Dale heath (*Erica ≥ darleyensis*) 550
Darwin barberry (*Berberis darwinii*) 229, *229*
dasheen (*Colocasia esculenta*) 402–3
date palm (*Phoenix dactylifera*) 1030, 1031
date plum (*Diospyros lotus*) 503, *503*
David's peach (*Prunus davidiana*) 1093
David's pine (*Pinus armandii*) 1046, *1046*
Davis milkweed (*Asclepias speciosa*) 194
dawn redwood (*Metasequoia glyptostroboides*) 892, *892*
Dawson River fan palm (*Livistona nitida*) 831, *831*
day flower (*Commelina*) 404
daylily (*Hemerocallis*) 692–95
dead-nettle (*Lamium*) 794
death camas (*Zigadenus*) 1496
deccan hemp (*Hibiscus cannabinus*) 701
deciduous azalea (*Rhododendron molle*) 1154
deciduous fig (*Ficus superba*) 604
deer brush (*Ceanothus integerrimus*) 347
deer fern (*Blechnum spicant*) 240, *240*
deer grass (*Muhlenbergia rigens*) 905
deer oak (*Quercus sadleriana*) 1127
deerberry (*Vaccinium stamineum*) 1454
deerhorn cedar (*Thujopsis dolabrata*) 1414
dekriet (*Thamnochortus insignis*) 1409, *1409*
delta maidenhair fern (*Adiantum raddianum*) 100
Dendrobium (*Angellene ≥ Ellen Glow*) 485
Dendrobium (*Intense ≥ Rutherford Sunspot*) 485
deodar (*Cedrus deodara*) 350, *350*
deodar cedar (*Cedrus deodara*) 350, *350*
desert almond (*Prunus fasciculata*) 1094
desert ash (*Fraxinus velutina*) 612, *612*
desert baileya (*Baileya multiradiata*) 216, *216*
desert bean (*Phaseolus acutifolius*) 1022
desert bluebell (*Phacelia campanularia*) 1018, *1018*
desert broom (*Baccharis 'Centennial'*) 214
desert candle (*Eremurus*) 546–47
desert fig (*Ficus palmeri*) 603
desert grevillea (*Grevillea eriostachya*) 650, *650*
desert honeysuckle (*Anisacanthus thurberi*) 158
desert ironwood (*Olneya tesota*) 951
desert lime (*Citrus glauca*) 383, *383*
desert mahonia (*Mahonia fremontii*) 855, *855*
desert mallow (*Sphaeralcea ambigua*) 1361, *1361*
desert marigold (*Baileya multiradiata*) 216, *216*
desert olive (*Forestiera pubescens*) 607
desert paintbrush (*Castilleja angustifolia*) 340, *340*
desert rose (*Adenium obesum*) 98
desert rose (*Gossypium sturtianum*) 647
desert rose (*Rosa stellata*) 1219
desert ruellia (*Ruellia peninsularis*) 1287, *1287*
desert spoon (*Dasylirion wheeleri*) 476
desert sumac (*Rhus microphylla*) 1204
desert willow (*Chilopsis linearis*) 371, *371*
dessert kiwi (*Actinidia arguta*) 96
devil cholla (*Grusonia emoryi*) 657
devil lily (*Lilium lancifolium*) 821, *821*
devil tree (*Alstonia scholaris*) 139, *139*
devil's apple (*Podophyllum peltatum*) 1065
devil's apples (*Mandragora officinarum*) 873
devil's backbone (*Pedilanthus tithymaloides*) 994
devil's bit scabious (*Succisa pratensis*) 1382, *1382*
devil's claw (*Ibicella*) 726
devil's club (*Oplopanax horridus*) 953
devil's fig (*Solanum hispidum*) 1347, *1347*
devil's ivy (*Epipremnum pinnatum 'Aureum'*) 543, *543*
devil's root (*Lophophora williamsii*) 837, *837*
devil's tongue (*Amorphophallus konjac*) 147
devil's walking-stick (*Aralia spinosa*) 171, 170
dew thread (*Drosera filiformis*) 514
dewberry (*Rubus caesius*) 1284, *1284*
dewy pine (*Drosophyllum*) 515
diamond maidenhair (*Adiantum trapeziforme*) 101
diamond milfoil (*Myriophyllum aquaticum*) 909
diamond-leaf laurel (*Auranticarpa rhombifolia*) 208, *208*
Dicentra eximia (*hort.*) see Dicentra formosa 496, *496*
digger pine (*Pinus sabiniana*) 1050
digger's speedwell (*Derwentia perfoliata*) 488–89, *489*
dill (*Anethum*) 154
diogenes lantern (*Calochortus amabilis*) 289
dish fern (*Pteris*) 1106–7
dita bark (*Alstonia scholaris*) 139, *139*
dittany (*Cunila origanoides*) 442
dittany (*Dictamnus*) 498
dittany of Crete (*Origanum dictamnus*) 956
dobo lily (*Cyrtanthus brachyscyphus*) 459
dock (*Rumex*) 1287–88
dog fennel (*Anthemis*) 160
dog rose (*Bauera rubioides*) 221, *221*
dog rose (*Rosa canina*) 1213, *1213*
dog violet (*Viola riviniana*) 1474
dogbane (*Apocynum*) 164
dogleg ash (*Fraxinus greggii*) 611
dog's tooth violet (*Erythronium dens-canis*) 564
dogtooth pea (*Lathyrus sativus*) 800
dogtooth violet (*Erythronium*) 563–64
dogwood (*Cornus*) 414
dollar bush (*Zygophyllum stapfii*) 1499, *1499*
dollar plant (*Crassula ovata*) 431, *431*
doll's eyes (*Actaea alba*) 95
donkey tail (*Euphorbia myrsinites*) 588, *588*
donkey's tail (*Sedum morganianum*) 1330
doronoki (*Populus maximowiczii*) 1073
Dorrigo waratah (*Alloxylon pinnatum*) 130, *130*
Dorset heath (*Erica ciliaris*) 549
dotted hawthorn (*Crataegus punctata*) 433, *433*
double crape fern (*Leptopteris superba*) 807, *807*
double pink flowering plum (*Prunus ≥ blireana*) 1092, *1092*
doublefile viburnum (*Viburnum plicatum*) 1468, *1468*
doubletails (*Diuris*) 507
Douglas fir (*Pseudotsuga, P. menziesii*) 1103, *1103*
Douglas's triteleia (*Triteleia grandiflora*) 1432
dove orchid (*Dendrobium crumenatum*) 481
dove tree (*Davidia involucrata*) 477, *477*
dowerin rose (*Eucalyptus pyriformis*) 576, *576*
downy birch (*Betula pubescens*) 237
downy cherry (*Prunus tomentosa*) 1099, *1099*
downy manzanita (*Arctostaphylos tomentosa*) 177
downy oak (*Quercus pubescens*) 1127, *1127*
downy serviceberry (*Amelanchier arborea*) 145
downy skullcap (*Scutellaria incana*) 1328, *1328*
downy thorn apple (*Datura inoxia*) 476
downy wattle (*Acacia pubescens*) 78, *78*
dracaena fig (*Ficus pseudopalma*) 603, *603*
dragon fruit (*Hylocereus undatus*) 720
dragon sagewort (*Artemisia dracunculus*) 190
dragon spruce (*Picea asperata*) 1040,
dragon tree (*Dracaena draco*) 511, *511*
dragonroot (*Arisaema dracontium*) 184
dragon's-blood tree (*Dracaena draco*) 511, *511*
Drakensberg agapanthus (*Agapanthus inapertus*) 109, *109*
drooping agapanthus (*Agapanthus inapertus*) 109, *109*
drooping juniper (*Juniperus recurva*) 773
drooping she-oak (*Allocasuarina verticillata*) 129
dropseed (*Sporobolus*) 1365
dropwort (*Filipendula, F. vulgaris*) 605, *605*
Drummond's wattle (*Acacia drummondii*) 75
drumstick primula (*Primula denticulata*) 1080, *1080*
drumsticks (*Isopogon anemonifolius*) 758, *758*
Dryander's grevillea (*Grevillea dryandri*) 650, *650*
duboisia (*Duboisia myoporoides*) 517, *517*
duchess protea (*Protea eximia*) 1087, *1087*
duck plant (*Sutherlandia frutescens*) 1383, *1383*
dumb cane (*Dieffenbachia*) 498
dumpling cactus (*Lophophora williamsii*) 837, *837*
dune daisy (*Tanacetum camphoratum*) 1399, *1399*
dune manzanita (*Arctostaphylos pumila*) 176, *176*
dune myrtle (*Eugenia capensis*) 579
dune poison bush (*Acokanthera oblongifolia*) 94, *94*
dunkeld larch (*Larix ≥ marschlinsii*) 797
durango pine (*Pinus durangensis*) 1048
durian (*Durio zibethinus*) 518, *518*
durmast oak (*Quercus petraea*) 1126

flowering quince (*Chaenomeles, C. speciosa*) 363
flowering rush (*Butomus, B. umbellatus*) 271
flowering spurge (*Euphorbia corollata*) 584
flowering tobacco (*Nicotiana alata*) 933
flower-of-an-hour (*Hibiscus trionum*) 704, *704*
flybush (*Plectranthus neochilus*) 1060, *1060*
flycatcher (*Sarracenia alata*) 1314
foamflower (*Tiarella cordifolia*) 1416
fontainebleau service tree (*Sorbus latifolia*) 1357
fonteinriet (*Elegia capensis*) 533
foothill lupine (*Lupinus succulentus*) 840, *840*
foothills penstemon (*Penstemon heterophyllus*) 1007, *1007*
footstool palm (*Livistona rotundifolia*) 831, *831*
forage peanut (*Arachis pintoi*) 170, *170*
forest bluegrass (*Poa chaixii*) 1063, *1063*
forest bride's-bush (*Pavetta lanceolata*) 993, *993*
forest cabbage tree (*Cussonia sphaerocephala*) 447, *447*
forest cabbage tree (*Schefflera umbellifera*) 1322, *1322*
forest commiphora (*Commiphora woodii*) 405, *405*
forest dombeya (*Dombeya tiliacea*) 509, *509*
forest lily (*Veltheimia bracteata*) 1457, *1457*
forest oak (*Allocasuarina torulosa*) 129
forest red gum (*Eucalyptus tereticornis*) 577, *577*
forest she-oak (*Allocasuarina torulosa*) 129
forest wild elder (*Nuxia floribunda*) 936, *936*
forget-me-not (*Myosotis*) 908
fork fern (*Psilotum*) 1104
forked sundew (*Drosera binata*) 513, *513*
Formosa maiden grass (*Miscanthus transmorrisonensis*) 900, *900*
Formosa toad lily (*Tricyrtis formosana*) 1429, *1429*
Formosan gum (*Liquidambar formosana*) 827, *827*
forrest fir (*Abies forrestii*) 69
Fort Bragg manzanita (*Arctostaphylos nummularia*) 176, *176*
fortune's plum yew (*Cephalotaxus fortunei*) 356–57, *356*
fountain bamboo (*Fargesia nitida*) 598
fountain buddleja (*Buddleja alternifolia*) 264, *264*
fountain grass (*Pennisetum alopecuroides, P. setaceum*) 1005, *1005*
fountain rush (*Elegia capensis*) 533
four corners (*Grewia occidentalis*) 656, *656*
four o'clock flower (*Mirabilis jalapa*) 899
four-leafed maidenhair (*Adiantum tetraphyllum*) 101
four-wing saltbush (*Atriplex canescens*) 206
four-winged mallee (*Eucalyptus tetraptera*) 577
fox grape (*Vitis rotundifolia*) 1478
foxglove (*Digitalis*) 499–500
foxglove beardtongue (*Penstemon digitalis*) 1006
foxtail barley (*Hordeum jubatum*) 708, *708*
foxtail cactus (*Escobaria vivipara*) 566
foxtail fern (*Asparagus densiflorus 'Myersii'*) 196
foxtail grass (*Alopecurus*) 138
foxtail lily (*Eremurus*) 546–47
foxtail pine (*Pinus balfouriana*) 1047
foxtail shrub (*Asparagus densiflorus*) 196
fragrant evening primrose (*Oenothera caespitosa*) 947
fragrant olive (*Osmanthus fragrans*) 961
fragrant pitcher sage (*Lepechinia fragrans*) 806, *806*
fragrant rondeletia (*Rondeletia odorata*) 1212, *1212*
fragrant snowball viburnum (*Viburnum ≥ carlcephalum*) 1465
fragrant snowbell (*Styrax obassia*) 1382
fragrant sumac (*Rhus aromatica*) 1204
fragrant waterlily (*Nymphaea odorata*) 937
fragrant winter-hazel (*Corylopsis glabrescens*) 421, *421*
fragrant woodsia (*Woodsia ilvensis*) 1488
Franciscan manzanita (*Arctostaphylos hookeri subsp. franciscana*) 175, *175*
frangipani (*Plumeria rubra*) 1063
franklin tree (*Franklinia alatamaha*) 610
franklinia (*Franklinia alatamaha*) 610
Fraser photinia (*Photinia ≥ fraseri*) 1031, 1032
Fraser's magnolia (*Magnolia fraseri*) 851
Fremont cottonwood (*Populus fremontii*) 1072, *1072*
Fremont silktassel (*Garrya fremontii*) 625
fremontia (*Fremontodendron californicum*) 613
French bean (*Phaseolus vulgaris*) 1023
French heather (*Erica ≥ hiemalis*) 551
French hybrid lilac (*Syringa vulgaris*) 1390
French lavender (*Lavandula stoechas*) 802
French marigold (*Tagetes patula*) 1397
French meadow rue (*Thalictrum aquilegiifolium*) 1408, *1408*
French rose (*Rosa gallica*) 1215, *1215*
French rye (*Arrhenatherum elatius*) 189, *189*
French sorrel (*Rumex scutatus*) 1288
French spinach (*Atriplex hortensis*) 206
French tamarisk (*Tamarix gallica*) 1398
French tree (*Tamarix gallica*) 1398
French willow (*Epilobium angustifolium*) 541, *541*
freshwater cord grass (*Spartina pectinata*) 1360, *1360*
friar's cap (*Aconitum napellus*) 94, *94*
friar's cowl (*Arisarum vulgare*) 185
friendship plant (*Billbergia nutans*) 238, *238*
friendship plant (*Pilea involucrata*) 1044
frijolito (*Sophora secundiflora*) 1352, 1353
fringe bells (*Shortia soldanelloides*) 1339
fringe flower (*Loropetalum chinense*) 837, *837*
fringe myrtle (*Calytrix*) 292
fringe tree (*Chionanthus virginicus*) 372, *372*
fringecups (*Tellima grandiflora*) 1403, *1403*
fringed galax (*Shortia soldanelloides*) 1339
fringed gentian (*Gentianopsis*) 631
fringed hibiscus (*Hibiscus schizopetalus*) 703, *703*
fringed Indian pink (*Silene laciniata*) 1340, *1340*
fringed wattle (*Acacia fimbriata*) 75
fritillary (*Fritillaria*) 613–15
frog bonnets (*Sarracenia oreophila*) 1315, *1315*
frogfruit (*Phyla*) 1034
frost grape (*Vitis riparia*) 1478
fruit salad plant (*Monstera, M. deliciosa*) 902
fruits of youth (*seeds*) (*Paullinia cupana*) 992, *992*
fruit-scented sage (*Salvia dorisiana*) 1301, *1301*
frying pans (*Eschscholzia lobbii*) 566, *566*
fuchsia begonia (*Begonia fuchsioides*) 224
fuchsia bush (*Eremophila glabra*) 546
fuchsia gum (*Eucalyptus forrestiana*) 571, *571*
fuchsia heath (*Epacris longiflora*) 538, *538*
fuchsia-flowered currant (*Ribes speciosum*) 1207, *1207*
fuji cherry (*Prunus incisa*) 1094
full-moon maple (*Acer japonicum*) 85, *85*
fumewort (*Corydalis solida*) 420, *420*
furrowed wake robin (*Trillium sulcatum*) 1431
furze (*Ulex europaeus*) 1448, *1448*
fuzzy deutzia (*Deutzia scabra*) 490

G

galangal (*Alpinia galanga*) 139
galingale (*Cyperus longus*) 458, *458*
gallberry (*Ilex glabra*) 729
gambel oak (*Quercus gambelii*) 1124, *1124*
ganagra (*Rumex hymenosepalus*) 1287, *1287*
gap mouth (*Mimulus guttatus*) 898, *898*
garambulla cactus (*Myrtillocactus geometrizans*) 909
garambuyo (*Pachycereus schottii*) 970, *970*
garbanzo bean (*Cicer arietinum*) 378
garden abutilon (*Abutilon ≥ hybridum*) 71
garden burnet (*Sanguisorba minor*) 1309
garden heliotrope (*Valeriana officinalis*) 1454, *1454*
garden huckleberry (*Solanum melanocerasum*) 1347
garden hydrangea (*Hydrangea macrophylla*) 717, *717*
garden myrrh (*Myrrhis odorata*) 909, *909*
garden pea (*Pisum sativum*) 1054
garden pear (*Pyrus communis*) 1118, *1118*
garden portulaca (*Portulaca grandiflora*) 1074
garden sage (*Salvia officinalis*) 1304, *1304*
garden sorrel (*Rumex acetosa, R. scutatus*) 1287, 1288
garden strawberry (*Fragaria ≥ ananassa*) 609
gardener's garters (*Phalaris, P. arundinacea*) 1021–22
garland daphne (*Daphne cneorum*) 473, *473*
garland flower (*Adenophora*) 99
garland flower (*Daphne cneorum*) 473, *473*
garland flower (*Hedychium coronarium*) 680
garland lily (*Hedychium*) 680
garlic (*Allium, A. sativum*) 125–29
garlic chives (*Allium tuberosum*) 128, *128*
gayfeather (*Liatris, L. spicata*) 818
gean (*Prunus avium*) 1092
geebung (*Persoonia mollis*) 1014, *1014*
genista (*Genista lydia, G. pilosa*) 629, *629*
gentian (*Gentiana*) 630
gentian sage (*Salvia patens*) 1305, *1305*
George lily (*Cyrtanthus elatus*) 459, *459*
Georgia bush honeysuckle (*Diervilla rivularis*) 499
Geraldton wax (*Chamelaucium uncinatum*) 368, *368*
geranium aralia (*Polyscias guilfoylei*) 1068
German catchfly (*Lychnis viscaria*) 842, *842*
German chamomile (*Matricaria recutita*) 877
German garlic (*Allium senescens*) 128
German primrose (*Primula obconica*) 1081
German violet (*Exacum affine*) 592–93, *593*
germander (*Teucrium*) 1407–8
germander sage (*Salvia chamaedryoides*) 1301
germander speedwell (*Veronica chamaedrys*) 1462, *1462*
germander spirea (*Spiraea chamaedryfolia*) 1363
gewone wildevy (*Ficus thonningii*) 604, *604*
Geyer's onion (*Allium geyeri*) 126, *126*
gherkin (*Cucumis sativus*) 441
ghost plant (*Graptopetalum paraguayense*) 647
ghost tree (*Davidia involucrata*) 477, *477*
ghost weed (*Euphorbia marginata*) 587, *587*
giant allium (*Allium giganteum*) 126
giant arbor (*Thuja plicata*) 1413, *1413*
giant bellflower (*Campanula latifolia*) 320
giant bird of paradise (*Strelitzia nicolai*) 1375, *1375*
giant burrawang (*Macrozamia moorei*) 850, *850*
giant chain fern (*Woodwardia fimbriata*) 1489, *1489*
giant crown of thorns (*Euphorbia ≥ lomii*) 587, *587*
giant dogwood (*Cornus controversa*) 415, *415*
giant feather grass (*Stipa gigantea*) 1374, *1374*
giant fern (*Angiopteris, A. erecta*) 155, *155*
giant fir (*Abies grandis*) 69
giant fishtail palm (*Caryota no*) 336, *336*
giant garlic (*Allium scorodoprasum*) 128
giant granadilla (*Passiflora quadrangularis*) 991
giant hare's foot (*Davallia solida*) 476
giant holly fern (*Polystichum munitum*) 1070
giant horsetail (*Equisetum giganteum, E. telmateia*) 544–45, *544*
giant hummingbird's mint (*Agastache barberi*) 110
giant hyssop (*Agastache, A. barberi*) 110–11
giant kalanchoe (*Kalanchoe beharensis*) 776, *776*
giant lily (*Cardiocrinum*) 328
giant lily (*Doryanthes excelsa*) 510, *510*
giant lobelia (*Lobelia telekii*) 832, *832*
giant maidenhair (*Adiantum formosum, A. trapeziforme*) 99, 101
giant mallow (*Hibiscus*) 701–4 A. trapeziforme) 99, 101
giant potato creeper (*Solanum wendlandii*) 1349, *1349*
giant protea (*Protea cynaroides*) 1087, *1087*
giant reed (*Arundo*) 193
giant rhubarb (*Gunnera manicata*) 657, 657
giant St John's wort (*Hypericum ascyron*) 721, *721*
giant salvia (*Brillantaisia*) 259
giant scabious (*Cephalaria gigantea*) 355
giant sequoia (*Sequoiadendron giganteum*) 1336, *1337*
giant snowdrop (*Galanthus elwesii*) 623, *623*
giant stapelia (*Stapelia gigantea*) 1368, *1368*
giant sunflower (*Helianthus decapetalus*) 684
giant taro (*Alocasia macrorrhizos*) 133
giant velvet rose (*Aeonium canariense*) 104
giant water gum (*Syzygium francisii*) 1392, *1392*
giant water lily (*Victoria*) 1471
giant water vine (*Cissus hypoglauca*) 380, *380*
giant wild rye (*Elymus condensatus*) 535
giant yucca (*Yucca elephantipes*) 1492, *1492*
Gibraltar candytuft (*Iberis gibraltarica*) 726, *726*
Giles' net bush (*Calothamnus gilesii*) 290, *290*
gillyflower (*Matthiola*) 878
gingelly (*Sesamum orientale*) 1338
ginger (*Zingiber*) 1496
ginger lily (*Alpinia*) 138–39
ginger lily (*Hedychium, H. gardnerianum*) 680, *680*
gingerbread palm (*Hyphaene thebaica*) 723, *723*
gingham golf ball (*Euphorbia obesa*) 588, *588*
ginkgo (*Ginkgo biloba*) 639, *639*
ginseng (*Panax, P. ginseng*) 978
Gippsland waratah (*Telopea oreades*) 1404
gladdon (*Iris foetidissima*) 740–41, *741*
glade fern (*Diplazium pycnocarpon*) 504
glade onion (*Allium stellatum*) 128
gladwyn (*Iris foetidissima*) 740–41, *741*
glassy hyacinth (*Triteleia lilacina*) 1432, *1432*
glassy onion (*Allium hyalinum*) 126, *126*
globe amaranth (*Gomphrena globosa*) 646, *646*
globe artichoke (*Cynara cardunculus Scolymus Group*) 457
globe cornflower (*Centaurea macrocephala*) 354, *354*
globe flower (*Trollius*) 1433
globe mallow (*Sphaeralcea, S. coccinea*) 1361
globe thistle (*Echinops*) 527–29
glory bower (*Clerodendrum*) 393
glory bush (*Tibouchina, T. granulosa, T. lepidota, T. urvilleana*) 1417, *1417*
glory flower (*Clerodendrum bungei*) 393, *393*
glory lily (*Gloriosa, G. superba*) 643
glory of the snow (*Chionodoxa*) 372
glory of the sun (*Leucocoryne ixioides*) 814, *814*
glory pea (*Swainsona formosa*) 1383, *1383*
glossy abelia (*Abelia ≥ grandiflora*) 66, *66*
glossy hawthorn (*Crataegus nitida*) 433
glossy laurel (*Cryptocarya laevigata*) 439, *439*
glossy privet (*Ligustrum lucidum*) 820
glossyleaf manzanita (*Arctostaphylos nummularia*) 176, *176*
gloxinia (*Sinningia, S. speciosa*) 1342–43
goat horn cactus (*Astrophytum, A. capricorne*) 203–4
goat nut (*Simmondsia chinensis*) 1341, *1341*
goat pepper (*Capsicum frutescens*) 327
goat's beard (*Aruncus, A. dioicus*) 192–93
goat's beard (*Tragopogon*) 1427
goat's rue (*Galega, G. officinalis*) 623
godetia (*Clarkia*) 385
gold and silver ferns (*Pityrogramma*) 1056
gold birch (*Betula ermanii*) 235
gold medallion flower (*Melampodium paludosum*) 885
gold net iris (*Iris chrysographes*) 740
gold nuggets (*Calochortus luteus*) 289, *289*
gold pattern iris (*Iris chrysographes*) 740
goldback fern (*Pityrogramma triangularis*) 1056
gold-dust wattle (*Acacia acinacea*) 72, *72*
golden angel's trumpet (*Brugmansia aurea*) 261
golden aster (*Heterotheca, H. villosa*) 698
golden ball cactus (*Parodia leninghausii*) 988
golden bamboo (*Phyllostachys aurea*) 1035
golden banner (*Thermopsis rhombifolia*) 1411
golden barrel cactus (*Echinocactus grusonii*) 526, *526*
golden bead tree (*Duranta erecta*) 518, *518*
golden bells (*Forsythia viridissima*) 607
golden berry (*Physalis peruviana*) 1037
golden Boston fern (*Nephrolepis exaltata 'Bostoniensis Aurea'*) 931
golden brodiaea (*Triteleia ixioides*) 1432, *1432*
golden buttons (*Tanacetum vulgare*) 1400
golden calla (*Zantedeschia elliottiana*) 1494
golden camellia (*Camellia nitidissima*) 305, *305*
golden candles (*Pachystachys lutea*) 973, *973*
golden cereus (*Bergerocactus*) 232–33
golden chain tree (*Laburnum anagyroides, L. ≥ watereri*) 786, *786*, 787
golden chestnut (*Chrysolepis*) 376–77
golden club (*Orontium, O. aquaticum*) 958
golden columbine (*Aquilegia chrysantha*) 166, *166*
golden cottonwood (*Cassinia fulvida*) 338, *338*
golden cup (*Hunnemannia*) 715
golden currant (*Ribes aureum, R. odoratum*) 1206, *1206*
golden daisy bush (*Euryops pectinatus*) 591, *591*
golden dew drop (*Duranta erecta*) 518, *518*
golden everlasting (*Xerochrysum bracteatum*) 1490, 1491
golden eye grass (*Sisyrinchium californicum*) 1343
golden flowering currant (*Ribes aureum*) 1206, *1206*
golden garlic (*Allium moly*) 127
golden germander (*Teucrium polium*) 1408
golden globe tulip (*Calochortus amabilis*) 289
golden glory pea (*Gompholobium latifolium*) 645, *645*
golden gram (*Vigna radiata*) 1471
golden grevillea (*Grevillea chrysophaea*) 649, *649*
golden guinea flower (*Hibbertia*) 700
golden Irish yew (*Taxus baccata Fastigiata Aurea Group*) 1401
golden larch (*Pseudolarix amabilis*) 1101, *1101*
golden lemon thyme (*Thymus ≥ citriodorus 'Bertram Anderson'*) 1415
golden lobelia (*Monopsis lutea*) 902, *902*
golden maidenhair (*Polypodium vulgare*) 1068
golden male fern (*Dryopteris affinis*) 516, *516*
golden oats (*Stipa gigantea*) 1374, *1374*
golden pearlwort (*Sagina subulata*) 1293, *1293*
golden pothos (*Epipremnum pinnatum 'Aureum'*) 543, *543*
golden powder puff (*Parodia chrysacanthion*) 988
golden rain tree (*Koelreuteria paniculata*) 782, *782*
golden root (*Rhodiola rosea*) 1143, *1143*
golden sage (*Salvia aurea*) 1300
golden scabweed (*Raoulia australis*) 1133
golden shower (*Pyrostegia venusta*) 1116, *1116*
golden shower tree (*Cassia fistula*) 337, *337*
golden Spaniard (*Aciphylla aurea*) 93
golden spider lily (*Lycoris aurea*) 844, *844*
golden spined cereus (*Bergerocactus*) 232–33
golden star (*Chrysogonum virginianum*) 376
golden tauhinu (*Cassinia fulvida*) 338, *338*
golden tip (*Goodia lotifolia*) 646, *646*
golden top (*Lamarckia, L. aurea*) 793, *793*
golden torch cereus (*Echinopsis spachiana*) 529
golden trumpet (*Allamanda cathartica*) 124, *124*
golden trumpet tree (*Tabeuia*) 1396
golden vine (*Stigmaphyllon ciliatum*) 1373, *1373*
golden wattle (*Acacia pycnantha*) 78, *78*
golden wreath wattle (*Acacia saligna*) 79
golden yarrow (*Eriophyllum lanatum*) 557
golden yew (*Taxus baccata Aurea Group*) 1401
goldenback fern (*Pityrogramma triangularis*) 1056
goldenball (*Leucaena retusa*) 813
goldenbells (*Forsythia suspensa*) 607, *607*
goldenfleece (*Ericameria aborescens*) 554
goldenrod (*Solidago*) 1350–51
goldenseal (*Hydrastis canadensis*) 719
goldfields (*Lasthenia glabrata*) 797, *797*
goldfish plant (*Columnea gloriosa*) 403
goldfussia (*Strobilanthes anisophyllus*) 1379
goldilocks buttercup (*Ranunculus auricomus*) 1131, *1131*
gold-tooth aloe (*Aloe mitriformis*) 136
gomuti palm (*Arenga pinnata*) 181
goober (*Arachis hypogaea*) 170
good King Henry (*Chenopodium bonus-henricus*) 370, *370*
goose plum (*Prunus americana*) 1092, *1092*
gooseberry (*Ribes uva-crispa*) 1207, *1207*
goosefoot (*Acer pensylvanicum*) 88, *88*
gooseneck loosestrife (*Lysimachia clethroides*) 845
Gordon's Bay pincushion (*Leucospermum bolusii*) 815, *815*
gorse (*Ulex europaeus*) 1448, *1448*
Gosford wattle (*Acacia prominens*) 78
gotu kola (*Centella asiatica*) 354
gourd (*Cucurbita, C. maxima*) 441
gourd (*Lagenaria*) 792
gout plant (*Jatropha podagrica*) 766, *766*
goutweed (*Aegopodium podagraria*) 104, *104*
gouty vine (*Cyphostemma bainesii*) 458
governor's plum (*Flacourtia rukam*) 606, *606*
Gowen cypress (*Cupressus goveniana*) 445, *445*
graceful honey myrtle (*Melaleuca radula*) 885, *885*
grama (*Stenotaphrum secundatum*) 1371
grama grass (*Bouteloua*) 248
Grampians bauera (*Bauera sessiliflora*) 221
Grampians fringe myrtle (*Calytrix alpestris*) 292, *292*
Grampians grevillea (*Grevillea confertifolia*) 649, *649*
Grampians thryptomene (*Thryptomene calycina*) 1412, *1412*
granadilla (*Brya ebenus*) 263, *263*
granadilla (*Passiflora edulis*) 991
grand trillium (*Trillium grandiflorum*) 1430
granite buttercup (*Ranunculus graniticola*) 1132, *1132*
granny's bonnet (*Aquilegia*) 166
Grant's milkbush (*Synadenium grantii*) 1386
grape (*Vitis*) 1477–78
grape hyacinth (*Muscari*) 906
grape ivy (*Cissus*) 380
grapeleaf anemone (*Anemone tomentosa*) 153
grape-leaf begonia (*Begonia dregei*) 224
grass orchid (*Grastidium*) 648
grassland daisy (*Brachyscome angustifolia*) 252
grassnut (*Triteleia laxa*) 1432
grassy bells (*Edraianthus*) 530–31
grassy rush (*Butomus*) 271
gray alder (*Alnus incana*) 131
gray barleria (*Barleria albostellata*) 219, *219*
gray cottonheads (*Conostylis candicans*) 407
gray dock (*Balsamorhiza sagittata*) 216
gray everlasting (*Ozothamnus obcordatus*) 967, *967*
gray fescue (*Festuca glauca*) 601, *601*
gray fig (*Ficus virens*) 604, *604*
gray gum (*Eucalyptus biturbinata*) 568, *568*
gray hakea (*Hakea cinerea*) 667, *667*
gray honey myrtle (*Melaleuca incana*) 884
gray mangrove (*Avicennia marina*) 210, *210*
gray mulga (*Acacia brachybotrya*) 73
gray myrtle (*Backhousia myrtifolia*) 215, *215*
gray pine (*Pinus sabiniana*) 1050
gray poplar (*Populus ≥ canescens*) 1072, *1072*
gray sage (*Salvia leucophylla*) 1303, *1303*
gray saltbush (*Atriplex cinerea*) 206, *206*
gray spider flower (*Grevillea buxifolia*) 649, *649*
gray willow (*Salix cinerea*) 1297
gray-budded snakebark maple (*Acer rufinerve*) 89, *89*
gray-haired euryops (*Euryops pectinatus*) 591, *591*
gray-head coneflower (*Ratibida pinnata*) 1134
greasewood (*Sarcobatus vermiculatus*) 1312, *1312*
Great Basin bristlecone pine (*Pinus longaeva*) 1049
great bellflower (*Campanula latifolia*) 320
great burdock (*Arctium lappa*) 174
great burnet (*Sanguisorba canadensis, S. officinalis*) 1309
great laurel magnolia (*Magnolia grandiflora*) 851, *851*
great laurel rhododendron (*Rhododendron maximum*) 1154, *1154*
great merrybells (*Uvularia grandiflora*) 1452, *1452*
great millet (*Sorghum bicolor*) 1359
great purple monkey flower (*Mimulus lewisii*) 898

durum wheat (*Triticum durum*) 1433
dusky coral pea (*Kennedia rubicunda*) 779
dusty daisy bush (*Olearia phlogopappa*) 950, *950*
dusty miller (*Artemisia stelleriana*) 191
dusty miller (*Centaurea cineraria*) 353
dusty miller (*Lychnis coronaria*) 842
dusty miller (*Senecio cineraria, S. vira-vira*) 1334, *1335*
Dutch case-knife bean (*Phaseolus coccineus*) 1022
Dutch crocus (*Crocus vernus*) 436, *436*
Dutch elm (*Ulmus ≥ hollandica*) 1449, *1449*
Dutch rush (*Equisetum hyemale*) 544
Dutchman's breeches (*Dicentra cucullaria*) 496
Dutchman's pipe (*Aristolochia, A. macrophylla*) 186
dwarf Alberta spruce (*Picea glauca*) 1040, *1040*
dwarf apple (*Angophora hispida*) 156, *156*
dwarf balsam fir (*Abies balsamea*) 68, *68*
dwarf bearded iris (*Iris pumila*) 742
dwarf bilberry (*Vaccinium caespitosum*) 1453
dwarf birch (*Betula nana*) 236
dwarf blue bells (*Ruellia brittoniana* 'Katie') 1287
dwarf burning bush (*Euonymus nanus*) 582
dwarf Chilean beech (*Nothofagus pumilio*) 936, *936*
dwarf Chinese mountain ash (*Sorbus reducta*) 1358
dwarf date (*Phoenix loureiroi*) 1030, *1031*
dwarf date palm (*Phoenix roebelenii*) 1030
dwarf elder (*Sambucus ebulus*) 1308
dwarf erythrina (*Erythrina humeana*) 563
dwarf euonymus (*Euonymus nanus*) 582
dwarf fan palm (*Livistona muelleri*) 831
dwarf fern-leafed bamboo (*Pleioblastus pygmaeus*) 1060
dwarf flowering almond (*Prunus glandulosa, P. triloba*) 1094, 1099
dwarf fothergilla (*Fothergilla gardenii*) 608, *608*
dwarf gasteria (*Gasteria bicolor*) 625
dwarf genista (*Genista lydia*) 629, *629*
dwarf jasmine (*Jasminum parkeri*) 766
dwarf Korean lilac (*Syringa meyeri*) 1388
dwarf kowhai (*Sophora prostrata*) 1352, *1352*
dwarf kurrajong (*Brachychiton bidwillii*) 249, *249*
dwarf meadow grass (*Poa annua*) 1063
dwarf mountain pine (*Pinus mugo*) 1049, *1049*
dwarf pampas grass (*Cortaderia selloana* 'Pumila') 419
dwarf palmetto (*Sabal minor*) 1292
dwarf pink hibiscus (*Hibiscus pedunculatus*) 702
dwarf red-tipped dogwood (*Cornus pumila*) 417, *417*
dwarf Russian almond (*Prunus tenella*) 1099
dwarf Siberian pine (*Pinus pumila*) 1050, *1050*
dwarf silver-leaf sage (*Salvia daghestanica*) 1301, *1301*
dwarf snapdragon (*Chaenorhinum*) 364
dwarf sumac (*Rhus copallina*) 1204
dwarf sundrops (*Calylophus serrulatus*) 292, *292*
dwarf Turk's cap cactus (*Melocactus matanzanus*) 888
dwarf umbrella tree (*Schefflera arboricola*) 1321, *1321*
dwarf wake robin (*Trillium pusillum*) 1431, *1431*
dwarf water gum (*Tristania neriifolia*) 1431, *1431*
dwarf whitebeam (*Sorbus chamaemespilus*) 1356
dwarf white-striped bamboo (*Pleioblastus variegatus*) 1060
Dyer's bugloss (*Alkanna tinctoria*) 124
Dyer's chamomile (*Anthemis tinctoria*) 160, *160*
Dyer's greenweed (*Genista tinctoria*) 629, *629*
Dyer's woad (*Isatis tinctoria*) 757

E

ear-leafed magnolia (*Magnolia fraseri*) 851
early flowering lilac (*Syringa ≥ hyacinthiflora*) 1387, *1387*
early forsythia (*Forsythia ovata*) 607
early marsh orchid (*Dactylorhiza incarnata*) 465, *465*
early meadow rue (*Thalictrum dioicum*) 1408
early tamarisk (*Tamarix parviflora*) 1398, *1398*
East African doum palm (*Hyphaene coriacea*) 722, 723
East Himalayan spruce (*Picea spinulosa*) 1042, *1042*
East Indian holly fern (*Arachniodes simplicior*) 170
Easter cactus (*Hatiora gaertneri, H. rosea*) 673, *673*
Easter daisy (*Townsendia hookeri*) 1424, *1424*
Easter Island sophora (*Sophora toromiro*) 1353
Easter ledges (*Persicaria bistorta*) 1012, *1012*
Easter lily (*Lilium longiflorum*) 821
Easter lily cactus (*Echinopsis*) 528–29
Easter lily vine (*Beaumontia grandiflora*) 223, *223*
eastern arborvitae (*Thuja occidentalis*) 1412, *1412*
eastern bladdernut (*Staphylea trifolia*) 1369
eastern bog laurel (*Kalmia polifolia*) 777
Eastern Cape blue cycad (*Encephalartos horridus*) 536, *536*
eastern coral bean (*Erythrina herbacea*) 563
eastern cottonwood (*Populus deltoides*) 1072
eastern hemlock (*Tsuga canadensis*) 1435, *1435*
eastern holly fern (*Polystichum braunii*) 1069, *1069*
eastern hop hornbeam (*Ostrya virginiana*) 963, *963*
eastern larch (*Larix laricina*) 796, *796*
eastern maidenhair (*Adiantum pedatum*) 99
eastern pasque flower (*Pulsatilla patens*) 1113, *1113*
eastern red cedar (*Juniperus virginiana*) 774
eastern redbud (*Cercis canadensis*) 360, *360*
eastern shooting star (*Dodecatheon meadia*) 508, *508*
eastern white pine (*Pinus strobus*) 1050, 1051
Eaton's firecracker (*Penstemon eatonii*) 1006, *1006*
ebony (*Diospyros*) 503–4
edelweiss (*Leontopodium alpinum*) 806, *806*
edging lobelia (*Lobelia erinus*) 832, *832*
edible date (*Phoenix dactylifera*) 1030, 1031
edible fig (*Ficus carica*) 602, *602*
eggfruit (*Pouteria campechiana*) 1078
eggplant (*Solanum melongena*) 1347
eggs and bacon pea (*Dillwynia retorta*) 501, *501*
eglantine (*Rosa eglanteria*) 1214, *1214*
Egyptian bean (*Lablab purpureus*) 786, *786*

Egyptian doum palm (*Hyphaene thebaica*) 723, *723*
Egyptian pea (*Cicer arietinum*) 378
Egyptian reed (*Cyperus papyrus*) 458
Egyptian rose (*Scabiosa atropurpurea*) 1319
Egyptian sycamore (*Ficus sycomorus*) 604
Egyptian waterlily (*Nymphaea lotus*) 937
elder (*Sambucus*) 1307–8
elderberry (*Sambucus*) 1307–8
elderberry panax (*Polyscias sambucifolia*) 1069, *1069*
elecampane (*Inula helenium*) 736, *736*
elegant bamboo (*Phyllostachys vivax*) 1036
elephant apple (*Dillenia indica*) 501, *501*
elephant bush (*Portulacaria afra*) 1075, *1075*
elephant ear philodendron (*Philodendron domesticum*) 1026
elephant ears (*Caladium, C. bicolor*) 277
elephant tree (*Bursera microphylla*) 271
elephant-ear wattle (*Acacia dunnii*) 75
elephant's ear (*Alocasia macrorrhizos*) 133
elephant's food (*Portulacaria afra*) 1075, *1075*
elephant's foot (*Dioscorea elephantipes*) 503, *503*
eleven-o'clock (*Portulaca grandiflora*) 1074
elim heath (*Erica regia*) 552, *552*
elk clover (*Aralia californica*) 170
elkhorn fern (*Platycerium, P. bifurcatum*) 1058
elm (*Ulmus*) 1448–51
emerald creeper (*Strongylodon macrobotrys*) 1380, *1380*
emerald duke philodendron (*Philodendron domesticum*) 1026
emerald fern (*Asparagus densiflorus*) 196
emmer wheat (*Triticum durum*) 1433
empress tree (*Paulownia tomentosa*) 993, *993*
emu bush (*Eremophila laanii*) 546
enamel flower (*Adenandra uniflora*) 97, *97*
endive (*Cichorium, C. endivia*) 378
Engelmann pine (*Pinus engelmannii*) 1048, *1048*
Engelmann spruce (*Picea engelmannii*) 1040, *1040*
English bluebell (*Hyacinthoides non-scripta*) 715
English box (*Buxus sempervirens*) 272, *272*
English comfrey (*Symphytum officinale*) 1385, *1385*
English daisy (*Bellis perennis*) 228
English elm (*Ulmus procera*) 1450, *1450*
English hawthorn (*Crataegus laevigata*) 432
English holly (*Ilex aquifolium*) 728, *728*
English ivy (*Hedera helix*) 678, *678*
English lavender (*Lavandula angustifolia*) 801, *801*
English oak (*Quercus robur*) 1127, *1127*
English primrose (*Primula vulgaris*) 1084, *1084*
English ryegrass (*Lolium perenne*) 833
English snowdrop (*Galanthus nivalis*) 623, *623*
English walnut (*Juglans regia*) 769, *769*
English yew (*Taxus baccata*) 1401, *1401*
epaulette tree (*Pterostyrax hispida*) 1109, *1109*
erect sword fern (*Nephrolepis cordifolia*) 931, *931*
Erman's birch (*Betula ermanii*) 235
escarole (*Cichorium endivia*) 378
Eskimo potatoes (*Fritillaria camschatcensis*) 614, *614*
espino (*Acacia cavenia*) 74, *74*
Ethiopian banana (*Ensete ventricosum*) 538
eulalia (*Miscanthus sinensis*) 900, *900*
eumong (*Acacia stenophylla*) 79
eurabbie (*Eucalyptus bicostata*) 568, *568*
Eurasian smokebush (*Cotinus coggygria*) 426, *426*
European ash (*Fraxinus excelsior*) 611, *611*
European aspen (*Populus tremula*) 1073
European basswood (*Tilia ≥ europaea*) 1419, *1419*
European beech (*Fagus sylvatica*) 596
European bird cherry (*Prunus padus*) 1095, *1095*
European bladdernut (*Staphylea pinnata*) 1369, *1369*
European cranberry (*Viburnum opulus*) 1468, *1468*
European dogwood (*Cornus sanguinea*) 417
European dune grass (*Leymus arenarius*) 818, *818*
European elder (*Sambucus nigra*) 1308, *1308*
European euonymus (*Euonymus europaeus*) 580, *580*
European firethorn (*Pyracantha coccinea*) 1115, *1115*
European hazelnut (*Corylus avellana*) 422
European hop (*Humulus lupulus*) 715
European hornbeam (*Carpinus betulus*) 333
European horse chestnut (*Aesculus hippocastanum*) 107, *107*
European joint pine (*Ephedra distachya*) 539, *539*
European larch (*Larix decidua*) 796, *796*
European mountain ash (*Sorbus aucuparia*) 1356, *1356*
European nettle-tree (*Celtis australis*) 352–53, *353*
European plum (*Prunus ≥ domestica*) 1093
European red elder (*Sambucus racemosa*) 1308
European silver birch (*Betula pendula*) 236
European silver fir (*Abies alba*) 67, *67*
European snowball (*Viburnum opulus*) 1468, *1468*
European spindle tree (*Euonymus europaeus*) 580, *580*
European white birch (*Betula pendula*) 236
European white lily (*Nymphaea alba*) 937, *937*
European white lime (*Tilia tomentosa*) 1420
Evans' begonia (*Begonia grandis*) 224
evening primrose (*Ludwigia peruviana*) 838, *839*
evening primrose (*Oenothera*) 947
evergreen alder (*Alnus acuminata*) 131
evergreen ash (*Fraxinus uhdei*) 612, *612*
evergreen euonymus (*Euonymus japonicus*) 581
evergreen huckleberry (*Vaccinium ovatum*) 1453, *1453*
evergreen kangaroo paw (*Anigozanthos flavidus*) 157, *157*
evergreen kittentail (*Synthyris platycarpa*) 1387, *1387*
evergreen maidenhair (*Adiantum venustum*) 101, *101*
evergreen miscanthus (*Miscanthus transmorrisonensis*) 900, *900*
evergreen pear (*Pyrus kawakamii*) 1118
evergreen rose (*Rosa sempervirens*) 1218, *1218*
evergreen violet (*Viola hederacea*) 1474
everlasting (*Antennaria*) 160

everlasting (*Syncarpha*) 1386
everlasting pea (*Lathyrus grandiflorus*) 798, *798*
everlasting sunflower (*Heliopsis helianthoides*) 689
eye root (*Hydrastis canadensis*) 719
eyelash begonia (*Begonia bowerae*) 224
eyelash-leafed sage (*Salvia blepharophylla*) 1300
ezo-yama-hagi (*Lespedeza bicolor*) 810, *810*

F

fairies' thimbles (*Campanula cochleariifolia*) 319, *319*
fairy aprons (*Utricularia dichotoma*) 1452
fairy bells (*Melasphaerula*) 885–66
fairy duster (*Calliandra eriophylla*) 282, *282*
fairy foxglove (*Erinus alpinus*) 555, 556
fairy lanterns (*Calochortus*) 289
fairy moss (*Azolla*) 211
fairy orchid (*Sarcochilus*) 1312–13
fairy-bells (*Disporum*) 508
fairy-spuds (*Claytonia virginica*) 385
falcate yellowwood (*Podocarpus henkelii*) 1064, *1064*
fall poison (*Eupatorium rugosum*) 582
falling stars (*Campanula isophylla*) 320
falling stars (*Crocosmia*) 434–35
false acacia (*Robinia pseudoacacia*) 1209, *1209*
false aralia (*Schefflera elegantissima*) 1322, *1322*
false arborvitae (*Thujopsis dolabrata*) 1414
false baby's breath (*Galium mollugo*) 624
false bird of paradise (*Heliconia*) 686–88
false bishop's weed (*Ammi majus*) 146, *146*
false chamomile (*Boltonia*) 241
false dogwood (*Sapindus saponaria*) 1311
false dragon head (*Physostegia*) 1038
false heather (*Cuphea hyssopifolia*) 443
false hellebore (*Veratrum*) 1458
false indigo (*Amorpha fruticosa*) 147, *147*
false indigo (*Baptisia*) 219
false Jerusalem cherry (*Solanum capsicastrum*) 1346
false kava (*Piper aduncum*) 1052, *1052*
false lily-of-the-valley (*Maianthemum bifolium*) 857
false lupin (*Thermopsis, T. rhombifolia*) 1411
false mallow (*Sidalcea*) 1339–40
false mallow (*Sphaeralcea*) 1361
false matico (*Piper aduncum*) 1052, *1052*
false monstera (*Epipremnum pinnatum*) 543
false oat (*Arrhenatherum elatius*) 189,
false red yucca (*Hesperaloe parviflora*) 697
false rhubarb (*Thalictrum flavum*) 1408
false rue anemone (*Isopyrum*) 759
false saffron (*Carthamus tinctorius*) 334, *334*
false sandalwood (*Eremophila mitchellii*) 546, *546*
false sandalwood (*Myoporum platycarpum*) 907, *907*
false sarsaparilla (*Hardenbergia violacea*) 672, *672*
false sea onion (*Ornithogalum longibracteatum*) 958
false Solomon's seal (*Maianthemum racemosum*) 857, *857*
false spikenard (*Maianthemum racemosum*) 857, *857*
false spirea (*Astilbe*) 201–2
false sunflower (*Heliopsis helianthoides*) 689
false sunflower (*Heliopsis*) 689
fan aloe (*Aloe plicatilis*) 136, *136*
fan fern (*Schizaea dichotoma*) 1323
fan maidenhair fern (*Adiantum tenerum*) 101, *101*
fan-leafed cabbage palm (*Corypha utan*) 424, *424*
farewell to spring (*Clarkia*) 385
farnetto (*Quercus frainetto*) 1124
fat hen (*Atriplex hortensis*) 206
fatsia (*Fatsia japonica*) 598, *598*
fawn lily (*Erythronium californicum*) 563, *563*
feather geranium (*Chenopodium botrys*) 370, *370*
feather grass (*Phragmites australis*) 1033, *1033*
feather grass (*Stipa*) 1374
feather reed grass (*Calamagrostis ≥ acutiflora, C. foliosa*) 277
feathered columbine (*Thalictrum aquilegiifolium*) 1408, *1408*
feathertop (*Pennisetum villosum*) 1005, *1005*
feathery cassia (*Senna artemisioides*) 1335
February daphne (*Daphne mezereum*) 474
feijoa (*Acca sellowiana*) 82–3, *82*
felt fern (*Pyrrosia*) 1116–17
felt plant (*Kalanchoe beharensis*) 776, *776*
female peony (*Paeonia officinalis*) 975
fendler's lip fern (*Cheilanthes fendleri*) 369, *369*
fennel (*Foeniculum, F. vulgare*) 606
fennel flower (*Nigella*) 934
fenugreek (*Trigonella foenum-graecum*) 1429
fern tree (*Jacaranda mimosifolia*) 764, *764*
fern-leaf aralia (*Polyscias filicifolia*) 1068
fern-leaf grevillea (*Grevillea aspleniifolia*) 648
fescue (*Festuca*) 600
fetter bush (*Leucothoe racemosa*) 816, *816*
fetter bush (*Pieris floribunda*) 1042
fetticus (*Valerianella locusta*) 1454
fever bush (*Garrya fremontii*) 625
fever tree (*Acacia xanthophloea*) 80, *80*
feverfew (*Tanacetum parthenium*) 1389
few-flowered leek (*Allium paradoxum*) 127
fiddle-leaf fig (*Ficus lyrata*) 603
fiddlenecks (*Phacelia tanacetifolia*) 1018, *1018*
field chickweed (*Cerastium arvense*) 357, *357*
field elm (*Ulmus carpinifolia*) 1449
field horsetail (*Equisetum arvense*) 544, 544
field maple (*Acer campestre*) 83, *83*
field marigold (*Calendula arvensis*) 280
field pea (*Pisum sativum*) 1054
field poppy (*Papaver rhoeas*) 981
field scabious (*Knautia arvensis*) 780
fiery costus (*Costus igneus*) 425
fig (*Ficus*) 601–4

fig-leafed gourd (*Cucurbita ficifolia*) 441
figwort (*Scrophularia*) 1327
Fiji fan palm (*Pritchardia pacifica*) 1085
Fijian fire plant (*Acalypha amentacea* subsp. *wilkesiana*) 81, *81*
filbert (*Corylus maxima*) 422
filimoto (*Flacourtia rukam*) 606, *606*
fine-leafed nassella (*Nassella tenuissima*) 921
fine-leafed sheep's fescue (*Festuca filiformis*) 600
finetooth holly (*Ilex serrata*) 731, *731*
finger tree (*Euphorbia tirucalli*) 589, *589*
Finocchio (*Foeniculum vulgare* var. *azoricum*) 606
fire ball (*Boophone disticha*) 242, *242*
fire barrel cactus (*Ferocactus gracilis*) 600, *600*
fire lily (*Clivia, C. miniata*) 394–95
fire lily (*Cyrtanthus*) 459
fire on the mountain (*Euphorbia cyathophora*) 584
fire orchid (*Renanthera*) 1137
fire vine (*Lotus maculatus*) 838
fireball (*Bassia scoparia*) 220
firebush (*Bassia scoparia*) 220
firecracker flower (*Crossandra infundibuliformis*) 437, *437*
firecracker plant (*Cuphea ignea*) 444,
firespike (*Odontonema callistachyum*) 946, *946*
firethorn (*Pyracantha*) 1115–16
fireweed (*Bassia scoparia*) 220
fireweed (*Epilobium angustifolium*) 541, *541*
firewheel (*Gaillardia*) 622
firewheel pincushion (*Leucospermum tottum*) 816
firewheel tree (*Stenocarpus sinuatus*) 1370, *1370*
firewood banksia (*Banksia menziesii*) 218, *218*
fishbone fern (*Nephrolepis*) 931
fishbone water fern (*Blechnum nudum*) 240
fish-killer tree (*Barringtonia asiatica*) 220, *220*
fishpole bamboo (*Phyllostachys aurea*) 1035
fish-tail lawyer cane (*Calamus caryotoides*) 278, *278*
fishtail palm (*Caryota, C. urens*) 335–36
five spot (*Nemophila maculata*) 924, *924*
five-corner (*Averrhoa carambola*) 210, *210*
five-finger (*Pseudopanax arboreus*) 1101
five-fingered jack (*Adiantum hispidulum*) 99, *99*
five-fingered maidenhair fern (*Adiantum pedatum*) 99
five-leaf azalea (*Rhododendron quinquefolium*) 1157, *1157*
flaccid grass (*Pennisetum flaccidum*) 1005, *1005*
flag orchid (*Masdevallia*) 876–77
flagroot (*Acorus calamus*) 95
flamboyant tree (*Delonix regia*) 478, *478*
flame azalea (*Rhododendron calendulaceum, R. flammeum*) 1146, 1148
flame creeper (*Tropaeolum, T. speciosum*) 1434
flame flower (*Tropaeolum speciosum*) 1434
flame grevillea (*Grevillea dimorpha*) 649–50, *649*
flame kurrajong (*Brachychiton acerifolius*) 249, *249*
flame lily (*Gloriosa*) 643
flame nasturtium (*Tropaeolum speciosum*) 1434
flame of the woods (*Ixora coccinea*) 761
flame vine (*Pyrostegia venusta*) 1116, *1116*
flame violet (*Episcia cupreata*) 543, *543*
flame willow (*Salix* 'Flame') 1297, *1297*
flaming beauty (*Carphalea kirondron*) 332, *332*
flaming Katie (*Kalanchoe blossfeldiana*) 776, *776*
flaming sword (*Vriesea splendens*) 1479
flamingo flower (*Anthurium andraeanum*) 161, *161*
Flanders poppy (*Papaver rhoeas*) 981
flannel bush (*Fremontodendron, F. californicum*) 613
flannel flower (*Actinotus*) 96
flannel flower (*Phacelia plumosa*) 1034, *1034*
flat-spine prickly ash (*Zanthoxylum simulans*) 1495, *1495*
flat-stemmed wattle (*Acacia complanata*) 74, *74*
flax (*Linum*) 826
flax lily (*Phormium*) 1031
flax-leafed paperbark (*Melaleuca linariifolia*) 884, *884*
fleabane (*Erigeron*) 554–55
fleece vine (*Fallopia*) 597
floating bladderwort (*Utricularia inflata*) 1452, *1452*
flooded gum (*Eucalyptus grandis*) 572, *572*
flora's paintbrush (*Emilia sonchifolia*) 535, *535*
Florence fennel (*Foeniculum vulgare* var. *azoricum*) 606
Florida anise tree (*Illicium floridanum*) 732, *732*
Florida azalea (*Rhododendron austrinum*) 1145, *1145*
Florida cherry (*Eugenia uniflora*) 579
Florida cherry palm (*Pseudophoenix sargentii*) 1102, *1102*
Florida corkwood (*Leitneria floridana*) 805, *805*
Florida pinxter azalea (*Rhododendron canescens*) 1146
Florida silver palm (*Coccothrinax argentata*) 397, *397*
Florida swamp lily (*Crinum americanum*) 434
Florida thatch palm (*Thrinax radiata*) 1411, *1411*
florist's anemone (*Anemone coronaria*) 152, *152*
florists' chrysanthemum (*Chrysanthemum ≥ grandiflorum*) 375
florist's freesias (*Freesia* Hybrid Cultivars) 612–13, *613*
florist's gloxinia (*Sinningia speciosa*) 1342
florist's hydrangea (*Hydrangea macrophylla*) 717, *717*
florist's smilax (*Asparagus asparagoides*) 196
florist's willow (*Salix caprea*) 1296, *1296*
floss flower (*Ageratum*) 116–17
flowering almond (*Prunus ≥ amygdalo-persica*) 1092
flowering ash (*Fraxinus ornus*) 611, *611*
flowering banana (*Musa ornata*) 905, *905*
flowering currant (*Ribes sanguineum*) 1207, *1207*
flowering dogwood (*Cornus florida*) 415, *415*
flowering flax (*Linum grandiflorum*) 826
flowering lignum (*Eremophila polyclada*) 546, *546*
flowering onion (*Allium neapolitanum*) 127
flowering pepper (*Peperomia fraseri*) 1010, *1010*
flowering plum (*Prunus cerasifera, P. triloba*) 1092, 1092, 1099